Zivilrecht

25.08.24

D1718620

ANNE - 5 2299

Beck'sches Formularbuch
Mietrecht

# Beck'sches Formularbuch Mietrecht

Herausgegeben von

## Dr. Günter Nies (†)

weiland Rechtsanwalt und Fachanwalt
für Miet- und Wohnungseigentumsrecht in Köln

und

## Dr. Richard Gies

Richter am Landgericht Köln

Bearbeitet von:

*Hartmut Bister*, Rechtsanwalt und Fachanwalt für Miet- und Wohnungseigentumsrecht in Köln; *Werner Borzutzki-Pasing*, Richter am Oberlandesgericht Köln; *Michael Dahl*, Rechtsanwalt in Köln; *Heike Eckert*, Rechtsanwältin und Fachanwältin für Miet- und Wohnungseigentumsrecht in Köln; *Wolfgang Flintrop*, Rechtsanwalt und Fachanwalt für Miet- und Wohnungseigentumsrecht in Köln; *Dr. Richard Gies*, Richter am Landgericht Köln; *Thomas Hannemann*, Rechtsanwalt in Karlsruhe; *Petra Hütte*, Richterin am Amtsgericht Erfurt; *Dr. Günter Mersson*, Richter am Oberlandesgericht Hamm; *Dr. Günter Nies* (†), weiland Rechtsanwalt und Fachanwalt für Miet- und Wohnungseigentumsrecht in Köln; *Dr. Henrik Over*, Rechtsanwalt und Fachanwalt für Miet- und Wohnungseigentumsrecht in Köln; *Bernd Paltzer*, Vorsitzender Richter am Landgericht Köln; *Prof. Dr. Heinz Vallender*, Richter am Amtsgericht Köln; *Peter Weber*, Rechtsanwalt und Fachanwalt für Miet- und Wohnungseigentumsrecht in Karlsruhe; *Axel Wetekamp*, Richter am Amtsgericht München

3., überarbeitete und erweiterte Auflage

Verlag C.H.Beck München 2011

Zitiervorschläge:
Nies/Gies/*Autor* Beck'sches Formularbuch Mietrecht A. I. 1. (Formularzitat)
Nies/Gies/*Autor* Beck'sches Formularbuch Mietrecht A. I. 1 Anm. 1. (Anmerkungszitat)

Verlag C. H. Beck im Internet:
**beck.de**

ISBN 978 3 406 60663 2

Gedruckt auf säurefreiem, alterungsbeständigem Papier
(hergestellt aus chlorfrei gebleichtem Zellstoff)

# Vorwort zur 3. Auflage

Wie erwartet hat sich auch seit Erscheinen der letzten Auflage die Rechtsprechung im Bereich des Wohnungs- und Gewerbemietrechts – namentlich der Zivilsenate VIII und XII des Bundesgerichtshofs – lebhaft weiterentwickelt. Dem entspricht, dass einzelne Formulare der Rechtsprechungsentwicklung angepasst werden mussten; teilweise sind gänzlich neue Formulare mit Erläuterungen verfasst worden, nachdem sich neuartige Probleme gestellt haben, wie etwa bei der Ausführung nicht geschuldeter Schönheitsreparaturen wegen Unwirksamkeit der zu Grunde liegenden Klausel. Ob die Rechtsprechung sämtliche Probleme bei den Dekorationsklauseln gelöst hat, bleibt abzuwarten.

Die Herausgeber haben Wert darauf gelegt, dass die Rechtsprechung bis September 2010 eingearbeitet worden ist, um ein möglichst modernes und an den Bedürfnissen der Praxis ausgerichtetes Werk vorlegen zu können. Soweit erforderlich ist auch die Rechtsprechung der Instanzgerichte berücksichtigt worden. Demgemäß war nicht zu vermeiden, dass das Werk an Umfang zugenommen hat.

In personeller Hinsicht gab es einen Wechsel: Herr Rechtsanwalt *Martin Daams* stand für die 3. Auflage leider nicht mehr zur Verfügung, die Fortführung der bislang von ihm verfassten Abschnitte hat dankenswerterweise Herr Rechtsanwalt und Fachanwalt für Miet- und Wohnungseigentumsrecht *Dr. Henrik Over* übernommen.

Auch anlässlich der Neuauflage bedanken sich die Herausgeber für die Anregungen aus der Praxis, die damit bewiesen haben, dass das Formularbuch auf lebhafte Resonanz gestoßen ist. Herausgeber und Autoren stehen auch weiterhin den kritischen und konstruktiven Hinweisen aus der Praxis aufgeschlossen gegenüber, zumal sich die Rechtsentwicklung nicht zuletzt im Wohn- und Gewerbemietrecht eher beschleunigt als verlangsamt hat.

Köln, im September 2010

Günter Nies
Richard Gies

# Nachtrag

*Dr. Günter Nies* ist am 30. September 2010 – kurz nach Abschluss seiner Vorbereitungsarbeiten für die vorliegende Neuauflage – verstorben. Unserem langjährigen Herausgeber, der sich trotz seiner zunehmend schweren Erkrankung bis zuletzt unermüdlich für das Beck'sche Formularbuch Mietrecht eingesetzt hat und dessen Verlust in fachlicher wie persönlicher Hinsicht gleichermaßen schwer wiegt, ist diese Auflage gewidmet.

München, im Oktober 2010

Verlag C. H. Beck

V

# Inhaltsübersicht

## A. Begründung des Mietverhältnisses

### Wohnraummiete

### Gewerberaummiete

## B. Mietgebrauch

## C. Mietpreisänderung

### Preisfreier Wohnraum

# F. Abwicklung des Mietverhältnisses

# G. Übergangsvorschriften

# Inhaltsverzeichnis

## A. Begründung des Mietverhältnisses

### Wohnraummiete

# Inhaltsverzeichnis

# B. Mietgebrauch

# Inhaltsverzeichnis

## C. Mietpreisänderung

### Preisfreier Wohnraum

# Inhaltsverzeichnis

## Preisgebundener Wohnraum

# Inhaltsverzeichnis

## Preisfreier und preisgebundener Wohnraum

## D. Beendigung des Mietverhältnisses

# Inhaltsverzeichnis

# E. Insolvenzrechtliche Besonderheiten

# F. Abwicklung des Mietverhältnisses

# Inhaltsverzeichnis

# G. Übergangsvorschriften

# Verzeichnis der Bearbeiter

| Hartmut Bister | A. | IV. |
| | C. | VIII.–X. |
| Werner Borzutzki-Pasing | A. | V.; VI. 1.–7.; VII. |
| | B. | IX. |
| Michael Dahl | E. | |
| Heike Eckert | B. | II.; VII. |
| Wolfgang Flintrop | C. | I.–VII. |
| Dr. Richard Gies | F. | VIII. |
| | G. | |
| Thomas Hannemann | D. | V. |
| | F. | III.–VII. |
| Petra Hütte | D. | VI.– IX. |
| Dr. Günter Mersson | A. | VI. 8.–10. |
| | D. | X.–XIII. |
| Dr. Günter Nies | B. | I. |
| Dr. Henrik Over | B. | VIII. |
| | F. | I.; II. |
| Bernd Paltzer | D. | I.–IV. |
| Prof. Dr. Heinz Vallender | E. | |
| Peter Weber | D. | V. |
| | F. | III.–VII. |
| Axel Wetekamp | A. | I. – III. |
| | B. | III. – VII. |

# Abkürzungs- und Literaturverzeichnis

Hinweis: Literatur, die nur Bezug zu speziellen Formularen oder Anmerkungen hat, wird dort aufgeführt (insbesondere Zeitschriftenaufsätze).

| | |
|---|---|
| a. A. | anderer Ansicht |
| a. a. O. | am angegebenen Ort |
| AbbauG | Gesetz über den Abbau der Wohnungszwangswirtschaft und über ein soziales Miet- und Wohnrecht |
| Abl. | ablehnend |
| ABl | Amtsblatt |
| Abs. | Absatz |
| Abschn. | Abschnitt |
| AcP | Archiv für die civilistische Praxis |
| a. E. | am Ende |
| a. F. | alte Fassung |
| AfA | Absetzungen für Abnutzung |
| AFWoG | Gesetz zum Abbau der Fehlsubventionierung im Wohnungswesen |
| AG | Aktiengesellschaft, Amtsgericht, Ausführungsgesetz |
| AGB | Allgemeine Geschäftsbedingungen |
| AGBG | Gesetz zur Regelung des Rechts der Allgemeinen Geschäftsbedingungen |
| AIZ | Allgemeine Immobilienzeitung |
| AKBGB | Alternativkommentar zum BGB, 1979 ff. |
| AktG | Aktiengesetz |
| Allg. M. | allgemeine Meinung |
| Alt. | Alternative |
| a. M. | anderer Meinung |
| AMVO | Altbaumietenverordnung |
| AnfG | Anfechtungsgesetz |
| Anh. | Anhang |
| Anl. | Anlage |
| Anm. | Anmerkung |
| AnwBl | Anwaltsblatt (Zeitschrift) |
| AO | Abgabenordnung |
| Art. | Artikel |
| Aufl. | Auflage |
| AVB | Allgemeine Versicherungsbedingungen |
| Az. | Aktenzeichen |
| *Bärmann* | Wohnungseigentumsgesetz, Kommentar, 11. Aufl. 2010 |
| *Bärmann/Pick* | Wohnungseigentumsgesetz, Kommentar, 19. Aufl. 2010 |
| BAG | Bundesarbeitsgericht |
| BAGE | Amtliche Sammlung von Entscheidungen des Bundesarbeitsgerichtes |
| BAnz | Bundesanzeiger |
| *Barthelmess* | 2. Wohnraumkündigungsschutzgesetz, Miethöhegesetz, Kommentar, 5. Aufl. 1995 |
| BauGB | Baugesetzbuch |

# Abkürzungs- und Literaturverzeichnis

| | |
|---|---|
| BaukZuschG | Gesetz zur Änderung des 2. Wohnungsbaugesetzes, anderer wohnungsbaurechtlicher Vorschriften und über die Erstattung von Baukostenzuschüssen v. 25. 7. 1961, BGBl I, 1041 |
| *Baumbach/Lauterbach/ Albers/Hartmann* | Zivilprozessordnung, Kommentar, 68. Aufl. 2010 |
| BayGW | Zeitschrift für das gemeinnützige Wohnungswesen in Bayern |
| BayHZ | Bayerische Hausbesitzerzeitung |
| BayObLG | Bayerisches Oberstes Landesgericht |
| BayObLGZ | Amtliche Sammlung von Entscheidungen des BayObLG in Zivilsachen |
| BayVBl | Bayerische Verwaltungsblätter (Zeitschrift) |
| BB | Der Betriebs-Berater (Zeitschrift) |
| BBauBl | Bundesbaublatt |
| BBauG | Bundesbaugesetz |
| Bd | Band |
| bestr. | bestritten |
| betr. | betrifft |
| BetrKostUV | Betriebskosten-Umlageverordnung v. 17. 6. 1991 (BGBl I, 1270) |
| BetrKostÄndV | Betriebskosten-Änderungsverordnung v. 27. 7. 1992 (BGBl I, 1415) |
| BetrVG | Betriebsverfassungsgesetz |
| BeurkG | Beurkundungsgesetz |
| BezG | Bezirksgericht |
| BFH | Bundesfinanzhof |
| BGB | Bürgerliches Gesetzbuch |
| BGBl | Bundesgesetzblatt Teile I, II, III |
| BGH | Bundesgerichtshof |
| BGHSt | Amtliche Sammlung von Entscheidungen des Bundesgerichtshofs in Strafsachen |
| BGHZ | Amtliche Sammlung von Entscheidungen des Bundesgerichtshofes in Zivilsachen |
| Bl. | Blatt |
| *Blank* | Mietrecht von A–Z, 17. Aufl. 2003 |
| *Blank/Börstinghaus* | Miete, 3. Aufl. 2008 |
| BlGBW | Blätter für Grundstücks-, Bau- und Wohnungsrecht |
| BMF | Bundesminister der Finanzen |
| BMG | 1.–9. Gesetz über Maßnahmen auf dem Gebiet des Mietpreisrechts (Bundesmietengesetze) |
| BMJ | Bundesminister(ium) der Justiz |
| BMWi | Bundesminister(ium) für Wirtschaft |
| BMWo | Bundesminister(ium) für Raumordnung, Bauwesen und Städtebau |
| *Börstinghaus* | Miethöhe-Handbuch, 2009 |
| *ders.* | Mietminderungstabelle, 2. Aufl. 2010 |
| BR | Bundesrat |
| BR-Drucks | Drucksache des Bundesrates |
| BRAGO | Bundesrechtsanwaltsgebührenordnung |
| BSG | Bundessozialgericht |
| BSHG | Bundessozialhilfegesetz |
| BStBl | Bundessteuerblatt Teile I, II, III |
| BT | Bundestag |
| BT-Drucks | Drucksache des Deutschen Bundestages |
| *Bub/Treier* | Handbuch der Geschäfts- und Wohnraummiete, 3. Aufl. 2005 |
| II. BV | Verordnung über wohnungswirtschaftliche Berechnungen (Zweite Berechnungsverordnung) idF v. 12. 10. 1990, BGBl I, 2178, zuletzt geändert durch VO v. 13. 7. 1992, BGBl I, 1250 |
| BVerfG | Bundesverfassungsgericht |
| BVerfGE | Amtliche Sammlung der Entscheidungen des BVerfG |
| BVerwG | Bundesverwaltungsgericht |

| | |
|---|---|
| BVerwGE | Amtliche Sammlung der Entscheidungen des BVerwG |
| Bzgl. | bezüglich |
| Bzw. | beziehungsweise |
| | |
| C. i. c. | culpa in contrahendo |
| | |
| DEMV | Deutscher Einheitsmietvertrag |
| DGVZ | Deutsche Gerichtsvollzieherzeitung |
| d. h. | das heißt |
| DIN | Deutsche Industrienorm |
| DNotZ | Deutsche Notarzeitung |
| DÖV | Die öffentliche Verwaltung |
| DRiZ | Deutsche Richterzeitung |
| Drucks | Drucksache |
| DStR | Deutsches Steuerrecht |
| DtZ | Deutsch-Deutsche Rechts-Zeitschrift |
| DVO | Durchführungsverordnung |
| DWA | Deutsches Wohnungs-Archiv |
| DWE | Der Wohnungseigentümer |
| DWW | Deutsche Wohnungswirtschaft |
| | |
| EG | Europäische Gemeinschaft; Einführungsgesetz |
| EGBGB | Einführungsgesetz zum BGB |
| Einf. | Einführung |
| Einl. | Einleitung |
| *Eisenschmid/Rips/Wall* | Betriebskosten-Kommentar, 2. Aufl. 2007 |
| *Emmerich/Sonnenschein* | Miete, Handkommentar, 9. Aufl. 2007 |
| ErbbRVO | Verordnung über das Erbbaurecht |
| *Erman/Westermann* | BGB, Kommentar, 12. Aufl. 2008 |
| EStG | Einkommensteuergesetz |
| EnEG | Gesetz zur Einsparung von Energie in Gebäuden (Energieeinsparungsgesetz) v. 22. 7. 1976, BGBl I, 701 |
| EuGH | Europäischer Gerichtshof |
| EWiR | Entscheidungen zum Wirtschaftsrecht, Loseblattsammlung |
| | |
| FamRZ | Zeitschrift für das gesamte Familienrecht |
| f./ff. | folgende |
| FD-MietR | beck-fachdienst Miet- und Wohnungseigentumsrecht |
| FG | Finanzgericht |
| FGG | Gesetz über die Angelegenheiten der freiwilligen Gerichtsbarkeit |
| *Fischer-Dieskau/Pergande/ Schwender* | Wohnungsbaurecht, Kommentar (Loseblattsammlung) |
| Fn. | Fußnote |
| *Fritz* | Gewerberaummietrecht, 4. Aufl. 2004 |
| FS | Festschrift |
| FWW | Die freie Wohnungswirtschaft |
| | |
| GBO | Grundbuchordnung |
| GE | Das Grundeigentum |
| Gem. | gemäß |
| GenG | Genossenschaftsgesetz |
| *Gerber/Eckert* | Gewerbliches Miet- und Pachtrecht, 7. Aufl. 2010 |
| GewO | Gewerbeordnung |
| GewStG | Gewerbesteuergesetz |
| GG | Grundgesetz |
| Ggf. | gegebenenfalls |
| GKG | Gerichtskostengesetz |

# Abkürzungs- und Literaturverzeichnis

| | |
|---|---|
| Kap. | Kapitel |
| KG | Kammergericht, Kommanditgesellschaft |
| KG aA | Kommanditgesellschaft auf Aktien |
| *Kinne/Schach/Bieber* | Miet- und Mietprozessrecht, 5. Aufl. 2008 |
| KM | Kölner Mietrecht – Die Rechtsprechung der Gerichte im LG-Bezirk Köln (Loseblatt) |
| Komm | Kommentar |
| *Kossmann* | Handbuch der Wohnraummiete, 6. Aufl. 2003 |
| KostO | Kostenordnung |
| KostRModG | Gesetz zur Modernisierung des Kostenrechts (Kostenrechtsmodernisierungsgesetz) v. 5. 5. 2004, BGBl I, 718 |
| KostRspr | Kosten-Rechtsprechung, Entscheidungssammlung |
| KreisG | Kreisgericht |
| KTS | Zeitschrift für Konkurs-, Treuhand- und Schiedsgerichtswesen |
| KWG | Kreditwesengesetz |
| | |
| *Lammel* HeizkostenVO | Kommentar, 3. Aufl. 2010 |
| *Langenberg* Betriebskosten | Betriebskostenrecht der Wohn- und Gewerbemiete, 5. Aufl. 2009 |
| *Langenberg* Schönheitsreparaturen | Schönheitsreparaturen, Instandsetzung und Rückbau, 3. Aufl. 2008 |
| LG | Landgericht |
| *Lindnder-Figura/Opré/ Stellmann* | Geschäftsraummiete, 2. Aufl. 2008 |
| LM | *Lindenmaier/Möhring,* Nachschlagewerk des BGH in Zivilsachen |
| LPachtG | Landpachtgesetz |
| LPachtVG | Landpachtverkehrsgesetz |
| LS | Leitsatz |
| *Lützenkirchen* | Anwaltshandbuch Mietrecht, 4. Aufl. 2010 |
| *ders.* | Neue Mietrechtspraxis, 2001 |
| *ders./Dickersbach* | Vertragsstörungen im Mietrecht, 2007 |
| *ders./Jennißen* Betriebskostenpraxis | Betriebskostenpraxis bei Miete und Sondereigentum, 2002 |
| *ders.,* Wohnraummiete | Wohnraummiete, 2002 |
| | |
| MaBV | Makler- und Bauträgerverordnung |
| MDR | Monatsschrift für Deutsches Recht |
| MHRG | Gesetz zur Regelung der Miethöhe v. 18. 12. 1974, BGBl I, 3603 zuletzt geändert durch Gesetz zur Erhöhung des Angebots an Mietwohnungen v. 20. 12. 1982, BGBl I, 1912 |
| MietPrax Arbeitskommentar | *Börstinghaus/Eisenschmid* (Hrsg) Rechtsprechung des BGH in Mietsachen (Loseblatt) |
| MietRÄndG | Gesetz zur Änderung mietrechtlicher Vorschriften: Erstes v. 29. 7. 1963, BGBl I, 505; Zweites v. 14. 7. 1964, BGBl I, 457; Drittes v. 21. 12. 1967, BGBl I, 1248 |
| MietRRefG | Gesetz zur Neugliederung, Vereinfachung und Reform des Mietrechts (Mietrechtsreformgesetz) v. 19. 6. 2001, BGBl I, 1149 |
| MietRVerbG | Gesetz zur Verbesserung des Mietrechts und zur Begrenzung des Mietanstiegs sowie zur Regelung von Ingenieur- und Architektenleistungen v. 4. 11. 1971 BGBl I, 1745 |
| MM | Mietermagazin |
| MMV | Mustermietvertrag, herausgegeben vom BMJ 1976, Beilage zum BAnz Nr. 22/76 |
| ModEnG | Gesetz zur Förderung der Modernisierung von Wohnungen und Maßnahmen zur Einsparung von Heizenergie idF v. 12. 7. 1978, BGBl I, 993 |

# Abkürzungs- und Literaturverzeichnis

| | |
|---|---|
| RVG | Gesetz über die Vergütung der Rechtsanwältinnen und Rechtsanwälte (Rechtsanwaltsvergütungsgesetz) v. 5. 5. 2004, BGBl I, 718 |
| RWS | Kommunikationsform Recht – Wirtschaft – Steuern |
| s. | siehe |
| S. | Satz, Seite |
| *Schmidt-Futterer* | Mietrecht, Großkommentar des Wohn- und Gewerberaummietrechts, 9. Aufl. 2007 |
| SeuffA | Seufferts Archiv für Entscheidungen der obersten Gerichte |
| *Soergel* | BGB, Kommentar, 13. Aufl. 1999 ff. |
| sog | sogenannte(r) |
| *Staudinger* | BGB-Kommentar, 13. Aufl. 1998 ff. |
| StBauFördG | Städtebauförderungsgesetz |
| StBerG | Steuerberatungsgesetz |
| *Sternel* | Mietrecht, 3. Aufl. 1988 |
| *Sternel aktuell* | Mietrecht aktuell, 4. Aufl. 2009 |
| StGB | Strafgesetzbuch |
| *Stöber* | ZVG, 19. Aufl. 2009 |
| StPO | Strafprozessordnung |
| st. Rspr. | ständige Rechtsprechung |
| s. u. | siehe unten, siehe unter |
| TALärm | Technische Anleitung zum Schutz gegen Lärm v. 16. 7. 1986, BAnz, Beil Nr. 137 |
| *Thomas/Putzo* | ZPO, Kommentar, 31. Aufl. 2010 |
| TME | Taschenlexikon miet- und wohnungsrechtlicher Entscheidungen |
| u. a. | unter anderem; und andere |
| u. ä. | und ähnliche(s) |
| UmwG | Umwandlungsgesetz |
| Urt. | Urteil |
| UWG | Gesetz gegen den unlauteren Wettbewerb |
| UStG | Umsatzsteuergesetz |
| u. s.w. | und so weiter |
| u. U. | unter Umständen |
| VersR | Versicherungsrecht |
| VG | Verwaltungsgericht |
| VGB | Allgemeine Bedingungen für die Neuwertversicherung von Wohngebäuden gegen Feuer-, Leitungswasser- und Sturmschäden |
| VGH | Verwaltungsgerichtshof |
| Vgl. | vergleiche |
| VO | Verordnung |
| VOB | Verdingungsordnung für Bauleistungen, Teile A und B |
| VOBl | Verordnungsblatt |
| Vorb | Vorbemerkung |
| VP | Die Versicherungs-Praxis (früher: Feuerversicherung und Feuerschutz, Zeitschrift) |
| VRS | Verkehrsrechtssammlung |
| VVG | Gesetz über den Versicherungsvertrag |
| VW | Versicherungswirtschaft |
| WährG | Währungsgesetz |
| Warn Rspr | Rechtsprechung des Reichsgerichts, hrsg von *Warneyer* |
| WE | Wohnungseigentum |

# Abkürzungs- und Literaturverzeichnis

| | |
|---|---|
| WEG | Gesetz über das Wohnungseigentum und das Dauerwohnrecht v. 15. 3. 1951, BGBl I, 175 |
| *Weitnauer* | Wohnungseigentumsgesetz, Kommentar, 9. Aufl. 2004 |
| *Wetekamp* | Mietsachen, 4. Aufl. 2007 |
| WFB | Wohnungsförderungsbestimmungen |
| WGG | Gesetz über die Gemeinnützigkeit im Wohnungswesen v. 29. 2. 1940, geändert durch Gesetz v. 8. 10. 1986, BGBl I, 2191 |
| WGG-DV | VO zur Durchführung des WGG idF v. 24. 11. 1969, BGBl I, 2141 |
| WiStG | Wirtschaftsstrafgesetz |
| WKSchG | 2. Wohnraumkündigungsschutzgesetz v 18. 12. 1974, BGBl I, 3603, zuletzt geändert durch Gesetz v 20. 12. 1982, BGBl I, 1912 |
| WLVO | WohnungslenkungsVO |
| WM | Zeitschrift für Wirtschaft und Bankrecht, Wertpapier-mitteilungen |
| WoBau ÄndG | Gesetz zur Änderung des 2. Wohnungsbaugesetzes, anderer wohnungsbaurechtlicher Vorschriften und über die Erstattung von Baukostenzuschüssen v. 21. 7. 1961, BGBl I, 1041 |
| WoBauG (I. und II.) | 1. Wohnungsbaugesetz i. d. F v. 25. 8. 1953, BGBl I, 1047, 2. Wohnungsbaugesetz i. d. F. v. 14. 8. 1980, BGBl I, 1730, geändert durch Anlage I Kapitel XIV Abschnitt II Nr. 5 Einigungsvertrag vom 31. 8. 1990, BGBl II 5, 889, 1126 |
| WoBindG | Wohnungsbindungsgesetz i. d. F. v. 22. 7. 1982, BGBl I, 973, zuletzt geändert durch Gesetz v 27. 7. 1990, BGBl I, 1397 |
| WoGeldG | Wohngeldgesetz i. d. F. v. 11. 7. 1985, BGBl I, 1422 |
| *Wolf/Eckert/Ball* | Handbuch des gewerblichen Miet-, Pacht- und Leasingrechts, 10. Aufl. 2009 |
| WoVermG | Gesetz zur Regelung der Wohnungsvermittlung |
| WRP | Wettbewerb in Recht und Praxis |
| WuH | Wohnung und Haus |
| WuM | Wohnungswirtschaft und Mietrecht |
| | |
| z. B. | zum Beispiel |
| ZdWBay | Zeitschrift der Wohnungswirtschaft Bayern |
| ZFG/ZfgG | Zeitschrift für das gesamte Genossenschaftswesen |
| ZfgWBay | Zeitschrift für gemeinnütziges Wohnungswesen in Bayern |
| ZfS | Zeitschrift für Schadensrecht |
| ZGB | Zivilgesetzbuch der ehemaligen DDR |
| ZIP | Zeitschrift für Wirtschaftsrecht und Insolvenzrecht |
| ZMR | Zeitschrift für Miet- und Raumrecht |
| *Zöller* | ZPO, Kommentar, 28. Aufl. 2010 |
| ZOV | Zeitschrift für offene Vermögensfragen |
| ZPO | Zivilprozessordnung |
| ZSEG | Gesetz über die Entschädigung von Zeugen und Sachverständigen |
| ZSW | Zeitschrift für das gesamte Sachverständigenwesen |
| z. T. | zum Teil |
| ZVG | Zwangsversteigerungsgesetz |
| ZwVbVO | Zweckentfremdungsverbotsverordnung |
| ZWE | Zeitschrift für Wohnungseigentum |
| z. Z. | zurzeit |
| zzgl. | zuzüglich |

# A. Begründung des Mietverhältnisses

## Wohnraummiete

## I. Vorvertragliche Regelungen beim Wohnraummietverhältnis

### 1. Selbstauskunft des Mietbewerbers

Selbstauskunft[1]

Name des Mietbewerbers ...................................................................

Derzeitige Anschrift ........................................................................

Geburtsdatum und Geburtsort ...........................................................

Arbeitsstelle[2] ..............................................................................

Monatliches Nettoeinkommen[3] ........................................................

Familienstand[4] .............................................................................

Name und Anschrift des bisherigen Vermieters[5] ..................................

Zwei Referenzen[6] ..........................................................................

Welche und wieviele Personen wollen die Wohnung beziehen?[7] ...............

Ist beabsichtigt, in der Wohnung ein Gewerbe zu betreiben? ...................

Werden Haustiere gehalten, wenn ja, welche?[8] ...................................

..........................................................

(Unterschrift Mietbewerber)

### Anmerkungen

**1.** Mieter haben **grundsätzlich keine Offenbarungspflicht** hinsichtlich persönlicher Daten. Insbesondere müssen sie den Vermieter nicht über ihre Einkommensverhältnisse aufklären, es sei denn, es steht bereits bei Vertragsabschluss fest, dass der Mietzins nicht aufgebracht werden kann. Andererseits wird allgemein ein berechtigtes Interesse des Vermieters angenommen, vom Mieter eine sogenannte „Selbstauskunft" zu verlangen. Nicht jede in einem Selbstauskunftsformular gestellte Frage ist zulässig, zu berücksichtigen ist außerdem, dass Selbstauskunftsformulare der Inhaltskontrolle nach § 307 BGB unterliegen (AG Bonn WuM 1987, 142). Nach § 28 Bundesdatenschutzgesetz ist die Erhebung personenbezogener Daten im Rahmen eines Vertragsverhältnisses nur zulässig, soweit dies der Zweckbestimmung des Vertrages dient und zur Wahrung berechtigter Interessen erforderlich ist. Unter Berücksichtigung des Rechts des Mieters auf informationelle Selbstbestimmung nach Art. 2 Abs. 1 i.V.m. Art. 1 Abs. 1 Grundgesetz hat das BVerfG (NJW 1991, 2411) entschieden, dass ein wegen Geistesschwäche entmündigter Mieter dies bei Abschluss des Mietvertrages nicht offenbaren muss. Werden zulässigerweise gestellte wesentliche Fragen durch den Mieter unrichtig beantwortet, so kommt eine fristlose Kündigung des Mietverhältnisses nach §§ 543 Abs. 1, 569 BGB in Betracht. Stellen sich die wesentlichen Falschausgaben bereits vor Bezug der Wohnung heraus, so kommt zusätzlich die Anfechtung des Vertrages wegen arglistiger Täuschung nach § 123 BGB in Betracht (AG Hamburg NZM 1998, 233).

**2.** Die Frage nach der **Arbeitsstelle** bzw. dem derzeitigen Arbeitsverhältnis ist zulässig, da der Mieter von hier in der Regel sein zur Bezahlung des Mietzinses erforderliches Einkommen bezieht (LG Landau ZMR 1985, 127). Zulässig dürfte auch sein, bei Selbstständigen genauere Angaben über die berufliche Tätigkeit mit entsprechenden Nachweisen zu verlangen.

**3.** Die Frage nach dem **Einkommen** des Mietinteressenten ist in jedem Fall zulässig, insoweit wird auf Anm. 2 verwiesen. Es dürften auch dem Verlangen des Vermieters, zur Bestätigung der Angaben des Mieters einen Gehaltsnachweis vorzulegen, Datenschutzgründe nicht entgegenstehen, da die Vorlage im Interesse des Mieters steht und sowieso nicht erzwungen werden kann. Dementsprechend muss bei Selbstständigen, bei denen eine Bestätigung der Angaben über das Einkommen naturgemäß besonders problematisch ist, zumindest auch eine Bankauskunft verlangt werden können. Problematisch erscheint die Schufa-Auskunft, da Auskünfte über Kreditverpflichtungen des Mieters enthalten sein können, die im Rahmen des Mietverhältnisses nicht von Bedeutung sind.

Auch die Angabe von Mietschulden aus früheren Mietverhältnissen in Selbstauskunftformularen soll erforderlich sein (LG Itzehoe WuM 2008, 281).

Will jemand eine Wohnung anmieten und verlangt der künftige Vermieter von ihm im Rahmen der Selbstauskunft die Vorlage einer **Mietschuldenfreiheitsbescheinigung**, so gilt, dass der Mieter gegen seinen früheren Vermieter keinen Anspruch auf Ausstellung einer derartigen Bescheinigung hat (BGH NZM 2009, 853).

Nach LG Bonn (WuM 2006, 24) soll der Mieter sogar verpflichtet sein, vor Abschluss eines Mietvertrages den Vermieter ungefragt darüber aufzuklären, dass über sein Vermögen das Insolvenzverfahren eröffnet worden ist und darüber, dass das Vormietverhältnis wegen Nichtzahlung der Miete gekündigt und er deshalb zur Räumung verurteilt worden ist. Auch die Frage nach einer **Pfändung** des Arbeitseinkommens ist zulässig (OLG Koblenz WuM 2008, 471).

Sowohl bei der Frage nach der Arbeitsstelle als auch bei der Frage nach dem Einkommen des Mietinteressenten ist von Bedeutung, dass der Vermieter nur dann die Konsequenz einer fristlosen Kündigung des Mietverhältnisses ziehen kann, wenn die Fortsetzung des Mietverhältnisses für ihn unzumutbar ist (LG Wuppertal WuM 1999, 39). Besteht ein Mietverhältnis bereits längere Zeit, ohne dass es Probleme mit der Mietzahlung gegeben hat und stellt sich dann erst heraus, dass die Angaben über die Arbeitsstelle oder über das Einkommen nicht zutreffend gewesen sind, dürfte nicht mehr von Unzumutbarkeit der Fortsetzung des Mietverhältnisses gesprochen werden können.

**4.** Die Frage nach dem **Familienstand** mag für den Vermieter dann von Bedeutung sein, wenn er an ein Ehepaar vermieten will (Schmidt-Futterer/*Blank* § 543 BGB Rdn. 191). Andererseits handelt es sich um private Daten des Mieters, wie zum Beispiel auch die Frage, ob bei einem weiblichen Mietinteressenten eine Schwangerschaft besteht oder allgemein ein Kinderwunsch. Wird die Frage nach dem Familienstand falsch beantwortet und zieht nachträglich ein Ehepartner in die Wohnung ein, ohne dass diese überbelegt wird, so wird der Vermieter hiergegen keine Handhabe haben. Dasselbe gilt für den Nachzug von Kindern des Mieters.

Fraglich ist, ob die Frage nach der **Staatsangehörigkeit** des Mieters zulässig ist (vgl. *Manger* GE 2006, 489). Nachdem es aber durchaus als zulässig anzusehen ist und auch jedem Vermieter anzuraten ist, sich zur Identifikation vom Mieter ein Ausweispapier vorlegen zu lassen, dürfte sich das Problem hierdurch erledigen.

**5.** Die Frage nach Namen und Anschrift des **bisherigen Vermieters** dürfte unter Abwägung der beiderseitigen Interessen eine zulässige Frage sein, da nur so der potentielle Vermieter feststellen kann, ob das vorausgehende Mietverhältnis mit Unzuträglichkeiten belastet war. Hierbei muss es sich nicht nur um die Frage der Mietzahlung handeln, sondern es kann auch um Fragen wie Einhaltung einer Hausordnung und Einfügung in die Hausgemeinschaft gehen. Derartige Fragen, die die Einschätzung der Person eines Mieters betreffen, kann ein Vermieter bei einem kurzen Vorstellungsgespräch kaum beurteilen.

**6.** Als **Referenz** kommt zum Beispiel der Arbeitgeber eines Mieters oder der frühere Vermieter in Betracht. Fraglich ist, ob angesichts der Frage nach dem bisherigen Vermieter die Frage nach zusätzlichen Referenzen nicht überobligationsmäßig ist.

**7.** Es wird auf Anm. 4 Bezug genommen. Die Frage dürfte zwar zulässig sein, doch aus einer Falschbeantwortung dürften sich außer im Falle der Überbelegung Rechtsfolgen kaum ableiten lassen, wenn nicht in der Person der Zugezogenen Ablehnungsgründe gegeben sind. Dies ist der Fall, wenn zum Beispiel aufgenommene Personen den Hausfrieden stören. Der Mieter muss sich das Verhalten aufgenommener Personen über § 278 BGB jedenfalls bei der Frage einer fristlosen Kündigung zurechnen lassen (KG NZM 2000, 905).

**8.** Je nach Vertragsgestaltung kann die **Tierhaltung** in Mietwohnungen – bis auf die Haltung von kleinen Haustieren in üblichem Umfang – ausgeschlossen werden. Ist dies der Fall, dürfte für den Vermieter die Vermietung an einen Mietinteressenten, der wahrheitsgemäß die Haltung eines „großen" Haustieres angibt, nicht in Betracht kommen. Werden in einem Selbstauskunftsformular falsche Angaben über die Tierhaltung gemacht, so kommt die Kündigung des Mietverhältnisses jedoch nur in Ausnahmefällen in Betracht (ordentliche Kündigung nach Abmahnung: LG Berlin ZMR 1999, 28), ansonsten die Klage auf Unterlassung nach § 541 BGB.

## 2. Vorvertrag über ein Wohnraummietverhältnis

### Mietvorvertrag

Zwischen

......

(Vermieter)

und

......

(Mieter)

wird folgender

### Mietvorvertrag[1]

geschlossen:

(1) Die Parteien sind sich darüber einig, dass ...... von ...... die Mietwohnung in ...... anmietet[2].

(2) Das Mietverhältnis beginnt am ...... und wird auf unbestimmte Zeit abgeschlossen[3].

(3) Als Mietzins wird eine Nettomiete von ...... EUR vereinbart.

(4) Die Festlegung der Nebenkosten und einer entsprechenden Vorauszahlung, die Regelung hinsichtlich der Schönheitsreparaturen und der Leistung einer Kaution wird zwischen den Parteien noch verhandelt und wird in den spätestens bis zum ...... abzuschließenden Hauptvertrag aufgenommen[4].

............                                                ............

(Vermieter)                                                (Mieter)

## Anmerkungen

**1.** Ein Mietvorvertrag stellt einen wirksamen Vertrag dar, aus dem gegebenenfalls auf Abschluss des Miethauptvertrages geklagt werden kann (*Jendrek,* Münchener Prozessformularbuch Mietrecht, A. I. 1). **Grund** für den Abschluss eines Mietvorvertrages kann sein, dass sich die Parteien nur über die wesentlichen Vertragsbestandteile wie Mietgegenstand, Mietzins und Mietdauer geeinigt haben, über weitere Punkte aber noch verhandelt werden soll. Es muss tatsächlich bereits eine Einigung über alle Punkte, die die Parteien für wesentlich ansehen, getroffen worden sein. Lediglich über Nebenpunkte soll noch verhandelt werden, weil dem Abschluss des Hauptvertrages ein tatsächliches Hindernis, wie zum Beispiel die Einigung über Nebenpunkte oder z. B. die beabsichtigte maschinenschriftliche Abfassung des Vertrages entgegensteht.

**2. Wesentlicher Inhalt** eines Mietvertrages ist eine Einigung über das Mietobjekt, die Mietdauer und den Mietzins. Ist hierüber nicht bereits im Vorvertrag eine Einigung erfolgt, ist überhaupt kein Vertrag zustande gekommen.

**3.** Offen bleiben kann gegebenenfalls eine Vereinbarung über den Beginn des Mietverhältnisses, die der Regelung im Hauptvertrag vorbehalten bleiben kann.

**4.** Sinnvoll ist die Aufnahme eines **Termins,** bis zu dem spätestens der Hauptmietvertrag geschlossen werden soll. Wird der Hauptmietvertrag tatsächlich nicht geschlossen, ist darüber hinaus eine Einigung über die wesentlichen Vertragsbestandteile wie Mietgegenstand, Mietdauer und Miethöhe getroffen worden und das Mietverhältnis tatsächlich in Gang gesetzt worden, ist von konkludenter Einigung der Vertragsparteien über ein Mietverhältnis auszugehen, das über den Regelungsgegenstand des Vorvertrages hinaus den gesetzlichen Regeln folgt.

# II. Allgemeine Regelungsinhalte des Wohnraummietvertrages

## 1. Allgemeiner Wohnraummietvertrag auf unbestimmte Zeit

Zwischen ......
vertreten durch
......
(Vermieter)
und

......
(Mieter)
wird folgender Mietvertrag geschlossen:

### § 1 Mieträume

(1) Vermietet werden in dem Haus (Straße, Hausnummer, Gemeinde, Ortsteil)
.................................................................................................................
.................................................................................................................
folgende u abgeschlossene u nicht abgeschlossene Wohnung Nr....... im Vorderge-
bäude/Rückgebäude ...... Stock, rechts/links/Mitte
bestehend aus
...... Zimmern(n), ...... Küche/Kochnische, ...... Bad/Dusche mit WC, ...... separates WC, ...... Kammer(n), ...... Nebenräume, ...... Balkon/Loggia, ...... Diele/
Flur, ...... Speicher(anteil), ...... Keller(anteil), ...... Terrasse zu ausschließlichen
Wohnzwecken, soweit nicht andere als zu Wohnzwecken vermietete Räume nachfolgend aufgeführt sind.

Mitvermietet ist weiter
• Hausgarten/Gartenanteil
• Kfz-Stellplatz Nr. ...... Garage.

Von den vermieteten Räumen werden einvernehmlich zu anderen als Wohnzwecken
ganz oder teilweise genutzt:
.................................................................................................................
.................................................................................................................

(2) Der Mieter ist berechtigt, Gemeinschaftsräume und -einrichtungen, soweit
vorhanden, wie Waschküche, Trockenraum, Abstellräume, Kinderspielplatz, Hof-
platz, nach Maßgabe der Hausordnung mitzubenutzen.

(3) Mitvermietet sind folgende Ausstattungsgegenstände (z.B. Einbauküche,
Möblierung):
.................................................................................................................
.................................................................................................................
.................................................................................................................

Der Mieter verpflichtet sich, die aufgeführten Gegenstände pfleglich zu behandeln und sie bei Beendigung des Mietverhältnisses vollzählig zurückzugeben.

(4) Dem Mieter werden vom Vermieter für die Mietzeit ausgehändigt:
...... Hausschlüssel, ...... Wohnungsschlüssel, ...... Zimmerschlüssel,
...... Kellerschlüssel, ...... Speicherschlüssel, ...... Briefkastenschlüssel,
...... Hoftorschlüssel, ...... Zählerschrankschlüssel, ...... Garagenschlüssel.

## § 2 Mietzeit

(1) Der Mietvertrag wird auf unbestimmte Dauer geschlossen.
Das Mietverhältnis beginnt am ......

(2) Der Vertrag kann vom Vermieter gekündigt werden mit einer Frist von
• 3 Monaten, wenn seit der Überlassung des Wohnraums weniger als 5 Jahre,
• 6 Monaten, wenn seit der Überlassung des Wohnraums mindestens 5 Jahre,
• 9 Monaten, wenn seit der Überlassung des Wohnraums mindestens 8 Jahre, vergangen sind.

(3) Die Kündigungsfrist für den Mieter beträgt unabhängig von der verstrichenen Zeit seit der Überlassung des Wohnraums immer 3 Monate.

## § 3 Kündigung

(1) Die Kündigung ohne Einhaltung einer Kündigungsfrist (fristlose Kündigung) richtet sich nach den gesetzlichen Vorschriften.

(2) Die Kündigung bedarf der Schriftform. Sie muss dem anderen Vertragsteil spätestens bis zum 3. Werktag des ersten Monats der Kündigungsfrist zugegangen sein.

(3) Abweichend von § 545 BGB verlängert sich das Mietverhältnis nicht auf unbestimmte Zeit, wenn der Mieter nach Ablauf der Mietzeit den Gebrauch der Mietsache fortsetzt.

## § 4 Miete und Betriebskosten

(1) Die Miete beträgt monatlich                                 ...... EUR
Vorauszahlung für die Betriebskosten
für Heizung und Warmwasser                                      ...... EUR
Vorauszahlung für andere Betriebskosten
gemäß § 2 der Betriebskostenverordnung                          ...... EUR
Garagen- oder Stellplatzmiete                                   ...... EUR
Zuschlag für Untervermietung oder
teilgewerbliche Nutzung
(falls als zulässig vereinbart)                                 ...... EUR
Sonstige Vergütung                                              ...... EUR
monatlich zu zahlender Gesamtbetrag                             ...... EUR.

(2) Art und Umfang der Betriebskosten richten sich nach den Vorschriften der Betriebskostenverordnung.
Folgende sonstige Betriebskosten im Sinne von § 2 Nr. 17 der Betriebskostenverordnung werden als umlagefähig vereinbart:

..................................................................................................................................

..................................................................................................................................

Der Vermieter ist berechtigt, neu entstehende Betriebskosten oder neu eingeführte öffentliche Abgaben auf den Mieter umzulegen.

(3) Der Umlegungsmaßstab für die Heiz- und Warmwasserkosten richtet sich nach den Vorschriften der Heizkostenverordnung.

Bei den übrigen Betriebskosten wird das Wohnflächenverhältnis nach der Wohnflächenverordnung zugrunde gelegt. Ist eine Eigentumswohnung vermietet, wird als Umlagemaßstab das Verhältnis der Miteigentumsanteile vereinbart. Soweit Betriebskosten verbrauchs- oder verursachungsbezogen abgerechnet werden können, erfolgt die Betriebskostenabrechnung auf der Grundlage des erfassten Verbrauchs bzw. der erfassten Verursachung.

Sollte im Laufe der Mietzeit durch zusätzliche technische Ausrüstung des Hauses eine verbrauchs- oder verursachungsbezogene Zurechnung von Betriebskosten auf den Mieter möglich sein, ist der Vermieter berechtigt, durch eine Erklärung in Textform oder Schriftform eine Umlage dieser Betriebskosten nach dem verbrauchs- bzw. verursachungsbezogenen neuen Maßstab zu bestimmen. Die Erklärung ist nur vor Beginn eines Abrechnungszeitraumes für den kommenden Abrechnungszeitraum zulässig. Waren bis dahin die Betriebskosten, auf die sich der neue Umlegungsmaßstab bezieht, Bestandteil der Grundmiete, ist diese entsprechend herabzusetzen. Ein Anspruch des Mieters auf Ausrüstung des Hauses mit Geräten zur Verbrauchserfassung besteht nicht.

(4) Die monatlichen Vorauszahlungen auf die Betriebskosten werden jährlich abgerechnet. Eine sich aus der Abrechnung ergebende Differenz zugunsten des Mieters oder Vermieters ist innerhalb eines Monats nach Zugang der Abrechnung beim Mieter zur Zahlung fällig.

(5) Die Abrechnung der Vorauszahlungen erfolgt, sobald die Abrechnungsunterlagen dem Vermieter vorliegen. Sie hat spätestens 12 Monate nach Beendigung des Abrechnungszeitraumes zu erfolgen. Erfolgt sie später, kann der Vermieter nur dann eine Nachzahlung verlangen, wenn die verspätete Abrechnung auf Gründen beruht, die der Vermieter nicht zu vertreten hat.

Einwendungen gegen die Abrechnung hat der Mieter spätestens bis zum Ablauf des 12. Monats nach Zugang der Abrechnung geltend zu machen, soweit er die Abrechnung nicht bereits vorher durch Ausgleich einer Nachforderung anerkannt hat. Nach Ablauf der Einwendungsfrist kann der Mieter Einwendungen nur noch dann geltend machen, wenn er die verspätete Geltendmachung nicht zu vertreten hat.

(6) Sind monatliche Betriebskostenvorauszahlungen vereinbart, können Vermieter und Mieter in oder nach einer Abrechnung durch eine Erklärung in Textform oder Schriftform eine Anpassung der Monatszahlungen auf eine angemessene Höhe vornehmen

(7) Die Erhöhung der Grundmiete oder der Betriebskosten richtet sich nach den gesetzlichen Vorschriften der §§ 557 bis 560 BGB. Sie ist auch während einer vereinbarten vertraglichen Festzeit oder der Zeit des wechselseitigen Kündigungsausschlusses zulässig.

(8) Der Mieter bezieht folgende Versorgungsleistungen direkt auf eigene Rechnung: Strom, Gas, Wasser, Fernwärme.

Die weiteren Betriebskosten vom Mieter selbst und auf eigene Kosten betriebener Einrichtungen trägt ebenfalls der Mieter.

### § 5 Zahlung der Miete

(1) Die Miete und die Nebenkosten sind monatlich im Voraus, spätestens am 3. Werktag eines Monats

• an den Vermieter
• an folgende andere Person/Stelle
zu bezahlen durch Überweisung auf
Konto Nr....... bei ...... BLZ ......
Die Nebenkosten sind zusammen mit der Miete zu bezahlen.

Für die Rechtzeitigkeit der Zahlung kommt es nicht auf die Absendung, sondern auf den Eingang des Geldes an.

(2) Im Falle des Zahlungsverzugs ist der Vermieter berechtigt, angemessene Verzugszinsen zu verlangen. Für jede Mahnung wird eine pauschale Mahngebühr in Höhe von ...... EUR berechnet.

### § 6 Kaution

(1) Der Mieter leistet an den Vermieter eine Barkaution in Höhe von ...... EUR (höchstens 3 Monatsmieten ohne die als Pauschale oder Vorauszahlung ausgewiesenen Beträge). Die Anlage der Kaution erfolgt entsprechend § 551 Abs. 3 BGB. Die Zinsen erhöhen die Sicherheit. Die Zahlung kann in 3 Monatsraten erfolgen. In diesem Fall ist die erste Rate mit der 1. Miete, die beiden folgenden Raten mit der 2. und 3. Miete zu leisten.

(2) Der Vermieter ist während der Mietzeit berechtigt, wegen rechtskräftig festgestellter, unstreitiger oder offensichtlich begründeter Forderungen die Kaution ganz oder teilweise in Anspruch zu nehmen. In diesem Fall ist der Mieter verpflichtet, das Kautionskonto unverzüglich um den entsprechenden Betrag aufzufüllen.

(3) Bei Beendigung des Mietverhältnisses kann der Vermieter sich wegen seiner Forderungen aus dem Mietverhältnis aus der Kaution befriedigen. Nach Rückgabe der Mieträume hat der Vermieter die Höhe seiner Forderungen aus dem Mietverhältnis festzustellen und dem Mieter mitzuteilen. Für die Abrechnung der Kaution steht ihm eine Frist von 6 Monaten zur Prüfung seiner Ansprüche zu.

(4) Sind Forderungen nur im Wege der Erstellung einer Jahresabrechnung eindeutig zu ermitteln, kann der Vermieter einen Betrag in Höhe von bis zu 3 Vorauszahlungsraten bis zur Abrechnung zurückbehalten, falls bei der Abrechnung mit einer Nachzahlung zu rechnen ist.

### § 7 Aufrechnung mit Gegenforderung und Zurückbehaltung der Miete

(1) Der Mieter kann gegen die Mietforderung mit einer Schadensersatzforderung im Sinne von § 536a BGB oder Forderungen aus § 539 BGB oder aus ungerechtfertigter Bereicherung wegen zu viel bezahlter Miete nur aufrechnen oder ein Zurückbehaltungsrecht ausüben, wenn er seine Absicht dem Vermieter mindestens einen Monat vor Fälligkeit der Miete in Textform oder schriftlich angezeigt hat. Mit anderen Forderungen kann der Miete nur aufrechnen, wenn diese unbestritten, rechtskräftig festgestellt oder entscheidungsreif sind. Mit einer Forderung aus den §§ 536, 812 BGB (Minderung der Miete) kann der Mieter ohne Einschränkung aufrechnen.

(2) Im Übrigen ist die Ausübung eines Zurückbehaltungsrechts nur wegen Forderungen des Mieters aus dem Mietverhältnis zulässig.

### § 8 Verschuldensunabhängige Haftung des Vermieters

Die verschuldensunabhängige Haftung des Vermieters für bei Vertragsabschluss vorhandene Sachmängel (Garantiehaftung) wird ausgeschlossen. § 536a Abs. 1 BGB findet insoweit keine Anwendung.

## § 9 Benutzung der Mieträume

(1) Der Mieter verpflichtet sich, im Haus mit den übrigen Mietern im Sinne einer vertrauensvollen Hausgemeinschaft zusammen zu leben und zu diesem Zweck entsprechende Rücksicht zu üben.

(2) Der Mieter verpflichtet sich, die Mieträume und die gemeinschaftlichen Einrichtungen pfleglich zu behandeln.

(3) Der Mieter darf die Mieträume nur zu dem vertraglich bestimmten Zweck benutzen. Will er sie zu anderen Zwecken ganz oder teilweise benutzen, bedarf er der vorherigen Zustimmung des Vermieters.

(4) Das Halten von Haustieren bedarf der Zustimmung des Vermieters. Keine Zustimmung bedarf die Haltung von Kleintieren (übliche Haustiere wie z. B. Ziervögel oder Zierfische) in ortsüblichem Umfang.

Die Zustimmung kann aus wichtigem Grund widerrufen werden (z. B. bei Gefährdung oder unzumutbarer Belästigung anderer Mieter).

### – Alternativ –

(1) Der Mieter darf die Mieträume nur zu dem vertraglich bestimmten Zweck benutzen.

(2) Die Tierhaltung in den Mieträumen ist ausgeschlossen mit Ausnahme von Kleintieren (übliche Haustiere wie z. B. Ziervögel oder Zierfische) im Rahmen des vertragsgemäßen Gebrauchs.

## § 10 Duldungspflicht des Mieters bei baulichen Maßnahmen

(1) Ausbesserungsmaßnahmen und bauliche Veränderungen, die zur Erhaltung des Hauses, der Mieträume, zur Abwendung drohender Gefahren oder Beseitigung von Schäden notwendig sind, hat der Mieter nach Maßgabe von § 554 Abs. 1 BGB zu dulden.

(2) Maßnahmen zur Verbesserung der Mietsache (Modernisierungsmaßnahmen), zur Einsparung von Energie oder Wasser oder zur Schaffung neuen Wohnraums hat der Mieter nach Maßgabe von § 554 Abs. 2 BGB zu dulden.

(3) Der Mieter darf bauliche Veränderungen oder Veränderungen mitvermieteter Einrichtungsgegenstände nebst Zubehör nur mit vorheriger Zustimmung des Vermieters vornehmen. Liegt die Zustimmung nicht vor, kann der Vermieter Schadensersatz und die Wiederherstellung des ursprünglichen Zustandes verlangen.

Der Mieter verzichtet auf Ersatz der Kosten für bauliche oder sonstige Veränderungen der Mieträume nebst Zubehör, sofern insoweit nicht eine ausdrückliche Vereinbarung mit dem Vermieter und dessen Zustimmung vorliegt.

Die Vorschriften über Maßnahmen nach § 554a BGB („Barrierefreiheit") bleiben unberührt.

(4) Die Aufstellung eigener Öl-, Gas- und Elektroheizeinrichtungen sowie die Lagerung von gefährlichen Stoffen bedarf der vorherigen Zustimmung des Vermieters.

(5) Der Mieter ist berechtigt, Haushaltsmaschinen (Wasch- und Geschirrspülmaschinen, Trockenautomaten) aufzustellen, sofern die Kapazität der vorhandenen Installationen für den Betrieb ausreicht. Der Mieter hat keinen Anspruch darauf, dass zusätzliche Installationen oder elektrische Kapazitäten durch den Vermieter hergestellt werden.

## § 11 Instandhaltung und Instandsetzung der Mieträume

(1) Schäden in den Mieträumen hat der Mieter unverzüglich dem Vermieter anzuzeigen. Führt der Mieter selbst Instandsetzungen durch, ohne vorher vom Vermieter Abhilfe innerhalb angemessener Frist verlangt zu haben, erhält er keinen Ersatz seiner Aufwendungen. Dies gilt nicht, falls sofortiges Handeln des Mieters erforderlich und der Vermieter nicht erreichbar ist. Für durch eine nicht rechtzeitige Anzeige verursachte weitere Schäden haftet der Mieter.

(2) Der Mieter haftet für Schäden, die durch ihn, seine Familienangehörigen, Besucher, Haushaltsangehörige, Untermieter sowie durch von ihm beauftragte Handwerker und Lieferanten schuldhaft verursacht werden. Dem Mieter obliegt der Beweis dafür, dass ein schuldhaftes Verhalten nicht vorgelegen hat. Die Haftung des Mieters tritt nicht ein, wenn die Schadensursache nicht in seinem Gefahrenbereich gesetzt wurde.

(3) Der Mieter ist verpflichtet, die notwendigen Schönheitsreparaturen fachgerecht auszuführen. Die Schönheitsreparaturen umfassen das Streichen der Wände und Decken, wobei dem Streichen der Wände das Anbringen einer weiß gestrichenen Raufasertapete gleich steht. Weiter das Reinigen von Parkett- und Teppichböden, das Lackieren von Heizkörpern und Heizrohren, der Innentüren sowie der Fenster- und Außentüren von innen. Die Schönheitsreparaturen sind im Allgemeinen in folgenden Zeitabständen, gerechnet ab Beginn des Mietverhältnisses, auszuführen:
Wand- und Deckenanstriche in Küchen, Bädern und Duschen alle 5 Jahre, in Wohn- und Schlafräumen, Dielen und Toiletten alle 7 Jahre, in anderen Räumen alle 10 Jahre; Lackieren von Heizkörpern und -rohren, Innentüren, Fenstern und Außentüren von innen alle 10 Jahre.
Endet das Mietverhältnis vor Ablauf dieser Fristen, so kann der Vermieter einen prozentualen Anteil der Renovierungskosten geltend machen. Dieser bemisst sich nach der seit der letzten Renovierung verstrichenen Zeit im Verhältnis zum vollen Renovierungsturnus. Ist seit dem Einzug des Mieters bzw. der zuletzt durchgeführten Renovierung noch kein voller Turnus verstrichen, berechnet sich der Renovierungskostenanteil ab dem Datum des Einzugs. Im Allgemeinen gelten folgende Prozentsätze: Liegen die letzten Schönheitsreparaturen während der Mietzeit länger als ein Jahr zurück, zahlt der Mieter in der Regel 20% der Renovierungskosten, länger als zwei Jahre in der Regel 40%, länger als drei Jahre in der Regel 60% und länger als vier Jahre in der Regel 80%.
Die Renovierungskosten werden im Zweifel nach dem Kostenvoranschlag eines vom Vermieter benannten Malerfachgeschäfts ermittelt. Die Selbstdurchführung der erforderlichen Schönheitsreparaturen bleibt dem Mieter unbenommen.

(4) Der Mieter ist verpflichtet, die Reparaturkosten für Installationsgegenstände, die seinem direkten und häufigen Zugriff ausgesetzt sind, wie die Installationen für Wasser und Gas, Elektrizität, Heiz- und Kocheinrichtungen, Fenster- und Türverschlüsse sowie für Rollläden zu tragen, soweit die Kosten der einzelnen Reparatur 100 EUR nicht übersteigen und der jährliche Reparaturaufwand nicht mehr als eine Monatsmiete (ohne Heizkosten) beträgt.

## § 12 Pfandrecht des Vermieters

(1) Für das Vermieterpfandrecht gelten die gesetzlichen Vorschriften der §§ 562 bis 562 d BGB.

(2) Der Mieter erklärt, dass die bei Einzug in die Mieträume eingebrachten Sachen sein freies Eigentum und nicht gepfändet oder verpfändet sind mit Ausnahme folgender Gegenstände:

...............................................................................

...............................................................................

...............................................................................

Zur Sicherung seines Pfandrechts kann der Vermieter nach Maßgabe von § 562b Abs. 1 BGB die Entfernung der dem Pfandrecht unterliegenden Gegenstände auch ohne Anrufung des Gerichts verhindern und diese bei Auszug des Mieters in Besitz nehmen.

### § 13 Betreten der Mieträume durch den Vermieter

(1) Der Vermieter oder ein von ihm Beauftragter oder der Vermieter in Begleitung beauftragter Personen ist berechtigt, die Mieträume zur Feststellung von Schäden und Mängeln oder notwendigen baulichen Arbeiten sowie zum Ablesen von Messeinrichtungen nach vorheriger Ankündigung zu betreten.

Bei Gefahr in Verzug darf der Vermieter oder ein von ihm Beauftragter bei Abwesenheit des Mieters die Mieträume auch ohne vorherige Ankündigung zur Abwehr der Gefahr betreten.

(2) Will der Vermieter das Hausgrundstück verkaufen oder ist das Mietverhältnis gekündigt, so darf der Vermieter oder ein von ihm Beauftragter die Mieträume nach vorheriger Ankündigung zusammen mit Kauf- oder Mietinteressenten betreten. Übliche Besichtigungszeiten sind an Werktagen zwischen 9.00 Uhr und 12.00 Uhr und zwischen 15.00 Uhr und 18.00 Uhr.

Bei längerer Abwesenheit hat der Mieter dafür zu sorgen, dass der Vermieter oder seine Beauftragten in den Fällen der Abs. (1) und (2) die Mieträume betreten können.

### § 14 Beendigung der Mietzeit

(1) Der Mieter hat die Mieträume bei Beendigung der Mietzeit ordnungsgemäß gereinigt und mit sämtlichen mitvermieteten Ausstattungsgegenständen, Geräten, Schlüsseln, auch selbst beschafften, zurückzugeben. § 11 bleibt unberührt.

(2) Auf Verlangen des Vermieters ist der Mieter verpflichtet, bauliche Veränderungen, die er an der Mietsache vorgenommen hat oder Einrichtungen, mit denen er die Mietsache versehen hat, bei Beendigung der Mietzeit auf seine Kosten zu entfernen und den ursprünglichen Zustand wiederherzustellen, sofern nichts anderes vereinbart ist.

(3) Einrichtungen, mit denen der Mieter die Mietsache versehen hat, darf er wegnehmen. Er hat hierbei den ursprünglichen Zustand wiederherzustellen. Der Vermieter kann unbeschadet seiner Rechte nach Abs. (2) die Ausübung des Wegnahmerechts durch Zahlung einer angemessenen Entschädigung abwenden, es sei denn, der Mieter hat ein berechtigtes Interesse an der Wegnahme.

### § 15 Vorzeitige Beendigung des Mietverhältnisses

Endet das Mietverhältnis durch fristlose Kündigung des Vermieters, so haftet der Mieter für den Schaden, der dem Vermieter dadurch entsteht, dass die Räume nach dem Auszug des Mieters aus Gründen, die der Vermieter nicht zu vertreten hat, leer stehen oder zu einer geringeren Miete vermietet werden müssen.

## § 16 Personenmehrheit als Mieter

(1) Mehrere Personen als Mieter haften für alle Verpflichtungen aus dem Mietverhältnis als Gesamtschuldner.

(2) Die Mieter bevollmächtigen sich unter dem Vorbehalt schriftlichen Widerrufs, der gegenüber dem Vermieter zu erklären ist, gegenseitig zur Abgabe und Entgegennahme von Erklärungen, die das Mietverhältnis berühren. Ein Widerruf der Vollmacht wird erst für Erklärungen wirksam, die nach Zugang des Widerrufs abgegeben werden. Eine Erklärung des Vermieters, die alle Mieter berührt, muss zwar an alle Mieter gerichtet sein, für ihre Rechtswirksamkeit genügt es aber, wenn sie gegenüber einem der Mieter abgegeben wird.

Diese Vollmacht gilt auch für die Entgegennahme von Kündigungen des Vermieters und für die Abgabe von Zustimmungserklärungen der Mieter zu einem Mieterhöhungsverlangen; sie gilt nicht für den Ausspruch von Kündigungen durch Mieter und für Mietaufhebungsverträge.

## § 17 Sonstige Vereinbarungen

(1) Die dem Vertrag beiliegende Hausordnung und das beiliegende Übergabeprotokoll gelten als Bestandteile des Mietvertrages. Von der Hausordnung abweichende Vereinbarungen des Mietvertrags gehen der Hausordnung vor.

(2) Der Mieter ist verpflichtet, sich innerhalb einer Woche bei der zuständigen Meldebehörde anzumelden und die Meldebestätigung dem Vermieter unverzüglich vorzulegen.

.....................................................................................................

.....................................................................................................

.....................................................................................................

...............

Ort, Datum

...............                                                    ...............

(Mieter)                                                         (Vermieter)

## Anmerkung

Ist eine **Mehrheit von Mietern** oder von Vermietern gegeben, so muss der Vertrag grundsätzlich von allen Beteiligten auf beiden Seiten unterschrieben werden. Eine Mehrheit von Mietern und Vermietern bildet eine BGB-Innengesellschaft.

Wer den Vertrag nicht unterschrieben hat, wird, falls nicht ein Fall der Vertretung vorliegt, auch nicht Vertragspartei. Etwas anderes kann in eng begrenzten Fällen dann gelten, wenn Ehepaare eine Wohnung gemeinsam anmieten. Hier soll dann, wenn beide Ehepartner an den Vertragsverhandlungen beteiligt bzw. beim Abschluss des Vertrages anwesend waren, gelten, dass der Anschein für gemeinsame Anmietung spricht und die Unterschrift des einen Partners auch im Namen des anderen – der den Vertrag nicht unterschrieben hat – erfolgt (LG Berlin GE 1995, 1553). Entsprechendes soll auch für die Vermieterseite gelten (LG Heidelberg WuM 1997, 547), insbesondere falls das Vermieterpaar Eigentümer des vermieteten Anwesens ist. Waren auf Mieterseite nicht beide im Kopf des Vertrages aufgeführte Partner bei Vertragsschluss anwesend und unterschreibt auch nur einer von ihnen, kann der nicht unterschreibende Ehepartner später durch konkludenten Vertragsbeitritt Mitmieter werden. Voraussetzung ist, dass aus seinem

Verhalten geschlossen werden kann, dass er eigene Rechte und Pflichten begründen will und ihn der Vermieter auch als Vertragspartner akzeptiert (BGH NZM 2005, 659).

Ist im Übrigen ein Fall der Stellvertretung gegeben, muss diese offen gelegt werden. Die verdeckte Stellvertretung ist nicht zulässig (LG München I WuM 1989, 282). Schließt z.B. ein Hausverwalter einen Mietvertrag ohne Hinweis darauf, dass er den Vermieter vertritt, ab, kommt der Mietvertrag mit dem Hausverwalter zustande (KG MDR 1998, 529).

## 2. Wohnraummietvertrag auf unbestimmte Zeit mit Verzicht auf ordentliche Kündigung auf bestimmte Zeit

§ 2 des Wohnraummietvertrages (Form. A. II. 1.) erhält folgende Fassung:

### § 2 Mietzeit

Das Mietverhältnis beginnt am ......

Es handelt sich um einen allgemeinen Mietvertrag auf unbestimmte Zeit mit Ausschluss des Rechts zur ordentlichen Kündigung. Die Parteien verzichten wechselseitig auf die Dauer von ...... Jahren ab Vertragsbeginn auf ihr Recht zur ordentlichen Kündigung des Mietvertrages. Eine ordentliche Kündigung ist erstmals nach Ablauf des bezeichneten Zeitraums mit der gesetzlichen Frist zulässig. Von dem Verzicht bleibt das Recht zur fristlosen Kündigung und zur außerordentlichen Kündigung mit gesetzlicher Frist unberührt.

### Anmerkung

Der **einfache Zeitmietvertrag** nach § 564c Abs. 1 BGB a.F. ist durch die Regelung des Mietrechtsreformgesetzes ab dem 1. 9. 2001 ersatzlos **entfallen.** Es ist daher nicht mehr möglich, ab dem 1. 9. 2001 einen einfachen Zeitmietvertrag, der nicht der Regelung des § 575 BGB insbesondere über die Angabe des Befristungsgrundes entspricht, abzuschließen. Die Begründung des Referentenentwurfs zum Mietrechtsreformgesetz führt allerdings aus, dass dann, wenn die Voraussetzungen für den qualifizierten Zeitmietvertrag nach § 575 BGB als allein zulässigem Zeitmietvertrag mangels Befristungsgrund auf Vermieterseite nicht vorliegen, dem Interesse des Mieters an einer langfristigen Bindung vertraglich durch Abschluss eines unbefristeten Mietvertrages unter Ausschluss des Rechts zur ordentlichen Kündigung für einen vertraglich festgelegten Zeitraum Rechnung getragen werden könnte (Referentenentwurf S. 147). Eine derartige Regelung wurde zunächst als problematisch empfunden wegen der ebenfalls durch das Mietrechtsreformgesetz erfolgten, zwingenden Regelung der dreimonatigen Kündigungsfrist für den Mieter nach § 573c BGB. Andererseits regelt § 573c BGB nicht den Ausschluss des Kündigungsrechts, sondern nur die Kündigungsfrist.

Nach BGH WuM 2005, 346, NZM 2005, 419 ist der formularvertragliche beiderseitige Kündigungsausschluss bis zu einer Dauer von **vier Jahren** zulässig. Durch Individualvereinbarung soll auch eine längere Kündigungsausschlussfrist möglich sein (BGH WuM 2006, 445, NZM 2006, 653). Ein **einseitiger** formularmäßiger Kündigungsausschluss zu Lasten des Mieters soll nur dann wirksam sein, wenn er zusammen mit einer wirksamen Staffelmietvereinbarung vereinbart worden ist und nicht länger als vier Jahre seit Abschluss der Staffelmietvereinbarung dauert (BGH WuM 2006, 97, NZM 2006, 256 und NZM 2009, 153).

## 3. Zeitmietvertrag nach § 575 BGB
## mit Verwendungsabsicht Eigennutzung

§ 2 des Wohnraummietvertrages (Form. A. II. 1.) erhält folgende Fassung:

### § 2 Mietzeit

(1) Der Mietvertrag wird als Zeitmietvertrag nach § 575 BGB abgeschlossen.[1] Das Mietverhältnis beginnt am ...... und endet mit Ablauf des ...... (Höchstdauer nicht vorgeschrieben).

(2) Der Vermieter erklärt, dass er nach Ablauf der Mietzeit
• die Räume als Wohnung für sich[2]
• die Räume als Wohnung für folgende zu seinem Haushalt gehörenden Personen:[3]
......
• für folgende Familienangehörige:[4]
......
nutzen will.

### Anmerkungen

**1.** Nach der Neuregelung durch das Mietrechtsreformgesetz ist weder der Abschluss eines einfachen Zeitmietvertrages ohne Angabe einer Verwendungsabsicht noch die Vereinbarung eines Zeitmietvertrages mit Verlängerungsklausel mehr möglich, da weder eine § 564c Abs. 1 BGB a. F. entsprechende Vorschrift noch § 565a BGB a. F. in der Fassung des BGB nach dem Mietrechtsreformgesetz enthalten ist. Allein zulässige Form eines Zeitmietvertrages ist der **qualifizierte Zeitmietvertrag** nach § 575 BGB, der im Wesentlichen § 564c Abs. 2 BGB a. F. entspricht. Im Unterschied zur bisherigen Regelung ist eine zeitliche Begrenzung des Zeitmietvertrages nicht mehr vorgesehen. Dies bedeutet, dass weder eine Mindestzeit noch eine Höchstzeit für die Dauer des Zeitmietvertrages besteht. Die geplante Verwendungsabsicht, hier Eigennutzung, muss nach § 575 Abs. 1 S. 1 BGB dem Mieter schriftlich bei Vertragsschluss mitgeteilt werden. Die Erklärung muss nicht in der Mietvertragsurkunde selbst enthalten sein. Nachdem das Gesetz ausdrücklich Schriftform vorschreibt, genügt Textform nach § 126b BGB für die Erklärung nicht. Andererseits kann, was nach der Neuregelung durch das Gesetz zur Anpassung der Formvorschriften des Privatrechts und anderer Vorschriften an den modernen Rechtsgeschäftsverkehr ab 1. 8. 2001 gilt, die schriftliche Form des gesamten Vertrages nach § 126 Abs. 3 BGB durch die elektronische Form ersetzt werden, was natürlich dann auch für die Mitteilung über den Grund der Befristung nach § 575 Abs. 1 BGB gilt. Kein wirksamer Zeitmietvertrag, sondern ein Vertrag, der nach § 575 Abs. 1 S. 2 BGB als auf unbestimmte Zeit abgeschlossen gilt, liegt vor, wenn
• die Mitteilung über die Verwendungsabsicht nicht in schriftlicher Form erfolgt,
• die Mitteilung nach Vertragsschluss zugeht,
• die Mitteilung den zu stellenden inhaltlichen Anforderungen nicht entspricht (vgl. *Wetekamp*, Mietsachen, 4. Aufl., Kap. 8 Rdn. 413 ff.).
Nach der bisherigen Regelung traf den Vermieter nach § 564c Abs. 2 S. 2 BGB a. F. eine Endmitteilungspflicht über das Weiterbestehen der Verwendungsabsicht. Diese Endmitteilungspflicht wurde nach § 575 Abs. 2 BGB durch einen Auskunftsanspruch des

Mieters ersetzt. Hiernach kann der Mieter vom Vermieter frühestens vier Monate vor Ablauf der Befristung verlangen, dass ihm binnen eines Monats der Vermieter mitteilt, ob der Befristungsgrund noch besteht. Wirkung einer späteren Mitteilung ist, dass der Mieter eine Verlängerung des Mietverhältnisses um den Zeitraum der Verspätung verlangen kann. Dem Mieter sei es zuzumuten, sich im Falle, dass er ein Interesse daran habe, über das vereinbarte Mietende hinaus in der Wohnung zu verbleiben, an den Vermieter zu wenden, um zu erfahren, ob der Vermieter an der Befristung festhalten wolle (Begründung zum Referentenentwurf des Mietrechtsreformgesetzes, S. 149). Auf einen am 1. 9. 2001 bestehenden Zeitmietvertrag, unabhängig davon, ob es sich um einen einfachen oder qualifizierten Zeitmietvertrag handelt, ist das bisherige Recht des § 564 c BGB a. F. anzuwenden (Art. 229 § 3 Abs. 3 EGBGB).

**2.** Hinsichtlich der **Verwendungsabsicht „Nutzung für sich"** genügt es, wenn der Vermieter anführt, dass er die Wohnung nach Vertragsende selbst nutzen will. Anders als beim Kündigungsgrund des Eigenbedarfs als berechtigtes Interesse für die ordentliche Kündigung nach § 573 Abs. 2 Nr. 1 BGB muss bei der Verwendungsabsicht nach § 575 BGB eine Bedarfssituation nicht vorliegen. Es genügt, wenn der ernsthafte Nutzungswille vorliegt (LG Wuppertal WuM 1994, 543). Die Nutzungsmöglichkeit muss nicht einmal mit Sicherheit feststehen. Es genügt, wenn beim Vermieter die Erwägung besteht, dass nach Ablauf der Vertragszeit ein Nutzungswille vorliegen könnte (Schmidt-Futterer/*Blank* § 575 BGB Rdn. 7). Es genügt, wenn einer der drei Befristungsgründe, die in § 575 Abs. 1 BGB aufgezählt sind, vorliegen. Möglich ist auch, dass eine Kumulation mehrerer Zwecke, zum Beispiel Eigennutzung nach Modernisierung vorliegt oder eine alternative oder hilfsweise Angabe des Verwendungszwecks (Schmidt-Futterer/*Blank* § 575 Rdn. 5). Eine Erweiterung oder analoge Anwendung auf andere Befristungsgründe ist nicht möglich. So scheidet zum Beispiel ein sonstiges Nutzungsinteresse im Sinne des § 573 Abs. 1 BGB, so zum Beispiel Bedarf für eine Pflegeperson oder Inanspruchnahme für öffentliche Interessen als Befristungsgrund aus.

**3.** Ein **weiterer Befristungsgrund ist,** dass der Vermieter die Wohnung nach Ablauf der Befristung für **„Angehörige seines Haushalts"** nutzen will. Hierbei soll es sich um denselben Personenkreis handeln wie bei den nach § 564 c Abs. 2 Nr. 2 a BGB a. F. mit dem Begriff „zu seinem Hausstand gehörenden Personen" gemeint war. Der Begriff wird ebenfalls in § 573 Abs. 2 Nr. 2 BGB verwendet. Nach der Begründung zum Referentenentwurf (S. 137) sind damit Personen gemeint, die dauerhaft dem Haushalt des Vermieters angehören, zum Beispiel der Lebenspartner des Vermieters, Pflegekinder oder Kinder des Lebenspartners.

**4.** Der Begriff der **Familienangehörigen** ist derselbe wie in § 573 Abs. 2 Nr. 2 BGB. Im Gegensatz zu den Angehörigen des Haushalts müssen sich diese zu dem Zeitpunkt, zu dem die Nutzungsabsicht verwirklicht werden soll, nicht im Haushalt des Vermieters befinden. Unter dem Begriff „Familienangehörige" fallen der Ehegatte, die Kinder (LG Stuttgart WuM 1989, 249), auch nichteheliche Kinder und deren Mutter (LG Berlin GE 1992, 101), Enkel (AG Köln WuM 1989, 250), Eltern, Großeltern sowie Geschwister des Vermieters (BayObLG WuM 1984, 14). Auch weiter entfernte Verwandte oder Verschwägerte können unter den Begriff „Familienangehörige" fallen, hier muss jedoch hinzukommen, dass der Vermieter besondere Verantwortung für den Wohnbedarf dieser Personen aus sozialem Kontakt hat (*Sternel* Rdn. IV, 139). Unter diesen Voraussetzungen kommen in Betracht: Die Schwiegermutter des Vermieters (LG Köln WuM 1994, 541), ein Stiefkind des Vermieters (LG Hamburg WuM 1997, 177), Nichten und Neffen des Vermieters (AG Ludwigsburg WuM 1990, 391). Für letztere hat der BGH (NZM 2010, 271) jedoch nunmehr entschieden, dass es auf eine besondere persönliche Beziehung oder soziale Bindung zum Vermieter nicht ankommt.

## 4. Zeitmietvertrag nach § 575 BGB mit Verwendungsabsicht Beseitigung oder wesentliche Veränderung der Mieträume

§ 2 des Wohnraummietvertrages (Form. A. II. 1.) erhält folgende Fassung:

**§ 2 Mietzeit**

(1) Der Mietvertrag wird als Zeitmietvertrag nach § 575 BGB abgeschlossen. Das Mietverhältnis beginnt am ...... und endet mit Ablauf des ...... (Höchstdauer nicht vorgeschrieben).

(2) Der Vermieter erklärt, dass er nach Ablauf der Mietzeit
a) in zulässiger Weise die Räume beseitigen will[1] oder
b) die Räume in folgender Weise so wesentlich verändern oder instandsetzen will, dass die Maßnahmen durch eine Fortsetzung des Mietverhältnisses erheblich erschwert würden.[2]

### Anmerkungen

**1.** Nur bei der **Nutzungsabsicht „Beseitigung der Räume"** genügt lediglich die Angabe, dass die Beseitigung der Räume in zulässiger Weise beabsichtigt ist. Soweit es sich um die wesentliche Veränderung oder Instandsetzung als zweite Alternative handelt, sind konkretisierende Angaben erforderlich.

**2.** Die **geplanten Maßnahmen** müssen hinreichend konkretisiert und eindeutig bestimmt werden (LG Stuttgart WuM 1994, 690). Nur so kann der Mieter beurteilen, ob es sich um wesentliche Maßnahmen im Sinne der Vorschrift handelt mit der Folge, dass eine Fortsetzung des Mietverhältnisses erheblich erschwert würde. Es wird allgemein davon ausgegangen, dass die Information denselben Umfang haben muss, wie im Rahmen der Mitteilung bei einer geplanten Modernisierungsmaßnahme nach § 554 Abs. 3 BGB. Dies bedeutet jedenfalls, dass Art und voraussichtlicher Umfang der Maßnahme mitgeteilt werden muss. Nachdem es sich nur um die Mitteilung einer Nutzungsabsicht handelt, dürfte weder die Angabe des Beginns noch die voraussichtliche Dauer mitgeteilt werden müssen.

## 5. Zeitmietvertrag nach § 575 BGB mit Verwendungsabsicht Vermietung an Werksangehörige

§ 2 des Wohnraummietvertrages (Form. A. II. 1) erhält folgende Fassung:

**§ 2 Mietzeit**

(1) Der Mietvertrag wird als Zeitmietvertrag nach § 575 BGB abgeschlossen. Das Mietverhältnis beginnt am ...... und endet mit Ablauf des ...... (Höchstdauer nicht vorgeschrieben).

(2) Der Vermieter erklärt, dass er nach Ablauf der Mietzeit die Räume an einen zur Dienstleistung Verpflichteten vermieten will.

### Anmerkung

Die Regelung entspricht § 564 c Abs. 2 S. 1 Nr. 2 c BGB a. F. mit der Änderung, dass nicht erforderlich ist, dass die Wohnung bereits bei Abschluss des Mietvertrages an einen Werksangehörigen vermietet ist. Es ist also möglich, dass eine gegenwärtige Vermietung an Nicht-Werksangehörige erfolgt, wenn nach Fristablauf des Zeitmietvertrages wieder an einen Werksangehörigen vermietet werden soll. Nach der Begründung zum Referentenentwurf des Mietrechtsreformgesetzes können so Räume, die an sich Werkwohnungen sind, zur Vermeidung von unnötigen Leerständen zwischenzeitlich anderweitig vermietet werden, wenn zurzeit kein Interesse eines zur Dienstleistung Verpflichteten besteht (Referentenentwurf S. 149).

## 6. Vereinbarung über Vormietrecht

### Vormietrecht[1]

Zwischen ...... (Vermieter) und ...... (Berechtigter) wird folgende Vereinbarung getroffen:

1. ...... (Vermieter) hat mit Mietvertrag vom ...... an ...... (Mieter) eine Mietwohnung in ...... vermietet.

2. Für den Fall der Beendigung des Mietverhältnisses zwischen ...... (Vermieter) und ...... (Mieter) wird ...... (Berechtigter) das Recht eingeräumt, durch einseitige Erklärung mit ...... (Vermieter) einen Mietvertrag zu denselben Bedingungen zu begründen, die in dem Vertrag zwischen ...... (Vermieter) und ...... (Mieter) vereinbart worden sind.[2]

### Anmerkungen

**1.** Durch das Vormietrecht wird dem hierdurch Berechtigten das Recht eingeräumt, durch Erklärung an den Verpflichteten mit diesem einen Mietvertrag zu den Bedingungen zu begründen, die dieser in einem bereits bestehenden Mietvertrag mit einem Dritten festgelegt hat (Erman/*Jendrek* vor § 535 Rdn. 60). Es handelt sich also nicht um den Eintritt des Berechtigten in den mit dem Dritten abgeschlossenen Mietvertrag, sondern um das Recht, einen Mietvertrag mit dem Verpflichteten zu begründen. Die Bedingungen ergeben sich aus dem Mietvertrag, der mit dem Dritten, hier also M. abgeschlossen worden ist.

**2.** Auf das Vormietrecht werden die Vorschriften über das Vorkaufsrecht nach §§ 504 ff. BGB entsprechend angewendet. Der durch das Vormietrecht Berechtigte hat Anspruch auf Auskunft über den Inhalt des mit dem Dritten geschlossenen Mietvertrages entsprechend § 510 BGB. Der durch das Vormietrecht Berechtigte kann Klage auf Auskunft über den Eintritt des Vormietfalls und, bei entsprechenden Voraussetzungen, auf Feststellung, dass zwischen den Parteien auf Grund der Ausübung des Vormietrechtes ein Mietvertrag zustande gekommen ist, erheben (Jendrek/*Deppen*, A. III. 1).

# 7. Mietoptionsvertrag

### Mietoptionsvertrag[1]

Zwischen ...... (Vermieter) und ...... (Berechtigter) wird folgende Vereinbarung getroffen:

1. ...... (Vermieter) hat mit Wohnraummietvertrag vom ...... an ...... (Mieter) eine Wohnung in ...... vermietet.[2]

2. ...... (Vermieter) verpflichtet sich, bei Beendigung des Mietverhältnisses mit ...... (Mieter) im Falle der Ausübung des Rechts auf Begründung eines Mietvertrages die Mietwohnung an ...... (Berechtigter) zu überlassen.[3]

3. ...... (Berechtigter) verpflichtet sich, von dem Recht auf Begründung eines Mietvertrages über die bezeichnete Mietwohnung bis zum ...... spätestens gegenüber ...... (Vermieter) Gebrauch zu machen.[4]

4. Für den gegebenenfalls zwischen ...... (Vermieter) und ...... (Berechtigter) zustande kommenden Mietvertrag gelten die in dem Vertrag zwischen ...... (Vermieter) und ...... (Mieter) bestehenden Mietvertragsbedingungen entsprechend.[5]

### Anmerkungen

**1.** Der **Mietoptionsvertrag** gibt der einen Vertragspartei das Recht, durch Ausübung der Option einen bereits in allen Einzelheiten feststehenden Mietvertrag zu einem künftigen Zeitpunkt zustande zu bringen (Palandt/*Weidenkaff* Einf. vor § 535 BGB Rdn. 5). Als Verpflichtung enthält der Optionsvertrag lediglich die einseitige Verpflichtung einer Partei, hier des Vermieters, den Vertrag mit dem Berechtigten zu schließen. Im Gegensatz zum Anmietrecht stehen die Vertragsbedingungen fest, sie ergeben sich nämlich aus dem zwischen Vermieter und Mieter geschlossenen Vertrag.

**2. Voraussetzung** des Mietoptionsvertrages ist, dass der Vertrag hinsichtlich dessen die Option ausgeübt werden soll, bereits in allen Einzelheiten feststeht. Es handelt sich hier um den Wohnraummietvertrag, der zwischen Vermieter und Mieter besteht.

**3.** Ziffer 2 des Vertrages beinhaltet die einseitige Verpflichtung des Vermieter im Falle der Ausübung der Option die Wohnung an den Berechtigten zu überlassen, und zwar kommt bereits durch die Ausübung der Option der Vertrag zwischen Vermieter und Berechtigtem zustande. Dies beruht darauf, dass der Vertrag bereits in allen Einzelheiten feststeht.

**4.** Die Ausübung der Option kann formlos erfolgen. Schriftform ist jedoch anzuraten. Nachdem der Optionsvertrag lediglich beinhaltet, dass der Berechtigte ein Recht hat, den Vertrag, der zwischen Vermieter und Mieter geschlossen wurde, zu übernehmen, kann im Falle, dass der Berechtigte die Option nicht ausübt, der Vermieter mit einem anderen Mietinteressenten einen neuen Vertrag schließen. Insoweit ist es erforderlich, einen Zeitpunkt vertraglich festzulegen, bis zu dem spätestens von der Option Gebrauch gemacht werden muss.

**5.** Der entscheidende Unterschied zwischen einer Mietoption und einem Anmietrecht ist, dass bei der Mietoption nichts mehr ausgehandelt werden muss. Die vertraglichen Bedingungen stehen bereits auf Grund des zwischen dem Verpflichteten und einem Dritten abgeschlossenen Mietvertrages fest. Beim Anmietrecht steht dagegen nur das Mietobjekt fest (*Jendrek*, Münchener Prozessformularbuch Mietrecht, A. V. 1).

# 8. Zwischenmiete

### Mietvertrag[1]

Zwischen V als Vermieter und der Eigentümergemeinschaft E, vertreten durch ......, wird folgende Vereinbarung getroffen:

1. V vermietet mit Wirkung ab ...... seine Eigentumswohnung in ...... zu einem Mietzins von ...... an die Eigentümergemeinschaft E.
2. Der Vertrag läuft auf unbestimmte Zeit. Hinsichtlich der fristlosen und ordentlichen Kündigung gelten die gesetzlichen Vorschriften.
3. E erhält die Genehmigung zur Untervermietung der Eigentumswohnung an einen von E noch zu bestimmenden Hausmeister zur Benutzung als Hausmeisterwohnung.[2]
4. V behält sich das Recht zur Versagung und Widerruf der Untervermietungsgenehmigung für den Fall vor, dass sich die Person des von E ausgewählten Hausmeisters als unzumutbar erweist.[3]
5. Eine Untervermietung zu anderen Zwecken als die in Nr. 3 bezeichnete Nutzung ist nicht gestattet. Insoweit bleibt bei nicht vertragsgemäßer Untervermietung das Recht zur fristlosen Kündigung des Mietverhältnisses wegen unerlaubter Untervermietung vorbehalten.[4]

### Anmerkungen

**1.** Werden Räume zum **Zweck der Weitervermietung** angemietet, handelt es sich bei dem Mietverhältnis zwischen Vermieter und Zwischenvermieter um ein gewerbliches Mietverhältnis. Ein Wohnraummietverhältnis liegt nur dann vor, wenn zum Beispiel Firmen oder Behörden Räume zu Wohnzwecken für ihre Betriebsangehörigen anmieten (LG München I ZMR 1974, 49). Dieser Fall ist hier jedoch nicht gegeben. Eher vergleichbar ist die Situation, in der eine Firma nicht Räume für ihre Betriebsangehörigen anmietet, ohne dass mit diesen eigene Verträge geschlossen werden, sondern die Räume an die Betriebsangehörigen weitervermietet werden. Hier liegt beim Mietverhältnis zwischen Vermieter und Zwischenmieter auch ein gewerbliches Mietverhältnis vor (BayObLG WM 1995, 645). Die Tatsache, dass das Hauptmietverhältnis ein gewerbliches Mietverhältnis ist, bedeutet jedoch nicht, dass es sich hierbei auch ohne weiteres um gewerbliche Zwischenvermietung handelt. Von gewerblicher Zwischenvermietung wird ausgegangen, wenn „der Eigentümer von ihm zur Nutzung auf dem Wohnungsmarkt errichteten oder erworbenen Wohnraum einem Zwischenvermieter zur Verfügung (stellt), von dem er erwarten kann, dass dieser die Wohnung auf dem allgemeinen Wohnungsmarkt anbieten und zu marktgerechten Bedingungen weitervermieten wird" (BayObLG WM 1995, 683). Dieser Fall ist hier nicht gegeben, da die Wohnung nur zu einem bestimmten Zweck an einen bestimmten Personenkreis ohne die Absicht, sie generell auf dem Wohnungsmarkt anzubieten, weitervermietet werden soll. Nur im Fall der gewerblichen Zwischenvermietung ist die Vorschrift des § 565 BGB anwendbar, nach der der Vermieter bei Beendigung des Mietverhältnisses mit dem Zwischenmieter in das Mietverhältnis mit dem Dritten als Untermieter eintritt. Im gegenständlichen Fall handelt es sich um den Normalfall der Untervermietung, die nach dem Zwischenmietvertrag erlaubt ist. Für diesen Fall gilt im Falle der Beendigung des Zwischenmietverhältnisses § 546 Abs. 2 BGB. Nach Beendigung des Zwischenmietverhältnisses kann der Vermieter V. die Wohnung daher auch von dem Dritten, an den E. weitervermietet hat, herausverlangen, ohne dass sich der Dritte auf das Erfordernis einer Kündigung berufen kann. Zwischen V. und dem Dritten bestehen nämlich keine vertraglichen Beziehungen. Eine Herausgabe kann ebenfalls nach §§ 985 ff. BGB, verlangt werden.

**2.** Nach § 540 Abs. 1 BGB ist der Mieter ohne die Erlaubnis des Vermieters nicht berechtigt, den Gebrauch der Mietsache einem Dritten zu überlassen, insbesondere sie weiterzuvermieten. Nachdem E. die Wohnung des V. lediglich anmietet, um einen Hausmeister unterzubringen, also Vertragszweck gerade die vollständige Untervermietung der Wohnung ist, ist es unabdingbar, dass bereits im Zwischenmietvertrag die Genehmigung zur Untervermietung erteilt wird. Nachdem allerdings keine generelle Untervermietung beabsichtigt ist, ist die Genehmigung auf den in Nr. 3 aufgeführten Zweck beschränkt.

**3.** Nach dem Gesetz gilt, dass der Vermieter die Erlaubnis zur Untervermietung der gesamten Wohnung nach seinem Ermessen versagen kann. Aufgrund der hier generell erteilten Genehmigung reduziert sich das Ermessen auf Umstände, die in der Person des Untermieters selbst liegen. Der diesbezügliche Versagungsgrund ergibt sich aus Nr. 4 des Vertrages. Allgemein gilt, dass man bei Unzumutbarkeit in der Person des Dritten den Widerruf einer erteilten Erlaubnis als zulässig ansehen muss. Insbesondere gilt dies, wenn sich aus dem Vertragszweck ergibt, dass die konkret vorgenommene Untervermietung diesem Vertragszweck nicht entspricht oder gar eine Vertragsverletzung darstellt. Unwirksam wäre, dies allerdings bezogen auf Geschäftsräume, eine uneingeschränkte Klausel in einem Formularvertrag, nach der der Vermieter die Erlaubnis zur Untervermietung widerrufen kann (BGH WuM 1987, 256).

**4.** Die **Möglichkeit der fristlosen Kündigung** des Mietverhältnisses bei vertragswidrigem Gebrauch stellt einen der Unterfälle der fristlosen Kündigung aus wichtigem Grund nach § 543 Abs. 1 BGB dar und ist gesetzlich in § 543 Abs. 2 S. 1 Nr. 2 BGB geregelt. Hiernach stellt die unbefugte Überlassung der Mietsache an einen Dritten einen Kündigungsgrund dar, soweit die Rechte des Vermieters in erheblichem Maße verletzt sind. Nachdem der vorliegende Mietvertrag den Zweck der Untervermietung in Nr. 3 eindeutig beschreibt, dürften bei einer Untervermietung, die diesem Zweck zuwider läuft, die Voraussetzungen der erheblichen Verletzung der Vermieterrechte ohne weiteres gegeben sein.

## 9. Garagenmietvertrag

### Mietvertrag für Garagen- und Stellplätze

Zwischen ...... (Vermieter) und ...... (Mieter)

wird folgender Mietvertrag geschlossen:

    1. Mietgegenstand[1]
    Vermietet wird die Garage/der Stellplatz in ......
    Dem Mieter werden für die Mietzeit folgende Schlüssel ausgehändigt: ......
    Dem Mieter wird folgendes Funkgerät/Codeschlüssel ausgehändigt: ......
    2. Mietzeit
    Das Mietverhältnis beginnt am ......
    Es läuft auf unbestimmte Zeit und kann von jedem Teil spätestens am 3. Werktag eines Kalendermonats zum Ablauf des übernächsten Kalendermonats gekündigt werden.
    Die Kündigung bedarf der Schriftform.

Setzt der Mieter den Gebrauch der Mietsache nach Ablauf der Mietzeit fort, so verlängert sich das Mietverhältnis nicht auf unbestimmte Zeit. § 545 BGB findet insoweit keine Anwendung.

3. Die Miete beträgt monatlich EUR ......
Daneben ist eine Betriebskostenvorauszahlung für die Betriebskosten im Sinne von § 2 BetrkV zu leisten in Höhe von EUR ......
Die Abschlagszahlungen auf Betriebskosten werden nach Ablauf des jährlichen Abrechnungszeitraumes abgerechnet. Für Art und Umfang der Betriebskosten sind die §§ 1 ff. BetrkV in ihrer jeweils geltenden Fassung maßgeblich. Die monatlichen Vorauszahlungen können nach Abrechnung über eine Betriebskostenabrechnungsperiode angemessen erhöht werden. Die Anpassung kann in Textform oder in Schriftform erfolgen.

4. Zahlung der Miete
Die Miete ist monatlich im Voraus, spätestens am 3. Werktag eines Monats an den Vermieter durch Überweisung auf folgendes Konto: ...... zu bezahlen.

5. Mieterhöhung[2]
Der Vermieter ist berechtigt, die Miete angemessen entsprechend der für vergleichbare Garagen bzw. Stellplätze vereinbarten Miete zu erhöhen. Ein Verfahren entsprechend §§ 558 ff. BGB muss nicht eingehalten werden.

6. Nutzungszweck
Die Garage/der Stellplatz darf ausschließlich zum Einstellen von mit Benzin- und Dieselkraftstoff betriebenen Kraftfahrzeugen nach Maßgabe der Garagenbenutzungsordnung genutzt werden. Das Abstellen von Gegenständen, auch Reifen oder Kraftfahrzeugzubehör sowie Fahrrädern ist nur mit Genehmigung des Vermieters zulässig.

7. Instandhaltung
Der Mieter verpflichtet sich, die Garage/den Stellplatz regelmäßig zu säubern und pfleglich zu behandeln. Für Beschädigungen haftet der Mieter, soweit sie von ihm oder von ihm beauftragten Personen oder Personen, denen er den Gebrauch an der Mietsache überlassen hat, schuldhaft verursacht werden.

8. Untervermietung
Der Mieter darf die Garage/den Stellplatz nur mit Erlaubnis des Vermieters einem Dritten ganz oder teilweise zum Gebrauch überlassen, insbesondere untervermieten. Eine erteilte Erlaubnis kann der Vermieter widerrufen, wenn ein wichtiger Grund gegeben ist.

9. Beendigung der Mietzeit
Bei Beendigung der Mietzeit ist die Garage/der Stellplatz mit sämtlichen Schlüsseln, gegebenenfalls Codeschlüssel und Sender, in ordnungsgemäßem Zustand zurückzugeben.

10. Selbstständigkeit der Garagenvermietung[3]
Die Vermietung der Garage ist von der Vermietung einer Wohnung im gleichen oder einem anderen Anwesen rechtlich, wirtschaftlich und tatsächlich unabhängig.

11. Personenmehrheit als Mieter
Mehrere Personen als Mieter haften für die Verpflichtungen aus dem Mietverhältnis als Gesamtschuldner. Willenserklärungen müssen von oder gegenüber allen Mietern abgegeben werden. Die Mieter bevollmächtigen sich aber in stets widerruflicher Weise gegenseitig zur Entgegennahme oder Abgabe von Erklärungen, die das Mietverhältnis betreffen.

12. Änderungen und Ergänzungen des Vertrages
Nachträgliche Änderungen und Ergänzungen dieses Vertrages müssen schriftlich erfolgen. Nebenabreden, soweit sie nicht in Nr. 13 aufgeführt sind, bestehen nicht.
13. Sonstige Vereinbarungen

............          ............
(Vermieter)          (Mieter)

## Anmerkungen

**1.** Grundsätzlich handelt es sich bei der Vermietung einer Garage nicht um ein Wohnraummietverhältnis, sondern ein Mietverhältnis, das den Regeln über die **Vermietung sonstiger Räume**, die keine Wohnräume sind, nach § 578 BGB unterliegt. Es gilt jedoch, dass dann, wenn zusätzlich zu einer Wohnung eine Garage oder ein Stellplatz gemietet wird, der Schutz des Wohnraummietrechts sich auch auf die Garage erstreckt. Grund ist, dass der Mieter davor geschützt werden soll, durch eine Teilkündigung der Garage veranlasst zu werden, die Wohnung aufzugeben. Dies bedeutet, dass hier sowohl bei der Kündigung gilt, dass die ausschließliche Kündigung der Garage nicht möglich ist, sondern sie nur zusammen mit der Wohnung und als ordentliche Kündigung bei Vorliegen eines berechtigten Interesses nach § 573 BGB gekündigt werden kann, andererseits für die Mieterhöhung gilt, dass das Verfahren nach §§ 558 ff. BGB eingehalten werden muss.

**2.** Das Vertragsmuster sieht die Einhaltung des Verfahrens nach §§ 558 ff. BGB, das für die Mieterhöhung bei Wohnraum im Zustimmungsverfahren gilt, nicht vor, da Nr. 10 des Vertrages die Selbständigkeit der Garagenvermietung in Form einer zulässigen vertraglichen Klausel beinhaltet. Dies bedeutet, dass auch das Verfahren für Wohnraummietverhältnisse nach §§ 558 ff. BGB nicht eingehalten werden muss.

**3.** Soll die Garage von der Wohnung rechtlich unabhängig behandelt werden, muss der Garagenmietvertrag die – zulässige – Vertragsklausel enthalten, dass die Garagenvermietung von der Vermietung der Wohnung, rechtlich, wirtschaftlich und tatsächlich unabhängig ist. Teilweise wird auch dann der Abschluss eines gesonderten Garagenmietvertrages verlangt (AG Menden ZMR 1999, 236). Es dürfte aber ausreichen, wenn im Rahmen eines Wohnraummietvertrages eine Garage vermietet ist, die die „Unabhängigkeitsklausel" enthält. Nicht zutreffend dürfte die Ansicht des AG Neukölln (GE 2000, 131) sein, dass für eine von der Kündigung der Wohnung unabhängige Teilkündigung genügt, wenn im Wohnraummietvertrag eine andere Kündigungsregelung als im Garagenmietvertrag enthalten ist. Besteht eine „Unabhängigkeitsklausel" nicht, so kommt es auch nicht darauf an, ob zwischen der Vermietung der Wohnung und der Garage ein erheblicher zeitlicher Abstand liegt (OLG Karlsruhe NJW 1983, 1499). Besteht eine „Unabhängigkeitsklausel" nicht, tritt sogar bei Veräußerung der Garage der Erwerber der Garage als Mitvermieter und nach den Regeln der Bruchteilsgemeinschaft in den einheitlichen Mietvertrag, bestehend aus einem Wohnraummietvertrag und einem Garagenmietvertrag ein (BGH NZM 2005, 941; BayObLG ZMR 1991, 174).

# 10. Untermietvertrag

Untermietvertrag[1]

### § 1 Mietobjekt

...... (Hauptmieter) vermietet an

...... (Untermieter)

folgende im Hause ...... gelegene Räume/Wohnung: ......

Die Wohnung ist
- möbliert
- teilmöbliert
- nicht möbliert.

Dem Untermieter ist bekannt, dass sein Vermieter selbst Mieter ist und er gegenüber dem Eigentümer der Wohnung keinen Kündigungsschutz genießt.

Das Mietverhältnis wird auf unbestimmte Zeit abgeschlossen. Für die Kündigung gelten die gesetzlichen Vorschriften. Setzt der Mieter nach Ablauf der Mietzeit den Gebrauch der Mietsache fort, findet eine Verlängerung des Mietverhältnisses nach § 545 BGB nicht statt.

### § 2 Miete

Die Monatsmiete beträgt ...... EUR und ist monatlich im Voraus bis zum 3. Werktag eines Monats an den Vermieter (Hauptmieter) zu bezahlen.

Daneben wird geschuldet eine Vorauszahlung für die Nebenkosten für Heizung und Warmwasser von monatlich ...... EUR.

Die Vorauszahlung für die übrigen Nebenkosten gemäß § 2 BetrkV in seiner jeweiligen Fassung beträgt monatlich ...... EUR.

Die Nebenkosten sind zusammen mit der Miete zu bezahlen.

Der Untermieter leistet eine Kaution in Höhe von ...... EUR. Die Zahlung kann in drei Monatsraten erfolgen. In diesem Fall ist die erste Rate mit der Zahlung der ersten Miete, die beiden folgenden Raten mit der zweiten und dritten Miete zu leisten.

### § 3 Weitere Leistungen[2]

Die Versorgungsleistungen für Strom, Gas, Wasser, Fernwärme
- sind im Mietpreis inbegriffen
- bezieht der Mieter direkt auf eigene Rechnung.

Die Kosten vom Mieter selbst betriebener Einrichtungen trägt dieser. Telekommunikationskosten bezahlt der Mieter gemäß der Vereinbarung in § 6.

### § 4 Einrichtung/Gebrauchsüberlassung

Mitvermietet sind folgende Einrichtungsgegenstände:

..............................................................................................

..............................................................................................

..............................................................................................

Während der Dauer des Untermietverhältnisses dürfen Einrichtungsgegenstände nur mit Genehmigung des Hauptmieters entfernt oder anderweitig aufgestellt werden.

Der Untermieter ist ohne schriftliche Erlaubnis des Hauptmieters (Vermieter) nicht berechtigt, die Mieträume ganz oder teilweise, entgeltlich oder unentgeltlich an Dritte zu überlassen oder andere Personen als die beim Vertragsschluss angegebenen zusätzlich oder ersatzweise in die Mieträume aufzunehmen.

### § 5 Schönheitsreparaturen

Der Untermieter hat die Schönheitsreparaturen im Allgemeinen nach Maßgabe folgender Fristen auszuführen:
• Wand- und Deckenanstriche in Küche, Bad und Dusche alle fünf Jahre;
• in Wohn-/Schlafräumen, Dielen und Toiletten alle sieben Jahre;
• in anderen Räumen alle zehn Jahre.

Reinigen von Teppichböden, Lackieren von Heizkörpern und Heizrohren, Innentüren, Fenstern und Außentüren von innen alle zehn Jahre.

Endet das Mietverhältnis vor Ablauf der Fristen, kann der Hauptmieter (Vermieter) einen prozentualen Anteil der Renovierungskosten geltend machen. Dieser Anteil berechnet sich ab Einzug gerechnet üblicherweise folgendermaßen:

Liegen die letzten Schönheitsreparaturen während der Mietzeit länger als ein Jahr zurück, zahlt der Mieter in der Regel 20% der Renovierungskosten, länger als zwei Jahre in der Regel 40%, länger als drei Jahre in der Regel 60%, länger als vier Jahre in der Regel 80%.

### § 6 Weitere Vereinbarungen

Der Untermieter ist verpflichtet, sich an der regelmäßigen Reinigung von gemeinschaftlich benutzten Räumen und Einrichtungen (z.B. Toilette, Bad, Küche, Kühlschrank usw.) nach folgender Maßgabe zu beteiligen:

.............................................................................................................

.............................................................................................................

Die Haustierhaltung ist mit Ausnahme von Kleintieren in üblichem Umfang (z.B. Ziervögel und Zierfische) nicht gestattet.

Sonstige weitere Vereinbarungen:

.............................................................................................................

.............................................................................................................

............                                              ............

(Vermieter)                                              (Mieter)


### Anmerkungen

**1.** Der Untermietvertrag stellt im Verhältnis zwischen Untervermieter und Untermieter ein **normales Wohnraummietverhältnis** dar, soweit es sich um die Vermietung von Wohnraum handelt. Im Unterschied zum üblichen Wohnraummietvertrag kann es sich oft auch um die Untervermietung einzelner Zimmer innerhalb einer Wohnung handeln und es kommt Mitvermietung einer Möblierung oder Teilmöblierung in Betracht. In diesem Fall ist anzuraten, ein separates Verzeichnis mitvermieteter Möbel dem Vertrag beizufügen und mit der Unterschrift von Vermieter und Mieter zu versehen. Soweit einzelne Zimmer einer Wohnung vermietet sind, kommt die anteilmäßige Benutzung von Gemeinschaftsräumen wie Küche und Bad in Betracht. Insoweit ist anzuraten, Sonderregelungen zu treffen, die z.B. Benutzungszeiten und Reinigung dieser Räumlichkeiten betreffen. Soweit Telekommunikationseinrichtungen gemeinschaftlich benutzt werden, ist zu empfehlen, hierfür ebenfalls bereits vertragliche Regelungen zu treffen. Obwohl sich dies an sich bereits aus dem Wort „Untermiete" ergibt, ist es sinnvoll, im Vertrag gesondert darauf hinzuweisen, dass der Untermieter gegenüber dem Hauptvermieter (Eigentümer) keinen Kündigungsschutz besitzt. Etwas anderes gilt nur nach § 565 BGB für den Fall der gewerblichen Zwischenvermietung.

**2.** Bei Untermietverhältnissen werden gelegentlich **Bruttomieten** in der Form verlangt, dass auch Leistungen, über die üblicherweise Mieter eigene Versorgungsverträge abschließen, wie z. B. der für die Mieträume bezogene Privatstrom, im Mietpreis enthalten sind. Insoweit ist zweckmäßig, dies vertraglich auszuweisen.

# 11. Werkmietvertrag (gewöhnlich)

Der gewöhnliche Werkmietvertrag stellt einen **normalen Wohnraummietvertrag** dar (s. **Form. A. II. 1**) mit folgenden **Besonderheiten:**
Die Wohnung ist **in Zusammenhang und in Verbindung mit einem mit dem Mieter bestehenden Arbeitsvertrag** vermietet. Abweichend von § 573c Abs. 1 S. 2 BGB gilt hier nach § 576 Abs. 1 BGB folgende, nach § 576 Abs. 2 BGB zwingende, Kündigungsfrist: Bei Wohnraum, der dem Mieter weniger als zehn Jahre überlassen war, kann dieser spätestens am 3. Werktag eines Kalendermonats zum Ablauf des übernächsten Monats gekündigt werden, wenn der Wohnraum für einen anderen zur Dienstleistung Verpflichteten benötigt wird.
Hinsichtlich der Kündigung gilt, dass es nicht ausreicht, wenn in dem Kündigungsschreiben darauf hingewiesen wird, dass die Wohnung für die Unterbringung eines aktiven Bediensteten benötigt wird. Es müssen jeweils nähere Angaben gemacht werden (OLG Stuttgart WM 1986, 132). Im Übrigen ist die in § 75 Abs. 2 Nr. 2 Bundespersonalvertretungsgesetz und in § 87 Abs. 1 Nr. 9 Betriebsverfassungsgesetz geforderte Zustimmung des Personal- oder Betriebsrats zur Kündigung Wirksamkeitsvoraussetzung. Dies gilt allerdings nur bis zur rechtswirksamen Auflösung des Dienst- oder Arbeitsverhältnisses (OLG Frankfurt/Main ZMR 1992, 443).

# 12. Werkmietvertrag (funktionsgebunden)

Im Unterschied zum gewöhnlichen Werkmietvertrag handelt es sich beim funktionsgebundenen Werkmietvertrag zwar ebenfalls zunächst um einen normalen Wohnraummietvertrag, die Besonderheit besteht hier jedoch darin, dass das Dienstverhältnis seiner Art nach die Überlassung von Wohnraum erfordert hat, der **in unmittelbarer Beziehung oder Nähe zur Arbeitsstätte** steht. Die überlassene Wohnung dient zugleich der Ausübung der vom Arbeitnehmer übernommenen Tätigkeit.
Hier gilt folgende Kündigungsregelung nach § 576 Abs. 1 Nr. 2 BGB: Die Kündigung ist spätestens am 3. Werktag eines Kalendermonats zum Ablauf dieses Monats zulässig, wenn das Dienstverhältnis seiner Art nach die Überlassung von Wohnraum erfordert hat, der in unmittelbarer Beziehung oder Nähe zur Arbeitsstätte steht und der Wohnraum aus dem gleichen Grund für einen anderen zur Dienstleistung Verpflichteten benötigt wird.
Die Kündigungsregelung ist in der Weise zwingend, als nach § 576 Abs. 2 BGB eine zum Nachteil des Mieters abweichende Vereinbarung unwirksam ist.

**Beispiele** für funktionsgebundene Werkwohnungen sind z. B. Hausmeister- oder Pförtnerwohnungen, eine Arztwohnung in einer Klinik, eine Wohnung für Angehörige einer Werksfeuerwehr. Das Arbeitsverhältnis erfordert wegen der geschuldeten Leistung die unmittelbare Nähe zum Arbeitsplatz. Auch hier gilt die erforderliche Zustimmung des Personal- oder Betriebsrats.

Beim Widerspruchsrecht nach der Sozialklausel der §§ 574 ff. BGB sind nach § 576 a Abs. 1 BGB auch die Belange des Dienstberechtigten zu berücksichtigen. Handelt es sich um eine funktionsgebundene Werkmietwohnung, hat der Mieter kein Widerspruchsrecht nach der Sozialklausel, § 576 a Abs. 2 Nr. 1 BGB. Dasselbe gilt, wenn der Mieter das Dienstverhältnis gelöst hat, ohne dass ihm von dem Dienstberechtigten ein gesetzlich begründeter Anlass dazu gegeben war oder der Mieter durch sein Verhalten dem Dienstberechtigten gesetzlich begründeten Anlass zur Auflösung des Dienstverhältnisses gegeben hat.

## 13. Werkdienstvertrag mit Wohnung

Hier handelt es sich um einen Arbeitsvertrag, in dessen Rahmen eine Wohnung überlassen worden ist. Der **Arbeitsvertrag ist die Grundlage für die Wohnraumüberlassung,** nicht der Mietvertrag. Die Überlassung des Wohnraums ist zugleich Gegenleistung für die zu erbringenden Dienste. Es kann sich hier um Heimpersonalwohnungen oder sonstige Arbeiterwohnungen handeln.

Der zu zahlende Mietzins ist Teil des Arbeitsentgelts. Die Beendigung des Wohnraummietverhältnisses setzt die rechtskräftige Beendigung des Arbeitsverhältnisses voraus. Darüber hinaus gilt, dass nach § 576 b Abs. 1 BGB für die Beendigung des Rechtsverhältnisses hinsichtlich des Wohnraums die Vorschriften über Mietverhältnisse entsprechend dann gelten, wenn der Mieter den Wohnraum überwiegend mit Einrichtungsgegenständen ausgestattet hat oder in dem Wohnraum mit seiner Familie oder Personen lebt, mit denen er einen auf Dauer angelegten gemeinsamen Haushalt führt.

## 14. Mischmietverhältnis

Ist im Vertrag eine teilweise Nutzung der Wohnung zu anderen als zu Wohnzwecken vorgesehen, so kann von einem gewerblichen Mietverhältnis auszugehen sein. In erster Linie ist die vertragliche Vereinbarung (z. B. Überschrift: „Wohnraummietvertrag") maßgeblich, doch kann sich ein überwiegender Nutzungszweck und damit die rechtliche Behandlung als gewerbliches Mietverhältnis aus den Umständen ergeben. Bei Mischmietverhältnissen, die teilweise Wohnungsnutzung und teilweise gewerbliche Nutzung beinhalten, kommt es auf die überwiegende Nutzungsart an. Hierbei werden üblicherweise die Flächenverhältnisse herangezogen (OLG Schleswig WM 1982, 266).

Beispiel für ein Mischmietverhältnis ist ein Einzelhandelsgeschäft, bei dem ein Wohn- bzw. Aufenthaltsraum angegliedert ist, der im Verhältnis zu den gewerblich genutzten Flächen zum Beispiel ein Drittel der Gesamtfläche ausmacht. Das Mietverhältnis ist dann als gewerbliches Mietverhältnis zu behandeln. Zur Definition einer Nutzung zu Wohnzwecken geht man davon aus, dass zumindest in einem Raum auch eine Übernachtungsmöglichkeit gegeben ist (KG GE 1995, 421).

# III. Besondere Regelungsinhalte des Wohnraummietvertrages

## 1. Vereinbarung über die Durchführung von Schönheitsreparaturen

Vereinbarung[1]

Zwischen

......

(Vermieter)

und

......

(Mieter)

wird folgende Vereinbarung getroffen:

1. Der Mieter ist verpflichtet, die notwendigen Schönheitsreparaturen[2] fachgerecht[3] auszuführen. Die Schönheitsreparaturen umfassen das Streichen der Wände und Decken[4], wobei dem Streichen der Wände das Anbringen einer weiß streichbaren Raufasertapete gleichsteht. Sie umfassen weiter das Reinigen von Parkett- und Teppichböden[5], das Lackieren von Heizkörpern und Heizrohren, der Innentüren sowie der Fensterrahmen und Außentüren von innen[6].
2. Die Schönheitsreparaturen sind üblicherweise in folgenden Zeitabständen, gerechnet ab Beginn des Mietverhältnisses, auszuführen:[7]
3. Wand- und Deckenanstriche in Küchen, Bädern und Duschen alle fünf Jahre, in Wohn- und Schlafräumen, Dielen und Toiletten alle sieben Jahre, in anderen Räumen alle zehn Jahre; Lackieren von Heizkörpern und Heizrohren, Innentüren, Fensterrahmen und Außentüren von innen alle zehn Jahre.[8]

............                                      ............

(Vermieter)                                      (Mieter)

## Anmerkungen

**1.** Vereinbarungen über die **Abwälzung der Schönheitsreparaturen auf den Mieter** können grundsätzlich sowohl durch Allgemeine Geschäftsbedingung, also Formularklausel, als auch durch Individualvereinbarung getroffen werden. Der Vorteil der Individualvereinbarung ist, dass sie sich nicht an den Vorschriften der §§ 305 ff. BGB (bis zum Schuldrechtsmodernisierungsgesetz enthalten im Gesetz über die Allgemeinen Geschäftsbedingungen) messen lassen muss. Allgemeine Geschäftsbedingungen liegen nach § 305 BGB vor, wenn Vertragsbedingungen für eine Vielzahl von Verträgen vorformuliert sind, die eine Vertragspartei (Verwender) der anderen Vertragspartei bei Abschluss des Vertrages stellt. Keine Allgemeinen Geschäftsbedingungen liegen nach § 305 Abs. 1 S. 3 BGB vor, wenn die Vertragsbedingungen zwischen den Parteien im Einzelnen ausgehandelt sind. Für Verbraucherverträge gilt abweichend hiervon nach § 310 Abs. 3 Nr. 1 BGB, dass Geschäftsbedingungen als vom Unternehmer gestellt gelten. Der Vermieter mehrerer Wohnungen gilt jedenfalls als Unternehmer im Sinne dieser Vorschrift.

Durch Individualvereinbarung können zum Beispiel die Fristen nach einem üblichen Fristenplan verkürzt werden oder es kann bestimmt werden, dass der Mieter die Schönheitsreparaturen durch Fachhandwerker auszuführen hat. Die Grenze dürfte zu sehen sein, wo eine erhebliche Einschränkung des dispositiven Rechts, hier also § 535 Abs. 1 Satz 2 BGB, vorliegt, die die Grenze zur Sittenwidrigkeit nach § 138 BGB oder zumindest die Unbilligkeitsgrenze nach § 242 BGB überschreitet. Liegen vertragliche Vereinbarungen vor, deren Charakter als Formularvereinbarung oder Individualvereinbarung fraglich ist, geht die Rechtsprechung im Zweifel allerdings vom Vorliegen einer Formularvereinbarung aus. Im Einzelnen gilt insoweit, dass nach § 305 Abs. 1 S. 2 BGB die Tatsache, dass ein Text handschriftlich oder maschinenschriftlich abgefasst ist und nicht in einem Vordruck enthalten ist, noch keinen Beweis dafür darstellt, dass es sich um eine Individualvereinbarung handelt. Weiter ist im Zweifel der Vermieter dafür darlegungs- und beweispflichtig, dass eine Vereinbarung zwischen den Parteien ausgehandelt worden ist, also zur Disposition des Mieters gestellt wurde und echte Verhandlungsbereitschaft des Vermieters gegeben war. Auch der ausdrückliche Hinweis in einem Formularvertrag oder in einer gesonderten Vereinbarung, dass die vertraglichen Bestimmungen „mit dem Mieter besprochen und von ihm ausdrücklich anerkannt worden sind", macht Vereinbarungen des Vertrages nicht zur Individualvereinbarung (OLG Hamm NJW 1981, 1049). Werden widersprüchliche Vertragsbestimmungen getroffen, zum Beispiel die Bestimmung, dass die laufenden Schönheitsreparaturen nach einem Fristenplan durchzuführen sind und gleichzeitig, dass die Mieträume bei Auszug in renoviertem Zustand zurückzugeben sind (Endrenovierungsklausel), was unabhängig vom Lauf etwaiger Renovierungsfristen gelten soll, so geht die Widersprüchlichkeit zu Lasten des Verwenders (Unklarheitsregel des § 305c Abs. 2 BGB). Hierbei kommt es nicht darauf an, ob eine der beiden widersprüchlichen Vereinbarungen als Individualvereinbarung zu werten ist, da der Vorrang der Individualabrede nach § 305b BGB nicht gilt. Nach § 307 BGB ist der gesamte Vertragsinhalt einschließlich seiner Individualteile zu würdigen. Unbedenkliche Einzelklauseln können einen Summierungseffekt haben, was insbesondere beim Zusammentreffen von Vereinbarungen, die die laufenden Schönheitsreparaturen nach einem Fristenplan und andererseits die Endrenovierung ohne Fristenberücksichtigung betreffen, der Fall ist (BGH WuM 1993, 175; NZM 2003, 594; GE 2006, 706).

**2.** Der **Begriff „Schönheitsreparaturen"** ist fest umrissen. Verschlechterungen des Zustands von Mieträumen während der Mietzeit, die nicht unter dem Begriff „Schönheitsreparatur" fallen, können nicht Gegenstand von Ansprüchen des Vermieters aus einer vertraglichen Schönheitsreparaturklausel sein. Grundsätzlich unterfallen alle Verschlechterungen der Mietsache der Instandhaltungs- und Instandsetzungsverpflichtung des Vermieters aus § 535 Abs. 1 S. 2 BGB. Hiernach hat der Vermieter die Mieträume während der Mietzeit in einem zum vertragsgemäßen Gebrauch geeigneten Zustand zu erhalten. Schönheitsreparaturen sind Instandsetzungsarbeiten, die zur Beseitigung eines verschlechterten Aussehens der Mieträume erforderlich sind, soweit die Veränderung durch einen normalen vertragsgemäßen Gebrauch eingetreten ist. Eine Begriffsbestimmung ist in § 28 Abs. 4 S. 3 der II. BV enthalten. Sie lautet: „Schönheitsreparaturen umfassen nur das Tapezieren, Anstreichen oder Kalken der Wände und Decken, das Streichen der Fußböden, Heizkörper einschließlich Heizrohre, der Innentüren sowie der Fenster und Außentüren von innen." Hieraus ergibt sich, dass Instandsetzungsarbeiten, also Reparaturen nicht unter den Begriff „Schönheitsreparatur" fallen. Sie sind damit grundsätzlich Aufgabe des Vermieters, soweit sie nicht schuldhaft durch den Mieter im Sinne von § 280 BGB (Pflichtverletzung) verursacht worden sind. Nicht zu den Schönheitsreparaturen gehört das Lackieren von Außenfenstern, Außentüren oder einer Loggia

(BGH NJW 2009, 1409) oder die Wiederherstellung einer Parkettversiegelung (BGH NJW 2010, 674). Dasselbe gilt für das Abschleifen eines Parketts sowie das Auswechseln von Teppichböden (vgl. LG Berlin, GE 1999, 983). Eine entsprechende Schönheitsreparaturklausel ist unwirksam. Ebenfalls kann der Mieter nicht im Rahmen einer Schönheitsreparaturklausel verpflichtet werden, beim Auszug generell alle von ihm angebrachten Tapeten zu beseitigen (BGH NZM 2006, 622).

Im Rahmen der Schönheitsreparaturen sind jedoch, soweit dies üblicherweise bei Malerarbeiten oder Lackierarbeiten durch Fachhandwerker geschieht, Putzlöcher durch angebrachte Dübel oder kleine Holzschäden mitzubeseitigen.

**3. Fachgerechte Ausführung** bedeutet, dass die Arbeit des Mieters fachhandwerkliches Niveau haben muss, nicht nur Hobbyqualität (LG Berlin GE 2000, 676). Nicht kann der Vermieter jedoch durch Vertragsklausel verlangen, dass die Schönheitsreparaturen von vornherein durch Fachhandwerker ausgeführt werden. Eine solche Vertragsklausel ist unwirksam (OLG Stuttgart WuM 1993, 528). Die Unwirksamkeit dieser Fachhandwerkerklausel erfasst die ganze Schönheitsreparaturvereinbarung, nicht nur den Teil, der dem Mieter die Selbstdurchführung untersagt (so jetzt BGH GG – BeckRS 2010, 16878). Liegt fachgerechte Ausführung nicht vor, kann sich der Mieter nicht auf Ausführung durch einen Fachbetrieb berufen (LG Berlin GE 2000, 811).

**4.** Unter **Streichen der Wände** und Decken wird allgemein das Streichen mit weißer Wandfarbe verstanden, es sei denn, zwischen Vermieter und Mieter ist ein anderer Farbton vereinbart worden. Ebenso wird unter dem Begriff „Tapezieren" nur das Tapezieren mit einer weiß überstreichbaren Tapete, nicht also das Anbringen einer Mustertapete nach dem Geschmack des Mieters verstanden. Der BGH (NZM 2008, 605 und WuM 2009, 224) geht allerdings davon aus, dass Vertragsklauseln unwirksam sind, die dem Mieter vorschreiben, auch die **laufenden** Schönheitsreparaturen in einem bestimmten Farbton auszuführen.

**5.** Die Definition in § 28 Abs. 4 S. 3 der II. BV sieht die antiquierte Formulierung „Streichen der Fußböden" vor. Hier gilt, dass allgemein davon ausgegangen wird, dass anstelle des Streichens der Fußböden das Reinigen von Teppichböden oder von Parkettböden getreten ist (Schmidt-Futterer/*Langenberg* § 538 BGB Rdn. 71).

**6.** Schönheitsreparaturen an **Fenstern und Türen** beziehen sich lediglich auf den Innenbereich einer vermieteten Wohnung. Etwas anderes gilt dann, wenn zum Beispiel ein Einfamilienhaus oder Doppelhaus vermietet ist. Hier gehören Schönheitsreparaturen zum Beispiel auch im Treppenhaus zur Verpflichtung des Mieters. Unwirksam ist eine Schönheitsreparaturklausel, die beinhaltet, dass der Mieter auch die Außenseite der Fenster oder die Außenseite der Eingangstüre zu streichen hat (vgl. LG Berlin GE 1999, 983 und BGH Urt. v. 18. 2. 2009, VIII ZR 210/08).

**7.** Die Vereinbarung der Durchführung der Schönheitsreparaturen durch den Mieter nach Maßgabe eines **Fristenplanes** entspricht der Rechtsprechung des BGH (WuM 2005, 50), wonach es keine Rolle spielt, ob eine Wohnung bei Vertragsbeginn renoviert war oder nicht. Entscheidend ist der Ablauf üblicher Renovierungszeiträume, also Fristen, nach denen erfahrungsgemäß Schönheitsreparaturen fällig werden. Diese Fristen müssen mit dem Anfang des Mietverhältnisses zu laufen beginnen. Die Aufnahme eines Fristenplanes in die Vereinbarung ist nicht zwingend erforderlich. Ist dies nicht der Fall, ist der Vertrag nach der Verkehrssitte dahin auszulegen, dass die Fristen nach § 7 des Mustermietvertrages 1976 heranzuziehen sind (BGH NJW 1985, 2575; KG DW 2004, 259). Schönheitsreparaturfristen dürfen nicht absolut gesetzt werden oder starr sein, was durch eine Formulierung wie „üblicherweise" oder „im Allgemeinen" zum Ausdruck kommt. Eine formularvertragliche Klausel, die dem Mieter die Schönheitsreparaturen mit festem Turnus auferlegt, ohne die Erforderlichkeit der Renovierung zu berücksichtigen, ist unwirksam (BGH NZM 2004, 901). Starr sind Fristen auch, die enthalten, dass „spätestens" oder „mindestens" nach bestimmten Fristen zu renovieren ist (BGH NZM 2005, 299). Das Transparenzgebot des § 307 Abs. 1 S. 2 BGB erfordert, dass die Möglichkeit des Einwands der geringeren oder größeren Abnutzung sich aus dem Wortlaut der Klausel selbst ergeben muss (LG Mannheim NZM 2006, 223).

**8.** Soweit die Renovierungspflichten nicht absolut gesetzt werden, ist es nicht erforderlich, wenn auch sachgerecht, in einer Schönheitsreparaturvereinbarung zwischen Malerarbeiten an Wänden und Decken und Lackierarbeiten an Türen, Heizkörpern, Heizrohren und Fensterrahmen zu unterscheiden, also insoweit **unterschiedliche Fristen** anzusetzen. Wichtig ist, dass die Fristen in einer Schönheitsreparaturvereinbarung nicht zu kurz angesetzt werden dürfen, was zum Beispiel der Fall wäre, wenn die Fristen für Schönheitsreparaturen in Nassräumen alle zwei Jahre und in Wohnräumen alle drei Jahre durchzuführen sind (LG Berlin WuM 1996, 758) oder die Fristen für Schönheitsreparaturen in Küchen und Bädern alle zwei Jahre und in Wohnräumen und Schlafräumen alle drei Jahre betragen (LG Berlin ZMR 1998, 705). Ein unangemessen zu kurz angesetzter Fristenplan macht die gesamte Schönheitsreparaturklausel unwirksam, also nicht nur den Fristenteil (LG Berlin WuM 2000, 183).

Möglich ist jedoch, dass die Fristen im Einzelfall, ohne dass dies bereits in der vertraglichen Vereinbarung bestimmt wäre, auf Grund des Wohnverhaltens des Mieters verkürzt werden können. Dies mag zum Beispiel bei erheblichen Beeinträchtigungen durch Nikotingebrauch der Fall sein. Behauptet der Mieter in diesem Fall, dass die üblichen Fristen nicht abgelaufen sind, hat er nach § 362 BGB die Beweislast (BGH NJW 1998, 3114).

Neuerdings hat sich in Rechtsprechung und Literatur eine Tendenz zur Verlängerung der bisher angenommenen Fristenfolge von drei, fünf und sieben Jahren herausgebildet. Grund ist die Verwendung besserer Dekorationsmaterialien und veränderter Wohngewohnheiten. Insofern könnte sich für künftige Formularverträge z.B. eine Abfolge von fünf, sieben und zehn Jahren als erforderlich erweisen (Vgl. BGH NZM 2007, 879).

## 2. Vereinbarung über quotenmäßige Kostenbeteiligung

Vereinbarung[1]

Zwischen

......
(Vermieter)

und

......
(Mieter)

wird folgende Vereinbarung getroffen:

1. Endet das Mietverhältnis vor Ablauf der vereinbarten Renovierungsfristen, so kann der Vermieter einen prozentualen Anteil der Renovierungskosten geltend machen. Dieser bemisst sich nach der seit der letzten Renovierung verstrichenen Zeit im Verhältnis zum vollen Renovierungsturnus. Ist seit dem Einzug des Mieters noch kein voller Turnus verstrichen, berechnet sich der Renovierungskostenanteil ab dem Datum des Einzugs. Der prozentuale Anteil ist im Allgemeinen folgendermaßen zu berechnen:

Liegen die letzten Schönheitsreparaturen während der Mietzeit länger als ein Jahr zurück, zahlt der Mieter in der Regel 20% der Renovierungskosten, länger als zwei Jahre in der Regel 40%, länger als drei Jahre in der Regel 60% und länger als vier Jahre in der Regel 80%.[2]

2. Die Renovierungskosten werden im Zweifel nach dem Kostenvoranschlag eines vom Vermieter benannten Malerfachgeschäfts ermittelt.[3] Die Selbstdurchführung der erforderlichen Schönheitsreparaturen durch den Mieter bleibt unbenommen.[4]

............                               ............

(Vermieter)                              (Mieter)

## Anmerkungen

**1.** Eine **quotenmäßige Beteiligung** des Mieters an den Renovierungskosten, die statt der Durchführung der Schönheitsreparaturen einen Zahlungsanspruch des Vermieters zur Abgeltung der Kosten der Schönheitsreparaturen darstellt, ist zulässig (BGH NZM 2004, 615; OLG Stuttgart WuM 1982, 124). Zulässig ist die Vereinbarung insbesondere in Kombination mit einer Vereinbarung, die den Mieter verpflichtet, die Schönheitsreparaturen nach einem Fristenplan durchzuführen (oben Form. A. III. 1) und die dann angewendet wird, wenn die Fristen des Fristenplanes bei Vertragsbeendigung noch nicht vollständig abgelaufen sind (BGH NZM 1998, 710, Verbandsklage).

**2.** Der quotenmäßige **Renovierungskostenanteil**, den der Mieter zu tragen hat, erreicht nach einem Zeitraum von vier Jahren, gerechnet entweder ab Beginn des Mietverhältnisses oder ab der letzten durchgeführten Renovierung 80%. Eine Abgeltung von 100% der Renovierungskosten, etwa nach fünf Jahren, soll unwirksam sein, da die Zahlung der vollständigen Renovierungskosten von Nachfristsetzung nach §§ 323, 325, 281 BGB abhängig ist. Hinzu kommt, dass – ebenso wie bei den Fristenklauseln – formularvertraglich starre Abgeltungsklauseln, die also starre Prozentsätze für die Abgeltung aufweisen, nach § 307 Abs. 1 S. 1 BGB unwirksam sind (BGH NZM 2006, 924). Unwirksam ist auch eine nicht klar und verständlich formulierte Quotenabgeltungsklausel, insbesondere dann, wenn der Wortlaut der Klausel dem Vermieter die Möglichkeit gibt, aufgrund einer dem Mieter nicht eindeutig erkennbaren Berechnungsweise zu einer unangemessen hohen Quote zu kommen (BGH NZM 2007, 879).

Weiter ist eine Quotenklausel in Allgemeinen Geschäftsbedingungen unwirksam, die den Mieter bei Nichtfälligkeit der Schönheitsreparaturen verpflichtet, „angelaufene Renovierungsintervalle zeitanteilig zu entschädigen". Es liegt ein Verstoß gegen das Transparenzgebot vor (BGH NZM 2008, 363).

Die formularmäßig vereinbarte Übertragung der Schönheitsreparaturen auf den Mieter soll durch die Unwirksamkeit der Quotenklausel nicht berührt werden (BGH NZM 2008, 605; NZM 2009, 197). Ist umgekehrt die allgemeine Verpflichtung, Schönheitsreparaturen durchzuführen, unwirksam, erfasst dies auch die Quotenklausel (BGH GE 2006, 639).

**3. Grundlage der Berechnung** der anteiligen Renovierungskosten ist der Kostenvoranschlag eines Malerfachgeschäfts. Dieser Kostenvoranschlag wird in aller Regel durch den Vermieter vorgelegt, dem Mieter darf jedoch nicht der Einwand abgeschnitten werden, dass dieser Kostenvoranschlag unangemessen überteuert ist. Zwar geht die Rechtsprechung davon aus, dass in der Vereinbarung nicht ausdrücklich ausgeführt sein muss, dass der Mieter zum Beispiel den Kostenvoranschlag eines von ihm selbst benannten Fachhandwerkers entgegensetzen kann, doch ist es sinnvoll, diese Möglichkeit durch die Formulierung „im Zweifel" auszudrücken.

**4.** Durch die Vereinbarung darf dem Mieter nicht untersagt werden, die Schönheitsreparaturen gegebenenfalls selbst auszuführen und damit dem Zahlungsanspruch des Vermieters auf quotenmäßige Beteiligung zu entgehen (LG Stuttgart ZMR 1991, 301). Zwar geht die Rechtsprechung davon aus, dass die Geltung der Quotenklausel nicht darunter leidet, dass der Mieter in der Vereinbarung selbst auf die Möglichkeit der Selbstdurchführung nicht ausdrücklich hingewiesen wird (LG Berlin ZMR 1998, 778), doch erscheint es sinnvoll, einen klarstellenden Satz in die Vereinbarung aufzunehmen. Der Mieter darf allerdings nicht über sein Recht der Selbstdurchführung getäuscht werden, z. B. durch die Formulierung „hat der Mieter ...... zu zahlen" (vgl. z. B. *Langenberg* Schönheitsreparaturen D Rdn. 56). Es gilt, dass im Falle der Selbstdurchführung der Mieter sich allerdings nicht auf die Durchführung nur eines prozentualen Teils der Schönheitsreparaturen entsprechend der Quotenklausel beschränken kann, sondern die erforderlichen Arbeiten in den jeweiligen Bereichen vollständig ausführen muss.

## 3. Vereinbarung über Kleinreparaturen

Vereinbarung[1]

Zwischen

......

(Vermieter)

und

......

(Mieter)

wird folgende Vereinbarung getroffen:

Der Mieter ist verpflichtet, die Reparaturkosten[2] für Installationsgegenstände, die seinem direkten und häufigen Zugriff ausgesetzt sind,[3] wie die Installation für Wasser und Gas, Elektrizität, Heiz- und Kocheinrichtungen, Fenster- und Türverschlüsse sowie Rollläden zu tragen, soweit die Kosten der einzelnen Reparatur 100,– EUR nicht übersteigen[4] und der jährliche Reparaturaufwand nicht mehr als 6% der Jahresbruttokaltmiete beträgt.[5]

............                                                    ............

(Vermieter)                                                    (Mieter)

### Anmerkungen

**1.** Die Abwälzung der Verpflichtung zur Tragung der Kosten für Kleinreparaturen auf den Mieter stellt ebenso wie eine Schönheitsreparaturklausel eine **Abweichung von der Instandhaltungspflicht des Vermieters** dar. Eine Definition der sogenannten „kleinen Instandhaltungen" findet sich in § 28 Abs. 3 S. 2 der II. BV, wonach „die kleinen Instandhaltungen ... nur das Beheben kleiner Schäden an den Installationsgegenständen für Elektrizität, Wasser und Gas, den Heiz- und Kocheinrichtungen, den Fenster- und Türverschlüssen sowie den Verschlussvorrichtungen von Fensterläden (umfasst)". Nachdem es sich um Teile der Mieträume handelt, die nicht von den Schönheitsreparaturen tangiert werden, käme nach allgemeinen Grundsätzen des § 280 BGB eine Haftung des Mieters für Verschlechterung bzw. Beschädigung nur bei schuldhaftem Handeln in Betracht. Durch die insoweit verschuldensunabhängige Kleinreparaturklausel soll im Bagatellbereich Streit darüber vermieden werden, wer einen an diesen Gegenständen eingetretenen Schaden zu vertreten hat.

**2.** Die Kleinreparaturklausel darf nur eine **Kostenerstattungsklausel** sein, nicht eine Vornahmeklausel, wonach der Mieter selbst zur Instandhaltung bzw. Reparatur verpflichtet ist. Eine Vornahmeklausel ist unwirksam (BGH WuM 1992, 355). Grund ist nach den Ausführungen des BGH, dass die Vornahmeklausel zu einem Ausschluss der Rechte des Mieters wegen möglicher Minderung der Miete nach § 536 BGB führen würde. Der Mieter hätte nämlich wegen eines Mangels, verursacht durch eine nicht durchgeführte Kleinreparatur solange keinen Minderungsanspruch, als er der ihm übertragenen Unterhaltpflicht nicht nachgekommen sei. Zudem müsse der Mieter bei nicht ordnungsgemäß ausgeführten Reparaturen Gewährleistungsansprüche gegenüber den beauftragten Handwerkern selbst geltend machen sowie für etwaige durch die Reparaturarbeiten verursachte Schäden an Sachen des Vermieters oder Dritter selbst einstehen.

**3.** Als Ausnahme zur gesetzlichen Regelung der Instandhaltungsverpflichtung des Vermieters soll die Kleinreparaturklausel in ihrer **Reichweite** beschränkt werden. Sie darf sich daher nur auf Teile der Wohnung beziehen, die dem direkten und häufigen Zugriff des Mieters ausgesetzt sind. In Betracht kommen letztlich nur die in der Vereinbarung aufgeführten Einrichtungen, eine Ergänzung etwa bezogen auf Einrichtungen, auf die der Mieter keinen Zugriff hat, so in der Wand verlaufende Rohre, ist nicht zulässig. Für derartige Bereiche gelten die allgemeinen Vorschriften, das heißt der Mieter haftet nur für schuldhafte Beschädigungen, dies allerdings ohne summenmäßige Begrenzung der Reparaturkosten.

**4.** Um den Anwendungsbereich der Kleinreparaturvereinbarung zu beschränken, darf sie nur für **Bagatellschäden** angewendet werden. In Betracht kommt ein Betrag zwischen 50,– und 100,– EUR bezogen auf die Einzelreparatur. Angesichts der Kostensteigerungen ist es vertretbar, die Bagatellgrenze gegenüber der Rechtsprechung des BGH (WuM 1989, 324) höher anzusetzen. Ein Betrag von 200,- EUR für die Einzelreparatur soll aber zuviel sein (AG Bremen NZM 2008, 247).
Der Mieter darf nicht an Reparaturen, die diese Beträge überschreiten, mit einem Anteil in Höhe der zulässigen Reparaturkosten beteiligt werden. Ebenfalls dürfen Reparaturen, die teurer sind, nicht in Teilrechnungen in Höhe des Betrages der zulässigen Bagatellschadenshöhe aufgespalten werden. Außerdem muss der Mieter nicht die Kosten für eine erfolglose Reparatur übernehmen (AG Konstanz NZM 1999, 370).

**5.** Nach der Rechtsprechung des BGH (BGH WuM 1992, 355) muss die Kleinreparaturvereinbarung im Falle, dass sich Kleinreparaturen häufen, einen Höchstbetrag für einen bestimmten Zeitraum enthalten. Üblicherweise wird eine summenmäßige Begrenzung der Reparaturkosten auf ein Jahr angesetzt mit einem Höchstbetrag von etwa einer Monatsmiete ohne Heizkosten oder höher angesetzt, 6% der Jahresbruttokaltmiete.

# 4. Staffelmietvereinbarung nach § 557a BGB

Vereinbarung[1]

Zwischen

......

(Vermieter)

und

......

(Mieter)

wird folgende Vereinbarung getroffen:

Für die Erhöhung der Grundmiete gilt die nachfolgende Staffelmietvereinbarung:
Die Grundmiete beträgt in der Zeit[2]

1. vom ...... bis zum Ablauf des ...... EUR[3]
2. vom ...... bis zum Ablauf des ...... EUR
3. vom ...... bis zum Ablauf des ...... EUR
4. vom ...... bis zum Ablauf des ...... EUR
5. vom ...... bis zum Ablauf des ...... EUR
6. vom ...... bis zum Ablauf des ...... EUR

Die Mindestlaufzeit der einzelnen Staffel beträgt jeweils 1 Jahr. Die Laufzeit der Staffeln ist unabhängig von der Dauer des Mietverhältnisses.[4]
Während der Laufzeit der Staffelmietvereinbarung sind Mieterhöhungen nach den §§ 558 bis 559b BGB nicht zulässig[5]. Nach Ablauf der Staffelmietvereinbarung richtet sich die Erhöhung der Grundmiete nach den gesetzlichen Vorschriften.[6]

............                                                      ............

(Vermieter)                                                      (Mieter)

## Anmerkungen

**1.** **Staffelmietvereinbarungen** können seit dem 1.1.1981 getroffen werden. Sie können sowohl bereits bei Abschluss eines Wohnraummietvertrages als auch zu einem späteren Zeitpunkt mit entsprechend späterem Laufzeitbeginn getroffen werden. Bei preisgebundenem Wohnraum kann Staffelmiete auch bereits für eine Zeit nach Ablauf der Preisbindung vereinbart werden (BGH NZM 2004, 135). Die Staffelmietvereinbarung soll gegenüber dem formalen Mieterhöhungsverfahren nach §§ 558ff. BGB eine erleichterte Form der Mietanpassung vorsehen. Schriftliche Form ist erforderlich, nach § 126 Abs. 3 BGB in der Fassung des „Gesetzes zur Anpassung der Formvorschriften des Privatrechts und anderer Vorschriften an den modernen Rechtsgeschäftsverkehr" kann die Schriftform durch die elektronische Form ersetzt werden.

**2.** Die **einzelnen Staffeln** sind in der Vereinbarung in der Form auszuweisen, dass entweder die jeweilige Miete oder der Erhöhungsbetrag in einem Geldbetrag ausgewiesen wird, § 557a Abs. 1 BGB. Zwischen den einzelnen Staffeln muss die Miete jeweils mindestens ein Jahr unverändert bleiben, § 557a Abs. 2 S. 1 BGB. Diese Regelungen sind nach § 557a Abs. 4 BGB zwingend, das heißt Vereinbarungen zum Nachteil des Mieters sind nicht zulässig. Dies bedeutet, dass der Zeitraum zwischen zwei Staffeln jedenfalls auch länger als ein Jahr sein kann, nicht jedoch kürzer. Unterschreitet auch nur eine einzige Staffel die Laufzeit von einem Jahr, was insbesondere bei der ersten Staffel, die mit Abschluss der Staffelmietvereinbarung beginnt, zu beachten ist, ist die gesamte Staffelmietvereinbarung unwirksam (LG Berlin GE 2002, 54; ebenso bereits LG Nürnberg-Fürth ZMR 1997, 648). Bis zum Mietrechtsreformgesetz bestand nach § 10 Abs. 2 MHG eine Höchstlaufzeit für Staffelmietvereinbarungen von zehn Jahren. Diese zeitliche Beschränkung ist in der Neuregelung des § 557a BGB nicht mehr enthalten. Nach dem Willen des Gesetzgebers soll dies für die Parteien größere Vertragsfreiheit schaffen.

**3.** Die **Höhe der einzelnen Staffeln** kann unabhängig von der ortsüblichen Vergleichsmiete nach § 558 Abs. 2 BGB und der Kappungsgrenze nach § 558 Abs. 3 BGB festgesetzt werden. Für die Höhe der Staffeln gilt aber die Vorschrift des § 5 WiStrG (Mietpreisüberhöhung) und die Wucherbestimmung des § 291 StGB. Nebenkosten nehmen an der Staffelmieterhöhung dann nicht teil, wenn sie getrennt ausgewiesen sind. In einer Teilinklusivmiete enthaltene Nebenkosten werden mit der Staffelmiete erhöht

**4.** Eine Staffelmietvereinbarung ist **keine Mietzeitvereinbarung**. Soweit § 557a Abs. 3 BGB davon spricht, dass das Kündigungsrecht des Mieters für höchstens vier Jahre seit Abschluss der Staffelmietvereinbarung ausgeschlossen werden könne, setzt dies den Abschluss eines Zeitmietvertrages nach § 575 BGB oder den zulässigen Ausschluss des Rechts der ordentlichen Kündigung auf bestimmte Zeit durch wechselseitige Vereinbarung voraus. Die Kündigung kann unter Einhaltung der gesetzlichen Kündigungsfrist nach § 573c BGB zum Ablauf von vier Jahren, bezogen auf die Laufzeit der Staffelmietvereinbarung erfolgen, § 557a Abs. 3 BGB. Der Vierjahreszeitraum rechnet also immer ab Vereinbarung der Staffelmiete, nicht ab einem davon abweichenden Mietvertragsbeginn (BGH WuM 2005, 519). Nachdem der Ablauf von vier Jahren bei einem für längere Zeit als vier Jahre laufenden Zeitmietvertrag den frühestmöglichen Kündigungszeitpunkt bezeichnet, kann die Kündigung natürlich auch zu einem späteren Zeitpunkt ausgesprochen werden, § 557a Abs. 3 S. 2 BGB.

Enthält ein Mietvertrag eine Verlängerungsklausel, nach der die Kündigung erst zu einem Zeitpunkt nach Ablauf der Vierjahresfrist möglich ist, ist die Verlängerungsklausel insoweit unwirksam (BGH NZM 2004, 736).

Ist zwischen den Parteien ein Verzicht auf die ordentliche Kündigung auf bestimmte Zeit im Sinne von § 557a Abs. 3 BGB vereinbart, der vier Jahre übersteigt, ist dieser jedenfalls bei einer individualvertraglichen Vereinbarung insoweit unwirksam, als er über vier Jahre hinausgeht (BGH NZM 2006, 653).

**5.** Während der Laufzeit einer Staffelmietvereinbarung sind **Mieterhöhungen** bis zur ortsüblichen Vergleichsmiete nach § 558 BGB oder durch einseitige Mieterhöhung in Form der Modernisierungsumlage nach §§ 559ff. BGB **ausgeschlossen**. Der Vermieter muss also bereits bei Abschluss der Staffelmietvereinbarung bedenken, ob während der Laufzeit der Vereinbarung erhebliche Modernisierungsmaßnahmen mit Umlagemöglichkeit durchgeführt werden und gleichzeitig eine Vorstellung über die Entwicklung der ortsüblichen Vergleichsmiete haben. Eine Abänderung der getroffenen Vereinbarung zu Lasten des Mieters ist nach § 557a Abs. 4 BGB nicht zulässig. Möglich ist auch nicht nach Ablauf der Staffelmietvereinbarung einen Modernisierungszuschlag für Maßnahmen zu verlangen, die bereits während der Dauer der Staffelvereinbarung durchgeführt worden sind (LG Berlin GE 1992, 381).

**6.** Endet die **Staffelmietvereinbarung** bei weiterlaufendem Mietvertrag, können die Parteien eine neue Staffelvereinbarung treffen. Ist dies nicht der Fall, ist die letzte Staffel Ausgangspunkt für künftige Mieterhöhungen bis zur ortsüblichen Vergleichsmiete nach §§ 558ff. BGB. Der Vermieter hat keinen Anspruch auf Abschluss einer neuen Staffelvereinbarung (LG München I WM 1996, 557).

Praktiziert der Vermieter jahrelang die nach einer Staffelmietvereinbarung geltende Mietanpassung nicht, soll eine Verwirkung der Vermieteransprüche nicht eintreten, wenn nicht besondere Umstände hinzutreten (KG WuM 2004, 348).

## 5. Indexmietvereinbarung nach § 557 b BGB

Vereinbarung[1]

Zwischen

......

(Vermieter)

und

......

(Mieter)

wird folgende Vereinbarung getroffen:

Die Miete wird durch den vom Statistischen Bundesamt ermittelten Verbraucherpreisindex für Deutschland bestimmt (Indexmiete). Die Erklärung der Änderung der Miete muss in Textform oder Schriftform geltend gemacht werden.[2] Sie muss den geänderten Preisindex, auf den sich die Anpassung stützt, sowie die geänderte Miete oder die Erhöhung in einem Geldbetrag angeben.[3] Die geänderte Miete ist mit dem Beginn des übernächsten Monats nach dem Zugang der Erklärung zu bezahlen. Die Anpassung kann wiederholt verlangt werden.

Zum Zeitpunkt des Beginns der Laufzeit der Indexvereinbarung liegt der letzte veröffentlichte Preisindex für ...... (Monat- und Jahreszahl) bei ...... Punkten (bezogen auf das Basisjahr ...... = 100).

Während der Geltung der Indexmiete muss die Miete, von Erhöhungen nach den §§ 559 bis 560 BGB abgesehen, jeweils mindestens ein Jahr unverändert bleiben.[4] Eine Erhöhung nach § 558 BGB ist während der Geltung der Indexmiete ausgeschlossen. Die Indexmietvereinbarung beginnt am ...... und endet mit Ablauf des ......

............                                          ............

(Vermieter)                                           (Mieter)

## Anmerkungen

**1.** **Indexvereinbarungen bei Wohnraummietverträgen** sind seit dem Jahr 1993 durch das Vierte Mietrechtsänderungsgesetz zugelassen worden. Grund der Regelung war, das Verbot vertraglicher Mieterhöhungsvereinbarungen auf Grund der schwer handhabbaren gesetzlichen Mieterhöhungstatbestände für bestimmte Klauseln zu lockern. § 557 b Abs. 1 BGB sieht vor, dass die Indexmiete durch schriftliche Vereinbarung der Vertragsparteien an den vom Statistischen Bundesamt ermittelten Preisindex gekoppelt wird. Nach der Neuregelung durch das Mietrechtsreformgesetz darf die Indexmiete nur noch nach diesem Preisindex, der auch als einziger noch veröffentlicht wird, ermittelt werden. Weiter können Indexmieten zeitlich unbeschränkt vereinbart werden, die frühere Mindestlaufzeit von zehn Jahren ist ebenso weggefallen wie das Erfordernis, dass Indexmieten durch die Bundesbank bzw. Landeszentralbanken genehmigt werden mussten. Letzteres ist bereits durch das EURO-Einführungsgesetz vom 9. 6. 1998 erfolgt.

Für gewerbliche Mietverhältnisse gilt insoweit eine strengere Regelung, als nach der Preisklauselverordnung nach wie vor eine Mindestbindungsfrist von zehn Jahren besteht. In Bezug auf Indexmieten fehlt es an einer Übergangsregelung vom alten § 10a MHG zum neuen § 557b BGB. Dies bedeutet, dass vor dem 1. 9. 2001 vereinbarte Indexmieten, die gegen die Mindestlaufzeit verstießen, unwirksam bleiben, also nicht auf Grund der Neuregelung wieder aufleben. Wird eine Indexvereinbarung im Rahmen eines Zeitmietvertrages nach § 575 BGB getroffen, ist die Kündigungsbeschränkung des § 557a Abs. 3 BGB nicht entsprechend anwendbar, d. h. dem Mieter steht kein Sonderkündigungsrecht nach vier Jahren Laufzeit der Indexvereinbarung zu (AG Hamburg WuM 2000, 494 zu § 10 Abs. 2 S. 4 MHG a. F.).

**2.** § 557 Abs. 3 S. 1 BGB bestimmt, dass die Änderung der Miete auf Grund des geänderten Index durch Erklärung in **Textform** geltend gemacht werden muss. Dies bedeutet, dass die Vermietererklärung automatisch gefertigt sein kann, z. B. Telefax, Telex oder Fotokopie, der Aussteller genannt sein muss und das Ende der Erklärung erkennbar gemacht sein muss, z. B. durch Nachbildung der Namensunterschrift mittels Stempel. Entgegen der gesetzlichen Formulierung kann die Erklärung jedoch auch weiterhin in der herkömmlichen Schriftform abgegeben werden, da die Schriftform als weiterreichende Form von der Textform beinhaltet wird (vgl. *Nies* NZM 2001, 1071). Wichtig ist jedoch, dass eine Anpassung auf Grund der Indexklausel nicht automatisch eintritt, sondern dass jeweils die Erklärung in Textform oder Schriftform erforderlich ist.

**3.** In der **Anpassungserklärung** muss nicht nur die Indexänderung, sondern auch die geänderte Miete oder der Erhöhungsbetrag angegeben werden. Wie bei der Staffelmiete ist es nicht zulässig, die Erhöhung in einem Prozentsatz anzugeben.

**4.** Wie bei der allgemeinen Mieterhöhung auf die ortsübliche Vergleichsmiete nach § 558 BGB und der Staffelmieterhöhung nach § 557a BGB gilt nach § 557b Abs. 2 S. 1 BGB auch hier, dass die Miete zwischen den einzelnen Anpassungen jeweils **mindestens ein Jahr unverändert** bleiben muss. Dies bedeutet, dass nachdem die Regelung nach § 557b Abs. 4 BGB zwingend ist, zwar nicht eine Mieterhöhung auf Grund einer Indexvereinbarung in kürzeren Abständen als einem Jahr vorgenommen werden kann, aber der Abstand zwischen zwei Anpassungen länger als ein Jahr betragen kann. Anders als bei der Staffelmiete gilt, dass Mieterhöhungen bei Modernisierungen nach § 559 BGB während der Laufzeit der Indexmietvereinbarung eingeschränkt möglich sind. Dies gilt nach § 557b Abs. 2 S. 2 BGB, wenn der Vermieter bauliche Maßnahmen auf Grund von Umständen durchgeführt hat, die er nicht zu vertreten hat. Hierbei handelt es sich zum Beispiel um von Gesetz oder Behörden vorgeschriebene Maßnahmen zur Energieeinsparung oder zur CO 2-Reduktion (Bundestagsdrucksache 12/3254, 15). Veränderungen von Betriebskosten in Form der Veränderung einer Betriebskostenpauschale oder einer Betriebskostenvorauszahlung sind ebenso wie bei der Staffelmiete auch während der Laufzeit einer Indexmiete zulässig. Mieterhöhungen bis zur ortsüblichen Vergleichsmiete sind während der Laufzeit einer Indexmiete nach § 557b Abs. 2 S. 3 BGB nicht zulässig.

## 6. Umlagevereinbarung Betriebs- und Heizkosten mit Abrechnung

Vereinbarung[1]

Zwischen

......

(Vermieter)

und

......

(Mieter)

wird folgende Vereinbarung getroffen:

1. Vereinbart wird eine Vorauszahlung auf die Betriebskosten für Heizung und Warmwasser[2] in Höhe von ...... EUR. Vereinbart wird eine Vorauszahlung für die anderen Betriebskosten gemäß § 2 Betriebskostenverordnung[3] in Höhe von ...... EUR.

2. Art und Umfang der Betriebskosten richten sich nach den Vorschriften der Betriebskostenverordnung.
   Folgende sonstige Betriebskosten im Sinne von § 2 Nr. 17 Betriebskostenverordnung gelten als umlagefähig vereinbart [4]
   
   .....................................................................................................
   .....................................................................................................
   .....................................................................................................
   
   Der Vermieter ist berechtigt, neu entstehende Betriebskosten auf den Mieter umzulegen.

3. Der Umlegungsmaßstab für die Heiz- und Warmwasserkosten richtet sich nach den Vorschriften der Heizkostenverordnung.[5]
   Bei den übrigen Betriebskosten wird der Anteil der Wohnfläche zugrunde gelegt. Ist einen Eigentumswohnung vermietet, wird der Miteigentumsanteil als Maßstab zugrunde gelegt.[6]

4. Soweit Betriebskosten verbrauchs- oder verursachungsbezogen abgerechnet werden können, erfolgt die Betriebskostenabrechnung auf der Grundlage des erfassten Verbrauchs oder der erfassten Verursachung.[7]
   Sollte im Laufe der Mietzeit durch zusätzliche technische Ausrüstung des Hauses eine verbrauchs- oder verursachungsbezogene Abrechnung von Betriebskosten möglich sein, ist der Vermieter berechtigt, durch Erklärung in Textform oder Schriftform eine Umlage dieser Betriebskosten nach dem neuen verbrauchs- oder verursachungsbezogenen Maßstab durch einseitige Erklärung zu bestimmen. Die Erklärung ist nur vor Beginn eines Abrechnungszeitraums für den darauf folgenden Abrechnungszeitraum zulässig. Waren bis dahin Betriebskosten, auf die sich der neue Umlegungsmaßstab bezieht, Bestandteil der Grundmiete, ist diese entsprechend herabzusetzen.[8] Ein Anspruch des Mieters auf Ausrüstung des Hauses mit Geräten zur Verbrauchserfassung besteht nicht.[9]

5. Die monatlichen Vorauszahlungen auf Betriebskosten werden jährlich abgerechnet.[10] Eine sich aus der Abrechnung ergebende Differenz zugunsten des Mieters

oder Vermieters ist innerhalb eines Monats nach Zugang der Abrechnung beim Mieter zur Zahlung fällig.

6. Die Abrechnung der Vorauszahlungen erfolgt, sobald die Abrechnungsunterlagen dem Vermieter vorliegen. Sie hat spätestens 12 Monate nach Beendigung des Abrechnungszeitraumes zu erfolgen. Erfolgt sie später, kann der Vermieter nur dann eine Nachzahlung verlangen, wenn die verspätete Abrechnung auf Gründen beruht, die der Vermieter nicht zu vertreten hat.[11]

Einwendungen gegen die Abrechnung hat der Mieter spätestens bis zum Ablauf des 12. Monats nach Zugang der Abrechnung geltend zu machen, soweit nicht vor Ablauf dieses Zeitraums eine Nachzahlung, die sich aus der Abrechnung ergibt, ausgeglichen worden ist. Nach Ablauf der Einwendungsfrist kann der Mieter Einwendungen nur noch dann geltend machen, wenn er die verspätete Geltendmachung nicht zu vertreten hat.[12]

...........                                              ...........
(Vermieter)                                                (Mieter)

## Anmerkungen

**1.** Wichtig ist, dass die gesetzliche Regelung des **§ 535 Abs. 1 S. 3 BGB**, wonach der Vermieter die Lasten der Mietsache trägt, bedeutet, dass der Vermieter auch die Betriebskosten trägt. Jede Art der Umlage von Betriebskosten auf den Mieter bedarf der ausdrücklichen vertraglichen Vereinbarung. In dieser Vereinbarung kann der Umfang einer Umlage der Betriebskosten auf den Mieter unterschiedlich geregelt sein. Es kann die Umlage sämtlicher Betriebskosten im zulässigen Umfang vereinbart werden, wie auch eine teilweise Umlage, was bedeutet, dass nicht eine Nettomiete, sondern eine Teilinklusivmiete zuzüglich der vereinbarten Betriebskosten vorliegt. Wird die Umlage einzelner Betriebskosten vereinbart, hat der Mieter auch nur diese zu bezahlen.

**2.** Sinnvoll und üblich ist die **Trennung** zwischen der Vorauszahlung für Heizung und Warmwasser und der Vorauszahlung auf die übrigen Betriebskosten. Zwingend ist dies aber nicht. Es kann also auch ein einheitlicher Vorauszahlungsbetrag angesetzt werden. Nachdem jedoch die Abrechnungszeiträume der Betriebskosten für Heizung und Warmwasser in vielen Fällen von den Abrechnungszeiträumen für die übrigen Betriebskosten differieren, ergeben sich jedenfalls im Falle des Ansatzes getrennter Vorauszahlungsbeträge auch getrennte Abrechnungszeiträume im Sinne des § 556 Abs. 3 S. 1 BGB und unterschiedliche Abrechnungsfristen nach § 556 Abs. 3 S. 2 BGB. Der Abrechnungszeitraum für die Kosten für Heizung und Warmwasser kann zum Beispiel 1. 7. eines Jahres bis zum 30. 6. des Folgejahres sein, für die übrigen Betriebskosten das Kalenderjahr.

**3.** Die im **Katalog der Nr. 1 bis 17 des § 2 Betriebskostenverordnung** enthaltenen Betriebskosten sind insoweit zwingend, als nur diese Betriebskosten auf den Wohnraummieter umgelegt werden dürfen. Dies ergibt sich auch aus § 556 Abs. 1 BGB. § 556 Abs. 1 BGB in der Fassung des Schuldrechtsmodernisierungsgesetzes enthält die Regelung, dass die Vertragsparteien vereinbaren können, dass der Mieter Betriebskosten im Sinne des § 19 Abs. 2 des Wohnraumförderungsgesetzes trägt. Nach § 19 Abs. 2 S. 2 des Wohnraumförderungsgesetzes wurde die am 1. 1. 2004 in Kraft getretene Betriebskostenverordnung erlassen. Eine mietvertragliche Regelung ist zulässig, die hinsichtlich des Umfangs der Betriebskosten lediglich auf die Betriebskostenverordnung verweist, ohne dass eine Erläuterung des Betriebskostenkatalogs bei Vertragsschluss oder die Beifügung eines Abdrucks von § 2 Betriebskostenverordnung erfolgt (BayObLG NJW 1984, 1761 und

OLG Hamm WuM 1997, 542). Schon aus Akzeptanzgründen ist es jedoch zu empfehlen, dem Mietvertrag den Betriebskostenkatalog beizulegen.

**4.** Bei einzelnen Betriebskostenarten, die in § 2 Betriebskostenverordnung aufgeführt sind, ergeben sich immer wieder gesetzliche Änderungen und Ergänzungen. Es ist daher sinnvoll, in der Vereinbarung darauf hinzuweisen, dass die **jeweils geltende Fassung** maßgeblich ist. Hinsichtlich der Nr. 17 des Betriebskostenkatalogs, den „sonstigen Betriebskosten" gilt, dass diese nur umlegbar sind, wenn die einzelnen bestimmten Kosten mit dem Mieter vereinbart sind (BGH WuM 2004, 290). Im übrigen muss das Recht, neu entstandene Betriebskosten umzulegen, im Vertrag enthalten sein (BGH WuM 2006, 612).

**5.** § 7 Abs. 1 der **Heizkostenverordnung** in der Fassung vom 5. 10. 2009 bestimmt, dass die Betriebskosten der zentralen Heizungsanlage grundsätzlich mit mindestens 50% und höchstens 70% nach dem erfassten Wärmeverbrauch und im Übrigen nach der Wohn- oder Nutzfläche oder nach dem umbauten Raum zu verteilen sind. Es kann auch die Wohn- oder Nutzfläche oder der umbaute Raum der beheizten Räume zugrunde gelegt werden. Entsprechendes gilt für die Verteilung der Kosten der Wärmelieferung und nach § 8 Abs. 1 Heizkostenverordnung der Versorgung mit Warmwasser.

**6.** Aus § 556a Abs. 1 BGB ergibt sich, dass die Parteien nicht vereinbaren müssen, dass **Verteilungsmaßstab** der Anteil der Wohnfläche ist. Es kann ebenfalls eine vertragliche Regelung der Verteilung nach Personen erfolgen. Nach der gesetzgeberischen Intention soll jedoch die Umlage nach dem Flächenmaßstab bevorzugt werden. Dies ergibt sich auch daraus, dass auch im Falle der vertraglichen anderweitigen Vereinbarung nach der Begründung zum Gesetzentwurf des Mietrechtsreformgesetzes der Mieter zukünftig nach § 242 BGB im Falle einer krassen Unbilligkeit einen Anspruch auf Umstellung des Umlagemaßstabs haben soll. Die Umlage nach dem Flächenmaßstab ist zu bevorzugen, da einmal die Umlage nach Personen in mehr Fällen zur Ungleichbehandlung führen dürfte und die Personenzahl durch den Vermieter oft nicht festzustellen und zu kontrollieren ist. Beim Fehlen einer vertraglichen Vereinbarung gilt auf Grund der gesetzlichen Regelung des § 556a Abs. 1 S. 1 BGB der Anteil der Wohnfläche als Umlegungsmaßstab als vereinbart, eine Festlegung nach billigem Ermessen gemäß §§ 315, 316 BGB durch den Vermieter ist in diesem Fall nicht mehr möglich.

Ist eine Eigentumswohnung vermietet, ist in der Regel nur der Miteigentumsanteil bekannt, so dass es sinnvoll erscheint, diesen als Umlagemaßstab zu vereinbaren.

**7.** Wird der **Verbrauch** oder die **Verursachung** von Betriebskosten erfasst, so soll auch verbrauchs- und verursachungsabhängig abgerechnet werden. Bei fehlender vertraglicher Vereinbarung eines Umlegungsmaßstabes geht die verbrauchs- und verursachungsabhängige Abrechnung der Abrechnung nach der Wohnfläche nach § 556a Abs. 1 S. 2 BGB vor. Verbrauchserfassung kann zum Beispiel durch Einrichtungen zur Messung des Kaltwasserverbrauchs erfolgen, Verursachungserfassung zum Beispiel durch Erfassung der produzierten Menge an Hausmüll.

**8.** Damit eine verbrauchs- und verursachungsbezogene Abrechnung auch dann erfolgen kann, wenn eine vertragliche Vereinbarung entgegensteht, die zum Beispiel die Abrechnung nach der Wohnfläche beinhaltet, hat der Vermieter nach § 556a Abs. 2 BGB die Möglichkeit, durch einseitige Erklärung eine **Vertragsänderung** herbeizuführen, dass für die Zukunft die verbrauchs- und verursachungsmäßige Abrechnung stattfindet. Haben die Parteien zum Beispiel eine Teilinklusiv- oder Inklusivmiete vereinbart, so kann ebenfalls eine einseitige Vertragsänderung in dieser Richtung erfolgen. Hierdurch soll der sparsame und kostenbewusste Umgang mit Energie gefördert werden.

**9.** Nachdem es sich bei den Maßnahmen, die eine Verbrauchserfassung ermöglichen, um **Modernisierungsmaßnahmen** im Sinne von § 559 Abs. 1 BGB handelt, auf die grundsätzlich kein mieterseitiger Anspruch besteht, besteht bei fehlender vertraglicher Vereinbarung die Verpflichtung zur Abrechnung nach Verbrauch oder Verursachung oder bei anderweitiger vertraglicher Vereinbarung die Umstellungsmöglichkeit des Vertrages nur dann, wenn der Vermieter das Haus entsprechend ausgerüstet hat.

Es genügt nicht, wenn einzelne Mieter selbst sich Verbrauchserfassungsgeräte installieren, z. B. Wasseruhren. Die Verbrauchserfassung muss für ein Anwesen einheitlich möglich sein.

**10.** Die jährliche Abrechnung wird durch § 556 Abs. 3 S. 1 BGB als gesetzliche Regelung festgesetzt. Abweichungen zum Nachteil des Mieters etwa in der Form, dass in einem kürzeren oder längeren Zeitraum abgerechnet wird, sind nach § 556 Abs. 4 BGB unwirksam (LG Gießen NZM 2009, 581). Möglich ist, dass sich unterschiedliche Abrechnungszeiträume für Heizkosten und Warmwasserkosten und die übrigen Betriebskosten ergeben. Bei den Betriebskosten außer Heizung und Warmwasser kommt üblicherweise das Kalenderjahr als Abrechnungszeitraum in Betracht, wenn dies auch nicht zwingend ist, bei den Betriebskosten für Heizung und Warmwasser der Zeitraum vom 1. 7. eines Jahres bis zum 30. 6. des Folgejahres. Es können sich somit hier zwei unterschiedliche Abrechnungszeiträume mit dem entsprechend auch unterschiedlichen Abrechnungsfristen ergeben. Etwas anderes mag dann gelten, wenn ein einheitlicher Vorauszahlungsbetrag für alle Betriebskosten einschließlich der Kosten für Heizung und Warmwasser vereinbart ist. In diesem Fall müsste auch ein einheitlicher Abrechnungszeitraum angesetzt werden, der erst mit dem zuletzt ablaufenden Zeitraum endet.

Vorauszahlungen müssen nicht so angesetzt werden, dass eine Nachzahlung nicht entsteht. Ausnahme ist der Ansatz bewusst zu niedriger Vorauszahlungen in Täuschungsabsicht über die Höhe der tatsächlichen Betriebskosten (BGH NZM 2004, 251). Hier kommt ein Schadensersatzanspruch des Mieters in Höhe der entstehenden Nachzahlung in Betracht (LG Celle DWW 1996, 193).

**11.** § 556 Abs. 3 S. 3 BGB setzt eine **zwingende Abrechnungsfrist** für den Vermieter fest. Nach Ablauf der Abrechnungsfrist ist die Geltendmachung einer Nachforderung grundsätzlich ausgeschlossen. Nichts ändert dies am Abrechnungsanspruch des Mieters. Dieser wird nach Ablauf der Abrechnungsfrist einklagbar. Zur Wahrung der Jahresfrist genügt nicht die rechtzeitige Absendung der Abrechnung, sondern nach dem Gesetzeswortlaut muss die Abrechnung dem Mieter innerhalb der Jahresfrist zugehen („mitzuteilen"). Die Abrechnung muss schriftlich erfolgen, um dem Mieter die Möglichkeit der Nachprüfung zu geben (*Geldmacher* NZM 2001, 922). Nicht kommt es darauf an, ob der Mieter tatsächlich innerhalb der Jahresfrist von der Abrechnung Kenntnis nimmt. Der Vermieter hat eine verspätete Abrechnung dann nicht zu vertreten, wenn z. B. Versorgungsunternehmen ihre Rechnungen erst zu spät stellen, ebenso, falls die Abrechnung computermäßig erfolgt, eine Umstellung der Computeranlage zu Verzögerungen führt oder längerer Ausfall der mit der Abrechnung befassten Personen vorliegt. Beweispflichtig ist insoweit der Vermieter. Das AG Essen (DWW 2008, 65) vertritt die Auffassung, dass ein Verschulden des Abrechnungsunternehmens dem Vermieter nach § 278 BGB zuzurechnen ist.

Wie sich aus § 556 Abs. 3 S. 4 BGB ergibt, ist der Vermieter zu Teilabrechnungen, die etwa noch innerhalb der Jahresfrist liegen können, nicht verpflichtet. Man wird davon ausgehen müssen, dass durch eine Abrechnung, die nicht einmal den Mindestanforderungen der BGH-Rechtsprechung und außerdem den Anforderungen an eine Rechnungslegung nach § 259 BGB entspricht, die Abrechnungsfrist nicht eingehalten werden kann, da die Abrechnung formal unwirksam ist.

Die BGH-Rechtsprechung verlangt:
- Eine Zusammenstellung der Gesamtkosten
- die Mitteilung und Erläuterung der Verteilungsschlüssel

- die Berechnung des jeweiligen Anteils des Mieters
- Abzug der Vorauszahlungen des Mieters (vgl. BGH WuM 1982, 207; ebenso OLG Schleswig WuM 1990, 333).

Zu beachten ist auch, dass Wohngeldabrechnungen im Falle des Vorliegens einer Eigentumswohnung die Nebenkostenabrechnung gegenüber dem Mieter nicht ersetzen (BGH a. a. O.), da sie auch auf den Wohnraummieter nicht umlegbare Positionen enthalten und statt der Nebenkostenvorauszahlung die durch den Vermieter zu leistende Wohngeldvorauszahlung. Eine materiell fehlerhafte Abrechnung, die z. B. einen falschen Umlageschlüssel aufweist, wahrt die Abrechnungsfrist (BGH NZM 2005, 13).

**12.** Die **Einwendungsfrist** für den Mieter gegen eine Abrechnung wurde durch das Mietrechtsreformgesetz eingeführt. Die Fälligkeit einer etwaigen Nachforderung des Vermieters wird hierdurch nicht berührt. Zahlt der Mieter ohne Einwände den sich aus einer Abrechnung zu seinen Lasten ergebenden Saldo vor Ablauf der Einwendungsfrist, zählt dies als deklaratorisches Schuldanerkenntnis und führt zum Ausschluss späterer Einwendungen innerhalb der weiterlaufenden Einwendungsfrist. Der Mieter müsste gegebenenfalls, um sich spätere Einwendungen zu erhalten, die Zahlung mit einem Vorbehalt versehen. Nicht dürfte man davon ausgehen dürfen, dass Zahlungen des Mieters auf eine Abrechnung auch ohne ausdrücklichen Vorbehalt als unter dem Vorbehalt späterer Einwendungen stehen. Zahlt der Mieter allerdings nach Ablauf der Abrechnungsfrist ohne Kenntnis von ihrem Ablauf, so soll ihm ein Rückforderungsanspruch hinsichtlich der bezahlten Nachforderung nach § 812 BGB zustehen (BGH WuM 2006, 150).

Einwendungen gegen eine formal und inhaltlich falsche Abrechnung sind nach Fristablauf nicht mehr möglich (LG Berlin GE 2006, 651) nicht der BetrKV entsprechen. Der BGH (NZM 2008, 81) hat entschieden, dass Betriebskosten, die zwar grundsätzlich umlagefähig sind, aber vertraglich nicht umgelegt worden sind, bei nicht rechtzeitiger Einwendung des Mieters vom Einwendungsausschluss erfasst werden. Der Einwendungsausschluss gilt auch, wenn der Vermieter Betriebskosten, die er nach der vertraglichen Vereinbarung gar nicht hätte abrechnen dürfen, da sie in einer Teilinklusivmiete enthalten waren, abrechnet (BGH NZM 2008, 361).

Einwendungen durch den Mieter innerhalb der Einwendungsfrist müssen substantiiert vorgebracht werden. Ein bloßes Bestreiten der Richtigkeit einer Abrechnung dürfte nicht ausreichen, den Ausschluss von Einwendungen durch Ablauf der Jahresfrist aufzuhalten. Dies gilt auch dann, wenn alsbald nach Ablauf der Jahresfrist eine substantiierte Begründung nachgeschoben wird.


## Abrechnung

......

(Vermieter)

an

......

(Mieter)

Sehr geehrter ......,

in der Anlage darf ich Ihnen die Betriebskostenabrechnung für das Kalenderjahr ...... und die Heiz- und Warmwasserkostenabrechnung für den Zeitraum ...... bis ...... überreichen. Das Ergebnis der Abrechnung ergibt einen Nachzahlungsbetrag von EUR ...... Auf die beiliegende Kopie der Heizkosten- und Warmwasserkostenabrechnung nehme ich Bezug.

Ich bitte Sie, den Nachzahlungsbetrag auf mein Konto ...... bis ...... zu überweisen.

Abrechnung Betriebskosten (Beispiel)

|  | Gesamtkosten | Wohnungsanteil |
|---|---|---|
| Grundsteuer |  | EUR 150,– |
| Müllabfuhr | EUR 2700,– | EUR 54,– |
| Strom und Wasserversorgung | EUR 3700,– | EUR 74,– |
| Hausversicherungen | EUR 3000,– | EUR 60,– |
| Antenne Leasinggebühr | EUR 3500,– | EUR 70,– |
| Aufzugskosten | EUR 1200,– | EUR 24,– |
| Hausmeister | EUR 5800,– | EUR 116,– |
| abzüglich Ihrer Vorauszahlungen (EUR 60,– × 12) |  | EUR 720,– |
| Guthaben |  | EUR 172,– |

Der Verteilungsmaßstab der Betriebskosten bestimmt sich nach § ...... des Mietvertrages:

Anteil der Wohnfläche insgesamt: ......    2000 qm
Anteil Ihrer Wohnung: ......    40 qm

Heiz- und Warmwasserkosten 1. 7....... bis 30. 6.......

| | |
|---|---|
| Gesamtkosten lt. Abrechnung der Firma | EUR 400,– |
| abzüglich Ihrer Vorauszahlungen (EUR 30,– × 12) | EUR 360,– |
| Nachzahlung | EUR 40,– |

## 7. Umlagevereinbarung Betriebs- und Heizkosten bei vermieteter Eigentumswohnung

Die Umlagevereinbarung bei einer vermieteten Eigentumswohnung entspricht der Umlagevereinbarung bei einer Mietwohnung (Form. A.III. 6) mit dem Unterschied, dass hinsichtlich des Abrechnungsmaßstabs statt des Anteils der Wohnfläche der 1000stel **Miteigentumsanteil** als Vereinbarung in Betracht kommt.

## 8. Umlagevereinbarung Betriebs- und Heizkosten bei vermietetem Einfamilienhaus

Die Umlagevereinbarung entspricht der Umlagevereinbarung für Betriebs- und Heizkosten bei einer Mietwohnung (Form. A.III. 6) mit folgender Ausnahme: Es kann die Bestimmung erfolgen, dass die Zahlung von Betriebskosten, soweit dies in Betracht kommt, direkt gegenüber den Rechnungsstellern erfolgt. In diesem Fall findet eine Abrechnung durch den Vermieter nicht statt. Hier kommen insbesondere die verbrauchs- und verursachungsbezogenen Betriebskosten wie Heizung und Warmwasser, Wasserversorgung, Strom und Müllabfuhr in Betracht.

## 9. Vereinbarung einer Betriebskostenpauschale

Vereinbarung[1]

Zwischen

......

(Vermieter)

und

......

(Mieter)

wird folgende Vereinbarung getroffen:

1. Vereinbart wird eine Vorauszahlung auf die Betriebskosten für Heizung und Warmwasser in Höhe von ...... EUR.
2. Vereinbart wird ein Pauschalbetrag für die übrigen Betriebskosten gemäß § 2 der Betriebskostenvereinbarung in Höhe von ...... EUR.[2]
3. Der Vermieter ist berechtigt, durch eine Erklärung in Textform oder Schriftform eine Erhöhung der Betriebskosten anteilig auf den Mieter umzulegen. In der Erklärung muss der Vermieter den Grund für die Umlage bezeichnen und erläutern. Der Mieter schuldet den Erhöhungsbetrag ab dem Beginn des auf die Erklärung folgenden übernächsten Monats. Soweit sich die Erklärung auf rückwirkend erhöhte Betriebskosten bezieht, wirkt sie auf den Zeitpunkt der Erhöhung der Betriebskosten zurück, höchstens jedoch auf den Beginn des der Erklärung vorausgehenden Kalenderjahres. Die Rückwirkung tritt nur ein, wenn der Vermieter das Erhöhungsverlangen innerhalb von drei Monaten, nachdem er Kenntnis von der Erhöhung erlangt hat, dem Mieter mitteilt.

Ermäßigen sich die Betriebskosten, ist die Betriebskostenpauschale vom Zeitpunkt der Ermäßigung an entsprechend herabzusetzen. Die Ermäßigung ist dem Mieter unverzüglich mitzuteilen.[3]

............　　　　　　　　　　　　　　　　　............
(Vermieter)　　　　　　　　　　　　　　　　　　(Mieter)

### Anmerkungen

**1.** Nach § 556 Abs. 2 S. 1 BGB steht es den Parteien frei, Betriebskosten entweder als **Pauschale** oder als **Vorauszahlung** auszuweisen. Über Vorauszahlungen ist gemäß § 556 Abs. 3 BGB abzurechnen, Pauschalen werden nicht abgerechnet. Nachdem § 7 Abs. 1 HeizkV die Verteilung der Betriebskosten nach Verbrauch und Wohn- oder Nutzfläche bestimmt, findet nach den Vorschriften der Heizkostenverordnung Erfassung und Abrechnung der Kosten statt. Die Vereinbarung einer Pauschale würde insoweit daher den Vorschriften der Heizkostenverordnung widersprechen.

**2.** Die Vereinbarung einer Betriebskostenpauschale muss angemessen im Sinne von § 556 Abs. 2 S. 2 BGB sein. Die Vorschrift, die nach dem Gesetzeswortlaut nur für Vorauszahlungen gilt, ist entsprechend auch für Betriebskostenpauschalen anzuwenden. Eine unangemessen hohe Pauschale ist hinsichtlich des überhöhten Betrages unwirksam (*Schmid* WuM 2001, 424).

**3.** Ist eine Betriebskostenpauschale vereinbart, so ist nach § 560 Abs. 1 BGB der Vermieter berechtigt, Betriebskostenerhöhungen anteilig auf den Mieter umzulegen. Dies gilt nicht bei Vereinbarung einer Bruttomiete oder einer Teilinklusivmiete, soweit die in der Inklusivmiete enthaltenen Betriebskosten betroffen sind. Sowohl bei der Bruttomiete, bei der Betriebskosten überhaupt nicht gesondert ausgewiesen sind, als auch bei der Teilinklusivmiete kann der Vermieter eine Mieterhöhung nur nach § 558 BGB im Rahmen der ortsüblichen Vergleichsmiete vornehmen.

Die Erhöhung einer vereinbarten Betriebskostenpauschale ist nur dann zulässig, wenn dies im Mietvertrag vereinbart ist, § 560 Abs. 1 S. 1 BGB. Die Erhöhungserklärung kann in Textform oder in Schriftform erfolgen. Den Zeitpunkt, ab dem der Erhöhungsbetrag geschuldet wird, bestimmt § 560 Abs. 2 BGB. Entgegen der Regelung durch § 4 MGH, die bis zur Neuregelung in § 560 Abs. 2 BGB durch die Mietrechtsreform galt, spielt der Zugang der Erhöhungserklärung innerhalb eines Monats keine Rolle mehr. Unabhängig davon, ob die Erhöhungserklärung vor oder nach dem 15. eines Monats abgegeben wurde, tritt die Erhöhung nun immer einheitlich mit Beginn des auf die Erklärung folgenden übernächsten Monats ein. Im Falle der Ermäßigung der Betriebskosten ist die Betriebskostenpauschale gemäß § 560 Abs. 3 S. 1 BGB entsprechend herabzusetzen.

Die Übergangsregelung bestimmt in Art. 229, § 3 Abs. 4 EGBGB, dass auf ein am 1. 9. 2001 bestehendes Mietverhältnis, bei dem eine Teilinklusivmiete oder eine Bruttomiete vereinbart ist, § 560 BGB analog anzuwenden ist, soweit die Erhöhung der Betriebskosten im Mietvertrag vereinbart ist. Bei diesen Mietverhältnissen kann also die Erhöhung der pauschal enthaltenen Betriebskosten entsprechend § 560 Abs. 1 bis 2 BGB stattfinden.

## 10. Änderung der Vorauszahlungen

### Vereinbarung

Zwischen

……

(Vermieter)

und

……

(Mieter)

wird folgende Vereinbarung getroffen:

In oder nach einer Abrechnung können Vermieter und Mieter durch eine Erklärung in Textform oder Schriftform eine Anpassung der monatlichen Vorauszahlungen auf die Betriebskosten auf eine angemessene Höhe vornehmen.

…………                                               …………

(Vermieter)                                           (Mieter)

### Anmerkung

Nach der Rechtslage vor der Regelung durch die Mietrechtsreform kann eine Erhöhung von Vorauszahlungen auf Betriebskosten nur im Fall des vertraglich vereinbarten Erhöhungsvorbehalt erfolgen. Nunmehr sieht § 560 Abs. 4 BGB vor, dass auch ohne vertragliche Regelung nach einer Abrechnung eine Anpassung der Betriebskostenvorauszahlungen auf eine angemessene Höhe einseitig durch jede Vertragspartei vorgenommen werden kann. Nach dem Gesetzeswortlaut kann zwar die Anpassung nur nach einer Abrechnung vorgenommen werden, jedoch muss dies auch in der Abrechnung selbst möglich sein. Was den Zeitpunkt betrifft, wie lange nach einer Abrechnung die Anpassung vorgenommen werden kann, wurde eine gesetzliche Regelung nicht getroffen. Man wird jedoch davon ausgehen müssen, dass die Anpassung nur in einem engeren zeitlichen Rahmen zu einer erfolgten Abrechnung durchgeführt werden kann. Ab wann die angepassten Vorauszahlungen fällig sein sollen, ist ebenfalls gesetzlich nicht geregelt. Es ist daher davon auszugehen, dass dies vorbehaltlich einer anderweitigen vertraglichen Vereinbarung unmittelbar nach der Anpassung der Fall ist. Die gesetzliche Regelung ergibt für die Praxis insofern wenig Sinn, als im Falle der einseitigen Herabsetzung der Vorauszahlung durch den Mieter und Nichtakzeptanz durch den Vermieter sich für den Vermieter bereits einseitig die Klagemöglichkeit auf die von ihm verlangten Vorauszahlungen ergibt. Ebenso gilt dies im Falle der einseitigen Anpassung durch den Vermieter und Nichtzahlung durch den Mieter, wiederum die Klagemöglichkeit für den Vermieter. Eine eigene Klage des Mieters erscheint daneben überflüssig.

Nach Meinung des LG Berlin (NZM 2004, 339) soll dann, wenn der Vermieter die Abrechnungsfrist versäumt hat, so dass keine Nachforderung möglich ist, er eine Erhöhung der Vorauszahlungen nicht mehr durchsetzen können (ablehnende Anm. v. *Derckx* NZM 2004, 325).

## 11. Bestimmung verbrauchsabhängiger Abrechnung

......

(Vermieter)

an

......

(Mieter)

Sehr geehrte(r) ......

wie Sie wissen, wurden in alle Wohnungen des Hauses mittlerweile Wasseruhren eingebaut. Es ist daher die verbrauchsabhängige Erfassung des Kaltwasserverbrauchs möglich. Nach § 556a Abs. 2 BGH bin ich berechtigt, durch einseitige Erklärung zu bestimmen, dass abweichend von der in § ...... unseres Mietvertrages getroffenen Vereinbarung die Betriebskosten für Kaltwasser nach Verbrauch umgelegt werden. Dies gilt ab dem Zeitpunkt des am ...... beginnenden neuen Abrechnungszeitraumes.

............

(Vermieter)

### Anmerkung

Voraussetzung für die einseitige Bestimmung der verbrauchsabhängigen Abrechnung, die eine Durchbrechung der vertraglichen Vereinbarung bedeutet, ist, dass eine Erfassung des Verbrauchs stattfindet, dass also zum Beispiel Kaltwasserzähleruhren eingebaut sind. Sind die Betriebskosten in einer Teilinklusivmiete oder in einer Pauschalmiete enthalten, ist die Miete nach § 556a Abs. 2 S. 3 BGB entsprechend, das heißt um den Betrag, der auf die betreffenden Betriebskosten entfällt, herabzusetzen. Eine Zustimmung des Mieters zu dieser Verfahrensweise ist nicht erforderlich. Ist dies erfolgt, kann der Vermieter für die betreffenden Betriebskostenarten auch eine Vorauszahlung erheben. Durch die Regelung soll der sparsame und kostenbewusste Umgang mit Energie gefördert werden.

## 12. Echte Mietnachfolgeklausel

### Vereinbarung

Zwischen

......

(Vermieter)

und

......

(Mieter)

wird folgende Vereinbarung getroffen:

Der Mieter ist berechtigt, das Mietverhältnis bei vorzeitigem Ausscheiden aus dem Vertrag auf einen Nachmieter zu übertragen.[1]

– Alternativ –

Der Mieter ist berechtigt, vorzeitig aus dem Mietverhältnis auszuscheiden, wenn er einen geeigneten Nachmieter benennt, mit dem in diesem Fall ein neuer Mietvertrag abgeschlossen wird.[2]

............                                          ............

(Vermieter)                                            (Mieter)

### Anmerkungen

**1.** Mietnachfolgeklauseln sind sowohl bei der Wohn- als auch bei der Geschäftsraummiete **zulässig**. Bei der Wohnraummiete gilt, dass die Vereinbarung einer Mietnachfolgeklausel eine Regelung zugunsten des Mieters darstellt, so dass aus Mieterschutzgesichtspunkten keine Bedenken gegen eine solche Klausel bestehen. Vertragsformulare enthalten in der Regel keine solchen Klauseln. Bei Mietnachfolgeklauseln wird unterschieden zwischen der echten und der unechten Mietnachfolgeklausel (vgl. OLG Frankfurt/Main WuM 1991, 475).

Eine echte Mietnachfolgeklausel liegt vor, wenn der Mieter nach der vertraglichen Vereinbarung einen Ersatzmieter stellen darf und der Vermieter verpflichtet ist, mit diesem Ersatzmieter, soweit dies zumutbar ist, einen neuen Mietvertrag abzuschließen. Die Regelung kann auch so gestaltet sein, dass der Mieter das Mietverhältnis auf einen geeigneten Nachmieter übertragen kann, falls er vorzeitig aus dem Vertrag ausscheiden will.

Aufgrund der Einführung der asymmetrischen Kündigungsfrist für die ordentliche Kündigung von Wohnraummietverhältnissen durch das Mietrechtsreformgesetz mit Wirkung ab 1. 9. 2001 stellt sich das Problem der Mietnachfolgeklausel für den Wohnraummieter beim auf unbestimmte Zeit abgeschlossenen Mietvertrag kaum noch. Nach

§ 573 c Abs. 1 S. 1 BGB ist die Kündigung für den Mieter nämlich immer spätestens am 3. Werktag eines Kalendermonats zum Ablauf des übernächsten Monats zulässig. Die nach der früheren Regelung geltende Verlängerung der Kündigungsfrist bis auf ein Jahr ist entfallen.

Nachdem die Rechtsprechung dem Vermieter auch bei Vorliegen einer vertraglichen Ersatzmieterklausel und ohne dass es einer diesbezüglichen vertraglichen Vereinbarung bedarf, eine Überlegungsfrist zur Prüfung der Zumutbarkeit eines Nachmieters zubilligt, kann der aus dem Vertrag vorzeitig ausscheiden wollende Mieter jedenfalls üblicherweise noch drei Monate am Vertrag festgehalten werden (LG Saarbrücken WuM 1995, 313: Übliche Prüfungsfrist, ob ein Nachmieter objektiv geeignet ist von drei Monaten). Angesichts der kurzen ordentlichen Kündigungsfrist hat somit daneben eine Mietnachfolgeklausel keine Bedeutung. Eine Ausnahme gilt lediglich für den Fall, dass der Vermieter einen offensichtlich geeigneten Nachmieter ohne Begründung ablehnt (LG Oldenburg WuM 1997, 491). In diesem Fall wird dem Vermieter keine Überlegungsfrist zugestanden.

Bedeutung hat eine Mietnachfolgeklausel im Falle der Vereinbarung eines Zeitmietvertrages nach § 575 BGB oder der Vereinbarung des wechselseitigen Ausschluss des ordentlichen Kündigungsrechtes auf bestimmte Zeit.

**2.** Bei der **echten Mietnachfolgeklausel** besteht in jedem Fall die Verpflichtung des Mieters, einen geeigneten Nachmieter zu benennen. Mit diesem Nachmieter muss der Vermieter einen Mietvertrag zu denselben Bedingungen abschließen, wie sie im bisherigen Vertrag mit dem Mieter vereinbart worden sind. Er hat nicht das Recht, zusätzliche Vertragsbedingungen zu stellen.

## 13. Unechte Mietnachfolgeklausel

Vereinbarung[1]

Zwischen ......

(Vermieter)

und

......

(Mieter)

wird folgende Vereinbarung getroffen:

Der Mieter ist berechtigt, das Mietverhältnis mit einer Kündigungsfrist von einem Monat vorzeitig zu beenden, wenn er einen geeigneten Nachmieter stellt.[2]

............                                                    ............

(Vermieter)                                                    (Mieter)

### Anmerkungen

**1.** Die **unechte Nachmieterklausel** gibt dem Mieter lediglich das Recht zum vorzeitigen Ausscheiden aus dem Mietverhältnis unter Stellung eines geeigneten Ersatzmieters. Der Vermieter ist nicht verpflichtet, mit diesem Nachmieter einen Mietvertrag abzuschließen, auch wenn der Nachmieter geeignet ist. Seine Verpflichtung erschöpft sich darin, den Mieter gegebenenfalls unter Einhaltung einer in der Ersatzmieterklausel festgelegten Kündigungsfrist aus dem Vertrag zu entlassen (vgl. AG Wetzlar WuM 2006, 374).

**2.** Voraussetzung für die Entlassung des Mieters aus dem Mietverhältnis ist auch bei der unechten Nachmieterklausel, dass es sich um einen **geeigneten Nachmieter** handelt. Nicht geeignet ist ein Nachmieter, der nicht bereit ist, das Mietverhältnis zu den bisherigen Bedingungen zu übernehmen, der z. B. nicht bereit ist, die verlangte Miete zu bezahlen oder der wesentliche Veränderungen der Mieträume beabsichtigt. Ablehnungsgrund für einen Nachmieter kann somit z. B. die beabsichtigte Zweckentfremdung von Wohnraum in Geschäftsraum sein oder bei Geschäftsräumen eine wesentliche Änderung der vereinbarten Nutzung der Räume (OLG Köln DWW 1997, 121 für den Fall der Ungeeignetheit eines Untermieters: Umwandlung einer Zahnarztpraxis in eine Kleintierpraxis).

## 14. Tierhaltungsklausel (Zustimmungs-/Verbotsklausel)

### Zustimmungsklausel

Vereinbarung[1]

Zwischen

......

(Vermieter)

und

......

(Mieter)

wird folgende Vereinbarung getroffen:

Das Halten von Haustieren bedarf der Zustimmung des Vermieters.[2] Keine Zustimmung bedarf die Haltung von Kleintieren (übliche Haustiere wie z. B. Ziervögel oder Zierfische) in ortsüblichem Umfang.[3] Die Zustimmung kann aus wichtigem Grund widerrufen werden.[4]

............                                                                        ............

(Vermieter)                                                                      (Mieter)

### Anmerkungen

**1.** Tierhaltungsvereinbarungen haben **erhebliche Bedeutung**. Für das Jahr 1996 sollen in Deutschland 6,2 Millionen Katzen, 5,1 Millionen Ziervögel, 5,1 Millionen Hunde sowie 4 Millionen Kleintiere gehalten worden sein (Auskunft des Zentralverbands Zoologischer Fachbetriebe, zitiert bei *Blank* NZM 1998, 5).

Zwar soll auch nach der Rechtsprechung des BGH ein formularvertraglicher Ausschluss der Tierhaltung zulässig sein und nicht gegen § 307 BGB verstoßen, soweit Kleintiere aus der Verbotsklausel ausgenommen werden (BGH NJW 1993, 1061), doch kommt in erster Linie eine Vereinbarung in Betracht, die die Tierhaltung von der Zustimmung des Vermieters abhängig macht.

**2.** Die Zustimmungsvereinbarung darf für die Zustimmung des Vermieters nicht die **Schriftform** verlangen. Ist dies der Fall, ist die Vereinbarung als Vertragsklausel **unwirk-**

sam (LG Freiburg WuM 1997, 175). Weiter muss die Vereinbarung Kleintiere wie Ziervögel und Zierfische ausnehmen, deren Haltung grundsätzlich nicht zustimmungsbedürftig ist (vgl. hierzu Anm. 3).

Nach OLG Hamm (WuM 1981, 53) soll die Entscheidung des Vermieters, ob er die Zustimmung zur Haltung eines Haustieres erteilen will, im freien Ermessen des Vermieters liegen. Grenze des Ermessens soll lediglich der Einwand des Rechtsmissbrauchs sein. Man wird davon ausgehen müssen, dass die Grenzziehung bereits vor dem Einwand des Rechtsmissbrauchs anzusetzen ist, der z. B. dann gegeben wäre, wenn einem Blinden ein Blindenhund verweigert wird oder für den Mieter die Haltung eines Haustieres aus psychischen oder physischen Gründen unbedingt erforderlich ist. Mit *Blank* (NZM 1998, 9) wird man davon ausgehen müssen, dass im Falle des Zustimmungserfordernisses eine Interessenabwägung zwischen den Interessen von Vermieter und Mieter stattzufinden hat. Bei dieser Interessenabwägung dürften folgende Umstände zu berücksichtigen sein

* Art des zu haltenden Tieres
* Zahl der Tiere, die gehalten werden sollen
* Größe der Mietwohnung
* Art und Größe des Hauses bzw. der Wohnanlage
* Anzahl und Art der bisher im Haus gehaltenen Tiere
* Altersstruktur der Hausbewohner (ältere Menschen, Familien mit Kindern)
* besondere Bedürfnislage beim Mieter (z. B. Blindenhund, Schutzhund, Hund als Gefährte alter Menschen)
* Verhalten des Vermieters in anderen Fällen (*Wetekamp*, Mietsachen, 4. Aufl., Kap. 1 Rdn. 114).

**3. Kleintiere** müssen in jedem Fall von dem Zustimmungserfordernis ausgenommen werden. Hierbei handelt es sich um übliche Kleintiere, wie Ziervögel, Zierfische, Goldhamster u. ä., wobei z. B. Ratten, obwohl sie auch „klein" sind, nicht zu den üblichen Haustieren zählen und daher auch nicht unter die Ausnahme fallen, die für Kleintiere gilt (LG Essen WuM 1991, 340). Dasselbe gilt, soweit es sich um die Haltung gefährlicher Tiere handelt, die immer vertragswidrig ist. Bestimmte Tiere wildlebender Art gelten hierbei generell als gefährlich (*Blank* NZM 1998, 6). Hierzu gehören, soweit Kleintiere betroffen sind, z. B. giftige Spinnen und Skorpione. Hinzu kommt, dass sich die Haltung auch der Kleintiere auf einen zuträglichen Umfang beschränken muss, andernfalls vertragswidriger Gebrauch vorliegen kann.

Nimmt eine Vertragsklausel **nur** Ziervögel und Zierfische vom Zustimmungserfordernis aus, ist die vertragliche Vereinbarung unwirksam (BGH NZM 2008, 78).

**4.** Es ist davon auszugehen, dass die erteilte Erlaubnis unter dem stillschweigenden Vorbehalt gleich bleibender Verhältnisse steht. Dies bedeutet, dass der Widerruf der Tierhaltungserlaubnis aus wichtigem Grund möglich sein muss. Sinnvoll ist, dies bereits bei der Vertragsgestaltung zu berücksichtigen. Dies gilt insbesondere dann, wenn von einem Haustier, dass vertragsgemäß angeschafft wurde, konkrete Gefährdungen, unzumutbare Belästigungen oder Störungen ausgehen (LG München I WuM 1993, 669; LG Berlin GE 1993, 97).

# Verbotsklausel

Zwischen

......
(Vermieter)

und

......
(Mieter)

wird folgende Vereinbarung getroffen:

Die Tierhaltung in den Mieträumen ist ausgeschlossen mit Ausnahme von Kleintieren (übliche Haustiere) im Rahmen des vertragsmäßigen Gebrauchs.

............                                                      ............
(Vermieter)                                                      (Mieter)

## Anmerkung

Der völlige formularvertragliche Ausschluss der Tierhaltung soll zulässig sein und nicht gegen § 307 BGB verstoßen, soweit Kleintiere im üblichen Umfang von der Verbotsklausel ausgenommen werden (BGH NJW 1993, 1061; BVerfG WuM 1981, 77). Es wird angenommen, dass durch Individualvereinbarung sogar ein vollständiger Ausschluss der Tierhaltung zulässig sein soll (vgl. *Steinig* ZMR 1991, 285). Mit Recht weist *Blank* (NZM 1998, 8) darauf hin, dass bei jeder Formularvereinbarung nach § 307 BGB die wechselseitigen Interessen berücksichtigt werden müssen. Eine Durchbrechung des sich aus der Vereinbarung ergebenden vollständigen Ausschlusses der Haustierhaltung müsste daher zumindest in Fällen gelten, bei denen sich der Sachverhalt gegenüber der Sachlage bei Vertragsschluss verändert hat (Beispiel bei *Blank* NZM 1998, 8: Ein Mieter benötigt infolge zunehmender Sehschwäche einen Blindenhund).

# 15. Vereinbarung über Mietgebrauch (Musikausübung/Abstellen von Gegenständen/ Verkehrssicherung/Benutzung der Mieträume/Elektrogroßgeräte)

## Vereinbarung

Zwischen

......
(Vermieter)

und

......
(Mieter)

wird folgende Vereinbarung getroffen:

1. Rundfunk- und Fernsehgeräte sowie sonstige Tonwiedergabegeräte dürfen nur in Zimmerlautstärke betrieben werden. Dasselbe gilt für die Benutzung von Musikinstrumenten. Zwischen 22.00 Uhr und 7.00 Uhr ist die Nachtruhe einzuhalten.[1]

*Wetekamp*                                                      51

2. Das Abstellen von Gegenständen, insbesondere Krafträder, Fahrräder und Kinderwagen im Treppenhaus, in Keller- und Speichergängen und auf dem Hof ist unbeschadet behördlicher Vorschriften nur dann zulässig, soweit dadurch andere Mieter nicht behindert werden.[2]

3. Die Mieter haben nach näherer Bestimmung die Treppen, Treppenabsätze, den zum Mietobjekt gehörenden Bürgersteig und die Zuwege zum Hauseingang zu reinigen. Hinsichtlich des Bürgersteigs und der Zuwege gilt, dass sie im Winter von den Mietern von Schnee und Eis zu befreien und zu streuen sind. Besteht in Bezug auf das Mietobjekt eine öffentliche Reinhaltungs-, Räum- und Streupflicht, so haben die Mieter diese Pflichten anstelle des sonst Verpflichteten zu erfüllen.[3]

4. Der Mieter ist verpflichtet, die Wohnung und die gemeinschaftlichen Einrichtungen schonend und pfleglich zu behandeln. Er darf die Mieträume nur zu dem vertraglich bestimmten Zweck benutzen. Will er sie zu anderen Zwecken benutzen, so bedarf er der Zustimmung des Vermieters. Untervermietung ist nur nach vorheriger Zustimmung durch den Vermieter erlaubt.[4]

5. Der Betrieb von Wasch- und Trockengeräten sowie Geschirrspülmaschinen in den Mieträumen ist gestattet, wenn funktionssichere, fach- und standortgerecht angeschlossene Geräte benutzt werden.[5]

............     ............
(Vermieter)     (Mieter)

## Anmerkungen

**1.** Regelungen, die das Musizieren oder den Betrieb von Tonwiedergabegeräten in Zimmerlautstärke vorschreiben, finden sich in der Regel in **Hausordnungen**. Derartige Vereinbarungen können aber auch im Mietvertrag selbst oder als Sondervereinbarung getroffen werden. Liegt eine Hausordnung vor, muss sie wirksam in den Mietvertrag einbezogen sein, was durch eine Vertragsklausel, die etwa lautet: „Die anliegende Hausordnung ist Bestandteil dieses Vertrages" nicht der Fall ist (BGH GE 1991, 619). Hier handelt es sich um eine Beweislastumkehr zum Nachteil des Mieters nach § 309 Nr. 12 BGB. Es ist zu beachten, dass die Beschränkung des Musizierens auf Zimmerlautstärke, also so, dass es in anderen Wohnungen nicht zu hören ist, einem völligen Ausschluss des Musizierens gleichkommen kann (BayObLG WuM 2002, 38). Dies ist z.B. bei Klavierspielen nicht möglich. Dies bedeutet, dass, soweit sich das Musizieren in engem zeitlichen Rahmen und außerhalb der Nachtruhezeiten bewegt, es auch über den nach der Vereinbarung zulässigen Bereich hinaus als hinnehmbar angesehen werden muss. Man wird davon ausgehen müssen, dass eine Vereinbarung der getroffenen Art, was das Musizieren betrifft, jedenfalls Appellcharakter für den Mieter hat. Das LG Frankfurt a.M. (WuM 2006, 142) geht immerhin davon aus, dass ein Mieter nicht nur ein Klavier in eine statisch geeignete Wohnung verbringen, sondern auch Klavierunterricht geben darf. Hinsichtlich des Betriebs von Tonwiedergabegeräten hingegen erscheint eine Beschränkung auf Zimmerlautstärke durchaus auch während der Zeiten, zu denen die Nachtruhe nicht gilt, zumutbar.

**2.** Soweit eine Vereinbarung generell das **Abstellen von Kinderwagen** im Hausflur oder auf sonstigen Gemeinschaftsflächen verbietet, ist diese unwirksam (LG Hamburg WuM 1992, 188). Dies beruht darauf, dass Kinder und die für sie erforderlichen Einrichtungen generell von der Rechtsprechung gegenüber anderen Regelungsgegenständen privilegiert werden. Dabei ist auch zu berücksichtigen, dass es generell als unzumutbar angesehen werden kann, Kinderwagen im Falle, dass ein Aufzug nicht vorhanden ist, in eine Etagenwohnung zu transportieren, ebenso, sie unter freiem Himmel abzustellen. Dies gilt jedoch nicht z. B. für Motorräder, Mopeds oder Fahrräder, hier erscheint ein Abstellen im Freien und mit entsprechender Sicherung gegen Diebstahl zumutbar. Andererseits sind z. B. feuerpolizeiliche Vorschriften zu berücksichtigen, die die Freihaltung von Durchgangswegen beinhalten.

Das Abstellen eines **Rollators** (Gehhilfe für ältere und gehbehinderte Mieter) im Treppenhaus soll nach LG Hannover (WuM 2006, 189) nicht verboten werden können.

**3.** Die **Abwälzung der Verkehrssicherungspflicht** auf Mieter ist zulässig (OLG Frankfurt/Main WuM 1988, 399) in Bezug auf den Winterdienst. Ist eine wirksame Übertragung auf den Mieter erfolgt, so ist der Vermieter nicht berechtigt, Kosten für ein Reinigungsunternehmen, das er einseitig beauftragt hat, im Rahmen der Nr. 8 von § 2 Betriebskostenverordnung auf den Mieter umzulegen (LG Karlsruhe WuM 1992, 368).

**4. Benutzungsregelungen** in Mietverträgen oder als Sondervereinbarung sind eine Ausprägung der allgemeinen Pflicht zur gegenseitigen Rücksichtnahme und der Obhutspflicht, die sich aus allgemeinen Grundsätzen bei einem Mietverhältnis als Dauerschuldverhältnis ergibt. Auf ihre Verletzung kann gegebenenfalls bei entsprechendem Gewicht und nach vorausgehender Abmahnung die fristlose Kündigung nach § 543 BGB oder die ordentliche Kündigung nach § 573 Abs. 2 Nr. 1 BGB gestützt werden. Eine **teilgewerbliche Nutzung** der Wohnräume muss der Vermieter dulden und die Erlaubnis hierzu erteilen, wenn es sich um eine Tätigkeit ohne Mitarbeiter und ohne ins Gewicht fallenden Kundenverkehr handelt. Hierfür trägt der Mieter die Darlegungs – und Beweislast (BGH NJW 2009, 3157 für den Fall einer teilgewerblichen Nutzung als selbstständiger Immobilienmakler).

**5.** Die Benutzung moderner **Haushaltsgeräte** gehört üblicherweise zur Gebrauchsüberlassung. Das gilt z. B. für Waschmaschinen (AG Böblingen WuM 1974, 239) ebenso wie für Geschirrspülmaschinen (AG Hildesheim NJW 1973, 519) und Wäschetrockner. Für den Gebrauch der eigenen Waschmaschine des Mieters gilt dies auch dann, wenn die Pflicht zur Benutzung einer Gemeinschaftswaschmaschine mietvertraglich festgelegt ist (AG Hamburg WuM 1994, 426). Sinnvoll ist jedoch, in die Vereinbarung aufzunehmen, dass derartige Geräte fachgerecht und standortgerecht angeschlossen werden müssen. Darüber hinaus kommt in Betracht, einen Abschluss einer Privathaftpflichtversicherung vorzuschreiben, wenn auch bei Nichtabschluss Rechtsfolgen für den Vermieter nicht ableitbar sind. Fraglich ist, ob es zulässig ist, die Aufstellung von erheblich stromverbrauchenden Geräten davon abhängig zu machen, dass die elektrischen Hausleitungen nicht überlastet werden. Die Verstärkung der Elektroleitungen gehört zu den Modernisierungsmaßnahmen nach § 554 BGB, auf die zwar grundsätzlich kein Mieteranspruch besteht, andererseits kann auch der Mieter einer Altbauwohnung hinsichtlich der Elektroausstattung einen Mindeststandard erwarten (BGH WuM 2004, 527).

## 16. Vereinbarung über Parabolantenne mit Zusatzkaution

Vereinbarung

Zwischen

......

(Vermieter)

und

......

(Mieter)

wird folgende Vereinbarung getroffen:

1. Herr V als Vermieter ist damit einverstanden, dass Herr M als Mieter auf dem Dachfirst des Anwesens an einer Stelle, die in gerader Linie über der an Herrn M vermieteten Wohnung liegt, eine Parabolantenne anbringt.[1]
2. Die Anbringung der Parabolantenne muss von einem Fachbetrieb ausgeführt werden.[2] Dies gilt auch für die Zuleitung aus der an Herrn M vermieteten Wohnung bis zur Parabolantenne. Anbringung und Zuleitung müssen technisch einwandfrei ausgeführt werden, die Zuleitung darf von außen möglichst wenig zu sehen sein.[3]
3. Für alle anfallenden Kosten und Gebühren einschließlich der Kosten der Anbringung der Parabolantenne und der Kosten der Zuleitung und ihrer Installation hat Herr M aufzukommen.[4]
4. Zur Abdeckung des Haftungsrisikos hat Herr M vor Anbringung der Parabolantenne Herrn V den Abschluss einer Privathaftpflichtversicherung nachzuweisen, die Risiken durch eine Beeinträchtigung anderer durch die Parabolantenne, welcher Art diese auch immer sein mögen, abdeckt.[5]
5. Herr M hat an Herrn V vor Anbringung der Parabolantenne eine Sicherheitsleistung in Höhe von EUR 500,– zu bezahlen. Die Sicherheitsleistung ist in einer Summe durch Barzahlung auf das Konto Nr. ....... bei der ...... Bank zu bezahlen. Sie dient als Sicherheit für die voraussichtlichen Kosten der Wiederentfernung der Anlage. Die Anlage dieser Kaution erfolgt entsprechend § 551 Abs. 3 BGB. Die Zinsen erhöhen die Sicherheit.[6]
6. Herr M verpflichtet sich, bei Auszug die Parabolantenne einschließlich der Zuleitungen zu entfernen und den Zustand vor Anbringung der Parabolantenne wiederherzustellen.

............                               ............

(Vermieter)                               (Mieter)

### Anmerkungen

**1.** Bei einem möglichen Anspruch eines Mieters auf Anbringung einer Parabolantenne ist **Art. 5 Abs. 1 S. 1 GG** zu berücksichtigen, wonach jeder das Recht hat, sich aus allgemein zugänglichen Quellen ungehindert zu unterrichten. Unter den Schutz dieses Grundrechts fallen auch Hörfunk- und Fernsehsendungen. Es darf nicht auf bestimmte Arten von Informationen verwiesen werden, da jeder das Recht hat zu entscheiden, aus welchen allgemein zugänglichen Quellen er sich unterrichten möchte (BVerfG NJW 1994, 1147). Andererseits sind das Grundrecht des Mieters nach Art. 5 GG und des Vermieters nach Art. 14 GG gleichrangig (BGH WuM 2006, 28). Was Parabolantennen anbelangt, so ist jedoch zwischen einem Anbringungsrecht des „deutschsprachigen" Mieters und des „fremdsprachigen" Mieters zu unterscheiden. Beim **deutschsprachigen Mieter** deckt ein vorhandener Breitbandkabelanschluss das verfassungsrechtlich garantierte Informationsbedürfnis in der Regel ab. Der deutschsprachige Mieter kann nämlich nach dem gegenwärtigen technischen Stand durch den Kabelanschluss über eine Vielzahl deutschsprachiger Programme unterschiedlicher Ausrichtung verfügen. Dasselbe gilt bei Vorhandensein einer Gemeinschaftsparabolantenne. Fremdsprachige Programme werden in das Kabel nur wenige eingespeist.

Bei Nichtvorhandensein einer Gemeinschaftsparabolantenne oder eines Breitbandkabelanschlusses kann auch dem **deutschsprachigen Mieter** die Anbringung einer Parabolantenne grundsätzlich nicht verweigert werden (OLG Frankfurt/Main NJW 1992, 2490). Auch hier kann jedoch die Interessenabwägung ergeben, dass trotz Vorhandensein des Kabelanschlusses ein zu berücksichtigendes Bedürfnis für eine Parabolantenne gegeben ist. Es kann zum Beispiel bei einer beruflichen Tätigkeit des deutschsprachigen Mieters als Dolmetscher in Betracht kommen, ebenso, wenn der deutschsprachige Mieter mit einer fremdsprachigen Ehefrau oder Lebensgefährtin zusammenlebt (LG Wuppertal WuM 1997, 324).

Beim „**fremdsprachigen**" Mieter ist zu unterscheiden: Wenn über Kabel Programme in der Heimatsprache des Mieters überhaupt nicht angeboten werden, hat der fremdsprachige Mieter grundsätzlich Anspruch auf Anbringung einer Parabolantenne (OLG Karlsruhe NJW 1993, 2815). Das Bundesverfassungsgericht hat bestätigt, dass in diesem Fall eine zusätzliche Interessenabwägung in Bezug auf die Interessen des Eigentümers nicht erforderlich ist (BVerfG NJW 1994, 1147).

Ist über ein vorhandenes Kabel ein fremdsprachiges Programm in der Heimatsprache des Mieters zu empfangen, geht das Bundesverfassungsgericht davon aus, dass der Mieter ein Recht auf Auswahl zwischen verschiedenen Heimatprogrammen haben muss. Dieses Interesse sei zu berücksichtigen (BVerfG WM 1995, 693). Sind mehrere Programme in der Heimatsprache über Kabel zu empfangen, besteht kein Anspruch auf Installation einer Parabolantenne, mit der noch mehr Programme zu empfangen wären. Aus europäischem Gemeinschaftsrecht ergibt sich nichts anderes (BGH WuM 2006, 28).

Grundsätzlich kann der Mieter auch auf den vorhandenen Kabelanschluss in Verbindung mit einem zusätzlich vom Mieter zu installierenden und zu unterhaltenden Decoder verwiesen werden, wenn er mittels des Decoders mehrere Programme in seiner Heimatsprache empfangen kann (BGH NZM 2005, 335; BVerfG NZM 2005, 252).

**2.** Das OLG Frankfurt/Main hat in seinem Rechtsentscheid vom 22. 7. 1992 (NJW 1992, 2490) verschiedene sachbezogene Voraussetzungen angeführt, bei deren Erfüllung der Vermieter die Installation einer Parabolantenne grundsätzlich nicht verweigern könne. Diese sachlichen Voraussetzungen müssen kumulativ vorliegen, sie können zum Gegenstand einer Vereinbarung gemacht werden. Hierzu zählt, dass die Anbringung der Parabolantenne baurechtlich zulässig sein und von einem Fachmann ausgeführt werden muss. Weiter muss die Antenne selbst technisch geeignet sein und, was das OLG Karlsruhe in seinem Rechtsentscheid vom 24. 8. 1993 zusätzlich als Anforderung angeführt hat, mit der Anbringung darf kein erheblicher Eingriff in die Bausubstanz verbunden sein (OLG Karlsruhe NJW 1993, 2815). Alle diese Anforderungen können grundsätzlich nur durch einen Fachmann erfüllt werden, so dass es sinnvoll ist, dies in die Vereinbarung in dieser Form aufzunehmen.

**3.** Nachdem nach den Anforderungen des OLG Frankfurt/Main die Antenne selbst möglichst unauffällig sein muss und nach den Anforderungen des OLG Karlsruhe mit der Anbringung kein erheblicher Eingriff in die Bausubstanz verbunden sein darf, ergibt sich, dass sowohl für die Zuleitung als auch für die Antenne selbst gilt, dass die Vereinbarung dies zu berücksichtigen hat.

**4.** Das OLG Frankfurt/Main hat die Anforderung für die Installation einer Parabolantenne aufgestellt, dass unter anderem der Vermieter vom Mieter von allen bei der Installation der Antenne anfallenden Kosten und Gebühren freigestellt werden muss. Dies ist in der Vereinbarung festzuhalten.

**5.** Die Anforderung, dass der Mieter das Haftungsrisiko des Vermieters abzudecken hat, hat das OLG Karlsruhe in seinem Rechtsentscheid vom 24. 8. 1993 aufgestellt. Aus den Gründen der Entscheidung ergibt sich, dass auf Verlangen des Vermieters dieses Risiko durch Abschluss einer Haftpflichtversicherung durch den Mieter abzudecken ist (vgl. auch LG Düsseldorf ZMR 1997, 423).

**6.** Das OLG Karlsruhe sieht für den Vermieter zusätzlich die Möglichkeit, neben dem Abschluss einer Haftpflichtversicherung zu verlangen, dass der Mieter eine Sicherheit für die voraussichtlichen Kosten der Wiederentfernung der Anlage leistet. Hierbei handelt es sich um eine Sonderkaution zur Abdeckung eines Sonderrisikos, wobei davon auszugehen ist, dass neben der allgemeinen Kaution nach § 551 BGB Sonderkautionen bis auf den gegenständlichen Fall und die Sonderkaution im Rahmen der Barrierefreiheit nach § 554a BGB nicht zulässig sind. Das LG Hanau (NZM 1999, 367) hat eine Sicherheitsleistung von bis zu DM 1.000,– als angemessen angesehen.

## 17. Vereinbarung über bauliche Veränderungen durch den Mieter – „Barrierefreiheit" i. S. v. § 554a BGB

Vereinbarung

**Zwischen**

......

(Vermieter)

und

......

(Mieter)

wird folgende Vereinbarung getroffen:

1. Aufgrund der 100%igen Schwerbehinderung seiner Ehefrau beabsichtigt der Mieter in die angemietete Wohnung in ...... den Einbau eines behindertengerechten Bades.[1]
2. Der Vermieter stimmt dieser baulichen Veränderung unter folgenden Bedingungen zu: Der Umbau muss durch einen anerkannten Fachbetrieb unter Berücksichtigung der einschlägigen Vorschriften vorgenommen werden. Der Name des Fachbetriebs ist vor Baubeginn dem Vermieter mitzuteilen.[2]
3. Vor Baubeginn hat der Mieter den Abschluss einer Privathaftpflichtversicherung nachzuweisen, die etwaige Schäden durch einen unsachgemäßen Einbau oder infolge des späteren Betriebs an der Baumaßnahme abdeckt.[3]
4. Die Zustimmung wird davon abhängig gemacht, dass der Mieter spätestens bis zum ...... eine Sonderkaution als zusätzliche Sicherheitsleistung zu der bereits

nach § 551 BGB geleisteten Kaution leistet.[4] Die Kaution ist in jedem Fall spätestens bis zwei Wochen vor Beginn der Baumaßnahme in einer Geldsumme auf das Konto Nr....... bei der ...... Bank einzubezahlen.[5] Die Höhe der Kaution bestimmt sich nach den voraussichtlichen Kosten für die Wiederherstellung des ursprünglichen Zustandes.[6] Sie ist durch Schätzung eines Sachverständigen zu bestimmen, der für das die Baumaßnahme betreffende Sachgebiet bestellt ist. Die durch die Einschaltung des Sachverständigen anfallenden Kosten trägt der Mieter.[7] Die Sicherheitsleistung wird entsprechend § 551 Abs. 3 und 4 BGB verzinslich angelegt. Die Zinsen wachsen der Sicherheitsleistung zu.[8]

5. Bei Wegfall des Grundes für die Baumaßnahme verpflichtet sich der Mieter, die Einrichtung auf seine Kosten zu entfernen und den ursprünglichen Zustand wiederherzustellen.[9] Für das Wegnahmerecht des Mieters und einer etwaigen Übernahme der Einrichtung durch den Vermieter gelten die gesetzlichen Vorschriften der §§ 539 Abs. 2 und 552 BGB.

............                                                          ............

(Vermieter)                                                          (Mieter)

## Anmerkungen

**1.** Grundlage der Vereinbarung ist die durch die Mietrechtsreform neu ins BGB eingefügte Vorschrift des § 554a BGB („**Barrierefreiheit**"). Hiernach kann der Mieter vom Vermieter die Zustimmung zu Baumaßnahmen verlangen, die für eine behindertengerechte Nutzung der Mietwohnung erforderlich sind. Voraussetzung ist ein berechtigtes Interesse des Mieters an der Maßnahme. Wie sich aus der gesetzlichen Formulierung „behindertengerechte Nutzung" ergibt, ist nicht nur auf den Mieter selbst abzustellen, sondern die Behinderung, die die Baumaßnahme erfordert, kann auch bei in der Wohnung lebenden Angehörigen, Ehepartner oder Lebensgefährte des Mieters, vorliegen. Dies gilt auch dann, wenn die behinderte Person selbst nicht Mietvertragspartei ist. Der Vermieter kann verlangen, dass dargelegt wird, dass die Maßnahme für die behindertengerechte Nutzung der Wohnung tatsächlich erforderlich, also nicht nur nützlich ist. Dies bedeutet, dass er vom Mieter gegebenenfalls einen Nachweis über den Grad der Behinderung der betreffenden Person verlangen kann, soweit dies in Frage steht.

**2.** Nachdem sich hier die grundgesetzlich geschützten Interessen des Mieters nach Art. 2 GG und des Vermieters nach Art. 14 GG gegenüberstehen (Eingriff in das Eigentum durch Veränderung), muss insoweit eine umfassende **Abwägung** zwischen den Interessen vom Vermieter und Mieter stattfinden. Zu berücksichtigen ist hierbei unter anderem auch die bauordnungsrechtliche Genehmigungsfähigkeit der Maßnahme. Nachdem darüber hinaus bei einer solchen Maßnahme Probleme der Statik und der Abdichtung gegen Wasserschäden auftauchen können, muss es zulässig sein, dass der Vermieter die Zustimmung von der Ausführung durch einen anerkannten Fachbetrieb abhängig macht (vgl. die Anforderungen bei der Installation von Parabolantennen oben Form. A. III. 16). Um die Qualität des Fachbetriebs beurteilen zu können, ist es erforderlich, dass der Name der entsprechenden Firma dem Vermieter vor Beginn der Baumaßnahme mitgeteilt wird.

**3.** Soweit es sich wie hier um den Einbau eines **behindertengerechten Bades** handelt, dürften zusätzliche Gefahrenquellen für andere Personen als die Bewohner der Wohnung nicht geschaffen werden. Grundsätzlich ist jedoch davon auszugehen, dass es jedenfalls nicht unzulässig ist, zur Abdeckung zusätzlicher Haftungsrisiken den Nachweis einer entsprechenden Versicherung zu verlangen (vgl. BVerfG NZM 2000, 539).

**4.** Die Leistung einer zusätzlichen Sicherheit für die Wiederherstellung des ursprünglichen Zustandes sieht das Gesetz ausdrücklich in § 554a Abs. 2 BGB vor. Der Vermieter kann seine Zustimmung von der Leistung dieser Sonderkaution abhängig machen. Diese Kaution ist unabhängig von einer bereits nach § 551 BGB geleisteten Mietkaution.

**5.** Die Art der Sicherheit unterliegt der vertraglichen Vereinbarung der Parteien, wobei zum Beispiel auch eine andere Anlageform nach § 551 Abs. 3 S. 2 BGB vereinbart werden kann. Nachdem § 554a Abs. 2 S. 2 BGB auf die entsprechende Anwendung von § 551 Abs. 3 und 4 BGB, nicht aber auf § 551 Abs. 2 BGB verweist, kann der Mieter Ratenzahlung dieser Kaution nicht verlangen. Andererseits ist die in einer Geldsumme geleistete Kaution entsprechend § 551 Abs. 3 und 4 BGB anzulegen.

**6.** Hinsichtlich der Höhe der Kaution gilt, dass sie sich an den voraussichtlichen Kosten für die Wiederherstellung des ursprünglichen Zustandes orientiert, was naturgemäß eine Schätzung darstellt. Zu berücksichtigen dürfte ein Zuschlag in Hinblick auf ein höheres zukünftiges Preisniveau beim Rückbau der Einrichtung sein (vgl. *Mersson* NZM 2002, 317).

**7.** Die Ermittlung der Rückbaukosten dürfte für den Laien in der Regel nicht möglich sein, zumal zum Zeitpunkt der Leistung der Kaution noch nicht einmal die Kosten der Baumaßnahme selbst feststehen. Insoweit dürften die Parteien auf die Schätzung eines für das entsprechende Fachgebiet zuständigen Sachverständigen angewiesen sein. Nachdem nach der Ratio des § 554a BGB alle Kosten, die im Zusammenhang mit der Baumaßnahme stehen, zu Lasten des Mieters gehen, muss dies auch für die Kosten eines Sachverständigen gelten (vgl. *Mersson* a. a. O.).

**8.** Hinsichtlich der Anlage und der Zinsen, die erzielt werden, gilt, soweit die Kaution in einer Geldsumme bezahlt wird, § 551 Abs. 3 und 4 BGB nach § 554a Abs. 2 S. 2 BGB. Das heißt, die Kaution ist grundsätzlich bei einem Kreditinstitut zu dem für Spareinlagen mit dreimonatiger Kündigungsfrist üblichen Zinssatz anzulegen, soweit die Parteien nicht eine andere Anlageform, zum Beispiel in Aktien oder sonstigen Wertpapieren vereinbaren.

**9.** Das Gesetz geht davon aus, dass der Mieter die Einrichtung bei Wegfall des Grundes ihrer Anbringung, zum Beispiel falls die behinderte Person die Wohnung nicht mehr nutzt, entfernt. Insofern ist der Hinweis auf das Wegnahmerecht nach § 539 Abs. 2 BGB an sich nicht erforderlich. Andererseits kommt die Anwendung von § 552 BGB in Betracht, soweit der Vermieter Wert darauf legt, dass zum Beispiel für einen behinderten Nachfolgemieter die Einrichtung in der Wohnung verbleibt. Dies kann in Einzelfällen aus wirtschaftlichen Gründen sinnvoll sein, wobei der Vermieter hier nach § 552 Abs. 1 BGB die dort vorgesehene angemessene Entschädigung leisten muss.

# 18. Kautionsvereinbarung Barkaution

Vereinbarung

Zwischen

......

(Vermieter)

und

......

(Mieter)

wird folgende Vereinbarung getroffen:

1. Der Mieter leistet an den Vermieter eine Barkaution in Höhe von ...... EUR.[1]
2. Die Kaution ist einzubezahlen auf das Konto Nr. ...... bei der ...... Bank.
3. Der Mieter ist berechtigt, die Zahlung in drei Monatsraten zu erbringen. In diesem Fall ist die erste Rate mit der ersten Miete, die beiden folgenden Raten mit der zweiten und dritten Miete zu leisten.[2]
4. Die Anlage der Kaution erfolgt entsprechend § 551 Abs. 3 BGB bei einem Kreditinstitut zu dem für Spareinlagen mit dreimonatiger Kündigungsfrist üblichen Zinssatz.[3]
5. Der Vermieter verpflichtet sich, die erfolgte Anlage innerhalb eines Monats nach Zahlung der vollständigen Kaution Herrn M. gegenüber nachzuweisen.[4]

............　　　　　　　　　　　　　　　　　　　　　............

(Vermieter)　　　　　　　　　　　　　　　　　　　　　(Mieter)

Anmerkungen

**1.** Die Leistung einer **Sicherheit** im Rahmen eines Wohnraummietverhältnisses muss ausdrücklich vereinbart werden. § 551 BGB regelt nur die näheren Modalitäten, die nach Vereinbarung der Leistung einer Kaution für diese gelten. Nach § 551 Abs. 1 BGB darf die Kaution höchstens das Dreifache der auf einen Monat entfallenden Miete ohne die als Pauschale oder Vorauszahlung ausgewiesenen Betriebskosten betragen. Maßgebend ist hier der Mietpreis zurzeit der Kautionsvereinbarung. Falls dieser im Sinne von § 5 WiStG überhöht ist, ist die höchst zulässige Miete maßgebend (Schmidt-Futterer/ *Blank* § 551 BGB Rdn. 42). Ist die Miete wegen eines Mangels der Mieträume gemindert, ist nur dann die geminderte Miete für die Höhe der Kaution maßgebend, wenn ein unbehebbarer Mangel vorliegt (BGH WuM 2005, 573).

Dass auch als Pauschale ausgewiesene Betriebskosten bei der Höhe der Kaution nicht zu berücksichtigen sind, entspricht der Neuregelung durch das Mietrechtsreformgesetz in § 551 Abs. 1 BGB. Damit ist die Kaution umso höher, desto mehr Betriebskosten nicht ausgewiesen sind, sondern in einer Brutto- oder Teilinklusivmiete enthalten sind. Dies wurde verschiedentlich beanstandet (*Langenberg* NZM 2001, 69, 214 und *Sprau* NZM 2001, 220). Eine Kaution, die in unzulässiger Höhe vereinbart wird, also über drei Monatsmieten hinausgeht, ist hinsichtlich der Kautionsvereinbarung teilnichtig (OLG Hamburg NZM 2001, 375), die Kaution bleibt also in der zulässigen Höhe bestehen.

**2.** Für die Kaution, die in einer **Geldsumme** zu leisten ist, bestimmt § 551 Abs. 2 BGB, dass der Mieter berechtigt ist, sie in drei gleichen Raten zu zahlen. Ebenfalls ist der Fälligkeitstermin der ersten Rate zu Beginn des Mietverhältnisses, der beiden folgenden Raten mit der zweiten und dritten Miete bestimmt. Beginn des Mietverhältnisses muss nicht gleichzusetzen sein mit dem Zeitpunkt des Vertragsabschlusses. Der Mieter kann nicht durch Formularklausel verpflichtet werden, die Kaution in einem Betrag zu bezahlen. Allerdings ist eine derartige Kautionsabrede nur teilunwirksam in dem Sinne, dass nur die Fälligkeitsregelung unwirksam ist, die eine Zahlung der Kaution in Raten ausschließt (BGH WuM 2004, 147; 2004, 269).

**3.** Die Regelung des § 551 Abs. 3 Satz 1 BGB entspricht der Rechtslage vor der Mietrechtsreform. Sinn der Sonderung der Kaution vom Vermögen des Vermieters soll sein, dass diese weder von der Insolvenz des Vermieters noch vom Zugriff seiner Gläubiger in der Einzelzwangsvollstreckung erfasst werden kann. Dies bedeutet, dass bei ordnungsgemäßer Anlage der Kaution der Mieter in der Insolvenz des Vermieters ein Aussonderungsrecht nach § 43 Insolvenzordnung hat und bei Pfändung des Kautionsguthabens im Wege der Einzelzwangsvollstreckung durch Gläubiger des Vermieters der Mieter die Drittwiderspruchsklage nach § 771 ZPO erheben kann. Auch das Pfandrecht des kontoführenden Kreditinstituts nach § 19 der AGB der Banken erstreckt sich nicht auf den Kautionsbetrag.

Nach der Neuregelung durch das Mietrechtsreformgesetz können die Parteien nach § 551 Abs. 3 S. 2 BGB eine „andere Anlageform" vereinbaren. Siehe hierzu unter Nr. 21.

**4.** Es ist sinnvoll, die Verpflichtung, die erfolgte Anlage der Kaution nachzuweisen, in den Vertrag aufzunehmen. Die Rechtsprechung nimmt an, dass der Mieter jedenfalls einen Auskunftsanspruch darauf hat, ob die Anlage der Kaution in der vorgesehenen Form tatsächlich erfolgt ist, um nicht Nachteile dadurch zu erleiden, dass der Kautionsrückgewähranspruch des Mieters im Falle, dass die Kaution nicht treuhänderisch angelegt worden ist, nur eine einfache Konkursforderung bildet (OLG Hamburg WuM 1990, 5).

**5.** Zwar hätte der Mieter in einem solchen Fall einen Schadensersatzanspruch wegen Verletzung der gesetzlichen Anlageverpflichtung, doch würde auch dieser Anspruch nur eine einfache Konkursforderung darstellen. Sollte eine „andere Anlageform" im Sinne von § 551 Abs. 3 S. 2 BGB erfolgt sein, so wird man einen erweiterten Auskunftsanspruch über die Entwicklung der spekulativen Anlage annehmen müssen (vgl. unter Form. A. III. 21).

# 19. Kautionsvereinbarung Sparbuch

Vereinbarung

Zwischen

......

(Vermieter)

und

......

(Mieter)

wird folgende Vereinbarung getroffen:

Der Mieter leistet an den Vermieter eine Mietsicherheit in Höhe von ...... EUR. Die Kautionsleistung erfolgt in Form der Verpfändung eines auf den Namen des Mieters angelegten Kautionssparbuchs an den Vermieter.[1] Das Sparbuch ist dem Vermieter zu übergeben.[2]

............                                        ............

(Vermieter)                                          (Mieter)

## Anmerkungen

**1.** Die **treuhänderische Anlage** der Kaution erfordert im Falle der Anlage eines Kautionssparbuchs, dass dieses Sparbuch auf den Namen des Mieters lautet. Hinsichtlich der Kautionshöhe ergibt sich keine Abweichung von der Höhe bei der Kautionsleistung in Form der Barkaution.

**2.** Die **Verpfändung** des Sparbuchs an den Vermieter wird dadurch dokumentiert, dass das Sparbuch dem Vermieter übergeben wird. Der Besitz an dem Sparbuch ermöglicht dem Vermieter, dieses aufzulösen und die Kaution in Anspruch zu nehmen. Der Rückgewähranspruch des Mieters bei Beendigung des Mietverhältnisses geht dahin, dass die Herausgabe des Sparbuchs und die Erklärung des Vermieters verlangt wird, dass auf das Pfandrecht an dem Sparbuch verzichtet wird (LG Berlin NZM 1999, 1095). Der Vermieter kann in diesem Fall die Herausgabe von der Zug-um-Zug-Befriedigung seiner Ansprüche abhängig machen.

## 20. Kautionsvereinbarung Bürgschaft

Vereinbarung

Zwischen

......

(Vermieter)

und

......

(Mieter)

wird folgende Vereinbarung getroffen:

1. Der Mieter leistet zu Beginn des Mietverhältnisses an den Vermieter eine Mietsicherheit in Höhe von ...... EUR.[1]
2. Die Kaution wird geleistet durch Stellung einer schriftlichen Bürgschaft des folgenden Kreditinstituts: ......[2]
3. Die Bürgschaft darf nicht die Einrede der Vorausklage und kein Widerrufsrecht des Kreditinstituts enthalten. Das Kreditinstitut muss verpflichtet sein, auf erste Anforderung des Vermieters Zahlung zu leisten. Die Leistung darf an keine Bedingungen geknüpft werden.[3]

............                                                    ............

(Vermieter)                                                    (Mieter)

### Anmerkungen

**1.** Eine Bürgschaft als Kaution kann zwischen den Parteien frei vereinbart werden. Die ursprünglich im Gesetzentwurf zur Mietrechtsreform vorgesehene einseitige Ersetzungsbefugnis des Mieters, statt einer Barkaution eine Bürgschaft zu erbringen, ist nicht Gesetz geworden. Dies deshalb, weil die Bürgschaft, anders als die Barkaution, keine Zinsen erbringt. Auch für die Bürgschaft gilt, dass sie die zulässige Kautionshöhe im Sinne von § 551 Abs. 1 BGB nicht überschreiten darf. Lautet die Bürgschaft über einen höheren Betrag, so darf der Vermieter den Bürgen nur bis zur Höhe des dreifachen der bei Abschluss des Bürgschaftsvertrags maßgeblichen Nettomiete in Anspruch zu nehmen (LG Hamburg WuM 1989, 138). Es wird allerdings angenommen, dass die zulässige Höhe der Kaution in dem Fall überschritten werden darf, in dem zusätzlich zu einer in der zulässigen Höhe vereinbarten Kaution eine freiwillige Bürgschaft erbracht wird, die den Mieter wirtschaftlich nicht belastet. Beispielsfall ist hier die Hingabe einer Bürgschaft durch Eltern eines Studenten, die diesem die Anmietung einer Wohnung ermöglichen soll. Dem Vermieter soll hier eine zusätzliche Sicherheit erbracht werden angesichts der fehlenden finanziellen Leistungsfähigkeit seines Vertragspartners.

**2.** Grundsätzlich kommt nur die Bürgschaft eines Kreditinstituts in Betracht, die ursprünglich erwogene Möglichkeit, dass der Mieter einen „tauglichen Bürgen" stellt (Referentenentwurf zum Mietrechtsreformgesetz) wurde wieder verworfen. Die Kosten, die das Kreditinstitut für die Bürgenstellung erhebt, hat der Mieter zu tragen. Wird die Bürgschaft durch den Vermieter in Anspruch genommen, belastet das Kreditinstitut in Höhe der Inanspruchnahme das Konto des Mieters.

**3.** Die Bürgschaft muss wie die Barkaution jedenfalls bei Beendigung des Mietverhältnisses den uneingeschränkten Zugriff durch den Vermieter zur Befriedigung seiner Forderungen ermöglichen. Dazu ist es erforderlich, dass die Bürgschaftserklärung nicht die Einrede der Vorausklage und auch kein Widerrufsrecht des Kreditinstituts enthalten darf. Ebenfalls gilt, dass die Bürgschaft durch das Kreditinstitut nicht während des Mietverhältnisses ordentlich oder außerordentlich gekündigt werden darf. Dies kommt zum Beispiel bei erheblicher Vermögensverschlechterung des Schuldners (Mieters) in Betracht (OLG Düsseldorf NZM 1999, 620). Eine Aufnahme in die Vereinbarung erschien insoweit nicht erforderlich, da das OLG Düsseldorf (ZMR 2000, 89) jedenfalls annimmt, dass eine Kündigung der Bürgschaft durch den Bürgen in der Regel nur zu einem Zeitpunkt zulässig ist, zu dem der Vermieter das Mietverhältnis ordentlich kündigen kann, das heißt, der Bürge jedenfalls für die bis dahin angefallenen Verpflichtungen des Mieters haftet.

Alle Nachteile der Bürgschaft können auch durch Vereinbarungen, wie die Zahlung auf erste Anforderung und den Verzicht auf Bedingungen bei der Bürgschaftsstellung – nicht ausgeglichen werden. Dazu gehört, dass eine Aufrechnung des Vermieters gegenüber dem Anspruch des Mieters auf Herausgabe der Bürgschaftsurkunde naturgemäß nicht möglich ist. Ebenfalls greift der Vorteil des Vermieters, gegenüber dem Kautionsrückzahlungsanspruch auch mit einer verjährten Forderung aufrechnen zu können (BGH WuM 1987, 310) bei der Bürgschaft nicht. Die Bürgschaft kann durch den Vermieter höchstens bis zum Ablauf der üblichen Überlegungsfrist von sechs Monaten in Anspruch genommen werden (BGH NZM 1998, 224). Der Bürge hat die Einreden des Mieters gegenüber den geltend gemachten Ansprüchen, so die Verjährungseinrede. Die Anwendung des § 768 BGB wird durch § 215 BGB nicht gehindert, letztere Bestimmung ist nämlich nicht entsprechend anwendbar (OLG Hamm ZMR 1995, 255 noch zu § 390 S. 2 BGB a. F.).

Hinzuweisen ist ergänzend auf teilweise nicht der mietrechtlichen Rechtsprechung entsprechende Geschäftsbedingungen von Banken bei der Gewährung von Mietbürgschaften, die zum Beispiel die Bürgschaftshaftung auf einen Zeitraum von wenigen Wochen nach der Beendigung des Mietverhältnisses beschränken.

## 21. Kautionsvereinbarung „Andere Anlageform"

### Vereinbarung

**Zwischen**

......

(Vermieter)

**und**

......

(Mieter)

wird folgende Vereinbarung getroffen:

1. Der Mieter leistet an den Vermieter eine Barkaution in Höhe von ...... EUR.
2. Die Kaution ist einzuzahlen auf das Konto Nr....... bei der ...... Bank.
3. Der Mieter ist berechtigt, die Kautionszahlung in drei Monatsraten zu erbringen. In diesem Fall ist die erste Rate mit der ersten Miete, die beiden folgenden Raten mit der zweiten und dritten Miete zu leisten.
4. Die Parteien vereinbaren folgende andere Anlageform im Sinne des § 551 Abs. 3 S. 2 BGB:[1] Der Vermieter legt die Kaution in Aktien der Firma ...... an. Die Anlage hat bis spätestens zum ...... zu erfolgen.[2]

5. Der Vermieter verpflichtet sich, die erfolgte Anlage innerhalb eines Monats nach Durchführung der Anlage dem Mieter gegenüber nachzuweisen. Weiter verpflichtet sich der Vermieter, den Mieter über die Entwicklung der Anlage zu informieren und ihm alle zwei Monate jeweils bis zum 3. Werktag des zweiten Monats über die Entwicklung der Anlage (Aktienentwicklung) schriftlich zu informieren.

6. Die Parteien vereinbaren weiter, dass dann, wenn der Kurs der Aktie unter einen Stand von ......fällt, über eine Änderung der Anlage neu zu verhandeln ist.[4]

............                                                              ............
(Vermieter)                                                              (Mieter)

### Anmerkungen

**1.** Die Möglichkeit, eine „**andere Anlageform**" zu wählen, ist eine Neuregelung durch das Mietrechtsreformgesetz, § 551 Abs. 3 S. 2 BGB. Die Wahl einer anderen Anlageform bei der Barkaution kann auch während des laufenden Mietverhältnisses erfolgen. Auch hier muss die Anlage vom Vermögen des Vermieters getrennt erfolgen. Die Erträge stehen dem Mieter zu und erhöhen die Sicherheit.

**2.** Andere Anlageformen sind nach der Begründung des Rechtsausschusses des Deutschen Bundestages nur solche, die grundsätzlich **Erträge** abwerfen können, wie zum Beispiel Zinsen oder Dividenden. Die bloße Verwahrung der Geldsumme ist daher keine Anlageform. In Betracht kommen Wertpapiere, insbesondere auch Aktien. Hier trägt der Mieter das Risiko, dass Erträge ausbleiben oder sogar ein Verlust des Kapitals eintritt. Der Referentenentwurf spricht davon, dass der Mieter „sein Kapital auf's Spiel setzt." *Drasdo* (NZM 2000, 1112) hat zu Recht darauf hingewiesen, dass eine solche Regelung dem Grundgedanken einer Sicherheitsleistung widerspricht, die kein Spekulationsobjekt sein dürfe. *Langenberg* (NZM 2001, 70) sagt zu Recht, dass es einen Unterschied mache, ob der Vermieter seine Sicherheit verliert, was für ihn ja nicht bedeutet, dass ein etwaiger Anspruch gegen den Mieter, der durch die Kaution abgesichert werden soll, ebenfalls verloren ginge oder ob der Mieter sein Kapital als solches verliere.

Erforderlich ist bei der Vereinbarung einer anderen Anlageform, dass diese so hinreichend bestimmt wird, dass der Mieter sich über die Situation des jeweiligen Wertpapieres informieren kann und sich überlegen kann, ob das Risiko dieser Anlageform nicht zu hoch ist. Ebenfalls muss ein Stichtag festgelegt werden, bis zu dem die Anlage zu erfolgen hat, da sich bis zum Zeitpunkt der Anlage bereits Kursschwankungen ergeben können.

**3.** Zugunsten des Mieters wird man den Auskunftsanspruch über die erfolgte Anlage bei Vereinbarung einer „anderen Anlageform" erweitern müssen auf die Auskunft über die Entwicklung einer spekulativen Anlage. Es ist davon auszugehen, dass der Vermieter, der ja die Anlage vornimmt, über bessere Kenntnisse als der Mieter über den Charakter der Geldanlage und deren spekulativen Gehalt verfügt oder sich zumindest diese Kenntnisse leichter verschaffen kann.

**4.** Nachdem durch die Vereinbarung einer anderen Anlageform eine beidseitige vertragliche Bindung eingegangen wird, ist der Vermieter nicht berechtigt, einseitig die Anlage aufzulösen. Dies kann aber angesichts einer negativen Kursentwicklung einer Aktie schnell erforderlich sein. Andererseits erscheint es nicht möglich, den Vermieter zu einseitigem Handeln zu ermächtigen. Somit verbleibt die Möglichkeit, eine Verpflichtung vorzusehen, die Anlageform bei entsprechender negativer Entwicklung jedenfalls zu ändern.

# 22. Hausordnung

Hausordnung[1]

Zwischen ......

(Vermieter)

und

......

(Mieter)

wird folgende

Hausordnung

als Anlage zum Mietvertrag vom ...... vereinbart:

## § 1 Ruhestörung und Abstellen von Gegenständen

(1) Ruhestörender Lärm ist in Haus und Wohnung zu vermeiden. Unbeschadet behördlicher Vorschriften sind ruhestörende Hausarbeiten und ruhestörende Tätigkeiten von Handwerkern zwischen 12.00 Uhr und 14.00 Uhr und zwischen 18.00 Uhr und 8.00 Uhr zu unterlassen. An Sonn- und Feiertagen sind solche Arbeiten und Tätigkeiten stets unzulässig.

(2) Teppiche, Vorleger, Betten, Polstermöbel und ähnliche Gegenstände dürfen nur an den hierfür bestimmten Stellen und nur während der zulässigen Hausarbeitszeiten gereinigt werden.

(3) Rundfunk- und Fernsehgeräte sowie sonstige Tonwiedergabegeräte dürfen nur in Zimmerlautstärke betrieben werden.[2] Musizieren ist nur in Zimmerlautstärke und nur in der Zeit zwischen 8.00 Uhr und 22.00 Uhr zulässig.[3]

(4) Das Abstellen von Gegenständen, insbesondere Krafträdern, Fahrrädern und Kinderwagen in Gängen, im Treppenhaus und im Hof ist unbeschadet behördlicher Vorschriften nur zulässig, soweit dadurch andere Mieter nicht behindert werden.[4]

## § 2 Abfallentsorgung

Hausmüll darf nur in die hierfür bereit gehaltenen Mülltonnen verbracht werden. Bei der Beseitigung von Sondermüll, insbesondere Sperrmüll, sind die behördlichen Vorschriften zu beachten. Für die Beseitigung derartiger Gegenstände sind in den Betriebskosten keine Beträge enthalten, der Mieter muss sie auf eigene Kosten entsorgen oder entsorgen lassen.[5]

## § 3 Waschen und Trocknen von Wäsche

(1) Grundsätzlich gilt, dass dann, wenn ein gesonderter Wasch- bzw. Trockenraum zur Verfügung steht, in der Wohnung weder gewaschen noch getrocknet werden darf. Die Verwendung von Waschmaschinen und Trocknern in der Wohnung ist jedoch zulässig, wenn funktionssichere und fachgerecht angeschlossene Geräte benutzt werden.

(2) Angesichts der Gefahren, die durch Wassereintritt bei Waschmaschinen und Geschirrspülmaschinen entstehen können, wird dem Mieter der Abschluss einer Privathaftpflichtversicherung anheimgestellt.[6]

(3) Wird eine Waschküche bzw. ein Trockenraum von mehreren Personen genutzt, so ist die geltende Benutzungsordnung zu beachten und die reservierten Zeiten einzuhalten.

### § 4 Reinigungs-, Räum- und Streupflichten

(1) Soweit keine anderweitige Vereinbarung getroffen ist, sind die Treppen, Treppenabsätze, Geländer und Treppenhausfenster von den Mietern im Wechsel nach näherer Bestimmung zu reinigen.

(2) Desgleichen haben die Mieter im Wechsel nach näherer Bestimmung den zum Mietobjekt gehörenden Bürgersteig und die Zuwege zum Hauseingang zu reinigen und im Winter für die Beseitigung von Schnee und Glatteis zu sorgen bzw. diese Wege zu streuen. Besteht in Bezug auf das Mietobjekt eine öffentliche Reinhaltungs-, Räum- und Streupflicht, so haben die Mieter diese Pflichten anstelle des insoweit Verpflichteten zu erfüllen.[7]

### § 5 Sicherheitsmaßnahmen

(1) Bau- und feuerpolizeiliche Bestimmungen sind zu beachten und einzuhalten.

(2) Feuergefährliche bzw. leicht entzündliche Stoffe dürfen weder im Speicher noch im Keller gelagert oder aufbewahrt werden. Auf dem Speicher dürfen zudem keine Möbel, Matratzen, Textilien oder ähnliche Sachen aufbewahrt werden.

(3) Brennstoffe dürfen nur an den vom Vermieter bezeichneten Stellen gelagert werden. Für die Lagerung von Heizöl gelten darüber hinaus die gesetzlichen und behördlichen Vorschriften.

(4) In der Nacht sowie bei stürmischem und regnerischem Wetter sind die Türen und Fenster sorgfältig zu schließen. Dies gilt auch für Fenster in Keller- und Speicherabteilen sowie für den jeweiligen Benutzer von gemeinschaftlich genutzten Räumen.[8]

### § 6 Halten von Haustieren

Mit Ausnahme von Kleintieren (z.B. Ziervögel und Zierfische in ortsüblichem Umfang) bedarf das Halten von Haustieren der Zustimmung des Vermieters. Diese Zustimmung kann aus wichtigem Grund widerrufen werden.[9]

### § 7 Sonstige allgemeine Pflichten

(1) Die Mieträume sind ausreichend zu heizen und zu lüften. Keller und Speicher sind ebenfalls ausreichend zu belüften.

(2) Die Fußböden in der Wohnung sind pfleglich zu behandeln, regelmäßig und sachgerecht zu reinigen.

(3) Balkone sind von Schnee freizuhalten.

............                                    ............
(Vermieter)                                     (Mieter)


### Anmerkungen

**1.** Hausordnungen enthalten teilweise **wesentliche Vertragsbestimmungen** wie zum Beispiel Benutzungsregelungen, Regelungen über die Abwälzung der Verkehrssicherungspflicht auf den Mieter und Tierhaltungsklauseln. Sie müssen daher wirksam in den Mietvertrag einbezogen sein. Dies ist durch **feste Verbindung mit den sonstigen Vertragsbestandteilen** möglich oder durch **gesonderte Unterzeichnung** einer Hausordnung. Nicht erfolgt die wirksame Einbeziehung einer Hausordnung durch die Vertragsklausel „die anliegende Hausordnung ist Bestandteil dieses Vertrages", falls die Hausordnung nicht durch Unterschrift beider Vertragsparteien wirksam vereinbart ist (BGH NJW 1991, 1750). Hier handelt es sich um eine Beweislastumkehr zum Nachteil des Mieters nach § 309 Nr. 12 BGB. Will sich der Mieter nämlich auf die nicht erfolgte Vereinbarung einzelner Regelungen der Hausordnung berufen, da er diese nicht erhalten hat, ist er angesichts der vertraglichen Klausel beweispflichtig. Unwirksam sind auch Vereinbarungen eines Mietvertrags, die beinhalten „die bestehende Hausordnung ist Gegenstand des Mietvertrages", jedenfalls falls insoweit auf eine Hausordnung Bezug genommen wird, die in wechselndem Inhalt durch Aushang bekannt gegeben wird (LG München I NZM 1998, 32: Verstoß gegen das Transparenzgebot und unklarer Regelungsgehalt). Vgl. auch Form. A. I. 15.

**2.** Soweit Abmahnungen oder sogar Kündigungen wegen Betreibens von **Tonwiedergabegeräten** in zu erheblicher Lautstärke erfolgen, kann der Bauzustand eines Hauses von Bedeutung sein, insbesondere fehlende Schalldämmung. Durch eine Regelung, die den Betrieb dieser Geräte auf Zimmerlautstärke beschränkt, darf nicht der Betrieb derartiger Geräte überhaupt unmöglich gemacht werden. Im Übrigen gilt, dass lautstarke Tätigkeiten, die üblicherweise auch zur Nachtzeit ausgeübt werden, wie z.B. Duschen nach 22 Uhr, nicht verboten werden dürfen (LG Köln WuM 1997, 323).

**3.** Bei **Musizieren** gilt, dass ein Betrieb in Zimmerlautstärke grundsätzlich kaum möglich ist. Die Regelung stellt daher vor allem eine zeitliche Begrenzungsvorschrift dar. Gegebenenfalls kommt in Betracht, dass der Einsatz von naturgemäß besonders lautstarken Instrumenten – wie z.B. Schlagzeug – überhaupt als nicht vertragsgemäß angesehen werden kann.

**4.** Bei einer Bestimmung in der Hausordnung, die das **Abstellen von Gegenständen** in allgemein genutzten Durchgängen betrifft, kommt es zum einen darauf an, ob das Haus anderweitige Abstellmöglichkeiten, wie z.B. einen Fahrradraum vorsieht, ob in dem Haus ein Aufzug vorhanden ist, der es als zumutbar erscheinen lässt, z.B. Kinderwägen in eine Etagenwohnung mitzunehmen, andererseits auf die feuerpolizeiliche Situation und die Durchgangsmöglichkeiten anderer Benutzer der Durchgangsräume, deren Belange berührt sein könnten. Sicher ist, dass ein völliges Verbot des Abstellens von Kinderwagen im Hausflur oder auf entsprechenden Gemeinschaftsflächen nicht zulässig ist (LG Hamburg WuM 1992, 188). Hierbei geht es natürlich auch um den Schutz der Kinder bzw. der Familien mit Kindern, weshalb das LG Hamburg in der bezeichneten Entscheidung den Fall ausnimmt, bei dem es sich um die Kinderwagen fremder Kinder, die eine Mieterin als Tagesmutter betreut, handelt.

Das Abstellen eines – zusammenlegbaren – Rollators (Gehhilfe für ältere und gehbehinderte Mieter) kann nicht verboten werden (LG Hannover WuM 2006, 189).

**5.** Möglich ist, dass eine Gemeinde vorschreibt, dass es für **Sondermüll**, insbesondere Giftmüll und Elektromüll, besondere **Sammelstellen** gibt. Diese müssen mieterseits in Anspruch genommen werden. Soweit es sich um Sperrmüll handelt, kommt in Betracht, dass vermieterseits Entrümpelungsaktionen durchgeführt werden. Ist dies regelmäßig der Fall, kommt eine Umlage auf die Betriebskosten nach § 2 Betriebskostenverordnung Nr. 8 (Kosten der Straßenreinigung und Müllabfuhr) in Betracht. Nicht gilt dies, wenn es sich um einmalige Entrümpelungsaktionen handelt (LG Berlin GE 2000, 126).

**6.** Die Aufstellung von eigenen Haushaltsmaschinen, wie z.B. Waschmaschinen und Wäschetrocknern, darf nicht von der schriftlichen Zustimmung des Vermieters abhängig gemacht werden (LG Saarbrücken WuM 1989, 558). Es ist zwar möglich, die Pflicht zur

Nutzung einer Gemeinschaftseinrichtung wie z.B. einer Gemeinschaftswaschmaschine vertraglich zu regeln, der Gebrauch eigener Geräte darf aber dadurch nicht ausgeschlossen werden (AG Hamburg WuM 1994, 426). Soweit in der Hausordnung enthalten ist, dass nur funktionssichere und fachgerecht angeschlossene Geräte benutzt werden dürfen und der Abschluss einer Privathaftpflichtversicherung anheim gestellt wird, handelt es sich hier natürlich lediglich um programmatische Bestimmungen, da sich Rechtsfolgen bei Nichtbeachtung der Bestimmungen letztlich nicht ableiten lassen.

**7.** Die Übertragung der **Verkehrssicherungspflicht** auf den Mieter ist hinsichtlich des Winterdienstes zulässig (OLG Frankfurt/M. WuM 1988, 399).

**8.** Hier haftet der **Verursacher,** soweit er festgestellt werden kann.

**9.** Vgl. Form. A. I. 14.

# 23. Hausordnung bei Eigentumswohnung

Der Inhalt einer Hausordnung, die eine vermietete Eigentumswohnung betrifft, weicht nicht wesentlich von dem der Hausordnung einer Mietwohnung ab. In Betracht kommt allerdings ein Hinweis darauf, dass Gemeinschaftsflächen durch Mieter grundsätzlich nicht in Anspruch genommen werden dürfen, soweit dies nicht zum normalen Mietgebrauch gehört. Die Nutzung der Gemeinschaftsflächen unterliegt nämlich der Beschlusskompetenz der Wohnungseigentümergemeinschaft. Zu denken ist hier an die Installation von Parabolantennen auf Gemeinschaftsflächen oder Balkonverglasungen als Veränderung der Hausfassade.

# 24. Hausordnung bei Einfamilienhaus

Auch für Einfamilienhäuser gelten grundsätzlich keine anderen Gesichtspunkte für die Gestaltung einer Hausordnung als für Mietwohnungen. Unterschiede ergeben sich, soweit es sich um Doppelhäuser oder Reihenhäuser handelt oder um freistehende Einfamilienhäuser. Bei Doppelhäusern oder Reihenhäusern kann eine Regelung hinsichtlich ruhestörenden Lärms auch bei vermieteten Häusern eine Rolle spielen. Keine größere Bedeutung haben bei Einfamilienhäuser Benutzungsregelungen hinsichtlich von Gemeinschaftseinrichtungen, da davon auszugehen ist, dass ein Haus über eigene nur von dem jeweiligen Mieter zu nutzende Einrichtungen verfügt. Soweit nicht im Mietvertrag selbst geregelt, kommt aber Regelungen über Gartenpflege und Gartenbenutzung bei vermieteten Häusern große Bedeutung zu. Falls der Vermieter hier genauere Vorstellungen hat, sollten diese in der Regelung zum Ausdruck kommen. Lediglich Vereinbarungen, die lauten: „Der Mieter hat die Gartenpflege zu übernehmen" sind dann nicht ausreichend. Über die Gestaltung von Gärten als Naturgarten oder als Ziergarten können unterschiedliche Vorstellungen bestehen. Befinden sich in einem Garten besondere vermieterseitige Anpflanzungen oder andere Einrichtungen, erscheint es sinnvoll, diesbezügliche Regelungen zu treffen, zum Beispiel:

**Dem Mieter ist es untersagt, ohne Zustimmung des Vermieters Bäume oder Sträucher zu entfernen.**

Dies besagt jedoch nicht, dass gegebenenfalls je nach Entwicklung von Gewächsen im Rahmen des vertragsmäßigen Gebrauchs ein mieterseitiger Anspruch entstehen kann, vorhandene Bäume oder Sträucher zurückzuschneiden oder zu entfernen. Ebenfalls

kommt in Betracht eine Regelung über die Entfernung oder Kompostierung der Garten-
abfälle.

# 25. Vereinbarung über Betretungsrecht

### Vereinbarung

Zwischen

......

(Vermieter)

und

......

(Mieter)

wird folgende Vereinbarung getroffen:

1. Der Vermieter oder ein von ihm Beauftragter oder der Vermieter in Begleitung beauftragter Personen ist berechtigt, die Mieträume zur Feststellung von Schäden
   oder Mängeln oder notwendigen baulichen Arbeiten sowie zum Ablesen von Messeinrichtungen nach vorheriger Ankündigung zu betreten.[1] Bei Gefahr in Verzug
   darf der Vermieter oder ein von ihm Beauftragter bei Abwesenheit des Mieters die
   Mieträume auch ohne vorherige Ankündigung zur Abwehr der Gefahr[2] betreten.
2. Will der Vermieter das Hausgrundstück oder die Wohnung verkaufen oder ist
   das Mietverhältnis gekündigt, so darf der Vermieter oder ein von ihm Beauftragter die Mieträume nach vorheriger Ankündigung zusammen mit Kauf- oder
   Mietinteressenten betreten. Übliche Besichtigungszeiten sind an Werktagen zwischen 9.00 Uhr und 12.00 Uhr und zwischen 15.00 Uhr und 18.00 Uhr.[3]
3. Bei längerer Abwesenheit muss der Mieter dafür sorgen, dass der Vermieter oder
   sein Beauftragter in Fällen des Absatz 1 und Absatz 2 die Mieträume betreten
   kann.[4]

............                                                           ............

(Vermieter)                                                           (Mieter)

### Anmerkungen

**1.** Bei der Regelung von **Betretungsrechten** ist als Ausgangspunkt zu berücksichtigen,
dass der Mieter als Besitzer der angemieteten Wohnung jeden Dritten, auch seinen eigenen Vermieter, vom Besitz, also auch vom Betreten der Wohnung, ausschließen kann (vgl.
*Steinig* GE 2000, 1452). Nach § 858 BGB handelt widerrechtlich, wer dem Besitzer den
Besitz entzieht oder ihn im Besitz stört. Außerdem schützt Art. 13 GG die Unverletzlich-
keit der Wohnung, was auch im Verkehr privater Personen untereinander zu beachten
ist. Hieraus, und daraus, dass sich eine Klausel, die in Allgemeinen Geschäftsbedingungen enthalten ist, an § 307 BGB messen lassen muss (was bedeutet, dass sie den Mieter
nicht entgegen Treu und Glauben unangemessen benachteiligen darf) ergibt sich, dass ein
Betretungsrecht nur in bestimmten Ausnahmefällen zugebilligt werden kann.

Einschränkungen gelten zunächst hinsichtlich der Personen, zugunsten derer ein Betretungsrecht eingeräumt wird. In Betracht kommen in erster Linie der Vermieter und gegebenenfalls Fachleute, die aus fachlichen Gründen zur Besichtigung zugezogen werden

müssen. In Betracht kommt auch, dass das Besichtigungsrecht in Vertretung des Vermieters durch einen Bevollmächtigten, zum Beispiel den Rechtsanwalt des Vermieters wahrgenommen wird. Hier können allerdings insoweit Probleme auftauchen, als es nicht selten ist, dass bereits eine streitige Auseinandersetzung zwischen dem Rechtsanwalt des Vermieters und dem Mieter vorausgegangen ist. Sollte diese das übliche Maß überschritten haben, kommt in Betracht, dass der Mieter den Anwalt des Vermieters als mitgebrachte Person oder als alleinige Besichtigungsperson zurückweisen kann, weil er für ihn unzumutbar ist (AG Hamburg WuM 1987, 379). Fraglich ist, inwieweit der Mieter bei der Besichtigung Auflagen machen darf, z.B. Ausweise der erschienen Personen verlangen kann oder das Ausziehen der Straßenschuhe (vgl.. Schlüter NZM 2006, 681).

Zu unterscheiden ist, ob das Besichtigungsrecht aus konkretem Anlass in Hinblick auf einen bekannt gewordenen Schaden oder Mangel oder zur Feststellung des vertragsgemäßen Zustandes der Wohnung allgemein vorgenommen werden soll. Es wird davon ausgegangen, dass der Mieter auch ohne besonderen Grund die Besichtigung der Wohnung in regelmäßigen Abständen gestatten muss (LG Stuttgart ZMR 1985, 273). Auch ohne dass eine besondere vertragliche Vereinbarung besteht, wird davon ausgegangen, dass ein Besichtigungsrecht zur Feststellung des Zustands der Räume bei Wohnungen alle ein bis zwei Jahre besteht (Palandt/*Weidenkaff* § 535 BGB Rdn. 82). Weiter besteht natürlich ein Besichtigungsrecht auch außer der Reihe beim konkreten Verdacht vertragswidrigen Gebrauchs oder Vernachlässigung der Obhutspflicht.

**Sonderregelungen** über die Duldung des Betretens von Wohnungen sind enthalten in § 554 BGB, soweit der Mieter Erhaltungs- und Modernisierungsmaßnahmen zu dulden hat.

**2.** Liegen **Notfälle** vor, z.B. bei Sturm-, Wasser- oder Feuerschäden, die sofortiges Handeln erfordern, liegt es im eigenen Interesse des Mieters, dass im Falle seiner Nichterreichbarkeit die Besichtigung auch ohne vorherige Ankündigung, ohne ausdrückliche Einwilligung und sogar bei Abwesenheit des Mieters möglich sein muss. Fraglich ist hier allerdings das Selbsthilferecht, soweit die Voraussetzungen der §§ 228 BGB (Notstand), 229 BGB (Selbsthilfe) nicht vorliegen (vgl. *Kniep/Gerlach* DWW 1995, 276).

Verweigert der Mieter in Eilfällen die Besichtigung, kommt der Erlass einer einstweiligen Verfügung in Betracht. Eine fristlose Kündigung wegen Verweigerung des Besichtigungsrechts nach § 543 Abs. 1 BGB oder ordentliche Kündigung nach § 573 Abs. 1 BGB dürfte jedoch nicht in Betracht kommen (LG Berlin ZMR 2000, 535). Gerichtsentscheidungen, die das Besichtigungsrecht zusprechen, können durch Zwangsgeld nach § 858 ZPO vollstreckt werden.

**3.** Auch die Tatsache, dass der Vermieter das Anwesen verkaufen oder neu vermieten will und die Beendigung des Mietverhältnisses bevorsteht, gibt dem Vermieter kein unbegrenztes Besichtigungsrecht. Hier gilt, dass es dem Mieter zumutbar ist, die Besichtigungen in angemessenen Abständen, das heißt etwa zweimal wöchentlich, hinzunehmen (AG Wedding GE 1985, 155). Bei einer Besichtigung durch Mietinteressenten soll eine Voranmeldung 24 Stunden vor dem Besichtigungstermin ausreichend sein (AG Neustadt/Rübenberge WuM 1975, 143). Fraglich ist, inwieweit der Mieter Anforderungen an die mitgebrachten Personen, z.B. Kauf- oder Mietinteressenten stellen darf. Kaum dürfte verlangt werden, dass die Personen, die die Mieträume besichtigen, die Schuhe ausziehen müssen. Andererseits dürfte es zulässig sein, dass der Mieter Ausweispapiere zur Identifikation der Personen verlangen kann (AG München – Urt. v. 17. 6. 1993 – 461 C 2972/93 n.v.).

**4.** Nachdem den Mieter grundsätzlich keine Anwesenheitspflicht trifft, kann es durchaus vorkommen, dass ein Besichtigungsrecht, auch das regelmäßige turnusmäßige Besichtigungsrecht, daran scheitert, dass der Mieter „nie Zeit hat". Es kann aber in diesem Fall von ihm verlangt werden, dass er gegebenenfalls eine andere Person beauftragt, die die Besichtigung gestattet.

# 26. Vereinbarung gegenseitiger Bevollmächtigung

Vereinbarung

Zwischen

……
(Vermieter)

und

……
(Mieter)

wird folgende Vereinbarung getroffen:

1. Die Mieter bevollmächtigen sich unter dem Vorbehalt schriftlichen Widerrufs, der gegenüber dem Vermieter zu erklären ist, gegenseitig zur Abgabe und Entgegennahme von Erklärungen, die das Mietverhältnis berühren.[1]
2. Ein Widerruf der Vollmacht wird erst für Erklärungen wirksam, die nach Zugang des Widerrufs abgegeben werden.[2]
3. Eine Erklärung des Vermieters, die alle Mieter betrifft, muss zwar an alle Mieter gerichtet sein, für ihre Rechtswirksamkeit genügt es aber, wenn sie gegenüber einem Mieter abgegeben wird.[3]
4. Diese Vollmacht gilt auch für die Entgegennahme von Kündigungen des Vermieters und für die Abgabe von Zustimmungserklärungen der Mieter zu einem Mieterhöhungsverlangen. Sie gilt nicht für den Ausspruch von Kündigungen durch die Mieter und für Mietaufhebungsverträge.[4]

…………                                               …………

(Vermieter)                                                  (Mieter)

## Anmerkungen

**1.** Vertragsklauseln, durch die sich die Mieter gegenseitig bevollmächtigen, sind zulässig. Erforderlich ist jedoch, dass für den Mieter bereits vertraglich die **Widerrufsmöglichkeit** für derartige Bevollmächtigungsklauseln vorgesehen wird. Wäre dies nicht der Fall, könnte ein Mieter in Abwesenheit seines oder seiner Mitmieter auch dann, wenn das Verhältnis zwischen den Mietern gestört ist, weitreichende Erklärungen abgeben oder entgegen nehmen. Davor soll den Abwesenden die Widerrufsmöglichkeit schützen.

**2.** Hinsichtlich der **Wirksamkeit des Widerrufs** muss auf den **Empfängerhorizont** abgestellt werden. Für den Vermieter muss die Vollmacht weiter bestehen, bis ihm der Widerruf zugegangen ist. Erklärungen, die vor Zugang abgegeben werden, sind vom Widerruf nicht berührt.

**3.** Folge der gegenseitigen Bevollmächtigung der Mieter ist, dass es genügt, wenn Erklärungen gegenüber einem Mieter abgegeben werden. Dies wurde in Hinblick auf ein Mieterhöhungsverlangen nach § 558a BGB durch das OLG Schleswig (WuM 1983, 130) entschieden. Die Bevollmächtigungsklausel kann auch in einem Formularmietvertrag enthalten sein. Die jeweilige Erklärung muss aber an alle Mieter gerichtet sein, ist sie nur an einen Mieter gerichtet, ist die Erklärung unwirksam (OLG Koblenz NJW 1984, 244).

**4.** Der Bundesgerichtshof (BGH GE 1997, 1458) hat entschieden, dass eine Vollmachtsklausel auch für die **Entgegennahme von Kündigungen** durch Mieter zulässig ist, nicht jedoch für Kündigungen der Mieter selbst und für Mietaufhebungsverträge. Zur Begründung wird unter anderem ausgeführt, dass ein Mieter, der – ohne aus dem Vertrag entlassen worden zu sein – auszieht, sich durch den Widerruf der formularmäßigen Vollmacht vor Nachteilen schützen könne. Solange der Mieter die gemeinsam angemietete Wohnung noch bewohne, seien seine Mitmieter Personen, die als Empfangsboten eine Kündigungserklärung mit Wirkung für ihn entgegen nehmen könnten.

## 27. Übergabeprotokolle

## Übergabeprotokoll mit Zusatzverpflichtung des Mieters

### Übergabeprotokoll[1]

Mietobjekt: ......

Anwesende Parteien:
Für den Vermieter ......
Für den Mieter ......

Die Anwesenden haben das Mietobjekt besichtigt und dabei folgenden Zustand festgestellt:

Wohnzimmer:[2] ......
Schlafzimmer: ......
Küche: ......
Bad: ......
WC: ......

Folgende Schlüssel wurden von Mieterseite übergeben:
......

Zählerstände:
Strom: Zählernummer: ......    Zählerstand: ......
Gas: Zählernummer: ......    Zählerstand: ......
Wasser: Zählernummer: ......    Zählerstand: ......

In Hinblick auf den festgestellten Zustand der Mieträume verpflichtet sich der Mieter folgende Arbeiten bis zum ...... vorzunehmen:[3]

.................................................................................................
.................................................................................................
.................................................................................................

Hinsichtlich des Zustandes der Mieträume bleibt es dem Vermieter vorbehalten, verborgene Mängel auch noch zu einem späteren Zeitpunkt, sobald sie erkannt werden, geltend zu machen.

............                    ............
(Vermieter)                    (Mieter)

## Anmerkungen

**1.** Es gibt **zwei Arten von Protokollen:** Übergabeprotokolle bei Beginn des Mietverhältnisses, um die erforderlichen Feststellungen hinsichtlich von Mängeln und Zählerständen bei Beginn des Mietverhältnisses festzuhalten, und Übergabeprotokolle bzw. Abnahmeprotokolle bei Beendigung des Mietverhältnisses, um den Zustand der Mieträume und die Zählerstände bei Beendigung des Mietverhältnisses festzustellen. Weiter kommt in Betracht, dass in Übergabeprotokolle zusätzliche Verpflichtungen des Mieters aufgenommen werden. Übergabeprotokolle dienen daher in erster Linie Beweiszwecken. Sie sollen sowohl für Mieter als auch für Vermieter die Beweisführung dahin erleichtern, dass Mängel bei Beginn bzw. Beendigung des Mietverhältnisses vorgelegen haben oder nicht vorgelegen haben. Zu berücksichtigen ist hierbei die Rechtsprechung hinsichtlich der Beweislastverteilung nach Risikosphären (OLG Karlsruhe WuM 1984, 267 sowie BGH WuM 1994, 466), wonach dann, wenn eine Herkunft der Schadensursache nur aus dem der unmittelbaren Einflussnahme, Herrschaft und Obhut unterliegenden Bereich des Mieters in Betracht kommt, der Mieter beweisen muss, dass der Fehler oder Schaden nicht von ihm verursacht und verschuldet worden ist. Dies bedeutet, dass hinsichtlich feststehender Mängel oder Schäden, die während der Mietzeit aufgetreten sind, der Mieter sich entlasten muss, da für den Vermieter insoweit so gut wie keine Beweismöglichkeiten bestehen. Hinsichtlich des Entstehens eines Mangels oder Schadens während der Mietzeit ist der Vermieter beweispflichtig. Umgekehrt kann der Mieter sich darauf berufen, dass im Übergabeprotokoll bei Beendigung des Mietverhältnisses nicht enthaltene Mängel oder Schäden tatsächlich nicht vorliegen. Enthält ein Übergabeprotokoll bei Beendigung des Mietverhältnisses hinsichtlich einzelner Mängel in den Mieträumen keine Beanstandungen, kann hierin ein **negatives Schuldanerkenntnis** des Vermieters gesehen werden, dass der Mangel tatsächlich nicht vorhanden ist, dies schließt einen Schadensersatzanspruch aus (vgl. Schmidt-Futterer/*Langenberg* § 538 BGB Rdn. 391). Dies gilt umso mehr, wenn im Rahmen der Übergabe die Erklärung schriftlich in dem Protokoll festgehalten wird, dass sich die Mieträume in ordnungsgemäßem Zustand befinden. Voraussetzung ist allerdings, dass das Protokoll von beiden Parteien oder durch von ihnen bevollmächtigte Personen unterschrieben ist. In diesem Fall kann keine der Parteien sich darauf berufen, dass die Mängel etwa wegen ungenügender Sichtverhältnisse oder anderer äußerlicher Umstände nicht festgestellt werden konnten, es sei denn, es handelt sich um verborgene Mängel. Hier kommen z. B. nicht sichtbare Tierverunreinigungen eines Teppichbodens in Betracht, die nach erfolgter Teppichreinigung erst Tage nach Räumung der Wohnung wieder in Erscheinung treten.

**2.** Sinnvoll sind Übergabeprotokolle nur dann, wenn sie den **Zustand möglichst genau beschreiben,** also nicht nur Formulierungen enthalten, wie z. B. „in Ordnung". Dies gilt nicht nur hinsichtlich des Vorhandenseins z. B. von Flecken auf Teppichböden oder Kratzern in Parkettböden, sondern auch hinsichtlich der Größe, des Umfangs und der Farbe bei Flecken, der Länge und Tiefe bei Kratzern.

**3.** Unabhängig von einer wirksamen oder unwirksamen Schönheitsreparaturklausel im Mietvertrag können in einem Übergabeprotokoll bei Beendigung des Mietverhältnisses durch den Mieter **Verpflichtungen hinsichtlich von Reparaturarbeiten oder der Durchführung von Schönheitsreparaturen** eingegangen werden. Hierin kann ein Schuldanerkenntnis nach § 781 BGB liegen (LG Berlin ZMR 2000, 535). Zu berücksichtigen ist allerdings, dass Übergabeprotokolle, soweit sie formularvertraglich abgefasst sind, an § 307 BGB zu messen sind, da es sich dann um Allgemeine Geschäftsbedingungen handelt (vgl. *Emmerich* NZM 2000, 1162). Soweit Übergabeprotokolle eine vorgedruckte Erklärung des Mieters enthalten, dass er sich z. B. verpflichtet, die Mieträume zu renovieren, bestehen insoweit Bedenken, als der Mieter grundsätzlich nicht damit rechnen muss, dass in einem Übergabeprotokoll eine formularmäßige umfangreiche Renovierungsverpflichtung enthalten ist. Dies gilt umso mehr, wenn diese nicht deutlich hervor gehoben ist. Soweit dieses Anerkenntnis im Rahmen einer Übergabeverhandlung bzw. eines Übergabeprotokolls abgegeben wird, ist jedoch insoweit Vorsicht geboten, als auch formularvertragliche Übergabeprotokolle an § 307 BGB zu messen sind (vgl. *Emmerich* NZM 2000, 1162). Etwas anderes gilt dann, wenn die Übernahme der Renovierungspflicht im Übergabeprotokoll individuell vereinbart worden ist. Diese wird dann auch nicht von einer Unwirksamkeit der vertraglichen Schönheitsreparaturklausel erfasst (BGH NZM 2009, 233).

In Betracht kommt auch, dass ein deklaratorisches Schuldanerkenntnis vorliegt, z. B. durch die Formulierung „der Mieter verpflichtet sich, die Mieträume entsprechend der vertraglichen Vereinbarung zu renovieren". Hier wird lediglich auf den Inhalt des Mietvertrages Bezug genommen. Es kommt darauf an, ob die im Mietvertrag enthaltene Schönheitsreparaturklausel wirksam vereinbart ist.

Ein konstitutives Schuldanerkenntnis, das also einen selbstständigen Schuldgrund enthält, ist an den Regeln über die Allgemeinen Geschäftsbedingungen, insbesondere § 307 BGB zu messen. Es ist zu prüfen, ob eine unbillige Benachteiligung des Mieters vorliegt.

Nicht als Allgemeine Geschäftsbedingung ist jedenfalls eine Vereinbarung anzusehen, die in der Weise zustande kommt, dass angesichts der Besichtigung der Mieträume zwischen den Parteien vereinbart wird, dass der Mieter sich zur Durchführung einzelner Arbeiten, wie z. B. des Streichens der Wände, verpflichtet. Für diese Verpflichtung gilt dann auch nicht das Erfordernis der Nachfristsetzung, wie dies bei einer vertraglichen Schönheitsreparaturklausel der Fall wäre.

## Übergabeprotokoll ohne Zusatzverpflichtung des Mieters

Das Übergabeprotokoll ohne Zusatzverpflichtung des Mieters dient lediglich dazu, den Zustand der Mieträume bei Beendigung des Mietverhältnisses wie oben festzuhalten und zu Beweiszwecken ebenfalls Zählerstände festzuhalten, soweit dies bei der jeweiligen Wohnung in Betracht kommt. Hierbei ist zu berücksichtigen, dass, soweit Heizung und Warmwasser betroffen sind, dies in der Regel durch Abrechnungsfirmen vorgenommen wird, so dass das Übergabeprotokoll hierzu nichts enthalten muss.

## 28. Vereinbarung über Ausschluss des Wegnahmerechts des Mieters nach §§ 539 Abs. 2, 552 BGB

Vereinbarung

Zwischen

......

(Vermieter)

und

......

(Mieter)

wird folgende Vereinbarung getroffen:

1. ...... ist Mieter der Wohnung in ......
2. Der Mieter hat in der vermieteten Wohnung eine Kücheneinrichtung, bestehend aus ...... angebracht.[1]

3. Die Parteien schließen das Wegnahmerecht des Mieters nach § 539 Abs. 2 BGB sowohl für den Fall des Auszugs des Mieters als auch zu einem früheren Zeitpunkt hiermit aus.[2] Dies gilt auch für den Fall, dass der Mieter ein berechtigtes Interesse an der Wegnahme geltend macht.[3]

4. Zum Ausgleich zahlt der Vermieter an den Mieter einen Betrag im Sinne von § 552 Abs. 2 BGB in Höhe des Zeitwerts der Kücheneinrichtung. Ausgehend von einem Anschaffungspreis von EUR ...... setzen die Parteien einen Abschlag von 5% für jedes angefangene Jahr der Nutzung der Kücheneinrichtung fest. Ausgehend vom Anschaffungspreis abzüglich des bis zum Zeitpunkt der Ausgleichszahlung anzusetzenden Abschlags errechnet sich der Zeitwert. Abzuziehen ist weiter ein Betrag von EUR ...... als Ansatz für die von dem Mieter ersparten Kosten des Ausbaus der Kücheneinrichtung.[4]

............                                          ............
(Vermieter)                                          (Mieter)

### Anmerkungen

**1.** Nach dem Grundsatz des **§ 539 Abs. 2 BGB** gilt, dass der Mieter berechtigt ist, eine Einrichtung wegzunehmen, mit der er die Mietsache versehen hat. Unter Einrichtung im gesetzlichen Sinne sind nicht Möbel oder Elektrogroßgeräte oder ähnliches zu verstehen. Diese Gegenstände kann der Mieter auch ohne gesetzliche Regelung entfernen. Einrichtungen sind vielmehr Sachen, die in trennbarer Weise mit der Mietsache verbunden sind und ihrem wirtschaftlichen Zweck zu dienen bestimmt sind (OLG Düsseldorf ZMR 1999, 386). Hierzu gehört z. B. eine Kücheneinrichtung, eine Duschkabine, ein Teppichboden, Rollläden oder Ähnliches. Es ist unerheblich, ob die Einrichtung wegen der Art der Verbindung wesentlicher Bestandteil der Mietsache gemäß § 93 BGB geworden ist. Die Einrichtungen müssen sich aber ohne Zerstörung entfernen lassen, was zum Beispiel für Parkettböden oder Fliesen nicht gilt. Dasselbe gilt für Großgewächse in einem Garten (OLG Düsseldorf NZM 1998, 1020).

**2.** Nach § 552 Abs. 1 BGB gilt, dass der Vermieter die Ausübung des Wegnahmerechts nach § 539 Abs. 2 BGB durch Zahlung einer angemessenen Entschädigung abwenden kann. Dies bedeutet, dass eine angemessene Entschädigung angeboten werden muss. Die Wegnahme kann jedoch nach § 552 Abs. 1 BGB nicht verhindert werden, wenn der Mieter ein berechtigtes Interesse an der Wegnahme hat. § 552 Abs. 2 BGB sieht die Möglichkeit vor, dass das Wegnahmerecht generell durch Vereinbarung ausgeschlossen werden kann. Diese Vereinbarung ist jedoch nur dann wirksam, wenn ein angemessener Ausgleich im Sinne einer Entschädigung für den Wert der Einrichtung vorgesehen ist.

**3.** Der Ausschluss des Wegnahmerechts durch Vereinbarung gegen Zahlung einer angemessenen Entschädigung ist auch dann möglich, wenn der Mieter ein berechtigtes Interesse an der Wegnahme hat. Ein Ausschluss der Anwendung des § 552 Abs. 2 BGB für diesen Fall ist im Gesetz nicht vorgesehen. Unter einem berechtigten Interesse an der Wegnahme versteht man ein Interesse, das darin besteht, dass besondere Aufwendungen für spezielle Interessen des Mieters getätigt worden sind, die bedeuten, dass die Einrichtung für ihn einen speziellen Affektionswert hat.

**4.** Hinsichtlich der angemessenen Entschädigung oder des angemessenen Ausgleichs, was dasselbe bedeutet, ist zunächst vom Zeitwert der Einrichtung auszugehen. Insoweit können die Parteien zur Vermeidung eines Sachverständigengutachtens eine Vereinbarung treffen. Es ist ein angemessener Betrag für die Abnutzung abzuziehen (AG Köln

WuM 1998, 345). Anrechnen lassen muss sich der Mieter einen Ansatz für die ersparten Kosten des Ausbaus der Einrichtung. Gegebenenfalls kommen weitere Abzüge für Mängel oder Beschädigungen der Einrichtung zum Zeitpunkt des Auszugs oder der Entfernung der Einrichtung in Betracht.

## 29. Vereinbarung einer Instandsetzungsverpflichtung des Mieters gegen Mietnachlass

Vereinbarung

Zwischen

......

(Vermieter)

und

......

(Mieter)

wird folgende Vereinbarung getroffen:

1. Der Mieter verpflichtet sich, bis zum ...... in den von ihm angemieteten Räumen in ...... folgende Arbeiten durchzuführen:[1]

........................................................................................................

........................................................................................................

........................................................................................................

Die durchzuführenden Arbeiten sind in fachhandwerklicher Qualität unter Beachtung der geltenden Vorschriften durchzuführen. Bestehen insoweit nach Durchführung der Arbeiten zwischen den Parteien unterschiedliche Auffassungen, so sind sich die Parteien darüber einig, dass über die fachhandwerkliche Qualität der Arbeiten und über die Einhaltung der geltenden Vorschriften eine gutachtliche Stellungnahme des nachfolgenden Fachbetriebs entscheidet: ......[2]

2. Zum Ausgleich für die von dem Mieter durchzuführenden Arbeiten wird vereinbart, dass der Mieter entgegen der vertraglich vereinbarten Nettomiete für das erste Jahr der Mietzeit lediglich einen monatlichen Nettomietbetrag von EUR ...... zu bezahlen hat.[3]

3. Zieht der Mieter vor Ablauf des ersten Jahres der Mietzeit aus, so wird ihm für jeden Monat des vorzeitigen Auszugs im Hinblick auf die von ihm durchgeführten Arbeiten, soweit Ziffer 1 der Vereinbarung vertragsgemäß erfüllt ist, ein Betrag von EUR ...... erstattet.[4]

............             ............

(Vermieter)             (Mieter)

### Anmerkungen

**1.** Die **Instandsetzungspflicht** ist gesetzliche **Vermieterpflicht** nach § 535 Abs. 1 S. 2 BGB. Eine einseitige Abwälzung der Instandsetzungspflicht auf den Mieter ist grundsätzlich nur im Rahmen einer Schönheitsreparaturklausel oder einer Kleinreparaturklausel zulässig. Andererseits ist es im Rahmen der Billigkeitsvorschriften, die nach § 307 BGB gelten, soweit nicht eine Individualvereinbarung vorliegt, möglich, einzelne Instandsetzungs- oder Instandhaltungsverpflichtungen auf den Mieter zu übertragen. Auch wenn es sich um eine Individualvereinbarung handelt, dürfte es jedoch erforderlich sein, nach § 242 BGB das Verhältnis zwischen Leistung und Gegenleistung zu berücksichtigen. Sind im Rahmen der Instandhaltungsverpflichtung Arbeiten, die der Mieter durchzuführen hat, vereinbart, müssen diese in der Vereinbarung möglichst genau umschrieben werden, um insoweit nicht späteren Konfliktstoff zu schaffen.

**2.** Streitigkeiten entstehen oft dadurch, dass vom Mieter durchgeführte Arbeiten nicht den **Qualitätsvorstellungen des Vermieters** entsprechen. Grundsätzlich gilt für Mieterarbeiten dasselbe wie bei der Durchführung von Schönheitsreparaturen, dass nämlich fachhandwerkliche Qualität erforderlich ist. Insoweit erscheint es sinnvoll, einen Fachbetrieb gutachterlich darüber entscheiden zu lassen, ob mieterseitige Arbeiten diesen Anforderungen entsprechen. Um auch insoweit Einseitigkeit zu vermeiden, sollte der Fachbetrieb bereits in der Vereinbarung selbst festgelegt werden. Möglich ist es, in der Vereinbarung selbst zu regeln, wer die Kosten für die bezeichnete gutachterliche Stellungnahme trägt. Sollte es sich um größere Arbeiten handeln, kommt auch eine Stellungnahme eines Sachverständigen für das die Arbeiten jeweils betreffende Fachhandwerk in Betracht, wobei die Kosten der gutachterlichen Stellungnahme in diesem Fall naturgemäß höher liegen.

**3.** Wird als **Gegenleistung** für die durchgeführten Arbeiten ein Mietnachlass vereinbart, muss der für den entsprechenden Zeitraum zu zahlende Mietzins eindeutig festgelegt werden. Je nach Umfang und Wert der Arbeiten müssen Leistung und Gegenleistung sich entsprechen, das heißt der Mietnachlass kann entsprechend monatlich höher sein oder einen längeren Zeitraum umfassen.

**4.** Zu berücksichtigen ist in der Vereinbarung die Möglichkeit, dass der Mieter zwar die ihm obliegenden Arbeiten durchgeführt hat, er sie aber nicht mehr „abwohnen" kann. In diesem Fall muss vorgesehen sein, dass bei vertragsgemäß durchgeführten Arbeiten eine **zeitanteilige Erstattung** der aufgewendeten Kosten stattfindet.

# 30. Gartenpflegeverpflichtung

### Vereinbarung

**Zwischen**

......
(Vermieter)

**und**

......
(Mieter)
wird folgende Vereinbarung getroffen:

1. ...... ist Mieter der Räume ...... in ......
   ...... ist Vermieter.
2. Zu dem Anwesen, in dem sich die an den Mieter vermietete Wohnung befindet, gehört eine Gartenanlage, die folgendermaßen begrenzt wird:
   ......[1]
   Die Gartenanlage ist derzeit folgendermaßen bepflanzt:
   ......[2]

3. Der Mieter verpflichtet sich, folgende Arbeiten, jeweils bezogen auf die einzelnen Monate des Jahres durchzuführen: ...... [3]

4. Zum Ausgleich für die von dem Mieter durchgeführten Arbeiten reduziert sich die vertragliche Nettomiete von ...... EUR auf monatlich ...... EUR netto.[4]

Führt der Mieter die ihm übertragenen Arbeiten nicht in einer Weise durch, die den üblichen Anforderungen an die bezeichneten Arbeiten entspricht, was gegebenenfalls durch einen Gartenbaubetrieb festgestellt wird, entfällt die Mietreduzierung.[5]

............              ............

(Vermieter)              (Mieter)

## Anmerkungen

**1.** **Erste Voraussetzung** der Gartenpflegeverpflichtung des Mieters ist, den Bereich genau abzugrenzen, auf den sich die Verpflichtung bezieht. Dies kann z.B. in der Weise geschehen, dass die gärtnerische Anlage bezeichnet wird als „zwischen der A-Straße und dem Zugangsweg zu Eingang 1 des Hauses gelegene Fläche".

**2.** Der **Ist-Zustand der Bepflanzung** ist vor allem deshalb von Bedeutung, weil dem Vermieter in der Regel daran gelegen ist, dass das äußere Erscheinungsbild der gärtnerischen Bepflanzung nicht verändert wird, das heißt vorhandene Bäume und Büsche nicht entfernt werden. Dasselbe gilt für Anpflanzungen in Beeten und Rasenflächen.

**3.** Der Kernpunkt der Vereinbarung ist die Bezeichnung der durch den Mieter **durchzuführenden Arbeiten.** Diese Bezeichnung sollte möglichst genau geschehen, da über Gartenpflegearbeiten durchaus unterschiedliche Vorstellungen bestehen („Naturgarten" – „Ziergarten"). Soweit in Betracht kommt, dass auch hinsichtlich der Entfernung von Gewächsen zum Beispiel im Falle, dass diese eingehen, etwas geregelt wird, sollten die Fälle im Einzelnen beschrieben werden. Gleichzeitig sollte hinzugefügt werden, inwieweit eine Zustimmung des Vermieters im Einzelfall eingeholt werden muss.

Beispiel:

„Im Falle der zwei rechts vom Hauseingang befindlichen Fichten gilt, dass jede Veränderung von der Zustimmung des Vermieters abhängig ist."

**4.** Ebenso wie bei der Instandsetzungsverpflichtung (Form. A.III. 29) gilt auch hier, dass die **Mietreduzierung** wertmäßig den Leistungen des Mieters entsprechen muss.

**5.** Im Einzelfall ist es jeweils möglich, dass die vom Mieter durchgeführten Arbeiten trotz genauerer Umschreibung, die auch gegebenenfalls die Entfernung bzw. Lagerung von Gartenabfällen umfassen muss, nicht den Anforderungen, die üblicherweise an solche Arbeiten gestellt werden müssen, entsprechen. Hierbei wird man allerdings im Gegensatz zur Instandsetzungsverpflichtung des Mieters davon ausgehen müssen, dass nicht die Anforderungen gestellt werden dürfen, die an einen Gartenbaufachbetrieb gestellt werden. Diese Anforderungen würden nämlich den Einsatz von Geräten und Fachkräften erfordern, die selbst einem handwerklich geschickten Mieter nicht zur Verfügung stehen.

# 31. Hausmeistertätigkeit gegen Mietnachlass

Vereinbarung

Zwischen

......

(Vermieter)

und

......

(Mieter)

wird folgende Vereinbarung getroffen:

1. ...... ist Mieter der Wohnung ......, ...... ist Vermieter.
2. Der Mieter übernimmt mit Wirkung ab ...... im Anwesen ...... folgende Hausmeistertätigkeiten:[1] ......
3. Als Entgelt für die von dem Mieter durchzuführenden Arbeiten reduziert sich die vertraglich vereinbarte Nettomiete in Höhe von EUR ......, für die Zeit, in der der Mieter die bezeichneten Arbeiten ausführt, auf EUR ......[2]

............                                                    ............

(Vermieter)                                                    (Mieter)

## Anmerkungen

**1.** Bei der vorliegenden Vereinbarung handelt es sich nicht um die Begründung eines Mietverhältnisses über eine Werkdienstwohnung nach § 576b BGB, ebenso wenig über eine Werkmietwohnung nach § 576 BGB. Die Vereinbarung stellt lediglich die **Übertragung einzelner Instandhaltungsaufgaben** auf den Mieter dar, wie dies z.B. auch bei der Übertragung von Aufgaben aus dem Bereich der Verkehrssicherungspflicht (Räum- und Streupflicht) oder Treppenhausreinigung der Fall ist. Unter Hausmeistertätigkeiten fallen Arbeiten wie z.B. kleinere Reparaturen, Reinigung, Schnee räumen und Streuen, Pflege einer Gartenanlage.

**2.** Auch hier muss sich das Entgelt in Form der **Mietreduzierung** in einem Verhältnis zu den übernommenen Tätigkeiten bewegen. Wird Hausmeistertätigkeit in Form eines Hausmeisterdienstvertrages übertragen, ist damit in der Regel die Vermietung einer Hausmeisterdienstwohnung zu einem entsprechend niedrigen Mietzins verbunden.

# IV. Sonderklauseln für den öffentlich geförderten Wohnungsbau alter Prägung (II. WohnBauG)

## 1. Vereinbarung der Kostenmiete[1]

**§ ...... Kostenmiete**

Die Kostenkaltmiete darf nach Genehmigung der Schlussabrechnung unter den Voraussetzungen des § 8 a Abs. 4 WohnBindG bis zum Beginn des Mietverhältnisses rückwirkend erhöht werden.[2]

Es ist die jeweils zulässige Kostenmiete gemäß § 4 Abs. 8 NMVO vereinbart.[3]

### Anmerkungen

**1.** Die vorgenannten beiden Klauseln gelten ausschließlich für **öffentlich geförderten Wohnraum**, der nach den Bestimmungen des **II. Wohnungsbaugesetzes** errichtet worden ist. Für die ab dem 1. 1. 2002 unter der Geltung des WoFG des Bundes oder später unter der Geltung der Länder-WoFG errichteten Wohnungen bestimmt § 28 WoFG, dass die zulässige Miete zwischen Bauherr und öffentlichem Darlehensgeber zu vereinbaren ist. Mieterhöhungen richten sich ausschließlich nach den Vorgaben dieser Vereinbarung unter Anwendung der Vorschriften der §§ 557 ff. BGB.

**2.** § 8 a Abs. 4 WohnBindG lässt eine rückwirkende Mieterhöhung zu, wenn die vom Amt genehmigte Schlussabrechnung eine höhere Kostenkaltmiete ausweist als die mit dem Mieter vereinbarte vorläufige Kostenkaltmiete. Die besonderen Voraussetzungen des § 8 a müssen erfüllt sein, außerdem muss das Recht zur rückwirkenden Mieterhöhung im Mietvertrag zugunsten des Vermieters vorbehalten sein. Wegen Zeitablaufs (die alte Förderung endete zum 31. 12. 2001, die Schlussabrechnung ist innerhalb von 2 Jahren ab Bezugsfertigkeit des Hauses zu beantragen) dürfte dieser Teil der mietvertraglichen Regelung inzwischen überflüssig geworden sein.

**3.** Eine weitere Spezialität des öffentlich geförderten Wohnungsbaus alter Prägung ist das Recht, die sich nach der Schlussabrechnung ändernde Kostenmiete auch rückwirkend erhöhen zu dürfen. Dieses Recht gibt § 4 Abs. 8 NMVO, verlangt aber eine entsprechende Vereinbarung der Mietvertragspartner im Mietvertrag. Die obige Klausel reicht für die Einhaltung des Transparenzgebotes aus (BGH WuM 2004, 25 = NZM 2004, 93; BGH NZM 2004, 379).

# 2. Vereinbarung einer Betriebskostenumlage und Umlagemaßstab

§ ...... Betriebskostenumlage

Es werden neben der Kaltmiete folgende Betriebskosten gemäß der BetrkV umgelegt[1]

- Die Grundbesitzabgaben: Grundsteuer, Abfallbeseitigung, Abwasser und Straßenreinigung
- Die Hausversicherungen: Wohngebäudeversicherung, Haushaftpflichtversicherung, Glasversicherung, Öltankhaftpflichtversicherung
- Frischwasser
- Allgemeinstrom
- Schornsteinreinigung
- Aufzug
- Pflege der Außenanlage
- Hauswart
- Hausreinigung und laufende Ungezieferbekämpfung
- Schnee- und Eisbeseitigung einschließlich Streumaterial
- Hausantenne und Kabelanschluss
- Wartung und Prüfung von Feuerlöschern, Blitzschutzanlagen, Durchlauferhitzern und Warmwassererzeugern
- regelmäßige Reinigung von Dachrinnen
- soweit gesetzlich zulässig: das Umlageausfallwagnis[2]
- weitere speziell für dieses Haus anfallende laufende Betriebskosten[3]:
......

Der Vermieter ist gemäß § 1 Abs. 2 BetrkV berechtigt, einzelne Betriebskosten-Arbeiten selbst durchzuführen. Er kann dafür die Kosten einer gleichwertigen Leistung eines Dritten, insbesondere eines Unternehmers, aber ohne MWSt, ansetzen[4].

Für die Betriebskosten wird eine monatliche Vorauszahlung in Höhe von 70,00 EUR vereinbart[5].

Die Umlage der Betriebskosten erfolgt im Verhältnis der Wohn- und Nutzfläche, soweit kein anderer Umlagemaßstab zwingend vorgeschrieben ist[6]. Bei Wohnungseigentum ist der in der Teilungserklärung oder Regelung der Wohnungseigentümer festgelegte Umlageschlüssel maßgebend[7]. Auf Grund der Besonderheiten des Hauses werden für folgende Betriebskosten folgende besondere Umlageschlüssel vereinbart[8]:

1. ......
2. ......

Der Vermieter ist berechtigt, für verbrauchsabhängige Kosten einen verbrauchsbezogenen Umlagemaßstab zu bestimmen. Die entsprechende Erklärung muss dem Mieter in der laufenden Abrechnungsperiode zugehen und gilt dann ab Beginn der folgenden Abrechnungsperiode[9].

Wird das Haus teilweise auch gewerblich genutzt, so sind Betriebskosten, die ausschließlich für den Gewerbebereich anfallen, nur diesem zu belasten. Die Grundsteuer wird in diesem Fall nach dem Verhältnis der vom Finanzamt festgesetzten Teileinheitswerte verteilt[10].

Über die Betriebskosten wird jährlich abgerechnet, der Vermieter bestimmt den Abrechnungszeitraum. Die Abrechnung muss enthalten: eine geordnete Aufstellung der Gesamtkosten, die Berechnung des Anteils des Mieters unter Angabe und – falls erforderlich – Erläuterung des Umlageschlüssels, die Angabe der Höhe der tatsächlich geleisteten Vorauszahlung und die Höhe der Nachforderung oder des Guthabens[11].

Zu Teilabrechnungen ist der Vermieter nicht verpflichtet.

Nach Maßgabe der gesetzlichen Vorschriften und unter Einhaltung der dabei notwendigen Form und Frist kann der Vermieter für die Zukunft eine Erhöhung der Vorauszahlung verlangen. Bei einem erheblichen Guthaben kann der Mieter die angemessene Herabsetzung der Vorauszahlung verlangen[12].

## Anmerkungen

**1.** Das vorstehende Beispiel ist sowohl für den freien wie den geförderten Wohnungsbau verwendbar (§ 20 NMVO und § 556 BGB). Der Eingangssatz der Klausel verweist auf die BetrkV und deren Definition, was als Betriebskosten anzusehen ist: Betriebskosten sind die Kosten, die dem Eigentümer durch das Eigentum am Grundstück oder durch den bestimmungsgemäßen Gebrauch des Gebäudes oder der Wirtschaftseinheit, der Nebengebäude, Anlagen, Einrichtungen und des Grundstückes **laufend** entstehen." § 1 Abs. 2 BetrkV erleichtert (wie schon § 27 Abs. 2 II. BVO) die Umlage von Eigenleistungen des Vermieters nach Grund und Höhe: „Sach- und Arbeitsleistungen des Eigentümers, durch die Betriebskosten erspart werden, dürfen mit dem Betrage angesetzt werden, der für eine gleichwertige Leistung eines Dritten, insbesondere eines Unternehmers, angesetzt werden könnte. Die Umsatzsteuer des Dritten darf nicht angesetzt werden." Die Angabe der einzelnen Betriebskostenarten hat für den freien Wohnungsbau die Wirkung, dass im Katalog nicht genannte Betriebskosten auch nicht umgelegt werden dürfen. Im Sozialen Wohnungsbau sind Betriebskosten, die geltend gemacht werden sollen, nach Art und Höhe dem Mieter bei Überlassung der Wohnung bekannt zu geben (§ 20 Abs. 1 NMV). Die umzulegenden Betriebskosten sind also anzugeben und sperren – aber nur zunächst – die Umlage nicht vereinbarter Betriebskosten. Da aber gemäß § 20 NMVO alle Betriebskosten gemäß BetrkV umgelegt werden dürfen, kann der Katalog umlagefähiger Betriebskosten später erweitert werden. Der Vermieter muss hierbei das Verfahren der Mieterhöhung gemäß § 10 WoBindG einhalten.

Verwendet der Vermieter ein altes Exemplar eines Mietvertragsformulars und ist dort noch der Hinweis auf die Anlage 3 zur II.BVO vorhanden, so soll nach Meinung *Blum* (WuM 2010, 13) die gesamte Klausel über die Umlage von Betriebskosten unwirksam sein. Das dürfte aber nicht zutreffend sein. Entscheidend ist die Aufzählung der einzelnen Betriebskosten im Mietvertrag. Der Hinweis auf die Anlage 3 (oder die Betrk-VO) dient nur der Auslegung, was zu den einzelnen Betriebskosten gehört und mit umgelegt werden kann. Von daher führt der Hinweis auf die Anlage 3, weil die Betrk-VO weitere Nebenkosten zusätzlich als umlegbar zulässt, zu einer Einschränkung der Umlegbarkeit, nicht aber zum Ausschluß.

**2.** Das **Umlagenausfallwagnis** ist in § 25a NMVO geregelt. Auf die Betriebskosten darf im geförderten Wohnungsbau 2% aufgeschlagen werden. Berechnungsbeispiele finden sich in diesem Buch unter Form. C. X. 9 und 10.

**3.** Diese Klausel öffnet den Katalog der Betriebskosten für solche Betriebskosten, die üblicherweise nicht in allen Häusern anfallen, sondern nur in diesem Haus. Zu denken ist hier an eine Deichabgabe, eine besondere Versicherung für ein Reetdach, Kosten für einen von allen Mietern nutzbaren reinen Lastenaufzug, Kosten für ein gemeinschaftliches Schwimmbad oder eine Sauna etc.

**4.** Diese Klausel entspricht **§ 1 Abs. 2 BetrkV.** Betriebskosten-Arbeiten, die der Vermieter selbst durchführen kann, sind: Treppenhausreinigung, Pflege der Außenanlagen, Reinigung der Dachrinnen, Schnee- und Eisbeseitigung, Herausstellen der Mülltonnen am Tage der Müllabfuhr, Überwachung, Pflege und Nachfüllung einer Wasserbehandlungsanlage, Reinigung des Aufzuges, Ungezieferbekämpfung, Wartung und Prüfung von Feuerlöschern, Blitzschutzanlagen, Durchlauf- und Warmwassergeräten. Für Reparatur- und Verwaltungsarbeiten sowie Schönheitsreparaturen darf der Vermieter keine Kosten ansetzen, weder für beauftragte Drittunternehmen noch für sich selbst (siehe BetrkV Ziffer 14 „Die Kosten für den Hauswart").

**5.** Diese Klausel entspricht **§ 20 Abs. 3 NMVO** und **§ 556 Abs. 2 BGB.** Im Gegensatz zum freien Wohnungsbau darf beim geförderten Wohnungsbau, soweit die NMVO anzuwenden ist, keine Pauschale für die Betriebskosten vereinbart werden, sondern es darf nur eine Vorauszahlung verlangt werden (siehe *Fischer-Dieskau* § 20 NMVO Anmerkung 4).

**6.** Diese Klausel entspricht **§ 20 Abs. 2 NMVO** und **§ 556a BGB.** Zwingende andere Maßstäbe sind z.B. im geförderten Wohnungsbau: § 21 Abs. 2 S. 3 NMVO (Wasserverbrauch bei installierten Wasserverbrauchszählern), § 21 Abs. 3 NMVO (Abwasser entsprechend), § 22 NMVO Kosten der Versorgung mit Wärme und Warmwasser = Abrechnung nach HeizkV, § 23 NMVO Umlage der Kosten des Betriebs der zentralen Brennstoffversorgungsanlage, § 24a NMVO Breitbandkabelnetz, § 25 NMVO Betriebs- und Instandhaltungskosten für maschinelle Wascheinrichtungen. Für den freien Wohnungsbau gilt § 556 Abs. 1 S. 2 BGB.

**7.** Diese Regelung bestimmt die **Aufteilung der Betriebskosten bei Wohnungseigentum.** Die Betriebskosten fallen zwar (bis auf die Grundsteuer, hier erhält der Wohnungseigentümer einen eigenen Bescheid) für das gesamte Haus an, sind aber vom Verwalter des Objekts nach den Bestimmungen der Teilungserklärung oder der Regelung der Wohnungseigentümer zu verteilen, das ist zumeist eine Umlage nach MEA (Miteigentumsanteilen). Dieser Maßstab wird für die Abrechnung des Vermieters gegenüber dem Mieter übernommen. Das ist auch im geförderten Wohnungsbau zulässig, denn die Kostenmiete (die aus Kostenkaltmiete und Betriebskosten besteht) wird bei Wohnungseigentum nicht für das gesamte Haus ermittelt, sondern für jede Eigentumswohnung einzeln (Wirtschaftseinheit § 3 Abs. 2 NMVO, bei Umwandlung § 5a Abs. 1 S. 2 NMVO).

**8.** Als **Beispiele für einen anderweitigen Umlagemaßstab** können genannt werden: Mieter der Erdgeschosswohnungen sind von Kosten des Aufzuges befreit (so ausdrücklich zulässig gemäß § 24 Abs. 2 S. 2 NMVO); die Kosten der Treppenhausreinigung werden nach der Anzahl der Wohneinheiten verteilt, nur der EG-Mieter darf den Garten nutzen (Umlage der Gartenpflegekosten nur auf diesen).

**9.** Diese Klausel ist ausdrücklich in **§ 556a BGB** geregelt (früher § 4 Abs. 5 S. 2 MHG). Die Vorschriften des BGB gelten im geförderten Wohnungsbau ergänzend, soweit nicht spezielle Vorschriften vorhanden sind.

**10.** Eine grundsätzliche Regelung enthält **§ 20 Abs. 2 NMVO.** Die nähere Ausgestaltung ist oft schwierig und macht teilweise erhebliche Probleme bei der BK-Abrechnung (siehe dazu Form. C.X. 4). Ausschließlich für Gewerberaum können an Betriebskosten anfallen: ein Prämienzuschlag bei Wohngebäude- und Haftpflichtversicherung (z.B. bei Gaststätten). Glasversicherung nur für den Gewerbebereich, ausschließlich von Gewerbemieter genutzte Mülltonnen. Für die Verteilung der Grundsteuer hat sich die Umlage nach Teileinheitswerten durchgesetzt (siehe unten Form. C.X. 4 Anm. 4). Zur Klarstellung und zur Festlegung zwischen den Vertragspartnern ist dieser Schlüssel ausdrücklich genannt. Gleichzeitig hat diese Bestimmung auch Warnfunktion für den Vermieter, damit er innerhalb der Jahresfrist eine ordnungsgemäße Abrechnung erstellt. Die BGH-Entscheidung vom 8. 3. 2006 (WuM 2006, 200) ist nur auf den freien Wohnungsbau anzuwenden, da § 20 Abs. 2 NMV als zwingende Gesetzesvorschrift eine anderweitige Regelung trifft.

**11.** Zur Klarstellung und – für den Vermieter – zur Warnung sind hier die tragenden Entscheidungsgründe der **BGH-Entscheidung vom 23. 11. 1981** (NJW 1982, 573, bestätigt durch BGH WuM 2005, 61 und BGH WuM 2005, 200) wiedergegeben.

**12.** Im geförderten Wohnungsbau ist dies in **§ 20 Abs. 4 NMVO** geregelt (Schriftform einzuhalten), im freien Wohnungsbau in **§ 560 BGB** (Textform ausreichend).

## 3. Kaution

**§ ...... Kaution**

Der Mieter zahlt gemäß § 551 BGB eine Barkaution in Höhe der dreifachen Kaltmiete von ...... EUR. Die Kaution wird vom Vermieter verzinslich und mündelsicher angelegt[1].
Die Kaution dient der Absicherung aller Ansprüche des Vermieters gegen den Mieter aus dem Mietverhältnis; soweit § 9 Abs. 5 WohnBindG Anwendung findet, dient die Kaution nur der Absicherung von Ansprüchen wegen Schäden und unterlassenen Schönheitsreparaturen[3].

**– Alternative –**

Der Mieter zahlt gemäß § 551 BGB eine Barkaution in Höhe der dreifachen Kaltmiete, das sind ...... EUR. Die Parteien vereinbaren hiermit, dass diese Kaution auf ein Festgeldkonto mit dreimonatiger Kündigungsfrist angelegt wird[2].
Die Kaution dient der Absicherung aller Ansprüche des Vermieters gegen den Mieter aus dem Mietverhältnis; soweit § 9 Abs. 5 WohnBindG Anwendung findet, dient die Kaution nur der Absicherung von Ansprüchen wegen Schäden und unterlassenen Schönheitsreparaturen[3].

### Anmerkungen

**1.** Die Klausel ist sowohl **für den freien wie den geförderten Wohnungsbau** anwendbar. Auch im geförderten Wohnungsbau ist grundsätzlich die Vereinbarung einer Kaution zulässig. Für den 1. Förderweg (= Sozialwohnungen, siehe Hannemann/Wiegner/*Bister*, Münchner Anwaltshandbuch Wohnraummietrecht, 3. Aufl., § 25 Anm. 10) und bei der Zahlung von Aufwendungszuschüssen ergibt sich dies aus § 9 WohnBindG (i. V. m. §§ 10, 17 NMVO). Im 2. Förderweg (siehe a. a. O. Rdn. 11) bestimmt der Darlehensgeber der nichtöffentlichen Mittel, ob der Vermieter eine Kaution nehmen darf. Im 3. Förderweg (a. a. O. Rdn. 12) bestimmt die Vereinbarung zwischen Darlehensgeber und Vermieter, ob Letzterer eine Kaution nehmen darf. Die Beschränkung in der Höhe der Kaution ergibt sich aus § 551 BGB, diese Vorschrift findet in allen Förderwegen Anwendung, § 9 WohnBindG verweist hierauf. Durch den Hinweis auf § 551 BGB kann der Klausel nicht entgegengehalten werden, sie täusche den Mieter über den Zeitpunkt, wann er die Kaution zahlen müsse (siehe Hannemann/Wiegner/*Hannemann* § 10 Rdn. 220 ff.).

**2.** Durfte eine Kaution bisher nur mündelsicher (und damit in Form eines Sparvertrages mit einer Bank) angelegt werden, so lässt das neue Mietrecht in § 551 Abs. 3 BGB neben dieser Anlageform auch **andere Anlagemöglichkeiten** zu. Bei entsprechender Vereinbarung, die im Mietvertrag ausdrücklich angegeben sein muss, kann also die Kaution auch in Bundesschatzbriefen, in Aktien, in Fonds oder dergleichen mehr angelegt werden. Im Beispiel ist die Anlage auf einem Festgeldkonto vereinbart worden. Diskutiert wird derzeit weniger über die verschiedenen Anlagemöglichkeiten, als vielmehr über die Frage, ob die Kaution wieder aufzufüllen ist, wenn durch die gewählte Anlage der Betrag wertlos wird (z.B. bei der Anlage in Aktien), und wer aufzufüllen hat, der Mieter oder der Vermieter (siehe *Derleder* WM 2002, 239).

**3.** Im **1. Förderweg** dient die Kaution nur der Sicherung von Ansprüchen aus Schäden und unterlassenen Schönheitsreparaturen. Darauf sollte in der Vertragsbestimmung hingewiesen werden, da sonst Streit entstehen könnte darüber, ob die Klausel wegen Nichtbeachtung des Verbots des § 9 WohnBindG insgesamt unwirksam ist (Stichwort: Verbot der geltungserhaltenden Reduktion, siehe LG Aachen WuM 2006, 101). Aber auch hier dürfte wohl die RSpr des BGH anzuwenden sein, welche die Vereinbarung einer Sicherheitsleistung grundsätzlich als wirksam ansieht, und nur vom Gesetz verbotene Abweichungen für unwirksam erklärt (BGH NJW 2004, 1240; BGH NJW 2003, 2899).

In den weiteren Förderwegen bestimmt der Darlehensvertrag oder die Vereinbarung, für welche Ansprüche die Kaution als Sicherheit dienen soll.

# 4. Garage

## Garagenmietvertrag[1]

### § 1 Mietgegenstand

...... vermietet hiermit
die Garage Nr. 9 auf dem Grundstück ......
an Herrn ...... zum monatlichen Mietpreis von ...... EUR[2]

### § 2 Mietzahlung

Die Miete ist zu zahlen auf das Konto ...... bei der ...... (BLZ ......), jeweils monatlich im Voraus bis zum 3. Werktag. Für die Rechtzeitigkeit der Zahlung ist maßgebend die Gutschrift auf dem Vermieterkonto[3].

### § 3 Vertragsdauer

Mietbeginn ist der ...... Der Mieter erhält 2 Schlüssel für das Garagentor. Der Mietvertrag läuft auf unbestimmte Zeit und kann mit einer Frist von 3 Monaten gekündigt werden[4].

### § 4 Untervermietung

Untervermietung und Gebrauchsüberlassung an Dritte ist nicht erlaubt[5].

### § 5 Mietgebrauch

Reparaturen, Ölwechsel und Autowäsche dürfen weder in der Garage noch auf dem Garagenhof durchgeführt werden[6].

### § 6 Haftung des Vermieters

Der Vermieter haftet nicht für von dritten Personen oder anderen Mietern verursachte Personen- oder Sachschäden. Er übernimmt keine Verwahrungspflicht. Die

Versicherung des Garageninhaltes ist Sache des Mieters. Die Haftung des Vermieters ist bei leichter Fahrlässigkeit ausgeschlossen, es sei denn, er kann sich gegen das Schadensrisiko in üblicher Weise versichern. Die Haftungsbeschränkung gilt nicht für vom Vermieter verschuldete Schäden an Leben, Körper und Gesundheit des Mieters[7].

### § 7 Kaution

Der Mieter zahlt bei Übergabe der Schlüssel eine Kaution von ...... EUR. Die Kaution wird verzinslich angelegt[8].

### § 8 Mängel des Mietobjekts

Mängel an der Garage sind unverzüglich zu melden[9].

### § 9 Eigenständigkeit des Mietverhältnisses

Dieser Vertrag ist unabhängig von einem etwa bestehenden Wohnungsmietvertrag[10].

......, den ......

............                                                      ............
(Vermieter)[11]                                                  (Mieter)[11]


## Anmerkungen

**1.** Es ist rechtlich ohne Auswirkung, ob **Baukosten** für die Erstellung von Garagen in die Berechnung der Kostenmiete für den geförderten Wohnraum eingeflossen sind (siehe dazu Hannemann/Wiegner/*Bister*, Münchener Anwaltshandbuch Wohnraummietrecht, § 25 Rdn. 38), die erstellten Garagen sind nie „Sozialgaragen", sondern immer freie Garagen. Es gibt also keine Garagen mit öffentlicher Bindung. Deshalb richten sich die Rechte und Pflichten der Vertragspartner eines Garagenmietvertrages immer nach den abgeschlossenen Vereinbarungen und ergänzend nach den §§ 535 ff. BGB. S. auch oben **Form. A. II. 9.**

**2.** Die **Vertragspartner** sind mit Namen und Anschrift vollständig anzugeben. Wichtig ist das vor allem, wenn Vertragspartner aus mehreren Personen bestehen.

**3.** Die Pflicht zur **Zahlung des Mietzinses** am Monatsbeginn war schon bisher ohne rechtliche Beschränkung möglich, muss aber nach dem neuen Mietrecht weiterhin ausdrücklich vereinbart werden, da § 579 BGB die Fälligkeit auf das Monatsende bestimmt. § 556 b BGB gilt nur für Wohnraum. Die Rechtzeitigkeitsklausel war schon nach bisherigem Recht zulässig (OLG Koblenz NJW-RR 1993, 583).

**4.** Die Klausel entspricht § 580 a BGB.

**5.** Die Klausel entspricht § 540 BGB.

**6.** Bei der Überlassung von Wohnraum ergibt sich hieraus bereits der vertragsgemäße Gebrauch im Sinne des § 535 BGB. Anders ist dies aber bei der Überlassung von Räumen, die nicht zum Wohnen gedacht oder bestimmt sind. Hier ist im Mietvertrag näher darzulegen, was der vertragsgemäße Gebrauch ist. Beim Garagenmietvertrag ergibt sich aus der Natur der Sache, dass dort ein Auto untergestellt werden darf. Allerdings kann man mit einem Kfz auch noch viel mehr machen, als es in der Garage nur unterzustellen. Es empfiehlt sich deshalb, eine Nutzungsregelung zu vereinbaren, die bestimmte Tätigkeiten ausdrücklich ausschließt. Bei den hier ausgeschlossenen Arbeiten kommt hinzu, dass bei der Duldung solcher Arbeiten ein Benzin- und Ölabscheider in der Entwässerung der Garage oder des Garagenvorplatzes einzubauen wäre mit der Pflicht, diesen Sonderabfall regelmäßig beseitigen zu lassen. Eine Genehmigung ist erforderlich gemäß den §§ 2, 4 und 7a WHG, § 59 LWG NW in Verbindung mit der Ordnungsbehördlichen Verordnung über die Genehmigungspflicht für die Einleitung von Abwasser mit gefährlichen Stoffen in öffentlichen Abwasseranlagen – VGS NW. Die Abfallbeseitigung von Ölprodukten ist darüber hinaus zwingend geregelt in § 64 KrW-/AbfG i. V. m. der AltölV (Sartorius Ergänzungsband 298 c). Das verursacht für den Vermieter zusätzliche erhebliche Kosten und würde nicht davor schützen, dass auch einmal Benzin oder Öl in größeren Mengen in das Erdreich einsickern könnte, was zu immensen Beseitigungskosten führen würde. Deshalb sollten solche Arbeiten grundsätzlich verboten werden, damit die Haftung zumindest im Innenverhältnis eindeutig geregelt ist (im Außenverhältnis kann die Ordnungsbehörde auch den Vermieter als Zustandsstörer in Anspruch nehmen, siehe § 18 OBG NW). Zu berücksichtigen ist auch, dass der Vermieter eine Bodenverunreinigung zu beseitigen und bei einem Verkauf des Garagengrundstückes zu offenbaren hätte und er (wie auch beim Verschweigen) die erheblichen Kosten der Beseitigung der Bodenverunreinigung zu tragen hätte (siehe § 4 Abs. 2 bis 4 BBodSchG, Sartorius 299, siehe hierzu auch BGH NZM 2010, 442).

**7.** Anders als für grobe Fahrlässigkeit und Vorsatz kann der Vermieter seine **Haftung für leichte Fahrlässigkeit ausschließen.** Seit der Entscheidung des BGH vom 24. 10. 2001 – VIII ARZ 1/01 (NJW 2002, 673) ist dies aber nicht mehr generell zulässig. Der BGH hat hier über eine Haftungsausschlussklausel in einem Wohnungsmietvertrag entschieden und dabei Folgendes ausgeführt: „Ein Haftungsausschluss für Schäden des Mieters bei einfacher Fahrlässigkeit ist dann unangemessen und unwirksam, wenn von dem Ausschluss Schäden an eingebrachten Sachen des Mieters umfasst sind, gegen die sich der Mieter üblicherweise nicht versichern kann, der Vermieter aber sein eigenes leichtes Verschulden an der Herbeiführung eines solchen Schadens zu üblichen Bedingungen versichern kann." Die Grundsätze dieser Entscheidung sind aber auf Gewerbe- und damit auch auf Garagenmietverträge anwendbar, denn die Existenz der Mieter solcher Räume kann durch einen Schadensfall wegen der in den Räumen gelagerten Waren, die oft einen erheblichem Wert haben, sehr viel eher vernichtet sein.

Vorstehende Ausführungen gelten für Sachschäden (§ 309 Ziff. 7b BGB). Eine Haftungseinschränkung für Schäden an Leben, Körper und Gesundheit ist dagegen in Form einer AGB unzulässig (§ 309 Ziff. 7a BGB).

**8.** § 551 BGB gilt nur für den Wohnungsmietvertrag und ist damit nicht einschlägig. Selbstverständlich kann eine **Kautionsregelung** entsprechend dieser Vorschrift getroffen werden, der Vermieter kann aber auch eine Kaution von mehr als drei „Kaltmieten" (eine solche gibt es bei Garagen in der Regel nicht) verlangen.

**9.** Die Klausel entspricht § 536c BGB.

**10.** Die Rechtsprechung (OLG Karlsruhe NJW 1983, 1499; LG Köln ZMR 1992, 251) geht grundsätzlich davon aus, dass bei Anmietung einer Garage zusätzlich zu einer Wohnung (vom selben Vermieter) ein **einheitlicher Mietvertrag** vorliegt. Die Folge davon ist, dass die Garage nicht ohne Kündigung der Wohnung separat gekündigt werden kann. Diese rechtliche Einheit kann vermieden werden, wenn eine entgegenstehende ausdrückliche Regelung im Garagenmietvertrag aufgenommen wird (OLG Karlsruhe a. a. O.; vgl. Hannemann/Wiegner/*Hannemann* § 10 Rdn. 142; *Sternel*, Mietrecht aktuell, Rdn. 162 ff.).

**11.** Die Vereinbarung ist von allen Vertragsparteien zu unterschreiben, **Bevollmächtigung** ist zulässig.

# Gewerberaummiete

## V. Vorvertragliche Regelungen beim Gewerberaummietverhältnis[1]

## 1. Vereinbarung über ein Vormietrecht[2]

Vertrag über die Begründung eines Vormietrechts[3]

zwischen

......

(Vermieter)[4]

und

......

(Vormietberechtigter):

**§ 1 Grundlagen des Vormietrechts (Beschreibung der dem Vertragsschluss zugrunde liegenden Erwägungen)[5]**

### Variante 1:

Der Vermieter ist Eigentümer des Büro- und Geschäftshauses ...... in ......

In der ...... Etage befinden sich Mieträume, die zur Zeit vom Mieter ...... für den Betrieb einer Arztpraxis angemietet sind. Das zugrunde liegende Mietverhältnis ist bis zum ...... befristet. Der Mietvertrag enthält eine Verlängerungsklausel, aufgrund derer sich die Mietzeit um ...... Jahre verlängert, falls nicht eine Vertragspartei spätestens 6 Monate vor Ablauf der Mietzeit einer Vertragsverlängerung widerspricht.

Der Vermieter beabsichtigt nicht, einer Vertragsverlängerung zu widersprechen. Die Parteien dieses Vormietvertrags sind sich darüber einig, dass gegenüber dem Vormietberechtigten keine vertragliche Pflicht des Vermieters besteht, auf die Beendigung des laufenden Mietverhältnisses hinzuwirken.[6] Der derzeitige Mieter erwägt seinerseits, von einer Vertragsfortsetzung Abstand zu nehmen. Für den Fall, dass eine Verlängerung des laufenden Mietvertrags nicht zustande kommt, vereinbaren die Parteien ein Vormietrecht.

### Variante 2:

Der Vermieter ist Eigentümer des Hausgrundstücks ...... in ......

Er beabsichtigt, das bezeichnete Objekt zu einem Wohn- und Geschäftshaus mit einer Gemeinschaftspraxis für Ärzte unterschiedlicher Fachrichtung umzubauen. Der Umbau soll voraussichtlich bis ...... abgeschlossen sein.

Der Vormietberechtigte ist von Beruf Masseur und Bewegungstherapeut. Er ist zur Zeit als Angestellter tätig. Der Vormietberechtigte bemüht sich um die Finanzierung einer eigenen Praxis, verhandelt aber auch über den Abschluss eines Gesellschaftsvertrags mit seinem derzeitigen Arbeitgeber. Für den Fall, dass es zur Durchführung des geplanten Umbauvorhabens kommt, wofür der Vermieter keine Gewähr übernimmt, und dass der Vormietberechtigte nach seiner freien Entschei-

*Borzutzki-Pasing*

dung eine eigene Praxis gründen will, vereinbaren die Parteien ein Vormietrecht in Bezug auf folgende Räume: ......

### § 2 Inhalt und Ausübung des Vormietrechts, Erlöschen des Vormietrechts

(1) Der Vermieter räumt dem Vormietberechtigten ein nicht übertragbares und nicht vererbbares[7] Vormietrecht mit der Maßgabe ein, dass der Vormietberechtigte durch eine gegenüber dem Vermieter abzugebende Erklärung die Begründung eines neuen Mietverhältnisses bewirken kann. Dieses Mietverhältnis kommt mit demselben Vertragsinhalt zustande, wie er zuvor vom Vermieter mit einem Dritten mietvertraglich vereinbart wurde.[8] Das Vormietrecht gilt nur für die Begründung des ersten im Anschluss an diese Vormietvereinbarung zustande kommenden Mietvertrags.[9]

(2) Der Vermieter hat dem Vormietberechtigten unverzüglich folgende Umstände mitzuteilen:[10]

- den Abschluss des mit einem Dritten verabredeten Mietvertrags nebst dem genauen Vertragsinhalt,
- weitere Mitteilungspflichten zu den in Ziff. I) aufgeführten Beispielen.[11]

zu Variante 1:

- die Fortsetzung des derzeit noch laufenden Mietverhältnisses über die vertragliche Befristung hinaus.

zu Variante 2:

- jede erhebliche Verzögerung des geplanten Umbaus oder dessen Verhinderung.

(3) Der Vormietberechtigte hat dem Vermieter unverzüglich sämtliche Umstände mitzuteilen, die einer Ausübung des Vormietrechts dauerhaft entgegenstehen. Der Vormietberechtigte kann nach seiner freien Entscheidung auch aus anderen Gründen auf das Vormietrecht verzichten. Er verpflichtet sich, dem Vermieter von einem solchen Entschluss umgehend Mitteilung zu machen.[12]

(4) Mit dem Zugang einer Mitteilung im Sinne von Ziff. (3), mit welcher der Vormietberechtigte den Vermieter von Hinderungsgründen oder von seinem Verzicht auf das Vormietrecht in Kenntnis setzt, erlischt das Vormietrecht, ohne dass es hierzu weiterer Willenserklärungen auch nur einer Vertragspartei bedarf.[13]

(5) Nach Zugang der Mitteilung des Vermieters, dass und mit welchem Inhalt ein Mietvertrag mit einem Dritten verabredet worden sei, kann der Vormietberechtigte innerhalb einer Frist von ...... Wochen gegenüber dem Vermieter schriftlich[14] erklären, dass er von dem Vormietrecht Gebrauch mache. Mit dem Zugang dieser Erklärung kommt der Mietvertrag zwischen dem Vermieter und dem Vormietberechtigten zustande.[15] Gibt der Vormietberechtigte eine solche Erklärung nicht ab, erlischt das Vormietrecht mit Ablauf der bezeichneten Frist, ohne dass es hierzu weiterer Willenserklärungen auch nur einer Vertragspartei bedarf. Die Abgabe einer Erklärung, dass von dem Vormietrecht unter zusätzlichen Bedingungen oder nur nach Maßgabe bestimmter Änderungen des mitgeteilten Mietvertrags Gebrauch gemacht werde, wahrt die bezeichnete Erklärungsfrist nicht.[16]

(6) Der durch Ausübung des Vormietrechts zustande gekommene Mietvertrag ist auf Verlangen auch nur einer Partei schriftlich niederzulegen und von beiden Vertragsparteien zu unterzeichnen.[17]

..........                                      ..................

(Vermieter)                                     (Vormietberechtigter)

*Schrifttum: Borutzki-Pasing,* Klauselkontrolle in der Gewerberaummiete, NZM 2004, 161; *Franke,* Der wiederentdeckte § 566 BGB-Schriftform für Mietverträge, ZMR 1998, 529; *Heinrichs,* Das neue ABG-Recht und seine Bedeutung für das Mietverhältnis, NZM 2003, 6; *Lenkaitis/ Löwisch,* Zur Inhaltskontrolle von AGB im unternehmerischen Geschäftsverkehr, ZIP 2009, 441; *Michalski,* Das Vormiet- und Vorpachtrecht, ZMR 1999, 1; *Pfeilschifter,* Inhaltskontrolle preisbestimmender und leistungsbeschreibender Vertragsklauseln, WuM 2002, 73; *Schmitz/Reischauer,* Haftungsausschluss des Vermieters für leichte Fahrlässigkeit bei der Gewerberaummiete, NZM 2002, 1019; *Schumacher,* Die Aufwertung des Transparenzgebots und die Konsequenzen für das Mietrecht, NZM 2003, 13; *Sonnenschein,* Formularmietverträge im Anwendungsbereich des AGBG, NJW 1980, 1489; *Sternel,* Wohnraummietvertrag und AGB-Gesetz, NZM 1998, 833; *Timme/Hülk,* Schriftform bei langfristigen Mietverträgen, NJW 2007, 3313; *Wolf,* Freizeichnungsverbote für leichte Fahrlässigkeit im AGB, NJW 1980, 2433.

## Anmerkungen

**1.** Die **Verwendung formularmäßig niedergelegter Vertragsbestimmungen** erfolgt nach Maßgabe der gesetzlichen Regelungen über die Verwendung Allgemeiner Geschäftsbedingungen (zum Begriff der AGB und zu allgemeinen Vorfragen des mietrechtlichen Anwendungsbereichs der §§ 305 ff. BGB sowie der früheren Vorschriften des AGBG vgl. Hannemann/Wiegner/*Hannemann,* Münchener Anwaltshandbuch Mietrecht, 3. Aufl., § 10; zum alten Recht: Bub/Treier/*Bub* II Rdn. 361 ff.). Im Bereich von Miete und Pacht finden gemäß Art. 229 § 5 S. 2 EGBGB auch auf Altverträge nur noch die Vorschriften der §§ 305 ff. BGB und nicht mehr die Bestimmungen des AGBG Anwendung, da es sich bei Miete und Pacht um Dauerschuldverhältnisse handelt.

Formularverträge der hier behandelten Art umschreiben typische Fälle Allgemeiner Geschäftsbedingungen im Sinne von § 305 BGB. In der Mietpraxis sind Verträge, die im Sinne von § 305 Satz 3 BGB komplett individuell ausgehandelt werden, die Ausnahme. Wegen der sich hieraus ergebenden hohen Praxisrelevanz soll daher den Formularen zur Gewerberaummiete eine Darstellung der insoweit einschlägigen AGB-Probleme vorangestellt werden.

Von der Inhaltskontrolle im Rahmen von §§ 307, 310 Abs. 1 BGB sind grundsätzlich solche Bestimmungen in AGB ausgenommen, die Art und Umfang der mietvertraglichen Hauptleistungspflichten unmittelbar regeln und sich als individualvertragliche Abreden im Sinne von § 305 b BGB darstellen (vgl. BGH NJW 1998, 2815; KG KGR 2004, 551). Dabei handelt es sich zumeist um die den jeweiligen Mietvertrag betreffenden Einzelbestimmungen, die sich ohnehin einer generellen formularmäßigen Festlegung entziehen. Formularverträge, bei denen solche variablen Vertragsteile, d. h. die im Vertragstext frei gelassenen Stellen betreffend den Mietbeginn, die Miethöhe, die Mietfläche usw., ausgefüllt werden müssen, werden hierdurch jedoch nicht insgesamt zu Individualverträgen (vgl. BGH NJW 1998, 2815; Bub/Treier/*Bub* II Rdn. 381). Die in das Formular einzutragenden Regelungspunkte beinhalten für sich aber typischerweise individuell verabredete Vertragsteile, die außerhalb des Geltungsbereichs der §§ 305 ff. BGB liegen (vgl. BGH NJW 1998, 2815; 1996, 1676; Bub/Treier/*Bub,* a. a. O.). Im Übrigen kann die Anwendung der gesetzlichen Vorschriften zu AGB nur mit dem Nachweis eines frei ausgehandelten Vertragsinhalts ausgeräumt werden (§ 305 Satz 3 BGB).

An das **Aushandeln sind nach ständiger Rechtsprechung strenge Anforderungen** zu stellen (vgl. BGH NJW 2005, 2543; NJW 1992, 1107 und 2759; NJW 1991, 1678; NJW 1988, 410; Hannemann/Wiegner/*Hannemann* § 10 Rdn. 27 ff. m. w. N.; Bub/Treier/*Bub* II Rdn. 373 ff. m. w. N.). Werden nur einzelne Vertragsteile ausgehandelt, behalten die übrigen Vertragsbestimmungen ihren formularmäßigen Charakter (vgl. BGH ZIP 1996, 1997). Von einem Aushandeln kann im Rechtssinne erst dann gesprochen werden, wenn der Verwender den wesentlichen Inhalt von allgemeinen Geschäftsbedingungen inhaltlich ernsthaft zur Disposition stellt und dem Verhandlungspartner Gestaltungsfreiheit zur Wahrung eigener Interessen einräumt, und zwar mit der zumindest realen Möglichkeit, die inhaltliche Ausgestaltung der Vertragsbedingungen zu beeinflussen (vgl. BGH NJW 2000, 1110; 1998, 2600; 1992, 1107; 1991, 1678). Beim Aushandeln von Vertragsbestimmungen muss der – gesetzesfremde – Regelungsteil zur Disposition gestellt werden, dessen Geltungsbereich und Wirksamkeit fraglich ist. Allein das Aushandeln anderer Vertragsbestimmungen, die mit den fraglichen Bestimmungen nur in erweitertem Zusammenhang stehen, reicht nicht aus (vgl. BGH NJW 1998, 2600). Allerdings können – unverändert – übernommene Klauseln dadurch zur Aushandlung gestellt worden sein, dass andere Vertragsbestandteile, die mit der fraglichen Klausel rechtlich oder wirtschaftlich eng verknüpft sind, gestrichen, hinzugefügt oder verändert wurden. Bloße Streichungen in einem vorformulierten Gewerbemietvertrag führen aber nicht dazu, dass hinsichtlich der verbliebenen Vertragsbestimmungen individuell ausgehandelte Regelungen vorliegen (vgl. KG KGR 2004, 354).

Die gesetzlichen Regelungen über Allgemeine Geschäftsbedingungen nach §§ 305 ff. BGB gelten im Übrigen hinsichtlich ihres **sachlichen Geltungsbereichs** ohne weiteres auch für die Gewerberaummiete.

**Besonderheiten ergeben sich aus § 310 BGB** für den **persönlichen Anwendungsbereich.** Nach § 310 Abs. 1 BGB finden die §§ 305 Abs. 2 und 3, 308, 309 BGB u. a. dann keine Anwendung, wenn AGB gegenüber einem **Unternehmer** verwendet werden. Unternehmer ist nach § 14 BGB eine natürliche oder juristische Person oder eine rechtsfähige Personengesellschaft, die bei Abschluss eines Rechtsgeschäfts in Ausübung ihrer gewerblichen oder selbstständigen beruflichen Tätigkeit handelt. Die durch § 13 BGB geregelte Unterscheidung des „Unternehmers" vom „Verbraucher", der Rechtsgeschäfte nicht in Ausübung eines Gewerbes oder einer selbstständigen beruflichen Tätigkeit abschließt, macht die früher erforderliche Abgrenzung entbehrlich, ob AGB gegenüber Kaufleuten im Sinne von §§ 2, 3 Abs. 2, 5, 6 HGB verwendet werden. Auch die Angehörigen freier Berufe (z. B. Ärzte, Rechtsanwälte, Steuerberater und Handwerker) fallen unter den Begriff des Unternehmers.

Auch im nunmehr maßgeblichen unternehmerischen Bereich kann die (früher für die Frage der Kaufmannseigenschaft relevante) Frage virulent werden, ob auch derjenige Vertragspartner schon Unternehmer im Sinne von § 310 Abs. 1 BGB ist, der sich erst mit dem Vertragsschluss unternehmerisch betätigt und die zum Gewerbe gehörenden Geschäfte mit bzw. nach Abschluss des Mietvertrags aufnimmt. Diese Frage ist entsprechend den Grundsätzen zu beantworten, die nach altem Recht zur Kaufmannseigenschaft entwickelt worden sind. Danach kann auf den Rechtsgedanken aus § 344 HGB zurückgegriffen werden, wonach Geschäfte im Zweifel dem Gewerbe zuzuordnen sind, dem sie dienen (vgl. BGH NJW 1986, 842; BGH BB 2009, 738 mit Anm. v. Westfalen). Da auch vorbereitende Geschäfte grundsätzlich gewerbebezogen sind (vgl. MünchKomm/*Basedow*, 5. Aufl., § 310 Rdn. 46 m. w. N.), wird letztlich der Rechtsauffassung zu folgen sein, wonach schon der Abschluss des Gewerberaummietvertrags, der eine gewerbliche Tätigkeit erst ermöglichen soll, zur Ausübung des Gewerbes gehört (vgl. OLG Oldenburg NJW-RR 1989, 1081; MünchKomm/*Basedow*, § 310 Rdn. 46; *Sonnenschein* NJW 1980, 1493 m. w. N.; Bub/Treier/*Bub* II Rdn. 386).

Die wichtigste **Kontrollfunktion,** die nach den Bestimmungen zur Verwendung von AGB gegenüber Unternehmern verbleibt, ergibt sich aus **§ 310 Abs. 1 S. 2 BGB.** Danach findet § 307 Abs. 1 und 2 BGB auch dann Anwendung, wenn dies unter Berücksichtigung der Handelsgewohnheiten und -gebräuche zur Unwirksamkeit der in §§ 308, 309 BGB genannten Vertragsbestimmungen führt. Die Klauselverbote aus §§ 308, 309 BGB gelten also nicht unmittelbar; **die Inhaltskontrolle erfolgt allein nach § 307 BGB.** Im Rahmen dieser Kontrolle bewahren aber die zu den Klauselverboten entwickelten Grundsätze und Zielvorgaben grundsätzlich ihre Gültigkeit, so dass die Einschlägigkeit der §§ 308, 309 BGB die Unwirksamkeit einer Klausel indizieren kann (vgl. BGHZ 90, 273; 103, 316; OLG München NJW-RR 2009, 458). Eine rechtssichere Vertragsgestaltung wird sich daher möglichst innerhalb des nach §§ 308, 309 BGB zulässigen Regelungsbereichs bewegen. Die gesetzliche Neuregelung des § 310 Abs. 1 BGB hält an der wenig konkreten Einschränkung für die Inhaltskontrolle nach § 307 BGB fest, dass hierbei auf die Handelsusancen angemessen Rücksicht genommen werden soll. Von diesem Postulat sind überdies nur Kaufleute im Sinne des HGB betroffen (vgl. Palandt/*Heinrichs*, § 310 BGB Rdn. 5). Es erscheint als wenig konsequent, dass die Vorschrift des § 310 Abs. 1 BGB einerseits auf den Unternehmer als Adressaten abstellt, andererseits (in S. 2 2. Halbs.) jedoch wieder auf den Kaufmannsbegriff zurückgreift. Bei der Inhaltskontrolle im Rahmen von § 307 BGB bedarf es dieses Rückgriffs in der Sache wohl ohnehin nicht, denn wenn bestimmte Handelsusancen bestehen, wird im Zweifel nicht von einer unangemessenen Benachteiligung auszugehen sein.

Die weitgehende wertungsmäßige Gleichbehandlung von AGB in Verbraucherverträgen und Verträgen zwischen Unternehmen, steht zumal im Hinblick auf den internationalen Rechtsverkehr zunehmend in der Kritik, soweit die Rechtsprechung diese Gleichbehandlung im Rahmen der Inhaltskontrolle durch die mittelbare Anwendung der Klauselverbote in BGB §§ 308, 309 bewirkt (zum Meinungsstand vgl. etwa *Lenkaitis/ Löwisch* ZIP 2009, 441). Es sind daher vermehrt Bestrebungen im Gange, den unternehmerischen Bereich verstärkt vom Verbraucherrecht abzukoppeln.

Die **Kriterien der** in vorstehendem Rahmen nach wie vor zu erwartenden **Inhaltskontrolle** haben in Rechtsprechung und Literatur eine auch für die Gewerberaummiete verbindliche Ausgestaltung erfahren. Sie lassen sich in folgenden Fragestellungen zusammenfassen:

**a) Liegt eine wesentliche oder kardinale Pflicht zugrunde, deren Einschränkung die Erreichung des Vertragszwecks gefährden kann** (vgl. hierzu BGH NZM 2002, 116; BGH NJW-RR 1993, 560; BGH NJW 1993, 335; BGHZ 103, 316; BGH NJW 1985, 914; BGH MDR 2001, 346; 1978, 837; 1976, 297; 1968, 564)?

Die Beeinträchtigung wesentlicher Pflichten führt zu der – widerlegbaren – Vermutung, dass die zugrunde liegende Klausel gegen § 307 Abs. 2 Nr. 1 BGB verstößt (vgl. BGH NJW 1983, 1322; BGHZ 100, 157; 121, 18). Als wesentliche Vertragspflicht des Vermieters ist stets die vertragliche Hauptpflicht angesehen worden, die Mietsache in einem zum vertragsgemäßen Gebrauch geeigneten Zustand zu erhalten (vgl. BGHZ 108, 1; 92, 363; BGH, VersR 1979, 901; Bub/Treier/*Bub* II Rdn. 527 jew. m. w. N.).

**b) Kann der Mieter das ihm vertraglich überbürdete Risiko beherrschen** (vgl. BGH NZM 2002, 116; BGHZ 103, 316; BGH ZIP 1991, 792; Bub/Treier/*Bub* II Rdn. 633 ff.)?

Gemeint ist die tatsächliche Möglichkeit, auf den Risikobereich schadensvermeidend Einfluss zu nehmen, was auch die rechtliche Befugnis einschließt, etwa auf bestimmte Baulichkeiten oder Gerätschaften unmittelbar physisch einzuwirken (vgl. BGH a. a. O.). Gemeint ist aber auch die der tatsächlichen Einflussnahme vorgelagerte Möglichkeit, potentielle Risiken hinreichend zu überschauen (vgl. BGH NZM 2002, 116; *Schmitz/ Reischauer* NZM 2002, 1019).

**c) Kann sich der Mieter vor dem betreffenden Schadensrisiko durch eine allgemein zugängliche Versicherung schützen** (vgl. BGH NZM 2002, 116; BGH NJW 1988, 1785; 1968, 1718; *Schmitz/Reischauer* a. a. O.)?

Die Frage zielt auf die Beherrschbarkeit des Risikos in Bezug auf die Schadensfolgen ab. Der BGH (NZM 2002, 116) hat das Merkmal der Versicherungsfähigkeit (im Anschluss an *Wolf* NJW 1980, 2433) dahin weiter entwickelt, dass es für die Unangemessenheit eines Haftungsausschlusses sprechen kann, wenn dem Vermieter anders als dem Mieter unschwer die Möglichkeit offen gestanden hätte, das sich verwirklichende Risiko seinerseits mit einer verkehrsüblichen Versicherung abzudecken. Außerhalb der durch übliche Versicherungen abgedeckten Risiken wird ein Mieter im Zweifel nicht die Mög-

lichkeit haben, im Wege individueller Vereinbarungen einen speziellen Versicherungsschutz zu erlangen.

d) **Ist die zu untersuchende Klausel klar und verständlich** (vgl. dazu aus der jüngeren
Rechtsprechung BGH NZM 2003, 594; 2005, 863; KG NZM 2002, 954; OLG Rostock
NZM 2005, 507)?

§ 307 Abs. 1 S. 2 BGB führt das sog. **Transparenzgebot** ausdrücklich als eigenständiges Benachteiligungskriterium auf (vgl. hierzu in größerem Zusammenhang: *Borzutzki-
Pasing* NZM 2004, 161). Das Transparenzgebot ist in der Sache nicht neu. Der BGH hat
schon nach altem Recht wiederholt und nahezu wortgleich ausgeführt, Treu und Glauben
geböten es, dass eine Vertragsklausel die wirtschaftlichen Nachteile und Belastungen so
weit erkennen lassen muss, wie dies nach den Umständen gefordert werden kann. Folgt
der Verwender diesem Gebot nicht, liegt schon darin eine unangemessene Benachteiligung
des Kunden (vgl. BGHZ 104, 82; 106, 42; 108, 52; 112, 115; 136, 394; 141, 137; 153,
158; BGH WM 1999, 2545; BGH NJW 2001, 292; 2001, 2014; BGH WM 2010, 1237).

Nicht transparente Vertragsbestimmungen sind dann angenommen worden, wenn der
**Geltungsbereich einer Regelung unklar** ist (vgl. OLG Frankfurt NJW-RR 1992, 396;
BGH NJW 1991, 1750; OLG Celle WuM 1990, 103). Eine bestimmte **Kombination von
Klauseln** kann ebenfalls zur Unwirksamkeit führen, wenn diese aus ihrem Zusammen-
hang heraus intransparent sind. Das OLG München (OLGR 1997, 62) hat den Aus-
schluss der Gewährleistung für Sachmängel mit dem Zusatz „solche sind dem Verpäch-
ter nicht bekannt" für den Fall beanstandet, dass in einer weiteren Bestimmung ein
Verbot für Aufrechnung, Minderung und Zurückbehaltung geregelt wird.

Gegenstand umfänglicher Auseinandersetzungen ist die Frage gewesen, inwieweit die
**formularmäßige Verweisung auf außerhalb des Mietvertrags angesiedelte Regelungen**
gesetzlicher und vertraglicher Natur möglich ist. Im Mittelpunkt des Meinungsstreits
steht dabei die – allerdings nur exemplarische – Frage, ob für die Betriebskostenabwälzung die bloße Bezugnahme auf Anlage 3 zu § 27 der II. BerechnungsVO (jetzt: BetrKV)
ausreicht oder ob es für eine wirksame Umlageregelung erforderlich ist, die einzelnen Betriebskostenarten im Mietvertrag aufzuführen und zu erläutern oder dem Vertrag einen
Abdruck des Verordnungstextes beizufügen. Die Rechtsprechung hat sich in dem – was
das Transparenzgebot angeht – vorkonstitutionellen Zustand maßgeblich darauf verlegt,
die Verweisung auf die BerechnungsVO an der Vorschrift des früheren § 2 Abs. 1 Nr. 2
AGBG (jetzt: § 305 Abs. 2 Nr. 2 BGB) zu messen und hat die Möglichkeit einer wirksamen Bezugnahme im Anschluss an einen Rechtsentscheid des BayObLG (vgl. WuM
1984, 104) wiederholt bejaht (vgl. OLG Frankfurt/M. NZM 2000, 757; OLG Braunschweig WuM 1999, 173; OLG Hamm NJW-RR 1998, 1090; OLG Celle NZM 1991,
501; OLG Karlsruhe NJW-RR 1986, 91). Dem hat sich ein nicht unmaßgeblicher Teil
der Literatur angeschlossen (zum Meinungsstand vgl. die Darstellung und die Nachweise
bei *Borzutzki-Pasing* NZM 2004, 161; *Heinrichs* NZM 2003, 6). Teile der Literatur haben sich gegen die Annahme gestellt, dass die bloße Bezugnahme auf die II. BerechnungsVO zur wirksamen Betriebskostenabwälzung ausreiche. Ihre Kritik hebt im Wesentlichen hervor, dass weder der Begriff der Betriebskosten noch der bloße Verweis auf
die II. BerechnungsVO/HeizKV aus laienhafter Sicht eine hinreichend konkrete und verständliche Erläuterung der dem Mieter obliegenden Pflichten ermögliche (zum Meinungsstand vgl. insbesondere *Sternel* NZM 1998, 838; *Pfeilschifter* WuM 2002, 73;
*Schumacher* NZM 2003, 13, jew. m.w.N.). Diesseits wird befürwortet, es jedenfalls
dann bei der von der herrschenden Rechtsprechung bejahten Verweisungmöglichkeit zu
belassen, wenn auf inhaltlich klar bestimmte Regelungen – insbesondere mit normativem
Charakter – Bezug genommen wird. Weitergehende Anforderungen an die Klarheit und
Verständlichkeit von Vertragsbestimmungen lassen, soweit auf gesteigerter Ausdrück-
lichkeit und Unmittelbarkeit bestanden wird, im Zweifel kein Mehr an Transparenz und
Vertragssicherheit sondern nur unhandliche Vertragskonvolute erwarten.

**2.** Das **Vormietrecht** ermöglicht es dem Berechtigten, durch Erklärung gegenüber dem Verpflichteten ein Mietverhältnis zu begründen, und zwar mit dem Inhalt eines anderen Vertrags, den der Vermieter mit einem Dritten geschlossen hat (zur rechtlichen Einordnung und zur Abgrenzung vgl. BGHZ 102, 237; OLG Hamburg ZMR 2001, 889; Bub/Treier/Reinstorf II Rdn. 163 m. w. N.; Hannemann/Wiegner/*Borzutzki-Pasing*, 3. Aufl., § 44 Rdn. 74 ff.). Im Unterschied zur Begründungsoption (vgl. Form. A. V. 3), mit welcher der Optionsbegünstigte einen Mietvertrag konstituieren kann, verschafft die Vormiete dem Vermieter mehr Freiheiten, denn es unterliegt seiner Entscheidung, ob und zu welchen Bedingungen er einen Mietvertrag abschließen will. Das Wesen eines Vormietrechts besteht darin, dass der Mieter lediglich die Möglichkeit erhält, im Falle einer anderweitigen Vermietung, zu welcher der Vermieter nicht verpflichtet ist, einen neuen Mietvertrag abschließen zu können (vgl. LG Mannheim MDR 1977, 317). Gegenüber dem sog. Anmietrecht (auch Vorhand genannt, vgl. dazu auch Anm. 1 zu Form. A. V. 3) verschafft das Vormietrecht dem Begünstigten erhöhte Rechtssicherheit. Wenn fest steht, dass vermietet werden soll, kann der Berechtigte zu seinen Gunsten den Vertragsschluss erzwingen. Bei Verabredung eines bloßen Anmietrechts bleibt dagegen offen, ob und mit welchem Inhalt es zu einem Mietvertrag kommt.

Die **Bestimmungen über den Vorkauf** (§§ 463–473 BGB) sind auf die Vormiete (und die Vorpacht) grundsätzlich **entsprechend anwendbar** (vgl. BGHZ 102, 237; BGH MDR 1958, 234 in Bestätigung von RGZ 123, 265; 126, 123; vgl. auch *Alpmann-Pieper*, juris-PK-BGB, 4. Aufl., § 463 Rdn. 21). Mangels ausdrücklicher vertraglicher Regelungen können insbesondere die Mitteilungs- und Ausübungspflichten aus § 469 BGB relevant werden. Das Formular enthält hierzu besondere Bestimmungen.

**3.** Ob das Vormietrecht bei der Anbahnung von befristeten Mietverhältnissen mit einer Vertragsdauer von mehr als einem Jahr (§ 550 BGB) zur Vermeidung der Aufkündbarkeit der **Schriftform** bedarf, wird unterschiedlich beurteilt (zum Meinungsstand über Schriftformerfordernisse vgl. zunächst den Überblick und die Nachweise bei Bub/Treier/*Reinstorf* II Rdn. 165 m. w. N. sowie Rdn. 166 zur Beurkundungspflicht nach 311 b BGB beim Zusammentreffen von Vormiet- und Vorkaufsrecht; eingehend zur Schriftform: Form. A. VI. 1 Anm. 2; vgl. ferner *Timme/Hülk* NJW 2007, 3313). Der Auffassung (vgl. die Nachweise Bub/Treier/*Reinstorf* a. a. O.), dass ein Vormietrecht nicht der Schriftform bedürfe (vgl. §§ 550, 578 BGB), wird teilweise die nicht einschlägige Entscheidung des BGH (BGHZ 55, 71 = NJW 1971, 422) entgegengehalten.

Die Verneinung des Schriftformerfordernisses erscheint nach diesseitiger Auffassung jedenfalls dann als problematisch, wenn der Vermieter sich mit Vereinbarung des Vormietrechts verpflichtet, eine eventuelle Veräußerung der Mietsache nur unter Wahrung des Vormietrechts vorzunehmen. Der allgemein angeführte Schutzzweck des § 550 BGB ist dann unmittelbar tangiert, weil insoweit darauf abgestellt wird, dass der Erwerber einer Mietsache Gelegenheit erhalten soll, sich vollständig über solche Rechte zu unterrichten, die auf ihn übergehen sollen (vgl. BGH NJW-RR 1987, 1127; Palandt/*Weidenkaff* § 550 Rdn. 1). Das Informationsinteresse des Erwerbers besteht unabhängig von der Frage, ob mit dem Erwerb nach dem Grundsatz „Kauf bricht nicht Miete" gemäß § 566 BGB ein unmittelbarer Eintritt in die vom Veräußerer/Vermieter eingegangenen Vertragsverhältnisse erfolgt, was in Bezug auf das Vormietrecht allerdings zu verneinen ist. Der Erwerber hat aber ein naheliegendes Interesse daran nachzuvollziehen, ob etwa von einem – ggf. kurze Zeit – vor dem Erwerb ausgeübten Vormietrecht rechtswirksam Gebrauch gemacht wurde. Das kann er nur bei konkreter Kenntnis der zum Vormietrecht getroffenen Vereinbarungen nachvollziehen. Die Schriftform bezweckt außerdem nicht nur den Schutz des Erwerbers, sondern soll auch Unklarheiten und Beweisschwierigkeiten auf Seiten der Vertragsparteien vorbeugen (vgl. Palandt/*Weidenkaff* a. a. O.; *Francke* ZMR 1998, 529). Jedenfalls dann, wenn ein Vormietrecht auf die Begründung eines Mietvertrags mit einer Dauer von mehr als einem Jahr abzielt, erscheint es eher als konsequent, vom Schriftformerfordernis auszugehen (einschränkend: *Blank/Börstinghaus* § 550 Rdn. 9; a. A. Lindner/Figura/Oprée/Stellmann/*Stellmann* Kap. 3 Rdn. 56 f.). Die Interessenlage wird insoweit kaum anders zu beurteilen sein als bei der schriftformbedürftigen Verlängerungsoption (vgl. hierzu im Einzelnen die Anm. zu Form A. VII. 5), denn jede die Vertragslaufzeit beeinflussende Abrede ist ein wesentlicher Bestandteil von Abreden mit mietvertragsrechtlicher Relevanz (vgl. zur Verlängerungsoption BGH NJW-RR 1987, 1227; Schmidt-Futterer/*Lammel* § 566 Rdn. 9). Zur Schriftformproblematik bei vertragsanbahnenden Vereinbarungen und zum Schutzzweck des Schriftformerfordernisses vgl. ferner die Anm. zu Form. A. V. 3 zu Ziff. I (1).

Die Nichtbeachtung der Schriftform wird aber wohl nur dazu führen können, dass der Vormietvertrag entsprechend § 550 BGB aufkündbar ist. Wenn der Hauptvertrag die Schriftform wahrt, dürften etwaige Schriftformmängel dadurch geheilt werden. Das vorvertragliche Stadium ist dann überholt.

**4.** Die Bezeichnung „Vermieter" ist bei einer isolierten Vormietvereinbarung, wenn zwischen den Parteien der Vormietvereinbarung noch kein – ggf. zeitlich vorangehendes – Mietverhältnis besteht, an sich begrifflich unsauber. Gleichwohl wird an dieser Terminologie (anstelle der unhandlichen Bezeichnung „Vormietverpflichteter") festgehalten, weil sie die Rollenverteilung zwischen den Vertragsparteien am besten verdeutlicht und der Vertrag ohnehin auf die Begründung eines Mietverhältnisses abzielt.

**5.** Zur Vereinbarung eines Vormietrechts kommt es im Wesentlichen aus **zwei Grundkonstellationen** heraus:
**Variante 1:** Das Vormietrecht kann im Rahmen eines laufenden Mietverhältnisses für den Fall der Vertragsbeendigung verabredet werden. Dabei wird es sich meist um befristete Mietverhältnisse handeln, bei denen noch offen ist, ob eine weitere Anmietung durch den Mieter überhaupt in Betracht kommt. Zeichnet sich ein weitergehender Nutzungswille konkret ab, bietet sich eher die Vereinbarung einer Verlängerungsklausel oder -option an, denn bei einem Vormietrecht hat der Mieter mit völlig neuen Vertragsbedingungen zu rechnen. Bei grundsätzlich zur Vertragsfortsetzung bereiten Parteien erscheint es auch als entbehrlich, dass der Vermieter sich zunächst um eine Neuvermietung bemüht. Gleichwohl finden sich in der Praxis nicht selten rudimentäre und nach ihrem Regelungsinhalt unklare Vormietklauseln („Mieter hat Vormietrecht."), die wohl meist auf einer laienhaften Gleichsetzung von Vormiete und Verlängerungsoption beruhen (vgl. auch BGH ZMR 2002, 895, worin zwischen Vormietrecht und Vorvertrag – dazu im Einzelnen: Form. A. V. 2 – nicht klar unterschieden wird).

Wird das Vormietrecht im Rahmen eines vorgeschalteten Mietvertrags verabredet, kann der Wegfall des Vormietrechts bei berechtigter Aufkündigung des vorhergehenden Mietverhältnisses durch den Vermieter klarstellend in den Vertrag aufgenommen werden. Mit dem OLG Hamm (Urteil vom 11. 1. 1979 – 4 U 250/78 – juris) ist aber grundsätzlich davon auszugehen, dass ein Vormietrecht ohnehin nur für den Fall einer regulären Beendigung bzw. einer ordentlichen Kündigung des Ursprungsvertrags eingeräumt ist und bei einer aus wichtigem Grund erfolgten Kündigung nicht mehr ausgeübt werden kann.
**Variante 2:** Praktischer Regelungsbedarf für die Vereinbarung eines Vormietrechts wird am ehesten dann bestehen, wenn zwischen den Parteien des Vormietvertrags zuvor noch kein Mietverhältnis bestand. Das Formular regelt ein solches Vormietrecht. Die Ausübung des Vormietrechts führt dann für die Vertragsparteien zur erstmaligen Begründung eines Mietvertrags in Bezug auf den Mietgegenstand. Für diese Konstellation empfiehlt es sich, die der Einräumung des Vormietrechts zugrunde liegenden Erwägungen – als Beschreibung der Vertragsgrundlagen – niederzulegen und dadurch den Umfang des eingeräumten Rechts näher zu umreißen. Bei vertragsvorbereitenden Vereinba-

rungen ist die Ausformulierung der wechselseitig verfolgten Vertragsziele und -zwecke generell ratsam, weil dies beim Streit über das Zustandekommen und den Inhalt des Mietvertrags Auslegungshilfen vermittelt und die Geschäftsgrundlagen konkretisiert, vor deren Hintergrund sich die Stichhaltigkeit etwaiger Einreden und Einwendungen besser überprüfen lässt. Außerdem können (Neben-)Pflichten oder Haftungsausschlüsse konkretisiert werden. Das Formular führt Regelungsbeispiele auf.

**6.** Wenn das Vormietrecht nur unter dem **Vorbehalt** von Einschränkungen oder Bedingungen zustande kommen soll, ist dies ebenso ausdrücklich niederzulegen wie der Ausschluss von Garantien für den Eintritt bestimmter Vorbedingungen oder einen bestimmten Enderfolg.

**7.** Aus der **analogen Anwendung von § 473 BGB** folgt das Fehlen der Übertragbarkeit und Vererbbarkeit des Vormietrechts (vgl. hierzu *Michalski* ZMR 1999, 1). Ein auf bestimmte Zeit beschränktes Recht ist jedoch gemäß § 473 S. 2 BGB „im Zweifel" vererblich. Das Formular stellt die Unvererblichkeit klar, da abweichende Vereinbarungen zur Abtretbarkeit und Vererbbarkeit möglich sind. Der Vermieter wird im Zweifel ein betontes Interesse daran haben, den Kreis der Berechtigten klein zu halten.

**8.** § 465 BGB ist **bei Vereinbarungen des Vermieters mit Dritten** zu beachten. Klauseln, die das Vormietrecht umgehen oder vereiteln sollen, sind danach im Verhältnis zum Vormietberechtigten unwirksam (vgl. Palandt/*Weidenkaff* § 465 Rdn. 3 ff. m. w. N.). Soweit dem Vermieter Rechtsgeschäfte gestattet sein sollen, die mit dem Vormietrecht kollidieren, ist dies als vertragliche Beschränkung des Rechts unbedingt ausdrücklich zu regeln (z. B. die Befugnis zur anderweitigen Bestellung eines Nießbrauchs oder Wohnrechts an den Mieträumen, vgl. BGHZ 34, 200). Für die Annahme unwirksamer Vereitelungsgeschäfte verlangt die Rechtsprechung das Vorliegen verwerflicher Motive (vgl. BGH NJW 1964, 540; Palandt/*Weidenkaff,* a. a. O.), die jedoch zumeist indiziert sein dürften.

Aus Vermietersicht ist es praktisch unumgänglich, beim Vertragsschluss mit einem Dritten auf das bestehende Vormietrecht hinzuweisen. Bei Eingehung eines unbedingten Drittmietvertrags, mit dem das Vormietrecht unterlaufen werden soll, drohen Schadensersatzansprüche.

**9.** Es wird in der Praxis eher selten vorkommen, dass ein Vormietrecht nicht nur für den nächstfolgenden Mietvertragsabschluss, sondern – bei zunächst ausbleibender Ausübung des Rechts – auch für **einen oder mehrere Nachfolgeverträge** vereinbart wird. Das Vormietrecht kann aber sogar zeitlich unbegrenzt verabredet werden (vgl. OLG Hamm ZMR 1992, 148). Entsprechende Abreden kommen dann in Betracht, wenn der Vormietberechtigte eine ganz bestimmte Nutzung der Mieträume gewährleistet oder ausgeschlossen sehen will und vom Vormietrecht so lange keinen Gebrauch macht, als andere Mieter sich zu einem ihm genehmen Mietgebrauch bereitfinden (z. B. wenn ein Apotheker als Vormieter die Überlassung an Ärzte sichern will). Bei dergestalt langfristigen Planungen kann auch die Vereinbarung einer Pflicht des Vermieters in Betracht kommen, das Mietobjekt nur unter Wahrung des Vormietrechts zu veräußern und einen Erwerber zur Erfüllung des Vormietrechts zu verpflichten (vgl. hierzu die entsprechenden Regelungen in Form. A. V. 2 zu Ziff. 5).

**10.** „Unverzüglich" heißt: ohne schuldhaftes Zögern (vgl. § 121 Abs. 1 S. 1 BGB, vgl. dazu Palandt/*Heinrichs* § 121 Rdn. 3 m. w. N.).

**11.** Es sind alle Modalitäten aufzuführen, deren Kenntnis für den Vertragspartner in Bezug auf die Ausübung des Vormietrechts, dessen Abwicklung oder Wegfall erheblich sind.

**12.** Im Regelfall begünstigt das Vormietrecht allein den Vormietberechtigten, weshalb der Vermieter keine wesentlichen wirtschaftlichen oder rechtlichen Positionen preisgibt, wenn er dem Berechtigten eine weitgehend freie Abstandnahme vom Vertrag eröffnet. Da das Vormietrecht ohnehin einen Vertragsschluss mit einem Dritten voraussetzt, führt der Wegfall des Vormietrechts lediglich dazu, dass der Mietvertrag mit dem Dritten und nicht mit dem Vormietberechtigten abzuwickeln ist. Danach wird dem Vermieter allenfalls aus Gründen, die gerade in der Person des Vormietberechtigten und seiner Leistungsfähigkeit und Zuverlässigkeit begründet liegen, an einer Ausübung des Vormietrechts gelegen sein können, ohne dass aber ein Kontrahierungszwang für den Berechtigten bestünde. Die im Formular geregelten Mitteilungspflichten zielen darauf ab, möglichst zeitnah Klarheit darüber zu schaffen, ob sich das Vormietrecht erledigt hat.

**13.** Der im Formular niedergelegte **Erlöschenstatbestand** behandelt eine auflösende Bedingung. Für bestimmte Sachverhaltsalternativen, bei denen es nicht schlechthin zum Wegfall des Rechts kommen soll, sondern nur dann, wenn eine Partei sich dies vorbehält, können sich modifizierte Regelungen empfehlen.

**14.** Nach § 464 Abs. 1 S. 2 BGB bedarf die Erklärung, mit der das Recht ausgeübt wird, nicht der für den Hauptvertrag bestimmten Form (vgl. auch BGH NJW 1971, 422). Das Formular regelt aus Gründen der Vertragssicherheit ausdrücklich die – **gewillkürte – Schriftform** (vgl. § 127 BGB).

**15.** Hinsichtlich der Konstituierung des Mietverhältnisses folgt das Formular der Regelung aus § 464 Abs. 2 BGB. Der Inhalt des zustande gekommenen Mietvertrags entspricht dem Drittmietvertrag, den der Vermieter dem Vormietberechtigten nach § 2 (2) mitzuteilen hat.

**16.** Ohne besondere Vereinbarungen, die ein modifiziertes Eintrittsrecht des Vormietberechtigten regeln, kann dieser ein Mietverhältnis nur zu den **Bedingungen des Drittvertrags** begründen. Das Formular regelt klarstellend, dass zur Wahrung der Eintrittsfrist nur eine Erklärung ausreicht, die ohne neue (Änderungs-)Anträge den Drittvertrag zugrunde legt. Die Ausübung eines Vormietrechts unter Zugrundelegung neuer Vertragsbedingungen entbehrt einer vertraglichen Grundlage.

Die Ausübung eines Vormietrechts ist nur in den Grenzen des § 242 BGB möglich (vgl. BGH WM 1962, 722 ff.; OLG Stuttgart BB 1960, 887). Gravierende Verstöße gegen Billigkeitsgrundsätze sind dann angenommen worden, wenn ein Berechtigter es zugleich mit der Ausübung des Vorkaufs-/Vormietrechts abgelehnt hatte, die mit der Erklärung verbundenen Pflichten zu tragen (vgl. BGH LM Nr. 3 und 6 zu § 505 BGB), oder wenn der Berechtigte nach seinen Verhältnissen die aus der Ausübung des Rechts folgenden Verpflichtungen schlechthin nicht erfüllen konnte (BGH WM 1962, 722 ff.) oder wollte (vgl. OLG Stuttgart BB 1960, 887).

Bei Ausübung des Vormietrechtes tritt der Berechtigte auch in alle vertraglichen Abreden mit ein, die mit dem Dritten im Zusammenhang mit dem Mietvertrag abgeschlossen worden sind (vgl. OLG Frankfurt/M. NJW-RR 1988, 178). Dies gilt jedoch nicht für solche (Neben-) Abreden, die außerhalb des mietvertraglichen Äquivalenzverhältnisses angesiedelt sind und sich in diesem Rahmen als „Fremdkörper" ausnehmen (vgl. BGH NJW 1988, 703; *Fritz*, Gewerberaummietrecht, 4. Aufl., Rdn. 32).

**17.** Zur Vermeidung des Streits, ob der Mietvertrag schriftlich niederzulegen ist, sieht das Formular auf Verlangen auch nur einer Partei eine solche Form vor (vgl. zum Meinungsstand Bub/Treier/*Reinstorf* II Rdn. 175).

## 2. Mietvorvertrag[1]

Zwischen

......

(Vermieter)

und

......

(Mieter)

wird folgende Vereinbarung getroffen:

### § 1 Grundlagen des Vorvertrags (Beschreibung der dem Vertragsschluss zugrunde liegenden Erwägungen),[2] feststehende Vertragsvereinbarungen

(1) Die Vertragsparteien verpflichten sich nach Maßgabe dieses Vorvertrags zum Abschluss eines Mietvertrags. Dem liegen folgende Erwägungen der Vertragsparteien zugrunde:

– Beispiel –

Der Vermieter ist Eigentümer des Hausgrundstücks ......

Der Vermieter beabsichtigt, das Objekt zu einem Wohn- und Geschäftshaus umzubauen. Der Mieter will in dem noch herzustellenden Objekt gewerbliche Mieträume für den Betrieb eines Versicherungsbüros anmieten. Diesem Vorvertrag ist ein Architektenplan beigeheftet, der die Mieträume als rot schraffierte Teilfläche ausweist.

(2) Diesem Vertrag ist ferner ein teilweise ausgefülltes Mietvertragsformular als Bestandteil des Vorvertrags beigeheftet, das die bereits feststehenden mietvertraglichen Regelungen wiedergibt.[3]

### § 2 Regelungsvorbehalte für den Hauptvertrag

Dem Abschluss des Hauptvertrags stehen zur Zeit folgende Hindernisse entgegen:[4]

– Beispiele –

1. Der Mieter benötigt die Mieträume spätestens ab dem ...... Zur Zeit steht aber noch nicht fest, ob der vom Vermieter geplante Umbau bis dahin abgeschlossen werden kann. Eine Garantie für einen bestimmten Fertigstellungszeitpunkt wird vom Vermieter nicht übernommen.
2. Mit der Baubehörde wird zur Zeit über die Erteilung von Auflagen verhandelt, deren Erfüllung zu einer Reduzierung der in Aussicht genommenen Mietfläche führen kann.
3. Der Vermieter benötigt für das bislang zu Wohnzwecken vermietete Objekt eine öffentlich-rechtliche Genehmigung, dass hinsichtlich der zusätzlich zu schaffenden Nutzfläche und für die vom Mieter in Aussicht genommenen Mieträume eine gewerbliche Vermietung erfolgen kann.
4. Der Vermieter hat die Erteilung eines zinsgünstigen Förderdarlehens in Höhe von ...... EUR mit einem auf 10 Jahre festgeschriebenen Zinssatz von ......% beantragt, das für die geplanten Umbauten verwendet werden soll. Darauf beruht die

Ermittlung des im Vorvertrag zugrunde gelegten Mietpreises pro Quadratmeter. Für den Fall, dass dieses Darlehen nicht bewilligt wird, soll sich der Mieter teilweise an den dadurch entstehenden Finanzierungsmehrkosten beteiligen. Dies soll in der Weise geschehen, dass der Mieter für die Dauer von 10 Jahren unter Ausschluss jeder weiteren Mieterhöhung in diesem Zeitraum einen gegenüber dem Vorvertrag erhöhten Netto-Grundmietzins zu leisten hat, wobei sich der Erhöhungsbetrag auf ¼ des im bezeichneten Zeitraum anfallenden monatlichen Zinsmehraufwands belaufen soll.

### § 3 Abschluss des Mietvertrags, Veräußerung des Mietobjekts, Rücktritt vom Vorvertrag

(1) Der Vermieter hat dem Mieter den Abschluss des Hauptvertrags unverzüglich anzutragen, wenn die in § 2 aufgeführten Regelungsvorbehalte einer abschließenden vertraglichen Festlegung zugeführt werden können. Dazu gehört insbesondere, dass

– Beispiele (vgl. § 2) –

zu 1 und 2: das Objekt bezugsfertig ist,

zu 3: die behördliche Genehmigung für die gewerbliche Nutzung vorliegt,

zu 4: alle für die abschließende Mietpreisberechnung maßgeblichen Umstände (Bewilligung eines Förderdarlehens) bekannt sind.[5]

Das Vertragsangebot hat schriftlich unter Angabe derjenigen vertraglichen Regelungen und der diesen zugrunde liegenden Bemessungsgrundlagen zu erfolgen, die zur Zeit noch keiner abschließenden Regelung zugeführt werden können.[6]

(2) Dem Mieter steht zur Prüfung und Annahme des Hauptvertrags eine Frist von … Wochen ab Zugang des Vertragsangebots zu.[7]

(3) Der Mieter kann innerhalb der Frist aus § 3 (2) unter Ausschluss jeglichen wechselseitigen Aufwendungs- und Schadensersatzes von diesem Vorvertrag zurücktreten und den Abschluss des Hauptvertrags ablehnen, wenn[8]

– Beispiele –

zu 1: der Vermieter seinen Antrag zum Abschluss des Hauptvertrags erst nach Ablauf des …… abgibt.

zu 2: die realisierbare Nutzfläche der Mieträume weniger als …… qm betragen sollte.

zu 4: die endgültige monatliche Gesamtnettomiete ohne Nebenkosten den Betrag von …… EUR übersteigen sollte.

(5) Für den Fall der Veräußerung des Mietobjekts hat der Vermieter den Erwerber vertraglich zugunsten des Mieters zur Übernahme der sich aus diesem Mietvorvertrag ergebenden Vermieterpflichten zu verpflichten.[9]

(6) Der Vermieter kann unter Ausschluss jeglichen wechselseitigen Aufwendungs- und Schadensersatzes von diesem Vorvertrag zurücktreten und den Abschluss des Hauptvertrags ablehnen, wenn

– Beispiel –

zu 3: die öffentlich-rechtliche Genehmigung zur gewerblichen Vermietung bestandskräftig versagt wird.

…………                                        …………

(Vermieter)                                        (Mieter)

*Schrifttum: Derleder/Pellegrino,* Die Anbahnung des Mietverhältnisses, NZM 1998, 550; *Michalski,* Der Mietvorvertrag, ZMR 1999, 141.

## Anmerkungen

**1.** Beim **Vorvertrag** handelt es sich um einen Vertrag, durch den die Verpflichtung zum späteren Abschluss eines Hauptvertrages begründet wird. Diese Pflicht trifft in der Regel beide Vertragsparteien, kann aber auch nur zu Lasten einer Partei vereinbart werden (vgl. *Fritz,* Gewerberaummietrecht, 4. Aufl., Rdn. 26 c f., zugleich zur Abgrenzung zu dem aus der angloamerikanischen Rechtssphäre stammenden „letter of intent"; zu Letzterem vgl. ferner Lindner-Figura/Oprée/Stellmann/*Stellmann,* Geschäftsraummiete, 2. Aufl., Kap. 3 Rdn. 34 ff.).

Der Vorvertrag muss nach der Rechtsprechung des Bundesgerichtshofs ein solches Maß an **Bestimmtheit** oder Bestimmbarkeit und Vollständigkeit enthalten, dass der Inhalt des Vertrages im Streitfall vom Gericht festgestellt werden kann, notfalls durch eine richterliche Vertragsergänzung (vgl. BGH NJW-RR 1993, 139; BGH NJW 1990, 1234; BGH NJW-RR 1988, 970; vgl. ferner OLG München OLGR 1995, 195; OLG München OLGR 2000, 167; OLG Bremen NJW-RR 1995, 1453; OLG Karlsruhe NJW-RR 1996, 997; *Fritz* Rdn. 27; vgl. hierzu auch Anm. 3).

Da der Wille der Vertragsparteien im Zweifel darauf gerichtet ist, einen verbindlichen Hauptvertrag zu vereinbaren, kann ein Vorvertrag grundsätzlich nur ausnahmsweise angenommen werden (vgl. BGH NJWE-MietR 1996, 54; BGH NJW 1962, 1812; BGH WuM 69, 919; *Fritz* Rdn. 27). Von einem Vorvertrag ist nur dann auszugehen, wenn besondere Umstände darauf schließen lassen, dass sich die Parteien ausnahmsweise schon binden wollten, ohne alle Vertragspunkte (des Hauptvertrags) abschließend geregelt zu haben, und sie deswegen vom Abschluss des eigentlichen Hauptvertrages abgesehen haben (vgl. OLG München OLGR 1995, 195). Wenn die wesentlichen Eckpunkte für einen Hauptvertrag bereits feststehen, liegt im Zweifel ein Hauptvertrag vor (vgl. BGH Urt. v. 27. 1. 2010 – XII ZR 148/07 – BeckRS 2010, 05792). Selbst wenn auf der Grundlage eines („Vor") Vertrags erst zu einem späteren Zeitpunkt ein gewerblicher Mietvertrag über eine bestimmte Mietsache zustande kommen soll, liegt bereits ein (Haupt-) Mietvertrag und kein Vorvertrag im Rechtssinne vor, wenn in dem vorangehenden Vertrag der Vertragsbeginn, die Mietdauer und das Vertragsende (ggf. einschließlich einer Verlängerungsoption) festgelegt worden sind und wenn auch die Entgeltlichkeit der Gebrauchsüberlassung feststeht (vgl. BGH NJW 2002, 3016). Entgeltlichkeit kann dann vorliegen, wenn nach den Umständen die ortsüblich angemessene Miete gelten soll, weil diese hinreichend bestimmbar ist (vgl. BGH NJW 2002, 3016).

Bei der Prüfung, ob ein Vorvertrag vorliegt, ist zunächst festzustellen, was die Parteien übereinstimmend gewollt haben. Nach der gefestigten Rechtsprechung des Bundesgerichtshofes geht ein überstimmender Wille der Parteien dem Wortlaut des Vertrages und jeder anderweitigen Interpretation vor (vgl. BGH NJW 1981, 2745; 1984, 721; 1989, 526, 527; 1992, 2489; 1994, 1528). Besteht kein übereinstimmender Erklärungsinhalt, so kommt es in einem weiteren Schritt der Auslegung gemäß § 133, 157 BGB darauf an, wie der Empfänger der Willenserklärung diese bei objektiver Würdigung aller Umstände und mit Rücksicht auf Treu und Glauben zu verstehen hatte (vgl. BGH NJW 1984, 721; 1981, 2745 m. w. N.). Die dabei neben der Auslegung des Wortlauts heranzuziehenden auslegungsrelevanten Begleitumstände sind insbesondere die Entstehungsgeschichte des Vertrages, die Äußerungen der Parteien bei Vertragsschluss sowie eine an § 242 BGB orientierte Würdigung des Vertragszwecks und der Interessenlage der Parteien (vgl. BGH a. a. O.). Das Formular zielt darauf, durch eine konkrete Beschreibung aller wesentlichen Regelungsgrundlagen dem Streit über Auslegungsfragen vorzubeugen (vgl. hierzu im Einzelnen Anm. 2 und 4).

Abzugrenzen ist der Vorvertrag vom **Optionsrecht**, d. h. dem Recht, durch einseitige Erklärung des Optionsberechtigten einen Mietvertrag zustande zu bringen (vgl. dazu im Einzelnen Form. A. V. 3; zur Abgrenzung vgl. OLG Köln NJW-RR 1998, 809 = NZM 1998, 439; OLG Hamm ZMR 1995, 248; Palandt/*Heinrichs* Einf. v. § 145 Rdn. 19, 23), und vom sog. **Rahmenvertrag**, der eine dauerhafte Geschäftsbeziehung anbahnen soll, aber noch keine für einen Vorvertrag hinreichend bestimmten Vereinbarungen enthält (vgl. Palandt/*Heinrichs* a. a. O.). Vereinbaren Käufer und Verkäufer eines Mietobjektes, dass jede Partei ab einem bestimmten Zeitpunkt zu einem vorbestimmten Preis eine Anmietung desselben durch den Verkäufer verlangen kann, so handelt es sich rechtlich um einen Vorvertrag, nicht um ein Optionsrecht (vgl. OLG Köln NZM 1998, 439). Vereinbaren die Parteien, nachdem ein bereits bestehendes Mietverhältnis gekündigt worden ist, dass zu späterer Zeit über die (weiterhin überlassene) Sache ein neuer Mietvertrag verhandelt und ggf. vereinbart werden solle, dann soll bis zu dem späteren Zeitpunkt zwischen den Parteien kein vertragsloser Zustand bestehen, sondern ein mangels anderweitiger Vereinbarung mit den gesetzlichen Fristen kündbarer **Überbrückungsvertrag**, der das Mietverhältnis vorläufig fortsetzt (vgl. LG Freiburg WuM 1991, 81). Übersendet der Vermieter dem Mietinteressenten ein von ihm noch nicht unterschriebenes Vertragsformular mit der Bitte, dieses unterschrieben zurückzusenden, so kommt durch die Rücksendung des unterschriebenen Vertragsformulars durch den Mietinteressenten noch kein Mietvertrag zustande. Dieser Sachverhalt stellt auch keinen Vorvertrag dar, so dass dem Mietinteressenten kein Anspruch gegen den Vermieter auf Abschluss des Mietvertrags zusteht (so zutreffend AG Neukölln Grundeigentum 1988, 359).

Der Vorvertrag bedarf nach überwiegender Meinung nicht der **Schriftform** (vgl. BGH NZM 2007, 445; zum Meinungsstand vgl. ferner Fritz Rdn. 28; Derleder/Pellegrino NZM 1998, 550; Michalski ZMR 1999, 141; Figura/Oprée/Stellmann/Stellmann Kap. 3 Rdn. 18 f.). Das wird vornehmlich damit begründet, dass durch § 550 BGB in erster Linie der Erwerber geschützt werden soll und vorvertragliche Rechte und Pflichten nicht nach § 566 BGB auf einen Erwerber übergehen. Wenn sich der Vermieter aber vertraglich verpflichtet, seinerseits etwaige Erwerber vertraglich zur Erfüllung des Vorvertrags zu verpflichten, spricht einiges dafür, in solchen Fällen vom Schriftformerfordernis auszugehen, wenn der abzuschließende Mietvertrag auf eine längere Mietdauer als 1 Jahr angelegt ist. Außerdem legen die wechselseitigen Interessen der Vertragsparteien an einer gesicherten Vertrags- und Beweissituation die Annahme eines Schriftformerfordernisses nahe (im Ergebnis ebenso: *Michalski* ZMR 1999, 141; *Derleder/Pellegrino* NZM 1998, 550; vgl. zur Problematik der Schriftform bei vorbereitenden Verträgen auch Form. A. V. 1. Anm. 3 sowie Form. A. V. 3 Anm. 2 m. w. N.). Die Nichtbeachtung der Schriftform dürfte aber lediglich zur Folge haben, dass ein Vorvertrag mit längerer „Vorlaufzeit" als einem Jahr entsprechend § 550 BGB aufgekündigt werden kann. Er begründet zwar noch nicht ein dem Mietvertrag gleich zu setzendes Dauerschuldverhältnis, zielt aber auf vergleichbare, auf Dauer angelegte Bindungen ab (a. A. Figura/Oprée/Stellmann/Stellmann Kap. 3 Rdn. 18 f. m. w. N.).

Wenn nach dem Vorvertrag ein langfristiges Mietverhältnis begründet werden soll, sind beide Parteien zur Mitwirkung am Zustandekommen eines der Schriftform genügenden Hauptvertrages verpflichtet (vgl. BGH GuT 2007, 126). Wahrt der Hauptvertrag die Schriftform, dürfte dies Schriftformmängel des Vorvertrags ohne Weiteres heilen, denn das vorvertragliche Stadium ist dann überholt.

**2.** Um Auseinandersetzungen über die (Geschäfts-) Grundlagen des Vorvertrags vorzubeugen und um eine etwaige richterliche Auslegung zu kanalisieren, sollte bei allen Verträgen, welche die Rechtsbeziehungen nicht abschließend regeln und gestalten, eine **positive Beschreibung der Vertragszwecke und -ziele** niedergelegt werden. Andernfalls laufen die Parteien das Risiko, dass das Gericht im Streitfall in Abweichung von den ursprünglichen

Vorstellungen der Vertragsparteien zu einer Auslegung des Vorvertrags und zu einer sachwidrigen Festlegung des abzuschließenden Hauptvertrags gelangt. Das Formular regelt beispielhaft entsprechende Konkretisierungen für eine Anmietung von Büroräumen.

**3.** Um die Unwägbarkeiten für den beabsichtigten Mietvertrag möglichst gering zu halten, geht das Formular davon aus, dass der Vorvertrag mit einem Mietvertragsformular verbunden wird, das die bereits bei Abschluss des Vorvertrags festlegbaren Mietabreden positiv regelt (vgl. die einzelnen Vorschläge im Kapitel A. VI). Sämtliche offenen Fragen sollten vermerkt und in § 2 des Vorvertrags ausdrücklich angesprochen und vorbereitend geregelt werden. Vorvertrag und Mietvertragsformular sind grundsätzlich fest miteinander zu verbinden, um Einwendungen in Bezug auf die Einheitlichkeit der Vertragsurkunde und die Wahrung der Schriftform vorzubeugen (vgl. hierzu BGH NJW 2000, 1105; BGH NZM 1999, 761 = NJW 1999, 2591; vgl. hierzu auch Anm. 1 a.E.).

Zum **wesentlichen Inhalt** eines gewerblichen Mietvertrages gehört die Einigung über das Mietobjekt, die Mietdauer und den Mietzins (vgl. BGH Urt. v. 27. 1. 2010 – XII ZR 148/07 – juris; BGH NJW 2002, 3016; BGH NJW-RR 1993, 139; OLG Bremen NJW-RR 1995, 1453). Für den Inhalt eines Vorvertrages reicht demgemäß die Einigung über diese Punkte aus, während die Ausgestaltung näherer Vertragsbedingungen den weiteren Verhandlungen, die zum Abschluss des Hauptvertrages führen sollen, vorbehalten bleiben kann (zum Bestimmtheitserfordernis vgl. auch Anm. 1). Ein Vorvertrag ist grundsätzlich nicht hinreichend bestimmt und damit unwirksam, wenn er keine Preisabrede enthält oder diese mangels Eintritts einer aufschiebenden Bedingung entfällt. Die Einigung über den genau bezifferten Betrag des Mietzinses ist dann entbehrlich, wenn der Mietpreis nach den getroffenen Abreden – ggf. im Wege der ergänzenden Vertragsauslegung – hinreichend bestimmbar ist (vgl. BGH NJW 2002, 3016; BGH NJW-RR 1991, 1026; OLG Bremen NJW-RR 1995, 1453; vgl. auch BGH NJW 1975, 1557 zum „angemessenen" Mietzins).

**4.** Für die ausdrückliche Beschreibung der **Umstände, die dem endgültigen Abschluss eines Mietvertrags bei Niederlegung des Vorvertrags entgegen stehen,** gelten die Erwägungen in Anm. 2 entsprechend. Auch insoweit können durch eine möglichst konkrete Schilderung der Vertragssituation spätere Auslegungsschwierigkeiten vermieden werden. Hindernisse für die abschließende Ausgestaltung des Hauptmietvertrags können sich in tatsächlicher und rechtlicher Hinsicht ergeben. Unklarheiten und Vorbehalte, die vor Abschluss des Hauptvertrags ausgeräumt werden sollen, werden insbesondere im Zusammenhang mit der Erteilung von Konzessionen (vgl. BGH NJW-RR 1993, 319), der beruflichen Qualifikation des Mieters (Handwerkszulassung, Zulassung als Arzt oder Rechtsanwalt usw.), mit der Vertragslaufzeit oder den Kalkulationsgrundlagen für die Bestimmung der endgültigen Miete (vgl. BGH WPM 1961, 1052) in Rede stehen können.

Diesseits wird (entgegen Bub/Treier/*Reinstorf* II Rdn. 141) davon ausgegangen, dass Konstellationen, in denen der Abschluss des Hauptvertrags unmöglich und der eines Vorvertrags gleichsam unumgänglich ist, praktisch kaum denkbar sein dürften. Regelmäßig wird der im Vorvertrag offen bleibende Inhalt des Hauptvertrags auch in – konstituierende oder auflösende – Vertragsbedingungen gekleidet werden können. Noch unbekannte Kalkulations- und Gestaltungskriterien können zum Gegenstand von – in der Zukunft – bestimmbaren Vertragsmodalitäten oder von einseitigen vertraglichen Bestimmungsrechten nach §§ 315 f. BGB gemacht werden. Die Grenzen für die Verbindlichkeit noch nicht bestimmbarer Vertragskriterien könnten durch die Vereinbarung von (Preis-)Spannen, durch Höchst- oder Mindestansätze (auch in zeitlicher Hinsicht) oder durch Rücktrittsbefugnisse gezogen werden. Soweit solche Ausgestaltungen sich anbieten, sollte ihnen wegen der damit erzielbaren höheren Vertragssicherheit eines Hauptvertrags der Vorzug gegeben werden.

Das Formular enthält beispielhaft mehrere Vertragspositionen, die sich bei Abschluss des Vorvertrags einer abschließenden Festlegung entziehen können und deren Bestimmung daher dem Hauptvertrag vorbehalten bleiben soll. Die Beispiele werden in den nachfolgenden Klauseln wieder aufgegriffen. Eine weiter gehende Verallgemeinerung und Typisierung des Vorvertrags dürfte sich grundsätzlich verbieten, da dies die Festlegung der Vertragsbedingungen des Hauptvertrags erschweren oder vereiteln würde.

**5.** Das **Zustandekommen des Hauptvertrags** erfordert einen gesonderten Vertragsschluss, mit dem insbesondere die nach dem Vorvertrag noch offenen Vertragspunkte einer abschließenden Regelung im Sinne eines vollständigen Mietvertrags zu regeln sind. Es bedarf mithin eines auf Abschluss eines ganz bestimmten Vertrags gerichteten Antrags im Sinne von § 145 BGB und seiner Annahme. Erst ein solches Vertragsangebot eröffnet dem Berechtigten die Klage auf Zustimmung zum Vertrag (vgl. BGH ZMR 2002, 895; BGH NJW-RR 1994, 317). Der Mietvorvertrag begründet für sich lediglich einen Anspruch auf Abschluss des Hauptvertrages und bei unberechtigter Weigerung einer Vertragspartei ggf. auf Leistung von Schadensersatz, nicht aber unmittelbar auf Erfüllung der im künftigen Mietvertrag noch zu begründenden Leistungspflichten etwa auf Mietzahlung und Gebrauchsüberlassung (vgl. OLG Düsseldorf DWW 2010, 57).

Wenn der Vermieter unter Verstoß gegen den Vorvertrag an einen Dritten vermietet, hat der Vorvertragsberechtigte nach herrschender Auffassung keinen unmittelbaren Besitzüberlassungsanspruch, den er gegenüber dem Vermieter durch eine einstweilige Verfügung sichern lassen könnte (vgl. OLG Celle OLGR 2008, 888; KG ZMR 2007, 614; OLG Koblenz ZMR 2008, 50; OLG Hamm NJW-RR 2004, 521; OLG Frankfurt MDR 1997, 137; a.A. OLG Düsseldorf NJW-RR 1991, 137f.). Der Vermieter darf vielmehr selbst entscheiden, welchen Vertrag er erfüllt und an welchen Mieter er ggf. Schadensersatz leistet (vgl. MünchKommBGB/*Thode* § 305 Rdn. 3 e).

Der Vertrag kann vorsehen, dass beide Vertragsparteien oder nur eine Partei den Antrag auf Abschluss des Hauptvertrags stellen können. Eine Pflicht zur Übermittlung eines Angebots für den Hauptvertrag (im Formular zu Lasten des Vermieters vorgesehen) wird regelmäßig für diejenige Vertragspartei in Betracht kommen, welche die wesentlichen Voraussetzungen für den Hauptvertrag zu schaffen hat oder als erste Kenntnis über die für den Hauptvertrag wesentlichen Umstände erlangt. Die Pflicht zur Abgabe des Angebots kann an das Vorliegen aller noch offenen Vertragsmodalitäten geknüpft werden oder nur an den Eintritt derjenigen Umstände, die für die Festlegung bestimmter wesentlicher Vertragsmodalitäten erforderlich sind. Zur Vermeidung eines Einigungsmangels im Sinne von §§ 154 f. BGB muss aber der (haupt-)vertragliche Erklärungs- und Bindungswille trotz offen gebliebener Punkte hinreichend erkennbar werden (vgl. Palandt/*Heinrichs* § 154 Rdn. 2 m.w.N.).

Im Vorfeld des Vertragsschlusses bestehen wechselseitige **Mitwirkungspflichten**, den Hauptvertrag zur Abschlussreife zu bringen. Die Parteien müssen daher zu Verhandlungen über noch offene Fragen bereit sein (vgl. AG Winsen/a.d.L. ZMR 2004, 123).

**6.** Wenn der bei Abschluss des Vorvertrags noch bestehende Regelungsbedarf nicht durch eine bloße rechnerische Umsetzung der zu klärenden Vorbehaltspunkte behoben werden kann, ist der **endgültige Inhalt des Hauptvertrags** anderweitig zu bestimmen. Der im Formular zugrunde gelegte Beispielsfall wäre ohne weiteres einem Hauptvertrag zuzuführen, wenn der Mietpreis/qm im Vorvertrag bereits geregelt ist. Dann wäre der effektive vertragliche Mietzins nach der endgültigen Mietfläche und den in Beispiel 4) angesprochenen endgültigen Finanzierungsmodalitäten zu bestimmen. Ansonsten kann die abschließende Festlegung der Hauptvertragsmodalitäten insbesondere dadurch geschehen, dass eine Vertragspartei sich ein Bestimmungsrecht nach §§ 315 f. BGB ausbedingt oder die Einholung eines Sachverständigengutachtens (zur Festlegung der Miethöhe) vorgesehen wird (vgl. die Anm. zu Form. A. VII. 1 sowie vorstehend Anm. 4).

**7.** Das Formular regelt eine **Annahmefrist**, nach deren Ablauf der Vermieter von der Ablehnung des Antrags auszugehen hat (§§ 146, 148 BGB). Für die verspätete Annahme gilt § 150 Abs. 1 BGB. Es wäre auch eine Regelung denkbar, wonach der Vorvertrag insgesamt hinfällig wird, wenn nicht eine Partei innerhalb einer bestimmten Frist nach Eintritt eines bestimmten (für den Hauptvertragsabschluss wesentlichen) Ereignisses ein Vertragsangebot übermittelt.

Alternativ wird die Regelung einer **befristeten Klagebefugnis** einer Vertragspartei oder beider Parteien zur Durchsetzung des Anspruchs auf Abschluss des Hauptvertrags in Betracht kommen, denn damit lässt sich ein länger andauernder Schwebezustand vermeiden. Der Formulartext könnte z. B. wie folgt fortgesetzt werden:

> „**Wird der Hauptvertrag innerhalb der bezeichneten Annahmefrist vom Mieter nicht oder nur mit vom Vermieter nicht akzeptierten Änderungen angenommen, kann der Vermieter den Anspruch auf Annahme seines Antrags innerhalb von zwei weiteren Monaten gerichtlich geltend machen. Wird der Anspruch vom Vermieter nicht innerhalb der bezeichneten Frist rechtshängig gemacht, verliert der Vermieter seinen Anspruch auf Abschluss des Hauptvertrags.**"

Der vorvertragliche Anspruch auf Abschluss des Hauptvertrags kann auch ohne besondere vorvertragliche Bestimmungen gerichtlich durchgesetzt werden. Dies hat regelmäßig durch eine Klage auf Abgabe derjenigen Willenserklärungen zu geschehen, durch die der Hauptvertrag zustande kommt (vgl. BGH NJW-RR 1994, 317; Bub/Treier/*Reinstorf* II Rdn. 155 ff. m. w. N.). Soweit der klagende Vertragsteil zur Ausformulierung des abschließenden Vertragsinhalts in der Lage ist, wird es am Rechtsschutzbedürfnis für eine Klage auf die bloße Abgabe eines Vertragsangebots fehlen (so wohl auch Bub/Treier/*Reinstorf* a. a. O.). Ggf. kommt eine vorgeschaltete Auskunftsklage auf Mitteilung derjenigen Tatsachen in Betracht, die für den Abschluss des Hauptvertrags maßgeblich sind.

Wird die in einem Vorvertrag übernommene Verpflichtung zum Abschluss eines Mietvertrags vom Mieter nicht erfüllt, kann der Vermieter mangels Vertrags keinen unmittelbaren Anspruch auf Zahlung des (entgangenen) Mietzinses geltend machen. Der Vermieter muss auf Abschluss des Mietvertrags klagen und kann dies mit einer Klage auf Leistungen nach dem Hauptvertrag verbinden (vgl. OLG Koblenz NJW-RR 1998, 808). Besteht an dem Abschluss des Hauptvertrags kein Interesse mehr, kann der Vermieter von der anderen Partei statt dessen Schadensersatz wegen Nichterfüllung beanspruchen (zum Anspruch aus positiver Vertragsverletzung, vgl. OLG Koblenz NJW-RR 1998, 808). Wird eine Klage auf Abschluss eines Mietvertrags auf einen Vorvertrag gestützt, der eine Laufzeit von 5 Jahren vorsieht, und verlangt der Kläger einen Vertrag mit einer Dauer von 6 Jahren, so soll die Klage insgesamt abzuweisen sein, wenn der Kläger auch auf Hinweis des Gerichtes den Antrag nicht berichtigt und auch nicht hilfsweise eine Verurteilung zum Abschluss des Vertrags mit kürzerer Laufzeit beantragt (vgl. OLG Köln MDR 1992, 613). Verhindert der durch einen Vorvertrag gebundene Vermieter zurechenbar den Abschluss des Hauptvertrags, so kann er dem Mieter schadensersatzpflichtig hinsichtlich der in sicherer Erwartung des künftigen Mietverhältnisses getätigten Aufwendungen sein (vgl. OLG Hamm MDR 1988, 585; LG Hamburg WuM 1989, 492).

Dem auf das Fehlen eines Mietvertrages gestützten Räumungsverlangen des Eigentümers der Mietsache steht der Einwand der unzulässigen Rechtsausübung entgegen, wenn der Eigentümer aufgrund eines mit dem Besitzer der Sache abgeschlossenen Vorvertrages zum Abschluss eines zur Besitzüberlassung verpflichtenden Hauptmietvertrages verpflichtet ist (vgl. OLG Köln OLGR 1992, 330).

**8.** Mit der – fakultativen – **Rücktrittsregelung** sollen Härten Berücksichtigung finden, die in Bezug auf die Hauptvertragsvorbehalte auftreten können, insbesondere wenn sich nach Abschluss des Vorvertrags nicht absehbare nachteilige Entwicklungen (in zeitlicher Hinsicht oder in Bezug auf einzelne Vertragsaspekte) für eine oder beide Vertragsparteien ergeben. Solche Aspekte führt das Formular beispielhaft auf.

Der Mietinteressent, zu dessen Gunsten in einem Vorvertrag über den Abschluss eines Mietvertrags ein Rücktrittsrecht vorbehalten worden ist, muss sich auf Verlangen des Vermieters innerhalb einer angemessenen Frist entscheiden, ob er den Rücktritt ausübt, andernfalls er zur Anmietung verpflichtet ist und mit der Erfüllung des Vorvertrags in Verzug gerät (vgl. OLG Düsseldorf DB 1989, 1463). Hier regelt das Formular eine bestimmte Erklärungsfrist.

**9.** Mietvorvertragliche Regelungen sind für den Erwerber eines Grundstücks nicht verbindlich, da § 566 BGB insoweit nicht gilt (vgl. BGH NJW 1984, 479). Die Regelung einer vertraglichen Übernahme durch den Erwerber kann sich als entbehrlich erweisen, wenn der Mietvorvertrag nur eine kurze Zeit des Schwebezustands bis zum Abschluss des Mietvertrags vorsieht, innerhalb derer eine Veräußerung nicht zu erwarten steht. Entbehrlich ist die Klausel auch, wenn der Mieter nur mit dem im Vertrag aufgeführten Vermieter ein Mietverhältnis begründen will.

Wenn ein Erwerber die Erfüllung der vorvertraglichen Pflichten übernehmen soll, so ergibt sich hieraus ein zusätzliches Argument dafür, auch beim Mietvorvertrag vom Schriftformerfordernis auszugehen, denn § 550 BGB soll anerkanntermaßen auch den Erwerber einer vermieteten Sache schützen (vgl. hierzu bereits Anm. 1).

# 3. Vereinbarung über eine Option zur Begründung eines Mietverhältnisses[1]

Zwischen

......

(Vermieter)

und

......

(Optionsberechtigter)

wird folgende Vereinbarung getroffen:

## § 1 Grundlagen der Optionsvereinbarung

(1) Die Vertragsparteien haben einen schriftlichen Mietvertragsentwurf niedergelegt, der dieser Vereinbarung als Bestandteil des Optionsvertrags beigeheftet ist.[2]

(2) Der Optionsberechtigte kann den Mietvertrag dadurch in Kraft setzen, dass er die ihm eingeräumte Option gegenüber dem Vermieter ausübt.

(3) Das Optionsrecht ist weder übertragbar noch vererblich.[3]

## § 2 Ausübung der Option, Optionsfrist, Erlöschen der Option, Rücktritt, Optionsentgelt

(1) Der Optionsberechtigte kann die Option gegenüber dem Vermieter nur durch eine schriftliche Erklärung und ausschließlich zur Begründung des unter Ziff. I (1) bezeichneten Vertrags ausüben.[4]

(2) Die schriftliche Erklärung des Optionsberechtigten zur Ausübung der Option hat spätestens bis zum ...... beim Vermieter einzugehen. Mit Ablauf dieser Frist erlischt das Optionsrecht, ohne dass es hierzu einer Kündigung, einer Rücktrittserklärung oder einer sonstigen Willenserklärung auch nur einer der Vertragsparteien bedarf.[5] Eine Optionsausübung, die auf Änderungen des schriftlichen Mietver-

tragsentwurfs abzielt (§ 150 Abs. 2 BGB), begründet das Mietverhältnis nicht und wahrt auch die Frist zur Ausübung der Option nicht.[6]

(3) Der Vermieter/Optionsberechtigte kann von diesem Vertrag unter Ausschluss wechselseitiger Ersatzansprüche – insbesondere von Ansprüchen auf Leistung von Schadens- und Aufwendungsersatz – zurücktreten, wenn[7]

– Beispiele –

1. dem Optionsberechtigten die zur Führung des beabsichtigten Gewerbebetriebs ...... erforderliche behördliche Genehmigung bestandskräftig versagt wird.
2. dem Vermieter die für den beabsichtigten Umbau des Mietobjekts erforderliche Baugenehmigung bestandskräftig versagt wird.

(4) Übt der Optionsberechtigte die Option nicht oder nicht fristgerecht aus, hat der Optionsberechtigte dem Vermieter außer in den durch Ziff. (3) geregelten Fällen ein Optionsentgelt (Bindungsentgelt) in Höhe von ...... zu zahlen. Das Entgelt ist mit Ablauf der in Ziff. II (2) bezeichneten Frist zahlbar und fällig. Kommt es aufgrund nachträglicher Vereinbarungen zum Abschluss eines Mietvertrags über die Mietsache entsprechend dem Vertragsentwurf im Sinne von Ziff. I (1), ist das Entgelt zugunsten des Optionsberechtigten mit der/den ersten monatlichen Mietzinsrate(n) zu verrechnen.[8]

............                                         ........................

(Vermieter)                                         (Optionsberechtigter)

*Schrifttum: Kania,* Vormietrecht – Optionsrecht, ZMR 1976, 1; *Michalski,* Der Mietvorvertrag, ZMR 1999, 141.

## Anmerkungen

**1.** Die **Begründungsoption** berechtigt die begünstigte Vertragspartei, durch Ausübung des Optionsrechts einen inhaltlich feststehenden oder zumindest nach vereinbarten Bedingungen inhaltlich festzulegenden Mietvertrag in Kraft zu setzen (vgl. KG Urteil vom 22. 1. 2004 – 8 U 193/03, juris; *Fritz,* Gewerberaummietrecht, 4. Aufl., Rdn. 86).

Anders als beim Mietvorvertrag (vgl. Form. A. V. 2) muss der Inhalt des durch Option zu begründenden Mietvertrags grundsätzlich schon feststehen. Es ist allerdings denkbar, dass die Vertragsparteien sich für den Fall der Optionsausübung wechselseitige Gestaltungs- und Bestimmungsrechte (vgl. §§ 315 f. BGB) vorbehalten.

Ein aufschiebend bedingter **Mietvorvertrag** kann selbst bei der Verwendung des Begriffs „Optionsrecht" vorliegen, wenn die Parteien vor Abschluss des Mietvertrages sich schon über den Umfang des gesamten Mietobjekts, über die Mietdauer und über den Mietzins einig geworden sind (vgl. OLG Hamburg ZMR 2001, 889).

Ein **Anmietrecht (Vorhand)** unterscheidet sich von der Begründungsoption dadurch, dass hierunter nur die Pflicht des Vermieters zu verstehen ist, dem Berechtigten die Mietsache zu noch zu vereinbarenden Vertragsbedingungen anzubieten (so zutreffend Bub/Treier/*Reinstorf* II Rdn. 183 ff., 211). Teilweise wird – begrifflich unscharf – von einer Abschlussoption gesprochen (vgl. *Blank/Börstinghaus* § 542 Rdn. 137; Lindner-Figura/Oprée/Stellmann/*Zöll,* Geschäftsraummiete, 2. Aufl., Kap. 9 Rdn. 9), wenn keine Vertragskonstitution durch einseitige Willenserklärung gemeint ist, sondern eine bloße Vorhandabrede (vgl. dazu auch MünchKommBGB/*Schilling* §§ 535 Rdn. 28). Das Anmietrecht begründet mangels bindender Vereinbarungen keine gesicherte mietvertragliche Rechtsposition und hat nur wenig praktische Bedeutung. Wenn der Vermieter die Mietsache unter Verstoß gegen das Anmietrecht einem Dritten überlässt, kann er dem Anmietberechtigten ggf. zum Schadensersatz verpflichtet sein.

Die Option wird zumeist als alleiniges Mieterrecht angesehen (vgl. Staudinger/*Emmerich, Stand* 2006, § 535 Rdn. 99; *Fritz* Rdn. 86). Begrifflich und rechtstechnisch ist das aber nicht zwingend, denn es ist ohne weiteres denkbar, dass auch dem Vermieter das Recht eingeräumt wird, ein Mietverhältnis durch Optionsausübung zu konstituieren. Soweit das OLG Köln (ZMR 1998, 283) Abreden zwischen dem Verkäufer und dem Käufer eines Objekts, wonach jede Vertragspartei die Anmietung dieses Objekts seitens des Verkäufers verlangen kann, als Vorvertrag und nicht als Option beurteilt hat, so findet dieses Beispiel seine Besonderheit darin, dass das Verlangen des Käufers auf den Kontrahierungszwang des Vertragsgegners hinaus lief und nicht auf die Ausübung eines eigenen (Options-) Rechts.

In der Praxis hat die Begründungsoption gegenüber der Verlängerungsoption (vgl. Form. A. VII. 5) eher geringere Bedeutung. Die Vereinbarung einer Begründungsoption wird am ehesten dann in Betracht kommen, wenn die Begründung eines Mietverhältnisses zwischen den Vertragsparteien feststeht und einer Partei lediglich vorbehalten bleiben soll, durch die Ausübung der Option festzulegen, wann der Mietvertrag in Kraft gesetzt werden soll. Sie kann sich ferner anbieten, wenn der Optionsberechtigte sich noch im Unklaren über den Eintritt bestimmter Voraussetzungen ist, von denen seine Entscheidung abhängt, ob es zu einem Mietvertrag kommen soll (z. B. Berufsexamen, behördliche Genehmigungen usw.).

**2.** Grundsätzlich ist ein **vollständiger Mietvertragsentwurf** (vgl. die unter A. VI aufgeführten Vertragsformulare für die Gewerberaummiete) auszufertigen. Ob die Begründungsoption für einen Mietvertrag von mehr als einem Jahr Mietdauer der **Schriftform** bedarf, ist streitig, wird aber weitgehend – und auch diesseits – bejaht (für Schriftformerfordernis: Beck'scher Online-Kommentar/*Ehlert*, 2007, § 535 Rdn. 8; Erman/*Jendrek* vor § 535 Rdn. 67; Palandt/*Weidenkaff* vor § 535 Rdn. 7; *Kania* ZMR 1976, 1; Schmidt-Futterer/*Blank*, Mietrecht, 9. Aufl., vor § 535 Rdn. 112, der jedoch die Option mit dem aufschiebend bedingten Vertrag gleichsetzt, für den § 550 BGB durchaus gilt; gegen die Schriftform: MünchKommBGB/*Häublein* § 535 Rdn. 26; Soergel/*Kummer* vor § 536 a. F. Rdn. 36; Bub/Treier/*Reinstorf* II Rdn. 210). Zwar dürfte nicht schlechthin der Auffassung zu folgen sein, dass die Bindung eines Erwerbers auch bei allen Optionsklauseln besteht (so aber MünchKommBGB/*Voelskow* in der Voraufl., §§ 535, 536 Rdn. 33), denn § 566 BGB setzt ausdrücklich das Bestehen eines Mietverhältnisses voraus. Ein solches wird aber allein durch die Vereinbarung einer Begründungsoption noch nicht konstituiert. Die Nähe der Option zum Regelungsbereich des § 566 BGB und die Einschlägigkeit des Schutzzwecks der Schriftform im Sinne von § 550 BGB zeigt sich aber daran, dass der Erwerber mit einem Mietverhältnis konfrontiert werden kann, das vor dem Eigentumserwerb durch Optionsausübung gegenüber dem Voreigentümer zustande kam (vgl. Erman/*Jendrek* vor § 535 Rdn. 67). Ein Optionsrecht kann ggf. noch kurz vor Eintragung des Erwerbers im Grundbuch ausgeübt werden und bindet den Erwerber selbst dann, wenn das Mietverhältnis erst nach dem Eigentumsübergang beginnen soll (vgl. BGH NJW 1964, 1851). Ein Erwerber kann ohne Wahrung der Schriftform nicht überblicken, ob und zu welchen Bedingungen ein Optionsrecht bestand und ob es rechtswirksam ausgeübt wurde. Der das Schriftformerfordernis aus § 550 BGB tragende Schutzzweck betrifft außerdem nicht nur die Belange eines potentiellen Erwerbers, sondern – praktisch oft noch bedeutsamer – auch die Beweisinteressen der Vertragsparteien (vgl. hierzu bereits Form. A. V. 1 Anm. 3 m. w. N.). Anders als beim Vormietrecht und beim Vorvertrag wird die Nichtbeachtung der Schriftform nicht nur zur Aufkündbarkeit der dem Hauptvertrag vorgelagerten Verträge (vgl. Anm. 3 zu Form. A. V. 1 und Anm. 1 zu Form. A. V. 2) sondern auch des durch Optionsausübung in Kraft gesetzten Mietverhältnisses führen. Dies gilt jedenfalls dann, wenn schon vor Optionsausübung abschließende Vereinbarungen zur Mietdauer von mehr als einem Jahr vereinbart waren und es anlässlich der Optionsausübung nicht nochmals zu einer die Schriftformmängel heilenden Vertragsbestätigung kommt.

Der **Mietbeginn** wird bei dem Entwurf des Mietvertrags i. d. R. offen bleiben, da nicht feststeht, ob bzw. wann die Option ausgeübt wird. Der Mietbeginn kann schon bestimmt sein, wenn eine Option nur für einen konkreten Vertragsbeginn vereinbart wird. Dann wird die Optionsausübung – bis längstens zum vertraglichen Mietbeginn – zu befristen sein. Der Entwurf des Mietvertrags ist sicherheitshalber fest mit der Optionsvereinbarung zu verbinden, um eine einheitliche Vertragsurkunde zu schaffen (zum Merkmal der Urkundeneinheit im Rahmen der Schriftform vgl. Form. A. VI. 1 Anm. 2).

**3. Abweichende Regelungen** zur Übertragbarkeit und Vererblichkeit der Optionsberechtigung sind möglich. Wenngleich eine Begründungsoption wegen der durch sie bewirkten Bindung des Vermieters selten für längere Dauer verabredet werden dürfte, kann es sich anbieten, den Vermieter entsprechend den Regelungen gemäß Form. A. V. 2 zu Ziff. III 5 zu verpflichten, im Falle einer Veräußerung des Mietobjekts den Erwerber zur Erfüllung der Pflichten aus der Optionsvereinbarung heranzuziehen.

**4.** Die Optionsausübung hat unmittelbar rechtsgestaltende Wirkung. Das Formular sieht für die Optionsausübung die **Schriftform** vor (zur Schriftform bei der Optionsvereinbarung vgl. Anm. 3). Nach dem OLG Düsseldorf (ZMR 1992, 52 für den Fall einer Verlängerungsoption) sollen bei Fehlen ausdrücklicher Form- und Fristbestimmungen für die Optionsausübung diejenigen Erfordernisse gelten, die die Parteien ansonsten für die Beendigung und Fortsetzung des Mietverhältnisses aufgestellt haben. Im Übrigen wird das Schriftformerfordernis für die Optionsausübung überwiegend verneint (vgl. OLG Celle ZMR 1998, 339; Bub/Treier/*Reinstorf* II RdNr. 213; Erman/*Jendrek* Vor § 535 Rdn. 66; Schmidt-Futterer/*Blank* vor § 535 Rdn. 112; *Michalski* ZMR 1999, 141 m. w. N.; a. A. OLG Frankfurt NZM 1998, 1006, für den Fall, dass der Vertrag, aus dem sich das Optionsrecht ergibt, auch aus anderen Gründen formbedürftig ist). Es erscheint indessen als erwägenswert, auch die Ausübung der Begründungsoption aus den Gründen von Anm. 2 jedenfalls dann als formbedürftig zu behandeln, wenn das zu begründende Mietverhältnis länger als ein Jahr dauern soll. Andernfalls bestünde eine systemwidrige Formlücke.

**5.** Eine Begründungsoption wird regelmäßig nur unter Verabredung einer **Optionsfrist** in Betracht kommen. Andernfalls wäre der Vermieter in der wirtschaftlichen Verwertung der Mietsache blockiert. Namentlich für den Fall, dass die Option infolge Fristablaufs erlischt, kann sich der Vermieter ein Entgelt ausbedingen (vgl. Bub/Treier/*Reinstorf* II Rdn. 210 und Anm. 9).

**6.** Wenn der Vermieter gleichwohl auf Änderungswünsche eingeht, d. h. den geänderten Antrag des Optionsberechtigten annimmt, kann unabhängig von der Optionsausübung ein Mietvertrag zu den veränderten Vertragsbedingungen zustande kommen. Dies gilt namentlich dann, wenn die Optionsausübung als neuer Antrag im Sinne von § 145 BGB auszulegen ist. Wenn der Vermieter diesen annimmt oder die Parteien auf der Grundlage des neuen Angebots einen Mietvertrag mit abweichendem Inhalt aushandeln, kann das Optionsrecht insgesamt gegenstandslos werden. In einem solchen Fall sollten die Parteien alle nach der Optionsvereinbarung noch offenen Fragen (etwa des Aufwendungsersatzes oder eines Bindungsentgelts) ausdrücklich regeln.

**7.** Das Formular regelt ein fakultatives Rücktrittsrecht, denn bei der Begründung eines Optionsrechts sind bestimmte Voraussetzungen für das Zustandekommen des Mietvertrags typischerweise noch ungeklärt (vgl. Anm. 1). Für den Eintritt oder Nichteintritt bestimmter Bedingungen kann es sich anbieten, dass die Parteien sich die Loslösung von der Optionsbindung mittels Rücktritts (§§ 346 ff. BGB) vorbehalten. Das Formular führt dazu Regelungsbeispiele auf. In Abweichung vom Formular, das für den Fall der Ausübung des vertraglichen Rücktrittsrechts einen wechselseitigen Anspruchsverzicht vorsieht, kann die Festlegung eines Aufwendungsersatzes oder eines pauschalen Abfindungsbetrags zugunsten der nicht zurücktretenden Vertragspartei in Betracht kommen, zumal wenn im Vertrauen auf den Vertragsschluss besonderer Vorbereitungs-, Verwaltungs- oder Herstellungsaufwand entfaltet wurde. Um den Vermieter nicht ohne triftigen Grund – ggf. bis zum Fristablauf – an die Optionsvereinbarung zu binden, können etwa entsprechend den Regelungen in Ziff. II (2) auflösende Bedingungen für das Optionsrecht vereinbart werden. Ferner kommt die Niederlegung eines befristeten Rücktrittsrechts in Frage.

Ein Recht zum Rücktritt vom Vertrag kann auch ohne ausdrückliche vertragliche Bestimmung entstehen, wenn Umstände eintreten, deren Vorliegen nach mietrechtlichen oder allgemeinen Grundsätzen (§ 242 BGB) ein Recht zur außerordentlichen Kündigung vermitteln würde (vgl. Schmidt-Futterer/*Blank* vor §§ 535 Rdn. 112).

**8.** Die im Formular geregelte – fakultative – Entgeltzahlung zeigt beispielhaft Möglichkeiten auf, welche Regelungen zur Vergütung der Optionsbindung in Betracht kommen. Die Vereinbarung eines Bindungsentgelts kann dann nahe liegen, wenn der Vermieter durch die Option (zeitweilig) an einer anderweitigen wirtschaftlichen Nutzung (Vermietung) des Objekts gehindert wird. Für die Dauer der dem Berechtigten eingeräumten Frist zur Ausübung der Option kann eine dem Mietzins entsprechende wirtschaftliche Einbuße zugunsten des Vermieters zu kompensieren sein.

# VI. Allgemeine Regelungsinhalte des Gewerberaummietvertrags[1]

## 1. Standardvertrag[2]

Mietvertrag

Zwischen

......

(Vermieter)

und

......

(Mieter)

### § 1 Mietobjekt

(1) Vermietet werden im Haus

......

in ......

folgende Räume:[3]

| | |
|---|---|
| Geschoss: | ...... |
| Anzahl, Bezeichnung und Lage der Räume: | ...... |
| Nebenräume (Keller/Dachboden): | ...... |

(2) Die Mietfläche wird für alle Angelegenheiten betreffend die Abwicklung und Beendigung dieses Vertrags auf ...... qm vereinbart.[4] Zwischen den Vertragsparteien besteht Einigkeit darüber, dass eine genaue Vermessung der Mieträume nicht erfolgt ist und dass es einer solchen auch nicht bedarf. Abweichungen der tatsächlichen Mietfläche von der vereinbarten Fläche sind für die gesamte Vertragsabwicklung unerheblich, wenn die Abweichung nicht mehr als 10% beträgt.[5]

### § 2 Mietzweck[6]

(1) Die Vermietung erfolgt zum Betrieb eines/einer ......

(2) Eine von Ziff. (1) abweichende Nutzung der Mieträume ist dem Mieter nur mit der zuvor einzuholenden Erlaubnis des Vermieters gestattet.

### § 3 Übergabe und Ausstattung der Mieträume

(1) Die Mieträume sind vom Vermieter in einem für den Mietzweck geeigneten Zustand zu übergeben.[7] Für den bei Übergabe zu gewährleistenden Zustand sind zwischen den Vertragsparteien außerhalb dieses Mietvertrags keine weitergehenden Herstellungs- und Renovierungspflichten des Vermieters vereinbart worden.[8]

(2) Zu den Mieträumen gehören folgende Einrichtungen und Anlagen:[9]

– Beispiele –

• eine Rohrpostanlage,
• ein Lastenaufzug,

*Borzutzki-Pasing*

• ein Kühlraum nebst Aggregat,

......

(3) Die unter Ziff. 2 bezeichneten Sachen stehen und verbleiben im Eigentum des Vermieters. Dem Mieter ist deren Nutzung im Rahmen des in § 2 (1) bezeichneten Mietzwecks für die Dauer der Mietzeit ohne die Verpflichtung zur Leistung eines zusätzlichen Entgelts gestattet.

### § 4 Mietbeginn, Mietdauer[10]

(1) Das Mietverhältnis beginnt am ...... und endet am ......

(2) Das Mietverhältnis verlängert sich um jeweils ...... Jahre, wenn es nicht von einer Vertragspartei aufgekündigt wird. Eine solche Kündigung ist zum Ablauf der in Ziffer (1) festgelegten Mietzeit oder des jeweiligen Verlängerungszeitraums möglich. Die Kündigungserklärung muss mindestens ...... Monate vor Ablauf der Mietzeit bzw. des jeweiligen Verlängerungszeitraums schriftlich gegenüber dem anderen Vertragsteil erklärt werden.

### § 5 Miete[11], Nebenkosten

(1) Die monatliche Grundmiete[12] beträgt ...... EUR
zuzüglich der jeweils geltenden gesetzlichen MWSt.[13]
von zur Zeit ... %, das sind ...... EUR
Bei Mietbeginn beträgt die monatliche Grundmiete somit ...... EUR

(2) Neben der Grundmiete hat der Mieter sämtliche für das Mietobjekt anfallenden Betriebskosten im Sinne von § 2 BetrKV[14] zuzüglich der jeweils geltenden gesetzlichen MWSt.[15] zu tragen.

(3) Auf die Betriebskosten hat der Mieter zusammen mit den Mietzahlungen monatliche Vorauszahlungen in Höhe von ...... EUR
zuzüglich der jeweils geltenden gesetzlichen MWSt. von zur Zeit ... %,
also insgesamt ...... EUR
zu leisten.
Die monatliche Gesamtleistung des Mieters beträgt somit bei
Mietbeginn ...... EUR

### § 6 Wertsicherungsklausel, Erhöhung der Betriebskostenvorauszahlungen

(1) Ändert sich der vom Statistischen Bundesamt ermittelte Preisindex für die Lebenshaltung aller privaten Haushalte (Basis 2005 = 100) gegenüber dem Indexstand bei Vertragsbeginn oder bei der letzten Mietpreisanpassung um mehr als 10 Punkte nach oben oder unten, ändert sich auch die Miete in entsprechendem Verhältnis mit Wirkung ab dem auf die Änderung folgenden Monat, ohne dass es hierzu besonderer Erklärungen auch nur einer Vertragspartei oder sonst einer Vertragsabänderung bedarf. Der prozentuale Umfang der Mietanpassung ist nach der Formel

$$\frac{\text{Indexstand neu}}{\text{Indexstand alt}} \times 100 - 100 = \text{Mietänderung in Prozentwert}$$

umzurechnen.[16]

(2) An die Stelle des bezeichneten Lebenshaltungskostenindex tritt die ihm am nächsten kommende Erhebung, falls der Index in seiner bisherigen Form nicht fortgeführt werden sollte.

(3) Bei Vorliegen einer fälschlich für genehmigungsfrei gehaltenen Klausel oder bei nachträglichem Auftreten von Hindernisse für die weitere Anwendung der Wertsicherungsklausel kann der Vermieter vom Mieter die Zustimmung zu einer Regelung verlangen, die als möglichst genehmigungsfreie Regelung den durch diesen Vertrag festgelegten Bestimmungen am nächsten kommt.[17]

(4) Wenn sich die laufenden Betriebskosten in einem Umfang erhöhen, dass die vom Mieter zu erbringenden Vorauszahlungen für das gesamte Abrechnungsjahr eine nicht unerhebliche Unterdeckung erwarten lassen, kann der Vermieter nach billigem Ermessen (§ 315 BGB) vom Mieter für die Zukunft ab dem jeweils nächsten Mietzahlungstermin die Zahlung eines erhöhten, voraussichtlich kostendeckenden Vorauszahlungsbetrags verlangen. Zur Zahlung der erhöhten Vorauszahlungen hat der Vermieter den Mieter schriftlich unter Beachtung der Fristanforderungen aus § 19 sowie unter Angabe des Erhöhungsgrundes aufzufordern. Für die Begründung der Erhöhung bedarf es keiner Zwischenabrechnung über die Betriebskosten, sondern nur einer summarischen Erläuterung derjenigen Umstände, die eine Unterdeckung erwarten lassen.[18]

### § 7 Zahlung von Miete und Nebenkostenvorauszahlung, Verrechnung von Zahlungen

(1) Miete und Vorauszahlungen im Sinne von §§ 5 und 6 sind monatlich im Voraus kostenfrei auf das Konto des Vermieters

Bank:                    ......
Konto-Nr.:               ......
BLZ:                     ......

zu entrichten. Die Zahlungen müssen jeweils bis zum 3. Werktag des betreffenden Monats auf dem Konto des Vermieters eingegangen sein.[19]

(2) Der Vermieter kann Zahlungen des Mieters nach seiner Wahl auf offene Forderungen verrechnen, soweit nicht der Mieter bei Zahlung den Verwendungszweck anderweitig bestimmt hat.[20]

### § 8 Aufrechnung, Zurückbehaltungsrecht, Mietminderung

(1) Gegen Forderungen aus diesem Vertrag kann der Mieter auch für die Zeit nach Beendigung des Mietverhältnisses nur mit unstreitigen oder rechtskräftig festgestellten Ansprüchen aufrechnen. Auch nach Rückgabe der Mietsache ist die Aufrechnung gegenüber Ansprüchen des Vermieters auf Zahlung von Mietzins, Betriebskosten und Nutzungsentschädigung ausgeschlossen.[21]

(2) Gegenüber den Forderungen des Vermieters aus diesem Vertrag steht dem Mieter ein Zurückbehaltungsrecht oder Leistungsverweigerungsrecht nur in bezug auf Forderungen aus diesem Vertrag zu, und zwar nur dann, wenn der Anspruch, auf den das Recht gestützt wird, unbestritten oder rechtkräftig bzw. entscheidungsreif festgestellt ist.[22]

(3) Die Geltendmachung eines Mietminderungsrechts mittels Abzugs vom vertraglich geschuldeten Mietzins ist dem Mieter nicht gestattet, und zwar auch nicht für die Zeit nach Beendigung des Mietverhältnisses und nach Rückgabe der Mietsache. Der Mieter wird insoweit auf die Geltendmachung etwaiger Bereicherungsansprüche verwiesen.[23]

## § 9  Betriebskostenabrechnung

(1) Für folgende Betriebskosten erfolgt die Verbrauchserfassung für die Mieträume über gesonderte Messgeräte:

– Beispiele –

Gas,
Wasser,
elektrische Energie
......

Den Ausgleich der vorstehend aufgelisteten Kosten übernimmt der Mieter unmittelbar gegenüber den betreffenden Versorgungsunternehmen als deren Kunde und entsprechend dem von diesen Unternehmen praktizierten Abrechnungsverfahren. Der Mieter stellt den Vermieter insoweit von sämtlichen Forderungen der Versorgungsunternehmen frei.[24]

(2) Über die übrigen Betriebskosten im Sinne von § 5 (2) und die vom Mieter nach § 5 (3) geleisteten Betriebskostenvorauszahlungen hat der Vermieter jährlich abzurechnen.[25] Die Betriebskostenabrechnung erfolgt jeweils per 31. Mai des betreffenden Jahres. Die Abrechnung ist dem Mieter spätestens bis zum Ablauf des zwölften Monats nach Ablauf des jeweiligen Abrechnungszeitraums mitzuteilen.[26]

(3) Die Umlage der Betriebskosten erfolgt, soweit diese nicht gemäß Ziff. (1) unmittelbar vom Mieter auszugleichen sind, wie folgt:

a) Heizungs- und Warmwasserkosten werden zu 60% nach dem gemessenen Verbrauch und zu 40% nach dem Verhältnis der Nutzflächen verteilt.

b) Die übrigen Betriebs- und Nebenkosten werden nach dem Verhältnis der Nutzflächen umgelegt.[27]

(4) Einwendungen gegen die nach Ziff. (2) und (3) zu erstellenden Abrechnungen hat der Mieter dem Vermieter spätestens bis zum Ablauf des sechsten Monats nach Zugang der Abrechnung mitzuteilen. Nach Ablauf dieser Frist kann der Mieter Einwendungen gegen die Abrechnung nicht mehr geltend machen.[28]

(5) Der Vermieter ist zu Teilabrechnungen über die Betriebskosten weder während des laufenden Mietverhältnisses noch anlässlich seiner Beendigung verpflichtet.[29]

## § 10  Mietkaution[30]

(1) Der Mieter hat bis spätestens zwei Wochen vor dem in § 2 festgelegten Mietbeginn eine Mietkaution in Höhe von ...... EUR auf das in diesem Vertrag bezeichnete Konto des Vermieters einzuzahlen.[31]

(2) Der Vermieter hat die Mietkaution bei einem Kreditinstitut seiner Wahl auf einem gesondert geführten Konto anzulegen, das auf seinen Namen eingerichtet wird. Der Kautionsbetrag ist mit einem Zinssatz anzulegen, der mindestens dem für Spareinlagen mit dreimonatiger Kündigungsfrist entsprechenden Zinssatz entspricht.[32]

(3) Der Vermieter ist auch gegen den Widerspruch des Mieters und auch während des laufenden Mietverhältnisses berechtigt, sich wegen aller Ansprüche aus dem Mietverhältnis und seiner Beendigung aus der Mietkaution und angefallenen Zinsen und Zinseszinsen zu befriedigen, soweit sich der Mieter mit der den Anspruch begründenden Leistungspflicht in Verzug befindet. Soweit vom Kreditinstitut für die

Auszahlung der Mietkaution Vorfälligkeitszinsen berechnet werden, gehen auch diese zu Lasten des Mieters und des Kautionskontos.[33]

(4) Unterschreitet der angelegte Kautionsbetrag infolge der vom Vermieter gesuchten Befriedigung den in Ziff. (1) bezeichneten Betrag, hat der Mieter den Kautionsbetrag nach Bekanntgabe des Kontostands durch den Vermieter umgehend und spätestens bis zum nächstfolgenden vertraglichen Mietzahlungstermin wieder auf die vereinbarte Höhe aufzustocken.[34]

(5) Vor Einzahlung des vollen Kautionsbetrags hat der Mieter keinen Anspruch auf Übergabe und Nutzung der Mieträume. Macht der Vermieter wegen rückständiger Mietkaution in Bezug auf die Übergabe der Mieträume ein Zurückbehaltungsrecht geltend, berechtigt dies den Mieter nicht zum Einbehalt der vertraglich geschuldeten Miete.

(6) Befindet sich der Mieter mehr als zwei Wochen mit der nach Ziff. (1) geschuldeten Zahlung des Kautionsbetrags in Rückstand, berechtigt dies den Vermieter zur fristlosen Kündigung des Mietverhältnisses.[35]

(7) Nach Beendigung des Mietverhältnisses hat der Vermieter über die Mietkaution abzurechnen. Hierfür steht ihm ab Beendigung des Mietverhältnisses eine Überlegungsfrist von sechs Monaten zur Verfügung.[36] Ist bei Mietende noch über die Betriebskosten abzurechnen, kann der Vermieter zur Abdeckung des zu seinen Gunsten zu erwartenden Abrechnungssaldos für die Dauer des in § 9 (2) S. 3 bezeichneten Zeitraums einen nach eigenem Ermessen zu bestimmenden Schätzbetrag auch länger einbehalten. Für die Dauer der vorstehend bezeichneten Fristen kann der Mieter wegen seines Anspruchs auf Kautionsrückgewähr weder ein Zurückbehaltungsrecht geltend machen noch die Aufrechnung gegenüber Forderungen des Vermieters erklären.[37]

(8) Im Falle der Veräußerung der Mietsache durch den Vermieter (§ 566 BGB) kann der ausscheidende Vermieter sich wegen aller bis zur Eintragung des Erwerbers im Grundbuch entstehenden Ansprüche nach Maßgabe von Ziff. (3) aus der Kaution befriedigen. Mit erfolgter Grundbucheintragung hat der ausscheidende Vermieter den zu diesem Zeitpunkt valutierenden Kautionsbetrag (Kautionssumme zuzüglich Zinsen abzüglich zugunsten des Vermieters erfolgter Verrechnungen) auf den Erwerber zu übertragen. Die Übertragung kann nach Wahl des ausscheidenden Vermieters durch die Umschreibung des Kautionskontos auf den Namen des Erwerbers oder durch Auszahlung des Kautionsguthabens an den Erwerber erfolgen. Mit erfolgter Übertragung wird der ausscheidende Vermieter von der Pflicht zur Rückerstattung der Kaution befreit. Hiervon unberührt bleibt das Recht des Mieters, gegenüber dem ausscheidenden Vermieter die Rückerstattung unberechtigt vereinnahmter Kautionsbeträge zu verlangen.[38]

### § 11 Erhaltung und Instandsetzung der Mieträume[39], Anzeige von Mängeln und Gefahren

(1) Der Vermieter hat die Mieträume hinsichtlich der grundlegenden konstruktiven Bauteile (Arbeiten an Dach und Fach) instand zu halten und zu reparieren. Dem Vermieter obliegt außerdem die Erhaltung und Instandsetzung:

• der zentralen Heizungs- und Warmwasseranlage,
• der Fenster und Türen, soweit es deren Substanzerhaltung und Funktionalität angeht und der Vertrag hierzu keine abweichenden Regelungen enthält (vgl. Ziff. 2),

● der Anschlüsse, derer es für die Grundversorgung mit Wasser, Gas und elektrischer Energie und für die Entwässerung in dem bei Mietbeginn vorhandenen Standard bedarf,

......

(2) Im Übrigen obliegt die fachgerechte Durchführung sämtlicher Erhaltungs- und Instandsetzungsmaßnahmen dem Mieter. Der Mieter hat regelmäßig alle Schönheitsreparaturen einschließlich des Außen- und Innenanstrichs von Türen und Fenstern und des Heizkörperanstrichs durchzuführen. Er hat die ihm zur Nutzung überlassenen Inventarteile und alle in den Mieträumen befindlichen technischen Anlagen einschließlich der Endinstallationen für Gas, Strom, Wasser, Abwasser und Beleuchtung auf seine Kosten zu pflegen, zu warten und instand zu halten. Die Mietsache ist stets in gebrauchsfähigem und gepflegtem Zustand zu halten. Die Abnutzung der Mieträume ist auf das bei vertragsgemäßem Mietgebrauch unbedingt erforderliche Ausmaß zu beschränken.[40]

Der Mieter übernimmt außerdem folgende Erhaltungs- und Instandsetzungsmaßnahmen:

......

(3) Etwaige Mängel der Mietsache, drohende Gefahren für die Mietsache und die Anmaßung von Rechten Dritter an der Mietsache hat der Mieter dem Vermieter unverzüglich anzuzeigen (§ 536c BGB). Die Pflicht des Mieters zur unverzüglichen Anzeige erstreckt sich auch auf Gefahren für das Eigentum, das Leben, den Körper, die Gesundheit und sonstige Rechte Dritter, soweit deren Interessen durch die Mietsache und den von ihr gemachten Gebrauch in nicht nur unerheblichem oder verkehrsüblichem Umfang betroffen sind.[41]

### § 12 Betreten der Mieträume[42]

(1) Der Vermieter ist bei Vorliegen berechtigter Interessen befugt, die Mieträume nach vorheriger Ankündigung zu betreten und zu besichtigen oder hiermit andere Personen zu beauftragen.

(2) Ein berechtigtes Interesse des Vermieters daran, sich vom Zustand der Mietsache zu überzeugen, ist mindestens zweimal jährlich auch ohne besonderen Anlass gegeben. Ein berechtigtes Interesse besteht darüber hinaus insbesondere dann, wenn an den Mieträumen oder angrenzenden Bauteilen Umbauten, Modernisierungsarbeiten oder Erhaltungs- und Instandhaltungsmaßnahmen durchgeführt werden sollen oder wenn Anlagen, die für die Mieträume und ihre zeitgemäße Ausstattung zweckdienlich sind (z.B. für die Versorgung mit Wärme, Wasser, Gas und Strom), zu installieren, zu warten oder zu kontrollieren sind. Ein berechtigtes Interesse ist außerdem dann gegeben, wenn eine vorangegangene Besichtigung Anlass zu Beanstandungen gegenüber dem Mieter gegeben hatte.

(3) Beabsichtigt der Vermieter die Veräußerung oder Weitervermietung der Mieträume, hat der Mieter nach vorheriger Ankündigung durch den Vermieter die Besichtigung durch Kauf- und Mietinteressenten sowie durch Architekten, Handwerker oder Makler zu dulden.

### § 13 Bauliche Eingriffe und Veränderungen

(1) Der Vermieter ist nach vorheriger Ankündigung berechtigt, Umbauten, Modernisierungsarbeiten und Reparaturen in den Mieträumen und angrenzenden Bauteilen durchzuführen, wenn dies zur Erhaltung oder Verbesserung der Mieträume

oder angrenzender Bauteile, zur Einsparung von Energiekosten oder zur Abwehr und Beseitigung von Schäden und Gefahren für die Mieträume oder angrenzende Bauteile zweckdienlich ist. Eine Verbesserung der Mieträume im Sinne dieses Vertrags kann insbesondere auch darin begründet liegen, dass die Maßnahme der wirtschaftlichen Nutzung und Verwertung der Mieträume bzw. des Gesamtobjekts förderlich ist.[43]

(2) Die in Ziff. (1) bezeichneten Maßnahmen hat der Mieter grundsätzlich entschädigungslos zu dulden. Der Mieter kann ausnahmsweise eine angemessene Herabsetzung der Miete geltend machen, wenn die vom Vermieter veranlassten Arbeiten eine so erhebliche Beeinträchtigung im Mietgebrauch bewirken, dass die Fortentrichtung der vollen Miete für den Mieter unbillig wäre. Mit weitergehenden Ansprüchen ist der Mieter insoweit ausgeschlossen. Die Regelungen in § 8 (3) zur Durchsetzung einer Mietminderung bleiben von diesen Regelungen unberührt.[44]

(3) Der Mieter darf bauliche Veränderungen an den Mieträumen und Änderungen am Inventar oder an den technischen Einrichtungen und Versorgungsanlagen nur dann vornehmen, wenn der Vermieter dies zuvor schriftlich erlaubt hat. Die Erlaubnis des Vermieters kann der Mieter unter Berücksichtigung der schutzwürdigen Belange des Vermieters nur für solche Maßnahmen verlangen, deren Unterbleiben den vertraglichen Mietzweck wesentlich beeinträchtigen oder für den Mieter eine unbillige Härte bewirken würde.[45]

### § 14  Wegnahme von Einrichtungen, Rückbau, Aufwendungsersatz

(1) Bei Beendigung des Mietverhältnisses hat der Mieter die von ihm eingebrachten Einrichtungen auf seine Kosten aus den Mieträumen zu entfernen, Ein- und Umbauten zurückzubauen und den ursprünglichen Zustand der Mieträume wieder bezugsfertig herzustellen.[46]

(2) Der Vermieter kann verlangen, dass vom Mieter eingebrachte Einrichtungen entschädigungslos in den Mieträumen verbleiben. Eine angemessene Entschädigung steht dem Mieter nur dann zu, wenn der entschädigungslose Verbleib der Einrichtungen für den Mieter ein unbillige Härte bewirken würde.[47]

### § 15  Kündigung

Für die Kündigung des Mietverhältnisses gelten die gesetzlichen Bestimmungen, soweit die Parteien nicht mit diesem Vertrag besondere Regelungen getroffen haben.[48]

### § 16  Rückgabe der Mietsache, Nutzungsentschädigung

(1) Bei Beendigung des Mietverhältnisses hat der Mieter die Mieträume und die Nebenräume in vertragsgemäßen Zustand zu versetzen, vollständig zu räumen und mit sämtlichen Schlüsseln bezugsfertig an den Vermieter herauszugeben.[49]

(2) Setzt der Mieter den Mietgebrauch nach Beendigung des Mietverhältnisses fort, ist als Nutzungsentschädigung mindestens der zuletzt geschuldete vertragliche Mietzins zuzüglich der zuletzt geschuldeten Betriebskostenvorauszahlungen fortzuentrichten.[50] Dem Vermieter bleibt die Geltendmachung weiterer Schäden vorbehalten.[51]

(3) Für die Abrechnung der vom Mieter nach Beendigung des Mietverhältnisses entrichteten Betriebskostenvorauszahlungen gelten die vertraglichen Regelungen weiter.

### § 17 Ausschluss von § 545 BGB

Setzt der Mieter nach Ablauf der Mietzeit den Mietgebrauch fort, führt dies nicht zur stillschweigenden Verlängerung des Mietverhältnisses. § 545 BGB findet keine Anwendung.[52]

### § 18 Untervermietung

(1) Die Untervermietung der Mieträume oder von Teilen hiervon ist dem Mieter nur mit ausdrücklicher Erlaubnis des Vermieters gestattet.[53]

(2) Die Erlaubnis des Vermieters zur Untervermietung kann der Mieter nur ausnahmsweise und nur bei Vorliegen so schwer wiegender Gründe verlangen, dass die Versagung der Erlaubnis zur Untervermietung für den Mieter eine besondere Härte bewirken würde. Bei der Anführung von Härtegründen ist der Mieter insbesondere mit solchen Umständen ausgeschlossen, deren Eintritt bereits bei Begründung des Mietverhältnisses feststand oder bei sorgfältiger Geschäftsführung und -planung absehbar oder vermeidbar war.[54]

(3) Um die Gewährung der Erlaubnis zur Untervermietung hat der Mieter den Vermieter mindestens ...... Monate vor Beginn des Untermietverhältnisses schriftlich zu ersuchen. Mit diesem Ersuchen ist der in Aussicht genommene Untermieter mit Namen (ggf. dem Namen der ihn vertretenden Personen), Anschrift und Gewerbe zu benennen. Außerdem sind im Einzelnen diejenigen Gründe anzuführen, die ein Recht auf Erlaubniserteilung im Sinne von Ziff. (2) begründen sollen.

(4) Der Vermieter kann die Zustimmung zur Untervermietung auch bei Vorliegen hinreichender Gründe im Sinne von Ziff. (2) aus wichtigem Grunde versagen. Versagungsgründe können sowohl in der Person oder dem Gewerbe des Untermieters als auch in seinen persönlichen und wirtschaftlichen Verhältnissen oder in den persönlichen und wirtschaftlichen Belangen des Vermieters begründet liegen.[55] Selbst eine unberechtigte Versagung der Erlaubnis zur Untervermietung berechtigt den Mieter nicht zur eigenmächtigen Gebrauchsüberlassung an Dritte. Zur Durchsetzung eines etwa bestehenden Rechts auf Zustimmung wird der Mieter auf den Klageweg verwiesen.[56]

(5) Verweigert der Vermieter die Zustimmung zur Untervermietung, obwohl die Voraussetzungen gemäß Ziff. (2) und (3) erfüllt sind und ein Versagungsgrund im Sinne von Ziff. (4) nicht gegeben ist, kann der Mieter das Mietverhältnis außerordentlich mit der gesetzlichen Frist aufkündigen.[57]

### § 19 Ankündigungsfrist

Ankündigungen und Aufforderungen der Vertragsparteien, die auf eine Duldung oder Handlung des jeweiligen Vertragspartners abzielen, sollen den zeitlichen Rahmen verkehrsüblicher Geschäftsabläufe wahren und dem Vertragspartner mindestens drei Werktage vor dem angestrebten Termin zugegangen sein, soweit nicht besondere Gründe eine Verkürzung dieser Frist erfordern.[58] Umbauten, Modernisierungsmaßnahmen und nicht eilbedürftige Erhaltungs- und Instandsetzungsmaßnahmen, die mit erheblichen baulichen Substanzeingriffen in den Mieträumen einhergehen, sind dem Mieter mindestens 4 Wochen im Voraus anzukündigen.

## § 20 Vertragsänderung, Nebenabreden

(1) Änderungen und Ergänzungen dieses Mietvertrags bedürfen der Schriftform.[59]

(2) Mündliche Nebenabreden haben die Vertragsparteien nicht getroffen.[60]

............    ............
(Vermieter)                                         (Mieter)

*Schrifttum: Beisbart,* Stellvertretung bei Abschluss von Mietverträgen und Schriftform, NZM 2004, 293; *Borutzki-Pasing,* Klauselkontrolle in der Gewerberaummiete, NZM 2004, 161; *Bub,* Gewerberaummietvertrag und AGB-Gesetz, NZM 1998, 789; *Dercks,* Betriebskostenvorauszahlungen – Sorgenkind „Zweite Miete", NZM 2004, 321; *Holtfester,* Die Kündigung des gewerblichen Mietverhältnisses, MDR 2000, 421; *Horst,* Vertragslaufzeiten und Kündigungsfristen im Wohn- und Gewerbemietrecht, DWW 2007, 326; *Hülk,* Schriftform bei langfristigen Mietverträgen – ein Dauerproblem, NJW 2007, 3313; *Kraemer,* Kaution und Mietbürgschaft nach der Mietrechtsreform, NZM 2001, 737; *ders.,* Die Kündigung aus wichtigem Grund nach altem und neuem Recht, WuM 2001, 163; *Lindner-Figura,* Die Einhaltung des mietvertraglichen Schriftformgebots bei Nachträgen, NJW 2009, 1861; *Möller,* Aktuelle Rechtsprechung zur Schriftform langfristiger Mietverträge, ZfIR 2008, 87; *Peters,* Die Gefährdung der Kaution und ihr Schicksal im Falle der Übertragung der gesicherten Forderung, JR 1997, 353; *v. Seldeneck,* Wirtschaftlichkeitsgebot beim Ansatz von Betriebskosten, NZM 2002, 545; *Schultz,* Die Annahmeerklärung als „casus belli" der gesetzlichen Schriftform gewerblicher Mietverträge, NZM 2007, 509; *Scholz,* Wohnraummodernisierung und Mieterhöhung, WuM 1995, 87; *Sonnenschein,* Die Erhöhung der Vorauszahlungen auf Betriebskosten, NJW 1992, 265; *Schmid,* Mietnebenkosten und Schriftform, NZM 2002, 483; *Streyl,* Kauf bricht nicht Miete, NZM 2010, 343; *Törnig,* Minderungs- und Aufrechnungsverbots-AGB im Gewerberaummietvertrag, NZM 2009, 847; *Wichert,* Mängel, vorbehaltlose Zahlung, ZMR 2000, 65; *Wodicka,* Instandhaltungs- und Instandsetzungsvereinbarung bei der Geschäftsraummiete und AGB-gesetzliche Inhaltskontrolle, NZM 1999, 1081.

### Anmerkungen

**1.** Der Begriff der in diesem Kapitel behandelten **Gewerberaummiete** definiert sich nach dem vertraglichen Zweck der Vermietung. Mietrechtlich zu unterscheiden sind die Wohnraummiete, die Gewerberaummiete (Geschäftsraummiete) und Mischmietverhältnisse (vgl. dazu im Einzelnen Form. A. VI. 7). Für die Einordnung des Vertrags ist der nach den übereinstimmenden Vorstellungen der Vertragsparteien verfolgte Vertragszweck maßgeblich, also nicht der tatsächliche – ggf. vertragswidrige – Mietgebrauch und auch nicht das etwaige Bestehen öffentlich rechtlicher Hindernisse für die Verfolgung des Vertragszwecks (vgl. OLG Düsseldorf ZMR 2002, 589; Hannemann/Wiegner/*Nies,* Münchener Anwaltshandbuch Mietrecht, 3. Aufl., § 6 Rdn. 23; Schmidt-Futterer/*Blank* vor §§ 535 Rdn. 90 mit diversen Fallbeispielen zur Gewerberaummiete).

Gewerberaummietverträge sind üblicherweise als **Formularverträge** konzipiert, die den gesetzlichen Bestimmungen zum AGB-Recht unterliegen. Zur Anwendbarkeit der §§ 305 ff. BGB wird zunächst auf Anm. 1 zu Form. A. V. 1 verwiesen. Im Bereich von Miete und Pacht finden gemäß Art. 229 § 5 S. 2 EGBGB auch auf Altverträge nur noch die Vorschriften der §§ 305 ff. BGB und nicht mehr die Bestimmungen des AGBG Anwendung, da es sich bei Miete und Pacht um Dauerschuldverhältnisse handelt. Im Übrigen wird im Zusammenhang mit den einzelnen Formularklauseln auf spezielle Probleme aus dem AGB-Recht eingegangen werden.

**2.** Dem Kapitel wird hier ein **Standardformular** mit typischen mietvertraglichen Regelungsinhalten vorangestellt. Die vielfältigen Anforderungen des Rechts- und Geschäftsverkehrs an die Ausgestaltung von Gewerbemietverträgen stehen einer Generalisierung der Regelungsinhalte allerdings weitgehend entgegen. Dies gilt umso mehr, als das Gewerbemietrecht gegenüber der Wohnraummiete eine ungleich größere Gestaltungsfreiheit eröffnet. Die gänzlich unveränderte Übernahme dieses und anderer Formulare zur Gewerberaummiete wird daher nur im Ausnahmefall möglich sein. Die Anmerkungen zu den einzelnen Klauseln des Standardvertrags sollen wesentliche Grundfragen der Gewerberaummiete umreißen. Zugleich werden alternative und erweiterte Regelungsmöglichkeiten behandelt.

Die Verwendung eines Formularvertrags dient auch dazu, der **Schriftform im Sinne von § 550 S. 1 BGB** zu genügen. Das allgemeine Schriftformerfordernis für die Begründung langfristiger Mietverhältnisse regelt § 550 BGB, der gemäß § 578 Abs. 2 S. 1 BGB auch für gewerbliche Mietverhältnisse zwingend ist (für die Landpacht vgl. aber die Sondervorschrift des § 585 a BGB). Bei Verträgen ist die Schriftform gewahrt, wenn dieselbe Urkunde von beiden Vertragsparteien unterzeichnet wird (§ 126 Abs. 2 S. 1 BGB) und alle wesentlichen vertraglichen Abreden in einer Urkunde enthalten sein müssen (**Prinzip der Einheitlichkeit der Vertragsurkunde**; vgl. BGH ZMR 1998, 12 = NJW 1998, 58). Die Rechtsprechung hatte zunächst gefordert, dass die Einheit der Urkunde äußerlich durch Beifügung von in Bezug genommenen Urkunden zur Haupturkunde in Erscheinung treten müsse und die bloße gedankliche Verbindung, die in einer Bezugnahme liege, nicht ausreiche; notwendig sei in jedem Fall eine Verbindung, deren Auflösung nur durch teilweise Substanzverletzung oder Gewaltanwendung möglich sei (vgl. etwa BGHZ 40, 255, 263).

Rechtspraxis und -literatur zeigten indessen, dass die Erfüllung der strengen Anforderungen an die Wahrung der Schriftform Gegenstand einer immer breiteren Kasuistik wurden. Schwierigkeiten hinsichtlich der Wahrung der Schriftform traten insbesondere dann auf, wenn die Parteien Vertragsformulare nicht vollständig ausfüllten, außerhalb der Vertragsurkunde Änderungen oder Ergänzungen niederlegten oder auf anderweitige Urkunden Bezug nahmen, ohne diese zum festen Bestandteil des Vertrags zu machen. Die Rechtsprechung ist daher wiederholt mit der Problematik der Einheitlichkeit der Vertragsurkunde befasst worden. Zur Vermeidung von Härten hat die Rechtsprechung die sog. **Auflockerungsrechtsprechung** entwickelt, die ihrerseits zu einer kaum noch überschaubaren Kasuistik gefunden hat:

Der BGH (NJW 1998, 58) hat zunächst entschieden, dass die feste körperliche Verbindung einzelner Blätter eines Vertragskonvoluts nicht erforderlich sei, wenn sich die Einheit der Urkunde aus anderen eindeutigen Merkmalen ergebe, zu denen insbesondere fortlaufende Paginierung, fortlaufende Nummerierung der einzelnen Textabschnitte sowie ein über das jeweilige Seitenende hinaus fortlaufender Text gehören. Diese „gedankliche" Verbindung mehrerer Blätter zu einer einheitlichen Urkunde hat der VII. Zivilsenat dahin fortgeführt, dass die Schriftform des § 126 BGB keine körperliche Verbindung der Urkunde mit den in Bezug genommenen Anlagen verlange, sondern auch dann gewahrt sei, wenn sich die Einheit von Urkunde und Anlagen aus einer Verweisung sowie der Unterschrift der Vertragsparteien auf jedem Blatt der Anlage ergebe (vgl. BGH NJW 1999, 1104). Die Einheit der Vertragsurkunde ist ferner dann bejaht worden, wenn im Hauptvertrag auf eine Anlage Bezug genommen wird und alle Blätter der Anlage von den Vertragsparteien paraphiert sind (vgl. BGH NJW 2000, 354). Der BGH (a. a. O.) hat dabei ausgeführt, dass es der Eindeutigkeit der Verweisung nicht entgegenstehe, wenn ein als Anlage bezeichnetes Schriftstück keine ausdrückliche Rückverweisung auf den Mietvertrag enthalte, da es für den Schutzzweck des § 566 BGB ausreiche, dass ein späterer Grundstückserwerber durch die Verweisung im Hauptvertrag auf die Existenz einer Anlage hingewiesen werde. Darüber hinaus hat der BGH die Einhaltung der Schriftform für einen Nachtragsvertrag bejaht, wenn eine Nachtragsurkunde auf den ursprünglichen Vertrag Bezug nimmt und zum Ausdruck kommt, es solle unter Einbeziehung der Nachträge bei dem verbleiben, was früher formgültig niedergelegt war (vgl. BGH NJW-RR 2000, 744).

Die Rechtsprechung des BGH hat in der Folgezeit noch vielfältige Erweiterungen erfahren. So hat der BGH (vgl. NZM 2002, 20) die Kriterien der Einheitlichkeit und der körperlichen Verbindung mehrerer Vertragsbestandteile praktisch aufgegeben und angenommen, dass die Verwendung eines aus losen Blättern bestehenden Vordrucks, bei dem die auf den Rückseiten stehenden Bestimmungen durch Bezugnahme im unterschriebenen Vertragstext einbezogen wurden, der Wahrung der Schriftform nicht entgegensteht und dass auch Zusatzvereinbarungen ohne Anheftung einbezogen sind, wenn der gedankliche Zusammenhang mit dem Mietvertrag durch wechselseitige Bezugnahme gewahrt ist.

Die Schriftform eines langfristigen Mietvertrags soll sogar dann gewahrt sein, wenn der Vermieter mit dem Altmieter schriftlich vereinbart, dass der Neumieter in den Vertrag eintritt und dieser der Vertragsübernahme formlos zustimmt (vgl. BGH NZM 2005, 584). Das erscheint in mehrfacher Hinsicht als problematisch. Mit dem Schriftformerfordernis für den Mietvertrag im Sinne von § 550 BGB soll die Unterrichtung eines späteren Grundstückerwerbers über die auf ihn übergehenden Rechts und Pflichten gewährleistet werden (§ 566 BGB); außerdem sollen für beide Vertragsparteien Unklarheiten und Beweisschwierigkeiten vermieden werden (vgl. Palandt/*Weidenkaff* § 550 Rdn. 1; *Franke* ZMR 1998, 529). Die Schriftform schafft zudem eine gewisse Zäsur, die dem vorschnellen und unbedachten Abschluss eines Dauerschuldverhältnisses mit oft gewichtigen rechtlichen und wirtschaftlichen Folgen entgegenwirkt. Diesen Zwecken ist nur dann konsequent gedient, wenn rechtsgestaltende Akte, welche die Vertragsdauer betreffen, schriftlich dokumentiert sind.

Der bereits behandelte Grundsatz, wonach die in Anlagen ausgelagerten **Essentialia** jedenfalls zweifelsfrei zuzuordnen sein müssen, hat in der Rechtsprechung des BGH (NJW 2000, 354) ebenfalls eine **bedenkliche zusätzliche Auflockerung** erfahren. Der BGH hatte über einen Fall zu entscheiden, bei dem der schriftliche Pachtvertrag auf eine Anlage (Inventarverzeichnis) verwies, deren nachträgliche Erstellung beabsichtigt war, letztlich aber unterblieb. Der Wahrung der Schriftform hat der BGH (a. a. O.) nicht entgegenstehen lassen, dass die im Pachtvertrag erwähnte Anlage nicht existierte. Dieser Umstand lasse nicht den Schluss zu, dass der Pachtvertrag mangels Erstellung des Inventarverzeichnisses nicht zustande gekommen sei. Selbst wenn die Vertragsparteien sich bei Vertragsunterzeichnung über das mitverpachtete Inventar im Einzelnen noch nicht einig gewesen wären, würde dies das Zustandekommen des Vertrages nicht in Frage stellen, denn die Auslegungsregel des § 154 Abs. 1 S. 1 BGB, der zufolge ein Vertrag im Zweifel nicht geschlossen ist, solange die Parteien sich noch nicht über alle Punkte geeinigt haben, über die nach der Erklärung auch nur einer Partei eine Vereinbarung getroffen werden soll, sei angesichts der feststehenden Umstände der tatsächlichen Durchführung des Vertrages hier nicht anwendbar. Die Vertragsparteien hätten den Vertrag als abgeschlossen angesehen und ihn in Vollzug gesetzt. Mit dieser Argumentation setzt sich der BGH dem Verdacht aus, nicht hinreichend zwischen dem (mündlichen oder konkludenten) Vertragsschluss als solchem (der zumeist unschwer zu bejahen ist) und der Wahrung der Schriftform unterschieden zu haben. Ein mündlich abgeschlossener Mietvertrag ist nicht per se unwirksam. Mit ihm kann nur keine längere Mietzeit als ein Jahr verbindlich festgelegt werden. Der häufig ausgetragene Streit um die Kündbarkeit eines langfristigen Mietverhältnisses hat zumeist einen bereits seit langem wirksam in Vollzug gesetzten Vertrag zum Gegenstand.

Gleich gelagerten Bedenken begegnet eine weitere Entscheidung des BGH (NZM 2005, 704), wenn sie für den Fall der Nichtexistenz einer im Mietvertrag in Bezug genommenen Bau- und Ausstattungsbeschreibung von der Wahrung der Schriftform ausgeht. Zwar sei es denkbar (so der BGH a. a. O.), dass die Parteien mit der Bezeichnung einer Anlage als „wesentlicher Bestandteil" deren Beifügung zum Vertrag als gewillkürte Form im Sinne des § 127 BGB a. F. vereinbaren und die Wirksamkeit des Vertrages von deren Einhaltung abhängig machen wollten. Das Gegenteil eines Dissenses folge aber daraus, dass die Parteien den Vertrag tatsächlich durchgeführt hätten und dass nach der salvatorischen Klausel im Mietvertrag die vertragliche Bindung durch die Unwirksamkeit einzelner Vertragsbestimmungen nicht beeinträchtigt werden sollte. Auch diese Argumentation dürfte die Frage nach dem vertraglichen Bindungswillen mit der Frage nach der Wahrung der Schriftform bei der Einbeziehung wesentlicher Vertragsbestandteile unzulässig vermischen.

Schriftformprobleme können sich auch ergeben, wenn der Mietvertrag wesentliche Punkte noch nicht abschließend festlegt. Es genügt grundsätzlich, wenn solche Regelungen bereits hinreichend bestimmt niedergelegt sind. So ist der **Mietbeginn hinreichend bestimmt**, wenn er nach dem Mietvertrag mit Übergabe der Mietsache einsetzen soll (vgl. BGH NZM 2006, 54). Das OLG Dresden (NZM 2004, 826) hat die Wahrung der Schriftform bejaht, wenn der Mietbeginn in einem formwirksamen Nachtrag (Übergabeprotokoll) niedergelegt werden soll. Problematisch ist an beiden Entscheidungen, dass der Mietbeginn bei Vertragsschluss nach seinem Datum noch nicht feststeht, der BGH jedoch für die hinreichende Bestimmbarkeit grundsätzlich die Forderung aufgestellt hat, dass für die Bestimmbarkeit (auch) auf den Zeitpunkt des Vertragsschlusses abzustellen ist (vgl. BGH NJW 1999, 3257; *Fritz* in Anm. zu BGH NZM 2006, 54, jurisPR 5/2006 Anm. 4).

Haben die Parteien für den Fall mangelnder Schriftform eines langfristigen Mietvertrags ihre jeweilige **Mitwirkungspflicht zu ergänzender Beurkundung** vereinbart, so ist die Kündigung einer Partei erst bei Scheitern der Beurkundung zulässig. Bis dahin verstößt die sich auf den Formmangel berufende Partei gegen Treu und Glauben, wenn sie sich vom Vertrag lösen will (vgl. OLG Düsseldorf ZMR 2004, 749). Auch die Vereinbarung in einem Vorvertrag, dass ein langfristiges Mietverhältnis begründet werden solle, verpflichtet die Parteien zur Mitwirkung am Zustandekommen eines formgültigen schriftlichen Hauptvertrages (vgl. BGH NZM 2007, 445).

Die Schriftform eines langfristigen Mietvertrages kann auch durch die **Übermittlung eines Schreibens** gewahrt werden. Wenn die Vertragsbestimmungen in einem unterzeichneten Schreiben der einen Partei niedergelegt sind und die andere Partei das Schreiben nach Erhalt – mit oder ohne einen das uneingeschränkte Einverständnis erklärenden Zusatz – ihrerseits unterzeichnet, bedarf es nicht der nochmaligen Unterzeichnung durch die eine Partei unterhalb der Gegenzeichnung der anderen (vgl. BGH ZMR 2004, 804 unter Aufgabe von RGZ 105, 60).

**Nachträgliche mündliche Änderungen und Ergänzungen zum Mietvertrag** können zur Abbedingung der Schriftform (vgl. KG ZMR 2010, 359) und zum **Wegfall der Schriftformwahrung** führen, wenn es sich um einen **wesentlichen Regelungspunkt** handelt (vgl. hierzu eingehend: Lindner-Figura NJW 2009, 1861; zur Änderung des Vertragszwecks vgl. OLG Rostock OLGR 2009, 890). Im Einzelnen ist das umstritten. Das OLG Karlsruhe (OLGR 2001, 233 und OLGR 2003, 201) und das OLG Rostock (OLGR 2002, 34) gehen z.B. davon aus, dass jede nachträgliche, zeitlich nicht beschränkte Änderung der Miethöhe wesentlich ist. *Emmerich* (Staudinger/*Emmerich* § 550 Rdn. 28 f.) hält eine Erhöhung oder Herabsetzung der Miete nur dann für wesentlich, wenn die Änderung mehr als 10% oder 20% beträgt. *Heile* (in Bub/Treier II Rdn. 770) geht von dem Formzwang unterliegenden Änderungsvereinbarungen bei einer wesentlichen Erhöhung der Miete aus (einschränkend bei der Annahme wesentlicher Regelungspunkte auch: KG ZMR 2005, 618). Unwesentlich dürften auch kleinere Anpassungen der Betriebskostenvorauszahlungen sein. Nachträgliche Abreden über die Nutzung von Pkw-Einstellplätzen hat das OLG Frankfurt (Urt. v. 21. 11. 2008 – 2 U 94/08 – BeckRS 2010, 01 505) dagegen für wesentlich gehalten.

Nachträgliche Vereinbarungen können aber auch zur **Heilung eines Schriftformmangels** führen. Ist ein formgerechter Mietvertrag mangels rechtzeitiger Annahme zunächst nicht abgeschlossen worden, so kommt durch eine insoweit formgerechte Nachtragsvereinbarung, die auf die ursprüngliche Urkunde Bezug nimmt, ein insgesamt formwirksamer Mietvertrag zustande (vgl. BGH NZM 2009, 515).

Die Rechtsprechung zum Schriftformerfordernis hat inzwischen einen Umfang angenommen, der sich im hier gegebenen Zusammenhang einer umfassenden Darstellung entzieht. Insoweit muss auf Rechtsprechungsauswertungen und Aufsätze Bezug genommen werden, die sich auf diese Thematik konzentrieren (vgl. aus der jüngeren Rechtsliteratur z.B.: *Lindner-Figura*, Die Einhaltung des mietvertraglichen Schriftformgebots bei Nachträgen, NJW 2009, 1861; *Möller*, Aktuelle Rechtsprechung zur Schriftform langfristiger Mietverträge, ZfIR 2008, 87; *Hülk*, Schriftform bei langfristigen Mietverträgen – ein Dauerproblem, NJW 2007, 3313; *Schultz*, Die Annahmeerklärung als „casus belli" der gesetzlichen Schriftform gewerblicher Mietverträge, NZM 2007, 509; *Beisbart*, Stellvertretung bei Abschluss von Mietverträgen und Schriftform, NZM 2004, 293 (zur Problematik von Vertretungsverhältnissen vgl. auch BGH NJW 2008, 2178; *Schmid*, Mietnebenkosten und Schriftform, NZM 2002, 483).

Für die Vertragsgestaltung ist dringend zu empfehlen, dem Schriftformerfordernis dadurch Rechnung zu tragen, dass die Schriftform entsprechend den strengen Anforderungen der früheren Rechtsprechung strikt eingehalten wird.

**3.** Die Regelung legt den **Vertragsgegenstand,** die „Mietsache" im Sinne von § 535 Abs. 1 BGB, fest. Eine genaue Spezifizierung der Mieträume und ggf. eine Festlegung aller zugehörigen Flächenanteile nach Quadratmetern empfiehlt sich insbesondere dann, wenn unterschiedliche Miet- und Nutzungsflächen räumlich nicht klar voneinander abgegrenzt sind und wenn unterschiedliche Mietpreise (pro qm) für verschiedene Mietflächen gelten.

**4.** Die **Ermittlung der Mietfläche nach Quadratmetern** ist erforderlich, wenn sich der Mietzins nach einem Quadratmeterpreis bestimmt (vgl. dazu Form. A. VI. 5 § 5) oder wenn die Umlage der Betriebskosten – ggf. teilweise – flächenanteilig erfolgen soll. Vereinbarungen über die Mietfläche, deren genaue Ermittlung oft nicht unerheblichen Aufwand erfordert, sind bei der Gewerbemiete möglich und werden hier als fakultative Klausel vorgeschlagen. Die Regelungen zur Mieterhöhung gemäß §§ 558 ff. BGB gelten im gewerblichen Mietrecht nicht, weshalb es der genau ermittelten Mietfläche als festem Bezugspunkt für die Bestimmung der Miethöhe nach der hier vertretenen Auffassung nicht zwingend bedarf. Es muss allerdings fest stehen, worauf sich die Gebrauchsberechtigung des Mieters flächenmäßig erstreckt und für welche Flächen der Vermieter die Zahlung von Mietzins verlangt. Vorbehalts- oder Abänderungsklauseln sind auch im unternehmerischen Rechtsverkehr nur zulässig, wenn sie auf schwerwiegende Änderungsgründe beschränkt sind und die Interessen des anderen Vertragsteils angemessen berücksichtigen. Dies ist etwa dann der Fall, wenn solche Klauseln darauf abzielen, Regelungen für bei Vertragsschluss nicht vorhersehbare Umstände zu treffen (vgl. OLG Celle OLGR 1996, 40). Greifen sie dagegen einseitig und erheblich in das vertragliche Leistungsgefüge ein, so verletzen sie den auch im unternehmerischen Rechtsverkehr geltenden Grundsatz, dass beide Vertragspartner an eine von ihnen getroffene Vereinbarung gebunden sind und eine Abänderung dieser Vereinbarung grundsätzlich nur im beiderseitigen Einvernehmen erfolgen darf (vgl. BGHZ 89, 206; OLG Celle OLGR 1996, 40). Im Zweifel sollten die Parteien daher die Fläche, die den mietvertraglichen Gebrauchbefugnissen unterfällt, möglichst genau beschreiben oder anhand von Planskizzen konkretisieren.

**5.** **Fehler bei der Mietflächenberechnung** können sich in mehrfacher Hinsicht auswirken. Wenn die fehlerhafte Ermittlung der Mietfläche beim Vermieter lediglich zu einem internen Kalkulationsirrtum geführt hat, ohne dass die Bemessungsgrundlagen zum Vertragsinhalt gemacht wurden, erfolgt keine Minderung des Mietzinses nach § 536 BGB und auch keine bereicherungsrechtliche Rückerstattung zu viel gezahlter Miete gemäß § 812 Abs. 1 BGB (vgl. BGH NJW-RR 1987, 1307; BGH NJW 1981, 1551). Auch an die bloße Angabe der Mietfläche im Mietvertrag sind bei fehlerhafter Flächenermittlung früher keine Mieteransprüche geknüpft worden, weil ohne Vorliegen konkreter Hinweise auf einen vertraglichen Bindungswillen überwiegend nur von einer unverbindlichen Objektbeschreibung ausgegangen wurde (vgl. die Nachweise bei Bub/Treier/*Bub* II Rdn. 645). Die Abgrenzung zwischen unverbindlichen Angaben, vertraglichen Zusicherungen und den Voraussetzungen für eine Vertragsanpassung wegen Wegfalls der Geschäftsgrundlage kann im Einzelfall schwierig sein (vgl. Bub/Treier/*Bub* II Rdn. 645). Ob eine Zusicherung der Mietfläche erfolgte, ist Auslegungsfrage (vgl. OLG Dresden MDR 1998, 643 mit Anm. *Horst*).

Im Zweifel wurde früher ein Zusicherungswille eher nicht angenommen (Bub/Treier/*Bub* II Rdn. 645 m.w.N.). Die Rechtsprechung des BGH hat jedoch inzwischen einen deutlich restriktiveren Weg eingeschlagen, indem sie bei einer vertraglichen Flächenangabe grundsätzlich von einer Flächenvereinbarung ausgeht und eine Flächenabweichung von mehr als 10% auch im gewerblichen Mietrecht als Mangel i.S.d. § 536 Abs. 1 S. 1 BGB behandelt (vgl. BGH ZMR 2005, 612; OLG Düsseldorf ZMR 2005, 450 im Anschluss an BGH ZMR 2004, 495). Auch wenn die als Beschaffenheit vereinbarte Wohnfläche mit einer „ca."-Angabe versehen ist, liegt ein zur Mietminderung berechtigender Sachmangel dann vor, wenn die tatsächliche Fläche mehr als 10% unter der vereinbarten Quadratmeterzahl liegt. Bei der Beurteilung der Erheblichkeit des Mangels ist keine zusätzliche Toleranzspanne anzusetzen (vgl. BGH NJW 2010, 1745 im Anschluss an BGH NZM 2004).

Das Formular legt mit Rücksicht auf die Rechtsprechung des BGH ebenfalls eine Toleranzschwelle von 10% zugrunde. Mit dem hier vorgeschlagenen Regelungsinhalt soll auch dem Arglisteinwand aus § 536d BGB vorgebeugt werden, denn im Rahmen der ausdrücklich geregelten Erheblichkeitsspanne werden Abweichungen zur tatsächlichen Fläche vom Vertragspartner ausdrücklich gebilligt. Praktisch wird sich eine Mietflächenermittlung innerhalb der vertraglichen Spanne meist so bewerkstelligen lassen, dass die Mieträume von Innenkante zu Innenkante der Außenumgrenzungen vermessen werden, wobei die Innenwände, kleinere Mauervorsprünge und Lücken in der Mietfläche unberücksichtigt bleiben und „übermessen" werden. Ein solcher Bemessungsmaßstab sollte im Vertrag auch ausdrücklich als verbindlich zugrunde gelegt werden.

Wenn beide Parteien irrig von einer falschen Größe ausgehen und der Vertrag in wesentlichen Punkten darauf aufbaut, können die zum Wegfall der Geschäftsgrundlage entwickelten Grundsätze (§ 313 BGB) eingreifen (vgl. BGH NJW 1983, 2143).

Das OLG Düsseldorf (ZMR 2005, 943) hatte folgende Klausel abweichend von der vorstehend behandelten BGH-Rechtsprechung beurteilt:

„Sollten sich bei einer nachträglichen Vermessung Abweichungen von der obigen Zahl und Größe der Räume ergeben, so ist keine Partei berechtigt, deswegen eine Änderung des Mietpreises zu fordern."

Das OLG Düsseldorf hat die Regelung dahin gehend ausgelegt, dass der vereinbarte Mietzins überhaupt nicht von der tatsächlichen Größe der vermieteten Fläche abhängig sein sollte, sondern dass die angegebene Flächengröße auch dann maßgeblich bleibe, wenn sich die tatsächliche Fläche als größer oder geringer darstellen sollte. Eine solche Bestimmung schließe zugleich die Annahme eines Mangels aus.

**6.** Aus dem vertraglichen **Nutzungszweck** können sich wesentliche Vorgaben für den Vermieter ergeben, in welchem **Zustand** er die Mieträume zu überlassen und zu erhalten hat (vgl. §§ 535 Abs. 1 S. 2, 536 Abs. 1 BGB). Für den Mieter ergibt hieraus der Umfang seiner Gebrauchsberechtigung (vgl. §§ 538, 541, 543 Abs. 2 Nr. 2 BGB).

Eine möglichst **klare Festlegung des Mietzwecks** ist für den Vermieter wichtig, wenn er ein Interesse daran hat, dem Mietgebrauch bestimmte Grenzen zu setzen. Die Zustimmung zu einem anderen Gebrauchszweck kann sich der Vermieter grundsätzlich nach eigenem freien Ermessen – wenngleich in den Grenzen des § 242 BGB – vorbehalten (vgl. für die Wohnraummiete OLG Hamm WuM 1981, 53; OLG Karlsruhe WuM 1981, 248). Zur restriktiven Handhabung einer vom Vertrag abweichenden Nutzung kann Veranlassung bestehen, wenn der Vermieter Wert auf eine bestimmte Nutzung legt (z.B. Vermietung durch einen Apotheker an einen Arzt), wenn er Ansprüche und schutzwürdige Interessen Dritter zu beachten hat, etwa aufgrund der Zusage von Konkurrenzschutz zugunsten anderer Mieter (vgl. hierzu im Einzelnen Form. A. VI. 3 § 3) oder wenn Störungen (für Nachbarn, andere Mieter oder für den Vermieter) zu besorgen sind. Für den Mieter empfiehlt sich eine zusätzliche Konkretisierung des zulässigen Mietgebrauchs, wenn er von der Mietsache in spezieller oder nicht verkehrsüblicher Weise Gebrauch machen will (zur Auslegung eines Vertrags auf zulässige Gebrauchsbefugnisse vgl. KG Beschl. v. 5. 7. 2010 – 12 U 172/09 – juris). Bei besonderem Regelungsbedarf sollten wechselseitige Duldungs- und Unterlassungspflichten ausdrücklich geregelt werden.

Zu Hindernissen bei der Verfolgung des Mietzwecks und zu einer auf solche Beeinträchtigungen gestützte Kündigung vgl. die Anmerkungen zu Form. A. VI. 2 § 2.

**7.** Die Fertigung eines **Übergabeprotokolls** wird sich häufig empfehlen (vgl. hierzu im Einzelnen Form. A. VII. 8). Das gilt namentlich dann, wenn über den Zustand der Mieträume Unklarheit oder Streit besteht, wenn umfangreiches Inventar erfasst werden soll oder wenn die Mieträume noch nicht fertiggestellt bzw. noch in bestimmter Weise ausgestattet werden sollen. Auf das Übergabeprotokoll sollte der Vertrag dann unter entsprechender Abänderung von Ziff. (1) verweisen.

Für die Vermietbarkeit als solche hat der Vermieter einzustehen. So gehört es zu seinem Risikobereich, ob die Vermietung von Teileigentum mit den Regeln der Gemeinschaft vereinbar ist (vgl. BGH NJW 1996, 714). Zum Umfang der Bereitstellungs-, Erhaltungs- und Instandhaltungspflichten des Vermieters sowie zu Gewährleistungsfragen wird auf die Anmerkungen zu den einzelnen Vertragstypen verwiesen, vgl. insbesondere die Anmerkungen zu den Formularen A. VI. 2 § 7, A. VI. 5 § 2 und § 3 sowie zu A. VI. 6 § 3.

**8. Bestätigungsklauseln,** mit denen der Zustand der Mieträume („wie besichtigt") vom Mieter als vertragsgemäß anerkannt werden soll, werden auch im kaufmännischen/unternehmerischen Verkehr als unwirksam behandelt (vgl. §§ 307, 309 Nr. 12 BGB), weil sie auf eine unzulässige Beweislastumkehr zum Nachteil des Mieters abzielen (vgl. BGHZ 99, 379; OLG Düsseldorf ZMR 2003, 921; OLG Koblenz NJW 1995, 3392; Bub/Treier/*Bub* II Rdn. 450). Das ist teilweise mit beachtlichen Gründen anders gesehen worden, indem ein zulässiger Minderungsausschluss über § 539 BGB a.F. (§ 536 b BGB n.F.) angenommen wurde (vgl. OLG Düsseldorf DWW 1992, 241; OLG Köln NJW-RR 1993, 466). Zur Kenntnis des Mieter von Mängeln bei Vertragsschluss oder bei Annahme der Mietsache und zum Rechtsverlust gemäß §§ 536, 536 a, 536 b BGB vgl. Anmerkungen zu Form. A. VI. 2 § 7 (1).

**9.** Die **Mitvermietung von Sachen** neben den Mieträumen im engeren Sinne kann zu der Frage führen, ob es sich dabei um Inventarteile handelt und ob nicht anstelle eines Mietvertrags ein Pachtvertrag im Sinne von §§ 581 ff. BGB zur Regelung ansteht (zur Abgrenzung beider Vertragstypen vgl. im Einzelnen Form. A. VI. 6 Anm. 1). Mit den hier vorgestellten Formularen soll vermieden werden, sich bei jeder Gebrauchsüberlassung, bei der dem Mieter neben den bloßen Räumlichkeiten auch zusätzliche Einrichtungen oder Anlagen zur Nutzung übergeben werden, in rechtlich und praktisch wenig ergiebigen Abgrenzungsfragen zu ergehen. Die Formulare gehen grundsätzlich dann von einem Mietvertrag aus, wenn lediglich solche Sachen mit überlassen werden, die nicht speziell dem konkret beabsichtigten und vertraglich verabredeten Nutzungszwecks bzw. nicht der betriebsspezifischen Fruchtziehung durch den Mieter dienen. Die Überlassung von zweckneutralen, d.h. praktisch jedem beliebigen Mietgebrauch dienenden Sachen – etwa im Zusammenhang mit der Energie- und Heizwärmeversorgung oder mit der Anbindung an bestimmte Kommunikationsmittel – zwingt nach der hier vertretenen Auffassung nicht dazu, von einem Pachtvertrag auszugehen, selbst wenn im Vertrag von „Inventar" die Rede ist. Anders liegt es dagegen, wenn solche Sachen unmittelbar der **Fruchtziehung** im Sinne von § 581 Abs. 1 BGB dienen (vgl. hierzu Form. A. VI. 6 Anm. 1).

**10.** Das Formular regelt die Vereinbarung einer festen Mietzeit mit **Verlängerungsklausel** (vgl. hierzu Horst, Vertragslaufzeiten und Kündigungsfristen im Wohn- und Gewerbemietrecht, DWW 2007, 326). In der Praxis ist dies neben der Vereinbarung von Optionen zur Verlängerung der vertraglich festgelegten Mietzeit (vgl. hierzu im Einzelnen Form. A. VII. 5) der häufigste Regelungsfall. Ein befristetes Mietverhältnis mit Verlängerungsklausel verlängert sich auf bestimmte oder unbestimmte Zeit, wenn es nicht zum vereinbarten Vertragsende gekündigt wird. Das Mietverhältnis wird dann mit demselben Vertragsinhalt fortgesetzt. Entsprechendes gilt, wenn die Verlängerung des Mietverhältnisses von der Erklärung oder dem Fehlen eines Widerspruchs gegen die Verlängerung abhängt (vgl. juris-PK/*Münch*, 2008, § 535 Rdn. 209*)*.

Die **Vereinbarung eines Mietvertrags auf unbestimmte Dauer** wird bei der Gewerberaummiete wegen des für den Mieter kaum überschaubaren Risikos von (Änderungs-) Kündigungen nur ausnahmsweise in Betracht kommen. Der Mieter von Geschäftsraum genießt keinen Kündigungsschutz, d.h. der Vermieter kann jederzeit im Rahmen der gesetzlichen Kündigungsfristen kündigen (vgl. § 580a BGB). Auch ein auf bestimmte Mietzeit geschlossener Zeitmietvertrag wird sich nur dann anbieten, wenn eine Fortsetzung des Vertrags über die vertraglich festgelegte Mietzeit hinaus von vornherein nicht beabsichtigt ist. Beim Zeitmietvertrag steht nach Ablauf der Mietzeit das gesamte vertragliche Regelungswerk wieder zur Disposition. Ein Anspruch auf Abschluss eines neuen Vertrags besteht grundsätzlich nicht.

**11.** In den Grenzen des Mietwuchers (vgl. § 138 Abs. 2 BGB, § 302a StGB) kann die **Miethöhe** bei der Geschäftsraummiete frei vereinbart werden. Miet- und Pachtverträge sind, wie sonstige Rechtsgeschäfte, dann **sittenwidrig** und damit nichtig, wenn Leistung und Gegenleistung in einem auffälligen Missverhältnis zueinander stehen und weitere sittenwidrige Umstände hinzutreten, wie etwa eine verwerfliche Gesinnung des Begünstigten oder die Ausnutzung der Unerfahrenheit des Partners (vgl. nur BGHZ 141, 257 m. w. N.).

Bei der Ermittlung des Leistungsmissverhältnisses ist grundsätzlich der objektive Wert (Verkehrswert) der verglichenen Leistungen (vgl. BGH NJW-RR 1990, 950), also das verkehrsübliche Äquivalent, der vertraglichen Miete gegenüber zu stellen. Bei Mietverhältnissen ist der **Verkehrswert** und damit die **ortsübliche Marktmiete** in der Regel als Vergleichsmiete, d.h. durch einen Vergleich mit den erzielten Mieten für andere vergleichbare Mietobjekte, festzustellen (vgl. BGHZ 128, 255; BGH NJW 1995, 1019). Nur wenn ausnahmsweise vergleichbare Objekte nicht zur Verfügung stehen sollten, sind gegebenenfalls andere Erfahrungswerte heranzuziehen (zur Anwendbarkeit anderer Bemessungsmethoden bei der Gaststättenpacht vgl. Anm. zu Form. A. VI. 6 § 5 Ziff. 1 und § 6). Besteht bei einem gewerblichen Miet- oder Pachtvertrag ein krasses Missverhältnis zwischen dem vereinbarten Miet- oder Pachtzins und dem marktüblichen Miet- oder Pachtzins, so rechtfertigt dies allein – wenn keine weiteren für ein sittenwidriges Verhalten sprechenden Umstände hinzukommen – den Schluss auf eine verwerfliche Gesinnung des objektiv Begünstigten aber regelmäßig nur dann, wenn für ihn ohne weiteres erkennbar war, wie hoch der marktübliche Miet- oder Pachtzins in etwa sein dürfte (vgl. BGH vgl. BGH NJW 2004, 3553; BGH NJW-RR 2004, 1454; BGH-DAT BGB 138/1). Subjektive Sittenwidrigkeitsmerkmale liegen grundsätzlich nur dann vor, wenn sich der Begünstigte nach der allgemeinen Lebenserfahrung zumindest leichtfertig der Erkenntnis verschlossen hat, es liege ein auffälliges Missverhältnis vor (vgl. BGHZ 146, 303). Davon kann nur dann ausgegangen werden, wenn der Marktwert der Leistung für ihn überblickbar war. Dies ist bei Darlehensverträgen von Kreditbanken mit Privatpersonen stets und bei Grundstücksgeschäften Privater regelmäßig der Fall (vgl. BGHZ a. a. O.). Im Gegensatz dazu kommt es jedoch beim Abschluss von gewerblichen Miet- und Pachtverträgen nicht nur in Ausnahmefällen zu Bewertungsschwierigkeiten. Deshalb ist bei gewerblichen Mietverträgen regelmäßig eine tatrichterliche Würdigung erforderlich, ob das auffällige Missverhältnis für den Begünstigten erkennbar war (vgl. BGH MDR 2005, 26). Kann die ortsübliche Pacht bereits durch mehrere Sachverständige nicht oder nur mit großen Schwierigkeiten ermittelt werden, so ist nicht ersichtlich, wie der Verpächter ein solches Missverhältnis – falls es überhaupt vorlag – hätte erkennen können (vgl. BGH BeckRS 2003, 04.293). Wenn ein Mieter in einer Marktsituation, in der der Mietzins starken Schwankungen unterworfen ist und die Marktüblichkeit des Mietzinses „äußerst schwierig" zu beurteilen ist, einen Mietvertrag zu einem objektiv überhöhten Mietzins abschließt, kann man allein daraus nicht herleiten, dass eine verwerfliche Gesinnung vorgelegen hat (vgl. BGH NZM 2001, 1077; BGH ZIP 2001, 1633).

Anders als bei Teilzahlungs- und Ratenkrediten oder bei Grundstücksverträgen war der BGH bei der Gewerberaummiete lange zurückhaltend, wenn es darum ging, ein die Sittenwidrigkeit begründendes Missverhältnis generalisierend danach zu bestimmen, dass die ausbedungene Leistung den Wert der Gegenleistung um einen bestimmten Prozentanteil übersteigt (vgl. BGH GuT 2002, 9 m. w. N.). Nunmehr befürwortet aber auch der BGH ohne nähere Begründung eine annähernd 100%ige Überschreitung von vergleichbaren Mieten/Pachten als **Sittenwidrigkeitsschwelle** (vgl. BGH NZM 2004, 741; 2004, 907; 2008, 770) und bei gewerblichen Miet- und Pachtverträgen ein auffälliges Missverhältnis schon dann an, wenn die vereinbarte Miete/Pacht um knapp 100% höher ist als der objektive Marktwert der Gebrauchsüberlassung.

Ein Mietvertrag kann gemäß §§ 134, 138 Abs. 1 i. V. m. § 139 BGB nichtig sein, wenn im schriftlichen Mietvertrag eine wesentlich geringere Miete dokumentiert wird, als sie in einer mündlichen Nebenabrede tatsächlich vereinbart wurde (vgl. BGH ZMR 2003, 731).

Das Formular regelt keinen Quadratmeterpreis, sondern eine pauschal ermittelte Grundmiete. Das wird sich in den meisten Fällen der Gewerberaummiete empfehlen, denn die Miethöhe ist dann eher dem Streit über die Mietfläche entzogen (zur vertraglich vereinbarten Flächengröße vgl. die Anm. zu § 1 Abs. 2). Eine flächenabhängige Mietpreisermittlung kann dann nahe liegen, wenn ganz unterschiedliche Flächen im Innen- und Außenbereich bzw. Flächen mit unterschiedlichen Ausstattungsmerkmalen und Funktionseigenschaften vermietet werden und solche Umstände für die Kalkulation unterschiedlicher Mietpreisflächen herangezogen werden.

**12.** Die **Grundmiete** umschreibt das Nutzungsentgelt für die Gebrauchsüberlassung ohne die (zumeist auf Betriebskosten bezogenen) Umlagen und Zuschläge (vgl. BGH Urt. v. 21. 1. 2009 – XII ZR 79/07 – NJW-RR 2009, 593; Hannemann/Wiegner/*Gies* § 24 Rdn. 14). Das nach dem Formular vom Mieter zu leistende Entgelt besteht aus der Grundmiete und den **Betriebskosten.** Wenn die Betriebskosten nicht gesondert ausgewiesen und abgerechnet werden, sondern vom Vermieter getragen werden oder mit der Zahlung des Mietzinses abgegolten sein sollen, umschreibt die vertragliche Miete eine sog. Brutto- oder Inklusivmiete (vgl. Hannemann/Wiegner/*Gies* § 24 Rdn. 12). Die Grundmiete ist also nicht so zu verstehen, als beinhalte sie das von den Betriebskosten gleichsam bereinigte Entgelt.

**13.** Die Vertragsformulare im Kapitel A. VI gehen grundsätzlich von der **Umsatzsteuerpflichtigkeit** der vom Mieter zu leistenden Zahlungen aus. Dies versteht sich aber zunächst nur als Hinweis darauf, die vertraglichen Regelungen auf ihre Richtigkeit und Vollständigkeit in Bezug auf die Umsatzsteuerfrage zu überprüfen. Im Übrigen ist es gerade nicht so, dass bei der Gewerberaummiete die Umsatzsteuerpflicht gleichsam indiziert wäre. Ihre vertragliche Berücksichtigung kann aber beiden Vertragsparteien wirtschaftliche Vorteile bringen (vgl. hierzu im Einzelnen die Anm. zur Vereinbarung über eine USt.-Option zu Form. A. VII. 4).

**14.** Die in § 2 BetrKV oder in Anlage 3 zu § 27 II. BV aufgeführten Betriebskosten umschreiben den praktisch bedeutsamsten Teil der Nebenkosten. Seit dem 1. 4. 2004 gilt anstelle der Berechnungsverordnung nunmehr die Betriebskostenverordnung (BetrKV). In vielen Altverträgen findet sich aber noch die Bezugnahme auf den Kostenkatalog der II. BV, weshalb die Bestimmung auch künftig noch Relevanz behalten wird.

Bei der Geschäftsraummiete gilt die Beschränkung des § 556 Abs. 1 BGB für die **Umlagefähigkeit** der aufgeführten Betriebskosten allerdings nicht (vgl. *Langenberg*, Betriebskostenrecht, 5. Aufl., B 3). Die Umlage weiterer Betriebskosten und sonstiger Nebenkosten ist daher möglich, wenn sich das vom Mieter zu leistende Gesamtentgelt innerhalb der Grenzen aus § 138 BGB bewegt.

Nach ganz h. M. können aber auch im Bereich der Gewerberaummiete Betriebskosten nur dann umgelegt werden, wenn und soweit dies vertraglich wirksam und mit hinreichender Bestimmtheit vereinbart ist, denn das gesetzliche Leitbild geht im Rahmen von § 535 BGB von einer Inklusivmiete aus (vgl. von Bub/Treier/*Brunn* III Rdn. 32 f. und 123 m. w. N.; Hannemann/Wiegner/*Gies* § 62 Rdn. 1 m. w. N.). Daher muss der Mietvertrag regelmäßig konkrete Aussagen darüber enthalten, welche Nebenkosten umlagefähig sind, denn es genügt nicht, nur eine allgemeine Betriebskostenumlage als solche zu verabreden (zur Prüfungsabfolge vgl. BGH NZM 2010, 240; 2010, 123; OLG Köln NJW-RR 2008, 752; OLG Hamm OLGR 2005, 391; OLG Düsseldorf ZMR 1984, 20; OLG Düsseldorf NJW-RR 1991, 1354; OLG Frankfurt WuM 1985, 91; Bub/Treier/*v. Brunn* III Rdn. 34 m. w. N.; *Schmidt* MDR 1999, 1293 mit einigen Beispielen für unzureichende Betriebskostenklauseln). Der formularmäßige Hinweis auf die BetrKV bzw. die BerechnungsVO reicht für die Konkretisierung der vertraglichen Vereinbarung nach ganz h. M. aus (vgl. OLG Celle OLGR 1999, 185; vgl. auch BGH WM 70, 73; *Blank* ZMR 74, 355 m. w. N.; vgl. ferner Anm. 1 zu Form. A. V. 1). Dem Bestimmtheitserfordernis einer Betriebskostenumlagevereinbarung ist nicht genügt, wenn der Vertrag mehrere Varianten von umzulegenden Betriebskosten ausweist, hiervon aber keine ausgewählt (angekreuzt) wird (vgl. OLG Rostock Urt. v. 14. 1. 2010 – 3 U 50/09 – juris). Die **konkludente Vereinbarung** einer Betriebskostenumlage kommt nur ausnahmsweise in Betracht (zu stillschweigenden Änderungsvereinbarungen vgl. BGH NZM 2008, 276; vgl. ferner Langenberg, Betriebskostenrecht, B. 40 – 48; zur Abwälzung weiterer Nebenkosten vgl. die Anm. zu den Form. A. VI. 2 § 8, A. VI. 3 Anm. 15 ff.; A. VII. 10).

**Besondere Betriebskostenarten** haben sich insbesondere bei der Vermietung in Großobjekten (Einkaufszentren, Bürohäusern) etabliert (vgl. dazu Form. A. VII. 10). Es sind diverse Zusatzdienste und -leistungen in Erscheinung getreten; Besonderheiten haben sich namentlich bei der Versorgung mit Energie, technischen Serviceleistungen, Verwaltungs- und Hausdiensten, bei der Abfallbeseitigung, der Bewachung sowie des sog. **Center-Managements** herausgebildet (vgl. dazu *Lindner-Figura* NZM 2000, 785). In Büroobjekten oder Arztzentren kommen zusätzlich zentrale Leistungskomplexe (Pools) in Betracht, die für alle Mieter zentrale (Dienst-) Leistungen bereit halten.

Bei allen Kostenarten ist vom Vermieter das **Gebot der Wirtschaftlichkeit aus § 556 Abs. 1 S. 1 Halbs. 2 BGB** zu beachten. Was sich aus dem Postulat der Wirtschaftlichkeit für die Mietpraxis und -rechtsprechung im Einzelnen ergibt, ist nach wie vor nicht fest umrissen (zu den Rechtsfolgen eines Verstoßes vgl. *Schmid*, Handbuch der Mietnebenkosten, 11. Aufl. Rdn. 1053 ff., 1077 m. w. N.; *Schmid* ZMR 2007, 177). Der BGH hat wiederholt klargestellt, dass das Wirtschaftlichkeitsgebot von der Frage nach der wirksamen Einbeziehung von Betriebskostenklauseln zu trennen ist (vgl. BGH NJW 2010, 671; NJW-RR 2010, 739).

Der Vermieter darf zur Wahrung der Wirtschaftlichkeit bei der Abrechnung von Nebenkosten keine überflüssigen Maßnahmen oder Kosten auf den Mieter umlegen (vgl. BGH Urt. v. 14. 2. 2007 – VIII ZR 123/06 – juris; Palandt/*Weidenkaff* § 556 Rdn. 9; *Blank/Börstinghaus* § 556 Rdn. 105). Er muss sich also an die Grundsätze einer ordnungsgemäßen Bewirtschaftung halten. Soweit der Vermieter sich an bestimmten Vorschriften (z. B. Unfallverhütungsvorschriften der Berufsgenossenschaften) orientiert und die dort vorgesehenen Maßnahmen zur ergreift, handelt er im Rahmen einer gewissenhaften und sparsamen Wirtschaftsführung (vgl. BGH Urt. v. 14. 2. 2007 – VIII ZR 123/06 – juris).

**Praktische Bedeutsamkeit** dürfte das Postulat der Wirtschaftlichkeit am ehesten für Großvermieter haben, die auf die Preisbildung und -gestaltung Einfluss haben und zwischen unterschiedlichen Lieferanten oder Versorgungsunternehmern auswählen können. Der Grundsatz der Wirtschaftlichkeit besagt im Zweifel auch für die Geschäftsraummiete, dass der Vermieter verpflichtet ist, nur ortsübliche und angemessene Preise zu akzeptieren. Dazu wird er – soweit möglich – zusätzliche Anstrengungen zur Kostenreduzierung (etwa bei der Nutzung der preisdämpfenden Wirkung des Wettbewerbs, der Kaufkraftbündelung und der Ausnutzung zeitgemäßer Marktplattformen) unternehmen müssen (vgl. im Einzelnen *von Seldeneck* NZM 2002, 545). Will der Mieter die abgerechneten Kosten als unwirtschaftlich angreifen, verlangt die Rechtsprechung regelmäßig eine fundierte Kritik. Dazu muss der Mieter die Abrechnungsunterlagen einsehen und auswerten (vgl. *von Seldeneck* a. a. O.). Schlichtes Bestreiten der Preisangemessenheit reicht nicht aus.

Begrenzungen bei der Betriebskostenumlage ergeben sich bei den Kosten für **gemeinschaftlich genutzte Flächen in Großobjekten** (Einkaufszentrum). Der BGH (ZfIR 2005, 694) hatte folgende Klausel zu untersuchen:

> **Sämtliche Nebenkosten des Einkaufszentrums, insbesondere die Kosten des Betriebes, der Instandhaltung und der Gemeinschaftsanlagen einschließlich der Verkehrsflächen werden unbeschadet notwendiger Sonderregelungen von allen Mietern anteilig nach laut Mietvertrag in Anspruch genommener Bruttomietflächen im Verhältnis zur gewerblichen Bruttomietfläche insgesamt getragen. Die Nebenkosten werden in ihrer tatsächlichen, nachgewiesenen Höhe ohne Beschränkung auf die gemäß § 27 der II. Berechnungsverordnung (als Anlage beigefügt) aufgeführten Kosten umgelegt, soweit sie nicht direkt abgerechnet werden ...**

Der BGH (a. a. O.) sieht in der Abwälzung von der Höhe nach unbegrenzten Kosten für Gemeinschaftsflächen eine unangemessene Benachteiligung des Mieters. Mit solchen Klauseln werden dem Mieter auch Kosten übertragen, die nicht durch seinen Mietgebrauch veranlasst sind und die nicht in seinen Risikobereich fallen. Ihm werden dadurch, dass er die gemeinschaftlich genutzten Flächen und Anlagen in dem bei Mietbeginn bestehenden, in der Regel gebrauchten Zustand vorfindet, die Kosten für die Behebung anfänglicher Mängel bzw. bereits vorhandener Abnutzungen durch Reparatur oder Erneuerung überbürdet, deren Höhe für ihn nicht überschaubar ist. Darüber hinaus werden ihm Kosten für Schäden auferlegt, die von Dritten verursacht worden sind, für deren Handeln er keine Verantwortung trägt, so dass auch insoweit ihm nicht zurechenbare und der Höhe nach nicht vorhersehbare Kosten auf ihn übertragen werden. Diese Abweichungen vom gesetzlichen Leitbild des Mietvertrages benachteiligen den Mieter nach der Einschätzung des BGH unangemessen (vgl. BGH a. a. O.; KG NJW-RR 2003, 586;

OLG Naumburg NJW-RR 2000, 823; OLG Düsseldorf NZM 2000, 464; OLG Dresden NJW-RR 1997, 395; OLG Köln NJW-RR 1994, 524). Die Übertragung der Erhaltungslast gemeinschaftlich genutzter Flächen und Anlagen ist allenfalls wirksam, wenn sie in einem bestimmten, zumutbaren Rahmen erfolgt. In der Literatur und Rechtsprechung wird hierzu beispielsweise eine Kostenbegrenzung auf einen festen Prozentsatz der Jahresmiete vorgeschlagen (vgl. KG NJW-RR 2003, 586; *Bub* NZM 1998, 789; *Wodicka* NZM 1999, 1081). Es wäre auch daran zu denken, einen neuen Mieter nur sukzessive ansteigend zu den fraglichen Kosten heranzuziehen.

Umstritten sind sog. **Mehrbelastungsklauseln**, mit denen die Geltendmachung neu entstehender Betriebskosten ermöglicht werden soll. Klauseln, wonach der Mieter neue Betriebskosten ab deren Entstehung zu tragen hat, ohne dass näher bestimmt oder eingegrenzt wird, welche Kosten darunter fallen könnten, verstoßen gegen das Transparenzgebot und sind nach § 307 Abs. 1 Satz 2 BGB unwirksam (BGH NJW 1993, 1061 = WuM 1993, 109, 110 – für Wohnraum; OLG Düsseldorf MDR 1991, 964). Eine Klausel, die neu eingeführte Betriebskosten aus dem Katalog der BetriebskostenV (früher Anlage 3 zu § 27 II. BV) als umlagefähig aufführt, ist jedoch zulässig (OLG Celle ZMR 1999, 238). Das OLG Celle (a. a. O.) meint, der Mieter habe neu entstehende Betriebskosten dann nur insoweit zu tragen, als es sich um Betriebskosten gemäß der Verordnung handele. Auch das OLG Karlsruhe (RE WuM 1981, 56) hat die Verpflichtung des Mieters, neu eingeführte Kostenarten zu tragen, dann für wirksam gehalten, wenn sie zu den in Anlage 3 zu § 27 II. BV genannten Kosten (jetzt: § 2 BetrKV) gehören.

Eine Mehrbelastungsklausel wird jedenfalls dann auf Wirksamkeitsbedenken stoßen, wenn Kosten außerhalb des Regelungsbereichs von § 2 BetrKV oder von Anlage 3 zu § 27 II. BV zusätzlich umlegbar sein sollen (vgl. BGH NJW 1993, 1061) und deshalb nicht erkennbar wird, in welchem Umfang und für welche Kostenarten mit künftigen Belastungen zu rechnen ist. Dann steht im Streitfall zu befürchten, dass die Gerichte von überraschenden oder unklaren Regelungen ausgehen (§§ 305 c, 307 BGB). Eine Umlage dürfte in solchen Fällen auch nicht über ein Leistungsbestimmungsrecht des Vermieters (§§ 315 f. BGB) vertragssicher zu bewerkstelligen sein (a. A. Bub/Treier/*Bub* II Rdn. 436, der ein Bestimmungsrecht bei „unvermeidbaren Kosten" für zulässig hält, vgl. auch *Gather* DWW 1997, 256).

Neben der Umlage abzurechnender oder vom Mieter unmittelbar zu tragender Betriebskostenvorauszahlungen werden sich andere Vertragsgestaltungen eher nur ausnahmsweise anbieten. Sowohl die **Nebenkostenpauschale** (zur Abgrenzung gegenüber der Betriebskostenvorauszahlung vgl. *Geldmacher* DWW 1994, 333) als auch die (Teil-)Inklusivmiete bergen erhebliche Risiken für den Vermieter, wenn es zu unvorhergesehenen Kostensteigerungen kommt. **Kalkulationsrisiken gehen insoweit grundsätzlich zu Lasten des Vermieters** (vgl. Hannemann/Wiegner/*Gies* § 24 Rdn. 17). Sichert sich der Vermieter bei solchen Vertragskonstruktionen von vornherein ab und verlangt schon anfänglich Zahlungen in jedenfalls ausreichender Höhe, kann ein Verstoß gegen das Wirtschaftlichkeitsgebot vorliegen. Außerdem kann sich die Miete der Wuchergrenze annähern. Zudem wird der Vermieter eher Schwierigkeiten bei der wirtschaftlichen Durchsetzung seiner Preisvorstellungen haben.

Zwar kann der Vermieter sich ein vertragliches Bestimmungs- und Erhöhungsrecht für eine Pauschale ausbedingen (zur Verteilung von Mietnebenkosten im Rahmen von §§ 315 f. BGB vgl. OLG Hamm NJW 1984, 984; OLG Koblenz NJW-RR 1990, 1038; Hannemann/Wiegner/*Gies* § 62 Rdn. 57). Ein Erhöhungsverlangen indiziert aber den Streit darüber, ob es vor dem Hintergrund der zunächst geltenden Pauschale und der von ihr abgedeckten Kostenspanne überhaupt zu Veränderungen gekommen ist, die eine Erhöhung rechtfertigen. Die Ermessensgrenzen für den Vermieter sind nur schwer objektivierbar. Weitere Gestaltungsformen für die Betriebskostenumlage behandelt *Schmidt* (MDR 1999, 1293).

Die **Höhe der vereinbarten Vorauszahlungen schafft** auch bei der Gewerberaummiete grundsätzlich **keinen Vertrauenstatbestand für die Gesamthöhe der Betriebskosten,** denn der Vermieter ist nicht verpflichtet, überhaupt oder in einer gewissen Mindesthöhe Vorauszahlungen auf die Betriebskosten zu erheben (vgl. für die Wohnraummiete: BGH NJW 2004, 1102; zur Gewerberaummiete: OLG Rostock ZMR 2009, 527; OLG Dresden NZM 2004, 68). Der Mieter darf daher nicht ohne weiteres davon ausgehen, der Vermieter habe sich bei Vereinbarung der Betriebskostenvorauszahlungen ungefähr am erwarteten Abrechnungsergebnis orientiert (a.A. Schmidt-Futterer/*Langenberg* § 556 Rdn. 394). Rege diskutiert wird insoweit die Entscheidung BGH NJW 2004, 1102 (vgl. dazu *Dercks* NZM 2004, 321). Welche Umstände überhaupt einen Vertrauenstatbestand zugunsten des Mieters oder ein Sonderkündigungsrecht begründen können, hat bislang keine abschließende Klärung erfahren (vgl. Schmidt-Futterer/*Langenberg* § 556 Rdn. 388 ff.). Das LG Hamburg (ZMR 2003, 683) ist von einem Sonderkündigungsrecht des Mieters ausgegangen, wenn die Nebenkostenvorauszahlungen vom Vermieter fernab der Realität viel zu niedrig angesetzt wurden. Schuldhaft vertragswidrig handelt der Vermieter dann, wenn er gegenüber dem Mieter **falsche oder irreführende Angaben zu den zu erwartenden Kosten** macht. Eine zu niedrige Festlegung der Vorauszahlungen ist nach diesseitiger Auffassung schon dann irreführend, wenn der Vermieter die tatsächlichen Kosten zumindest der Größenordnung nach kennt (insbesondere aufgrund früherer Abrechnungsjahre). Das Argument, der Vermieter müsse sich ja überhaupt keine Vorauszahlungen ausbedingen, weshalb eine zu niedrige Vorauszahlung keine ihm nachteiligen Rechtsfolgen bewirke (vgl. BGH NJW 2004, 1102), zieht dann nach diesseitiger Auffassung eher nicht, denn die Ausbedingung eines bestimmten Vorauszahlungsbetrags hat nach der Verkehrsanschauung auch den Erklärungsgehalt, dass dem eine entsprechende Kalkulation zugrunde liegt und eine zumindest annähernde Kostendeckung erstrebt wird (so im Ergebnis auch Schmidt-Futterer/*Langenberg* § 556 Rdn. 394). Bei der Erstvermietung durch einen Vermieter, der sich nach den gesamten Umständen keine abschließenden Vorstellungen von der Gesamtkostenlast macht bzw. machen kann, wird den vom BGH entwickelten Grundsätzen beizutreten sein.

**15.** Macht der Vermieter von der Ust.-Option Gebrauch (vgl. dazu im Einzelnen Form. A. VII. 4) und vereinbaren die Parteien ausdrücklich, dass der Mieter neben der Nettomiete auch auf die Betriebskosten Mehrwertsteuer zu zahlen hat, ist die vertragliche Grundlage eindeutig. Ob der Mieter jedoch auch ohne ausdrückliche vertragliche Festlegung zur Zahlung von **Mehrwertsteuer auf die Betriebskosten** heranzuziehen ist, wird unterschiedlich beurteilt. Teilweise wird vertreten, es fehle dann an der notwendigen Regelung, die erst die Verpflichtung des Mieters zur USt-Zahlung begründe (vgl. OLG Düsseldorf WuM 1993, 411). Überwiegend wird jedoch die Pflicht zur USt-Entrichtung bejaht, weil Nebenforderungen steuerlich das Schicksal der Hauptforderung teilen und weil es sich letztlich nur um einen einheitlichen Umsatz handelt (vgl. OLG Düsseldorf ZMR 1996, 82; 2000, 603; OLG Schleswig ZMR 2001, 618; LG Karlsruhe ZMR 1989, 178; LG Hamburg Urt. vom 2. 7. 1999 – 311 S 80/99 – juris; Bub/Treier/ *Bub* II Rdn. 611.; zu dieser Frage vgl. ferner Anm. zu Form. A. VII. 4 zu Ziff. 2). Das Formular stellt den zusätzlichen Steueranfall auf die Betriebskosten und die hierfür geregelten Vorauszahlungen ausdrücklich klar.

**16.** Das Formular enthält eine **Preisindexklausel** als Wertsicherungsklausel. Der **Preisindex für die Lebenshaltung** bezieht sich in der weitesten Ausgestaltung auf alle privaten Haushalte der Bundesrepublik Deutschland. Daneben wurden bis zum 1. 1. 2003 getrennte Preisindizes für das frühere Bundesgebiet und die neuen Bundesländer einschließlich Berlin-Ost sowie für spezielle Haushaltstypen ausgewiesen. Da diese speziellen Haushaltstypen die Zusammensetzung der privaten Haushalte in der Bundesrepublik

Deutschland hinsichtlich ihrer sozialen und ökonomischen Merkmale nicht mehr repräsentativ abbildeten, hat das Statistische Bundesamt deren Veröffentlichung ab dem bezeichneten Zeitpunkt eingestellt. Im September 2007 haben sich die rechtlichen Rahmenbedingungen für die Vereinbarkeit von Wertsicherungsklauseln durch Aufhebung der Preisklauselverordnung und Neueinführung des **Preisklauselgesetzes** erneut geändert (vgl. dazu Anm. 17).

Haben die Parteien eines Gewerberaummietvertrags vereinbart, dass bei einer bestimmten Veränderung eines nicht mehr fortgeführten alten Index auch die Miete zu ändern ist, entsteht durch den Wegfall dieses Index eine Regelungslücke, die im Wege der ergänzenden Vertragsauslegung geschlossen werden muss (vgl. BGH NZM 2009, 398). Es entspricht dann dem Interesse der Vertragsparteien, für die automatische Anpassung der Miethöhe ab der Einstellung der Fortschreibung des Altindex auf den allgemeinen Verbraucherpreisindex abzustellen (vgl. BGH NZM 2009, 398; zur Umrechnung und zur Durchsetzung der Vertragsänderung vgl. Lützenkirchen OLGR Köln 2001, K 41 ff.).

Grundsätzlich ändert sich der Mietzins automatisch mit den Indexänderungen, wenn die Parteien nichts anderes vereinbaren (vgl. Bub/Treier/*Schultz* III. A Rdn. 251 m. w. N.). Die Parteien können aber auch eine Mietzinsanpassung regeln, die nur in bestimmten zeitlichen Abständen (etwa alle 12 Monate) wirksam wird (zur Berechnung und Bekanntgabe einer solchen Mieterhöhung vgl. das Form. A. VII. 9; zur Verwirkung von Mietzinsnachforderungen bei Wertsicherungsklauseln vgl. OLG Düsseldorf WuM 1995, 580).

**17.** Das **Preisklauselgesetz** (PrKG) in der Fassung von Art. 2 des Zweiten Gesetzes zum Abbau bürokratischer Hemmnisse, das zum 13. 9. 2007 in Kraft getreten ist, hat den **Genehmigungszwang** für Indexklauseln insgesamt **aufgehoben**. Nach § 4 Abs. 1 der bis dahin geltenden Preisklauselverordnung (PrV) bestand gegenüber § 3 WährG ohnehin nur noch ein beschränkter Genehmigungszwang. Nunmehr gilt nur noch ein allgemeines Klauselverbot für eine Preisbestimmung durch den Wert solcher Güter oder Leistungen, die mit den vereinbarten Leistungen nicht vergleichbar sind. Ausnahmen von diesem Verbot gelten nach §§ 2 bis 4 PrKG, wobei es für Mietverträge maßgeblich auf folgende Kriterien ankommt:

Es muss sich um einen **langfristigen Vertrag** im Sinne von § 3 PrKG handeln, und zwar entweder mit einer von vornherein vereinbarten Vertragsdauer von mindestens 10 Jahren (§ 3 Abs. 1 Nr. 1 d PrKG) oder mit einem für die Dauer von mindestens 10 Jahren vereinbarten Kündigungsverzicht des Gläubigers/Vermieters bzw. mit dem zugunsten des Schuldners/Mieters vereinbarten Recht, die Vertragsdauer (namentlich durch Optionsausübung) auf mindestens 10 Jahre zu verlängern (§ 3 Abs. 1 Nr. 1 e PrKG). Mit vorstehender Maßgabe sind Preisklauseln gemäß § 3 Abs. 1 PrKG zulässig, wenn die Preisanpassung aufgrund der Änderung des Preisindexes des Statistischen Bundesamt für die Gesamtlebenshaltung oder eines von der Europäischen Gemeinschaft ermittelten Verbraucherpreisindexes erfolgt.

Die **Unwirksamkeit einer Preisklausel** tritt nach § 8 PrKG mit dem Zeitpunkt des rechtskräftig festgestellten Verstoßes gegen das PrKG ein, wenn nicht eine frühere Unwirksamkeit (vertraglich) vereinbart ist. Dabei handelt es sich um eine dogmatisch kaum einzuordnende und eher systemwidrige gesetzliche Neuerung, soweit in § 8 S. 2 PrKG ausdrücklich festgelegt ist, dass die Rechtswirkungen einer Klausel bis zum Zeitpunkt der Unwirksamkeit unberührt bleiben. Ein Gesetzesverstoß bewirkt danach nicht per se die Unwirksamkeit, sondern erst das rechtskräftige gerichtliche Erkenntnis über die Unwirksamkeit. Dies wirft die Frage auf, in welchem Verhältnis die Vorschrift zu anderen Mieterrechten steht, die sich von Gesetzes wegen aus §§ 138, 307 BGB ergeben können. Unklar ist auch, wie die frühere Unwirksamkeit praktisch zu vereinbaren sein soll.

Eine unwirksame – weil nicht genehmigte bzw. nicht genehmigungsfähige – Klausel führt im Regelfall zur Anpassung des Vertrags im Wege der ergänzenden Vertragsauslegung (vgl. BGH NZM 2009, 398; BGH NJW 1979, 2250; BGH NJW 1986, 932). Ist eine solche Anpassung nicht möglich, kommt ein Anspruch des Vermieters auf Zustimmung zu einer nicht genehmigungsbedürftigen Wertsicherungsklausel in Betracht (vgl. BGH WPM 1980, 593; vgl. ferner Bub/Treier/*Schultz* III. A Rdn. 249).

**18.** Durch § 560 Abs. 4 BGB ist für die Wohnraummiete geklärt, dass Vermieter und Mieter nach einer Betriebskostenabrechnung eine **Anpassung der Vorauszahlungen** entsprechend dem Abrechnungsergebnis verlangen können. Diese Vorschrift gilt für die Geschäftsraummiete allerdings nicht (vgl. § 578 BGB). Man wird aber zumindest in den Fällen auch ohne ausdrückliche Ermächtigung ein Bestimmungsrecht des Vermieters im Sinne von §§ 315, 316 BGB annehmen müssen, in denen zwar Vorauszahlungen ausbedungen, aber nicht der Höhe nach festgelegt wurden (vgl. BGH NJW 1993, 1061, 1062; OLG Koblenz NJW 1990, 1038; Geldmacher DWW 1997, 7 m. w. N.). Sind bestimmte Vorauszahlungen geregelt, es fehlt aber eine Erhöhungsklausel oder es liegt nur eine solche Klausel vor, in der die näheren Modalitäten nicht geregelt sind, ist eine Erhöhungserklärung grundsätzlich nur wirksam, wenn Grund und Höhe der Anhebung nachvollziehbar erläutert sind. Das wird der Fall sein, wenn die Erklärung sich auf eine ordnungsgemäße Betriebskostenabrechnung stützt, aus der sich der Erhöhungsbedarf ergibt (vgl. *Langenberg* E 19). Die in einem gewerblichen Mietvertrag enthaltene Klausel, wonach der Vermieter die laufenden Betriebskostenvorauszahlungen nach „Kostenanfall des Vorjahres" anpassen darf, ist daher wirksam. Das OLG Dresden (ZMR 2002, 416) verlangt dann ebenfalls eine prüffähige Abrechnung, mangels derer der Mieter die Leistung erhöhter Vorauszahlungen verweigern kann.

Das Formular regelt zugunsten des Vermieters ein **Bestimmungsrecht** (vgl. §§ 315 f. BGB), das ihm eine Anpassung der laufenden Betriebskostenvorauszahlungen auch im Verlaufe einer Abrechnungsperiode ermöglicht. Der Vermieter ist ohne entsprechende Vereinbarungen grundsätzlich an die vertraglichen Vorgaben gebunden. Durch ein vertragliches Bestimmungsrecht kann der Vermieter seine Vorleistungspflichten begrenzen (vgl. Sonnenschein NJW 1992, 265). Eine Pflicht zur Herabsetzung der laufenden Vorauszahlungen wird bei der Gewerberaummiete und angesichts des seit langem tendenziell stets steigenden Kostenanfalls kaum ernsthaft in Betracht kommen (zur Wohnraummiete vgl. BayObLG OLGR 1996, 7). Wenn der Wegfall einer Kostenart oder eine Reduzierung bestimmter Kosten zu erwarten ist, können die Parteien eine Anpassung der Vorauszahlungen verabreden.

Eine Anpassung des **Umlagemaßstabs**, d. h. der Kriterien zur Kostenverteilung (ggf. auf mehrere Mieter), ist nur im Ausnahmefall möglich (vgl. *Blank* DWW 1992, 65).

**19.** Die Regelung entspricht §§ 556 b Abs. 1, 579 Abs. 2 BGB. Das Mietrechtsreformgesetz sieht die Mietzahlung am Ende der Mietzeit bzw. nach Ablauf der für die laufenden Mietzahlungen vereinbarten Zeitabschnitte nur noch für die Miete von Grundstücken, Schiffen und beweglichen Sachen vor. Abweichende vertragliche Abreden bleiben (nach der Begründung zu § 579 Entwurf, BMJ-Mietrechtsreformgesetz, Stand 19. 7. 2000) zulässig.

Nach der Rechtsprechung des Bundesgerichtshofs (NJW 1999, 1408 = WM 1999, 1286) können **Mietforderungen** aus einem gewerblichen Mietverhältnis im **Urkundenprozess** nach §§ 592 ff. ZPO eingeklagt werden. Für die Wohnraummiete ist dies (seit BGH NZM 2005, 661) ebenfalls anerkannt. Auch die Geltendmachung von Nebenkostennachforderungen im Urkundenprozess ist statthaft (vgl. KG Urt. v. 28. 6. 2010 – 8 U 167/09 – juris). Der Weg des Urkundenprozesses kann nach dem OLG Düsseldorf (ZMR 2004, 673) indes nicht beschritten werden, wenn die Überlassung der Mietsache bestritten ist oder ein Minderungsrecht des Mieters besteht (vgl. auch

OLG Düsseldorf NZM 2009, 435 mit Anm. *von der Osten/Bub,* FD-MietR 2008, 266380).

**20.** Grundsätzlich steht dem Schuldner zur **Anrechnung von Leistungen** das **Bestimmungsrecht** aus § 366 Abs. 1 BGB zu. Fehlt eine Bestimmung des Schuldners, folgt die Reihenfolge für die Tilgung aus § 366 Abs. 2 BGB. Formularmäßige Klauseln, die dem Gläubiger ein abweichendes Bestimmungsrecht einräumen, müssen die Schuldnerinteressen angemessen berücksichtigen (vgl. BGH NJW 1993, 2043). Das Formular sieht hier eine freie Verrechnungsbefugnis des Vermieters nur dann vor, wenn der Mieter keine Bestimmung trifft (zu weiteren vertraglichen Tilgungsbestimmungen vgl. auch Bub/Treier/ *Bub* II Rdn. 428 m. w. N.).

**21.** Ein unbeschränktes **Aufrechnungsverbot** kann selbst im kaufmännischen/unternehmerischen Rechtsverkehr mit Rücksicht auf §§ 307, 309 Nr. 3 BGB formularmäßig nicht wirksam vereinbart werden (vgl. BGH NJW 1984, 2405; OLG Düsseldorf ZMR 1989, 61; Bub/Treier/*Bub* II Rdn. 429 m. w. N.). Anerkannt ist aber die Zulässigkeit von Klauseln, welche die Aufrechnung davon abhängig machen, dass die zur Aufrechnung gestellte Gegenforderung unstreitig, rechtskräftig feststehend oder entscheidungsreif ist (vgl. BGH NJW 1995, 255; KG Grundeigentum 2010, 766; OLG Düsseldorf ZMR 2010, 356; OLG Hamm NJW-RR 1989, 275; *Törnig* NZM 2009, 847). „Unstreitig" muss eine zur Aufrechnung gestellte Gegenforderung nicht in der rechtlichen Beurteilung beider Vertragsparteien sein, sondern nur in Bezug auf den anspruchsbegründenden Sachverhalt (vgl. Bub/Treier/*Bub* II Rdn. 429 m. w. N.). Ein wirksam begründetes Aufrechnungsverbot gilt auch ohne besondere Vereinbarung über die Beendigung des Mietverhältnisses hinaus fort (vgl. BGH NJW-RR 2000, 530; KG Grundeigentum 2010, 766; OLG Düsseldorf NJW-RR 1995, 850; OLG Frankfurt WuM 1987, 142; a. A. OLG Celle WPM 1965, 1015). Das Formular stellt diese Wirkung ausdrücklich klar und regelt (im Anschluss an BGH WuM 1988, 159), dass selbst nach Rückgabe der Mietsache nur gegenüber anderen Ansprüchen als Ansprüchen auf Zahlung von Mietzins und Nutzungsentschädigung aufgerechnet werden kann. Ein wirksames Aufrechnungsverbot in einem gewerblichen Mietvertrag ist auch auf den Kautionsrückzahlungsanspruch anzuwenden (vgl. OLG Düsseldorf ZMR 2004, 905).

Das Formular sieht davon ab, für die Aufrechnung zusätzlich eine **Ankündigungsfrist** zu regeln, nach deren Ablauf eine Aufrechnungserklärung erst zulässig sein soll. Solche Klauseln werden zwar im allgemeinen für zulässig gehalten (vgl. BGH NJW 1995, 255). Bei der hier zugrunde liegenden Regelung dürfte ein praktisches Bedürfnis, auch für unstreitige und rechtskräftig festgestellte Forderungen zusätzlich eine Ankündigungsfrist niederzulegen, kaum bestehen, denn der Vermieter hat bei bereits rechtskräftig ausgeurteilten Gegenforderungen ohnehin Kenntnis von der Rechtsverfolgung des Mieters und wird sich auch bei unstrittigen Sachverhalten in der Regel über das Bestehen etwaiger Gegenrechte im Klaren sein. Eine Ankündigungsklausel verliert ihren Sinn ohnehin mit der Beendigung des Mietverhältnisses und der Rückgabe des Mietobjektes (vgl. BGH WM 1988, 159; NZM 2000, 336 = NJW-RR 2000, 530; KG Grundeigentum 2010, 766).

**22.** Die formularmäßige Beschränkbarkeit von **Leistungsverweigerungs- und Zurückbehaltungsrechten** in dem hier vorgeschlagenen Sinne ist für den kaufmännischen Verkehr nach altem Recht anerkannt (vgl. vgl. BGHZ 92, 312 m. w. N.; BGH NJW-RR 1993, 519; OLG Düsseldorf ZMR 1989, 300). Die Vorschrift des § 556 b Abs. 2 BGB reglementiert das Zurückbehaltungsrecht nur für die Wohnraummiete in verbindlicher Weise, da § 579 Abs. 2 BGB nur auf die Geltung von § 556 b Abs. 1 BGB verweist. Das Zurückbehaltungsrecht ist daher auch nach neuem Recht abdingbar (vgl. *Hein* Mietrecht kompakt 2002, 45). Teilweise wird selbst ein **völliger Ausschluss von Leis-**

tungsverweigerungsrechten für wirksam gehalten (vgl. die Nachweise bei Bub/Treier/*Bub* II Rdn. 433). Von diesem Grundsatz macht die Rechtsprechung jedoch in ihren Auswirkungen kaum zu überblickende Ausnahmen. Die Befürworter einer großzügigen Handhabung verkennen, dass auch dann, wenn AGB gegenüber einem Unternehmer verwandt werden, ein gänzlicher Ausschluss jedenfalls nach § 307 BGB unwirksam ist, wenn der Gegenanspruch, auf den das Zurückbehaltungsrecht gestützt ist, unbestritten, rechtskräftig festgestellt oder entscheidungsreif ist (vgl. BGHZ 92, 312 m. w. N.; BGH NJW-RR 1993, 519). Der Ausschluss soll überdies dann nicht greifen, wenn dem Verwender eine grobe Vertragsverletzung anzulasten ist (vgl. BGH DB 1972, 868), wenn er für seine mangelhafte Leistung bereits einen hinreichenden Wertausgleich erhalten hat (vgl. BGH BJW 1970, 386) oder wenn er seinerseits im Verhältnis zu Dritten ein Zurückbehaltungsrecht ausübt (für den Fall eines gegenüber einem Subunternehmer geltend gemachten Einbehalts vgl. BGH NJW 1978, 634; beim Mietvertrag käme eine entsprechende Anwendung ggf. bei Einbehalten des Vermieters gegenüber dem mit einer Mängelbeseitigung beauftragten Unternehmer in Betracht; vgl. dazu Palandt/*Grüneberg* § 309 BGB Rdn. 16 m. w. N.). Der Grundsatz, dass die Geltendmachung von Gegenrechten aus demselben Vertragsverhältnis grundsätzlich nicht ausgeschlossen werden kann, ist von wesentlicher Bedeutung (vgl. Palandt/*Grüneberg* Rdn. 15 m. w. N.). Der Verwender von Klauseln mit einem völligen Ausschluss muss daher damit rechnen, dass die Gerichte von einer unangemessenen Benachteiligung des Mieters im Rahmen von §§ 307, 309 Nr. 2, 310 Abs. 1 BGB ausgehen (zur Einschlägigkeit des früheren § 9 AGBG vgl. auch BGHZ 100, 161). Aus Gründen der Vertragssicherheit sieht das Formular wegen der weitreichenden Unwägbarkeiten von einem weitergehenden Verbot von Aufrechnung und Zurückbehaltungsrecht ab. Auch die zusätzliche Regelung einer Ankündigungsfrist für die Ausübung von Leistungsverweigerungsrechten erscheint aus den Gründen von Anm. 21 als entbehrlich. Die Zulässigkeit solcher Ankündigungsklauseln wird aber auch im gegebenen Zusammenhang überwiegend bejaht (vgl. die Darstellung bei *Wolf/Eckert/Ball* Rdn. 472 m. w. N.).

Wenn der Mieter ein Zurückbehaltungsrecht geltend machen kann, erstreckt es sich im Rahmen von § 320 BGB grundsätzlich auf den gesamten Mietzinsanspruch. Dieser Grundsatz wird in der Praxis oft dadurch vernachlässigt, dass in der Berechnung des gerechtfertigten Einbehalts eine kleinliche Pseudogenauigkeit verfolgt wird. Allerdings kann der Mieter gegen Treu und Glauben (§ 242 BGB) verstoßen, wenn er ein Zurückbehaltungsrecht in vollem Umfang geltend macht. Was als angemessen zu gelten hat, ist in erster Linie eine Frage des tatrichterlichen Ermessens und hängt von den Umständen des Einzelfalles ab. In der Literatur wird üblicherweise auf das Drei- bis Fünffache eines zu veranschlagenden Minderungsbetrages oder des zur Reparatur erforderlichen Betrages abgestellt (vgl. Staudinger/*Emmerich* § 536 Rdn. 61; *Joachim* DB 1986, 2649). Die Annahme eines Zurückbehaltungsrechts in dreifacher Höhe der Herstellungskosten ist nach der Rechtsprechung des BGH im Zweifel nicht übersetzt (vgl. BGH NZM 2003, 437 m. w. N.).

**23.** Auf dem Gebiet der Gewerberaummiete hält eine Formularklausel, mit der die Verwirklichung des **Minderungsrechts** mittels Abzugs vom geschuldeten Mietzins ausgeschlossen und der Mieter insoweit auf eine Bereicherungsklage verwiesen wird, einer Inhaltskontrolle nach den AGB-Vorschriften stand (vgl. BGH NJW-RR 1993, 519; BGH NJW 1984, 2404; OLG Karlsruhe MDR 2006, 745; OLG Hamm NJW-RR 1998, 1020; OLG Düsseldorf OLGR 2005, 591; OLG Düsseldorf DWW 1990, 85; KG GE 2003, 952; KG NZM 2002, 526). Nach der recht großzügigen Rechtsprechung soll sogar eine Klausel, wonach der Mieter „kein Minderungsrecht geltend machen darf", dahin auszulegen sein, dass nicht das Minderungsrecht schlechthin, sondern nur dessen Verwirklichung durch Abzug vom geschuldeten Mietzins ausgeschlossen ist. Der Mieter muss zunächst die volle Miete zahlen und kann in Höhe des Minderungsbetrags die zuviel gezahlte Miete vom Vermieter zurückverlangen (vgl. BGH NJW 1984, 2404; OLG Hamm a. a. O.; Erman/*Jendrek* § 536 Rdn. 31). Eine unangemessene Benachteiligung im Sinne von § 307 BGB ist in dieser Beschränkung der gesetzlichen Gewährleistungspflicht des Vermieters bei der Gewerberaummiete nicht zu sehen (vgl. BGH NJW-RR 1993, 519). Das soll nach dem KG (KG GE 2003, 952) auch dann gelten, wenn weitere das Minderungsrecht einschränkende Regelungen vorhanden sind, diese aber vom übrigen Teil abgetrennt werden können.

Eine vom Vermieter verwendete formularmäßige Klausel, wonach der Mieter von Gewerberaum gegenüber den Ansprüchen des Vermieters auf Zahlung des Mietzinses ein Minderungsrecht wegen Mängeln der Mietsache nur dann geltend machen kann, wenn der Vermieter die Mängel vorsätzlich oder grob fahrlässig zu vertreten hat, ist im Zweifel dahin auszulegen, dass sie die Minderung wegen sonstiger Mängel vollständig ausschließt und dem Mieter insoweit auch nicht die Möglichkeit der Rückforderung der Miete nach § 812 BGB verbleibt. Eine solche Klausel benachteiligt den Mieter dann aber unangemessen (§ 307 BGB) und ist deswegen unwirksam (vgl. BGH NJW 2008, 2254).

Der im Formular geregelte Minderungsausschluss wirkt ausdrücklich über die Vertragsbeendigung und die Rückgabe der Mietsache hinaus fort. Ob dies auch ohne entsprechende vertragliche Bestimmungen der Fall ist, wird unterschiedlich beurteilt (bejahend: OLG Hamm a. a. O. und NJW-RR 1994, 711; OLG Karlsruhe ZMR 1987, 261; OLG Frankfurt a. M. NJW 1987, 1650; differenzierend: Bub/Treier/*Bub* II Rdn. 429).

Ein absoluter Ausschluss der Mietminderung inklusive etwaiger Rückerstattungsansprüche benachteiligt den Mieter unangemessen (§ 307 BGB) und ist unwirksam (vgl. BGH NJW 1977, 195; vgl. auch BGH NJW 1981, 2405; OLG Dresden NJW-RR 1997, 395; OLG Nürnberg NJW 1977, 1402, Schmidt-Futterer/*Eisenschmid* § 536 Rdn. 426 f.). Nicht zu folgen ist der Gegenmeinung (vgl. OLG München ZMR 1987, 16), die einen solchen Ausschluss für zulässig hält. Nach allgemeiner Meinung mindert sich die Miete bei Vorliegen der Voraussetzungen in § 536 BGB von Gesetzes wegen (vgl. nur BGH NJW-RR 1991, 779), ohne dass der Mieter sich hierauf berufen muss (vgl. Palandt/*Weidenkaff* § 536 Rdn. 1, 33). Vor diesem Hintergrund unterliegt die Mietminderung nur eingeschränkt den Dispositionen der Vertragsparteien. Eine generelle Abbedingung der Minderung stößt auch im unternehmerischen Verkehr wegen der Gefahr grundlegender Störungen des Äquivalenzprinzips auf Billigkeitsbedenken im Rahmen von §§ 242, 307 BGB (vgl. Schmidt-Futterer/*Eisenschmid* § 536 Rdn. 427 m. w. N.).

Nunmehr herrscht im Grundsatz Klarheit darüber, ob die **Minderung nach der Bruttomiete oder nach der Nettomiete** zu berechnen ist. Bemessungsgrundlage ist die Bruttomiete. Der BGH (NJW 2005, 1713) legt die Bruttomiete als Minderungsmaßstab zugrunde, weil die vom Mieter zu erbringenden Leistungsentgelte (Grundmiete u. Nebenkosten) die Gegenleistung für die vom Vermieter geschuldete Gesamtleistung seien. Auch der Mieter zahlt danach ein Gesamtentgelt, unabhängig davon, wie die Nebenkosten im Einzelnen gemäß der vertraglichen Vereinbarung zu bezahlen sind. Daraus ergibt sich nach der Einschätzung des BGH (a. a. O.), dass ein Mangel der Haupt- oder einer Nebenleistung stets ein Mangel der geschuldeten Gesamtleistung ist mit der Folge, dass die dafür geschuldete gesamte Gegenleistung gemindert werden muss, um die Äquivalenz wieder herzustellen. Die Minderung nach der Bruttomiete schafft indessen ihrerseits erhebliche Probleme bei den dabei zu berücksichtigenden Betriebskosten (vgl. hierzu Schmidt-Futterer/*Eisenschmid* § 536 Rdn. 350 ff. m. w. N.).

Nach altem Recht stellte sich bei **vorbehaltloser Fortentrichtung der Miete trotz Kenntnis von Mängeln** der Mietsache stets die Frage, ob ein Mieter hierdurch seiner Minderungsbefugnis verlustig ging (§ 539 BGB a. F. analog). Der VIII. Zivilsenat des BGH (NJW 2003, 2601 = WM 2003, 2150) hat zunächst für die Wohnraummiete zu §§ 536 b und c) BGB entschieden, dass die Minderungsbefugnis sich ausschließlich nach

§ 536 c BGB richtet. Für nach dem Inkrafttreten des Mietrechtsreformgesetzes fällig gewordene Mieten scheidet danach eine analoge Anwendung des § 536 b BGB, der an die Stelle des § 539 BGB a. F. getreten ist, aus (anders noch OLG Dresden ZMR 2003, 346). Insoweit beurteilt sich die Frage, ob und in welchem Umfang ein Mieter wegen eines Mangels der Wohnung die Miete mindern kann, ausschließlich nach § 536 c BGB. Dies gilt auch für Mietverträge, die vor dem 1. September 2001 abgeschlossen worden sind. Soweit das Minderungsrecht des Mieters nach dem 1. September 2001 nicht entsprechend der bisherigen Rechtsprechung zur analogen Anwendung des § 539 BGB a. F. erloschen ist, bleibt jedoch zu prüfen, ob der Mieter dieses Recht unter den strengeren Voraussetzungen der Verwirkung (§ 242 BGB) oder des stillschweigenden Verzichts verloren hat.

Die vom VIII. Zivilsenat entwickelten Grundsätze sind ohne weiteres auf die Gewerberaummiete übertragbar. Der XII. Zivilsenat hat sich denn auch der Rechtsprechung des VIII. Zivilsenats angeschlossen (vgl. BGH NZM 2005, 303). Es zeichnet sich inzwischen ab, dass die frühere analoge Anwendung des § 539 BGB keine Fortsetzung in der Anwendung des § 242 BGB findet (diese Bestimmung hat der XII. Zivilsenat, a. a. O., auch bereits in seiner ersten Entscheidung ohne weiteres für einschlägig gehalten; zur restriktiven Handhabung eines Minderungsverlusts vgl. Schmidt-Futterer/*Eisenschmid* § 536 b Rdn. 38 ff.).

Selbst wenn die Mietminderung wegen ausnahmsweise ausgeschlossen sein sollte, bleiben dem Mieter die Herstellungsansprüche zur Bereitstellung einer mangelfreien Mietsache erhalten (vgl. OLG Hamm OLGR 2007, 541; vgl. auch Köhler JZ 1989, 761).

Der BGH hat (mit der Entscheidung NJW 2006, 219) klargestellt, dass die Grundsätze zum Minderungsverlust des Mieters durch vorbehaltlose Fortentrichtung der Miete nicht auf die Fälle zu übertragen sind, in denen der **Vermieter Mietminderungen über längere Zeit hinweg widerspruchslos hinnimmt**. Ein Anspruchsverlust auf Zahlung der vollen Miete kommt danach nur unter den engen Voraussetzungen der Verwirkung (§ 242 BGB) in Betracht (vgl. BGH a. a. O. und dazu Anm. von *Zühlke* InfoM 1/06, 22; BGH ZMR 2003, 341; vgl. ferner *Wichert* ZMR 2000, 65).

Von weitergehenden **Haftungseinschränkungen zugunsten des Vermieters** sieht das Formular ab. Haftungsfreizeichnungen zugunsten des gewerblichen Vermieters sind nach hiesiger Auffassung praktisch nur in dem Umfang möglich und sinnvoll, als die vertraglichen Erhaltungs- und Instandhaltungspflichten, aus denen sich Haftungsrisiken ergeben können, wirksam auf den Mieter abgewälzt worden sind. Im Umfang wirksamer Pflichtenabwälzung auf den Mieter sind ausdrückliche Freizeichnungsklauseln dann aber auch entbehrlich, weil sich der Haftungsausschluss für den Vermieter bereits aus Tatsache ergibt, dass der Mieter die Erfüllung von Erhaltungspflichten vertraglich übernommen hat. Ist diese Übernahme wirksam, scheiden sowohl vertragliche (Erfüllungs-) Ansprüche des Mieters als auch deliktische oder solche nach den Grundsätzen zur pVV grundsätzlich aus (vgl. *Borzutzki-Pasing* NZM 2004, 161).

In der Praxis sind dennoch häufig solche Klauseln anzutreffen, mit denen der Vermieter seine Haftung für Schäden, die auf Mängeln der Mietsache beruhen, auf Vorsatz und grobe Fahrlässigkeit beschränkt. Die Wirksamkeit solcher formularmäßigen Bestimmungen steht nach der Rechtsprechung des BGH (NZM 2002, 116 = MDR 2002, 330 mit Anm. *Lützenkirchen*) durchgreifend in Frage. Der BGH (a. a. O.) hat eine Klausel, nach der die Haftung für leichte Fahrlässigkeit ausgeschlossen sein sollte, wenn ein „Mangel des Mietobjekts zu Sach- oder Vermögensschäden" führt, wegen Verstoßes gegen § 9 AGBG (jetzt: § 307 BGB) für unwirksam gehalten. Zwar verhält sich die angeführte Entscheidung zum Wohnraummietrecht, weshalb vertreten wird, für die Gewerberaummiete verbleibe es bei der Möglichkeit der Haftungsbeschränkung (so: *Lützenkirchen* a. a. O., unter Hinweis auf BGH MDR 1999, 407; OLG Koblenz MDR 1999, 1375). Der BGH

(NZM 2002, 116) behandelt die Abbedingung einer Haftung für leicht fahrlässig verschuldete Mängel aber nach allgemeinen Grundsätzen zur Wesentlichkeit der vom Vermieter zu erfüllenden Bereitstellungs- und Erhaltungspflichten, die auch für die Gewerberaummiete Geltung finden dürften. Auch zur Gewerberaummiete vertritt der BGH ohnehin die Auffassung, dass bei anfänglichen Mängeln, die sich oft nicht von nachträglich auftretenden Mängeln abgrenzen lassen, eine nicht formularmäßig abdingbare **Garantiehaftung** des Vermieters durchgreift (vgl. BGH Urt. v. 21. 7. 2010 – XII ZR 189/08 – juris). Soweit die Möglichkeit einer Haftungsbeschränkung bei der Gewerberaummiete damit verteidigt wird, dass im Gewerbemietrecht eine Überbürdung der Erhaltungslast grundsätzlich zulässig sei und deshalb kein Spannungsverhältnis mit einer Haftungsbeschränkung bestehe (vgl. *Lützenkirchen* a. a. O., m. w. N.), so lässt dies außer Betracht, dass das gesetzliche Leitbild aus § 535 BGB gleichermaßen für Wohnraum- und Gewerberaummiete gilt, ohne dass im gewerblichen Bereich etwa eine automatische Überbürdung der Erhaltungslast auf den Mieter durchgreift. Da die Haftungsbeschränkung sich ohnehin nur da auswirken kann, wo die Erhaltungspflichten beim Vermieter verblieben sind, wirken sich Haftungsbeschränkungen bei der Gewerberaummiete nicht grundsätzlich anders aus als bei der Wohnraummiete. Wegen der vom BGH hervorgehobenen grundlegenden Bedeutung der vom Vermieter zu erfüllenden Bereitstellungs- und Erhaltungspflichten aus § 535 Abs. 1 BGB dürfte eine sichere formularmäßige Vertragsgestaltung nur noch ohne entsprechende Freizeichnungsklauseln möglich sein, denn der Vermieter kann sich von der Erfüllung zentraler Leistungspflichten auch nicht für den Fall leichter Fahrlässigkeit freizeichnen (vgl. BGH Urt. v. 21. 7. 2010 – XII ZR 189/08 – juris; BGH NJW 1983, 1322; BGHZ 100, 157; 121, 18; *Borzutzki-Pasing* NZM 2004, 161; Bub/Treier/*Kraemer* Rdn. 1214 m. w. N.; zur Vermeidbarkeit von Freizeichnungsklauseln durch Abwälzung konkreter Pflichten vgl. auch die Anmerkungen zu Form. A. VI. 5 § 10).

**Individualvertragliche Haftungsbegrenzungen** zugunsten des Vermieters auf Vorsatz und grobe Fahrlässigkeit begegnen bei Gewerberaummietverhältnissen keinen grundsätzlichen Bedenken (vgl. OLG Köln ZMR 2004, 819).

**24.** Eine gesonderte **Verbrauchs- und Kostenerfassung** für das jeweilige Mietobjekt nebst der Regelung einer unmittelbar zwischen Versorgungsunternehmen und Mieter erfolgenden Betriebskostenabrechnung empfiehlt sich durchgängig, soweit eine isolierte Kostenerfassung mit vertretbarem Aufwand möglich ist. Zumal bei größeren gewerblichen Mietobjekten, die eine eigenständige räumliche und wirtschaftliche Einheit bilden, wird es weder organisatorisch noch ökonomisch sinnvoll sein, die Abrechnung über den Vermieter abzuwickeln. Wenn die Mieträume über gesonderte – ggf. erst vom Mieter herzustellende – Versorgungseinrichtungen verfügen, empfiehlt sich eine komplette Abwälzung der insoweit anfallenden Kosten auf den Mieter. Die vom Vermieter durchzuführende Abrechnung über die Betriebskosten reduziert sich dann ggf. auf solche Kostenarten, die das Grundstück als Ganzes betreffen (Grundsteuer, Versicherungen usw.).

**25.** Zum **Abrechnungsverfahren** vgl. die Formulare in **Kapitel C. X.**

**26.** Die Regelungen orientieren sich an der – für die Geschäftsraummiete allerdings nicht zwingenden – Vorschrift des § 556 Abs. 3 BGB. Der Stichtag für die Abrechnung (hier zum Abschluss der Heizperiode) und die Abrechnungsfrist können den jeweiligen Bedürfnissen des Einzelfalls angepasst werden. Auch der Vermieter von Geschäftsräumen ist jedoch nach der Rechtsprechung des BGH innerhalb einer **angemessenen Frist** zur Abrechnung über die Nebenkosten verpflichtet. Diese Frist endet regelmäßig zum Ablauf eines Jahres nach Ende des Abrechnungszeitraums (vgl. BGH NJW 2010, 1065). Die Auffassung, dass bei Gewerberäumen überhaupt keine Abrechnungsfrist gelte (vgl. die Nachweise bei OLG Düsseldorf ZMR 2008, 206), ist damit überholt.

**27.** Auch im Bereich der Gewerberaummiete gilt die **Heizkostenverordnung (HeizkV)**, mit der die Verteilung von Heiz- und Warmwasserkosten geregelt wird (vgl. *Lammel*, HeizKV, 3. Aufl., § 1 Rdn. 47). Die HeizkV findet Anwendung, wenn eine Mehrheit von Nutzern durch dieselbe Anlage mit Heizenergie oder Warmwasser versorgt wird (vgl. § 1 HeizkV). Wenn eine Mieteinheit über eine eigene Heiz- oder Warmwasseranlage verfügt, ist die HeizkV nicht einschlägig (vgl. *Lammel* § 1 Rdn. 6). Soweit mit Rücksicht auf die gesetzlichen Neuregelungen nach dem Mietrechtsreformgesetz teilweise davon ausgegangen wird, es bestehe selbst bei der Wohnraummiete keine Pflicht mehr zu einer verbrauchsabhängigen Abrechnung (vgl. *Lützenkirchen* OLGR Köln, Beilage zu Staffel 13/ 2001 S. 8), so mag die wenig gelungene gesetzliche Neuregelung zu dieser Lesart verleiten. Dass die gesetzliche Neuregelung des § 556a Abs. 1 BGB die HeizkV nicht gegenstandslos machen soll, ergibt sich aber wohl schon aus ihrem Wortlaut, der ausdrücklich den Vorbehalt anderweitiger Vorschriften und damit auch der HeizkV regelt, als auch aus den Materialien, die ausdrücklich den Fortbestand der HeizkV voraussetzen. Zumal in Anbetracht des Wirtschaftlichkeitspostulats aus § 556 Abs. 3 BGB kann nicht damit gerechnet werden, dass die Rechtsprechung einen Rückschritt zulässt, der hinter die Anforderungen aus der HeizkV zurückgeht (vgl. BT Drucks 14/5663 zu Art. 1 Nr. 3 § 556; BMJ – Mietrechtsreformgesetz, Stand 19. 7. 2000, Begründung Nr. 2 zu § 556).

Die HeizkV verpflichtet zur **Verbrauchserfassung** (§ 4 Abs. 1 und 2 HeizkV) und zur **verbrauchsgerechten Kostenverteilung** (§ 6 Abs. 1 HeizkV). Die Verteilung hat nach einem Umlageschlüssel zu erfolgen, bei dem die nach Verbrauch abzurechnenden Kosten mindestens 50 % und höchstens 70 % der Gesamtkosten ausmachen müssen, während die übrigen Kosten nach der Wohn- oder Nutzfläche zu verteilen sind (§§ 7 Abs. 1, 8 Abs. 1 HeizkV).

Im Übrigen sieht das Formular eine Umlage nach dem Verhältnis der Nutzflächen vor. Es können auch andere Umlegungsmaßstäbe vereinbart werden (vgl. hierzu die Darstellung bei Bub/Treier/*v. Brunn* III. A Rdn. 49).

Bei Mietobjekten, in denen sowohl Wohnungen als auch gewerbliche Mieträume vorhanden sind, ist es ratsam, hinsichtlich der abzurechnenden Kosten einen einheitlichen, dem Wohnraumrecht genügenden Umlagemaßstab zu vereinbaren und dabei auch dem Gebot aus § 556a Abs. 1 S. 2 BGB Rechnung zu tragen, dass verbrauchsgerecht abzurechnen ist. Dies beugt zum einen der Gefahr vor, dass bei unterschiedlichen Abrechnungskriterien nicht sämtliche Kosten von den unterschiedlichen Abrechnungssystemen erfasst werden. Zum anderen hindert dies den Einwand von Wohnraummietern, es werde entgegen der Systematik aus § 556a Abs. 1 S. 2 BGB nicht verbrauchsabhängig abgerechnet. Zwar ist die bezeichnete Vorschrift für die Gewerberaummiete nicht verbindlich (vgl. § 578 Abs. 2 BGB). Wenn aber in ein und demselben Objekt unterschiedliche Umlagemaßstäbe existieren, lassen sich solche Einwände von Wohnraummietern ggf. nur mit zusätzlichem Abrechnungsaufwand ausräumen. Bei der Abrechnung der Betriebskosten für ein teils gewerblich, teils zu Wohnzwecken genutztes Gebäude gehört die Vornahme eines Vorwegabzugs für die gewerbliche Nutzung allerdings selbst dann nicht zu den an eine (formal ordnungsgemäße) Abrechnung zu stellenden Mindestanforderungen, wenn durch die gewerbliche Nutzung ein erheblicher Mehrverbrauch verursacht wird und deshalb ein solcher Vorwegabzug geboten ist (vgl. BGH Urt. v. 11. 8. 2010 – VIII ZR 45/10 – juris). § 5 Abs. 2 Satz 1 HeizkV erfordert aber materiell grundsätzlich eine Vorerfassung in dem Sinne, dass der Anteil jeder Nutzergruppe am Gesamtverbrauch durch einen gesonderten Zähler erfasst wird. Das gilt auch dann, wenn nur zwei Nutzergruppen vorhanden sind. In diesem Fall genügt es nicht, dass nur der Anteil einer Nutzergruppe am Gesamtverbrauch gemessen wird und der Anteil der anderen Nutzergruppe am Gesamtverbrauch in der Weise errechnet wird, dass vom Gesamtverbrauch der gemessene Anteil der einen Nutzergruppe abgezogen wird (vgl. BGH NZM 2008, 767).

**28.** Das Formular lehnt sich auch in den weiteren Modalitäten an die Regelungen in § 556 Abs. 3 BGB an, die allerdings grundsätzlich nur für die Wohnraummiete gelten. Die **Verkürzung der Einwendungsfrist** auf sechs Monate zielt auf eine Beschleunigung des Abrechnungsverfahrens ab. Die im Gesetz vorgesehene Fristverlängerung für den Fall einer vom Mieter nicht zu vertretenden Verspätung erscheint für die Geschäftsraummiete ohne weiteres als entbehrlich, da eine unverschuldete Fristversäumung selbst bei der Beachtung einer Einwendungsfrist von sechs Monaten schwerlich in Betracht kommen dürfte.

**29.** Die Regelung knüpft an § 556 Abs. 3 S. 4 BGB an.

**30.** Das Formular regelt die klassische **Barkaution**. Andere Arten der Mietsicherheit sind z. B. die Bürgschaft (vgl. dazu im Einzelnen Form. A. VII. 7) oder die Mietausfallbürgschaft, die Verpfändung von Spar- und Bankguthaben (vgl. OLG Karlsruhe Urt. v. 13. 10. 2009 – 19 U 88/09 – BeckRS 2010, 48517), der Schuldbeitritt, die Abtretung von Forderungen oder die Leistung von Wertpapieren im Rahmen von §§ 234–236, 1807 Abs. 1 Nr. 4 BGB (zu den unterschiedlichen Arten der Sicherheitsgestellung vgl. auch die Darstellung bei Bub/Treier/*v. Martins* III. A Rdn. 790 ff.). Für die Praxis bietet sich anstelle der Barkaution in erster Linie die (Bank-)Bürgschaft an, wenn (etwa bei besonders hohem Mietzins) die dauerhafte Blockierung liquider Geldmittel vermieden werden soll (vgl. dazu im Einzelnen Form. A. VII. 7). Neben der Barkaution, der Verpfändung von Spar- und Bankguthaben und der Bankbürgschaft dürften sich andere Arten der Absicherung eher selten empfehlen, da sie dem Vermieter entweder keinen schnellen und unmittelbaren Zugriff auf die Sicherheit ermöglichen oder Unsicherheiten in Bezug auf die Werthaltigkeit der Sicherheit in sich bergen.

**31.** Die **Höhe der Barkaution** unterliegt bei der Geschäftsraummiete keinen gesetzlichen Beschränkungen (vgl. *Intveen* mit Anm. zu OLG Brandenburg NZM 2007, 402; für die Wohnraummiete vgl. § 551 BGB). Bei der Geschäftsraummiete kann und sollte die Pflicht des Mieters zur Zahlung der Kaution vor Übergabe der Mieträume formularmäßig vereinbart werden (vgl. Bub/Treier/*Bub* II Rdn. 443 a m. w. N.; vgl. ferner Anm. 35).

**32.** Ob der Vermieter von Geschäftsraum verpflichtet ist, die Kaution von seinem übrigen Vermögen **getrennt zu halten** und sie nur als Mietsicherheit zu verwenden, wird unterschiedlich beurteilt (vgl. die Nachweise bei Bub/Treier/v. Martins III. A Rdn. 790; zur Vermögensbetreuungspflicht des Vermieters für Kautionen bei Wohn- und Gewerberaummiete vgl. Bieber jurisPR-MietR 18/2008 Anm. 4). Eine entsprechende Pflicht wird mit dem OLG Nürnberg (MDR 2006, 1100) anzunehmen sein. Das Formular regelt die Pflicht zur getrennten Verwahrung, weil dies jedenfalls einer rechtssicheren Vertragsabwicklung dient. Wenn eine Verzinsungspflicht besteht, korrespondiert damit im Zweifel ohnehin die Pflicht des Vermieters zur getrennten Verwahrung der Kautionssumme (ebenso: KG Berlin KGR 1999, 329).

Das Formular sieht die **verzinsliche Anlage** der Kaution vor. Nach der Rechtsprechung des BGH ist beim Fehlen ausdrücklicher vertraglicher Verzinsungsregelungen im Wege ergänzender Vertragsauslegung von der Pflicht zur Verzinsung des Kautionsbetrags auszugehen (vgl. BGHZ 127, 138). Dabei ist auch zu ermitteln, wem die Zinsen zustehen sollen. Es kann verabredet werden, dass der Zinsertrag dem Vermieter als zusätzliches Mietentgeld zustehen soll (vgl. BGH a. a. O.). Der Streit darüber, ob die Verzinsung der Kautionssumme bei der Gewerberaummiete formularmäßig ausgeschlossen werden kann (vgl. dazu LG Frankfurt WuM 1988, 307; Bub/Treier/*v. Martins* III. A. Rdn. 806), ist eher müßig, denn eine Verzinsung im Sinne einer Erhöhung der Mietsicherheit liegt grundsätzlich im Interesse beider Vertragsteile. Sie verschafft dem Mieter einen Kapitalertrag und erhöht für den Vermieter die verfügbare Sicherheit. Darin liegt ein wesentlicher Unterschied zu der ihrer Höhe nach statischen Bürgschaft, die laufend Unkosten verursacht.

Andere **Anlageformen** für den der Sicherheit dienenden Betrag können sich anbieten und sind nach § 551 Abs. 3 S. 2 BGB nunmehr sogar für die Wohnraummiete zulässig. Die dadurch ggf. mögliche Erwirtschaftung höherer Zinserträge geht aber regelmäßig mit einer längeren Bindungszeit für die Geldmittel einher und engt die Zugriffsmöglichkeiten für den Vermieter ein. Bei besonders hohen Kautionsbeträgen wird bei der Gewerberaummiete immerhin zu erwägen sein, ob die Kaution ertragsträchtiger angelegt werden kann. Höhere Ertragserwartungen bewirken aber typischerweise auch Risikoerhöhungen bis hin zu rein spekulativen Anlageformen. Formularmäßig kann sich der Vermieter ohne einen Verstoß gegen § 307 BGB keine hoch riskante Anlage ausbedingen (vgl. *Kraemer* NZM 2001, 737). Wenn die Vertragsparteien eine spekulative Anlageform individuell vereinbaren und sich die Sicherheit durch Kursverfall o. ä. vermindert, stellt sich die Frage nach einer eventuellen Nachschusspflicht des Mieters. Aus der Rechtsnatur der Sicherungsabrede kann sich zwar selbst ohne besondere Vereinbarungen eine Auffüllungspflicht des Mieters ergeben, wenn bei langfristigen Mietverhältnissen und bei von vornherein vorgegebenen Mieterhöhungen eine Anpassung der Mietsicherheit im Wege der Vertragsauslegung geboten erscheint oder wenn der Vermieter berechtigterweise auf die Sicherheit Zugriff genommen hat (vgl. BGH WPM 1972, 335). Wenn sich eine Mietsicherheit dadurch „verbraucht", weil die von den Vertragsparteien gewollte Anlageform zu Verlusten geführt hat, beruht dies jedoch auf einem wechselseitig eingegangenen Risiko, während eine einseitige Nachschusspflicht des Mieters diesen allein belastet. Eine Nachschusspflicht des Mieters lässt sich auch nicht aus § 240 BGB herleiten, denn wenn die Vertragsparteien eine Sicherheitsleistung mittels eines bestimmten Gegenstands (z. B. Wertpapiere) verabredet haben, sind nachträgliche Wertveränderungen grundsätzlich unbeachtlich und begründen keine Auffüllungspflicht (vgl. BGH LM § 240 Nr. 1). Die formularmäßig geregelte Nachschusspflicht allein der sicherungsverpflichteten Partei stößt auf Angemessenheitsbedenken im Rahmen von § 307 BGB, wenn sich auch der Sicherungsberechtigte bewusst auf ein nicht wertbeständiges Sicherungsmittel einlässt und den Verpflichteten trotz bereits geleisteter Sicherheit und ungeachtet des allein vom Verpflichteten wirtschaftlich zu tragenden Wertverfalls zur – ggf. wiederholten – Auffüllung heranziehen will, ohne selbst Risiken aus der gewählten Anlageform zu übernehmen (vgl. *Kraemer* a. a. O.). Eine hälftige Nachschusspflicht beider Parteien (die *Derleder* befürwortet, vgl. www.mietgerichtstag.de/archiv für 2002), erscheint deshalb als systemwidrig, weil der Vermieter durch die Mietsicherheit begünstigt und nicht leistungsverpflichtet sein (bzw. werden) soll. Eine Beitragspflicht des Vermieters ändert auch nichts Grundlegendes an der durch die wiederholte Leistungspflicht für den Mieter bewirkten Benachteiligung. Diesseits wird befürwortet, dass eine spekulativ aufs Spiel gesetzte Mietsicherheit als endgültig verloren anzusehen ist. Wegen der rechtlichen und wirtschaftlichen Unwägbarkeiten sollte von exotischen Anlageformen mit hohem Risikogehalt abgesehen werden.

**33.** Der Vermieter kann auf die Kaution zu seiner Befriedigung durch **Aufrechnung** gegenüber dem Rückforderungsanspruch des Mieters Zugriff nehmen (vgl. BGH WuM 1981, 106; Bub/Treier/*v. Martins* III. A. Rdn. 768). Darin ist er aber nicht gänzlich frei. Soweit sich der Mieter in Verzug befindet, kann der Vermieter die Kaution im erforderlichen Umfang auch während des laufenden Mietverhältnisses verwerten (vgl. BGH WuM 1972, 57). Wenn die Verwertungsbefugnis – wie im Formular vorgesehen – auch für den Fall des Streits über die Forderungsberechtigung des Vermieters ausdrücklich vorgesehen ist, bedarf es nach überwiegender Meinung auch keiner rechtskräftig festgestellten, unstreitigen oder offensichtlich begründeten Forderung. Gerade wenn die Kaution ihren Zweck erfüllen soll, dem Vermieter die Möglichkeit zu geben, sich wegen noch bestehender Ansprüche auf einfache Weise befriedigen zu können, muss ihm die Kaution als Instrument zur schnellen Durchsetzung seiner Ansprüche zur Verfügung stehen. Dieser

Zweck würde vereitelt, wenn der Vermieter zunächst die Klärung streitiger Ansprüche in einem Rechtsstreit herbeiführen müsste (vgl. OLG Karlsruhe OLG Karlsruhe Urt. v. 13. 10. 2009 – 19 U 88/09 – BeckRS 2010, 48517; NJW-RR 2009, 514; Müller/Walther/ *Schneider*, Miet- und Pachtrecht, C § 551 Rn. 199; a.A. LG Wuppertal NJW-RR 2004, 1309; LG Halle NZM 2008, 685; LG Mannheim WuM 1996, 269). Eine unberechtigte Verwertung führt im Wege des Schadensersatzes zur Auffüllungspflicht des Vermieters (vgl. OLG München NJW-RR 1995, 461).

Auch bei **Insolvenz des Mieters** wird das Recht des Vermieters, zu bestimmen, ob eine vor der Eröffnung des Insolvenzverfahrens vertragsgemäß erhaltene Mietsicherheit zur Tilgung von Schulden des Mieters aus dem Mietvertrag eingesetzt und welche Schuld des Mieters durch Verrechnung getilgt werden soll, nicht beseitigt oder eingeschränkt (vgl. OLG Hamburg ZMR 2008, 714 unter Bestätigung von LG Hamburg ZMR 2008, 209).

Zur Kautionsverwertung ist der Vermieter aber nicht verpflichtet. Er kann auf der Leistung durch den Mieter bestehen. Der Mieter kann den Vermieter nicht auf die Befriedigung aus der Kaution verweisen.

**34.** Wenn die Kautionssumme durch Aufrechnung und Vereinnahmung seitens des Vermieters verbraucht ist, kann der Vermieter während des laufenden Mietverhältnisses grundsätzlich wieder die **Auffüllung der Mietsicherheit** verlangen (vgl. BGH WPM 72, 335). Das Formular regelt diese Pflicht ausdrücklich. Die kalendermäßig bestimmte Frist zur Auffüllung der Mietsicherheit enthebt den Vermieter insoweit von einer gesonderten In-Verzug-Setzung des Mieters (§ 284 Abs. 2 BGB).

Für den Fall, dass der Mieter mit der Aufstockung der Kaution rückständig bleibt, erscheint die Regelung eines besonderen Kündigungsrechts als entbehrlich. Die Voraussetzungen, unter denen ein Recht zur fristlosen Kündigung ausbedungen werden kann (vgl. *Bub* a.a.O.), stehen dann in Frage, wenn der Mieter nur mit einem unerheblichen Teil der Kautionssumme oder nur für kurze Zeit in Rückstand gerät. Außerdem kann das Auflaufen weiterer Forderungen nach bereits erfolgtem Zugriff auf die Kaution unter den Voraussetzungen des § 543 Abs. 2 Nr. 3 BGB ohnehin zur Kündigung berechtigen. Die hartnäckige Unterlassen einer geschuldeten Kautionsaufstockung kann sich außerdem im Rahmen des § 543 Abs. 1 BGB als eigenständiger Kündigungsgrund auswirken, etwa wenn sich der Mieter trotz wiederholter Mahnungen mit einem erheblichen Teil des Kautionsbetrags in Verzug befindet (schon im Rahmen des § 554a BGB a.F. kam ein Kündigungsrecht bei mangelnder Zahlungsmoral des Mieters in Betracht, insbesondere bei andauernd unpünktlichen oder unvollständigen Zahlungen, auch soweit es nicht um die Zahlung von Mietzins im Sinne von § 535 Abs. 2 BGB geht, vgl. BGH NJW-RR 1988, 77; OLG Koblenz NJW-RR 1993, 583; OLG Hamm NJW-RR 1993, 1163; zu rückständiger Kaution vgl. OLG Celle NZM 1998, 265; OLG München NJW-E MietR 1996, 127; Bub/Treier/*Grapentin* IV Rdn. 191 m.w.N.). Der Vermieter ist daher im Regelfall auch ohne besondere vertragliche Kündigungsklauseln hinreichend geschützt. Bestimmte Kündigungsklauseln könnten sogar zu einer Einengung des Vermieters führen, denn je konkreter eine Kündigungsbefugnis ausformuliert ist, desto eher drängt sich die Annahme auf, dass der Vermieter eine Kündigung nicht auf andere Unzuverlässigkeiten des Mieters stützen darf (vgl. aber nachfolgend Anm. 35).

**35.** Bei der Gewerberaummiete können abweichend vom Gesetz **Kündigungsrechte** formularmäßig niedergelegt werden (vgl. BGH WuM 1987, 317). Auch der Verzug des Mieters mit der Kautionsleistung kann – wohl anders als die bloße Nichtzahlung – als Anknüpfungstatbestand für eine fristlose Kündigung festgelegt werden (vgl. BGH NJW-RR 2007, 886; Bub/Treier/*Bub* II Rdn. 540 m.w.N.). Die Kaution befriedigt regelmäßig ein legitimes Sicherungsbedürfnis des Vermieters. Die Nichtzahlung der Kaution stellt damit grundsätzlich eine erhebliche Vertragsverletzung dar. Der Vermieter kann daher jedenfalls im Bereich der Gewerberaummiete vor der Kündigung in der Regel nicht auf die Einklagung der Kaution verwiesen werden (vgl. BGH NJW-RR 2007, 886; Schmidt-Futterer/*Blank*, Mietrecht, 9. Aufl., § 543 BGB Rdn. 178 f. m. w. N.). Der Mieter von Geschäftsräumen hat in der Regel auch **kein Zurückbehaltungsrecht an der Kaution** (vgl. BGH NZM 2007, 401).

Ziff. (1) des Form. regelt eine kalendermäßige Leistungsbestimmung im Sinne von § 284 Abs. 2 BGB, weshalb Verzug des Mieters auch ohne Mahnung eintritt. Mit dem Zusammenspiel von Zurückbehaltungsrecht (des Vermieters) und Kündigungsrecht verfolgt das Formular das Ziel, den Vermieter vor betrügerischen und schon anfänglich leistungsunfähigen bzw. -unwilligen Mietern (sog. Mietnomaden) zu schützen (zu einem formularmäßig ausbedungenem „Rechteverlust" des Mieters bei Nichtzahlung der Kaution vgl. KG NZM 2007, 41). Mieter, die sich den Mietvertrag gleichsam erschlichen haben, sollen auf diesem Weg an der – nach Besitzeinweisung nur auf prozessualem Wege zu unterbindenden – Besitzausübung gehindert werden.

**36.** Der **Rückgewähranspruch** des Mieters wird grundsätzlich nicht schon mit Beendigung des Mietverhältnisses oder mit der Herausgabe der Mietsache an den Vermieter fällig. Der Anspruch des Mieters auf Rückzahlung der Mietsicherheit entsteht zwar bereits mit Vertragsabschluss, ist aber aufschiebend bedingt durch die Beendigung des Vertrages sowie durch den Ablauf der dem Vermieter üblicherweise zusätzlich zuzubilligenden Abrechnungsfrist. Innerhalb dieser Frist hat sich der Vermieter zu entscheiden, ob und in welcher Weise er die Kaution zur Abdeckung seiner Ansprüche verwenden will. Erst mit Ablauf dieser Frist wird der Rückgewähranspruch des Mieters fällig (vgl. BGH DWW 1999, 219; BGH WuM 1987, 310; NJW 2006, 1422; OLG Düsseldorf DWW 2010, 116; NZM 2005, 783; ZMR 2008, 708; OLG Köln WuM 1998, 154; Bub/Treier/*Scheuer* V Rdnr. 288 ff.). Danach wird der sich aus der Sicherungsabrede ergebende Rückzahlungsanspruch des Mieters erst fällig und besteht auch nur insoweit, als feststeht, dass dem Vermieter keine Ansprüche mehr zustehen, für welche die Kaution haftet. Der Vermieter muss über seine Ansprüche nach Ablauf einer angemessenen Prüfungsfrist abrechnen. In der Regel wird Vermietern eine **Abrechnungsfrist** von bis zu 6 Monaten zugestanden (vgl. Bub/Treier/*Scheuer* V. B. Rdn. 292; OLG Düsseldorf a. a. O.).

Ob der Vermieter die Kaution auch über einen längeren Zeitraum zurückbehalten darf, wenn zu seinen Gunsten ein Nachzahlungsanspruch für noch nicht fällige Betriebskosten zu erwarten ist, ist früher unterschiedlich beurteilt worden (zum Meinungsstand vgl. die Nachweise bei Bub/Treier/*Scheuer* V. B. Rdn. 289). Das vertragliche Sicherungsbedürfnis des Vermieters erstreckt sich jedoch, wie der BGH (MDR 2006, 1100 und dazu Anm. von *Wüstefeld* jurisPR 8/2006 Anm. 4) nunmehr klargestellt hat, auch auf noch nicht fällige Ansprüche des Vermieters, die sich aus dem Mietverhältnis und seiner Abwicklung ergeben. Dies gilt insbesondere auch für noch zu erstellende Nebenkostenabrechnungen (vgl. BGH a. a. O.; OLG Düsseldorf OLGR 2000, 152), hinsichtlich derer der Vermieter einen angemessenen Teil der Kaution einbehalten darf.

**37.** Das bis zur **Fälligkeit des Rückgewähranspruchs** ohnehin bestehende **Zurückbehaltungs- und Aufrechnungsverbot** (vgl. BGH WuM 1972, 57) wird im Formular ausdrücklich klargestellt.

**38.** Die gesetzlichen Regelungen aus §§ 566 a, 578 S. 1 BGB erfahren im Vertrag eine modifizierte Ausgestaltung. Auch für die Geschäftsraummiete gilt, dass der **Erwerber einer Mietsache** nicht nur in die Rechte eintritt, die in Bezug auf eine geleistete Mietsicherheit begründet worden sind (so aber die Vorschrift des § 572 S. 1 BGB a. F.), sondern auch in die Pflichten, namentlich der Pflicht zur Rückerstattung der Mietsicherheit bei Beendigung des Mietverhältnisses (vgl. hierzu eingehend: Streyl NZM 2010, 343). § 566 a S. 2 BGB regelt weiter, dass auch der Veräußerer für die Rückgewähr einer geleisteten Sicherheit einzustehen hat, wenn der Mieter vom Erwerber bei Beendigung des

Mietverhältnisses die Sicherheit nicht erlangen kann. Damit stellt sich die Frage, ob die gesetzliche Neuregelung des § 566a BGB aus verfassungsrechtlichen Gründen nur für Veräußerungen gilt, die nach dem Inkrafttreten der Mietrechtsnovelle (1. 9. 2001) erfolgen. Nach der ständigen Rechtsprechung des BVerfG sind belastende Gesetze, die in der Vergangenheit abgeschlossene Sachverhalte betreffen, wegen Verstoßes gegen das im Rechtsstaatsprinzip enthaltene Gebot der Rechtssicherheit und des Vertrauensschutzes regelmäßig verfassungswidrig (vgl. BVerfGE 23, 12, 32; 30, 367, 385 f.). Etwas anderes gilt nur dann, wenn das Vertrauen nicht schutzwürdig ist, weil die Betroffenen schon in dem Zeitpunkt, auf den die Regelungen des Gesetzes zurückwirken, bei objektiver Betrachtung mit der Neuregelung rechnen mussten (BVerfG MDR 1952, 538; 1953, 472; 8, 1959, 183; 1962, 190; BVerfGE 30, 367, 387; 48, 1, 20). Die gesetzliche Neuregelung des § 566a BGB entbehrt einer Überleitungsvorschrift. Sie bewirkt für den Erwerber mit Satz 1 eine Belastung, weil dieser nunmehr auch in die Pflichten betreffend die Sicherheit eintritt und nicht nur in die Rechte, wie dies § 572 BGB a.F. regelte, der eine Rückgewährpflicht des Erwerbers nur unter eingeschränkten Voraussetzungen vorsah. Die Pflichtenerweiterung auf Erwerberseite gilt daher aus verfassungsrechtlichen Gründen nicht für Altfälle (vgl. BGH GE 2005, 733; vgl. auch BGH NZM 2005, 907; Schmidt-Futterer/*Gather* § 566a Rdn. 4).

Ob der Veräußerer durch § 566a S. 2 BGB gegenüber der früheren Rechtslage auch dadurch in verfassungsrechtlich bedenklicher Weise belastet wird, als er unabhängig von den zwischen ihm und dem Erwerber getroffenen Absprachen und Verfügungen über die Mietsicherheit für die Rückgewähr einstandspflichtig bleibt, selbst wenn er die Sicherheit auf den Erwerber übertragen hat, muss als fraglich erscheinen. Schon nach altem Recht war allerdings umstritten, ob der Veräußerer mit Aushändigung der Kaution an den Erwerber von seiner Rückgabepflicht frei wurde (so Bub/Treier/*Scheuer* V Rdn. 307; *Peters* JR 1997, 353 jeweils m.w.N.). In den Fällen, in denen der Veräußerer die Kaution auf alleiniges Verlangen des Erwerbers an diesen auszahlt, ist teilweise von einer zeitlich befristeten Forthaftung des Veräußerers ausgegangen worden (vgl. MünchKomm/*Voelskow,* in der Voraufl., § 572 Rdn. 7; Soergel/*Heintzmann* § 572 Rdn. 10 m.w.N.). Nach h.M. sollte der Veräußerer aber auch nach altem Recht neben dem Erwerber grundsätzlich ohne zeitliche Beschränkung weiter haften (vgl. u.a. RG JW 1905, 80 Nr. 18; BGH NZM 1999, 496 = MDR 1999, 988; Palandt/*Putzo* BGB, 60. Aufl., § 572 Rdn. 2). Die Forthaftung des Veräußerers sollte danach nur dann entfallen, wenn der Veräußerer die Kaution auf Verlangen oder mit Zustimmung des Mieters weitergegeben oder der Mieter sonst zu erkennen gegeben hatte, dass er nunmehr allein den Erwerber als Rückzahlungsverpflichteten akzeptieren wollte (RG JW 1905, 80 Nr. 18; OLG Karlsruhe NJW-RR 1989, 267; *Geldmacher* DWW 1998, 230 m.w.N.). Mit der gesetzlichen Neuregelung geht vor diesem Hintergrund für den Veräußerer in Altfällen nur unter zwei Aspekten eine Neubelastung einher, nämlich dann, wenn die Aushändigung der Kaution an den Erwerber eine Befreiung des Veräußerers bewirken sollte und wenn man der Neuregelung entnehmen will, dass der Veräußerer selbst dann zur Rückgewähr verpflichtet bleibt, wenn der Mieter nach den oben aufgezeigten Kriterien zu erkennen gibt, dass er allein den Erwerber als zur Rückzahlung verpflichtet ansieht. Im letzteren Fall dürfte ein Mieter aber treuwidrig im Sinne von § 242 BGB handeln, wenn er entgegen seiner erklärten Bereitschaft, die Kaution nur noch mit dem Erwerber abzuwickeln, wieder auf den Veräußerer zurückgreift ("venire contra factum proprium"). § 566a S. 2 BGB dürfte von daher generell nur mit der Einschränkung gelten, dass eine Inanspruchnahme des Veräußerers als treuwidrig ausscheidet, wenn der Mieter einen Vertrauenstatbestand dahin geschaffen hat, dass nur noch der Erwerber als zur Rückgewähr verpflichtet sein soll (im Ergebnis ebenso: Palandt/*Weidenkaff* § 566a Rdn. 6, der die Forthaftung des Vermieters in solchen Fällen im Anschluss an OLG Karlsruhe – NJW-RR 1989, 267 – für abbedungen hält). Der Veräußerer wird im Übrigen damit zu rechnen haben, dass ihn die Rechtsprechung auch in Altfällen als einstandspflichtig für die Rückgewähr der Kaution ansieht, weil diese Pflicht schon in altem Recht begründet lag.

Da § 566a BGB im Rahmen der Gewerberaummiete dispositives Recht beinhaltet, regelt das Formular die **Befreiung des Altvermieters aus der Rückerstattungspflicht**, wenn eine **Kautionsübertragung** auf den neuen Vermieter stattgefunden hat. Soweit der ausscheidende Vermieter jedoch schon auf die Mietsicherheit Zugriff genommen hat, muss es zur Vermeidung einer unangemessenen Benachteiligung des Mieters im Sinne von § 307 BGB dabei verbleiben, dass der Streit über die Berechtigung eines vom Vermieter getätigten Zugriffs mit diesem auszutragen ist. Der Veräußerer darf sich auch grundsätzlich aus der Kaution befriedigen (vgl. OLG Karlsruhe DWW 89, 50; OLG Frankfurt NJW-RR 87, 786), falls nicht Veräußerer und Erwerber abweichende vertragliche Vereinbarungen über die Verwendung der Kaution getroffen haben. Außerhalb der mietvertraglichen Sicherungsfunktion unterliegt die Mietkaution aber nicht der Disposition der Vertragsparteien des Veräußerungsvertrags, denn sie ist zweckgebunden und wirtschaftlich dem Mieter zuzuordnen (vgl. OLG Frankfurt ZMR 91, 340). Der Veräußerer kann deshalb gegenüber dem Anspruch des Erwerbers auf Aushändigung der Kaution nicht mit solchen Ansprüchen aufrechnen, die ihm gegenüber dem Erwerber zustehen (z. B. mit dem Anspruch auf Zahlung des Kaufpreises für das veräußerte Objekt). Wenn der Erwerber eine Mietkaution vom Veräußerer herausverlangt, soll er darzulegen und zu beweisen haben, dass nicht verbrauchte Beträge beim Veräußerer vorhanden sind (vgl. OLG Frankfurt NJW-RR 87, 786). Das erscheint als problematisch, weil der Veräußerer dem Erwerber – zumindest aus vertraglicher Nebenpflicht (aus dem Veräußerungsvertrag) – auskunftspflichtig (wenn nicht sogar rechenschaftspflichtig, vgl. § 259 BGB) sein und von daher auch dafür darlegungspflichtig sein dürfte, dass die Kaution verbraucht ist.

**39.** In der Mietpraxis herrscht die Tendenz zur Verwendung von Klauseln, mit denen die **Erhaltungs- und Instandsetzungspflichten** möglichst weitreichend auf den Mieter abgewälzt werden sollen. Die Möglichkeit einer vollständigen formularmäßigen Abwälzung der Pflichten aus § 535 Abs. 1 BGB auf den Mieter steht aber auch bei der Gewerberaummiete in Frage. Weitgehende Einigkeit besteht darüber, dass eine Verpflichtung, Reparaturen an der Grundsubstanz (an „Dach und Fach") vorzunehmen, dem Mieter nicht formularmäßig überbürdet werden kann (vgl. BGH NJW 1977, 195; OLG Dresden NJW-RR 1997, 395; Bub/Treier/*Bub* II 460, III 1080; *Fritz* III 229 b; zu den Grenzen der Pflichtenabwälzung vgl. auch Stopenhorst NZM 2007, 17). Teilweise ist von überraschenden Klauseln im Sinne des früheren § 3 AGBG (jetzt: § 305 c Abs. 1 BGB) ausgegangen worden (vgl. BGH NJW 1977, 195); teilweise wurde ein Verstoß gegen § 9 AGBG (jetzt: § 307 BGB) angenommen (vgl. OLG Dresden NJW-RR 1997, 395). Die Abwälzung findet im Zweifel da ihre Angemessenheitsgrenzen, wo die Pflichtenabwälzung zugunsten des Vermieters zum Übergang der Sachgefahr auf den Mieter führt und diesen mit einem nicht mehr absehbaren Kostenrisiko belastet (vgl. OLG Sachsen-Anhalt NJW-RR 2000, 823 m. w. N.; *Wolf/Eckert/Ball* Rdn. 351 ff. m. w. N.).

Eine zulässige Pflichtenabwälzung auf den Mieter kommt um so eher in Betracht, je mehr die betreffenden Teile der Mietsache örtlich und funktional dem unmittelbaren Mietgebrauch unterfallen und der Abnutzung, dem Verschleiß oder einer durch den Mietgebrauch beschleunigten Alterung unterliegen. Das OLG Brandenburg (ZMR 2003, 909) geht allerdings auch dann von einer Instandsetzungspflicht des Vermieters aus, wenn der Mieter individualvertraglich die Instandhaltung von „Dach und Fach" übernommen hat und die betreffenden Gebäudeteile infolge von Alterung oder umwelteinflussbedingtem Verschleiß nicht mehr reparabel oder reparaturwürdig sind. Dies soll insbesondere für eine notwendige Komplettsanierung des Daches gelten.

Eine **Komplettabwälzung von Erhaltungspflichten** läuft auch im unternehmerischen Bereich Gefahr, nach §§ 307, 310 Abs. 1 S. 2 BGB als **unwirksam** behandelt zu werden. Formularklauseln, nach denen ausnahmslos alle notwendigen Instandhaltungs- und Instandsetzungsmaßnahmen zu Lasten des Mieters gehen sollen, werden aber teilweise als wirksam angesehen, wenn sich aus anderen Vertragsbestimmungen ergibt, dass damit nur verschuldensabhängige Pflichten des Mieters angesprochen sein sollen (vgl. BGH ZMR 1987, 257). Wenn es aber im Rechtssinne um „schuldhafte" Beeinträchtigungen der Mietsache geht, erweist sich eine mietvertragliche Pflichtenabwälzung letztlich als entbehrlich, denn für schuldhafte Substanzbeeinträchtigungen haftet der Mieter ohnehin nach § 280 BGB oder nach Deliktsrecht (§ 823 BGB).

Formularmäßige Vertragsentwürfe zum Umfang der wechselseitigen Erhaltungspflichten entziehen sich weitgehend einer Typisierung, weil die Mieträumlichkeiten in ganz unterschiedliche bauliche Konzepte mit unterschiedlichen technischen und organisatorischen Vorkehrungen eingegliedert sein können. Auch der Mietgebrauch kann sich ganz unterschiedlich auswirken. Da die Grenzen für eine formularmäßige Abwälzung von Instandhaltungspflichten auf den Mieter im Einzelnen als unsicher gelten müssen, ist generell eine zurückhaltende Praxis zu empfehlen. Standardisierte Abgrenzungskriterien, wonach vertragliche Erhaltungs- und Instandhaltungspflichten des Mieters etwa bis zu einem bestimmten prozentualen Kostenanteil der Jahresmiete zulässig sein sollen, können ebenfalls auf Bedenken aus §§ 242, 307 BGB stoßen. Wenn z.B. eine technische Einrichtung, die einer Vielzahl von Mieteinheiten dient (Heiz- oder Kühlaggregate usw.), räumlich einem bestimmten Mietobjekt zugeordnet ist und der Mieter dieser Einheit zur Instandhaltung und -setzung der Anlage herangezogen wird, kann die Abwälzung – unabhängig von prozentualen Anteilen – unangemessen sein, soweit der Mieter mit einem höheren Anteil herangezogen wird, als das von ihm angemietete Objekt kostenanteilig am Betrieb der Anlage teilhat. Das vertragliche Äquivalenzverhältnis ist dann tangiert. Anlagen und Versorgungseinrichtungen – zumal in Großobjekten – sollten daher nur dann dem Pflichtenkreis eines Mieters unterstellt werden, wenn der Mieter zumindest ganz überwiegend Nutznießer dieser Einrichtungen ist.

Selbst bei im Übrigen wirksamer Abwälzung auf den Mieter unterfallen bestimmte Leistungen nicht den Mieterpflichten: Die Pflicht des Mieters, die Mietsache mangelfrei zu übergeben, bleibt grundsätzlich unberührt (vgl. BGH WuM 1992, 355), es sei denn, die Parteien haben bei Vertragsschluss hierzu – in Kenntnis bestimmter Fehler – besondere Vereinbarungen zur Mangelbeseitigung oder zum Gewährleistungsausschluss getroffen. Dem Mieter obliegt mit Ausnahme von Klein- und Reparaturteilen grundsätzlich auch nicht die Beschaffung von Ersatzgeräten oder -einrichtungen, wenn deren Instandsetzung nicht – mehr – möglich ist (vgl. OLG Hamm 1993, 1229).

Das Formular belässt es bei der Einstandspflicht des Vermieters bei Arbeiten an Dach und Fach sowie in Bezug auf die Substanz wesentlicher Einrichtungen sowie der Installationen, die der allgemeinen Grundversorgung dienen. Für die weitere vertragliche Ausgestaltung ist im Einzelfall zu prüfen, ob nach vorstehender Maßgabe weitergehende Regelungen möglich und sachlich veranlasst sind. Das hängt davon ab, ob auch die Erhaltung und Instandsetzung etwa von Gemeinschaftsflächen und -einrichtungen (z.B. Flure, Treppenhäuser, Zuwege, Grünflächen) oder von technischen Anlagen oder sonstigen funktionalen Einheiten zur Regelung ansteht (zu der nur beschränkt möglichen Abwälzung entsprechender Betriebskosten vgl. BGH ZMR 2005, 844; vgl. dazu ferner Form. A. VII. 10 Anm. 3). Der Mietvertrag sollte jedenfalls möglichst konkret festlegen, welche Leistungspflichten der jeweilige Vertragsteil zu erfüllen hat.

**40.** Besondere Leistungspflichten betreffend die **Ausführungsart** und den **Turnus**, in dem bestimmte (Schönheits-)Reparaturen durchzuführen sind, regelt das Formular nicht, da sich dies bei Gewerberäumen weitgehend einer Generalisierung entzieht und bei formularvertraglicher Regelung im Zweifel auf durchgreifende Wirksamkeitsbedenken stößt.

Die formularmäßige Festlegung von **starren Renovierungsfristen und zugleich einer Endrenovierungspflicht** ist gemäß § 307 BGB unwirksam. Der XII. Zivilsenat des BGH (vgl. ZMR 2005, 527) hat sich der Rechtsprechung des VIII. Zivilsenats angeschlossen, soweit es die Frage betrifft, ob die Kombination einer formularmäßigen Endrenovierungsklausel mit einer solchen über turnusmäßig vorzunehmende Schönheitsreparaturen wirksam ist. Damit dürfte sich der frühere Meinungsstreit zumindest im Grundsatz erledigt haben.

Der XII. Zivilsenat des BGH ist dem VIII. Zivilsenat aber auch in der Frage nach der Unwirksamkeit **starrer Renovierungsfristen** als solcher (d. h. ohne Bestimmungen zur unbedingten Endrenovierung) gefolgt (vgl. BGH NJW 2008, 3772; so schon früher OLG Düsseldorf OLGR 2006, 48; 2007, 199). Auch die allgemein geringere Schutzbedürftigkeit eines Geschäftsraummieters kann danach starre Fristen für die Durchführung der Schönheitsreparaturen durch den Mieter nicht rechtfertigen. Das wird man zumindest in den bei der Gewerberaummiete nicht seltenen Fällen, in denen der Mietgebrauch besonders intensiv ist und starke Abnutzungen bewirkt, in Frage stellen können.

Die Rechtsprechung des XII. Zivilsenats ist in der Frage der Schönheitsreparaturen insgesamt sehr generalisierend und restriktiv. Sie setzt den Begriff der Schönheitsreparaturen im Wohnraumbereich mit den Renovierungspflichten im gewerblichen Bereich gleich, obwohl „Schönheitsreparaturen" im Rahmen der Gewerberaummiete oft schon terminologisch kaum noch einschlägig sind (z. B. bei der Vermietung von Lager- und Produktionsräumen). Sie dürfte nicht angemessen berücksichtigen, dass es gerade im Bereich der Gewerberaummiete häufig zu einem sehr intensiven Mietgebrauch kommt und dass die Mieträume zur Förderung des Geschäftszwecks oft eine nachhaltige Veränderung und Umgestaltung erfahren. Teilweise werden an die Ausstattung und Dekoration besonders hohe Anforderungen gestellt, die mit einer Wohnungsrenovierung kaum noch vergleichbar sind (z. B. hochpreisige Designergeschäfte und Boutiquen in exklusiven Ladenpassagen). Dies alles lässt es als problematisch erscheinen, die zur Wohnraummiete geltenden Grundsätze deckungsgleich zu übernehmen.

**41.** Die **gesetzliche Anzeigepflicht des Mieters** aus § 536 c Abs. 1 BGB wird aufgegriffen und dahin erweitert, dass auch Gefahren für Dritte anzuzeigen sind. Die Vermietung von Gewerberaum kann dazu führen, dass der Mietgebrauch erhebliche Auswirkungen auf einen für den Vermieter nicht absehbaren Personenkreis (von Kunden, Arbeitnehmern, Lieferanten, Nachbarn usw.) mit sich bringt. Daraus können sich im Rahmen allgemeiner (Verkehrs-)Sicherungspflichten und nachbarrechtlicher Haftungstatbestände Risiken für den Vermieter ergeben, zumal wenn er – wie meist – Eigentümer der Mietsache ist (vgl. §§ 906, 907, 1004 BGB). Wenn sich spezielle Gefahren von vornherein abzeichnen, sollten Schutz- und Sicherungspflichten des Mieters ausdrücklich niedergelegt werden, ggf. unter Freistellung des Vermieters von einer entsprechenden Inanspruchnahme. Zu solchen – ggf. betriebsspezifischen – Regelungen verhalten sich im Einzelnen auch die nachfolgenden Formulare (vgl. A. VI. 2 §§ 8, 10; A. VI. 3 § 10; A. VI. 4 §§ 9, 14; A. VI. 5 § 10).

Der Mieter muss zur Beachtung seiner Anzeigepflicht die Mietsache nicht auf verborgene Mängel untersuchen und dem Vermieter **nur offensichtliche Mängel anzeigen** (vgl. OLG Düsseldorf NZM 2009, 280). Eine Anzeigepflicht des Mieters besteht auch nicht bei Mängeln, die sich aus einer dem Vermieter bekannten Gefahrenlage entwickelt haben (vgl. OLG Düsseldorf a. a. O.; zur Darlegungs- und Beweislast für die Ursächlichkeit zwischen einer verspäteten Mängelanzeige und einer längeren Schadensbeseitigung vgl. OLG Brandenburg ZMR 2008, 706).

**42.** Das allgemein anerkannte Recht des Vermieters, die Mieträume aus begründetem Anlass zu **betreten** und zu **besichtigen** (vgl. Schmidt-Futterer/*Eisenschmid* § 535 Rdn.

178 ff.; Bub/Treier/*Kraemer* III. A. Rdn. 1126 ff. jew. m. w. N.), wird durch das Formular ausgestaltet. Grundsätzlich hat der Mieter ein Hausrecht an den Mieträumen (vgl. OLG Düsseldorf OLGR 1997, 305). Ein solches Hausrecht begründet (Besitz-)Abwehrrechte (§§ 858 ff. BGB) und ist auch notwehrfähig (vgl. Palandt/*Heinrichs* § 227 Rdn. 3; OLG Düsseldorf a. a. O.; a. A. OLG Frankfurt NJW 1994, 946). Das aus der mietvertraglichen Besitzüberlassungspflicht des Vermieters (vgl. dazu im Einzelnen Anm. 1 zu Form. A. VII. 8) mündende Recht auf ungestörten Mietbesitz hat der Vermieter grundsätzlich zu beachten. Die Duldungspflichten des Mieters bei Erhaltungs- und Modernisierungsmaßnahmen aus § 554 BGB zeigen aber, dass das Gesetz Betretungs- und Besichtigungsrechte des Vermieters notwendig als „erforderliche Maßnahmen" voraussetzt (vgl. Bub/Treier/*Kraemer* III. A. Rdn. 1126; vgl. im Form. auch § 13 Ziff. 1). In welchem Umfang solche Rechte bestehen und wann ein begründeter Anlass für das Betreten der Mieträume besteht, unterliegt einer schwer zu überblickenden Kasuistik (vgl. die Nachweise bei Schmidt-Futterer/*Eisenschmid* § 535 Rdn. 178 ff.; Bub/Treier/*Kraemer* III. A Rdn. 1127 ff.). Die Erwirkung und Vollstreckung eines Duldungstitels durch den Vermieter kann einen ganz unverhältnismäßigen Zeit- und Kostenaufwand erforderlich machen. Ausdrücklich geregelte vertragliche Befugnisse können daher die Vertragsabwicklung wesentlich fördern. Das Formular führt Beispiele an, in denen sich typischerweise der Bedarf für den Vermieter ergeben kann, die Mieträume zu besichtigen.

Klauseln, mit denen sich der Vermieter ein uneingeschränktes Recht zum Betreten und zur Besichtigung der Mieträume ausbedingt, sind unangemessen und unwirksam (vgl. BVerfG NJW 1993, 2035). Von daher verbietet sich grundsätzlich auch eine formularmäßig begründete eigene Schlüsselgewalt des Vermieters. Ein Grund zur fristlosen Kündigung des Mietvertrags kann dem Mieter gegeben sein, wenn der Vermieter ohne Zustimmung des Mieters dessen Räume betreten hat, nachdem er einen Schlüssel unberechtigt einbehalten hatte (vgl. OLG Celle Beschl. v. 5. 10. 2006 – 13 U 182/06 – juris). Einvernehmliche Regelungen hierzu sind in der Praxis aber keineswegs selten und können – zumal bei bestehender Hausgemeinschaft – erhebliche Vorteile für beide Vertragsteile bewirken. Wenn die Mietsache baulich und wirtschaftlich eine in sich abgeschlossene Einheit bildet, innerhalb derer sich u. U. besonders gesicherte Warenbestände und Produktionsmittel befinden, wird aber schon aus haftungsrechtlichen Gründen nur ausnahmsweise eine Schlüsselbefugnis des Vermieters in Betracht kommen.

Bei Gefahr im Verzuge (z. B. bei Brand oder Überschwemmung) kann der Vermieter unter den Voraussetzungen der §§ 227 ff. BGB berechtigt sein, sich auch ohne vertragliche Regelungen Zutritt zu den Mieträumen zu verschaffen. Eine verbotene Eigenmacht liegt dann wegen gesetzlicher Gestattung im Sinne von § 858 Abs. 1 BGB nicht vor (vgl. Palandt/*Bassenge* § 858 Rdn. 6).

Die Pflicht zur Ankündigung einer beabsichtigten Besichtigung ergibt sich aus dem Verbot der Eigenmacht (§ 858 BGB). Zu den Modalitäten einer solchen Ankündigung verhält sich § 19 des Formulars.

**43.** Hinsichtlich der **Duldungspflichten des Mieters in Bezug auf Erhaltungs- und Modernisierungsmaßnahmen** gelten die Bestimmungen des § 554 Abs. 1 bis 4 BGB über § 578 Abs. 2 BGB grundsätzlich auch für die Gewerberaummiete. Eine Erweiterung der Duldungs- und Mitwirkungspflichten zu Lasten des Mieters ist möglich, da § 578 Abs. 2 BGB die Geltung des § 554 Abs. 5 BGB, wonach abweichende Vereinbarungen zum Nachteil des Mieters unwirksam sind, nicht vorsieht. Die für die Wohnraummiete anerkannten Duldungspflichten in Bezug auf Erhaltungs-, Instandsetzungs- und Verbesserungsmaßnahmen umschreiben daher auch für die Gewerberaummiete den grundlegenden Pflichtenkreis, der im gegebenen Zusammenhang keiner besonderen Darstellung bedarf (vgl. dazu Form. B. III. 1, B. IV. 2 und 3, C. V. 1; vgl. ferner die Darstellungen bei Hannemann/Wiegner/*Lutz* § 20 Rdn. 8 ff.; Bub/Treier/*Kraemer* III. A. Rdn. 1091 ff.).

Erweiterte Duldungspflichten können im gewerblichen Bereich auch formularmäßig – wenngleich nur in den Grenzen aus §§ 307 BGB (vgl. BGHZ 93, 29, 138, 242 BGB) – begründet werden. Danach verbieten sich Klauseln, die den Bestand der Mietsache oder wesentlicher Teile davon zur freien Disposition des Vermieters stellen, eine Pflicht zu jederzeitigen Duldung von Maßnahmen begründen oder die Geltendmachung einer unzumutbaren Härte im Sinne von § 554 Abs. 2 S. 2 BGB schlechthin ausschließen sollen (vgl. Bub/Treier/*Kraemer* III. A Rdn. 1124).

Das Formular regelt gegenüber den gesetzlichen Vorgaben insoweit eine erweiterte Duldungspflicht, als für Erhaltungsmaßnahmen nicht auf deren objektive Erforderlichkeit im Sinne von § 554 Abs. 1 BGB abgestellt wird, sondern – insgesamt – nur auf die **Zweckdienlichkeit** der Maßnahmen. Damit eröffnet die Regelung dem Vermieter ein freieres Ermessen für die Entscheidung, ob und in welcher Weise er zu Maßnahmen greifen will. Außerdem enthält das Formular die Klarstellung, dass eine Verbesserung sich nicht notwendig zugunsten des Mieters auswirken und nicht unmittelbar in den – baulichen – Gebrauchsgegebenheiten niederschlagen muss, sondern auch darin bestehen kann, dass sich die Wirtschaftlichkeit des Objekts aus Vermietersicht erhöht. Zwar ist dem Grunde nach anerkannt, dass eine Verbesserung nicht notwendig dem Mieter und seinem Mietgebrauch zugute kommen muss (vgl. RE KG WuM 1985, 248). Dennoch finden in Rechtsprechung und Literatur vornehmlich solche Maßnahmen Billigung, die den Gebrauchswert bzw. die Funktionabilität erhöhen (vgl. *Scholz* WuM 1995, 13; Bub/Treier/*Kraemer* III. A Rdn. 1101 jew. m. w. N.).

Zur Ankündigungspflicht vgl. § 19.

**44.** Die Möglichkeit eines vollständigen formularvertraglichen **Ausschlusses des Rechts zur Mietminderung** (§ 536 BGB) bei Beeinträchtigungen im Mietgebrauch ist umstritten (vgl. hierzu im einzelnen die Anm. und Nachweise zu § 8 Ziff. 3). Ein Ausschluss der Mietminderung für einen ganzen Komplex von Beeinträchtigungen, die auf vom Vermieter veranlassten Maßnahmen beruhen, würde – zumal bei gleichzeitigen vertraglichen Einschränkungen des Zurückbehaltungsrechts und der Aufrechnung (vgl. § 8 Nr. 1 und 2) – die Anwendung der §§ 242, 307 BGB provozieren. Solche Klauseln können nicht als vertragssicher empfohlen werden. Das Formular sieht daher für die nicht seltenen Fälle der in Ziff. (1) aufgeführten Maßnahmen, bei denen auch der Vermieter ein schutzwürdiges Interesse an einer Einschränkung der Mietminderung haben kann, eine Billigkeitsregelung vor. Zugleich stellt das Formular klar, dass der Mieter auch im gegebenen Zusammenhang keinen direkten Abzug von der Miete tätigen darf (vgl. die Anmerkungen zu § 8 Ziff. 3). Er bleibt auf die Geltendmachung von Bereicherungsansprüchen verwiesen, falls er sich mit dem Vermieter nicht auf eine bestimmte Mietreduzierung einigt.

**45.** Abgesehen von der durch vertragsgemäßen Gebrauch bewirkten Abnutzung der Mietsache (vgl. § 538 BGB) ist der Mieter grundsätzlich nicht zu **Veränderungen und baulichen Eingriffen** berechtigt (vgl. BGH NJW 1974, 1463). Er hat nur ein Gebrauchsrecht und nicht die Befugnis, nach eigenem Belieben mit dem Mietobjekt zu verfahren. Der wechselseitig vorausgesetzte Mietgebrauch wird jedoch bei der Gewerberaummiete nicht selten selbst umfängliche bauliche Veränderungen seitens des Mieters erforderlich machen. Das Formular sieht hierfür als Grundvoraussetzung die Einholung einer Zustimmung des Vermieters vor. In den Fällen, in denen die Durchführung bestimmter Maßnahmen von vornherein absehbar und wechselseitig gewollt ist, sollte dies im Mietvertrag ausdrücklich geregelt werden, um dem Streit darüber vorzubeugen, ob bestimmte Veränderungen zulässig sind und wer für die Herstellung und Erhaltung des – dann vertragsgemäßen – Zustands einstandspflichtig ist (vgl. insoweit die Regelungen und Anmerkungen zu speziellen betriebsbezogenen Befugnissen des Mieters in den Formularen A. VI. 2 § 9; A. VI. 3 § 9; A. VI. 4 § 8; A. VI. 5 § 9).

Die Durchführung von baulichen Veränderungen kann nicht von vorneherein und generell versagt werden, wenn der Vertragszweck sie erforderlich macht. Dies würde eine unangemessene Benachteiligung im Sinne von § 307 BGB bewirken (so im Ergebnis wohl auch Bub/Treier/*Kraemer* III. A. Rdn. 984 m. w. N., der die Versagung solcher Maßnahmen bei fehlenden vertraglichen Vorgaben als rechtsmissbräuchlich ansieht; a. A. aber Bub/Treier/*Bub* II Rdn. 502). Das Formular trägt dem Rechnung, indem es für ein Zustimmungsverlangen des Mieters voraussetzt, dass ohne die beabsichtigten Maßnahmen eine durchgreifende Gefährdung des Vertragszwecks oder eine Härte im Sinne von § 242 BGB eintreten würde.

**46.** Die **Herstellung des ursprünglichen Zustands der Mietsache** gehört selbst bei Fehlen ausdrücklicher vertraglicher Vorgaben zu den Mieterpflichten (vgl. MünchKommBGB/*Bieber* § 546 Rdn. 7) und kann bei ausdrücklicher vertraglicher Pflichtübernahme eine Hauptleistungspflicht aus dem Mietvertrag begründen (vgl. vgl. MünchKommBGB/*Bieber* a. a. O.; Palandt/*Weidenkaff* § 546 Rdn. 6 m. w. N.).

In welchem Zustand sich die Mietsache bei der Rückgabe befindet, kann insbesondere für die Frage vollständiger Räumung und Herausgabe von Bedeutung sein (§§ 546, 546 a BGB), wenngleich es für die Rückgabe grundsätzlich nicht auf den Zustand der Mietsache ankommt (vgl. BGHZ 104, 285; BGH MDR 1983, 395). Der Mieter vorenthält dem Vermieter das Mietobjekt, wenn er es nicht nur in verwahrlostem oder verschlechtertem Zustand zurückgibt, sondern nach dem Auszug Einbauten oder Einrichtungen trotz entsprechender Verpflichtung nicht beseitigt (vgl. OLG Düsseldorf ZMR 2009, 843, das ohne weiteres auch eine Beseitigungspflicht bei vom Vermieter übernommenen Einrichtungen annimmt). Die Klausel in einem Mietvertrag, „Ein- und Ausbauten … (sind) … zu entfernen", wenn durch sie „eine weitere Vermietung erschwert sein (sollte)", begünstigt den Mieter gegenüber der gesetzlichen Räumungspflicht. Der Rückbauanspruch entsteht dann nur, wenn der Nachfolgemieter die Beseitigung der Einbauten verlangt (vgl. OLG Düsseldorf ZMR 2009, 754).

Das Formular regelt die Pflicht des Mieters zur Wegnahme von Einrichtungen und zum Rückbau und legt ausdrücklich fest, dass zur vollständigen Räumung auch der Rückbau und die Wegnahme von Einrichtungen gehören (zur Wirksamkeit solcher Klauseln vgl. Bub/Treier/*Bub* II Rdn. 554 m. w. N.). Zum Umfang der Räumungspflicht vgl. ferner Anm. 49.

**47.** Die vorstehend behandelte Pflicht zum Rückbau und zur Wegnahme von Einrichtung korrespondiert gemäß § 539 Abs. 2 BGB mit dem grundsätzlichen **Recht des Mieters zur Wegnahme.** Der vertragliche Ausschluss des Wegnahmerechts ist für den kaufmännischen Bereich selbst dann grundsätzlich als möglich angesehen worden, wenn der Mieter ohne Entschädigung bleiben soll (vgl. BGH NJW 1968, 1625; BGH NJW 1958, 2109; OLG Brandenburg ZMR 2010, 23). In Rechtsprechung und Literatur sind solche Klauseln aber unter verschiedenen Gesichtspunkten als letztlich nicht verbindlich behandelt worden. Teilweise wird von sittenwidrigen Regelungen im Sinne von § 138 BGB ausgegangen (vgl. LG Hamburg ZMR 1968, 89), teilweise von einer rechtsmissbräuchlichen Berufung (§ 242 BGB) auf entsprechende Klauseln (vgl. Soergel/*Kummer* § 547a Rdn. 10). Bei vorzeitiger Auflösung eines Mietvertrags werden Bereicherungsansprüche des an sich entschädigungslosen Mieters bejaht (vgl. BGH WM 1996, 1265; BGH NJW 1958, 2109; OLG Hamburg MDR 1974, 584; vgl. dazu auch die nachfolgenden Anmerkungen zur Entschädigungslosigkeit und zum Bereicherungsanspruch bei Maßnahmen, zu denen der Mieter sich ausdrücklich verpflichtet hat). Der Ausschluss solcher Bereicherungsansprüche wird wiederum als Verfallklausel nach den Grundsätzen zur Vertragsstrafe beurteilt (vgl. BGH NJW 1968, 1625 und dazu Bub/Treier/*Scheuer* V. B Rdn. 278). Da dies im Einzelnen schwer überschaubar und abgrenzbar ist, sollte der im Formular vorgesehene entschädigungslose Ausschluss des Wegnahmerechts nur dann unverändert übernommen werden, wenn Unbilligkeiten zum Nachteil des Mieters sicher auszuschließen sind. Das wird am ehesten dann der Fall sein, wenn die betreffenden Einrichtungen in erster Linie oder allein dem Mietgebrauch des herstellenden Mieters dienen und keine wesentliche Wertsteigerung oder eine sonstige wirtschaftliche Besserstellung des Vermieters bewirken. Die Herstellungskosten sollten (gleichsam unter dem Gesichtspunkt einer Abschreibung) in einer vernünftigen Relation zur (Mindest-) Mietzeit und zur Miethöhe stehen.

Am ehesten lässt sich ein wirksamer **Entschädigungsausschluss** vereinbaren, wenn dies ausdrücklich in Bezug auf ganz bestimmte Einrichtungen geschieht und der Mieter die vertragliche Pflicht zu deren Herstellung übernimmt. Wenn sich der Mieter von Geschäftsräumen vertraglich zu bestimmten Ausbaumaßnahmen verpflichtet hat, besteht nach Beendigung des Mietverhältnisses hinsichtlich der geschaffenen Einrichtungen kein Wegnahmerecht (vgl. BGH WM 1996, 1265; BGH NJW 1958, 2109; OLG Brandenburg ZMR 2010, 23; Bub/Treier/*Scheuer* V. B. Rdn. 279). Ihm steht ferner kein Anspruch auf Ersatz von Verwendungen gemäß § 539 BGB zu, unabhängig davon, ob es sich um notwendige oder nützliche Verwendungen handelt (vgl. BGH a. a. O.). In diesen Fällen sind die Leistungen des Mieters im Zweifel Teil des Überlassungsentgelts. Dem Mieter kann ein Bereicherungsanspruch (Bereicherung in sonstiger Weise) zustehen, wenn der Vermieter vorzeitig in den Genuss der wertsteigernden Investitionen gekommen ist (vgl. BGH Urt. v. 16. 9. 2009 – XII ZR 73/07 – BeckRS 2009, 26988; BGH NJW-RR 2006, 294; BGH WM 1996, 1265). Dieser Anspruch bemisst sich weder nach den vom Mieter aufgewendeten Kosten, noch nach einer etwaigen Wertsteigerung des Mietobjekts, sondern gemäß § 818 Abs. 2 BGB danach, inwieweit der Vermieter durch die Investitionen in die Lage versetzt wird, bei einer anderweitigen Vermietung eine höhere Miete zu erzielen oder die fraglichen Leistungen sonst gewinnbringend zu nutzen (vgl. BGH a. a. O.; BGH WM 1967, 750; BGH NJW 1968, 888; BGH NJW 1985, 313). Bei Mieterinvestitionen, deren Durchführung bei Abschluss des Mietvertrags bereits fest steht, empfiehlt sich daher die ausdrückliche Niederlegung einer entschädigungslosen Herstellungspflicht des Mieters.

Wenn dagegen ein Wegnahmerecht des Mieters besteht, kann er zum Schadensersatzanspruch berechtigt sein, wenn der Vermieter zu Unrecht die Wegnahme einer Einrichtung verweigert (vgl. OLG Kiel HRR 1938, 582; RGRK/*Gelhaar* a. a. O.).

**48.** Das Formular bezweckt mit der Verweisung auf die gesetzlichen Vorschriften zur **Kündigung** die Klarstellung, dass die im Formular enthaltenen Kündigungsregelungen – vgl. §§ 4 (2), 10 (6), 18 (5) – sich nicht als abschließender Katalog verstehen, durch den etwa die Kündigungsbefugnisse aus §§ 543, 569, 578 Abs. 2 BGB zugunsten einer Vertragspartei abbedungen werden sollen.

Zur „Kündigung des gewerblichen Mietverhältnisses" vgl. im Zusammenhang *Holtfester* (MDR 2000, 421). Bei einem auf unbestimmte Zeit abgeschlossenen Mietvertrag kann das Recht zur ordentlichen Kündigung nicht formularmäßig ausgeschlossen werden, denn dies würde zu einer unangemessenen Benachteiligung im Sinne von § 307 BGB führen (vgl. OLG Celle MDR 1990, 154). Bei der Gewerberaummiete können jedoch (in den Grenzen des § 307 BGB) zusätzliche Kündigungsgründe oder solche Gründe formularmäßig niedergelegt werden, die von den gesetzlichen Vorgaben abweichen (vgl. Schmidt-Futterer/*Blank* § 543 Rdn. 208 ff.). Das gilt im Zweifel aber nur insoweit, als dadurch die gesetzlichen Kündigungsgründe weiter ausgestaltet und konkretisiert werden (vgl. BGH WuM 1987, 317). Das schließt insbesondere im Regelungsbereich des § 543 Abs. 1 BGB auch die Berücksichtigung solcher Umstände ein, die sich speziell aus dem Regelungszusammenhang und Mietzweck des jeweiligen Vertrags und den sich daraus spezifisch einschlägigen Pflichtenkreisen ergeben.

Die **zentralen gesetzlichen Regelungen** zur außerordentlichen fristlosen Kündigung ergeben sich für die Gewerberaummiete aus **§§ 543, 569 Abs. 2, 578 BGB**. Die Mietrechtsreform hat erhebliche Veränderungen gebracht (vgl. *Kraemer* WuM 2001, 163 ff.). Die Kündigung setzt grundsätzlich die Setzung einer Abhilfefrist oder eine Abmahnung voraus (§ 543 Abs. 3 BGB, vgl. dazu im Einzelnen die Formulare A. IX. 1 bis 3 nebst Anm.), wobei die Neuregelung drei Ausnahmekomplexe vorsieht. Das bislang obligatorische Verschulden bei der Verwirklichung des Kündigungsgrundes ist gemäß §§ 543 Abs. 1 S. 2, 569 Abs. 2, 578 Abs. 2 BGB nicht unabdingbare Kündigungsvoraussetzung, sondern (wegen der Verwendung der Formulierung „insbesondere eines Verschuldens") lediglich ein Abwägungskriterium für das Vorliegen eines Kündigungsgrundes (vgl. *Kraemer* a. a. O.). Auch im Rechtszustand, wie er vor dem Inkrafttreten des Mietrechtsreformgesetzes bestand, war die Möglichkeit einer fristlosen **Kündigung aus wichtigem Grund bei schuldlosem Verhalten** des Kündigungsgegners bereits anerkannt (vgl. z. B. Schmidt-Futterer/*Blank*, Mietrecht, 7. Aufl., § 553 Rdn. 2 und 46); sie war nicht durch die Spezialvorschrift des § 554 a BGB a. F. ausgeschlossen (vgl. BGH WPM 1971, 1300). Die Rechtspraxis wird aber im Zweifel auch künftig nur ganz ausnahmsweise schuldlos gesetzte Kündigungsgründe zulassen. Wenn feststeht, dass mit dem Erlass eines Räumungsurteils, d. h. nicht erst bei seiner Vollstreckung, die ernsthafte Gefahr eines Suizids oder einer anderen schweren Erkrankung droht, kann dies im Rahmen einer Interessenabwägung dazu führen, dass trotz schwerwiegender Störungen des Hausfriedens und einer an sich gerechtfertigten Kündigung wegen unverschuldeter Störungen nicht auf Räumung erkannt werden kann (vgl. BGH ZMR 2005, 183).

Die Vorschrift aus § 569 Abs. 4 BGB, wonach der Kündigungsgrund im Kündigungsschreiben angegeben werden muss, gilt nach § 578 BGB – inkonsequenterweise – nicht für die Gewerberaummiete. Entsprechende Angaben verstehen sich aber bei konsequenter Rechtsverfolgung von selbst.

**49.** Zum Umfang der **Räumungs- bzw. Wegnahmepflicht** des Mieters vgl. zunächst die Anmerkungen zu § 14 (1). Grundsätzlich muss der Mieter bei Vertragsende auch ohne besondere Vereinbarungen schon aufgrund seiner Pflicht zur Herausgabe der Mietsache (§ 546 Abs. 1 BGB) die von ihm eingebrachten Sachen entfernen, alle baulichen Maßnahmen beseitigen und den ursprünglichen Zustand wiederherstellen (vgl. BGH WuM 1997, 217; BGHZ 96, 141; BGH ZMR 1988, 291). Der mietvertragliche Rückgabeanspruch reicht weiter als der Herausgabeanspruch des Eigentümers: Nach § 985 BGB hat der Besitzer dem Eigentümer den unmittelbaren Besitz an der Sache zu verschaffen, insbesondere den Zugang zu ermöglichen und die Wegnahme zu dulden. Davon ist die mietvertragliche Räumungspflicht zu unterscheiden. Sie hat grundsätzlich zum Inhalt, dass der Mieter bei Vertragsende den Mietgegenstand auch im vertragsgemäß geschuldeten Zustand zurückzugeben, ihn also notfalls herzustellen hat (vgl. BGH Beschl. v. 7. 7. 2010 – XII ZR 158/09 – juris). Zur Herausgabe der Mietsache gehört grundsätzlich die **Verschaffung unmittelbaren Besitzes** zugunsten des Vermieters, an der es insbesondere dann fehlen kann, wenn dem Vermieter Zubehörteile oder Schlüssel vorenthalten werden (vgl. hierzu im Einzelnen Bub/Treier/*Scheuer* V. A Rdn. 6 ff. m. w. N.). Weigert sich der Vermieter bei Beendigung des Mietverhältnisses, die Räume zurückzunehmen, weil sie noch nicht vollständig geräumt seien, so liegt kein Vorenthalten seitens des Mieters vor, wenn nur einzelne, die Nutzung des Mietobjekts nicht wesentlich hindernde Sachen in den Räumen geblieben sind. Der Vermieter gerät in diesem Fall in Annahmeverzug, wenn er das Angebot des Mieters, die Schlüssel zurückzugeben, nicht annimmt (vgl. OLG Düsseldorf ZMR 2004, 27).

Die im Formular vorgesehene Herausgabe in bezugsfertigem Zustand knüpft an die Regelung in § 11 (2) an, wonach ein bestimmter Turnus für die Durchführung von Reparaturen nicht vorgesehen ist. Die Regelung einer Pflicht zur Endrenovierung bietet

sich bei der Vermietung gewerblicher Mieträume nicht schlechthin an, denn die Weitervermietung geht sehr häufig mit erheblichen Ein- und Umbauten sowie der Herstellung
von firmentypischen Einrichtungen, Ausstattungen und Dekorationen einher. Bezugsfertigkeit bedeutet die Rückgabe in einem für nachfolgende Mieter gebrauchsfertigen
und zumutbaren Zustand. Eine Endrenovierung ist dann nicht schlechthin geschuldet.
Der Mieter muss aber die fälligen bzw. unterbliebenen Reparaturen durchführen (vgl.
BGHZ 49, 56; OLG Düsseldorf ZMR 1988, 174). In vielen Fällen werden ausdrückliche Regelungen betreffend die Pflicht zur Vornahme bestimmter Arbeiten in Betracht
kommen.

Mit der Beendigung des Mietverhältnisses endet nicht nur das Besitzrecht des Mieters,
sondern auch das hiervon abgeleitete Besitzrecht etwaiger Untermieter/-pächter. Wenn
der Vermieter Eigentümer der Mietsache ist, folgt sein Herausgabeanspruch unmittelbar
aus §§ 985 f. BGB. Nach dem Ende des Besitzrechts des mittelbaren Besitzers ist der unmittelbare Besitzer zur Herausgabe an den Eigentümer verpflichtet (vgl. OLG Hamburg
OLGR 1999, 291). Wenn der Vermieter nicht zugleich Eigentümer ist, greift zugunsten
des Vermieters § 546 Abs. 2 BGB ein. Zur Beendigung der Besitzberechtigung des Untermieters wird dann eine zusätzliche Aufforderung des Vermieters für erforderlich
gehalten (vgl. RGZ 156, 150). Eine solche Aufforderung ist auch in der Herausgabeklage
zu erblicken (vgl. BGH WPM 1968, 1370; OLG Hamburg a. a. O.).

**50.** Das Formular greift die gesetzlichen Regelungen aus § 546a BGB auf, jedoch
erweitert um die ausdrücklich festgelegte Pflicht des Mieters, bei **verspäteter Rückgabe**
auch die Vorauszahlungen auf die Betriebskosten fortzuentrichten. Zwar ist die Pflicht
zur Fortentrichtung auch der Nebenentgelte bereits im Anwendungsbereich des § 557
Abs. 1 BGB a. F. angenommen worden (vgl. LG Mannheim WuM 1962, 120). Auch die
gesetzliche Neuregelung zu § 546a Abs. 1 BGB hat indessen keine begriffliche Klarstellung erbracht, was unter dem Begriff „Miete" in Bezug auf die Betriebskosten und andere Nebenentgelte zu verstehen sein soll. Umlage und Abrechnung von Betriebskosten
bestimmen sich im Rahmen des laufenden Mietverhältnisses nach den getroffenen mietvertraglichen Vereinbarungen (vgl. Palandt/*Weidenkaff* § 535 Rdn. 72 f., 90 ff.). Aus der
neueren Rechtsprechung beider Mietesenate zur Berechnung der Mietminderung ergibt
sich aber, welches Verständnis des Mietbegriffs nunmehr verbindlich sein soll (vgl. BGH
ZMR 2005, 524; 2005, 854). Das vom Mieter (als Miete) insgesamt zu erbringende
Leistungsentgelt (d. h. Grundmiete und Nebenkosten) ist danach die Gegenleistung für
die vom Vermieter geschuldete Gesamtleistung (vgl. auch OLG Düsseldorf DWW 2005,
156; Schmidt-Futterer/*Gather* § 546a Rdnr. 29). Der Mieter zahlt also ein Gesamtentgelt. Mit diesem Verständnis hat der Mieter auch nach Beendigung des Mietverhältnisses
Betriebskostenvorauszahlungen weiter zu entrichten.

**51.** Für den Fall der verspäteten Rückgabe der Mietsache werden bei Gewerberaummietverträgen Formularklauseln über einen **pauschalierten Schadensersatz** zwar
grundsätzlich für wirksam gehalten (vgl. Bub/Treier/*Bub* II Rdn. 557; zur Abgrenzung
einer Vertragsstrafe vom pauschalierten Schadensersatz vgl. OLG Düsseldorf OLGR
2008, 70). Sichere Klauseln zur Höhe eines solchen Ersatzanspruchs hätten allerdings die
Beschränkungen aus § 309 Nr. 5 BGB zu überwinden, die über §§ 307, 310 Abs. 1 BGB
auch in den kaufmännisch/unternehmerischen Bereich hinein wirken. Da die vertragliche
Miete die Vorenthaltung zumeist wertmäßig abdecken dürfte, läuft jede weitergehende
dem Umfang nach erhebliche Schadenspauschalierung Gefahr, als unwirksam bzw. unangemessen behandelt zu werden. Das Formular belässt es daher bei der gesetzlichen
Vorgabe aus § 546a Abs. 2 BGB, wonach dem Vermieter ohnehin das Recht zusteht,
weitergehende Schäden geltend zu machen.

**52.** Die auch formularmäßige Abdingbarkeit der **stillschweigenden Vertragsverlängerung** war schon im Geltungsbereich des § 568 BGB a. F. anerkannt (vgl. BGH ZMR

1966, 241; BGH NJW 1991, 1751). Bereits die Vorschrift des § 568 BGB wurde allerdings als nicht interessengerecht kritisiert (vgl. *Gather* DWW 1980, 293; Palandt/*Putzo*, BGB, 60. Aufl., § 568 Rdn. 1). Den Zweck der stillschweigenden Verlängerung in der Schaffung von Rechtsklarheit über den Bestand des Mietverhältnisses zu sehen (vgl. BGH NJW-RR 1988, 76), erscheint als fragwürdig, denn das Spannungsverhältnis zwischen Beendigungstatbestand und gesetzlicher Verlängerungsfiktion tritt in vielen Rechtsstreitigkeiten offen zutage. Die Verlängerungswirkung wird oft als Falle empfunden, wenn der Widerspruch gegen eine Vertragsverlängerung schlicht vergessen wurde, was auch bei anwaltlich vertretenen Vermietern nicht selten der Fall ist. Auf die vertragliche Abbedingung des § 545 BGB sollte daher ein besonderes Augenmerk gerichtet sein.

**53.** Das Formular lässt eine **Untervermietung** nur unter besonders eingeschränkten Voraussetzungen zu. Bei der Gewerberaummiete ist die Gestattung der (Teil-)Untervermietung allerdings nicht selten (vgl. hierzu die Anm. zu Form. A. VI. 2 § 21 und A. VII. 15). Die Untervermietung kann sogar den wesentlichen Vertragszweck umschreiben (z. B. Anmietung von Gaststätten durch Brauereibetriebe oder Automatenaufsteller zur Weitervermietung an Wirte). In solchen Fällen empfehlen sich konkrete Vereinbarungen zum Umfang gestatteter Untervermietung (vgl. dazu im Einzelnen Form. A. VI. 2 § 21; A. VI. 3 § 22; A. VI. 4 § 21; A. VII. 15 nebst Anmerkungen; zum Ersatzmieter vgl. Form. A. VI. 4 Anm. 16).

Die formularmäßigen Gestaltungsmöglichkeiten für einen Ausschluss der Untervermietung werden im Schrifttum unterschiedlich behandelt. Die Annahme, dass der Vermieter von Gewerberaum gänzlich frei darin sei, die Untervermietung zu gestatten oder nicht (vgl. *Gather* Mietrecht kompakt 4/2003, 55), wird nicht zu teilen sein, denn sie geht an der Rechtspraxis vorbei. Ausgangspunkt bei der Beurteilung der wechselseitigen Interessenlage ist zunächst der Umstand, dass bei der Geschäftsraummiete langfristige Verträge üblich sind. Das Risiko für den geschäftlichen Erfolg trägt in der Regel allein der Mieter (vgl. BGH NJW 1981, 2405, m. w. N.). Die Gefahr ausbleibenden geschäftlichen Erfolgs oder sogar der Insolvenz begründet für den Mieter ein naheliegendes Interesse daran, ihm drohende Nachteile durch eine Untervermietung abzuwenden oder zu mindern. Das Interesse des Vermieters soll grundsätzlich dadurch hinreichend gewahrt sein, dass er die Erlaubnis zur Untervermietung bei Vorliegen eines wichtigen Grundes versagen und seinen Mieter am Vertrage festhalten kann (vgl. BGH NJW 1995, 2034). Der Vermieter kann allerdings triftige Gründe dafür haben, das Mietverhältnis nur mit einem von ihm ausgesuchten Mieter, den er nach den ihm wichtig erscheinenden Kriterien hat auswählen können, fortzusetzen und sich nicht auf die mit einer Untervermietung einhergehenden Unwägbarkeiten einzulassen.

Die Frage nach der **Wirksamkeit eines formularmäßigen Verbots der Untervermietung** steht vor diesem Hintergrund in engem Zusammenhang mit der Frage, ob das **Sonderkündigungsrecht** des Mieters bei Versagung einer Untervermietung formularmäßig ausgeschlossen werden kann. Überwiegend wird die Meinung vertreten, dass eine Klausel, die das außerordentliche Kündigungsrecht des Mieters gemäß § 540 Abs. 1 S. 2 BGB für den Fall der Verweigerung der Untervermietungserlaubnis ohne Vorliegen eines wichtigen Grundes in der Person des Untermieters ausschließt, gegen wesentliche Grundgedanken der gesetzlichen Regelungen verstößt und deshalb gemäß § 307 Abs. 2 Nr. 1 BGB unwirksam ist (vgl. OLG Düsseldorf ZMR 2008, 783; Schmidt-Futterer/ *Blank* § 540 Rdn. 66; Bub-Treier/*Bub* II Rdn. 506 m. w. N.). Ein unzulässiger Ausschluss des außerordentlichen Kündigungsrechts des Mieters wird dabei – für sich konsequent – schon im bloßen Verbot der Untervermietung erblickt, weil dies im Zweifel als Ausschluss des Kündigungsrechts auszulegen sei (vgl. Bub-Treier/*Bub* a. a. O.). Nach anderer Ansicht ist das Interesse des gewerblichen Vermieters als billigenswert anzusehen, die Mietsache nur dem ihm bekannten Vertragspartner überlassen zu wollen und auf der Einhaltung der vertraglichen Bindung zu bestehen (vgl. OLG Düsseldorf BB 1994, 1521; *Wolf/Eckert/Ball* Rdn. 1206 ff.). Der BGH hat sich zur Frage nach einem wirksamen formularmäßigen Ausschluss der Untervermietung bislang nicht abschließend festgelegt (vgl. BGH NJW 1987, 1692 BGHZ 112, 65; NJW 1990, 3016). Den formularmäßigen Ausschluss des Sonderkündigungsrechts des Mieters von Geschäftsräumen bei der Verweigerung der Erlaubnis zur Untervermietung hat der BGH gemäß § 9 AGBG (jetzt: § 307 BGB) für unwirksam gehalten, wenn eine Untervermietung nach der Vertragsgestaltung zwar nicht ausgeschlossen ist, der Vermieter die erforderliche Erlaubnis aber nach Belieben verweigern kann (vgl. BGH NJW 1995, 2034). Ein Sonderkündigungsrecht des Mieters aus § 540 Abs. 1 Satz 2 BGB soll ohnehin nicht bestehen, wenn der Vermieter die Erlaubnis zu einer Untervermietung auf eine Anfrage des Mieters versagt hat, in welcher der Mieter ohne Benennung einer konkreten Person erklärt hat, einen Untermieter suchen zu wollen, der in den gemieteten Räumen irgendein zulässiges Gewerbe betreiben solle (vgl. OLG Celle ZMR 2003, 344).

Die Regelung eines völligen Untermietverbots kann kaum als rechtssicher angesehen werden. Das Formular beinhaltet daher eine Regelung, die im Anschluss an § 540 Abs. 1 S. 1 BGB die Erlaubnis des Vermieters voraussetzt. Soweit die Untervermietung formularmäßig von einer schriftlich zu erteilenden Zustimmung abhängig gemacht wird, soll dies nach dem BGH (vgl. BGH NJW 1991, 1750) auf Wirksamkeitsbedenken aus § 9 AGBG (jetzt: § 307 BGB) stoßen. Das ist – wenig überzeugend – damit begründet worden, dass ein Mieter, dem der Vermieter die mündliche oder stillschweigende Erlaubnis zur Untervermietung erteilt habe, durch eine Schriftformklausel von der Durchsetzung ihm zustehender Rechte abgehalten werden könne, zumal eine Schriftlichkeitsklausel von den Vertragsparteien ohne weiteres außer Kraft gesetzt werden könne (vgl. BGH a. a. O.). Das erscheint selbst für die Wohnraummiete nicht als zwingend, denn es ist anerkannt, dass die gewillkürte Schriftform (§ 127 BGB) ohne weiteres – formfrei und ggf. konkludent – abbedungen werden kann (vgl. BGH NJW 1991, 1751; BGH NJW 1968, 33). Schriftformerfordernisse dienen zumal bei Dauerschuldverhältnisse den wechselseitigen Beweisinteressen der Vertragsparteien. Das Formular sieht daher sicherheitshalber davon ab, ein Schriftformerfordernis für die eigentliche Erlaubniserteilung zugrunde zu legen.

Formularklauseln, mit denen sich der Vermieter den **Widerruf einer erteilten Erlaubnis** vorbehält, sind nach § 307 BGB unwirksam (vgl. zum früheren § 9 AGBG: BGH NJW 1987, 1692).

**54.** Die Voraussetzungen, unter denen der Mieter die Erlaubnis zur Untervermietung verlangen kann, schränkt das Formular dahin ein, dass vom Mieter nur **besonders schwer wiegende Gründe** angeführt werden können, denen der Vermieter wichtige Versagungsgründe entgegenhalten kann (vgl. Ziff. 3). Bei einem Mietverhältnis über gewerbliche Räume steht dem Mieter kein Anspruch auf Erteilung der Erlaubnis zur Untervermietung zu, sofern sich nicht im Einzelfall aus dem Mietvertrag, gegebenenfalls im Wege ergänzender Vertragsauslegung, etwas anderes ergibt (vgl. OLG Hamm Urt. v. 18. 4. 2008 – 30 U 120/07 – juris; KG KGR 2004, 23). Ein Schadensersatzanspruch folgt aus der unberechtigten Verweigerung der Erlaubnis grundsätzlich nicht (vgl. OLG Hamm Urt. v. 18. 4. 2008 – 30 U 120/07 – juris; OLG Düsseldorf WuM 1993, 399).

Der Vermieter hat regelmäßig ein elementares Interesse daran, bei einem Untervermietungswunsch detaillierte Auskünfte betreffend die beabsichtigte Überlassung zu erlangen (vgl. BGH NZM 2007, 127). Nach den Anmerkungen zu Ziff. (1) und mit Rücksicht auf die lediglich zur Wohnraummiete bestehenden Beschränkungen für vom Gesetz abweichende Regelungen (vgl. § 553 Abs. 3 BGB) erscheint es als unbedenklich, dem Gewerberaummieter nicht schon bei Bestehen jedweden berechtigten Interesses, sondern nur in Härtefällen eine Untervermietung zu gestatten. Eine noch weitergehende Einengung der Dispositionsbefugnisse des Vermieters erscheint (im Anschluss an die Argumentation bei BGH NJW 1990, 3016; OLG Düsseldorf BB 1994, 1521) nicht als sachgerecht und vertragssicher.

Wenn der Vermieter dem Mieter die Untervermietung nicht gestattet, muss er die Versagungsgründe jedenfalls auf Anforderung mitteilen (vgl. *Gather*, Mietrecht kompakt 4/2003, 56 m. w. N.).

Zur rechtlichen Ausgestaltung einer praktizierten Untervermietung/-verpachtung vgl. Anm. 4 zu Form. A. VI. 6.

**55.** Neben den in der gesetzlichen Regelung des § 540 Abs. 1 BGB vorgesehenen Versagungsgründen betreffend die Person des Untermieters berücksichtigt das Formular auch solche Gründe, die in den **Belangen des Vermieters** begründet liegen. Dies wird diesseits als zulässig angesehen.

**56.** Das Formular zielt auf die Klarstellung ab, dass selbst der – im Ausnahmefall begründete Anspruch des Mieters auf Erlaubniserteilung ihm nicht die Befugnis zur eigenmächtigen Gebrauchsüberlassung, sondern nur ein **klagbares Recht auf Erteilung der Zustimmung** gibt.

**57.** Das Formular greift die gesetzliche Kündigungsregelung aus § 540 Abs. 1 Satz 2 BGB nach Maßgabe der vertraglichen Bestimmungen auf.

**58.** Die **wechselseitigen Duldungs-, Handlungs- und Mitwirkungspflichten** der Vertragsparteien können nur in den Grenzen des § 242 BGB eingefordert werden. Das Formular regelt keinen zeitlichen Katalog für bestimmte Pflichten, da sich dies einer Generalisierung weitgehend entzieht. Die Rechtsprechung hat wiederholt Ankündigungsfristen von mindestens 24 Stunden gefordert (zum Besichtigungsrecht des Vermieters vgl. etwa die Nachweise bei Bub/Treier/*Kraemer* III. A Rdn. 1128).

**59.** Die **Schriftform** (vgl. dazu im Einzelnen zu Anm. 2) sollte bei der Konstituierung, Ergänzung und Abänderung von Mietverträgen jeglicher Art schon aus Gründen der Beweissicherung und der Vertragssicherheit stets und ausnahmslos eingehalten werden. Wesentliche Vertragsänderungen, die ohne Wahrung der Schriftform zustande kommen, infizieren ggf. die Formgebundenheit des gesamten Vertrags und führen gemäß § 550 BGB dazu, dass langfristige Mietverhältnisse aufgekündigt werden können (vgl. dazu eingehend Anm. 2).

**Schriftformklauseln** für Vertragsänderungen und -ergänzungen in Gewerberaummietverträgen sind nicht generell unangemessen im Sinne von § 307 BGB (vgl. OLG Rostock OLGR 2003, 78). Ihre Wirksamkeit hängt aber von der Ausgestaltung und dem Anwendungsbereich der jeweiligen Klausel ab (vgl. BGH NJW 1995, 1488; 1986, 1809; 1982, 331). Unangemessen kann eine Klausel namentlich dann sein, wenn sie dazu dienen soll, nach Vertragsschluss getroffene individualvertragliche Vereinbarungen zu unterlaufen, indem etwa beim Vertragspartner der Eindruck erweckt wird, mündlich getroffene Abreden seien schlechthin unwirksam. Dies würde gegen den Vorrang der Individualabrede verstoßen. Schriftformabreden können die Vertragsparteien ohnehin stets dadurch außer Kraft setzen, dass sie wechselseitig den Willen zum Ausdruck bringen, mündliche Abmachungen sollten ungeachtet der Schriftformklausel gelten (vgl. BGH NJW 1995, 1488; 1985, 320; OLG Rostock a. a. O.).

Mit diesen Vorgaben begegnen Schriftformklauseln bei gewerblich genutzten Mietobjekten keinen grundsätzlichen Bedenken. Die wirtschaftliche Bedeutung einer langfristigen Ver- oder Anmietung rechtfertigt einen Schutz vor möglicherweise unbedachten und übereilten Vertragsänderungen. Das Schriftformerfordernis führt auch nicht zur einseitigen Benachteiligung einer Vertragspartei. Gesetzliche Leitbilder sind nicht nachhaltig tangiert, zumal § 566 S. 1 BGB a. F. ohnehin die Schriftform für Vertragsänderungen und -ergänzungen vorsah.

Der Mietvertrag ist zur Wahrung der Schriftform von allen Vertragsparteien zu unterzeichnen. Die Vertretung ist möglich (§ 164 BGB), sollte aber, was die Bevollmächtigung und ihren Umfang angeht, dokumentiert sein. Soweit die Vertretung von Vertragsparteien im Rahmen der Vertragsabwicklung in Rede steht, sollten hierzu ausdrückliche vertragliche Vereinbarungen getroffen werden (vgl. dazu im Einzelnen zu Form. A. VII. 6).

**60.** In der Praxis kommt es häufig vor, dass die Vertragsparteien formfrei Änderungs- und Zusatzvereinbarungen treffen, obwohl der Mietvertrag hierfür die Schriftform vorsieht (vgl. §§ 125 S. 2, 127 BGB). Wenn die Parteien sich über die Verbindlichkeit der mündlichen Abreden einig waren, wird in der Regel davon auszugehen sein, dass sie die Schriftform zumindest insoweit – konkludent – abbedingen wollten. Dies ist auch formlos möglich (vgl. BGH NJW 1991, 1751; BGHZ 71, 164). Das Nichtzustandekommen einer vertraglichen Vereinbarung ist nach der Auslegungsregel des § 154 Abs. 2 BGB nur im Zweifel Rechtsfolge einer vereinbarten, aber nicht eingehaltenen Form. Die Regel des § 154 Abs. 2 BGB greift dann nicht ein, wenn die Schriftform für die Parteien keine konstitutive Bedeutung hat, der Vertragsschluss also nicht mit der Beurkundung steht und fällt. An einer konstitutiven Bedeutung fehlt es etwa dann, wenn die Schriftform nur Beweiszwecken dienen soll. Aber auch wenn die Parteien einen noch nicht beurkundeten Vertrag einvernehmlich in Vollzug setzen, können sie damit zu erkennen geben, dass der Vertrag ohne Rücksicht auf die nicht eingehaltene Schriftform wirksam werden soll (vgl. BGH NZM 2008, 931; BGHZ 119, 283, 291; BGH NJW-RR 1997, 669, 670; KG MDR 2005, 1276).

**Mündliche Nachtragsvereinbarungen und Nebenabreden** bergen bei gesetzlichem und rechtsgeschäftlichem Formzwang erhebliche Risiken in sich (vgl. oben zu Rdn. 2). Sie sind bei gesetzlich vorgeschriebener Schriftform grundsätzlich nur bei selbstständigen Nebenabreden möglich, die außerhalb des eigentlich formbedürftigen Regelungszusammenhangs stehen. Im Übrigen können sie – auch bei gewillkürter Schriftform – anlässlich des Vertragsschlusses oder danach für einmalige Leistungen und Einzelfallregelungen sowie bei unwesentlichen Nebenfragen getroffen werden, ohne die Wahrung der Schriftform (aus § 550 BGB) zu tangieren (vgl. Bub/Treier/*Heile* II Rdn. 761 ff. m. w. N.). Bei rechtsgeschäftlich vereinbarter Schriftform hat der schriftliche Vertrag zumal dann, wenn er auch Nebenabreden als schriftformbedürftig behandelt, die Vermutung der Vollständigkeit für sich. Deshalb hat derjenige, der sich auf Abreden außerhalb des schriftlichen Vertrags beruft, diese Vermutung zu widerlegen (vgl. BGH NJW 1985, 2329).

# 2. Mietvertrag über ein Ladenlokal[1]

Mietvertrag über die Anmietung eines Ladenlokals

zwischen

......

(Vermieter)

und

......

(Mieter)

## § 1 Mietobjekt

Vermietet werden im Haus

......

(Straße, Hausnummer)

in ......

(PLZ, Ort)

folgende Räume und Nutzflächen:[2]

| Bezeichnung | Anzahl und Lage (Geschoss) |
|---|---|
| Verkaufsraum | ...... |
| Büro | ...... |
| Personalraum | ...... |
| Toiletten/Waschräume | ...... |
| Lagerraum | ...... |
| Kühlraum | ...... |
| Nebenräume (z.B. Keller/Dachboden): | ...... |
| PKW-Stellplätze/Parkplatz | ...... |
| weitere Räume | ...... |

## § 2 Mietzweck[3]

(1) Die Vermietung erfolgt zum Betrieb eines Ladenlokals für den Verkauf von ......

(2) Eine von Ziff. (1) abweichende Nutzung der Mieträume ist dem Mieter nur mit der zuvor einzuholenden Erlaubnis des Vermieters gestattet.[4]

(4) Wird der Mieter an dem Betrieb des Ladenlokals im Sinne des vertraglich festgelegten Mietzwecks aus Gründen beeinträchtigt oder gehindert, die in seiner Person, seinen betrieblichen Verhältnissen oder sonst in seiner Risikosphäre begründet liegen, bleibt er zur Fortentrichtung des Mietzinses und aller Nebenkosten verpflichtet.[5]

## § 3 Mietbeginn, Mietdauer[6] (s. Form. A.VI. 1)

## § 4 Miete, Nebenkosten (s. Form. A.VI. 1)

## § 5 Wertsicherungsklausel, Erhöhung der Betriebskostenvorauszahlungen (s. Form. A.VI. 1)

## § 6 Zahlung von Miete und Nebenkostenvorauszahlung, Verrechnung von Zahlungen (s. Form. A.VI. 1)

**§ 7 Übergabe und Ausstattung der Mieträume[7]**

(1) Die Mieträume sind vom Vermieter in einem für den Mietzweck geeigneten Zustand zu übergeben. Für den bei Übergabe zu gewährleistenden Zustand sind zwischen den Vertragsparteien außerhalb dieses Vertrags keine weitergehenden Herstellungs- und Renovierungspflichten des Vermieters vereinbart worden.

(2) Zu den Mieträumen gehören folgende Einrichtungen und Anlagen:

......

(3) Die unter Ziff. (2) bezeichneten Sachen stehen und verbleiben im Eigentum des Vermieters. Dem Mieter ist deren Nutzung im Rahmen des in § 2 (1) bezeichneten Mietzwecks für die Dauer der Mietzeit gestattet.

**§ 8 Besondere Herstellungs- und Erhaltungspflichten des Mieters (Müllentsorgung, Vermeidung von Umweltbelastungen)**

(1) Der Mieter hat auf seine Kosten und für eigene Rechnung folgende Einrichtungen zu installieren, zu warten und zu unterhalten:[8]

– Beispiele –

(a) eine elektronische Alarmanlage, die den gesamten baulich umschlossenen Mietbereich absichert,[9]

(b) eine automatisch geschaltete Nachtdauerbeleuchtung, die den Eingangsbereich für das Ladenlokal und den Schaufensterbereich ausleuchtet,[10]

(c) eine Abluftreinigung für den zum Ladenlokal gehörenden Backstand.[11]

(2) Dem Mieter obliegt es in eigener Zuständigkeit, in Abstimmung mit den hierfür zuständigen Behörden und/oder Entsorgungsunternehmen für die Bereitstellung von Müllcontainern und für deren regelmäßige Leerung zu sorgen. In gleicher Weise obliegt dem Mieter die komplette Entsorgung von Gefahrstoffen, Sondermüll und wiederverwertbaren Stoffen. Sämtliche mit der Entsorgung einhergehenden Kosten trägt der Mieter unmittelbar als Auftraggeber/Kunde der damit befassten Firmen oder Behörden. Der Mieter hat auf jederzeitige Anforderung des Vermieters auch diejenigen durch die Entsorgung bedingten Kosten und Abgaben auszugleichen, die dem Vermieter – ggf. in seiner Eigenschaft als Grundstückseigentümer – unmittelbar in Rechnung gestellt werden. Werden solche Kosten in einem Umfang erhoben, der nicht allein die mit diesem Vertrag angemietete Mietsache betrifft, trägt der Mieter denjenigen Anteil, der anteilig auf die von ihm innegehaltene Nutzfläche entfällt.[12]

(3) Jedwede Belastung der Umwelt durch Lärm, Geruch, Abfälle und sonstige Stoffe ist unter Beachtung der Rechte Dritter und der einschlägigen Gesetze und Verordnungen auf das bei vertragsgemäßem Mietgebrauch unbedingt erforderliche Ausmaß zu beschränken.[13]

(4) Der Mieter hat auf eigene Kosten dafür Sorge zu tragen, dass die Mieträume und Nutzflächen von Ungeziefer jeglicher Art freigehalten werden. Hierzu gehören auch regelmäßige Vorbeugungsmaßnahmen, die mindestens einmal jährlich fachgerecht durchzuführen sind.

**§ 9 Besondere Gebrauchsbefugnisse des Mieters[14] (Werbemaßnehmen, Ausstattung des Ladenlokals)**

(1) Der Mieter ist Rahmen des vertraglichen Mietzwecks zu folgenden Maßnahmen berechtigt:

– Beispiele –

(a) Dem Mieter ist es gestattet, an der straßenseitig gelegenen Gebäudefront ......
Werbeschilder mit einer Größe von maximal ...... installieren.

(b) Der Mieter darf im Bereich ...... ein Firmenschild mit einer maximalen Gesamtfläche von ...... anbringen. Firmenbezeichnung und Firmenlogo können auf
diesem Schild als Neonbeleuchtung ausgestaltet sein. Optische Zusatzeffekte –
z. B. als grafische Lichtgestaltung oder als Neonwechselbeleuchtung mit unterschiedlichen Farben und Schriften – sind nicht gestattet.[15]

(c) Die straßenseitig gelegenen Schaufenster dürfen vom Mieter mit Textilmarkisen
mit dem aufgedruckten Firmennamen des Mieters versehen werden.

(d) Im Bereich ...... darf der Mieter eine Werbetafel mit einer maximalen Größe
von ...... für die Produkt- und Aktionswerbung anbringen.

(2) Sämtliche nach Ziff. (1) gestatteten Einrichtungen sind vom Mieter auf eigene
Kosten und für eigene Rechnung fachgerecht herzustellen, zu warten, zu sichern
und in einwandfreiem optischen und technischen Zustand zu erhalten.[16] Der Mieter
stellt den Vermieter von jeglicher Inanspruchnahme frei, die im Zusammenhang mit
den bezeichneten Einrichtungen und den vorstehend aufgeführten Mieterpflichten
steht.[17]

(3) Die Gestattung der in Ziff. (1) bewilligten Maßnahmen ergeht unter Ausschluss jeglicher Zusicherung und Gewähr für ihre Realisierbarkeit sowie vorbehaltlich der Rechte Dritte, öffentlich rechtlicher Verbote, Beschränkungen und Genehmigungen. Die fehlende Durchführbarkeit der Maßnahmen begründet für den
Mieter kein wie auch immer geartetes Gegenrecht.

(4) Etwa erforderliche Zustimmungen oder Genehmigungen hat der Mieter auf
eigene Kosten einzuholen. Der Vermieter sagt seine Mitwirkung zu, soweit es ihrer
für die Einholung von Zustimmungen oder Genehmigungen oder für die in Ziff. (2)
bezeichneten Vorkehrungen bedarf.

### § 10 Vom Mieter besonders zu beachtende Verhaltenspflichten[18]

– Beispiele –

(1) Warenanlieferungen haben ausschließlich in der Zeit von ...... Uhr bis
...... Uhr zu erfolgen.[19]

(2) Der Betrieb von Außenlautsprechern ist weder für Musikdarbietungen noch
für Durchsagen gestattet. Innerhalb des Ladenlokals ist der Musik- und Lautsprecherbetrieb so zu gestalten, dass die Störung von Nachbarn und anderen Mietern ausgeschlossen ist.

(3) Der Mieter hat durch regelmäßige Kontrollen sicherzustellen, dass der vor
dem Ladenlokal befindliche Bürgersteig von Essensresten und Verpackungsmaterial
freigehalten wird. Abfallbehältnisse sind vom Mieter in ausreichender Anzahl be-
reitzustellen und regelmäßig zu leeren.[20]

### § 11 Aufrechnung, Zurückbehaltungsrecht (s. Form. A. VI. 1)

### § 12 Betriebskostenabrechnung (s. Form. A. VI. 1)

### § 13 Mietkaution (s. Form. A. VI. 1)

### § 14 Erhaltung und Instandsetzung der Mieträume, Anzeige von Mängeln und Gefahren (s. Form. A. VI. 1)

§ 15  Betreten der Mieträume (s. Form. A. VI. 1)

§ 16  Bauliche Eingriffe und Veränderungen (s. Form. A. VI. 1)

§ 17  Wegnahme von Einrichtungen, Rückbau, Aufwendungsersatz (s. Form. A. VI. 1)

§ 18  Kündigung (s. Form. A. VI. 1)

§ 19  Rückgabe der Mietsache, Nutzungsentschädigung (s. Form. A. VI. 1)

§ 20  Ausschluss von § 545 BGB (s. Form. A. VI. 1)

§ 21  Untervermietung, Ausschluss von § 540 Abs. 1 S. 2 BGB

(1) Dem Mieter ist die Untervermietung von Teilen der Mietfläche mit folgender Maßgabe gestattet:[21]

– Beispiele –

(a) Eine Teilfläche von bis zu ...... qm kann an einen Backbetrieb für den Vertrieb von Back- und Konditoreiwaren untervermietet werden.

(b) Eine Teilfläche von bis zu ...... qm kann an einen Schnellservice für Schuhreparaturen und Schlüsseldienst untervermietet werden.

(c) Eine Teilfläche von bis zu ...... qm kann für den Betrieb eines Blumenstands untervermietet werden.

(d) Auf dem Parkplatz darf ein Stellplatz von bis zu maximal ...... qm als Verkaufsstand für ...... untervermietet werden.

(2) Jede Untervermietung hat unter Wahrung der mit diesem Vertrag festgelegten Verhaltensmaßregeln, Duldungs- und Unterlassungspflichten zu erfolgen, deren Beachtung der Mieter jedem Untermieter vertraglich aufzugeben und ihm gegenüber durchzusetzen hat.[22] Die Gestattung der Untervermietung nach Ziff. (1) erfolgt unter Ausschluss jeglicher Zusicherung und Gewähr für die Realisierbarkeit des damit vom Mieter oder Untermieter bezweckten Erfolgs sowie vorbehaltlich der Rechte Dritte, öffentlich rechtlicher Verbote, Beschränkungen und Genehmigungen. Die fehlende Durchführbarkeit der Untervermietung nach Ziff. (1) begründet für den Mieter kein wie auch immer geartetes Gegenrecht.

(3) Soweit die Untervermietung nicht nach Ziff. (1) ausdrücklich gestattet ist, ist dem Mieter die Untervermietung der Mieträume oder von Teilen hiervon nur mit der ausdrücklichen Zustimmung des Vermieters gestattet.

(4) Die weitergehende Zustimmung des Vermieters zur Untervermietung kann der Mieter nur ausnahmsweise und nur bei Vorliegen von Gründen verlangen, die ein besonders schwer wiegendes berechtigtes Interesse an der Untervermietung begründen. Zur Begründung eines solches Interesses ist der Mieter insbesondere mit solchen Umständen ausgeschlossen, deren Eintritt bereits bei Begründung des Mietverhältnisses feststand oder bei sorgfältiger Geschäftsführung und -planung konkret absehbar war.

(5) Um die Erteilung der Zustimmung zur Untervermietung hat der Mieter den Vermieter mindestens drei Monate vor Beginn des Untermietverhältnisses schriftlich zu ersuchen. Mit diesem Ersuchen ist der in Aussicht genommene Untermieter mit seinem Namen (ggf. dem der ihn vertretenden Personen), Anschrift und Gewerbe zu benennen. Außerdem sind im Einzelnen diejenigen Gründe anzuführen, die ein berechtigtes Interesse im Sinne von Ziff. (4) begründen sollen.

(6) Der Vermieter kann die Zustimmung zur Untervermietung auch bei Vorliegen eines berechtigten Interesses auf Seiten des Mieters im Sinne von Ziff. (2) aus wichtigem Grunde versagen. Versagungsgründe können sowohl in der Person oder dem Gewerbe des Untermieters als auch in seinen persönlichen und wirtschaftlichen Verhältnissen oder in den persönlichen und wirtschaftlichen Belangen des Vermieters begründet liegen. Die selbst unberechtigte Versagung der Zustimmung zur Untervermietung berechtigt den Mieter nicht zur eigenmächtigen Gebrauchsüberlassung an Dritte. Zur Durchsetzung einer Zustimmung wird der Mieter auf den Klageweg verwiesen.

(7) Verweigert der Vermieter die Zustimmung zur Untervermietung, obwohl die Voraussetzungen gemäß diesem Vertrag erfüllt sind und ein Versagungsgrund nicht gegeben ist, kann der Mieter das Mietverhältnis außerordentlich mit der gesetzlichen Frist kündigen.

**§ 22  Ankündigungsfrist (s. Form. A. VI. 1)**

**§ 23  Vertragsänderung, Nebenabreden (s. Form. A. VI. 1)**

............                                                           ............
(Vermieter)                                                              (Mieter)

*Schrifttum: Geldmacher*, Nebenkostenvereinbarungen, DWW 1994, 333; *Köhler*, Zur Funktion und Reichweite der gesetzlichen Gewährleistungsausschlüsse, JZ 1989, 761.

## Anmerkungen

**1.** Die Anmerkungen zu den Formularen, die gegenüber dem Standardvertrag (Form. A. VI. 1) spezielle Regelungsinhalte vermitteln sollen, behandeln jeweils nur die Besonderheiten des jeweiligen Vertragstyps. Soweit die vertraglichen Regelungen im wesentlichen allgemeinen mietrechtlichen Grundsätzen folgen oder gegenüber dem Standardvertrag keine wesentlichen Abweichungen aufweisen, wird auf die Anmerkungen zu Form. A. VI. 1 verwiesen.
Das vorliegende Formular greift allgemeine Fragen zur Vermietung eines einzelnen Ladenlokals auf. Spezieller Regelungsbedarf kann sich ergeben, wenn das Mietobjekt Bestandteil eines größeren baulichen und organisatorischen Zusammenschlusses von Geschäften und anderen Gewerbeobjekten (Einkaufszentrum) ist. Dazu verhält sich Form. A. VI. 3.

**2.** Die Bezeichnung der Mieträume sollte insbesondere bei Vorhandensein mehrerer Ladenlokale oder anderer Mieter, bei der Anmietung von Teilflächen in unterschiedlichen Gebäuden oder Gebäudeteilen und bei nicht eindeutig voneinander abgegrenzten Mietflächen und Funktionsbereichen möglichst detailliert sein, um dem Streit über den Mietgegenstand und den Umfang des Mietgebrauchs vorzubeugen. Daneben wird meist die Angabe der Mietfläche zu regeln sein (vgl. dazu Form. A. VI. 1 Anm. 5). Da Ladenlokale häufig nicht das einzige Mietobjekt in einem Gebäude sind, können besondere Einzelregelungen erforderlich werden, um eine Abgrenzung zum Mietgebrauch anderer Gewerberaum- und/oder Wohnungsmieter zu erzielen und die Nutzungsbefugnisse in bezug auf Neben- und Gemeinschaftsflächen fest zu legen. Wenngleich es nicht zwingend einer in alle Einzelheiten gehenden Abgrenzung bedarf, welche Räume, Anlagen und Einrichtungen dem vertraglichen Mietgebrauch zuzuordnen sind (vgl. BGH NJW 1982, 441), sollten die Parteien aus Gründen der Vertragssicherheit ausdrücklich regeln, ob sich die vertraglichen Nutzungsbefugnisse auch auf Nebenräume (Speicher, Keller, Hof, Garten usw.) oder auf Gemeinschaftsflächen (Flure, Passagen, Treppenhäuser, Parkplätze, usw.) erstrecken.

Bei der Vermietung von Geschäftsräumen erstreckt sich das Recht des Mieters zur Nutzung der gemieteten Räume auch ohne besondere vertragliche Regelungen auf das Recht zur **Mitbenutzung der Grundstücksgemeinschaftsflächen** (vgl. BGH NJW 2007, 146; OLG Düsseldorf MDR 2009, 1157; *Wolf/Eckert/Ball* Rdn. 187; Bub/Treier/ *Krämer* Teil III B 1171; Staudinger/*Emmerich*, 2006, § 535 Rdn. 9; Blank/Börsting- haus § 535 Rdn. 282 f.; Schmidt-Futterer/*Eisenschmid*, BGB Rdn. 25 f., 283 ff.; *Fritz* Rdn. 262). Wenn keine besonderen Vereinbarungen getroffen wurden, umfasst das Mit- benutzungsrecht alle Modalitäten, die typischerweise mit der Benutzung der gemieteten Gewerbeflächen verbunden sind (vgl. BGH NJW 2007, 146).

Rechtsprechung und Literatur sind teilweise bedenklich großzügig, wenn es um die vertraglich nicht geregelte Berechtigung zur **Installation von Warenautomaten** an Wand- flächen (vgl. OLG Hamm NJW 1958, 1239) oder um die Anbringung von Werbung an Außenflächen geht (vgl. Bub/Treier/Bub II Rdn. 351; z. T. diff. Bub/Treier/Kraemer III Rdn. 988 ff., 1172). Ob die Vermietung von Geschäftsräumen auch die Nutzung der den Räumen entsprechenden Außenwände zu Werbezwecken umfasst, ist, wenn der Mietver- trag hierzu keine ausdrückliche Vereinbarung enthält, im Wege seiner Auslegung ge- mäß den §§ 133, 157, 242 BGB nach Treu und Glauben mit Rücksicht auf die ört- liche Verkehrssitte festzustellen (vgl. BGH ZMR 1957, 225; OLG Zweibrücken Urt. v. 27. 5. 2010 – 8 U 448/09 – BeckRS 2010, 15573; OLG Hamm NJW 1958, 1239; KG GE 1987, 997; Saarländisches OLG MDR 2005, 1283; Staudinger/*Emmerich* § 535 Rdn. 11; Schmidt-Futterer/*Eisenschmid* § 535 BGB Rdn. 27, 464, 534; *Fritz*, Gewerbe- raummietrecht, 4. Aufl., Rdn. 69). § 535 Abs. 1 BGB gewährleistet nur den vertrags- mäßen Gebrauch. Es unterliegt grundsätzlich der Dispositionsfreiheit des Vermieters, welche Gebrauchsrechte er für welche Bereiche vertraglich gewähren will (eingeschränk- te Gebrauchsbefugnisse befürwortet denn auch OLG Düsseldorf NJW 1958, 1239; OLG München ZMR 2001, 347). Die aus reichsgerichtlichen Zeiten (vgl. RGZ 80, 281) über- kommene Regel, dass ein gewerblicher Mieter berechtigt sei, die Außenfläche der Miet- räume bis zur unteren Fensterkante des darüber liegenden Stockwerks zu nutzen, dürfte eher gegriffen und zumindest derzeit überholt sein.

Bei größeren Objekten wird oft mit großem baulichem und gestalterischen Aufwand auf ein spezielles Erscheinungsbild hingewirkt, das etwa durch die willkürliche Installa- tion von Werbetafeln, Markisen oder Neonbeleuchtungen nachhaltig gestört würde. Ortsübliche Gepflogenheiten, z. B. bei der Ausstattung von Ladenlokalen in einem Alt- stadtbereich mögen gelegentlich auszumachen sein. Bei Abgrenzungsschwierigkeiten können solche Gegebenheiten für die Vertragsauslegung herangezogen werden (vgl. BGH ZMR 1957, 225).

Wenn der Mieter Nutzflächen, die nicht zweifelsfrei zu den ihm zugewiesenen Miet- räumen gehören, eigenen Gebrauchszwecken zuführen will, sollte das im Zweifel aus- drücklich vereinbart werden. Solche Nutzungsbefugnisse regeln § 9 und noch spezieller Form. A. VII. 11 zu Vereinbarungen über die Gestaltung von Außenwerbung.

**3.** Zum **Mietzweck** vgl. zunächst die Anmerkungen zu Form. A. VI. 1 § 2. Beeinträch- tigungen des Mietzwecks können vielfältige Probleme im Zusammenhang mit Fragen zur Unmöglichkeit, zum Wegfall der Geschäftsgrundlage sowie zur Abwälzbarkeit von Genehmigungsrisiken aufwerfen. Erforderliche Genehmigungen und Konzessionen soll- ten möglichst vor Vertragsschluss erteilt oder gesichert sein.

Es entspricht ständiger Rechtsprechung, dass **öffentlich-rechtliche Gebrauchshinder- nisse und -beschränkungen**, die der vertragsgemäßen Nutzung entgegenstehen, dann ei- nen Fehler der Mietsache im Sinne des § 536 BGB darstellen, wenn sie mit der Beschaf- fenheit der Mietsache zusammenhängen, nicht in persönlichen oder betrieblichen Umständen des Mieters ihre Ursache haben und mietvertraglich nichts Abweichendes vereinbart ist (vgl. BGH MDR 2002, 1112; BGH NJW 2000, 1713; OLG Düsseldorf

OLGR 2009, 647; OLG Düsseldorf DWW 2006, 240). Auch das Fehlen einer öffentlich-rechtlichen Genehmigung kann einen Mangel darstellen, der den Mieter zur Minderung der vereinbarten Miete berechtigt (§ 536 Abs. 1 BGB) und daneben die Einrede des nicht erfüllten Vertrages (§ 320 BGB) geben kann. Ein Mangel liegt aber regelmäßig nur vor, wenn die zuständige Behörde die Nutzung des Mietobjekts untersagt oder wenn ein behördliches Einschreiten insoweit ernstlich zu erwarten ist (vgl. BGH ZMR 1971, 220; OLG Düsseldorf OLGR 2009, 647 m. w. N.).

Die **Abwälzung behördlicher Auflagen und Genehmigungspflichten auf den Mieter** kann Bedenken aus § 307 BGB begegnen, dürfte aber bei (Vor-)Leistungen, die das vertragliche Äquivalenzverhältnis nicht durchgreifend tangieren, möglich sein. Das Risiko der Genehmigungsfähigkeit des Mietgebrauchs kann aber in Formularverträgen nicht schlechthin auf den Mieter abgewälzt werden (vgl. BGH NJW 1988, 2664). Soweit sich die Beibringung einer Genehmigung als anfänglich unmöglich darstellt, bleibt der Mietvertrag grundsätzlich wirksam. Die Vorschrift des § 306 BGB a. F. gilt nicht mehr. Auf eine unmögliche Leistung abzielende Verträge sind danach nicht mehr nichtig. Die Rechtsfolgen bei anfänglicher Unmöglichkeit ergeben sich nunmehr aus dem allgemeinen Recht der Leistungsstörungen. Schadensersatz ist dabei nach Maßgabe der §§ 280 ff. BGB zu leisten. Es kann ggf. ein wichtiger Grund zur außerordentlichen fristlosen Kündigung im Sinne von § 543 Abs. 1, Abs. 2 Nr. 2 BGB vorliegen. Kein Fall der Unmöglichkeit ist die Verhinderung des Mieters im Sinne von § 537 Abs. 1 S. 1 BGB, wenn ein in seiner Person oder Risikosphäre liegender Verhinderungsgrund gegeben ist (zum Gebrauchshindernis vor Mietbeginn vgl. BGH NJW-RR 1991, 267 sowie zu Anm. 5).

**4.** Die Festlegung des vertraglichen Mietzwecks kann besondere Bedeutung im Rahmen der **Konkurrenzschutzproblematik** gewinnen. Wenn der Ladenmieter seine betriebliche Praxis in Abweichung vom vertraglich zugrunde gelegten Geschäftsbereich abändert und andere Waren vertreibt, indiziert dies die Gefahr von Kollisionen mit den Geschäftsinteressen anderer Mieter im selben Objekt, denen der Vermieter möglicherweise ausdrücklichen oder immanenten Konkurrenzschutz zu gewähren hat. Zu dieser Problematik vgl. im Einzelnen Form. A. VI. 3 Anm. zu § 2 (1) und zu § 3.

**5.** Die Regelung entspricht im wesentlichen § 537 Abs. 1 BGB und hat klarstellenden Charakter mit der Zielrichtung, dass der Mieter sich nicht auf Abreden berufen kann, der Vertragszweck erfasse – ggf. im Sinne der Geschäftsgrundlage – auch einen anderen Mietgebrauch. Ohne besondere Vereinbarungen befreit den Mieter auch eine unverschuldete persönliche Verhinderung nicht von der Pflicht zur Entrichtung des Mietzinses (vgl. BGH NJW-RR 1991, 267).

**6.** Sämtliche Vertragsbestimmungen, die nur mit der Überschrift wiedergegeben werden, entsprechen dem **Standardvertrag** (vgl. Form. A. VI. 1). Der vollständige Vertragstext ist jeweils auf CD-ROM abgespeichert.

**7.** Der Vermieter hat neben der öffentlich-rechtlichen Genehmigungsfähigkeit, der zufolge dem Mietzweck entsprechend ein Ladengeschäft betrieben werden darf, auch für die **Mängelfreiheit** im Übrigen einzustehen. Die Mietsache muss frei von Sachmängeln (§ 536 Abs. 1 BGB) und Rechtsmängeln (§ 536 Abs. 3 BGB) sein und die zugesicherten Eigenschaften aufweisen (§ 536 Abs. 2 BGB). Ein **Sachmangel** als ein der Mietsache körperlich anhaftender Fehler liegt nach dem Gesetz vor, wenn die Tauglichkeit zum vertragsgemäßen Gebrauch aufgehoben oder gemindert ist. Klassische Beispiele für **Rechtsmängel** sind die Vermietung eines bereits vermieteten Objekts, die unerlaubte Untervermietung und die gegen die Teilungserklärung einer Eigentümergemeinschaft verstoßende (Unter-)Vermietung (vgl. Hannemann/Wiegner/*Inzinger* § 18 Rdn. 20 ff.).

Ob ein Mangel vorliegt, bestimmt sich danach, was der Vertrag nach dem wechselseitig vorausgesetzten Mietzweck als **Sollbeschaffenheit** voraussetzt (vgl. BGH NJW-RR 2006, 1158; BGH MDR 1982, 135). Der Vermieter kann Risiken, die den Mietgebrauch betreffen, nicht insgesamt auf den Mieter abwälzen und auch das Recht zur fristlosen Kündigung aus § 543 Abs. 2 Nr. 1 BGB nicht in seinem wesentlichen Gehalt ausschließen (vgl. BGH ZMR 1978, 207; BGH NJW-RR 1987, 903).

Inwieweit Gebrauchsbeeinträchtigungen dem Vermieter zuzurechnen sind und dem Mieter Gewährleistungsansprüche und ggf. ein Kündigungsrecht aus § 543 BGB eröffnen, ist teilweise nur schwer abzugrenzen. Gegenüber der persönlichen Verhinderung des Mieters mit den Rechtsfolgen aus § 537 BGB ist der Umfang der Gebrauchsüberlassungspflicht des Vermieters im Sinne von § 535 Abs. 1 BGB und seine Einstandspflicht für Beeinträchtigungen der Gebrauchstauglichkeit abzugrenzen. Das Kündigungsrecht des Mieters bei Vorenthaltung des vertragsgemäßen Gebrauchs (§ 543 Abs. 2 Nr. 1 BGB) setzt weder ein Verschulden des Vermieters noch die Behebbarkeit der Beeinträchtigung voraus (vgl. Palandt/*Weidenkaff* § 543 Rdn. 18; eine Auflistung von Abweichungen der Istbeschaffenheit von der Sollbeschaffenheit findet sich bei Hannemann/Wiegner/*Hannemann* § 41 Rdn. 6). Neben Mängeln, die der Mietsache als solcher anhaften, können sich auch **Störungen und Gefahrenquellen außerhalb der Miträume** negativ auf den Mietgebrauch auswirken (vgl. die Darstellung bei Bub/Treier/*Kraemer* III. B Rdn. 1341 ff. mit diversen Beispielen aus der Praxis). Die Gebrauchstauglichkeit kann bei Ladenlokalen beeinträchtigt sein, soweit es den ungehinderten und bequemen Zugang zum Mietobjekt betrifft. Darüber hinaus können auch andere von außen wirkende Einflüsse einen Mangel der Mietsache begründen. Dies gilt etwa für Beeinträchtigungen durch Lärm, Luftverschmutzungen und Geruchsbeeinträchtigungen, Überschwemmungen und elektromagnetische Felder und Strahlen (vgl. hierzu die Darstellung und die Nachw. bei Hannemann/Wiegner/*Borzutzki-Pasing* § 69 Rdn. 90).

Der Geschäftsraummieter kann allerdings nicht jeden ihm nachteilig erscheinenden Aspekt, der sich aus der Einbettung seines Betriebs in ein bestimmtes räumliches und rechtliches Umfeld ergibt, als Fehler der Mietsache behandeln. Das Verwendungsrisiko (Unternehmerrisiko) trägt er grundsätzlich selbst. Der **Mangel muss der Mietsache unmittelbar anhaften** und darf nicht allein in den persönlichen oder betrieblichen Verhältnissen des Mieters oder seiner subjektiven Einstellung zu bestimmten Umständen begründet liegen (vgl. Palandt/*Weidenkaff* § 536 Rdn. 16 m. w. N.). Welchen Mietgebrauch der Vermieter zu gewährleisten hat und wann eine unmittelbare Beeinträchtigung dieses Gebrauchs vorliegt, bestimmt sich nach dem vertraglichen Verwendungszweck und den gegebenenfalls zusätzlich vereinbarten Vermieterpflichten zur Gewährleistung dieses Vertragszwecks (ständige Rspr. vgl. BGH NZM 2006, 54 = MDR 2006, 506; BGH NJW 1981, 2405 = ZMR 1981, 368; NJW 1971, 424; Schmidt-Futterer/*Eisenschmid* § 536 Rn. 139 f.). Die Diskussion über den Fehlerbegriff verlagert sich danach aber auf die wiederum wenig griffige Frage, welche Beeinträchtigungen als „unmittelbar" zu behandeln sind.

Dies zeigt sich an Rechtsprechungsbeispielen zu sich nachteilig auf den Betrieb eines Ladenlokals auswirkenden **Bauarbeiten**:

Wird ein Geschäftslokal an einem zentralen innerstädtischen Platz vermietet und ist dieser Platz faktisch in eine Baugrube verwandelt und liegt über Monate und Jahre brach, stellt dies nach Ansicht des OLG Dresden (ZMR 1999, 241) einen die Gebrauchstauglichkeit der Mietsache unmittelbar beeinträchtigenden Umstand dar. Das soll auch dann gelten, wenn das Geschäft noch über Holzstege für Fußgänger erreichbar ist. Das OLG Düsseldorf (OLGR 1998, 1091) lässt die Frage offen, ob Arbeiten an einer öffentlichen Straße vor einem Ladenlokal, das infolge dessen nur noch über Holzbohlen erreicht werden kann, einen das Mietobjekt unmittelbar beeinträchtigenden Mangel begründen. Beide Gerichte beurteilen die Kündigungsbefugnisse des Mieters unterschiedlich. Das OLG Dresden (a. a. O.) ist von einem Kündigungsgrund im Sinne von § 542 Abs. 2 BGB a. F. ausgegangen (§ 543 Abs. 2 Nr. 1 BGB n. F.), wenn zum Zeitpunkt der Kündigung in keiner Weise absehbar war, wie lange die Beeinträchtigung noch andauern wird. Das OLG Düsseldorf (a. a. O.) meint, jeder Anlieger müsse es hinnehmen, dass eine öffentliche Straße, von der er Nutzen ziehen kann, entsprechend allgemeinen Bedürfnissen umgestaltet wird. Für übergebührliche Beeinträchtigungen werde dem Betriebsinhaber ein öffentlich-rechtlicher Entschädigungsanspruch gewährt (vgl. etwa § 20 Abs. 6 StrWG NW), der wirtschaftliche Einbußen kompensiere. Das LG Hamburg (ZMR 2005, 50) hält eine Formularklausel, nach der keine Mietminderung eintreten soll, wenn die gewerbliche Nutzung von Räumen durch vom Vermieter nicht zu vertretende Umstände (z. B. Verkehrsumleitung, Straßensperrungen, Bauarbeiten in der Nachbarschaft usw.) beeinträchtigt wird, nicht für geeignet, die Rückforderung der wegen eines solchen Mangels überzahlten Miete auszuschließen. Einen Haftungsausschluss für vom Vermieter nicht zu vertretende **Umweltfehler** (vgl. dazu die Darstellung bei *Bamberger/Roth* § 536 Rdn. 20) hält dagegen das OLG Hamburg (ZMR 2004, 432) auch formularmäßig bei Gewerbeobjekten für zulässig. Das LG Siegen (WuM 1990, 17) knüpft nicht an jede Baumaßnahme in unmittelbarer Nähe der Mietsache ein Minderungsrecht. Kurzfristige Erneuerungsarbeiten an bereits vorhandenen Bauwerken seien vielmehr entschädigungslos hinzunehmen (vgl. auch AG Hamburg-Blankenese ZMR 2003, 746 m. w. N.). Das OLG München (WuM 1993, 607) wendet sich gegen die Annahme, dass sich Einschränkungen der Mieterrechte durch § 906 BGB rechtfertigen lassen. Eine etwaige Duldungspflicht des Vermieters soll danach bezogen auf das Mietverhältnis ohne Relevanz sein. Insgesamt herrscht eine kaum zu überblickende Kasuistik.

Mit dem BGH (MDR 1982, 135) wird die Beantwortung der Frage, wann eine unmittelbare Beeinträchtigung der Mietsache vorliegt, maßgeblich vom Vertragsinhalt und dem danach vorgegebenen Verwendungszweck abhängig zu machen sein. Bei einem Ladenlokal kommt es wesentlich auf die ungehinderte Zugangsmöglichkeit der Kundschaft zum Geschäft wesentlich an. Wird diese Möglichkeit durch bauplanerische oder bauausführende Maßnahmen in der näheren Umgebung des Ladenlokals nachhaltig beeinträchtigt, so kann dies einen Mangel begründen (vgl. BGH MDR 1982, 135; Bub/Treier/*Kraemer* III. B. Rdn. 1342).

**Öffentlich-rechtliche Gebrauchshindernisse** (vgl. hierzu bereits Anm. 3) können den Mietgebrauch ebenfalls beeinträchtigen oder gänzlich hindern. Solche Gebrauchshindernisse stellen einen Fehler der Mietsache im Sinne von § 536 BGB dar, wenn sie auf der konkreten Beschaffenheit der Mietsache beruhen (vgl. OLG München OLGR 1995, 205). Fehlt eine erforderliche behördliche Genehmigung zur vertraglich vorgesehenen Nutzung des Mietobjekts, so liegt ein die Gebrauchsfähigkeit der Mietsache beeinträchtigender Umstand im Sinne von § 542 BGB nicht vor, wenn die Behörde die tatsächliche Nutzung unbeanstandet lässt (vgl. OLG Düsseldorf OLGR 2009, 647; OLG Köln OLGR 1998, 93; OLG Nürnberg NZM 1999, 419). Zur Kündigung ohne vorheriges Abhilfeverlangen gegenüber dem Vermieter berechtigt eine öffentlich-rechtlich unzulässige Nutzung aber dann, wenn dem Mieter durch eine Ordnungsverfügung mit Zwangsmittelandrohung die bisherige Nutzung untersagt wird (vgl. OLG Köln OLGR 1998, 93). Es soll ferner einen die fristlose Kündigung rechtfertigenden Fehler der Mietsache darstellen, wenn das Ordnungsamt dem Mieter eine erforderliche Erlaubnis deshalb noch nicht erteilt, weil der Vermieter die hierfür aus bauordnungsrechtlicher Sicht erforderlichen Voraussetzungen nicht geschaffen hat (vgl. OLG Düsseldorf MDR 1988, 867). Das Risiko von Nutzungsbeschränkungen trägt der Vermieter grundsätzlich auch dann, wenn eine Klausel bestimmt, dass der Mieter auf seine Kosten sämtliche Genehmigungen für seinen Betrieb einzuholen hat (vgl. OLG München a. a. O.).

Ein **formularmäßiger Ausschluss der Gewährleistungsrechte aus §§ 536 ff. BGB** ist nur in den Grenzen aus § 307 BGB möglich. Wichtig ist dabei die Unterscheidung zwischen **anfänglichen und nachträglich auftretenden bzw. verdeckten Mängeln** der Mietsache. Ein umfassender Gewährleistungsausschluss ist nach § 307 BGB unwirksam, wenn damit die Gewährleistung sowohl für anfängliche wie auch für nachträglich auftretende Mängel ausgeschlossen werden soll (vgl. BGH NZM 2002, 116 m. w. N.).

Bei **anfänglichen Mängeln** kann eine Beschränkung der Gewährleistung in erweitertem Umfang geschehen, denn der Mieter kennt den Mangel bei Vertragsschluss oder kann sich im Regelfall hinreichende Kenntnisse verschaffen. Im Allgemeinen wird es für zulässig erachtet, Gewährleistungsansprüche auf solche Fehler zu beschränken, die bei Übergabe festgestellt wurden oder auch bei sorgfältiger Besichtigung nicht erkennbar waren (vgl. Bub/Treier/*Bub* II Rdn. 515). Wenn der Vermieter sich von einer Inanspruchnahme wegen anfänglich bekannter Mängel entlasten will, wird diesseits empfohlen, solche Mängel im Vertrag ausdrücklich anzuführen und Ansprüche des Mieters ausdrücklich auszuschließen. Dadurch wird der vertraglich geschuldete Sollzustand festgeschrieben. Dies empfiehlt sich namentlich bei solchen Gegebenheiten, bei denen die Fehlereigenschaft und damit der Umfang der Bereitstellungspflicht des Vermieters nicht auf der Hand liegen. Solche Regelungen sieht Form. A. VI. 5 in § 3 (2) vor. Entsprechend verhält es sich mit Klauseln, hinsichtlich derer eine ausdrückliche Herstellungspflicht des Mieters geregelt wird. Solche Regelungen finden sich in § 8 dieses Formulars. Beide Regelungsalternativen bezwecken die Vermeidung nachträglichen Streits über die Frage, ob der Mieter im Sinne von § 536b BGB Kenntnis vom Bestehen eines Mangels hatte. Wegen der Mängel, die der Vermieter beseitigen soll, kann im Vertrag (vgl. etwa Form. A. VI. 4 § 7 Ziff. 2) oder im Übergabeprotokoll (vgl. Form. A. VII. 8 zu Ziff. IV) eine ausdrückliche Leistungspflicht vereinbart und schriftlich niedergelegt werden.

Hinsichtlich der verdeckten und der nachträglich entstehenden Mängel ist ein **kompletter Gewährleistungsausschluss nicht möglich**, denn die Bereitstellungs- und Erhaltungspflichten des Vermieters aus § 535 Abs. 1 BGB umschreiben vertragliche Kernpflichten (vgl. nur BGH NZM 2002, 116), hinsichtlich derer nach diesseitiger Auffassung gemäß § 307 BGB weder eine formularmäßige Freizeichnung noch ein genereller Ausschluss der Haftung selbst für durch leichte Fahrlässigkeit verursachte Mängel möglich ist (vgl. Form. A. VI. 1 Anm. zu § 8 Ziff. 3 und zu § 11). Eine Beschränkung der Erhaltungspflichten des Vermieters ist allerdings über die Abwälzung einzelner Erhaltungs- und Instandsetzungspflichten auf den Mieter möglich. Dies regeln §§ 7 und 8 sowie § 11 des Standardvertrags in Form. A. VI. 1. Ein Haftungsausschluss für vom Vermieter nicht zu vertretende **Umweltfehler** bei Gewerbeobjekten wird diesseits auch formularmäßig für zulässig gehalten (so auch: HansOLG Hamburg ZMR 2004, 432).

Wenn der Vermieter sich vertraglich zur Durchführung bestimmter Arbeiten verpflichtet, ist das im Zweifel ausdrücklich schriftlich niederzulegen, um dem Streit über Art, Umfang und Zeitpunkt zu erbringender (Vor-)Leistungen vorzubeugen. Mietvertragliche Abreden zur Beschaffenheit der Mietsache können auch konkludent in der Weise getroffen werden, dass der Mieter dem Vermieter bestimmte Anforderungen an die Mietsache zur Kenntnis bringt und dieser zustimmt. Eine einseitig gebliebene Vorstellung des Mieters genügt dafür jedoch selbst dann noch nicht, wenn sie dem Vermieter bekannt ist. Erforderlich ist vielmehr, dass der Vermieter darauf in irgendeiner Form zustimmend reagiert (vgl. BGH NZM 2009, 855 = NJW 2010, 1133).

Für den Mieter ist eine Dokumentation der vom Vermieter durchzuführenden Leistungen von besonderem Interesse, um Einwendungen des Vermieters aus § 536b BGB vorzubeugen, er habe Kenntnis von bestimmten Mängeln gehabt oder die Sache vorbehaltlos angenommen. Dem dann drohenden Verlust der Mietminderung gemäß § 536 BGB, des Schadensersatzes aus § 536a Abs. 1 BGB und des Aufwendungsersatzes nach § 536a Abs. 2 BGB kann der Mieter vorbeugen, wenn er sich seine Rechte bei Annahme der Mietsache vorbehält (§ 536b S. 3 BGB). Sind in einem schriftlichen Mietvertrag angebliche Mängel unerwähnt geblieben, die nach der Behauptung des Mieters vor und nach Vertragsschluss und Besitzüberlassung vorhanden waren, muss der Mieter substantiiert darlegen, warum der Vertrag keinen Vorbehalt enthält. Es genügt dann bei schriftlichen Verträgen nicht, dass der Mieter behauptet, vor und nach Vertragsschluss sei vom Vermieter eine Mängelbeseitigung versprochen worden (vgl. OLG Köln OLGR 1993, 238).

Auch nach neuem Recht verbleibt es dabei, dass neben den Rechten aus §§ 536, 536 a BGB und der Kündigungsbefugnis wegen bekannter oder vorbehaltlos hingenommener Mängel (vgl. OLG Düsseldorf ZMR 1987, 263) nicht auch die vertraglichen **Herstellungsansprüche** verloren gehen. Einen im Laufe des Mietverhältnisses auftretenden Mangel der Mietsache hat der Vermieter auch dann auf seine Kosten zu beseitigen, wenn die Mangelursache zwar der Sphäre des Mieters zuzurechnen ist, der Mieter den Mangel aber nicht zu vertreten hat, weil er die Grenzen des vertragsgemäßen Gebrauchs nicht überschritten hat (vgl. BGH NJW 2008, 2432; vgl. auch die Darstellung und die Nachweise bei Köhler JZ 1989, 761). Ist der Vermieter mit der Beseitigung eines Mangels der Mietsache in Verzug, kann der Mieter den Mangel selbst beseitigen (lassen) und zu diesem Zweck vom Vermieter einen Vorschuss in Höhe der voraussichtlich erforderlichen Beseitigungskosten verlangen (vgl. BGH NJW 2008, 2432).

**8.** Der Betrieb eines Ladengeschäfts kann die Regelung unterschiedlicher (Verkehrssicherungs-)Pflichten, zusätzlicher Nebenkostenumlagen und bestimmter – baulicher – Vorkehrungen nahe legen. Dies gilt sowohl mit Rücksicht auf die Einlagerung und den Vertrieb besonders wertvoller oder gefährlicher Stoffe als auch hinsichtlich der schutzwürdigen Belange von Passanten, Kunden, Nachbarn und anderen Mietern. Das Formular regelt beispielhaft die Übernahme entsprechender Pflichten durch den Mieter.

Da es nach § 535 Abs. 1 BGB grundsätzlich dem Vermieter obliegt, die Mietsache in vertragsgemäßen Zustand zu versetzen und zu erhalten, bedarf es ausdrücklicher Vereinbarungen über vom Mieter zu übernehmende Herstellungspflichten, die den gesetzlichen Pflichtenkreis des Vermieters einschränken. Wenngleich die Überlassung und Erhaltung der Mietsache vertragliche Kernpflichten des Vermieters umschreiben, die zur Vermeidung wesentlicher Abweichungen vom gesetzlichen Leitbild im Sinne von § 307 Abs. 2 Nr. 1 BGB nicht formularmäßig ausgehöhlt werden dürfen (vgl. dazu bereits Anm. 6), erscheint es als unbedenklich, bestimmte Leistungspflichten der Unklarheit zu entziehen und solche Leistungen auf den Mieter abzuwälzen, welche die nähere Ausgestaltung des vom Mieter speziell beabsichtigten Mietgebrauchs betreffen oder besondere Gestaltungs- und Ausstattungswünsche des Mieters zum Gegenstand haben.

**9.** Bei besonders großen Mietobjekten oder bei Einbringung besonders werthaltiger oder gefährlicher Stoffe können sich Vereinbarungen empfehlen, mit denen der Mieter die von seinem Mietgebrauch ausgehenden Risiken und Gefahren durch Übernahme bestimmter **Sicherheitsvorkehrungen** vermindern muss. Dazu kann u. a. gehören, dass der Mieter sich vertraglich zur Beauftragung einer Wach- und Schließgesellschaft oder zur Installation einer Sicherungsanlage verpflichtet, die zentral von einer Polizeidienststelle oder einem privaten Sicherungsdienst überwacht wird. Wenn solche Vorkehrungen schon bei Begründung des Mietverhältnisses vorhanden sind (etwa im Rahmen von Großobjekten), werden die hierfür anfallenden Kosten i. d. R. als Betriebskosten umgelegt werden können. Das erfordert jedoch ausdrückliche vertragliche Vereinbarungen (zur Umlage besonderer Betriebskostenarten vgl. Form. A. VII. 10).

**10.** Die Übernahme weiterer Pflichten kann sich im Zusammenhang mit allgemeinen **Verkehrssicherungspflichten** empfehlen, z. B. im Zusammenhang mit dem Winterdienst oder mit der Überwachung von Parkplätzen und Parkhäusern. Um erheblichen Haftungsrisiken vorzubeugen, sollte der wechselseitige Verantwortungsbereich in Bezug auf Sicherungspflichten ausdrücklich und klar geregelt sein. Die Abgrenzung, wer verkehrssicherungspflichtig ist, kann allerdings schwierig sein. Die Verkehrssicherungspflicht für den Zustand des Zugangs zu einem Ladenlokal trifft dann den Grundstückseigentümer/Vermieter und nicht den Mieter, wenn der Zugang nicht mitvermietet wurde und nicht nur von Kunden des Ladenlokals, sondern auch von Passanten benutzt werden kann (vgl. OLG Köln MDR 1990, 340). Entsprechendes kann beim Winterdienst auf Parkplätzen oder Zuwegungen gelten. Die allgemeine Verkehrssicherungspflicht für den

Zustand des Zugangs zu einem Gebäude verbleibt grundsätzlich beim Vermieter. Der Mieter kann – ggf. neben dem Vermieter – verkehrssicherungspflichtig für solche Bereiche sein, die er voll beherrscht (vgl. OLG Köln NJW-RR 1990, 224).

**11.** **Geruchs- und Lärmemissionen** bergen sowohl im Verhältnis zu Nachbarn als auch zu Mitmietern Konfliktpotential. Der Betrieb von Metzgereien, Wurstständen, Küchen, Musikanlagen oder von großen Maschinenanlagen gibt regelmäßig Veranlassung, Pflichten und Rechte des Mieters festzulegen.

**12.** Aus dem Betriebszweck, der Nutzung als Ladengeschäft, ergibt sich als typische Konfliktquelle der Anfall großer Mengen von **Müll**. Das Formular erstrebt eine Handhabung, die den Vermieter weitgehend entlasten und insbesondere auch der Pflicht entheben soll, mit den Müllbeseitigungskosten als Betriebskosten in Vorlage zu treten.

Soweit spezielle Stellplätze oder -räume für Müllbehälter vorhanden sind, sollten sie in § 1 aufgeführt und ihre Benutzung hier festgelegt werden.

**13.** Zusätzliche Verhaltensmaßregeln und Kostenregelungen können dann empfehlenswert sein, wenn selbst bei vertragsgemäßem Mietgebrauch besondere (**Umwelt-)Risiken** zu gegenwärtigen sind (zu Vereinbarungen über die Vermeidung baulicher Schäden und von Umweltrisiken vgl. Form. A. VII. 13). Dies gilt namentlich, wenn die erhöhte Gefahr einer Luft- und Bodenkontamination durch Öle, Kraftstoffe, Gase oder andere Chemikalien besteht. Aus der Obhutspflicht des Mieters folgt, dass der Mieter eines Hausgrundstücks sich entlasten muss, wenn etwa ein von ihm genutzter Parkplatz ölkontaminiert ist (vgl. OLG Frankfurt OLGR 1997, 181).

**14.** Der Mieter eines Ladenlokals hat oft ein naheliegendes Interesse daran, die als Ladenlokal angemieteten Räume in bestimmter Weise **optisch zu gestalten oder technisch auszurüsten**, Werbeflächen anzubringen und vom Vermieter die Erlaubnis zu bestimmten (Sonder-)Nutzungen zu erlangen, die nicht ohne weiteres dem vertragsgemäßen Mietgebrauch zu unterstellen sind (vgl. hierzu bereits die Anmerkungen zu § 1; zu Vereinbarungen über die Gestattung von Außenwerbung vgl. Form. A. VII. 11). Um solche Nutzungsaspekte dem Streit zu entziehen, sollte ihre Gestattung ausdrücklich vertraglich festgelegt werden. Das Formular regelt beispielhaft solche Bestimmungen.

Als weitere Nutzungsaspekte kommen bei Ladenlokalen in Betracht: Das Aufstellen von Fahrradständern oder rollenden Verkaufs- und Werbeständen im Außenbereich, die gastronomische Nutzung von Außen- und Passagenflächen, das Anbringen von Werbeplakaten und -bannern, das Ausstellen von Waren oder Zelten im Außenbereich.

**15.** Wenn mehreren Mietern entsprechende Anlagen bewilligt werden, kann sich die Vorgabe einheitlicher Farb-, Form- und Größengestaltung anbieten.

**16.** Das Formular regelt in Bezug auf diejenigen Maßnahmen, deren Durchführung der Vermieter gestattet, die Pflicht des Mieters zur Übernahme sowohl der **Herstellungskosten** als auch der **Erhaltungs- und Betriebskosten**. Einer ausdrücklichen Regelung hierzu bedarf es immer dann, wenn sich Überschneidungen oder Abgrenzungsschwierigkeiten mit den originären Vermieterpflichten aus § 535 Abs. 1 BGB ergeben. Da Neben- und Betriebskosten mangels anderweitiger Vereinbarungen grundsätzlich zu Lasten des Vermieters gehen (vgl. *Geldmacher* DWW 1994, 333), können sich Regelungsdefizite für den Vermieter höchst nachteilig auswirken (ergänzende Regelungen zur Betriebskostenumlage finden sich in Form. A. VII. 10).

**17.** Bei vom Mietgebrauch ausgehenden Störungen können sich sowohl gegen den Mieter als auch gegen den Vermieter Unterlassungs-, Beseitigungs- und Schadensersatzansprüche aus §§ 823, 1004 BGB ergeben (zum Anspruch einer WEG aus § 1004 vgl. OLG Oldenburg MDR 1990, 552). Das Formular regelt im Anschluss an die zuvor geregelte Abwälzung der Herstellungs-, Erhaltungs- und Betriebskosten die **Freistellung des Vermieters von Ansprüchen Dritter**.

**18.** Wenngleich es weder ratsam noch möglich ist, sämtliche Aspekte des Mietgebrauchs und der Vertragsabwicklung zu reglementieren, kann absehbaren Konflikten durch ausdrückliche Vertragsbestimmungen über bestimmte Verhaltenspflichten vorgebeugt werden. Solche Regelungen beinhalten dann eine grundsätzlich zulässige Ausgestaltung des vertragsgemäßen Mietgebrauchs (zu Vereinbarungen über die Vermeidung baulicher Schäden und von Umweltrisiken vgl. Form. A. VII. 13). Das Formular enthält beispielhafte Regelungen. Weitere Regelungsbereiche können sich insbesondere hinsichtlich der Ladenöffnungszeiten und im Zusammenhang mit der Nutzung von Parkplätzen, Spielplätzen und Gemeinschaftsanlagen ergeben.

Selbst ohne ausdrückliche vertragliche Bestimmungen hat der Mieter im Rahmen seiner Obhutspflichten dafür einzustehen, dass der Mietgebrauch keine Schäden oder Störungen verursacht. Bei Schäden an der Mietsache während der Obhut des Mieters muss sich der Mieter grundsätzlich entlasten (vgl. NJW 1994, 2019).

Formularmäßige Beschränkungen des Mietgebrauchs können sich aber als überraschend im Sinne von § 305 c BGB oder unangemessen im Sinne von § 307 BGB darstellen, wenn sie den (verkehrs-)üblichen Mietgebrauch ohne triftigen Grund beschränken (eine Auflistung von Bsp. findet sich bei Bub/Treier/*Bub* II Rdn. 492 ff.).

**19.** Zur Einhaltung des vertragsgemäßen Gebrauchs einer Mietsache gehört es grundsätzlich, dass der Mieter vermeidbare **Lärm- und Geruchsbelästigungen** unterlässt (vgl. OLG München OLGR 1996, 109). Der Vermieter muss, wenn er zugleich Grundstückseigentümer ist, bei Belästigungen zum Nachteil der Nachbarn damit rechnen, dass er selbst für die Störungen des Mieters verantwortlich gemacht wird. Schon das RG ist ständig davon ausgegangen, dass der Eigentümer eines Grundstücks für Störungshandlungen seines Mieters verantwortlich ist, wenn er sein Grundstück dem Mieter mit der Erlaubnis zu solchen Handlungen überlassen hat oder wenn er es unterlässt, den Mieter von einem vertragswidrigen Gebrauch der Mietsache abzuhalten (vgl. RGZ 47, 162; 97, 25; 134, 231; 159, 129). Der BGH ist dem gefolgt und hat für den Fall der Überlassung zum störenden Gebrauch hervorgehoben, dass der Anspruch auf Beseitigung nicht an entgegenstehenden vertraglichen Bindungen des Störers scheitern muss (vgl. BGH MDR 1995, 895; MDR 1967, 205 = WM 1966, 1300; MDR 1966, 306; MDR 1998, 1279). Zu Lärmbelästigungen in Gebieten unterschiedlicher Schutzwürdigkeit zum Nachteil von Mietern vgl. BGH MDR 1995, 355. Zweifeln darüber, wie weit der vertragsgemäße Mietgebrauch reicht, sollte durch ausdrückliche Vereinbarungen vorgebeugt werden (zu Vereinbarungen über die Vermeidung baulicher Schäden und von Umweltrisiken vgl. Form. A. VII. 13). Von einem Lebensmittelmarkt ausgehende Lärmbelästigungen können eine benachbarte Eigentumswohnung als mangelhaft darstellen (vgl. OLG Frankfurt OLGR 1994, 61). Entsprechende Nutzungsbeschränkungen wie die im Formular bezeichneten können insbesondere bei gemischt genutzten Objekten mit Wohnungen und Gewerberäumen in Betracht kommen, denn wenn erhebliche Beeinträchtigungen des Wohngebrauchs zu besorgen sind, hat der Vermieter mit Mietminderungen zu rechnen.

**20.** Solche Regelungen kommen bei namentlich Back- und Imbissständen sowie Eis- und Stehcafés o. ä. in Betracht.

**21.** Zur **Untervermietung** vgl. zunächst die Anm. 53 ff. zu Form. A. VI. 1.

Bei der Anmietung von Ladengeschäften, insbesondere von größeren Objekten (Supermärkten, Möbelhäusern, Baumärkten usw.), muss die **Angliederung von Nebenbetrieben als Untermietern** bereits als verkehrsüblich angesehen werden. Eine generelle Gestattung der Untervermietung von Teilflächen kann daher für bestimmte Zwecke nahe liegen. Die Untervermietung kann sogar das Gesamtkonzept der Anmietung prägen und Geschäftsgrundlage sein (sog. Shop-In-Shop-Untervermietung, vgl. OLG Karlsruhe OLGR 1999, 316). Das Formular berücksichtigt Beispiele, die etwa bei einem Supermarkt denkbar wären.

Bei einem Mietverhältnis über gewerbliche Räume steht dem Mieter aber **kein genereller Anspruch auf Erteilung der Erlaubnis zur Untervermietung** zu, sofern sich nicht im Einzelfall, ggf. im Wege ergänzender Vertragsauslegung, aus dem Mietvertrag etwas anderes ergibt (vgl. OLG Hamm Urt. v. 18. 4. 2008 – 30 U 120/07 – BeckRS 2008, 12 185; KG KGR 2004, 23). Ein Schadensersatzanspruch folgt aus der unberechtigten Verweigerung der Erlaubnis grundsätzlich nicht (vgl. OLG Hamm Urt. v. 18. 4. 2008 – 30 U 120/07 – BeckRS 2008, 12185 = FD-MietR 2008, 263505; OLG Düsseldorf WuM 1993, 399).

**22.** Da der (Haupt-)Vermieter nicht in (miet-)vertraglichen Beziehungen zum Untermieter steht, hat er dem Untermieter gegenüber auch keine unmittelbare Berechtigung zur Durchsetzung der sich aus dem Hauptmietvertrag ergebenden Pflichten. Wenngleich der Hauptmieter dafür zu sorgen hat, dass ein Untermieter die Mietsache vertragsgemäß (im Sinne des Hauptvertrags) gebraucht (vgl. BGHZ 89, 308), wird jeder Streit zwischen Haupt- und Untermieter über die in diesem Verhältnis zu beachtenden Pflichten im Zweifel auf dem Rücken des Hauptvermieters ausgetragen. Das Formular will dem mit der ausdrücklichen Maßgabe vorbeugen, dass der Mieter den Untermieter zur Beachtung der (Verhaltens-)Pflichten aus dem Hauptvertrag heranzuziehen hat.

Nach **Beendigung des Hauptmietverhältnisses** und nach Rechtshängigkeit des Rückgabeanspruchs schuldet der Mieter im Rahmen der Herausgabe von Nutzungen nach §§ 546 Abs. 1, 292 Abs. 2, 987 Abs. 1, 99 Abs. 3 BGB auch die **Auskehr eines durch Untervermietung erzielten Mehrerlöses**. Dazu gehört auch eine „Entschädigung", die der Mieter von dem Untermieter als Abfindung für eine vorzeitige Beendigung des Untermietverhältnisses erhalten hat (vgl. BGH NZM 2009, 701).

# 3. Mietvertrag über ein Ladenlokal in einem Einkaufszentrum[1]

Mietvertrag

zwischen

......

(Vermieter)

und

......

(Mieter)

## § 1 Mietobjekt

Vermietet werden im Einkaufszentrum

......

(Straße, Hausnummer)

in ......

(PLZ, Ort)

folgende Räume und Nutzflächen:

| Bezeichnung | Anzahl und Lage (Gebäude/Geschoss) |
|---|---|
| Verkaufsraum | ...... |
| Büro | ...... |
| Personalraum | ...... |
| Toiletten/Waschraum | ...... |
| Lagerraum | ...... |

| Bezeichnung | Anzahl und Lage (Gebäude/Geschoss) |
|---|---|
| Kühlraum | ...... |
| Nebenräume (z. B. Keller/Dachboden): | ...... |
| weitere Räume: | ...... |
| | ...... |

Die Lage der Mieträume ergibt sich aus dem Lageplan, der diesem Mietvertrag beigeheftet ist, und zwar aus den rot schraffierten Teilflächen.[2]

### § 2 Mietzweck, Änderung und Vereitelung des Mietzwecks

(1) Die Vermietung erfolgt zum Betrieb eines Ladenlokals für den Verkauf von ......[3]

(2) Änderungen und Erweiterungen des in Ziff. (1) bezeichneten Warenvertriebs sowie eine sonst von Ziff. (1) abweichende Nutzung der Mieträume ist dem Mieter nur nach vorheriger Zustimmung durch den Vermieter gestattet. Zwischen den Parteien besteht Einigkeit darüber, dass der Vermieter anderen Mietern im Einkaufszentrum vertraglichen Konkurrenzschutz zu gewähren hat und auch in Zukunft gewähren darf. Eine Änderung oder Erweiterung des Nutzungszwecks durch den Mieter kann daher nur in den Grenzen der zugunsten Dritter eingegangenen Konkurrenzschutzpflichten und der berechtigten Interessen des Vermieters im Rahmen seiner freien unternehmerischen Betätigung verlangt werden. Der Vermieter ist in den Grenzen des dem Mieter mit diesem Vertrag ausdrücklich zugesagten Konkurrenzschutzes (vgl. § 3) keinerlei Beschränkungen in dem anderen Mietern zuzusichernden Konkurrenzschutz unterworfen.[4]

(3) Der Mieter hat dem Vermieter jeglichen auch mittelbaren Schaden zu ersetzen, der diesem dadurch entsteht, dass der Mieter den Mietzweck ohne die Erlaubnis des Vermieters ändert oder erweitert.[5]

(4) Wird der Mieter an dem Betrieb des Ladenlokals im Sinne des vertraglich festgelegten Mietzwecks aus Gründen gehindert, die in seiner Person, seinen betrieblichen Verhältnissen oder sonst in seiner Risikosphäre begründet liegen, bleibt er zur Fortentrichtung des Mietzinses und aller Nebenkosten verpflichtet.

### § 3 Konkurrenzschutz zugunsten des Mieters, Ausschluss von Bestandsschutz

(1) Der Vermieter gewährt dem Mieter Konkurrenzschutz. Der Konkurrenzschutz betrifft ausschließlich den Verkauf von ...... als Hauptartikel.[6]

(2) Der Mieter genießt keinen Konkurrenzschutz hinsichtlich der Waren und Leistungen anderer Anbieter, die den in Ziff. (1) bezeichneten Hauptartikel als Nebenartikel führen. Konkurrenzschutz besteht danach insbesondere nicht, soweit im Einkaufszentrum z. B. [ein] Geschäft/e für ...... vorhanden ist/sind.[7]

(3) Soweit nach Ziff. (2) Konkurrenzschutz nicht gewährt ist, genießt der Mieter auch keinen Bestandsschutz dahingehend, dass der Vermieter verpflichtet wäre, die bei Vertragsbeginn bestehende oder sich später herausbildende Branchenmischung auch für die weitere Vertragsdauer zu garantieren und insbesondere von Neuvermietungen an solche Betriebe abzusehen, wie sie in Ziff. (2) angesprochen sind.[8]

(4) Der Mieter genießt auch keinen Bestandsschutz dahingehend, dass der Vermieter verpflichtet wäre, die bei Vertragsbeginn bestehende oder sich später herausbildende räumliche Anordnung und Verteilung der Geschäfte auch für die weitere Vertragsdauer zu gewährleisten. Der Mieter hat danach insbesondere keinen An-

spruch darauf, dass die ihm benachbarten Geschäfte eine bestimmte Ausrichtung aufzuweisen haben.[9]

### § 4 Garantieausschluss für Vermietungsstand und Geschäftsentwicklung

(1) Der Vermieter übernimmt keine Garantie für das Vorliegen eines bestimmten Vermietungsstands im Einkaufszentrum und insbesondere nicht für eine Vollvermietung.[10]

(2) Der Vermieter übernimmt weder in Bezug auf den vom Mieter erstrebten wirtschaftlichen Erfolg noch in Bezug auf die allgemeine Entwicklung des Kundeninteresses im Einkaufszentrum die Garantie für eine bestimmte Geschäftsentwicklung.[11]

### § 5 Betriebspflicht

(1) Der Mieter ist zum Betrieb des Ladenlokals verpflichtet. Hierzu gehört nach Maßgabe des vertraglichen Mietzwecks insbesondere die Pflicht, das Ladengeschäft während der gesetzlich zulässigen [oder: der mit diesem Vertrag festgelegten] Öffnungszeiten geöffnet zu halten und durch ausreichende personelle Ausstattung, durch die ständige Bereitstellung eines zeitgemäßen, laufend ergänzten Warenangebots, durch eine dem aktuellen Kundengeschmack und dem Wechsel der Jahreszeiten und -feste angepasste Schaufenster- und Verkaufsraumgestaltung einen Verkaufsbetrieb zu unterhalten, der geeignet ist, die Attraktivität des gesamten Einkaufszentrums zu fördern.[12]

(2) Die nach Ziff. (1) zu beachtende Betriebspflicht gilt für die gesamte Mietzeit und nur mit Ausnahme derjenigen Zeiträume, in denen das Ladenlokal zwecks Durchführung der vertragsgemäß durchzuführenden Schönheitsreparaturen, vertraglich zulässiger oder vom Vermieter genehmigter baulicher Maßnahmen oder zur Vorbereitung fristgerechter und ordnungsgemäßer Räumung geschlossen werden muss. Die Vorkehrungen, die eine zeitweise Schließung erforderlich machen, sind so zu beschleunigen, dass sich die Schließung auf den unbedingt erforderlichen Zeitraum reduziert.[13]

(3) Der Mieter hat dafür Sorge zu tragen, dass der Betrieb des Ladenlokals in Urlaubs-, Krankheits- und Kündigungsfällen uneingeschränkt gewährleistet bleibt. Die zeitweise Schließung zur Durchführung von Betriebsferien beinhaltet einen Verstoß gegen die vertragliche Betriebspflicht.[14]

### § 6 Mietbeginn, Mietdauer

(1) Das Mietverhältnis beginnt am ...... und endet am ......

(2) Das Mietverhältnis verlängert sich um jeweils ...... Jahre, wenn es nicht von einer Vertragspartei aufgekündigt wird. Eine Kündigung ist nur zum Ablauf der in Ziff. (1) festgelegten Mietzeit bzw. des jeweiligen Verlängerungszeitraums möglich. Die Kündigungserklärung muss mindestens sechs Monate vor Ablauf der Mietzeit bzw. des jeweiligen Verlängerungszeitraums schriftlich gegenüber dem anderen Vertragsteil erklärt werden.

### § 7 Miete, Nebenkosten,

(1) Die monatliche Grundmiete beträgt                                                ...... EUR
zuzüglich der jeweils geltenden gesetzlichen MWSt.
von zur Zeit ......%, das sind                                                        ...... EUR
Bei Mietbeginn beträgt die monatliche Grundmiete somit                               ...... EUR

(2) Neben der Grundmiete hat der Mieter sämtliche für das gesamte Einkaufszentrum anfallenden Betriebskosten im Sinne von § 2 BetrKV (Betriebskostenverordnung) zuzüglich der jeweils geltenden gesetzlichen MwSt. anteilig zu tragen.

(3) Neben den in Ziff. (2) bezeichneten Kosten hat sich der Mieter an folgenden weiteren Betriebskosten zzgl. MwSt. anteilig zu beteiligen:

– Beispiele –

– an den Grundkosten der dem Einkaufszentrum angegliederten Werbe- und Aktionsgemeinschaft.[15]
– an den Kosten des Sicherheits- und Bewachungsdienstes.[16]
– an den Kosten des zentralen Kinderhorts.[17]

(4) Auf die Betriebskosten hat der Mieter zusammen mit den Mietzahlungen monatliche Vorauszahlungen in Höhe von ...... EUR zu leisten. Die monatliche Gesamtleistung des Mieters beträgt somit bei Mietbeginn ...... EUR.

**§ 8 Wertsicherungsklausel, Erhöhung der Betriebskostenvorauszahlungen (s. Form. A. VI. 1)**

**§ 9 Zahlung von Miete und Nebenkostenvorauszahlung, Verrechnung von Zahlungen (s. Form. A. VI. 1)**

**§ 10 Übergabe und Ausstattung der Mieträume durch den Vermieter, Nutzung von Gemeinschaftsflächen und Gemeinschaftseinrichtungen (s. Form. A. VI. 1)**

(1) Die Mieträume sind vom Vermieter in einem für den Mietzweck geeigneten Zustand zu übergeben. Für den bei Übergabe zu gewährleistenden Zustand sind weitergehende Herstellungs- und Renovierungspflichten des Vermieters zwischen den Vertragsparteien nicht vereinbart worden.

(2) Zu den Mieträumen gehören folgende Einrichtungen und Anlagen: ......

(3) Die in Ziff. (2) bezeichneten Sachen stehen und verbleiben im Eigentum des Vermieters. Dem Mieter ist die Nutzung der Inventargegenstände im Rahmen des in § 2 (1) bezeichneten Mietzwecks für die Dauer der Mietzeit gestattet.

(4) Neben der Benutzung der Mieträume ist der Mieter im Rahmen des vertraglichen Mietzwecks auch zur Mitbenutzung folgender Anlagen und Gemeinschaftsflächen berechtigt:[18]

– Beispiele –

(a) In der zentralen Anlieferungs- und Lagerhalle steht dem Mieter die Lagerbox Nr. ...... zu Verfügung.
(b) Die Altpapierpresse im Bereich ...... kann der Mieter mitbenutzen. Er ist berechtigt, Papier und Kartonagen aus seinem Geschäftsbetrieb auf dem dafür vorgesehenen Lagerplatz gebündelt abzustellen. Sämtliches Material hat frei von Schmutz, Unrat und Fremdmaterialien zu sein. Die Bedienung der Presse erfolgt allein durch das dafür vom Vermieter abgestellte Personal.
(c) Auf dem für das Personal abgetrennten und gekennzeichneten Parkplatz können der Vermieter und sein Personal bis zu ...... PKW abstellen. Eine Zuweisung bestimmter Stellplätze erfolgt nicht. Eine Reservierung oder Abtrennung von

Teilflächen ist dem Mieter nicht gestattet. Der Mieter hat keinen Anspruch auf die Bereitstellung freier Stellplätze.

(d) ......

### § 11 Besondere Gebrauchsbefugnisse des Mieters (Werbemaßnahmen, Ausstattung des Ladenlokals)

(1) Der Mieter ist Rahmen des vertragsgemäßen Mietgebrauchs zu folgenden Maßnahmen berechtigt:[19]

– Beispiele –

(a) Dem Mieter ist es gestattet, an der zentralen Werbetafel im Einfahrtsbereich einen Betriebshinweis mit einer Größe von maximal ...... aufzubringen.

(b) Der Mieter darf im Bereich ...... ein Firmenschild mit einer maximalen Größe von ...... anbringen. Weitergehende Firmenhinweise sind mit Rücksicht auf die einheitliche Gestaltung des Einkaufszentrums nicht gestattet. Markisen, Laufschriften und Neonbeleuchtungen sowie Werbeschilder und -banner sind im Außenbereich des Ladenlokals nicht gestattet.

(c) In der Passage vor dem Ladenlokal darf der Mieter jeweils in unmittelbarem Anschluss an beide Seiten der Eingangstür Verkaufs- oder Werbestände mit einer Länge von nicht mehr als ...... cm und einer Breite von nicht mehr als ...... cm aufstellen. Jede weitergehende Nutzung der Passagenfläche, sei es zu Verkaufs- oder Werbezwecken oder zu sonstigen betrieblichen Zwecken des Mieters, ist untersagt. Die Passagenfläche gehört nicht zu der nach diesem Vertrag bereit zu stellenden Mietfläche. Der Mieter verpflichtet sich, keine Verkaufs- und Werbeaktionen in der Passagenfläche durchzuführen, die nach Art und Umfang geeignet sind, größere Menschenansammlungen zu verursachen und den freien Durchgang durch die Passage zu behindern. Der Vermieter behält sich vor, die Gebrauchsgestattung hinsichtlich der Passagenfläche jederzeit aus wichtigem Grunde – insbesondere aus Sicherheitsgründen, wegen behördlicher Verbote und Auflagen oder wegen übermäßigen Gebrauchs durch den Mieter – zu widerrufen.

(d) Auf dem zentralen Parkplatz darf der Mieter jährlich ...... mal und jeweils für einen Zeitraum von nicht mehr als ...... Tagen auf einer ihm gesondert zuzuweisenden Fläche von nicht mehr als ...... qm einen Verkaufs- und Werbestand für Sonderaktionen betreiben.

(e) ......

(2) Sämtliche nach Ziff. (1) gestatteten Maßnahmen sind vom Mieter auf eigene Kosten und für eigene Rechnung fachgerecht durchzuführen. Die hierfür verwendeten Gerätschaften sind vom Mieter zu warten, zu sichern und in einwandfreiem optischen und technischen Zustand zu erhalten. Der Mieter stellt den Vermieter von jeglicher Inanspruchnahme frei, die im Zusammenhang mit den bezeichneten Maßnahmen und den vorstehend aufgeführten Mieterpflichten steht.

(3) Die Gestattung der in Ziff. (1) bewilligten Maßnahmen ergeht unter Ausschluss jeglicher Zusicherung und Gewähr für ihre Realisierbarkeit sowie vorbehaltlich der Rechte Dritte, öffentlich rechtlicher Verbote, Beschränkungen und Genehmigungen. Die fehlende Durchführbarkeit der Maßnahmen begründet für den Mieter kein wie auch immer geartetes Gegenrecht.

(4) Etwa erforderliche Zustimmungen oder Genehmigungen hat der Mieter auf eigene Kosten einzuholen. Der Vermieter sagt seine Mitwirkung zu, soweit es ihrer

für die Einholung von Zustimmungen oder Genehmigungen oder für die in Ziff. (2) bezeichneten Vorkehrungen bedarf.

### § 12 Vom Mieter besonders zu beachtende Verhaltenspflichten[20]

#### – Beispiele –

(1) Warenanlieferungen zum Ladenlokal haben grundsätzlich außerhalb der allgemeinen Öffnungszeiten zu erfolgen. Die Passagenflächen dürfen nur in besonderen Ausnahmefällen während der Geschäftszeiten für Warentransporte benutzt werden.

(2) Die Parkplätze, Zuwege und Passagenflächen dürfen nicht für die Lagerung von Waren oder Abfällen genutzt werden.

(3) Der Betrieb von Außenlautsprechern ist weder für Musikdarbietungen noch für Durchsagen gestattet. Innerhalb des Ladenlokals ist der Musik- und Lautsprecherbetrieb so zu gestalten, dass die Störung von Passanten, Anliegern und anderen Mietern ausgeschlossen ist.

(4) ......

### § 13 Aufrechnung, Zurückbehaltungsrecht (s. Form. A. VI. 1)

### § 14 Betriebskostenabrechnung (s. Form. A. VI. 1)

### § 15 Mietkaution (s. Form. A. VI. 1)

### § 16 Erhaltung und Instandsetzung der Mieträume, Anzeige von Mängeln und Gefahren

(1) Der Vermieter hat die Mieträume hinsichtlich der grundlegenden konstruktiven Bauteile (Arbeiten an Dach und Fach) instand zu halten und zu reparieren. Dem Vermieter obliegt außerdem die Erhaltung und Instandhaltung der zentralen Einrichtungen und Anlagen für das Mietobjekt und die Gemeinschaftsflächen und Gemeinschaftseinrichtungen, einschließlich der Versorgungsanlagen für Wasser, Gas und elektrische Energie.[21]

(2) Im Übrigen obliegt die fachgerechte Durchführung sämtlicher Erhaltungs- und Instandsetzungsmaßnahmen dem Mieter. Der Mieter hat regelmäßig alle Schönheitsreparaturen einschließlich des Außenanstrichs von Türen und Fenstern und des Heizkörperanstrichs durchzuführen. Er hat die ihm zur Nutzung überlassenen Inventarteile und die in den Mieträumen befindlichen technischen Anlagen auf seine Kosten zu pflegen, zu warten und instand zu halten. Die Mietsache ist stets in gebrauchsfähigem und gepflegtem Zustand zu halten. Die Abnutzung der Mieträume ist auf das bei vertragsgemäßem Mietgebrauch unbedingt erforderliche Ausmaß zu beschränken.[22]

Der Mieter übernimmt außerdem folgende Erhaltungs- und Instandsetzungsmaßnahmen:

......

(3) Etwaige Mängel der Mietsache, drohende Gefahren für die Mietsache und die Anmaßung von Rechten Dritter an der Mietsache hat der Mieter dem Vermieter unverzüglich anzuzeigen (§ 536c BGB). Die Pflicht des Mieters zur unverzüglichen Anzeige erstreckt sich auch auf Gefahren für das Eigentum, das Leben, den Körper, die Gesundheit und sonstige Rechte Dritter, soweit deren Interessen durch die Mietsache und den von ihr gemachten Gebrauch in nicht nur unerheblichem oder verkehrsüblichem Umfang betroffen sind.

§ 17  Betreten der Mieträume (s. Form. A. VI. 1)

§ 18  Bauliche Eingriffe und Veränderungen (s. Form. A. VI. 1)

§ 19 Wegnahme von Einrichtungen, Rückbau, Aufwendungsersatz (s. Form. A. VI. 1)

§ 20  Kündigung (s. Form. A. VI. 1)

§ 21  Rückgabe der Mietsache, Nutzungsentschädigung (s. Form. A. VI. 1)

§ 22  Ausschluss von § 545 BGB (s. Form. A. VI. 1)

§ 23  Untervermietung[23] (s. Form. A. VI. 1)

§ 24  Ankündigungsfrist (s. Form. A. VI. 1)

§ 25  Vertragsänderung, Nebenabreden (s. Form. A. VI. 1)

············                                                      ············
(Vermieter)                                                         (Mieter)

*Schrifttum: Fritz*, Die Entwicklung des Gewerberaummietrechts in den Jahren 1994 und 1995, NJW 1996, 2068; *Gather*, Fragen des mietrechtlichen Konkurrenzschutzes, DWW 1998, 302; *Hinz*, Einstweiliger Rechtsschutz in Mietsachen, WuM 2005, 841; *Joachim*, Das Einkaufszentrum (EKZ) – Werbegemeinschaft, GuT 2007, 3; *Jendrek*, Mietvertraglicher Konkurrenzschutz, NZM 2000, 1116; *Keckemeti*, Einkaufszentren: Verteilung der Ertragsrisiken durch Vertragsgestaltung, NZM 1999, 115; *Michalski*, Pflicht des Pächters von Gewerberäumen zur Nutzung der Pachtsache, ZMR 1996, 527; *Peters/Welkerling*, Rechtsfragen zur Durchsetzung der Betriebspflicht im gewerblichen Mietrecht, ZMR 1999, 369.

### Anmerkungen

**1.** Das Formular behandelt Regelungsinhalte, die speziell bei der Vermietung von Ladengeschäften in größeren gewerblichen Einheiten mit einer Mehrzahl von (Laden-)-Mietern einschlägig sein können. Die räumlichen und organisatorischen Besonderheiten können in unterschiedlicher Hinsicht besondere vertragliche Bestimmungen erforderlich machen. Die Anmerkungen behandeln in erster Linie solche Themen, die speziell das vorliegende Formular betreffen. Im Übrigen wird auf die **Anmerkungen zum Standardvertrag** (vgl. Form. A. VI. 1) und zum **Mietvertrag über ein Ladenlokal** (vgl. Form. A. VI. 2) verwiesen.

**2.** Bei **Großobjekten** können die vertraglichen Nutzflächen in unterschiedlichen Teilbereichen komplexer Baulichkeiten liegen. Außerdem kann ein vertragliches Recht zur Mitbenutzung von Gemeinschaftsflächen (etwa für die Lagerhaltung oder Müllentsorgung) in Betracht kommen. Wenn die dem jeweiligen Mieter für seinen Mietgebrauch zugewiesene Fläche nicht eindeutig und augenfällig von anderen Nutzflächen abgegrenzt werden kann, empfiehlt sich die Kennzeichnung der Mietfläche anhand eines Lageplans, der mit dem Mietvertrag fest verbunden sein sollte, um mit Rücksicht auf § 550 BGB die Einheitlichkeit der schriftlichen Vertragsurkunde zu wahren. Die Berechtigung zur Mitbenutzung von Flächen oder Einrichtungen, die auch anderen Mietern offen stehen, ist dem Gebrauchsumfang nach möglichst positiv zu beschreiben. Solche Regelungen enthält § 7. Vereinbarungen zur Mietfläche finden sich in Form. A. VI. 1 § 1 Abs. 2 (vgl. die dortigen Anm.).

Aus Unklarheiten über den Gegenstand des Mietvertrags und den Umfang des Mietgebrauchs können sich für den Vermieter wirtschaftliche Nachteile ergeben. Bei der Vermietung von Geschäftsräumen erstreckt sich das Recht des Mieters zur Nutzung der gemieteten Räume im Umfang des Vertragszwecks auf das Recht zur Mitbenutzung der

Grundstücksgemeinschaftsflächen (vgl. OLG Düsseldorf OLGR 2009, 722). Die ständige vertragswidrige Nutzung von Gemeinschaftsflächen („Sondernutzung") ist dagegen grundsätzlich geeignet, Nutzungsentgeltansprüche des Vermieters nach Bereicherungsrecht auszulösen (OLG Düsseldorf a. a. O.). Der Vermieter, der sich zusätzlich zum vereinbarten Mietzins in Allgemeinen Geschäftsbedingungen noch ein Entgelt für einen Passagenanteil ausbedingt, handelt allerdings nach dem OLG Celle (ZMR 1996, 209) widersprüchlich. Solche Klauseln sind gemäß § 307 BGB unwirksam (vgl. zum früheren § 9 AGBG: OLG Celle a. a. O.).

**3.** Schon bei der Festlegung des **Vertragszwecks** kann bei der Vermietung an Ladenbetreiber und ähnliche Betriebe die Frage nach zu gewährendem **Konkurrenzschutz** virulent werden (vgl. dazu bereits Form. A. VI. 2 Anm. 4). Die dem Mietzweck entsprechende Nutzung der Mietsache sollte mit Rücksicht auf die zum Konkurrenzschutz und zum Schadensersatz bei Konkurrenzschutzverletzungen entwickelten Grundsätze möglichst konkret und unmissverständlich festgelegt werden (zu den Hinweispflichten des Vermieters bei mehreren Mietern zugesagtem Konkurrenzschutz vgl. BGH NJW 1982, 376).

Selbst dann, wenn dem Mieter Konkurrenzschutz nicht ausdrücklich zugesichert wurde, kann sich innerhalb desselben Gebäudes oder Grundstücks bzw. bei Vermietungen auf unmittelbar benachbarten Grundstücken, die demselben Vermieter gehören, aus vertraglicher Nebenpflicht ein sog. **immanenter Konkurrenzschutz** ergeben (vgl. BGH ZMR 1955, 200; 1961, 226; 1968, 248; BGH WuM 1979, 144; OLG Rostock MDR 2005, 1222; OLG Köln ZMR 1998, 247; Lindner-Figura/Oprée/Stellmann/*Hübner/Griesbach/Schreiber* Kap. 14 Rdn. 114 ff.). Keinen Konkurrenzschutz kann in der Regel derjenige Mieter beanspruchen, der Geschäftsräume in Kenntnis einer dadurch entstehenden und von den Vertragsparteien vorausgesetzten Wettbewerbssituation anmietet (vgl. OLG Köln MDR 2006, 86). Der Konkurrenzschutz richtet sich wesentlich danach, welchen Besitzstand der Mieter nach den bei Vertragsschluss ersichtlichen Umständen erwarten konnte bzw. erhalten sollte. Maßgebend sind insoweit Prioritätsgesichtspunkte, so dass Konkurrenzschutz regelmäßig nur der zuerst vorhandene im Verhältnis zu einem hinzukommenden Mieter beanspruchen kann (vgl. OLG Köln OLGR 2005, 390; Bub/Treier/*Bub* Rdn. 1243).

Der vertragsimmanente Konkurrenzschutz ist gegenüber dem vertraglich zugesicherten Konkurrenzschutz insoweit eingegrenzt, als der Vermieter nicht gehalten ist, vom Mieter jeden unliebsamen Wettbewerb fern zu halten. Vielmehr ist abzuwägen, inwieweit nach Treu und Glauben und unter Berücksichtigung der Belange der Parteien der Schutz vor Konkurrenz geboten ist, um dem Mieter den vertragsgemäßen Gebrauch der Mietsache auch weiterhin zu gewährleisten (vgl. BGH NJW 1979, 1404; KG, Urt. v. 17. 1. 2005 – 8 U 212/04 – juris; KG KGR 2003, 154). Es ist auch möglich, dass Parteien eine Verringerung oder sogar einen **Ausschluss des vertragsimmanenten Konkurrenzschutzes** vereinbaren (vgl. OLG Sachsen-Anhalt Grundeigentum 2009, 1621; Schmidt-Futterer/*Eisenschmid* § 535 Rdn. 564; Jendrek NZM 2000, 1116; KG NZM 2008, 248).

Wenn die Mietparteien vertragliche Vereinbarungen zum Konkurrenzschutz treffen und diese Vereinbarungen hinfällig werden (etwa durch Abänderungsvereinbarung oder Zeitablauf), soll dem Mieter nach Auffassung des KG (Urt. v. 17. 1. 2005 – 8 U 212/04 – BeckRS 2005, 02548) der immanente Schutz erhalten bleiben, weil durch die Vereinbarung vertraglichen Konkurrenzschutzes und dessen späterer Aufhebung der Mieter nicht schlechter gestellt werden soll, als wenn eine Vereinbarung von vornherein nicht getroffen wurde. Dem wird in dieser Allgemeinheit schwerlich beizutreten zu sein. Wenn der Mieter eine zu seinen Gunsten abgeschlossene Konkurrenzschutzvereinbarung zur Disposition stellt, indem er etwa von vornherein nur einen befristeten Schutz verabredet oder eine Aufhebungsvereinbarung abschließt, kann er sich wissentlich und willentlich einer Rechtsposition begeben haben. Dieser Umstand schafft gegenüber dem vertraglich ungeregelten Zustand, innerhalb dessen der immanente Schutz zu prüfen ist, eine andere Vertragssituation, innerhalb derer der Mieter in den Grenzen von Treu und Glauben ggf. keinen Konkurrenzschutz mehr genießt.

Bei **Einkaufszentren** wird ein immanenter Konkurrenzschutz nach dem Grundsatz „Konkurrenz belebt das Geschäft" teilweise nur eingeschränkt angenommen oder sogar ausgeschlossen (vgl. BGH WuM 1979, 144; OLG Köln NJW-RR 1998, 1017; OLG Dresden MDR 1998, 211; OLG Hamm OLGR 1997, 15; vgl. auch *Jendrek* NZM 2000, 1116; *Gather* DWW 1998, 302). Die Rechtspraxis zeigt aber, dass gerade bei einer Mehrzahl von Mietern die Problematik des Konkurrenzschutzes praktisch bedeutsam wird und dass die Konkurrenzschutzproblematik sich in solchen Fällen zuspitzen kann. Ob bei Einkaufszentren immanenter Konkurrenzschutz besteht oder nur vermindert zu gewähren ist, dürfte sich danach richten, welchen Stil und welches Gepräge ein Ladengeschäft verkörpert.

Weithin anerkannt ist, dass es für den Umfang des immanenten Konkurrenzschutzes wesentlich auf die **Abgrenzung zwischen Haupt- und Nebenartikeln** ankommt (vgl. ist (BGH NJW-RR 1986, 9). Danach gilt der Grundsatz, dass der vertragsimmanente Schutz sich nur auf die Abwehr von Konkurrenten für den vom Mieter vertriebenen Hauptartikel bezieht und nicht auf die Nebenartikel, bei denen der Mieter den Wettbewerb hinzunehmen hat (vgl. BGH ZMR 1985, 374; BGH WuM 1979, 144; BGH ZMR 1955, 200). In einem Einkaufszentrum sind Überschneidungen in der jeweils vertriebenen Produktpalette vielfältig indiziert. Die Produktlinien und Verkaufsstrategien sind einem ständigen Wandel unterzogen. Kleinere Geschäfte nutzen die Anziehungskraft der Großanbieter, sind aber auch Verdrängungs- und Marktbeherrschungstendenzen ausgesetzt. Der Vermieter schwankt zwischen der Rücksichtnahme auf Großmieter und der Befürchtung des Leerstands, wenn kleinere Betriebe nicht ausreichend zum Zuge kommen. In dieser Gemengelage wird insbesondere die Konkurrenzschutzbedürftigkeit von Spezial- und Fachgeschäften virulent:

**Beispiel 1):** Der Betreiber eines **Drogeriemarkts** hat damit zu rechnen, dass Artikel für die Haar- und Körperpflege sowie kosmetische Artikel verkehrsüblich auch zum Warensortiment von Supermärkten, Discountgeschäften, Friseursalons, Parfümerien und Kosmetiksalons gehören. Die Unterscheidung zwischen Haupt- und Nebenartikeln ist bei Supermärkten oder SB-Warenhäusern nur schwer möglich, da die Vielfalt des Sortiments gerade den Charakter solcher Geschäfte ausmacht. Als dem Konkurrenzschutz unterliegende Hauptartikel können grundsätzlich nur solche Warengruppen angesehen werden, die hinsichtlich Vielfalt, Auswahlmöglichkeit, Geschlossenheit und Übersichtlichkeit dem Angebot eines Fachgeschäfts entsprechen (vgl. BGH MDR 1986, 46; Erman/ *Jendrek* § 535 Rdn. 40).

Die Frage, ob der Mieter in einem Einkaufszentrum **Überschneidungen im Warensortiment** zu dulden hat, ist vor diesem Hintergrund von der Frage zu unterscheiden, ob er auch den Betrieb mehrerer Drogeriemärkte zu dulden hat. Das dürfte – abgesehen von eher seltenen Ausnahmefällen in besonders großen Zentren, bei denen sich die Konkurrenz durch die Vielfalt der Anbieter und die Größe der Verkaufsfläche neutralisiert – zu verneinen sein. „Hauptartikel" ist für den Drogeriemarkt die für diesen Geschäftstyp eigentümliche Mischung angebotener Waren, die von anderen Geschäften entweder als Haupt- oder als bloße Nebenartikel geführt werden. Wenn Wettbewerber sich auf dasselbe Verkaufskonzept verlegen (z. B. eine Parfümerie verlegt sich in breiterem Umfang auch auf den Vertrieb von Hygiene-, Gesundheits- und Fotoartikeln), kann dies nach der hier vertretenen Auffassung den immanenten Konkurrenzschutz zugunsten eines Drogeriemarkts durchaus tangieren. Entsprechende Konstellationen sind bei Bau- und Gartenmärkten wie überhaupt bei solchen Ladengeschäften denkbar, die zwar keinen speziellen Hauptartikel vertreiben, aber nach der Verkehrsanschauung über eine charakteristische Warenpalette verfügen und mit dieser Geschäftsausrichtung ihrerseits als Fachgeschäft gelten können (vgl. OLG Hamm NZM 1998, 511; OLG Köln NZM 1998, 512).

**Beispiel 2):** Ein immanenter Konkurrenzschutz für den **Vertrieb von Bekleidungsartikeln** wird bei Einkaufszentren angesichts einer Vielzahl von Anbietern mit Bekleidungssortimenten im Allgemeinen auszuscheiden haben. Beim exklusiven Vertrieb bestimmter Hersteller oder Produktlinien durch Fach- und Spezialgeschäfte kann es aber nach der hier vertretenen Auffassung anders liegen, denn auch in solchen Fällen konzentriert sich das Warenangebot im Sinne eines Fachgeschäfts. Wenn der Schwerpunkt des Geschäfts darin besteht, die Produktpalette nur eines oder weniger Designer oder nur ganz spezielle Segmente aus einer größeren Produktpalette (z. B. Hüte, Regenschirme, Damenstrümpfe, Designerhemden, Krawatten) anzubieten, kann sich die Konkurrenz durch einen Wettbewerber mit derselben Produktkonzentration auch im Rahmen immanenten Konkurrenzschutzes als erheblich auswirken. Die Berücksichtigung von Umständen, die den Stil und das eigentliche Gepräge eines Geschäfts bestimmen, ist im Rahmen der Auslegung von Konkurrenzschutzklauseln ohnehin anerkannt (vgl. BGH LM BGB § 536 Nr. 3 Bl. 2; BGH WPM 1968, 699; BGH NJW 1986, S. 9; OLG Köln NJW-RR 1998, 1017, OLG Frankfurt NZM 2004, 706; OLG Brandenburg Urt. v. 26. 5. 2010 – 3 U 101/09 – juris). Es erscheint als konsequent, diese Gesichtspunkte auch im Rahmen immanenten Konkurrenzschutzes heranzuziehen.

Zur Vermeidung allfälliger Unwägbarkeiten in Bezug auf den Umfang immanenter Konkurrenzschutzpflichten sollte auch bei der Vermietung von Objekten in Einkaufszentren zu ausdrücklichen vertraglichen Regelungen – sei es zum Ausschluss, sei es zur Gewährung von Konkurrenzschutz – gegriffen werden.

**4.** Da der Vermieter befürchten muss, dass bei Sortimentsüberschneidungen Konkurrenzschutzverletzungen geltend gemacht werden, zielt das Formular in Verbindung mit den Regelungen in § 3 (vgl. die dortigen Anm.) auf die Klarstellung ab, dass außerhalb des dem Mieter ausdrücklich zugesagten Konkurrenzschutzes keine weitergehenden Schutzpflichten bestehen. Der Vermieter eines Ladenlokals ist in der Regel nicht verpflichtet, einer **Sortimentsänderung** zuzustimmen, auch wenn sich die Zusammensetzung der Kundschaft eines Einkaufszentrums verändert hat (vgl. OLG Hamburg ZMR 2003, 180).

**5.** Wenn der Mieter die betriebliche Tätigkeit entgegen dem vertraglichen Mietzweck ändert oder erweitert, hat der Vermieter mit einer Inanspruchnahme durch andere Mieter zu rechnen, die sich ihrerseits auf bestehenden Konkurrenzschutz berufen (zur Vereinbarung eines Konkurrenzverbots vgl. Form. A. VII. 14; zur Abmahnung des Vermieters wegen Verstoßes gegen zugesicherten Konkurrenzschutz vgl. Form. A. VIII. 2; zur Abmahnung des Mieters wegen einer Konkurrenzschutzverletzung vgl. Form. A. IX. 3). Eine **Verletzung des zugunsten eines Mieters bestehenden Konkurrenzschutzes** rechtfertigt nach ganz h. M. die Annahme eines zur Minderung berechtigenden **Sachmangels** (vgl. vgl. RGZ 119, 353; OLG Brandenburg NZM 2010, 43; OLG Düsseldorf NZM 2001, 1033; OLG Düsseldorf NJW-RR 1998, 514; KG NZM 2007, 566; OLG Koblenz NZM 2008, 405; OLG Karlsruhe NJW-RR 1990, 1234; Schmidt-Futterer/*Eisenschmidt* § 535 Rdn. 543, § 536 Rdn. 183 ff.). Das Vorliegen eines Mangels ist allerdings umstritten (vgl. OLG Dresden Urt. v. 20. 7. 2010 – 5 U 1286/09 – juris; *Wolf/Eckert/Ball*, Handbuch des gewerblichen Miet-, Pacht- und Leasingrechts, Rdn. 729 f. unter Berufung auf BGH BB 1953, 177).

Eine Minderungsbefugnis soll nach Auffassung des OLG Düsseldorf (NJW-RR 1998, 514) gegeben sein, ohne dass es der Feststellung bedarf, dass und in welchem Umfang es gerade wegen der Schutzverletzung zu Umsatzeinbußen innerhalb des Gewerbebetriebs des Mieters gekommen ist. Für den Umfang einer Mietminderung gemäß § 536 BGB wird es aber auf den Umfang etwaiger Geschäftseinbußen ankommen können. Außerdem kommt ein außerordentliches Kündigungsrecht des beeinträchtigten Mieters in Betracht, ferner Ansprüche auf Unterlassung oder Beseitigung der Schutzverletzung und auf Leistung von Schadensersatz (vgl. BGH ZMR 55, 200; *Glaser* NJW 1953, 330). Beruht eine Konkurrenzschutzverletzung zu Lasten von Mitmietern auf einer eigenmächtigen Änderung oder Erweiterung des Mietzwecks durch den Mieter, soll sich der Vermieter nach dem Formular beim Mieter schadlos halten können.

**6.** Die Konkurrenzschutzpflicht ist möglichst konkret und aus Vermietersicht eng zu fassen. Je weiter und allgemeiner der Schutzbereich definiert ist, desto umfangreicher können sich die Haftungsrisiken auf Vermieterseite gestalten. Allgemein gehaltene Vereinbarungen etwa des Inhalts, dass dem Mieter Konkurrenzschutz gewährt werde, sind auslegungsbedürftig (vgl. BGH NZM 2008, 770; BGH NJW-RR 1986, 9). Die Auslegung kann aber wiederum ergeben, dass sich der Konkurrenzschutz nur auf Hauptartikel und nicht auch auf Nebenartikel erstreckt oder dass sowohl Haupt- als auch Nebenartikel Konkurrenzschutz genießen sollen (vgl. hierzu auch Anm. 3). Die Vertragsparteien können einen völligen Konkurrenzschutz vereinbaren, der sich auch auf Nebenartikel anderer Geschäfte erstreckt.

Vertraglich zugesagter **Konkurrenzschutz gilt** regelmäßig nur **für künftig abzuschließende Mietverträge** in den Objekten, die vom Schutz erfasst sind (vgl. OLG Köln MDR 2006, 86). Die bei Anmietung bestehende Konkurrenzsituation muss der Mieter also hinnehmen.

Der vertragliche Konkurrenzschutz kann in **kartellrechtlichen Beschränkungen** seine Grenzen finden. Insbesondere kommen Verstöße gegen § 20 Abs. 1 GWB in Betracht. Grundlegende Ausführungen hierzu hat der BGH in den sog. Schilderpräger-Entscheidungen gemacht (vgl. BGH NJW 2003, 2684 = NZM 2003, 597 m. w. N.). Er hat klargestellt, dass Normadressat des aus § 20 Abs. 1 GWB folgenden Verbots, andere Unternehmen i. S. v. § 20 Abs. 1 GWB unbillig zu behindern, nicht allein die öffentliche Verwaltung sei (welche den Bedarf an der Herstellung und dem Verkauf von amtlichen Kfz-Schildern hervorgerufen habe). Vielmehr richtet sich das Verbot auch an andere Unternehmen, welche die alleinige Verfügungsgewalt über die Überlassung von Gewerbeflächen auf dem jeweils relevanten Markt besitzen. Danach liegt ein Verstoß gegen das Verbot unbilliger Behinderung vor, wenn bei der Vermietung von geeigneten, nur in begrenzter Zahl bereitstehenden Räumen die Auswahl unter den in Frage kommenden Interessenten nicht unter angemessenen und fairen Bedingungen vorgenommen wird. Der marktbeherrschende Vermieter ist nicht nur verpflichtet, den aktuellen Bedarf auf dem Wege der Ausschreibung zu ermitteln, er darf, wenn er entsprechende Gewerbeflächen vermietet, den Marktzutritt für aktuelle und potentielle Wettbewerber des Mieters nicht für einen längeren Zeitraum als fünf Jahre blockieren, sondern muss die Räumlichkeiten in entsprechenden Abständen neu ausschreiben.

Die Rechtsprechung des BGH birgt für marktbeherrschende Vermieter in Einkaufszentren und andere Monopolisten auf dem gewerblichen Mietmarkt erhebliche Probleme und Risiken in sich. Das **Diskriminierungsverbot** soll ausschließen, dass marktmächtige Unternehmen ihre vom Wettbewerb nicht hinreichend kontrollierten Handlungsspielräume zum Nachteil Dritter ausnutzen und dadurch das Marktgeschehen stören; es soll die Unternehmen aber nicht vor den Folgen geschäftlicher Fehlentscheidungen schützen (vgl. BGH NJW 1993, 1653). Nach welchen Kriterien sich jedoch eine Ausschreibung im Mietmarkt letztlich richten soll, erscheint als fraglich. Das Verhältnis zwischen dem Diskriminierungsverbot und einem ausdrücklich zugesagtem Konkurrenzschutz muss als offen gelten. Die Eingrenzung der Bindungszeit – also auch der Mietzeit – auf nur 5 Jahre bewirkt für die Geschäftsraummiete ganz ungewöhnliche und untypische Beschränkungen. Ein marktbeherrschendes Unternehmen darf ein Vertrags- bzw. Mietverhältnis mit einem anderen Unternehmen auch nicht aus Gründen beenden, aus denen es den Abschluss des Vertrages nicht hätte ablehnen dürfen, ohne damit gegen das Diskriminierungsverbot zu verstoßen (vgl. BGH NJW 2003, 3345).

Anders als beim immanenten Konkurrenzschutz (vgl. Anm. zu § 2 Nr. 1) ist der vertraglich vereinbarte Konkurrenzschutz nicht von vornherein auf die Haupttätigkeit (bzw. die vertriebenen Hauptartikel) des geschützten Mieters beschränkt (vgl. BGH NJW-RR 1986, 9; OLG Dresden Urt. v. 20. 7. 2010 – 5 U 1286/09 – BeckRS 2010, 18 243). Ob eine Konkurrenzklausel auch Nebenartikel erfasst, muss einzelfallbezogen ermittelt werden (vgl. BGH NJW 1974, 2317; BGH WPM 1968, 699). Ergibt die Auslegung einer Konkurrenzschutzklausel, dass Nebenartikel nicht geschützt sind, genießt der Mieter Konkurrenzschutz nur in Bezug auf die von ihm als Hauptartikel vertriebenen Waren oder Leistungen, während er den Wettbewerb in Bezug auf bloße Nebenartikel grundsätzlich zu dulden hat (vgl. BGH WuM 1979, 144; BGH WuM 1975, 163; BGH ZMR 1985, 374).

Für die Bestimmung, was geschützter Hauptartikel ist, kommt es darauf an, welches Angebot den Stil des Geschäfts bestimmt und ihm das eigentliche Gepräge gibt (vgl. BGH ZMR 1957, 192; BGH ZMR 1968, 248; BGH ZMR 1985, 374). Eine Klausel, der zufolge ein Mieter bereits vorhandenen Mietern keine Konkurrenz machen darf, ist i. d. R. dahingehend auszulegen, dass von dieser Klausel nur die jeweiligen Hauptartikel erfasst werden, während eine Klausel, nach welcher der Mieter keine Waren führen darf, die bereits in einem anderen Geschäftslokal des Hauses geführt werden, in einem umfassenden Sinn zu verstehen sein und sich auch auf Nebenartikel erstrecken soll (vgl. OLG Celle ZMR 1992, 448; zu den Grenzen wirksamer Formularklauseln bei Versagung von Konkurrenzschutz unter gleichzeitiger Festlegung einer Betriebspflicht mit strenger Sortimentsbindung vgl. OLG Schleswig NZM 2000, 1008; OLG Sachsen-Anhalt NZM 2008, 772). Das Formular regelt den Konkurrenzschutz nur für Hauptartikel.

Eine Konkretisierung des Gegenstands vertraglichen Konkurrenzschutzes könnte im Vertragstext beispielsweise wie folgt geschehen:

Der Konkurrenzschutz betrifft ausschließlich den Verkauf von
- Back- und Konditoreiwaren im Rahmen eines Einzelhandelfachgeschäfts mit Thekenverkauf und Stehcafé.
- Fleisch- und Wurstwaren im Rahmen eines Metzgereifachgeschäfts.
- Schnittblumen, Topfpflanzen und Trauerschmuck im Rahmen eines Blumenfachgeschäfts.
- Damenunterwäsche, Dessous und Nachtwäsche im Rahmen eines Spezialgeschäfts.
- Wein, Bier, Spirituosen und nichtalkoholischen Getränken im Rahmen eines Getränkeabholmarkts.

Bei Spezialgeschäften ohne speziellen Hauptartikel, aber mit einer spezifischen Sortimentsgestaltung, wäre eine Konkretisierung des Konkurrenzschutzes wie folgt denkbar:

Der Konkurrenzschutz betrifft ausschließlich den Betrieb
- eines Bau- und Heimwerkermarkts als Selbstbedienungsgeschäft.
- eines Radio-, TV- und Elektrofachgeschäfts mit angeschlossener Reparaturwerkstatt.
- eines Möbelfachgeschäfts mit angeschlossenem Abholmarkt.
- eines Salons für kosmetische Behandlungen.

**7.** Da allein die positive Benennung des geschützten Bereichs es möglicherweise noch nicht ermöglicht, die Grenzen des gewährten Schutzes und den Umfang zulässigen Wettbewerbs abschließend zu bestimmen, sieht das Formular auch eine negative Abgrenzung vor, d. h. die Bezeichnung derjenigen Wettbewerber, deren Angebot sich mit dem des betreffenden Mieters überschneidet, den vertraglich gewährten Konkurrenzschutz aber nicht tangieren soll. Die in den Anmerkungen zu Ziff. (1) aufgeführten Beispiele können bei der Ausfüllung des Formulars dann wie folgt wieder aufgegriffen werden:

Danach genießt der Mieter keinen Konkurrenzschutz, soweit im Einkaufszentrum
- Beispiel: Bäckereifachgeschäft – zwei Supermärkte mit angegliedertem Backstand und ein Eiscafé mit Kuchentheke ......
- Beispiel: Metzgereifachgeschäft – zwei Supermärkte mit Metzgereiabteilung, mehrere Discountgeschäfte mit Wurstwaren sowie Imbiss- und Restaurantbetriebe in wechselnder Anzahl ......

u. s. w.
vorhanden sind.

Bei Spezialgeschäften oder Mischanbietern ohne speziellen Hauptartikel wäre eine negative Abgrenzung wie folgt denkbar:

Der Mieter genießt keinen Konkurrenzschutz in Bezug auf solche Anbieter, die Waren und Leistungen anbieten, die auch zum Angebot des Mieters gehören, so lange das konkurrierende Leistungsangebot nicht auf Dauer in einer Weise angeboten wird, die dem

Stil und Gepräge des vom Mieter geführten Betriebs entspricht. Danach genießt der Mieter insbesondere keinen Konkurrenzschutz, soweit im Einkaufzentrum

● Beispiel: Bau- und Heimwerkermarkt: – auch ein Gartenmarkt und ein Bastelgeschäft vorhanden sind.

● Beispiel: Drogeriemarkt – auch ein Kosmetikfachgeschäft, ein Friseursalon, eine Apotheke, mehrere Supermärkte und Discountgeschäfte vorhanden sind (vgl. OLG Frankfurt NJW 1982, 707).

**8.** Das Formular bezweckt in zweierlei Hinsicht eine Klarstellung: Der Mieter soll sich zum einen nicht darauf berufen können, dass im Einkaufszentrum ein ganz bestimmter Branchenmix zu gewährleisten sei. Ihm soll zum anderen versagt sein, den Umfang nicht gewährten Konkurrenzschutzes auf den Kreis von Wettbewerbern zu beschränken, der bei Vertragsbeginn vorhanden ist. Der Mieter kann also nicht schlechthin geltend machen, dass die Vermietung an neue Geschäfte zusätzliche Konkurrenz bewirkt.

**9.** Das Formular beugt dem Einwand des Mieters vor, die Struktur des Einkaufszentrums habe sich zu seinen Ungunsten verändert (zum Betrieb eines Nachbargeschäfts als Geschäftsgrundlage des Mietvertrags vgl. OLG München NJW-RR 1999, 1532).

**10.** Zwischen den Vertragsparteien kann Streit über die Frage entstehen, für welche **Auslastung eines Einkaufszentrums** der Vermieter einzustehen hat und ob er eine **Vollvermietung** zu gewährleisten hat (zum Umfang der Einstandspflicht des Vermieters bei einem noch zu errichtenden Objekt vgl. Form. A. VI. 5 Anm. 2). Dann können ggf. die zum Wegfall der Geschäftsgrundlage entwickelten Grundsätze Geltung finden. Geschäftsgrundlage sind nach der Rechtsprechung des BGH die beim Vertragsschluss zutage getretenen, dem Geschäftsgegner erkennbaren und von ihm nicht beanstandeten Vorstellungen des einen Vertragsteils oder die gemeinsamen Vorstellungen beider Teile vom Vorhandensein oder künftigen Eintritt gewisser Umstände, sofern der Geschäftswille auf diesen Vorstellungen aufbaut (vgl. BGHZ 25, 390; BGHZ 128, 230 = MDR 1995, 1025; BGH NJW 1997, 320). Beim gewerblichen Mietvertrag besteht die Geschäftsgrundlage im Allgemeinen in der übereinstimmenden Annahme der Vertragsparteien, dass der verabredete Mietzins gegenüber dem Nutzwert der Mietsache in etwa gleichwertig sei. Die zumal bei langfristigen Mietverhältnissen auftretenden Schwankungen zwischen Mietpreis und Nutzwert tangieren die Geschäftsgrundlage grundsätzlich nicht. Wie der BGH wiederholt dargelegt hat, fällt es in den Verantwortungsbereich des Mieters von Gewerberaum, als Unternehmer die Erfolgsaussichten eines Geschäfts in der von ihm gewählten Lage abzuschätzen. Das umfasst bei der Anmietung eines Ladenlokals in einem erst noch zu errichtenden Einkaufszentrum neben der Chance, in einem später florierenden Zentrum erhöhte Gewinne zu erzielen, auch das Risiko eines Scheiterns des Gesamtobjekts mit entsprechenden negativen Folgen für das gemietete Einzelgeschäft (vgl. BGH NZM 2010, 361; BGH NJW 2000, 1714). Die enttäuschte Erwartung des Mieters, Gewinn zu erzielen, berührt die Geschäftsgrundlage nach der Rechtsprechung grundsätzlich auch dann nicht, wenn die Gewinnerwartungen vom Vermieter bei Vertragsabschluss geteilt wurden (vgl. BGH NZM 2004, 618; BGH NJW 2000, 1714; BGH NJW 1981, 2405; BGH NJW 1978, 2390, 2391; BGH NJW 1977, 2262; OLG Rostock OLGR 1999, 46; OLG Frankfurt OLGR 1995, 1). Der Mieter hat das Ertragsrisiko grundsätzlich auch dann zu tragen, wenn an die Mietsache mittelbar geknüpfte Erwartungen enttäuscht werden, z. B. bei fehlender Akzeptanz durch das Käuferpublikum (vgl. BGH NJW 1970, 1313, 1314; BGH WPM 1978, 1008, 1009). Ohne besonderen Grund geht ein Vermieter auch nicht das Risiko ein, den Bestand oder Inhalt des Mietvertrages vom wirtschaftlichen Erfolg des Mieters abhängig zu machen. Ausdrücklich vereinbart werden kann dies aber gleichwohl, etwa im Rahmen einer Umsatzmiete oder durch sonstige Abreden, durch die sich der Vermieter – ggf. im Rahmen von werbenden Zusicherungen – am unternehmerischen Risiko des Mieters ausdrücklich beteiligt und die Funktionsfähigkeit eines Einkaufszentrums zu seinem Risiko macht oder garantiert (vgl. BGH NJW 2000, 1714; BGH NJW-RR 2000, 1535; BGH NZM 2000, 1008; OLG Rostock a. a. O.; Ostermann GuT 2003, 39 m. w. N.).

Allerdings können die Parteien des Mietvertrags die gesetzliche Risikoverteilung vertraglich ändern und vereinbaren, dass der Vermieter das Geschäftsrisiko des Mieters – ganz oder zum Teil – übernimmt. Ob das der Fall ist, ist durch Auslegung der getroffenen Vereinbarungen zu ermitteln (vgl. BGH NZM 2010, 361; BGH NJW 2000, 1714).

Wenn der Vermieter dem Mieter **falsche Angaben zu den Ertragsmodalitäten** macht, kommen Schadensersatzansprüche des Mieters und eine Vertragsanfechtung wegen arglistiger Täuschung oder wegen Irrtums (§§ 119, 123 BGB) in Betracht (zu den Rechtsfolgen unrichtiger Angaben vgl. auch OLG Düsseldorf GuT 2007, 13). Das OLG Düsseldorf (WuM 2003, 138) hat allerdings – nach diesseitiger Auffassung zu Unrecht – angenommen, dass die dem Mieter eines Fitness-Studios mitgeteilte Anzahl der Kunden per se keine verkehrswesentliche Eigenschaft der Mietsache darstelle. Der vorhandene Kundenstamm umschreibt jedoch im Zweifel ein ganz zentrales Merkmal mit konkretem tatsächlichen Gehalt, das für den Vertragsschluss von wesentlicher Bedeutung sein kann.

Dem Mieter kann auch dann, wenn der Anwendungsbereich der mietrechtlichen Gewährleistungsvorschriften nicht betroffen ist und auch die Grundsätze über den Wegfall der Geschäftsgrundlage aus Rechtsgründen nicht zum Zuge kommen, ein Anspruch wegen **Verschuldens bei Vertragsschluss** zustehen (vgl. BGH NZM 2004, 618). Ein solcher Anspruch setzt voraus, dass der Vermieter dem Mieter unter Verletzung einer vorvertraglichen Aufklärungspflicht schuldhaft unzutreffende Informationen in Bezug auf das Mietobjekt erteilt oder wichtige Umstände verschwiegen hat.

Eine Einstandspflicht des Vermieters für solche Modalitäten, die – auch – das Ertragsrisiko des Mieters erfassen, ist gelegentlich angenommen worden, wenn der Vermieter den Mieter so stark reglementiert und in den Gesamtbetrieb eines Einkaufszentrums einbezieht, dass von einer **faktischen Risikoübernahme durch den Vermieter** auszugehen sein soll. Die bei der Vermietung in Einkaufszentren vielfach üblichen Regelungen betreffend die Einbindung des Mieters in das Zentrum – wie beispielsweise bestimmte Ausrichtungen des Sortiments, Betriebspflicht während der gesetzlichen Ladenöffnungszeiten, Pflichtmitgliedschaft in einer Werbegemeinschaft und Verpflichtung zur Zahlung von Nebenkosten für die Gesamtanlage – führen aber grundsätzlich noch nicht zu einer Verlagerung des unternehmerischen Mieterrisikos auf den Vermieter (vgl. BGH NJW-RR 2000, 1535). Auch der Umstand, dass auch der Vermieter von einem wirtschaftlichen Erfolg des Projekts ausgeht, verlagert das Verwendungs- und Gewinnerzielungsrisiko nicht vom Mieter auf den Vermieter (vgl. BGH NJW-RR 2000, 1535; BGH DWW 2001, 238; OLG Düsseldorf NZM 2010, 477). Im Licht der jüngeren Rechtsprechung des BGH (a. a. O.) sind frühere Entscheidungen kritisch zu würdigen. Bei Anmietung eines Ladengeschäfts in einem Einkaufszentrum ist vom Wegfall der Geschäftsgrundlage ausgegangen worden, soweit nach dem Vertrag eine Betreibenspflicht bestand und sich nach der Eröffnung herausstellte, dass die Weiterführung des Geschäftes Verluste einbrachte (vgl. OLG Celle NJW 1978, 2510). Das OLG Koblenz (NJW-RR 1989, 400) hat als Geschäftsgrundlage eines Ladenmietvertrages die Vollvermietung eines neu errichteten Einkaufszentrums und einen dadurch angezogenen breiten Kundenzustrom angenommen, wenn der Alleinvermieter des Zentrums die Mieter vertraglich in den Gesamtbetrieb eingebunden und durch diverse Reglementierungen auf eine bestimmte Geschäftsart festgelegt habe. Für die Annahme eines Wegfalls der Geschäftsgrundlage werden nunmehr besondere Vereinbarungen im Sinne einer Risiko- oder Garantieübernahme oder einer besonders strengen Einbindung in den gesamten Betrieb des Einkaufszentrums zu verlangen sein (vgl. BGH NJW-RR 2000, 1535; BGH DWW 2001, 238; OLG Naumburg NZM 1998, 373). Unter besonderen Voraussetzungen kann aber schon der Betrieb eines Nachbargeschäfts als ein für die Anmietung wesentlicher Umstand die Geschäftsgrundlage für einen Mietvertrag sein (vgl. OLG München MDR 1999, 1434).

Das Formular soll der Annahme vorbeugen, dass auf Seiten des Vermieters der erkennbare Vertragswille vorliege, auf jeden Fall die Gewähr für das Vorhandensein einer bestimmten Vermietungssituation einstehen zu wollen (zu einem entsprechenden Bindungswillen vgl. BGH NJW 2000, 1714; zur ausdrücklichen vertraglichen Risikoverteilung zwischen Vermieter und Mieter vgl. ferner *Fritz* NJW 1996, 2068 m. w. N.).

**11.** Was den Geschäftserfolg des Mieters und die Geschäftsentwicklung im gesamten Einkaufszentrum anbelangt, kann zunächst auf die in den Anmerkungen zu Ziff. (1) dargestellte Grundkonstellation verwiesen werden. Danach kann der Mieter sein Verwendungs- und Ertragsrisiko nicht ohne weiteres auf den Vermieter abwälzen. Wird die hinsichtlich der Akzeptanz eines Einkaufszentrums gehegte Erwartung eines Mieters enttäuscht, liegt darin nicht zugleich ein zur Minderung oder sogar zur Kündigung berechtigender Mangel der Mietsache (vgl. BGH NJW-RR 2000, 1535; BGH DWW 2001, 238; OLG Naumburg NZM 1998, 373). Auch die Geschäftsgrundlage wird durch enttäuschte Umsatzerwartungen oder eine nicht gewährleistete Vollvermietung grundsätzlich nicht gestört (vgl. BGH a. a. O.). Das kann anders liegen, wenn der Vermieter in Bezug auf solche Umstände vertragliche Zusicherungen oder Verpflichtungserklärungen abgibt (vgl. BGH a. a. O.; BGH NJW 1981, 2405; zur Mietminderung und Kündigung bei enttäuschter Gewinnerwartung vgl. auch die Darstellung von *Keckemeti* NZM 1999, 115 m. w. N.).

**12.** Nach einhelliger Meinung in Rechtsprechung und Schrifttum kann bei der Geschäftsraummiete eine Gebrauchs- und **Betriebspflicht** des Mieters auch formularmäßig wirksam vereinbart werden (vgl. BGH NZM 2010, 361; BGH NJW-RR 1992, 1032; BGH NJW-RR 1990, 1076; NJW 1983, 159; OLG Hamburg GuT 2003, 57; OLG Düsseldorf NJW-RR 1997, 648; *Wolf/Eckert/Ball* Handbuch des gewerblichen Miet-, Pacht- und Leasingrechts, 10. Aufl. Rdn. 695 m. w.N; *Peters/Welkerling* ZMR 1999, 369). Der Vermieter kann zur Wahrung der Attraktivität des Gesamtobjekts ein dringendes Interesse daran haben, dass Leerstand vermieden wird und ein aktiver Geschäftsbetrieb stattfindet (vgl. hierzu auch Schmidt-Futterer/*Eisenschmidt* §§ 535, 536 Rdn. 182 ff.). Im Zweifel hat er sich solche Mieter ausgesucht, die in das Gesamtkonzept der wirtschaftlichen Nutzung passen. Die dem Mieter eines Ladenlokals formularmäßig auferlegte Betriebspflicht benachteiligt ihn auch dann nicht unangemessen, wenn der Vermieter zugleich den Konkurrenzschutz ausschließt (vgl. OLG Rostock NZM 2004, 460).

Bei der Bejahung einer **immanenten Betriebspflicht** ist die Rechtsprechung dagegen sehr zurückhaltend. Selbst die Vereinbarung einer Umsatzmiete (zur Umsatzmiete vgl. Form. A. VII. 2), bei der sich der Mietzins – zumindest teilweise – nach den vom Mieter getätigten Umsätzen bemisst, soll für sich keine Betriebspflicht begründen (vgl. BGH NJW 1979, 531; BGH ZIP 1983, 449; LG Lübeck NJW-RR 1993, 78; vgl. ferner die Nachweise bei *Gerber/Eckert* Rdn. 189 ff.; *Michalski* ZMR 1996, 527; *Fritz* Rdn. 97). Zur Begründung einer Betriebspflicht werden selbst dann ausdrückliche Vereinbarungen gefordert, wenn das Interesse des Vermieters an der Aufrechterhaltung des Betriebs auf der Hand liegt (vgl. *Michalski* a. a. O. m. w.N.). Dem ist aber entgegen zu halten, dass der Vertragszweck namentlich bei der Vermietung in Einkaufszentren eine immanente bzw. konkludent vereinbarte Betriebspflicht indizieren kann (so früher auch *Wolf/Eckert/Ball*, 8. Aufl. Rdn. 650, jetzt aber ablehnend, vgl. 9. Aufl. Rdn. 607; *Schmid/Fittkau* 11 Rdn. 34 m. w. N.; a. A. Lindner-Figura/Oprée/Stellmann/Wolf Kap. 13 Rdn. 132 ff.). Die konkludente Vereinbarung einer Betriebspflicht kann sich auch aus den vertraglichen Bestimmungen zum Vertragszweck ergeben (vgl. OLG Köln NZM 2002, 345).

Zweifelhaft ist die Angemessenheit von **kumulativen Abreden in Formularverträgen,** mit denen dem Mieter bestimmte Verhaltensmaßregeln aufgegeben werden. So wird es in der Rechtsprechung der Oberlandesgerichte zwar für nicht unangemessen angesehen, wenn dem Mieter von Verkaufsräumen in einem Einkaufszentrum eine Betriebspflicht auferlegt, zugleich aber die Gewährung von Konkurrenz- und Sortimentsschutz durch den Vermieter ausgeschlossen wird (vgl. OLG Rostock NZM 2004, 460; OLG Hamburg ZMR 2003, 254). Unterschiedlich beantwortet wird hingegen die Frage, ob in einem Formularvertrag die Vereinbarung einer Betriebspflicht des Mieters mit einer Sortimentsbindung kombiniert und zusätzlich mit einem Ausschluss von Konkurrenz- und Sortimentsschutz wirksam verbunden werden kann (gegen eine Kumulierungsmöglichkeit OLG Schleswig NZM 2000, 1008; a. A. etwa *Wolf/Eckert/Ball* Rdn. 695, Bub/Treier/ *Bub,* Rdn. 426). Bei der Ausgestaltung der vom Mieter zu beachtenden Betriebspflichten sind zu weit gehende Reglementierungen zu vermeiden, wenn nicht die Geschäftsgrundlage prägende Einbeziehung des Mieters in die betrieblichen Belange des Vermieters erfolgen soll (vgl. bereits die Anmerkungen zu § 4 Ziff. 1; OLG Koblenz NJW-RR 1989, 400; *Fritz* NJW 1996, 2068 m. w. N.). Auch können sich Bedenken aus § 307 BGB ergeben (vgl. zum früheren § 9 AGBG: SchlH OLG OLGR 1999, 385). Das Formular regelt den in einem Einkaufszentrum typischerweise vorauszusetzenden Grundstandard. Bei Verfolgung eines besonderen Konzepts oder Standards (etwa einer Spezialisierung auf exklusive Sport- und Modegeschäfte) sind weitergehende Mieterpflichten zur Ausgestaltung des verfolgten Gesamtzuschnitts der Anlage denkbar.

**13.** Kommt der Mieter bestehenden Betriebspflichten nicht nach, kann dies für den Vermieter wegen vertragswidrigen Gebrauchs gemäß § 543 Abs. 2 Nr. 2 BGB ein Recht zur fristlosen Kündigung begründen (das OLG Düsseldorf ZMR 1997, 296, hat § 554a BGB a. F. – § 543 BGB n. F. – für einschlägig gehalten). Dies erfordert gemäß § 543 Abs. 3 BGB grundsätzlich eine Abmahnung (vgl. Form. A. IX. 1).

Nimmt der Vermieter den Mieter entsprechend § 541 BGB auf **Erfüllung der Betriebspflicht** in Anspruch, stellt sich die Frage, wie aus einem erwirkten Titel zu vollstrecken ist. Das ist wegen der oft schwierigen Abgrenzung zwischen Unterlassung (des vertragswidrigen Gebrauchs) im Sinne von § 890 ZPO und der Vornahme einer Handlung (Beachtung der Gebrauchspflicht) umstritten, wobei zusätzlich abzugrenzen ist, ob die Vollstreckung auf eine vertretbare Handlung im Sinne von §§ 887 ZPO gerichtet ist oder auf eine **unvertretbare Handlung gemäß § 888 ZPO.** Die Rechtsprechung geht ganz überwiegend davon aus, dass die Vollstreckung nach § 888 ZPO (und nicht nach § 890 ZPO, so aber: OLG Düsseldorf NJW-RR 1997, 648) stattzufinden hat (vgl. OLG Celle NJW-RR 2008, 168; 1996, 585; OLG Düsseldorf NJW-RR 1997, 648; OLG Karlsruhe MDR 2007, 577; OLG Hamm NJW-RR 1988, 1087; OLG Stuttgart MDR 2006, 293; vgl. auch OLG Celle MDR 1998, 923; vgl. auch Peters/Welkerling ZMR 1999, 369). Dem ist beizutreten, auch wenn aufgrund der Leistungsunfähigkeit des Mieters die Zwangsvollstreckung nach § 888 ZPO zumeist ins Leere laufen wird, denn der Anspruch des Vermieters zielt in erster Linie auf den Betrieb des Ladengeschäfts als einer unvertretbaren Handlung im Sinne von § 888 Abs. 1 ZPO ab, deren Vornahme ausschließlich vom Willen des Mieters abhängt.

An **Verstöße gegen die Betriebspflicht** kann eine **Vertragsstrafe** geknüpft werden. Gegenüber Unternehmern sind Vertragsstrafenklauseln generell zulässig, da insoweit das Klauselverbot aus § 309 Nr. 6 BGB wegen der Regelung des § 310 Abs. 1 S. 1 BGB (zum persönlichen Anwendungsbereich des AGB-Rechts vgl. Form. A. V. 1 Anm. 1) nicht unmittelbar Geltung findet. Über § 310 Abs. 1 Satz 2 BGB verbleibt es aber bei der Klauselkontrolle, mit der unangemessen benachteiligende Regelungen als unwirksam auszusondern sind. Eine Vertragsstrafe, die der Mieter für jeden Tag des Verstoßes gegen die Betriebspflicht verwirkt, ist nicht nach oben in der Weise beschränkt, dass er sie nur für einen begrenzten Zeitraum schuldet. Auch ist eine Vertragsstrafe in Höhe von etwa 125% der auf den Tag entfallenden Miete nicht schlechthin unangemessen (vgl. OLG Rostock NZM 2004, 460). Da Verstöße gegen die Betriebspflicht meist im Zusammenhang mit der – drohenden – Illiquidität des Mieters stehen, bieten Vertragsstrafenklauseln eher wenig Gewähr für eine durchsetzbare Abhilfe. Schadensersatzansprüche sind dem Vermieter wegen eines Vertragsverstoßes ohnehin eröffnet. Leitbild für die Bestimmung, ob eine Vertragsstrafenklausel sich als unwirksam erweist, ist nach der hier vertretenen Auffassung das mietvertragliche Äquivalenzverhältnis. Je weniger das vertragliche Gleichgewicht von Leistung und Gegenleistung gestört wird, desto eher erweisen sich Vertragsstrafenregelungen als problematisch. Unverhältnismäßig hohe Sanktionen sind ebenfalls unwirksam (vgl. OLG Celle NJW-RR 1988, 946). Auch insoweit erweist sich der Äquivalenzgedanke als unmittelbar einschlägig. Leitschnur für die Bestimmung, ob von der Unverhältnismäßigkeit einer Vertragsstrafe auszugehen ist, kann die Orientierung an denjenigen Nachteilen sein, die für den geschützten Vertragteil aufgrund eines Vertragsverstoßes entstehen können (vgl. §§ 280 ff. BGB). Zusätzlich wird eine gewisse Druckmittelfunktion Berücksichtigung finden können.

Nach h. M. kann die Betriebspflicht des Mieters auch durch **einstweilige Verfügung** durchgesetzt werden (vgl. OLG Düsseldorf NJW 1997, 648; OLG Frankfurt NJW-RR 1992, 171; OLG Frankfurt ZMR 2009, 4460; OLG Celle OLGR 2007, 582; OLG Celle NJW-RR 1996, 585; LG Köln NJW-RR 1992, 633; LG Bamberg ZMR 2004, 581; *Hinz*, WuM 2005, 841; a. A. OLG Naumburg NZM 1998, 575; nur im Ausnahmefall einstw. Rechtsschutz bejahend: KG ZMR 2005, 47 ). Das Willenskriterium des § 888 Abs. 1 ZPO wird restriktiv dahin ausgelegt, dass eine Vollstreckung nicht in Betracht komme, wenn der Schuldner die erforderliche Mitwirkung Dritter (z. B. von Lieferanten oder Arbeitnehmern) trotz zumutbarer Anstrengungen nicht erreichen könne (vgl. Hinz a. a. O. m. w. N.). Schwerlich zu folgen ist der Auffassung, wonach ein Einzelhändler, der gegenüber dem Vermieter eine Betriebspflicht übernommen hat, hiervon unabhängig von der Einleitung eines Insolvenzverfahrens wegen Unvermögens frei werden soll, wenn er zahlungsunfähig ist (vgl. OLG Karlsruhe OLGR 2007, 5), denn für den Vermieter ist das schlechthin nicht zu überblicken.

Das Formular lässt in engen Grenzen Ausnahmen von der Betriebspflicht zu. Dem Mieter ist für den Fall der Beendigung des Mietverhältnisses hinreichend Zeit einzuräumen, die für Räumung, Rückbau und Reparaturen erforderlichen Vorkehrungen zu treffen (zur entsprechenden Auslegung von Betriebspflichtklauseln vgl. BGH NZM 2010, 361; OLG Düsseldorf OLGR 1999, 89). Die im Formular geregelte Pflicht des Mieters, etwaige Betriebspausen möglichst kurz zu gestalten, kanalisiert die Vertragsauslegung im Sinne einer möglichst restriktiven Handhabung.

**14.** Das Formular regelt in Satz 1 klarstellend, dass die angeführten betriebsorganisatorischen Umstände die Beachtung der Betriebspflicht nicht tangieren. Satz 2 verdeutlicht weiter, dass eine Schließung zu Urlaubszwecken ausgeschlossen ist. Andernfalls bestünde in einem Einkaufszentrum in Ferienzeiten die nahe liegende Gefahr einer (zeitweisen) Verödung.

**15.** Die vertragliche Einbindung eines Mieters in **gemeinschaftliche Werbemaßnahmen** wird diesseits für unbedenklich gehalten. Die durch Formularvertrag geregelte Pflicht des Mieters (in Einkaufzentren und anderen Großobjekten), einer Werbegemeinschaft beizutreten, wird allerdings teilweise als unwirksam behandelt, weil dies gewichtige Interessen des Mieters tangieren soll (vgl. OLG Hamburg OLGR 2004, 496, m. w. N.). In gewerblichen Mietverträgen über Mietobjekte in Einkaufszentren sind Abreden über die gemeinsame Werbung allerdings keineswegs ungewöhnlich. Sie sind auch nicht beanstandungswürdig (vgl. BGH NZM 2006, 775; OLG Hamm GE 1999, 314; LG Berlin NZM 2001, 338; einschränkend: OLG Düsseldorf MDR 1993, 1078; LG Erfurt NZM 1999, 763).

Eine unangemessene Benachteiligung des Vertragspartners im Sinne von 307 Abs. 1 S. 1 BGB ist jedoch z. T. in der **Beitrittspflicht zu einer Werbegemeinschaft** gesehen worden. Dem Argument, zur Durchführung und Finanzierung der für ein Einkaufszentrum angemessenen Werbung bedürfe es überhaupt keiner solchen Beitrittspflicht (vgl. OLG

Hamburg a.a.O.), wird man jedenfalls kritisch begegnen müssen. Soweit das OLG Hamburg angenommen hat, eine auf freiwilliger Grundlage gebotene Werbegemeinschaft könne ihren Zweck auch ohne den Beitritt aller Mieter erfüllen, wenn nur die Umlage der zweckentsprechenden Kosten auf alle Mieter durch vertragliche Regelungen sichergestellt sei, umgeht es wohl eher die Problematik der Beitrittspflicht. Die wirtschaftlichen Folgen bleiben für den lediglich kostenpflichtigen Mieter gleich belastend, ohne dass er als Außenstehender die Möglichkeit hätte, auf die Werbegemeinschaft Einfluss zu nehmen. Der BGH (a.a.O.; vgl. dazu auch *Joachim* GuT 2007, 3) hat allerdings die formularmäßige Verpflichtung des Mieters, einer **Werbegemeinschaft in der Form einer GbR** beizutreten, als unangemessen benachteiligend eingeschätzt, weil dies für den Mieter zu gravierenden Haftungsrisiken führe. Außerdem hat der BGH (BGH NZM 2006, 775) gefordert, dass die Höhe der vom Mieter zu leistenden Beiträge zumindest im Sinne einer Höchstgrenze bestimmbar sein müssen.

Der Vertrag sollte klarstellend auf die Trägerschaft (z.B. des Vermieters bzw. eines Mieterbeirats oder Werbevereins) und auf die zugrunde liegenden vertraglichen Vereinbarungen oder Satzungen hinweisen.

**16.** Die Anmerkungen zur Werbegemeinschaft gelten entsprechend.

**17. Weitere Nebenkosten,** die speziell in Einkaufszentren anfallen können, sind denkbar (z.B. Spielplatz, Informationsstand, Hostessendienst, Beteiligung an kulturellen Veranstaltungen, Preisverleihungen oder Festen; vgl. dazu auch Form. A. VII. 10).

**18.** Zur vertraglichen Festlegung von Gebrauchsbefugnissen, die nicht in unmittelbarem Zusammenhang mit der Nutzung der eigentlichen Mieträume stehen vgl. zunächst die Anmerkungen zu § 1. Der Umfang vertragsgemäßen (Mit-)Gebrauchs bei zentralen Einrichtungen eines Einkaufszentrums bedarf im Zweifel der vertraglichen Festlegung. Bei der Vermietung von Geschäftsräumen erstreckt sich das Recht des Mieters zur Nutzung der gemieteten Räume im Umfang des Vertragszwecks auf das Recht zur Mitbenutzung der Grundstücksgemeinschaftsflächen (vgl. OLG Düsseldorf OLGR 2009, 722). Deshalb können ausdrückliche Vereinbarungen dann entbehrlich sein, wenn das Mitbenutzungsrecht ohne weiteres aus den funktionalen oder organisatorischen Gegebenheiten hervor geht und die Parteien besondere Regelungen für entbehrlich halten (vgl. BGH NJW 1982, 441). Die ständige vertragswidrige Nutzung von Gemeinschaftsflächen („Sondernutzung") ist dagegen grundsätzlich geeignet, Nutzungsentgeltansprüche des Vermieters nach Bereicherungsrecht auszulösen (vgl. OLG Düsseldorf OLGR 2009, 722). Grundsätzlich besteht ein Gebrauchsrecht des Mieters bei Nebenräumen und nicht der Mietsache originär zugeordneten Anlagen und Einrichtungen aber nur dann, wenn ein solches Recht vereinbart wurde (vgl. Bub/Treier/*Bub* II Rdn. 351 m.w.N.). In einer komplexen wirtschaftlichen und organisatorischen Einheit wie einem Einkaufszentrum wird sich das Gebrauchsrecht in Bezug auf bestimmte Gemeinschaftsanlagen und -flächen schwerlich konkludent ergeben. Es bedarf daher ausdrücklicher vertraglicher Festlegung, ggf. auch hinsichtlich der Umlage der Betriebskosten (vgl. dazu § 4 Ziff. (3) und § 12).

Das Formular regelt beispielhaft erweiterte Gebrauchsbefugnisse, wie sie beim Betrieb eines Einkaufszentrums in Betracht kommen.

**19.** Zu besonderen Gebrauchs- und Herstellungsrechten des Mieters vgl. zunächst die Beispiele und die Anmerkungen zu Form. A. VI. 2 § 9. In einem Einkaufszentrum kann der Vermieter ein nahe liegendes Interesse daran haben, dass sich in bezug auf Werbe- und Verkaufsaktivitäten kein Wildwuchs ergibt. Insbesondere die Ausdehnung der betrieblichen Aktivitäten auf Passagenteile und Außenflächen kann Reglementierungen erfordern. Auch insoweit regelt der Mietvertrag dann in zulässiger Weise den Umfang des vertragsgemäßen Gebrauchs (vgl. dazu allgemein Form. A. VI. 2 Anm. zu § 1). Beispielhafte Bestimmungen finden sich im Formular.

*Borzutzki-Pasing*

**20.** Der organisatorische Ablauf in einem Einkaufszentrum kann besondere Vorgaben für einzelne betriebliche Abläufe nahe legen. Zu entsprechenden Verhaltensmaßregeln vgl. bereits Form. A. VI. 2 § 10. Auch in diesem Zusammenhang kann eine starke Reglementierung die Problematik einer zu weit reichenden Einbindung des Mieters in die unternehmerischen Entscheidungen des Vermieters eröffnen mit der Folge, dass eine Risikoübernahme durch den Vermieter hinsichtlich der Ertragsrisiken des Mieters in Betracht kommt (vgl. dazu bereits Anm. 11 und 13). Dabei kann es sich um Vereinbarungen handeln, die den Mieter in seinen unternehmerischen Entscheidungen über das übliche Maß hinaus einschränken oder etwa dem Vermieter das Risiko einer Betriebsunterbrechung auferlegen (vgl. BGH MDR 2000, 821 m. w. N.). Unverfängliche Regelungen, die noch keine Risikoübernahme begründen, sind aber bei allgemeinen Vorgaben für den Geschäftsbetrieb gegeben, so etwa bei der Pflicht, die Ladenöffnungszeiten maximal auszuschöpfen und für Beleuchtung zu sorgen (vgl. BGH a. a. O.).

**21.** In einem Einkaufszentrum wird im Regelfall eine so weit reichende Abwälzung der **Erhaltungs- und Instandsetzungspflichten,** wie dies der Standardvertrag vorsieht (vgl. Form. A. VI. 1 § 11) und wie dies auch bei einem einzelnen Ladengeschäft als möglich erscheint, schon aus praktischen Gründen der Betriebsorganisation nicht in Betracht kommen. Den komplexen baulichen, technischen und organisatorischen Erfordernissen in einem Einkaufszentrum dürfte in der Regel nur durch zentrale Erhaltungsmaßnahmen sinnvoll Rechnung zu tragen sein. Eine Abwälzung bestimmter Kosten für Erhaltungs- und Instandsetzungsmaßnahmen ist möglich, soweit der Vertrag hinreichend bestimmt ist und keine unangemessene Benachteiligung des Mieters (durch einen besonders hohen oder nicht transparenten Kostenaufwand) bewirkt (vgl. § 307 BGB). Eine Klausel, die nicht hinreichend erkennen lässt, für welche Kosten der Mieter einstandspflichtig sein soll und die das Risiko nicht vorhersehbarer Kosten in sich birgt, ist im Zweifel auch überraschend im Sinne von § 305 c BGB.

**22.** Besondere Leistungspflichten betreffend die Ausführungsart und den Turnus, in dem bestimmte (Schönheits-)Reparaturen durchzuführen sind, regelt das Formular nicht, da sich dies bei Gewerberäumen weitgehend einer Generalisierung entzieht. Die Durchführung von Schönheitsreparaturen und die Anforderungen an den vertragsgemäßen Zustand gestalten sich etwa bei Büroräumen mit einer wohnraumähnlichen Abnutzung ganz anders als bei intensiv genutzten Ladenlokalen mit hohem Kundenaufkommen. Die ausdrückliche Festlegung bestimmter Leistungspflichten und -abstände kann sich aber namentlich dann empfehlen, wenn besonders aufwändige Maßnahmen – etwa an sehr pflegeintensiven, empfindlichen, stark beanspruchten oder wertvollen – Bauteilen oder Einrichtungen zu veranlassen sind.

Die formularmäßige Festlegung von **starren Renovierungsfristen und zugleich einer Endrenovierungspflicht** ist gemäß § 307 BGB unwirksam. Der XII. Zivilsenat des BGH (vgl. ZMR 2005, 527) hat sich der Rechtsprechung des VIII. Zivilsenats angeschlossen, soweit es die Frage betrifft, ob die Kombination einer formularmäßigen Endrenovierungsklausel mit einer solchen über turnusmäßig vorzunehmende Schönheitsreparaturen wirksam ist. Damit dürfte sich der frühere Meinungsstreit zumindest im Grundsatz erledigt haben.

Der XII. Zivilsenat des BGH ist dem VIII. Zivilsenat aber auch in der Frage nach der Unwirksamkeit **starrer Renovierungsfristen** als solcher (d. h. ohne Bestimmungen zur unbedingten Endrenovierung) gefolgt (vgl. BGH NJW 2008, 3772; so schon früher OLG Düsseldorf OLGR 2006, 48; 2007, 199).

**23.** Zur **Untervermietung** kann auf die Regelungen zu Form. A. VI. 2 § 21 nebst den dortigen Beispielen und Anmerkungen verwiesen werden. Ein weitgehend restriktive Handhabung der Untervermietung, wie dies der Standardvertrag regelt (vgl. Form. A. VI. 1 § 18), kann aber auch bei einem Einkaufszentrum in Betracht kommen.

# 4. Mietvertrag über eine Arztpraxis[1]

Mietvertrag

zwischen

......

(Vermieter)

und

......

(Mieter)

## § 1 Mietobjekt

(1) Vermietet werden im Haus

......

(Straße, Hausnummer)

in ......

(PLZ, Ort)

folgende Räume:

    Geschoss:                                      ......

    Anzahl, Bezeichnung und Lage der Räume:        ......

    Nebenräume (Keller/Dachboden):               ......

(2) Die Mietfläche wird für alle Angelegenheiten betreffend die Abwicklung und Beendigung dieses Vertrags auf ...... qm vereinbart. Es besteht Einigkeit darüber, dass eine DIN-gerechte Vermessung der Mieträume nicht erfolgt ist und dass es einer solchen auch nicht bedarf. Abweichungen der tatsächlichen Mietfläche von der vereinbarten Fläche sind für die gesamte Vertragsabwicklung unerheblich, wenn die Abweichung nicht mehr als 10% beträgt.

## § 2 Mietzweck

(1) Die Vermietung erfolgt zum Betrieb einer Arztpraxis mit der Fachrichtung .......[2]

(2) Eine von Ziff. (1) abweichende Nutzung der Mieträume ist dem Mieter nur nach vorheriger schriftlicher Zustimmung durch den Vermieter gestattet. Die Nutzung der Mieträume zu Wohnzwecken ist nicht gestattet.[3]

## § 3 Mietbeginn, Mietdauer (s. Form. A. VI. 1)

## § 4 Mietzins, Nebenkosten (s. Form. A. VI. 1)

## § 5 Wertsicherungsklausel, Erhöhung der Betriebskostenvorauszahlungen (s. Form. A. VI. 1)

## § 6 Zahlung von Miete und Nebenkostenvorauszahlung, Verrechnung von Zahlungen (s. Form. A. VI. 1)

**§ 7 Übergabe und Ausstattung der Mieträume, Herstellungspflichten des Vermieters[4]**

(1) Die Mieträume sind vom Vermieter in einem für den Mietzweck geeigneten Zustand zu übergeben. Die Parteien sind sich darüber einig, dass die Mieträume für die Benutzung als Arztpraxis allein nach Maßgabe dieses Vertrags herzurichten sind. Weitergehende Herstellungs-, Erhaltungs- und Renovierungspflichten sind zwischen den Vertragsparteien nicht vereinbart worden. Soweit mit dem beabsichtigten Praxisbetrieb künftig erhöhte Anforderungen insbesondere in Bezug auf die Beschaffenheit der baulichen Anlagen, der technischen Anschlüsse und der Versorgung mit Wasser und Energie einhergehen sollten, übernimmt der Vermieter keine Gewähr für die Erfüllung solcher Anforderungen. Der Mieter wird insoweit darauf verwiesen, die Mieträume vorbehaltlich der nach diesem Vertrag erforderlichen Erlaubniserteilungen seinerseits entsprechend auszustatten.[5] Hierzu enthalten §§ 8 und 9 nähere Einzelheiten.

(2) Der Vermieter hat auf seine Kosten folgende Arbeiten durchzuführen:[6]

– Beispiele –

1. die Herstellung einer Ruf- und Türöffnungsanlage, die ein Öffnen der Haustür von der Praxis aus ermöglicht.
2. die Herstellung eines schmiedeeisernen Fenstergitters am straßenwärts gelegenen Fenster.[7]
3. die Herstellung eines Abstellplatzes für Fahrräder und Kinderwagen im Bereich.
4. ......

(3) Zu den Mieträumen gehören folgende Einrichtungen und Anlagen:[8]
......

(4) Die unter Ziff. (3) bezeichneten Sachen stehen und verbleiben im Eigentum des Vermieters. Dem Mieter ist deren Nutzung im Rahmen des in § 2 (1) bezeichneten Mietzwecks für die Dauer der Mietzeit ohne die Verpflichtung zur Leistung eines zusätzlichen Entgelts gestattet.

**§ 8 Besondere Herstellungs- und Nutzungsbefugnisse des Mieters**

(1) Der Mieter ist auf eigene Kosten und für eigene Rechnung zur Durchführung folgender Maßnahmen berechtigt:[9]

– Beispiele –

1. Der Mieter darf in den Räumen ...... Trockenbauzwischenwände zwecks Schaffung mehrerer Untersuchungs- und Behandlungseinheiten ziehen.
2. Der Mieter darf in den Räumen ...... zusätzliche Warm- und Kaltwasseranschlüsse installieren.
3. Der Mieter darf den Fußbodenbereich im Raum ...... nach Maßgabe einer geprüften und dem Vermieter vor Beginn der Arbeiten vorzulegenden Statik so verstärken, dass die Aufstellung eines Röntgengeräts ...... möglich ist.
4. Der Mieter darf in den Räumen ...... im Bereich ...... eine Luftaustausch- und Klimaanlage installieren.
6. Der Mieter darf an der straßenwärts gelegenen Hauswand im Bereich der Eingangstür ein auf seine Praxis verweisendes Hinweisschild aus Messing/Émaille/ Edelstahl mit einer Höhe von maximal ...... cm und einer Breite von maximal ...... cm installieren.
7. ......

(2) Soweit der Mieter im Rahmen des vertraglichen Mietgebrauchs die Installation weiterer Anschlüsse und technischer Einrichtungen, insbesondere für Apparaturen der medizinischen Diagnostik und Therapie, für Telekommunikation, Energieversorgung, Datenverarbeitung sowie für Luft- und Klimatechnik wünscht, hat er auch die dafür erforderlichen Vorkehrungen in eigenem Namen und für eigene Rechnung zu treffen. Soweit solche Installationen und Einrichtungen bauliche Eingriffe und Veränderungen erforderlich machen, ist der Mieter hierzu nur mit der ausdrücklichen Zustimmung des Vermieters berechtigt.

(3) Die nach Ziff. (1) gestatteten und ggf. nachträglich genehmigten Einrichtungen sind vom Mieter auf eigene Kosten und für eigene Rechnung fachgerecht herzustellen, zu erhalten, zu sichern, zu warten und instand zu halten. Der Mieter stellt den Vermieter von jeglicher Inanspruchnahme frei, die im Zusammenhang mit den bezeichneten Einrichtungen und den vorstehend aufgeführten Mieterpflichten steht.

(4) Die Gestattung der in Ziff. (1) bezeichneten sowie nachträglich bewilligter Maßnahmen ergeht unter Ausschluss jeglicher Zusicherung und Gewähr für ihre Realisierbarkeit sowie vorbehaltlich der Rechte Dritte, öffentlich rechtlicher Verbote, Beschränkungen und Genehmigungspflichten.

(5) Etwa erforderliche Zustimmungen oder Genehmigungen Dritter hat der Mieter auf eigene Kosten selbst einzuholen. Der Vermieter sagt dem Mieter seine Mitwirkung zu, soweit es ihrer für die Einholung solcher Zustimmungen oder Genehmigungen bedarf.

### § 9 Besondere Pflichten des Mieters, Öffnungszeiten, Sondermüll

(1) Mit Rücksicht auf den beabsichtigten Mietgebrauch und die damit verbundenen Risiken und Gefahren verpflichtet sich der Mieter zu folgenden Maßnahmen:[10]

– Beispiele –

1. Der Mieter hat zur Verhinderung von Einbruchsdelikten eine mindestens 3-fach verriegelbare Doppelfalz-Eingangstür aus Metall zu installieren.
2. Der Mieter hat die Praxisräume an sämtlichen Fenstern und an der Eingangstür mit einer elektronischen Alarmanlage zu sichern.
3. Der Mieter hat dafür Sorge zu tragen, dass der Fußboden im Hausflur, im Treppenhaus und in der Aufzugsanlage in dem von Patienten genutzten Bereich zwischen dem Erdgeschoss und der Praxisetage an jedem Tag, an dem die Praxis geöffnet ist, gereinigt wird.

(2) Ärztliche Sprechstunden dürfen mit Rücksicht auf die übrigen Hausbewohner nur zu folgenden Zeiten abgehalten werden:
an Werktagen in der Zeit zwischen ...... Uhr und ...... Uhr,
an Samstagen, Sonntagen und gesetzlichen Feiertagen darf Publikumsverkehr nur im Rahmen des ärztlichen Not- und Bereitschaftsdienstes stattfinden.[11]

(3) Die bereits vorhandenen Müllcontainer stehen ausschließlich für die Entsorgung von Haushaltsabfällen zur Verfügung. Dem Mieter obliegt es in eigener Zuständigkeit, in Abstimmung mit den hierfür zuständigen Behörden und Entsorgungsunternehmen für die Entsorgung von Chemikalien, Gefahrstoffen und sonstigem Sondermüll zu sorgen. Sämtliche Kosten, die mit der Entsorgung solcher Stoffe in Zusammenhang stehen, trägt der Mieter unmittelbar im Benehmen mit den hierfür zuständigen Unternehmen und Behörden. Der Mieter stellt den Vermieter von jeder Inanspruchnahme frei, die im Zusammenhang mit der Entsorgung der bezeichneten Stoffe steht.

## § 10 Konkurrenzschutz[12]

(1) Der Vermieter gewährt dem Mieter Konkurrenzschutz, soweit es den Betrieb einer Arztpraxis für

– Beispiel –

Hals-, Nasen- und Ohrenheilkunde

anbetrifft.

(2) Der dem Mieter gewährte Konkurrenzschutz erstreckt sich nicht auf den Betrieb von Arztpraxen mit anderer fachärztlicher Ausrichtung bzw. von Praxen mit allgemeinmedizinischer, heilpraktischer oder homöopathischer Ausrichtung.[13]

(3) Der Mieter hat im Übrigen keinen Anspruch auf die Erhaltung oder Erreichung eines bestimmten Mieterbestands.

## § 11 Aufrechnung, Zurückbehaltungsrecht (s. Form. A. VI. 1)

## § 12 Betriebskostenabrechnung (s. Form. A. VI. 1)

## § 13 Mietkaution (s. Form. A. VI. 1)

## § 14 Erhaltung und Instandsetzung der Mieträume, Anzeige von Mängeln und Gefahren (s. Form. A. VI. 1)

## § 15 Betreten der Mieträume (s. Form. A. VI. 1)

## § 16 Bauliche Eingriffe und Veränderungen (s. Form. A. VI. 1)

## § 17 Wegnahme von Einrichtungen, Rückbau, Aufwendungsersatz

(1) Der Mieter ist bei Beendigung des Mietverhältnisses verpflichtet, auf seine Kosten die von ihm eingebrachten Einrichtungen aus den Mieträumen zu entfernen, alle Ein- und Umbauten zurückzubauen und den ursprünglichen Zustand der Mieträume wieder bezugsfertig herzustellen.

(2) Die Regelungen in Ziff. (1) gelten nicht in Bezug auf folgende Einrichtungen, die entschädigungslos in den Mieträumen zu verbleiben haben:
– Beispiele hierfür wären etwa die in § 8 (1) bezeichneten Maßnahmen –[14]

(3) Die Regelungen in Ziff. (1) gelten nicht für den Fall der Weitervermietung an einen Ersatzmieter im Sinne von § 21. Die Pflicht des Ersatzmieters zur Erfüllung der in Ziffer (1) und (2) bezeichneten Pflichten bleibt hiervon unberührt.[15]

## § 18 Kündigung (s. Form. A. VI. 1)

## § 19 Rückgabe der Mietsache, Endrenovierung, Nutzungsentschädigung (s. Form. A. VI. 1)

## § 20 Ausschluss von § 545 BGB (s. Form. A. VI. 1)

## § 21 Untervermietung, Ersatzmieter, Praxisverkauf[16]

(1) Eine Untervermietung der Mieträume oder von Teilen hiervon ist dem Mieter nicht gestattet.[17]

(2) Für den Fall, dass der Mieter krankheitsbedingt an der weiteren Berufsausübung verhindert sein sollte, kann der Mieter dem Vermieter einen Ersatzmieter stellen. Dasselbe gilt für den Fall, dass der Mieter sich aufgrund beruflicher Fortbildung umorientiert oder sich im Bereich von Forschung, Wissenschaft und Lehre ein

neues berufliches Betätigungsfeld erschließt oder die weitere Führung der Arztpraxis für ihn aus sonstigen Gründen nicht mehr möglich oder zumutbar ist.[18]

(3) Die Gestellung eines Ersatzmieters hat der Mieter dem Vermieter mindestens ...... Monate vor dem in Aussicht genommenen Mieterwechsel schriftlich unter genauer Angabe der Gründe anzubieten, aus denen er das Recht zur Ersatzmietergestellung ableitet.

(4) Die Annahme eines Angebots des Mieters zur Ersatzmietergestellung und die Entlassung des Mieters aus dem Mietverhältnis erfolgen durch den Abschluss eines schriftlichen Mietvertrags mit einem vom Mieter vorgeschlagenen Ersatzmieter und mit Wirkung ab dem mit dem Ersatzmieter vereinbarten Mietbeginn. Von dem Vertragsschluss hat der Vermieter dem Mieter unverzüglich Mitteilung zu machen.[19]

(5) Der Vermieter kann den Abschluss eines Mietvertrags mit dem Ersatzmieter aus wichtigem Grunde ablehnen. Ein zur Ablehnung berechtigender Grund ist insbesondere dann gegeben, wenn

– Beispiele –[20]

– der Ersatzmieter nicht bereit ist, in das Mietverhältnis zu allen mit diesem Vertrag festgelegten Bedingungen und zusätzlich mit einer Mietdauer von mindestens ...... weiteren Jahren einzutreten, selbst soweit nach diesem Vertrag nur noch eine kürzere Restlaufzeit vorgesehen ist.[21]
– erhebliche Bedenken gegen die fachliche Eignung des Ersatzmieters oder gegen seine Befähigung bestehen, eine Arztpraxis mit wirtschaftlichem Erfolg zu führen.[22]
– der Ersatzmieter einen von diesem Vertrag abweichenden Mietzweck verfolgt, der nach der freien unternehmerischen Entscheidung des Vermieters nicht seinen Vorstellungen von der Gesamtnutzung des Objekts entspricht oder im Widerspruch zu den mit anderen Mietern bestehenden Konkurrenzschutzbestimmungen steht.

(6) Für den Fall, dass der Mieter mit dem Ersatzmieter die entgeltliche oder unentgeltliche Übernahme von Einrichtungen oder der Praxis als solcher vereinbart, berührt dies die mit diesem Vertrag zugunsten des Vermieters eingegangenen Verpflichtungen betreffend die Abwicklung des Mietverhältnisses und seine Beendigung nicht. Der Mieter hat dem Vermieter jeglichen Schaden zu ersetzen, der diesem durch anderweitige Rechtsgeschäfte und Verfügungen entsteht.[23]

(7) Die für die Beendigung des Mietverhältnisses geregelten Mieterpflichten sind – soweit dieser Vertrag hierzu nicht ausdrückliche Regelungen enthält[24] – im Falle des vertragsgerechten Ausscheidens des Mieters aufgrund einer Ersatzmietergestellung nicht einschlägig. Die entsprechenden vertraglichen Pflichten des Ersatzmieters bleiben hiervon unberührt.[25]

(8) Die Mietkaution verbleibt im Falle der Ersatzvermietung beim Vermieter. Es bleibt dem Mieter vorbehalten, sich vom Ersatzmieter unmittelbar einen entsprechenden Ausgleich zu verschaffen. Ab dem Beginn der Ersatzvermietung (vgl. Ziff. 4) gelten die zur Mietkaution niedergelegten vertraglichen Bestimmungen unmittelbar im Verhältnis zwischen Vermieter und Ersatzmieter.

§ 22 Ankündigungsfrist (s. Form. A. VI. 1)

§ 23 Vertragsänderung, Nebenabreden (s. Form. A. VI. 1)

............                          ............
(Vermieter)                        (Mieter)

## Anmerkungen

**1.** Das Formular greift lediglich diejenigen Klauseln im Volltext auf, die gegenüber dem Standardvertrag (vgl. zu A. VI. 1) Änderungen aufweisen oder im gegebenen Zusammenhang Anlass für besondere Hinweise und Anmerkungen geben. Die übrigen Klauseln entsprechen dem Standardvertrag.

**2.** Die **fachliche Ausrichtung einer Arztpraxis** ist jedenfalls dann zwecks Festlegung etwaiger Konkurrenzschutzpflichten zu konkretisieren, wenn im selben Objekt mehrere Ärzte tätig sind oder dies für die Zukunft nicht auszuschließen ist. Zu den allgemeinen vertraglichen Gestaltungsmöglichkeiten betreffend den Konkurrenzschutz vgl. zunächst die Anm. zu Form. A. VI. 3 §§ 2, 3; zu Fallgestaltungen betreffend die Anmietung von Arztpraxen vgl. die Regelungen und Anm. zu § 10.

**3.** Arztpraxen und Büroräume befinden sich oft in gemischt genutzten Objekten, bei denen früher Klarheit darüber bestehen musste, ob eine Zweckentfremdung vorlag. Zur **Zweckentfremdung von Wohnraum** bestanden in Umsetzung der Ermächtigungsnorm aus Art. 6 § 1 MietRVerbG landesrechtliche Vorschriften. Nach Aufhebung der bundesrechtlichen Regelungen sind auch die landesrechtlichen Ermächtigungsnormen rasch in Wegfall geraten, weshalb nunmehr von einer näheren Behandlung der Zweckentfremdung abgesehen werden kann.

Klärungsbedürftig sind **Nutzungsbeschränkungen im Rahmen von Teileigentum.** Hier kommt es maßgeblich auf die Teilungserklärung an, die nach den für Grundbucheintragungen geltenden Grundsätzen auszulegen ist (vgl. OLG Hamburg MDR 1997, 816). Nach ihr bestimmt sich der bindende Inhalt der Gebrauchsregelung. Auf die Vorstellungen des teilenden Eigentümers kommt es nicht an, sondern vielmehr auf den Wortlaut und Sinn der Eintragung, wie er sich objektiv für einen unbefangenen Betrachter darstellt, denn das Grundbuch soll bestimmte und eindeutige Rechtsverhältnisse schaffen und erhalten (vgl. OLG Frankfurt DWE 1998, 44). Aus der im Grundbuch eingetragenen Zweckbestimmung für Teileigentum kann sich die Unzulässigkeit des Betriebs einer Arztpraxis oder anderer gewerblicher Betätigungen ergeben. Das OLG Stuttgart (vgl. NJW 1987, 385) und das OLG Düsseldorf (vgl. ZMR 1999, 24) halten den Betrieb einer Arztpraxis in einer als „Büro" bezeichneten Teileigentumseinheit für nicht zulässig. Das OLG Köln (OLGR 2002, 263) hält bei Vorliegen einer Teilungserklärung, die nur eine Benutzung zu Wohnzwecken vorsieht und eine abweichende Nutzung von der Zustimmung der anderen Eigentümer abhängig macht, eine Verweigerung der Zustimmung nur dann für möglich, wenn die beabsichtigte Nutzung die anderen Eigentümer mehr beeinträchtigt als die Nutzung zu Wohnzwecken. Bei der Nutzung als Patentanwaltsbüro mit geringem Publikumsverkehr hat das OLG Köln (a. a. O.) eine solche Mehrbelastung verneint. Wenn einem Eigentümer ein Sondernutzungsrecht eingeräumt wurde, beinhaltet dies nicht zugleich die Gestaltung baulicher Veränderungen (vgl. OLG Köln OLGR 2002, 161). Solche Maßnahmen erfordern besondere Vereinbarungen (vgl. OLG Köln a. a. O. m. w. N.).

**4.** Das Formular konkretisiert den wechselseitigen Pflichtenkreis im Zusammenhang mit der Frage, wie die Mieträume auszustatten sind. Die **technische Ausrüstung von Arztpraxen**, Büroräumen und anderen gewerblich genutzten Mietobjekten ist einem raschen Wandel unterworfen. Der Mieter kann von daher ein nahe liegendes Interesse haben, dass die Mietsache nach dem aktuellen Stand der Technik genutzt werden kann. Die Bereitstellungs- und Erhaltungspflicht des Vermieters ist im Rahmen des § 535 Abs. 1 BGB auf Gewährleistung des „vertragsgemäßen Gebrauchs" gerichtet. Ist ein bestimmter Gebrauchszweck vorgegeben, definiert dieser im Zweifel auch den Umfang der vom Vermieter zu beachtenden Erhaltungspflichten. Da eine Pflichtenabwälzung auf den Mieter

restriktiv auszulegen ist (vgl. BGH WuM 1992, 355), sollten diejenigen Herstellungs-
und Erhaltungspflichten, die der Vermieter auf den Mieter abwälzen will, ausdrücklich
und eindeutig festgelegt sein. Soweit durch den Mietgebrauch veranlasste oder im Risikobereich des Mieters liegende Maßnahmen in Rede stehen, bestehen keine Bedenken
gegen eine formularmäßige Pflichtenabwälzung auf den Mieter.

**5.** Bei der Anmietung einer Arztpraxis kann es **je nach medizinisch fachlicher Ausrichtung** zu ganz unterschiedlichen Wünschen des Mieters betreffend die technische Ausstattung der Mieträume kommen. Die Praxis eines Heilpraktikers, Allgemeinmediziners
oder Hautarztes wird ggf. noch ohne umfängliche technische Apparaturen auskommen.
Die fachgerechte Einrichtung ist dann meist ohne erhebliche Substanzeingriffe möglich.
Bei anderen Fachärzten (z. B. Radiologen, Chirurgen oder Praxen mit angegliederten
Behandlungseinrichtungen) kann ein ganz erheblicher Installationsaufwand mit weitreichenden baulichen Eingriffen erforderlich werden. Um die wechselseitigen Herstel-
lungs- und Erhaltungspflichten voneinander abzugrenzen, empfiehlt sich eine möglichst
dezidierte Beschreibung, welche Vertragspartei welche Leistungen zu erbringen hat (vgl.
dazu auch §§ 8, 9). Wenn der Mieter empfindliche Spezialgeräte einsetzt, können etwaige
Beschädigungen (durch Strom- und Temperaturschwankungen, Luftverunreinigung,
Wasserverschmutzung) umfängliche Ersatzansprüche auslösen (zur Beschädigung von
Behandlungsgeräten einer Zahnarztpraxis durch rostverschmutztes Wasser vgl. OLG
Karlsruhe ZMR 1991, 378). Etwaige Risiken sind daher möglichst im Vorhinein auszu-
schließen.

**6.** Das Formular führt beispielhaft solche – baulichen – Maßnahmen an, zu deren
Durchführung eher der Vermieter in der Lage ist. Solche und weitere Vermieterleistungen
sind insbesondere bei Maßnahmen denkbar, die außerhalb des Bereichs der anzumieten-
den Räumlichkeiten anfallen und ggf. die Duldung oder Mitwirkung anderer Mieter erforderlich machen. Der Mieter hätte keine rechtliche Handhabe, sich gegenüber anderen
Mietern auf vertragliche Duldungs- und Mitwirkungspflichten zu berufen. Der Vermieter
hat bei der Übernahme besonderer Bereitstellungs- und Herstellungspflichten zu beachten, dass er für den damit zugesagten Zustand auch vertraglich einzustehen hat. Verpflichtet er sich zur Schaffung eines tatsächlich nicht herstellbaren Zustands, kann er
sich schadensersatzpflichtig machen (vgl. BGH NJW 1999, 635 zu Umbauten für eine
Arztpraxis, die an denkmalschutzrechtlichen Auflagen scheiterten). Das gilt nicht nur für
den Fall schuldhaft herbeigeführter Unmöglichkeit, sondern auch bei Eingehen einer
Verpflichtung trotz Voraussehbarkeit des Leistungshindernisses (vgl. BGH a. a. O.).

**7.** Arztpraxen sind wegen der vorhandenen Drogen und Medikamente **bevorzugte
Einbruchsziele.** Die wechselseitigen Pflichten zur einschlägigen Vorsorge sollten geklärt
sein (vgl. hierzu auch die Beispiele in § 8).

**8.** Zur **Übernahme von Einrichtungen durch den Mieter** vgl. zunächst Form. A. VI. 1
§ 3 (2) **und** (3). Die Anmietung einer Arztpraxis kann mit dem Erwerb von Gegenständen der Praxiseinrichtung einhergehen, etwa wenn der Vermieter die Räume zuvor seinerseits entsprechend genutzt hatte oder der Vormieter Arzt war.

**9.** Mieträume, die zuvor nicht als Arztpraxis genutzt wurden, werden nahezu regelmäßig **umfänglichere Umbauten** erforderlich machen. Größere Räume werden in kleinere Umkleidekabinen und Behandlungsräume zu unterteilen sein. Der Betrieb hochtechni-
scher Apparate kann diverse bauliche Vorkehrungen sowie Änderungen bei (Strom-)-
Versorgungseinrichtungen erforderlich machen. Wenn ein geplanter Umbau etwa wegen
entgegenstehender öffentlich-rechtlicher Bestimmungen oder einem Eingreifen der
Denkmalschutzbehörde (vgl. BGH MDR 1999, 287) nicht möglich ist, ergibt sich daraus
selbst nach altem Recht nicht, dass der Mietvertrag nach § 306 BGB wegen anfänglicher
objektiver Unmöglichkeit nichtig wäre (vgl. BGH a. a. O.). Der Vermieter bleibt im

Grundsatz zur Leistung (d. h. zur Bereitstellung von zur Nutzung als Arztpraxis geeigneten Räumen) verpflichtet. Die gegenseitigen Ansprüche der Vertragsparteien richten sich nach den allgemeinen Regeln des Schuldrechts über Leistungsstörungen, d. h. nach neuem Recht und nach Wegfall des § 306 BGB a. F. nach den Bestimmungen der §§ 280 ff. BGB. Der Mieter kann Schadensersatz wegen Nichterfüllung verlangen, ohne gezwungen zu sein, zunächst auf Leistung zu klagen, um anschließend einen Schadensersatzanspruch geltend machen zu können (vgl. BGH a. a. O. m. w. N.). Selbst wenn der Vermieter keine besondere Einstandspflicht dafür übernommen hat, dass die Räume in der vereinbarten Weise umgebaut werden können, soll er die Unmöglichkeit des Mietgebrauchs zu vertreten haben, wenn er sich uneingeschränkt zur Leistung verpflichtet hat, obwohl er das Leistungshindernis schon bei Vertragsschluss bei Anwendung der erforderlichen Sorgfalt hätte erkennen können und müssen (vgl. BGH MDR 1999, 287; BGH MDR 1960, 304 jeweils m. w. N.). Aus vorstehenden Grundsätzen ergeben sich für die Gestaltung von Mietverträgen drei wesentliche Konsequenzen:

Von der Hauptleistungspflicht zur Bereitstellung von Räumen, die für den vertraglichen Mietgebrauch geeignet sind, kann sich der Vermieter im Zweifel nicht freizeichnen. Wenn es dagegen um die Herstellung bestimmter Einrichtungen geht, die für den Betrieb einer Arztpraxis nicht oder nicht in der geplanten Weise zwingend notwendig sind, kann und sollte der Vermieter solche Risiken, welche die Herstellung des geplanten Zustands gefährden können, ausdrücklich aus seinem Leistungs- und Haftungsrahmen ausschließen. Jedenfalls sollte bei allen geplanten substantiellen Eingriffen vor Vertragsschluss geklärt werden, ob der Durchführung Hindernisse entgegenstehen.

Das Formular enthält Vorschläge, die eine möglichst weit gehende Entlastung des Vermieters in Bezug auf entsprechende Einstandspflichten ermöglichen sollen. Beim beabsichtigten Betrieb einer Spezialpraxis mit besonders aufwändigen, schweren oder gefährlichen Gerätschaften (vgl. etwa Beispiel 3 im Formulartext) sollten die baulichen und technischen Möglichkeiten für die Herrichtung des Objekts unbedingt vorab geklärt sein, um den sonst drohenden Auseinandersetzungen über die Unmöglichkeit der Überlassung in dem als vertragsgemäß vorausgesetzten Zustand vorzubeugen (vgl. BGH NJW 1999, 635). Ggf. ist das Erfordernis einer Baugenehmigung, einer strahlenschutzrechtlichen Genehmigung oder einer Einschaltung von Sonderfachleuten (Architekten, Ingenieuren) für bestimmte bauliche Eingriffe zu klären.

**10.** Zu vergleichbaren Regelungen vgl. auch die Beispiele und Anmerkungen zu Form. A. VI. 2 § 8. Eine Arztpraxis kann die Herstellung besonderer **Sicherungsmaßnahmen** erforderlich machen, um allfälligen Einbruchsgefahren vorzubeugen. Grundsätzlich kann eine vom Vermieter zu verantwortende und ggf. zur Kündigung berechtigende Beeinträchtigung des Mietgebrauchs dadurch begründet sein, dass es mehrfach zu Einbruchdiebstählen kommt (vgl. OLG Naumburg NZM 1998, 438; a. A. bei vorbehaltloser Fortentrichtung der Miete aber KG NZM 1998, 437). Der Betrieb einer Arztpraxis schafft indessen seinerseits spezifische, aus dem Mietgebrauch mündende Risiken, denn solche Räumlichkeiten sind bevorzugte Einbruchsobjekte für Drogenabhängige. Hinsichtlich solcher Risiken bewirkt es keine unangemessene Benachteiligung des Mieters, wenn der Mieter zu besonderen Schutzvorkehrungen heran gezogen wird. Solche Maßnahmen regelt das Formular mit den Beispielen 1) und 2).

Da von einer Arztpraxis mit ggf. regem Publikumsverkehr eine erhebliche Verschmutzung der Gemeinschaftsflächen ausgehen kann, kommt schon aus Gründen der Verkehrssicherung die Regelung einer erhöhten Reinigungspflicht des Mieters in Betracht. Die allgemeine Verkehrssicherungspflicht für den Zustand des Zugangs zu einem Gebäude verbleibt aber grundsätzlich beim Vermieter. Nach der Rechtsprechung kann der Mieter neben dem Vermieter verkehrssicherungspflichtig für solche Bereiche sein, die er voll beherrscht (vgl. OLG Köln NJW-RR 1990, 224 m. w. N.).

**11.** Der Betrieb einer Arztpraxis kann insbesondere bei gemischt genutzten Objekten, die auch zu Wohnzwecken genutzt werden, Störungen für andere Mieter und für Nachbarn verursachen. Findet Publikumsverkehr auch zu den üblichen Ruhezeiten statt, hat der Vermieter mit dem Minderungsbegehren anderer Mieter (§ 536 BGB) oder mit Abwehransprüchen von Nachbarn (§ 1004 BGB) zu rechnen. Die – fakultative – Formularbestimmung soll die Nutzungszeiten in solchen Fällen einschränken.

**12.** Der mietrechtliche Wettbewerbsschutz als **vertragsimmanenter Konkurrenzschutz** wird unterschiedlich beurteilt, soweit es um den Schutz von Angehörigen freier Berufe geht. Teilweise wird vertreten, dass Praxisräume anderen gewerblichen Mietverhältnissen gleich zu stellen sind und Konkurrenzschutz genießen, soweit nur der Mietzweck hinreichend festgelegt ist (vgl. OLG Köln OLGR 2005, 390; OLG Düsseldorf NJW 1963, 1678; stillschweigenden Konkurrenzschutz im Einzelfall verneinend: OLG Brandenburg NZM 2010, 43). Das OLG Karlsruhe (NJW 1972, 2224) ist dem mit der wenig überzeugenden Einschränkung gefolgt, dass Konkurrenzschutz (zugunsten einer Zahnarztpraxis) nur dann zuzubilligen sei, wenn ansonsten keine wirtschaftlich sinnvolle Nutzung mehr möglich sei. Der BGH (NJW 1976, 2301) hat die Bejahung von Konkurrenzschutz teilweise von einer Einzelfallprüfung abhängig machen wollen. Teilweise hat er (vgl. BGH NJW 1978, 585) Konkurrenzschutzpflichten aus der allgemeinen Pflicht des Vermieters abgeleitet, die Gewährung des vertragsgemäßen Gebrauchs nicht zu behindern. Er ist insoweit nicht der Auffassung gefolgt, dass die räumliche Nähe miteinander konkurrierender Ärzte gleicher Fachrichtung im Geschäftszentrum einer Großstadt an Bedeutung verliere. Dem wird beizutreten sein, denn mit dem BGH (a. a. O.) ist davon auszugehen, dass die Angehörigen freier Berufe und insbesondere auch Ärzte gleicher Fachrichtung durchaus in Konkurrenz zueinander stehen und mit Recht vom Vermieter erwarten können, dass er zu ihrem Nachteil keine verschärfte Wettbewerbssituation schafft. Teil- bzw. Sondereigentümer sind grundsätzlich nicht verpflichtet, den Mietern der Miteigentümer oder diesen selbst Konkurrenzschutz zu gewähren; vielmehr haben sie entsprechende Wettbewerbstätigkeiten, da diese außerhalb des Regelungsbereiches des § 14 Nr. 1 WEG liegen, hinzunehmen (vgl. BGH WM 1986, 1273; OLG Brandenburg NZM 2010, 43; OLG Stuttgart ZMR 1990, 465).

Für die Falle ausdrücklich übernommener Konkurrenzschutzpflichten ergeben sich gegenüber dem Konkurrenzschutz zugunsten anderer gewerblicher Mieter keine grundsätzlichen Besonderheiten (vgl. die Anm. zu A. VI. 3 §§ 2 und 3; vgl. ferner OLG Dresden BeckRS 2010, 18 243; zum Konkurrenzschutz bei einer Physiotherapiepraxis vgl. OLG Brandenburg GesR 2007, 540; hierzu Anm. von *Fritz* jurisPR-MietR 24/2007 Anm. 5). Im Einzelfall können sich aber wegen der Überschneidungen medizinisch ärztlicher Fachbereiche Abgrenzungsprobleme ergeben. Zwar verbietet es der „immanente Konkurrenzschutz" dem Vermieter grundsätzlich nur, an einen Konkurrenten des Mieters zu vermieten, wenn sich die Hauptleistungen der beiden überschneiden. Ein ausdrücklich vereinbarter Konkurrenzschutz erstreckt das Konkurrenzverbot auch auf die Überschneidung von Nebenleistungen, die bei Ärzten vielfältig gegeben sein können (vgl. OLG Brandenburg a. a. O.). Andrerseits ist eine gewisse Konkurrenznähe durchaus verkehrsüblich, denn Ärzte suchen die Nähe zu Kollegen anderer Fachbereiche, weil sich gerade aus den unterschiedlichen fachlichen Zuständigkeiten Chancen für eine Erweiterung des eigenen Betätigungsfelds aufgrund höherer Patientenfrequenz und der Möglichkeit von Patientenüberweisungen durch benachbarte Ärzte ergeben können. Praxisgemeinschaften und Arztzentren legen es gezielt auf die Abdeckung eines möglichst breiten Fachspektrums an. Beim mietvertraglichen Konkurrenzschutz wird es vor diesem Hintergrund wesentlich darum gehen, den geschützten Kernbereich der fachlichen Ausrichtung des jeweiligen Mieters festzulegen. Das OLG Hamm (NJW-RR 1991, 1483) hat eine Konkurrenzsituation sogar zwischen einer Facharztpraxis für Chirurgie und Orthopädie und einer Praxis für Mund-, Kiefer- und Gesichtschirurgie angenommen. Das OLG Koblenz (Urteil vom 24. 5. 1995 – 5 U 1394/94 – unveröffentlicht, vgl. aber bei BGH NJW-RR 1996, 460) hat zugunsten des Betreibers einer Arztpraxis einen Unterlassungsanspruch angenommen, soweit andere Räume an den Betreiber einer Dialysepraxis vermietet wurden und ärztliche Tätigkeiten in Rede stehen, die über die Dialysetätigkeit und Notfallhilfe hinausgehen.

Für die Vertragskonzeption wird es wesentlich auf folgende Weichenstellung ankommen: Wenn der Mieter einer Arztpraxis in erster Linie möglichst ungestört von Wettbewerbern agieren will, sollte er sich dies ausdrücklich ausbedingen. Namentlich Allgemeinmediziner (praktische Ärzte, Internisten, aber auch Heilpraktiker u. ä.) werden sich untereinander als Konkurrenten ansehen, nicht dagegen ausgemachte Spezialisten, wie etwa Zahnärzte oder Augenärzte, im Verhältnis zu den Generalisten. Das KG (Urteil vom 6. 6. 2005 – 8 U 25/05 – BeckRS 2005, 06789) hat die Gewährung von Konkurrenzschutz für den Bereich „Praktischer Arzt speziell hausärztlicher Internist" dahingehend ausgelegt, dass sich der Konkurrenzschutz sowohl auf die Tätigkeit „praktischer Arzt" als auch „hausärztlicher Internist" beziehen soll und dass in diesem Rahmen die Vermietung an einen anderen Arzt mit der Ausrichtung Chinesische Heilkunde konkurrenzschutzverletzend sei, und zwar auch in Ansehung des Umstands, dass die Vermietungen in einem sog. Gesundheitszentrum erfolgten. Es handele sich bei dem praktischen Arzt und dem hausärztlichen Internisten um verschiedene Fachärzte mit identischem Tätigkeitsbereich.

Der Vermieter kann ein betontes Interesses an einer möglichst breitgefächerten Ansiedlung unterschiedlicher Arztpraxen haben, etwa wenn ein Apotheker als Vermieter Ärzte und Patienten an seinen Betrieb binden will. Soweit Ärzte untereinander auf eine Kompetenzverteilung hinwirken (z. B. im Rahmen von Gemeinschaftspraxen oder Ärztezentren) werden die hierüber mit dem Vermieter zu treffenden Regelungen eher Ausfluss interner und ggf. gesellschaftsrechtlicher Vereinbarungen als Gegenstand mietvertraglicher Verhandlungen sein. Das Formular regelt beispielhaft einen auf die Fachrichtung des Mieters beschränkten Konkurrenzschutz.

**13.** Bei einer von vorneherein vorhandenen oder beabsichtigten Ansiedlung weiterer Arztpraxen (z. B. bei Vermietung durch Apotheker, Masseure oder medizinische Therapeuten) wäre folgende Alternativregelung denkbar:

(1) Die Parteien sind sich darüber einig, dass im Gesamtobjekt weitere Nutzeinheiten an andere Betreiber von Arztpraxen vermietet werden können. Eine möglichst breit gefächerte Ansiedlung von Arztpraxen unterschiedlicher fachärztlicher Ausrichtung ist das erklärte Ziel des Vermieters [ggf. beider Parteien].

(2) Im Rahmen der nach Ziff. (1) geltenden Zielvorstellungen gewährt der Vermieter dem Mieter Konkurrenzschutz nur insoweit, als es den Betrieb einer Praxis für

– Beispiel –

Allgemeinmedizin (Tätigkeit als praktischer Arzt) anbetrifft.

(3) Der dem Mieter gewährte Konkurrenzschutz erstreckt sich nicht auf fachärztliche Praxen jedweder Ausrichtung. Konkurrenzschutz wird auch nicht gewährt, soweit es im Rahmen internistisch fachärztlicher Tätigkeit sowie heilpraktischer und homöopathischer Betätigung zu Überschneidungen zum Tätigkeitsbereich des Mieters kommen kann.

(4) Der Mieter hat im Übrigen keinen Anspruch auf die Erhaltung oder Erreichung eines bestimmten Mieterbestands.

**14.** Zum **Ausschluss einer Entschädigung** vgl. zunächst die Anm. 46, 47 zu Form. A. VI. 1. Ein entschädigungsloser Verbleib kann in Bezug auf einzelne ausdrücklich benannte Einrichtungen ohne weiteres geregelt werden. Er wird als unangemessen im Sinne von § 307 BGB auszuscheiden haben, soweit der Arzt hochtechnische Diagnose- und Behandlungsgeräte einbaut, die von besonders hohem Wert sind. Von daher sieht das Formular - anders als im Standardvertrag – von der generellen Regelung eines entschädigungslosen Verbleibs ab.

**15.** Zur Ersatzmietergestellung vgl. Anm. 16 ff. Da die Ersatzmieterstellung grundsätzlich nur unter Aufrechterhaltung des vertraglichen Mietzwecks vorgesehen ist, wäre eine Räumung nebst Rückbau der Mietsache sinnwidrig, zumal der Mieter in solchen Fällen regelmäßig an einem Verkauf der gesamten Praxis interessiert sein dürfte.

**16.** Die vertragliche Ausgestaltung der dem Mieter einzuräumenden Möglichkeit, die Praxis anderen (Ärzten) zu überlassen, hängt davon ab, ob der Vermieter gerade den Mieter an sich binden und einen Mieterwechsel verhindern will oder ob er vorrangig an einer möglichst lückenlosen und ggf. gleichgelagerten Auslastung der Mietsache als Arztpraxis interessiert ist. Außerdem kann dem Vermieter für den Fall eines Mieterwechsels daran gelegen sein, den Vertragszweck anderweitig festzulegen.

Ohne besondere Absprachen ist der Vermieter nicht verpflichtet, sich im Falle eines vorzeitigen Auszugs des Mieters wegen Betriebsaufgabe um einen **Nachmieter** zu bemühen. Er braucht auch einen vom Mieter vorgeschlagenen Ersatzmieter nicht zu akzeptieren, wenn nicht ausnahmsweise besondere Umstände des Einzelfalls nach Treu und Glauben (§ 242 BGB) etwas anderes gebieten. Ein solcher Ausnahmefall wird nicht schon dadurch begründet, dass eine Geschäftsaufgabe aus wirtschaftlichen Gründen unabweisbar wird (vgl. OLG Düsseldorf OLGR 1992, 100 m. w. N.). Der vorzeitig ausziehende Mieter wird selbst dann nicht automatisch aus der Haftung entlassen, wenn der Vermieter eine Neuvermietung vornimmt (vgl. OLG Düsseldorf OLGR 1998, 46). Die Auslegung des Parteiverhaltens kann aber ergeben, dass sich der Vermieter trotz Fehlens einer diesbezüglichen Verpflichtung damit einverstanden erklärt hat, dass der neue Mietvertrag an die Stelle des alten tritt und der ursprüngliche Mieter somit aus der Haftung entlassen wird (vgl. OLG Düsseldorf a. a. O.; LG Gießen ZMR 1987, 471). Allein die gegenüber dem auszugswilligen Mieter geäußerte Bereitschaft des Vermieters, vom Mieter vorgeschlagene Mietinteressenten als Mietnachfolger in Betracht zu ziehen, hat in der Regel nicht die Bindungswirkung einer mietvertraglich vereinbarten Ersatzmieterklausel (vgl. OLG Hamburg OLGR 1997, 135).

Aus Mietersicht kann ein besonderes Interesse daran bestehen, Nach- oder Ersatzmieter stellen zu dürfen, denn der für die Einrichtung von Arztpraxen erforderliche Investitionsaufwand ist oft sehr hoch. Im Falle einer persönlichen Verhinderung an der Führung der angemieteten Praxis (etwa infolge von Krankheit, beruflicher Umorientierung oder Umzug) drohen zumal für den Berufsanfänger existenzgefährdende Vermögenseinbußen, wenn die Investitionen nicht einer werterhaltenden Weiternutzung zugeführt werden können. Durch eine Vertragsübernahme wird nach ganz h. M. eine vertragliche Gesamtnachfolge bewirkt. Sie setzt voraus, dass der Vertrag in seiner Identität erhalten bleibt und lediglich ein Wechsel in der Person der Vertragsparteien eintritt (BGHZ 95, 88). Eine Vertragsübernahme kommt entweder durch einen dreiseitigen Vertrag oder durch eine Vereinbarung zwischen zwei Beteiligten und die Zustimmung des Dritten zustande. Rechtlich wird eine solche **Vertragsübernahme** im Regelungsbereich der §§ 398 ff., 414 ff. BGB angesiedelt. Wenngleich das Gesetz diesen Vertragstypus nicht ausdrücklich vorsieht, folgt aus den im BGB geregelten Fällen eines gesetzlichen Vertragsübergangs (§ 566 BGB für Miet-, § 613 a BGB für Arbeitsverhältnisse), dass dieses rechtliche Konstrukt mit dem System des Gesetzes ohne weiteres vereinbar ist (vgl. BGHZ 44, 229, 231 = NJW 1966, 499; BGH, NJW 2003, 2158; MünchKomm-BGB/*Roth*, 2007, § 398 Rdn. 4; vgl. ferner MünchKommBGB/*Möschel* vor §§ 414 ff. Rdn. 7; Palandt/*Grüneberg* § 398 Rn. 38 f.). Die Abgrenzung zwischen Ersatzmieterstellung, Vertragsbeitritt, Bürgschaft, Schuldbeitritt, befreiender Schuldübernahme, Mietgarantieerklärung und Vertragsübernahme kann oft schwierig sein, wenn ein bestehendes Mietverhältnis durch das Hinzutreten eines neuen (Mit-)Mieters auch hinsichtlich der bereits bestehenden Altverbindlichkeiten neu geregelt wird.

Am weitesten reichen zugunsten des Mieters solche Vereinbarungen, die ihm einen Praxisverkauf mit der Maßgabe ermöglichen, dass der Vermieter den Praxiserwerber zu denselben (oder in bestimmter Weise anders festzulegenden) Konditionen als Nachmieter akzeptieren muss. In solchen Fällen kann sich der Vermieter schadensersatzpflichtig machen, wenn er sich weigert, einen Mietvertrag mit dem Erwerber zu schließen (vgl. LG Berlin Grundeigentum 1992, 1099). Der Mieter kann sich mit einer solchen Vertragsgestaltung nicht nur einen Ausgleich für die von ihm getätigten Investitionen, sondern auch für den von ihm erwirtschafteten „good will" sichern. Auf einen strikten Kontrahierungszwang zum Abschluss eines Mietvertrags mit dem Praxiserwerber wird sich ein Vermieter aber nur in Ausnahmefällen einlassen wollen.

Häufiger sind Ersatzmieterklauseln, die dem Mieter unter bestimmten Voraussetzungen eine Loslösung vom Mietvertrag unter **Gestellung von Ersatzmietern** gestatten, hinsichtlich derer der Vermieter wiederum ein Prüfungs- und Ablehnungsrecht hat. Der BGH (NJW-RR 1992, 1032) hält den vollständigen Ausschluss einer Ersatzmietergestellung auch im Bereich der Geschäftsraummiete für nicht möglich. Reglementierungen, welche die Gestellung eines Ersatzmieters von bestimmten Voraussetzungen in der Person des Mieters (etwa der Berufsunfähigkeit, vgl. BGH WuM 1984, 54) oder des Ersatzmieters abhängig machen (z.B. Bonität, fachliche Eignung, vgl. hierzu Bub/Treier/ *Bub* II Rdn. 418 m.w.N.; *Heile* ZMR 1990, 249 m.w.N.), sind dagegen möglich. Das Formular regelt ein dergestalt beschränktes Recht des Mieters zur Ersatzmietergestellung. Insbesondere derjenige Vermieter, der an der Vermietung an einen Arzt interessiert ist, kann sich mit einer solchen Vertragsgestaltung eine kontinuierliche wirtschaftliche Verwertung der Mietsache unter Aufrechterhaltung des Mietzwecks sichern. Der Mieter kann durch die Möglichkeit der Einflussnahme auf die Auswahl des nachfolgenden Mieters seine Interessen wahren und auf eine Inventarübernahme hinwirken.

**17.** Zur Untervermietung und zur Problematik ihres vertraglichen Ausschlusses vgl. zunächst die Anm. 53 ff. zu Form. A. VI. 1. Der formularmäßige Ausschluss der Untervermietung erscheint bei der vorgeschlagenen Ersatzmieterklausel, die dem Mieter die gänzliche Entlassung aus dem Vertragsverhältnis ermöglicht, als unbedenklich.

**18.** Das Formular führt – beispielhaft – Gründe auf, unter denen eine Ersatzmietergestellung in Betracht kommen kann. Weitere Gründe – bis hin zur Gestattung einer uneingeschränkten Ersatzmietergestellung – sind denkbar.

**19.** Das Formular regelt in Ziff. (3) das vom Mieter ausgehende Angebot zur Ersatzmietergestellung und geht von dessen Annahme mit dem Abschluss des Folgemietvertrags aus. Die Mitteilungspflicht des Vermieters folgt aus § 130 Abs. 1 BGB, denn gegenüber dem ursprünglichen Mieter beinhaltet der Vertragsschluss als Annahmeerklärung des Vermieters eine Willenserklärung gegenüber einem Abwesenden.

**20.** Weitere Regelungen sind denkbar. Umstritten ist die Wirksamkeit einer formularmäßigen Bestimmung, wonach der Vermieter die Stellung eines Ersatzmieters davon abhängig macht, dass der Mieter für die gegen den Ersatzmieter entstehenden Forderungen zu bürgen hat, bis der Ursprungsvertrag nach den hierin getroffenen Regelungen infolge ordentlicher Kündigung oder Zeitablauf endigt (die Wirksamkeit bejahend: Bub/ Treier/*Bub* II Rdn. 419; verneinend: OLG Düsseldorf NJW-RR 1994, 1025).

**21.** Das Formular sieht vor, dass der Vermieter sich auf eine Ersatzmietergestellung nur dann einlassen muss, wenn der **Ersatzmieter** für eine bestimmte Mindestvertragsdauer abschlussbereit ist. Dadurch soll vermieden werden, dass der Vermieter sich auf kurzfristige Übergangslösungen einlassen muss. Bei nur kurzer Restlaufzeit ist dem Mieter ein Festhalten am Vertrag zumutbar.

Anstelle der Festschreibung der alten Vertragsbedingungen können die Parteien auch bestimmte Modifizierungen für den Nachfolgevertrag vereinbaren. Das wird insbesondere dann in Betracht kommen, wenn der Altvertrag Regelungen enthält, die sich speziell aus der Beteiligung des originären Mieters erklären und mit dessen Ausscheiden obsolet werden.

**22.** Zur Ablehnung berechtigende Bedenken können sich etwa ergeben, wenn der Ersatzmieter erst in fortgeschrittenem Alter erstmals eine eigene Arztpraxis führen will, wenn von ihm früher eingegangene Mietverhältnisse wegen Zahlungsverzugs oder sonstiger erheblicher Vertragsverstöße vorzeitig aufgekündigt wurden oder wenn er berechtigtem Auskunftsverlangen nach seiner Bonität nicht nachkommt.

**23.** Durch einen Praxisverkauf, mit dem sich der Mieter auch den sog. good will sichern kann, soll nach dem Formular keine Schlechterstellung des Vermieters bewirkt werden. Soweit etwa Einrichtungen an den Ersatzmieter veräußert werden, die nach § 17 (2) entschädigungslos in der Mietsache verbleiben sollen, macht sich der Mieter jedenfalls ersatzpflichtig.

**24.** Vgl. § 17 (3).

**25.** Das Formular regelt lediglich die Klarstellung, dass das Ausscheiden des ursprünglichen Mieters nicht diejenigen Pflichten aufleben lässt, die für den Fall der Beendigung des Mietverhältnisses allgemein niedergelegt sind (vgl. §§ 17, 19). Der Mieter muss also in diesem Übergangsstadium nicht zurückbauen oder eine Endrenovierung durchführen.

# 5. Mietvertrag über eine Lagerhalle[1] (zugleich zur Anmietung eines noch zu errichtenden Objekts)[2]

Mietvertrag

zwischen

......

(Vermieter)

und

......

(Mieter)

§ 1 Mietobjekt[3]

(1) Vermietet wird auf dem Grundstück

......

(Straße, Hausnummer)

in ......

(PLZ, Ort)

eine Lagerhalle von ...... qm

nebst

**– Beispiele –**

| | |
|---|---|
| Büroraum | ...... qm |
| Personalraum | ...... qm |
| Heiz- und Versorgungsraum | ...... qm |
| Duschraum/WC | ...... qm |
| Freifläche als Lagerplatz gemäß beigehefteter Planskizze | ...... qm |
| Kfz-Stellplätzen gemäß beigehefteter Planskizze | ...... qm |

(2) Der Vermieter hat für die Mietflächen ein Aufmaß erstellt. Die innerhalb von Gebäuden befindlichen Flächen sind dabei so ermittelt worden, dass Innenwände, Stützpfeiler, Mauervorsprünge und -vertiefungen übermessen wurden. Die Mietfläche berechnet sich somit nach dem Maß von Innenseite zu Innenseite der Umfassungswände. Die so ermittelten Mietflächen beinhalten die vertraglich vereinbarte Flächengröße.[4]

### § 2 Mietzweck

(1) Die Vermietung erfolgt zum Betrieb einer/eines[5]

**– Beispiele –**

1. Lagers für pharmazeutische Produkte,
2. Auslieferungslagers für Lebensmittel,
3. Lagers für Farben und Lacke.

(2) Eine von Ziff. (1) abweichende Nutzung ist dem Mieter nur nach vorheriger schriftlicher Erlaubnis durch den Vermieter gestattet.

### § 3 Übergabe und Ausstattung der Mieträume, Zufahrt

(1) Die Lagerhalle ist vom Vermieter in einem mangelfreien baulichen Zustand zu übergeben.

(2) Mit Rücksicht auf die beabsichtigte Nutzung wird der Mieter ausdrücklich auf folgende Umstände hingewiesen:[6]

**– Beispiele –**

1. Die vermieteten Außenflächen sind nicht zu angrenzenden, anderweitig genutzten Nutzflächen hin umfriedet oder sonst abgeschlossen.
2. – Beispiel: Lager für pharmazeutische Produkte –
   Die Lagerhalle verfügt nicht über elektronische Diebstahls- und Einbruchssicherungsanlagen und weist lediglich ein einfach verschließbares Hallentor aus Holz auf.
4. – Beispiel: Auslieferungslager für Lebensmittel –
   Die Lagerhalle verfügt über keine Dachisolierung und keine Klimaanlage.
5. – Beispiel: Möbellager –
   Die Lagerhalle verfügt über keine Brandschutzanlage.

(3) Der Vermieter verpflichtet sich, in der Mietsache vor dem mit diesem Vertrag festgelegten Mietbeginn auf seine Kosten folgende Arbeiten durchzuführen:[7]
......

Zwischen den Vertragsparteien besteht Einigkeit darüber, dass für die Übergabe der Mietsache keine weiter gehenden Renovierungs- und Herstellungspflichten des Vermieters bestehen und dass für die Erreichung des Mietzwecks etwa zusätzlich erforderlich werdende Vorkehrungen vom Mieter auf eigene Kosten und für eigene Rechnung zu veranlassen sind. Die in Ziff. (2) bezeichneten Umstände stellen den vertragsgemäßen Zustand der Mietsache im Übrigen nicht in Frage und begründen insbesondere keinen Sachmangel im Sinne von § 536 BGB.

(4) Zugang und Zufahrt zu den vermieteten Nutzflächen erfolgen über ......[8]

## § 4 Mietbeginn, Mietdauer (s. Form. A. VI. 1)

## § 5 Mietzins, Nebenkosten,

(1) Die monatliche Grundmiete beträgt[9]

– Beispiele –

| | | |
|---|---|---|
| 1. Innenräume | ...... qm zu je ...... EUR, also | ...... EUR, |
| 2. Lagerplatz/Freifläche | ...... qm zu je ...... EUR, also | ...... EUR, |
| 3. Kfz-Stellplätze | ...... qm zu je ...... EUR, also | ...... EUR, |

zuzüglich der jeweils geltenden gesetzlichen MWSt.

von zur Zeit ...... %, das sind ...... EUR.

Bei Mietbeginn beträgt die monatliche Grundmiete somit ...... EUR.

(2) Neben der Grundmiete hat der Mieter sämtliche für das Mietobjekt anfallenden Betriebskosten im Sinne von § 2 BetrKV zu tragen.

(3) Auf die Betriebskosten hat der Mieter zusammen mit den Mietzahlungen monatliche Vorauszahlungen in Höhe von ...... EUR. zu leisten. Die monatliche Gesamtleistung des Mieters beträgt somit bei Mietbeginn ...... EUR.

## § 6 Wertsicherungsklausel, Erhöhung der Betriebskostenvorauszahlungen (s. Form. A. VI. 1)

## § 7 Zahlung von Miete und Nebenkostenvorauszahlung, Verrechnung von Zahlungen (s. Form. A. VI. 1)

## § 8 Aufrechnung, Zurückbehaltungsrecht (s. Form. A. VI. 1)

## § 9 Herstellungs- und Nutzungsbefugnisse des Mieters:

(1) Der Mieter ist auf eigene Kosten und für eigene Rechnung zur Durchführung folgender Maßnahmen in der Lagerhalle berechtigt:[10]

– Beispiele –

Der Mieter darf

• in der Lagerhalle Trockenbauzwischenwände zwecks Unterteilung mehrerer Lagerräume, eines Ausstellungsraums und eines Verpackungsraums ziehen.
• im Bereich ...... einen Kühlraum installieren.
• im Deckenbereich ...... einen Laufkran anbringen.
• eine Luftaustausch- und Klimaanlage installieren.
• auf dem straßenwärts gelegenen Grundstücksbereich ein auf seinen Betrieb verweisendes Hinweis- und Werbeschild aus emailliertem Metall mit einer Höhe von maximal ...... cm und einer Breite von maximal ...... cm installieren.

(2) Soweit der Mieter im Rahmen des vertraglichen Mietgebrauchs die Installation weiterer Anschlüsse und technischer Einrichtungen, insbesondere für Apparaturen der Lagerhaltung und -sicherung, für Telekommunikation, Energieversorgung, Datenverarbeitung sowie für Luft- und Klimatechnik wünscht, hat er auch die dafür erforderlichen Vorkehrungen in eigenem Namen und für eigene Rechnung zu treffen. Soweit solche Installationen und Einrichtungen bauliche Eingriffe und Verände-

rungen erforderlich machen, ist der Mieter hierzu nur mit der ausdrücklichen Zustimmung des Vermieters berechtigt.

(3) Sämtliche nach Ziff. (1) gestatteten und ggf. nachträglich genehmigten Einrichtungen sind vom Mieter auf eigene Kosten und für eigene Rechnung fachgerecht herzustellen, zu erhalten, zu sichern und ggf. instand zu setzen. Der Mieter stellt den Vermieter von jeglicher Inanspruchnahme frei, die im Zusammenhang mit den bezeichneten Einrichtungen und den vorstehend aufgeführten Mieterpflichten steht.

(4) Die Gestattung der in Ziff. (1) sowie nachträglich bewilligter Maßnahmen ergeht unter Ausschluss jeglicher Zusicherung und Gewähr für ihre Realisierbarkeit sowie vorbehaltlich der Rechte Dritte, öffentlich rechtlicher Verbote, Beschränkungen und Genehmigungspflichten. Die fehlende Durchführbarkeit der betreffenden Maßnahmen begründet für den Mieter kein wie auch immer geartetes Gegenrecht.

(5) Etwa erforderliche Zustimmungen oder Erlaubniserteilungen Dritter hat der Mieter auf eigene Kosten selbst einzuholen. Der Vermieter sagt dem Mieter seine Mitwirkung zu, soweit es ihrer für die Einholung solcher Erklärungen bedarf.

### § 10 Besondere Pflichten des Mieters

Mit Rücksicht auf den beabsichtigten Gebrauch der Lagerhalle verpflichtet sich der Mieter zu folgenden Maßnahmen:[11]

– Beispiele –

1. Der Mieter hat auf eigenen Namen und für eigene Rechnung für die gesamte Dauer der Mietzeit eine Gebäudefeuerversicherung als zusätzliche Sachversicherung sowie eine Gebäudesachversicherung und -haftpflichtversicherung abzuschließen, die sich auch auf die Haftungsbereiche Glasschäden, Gas- bzw. Öltank erstreckt.[12]
2. Der Mieter übernimmt sämtliche Verkehrssicherungspflichten und die uneingeschränkte Haftung für einzulagernde Gefahrstoffe jeglicher Art. Er hat auf eigene Kosten und für eigene Rechnung für die Herstellung von Aufbewahrungs- und Schutzvorkehrungen zu sorgen, die eine sichere Lagerung gewährleisten.[13]
3. An- und Auslieferungen von Waren dürfen an Werktagen nicht vor ...... Uhr beginnen und nicht länger als ...... Uhr andauern. An Samstagen, Sonntagen und an gesetzlichen Feiertagen ist ein Lieferverkehr mit LKW nicht gestattet.[14]
4. Dem Mieter obliegt es in eigener Zuständigkeit, in Abstimmung mit den hierfür zuständigen Behörden und Entsorgungsunternehmen für die Entsorgung von Müll jeglicher Art und insbesondere von Chemikalien, Gefahrstoffen und sonstigem Sondermüll zu sorgen. Sämtliche Kosten, die mit der Entsorgung solcher Stoffe in Zusammenhang stehen, trägt der Mieter unmittelbar im Benehmen mit den hierfür zuständigen Unternehmen und Behörden. Der Mieter stellt den Mieter von jeder Inanspruchnahme frei, die im Zusammenhang mit der Entsorgung der bezeichneten Stoffe steht.

### § 11 Konkurrenzschutz

Konkurrenzschutz wird dem Mieter nicht gewährt.[15]

### § 12 Betriebskostenabrechnung[16] (s. Form. A. VI. 1)

### § 13 Mietkaution (s. Form. A. VI. 1)

**§ 14 Erhaltung und Instandsetzung der Mieträume, Haftungsausschluss, Anzeige von Mängeln und Gefahren**

(1) Der Vermieter hat die Mieträume hinsichtlich der grundlegenden konstruktiven Bauteile (Arbeiten an Dach und Fach) instand zu halten und zu reparieren. Dem Vermieter obliegt außerdem die Erhaltung und Instandhaltung der zentralen Heizungs- und Warmwasseranlage. Er hat ferner zu gewährleisten, dass die baulichen Voraussetzungen für diejenigen Anschlüsse gegeben sind, derer es für die Grundversorgung mit Wasser, Gas und elektrischer Energie und für die Entwässerung in dem bei Mietbeginn vorhandenen Standard bedarf.

(2) Im Übrigen obliegt die fachgerechte Durchführung sämtlicher Erhaltungs- und Instandsetzungsmaßnahmen dem Mieter. Der Mieter hat regelmäßig alle Schönheitsreparaturen einschließlich des Außenanstrichs von Türen und Fenstern und des Heizkörperanstrichs durchzuführen. Er hat die ihm zur Nutzung überlassenen Inventarteile und alle in den Mieträumen befindlichen technischen Anlagen einschließlich der Installationen für Gas, Strom, Wasser, Abwasser und Beleuchtung auf seine Kosten zu pflegen, zu warten und instand zu halten. Die Mietsache ist stets in gebrauchsfähigem und gepflegtem Zustand zu halten. Die Abnutzung der Mieträume ist auf das bei vertragsgemäßem Mietgebrauch unbedingt erforderliche Ausmaß zu beschränken.

(3) Etwaige Mängel der Mietsache, drohende Gefahren für die Mieträume und die Anmaßung von Rechten Dritter an der Mietsache hat der Mieter dem Vermieter unverzüglich anzuzeigen (§ 536 c BGB). Die Pflicht zur unverzüglichen Anzeige erstreckt sich auch auf Gefahren für das Eigentum, das Leben, den Körper, die Gesundheit und sonstige Rechte Dritter, soweit deren Interessen durch die Mietsache und den von ihr gemachten Gebrauch in nicht nur unerheblichem oder verkehrsüblichem Umfang betroffen sind.

**§ 15 Betreten der Mieträume (s. Form. A. VI. 1)**

**§ 16 Bauliche Eingriffe und Veränderungen**

(1) Der Vermieter ist nach vorheriger Ankündigung berechtigt, Umbauten, Modernisierungsarbeiten und Reparaturen in den Mieträumen und angrenzenden Bauteilen durchzuführen, wenn dies zur Erhaltung oder Verbesserung der Mieträume oder angrenzender Bauteile, zur Einsparung von Energiekosten oder zur Abwehr und Beseitigung von Schäden und Gefahren für die Mieträume oder angrenzende Bauteile zweckdienlich ist.

(2) Die in Ziff. (1) bezeichneten Maßnahmen hat der Mieter grundsätzlich entschädigungslos zu dulden. Der Mieter kann vom Vermieter ausnahmsweise eine angemessene Herabsetzung der Grundmiete verlangen, wenn die vom Vermieter veranlassten Arbeiten eine so erhebliche Beeinträchtigung im Mietgebrauch bewirken, dass die Fortentrichtung der vollen Miete für den Mieter unbillig wäre. Mit weitergehenden Ansprüchen ist der Mieter wegen der in Ziff. (1) bezeichneten Maßnahmen ausgeschlossen.

(3) Soweit dieser Vertrag nicht bereits ausdrückliche Regelungen zur Vornahme von Umbauten und anderen baulichen Maßnahmen enthält[17], darf der Mieter bauliche Veränderungen an den Mieträumen und an den technischen Einrichtungen und Versorgungsanlagen nur dann vornehmen, wenn der Vermieter dem zuvor zugestimmt hat. Die Zustimmung des Vermieters kann der Mieter nur für solche

Maßnahmen verlangen, die dem in § 2 festgelegten Mietzweck dienen. Der Vermieter kann die Erlaubnis bei Vorliegen eines wichtigen Grundes verweigern.

**§ 17 Wegnahme von Einrichtungen, Rückbau, Aufwendungsersatz (s. Form. A. VI. 1)**

**§ 18 Kündigung (s. Form. A. VI. 1)**

**§ 19 Rückgabe der Mietsache, Nutzungsentschädigung (s. Form. A. VI. 1)**

**§ 20 Ausschluss von § 545 BGB (s. Form. A. VI. 1)**

**§ 21 Untervermietung (s. Form. A. VI. 1)**

**§ 22 Ankündigungsfrist (s. Form. A. VI. 1)**

**§ 23 Vertragsänderung, Nebenabreden (s. Form. A. VI. 1)**

...........                                ...........

(Vermieter)                                      (Mieter)

*Schrifttum: Borutzki-Pasing,* Klauselkontrolle in der Gewerberaummiete, NZM 2004, 161; *Sieg,* Die Zulässigkeit von Haftungsüberwälzungen unter Versicherungsaspekten, BB 1993, 149.

## Anmerkungen

**1.** Gewerblich angemietete Lagerräume werden in vielen wirtschaftlichen Bereichen genutzt. Der bloße Mietvertrag über Lagerflächen wird dabei bereits eher der Ausnahmefall sein, denn logistische Systeme finden immer breitere Anwendung. Abläufe der Transport- und Verkehrsführung, der Lagerhaltung und -verwaltung sowie von Vertriebs- und Kommissioniervorgängen werden im Zuge komplexer Dienstleistungen miteinander verknüpft, um Ressourcen einzusparen und Kosten zu optimieren. Die vertragliche Umsetzung logistischer (Komplett-) Systeme verlässt die mietrechtliche Thematik, denn in diesem Rahmen stehen mischvertragliche Konstruktionen in Rede, bei denen dienstleistungsrechtliche und werkvertragsrechtliche Komponenten die mietrechtlichen Aspekte in den Hintergrund drängen können. Das Formular orientiert sich daher an einer Gebrauchsüberlassung, innerhalb derer der Mieter den Mietgebrauch weitgehend selbst und ohne Einbindung in übergreifende logistische Konzepte abwickelt.

**2.** Die Vermietung von Lager- und Werkhallen dient häufig ganz speziellen Gebrauchszwecken, die **besondere technische und bauliche Vorkehrungen** erfordern. Nicht selten werden entsprechende Räumlichkeiten bedarfsgerecht für ganz bestimmte Mieter hergestellt. Auch ansonsten (namentlich bei der Errichtung von Einkaufs-, Büro und Industriezentren) kann noch vor der Errichtung der Mieträume ein naheliegendes Interesse daran bestehen, zwecks Förderung alsbaldiger Vollauslastung frühzeitig abzuklären, ob und welche Mietinteressenten vorhanden sind. Sowohl die Investitionsentscheidung des Eigentümers/Vermieters als auch die Ausgestaltung der Bauplanung können wesentlich vom Ergebnis frühzeitiger Akquisition abhängen. In diesem Rahmen eröffnet sich der Regelungsbereich von **Mietverträgen über noch zu errichtende Räumlichkeiten:**

Eine erste Weichenstellung liegt bei der Vertragsanbahnung in der Entscheidung, ob über das zu errichtende Objekt ein **Vorvertrag** geschlossen werden soll (vgl. dazu im Einzelnen zu Form. A. V. 2) oder ob sogleich ein Mietvertrag niedergelegt werden kann. Haben die Parteien vereinbart, zu einem späteren Zeitpunkt einen Mietvertrag über erst noch zu errichtende Wohnräume zu schließen, ist die vor deren Errichtung auf Abschluss eines solchen Mietvertrags gerichtete Klage auch dann als zur Zeit unbegründet abzuweisen, wenn der künftige Vermieter das Baugrundstück zwischenzeitlich an einen Dritten übereignet hat. Selbst wenn der künftige Vermieter in einem solchen Fall aus Rechtsgründen gehindert sein sollte, den vereinbarten Mietvertrag nach Fertigstellung des Gebäudes noch abschließen zu können, kämen für den anderen Vertragsteil jedenfalls entsprechende Ersatzansprüche wegen Nichterfüllung in Betracht (vgl. OLG Brandenburg OLG-NL 1998, 54).

Im Zweifel sollten die Parteien den Weg mietvertraglicher Abreden beschreiten. Der Abschluss eines Mietvertrags zwingt die Parteien, alle mit einem Bauvorhaben typischerweise einhergehenden Unwägbarkeiten und Risiken (z. B. in Bezug auf die Realisierbarkeit, die Art der Bauausführung und deren Genehmigungsfähigkeit, die Mietfläche und die endgültige Höhe des Mietzinses) zu bedenken und entsprechende Vertragsbedingungen und Leistungsvorbehalte festzulegen. Demgegenüber besteht beim Vorvertrag die Gefahr, dass vermeintlich periphere Vertragspunkte offen gelassen werden, die später zu Auseinandersetzungen führen und es letztlich erforderlich machen, den abschließenden Vertragsinhalt richterlich bestimmen zu lassen. Dies birgt wiederum das Risiko, dass die ursprünglichen Vorstellungen der Vertragsparteien im endgültigen Vertrag nur teilweise eine Entsprechung finden. Dem gemäß ist beim Mietvertrag über noch zu errichtende Mieträume das besondere Augenmerk auf solche Vertragsaspekte zu richten, die sich speziell daraus ergeben, dass nicht sämtliche Vertragsaspekte abschließend überblickt werden können.

Eine erste Hürde ist bei der **hinreichend bestimmten Beschreibung der Mieträume** und ihrer räumlichen Zuordnung zu nehmen (zu den Folgen fehlender Konkretisierung vgl. BGH NZM 2000, 184). Dabei wird maßgeblich auf Bauplanungsunterlagen zurückzugreifen sein (zur Urkundeneinheit bei der vertraglichen Verweisung auf Anlagen vgl. BGH NZM 1999, 761 = NJW 1999, 2591), etwa wie folgt:

(1) Vermietet werden ca. ...... qm Lagerhallenfläche nebst ...... Büroräumen von jeweils ca. ...... qm und einem Personalraum von ca. ...... qm.

(2) Die Lage der Räumlichkeiten ergibt sich aus dem beigehefteten Lageplan, der die Mietfläche schraffiert ausweist.

(3) Die Parteien sind sich darüber einig, dass die Größe der in Ziff. (1) bezeichneten Nutzflächen bauplanerischen und baugestalterischen Vorbehalten unterliegt und dass sich insoweit noch Änderungen ergeben können. Abweichungen der tatsächlichen Mietfläche von der in Ziff. (1) angegebenen Fläche sind für die gesamte Vertragsabwicklung unerheblich, wenn die Abweichung nicht mehr als ......% beträgt.

Wenn sich bei Vertragsschluss bereits eine bestimmte Entwicklung des Bauvorhabens oder bestimmte Alternativen abzeichnen, sind diese – ggf. unter Regelung von Rücktrittsrechten – ausdrücklich anzuführen, um dem späteren Streit über das Vorliegen eines Sachmangels vorzubeugen (vgl. hierzu insbesondere die Anmerkungen zu Form. A. VI. 2 §§ 3 und 6). Dies könnte in Fortführung obigen Beispiels wie folgt geschehen:

(3) ... Wegen eines eingelegten Nachbarwiderspruchs kann nicht ausgeschlossen werden, dass die Lagerhalle mit größerem Grenzabstand zum Nachbargrundstück ...... errichtet werden muss und dass sich die effektive Lagerfläche dadurch um bis zu ...... qm verringert. Wirksamkeit und Regelungszusammenhang dieses Mietvertrags werden durch eine solche Flächenreduzierung insgesamt nicht tangiert [alternativ: vorbehaltlich einer Anpassung der Miethöhe an die veränderte Flächengröße nach näherer Maßgabe von § ......]. Die Flächenreduzierung begründet insbesondere keinen Mangel der Mietsache im Sinne von § 536 BGB.

Die Neuerrichtung eines Mietobjekts ermöglicht die **Berücksichtigung von Planungs- und Ausstattungswünschen des Mieters.** Dies indiziert jedenfalls dann, wenn damit Mehrkosten einhergehen, eine Kostenbeteiligung des Mieters. Ein – ggf. verlorener – Baukostenzuschuss kann auch ansonsten ausgehandelt werden. Die Kostenbeteiligung des Mieters kann in die Kalkulation des Mietpreises eingestellt werden. Bei baulichen Maßnahmen und Einrichtungen, die speziell dem Mietgebrauch dienen und den Wert der

Mietsache als solcher nicht erhöhen, wird aber ggf. ein unmittelbares Herstellungsrecht des Mieters oder eine unmittelbare Baukostenbeteiligung des Mieters in Betracht kommen. Baukostenzuschüsse können im Kündigungsfall erhebliche **Bereicherungsansprüche** auch gegen einen Ersteher auslösen (vgl. Emmerich in: Emmerich/Sonnenschein, Miete, 8. Aufl. 2003, § 566 b Rn. 2 m. w. N.). Die Beschränkung des § 566 c BGB gilt nicht in Ansehung von Baukostenzuschüssen (BGHZ 53, 35). Daran hat die Aufhebung des § 57 c ZVG nichts geändert. Bei einem Vermieterwechsel im Wege der Zwangsversteigerung ist nicht derjenige Bereicherungsschuldner, der im Zeitpunkt der Vornahme der Investitionen Vermieter war, sondern der Ersteigerer, der die Mietsache vorzeitig zurückerhält (vgl. BGH GuT 2009, 184 in Fortführung von BGH NJW-RR 2006, 294).

Vereinbarungen über Zuschüsse des Mieters entziehen sich weitgehend einer Generalisierung. Wichtig ist im Rahmen des Vertragsschlusses, möglichst alle Kosten zu erfassen und abschließend zu regeln, die mit den baulichen Maßnahmen (und ggf. auch mit dem Rückbau bei Beendigung des Mietverhältnisses) einhergehen können.

**– Beispiel –**

(1) Der Mieter wünscht den Einbau von zwei Hebebühnen, die besondere Gründungs- und Verankerungsmaßnahmen erforderlich machen. Die Herstellung ist dem Mieter nach Maßgabe dieses Vertrags gestattet.

(2) Art und Umfang der dem Mieter gestatteten Arbeiten ergeben sich aus den beigehefteten Planungsunterlagen des Sonderfachmanns. ......

(3) Für alle zur Herstellung der Hebebühnen erforderlichen Genehmigungen, Materialanschaffungen und Arbeitsaufträge hat allein der Mieter Sorge zu tragen.

(4) Da die Herstellung der Hebebühnen mit der allgemeinen Bauplanung und -ausführung zu koordinieren ist, unterwirft sich der Mieter insoweit der Bauaufsicht des vom Vermieter beauftragten Architekten ...... Der Mieter hat die von ihm zu beauftragenden Lieferanten, Werkunternehmer und Sonderfachleute vertraglich zu verpflichten, den im Rahmen der Bauaufsicht erfolgenden Anordnungen des Architekten Folge zu leisten.

(5) Für die Planungs- und Aufsichtstätigkeit des Architekten hat der Mieter einen pauschales Entgelt in Höhe von ...... EUR an den Vermieter zu zahlen, das mit ...... fällig wird.
[alternativ: einen Anteil von ...... % der Schlussrechnungssumme des Architekten zu zahlen]

(6) Für die an den Hebebühnen durchzuführenden Arbeiten gilt folgender Zeitplan: ......
Der Mieter hat sämtliche von ihm zu beauftragenden Lieferanten, Werkunternehmer und Sonderfachleute vertraglich zur Einhaltung des Zeitplans zu verpflichten. Sämtliche Behinderungen und Verzögerungen in der Bauplanung und -ausführung, die durch vom Mieter beauftragte Personen und Firmen verursacht werden, hat der Mieter gegenüber dem Vermieter auch in eigener Person zu verantworten.

(7) Die Hebebühnen sind vom Mieter auf eigene Kosten und für eigene Rechnung fachgerecht herzustellen, zu warten, zu sichern und in einwandfreiem Zustand zu erhalten. Der Mieter hat auch für etwaige behördliche Genehmigungen und Abnahmen sowie für die Durchführung von TÜV-Prüfungen auf eigene Kosten Sorge zu tragen. Der Mieter stellt den Vermieter von jeglicher Inanspruchnahme frei, die im Zusammenhang mit der Herstellung, der Genehmigung und dem Betrieb dieser Einrichtungen stehen. ......

Von besonderer Virulenz kann die Problematik sein, für welche Verhältnisse der Vermieter einzustehen hat, wenn ein noch zu errichtendes Objekt vermietet wird. Das gilt insbesondere für die Vermietung in größeren (Geschäfts-/Einkaufs-)Zentren, bei denen es den Mietern maßgeblich auf die erfolgreiche **Verwirklichung eines florierenden Gesamtkonzepts** ankommt, die (Kunden-)Akzeptanz vor Fertigstellung aber zwangsläufig noch weitgehend offen ist. Die Verwirklichung der Erwartung, in gemieteten Räumen als Unternehmer Gewinne zu erzielen und keine Verluste zu machen, gehört auch bei noch herzustellenden Mietobjekten grundsätzlich zum Risiko des Mieters und ist deshalb nicht Geschäftsgrundlage des Vertrags (vgl. hierzu die Anm. zu Form. A. VI. 3 § 4; vgl. ferner BGH NJW 1977, 2262; 1978, 2390; NJW 1981, 2405; OLG Rostock MDR 1999, 477; OLG München OLGR 1995, 205). Dies gilt regelmäßig auch dann, wenn die Mieträume in ein nach einheitlichem Gesamtkonzept errichtetes Industrie- oder Geschäftszentrum integriert sind und damit faktisch ihr wirtschaftlicher Erfolg wesentlich von der Funktionsfähigkeit der Gesamtanlage abhängt (vgl. BGH NJW 1981, 2405). Selbst wenn sich eine Beteiligung später als unternehmerische Fehlleistung herausstellt und die weitere Vertragsabwicklung die Gefahr des Vermögensverfalls des Mieters nach sich ziehen kann, rechtfertigt dies für sich noch kein Abweichen von der dargelegten Risikoverteilung.

Geplante Bauvorhaben bergen außerdem evidente Risiken in Bezug auf die Rechtzeitigkeit ihrer Verwirklichung. Bei Vertragsschluss bekannte Verzögerungsgefahren können dringenden Anlass für ausdrückliche Haftungsausschlüsse oder Garantiezusagen geben.

Ein **behördliches Nutzungsverbot,** eine wesentliche Nutzungsbeschränkung oder eine Genehmigungsversagung können einen Sachmangel im Sinne von § 536 BGB begründen (vgl. im Einzelnen Anm. 7 zu Form. A. VI. 2). Auch eine auf Jahre hinaus bestehende Unsicherheit über die Wirksamkeit einer behördlichen Verfügung, die ggf. das wechselseitig verfolgte Gesamtkonzept tangiert, kann die begründete Besorgnis der mangelnden Nutzbarkeit des Grundstücks zu dem vertragsgemäßen Gebrauch bewirken (vgl. BGH in WM 1971, 531, 532 = MDR 1971, 294).

Die **fehlende Baunutzungsgenehmigung** kann zur außerordentlichen Kündigung berechtigen. Eine kündigungsrelevante Ungewissheit entsteht für den Mieter aber nicht schon dann, wenn die Behörde ihn vom Verfahren unterrichtet und ihm Gelegenheit zur Stellungnahme gibt. Erforderlich ist, dass der Mieter davon ausgehen muss, dass mit ungewissem Ausgang auf Jahre hinaus über die Möglichkeit einer seinen Betrieb stilllegenden Untersagungsverfügung oder – im Falle ihres Erlasses – über deren Wirksamkeit gestritten wird (vgl. OLG Düsseldorf OLGR 2007, 508).

Wenn einem Gewerberaummieter durch Ordnungsverfügung mit Zwangsmittelandrohung die vertragsgemäße Nutzung des Mietobjekts (z. B. Büro/Lager) untersagt wird, ist er zur fristlosen Vertragskündigung berechtigt (vgl. BGH ZMR 2008, 274). Weigert sich der Vermieter, an der Herbeiführung einer Genehmigung einer Nutzungsänderung (hier: Nutzung einer ehemaligen Kfz-Werkstatt mit Lagerhalle für einen Cateringbetrieb) mitzuwirken, stellt dies nur dann einen Grund für die fristlose Kündigung des Mieters dar, wenn eine Erfüllung der behördlichen Auflagen für ihn mit erheblichem Aufwand verbunden wäre (vgl. BGH a. a. O.).

**Unvorhersehbare Kostensteigerungen** können sich auch in Bezug auf Betriebs- und Nebenkosten ergeben, wenn sich der genaue Kostenanfall vor Fertigstellung noch nicht abschließend überblicken lässt. Umstritten sind in diesem Zusammenhang sog. Mehrbelastungsklauseln, soweit sie die Geltendmachung neu entstehender Betriebskosten ermöglichen sollen. Das OLG Celle (ZMR 1999, 238) hat folgende Klausel für zulässig gehalten:

> **Alle auf das Mietobjekt entfallenden Betriebskosten gemäß der Anlage 3 zu § 27 II. BV [jetzt: § 2 BetrKV] gehen zu Lasten des Mieters. Neu entstehende Betriebskosten sind ab Entstehung dieser Kosten vom Mieter zu tragen.**

Das OLG Celle (a. a. O.) ist davon ausgegangen, dass lediglich solche Kostenarten als „neu" gemeint seien, die im Kostenkatalog der Verordnung aufgeführt seien. Demgegenüber hat das LG Hamburg (ZMR 1997, 358) folgende Klausel beanstandet:

Wenn Betriebskosten im Sinne von Grundbesitz belastenden Kosten einschließlich Gebührenabgaben und Steuern sich nach Abschluss des Mietvertrages erhöhen, neu entstehen oder im Rahmen einer ordnungsgemäßen Verwaltung nachträglich anfallen oder nicht aufgeführte Kosten entstehen, so ist der Vermieter berechtigt, die Mehrbelastung vom Tage des Inkrafttretens an umzulegen.

Für die Vertragsgestaltung ist zu empfehlen, in Bezug auf solche Kostenarten, hinsichtlich derer der künftige Anfall noch ungewiss ist oder ein besonderer Kostenanstieg droht, ausdrückliche Vorbehalte in den Vertrag aufzunehmen und sich nicht auf generalisierende Umlageklauseln zu verlassen.

**3.** Das Formular geht von der Anmietung separater Mietflächen/-räume aus. Bei Lagerhallen kann aber die Anmietung räumlich und organisatorisch unselbständiger Hallenbereiche in Betracht kommen, etwa nach Maßgabe folgender beispielhafter Alternativregelungen:

### § 1 Mietobjekt

(1) Vermietet werden auf dem Grundstück ......
folgende Teilflächen einer Lagerhalle: – einfügen Lagebeschreibung –

(2) Die vermietete Lagerfläche ist in dem diesem Mietvertrag beigehefteten Lageplan rot umrandet [oder schraffiert] dargestellt.

(3) Vermietet werden außerdem folgende Räumlichkeiten:

– **Beispiele** –

1 Bürocontainer im hinteren Bereich der Lagerhalle ......
1 Kundenbesuchsraum im Bereich ......

(4) Dem Mieter und seinem Personal ist im Rahmen des vertraglichen Mietzwecks außerdem die Mitbenutzung folgender Räumlichkeiten und Nutzflächen gestattet:

– **Beispiele** –

des Personalraums im Bereich ...... nebst Umkleide- und Duschraum,
des WC im Bereich ......,
der Parkbuchten im Bereich ......

(5) Zur Nutzung der in Ziff. (4) bezeichneten Räume und Flächen sind neben dem Mieter und seinen Mitarbeitern die Mieter der weiteren Lagerflächen sowie deren Mitarbeiten und die Mitarbeiter des Vermieters berechtigt. Hinsichtlich der Benutzung der Parkbuchten besteht kein Anspruch des Mieters auf Zuteilung und Reservierung bestimmter Stellplätze. ......

Die vermieteten Bereiche und die Nutzungsbefugnisse in Bezug auf gemeinsam mit anderen Mietern benutzte Flächen sind möglichst eindeutig zu kennzeichnen und zu beschreiben. Bei der Vermietung von Geschäftsräumen erstreckt sich das Recht des Mieters zur Nutzung der gemieteten Räume auf das Recht zur **Mitbenutzung der Grundstücksgemeinschaftsflächen** (vgl. BGH NJW 2007, 146; OLG Düsseldorf MDR 2009, 1157). Was hierzu gehört, kann bei Industrieobjekten aber sehr zweifelhaft sein, weshalb sich eine Konkretisierung der Gebrauchsrechte anhand eines Plans empfiehlt. Wenn ein Lageplan nur der Anschauung und Orientierung dienen soll, muss er nicht zwingend als Bestandteil des Vertrags von den Parteien unterzeichnet werden, soweit er keine rechtsgeschäftlichen Erklärungen enthält (vgl. BGH NZM 2001, 43).

Wenn nur ein **Teilbereich einer größeren baulichen Einheit** vermietet wird und eine Mitbenutzung bestimmter Funktionsbereiche geregelt werden soll, bedarf es der Konkretisierung, welche (Besitz-)Überlassungspflichten der Vermieter zu erfüllen hat, denn eine räumlich und zeitlich uneingeschränkte Gebrauchsüberlassung des Objekts wird dann nicht in Betracht kommen. Der BGH (NJW-RR 1989, 589) hat zu der Frage, was der Vermieter im Einzelfall tun muss, um seiner Pflicht zu genügen, dem Mieter die Mietsache zum Gebrauch zu überlassen, maßgeblich auf Art und Umfang des vertragsgemäßen Gebrauchs abgestellt. Zu diesem Gebrauch gehört nur dann der Besitz der Mietsache als solcher, soweit er für die Gebrauchsausübung notwendig ist (vgl. BGH a. a. O.; BGHZ 65, 137). Richtet sich der vertragsgemäße Gebrauch einer Lagerhalle nur auf zeitlich beschränkte oder nur eine gelegentliche, dem jeweiligen Bedarf angepasste Nutzung (z. B. An- und Auslieferungen von Waren in einem bestimmten Turnus) und ist daher eine vollständige Überlassung des Besitzes zur Ausübung des Gebrauchs nicht erforderlich, so stellt deren Fehlen die vertragliche Gebrauchsgewährung nicht in Frage (vgl. BGH a. a. O. m. w. N.). Zugangs- und Benutzungsrechte sollten in solchen Fällen aber in ihrer zeitlichen und räumlichen Geltung ausdrücklich festgelegt werden.

**4.** Bei großen Flächen kann die **Erstellung eines genauen Aufmaßes** aufwändig und kostenträchtig sein. Die Vertragsparteien werden oft kein besonderes Interesse daran haben, die Mietfläche DIN-gerecht zu ermitteln, wenn bereits ein vom Vermieter oder von den Parteien gemeinsam genommenes Grobaufmaß eine hinreichend Kalkulationsgrundlage bietet. Das Formular enthält einen Vorschlag für die Vereinbarung eines solchen Aufmaßes, das sodann ggf. in unterschiedliche Mietpreise – je nach Nutzungsart – umgesetzt werden kann. Die höchstrichterliche Rechtsprechung tendiert allerdings zunehmend dahin, Flächenangaben als schlechthin verbindlich zu behandeln (vgl. Form. A. VI. 1 Anm. 5).

**5.** Die **Bezeichnung des Verwendungszwecks** dient auch hier der Festschreibung des Vertrags- und Mietzwecks und kann insbesondere im Zusammenhang mit wechselseitigen Haftungsrisiken eine Rolle spielen (vgl. bereits Anm. 6 zu Form. A. VI. 1 und die Anm. zu § 10). Eine ungenaue Umschreibung des Mietzwecks kann zu Auslegungsschwierigkeiten führen, etwa wenn es im Vertrag heißt, dass mit einem bestimmten Betrieb auch damit verbundene Unternehmungen betrieben werden können (vgl. BGH NJW 1967, 564; zur Auslegung am Beispiel eines Tankstellenbetriebs und damit verbundener Betriebe vgl. OLG Düsseldorf ZMR 1989, 13). Bei großräumigen Lagerhallen wäre ggf. konkret einzugrenzen, ob und in welchem Umfang bestimmte Teilflächen etwa auch als Werkstatt, Verkaufsraum oder Ausstellungsflächen genutzt werden können. Andernfalls kann es über den Mietgebrauch und über die Auswirkungen zusätzlicher Nutzungen (auf benachbarte Ansiedlungen oder behördliche Genehmigungen und Auflagen) zu Auseinandersetzungen kommen.

**6.** Bei baulichen Objekten, wie etwa Werk- und Lagerhallen, die nicht von vorneherein für eine bestimmte gewerbliche Nutzung vorgesehen und ausgestattet sind, wird in Bezug auf die vom Mieter beabsichtigte Nutzung die Frage relevant, für welchen **Zustand** der Vermieter einzustehen hat (vgl. hierzu bereits Anm. zu Form. A. VI. 2 § 7) und ob auch ganz spezifische Aspekte des beabsichtigten Mietgebrauchs Bereitstellungspflichten des Vermieters auslösen. Der Vermieter sollte diejenigen Ausstattungsmerkmale, für die er nicht einstehen will, möglichst objekt- und nutzungsbezogen im Vertrag aufführen, um die Grenzen seiner Überlassungs- und Erhaltungspflichten im Sinne von § 535 Abs. 1 BGB festzulegen. Grundsätzlich besteht eine Aufklärungspflicht des Vermieters – nur – in Bezug auf solche Umstände, die den vom Partner verfolgten Vertragszweck vereiteln können und für dessen Entschluss von wesentlicher Bedeutung sind (vgl. BGH NJW-RR 1988, 1290; BGH NJW-RR 1990, 847). Andernfalls kommt eine Arglistanfechtung nach § 123 BGB in Betracht.

Das Formular regelt in Ziff. (2) und (3) beispielhaft die Vereinbarung und den **Ausschluss von Herstellungs- und Überlassungspflichten** in Bezug auf solche Vorkehrungen, die im Rahmen des Mietzwecks relevant werden können. Der Vermieter einer Lagerhalle sollte vor Abschluss des Mietvertrags eruieren, welchen konkreten Gebrauch der Mieter beabsichtigt und ob sich etwa aus der geplanten Einlagerung besonders wertvoller, verderblicher oder gefahrträchtiger Sachen ein Regelungsbedarf ergeben kann. Der Mieter sollte seinerseits darauf achten, ob der vorgegebene Standard seinen Gebrauchszwecken genügt. Wenn sich ein bestimmter Herstellungs- oder Veränderungsbedarf ergibt, sollte dieser ausdrücklichen Regelungen zugeführt werden (vgl. hierzu auch Anm. 2 und die dort angeführten Beispiele). Fehlen entsprechende Regelungen, hat der Vermieter zu befürchten, dass im Zweifel von einem Mangel ausgegangen wird, denn die Bereitstellung und Instandhaltung der Mietsache für den gewöhnlichen bzw. vertraglich vorausgesetzten Gebrauch ist grundsätzlich Aufgabe des Vermieters. Pauschale Anerkenntnis- und Besichtigungsklauseln, mit denen der Mieter den vorgegebenen Zustand als vertragsgerecht akzeptieren soll, stoßen auf Wirksamkeitsbedenken (vgl. hierzu Form. A. VI. 1 Anm. 8).

**7.** Aufzuführen wären die konkreten Renovierungs- und Herstellungspflichten, mit denen der Vermieter in Vorleistung treten soll. Für den Fall, dass der Mieter sich – teilweise – an den Kosten der durchzuführenden Arbeiten beteiligen soll, und zu der Frage, ob es sich bei dem vom Mieter zu leistenden Beitrag um Mietzins handelt, vgl. OLG Frankfurt (OLGR 1998, 73; zu den Voraussetzungen, unter denen die Vereinbarung eines **verlorenen Baukostenzuschusses** durch den Mieter der Schriftform aus § 550 BGB unterfällt vgl. OLG Düsseldorf NZM 2007, 643). Diejenigen Maßnahmen, die nicht vom Vermieter sondern vom Mieter auf eigene Kosten durchgeführt werden sollen (bzw. dürfen), sind ausdrücklich zu regeln. Entsprechende Regelungen ergeben sich aus § 9.

**8.** Die **Zufahrtswege** wären – insbesondere bei größeren Anlagen mit ggf. mehreren Mietern – zu beschreiben. Auf die Mitbenutzung durch den Vermieter oder Dritte wäre hinzuweisen, denn auch Beeinträchtigungen beim Zugang zur Mietsache können als äußere Einflüsse einen Fehler des Mietobjekts begründen (vgl. BGH NJW 1981, 2405; *Wolf/Eckert/Ball* Rdn. 221 ff. m. w. N.).

**9.** Die **Regelungen zum Mietpreis** (Quadratmeterpreis) greifen die in § 1 angegebenen Flächen und die hierzu getroffenen Abreden der Parteien auf und ermöglichen so eine Mietpreisberechnung, die unterschiedlichen Funktionsbereichen Rechnung tragen kann. Auf diese Weise kann die Kalkulation des Mietpreises bei gemischten Funktionsbereichen (Innen- und Außenflächen, Hallen- und Büroräume) transparenter werden. Eine solche Unterscheidung ist aber mitnichten zwingend und oft auch nicht ratsam. Es kann ohne weiteres eine Gesamtmiete zugrunde gelegt werden, so wie dies der Standardvertrag vorsieht (vgl. Form. A. VI. 1 Anm. 11 ff.).

**10.** Aufzuführen sind solche **baulichen Maßnahmen,** zu denen der Vermieter von vornherein seine Erlaubnis erteilt. Insbesondere kommt die Durchführung von Arbeiten in Betracht, welche etwaige Defizite der Mietsache im Sinne von § 3 (2) beheben sollen. Das Formular führt beispielhaft einige Maßnahmen auf.

**11.** Schon zu Beginn des Mietverhältnisses sollten beide Parteien und insbesondere der Vermieter bedenken, ob der beabsichtigte Mietgebrauch besondere Gefahren und Haftungsrisiken in sich birgt. Dabei kann es sich sowohl um **Haftungsfragen** im Verhältnis der Vertragsparteien als auch um die Haftung gegenüber Dritten bzw. um öffentlich rechtliche Einstandspflichten handeln. Auch bei Ungewissheit darüber, ob – künftig – ein Regelungsbedarf entstehen kann, sollten die Parteien im Zweifel schon bei Vertragsschluss ihre wechselseitigen Einstandspflichten festlegen. Wenn eine Lagerhalle z.B. zum Betrieb einer Kfz-Instandsetzung vermietet wird, sind hierdurch verursachte Verschmutzungen und mechanische Beschädigungen des vorhandenen (PVC-)Bodenbelags Folgen des vertragsgemäßen Gebrauchs, so dass der Mieter dem Vermieter bei fehlender Vereinbarung nicht gemäß § 280 Abs. 1 BGB auf Schadensersatz haftet (OLG Düsseldorf ZMR 2008, 890).

Ggf. kann es sich erst bei Beendigung des Mietverhältnisses auswirken, dass vorhersehbare Probleme vertraglich nicht geregelt sind. Wenn der Mieter z.B. Gefahrstoffe lagert, herstellt oder verwendet, steht deren Entsorgung spätestens bei Mietende in Rede, wobei sich ein höchst aufwändiger Dekontaminierungsaufwand in Bezug auf die Mieträume oder das Gelände ergeben kann. Das OLG Köln (OLGR 2001, 321) ist bei geringeren Verunreinigungen eines angemieteten Werkstattgeländes im Rahmen vertragsgemäßen Gebrauchs nicht von einer Dekontaminierungspflicht des Mieters ausgegangen, soweit hierzu keine vertraglichen Absprachen vorliegen. Lediglich bei übermäßigen vermeidbaren Verunreinigungen hat es eine Haftung des Mieters aus positiver Vertragsverletzung angenommen. Die Abgrenzung zwischen geringeren vertragsgemäßen und übermäßigen schuldhaften Beeinträchtigungen kann sich aber als höchst schwierig darstellen. Außerdem kann der Dekontaminierungsaufwand sich selbst bei geringerem Verschmutzungsgrad als eminent hoch erweisen, zumal bei Verunreinigungen durch Öl oder andere giftige Chemikalien. In solchen Fällen sind Auflagen der Ordnungsbehörden indiziert.

Eine dem konkreten Regelungsbedarf entsprechende vertragliche Pflichtenverteilung beugt auch dem Streit über pauschale **Freizeichnungsklauseln** zugunsten des Vermieters vor. Bei solchen Klauseln stellt sich die Frage, wie weit die vom Vermieter zu erfüllenden sog. Kardinalpflichten reichen, deren Beeinträchtigung zu der – widerlegbaren – Vermutung führt, die zugrunde liegende Klausel verstoße § 307 Abs. 2 Nr. 1 BGB (vgl. zum früheren § 9 AGBG: BGH NJW 1983, 1322; BGHZ 100, 157; 121, 18). Für die Wohnraummiete hat der BGH (NZM 2002, 116) die Möglichkeit einer formularmäßigen Freizeichnung des Vermieters für leicht fahrlässiges Verhalten nach § 9 Abs. 2 Nr. 2 AGBG (jetzt: § 307 Abs. 2 Nr. 2 BGB) verneint, weil dies die Instandhaltungspflichten des Vermieters zu weit einschränkt (vgl. dazu im Einzelnen Form. A. VI. 1 Anm. 23). Die Frage, ob dieser Grundsatz auf die Gewerberaummiete zu übertragen ist, ist nach diesseitiger Auffassung zu bejahen (dazu eingehender: *Borzutzki-Pasing* NZM 2004, 161). Vorsicht bei der Vertragsgestaltung ist jedenfalls angezeigt. Im Streitfall trägt zunächst der Vermieter die Darlegungs- und Beweislast für solche Umstände, aus denen sich die Einstandspflicht des Mieters aufgrund seines Mietgebrauchs ergeben soll (vgl. BGH NZM 2005, 17 = WuM 2005, 54; BGH NJW 1994, 2019; zur Beweislastumkehr vgl. BGH MDR 1996, 356), falls nicht vertragliche Haftungsregelungen einschlägig sind. Wenn der Mieter Verkehrssicherungspflichten übernimmt, erstreckt sich die vertragliche Haftung grundsätzlich nur auf das Verhältnis der Vertragsparteien (vgl. OLG Köln NJW-RR 1995, 1480). Dritten können aber deliktische Ersatzansprüche zustehen (§§ 823 ff. BGB).

**12.** Unter den Kosten einer **Sach- und Haftpflichtversicherung,** die der Mieter aufgrund vertraglicher Absprachen als Nebenkosten zu tragen hat, sind auch im Bereich der Gewerberaummiete regelmäßig die Aufwendungen für die Versicherung des Gebäudes gegen Feuer-, Sturm- und Wasserschäden, für die Glasversicherung sowie für die Haftpflichtversicherung hinsichtlich des Gebäudes und – soweit vorhanden – des Öltanks und des Aufzugs zu verstehen (vgl. Brandenburgisches OLG OLGR 1999, 340). Eine Gebäudefeuerversicherung beinhaltet eine spezielle Form der Sachversicherung (vgl. OLG Brandenburg a. a. O. m. w. N.).

Die formularmäßig geregelte Pflicht des Mieters, bei Gewerberaummietverträgen Versicherungen abzuschließen (vgl. dazu im Einzelnen Form. A. VII. 12), kommt auch in Bezug auf andere Versicherungen in Betracht, insbesondere bei speziellen Sachversicherungen (Glasversicherung) oder Haftpflichtversicherungen (vgl. OLG Düsseldorf NZM 1998, 728). Soweit die Pflicht des Mieters zum Abschluss von Versicherungen als ein Minus gegenüber der zu versichernden Sachgefahr angesehen wird (vgl. *Sieg* BB 1993, 150; Bub/Treier/*Bub* II Rdn. 511 b), trifft dies nur auf solche Verträge zu, mit denen der Mieter nur die Pflicht zum Abschluss einer Versicherung eingeht und der Vermieter im Übrigen erhaltungs- und instandsetzungsverpflichtet bleibt. Das dürfte in der Praxis eher die Ausnahme sein. Selbst dann, wenn der Vermieter auch die Sachgefahr übernimmt, dürfte die Regelung einer Versicherungspflicht des Mieters zumindest dann nicht auf Bedenken aus

§ 307 führen, wenn sich aus dem Betrieb des Mieters spezielle Gefährdungsaspekte ergeben, die eine doppelte Absicherung rechtfertigen (z. B. Herstellung oder Lagerung von Gefahrgütern, Ausübung gefahrgeneigter Arbeiten; so im Ergebnis wohl auch Bub/Treier/*Bub* a. a. O.). Versicherungspflichten in Bezug auf Risiken, die nicht den Mietgebrauch oder die Risikosphäre des Mieters betreffen, legen die Annahme eines Verstoßes gegen das gesetzliche Leitbild der vom Vermieter zu erfüllenden Erhaltungs- und Instandsetzungspflichten aus § 536 BGB und damit eine unangemessene Benachteiligung i. S. v. § 307 BGB nahe.

**13.** Nach der Rechtsprechung kann der Mieter neben dem Vermieter **verkehrssicherungspflichtig** für solche Bereiche sein, die er voll beherrscht (vgl. OLG Köln NJW-RR 1990, 224 m. w. N.). Das Formular regelt ausdrücklich die Sicherungspflichten des Mieters in Bezug auf gefährliche Stoffe.

**14.** In **reinen Gewerbegebieten** können Einschränkungen der im Formular beispielhaft aufgeführten Art ggf. ganz entfallen.

**15.** Die Gewährung immanenten oder ausdrücklichen **Konkurrenzschutzes** (vgl. hierzu im Einzelnen Form. A. VI. 3 §§ 2, 3) wird bei reinen Lagerhallen kaum in Betracht kommen. Dem Vermieter ist es grundsätzlich nicht verwehrt, andere Hallen auf seinem Grundstück an Firmen gleicher Fachrichtung zu vermieten, soweit dadurch keine Konkurrenz im geschäftlichen Wettbewerb entsteht (vgl. OLG Karlsruhe NJW-RR 1987, 848). Anders kann es liegen, wenn neben den Lagerräumen auch Ausstellungs- und Verkaufsräume vorhanden sind, die nicht ausschließlich dem Zweck der Einlagerung dienen, sondern Kunden anziehen sollen.

**16.** Das Formular belässt es bei den Standardregelungen. Wenn die Mieträume baulich und wirtschaftlich eigenständig sind und keine (Mit-)Nutzung durch andere Mieter erfolgt, wird es nahe liegen, die Regulierung nahezu sämtlicher Nebenkosten unmittelbar über den Mieter erfolgen zu lassen. Dann verbleiben als vom Vermieter umzulegende Kosten ggf. nur noch die an sein Eigentum am Grundstück anknüpfenden Kosten (z. B. Grundsteuer, Versicherungen).

**17.** Vgl. § 9.

# 6. Pachtvertrag über eine Gaststätte[1] (ohne Bezugsverpflichtungen)[2]

Pachtvertrag[3]

zwischen

......

(Verpächter)[4]

und

......

(Pächter)

**§ 1 Pachtobjekt**
**Verpachtet wird im Haus**

......

(Straße, Hausnummer)

in ......
(PLZ, Ort)

eine Gaststätte, zu der folgende Räume und Nutzflächen gehören:

| Bezeichnung | Anzahl und Lage (Geschoss) |
| --- | --- |
| Gastraum | ...... |
| Küche | ...... |
| Toiletten | ...... |
| Kegelbahn | ...... |
| Kühlraum | ...... |
| Bierkeller | ...... |
| weitere Räume | ...... |

### § 2 Inventar

(1) Zur Pachtsache gehört dasjenige Inventar, das auf der diesem Vertrag beigehefteten Inventarliste im Einzelnen aufgeführt ist.[5]

(2) Der Pächter ist berechtigt, das Inventar im Rahmen des vertraglichen Pachtzwecks zu nutzen.

(3) Die Erhaltung und Instandsetzung sämtlichen Inventars obliegt dem Pächter, der auch die Gefahr des zufälligen Untergangs und der zufälligen Verschlechterung des Inventars trägt. Der Pächter hat das Inventar laufend in dem Zustand zu erhalten und in dem Umfang laufend zu ersetzen, der den Regeln einer ordnungsgemäßen Bewirtschaftung entspricht. Die vom Pächter als Ersatz für abgenutztes, beschädigtes oder untergegangenes Inventar angeschafften Stücke werden mit der Einverleibung in das Inventar Eigentum des Verpächters.[6]

(4) Bei Beendigung des Pachtverhältnisses hat der Pächter das Inventar in vertragsgemäßem Zustand herauszugeben. Für fehlende, beschädigte und solche Inventarteile, deren Gebrauchstauglichkeit durch Abnutzung oder Überalterung für eine ordnungsgemäße Bewirtschaftung nach der Verkehrsanschauung als aufgehoben zu gelten hat, ist vom Pächter Wertersatz zu leisten.[7]

(5) Ein Wertausgleich wegen der vom Pächter getätigten Aufwendungen zur Erhaltung, Instandsetzung und Ergänzung des Inventars findet zugunsten des Pächters nicht statt.[8]

### § 3 Pachtzweck[9], Konzession

(1) Die Verpachtung erfolgt zum Betrieb

– Beispiele –

einer Speisegaststätte mit Imbissstand und Außerhausverkauf,
einer italienischen Speisgaststätte (Pizzeria),
einer Gaststätte (Bierschänke) nebst Biergarten ohne Bewirtung mit warmen Speisen,
eines Spezialitätenrestaurants mit französischer Küche ......

(2) Eine von Ziff. (1) abweichende Nutzung der Pachträume ist dem Pächter nur nach vorheriger schriftlicher Zustimmung durch den Verpächter gestattet.

(3) Das vertragliche Gebrauchsrecht des Pächters erstreckt sich nur auf den durch ihn selbst als Konzessionsinhaber geführten Geschäftsbetrieb.[10]

### § 4 Übergabe und Ausstattung der Pachtsache, Konzession

(1) Die Gaststätte ist vom Verpächter in mangelfreiem baulichen Zustand zu übergeben. Für die Erteilung behördlicher Genehmigungen oder Verbote hat der

Verpächter nur insoweit einzustehen, als diese unmittelbar mit der Beschaffenheit der Pachtsache zusammenhängen und nicht durch persönliche oder betriebliche Umstände des Pächters veranlasst sind.[11]

(2) Außerhalb dieses Vertrages haben die Vertragsparteien keine Vereinbarungen und Zusicherungen über die Gewährleistung eines bestimmten Zustands der Pachtsache, über deren künftige Ausstattung oder über den zu erwartenden Geschäftserfolg verabredet.[12]

(3) Die Einholung der für den Betrieb der Gaststätte erforderlichen Konzession obliegt dem Pächter. Der Verpächter sagt dem Pächter seine Mitwirkung bei der Beantragung der Konzession zu, soweit es ihrer insbesondere hinsichtlich des Nachweises der baulichen Voraussetzungen bedarf. Für Umstände, die in der Person, in den wirtschaftlichen Verhältnissen oder sonst in der Risikosphäre des Pächters begründet liegen und der Verfolgung des Pachtzwecks oder der Erteilung behördlicher Genehmigungen entgegen stehen, hat allein der Pächter einzustehen.[13]

### § 5 Bezugsverpflichtungen (Brauereibindung)

(1) Die Gaststätte ist brauereifrei und unterliegt keinen Bindungen hinsichtlich des Bezugs von Getränken und Speisen sowie hinsichtlich der Aufstellung von Automaten.[14]

(2) Es wird klargestellt, dass der Pächter nicht berechtigt ist, vertragliche Bindungen und Verpflichtungen jedweder Art einzugehen, die über seine persönliche Einstandspflicht und über die Dauer seiner Pachtzeit hinaus eine Bindung des Verpächters herbeizuführen geeignet sind. Der Pächter ist gegenüber dem Verpächter mit allen Ansprüchen ausgeschlossen, mit denen eine solche Bindung des Verpächters bezweckt wird oder einhergeht.

### § 6 Pachtbeginn, Pachtdauer[15]

### § 7 Pachtzins[16], Nebenkosten

(1) Der monatliche Netto-Pachtzins beträgt ...... EUR.
zuzüglich der jeweils geltenden gesetzlichen MWSt.
von zur Zeit ......%, das sind ...... EUR.
Bei Pachtbeginn beträgt die monatliche Pachtzinsrate somit ...... EUR.

(2) Neben dem nach Ziff. (1) zu entrichtenden Pachtzins hat der Pächter sämtliche für das Pachtobjekt anfallenden Betriebskosten im Sinne von Anlage 3 zu § 27 der Zweiten Berechnungsverordnung zuzüglich MWSt. zu tragen.

(3) Auf die Betriebskosten hat der Pächter zusammen mit den Pachtzahlungen monatliche Vorauszahlungen in Höhe von ...... EUR.
zuzüglich der jeweils geltenden gesetzlichen MWSt.
von zur Zeit ......%, das sind ...... EUR.
zu leisten.

(4) Die monatliche Gesamtleistung des Pächters beträgt somit
bei Pachtbeginn ...... EUR.

– vgl. im Übrigen die Regelungen zum Standardvertrag (Form. A. VI. 1) –

............                                                    ............
(Vermieter)                                                    (Mieter)

*Schrifttum: Joachim*, Risikozurechnungen im gewerblichen Miet- und Pachtrecht, BB 1988, 779; *Keckemeti*, Mietwucher bei Gewerbemieträumen, NZM 2000, 598; *Holzmüller/v. Köckritz*, Zur Kartellrechtswidrigkeit langfristiger Bezugsbindungen und ihrer prozessualen Geltendmachung, BB 2009, 1712; *Paulusch*, Höchstrichterliche Rechtsprechung zum Brauerei- und Gaststätten-recht, 9. Aufl.; *Steindorff*, Bezugsbindungen und gemeinsamer Zweck in § 1 GWB, BB 1981, 377; *Voelskow*, Zur Abgrenzung von Miete und Pacht, NJW 1983, 910; *Walterspiel*, Die Ermittlung des „Objektiven Werts" der Pacht eines gastgewerblich genutzten Ertragsobjekts, NZM 2000, 70.

## Anmerkungen

**1.** Die **Abgrenzung zwischen Miete und Pacht** hat eher selten praktische Bedeutung. Gegenstand von Mietverträgen können nur „Sachen" im Sinne von §§ 90, 535 BGB sein. Die Verpachtung bezieht sich auf einen „Gegenstand" im Sinne von § 581 BGB; das können Sachen und Rechte sowie der Inbegriff von beidem – insbesondere gewerbliche Unternehmungen – sein. Der Mietvertrag zielt grundsätzlich nur auf die Gebrauchsge-währung im Sinne von § 535 Abs. 1 S. 1 BGB ab, der Pachtvertrag zusätzlich auf den Genuss der Früchte im Sinne von §§ 99, 581 Abs. 1 S. 1 BGB.

Das Vertragselement der zu gewährleistenden **Fruchtziehung** wird beim Pachtvertrag zuweilen sehr weit verstanden. Danach wird teilweise schon die Überlassung leerer Räume zum Betriebe eines gewerblichen Unternehmens als Pacht und nicht als Miete behandelt (vgl. *Voelskow* NJW 1983, 910). Die daraus folgende Konsequenz, dass es letztlich keine Geschäftsraummiete, sondern nur Geschäftsraumpacht gebe, findet in der h. M. von Rechtsprechung und Literatur aber mit Recht keine Zustimmung, denn sie ist mit dem Wortlaut des § 581 BGB nicht vereinbar. Die bezeichnete Vorschrift lässt die Überlassung des Gebrauchs eines Gegenstandes gerade nicht genügen, sondern fordert zusätzlich die Gewährung des Fruchtgenusses im Sinne von § 99 BGB. Dementsprechend hat der BGH wiederholt darauf bestanden, dass allein die Überlassung leerer Räume kein Pachtverhältnis begründen könne (vgl. BGH ZMR 1969, 206; BGH NJW 1979, 2351; BGH WM 1981, 226; BGH NJW-RR 1991, 906 jeweils m. w. N.).

Die Ausfüllung, welche Verpächterleistungen die Gewährung des Fruchtgenusses er-fordert, unterliegt einer eher fallbezogenen und wenig griffigen Bestimmung. Einigkeit herrscht noch darüber, dass die **Überlassung von Inventar**, welches die Fruchtziehung ermöglichen soll, den typischen Fall der Gewährung des Pachtgebrauchs umschreibt (vgl. nur BGH NJW-RR 1991, 906 m. w. N.). Schon das Reichsgericht hat aber mehrfach auch in solchen Fällen Pacht angenommen, in denen der Nutzer von Räumen das Inven-tar nicht mitgepachtet, sondern vom Eigentümer der Räumlichkeiten oder von einem Dritten zu Eigentum erworben hatte (vgl. RGZ 1991, 310; 114, 243, 244; WarnRspr 1924 Nr. 103; 1926 Nr. 45). Der BGH (NJW-RR 1991, 906) hat sich dem zumindest tendenziell angeschlossen. Für die Abgrenzung zwischen Miete und Pacht sollen danach vor allem wirtschaftliche Gesichtspunkte zu berücksichtigen sein. Danach soll für die Bejahung von Pacht maßgeblich sein, ob zusätzlich zu den Räumlichkeiten andere „Ge-schäftswerte" überlassen wurden. Dafür soll schon ausreichen, dass für den Geschäftsbe-trieb geeignetes Inventar tatsächlich in den Räumen vorhanden ist und der Vertragspart-ner zu diesem Vorhandensein wesentlich beigetragen hat. Ein solcher Beitrag soll schon darin zu erblicken sein, dass dem Nutzer lediglich eine günstige Bezugsquelle für das In-ventar nachgewiesen oder ein günstiger Anschaffungskredit bereitgestellt wurde (vgl. BGH a. a. O.; OLG München OLGR 1997, 62). Dem ist entgegen zu halten, dass dem Überlasser von Räumen bei solchen Konstellationen die Ausstattung zur Fruchtziehung schwerlich als Leistung aus dem die Gebrauchsüberlassung regelnden Vertrag zuzurech-nen ist (so im Ergebnis auch Bub/Treier/*Reinstorf* I Rdn. 18 m. w. N.). Der Nachweis ei-ner bloßen Bezugsquelle dürfte sich oft überhaupt nicht als vertragliche Leistung darstel-len und entstammt selbst als vertraglich geschuldete Leistung nicht dem typischen pachtvertraglichen Leistungsgefüge. Auch die Gewährung eines Anschaffungskredits (§§ 607 ff. BGB) hat rechtssystematisch weder Nähe zum Mietvertrag noch zum Pachtvertrag. Es erscheint daher eher als gegriffen, wenn die Abgrenzung zwischen beiden Vertragstypen an solchen Umständen festgemacht wird.

Als anderweitiges Abgrenzungskriterium wird teilweise die Frage danach angeführt, wie die Räume bei Beendigung des Vertragsverhältnisses zurückzugeben sind (vgl. Bub/Treier/*Reinstorf* a. a. O.). Nur dann, wenn für einen Betrieb hergerichtete Räume zurückzugeben seien, soll von einer zur Fruchtziehung geeigneten Pachtsache gesprochen werden können (vgl. OLG Düsseldorf NJW-RR 1994, 399; Bub/Treier/*Reinstorf* a. a. O.). Denkbar sind aber Fälle, in denen Räume leer übergeben werden, der Überlasser nichts zur Beschaffung von Inventar beiträgt und für die Beendigung des Vertragsverhältnisses gleichwohl Absprachen über den Ausschluss eines Wegnahmerechts in Bezug auf die zwischenzeitlich vom Nutzer angeschafften Inventarteile getroffen werden. Wenn das Wegnahmerecht gegen eine Entschädigung des Nutzers ausgeschlossen ist, kann der Verbleib des Inventars schwerlich dem pachtvertraglichen Äquivalenzverhältnis zugeordnet werden. Selbst ein entschädigungsloser Ausschluss von Wegnahmerechten kann andere Rechtsgründe haben als eine vom Überlasser gewährte Fruchtziehung.

Das **Risiko der Fruchtziehung trägt** (wie auch der „Mieter" sein Ertragsrisiko) **grundsätzlich der Pächter.** Mangels besonderer Vereinbarungen hat der Verpächter nicht dafür einzustehen, dass der Pachtgegenstand in ausreichendem Maße Früchte abwirft (RG WarnR 1908, Nr. 39; BGH NJW 1978, 2390; NJW 1982, 2062; OLG Braunschweig OLGE 20, 195; OLG Celle NJW-RR 1996, 1099; Joachim BB 1988, 779; Staudinger/*Veit*, 2005, § 581 Rdn. 175, 216). Soweit allerdings vertreten wird, der Verpächter habe auch nicht zu gewährleisten, dass der Pachtgegenstand überhaupt Früchte abwirft (so: Staudinger/*Veit* a. a. O.), dürfte dem - soweit es um die generelle Tauglichkeit geht, Früchte hervorzubringen - nicht beizupflichten sein, denn insoweit steht der vertragsgemäße Zustand als solcher im Sinne einer Kardinalleistungspflicht in Rede.

Als pachtvertraglich zu erbringende **Verpächterleistungen** sind i. Ü. ganz unterschiedliche Arten der Gewährung von Gebrauchsvorteilen möglich. Wenn ein gewerbliches Unternehmen als solches – d. h. inklusive Know-How, Good-Will, Kunden, Lizenzen usw. – überlassen wird (zu einzelnen Typen des Pachtvertrags und zur Abgrenzung zu anderen Vertragsverhältnissen vgl. Palandt/*Weidenkaff* Einf. vor § 581 Rdn. 3 ff.), kommt es für die Annahme eines Pachtvertrags nicht mehr entscheidend darauf an, ob zugleich überlassene Räumlichkeiten auch noch eine dem Unternehmenszweck dienliche Ausstattung (Inventar) aufweisen. Wenn Räume zum Betrieb eines Unternehmens überlassen werden, können die durch dieses Unternehmen erzielten Erträge Früchte des Unternehmens als eines Inbegriffs von Sachen und Rechten sein, ohne dass es noch entscheidend auf eine den Räumlichkeiten und den darin vorhandenen Inventarteilen zuzuordnende Fruchtziehung ankommt (so auch BGH NJW-RR 1991, 906 m. w. N.).

Eine Feinabgrenzung von Miete und Pacht ist in der Praxis weitgehend entbehrlich, weil auf den Pachtvertrag mit Ausnahme der – hier nicht behandelten – Landpacht gemäß § 581 Abs. 2 BGB die Vorschriften über den Mietvertrag entsprechend anzuwenden sind, soweit §§ 582 ff. BGB keine anderweitigen Regelungen treffen. Die Bezeichnung des Vertragstypus durch die Vertragsparteien ist grundsätzlich nicht maßgeblich, kann aber auf den gewollten Vertragszweck hindeuten (vgl. Bub/Treier/*Reinstorf* I Rdn. 12). Das Gesetz regelt nur in beschränktem Umfang abweichende Bestimmungen gegenüber dem Mietvertragsrecht:

- §§ 582–583 a BGB enthalten Regelungen in Bezug auf das Inventar.
- § 584 BGB bestimmt, dass die Kündigung mangels anderweitiger Festlegung der Pachtzeit nur zum Schluss des Pachtjahres zulässig ist.
- § 584 a BGB regelt den Ausschluss der Kündigungsrechte aus § 540 Abs. 1 BGB (für den Pächter) und aus § 580 BGB (für den Verpächter).

- § 584 b BGB verhält sich zu den Rechtsfolgen bei verspäteter Rückgabe des Pachtgegenstands und trägt dem pachttypischen Umstand Rechnung, dass die Nutzungen im Verlauf eines Pachtjahres unterschiedlich zu bewerten sein können.

Die Bestimmungen der §§ 584–584 b BGB sind sämtlich abdingbar (vgl. jew. die Anm. von Palandt/*Weidenkaff* a. a. O.).

**2.** Zur Problematik von (Getränke-)**Bezugsbindungen** vgl. Anm. 14.

**3.** Zur Schriftform beim Pachtvertrag sind zunächst die zum Mietvertrag geltenden Grundsätze entsprechend anzuwenden (§§ 581 Abs. 2, 550, 578 BGB; vgl. dazu im Einzelnen Form. A. VI. 1 Anm. 2). Gaststättenmiet- oder Pachtverträge unterliegen außerdem gemäß § 34 S. 1 GWB der Schriftform, wenn sie den Wettbewerb – insbesondere im Sinne von § 18 GWB – einschränken. Das kann namentlich bei Bezugsverpflichtungen des Pächters der Fall sein. Das Schriftformerfordernis erfasst auch alle Nebenabreden, die für eine kartellrechtliche Überprüfung erheblich sein können (vgl. BGH MDR 1992, 1123; BGHZ 54, 145). Bei Nichtbeachtung der Schriftform tritt die Nichtigkeitsfolge aus § 125 BGB nur dann nicht ein, wenn der Vertrag auch ohne die Vorschriften, welche das Schriftformerfordernis begründen, zustande gekommen wäre (vgl. § 139 BGB). Das wird nicht angenommen werden können, wenn die wettbewerbsrelevanten (Bezugs-)Verpflichtungen im Mittelpunkt der wirtschaftlichen Interessen des Vermieters/Verpächters stehen (vgl. OLG Köln MDR 1997, 32 zur Teilnichtigkeit im Rahmen des VerbrKrG).

**4.** Für den Pächter einer Gaststätte ist von besonderer Bedeutung, wer ihm gegenüber als Verpächter auftritt. Eine ganz wesentliche Weichenstellung ergibt sich, wenn eine Brauerei, ein Automatenaufsteller oder eine Getränkehandlung das Objekt (unter-)verpachtet. Der Pächter muss dann zunächst berücksichtigen, dass diejenigen Rechte, die er vom Zwischen- bzw. Hauptpächter ableitet, grundsätzlich nicht weiter reichen können als die dem Zwischenpächter aus dem Hauptpachtvertrag zustehenden Rechte. Der Pächter darf auch bei gestatteter Unterverpachtung nur zu solchen Zwecken unterverpachten, die er selbst in dem Pachtobjekt verfolgen dürfte (vgl. BGH WM 1984, 343; OLG Hamm OLGR 1991, 7). Mit der Beendigung des (Haupt-)Pachtverhältnisses endet mit dem Gebrauchsrecht des Hauptpächters auch das von diesem abgeleitete Gebrauchsrecht des Unterpächters (vgl. nur OLG Hamburg OLGR 1999, 291). Der Unterpächter steht mit dem Hauptverpächter nicht in vertraglichen Beziehungen. Bestand und Dauer des Unterpachtverhältnisses stehen unter dem Vorbehalt, dass die Unterverpachtung nach dem Hauptvertrag überhaupt zulässig ist. Der Unterpächter hat von daher Veranlassung, die für seinen Rechte- und Pflichtenkreis maßgeblichen Vorgaben aus dem Hauptpachtverhältnis aufzuklären.

Eine Weichenstellung ergibt sich auch in wirtschaftlicher Hinsicht, d. h. für die Gewichtung der Einzelkonditionen, zu denen die Unterverpachtung erfolgt. Der Unterpächter einer Brauerei muss damit rechnen, dass sein Verpächter in erster Linie seine Absatzinteressen verfolgt. Das Unterpachtverhältnis schafft dann ggf. nur den Rahmen für die Verfolgung der Absatzinteressen des Verpächters. Aus dem gesamten Zusammenhang der vertraglichen Regelungen, insbesondere zur Vertragsdauer, zur Pachthöhe und zu den Bedingungen der typischerweise mit der Unterverpachtung einhergehenden Bezugsabreden muss der Unterpächter einen Überblick gewinnen, ob das Pachtverhältnis wirtschaftlich sinnvoll ist (zu Fragen der Bezugsbindung und zu sittenwidrigen Vertragsgestaltungen vgl. Anm. 14, 15).

**5.** Zur Bedeutung des **Inventars** als wesentlichem **Abgrenzungskriterium** zwischen Miete und Pacht vgl. zunächst Anm. 1. Eine detaillierte Auflistung sämtlicher Inventargegenstände im Vertrag ist dringend zu empfehlen. Naheliegend ist dem Mietvertrag eine besondere **Inventarliste** beizuheften. Die Dokumentation des Inventarbestands ist wichtig, weil dem Pächter gemäß § 582 Abs. 1 BGB die Erhaltung des mitverpachteten Inventars obliegt. Fehlende Gegenstände hat der Pächter daher bei Vertragsbeendigung grundsätzlich zu ersetzen. Nach § 582 Abs. 2 BGB hat allerdings der Verpächter Inventarstücke zu ersetzen, wenn sich das Inventar durch vom Pächter nicht zu vertretende Umstände verringert hat. Diese gesetzliche Ausgestaltung der Erhaltungspflicht ist abdingbar (vgl. Palandt/*Weidenkaff* § 582 Rdn. 4). Schon aus praktischen Gründen empfiehlt sich eine Abwälzung der Erhaltungspflicht auf den Pächter, um den nach den gesetzlichen Vorgaben bestehenden unterschiedlichen Zuständigkeiten zu entgehen.

In der Praxis wird das Inventar nicht selten an den Pächter verkauft. Dadurch werden besondere Regelungen zur Erhaltung des Inventars grundsätzlich entbehrlich. Der **Inventarkauf** kann eine sog. selbständige Nebenabrede beinhalten, die nicht dem Formzwang aus §§ 550, 578 BGB unterliegt (vgl. Bub/Treier/*Heile* II Rdn. 762). Gleichwohl empfiehlt es sich auch insoweit, im Pachtvertrag klarzustellen, dass das Inventar nicht – mehr – Gegenstand des Pachtvertrags ist.

Der **Inventarkauf** kann auch als **Wiederkauf** im Sinne von §§ 456 ff. BGB ausgestaltet sein, bei dem sich der Verkäufer – regelmäßig für den Fall der Beendigung des Dauerschuldverhältnisses – das Recht vorbehält, das Wiederkaufsrecht auszuüben. Dies wird sich in Fällen anbieten, wenn das Inventar auf den betreffenden Pachtgegenstand speziell zugeschnitten ist. Die gesetzliche Ausschlussfrist für das Wiederkaufsrecht gemäß § 462 BGB, die bei anderen Gegenständen als Grundstücken nur drei Jahre beträgt und damit nicht zu auf längere Dauer angelegten Miet- und Pachtverhältnissen passt, ist zwar abdingbar (vgl. 462 S. 2 BGB). Je länger der Vorbehalt wirksam sein soll, desto schwieriger wird es, den Wiederkaufswert im Vorhinein vertraglich festzulegen. Die Auslegungsregel aus § 456 Abs. 2 BGB, wonach der Verkaufspreis im Zweifel auch für den Wiederkaufsfall gilt, verliert mit fortschreitender Vertragsdauer an wirtschaftlicher Bedeutung. Bei langfristiger Benutzung des Inventars treten zunehmend Abnutzung und Alterung ein, was sich in ganz erheblichem Umfang als wertmindernd auswirken kann. Der Wiederkaufpreis wird dann am ehesten dadurch festgelegt werden können, dass sich die Parteien im Rahmen von § 460 BGB vertraglich einer schiedsgutachterlichen Schätzung unterwerfen.

Möglich ist auch das **Inventarleasing** (zu einer Vertragsgestaltung über Leihinventar mit Inventarerhaltungspflicht des Mieters, einer Vollamortisation des Mietgegenstandes zu einem bestimmten Anschaffungspreis und bei einer Mindestabnahmemenge von Bier vgl. OLG Celle OLGR 1994, 289).

**6.** Da sog. Erhaltungsklauseln zum Nachteil eines Mieter/Pächters grundsätzlich restriktiv auszulegen sind (vgl. BGH WuM 1992, 355), müssen diejenigen Herstellungs- und Erhaltungspflichten, die der Verpächter auf den Pächter abwälzen will, ausdrücklich und eindeutig festgelegt sein. Hierzu kann zunächst auf die Ausführungen zum Standardmietvertrag verwiesen werden (vgl. Form. A. VI. 1 Anm. 39 ff.). Soweit durch den Pachtgebrauch veranlasste oder im Risikobereich des Pächters liegende Maßnahmen in Rede stehen, bestehen grundsätzlich keine Bedenken gegen eine formularmäßige Pflichtenabwälzung auf den Mieter. Das Formular orientiert sich am Regelungszusammenhang des § 582 a BGB, soweit es den Umfang der Pächterpflichten betrifft. Wenngleich die bezeichnete Vorschrift die Inventarübernahme und -rückgabe zum Schätzwert regelt, erscheint es als angängig, die danach bestehenden Pächterpflichten generell für das Formular zu übernehmen. Bei der Verpachtung einer Gaststätte können wesentliche Teile des Inventars einem hohen Verschleiß unterliegen. Dies rechtfertigt eine weitgehende Abwälzung der Erhaltungspflichten auf den Pächter.

**7.** Ob das Inventar in ordnungsgemäßem Zustand und vollständig zurückgegeben wurde, kann in einem bei Rückgabe der Pachtsache zu erstellenden Übergabeprotokoll erfasst werden (vgl. Form. A. VII. 8). Das Formular knüpft an die vertragsgemäße Abnutzung des Inventars, durch welche dessen Gebrauchstauglichkeit nicht aufgehoben ist, keine (Ersatz-)Ansprüche des Verpächters. Die formularmäßige Regelung von Schadensersatz- und Wertausgleichsansprüchen des Vermieters selbst für vertragsgemäße Abnutzungserscheinungen stieße auf Angemessenheitsbedenken im Rahmen des § 307 BGB.

Insoweit deckt sich die Problematik zulässiger Pflichtenabwälzung mit der Abwälzung von Erhaltungs- und Instandsetzungspflichten des Vermieters aus § 535 Abs. 1 BGB (vgl. dazu im Einzelnen zu Form. A. VI. 1, Anm. zu § 11).

Steht einem Pächter von Gewerberäumen nebst Inventar an Mobiliar ein vertragliches Nutzungsrecht zu, ist im Streitfall für die **Ersatzwertbestimmung** auf den **Zeitpunkt der Beendigung des Pachtverhältnisses** abzustellen (vgl. OLG Brandenburg Urt. v. 9. 9. 2009 – 3 U 84/05 – BeckRS 2009, 26182). Bei Inventar mit hohem Verschleiß wird aber auch eine Wertbestimmung nach dem Neuwert wirksam sein.

**8.** Ein Wertausgleich, wie er in § 582a Abs. 3 S. 3 BGB zugunsten des Pächters vorgesehen ist, wird formularmäßig nicht für alle Fallgestaltungen ausgeschlossen werden können. Wenn dem Pächter die Erhaltung, Instandsetzung und Ersetzung von solchen Inventarteilen überantwortet wird, die besonders wertvoll sind, kann sich der Ausschluss jeglichen Ausgleichs als unangemessen im Sinne von § 307 BGB darstellen. Dies kann insbesondere dann gelten, wenn die betreffenden Inventarteile bei Pachtbeginn bereits in altem oder erheblich abgenutzten Zustand übergeben worden waren oder wenn nach erfolgter Anschaffung (Austausch) einer neuen Anlage nur noch eine kurze Restpachtzeit verbleibt. Die Grundsätze, die zum entschädigungslosen Ausschluss eines Wegnahmerechts des Mieters/Pächters bei Beendigung des Vertragsverhältnisses gelten (vgl. hierzu im einzelnen die Anm. zu Form. A. VI. 1 § 14 Ziff. 2), werden insoweit entsprechend heranzuziehen sein. Aus Gründen der Vertragssicherheit wird empfohlen, den Vertrag bei besonders werthaltigen und nur kostenintensiv zu ersetzenden Inventarteilen um Regelungen etwa entsprechend dem nachfolgenden Beispiel zu ergänzen:

> **Ein Wertausgleich zugunsten des Pächters findet nur hinsichtlich**
>
> der Klimaanlage für den Gastraum,
>
> der Bierkühlungsanlage
>
> ......
>
> statt, und zwar nur dann, wenn der Pächter diese Anlage(n) in den letzten ...... Jahren vor Beendigung des Pachtverhältnisses durch eine neue oder neuwertige Anlage ersetzt hat, und nur in dem Umfang, in dem sich gegenüber der bei Pachtbeginn gemäß dem Übergabeprotokoll vorhandenen und bei Pachtbeginn ...... Jahre alten Anlage in merkantiler oder technischer Hinsicht eine Wertsteigerung von mehr als 20% ergibt.

**9.** Die **Festlegung und Konkretisierung des Vertragszwecks** kann bei der Verpachtung einer Gaststätte von besonderer Bedeutung sein, da ganz unterschiedliche Nutzungsarten in Betracht kommen. Der Verpächter einer Gaststätte, deren Betrieb das Gepräge eines bestimmten – gewerblichen oder wohnmäßigen – Umfelds nicht stören soll, hat Veranlassung, den zulässigen Pachtgebrauch vertraglich festzuschreiben. Gegenüber einer vom ursprünglich vereinbarten Vertragszweck abweichenden Nutzung kann der Verpächter einen Unterlassungsanspruch gemäß §§ 581 Abs. 2, 541 BGB geltend machen. Etwas anderes kann grundsätzlich nur dann gelten, wenn der Pächter nach § 242 BGB einen Anspruch auf Zustimmung zu einer geänderten Nutzung hat. Ein Anspruch auf einen vom Vertrag abweichenden Pachtgebrauch kommt aber nur dann in Betracht, wenn der Pächter daran ein besonders gravierendes Interesse hat und dem Verpächter unter Berücksichtigung seiner legitimen Interessen aufgrund besonderer Umstände nach Treu und Glauben eine Veränderung zuzumuten ist (vgl. BGH LM Nr. 1 bis 3 zu § 550; BGH WM 1985, 233; OLG Hamm OLGR 1991, 7).

Die vertragliche Festlegung des Nutzungszwecks umschreibt zugunsten des Pächters die vom Verpächter zu gewährleistenden **Gebrauchsbefugnisse** und auch den Rahmen, innerhalb dessen Änderungen im Mietgebrauch vom Vermieter hinzunehmen sind. Das gilt grundsätzlich auch dann, wenn der vertragsgemäße Mietgebrauch Störungen bewirkt, die Nachbarn oder andere Mieter zu rechtlichen Interventionen gegenüber dem Vermieter veranlassen können. Der Verpächter, der die Sache zu einem bestimmten Gebrauchszweck verpachtet, muss daher ohne Rücksicht auf Verschulden dafür einstehen, dass sie zu diesem Zweck auch brauchbar ist. Ihn trifft deshalb in aller Regel eine **Garantiehaftung** (vgl. BGH MDR 1972, 411).

Wie weit die Gebrauchsbefugnisse nach dem Vertragszweck im Einzelnen reichen, unterliegt allerdings einer schwer zu überblickenden Kasuistik: Der allgemein als Vertragszweck genannte Betrieb einer „Gaststätte" umfasst mangels anderweitiger Vereinbarungen auch das Angebot üblicher Speisen zu den üblichen Essenszeiten in einem der Kapazität des Lokals entsprechendem Umfang. Das schließt für den Konzessionsinhaber die Möglichkeit ein, sich bei der Zubereitung der Speisen durch Hilfskräfte und Personal unterstützen zu lassen (vgl. OLG Köln OLGR 1994, 241; zur Abgrenzung zwischen einer „Pizzeria" und einem „Pizza-Taxi-Betrieb" vgl. OLG Düsseldorf GuT 2007, 18). Vom zulässigen Pachtzweck hängt auch die Frage ab, welcher Pachtzins für das betreffende Objekt angemessen ist (vgl. OLG München OLGR 1999, 186; zur Angemessenheit des Pachtzinses vgl. auch die Anmerkungen zu § 6).

Eine vertragliche Zweckbestimmung, die den Betrieb eines „Ladens" zum Gegenstand hat, steht einer Nutzung als Restaurantbetrieb entgegen (vgl. OLG Celle 2004, 689). Das OLG Koblenz hat angenommen, dass die Nutzung einer Gaststätte auch für Raucher vertraglich geschuldet ist und dass Beschränkungen auf Grund des Nichtraucherschutzgesetzes Rheinland-Pfalz keinen Mangel der Pachtsache begründet, weil der Pächter insoweit das Verwendungsrisiko trage (vgl. NJW-RR 2010, 203). Wenn der Vermieter einen Mietvertrag über Gewerberäume zum Betrieb eines „Swinger-Clubs" verlängert, obwohl er von Wohnungsmietern wegen Belästigungen durch den Gewerbebetrieb gerichtlich erfolgreich in Anspruch genommen worden war, hat er sich dadurch jedenfalls stillschweigend mit typischen „Emissionen" (Geräusche und Lärm aus den Clubräumen sowie von der Straße durch Gespräche von Kunden, Interessenten und An- und Abfahrt von Fahrzeugen) einverstanden erklärt; die tatsächliche Verfolgung des vereinbarten Betriebszwecks durch den Gewerbemieter ist daher nicht als nachhaltige Störung des Hausfriedens i. S. des § 568 Abs. 2 BGB anzusehen (vgl. KG ZMR 2004, 261).

Stehen dem vertragsgemäßen Gebrauch rechtliche oder tatsächliche Hindernisse entgegen, muss der Verpächter ggf. darauf hinweisen. Grundsätzlich besteht eine Aufklärungspflicht des Verpächters – nur – in Bezug auf solche Umstände, die den vom Partner verfolgten Vertragszweck vereiteln können und für dessen Entschluss von wesentlicher Bedeutung sind (vgl. BGH NJW-RR 1988, 1290; BGH NJW-RR 1990, 847). Andernfalls kommt auch eine Arglistanfechtung nach § 123 BGB in Betracht. Der Rechtsanwalt, der den Verpächter bei Abschluss eines Pachtvertrages berät bzw. vertritt, muss zur Vermeidung von Regressforderungen prüfen, ob der vereinbarte Vertragszweck erreichbar ist (vgl. BGH MDR 1997, 100).

Wenn der Verpächter bestimmte Nutzungsaspekte ausschließen will, muss dies im Vertrag eindeutig klargestellt werden. Je allgemeiner der Vertragszweck im Vertrag umschrieben ist, desto freier ist der Pächter im Rahmen der zulässigen Nutzung (vgl. OLG München OLGR 2001, 63).

**10.** Pachtinteressenten, die persönlich keine Konzession erlangen können, verlegen sich in der Praxis oft darauf, für die **Konzessionserlangung** und ggf. auch für den Abschluss des Pachtvertrags einen **Strohmann** vorzuschieben.

Zur **Abgrenzung zwischen einem Strohmanngeschäft und einem - nichtigen – Scheingeschäft** kommt es maßgeblich darauf an, wer aus dem abgeschlossenen Geschäft berechtigt und verpflichtet werden soll. Ein Strohmanngeschäft und kein Scheingeschäft ist bei einem Pachtvertrag über eine Gaststätte anzunehmen, wenn die im Pachtvertrag als Pächter bezeichnete Person, nicht aber der tatsächliche Betreiber, eine Schankerlaubnis erhalten kann (vgl. OLG Naumburg OLGR 2005, 85). Eine Gaststättenverpachtung kann bei Auseinanderfallen von Betreiber und Konzessionsinhaber nach § 134 BGB dann zur Unwirksamkeit des Vertrags führen, wenn unter Verstoß gegen die Konzessionsvorschriften an einen nicht konzessionsberechtigten Betreiber vermietet oder verpachtet wird. Wenn der Verpächter weiß, dass der anpachtende Konzessionsinhaber nicht Betreiber der Gaststätte ist, soll dies nicht gelten, weil die Verpachtung dann an jemanden erfolgt, der konzessionsberechtigt ist und dies nach dem GastG nicht verboten sei (vgl. OLG Hamm OLGR 1994, 170).

Strohmanngeschäfte bergen generell die Gefahr für den Vermieter, sich in unabsehbaren Aspekten des Mietgebrauchs mit vertragsfremden Personen konfrontiert zu sehen. Das Formular will dem vorbeugen, indem es den tatsächlichen Gaststättenbetrieb mit der Person des Pächters verknüpft.

**11.** Nach § 535 BGB hat der Pächter Anspruch darauf, dass ihm das Objekt vom Verpächter in einem **zum vertragsgemäßen Gebrauch geeigneten Zustand** überlassen wird. Die vertraglich geschuldete Sollbeschaffenheit der Pachtsache entspricht ihrer Tauglichkeit zum vertragsgemäßen Gebrauch und ihrer Eignung zu dem vertraglich vereinbarten Verwendungszweck (vgl. BGH NJW 1982, 696; BGH NJW 1981, 2405). Die Tauglichkeit einer Gaststätte als Pachtobjekt kann aus unterschiedlichen Gründen aufgehoben sein. Wenn die Pachtsache aufgrund ihr unmittelbar körperlich anhaftender Beeinträchtigungen nicht zum vertragsgemäßen Gebrauch geeignet ist, liegt darin ein (Sach-)Mangel im Sinne der §§ 536 ff. BGB. Der Pächter kann in diesem Fall sowohl die Herstellung des vertragsgemäßen Zustandes sowie Mängelbeseitigung verlangen als auch Gewährleistungsrechte geltend machen und ggf. auch eine fristlose Kündigung des Pachtvertrages gemäß § 543 Abs. 2 Nr. 1 BGB (§§ 542, 544 BGB) aussprechen (vgl. *Bub/Treier* III. B. Rdn. 1176). Kein Sachmangel sondern ein Rechtsmangel liegt nach dem BGH (NJW-RR 1995, 715 = ZMR 1995, 480) vor, wenn der Eigentümer von Sondereigentum Räume zum Betrieb einer Gaststätte vermietet, die in der Teilungserklärung als „Laden" gekennzeichnet sind, und wenn die anderen Wohnungseigentümer gegen den Mieter aus § 1004 BGB vorgehen wollen.

Grundsätzlich liegt aber auch dann ein Mangel vor, wenn die Nutzung der Gaststätte nach öffentlich-rechtlichen Vorschriften für den vorgesehenen Vertragszweck nicht möglich ist. **Öffentlich-rechtliche Gebrauchshindernisse** und -beschränkungen, die dem vertragsgemäßen Gebrauch entgegenstehen, stellen grundsätzlich einen Fehler – einen Sachmangel – der Mietsache dar, wenn sie mit der Beschaffenheit der Mietsache zusammenhängen und nicht in persönlichen oder betrieblichen Umständen des Mieters ihre Ursache haben (vgl. BGH ZMR 1994, 253; NJW 1988, 2664; BGH NJW 1980, 777; OLG Düsseldorf DWW 2006, 286; OLG Celle OLGR 1999, 283; Bub/Treier/*Kraemer* III. B. Rdn. 1345 ff.; *Wolf/Eckert/Ball* Rdn. 228 ff.; vgl. hierzu auch Anmerkungen zu Form. A. VI. 2 § 7). Auf ein Verschulden des Vermieters kommt es dabei nicht an. Es reicht aus, wenn das Hindernis aus seiner Risikosphäre stammt. Haben die Verwaltungsbehörden die nach einem Brand erforderlich werdende Neuerteilung einer Nutzungsgenehmigung für eine Gaststätte - noch – nicht erteilt, bleibt der vertragsgemäße Gebrauch insgesamt aufgehoben (vgl. BGH NJW-RR 1987, 906; zu einem anfänglichen Mangel infolge brandschutzmäßiger Beanstandungen der Behörden vgl. OLG Düsseldorf ZMR 1993, 275). Eine Klausel, die dem Mieter/Pächter das Risiko für die Bewilligung der auf seine Kosten einzuholenden behördlichen Erlaubnis überbürdet, verstößt nach der Rechtsprechung (vgl. BGH NJW 1988, 2664; OLG Celle NJW-RR 2000, 873 = NZM 2000, 621) gegen § 307 Abs. 2 BGB.

Bei der Gaststättenpacht können sich vielfältige Hürden ergeben, die der Erteilung einer erforderlichen öffentlich-rechtlichen Genehmigung dauerhaft oder vorübergehend entgegenstehen. Zur Vermeidung wirtschaftlicher Einbußen sollten möglicherweise drohende Interventionen von Behörden vor Vertragsschluss ausgeräumt sein.

Beispiele aus der Rechtsprechung:
- BGH, MDR 1997, 100 zu einer behördlichen Untersagungsverfügung,
- BGH ZMR 1987, 257 zu einem nicht bauabnahmefähigen Objekt,

- BGH ZMR 1995, 257; OLG Düsseldorf NJW-RR 1988, 1424 zu fehlenden Stellplätzen,
- KG Berlin NZM 2000, 461 zur Zusicherung eines konzessionsfähigen Zustands,
- OLG München, OLGR 1997, 62 zu einer bauaufsichtlichen Genehmigung,
- OLG Düsseldorf DWW zu einem Nutzungsverbot wegen baulicher Mängel,
- OLG Düsseldorf DWW 1993, 100 zu fehlenden Brandschutzeinrichtungen,
- OLG Köln OLGR 1994, 241 zu einer Küche ohne natürliche Lichtquelle,
- OLG Hamm ZMR 1982, 206 zum Fehlen einer erforderlichen Nutzungsänderungsgenehmigung.

Zu der Problematik, dass die Geschäfte des Pächters hinter seinen Erwartungen zurück bleiben und ob dann die Grundsätze zum Wegfall der Geschäftsgrundlage eingreifen, vgl. zunächst die Anm. zu Form. A. VI. 3 § 4 und A. VI. 5 Anm. 1. Nach dem OLG Celle (NJW-RR 1996, 1099) soll eine Umsatzminderung, die auf die Schaffung einer verkehrsberuhigten Zone zurückzuführen ist, nicht zur Mietzinsminderung berechtigen und auch nicht zur Vertragskorrektur unter dem Gesichtspunkt des Wegfalls der Geschäftsgrundlage führen. Bei langfristigen Verträgen soll aber eine außerordentliche Kündigung in Betracht kommen (vgl. OLG Celle a. a. O.).

**12.** Falls für den Gaststättenbetrieb wesentliche Umstände zu offenbaren sind, sollte dies im Vertrag durch eine zusätzliche Klarstellung dokumentiert werden (vgl. etwa Form. A. VI. 5 § 3 Ziff. 2). Dadurch wird auch dem Streit darüber vorgebeugt, wie weit die Bereitstellungspflichten des Verpächters aus § 535 BGB reichen. Werden bei Abschluss des Vertrags falsche Umsatzangaben gemacht, kann dies Ersatzansprüche nach den Grundsätzen zur culpa in contrahendo auslösen (vgl. BGH MDR 1996, 1107 auch zur prozessualen Beweislast für die Behauptung, bei zutreffenden Angaben wäre der Vertrag nicht geschlossen worden).

**13.** Der Pächter muss sich bei Vertragsschluss darüber im Klaren sein, dass er vor der Betriebsaufnahme einer Gaststätte diverse Hürden überwinden muss. Ein verbindlicher Vertragsschluss sollte erst nach Abklärung der wesentlichen Voraussetzungen erfolgen.

Den erforderlichen Aufwand mögen nachstehende **Auszüge aus einem Merkblatt der Stadt Hürth** zum Antrag auf Erteilung einer Erlaubnis nach § 2 Gaststättengesetz veranschaulichen:

„Bei der Beantragung einer Erlaubnis zur Ausübung eines Gaststättengewerbes sind die nachstehend aufgeführten Unterlagen zur Antragsbearbeitung und zum Nachweis der persönlichen Zuverlässigkeit vorzulegen:
- Grundrisszeichnung
- Schnittzeichnung
- Amtlicher Lageplan
- Baubeschreibung
jeweils in 4-facher Ausfertigung.
Die Zeichnungen müssen deutlich und im Maßstab 1 : 100 oder 1 : 50 sein.
Die Zeichnungen müssen mit den gegebenen baulichen Verhältnissen genauestens übereinstimmen.
Die Grundrisszeichnung muss alle dem gewerblichen Zweck dienenden Räume (z. B. Gastraum, Küche, Toiletten, Bierkeller, Lager- und Personalräume usw.) ausweisen.
Die Räume sind durch Rotumrandung zu kennzeichnen, fortlaufend zu nummerieren und entsprechend der Nummerierung im Beiblatt zum Fragebogen aufzuführen. Dabei ist zudem unbedingt eine Flächenberechnung der einzelnen Räume vorzunehmen.
1. Bei der Neuerrichtung einer Gaststätte (keine Übernahme eines bereits bestehenden Betriebes) ist die Baugenehmigung mit Abnahmebescheinigung nach der Bauzustandsbesichtigung vorzulegen.
2. Bei Betrieb einer Schankanlage ist der Sachkunde- und Reinigungsnachweis Ihrer Schankanlage beizubringen.
3. Der Pacht- bzw. Mietvertrag (möglichst Zweitausfertigung/Ablichtung) ist vorzulegen.

4. Eine „Auskunft in Steuersachen" des Wohnsitz-Finanzamtes ist beizubringen. Für in Hürth Wohnende ist dies das Finanzamt Brühl...

5. Eine „Unbedenklichkeitsbescheinigung" des Steueramtes bzw. der Stadtkasse des Wohnsitzes ist vorzulegen. Für in Hürth Wohnende ist dies das Steueramt der Stadt Hürth......

6. Ein „Auszug aus der Schuldnerkartei" des für den Wohnort zuständigen Amtsgerichtes ist beizubringen.

Für in Hürth Wohnende ist sie erhältlich beim Amtsgericht Brühl......

Die Nachweise zu den Ziffern 4–6 sind vom Antragsteller von den zuständigen Stellen aller Gemeinden vorzulegen, in denen er in den letzten drei Jahren gewohnt hat oder ein Gewerbe betrieben hat bzw. noch betreibt.

7. Ein „Führungszeugnis" nach der Belegart O ist bei der für den Wohnort zuständigen Meldebehörde zu beantragen. Bei der Beantragung ist als Verwendungszweck „Gaststättenerlaubnis" und als Empfänger „Stadt Hürth......" anzugeben. Für in Hürth Wohnende ist das Führungszeugnis bei der Einwohnermeldeabteilung der Stadt Hürth...... zu beantragen.

8. Eine „Auskunft aus dem Gewerbezentralregister" ist bei der für den Wohnort zuständigen Ordnungsbehörde zu beantragen. Für in Hürth Wohnende ist diese Auskunft bei der Ordnungsabteilung der Stadt Hürth...... anzufordern.

9. Der „Unterrichtsnachweis" ist bei der für den Wohnort zuständigen Industrie- und Handelskammer nachzuweisen.

Für in Hürth Wohnende ist dieser Nachweis bei der IHK Köln...... zu erwerben.

10. Wenn Speisen zubereitet und verabreicht werden, ist außerdem ein gültiges „Gesundheitszeugnis" von dem für den Wohnsitz zuständigen Gesundheitsamt beizubringen. Für im Erftkreis Wohnende ist das Gesundheitsamt des Erftkreises...... zuständig.

11. Der Personalausweis oder Reisepass bzw. Pass, eine Meldebescheinigung sowie bei ausländischen Antragstellern der Nachweis der Aufenthaltsgenehmigung sind bei der Antragstellung vorzulegen.

Handelt es sich bei dem Antragsteller um eine juristische Person, so sind die Zuverlässigkeitsnachweise sowohl für die juristische Person als auch für die vertretungsberechtigten natürlichen Personen vorzulegen.

12. Bei juristischen Personen ist bei der Antragstellung ein aktueller Auszug aus dem Handels- bzw. Vereinsregister vorzulegen.

Die Bearbeitung des Antrages wird erst dann möglich, wenn alle Unterlagen vollständig vorgelegt werden. Da im Prüfungsverfahren noch andere Behörden zur Stellungnahme aufgefordert werden, ist mit einer Bearbeitungszeit von 6–12 Wochen zu rechnen. Die Entscheidung über den Antrag wird Ihnen nach Abschluss des Verfahrens schriftlich mitgeteilt.

Die Bearbeitung ist gebührenpflichtig, auch bei Rücknahme des Antrages.

Bei Verdacht auf ein Strohmannverhältnis, d.h. wenn der Antragsteller nicht der wirkliche Gewerbetreibende ist sondern nur zur Verschleierung der tatsächlichen Verhältnisse als Gewerbetreibender vorgeschoben wird, hat die Behörde die Möglichkeit, personenbezogene Daten über den wahren Gewerbetreibenden einzuholen. Sollte ein Strohmannverhältnis vorliegen, wird die Behörde dem Antragsteller die Erteilung einer Gaststättenerlaubnis versagen.

Die Ausübung einer erlaubnispflichtigen Tätigkeit nach dem Gaststättengesetz ist bis zur schriftlichen Erlaubniserteilung und Anmeldung des Gewerbes gemäß § 14 Gewerbeordnung nicht gestattet und kann mit einem Bußgeld bis zu 10.000,– DM geahndet werden und mit Verwaltungsmaßnahmen (Schließung der Gaststätte durch die Ordnungsbehörde) verhindert werden."

**14.** Bezugsbindungen und Bezugsverpflichtungen umschreiben ein sensibles Kapitel formularvertraglicher Inhaltskontrolle. Es liegt im nahe liegenden Interesse von Brauereien, Getränkegroßhändlern und Automatenaufstellern, sich dauerhaft einen gesicherten Absatzmarkt zu ihnen günstigen Bedingungen zu sichern. Das Bestreben, sich für einen möglichst langen Zeitraum feste Abnehmer zu sichern, hat in der Praxis vielfach zu Vertragskonstruktionen geführt, die durchgreifenden rechtlichen Bedenken begegnen (vielfältige Beispiele aus der Rechtsprechung finden sich bei *Paulusch*, Höchstrichterliche Rechtsprechung zum Brauerei- und Gaststättenrecht, 9. Aufl., vgl. insbesondere zu Rdn. 115 ff.).

Da die formularmäßige Ausgestaltung von Bezugsbindungsvereinbarungen den hier behandelten miet- und pachtvertraglichen Rahmen sprengen würde, können nur einige wesentliche Grundsätze zu dieser Problematik aufgegriffen werden:

Gaststättenmiet- oder Pachtverträge unterliegen gemäß § 34 S. 1 GWB der **Schriftform,** wenn sie den Wettbewerb – insbesondere im Sinne von § 18 GWB – einschränken. Das Schriftformerfordernis erfasst auch alle Nebenabreden, die für eine kartellrechtliche Überprüfung erheblich sein können (vgl. BGH MDR 1992, 1123; BGHZ 54, 145; zur kartellrechtlichen Problematik vgl. auch *Köckritz/Holzmüller* BB 2009, 1712; *Steindorff* BB 1981, 377). Wird bei Abschluss eines Bierbezugsvertrages dem Gastwirt von der Brauerei zugesichert, dass wegen des fortgeschrittenen Alters und des Gesundheitszustandes des Gastwirts gegebenenfalls eine einvernehmliche Auflösung des Vertragsverhältnisses gesucht werden solle, so liegt hierin eine wesentliche Klausel des Vertrages, die auch für die Beurteilung durch die Kartellbehörden erheblich ist und die ohne eine schriftliche Niederlegung nach § 34 GWB zur Formnichtigkeit des Bierbezugsvertrages führt (vgl. OLG Frankfurt OLGR 1993, 229). Ein Schuldbeitritt zu den Verpflichtungen aus einem Bierlieferungsvertrag ist nach § 34 GWB ebenfalls formbedürftig (vgl. OLG Celle OLGR 1999, 17). Das Formerfordernis ist dann nicht gewahrt, wenn in der Schuldbeitrittserklärung auf den Bierlieferungsvertrag lediglich Bezug genommen wird (vgl. OLG Celle a.a.O.). Bei Nichtbeachtung der Schriftform tritt die Nichtigkeitsfolge aus § 125 BGB nur dann nicht ein, wenn der Vertrag auch ohne die Vorschriften, welche das Schriftformerfordernis begründen, zustande gekommen wäre (vgl. § 139 BGB). Das wird in der Regel nicht angenommen werden können, da die wettbewerbsrelevanten Bezugsverpflichtungen typischerweise im Mittelpunkt der wirtschaftlichen Interessen des Vermieters/Verpächters stehen (vgl. OLG Köln MDR 1997, 32 zur Teilnichtigkeit im Rahmen des VerbrKrG).

Für Bierbezugsverpflichtungen gelten im Ansatz auch die Regelungen des § 505 Abs. 1 Nr. 2 BGB (bzw. des ehem. §§ 2 Nr. 3, 7 VerbrKrG „regelmäßige Lieferung von Sachen gleicher Art"; vgl. dazu OLG Köln a.a.O.). Das hat zur Folge, dass gemäß § 505 Abs. 1 Nr. 2 i.V.m. § 355 BGB ein Widerruf der auf den Abschluss einer Bezugsverpflichtung gerichteten Willenserklärung in Betracht kommt. Wenn das geschieht und von der Teilnichtigkeit eines Miet- oder Pachtvertrags in Bezug auf eine Gaststätte auszugehen ist, ist im Rahmen des § 139 BGB wiederum zu prüfen, ob der Vermieter/Verpächter den Vertrag auch ohne das vorgesehene Bierlieferrecht abgeschlossen hätte. Das ist nicht der Fall, wenn der Pachtvertrag mit dem Lieferrecht „steht und fällt". Eine so enge Verknüpfung kann sich typischerweise aus dem wirtschaftlich unternehmerischen Hintergrund des Verpächters ergeben, der als Lieferant und zugleich als Verpächter auftritt (Brauerei, Getränkevertrieb). Auf die bei Geltung des VerbrKrG abgeschlossenen Pachtverträge fand zunächst weiterhin das VerbrKrG Anwendung; seit dem 1. 1. 2003 gelten gem. Art. 229 § 5 S. 2 nur noch die Regelungen des BGB i.d.F. des SchuldrechtsModG. Für die unter Geltung des **AbzG** geschlossenen Altverträge (aus der Zeit vor dem 1. 1. 1991) fanden zunächst die Bestimmungen des AbzG auch nach Inkrafttreten des VerbrKrG in entsprechender Anwendung des Art. 9 I VerbrKrG/ZPO ua ÄndG weiterhin Anwendung (vgl. BGH MDR 1996, 996; BGH MDR 1992, 1123; BGH MDR 1993, 736). Der persönliche Anwendungsbereich für die nach neuem Recht geltenden Verbraucherschutzbestimmungen aus § 505 Abs. 1 Nr. 2 i.V.m. §§ 355 ff. BGB erschließt sich über den **Begriff des Verbrauchers i.S.v. § 13 BGB.** Verbraucher ist jede natürliche Person, die ein Rechtsgeschäft zu einem Zwecke abschließt, der weder ihrer gewerblichen noch ihrer selbständigen beruflichen Tätigkeit zuzurechnen ist. Nach dieser Legaldefinition steht die Einschlägigkeit des gesetzlichen Verbraucherschutzes im hier behandelten Gewerbemietrecht weitgehend in Frage. **Gewerbliche Tätigkeit** beinhaltet eine planmäßige und auf Dauer angelegte wirtschaftlich selbständige Tätigkeit unter Teilnahme am Wettbewerb (BGH NJW 2002, 368 m.w.N.). Zu den gewerblichen Betätigungen gehört nicht die bloße Verwaltung eigenen Vermögens (vgl. BGHZ 63, 32, 33; 74, 273, 276; BGH NJW 1963, 1397). Erfordern die Geschäfte einen planmäßigen Geschäftsbetrieb, wie etwa die Unterhaltung eines Büros, eines (Laden-)Lokals oder sonst einer betrieblichen Organisation, liegt gewerbliche Betätigung vor (vgl. BGH NJW 2002, 368; 1967, 2353; BGHZ 104, 205; 119, 252). Der Betrieb einer Gaststätte indiziert vor diesem Hintergrund eine unternehmerische Betätigung.

Vom materiell-rechtlichen Gehalt steht oft die Wirksamkeit von Klauseln in Frage, welche die **Laufzeit bzw. Laufzeitverlängerungen** von Bezugsverpflichtungen betreffen. Formularmäßige Vertragsbestimmungen sind nach allgemeinen Grundsätzen unangemessen im Sinne des § 307 Abs. 1 BGB, wenn der Verwender durch einseitige Vertragsgestaltung missbräuchlich eigene Interessen auf Kosten seines Vertragspartners durchzusetzen versucht, ohne auch dessen Belange hinreichend zu berücksichtigen und ihm einen angemessenen Ausgleich zuzugestehen (vgl. BGHZ 90, 280; 120, 108; BGH WM 1997, 1994; BGH NJW 1999, 2279). Laufzeitklauseln in Verträgen, die dem Gastwirt Bezugsbindungen auferlegen, können diesen ganz wesentlich in seiner wirtschaftlichen Bewegungsfreiheit und Selbstständigkeit beschränken. Die Inhaltskontrolle nach § 307 Abs. 1 BGB führt zu der Überprüfung, ob solche Beschränkungen ein nicht mehr hinnehmbares Maß erreichen (BGH ZIP 1984, 335). Nach der Rechtsprechung hängt das höchstzulässige Maß bei Bezugsbindungen wesentlich davon ab, wie erheblich die Gegenleistungen sind, die der bindende Vertragspartner nach dem Vertrag unter besonderer Berücksichtigung von Amortisationsgrundsätzen zu erbringen hat (vgl. für den Bierbezug BGH WM 1985, 608; BGH WM 1992, 1285).

Nach der Rechtsprechung des Bundesgerichtshofs hängt bei Dauerschuldverhältnissen die höchstzulässige Vertragslaufzeit maßgeblich davon ab, welcher Kapitalaufwand dem die Laufzeit durch AGB vorgebenden Vertragsteil für die Erfüllung des Vertrages entsteht. Sind für die Herstellung oder Errichtung der zur Durchführung des Vertrages erforderlichen technischen Gegebenheiten hohe Entwicklungs- und Investitionskosten erforderlich, deren Vorfinanzierung sich nur bei längerer Vertragsdauer amortisiert, kann eine lange Laufzeit dem anzuerkennenden Interesse des Klauselverwenders Rechnung tragen (vgl. BGH CuR 2008, 15; BGH NJW 1993, 1133 – Anschließungsvertrag für Breitbandkabelanschlüsse; BGHZ 147, 279 – Bierlieferungsvertrag; BGHZ 143, 104 – Alleinbezugsverpflichtung; BGH, NJW 2003, 886 – Telefonanlagen-Wartungsvertrag; BGH, NJW 1997, 3022 – Errichtung und Betrieb von Telekommunikationsanlagen; BGH, NJW 1985, 2328 – Vermietung einer Fernsprechnebenstellenanlage). Dasselbe gilt, wenn der eine laufende Leistung erbringende Vertragsteil hohe Vorhaltekosten aufzuwenden hat (vgl. BGHZ 90, 280 – Direktunterrichtsvertrag; BGH, NJW 2003, 886; BGH, NJW 1985, 2328; vgl. ferner BGH WM 1985, 542; BGH WM 1993, 791).

Bei Bezugs- und Bindungsklauseln, die außerdem eine **automatische oder optionsabhängige Verlängerung der Bindung** vorsehen, kann eine zweistufige Prüfungsabfolge geboten sein. Wenn schon die Mindestlaufzeit unangemessen lang ist, kann bereits dies zur Anwendung des § 307 Abs. 1 BGB führen. Wenn die Erstlaufzeit – für sich genommen – nicht unangemessen lang ist, muss für die Abwägung auf die Gesamtdauer des Vertrages abgestellt werden (vgl. BGH NJW 2000, 1110). Ob eine Klausel die wirtschaftliche Bewegungsfreiheit und Selbständigkeit des Vertragspartners zugunsten des Klauselverwenders in unvertretbarer Weise einengt, ist mit Hilfe einer umfassenden Abwägung der schutzwürdigen Interessen beider Parteien im Einzelfall festzustellen (BGH a.a.O.; BGH WM 1997, 1624).

Da es gesetzliche Bestimmungen, welche die Länge der Bindungsdauer beschränken, nicht gibt, ist erörtert worden, ob nicht vertragliche Bindungszeiten von jedenfalls mehr als zehn Jahren Dauer die Unwirksamkeit entsprechender Klauseln indizieren und nur beim Vorliegen besonderer Umstände als noch angemessen zu beurteilen sind (so BGH WM 1997, 1624) oder ob sich eine Festlegung auf eine zulässige Höchstlaufzeit verbietet (so für den Bierbezug BGH ZIP 1984, 335). Außerdem ist erwogen worden, ob sich aus der Gruppenfreistellungsverordnung (Art. 12 Abs. 1 Buchst. c der Verordnung [EWG] Nr. 1984/83 der Kommission vom 22. Juni 1983 über die Anwendung von Art. 85

Abs. 3 des Vertrages auf Gruppen von Alleinbezugsvereinbarungen, ABl. 1983 L 173/5) eine Leitbildfunktion für die Angemessenheitsprüfung von Vertragsbindungsfristen im Sinne einer zehnjährigen Höchstlaufzeit zukommt (so Palandt/*Grüneberg* § 309 Rdn. 89; vgl. auch BGH WM 1995, 1636 und BGH NJW 2000, 1110; zu den Voraussetzungen der Nichtigkeit eines auf lange Frist laufenden Bierbezugsvertrages nach Art. 85 Abs. 2 EGV vgl. BGH NJW 1992, 1456; NJW-RR 1993, 937). Eine gesicherte Grundlage für eine generalisierende Betrachtungsweise kann letztlich nicht ausgemacht werden. Klauseln über eine Bezugsverpflichtung sind von der Rechtsprechung noch gebilligt worden, wenn die sonstige Vertragsgestaltung dem Gastwirt unter Würdigung des Einzelfalls, insbesondere der beiderseitigen Vertragspflichten, einen ausreichenden Raum wirtschaftlicher Betätigungsfreiheit belässt, insbesondere eine Kündigungsbefugnis aus wichtigem Grund nicht abgeschnitten ist (vgl. BGH NJW 1985, 2693; OLG Celle OLGR 1999, 33).

In der Umsetzung dieser Grundsätze ist die Rechtsprechung z.T. bedenklich großzügig und lässt für Bierbezugsverträge Laufzeiten von bis zu 20 Jahren ohne Annahme eines Verstoßes gegen §§ 138 Abs. 1, 307 BGB zu (vgl. BGH MDR 1979, 922; BGH NJW 1992, 2145; OLG Köln OLGR 1995, 161). Soweit der BGH sogar Laufzeiten für Bezugsverpflichtungen von bis zu 25 Jahren gebilligt hat, ging es jeweils um Fallgestaltungen, bei denen das liefernde Unternehmen nach dem Vertrag besonders viel Kapital langfristig eingesetzt hatte und nur bei einer entsprechend langfristigen Bindung einen Ausgleich für seine Investitionen erhielt (für die Tankstellenpacht vgl. BGHZ 52, 171; 83, 313; BGH WM 1997, 1403). Noch weiter reichende Bindungen indizieren eine unzumutbare Beeinträchtigung der wirtschaftlichen Bewegungsfreiheit des Vertragspartners einer Brauerei und sind sittenwidrig im Sinne von § 138 Abs. 1 BGB (vgl. BGH NJW 1992, 2145; BGH NJW-RR 1990, 816; OLG Köln a.a.O.; *Paulusch* a.a.O., Rdn. 121). Bierbezugsbindungen, die nur wegen übermäßig langer Laufzeit gegen die guten Sitten verstoßen, können allerdings in entsprechender Anwendung von § 139 BGB mit einer angemessenen Laufzeit aufrechterhalten werden (vgl. BGH NJW-RR 1990, 816, m.w.N.; BGH BeckRS 2004, 04.917; *Paulusch* a.a.O., S. 59ff. m.w.N.).

Wirksamkeitsbedenken können sich auch aus Vertragsbestimmungen ergeben, welche die weiteren **Bezugsmodalitäten** regeln. Der BGH (BGHZ 109, 314; BGH NJW 1990, 567) hat die vom Mieter/Pächter eingegangene Verpflichtung, Mindestmengen an Getränken abzunehmen und bei Unterschreitung der Mindestmenge Schadensersatz in anteiliger Höhe des Listenpreises zu leisten, nicht als unangemessen im Sinne von § 307 BGB angesehen, soweit dem Abnehmer die Möglichkeit des Nachweises eines geringeren Schadens erhalten bleibt. Bei der bereits behandelten amortisationsmäßigen Gewichtung der Gegenleistungen, die der bindende Vertragspartner zu erbringen hat, dürften aber neben der Vertragslaufzeit auch alle Klauseln mit heranzuziehen sein, welche die Bezugsbindung im Einzelnen ausgestalten. Regelungen zum Mindestbezug können das vertragliche Regelwerk maßgeblich prägen, etwa wenn die Verpflichtung zur Abnahme von unrealistischen Mindestmengen das vertragliche Äquivalenzverhältnis erschüttert.

Einer Gesamtwürdigung des vertraglichen Regelungszusammenhangs bedarf es auch im weiteren bei der Prüfung von **Sittenwidrigkeitsmerkmalen** im Sinne von § 138 Abs. 1 BGB. Nach der ständigen Rechtsprechung des BGH ist ein Vertrag als wucherähnliches Geschäft nach § 138 Abs. 1 BGB nichtig, wenn Leistung und Gegenleistung in einem auffälligen Missverhältnis zueinander stehen und weitere Umstände hinzutreten, die – insbesondere als Ausdruck verwerflicher Gesinnung – Sittenwidrigkeitsmerkmale beinhalten (vgl. die Nachweise bei BGH 1999, 527). Dabei kommt den Abnahmepreisen besondere Bedeutung zu, auch wenn diese als solche unterhalb der objektiven Wuchergrenze angesiedelt sind. Die Sittenwidrigkeit kann sich aus dem Gesamtcharakter eines Rechtsgeschäfts ergeben (vgl. BGH NJW 1990, 704). Wenn das Geschäft unter Ausnutzung wirtschaftlicher Übermacht eine weitreichende Knebelung des Vertragspartners bewirkt, kann § 138 Abs. 1 BGB einschlägig sein (vgl. *Palandt/Heinrichs* § 138 Rdn. 24 m. w. N.). Das Zusammenspiel von Miet- bzw. Pachtzins einerseits und dem bei längerer Bezugsverpflichtung ausbedungenen Bezugspreis kann zu einer dauerhaften wirtschaftlichen Lähmung des Mieters/Pächters führen.

Knebelverträge können sich auch im Bereich der sog. **Franchiseverträge** finden, die oft den Betrieb von Gaststätten (Schnellrestaurants) zum Gegenstand haben. Die Rechtsprechung ist insoweit nicht einheitlich. Selbst die Kombination einer hundertprozentigen Bezugsbindung mit einer nicht vollständigen Weitergabe von Einkaufsvorteilen ist nach dem BGH (vgl. NJW 2009, 1753) grundsätzlich keine unbillige Behinderung (vgl. auch OLG Düsseldorf GRUR-RR 2009, 200). Eine sittenwidrige Knebelung ist bei Franchiseverträgen insbesondere dann bejaht worden, wenn der Franchisenehmer praktisch vollkommen dem Willen des Franchisegebers unterworfen und faktisch zum Angestellten im eigenen Betrieb wird; außerdem wird auf einseitige Risikoverteilungen abgestellt (vgl. etwa OLG Hamm NZG 2000, 1169, OLG München BB 2002, 2521). Indiz dafür können Weisungs- und Zustimmungsrechte des Franchisegebers sowie deren Umfang sein. Ferner kann die **Kombination einseitig belastender Klauseln** im Vertragswerk, die einer Inhaltskontrolle nach dem AGBG bzw. den §§ 305 ff. BGB nicht standhalten, den Franchisevertrag bei der gebotenen Gesamtschau als sittenwidrig erscheinen lassen (vgl. OLG Düsseldorf GWR 2010, 57). Bei der der Prüfung der Voraussetzungen des § 138 ZPO ist aber eine Gesamtbetrachtung geboten, bei der zu berücksichtigen ist, dass gewisse Weisungsrechte und Kontrollbefugnisse für ein Franchiseverhältnis typisch und notwendig sind, um auch im Interesse des Franchisenehmers die Einhaltung der systemtypischen Qualitätsstandards zu gewährleisten und die korrekte Anwendung des vom Franchisegeber zur Verfügung gestellten Know-How sicherzustellen (vgl. OLG Düsseldorf a. a. O.; OLG Oldenburg OLGR 2008, 24 m. w. N.).

**Rechtsnachfolgeklauseln** werden trotz der mit ihnen für den Kunden verbundenen Einschränkung der unternehmerischen Bewegungsfreiheit im Hinblick auf die erhebliche Fluktuation im Gaststättengewerbe und die Gefahr des Leerlaufes der Bezugspflichten durch Übertragung der Gaststätte auf andere Personen im Allgemeinen für unbedenklich gehalten (vgl. BGH GRUR 1984, 298). Vor Inkrafttreten des AGB-Gesetzes hat der BGH (MDR 1976, 834) die in einem formularmäßigen Bierlieferungsvertrag enthaltene Befugnis der Brauerei, den Vertrag mit sämtlichen Rechten und Pflichten auf eine andere Brauerei zu übertragen, dann unbeanstandet gelassen, wenn der sonstige Vertragsinhalt unberührt blieb. Ist diese Befugnis dagegen nicht auf den Fall der Übertragung des Brauereibetriebs beschränkt und macht die Klausel auch keine Ausnahme für einen mit der Übertragung verbundenen Wechsel der Biermarke, hat der BGH zunächst Bedenken angemeldet (vgl. BGH MDR 1986, 48) und sodann (mit BGH MDR 1995, 996) ein solches formularmäßig vereinbartes unbeschränktes Übertragungsrecht der Brauerei als unangemessene Benachteiligung behandelt, weil sich daraus entscheidende Nachteile für den Gastwirt ergeben können.

Die Pflicht zur Übernahme einer Bezugsverpflichtung von etwaigen Unter- oder Nachfolgemietern/-pächtern hängt von den hierzu getroffenen Abreden im Ursprungsvertrag ab. Wenn der Eigentümer/Verpächter sich gegenüber einer Brauerei zu einer Bezugsbindung verpflichtet, finden sich in der Praxis beispielsweise folgende Regelungen (vgl. bei OLG Köln OLGR 1998, 47):

> Sofern der Mietvertrag zwischen ...... betreffend die o. g. Gaststätte beendet wird, bevor die Bierbezugsverpflichtung aus dem vorerwähnten Darlehens- und Bierlieferungsvertrag uns gegenüber erfüllt ist, verpflichten Sie sich, diese Bierbezugsverpflichtung allen etwaigen Miet-, Pacht- oder sonstigen Nachfolgern Ihrer Mieter als eigene aufzuerlegen, und zwar in der Weise, dass wir hieraus unmittelbare Rechte und Ansprüche erwerben.

Der Verpächter geht mit solchen Abreden gravierende Pflichten und Bindungen ein. Die Weitergabe einer von ihm eingegangenen Bezugsverpflichtung an einen Pächter befreit ihn nicht von seiner eigenen vertraglichen Haftung im Zusammenhang mit der Erfüllung der Bezugsverpflichtung (vgl. OLG Köln OLGR 1995, 161). Bei einem vertragswidrigen Verhalten des Pächters, auf den der Verpächter nur mittelbar Einfluss nehmen kann, läuft er Gefahr, selbst – ggf. auf Zahlung einer etwaigen Vertragsstrafe – in Anspruch genommen zu werden. Auch die Möglichkeiten der Weiterverpachtung sind erschwert, da viele Gastwirte ihrerseits bei der Übernahme eines Gaststättenbetriebs auf Brauereidarlehen angewiesen sind (vgl. BGH WM 1973, 1360; OLG Köln OLGR 1995, 161).

Anreize zur Eingehung von Bezugsbindungen werden typischerweise durch – oft nur vermeintliche – wirtschaftliche Zugeständnisse des Lieferanten geschaffen. Meist handelt es sich um die Gewährung von (Brauerei-)**Darlehen.** Hierdurch erhält die Bezugsbindung ggf. erst den Amortisationscharakter, dessen es aus den bereits behandelten Gründen bedarf, um langfristige Bezugsverpflichtungen überhaupt wirksam begründen zu können. Das Darlehen schafft neben der eigentlichen Bezugsverpflichtung eine zusätzliche Bindung des Pächters an den Lieferanten, zumal wenn das Darlehen gerade durch den Bezug von Waren, hinsichtlich derer eine Bezugsbindung besteht, zurückerbracht werden soll. Die Darlehensverbindlichkeit kann eine wirtschaftliche Knebelung des – im Gaststättengewerbe oft leistungsschwachen – Pächters bewirken, zumal wenn die Bezugsverpflichtung zu Konditionen erfolgt, die dem Pächter bereits für sich nachteilig sind. Wenn das Darlehen nur dazu dient, den Kauf des Gaststätteninventars durch den Pächter zu finanzieren, besteht die besonders große Gefahr, dass das Darlehen wirtschaftlich leer läuft, denn der Verpächter vereinnahmt die Darlehenssumme sogleich als Kaufpreis für ein Inventar, dessen Überlassung unschwer auch ohne Kauf zu bewerkstelligen wäre.

Kündigt der Lieferant den Bezugsvertrag zu Recht (etwa wegen Verstoßes gegen Exklusivlieferungsrechte) vorzeitig auf, so kann er, wenn er mit dem Gastwirt auch eine Darlehensvereinbarung getroffen hat, Rückzahlung des Geldbetrages verlangen, der nicht durch den Kauf von Getränken abgegolten wurde (vgl. BGH MDR 2001, 411; *Paulusch* Rdn. 180; LG NJW-RR 1990, 820; LG Tübingen NJW-RR 1992, 112 f.).

Im Fall der **Insolvenz der Brauerei** und der vom Verwalter erklärten Erfüllungsablehnung verliert das Recht des Gastwirts auf Belieferung mit Getränken seine Durchsetzbarkeit. Damit entfällt zugleich die Grundlage für die Tilgungsabrede eines Darlehensvertrags (vgl. BGH MDR 2001, 411). Beim Anspruch auf Rückzahlung des nicht durch Bierbezug abgeschriebenen Betrages ist jedoch zugunsten des Wirts abzuzinsen, weil die Gemeinschuldnerin bei Abwicklung der vereinbarten Regelung erst nach und nach die ihre Geldzahlung ausgleichenden Leistungen hätte beanspruchen können (vgl. BGH a. a. O.). Das folgt aus dem Grundsatz, dass dem Berechtigten bei vorzeitiger Beendigung eines Dauerschuldverhältnisses durch das Entstehen sofort durchsetzbarer Ansprüche kein Vorteil erwachsen soll (vgl. BGH a. a. O. m. w. N.).

**Schadensersatzpauschalierungen** und **Vertragsstrafeklauseln** sind grundsätzlich möglich, um Bezugsverpflichtungen durchzusetzen (vgl. BGH WM 1977, 641; 1980, 1309; BGH NJW 1993, 64; zum Franchisevertrag vgl. OLG Düsseldorf Beschl. v. 7. 9. 2009 – I-16 U 621/08). Die Klausel in einem Gaststätten-Pachtvertrag, nach der bei jeder Zuwiderhandlung gegen eine Getränkebezugsverpflichtung eine Vertragsstrafe i. H. v. 2.500 € verwirkt sei, ist jedoch mit Recht als unwirksam angesehen worden (vgl. OLG Düsseldorf NZM 2008, 611).

Die Möglichkeit der Bestellung einer Dienstbarkeit zur Absicherung einer schuldrechtlichen Bezugsverpflichtung ist ebenfalls anerkannt (BGH MDR 1979, 922; BGH NJW 1985, 2474; 1988, 2364; BGH NJW-RR 1992, 593 f.). Die Bezugsbindung darf aber nicht als solche zum (dinglichen) Inhalt der Dienstbarkeit gemacht werden (vgl. BayObLG BayObLGR 1997, 49). Eine beschränkt persönliche Dienstbarkeit, die einer Brauerei im Gegenzug für einen besonders günstigen Grundstückspreis zeitlich unbefristet das Recht einräumt, auf einem Teil des von ihr veräußerten Grundstücks eine Gaststätte zu betreiben oder betreiben zu lassen, ist für sich nicht deshalb sittenwidrig und nichtig, weil mit ihr faktisch eine Bierbezugsverpflichtung auf Dauer einhergeht (vgl. Pfälz. OLG Zweibrücken OLGR 2000, 499).

Die **außerordentliche Kündigung** des Liefervertrags kommt sowohl seitens des Lieferanten als auch seitens des Pächters in Betracht. Der Lieferant kann sich eine Kündigung wegen Verstoßes gegen die Bezugspflichten ausbedingen (vgl. OLG München OLGR 1996, 164). Denkbar wäre hierzu folgende Klausel:

...... Verletzt eine Partei die Bezugsverpflichtung, so kann die andere Partei nach schriftlicher Mahnung und nach Ablauf einer darin gesetzten Frist von mindestens zwei Wochen durch Einschreiben fristlos kündigen. ......

Mit der Kündigung werden sämtliche dann bestehenden Forderungen der Brauerei ...... und des Bierlieferanten aus dieser Vereinbarung und aus der sonstigen Geschäftsbeziehung sofort zur Auszahlung fällig. Nach Tilgung aller Forderungen endet die Bierbezugsverpflichtung. Die Kündigung beseitigt nicht etwaige Schadensersatzansprüche.

Eine den Verpächter zur Kündigung berechtigende Vertragsverletzung liegt insbesondere dann vor, wenn gegen die Bierbezugspflicht verstoßen wird, ...... der Bierbezug ganz oder teilweise eingestellt oder vorstehende Verletzungen bei einem Unterpächter geduldet werden, ......

Die außerordentliche Kündigung seitens des Bezugsverpflichteten ist auch ohne ausdrückliche Vereinbarung aus wichtigem Grund eröffnet, wenn die weitere Durchführung des Vertrages nicht mehr zuzumuten ist (vgl. BGH MDR 1987, 490). Das kann etwa der Fall sein, wenn ein Vertrieb der Getränke nicht mehr in wirtschaftlich sinnvoller Weise möglich ist (vgl. BGH a. a. O.; BGH BB 1965, 809; BGHZ 93, 252).

Probleme können sich aus dem Auseinanderfallen von Bezugsverpflichtungen (oder anderen nicht unmittelbar pachtvertraglichen Zusatzabreden) und dem eigentlichen Pachtvertrag ergeben. Dies betrifft zum einen die einheitliche Wahrung der Schriftform aus §§ 127, 581 Abs. 2, 550, 578 BGB, die zumeist auch (pacht-)vertraglich ausbedungen ist. Das Formerfordernis erstreckt sich grundsätzlich auf das Rechtsgeschäft im Ganzen mitsamt aller Nebenabsprachen (vgl. Palandt/*Heinrichs* § 125 Rdn. 7, 13 m. w. N.). Die kumulativen Auswirkungen zusätzlicher Vereinbarungen zum Pachtvertrag können aber auch im Rahmen von § 138 BGB von Bedeutung sein, wenn sich aus dem Zusammenspiel der Abreden eine sittenwidrige Knebelung des Pächters, die sittenwidrige Ausnutzung einer Monopolstellung oder der verwerfliche Ausschluss jeglicher Konkurrenz ergibt.

**15.** Bei den Vertragsteilen, bei denen sich gegenüber der Gewerberaummiete keine grundlegenden Unterschiede ergeben, wird auf die entsprechenden Regelungen des Standardmietvertrags zurückgegriffen.

**16.** Zur Sittenwidrigkeit eines überhöhten Pachtzinses vgl. bereits die Anm. 14, soweit es das Verhältnis zu Bezugsverpflichtungen angeht. Die Sittenwidrigkeit eines überhöhten Gebrauchsentgelts kann sich danach aus dem Zusammenspiel unterschiedlicher vertraglicher Vereinbarungen der Vertragsparteien ergeben.

Ob ein Pachtvertrag über eine Gaststätte ein auffälliges Missverhältnis zwischen Leistung und Gegenleistung aufweist und sich im Sinne von § 138 Abs. 1 BGB als Wucher darstellt, ist durch einen Vergleich mit der ortsüblichen Marktmiete festzustellen (vgl. BGH NJW 2008, 3210; NJW-RR 2004, 1454). Dies kann weder nach der sog. EOP-Methode (vgl. BGH NZM 1999, 664; zu praktischen Hinweisen und Konsequenzen vgl. *Keckemeti* NZM 2000, 598) noch nach der davon abgeleiteten indirekten Vergleichswertmethode (zu dieser Methode vgl. *Walterspiel* NZM 2000, 70 ff.) ermittelt werden (vgl. BGH GuT 2002, 9). Die nach den bezeichneten Methoden ermittelten statistischen Ertragswerte hält der BGH (a. a. O.) für die maßgebliche Marktsituation des jeweiligen Objekts nicht für hinreichend aussagekräftig, weshalb es regelmäßig auf den Miet- oder Pachtpreis für vergleichbare Objekte ankommt (vgl. BGH a. a. O.; BGH NJW 1995, 1019).

Anders als bei Teilzahlungs- und Ratenkrediten oder bei Grundstücksverträgen ist der BGH allerdings bei der Gewerbemiete und Pacht zurückhaltend gewesen, wenn es darum ging, ein die Sittenwidrigkeit begründendes Missverhältnis danach zu bestimmen, dass die ausbedungene Leistung den Wert der Gegenleistung um einen bestimmten Prozentanteil übersteigt (vgl. BGH GuT 2002, 9 m. w. N.). Demgegenüber wird nunmehr allgemein und auch vom BGH eine mehr als 100%ige Überschreitung von vergleichbaren Mieten/Pachten als Sittenwidrigkeitsschwelle befürwortet (vgl. BGH NJW 2008, 3210; NJW-RR 2004, 1454; OLG Stuttgart OLGR 2000, 411; OLG Stuttgart NJW-RR 1993, 654; KG GuT 2002, 12; Bub/Treier/*Bub* II Rdn. 698, 715a m. w. N.). Eine solchermaßen quantitativ ermittelte Äquivalenzstörung macht aber nicht die Prüfung entbehrlich, ob neben diesem Missverhältnis zwischen Leistung und Gegenleistung noch besondere subjektive Umstände vorliegen, welche die Sittenwidrigkeit ausmachen (vgl. BGH NJW-RR 2004, 1454; BGH NJW 1995, 1019; BGH NJW 1991, 1810; OLG Naumburg GuT 2002, 14). Bei der Übersteigung von Vergleichsmieten/-pachten um mehr als 100% kann ein so krasses Missverhältnis vorliegen, dass eine verwerfliche Gesinnung indiziert ist.

## 7. Mischmietvertrag[1]
### (Anpachtung einer Gaststätte nebst Pächterwohnung)

Pachtvertrag

zwischen

......

(Verpächter)

und

......

(Pächter)

### § 1 Pachtobjekt

Verpachtet wird im Haus

......

(Straße, Hausnummer)

in ......

(PLZ, Ort)

eine Gaststätte, zu der folgende Räume und Nutzflächen gehören:

| Bezeichnung | Anzahl und Lage (Geschoss) |
| --- | --- |
| Gastraum | ...... |
| Küche | ...... |
| Toiletten | ...... |
| Kegelbahn | ...... |
| Kühlraum | ...... |

| Bezeichnung | Anzahl und Lage (Geschoss) |
|---|---|
| Bierkeller | ...... |
| weitere Räume | ...... |
| und eine Pächterwohnung bestehend aus | |
| Wohnraum | ...... |
| Schlafraum | ...... |
| Kinderzimmer | ...... |
| Küche/Diele/Bad | ...... |

### § 2 Inventar[2] (vgl. Form. A. VI. 6)

### § 3 Pachtzweck, gewerbliche Einheit, Wohnraumnutzung, Konzession

(1) Die Verpachtung sämtlicher Räume[3] erfolgt zum Betrieb

**– vgl. hierzu die Beispiele in Form. A. VI. 6 § 3 –**

(2) Gaststättenräume und Wohnräume beinhalten einschließlich aller Nebenräume eine gewerbliche Einheit, die den zur Gewerberaummiete und Pacht geltenden Rechtsgrundsätzen unterstehen soll.[4]

(3) Die Nutzung der Wohnräume (Pächterwohnung) ist ausschließlich dem Pächter in den zeitlichen und inhaltlichen Grenzen dieses Vertrags gestattet. Eine gesonderte Untervermietung oder Zwischenvermietung der Pächterwohnung an Dritte ist dem Pächter ebenso wenig gestattet wie jede anderweitige Überlassung an vertragsfremde Personen. Eine Unterverpachtung der gesamten Pachtsache ist im Übrigen nur unter den in diesem Vertrag geregelten Voraussetzungen und nur unter Wahrung der gewerblichen Einheit der Pachtsache möglich.[5]

(4) Das vertragliche Gebrauchsrecht des Pächters erstreckt sich nur auf den durch ihn selbst als Konzessionsinhaber geführten Geschäftsbetrieb.

### § 4 Übergabe und Ausstattung der Pachtsache, Konzession (s. Form. A. VI. 6)

### § 5 Bezugsverpflichtungen (Brauereibindung) (s. Form. A. VI. 6)

### § 6 Pachtbeginn, Pachtdauer (s. Form. A. VI. 6)

### § 7 Pachtzins[6], Umsatzsteuer, Nebenkosten

(1) Der monatliche Netto-Pachtzins beträgt für die gesamte Pachtsache ...... EUR.

Für die vom Pächter zusätzlich zu entrichtende gesetzliche Umsatzsteuer legen die Vertragsparteien nur den Pachtzinsanteil zugrunde, der auf den Gaststättenbereich unter Ausschluss der Wohnräume entfällt.[7]
Dieser Anteil beläuft sich auf ......% des gesamten Pachtzinses. Für die Ermittlung dieses Anteils ist in erster Linie als maßgeblich heran gezogen worden, dass die bauliche und technische Ausstattung des Gaststättenbereichs im Vergleich zur Wohnfläche einen um ......% höheren Mehraufwand erfordert hat. Gegenüber dem Verhältnis der Nutzflächen (Gaststättenräume = ......%, Wohnräume = ......%) wird daher den gewerblich genutzten Gaststättenräumen ein entsprechender erhöhter Anteil wirtschaftlich zugerechnet.[8]

Die jeweils geltende gesetzliche Umsatzsteuer von zur Zeit
......% ist daher auf einen Anteil der Nettopacht in Höhe von                    ...... EUR.
zu entrichten; das sind                                                          ...... EUR.
Bei Pachtbeginn beträgt die monatliche Gesamtpacht somit                         ...... EUR.

(2) Neben dem nach Ziff. (1) zu entrichtenden Pachtzins hat der Pächter sämtliche für das Pachtobjekt anfallenden Betriebskosten im Sinne von § 2 BetrKV zuzüglich der jeweils geltenden gesetzlichen MWSt. zu tragen.

(3) Auf die Betriebskosten hat der Pächter zusammen mit den
Pachtzahlungen monatliche Vorauszahlungen in Höhe von                            ...... EUR.
zuzüglich der jeweils geltenden gesetzlichen MWSt.
von zur Zeit ......%, das sind                                                    ...... EUR.
zu leisten.

(4) Die monatliche Gesamtleistung des Pächters beträgt somit
bei Pachtbeginn                                                                  ...... EUR.
– im Übrigen vgl. die Regelungen zum Standardvertrag in Form. A. VI. 6 –

............                                                                      ............
(Verpächter)                                                                     (Pächter)

*Schrifttum:* s. Form. A. V. 1; sowie *Haase,* Zum Kündigungsschutz bei Mischmietverhältnissen, JR 1979, 241; *Herrlein,* Umsatzsteuer in Mietvertrag und Mietprozess, NZM 2005, 648; *Voelskow,* Zur Abgrenzung von Miete und Pacht, NJW 1983, 910.

## Anmerkungen

**1.** Misch(miet)verträge regeln die Gebrauchsüberlassung von Räumen, die keinem einheitlichen Gebrauchszweck dienen, sondern vertragsgemäß **teilweise zu Wohnzwecken und teilweise zu gewerblichen Zwecken** genutzt werden. Sie sind zu unterscheiden von Mischverträgen, bei denen eine Kombination zwischen Mietvertrag und anderen schuldrechtlichen Vertragstypen vorliegt (z. B. Mietkauf), und von gemischten Verträgen im Sinne von sog. Typenverschmelzungsverträgen (z. B. Beherbergungsvertrag, vgl. im Einzelnen Palandt/*Weidenkaff* vor § 535 Rdn. 29 ff.). Die Vermietung oder Verpachtung einer Gaststätte mit zugehöriger Wirtewohnung umschreibt einen typischen und praktisch immer noch häufigen Fall eines Mischmietvertrags. Seine spezielle Eigenart gewinnt dieser Vertragstyp durch die räumliche und funktionale Unterscheidbarkeit von Wohn- und Gaststättenräumen. Bei anderen Mischvertragskonstellationen fehlt es an solchen augenfälligen Unterscheidungsmöglichkeiten, etwa wenn eine vermietete Wohnung von einem Freiberufler (z. B. Rechtsanwalt, Architekt) abredegemäß teilweise zu gewerblichen Zwecken genutzt wird.

Ein Mischmietverhältnis ist begrifflich nur dann gegeben, wenn verschiedene Nutzungsarten in einem **einheitlichen Vertragsverhältnis** verabredet worden sind (vgl. RE BayObLG WuM 1991, 78; LG Mannheim WuM 1980, 134; Bub/Treier/*Reinstorf* I Rdn. 101). Dabei muss **nicht notwendig eine einheitliche Vertragsurkunde** niedergelegt sein. Die Annahme eines einheitlichen (Gewerberaum-)Mietvertrags bei Verwendung unterschiedlicher Vertragsformulare entspricht – mietrechtsübergreifend – der ständigen Rechtsprechung des BGH. Die Niederlegung mehrerer selbstständiger Verträge in verschiedenen Urkunden begründet danach zwar eine Vermutung dafür, dass die Verträge nicht in rechtlichem Zusammenhang stehen sollen. Wenn die Vertragsparteien jedoch einen Verknüpfungswillen haben, der auf den Abschluss eines einheitlichen Vertragsverhältnisses gerichtet ist, dann ist dieser maßgeblich. Auch wenn nur einer der Vertragspartner einen solchen Willen zeigt und der andere ihn anerkennt oder zumindest hinnimmt, kann ein einheitliches Vertragswerk vorliegen (vgl. BGH BGHZ 101, 393 = NJW 1988, 132; BGH BGHZ 76, 43, jeweils m. w. N.). Ein Mischvertrag steht aber in Frage, wenn sukzessive Abreden zur Begründung rechtlich selbstständiger Verträge über abgrenzbare Gegenstände der Gebrauchsüberlassung zu Wohn- und Gewerbezwecken getroffen wurden (z. B. gesonderte Anmietung separater Wohn- und Geschäftsräume im selben Haus). Die Einheitlichkeit des Vertragsverhältnisses erfordert generell die Festlegung, welchen rechtlichen Vorgaben es zu folgen hat, d. h. ob Geschäftsraum- oder Wohnraummietrecht gilt.

Nach der herrschenden **Übergewichtstheorie** kommt es für die Frage, ob ein Vertrag als Wohnraummietverhältnis oder als gewerbliches Vertragsverhältnis einzuordnen ist, maßgeblich darauf an, **welcher Gebrauchs- und Vertragszweck überwiegt** (vgl. BGH MDR 1986, 842; BGH NJW 1977, 1394; MDR 1979, 395; OLG Hamm ZMR 1986, 11; OLG München ZMR 1995, 295; OLG Schleswig NJW 1983, 49 f. m. w. N.). Eine getrennte rechtliche Behandlung der unterschiedlichen Funktions- und Nutzungsbereiche (Wohnen einerseits und Gewerbeausübung andererseits) kommt grundsätzlich nicht in Betracht. Nur dann, wenn lediglich formal ein einheitlicher Vertrag vorliegt, bei dem die Zusammenfassung nur aus technischen Gründen oder ohne besondere Absicht (zufällig) erfolgte, und wenn das Mietobjekt wirtschaftlich teilbar ist, können die jeweils einschlägigen Rechtsvorschriften gesonderte Geltung für die betreffenden Vertragsteile finden (vgl. LG Mannheim MDR 1968, 328; ZMR 1974, 48). Teilweise wird darauf abgestellt, ob die verschiedenen Teile des Mietobjekts wirtschaftlich trennbar sind und dadurch die Möglichkeit einer Teilkündigung besteht (vgl. LG Duisburg NJW-RR 1986, 1211; Palandt/*Weidenkaff* Einf. 102 vor § 535; Soergel/*Kummer* Rdn. 300 f. vor § 535). Dann soll eine getrennte Beurteilung des Mischraummietverhältnisses stattfinden, die ggf. auch eine Teilkündigung zulässt. Die Trennbarkeit vermieteter Sachen ist aber ein fragwürdiges Abgrenzungskriterium, weil die Parteien beim Mischvertrag einen einheitlichen Vertrag geschlossen haben, dessen Zusammenhang nicht dadurch beseitigt werden kann, dass einzelne funktionale und räumliche Aspekte nachträglich zum Gegenstand selbstständiger rechtlicher Regelungszusammenhänge gemacht werden (so auch Bub/Treier/*Reinstorf* I Rdn. 108). Mit Ausnahme der praktisch seltenen Fälle, in denen unterschiedliche Gebrauchsüberlassungen nur zufällig in einen einheitlichen Vertrag gekleidet sind, wird es im Regelfall weder möglich noch sachdienlich sein, einzelne Bestandteile eines Vertrags von den übrigen Vereinbarungen loszulösen und rechtlich unterschiedlich zu behandeln. Die Vertreter der Übergewichtstheorie lassen sich daher zutreffend von der Maxime leiten, dass bei Mischraummietverhältnissen die rechtliche Einheit des Vertrages zu wahren ist und nur dann gewahrt bleiben kann, wenn auf den gesamten Vertrag entweder die Vorschriften über die Wohnraummiete oder die für Geschäftsräume geltenden Bestimmungen angewendet werden. Lässt man hierbei das Schwergewicht des Vertrages entscheiden, so wird auf den Hauptvertragszweck und damit auf die wesentlichen Parteiinteressen abgestellt (vgl. SchlHOLG NJW 1983, 49 m. w. N.) Nach heute überwiegender Auffassung ist jedenfalls bei einer Kollision der jeweils anzuwendenden Vorschriften das Recht desjenigen Vertragstypus heranzuziehen, der den rechtlichen oder wirtschaftlichen Schwerpunkt bildet (vgl. BGHZ 2, 333; BGH NJW 1979, 1288; SchlHOLG a. a. O.). Die Einheitlichkeit des Vertragsverhältnisses führt zu der Konsequenz, dass die Vertragsparteien grundsätzlich gehindert sind, sich für einzelne Vertragsaspekte die ihnen jeweils günstigsten Vorschriften und Rechtsgrundsätze heraus zu suchen. Dies dürfte allerdings nicht schlechthin die entsprechende Anwendung von Gesetzen und sonstigen Regeln hindern, die sich aus dem im Einzelfall nicht geltenden Rechtsbereich ergeben. So erscheint es auch im Rahmen eines nach Geschäftsraummietrecht zu behandelnden Vertrags als angängig, bestimmte Nutzungsaspekte, welche z. B. den Gebrauch zu Wohnzwecken – etwa im Zusammenhang mit Fragen vertragswidrigen Gebrauchs – betreffen, auch unter Berücksichtigung derjenigen Kriterien zu beurteilen, welche im Wohnraummietrecht gelten (zur Aufnahme von Familienangehörigen in die Pächterwohnung vgl. Anm. 5). Aus der Einheitlichkeit des Vertrags folgt weiter, dass Teilkündigungen in Bezug auf bestimmte Nutzungsbereiche nicht zulässig sind (vgl. OLG Karlsruhe NJW 1983, 1499; Bub/Treier/*Reinstorf* m. w. N.).

Welche Gesichtspunkte für die Feststellung des Überwiegens einer Nutzungsart maßgeblich sind, wird im Schrifttum und in der Rechtsprechung unterschiedlich behandelt. Zum Teil wird ausschließlich auf objektive Kriterien abgestellt, d. h. auf die Mietzins- und Flächenanteile, die auf Wohnraum und Geschäftsraum entfallen (vgl. *Weimar* NJW 1965, 622, *ders.* Betrieb 1972, 80 und MDR 1972, 242; *Haase* JR 1979, 242). Überwiegend wird der sich aus dem Vertragszweck ergebende Parteiwillen als ausschlaggebend angesehen (vgl. BGH WM 1986, 274 = ZMR 1986, 278 m. w. N.). Miet- und Flächenanteile sind danach nur Gesichtspunkte, die für die Ermittlung des Parteiwillens von Bedeutung sein können (vgl. BGH NJW-RR 1986, 877; OLG Stuttgart ZMR 1986, 52; LG Mannheim ZMR 1914, 48; RGRK/*Gelhaar* Rdn. 22 vor § 535; *Schmidt-Futterer* NJW 1966, 583). Maßgebend für den zu ermittelnden Parteiwillen ist der wahre Vertragszweck. Ein diesem entgegenstehender, im Vertrag vorgetäuschter Zweck, ist unbeachtlich (vgl. BGH MDR 1986, 842).

Die Gestaltungskraft des – wahren – Parteiwillens bewirkt auch, dass die Vertragsparteien in der Wahl des zugrunde zu legenden Rechts nicht frei sind. Als unbedenklich wird teilweise die Vereinbarung von Wohnraummietrecht angesehen, das – soweit eine Wohnraumnutzung auch erfolgt – den am weitesten reichenden Rechtsschutz für den Mieter/Pächter garantiert (vgl. BVerfG WuM 1985, 335). Die im Übrigen bestehenden gesetzlichen Schranken, zum Nachteil von Wohnraummietern abweichende Vereinbarungen zu treffen (vgl. §§ 551 Abs. 4, 553 Abs. 3, 554 Abs. 5, 554a Abs. 3 BGB usw.), stehen grundsätzlich nicht dadurch zur Disposition, dass ein in Wahrheit gewolltes Wohnraummietverhältnis formal als gewerblicher Mietvertrag ausgewiesen wird. Wenn die Aspekte der Wohnraumnutzung und der gewerblichen Nutzung gleichwertig sind, wird z. T. befürwortet, dass den Vertragsparteien in solchen Zweifelsfällen die Rechtswahl offen stehe (vgl. Bub/Treier/*Reinstorf* I Rdn. 107 m. w. N.). Der BGH (ZMR 1986, 278) hat offen gelassen, ob im klassischen Zweifelsfall, bei dem verschiedene Gebrauchsarten gleichwertig vertreten sind, ein Wahlrecht der Vertragsparteien gegeben ist oder vom Vorrang des Wohnraummietrechts auszugehen ist. Eine praxistaugliche Abgrenzung wird am ehesten dadurch gewährleistet sein, dass den beruflichen bzw. gewerblichen Aspekte der Gebrauchsüberlassung ein besonderes Augenmerk gewidmet wird.

Wenn der Mieter durch die teilgewerbliche Nutzung seinen **Lebensunterhalt** bestreitet, wird dieser Aspekt im Zweifel das gesamte Vertragsverhältnis prägen (vgl. BGH MDR 1986, 842; Bub/Treier/Reinstorf I Rdn. 106). Bei der Vermietung von mit einem Gewerberaum verbundenen Räumlichkeiten liegt daher der Schwerpunkt des Mietverhältnisses im gewerblichen Bereich, wenn die Räume gewerblich genutzt werden und das Gewerbe zum Lebensunterhalt dienen soll; dies gilt selbst dann, wenn der größere Teil der Mietfläche zu Wohnzwecken genutzt wird (vgl. OLG Stuttgart NZM 2008, 726). Der BGH (vgl. NZM 2008, 804) ist ebenfalls von Gewerberaummiete ausgegangen, wenn eine juristische Person ein Reihenhaus anmietet, um es teils als Büroraum für ihren Geschäftsbetrieb zu nutzen und teils ihrem Geschäftsführer als Wohnung zur Verfügung zu stellen. Bei der Anmietung/-pachtung von Gaststätten nebst dazu gehörender Wirtewohnung wird regelmäßig von einem Gewerberaummietvertrag auszugehen sein (vgl. Bub/Treier/ *Reinstorf* m. w. N.).

Bei der rechtlichen Einordnung eines Mischvertrags mag folgender Fragenkatalog eine Orientierung bieten:

• Wie ist der Vertrag bezeichnet (vgl. *Voelskow* NJW 1983, 911)?
• Wie sind vorhandene Wohnräumlichkeiten bezeichnet? Verweist die Bezeichnung auf einen gewerblichen Vertragszweck (z. B. durch die Verwendung der Begriffe „Pächterwohnung, Wirtewohnung, Kanzleiräume, Büroräume")?

- Worauf entfällt der größte Teil des Miet- oder Pachtzinses?
- Überwiegt die Fläche der vermieteten Gewerberäume oder die der Wohnräume deutlich (vgl. OLG Schleswig MDR 1982, 1020; *Voelskow* a. a. O.)?
- Wo liegt der – wirtschaftliche – Schwerpunkt der Gebrauchsüberlassung (vgl. *Voelskow* a. a. O.)?
- Vgl. dazu BGH MDR 1986, 842: „Wird ein Einfamilienhaus einem Rechtsanwalt zur Nutzung als Kanzlei und zugleich als Wohnung überlassen, so ist im Allgemeinen anzunehmen, dass die Vermietung in erster Linie zu gewerblichen Zwecken vorgenommen wird. Das gilt selbst für den Fall, dass die für den Betrieb der Kanzlei zur Verfügung stehende Fläche des Hauses geringer ist als die für Wohnzwecke gedachte. Denn die Kanzlei ist für den Rechtsanwalt die Stätte, ohne die er im allgemeinen seine Berufstätigkeit nicht ausüben und die Geldmittel erwerben kann, die er benötigt, um seinen Lebensunterhalt zu bestreiten, zu dem auch die Miete für die Wohnung gehört."
- Sind die zur Bewirtschaftung eines Grundstücks dienenden Wohn- und Wirtschaftsgebäude nach § 585 Abs. 1 Satz 1 BGB als Teil eines einheitlich verpachteten Betriebs zu behandeln?

**2.** Das Formular entspricht, soweit sich aus der Rechtsnatur als Mischvertrag nicht Besonderheiten ergeben, den Regelungen in Form. A. VI. 6.

**3.** Das Formular definiert den **Vertragszweck** einheitlich im Sinne einer gewerblichen Nutzung (vgl. hierzu bereits Anm. 1). Der Hinweis darauf, dass sämtliche Räume diesem Gebrauchszweck unterstehen sollen, soll einer Auslegung vorbeugen, wonach die teilweise Wohnraumnutzung der Pächterwohnung dem Vertrag das Gepräge eines Wohnraummietvertrags verleiht. Zu Vereinbarungen über die Pachtfläche vgl. Form. A. VI. 1 § 1 (2).

**4.** Aus der Maßgeblichkeit des Parteiwillens folgt für die Vertragsgestaltung das Postulat, dass die Vertragsparteien im Mietvertrag ausdrücklich klarstellen sollten, welchem Recht das Vertragsverhältnis unterstehen soll. Das Formular kennzeichnet den rechtlichen Charakter eines gewerblichen Vertragsverhältnisses durch die Bezeichnung als „Pachtvertrag" und durch die Regelungen in § 3, die das Vorliegen einer gewerblichen Einheit und die Geltung gewerblichen Miet- und Pachtrechts ausdrücklich klarstellen. Außerdem weist die Terminologie, soweit es um die Wohnraumnutzung geht, durch die Verwendung des Begriffs „Pächterwohnung" auf den gewerblichen Gesamtcharakter hin. Das Formular bringt daher das Vorliegen einer zu wahrenden gewerblichen Einheit zum Ausdruck.

**5.** Der Vermieter hat Veranlassung, einem von den vertraglichen Vorgaben abweichenden Wohngebrauch vorzubeugen. Wenn der Mieter die Wirtewohnung ohne Erlaubnis des Vermieters anderen Personen zu Wohnzwecken überlässt, beinhaltet dies grundsätzlich einen vertragswidrigen Gebrauch im Sinne von § 543 Abs. 2 Nr. 2 BGB. Eigenmächtige Änderungen des vertraglich festgelegten Verwendungszwecks braucht der Verpächter nicht hinzunehmen (vgl. Palandt/*Weidenkaff* § 540 Rdn. 4 ff. und zu § 541 Rdn. 6).

Der bloße Mitgebrauch der Miet- oder Pachtsache durch Dritte beinhaltet dann keine Vertragswidrigkeit, wenn er sich im Rahmen des Vertragszwecks bewegt. Innerhalb vertraglicher Zweckbestimmung liegt eine gewerbliche Nutzung, wenn die Miet- oder Pachträume von Geschäftspartnern und Personal bzw. von Kunden und Lieferanten mitbenutzt werden (vgl. Bub/Treier/*Kraemer* III. A Rdn. 1010 m. w. N.). Auch wird es dem Mieter oder Pächter nach allgemeinen Grundsätzen (zur Wohnraummiete) nicht zu versagen sein, seinen Ehegatten und die gemeinsamen Kinder in die Wirtewohnung aufzunehmen, denn dies gehört grundsätzlich zum vertragsgemäßen Gebrauch (vgl. dazu nur Bub/Treier/*Kraemer* III. A Rdn. 1013 m. w. N.). Abweichende vertragliche Regelungen würden Bedenken aus § 138 BGB begegnen (vgl. RE BayObLG WuM 1983, 309; Bub/Treier/*Kraemer* a. a. O.), falls die Aufnahme von Familienmitgliedern nicht von vorneherein auf eine die Interessen des Verpächters erheblich tangierende Überbelegung hinauslaufen würde.

Duldet es der Vermieter hingegen, dass der Mieter/Pächter die Wohnräume der Wirtewohnung vertragsfremden Personen überlässt oder sie an diese weiter vermietet, läuft er Gefahr, dass ihm eine konkludente Vertragsänderung entgegengehalten wird (vgl. dazu Bub/Treier/*Heile* II Rdn. 805). Die einheitliche Disposition über die Miet-/Pachtsache als gewerblicher Einheit stünde dann nachhaltig in Frage. Der Vermieter/Verpächter sähe sich im Ergebnis mit einem Mietvertrag konfrontiert, der von dem die Gaststätte betreffenden Nutzungsverhältnis unabhängig ist und den Mieterschutzbedingungen für die Wohnraummiete unterliegt.

Der Hinweis auf die Unterverpachtung der Pachträume unter Wahrung ihrer gewerblichen Einheit versteht sich als Bekräftigung des gewerblichen Gesamtcharakters. Zu den die Untervermietung/-verpachtung betreffenden Gestaltungsmöglichkeiten vgl. die Regelungen und Anmerkungen in den Form. A. VI. 1 § 18; A. VI. 2 § 21.

**6.** Bei einem Mischvertrag, der sich nach der Übergewichtstheorie als gewerblicher Vertrag darstellt, sind die für die Wohnraummiete geltenden Miethöhebestimmungen nach §§ 557 ff. BGB nicht maßgeblich, und zwar auch nicht teilweise, soweit es die Pächterwohnung bzw. die hierauf entfallende Nutzfläche anbetrifft. Die Vertragsparteien unterliegen weder in Bezug auf die anfängliche Miet-/Pachthöhe noch in bezug auf die Vereinbarungen zur Erhöhung oder Anpassung des Entgelts während der Vertragszeit den einschlägigen Vorschriften zur Wohnraummiete. Von daher besteht grundsätzlich keine Notwendigkeit für vertragliche Regelungen, die zwischen den unterschiedlichen Nutzungsflächen differenzieren. Auch die Kriterien, nach denen sich die eventuelle Sittenwidrigkeit der Miet-/Pachthöhe bestimmt (vgl. Anmerkungen zu Form. A. VI. 6 § 6), sind nach den für gewerbliche Objekte geltenden Grundsätzen zu bestimmen. Für den Wohnbereich wird in diesem Rahmen möglicherweise eine (Teil-)Wertveranschlagung nach der ortsüblichen Miete in Betracht kommen, wenn vergleichbare Gesamtobjekte (d.h. Gaststätten mit Wirtewohnung) nicht oder in nicht aussagekräftiger Anzahl vorhanden sind.

Auch die Frage, wie sich eine **Mietminderung bei einem Mischmietverhältnis** bestimmt, rechtfertigt keine Aufspaltung zwischen Wohn- und Gewerberaumbereichen. Es ist daher zu ermitteln, welche Minderung sich für die gewerbliche Gesamtmiete etwa aus der Vorenthaltung der Personalwohnung ergibt (vgl. *Borzutzki-Pasing*, Anm. zu OLG Brandenburg Urt. v. 13. 1. 2010 – 3 U 12/09 – juris, jurisPR-MietR 7/2010 Anm. 5; a.A. OLG Brandenburg a.a.O., das eine gesonderte Mietwertveranschlagung für den vorenthaltenen Wohnbereich befürwortet hat). Da eine Aufspaltung zwischen Wohn- und Geschäftsraumaspekten bei einem einheitlich gewerblichen Vertrag nicht möglich ist, ist insgesamt eine gewerberaummietrechtliche Betrachtungsweise geboten, bei der die Minderung des gewerblichen Gesamtmietzinses maßgeblich ist. Die anteilige Wohnraumfläche stellt dabei nur einen Aspekt der Mietpreisveranschlagung dar, der z. B. gegenüber den ggf. unbeeinträchtigten gewerblichen Nutzungsaspekten nachrangig sein kann.

**7.** Zur vertraglichen Behandlung der Umsatzsteuer vgl. zunächst Anmerkungen zu Form. A. VII. 4. **Für Mischmietverhältnisse ergeben sich Besonderheiten.** Verzichtet der Verpächter eines vom Pächter teilweise unternehmerisch, teilweise zu Wohnzwecken genutzten Gaststättengebäudes auf die Steuerbefreiung der Pachtumsätze, so bezieht sich die Option von vornherein nur auf die unternehmerisch genutzten Gebäudeteile (vgl. BFH BFH/NV 1996 S. 648; BFH BStBl. 1996 II S. 459; BFHE 149, 78; BFHE 154, 252; *Herrlein* NZM 2005, 648). Daher ist im Fall der gemischten Nutzung eines Gebäudes eine Aufteilung der Leistung vorzunehmen. Die Vermietungsleistung bezieht sich nur insoweit auf das Unternehmen des Pächters, als dieser die empfangene Leistung für sein Unternehmen nutzt. Diese Beurteilung leitet sich aus dem Merkmal des § 9 UStG „für dessen Unternehmen" ab. In gleicher Weise zu differenzieren ist daher auch in Bezug auf die vom Verpächter im Wege des Vorsteuerabzugs geltend gemachten USt.-Anteile aus denjenigen Kosten, die für die Errichtung bzw. Instandhaltung und Instandsetzung des Objekts anfallen.

Die erforderliche **Differenzierung zwischen unternehmerischen und wohnungsbezogenen Anteilen** kann Schwierigkeiten bereiten. Nach der Rechtsprechung des BFH (BStBl. 1998 II S. 525 = DStR 2000, 1033) ist dann, wenn ein Gebäude teilweise zur Ausführung steuerpflichtiger Vermietungsumsätze (Gewerbeflächen/Büro) und teilweise zur Ausführung steuerfreier Vermietungsumsätze (Wohnungen) verwendet wird, gemäß § 15 Abs. 4 UStG der Teil der Vorsteuerbeträge nicht abziehbar, der den zum Ausschluss vom Vorsteuerabzug führenden Wohnungsvermietungsumsätzen wirtschaftlich zuzurechnen ist. Die Vorsteueraufteilungsvorschrift des § 15 Abs. 4 UStG ist auch bei unterschiedlicher Verwendung einzelner Gebäudeteile anwendbar. Nach § 15 Abs. 4 S. 1 UStG ist, wenn der Unternehmer einen für sein Unternehmen gelieferten Gegenstand nur zum Teil zur Ausführung von Umsätzen verwendet, die den Vorsteuerabzug ausschließen, derjenige Teil der jeweiligen Vorsteuerbeträge nicht abziehbar, der den zum Ausschluss vom Vorsteuerabzug führenden Umsätzen wirtschaftlich zuzurechnen ist. Der Unternehmer kann die nicht abziehbaren Teilbeträge im Wege einer sachgerechten Schätzung ermitteln. Es ist Sache des Unternehmers, welche Schätzungsmethode er wählt (vgl. BFH a. a. O.). Kriterien für eine „sachgerechte Schätzung" umschreibt das Umsatzsteuergesetz nicht ausdrücklich. § 15 Abs. 4 S. 1 UStG 1993 stellt lediglich das Erfordernis einer „wirtschaftlichen Zurechnung" von Vorsteuerbeträgen zu den mit der bezogenen Leistung ausgeführten Umsätzen auf. Diese Methode „wirtschaftlicher Zurechnung" ist seit 1990 die im Umsatzsteuergesetz allein vorgesehene Zurechnungsmethode (vgl. BFH a. a. O.).

Für den Fall des Erwerbs oder der Errichtung gemischt genutzter Gebäude hat der BFH zur Ermittlung desjenigen Anteils, für den der Eigentümer/Vermieter einen Vorsteuerabzug geltend machen kann, das sog. **Ertragswertverfahren** gebilligt (vgl. BFH DStR 2000, 1033 unter Hinweis auf die auch zivilrechtliche Anwendbarkeit dieser Methode, vgl. BGH WM 1977, 1055). Wenn der Kaufpreisbildung bei Erwerb des Gebäudes bestimmte Wertermittlungsverfahren für unterschiedliche Gebäudeteile zugrunde lagen, soll dies auch bei der Aufteilung der Vorsteuerbeträge berücksichtigt werden können (vgl. BFH a. a. O.).

Für die Festlegung, für welchen Pacht- oder Mietanteil der gewerbliche Pächter/ Mieter, der mit dem Vertrag auch eine Wohnung übernimmt, zur USt herangezogen werden kann und welchen USt-Anteil der Pächter/Mieter seinerseits einem Vorsteuerabzug zugänglich machen kann, werden vorstehende Grundsätze entsprechend heranzuziehen sein. Der BFH hat es (nach altem Recht) außerdem als angängig angesehen, entsprechend dem Verhältnis der Nutzflächen zwischen Gewerbe- und Wohnanteilen zu differenzieren (vgl. BFH BStBl. II 1988, 1012). Das kann aber ggf. gegen den Grundsatz der wirtschaftlichen Zurechnung verstoßen, wenn die baulichen Aufwendungen für den gewerblichen Teil ungleich höher waren als für den Wohnbereich. Für solche Fälle hat es der BFH (a. a. O.) aber schon nach altem Recht zugelassen, nach dem erforderlichen baulichen Aufwand zu unterscheiden.

Da der Mieter verständlicherweise den vertraglich geregelten USt-Anteil möglichst uneingeschränkt dem Vorsteuerabzug zuführen will, sieht das Formular vor, dass die wesentlichen Grundlagen für die Bestimmung des umsatzsteuerpflichtigen Zinsanteils offen gelegt werden.

Vereinnahmte Umsatzsteuer muss der Vermieter in jedem Fall an das Finanzamt abführen. Er macht sich dem Mieter gegenüber schadensersatzpflichtig, wenn er die Mehrwertsteuer nicht an das Finanzamt abführt und der Mieter dadurch den Vorsteuerabzug verliert (vgl. OLG Hamm ZMR 2003, 925).

# 8. Giebelmietvertrag

Vertrag über die Vermietung einer Außenwandfläche
zur Anbringung einer Werbebemalung

Zwischen ......

(Vermieter)

und ......

(Mieter)

### § 1 Mietobjekt

Der Vermieter ist Eigentümer des Hauses ...... in ......

Er vermietet an dem Haus/an der Giebelwand/die südliche/...../Giebelwand/ den aus beigefügter Bauzeichnung durch Rotumrandung kenntlich gemachten Teil der Fassade[1] an den Mieter zur Anbringung einer Werbebemalung.

Die Werbebemalung hat zum Inhalt ...../wird anliegender Skizze entsprechen. Eine Änderung der Werbebemalung ist nur mit Zustimmung des Vermieters gestattet[2].

### § 2 Miete

Die Miete beträgt ...... (in Worten: ......) EUR zzgl. MwSt in Höhe von – derzeit – ...... (in Worten: ......) EUR, insgesamt also ...... (in Worten: ......) EUR pro Monat/pro Jahr[3]. Bei einer Änderung der gesetzlichen Mehrwertsteuer ändert sich der auf die Miete zu zahlende Mehrwertsteuerbetrag und die Insgesamtmiete entsprechend. Die Miete ist im Voraus und kostenfrei bis zum 3. Werktag[4] eines jeden Monats/eines jeden Jahres zu zahlen auf das Konto des Vermieters ......

### § 3 Behördliche Genehmigung

Die Einholung einer eventuell erforderlichen behördlichen Genehmigung nebst der damit verbundenen Kosten übernimmt der Vermieter/Mieter.

### § 4 Vorbereitungen

Die Vorbereitungsarbeiten zur Anbringung der Werbebemalung, und zwar: ......[5] wird der Vermieter bis zum ......[6] auf seine Kosten ausführen.

Alternative:

übernimmt der Mieter auf seine Kosten.

### § 5 Bemalung

Die Bemalung der Werbefläche mit der Werbung erfolgt auf Kosten des Mieters.

### § 6 Beginn und Dauer des Mietverhältnisses, Erstfälligkeit der Miete

(1) Das Mietverhältnis beginnt am ...... .Die Pflicht zur Zahlung der Miete beginnt jedoch erst mit dem 1. des Monats, der auf den Abschluss der Bemalung gem. § 5 folgt.

Alternative:

beginnt mit dem Tag nach dem Abschluss der Bemalung gem. § 5.

Alternative:

beginnt mit dem 1. des auf den Vertragsschluss folgenden Monats.

Alternative:

beginnt am ......

(2) Ab Beginn des Mietverhältnisses /Beginnend mit dem in Abs. 1 S. 2 genannten Tag läuft der Mietvertrag zunächst ...... Jahre[7]. Während dieser Zeit ist eine Kündigung – mit Ausnahme einer außerordentlichen Kündigung – ausgeschlossen.[8]

Das Mietverhältnis verlängert sich automatisch um jeweils ein weiteres Jahr/ weitere ...... Jahre, wenn es nicht durch eine der Parteien schriftlich vor Ablauf mit einer Frist von ...... Monaten zum Ablauf gekündigt wird.

(3) Das Mietverhältnis endet automatisch, also ohne dass es einer Kündigung bedarf,[9] mit dem Ablauf des Monats, in dessen Verlauf der mit der Werbung verfolgte Zweck nicht mehr erreicht werden kann; hierzu zählen insbesondere: Zubau der Werbebemalung oder andere erhebliche Sichtbehinderungen auf die Werbung, behördliches Verbot, Einsturz oder Abriss des Gebäudes usw. Der Vermieter hat in einem solchen Fall evtl. überzahlte Miete zurückzuerstatten.[10]

(4) Die Anwendung des § 545 BGB – stillschweigende Verlängerung des Mietverhältnisses durch Gebrauchsfortsetzung nach Ablauf der Mietzeit – wird ausgeschlossen.[11]

### § 7 Entfernung der Bemalung und Rückbau

Der Mieter ist verpflichtet, vor Ablauf des Mietverhältnisses/binnen 1 Monat nach Beendigung des Mietverhältnisses auf seine Kosten die Werbebemalung zu entfernen und die betreffende Stelle farblich der übrigen Fassade des Hauses anzupassen.

Dies gilt nicht, wenn der Vertrag auf Grund eines in § 6 Abs. 3 genannten Grundes beendet wurde und dies auf einem Verschulden des Vermieters beruhte.

### § 8 Konkurrenzschutz

Der Vermieter darf an dem in § 1 genannten Gebäude keine andere Werbung anbringen bzw. keine weiteren Flächen an Dritte zu Werbezwecken vermieten.[12]

Alternative:

Der Vermieter darf an dem in § 1 genannten Gebäude keine andere Werbung anbringen bzw. keine weiteren Flächen an Dritte zu Werbezwecken vermieten, die zu der mit der Werbung des Mieters getroffenen Aussage in Konkurrenz steht.

### § 9 Wirksamkeit des Vertrages und Rechtsverfolgung

Sollte die in § 3 genannte behördliche Genehmigung verweigert werden, so ist dieser Vertrag gegenstandslos. Keine Vertragspartei hat dann irgendwelche Ansprüche gegenüber der anderen.[13] Jede Vertragspartei hat jedoch das Recht, nicht aber die Pflicht, sich um die Erteilung der Genehmigung durch eine – falls möglich – neue Antragstellung oder im Widerspruchs- oder Klagewege zu bemühen.[14] Die damit verbundenen Kosten gehen zu Lasten derjenigen Partei, die den neuen Antrag gestellt bzw. den Rechtsweg beschritten hat/werden zwischen den Vertragsparteien geteilt.[15]

### § 10 Untervermietung

Eine Untervermietung ist ausgeschlossen.[16]

### § 11 Kaution

Der Mieter leistet bei Vertragsschluss eine Kaution in Höhe von ...... (i. W. ......)
EUR.[17] Die Kaution wird nicht verzinst.[18]

............    ............
(Vermieter)    (Mieter)

## Anmerkungen

**1.** Die vermietete Fläche sollte so genau wie möglich bezeichnet werden.

**2.** Die Parteien werden bei den Vertragsverhandlungen die Art der Werbebemalung erörtert haben. Vielfach wird der Inhalt der Werbung ein Firmenemblem oder Ähnliches sein. Die Bestimmung dient daher in erster Linie späterer Streitvermeidung, wenn der Mieter die Bemalung auswechseln möchte. Man könnte darüber hinaus daran denken, dass dem Mieter ein außerordentliches Kündigungsrecht für den Fall eingeräumt wird, dass der Vermieter einer geänderten Werbebemalung nicht zustimmt; allerdings erhält der Mieter dann de facto eine Möglichkeit, sich durch entsprechend inakzeptable Änderungswünsche vorzeitig aus dem Vertrag zu lösen.

**3.** Bei langen Vertragslaufzeiten kann hier ergänzend auch eine Staffelmietvereinbarung oder eine Indexmietvereinbarung erfolgen.

**4.** Ohne eine solche Regelung würde gem. § 579 BGB nachschüssige Fälligkeit gelten.

**5.** Z. B.: Ausbesserung des Putzes, Anstrich der Fläche mit weißem Untergrund usw.

**6.** Beachte jedoch § 9. Bestehen Zweifel an der öffentlich-rechtlichen Genehmigungsfähigkeit der Werbemaßnahme, sollte sich der Vermieter hier nicht zu einem festen Datum zu Vorleistungen verpflichten.

**7.** Mietverträge auf unbestimmte Zeit (wie sie bei der Wohnraummiete die Regel sind) empfehlen sich für eine Werbebemalung nicht. Beide Vertragsparteien brauchen hier langfristige Kalkulationssicherheit. Daher sind hier feste Laufzeiten mit Verlängerungsoption oder – wie im Beispielsfall – automatischer Verlängerungsklausel die Regel (zum Zusammentreffen beider Klauseln vgl. BGH ZMR 2006, 266).

**8.** Dieser Passus dient nur der Klarstellung, da das Recht zur außerordentlichen Kündigung ohnehin nicht wirksam ausgeschlossen werden kann.

**9.** Alternativ könnte hier auch für den Fall, dass die Werbung aus den genannten Gründen ihren Zweck nicht mehr ereichen kann, ein außerordentliches fristloses oder außerordentliches fristgemäßes Kündigungsrecht vereinbart werden, vgl. zu vereinbarten Kündigungsrechten im gewerblichen Mietvertrag Form. D. XIII. 8 Anm. 3.

**10.** Hier könnte z. B. auch die Regelung getroffen werden, dass der Vermieter die Hälfte der überzahlten Miete zurückerstattet, wenn die Vereitelung des Vertragszwecks, z. B. durch Zubau der Sicht, nicht auf seinem Verschulden beruht.

**11.** Siehe Anmerkungen zu Form. D. X. 1 und D. X. 2.

**12.** Ggf. kann hier auch noch eine Vertragsstrafe vereinbart werden; dem Vermieter ist dies jedoch nicht anzuraten.

**13.** Wird dies so vereinbart, sollten beide Seiten mit den in § 4 bezeichneten Vorbereitungsarbeiten bis zur Erteilung der Genehmigung warten.

**14.** § 68 VwGO sieht als Voraussetzung einer Anfechtungs- oder Verpflichtungsklage im Regelfall die Durchführung eines Vorverfahrens (Widerspruchsverfahrens) vor. Eine Ausnahme besteht nach § 68 Abs. 1 S. 2 VwGO u. a., wenn ein Gesetz – das kann auch ein Landesgesetz sein – dies bestimmt. So wurde z. B. in NRW das Widerspruchsverfahren im Baurecht im Jahr 2007 abgeschafft.

**15.** Es muss jedenfalls klargestellt werden, ob der Vertrag schon bei Ablehnung durch die Baugenehmigungsbehörde, oder erst nach durchgeführtem Widerspruchsverfahren, oder erst nach durchgeführtem Klageverfahren gegenstandslos sein soll, ob der Mieter verpflichtet ist, die Frage der Genehmigung „bis zur letzten Instanz" klären zu lassen, und wer ggf. die Kosten zu tragen hat. Je länger der Schwebezustand dauert, desto größer ist der Mietausfall des Vermieters, da während dieser Zeit eine Mietforderung nach § 242 BGB wegen der von beiden Seiten nicht erwarteten Genehmigungsverweigerung selbst dann nicht durchsetzbar erscheint, wenn oben in § 6 Abs. 1 der Beginn der Mietzahlungspflicht nicht vom Anbringen der Werbebemalung abhängig gemacht, sondern datumsmäßig bestimmt worden ist. Zur Klarstellung könnte man deshalb auch noch in den Vertragstext einfügen: „Im Falle der Durchführung eines Widerspruchs- oder Klageverfahrens besteht für die Verfahrensdauer keine Pflicht zur Entrichtung der Miete." Zu bedenken – im Sinne einer ausgewogenen Regelung – ist bei der in § 9 für den Fall der Verweigerung der Genehmigung zu treffenden Bestimmung auch, dass hier eine sehr umfassende Risikoüberwälzung auf den Mieter stattfindet, denn grundsätzlich ist es Sache des Vermieters, dem Mieter die Mietsache für den Mietgebrauch geeignet zur Verfügung zu stellen (§ 535 Abs. 1 BGB). Bezogen auf die Vermietung einer Giebelwand heißt dass, dass der Vermieter nur eine solche Giebelwand vermieten sollte, auf der eine werbliche Bemalung grundsätzlich genehmigungsfähig ist. Dass um die konkrete Genehmigung sich dann der Mieter bemühen soll, rechtfertigt sich daraus, dass er – ggf. durch Anpassung der Größe der Bemalung usw. – am ehesten auf behördliche Bedenken reagieren kann.

**16.** Zur Frage des formularmäßigen Ausschlusses der Untervermietung bei gewerblichen Mietverhältnissen vgl. Form. D. XII. 2 Anm. 7.
Welche konkreten Vereinbarungen bzgl. der Untermiete zu treffen sind, hängt in erster Linie davon ab, wer Mieter ist. Ist Mieter z. B. eine Werbeagentur, muss eine Untervermietung erlaubt werden, sonst macht der Vertrag für die Werbeagentur keinen Sinn.

**17.** Bei der Höhe der Kaution sollte auch daran gedacht werden, dass mögliche Kosten für die Beseitigung der Werbebemalung und Angleichung der Flächen kalkulatorisch enthalten sind.

**18.** Zur Verzinsung(spflicht) einer Kaution bei gewerblichen Mietverhältnissen vgl. Form. A. VI. 1 Anm. 32.

## 9. Mietvertrag Werbetafel auf Grundstück

Mietvertrag über die Anbringung oder Aufstellung einer Werbetafel[1]

Zwischen ......

(Vermieter)

und ......

(Mieter)

### § 1 Mietobjekt

Der Vermieter ist Eigentümer des Hauses/des Grundstücks ...... in ......

Er vermietet an dem Haus/an der Giebelwand/die südliche/....../Giebelwand/ den aus beigefügter Bauzeichnung durch Rotumrandung kenntlich gemachten Teil der Fassade/auf dem Grundstück an der in anliegendem Lageplan rot gekennzeichneten Stelle[2] eine Fläche zur Anbringung/Aufstellung einer Werbetafel.

### § 2 Werbetafel

Die Werbetafel hat die Abmessungen von ca. ...... m x ...... m.

Der Mieter ist berechtigt, die Werbetafel nach seiner Wahl[3] zu nutzen, insbesondere mit wechselnden Plakatwerbungen, die er in seinem laufenden Geschäftsbetrieb im Auftrag anderer Firmen anbringt, zu bekleben.

### § 3 Miete

Die Miete beträgt ...... (in Worten: ......) EUR zzgl. MwSt in Höhe von – derzeit – ...... (in Worten: ......) EUR, insgesamt also ...... (in Worten: ......) EUR pro Monat/pro Jahr.[4] Bei einer Änderung der gesetzlichen Mehrwertsteuer ändert sich der auf die Miete zu zahlende Mehrwertsteuerbetrag und die Insgesamtmiete entsprechend. Die Miete ist im Voraus und kostenfrei bis zum 3. Werktag[5] eines jeden Monats/eines jeden Jahres zu zahlen auf das Konto des Vermieters

### § 4 Behördliche Genehmigung

Die Einholung einer eventuell erforderlichen behördlichen Genehmigung nebst den damit verbundenen Kosten übernimmt der Vermieter/Mieter.

### § 5 Elektrische Einrichtungen

(1) Die Anbringung einer Beleuchtung oder sonstiger elektrischer Einrichtungen an, über, neben der Werbetafel oder sonstwo am Haus/auf dem Grundstück ist dem Mieter nicht gestattet.

Alternative:

...... gestattet. Es handelt sich um folgende elektrische Einrichtung, die wie folgt angebracht werden soll:

......[6]

Die Leitungsführung innerhalb und außerhalb des Hauses/auf dem Grundstück für die Stromversorgung der elektrischen Anlage ist mit dem Vermieter abzustimmen.

Der Mieter wird die entsprechenden Installations- und Unterhaltungskosten der elektrischen Anlage übernehmen. Er wird dazu auch einen eigenen Zähler an einer ihm vom Vermieter im Haus zugewiesenen Stelle anbringen und den Stromverbrauch direkt mit dem Stromversorgungsunternehmen abrechnen.

(2) Unabhängig von Abs. 1 wird vereinbart: Die weiteren Vorbereitungsarbeiten zur Anbringung/Aufstellung der Werbetafel, und zwar: ......[7] wird der Vermieter bis zum ......[8] auf seine Kosten ausführen.

Alternative:

...... übernimmt der Mieter auf seine Kosten.

### § 6 Kosten der Anbringung/Aufstellung der Werbetafel

Die Anbringung/Aufstellung der Werbetafel erfolgt auf Kosten des Mieters.

### § 7 Beginn und Dauer des Mietverhältnisses, Erstfälligkeit der Miete

(1) Das Mietverhältnis beginnt am ...... . Die Pflicht zur Zahlung der Miete beginnt jedoch erst mit dem 1. des Monats, der auf die Anbringung/Aufstellung der Werbetafel folgt.

Alternative:

beginnt mit dem Tag nach der Anbringung/Aufstellung der Werbetafel.

Alternative:

beginnt mit dem 1. des auf den Vertragsschluss folgenden Monats.

Alternative:

beginnt am ......

(2) Ab Beginn des Mietverhältnisses/Beginnend mit dem in Abs. 1 S 2 genannten Tag läuft der Mietvertrag zunächst ...... Jahre.[9] Während dieser Zeit ist eine Kündigung – mit Ausnahme einer außerordentlichen Kündigung – ausgeschlossen.[10]

Das Mietverhältnis verlängert sich automatisch um jeweils ein weiteres Jahr/ weitere ...... Jahre, wenn es nicht durch eine der Parteien vor Ablauf mit einer Frist von ...... Monaten zum Ablauf gekündigt wird.

(3) Das Mietverhältnis endet automatisch, also ohne dass es einer Kündigung bedarf,[11] mit dem Ablauf des Monats, in dessen Verlauf der mit der Werbung verfolgte Zweck nicht mehr erreicht werden kann; hierzu zählen insbesondere: Zubau der Werbetafel oder andere erhebliche Sichtbehinderungen auf die Werbung, behördliches Verbot, Einsturz oder Abriss des Gebäudes usw.

Der Vermieter hat in einem solchen Fall evtl. überzahlte Miete zurückzuerstatten.[12]

(4) Die Anwendung des § 545 BGB – stillschweigende Verlängerung des Mietverhältnisses durch Gebrauchsfortsetzung nach Ablauf der Mietzeit – wird ausgeschlossen.[13]

### § 8 Entfernung der Werbetafel und Rückbau

Der Mieter ist verpflichtet, vor Ablauf des Mietverhältnisses/binnen 1 Monat nach Beendigung des Mietverhältnisses auf seine Kosten die Werbetafel zu demontieren und das Grundstück in den vor Anbringung der Werbetafel bestehenden Zustand zurückzuversetzen, insbesondere ggf. auf seine Kosten die betreffende Stelle farblich der übrigen Fassade des Hauses anzupassen, sowie des Weiteren auf seine Kosten eine ggf. zur Stromversorgung der Werbung angebrachte elektrische Anlage einschließlich Zähler, Kabeln usw. zu demontieren und das Haus auch insoweit wieder in den ursprünglichen Zustand zurückzuversetzen.

Dies gilt nicht, wenn der Vertrag auf Grund eines in § 6 Abs. 3 genannten Grundes beendet wurde und dies auf einem Verschulden des Vermieters beruhte.

### § 9 Konkurrenzschutz

Der Vermieter darf an dem in § 1 genannten Gebäude/auf dem in § 1 genannten Grundstück keine andere Werbung/keine anderen Werbetafeln anbringen/aufstellen bzw. keine weiteren Flächen an Dritte zu Werbezwecken vermieten.[14]

Alternative:

Der Vermieter darf an dem in § 1 genannten Gebäude/auf dem in § 1 genannten Grundstück keine anderen Werbetafeln anbringen/aufstellen bzw. keine weiteren Gebäude- oder Grundstücksflächen zu diesem Zweck an Dritte vermieten. Andere Werbung als durch Werbetafeln, z.B. eine gewerbliche Giebelbemalung, darf der Vermieter nur dann anbringen oder aufstellen, bzw. eine andere Fläche zu solchen Werbezwecken darf er nur dann vermieten, wenn diese andere Werbung zu der mit der Werbung des Mieters getroffenen Aussage nicht in Konkurrenz steht.[15]

### § 10 Wirksamkeit des Vertrages und Rechtsverfolgung

Sollte die in § 4 genannte behördliche Genehmigung verweigert werden, so ist dieser Vertrag gegenstandslos. Keine Vertragspartei hat dann irgendwelche Ansprüche gegenüber der anderen.[16]

Jede Vertragspartei hat jedoch das Recht, nicht aber die Pflicht, sich um die Erteilung der Genehmigung durch eine – falls möglich – neue Antragsstellung oder im Widerspruchs- oder Klagewege zu bemühen.[17] Die damit verbundenen Kosten gehen zu Lasten derjenigen Partei, die den neuen Antrag gestellt bzw. den Rechtsweg gegen die Behörde beschritten hat/werden zwischen den Vertragsparteien geteilt.[18]

### § 11 Verkehrssicherungspflicht

Der Mieter übernimmt bzgl. der von ihm angebrachten Werbetafel die Verkehrssicherungspflicht. Er hat dem Vermieter den Abschluss einer entsprechenden Haftpflichtversicherung nachzuweisen. Er hat den Vermieter im Innenverhältnis von einer Inanspruchnahme auf Grund Verletzung der Verkehrssicherungspflicht freizustellen.

### § 12 Kaution

Der Mieter leistet bei Vertragsschluss eine Kaution in Höhe von ...... (i. W. ......) EUR.[19] Die Kaution wird nicht verzinst.[20]

............                                          ............
(Vermieter)                                          (Mieter)


### Anmerkungen

**1.** Vertrag über die Vermietung einer Außenwandfläche oder eines Grundstücksteils zur Anbringung oder Aufstellung einer Werbetafel, die dann mit **wechselnder Werbung** beklebt werden kann.

**2.** Die vermietete Fläche sollte so genau wie möglich bezeichnet werden.

**3.** Werbetafeln werden vom Mieter üblicherweise mit wechselnder Plakatwerbung beklebt. Möchte der Vermieter bestimmte Werbeinhalte ausschließen, sollte hier eine entsprechende Regelung aufgenommen werden.

**4.** Bei langen Vertragslaufzeiten kann hier ergänzend auch eine Staffelmietvereinbarung oder eine Indexmietvereinbarung erfolgen.

**5.** Ohne eine solche Regelung würde gem. § 579 BGB nachschüssige Fälligkeit gelten.

**6.** Z.B.: Neonbeleuchtung als Umrandung der Werbetafel, Vorrichtung zum automatischen Wechsel des Werbemotivs usw.

**7.** Z.B.: Ausbesserung des Putzes, Entbuschung der betreffenden Grundstücksstelle.

**8.** Siehe Form. A. VI. 8 Anm. 6.

**9.** Siehe Form. A. VI. 8 Anm. 7.

**10.** Siehe Form. A. VI. 8 Anm. 8.

**11.** Alternativ könnte hier auch für den Fall, dass die Werbung aus den genannten Gründen ihren Zweck nicht mehr erreichen kann, ein außerordentliches fristloses oder außerordentliches fristgemäßes Kündigungsrecht vereinbart werden, vgl. zu vereinbarten Kündigungsrechten im gewerblichen Mietvertrag Form. D. XIII. 8 Anm. 3.

**12.** Siehe Form. A. VI. 8 Anm. 10.

**13.** Siehe Anmerkungen zu Form. D. X. 1 und D. X. 2.

**14.** Siehe Form. A. VI. 8 Anm. 12.

**15.** Bei der Vermietung einer Fläche zur Aufstellung oder Anbringung einer Werbetafel, die mit wechselnder Werbung beklebt werden soll, sollte allerdings zur Vermeidung späteren Streits über konkurrierende Werbeinhalte überlegt werden, ob dem Vermieter die Vermietung von Flächen zu anderweitiger Werbung, insbesondere zur anderweitigen Aufstellung von Werbetafeln, entweder ausnahmslos erlaubt oder ausnahmslos verboten sein soll.

**16.** Siehe Form. A. VI. 8 Anm. 13.

**17.** Siehe Form. A. VI. 8 Anm. 14.

**18.** Siehe Form. A. VI. 8 Anm. 15.

**19.** Bei der Höhe der Kaution sollte auch daran gedacht werden, dass mögliche Kosten für die Beseitigung der Werbetafel, ggf. der elektrischen Anlage und der Wiederherstellung des vorherigen Zustands kalkulatorisch enthalten sind.

**20.** Zur Verzinsung(spflicht) einer Kaution bei gewerblichen Mietverhältnissen vgl. Form. A. VI. 1 Anm. 32.

## 10. Stellplatzmietvertrag Außenstellplatz

Stellplatzmietvertrag über einen Außenstellplatz[1]

Zwischen ......

(Vermieter)

und ......

(Mieter)

### § 1 Mietobjekt

Vermietet wird der[2] Außenstellplatz ......

in ......

### § 2 Dauer des Mietverhältnisses

Das Mietverhältnis beginnt am ......

Der Mietvertrag wird auf unbestimmte Zeit geschlossen.[3] Er ist schriftlich mit einer Frist von 2 Monaten zum Monatsletzten kündbar.[4] Im Falle einer Kündigung vor Beginn des Mietverhältnisses beginnt der Lauf der Kündigungsfrist erst mit dem Beginn des Mietverhältnisses.[5]

Die Anwendung des § 545 BGB – stillschweigende Verlängerung des Mietverhältnisses durch Gebrauchsfortsetzung nach Ablauf der Mietzeit – wird ausgeschlossen.[6]

### § 3 Miete

Die Miete beträgt monatlich ...... (in Worten ......) EUR.

Die erste Miete (= für den Monat ......) ist unmittelbar bei Vertragsschluss vom Mieter an den Vermieter zu zahlen.[7] Die weiteren Mieten sind im Voraus und kostenfrei bis zum 3. Werktag eines jeden Monats zu zahlen[8] auf das Konto Nr. ...... bei der ......, BLZ ......

### § 4 Kaution

Der Mieter zahlt bei Vertragsschluss eine Kaution in Höhe von ...... (in Worten ......) EUR. Die Kaution wird nicht verzinst.[9]

### § 5 Mietgebrauch

Der Stellplatz ist zum Abstellen eines Pkw vermietet. Andere Nutzungen oder eine Untervermietung bedürfen der schriftlichen Genehmigung des Vermieters. Gewerbliche Nutzung oder größere[10] Reparaturarbeiten sind nicht erlaubt.

Der Mieter verpflichtet sich, die polizeilichen, insbesondere feuerpolizeilichen Vorschriften zu beachten. Falls das Fahrzeug des Mieters einen „tropfenden Motor" hat, muss der Mieter unter den Motor eine Pappe oder Plane legen, damit keine Ölflecken auf dem Boden entstehen. Die Sauberkeit des Stellplatzes sowie der Zufahrt einschließlich Schneeräumung obliegt dem Mieter.

Der Mieter haftet für alle Schäden, die aus einer Vertragsverletzung und/oder aus einer nicht ordnungsgemäßen Benutzung des Stellplatzes und der Zufahrt durch ihn oder die von ihm ermächtigten Personen entstehen.

## § 6 Haftung

Das Fahren auf dem Grundstück und Abstellen des Fahrzeugs auf dem Stellplatz erfolgt auf eigenes Risiko des Mieters. Der Vermieter haftet nicht für Beschädigungen oder Verlust (Feuer, Diebstahl oder Ähnliches); es sei denn, dem Vermieter fällt bei der Schadensentstehung grobe Fahrlässigkeit oder Vorsatz zur Last.[11]

Der Vermieter haftet auch nicht für die rechtzeitige Freimachung des Stellplatzes durch den Vormieter.[12]

## § 7 Minderung

Sollte der Stellplatz aus wichtigem Grund, z.B. wegen Ausbesserungsarbeiten am Gebäude oder im Hof zeitweilig nicht benutzbar sein, wird der Mieter die Miete deswegen nicht mindern. Der Mieter kann die Miete jedoch zeitanteilig mindern, wenn die Verhinderung der Benutzung länger als 7 Tage andauert.[13]

## § 8 Eigenständigkeit der Mietverhältnisse

Die Vermietung des Stellplatzes erfolgt unabhängig von der Vermietung einer Wohnung an den Mieter. Die Vertragsparteien sind sich darüber einig, dass insbesondere für Mieterhöhungen und Kündigung bzgl. der Wohnung und des Stellplatzes eigenständige Vertragsverhältnisse vorliegen.[14]

............                                           ............

(Vermieter)                                           (Mieter)

## Anmerkungen

**1.** Das vorliegende Vertragsmuster ist – dem Umfang des Mietverhältnisses angemessen – bewusst knapp gehalten.

**2.** Bei mehreren Stellplätzen ist nicht „ein" Außenstellplatz zu vermieten, sondern ein bestimmter, der so genau wie möglich bezeichnet werden sollte, will sich der Vermieter nicht täglich mit dem Streit der Stellplatzmieter auseinandersetzen, wer auf wessen „angestammtem" Platz steht.

**3.** Hier könnte auch eine feste Vertragslaufzeit mit Verlängerungsoption oder automatischer Verlängerungsklausel vereinbart werden, siehe Form. A. VI. 8, § 6 Abs. 2.

**4.** Die Kündigungsfrist ist beim Stellplatzmietvertrag frei vereinbar. Erfolgt keine Vereinbarung, richtet sich die Kündigungsfrist nach § 580 a BGB.

**5.** Diese Regelung ist vor allem sinnvoll bei großem zeitlichem Abstand zwischen Vertragsschluss und Beginn des Mietverhältnisses.

**6.** Siehe Anmerkungen zu Form. D. X. 1 und D. X. 2.

**7.** Dadurch wird eine Zahlung vor Gebrauchsüberlassung festgelegt. Bei einem Stellplatzmietvertrag dürfte das zulässig sein.

**8.** Damit ist § 579 BGB – nachschüssige Zahlungsweise – abbedungen.

**9.** Die zwingende Verzinsungspflicht des § 551 BGB gilt – entsprechend der Stellung des § 551 BGB im Abschnitt II. Mietverhältnisse über Wohnraum – nur für Wohnraum. Zur Verzinsung(spflicht) einer Kaution bei gewerblichen Mietverhältnissen vgl. im übrigen Form. A. VI. 1 Anm. 32.

**10.** Abhängig von der Toleranz der Umgebung kann hier auch ein völliger Ausschluss von Reparaturarbeiten erfolgen. Insbesondere an Orten, an denen sich Außenstellplätze wegen ausreichendem Parkraum auf öffentlichen Straßen nur schwer vermieten lassen, ist es den Vermietungschancen aber nicht förderlich, wenn der Mieter an seinem Fahrzeug gar nichts; ggf. noch nicht einmal einen Reifenwechsel, vornehmen darf. Auf der anderen Seite setzt sich der Vermieter bei der Gestattung bestimmter Arbeiten (z.B. Ölwechsel) ggf. der Gefahr eines Verstoßes gegen öffentlich-rechtliche Vorschriften und als Grundstückeigentümer sodann der Inanspruchnahme als Störer aus, vgl. dazu Form. A. IV. 4 Anm. 6.

**11.** § 309 Nr. 7 a) und b) BGB.

**12.** Zum formularmäßigen Haftungsausschluss für nicht rechtzeitige Freiziehung des Mietobjekts durch den Vormieter vgl. Form. D. XIII. 1 Anm. 4.

**13.** Im Umkehrschluss aus § 536 Abs. 4 BGB sind dem Mieter nachteilige Einschränkungen des Mietminderungsrechts aus § 536 BGB bei einem Stellplatzmietvertrag zulässig. Auf der anderen Seite dürfte ein formularmäßiger Ausschluss jeglichen Minderungsrechts unzulässig sein, da der Mieter selbst dann die Miete weiterzahlen müsste, wenn der Vermieter seine Hauptleistung – Überlassung der Mietsache zum Gebrauch durch den Mieter- überhaupt nicht mehr erfüllt. Ein so weiter Ausschluss jeden Minderungsrechts wäre mit dem Grundgedanken der gesetzlichen Regelung nicht mehr vereinbar und daher auch bei Nicht-Wohnraummietverträgen gem. § 307 Abs. 2 BGB unwirksam. Die oben vorgeschlagene Klausel versucht, hier einen Interessenausgleich herbeizuführen und definiert letztlich, was die Vertragsparteien nach § 536 Abs. 1 S. 3 BGB als – noch – unerhebliche Minderung der Tauglichkeit ansehen wollen. Die weitere Beschränkung, dass die Mietminderung für die ersten sieben Tage nur dann ausgeschlossen ist, wenn es für die Nichtbenutzbarkeit einen objektiv wichtigen Grund gibt (wie z.B. Ausbesserungsarbeiten) stellt klar, dass ansonsten das volle Mietminderungsrecht besteht. Insgesamt ist daher eine solche Klausel bei einem Stellplatzmietvertrag als zulässig anzusehen.

**14.** Diese Klarstellung empfiehlt sich, wenn der Mieter im gleichen Haus auch eine Wohnung gemietet hat; und zwar auch dann, wenn der Stellplatz zu einem späteren Zeitpunkt vermietet wird, da sonst nach OLG Karlsruhe NJW 1983, 1499 nur von einer Ergänzung des Wohnraummietvertrages auszugehen ist. Daher besteht eine Möglichkeit der separaten Mieterhöhung oder Kündigung bei einem Außenstellplatz überhaupt nur dann, wenn er in einem eigenen Vertrag vermietet worden ist (vgl. hierzu – unter dem Gesichtspunkt separater Kündigung – LG Stuttgart DWW 2001, 136). Und selbst dann ist auch die Meinung vertretbar, dass eine separate Mieterhöhung oder Kündigung nicht möglich ist, wenn trotz formeller Aufspaltung in zwei Verträge die Wohnung und der Stellplatz praktisch als Einheit vermietet worden sind (z.B. wenn beide Verträge nach einheitlichen Vertragsverhandlungen zur selben Zeit unterzeichnet worden sind. Auf jeden Fall empfiehlt es sich dann, eine dem § 8 entsprechende Klausel parallel auch in den Wohnungsmietvertrag aufzunehmen).

# VII. Besondere Regelungsinhalte des Gewerberaummietverhältnisses

## 1. Leistungsvorbehalt als Wertsicherungsklausel[1]

§ ...... Mietzins, Leistungsvorbehalt

(1) Die monatliche Grundmiete[2] beträgt ...... EUR
zuzüglich der jeweils geltenden gesetzlichen MWSt.
von zur Zeit ...... % ...... EUR,
also insgesamt ...... EUR.

(2) Der nach Ziff. (1) festgelegte Mietzins bleibt bis zum ...... unverändert.[3] Für die Folgezeit bestimmt sich die Höhe der vom Mieter geschuldeten Miete wie folgt:

**– Variante 1 (Anpassung der anfänglich vereinbarten Miete in einem noch nicht vollständig fertiggestellten oder nur teilweise ausgelasteten Einkaufszentrum) –**

Der nach Ziff. (1) bestimmte Mietzins regelt eine ermäßigte Anfangsmiete, weil sich das Einkaufszentrum noch in der Bau- und Anlaufphase befindet. Die Vertragsparteien sind sich darüber einig, dass die angemessene Miethöhe bei im Wesentlichen vollständiger Auslastung des Einkaufszentrums die anfängliche Miete um ......% übersteigen würde.

Der Vermieter ist nach vorstehender Maßgabe berechtigt, die Miethöhe zum Ablauf des Festschreibungszeitraums und sodann noch ......-mal im Abstand von mindestens ...... Jahren/Monaten, aber letztmalig bei Vollvermietung, jedoch spätestens bis zum ...... neu festzusetzen.[4] Die Neufestsetzung hat nach billigem Ermessen zu erfolgen und kann nur darauf gestützt werden, dass es in Bezug auf die Auslastung des Einkaufszentrums (den Vermietungsstand) zu nicht unerheblichen Veränderungen gekommen ist, die den Mietpreis im Umfang der Neufestsetzung beeinflussen.[5] Die Festsetzung des Mietzinses hat schriftlich unter Angabe der Umstände zu erfolgen, die für die Mietanpassung maßgeblich sein sollen. Diese Erklärung muss dem Mieter mindestens 1 Monat vor dem vertraglichen Zahlungstermin zugegangen sein, zu dem die Neufestsetzung wirksam werden soll.

Mit Ablauf des Termins, zu dem letztmalig eine Neufestsetzung durch den hier geregelten Leistungsvorbehalt möglich ist, bestimmt sich die Anpassung der vom Mieter zu zahlenden Miete allein nach § ......[6]

**– Variante 2 (Leistungsbestimmung durch Gutachter)[7] –**

Die nach diesem Vertrag zu zahlenden Miete kann nach Ablauf der Mietfestschreibung im Abstand von jeweils ...... Jahren auf ihre Angemessenheit hin überprüft und neu festgesetzt werden. Die Parteien sind sich darüber einig, dass für die Bestimmung des Mietpreises, insbesondere die orts- und marktüblichen Preisgegebenheiten für vergleichbare Gewerbemietobjekte, die allgemeinen wirtschaftlichen Rahmenbedingungen, insbesondere die Geldwert- und Zinsentwicklung, und die spezifischen Lage- und Ausstattungsmerkmale der mit diesem Vertrag angemieteten Mieträume, namentlich folgende Gegebenheiten ......,
maßgeblich sein sollen.[8]

Die Neufestsetzung der Netto-Miete erfolgt durch einen öffentlich bestellten und vereidigten Sachverständigen für Bau- und Mietbewertungen als Schiedsgutachter, der vom ortsansässigen Haus- und Grundbesitzerverein zu benennen ist.[9]

Ob zu den jeweiligen Festsetzungsterminen ein Schiedsgutachter tätig werden soll, unterliegt der Entscheidung des Vermieters. Die Beauftragung hat spätestens ...... Monate nach Ablauf des jeweils vorangegangenen Festschreibungszeitraums zu erfolgen.[10] Der Schiedsgutachter ist unter Vorlage des Mietvertrags sowie unter Hinweis auf die nach diesem Vertrag maßgeblichen Mietpreiskriterien zur Erstellung eines schriftlichen Schiedsgutachtens aufzufordern, mit dem die Miethöhe ab dem Ablauf des letzten Festschreibungszeitraums neu festzusetzen ist.[11]

Der neu festgesetzte Mietzins ist vom Mieter ab Vorlage des Schiedsgutachtens zu den vertraglichen Zahlungsterminen zu entrichten und gilt auch rückwirkend – und insoweit mit sofortiger Fälligkeit – für die bereits verstrichene Zeit des Festschreibungszeitraums, für den die Neufestsetzung erfolgt.

Unterbleibt eine fristgerechte Beauftragung des Schiedsgutachters aus vom Vermieter zu vertretenden Gründen, so hat dies für den nachfolgenden Festschreibungszeitraum zur Folge, dass die bis dahin geschuldete vertragliche Miete weiter gilt. Das auch mehrmalige Unterbleiben einer Neufestsetzung lässt das Recht des Vermieters, von dem vertraglichen Leistungsvorbehalt zu späterer Zeit nach Maßgabe dieses Vertrags wieder Gebrauch zu machen, unberührt.

Die Kosten des Schiedsgutachtens tragen die Vertragsparteien je zur Hälfte.[12]

*Schrifttum: Aufderhaar/Jaeger,* Paxisrelevante Probleme beim Umgang mit Preisklauseln im Gewerberaummietrecht, NZM 2009, 564; *Isenmann,* Kurzverfahren für die richterliche Bestimmung der Mietzinsminderung DWW 1995, 361; *Lützenkirchen,* Wegfall der Preisindizes für spezielle Haushaltstypen ab 1. 1. 2003, NZM 2001, 835; *Schultz,* Wertsicherung im Gewerberaummietrecht, NZM 2000, 1135.

## Anmerkungen

**1.** Neben den Preisindexklauseln (vgl. hierzu im Einzelnen die Regelungen und Anmerkungen zu A. VI. 1 § 6) sind vertragliche Leistungsvorbehalte von praktischer Bedeutung. Auch hierbei handelt es sich um der **Wertsicherung** und -anpassung dienende Klauseln (zur Wertsicherung bei gewerblichen Mietverträgen vgl. die Darstellung von *Schultz* NZM 2000, 1135). Der Leistungsvorbehalt versteht sich als eine Vereinbarung, nach der **Veränderungen einer bestimmten Bezugsgröße** Voraussetzung für eine Änderung des vom Mieter zu leistenden Mietzinses sein sollen. Die Änderung der Miethöhe tritt beim Leistungsvorbehalt nicht automatisch ein, sondern erfordert einen konstitutiven Akt der Leistungsbestimmung. Diese Bestimmung kann durch eine Vertragspartei oder durch beide Parteien gemeinsam zu treffen sein oder einem Dritten vorbehalten bleiben (vgl. BGH NJW 1969, 91; Lindner-Figura/Oprée/Stellmann/*Lindner* Kap. 10 Rdn. 152ff.; Bub/Treier/*Schultz* III. A Rdn. 221 jeweils m. w. N.). Da es über die Verbindlichkeit nachträglicher Leistungsbestimmungen eher zum Streit kommen kann als bei einer festgeschriebenen Miethöhe oder bei automatisch eintretenden Mietpreisänderungen, bergen Vorbehaltsklauseln ein erhöhtes Maß an Vertragsunsicherheit in sich.

Eine weitere Art von Wertsicherungsklauseln sind **Spannungsklauseln,** bei denen eine gleichartige oder vergleichbare Leistung (beim Mietvertrag typischerweise der Mietzins für Vergleichsobjekte) als Maßstab für die Anpassung des vertraglichen Mietzinses dient (vgl. BGH WuM 1986, 912; BGH NJW 1983, 1909). Spannungsklauseln sind grundsätzlich genehmigungsfrei (vgl. § 1 Abs. 2 Preisklauselgesetz/PrkG), es sei denn, sie nehmen Bezug auf einen anderen Vertrag, bei dem sich die Miethöhe wiederum nach einer genehmigungsbedürftigen Wertsicherungsklausel richtet (vgl. BGH NJW 1983, 1909; Bub/ Treier/*Schultz* III. A. Rdn. 237; *Lützenkirchen* NZM 2001, 835).

Weitere der Wertsicherung und -anpassung dienende Klauseln sind die nach § 1 Abs. 2 PrKG genehmigungsfreien **Preis- und Kostenelementklauseln,** bei denen sich der Mietzins nach dem Preis für bestimmte andere Kostenelemente des Mietobjekts bestimmt (vgl. *Lützenkirchen* a. a. O. m. w. N.; *Schultz* NZM 2000, 1135).

**2.** Regelungen betreffend die **Betriebskosten** und hierauf zu leistende Vorauszahlungen bleiben hier zwecks besserer Übersichtlichkeit unberücksichtigt. Sie wären etwa entsprechend dem Standardvertrag – vgl. das Form. A. VI. 1 zu § 5 (2) und (3) – einzufügen oder gesondert niederzulegen.

**3.** Aus Gründen der Praktikabilität sollten die Vertragsparteien bei der Verabredung eines Leistungsvorbehalts keine kurzzeitig aufeinander folgenden Mietzinsänderungen vorsehen, denn ständige Anpassungen oder Neufestsetzungen erhöhen die Gefahr, dass es hierüber zum Streit kommt.

**4.** Die Änderung bzw. Anpassung der Miete erfolgt beim Leistungsvorbehalt entweder durch vertragliche (Zusatz-)Abreden der Vertragsparteien oder durch die Ausübung eines Bestimmungsrechts (§ 315 BGB), sei es durch eine Vertragspartei (meist durch den Vermieter), sei es durch einen Dritten (§ 317 BGB), typischerweise durch einen Schiedsgutachter (zu den unterschiedlichen Bestimmungsarten vgl. die Darstellungen bei Bub/Treier/*Schultz* III. A. Rdn. 223 ff.; *Fritz*, Gewerberaummietrecht, Rdn. 114 – 115, jew. m. w. N.).

Vertragsgestaltungen, bei denen die Miethöhe der **Disposition beider Vertragsparteien** unterliegen soll,

**Beispiel:**
Nach Ablauf von ...... Jahren kann jede Partei die Aufnahme von Verhandlungen über die Höhe des Mietzinses verlangen.

werden diesseits nicht befürwortet. Einigen die Parteien sich nicht alsbald über eine Mietanpassung, geraten sie leicht in ausufernde und ergebnislose Verhandlungen und so in eine unübersichtliche Vertragssituation, der mit vertraglichen Vorgaben nur schwer vorgebeugt werden kann. Die Formularbeispiele behandeln deshalb Ausgestaltungen, bei denen ein Bestimmungsrecht auszuüben ist. Ist es zur Ausübung dieses Rechts gekommen, kann die (Un-)Rechtmäßigkeit der Bestimmung direkt gerichtlich festgestellt werden, § 315 Abs. 3 BGB. Das geschieht regelmäßig im Wege der Leistungsklage des Vermieters, der den von ihm oder einem Dritten festgesetzten Mietzins einklagt. Wenn der Mieter die Unbilligkeit der Leistungsbestimmung einwendet, erfolgt die Bestätigung oder Ersetzung der Bestimmung durch das in diesem Rechtsstreit ergehende Urteil. Das kann auch mit den Urteilsgründen geschehen, also ohne besondere Tenorierung einer neuen Bestimmung, und erfordert keine Widerklage des Schuldners/Mieters (vgl. Palandt/ *Grüneberg* § 315 Rdn. 17 m. w. N.).

Das erste Beispiel im Form. behandelt einen Leistungsvorbehalt, der nur einen Teilaspekt der Mietpreisgestaltung zum Gegenstand hat und dem Vermieter auch nur für die anfängliche Mietzeit ein Bestimmungsrecht zuweist. Bei dieser Vertragsgestaltung ist eine Kombination mit anderweitigen Mietanpassungsregelungen – etwa im Sinne einer Staffelmiete (vgl. A. VII. 3) oder Indexklausel (vgl. A. VI. 1 § 6) – möglich, um die durch den Vorbehalt modifizierte Miethöhe an die übrigen Marktgegebenheiten anzupassen.

Der Vertrag sollte stets ausdrücklich festlegen, wann, in welchen Abständen und wie oft eine Preisanpassung gestattet sein soll. Das OLG Hamburg (MDR 1980, 848) hat die mehrfache Anwendbarkeit einer Wertsicherungsklausel auch ohne ausdrückliche Gestattung angenommen, wenn die dafür vorgesehenen Voraussetzungen während der Vertragszeit wiederholt eintreten. Es kann aber eine Verwirkung des Bestimmungsrechts eintreten, wenn der Vermieter längere Zeit keinen Gebrauch von den ihm eingeräumten

Festsetzungsbefugnissen macht (vgl. OLG Schleswig SchlHA 1998, 232; zur Verwirkung vgl. auch OLG Düsseldorf NZM 1998, 480; Lindner-Figura/Oprée/Stellmann/*Bartholomäi*, 10 Rdn. 123 ff.; Aufderhaar/Jaeger, NZM 2009, 564).

**5.** Dem Leistungsvorbehalt ist zu eigen, dass die Leistungsbestimmung innerhalb eines bestimmten **Spielraums** zu erfolgen hat, und zwar auch dann, wenn der Maßstab (die preisbildenden Kriterien) für die Preisanpassung – in zulässiger und zu empfehlender Weise – von vorneherein festgelegt wird (vgl. BGHZ 63, 132; OLG Hamm NJW-RR 1996). Wenn Veränderungen der Bezugsgröße (z. B. eines Indexwerts) automatisch den Mietpreis in entsprechendem Umfang regulieren sollen, liegt kein Leistungsvorbehalt vor, sondern eine Wertgleitklausel, die besonderen Wirksamkeitsvoraussetzungen unterliegt (vgl. die Anm. zu A. VI. 1 § 6). Das Bestimmungsrecht zugunsten einer Vertragspartei unterliegt innerhalb des vorgegebenen Spielraums regelmäßig der Ausübung billigen Ermessens im Sinne von §§ 315 f. BGB (vgl. BGH NJW 1974, 1464; OLG Schleswig SchlHA 1998, 232). Eine Preisanpassung kann im Rahmen der Ermessensausübung nur mit und nicht entgegen der Bewegungsrichtung der Bezugsgröße bestimmt werden (vgl. OLG Celle NJW-RR 2001, 1017 in Abgrenzung zu OLG Frankfurt/M. NJW-RR 1999, 379; Bub/Treier/*Schultz* III. A. Rdn. 221; *Fritz*, Gewerberaummietrecht, Rdn. 114 – 115 m. w. N.).

Der Vertrag sollte die Rahmenbedingungen für die **Ermessensausübung** bei der Leistungsbestimmung möglichst konkretisieren. Im Beispielsfall vermittelt die Angabe, in welchem Umfang bei Mietbeginn eine Preisreduzierung veranschlagt wurde, auch den Maßstab dafür, in welchem Umfang bei einer Vollauslastung des Einkaufszentrums eine Mietanhebung in Betracht kommt. Außerdem ermöglicht es die – in jedem Fall empfehlenswerte – Beschreibung derjenigen Gründe, aus denen es zur Reduzierung der Anfangsmiete und zur Vereinbarung eines Leistungsvorbehalts gekommen ist, das bei einer Mietanpassung ausgeübte Ermessen zu überprüfen.

**6.** Hat sich der Leistungsvorbehalt durch **Zeitablauf** oder durch eine erfolgte **Leistungsbestimmung** erledigt (verbraucht), bedeutet dies nicht zwingend, dass der Mietzins von da an unverändert bleiben muss. Dann können Regelungen (weiter) gelten, die den Mietzins unabhängig von der durch Leistungsvorbehalt gesteuerten Anfangsmiete festlegen. Das könnte grundsätzlich auch wieder ein Leistungsvorbehalt (etwa im Sinne von Variante 2) oder etwa eine Indexklausel sein.

**7.** Die Vereinbarung, dass ein Schiedsgutachter bestimmte Tatsachen untersuchen und eine Leistungsbestimmung treffen soll, ist vom Schiedsvertrag zu unterscheiden, der eine prozesshindernde Einrede begründen kann (§ 1032 Abs. 1 ZPO). Mit einem Schiedsvertrag wird an die Stelle des staatlichen Gerichts ein Schiedsgericht zur endgültigen Entscheidung über zivilrechtliche Ansprüche gesetzt (§ 1029 Abs. 1 ZPO). Demgegenüber liegt ein Schiedsgutachtenvertrag vor, wenn ein Dritter, namentlich ein Sachverständiger, zur Festlegung bestimmter und sachlich begrenzter Tatsachen oder Leistungspflichten berufen sein soll (vgl. Thomas/Putzo vor § 1029 Anm. 6). Entscheidend ist also, ob die Parteien mit der Klausel den Weg zu den ordentlichen Gerichten ausschließen wollen oder nicht (vgl. Palandt/*Grüneberg*, § 319 Rdn. 8; Zöller/*Geimer*, ZPO, 28. Auflage, § 1029 Rdn. 4, 29). Soll eine Überprüfung durch das staatliche Gericht möglich sein, handelt es sich um ein Schiedsgutachtenklausel, soll eine derartige Überprüfung ausgeschlossen sein, handelt es sich um einen Schiedsgutachtenvertrag. Im Zweifel ist ein Schiedsgutachtenvertrag als weniger weitgehende Regelung anzunehmen (BGH BB 1982, Seite 1077; Bub/Treier/*Schultz* III. A. Rdn. 223, 229 m. w. N.).

Aus einem Schiedsgutachtervertrag folgt kein Prozesshindernis im Sinne von § 1032 Abs. 1 ZPO. Er hindert das Prozessgericht lediglich, die vom Schiedsgutachter zu treffenden Feststellungen (ggf. nochmals) selbst vorzunehmen. Das Gericht ist daher grundsätzlich beweismäßig an ein Schiedsgutachten gebunden. Wird eine Klage erhoben, ohne zuvor das vorgesehene Schiedsgutachten eingeholt zu haben, so ist die Klage bei beweiserheblichen Tatsachen als zur Zeit unbegründet abzuweisen, weil das Prozessgericht keinen Beweis über Tatsachen erheben darf, deren Feststellung dem Schiedsgutachter übertragen ist (vgl. BGH WM 1971, 39; OLG Düsseldorf NJW-RR 86, 1061).

**8.** Alle für die Mietpreisbestimmung relevanten **Besonderheiten** sollten möglichst ausdrücklich aufgeführt werden, etwa wenn der Mieter einen besonders intensiven Mietgebrauch mit hohem Abnutzungsgrad ausübt oder wenn sich ganz spezielle Lage- und Ausstattungsbedingungen auf die Mietpreisbildung auswirken. Die Benennung entsprechender Tatsachen bewirkt die Klarstellung, dass diese Umstände nach dem Willen der Vertragsparteien in die Mietkalkulation einfließen sollen. Daraus folgt eine Bindung des Schiedsgutachters (und ggf. des Gerichts), solche Umstände ihrerseits kalkulatorisch zu berücksichtigen.

**9.** Es kann auch eine gemeinsame Benennung durch die Vertragsparteien und nur hilfsweise – bei fehlender Einigung – eine Benennung durch Dritte (z. B. auch der IHK oder eines Fachverbands) geregelt werden.

**10.** Das Formular will mit der **Befristung** für die Einholung eines Schiedsgutachtens zweierlei bewirken. Zum einen sollen die Vertragsparteien alsbald Rechtssicherheit über die Mietpreisentwicklung erhalten. Zum anderen regelt die Klausel für den Vermieter eine Steuerungsmöglichkeit zur Vermeidung unergiebiger und unnötig kostenträchtiger Begutachtungen (z. B. bei ersichtlich stagnierenden Marktgegebenheiten) oder dem Vermieter nachteiliger gutachterlicher Erkenntnisse. Abweichende Regelungen sind möglich.

**11.** Die vertragliche Bindung an das Ergebnis eines Schiedsgutachtens entfällt – auch ohne besondere vertragliche Regelungen – dann, wenn das **Gutachten offenbar unrichtig oder unbillig** ist (§ 319 Abs. 1 BGB). Offenbar unrichtig ist ein Schiedsgutachten, wenn sich die Unrichtigkeit einem sachkundigen Betrachter unmittelbar aufdrängt. Ob eine offenbare Unrichtigkeit vorliegt, ist nach dem Sachverhalt zu beurteilen, den die Parteien dem Schiedsgutachter unterbreitet haben (vgl. BGH NJW-RR 1993, 1034; OLG Düsseldorf IBR 2008, 550).

Ein Gutachten kann in vorstehendem Sinne aus mehreren – sich meist überschneidenden – Gründen unbrauchbar werden:

• grob lückenhafte Erfassung und Darstellung der zu verwertenden Anknüpfungstatsachen und Erkenntnisquellen (vgl. BGH NJW-RR 1988, 506),
• sich aufdrängende Fehlerhaftigkeit oder Einseitigkeit (vgl. BGH NJW 1977, 801),
• fehlende Nachvollziehbarkeit und Nachprüfbarkeit (vgl. BGH WuM 1980, 108).

Maßstab für die Anfechtbarkeit des Schiedsgutachtens ist aber der solchen Klauseln immanente Zweck, eine verbindliche Bestimmung herbeizuführen und gerichtliche Schritte möglichst zu vermeiden. Deshalb reichen nicht jede Lücke in der Darstellung oder anderweitige beliebige Ansätze für eine Gutachtenskritik aus, um die Verbindlichkeit des Gutachtens in Frage zu stellen (Kritikpunkte wird es bei jedem Gutachten zumindest aus der Sicht einer Vertragspartei geben). Soweit der Gutachter die Aufgabenstellung richtig erfasst, die maßgeblichen Bewertungsfaktoren herangezogen und in einer akzeptablen Toleranzgrenze gewichtet und das Untersuchungsergebnis nachvollziehbar dargestellt und begründet hat, entfaltet die hiermit erfolgte Leistungsbestimmung vertragliche Geltung (vgl. BGH NJW 1991, 2761; OLG Düsseldorf IBR 2008, 550; Bub/Treier/*Schultz* III. A. Rdn. 233 m. w. N.). Schwierigkeiten können sich bei der Überprüfung von Gutachten ergeben, wenn Sachverständige Vergleichsdaten nicht offen legen, weil sie sich zur Geheimhaltung von Informationen über fremde Vertragsverhältnisse gehalten sehen (vgl. Isenmann DWW 1995, 68). Es wird jedenfalls eine so weit gehende Konkretisierung zu fordern sein, dass vergleichsweise verwertete Beschaffenheitsmerkmale überprüft werden können (vgl. Fritz Rdn. 117 m. w. N.).

Die Bindung an ein Gutachten hat aber immer nur die Aufgabe, das Gutachten möglichst praktikabel werden zu lassen, und bezweckt nicht, die Gerichtsbarkeit schlechthin auszuschließen. Analogien zum Schiedsverfahrensrechts sind daher grundsätzlich ausgeschlossen. Das gilt nicht für den Grundsatz der Gewährung rechtlichen Gehörs, soweit eine Anhörung geboten ist, und für Ablehnung befangener Schiedsgutachter (vgl. Musielak/*Voit*, ZPO, 2009, § 1029 Rdn. 17).

**12.** Andere **Kostenverteilungen** sind denkbar. Die im Baurecht übliche Regelung, den Sachverständigen auch über die Kosten der Begutachtung befinden zu lassen, passt nicht für die Mietpreisanpassung (mangels bereits entstandenen Streits, etwa über das Vorliegen bestimmter Mängel).

## 2. Umsatzmiete[1]

**§ ...... Vereinbarungen zur Miethöhe, Umsatzmiete, Fälligkeit**

(1) Der Mieter hat folgende Mietzahlungen zu leisten:

• eine monatliche Basisgrundmiete in Höhe von                    ...... EUR,[2]
• einen monatlichen umsatzabhängigen Grundmietzuschlag,
• die für Basismiete und Mietzuschlag zu ermittelnde gesetzliche Umsatzsteuer in der jeweils geltenden Höhe, zur Zeit in Höhe von ... %.

(2) Der zusätzlich zur Basismiete zu entrichtende Mietzuschlag beträgt ...... % des zu ermittelnden Netto-Umsatzes aus ......, den der Mieter in dem betreffenden Monat – ungeachtet aller sich aus Zahlungs- oder Verrechnungsabreden ergebenden zeitlichen Modifizierungen – mit dem im Mietobjekt geführten Betrieb erzielt hat.[3] Die getätigten Umsätze hat der Mieter im Rahmen einer sorgfältigen, prüffähigen kaufmännischen Buchführung zu erfassen.[4]

(3) Die nach Ziff. (1) zu entrichtende Basismiete ist vom Mieter monatlich im Voraus zu zahlen.

(4) Der vom Mieter zu zahlende Umsatzzuschlag ist im Rahmen der nach näherer Maßgabe von § ...... bestehenden Betriebspflicht[5] monatlich nachträglich zu ermitteln, und zwar anhand einer vom Mieter zum jeweiligen Monatsende zu erstellenden und dem Vermieter bis zum ...... Werktag des Folgemonats zu übermittelnden Auflistung über die für die Umsatzbeteiligung maßgeblichen Umsätze.[6] Der Mieter hat dem insoweit zur Verschwiegenheit verpflichteten Vermieter auf Verlangen Auskunft über alle Geschäftsmodalitäten zu erteilen, die für die Bestimmung des Umsatzzuschlags erheblich sein können. Der Vermieter ist berechtigt, mindestens einmal pro Kalenderjahr die Richtigkeit der ihm erteilten Auskünfte durch Einsichtnahme in die betreffenden Buchhaltungs- und Geschäftsunterlagen zu überprüfen bzw. durch eine von ihm beauftragte, fachlich qualifizierte Person überprüfen zu lassen. Der Vermieter kann eine solche Überprüfung auch verlangen, wenn konkrete Gründe die Annahme rechtfertigen, dass der Mieter seiner Pflicht zur rechtzeitigen, vollständigen und zutreffenden Mitteilung der getätigten Umsätze nicht oder nicht ordnungsgemäß nachgekommen ist.[7]

(5) Die Basismiete für den laufenden Monat und der für den Vormonat ermittelte Umsatzzuschlag sind monatlich bis zum ...... eines jeden Monats kostenfrei auf das Konto des Vermieters

Bank:                                                                ......
Konto-Nr.:                                                           ......
BLZ:                                                                 ......

zu entrichten. Die Zahlungen müssen jeweils bis zum ...... des betreffenden Monats auf dem Konto des Vermieters eingegangen sein.

(6) Der Vermieter kann Zahlungen des Mieters nach seiner Wahl auf offene Forderungen verrechnen, soweit nicht der Mieter bei Zahlung den Verwendungszweck anderweitig bestimmt hat.

*Schrifttum: Jendrek,* Die Betriebspflicht im Gewerberaummietvertrag, NZM 2000, 526; *Lindner-Figura,* Besonderheiten bei der Vereinbarung einer Umsatzmiete, NZM 1999, 492; *Michalski,* Pflicht des Pächters von Gewerberäumen zur Nutzung der Pachtsache, ZMR 1996, 527; *Stobbe/Tachezy,* Mietvertragsgestaltung im Einkaufszentrum ..., NZM 2002, 557.

### Anmerkungen

**1.** Eine an praktischer Bedeutung zunehmende und für bestimmte Regelungszusammenhänge durchaus geeignete Art der Mietzinsbestimmung ist die Vereinbarung einer **Umsatzmiete.** Bei ihr partizipiert der Vermieter in bestimmtem Umfang an den vom Mieter erzielten Geschäftsumsätzen.

Die Umsatzmiete kann als Wertsicherungsklausel auch formularmäßig vereinbart werden, soweit sie sich im Rahmen des Branchenüblichen hält und nicht schlechthin überraschend ist (vgl. Lindner-Figura/Oprée/Stellmann/*Bartholomäi* 10 Rdn. 56; *Neuhaus* GuT 2005, 200; a. A. Schmidt-Futterer/*Eisenschmid* § 535 Rdn. 250). Ein unangemessener Überraschungseffekt ist nach diesseitiger Auffassung bei der Anmietung von gewerblichen Räumen in Großobjekten (z. B. in einem Einkaufscenter) nicht gegeben, da insoweit bereits von einer verkehrsüblichen Vertragsgestaltung auszugehen sein dürfte.

Vereinbaren die Vertragsparteien allein eine Umsatzmiete ohne einen vom Umsatz unabhängigen Basis- oder Mindestmietzins, bestimmt sich die Miethöhe ausschließlich nach dem vertraglich festzulegenden Anteil, in dessen Umfang der Vermieter umsatzbezogen am Geschäftserfolg des Mieters partizipieren soll. In eine so direkte Abhängigkeit von den Geschäftsrisiken und Erfolgsaussichten des Mieters wird sich der Vermieter aber allenfalls im Rahmen geschäftlicher Beziehungen begeben, die besser als Gesellschaftsverhältnis auszugestalten wären. Die Begründung einer Gesellschaft bürgerlichen Rechts (vgl. §§ 705 ff. BGB) mag dann in Betracht kommen, wenn der Vermieter speziell für den Betrieb des Mieters bauliche oder technische Investitionen tätigt, deren Kosten aus Gründen mangelnder – anfänglicher – Leistungsfähigkeit des Mieters nicht unmittelbar in die Mietkalkulation einfließen sollen. Ohne besondere gesellschaftsvertragliche Vereinbarungen begründet aber allein die Verabredung einer Umsatzmiete trotz ihrer partiarischen Eigenheiten noch keine Gesellschaft bürgerlichen Rechts (vgl. BGH NJW-RR 1988, 417; Bub/Treier/*v. Brunn* III Rdn. 21).

Das Formular regelt eine Umsatzmiete unter Vereinbarung eines Mindestmietzinses bzw. einer **Basismiete** (vgl. hierzu auch das Beispiel einer Umsatzmietklausel bei *Lindner-Figura* NZM 1999, 492).

Rechtliche Hindernisse für die Vereinbarung einer Umsatzmiete bestehen bei der Anmietung von **Apotheken.** Die Regelung des § 8 Abs. 2 ApothG dient (mit den Nichtigkeitsfolgen aus § 12 ApothG) der grundsätzlichen Vermeidung von partiarischen Rechtsverhältnissen, innerhalb derer der Betreiber einer Apotheke in seiner Entscheidungsfreiheit beeinträchtigt werden könnte (vgl. BGH NJW-RR 1998, 803; BGHZ 75, 214). Das Verbot der Umsatzmiete gilt nicht nur für die Anmietung der Apothekenräume, sondern für sämtliche dem Betrieb der Apotheke dienenden Mietverträge, etwa über Einrichtungen oder technische Anlagen (vgl. BGH NJW-RR 1998, 803).

**2.** Bei der Bestimmung des jedenfalls zu entrichtenden **Basismietzinses** sollten die Parteien sich über die realistisch zu erzielenden Umsätze als Maßstab für den umsatzabhängigen Mietanteil sorgfältig abstimmen. Wenn die Mindestmiete zu gering kalkuliert wird, läuft der Vermieter Gefahr, auf Dauer einen zu niedrigen Mietzins zu erhalten. Wird die Basismiete zu hoch angesetzt, muss der Mieter eine Gesamtmiete entrichten, die ggf. weit über den (orts-)üblichen Mietpreisen liegt. Soweit vertreten wird, bei der Umsatzmiete sei die Problematik einer sittenwidrigen und wucherischen Miethöhe (§ 138 BGB, § 4 WiStrG, § 291 StGB) eher zu vernachlässigen (vgl. *Lindner-Figura* NZM 1999, 493), so vermag dies nicht zu überzeugen. Wenn bereits die Basismiete den Nutzwert der Mietsache weitgehend ausgleicht und auch die Gewinninteressen des Vermieters abdeckt, wird das Hinzutreten eines hohen Umsatzzuschlags ohne weiteres ein krasses Missverhältnis zwischen Mietzins und Nutzwert im Sinne von § 138 Abs. 2 BGB bewirken können. Besitzt der Vermieter bei einer solchen Konstellation ein starkes wirtschaftliches oder intellektuelles Übergewicht oder hat er in Bezug auf geeignete Mietflächen eine Monopolstellung inne und kommt der Mietvertrag unter bewusster Ausnutzung solcher Gegebenheiten zustande, kann dies dem Schutzzweck des § 138 BGB zuwiderlaufen (zum Schutz des Geschäftspartners vgl. BAG NJW 1985, 2661; BGH NJW 1981, 1206; BGH NJW 1980, 446). Schon das Bestehen eines auffälligen Missverhältnisses zwischen Leistung und Gegenleistung kann eine verwerfliche Gesinnung im Sinne von § 138 BGB indizieren (vgl. BGH NJW 1992, 899; BGH NJW-RR 1990, 1199; BGH NJW 1979, 758). Besonders hohe Umsatzerlöse sind dem Vermieter im Rahmen des mietvertraglichen Äquivalenzverhältnisses auch keineswegs typischerweise (als eigene Leistung) zuzurechnen. Ein besonders großer geschäftlicher Erfolg des Mieters beruht ggf. allein auf dessen Fleiß und findet in den vom Vermieter erbrachten Leistungen möglicherweise kein Äquivalent. Um eine unverhältnismäßige Abschöpfung durch den Vermieter zu verhindern, wäre auch die mietvertragliche Festlegung einer Höchstgrenze für den Umsatzzuschlag denkbar.

Der vom Mieter zu zahlende **Mindestbetrag** wird im Regelfall zugunsten des Vermieters bereits eine vollständige Deckung der laufenden Kosten für die Finanzierung, den Unterhalt und die Instandhaltung und Verwaltung des Mietobjekts zu sichern haben. Inwieweit der Basisbetrag dann noch eine Gewinnerzielung auf Vermieterseite gewährleisten kann und soll, hängt davon ab, in welchem Umfang der Vermieter sich vom Geschäftsverlauf auf Seiten des Mieters abhängig machen will bzw. in welchem Umfang der Mieter überhaupt – umsatzunabhängig – leistungsfähig ist. Wenn schon bei Begründung des Mietverhältnisses absehbar ist, dass sich die Umsatzentwicklung nach Größe, Art und Ausstattung des Betriebs nur in einer eng umgrenzten Spannbreite bewegen kann, wird die Vereinbarung einer Umsatzmiete nicht oder nur für einen kleinen Teilbereich der Gesamtmiete in Betracht kommen.

Anstelle einer umsatzbezogenen Beteiligung ist auch eine **Gewinnbeteiligung des Vermieters** denkbar. Dies setzt aber umfassende und besonders sorgfältige Absprachen darüber voraus, wie sich der als Bemessungsgrundlage dienende Gewinn zusammensetzen soll. Die dazu erforderlichen Abgrenzungen werfen u. a. in steuerlicher und bilanzrechtlicher Hinsicht komplexe Regelungsprobleme auf, denen kaum im Rahmen eines Mietvertrags, sondern eher im Rahmen eines Gesellschaftsverhältnisses Rechnung getragen werden kann. Eine sich am Umsatz orientierende Beteiligung des Vermieters bietet demgegenüber klarere Bemessungsgrundlagen.

Das Formular enthält keine Regelungen zu den Betriebskostenvorauszahlungen. Diese wären zu ergänzen oder gesondert zu regeln (vgl. Form. A. VI. 1 § 5).

**3.** Im Vertrag ist klar festzulegen, welche Umsätze den Maßstab für den Umsatzzuschlag bilden sollen (zur Heranziehung sämtlicher Umsätze aus Warenverkäufen, Werk- und Dienstleistungen und sonstiger Einnahmen vgl. *Lindner-Figura* NZM 1999, 493). Zur Vermeidung ausufernder Mitteilungspflichten des Mieters und unabsehbarer, ggf. nur von einem Wirtschaftsprüfer mit hohem Kostenaufwand zu bewältigender Kontrollen seitens des Vermieters wird die Prüfung empfohlen, ob für die Mietberechnung nicht ein besonders signifikantes Umsatzsegment als Bezugsgröße ausreicht. Z. B. könnten Umsätze aus Warenverkäufen nach dem Verkauf eines oder mehrerer Leitprodukte veranschlagt werden, wenn die dafür maßgeblichen Daten ohne weiteres verfügbar sind (zu einer vom Bierabsatz abhängigen Pachtentschädigung vgl. BGH NJW 1990, 567; Bub/Treier/*v. Brunn* III. A. Rdn. 21). Die Umsätze von Dienstleistern können nach der am ehesten geschäftstypischen Dienstleistung ermittelt werden. Die Umsätze für andere Leistungen und Warengruppen können ein schiefes Bild von der Geschäftslage vermitteln, insbesondere wenn sie mehr oder weniger gewinnneutral oder sogar verlustträchtig sind (vgl. Lützenkirchen/*Leo* A Rdn. 304).

Ob der Umsatzzuschlag sich nach den Netto-Umsätzen bestimmt oder nach den Bruttoeinnahmen einschließlich aller Steuern richtet (vgl. Bub/Treier/*v. Brunn* III. A. Rdn. 23), hängt in erster Linie von den vertraglichen Vorgaben ab. Ein rechtliches Hindernis, eine der beiden Alternativen oder Zwischenformen davon zugrunde zu legen, wird diesseits nicht gesehen. Wenn der Vertrag den Umsatzbegriff nicht genau definiert, wird im Rahmen der dann vorzunehmenden Vertragsauslegung nicht schlechthin vom Netto- oder Brutto-Umsatz auszugehen sein. Die Auslegung wird sich maßgeblich daran zu orientieren haben, welche Auskünfte der Mieter dem Vermieter zu den erzielten Umsätzen zu erteilen hat und ob außer der Umsatzsteuer noch andere Steuern und Abgaben in die Bruttoeinnahmen einfließen, deren Aussonderung ggf. vereinbart ist. Ferner wird es auf die erkennbaren Kalkulationsmerkmale bei Begründung des Mietverhältnisses ankommen. Helfen vorstehende Auslegungskriterien nicht weiter, wird im Zweifel von einer intransparenten und damit unwirksamen Klausel (§ 307 BGB) auszugehen sein.

Anstelle der im Formular geregelten Beteiligung des Vermieters an sämtlichen einschlägigen Umsätzen käme alternativ eine Klausel in Betracht, bei welcher der Vermieter erst ab einer bestimmten Umsatzgröße zu beteiligen ist.

**4.** Wenn die Vertragsparteien sich auf die Heranziehung eines bestimmten **Umsatz-Kernbereichs** beschränken, können die Möglichkeiten moderner Datenerfassung- und Bearbeitung dazu genutzt werden, spezielle Auflistungen über die vertragsrelevanten Umsätze zu erstellen, die der Mieter dem Vermieter zu übermitteln hat.

**5.** Die Rechtsprechung ist mit der Annahme einer – immanenten – **Betriebspflicht** für den zur Umsatzmiete herangezogenen Mieter sehr zurückhaltend. Das selbst offenkundige Interesse des Vermieters an einer durch die nachhaltige Nutzung der Mietsache gewährleisteten Umsatzerzielung soll nach ganz h. M. in Rechtsprechung und Literatur nicht ausreichen, um eine Betriebspflicht, und sei es auch nur im Wege der – ergänzenden – Vertragsauslegung, zugrunde zu legen (vgl. zunächst die Anm. zu Form. A. VI. 3 § 5; vgl. sodann BGH NJW 1979, 531; BGH NJW 1979, 2351; BGH ZIP 1983, 449; LG Lübeck NJW-RR 1993, 78; s. ferner die Nachweise bei Gerber/Eckert Rdn. 189 ff.; Bub/Treier/*v. Brunn* III. A. Rdn. 22; vgl. *Stobbe/Tachetzy* NZM 2002, 557; *Jendrek* NZM 2000, 526; *Michalski* ZMR 1996, 527; Lindner-Fugura/Oprée/*Stellmann* 23 Rdn. 24). Diese restriktive Behandlung erscheint nach diesseitiger Auffassung dann als fraglich, wenn der Zusammenhang des Mietvertrags die Annahme einer **konkludenten Vereinbarung der Betriebspflicht** nahelegt (vgl. *Schmid/Fittkau-Koch* 11 Rdn. 34). Der eine Umsatzmiete regelnde Vertrag sollte daher ausdrückliche Regelungen zur Betriebspflicht des Mieters enthalten (vgl. hierzu das Form. A. VI. 3 § 5 nebst Anmerkungen). Das Formular sieht eine Verweisung auf die einschlägigen vertraglichen Regelungen vor.

Fehlt es an Regelungen zur Betriebspflicht und zu einer Mindestmiete, soll sich die Miethöhe nach dem Betrag bestimmen, der bei der vorgesehenen Verwendung angefallen wäre (vgl. Schmidt-Futterer/*Eisenschmid* §§ 535, 536 Rdn. 188 m. w. N.). Es liegt auf der Hand, dass dabei viele Unwägbarkeiten zu überwinden sind, denn die den Umsatz prägenden Umstände in der Person des Mieters, in den betriebsspezifischen Gegebenheiten und den äußeren Rahmenbedingungen lassen sich praktisch nur grob mit orts- und marktüblichen Ansätzen veranschlagen. Dies verdeutlicht, dass die Annahme einer – immanenten – Betriebspflicht dem typischen Regelungszweck der Umsatzmiete in vielen Fällen eher Rechnung trägt.

Eher dem Bereich des Schadensersatzes und weniger der Problematik der Betriebspflicht dürften diejenigen Fallgestaltungen zuzuordnen sein, in denen der Mieter die Mieträume ungenutzt leer stehen lässt und den Betrieb – ggf. unter Mitnahme des von ihm übernommenen Kundenstammes – andernorts konkurrierend fortführt (vgl. OLG Celle ZMR 1973, 109).

**6.** Das Formular regelt eine **zeitnahe Festlegung der laufenden Umsatzbeteiligung.** Mit den modernen Mitteln der Datenerfassung und -verarbeitung erscheint es für die meisten Geschäftsarten als praktikabel, die relevanten Umsätze monatlich nachträglich zu erfassen und die vertraglich geschuldeten Zahlungen alsbald vorzunehmen. Wenn dies nicht zeitnah möglich ist, kann eine turnusmäßige Festlegung von Vorauszahlungen auf den umsatzabhängigen Mietanteil unter Vereinbarung bestimmter Abrechnungszeiträume erfolgen (vgl. dazu *Lindner-Figura* NZM 1999, 493).

**7.** Vertragliche Kontrollbefugnisse des Vermieters sind wichtig für die Abwicklung einer Umsatzmiete. Auskunft- und Rechenschaftspflichten des Mieters ergeben sich aus § 259 BGB (vgl. OLG Düsseldorf NJW-RR 1990, 1098). Ob der Vermieter bei der Umsatzmiete selbst ohne vertragliche Grundlage das Recht zur Einsicht in die Bücher des Mieters hat, erscheint eher als fraglich (so aber: OLG Brandenburg ZMR 2007, 778; Wolf/Eckert/Ball Rn. 395; *Fritz* Rdn. 97; zum Umfang von Rechenschaftspflichten vgl. OLG Düsseldorf NJW-RR 1990, 1098). Eine Verpflichtung zur **Vorlage von Belegen** sieht das Gesetz in den Vorschriften über Auskunft und Rechnungslegung (§§ 259, 260 BGB) für die Rechnungslegung (§ 259 Abs. 1 BGB: „... soweit Belege erteilt zu werden pflegen ...") zwar vor; dies dürfte ohne ausdrückliche Vereinbarungen aber schwerlich den Anspruch rechtfertigen, die (ggf. kompletten) Geschäftsbücher zu sichten.

Kontrollrechte sollten ohnehin vertraglich näher ausgestaltet werden, denn der Vermieter muss in der Lage sein, Zuverlässigkeitsbedenken gezielt nachzugehen. Ggf. kann eine turnusmäßige Geschäftsprüfung durch einen Wirtschaftsprüfer oder Steuerberater verabredet werden. Die Durchsetzung der vertraglich geschuldeten Umsatzmiete kann prozessual im Wege der Stufenklage (§ 254 ZPO) erfolgen.

## 3. Staffelmiete[1]

§ ...... **Vereinbarungen zur Miethöhe, Staffelmiete, Wertsicherungsklausel, Fälligkeit**

(1) Der Mieter hat folgende monatlichen Zahlungen auf die Netto-Grundmiete[2] zu erbringen:

| | |
|---|---|
| ab Mietbeginn einen Betrag in Höhe von jeweils | ...... EUR, [3] |
| ab dem ...... einen Betrag in Höhe von | ...... EUR, |
| ab dem ...... einen Betrag in Höhe von | ...... EUR, |
| ab dem ...... bis zum ...... einen Betrag in Höhe von | ...... EUR. |

(2) Die in Ziff. (1) geregelten Änderungen der Miethöhe treten zu den bezeichneten Zeitpunkten ein, ohne dass es hierzu weiterer Zahlungsaufforderungen oder sonstiger Willenserklärungen und Rechtshandlungen der Vertragsparteien bedarf.[4]

(3) Sämtliche nach diesem Vertrag zu leistenden Mietzahlungen sind vom Mieter zuzüglich der gesetzlichen Umsatzsteuer in der jeweils geltenden Höhe zu erbringen, zur Zeit in Höhe von 16%.

(4) Nach dem in Ziff. (1) bestimmten Endzeitpunkt für die staffelmäßig geregelte Miete gilt die letzte Staffelmiete nach Maßgabe folgender Wertsicherungsklausel weiter:[5]

Ändert sich der vom Statistischen Bundesamt ermittelte Preisindex für die Lebenshaltung aller privaten Haushalte (Basis 2005 = 100) um mehr als 10 Punkte nach oben oder unten, ändert sich auch die Miete in entsprechendem Verhältnis mit Wirkung ab dem auf die Änderung folgenden Monat, ohne dass es hierzu besonderer Erklärungen seitens einer Vertragspartei oder einer Vertragsänderung bedarf. Der prozentuale Umfang der Mietanpassung ist nach der Formel

$$\frac{\text{Indexstand neu}}{\text{Indexstand alt}} \times 100 - 100 = \text{Mietänderung in Prozentwert}$$

umzurechnen.

An die Stelle des bezeichneten Lebenshaltungskostenindex tritt die ihm am nächsten kommende Erhebung, falls der Index in seiner bisherigen Form nicht fortgeführt werden sollte.

Bei Vorliegen von Hindernissen für die Anwendung der Wertsicherungsklausel kann der Vermieter vom Mieter die Zustimmung zu einer Regelung verlangen, die als möglichst genehmigungsfreie Regelung den durch diesen Vertrag festgelegten Bestimmungen am nächsten kommt.

*Schrifttum: Kluth/Freigang,* Wirtschaftliches Risiko und Äquivalenzstörung – Zum Wegfall der Geschäftsgrundlage bei langfristigen Gewerberaummietverträgen, NZM 2006, 41; *Schultz,* Wertsicherung im Gewerberaummietrecht, NZM 2000, 1135.

## Anmerkungen

**1.** Neben den **Wertsicherungsklauseln** (vgl. die Indexklausel nebst Anmerkungen im Standardvertrag zu A. VI. 1 § 6 sowie die unter A. VII. 1 behandelten weiteren Beispiele) soll auch die Staffelmiete in erster Linie dem Interesse des Vermieters dienen, den vertraglichen Mietzins an die Entwicklung der Wirtschaft und des Geldwerts anzupassen. Dies geschieht durch die Festlegung bestimmter Zeitpunkte, zu denen sich die Höhe des Mietzinses in bestimmtem Umfang ändert. Daneben können auch andere kalkulatorische Überlegungen eine Rolle spielen, z.B. die Vereinbarung einer besonders niedrigen Eingangsmiete als „Starthilfe" für den Vermieter (vgl. hierzu auch Beispiel 1 in Form. A. VII. 1; vgl. ferner OLG Brandenburg NZM 2009, 860; Bub/Treier/v. Brunn III. A Rdn. 13). Der Vorteil einer Staffelmiete liegt darin, dass die Vertragsparteien die Mietentwicklung für die Laufzeit des Vertrags sicher kalkulieren können. Schwierig ist dagegen zumindest auf längere Frist die Festlegung der Staffelung, denn inflationäre Preisentwicklungen entziehen sich weitgehend einer vorausschauenden Kalkulation.

Die **Kombination einer automatischen Wertsicherungsklausel mit einer** nur nach oben ausgerichteten **Staffelmiete** kann unzulässig sein, wenn der Mietzins während der Laufzeit des Vertrags aufgrund der Staffelvereinbarung nur steigen kann (vgl. *Schultz* NZM 2000, 1135).

Eine **Kombination von Staffelmiete und Indexklausel** ist aber dann wirksam, wenn der Mietzins während der Laufzeit des Vertrages auch zugunsten des Mieters sinken kann und die Mietzinsstaffeln erst nach mehreren Jahren zur Geltung kommen sollen (vgl. OLG Brandenburg NZM 2009, 860).

Wenngleich von eher geringer praktischer Bedeutung – sind bei der Staffelmiete auch Regelungen denkbar, wonach sich die Miete in bestimmten Schritten ermäßigt (vgl. OLG München WuM 1991, 351). Entsprechende Vereinbarungen könnten etwa dazu dienen, vom Vermieter zu Beginn des Mietverhältnisses getätigte Investitionen zu Beginn der Mietzeit auszugleichen und für die weitere Mietdauer einen niedrigeren Folgemietzins festzuschreiben. In der Festlegung der Staffelung sind die Vertragsparteien grundsätzlich frei; jedoch sind die Wucher- und Sittenwidrigkeitsgrenzen (§ 138 BGB) zu beachten.

Die Vereinbarung einer Staffelmiete erfolgt meist bei Abschluss des Mietvertrags, kann aber auch während des laufenden Mietverhältnisses verabredet werden. Hierzu bedarf es ausdrücklicher vertraglicher Vereinbarungen, die schriftformbedürftig im Sinne von § 550 BGB sind. Die Vertragsparteien haben ohne besondere Absprachen weder einen Anspruch auf Abschluss einer Staffelmietvereinbarung noch ein entsprechendes Bestimmungsrecht im Sinne von §§ 315 f. BGB (vgl. Bub/Treier/*v. Brunn* III. A. Rdn. 13).

Da die Höhe des Mietzinses bei der Staffelmiete für die Zukunft fest kalkuliert wird, eignet sie sich weniger für langfristige oder auf unbestimmte Zeit eingegangene Mietverhältnisse. Für kürzere und mittelfristige Mietzeiten können die Vertragsparteien die künftige Preisentwicklung auf der Grundlage der bisherigen Preissteigerungsraten noch eher einschätzen. Bei langfristiger Staffelung besteht dagegen die Gefahr, dass der Mietzins aus der allgemeinen Geldwert- und Preisentwicklung ausschert. Dies birgt für beide Vertragsparteien erhebliche Risiken. Da die Parteien ein starkes Interesse an der Festlegung einer Mietstaffelung haben können, ohne von vornherein eine befristete Mietdauer vereinbaren zu wollen, regelt das Formular eine Vertragsgestaltung, bei der ein – potenziell – langfristiges Mietverhältnis (ggf. mit Verlängerungsklauseln oder -optionen) befristete Staffelmietregelungen enthält, an die sodann eine preisindexabhängige Wertsicherungsklausel anknüpft. Die Regelungen zur indexabhängigen Wertsicherung können ersatzlos wegfallen, wenn die Mietdauer entsprechend dem Staffelungszeitraum befristet werden soll.

**2.** Regelungen betreffend die Betriebkosten und hierauf zu leistende Vorauszahlungen bleiben hier zwecks besserer Übersichtlichkeit unberücksichtigt. Sie wären etwa entsprechend dem Standardvertrag – vgl. das Form. A. VI. 1 § 5 (2) und (3) – einzufügen oder gesondert niederzulegen.

**3.** Anders als bei der Wohnraummiete (vgl. § 557 a BGB) unterliegen die Vertragsparteien bei der Geschäftsraummiete hinsichtlich der Ausgestaltung der Staffelung, d. h. des Umfangs der Erhöhungs- oder Ermäßigungsschritte und der zeitlichen Abstände für die Änderungen der Miethöhe, in den Grenzen von Sittenwidrigkeit und Wucher (§ 138 BGB) keinen gesetzlichen Beschränkungen (vgl. *Fritz* Rdn. 109).

Wenn sich eine vereinbarte Staffelmiete während der Mietzeit (nach unten oder oben) von der marktüblichen Miete entfernt, können sich die Vertragsparteien nur ganz ausnahmsweise auf einen **Wegfall der Geschäftsgrundlage** berufen (vgl. BGH MDR 2002, 1114; BGH ZMR 2005, 112; *Assmann*, Die Geschäftsgrundlage im Mietrecht, www. mietgerichtstag.de/Archiv; *Kluth/Freigang* NZM 2006, 41). Bei Vereinbarung einer Staffelmiete besteht regelmäßig die Möglichkeit, dass der vereinbarte Mietzins im Laufe der Zeit erheblich von der Entwicklung des marktüblichen Mietzinses abweicht. Dieses typische Vertragsrisiko trägt grundsätzlich die jeweils benachteiligte Vertragspartei. Der Mieter bleibt daher in der Regel auch bei einem gravierenden Absinken des allgemeinen Mietniveaus an die vertraglich vereinbarten Staffelerhöhungen gebunden, es sei denn, die Parteien haben für diesen Fall eine abweichende Regelung getroffen (vgl. BGH a. a. O.; BGH NJW 2002, 2384). Nur bei einer unzumutbaren Störung des Äquivalenzverhältnisses kann wegen Wegfalls der Geschäftsgrundlage eine Preisanpassung verlangt werden (vgl. BGH MDR 2002, 1114).

Wenn sich im Ausnahmefall **Sittenwidrigkeitsbedenken** wegen Mietüberhöhung ergeben, stellt sich die Frage, ob die Staffelmietabreden als solche unwirksam sind oder nur die Abreden zu dem Staffelbetrag, der die Sittenwidrigkeitsschwelle überschreitet. Das OLG Hamburg (RE WuM 2000, 111) ist für die Wohnraummiete von selbstständigen Staffelvereinbarungen ausgegangen, bei denen die Unwirksamkeit einer Staffelung nichts für oder gegen die Wirksamkeit der anderen Staffelungen besagt. Bei der Gewerberaummiete ist der für Wohnraummietmietrecht nach bereits standardisierten Methoden zu ermittelnde Vergleichsmaßstab der ortsüblichen Vergleichsmiete oft schwieriger zu bestimmen, denn insoweit kommt es auf die ortsübliche Marktmiete an. Gleichwohl wird die Wuchergrenze auch bei der Gewerberaummiete nur bezogen auf den jeweils geschuldeten Mietzins, d. h. die einzelnen Schritte der Staffelung, ermittelt werden können (zur Methodik im Rahmen des § 138 BGB vgl. Form. A. VI. 1 Anm. zu § 4). Für die Ermittlung des Leistungsmissverhältnisses ist grundsätzlich der objektive Wert (Verkehrswert) der verglichenen Leistungen, d. h. das verkehrsübliche (ortsübliche) Äquivalent maßgeblich (vgl. BGH NJW-RR 1990, 950). Besteht bei einem gewerblichen Miet- oder Pachtvertrag ein krasses Missverhältnis zwischen dem vereinbarten Miet- oder Pachtzins und dem marktüblichen Miet- oder Pachtzins, so rechtfertigt dies allein – wenn keine weiteren für ein sittenwidriges Verhalten sprechenden Umstände hinzukommen – den Schluss auf eine verwerfliche Gesinnung des objektiv Begünstigten aber regelmäßig nur dann, wenn für ihn ohne weiteres erkennbar war, wie hoch der marktübliche Miet- oder Pachtzins in etwa ist (vgl. BGH – XII ZR 49/99 – vom 13. 6. 2001, juris).

**4.** Das Formular enthält insoweit eine bloße Klarstellung. Auch ohne besondere vertragliche Regelungen ist anerkannt, dass staffelmäßig festgelegte Erhöhungen oder Ermäßigungen zu den im Vertrag geregelten Zeitpunkten ohne weiteres wirksam werden und insbesondere keiner nochmaligen Zustimmung einer Vertragspartei bedürfen (vgl. Bub/Treier/*v. Brunn* III. A. Rdn. 13).

**5.** Zur Indexklausel vgl. im Einzelnen Form. A. VI. 1 Anm. 16 ff.

# 4. Vereinbarungen zur Umsatzsteueroption des Vermieters[1]

§ ...... Mietzins[2], Umsatzsteueroption, Schadensersatz

(1) Die monatliche Netto-Grundmiete beträgt ...... EUR.

(2) Der Vermieter erwägt, zur Umsatzsteuer zu optieren.[3] Die Parteien sind darüber einig, dass eine vertragliche Pflicht des Vermieters, auf die Umsatzsteuerbefreiung zu verzichten, nicht besteht.[4]

(3) Die Option zur Umsatzsteuer wird dem Mieter vom Vermieter durch Ausstellung einer Rechnung für die nächst fällige Monatsmiete angezeigt, mit der die Umsatzsteuer gesondert ausgewiesen wird. Von da an hat der Mieter die nach diesem Vertrag geschuldeten Zahlungen auf Miete und Nebenleistungen jeweils zuzüglich der jeweiligen gesetzlichen Mehrwertsteuer (Umsatzsteuer) zu leisten.[5]

– fakultative Regelungen für Objekte, mit deren Errichtung
nach dem 10. 11. 1993 begonnen wurde (vgl. § 27 Abs. 2 UStG) –

(4) Der Mieter verpflichtet sich, das Mietobjekt ausschließlich als Unternehmer und nur für Umsätze zu nutzen, die der Ausübung der Umsatzsteueroption durch den Vermieter nicht entgegenstehen. Dem Mieter ist bekannt, dass grundsätzlich nur umsatzsteuerpflichtige Umsätze die Option zu Umsatzsteuer ermöglichen und dass die Finanzbehörden und -gerichte anderweitige Umsätze, die den Vorsteuerabzug ausschließen, nur innerhalb enger Bagatellgrenzen unbeanstandet lassen. Der Mieter hat dem Vermieter alle Auskünfte zu erteilen, die der Vermieter zur Durchsetzung und Aufrechterhaltung der Umsatzsteueroption benötigt.[6]

(5) Der Mieter hat dem Vermieter alle Schäden zu ersetzen, die dem Vermieter dadurch entstehen, dass der Mieter entgegen der vertraglichen Zusicherung in Ziff. (4) in einem so großen Umfang umsatzsteuerfreie Umsätze tätigt, dass dies zur Aberkennung der Umsatzsteueroption zugunsten des Vermieters führt.[7]

*Schrifttum: Herrlein,* Umsatzsteuer im Mietvertrag und Mietprozess, NZM 2005, 648; *ders.,* Die Umsatzsteueroption im Geschäftsraummietvertrag, ZMR 1996, 306; *Schmid,* Miete und Umsatzsteuer, NZM 1999, 292; *Schuck,* Rechtsprechungsänderung zum Umsatzsteuernachweis, DNotJ-Report 1999, 7.

## Anmerkungen

**1.** Die Vertragsformulare (vgl. Form. A. VI.) sehen grundsätzlich die Umsatzsteuerpflicht für die vom Mieter zu leistenden Zahlungen vor. Dies versteht sich aber zunächst nur als Hinweis darauf, die vertraglichen Regelungen auf ihre Vollständigkeit und Richtigkeit in Bezug auf die Umsatzsteuerfrage hin zu prüfen. In der Sache ist es keineswegs so, dass bei der Gewerberaummiete die Umsatzsteuerpflicht gleichsam indiziert wäre.

Die **Vermietung und Verpachtung von Grundstücken ist** gemäß § 4 Nr. 12 a UStG (mit den Ausnahmen aus § 4 Nr. 12 Satz 2 UStG) **grundsätzlich umsatzsteuerfrei.** Die gesonderte Berechnung und Einforderung von Umsatzsteuer als mietvertraglich geschuldete Leistung ist selbst unter Kaufleuten nur dann gerechtfertigt, wenn der Vertrag die Entrichtung der Umsatzsteuer ausdrücklich regelt. Die Umsatzsteuer ist, wenn sich aus den vertraglichen Abreden nichts anderes ergibt und keine Befreiung besteht, bei sämtlichen Vertragstypen grundsätzlich im vertraglich ausgewiesenen (Miet-)Preis enthalten (vgl. BGHZ 103, 287; 77, 82; 58, 295). Ein Anspruch auf Nachforderung von Umsatzsteuer besteht nicht, wenn der Rechnungsaussteller (Vermieter) irrig angenommen hatte, nicht umsatzsteuerpflichtig zu sein (vgl. BGH NJW 2001, 2464; OLG Stuttgart NJW 1973, 2066; Palandt/*Heinrichs* § 157 Rdn. 13). Anders soll es aber liegen, wenn beide Parteien irrtümlich von nicht anfallender MWSt. ausgegangen sind (vgl. BGH NJW-RR 2000, 1652). Wenn der Vermieter berechtigterweise Zahlung von MWSt. verlangt, kann aber der Mieter Rechnungen (über die ursprüngliche Miete) mit gesondertem Umsatzsteuerausweis verlangen und seinerseits den Vorsteuerabzug geltend machen (vgl. OLG Stuttgart NJW 1973, 2066; *Wolf/Eckert/Ball* Rdn. 400).

Vereinnahmte Umsatzsteuer muss der Vermieter in jedem Fall an das Finanzamt abführen. Er macht sich dem Mieter gegenüber schadensersatzpflichtig, wenn er die Mehrwertsteuer nicht an das Finanzamt abführt und der Mieter dadurch den Vorsteuerabzug verliert (vgl. OLG Hamm ZMR 2003, 925).

**2.** Regelungen betreffend die Betriebkosten und hierauf zu leistende Vorauszahlungen bleiben an dieser Stelle zwecks besserer Übersichtlichkeit unberücksichtigt. Sie wären etwa entsprechend dem Standardvertrag – vgl. das Form. A. VI. 1 § 5 (2) und (3) – einzufügen oder gesondert niederzulegen.

**3.** Auf die Befreiung von der Umsatzsteuerpflicht (§ 4 Nr. 12 a UStG) kann der Vermieter unter bestimmten Voraussetzungen verzichten und gemäß § 9 Abs. 1 UStG zur Umsatzsteuer optieren (vgl. *Schmid* NZM 1999, 292; *Herrlein* ZMR 1996, 306; *ders.* NZM 2005, 648). Dann unterliegen die Mietforderungen der Umsatzsteuer. Eine Option gemäß § 9 Abs. 1 UStG kann auch dadurch erklärt werden, dass ein Umsatz in einer Steuererklärung als steuerpflichtig behandelt wird. Davon zu unterscheiden ist aber die Frage, ob und ggf. welche Auswirkungen eine in einer Steuererklärung für zurückliegende Zeiträume erklärte Option auf den Vorsteuerabzug hat (vgl. BfH BeckRS 2009.25015.601). Durch die Option zur Umsatzsteuer kann der Vermieter erreichen, dass die Vorsteuerbeträge, die bei der Errichtung oder beim Kauf des Mietobjekts und

später für Instandhaltungsmaßnahmen und Reparaturen anfallen, als Vorsteuer zurückerstattet werden (zu den steuerlichen Vorteilen vgl. Bub/Treier/*Jatzek* III. A. Rdn. 181 ff.).

Ob zur Umsatzsteuer optiert wird, sollte möglichst vor Abschluss des Mietvertrags feststehen. Dann kann sich der Vertrag – wie in den in Kapitel A. VI. vorgestellten Formularen
vorgesehen – darauf beschränken, die Pflicht zur Zahlung der Umsatzsteuer zu regeln.
Wenn der Vermieter zur Umsatzsteuer optiert, ohne mit dem Mieter die Pflicht zur zusätzlichen Entrichtung der anteiligen Steuer verabredet zu haben, gilt die – alte – Miete
als Bruttomiete, aus der die anteilige Steuer herauszurechnen und abzuführen ist (vgl.
*Herrlein* NZM 2005, 648, m. w. N.). Ohne vertragliche Vereinbarung ist der Mieter nicht
zur zusätzlichen Entrichtung von Umsatzsteuer auf die bisherige Miete verpflichtet.

Wenn die **Umsatzsteueroption des Vermieters scheitert**, weil der Vermieter nicht wirksam zur Steuerpflicht optieren konnte, und der Mietvertrag die Vereinbarung einer
Grundmiete zuzüglich der jeweils gültigen Mehrwertsteuer enthält, geht diese vertragliche Regelung ins Leere, da es keine gültige Umsatzsteuer für nicht steuerpflichtige Vermietungsumsätze gibt und es auch nicht zur Disposition der Parteien steht, nach dem
Gesetz steuerfreie Umsätze durch Vereinbarung steuerpflichtig zu machen (vgl. BGH
NJW-RR 2009, 593; BGH NJW-RR 2004, 1452).

Im Fall der Umsatzsteueroption gilt die Umsatzsteuerpflicht zunächst für die Grundmiete als Nutzungsentgelt im engeren Sinne, aber auch für die Betriebskosten, und zwar – im
Wege der ergänzenden Vertragsauslegung – selbst dann, wenn der Mietvertrag die Umsatzsteuerpflicht in Bezug auf die Betriebskosten nicht nochmals ausdrücklich aufgreift (vgl.
OLG Düsseldorf NJW-RR 1996, 1035; Bub/Treier/*Bub* II Rdn. 611 m. w. N.). Überholt ist
demgegenüber die Entscheidung des BGH (WPM 1981, 253), die an bis zum 31. 12. 1979
geltendes Recht anknüpfte (vgl. dazu Bub/Treier/*Bub* a. a. O.). Soweit die Annahme einer
Pflicht zur Entrichtung von Umsatzsteuer auf die Betriebskosten teilweise von ausdrücklichen Absprachen hierüber abhängig gemacht wird (vgl. OLG Düsseldorf WuM 1993,
411), dürfte dies nicht hinreichend dem Umstand Rechnung tragen, dass Nebenleistungen
steuerlich wie die Hauptleistung zu behandeln sind (vgl. Abschnitt 29 Abs. 3 UStR und
dazu Bub/Treier/*Bub* a. a. O.). Dieser Grundsatz rechtfertigt im Zweifel eine Vertragsauslegung dahin, dass die Vertragsparteien Haupt- und Nebenleistung als steuerpflichtig behandeln wollten, selbst wenn dies nur für die Hauptleistung ausdrücklich niedergelegt ist.
Ferner erstreckt sich die Umsatzsteuerpflicht auch auf eine vom Mieter nach §§ 546 a, 987
BGB zu leistende Nutzungsentschädigung, denn es handelt sich um ein steuerpflichtiges
Entgelt im Rahmen eines Leistungsaustauschs (vgl. BGH NJW-RR 1998, 803; BGHZ 104,
285; BGH NJW 1989, 1730; OLG Hamm OLGZ 1980, 20; BFH BStBl. 1971 II, 624).

Das OLG Hamm (NZM 1998, 575) ist von einem Recht des Vermieters zum **Widerruf
der Umsatzsteueroption** ausgegangen, wenn der Mieter die Umsatzsteuer nicht zahlt.
Hieraus können sich aber Komplikationen ergeben, wenn der Vermieter bereits eine Vor-
steuererstattung in Anspruch genommen hat. Als Reaktion auf einen Zahlungsverzug des
Mieters läge eher eine Kündigung gemäß § 543 Abs. 1 oder Abs. 2 Nr. 3 BGB nahe, denn
der Umsatzsteueranteil ist ein rechtlich unselbständiger Bestandteil des Mietforderung
(vgl. BGHZ 103, 287).

Bei der Vermietung von Teileigentum ist die Ausübung der Umsatzsteueroption nach
dem BayObLG (NJW-RR 1997, 79) nur dann möglich, wenn die Gemeinschaft als solche zur USt. optiert hat.

**4.** Das Formular greift – klarstellend – den Grundsatz auf, dass es ohne besondere
Vereinbarungen im freien Ermessen des Vermieters liegt, ob er nach § 9 UStG zur Mehrwertsteuer optiert oder nicht (vgl. BGH NJW-RR 1991, 647). Die Klarstellung ist dann
veranlasst, wenn der Verzicht auf die Befreiung noch nicht feststeht und dem Mieter gegenüber kein Vertrauenstatbestand geschaffen werden soll, der Vermieter werde im
Rahmen der rechtlichen Möglichkeiten alles tun, um zur Umsatzsteuer zu optieren.

**5.** Die Anwendung dieser Klausel ist gegenüber solchen Mietern unproblematisch, die ihrerseits vorsteuerabzugsberechtigt sind. Im Anschluss an das AG Ebersberg (NJW-RR 1993, 841) ist teilweise vertreten worden, dass eine Klausel unangemessen im Sinne des früheren § 9 AGBG (jetzt: § 307 BGB) sei, mit der sich der Vermieter gegenüber einer nicht vorsteuerabzugsberechtigten Vertragspartei für den Fall der Optionsausübung die Erhöhung der Miete um die jeweilige Umsatzsteuer vorbehalte (vgl. Bub/Treier/*Bub* II Rdn. 441; *Wolf/Eckert/Ball* Rdn. 397 ff. m. w. N.). Dies verstoße gegen das Äquivalenzprinzip und insbesondere auch gegen den in der gesetzlichen Auslegungsregel enthaltenen Billigkeitsgedanken aus § 315 Abs. 1, 3 S. 1 BGB (vgl. AG Ebersberg a. a. O.). Diese Argumentation begegnet Bedenken. Wenn sich ein Vermieter die Umsatzsteueroption vorbehält, regelt der Vertrag eine Bedingung, deren Eintritt zwar im Belieben des Vermieters steht, deren Auswirkungen aber von vorneherein feststehen. Die Frage nach den Billigkeitsgrenzen im Rahmen des § 315 BGB stellt sich nicht, denn der Vermieter übt in Bezug auf die Miethöhe (als die vom Mieter zu erbringende Leistung) keinen besonderen Ermessensspielraum aus. Der im Falle der Optionsausübung zu entrichtende Umsatzsteueranteil steht innerhalb der Bandbreite etwaiger Umsatzsteuererhöhungen oder -ermäßigungen fest. Die Äquivalenzkriterien kann der Mieter ebenfalls überblicken. Welche Mehrbelastung ggf. auf ihn zukommt, steht bereits bei Vertragsschluss fest. Über die Angemessenheit der evtl. zu erwartenden Bruttomiete kann der Mieter sich bei Vertragsschluss klarwerden. Ob AGB die Steuermehrbelastung wirksam regeln, dürfte dann nur noch eine Frage der Vertragsverständlichkeit und -transparenz im Sinne von § 307 Abs. 1 S. 2 BGB sein (so im Ergebnis wohl auch *Schmid/Stubenvoll*, Miete u. Mietprozess, Rdn. 24).

Bei der Vermietung an nicht zum Vorsteuerabzug berechtigte Mieter steht die Umsatzsteueroption aber gleichwohl aus umsatzsteuerrechtlichen Gründen in Frage. Im Rahmen der Übergangsregelungen aus § 27 UStG ist die Möglichkeit zur Umsatzsteueroption stark eingeschränkt. Bei neu errichteten Objekten (Beginn der Errichtung nach dem 10. 11. 1993, vgl. § 27 Abs. 2 UStG) darf der Mieter bzw. sein Untermieter gemäß § 9 Abs. 2 UstG auf dem Grundstück ausschließlich umsatzsteuerpflichtige Umsätze tätigen (vgl. Herrlein NZM 2005, 648). Entscheidend ist immer, ob tatsächlich Umsätze ausgeführt wurden, für die der Vorsteuerabzug zugelassen ist (vgl. BfH BeckRS 2009.25015.601). Ist das nicht der Fall, hat der Vermieter eine ihm nachteilige Berichtigung des Vorsteuerabzugs nach § 15 a UStG zu befürchten.

Die **Finanzbehörden dulden umsatzsteuerfreie Umsätze** nur bis zu einer Bagatellegrenze von 5% (vgl. Bub/Treier/*Jatzek* III. A. Rdn. 184 und 179 f. m. w. N.; *Schmid* NZM 1999, 292; *Herrlein* NZM 2005, 648). Die Vertragsparteien sollten daher vor Vertragsschluss jedenfalls den Katalog der in § 4 UStG aufgeführten Geschäfte durchgehen, die nicht umsatzsteuerpflichtig sind, vgl. hierzu auch die Regelungen und Anmerkungen zu Ziff. (4). Besonderheiten ergeben sich auch für Mischverträge mit teilweise gewerblicher Nutzung und teilweiser Wohnraumnutzung, bei denen der auf die Wohnung entfallende Anteil aus den umsatzsteuerpflichtigen Umsätzen auszusondern ist (vgl. dazu im Einzelnen die Anmerkungen zu Form. A. VI. 7 § 6).

Die im Form. vorgesehene Ausstellung einer Rechnung zur Anzeige der Umsatzsteueroption dient den vertraglichen Mitteilungspflichten und soll dem Mieter den Umsatzsteuernachweis erleichtern. Andere Regelungen sind denkbar. Grundsätzlich reicht ein Vertrag mit den notwendigen Angaben im Sinne von § 14 Abs. 1 UStG als Umsatzsteuernachweis aus. § 14 Abs. 1 UStG regelt lediglich eine die Hauptleistungspflicht begleitende Nebenpflicht, Rechnungen auszustellen, in denen die Umsatzsteuer gesondert ausgewiesen ist (vgl. OLG Hamm NJW 1997, 2247; zum Umsatzsteuerausweises in notariellen [Kauf-]Verträgen vgl. aber Schuck DNotI-Report 1999, 7; sowie Anm. hierzu von Salzmann DNotI-Report 1999, 106). Da der Mietvertrag bei noch nicht ausgeübter Option aber aus sich heraus nicht erkennen lässt, ab wann Umsatzsteuer auf die Miete anfällt, können die Parteien auch eine schriftliche Vertragsänderung niederlegen, die den Beginn der Umsatzsteuerpflicht ausweist.

**6.** Das Formular knüpft an die Anmerkungen zu Ziff. (3) an und regelt für die von § 27 Abs. 2 UStG betroffenen Objekte die Erfüllung und Beachtung der für die Umsatzsteueroption maßgeblichen Voraussetzungen. Da ein Mieter kaum ernsthaft zusichern kann, ausschließlich umsatzsteuerpflichtige Umsätze zu tätigen (vgl. Bub/Treier/*Jatzek* III. A. Rdn. 180), sieht das Formular keine so weitreichende vertragliche Zusicherung vor und orientiert sich an der Praxis der Finanzbehörden, schädliche Umsätze im Rahmen der Bagatellgrenze zu dulden (vgl. Bub/Treier/*Jatzek* m. w. N. zu den USt-Richtlinien).

**7.** Wenn sich für den Mieter nachträglich ein Interesse daran ergibt, über die Bagatellgrenzen hinaus umsatzsteuerfreie Umsätze zu tätigen, bedarf dies wegen der mit Ziff. (5) vorgeschlagenen Zusicherung einer Abstimmung mit dem Vermieter. Der Vermieter wäre ggf. – gegen entsprechende Entschädigung – bereit, ab einem bestimmten Zeitpunkt wieder auf die Umsatzsteueroption zu verzichten. Wegen der Problematik zeitanteiliger Vorsteuer-Rückerstattungspflicht (§ 15 a UStG) ist im jeweiligen Einzelfall eine eingehende steuerrechtliche Überprüfung erforderlich (Beispiele bei Bub/Treier/*Jatzek* III. A. Rdn. 184).

# 5. Vereinbarung einer Verlängerungsoption[1]

## § ...... Mietzeit, Verlängerungsoption, Ausübung der Option

(1) Das Mietverhältnis beginnt am ...... und endet am ......[2]

(2) Der Mieter ist zur ......-maligen Ausübung[3] einer Verlängerungsoption berechtigt, durch die sich das Mietverhältnis um jeweils ...... Jahre verlängert.

(3) Die Ausübung des Optionsrechts ist dem Vermieter schriftlich[4] mindestens ...... Monate vor Ablauf der Mietzeit bzw. der durch Optionsausübung verlängerten Mietzeit mitzuteilen.[5]

(4) Durch die rechtzeitige Ausübung der Option verlängert sich das Mietverhältnis zu den jeweils zuletzt geltenden Vertragsbedingungen. Die Ausübung der Option lässt jedoch andere Bestimmungen unberührt, welche die Änderung oder Anpassung bestimmter Vertragsmodalitäten, insbesondere zur Miethöhe und zu den Betriebskosten, regeln.[6]

*Schrifttum: Haase,* Die Auslegung von unvollständigen Mietverlängerungsoptionen im Gewerberaummietrecht, WiB 1997, 1141; *Lindner-Figura,* Schriftform von Geschäftsraummietverträgen, NZM 2007, 705; *Timme/Hülk,* Schriftform bei langfristigen Mietverträgen – ein Dauerproblem, NJW 2007, 3313.

### Anmerkungen

**1.** Bei der Verlängerungsoption (zur Begründungsoption vgl. im Einzelnen Form. A. V. 3) ist die optionsbegünstigte Vertragspartei zur Abgabe einer einseitigen Willenserklärung berechtigt, mit der die unbefristete oder befristete Fortsetzung eines bereits bestehenden Mietverhältnisses (d. h. nicht die Begründung eines neuen – zweiten – Mietverhältnisses, vgl. BGH NJW 1968, 551) rechtsgestaltend bewirkt wird (vgl. BGH NJW 1985, 2581; BGH NJW 1982, 2770; OLG München OLGR 1992, 35). Ein Mietvertrag mit Verlängerungsklausel ist dagegen ein auf bestimmte Zeit abgeschlossener Mietvertrag, der sich auf bestimmte oder unbestimmte Zeit verlängert, wenn nicht ein Vertragsteil innerhalb einer bestimmten Frist vor Ablauf des Mietverhältnisses der Vertragsfortsetzung widerspricht (vgl. OLG München OLGR 1992, 35). Soweit teilweise von einer Abschlussoption gesprochen wird, wenn der Vermieter lediglich in Vertragsverhandlungen eintreten muss (vgl. *Blank/Börstinghaus* § 542 Rdn. 137), erscheint dies wegen der Verwechslungsgefahr mit der einen Vertrag unmittelbar konstituierenden Begründungsoption als begrifflich unsauber. In solchen Fällen wird eher von der „Vorhand" gesprochen (vgl. auch Form. A. V. 3 Anm. 1). Enthält ein Mietvertrag die Bestimmung, das Mietverhältnis, das zu einem festgelegten Zeitpunkt enden soll, verlängere sich jeweils um ein Jahr, falls eine der Parteien dem nicht (ggf. fristgerecht) widerspreche, so wird der ursprüngliche Mietvertrag fortgesetzt, wenn ein solcher Widerspruch nicht erfolgt, d.h. es kommt auch insoweit kein neuer Vertrag zustande (vgl. BGH ZMR 2002, 582).

Dass die Optionsabrede und die Optionsausübung der **Schriftform** bedürfen, wird ganz überwiegend bejaht (vgl. hierzu *Lindner-Figura* NZM 2007, 705; *Timme/Hülk* NJW 2007, 3313). Wenn das Optionsrecht eine Verlängerung um mehr als ein Jahr ermöglichen soll, bedarf auch nach diesseitiger Auffassung sowohl die **Optionsvereinbarung** (vgl. BGH WM 1963, 172; BGH NJW-RR 1987, 1227; OLG Hamburg NZM 1998, 333) als auch die **Optionserklärung** der Schriftform (vgl. OLG Köln NZM 2006, 464; OLG Frankfurt, NZM 1998, 1006; Schmidt-Futterer/*Blank* § 542 Rdn. 177; Staudinger/*Emmerich* Vorb. § 535 Rdn. 104; Palandt/*Weidenkaff* Vorb. § 535 Rdn. 8; *Blank/Börstinghaus* § 542 Rdn. 143; zur Annahme einer formfrei möglichen Ausübung einer Verlängerungsoption, die als auflösende Bedingung angesehen wird, vgl. OLG Rostock Urt. v. 8. 10. 2009 – 3 U 137/08 – juris; kritisch dazu mit Recht die Anm. von *Fritz* jurisPR-MietR 6/2010 Anm. 5). Nach dem OLG Düsseldorf (ZMR 1992, 52) sollen bei Fehlen ausdrücklicher Form- und Fristbestimmungen für die Optionsausübung diejenigen Erfordernisse gelten, die die Parteien ansonsten für die Beendigung und Fortsetzung des Mietverhältnisses aufgestellt haben. Für die von der h.M. geforderte Schriftform spricht vor allem der Zweck des § BGB § 550 BGB, der dem Nachweis von Rechten und Pflichten im Falle des Eigentümerwechsels sowie allgemeinen Beweisinteressen (der Vertragsparteien) dient. Soweit das Kammergericht (vgl. NZM 2001, 164) bei einem Vertrag, der bei fehlendem Widerspruch der Vertragsparteien eine Vertragsfortsetzung vorsieht, eine Optionswirkung angenommen hat, dürfte es sich allerdings eher um eine Verlängerungsklausel handeln. Eine solche bedarf zwar ihrerseits bei einem Verlängerungszeitraum von mehr als einem Jahr der Schriftform (vgl. nur Bub/Treier/*Heile* II Rdn. 731 m.w.N.). Wenn die Mietzeitverlängerung aber bereits im formgerechten Mietvertrag (ohne das Erfordernis zusätzlicher Rechtsgestaltung seitens der Vertragsparteien) abschließend geregelt ist, bleibt die Schriftform gewahrt.

In der Praxis herrschen Optionsvereinbarungen vor, die den Mieter begünstigen. Möglich ist aber auch ein Optionsrecht zugunsten des Vermieters (vgl. Wolf/Eckert/Ball Rdn. 766). Das Formular regelt ein Optionsrecht zugunsten des Mieters.

Die Verlängerungsoption entfaltet typischerweise **unterschiedliche Bindungswirkungen für die Vertragsparteien** entfaltet (vgl. OLG Hamm ZMR 1988, 386). Die hieran anknüpfende Annahme des OLG Hamburg (NJW-RR 1992, 74), dass bei einer langen Bindung des Vermieters (bis zu 30 Jahren) und einer Kündigungsbefugnis des Mieters schon nach Ablauf der ersten fest verabredeten Mietzeit von einer **unangemessenen Benachteiligung** des Vermieters im Sinne des früheren § 9 AGBG (jetzt: § 307 BGB) auszugehen sei, ist kritisch zu sehen. Der BGH (vgl. NZM 2001, 854) hat darauf abgestellt, dass es zu den wesentlichen Grundgedanken des gesetzlichen Mietrechts gehört, langfristige vertragliche Bindungen zu bewirken (vgl. BGH a.a.O.; BGH NJW 1993, 1133, 1134). Nicht abdingbare Grenzen für solche Bindungen sind durch die Kündigungsvorschriften vorgegeben, insbesondere durch das grundsätzliche Recht zur fristlosen (außerordentlichen) Kündigung bei Vorliegen besonders schwerwiegender Gründe (vgl. BGH a.a.O.; Bub in NZM 1998, 789, 795). Ein erhöhtes Benachteiligungspotential im Sinne von § 307 BGB kann sich aber aus der Kombination von Bindungsklauseln und anderen (Bezugs-)Verpflichtungen (z.B. Bierbezug bei der Vermietung/Verpachtung einer Gaststätte, vgl. dazu im einzelnen Form. A. VI. 6 § 5) ergeben, wenn die Kombination solcher die wirtschaftliche Bewegungsfreiheit des Mieters unangemessen einschränkt (zu einem Tankstellenvertrag vgl. BGH NJW 2000, 1110).

Nach dem OLG Düsseldorf (OLGR 2006, 103) soll es sich bei der Verlängerungsoption um eine Individualvereinbarung handeln, wenn die Verlängerungsdauer bei einer vorformulierten Klausel in eine Textlücke eingetragen wird. Das wird jedenfalls dann kritisch zu sehen sein, wenn die Klausel sich nicht im Wesentlichen in der Angabe der Verlängerungsdauer erschöpft. Formularverträge, bei denen lediglich die variablen Vertragsteile, d. h. die im Vertragstext frei gelassenen Stellen ausgefüllt werden müssen, werden hierdurch nicht insgesamt zu Individualverträgen (vgl. Bub/Treier/*Bub* II Rdn. 381). Die in das Formular einzutragenden Regelungspunkte beinhalten nur als solche individuell verabredete Vertragsteile, die außerhalb des Geltungsbereichs der §§ 305 ff. BGB liegen (vgl. BGH NJW 1996, 1676; vgl. ferner Anm. 1 zu Form. A. V. 1). Daneben können die vorgefertigten Vertragsteile durchaus ihren Klauselcharakter im Sinne von §§ 305 ff. BGB behalten.

**2.** Das Formular legt eine befristete Mietdauer zugrunde, die durch Optionsausübung verlängert werden kann. Zur Kombination einer Verlängerungsklausel mit einer Optionsvereinbarung vgl. das Beispiel bei Bub/Treier/*Reinstorf* II Rdn. 218; zur Optionsausübung im Falle einer Kündigung der anderen Vertragspartei beim Zusammentreffen von Verlängerungsklausel und Option (vgl. BGH NJW 1985, 2581).

**3.** Es bedarf im Zweifel der Klarstellung, ob das Optionsrecht mit der einmaligen Ausübung erlöschen soll oder ob es mehrfach ausgeübt werden kann. Grundsätzlich erlischt das Optionsrecht mit seiner Ausübung (vgl. BGH NJW-RR 1995, 714; BGH MDR 1975, 397; BGH NJW 1982, 2770). Soll es erneut aufleben, bedarf es hierzu unmissverständlicher Parteiabreden (vgl. BGH NJW-RR 1995, 714).

Wenn eine Verlängerungsoption mit einer bloßen Verlängerungsklausel („Mietvertrag verlängert sich jeweils um ein Jahr, wenn er nicht ... gekündigt wird") kombiniert wird und der Mieter von der Option keinen Gebrauch macht, also stattdessen die Verlängerungsklausel greift, kann der Mieter sein Recht (zur wiederholten) Optionsausübung verlieren. Ein Wiederaufleben der Optionsrechte ist (mangels ausdrücklicher Vereinbarungen) ausgeschlossen, weil die Ausübung der Optionsrechte von einer vorhergehenden wirksamen und fortlaufenden Optionsrechtsausübung abhängt. Der zwischenzeitliche Nichtgebrauch einer Option bringt die Optionsrechte insgesamt zum Erlöschen (vgl. OLG Düsseldorf ZMR 2008, 785; Oberlandesgericht Hamburg NZM 1998, 333 m. w. N.).

Für dieselbe Kombination (Verlängerungsoption und Verlängerungsklausel) hat der BGH angenommen, dass der Mieter, dem eine Verlängerungsoption ohne ausdrückliche Bestimmung einer Optionsfrist eingeräumt ist, dieses Recht, wenn der Vermieter kündigt, unverzüglich ausüben muss, jedoch nicht vor Ablauf der Kündigungsfrist (vgl. BGH ZMR 1985, 260).

**4.** Das Formular sieht auch für die Optionsausübung die **Schriftform** vor (vgl. zur Schriftform im Einzelnen Anm. 1). Bei der Vertragsgestaltung sollte zur Förderung der Vertragssicherheit jedenfalls Wert auf die Regelung einer ausdrücklichen und schriftlichen Optionsausübung gelegt werden.

**5.** Die Ausübung einer Verlängerungsoption kommt grundsätzlich nur bis zum Ablauf der im Mietvertrag festgelegten Mietzeit in Betracht, da sie andernfalls – systemwidrig – auf die Neubegründung eines bereits beendeten Mietverhältnisses hinausliefe (vgl. BGH NJW 1987, 1227; BGH NJW 1985, 2481; BGH NJW 1982, 2770; OLG Köln NJWE-MietR 1996, 200). Je früher der Mieter sich entscheiden muss, ob er von der Option Gebrauch macht, desto eher besteht für den Vermieter Klarheit über die Dauer des Vertragsverhältnisses. Der Vertrag sollte daher eine Mindestfrist für die Ausübung von mehreren Monaten vorsehen.

**6.** Es kann zu weitreichenden Unklarheiten kommen, wenn die Parteien die Konditionen, zu denen das Mietverhältnis fortgesetzt werden soll, nicht mit hinreichender Klarheit regeln (zu Auslegungsfragen vgl. OLG Saarbrücken NJWE-MietR 1997, 104; *Haase* WiB 1997, 1141; Bub/Treier/*Reinstorf* II Rdn. 219).

Welcher Mietzins für den Verlängerungszeitraum zu zahlen ist, wenn hierüber keine besonderen Absprachen getroffen wurden, ist streitig. Teilweise wird die Fortgeltung der zuletzt zu zahlenden Miete angenommen (vgl. OLG Düsseldorf ZMR 1995, 347). Teilweise wird von der Verpflichtung des Mieters zur Zahlung der marktüblich angemessenen Miete ausgegangen (vgl. BGH NJW-RR 1992, 517; OLG Saarbrücken NJWE-MietR 1997, 104; Bub/Treier/*Reinstorf* a. a. O.; *Wolf/EckertBall* Rdn. 779). Einer optionsbedingten Neufestsetzung der Miete wird es zumindest dann nicht bedürfen, wenn der ursprüngliche Mietvertrag bereits Regelungen zur Wertsicherung bzw. zur Anpassung der Miete – etwa durch eine Indexklausel oder Schiedsgutachterklausel – enthält. Diese gelten grundsätzlich fort, da die Ausübung der Option nicht die Identität und den Inhalt des Ursprungsvertrags tangiert. Das Formular geht vom Vorhandensein solcher Regelungen aus (vgl. die Regelungen im Standardvertrag Form. A. VI. 1 § 6 und Form. A. VII. 1 bis 3) und stellt mit Satz 2 klar, dass die Optionsausübung zwischenzeitlich erfolgte Anpassungen ebenso wenig berührt wie die Befugnis, solche Anpassungen auch künftig vorzunehmen.

Soweit die Parteien für den Fall der Optionsausübung besondere Vereinbarungen zur Miethöhe oder zu anderen Vertragsbedingungen regeln wollen, sind diese ausdrücklich festzuhalten (zur Wirksamkeit und Auslegung von Klauseln vgl. Bub/Treier/*Reinstorf* II Rdn. 219). In Betracht kommen Vereinbarungen über Sonderentgelte oder über ein für die Dauer der Verlängerung erschwertes oder erleichtertes Kündigungsrecht einer oder beider Parteien (zur Vereinbarung einer Kündigungsfrist vgl. OLG Schleswig ZMR 2000, 614). Auch kann die Festlegung bestimmter Herstellungs- oder Instandhaltungspflichten für den Fall naheliegen, dass erst infolge der Optionsausübung von einem längerfristigen Vertragsverhältnis auszugehen ist, z. B. wenn nach Festschreibung einer nur kurzen Anfangsmietzeit der Verlängerungszeitraum zu einem längerfristigen Vertragsverhältnis führen soll.

# 6. Vereinbarungen zur Vertretung der Vertragsparteien[1]

**§ ...... Empfang und Abgabe von Willenserklärungen, Bevollmächtigung**

– Beispiel 1 (Willenserklärungen gegenüber einer Mehrheit von Mietern) –

Der Vermieter hat empfangsbedürftige Willenserklärungen, die das Mietverhältnis betreffen, gegenüber allen Mietern abzugeben. Die Mieter bevollmächtigen sich gegenseitig zur Entgegennahme solcher Willenserklärungen, einschließlich des Empfangs von Kündigungserklärungen.[2] Die Bevollmächtigung erstreckt sich auch auf die Abgabe von Willenserklärungen, aber unter Ausschluss der Abgabe solcher Erklärungen, die den Bestand des Mietverhältnisses unmittelbar betreffen oder Änderungen der vertraglichen Hauptleistungspflichten zum Gegenstand haben.[3]

– Beispiel 2 (Bevollmächtigung eines am Betriebsort tätigen Vertreters)[4] –

(1) Der Mieter bevollmächtigt den/die in den Mieträumen tätigen ...... [Betriebsleiter, Verkaufsleiter, Vertriebsdirektor usw.], ......, unter der Anschrift der Mieträume Willenserklärungen zu empfangen und abzugeben sowie Rechtshandlungen[5] vorzunehmen, welche die laufende Abwicklung des Mietverhältnisses betreffen. Der/die Bevollmächtigte ist insbesondere berechtigt,

• für den Mieter Zahlungen mit Erfüllungswirkung zu leisten und entgegenzunehmen,

- Leistungsaufforderungen in Bezug auf die nach diesem Vertrag oder gesetzlich geschuldeten Mieterleistungen, einschließlich Mahnungen und Fristsetzungserklärungen entgegenzunehmen,
- Mängel der Mietsache anzuzeigen und Mängelbeseitigungsleistungen des Vermieters abzunehmen,
- das Hausrecht in Bezug auf die Mieträume auszuüben und dem Vermieter Zutritt zu den Mieträumen zu gewähren,
- Betriebskostenabrechnungen entgegenzunehmen, zu prüfen und anzuerkennen ......[6]

(2) Die nach Ziff. (1) erteilte Vollmacht erstreckt sich nicht auf den Empfang und die Abgabe von Willenserklärungen, die den Bestand des Mietverhältnisses unmittelbar betreffen oder Änderungen der vertraglichen Hauptleistungspflichten zum Gegenstand haben. Dies betrifft insbesondere den Empfang oder die Abgabe von Kündigungserklärungen, den Abschluss von Mietaufhebungs- und Räumungsvereinbarungen sowie Rechtsgeschäfte zur Änderung der Miethöhe.[7]

*Schrifttum: Gassert*, Mietvertrag – Wahrung der Schriftform durch späteren Einzug?, MDR 2010, 727; *Kraemer*, Die Gesellschaft bürgerlichen Rechts als Partei gewerblicher Mietverträge, NZM 2002, 465; *Kreikenbohm/Niederstetter*, Qualifizierte Schriftformklauseln in Mietverträgen, NJW 2009, 406; *Kuckein*, Einhaltung der gesetzlichen Schriftform bei Unterzeichnung eines Mietvertrags für eine Kapitalgesellschaft, NZM 2010, 148; *Schwab*, Zur Bedeutung des § 8 AGBG für die Inhaltskontrolle von Vollmachtsklauseln, JuS 2001, 951.

## Anmerkungen

**1.** Regelungen zur Vertretung der Vertragsparteien betreffen in der Praxis häufiger die Vertretung der Mieterseite. Insoweit kann sich in mehrfacher Hinsicht Regelungsbedarf ergeben. Namentlich bei der **Vermietung an eine Mehrheit von Personen**, an nicht am Mietort (Betriebsort) ansässige Mieter und an Handelsgesellschaften, deren Verwaltung nicht ortsnah erreichbar ist oder im Ausland residiert und/oder für den Vermieter keinen ständigen Ansprechpartner anbietet, kann der Vermieter ein naheliegendes Interesse daran haben, dass ihm für die Vertragsabwicklung ein unschwer greifbarer Vertreter des Mieters als Kontaktperson zur Verfügung steht.

Bei Vorliegen entsprechender Erschwernisse auf Vermieterseite kann sich auch in umgekehrter Richtung ein Regelungsbedürfnis ergeben. Die Formulare regeln eine Bevollmächtigung auf Mieterseite.

Ohne besondere Vereinbarungen zur Bevollmächtigung für die Abgabe oder den Empfang von Willenserklärungen gilt folgendes:

Wenn auf Mieter- oder Vermieterseite eine **Personenmehrheit** vorliegt, müssen Willenserklärungen grundsätzlich von allen auf der Erklärerseite beteiligten Personen abgegeben werden. Empfangsbedürftige Willenserklärungen (vgl. § 130 BGB) müssen grundsätzlich allen auf der Empfängerseite beteiligten Personen zugehen (vgl. OLG Düsseldorf ZMR 1996, 324; LG Hannover ZMR 1987, 18). In den Fällen, in denen das Gesetz spezielle Vertretungsberechtigte für Handelsgesellschaften, juristische Personen, Partnerschaften und nicht rechtsfähige Vereine vorsieht, reicht es für die Abgabe von Willenserklärungen aus, wenn sie einem solchen Vertretungsberechtigten zugehen (vgl. § 125 Abs. 2 Satz 3 HGB, § 35 Abs. 2 Satz 3 GmbHG, § 78 Abs. 2 Satz 2 AktG, § 7 Abs. 3 PartG, § 28 Abs. 2 BGB).

Auch allein- oder gesamtvertretungsberechtigte Gesellschafter einer **Gesellschaft bürgerlichen Rechts** sind für den Empfang von Willenserklärungen zuständig (vgl. Bub/

Treier/*Bub* II Rdn. 256, 280, 561), wobei sich eine solche Vertretungsbefugnis allerdings nicht aus dem Gesetz, sondern nur aus gesellschaftsvertraglichen Vollmachtsregelungen oder nach den Grundsätzen zur Rechtsscheinvollmacht ergibt (vgl. BGHZ 74, 240; Palandt/*Sprau* § 714 Rdn. 3 ff.). Daran hat sich auch durch die jüngere BGH-Rechtsprechung, wonach die Außen-GbR als rechts- und parteifähig zu behandeln ist (vgl. BGH NJW 2001, 1056 = NZM 2001, 299), grundsätzlich nichts geändert. Eine namens der Gesellschaft bürgerlichen Rechts von einem alleinvertretungsberechtigten Gesellschafter abgegebene einseitige und empfangsbedürftige Willenserklärung kann aber vom Empfänger gemäß § 174 S. 1 BGB zurückgewiesen werden, wenn ihr weder eine Vollmacht der anderen Gesellschafter noch eine Erklärung dieser beigefügt ist, aus der sich die Befugnis des handelnden Gesellschafters zur alleinigen Vertretung der Gesellschaft bürgerlichen Rechts ergibt (vgl. BGH MDR 2002, 269). Einer Zurückweisung nach § 174 S. 1 BGB kann vorgebeugt werden, wenn schon der Vertrag die Vertretungsbefugnisse eindeutig regelt.

Aus der Anerkennung der Rechts- und Parteifähigkeit einer **Außen-Gesellschaft bürgerlichen Rechts** ergeben sich prozessuale Veränderungen. Nach altem Recht bildeten die Gesellschafter eine notwendige Streitgenossenschaft im Sinne von § 62 Abs. 1 ZPO, und zwar sowohl für die aktive als auch für die passive Prozessführung (vgl. nur BGHZ 30, 195). Daraus konnten sich namentlich im Falle uneinheitlicher Rechtsverfolgung mehrerer Gesellschafter Schwierigkeiten ergeben, das streitige Rechtsverhältnis für die Gesamthand verbindlich festzustellen (vgl. BGH BGH NJW 2001, 1056 m. w. N.). Partei eines Rechtsstreits kann nunmehr die Gesellschaft als eigenständiges Rechtssubjekt sein. Das Gesellschaftsvermögen ist konsequent vom Privatvermögen der Gesellschafter getrennt; ein Wechsel im Bestand der Gesellschafter hat keine Auswirkungen auf den Bestand der Gesellschaft und die von ihr eingegangenen Rechtsverhältnisse (vgl. BGH a. a. O.). Auch insolvenzrechtlich ist die Gesellschaft als solche das betroffene Rechtssubjekt, wobei sich die Insolvenzfähigkeit der Gesellschaft bürgerlichen Rechts bereits aus § 11 Abs. 2 Nr. 1 InsO (vgl. auch § 1 Abs. 1 GesO) ergibt.

Beim **Vertragsschluss mit einer bloßen Innengesellschaft** verbleibt es – auf Vermieter- und Mieterseite – bei einer Personenmehrheit. Soweit aber bei Vertragsschluss seitens der Gesellschaft durch beliebigen Widmungsakt nach außen hin erkennbar wird, dass die Gesellschaft als solche kontrahieren will, wird sie – nunmehr als Außengesellschaft – zur Vertragspartnerin. Das einmal mit mehreren Gesellschaftern einer Innengesellschaft begründete Mietverhältnis wird nicht dadurch zu einem mit der Gesellschaft bestehenden Vertragsverhältnis, dass die Gesellschaft später zur Außengesellschaft wird. Vertragspartei wird die Gesellschaft dann grundsätzlich nur durch den Austausch der betreffenden Vertragspartei im Rahmen eines dreiseitigen Abänderungsvertrags. Wenn mehrere Innengesellschafter als Eigentümer auf Vermieterseite auftreten und das vermietete Grundstück auf die Gesellschaft bürgerlichen Rechts übertragen, wird die Gesellschaft allerdings gemäß § 566 BGB Vertragspartei.

Die ordnungsgemäße **Vertretung beim Vertragsschluss** tangiert bei Gesellschaften auch die **Wahrung der Schriftform** (zur Schriftform vgl. im Einzelnen Anm. 2 zu Form. A. VI. 1). Das OLG Köln (MDR 2006, 145) geht auch dann von der Wahrung der Schriftform aus, wenn Vertreter einer KG einen Mietvertrag ohne einen die Vertretung kennzeichnenden Zusatz unterzeichnen oder nur den Zusatz „ppa." anbringen.

Zur GbR hat der BGH allerdings modifizierte Anforderungen formuliert (vgl. NJW 2003, 3053 = NZM 2003, 801). Für die Einhaltung der Schriftform ist danach erforderlich, dass alle Vertragsparteien die Vertragsurkunde unterzeichnen. Unterzeichnet für eine Vertragspartei ein Vertreter den Mietvertrag, muss dies in der Urkunde durch einen das Vertretungsverhältnis anzeigenden Zusatz hinreichend deutlich zum Ausdruck kommen (vgl. BGH a. a. O.; BGHZ 125, 175; BGH NJW 2002, 3389). In der Literatur ist z. T. gefordert worden, dem Schutzzweck des § 550 BGB entsprechend müsse ein potentieller Erwerber des Mietgrundstücks aus der Vertragsurkunde auch entnehmen können, „in welcher Funktion" der Vertreter gehandelt habe (*Kraemer* NZM 2002, 465). Ob dieser Meinung zu folgen sei und ob in den Fällen, in denen sich die Vertretungsbefugnis des für eine Vertragspartei Auftretenden nicht aus öffentlichen Registern ergibt, der Vertragsurkunde zu entnehmen sein muss, woraus der als Vertreter Handelnde seine Vertretungsbefugnis herleitet, hat der BGH mit seiner Entscheidung (NJW 2003, 3053 = NZM 2003, 801) ausdrücklich offen lassen wollen. Fraglich ist jedoch, ob er diese Frage tatsächlich offen gelassen hat; den im Vertrag vorhandenen Hinweis auf die Vertretung durch zwei Personen hat der BGH jedenfalls nicht als ausreichend angesehen, weil dies die weitere Frage nach einer Allein- oder Gesamtvertretungsberechtigung nicht beantworte (vgl. BGH a. a. O.; dieses Verständnis liegt auch der Entscheidung des OLG Hamm OLGR 2006, 138, zugrunde). Im Ergebnis dürfte der BGH also gefordert haben, dass eine Kennzeichnung des Vertretungsverhältnisses erforderlich ist. Der BGH hat seine Rechtsprechung dahin fortgeführt und klargestellt, dass bei Abschluss eines Mietvertrages durch eine AG die Schriftform des § 550 BGB nur gewahrt ist, wenn alle Vorstandsmitglieder unterzeichnen oder eine Unterschrift den Hinweis enthält, dass das unterzeichnende Vorstandsmitglied auch die Vorstandsmitglieder vertreten will, die nicht unterzeichnet haben (vgl. BGH NZM 2010, 82). Danach bleibt ein zusätzlicher Vertretungszusatz allerdings entbehrlich, wenn die Vertretung der Vertragspartei durch die den Vertrag unterzeichnende Person auf andere Weise deutlich wird (vgl. BGH a. a. O.; BGHZ 176, 301 = NJW 2008, 2178). Bei der bloßen Unterzeichnung lediglich durch ein Vorstandsmitglied werde jedoch auch aus den Umständen nicht klar, dass es für weitere Vorstandsmitglieder gehandelt habe. Zwar sei nicht zweifelhaft, dass das Vorstandsmitglied einer AG nicht für sich, sondern für die AG handelt. Die entscheidende Frage sei aber, ob das unterzeichnende Vorstandsmitglied auch für die weiteren Vorstandsmitglieder gehandelt hat, deren Mitwirkung nach der gesetzlichen Regelung des § 78 Abs. 2 Satz 1 AktG unerlässlich ist. Es bedürfe deshalb eines Vertreterzusatzes mit der Klarstellung, dass der Unterzeichnende nicht nur für die AG, sondern darüber hinaus für ein weiteres Vorstandsmitglied handeln wolle, etwa durch den Zusatz „i.V. ...". Ob der Vertrag damit wirksam zustande kommt oder – mangels Vollmacht des Unterzeichnenden – noch der Genehmigung der anderen Vorstandsmitglieder bedürfe, sei keine Frage der Schriftform, sondern der Wirksamkeit (zu dieser Schriftformproblematik vgl. auch *Kuckein* NZM 2010, 148; *Gassert* MDR 2010, 727; *Kreikenbohm/Niederstetter* NJW 2009, 406). Letzteren Aspekt hatte der BGH (vgl. NZM 2007, 837) bereits zuvor hervorgehoben, als es um die Frage ging, welche Folgen es hat, wenn eine GmbH satzungsgemäß von zwei Geschäftsführern gemeinsam vertreten wird, die Unterschrift in der für die GmbH vorgesehenen Unterschriftszeile aber (mit dem Zusatz „i.V.") von einem Dritten stammt. Ob dieser hierzu bevollmächtigt war oder als vollmachtloser Vertreter unterzeichnet hat, ist wiederum eine Frage des Zustandekommens des Vertrages, nicht der Wahrung seiner Form (vgl. BGH a. a. O. in Fortführung von BGH NJW 2005, 2225 und in Abgrenzung zu BGH NJW 2003, 3053; 2004, 1103).

**2.** Anstelle einer wechselseitigen Bevollmächtigung aller Mieter kann ein bestimmter Mitmieter als Bevollmächtigter bezeichnet werden, wenn dieser die Abwicklung des Mietverhältnisses an Ort und Stelle übernehmen soll.

**3.** Ob und mit welchem Inhalt **Bevollmächtigungsklauseln formularmäßig** niedergelegt werden können, ist im Einzelnen streitig (zum Meinungsstand vgl. die Darstellung und die Nachweise bei Bub/Treier/*Bub* II Rdn. 561 ff.). Das Formular knüpft im Wesentlichen an die Grundsätze eines Rechtsentscheids des BGH (NJW 1997, 3437) an. Soweit beim Wohnraummietrecht schon gegen die Wirksamkeit einer Empfangsvollmacht Bedenken angemeldet werden (vgl. OLG Celle WuM 1990, 103; OLG Frankfurt WuM 1991, 77; OLG Schleswig RE WuM 1983, 130), wird dem jedenfalls für die Gewerberaummiete nicht gefolgt werden können.

Die beiden Wirkungsbereiche der Vollmachtserteilung, die **Empfangs- und die Abgabevollmacht**, sind allerdings unterschiedlich zu beurteilen. Die zum Empfang von Willenserklärungen berechtigende Vollmacht findet im Kernbereich des Vertretungsrechts ihre Grundlage (vgl. § 164 Abs. 3 BGB und dazu BGH NJW 1997, 3437; vgl. ferner OLG Nürnberg NJW 1988, 1220; Bub/Treier/*Bub* II Rdn. 561 ff.). Eine Selbstentrechtung der Mieter ist bei der Empfangsvollmacht nicht zu befürchten. Der bloße Empfang selbst von Kündigungserklärungen des Vermieters schmälert die materielle Rechtsposition von Mietern nicht. Mit dem BGH (NJW 1997, 3437) sind keine durchgreifenden Bedenken aus § 308 Nr. 6 BGB bzw. aus § 307 Abs. 1 BGB anzumelden (vgl. Bub/Treier/ *Bub* II Rdn. 561 ff.).

Die formularmäßige **Vollmacht zur Abgabe von Willenserklärungen** findet dagegen im Rahmen einschränkender Auslegung ihre Grenzen in Bezug auf solche Willenserklärungen, welche die Grundlagen des Mietverhältnisses betreffen. Wenn der Bestand oder die Hauptleistungspflichten des Vertragsverhältnisses zur Disposition gestellt werden, kann nicht davon ausgegangen werden, dass dies von der erteilten Vollmacht abgedeckt ist. Dies ist zur Wahrung anerkennenswerter Interessen des Vermieters auch nicht gerechtfertigt (vgl. OLG Celle WuM 1990, 103; vgl. auch *Schwab* JuS 2001, 951 ff.). Solche Klauseln sind deshalb nach ganz h. M. als unwirksam zusehen, und zwar auch im Bereich der Gewerberaummiete (vgl. OLG Düsseldorf ZMR 2008, 44; KG Grundeigentum 2004, 753 f.; OLG Koblenz WuM 1999, 694; OLG Frankfurt, NJW-RR 1992, 396; vgl. auch Bub/Treier/*Grapentin* IV Rdn. 32).

Empfohlen wird daher im Form. eine differenzierende Vertragsgestaltung, bei der die Abgabevollmacht einzuschränken ist.

Erteilte Vollmachten sind gemäß § 168 S. 2 BGB widerruflich, ohne dass es hierzu ausdrücklicher vertraglicher Regelungen bedarf (vgl. Bub/Treier/*Bub* II Rdn. 561 m. w. N.). Formularmäßige Beschränkungen des Widerrufsrechts werden nicht empfohlen, denn selbst die unwiderrufliche Vollmacht kann aus wichtigem Grunde widerrufen werden (vgl. BGH WM 1985, 646; 1969, 1009).

**4.** Der Wohnsitz des Mieters oder Sitz einer Handelsgesellschaft sind oft nicht mit demjenigen Betriebsort identisch, der Gegenstand mietvertraglicher Vereinbarungen ist. Wenn der Mieter (als natürliche Person) bzw. die Vertreter/Organe der anmietenden Gesellschaft/juristischen Person nicht am Mietort tätig und erreichbar sind, sondern ggf. weit entfernt oder im Ausland residieren, kann sich praktischer Bedarf für die Installierung eines am Mietort tätigen und erreichbaren Vertreters des Mieters (Statthalters) ergeben, der ohne besondere Abreden nicht vertretungsberechtigt wäre.

**5.** Zum Begriff der Rechtshandlungen vgl. Palandt/*Heinrichs* Überblick vor § 104 Rdn. 4 ff.).

**6.** Die im Form. enthaltene Liste wäre ggf. entsprechend den Bedürfnissen des Einzelfalls zu erweitern. Dabei bleibt zu beachten, dass der Rahmen zulässiger Empfangsvollmacht weiter gesteckt werden kann als die Reichweite unbedenklicher Vollmachten zur Abgabe von Willenserklärungen. Ein alle Eventualitäten abdeckender Katalog von Tätigkeiten, die durch die Vollmacht abgedeckt sind, ist weder praktikabel noch (vor dem Hintergrund von Ziff. 2) nötig. Im Zweifel ist dem Vermieter zu raten, Willenserklärungen – auch – dem Mieter unmittelbar zukommen zu lassen.

**7.** Gegenüber Beispiel 1) regelt das Formular eine eingeschränkte Vollmachtserteilung, denn anders als beim bevollmächtigten (Mit-)Mieter kann der die Vollmacht erteilende Alleinmieter ein gesteigertes Interesse daran haben, die Grundlagen des Vertrags unter seiner Kontrolle zu behalten. Erweiterungen der Vollmacht – etwa im Sinne von Beispiel 1) – sind denkbar.

Im Übrigen kann auf die Anmerkungen zu Beispiel 1) verwiesen werden.

# 7. Vereinbarung einer Mietbürgschaft

§ ...... Mietbürgschaft[1]

(1) Der Mieter hat bis spätestens zwei Wochen vor dem vertraglich festgelegten Mietbeginn die schriftliche[2] Mietbürgschaft einer deutschen Bank, Volksbank oder öffentlichen Sparkasse bis zum Höchstbetrag von ...... EUR[3] zu stellen.

(2) Die Mietbürgschaft ist selbstschuldnerisch[4], unbedingt[5] und unbefristet[6] zur Zahlung auf erste Anforderung[7] sowie unter Verzicht auf das Recht zur Hinterlegung und zur Anfechtung[8] für sämtliche Ansprüche des Vermieters aus dem zugrundeliegenden Mietverhältnis und seiner Beendigung zu übernehmen und dem Vermieter im Original auszuhändigen.[9]

(3) Der Vermieter ist berechtigt, sich durch Inanspruchnahme des Bürgen wegen aller Ansprüche aus dem Mietverhältnis und seiner Beendigung zu befriedigen. Sämtliche Kosten, die mit der Gestellung der Bürgschaft und von Folgebürgschaften im Sinne von Ziff. (4) sowie mit einer Inanspruchnahme des Bürgen einhergehen, gehen zu Lasten des Mieters.

(4) Nach einer Inanspruchnahme des Bürgen durch den Vermieter hat der Mieter unverzüglich die Gestellung einer vertragsgemäßen Bürgschaft über die volle Haftungssumme gemäß Ziff. (1) zu bewirken.

(5) Vor vertragsgemäßer Gestellung der Bürgschaft hat der Mieter keinen Anspruch auf Übergabe und Nutzung der Mieträume. Macht der Vermieter wegen nicht gestellter Bürgschaft in Bezug auf die Übergabe der Mieträume ein Zurückbehaltungsrecht geltend, berechtigt dies den Mieter nicht zum Einbehalt der vertraglich geschuldeten Miete.

(6) Befindet sich der Mieter mehr als zwei Wochen mit der nach Ziff. (1) geschuldeten Gestellung der Bürgschaft in Rückstand, berechtigt dies den Vermieter zur fristlosen Kündigung des Mietverhältnisses.

(7) Nach Beendigung des Mietverhältnisses hat der Vermieter über die durch Bürgschaft abgesicherten Ansprüche abzurechnen. Hierfür steht ihm ab Beendigung des Mietverhältnisses eine Überlegungsfrist von sechs Monaten zur Verfügung. Ist bei Mietende noch über Betriebskosten abzurechnen und steht dem Vermieter hierfür nach dem Vertrag oder aus besonderen Gründen eine längere Frist zur Verfügung, verlängert sich die Abrechnungsfrist auf die Dauer dieses Zeitraums. Für die Dauer der vorstehend bezeichneten Fristen kann der Mieter wegen seines Anspruchs auf Herausgabe der Bürgschaft weder ein Zurückbehaltungsrecht geltend machen noch die Aufrechnung gegenüber Forderungen des Vermieters erklären.[10]

(8) Im Falle der Veräußerung der Mietsache durch den Vermieter (vgl. §§ 566, 566 a BGB) und bei einer sonstigen Rechtsnachfolge in der Eigenschaft als Vermieter tritt der Rechtsnachfolger in Bezug auf die Mietbürgschaft in alle vertraglichen Rechte und Pflichten ein. Der Mieter hat auf Verlangen eine neue Bürgschaftsurkunde vorzulegen, die auf den Namen des Rechtsnachfolgers lautet.[11]

*Schrifttum: Börstinghaus,* Zusätzliche Mietsicherheit infolge Änderung des Mietvertrags im Mieterwunsch?, NZM 2008, 558; *Börstinghaus,* Aktuelle Risiken bei Mietsicherheiten, MDR 1999, 965; *Derleder,* Die Sicherung des Vermieters ..., NZM 2006, 601; *Fischer,* Die Bürgschaft auf erstes Anfordern als formularmäßige Mietsicherheit, NZM 2003, 497; *Michalski,* Die Patronatserklärung,

WM 1994, 1229; *Mohr,* Fluch und Segen der Mietsicherheit im gewerblichen Mietrecht, ZMR 2010, 413; *Obermüller,* Patronatserklärungen und kapitalersetzende Darlehen, ZIP 1982, 915; *Schneider,* Patronatserklärung gegenüber der Allgemeinheit, ZIP 1989, 619.

## Anmerkungen

**1.** Die Mietbürgschaft stellt neben der Barkaution eine praktisch bedeutsame vertragliche Mietsicherheit dar. Zum Vergleich unterschiedlicher Arten der Mietsicherheit und zu allgemeinen Grundsätzen der Mietbürgschaft vgl. zunächst Form. A. VI. 1 Anm. 30 ff. (vgl. dazu ferner die Darstellungen bei *Mohr* ZMR 2010, 413; *Fischer* NZM 2003, 497; *Börstinghaus* MDR 1999, 965; ders. NZM 2008, 558; *Wilms* DWW 1998, 304). Das Formular übernimmt teilweise – ggf. nur mit sinnwahrenden Abänderungen – die Regelungen aus dem Standardvertrag. Auf die dortigen Anmerkungen kann daher zunächst verwiesen werden.

Ob ein Bürgschaftsvertrag **sittenwidrig** und damit nichtig i. S. v. § 138 Abs. 1 BGB sein kann, wenn der Gläubiger/Vermieter den Bürgen wirtschaftlich überfordert, ist fraglich. Das LG Hamburg (ZMR 2003, 841) ist der Auffassung, die höchstrichterliche Rechtsprechung zur Sittenwidrigkeit von Bürgschaftsverpflichtungen gelte nur für Haftungsübernahmen gegenüber Kreditinstituten, da in diesen Fällen prima facie von einer strukturellen Unterlegenheit des Bürgen gegenüber dem Kreditinstitut auszugehen sei. Die Haftungsübernahme gegenüber einem Privatvermieter sei damit nicht vergleichbar. Dem LG Hamburg (a. a. O.) ist sicherlich darin zu folgen, dass im Bereich des Mietrechts kein Prima-Facie-Beweis für eine Unterlegenheit des Bürgen spricht. Denkbar ist jedoch durchaus, dass der Vermieter mit unzulässigem Druck auf die Stellung eines Bürgen (etwa aus dem verwandtschaftlichen Umfeld des Mieters) hinwirkt, der in jeder Hinsicht überfordert ist. Die Sittenwidrigkeitsschwelle wird im Regelfall jedoch hoch anzusiedeln sein. Das dürfte sich u. a. daraus ergeben, dass auch außerhalb der Bürgschaft sehr weit reichende Haftungsübernahmen rechtlich gebilligt werden.

Im Zusammenhang mit der Ausgliederung von Tochtergesellschaften werden (Konzern-)Muttergesellschaften gelegentlich mit dem Ansinnen konfrontiert worden, sich zugunsten der Geschäftspartner ihrer Tochtergesellschaft für die Leistungsfähigkeit der Tochtergesellschaft stark zu sagen. Hieraus hat sich in Gestalt der sog. **Patronatserklärung** ein **eigenständiges Sicherungsmittel** herausgebildet, das mit der Bürgschaft eng verwandt ist. Bei der sog. „harten" Patronatserklärung handelt es sich um einen einseitig verpflichtenden (Sicherungs-) Vertrag (vgl. *Michalski* WM 1994, 1229), welcher Elemente der Bürgschaft und der Garantie in sich birgt (vgl. BGHZ 117, 127 = NJW 1992, 2093; BGH BB 2003, 1300 = MDR 2003, 868). Eine „weiche Patronatserklärung" liegt dann vor, wenn der Patron keine eigene rechtsverbindliche Einstandspflicht eingeht und sich etwa nur auf allgemeine Absichtserklärungen in Bezug auf die Unterstützung eines Schuldners beschränkt. Ob eine verbindliche Zusicherung vorliegt, ist im Wege der Auslegung (§§ 133, 157 BGB) zu ermitteln. Die gegenüber einem Schuldner intern abgegebene Ausstattungszusicherung beinhaltet einen Sonder- bzw. Unterfall der Patronatserklärung, bei dem nach diesseitiger Auffassung durch Auslegung zu ermitteln ist, ob der Patron (gegenüber dem Schuldner) eine rechtsverbindliche Einstandspflicht eingegangen ist. Die Haftung des Patrons reicht sehr weit. Zur Inanspruchnahme des Patrons reicht jeder Nachweis der Zahlungsunfähigkeit des Schuldners aus. Schuldner und Patron haften dann nebeneinander, und zwar gesamtschuldnerisch auf das Ganze (vgl. BGH a.a.O.; *Michalski* a.a.O.; *Schneider* ZIP 1989, 619; *Obermüller* ZIP 1982, 915, jew. m.w.N.). Der Patron haftet also nicht nur in den Grenzen einer Ausfallbürgschaft; es bedarf weder einer erfolglosen Zwangsvollstreckung gegen den Schuldner noch der Einleitung eines Insolvenzverfahrens gegen den Schuldner (vgl. BGH a.a.O.). Auf das Verschulden des Patrons kommt es nicht an (vgl. BGH a.a.O.). Aus dem Verstoß gegen die Patronatspflichten kann sich daneben ein unmittelbarer Schadensersatzanspruch wegen Nichterfüllung der Ausstattungspflicht gegen den Patron ergeben. Wenngleich das Institut der Patronatserklärung aus dem Konzernzusammenhang herrührt und dort auch seine wesentliche Bedeutung findet, kann sie auch in anderen Bereichen als Sicherungsmittel vereinbart werden (vgl. OLG Rostock OLGR 2005, 529; *Obermüller* ZIP 1982, 915 mit Gestaltungsbeispielen). Eine Beschränkung im persönlichen Anwendungsbereich besteht grundsätzlich nicht. Die Patronatserklärung kann daher in den Grenzen des § 138 BGB eine weitreichende Mietsicherheit gewährleisten, die bei hinreichender Bonität des Patrons zuverlässig und schlagkräftig ist. Dies gilt insbesondere für den Bereich der Gewerberaummiete. Sittenwidrigkeitsbedenken können sich nach allgemeinen Grundsätzen wohl nur dann ergeben, wenn die Patronatserklärung aus zu missbilligenden Gründen auf eine wirtschaftliche Knebelung des Patrons hinwirkt, wobei die Nähe des Patrons zu den Belangen des Mieters und das Interesse des Patrons an den wirtschaftlichen Geschicken des Mieters Gradmesser dafür sein kann, welche Belastungen ihm zumutbar sind.

**2.** Vgl. § 766 BGB.

**3.** Da die bei Mietbeginn zu stellende Bürgschaft zukünftige Forderungen zum Gegenstand hat, wird durch den Höchstbetrag die Grenze festgelegt, bis zu welcher der Bürge haften soll (vgl. Palandt/*Sprau* Einf. vor § 765 Rdn. 7 m. w. N.). Dieser Betrag entspricht der Kautionssumme bei der Barkaution. Formularmäßige Vereinbarungen, welche eine Bürgschaftsverpflichtung unabhängig von Bestand und Höhe der Hauptschuld regeln sollen, sind grundsätzlich unwirksam (vgl. BGH ZIP 1985, 1257).

**4.** Die selbstschuldnerisch übernommene Bürgschaft entzieht dem Bürgen gemäß §§ 771, 773 Abs. 1 Nr. 1 BGB die **Einrede der Vorausklage**. Der Bürge kann gemäß § 771 BGB die Befriedigung des Gläubigers verweigern, solange nicht der Gläubiger erfolglos die Zwangsvollstreckung gegen den Hauptschuldner ohne Erfolg versucht hat. Für einen Vermieter bedeutet dies, dass er zunächst den Mieter verklagen und im Wege der Vollstreckung in Anspruch nehmen muss, bevor er auf den Bürgen zurückgreifen kann. Hat der Bürge auf die ihm Einrede der Vorausklage verzichtet (§ 773 Abs. 1 Nr. 1 BGB), kann der Gläubiger den Bürgen ohne Weiteres und sogleich in Anspruch nehmen. Hiervon zu unterscheiden ist die **Mietausfallbürgschaft**, die eine Inanspruchnahme des Bürgen erst dann gestattet, wenn die Zwangsvollstreckung gegen den Mieter erfolglos blieb und auch andere Sicherungsmittel fehlen oder versagen (vgl. *Wolf/Eckert/Ball* Rdn. 727 m. w. N.). Sie gibt dem Vermieter nur eine subsidiäre Sicherheit und enthebt ihn nicht der Pflicht, sich zunächst um eine anderweitige Befriedigung beim Schuldner zu bemühen.

**5.** Dem Bürgen ist es bei Zusage einer **unbedingten Bürgschaft** untersagt, seine Haftung von Bedingungen – insbesondere aus dem Verhältnis zum Schuldner/Mieter – abhängig zu machen. § 108 ZPO sieht ebenfalls die Gestellung einer „unbedingten" Bürgschaft vor.

**6.** Die formularmäßige Vereinbarung einer **unwiderruflichen und unbefristeten Bürgschaft** ist möglich (vgl. BGHZ 157, 29 = BGH NJW 2004, 443; NJW-RR 2004, 814), Wenn die Mietzeit feststeht, kann unter Berücksichtigung der dem Vermieter zustehenden Abrechnungsfrist (vgl. zu Ziff. 7) auch eine zeitliche Befristung der Bürgschaft in Betracht kommen.

**7.** Die Bürgschaft zur **Zahlung auf erste Anforderung** ist formularmäßig nur bei der Bürgschaftsübernahme durch Kreditinstitute und Versicherungen bzw. durch solche Personen möglich, die mit den besonderen Risiken solcher Bürgschaften vertraut sind, weil die ungehinderte Zugriffsmöglichkeit des Vermieters den legitimen Interessen des Mieters widerspricht (vgl. zu dem mit Leitbildcharakter ausgestatteten Werkvertragsrecht: BGHZ 136, 27, 32; BGH NZBau 2004, 212; BGH WM 1990, 1410; vgl. zum Mietrecht: LG Hamburg WuM 2003, 36; *Fischer* NZM 2003, 497, 498; Palandt/*Sprau* Einf.

vor § 765 BGB Rdn. 14; Bub/Treier/*Bub* Rdn. II 445 a; *Derleder* NZM 2006, 601). Der Bürge muss bei dieser Bürgschaft sofort zahlen und kann dies auch ohne vorherige Benachrichtigung des Schuldners/Mieters tun (vgl. BGH NJW 1989, 1855; KG NJW 1987, 1774). Bürge und Schuldner/Mieter können aber Mitteilungs- und Mitwirkungspflichten verabreden, insbesondere um dem Mieter durch sofortige Zahlung die Vermeidung von Kosten infolge Ziehung der Bürgschaft zu ermöglichen. Bei einer Mietkautionsbürgschaft handelt es sich nicht automatisch um eine Bürgschaft auf erstes Anfordern. Ihre Gestellung muss ausdrücklich vereinbart werden (vgl. OLG Köln ZMR 2003, 258).

Es stellt im Rahmen eines Mietvertrags über Gewerberäume keine unangemessene Benachteiligung des Mieters dar, wenn der Vermieter als Kaution anstatt der Zahlung eines als Barkaution gedachten Geldbetrags die Stellung einer Bürgschaft auf erstes Anfordern fordern kann (vgl. OLG Karlsruhe NZM 2004, 742). Eine solche Ersetzungsbefugnis schafft eine andere Situation als die von Vorneherein ausbedungene Bürgschaft auf erstes Anfordern, denn es findet keine Überbürdung des Bonitätsrisikos statt. Die Beibringung der Bürgschaft ersetzt dann lediglich die Auszahlung einer Barkaution an den Vermieter. Im Falle einer Barkaution trägt der Mieter aber bereits von Anfang an das Risiko einer später eintretenden Zahlungsunfähigkeit des Vermieters (vgl. OLG Karlsruhe a. a. O.).

**8.** Das Formular zielt darauf ab, dem Vermieter einen möglichst ungehinderten Zugriff auf den Bürgen zu ermöglichen und die Bürgschaft damit der Barkaution wirtschaftlich weitgehend gleich zu stellen (zu den Verzichtsregelungen vgl. Bub/Treier/*Bub* II Rdn. 445 a m. w. N.). Zur Einrede der Anfechtbarkeit vgl. § 770 BGB (zum Verzicht auf die Einrede vgl. BGH NJW 1986, 43). Das Formular enthält keine Regelung zum Verzicht auf die Einrede der Aufrechenbarkeit im Sinne von § 770 Abs. 2 BGB, denn die vom Bürgen erklärte Aufrechnung betrifft die Rechtsbeziehungen zwischen Bürgen und Gläubiger/Vermieter, also nicht unmittelbar die der Sicherung unterliegenden Ansprüche aus dem Mietverhältnis. Wenn zwischen Vermieter und Bürgen keine weitergehenden Rechtsbeziehungen bestehen, besteht i. d. R. kein Bedarf nach der Ausgestaltung von Aufrechnungsbefugnissen. Bei anderen Konstellationen kann aber auch auf diese Einrede verzichtet werden. Beim Formularvertrag bleibt dem Bürgen aber selbst dann der Einwand unzulässiger Rechtsausübung (§ 242 BGB) erhalten (vgl. BGH NJW 1991, 2908). Zur Hinterlegung vgl. die Vorschriften der §§ 372 ff. BGB.

Der **formularmäßige Verzicht auf die Einrede der Verjährung** stößt auf Bedenken aus §§ 202, 242, 307 BGB, obwohl die gesetzliche Neuregelung gegenüber § 225 BGB a. F. weniger restriktiv ist (zur Verjährungseinrede von Bürge und Mieter bei der Mietbürgschaft nach altem Recht vgl. BGH NJW 1998, 981 = NZM 1998, 224; OLG Hamm NJW-RR 1995, 939). **Individualvertragliche Vereinbarungen** zum Verzicht auf die Verjährungseinrede sind nunmehr weitgehend möglich (vgl. Palandt/*Heinrichs* § 202 Rdn. 7 m. w. N.). Formularvertragliche Bestimmungen dürften regelmäßig auch im unternehmerischen Bereich an § 307 BGB scheitern, und zwar wegen des Klauselverbots (ohne Wertungsmöglichkeit) aus § 308 Nr. 8 ff. BGB. Aus Gründen der Vertragssicherheit wird daher von einer entsprechenden Verzichtsklausel abgesehen.

**9.** Der Sicherungszweck sollte möglichst konkret angegeben werden. Die Formulierung „für alle Ansprüche des Vermieters" ist wohl dahin auszulegen, dass damit nur die Ansprüche aus dem zugrundeliegenden Mietverhältnis gemeint sind (vgl. BGH NJW 1985, 849 und dazu Bub/Treier/*Bub* II Rdn. 446; a. A. OLG Celle OLGR 1994, 66). Die Auslegung, dass eine Mietbürgschaft nicht den Zeitraum **stillschweigender Verlängerung** eines zunächst aufgekündigten Mietverhältnisses umfasst (vgl. LG Gießen NJW-RR 1995, 586; *Lützenkirchen/Leo* A Rdn. 435), erscheint jedenfalls dann als bedenklich eng, wenn die ursprüngliche verabredete Mietdauer über diesen Zeitraum hinausgereicht hätte, denn dann hatte der Bürge jedenfalls mit einer fortbestehenden Einstandspflicht zu rechnen gehabt. Bezieht sich eine Bürgschaftserklärung auf einen bestimmten Mietvertrag mit **Verlängerungsoption** und verlängern die Mietvertragsparteien den Mietvertrag ohne Mitwirkung des Bürgen über den Optionszeitraum hinaus, so soll der Bürge ebenfalls nicht mehr für Ansprüche aus dem Mietverhältnis gegenüber dem Vermieter haften (vgl. OLG Düsseldorf ZMR 2005, 784), weil er mit dieser zeitlichen Ausdehnung der Sicherung nicht rechnen musste. Dies kann man kritisch sehen, denn die Verlängerungsoption schafft gegenüber einer vertraglichen Mietzeitbefristung keine grundlegend andere Situation für den Bürgen.

Wenn der Bürge sich auch für der Höhe nach unbestimmte Forderungen (ggf. für weitere Ansprüche außerhalb des Mietverhältnisses) verbürgt und/oder eine bestandsunabhängige Einstandspflicht für Verbindlichkeiten übernimmt, kann das nur individuell verabredet werden und ist dann als Garantieübernahme, Schuldbeitritt oder sogar als Patronatserklärung (vgl. Anm. 1) auszulegen (vgl. Palandt/*Sprau* Einf. vor § 765 Rdn. 15 ff. m. w. N.; zur Abgrenzung zwischen Bürgschaft und Schuldbeitritt vgl. ferner OLG Düsseldorf GE 2001, 488).

**10.** Grundsätzlich steht dem Vermieter auch ohne besondere Abreden eine Abrechnungsfrist zu, innerhalb derer er prüfen und entscheiden kann, ob und in welchem Umfang er den Bürgen in Anspruch nehmen will (vgl. OLG Hamm NJW-RR 1992, 1036; LG Kiel WuM 2001, 238; eine „angemessene Frist" nimmt das LG Saarbrücken an, vgl. NJW-RR 2000, 822; vgl. ferner OLG Düsseldorf ZMR 2000, 602).

Der Mieter kann nicht Herausgabe einer Bürgschaftsurkunde an sich, sondern nur an den Bürgen verlangen (vgl. BGH NJW 2004, 3553; 1989, 1482). Hält der Vermieter trotz Ablaufs der Abrechnungs- und Überlegungsfrist die Bürgschaftsurkunde zurück, weil er noch bestimmte (Nebenkosten-)Forderungen zu haben meint, wird die Ausübung eines **Zurückbehaltungsrechts an der Bürgschaftsurkunde** überwiegend als unzulässige Verlängerung der Abrechnungsfrist beurteilt (OLG Hamm NJW-RR 1992, 1036; LG Saarbrücken NJW-RR 2000, 822; vgl. hierzu auch *Lützenkirchen* jurisPR-MietR 14/ 2007 Anm. 4 zu OLG Düsseldorf OLGR 2007, 468; a. A. für Betriebskosten und eine Frist von zwei Jahren nach Beendigung des Mietvertrages: LG Lübeck WuM 2007, 289).

**11.** Sicherungsrechte gehen nach §§ 566a S. 1, 578 BGB auf den Erwerber über, also auch Bürgschaften; für den Fall des Versterbens vgl. § 1922 BGB. Mieter und Erwerber haben einen Anspruch gegen den ursprünglichen Vermieter auf Herausgabe der Sicherheiten an den Erwerber.

Ist eine Bürgschaft als Mietsicherheit geleistet, tritt entsprechend § 401 BGB mit der Veräußerung von Gesetzes wegen ein Inhaberschaftswechsel ein (vgl. Schmidt-Futterer/ *Gather* § 566a Rdn. 18 m. w. N.). Da es gleichwohl zu Legitimationsproblemen kommen kann, regelt das Formular die Pflicht zur Beibringung einer auf den Rechtsnachfolger umgeschriebenen Bürgschaftsurkunde, damit der neue Vermieter sich im Verhältnis zum Bürgen ohne weiteres legitimieren kann.

# 8. Übergabeprotokoll[1]

☐ Übergabe der Mieträume an den Mieter bei Beginn des Mietverhältnisses
☐ Rückgabe der Mieträume an den Vermieter bei Beendigung des Mietverhältnisses[2]
– Zutreffendes ankreuzen –

I. Der Mieter/Vermieter[3] erklärt:

Nach Begehung und Besichtigung der Mieträume habe ich keine sichtbaren Mängel und Schäden festgestellt. Die Mietsache wird übernommen. Ich behalte mir die weitere Überprüfung und die Geltendmachung von Rechten, insbesondere wegen versteckter Mängel und Schäden, vor.[4]

. . . . . . . . . .                   . . . . . . . . . .                   . . . . . . . .
Ort, Datum                        Vermieter                        Mieter

II. Der Mieter/Vermieter beanstandet nach Begehung und Besichtigung der Mieträume folgende Punkte:[5]

– Beispiele (Übergabe bei Beginn des Mietverhältnisses) –

1. Die Tapete im Flur weist an 3 Stellen schwarze Verfleckungen auf und ist im Bereich neben der Eingangstür auf einer Länge von ca. 35 cm eingerissen.
2. Der Türbeschlag an der WC-Tür ist locker.
3. Das Fensterglas im Büroraum I weist einen Kratzer von ca. 50 cm auf.
4. Die Garage steht voller Baumaterial und Müll.
5. Der Holzboden im Verkaufsraum zeigt einen abgetrockneten Feuchtigkeitskranz von ca. 4 m Durchmesser, der auf eine Undichtigkeit im Decken-/Dachbereich schließen lässt.
. . . . . .

Die Mietsache wird übernommen. Soweit nicht ausdrückliche Vereinbarungen zur Übernahme getroffen werden (vgl. unten zu IV), bleiben alle Rechte vorbehalten, die sich aus vorstehenden und aus versteckten Mängeln und Schäden ergeben können.[6]

. . . . . . . . . .                   . . . . . . . . . .                   . . . . . . . .
Ort, Datum                        Vermieter                        Mieter

III. Der Mieter/Vermieter erklärt zu den aufgeführten Beanstandungen:

1. Folgende Mängel/Schäden werden bestätigt und möglichst umgehend/bis zum ... behoben:[7]

– Beispiel –

Mängel zu Ziff. 1) und 2)
Weitere Erklärungen gebe ich jetzt nicht ab. Eine abschließende Stellungnahme bleibt vorbehalten.

2. Die Beanstandung/en zu folgenden Punkten habe ich zur Kenntnis genommen und nehme dazu vorläufig wie folgt Stellung:[8]

– Beispiel –

Zu Ziff. 5): Mir ist von einer Undichtigkeit oder einer sonstigen Ursache für den Wasserfleck nichts bekannt. Die kaum sichtbare Verfleckung des Holzbodens beinhaltet keinen Mangel.

. . . . . . . . . .                                        . . . . . . . . . . . . . . .
Ort, Datum                                              Vermieter/Mieter

IV. Anlässlich der Übergabe wird von den Parteien Folgendes vereinbart:[9]

– Beispiele –

• zu Ziff. 3): Die Parteien sind darüber einig, dass der Fehler die Gebrauchstauglichkeit des Fensters und den optischen Zustand der Mieträume zur Zeit nicht erheblich beeinträchtigt. Ein Recht zur Mietminderung wird deshalb ebenso wenig geltend gemacht wie die Pflicht des Vermieters zur Mangelbeseitigung.

• zu Ziff. 4): Wegen andauernder Bauarbeiten in einer benachbarten Mieteinheit kann die Garage vom Vermieter bzw. der von ihm beauftragten Baufirma noch für längstens 2 Monate ab dem heutigen Tag als Aufbewahrungsraum für Baumaterial genutzt werden und ist dem Mieter sodann vollständig geräumt und mangelfrei zur Verfügung zu stellen. Für die Dauer der Vorenthaltung ermäßigt sich die monatliche Nettomiete um 60,– EUR. Wird die Garage dem Mieter auch über den Zeitraum von zwei Monaten hinaus vorenthalten, bleibt dem Mieter die Geltendmachung weitergehender Rechte vorbehalten.

...........          ...........          ........

Ort, Datum          Vermieter          Mieter

## Anmerkungen

**1.** Sowohl bei Beginn des Mietverhältnisses als auch bei dessen Beendigung bedarf es grundsätzlich einer **Besitzübertragung**. Dem Mieter ist gemäß § 535 Abs. 1 BGB im Sinne einer vertraglichen Hauptpflicht der Gebrauch der Mietsache zu gewähren. Das geschieht im Rahmen der üblichen und vertraglich ausgestalteten Gebrauchsrechte typischerweise durch die Gewährung unmittelbaren Besitzes, § 854 BGB. Bei Beendigung des Mietverhältnisses hat der Mieter die Mietsache gemäß § 546 Abs. 1 BGB an den Vermieter zurückzugeben. Auch das geschieht grundsätzlich durch Verschaffung unmittelbaren Besitzes, und zwar selbst dann, wenn der Mieter zuvor weder mittelbaren noch unmittelbaren Besitz innehatte (vgl. BGHZ 56, 308). Die Verschaffung unmittelbaren Besitzes setzt eine grundsätzlich auf Dauer angelegte Erlangung der tatsächlichen Gewalt über die Mietsache (Sachherrschaft) voraus (vgl. Palandt/*Bassenge* § 854 Rdn. 2, 3 m. w. N.).

Die Besitzverschaffung begründet eine grundlegende Zäsur sowohl bei Beginn als auch bei Beendigung des Mietverhältnisses, denn an den Zustand der Mietsache knüpfen wechselseitige Ansprüche der Vertragsparteien an. Der Zeitpunkt der Überlassung bei Mietbeginn ist im Rahmen von § 536 Abs. 1 BGB maßgeblich für eine etwaige Mietminderung. Die vorbehaltlose Annahme einer mangelhaften Mietsache in Kenntnis des Mangels kann gemäß § 536 b BGB zum Verlust der Rechte aus §§ 536, 536 a BGB führen.

Bei Beendigung des Mietverhältnisses kann es vom Zustand der Mietsache abhängen, ob überhaupt von einer erfolgten Räumung auszugehen ist oder ob nicht eine verspätete Rückgabe (Vorenthaltung) vorliegt, die Ansprüche auf Zahlung einer Entschädigung nach § 546 a BGB auslösen kann (zur Rückgabe der Mietsache vgl. im Einzelnen die Anm. zu Form. A. VI. 1 § 14 Ziff. 1 und § 16). Auch hier soll die vorbehaltlose Rücknahme zum Verlust von Ersatzansprüchen führen können (vgl. Bub/Treier/*Scheuer* V Rdn. 193). Jedenfalls hängt der Beginn der Verjährung von Ersatzansprüchen des Vermieters wegen Veränderungen oder Verschlechterungen der Mietsache gemäß § 548 Abs. 1 S. 2 BGB vom Zeitpunkt der Rückgabe der Mietsache ab.

Das Vorliegen des jeweiligen Besitzbegründungswillens ist überdies maßgeblich dafür, ob die betreffende Partei mit der Übernahme der Mietsache in Annahmeverzug gerät (§§ 293 ff. BGB). Aus den an die Übergabe und Rückgabe anknüpfenden Rechtsfolgen ergibt sich mithin ein naheliegendes Interesse beider Vertragsparteien, die Besitzübertragungsmodalitäten durch ein Übergabeprotokoll zu dokumentieren.

Das Übergabeprotokoll sollte bei Mietbeginn grundsätzlich zum körperlichen Bestandteil der Mietvertragsurkunde gemacht werden. Insbesondere dann, wenn die Vertragsparteien den Übergabetermin zum Anlass für Vertragsergänzungen oder -anpassungen nehmen, kann dadurch dem Streit darüber, was wechselseitig vertraglich geschuldet ist, vorgebeugt werden. Wenngleich die Rechtsprechung die Anforderungen an die Einheitlichkeit von Vertragsurkunden deutlich gelockert hat (vgl. BGH 1998, 58; vgl. ferner die Darstellung bei Bub/Treier/*Heile* II Rdn. 754 m. w. N.), sollte zur Wahrung der Schriftform (§ 550 BGB) sowie aus Gründen der Rechtssicherheit und der Beweiserleichterung Wert darauf gelegt werden, sämtliche den Mietvertrag ausgestaltenden und modifizierenden Vereinbarungen in einer Vertragsurkunde zusammenzufassen, d. h. nachträgliche Abreden in den Ursprungsvertrag aufzunehmen oder diesem beizuheften.

**2.** Das Formular regelt sowohl die Übernahme der Mieträume durch den Mieter als auch die Rücknahme durch den Vermieter. Es besteht aus vier Teilen. Die erste Rubrik dokumentiert die beanstandungsfreie Übergabe. Die zweite Rubrik enthält eine Zustands- bzw. Mängelbeschreibung seitens des übernehmenden Vertragsteils. Der dritte Teil erfasst die hierzu abgegebenen Erklärungen des jeweiligen Vertragspartners. Im letzten Teil können Vereinbarungen der Parteien über festgestellte Mängel niedergelegt werden.

Ohne besondere mietvertragliche Vereinbarungen besteht für die Vertragsparteien keine Pflicht, in bestimmter Weise an der Fertigung eines Übergabeprotokolls mitzuwirken (vgl. Schmidt-Futterer/*Gather* § 546 Rdn. 85; a. A. Bub/Treier V. A Rdn. 192). Für den Mieter ergibt sich dies schon daraus, dass er überhaupt keine besondere Pflicht zur Abnahme und Übernahme der Mietsache hat (vgl. BGH NJW 1979, 2351). Der Vermieter hat zwar eine Übergabepflicht aus § 535 S. 2 BGB, die indessen nicht die Pflicht einschließt, diese urkundlich zu belegen. Wenngleich die Abgabe von Willenserklärungen an Ort und Stelle der Übergabe gewisse Risiken in sich bergen kann (zum Erklärungsinhalt eines Protokolls vgl. die nachf. Anm.), dürfte das wechselseitige Interesse an einer – möglichst einvernehmlichen – Dokumentation der Gegebenheiten zumeist überwiegen.

**3.** Die Erklärung gibt jeweils die Vertragspartei ab, welche die Mietsache entgegennimmt und Veranlassung hat, die Mietsache auf etwa bestehende Mängel und Schäden hin zu untersuchen. Das ist bei Mietbeginn der Mieter und der Vermieter bei Mietende. Nicht Zutreffendes ist zu streichen.

**4.** Das Formular regelt in dieser Rubrik die beanstandungsfreie Übernahme, ohne ausdrücklich einen Einwendungsausschluss bzw. ein Anerkenntnis völliger Mangelfreiheit zum Ausdruck zu bringen. Grundsätzlich hat die Unterzeichnung eines Übergabeprotokolls nur die **Funktion einer Beweiserleichterung** für die zur Übergabe verpflichtete Partei. Auch im Bereich der Gewerberaummiete stoßen formularmäßige Erklärungen, mit denen die mangelfreie Übernahme der Mietsache schlechthin bestätigt (anerkannt) werden oder eine Mietsache „wie besichtigt" vertragsgerecht sein soll, auf Bedenken aus § 307 BGB (vgl. Bub/Treier/*Kraemer* III. B Rdn. 1294 m. w. N.).

Anhand eines Übergabeprotokolls ist zunächst zu ermitteln, ob bloße **Tatsachenfeststellungen** getroffen wurden oder ob **rechtsgeschäftliche Willenserklärungen** vorliegen. Wenn die Parteien ersichtlich nur einen bestimmten Zustand dokumentieren wollen und sich ggf. sogar ausdrücklich weigern, sich zur Ordnungsgemäßheit dieses Zustands zu erklären, liegen Tatsachenfeststellungen vor, die – zumindest bei einvernehmlich erfolgter Niederlegung – Beweiserleichterungen bewirken können. Der dokumentierte Zustand kann dann nicht mehr schlicht bestritten werden, ohne dass sich hieraus ein zwingendes Präjudiz für die rechtliche Beurteilung ergäbe, welche Rechtsfolgen sich aus dem betreffenden Zustand ergeben (vgl. Schmidt/Futterer/*Gather* § 546 Rdn. 86 f. m. w. N.).

Wenn die Auslegung ergibt, dass eine oder beide Vertragsparteien sich auch dazu erklären wollten, ob der dokumentierte Zustand ordnungs- bzw. vertragsgemäß ist, können **individualvertragliche Abreden oder einseitig bindende Erklärungen** über die Übergabe vorliegen:

Zumeist wird zu prüfen sein, ob ein **deklaratorisches Anerkenntnis** im Rahmen von § 781 BGB vorliegt. Die Abgabe entsprechender Erklärungen birgt erhebliche Risiken, da diese in der Tat zu einem weitreichenden Einwendungsausschluss und zum Verlust von Rechten aus §§ 536, 536 a BGB führen können. Einschränkungen bei der Reichweite von Anerkenntniserklärungen werden allerdings bei versteckten Mängeln gemacht, soweit Mängel aus fachkundiger Sicht nicht erkennbar waren (vgl. BGH NJW 1983, 446; OLG Köln WuM 1995, 35; Bub/Treier/*Kraemer* III. A Rdn. 920). Wenn eine Partei aber bewusst und ggf. in Kenntnis drohender Beeinträchtigungen das Risiko in Bezug auf die Beschaffenheit der Mietsache übernimmt, wird dies bei Individualabreden im gewerblichen Bereich im Zweifel auch verbindlich sein können (vgl. OLG Düsseldorf DWW 1992, 241).

Ein **konstitutives Anerkenntnis**, mit dem eine eigenständige Verpflichtung begründet werden soll, wird im mietrechtlichen Umfeld nur ganz ausnahmsweise anzunehmen sein (vgl. Schmidt/Futterer/*Gather* § 546 Rdn. 89).

Regeln die Mietparteien, welche konkreten Leistungspflichten an festgestellte Gegebenheiten oder an eine anerkannte (Gewährleistungs-)Pflicht geknüpft ein sollen, liegt grundsätzlich eine **verbindliche vertragliche Vereinbarung über die Rechtsfolgen** vor.

Das Formular dokumentiert den Tatbestand erfolgter Besitzerlangung unter dem **Vorbehalt von Rechten**. Die Unterschrift des jeweiligen Vertragspartners soll insoweit den entsprechenden Besitzverschaffungswillen belegen. Voreilige Erklärungen rechtlicher Natur bergen für die Vertragsparteien große Risiken in sich.

Wenn Teil I des Übergabeprotokolls vollzogen wird, erledigen sich dadurch die im Protokoll nachfolgend aufgeführten weiteren Rubriken zu II) bis IV).

**5.** Dieser Teil des Protokolls regelt die mit Beanstandungen durchgeführte Übergabe. Das Formular enthält zunächst eine Auflistung derjenigen Mängel und Schäden, welche die übernehmende Partei geltend macht. Im Formular sind Beispiele für solche Mängel aufgeführt. Mängel und Schäden sind nach Ort, Art und Ausmaß möglichst konkret zu beschreiben. Bei besonders komplexen Schadensbildern oder bei schwer zu beschreibenden – technischen – Zusammenhängen kann es sich empfehlen, die beanstandeten Teile fotografisch zu dokumentieren oder sogar einen Privatgutachter hinzuzuziehen. Eine ausführlichere Dokumentation wird immer dann in Betracht kommen, wenn bereits Streit über erhebliche Mängel besteht und der Vertragspartner – wie dies in der Praxis häufig geschieht – sich weigert, an einem Protokoll für den Übergabetermin mitzuwirken. In solchen Fällen sollte außerdem eine möglichst neutrale und sachkundige Personen als Zeuge herangezogen werden, der die Zustandserfassung ggf. ganz übertragen werden kann (z. B. einem Architekten oder einem anderen Sachverständigen). Ferner kann gemäß §§ 485 ff. ZPO ein **selbständiges Beweisverfahren** eingeleitet werden, um Beweise betreffend den Zustand der Mietsache zu sichern. Der damit einhergehende Zeitablauf kann sich für den Vermieter allerdings als in hohem Maße nachteilig auswirken, denn bis zum Abschluss der Untersuchung durch einen Sachverständigen muss notfalls mit der Instandsetzung und Neuvermietung der Mietsache zugewartet werden. Das kann den Schaden, der bei insolvent gewordenen Mietern oft uneinbringlich ist, ganz erheblich vergrößern.

Es sollten auch solche Beeinträchtigungen im Protokoll festgehalten werden, aus denen der Mieter keine besonderen Rechte herleiten will. Wenn der Mangel zu Nr. 3) keine nennenswerte Einbuße in der Gebrauchstauglichkeit bewirkt, kann seine bei Mietbeginn erfolgende Erfassung gleichwohl dem Streit darüber vorbeugen, ob der Mieter bei Rückgabe der Mietsache insoweit einstandspflichtig ist. Etwaige Absprachen über den Verzicht auf Gegenrechte nach §§ 536 ff. BGB können im Komplex IV) des Protokolls niedergelegt werden.

**6.** Die **Verweigerung der Rücknahme durch den Vermieter** bei Beendigung des Mietverhältnisses kommt nur bei Vorliegen gravierender Unzulänglichkeiten in Betracht. Eine Ablehnung der Übernahme kann dann berechtigt sein, wenn mangels hinreichender

Räumung von einer Vorenthaltung im Sinne von § 546a BGB auszugehen ist (vgl. Form. A. VI Anm. 46 und Anm. 49).

Bei der Übernahme durch den Mieter gilt zunächst der Grundsatz, dass eine **Abnahme- und Gebrauchspflicht nach dem Gesetz nicht besteht** (vgl. BGH NJW 1979, 2351). Die Pflicht zur Inbesitznahme kann sich aber ohne weiteres aus vertraglichen Regelungen ergeben, die den tatsächlichen Mietgebrauch im Sinne einer Besitzausübung zwingend voraussetzen. Dazu gehören insbesondere Vertragsbestimmungen zur Betriebspflicht (vgl. hierzu im Einzelnen Form. A. VI. 3 Anm. 12 ff.). Auch ansonsten wird dem gewerblichen Mietvertrag zumindest häufig die Pflicht zur Übernahme der Mietsache konkludent zu entnehmen sein. Sie kann sich etwa aus den vertraglichen Bestimmungen zur Gestaltung der Mieträume sowie zu ihrer Erhaltung und Instandsetzung oder ihrer Bewachung ergeben. In diesem Rahmen dürften auch die allgemeinen Schutz- und Sorgfaltspflichten (Obhutspflichten) im Zweifel ab Mietbeginn auf den Mieter übergehen, soweit deren Übernahme nicht ohnehin ausdrücklich geregelt ist (vgl. Form. A. VI. 1 Anm. 40 ff.). Damit dürfte die Frage, ob allgemeine Obhutspflichten des Mieters grundsätzlich erst mit Besitzübernahme beginnen (vgl. Bub/Treier*Kraemer* III. A. Rdn. 923 und 932), in der Praxis eher selten virulent werden.

**7.** Das Formular regelt hier die positive Bestätigung vorliegender Mängel nebst der Zusage ihrer Beseitigung. Hierin liegt regelmäßig ein deklaratorisches Anerkenntnis in Bezug auf die mietvertragliche Gewährleistung (vgl. Anm. 4). Da der Mieter nach Übernahme der Mietsache für das Vorliegen von Mängeln beweispflichtig ist (vgl. BGH NJW 1988, 3222), erleichtert ihm das vom Vermieter erteilte (tatsächliche) Attest bestehender Mängel und das Anerkenntnis der Gewährleistungspflicht die Geltendmachung von Rechten aus §§ 536 ff. BGB.

**8.** Dieser Abschnitt verhält sich zu den Punkten, zu denen die jeweils übergebende Partei noch nicht abschließend Stellung nehmen kann oder will. Es muss davor gewarnt werden, anlässlich des Übergabetermins vorschnell ungesicherte Standpunkte zu beziehen, sei es durch die Bestätigung von Mängeln, sei es durch deren Bestreiten oder durch das Leugnen eigener Verantwortlichkeit. In den Fällen, in denen die Ursachen für Mängel oder sonstige Substanzbeeinträchtigungen und der Umfang etwaiger Leistungspflichten nicht sofort überblickt werden kann, sollten hierzu nur diejenigen Erklärungen abgegeben werden, die sicher getroffen werden können. Im Beispielsfall wird der Vermieter Veranlassung haben, nach dem Grund für den Wasserschaden zu forschen und ggf. zu überprüfen, ob Mängelbeseitigungsmaßnahmen zu ergreifen sind.

**9.** Wenn der Übergabetermin zur Feststellung von Mängeln geführt hat, sollten die Parteien bei unstrittigen und einfach gelagerten Punkten auch Regelungen zur Erledigung der Beanstandungen führen. Vereinbarungen können über die – ggf. teilweise – Beseitigung von Mängeln, über die Art und Weise der Mängelbeseitigung und die dafür zur Verfügung stehende Frist getroffen werden. Es können **Kompensationsabsprachen** über die – zeitweise – Hinnahme von Beeinträchtigungen in Betracht kommen. Bei nicht oder nur mit unzumutbarem Aufwand behebbaren Beeinträchtigungen kann (bei Mietbeginn) eine Vertragsanpassung naheliegen. Außerdem können Ersatzvornahmerechte und Ersatzansprüche geregelt werden. Da sich entsprechende Vereinbarungen jeglicher Generalisierung entziehen, regelt das Formular lediglich Beispiele für denkbare Abreden.

# 9. Mitteilung einer Mieterhöhung bei Wertsicherungsklausel (Preisindexklausel)[1]

. . . . . .

(Vermieter)[4]

an

. . . . . .

(Mieter)

Sehr geehrte(r) . . . . . .

der Mietvertrag vom . . . . . . enthält zur Mietpreisanpassung folgende Regelungen:[2]

– Beispiele –

1) „Ändert sich der vom Statistischen Bundesamt ermittelte Preisindex für die Lebenshaltung aller privaten Haushalte (Basis 2005 = 100) gegenüber dem Indexstand bei Vertragsbeginn oder bei der letzten Mietpreisanpassung um mehr als 10 Punkte nach oben oder unten, ändert sich auch die Miete in entsprechendem Verhältnis mit Wirkung ab dem auf die Änderung folgenden Monat, ohne dass es hierzu besonderer Erklärungen auch nur einer Vertragspartei oder sonst einer Vertragsabänderung bedarf. Der prozentuale Umfang der Mietanpassung ist nach der Formel

$$\frac{\text{Indexstand neu}}{\text{Indexstand alt}} \times 100 - 100 = \text{Mietänderung in Prozentwert}$$

umzurechnen."

2) „Ändert sich der vom Statistischen Bundesamt ermittelte Preisindex für die Lebenshaltung aller privaten Haushalte (Basis 2005 = 100) gegenüber dem Indexstand bei Vertragsbeginn nach oben oder unten, ändert sich auch die Miete in entsprechendem Verhältnis. Die Bestimmung der geänderten Miete erfolgt jährlich zum 31. Dezember und zwar nach Maßgabe der Indexänderung, die im Vergleich zum 31. Dezember des jeweiligen Vorjahres eingetreten ist. Der prozentuale Umfang der Mietanpassung ist nach der Formel

$$\frac{\text{Indexstand neu}}{\text{Indexstand alt}} \times 100 - 100 = \text{Mietänderung in Prozentwert}$$

umzurechnen.

Die geänderte Miete ist jeweils ab Januar des auf den jeweiligen Stichtag (31. Dezember) folgenden Jahres zu entrichten. Die Fälligkeit einer nach vorstehender Maßgabe erhöhten Monatsmiete tritt mit Wirkung von dem nächsten vertraglichen Zahlungstermin ein, der auf den Zugang einer gegenüber dem Mieter schriftlich abzugebenden Mitteilung der geänderten Miete folgt. Zu diesem Zahlungstermin wird auch diejenige Mietdifferenz rückwirkend fällig, die für bereits abgelaufene Monate nach zu entrichten ist."

Bei Vertragsbeginn am . . . . . .

Bei der letzten Mietpreisanpassung zum . . . . . .       – nicht Zutreffendes streichen –

belief sich der maßgebliche Preisindex auf . . . . . . Punkte.

Der Indexstand beläuft sich zum ...... auf nunmehr ...... Punkte.
Daraus ergibt sich nach der Formel[3]

$$\frac{\text{Indexstand neu}}{\text{Indexstand alt}} \times 100 - 100 = \text{Erhöhung in Prozent}$$

folgende Berechnung der geänderten Miete:

– Beispiel –

$$\frac{119\ (\text{Punkte neu})}{115\ (\text{Punkte alt})} \times 100 - 100 = \text{Erhöhung um } 3,48\%$$

| | |
|---|---|
| Damit erhöht sich die bisherige Grundmiete von | ...... EUR |
| um 3,48%, das sind | ...... EUR |
| auf insgesamt netto | ...... EUR |
| Zzgl. ...... % MWSt | ...... EUR |
| ergibt sich eine neue Bruttomiete von | ...... EUR. |

Ich bitte um Zahlung der nach vorstehender Maßgabe geänderten Miete zzgl. aller Nebenkosten und Betriebskostenvorauszahlungen

– Beispiel 1) –

ab dem nächstfolgenden Monat ...... zum vertraglichen Zahlungstermin.

– Beispiel 2) –

rückwirkend zum ......

Die geänderte Miete nebst der Differenz in Höhe von ...... EUR für ...... bereits abgelaufene Monate ist zahlbar und fällig zum vertraglichen Zahlungstermin für den nächstfolgenden Monat ...... und für die Folgemonate zu den jeweiligen vertraglichen Zahlungsterminen.

............
(Vermieter)

*Schrifttum: Aufderhaar/Jaeger,* Praxisrelevante Probleme mit Preisklauseln im Gewerberaummietrecht, NZM 2009, 564.

## Anmerkungen

**1.** Zu den allgemeinen Grundsätzen betreffend die Vereinbarung von Preisindexklauseln vgl. Form. A. VI. 1 Anm. 16 ff. (vgl. hierzu auch *Aufderhaar/Jaeger* NZM 2009, 564). In den Fällen, in denen es eine Vertragspartei – regelmäßig der Vermieter – übernommen hat, dem jeweiligen Vertragspartner den geänderten Mietzins nach Ablauf einer vertraglich festgelegten Frist oder zu bestimmten Stichtagen mitzuteilen, bedarf es der rechnerischen Ermittlung des neuen Mietzinses und seiner Bekanntgabe gegenüber dem anderen Vertragsteil. Die Parteien können hierzu vereinbaren, dass die Mitteilung der Mieterhöhung, die in Abhängigkeit vom Bezugsindex grundsätzlich automatisch eintreten kann, sich gegenüber dem Mieter fälligkeitsbegründend auswirkt (zu Anpassungserklärungen vgl. *Fritz* Rdn. 111). Die Mitteilung der geänderten Miete hat dann gegenüber der bloßen Aufforderung, nunmehr die neue Miete – ggf. rückwirkend – zu zahlen, rechtsgestaltende Wirkung. Konstitutive Wirkungen entfaltet auch die Bestimmung einer geänderten Miete im Rahmen eines Leistungsvorbehalts (vgl. hierzu im Einzelnen die Anm. zu Form. A. VII. 1), denn ein Leistungsbestimmungsrecht kann auch an Preisindexbewegungen – ggf. alternativ oder kumulativ neben anderen Mietpreiskriterien – geknüpft werden.

Das Formular regelt nur den wesentlichen Inhalt einer Mitteilung, mit welcher der andere Vertragsteil von einer indexabhängigen Mietneuberechnung in Kenntnis gesetzt wird.

**2.** Die Mitteilung der vertraglichen Grundlagen erleichtert dem Adressaten die Überprüfung der Angaben, ist aber nicht zwingend.

**3.** Über die Umrechnung einer Indexänderung in eine Mietänderung herrscht in der Praxis oft Unklarheit. Ein grundlegender Irrtum besteht darin, die Differenz der Indexpunkte zwischen zwei Stichtagen mit dem Prozentsatz gleich zu setzen, um den sich der Mietpreis verändern soll. Klauseln, die bei einer Änderung von z. B. 5 Indexpunkten eine Mietänderung um 5% bewirken sollen, sind schlechthin unwirksam, weil sie die Relation der zu vergleichenden Indexstände zum Basisjahr nicht beachten und damit den sich aus dem Index ergebenden Bezugsrahmen nicht wahren (vgl. Bub/Treier/*Schultz* III. A. Rdn. 245 m. w. N.). Es bedarf nach der im Formular angegebenen Methode der rechnerischen Ermittlung, welcher prozentualen Veränderung die Punktedifferenz entspricht.

## 10. Vereinbarung über die umlagefähigen Betriebskosten (Auflistung besonderer Betriebskostenarten)[1]

§ ...... Betriebskosten

(1) Neben der in § ...... geregelten Grundmiete hat der Mieter sämtliche der in § 2 BetrKV (Betriebskostenverordnung) genannten Betriebskosten (ggf.: zuzüglich der jeweils geltenden gesetzlichen MWSt.) zu tragen.

(2) Zusätzlich zu den in Abs. 1 bezeichneten Betriebskosten trägt der Mieter noch folgende Betriebskosten (ggf.: zuzüglich der jeweils geltenden gesetzlichen MWSt.):[2]

- die Kosten für die Bedienung, Überwachung, Pflege und Wartung der zentralen Klimaanlage,
- die Kosten für die Pflege und Wartung der Notstromanlage,
- die Kosten für den Betrieb, die Pflege, und Wartung der Rauchmelder und der Sprinkleranlage,
- die Kosten für den Betrieb, die Überwachung, Pflege und Wartung der zentralen Alarmanlage,
- die Kosten für die Fassadenreinigung,
- die Kosten für den Betrieb, die Überwachung, Pflege und Wartung bei folgenden haustechnischen Sonderausstattungen (Beispiele: der zentralen Datenkommunikation, der Telefonzentrale, des zentralen Schreibpools),
- des Sicherheitsdienstes,
- die Kosten für die Pflege und Reinigung des Fahrradabstellplatzes/des Parkplatzes/ der Kfz-Stellplätze/der Tiefgarage,
- die Kosten des Betriebs, der Wartung und Überprüfung der zentralen Müllsammel-, Müllpress- und Müllsortieranlage,
- die Kosten für die Abwasserreinigung,
- folgende Kosten der Objektverwaltung:[3]
  - Kosten der Mietverwaltung (ggf.: die derzeit durch ...... erfolgt),
  - Kosten der WEG-Verwaltung (ggf.: die derzeit durch ...... erfolgt),
  - Kosten für das Center Management durch ...... (Aufwendungen für das gemeinsame Marketing und den einheitlichen Auftritt des Einkaufcenters [ggf.: einschließlich der Kosten für die Führung der Werbegemeinschaft]),
  - die Kosten für den Betrieb des Kinderhorts für die Kunden des Einkaufszentrums,

- die Kosten für folgende Versicherungen:[4]
  - die Sachversicherungen für das Gebäude und seine Einrichtungen, und zwar
  - der allgemeinen Wohngebäudeversicherung,
  - der Schwamm- und Hausbockversicherung,
  - der Versicherung für Schäden durch Rückstau von Abwasser,
  - der Versicherung für Vandalismus-Schäden,
  - der Glasversicherung,
  - der Versicherung für Schäden an elektrischen und elektronischen Anlagen (z. B. Fernmeldeanlagen, Alarmanlagen, Brandschutzvorrichtungen usw.),
- der Versicherung gegen Mietausfall,
- der Versicherung gegen Schlüsselverlust,
- der Haftpflichtversicherung (für das Gebäude, den Öltank, den Aufzug).

(3) Auf die Betriebskosten hat der Mieter zusammen mit den Mietzahlungen monatliche Vorauszahlungen in Höhe von                                         ...... EUR

zuzüglich der jeweils geltenden gesetzlichen MWSt. von zur Zeit ... %,

das sind                                         ...... EUR

zu leisten.

*Schrifttum: Bub,* Gewerberaummietvertrag und AGB-Gesetz, NZM 1998, 789; *Gaier,* Versorgungssperre bei Beitragsrückständen des vermietenden Wohnungseigentümers, ZWE 2004, 109; *Joachim,* Die Einkaufszentrum(EKZ)-Werbegemeinschaft ..., GuT 2007, 3; *ders.,* Wirklichkeit und Recht des Shopping-Centers bzw. Einkaufszentrums, NZM 2000, 785; *Mummenhoff,* Das Verhältnis von Gebrauchsrecht und Besitzschutz im Mietrecht, DWW 2005, 312; *v. Seldeneck,* Wirtschaftlichkeitsgebot beim Ansatz von Betriebskosten, NZM 2002, 545; *Schmid,* Verstoß gegen Wirtschaftlichkeitsgrundsatz – Schadensersatz oder Beschränkung der Kostenumlegung?, ZMR 2007, 177; *Schmidt,* Betriebskostenvereinbarungen in der Gewerberaummiete, MDR 1999, 1293; *Scholz,* Versorgungssperre bei vermietetem Sondereigentum, NZM 2008, 387; *Ulrici,* Liefersperren als verbotene Eigenmacht, ZMR 2003, 895; *Wodicka,* Instandhaltungs- und Instandsetzungsvereinbarung bei der Geschäftsraummiete und AGB-gesetzliche Inhaltskontrolle, NZM 1999, 1081.

## Anmerkungen

**1.** Nach h. M. können auch im Bereich der Gewerberaummiete Betriebskosten nur dann umgelegt werden, wenn und soweit dies vertraglich vereinbart ist, denn das Gesetz geht in § 535 BGB von einer Inklusivmiete aus (vgl. Bub/Treier/*v. Brunn* III Rdn. 32 f. und 123 m. w. N.; Palandt/*Weidenkaff* § 535 Rdn. 73, 90 f.). Daher muss der Mietvertrag regelmäßig konkrete Aussagen darüber enthalten, welche Nebenkosten umlagefähig sind. Es genügt nicht, nur die Betriebskostenumlage als solche zu verabreden (vgl. OLG Hamm OLGR 2005, 391; OLG Düsseldorf ZMR 1984, 20; OLG Düsseldorf NJW-RR 1991, 1354; OLG Frankfurt WuM 1985, 91; Bub/Treier/*v. Brunn* III Rdn. 34 m. w. N.; *Schmidt* MDR 1999, 1293 mit einigen Beispielen für unzureichende Betriebskostenklauseln). Unklare Regelungen zur Betriebskostenumlage sind gemäß § 305 c Abs. 2 BGB zu Lasten des Vermieters auszulegen (vgl. OLG Hamm OLGR 2005, 391). Eine konkludente Begründung oder Änderung einer Umlagevereinbarung kommt allenfalls dann in Betracht, wenn der Mieter abgerechnete Kosten über längere Zeit hinweg vorbehaltlos begleicht (vgl. Intveen in Anm. zu OLG Celle Beschl. v. 16. 10. 2006 – 4 U 157/06 – BeckRS 2007, 02606 = MietRB 2007, 63).

Der formularmäßige Hinweis auf die BetrKV (früher: II. BerechnungsVO) reicht für die Konkretisierung der vertraglichen Vereinbarung nach h. M. aus (vgl. dazu im Einzelnen Form. A. V. 1 Anm. 1; ferner: OLG Celle OLGR 1999, 185; vgl. auch BGH WM 70, 73; *Blank* ZMR 74, 355 m. w. N.). **Unklare Formulierungen** sind zu Lasten des Vermieters auszulegen; eine im Vertrag enthaltene Aufzählung von Kostenarten hat grundsätzlich abschließenden Charakter (vgl. OLG Hamm OLGR 2005, 391). Dem Bestimmtheitserfordernis einer Betriebskostenumlagevereinbarung ist nicht genügt, wenn der Vertrag mehrere Varianten der umzulegenden Betriebskosten ausweist, hiervon aber keine angekreuzt wird (vgl. OLG Rostock Urt. v. 14. 1. 2010 – 3 U 50/09 – juris).

Auch die Regelung in einem gewerblichen Mietvertrag,

> „Sämtliche anfallenden Nebenkosten/Betriebskosten gehen anteilig zu Lasten des Mieters. Hierfür leistet der Mieter eine monatliche Betriebskostenvorauszahlung von ... EUR zzgl. Mehrwertsteuer exkl. Stromkosten...",

stellt wegen fehlender inhaltlicher Bestimmtheit keine wirksame Betriebskostenvereinbarung dar (vgl. OLG Düsseldorf ZMR 2003, 109).

Im Bereich der Gewerberaummiete ist die Kostenumlage nicht durch den Katalog der BetrKV bzw. durch § 556 Abs. 1 BGB beschränkt. Die Umlage anderer Kostenarten ist also möglich (vgl. nur Schmidt-Futterer/*Langenberg* § 556 Rdn. 34).

Bei der Versorgung des Mieters mit Wasser, Gas und Strom kann der Vermieter Gefahr laufen, dass sich bei einem zahlungsunwilligen oder -unfähigen Mieter enorme Rückstände anhäufen. Immer wieder diskutiert wird in diesem Rahmen die Frage, ob der Vermieter einem zahlungssäumigen Mieter die Versorgung sperren und für diesen Fall auch vertragliche Vorkehrungen treffen kann. Die Frage, ob die **Versorgungssperre** durch den Vermieter eine Besitzstörung darstellt, war in Rechtsprechung und Literatur umstritten. Die überwiegende Auffassung ist davon ausgegangen, dass die Unterbrechung der Versorgungsleistungen verbotene Eigenmacht sei und den auf Beseitigung und Unterlassung gerichteten Besitzschutz nach §§ 858, 862 BGB auslöse (vgl. OLG Köln NZM 2005, 67; OLG Saarbrücken OLGR 2005, 218; OLG Celle NZM 2005, 741; OLG Koblenz OLGR 2001, 2; Staudinger/*Bund* BGB [2007] § 858 Rdn. 53 m. w. N.; Bub/Treier/ *Kraemer* III. B Rdn. 1220; *Gaier* ZWE 2004, 109, 113). Einwendungen des Vermieters gegen seine Lieferpflicht sind nach dieser Auffassung petitorische Einwendungen, die gegenüber Besitzschutzansprüchen nach § 863 BGB ausgeschlossen sind (vgl. *Gaier* ZWE 2004, 109, 113). Demgegenüber haben Teile der Rechtsprechung und Literatur angenommen, die Unterbrechung der Versorgung betreffe nur den aus dem Vertrag herzuleitenden Mietgebrauch und sei daher keine verbotene Eigenmacht (vgl. KG NZM 2005, 65; LG Berlin Grundeigentum 2009, 518; AG Bergheim ZMR 2005, 53; AG Hohenschönhausen Grundeigentum 2007, 1127; Bub/Treier/*v. Martius* III. A Rdn. 1152; Ulrici ZMR 2003, 895, 896; Mummenhoff DWW 2005, 312, 315; Scholz NZM 2008, 387, 388 f.; Krause Grundeigentum 2009, 484).

Nunmehr hat der BGH entschieden, dass der Vermieter **nach Beendigung des Mietverhältnisses** dem die Mieträume weiter nutzenden Mieter zur Gebrauchsüberlassung und damit auch **zur Fortsetzung vertraglich übernommener Versorgungsleistungen** (im konkreten Fall: Belieferung mit Heizenergie) grundsätzlich **nicht mehr verpflichtet** ist (vgl. BGH NJW 2009, 1947). Auch aus Treu und Glauben folgt eine nachvertragliche Verpflichtung des Vermieters von Gewerberäumen zur Fortsetzung von Versorgungsleistungen jedenfalls dann nicht, wenn der Mieter sich mit Mietzinsen und Nutzungsentschädigung im Zahlungsverzug befindet und dem Vermieter mangels eines Entgelts für seine Leistungen ein stetig wachsender Schaden droht. Die Einstellung oder Unterbrechung der Versorgung mit Heizenergie durch den Vermieter ist auch keine Besitzstörung gemäß §§ 858, 862 BGB hinsichtlich der Mieträume (vgl. BGH a. a. O.).

Eine hinreichend sichere Möglichkeit, die Sperrung bestimmter Versorgungsleitungen auch für die Dauer der Mietzeit formularvertraglich zu regeln, dürfte nach wie vor ausscheiden, denn der BGH (vgl. a. a. O.) hat den Wegfall der Versorgungspflicht ausdrücklich an den Wegfall der Gebrauchsüberlassungspflichten bei Beendigung des Mietverhältnisses geknüpft.

**2.** Wenn der Vermieter nur die durch § 556 Abs. 1 BGB/BetrKV erfassten Kostenarten umlegen will, reicht nach h. M. eine bloße Bezugnahme auf den gesetzlich abgedeckten Katalog der Kostenarten aus (vgl. dazu im Einzelnen Form. A. V. 1 Anm. 1; ein Regelungsbeispiel findet sich in Form. A. VI. 1 zu § 5). Die Umlage weiterer Betriebskosten und sonstiger Nebenkosten ist bei der Gewerberaummiete möglich, wenn sich das vom Mieter zu leistende Gesamtentgelt innerhalb der Grenzen aus § 138 BGB bewegt. Effektiv anfallende Betriebskosten, die im Rahmen ordnungsgemäßer und wirtschaftlicher Verwaltung entstehen und umgelegt werden, können jedoch schwerlich zu einer sittenwidrig überhöhten Miete führen, denn der Mieter erhält in der Regel für die Kostenumlage ein Leistungsäquivalent.

Die umzulegenden Betriebskostenarten müssen allerdings, wenn sie den Rahmen der Verordnung verlassen, konkret angegeben und möglichst genau beschrieben werden, damit der Mieter überblicken kann, welche Kostenbelastungen auf ihn zukommen. Das Kammergericht (NZM 2002, 954) hat formularmäßige Betriebskostenregelungen für solche Kosten, die das „Center-Management" oder „Raumkosten" zum Gegenstand haben, für intransparent gehalten. Dem OLG Rostock (NZM 2005, 507) zufolge sollen die Kosten des sog. Center-Managements bei Vermietung von Flächen in einem Einkaufszentrum auch formularvertraglich vereinbart werden können. Zur Wahrung des Transparenzgebots hat es aber für erforderlich gehalten, dass die in der betreffenden Position erfassten Kosten in einem Katalog oder in sonstiger Weise nachvollziehbar beschrieben werden. Das OLG Düsseldorf (ZMR 2003, 23) hat bei der gewerblichen Vermietung von Teileigentum eine Klausel, wonach neben bestimmten Betriebskostenarten noch „alle hier nicht gesondert aufgeführten Kosten in Ansehung des Mietobjekts" umgelegt werden sollten, mit Recht für unklar und unwirksam gehalten. Dagegen soll eine andere Rechtslage für Räume gelten, die ein Mitglied einer Wohnungs-/Teileigentümergemeinschaft vermietet, wenn im Mietvertrag auf Kosten gemäß der Abrechnung des Gemeinschaftsobjekts Bezug genommen ist (vgl. OLG Düsseldorf a. a. O.; OLG München ZMR 1997, 233; OLG Frankfurt WuM 1985, 91). Ob eine solche Bezugnahme hinreichend transparent ist, steht in Frage.

Das Formular enthält Beispiele für zusätzlich umzulegende Betriebskostenarten. Die Auflistung erhebt keinen Anspruch auf Vollständigkeit. In Abhängigkeit vom Gebrauchszweck können ganz spezielle Betriebskosten zusätzlich erforderlich werden (z. B. beim Betrieb bestimmter Produktionsanlagen).

Die näheren Umlagemodalitäten sind gesondert zu regeln. Regelungsbeispiele finden sich hierzu im Form. A. VI. 1.

Bei allen Kostenarten ist vom Vermieter das **Gebot der Wirtschaftlichkeit aus § 556 Abs. 3 S. 1 Halbs. 2 BGB** zu beachten. Was sich aus dem Postulat der Wirtschaftlichkeit für die Mietpraxis und -rechtsprechung im Einzelnen ergibt, muss sich noch herausbilden (zu den Rechtsfolgen eines Verstoßes vgl. *Schmid* ZMR 2007, 177). Praktische Bedeutsamkeit dürfte das Postulat am ehesten für Großvermieter haben, die auf die Preisbildung und -gestaltung effektiven Einfluss haben, zwischen unterschiedlichen Lieferanten oder Versorgungsunternehmern auswählen können und ggf. auch die Möglichkeit haben, günstige Preise zu diktieren. Der Grundsatz der Wirtschaftlichkeit besagt im Zweifel auch für die Geschäftsraummiete, dass der Vermieter verpflichtet ist, nur ortsübliche und angemessene Preise zu akzeptieren. Dazu wird er – soweit möglich – zusätzliche Anstrengungen zur Kostenreduzierung (etwa bei der Nutzung der preisdämpfenden Wirkung des Wettbewerbs, der Kaufkraftbündelung und der Ausnutzung zeitgemäßer Marktplattformen) unternehmen müssen (vgl. im Einzelnen *von Seldeneck* NZM 2002, 545). Will der Mieter die abgerechneten Kosten als unwirtschaftlich angreifen, verlangt die Rechtsprechung regelmäßig eine fundierte Kritik. Dazu muss der Mieter die Abrechnungsunterlagen einsehen und auswerten (vgl. *von Seldeneck* a. a. O.).

**3.** In Großobjekten können sich Unklarheiten darüber ergeben, in welchem Umfang der Mieter zur Umlage der **Verwaltungskosten** herangezogen werden kann. Grundsätzlich ist durch § 26 II. BV (vgl. auch § 1 Abs. 2 Nr. 1 BetrKV) festgelegt, was unter den Verwaltungskosten zu verstehen ist. Gleichwohl erschien als zweifelhaft, ob der Begriff der Verwaltungskosten in großen gewerblichen Mietobjekten eine in der Rechtspraxis hinreichend konkrete Umschreibung der umzulegenden Kosten beinhaltet. Der BGH nimmt nunmehr an, dass die Umlage von „Kosten der kaufmännischen und technischen Hausverwaltung" in allgemeinen Geschäftsbedingungen eines Mietvertrages über Geschäftsräume weder überraschend im Sinne von § 305 c BGB ist, noch gegen das Transparenzgebot gemäß § 307 Abs. 1 Satz 2 BGB verstößt (vgl. BGH NZM 2010, 123). Verwaltungskosten können danach im Rahmen des Ortsüblichen und Notwendigen umgelegt werden. Dies führe (so der BGH a.a.O.) für den Mieter nicht zu einem unangemessenen Überraschungseffekt, denn wenn sich solche Kosten im Rahmen des Ortsüblichen halten, könnten sie wenigstens im Groben abgeschätzt werden (vgl. hierzu auch BGH NZM 2005, 863, zum Transparenzgebot nach § 307 Abs. 1 Satz 2 BGB; OLG Köln NZM 2008, 366).

Damit dürfte der BGH die Problematik, welche Kosten(-arten) im Einzelnen unter „Verwaltungskosten" fallen können, nur unzulänglich erschöpft haben. In gewerblichen Großobjekten werden diverse Zusatzdienste und -leistungen angeboten, die sich etwa mit Besonderheiten bei der Versorgung mit Energie, mit technischen Serviceleistungen, unterschiedlichen Hausdiensten und mit dem sog. Center-Management befassen (vgl. dazu *Joachim* NZM 2000, 785), die sich dem Regelungsbereich von § 1 Abs. 2 Nr. 1 BetrKV allenfalls mittelbar unterstellen lassen. Das Center-Management sorgt für den einheitlichen Auftritt des Centers, für gemeinsame Marketingmaßnahmen und regelt zumeist auch die Geschäftsführung der Werbegemeinschaft (vgl. *Joachim* a.a.O.). In Büroobjekten oder Arztzentren kommen zusätzlich zentrale Leistungskomplexe (Pools) in Betracht, die für alle Mieter zentrale (Dienst-)Leistungen bereit halten. Ohne konkrete Festlegung und Beschreibung besteht die Gefahr, dass die Gerichte von unklaren Bestimmungen ausgehen (zu den Kosten für das „Center-Management" und zu „Raumkosten" vgl. KG NZM 2002, 954; zum sog. „Facility Managament" vgl. Lindner-Figura/Oprée/Stellmann/*Beyerle* 11 Rdn. 22). Es empfiehlt sich daher nach wie vor, möglichst zwischen den umzulegenden Kosten zu differenzieren und diese jeweils konkret zu beschreiben. Wenn bestimmte (Verwaltungs-)Aufgaben von Drittfirmen wahrgenommen werden, sollte dies – wie im Formular z.T. vorgesehen – im Vertrag ausgewiesen werden, möglichst auch unter Angabe, auf welcher Grundlage mit der jeweiligen Drittfirma abgerechnet wird. Dadurch werden die umzulegenden Kosten zusätzlich nach Gegenstand und Höhe festgeschrieben.

Die **Werbegemeinschaft** kann ganz unterschiedlich organisiert sein. Sie kann dem Center-Management unterstellt sein oder im Rahmen von vertraglichen Beziehungen der Mieter mit einem Dritten (Werbe-Verlagsanstalt) ausgestaltet sein (zum – auch formularmäßig zu vereinbarenden – Pflichtbeitritt vgl. *Fritz* Rdn 127c; Lindner-Figura/Oprée/Stellmann/*Eggersberger* 23 Rdn. 78). Denkbar ist auch, dass die Mieter sich intern zu einer Werbegemeinschaft zusammenschließen. Die **Zwangsmitgliedschaft in der Form einer GbR** hat der BGH (NZM 2006, 775; vgl. dazu auch *Joachim* GuT 2007, 3) jedoch im Rahmen von § 307 BGB beanstandet, weil dies für den Mieter zu gravierenden Haftungsrisiken führe. Eine mietvertragliche Betriebskostenumlage ist aber grundsätzlich nur dann eröffnet, wenn die Kosten für die Werbegemeinschaft die Geschäftsführung des Vermieters oder von ihm beauftragter Dritter betreffen. Die Rechtsprechung fordert grundsätzlich, dass die Beiträge der Mieter für eine Werbegemeinschaft hinreichend bestimmt sein müssen. Dies kann durch die Vereinbarung eines festen (monatlichen) Zahlungsbetrags oder eines prozentualen Anteils von der Grundmiete (vgl. OLG Düsseldorf ZMR 1993, 469) geschehen, wobei auch die Modalitäten von Beitragserhöhungen (ggf.

auch deren Höchstgrenze) festgelegt sein sollen. Eine solchermaßen transparente Vertragsgestaltung kann allerdings schwierig bis unmöglich sein, wenn die Führung der Werbegemeinschaft neben anderen Aufgaben von bestimmten Verwaltungsorganen wahrgenommen wird und keine strikte Kostentrennung erfolgt. Nach hiesiger Auffassung besteht aber keine unbedingte Pflicht, jede Kostenart so isoliert auszuweisen und zu erheben, dass eine umfassende Kontrolle jedes einzelnen Kostenfaktors möglich ist. Das wäre auch nur mit kostenträchtigem Zusatzaufwand möglich. Wenn der Vermieter nur die objektiv anfallenden Kosten umlegt und in diesem Rahmen sorgfältig wirtschaftet, wird der Mieter Kostenanfall und Umlagefähigkeit nicht schlicht in Abrede stellen können.

Begrenzungen bei der Betriebskostenumlage ergeben sich bei den Kosten für **gemeinschaftlich genutzte Flächen in Großobjekten** (Einkaufszentrum). Der BGH (ZMR 2005, 844 = ZfIR 2005, 694) sieht in der Abwälzung von der Höhe nach unbegrenzten Kosten für Gemeinschaftsflächen eine unangemessene Benachteiligung des Mieters. Mit solchen Klauseln werden dem Mieter auch Kosten übertragen, die nicht durch seinen Mietgebrauch veranlasst sind und die nicht in seinen Risikobereich fallen. Ihm werden dadurch, dass er die gemeinschaftlich genutzten Flächen und Anlagen in dem bei Mietbeginn bestehenden, in der Regel gebrauchten Zustand vorfindet, die Kosten für die Behebung anfänglicher Mängel bzw. bereits vorhandener Abnutzungen durch Reparatur oder Erneuerung überbürdet, deren Höhe für ihn nicht überschaubar ist. Darüber hinaus werden ihm Kosten für Schäden auferlegt, die von Dritten verursacht worden sind, für deren Handeln er keine Verantwortung trägt, so dass auch insoweit ihm nicht zurechenbare und der Höhe nach nicht vorhersehbare Kosten auf ihn übertragen werden. Diese Abweichungen vom gesetzlichen Leitbild des Mietvertrages benachteiligen den Mieter unangemessen (vgl. BGH a.a.O.; KG NJW-RR 2003, 586; OLG Naumburg NJW-RR 2000, 823; OLG Düsseldorf NZM 2000, 464; OLG Dresden NJW-RR 1997, 395; OLG Köln NJW-RR 1994, 524). Die Übertragung der Erhaltungslast gemeinschaftlich genutzter Flächen und Anlagen ist allenfalls wirksam, wenn sie in einem bestimmten, zumutbaren Rahmen erfolgt. In der Literatur und Rechtsprechung wird hierzu beispielsweise eine Kostenbegrenzung auf einen festen Prozentsatz der Jahresmiete vorgeschlagen (vgl. KG NJW-RR 2003, 586; *Fritz* Rdn. 183, 229; *Bub* NZM 1998, 789; *Wodicka* NZM 1999, 1081).

**4.** Die Umlage von **Versicherungskosten** (zum Abschluss von Versicherungen durch den Mieter vgl. Form. A. VII. 12) ist auch im Rahmen von § 2 Abs. 1 Nr. 13 BetrKV vorgesehen, soweit dort Kosten die Kosten „der Versicherung des Gebäudes gegen Feuer-, Sturm-, Wasser sowie sonstige Elementarschäden, der Glasversicherung, der Haftpflichtversicherung für das Gebäude, den Öltank und den Aufzug" angesprochen sind. Diese Kosten sind auch bei der Gewerberaummiete umlagefähig, ohne dass es zwingend auf die bei der Wohnraummiete diskutierte Abgrenzung ankäme, inwieweit solche Versicherungen auch Reparaturanteile enthalten (vgl. dazu *Langenberg* Rdn. 98 f.). Schon die in der Verordnung enthaltene Formulierung „namentlich" verdeutlicht, dass auch Unterarten der benannten Sachversicherung umlagefähig sein können. Es empfiehlt sich aber, Sonder- und Spezialversicherungen aus diesem Bereich, die nicht Gegenstand der verkehrsüblichen Versicherungsverträge sind, ausdrücklich im Vertrag auszuweisen. Dies gilt insbesondere für Versicherungen, die Risiken für die technische Ausstattung abdecken sollen.

Die Kosten der **Versicherung für Mietausfall** sind bei der Gewerberaummiete umlagefähig, wenn dies ausdrücklich vereinbart ist (vgl. *Langenberg* Rdn. 101).

Wenn der Mieter zu den **Kosten der Sachversicherung** des Vermieters herangezogen wird, ist er bei leicht fahrlässigem Verhalten vor einem Rückgriff des Versicherers (§ 67 I 1 VVG) durch den Gebäudeversicherungsvertrag geschützt. Nach der Rechtsprechung des BGH (NZM 2002, 795; 2001, 108; 2001, 638) ergibt eine ergänzende Auslegung des Vertrags im Allgemeinen einen konkludenten Regressverzicht des Versicherers für die Fälle, in denen der Wohnungsmieter einen Brandschaden durch einfache Fahrlässigkeit verursacht hat (zur Frage, ob ein Mieter, der die Wohnung verlässt, ohne die Herdplatte abzuschalten, für einen hierdurch verursachten Wohnungsbrand wegen grober Fahrlässigkeit einzustehen hat, vgl. OLG Düsseldorf NJW-RR 2010, 695). Bei einem Leitungswasserschaden, der nach § 4 Nr. 1 VGB 88 ebenso wie der Brandschaden zu den in der Gebäudeversicherung versicherten Gefahren gehört, gilt nichts anderes (vgl. Jendrek NZM 2003, 697). Daher bedarf es der früher vom BGH (NJW 1996, 715) entwickelten haftungsrechtlichen Lösung, nach der dem Mietvertrag wegen der Verpflichtung des Wohnungsmieters zur Zahlung der (anteiligen) Kosten der Gebäudeversicherung im Wege der ergänzenden Vertragsauslegung eine stillschweigende Beschränkung der Haftung des Mieters für die Verursachung versicherter Schäden auf Vorsatz und grobe Fahrlässigkeit zu entnehmen ist, nicht mehr (vgl. BGH NZM 2005, 100).

Für den Ausgleichsanspruch des Gebäudeversicherers gegen den Haftpflichtversicherer eines Mieters analog § 59 Abs. 2 Satz 1 VVG a. F. (BGH, 13. September 2006, IV ZR 273/05, BGHZ 169, 86 Tz. 22 ff.) gelten ansonsten keine anderen Beweislastgrundsätze als für den Anspruch des Vermieters gegen den Mieter (vgl. BGH NZM 2010, 450). Gewährt der Haftpflichtversicherer für Haftpflichtansprüche wegen Mietsachschäden grundsätzlich Versicherungsschutz, kann er dem Ausgleichsanspruch des Gebäudeversicherers nicht entgegenhalten, der Versicherungsschutz sei für unter den Regressverzicht nach dem Abkommen der Feuerversicherer fallende Rückgriffsansprüche ausgeschlossen. Die entsprechenden Ausschlussklauseln in den Besonderen Bedingungen und Risikobeschreibungen für die Privathaftpflichtversicherung sind nach § 307 Abs. 2 Nr. 2, Abs. 1 Satz 1 BGB unwirksam (vgl. BGH a. a. O.).

# 11. Vereinbarungen über die Gestaltung von Außenwerbung[1]

§ ...... Außenwerbung

(1) Soweit dieser Vertrag nicht bereits ausdrückliche Regelungen enthält, bedürfen sämtliche Maßnahmen der Außenwerbung der vorherigen schriftlichen Zustimmung des Vermieters. Dies gilt insbesondere auch für das Anbringen von Plakaten, Plakatwänden, Schildern, Markisen, Fahnen und Wimpeln am Mietobjekt, auf dem dazu gehörenden Grundstück und den darauf befindlichen Begrenzungs- und Außenanlagen.[2]

Regelungsbeispiel 1

(Denkmalschutz)

(2) Der Mieter wird darauf hingewiesen, dass das Mietobjekt unter Denkmalschutz steht. Dem Vermieter ist von der Denkmalbehörde aufgegeben worden, dass Anlagen zur Außenwerbung nur mit behördlicher Genehmigung angebracht werden dürfen. Es ist festgelegt worden, dass sich die gesamte Außengestaltung dem bauhistorischen Charakter des Gebäudes unterzuordnen hat. Hinsichtlich der vorhandenen Baulichkeiten gilt eine generelle Veränderungssperre. Wegen aller Beschränkungen, die sich für den Mieter und seinen Mietgebrauch unter dem Gesichtspunkt des Denkmalschutzes ergeben, werden Gewährleistungspflichten des Vermieters ausgeschlossen.[3]

Die Einholung erforderlicher Genehmigungen durch die Denkmalbehörde obliegt dem Mieter. Der Vermieter wird hieran – soweit erforderlich – unter dem Vorbehalt seiner Rechte und der nach Abs. 1 vorgesehenen Zustimmung mitwirken.

Regelungsbeispiel 2

(Sondernutzungsverträge mit Städten oder Gemeinden)

(2) Auf dem zum Mietobjekt gehörenden Grundstück befindet sich zur Straßenfront hin eine Plakatwand. Die Plakatwand darf der Mieter zu Zwecken der Außenwerbung nutzen.

Mit der Stadt ...... ist ein Sondernutzungsvertrag geschlossen worden, der diesem Mietvertrag in Kopie beigeheftet ist. Danach erhebt die Stadt ...... zum Ausgleich für die Erteilung einer Ausnahmegenehmigung, der zufolge die Plakatwand entgegen den satzungsmäßigen Vorgaben in einem geringerem Abstand zum Fahrbahnrand hin errichtet werden durfte, eine jährliche Sondernutzungsgebühr in Höhe von ...... EUR. Diese Sondernutzungsgebühr trägt der Mieter in der jeweils geltenden Höhe. Der Mieter hat die Sondernutzungsgebühr jeweils zum ...... unmittelbar an die Stadtkasse zu entrichten. Für das laufende Jahr ist diese Gebühr bereits vom Vermieter gezahlt worden. Für die zeitanteilige Restlaufzeit dieses Jahres zahlt der Mieter an den Vermieter einen Betrag in Höhe von ...... EUR. Bei Beendigung des Mietverhältnisses während des laufenden Jahres hat der Mieter die Gebühr zeitanteilig für die Dauer des Mietverhältnisses, bei längerer Benutzung der Mietsache anteilig für die gesamte Dauer der tatsächlichen Nutzung, zu tragen.[4]

Regelungsbeispiel 3

(Teileigentum)

(2) Dem Mieter ist bekannt, dass die Teilungserklärung für das Objekt, in dem sich die Mieträume befinden, verbindliche Bestimmungen zur Außengestaltung und zur Außenwerbung enthält. Für die im Erdgeschoss gelegenen Ladenlokale ist danach vorgesehen, dass eine Außenwerbung nur auf der jeweiligen Außenmarkise erfolgen darf, und zwar nur durch Anbringung eines auf den Inhaber oder die Firma lautenden Schriftzuges, ggf. nebst einem auf den Geschäftszweck (z.B. Friseur, Apotheke usw.) verweisenden Zusatz. Hierzu ist weiter vorgeschrieben, dass der Schriftzug in weißer Farbe aufzubringen ist und eine Höhe von ...... cm und eine Breite von ...... cm nicht überschreiten darf. Die Gestaltung der Markisen ist nach Größe, Farbe und Form vorgeschrieben und in dem derzeit bestehenden Zustand beizubehalten.

Vorstehende Bestimmungen gelten uneingeschränkt auch im Rahmen dieses Mietvertrags. Wegen aller Beschränkungen, die hieraus für den Mieter und seinen Mietgebrauch ergeben, werden Gewährleistungspflichten des Vermieters ausgeschlossen.[5]

Der Mieter verpflichtet sich, auf eigene Rechnung und Kosten einen der Teilungserklärung entsprechenden Schriftzug anbringen zu lassen, und zwar „......".

*Schrifttum: Ernst/Zinkahn/Bielenberg/Krautzberger,* BauGB 2006.

## Anmerkungen

**1.** Der Mieter von Gewerberäumen wird oft ein besonderes Interesse daran haben, durch Werbemaßnahmen auf seinen Gewerbebetrieb (Ladengeschäft, Dienstleistungsbetrieb usw.) aufmerksam zu machen. Die nicht näher ausgestaltete Anbringung von Außenwerbung kann allerdings in mehrfacher Hinsicht konfliktträchtig sein und vertraglichen Regelungsbedarf schaffen:

- Der Vermieter hat schädigenden Eingriffen in die bauliche Substanz und in die optische Gestaltung des Mietobjekts vorzubeugen.
- Zudem können in mehrfacher Hinsicht öffentlich-rechtliche Beschränkungen bestehen. Ordnungs- und baubehördliche Verbote und Auflagen und Beschränkungen unter dem Gesichtspunkt des Denkmalschutzes sind ebenso zu beachten wie die landesrechtlichen Bestimmungen der Straßen- und Wegegesetze sowie die – städtebaulichen – Vorgaben des Baugesetzbuches.
- Konfliktträchtig sind auch Nutzungsbeschränkungen im Rahmen von Teileigentum. Hier kommt es maßgeblich auf die Teilungserklärung an, die nach den für Grundbucheintragungen geltenden Grundsätzen auszulegen ist (vgl. OLG Hamburg MDR 1997, 816). Nach ihr bestimmt sich der bindende Inhalt der Gebrauchsregelung (zur Auslegung einer Teilungserklärung im Zusammenhang mit dem Anbringen von Außenwerbung an der Fassade bzw. an Fenstern vgl. OLG Düsseldorf BeckRS 2006 03 022).
- In Großobjekten (Einkaufszentren, Ladenpassagen) kann der Vermieter ein besonderes Interesse daran haben, dass ein bestimmter Stil einheitlich von allen Mietern gewahrt wird. Das kann etwa durch eine signifikante Farbgebung oder durch die Verwendung von Namens- bzw. Firmenbezeichnungen oder durch besondere Firmenlogos geschehen. Im Mietvertrag kann darauf hingewirkt werden, dass die Mieter solche Merkmale zur Gewährleistung eines einheitlichen Auftretens verwenden.

**2.** Der Vermieter kann die Herstellung von Anlagen der Außenwerbung von seiner Zustimmung abhängig machen (vgl. *Fritz* Rdn. 67). Dadurch wird der vertragliche Nutzungszweck näher ausgestaltet. Ohne ausdrückliche vertragliche Vereinbarungen sind die Gebrauchsrechte des Mieters bei der Nutzung der Außenfassade zu Reklamezwecken schwer einzugrenzen, denn die Rechtsprechung verliert sich insoweit in einer kaum zu überblickenden Kasuistik (vgl. etwa die Nachweise bei *Fritz* Rdn. 69).

Stehen dem vertragsgemäßen Gebrauch rechtliche oder tatsächliche Hindernisse entgegen, muss der Vermieter den Mieter auf solche Umstände hinweisen, die den vom Mieter verfolgten Vertragszweck vereiteln können und für dessen Vertragsentschluss von wesentlicher Bedeutung sind (vgl. BGH NJW-RR 1988, 1290; BGH NJW-RR 1990, 847). Insoweit ist behördlichen Auflagen ein besonderes Augenmerk zu widmen (vgl. dazu auch Anm. 4).

**3.** Das Formular regelt ein Beispiel denkmalbehördlicher Beschränkungen. Durch die dem Mieter erteilten Hinweise und den insoweit zugrunde gelegten Gewährleistungsausschluss (vgl. hierzu *Fritz* a. a. O., Bausteintexte für Gewerberaummietverträge, Zusatz 2.7 zu § 12) kann der Vermieter einer Inanspruchnahme durch den Mieter wegen Vorliegen eines Mangels vorbeugen. Wenn ein Vermieter einem Mieter Zusagen hinsichtlich baulicher Veränderungen oder Nutzungsmöglichkeiten macht, deren Durchführung gegen öffentlich rechtliche Gebote oder Verbote verstoßen würde, kann er dem Mieter zum Schadensersatz verpflichtet sein (zur Ersatzverpflichtung bei denkmalbehördlichen Baubeschränkungen vgl. BGH NJW 1999, 635). Eine Unterschutzstellungsverfügung kann für den Vermieter enteignende Wirkung haben, wenn mit ihr eine weitere Anordnung der Denkmalschutzbehörde verbunden ist, durch die ihm eine bestimmte beabsichtigte Änderung untersagt oder ihm aufgegeben wird, mit seiner Sache in einer bestimmten Weise zu verfahren (vgl. BGH NJW 1987, 2068).

**4.** Die Ausgestaltung zulässiger Außenwerbung erfordert oft die Einholung von behördlichen Genehmigungen. Ein Sondernutzungsvertrag über eine werbemäßige Nutzung öffentlicher Straßen, Wege und Plätze und über Ausnahmebewilligungen bei gesetzlichen oder satzungsgemäßen Beschränkungen ist ein öffentlichrechtlicher Vertrag (vgl. VGH Mannheim NVwZ 1993, 903). Wenn insoweit Sondernutzungsgebühren erhoben werden, bedarf es zur Kostenabwälzung auf die Mieter ausdrücklicher Vereinbarungen. Andernfalls sind solche Kosten im Rahmen von § 535 Abs. 1 BGB vom Vermieter zu tragen. Das Formular enthält eine entsprechende Klausel.

Gleichgelagerte Probleme können sich bei bauordnungsrechtlichen Bestimmungen ergeben (zum Widerruf und zur Befristung von Genehmigungen betreffend Werbeanlagen vgl. OVG Koblenz NVwZ 2006, 167). Desgleichen können sich aus dem Regelungszusammenhang des BauGB Nutzungsbeschränkungen ergeben, namentlich gemäß § 34 BauGB im Zusammenhang mit der Wahrung eines bestimmten Ortsbilds, das durch Anlagen der Außenwerbung gestört werden kann (vgl. *Ernst/Zinkahn/Bielenberg/Krautzberger* § 34 Rdn. 69 m. w. N.). Regelungsbedarf kann sich ferner aus den landesrechtlichen Vorschriften der Straßen- und Wegegesetze und der Bauordnungen ergeben (zu Anlagen der Außenwerbung vgl. z. B. § 28 StrWG NRW).

**5.** Beschränkungen für die Herstellung oder Benutzung von Anlagen der Außenwerbung können sich bei **Teileigentum** (ggf. in Verbindung mit Wohnungseigentum) auch aus dem Inhalt der Teilungserklärung und aus Vereinbarungen der Mitglieder ergeben. Im Aufteilungsplan, der als Anlage zur Teilungserklärung Inhalt der Grundbucheintragung ist, werden die im Teileigentum stehenden Räume regelmäßig einer bestimmten Nutzung zugewiesen. Daraus kann sich eine die Nutzung einschränkende Zweckbestimmung mit Vereinbarungscharakter im Sinne der §§ 15 Abs. 1, 10 Abs. 2 WEG ergeben. Der Inhalt des Grundbuches ist auszulegen, wobei auf den Wortlaut und den Sinn der Eintragung sowie der darin zulässiger Weise in Bezug genommenen Eintragungsbewilligung nebst Anlagen abzustellen ist, wie sie sich für einen unbefangenen Betrachter als nächstliegende Bedeutung der Eintragung ergeben (vgl. BGHZ 113, 374; 37, 147; OLG Zweibrücken OLGR 2006, 321). Diese Auslegung kann z. B. ergeben, dass ein Döner-Schnellimbiss die für einen „Laden" übliche Nutzung hinsichtlich der Geräusch- und Geruchsbelästigungen überschreitet. Andere Miteigentümer können dann ggf. verlangen, dass von den im Sondereigentum stehenden Gebäudeteilen nur ein solcher Gebrauch gemacht wird, wie er dem Gesetz, den getroffenen Vereinbarungen und den gefassten Beschlüssen entspricht. Einer danach unzulässigen Nutzung kann mit einem Unterlassungsanspruch aus § 1004 BGB begegnet werden (vgl. OLG Zweibrücken a. a. O.).

Das Formular berücksichtigt beispielhaft entsprechende Vorgaben. Sondernutzungsrechte, die nicht schon in der Teilungserklärung eine Grundlage finden, können nur durch Vereinbarung, nicht auch durch bloßen Mehrheitsbeschluss begründet werden, auch nicht im Falle seiner Bestandskraft. Der Wohnungseigentümerversammlung fehlt hierzu die absolute Beschlusskompetenz (vgl. BGH NJW 2000, 3500 unter teilweiser Aufgabe von BGHZ 54, 65 sowie in Abgrenzung zu BGHZ 127, 99 und 129, 329). Durch Beschlussfassung können nur solche Angelegenheiten geordnet werden, über die nach dem Wohnungseigentumsgesetz oder nach einer Vereinbarung die Wohnungseigentümer durch Beschluss entscheiden dürfen, anderenfalls bedarf es wiederum einer Vereinbarung (vgl. BGH NJW 2000, 3500).

## 12. Vereinbarungen über vom Mieter abzuschließende Versicherungen[1]

§ ...... Vereinbarungen über vom Mieter abzuschließende Versicherungen

(1) Der Mieter hat auf eigenen Namen und auf eigene Rechnung folgende Versicherungen für das Mietobjekt abzuschließen:[2]

- eine Glasversicherung für die Schaufenster,
- eine Brandversicherung für die Miträume,
- eine Versicherung gegen Schlüsselverlust,
- eine Versicherung für Schäden an elektrischen und elektronischen Anlagen (Fernmeldeanlagen, Alarmanlagen, Brandschutzvorrichtungen),

- eine Betriebs-/Haftpflichtversicherung mit einer Haftungssumme von mindestens ...... EUR,
- eine Versicherung für die vom Mieter eingebrachten Produktionsgeräte, sein gesamtes Inventar und seinen Hausrat,
- eine Betriebsunterbrechungsversicherung.

(2) Der Mieter hat die in Abs. (1) bezeichneten Versicherungen so frühzeitig abzuschließen, dass diese jedenfalls mit Beginn des Mietverhältnisses (vgl. § ......) in Kraft getreten sind und hinsichtlich der jeweils zugrunde liegenden Risiken vollen Versicherungsschutz entfalten. Für sämtliche Risiken, die sich aus der Unwirksamkeit oder dem Notleiden eines Versicherungsvertrags oder aus einer Unterversicherung ergeben, haftet der Mieter.[3]

*Schrifttum: Borutzki-Pasing*, Klauselkontrolle in der Gewerberaummiete, NZM 2004, 161; *Jendrek*, Mietrecht und Versicherungsrecht, NZM 2003, 697.

## Anmerkungen

**1.** Üblicherweise enthalten Mietverträge über Gewerberaum Bestimmungen, denen zufolge der Mieter im Rahmen der Betriebskostenumlage zu den Kosten für vom Vermieter abgeschlossene Versicherungen herangezogen wird (vgl. Form. A. VII. 10 nebst Anm.; vgl. dazu Schmidt-Futterer/*Langenberg* § 556 Rdn. 168 ff.). Der Mieter kann aber auch verpflichtet werden, bestimmte Versicherungsverträge auf eigenen Namen und auf eigene Rechnung abzuschließen, wenn dies im schutzwürdigen Interesse des Vermieters liegt. Dies ist auch formularmäßig möglich (vgl. *Fritz* Rdn. 191 m.w.N.; Lindner-Figura/Oprée/Stellmann/*Wolf* 13 Rdn. 46).

Die Übernahme von Versicherungskosten durch den Mieter und die Verabredung, dass der Mieter bestimmte Versicherungen abzuschließen habe, wirken sich in Anlehnung an § 61 VVG zugunsten des Mieters dahingehend aus, dass der Mieter grundsätzlich nur für nicht versicherte Risiken einzustehen hat (soweit nicht ohnehin Vermieterpflichten tangiert sind) und dass er nur für grob fahrlässig oder vorsätzlich verursachte Schäden haftet. Nach der Rechtsprechung des BGH (NZM 2001, 108; 2002, 795; 2001, 638) ergibt eine ergänzende Auslegung des Vertrags im Allgemeinen einen konkludenten Regressverzicht des Versicherers für die Fälle, in denen der Wohnungsmieter einen Schaden durch einfache Fahrlässigkeit verursacht hat.

Die vertraglichen Bestimmungen zum Abschluss von Versicherungsverträgen durch den Mieter müssen hinreichend klar und bestimmt sein, um dem Transparenzgebot aus § 307 Abs. 1 S. 2 BGB zu genügen (vgl. Bub/Treier/*Bub* II 511 b). Es reicht daher nach diesseitiger Auffassung (entgegen *Wolf/Eckert/Ball* Rdn. 623) nicht aus, dem Mieter die Versicherung gegen „übliche Wagnisse" aufzugeben. Soweit der BGH (WM 1977, 291) erörtert hat, was im Wege der Vertragsauslegung unter üblichen Wagnissen zu verstehen ist, enthält die Entscheidung keinen Hinweis darauf, dass dem dort behandelten Vertrag AGB zugrunde lagen.

**2.** Unter die vom Mieter abzuschließenden Versicherungen können zum einen bestimmte Arten der **Sachversicherung** fallen (z. B. Brand- oder Glasversicherung). Die Kosten der Sachversicherung gehören nach § 2 Abs. 1 Nr. 13 BetrKV grundsätzlich zu den – auch bei der Wohnraummiete – umlagefähigen Betriebskosten, die typischerweise auf Vermieterseite anfallen. Die Begründung einer entsprechenden Versicherungspflicht des Mieters soll zugunsten des Vermieters im Umfang der durch die Versicherung abgedeckten Risiken einen Haftungsausschluss bewirken können (vgl. Schmidt-Futterer/*Eisenschmidt* § 535 Rdn. 81). Dem ist – allerdings mit Ausnahme vorsätzlicher Schädigung – zu folgen, denn die Überbürdung der Versicherungspflicht ist mit der Abwälzung von

Erhaltungspflichten des Vermieters im Sinne von § 535 Abs. 1 S. 2 BGB vergleichbar. Wenn solche Pflichten wirksam auf den Mieter übertragen worden sind, bewirkt dies im Umfang der korrespondierenden Schadensrisiken einen Haftungsausschluss auf Seiten des Vermieters (vgl. *Borzutzki-Pasing* NZM 2004, 161 zu II 4 m. w. N.). Dementsprechend ergibt sich ein Schadensersatzanspruch des Vermieters, wenn der Mieter den Abschluss einer ihm obliegenden Versicherung pflichtwidrig verabsäumt (vgl. Schmidt-Futterer/*Eisenschmid* § 535 Rdn. 81 m. w. N.).

Auch solche **Risiken**, die sich speziell **aus der Verantwortungssphäre des Mieters** und des von ihm betriebenen Gewerbes ergeben, können Gegenstand von Versicherungen sein, die der Mieter abzuschließen hat. Dazu gehören in erster Linie die (Betriebs-) Haftpflichtrisiken. Weniger (miet-)praktische Bedeutung dürfte die sog. Betriebsunterbrechungsversicherung haben, denn sie sichert in erster Linie den Mieter ab (vgl. *Jendrek* NZM 2003, 697).

In den Fällen doppelten Versicherungsschutzes aufgrund sich überschneidender Versicherungsverträge des Mieters und des Vermieters findet grundsätzlich ein interner Ausgleich zwischen den Versicherungsgesellschaften statt (vgl. Anm. 4 zu Form. A. VII. 10; zum Regressverzicht bei leichtem Verschulden vgl. Anm. 1).

Die im Formular aufgeführten Versicherungsarten haben exemplarischen Charakter. Sie spiegeln weder den vertraglichen Mindeststandard wieder noch erheben sie Anspruch auf Vollständigkeit. Für die Frage, ob und von wem bestimmte Versicherungen abzuschließen sind, wird es stets auf die Bedürfnisse des Einzelfalls ankommen.

**3.** Das Formular legt fest, ab wann und in welchem Umfang der Mieter für den Bestand abzuschließender Versicherungen einzustehen hat. Wenn der Mieter schon vor dem eigentlichen Mietbeginn Zugang zum Mietobjekt hat (etwa zum Zwecke des Umbaus oder der Renovierung), kann es nahe liegen, auch den zu gewährleistenden Versicherungsschutz bereits früher einsetzen zu lassen.

Soweit es um die Gewährleistung hinreichenden Versicherungsschutzes geht, kann sich die vertragliche Festlegung von bestimmten (Mindest-)Versicherungssummen empfehlen.

Die Haftungsregelung für die Fälle unzureichenden Versicherungsschutzes hat eher klarstellenden Charakter. Wenn der Mieter zum Abschluss einer Versicherung verpflichtet ist, folgt daraus grundsätzlich auch die Übernahme der entsprechenden Haftungsrisiken (vgl. dazu auch Anm. 2).

# 13. Vereinbarungen über die Vermeidung baulicher Schäden und Umweltbeeinträchtigungen[1]

### § ...... Vermeidung von Schäden und Umweltbeeinträchtigungen

(1) Der Mieter verpflichtet sich zu der in einem Mietobjekt erforderlichen Rücksichtnahme auf die Mitmieter und Nachbarn. Der Mieter ist insbesondere verpflichtet, die nach den gesetzlichen Bestimmungen (hierzu gehören auch Verordnungen und Gemeindesatzungen), nach den ortsüblichen, nach den Regeln der Technik sowie nach dem Verkehrsgebrauch geltenden Anforderungen an den Nachbar- und Umweltschutz zu beachten. Der Mieter hat dabei die Richt- und Grenzwerte für Immissionen und Umweltbeeinträchtigungen (Gase, Dämpfe, Rauch, Gerüche, Luftverunreinigungen, Wärme, Lärm, Erschütterungen) in eigener Verantwortlichkeit einzuhalten. Der Mieter hat dafür Sorge zu tragen, dass Dritte nicht in ihren schutzwürdigen Belangen beeinträchtigt werden und dass der Vermieter wegen solcher Beeinträchtigungen nicht von Dritten in Anspruch genommen wird. Der Mieter stellt den Vermie-

ter von allen Ansprüchen Dritter frei, die auf einen vertragswidrigen Mietgebrauch seitens des Mieters zurückzuführen sind. Hierzu gehört auch die Pflicht des Mieters, dem Vermieter diejenigen Nachteile zu ersetzen, die ihm durch die berechtigte Minderung des Mietzinses seitens anderer Mieter entstehen.[2]

(2) Zusätzlich zu den in Abs. (1) aufgeführten Pflichten hat der Mieter im Rahmen des Mietgebrauchs folgende Auflagen zu erfüllen:[3]

### Regelungsbeispiel 1
### (höchstzulässige Deckentraglast)[4]

Der Mieter hat dafür Sorge zu tragen, dass die von ihm in die Mieträume eingebrachten Gerätschaften die höchstzulässige Deckenlast von ...... kg/qm nicht überschreiten.

### Regelungsbeispiel 2
### (Lärm)[5]

Dem Mieter ist bekannt, dass die Mieträume sich in unmittelbarer Nachbarschaft von Wohnräumen befinden. Der Mieter ist daher verpflichtet, seinen gesamten Mietgebrauch so einzurichten, dass von seinem Betrieb keine unzulässigen Geräuschimmissionen ausgehen. Die in den Mieträumen zu installierenden Produktionsanlagen hat der Mieter daher besonders geräuscharm zu betreiben. Zur Vermeidung von Lärmbeeinträchtigungen und Erschütterungen ist er verpflichtet, geräuschintensive Maschinen mit dämpfenden Unterlagen und – soweit erforderlich – mit zusätzlichen Lärmschutzverkleidungen zu versehen.

Die vom Betrieb des Mieters ausgehenden Geräuschbelastungen dürfen in der Zeit von ...... Uhr bis ...... Uhr ...... Dezibel nicht überschreiten; ab ...... Uhr dürfen sie nicht über ...... Dezibel liegen. Als Referenzmaßstab dient insoweit die den Mieträumen nächstgelegene Wohnung ......

### Regelungsbeispiel 3
### (Gerüche)[6]

Dem Mieter ist bekannt, dass sich die zum Betrieb eines Restaurants angemieteten Räumlichkeiten in einem Objekt mit Wohnungseigentum befinden. Hinsichtlich der zum Hof gelegenen Küchenräume bedarf es besonderer technischer Vorkehrungen, um Geruchsbeeinträchtigungen der Wohnungseigentümer und deren Mieter zu vermeiden.

Der Mieter verpflichtet sich daher, die gesamte Abluft aus der Restaurantküche durch eine Luftfilteranlage aufarbeiten zu lassen, die mindestens folgenden technischen Anforderungen zu genügen hat: ......

*Schrifttum: Börsinghaus,* Verwahrlosung, Lärm und Nachbarstreit im Wohnraummietrecht, NZM 2004, 48; *Sonnenschein,* Die Entwicklung des privaten Wohnraummietrechts 1986 bis 1988, NJW 1990, 17.

### Anmerkungen

**1.** Die räumliche Nähe zu anderen Mietern innerhalb eines Objekts und zu benachbarten Anwohnern und Gewerbetreibenden kann in ganz unterschiedlicher Hinsicht konfliktträchtig sein. Die gewerbliche Nutzung von Objekten bringt es nicht selten mit sich, dass sich spezielle Aspekte des Mietgebrauchs als gefährlich und umweltbeeinträchtigend auswirken können. Die Einbringung und der Betrieb von Einrichtungen und Anlagen seitens des Mieters können dazu führen, dass die Mieträume in Mitleidenschaft gezogen werden und dass beeinträchtigende Immissionen von der Mietsache ausgehen (z. B. Gase, Gerüche, Staub, Lärm). Der Vermieter hat dann zu besorgen, dass der Mietgebrauch zu Substanzschäden am Gebäude führt, dass er von anderen Mietern (als Vermieter) oder von Nachbarn (als Eigentümer des Mietobjekts) auf Beseitigung von Störungen in Anspruch genommen wird. Mitmieter und Nachbarn können sich dann insbesondere auf öffentlich-rechtliche (Umweltschutz-)Bestimmungen und auf die Einhaltung von Richt- und Grenzwerten berufen und Abweichungen hiervon als Mangel der Mietsache geltend machen (vgl. Schmidt-Futterer/*Eisenschmid* § 536 Rdn. 139 ff.). Wenn sich der Mieter, von dessen Mietgebrauch störende Auswirkungen ausgehen, im Rahmen des Vertragszwecks bewegt, kann es für den Vermieter mangels ausdrücklicher Abreden schwierig sein, den Mieter im Nachhinein zur Abhilfe zu bewegen. Dies gilt namentlich dann, wenn schon bei Vertragsschluss abzusehen war, dass der Mietgebrauch sich für andere störend auswirken kann. Der Vermieter kann dann im schlimmsten Falle gehindert sein, überhaupt gegen den störenden Mieter vorzugehen, während er Dritten gegenüber einstandspflichtig ist, ohne selbst unmittelbar Störer zu sein (vgl. *Sonnenschein* NJW 1990, 17 zu V 3 b m. w. N.).

Anderen Mietern gegenüber muss der Vermieter alles tun, um diesen die Nutzung ihrer Mieträume zu ermöglichen. Er hat im Rahmen seiner Gebrauchsgewährungspflicht Störungen Dritter jedenfalls dann zu beseitigen, wenn er vom Dritten die Unterlassung der Störung (§§ 862, 906, 1004 BGB) verlangen kann.

Vor dem aufgezeigten Hintergrund besteht daher Veranlassung, den **Mietzweck** möglichst genau festzulegen und solchen Beeinträchtigungen, die mit der Ausübung des vertraglichen Mietgebrauchs einhergehen können, von vornherein vorzubeugen. Das Formular enthält beispielhafte Vorschläge für entsprechende Vertragsbestimmungen. Insbesondere in einem gemischt genutzten Mietobjekt mit gewerblichen Mieträumen und Mietwohnungen können besondere Regelungen erforderlich sein, denn die Nutzung zu Wohnzwecken wird in der Regel einen erhöhten (Mit-)Mieterschutz nach sich ziehen.

**2.** Das Formular verfolgt die Klarstellung, dass der Mieter sich im Rahmen des vertraglichen Mietzwecks an die geltenden Vorschriften zum Nachbar- und Umweltschutz zu halten hat. Damit soll bezweckt werden, dass sich der Mieter bei Verstößen gegen die insoweit geltenden Anforderungen nicht darauf berufen kann, sein Mietgebrauch bewege sich im Rahmen des vertraglichen Mietzwecks und im Verhältnis zu Dritten bestünden keine von ihm zu beachtenden (vertraglichen) Schutzpflichten. Zwar kann der störende Mieter bei drittschädigendem Verhalten auch in eigener Person wegen Eigentums- und Besitzstörungen oder im Rahmen öffentlich-rechtlicher Vorschriften als Handlungs- und Zustandsstörer unmittelbar in Anspruch genommen werden. Mitmieter können in entsprechender Anwendung des § 906 BGB gegen einen störenden Mieter vorgehen (vgl. BGH BB 1954, 425; *Börstinghaus* NZM 2004, 48).

Daneben kommt aber oft eine Inanspruchnahme auch des Vermieters (als Eigentümer) in Betracht (zur Störereigenschaft im Rahmen des § 1004 vgl. Palandt/*Bassenge* § 1004 Rdn. 15 ff.). Wenn der Vermieter sich dem Vorwurf ausgesetzt sieht, er habe Störungen aufgrund seines Verhaltens (durch Vereinbarung und Duldung eines beeinträchtigenden Mietgebrauchs oder durch pflichtwidriges Unterlassen, störenden Mietgebrauch zu unterbinden) mit zu verantworten, droht auch seine Inanspruchnahme, denn bei einer Mehrheit von Störern stehen dem Gestörten Beseitigungsansprüche gegen jeden Störer zu (vgl. Palandt/*Bassenge* Rdn. 26).

Wenn ein Mieter andere Mieter im Mietgebrauch stört, muss der Vermieter damit rechnen, dass er wegen eines Mangels der Mietsache in Anspruch genommen und mit Mietminderungs- und Schadensersatzansprüchen konfrontiert wird. Der Vermieter hat seine Mieter vor Störungen anderer, auch vor Störungen durch Mitmieter, zu schützen (vgl. Bub/Treier/*Kraemer* III B Rdn. 1341). In diesem Rahmen ist für den Vermieter besondere Vorsicht erforderlich, denn die Rechte von Mitmietern bestimmen sich nicht in erster Linie nach dem Inhalt allgemein gültiger Normen oder technischer Werte (DIN-Vorschriften), sondern in erster Linie nach der mit dem Mitmieter vereinbarten oder vorausgesetzten **Beschaffenheit der Mietsache** (vgl. OLG Celle ZMR 1985, 10). Fehlt es an einer Beschaffenheitsvereinbarung, so ist die Einhaltung der maßgeblichen technischen Normen geschuldet. Dabei ist nach der Verkehrsanschauung grundsätzlich der bei Errichtung des Gebäudes geltende Maßstab anzulegen (vgl. BGH WuM 2004, 716; zum schwer überschaubaren Bereich, in dem technische Regelwerke Einfluss auf die Vermieterpflichten nehmen können vgl. die Darstellung Schmidt-Futterer/*Eisenschmid* § 536 Rdn. 27 ff.).

Wenn der Vermieter einem (anderen) Mieter besondere Zusagen hinsichtlich des Mietgebrauchs macht, kann dies selbst bei einem regelgerechten Verhalten der anderen Mieter zu Gewährleistungsansprüchen gegen den Vermieter führen. Die in Absatz (1) des Formulars enthaltene Verweisung auf die allgemein geltenden Schutznormen reicht dann für den Vermieter nicht aus, um sich vor einer Inanspruchnahme durch Mitmieter zu schützen. Von daher muss der Vermieter darauf achten, dass sich aus dem bei unterschiedlichen Mietern vorausgesetzten Vertragszweck keine Kollisionsgefahren ergeben.

Das Formular regelt die Pflicht des Mieters zum Schadensersatz und zur Freistellung des Vermieters für den Fall, dass der Mieter gegen die ihm obliegenden Schutzpflichten verstößt.

**3.** Die Ausgestaltung besonderer Bestimmungen zur Abwehr von Schäden und Beeinträchtigungen entzieht sich einer generalisierenden Festlegung. Vielmehr wird im Einzelfall zu entscheiden sein, welche Anforderungen im Mietobjekt und in Beziehung zur Umwelt zu beachten sind und welchen Mietgebrauch der Mieter ausüben will. Die im Formular nachfolgenden Regelungsbeispiele sollen verdeutlichen, in welchen Bereichen sich Regelungsbedarf ergeben kann.

Die ausdrückliche vertragliche Reglementierung bestimmter Nutzungsaspekte enthebt den Vermieter des späteren Nachweises, dass dem Mieter bestimmte Gefahren schon bei Vertragsschluss bekannt waren. Wenn der Mieter von vornherein um bestehende Beschränkungen in seinem Mietgebrauch weiß, ist es ihm versagt, hieraus im Zuge der Vertragsabwicklung einen Mangel der Mietsache herzuleiten. Außerdem genügt der Vermieter seinen gegenüber dem Mieter bestehenden Hinweispflichten.

**4.** Drohende Schäden am Mietobjekt und am Gebäude können besondere Hinweise und Auflagen an die Adresse des Mieters veranlassen, wenn der Vermieter zu besorgen hat, dass sich der beabsichtigte Mietgebrauch als schadensträchtig erweisen könnte. Dadurch kann der Vermieter seine Beweisposition entscheidend verbessern.

Ist streitig, ob vermietete Räume infolge des Mietgebrauchs beschädigt worden sind, trägt der Vermieter die Beweislast dafür, dass die Schadensursache dem Obhutsbereich des Mieters entstammt; eine in seinen eigenen Verantwortungsbereich fallende Schadensursache muss der Vermieter ausräumen (vgl. BGH NZM 2005, 17; BGH NJW 1994, 2019). Eine Beweislastverteilung zu Ungunsten des Mieters wird aber dann befürwortet, wenn feststeht, dass die schadenstiftende Handlung in dem durch den Mietgebrauch begrenzten Bereich stattgefunden hat. Im Mietrecht richtet sich **Verteilung der Darlegungs- und Beweislast also nach Verantwortungsbereichen.** Ist noch ungeklärt, in wessen Verantwortungsbereich die Schadensursache gesetzt worden ist, hat zunächst der Mieter zu beweisen, dass sie nicht seinem Herrschafts- und Einflussbereich entstammt. Erst dann, wenn die Schadensursache im Einfluss- und Herrschaftsbereich des Vermieters feststeht, muss sich der Vermieter hinsichtlich seines Verschuldens entlasten (vgl. BGH WuM 2006, 147 = NJW 2006, 1061). Das OLG Celle (vgl. ZMR 2009, 683) ist – eher unter Einschränkung der Rechtsprechung des BGH (vgl. a. a. O.) – davon ausgegangen, dass der Vermieter bei ungeklärter Schadensursache nicht generell die Möglichkeit einer aus seinem Verantwortungsbereich stammenden Schadensursache ausräumen müsse. Wenn im Falle der Beschädigung eingebrachter Sachen des Mieters durch einen Brand des vermieteten Gebäudes offenbleibt, ob die Schadensursache entweder aus dem Verantwortungsbereich einer der Mietvertragsparteien oder demjenigen eines Dritten stammt, sei für eine Verteilung der Darlegungs- und Beweislast nach Gefahrenbereichen überhaupt kein Raum (im Anschluss an OLG Celle ZMR 1996, 197)

Das Formular setzt bei der Problematik an, dass der Mieter von Gewerberaum nicht selten umfängliche Gerätschaften installieren will. Das kann insbesondere beim Betrieb von Produktionsanlagen mit schweren Maschinen dazu führen, dass die Statik eines Gebäudes beeinträchtigt wird.

**5.** Lärmbeeinträchtigungen sind ein besonders sensibles mietrechtliches Kapitel, denn sie können zu sowohl zu Konflikten innerhalb der Mieter eines Objekts als auch im Verhältnis zur Nachbarschaft führen. Konfliktträchtig ist insbesondere die Nachbarschaft von Wohnräumen und gewerblich genutzten Objekten.

Maßgeblich für den **vom Vermieter zu gewährleistenden Schallschutz** sind, soweit es um die Erfüllung der primären Gebrauchsgewährung geht, in erster Linie die Vereinbarungen der Parteien und nicht die Einhaltung bestimmter technischer Normen (vgl. BGH WuM 2004, 716; BGH NJW 2005, 218). Fehlen jedoch ausdrückliche Parteiabreden zur Beschaffenheit der Mietsache, so ist jedenfalls die Einhaltung der maßgeblichen technischen Normen geschuldet (vgl. BGH a. a. O.; KG WuM 1980, 255; LG Berlin GE 1996, 1249). Dabei ist nach der Verkehrsanschauung grundsätzlich der bei Errichtung des Gebäudes geltende Maßstab anzulegen (BGH WuM 2004, 527; Bub/Treier/*Kraemer* Rdn. 1338; lediglich eine Indizwirkung für einen Fehler nimmt an: Schmidt-Futterer/*Eisenschmid* § 536 Rdn. 29). Für den immissionsrechtlichen Unterlassungsanspruch spielen die Messbarkeit von Lärm und die bestehenden Richtwerte nicht die allein entscheidende Rolle. Eine Überschreitung der Richtwerte indiziert zwar eine wesentliche Beeinträchtigung nach § 906 Abs. 1 BGB, ihre Unterschreitung zwingt aber im Einzelfall nicht zur Annahme, die Lärmimmission sei unwesentlich. Maßgebend sind alle Umstände des Einzelfalles, die den Tatrichter in den meisten Fällen auch dazu zwingen, sich über einen Ortstermin einen persönlichen Eindruck zu verschaffen (vgl. BGH ZMR 1993, 268).

Lärmbeeinträchtigungen können aber auch aus dem Mietgebrauch von Mietern herrühren. Der Vermieter ist dann veranlasst, Störungen Dritter (von Mietern oder Nachbarn) abzuwehren. Zur Einhaltung des vertragsgemäßen Gebrauchs gehört es, daß der Mieter Lärmstörungen unterläßt, die sich vermeiden lassen. Der Mieter ist grundsätzlich auch für Störungen durch von ihm aufgenommene Personen oder Besucher verantwortlich (vgl. OLG München NJWE-MietR 1996, 270; Bub/Treier/*Kraemer*, Rdn. III 1055). Es liegt auf der Hand, dass eine gewerbliche Nutzung namentlich dann erhöhte Schallschutzvorkehrungen veranlassen kann, wenn der Mieter geräuschintensive Maschinen betreiben will oder wenn in den Mieträume laute Musik abgespielt werden soll (z. B. in einer Discothek). Die Vermeidung von Umweltbeeinträchtigungen kann dann ganz erhebliche Aufwendungen erforderlich machen, deren Durchführung einschließlich der Kostentragungspflicht ausdrückliche vertragliche Regelungen notwendig macht.

Das Formular hat die Vereinbarung bestimmter Auflagen für den Betrieb von Maschinen zum Gegenstand.

**6.** Geruchsbeeinträchtigungen sind vorprogrammiert, wenn Mieträume zum Betrieb eines Restaurants, einer Gaststätte oder eines Imbissbetriebs vermietet werden. Hierdurch können Mitmieter und Nachbarn erheblich belästigt werden. Ist zwischen den Parteien eines Mietverhältnisses unstreitig, das die Lüftungsanlage in einem gemieteten Restaurant für einen bestimmten Zeitraum außer Betrieb war, so braucht der Mieter nur darzulegen, dass die Tauglichkeit der Mieträume zu dem vertragsgemäßen Gebrauch als Restaurant durch den Mangel der Belüftungsanlage in nicht nur unerheblicher Weise beeinträchtigt wurde. Hingegen obliegt es ihm nicht, das Maß der Gebrauchsbeeinträchtigung durch den Mangel darzutun; dies zu ermitteln, ist Aufgabe des Gerichts (vgl. BGH NJW-RR 1991, 779). Geruchsbelästigungen in gemieteten Geschäftsräumen, die durch unzureichende Abluftanlagen in benachbarten Betrieben, in denen Lebensmittel hergestellt bzw. verarbeitet werden (z.B.: Pizzarestaurant und Bäckerei), eintreten, können eine fristlose Kündigung wegen Nichtgewährung bzw. Entziehung des vertragsgemäßen Gebrauchs begründen (OLG Brandenburg OLGR 2000, 150, zugleich zu der Frage, wann die Kündigungsbefugnis ausgeschlossen sein kann).

Entsprechende Konflikte drohen in Objekten mit Wohnungs- und Teileigentum. Eine Wohnungseigentümergemeinschaft muss den auch nachts stattfindenden Bäckereibetrieb, der mit einer regen Liefertätigkeit verbunden ist, nicht dulden, wenn die Lärmstörungen und Gerüche das hinzunehmende Maß erheblich übersteigen. Die für die Gewerbeausübung erforderliche Zustimmung der Verwaltung kann im Falle einer unzumutbaren Beeinträchtigung widerrufen werden (vgl. LG Berlin ZMR 2003, 58). Es gehört zum Risikobereich des Vermieters, dass die Vermietung von Teileigentum mit der Gemeinschaftsordnung vereinbar ist. Wurde ihm gemäß § 15 Abs 3 WEG die Vermietung untersagt, kann er sich in der Regel nicht deswegen durch Kündigung aus wichtigem Grund von dem Mietverhältnis lösen (vgl. BGH ZMR 1996, 147).

Bei einer Gaststätte kommen auch kumulative Regelungen zur Vermeidung von Lärm und Gerüchen in Betracht.

Gleichgelagerte Probleme können sich bei Geruchsbelästigungen durch chemische Ausdünstungen (chemische Reinigung) oder bei Betrieben mit Rauch- und Gasausstoß in Betracht.

# 14. Vereinbarung eines Konkurrenzverbots[1]

§ ...... Konkurrenzverbot

(1) Vermieter und Mieter sind verpflichtet, für die gesamte Dauer dieses Mietvertrags keinen weiteren ...... [z.B. Back-Shop, Friseursalon, Baumarkt] in ...... [alternativ: im Umkreis von ...... km um das Einkaufszentrum des Vermieters] zu betreiben, Geschäftsräume an einen solchen Betrieb zu vermieten oder sich an einem solchen Betrieb direkt oder mittelbar (z.B. als stiller Gesellschafter) zu beteiligen.[2]

(2) Der Mieter darf auch nach Beendigung des Mietverhältnisses für die Dauer von ...... Jahren keinen ...... [z.B. Back-Shop, Friseursalon, Baumarkt] in ...... [alternativ: im Umkreis von ...... km um das Einkaufszentrum des Vermieters] betreiben.[3]

*Schrifttum: Bub,* Gewerberaummietvertrag und AGB-Gesetz, NZM 1998, 789; *Jendrek,* Mietvertraglicher Konkurrenzschutz, NZM 2000, 1116.

### Anmerkungen

**1.** Das hier behandelte Konkurrenzverbot hat wie der Konkurrenzschutz die vertragliche Gewährung von **Wettbewerbsschutz** zum Gegenstand. Beim Konkurrenzschutz verpflichtet sich der Vermieter gegenüber dem Mieter, innerhalb eines Mietobjekts (Einkaufscenter) oder auf benachbarten Grundstücken nicht an Konkurrenzunternehmen zu vermieten. Der Mieter ist in diesem Rahmen nur insoweit Pflichtenadressat, als er seine Gewerbetätigkeit nicht entgegen dem Vertragszweck so ändern darf, dass er hierdurch die vom Vermieter gegenüber anderen Mietern zu beachtenden Konkurrenzschutzpflichten tangiert (zum Konkurrenzschutz vgl. die Anm. zu den Form. A. VI. 3 [§§ 2 und 3] und A. VIII. 3).

Der Verpächter oder Vermieter eines Ladenlokals hat aber grundsätzlich ein eigenes schützenswertes Interesse daran, die konkurrierende Geschäftstätigkeit eines ausscheidenden Mieters oder Pächters vor Ort bis zur Einführung und Konsolidierung eines Nachfolgers am Markt zu verhindern. Er hat ein Interesse am Erhalt des am Markt bekannten und eingeführten Standorts. Dieser sich im Laufe der Zeit einstellende Faktor ist Teil des mit einem Gewerbebetrieb verbundenen Goodwill (vgl. OLG Karlsruhe OLGR 2005, 146; OLG Stuttgart WRP 1978, 476 f.; OLGR Celle 2000, 225).

Ein solches Vermieterinteresse liegt aber nicht nur im Fall des ausscheidenden Mieters vor. Bei der Vermietung in größeren Objekten, in denen besonderer Wert auf die Zusammensetzung der Mieterschaft und auf die Attraktivität des Gesamtobjekts gelegt wird, kann der Vermieter veranlasst sein zu verhindern, dass ein Mieter in konkurrenzbegründender Weise und in Nähe zum Mietobjekt ein weiteres Geschäft eröffnet. Gerade bei Groß- und Spezialanbietern kann eine solche Ausweitung der Geschäftstätigkeit dazu führen, dass der Kundenstrom aufgespaltet und in erheblichem Umfang vom Mietobjekt abgelenkt wird.

Der Mieter kann seinerseits daran interessiert sein, dass der Vermieter ihm – auch über den Konkurrenzschutz im Mietobjekt hinaus – keine Konkurrenz im örtlichen oder regionalen Bereich macht.

Das Formular enthält Bestimmungen zu allen drei vorgenannten Regelungsbereichen. Nur wenig praktische Bedeutung dürfte dagegen die Vereinbarung eines Konkurrenzverbots zwischen mehreren Mietern oder Teileigentümern haben (zu einer Vereinbarung zwischen Teileigentümern vgl. BGH NJW-RR 1986, 1335).

**2.** In Abs. (1) ist ein Konkurrenzverbot zugunsten des Mieters und des Vermieters geregelt, und zwar für die Dauer des Mietverhältnisses. Denkbar ist auch, dass sich nur eine Vertragspartei ein solches Konkurrenzverbot ausbedingt.

Wettbewerbsklauseln sind grundsätzlich nur dann wirksam, wenn ein schützenswertes Bedürfnis dafür besteht, den einen Teil davor zu schützen, dass der andere die Erfolge seiner Arbeit illoyal verwertet oder sich in andere Weise die Freiheit der Berufungsausübung missbräuchlich zunutze macht (vgl. OLG Koblenz BB 1989, 1010, zugleich zur Wirksamkeit eines unbegrenzten Konkurrenzverbots bei Übernahme einer Steuerberatungspraxis von einem betagten Steuerberater; vgl. ferner *Jendrek* NZM 2000, 1116 m. w. N.).

Das in einem Mietvertrag über Gewerberäume enthaltene Konkurrenzverbot kann gemäß § 138 BGB und mit Rücksicht auf die nach Art. 12 GG (Berufsfreiheit) zu beachtende Wertentscheidung der Verfassung sittenwidrig sein, wenn der Mieter mit der Übernahme des Geschäftes an den bisherigen Betreiber und Eigentümer eine Ablöse für den Goodwill bezahlt hat. In diesem Fall scheidet soll auch eine geltungserhaltende Reduktion nach § 139 BGB ausscheiden (vgl. OLG Karlsruhe OLGR 2005, 146).

Ein Konkurrenzverbot kann auch einschlägig sein, wenn ein Konkurrenzbetrieb erst gegründet wird. Bei der Feststellung, ob die Konkurrenzschutzklausel verletzt ist, ist dann auf den Inhalt der Werbung des Konkurrenten abzustellen und nicht auf dessen tatsächlich ausgeübte Tätigkeit (vgl. OLG Brandenburg Urt. v. 10. 8. 2007 – 3 U 134/06 – juris mit Anm. v. *Pfeilschifter* jurisPR-MietR 25/2007 Anm. 3).

Problematisch kann sich eine Veräußerung des Mietobjekts auswirken, wenn es um die Frage geht, ob ein Erwerber gemäß §§ 566, 578 Abs. 1 und 2 S. 1 BGB auch in die sich aus einem Konkurrenzverbot ergebenden Pflichten eintritt. Wenn es sich beim Erwerber z. B. selbst um einen Konkurrenten des Mieters handelt, kann sich hieraus geradezu ein Dilemma ergeben. Nach hiesiger Auffassung besteht indessen keine Veranlassung, von dem Grundsatz abzuweichen, dass der Erwerber in alle Rechte und Pflichten aus dem bestehenden Mietverhältnis eintritt, und zwar auch im Rahmen des sog. Abwicklungsverhältnisses etwa nach einer Kündigung des Mietvertrags (vgl. OLG Hamm NJW-RR 1992, 1164; OLG Düsseldorf NZM 2002, 739). Es ist dann Sache des Veräußerers und des Erwerbers, sich vor Vertragsschluss klar darüber zu werden, ob es in der Person des Erwerbers zur Kollision mit vertraglichen Wettbewerbsabreden kommen kann. Es wird aber vertreten, dass beim Erwerb eines zuvor vermieteten Grundstücks nach Beendigung des Mietverhältnisses und nach dem Auszug des Mieters, kein Eintritt des Dritten in die nachvertraglichen Pflichten des Vermieters stattfindet, wenn diese ein Konkurrenzverbot zum Gegenstand haben (vgl. OLG Hamm BlGBW 1982, 235). Dabei soll es nicht darauf ankommen, ob das Mietverhältnis schon längere oder erst kurze Zeit vor dem Rechtserwerb des Dritten beendet wurde und ob der Dritte von dem früheren Mietvertrag wusste oder wissen konnte.

Ein vertragliches Konkurrenzverbot erstreckt sich nicht auf die Ehepartner der Vertragsparteien (vgl. BGH NJW 1987, 909).

**3.** **Wettbewerbsbeschränkungen** sind auch für die Zeit **nach Beendigung des Mietverhältnisses** möglich (vgl. Schmidt-Futterer/*Eisenschmid* § 535 Rdn. 567 m. w. N.; *Bub* NZM 1998, 789 m. w. N.). Sie werden typischerweise zu Lasten des Mieters vereinbart. Der Vermieter hat ein schutzwürdiges Interesse daran, dass der frühere Mieter keinen Konkurrenzbetrieb in der Nähe eröffnet. Von einem derartigen Betrieb können erhebliche Beeinträchtigungen für die Weitervermietung des Mietgegenstandes und für den neuen Mieter ausgehen. Konkurrenzverbote sind mit Rücksicht auf die Wertentscheidungen der Verfassung, insbesondere des Art. 12 Abs. 1 GG, dann zulässig, wenn sie örtlich, zeitlich und gegenständlich das notwendige Maß unter Berücksichtigung des schützenswerten Interesses des Vermieters nicht überschreiten (vgl. BGH ZMR 1990, 414; BGH NJW 1997, 3089). Vor diesem Hintergrund ist eine vertragliche Abrede grundsätzlich nicht zu beanstanden, welche dem ausscheidenden Mieter zumutet, für einen absehbaren Zeitraum auf die Eröffnung eines gleichgelagerten Betriebs im näher festzulegenden Umkreis des Mietobjekts zu verzichten.

Die nachvertragliche Konkurrenzschutzabrede wird auch nicht schon mit der tatsächlichen Weitervermietung durch den Altvermieter gegenstandslos. Schützenswert ist nämlich auch das Interesse des Vermieters, einen Konkurrenzbetrieb des ausscheidenden Mieters vor Ort bis zur Einführung und Konsolidierung des Nachmieters am Markt zu verhindern (vgl. OLG Celle NZM 2000, 550). Das OLG Celle (vgl. a. a. O.) ist allerdings in sehr restriktiver Weise von einem sittenwidrigen Konkurrenzverbot ausgegangen, wenn das Konkurrenzverbot nicht zumutbar ist. Zumutbarkeit soll danach nur gegeben sein, wenn sich das Verbot als Gegenleistung für die Nutzung des Mietobjekts während der Vertragszeit darstellt und zugleich der wirtschaftlich sinnvollen Weiternutzung des Mietobjekts dient. Das Interesse des Vermieters an der Vermeidung erheblicher Beeinträchtigungen für die Weiternutzung des Mietobjekts durch einen Konkurrenzbetrieb des ausscheidenden Mieters erfordere es jedoch nicht, dass der Mieter auch darüber hinaus nicht zum Vermieter in Wettbewerb trete.

Eine Konkurrenzschutzregelung ist nicht von der Vereinbarung einer Entschädigung abhängig, weil der von dem Mieter während der Mietzeit erwirtschaftete „Good Will", soweit er an das Mietobjekt anknüpft, als Teil der Rückgabeverpflichtung aus § 556 Abs. 1 BGB dem Vermieter zusteht.

Unter Berücksichtigung der Art des jeweils betriebenen Gewerbes, der örtlichen Verhältnisse (Ortsgröße, Konkurrenzsituation) sowie der vereinbarten Vertragsdauer ist zu beurteilen, ob die vereinbarte Dauer eines nachvertraglichen Konkurrenzverbots noch verhältnismäßig ist (vgl. OLG Celle a. a. O.). Abzustellen ist dabei auf die schutzwürdigen Belange des ausscheidenden Mieters und die Beeinträchtigung seiner gewerblichen Betätigungsfreiheit. Es kommt maßgeblich darauf an, in welchem Umkreis sich das Konkurrenzverbot auswirken soll (vgl. OLG Celle a. a. O.).

Nur in kleineren Orten wird danach ein komplettes Konkurrenzverbot für den gesamten Ort in Betracht kommen. Ansonsten wäre das Schutzgebiet etwa nach Kilometern im Umkreis des Mietobjekts festzulegen.

## 15. Vereinbarungen über die dem Mieter gestattete Untervermietung[1]

§ ...... Untervermietung zu einem bestimmten Gebrauchszweck[2]

(1) Der Mieter ist berechtigt, die Mieträume nach näherer Maßgabe dieses Vertrags mit Zustimmung des Vermieters unterzuvermieten.

(2) Die Untervermietung darf ausschließlich zum Betrieb ...... (Beispiel: einer Arztpraxis) erfolgen. Ein Recht auf Zustimmung zur Untervermietung zu einem anderen Nutzungszweck ist ausgeschlossen, weil ...... (Beispiel: der Vermieter im Objekt eine Apotheke betreibt und die Vermietung seinen gewerblichen Interessen dienlich sein soll). [3]

(3) Eine Untervermietung durch einen Untermieter ist untersagt. Der Mieter ist verpflichtet, Untermietverhältnisse nur unter ausdrücklichem vertraglichem Ausschluss einer weiteren Untervermietung einzugehen.[4]

(4) Der Vermieter ist berechtigt, die Zustimmung zur Untervermietung aus wichtigem Grund zu versagen. Ein wichtiger Grund kann insbesondere darin begründet liegen, dass Bedenken gegen die wirtschaftliche Leistungsfähigkeit, die berufliche Qualifikation oder die persönliche Zuverlässigkeit des Untermieters bestehen oder dass erhebliche wirtschaftliche Belange des Vermieters einer Untervermietung an den vorgesehenen Untermieter entgegen stehen.

Auch eine unberechtigte Versagung der Zustimmung zur Untervermietung berechtigt den Mieter nicht zur eigenmächtigen Gebrauchsüberlassung an Dritte. Zur Durchsetzung eines etwa bestehenden Rechts auf Zustimmung wird der Mieter auf den Klageweg verwiesen.[5]

(5) Der Mieter hat dem Vermieter eine beabsichtigte Untervermietung schriftlich unter Angabe der vollständigen Personalien des vorgesehenen Untermieters und seines Gewerbes mitzuteilen. Dies hat mindestens zwei Wochen vor Abschluss des Untermietvertrags zu geschehen, damit der Vermieter Gelegenheit hat, das Vorliegen etwaiger Untersagungsgründe zu prüfen.

(6) Jede Untervermietung hat unter Wahrung der mit diesem Vertrag festgelegten Verhaltensmaßregeln, Duldungs- und Unterlassungspflichten zu erfolgen, deren Beachtung der Mieter jedem Untermieter vertraglich aufzugeben und durchzusetzen hat. Die Gestattung der Untervermietung erfolgt unter Ausschluss jeglicher Zusicherung und Gewähr für die Realisierbarkeit des damit vom Mieter oder Untermieter bezweckten Erfolgs sowie vorbehaltlich der Rechte Dritte, öffentlich rechtlicher Verbote, Beschränkungen und Genehmigungen. Die fehlende Durchführbarkeit der Untervermietung begründet für den Mieter kein wie auch immer geartetes Gegenrecht.[6]

*Schrifttum: Kandelhard*, Die Bedarfsänderung des Gewerberaummieters, BB 1995, 2596.

### Anmerkungen

**1.** Der Vermieter hat regelmäßig ein starkes Interesse daran, maßgeblichen Einfluss auf die tatsächliche Nutzung der Mietsache zu nehmen und eine Untervermietung – zumal eine in das freie Belieben des Mieters gestellte Untervermietung – zu unterbinden (vgl. dazu die Anm. zu Form. A. VI. 1 § 18; zur Untervermietung von Teilflächen vgl. Form. A. VI. 2 § 21 nebst Anm.). Bei einem Mietverhältnis über gewerbliche Räume steht dem Mieter kein Anspruch auf Erteilung der Erlaubnis zur Untervermietung zu, sofern sich nicht im Einzelfall aus dem Mietvertrag, gegebenenfalls im Wege ergänzender Vertragsauslegung, etwas anderes ergibt (vgl. OLG Hamm Urt. v. 18. 4. 2008 – 30 U 120/07 – juris; KG KGR Berlin 2004, 23). Ein Schadensersatzanspruch folgt aus der unberechtigten Verweigerung der Erlaubnis grundsätzlich nicht (vgl. OLG Düsseldorf WuM 1993, 399). Geschützt ist also das Interesse des Vermieters daran, die Herrschaft über die Mietsache allein dem zu überlassen, den er für vertrauenswürdig und geeignet hält.

Mit diesem Herrschaftsanspruch des Vermieters geht allerdings das **Sonderkündigungsrecht** des Mieters für den Fall versagter Untervermietung einher, wenn nicht in der Person des Dritten ein wichtiger Grund vorliegt (§ 540 Abs. 1 Satz 2 BGB). Die herrschende Meinung lässt einen **formularmäßigen Ausschluss des Kündigungsrechts** sowohl beim Wohnraummietrecht als auch bei Gewerberaum wegen § 307 BGB nicht zu (vgl. BGHZ 130, 50 = NJW 1995, 2034; vgl. hierzu auch *Kandelhard* BB 1995, 2596; Staudinger/*Rolfs* § 540 BGB Rdn. 20; Bub/Treier/*Bub* II 506).

Mietverträge mit erlaubter Untervermietung sind nicht selten. Die Untervermietung kann sogar wesentlicher Vertragszweck eines Mietvertrags sein. Das ist dann der Fall, wenn der Mieter kein eigenes Nutzungsinteresse hat und die Mietsache gerade zum Zwecke der Weitervermietung anmietet. Solche Intentionen verfolgen insbesondere Gewerbeunternehmen, die den (Unter-)Mieter als Kunden dauerhaft an sich binden wollen. Das sind z. B. **Brauereien** und **Automatenaufsteller**, die mit dem jeweiligen Untermieter regelmäßig parallele Abreden über (Bier-)Bezugsverpflichtungen oder über die Aufstellung von Automaten treffen (zum Bierlieferungsvertrag vgl. die Anm. zu Form. A. VI. 6 § 5). Das Formular behandelt außerhalb dieses Regelungsbereichs, der zumeist Gegenstand spezieller Vertragskonstruktionen ist, Vereinbarungen im Rahmen des Hauptmietverhältnisses, mit denen ein Recht zur Untervermietung ausgestaltet wird.

Mit solchen Vereinbarungen eröffnet sich für den Mieter ein weiterer Handlungsspielraum, als dies beim Zustimmungsvorbehalt zugunsten des Vermieters der Fall ist. Das Recht des Mieters zur freien Untervermietung birgt für den Vermieter erhebliche Risiken, weshalb im Zweifel ein Zustimmungsvorbehalt ausbedungen werden sollte. Das Formular regelt einen solchen Vorbehalt. Der Zustimmungsvorbehalt hat nach Rechtsprechung und Literatur den Charakter eines Verbots mit Erlaubnisvorbehalt (vgl. KG KGR 2004, 230; OLG Hamburg WuM 1993, 737; *Bub/Treier* III A Rdn. 1018; ). Allerdings ist auch eine Verknüpfung der erlaubten Untervermietung mit Kontroll- und Zustimmungsbefugnissen des Vermieters denkbar. Enthält ein gewerblicher Mietvertrag eine Klausel, wonach der Mieter nicht ohne Zustimmung des Vermieters untervermieten darf, kann der Vermieter die Untervermietungserlaubnis aus Gründen, die in der Person des Untermieters oder seines Gewerbes liegen, verweigern. Das kann z. B. der Fall sein, wenn die Untervermietung dazu führen würde, dass der Vermieter einen seiner Mieter als Untermieter an die Hauptmieterin verliert (vgl. OLG Düsseldorf OLGR 2005, 664) oder eine wesentliche Änderung des Nutzungszwecks eintreten würde (vgl. OLG Köln OLGR 1997, 18).

Auch bei vertraglich gestatteter Untervermietung ist der Mieter nicht frei in der Entscheidung darüber, wem und zu welchem Gebrauchszweck er die Mieträume überlässt. Der Vermieter von Gewerberaum kann eine allgemein erteilte **Erlaubnis** zur Untervermietung im Einzelfall aus wichtigem Grund **widerrufen** (vgl. BGH NJW 1984, 1031). Selbst wenn in einem Mietvertrag über Gewerberaum dem Mieter allgemein die Erlaubnis zur Untervermietung zum Betrieb eines Gewerbes erteilt, so ist er gleichwohl nicht berechtigt, die Mietsache zur Ausübung eines Gewerbes unterzuvermieten, das ihm selbst nach dem Mietvertrag nicht gestattet ist (zur Untervermietung zum Betrieb eines Sex-Shops vgl. BGH a. a. O.).

**2.** Der Vermieter kann ein erhebliches Interesse daran haben, dass eine Untervermietung nur zu bestimmten Nutzungszwecken erfolgt. In größeren Mietobjekten wird oft besonderer Wert auf einen speziellen Branchenmix gelegt. Außerdem sind Konkurrenz-schutzpflichten und Konkurrenzverbote zu beachten (vgl. Form. A. VI. 3 § 3; A. VII. 14). Der Vermieter kann auch darauf bedacht sein, ein ganz bestimmtes Gewerbe in den Mieträumen anzusiedeln, etwa weil der zu erwartende Kundenstrom zu dem vom Ver-mieter ausgeübten Gewerbe passt und er deshalb eine Erweiterung seines eigenen Kun-denstammes erwartet (z. B. Vermietung durch einen Apotheker an eine Arztpraxis). Das Formular hat die Festlegung eines bestimmten Gebrauchszwecks zum Gegenstand.

Sind einem Mieter Gewerberäume zur Weitervermietung für einen bestimmten Ge-brauchszweck überlassen, so ist der Mieter im Rahmen beabsichtigter Untervermietung an diesen Vertragszweck gebunden. So hat das OLG Düsseldorf (NZM 2003, 945) ent-schieden, dass die erlaubte Untervermietung an ein „Technologiezentrum" nicht zur Un-tervermietung zum Betrieb eines „Call-Centers" berechtigt.

Ein Gewerberaummietvertrag kann das Recht zur Untervermietung auch dahin be-schränken, dass die Mietsache nur einem bestimmten Untermieter überlassen werden darf. In einem solchen Fall soll dem Hauptmieter ein Anspruch darauf zustehen können, die Untervermietung an eine andere Person vornehmen zu dürfen, wenn dem Vermieter bekannt ist, dass der vorgesehene Untermieter nicht solvent ist (vgl. OLG Hamburg WuM 1993, 737; LG München ZMR 2004, 915).

**3.** Der Mietvertrag, der die Untervermietung nur zu einem bestimmten Gebrauchs-zweck gestattet, sollte die Gründe für diese Beschränkung (vgl. dazu Anm. 2) möglichst angeben. Dadurch lässt sich die Gefahr reduzieren, dass der Mieter im Streitfall die Zu-stimmung zu einem anderen Nutzungszweck gerichtlich durchsetzt. Insbesondere wird die Annahme von Härtegründen im Sinne von § 242 BGB zugunsten des Mieters um so weniger in Betracht kommen, als der Vermieter ein schutzwürdiges, gegenüber dem Mie-ter vertraglich dokumentiertes Interesse daran hat, einen bestimmten Gebrauchszweck verwirklicht zu sehen.

**4.** Die Klausel hat klarstellenden Charakter. Ohne ausdrückliche Gestattung ist ein Untermieter nicht zur weiteren Untervermietung berechtigt, denn mit der Gestattung der Untervermietung verliert der Vermieter nicht seinen Anspruch auf, dass die Mietsache nur in die Obhut derjenigen gelangt, die ihm durch vertragliche Beziehungen verbunden sind (vgl. Anm. 1 und OLG Hamm NJW-RR 1992, 783). Wenn der Mieter von der Un-tervermietungserlaubnis Gebrauch macht, stehen Besitz und Nutzung der Mietsache al-lerdings einem Dritten zu, der dem Vermieter vertraglich nicht verpflichtet ist. Damit er-weitert sich zwar der Personenkreis, der auf das Mietobjekt einwirken kann; aber der dem Vermieter vertraglich verpflichtete Hauptmieter hat unmittelbaren Einfluss auf den Untermieter. Kontrolle und Sicherheit verliert der Vermieter jedoch weitgehend, wenn der Untermieter seinerseits untervermietet. Sein Vertragspartner (der Hauptmieter) hat grundsätzlich keine Möglichkeit, unmittelbar auf den letzten Unter-Untermieter einzu-wirken, weil dieser nur dem Untervermieter vertraglich verbunden ist. Der Vermieter von Gewerberäumen, der die Untervermietung gestattet hat, ist daher berechtigt, das Miet-verhältnis zu kündigen, wenn der Mieter nicht verhindert, dass der Untermieter noch-mals untervermietet. Der Vermieter hat gegen sämtliche Mieter und Untermieter einen Anspruch auf Herausgabe der Räume (vgl. OLG Hamm NJW-RR 1992, 783).

**5.** Neben den in der gesetzlichen Regelung des § 540 Abs. 1 BGB vorgesehenen Ver-sagungsgründen betreffend die Person des Untermieters berücksichtigt das Formular auch solche Gründe, die in den Belangen des Vermieters begründet liegen. Ein wichtiger Grund für die Versagung der Zustimmung ist gegeben, wenn der Mieter dem Untermie-ter einen weitergehenden Gebrauch einräumen will, als ihm selbst nach dem Mietvertrag gestattet ist (vgl. OLG Düsseldorf ZMR 2008, 783; zu weiteren Versagungsgründen vgl. *Fritz* Rdn. 403). Das Formular zielt ferner auf die Klarstellung ab, dass selbst der be-gründete Anspruch des Mieters auf Zustimmung zur Untervermietung ihm nicht die Befugnis zur eigenmächtigen Gebrauchsüberlassung, sondern nur ein klagbares Recht auf Erteilung der Erlaubnis gibt.

Damit der Vermieter sachgerecht prüfen kann, ob ein ihm angesonnener Untermieter zu akzeptieren ist, wird allgemein die Verpflichtung des Mieters angenommen, den Untermieter zu benennen und auch weitere Informationen zu erteilen. Der BGH (NZM 2007, 127) hat das schutzwürdige Interesse des Vermieters an der Erlangung spezifizierter Auskünfte nachdrücklich bestätigt. Das Formular regelt dies in Ziff. (5). Die dem Vermieter erteilten Informationen kann dieser innerhalb einer angemessenen Frist überprüfen (vgl. Lindner-Figura/Oprée/Stellmann/*Stellmann* 18 Rdn. 34).

**6.** Da der (Haupt-)Vermieter nicht in (miet-)vertraglichen Beziehungen zum Untermieter steht, hat er dem Untermieter gegenüber auch keine unmittelbare Berechtigung zur Durchsetzung der sich aus dem Hauptmietvertrag ergebenden Pflichten. Wenngleich der Hauptmieter dafür zu sorgen hat, dass ein Untermieter die Mietsache vertragsgemäß (im Sinne des Hauptvertrags) gebraucht (vgl. BGHZ 89, 308), wird jeder Streit zwischen Haupt- und Untermieter über die in diesem Verhältnis zu beachtenden Pflichten im Zweifel auf dem Rücken des Hauptvermieters ausgetragen. Das Formular will dem mit der ausdrücklichen Maßgabe vorbeugen, dass der Mieter den Untermieter zur Beachtung der (Verhaltens-)Pflichten aus dem Hauptvertrag heranzuziehen hat.

# 16. Unterwerfung unter die Zwangsvollstreckung (§ 794 Abs. 1 Nr. 5 ZPO) wegen Zahlungsansprüchen gegen den Mieter[1]

**Bestimmungen im Mietvertrag[2]**

**§ ...... Unterwerfung unter die Zwangsvollstreckung**

(1) Der Mieter ist verpflichtet, wegen der sich aus §§ ...... dieses Mietvertrags ergebenden Ansprüche des Vermieters auf Zahlung von Miete und Betriebskostenvorauszahlungen vor dem Notar ...... in ...... die Erklärung abzugeben und notariell beurkunden zu lassen, dass er sich wegen dieser Ansprüche der sofortigen Zwangsvollstreckung unterwirft (§ 794 Abs. 1 Nr. 5 ZPO). Die Unterwerfungserklärung hat mit der Maßgabe zu erfolgen, dass der Vermieter auch ohne Nachweis des Entstehens und der Fälligkeit der Zahlungsverpflichtungen eine vollstreckbare Ausfertigung der notariellen Urkunde beantragen kann.[3]

(2) Vor Errichtung der in Abs. (1) bezeichneten Notarurkunde hat der Mieter keinen Anspruch auf Übergabe und Nutzung der Mieträume. Macht der Vermieter wegen unterbliebener Urkundserrichtung in Bezug auf die Übergabe der Mieträume ein Zurückbehaltungsrecht geltend, berechtigt dies den Mieter nicht zum Einbehalt der vertraglich geschuldeten Miete.

(3) Die Errichtung der in Abs. (1) bezeichneten Notarurkunde hat spätestens bis zum ...... zu erfolgen. Befindet sich der Mieter mehr als zwei Wochen mit der Abgabe der Unterwerfungserklärung in Rückstand, berechtigt dies den Vermieter zur fristlosen Kündigung des Mietverhältnisses.[4]

(4) Die Kosten für die Errichtung der notariellen Urkunde und für die Erteilung vollstreckbarer Ausfertigungen trägt der Mieter.

**Inhalt der zu errichtenden notariellen Urkunde[5]**

Ich, [Personalien des Mieters], habe am ...... mit [Personalien des Vermieters] einen schriftlichen Mietvertrag über die Anmietung von Gewerberäumen ...... [Bezeichnung der Gewerberäume] geschlossen. Der vollständige Mietvertrag ist dieser Urkunde in Kopie beigeheftet. Das Mietverhältnis beginnt gemäß § ...... des Mietvertrags am ......[6]

In § ...... des Mietvertrags ist festgelegt, dass der monatliche Mietzins sich auf ...... EUR [ggf.: zzgl. der jeweils geltenden gesetzlichen Mehrwertsteuer] beläuft. Gemäß § ...... des Mietvertrags sind monatlich ...... EUR [ggf.: zzgl. der jeweils geltenden gesetzlichen Mehrwertsteuer] als Vorauszahlung auf die Betriebskosten zu entrichten. Die vorstehend bezeichneten Zahlungen sind jeweils bis ...... [z. B.: dritten Werktag eines jeden Monats] an den Vermieter zu leisten.

In § ...... des Mietvertrags ist geregelt, dass sich der Mietzins zum ...... [z. B. bei einer Staffelmiete] um ...... EUR auf insgesamt ...... EUR [ggf.: zzgl. der jeweils geltenden gesetzlichen Mehrwertsteuer] erhöht.[7]

Gemäß § ...... des Mietvertrags kann der Mieter gegenüber den Forderungen des Vermieters aus dem Mietvertrag ein Zurückbehaltungsrecht oder Leistungsverweigerungsrecht nur dann geltend machen, wenn der Anspruch, auf den das Recht gestützt wird, unbestritten oder rechtkräftig festgestellt ist.

Nach § ...... des Mietvertrags ist dem Mieter die Geltendmachung eines Mietminderungsrechts mittels Abzugs vom vertraglich geregelten Mietzins nicht gestattet, und zwar auch nicht für die Zeit nach Beendigung des Mietverhältnisses und nach Rückgabe der Mietsache. Der Mieter ist insoweit auf die Geltendmachung etwaiger Bereicherungsansprüche verwiesen worden.[8]

Ich unterwerfe mich hiermit als Mieter wegen aller vorstehend bezeichneten mietvertraglichen Ansprüche auf Zahlung des Mietzinses und der Betriebskostenvorauszahlungen [ggf.: bis zur Höhe von insgesamt ...... EUR] gegenüber ...... [Vermieter] der sofortigen Zwangsvollstreckung aus dieser Urkunde in mein gesamtes Vermögen.

Der Notar wird hiermit unwiderruflich angewiesen und bevollmächtigt, Herrn/Frau ...... [Vermieter] jederzeit und ohne Nachweis des Entstehens und der Fälligkeit der Zahlungsverpflichtungen eine vollstreckbare Ausfertigung der notariellen Urkunde zu erteilen.

Ich trage die Kosten für die Errichtung dieser Urkunde und für die Erteilung vollstreckbarer Ausfertigungen.

*Schrifttum: Eupen,* Gewerberaummiete: Unterwerfung des Räumungs- und Herausgabeanspruchs unter die sofortige Vollstreckbarkeit, MietRB 2006, 85; *Groh,* Räumungsvollstreckung aufgrund notarieller Urkunde nach Beendigung der Mietzeit bei gewerblich genutzten Immobilien, NZM 1999, 698; *Kluth/Grün,* Die Räumungsverfügung nach § 940 ZPO bei gewerblicher Miete, NZM 2001, 1013; *Kniffka,* Zur Zulässigkeit der Zwangsvollstreckung aus Unterwerfungserklärungen in Bauträgerverträgen, ZfBR 1992, 195; *Moeser,* Räumungsvollstreckung aus notarieller Urkunde, NZM 2004, 769; *Wolfsteiner,* Die vollstreckbare Urkunde nach der 2. Zwangsvollstreckungsnovelle, DNotZ 1999, 306.

## Anmerkungen

**1.** Ein praktisch noch eher wenig relevantes, aber immer wieder diskutiertes Thema hat die Frage zum Gegenstand, ob und unter welchen Voraussetzungen sich der Vermieter wegen der Zahlungsansprüche aus dem Mietvertrag und auch wegen des Räumungsanspruchs bei Beendigung des Mietverhältnisses (vgl. dazu Form. A. VII. 17) prozessunabhängige Vollstreckungsmöglichkeiten gegen den Mieter verschaffen kann. In Anbetracht der Verfahrensdauer, die selbst ein zügig betriebener Mietprozess in Anspruch nimmt, und wegen der oft beträchtlichen wirtschaftlichen Risiken, die ein Mietrechtsstreit mit sich bringen kann, kann es für einen Vermieter als sehr erstrebenswert erscheinen, sich schon mit dem Vertragsschluss Vollstreckungsmöglichkeiten zu eröffnen. Nach § 794 Abs. 1 Nr. 5 ZPO kann auch aus notariellen Urkunden vollstreckt werden, sofern die Urkunde über einen Anspruch errichtet ist, der einer vergleichsweisen Regelung zugänglich, nicht auf Abgabe einer Willenserklärung gerichtet ist und nicht den Bestand eines Mietverhältnisses über Wohnraum betrifft, und der Schuldner sich in der Urkunde wegen des zu bezeichnenden Anspruchs der sofortigen Zwangsvollstreckung unterworfen hat (zur wenig geglückten Begriffswahl des Gesetzes vgl. *Wolfsteiner* DNotZ 1999, 306). Versteht man die Formulierung „Bestand eines Mietverhältnisses über Wohnraum" richtigerweise so, dass damit Ansprüche auf den Ausschluss des Mietbesitzes (Herausgabe der Mietsache) und auf Einschränkung des Mietbesitzes (Teilräumung, Gebrauchsbeschränkungen) gemeint sind (vgl. *Wolfsteiner* a. a. O., m. w. N.), lässt die gesetzliche Vorschrift auf den ersten Blick die Verwendung von vollstreckbaren Urkunden im Bereich der Gewerberaummiete ohne Weiteres zu. Der Teufel liegt – wie so oft – im Detail.

Ein erstes und wesentliches – rechtspraktisches – Problem liegt bereits darin, dass ein Vermieter, der auf eine Vollstreckungsunterwerfung hinwirkt, Argwohn und Misstrauen auf Seiten des Mieters auslösen kann. Die Unterwerfung unter die Zwangsvollstreckung begründet bei Abschluss eines Mietvertrags leicht die Besorgnis, der Vermieter wolle seine Rechte auf Biegen und Brechen durchsetzen. Der Mieter kann den Eindruck erlangen, der Vermieter rechne schon zu Beginn des auf Dauer angelegten Schuldverhältnisses nicht mit einer gedeihlichen Vertragsabwicklung (vgl. hierzu *Kluth/Grün* NZM 2001, 1013).

Überdies stehen die Vertrags- und Rechtssicherheit bei mietrechtlichen Vollstreckungsklauseln in Frage. Die Literatur orientiert sich mangels repräsentativer Entscheidungen oft an der Rechtsprechung zum Bauträgervertrag, die einige Distanz zu Unterwerfungsvereinbarungen erkennen lässt. So hat der BGH (NJW 2002, 138; vgl. auch BGH NZM 1999, 37) einen Verstoß gegen § 9 AGBG (jetzt: § 307 BGB) angenommen, wenn in einem notariellen Vertrag AGB enthalten sind, mit denen sich der Erwerber eines noch zu errichtenden Hauses der sofortigen Zwangsvollstreckung in sein gesamtes Vermögen unterwirft, und der Unternehmer berechtigt ist, sich ohne weitere Nachweise eine vollstreckbare Ausfertigung der Urkunde erteilen zu lassen. Beanstandet hat der BGH zwar in erster Linie den Nachweisverzicht, weil er dem Unternehmer den Zugriff auf das Vermögen des Auftraggebers eröffne, ohne nachweisen zu müssen, dass er seine Bauleistungen in einem dem Zahlungsanspruch entsprechenden Umfang erbracht hat. Dies setze den Auftraggeber der Gefahr einer systemfremden Vorleistung aus. Selbst soweit sich die Problematik eines werkvertraglichen Nachweisverzichts im Mietrecht nicht deckungsgleich stellt, verbleibt doch das vom BGH geäußerte Bedenken, dass der Schuldner vollstreckbarer Ansprüche in die Rolle der Verteidigung seiner Rechte gedrängt wird und der Anspruchsberechtigte sich die Ermächtigung verschafft, auf fremdes Vermögen zuzugreifen (vgl. BGH. a. a. O. m. w. N.). Es wird sich noch zeigen müssen, in welchem Umfang die mietvertraglichen Gestaltungsmöglichkeiten aus der am 1. 1. 1999 in Kraft getretenen Neufassung des § 794 Abs. 1 Nr. 5 ZPO einer richterlichen Kontrolle standhalten oder ob sich die erkennbaren Vorbehalte (vgl. dazu: *Moeser* NZM 2004, 769) durchsetzen. Die ausdrückliche gesetzliche Aussonderung von Ansprüchen, die den Mietbesitz bei Wohnraum betreffen, spricht jedenfalls nachdrücklich dafür, dass der Gesetzgeber Vollstreckungsvereinbarungen im Übrigen hat zulassen wollen (zu den Gesetzesmaterialien vgl. *Wolfsteiner* DNotZ 1999, 306). Dem muss sich die Rechtsprechung stellen. Die Frage nach entsprechenden Gestaltungsmöglichkeiten bleibt daher aktuell.

Probleme kann auch die im Rahmen der Gewerberaummiete nicht seltene Untervermietung bereiten. Um einen Räumungsanspruch durchzusetzen, bedürfte es auch einer vollstreckbaren Notarurkunde gegen den Untermieter, und zwar zugunsten des Hauptvermieters (vgl. BGH NJW 1983, 2262). Der Untermieter steht aber grundsätzlich nur mit dem Hauptmieter in vertraglichen Beziehungen. Die bereits behandelten psychologischen Barrieren gelten natürlich auch hier.

Außerdem erfordert die Unterwerfung einen nicht unerheblichen Kosten- und Abwicklungsaufwand, denn die Errichtung einer notariellen Urkunde macht den Gang zum Notar erforderlich (zum Umfang der erforderlichen Beurkundung vgl. Anm. 2).

Eine Unterwerfung unter die Zwangsvollstreckung vermittelt dem Vermieter natürlich auch keine Hilfe für den klassischen Fall, dass der Mieter nicht zahlt, weil er nicht zahlen kann. Dann hilft im Zweifel nur noch die Kündigung.

Gleichwohl kann die Unterwerfung unter die Zwangsvollstreckung in Teilbereichen der Gewerberaummiete ein taugliches Steuerungsmittel beinhalten. In den Fällen, in denen der Mieter sich dem Verdacht stellen muss, er sei möglicherweise nicht liquide, verfüge aber über verwertbares sonstiges Vermögen, wird er sich ggf. auf entsprechende Vereinbarungen einlassen (müssen). Auch die Attraktivität eines Mietobjekts und die Verhandlungsposition des Vermieters können von besonderer Bedeutung dafür sein, ob eine Unterwerfung ernsthaft in Betracht kommt. Zum alltäglichen Vertragsinstrument wird die Vollstreckungsunterwerfung wohl kaum werden. Einer teilweise erkennbaren Gestaltungseuphorie (vgl. etwa *Moeser* NZM 2004, 769; *Eupen* MietRB 2006, 85) ist daher vorzubeugen. Das Formular enthält den Versuch einer möglichst vertragssicheren Umsetzung.

**2.** Das Formular ist zweigliedrig gestaltet. Es regelt zunächst die Vereinbarungen, die den Mieter dazu verpflichten, an der Errichtung einer Notarurkunde mitzuwirken. Es ist zwar ohne weiteres möglich, den gesamten Mietvertrag einschließlich der Unterwerfungserklärung notariell zu beurkunden. Das ist jedoch weder zwingend noch ratsam.

§ 794 Abs. 1 Nr. 5 ZPO erfordert die Errichtung einer notariellen Urkunde „über einen Anspruch". Die den Anspruch begründenden und ausgestaltenden Vertragserklärungen müssen jedoch als solche nicht notariell beurkundet werden (vgl. *Groh* NZM 1999, 698; *Moeser* NZM 2004, 769; *Wolfsteiner* DNotZ 1999, 306). § 794 Abs. 1 Nr. 5 ZPO erfordert nur die einseitige Unterwerfungserklärung des Schuldners (vgl. Zöller/*Stöber* § 794 Rdn. 29 m. w. N.). Schon daraus folgt, dass Ansprüche aus Vertrag (d. h. aus wechselseitigen Abreden) materiell außerhalb der Notarurkunde geregelt werden können (zur Bestimmtheit der Anspruchsbezeichnung vgl. Anm. 6). Nach der Rechtsprechung des BGH (NJW 1979, 928; 1997, 2887) stellt die Berücksichtigung von außerhalb der Urkunde liegenden Umständen die Bestimmtheit der Anspruchsbezeichnung nicht generell in Frage. Es entspricht einem praktischen Bedürfnis, den in der Unterwerfungserklärung vollstreckbar gestellten Anspruch von vornherein weiter zu fassen als die zugrunde gelegte materielle Forderung, deren endgültige Höhe ohnehin oft erst nach Vertragsabschluss unter Einbeziehung künftig eintretender Umstände ermittelt werden muss (vgl. BGH NJW 1997, 2887).

Die Unterwerfung setzt das aktuelle Bestehen des materiell-rechtlichen Anspruchs nicht voraus (vgl. BGH DNotZ 1985, 474). Schon aus praktischen Gründen wird allerdings die notarielle Beurkundung regelmäßig einen bereits abgeschlossenen Mietvertrag zum Gegenstand haben, um eine klare Bezugnahme auf den Vertrag zu ermöglichen. Aber selbst dann liegen der Unterwerfung hinsichtlich der laufenden Zahlungsverbindlichkeiten aus dem Vertrag Ansprüche zugrunde, die erst künftig und sukzessive (üblicherweise monatlich) zur Entstehung gelangen.

Aus Vorstehendem folgt, dass sämtliche Vereinbarungen zum eigentlichen Mietvertrag außerhalb der notariellen Beurkundung niedergelegt sein können. Sie sind dann um die Verpflichtung des Mieters zu ergänzen, eine Unterwerfungserklärung vor dem Notar abzugeben. Die Unterwerfungserklärung könnte zwar auch ohne solche Vereinbarungen abgegeben werden. Wenn der Vermieter jedoch an das Ausbleiben der Unterwerfungserklärung Gegenrechte knüpfen will (vgl. das im Formular geregelte Zurückbehaltungs- und Kündigungsrecht), braucht er dafür eine rechtliche Grundlage. Außerdem erfordert das Schriftformerfordernis aus § 550 BGB eine vollständige Vertragsniederlegung.

**3.** Das Formular regelt die Pflicht des Mieters, eine **Unterwerfungserklärung** abzugeben, und zwar unter der Voraussetzung, dass der Vermieter die Entstehung des Anspruchs und die Fälligkeitsvoraussetzungen nicht nachweisen muss. Da die Vollstreckungsunterwerfung bei einem Mietverhältnis zwangsläufig Ansprüche zum Gegenstand hat, die erst im Laufe des Mietverhältnisse zur Entstehung gelangen, müsste der Vermieter im Klauselerteilungsverfahren grundsätzlich das Entstehen der Forderung nachweisen (vgl. BGH NJW 1981, 2756). Es kann jedoch vereinbart werden, dass dem Gläubiger auch ohne Nachweis des Entstehens und der Fälligkeit der Zahlungsverpflichtungen eine vollstreckbare Ausfertigung der Urkunde erteilt werden kann (vgl. BGH a. a. O.; BGH NJW 2002, 138; OLG Hamm DNotZ 1993, 244; *Kniffka* ZfBR 1992, 195).

Es ist davon abgesehen worden, die Unterwerfungserklärung auch auf die Pflicht zur Zahlung der (Bar-)Kaution zu erstrecken. Hinsichtlich dieses Anspruchs wird empfohlen, eine Zahlungspflicht vor Beginn des Mietverhältnisses und jedenfalls vor Überlassung der Mietsache zu vereinbaren. Dies sollte entsprechend den Regelungen in Abs. (2) und (3) mit einem Zurückbehaltungs- und Kündigungsrecht des Vermieter verknüpft werden (solche Regelungen finden sich im Form. A. VII. 1 § 10). Wenn der Mieter noch vor Beginn des Mietverhältnisses mit der Kautionszahlung säumig bleibt, wird der Vermieter im Zweifel eher auf die schnellstmögliche Beendigung des Vertragsverhältnisses hinwirken wollen als auf Vollstreckungsmöglichkeiten.

Um die Bestimmtheit und Durchsetzbarkeit des Anspruchs auf Zahlung der laufenden Miete zu erhalten, wird es diesseits für unumgänglich gehalten, jedenfalls die Minderungsbefugnisse des Mieters und möglichst auch etwaige Zurückbehaltungsrechte einzuschränken, um die Einredefreiheit des zu vollstreckenden Anspruchs zu gewährleisten. Andernfalls drohen Kollisionen mit den Gewährleistungsrechten, die sowohl die Anspruchshöhe tangieren als auch den Weg für eine Vollstreckungsgegenklage des Mieters (§ 767 ZPO) eröffnen können. Ein absoluter Ausschluss der Mietminderung inklusive etwaiger Rückerstattungsansprüche ist allerdings auch bei der Geschäftsraummiete nach ganz h. M. unwirksam (vgl. OLG Nürnberg NJW 1977, 1402). Nicht zu folgen ist der Gegenmeinung (vgl. OLG München ZMR 1987, 16), die einen solchen Ausschluss für zulässig hält, denn nach allgemeiner Meinung mindert sich die Miete bei Vorliegen der Voraussetzungen in § 536 BGB von Gesetzes wegen (vgl. nur BGH NJW-RR 1991, 779), ohne dass der Mieter sich hierauf berufen muss (vgl. Palandt/*Weidenkaff* § 536 Rdn. 1, 33). Auf dem Gebiet der Gewerberaummiete hält jedoch eine Formularklausel, mit der die Verwirklichung des Minderungsrechts mittels Abzugs vom geschuldeten Mietzins ausgeschlossen und der Mieter insoweit auf eine Bereicherungsklage verwiesen wird, einer Inhaltskontrolle stand (vgl. BGH NJW-RR 1993, 519; BGH NJW 1984, 2404; OLG Hamm NJW-RR 1998, 1020; OLG Düsseldorf DWW 1990, 85; KG GE 2003, 952; KG NZM 2002, 526). Im Form. A. VI. 1 § 8 finden sich entsprechende Regelungsvorschläge zur Mietminderung und zum Zurückbehaltungsrecht (vgl. die dortigen Anm.). Nur beim Ausschluss der Minderungsbefugnis mittels sofortigen Abzugs von der laufenden Mietrate bleibt der zu vollstreckende Zahlungsanspruch des Vermieters beim Vorliegen von Mängeln unberührt. Die Gefahr einer Intervention des Mieters im Wege der Vollstreckungsabwehrklage reduziert sich, wenn die Gegenrechte des Mieters wirksam eingeschränkt worden sind.

**4.** Bei der Gewerberaummiete können abweichend vom Gesetz **Kündigungsrechte** formularmäßig niedergelegt werden (vgl. BGH WuM 1987, 317). Diesseits wird davon ausgegangen, dass der Verzug des Mieters bei der Vollstreckungsunterwerfung einen Kündigungsgrund umschreiben kann, denn es handelt sich um eine Pflicht, die zumindest mittelbar auf zentrale Leistungspflichten aus dem Mietvertrag durchschlägt. Rechtspre-chung hierzu gibt es allerdings – soweit ersichtlich – noch nicht. Das Formular regelt eine kalendermäßige Leistungsbestimmung im Sinne von § 284 Abs. 2 BGB, weshalb der Verzug bei der Zahlungspflicht des Mieters auch ohne Mahnung eintritt. Mit dem Zu-sammenspiel von Zurückbehaltungsrecht in Abs. (2) und dem Kündigungsrecht in Abs. (3) verfolgt das Formular das Ziel, den Vermieter vor Mietern zu schützen, die von vor-neherein leistungsunfähig bzw. unwillig sind. Mieter, die sich den Mietvertrag gleichsam erschlichen haben, sollen auf diesem Weg an der – nach Besitzeinweisung grundsätzlich nur auf prozessualem Wege zu unterbindenden – Besitzausübung gehindert werden. Prak-tisch verbietet sich daher eine Überlassung der Mietsache, bevor der Mieter sich nicht der Vollstreckung unterworfen hat.

5. Unter den Regelungsbereich von § 794 Abs. 1 Nr. 5 ZPO fallen Urkunden, die von einem deutschen Notar im Rahmen seiner Befugnisse formgerecht aufgenommen werden (vgl. § 20 BNotO, §§ 1, 62 BeurkG).

Die Erteilung der **Vollstreckungsklausel** (d. h. der vollstreckbaren Ausfertigung) ist in § 797 ZPO geregelt. Danach wird die vollstreckbare Ausfertigung der notariellen Ur-kunde grundsätzlich von dem Notar erteilt, der die Urkunde verwahrt (§ 797 Abs. 2 ZPO). Anspruch auf Erteilung der Klausel hat der Gläubiger (Vermieter), zu dessen Gunsten die Urkunde errichtet worden ist. Der Notar prüft dann, ob ein formell wirk-samer Titel mit vollstreckungsfähigem Inhalt vorliegt. Hat ein Vertreter für den Schuld-ner die Unterwerfungserklärung abgegeben, müssen Erteilung und Umfang der Voll-macht in öffentlicher oder öffentlich beglaubigter Urkunde zu Protokoll des Notars er-klärt werden. Eine weitere Prüfungsbefugnis steht dem Notar nicht zu (vgl. BGH NZBau 2005, 517).

Die Unterwerfungserklärung des Schuldners (Mieters) ist eine einseitige Willenserklä-rung mit prozessrechtlichem Charakter (vgl. BGH NJW 1985, 2423). Sie lässt die Be-weislastverteilung unberührt (vgl. BGH NJW 2002, 138; 2001, 2096; *Moeser* NZM 2004, 769). Sie bedarf keiner Annahme seitens des Gläubigers (vgl. Zöller/*Stöber* § 794 Rdn. 29).

Die Unterwerfungserklärung hat hinsichtlich des zugrundeliegenden Anspruchs keinen konstituierenden Charakter, sondern eröffnet lediglich die Vollstreckung. Zur (miet-)ver-traglichen Begründung von Ansprüchen, wegen derer vollstreckt werden soll, bedarf es daher stets eines wirksamen Vertragsschlusses. Die Vertragsparteien können für den ge-samten Vertragsschluss die Form einer notariellen Urkunde wählen und so die Unterwer-fungserklärung mit dem Vertragsschluss verbinden. Notwendig ist dies aber nicht (vgl. Anm. 2).

Einwendungen gegen die Wirksamkeit der notariellen Urkunde sind vom Schuldner gemäß §§ 797 Abs. 3, 732 ZPO im Wege der Erinnerung geltend zu machen. Materiell-rechtliche Einwendungen können mit der Vollstreckungsgegenklage aus § 767 ZPO gel-tend gemacht werden. Der Schuldner kann in diesem Rahmen alle Einwendungen vor-bringen, aus denen sich ergibt, dass der Anspruch nicht entstanden, erloschen oder zur Zeit nicht durchsetzbar ist (vgl. *Eupen* MietRB 2006, 85).

Der Umstand, dass eine Unterwerfungserklärung oder ein Vertrag notariell beurkun-det wird, besagt nichts darüber, ob es sich um AGB handelt. Diese Frage beurteilt sich allein nach §§ 305 ff. BGB (zur Inhaltskontrolle beim Bauträgervertrag vgl. BGH NJW 2002, 138).

6. Die Bezugnahme auf den der Urkunde beizufügenden Mietvertrag erfolgt zur nähe-ren Konkretisierung des zugrundeliegenden Anspruchs. Eine notarielle Urkunde ist grundsätzlich nur dann ein zur Vollstreckung geeigneter Titel, wenn sie auf Zahlung ei-ner bestimmten Geldsumme gerichtet ist und der Schuldner sich in der Urkunde der so-fortigen Zwangsvollstreckung unterworfen hat. Ein Zahlungsanspruch ist aber schon

dann hinreichend bestimmt, wenn er betragsmäßig festgelegt ist oder sich aus der Urkunde ohne weiteres errechnen lässt (vgl. BGH NZBau 2005, 517; BGH NJW-RR 2000, 1358 m. w. N.). Dazu genügt es nach ständiger Rechtsprechung des Bundesgerichtshofs, wenn die Berechnung mit Hilfe offenkundiger Umstände möglich ist. Dazu zählt auch, wenn auf eine andere Urkunde, die der Niederschrift als Anlage beigefügt ist, Bezug genommen wird (vgl. BGH a. a. O.; OLG Saarbrücken OLGR 2005, 764).

**7.** Schwierigkeiten bei der bestimmten Bezeichnung des Anspruchs auf Zahlung des Mietzinses und der Betriebskostenvorauszahlungen können sich nach diesseitiger Auffassung ergeben, wenn sich der Anspruch während der Mietdauer nach Kriterien erhöhen soll, deren betragsmäßige Auswirkungen bei Vertragsschluss bzw. bei Urkundserrichtung nicht überblickt werden können. Das kann etwa bei einem **Leistungsvorbehalt** (z. B. Bestimmung der neuen Miete durch einen Sachverständigen, vgl. dazu Form. A. VII. 1) der Fall sein. Es erscheint in hohem Maße als fraglich, ob die Rechtsprechung dann noch allein die Bezugnahme auf diejenigen Vertragsbestimmungen, welche das Erhöhungsverfahren ausgestalten, als ausreichende Festlegung der zu vollstreckenden Geldsumme ausreichen lässt. Diesseits wird davon ausgegangen, dass nur ein im Mietvertrag ausgewiesener Erhöhungsbetrag (etwa im Sinne einer Staffelmiete) den Bestimmtheitserfordernissen genügt. Daraus folgt ferner, dass eine Unterwerfungserklärung hinsichtlich einer Umsatzmiete (vgl. Form. A. VII. 2 nebst Anm.) schwerlich möglich sein dürfte, jedenfalls was den umsatzbezogenen Mietanteil angeht.

**8.** Die ausdrückliche Bezugnahme auf die mietvertraglichen Bestimmungen, welche die Ausübung von Minderungs- und Zurückbehaltungsrechten einschränken (vgl. auch Anm. 3), stellt im Hinblick auf die Klauselerteilung und eine etwaige Gegenklage klar, dass die Gegenrechte des Mieters eingeschränkt sind.

## 17. Unterwerfung unter die Zwangsvollstreckung (§ 794 Abs. 1 Nr. 5 ZPO) wegen eines Räumungsanspruchs[1]

### Bestimmungen im Mietvertrag[2]

### § ...... Unterwerfung unter die Zwangsvollstreckung

(1) Gemäß § ...... dieses Mietvertrags haben die Parteien ein bis zum ...... befristetes Mietverhältnis begründet. Der Mieter ist verpflichtet, wegen der Ansprüche des Vermieters auf Räumung und Herausgabe der Mietsache bei Beendigung des Mietverhältnisses (§ 546 BGB) vor dem Notar ...... in ...... die Erklärung abzugeben und notariell beurkunden zu lassen, dass er sich wegen dieser Ansprüche der sofortigen Zwangsvollstreckung unterwirft (§ 794 Abs. 1 Nr. 5 ZPO). Die Unterwerfungserklärung hat mit der Maßgabe zu erfolgen, dass der Vermieter nach Ablauf des Mietverhältnisses jederzeit auch ohne weitere Nachweise des Entstehens und der Fälligkeit der Ansprüche eine vollstreckbare Ausfertigung der notariellen Urkunde beantragen kann.

(2) Vor Errichtung der in Abs. (1) bezeichneten Notarurkunde hat der Mieter keinen Anspruch auf Übergabe und Nutzung der Mieträume. Macht der Vermieter wegen unterbliebener Urkundserrichtung in Bezug auf die Übergabe der Mieträume ein Zurückbehaltungsrecht geltend, berechtigt dies den Mieter nicht zum Einbehalt der vertraglich geschuldeten Miete.

(3) Die Errichtung der in Abs. (1) bezeichneten Notarurkunde hat spätestens bis zum ...... zu erfolgen. Befindet sich der Mieter mehr als zwei Wochen mit der Abgabe der Unterwerfungserklärung in Verzug, berechtigt dies den Vermieter zur fristlosen Kündigung des Mietverhältnisses.

(4) Die Kosten für die Errichtung der notariellen Urkunde und für die Erteilung vollstreckbarer Ausfertigungen trägt der Mieter.

### Inhalt der zu errichtenden notariellen Urkunde

Ich, [Personalien des Mieters], habe am ...... mit [Personalien des Vermieters] einen schriftlichen Mietvertrag über die Anmietung von Gewerberäumen ...... [Bezeichnung der Gewerberäume] geschlossen. Der vollständige Mietvertrag ist dieser Urkunde in Kopie beigeheftet.

Das Mietverhältnis beginnt gemäß § ...... des Mietvertrags am ...... und endet am ...... Die Möglichkeit stillschweigender Vertragsverlängerung (§ 545 BGB) ist gemäß § ...... des Mietvertrags ausgeschlossen. Eine Option auf Verlängerung des Mietverhältnisses besteht nicht.

Nach Beendigung des Mietverhältnisses sind die Mieträume zu räumen und an den Vermieter zurückzugeben (§ 546 BGB). Ich unterwerfe mich hiermit als Mieter wegen dieser Ansprüche gegenüber ...... [Vermieter] der sofortigen Zwangsvollstreckung aus dieser Urkunde in mein gesamtes Vermögen.

Der Notar wird hiermit unwiderruflich angewiesen und bevollmächtigt, Herrn/ Frau ...... [Vermieter] nach Ablauf des ...... [letzter Tag des Mietverhältnisses] jederzeit und ohne jeden weiteren Nachweis eine vollstreckbare Ausfertigung der notariellen Urkunde zu erteilen.[3]

Ich trage die Kosten für die Errichtung dieser Urkunde und für die Erteilung vollstreckbarer Ausfertigungen.

*Schrifttum:* Vgl. die Nachweise zu Form. A. VII. 16.

### Anmerkungen

**1.** Zu den allgemeinen Voraussetzungen, unter denen die Unterwerfung unter die sofortige Zwangsvollstreckung in Betracht kommt, wird zunächst auf die Anmerkungen zu Form. A. VII. 16 verwiesen.

Die **Unterwerfung wegen eines Räumungsanspruchs** weist zusätzliche Besonderheiten und Schwierigkeiten auf. Zunächst können die **Bestimmtheitsanforderungen** es als schwierig gestalten, die Voraussetzungen für die Entstehung des Räumungsanspruchs im Vorhinein klar zu umschreiben (zum Bestimmtheitserfordernis vgl. BGH NJW 1983, 2262):

Die **Beendigung eines auf unbestimmte Zeit geschlossenen Mietverhältnisses** setzt grundsätzlich eine **Kündigungserklärung** des Mieters oder des Vermieters voraus. Dabei kann es sich um eine ordentliche Kündigung (vgl. §§ 542 Abs. 1, 580a Abs. 2 BGB) oder um eine außerordentliche Kündigung handeln. Die außerordentliche Kündigung kann mit sofortiger Wirkung zur Beendigung des Mietverhältnisses führen (vgl. §§ 543, 569 i. V. m. 578 Abs. 2 BGB). Sie kann bei vertraglich geregelten Kündigungsrechten auch an Fristen und andere Bedingungen geknüpft sein. Das Recht zur außerordentlichen fristlosen Kündigung kann zudem von Fristsetzungen und Abmahnungen abhängig sein (vgl. § 543 Abs. 3 BGB und dazu Form. A. VIII. 1 bis 3).

Auch bei **befristeten Mietverhältnissen** hängen der Zeitpunkt der Beendigung und damit die Entstehung des Herausgabeanspruchs des Vermieters im Sinne von § 546 BGB oft davon ab, dass von eingeräumten Optionsrechten (zur Verlängerungsoption vgl. Form. A. VII. 5) kein Gebrauch gemacht wird. Die Beendigung des Mieteverhältnisses steht außerdem unter dem Vorbehalt, dass **keine stillschweigende Verlängerung** im Sinne von § 545 BGB eintritt. Ob und unter welchen Voraussetzungen die Beendigung des Mietverhältnisses eintreten wird, entzieht sich daher oft näherer Festlegung. Es ist dementsprechend schwierig, bei Beginn des Mietverhältnisses und bei Niederlegung der notariellen Vollstreckungsunterwerfung hinreichend zu bestimmen, für welche Fälle die Vollstreckung eröffnet sein soll.

Die z. T. komplexen Vorgänge, die sich um die Entstehung des Räumungsanspruchs ranken, machen es im Regelfall praktisch unmöglich, die Voraussetzungen einer (zumal außerordentlichen) Kündigung in der Form des § 726 Abs. 1 ZPO nachzuweisen (vgl. *Groh* NZM 1999, 698). Zwar kann der Vermieter vom Nachweis einzelner Vollstreckungsvoraussetzungen durch öffentliche oder öffentlich beglaubigte Urkunden befreit werden (vgl. dazu Form. A. VII. 16 Anm. 3). In dem Umfang, in dem sich die Voraussetzungen des Räumungsanspruchs bei Abgabe der Unterwerfungserklärung einer Feststellung entziehen, wächst indessen die Gefahr, dass formularvertragliche Regelungen sich als unangemessen benachteiligend im Sinne von §§ 307, 310 Abs. 1 BGB erweisen. Die notarielle Beurkundung des Mietvertrags und/oder der Unterwerfungserklärung beseitigt dabei unter keinem Gesichtspunkt den rechtlichen Charakter von Allgemeinen Geschäftsbedingungen, wenn die Mehrfachverwendung im Sinne von § 305 Abs. 1 BGB feststeht (zur Vollstreckungsunterwerfung vgl. BGH NZM 2002, 35). Eine generelle Verwendung wird auch nicht dadurch ausgeschlossen, dass der Kreis der in Betracht kommenden Vertragspartner (Mieter) und deren Anzahl (in einem Mietobjekt mit begrenzten Mieteinheiten) von vornherein feststehen. Für die einseitige Gestaltungsmacht des Verwenders ist es im Rahmen von § 305 BGB schon ein hinreichendes Indiz, wenn er nur drei von ihm in Aussicht genommenen Verträgen seine vorformulierten Bedingungen zugrunde legen will (vgl. BGH a. a. O.; BGH NJW 1998, 2286).

Eine gleichsam auf Vorrat konstituierte Vollstreckungsbefugnis des Vermieters für letztlich nicht voraussehbare Beendigungstatbestände verstößt nach diesseitiger Auffassung im Zweifel sowohl gegen das Bestimmtheitsgebot (vgl. Form. A. VII. 16 Anm. 2 und 6) als auch gegen das Transparenzgebot aus § 307 Abs. 1 S. 2 BGB. Die Unterwerfung unter die Räumungsvollstreckung ist überdies von ganz besonderem wirtschaftlichen und rechtlichen Gewicht und kann auch im Übrigen gravierende Härten im Sinne von § 307 Abs. 1 und 2 BGB bewirken. Der Mieter ist durch die Vollstreckungsunterwerfung zwar nicht rechtlos gestellt (vgl. *Moeser* NZM 2004, 769). Es unterliegt jedoch seiner Initiative, ob er sich im Rahmen einer Vollstreckungsgegenklage nach § 767 ZPO gegen die Vollstreckung zur Wehr setzt. Demgegenüber erspart sich der Vermieter den gesamten Räumungsrechtsstreit mitsamt dem hierfür erforderlichen Zeit-, Arbeits- und Kostenaufwand.

Bedenken gegen die Praktikabilität der Vollstreckungsunterwerfung beim Räumungsanspruch ergeben sich zudem aus der im Bereich der Gewerberaummiete nicht seltenen Untervermietung. Um vollstrecken zu können, benötigt der Vermieter auch einen Titel gegen den Untermieter, der sich also seinerseits gegenüber dem (Haupt-)Vermieter, mit dem er ansonsten nicht in vertraglichen Beziehungen steht, unter die Zwangsvollstreckung unterwerfen müsste (vgl. *Kluth/Grün* NZM 2001, 1013). Das ist umständlich, teuer und abschreckend.

Vor diesem Hintergrund wird diesseits den Befürwortern der Vollstreckungsunterwerfung bei Räumungsansprüchen (vgl. *Groh* NZM 1999, 698; *Moeser* NZM 2004, 769; *Wolfsteiner* DNotZ 1999, 306; zurückhaltend: *Kluth/Grün* NZM 2001, 1013) eher kritisch begegnet. Formularrechtlich bedenklich erscheint insbesondere die Vereinbarung eines abstrakten Räumungstitels, von dem der Vermieter nach Maßgabe bestimmter Sicherungsabreden Gebrauch machen darf (vgl. *Groh* a. a. O.), denn dies würde eine ganz gravierende Erweiterung der Vollstreckungsbefugnisse des Vermieters für ganz ungewisse Tatbestände bewirken. Inwieweit Vollstreckungsvereinbarungen auf Räumung individuell wirksam vereinbart werden können, entzieht sich in dem hier gegebenen Rahmen näherer Darstellung. Es ist zumindest nicht fernliegend, dass die Vollstreckungsunterwerfung für unterschiedliche und ungewisse Beendigungstatbestände den Anwendungsbereich des § 138 BGB eröffnet, jedenfalls dann, wenn der Vermieter etwa unter Ausnutzung einer Monopolstellung oder sonstiger Druckmöglichkeiten auf eine Vollstreckungsunterwerfung hinwirkt (vgl. § 138 Abs. 2 BGB).

**2.** Die in Anm. 1 aufgezeigten rechtlichen und praktischen Probleme und das Fehlen einschlägiger Rechtsprechung lassen es als geboten erscheinen, die Unterwerfung unter die Räumungsvollstreckung auf die Fälle zu beschränken, in denen die Voraussetzungen für die Entstehung des Räumungsanspruchs schon bei Vertragsschluss hinreichend feststehen. Insoweit bietet sich praktisch nur das von Vorneherein **befristete Gewerberaummietverhältnis als Regelungstatbestand** an. Der Zeitpunkt der Vertragsbeendigung steht zumindest dann von vornherein fest, wenn dem Mieter keine Verlängerungsoption eingeräumt und die Möglichkeit stillschweigender Vertragsverlängerung (§ 545 BGB) vertraglich abbedungen wurde (zu Formulierungsvorschlägen vgl. *Groh* NZM 1999, 698; *Moeser* NZM 2004, 769).

Die im Formular enthaltenen Regelungen entsprechen nach Aufbau und Regelungsinhalt weitgehend den Bestimmungen in Form. A. VII. 16. Es kann daher auf die dortigen Anm. verwiesen werden.

**3.** Beim unbedingt befristeten Mietverhältnis stellt sich die Problematik des Nachweises durch öffentliche oder öffentlich beglaubigte Urkunden (§ 726 Abs. 1 ZPO) grundsätzlich nicht, denn der Eintritt der Vertragsbeendigung steht schon aufgrund des Mietvertrags fest. Die Vollstreckung hängt dann vom Ablauf einer feststehenden Frist im Sinne von § 751 Abs. 1 ZPO ab (vgl. Zöller/*Stöber* § 726 Rdn. 3), der keinen besonderen zusätzlichen Nachweis erfordert. Der im Formular enthaltene Hinweis auf die Entbehrlichkeit weiteren Nachweises hat von daher nur klarstellende und bekräftigende Bedeutung.

# B. Mietgebrauch

## I. Rechte des Mieters

### 1. Anspruchsschreiben wegen Gebrauchsüberlassung (erstmalige Einräumung des Besitzes)

......
(Rechtsanwalt)

an

......
(Vermieter)
per Boten[1]

Sehr geehrte(r) ......

hiermit zeige ich an, dass ich die Interessen der/des ...... anwaltlich vertrete. Vollmacht auf mich ist beigefügt.

Sie haben meinem Mandanten durch Mietvertrag vom ...... die in Ihrem Hause ...... befindliche 3-Zimmerwohnung im 3. OG rechts ab ...... vermietet. Nach den getroffenen Vereinbarungen sollten Sie meinem Mandanten am ...... um ...... Uhr morgens die Schlüssel übergeben, damit dieser am ...... mit Familie in die gemietete Wohnung einziehen konnte. Sie waren jedoch entgegen der getroffenen Absprache nicht am Objekt, erschienen auch später nicht. Telefonisch konnte mein Mandant Sie nicht erreichen, so dass ich mich im Auftrage des Mandanten schriftlich an Sie wenden muss. Der von meinem Mandanten angesprochene Hausmeister deutete an, dass Sie die Wohnung an eine andere Person, die einen höheren Mietzins zu zahlen bereit sei, vermieten wollten bzw. vermietet hätten. Ich fordere Sie im Auftrage meines Mandanten auf, es zu unterlassen, die Wohnung an einen Dritten zu vermieten und ihm Besitz einzuräumen. Ich verlange weiterhin, dass Sie meinem Mandanten bis ...... morgens ...... Uhr die Schlüssel zur Wohnung zustellen.[2]

Geschieht dies nicht, werde ich:[3]

1. Beim zuständigen Amtsgericht den Erlass einer einstweiligen Verfügung gegen Sie erwirken, es zu unterlassen, die Wohnung an einen Dritten zu vermieten und sie zu übergeben.[4]
2. Klage gegen Sie auf Besitzeinräumung der Wohnung an meinen Mandanten erheben.[5]

Ich verweise weiter darauf hin, dass ich im Auftrage meiner Partei Schadensersatzansprüche gegen Sie geltend machen werde, wenn Sie entgegen der Verpflichtung aus dem Mietvertrag die Wohnung an einen Dritten vermieten und übergeben.[6]

Sie schulden weiterhin unter dem Gesichtspunkt der Vertragsverletzung gem. § 280 Abs. 1 BGB die Kosten meiner Inanspruchnahme.[7]

......
(Rechtsanwalt)

*Schrifttum: Baumgärtel/Laumen/Prütting,* Handbuch der Beweislast, 3. Aufl. 2010; *Börstinghaus,* Die aktuelle Rechtsprechung des BGH zum Mietrechts, NZM 2010, 18 ff.; *Derleder/Pellegrino,* Die Anbahnung des Mietverhältnisses, NZM 1998, 550; *Hosenfeld,* Zugangsnachweise für miet- und wohnungseigentumsrechtliche Erklärungen, NZM 2002, 93; *Scholl,* Zum Anspruch gegen den Vermieter auf Einräumung des Mietbesitzes nach Doppelvermietung und nach bereits erfolgter Überlassung an den Dritten, WuM 1998, 584.

## Anmerkungen

**1.** Zur **Sicherstellung des Zugangs** des Schreibens bieten sich an: Zustellung durch den Gerichtsvollzieher, §§ 166 ff., 182 ZPO, Einwurf-Einschreiben, Einschreiben/Rückschein oder Zustellung durch Boten. Ist die derzeitige Anschrift des Empfängers dem Absender unbekannt und über Einwohnermeldeamt, Post, frühere Nachbarn, Arbeitgeber nicht zu ermitteln, kann die Zustellung gemäß § 132 Abs. 2 BGB nach den für die öffentliche Zustellung einer Ladung geltenden Vorschriften der ZPO (§§ 185 ff.) durch das Amtsgericht bewirkt werden. Die Zustellung durch Einwurf-Einschreiben ist im konkreten Fall nicht geeignet, da der Nachweis der Zustellung im Falle des Bestreitens des Empfängers nicht erbracht werden kann (LG Potsdam NJW 2000, 3722). Zur Problematik sei verwiesen auf *Hosenfeld* NZM 2002, 93 ff. Da hier Eile geboten ist, ist die Zustellung durch den GV, wenngleich sicher – auch bei Abwesenheit des Empfängers und Zustellung durch Niederlegung der Sendung in Verbindung mit Benachrichtigung des Empfängers gem. § 132 BGB ist die Zustellung erfolgt, selbst wenn der Empfänger das Schreiben nicht abholt – nicht praktikabel, da der Absender unter Umständen erst nach einer Woche, jedenfalls nicht am gleichen Tag den Nachweis der Zustellung erlangen kann. Die Übersendung per Einschreiben/Rückschein ist einmal nicht sicher – der Empfänger kann die Zustellung vereiteln, indem er das bei der Post hinterlegte Schriftstück trotz Benachrichtigung nicht abholt –, sie dauert überdies zu lange. Bei der Zustellung per Boten hat der Absender am selben Tag den Nachweis der Zustellung durch den Boten. Bei dieser Art der Zustellung sollte allerdings sichergestellt werden, dass der Bote im Falle des Bestreitens des Zugangs des Schreibens durch den Empfänger im Rechtsstreit den Zustellvorgang nachvollziehbar schildern kann. Er sollte sich bei großen Wohnblocks, Hochhäusern notfalls auf der Kopie des Schreibens, das der Absender erhält, Notizen machen über Anzahl der Briefkastenfächer und vermerken, in welchen Briefkasten (z. B. dritte Reihe von oben, zweiter Briefkasten von rechts usw.) der Brief gesteckt wurde. Weiterhin sollte er beim Eincouvertieren des Briefes in den Umschlag zugegen sein, sich überzeugen, dass der Brief unterzeichnet und mit Originalvollmacht versehen ist, und sich hierüber Notizen machen.

**2.** Die **Hauptpflichten des Vermieters** gem. § 535 BGB sind die zur Gebrauchsüberlassung und Gebrauchsgewährung. Die Gebrauchsüberlassung erfolgt in der Regel durch die Einräumung des unmittelbaren Besitzes (BGHZ 65, 13 = NJW 1976, 105). Bei Doppelvermietung der Wohnung sind beide Verträge gemäß § 311a BGB wirksam, beide Mieter können Vertragserfüllung verlangen, ohne dass es auf die Priorität des Vertragsabschlusses ankommt (BGH WuM 1962, 272; OLG Köln ZMR 1998, 696; *Blank/Börstinghaus* § 536 Rdn. 22; *Sternel* Mietrecht aktuell, VIII Rdn. 260; Schmidt-Futterer/*Eisenschmidt* § 536 Rdn. 260; Bub/Treier/*Kraemer* III. B Rdn. 1185; a. A. *Lammel* § 536 Rdn. 86). Beide können Besitzeinräumung verlangen (AG Freiburg WuM 1993, 117; Staudinger/*Emmerich* § 536 Rdn. 47; *Kraemer* a.a.O.). Der Vermieter hat die Wahl, wem er Besitz übertragen will (OLG Frankfurt NJW-RR 1197, 77). Wenn allerdings das zivilrechtliche Benachteiligungsverbot der §§ 19, 2 und 1 AGG einschlägig ist, soll eventuell der diskriminierte Interessent den Vorrang haben (PWW/*Elzer* § 535 Rdn. 50). Hat der Vermieter einem der beiden Mieter rechtmäßigen Besitz eingeräumt, hat der andere Mieter nach einer weit verbreiteten Meinung in Literatur und Rechtsprechung (LG Köln WuM 1990, 65; LG Berlin WuM 1995, 123; *Blank/Börstinghaus* § 536 Rdn. 22 ff.; Schmidt-Futterer/*Eisenschmidt* § 536 Rdn. 260 ff.; *Emmerich/Sonnenschein* 8. Aufl. 2003 § 536 Rdn. 27; Staudinger/*Emmerich* § 536 Rdn. 48; *Emmerich* NZM 2002, 362 ff.; *Kinne/Schach/Bieber* § 536 Rdn. 21; *Scholl* WuM 1998, 584; Palandt/*Weidenkaff* § 536 Rdn. 30) ein Wahlrecht zwischen Erfüllungs- und Schadensersatzanspruch, da ja der Dritte den Besitz aufgeben oder vom Vermieter gegen Zahlung zur Besitzaufgabe veranlasst werden könne; nach einer anderen Meinung hat er im Regelfall nur noch einen Schadensersatzanspruch (BGH NJW 1961, 917; BGH ZMR 1962, 175; OLG Köln OLGR 1998, 212 = WuM 1998, 602; OLG Düsseldorf NZM 1999, 24; *Sternel* VIII Rdn. 6; Hannemann/Wiegner/*Inzinger* § 18 Rdn. 27 ff.). Der Erfüllungsanspruch resultiert aus § 535 BGB, der Schadensersatzanspruch (nach Besitzeinräumung an einen Dritten) nach der Neufassung des Mietrechts durch die Mietrechtsreform aus §§ 536 a Abs. 1, 536 Abs. 3 BGB.

**3.** Zu überlegen ist, ob es sinnvoll ist, den Antrag auf Erlass einer einstweiligen Verfügung anzudrohen, da hierdurch der Vermieter gewarnt wird und in den Stand versetzt wird, bei Gericht eine **Schutzschrift** einzureichen (LG München WuM 1991, 577).

**4.** Streitig ist, ob im Fall einer **Doppelvermietung** (jedoch vor Besitzeinräumung an einen der beiden Mieter) dem Vermieter im Wege der einstweiligen Verfügung überhaupt vorgeschrieben werden kann, wem er den Besitz einzuräumen hat (h.M verneinend KG NZM 2007, 518; NZM 2008, 889; OLG Koblenz, NZM 2008, 248; OLG Celle, MDR 2009, 135; OLG Hamm NZM 2004, 192; OLG Frankfurt NJW-RR 1997, 77; OLG Schleswig MDR 2000, 1428; LG München WuM 1991, 577; Palandt/*Weidenkaff* § 536 Rdn. 30; *Lammel* § 536 Rdn. 75; bejahend OLG Hamm NJW-RR 1990, 1236; OLG Düsseldorf NJW-RR 1991, 137; *Derleder/Pellegrino* NZM 1998, 550, 557; Kinne/Schach/Bieber/*Kinne* II Rdn. 188; Bub/Treier/*Straßberger* II Rdn. 226). In jedem Fall sollte man versuchen, den Vermieter im Wege der einstweiligen Verfügung daran zu hindern, den Besitz dem Dritten einzuräumen. Es handelt sich um eine Sicherungsverfügung auf Unterlassung.

**5.** Dem Mieter steht grundsätzlich der aus § 535 BGB resultierende Erfüllungsanspruch zu (vgl. Anm. 2). In jüngster Zeit (vgl. nur *Schmid* ZMR 2009, 585 ff.; *Lehmann-Richter* NJW 2008, 1196; *Feuerlein* WuM 2008, 385) wurde die Frage der Verjährung des mieterseitigen Erfüllungsanpruchs problematisiert. Durch die Entscheidung des BGH (NZM 2010, 235) steht nunmehr fest, dass der **Erfüllungsanspruch** während der Mietzeit **nicht verjährt**. Es besteht jedoch die **Gefahr,** dass bei jahrelanger rügeloser Hinnahme eines Mangels ein Gericht den mangelhaften Zustand entweder als **vertragsgemäßen Zustand** betrachtet oder den Erfüllungsanspruch als **verwirkt** ansehen könnte.

**6.** Stattdessen oder zusätzlich (vgl. Anm. 2) hat er den Schadensersatzanspruch aus §§ 536 a Abs. 1, 536 Abs. 3 BGB.

**7.** Der **Gebührenstreitwert** ergibt sich aus § 16 GKG (OLG Celle MDR 1989, Jahresmietzins, da das Bestehen eines Mietverhältnisses im Streit ist. Es fällt eine Gebühr im Rahmen des § 14 RVG an. Bei der einstweiligen Verfügung kommt ein Bruchteil (in der Regel 1/3) des Streitwerts der Hauptsache zum Ansatz (vgl. Zöller/*Herget* § 3 ZPO „einstweilige Verfügung").

# 2. Anspruchsschreiben zur Wiedereinräumung des entzogenen Besitzes

......
(Rechtsanwalt)

an

......
(Vermieter)
per Boten[1]

Sehr geehrte(r) ......,

hierdurch zeige ich an, dass mich Ihr Mieter ...... mit der Wahrnehmung seiner Interessen beauftragt hat. Vollmacht meines Mandanten auf mich ist beigefügt.

Mein Mandant hat von Ihnen durch Vertrag vom ...... die in Ihrem Hause ...... liegende Wohnung im 3. OG links samt Keller und Garage 1 angemietet. Nach im Jahr 2001 erfolgter Umwandlung des Hauses in Wohnungseigentum und Veräußerung der Wohnung 3. OG rechts haben Sie, nachdem mein Mandant mit dem in der Garage abgestellten PKW zur Arbeit gefahren war, die Garage 1 gewaltsam geöffnet und daran Besitz ergriffen,[2] mit der Begründung, die Garage 1 sei nunmehr der verkauften Wohnung im 3. OG rechts zugeordnet und mitverkauft worden.[3] Ich untersage Ihnen im Auftrag meiner Partei, dem Käufer Besitz an der Garage einzuräumen und habe Sie aufzufordern, die Garage bis ......, den ...... abends 18.00 Uhr meinem Mandanten wieder zur Verfügung zu stellen. Die Veräußerung der Wohnung 3. OG rechts mit Garage 1 beeinträchtigt den Mietvertrag und den an der Garage eingeräumten Alleinbesitz nicht. Sollten Sie der Aufforderung in der gesetzten Frist nicht nachkommen, müsste ich für meinen Mandanten den Erlass einer einstweiligen Verfügung[4] gegen Sie beantragen, Sie auf Wiedereinräumung des Besitzes an der Garage im Klagewege in Anspruch nehmen[5] und Schadensersatz für den Zeitraum des Entzugs der Garage geltend machen.[6]

......
(Rechtsanwalt)

## Anmerkungen

**1.** Vgl. Form. B. I. 1 Anm. 1.

**2.** Während des Bestehens des Mietverhältnisses über Wohnung, Keller und Garage hat der Mieter zum einen Besitzschutz gem. §§ 858 ff. BGB, zum anderen gem. § 535 BGB einen vertraglichen Anspruch gegen den Vermieter, dass er im Besitz und vereinbarten Gebrauch nicht gestört wird (Bub/Treier/*Kraemer* III B Rdn. 1234; *Blank/Börstinghaus*, § 535 Rdn. 293). Die Besitzergreifung durch den Vermieter gegen den Willen des Mieters stellt sich als verbotene Eigenmacht gem. § 858 BGB sowie als Vertragsverletzung des Mietvertrages dar (*Blank/Börstinghaus*, § 535 Rdn. 293; *Hinz* WuM 2005, 615 ff.)

**3.** Die bei Aufteilung des Hauses in Wohnungseigentum erfolgte Zuordnung der an den Mieter mit der Wohnung 3. OG links mitvermieteten Garage 1 zur Wohnung 3. OG rechts und die anschließende Veräußerung dieser Wohnung und Garage – wenn an Letzterer Teileigentum begründet sein sollte – an einen dritten Käufer bewirkte, dass der Veräußerer als Vermieter der Wohnung 3. OG links gemeinsam mit dem Erwerber der Wohnung 3. OG rechts mit Garage 1, da Teileigentum, nunmehr gemäß § 566 BGB Vermieter des Mieters hinsichtlich der Garage geworden ist. Der Mieter hat daher auch gegenüber dem Erwerber aufgrund des Mietverhältnisses ein Recht zum Besitz.

Befindet sich demgegenüber die Garage in Gemeinschaftseigentum, bleibt der Veräußerer alleine Vermieter der Wohnung 3. OG links nebst Garage 1 (BGH WuM 1999, 390, für den umgekehrten Fall der Veräußerung der Wohnung mit in Gemeinschaftseigentum befindlicher Garage).

**4.** Da verbotene Eigenmacht vorliegt (§ 858 Abs. 1 BGB), hat der Mieter gegen den Vermieter einen Anspruch auf Räumung und Herausgabe der im Wege der verbotenen Eigenmacht in Besitz genommenen Miet- und Nebenräume. Zu denken ist an eine einstweilige Verfügung auf Räumung und Herausgabe gem. § 940a ZPO (Bub/Treier/ *Kraemer* III. B Rdn. 1234; *Blank/Börstinghaus* § 535 Rdn. 293; *Hinz* WuM 2005, 615), da es sich bei der Garage nicht um ein eigenständiges Mietverhältnis handelt, sondern um Nebenräume des gemieteten Wohnraums.

**5.** Der Mieter kann weiterhin seinen Anspruch auf Räumung und Herausgabe im Wege der Hauptsacheklage geltend machen.

**6.** Ihm steht weiter ein Schadensersatzanspruch wegen teilweiser Entziehung des Besitzes an der Wohnung (Garage) zu. Der Schaden kann bestehen in den Kosten der Zwischenanmietung einer Garage bis zur Verfügungstellung der gemieteten Garage 1, kann jedoch, wenn die Anmietung einer Ersatzgarage nicht gelingt, auch darin liegen, dass das nunmehr auf der Straße stehende Auto vermehrter Pflege am Lack sowie vermehrter Reinigung mit dadurch entstehenden Kosten bedarf.

**7.** Der Gebührenstreitwert ist gem. § 3 ZPO zu schätzen. Hierbei ist die Bewertungsvorschrift des § 16 Abs. 1 GKG zu berücksichtigen, sodass der einjährige Mietzins nicht überschritten werden darf (*Schneider/Herget* Rdn. 3014).

# 3. Anspruchsschreiben zur Geltendmachung von Schadensersatz wegen Nichtgewährung des Gebrauchs (Doppelvermietung)[1]

......

(Rechtsanwalt)

an

......

(Vermieter)
Einschreiben/Rückschein[2]

Sehr geehrte(r) ......,

wie Ihnen bekannt ist, vertrete ich die Interessen Ihres Mieters, ......, anwaltlich, ich nehme insoweit Bezug auf mein Schreiben vom ...... (vgl. Form. B. I. 1)

Sie hatten meinem Mandanten durch Mietvertrag vom ...... in Ihrem Hause ...... die Dreizimmerwohnung im 3. OG rechts ab ...... zu einer Miete von 500,– EUR zuzüglich Betriebs- und Heizkostenvorauszahlung in Höhe von 125,– EUR auf unbestimmte Zeit vermietet. Die Wohnung sollte meinem Mandanten nach den getroffenen Vereinbarungen am ......, 8.00 Uhr morgens übergeben werden. Entgegen den getroffenen Vereinbarungen erschienen Sie jedoch nicht. Trotz meines Schreibens vom ......, Ihnen zugestellt per Boten am gleichen Tag, räumten Sie meinem Mandanten den Besitz nicht ein, vielmehr vermieteten Sie die Wohnung an einen Dritten, der Ihnen mehr zahlte.

Mein Mandant hat seine Möbel für zwei Monate lagern müssen, eine Woche im Hotel verbringen müssen, um dann bei einem Freund bis zum ...... vorübergehend zu wohnen. Die zuvor von meinem Mandanten bewohnte Wohnung war nämlich bereits wieder neu vermietet, sodass er dort nicht bleiben konnte. Zum ...... gelang es meinem Mandanten dann, eine gleich große Wohnung in einem Haus gleichen Alters und vergleichbarer Ausstattung in einem benachbarten Häuserblock zu einem Mietzins von 600,– EUR kalt anzumieten. Mein Mandant musste 781,– EUR an Prozesskosten für das einstweilige Verfügungsverfahren aufwenden.

Er macht, wie bereits im Schreiben vom ...... angekündigt, Schadensersatz[3] geltend.

| | |
|---|---|
| 1. Umzugskosten ...... alte Wohnung zu Lager | EUR   1.656,– [4] |
| 2. Lagerkosten ...... von ...... bis 31. 10. 2001 | EUR     450,– [4] |
| 3. Umzugskosten ...... zu neuer Wohnung | EUR   2.182,80[4] |
| 4. Hotelaufenthalt ...... von ...... bis ...... 8 × 150,– EUR = | EUR   1.200,– [4] |
| 5. Mehraufwand für Verpflegung pro Tag 8 × 25,– EUR = | EUR     200,– [5] |
| 6. Mehrkosten Miete 12 × 3 × 100,– EUR = | EUR   3.600,– [4] |
| 7. Kosten des einstweiligen Verfügungsverfahrens | EUR     781,– [6] |
| insgesamt | EUR 10.069,80 |

Zur Zahlung setze ich eine Frist bis ......, nach deren fruchtlosem Ablauf ich im Auftrage meines Mandanten Klage auf Zahlung erheben werde.

......

(Rechtsanwalt)

*Schrifttum: Derleder/Pellegrino,* Die Anhebung des Mietverhältnisses, NZM 1998, 550; *Emmerich,* Neues Mietrecht und Schuldrechtsmodernisierung, NZM 2002, 362.

### Anmerkungen

**1.** Diesem Schreiben geht ein Anspruchsschreiben mit Fristsetzung (vgl. Form. B. I. 1) voraus.

**2.** Vgl. Form. B. I. 1 Anm. 1.

**3.** Da bei der Doppelvermietung die Mietsache nach Besitzübertragung an den Dritten dem (benachteiligten anspruchstellenden) Mieter nicht übergeben ist, dürfte dogmatisch Anspruchsgrundlage für Schadensersatzansprüche des Mieters seit dem 1. 1. 2003 (vgl. Art. 229 § 5 Abs. 1 S. 2 EGBGB: Dauerschuldverhältnisse) §§ 280, Abs. 1, 3 i. V. m. §§ 281, 311a Abs. 2 BGB sein. Rechtsprechung (BGH NJW 1996, 714; BGH NJW 1991, 3277; BGH NJW-RR 1989, 77; BGH WuM 1987, 116; OLG Hamm RE WuM 1987, 346; OLG Köln WuM 1981, 103; LG Ulm WuM 1989, 285; LG Köln NJW-RR 1992, 77) und Literatur (Palandt/*Weidenkaff* § 536 Rdn. 30; *Kinne/Schach/Bieber* § 536 Rdn. 21; *Blank/Börstinghaus,* § 536a Rdn. 11; Schmidt-Futterer/*Eisenschmid* § 536 Rdn. 276; Staudinger/*Emmerich* § 536 Rdn. 48; *Emmerich* NZM 2002, 362), wenden jedoch unabhängig davon, ob der Besitz bereits übertragen ist oder nicht, bei der Doppelvermietung die Rechtsmängelhaftung an. Der Vermieter schuldet danach Schadensersatz gem. §§ 536 a, 536 Abs. 3 BGB wegen eines anfänglichen Mangels.

**4.** Der Mieter kann verlangen, so gestellt zu werden, wie er bei ordnungsgemäßer Erfüllung des Vertrages, Besitzeinräumung an der Wohnung und Fortführung des Mietverhältnisses stehen würde (Bub/Treier/*Kraemer* III Rdn. 1376). Der Schaden umfasst die Kosten des Umzuges, die Lagerungskosten, Hotelaufenthalt sowie die Differenz zwischen der Miete der ursprünglich angemieteten Wohnung und der Ersatzwohnung (*Emmerich/Sonnenschein* Miete § 536 a Rdn. 12; Staudinger/*Emmerich* § 536 a Rdn. 21). Der Schadensersatzanspruch wegen der höheren Miete ist begrenzt auf die vereinbarte Mietzeit bzw. den Zeitpunkt, da der Vermieter erstmals hätte ordentlich kündigen können (BGH DWW 1995, 279 ff.; *Emmerich/Sonnenschein* § 536 a Rdn. 12; Staudinger/*Emmerich* § 536 a Rdn. 21). Es ist daran zu denken, die Grundsätze der Schadensrechnung bei Schadensersatz wegen vorgeschobenen Eigenbedarfs anzuwenden. Danach wäre die Differenz zu zahlen für einen Zeitraum von drei (LG Köln WuM 1992, 14; LG Berlin MM 1994, 176), oder vier Jahren (LG Darmstadt WuM 1995, 165; Schmidt-Futterer/*Eisenschmid* § 536 a Rdn. 88).

**5.** Der Schadensersatzberechtigte hat während des achttägigen Hotelaufenthaltes in der Regel keine Möglichkeit, sich selbst zu verpflegen und muss auswärts essen. Hierdurch entstehen Mehrkosten gegenüber dem, was er im Rahmen der Lebensführung sonst hätte aufwenden müssen.

**6.** Streitig ist, ob die Kosten des einstweiligen Verfügungsverfahrens als Schaden erstattungsfähig sind. Die aufgewendeten Prozesskosten liegen innerhalb des Schutzzwecks, dem die verletzten Pflichten dienen (BGHZ 30, 154). Namhafte Gerichte (OLG Hamm NJW-RR 1990, 1236; OLG Düsseldorf NJW-RR 1991, 138) bejahen die Zulässigkeit der einstweiligen Verfügung; der Antrag auf Erlass einer e. V. erscheint daher vertretbar. Für die Erstattungsfähigkeit der Kosten *Derleder/Pellegrino* NZM 1998, 550, 556; verneinend LG Köln WuM 1995, 155, 157.

**7.** Streitwert: 10.069,80 EUR; Kosten: RA-Gebühr § 14 RVG.

# 4. Anspruchsschreiben zur Ermöglichung vertragsgemäßen Gebrauchs

......
(Mieter)

an

......
(Vermieter)
Einschreiben/Rückschein[1]

Sehr geehrte(r) ......

Sie haben uns durch Mietvertrag vom ...... die in Ihrem Hause ...... liegende EG-Wohnung sowie den über Terrasse und Keller zu erreichenden Garten vermietet.[2]

Nunmehr im Frühjahr müssen wir feststellen, dass sich die Mieter der Wohnung im 1. OG des gleichen Hauses, die Eheleute ......, im Garten zu schaffen machen, Bäume beschneiden, Unkraut rupfen, den Rasen schneiden und sich an einem warmen Sonntag mit Liegestühlen in den von uns gemieteten Garten legen.

Da wir den Garten zur alleinigen Nutzung gemietet haben, müssen wir Sie auffordern, die Mieter des 1. OGs des Gartens zu verweisen, ihnen zu untersagen, den Garten zu betreten, zu pflegen und zu nutzen.[3]

Sollte der vertragswidrige Gebrauch über den ...... hinaus fortgesetzt werden, werden wir den Mietzins mindern,[4] ferner behalten wir uns weiterhin die fristlose Kündigung des Mietverhältnisses vor.[5]

......

(Mieter)

*Schrifttum: Sonnenschein,* Die Entwicklung des privaten Wohnraummietrechts von 1989 bis 1996 (Teil 1), NJW 1997, 1270.

## Anmerkungen

**1.** Vgl. Form. B. I. 1 Anm. 1.

**2.** Dem schriftlichen Mietvertrag ist zu entnehmen, ob der Mieter den Garten mitgemietet hat. Enthält der Mietvertrag die Regelung, dass der Garten dem Mieter vermietet worden ist, darf ihm dieser nicht entzogen werden (KrsG Greifswald WuM 1992, 356; *Sonnenschein* NJW 1997, 1270, 1279; Schmidt-Futterer/*Eisenschmid* §§ 535, Rdn. 301; *Lammel* § 535 Rdn. 103; *Kinne/Schach/Bieber* I § 535 Rdn. 25). Ein Gewohnheitsrecht, dass der EG-Mieter eines Mehrfamilienhauses ohne Weiteres den Garten benutzen dürfe, gibt es nicht (*Eisenschmid* a. a. O. Rdn. 301). Bei Vermietung eines Einfamilienhauses zur ausschließlichen Nutzung durch den Mieter ist im Zweifel anzunehmen, dass der Garten mit vermietet ist (OLG Köln WuM 1994, 272; *Kinne/Schach/Bieber* § 535 Rdn. 26). Ist über die Gartenpflege keine Vereinbarung getroffen, obliegt diese bei einem Mehrfamilienhaus dem Vermieter (LG Kassel WuM 1988, 155; AG Bocholt WuM 1987, 270), bei einem Einfamilienhaus dem Mieter, soweit es um einfache Pflegearbeiten (Rasen mähen, Unkraut rupfen usw.) geht (LG Siegen WuM 1991, 85).

**3.** Der Mieter hat einen Anspruch auf Erfüllung. Er kann den Vermieter im Klagewege auf Vertragserfüllung in Anspruch nehmen, den Mieter der Wohnung im 1. OG auf Unterlassung der Besitzstörung, wegen der Pflege des Gartens sowie wegen des Aufenthalts im Garten (vgl. insoweit Anm. 2). Zur Frage der Verjährung des Erfüllungsanspruchs sei verwiesen auf Form. B. I. 1. Anm. 5.

**4.** Da der Mieter der Erdgeschosswohnung in seinen Mieterrechten beeinträchtigt ist, kann er die Miete gem. § 536 Abs. 3, 1 BGB mindern.

**5.** Der Mieter kann weiterhin nach erfolgloser Fristsetzung fristlos außerordentlich kündigen, §§ 543 Abs. 2 Nr. 1, Abs. 3, 579 BGB.

**6.** Wird das Schreiben durch einen Rechtsanwalt abgefasst und abgesandt, fallen die **Gebühren** gem. § 14 RVG an.

# 5. Anspruchsschreiben zur Beseitigung von Mängeln

......

(Rechtsanwalt)

an

......

(Vermieter)[1]

Sehr geehrte(r) ......,

hierdurch zeige ich an, dass ich die Interessen Ihres Mieters, des Herrn ...... des Hauses ...... anwaltlich vertrete.

Mein Mandant bewohnt in Ihrem Hause im 3. OG links eine Wohnung. In der Nacht vom ...... ist es bei starkem Regen zu einem Wassereintritt an der Außenwand des Schlafzimmers sowie links neben dem Fenster der selben Wand gekommen.

Im Auftrage meiner Partei melde ich den Schaden[2] und fordere Sie zur Schadensbeseitigung[3] bis ...... auf. Das Recht zur Minderung[4] sowie Zurückhaltung behält sich mein Mandant vor. Er zahlt ab jetzt die Miete vorsorglich unter Vorbehalt.[5,6]

......

(Rechtsanwalt)

## Anmerkungen

**1.** Vgl. Form. B. I. 1 Anm. 1.

**2.** Der Mieter ist bei Auftreten eines Mangels der Mietsache dazu verpflichtet, diesen dem Vermieter **unverzüglich i. Sinne des § 121 BGB** anzuzeigen, § 536 c Abs. 1 S. 1 BGB; andernfalls ist er dem Vermieter zum Ersatz des durch die verzögerte Meldung entstehenden (weitergehenden) Schadens verpflichtet. Weiterhin ist er bei unterlassener Meldung des Mangels gemäß § 536 c Abs. 2 Ziff. 1 BGB nicht zur Minderung gem. § 536 BGB berechtigt und verliert überdies das Recht, Schadensersatz gem. § 536 a Abs. 1 BGB zu verlangen (§ 536 Abs. 2 Ziff. 2) sowie gem. § 543 Abs. 3 S. 1 BGB zu kündigen (§ 536 c Abs. 2 Ziff. 3 BGB). Da dem Mieter im Falle des Bestreitens der Meldung des Mangels durch den Vermieter die Darlegungs- und Beweislast obliegt (BGH NZM 2002, 217), empfiehlt es sich, die mündlich erfolgte Meldung schriftlich dergestalt zu bestätigen, dass der Nachweis des Zugangs möglich ist (vergl. B. I. 1 Anm. 1). Die Anzeigepflicht entfällt, wenn der Mangel oder die konkrete Gefahr dem Vermieter bereits bekannt ist (BGHZ 68, 281 = NJW 1977, 1236). Sie entfällt weiterhin, wenn der Vermieter ohnehin keine Abhilfe schaffen kann (BGH MDR 1976, 753; *Lammel* § 536 c Rdn. 16).

**3.** Der **Anspruch auf Beseitigung des gemeldeten Mangels** resultiert aus § 535 Abs. 1 S. 2 2. Alt. BGB, der den Vermieter dazu verpflichtet, die Mietsache während der Mietzeit in vertragsgemäßem Zustand zu erhalten. Er bleibt auch erhalten, wenn das Recht auf Gewährleistung (§§ 536, 536 a BGB) wegen Kenntnis des Mangels oder grob fahrlässiger Unkenntnis gem. § 536 b BGB ausgeschlossen ist (BGH NJW 1980, 777; Bub/Treier/

*Kraemer* III Rdn. 1401; *Wolf/Eckert/Ball* Rdn. 355; *Sternel* II Rdn. 657; *Emmerich/Sonnenschein* § 536 b Rdn. 2; Herrlein/*Kandelhard* § 536 b Rdn. 10; *Blank/Börstinghaus* Miete § 536 b Rdn. 10; Schmidt-Futterer/*Eisenschmid* § 536 Rdn. 543, § 536 b Rdn. 53 ff.; *Kinne/Schach/Bieber* § 536 b Rdn. 1; Staudinger/*Emmerich* § 536 Rdn. 60, § 536 b Rdn. 3; a. A. *Lammel* § 536 b Rdn. 2), es sei denn, in der Annahme einer reparaturbedürftigen Sache liege zugleich deren Übernahme Sache als vertragsgemäß (BGH NZM 2007, 484; OLG Hamm ZMR 2000, 93; *Blank/Börstinghaus* § 536 b Rdn. 10; Schmidt-Futterer/*Eisenschmid* § 536 b Rdn. 57; *Wolf/Eckert/Ball* Rdn. 385; *Sternel* Mietrecht aktuell VIII Rdn. 278). Zur Verjährung des Anspruchs sei verwiesen auf Form. B I 1 Anm. 5.

**4.** Ein Schreiben gemäß Form. B. I. 7 wird erforderlich, wenn der Mangel vom Vermieter nicht fristgerecht beseitigt wird. Zur Minderung vergl. Form. B. I. 7 Anm. 6, zum Zurückbehaltungsrecht Form. B. I. 7 Anm. 7.

**5. Vorbehaltszahlung.** Zahlung der Miete mit dem Vermerk „unter Vorbehalt" oder „unter Vorbehalt der Zurückforderung" bewirkt die Erfüllung der Zahlungsverpflichtung des Mieters gemäß § 535 Abs. 2 BGB (Kinne/Schach/Bieber/*Schach* § 535 BGB Rdn. 65; *Nies* NZM 1998, 398, 399), der Mieter vermeidet das Risiko der Kündigung wegen Rückstands der Miete. Andererseits erreicht der Mieter durch den „einfachen Vorbehalt", dass kein Anerkenntnis im Sinne des (einheitlich) § 212 BGB vorliegt, welches wegen § 814 BGB den Rückzahlungsanspruch des Mieters aus § 812 BGB scheitern lassen würde (*Schach* a. a. O.; *Nies* a. a. O.). Der Mieter kann dann anschließend, ohne den Bestand des Mietverhältnisses zu gefährden, die unter Vorbehalt gezahlte Miete ganz oder zum Teil zurückfordern, wobei ihm für den behaupteten Mangel allerdings die Darlegungs- und Beweislast obliegt. Von der Zahlung unter einfachem Vorbehalt zu unterscheiden ist die Zahlung unter „qualifiziertem Vorbehalt", beispielsweise: Zahlung unter dem Vorbehalt, dass die Forderung besteht. Ein solcher liegt vor, wenn der Mieter ohne Anerkennung seiner Schuld unter Vorbehalt der Rückforderung und ohne Veränderung der den Vermieter treffenden Beweislast seine Leistung erbringt, dem Vermieter daher im Rückforderungsrechtsstreit die Beweislast für das Bestehen seiner Forderung auferlegt werden soll (BGH NJW 1984, 2826; BGH NJW-RR 1989, 27; *Schach* a. a. O. Rdn. 66.; *Nies* a. a. O.). Ein derartiger Vorbehalt verhindert den Eintritt der Erfüllung, der Vermieter kann wegen Rückstands der Miete fristlos kündigen. Das „Unter-Vorbehalt-Stellen" der zukünftigen Zahlungen ist wichtig für den Fall, dass der Mangel sowie die den Wohnwert beeinträchtigenden Folgen nicht unverzüglich beseitigt werden. Hat nämlich ein neuer Monat mit einer neuen Fälligkeit der Miete angefangen, wirkt ein erstmaliges Schreiben mit der Ankündigung der Vorbehaltszahlung nach am dritten Werktag des Monats erfolgter Zahlung (Form. B. I. 7) nur für die Zukunft. War die Zahlung jedoch gleichzeitig mit der Anzeige des Mangels unter Vorbehalt gestellt, kann die Zahlung später noch unter Berücksichtigung der berechtigten Höhe der Minderung verrechnet werden, da § 814 BGB wegen des Vorbehalts nicht entgegensteht. Das Gleiche gilt, wenn sich in einem Zahlungsrechtsstreit herausstellt, dass die Minderungsquote höher als die vom Mieter vorgenommene Kürzung (Minderung) ausfällt. Auch hier kann der Mieter, wenn er unter Vorbehalt gezahlt hat, das „zu viel Gezahlte" später verrechnen.

**6.** Es fällt eine **Gebühr** gem. § 14 RVG an. Streitig ist die Ermittlung des Gegenstandswerts: Überwiegend (BGH NJW 2000, 3142 = NZM 2000, 713; LG Berlin NJW-RR 1997, 652; OLG Hamburg WuM 1994, 624; BGH NZM 1998, 305) wird gemäß §§ 3, 9 ZPO der dreieinhalbfache Jahresbetrag (42 Monate) der Minderung genommen, teils (LG Hamburg WuM 1992, 447; LG Stendal WuM 1994, 70) der 36fache Monatsbetrag, teils (LG Kiel WuM 1995, 320) die voraussichtlichen Kosten der Mängelbeseitigung.

## 6. Anspruchsschreiben zur Durchführung von Instandsetzungsarbeiten

......

(Rechtsanwalt)

an

......

(Vermieter)[1]

Sehr geehrte(r) ......

hierdurch zeige ich an, dass ich die Interessen Ihrer Mieter, der Eheleute ......, anwaltlich vertrete.

Meine Mandanten bewohnen in Ihrem sechsstöckigen Mehrfamilienhaus eine Wohnung im 6. OG. Mein Mandant, Herr ......, ist beinamputiert und daher ständig auf den Aufzug des Hauses angewiesen.

In den letzten Wochen ist der Aufzug mehrfach ausgefallen, dann wieder notdürftig in Stand gesetzt worden, um dann wieder auszufallen. Da mein Mandant infolge einer akuten Erkrankung täglich den Arzt aufsuchen muss, ist er auf den Betrieb des Aufzuges angewiesen, um täglich zur Behandlung/Kontrolle das Krankenhaus zu erreichen. Der Aufzug funktionierte heute morgen gegen 8.00 Uhr, als mein Mandant das Haus verlassen wollte, nicht.

Im Auftrage meiner Partei habe ich Sie aufzufordern, den Aufzug unverzüglich in Stand zu setzen,[2] da meine Partei anderenfalls den Erlass einer einstweiligen Verfügung[3] beantragen sowie eine Klage[4] auf Instandsetzung einreichen wird.[5]

......

(Rechtsanwalt)

### Anmerkungen

**1.** Vgl. Form. B. I. 1 Anm. 1.

**2.** Die Verpflichtung des Vermieters zur **Instandsetzung** ergibt sich aus § 535 Abs. 1 S. 2 BGB. Die Überbürdung der Verpflichtung zur Tragung der Kosten für die Instandsetzung auf den Wohnraummieter ist nur zulässig, soweit es sich um Gegenstände der Wohnung handelt, die dem häufigen alleinigen Zugriff des Mieters unterliegen. Jede Erweiterung ist unzulässig (BGH NJW 1989, 2247).

**3.** Der Mieter kann den Erlass einer **einstweiligen Verfügung** (Leistungsverfügung) erwirken (OLG Düsseldorf NJW-RR 1996, 123), vgl. insoweit *Jendrek/Deppen*, Prozessformularbuch Mietrecht, D. IV. 2.12.

**4.** Dem Mieter steht darüber hinaus der **Erfüllungsanspruch** gem. § 535 Abs. 1 S. 2 BGB zu, den er mit der Leistungsklage geltend machen kann. Zur Verjährung des Anspruchs sei verwiesen auf Form. B. I. 1. Anm. 5.

**5.** **Gebühren** des Rechtsanwalts § 14 RVG. Geschäftswert: vgl. Form. B. I. 5 Anm. 4.

## 7. Minderung, Vorbehaltszahlung, Zurückbehaltungsrecht und Androhung einer Klage auf Erfüllung oder (alternativ) Ersatzvornahme

......

(Rechtsanwalt)

an

......

(Vermieter)[1]

Sehr geehrte(r) ......

wie Ihnen durch mein Schreiben vom ......[2] bekannt ist, vertrete ich die Interessen Ihres Mieters im Hause ...... 3. OG links.

Mit diesem Schreiben hatte ich Ihnen vor drei Wochen Mängel in der Wohnung meines Mandanten angezeigt,[3] Ihnen mitgeteilt, dass in der Nacht vom ...... bei starkem Regenfall Wasser an der Außenwand des Schlafzimmers sowie links vom Fenster der selben Wand eingedrungen war, und Sie unter Fristsetzung zur Beseitigung aufgefordert. Mietminderung, Geltendmachung des Zurückbehaltungsrechts sowie Vorbehaltszahlung hatte sich mein Mandant ausdrücklich vorbehalten.

Die Ihnen gesetzte Frist zur Beseitigung des Mangels ist abgelaufen. Sie haben einige Zeit nach der Schadensmeldung die Wohnung und die Mängel mit verschiedenen Handwerkern besichtigt, jedoch keinerlei Arbeiten durchgeführt. Zwischenzeitlich hat sich an der Außenwand links neben dem großen Fenster ein großer Feuchtigkeitsfleck von einer Größe von 2 × 1 m und einer Höhe von 0,80 m über dem Boden gebildet. Der Fleck vergrößert sich, es hat sich bereits Schimmel gebildet. Im Fensterbereich war an der linken Seite Wasser eingedrungen und an der Wand heruntergelaufen. Auch hier ist Schimmel entstanden. Das Schlafzimmer ist unbewohnbar.

Im Auftrage meines Mandanten fordere ich Sie auf, unter Fristsetzung bis ...... die Schadensursache zu beseitigen, den Schimmel nachhaltig zu entfernen, die Wände instandzusetzen sowie wieder zu tapezieren. Geschieht dies nicht fristgerecht, wird meine Partei

Sie im Klagewege auf Mängelbeseitigung in Anspruch nehmen[4]

### – Alternative –

die Mängel auf Ihre Kosten beseitigen lassen und die anfallenden Kosten mit den zukünftigen Mieten verrechnen.[5]

Bis zur Beseitigung der Mängel wird meine Partei den Mietzins um ......% mindern.[6]

Darüber hinaus wird sie über die berechtigte Minderung hinaus vom Zurückbehaltungsrecht gem. § 320 BGB[7] Gebrauch machen und, soweit Zahlung erfolgt, den Mietzins weiterhin nur unter Vorbehalt zahlen.[8, 9]

......

(Rechtsanwalt)

*Schrifttum: Nies*, Fallstricke bei Ausübung des Sonderkündigungsrechts des Mieters gemäß § 9 MHRG und bei fristloser bzw. fristgerechter Kündigung des Vermieters wegen Mietzinsrückstands, NZM 1998, 398 ff.; *ders.*, Mietminderung und Geltendmachung des Zurückbehaltungsrechts gemäß § 320 BGB ohne Gefahr für den Bestand des Mietverhältnisses, NZM 2000, 1113; *Sternel*, Probleme des neuen Mietrechts (II), ZMR 2002, 1; *Wiechert*, Analoge Anwendung des § 539 BGB zu Lasten Mieter und Vermieter?, ZMR 2000, 65; *ders.*, Urteilsanmerkung, ZMR 2002, 114.

## Anmerkungen

**1.** Vgl. Form. B. I. 1 Anm. 1.

**2.** Vgl. B. I. 5 Schreiben: Mängelmeldung und Aufforderung zur Beseitigung von Mängeln.

**3.** Vgl. B. I. 5 Anm. 2: Voraussetzung für den Eintritt der Minderung.

**4.** Der Anspruch auf Beseitigung von Mängeln resultiert aus § 535 Abs. 1 S. 2 2. Alt. BGB, der den Vermieter dazu verpflichtet, die Mietsache während der Mietzeit in vertragsgemäßem Zustand zu erhalten. Da § 536 b Abs. 1 S. 1 BGB die Vorschrift des § 535 Abs. 1 S. 2 BGB nicht einbezieht, hat der Mieter den Erfüllungsanspruch auch, wenn er den Mangel der Mietsache bei Abschluss des Mietvertrags kennt und keinen Vorbehalt geltend macht (OLG Köln MDR 1993, 973; *Emmerich/Sonnenschein* § 536 b Rdn. 2; *Kinne/Schach/Bieber* § 535 Rdn. 76; Bub/Treier/*Kraemer* III Rdn. 1401; Herrlein/Kandelhard/*Kandelhard* § 536 b Rdn. 10); etwas anderes kann jedoch gelten, wenn der Mieter bei Vertragsabschluss mit Besitzeinräumung den Mangel erkennt und über längere Zeit nicht rügt. Dann kann im Einzelfall die Mietsache mit Mangel als vertragsgemäß angenommen worden sein (OLG Hamm ZMR 2000, 93). Zur **Verjährung** des Erfüllungsanspruchs vgl. Form. B. I. 1. Anm. 5.

Eine Überwälzung von Instandhaltungs- und Instandsetzungspflichten, Hauptpflichten des Vermieters auf den Mieter von Wohnraum ist formularmäßig nach höchstrichterlicher Rechtsprechung grundsätzlich nicht mehr möglich, da ein Verstoß gegen § 307 BGB, Abweichung vom gesetzlichen Leitbild des § 535 BGB angenommen wird (BGHZ 108, 1, 8 ff.; BGHZ 118, 194 ff.; BGH NZM 2005, 863; Staudinger/*Emmerich* (2006) § 535 Rdn. 131; *Blank/Börstinghaus* § 535 Rdn. 345; *Kinne/Schach/Bieber* § 535 Rdn. 81). Eine Ausnahme gilt lediglich für sogenannte Bagatellschäden. Jedoch auch hier sind **Vornahmeklauseln**, Klauseln, die den Mieter verpflichten, etwaige Schäden selbst zu beseitigen, generell unwirksam (BGH NJW 1992, 1759 = WuM 1992, 355 = ZMR 1992, 332); **Kostenbeteiligungsklauseln** sind demgegenüber zulässig, soweit sie sich zum einen nur auf solche Teile beziehen, die dem direkten und häufigen Zugriff des Mieters ausgesetzt sind, zum anderen einen Höchstbetrag für den Fall enthalten, dass innerhalb eines bestimmten Zeitraums mehrere Kleinreparaturen anfielen (BGH NJW 1992, 1959: Betrag bis 150,– DM = 75,– EUR; OLG Hamburg WuM 1991, 385: bis 150,– DM = 75,– EUR). Heute dürfte ein Betrag von 100,– EUR angemessen sein (Kinne/Schach/Bieber/*Bieber* § 535 Rdn. 81 c; Schmidt-Futterer/*Langenberg* § 538 Rdn. 58)

Bei **Gewerberaumverträgen** ist es demgegenüber zulässig, durch **Formularverträge** über die Schönheitsreparaturen hinaus Instandhaltungs- und Instandsetzungsarbeiten ohne Betragsbegrenzung dem Mieter zu überbürden, soweit diese durch den Mietgebrauch verursacht sind, im Inneren der Mieträume sowie im Risikobereich des Mieters liegen, sofern das Mietobjekt bei Mietvertragsbeginn in einwandfreiem Zustand war (BGH WuM 1987, 154; OLG Köln NJW-RR 1994, 524; OLG Düsseldorf DWW 1992, 241; Bub/Treier/*Bub* II Rdn. 461; *Wolf/Eckert/Ball* Rdn. 409). Die Überbürdung der Erhaltungslast in vollem Umfang, sowie die Verpflichtung zur Behebung anfänglicher

Mängel (OLG Köln NJW-RR 1994, 524) sind ebenso unzulässig wie die Verpflichtung zur Beseitigung von Dritten verursachter Schäden, die nicht dem Risikobereich des Mieters zuzurechnen sind (BGH NJW-RR 1991, 1750; *Wolf/Eckert/Ball* Rdn. 409; Bub/Treier/ *Bub* II, 461).

Durch **Individualvereinbarungen** ist eine weitergehende Verpflichtung des gewerblichen Mieters zur Durchführung von Reparaturen und Instandsetzungsarbeiten zulässig, insbesondere, wenn dies bei der Mietpreiskalkulation berücksichtigt wird (BGH NJW-RR 1990, 142; Staudinger/*Emmerich* § 535 Rdn. 128; *Wolf/Eckert/Ball* Rdn. 408; Bub/ Treier/*Bub* II Rdn. 460). Die Grenzen liegen bei der Übertragung der gesamten Verantwortung für das Objekt, Großschäden oder Schäden, die keinesfalls auf den Mietgebrauch zurückzuführen sind (*Wolf/Eckert/Ball* a. a. O.; *Bub* a. a. O.).

**5.** Statt den Vermieter im Wege der Leistungsklage auf Schadensbeseitigung in Anspruch zu nehmen, kann der Mieter nach Fristablauf (Verzug mit der Schadensbeseitigung gem. § 286 BGB) den Mangel selbst beseitigen und vom Vermieter Ersatz für Aufwendungen gem. § 536a Abs. 2 Nr. 1 BGB verlangen. Wenngleich nach allgemeiner Meinung (Palandt/*Heinrichs* § 286 Rdn. 17; *Kinne/Schach/Bieber* § 536a Rdn. 9) eine Fristsetzung nicht erforderlich ist, ist diese zu empfehlen mit der Ankündigung, dass nach Ablauf der Frist die Arbeiten auf Kosten des Vermieters beseitigt werden, wenn dieser sie nicht selbst innerhalb der gesetzten Frist erledigt (*Kinne/Schach/Bieber* a. a. O. Rdn. 9). Der Mieter kann in diesem Fall nach Einholung eines Kostenvoranschlages über die Höhe der Kosten vom Vermieter Zahlung eines Vorschusses verlangen (BGHZ 56, 136; KG NJW-RR 1988, 1039), diesen einklagen, dann die Arbeiten durchführen und über den Vorschuss Abrechnung erteilen (*Kinne/Schach/Bieber* § 536a Rdn. 11). Stattdessen kann er auch die Arbeiten durchführen, dann entweder gem. § 257 BGB vom Vermieter Befreiung von der Verbindlichkeit gegenüber dem Handwerker verlangen oder nach Bezahlung des Betrages nach vorheriger Ankündigung von einem Monat mit dem Erstattungsanspruch gegen die zukünftigen Mieten aufrechnen, §§ 556 Abs. 2, 536a Abs. 2 S. 2 BGB. Das Aufrechnungsrecht ist gem. § 556 Abs. 2 S. 2 BGB nicht abdingbar.

**6.** Zeigt der Mieter einen während der Mietzeit eingetretenen Mangel der Mietsache an (§ 536c BGB), der
- die Tauglichkeit zum vertragsgemäßen Gebrauch **nicht nur unerheblich** aufhebt,
- **vom Mieter nicht selbst schuldhaft verursacht** ist und
- vom Vermieter **nicht beseitigt** wird,

hat der Mieter nur eine angemessene herabgesetzte Miete zu zahlen, denn die Miete ist kraft Gesetzes gemindert. Ein Mangel liegt vor bei nachteiliger Abweichung des tatsächlichen Zustandes der Mietsache vom vertraglich geschuldeten (BGH NJW 2000, 1714). Während § 537 BGB a. F. zur Berechnung der Höhe der Minderung auf die kaufrechtlichen Vorschriften der §§ 472, 473 BGB verwies, spricht § 536 BGB in der Fassung der Mietrechtsreform von einer angemessen herabgesetzten Miete. Da die alte Regelung unpraktikabel war und die Rechtsprechung ohnehin mit geschätzten Prozentsätzen arbeitete (*Kinne/Schach/Bieber* § 536 Rdn. 10; Bub/Treier/*Kraemer* III Rdn. 1364; Herrlein/ Kandelhard/*Kandelhard* § 536 Rdn. 38), ist eine Änderung der Rechtsprechung nicht zu erwarten (*Schach* a. a. O.; *Kandelhard* a. a. O.). Abzustellen sein dürfte auf das Ausmaß der Beeinträchtigung. Es liegt auf der Hand, dass ein Wassereintritt in einem Zimmer einer Dreizimmerwohnung mit der Folge der Unbewohnbarkeit dieses Zimmers (wie hier) in der Minderungsquote anders zu bewerten ist als ein Wassereintritt in einem Zimmer einer Zehnzimmerwohnung.

Der Streit, ob die Minderung von der Bruttomiete (so OLG Hamm NJWE-MietR 1996, 80 u. a.), von der Bruttokaltmiete (so LG Berlin GE 1998, 681 u. a.), von der Miete zuzüglich Nebenkosten – dann, wenn die jeweiligen Nebenkosten mitbetroffen sind – (OLG Düsseldorf NJW-RR 1994, 399 u. a.), oder von der Nettokaltmiete (LG

Berlin WuM 1998, 28; AG Köln WuM 1978, 126) zu berechnen ist, ist zunächst durch die Entscheidungen des BGH (NZM 2005, 455 sowie NZM 2005, 699: Minderfläche von mehr als 10% der im Mietvertrag angegebenen Fläche stellt Mangel dar, Minderung von Bruttomiete) dahingehend entschieden, dass von der **Bruttomiete** als **Gesamtentgelt** auszugehen ist. Streitig ist, wie die Minderung errechnet wird, ob von der monatlichen Bruttomiete oder von der Bruttomiete einschließlich Nachzahlungen oder Erstattungen nach erteilter Jahresabrechnung (vgl. *Eisenschmidt* WuM 2005, 491 ff.; *Leo/Schmitz* NZM 2005, 858; *Becker* GE 2005, 1335; *Schach* GE 2005, 645 sowie GE 2005, 1462; *Bieber* NZM 2006, 683). Da der in dem Gesamtentgelt enthaltene Betriebskostenanteil lediglich eine Vorauszahlung darstellt, kann konsequenterweise die Minderung erst nach erfolgter Abrechnung über die Vorauszahlungen des Abrechnungsjahres unter Berücksichtigung eventueller Nachzahlungen oder Guthabenbeträge endgültig berechnet werden (KG GE 2006, 1235: für Betriebskostenabrechnungen; *Bieber* NZM 2006, 683; *Eisenschmidt* WuM 2005, 491).

Streitig war zunächst weiterhin, ob nach dem 1. 9. 2001 **§ 536 b BGB analog** anzuwenden ist, wenn dem Mieter während der Mietzeit ein Mangel bekannt wurde und er den Mietzins dennoch über fünf bis sechs Monate vorbehaltlos zahlte, wie dies bei der Vorgängernorm § 539 BGB a. F. von der höchstrichterlichen Rechtsprechung (BGH NJW 1997, 2474; BGH NJW-RR 1992, 267) angenommen wurde. Die neuere Rechtsprechung (BGH NZM 2003, 679: für Wohnraum; BGH NZM 2005, 303: für Gewerbe) hat die Auffassung des Reformgesetzgebers (BT-Drucks. 14/4553, abgedruckt in NZM 2000, 812) bestätigt, wonach nach dem ab 1. 9. 2001 geltenden Recht die Regelung

- **Verlust der Minderung für die Zukunft** bei Unterbleiben der Anzeige des Mangels, § 536 c Abs. 2 Ziff. 1 BGB sowie
- **Verlust des Rückzahlungsanspruchs** aus § 812 BGB bei Zahlung der vollen Miete in Kenntnis der Nichtschuld, § 814 BGB und
- § 242 BGB (**Verwirkung**) bei Zahlung der vollen Miete über einen längeren Zeitpunkt hinweg und Erwecken eines Vertrauenstatbestandes beim Vertragspartner mit der Folge des Verlusts der Minderung zu einem sachgerechten Ergebnis führe. Daher gilt:
- Der Mieter, der einen Mangel angezeigt hat – meldet er den Mangel nicht, darf er wegen § 536 c Abs. 2 BGB nicht mindern –, jedoch die Miete vorbehaltslos zahlt, verliert das Minderungsrecht für die Zukunft nur unter den Voraussetzungen der Verwirkung, § 242 BGB: langer Zeitablauf sowie Vertrauenstatbestand auf Vermieterseite.
- Dem Rückzahlungsanspruch des Mieters gemäß §§ 812, 536 BGB, der die Miete trotz Vorliegens eines Mangels und Anzeige dem Vermieter gegenüber vorbehaltlos gezahlt hat, steht § 814 BGB entgegen.

**Empfehlung:** Da dem im Rechtsstreit auf Zahlung der Miete in Anspruch genommenen mindernden Mieter im Falle des Bestreitens des Mangels durch den Vermieter die Darlegungs- und Beweislast für die Tatsachen, aus denen sich der Mangel ergibt, obliegt (BGH WuM 1986, 58; BGH NJW 1989, 3222 ff.; BGH WuM 1999, 345; BGH NJW 2000, 2344; Baumgärtel/*Nies,* Hdb. d. Beweislast 2009, § 536 Rdn. 3), er zudem bei Bestreiten der Anzeige des Mangels bzw. deren Zugang beweisen muss, dass er den Mangel angezeigt hat und die Anzeige zugegangen ist (BGH NZM 2002, 217; Baumgärtel/*Nies,* Hdb. d. Beweislast, § 536 c Rdn. 2), ist ihm dringend zu empfehlen, bereits vorprozessual **Beweise für das Vorliegen** des **Mangels** sowie für **die unverzügliche Anzeige des Mangels** gegenüber dem Vermieter zu sichern.

**7. Zurückbehaltungsrecht:** Kontrovers diskutiert wird weiterhin, ob dem Mieter bei Mängeln der Mietsache neben der Minderung nach der Regelung des § 556 b Abs. 1 BGB, wonach die Miete im Wohnraummietrecht ebenso wie im gewerblichen Mietrecht über Räume (hier allerdings abdingbar) im Voraus bis zum dritten Werktag eines Monats zu zahlen ist, das Zurückbehaltungsrecht des § 320 BGB (...... es sei denn, dass er vorzuleisten verpflichtet ist) zusteht. Dies wird überwiegend, jedoch mit unterschiedlichen Begründungen, bejaht (*Blank/Börstinghaus* § 536 Rdn. 96; *Gellwitzki* WuM 2001, 381; *Eisenschmid* WuM 2000, 215, 218; Staudinger/*Emmerich* (2006) § 536 Rdn. 59; *Kinne/Schach/Bieber* § 536 Rdn. 13; Schmidt-Futterer/*Eisenschmid* § 536 Rdn. 379 ff.; *Herrlein/Kandelhard* § 536 Rdn. 43; *Sternel*, Mietrecht aktuell, III Rdn. 118 ff.), von einer anderen Meinung verneint (*Langenberg* WuM 2001, 523, 525; *Lammel* § 536 Rdn. 5; zweifelnd noch *Sternel* ZMR 2001, 937, 938). Die durch § 556b Abs. 1 BGB begründete Vorleistungspflicht des Mieters reicht nur so weit wie der Zeitraum, für sie bestimmt ist, somit bis zum nächsten Monat. Der Vermieter muss, wenn im Laufe des vorangegangenen Monats ein Mangel der Mietsache eingetreten ist, ab Kenntnis durch die Mängelanzeige des Mieters den Mangel beseitigen und dem Mieter zu Beginn des nächsten Monats (der nächsten Zeitperiode im Rahmen des Dauerschuldverhältnisses) eine reparierte mangelfreie Mietsache anbieten. Anderenfalls steht dem Mieter das Zurückbehaltungsrecht des § 320 BGB zu. Er ist nur Zug um Zug gegen Erbringung einer mangelfreien Leistung zur Zahlung verpflichtet (OLG Düsseldorf ZMR 1989, 300; *Herrlein/Kandelhard* § 536 Rdn. 43, 44).

Das Zurückbehaltungsrecht kann im Wohnraummietrecht wegen Verstoßes gegen § 309 Nr. 2 BGB formularmäßig nicht abbedungen werden (Staudinger/*Emmerich* § 536 Rdn. 59; *Kinne/Schach/Bieber* § 536b Rdn. 19; Schmidt-Futterer/*Langenberg* § 556b Rdn. 37).

Auch im Gewerberaummietrecht kann der formularmäßige Ausschluss des Zurückbehaltungsrechts gegenüber einem Nichtunternehmer wegen Verstoßes gegen § 309 Nr. 2 BGB unwirksam sein (*Kinne/Schach/Bieber* § 556b Rdn. 11 BGB; *Wolf/Eckert/Ball* Rdn. 347). Liegt kein Verstoß vor, ist eine Einschränkung des Zurückbehaltungsrechts zulässig (OLG Hamm MDR 1997, 927; OLG Düsseldorf NZM 1998, 267; OLG Celle NZM 1998, 265), wobei das OLG Düsseldorf die Auffassung vertritt, dass der Ausschluss des Zurückbehaltungsrechts nur § 273 BGB, nicht jedoch das Leistungsverweigerungsrecht des § 320 BGB erfasst.

Das Zurückbehaltungsrecht berechtigt zur Zurückbehaltung des drei- bis fünffachen der berechtigten Minderung (LG Hamburg WuM 1991, 262; LG Berlin GE 1995, 821) bis zur Beseitigung des Mangels. Es verhindert den Eintritt des Verzugs des Mieters mit der Miete, ohne dass dieser das Recht vorher geltend machen müsste (BGHZ 84, 42 ff.; zweifelnd *Wolf/Eckert/Ball* Rdn. 271: Ohne ausdrückliche Geltendmachung könne die Einrede nach § 320 BGB allenfalls für die Zeit nach Anzeige des Mangels greifen).

**8.** Zu empfehlen ist, **gleichzeitig** mit der **Anzeige des Mangels** die **Mietzahlung unter Vorbehalt zu stellen** sowie sich das Recht der Minderung und der Geltendmachung des Zurückbehaltungsrecht vorzubehalten, wie mit Form. B. I. 5 (vgl. B. I. 5 Anm. 5) geschehen. Stellt sich nämlich in einem Zahlungsstreit heraus, dass die vom Mieter vorgenommene Mietminderung zu gering war, kann dieser, vom Vermieter auf Zahlung in Anspruch genommen, wegen § 814 BGB die „überzahlte Miete" nur dann im Wege der Widerklage zurückverlangen bzw. verrechnen, wenn er unter Vorbehalt gezahlt hat.

Kündigt der Vermieter wegen (nach seiner Auffassung) unberechtigter Minderung durch den Mieter fristlos und erhebt Räumungs- und Zahlungsklage, hat der Mieter die Möglichkeit, binnen zweier Monate ab Zustellung der Räumungsklage (§§ 543 Abs. 2 Nr. 2, 569 Abs. 3 Nr. 3 BGB) den gesamten Rückstand einschließlich der laufenden Miete unter Vorbehalt zu zahlen und dann im Wege der Widerklage Rückzahlung zu verlangen (vgl. *Nies* NZM 2000, 1113). Auf diese Weise verhindert der Mieter, seine Wohnung zu verlieren. **Dies gilt jedoch nur,** wenn dem Mieter nicht vor nicht mehr als zwei Jahren bereits einmal wegen Rückstands fristlos gekündigt worden ist und die Kündigung durch

Zahlung oder Übernahme durch eine öffentliche Stelle gemäß § 569 Abs. 3 S. 1 BGB unwirksam geworden ist.

**9. Erfüllungsanspruch.** Streitwert: Interesse des Mieters an der Wiederherstellung des vertragsgemäßen Zustandes (LG Hamburg Jur. Büro 1985, 1701), dreifacher Jahresbetrag der monatlichen Minderungsquote. **Gebühren** des RA: § 14 RVG.

## 8. Minderung, Vorbehaltszahlung, Zurückbehaltungsrecht und Ankündigung einer fristlosen Kündigung wegen Lärmbelästigung

......

(Rechtsanwalt)

an

......

(Vermieter)
per Boten[1]

Sehr geehrte(r) ......,

hiermit zeige ich an, dass ich die Interessen der/des ...... anwaltlich vertrete. Vollmacht auf mich ist beigefügt.

Meine Mandanten bewohnen aufgrund Mietvertrags vom ...... die in Ihrem Mehrfamilienhaus ...... befindliche Wohnung im 3. OG bestehend aus ...... Zimmern zu einer monatlichen Miete von ...... EUR.

Die über der Wohnung meiner Mandanten liegende Wohnung wird seit kurzer Zeit von einem jungen Pärchen bewohnt, welches nahezu jeden Abend bis nach Mitternacht, manchmal bis 2 oder 3 Uhr morgens unerträglichen Lärm durch überlaut betriebene Musikwiedergabegeräte bzw. Fernsehgeräte erzeugt, sich dann zu fortgeschrittener Stunde nach Mitternacht, offenbar in alkoholisiertem Zustand, lautstark streitet, brüllt, mit Gegenständen wirft, sodass weder meine Mandanten noch deren Kinder, von denen eines schulpflichtig ist, zum Schlafen kommen.

Meine Mandanten haben es zunächst im Guten versucht, sie haben mit den Mietern gesprochen, sie um Einstellen des Lärms sowie Betreiben der Geräte in Zimmerlautstärke gebeten, die Polizei alarmiert, Ihnen als Vermieter den Mangel mit der Bitte um Abhilfe angezeigt,[2] jedoch ohne nachhaltigen Erfolg. Die Mieter versprachen, Rücksicht zu nehmen, hielten sich auch ein paar Tage daran. Dann begann die abendliche/nächtliche Lärmbelästigung erneut.

Meine Mandanten sind es nun leid. Da der Gebrauchswert der Wohnung durch die nahezu jeden Abend stattfindende Lärmbelästigung erheblich eingeschränkt wird, werden meine Mandanten ab heute die Miete gemäß § 536 BGB mindern,[3] darüber hinaus vom Zurückbehaltungsrecht[4] Gebrauch machen und den zwei- bis fünffachen Betrag der berechtigten Minderung einbehalten, um Sie zur Beseitigung der Lärmbelästigung zu veranlassen. Ferner zahlen meine Mandanten die Miete,[5] soweit sie gezahlt wird, ab heute unter Vorbehalt,[6] sodass sie, wenn das Gericht zu einer höheren Minderung kommt, als von meinen Mandanten realisiert, den Zurückzahlungsanspruch gemäß §§ 812, 536 BGB geltend machen können.

Schließlich setzen meine Partei Ihnen zur Abstellung der Lärmbelästigung eine Frist bis zum ......, nach deren Ablauf sie das Mietverhältnis gemäß §§ 543, 569 BGB fristlos kündigen,[7] sodann Schadensersatz verlangen wird.

Meine Mandanten haben bereits vor einem Monat damit begonnen, ein Lärmprotokoll[8] zu erstellen, damit sie im Fall eines Rechtsstreits dem Gericht den Lärm, die Art des Lärms mit Datum und Uhrzeit vortragen und beweisen können.

Sie schulden[9] unter dem Gesichtspunkt der Pflichtverletzung des Mietvertrages gemäß § 280 BGB – meine Partei hatte Sie um Abstellen des Lärms gebeten, Sie kamen der Aufforderung nicht nach – die bei mir entstandenen Gebühren, wie nachstehend errechnet:

Streitwert: ......

Der Betrag ist zu zahlen bis .......

......

(Rechtsanwalt)

*Schrifttum: Sternel*, WuM 2002, 244.


## Anmerkungen

**1.** Vgl. Form. B. I. 1 Anm. 1.

**2.** Vgl. Form. B. I. 5.
Anzeige des Mangels ist zum einen erforderlich, um die Verpflichtung gemäß § 536 c BGB zu erfüllen, zum anderen, um die Rechte auf Minderung, Schadensersatz, fristlose Kündigung nicht zu verlieren.

**3.** Vermeidbarer **Lärm aus der Nachbarwohnung** (*Blank/Börstinghaus* § 536 Rdn. 36; *Schmidt-Futterer/Eisenschmidt* § 536 Rdn. 95 ff. m. w. N.) kann ebenso wie **Baulärm** durch Arbeiten am gleichen Haus oder auf einem Nachbargrundstück (*Blank/Börstinghaus* § 536 Rdn. 14; *Schmidt-Futterer/Eisenschmidt* Rdn. § 536 Rdn. 112 ff.; *Wolf/Eckert/Ball* Rdn. 279) einen erheblichen Mangel darstellen, der zur Minderung berechtigt.

**4.** Vgl. Form. B. I. 7 Anm. 7: Zurückbehaltungsrecht.

**5.** Die **Minderung** der Miete wird von der **Bruttomiete einschließlich Nachzahlungen oder Erstattungen aus den Betriebskostenabrechnungen** berechnet (streitig), vgl. Form. B. I. 7 Anm. 6.

**6. Zahlung unter Vorbehalt:** vgl. Form. B. I. 5 Anm. 5 sowie 7 Anm. 8.

**7.** Tritt an der vermieteten Sache ein **erheblicher nachträglicher Mangel auf** (hier: Lärm durch anderen Mieter), wird dadurch dem Mieter der vertragsgemäße Gebrauch der Mietsache ganz oder zum Teil nachträglich entzogen. Dies berechtigt den Mieter zur **fristlosen Kündigung** gemäß § 543 Abs. 2 Nr. 1 BGB, sofern er den Mangel angezeigt hat, § 536 c Abs. 2 Ziff. 3 BGB, der Vermieter keine Abhilfe geschaffen hat und der Mieter daraufhin dem Vermieter erfolglos eine angemessene Frist zur Beseitigung des Mangels gesetzt oder ihn abgemahnt hat, § 543 Abs. 3 S. 1 BGB.

**8. Lärmprotokoll**
Mindert der Mieter wegen Lärms aus der Wohnung eines anderen Mieters im selben Haus, muss er, wenn er im Klagewege auf Zahlung in Anspruch genommen wird, Art, Umfang, Datum sowie Uhrzeit, zu der der Lärm aufgetreten ist, in Form eines **Lärmprotokolls** vortragen (LG Berlin WuM 1999, 329: tagebuchartiges Protokoll; KG GE 2001,

620; AG Emmerich: NJW-RR 2000, 1250; *Blank/Börstinghaus* § 536 Rdn. 43: Aufzeichnungen), um seiner Darlegungslast zu genügen (OLG München WuM 1991, 681 ff.; OLG Celle ZMR 1985, 10 ff.). Dies ist nur möglich, wenn er im Vorfeld tagebuchartige Aufzeichnungen macht und Beweise gesichert hat (vgl. zur Darlegungs- und Beweislast Baumgärtel/*Nies*, Hdb. d. Beweislast (2009) § 536 Rdn. 9).

Mindert der Mieter wegen **Lärms durch Bauarbeiten** im selben Haus mit Presslufthämmern und schweren Geräten, verbunden mit Einkleidung und Verhüllung der Fassade durch Abdeckplane, können ihm im späteren Rechtsstreit Erleichterungen der Darlegungs- und Beweislast zugute kommen; „von ihm **könne** nicht verlangt werden, dass er Aufzeichnungen darüber mache, dass, an welchem Tag, zu welcher Uhrzeit welches Geräusch durch welche Maschine aus welcher Richtung komme" (KG GE 2001, 620; *Kinne/Schach/Bieber* II Rdn. 53; AG, LG Köln WuM 2001, 78: für Baulärm bei Ausbau der Bahnstrecke). Das Gleiche gilt für Bauarbeiten auf einem Nachbargrundstück (AG Hamburg-Blankenese ZMR 2003, 746 ff. mit Rechtsprechungsübersicht). **Ursache des Mangels, Umfang und Ausmaß der Beeinträchtigung** muss der Mieter weder in der Vorkorrespondenz noch im späteren Rechtsstreit darlegen und beweisen (BGH NJW-RR 1991, 779; BGH NJW-RR 2004, 1450 ff.; a. A. OLG Düsseldorf DWW 2000, 122: Vortrag zur Ursache erf.; KG GE 2006, 1097: konkreter Vortrag des Mieters). Allerdings muss er diejenigen **Anknüpfungstatsachen** (Mangel nach Art, Ort, Lage, Zeitpunkt und Ausmaß), aus denen sich der Mangel ergeben soll, beschreiben, im späteren Rechtsstreit darlegen, so dass das Gericht den Mangel beurteilen, die Minderung (notfalls unter Zuhilfenahme eines Gutachters) schätzen kann (LG Berlin NZM 1999, 1137; *Sternel* WuM 2002, 244; Baumgärtei/*Nies*, Hdb. d. Beweislast (2009) § 536 Rdn. 4).

**9.** Gebühren, Streitwert vgl. Form. B. I. 1 Anm. 7.

## 9. Minderung wegen Mangels: Unterschreitung der vertraglichen Wohnfläche um mehr als 10%, Rückforderung überzahlter Miete gemäß §§ 812, 536 BGB

……
(Rechtsanwalt)

an

……
(Vermieter)
Einschreiben/Rückschein[1]

Sehr geehrte(r) ……,

Hierdurch zeige ich an, dass mich Herr …… mit der Wahrnehmung seiner Interessen beauftragt hat, Vollmacht auf mich ist beigefügt.

Sie haben meinem Mandanten durch Mietvertrag vom …… die in Ihrem Haus …… befindliche Vierzimmerwohnung mit Küche, Diele, Bad sowie Toilette im 1. OG. rechts zu einer monatlichen Miete von 800,– EUR kalt zuzüglich Betriebskostenvorauszahlungen von 200,– EUR, somit 1.000,– EUR Bruttomiete vermietet. Der Vertrag enthält in § 2 eine Flächenangabe von ca. 100 qm.[2]

Mein Mandant hat vor einigen Wochen, als die Wohnung von Handwerkern wegen geplanter Verlegung eines Laminatbodens in einigen Räumen, Teppichbodens in den anderen Räumen, vermessen wurde, erfahren, dass die Wohnfläche nur 85 qm beträgt. Die Minderfläche der Wohnung beträgt somit 15 qm, was 15% der im Mietvertrag vereinbarten Wohnfläche entspricht. Bei einer Unterschreitung der tatsächlichen Fläche gegenüber der vereinbarten um mehr als 10% liegt nach der Rechtsprechung des BGH (NZM 2004, 453; NZM 2004, 454; NZM 2004, 456) ein Mangel der Mietsache vor, ohne dass es der Darlegung der Tauglichkeit zum vertragsgemäßen Gebrauch bedarf. Die Miete[3] ist daher kraft Gesetzes[4] um 15% gemindert. Mein Mandant wird daher ab 1. 11. 2006 nur noch eine um 15%[5] geminderte Miete von 850,– EUR:

| | |
|---|---|
| Kaltmiete 800 EUR – 120,– EUR (15%) | = 680,– EUR |
| Betriebskosten v. 200,– Euro – 30,– EUR (15%) | = 170,– EUR |
| | 850,– EUR |

zahlen.

Überdies verlangt mein Mandant gemäß §§ 812, 536 BGB Rückzahlung der seit Beginn des Mietverhältnisses (2002, 2003, 2004, 2005 1–10/2006) überzahlten Mieten. Hierzu ist festzustellen, dass in den Jahren 2002, 2003, 2004 die Betriebskostenabrechnungen weder Nachzahlungen noch Rückerstattungen ergaben und die vor einigen Wochen zugegangene Abrechnung für 2005 mit insgesamt 3.000,– EUR zu Lasten meiner Partei endete.

Meine Partei hat daher Rückzahlungsansprüche wie folgt:

| Jahr | Zahlung | Minderung | Rückforderung |
|---|---|---|---|
| 2002[6] | 12 × 1.000 = 12.000,– EUR | 15% = 1.800,– EUR | 1.800,– EUR |
| 2003 | 12 × 1.000 = 12.000,– EUR | 1.800,– EUR | 1.800,– EUR |
| 2004 | 12 × 1.000 = 12.000,– EUR | 1.800,– EUR | 1.800,– EUR |
| 2005 | | | |

Kaltmiete: 800,– × 12 = 9.600,– EUR minus (9.600,– × 15% = 1.440,– EUR) = 8.166,– EUR : 12 Monate = 680,– EUR/Monat

Betriebskosten: 3.000,– minus (3.000,– × 15% = 450,– EUR) = 2.550,– EUR : 12 Monate = 212,50 EUR/Monat

| Summe aus | Kaltmiete/M und | Betriebsk./M | | Jahr |
|---|---|---|---|---|
| geschuldet | 680,– + | 212,50 = 892,50 × 12 = | 10.710,– |
| gezahlt | 800,– + | 200,– = 1.000,– × 12 = | 12.000,– |

| | | |
|---|---|---|
| überzahlt | 1.290,– | 1.290,– EUR |
| Rückforderungsanspruch §§ 812, 536 BGB | | 6.690,– EUR |

Der Rückforderungsanspruch für den Zeitraum 1–12/2006 kann, wenngleich in den ersten zehn Monaten des Jahres 1.000,– EUR pro Monat gezahlt wurden, ab 1. 1. 2006. 850,– EUR gezahlt werden, erst nach Zugang der Betriebskostenabrechnung 2006 bei meiner Partei errechnet und realisiert werden.

Zur Zahlung des Betrages in Höhe von 6.690,– EUR nebst Zinsen in Höhe von ...... setze ich eine Frist bis 31. 10. 2006, nach deren fruchtlosem Ablauf ich Klage auf Zahlung erheben werde. Insoweit bleiben Rückzahlungsansprüche ausdrücklich vorbehalten.

......

(Rechtsanwalt)

# Anmerkungen

**1.** Vgl. Form. B. I. 1 Anm. 1. **Das Unterschreiten der tatsächlichen Fläche einer Wohnung** gegenüber der im **Mietvertrag angegebenen Flächen** um mehr als 10% stellt einen Mangel der Mietsache dar, der zur Minderung der Miete im selben prozentualen Verhältnis für die Zukunft und zu einem Rückzahlungsanspruch gemäß den §§ 812, 536 BGB führt, ohne dass es der Darlegung einer Beeinträchtigung des Gebrauchs durch die Unterschreitung bedarf (BGH NZM 2004, 453; BGH NZM 2004, 454; BGH NZM 2004, 456). Hierbei ist es gleichgültig, ob die Formulierung im Mietvertrag lautet: Die Wohnfläche beträgt ...... qm oder ca. ...... qm (BGH NZM 2004, 456). Dies gilt auch bei einem Einfamilienhaus mit Garten (BGH NZM 2010, 36 ff.).

Bei der Annahme eines Mangels bei gegenüber der tatsächlichen Flächenangabe um 10% überschreitender Flächenangabe **ist jedoch Vorsicht** geboten. Da der Gesetzgeber in den §§ 535 ff. BGB keine gesetzliche Regelung zur Wohnflächenberechnung getroffen hat, sich ein allgemeiner, völlig eindeutiger Sprachgebrauch für den Begriff der Wohnfläche nicht gebildet hat (BGHZ 146, 250 ff.; BGH NZM 2004, 454), ist zunächst zu prüfen, was die Parteien bei Angabe der Fläche im Mietvertrag unter dem Begriff der Wohnfläche verstanden haben, ob sie etwa der Wohnfläche eine von den Grundsätzen der §§ 42 bis 44 ff. II BV, seit 1. 1. 2004 ersetzt durch die WoFlVO, beide für mit öffentlichen Mitteln errichtete Wohnungen bestimmt, abweichende Bedeutung beigemessen haben, ob sie etwa die DIN 277, Geltung der Bodenfläche auch für Dachgeschosswohnungen mit Schrägen, vereinbart haben. Lässt sich eine Vereinbarung nicht feststellen, ist zu untersuchen, ob sich eine Verkehrssitte für die Bemessung der Wohnfläche gebildet hat (BGH NZM 2004, 454: etwa Grundfläche der Wohnung nach DIN 277 für Dachgeschosswohnungen mit Schrägen). Der BGH (NJW 1997, 2874) hat zu einem Werkvertrag über die Errichtung einer Dachgeschosswohnung ausgeführt, dass das Berufungsgericht mangels anderer Vereinbarungen über die Ermittlung der Wohnfläche nach Feststellung einer entsprechenden Verkehrssitte zutreffend angenommen habe, dass Flächen unter Schrägen, soweit der Raum über ihnen eine lichte Höhe von weniger als einem m habe, bei der Flächenermittlung unberücksichtigt blieben, bei einer lichten Höhe zwischen einem und zwei Metern zur Hälfte zu berücksichtigen seien (ebenso OLG Celle NJW-RR 1999, 816 = NZM 1999, 879: Zur Errechnung der Wohnfläche besteht hinsichtlich Dachgeschosswohnungen eine Verkehrsauffassung, dass DIN 283 bzw. §§ 22 ff. II BV Anwendung finden; a. A. jedoch OLG Koblenz IBR 1995, 191; LG Osnabrück WuM 1988, 262, die eine entsprechende Verkehrsauffassung verneinen). Ist jedoch eine Verkehrssitte nicht zu ermitteln, ist auch für frei finanzierten Wohnraum die Wohnfläche nach den zum Zeitpunkt des Mietvertragsabschlusses geltenden Vorschriften für preisgebundenen Wohnraum zu ermitteln (BGH NZM 2009, 477; *Börstinghaus* NZM 2010, 18 ff. (22)).

Die Parteien können auch **Vereinbarungen über die Größe** treffen, die von der tatsächlichen Größe abweicht, etwa bei einer auf Wunsch des Vermieters durchgeführten Wohnungsvergrößerung, ohne dass die Wohnung erneut vermessen wurde (BGH NZM 2005, 861: Auslegung ergibt, dass die Parteien eine bestimmte Größe verbindlich festlegen wollten) oder bei einverständlicher Einbeziehung einer Dachterrasse in die Wohnfläche, die erkennbar nicht nur die Fläche der Zimmer beinhaltet (BGH NZM 2006, 375: Die Wohnfläche beträgt ca. 149 qm wie besehen). Sie können auch bei Wohnungen mit Dachschrägen die Bodenfläche als Wohnfläche (DIN 277) vereinbaren (BGH NZM 2004, 454).

**2.** Nach der jüngsten Rechtsprechung des BGH (NZM 2005, 455 = NJW 2005, 1713; NZM 2005, 699 = NJW 2005, 2773) ist Bemessungsgrundlage für die **Minderung die**

Bruttomiete einschließlich der Betriebskostenvorauszahlung oder einer Betriebskostenpauschale, d.h. die Gesamtleistung sämtlicher vom Mieter zu erbringender Leistungsentgelte. Streitig ist jedoch, wie die Minderung der Bruttomiete zu errechnen ist, insbesondere ob **Nachzahlungen oder Erstattungen aufgrund der Jahresabrechnung zu
berücksichtigen sind oder nicht** (vgl. dazu *Eisenschmidt* WuM 2005, 491; *Bieber* NZM
2006, 683; *Schach* GE 2006, 1198. Vgl. hierzu Form. B. I. 7 Anm. 6).

**3.** Die Minderung tritt im Mietrecht kraft Gesetzes ein (BGH NJW 1987, 432; BGH
NJW-RR 1991, 779; BGH ZMR 1997, 567; *Kinne/Schach/Bieber* § 536 Rdn. 1). Sie
stellt keinen Anspruch gemäß § 194 BGB dar, kann daher nicht verjähren (OLG Düsseldorf NJW-RR 1994, 399). Der Einwand kann jedoch unter den Voraussetzungen des
§ 242 BGB verwirken. Verwirkung wird angenommen, wenn der Vermieter die Mängelbeseitigung endgültig verweigert, der Mieter über längere Zeit hinweg nichts unternimmt
(AG Köln WuM 1997, 553).

**4. Weicht die tatsächliche Fläche um weniger als 10% von der im Mietvertrag ange-
gebenen** Fläche ab, soll bei Darlegung und Beweis einer erheblichen Gebrauchsbeeinträchtigung ebenfalls ein zur Minderung berechtigender Mangel vorliegen (KG ZMR
2005, 950).

**5.** Rückzahlungsansprüche gemäß §§ 812, 536 BGB verjähren in der regelmäßigen
Verjährungsfrist des § 195 BGB von drei Jahren (Palandt/*Heinrichs* § 195 Rdn. 5). Die
Frist beginnt gemäß § 199 Abs. 1 BGB mit Ende des Jahres, in dem der Anspruch entstanden ist **und** der Gläubiger von den den Anspruch begründeten Tatsachen sowie der
Person des Schuldners Kenntnis erlangt oder ohne grobe Fahrlässigkeit hätte erlangen
müssen. Der Mieter hat im konkreten Fall erst einige Wochen zuvor, als die Wohnung
wegen der geplanten Verlegung neuen Bodens vermessen wurde, Kenntnis von der Minderfläche erlangt, sodass **Verjährung** hinsichtlich der Rückzahlungsansprüche noch nicht
eingetreten sein dürfte.

## 10. Geltendmachung des Anspruchs auf Schadensersatz gemäß § 536a BGB

......
(Rechtsanwalt)

an

......
(Vermieter)
Einschreiben/Rückschein[1]

Sehr geehrte(r)......,

Wie Ihnen bekannt ist, vertrete ich die Interessen Ihres Mieters ......, ich verweise
insoweit auf mein Schreiben vom ......,[2] in welchem ich im Auftrage meines Mandanten bei starkem Regen Wassereintritt durch die Außenwand des Schlafzimmers
meldete, § 536c BGB, und Beseitigung verlangte. Da Sie nichts unternahmen, hat
mein Mandant die Miete gemindert, vom Zurückbehaltungsrecht Gebrauch gemacht und die Zahlung, soweit sie erfolgte, unter Vorbehalt geleistet.[3]

Durch das durch die Schlafzimmerwand eindringende Wasser wurde eine Couch,
die mein Mandant zwei Jahre zuvor zum Preis von 6.000,– EUR gekauft hatte, irre-
parabel beschädigt.

Von anderen Mietern des Hauses erfuhr mein Mandant, dass sechs Monate vor seinem Einzug, somit vor acht Monaten, bei starkem Regen ebenfalls Wasser durch die Schlafzimmerwand der Wohnung eingedrungen war und der Vormieter aus diesem Grunde das Mietverhältnis beendet hat. Danach haben Sie nach Trocknen der Wände, der heiße Sommer kam Ihnen entgegen, die Wände neu tapezieren und streichen lassen, um den Schaden zu kaschieren.

Sie haben für den meinem Mandanten entstandenen Schaden gemäß § 536a BGB einzustehen, da die Wand bereits bei Abschluss des Mietvertrages wasserdurchlässig, weil nicht isoliert, und die Mietsache daher mangelhaft (§ 536 BGB) war.[4]

Unter Berücksichtigung der Lebensdauer der Couch von zehn Jahren und des Kaufpreises von 6.000,– EUR ist ein jährlicher Abzug von 600,– EUR, d. h. 1.200.– EUR für zwei Jahre unter dem Gesichtspunkt „neu für alt" abzuziehen, sodass mein Mandant einen Schadensersatzanspruch in Höhe von 4.800,– EUR hat, den ich Sie zur Vermeidung einer gerichtlichen Geltendmachung bis …… zu zahlen aufzufordern habe.[5, 6]

……
(Rechtsanwalt)

## Anmerkungen

**1.** Vgl. B. I. 1 Anm. 1.

**2.** Schreiben gem. Formular B. I. 5. Die Anzeige des Mangels gemäß § 536c BGB ist auch Voraussetzung für die Geltendmachung des Schadensersatzes gemäß § 536a BGB.

**3.** Schreiben gem. Form. B. I. 7. Schadensersatz gemäß § 536a BGB kann neben der Minderung, Geltendmachung des Zurückbehaltungsrechts sowie Vorbehaltszahlung geltend gemacht werden.

**4.** Lag der **Mangel bereits bei Mietvertragsabschluss** vor, haftet der Vermieter unabhängig davon, ob ihm der Mangel bekannt war oder ob er schuldhaft gehandelt hat (Garantiehaftung). Es reicht aus, wenn nur die Gefahrenquelle vorhanden war oder die Ursache vorlag, der Mangel latent vorhanden war (BGH ZMR 1994, 420; OLG München, NJW-RR 1990, 1098; *Kinne/Schach/Bieber* § 536a Rdn. 4). Die verschuldensunabhängige Haftung des Vermieters für anfängliche Mängel kann formularmäßig abbedungen werden (BGH DWW 1992, 14; LG Köln WuM 1996, 334), wenn sich aus der Klausel die Reichweite des Haftungsausschlusses mit der gebotenen Klarheit ergibt (OLG Hamburg WuM 1990, 71; OLG Düsseldorf WuM 1999, 279). Liegt kein anfänglicher Mangel vor, kommt ein Schadensersatzanspruch des Mieters nur in Betracht, wenn den Vermieter an dem Wassereintritt ein Verschulden trifft oder er mit der Mängelbeseitigung in Verzug war, etwa weil der Mieter einige Tage vorher bei Regen bereits auf Undichtigkeit hingewiesen hatte. Die ältere Rechtsprechung (OLG Stuttgart NJW 1984, 2226) hielt den formularmäßigen Haftungsausschluss für Vorsatz und grobe Fahrleistung für unwirksam, ließ ihn jedoch für leichte Fahrlässigkeit zu. Der BGH (ZMR 2002, 184 ff.) hat den formularmäßigen Haftungsausschluss für leichte Fahrlässigkeit ebenfalls wegen Verstoßes gegen § 307 Abs. 2 Ziff. 2 BGB, unter dem Gesichtspunkt der unangemessenen Benachteiligung des Vertragspartners für unwirksam erklärt. Der Mieter habe nicht die Möglichkeit, sich gegen das Risiko von Schäden an Einrichtungsgegenständen zu versichern, während der Vermieter das Risiko durch den Abschluss einer Haus- und Grundbesitzerhaftpflichtversicherung abdecken könne.

**5.** Bei **Veräußerung des Grundstücks** nach Schadenseintritt kann der Schadensersatzanspruch nicht gegen den Erwerber geltend gemacht werden, wenn die Ersatzpflicht bereits beim Veräußerer entstanden ist.

**6.** Es fällt die **Gebühr** des § 14 RVG an; **Streitwert** ist der geforderte Schadensersatz.

## II. Rechte des Vermieters bei Vertragsverletzungen des Mieters

### 1. Anwaltliche Abmahnung[1] wegen unbefugter Gebrauchsüberlassung an Dritte

......
(Rechtsanwalt)[2]

an

......
(Mieter)[3]
per Boten[1]

Betr.: Vermieter ./. Mieter

Mietverhältnis vom ......, Objekt ......

Sehr geehrte/r Frau/Herr ......

Unter Beifügung einer auf mich ausgestellten Originalvollmacht[2] zeige ich an, dass ich die rechtlichen Interessen Ihres/r Vermieter/s, das obige Mietverhältnis betreffend, anwaltlich vertrete. Wie mein/e Mandant/en in Erfahrung bringen musste/n, haben Sie in die von Ihnen mit Mietvertrag vom ...... gemietete 3-Zimmer-Wohnung (ca. 55 m² groß), in der ...... Etage (Lage der Wohnung) im Haus ...... straße seit dem ...... mindestens zwei weitere Erwachsene und drei weitere Kinder aufgenommen. Sie selbst bewohnen diese Wohnung bereits mit zwei Erwachsenen und zwei Kindern.

Die aufgenommenen Personen werden wie folgt beschrieben:

1. Person: Männlich, ca. ...... Jahre alt, dunkle kurze Haare, Bart
2. Person: ......
3. Person: ......
4. Person: ......
5. Person: ......

Von verschiedenen Mietern desselben Hauses sind die von Ihnen aufgenommenen Personen sowohl im Hausflur als auch in Ihrer Wohnung beobachtet worden: ......[4]

Hiermit mahne ich Sie namens und im Auftrag meines/r Mandanten ab und fordere Sie auf, diese unerlaubte Gebrauchsüberlassung an vorgenannte Personen unverzüglich, spätestens binnen 10 Tagen, zu unterlassen.[5] Ich weise Sie ebenfalls darauf hin, dass durch die große Personenzahl, die die Wohnung derzeit nutzt, eine Überbelegung und folglich eine unerlaubte Untervermietung vorliegt.[6] Rein vorsorglich muss ich Sie darauf hinweisen, dass mein/e Mandant/en gezwungen wäre/n, das bestehende Mietverhältnis fristlos zu kündigen, falls Sie ungeachtet dieser Abmahnung die unerlaubte Gebrauchsüberlassung fortsetzen.[7, 8]

......
(Rechtsanwalt)

*Schrifttum: Beuermann,* Die Teil-Untervermietung von Wohnraum, GE 1996, 562; *Bunn,* Die Aufnahme Dritter in die Mietwohnung, ZMR 1988, 9; *Gather,* Was darf der Wohnraummieter, GE 2001, 595; *ders.,* Die Nutzungsrechte des Wohnraummieters, DWW 2003, 174; *Kern,* Vermieterstellung bei unerlaubter nicht gewerblicher Untervermietung, NZM 2009, 344; *Köhler,* Aufnahme Dritter in die Mietwohnung, ZAP Fach 4, 213; *Martini,* Die Untervermietung und die Vermietung auf Zeit – Zur WM 2006 richtig Kohle machen, GE 2006, 554; *Nassall,* Die Untermiete im Spiegel der Rechtsprechung, ZMR 1983, 333; *Schneider,* Untervermietung als Beteiligung Dritter am Hauptmietvertrag, WuM 1999, 195; *Wangard,* Nochmals: Die Aufnahme Dritter in der Wohnung, ZMR 1986, 73; *Wetekamp,* Das Recht der Untermiete, GE 1989, 386 ff.

## Anmerkungen

**1.** Eine **Abmahnung** ist eine **rechtsgeschäftsähnliche, einseitige empfangsbedürftige Willenserklärung** (Schmidt-Futterer/*Blank* § 541 Rdn. 4; BGH NJW 1995, 396). Die Abmahnung bedarf keiner bestimmten **Form**, könnte also auch mündlich ausgesprochen werden, wovon jedoch dringend abzuraten ist. Der Vermieter hat nämlich im Rechtsstreit darzulegen und zu beweisen, dass er eine Abmahnung ausgesprochen hat, weshalb dringend die schriftliche Abfassung empfohlen wird. Auch muss der Vermieter im Rechtsstreit den **Zugang** (dazu Form B.I.1 Anm. 1) beweisen. Deshalb sollte eine Zustellart ausgewählt werden, durch die der tatsächliche Zugang sicher nachgewiesen werden kann. In der Praxis empfiehlt sich daher die **Zustellung** durch Gerichtsvollzieher oder durch Boten, was oftmals schneller geht und den Vorteil hat, dass der Zustellungszeitpunkt vom Zusteller bestimmt werden kann. Ein Gerichtsvollzieherauftrag hingegen kann sich bis zu 14 Tagen hinziehen. Bei Zustellung durch Boten empfiehlt es sich, den Boten das zuzustellende Schreiben lesen und selber einkuvertieren zu lassen, damit im Rechtsstreit nachgewiesen werden kann, dass der Briefumschlag nicht leer war, sondern das zuzustellende Schreiben enthielt. Der Bote sollte dann auf einer Kopie des zuzustellenden Schreibens nach erfolgter Zustellung entsprechende Notizen über Datum und Uhrzeit des Einwurfs in den Briefkasten oder die persönliche Übergabe machen. Bei größeren Wohnanlagen mit großen Briefkastenanlagen empfiehlt es sich darüber hinaus, Notizen auf der Kopie darüber zu machen, in welchen Briefkasten das Schreiben eingeworfen wurde. Werden alle diese Anregungen berücksichtigt, wird dem Vermieter der Beweis des Zugangs leicht fallen.

**2. Absender** und damit **Abmahnberechtigter** ist nur der Vermieter oder – wie hier – ein vom Vermieter **Bevollmächtigter.** Dies kann der Verwalter oder ein Dritter, z.B. ein/e RA/RAin, sein. Nimmt ein Dritter für den Vermieter die Abmahnung vor, so muss dieser dem Abmahnschreiben, da dieses eine einseitige empfangsbedürftige Willenserklärung darstellt, eine auf ihn lautende **Originalvollmacht** beifügen. Aus der Vollmacht muss klar ersichtlich sein, dass sie auch zur Abmahnung berechtigt. Eine Kopie der Vollmacht reicht nicht aus! Fehlt die Originalvollmacht, kann der Empfänger die Abmahnung gem. § 174 BGB unverzüglich zurückweisen. Diese Zurückweisung, die selber eine einseitige empfangsbedürftige Willenserklärung ist, kann ebenfalls von einem Bevollmächtigten ausgesprochen werden, der dann ebenfalls eine **Originalvollmacht** beifügen muss. Bei einer Mehrheit von Vermietern müssen alle Vermieter die Abmahnung, bzw. bei Bevollmächtigung eines Dritten, die Vollmacht unterschreiben. Personen, die anstelle des Vermieters deren Befugnisse ausüben, wie z.B. Zwangsverwalter, Insolvenzverwalter, Nachlassverwalter, Betreuer u.a., stehen dem Vermieter gleich. Eine durch einen nicht Bevollmächtigten ausgesprochene Abmahnung ist unwirksam.

**3. Empfänger** der Abmahnung muss stets der Mieter/die Mieter (alle) sein. Das gilt auch dann, wenn der Vermieter den Gebrauch der Mietsache – wie hier – einem Dritten überlassen hat (Schmidt-Futterer/*Blank* § 541 Rdn. 7). Bei mehreren Mietern muss je-

*Eckert*

dem Mieter eine Abmahnung, d. h. ein separates Schreiben, zugehen. Dies muss im Rechtsstreit ggfs. bewiesen werden. Es sollte dringend davon abgesehen werden, einem Mieter eine Abmahnung „für alle Mieter" zuzustellen. Praktische Probleme ergeben sich bei „**verschwundenen Mietern".** Hier sind durch den Vermieter frühzeitig Anfragen bei den verbliebenen Mietern und weiteren Hausbewohnern über den Aufenthalt vorzunehmen. Ebenso ist eine Anfrage bei dem zuständigen Einwohnermeldeamt vorzunehmen. Bei ergebnislosem Verlauf kann dann eine Abmahnung gem. § 132 Abs. 2 BGB wirksam zugestellt werden. Wirksam ist auch eine Zustellung der Abmahnung an die verbliebenen Mitmieter, wenn sich die Mieter im Mietvertrag gegenseitig Empfangsvollmacht, auch formularmäßig, erteilt haben (BGH NJW 1997, 3437).

**4.** Die Abmahnung muss inhaltlich eine derart präzise Bezeichnung des **vertragswidrigen Gebrauchs,** d. h. des Sachverhaltes enthalten, so dass der Mieter klar erkennen kann, welches Fehlverhalten der Vermieter beanstandet und er, der Mieter, aufzugeben hat (Schmidt-Futterer/*Blank* § 541 Rdn. 5; MünchKomm/*Bieber* § 541 Rdn. 12). In der Regel dient die Abmahnung auch zur Vorbereitung einer Kündigung, so dass durch die konkrete Darstellung bereits in der Abmahnung verhindert wird, dass der Sachverhalt aufgrund Zeitablaufs und damit einhergehenden Erinnerungslücken nicht mehr genau präsent ist. Nur ausnahmsweise kann eine **Abmahnung entbehrlich** sein, nämlich dann, wenn sicher ist, dass der Mieter sein Fehlverhalten nicht abstellen will/kann oder der Mieter bereits vollendete Tatsachen geschaffen hat (Schmidt-Futterer/*Blank* § 541 Rdn. 8; BGH MDR 1975, 572) oder auch bei Wiederholung bei früher beanstandeter Untervermietung (Palandt/*Weidenkaff* § 541 Rdn. 8).

**5.** Eine **Fristsetzung** zur Abstellung eines Fehlverhaltens ist grundsätzlich nicht erforderlich (Schmidt-Futterer/*Blank* § 541 Rdn. 5; LG Mannheim WuM 1985, 262).

**6.** Eine Gebrauchsüberlassung an Dritte i. S. des § 540 Abs. 1 Satz 1 BGB liegt nur dann vor, wenn sie auf Dauer erfolgt. Familienangehörige (z. B. Eltern, Schwiegereltern, Enkel, Stiefkinder, Lebenspartner) werden nicht als Dritte angesehen, jedoch der Lebensgefährte des Kindes, Bruder/Schwester des Mieters, Schwager. Grundsätzlich hat der Mieter das Recht **Besuch** aufzunehmen. Dieses Recht gilt in der Regel für vier bis sechs Wochen. Nach Ablauf von ca. drei Monaten ist hingegen von einer dauerhaften Aufnahme auszugehen (Bub/Treier/*Kraemer* III Rdn. 1012). Der Anspruch des Mieters gem. § 553 Abs. 1 BGB auf Gestattung der Gebrauchsüberlassung an Dritte ist begrenzt durch einen wichtigen Grund in der Person des Untermieters, in sonstigen Unzumutbarkeitskriterien und in der Überbelegung der Wohnung – wie hier –. Streitig ist, wann **Überbelegung** gem. § 553 Abs. 1 BGB vorliegt. Die hierzu ergangene Rechtsprechung ist uneinheitlich (Schmidt-Futterer/*Blank* § 540 Rdn. 27 m. w. N.; § 553 Rdn. 11 „Überbelegung"). Ansatzpunkt ist das Verhältnis der Anzahl der Personen zur Zahl der Räume und Wohnungsgröße. Als Richtschnur können die Wohnungsaufsichtsgesetze der Länder dienen, wonach für Kinder bis zu 6 Jahren 6 qm Nutzfläche und Erwachsene 9 qm Nutzfläche zur Verfügung stehen sollen. Im Streitfall kommt es auf die Umstände des Einzelfalls an (OLG Karlsruhe, NJW 1987, 1952). Bei vorliegendem Sachverhalt wurde **Überbelegung** bejaht (OLG Hamm NJW 1983, 48; LG Mönchengladbach NJW-RR 1991, 1113, OLG Frankfurt NZM 2004, 231, bei Nutzung 3-Zi-Whg. von mind. 9 Personen).

**7.** Ob die Abmahnung eine **Kündigungsandrohung** enthalten muss, ist streitig. Daher sollte die Abmahnung vorsichtshalber eine Kündigungsandrohung enthalten (Kündigungsandrohung erforderlich: BGH NZM 2006, 338; LG Hamburg WuM 1986, 338; nicht erforderlich: LG Kleve WuM 1995, 537; MünchKomm/*Bieber* § 541 Rdn. 13). Bei unberechtigter Untervermietung steht dem Vermieter auch das Recht auf Unterlassung gemäß § 541 BGB zu, welches er mit einer Unterlassungsklage geltend machen kann. Der Unterlassungsanspruch richtet sich nicht gegen den Untermieter, sondern den Mieter; auf dessen Verschulden kommt es nicht an.

**8.** Der/Die RA/RAin kann für das Abmahnschreiben eine **Geschäftsgebühr** gemäß § Nr. 2300 VV RVG in Höhe von 0,5 bis 2,5 der vollen Gebühr, in der Regel 1,3 zzgl. Postgebühren gemäß Nr. 7001, 7002 VV RVG und Mwst verlangen. Der **Streitwert** richtet sich nach § 3 ZPO, wobei das Ermessen an dem Interesse des Vermieters an der Beseitigung/Unterlassung auszurichten ist. Da die Abmahnung eine Vorstufe zur (fristlosen) Kündigung darstellt, kann die halbe Jahresmiete zugrunde gelegt werden (Lützenkirchen/*Lützenkirchen*, Anwaltshandbuch Mietrecht, I Rdn. 248). Die Rechtsprechung setzt bei streitigen Untermietverhältnissen als Streitwert im gerichtlichen Verfahren entweder den Untermietzuschlag nach § 27 Abs. 3 NMV, 3-facher Jahresbetrag (LG Hamburg MDR 1992, 577) oder 1facher Jahresbetrag (LG Bad Kreuznach WuM 1998, 433) oder den Jahresbetrag des Untermietzuschlags gemäß § 41 GKG analog (LG Berlin WuM 1998, 690) an.

## 2. Anwaltliche Abmahnung[1] wegen vertragswidrigen Verhaltens des Untermieters

......

(Rechtsanwalt)[2]

an

......

(Mieter)[3]
per Boten[1]

Betr.: Vermieter ./. Mieter

Mietvertrag vom ......, Objekt ......

hier: Untervermietungserlaubnis

Sehr geehrte/r Frau/Herr ......

Unter Beifügung einer auf mich ausgestellten Originalvollmacht[2] zeige ich an, dass ich die rechtlichen Interessen Ihres/r Vermieter/s, das obige Mietverhältnis betreffend, anwaltlich vertrete. Mit Schreiben vom ...... hatten Sie um Erlaubnis[5] gebeten, ein Zimmer der angemieteten 3-Zimmer-Wohnung in der ...... Etage des Hauses ...... straße, in ...... an Ihren Bruder, Herrn ......, unterzuvermieten,[6] der nunmehr in unserer Stadt das Studium aufgenommen hat. Mit Schreiben vom ...... erklärte sich mein Mandant unter ausdrücklichem Vorbehalt[7] mit der beabsichtigten Untervermietung unter der Voraussetzung einverstanden, dass ein monatlicher Untermietzuschlag von ...... EUR zu zahlen ist.

Nunmehr wurde meinem Mandanten durch Beschwerden von Nachbarn zugetragen, dass Ihr Bruder, Herr ......, jeden Sonntag im Kirchenchor in der 8.00 Messe singt und zuvor, das heißt jeden Sonntag, ab 5.30 Uhr bis 7.30 Uhr sich einsingt und dadurch sämtliche Nachbarn aufweckt.[8]

Hiermit mahne ich Sie namens und in Vollmacht Ihres Vermieters ab und fordere Sie auf, die oben genannten Lärmbelästigungen unverzüglich abzustellen. Rein vorsorglich weise ich Sie darauf hin, dass mein Mandant gezwungen wäre, das bestehende Mietverhältnis zu kündigen, sollten Sie das vertragswidrige Verhalten fortsetzen.[9, 10]

......

(Rechtsanwalt)

*Eckert*

*Schrifttum: Blank*, Anspruch des Mieters auf Erteilung der Erlaubnis zur Aufnahme eines Lebensgefährten in die Mietwohnung, LMK 2004, 1; *Horst*, Vertragswidriger Gebrauch der Mietsache, ZAP Fach 4, 439 (1996); *Kern*, Vermieterstellung bei unerlaubter nicht gewerblicher Untervermietung, NZM 2009, 344; *Kinne*, Die fristlose Kündigung des Wohnraummietverhältnisses, GE 2005, 836; *Peter*, Führt das Schweigen des Vermieters auf eine beantragte Erteilung einer generellen Untervermietungserlaubnis zum Sonderkündigungsrecht des Wohnraummieters?, ZMR 2000, 357.

## Anmerkungen

**1.** Vgl. Form. B. II. 1 Anm. 1.

**2.** Vgl. Form. B. II. 1 Anm. 2.

**3.** Vgl. Form. B. II. 1 Anm. 3.

**4.** Vgl. Form. B. II. 1 Anm. 1.

**5.** Die **Erlaubnis** ist eine einseitige empfangsbedingte Willenserklärung. Sie ist insbesondere formlos wirksam, bedarf also nicht der Schriftform. Sie kann daher auch stillschweigend erteilt werden. Eine in einem Formularvertrag vereinbarte Schriftform für die Erteilung der Untervermietungserlaubnis verstößt gegen § 307 BGB (bis 31. 12. 2001 § 9 AGBG). Die Folge ist, dass die gesamte Klausel über die Notwendigkeit der schriftlichen Untervermietungserlaubnis unwirksam ist (BGH NJW 1991, 1750, 1751) und eine nur mündlich erteilte Erlaubnis ausreicht. Der Mieter hat keinen gesetzlichen **Anspruch** auf Erteilung der **Erlaubnis**. Bei einer vertragswidrigen Versagung der Erlaubnis kann der Mieter aber Schadensersatz gemäß § 280 BGB geltend machen (Schmidt-Futterer/*Blank* § 540 Rdn. 73). Der Mieter kann in einem derartigen Fall nur kündigen, falls nicht der Ausnahmetatbestand des § 540 Abs. 1, 2, 2. HS BGB vorliegt. Nur in Ausnahmefällen ist ein Anspruch auf Erlaubnis gem. § 242 BGB denkbar. Sinn und Zweck der Erlaubniserteilung ist, dass dem Vermieter der Untermieter genehm ist und der Wert des Objektes durch Untervermietung nicht verringert wird. Verweigert der Vermieter nach diesen Kriterien die Erlaubnis aus sachfremden Gründen, kommt Rechtsmissbrauch in Betracht (OLG Hamm NJWE-MietR 1996, 107). Zu beachten ist jedoch, dass ein etwaiger Anspruch auf Erteilung der Untervermietungserlaubnis nicht die Erlaubnis selbst ersetzt. Das heißt, selbst bei einem bestehenden Anspruch auf Untervermietungserlaubnis muss vor Überlassung des Mietraumes eine Erlaubnis eingeholt werden. Verstößt der Mieter hiergegen, so verstößt er damit gegen seine mietvertraglichen Pflichten (*Kinne/Schach/Bieber* § 553 Rdn. 21 m. w. N.).

**6.** Der Mieter darf nur mit **Erlaubnis** des Vermieters den Mietgebrauch Dritten überlassen, insbesondere **untervermieten**. Auch die dauerhafte und nicht nur besuchsweise Aufnahme des Bruders des Mieters bedarf der Erlaubnis des Vermieters (BayObLG GE 1984, 429, 431). Eine Gebrauchsüberlassung an Dritte i. S. des § 540 Abs. 1 S. 1 BGB liegt nur dann vor, wenn sie auf Dauer erfolgt. Familienangehörige (z. B. Eltern, Schwiegereltern, Enkel, Stiefkinder, Lebenspartner) werden nicht als Dritte angesehen, jedoch der Lebensgefährte des Kindes, Bruder/Schwester des Mieters, Schwager. Grundsätzlich hat der Mieter das Recht **Besuch** aufzunehmen. Dieses Recht gilt in der Regel für vier bis sechs Wochen. Nach Ablauf von ca. drei Monaten ist hingegen von einer dauerhaften Aufnahme auszugehen (Bub/Treier/*Kraemer* III Rdn. 1012).

**7.** Eine erteilte Erlaubnis kann grundsätzlich nur dann **widerrufen** werden, wenn ein Widerrufsvorbehalt erklärt wurde (*Sternel* II Rdn. 248). Nach herrschender Meinung ist jedoch auch dann ein Widerruf möglich, wenn ein wichtiger Grund besteht (Schmidt-Futterer/*Blank* § 540 BGB Rdn. 52 m. w. Nachw.). Dies gilt auch dann, wenn ein Widerrufsvorbehalt nicht erklärt wurde (AG Tiergarten GE 1992, 391). Hier kommen ähnliche

Sachverhalte in Betracht, wie bei Kündigung aus wichtigem Grund gem. §§ 543 Abs. 1, 569 Abs. 2, 4 BGB (BGH NJW 1984, 1031). Hingegen verstößt eine Formularklausel, wonach die Erlaubnis jederzeit widerrufen werden kann, gegen § 307 Abs. 2 Nr. 1 BGB und ist unwirksam (BGH NJW 1987, 1692).

**8.** Vgl. Form. B. II. 1 Anm. 4.

**9.** Vgl. Form. B. II. 1 Anm. 5, 6.

**10.** Zur Kostennote vgl. Form. B. II. 1 Anm. 8.

## 3. Abmahnung[1] des Verwalters/Vertreters wegen Störung des Hausfriedens

......

(Verwalter/Vertreter)[2]

an

......

(Mieter)[3]

Betr.: Mietverhältnis vom ......, Objekt ......

hier: Störung des Hausfriedens

Sehr geehrte/r Frau/Herr ......

wie Ihnen bekannt ist, verwalte ich die von Ihnen angemietete Wohnung für den Eigentümer Herrn ...... Als Anlage überreiche ich Ihnen gleichwohl eine auf mich lautende Originalvollmacht, die mich unter anderem zur Abmahnung wegen vertragswidrigen Verhaltens berechtigt.[4]

Sie haben im Objekt ......straße, Ort, die Wohnung im 2. OG rechts angemietet. Sowohl sämtliche Nachbarn derselben Etage als auch die Nachbarn aus der 1. und 3. Etage haben sich sowohl bei Ihnen, als auch bei Ihrem Vermieter und mir über anhaltende Lärmbelästigung aus Ihrer Wohnung kommend, insbesondere in den späten Abend- und Nachtstunden, beklagt. So wurde mir zugetragen, dass Sie sich mit ...... lautstark streiten, in der Wohnung poltern, Türen schlagen, Musik über Zimmerlautstärke hören und offenbar mit schweren Gegenständen werfen.

Im Einzelnen sind folgende Vorfälle bekannt geworden:[5]

Am ......

......

Durch dieses Verhalten haben Sie den Hausfrieden[6] gestört. Hierdurch konnten die anderen Hausbewohner nicht schlafen. Dieses Verhalten ist nicht hinnehmbar.

Ich mahne Sie daher unter Bezugnahme auf beiliegende Originalvollmacht ab und fordere Sie auf, derartige Vorfälle zu unterlassen. Im Wiederholungsfall müsste das Mietverhältnis wegen schuldhafter Vertragsverletzung gekündigt werden.[7, 8, 9]

......

(Verwalter/Vertreter)

*Schrifttum: Birkenhauer,* Vor fristloser Kündigung ausführliche Beratung einholen, GE 2006, 305; *Börstinghaus,* Verwahrlosung, Lärm und Nachbarstreit im Wohnraumrecht, NZM 2004, 48;

*Derleder,* Interkulturelle Konflikte in Wohnanlagen – Eine Betrachtung in Bezug auf mietrechtliche Lösungen, NZM 2008, 505; *Gather,* Vertragswidriger Gebrauch der Mietsache, DWW 1995, 234; *Horst,* Grenzen des zulässigen Wohngebrauchs, NZM 1998, 647; *Keinhorst,* Wenn Kinder lärmen und vom Gerüst in den Teich fallen – Grundeigentum und Kinder, GE 2000, 849; *Kraemer,* Die Kündigung aus wichtigem Grund nach altem und neuem Recht, NZM 2001, 553; *ders.,* Die Kündigung aus wichtigem Grund nach altem und neuem Recht, Überarbeitete und aktualisierte Fassung des Referats zum dt. Mietgerichtstag 2001 am 16. 3. 2001, WuM 2001, 163; *Pfeifer,* Lärmstörungen – Gutachten und Lärmlexikon, 8. Aufl. 1998, Düsseldorf (Materialien des Zentralverbandes der deutschen Haus-, Wohnungs- und Grundeigentümer e. V. Nr. 3.); *ders.,* Rabiater Mieter vor Gericht erfolgreich, GE 1996, 510; *Schmid,* Musik im Mietshaus, ZMR 1999, 310; *Stollenwerk,* Kinderlärm im Miet-, Wohnungseigentums- und Nachbarrecht, NZM 2004, 289; *Vogel,* Lärmterror im Mehrfamilienhaus – Was kann man dagegen tun?, GE 1990, 286.

## Anmerkungen

**1.** Vgl. Form. B. II. 1 Anm. 1.

**2.** Vgl. Form. B. II. 1 Anm. 2.

**3.** Vgl. Form. B. II. 1 Anm. 3.

**4.** Vgl. Anm. 2.

**5.** Vgl. Form. B. II. 1 Anm. 4; im Rechtsstreit ist der Vermieter **darlegungs- und beweispflichtig** für eine vertragswidrige Lärmstörung des Mieters. Die Gerichte stellen sehr hohe Anforderungen an die Darlegung der Lärmstörungen. Unzureichend wäre, wenn der Vermieter nur pauschal behauptet, der Mieter habe „dauernd unerträglich gelärmt". Vielmehr verlangen die Gerichte, dass die Lärmstörungen sowohl nach konkretem Zeitpunkt, der Dauer sowie Art und Intensität exakt dargelegt werden. Vor diesem Hintergrund ist dringend zu empfehlen, dass so genannte **Lärmprotokolle** gefertigt werden. Wohnt der Vermieter nicht selber im Objekt, sollten derartige Protokolle von dem Nachbarn angefertigt werden. Es empfiehlt sich auch, die jeweiligen Störungen von anderen Mitmietern in den Lärmprotokollen bestätigen zu lassen. Aus dem Lärmprotokoll sollen sich die Störungen nach Art, Intensität, Datum, Uhrzeit und Dauer ergeben. Für den Gestörten ist die Abfassung eines Lärmprotokolls sicher lästig, insbesondere, wenn regelmäßig Dritte als Zeugen einzubeziehen sind. In der Praxis stellt sich die Fertigung eines Lärmprotokolls aber als einzige sichere Möglichkeit dar, die Berechtigung einer Abmahnung/Kündigung darzulegen.

**6.** Bis zum 1. 9. 2001 war gem. § 554a BGB a. F. Voraussetzung für eine fristlose Kündigung wegen Pflichtverletzung unter anderem eine „nachhaltige" **Störung des Hausfriedens.** Darunter wurde allgemein verstanden, dass die Störung zu einem Dauerzustand wurde (Schmidt-Futterer/*Blank* 7. Aufl., § 554a Rdn. 6). In der ab dem 1. 9. 2001 geltenden Regelung des § 543 BGB ist das Tatbestandsmerkmal der Nachhaltigkeit weggefallen. Ausdrücklich ist jetzt in § 543 Abs. 3 BGB aufgenommen, dass eine Kündigung bei Pflichtverletzung erst nach erfolglosem Ablauf einer Frist oder nach erfolgloser Abmahnung zulässig ist. Letztlich läuft dies auf das Gleiche hinaus, da nach wie vor eine zur Kündigung berechtigende Pflichtverletzung erheblich sein muss und einmalige Verstöße ohne **Wiederholungsgefahr** gerade nicht als erhebliche Pflichtverletzung anzusehen sind (LG Berlin GE 2005, 675; AG Bremen Urt. v. 3. 3. 2004 – 17 C 144/04 – n. v.).

**7.** Vgl. Form. B. II. 1 Anm. 6.

**8.** Sollte die Abmahnung durch eine/n RA/RAin erfolgen, bemisst sich der Streitwert für die Kostennote nach § 3 ZPO, d. h. dem Interesse des Vermieters an der begehrten Unterlassung. Vorliegend scheint es angemessen, den Jahresbetrag einer zulässigen Mietminderung anderer Mitmieter zugrunde zu legen (*Hannemann,* in: Münchener Prozessformularbuch Mietrecht, Form. B. II. 34 Anm. 2). Im Übrigen vgl. Form. B. II. 1 Anm. 8.

**9.** Vgl. Anm. 2.

## 4. Abmahnung[1] des Vermieters wegen Verletzung von Sorgfaltspflichten

......

(Vermieter)[2]

an

......

(Mieter)[3]
per Boten[4]

Betr.: Mietverhältnis vom ......, Objekt ......

hier: Sorgfaltspflichtverletzung, vertragswidriger Gebrauch

Sehr geehrte/Frau/Herr ......

wie ich nach meiner angekündigten Besichtigung Ihrer Wohnung am ...... feststellen musste, machen Sie von der mit Mietvertrag vom ...... angemieteten 3-Zimmer-Wohnung im EG im Objekt ......straße, Ort, einen vertragswidrigen Gebrauch. Dadurch verletzten Sie Ihre Obhuts- und Sorgfaltspflichten in erheblichem Maße.[5]

Sie nutzen die Wohnung praktisch zur Lagerung von Müll und Gerümpel. Wie ich mich selbst überzeugen konnte, herrscht in der Wohnung ein heilloses Durcheinander. In sämtlichen Zimmern liegen und stehen Kleidungsstücke, mehrere TV-Geräte, diverse Elektrogeräte und diverse mit Müll gefüllte Säcke, von denen bereits eine erhebliche Geruchsbelästigung ausgeht.[6] Wie Sie in der Wohnung mit Ihren zwei kleinen Kindern noch wohnen können, muss man sich ernsthaft fragen. Da Sie die Wohnung derart vernachlässigen, ist auch mit Schäden an der Bausubstanz zu rechnen.

Wegen vorbezeichneten Vertragsverstößen mahne ich Sie ab[7] und fordere Sie auf, unverzüglich sämtliche nicht zum gewöhnlichen Wohnbedarf gehörenden Gegenstände sowie die Müllsäcke zu entfernen. Sollten Sie dieser Aufforderung nicht bis spätestens ...... nachkommen, sähe ich mich gezwungen, das Mietverhältnis mit Ihnen aufzukündigen.[8]

......

(Vermieter)

*Schrifttum: Blank,* Der gewöhnliche Mieterwechsel bei Beendigung eines Mietverhältnisses und Begründung eines neuen Mietverhältnisses, ZdW Bay 1998, 67 (Zum Umfang der Reinigungspflicht); *Börstinghaus,* Verwahrlosung, Lärm und Nachbarstreit im Wohnraumrecht, NZM 2004, 48; *Gather,* Vertragswidriger Gebrauch der Mietsache, DWW 1995, 234; *Horst,* Grenzen des zulässigen Wohngebrauchs, NZM 1998, 647; *ders.,* Vertragswidriger Gebrauch der Mietsache, ZAP Fach 4, 439 (1996).

## Anmerkungen

**1.** Vgl. Form. B. II. 1 Anm. 1.

**2.** Vgl. Form. B. II. 1 Anm. 2.

**3.** Vgl. Form. B. II. 1 Anm. 3.

**4.** Vgl. Form. B. II. 1 Anm. 1.

**5.** Der Mieter ist aufgrund seiner **Obhuts-/Sorgfaltspflichten** gehalten, Schäden von der Mietsache abzuwenden. Dabei korrespondieren die Befugnis des Mieters zum vertragsgemäßen Gebrauch und seine Sorgfaltspflichten. Unter anderem darf der Mieter die Mietsache nicht in einer Art und Weise vernachlässigen, dass – wie hier – von der Mietsache Geruchsbelästigungen ausgehen und/oder eine Beschädigung der Bausubstanz zu befürchten ist, wobei eine Gefahr der Beeinträchtigung der Bausubstanz als ausreichend angesehen wird (AG Hannover WuM 2005, 767; ebenso Schmidt-Futterer/*Blank* § 543 Rdn. 56). Die Obhutspflicht entsteht nicht bereits bei Abschluss des Mietvertrages, sondern erst mit Übergabe der Mietsache.

**6.** Der **Sachverhalt** wurde der Entscheidung des AG Rheine WuM 1987, 153, entnommen.

**7.** Auch in Fällen der Sorgfaltspflichtverletzung muss grundsätzlich einer eventuellen Kündigung gem. § 543 Abs. 3 BGB eine Abmahnung vorausgehen.

**8.** Sollte die Abmahnung durch eine/n RA/RAin erfolgen, vgl. zum Gebührentatbestand Form. B. II. 1 Anm. 8. Als Gebührenstreitwert kann die halbe Jahresmiete zugrundegelegt werden, da die Abmahnung Vorstufe zur (fristlosen) Kündigung ist (Lützenkirchen/*Lützenkirchen,* Anwaltshandbuch Mietrecht, I Rdn. 248).

# 5. Abmahnung[1] des Vermieters wegen unerlaubter Tierhaltung

......

(Vermieter)[2]

an

......

(Mieter)[3]
per Boten[4]

Betr.: Mietverhältnis vom ......, Objekt ......

hier: Unerlaubte Haltung eines Kampfhundes

Sehr geehrte/r Frau/Herr ......

gemäß Mietvertrag vom ...... haben Sie die oben näher bezeichnete 2-Zimmer-Wohnung von mir angemietet. In § ...... dieses Mietvertrages ist geregelt, dass das Halten von Tieren mit Ausnahme von Kleintieren ohne ausdrückliche Zustimmung des Vermieters nicht erlaubt ist.[5]

### Alternativ:

In § ...... dieses Mietvertrages ist geregelt, dass die Tierhaltung, mit Ausnahme von Kleintieren, der Erlaubnis des Vermieters bedarf.[6]

Alternativ:

Der Mietvertrag enthält keine Regelung in Bezug auf Tierhaltung.[7]

Ihre Nachbarn, Mieter der Wohnung auf gleicher Etage, haben festgestellt, dass Sie seit dem ...... einen Hund der Rasse Rottweiler,[8] Farbe braun, Schulterhöhe ca. ......, Gewicht ca. ......, in ihrer Wohnung halten. Sie haben mich hiervon zu keiner Zeit in Kenntnis gesetzt. Des Weiteren fühlen sich Ihre Nachbarn sowie insbesondere die Kinder der Nachbarn durch Ihren Hund verunsichert.[9]

Wie Ihnen sicherlich bekannt ist, handelt es sich bei Ihrem Rottweiler um einen Kampfhund, das heißt einer als gefährlich einzustufenden Rasse.

Hiermit mahne[10] ich Sie wegen unerlaubter Tierhaltung ab und fordere Sie auf, den oben näher bezeichneten Hund bis zum ...... abzuschaffen und auch zukünftig keinen anderen Hund einer als gefährlich einzustufenden Rasse zu halten.

Rein vorsorglich weise ich Sie darauf hin, dass ich gezwungen bin, Sie gerichtlich auf Unterlassung der Tierhaltung in Anspruch zu nehmen oder das Mietverhältnis fristlos zu kündigen, sollten Sie Ihren Hund nicht abschaffen.[11, 12]

......

(Vermieter)

*Schrifttum: Balsam/Dallemand,* Rechtsfragen der Haustierhaltung, 1997; *Blank,* Tierhaltung in Eigentums- und Mietwohnungen, NJW 2007, 729; *Dallemand/Balsam,* Die Berufungsfähigkeit auf Unterlassung der Tierhaltung gerichteter Urteile im Mietrecht, WuM 1997, 23; *dies.,* Tierhaltung und Mietrecht im Lichte der neuen BVerfG-Rechtsprechung zur Rechtsstellung des Mieters, ZMR 1997, 621; *Drasdo,* Tierhaltung in der Wohnung, NJW-Spezial 2006, 241; *Gather,* Was darf der Wohnraummieter?, GE 2001, 595; *Gängel/Gansel,* Hundehaltung in Mietwohnungen, GE 1999, 1018 ff.; *Hülsmann,* Tierhaltung im Mietrecht, NZM 2004, 841; *Kinne,* Formularklauseln in Mietverträgen – Grenzen und Konsequenzen (Teil 1), ZMR 2000, 725; *Koch,* Kölner Rechtsprechung zur Hundehaltung in Mietwohnungen, WuM 1997, 148; *Neuhaus,* Kampfhunde in Mietwohnungen, DWW 2001, 45 ff. und 52 ff.; *Stollenwerk,* Katzenjammer zwischen Nachbarn, DWW 2002, 22; *Theesfeld,* Haustierhaltung in der Mietwohnung, MDR 2010, 607.

### Anmerkungen

**1.** Vgl. Form. B. II. 1 Anm. 1.

**2.** Vgl. Form. B. II. 1 Anm. 2.

**3.** Vgl. Form. B. II. 1 Anm. 3.

**4.** Vgl. Form. B. II. 1 Anm. 1.

**5.** Diese Regelung, sogar ein generelles Verbot jeglicher **Tierhaltung**, wäre in einem individuell ausgehandelten Mietvertrag zulässig (LG Lüneburg WuM 1995, 704; Schmidt-Futterer/*Eisenschmid* § 535 Rdn. 493). In einem Formularmietvertrag ist ein genereller Ausschluss jeglicher Tierhaltung unzulässig (BGH NZM 2008, 78). Die hier verwandte Klausel ist in einem Formularmietvertrag jedoch wirksam, wenn Kleintiere von dem Verbot ausgenommen werden (LG Hamburg WuM 1993, 120; BGH NZM 2008, 78). Nach anderer Auffassung muss eine derartige Klausel mindestens Raum lassen für eine Interessenabwägung (z. B. Blindenführhund, Erforderlichkeit des Hundes aus psychischen oder physischen Gründen, *Blank* NZM 1998, 5, 8; LG Hamburg WM 1997, 674).

**6.** Ein formularmäßiges **Verbot mit Erlaubnisvorbehalt** soll unwirksam sein, wenn die Erlaubnis schriftlich erteilt werden muss (bei Schriftformverlangen genannte Klausel unwirksam, LG Freiburg WuM 1997, 175; Schmidt-Futterer/*Eisenschmid* § 535 Rdn. 507; a. A. nur teilweise unwirksam: AG Köln NJWE-MietR 1997, 245; *Sternel,* Mietrecht aktuell, Rdn. 170 und 236) und/oder Kleintiere nicht ausgenommen sind (LG Berlin GE 1993, 1273; AG Hamburg-Bergedorf NJW-RR 1991, 1413). Die Entscheidung über die Erlaubnis unterliegt dem freien Ermessen des Vermieters, wenn sich keine Anhaltspunkte für einen anderen Vertragswillen ergeben (OLG Hamm RE, NJW 1981, 1626). Das Ermessen muss aber interessengerecht ausgeübt werden, vgl. Anm. 5.

**7.** Enthält der Mietvertrag keine Regelung zur Tierhaltung, so gehört in jedem Fall das Halten einer angemessenen Zahl so genannter Kleintiere, die nach außen nicht oder nicht wesentlich in Erscheinung treten (Ziervögel, Hamster, Meerschweinchen, Fische, Zwergkaninchen, Chinchillas u. Ä.) zum vertragsgemäßen Gebrauch (Schmidt-Futterer/ *Eisenschmid* § 535 Rdn. 495; *Horst,* Praxis des Mietrechts, 2. Aufl., Rdn. 985). Werden zahlreiche Kleintiere gehalten, ist eine Einzelfallprüfung vorzunehmen. Werden z. B. zahlreiche Terrarien und Aquarien mit Fröschen, Kröten, Kaulquappen, Mäusen und Spinnen in einer kleinen Studentenunterkunft gehalten, ist der Vermieter nach vorangegangener Abmahnung zur fristlosen Kündigung berechtigt, was auch für die Rattenhaltung im Terrarium gelten soll. Hier dürfte entscheidend sein, dass es sich um Ungeziefer mit der immanenten Gefahr der Übertragung von Krankheiten handeln dürfte (*Horst,* a. a. O., Rdn. 986). Hinsichtlich der Haltung von Katzen und Hunden werden unterschiedliche Auffassungen vertreten. Einerseits soll Katzen-/Hundehaltung grundsätzlich zum vertragsgemäßen Gebrauch gehören (LG Hildesheim WuM 1989, 9; AG Köln NJWE-MietR 1997, 244; MünchKommBGB/*Häublein* §§ 535 Rdn. 94; *Sternel* II Rdn. 144, 163 ff.); andererseits soll Katzen- und Hundehaltung nach Literaturmeinung nicht mehr zum vertragsgemäßen Gebrauch gehören (Ermann/*Jendrek* § 541 Rdn. 6; Bub/Treier/*Kraemer* III Rdn. 1038). Eine vermittelnde Meinung will die Zulässigkeit von Kleintierhaltung einzelfallbezogen aufgrund Abwägung der jeweiligen Interessen entscheiden (LG Mannheim ZMR 1992, 545; LG Freiburg WuM 1997, 175). Abzustellen sei auf Art und Anzahl der Tiere, Wohnungsgröße, Art und Größe des Hauses, bereits gehaltene Tiere im Haus, Struktur der Hausbewohnung; Allergien etc.

**8.** Nach bisheriger Rechtsprechung soll der Mieter unter keinem rechtlichen Gesichtspunkt einen Anspruch auf Erlaubnis haben, einen **Kampfhund** zu halten (LG München WuM 1993, 699; LG Gießen NJW-RR 1995, 12; LG Krefeld NJW-RR 1997, 332). Demgegenüber hat das LG Berlin entschieden, dass das Interesse an einer (fristlosen) Kündigung des Mietverhältnisses nicht vorrangig gegenüber dem Interesse des Mieters an der mietvertraglich nicht verbotenen Tierhaltung ist, solange ein Kampfhund den Hausfrieden nicht stört (LG Berlin GE 2005, 871).

**9.** Die Versagung der Erlaubnis ist auch dann berechtigt, wenn keine konkrete **Störung** von dem Tier ausgeht (LG Bonn ZMR 1989, 179; LG Köln DWW 1994, 185). Erst recht kann die Tierhaltung aufgrund der abstrakten Gefahr untersagt werden, die sich aus den Eigenschaften der Gattung oder Rasse ergeben (LG Nürnberg-Fürth ZMR 1991, 29 für Bullterrier; LG München I WuM 1993, 669 für Kampfhund; anders: LG Berlin GE 2005, 871, das eine konkrete Störung verlangt, wenn ansonsten Tierhaltung mietvertraglich nicht verboten). Soweit Tierhaltung im Mietvertrag nicht ausgeschlossen ist, kann der Mieter auch ein Minischwein im Rahmen eines vertragsgemäßen Gebrauchs der Wohnung halten (LG München WuM 2005, 649).

**10.** Eine rechtswirksame vergebliche **Abmahnung mit Fristsetzung** ist Tatbestandsvoraussetzung sowohl für einen vom Vermieter geltend gemachten Unterlassungsanspruch gem. § 541 BGB als auch einer außerordentlichen fristlosen Kündigung gem. §§ 543, 569 Abs. 3 BGB.

**11.** Vgl. Form. B. II. 1 Anm. 6.

**12.** Sollte die Abmahnung durch eine/n RA/RAin erfolgen, vgl. zum Gebührentatbestand Form B. II. 1 Anm. 8. Die Gebührenstreitwerte gemäß § 3 ZPO schwanken je nach Tier zwischen ca. 300,– EUR und 1.000,– EUR. Beseitigung einer Katze 700,– DM (AG Bonn WuM 1990, 197), pauschal 1.000,– DM (LG Hamburg WuM 1993, 477) bzw. 1.500,00 DM (LG Hamburg Beschl. v. 27. 7. 1992, 316 T 116/91 – n. v.).

Beseitigung eine Hundes 2.000,– DM (LG Düsseldorf WuM 1993, 604; LG Braunschweig WuM 1996, 291). Vgl. im Einzelnen die Übersicht von Hannemann/Wiegner/ *Koch*, § 21.

# 6. Abmahnung[1] des Vermieters wegen fortgesetzter unpünktlicher Mietzahlung

......

(Vermieter)[2]

an

......

(Mieter)[3]

per Boten[4]

Betr.: Mietvertrag vom ......, Objekt ......

hier: Unpünktliche Mietzahlung

Sehr geehrte/r Frau/Herr ......

bei der Prüfung der Zahlungseingänge für die von Ihnen gemietete Wohnung habe ich festgestellt, dass Sie die Miete bereits ab dem Monat Oktober 2006 ständig verspätet zahlen:

Die Miete für den Monat 03/10 ist erst am 18. 3. 2010,
die Miete für den Monat 04/10 ist erst am 29. 4. 2010,
die Miete für den Monat 05/10 ist erst am 19. 5. 2010,
die Miete für den Monat 06/10 ist erst am 16. 6. 2010,
die Miete für den Monat 07/10 ist erst am 22. 7. 2010
auf dem Mietkonto eingegangen.[5]

Die Miete ist nach § 4 des Mietvertrages jeweils monatlich im Voraus, spätestens am 3. Werktag des jeweiligen Monats zu zahlen,[6] dies entspricht der gesetzlichen Regelung des § 556b Abs. 1 BGB.[7] Gemäß § 10 des Mietvertrages kommt es für die Rechtzeitigkeit der Zahlung auf den Zeitpunkt des Eingangs auf dem Mietkonto an.[8]

Leider haben Sie die Mieten zu diesen Fälligkeitszeitpunkten nicht gezahlt und damit gegen ihre mietvertraglichen Verpflichtungen verstoßen. Hierdurch ist mir ein Zinsschaden entstanden, da ich meine laufenden Kredite nicht bedienen konnte.

Hiermit mahne ich diesen Vertragsverstoß ab und fordere Sie auf, die Miete in Zukunft pünktlich zu dem vereinbarten Zahlungstermin zu zahlen. Falls Sie in Zukunft die Mieten nicht pünktlich zahlen, sähe ich mich gezwungen, das Mietverhältnis fristlos wegen der von Ihnen begangenen Vertragsverstöße zu kündigen.[9, 10]

......

(Vermieter)

*Schrifttum: Beuermann,* Verzug des Mieters bei unterbliebenen Zahlungen – Sozialamt –, GE 2002, 780; *Blank,* Zur Rechtzeitigkeit der Mietzahlung, WuM 1995, 567; *Gather,* Die fristlose Kündigung wegen Zahlungsverzugs nach § 554 BGB, GE 1997, 833; *Gellwitzki,* Zur Wirksamkeit der Mietzinsvorauszahlungs- und Aufrechnungsankündigungsklauselkombination in Wohn- und Gewerberaummietverträgen, zugleich eine Anmerkung zu OLG Köln, WuM 1998, 23 und WuM 1998, 198; *ders.,* Die Mietrechtsreform – die Neuregelungen zur Fälligkeit der Miete und Pacht, WuM 2001, 373; *Geldmacher,* Anmerkungen zu Mieterverzug und rechtzeitiger Mietzahlung, DWW 1999, 14; *Häublein,* Die fristlose Kündigung im Mietrecht nach Miet- und Schuldrechtsreform, ZMR 2005, 1; *Langenberg,* Zur fristlosen Kündigung wegen unpünktlicher Mietzahlung, WuM 1990, 3; *Meist,* Die Fälligkeit des Mietzinses unter besonderer Berücsichtigung des § 193 BGB, ZMR 1999, 801; *Schläger,* Wiederholt unpünktliche Mietzahlung als Kündigungsgrund, ZMR 2006, 428; *ders.,* Wirkung einer Mietschuldzahlung während einer laufenden Kündigungsfrist bei ordentlicher Kündigung, ZMR 2005, 359; *Schleusener,* Die unpünktliche Mietzahlung des Sozialamtes als Mieterverschulden nach § 554 a BGB, NZM 1998, 992; *Wilms,* Die fristlose Kündigung nach § 554 a BGB-Unpünktliche Mietzahlung durch das Sozialamt, GE 1999, 26; *Winkler,* Zum Erfordernis des kündigungsrelevanten Zahlungsverzuges im Zeitpunkt des Zugangs der Kündigungserklärung, ZMR 2006, 420.

## Anmerkungen

**1.** Vgl. Form. B. II. 1 Anm. 1.

**2.** Vgl. Form. B. II. 1 Anm. 2.

**3.** Vgl. Form. B. II. 1 Anm. 3.

**4.** Vgl. Form. B. II. 1 Anm. 4.

**5.** Vgl. Form. B. II. 1 Anm. 1.

**6.** Durch die Neuregelung des § 556 b BGB wurde die bis zum 31. 8. 2001 gem. § 551 BGB a.F. bestehende grundsätzliche Vorleistungspflicht des Vermieters aufgehoben. Durch § 556 b BGB wurde die Fälligkeit der Miete für Wohnraum auf den Zeitpunkt des Mietbeginns bzw. der vereinbarten Zeitabschnitte gelegt. Zudem wurde die vertragliche Praxis, wonach zulässig vereinbart wurde, dass die Miete regelmäßig bis zum 3. Werktag des Monats zu zahlen war, in Gesetzesrecht normiert. Dies hat zur Konsequenz, dass nunmehr der Mieter und nicht mehr der Vermieter vorleistungspflichtig ist. Im Hinblick auf §§ 273, 320 BGB könnte dem Mieter ein Zurückbehaltungsrecht an der Miete aufgrund seiner Vorleistungspflicht nicht mehr zustehen. Durch die Neuregelung des § 556 b Abs. 2 BGB bleibt dem Mieter aber ein Zurückbehaltungsrecht ausdrücklich erhalten. Dies gilt gem. § 556 b Abs. 2 Nr. 2 BGB selbst dann, wenn der Mietvertrag etwas anderes enthält. Diese Regelung, § 556 b Abs. 2 BGB gilt auch für sogenannte „Altverträge", die vor dem 1. 9. 2001 abgeschlossen wurden, da es für § 556 Abs. 2 BGB keine Übergangsregelungen gibt. Das heißt, der Mieter kann nunmehr, entgegen einer vertraglichen Regelung, auch mit Aufwendungsersatzansprüchen gem. § 536 a Abs. 2 Nr. 2 BGB (§ 547, Abs. 1 Nr. 1 BGB a.F.) sowie gem. § 539 BGB (§ 547 Abs. 2 BGB a.F.) aufrechnen oder ein Zurückbehaltungsrecht geltend machen, wenn er dies dem Vermieter mindestens 1 Monat vor Fälligkeit in Textform anzeigt.

**7.** Die neue Regelung des § 556 b BGB wirft die Frage auf, ob eine im Mietvertrag bestehende **Klauselkombination aus Vorfälligkeitsklausel und Aufrechnungsverbotsklausel** anders als bisher zu bewerten ist. Nach der Grundsatzentscheidung des BGH (NJW 1995, 254) war bei vorgenannter Kombination die Vorfälligkeitsklausel unwirksam, da nach Auffassung des BGH ansonsten das Minderungsrecht unzulässig eingeschränkt wurde. Durch den neuen § 556 b Abs. 1 BGB wurde die Vorfälligkeit gesetzlich normiert und nicht „nur" vertraglich geregelt. Gleichzeitig hat der Gesetzgeber gem. § 556 b Abs. 2 BGB die Möglichkeit des Mieters zur Aufrechnung und Zurückbehaltung erweitert. Aufgrund der **Übergangsregelung** des Art. 229 § 3 Abs. 1 Nr. 2 EGBGB richtet sich die Fälligkeit der Mietzahlung für Mietverträge, die zum Zeitpunkt des Inkrafttretens des Mietrechtsreformgesetzes (1. 9. 2001) bestanden, so genannten **Altverträgen,** nach altem Recht. Das heißt, § 556 b Abs. 1 BGB ist auf Altverträge nicht anwendbar. Da jedoch aufgrund fehlender Übergangsregelung § 556 b Abs. 2 BGB dieser auch für „Altverträge" gilt, ist zu prüfen, ob sich durch die Neuregelung des § 556 b Abs. 2 BGB eine von der BGH-Grundsatzentscheidung (a. a. O.) abweichende Beurteilung der vereinbarten Kombinationsklauseln ergibt. Dies ist im Ergebnis zu verneinen, da sich die Frage der Unwirksamkeit der Vorfälligkeitsklausel ausschließlich nach dem materiellen Vertragsrecht richtet (Schmidt-Futterer/*Eisenschmid* § 535 Rdn. 578 ff.). Die Unwirksamkeit der Vorfälligkeitsklausel ist nicht davon abhängig, ob sich die nicht mehr hinzunehmende Benachteiligung des Mieters erst aus der Gesamtwirkung beider Klauseln, die jeweils für sich genommen beanstandungsfrei sind, ergibt (BGH NJW 1995, 254). Gleiches gilt bei Kombination einer Vorfälligkeitsklausel und einer Klausel, die das Zurückbehaltungsrecht einschränkt (Schmidt-Futterer/*Eisenschmid* § 535 Rdn. 578 ff.; Schmidt-Futterer/*Langenberg* § 556 b Rdn. 19 ff.). Im Ergebnis führen daher bei Altverträgen die Kombination von Vorfälligkeits- und Aufrechnungsklausel nach wie vor zur Unwirksamkeit der Vorfälligkeitsklausel mit der Konsequenz, dass die Miete bei monatlicher Zahlungsweise am Letzten des Monats fällig ist und am Ersten der Folgemonate Verzug eingetreten ist.

**8.** Hier wurde im Mietvertrag eine so genannte **Rechtzeitigkeitsklausel** vereinbart, die überwiegend als zulässig angesehen wird (Schmidt-Futterer/*Langenberg* § 556 b Rdn. 7, Fn. 23 m. w. N.; vgl. zum Streitstand *Sternel,* Mietrecht aktuell, Rdn. 492). Daraus folgt, dass der Mieter das Risiko trägt, dass die Miete rechtzeitig beim Vermieter eingeht. Ist keine derartige Klausel vereinbart, ist die Rechtzeitigkeit der Leistungshandlung ausreichend, das heißt, dass der Mieter alles das auf seiner Seite zur Erfüllung Notwendige getan hat. Bei Banküberweisung hat der Mieter das Erforderliche veranlasst, wenn er bei gedecktem Konto die Überweisung vor Fälligkeit der Mietzahlung zur Bank gibt. Er hat jedoch auf das vom Vermieter angegebene Konto zu zahlen, Überweisungen auf andere Konten des Vermieters sind keine Erfüllung (BGH NJW 1995, 520). Auch muss der Mieter bei entsprechender Vereinbarung eine Wohnungsorganisations-Nummer angeben (LG Berlin GE 1989, 151). Ist keine derartige Klausel vereinbart, ist die Rechtzeitigkeit der Leistungshandlung ausreichend.

**9.** Auch fortgesetzte unpünktliche Mietzahlung kann eine fristlose Kündigung des Mietvertrages rechtfertigen, grundsätzlich ist eine einzige weitere unpünktliche Mietzahlung nach Abmahnung ausreichend für eine fristlose Kündigung (BGH NJW 2006, 1585). Dies soll selbst dann gelten, wenn der Mieter nur jeweils wenige Tage zu spät zahlt (OLG Düsseldorf ZMR 1992, 192). Eine Kündigung ist auch dann möglich, wenn die jeweiligen Verspätungen nicht den Umfang des Zahlungsrückstandes des § 543 Abs. 2 Nr. 3 BGB erreichen. Bis zum Urteil des EuGH (IBR 2008, 254) entsprach es herrschender Meinung, dass ein Zahlungsverzug bei Banküberweisungen ausschied, wenn der Überweisungsauftrag vor Ablauf der Zahlungsfrist beim Geldinstitut des Schuldners eingegangen, das Schuldnerkonto gedeckt und das Geldinstitut den Auftrag fristgemäß angenommen hatte. Nach einer Entscheidung des OLG Düsseldorf genügt es für die Rechtzeitigkeit der Mietzahlung nicht, die Leistungshandlung, etwa Erteilung des Überweisungsauftrages, vorzunehmen, vielmehr muss der Vermieter am Fälligkeitstag über die Miete verfügen können (OLG Düsseldorf, IMR 2010, 270). Die ordentliche Kündigung eines Wohnraummietvertrages wegen fortgesetztem Zahlungsverzug setzt hingegen grundsätzlich keine Abmahnung voraus (BGH NJW-Spezial 2008, 130). Zu beachten ist, dass verspätete Zahlungen durch z. B. das Jobcenter/Agentur für Arbeit, dies nicht zur außerordentlichen Kündigung des Mietverhältnisses berechtigt; ein etwaiges Verschulden des Jobcenters/Agentur für Arbeit ist dem Mieter nicht zuzurechnen (BGH NJW-Spezial 2010, 99).

**10.** Sollte die Abmahnung durch eine/n RA/RAin erfolgen, bemisst sich der Gebührenstreitwert gemäß § 41 GKG nach der Jahresmiete. In den Fällen, in denen es dem Vermieter allein um den Zahlungszeitpunkt geht, dürften aber $1/5$ der Jahresmiete ausreichend sein (so AG Kerpen WuM 1991, 439 mit zustimmender Anmerkung von *Schneider*). Zum Gebührentatbestand vgl. Form. B. II. 1 Anm. 8.

## 7. Abmahnung[1] des Vermieters wegen vertragswidriger Nutzung (gewerblicher Mietvertrag)

......

(Vermieter)[2]

an

......

(Mieter)[3]
per Boten[4]

Betr.: Gewerblicher Mietvertrag vom ......, Objekt ...... zum Betrieb einer Änderungsschneiderei

Sehr geehrte/r Frau/Herr ......

mit gewerblichem Mietvertrag vom ...... haben Sie von mir in der ...... (Mietobjekt) 2 Räume nebst WC zum Betrieb eines Ladenlokals gemietet.

Gem. § 4 des Mietvertrages ist als Nutzungszweck ausschließlich vereinbart:[5] „Ladenlokal zum Betrieb einer Änderungsschneiderei". Wie ich jetzt festgestellt habe, haben Sie den Betrieb der Änderungsschneiderei nunmehr aufgegeben. Sie haben die angemieteten Räume umgebaut bzw. umbauen lassen zu einem Imbiss für „griechische Spezialitäten". Dazu haben Sie vom WC aus Wasserleitungen in den hinteren Raum verlegt oder verlegen lassen und dort eine typische Imbissküche nebst Dampfabzugsanlage eingebaut und hierzu für die Ableitung der Dämpfe einen Mauerdurchbruch vorgenommen. Des Weiteren betreiben Sie den Imbiss nicht wie bisher die Änderungsschneiderei bis lediglich 18.30, sondern sogar bis 00.30 Uhr und je nach Kundschaft auch darüber hinaus.

Aufgrund dieser neuen nicht vom Vertrag gedeckten Nutzung mahne ich Sie ab[6] und fordere Sie auf, unverzüglich, jedoch spätestens bis ...... (10 Tage) den Imbissbetrieb einzustellen und die vorgenommenen Ein- und Umbaumaßnahmen rückgängig zu machen. Sollten Sie dieser Aufforderung nicht nachkommen, werde ich Sie auf Unterlassung gem. § 541 BGB in Anspruch nehmen oder das Mietverhältnis gem. § 543 Abs. 2 Nr. 3 BGB fristlos kündigen.[7,8]

......

(Vermieter)

*Schrifttum: Joachim*, Nutzungsänderungen in der Gewerberaummiete – Die Verschränkung von Miet- und öffentlichem Recht, NZM 2009, 801; *Schach*, Keine Untermieterlaubnis bei Nutzungsänderung, GE 2003, 1462; *Sonnenschein*, Nutzung eines gepachteten Hotels als Asylantenheim – Bestimmung des Umfangs des vertragsgemäßen Gebrauchs, EwiR 1992, 247.

## Anmerkungen

**1.** Vgl. Form. B. II. 1 Anm. 1.

**2.** Vgl. Form. B. II. 1 Anm. 2.

**3.** Vgl. Form. B. II. 1 Anm. 3.

**4.** Vgl. Form. B. II. 1 Anm. 1.

**5.** Besonders wichtig bei Abschluss eines Gewerberaummietvertrages ist die Bestimmung des Vertragszweckes, damit geprüft werden kann, ob ein vertragswidriger Gebrauch vorliegt. Jede erhebliche Nutzungsänderung, nicht die bloße Nutzungserweiterung, bedarf als Vertragsänderung der Vermieterzustimmung. Anerkannt ist, dass – wie im Beispielsfall – eine vollkommene Veränderung des vereinbarten Nutzungszwecks unzulässig und damit vertragswidrig ist. Es kommt dabei darauf an, ob – wie hier – die Mietsache verändert wird und so eine andere Außenwirkung vorhanden ist (Gaststätte/Cafe in Bar, BGH NJW 1957, 1833; Eisdiele in Bierlokal, OLG München WuM 1992, 326; Büro in Asylbewerberheim, OLG Düsseldorf ZMR 1991, 176; Abendlokal/Gaststätte, BayObLG BayObLGR 2005, 407; Cafe/Konditorei in griechisches Spezialitätenrestaurant, BayOLG ZMR 2005, 215; Metzgerei in Geschäft für Damenoberbekleidung, LG Nürnberg-Fürth, WM 1991, 344; Zahnarztpraxis in Tierarztpraxis, OLG Köln, DWW 1997, 121).

**6.** Gem. §§ 541, 543 Abs. 3 BGB ist eine vergebliche Abmahnung vor Geltendmachung eines Unterlassungsanspruchs sowie vor Ausspruch einer fristlosen Kündigung erforderlich. Die Abmahnung selbst ist an keine bestimmte Form geknüpft. Sie sollte aber aus Beweisgründen schriftlich erfolgen und dem Mieter nachweisbar zugegangen sein, vgl. Form. B. II. 1 Anm. 1.

**7.** Im Falle einer vergeblichen Abmahnung, das heißt Fortsetzung des vertragswidrigen Verhaltens durch den Mieter, kann der Vermieter entweder den Mieter gem. § 541 BGB auf Unterlassung in Anspruch nehmen oder gem. § 543 Abs. 2 Nr. 2, 3 BGB fristlos kündigen.

**8.** Sollte die Abmahnung durch eine/n RA/RAin erfolgen, richtet sich der Gebührenstreitwert für die Kostennote gemäß § 3 ZPO nach dem Ausmaß der Beeinträchtigungen des Vermieters durch die Nutzungsänderung, deren Unterlassung begehrt wird. Denkbar wäre der Jahresbetrag der zulässigen Mietminderung anderer Mitmieter und/oder die Kosten für die Wiederherstellung des ursprünglichen Zustands der Mietsache. Zum Gebührentatbestand vgl. Form. B. II. 1 Anm. 8.

# 8. Abmahnung[1] des Vermieters wegen Vertragsverletzung vor Übergabe der Mietsache

......

(Vermieter)[2]

an

......

(Mieter)[3]

per Boten[4]

Betr.: Mietvertrag über Wohnung ...... Etage vom 15. 7. 2010, Objekt ......

hier: Kaution

Sehr geehrte/r Frau/Herr ......

Mit oben genanntem Mietvertrag haben Sie oben genannte Wohnung zum 1. 8. 2010 gemietet. Gem. § 11 des o. g. Mietvertrages ist vereinbart, dass Sie in 3 Raten à 500,– EUR eine Kaution zahlen in Höhe von 3 Monatskaltmieten,[5] mithin 1.500,– EUR. Die erste am 1. 8. 2010 fällige Kautionsrate in Höhe 500,– EUR haben Sie trotz mehrfacher Aufforderung nicht gezahlt. Nun erreicht mich Ihr Schreiben vom 7. 8. 2010, mit dem Sie die Übergabe der Wohnungsschlüssel verlangen,[6] aber gleichzeitig mitteilen, die Kautionszahlung zu verweigern. In der Zwischenzeit konnte ich auch in Erfahrung bringen, dass Sie bereits unter dem 15. 7. 2009 die eidesstattliche Versicherung abgegeben haben.

Wegen Nichtzahlung der Kaution mahne ich Sie ab[7] und fordere Sie letztmalig auf, die vereinbarte Kaution, d. h. die 1. und 2. Rate, nunmehr bis zum 1. 9. 2010 zu zahlen. Sollten bis dahin die fälligen Kautionsraten nicht eingehen, sähe ich mich dann gezwungen, das Mietverhältnis gem. §§ 543, 569 BGB fristlos zu kündigen.[8, 9]

......

(Vermieter)

*Schrifttum: Draeger,* Rund um die Kaution, GE 2000, 42; *Gather,* Vereinbarungen von Miete, Nebenkosten und Mietsicherheit bei Gewerberaum, DWW 1997, 256 ff. und 260 ff.; *Geldmacher,* Die Kaution im Miet- und Pachtverhältnis, Teil 9, Gerichtliche Spruchpraxis Juni 2004 bis Mai 2005, DWW 2005, 270; *Kraemer,* Kaution und Mietbürgschaft nach der Mietrechtsreform, NZM 2001, 737; *Wiek,* Zur Berechnung der zulässigen Kautionshöhe bei wegen Wohnflächenabweichung geminderter Miete, WuM 2005, 454.

### Anmerkungen

**1.** Vgl. Form. B. II. 1 Anm. 1.

**2.** Vgl. Form. B. II. 1 Anm. 2.

**3.** Vgl. Form. B. II. 1 Anm. 3.

**4.** Vgl. Form. B. II. 1 Anm. 1.

**5.** Gem. § 551 BGB darf die verlangte Kaution maximal drei Monatskaltmieten betragen. Betriebskostenvorauszahlungen und Betriebskostenpauschalen sind nicht zu berücksichtigen. Für Betriebskostenpauschalen ist dies neu; nach bisheriger Regelung des § 550 b BGB a. F. mussten bislang Betriebskostenpauschalen nicht herausgerechnet werden (s. a. AG Wuppertal MDR 1989, 162), da über sie nicht gesondert abgerechnet wird.

**6.** Der Vermieter kann die Übergabe der Wohnung und damit die Übergabe der Schlüssel kraft Gesetzes von dem Eingang der Zahlung der ersten Kautionsrate abhängig machen (Schmidt-Futterer/*Blank* § 551 Rdn. 65). Der Mieter hat auch kein Zurückbehaltungsrecht an der Kaution wegen behaupteter Mängel der Mietsache *(Sternel* aktuell Rdn. 1337).

**7.** Vor Ausspruch der Kündigung wegen **Zahlungsverweigerung** der Kaution ist ebenfalls gem. § 543 Abs. 3 BGB eine erfolglose Abmahnung erforderlich.

**8.** Bei Vermietung von Gewerberaum kann der Vermieter gem. § 543 BGB (§ 554 a BGB a. F.) u. U. auch fristlos kündigen, wenn der Mieter die Kaution nicht zahlt (OLG München NJW-RR 2000, 1251; OLG Celle NJW-RR 2003, 155). Bei Vermietung von Wohnraum vertritt die wohl noch herrschende Meinung die Auffassung, dass bei Nichtzahlung der Kaution grundsätzlich eine fristlose Kündigung nicht möglich ist (Palandt/*Putzo* § 551 Rdn. 5; MünchKomm/*Bieber,* § 551 Rdn. 16; *Wetekamp* Mietsachen Rdn. 402; a. A. v. Martins/*Bub/Treier* Rdn. III 760). Diese Auffassung war wohl nach herrschender Meinung in dieser allgemeinen Form nicht zutreffend. Ergibt sich nämlich nach Prüfung durch den Vermieter eine wesentliche Verschlechterung der finanziellen Verhältnisse des Mieters im Verhältnis zum Zeitpunkt des Mietvertragsabschlusses, und hat sich aufgrund der Recherchen herausgestellt, dass z. B. Schecks nicht eingelöst wurden, gegebenenfalls Insolvenzantrag gestellt oder gar die eidesstattliche Versicherung zwischenzeitlich abgegeben wurde, so besteht ein besonderes Sicherungsbedürfnis des Vermieters, so dass auch eine fristlose Kündigung gerechtfertigt ist. Nach einer Entscheidung des LG Berlin (GE 2000, 1475), der auch vorliegender Sachverhalt nachgebildet wurde, kann auch bei einem Wohnraummietvertrag die hartnäckige **Verweigerung der Zahlung der Mietkaution** ein Grund zur fristlosen Kündigung darstellen.

**9.** Sollte die Abmahnung durch eine/n RA/RAin erfolgen, bemisst sich der Gebührenstreitwert nach der Höhe der rückständigen Kautionsrate/n. Zum Gebührenstreitwert vgl. Form. B. II. 1 Anm. 8.

# 9. Abmahnung[1] des Vermieters wegen teilweise gewerblicher Nutzung von Wohnraum

......

(Vermieter)[2]

an

......

(Mieter)[3]
per Boten[4]

Betr.: Mietvertrag über Objekt ......

Sehr geehrte/r Frau/Herr ......

gemäß § 4 des oben genannten Mietvertrages haben Sie die von Ihnen genutzten Räume ausdrücklich zu Wohnzwecken angemietet.[5] Mir ist zugetragen worden, dass Sie die Mieträume vertragswidrig zum Betrieb einer bewegungstherapeutischen Praxis nutzen. Sie empfangen regelmäßig Patienten in Ihrer Wohnung, die dann von

Ihnen behandelt werden.[6] Zwar ist der Zulauf von Patienten noch relativ gering. Hierauf kommt es jedoch nicht entscheidend an, da Sie mir persönlich erklärten, ohne die Einkünfte aus dem Betrieb der bewegungstherapeutischen Praxis kaum in der Lage zu sein, die Miete zu zahlen.[7]

Des Weiteren haben Sie am Hauseingang ein ca. 50 cm × 30 cm großes Messing-schild aufgehängt,[8] welches auf den Betrieb der Praxis nebst Öffnungszeiten und Telefon-, Telefaxnummer hinweist.

Ich mahne Sie hiermit ab[9] und fordere Sie auf, unverzüglich, jedoch spätestens bis zum ...... den Betrieb der bewegungstherapeutischen Praxis einzustellen sowie das Messingschild am Hauseingang zu entfernen.

Vorsorglich weise ich Sie darauf hin, dass ich Sie für den Fall, das Sie meiner Auf-forderung nicht nachkommen werden, gerichtlich auf Unterlassung in Anspruch nehmen kann und mir darüber hinaus vorbehalte, das Mietverhältnis auch fristlos zu kündigen.[10, 11]

......

(Vermieter)

*Schrifttum: Beuermann*, Die teilgewerbliche Nutzung von Wohnraum, GE 1995, 1294; *Schultz/ Bujewski/Crawford*, Teilgewerbliche Nutzung von Wohnraum, GE 1997, 458.

## Anmerkungen

**1.** Vgl. Form. B. II. 1 Anm. 1.

**2.** Vgl. Form. B. II. 1 Anm. 2.

**3.** Vgl. Form. B. II. 1 Anm. 3.

**4.** Vgl. Form. B. II. 1 Anm. 1.

**5.** Räume, die vertraglich zu Wohnzwecken vermietet sind, dürfen grundsätzlich nicht in einer Weise genutzt werden, die dem Wohnraumcharakter widerspricht. Die teilweise Ausübung eines Gewerbes in der Wohnung gilt unter folgenden Voraussetzungen als **ver-tragswidrig**:

- unzumutbare Störungen für den Vermieter oder Mitmieter, etwa durch Publikumsver-kehr/Laufkundschaft (LG Schwerin WuM 1996, 214), wobei lebhafter Kundenverkehr bei einem Besuch von 10–12 Kunden täglich angenommen wird (LG München II, ZMR 2007, 278),
- Veränderung des Charakters der Mieträume als Wohnraum,
- Gefährdung der Wohnung, insbesondere durch übermäßige Beanspruchung und Ab-nutzung (*Sternel*, Mietrecht aktuell, Rdn. 232; Bub/Treier/*Kraemer* III A Rdn. 1002).

Die Interessen von Vermieter und weiteren Mitmietern nicht weiter berührenden Nut-zungen fallen daher auch nicht unter die in Wohnungsmietverträgen häufig zu findenden Klauseln – wie hier –, nach denen eine Benutzung zu außervertraglichen Zwecken unter-sagt oder erlaubnispflichtig ist (*Sternel* II Rdn. 137, 156). Hingegen gilt als zulässig, eine teilweise gewerbliche Nutzung der Wohnung, die nach ihrer Art nicht ins Gewicht fällt und nur gelegentlich ausgeübt wird, sowie insbesondere keine **Außenwirkung** entfaltet (*Sternel* II Rdn. 137, 156). Die Wohnung verliert ihren Charakter als solche nicht, wenn sie nach wie vor als Lebensmittelpunkt des Mieters dient (*Sternel* II Rdn. 157). Im Ein-zelnen wurden z.B. folgende vertragswidrige bzw. vertragsgemäße Nutzungen ange-nommen:

**Vertragswidrig:**

- Betreiben einer bewegungstherapeutischen Praxis in Teilen der Wohnung, auch dann, wenn Patienten bislang nur in geringem Umfang behandelt werden (LG Stuttgart WuM 1997, 215; a. A. AG Berlin-Spandau MM 1997, 242 und OLG Düsseldorf ZMR 1998, 247: gesamte Wohnung wurde als Praxis genutzt!);
- Eröffnung eines Schreibbüros in der Wohnung (LG Lüneburg WuM 1995, 706);
- Heimarbeit mit lärmenden Maschinen, hier: Kompressor (AG Steinfurt WuM 1996, 405);
- Nutzung eines Zimmers hauptberuflich als Ingenieurbüro zusammen mit weiterem Ingenieur, der nicht Mieter ist; Anbringung eines Schildes neben Hauseingang; Büro soll auch Laufkundschaft anziehen (LG Schwerin NJW-RR 1996, 1223);
- teilgewerbliche Nutzung, die mit erhöhter Abnutzung des Mietobjektes und mit unzumutbaren Störungen verbunden ist (LG Osnabrück WuM 1986, 94; LG Hamburg WuM 1993, 188);
- Großpflegestelle, in der werktäglich fünf Kinder in zwei von fünf Zimmern entgeltlich betreut werden (LG Berlin MDR 1993, 236); hingegen zulässig entgeltliche Betreuung bis zu vier fremder Kinder (AG Hamburg WuM 1989, 625);
- Betreiben einer Taxizentrale (AG Hannover, WuM 1991, 577);
- Betreiben einer Anwaltskanzlei mit Publikumsverkehr (BayObLG RE NJW-RR, 1986, 892);
- Betrieb eines bordellartigen Etablissements (AG Mönchengladbach-Rheydt ZMR 1993, 171; LG Lübeck, NJW-RR 1993, 525);
- Anbringung von sieben weiteren Namensschildern an Briefkasten, die teilweise auf Vorhandensein weiterer Bewohner und teilweise auf eine gewerbliche Nutzung der Wohnung schließen lassen (AG Frankfurt DWW 1989, 231);
- teilgewerbliche Nutzung der Wohnung mit Kundenbesuch für Durchführung von Kosmetikbehandlungen und Verkauf von Kosmetikartikeln (LG Berlin GE 1988, 947);
- Betrieb eines Elektrogewerbes, Nutzung von Keller und Garage zum Zweck der Lagerung von Materialien und Ware, Werbung für Gewerbe im Branchenverzeichnis sowie regionalen Zeitungen (AG Lüdinghausen WuM 1983, 327).

**Vertragsgemäß:**

- Gelegentliche büromäßige Nutzung der Wohnung oder die Erledigung von Büroarbeiten abends oder an Wochenenden, schriftstellerische oder wissenschaftliche Tätigkeiten (LG Hamburg WuM 1992, 241; LG Stuttgart WuM 1992, 250; LG Frankfurt/ M. WuM 1996, 532); Betrieb einer Tele-/Online-Anwaltskanzlei ohne Kundenverkehr; denn hiergegen ist bei ausschließlicher Nutzung eines Wohnungsteils als Büro mit Telefon, Fax und Computer ohne Mandanten nichts einzuwenden (*Horst,* Praxis des Mietrechts, 2. Aufl., Rdn. 1001);
- Betrieb eines Immobilienmaklerbüros ohne Mitarbeiter in Teilen der Wohnung (BGH NJW-Spezial 2009, 658);
- nicht störende Arbeiten als Näherin oder Sekretärin (LG Berlin WuM 1974, 258);
- gelegentliche Betätigung als Hellseherin (LG Hamburg WuM 1985, 263);
- Ausstattung der Wohnung mit PC und Faxgerät zwecks gewerblich angemeldeter Informationsverarbeitung (AG Köln WuM 1991, 577);
- nebenberufliche Tätigkeit als Vertreter einer Krankenversicherung, wenn sich Nebentätigkeit auf Führung von Telefonaten zwecks Terminvereinbarung für Hausbesuche bei Kunden beschränkt (AG Charlottenburg MM 1992, 357);
- Lagerung von Fensterbildern durch hauptberuflichen Handelsvertreter, der nebenbei Fensterbilder verkauft, im Keller und Aufstellen von zwei beleuchteten Stellwänden zwecks Ausstellung von Glasbildern (AG Gronau WuM 1991, 339).

**6.** Der Empfang von Patienten oder sonstigen Kunden bewirkt, dass die teilweise gewerbliche Nutzung nach **Außen wirkt** und somit die teilweise gewerbliche Nutzung in der Regel unzulässig macht.

**7.** Wie in dem hier zugrunde liegenden Fall entschieden, reicht die Aufnahme des Betriebs der Praxis, das heißt der teilweisen gewerblichen Nutzung und die tatsächliche Absicht der Expansion aus, um eine vertragswidrige Nutzung anzunehmen (LG Stuttgart WuM 1997, 215).

**8.** In einem derartigen Fall mit Außenwirkung darf der Mieter auch kein großes **Schild** am Hauseingang anbringen. Dies geht über den vertragsgemäßen Gebrauch der Wohnung hinaus (LG Schwerin NJW-RR 1996, 1223). Ist hingegen die teilgewerbliche Nutzung von Wohnraum nach obigen Grundsätzen (Anm. 4) zulässig, darf der Mieter auch einen entsprechenden Hinweis an seiner Klingel und/oder dem Hausbriefkasten anbringen (LG Stuttgart WuM 1992, 250); teilweise wird sogar vertreten, dass der Mieter berechtigt ist, ein Schild neben dem Hauseingang anzubringen, zumindest dann, wenn der Vermieter die teilgewerbliche Nutzung genehmigt hat (AG Tiergarten, Grundeigentum Berlin 1991, 577).

**9.** Eine beweisbare rechtswirksame vergebliche Abmahnung ist Tatbestandsvoraussetzung gemäß § 541 BGB für eine Unterlassungsklage. Gleiches gilt im Falle des Ausspruchs einer fristlosen Kündigung gem. § 543 BGB; vgl. § 543 Abs. 3 BGB.

**10.** Diese Hinweise sind grundsätzlich nicht erforderlich aber sinnvoll, um dem Mieter die Konsequenzen seines Verhaltens vor Augen zu führen.

**11.** Für den Fall, dass die Abmahnung durch eine/n RA/RAin erfolgt, vgl. bzgl. der Kostennote Form. B. II. 7 Anm. 8.

## III. Verpflichtung des Mieters zur Duldung von Erhaltungsmaßnahmen gemäß § 554 Abs. 1 BGB

## 1. Duldungsaufforderung durch den Vermieter

......
(Vermieter)

an

......
(Mieter)

Sehr geehrte(r) ......,

wie Sie wissen, sind durch Ausbesserungsarbeiten am Dach Feuchtigkeitsschäden in Wohnzimmer und Schlafzimmer ihrer Wohnung entstanden. Nachdem die Durchfeuchtung dazu geführt hat, dass die Wandfarbe an einigen Stellen abgeblättert ist und sich bereits Teile des Putzes abgelöst haben, ist die Beseitigung der Schäden dringend erforderlich.[1] Nachdem es sich hier um eine Erhaltungsmaßnahme nach § 554 Abs. 1 BGB handelt, können Härtegründe auf Ihrer Seite nach § 554 Abs. 2 BGB, die einer Durchführung der erforderlichen Arbeiten entgegenstehen könnten, nicht berücksichtigt werden.[2]

Sie werden gebeten, spätestens bis zum ...... mitzuteilen, ob Sie die Durchführung der zur Beseitigung der Schäden erforderlichen Arbeiten, das heißt Ausbesserung der Feuchtigkeitsschäden im Schlafzimmer und Wohnzimmer und Beseitigung des beschädigten Putzes und Wandanstrichs, Ausbesserung und Neuanbringung des Putzes und Neuanstrich der bezeichneten Wände, dulden.[3]

Ich weise bereits jetzt darauf hin, dass die Duldungspflicht hinsichtlich von Erhaltungsmaßnahmen gesetzlich nicht begrenzt ist. Sollten Sie die Duldungserklärung innerhalb der gesetzten Frist nicht abgeben, bin ich gezwungen, Klage auf Duldung der bezeichneten Erhaltungsmaßnahmen zu erheben.[4]

Ich nehme jedoch an, dass die möglichst umgehende Durchführung der Erhaltungsmaßnahmen in unserem beiderseitigen Interesse an der Erhaltung der Mieträume und des Wohnwerts liegt. Sollten Ihnen infolge der Maßnahme Aufwendungen entstehen, würde ich Ihnen diese angemessen ersetzen.[5]

Ich weise ergänzend darauf hin, dass Schweigen auf dieses Schreiben als Ablehnung der Duldung mit den bezeichneten Folgen gilt.

......
(Vermieter)

### Anmerkungen

**1.** **Erhaltungsmaßnahmen** sind Maßnahmen, die erforderlich sind, den ursprünglichen Zustand der Mieträume zu erhalten, die also der Instandhaltung oder Instandsetzung dienen. In Betracht kommt hier z. B. die Beseitigung von Brandschäden, die Reparatur von Feuchtigkeitsschäden oder Schönheitsreparaturen, soweit sie der Vermieter vornimmt (vgl. Münchner Prozessformularbuch Mietrecht, B. II. 27). Keine Erhaltungsmaßnahmen liegen vor, wenn eine Umgestaltung der Mieträume geplant ist (LG Berlin GE 1988, 145). Es muss nicht akuter Handlungsbedarf bestehen, es genügt, wenn die Entstehung von Schäden zumindest unmittelbar absehbar ist (LG Berlin GE 1988, 145).

**2.** Handelt es sich nicht um Erhaltungsmaßnahmen, sondern um **Modernisierungsmaßnahmen** im Sinne von § 554 Abs. 2 BGB als Maßnahme zur Verbesserung der Mietsache, zur Einsparung von Energie oder Wasser oder zur Schaffung neuen Wohnraums, kann der Mieter sich nach § 554 Abs. 2 BGB im Rahmen einer Abwägung der beiderseitigen Interessen auf Härtegründe berufen, die eine Durchführung der geplanten Arbeiten ausschließen. Hier spielt insbesondere auch eine mögliche Mieterhöhung nach § 559 BGB eine Rolle, die im Rahmen der Durchführung von Erhaltungsmaßnahmen nach § 554 Abs. 1 BGB nicht in Betracht kommt.

Treffen Erhaltungs- und Modernisierungsmaßnahmen zusammen, kommt es auf das Schwergewicht der Maßnahme an. Im Zweifel gilt die eingeschränkte Duldungspflicht nach § 554 Abs. 2 BGB in Verbindung mit der formal und materiell gesetzlich bestimmten Mitteilungspflicht nach § 554 Abs. 3 S. 1 BGB und der Kündigungsmöglichkeit für den Mieter nach § 554 Abs. 3 S. 2 BGB. Dies dient dem bei Modernisierungsmaßnahmen im Vordergrund stehenden Mieterschutz.

**3.** Auch ohne dass dies dem Gesetz zu entnehmen ist, muss dann, wenn es um die Durchführung von Erhaltungsmaßnahmen geht, eine Ankündigung der Maßnahme mit **Duldungsaufforderung und angemessener Fristsetzung** erfolgen. Die Duldungserklärung ist als Willenserklärung abzugeben. Voraussetzung hierfür ist, dass den Mieter die Aufforderung erreicht. Die gesetzte Frist muss ausreichend sein, um dem Mieter zu ermöglichen zu prüfen, ob eine Duldungspflicht angesichts der Art der Maßnahme gegeben ist. Weiter muss ihm Zeit gegeben werden, Rechtsrat einzuholen. Wird dies nicht beachtet, kann der Mieter den Zutritt verweigern.

**4.** Die **Duldungspflicht** des Mieters bei der Durchführung von Erhaltungsmaßnahmen ist im Gegensatz zur Duldungspflicht bei Modernisierungsmaßnahmen nach § 554 Abs. 2 BGB nicht begrenzt. Auf das Ausmaß der durch die Maßnahme bedingten Beeinträchtigung kommt es grundsätzlich nicht an (LG Mannheim WuM 1987, 273). Grenze ist die Zumutbarkeit, was allerdings lediglich bedeutet, dass Arbeiten zur Unzeit in einer Mietwohnung nicht zulässig sind. Es ist im Übrigen ein weiter Maßstab anzulegen, was bedeutet, dass der Mieter auch zur vorübergehenden Räumung seiner Wohnung verpflichtet werden kann (vgl. BVerfG NJW 1992, 1378). Gibt der Mieter die Willenserklärung auf Duldung der Erhaltungsmaßnahme nicht ab, muss der Vermieter seinen Anspruch durch Klage durchsetzen (vgl. *Jendrek*, Münchner Prozessformularbuch Mietrecht, B. II. 27). In Betracht kommt auch der Antrag auf Erlass einer einstweiligen Verfügung (*Zöller* ZPO § 940 Rdn. 8). Dies gilt allerdings nur für unaufschiebbare Maßnahmen, wobei hier die Frage eine Rolle spielen dürfte, ob der Vermieter die Notwendigkeit der Erhaltungsmaßnahme zu vertreten hat.

**5.** Durch das Mietrechtsreformgesetz wurde der **Aufwendungsersatzanspruch** des Mieters, der bisher nur bei der Duldung von Modernisierungsmaßnahmen bestand, auf Erhaltungsmaßnahmen erstreckt, § 554 Abs. 4 BGB. Zu den Aufwendungen, die hier in Betracht kommen, zählen z. B.

- Kosten für die vorübergehende Auslagerung von Möbeln des Mieters,
- Entfernung von Einrichtungen, mit denen der Mieter die Mieträume versehen hat (LG Hamburg WuM 1993, 399),
- Erneuerung von Schönheitsreparaturen,

- Reinigung der Räume,
- Hotelkosten (vgl. *Wetekamp*, Mietsachen, 4. Aufl., Kap. 7 Rdn. 9).

Ein Ersatz erfolgt nur in angemessenem Umfang, das heißt Sach- und Arbeitsleistungen des Mieters müssen angemessen sein (LG Hamburg WuM 1987, 386). Maßstab ist hier nicht die sonstige Lebensführung des Mieters, sondern ein angemessenes Verhältnis zu der Erhaltungsmaßnahme und den durch sie bedingten Beeinträchtigungen. Bei geringfügigen Störungen kann der Mieter z. B. nicht Aufwendungsersatz für einen Hotelaufenthalt verlangen. Ist die Wohnung während der Dauer der Durchführung der Erhaltungsmaßnahmen unbewohnbar, muss der Mieter Kosten einer Hotel-Restaurant-Verpflegung dann nicht ersetzen, wenn der Mieter ein Hotelappartement mit Küche bezieht (LG Hamburg WuM 1987, 387). § 554 Abs. 4 S. 2 BGB sieht vor, dass der Vermieter dem Mieter auf Verlangen Vorschuss für die Aufwendungen des Mieters zu leisten hat. Dies bedeutet, dass es Sache des Mieters ist, etwaige Aufwendungen nach Art, Umfang und Höhe aufzuschlüsseln. Ist dies geschehen, kann der Mieter die Duldung der Maßnahme verweigern, solange der Vorschuss nicht geleistet ist.

## 2. Ablehnungsschreiben des Mieters

......
(Mieter)

an

......
(Vermieter)

Sehr geehrte(r) ......,

zu Ihrem Schreiben vom ...... nehme ich wie folgt Stellung:

Sie schreiben, dass die verrotteten Fenster meiner Wohnung durch moderne Kunststofffenster mit Schallschutz- und Wärmeschutzeigenschaften ersetzt werden sollen. Hier handelt es sich aber entgegen Ihrer Ansicht nicht um eine Erhaltungsmaßnahme, sondern um eine Modernisierungsmaßnahme nach § 554 Abs. 2 BGB.[1] Selbst wenn man hier einen gewissen Erhaltungsaufwand auf Grund der Undichtheit der gegenwärtigen Fenster annehmen würde, liegt das Schwergewicht eindeutig auf dem Modernisierungsvorhaben. Nachdem Ihr Anschreiben die Voraussetzung des § 554 Abs. 3 BGB sowohl hinsichtlich des Zeitpunkts der Mitteilung der Maßnahme als auch hinsichtlich des Umfangs, Beginns, der voraussichtlichen Dauer und der zu erwartenden Mieterhöhung nicht einhält, bin ich nicht verpflichtet, die Maßnahme zu dulden.[2]

......
(Mieter)

### Anmerkungen

**1.** Grundsätzlich handelt es sich bei dem Austausch von einfachen Kastenfenstern gegen Kunststoffrahmenfenstern mit Isolierglas, die besondere Schallschutzanforderungen und Wärmeschutzanforderungen erfüllen, um eine **Modernisierungsmaßnahme** nach § 554 Abs. 2 BGB (BGH GE 2004, 231). Hinsichtlich der Verbesserung des Schallschutzes kommt allgemein eine Verbesserung der Mietsache, hinsichtlich der Verbesserung des Wärmeschutzes Einsparung von Energie in Betracht. In der Regel ist dann, wenn die vorhandenen Fenster sich in schlechtem Zustand befinden, ein gewisser Instandhaltungs- bzw. Erhaltungsaufwand vorhanden. Nachdem § 554 Abs. 2 BGB hinsichtlich der Duldung von Modernisierungsmaßnahmen eine mieterschützende Regelung ist, ist ihr grundsätzlich der Vorrang einzuräumen. Dies gilt zumal dann, wenn das Schwergewicht auf der Modernisierungsmaßnahme liegt.

**2.** § 554 Abs. 3 S. 1 BGB legt dem Vermieter eine formal und inhaltlich umfangreiche **Mitteilungspflicht** auf. Er hat dem Mieter spätestens drei Monate vor Beginn der Maßnahme deren Art, voraussichtlichen Umfang und voraussichtlichen Beginn sowie die voraussichtliche Dauer und die zu erwartende Mieterhöhung mitzuteilen. Diese Mitteilungspflicht besteht nach § 554 Abs. 3 S. 3 BGB lediglich dann nicht, wenn die Maßnahme nur zu einer unerheblichen Einwirkung auf die vermieteten Räume und zu einer unerheblichen Mieterhöhung führt. Dies ist jedoch beim Fensteraustausch der bezeichneten Art eindeutig nicht der Fall. Folge der Nichteinhaltung der Mitteilungspflicht ist, dass eine Duldungspflicht nicht besteht. Lediglich soweit es sich nur darum handelt, dass die zu erwartende Erhöhung der Miete nicht nach § 554 Abs. 3 S. 1 BGB mitgeteilt worden ist oder die tatsächliche Mieterhöhung mehr als 10% höher ist als die mitgeteilte, sieht § 559b Abs. 2 S. 2 BGB eine Fristverlängerung für die Fälligkeit der erhöhten Miete um sechs Monate vor.

## IV. Verpflichtung des Mieters zur Duldung von Modernisierungsmaßnahmen gemäß § 554 Abs. 2 BGB

## 1. Aufforderungsschreiben zur Duldung von Verbesserungsmaßnahmen

......

(Vermieter)

an

......

(Mieter)

Sehr geehrte(r) ......,

gemäß § 554 Abs. 3 BGB bin ich verpflichtet, Ihnen geplante Maßnahmen zur Verbesserung der Mietsache nach Art, voraussichtlichem Umfang und Beginn, voraussichtlicher Dauer sowie die zu erwartende Erhöhung des Mietzinses mitzuteilen.[1]

Dieser Verpflichtung komme ich hiermit nach und teile Ihnen nachfolgend die geplanten Maßnahmen im Einzelnen mit:

1. Art, voraussichtlicher Umfang, Beginn und voraussichtliche Dauer der Maßnahme:

Die vorhandenen Einzelöfen des Hauses sollen entfernt werden, es soll eine Zentralheizungsanlage im gesamten Anwesen eingebaut werden. Hierzu ist erforderlich, im Keller des Anwesens einen Heizkessel und Brenner mit den erforderlichen Anschlüssen und Zusatzaggregaten zu installieren. Weiter müssen Steigleitungen sowie Zu- und Ableitungen für die in sämtlichen Räumen Ihrer Wohnung anzubringenden Heizkörper installiert werden. Die Arbeiten sollen voraussichtlich am ...... beginnen und voraussichtlich bis zum ...... dauern.

Die Installation des Heizkessels mit Zusatzaggregaten sowie die Wand- und Deckendurchbrüche sollen gleichzeitig vorgenommen werden. Anschließend werden die Zu- und Ableitungen verlegt und die Heizkörper angebracht. Sodann erfolgt die Befüllung, Entlüftung und Prüfung des Systems.

Alle mit dieser Modernisierungsmaßnahme zusammenhängenden Arbeiten werden von mir an Fachfirmen vergeben.

Ich werde mich bemühen, die Beeinträchtigungen für Sie möglichst gering zu halten, muss jedoch darauf hinweisen, dass Sie Ihre Wohnung für die Durchführung der Arbeiten zugänglich halten müssen. Die genauen Termine werde ich bzw. die beauftragten Handwerksfirmen Ihnen, sobald sie bekannt sind, mitteilen.[2]

2. Die zu erwartende Erhöhung des Mietzinses:

Die für Ihre Wohnung aufzubringenden Kosten können nach § 559 BGB in der Weise auf die Miete umgelegt werden, dass eine Erhöhung der jährlichen Miete um 11% der für die Wohnung aufgewendeten Kosten möglich ist.

Hier ergibt sich folgende Berechnung:
Die Gesamtkosten belaufen sich nach den Angeboten der ausführenden Firmen für das Anwesen auf ca. 100.000,– EUR.
Auf Ihre Wohnung entfallen Kosten in Höhe von 10.000,– EUR. Dies ergibt bei einer Mieterhöhung von 11% einen Jahresbetrag von 1.100,– EUR. Die monatliche Mieterhöhung beträgt damit voraussichtlich EUR 91,67.
Nach Fertigstellung der Maßnahme erhalten Sie nach § 559b Abs. 1 BGB eine gesonderte Mitteilung über die Mietanpassung, aus der Sie die Mieterhöhung auf Grund der tatsächlich entstandenen Kosten und den auf Ihre Wohnung entfallenden Betrag ersehen können.
Nach § 554 Abs. 2 BGB sind Sie verpflichtet, die geplante Modernisierungsmaßnahme zu dulden. Ich bitte Sie, die anliegende Duldungserklärung unterschrieben innerhalb von <u>2 Wochen</u> an mich zurückzusenden. Sollten einzelne Punkte unklar sein, bitte ich um Rückmeldung. Ich bin gerne bereit, Ihnen weitere Erläuterungen zu geben.

......
(Vermieter)

## Anmerkungen

**1.** Der Einbau einer Zentralheizung anstelle von Einzelöfen stellt den typischen Fall einer **Modernisierungsmaßnahme** nach § 554 Abs. 2 BGB dar (LG Fulda WuM 1992, 243). Derartige Maßnahmen hat nach § 554 Abs. 2 S. 1 BGB der Mieter zu dulden. Eine Ablehnung ist insbesondere auf Grund des Härteeinwands nach § 554 Abs. 2 S. 2 BGB möglich (unten Form. B. IV. 5). Die Mitteilung der geplanten Maßnahme nach § 554 Abs. 3 S. 1 BGB ist formelle Voraussetzung des Duldungsanspruchs des Vermieters. Diese Mitteilungspflicht ist durch das Mietrechtsreformgesetz von zwei auf drei Monate vor dem Beginn der Maßnahme vorverlegt worden. Nachdem die Mitteilung „spätestens" drei Monate vor Beginn der Maßnahme mitgeteilt werden muss, kommen auch frühere Mitteilungen, soweit sie den inhaltlichen Anforderungen genügen, in Betracht. Hierbei ist allerdings zu berücksichtigen, dass je früher die Mitteilung erfolgt, desto ungenauer die in ihr enthaltene Information sein dürfte. Gelockert wurden durch das Mietrechtsreformgesetz die Anforderungen an den Inhalt der Mitteilung dahin, dass lediglich die „voraussichtliche" Dauer der Maßnahme und der „voraussichtliche" Umfang und Beginn mitgeteilt werden muss. Die Art der Maßnahme muss dagegen eindeutig mitgeteilt werden. Dies bedeutet, dass der Vermieter präzise Angaben machen muss, soweit ihm dies möglich ist. Das Wort „voraussichtlich" heißt nämlich lediglich, soweit dies dem Vermieter möglich ist, nicht jedoch ungefähr (*Sternel* NZM 2001, 1063). Es ist zu erwarten, dass die Gerichte kaum geringere Anforderungen an die Darlegungen in der Modernisierungsmitteilung stellen werden, als dies nach der bisherigen Rechtslage des § 541b BGB der Fall war.

**2.** Die zu erwartende **Mieterhöhung** ist mitzuteilen, soweit dies zum Zeitpunkt der Abgabe der Modernisierungsmitteilung möglich ist. Auch hier gilt, dass möglichst genaue Angaben erforderlich sind. Bereits hier ist die Aufteilung nach § 559 BGB zu berücksichtigen, das heißt es ist die Berechnung der Gesamtkosten, der auf die einzelne Wohnung entfallenden Kosten, des gesetzlichen Prozentsatzes von 11% der für die Wohnung aufgewendeten Kosten und die monatliche Mieterhöhung anzugeben.
Falls feststeht, dass keine Mieterhöhung erfolgt, muss der Vermieter keine Angaben über eine theoretisch mögliche Mieterhöhung machen (BayObLG GE 2001, 55).

Nicht bezieht sich die Mitteilungspflicht nach § 554 Abs. 3 BGB auf eine aufgrund der Modernisierungsmaßnahme mögliche Erhöhung der Vergleichsmiete nach § 558 BGB (BGH NZM 2008, 883).

Ebenfalls nicht bezieht sich die Mitteilungspflicht auf bauliche Maßnahmen, die der Vermieter auf Grund **behördlicher Anordnung** durchzuführen hat. Diese stellen keine Modernisierungsmaßnahmen nach § 554 Abs. 2 BGB dar. Die Duldungspflicht stützt sich hier auf § 242 BGB. Eine Ankündigung ist nur nach Treu und Glauben erforderlich (BGH NZM 2009, 394).

## 2. Aufforderungsschreiben zur Duldung von Energie-/Wassereinsparungsmaßnahmen

......

(Vermieter)

an

......

(Mieter)

Sehr geehrte(r) ......,

gemäß § 554 Abs. 3 BGB bin ich verpflichtet, Ihnen geplante Maßnahmen zur Einsparung von Energie oder Wasser nach Art, voraussichtlichem Umfang, Beginn und Dauer sowie die zu erwartende Erhöhung des Mietzinses mitzuteilen. Nach § 554 Abs. 2 S. 1 BGB sind Sie verpflichtet, die nachfolgenden geplanten Maßnahmen zu dulden. Ich bitte Sie, die anliegende Duldungserklärung unterschrieben innerhalb von 2 Wochen an mich zurückzusenden.

Geplant sind im Einzelnen folgende Maßnahmen:

1. Art, voraussichtlicher Umfang, Beginn und Dauer der Maßnahmen:
   Die zur Umwälzung des erwärmten Wassers im Zentralheizungssystem installierten Umwälzpumpen sollen durch Drehzahl geregelte Umwälzpumpen ausgetauscht werden.[1] Hierbei handelt es sich um eine Maßnahme die der Energieeinsparung dient. Weiter sollen in allen Wohnungen Kaltwasserzähler und Durchlaufbegrenzer angebracht werden. Dies dient der Einsparung von Wasser.[2] Die Anbringung der neuen Umwälzpumpen erfolgt im Keller des Anwesens, so dass Ihre Wohnung hierdurch nicht berührt wird. Es ist allerdings mit einer Stilllegung der Heizungsanlage für einen Zeitraum von etwa zwei Tagen zu rechnen. Dies ist die Dauer, die für die Installation der Drehzahl geregelten Umwälzpumpen erforderlich ist. Gleichzeitig soll in jeder Wohnung ein Kaltwasserzähler sowie Durchlaufbegrenzer an der Dusche der einzelnen Wohnungen angebracht werden. Diese Maßnahme erfordert lediglich einen Tag. Beginn der Maßnahmen soll voraussichtlich der ...... sein. Ich muss Sie bitten, Ihre Wohnung für die Durchführung der Arbeiten zur Wassereinsparung zugänglich zu halten. Den genauen Termin werde ich bzw. die beauftragten Handwerksfirmen Ihnen rechtzeitig mitteilen.

2. Die zu erwartende Erhöhung des Mietzinses:[3]
   Die für Ihre Wohnung aufzubringenden Kosten können nach § 559 BGB auf Ihre Miete in der Weise umgelegt werden, dass eine Erhöhung der jährlichen Miete um 11% der Kosten zulässig ist.

Es ergibt sich folgende Berechnung:
Gesamtkosten für die Drehzahl geregelten Umwälzpumpen einschließlich Installationskosten nach den Angeboten der ausführenden Firmen 20.000,– EUR. Die Gesamtwohnfläche beträgt 600 qm.
Berechnung:
Die Fläche Ihrer Wohnung beträgt 60 qm, so dass auf Ihre Wohnung $^1/_{10}$ des Gesamtbetrages, also 2.000,– EUR entfallen. Jährliche Umlage beträgt damit 220,– EUR. Auf den Monat entfällt eine voraussichtliche Mieterhöhung von 18,33 EUR.
Was den Kaltwasserzähler und Durchlaufbegrenzer betrifft, sind die Kosten, die insoweit auf Ihre Wohnung insgesamt entfallen nach dem Angebot der ausführenden Firma 1.000,– EUR. Dies ergibt eine jährliche Umlagemöglichkeit von 110,– EUR (11% von 1.000,– EUR), auf den Monat entfällt eine voraussichtliche Mieterhöhung von 9,17 EUR.
Nach Fertigstellung der Maßnahme erhalten Sie nach § 559b Abs. 1 BGB eine gesonderte Mitteilung über die Mietanpassung, aus der Sie die Mieterhöhung auf Grund der tatsächlich entstandenen Kosten und den auf Ihre Wohnung entfallenden Betrag ersehen können.
Nach § 554 Abs. 2 BGB sind Sie verpflichtet, die geplante Modernisierungsmaßnahme zu dulden. Ich bitte Sie, die anliegende Duldungserklärung unterschrieben innerhalb von <u>zwei Wochen</u> an mich zurückzusenden. Sollten einzelne Punkte unklar sein, bitte ich um Rückmeldung. Ich bin gerne bereit, Ihnen weitere Erläuterungen zu geben.

......
(Vermieter)

## Anmerkungen

**1.** Durch § 559 Abs. 1 BGB in der Fassung des Mietrechtsreformgesetzes wird die Möglichkeit der Mieterhöhung von Heizenergie-Einsparmaßnahmen auf **Energieeinsparungen aller Arten von Energie** erweitert. In beiden Fällen muss es sich um die nachhaltige Einsparung von Energie handeln. Dem entspricht die Regelung in § 554 Abs. 2 S. 1 BGB, wonach der Kreis der duldungspflichtigen Modernisierungsmaßnahmen ebenfalls auf Maßnahmen zur Einsparung aller Arten von Energie erweitert wird. Ziel ist, Energieeinsparung insgesamt zu fördern. In Betracht kommt neben der Einsparung von Heizenergie die Einsparung von Strom. Die Installation drehzahlgeregelter Umwälzpumpen ist neben der Installation von Ventilatoren und Aufzugsmotoren sowie Energiesparlampen ausdrücklich in der Begründung zum Referentenentwurf des Mietrechtsreformgesetzes, S. 93, als Beispielsfall aufgeführt. Fraglich ist, ob auch rein ökologische Maßnahmen, die nicht mit einer Energieeinsparung verbunden sind, sondern bei denen die Energie nur auf umweltfreundliche Weise erzeugt wird, unter die neue Vorschrift fallen. Zu denken wäre hier zum Beispiel an die Installation einer Windturbine oder einer Photovoltaikanlage zur Energieerzeugung. Nach dem Wortlaut des Gesetzes ist dies nicht der Fall (so auch Schmidt-Futterer/*Eisenschmid* § 554 BGB Rdn. 139; anders jetzt aber BGH NZM 2008, 883).

**2.** Maßnahmen zur **Einsparung von Wasser** als zu duldende Maßnahmen wurden bereits durch das Vierte Mietrechtsänderungsgesetz vom 21. 7. 1993 eingeführt und beziehen sich vor allem auf die Erfassung des Wasserverbrauchs, also Einbau von Wasserzählern und Durchlaufbegrenzern (vgl. *Franke/Geldmacher* ZMR 1993, 550). In Betracht kommt auch Regenwassergewinnung. Eine Erhöhung des Gebrauchswerts ist nicht erforderlich.

**3.** Auch hier gilt wie bei oben Form. B. III., IV. 1, dass die **Mieterhöhung** mitzuteilen ist, soweit dies zum Zeitpunkt der Abgabe der Modernisierungsmitteilung möglich ist. Nachdem die drehzahlgeregelten Umwälzpumpen für das ganze Haus installiert werden, muss eine Umlage nach dem Maßstab der Wohnfläche erfolgen. Etwas anderes gilt für die Wasserzähler und Durchlaufbegrenzer, da hier ohne weiteres die Kosten, die auf die einzelne Wohnung, in der jeweils beides installiert wird, entfallen, festgestellt werden können.

## 3. Aufforderungsschreiben zur Duldung von Maßnahmen zur Schaffung neuen Wohnraums

......
(Vermieter)

an

......
(Mieter)

Sehr geehrte(r) ......,

gemäß § 554 Abs. 3 BGB bin ich verpflichtet, Ihnen eine geplante Maßnahme zur Schaffung neuen Wohnraums mitzuteilen.[1] Nach § 554 Abs. 2 S. 1 BGB sind Sie verpflichtet, die nachfolgend beschriebene Maßnahme zu dulden. Ich bitte Sie, die anliegende Duldungserklärung unterschrieben innerhalb von zwei Wochen an mich zurückzusenden. Ich weise darauf hin, dass im Falle der Nichtabgabe einer Duldungserklärung oder der Ablehnung für mich die Notwendigkeit besteht, die Duldung rechtlich durchzusetzen. Ich hoffe jedoch, dass dies nicht erforderlich ist.

1. Art, voraussichtlicher Umfang, Beginn und voraussichtliche Dauer der Maßnahme:[2]
   Geplant ist der Ausbau des über Ihrer Wohnung befindlichen Speichers zu zwei Wohnungen. Hierzu ist erforderlich, dass nach statischer Prüfung die in dem Speicher befindlichen Zwischenwände und Holzverschläge entfernt werden und nach entsprechender Abstützung Wohnungstrennwände eingebaut werden. Weiter ist die Fortführung der Elektroleitungen, der Heizungszu- und -ableitungen der Zentralheizungsanlage und die Installation von Zentralheizungskörpern in den vorgesehenen neuen Wohnräumen durchzuführen. In das Dach werden insgesamt sechs Dachgauben eingebaut, um für eine Belichtung der neu geschaffenen Wohnräume zu sorgen. Das Dach wird entsprechend den geltenden Wärmeschutzvorschriften isoliert, die Dachschrägen werden mit Rigipsplatten verkleidet. Fußbodenbeläge werden verlegt. Nach Weiterführung der Kalt- und Warmwasserleitungen sowie der Fallrohre wird in jede der Wohnungen ein Bad mit WC und in dem jeweils als Küche vorgesehenen Raum ein Kalt- und Warmwasserzulauf installiert. Voraussichtlicher Beginn der Maßnahme ist der ...... Die voraussichtliche Dauer der Gesamtmaßnahme beträgt ab Baubeginn drei Monate.
   Die Reihenfolge der Maßnahme ist folgende:

Zunächst werden die vorhandenen Zwischenwände und Verschläge entfernt und entsprechend dem architektonischen Grundriss der beiden Wohnungen Wände eingezogen. Als nächstes werden die Dachgauben eingebaut. Gleichzeitig werden die bezeichneten Leitungen und Rohre nach oben weitergeführt. Hierzu sind Durchbrüche durch die Decke erforderlich, wozu Ihre Wohnung voraussichtlich am ...... in Anspruch genommen werden muss. Die Durchbrüche können voraussichtlich an einem Tag erfolgen. Anschließend finden die restlichen Arbeiten statt.

Ich muss Sie bitten, Ihre Wohnung für die Durchführung der Arbeiten betreffend Deckendurchbrüche zugänglich zu halten. Den genauen Termin werde ich bzw. die beauftragten Handwerksfirmen Ihnen rechtzeitig mitteilen.

2. Eine Mietzinserhöhung ist mit dieser Maßnahme für Sie nicht verbunden.[3]

Ich bitte um Verständnis für die mit der Maßnahme verbundenen Unannehmlichkeiten. Für Rückfragen und soweit einzelne Punkte unklar sein sollten, stehe ich Ihnen gerne zur Verfügung und kann Ihnen weitere Erläuterungen geben.

......
(Vermieter)

## Anmerkungen

**1.** Auch die **Duldungspflicht betreffend Maßnahmen zur Schaffung neuen Wohnraums** wurde durch das Vierte Mietrechtsänderungsgesetz vom 21. 7. 1993 (BGBl. I S. 1257) eingeführt. Maßnahmen zur Schaffung neuen Wohnraums dienen nicht ohne weiteres der Verbesserung der gemieteten Räume, sie können sich nämlich auch auf nicht vorhandene Gebäudeteile beziehen, so dass die gesonderte Erwähnung im Gesetz erforderlich war. Es kann sich hier um den Ausbau von Nebenräumen zum Beispiel durch Anbau, Aufstockung und Schließung von Baulücken handeln.

**2.** Je umfangreicher die geplanten Maßnahmen sind, desto schwieriger wird es sein, genaue Termine und die **Dauer** von Arbeiten dem Mieter vorab mitzuteilen. Das Gesetz verlangt vom Vermieter insoweit allerdings nichts Unmögliches. Die Mitteilung ist nur erforderlich, soweit sich die Einzelheiten voraussehen lassen. Was sich voraussehen lässt, muss allerdings im Einzelnen mitgeteilt werden.

**3.** Ebenso wie ein Verzicht auf die Modernisierungsankündigung nicht möglich ist (vgl. LG Berlin GE 1986, 609), entfallen Ankündigung und Duldungspflicht nicht dadurch, dass eine Mieterhöhung nicht verlangt wird oder nicht in Betracht kommt. Wenn eine Mieterhöhung nicht geplant ist, muss der Vermieter aber auch keine Angaben über eine theoretisch mögliche Mieterhöhung machen (BayObLG GE 2001, 55).

## 4. Allgemeines Ablehnungsschreiben des Mieters

......

(Mieter)

an

......

(Vermieter)

Sehr geehrte(r) ......,

Zu Ihrem Schreiben vom ...... teile ich Ihnen Folgendes mit:

Sie teilen mit, dass die Kücheneinrichtung der von mir angemieteten Wohnung einschließlich der vorhandenen Elektrogeräte, nämlich Waschmaschine und Geschirrspüler, ersetzt werden soll und bezeichnen dies als Modernisierungsmaßnahme, die eine Verbesserung des Gebrauchswerts der Küche darstellt bzw., was die Elektrogeräte betrifft, der Energieeinsparung. Ich weise darauf hin, dass die Erneuerung der vorhandenen funktionsfähigen Ausstattung der Wohnung keine Verbesserungsmaßnahme im Sinne des Gesetzes ist, die von mir nicht zu dulden ist und Ihnen auch nicht eine Sonderumlagemöglichkeit gibt.[1] Es trifft zwar zu, dass die Kücheneinrichtung 15 Jahre alt ist, doch ist sie voll funktionsfähig. Dies gilt auch für die vorhandenen Elektrogeräte. Ihrem Schreiben ist nicht zu entnehmen, inwieweit die Funktionsfähigkeit oder der Gebrauchswert durch die neue Einrichtung verbessert werden soll. Auch ist nicht erkennbar, inwieweit die Erneuerung der Elektrogeräte zu einer Energieeinsparung führen sollte. Ich bin daher nicht bereit, eine Duldungserklärung abzugeben.

......

(Mieter)

### Anmerkung

**1. Keine Verbesserungsmaßnahme** stellt die Erneuerung der vorhandenen funktionsfähigen Ausstattung einer Wohnung dar, ohne dass dadurch der Gebrauchswert nachweislich verbessert wird (LG Hamburg WuM 1984, 217). Solche Maßnahmen hat der Mieter auch nicht zu dulden (LG Karlsruhe WuM 1992, 121). Will der Vermieter sich in Zweifelsfällen auf eine Verbesserung des Gebrauchswertes berufen, muss er dies im Einzelnen darlegen. Soweit es sich um die Erneuerung von Elektrogeräten handelt, kommt die Einsparung von Energie in Betracht. Falls es sich um die nachhaltige Einsparung von Energie handeln muss, muss diese in einer Vergleichsberechnung dargestellt werden, was gegebenenfalls anhand der Verbrauchswerte von neuen Elektrogeräten erfolgen kann. Wem die Energieeinsparung zugute kommt, ist dabei unerheblich, dies kann auch der Vermieter sein, wenn zum Beispiel hinsichtlich des Stromverbrauchs ein Pauschalbetrag vereinbart ist.

## 5. Ablehnungsschreiben mit Härteeinwand, § 554 Abs. 2 S. 2 BGB

......

(Mieter)

an

......

(Vermieter)

Sehr geehrte(r) ......,

Ihr Schreiben hinsichtlich des Ausbaus des Dachgeschosses als Maßnahme zur Schaffung neuen Wohnraums habe ich erhalten. Ich bin zu einer Duldung dieser Maßnahme nicht bereit, da Sie für das behinderte Kind meines Lebenspartners eine Härte bedeuten würde, die auch unter Berücksichtigung Ihrer Interessen nicht zu rechtfertigen ist.[1] Das Kind meines Lebenspartners im Alter von acht Jahren leidet an einer geistigen Behinderung. Gemäß Schwerbehindertenausweis liegt eine MdE von 80% vor. Bei Durchführung der Maßnahme, insbesondere Lärm- und Staubentwicklung sowie insbesondere der erforderlichen Durchbrüche innerhalb unserer Wohnung, die im Zimmer des behinderten Kindes stattfinden sollen, ist mit einer erheblichen Verschlechterung des Zustandes zu rechnen. Dies wird durch beiliegendes ärztliches Attest bestätigt.[2]

Ich bitte daher um Verständnis, dass ich nicht bereit bin, die Maßnahme zu dulden, obwohl Sie mit einer Mieterhöhung nicht verbunden ist.

......

(Mieter)

### Anmerkungen

**1.** Nach § 554 Abs. 2 S. 2 BGB kann sich der Mieter auf eine **Härte** für ihn, seine Familie oder einen anderen Angehörigen seines Haushalts berufen. Der Personenkreis, dessen Belange bei der Härteregelung zu berücksichtigen ist, ist durch das Mietrechtsreformgesetz gegenüber der bisherigen Regelung vom Mieter und seiner Familie auf „andere Angehörige seines Haushalts" erweitert worden. Kinder des Lebenspartners sind neben sonstigen dauerhaft im Haushalt des Mieters lebenden Personen, zum Beispiel Pflegekindern, ausdrücklich in der Begründung des Referentenentwurfs zum Mietrechtsreformgesetz aufgeführt.

**2.** Hinsichtlich des Härteeinwands ist der Mieter **darlegungspflichtig**. Es findet sodann eine Interessenabwägung zwischen den Interessen des Vermieters, betreffend die Nutzung, Pflege und Werterhöhung seines Wohneigentums, den Interessen anderer Mieter, die zum Beispiel Interesse an der Installation eines Aufzugs zur Erhöhung des Wohnkomforts haben können und des betroffenen Mieters statt. Hierbei sind nach § 554 Abs. 2 S. 3 BGB insbesondere die vorzunehmenden Arbeiten, die baulichen Folgen, vorausgegangene Aufwendungen des Mieters und die zu erwartende Mieterhöhung zu berücksichtigen. Bei den vorzunehmenden Arbeiten geht es darum, inwieweit durch die Arbeiten die Nutzung der Wohnung beeinträchtigt wird, hier kommt es auf Besonderheiten in der Person des Mieters an (z. B. LG Mannheim WuM 1987, 273: Ältere Person als Mieter). Die Beeinträchtigung des Gesundheitszustandes eines behinderten Kindes dürfte ein gewichtiges Abwägungskriterium in diesem Zusammenhang sein. Bei den baulichen Folgen kann es sich z. B. um eine Verkleinerung der Nutzfläche handeln. Vorausgegangene Verwendungen des Mieters können eine Rolle spielen, wenn der Mieter bereits auf eigene Kosten modernisiert hat und die geplanten Arbeiten sich auf dieselben Gebäudeteile beziehen.

# 6. Geltendmachung des Vermieters „Allgemein üblicher Zustand"

......

(Vermieter)

an

......

(Mieter)

Sehr geehrte(r) ......,

mit Ihrem Ablehnungsschreiben wenden Sie sich gegen die mit der Installation eines eigenen WC in Ihrer Wohnung verbundene Mieterhöhung. In meinem Schreiben habe ich Ihnen die voraussichtlich Mieterhöhung mit monatlich 100,– EUR dargestellt. Ich weise darauf hin, dass die zu erwartende Mieterhöhung in diesem Fall nicht als zu berücksichtigende Härte angesehen werden kann, da Ihre Wohnung durch die Verbesserungsmaßnahme lediglich in einen Zustand versetzt wird, wie er allgemein üblich ist.[1]

Ich bitte daher nochmals darum, die beigefügte Duldungserklärung innerhalb von zwei Wochen unterschriftlich an mich zurückzuleiten. Sollte dies nicht geschehen und ich auch sonst keine Äußerung von Ihnen erhalten, sehe ich mich gezwungen, Klage auf Duldung zu erheben.[2]

......

(Vermieter)

## Anmerkungen

**1.** **Wohnungswirtschaftlich sinnvolle Maßnahmen** sollen nicht daran scheitern, dass die Miete für den einzelnen zahlungsschwachen Mieter zu hoch wird. Der Härtegrund einer erheblichen Mietzinssteigerung kann daher in dem Fall außer Kraft gesetzt werden, in dem der „allgemein übliche Zustand" hergestellt wird. Zum Begriff des allgemein üblichen Zustandes hat sich das KG (WuM 1985, 335) dahin geäußert, dass „nach dem Zustand der weit überwiegenden Mehrheit aller im Geltungsbereich des Gesetzes gelegenen Mietwohnungen unter Einbeziehung der Altbauwohnungen dieser Zustand zu ermitteln sei". Der BGH (WuM 1992, 181) hat den Begriff dahin konkretisiert, dass ein Zustand, um als „allgemein üblich" zu gelten, bei mindestens zwei Drittel der Mieträume in Gebäuden gleichen Alters innerhalb eines Bundeslandes anzutreffen sein muss. Abzustellen ist dabei auf den tatsächlich vorhandenen Zustand, wobei nach den Gründen der Entscheidung des BGH für die neuen Bundesländer auf Grund der unterschiedlichen wirtschaftlichen Entwicklung andere Maßstäbe gelten können. Als Mindeststandard kann für alle Bundesländer nach der hier vertretenen Auffassung zumindest Folgendes gelten:

- Beheizbarkeit der Wohnung,
- eigener Wohnungswasseranschluss- und -abfluss,
- eigenes WC,
- Stromversorgung
- Beleuchtungsmöglichkeit und Kochgelegenheit,
- Einfachverglasung.

Man wird grundsätzlich annehmen können, dass das Vorhandensein eines eigenen WC den in jedem Bundesland vorhandenen allgemein üblichen Zustand darstellt. Die Tatsache, dass in Altbauwohnungen auch in den alten Bundesländern es ab und zu anzutreffen ist, dass sich Toiletten noch „jenseits des Ganges" befinden, ändert daran nichts.

Das LG Berlin (GE 2003, 1615) hat als **nicht** allgemein üblichen Zustand für Ostberlin angenommen:

Zentralheizung mit Warmwasser, Wand-WC, Spülkasten mit Leitung unter Putz, Badewanne und Duschkabine, Wand- und Bodenfliesen in Bad und Küche, Herd mit vier Kochplatten, moderne Elektroanlage.

**2.** Akzeptiert der Mieter die Argumentation des Vermieters hinsichtlich der Herstellung des allgemein üblichen Zustandes nicht, muss der Vermieter auch in einem Fall wie dem gegenständlichen **Klage auf Duldung** erheben, zumal die Inanspruchnahme der Wohnung in nicht unerheblichem Maße erforderlich ist.

# 7. Sonderkündigung des Mieters nach § 554 Abs. 3 S. 2 BGB

......

(Mieter)

an

......

(Vermieter)

Sehr geehrte(r) ......,

Ihre Mitteilung über die geplante Modernisierungsmaßnahme ist mir am 15. dieses Monats zugegangen. Ich kündige das Mietverhältnis gemäß § 554 Abs. 3 S. 2 BGB außerordentlich zum Ablauf des nächstens Monats. Ich bitte um Bestätigung der Kündigung.

......

(Mieter)

## Anmerkung

Durch die Möglichkeit des Mieters, sich kurzfristig aus dem Mietverhältnis zu lösen, soll ein Äquivalent für die Möglichkeit des Vermieters geschaffen werden, durch Verbesserungsmaßnahmen in das Mietverhältnis einzugreifen. Die **Kündigung** muss nach § 554 Abs. 3 S. 2 BGB bis zum Ablauf des Monats, der auf den Zugang der Mitteilung folgt, zum Ablauf des nächsten Monats erfolgen. Das Kündigungsrecht entfällt bei Maßnahmen, die nur mit einer unerheblichen Einwirkung auf die vermieteten Räume verbunden sind und nur zu einer unerheblichen Mieterhöhung (etwa 5% der Nettomiete) führen. Es handelt sich um ein Sonderkündigungsrecht mit verkürzter Frist. Eine weitere Begründung der Kündigung ist nicht erforderlich. Die Kündigung muss nach § 568 Abs. 1 BGB in schriftlicher Form erfolgen. Im Fall der Geltendmachung einer Mieterhöhung wegen einer Modernisierungsmaßnahme nach § 569 BGB hat der Mieter nach § 561 BGB ein weiteres außerordentliches nicht abdingbares Kündigungsrecht.

# V. Rechte des Vermieters zur Besichtigung der Mietsache

## 1. Aufforderung zur Gestattung turnusmäßiger Besichtigung

......

(Vermieter)

an

......

(Mieter)

Sehr geehrte(r) ......,

unser Mietverhältnis dauert nunmehr bereits zwei Jahre an. Ich sehe es als an der Zeit an, eine Besichtigung der Wohnung vorzunehmen, um festzustellen, ob mittlerweile von mir zu behebende Mängel aufgetreten sind. Weiter möchte ich mich über den allgemeinen Zustand der Wohnung informieren, wozu ich nach § 13 Abs. 1 des zwischen uns geschlossenen Mietvertrages berechtigt bin.[1] Nachfolgend stelle ich Ihnen drei Termine zur Auswahl und bitte mir bis spätestens zum ...... mitzuteilen, welcher dieser Termine Ihnen passt.[2]

......

Soweit Sie persönlich verhindert sind, ist ihre Anwesenheit nicht erforderlich. Es ist lediglich notwendig, dass mir der Zugang zur Wohnung mit Ihrem Einverständnis gewährt wird.[3]

......

(Vermieter)

### Anmerkungen

**1.** Auch ohne vertragliche Vereinbarung ist der Vermieter berechtigt, eine vermietete Wohnung zur Feststellung des Zustands der Räume **alle ein bis zwei Jahre** zu besichtigen (oben Form. A. III. 25 „Vereinbarung über Betretungsrecht").

**2.** Sinnvoll ist es, dass der Vermieter dem Mieter **mehrere Besichtigungstermine zur Auswahl** stellt. Kann der Mieter einen dieser Termine nicht wahrnehmen, dürfte er aus allgemeinen Grundsätzen der gegenseitigen vertraglichen Rücksichtnahme verpflichtet sein, selbst einen Termin zu benennen.

**3.** Den Mieter trifft grundsätzlich **keine Anwesenheitspflicht** bei Besichtigungsterminen. Er kann sich allerdings nicht darauf berufen, dass er „nie Zeit hat". Es kann von ihm verlangt werden, dass er gegebenenfalls eine Person beauftragt, die mit seinem Einverständnis die Besichtigung gestattet.

## 2. Aufforderung zur Gestattung der Besichtigung wegen Mängeln/mit Handwerkern

......
(Vermieter)

an

......
(Mieter)

Sehr geehrte(r) ......,

wie mir durch die unter Ihnen wohnende Familie K. mitgeteilt worden ist, hat sich an der Decke des Badezimmers der Familie K., welches direkt unterhalb Ihres Badezimmers liegt, ein feuchter Fleck gebildet. Es besteht daher der Verdacht, dass eine Undichtheit der Dusche oder der Badewanne oder ein Schaden an einer wasserführenden Leitung oder der Fußbodenheizung Ihres Badezimmers besteht.[1] Eine Anzeige eines Mangels durch Sie ist nicht erfolgt. Ich bitte daher unter Bezugnahme auf § 13 des zwischen uns geschlossenen Mietvertrages mir an einem der folgenden Tage die Besichtigung der Wohnung zu gestatten und mir mitzuteilen, zu welcher Uhrzeit zwischen 9.00 Uhr und 16.00 Uhr dies erfolgen kann.[2]

Die Besichtigung muss innerhalb dieses Zeitrahmens erfolgen, da ich als Fachmann den für mich ständig tätigen Installateur A. mitbringen will. Ich gehe davon aus, dass eine Teilnahme des Herrn A. möglich ist und Einwände Ihrerseits insoweit nicht bestehen. Die Teilnahme des Herrn A. ist auch notwendig, da ich selbst das Vorliegen eines Schadens fachlich nicht beurteilen kann.[3] Sollten Sie an einem dieser Termine verhindert sein, bitte ich um einen eigenen zeitnahen Terminsvorschlag. Sollte Ihre persönliche Anwesenheit nicht möglich sein, bitte ich die Wohnung durch eine geeignete Person zugänglich zu machen.

......
(Vermieter)

### Anmerkungen

**1.** Der Vermieter kann ein Besichtigungsrecht hinsichtlich einer vermieteten Wohnung über das turnusmäßige alle ein bis zwei Jahre bestehende Recht auch dann ausüben, wenn ein **besonderer Anlass** gegeben ist. Dies ist der Fall, wenn Anzeichen dafür bestehen, dass ein Schaden in einer Wohnung aufgetreten ist, dessen Behebung erforderlich ist. Ein Besichtigungsrecht ist hier ohne weiteres auf Grund der Wahrscheinlichkeit eines Wasserschadens angezeigt.

**2.** Nachdem bei einem **Wasserschaden** in der Regel Gefahr in Verzug vorliegt, kann der Vermieter auf kurzfristigen Besichtigungsterminen bestehen. Ebenso ist der Mieter verpflichtet, einen zeitnahen Besichtigungstermin zu benennen, falls er einen der vom Vermieter benannten Termine nicht wahrnehmen kann.

**3.** Eine Besichtigung wegen **Mängeln der Mieträume** ist nur dann sinnvoll, wenn der Vermieter, soweit er nicht selbst über die erforderliche Fachkunde verfügt, geeignete Personen zur Besichtigung mitbringen kann, insbesondere wenn es auf deren fachliche Kompetenz ankommt (LG Hamburg WuM 1994, 425). Im gegenständlichen Fall handelt es sich um den Installateur als Fachmann, dessen Anwesenheit der Mieter grundsätzlich nicht ablehnen kann, da seine Anwesenheit für ihn zumutbar ist (vgl. AG Hamburg WuM 1987, 379).

Verweigert der Mieter die rechtmäßig verlangte Besichtigung, kann der Vermieter auf Duldung klagen. In hartnäckigen Fällen der Verweigerung kommt auch die fristlose Kündigung nach § 543 Abs. 1 BGB oder die ordentliche Kündigung nach § 573 Abs. 2 Nr. 1 BGB in Betracht (anders LG Berlin ZMR 2000, 535).

# 3. Aufforderung zur Gestattung der Besichtigung wegen Besorgnis der Verwahrlosung

......

(Vermieter)

an

......

(Mieter)

Sehr geehrte(r) ......,

auf Grund der Beschwerden mehrerer Mieter des Hauses muss ich Sie bitten, zu einem der nachfolgend zur Auswahl gestellten Termine die Besichtigung der von Ihnen angemieteten Wohnung zu gestatten:

......

Mir wurde mitgeteilt, dass sich beim Öffnen Ihrer Wohnungstüre im Treppenhaus des Anwesens starker Modergeruch verbreitet. Ich konnte mich hiervon bei einem Aufenthalt im Treppenhaus selbst überzeugen. Weiter hat mir ein Mieter mitgeteilt, dass er beim Vorbeigehen an Ihrer geöffneten Wohnungstüre bemerkt hat, dass der Boden der Wohnung mit Unrat bedeckt ist und an den Wänden bis zur Decke gestapelte Zeitungsabfälle aufgeschichtet sind. Offensichtlich lässt die Anhäufung von Abfällen lediglich einen schmalen Durchgang offen. Es ist davon auszugehen, dass die Geruchsbelästigung, der die anderen Mieter ausgesetzt sind, von dieser Abfallsanhäufung stammt.

Sollten Sie an einem dieser Termine verhindert sein, bitte ich mir einen Ersatztermin zeitnah zu benennen. Ich weise darauf hin, dass ein Besichtigungsrecht nach § 13 des Mietvertrages besteht, aus besonderem Anlass kann auch über die Besichtigung in Abständen von ein bis zwei Jahren hinaus das Betreten der Wohnung verlangt werden. Sollten Sie an einem der besagten Termine verhindert sein oder einen Ersatztermin nicht benennen können, an dem Sie persönlich anwesend sind, genügt es, wenn eine von Ihnen beauftragte Person die Wohnung öffnet. Ich weise bereits jetzt darauf hin, dass ich im Weigerungsfalle gezwungen bin, Klage auf Besichtigung der Wohnung erheben.

......

(Vermieter)

## Anmerkung

Auch hier handelt es sich um ein **Sonderbesichtigungsrecht aus besonderem Anlass.** Es liegen konkrete Umstände vor, die den Vermieter berechtigen, sich über den Zustand der Mieträume zu vergewissern. Gegebenenfalls kann eine solche Besichtigung auch zur Vorbereitung eines Beseitigungs- bzw. Unterlassungsanspruchs oder sogar der Kündigung des Mietverhältnisses dienen. Dies gibt dem Mieter jedoch nicht das Recht, die Besichtigung zu verweigern.

# 4. Aufforderung zur Gestattung der Besichtigung mit Kaufinteressenten

......

(Vermieter)

an

......

(Mieter)

Sehr geehrte(r) ......,

wie ich Ihnen bereits mündlich mitgeteilt habe, beabsichtige ich die an Sie vermietete Eigentumswohnung zu verkaufen. In den letzten Wochen sind mehrere Inserate in den Tageszeitungen durch mich aufgegeben worden. Es stehen nunmehr fünf Kaufinteressenten zur Verfügung. Ich bitte Sie daher, die Besichtigung der Wohnung durch die Kaufinteressenten nächste Woche, wobei ich auf § 13 des Mietvertrages Bezug nehme, zu gestatten. Die Besichtigungen sollen am Montag, Mittwoch und Freitag jeweils in der Zeit zwischen 18.00 Uhr und 20.00 Uhr stattfinden. Ich bitte zu diesen Zeitpunkten den Zugang zu der Wohnung zu gewähren. Soweit Sie selbst an einer persönlichen Anwesenheit verhindert sind, bitte ich dafür zu sorgen, dass eine beauftragte Person die Wohnung zu diesen Zeiten öffnet.

......

(Vermieter)

## Anmerkung

Im Falle des **Verkaufs der Wohnung oder des Anwesens** hat der Vermieter kein unbegrenztes Besichtigungsrecht mit Kaufinteressenten. Das Besichtigungsrecht kann hier jedoch anders als bei einer turnusmäßigen Besichtigung ohne besonderem Grund in kurzen Abständen und an mehreren in Zusammenhang stehenden Tagen ausgeübt werden. Auch eine Voranmeldung kann kurzfristig erfolgen (vgl. AG Neustadt/Rübenberge WuM 1975, 143: Voranmeldung 24 Stunden vor dem Besichtigungstermin ausreichend). Besondere Anforderungen an die Personen, die die Mieträume besichtigen, kann der Mieter höchstens insoweit stellen, als er nach einer nicht veröffentlichten Entscheidung des AG München (Urt. v. 17. 6. 1993 – L 3 461 C 2972/93 – n. v.) Ausweispapiere zur Identifikation der Personen verlangen kann.

## 5. Aufforderung zur Gestattung der Besichtigung mit Mietinteressenten

......

(Vermieter)

an

......

(Mieter)

Sehr geehrte(r) ......,

das zwischen uns bestehende Mietverhältnis wurde zum ...... gekündigt. Es stehen nun mehrere Nachfolgemieter zur Verfügung. Ich bitte Sie daher die Besichtigung der Wohnung unter Begleitung der Nachfolgemieter durch mich zu gestatten. Auf § 13 des zwischen uns geschlossenen Mietvertrages weise ich hin. Ich stelle Ihnen hiermit drei Termine der nächsten Woche zur Auswahl:

Sollten Sie einen dieser Termine nicht einhalten können, bitte ich um umgehende Mitteilung und gegebenenfalls Benennung eines Ersatztermins. Ich weise darauf hin, dass die Besichtigung durch die Mietinteressenten auch in Ihrem Interesse ist, da gegebenenfalls, wie ich von Ihnen gehört habe, eine Ablösung von Einrichtungsgegenständen in Betracht kommt.

......

(Vermieter)

### Anmerkung

Für eine **Besichtigung mit Mietinteressenten** gelten dieselben Grundsätze wie für eine Besichtigung mit Kaufinteressenten. Auch hier muss der Mieter mit einem erweiterten Besichtigungsrecht einverstanden sein. Dies ergibt sich aus einer Interessenabwägung zwischen den Interessen des Mieters an einer ungestörten Ausübung des Mietgebrauchs und des Vermieters an der Nutzung seines Eigentums.

Falls die Besichtigung mit Mietinteressenten nach Kündigung des Mietverhältnisses vom Mieter nicht ermöglicht wird, kommen Schadensersatzansprüche z.B. wegen Mietentgang in Betracht (AG Wedding GE 1997, 749).

## 6. Aufforderung zur Gestattung der Besichtigung mit Sachverständigen

......

(Vermieter)

an

......

(Mieter)

Sehr geehrte(r) ......,

im Rahmen des zwischen uns geführten Prozesses über die von mir mit Schreiben vom ...... verlangte Zustimmung zur Mieterhöhung hat das Gericht, wie Sie wissen, die Beweiserhebung über die ortsübliche Miete Ihrer Wohnung gemäß § 558 BGB durch Erholung eines schriftlichen Sachverständigengutachtens des Sachverständigen D. angeordnet.

Wie mir der Sachverständige mitgeteilt hat, beabsichtigt er am ...... zur Vorbereitung seines Gutachtens die Wohnung zu besichtigen. Ich bitte die Wohnung an diesem Tag in der Zeit zwischen 09.00 Uhr und 12.00 Uhr zugänglich zu halten. Sollten Sie persönlich verhindert sein, genügt es, wenn eine beauftragte Person die Wohnung zugänglich macht. Ich bitte weiter, dem Sachverständigen D. in meiner Begleitung die Besichtigung der Wohnung in allen Einzelheiten zu gestatten. Der Sachverständige wird Sie deshalb noch gesondert anschreiben. Ich weise darauf hin, dass bei Verweigerung der Besichtigung Sie davon ausgehen müssen, dass das Gericht von Beweisvereitelung ausgeht mit den entsprechenden für Sie negativen Folgen.

......

(Vermieter)

### Anmerkung

Erhebt das Gericht im Verfahren betreffend Zustimmung zur Mieterhöhung **Beweis** über die Ortsüblichkeit der vom Vermieter verlangten Miete durch Erholung eines Sachverständigengutachtens, so ist die Besichtigung der Mieträume durch den Sachverständigen erforderlich. Grundsätzlich ist in diesem Fall die Anwesenheit des Vermieters nicht unbedingt erforderlich, doch ist er bzw. sein Prozessbevollmächtigter in der Regel mitanwesend. Der Termin ist parteiöffentlich. Zu Recht weist der Vermieter auf die Möglichkeit hin, dass im Falle der Verweigerung der Besichtigung der Tatbestand der Beweisvereitelung gemäß § 286 ZPO in Betracht kommt (vgl. *Thomas/Putzo* § 286 ZPO Rdn. 17 bis 19). Erzwungen werden kann die Besichtigung der Wohnung durch den Sachverständigen allerdings nicht, nachdem es sich um eine Besichtigung im Rahmen eines gerichtlichen Verfahrens handelt, gehen die prozessualen Regelungen für den Fall der Verweigerung der Besichtigung vor.

# 7. Ablehnungsschreiben des Mieters allgemein

......

(Mieter)

an

......

(Vermieter)

Sehr geehrte(r) ......,

Ihr Schreiben vom ...... habe ich erhalten. Die von Ihnen vorgesehene Besichtigung meiner Wohnung bin ich nicht bereit zu gestatten. Sie kündigen an, dass, nachdem meine Wohnung zum Verkauf ansteht, diese Kaufanwärtern nächste Woche jeden Tag zwischen 8.00 Uhr und 22.00 Uhr zur Besichtigung offen stehen muss. Eine derart zeitlich ausgedehnte und teilweise zur Unzeit erfolgende Besichtigung kann ich nicht ermöglichen.

Es ist mir auch nicht zuzumuten, angesichts meiner arbeitsbedingten Abwesenheit den Wohnungsschlüssel zu hinterlegen. Ich schlage Ihnen vor, die Wohnung am Montag und Mittwoch zwischen 10.00 Uhr und 12.00 Uhr und zwischen 15.00 Uhr und 18.00 Uhr zur Besichtigung zur Verfügung zu stellen. Zu einer anderen Regelung bin ich nicht bereit und werde, falls zu anderen Zeiten Besichtigungsversuche unternommen werden, von meinem Hausrecht Gebrauch machen.

......

(Mieter)

## Anmerkung

Der Mieter muss eine Besichtigung zur Unzeit oder in einer exzessiv ausgedehnten Form nicht gestatten. Dies gilt auch für eine Besichtigung mit Kauf- oder Mietinteressenten. Zur Unzeit erfolgen insbesondere Besichtigungen, die zur Nachtzeit, also nach etwa 18.00 Uhr erfolgen oder am Wochenende. Etwas anderes gilt, falls der Mieter selbst derartige Termine vorschlägt. Als Inhaber des Hausrechts und Besitzer der Wohnung kann der Mieter unangemeldete Besichtigungsversuche ohne weiteres abwehren.

## 8. Ablehnungsschreiben des Mieters wegen Begleitung bestimmter Personen

......

(Mieter)

an

......

(Vermieter)

Sehr geehrte(r) ......,

grundsätzlich bin ich bereit, die von Ihnen vorgeschlagene Besichtigung auch hinsichtlich Tag und Uhrzeit zu gestatten. Nicht jedoch sehe ich mich in der Lage, die Anwesenheit des Rechtsanwalts R., der Sie mir gegenüber vertritt, zu gestatten. Aus der zwischen mir und Rechtsanwalt R. geführten Korrespondenz entnehme ich eine mir gegenüber feindliche Einstellung. Ich verweise nur auf die Schreiben vom ...... des Herrn R. an mich. Eine Besichtigung durch Herrn R. ist für mich daher unzumutbar. Ich weise ihn als Besichtigungsperson zurück.

......

(Mieter)

### Anmerkung

Der Mieter kann mitgebrachte Personen oder eine alleinige Besichtigungsperson **zurückweisen**, die für ihn unzumutbar sind (AG Hamburg WuM 1987, 379). In Betracht kommt hier insbesondere Unzumutbarkeit auf Grund streitiger Auseinandersetzungen zwischen dem Rechtsanwalt des Vermieters und dem Mieter, die das übliche Maß überschritten haben.

# VI. Duldungspflicht des Vermieters

## 1. Aufforderung des Mieters zur Duldung der Wegnahme einer Einrichtung, § 539 Abs. 2 BGB

......

(Mieter)

an

......

(Vermieter)

Sehr geehrte(r) ......,

wie Sie wissen, habe ich als Mieter der Wohnung in ...... eine Kücheneinrichtung im Jahre ...... installiert. Es handelt sich um eine Einbauküche mit Ober- und Unterschränken, Nirosta-Spüle, Kühlschrank mit Gefrierteil und Geschirrspülmaschine.[1]

Unser Mietverhältnis hat am ...... geendet. Auch nach Beendigung des Mietverhältnisses bin ich berechtigt, die Kücheneinrichtung nach § 539 Abs. 2 BGB wegzunehmen.[2]

Ich fordere Sie daher auf, den Ausbau der Kücheneinrichtung, den ich für den ...... geplant habe, zu dulden.[3] Für den Ausbau und den Transport entstehende Kosten übernehme ich.[4]

......

(Mieter)

### Anmerkungen

**1.** Nach § 539 Abs. 2 BGB ist der Mieter berechtigt, eine **Einrichtung wegzunehmen,** mit der er die Mietsache versehen hat. Im Sinne der Vorschrift geht es nicht um Gegenstände, die mit der Mietsache nicht verbunden sind, wie zum Beispiel bewegliche Möbelstücke oder ebensolche Elektrogeräte. Diese Gegenstände kann der Mieter ohne weiteres entfernen (vgl. auch Form. A. III. 28). Grundsätzlich kann eine Einrichtung auch entfernt werden, wenn das Eigentum gemäß § 946 BGB auf den Vermieter übergegangen ist. Erforderlich ist allerdings, dass die Einfügung vom Mieter nicht auf Dauer erfolgen soll.

**2.** § 539 Abs. 2 BGB gibt dem Mieter ein **Wegnahmerecht.** Dieses Wegnahmerecht besteht während des bestehenden Mietverhältnisses ohne weiteres, die Vorschrift des § 539 Abs. 2 BGB hat daher Bedeutung für die Abwicklung des Vertrages (vgl. Münchner Prozessformularbuch Mietrecht, C. III. 16 Anm. 2). Neben dem Wegnahmerecht besteht gleichzeitig die Wegnahmepflicht nach § 546 Abs. 1 BGB, die auch ohne dass dies ausdrücklich in der Vorschrift des § 546 Abs. 1 BGB angesprochen ist, bedeutet, dass der Mieter die Mietsache von Einrichtungen, mit der er sie versehen hat, zu räumen hat.

**3.** Gegen den Vermieter besteht kein Herausgabeanspruch, sondern lediglich ein **Duldungsanspruch.** Der Duldungsanspruch bedeutet, dass der Vermieter dem Mieter, soweit dieser nicht mehr im Besitz der Mieträume ist, den Zutritt zur Entfernung der Einrichtung gestatten muss. Weiter hat er Störungen und Behinderungen der Entfernung der Einrichtung zu unterlassen. Der Anspruch auf Duldung ist damit auch gegenüber einem Nachmieter, der mittlerweile in die Wohnräume eingezogen ist, gegeben.

**4. Kosten,** die dem Mieter im Rahmen seiner Rechtsausübung entstehen, hat er zu tragen. Dies bezieht sich auf Abbaukosten und Transportkosten in Bezug auf die angebrachte Einrichtung. Dasselbe gilt, soweit Kosten für die Wiederherstellung des ursprünglichen Zustandes, zum Beispiel Ersatz von durch die Einbringung einer Einbauküche zerbrochenen Fliesen entstehen.

## 2. Abwendung der Wegnahme durch den Vermieter gegen Entschädigung, § 552 Abs. 1 BGB

......
(Vermieter)

an

......
(Mieter)

Sehr geehrte(r) ......,

hinsichtlich Ihrer Einbauküche habe ich ein Interesse, diese Küche zu übernehmen. Gemäß § 552 Abs. 1 BGB kann ich die von Ihnen angekündigte Wegnahme durch Zahlung einer angemessenen Entschädigung abwenden. Als angemessene Entschädigung sehe ich einen Betrag in Höhe des Zeitwerts der Kücheneinrichtung, abzüglich von 5% dieses Betrages für jedes angefangene Jahr der Nutzung der Kücheneinrichtung an. Nachdem, wie Sie mir mitteilen, die Kücheneinrichtung im Jahre ...... angeschafft worden ist und der Anschaffungspreis ...... EUR betragen hat, ergibt sich somit eine angemessene Entschädigung von ...... EUR. Ich fordere Sie hiermit auf, bis zum ...... mir mitzuteilen, ob Sie mit dieser Regelung einverstanden sind und auf welches Konto ich die Entschädigung zu bezahlen habe.

......
(Vermieter)

### Anmerkung

§ 552 Abs. 1 BGB beinhaltet die Möglichkeit des Vermieters, die Ausübung des Wegnahmerechts nach § 539 Abs. 2 BGB durch **Zahlung einer angemessenen Entschädigung** abzuwenden. Es ist die Zahlung erforderlich, ein Angebot allein genügt nicht. Nachdem es sich um ein Wegnahmerecht des Mieters handelt, besteht keine Verpflichtung des Vermieters, Einrichtungen zu übernehmen. Demgemäß kann auch der Mieter nicht bei Zurücklassung von Einrichtungen vom Vermieter ohne Vereinbarung zwischen den Parteien eine Entschädigung verlangen. Eine angemessene Entschädigung liegt dann vor, wenn unter Ansatz der Anschaffungskosten ein Abschlag für die bisherige Nutzung erfolgt, was prozentual entsprechend der Lebensdauer der Einrichtung erfolgen kann. Gegebenenfalls kommen weitere Abzüge für Mängel oder Beschädigungen oder für die Entfernung der Einrichtung in Betracht.

## 3. Geltendmachung eines berechtigten Interesses des Mieters an der Wegnahme

......
(Mieter)

an

......
(Vermieter)

Sehr geehrte(r) ......,

Ihr Schreiben vom ...... habe ich erhalten. Ich teile Ihnen mit, dass ich nicht damit einverstanden bin, dass Sie die Wegnahme meiner Einbauküche durch Entschädigung abwenden und diese übernehmen. Ich bin eben besonders an der Entfernung der Einbauküche interessiert, da ich eine Nachfolgewohnung gefunden habe, deren Küchenmaße die Installation der Einbauküche ohne weiteres ermöglichen. Zudem handelt es sich um eine besonders wertvolle Designerküche, die in dieser Form nicht mehr erhältlich ist. Sie hat daher für mich einen speziellen Wert. Ich bitte um Ihr Verständnis.

......
(Mieter)

### Anmerkung

Der Mieter kann ein **berechtigtes Interesse an der Wegnahme** der von ihm angebrachten Einrichtung geltend machen und damit die Übernahme der Einrichtung durch den Vermieter gegen Zahlung einer angemessenen Entschädigung abwenden. Ein derartiges berechtigtes Interesse kann darin bestehen, dass der Mieter besondere Aufwendungen für seine speziellen Interessen getätigt hat bzw. die Einrichtung für ihn aus bestimmten Gründen einen speziellen Wert hat. In Betracht kommt auch, dass die Einrichtung nicht mehr erhältlich ist.

## 4. Vereinbarung eines Ausschlusses des Wegnahmerechts, § 552 Abs. 2 BGB

Es wird auf das Vereinbarungsmuster in **Form. A. III. 28** verwiesen.

# VII. Anzeigepflicht des Vermieters

## 1. Anzeige des Vermieterwechsels[1]

......

(Bisheriger Vermieter)[2]

......

(Neuer Vermieter)[2]

an

......

(Mieter)

Betr.: Mietverhältnis über Ihre Wohnung, ......

hier: Vermieterwechsel

Sehr geehrte/r Frau/Herr ......

wir teilen Ihnen mit, dass das Mehrfamilienhaus in der ......straße, Postleitzahl, Ort, in dem sich die von Ihnen angemietete Wohnung befindet, an den oben genannten neuen Eigentümer verkauft worden ist.[3] Der Eigentumswechsel ist bereits am ...... im Grundbuch eingetragen worden. Eine Kopie des unbeglaubigten Grundbuchauszugs erhalten Sie anbei.[4] Aufgrund des Eigentümerwechsels ist nunmehr der oben aufgeführte Käufer als neuer Vermieter in das bestehende Mietverhältnis eingetreten.

Wir, das heißt der bisherige Eigentümer und Vermieter sowie der neue Eigentümer und jetzt Ihr nunmehriger Vermieter, teilen Ihnen mit, dass Sie die Miete ab dem ...... nach den bisherigen Bedingungen zu zahlen haben und zwar auf das Konto des neuen Eigentümers/Vermieters ...... bei ...... Bank, Konto-Nr. ......, BLZ.

Wir bitten Sie, den Erhalt dieser Mitteilung auf der anliegenden Zweitschrift zu bestätigen und an den neuen Eigentümer/Vermieter im beiliegenden Freiumschlag zurückzusenden.[5,6]

......

(Vermieter)

Schrifttum: *Börstinghaus,* Vermieterwechsel kraft Gesetzes, NZM 2004, 481; *Emmerich,* Rechtsprechungsübersicht, Eintritt des Erwerbers einer Eigentumswohnung in den Mietvertrag, JuS 1999, 1231; *Derleder,* Der „mitgekaufte" Mieter, NJW 2008, 1189; *Gather,* Die Rechtslage beim Wechsel des Vermieters, Festschrift für Johannes Bärmann und Hermann Weitnauer 1990, 295; *Gellwitzki,* Der Mängelbeseitigungsanspruch und das Leistungsverweigerungsrecht des Mieters bei Mietende und Vermieterwechsel, WuM 2006, 126; *Grooterhorst, Burbulla,* Zur Anwendbarkeit von § 566 BGB bei Vermietung durch Nichteigentümer, NZM 2006, 425; *Kinne,* Schriftform – immer aktuell, GE 2006, 231; *Latinovic, Quennet,* Abdingbarkeit von § 566 I BGB („Kauf bricht nicht Miete") – Möglichkeiten und Konsequenzen, NZM 2009, 843; *Maciejewski,* Wer haftet bei Vermieterwechsel?, MM 2001, Nr. 3, 9; *Roggenbrodt,* Vermieter-/Verwalterwechsel – Wohin mit der Miete?, MM 1997, Nr. 2, 11.

## Anmerkungen

**1.** Die Anzeige unterliegt **keinem besonderen Formerfordernis**, da es sich dabei nicht um eine Willenserklärung handelt, sondern um eine Rechtshandlung. Diese ist aber wie eine empfangsbedürftige formlose Willenserklärung zu behandeln. Das heißt, die Beweislast für die Kenntnis des Mieters trifft denjenigen, der sich darauf beruft und beispielsweise eine erfolgte Zahlung des Mieters an den „falschen" Vermieter nicht gelten lassen will und Zahlung verlangt (Palandt/*Weidenkaff* § 566c Rdn. 6).

**2.** Für die Anzeige reicht es grundsätzlich nicht aus, dass lediglich der Erwerber den **Eigentumswechsel** anzeigt. Etwas anderes soll dann gelten, wenn der Erwerber zusätzlich Schriftstücke übersendet (z.B. Grundbuchauszug), aus denen sich die geänderte Rechtsposition ergibt (OLG Hamm VersR 1985, 582).

**3.** Die **Anzeige** des Vermieterwechsels hat mehrere **Funktionen.** Zum einen dient sie der Mitteilung der Bankverbindung des Vermieters; zum anderen dem Schutz des Mieters in beschränktem Umfang vor einer weiteren Inanspruchnahme durch den neuen Vermieter auf Zahlung der bereits an den ursprünglichen Vermieter gezahlten Miete, § 566c BGB. § 566c BGB setzt voraus, dass die Miete periodisch gezahlt wird. § 566c BGB ist demnach nicht anwendbar, wenn die Miete in einem Einmalbetrag gezahlt wird (Schmidt-Futterer/*Gather* § 566c BGB Rdn. 2). § 566c BGB gilt unmittelbar nur für Wohnraummietverträge. Über die Verweisungen in § 578 Abs. 1 BGB, § 572 Abs. 2 BGB und § 581 Abs. 2 BGB gilt die Vorschrift auch für Vermietung von Grundstücken, Gewerberaum- und Pachtverträge.

**4.** Wird – wie hier – der Eigentumswechsel sowohl vom bisherigen als auch vom neuen Vermieter gemeinsam angezeigt, so bedarf es keiner Beifügung des **Grundbuchauszuges** bzw. einer Kopie hiervon. Gleichwohl ist eine Beifügung zu empfehlen, um dem Mieter direkt einen Nachweis des Eigentumswechsels zu geben um so ggfs. weitere Korrespondenz zu ersparen.

**5.** Die **Quittierung** dient der Beweiserleichterung des Erwerbers für den Fall, dass der Mieter trotz entsprechender Anzeige an den ursprünglichen Vermieter zahlt. Bei Vorlage der Empfangsquittung wird es dem Erwerber gelingen, den Anspruch auf Zahlung der Miete durchzusetzen.

**6.** Eine Anzeige des Vermieterwechsels für den bisherigen als auch den neuen Vermieter durch eine/n RA/RAin dürfte wegen eventueller Interessenkollision ausscheiden.

## 2. Anzeige der Beendigung des gewerblichen Zwischenmietverhältnisses

......

(Bisheriger Vermieter)[1]

an

......

(Mieter)[2]

Betr.: Mietvertrag über die Wohnung,[3] ......

Sehr geehrte/r Frau/Herr ......

zwischen Ihnen und mir besteht ein Mietvertrag über die oben näher bezeichnete Wohnung. Wie Ihnen bei Vertragsschluss mitgeteilt wurde, bin ich nicht Eigentümer der oben genannten Wohnung. Vielmehr besteht zwischen mir und dem Eigentümer der Wohnung ein sogenannter Generalmietvertrag, aufgrund dessen ich als gewerblicher Zwischenmieter berechtigt bin, die oben genannte Wohnung weiterzuvermieten.[4] Dieses gewerbliche Zwischenmietverhältnis wird zum ...... beendet.[5] Aufgrund § 565 BGB tritt demnach ab dem ...... der tatsächliche Eigentümer in die Rechte und Pflichten aus dem Mietvertrag ein.[6] Ich möchte Sie daher bitten, ab dem ...... die bislang vereinbarte Miete in Höhe von ...... EUR auf das Konto des neuen Vermieters ......, Konto-Nr. ......, BLZ ......, bei der Bank ......, zu zahlen.[7] Die mir übergebene Kaution[8] nebst zwischenzeitlich erwirtschafteter Zinsen werde ich an den neuen Vermieter übergeben. Ab dem ...... ist der neue Vermieter in allen Angelegenheiten das Mietverhältnis betreffend, Ihr alleiniger Ansprechpartner.[9]

......

(Vermieter)

*Schrifttum: Brunner/Jung,* Lückenloser Mieterschutz – Die Rechtsbeziehung zwischen Eigentümer und Endmieter nach Ende des gewerblichen Zwischenmietverhältnisses, ZMR 1992, 177; *Drasdo,* Gebrauchsüberlassung an Dritte – gewerbliche Zwischenanmietung, NJW Spezial 2005, 49; *Hagmann,* Nochmals – Mieterschutz und gewerbliche Zwischenvermietung, NJW 1989, 822; *Langenberg,* Rechtsbeziehungen zwischen Eigentümer und Endmieter nach Beendigung des Zwischenmietverhältnisses, MDR 1993, 602; *Leutner/Schmidt-Kessel,* Auswirkungen des gesetzlichen Eintritts in den Vertrag nach § 549a BGB auf das Verhältnis zwischen Vermieter und gewerblichem Zwischenmieter, JZ 1996, 649; *Mutter,* Die neue Regelung zur gewerblichen Zwischenmiete nach § 549a BGB, DZWiR 1994, 168; *Scheffler,* Räumungsklage bei gewerblicher Zwischenvermietung, NJW 1992, 477.

### Anmerkungen

**1.** Vgl. Form. B. II. 1 Anm. 2.

**2.** Vgl. Form. B. II. 1 Anm. 3.

**3.** § 565 BGB, der den Endmieter, der von einem **gewerblichen Zwischenvermieter** gemietet hat, schützen soll, gilt aufgrund seiner Stellung im Unterkapitel „II. Mietverhältnisse über Wohnraum" nur für Wohnraummietverträge.

**4.** § 565 BGB ist nur dann anwendbar, wenn Wohnraum gewerblich vermietet wird, um ihn zu Wohnzwecken weiterzuvermieten (BGH NJW 1996, 2862; *Sternel,* Mietrecht aktuell, Rdn. A 8). Daraus folgt, dass ein Eintritt in das Mietverhältnis zwischen Zwischenvermieter und Endmieter nicht erfolgt, wenn z. B. die Weitervermietung an eigene Arbeitnehmer, aus karitativen Zwecken zur Aufnahme hilfebedürftiger Menschen erfolgt (BayObLG RE WuM 1995, 638; BayObLG RE WuM 1995, 642), bei Vermietung an einen nicht erwerbswirtschaftlich tätigen Verein, der seinerseits die Wohnungen untervermietet (BVerfG NJW 1994, 848) oder bei Weitervermietung durch einen eingetragenen Verein an dessen Mitglieder (LG Berlin GE 1994, 705).

**5.** Voraussetzung für den Eintritt des Vermieters in die Rechte und Pflichten aus dem Mietvertrag zwischen Zwischen(ver)mieter und Endmieter gem. § 565 BGB ist die Beendigung des gewerblichen Zwischenmietverhältnisses. Hierfür kommt jeder Beendigungsgrund in Betracht.

**6.** Nach dem Wortlaut des § 565 BGB und bereits aus der Vorgängervorschrift des § 549a BGB a. F., die sich nach der Gesetzesbegründung an § 571 BGB a. F. (Veräußerung bricht nicht Miete) orientiert, tritt der Vermieter nicht in den Mietvertrag, sondern lediglich in die Rechte und Pflichten ein, die sich während der Dauer seines Eigentums aus dem Mietverhältnis ergeben. Das heißt, zwischen Vermieter und Endmieter kommt ein neues Mietverhältnis mit demselben Inhalt des bisherigen Mietverhältnisses zustande (Schmidt-Futterer/*Gather* § 566 Rdn. 19). Alle Ansprüche des gewerblichen Zwischenmieters gegen den Endmieter, die zur Zeit der Beendigung des gewerblichen Zwischenmietverhältnisses fällig sind, verbleiben beim gewerblichen Zwischenmieter. Alle nicht fälligen Ansprüche gehen auf den Vermieter über (Schmidt-Futterer/*Blank* § 565 BGB Rdn. 25; a. A. *Sternel,* Mietrecht aktuell, Rdn. A 15). Etwas anderes gilt nur bei Abtretung der Ansprüche an den neuen Vermieter.

**7.** Der **Vermieterwechsel** erfolgt zwar kraft Gesetzes. Es ist jedoch mehr als nur zweckmäßig, den Endmieter über den Vermieterwechsel zu informieren. Hat der Endmieter nämlich keine Kenntnis vom Vermieterwechsel, so kann er nach wie vor mit befreiender Wirkung die Miete an den ihm bisher bekannten Vermieter zahlen. Besteht andererseits zwischen Vermieter und gewerblichem Zwischenmieter Streit über den Zeitpunkt der **Beendigung des gewerblichen Zwischenmietverhältnisses** und wird der Mieter vom Vermieter und gewerblichen Zwischenmieter über den Beendigungszeitpunkt unterschiedlich unterrichtet, so ist dem Endmieter dringend die Hinterlegung der Mieten beim Amtsgericht mit Rücknahmeverzicht anzuraten. Bei Zahlung an einen Nichtberechtigten läuft der Mieter nämlich Gefahr, vom Berechtigten ein zweites Mal in Anspruch genommen zu werden.

**8.** Bislang war streitig, ob der neue Vermieter dem Endmieter in jedem Fall auf Rückzahlung einer geleisteten Kaution bei Beendigung des Mietverhältnisses mit dem Endmieter haftet (*Kinne/Schach/Bieber* 5. Aufl., § 549a Rdn. 13; *Sternel,* Mietrecht aktuell, Rdn. A 16) oder dies nur dann gelten sollte, wenn der Vermieter die Kaution tatsächlich vom gewerblichen Zwischenmieter erhielt, weil eine andere Sichtweise für den Vermieter unbillig sei (LG München NZM 1998, 329). Letzteres gilt auch bei Vermieterwechsel durch Verkauf gem. §§ 566, 566a BGB. § 565 Abs. 2 BGB verweist auf §§ 566a bis 566e BGB. Festzuhalten ist, dass bei Beendigung des ursprünglichen gewerblichen Zwischenmietverhältnisses entweder der Hauptvermieter (in der Regel der Eigentümer) oder ein neuer Zwischenvermieter in die Rechte und Pflichten aus dem ursprünglichen Zwischenmietvertrag eintritt. Daraus folgt für den Fall, dass der Mieter die Kaution bereits geleistet hat, der neue Vertragspartner, d. h. Vermieter, in die sich daraus ergebenden Rechte und Pflichten eintritt. Der neue Vertragspartner haftet dem Mieter auf Rückzahlung der bereits geleisteten Kaution, ohne dass er einwenden kann, die Kaution sei ihm nicht vom früheren Zwischenvermieter oder danach vom Hauptvermieter ausgehändigt worden (*Kinne/Schach/Bieber,* § 565 Rdn. 10). Der Gesetzgeber hat dieses Ergebnis durch die Schaffung des § 566a BGB durch das Mietrechtsreformgesetz vom 19. 6. 2001 (Inkrafttreten 1. 9. 2001), auf den § 565 Abs. 2 BGB verweist, bestätigt. § 566a BGB macht die Verpflichtung des Erwerbers zur Rückgewähr der Kaution nicht mehr davon abhängig, ob sie ihm auch ausgehändigt wurde oder er, der Erwerber, dem Vermieter gegenüber die Verpflichtung zur Rückgewähr übernommen hat. Konsequent hat daher das HansOLG Hamburg, nach Inkrafttreten des Mietrechtsreformgesetzes entschieden, dass der Zwangsverwalter dem Mieter auch dann die Kaution zurückgewähren muss, wenn der Vermieter die vom Mieter an ihn geleistete Kaution nicht an den Zwangsverwalter abgeführt hat (HansOLG Hamburg ZMR 2002, 194).

**9.** Sollte die **Anzeige durch eine/n RA/RAin** erfolgen, vgl. zum Gebührentatbestand Form. B. II. 1 Anm. 8. Der Gegenstandswert richtet sich nach § 3 ZPO unter Berücksichtigung des § 41 GKG. Bei Mietverhältnissen auf bestimmte Zeit ist die restliche Laufzeit maßgeblich. Bei Mietverhältnissen auf unbestimmte Zeit wird vom dreifachen Jahresmietzins ausgegangen werden können (*Sternel* Mietrecht V Rdn. 85; LG Hamburg MDR 1975, 1023).

## 3. Anzeige des Wegfalls von Eigenbedarf nach ausgesprochener Eigenbedarfskündigung

......

(Vermieter)[1]

an

......

(Mieter)[2]

Postleitzahl, Ort

Betr.: Eigenbedarfskündigung[3] Objekt ......

Sehr geehrte/r Frau/Herr ......

ich nehme Bezug auf oben genannte Kündigung wegen Eigenbedarfs[3] zum ...... In vorbezeichnetem Kündigungsschreiben hatte ich Ihnen die Eigenbedarfsgründe im Einzelnen dargelegt. Diese Kündigungsgründe sind zwischenzeitlich weggefallen,[4] da .......

Ich biete Ihnen hiermit an, das oben genannte Mietverhältnis als ungekündigtes Mietverhältnis zu behandeln und dieses zu unveränderten Konditionen fortzusetzen.[5] Ich möchte Sie bitten, mir auf der beigefügten Zweitschrift dieses Schreibens zum einen den Empfang dieses Schreibens zu bescheinigen und mir bis zum ...... mitzuteilen, ob Sie das Mietverhältnis zu den bisherigen Konditionen fortsetzen wollen oder dieses ablehnen.[6]

......

(Vermieter)

*Schrifttum: Blank,* Der Wegfall des Eigenbedarfs nach Ablauf der Kündigungsfrist, NJW 2006, 739; *Eisenhardt,* Fortfall des Kündigungsgrundes wegen Eigenbedarf, BGHReport 2006, 146; *Häublein,* Alternativwohnungen im Eigenbedarfsrecht-zeitlicher Umfang nachwirkender Vermieterpflichten, NZM 2003, 970; *Kossmann,* Die Kündigung wegen Eigenbedarfs – eine Zwischenbilanz, ZAP Fach 4, 273; *Otto,* Zur Garantenpflicht beim Betrug durch Unterlassen – hier Pflicht zur Aufklärung des Mieters über den nachträglichen Wegfall des Eigenbedarfs, JZ 1987, 628; *Pfeifer,* Risiko – Kündigung trotz fehlenden Eigenbedarfs, GE 1998, 342; *Seier,* Kündigungsbetrug durch Verschweigen des Wegfalls von Eigenbedarf, NJW 1988, 1617; *Timme,* Vermieters Reaktionspflichten nach Wegfall des Eigenbedarfs, NZM 2006, 249.

### Anmerkungen

**1.** Vgl. Form. B. II. 1 Anm. 2.

**2.** Vgl. Form. B. II. 1 Anm. 3.

**3.** Zu den **Voraussetzungen einer Kündigung wegen Eigenbedarfs** vgl. Form. D. III. 4 bis 6.

**4.** Die **Kündigungsgründe,** hier **Eigenbedarf,** müssen grundsätzlich nur zum Zeitpunkt der Kündigungserklärung vorliegen. Nach Auffassung des BGH ist ein Wegfall des Eigenbedarfs nur dann zu berücksichtigen und dem Mieter mitzuteilen, wenn der Eigenbedarf innerhalb der Kündigungsfrist wegfällt (BGH NJW 2006, 220). Nach anderer Auffassung müssen bei einer Kündigung wegen Eigenbedarfs die Kündigungsgründe noch zum Zeitpunkt der letzten mündlichen Verhandlung einer eventuellen Räumungsklage vorliegen, das heißt, auch noch nach Ablauf der Kündigungsfrist. Fallen sie vorher weg, hat der Vermieter dies dem Mieter anzuzeigen (OLG Karlsruhe RE NJW 1982, 54; *Timme* a.a.O.). Dies wird aus § 241 Abs. 2 BGB gefolgert. Will der Mieter die Wohnung freiwillig räumen, besteht die Anzeigepflicht bis zum Zeitpunkt der tatsächlichen Räumung (*Kinne/Schach/Bieber* § 573 Rdn. 28). Die Anzeigepflicht besteht sogar nach Rechtskraft eines eventuell erstrittenen Räumungsurteils weiter. Betreibt der Vermieter das Räumungsverfahren ohne dem Mieter bei Wegfall der Eigenbedarfsgründe die Wohnung anzubieten, kann der Mieter – Kenntnis des Wegfalls der Eigenbedarfsgründe vorausgesetzt, Vollstreckungsgegenklage gemäß § 767 ZPO erheben, da die Zwangsräumung rechtsmissbräuchlich wäre (Schmidt-Futterer/*Blank* § 573 BGB Rdn. 73 ff.). Der **Wegfall der Eigenbedarfsgründe** nach Kündigungsausspruch berührt zwar nicht die Wirksamkeit der bereits ausgesprochenen Kündigung. Eine Weiterverfolgung des Räumungsanspruchs wäre jedoch rechtsmissbräuchlich (OLG Karlsruhe RE NJW 1982, 54; LG Hamburg WuM 2005, 127; anders BGH a.a.O.).

**5.** Bei Wegfall des Eigenbedarfs ist der Vermieter gem. § 242 BGB (Treu und Glauben) verpflichtet, dem Mieter einen Aufhebungsvertrag über die Kündigungswirkungen, das heißt die Fortsetzung des Mietvertrages zu den bisherigen Konditionen, anzubieten. Nimmt der Mieter dieses Angebot an, so ist das Mietverhältnis wie ein ungekündigtes Mietverhältnis zu behandeln. Hat der Mieter aber in der Zwischenzeit andere Dispositionen getroffen, kann er dieses Angebot annehmen oder auch ablehnen. Keinesfalls entfällt jedoch die **Anzeigepflicht** des Vermieters vom Wegfall der Eigenbedarfsgründe, da nicht auszuschließen ist, dass der Mieter es vorzieht, in der bisherigen Wohnung weiterzuwohnen (LG Stuttgart WuM 1991, 41). Die Erklärung des weiteren Nutzungswillens muss nicht ausdrücklich geschehen, sondern kann konkludent, etwa durch tatsäch-liche Fortsetzung des Mietverhältnisses geschehen (Schmidt-Futterer/*Blank* § 573 Rdn. 73 ff.).

**6.** Sollte das Schreiben durch eine/n RA/RAin erfolgen, vgl. zum Gebührentatbestand Form. B. II. 1 Anm. 8. Der Gegenstandswert richtet sich nach § 41 GKG, vgl. hierzu Form. B. VII. 2 Anm. 9.

## 4. Anzeige bezüglich des Vorkaufsrechts des Mieters bei Verkauf einer Wohnung nach Umwandlung in Wohnungseigentum

......

(Vermieter)[1]

an

......

(Mieter)[2]

Betr.: Mietverhältnis ......

hier: Unterrichtung über Vorkaufsrecht[3]

Sehr geehrte/r Frau/Herr ......

wie bereits vorab persönlich besprochen, teile ich Ihnen nunmehr offiziell mit, dass ich das Objekt ...... straße, Ort, in dem auch die von Ihnen angemietete Wohnung[4] liegt, in Wohnungseigentum aufgeteilt habe.

Die einzelnen Wohnungen sind zwischenzeitlich verkauft worden. Als Anlage übersende ich Ihnen die Kopie des vollständigen Kaufvertrages Ihre Wohnung betreffend, vom ......, Urk.Nr.: ......, des Notars ......, mit der Bitte um Kenntnisnahme.[5] Gleichzeitig unterrichte ich Sie hiermit über das Ihnen zustehende gesetzliche Vorkaufsrecht.[6] Sie können Ihr Vorkaufsrecht gegenüber mir schriftlich[7] binnen zwei Monaten[8] nach Erhalt dieses Schreibens ausüben. Eine Veräußerungsbeschränkung ist im Grundbuch nicht eingetragen, das heißt eine Zustimmung des Verwalters oder eines sonstigen Dritten zum Kaufvertrag ist nicht erforderlich.[9] Sollten Sie das Vorkaufsrecht ausüben, so kommt zwischen Ihnen und mir ein Kaufvertrag nach den Konditionen des zur Kenntnis übersandten Kaufvertrages über die im Betreff näher bezeichnete Wohnung zustande.[10, 11]

......

(Vermieter)

*Schrifttum: Brambring,* Das Vorkaufsrecht des Mieters nach § 570 b BGB in der notariellen Praxis, ZAP 1993, 965; *Bundschuh,* Vorkaufsrechte des Mieters – ein rechtlicher Stolperstein, ZMR 2001, 324; *Derleder,* Mietervorkaufsrecht und Eigentümerverwertungsinteresse, NJW 1996, 2817; *Heintz,* Vorkaufsrecht des Mieters, München 1998; *Kandelhard,* Das Vorkaufsrecht des Mieters, ZAP Fach 4, 765 (2002); *Langhein,* Reform des Mietrechts – Ausübung des Mietervorkaufsrechts durch schriftliche Erklärung, ZRP 2000, 473; *Maciejewski,* Das Vorkaufsrecht des Mieters nach Umwandlung gemäß § 570 b BGB. Hinweis für Mieter, MM 1994, 137; *Nies,* Zustimmung des WEG-Verwalters gem. § 12 WEG bei Ausübung des Vorkaufsrechts durch den Mieter einer in Wohnungseigentum umgewandelten Wohnung, NZM 1998, 179; *Schmidt,* Wohnungskauf im Treppenhaus formfrei wirksam?, WE 2001, 66; *Sonnenschein,* Probleme des Mietervorkaufsrechts, JR 2000, 236; *Wirth,* Probleme des Mietervorkaufsrechts nach § 570 b BGB, NZM 1998, 390; *ders.,* Zur Ausübung des Vorkaufsrechts aus § 570 b BGB durch den Mieter, DNotZ 1999, 495.

### Anmerkungen

**1.** Vgl. Form. B. II. 1 Anm. 2.

**2.** Vgl. Form. B. II. 1 Anm. 3. Das **Vorkaufsrecht** entsteht für denjenigen Mieter, während dessen Mietzeit die Voraussetzungen hierfür eingetreten sind. Bei mehreren Mietern steht das Recht allen gemeinschaftlich zu. Das in der Person des Mieters entstandene Vorkaufsrecht geht nach dessem Tod gemäß § 577 IV BGB auf denjenigen über, der in das Mietverhältnis nach § 563 I oder II BGB eintritt. Bei mehreren **Vorkaufsberechtigten** ist darauf zu achten, dass die Mitteilung – am besten separat – an alle Berechtigten erfolgt und zugeht (vgl. zum **Zugang** Form. B. II. 1 Anm. 1).

**3.** Das **Vorkaufsrecht** setzt voraus, dass in nachstehender chronologischer Reihenfolge
- ein wirksamer Mietvertrag besteht und die Wohnung dem Mieter überlassen wurde,
- nach Überlassung an der Wohnung Wohnungseigentum begründet wurde oder werden soll und
- die Wohnung an einen Dritten verkauft ist.

Nur bei dieser chronologischen Reihenfolge hat der Mieter ein Vorkaufsrecht. Liegen diese Voraussetzungen vor, besteht gem. § 577 BGB die Mitteilungspflicht des Verkäufers.

**4.** Das Vorkaufsrecht gilt nur für Wohnungen. Bei Mischmietverhältnissen kommt es für die Frage, ob ein Wohnraummietverhältnis vorliegt, auf den Schwerpunkt des Vertragsverhältnisses an. Nach einer Entscheidung des BGH gilt § 577 BGB analog auch bei einer Realteilung eines mit einem Einfamilienhaus bebauten Grundstückes zugunsten der Mieter (BGH NJW 2008, 2257).

**5.** Gemäß § 577 Abs. 2 BGB hat der Verkäufer oder ein Dritter den Vorkaufsberechtigten über den **Inhalt des Kaufvertrages** und über das **Vorkaufsrecht** zu unterrichten. Hierfür genügt es nicht, wenn dem Mieter lediglich die Tatsache des Verkaufs und der Kaufpreis mitgeteilt werden. Erforderlich ist, dass der Mieter über den kompletten Kaufvertragsinhalt informiert wird. Dies erfordert in der Regel die Übersendung einer vollständigen Kopie des Kaufvertrages. Diese Mitteilung ist zwar als so genannte Willenserklärung formlos möglich (BGH LM § 510 Nr. 3) und auch an keine Frist gebunden. Aus Beweisgründen sollte jedoch eine schriftliche Information nebst Zugangsnachweis an alle Vorkaufsberechtigten erfolgen. Der Mieter ist so umfassend zu informieren, dass die Entscheidung, ob er sein Vorkaufsrecht ausüben will, innerhalb der Frist von zwei Monaten möglich ist (BGH NZM 2006, 796).

**6.** Gemäß § 577 Abs. 2 BGB ist die Mitteilung über den Kaufvertrag „mit einer Unterrichtung des Mieters über sein Vorkaufsrecht zu verbinden". Aus der Formulierung „zu verbinden" ist nicht zu schließen, dass die Mitteilung über den Kaufvertragsinhalt und die Unterrichtung über das Vorkaufsrecht zwingend in einem Schreiben enthalten sein müssen. Ausreichend ist hingegen, wenn ein gewisser zeitlicher Zusammenhang besteht (Staudinger/*Rolfs* § 577 Rdn. 41 ff.). Die Frist, innerhalb derer sich der Mieter erklären muss, läuft jedoch erst, wenn beide Informationsbestandteile vorliegen.

**7.** Gemäß § 577 Abs. 3 BGB erfolgt die **Ausübung des Vorkaufsrechts** nunmehr durch **schriftliche Erklärung** des Mieters gegenüber dem Verkäufer. Die notarielle Beurkundung hat der Gesetzgeber nicht für erforderlich gehalten, obwohl sie vom Bundesrat, von Sachverständigen und auch vom Deutschen Mieterbund gefordert wurde. Die Entscheidung des BGH (NZM 2000, 858), wonach die Ausübung des gesetzlichen Vorkaufsrechts nach § 570b BGB a. F. nicht der notariellen Beurkundung bedurfte, hat der Gesetzgeber in § 577 Abs. 3 BGB eingearbeitet.

**8.** Nach § 510 Abs. 2 BGB a. F. kann das Vorkaufsrecht nur bis zum Ablauf von zwei Monaten nach Erhalt der Mitteilung ausgeübt werden. Genügt die Mitteilung nicht den Voraussetzungen des § 577 BGB, beginnt die Zweimonatsfrist nicht zu laufen (*Sternel*, Mietrecht aktuell, Rdn. A 63). Der Mieter ist also so umfassend zu informieren, dass die Entscheidung, ob er sein Vorkaufsrecht ausüben will, innerhalb der Frist von zwei Monaten möglich ist (BGH NZM 2006, 796).

**9.** Für den Fall, dass im Grundbuch eine **Veräußerungsbeschränkung** eingetragen ist, ist § 12 WEG zu beachten. Danach kann vereinbart werden, dass ein Wohnungseigentümer zur Veräußerung seines Wohnungseigentums der Zustimmung anderer Wohnungseigentümer oder eines Dritten, z.B. des WEG-Verwalters, bedarf. Besteht eine derartige Vereinbarung, so ist der Kaufvertrag solange unwirksam, bis die erforderliche Zustimmung erteilt ist. Ist im Grundbuch eine Veräußerungsbeschränkung eingetragen, soll der Mieter auf diesen Gesichtspunkt ausdrücklich hingewiesen werden (Schmidt-Futterer/ *Blank* § 577 Rdn. 36 ff.).

**10.** Da teilweise die Auffassung vertreten wird, dass der Mieter auch über die **Rechtsfolgen der Ausübung des Vorkaufsrechts belehrt** werden muss (*Schilling*, Neues Mietrecht, S. 94), sollte die Anzeige auch diese **Belehrung** enthalten.

**11.** Sollte das Schreiben durch eine/n RA/RAin erfolgen, vgl. zum Gebührentatbestand Form. B. II. 1 Anm. 8. Der Gegenstandswert dürfte nach § 3 ZPO zu bestimmen sein; der Wert kann unter oder über der Hälfte des Verkehrswertes des Vorkaufsobjektes liegen.

## 5. Anzeige, dass von erteilter Einzugsermächtigung kein Gebrauch mehr gemacht wird[1]

......

(Vermieter)

an

......

(Mieter)[2]

Betr.: Mietverhältnis ......

hier: Einzugsermächtigung[3]

Sehr geehrte/r Frau/Herr ......

Gemäß § ...... des zwischen uns bestehenden Mietvertrages[4] vom 1. 3. 2010 bin ich befugt, die monatliche Miete – zur Zeit 860,– EUR monatlich – bis auf Widerruf[5] per Lastschrift von Ihrem Konto einzuziehen. Bislang wurde auch so verfahren. Nunmehr sind die letzten drei Lastschriften für die Miete der Monate ...... aufgrund mangelnder Deckung auf Ihrem Konto zurückgekommen. Ich teile Ihnen hiermit ausdrücklich mit, dass ich per sofort von der erteilten Einzugsermächtigung keinen Gebrauch mehr machen werde.[6] Ich fordere Sie auf, für den rechtzeitigen Zahlungseingang der Miete nunmehr selber Sorge zu tragen.

Ich bitte Sie, den Erhalt dieser Mitteilung auf der anliegenden Zweitschrift zu bestätigen und an mich zurückzusenden.[7]

......

(Vermieter)

*Schrifttum: Ganther,* Wohnraummietverträge in der Klauselkontrolle, NZM 2002, 719; *Heide,* Probleme und Möglichkeiten des Lastschrifteneinzugsverfahren, GE 2004, 223; *Manthey,* Hausgeld- und Mieteinzüge im Einzugsermächtigungsverfahren – zugleich Besprechung des BGH-Urteils vom 6. 6. 2000 (ZMR 2001, 171 ff.) – ZMR 2002, 174; *ders.,* Miet- und Hausgeldeinzüge im Einzugsermächtigungsverfahren – Auswirkungen der Änderungen der Allgemeinen Geschäftsbedingungen der Banken zum 1. 4. 2002, ZMR 2002, 338; *Ruff*, Das Lastschriftverfahren im Miet- und Wohnungseigentumsrecht, DWW 2003, 252.

## Anmerkungen

**1.** Vgl. Form. B. VII. 1 Anm. 1.

**2.** Vgl. Form. B. II. 1 Anm. 3.

**3.** Oft verlangen Vermieter im Wege des bargeldlosen Zahlungsverkehrs von den Mietern, dass diese für die Mieten und Vorauszahlungen auf Heiz- und Betriebskosten eine Einzugsermächtigung erteilen. Grundsätzlich kann der Vermieter dies nur verlangen, wenn dies mietvertraglich geregelt ist (LG Braunschweig WuM 1979, 118; LG München I WuM 1979, 143; a. A. LG Siegen WuM 1976, 73).

**4.** Es ist zulässig, die Verpflichtung zur Erteilung einer Einzugsermächtigung formularmäßig zu vereinbaren, soweit es sich um regelmäßige und der Höhe nach vorsehbare Beträge handelt (BGH WuM 1996, 205; LG Köln NZM 2002, 780). Hierdurch wird der Mieter auch nicht unangemessen benachteiligt.

**5.** Nach der hier gewählten Vertragsformulierung kann der Mieter die Einzugsermächtigung jederzeit widerrufen. Ist ein Widerrufsrecht vertraglich nicht nicht vereinbart, ist gleichwohl ein Widerruf aus wichtigem Grund möglich. So liegt ein Widerrufsgrund vor, wenn der Mieter eine Mietminderung geltend macht, und der Vermieter trotzdem die volle Miete einzieht (LG Köln WuM 1990, 389; AG Wedding GE 1995, 1139). Eine formularmietvertragliche, unwiderrufliche Ermächtigung des Vermieters zum Lastschrifteneinzug soll wirksam sein (LG Köln WuM 1990, 380), da dem Mieter im Hinblick auf seinen Girovertrag mit der Bank gleichwohl eine Widerrufsmöglichkeit bezüglich der einzelnen Buchung zusteht. Das AG Hamburg hält eine formularmietvertragliche unwiderrufliche Ermächtigung zum Lastschrifteinzug für unwirksam (WuM 1996, 400).

**6.** Eine derartige Anzeige, dass von der erteilten Einzugsermächtigung kein Gebrauch mehr gemacht wird, ist dem Vermieter sehr zu empfehlen; insbesondere dann, wenn das Konto des Mieters keine Deckung mehr aufweist und zu befürchten ist, dass das Mietverhältnis ggfs. wegen Zahlungsverzugs gekündigt werden muss. In der Rechtsprechung wird teilweise die Auffassung vertreten, dass der Mieter bei Unterlassen der Anzeige, dass von der Einzugsermächtigung kein Gebrauch mehr gemacht wird, der Mieter mit der Mietzahlung nicht schuldhaft in Verzug geraten ist, mit der Folge, dass die auf Kündigung wegen schuldhaftem Zahlungsverzug gestützte Zahlungs- und Räumungsklage abgewiesen wird (AG Bonn WuM 1995, 484; AG Bergheim WuM 1992, 478; OLG Stuttgart, BeckRS 2008, 14.159; KG BeckRS 2008, 12.459; AG Fulda WuM 2010, 242; a. A. AG Hamburg Beschl. v. 19. 5. 2006, 49 C 37/06 – n. v.)

**7.** Vgl. Form. B. VII. 1 Anm. 5.

# VIII. Laufende Schönheitsreparaturen[1]

......

(Rechtsanwalt)

an

......

(Mieter)

Betr.: Mietverhältnis über die Wohnung ......

Sehr geehrte(r) ......

unter Überreichung auf uns ausgestellter Vollmacht zeigen wir an, dass wir die Interessen Ihrer Vermieter vertreten. Das vorliegende Schreiben geht Ihnen per Boten zu.[2]

Nach der Ankündigung unserer Mandanten vom ...... erfolgte am ...... die Besichtigung der von Ihnen gemieteten Räumlichkeiten. An dem Termin haben Sie selbst teilgenommen. Hierbei konnte festgestellt werden, dass Sie während der Dauer der bisherigen knapp sechsjährigen Mietzeit keine Schönheitsreparaturen durchgeführt haben.[3] Die gemäß § 9 des Mietvertrages vereinbarten Fristen sind zwischenzeitlich – mit Ausnahme der Nebenräume – abgelaufen.[4] Selbst wenn berücksichtigt wird, dass die Wohnung seinerzeit an Sie unrenoviert vermietet wurde,[5] sind die Schönheitsreparaturen unter Berücksichtigung des Wohnungszustandes fällig.[6] Sie sind daher verpflichtet in der Küche, im Wohn- und Schlafzimmer und im Kinderzimmer die Raufasertapete an den Wänden sowie die Decken zu streichen.[7] Eine Renovierung der Nebenräume wird nicht verlangt.[8] Die Wände und Decken sind – im Wohnbereich – von Nikotin verfärbt. Im Übrigen sind sämtliche Wände stark verschmutzt und insbesondere im Kinderzimmer abgenutzt. Im Kinderzimmer löst sich in dem Bereich unterhalb der Fensterbank die Tapete. Die Fußleisten in sämtlichen Räumen weisen Stoßstellen auf und sind – im Kinderzimmer – an einigen Stellen verfärbt. Die Fußleisten sind daher neu zu lackieren. Der Lack auf den Heizkörpern im Kinder- und Wohnzimmer ist abgeplatzt und auszubessern.

In den übrigen Räumen hat sich auf den Heizungsrohren starker Schmutz abgelagert, der möglicherweise mit Putzmitteln nicht mehr zu beseitigen ist. Sie sind daher auch verpflichtet, die Heizungsrohre zu reinigen und ggf. wenn erforderlich zu lackieren.[9] Namens unserer Mandanten haben wir Sie aufzufordern, die vorstehend aufgeführten Arbeiten bis zum ...... auszuführen bzw. durch geeignete Fachkräfte ausführen zu lassen.[10] Wir weisen darauf hin, dass unsere Mandanten nach Ablauf der Frist gerichtliche Hilfe in Anspruch nehmen werden.[11]

......

(Rechtsanwalt)

*Schrifttum: Beyer*, Zur Transparenz von Klauseln und Farben: Drei aktuelle BGH-Urteile zu mietrechtlichen Renovierungsklauseln „erhellen" AGB-Leitlinien, NZM 2009, 137; *Bub/von der Osten*, Abgeltungsklauseln und „starre" Fristen, NZM 2007, 76; *Both*, Die Abwälzung der Schönheitsreparaturen in der höchstrichterlichen Zerreißprobe, WuM 2007, 3; *Fritz*, Gewerberaummietrecht,

4. Aufl. 2005; *Langenberg*, Schönheitsreparaturen, Instandsetzung und Rückbau 3. Aufl. 2008; *Paschke*, Vorsicht Falle: Die Haftung des Vermieters bei unwirksamen Schönheitsreparaturklauseln, GE 2010, 30.

## Anmerkungen

**1.** Gemäß § 538 BGB hat der Mieter Veränderungen oder Verschlechterungen der Mietsache, die durch den vertragsgemäßen Gebrauch herbeigeführt werden, nicht zu vertreten. Schönheitsreparaturen sind daher grundsätzlich Sache des Vermieters. Die Kosten, die auf die Schönheitsreparaturen entfallen, sind nach der gesetzlichen Definition in der Miete enthalten. In der Regel wird die Verpflichtung zur Durchführung der Schönheitsreparaturen jedoch auf den Mieter übertragen, wobei hierfür stets eine klare und eindeutige Vereinbarung notwendig ist. Die Abwälzung der Schönheitsreparaturen auf den Mieter entspricht heute einer Verkehrssitte (BGH NJW 1985, 480). Dies gilt auch, sofern die Pflicht auf den Mieter formularmäßig übertragen wird (BGH NZM 2004, 903). Der BGH lässt bereits die Klausel „die Kosten der Schönheitsreparaturen trägt der Mieter" als wirksame Übertragung der Schönheitsreparaturenpflicht auf den Mieter genügen (BGH NZM 2004, 734 mit Anm. *Langenberg* NZM 2005, 51, 55), wobei Inhalt und Umfang der Renovierungsverpflichtung durch Auslegung des Mietvertrages bestimmt werden muss.

Die Vereinbarung ist zunächst sorgfältig dahingehend zu prüfen, ob eine Regelung hinsichtlich der Anfangsrenovierung (d. h. Renovierung zu Beginn des Mietverhältnisses), der laufenden Schönheitsreparaturen und/oder der Endrenovierung getroffen (Renovierung bei Mietende) worden ist. Weiter ist zu unterschieden, ob eine individuelle Vereinbarung oder eine formularmäßige Abwälzung auf den Mieter erfolgt ist und ob die getroffene Regelung Gewerberaum oder Wohnraum betrifft. Je nach Fallkonstellation ist die getroffene Vereinbarung auf ihre Wirksamkeit hin zu überprüfen.

Zur Definition des **Umfangs der Schönheitsreparaturen** wird weiter **§ 28 Abs. 4 S. 4 II. BV** herangezogen. Auch die Reform des Mietrechts hat keine gesetzliche Regelung bezüglich der Schönheitsreparaturen gebracht (vgl. zu den Überlegungen und Definitionsversuchen NZM 2001, 21 ff.). Unter den Begriff der Schönheitsreparaturen fällt somit das Tapezieren, Anstreichen oder Kalken der Wände und Decken, das Streichen der Fußböden, der Heizkörper einschließlich der Heizrohre, der Innentüren sowie der Fenster und Außentüren von innen. Die dortige Aufzählung dient als Auslegungsrichtlinie. Da die Fußböden zwischenzeitlich in der Regel mit Teppichboden ausgelegt sind, ist nach allgemeiner Ansicht an die Stelle des Streichens die Reinigung des vermieterseits eingebrachten Teppichbodens getreten. Individualvertraglich kann bei preisfreiem Wohnraum – bei preisgebundenem Wohnraum dürfen dem Mieter über die in § 28 Abs. 4 S. 4 II. Berechnungsverordnung aufgeführten Arbeiten weitere Leistungen nicht auferlegt werden – der Renovierungsumfang auf bestimmte Räumlichkeiten erweitert oder beschränkt werden; auch die Art der Renovierung kann individuell geregelt werden (z. B. Farbe oder Tapetenart). Während des Mietverhältnisses ist der Vermieter dagegen nicht berechtigt, dem Mieter Vorgaben hinsichtlich der Farbauswahl zu machen. Derartige Formularklauseln sind unwirksam (BGH NZM 2008, 605).

**Umfang** und **Qualität** der Schönheitsreparaturen können formularvertraglich erweitert oder eingeschränkt werden, wobei jeweils die **Inhaltskontrolle nach § 307 BGB** zu beachten ist. Wird daher dem Mieter ein Übermaß an Renovierungsleistungen auferlegt, das über die gesetzliche Regelung des § 535 Abs. 1 S. 2 BGB hinausgeht, so kann eine unangemessene Benachteiligung gegeben sein. Unwirksam sind bspw. Formularklauseln, die den Außenanstrich von Fenstern, Balkontür und Loggia (BGH NZM 2009, 353) sowie Terrassen (LG Berlin GE 2001, 1674) vorsehen.

Auch für **Gewerberaum** ergibt sich der Umfang der Schönheitsreparaturen grundsätzlich aus § 28 Abs. 4 S. 4 II. BV, wobei zusätzliche Arbeiten vereinbart werden können (z. B. Ersatz eines abgenutzten Teppichbodens, Abschleifen eines Parkettbodens). Allerdings bestehen beim **Umfang** der Schönheitsreparaturen unterschiedliche Auffassungen darüber, ob die Erneuerung von Bodenbelägen, insbesondere von Teppichböden, noch zu den Schönheitsreparaturen gezählt werden kann. Nach einer Entscheidung des OLG Düsseldorf soll der Mieter im Rahmen der Übernahme der Schönheitsreparaturen verpflichtet sein, den Teppichboden zu erneuern (OLG Düsseldorf WuM 1989, 508). Insoweit gehöre die Erneuerung des durch Abnutzung unbrauchbar gewordenen Teppichbodens zu den Schönheitsreparaturen. Mit der überwiegenden Auffassung in Rechtsprechung und Schrifttum ist diese Ausweitung des Schönheitsreparaturbegriffes abzulehnen (OLG Stuttgart NJW-RR 1995, 1101; LG Kiel WuM 1998, 215; *Fritz* Rdn. 22). Bei der Erneuerung des Bodenbelags handelt es sich nicht um die malermäßige Bearbeitung von Dekorationsmängeln. Vielmehr zählen derartige Arbeiten regelmäßig zu den Instandsetzungsmaßnahmen. Anders als in der Wohnraummiete können die Vertragsparteien von Gewerberaum die Erneuerung von verschlissenen Bodenbelägen aber explizit durch Formularklausel auf den Mieter übertragen, soweit der Mieter nicht für solche Schäden haften muss, die von Dritten verursacht worden sind. Insoweit beruht die Abnutzung von Bodenbelägen im Inneren des Mietobjektes regelmäßig auf dem üblichen Gebrauch der Mietsache (Hannemann/Wiegner/*Over*, § 58 Rdn. 10).

**2.** Der **Zugang** des Aufforderungsschreibens sollte sichergestellt werden, um diesen in einem separaten Prozess gegebenenfalls beweisen zu können (siehe Form. B. I. 1 Anm. 1).

**3.** Dem Vermieter steht ein **Besichtigungsrecht** auch ohne mietvertragliche Regelung jedenfalls dann zu, wenn dieses zur Wahrung seiner Rechte oder zur Erfüllung seiner Pflichten als Vermieter benötigt wird (Schmidt-Futterer/*Eisenschmid* § 535 Rdn. 181; a. A. OLG München NJW-RR 1989, 1499). Der Vermieter muss die Räume u. a. besichtigen können, wenn er sich nach Ablauf der vereinbarten Renovierungsfristen von dem Zustand der Wohnung ein Bild machen will. Ohne ein Besichtigungsrecht könnte der Vermieter sich ansonsten von dem vertragsgemäßen Zustand des Mietobjekts nicht überzeugen. Der Vermieter muss seine Absicht unter Benennung der Gründe rechtzeitig – mindestens eine Woche vorher (MünchKommBGB/*Häublein* § 535 Rdn. 137) – dem Mieter ankündigen. Grundsätzlich ist das Besichtigungsrecht werktags zur angemessenen Tageszeit (zwischen 10.00 bis 13.00 Uhr und 15.00 bis 18.00 Uhr) auszuüben.

Oftmals sind in den Mietverträgen **Besichtigungsklauseln** enthalten, die zwar grundsätzlich zulässig sind. Eine **Formularvereinbarung,** die dem Vermieter jederzeit Zutritt zur Wohnung gewährt, ist wegen Verstoßes gegen Art. 13 GG i. V. m. § 307 BGB unwirksam (Schmidt-Futterer/*Eisenschmid* § 535 Rdn. 187). Höchstens alle zwei Jahre oder bei begründeten Anlässen wird im Allgemeinen ein Besichtigungsrecht des Vermieters bejaht. Es empfiehlt sich unbedingt Absprachen mit dem Mieter zu treffen (und aus Sicht des Vermieters wenn eben möglich eine Konfrontation zu vermeiden), da ansonsten das Besichtigungsrecht zeit- und kostenaufwendig vor dem Zivilgericht durchgesetzt werden muss. Der Anspruch des Vermieters auf Besichtigung der vermieteten Wohnung kann nur ausnahmsweise im Wege einer einstweiligen Verfügung geregelt werden, wenn der Vermieter so dringend auf die Besichtigung angewiesen ist, dass die Erwirkung eines Titels im ordentlichen Verfahren nicht möglich ist (LG Duisburg NJW-RR 2007, 85). Der Vermieter darf zu dem Besichtigungstermin sachkundige Personen mitbringen, die ggf. verlässlich für den Vermieter beurteilen können, ob eine Verpflichtung des Mieters anzunehmen ist oder ob der Vermieter zur Durchführung von Maßnahmen aufgrund der ihn treffenden Instandhaltungspflicht verpflichtet ist.

**4.** Nach dem vom BGH (WM 1987, 300 ff.) aufgestellten Grundsatz stellt die vom Mieter übernommene Renovierungsverpflichtung rechtlich und wirtschaftlich einen Teil des von ihm für die Gebrauchsüberlassung der Räume zu leistenden Entgelts dar. Der Mieter zahlt somit mit der Miete die Schönheitsreparaturen nicht abschlagsweise im Voraus, vielmehr zahlt der Mieter durch die vertragliche Übernahme der Schönheitsreparaturen eine verminderte Miete.

Die **Fälligkeit** der Schönheitsreparaturen richtet sich nach den vertraglichen Vereinbarungen. Es ist daher zunächst zu prüfen, ob eine wirksame Renovierungsverpflichtung vereinbart worden ist. Ohne vertragliche Vereinbarung gehört die Durchführung der Schönheitsreparaturen zur Erhaltungspflicht des Vermieters, so dass der Mieter die Renovierung nicht ausführen muss. Dies gilt auch im gewerblichen Mietverhältnis. Wenn eine individuelle Vereinbarung getroffen wurde (z. B. soll der Mieter bei Mietende nur die Tapete abreißen), ist diese maßgeblich.

Die formularmäßige Abwälzung der laufenden Schönheitsreparaturen auf den Mieter ist grundsätzlich zulässig (OLG Karlsruhe NJW-RR 1992, 969). Allerdings ist bei der Verwendung der Formulare stets sorgfältig zu verfahren. Sehr häufig ist anzukreuzen, ob die Durchführung der Renovierungsarbeiten Sache des Mieters oder des Vermieters sein soll. Wird dieser Punkt offen gelassen, wird eine Verpflichtung des Mieters nicht begründet (LG Koblenz ZMR 2001, 622 m. Anm. *Windisch*).

Oftmals ist ein Fristenplan zwischen den Mietparteien vereinbart, der folgende Renovierungsfristen vorsieht: Alle 3 Jahre für Küche, Bad und Dusche; alle 5 Jahre für Wohnzimmer, Schlafzimmer, Flur, Diele und Toilette; alle 7 Jahre für sonstige Nebenräume. Es ist besonderes Augenmerk auf die Prüfung zu legen, ob ein „starrer" oder ein „weicher" Fristenplan vereinbart worden ist. Ein starrer Fristenplan führt zu der Unwirksamkeit der Renovierungsklausel (BGH NJW 2004, 2586), sodass eine Renovierungsverpflichtung des Mieters nicht besteht (vgl. die weiteren Einzelheiten unter Form. F. II. 2.) Wenn der Mietvertrag keine Renovierungsfristen enthält, müssen Inhalt und Umfang der Schönheitsreparaturverpflichtung durch Auslegung des Vertrages bestimmt werden. Diese Auslegung kann ergeben, dass die gängigen Regelfristen von 3, 5 und 7 Jahren maßgeblich sind. Die Fristen basieren zwar immer noch auf dem Mustervertrag aus dem Jahr 1976, werden aber heute noch als angemessene Erfahrungswerte herangezogen (BGH NJW 1985, 480). Zu kurze Renovierungsfristen begründen ebenfalls die Gesamtunwirksamkeit der Renovierungsklausel. Dies gilt auch, wenn die Klausel als beweglich ausgestaltet ist (LG Hamburg WuM 1992, 476; *Heinrichs* NZM 2005, 207). Die geltungserhaltende Reduktion oder ergänzende Vertragsauslegung ist nicht zulässig. Ein formularmäßiges Renovierungsintervall von 4 Jahren für das Streichen der Fenster, Türen, Heizkörper, Versorgungs- und Abflussleitungen sowie der Einbaumöbel in Küche und Bädern benachteiligt den Mieter nicht unangemessen (BGH NZM 2005, 299).

Sind die Fristen bei einem vereinbarten Fristenplan noch nicht abgelaufen, besteht für die entsprechenden Räumlichkeiten keine Renovierungsverpflichtung (OLG Karlsruhe NJW 1982, 2829, 2830).

Bei dem Fristenplan darf es sich nicht um starre Fristen handeln, d. h. durch den Ablauf der Frist darf nicht automatisch eine Renovierungspflicht begründet werden (*Langenberg* 1 C Rdn. 189 ff. m. w. N.). Die Fristen dürfen vielmehr nur als **Richtlinien oder Erfahrungswerte** dienen. Auch nach Ablauf der Regelfrist ist somit im Einzelnen zu der Renovierungsbedürftigkeit vorzutragen, wobei jedoch nach Ablauf der Frist nach allgemeiner Lebenserfahrung von einem Renovierungsbedarf ausgegangen werden kann (LG Berlin ZMR 2001, 891). Der Fristablauf hat mithin eine Indizfunktion für die Renovierungsbedürftigkeit. Allein aus diesem Grund ist m. E. ein Besichtigungsrecht des Vermieters zwingend zu bejahen, da andernfalls der Mieter kaum wirksam zu der Durchführung der Renovierungsarbeiten aufgefordert werden kann. **Wirksam** sind Formulierungen, in denen Fristen als Richtlinien („üblicherweise werden Schönheitsreparaturen in folgenden Zeitabständen erforderlich:") formuliert sind (vgl. ansonsten zu der BGH Rechtsprechung zu den starren Fristen Form. F. II. 2).

Auf **Gewerbemietverhältnisse** sind diese Grundsätze entsprechend anzuwenden. Der XII. Senat hat mit seinem Urteil vom 8. 10. 2008 entschieden, dass starre Fristenpläne auch im Gewerberaum eine unangemessene Benachteiligung des Mieters darstellen und damit unwirksam sind (BGH NZM 2008, 890). Damit sind entgegen der überwiegenden Auffassung in der Literatur starre Fristenpläne regelmäßig unwirksam (*Langenberg* 1 C Rdn. 148; MünchKommBGB/*Häublein* § 535 Rdn. 120) und zwar aus den gleichen Gründen wie in der Wohnraummiete. Gleiches gilt für Klauseln, die zu kurze Fristen vorsehen.

Formularklauseln, die neben der Durchführung der laufenden Schönheitsreparaturen dem Mieter auch eine Anfangsrenovierung oder Endrenovierung auferlegen, sind wegen unangemessener Benachteiligung unwirksam (BGH NZM 2003, 594; NZM 2003, 755). Derartige Klauselkombinationen beinhalten einen unzulässigen **Summierungseffekt.** Dieser unzulässige Summierungseffekt hat zur Folge, dass nach h.M. beide Klauseln unwirksam sind, wobei diese Rechtsfolge sowohl bei jeweils für sich genommen unbedenklichen Klauseln wie auch beim Zusammentreffen einer wirksamen und einer unwirksamen Klausel eintritt (BGH NZM 2003, 594; NZM 2003, 755; Schmidt-Futterer/*Langenberg* § 538 Rdn. 132).

Soweit die Formularklausel zu kurze Fristen vorsieht, gelten nach allgemeiner Ansicht auch nicht die üblichen Regelfristen, vielmehr ist die Abwälzung der Schönheitsreparaturen insgesamt unwirksam, so dass eine Renovierungspflicht des Mieters nicht besteht (LG Hamburg WuM 1992, 476 für Fristenpläne von 3 Jahren; LG Köln WuM 1989, 70, 506 für Fristenpläne von 2 und 4 Jahren; LG Berlin NZM 1999, 954 für Fristenplan: Nassräume 2 Jahre, Wohnräume, Diele und Toiletten 3 Jahren und Nebenräume 5 Jahre; LG Berlin WuM 2002, 668 für Fristenpläne von 2 und 3 Jahren).

Ist die Renovierungsklausel dagegen unwirksam, ist der Vermieter nicht berechtigt, den Mieter zur Renovierung aufzufordern. Anderenfalls macht er sich schadensersatzpflichtig (BGH NZM 2009, 541). Der Vermieter ist vielmehr verpflichtet, den Mieter spätestens bei Beendigung des Mietverhältnisses **auf die Unwirksamkeit der Klausel hinzuweisen bzw. aufzuklären** (*Paschke* GE 2010, 30, 33). Im Übrigen schuldet der Vermieter dem Mieter Wertersatz nach § 818 Abs. 2 BGB, wenn der Mieter aufgrund einer unerkannt unwirksamen Endrenovierungsklausel Schönheitsreparaturen in der Wohnung durchführt (BGH NZM 2009, 541; *Paschke* GE 2010, 30, 32). Dieser Wertersatz bemisst sich üblicherweise nur nach dem, was der Mieter billigerweise neben einem Einsatz an freier Zeit als Kosten für das notwendige Material sowie als Vergütung für die Arbeitsleistung seiner Helfer aus dem Verwandten- und Bekanntenkreis aufgewendet hat oder hätte aufwenden müssen.

**5.** Unproblematisch ist die Rechtslage, wenn der Mieter eine renovierte Wohnung zu Mietbeginn erhalten hat. Problematisch sind die Fälle, wenn dem Mieter eine unrenovierte Wohnung zu Beginn der Mietzeit übergeben wurde. Die Vereinbarung von Fristen wird dann für wirksam gehalten, wenn die Renovierungsfristen mit dem Anfang des Mietverhältnisses erst zu laufen beginnen (BGH NJW 1987, 2575; LG Berlin GE 1988, 199). Die Wirksamkeit wird damit begründet, dass die Pflichten des Mieters in diesem Fall dem „Normalfall" entsprechen, in dem eine frisch renovierte Wohnung übernommen worden ist. Hieran ändert sich auch nichts, wenn der Mieter freiwillig eine Anfangsrenovierung vornimmt. Die Problematik, dass sich nach Ablauf der Fristen der Renovierungsaufwand wegen des Zustandes der Mietsache zu Mietbeginn erhöht (z. B. kann eine Tapete nicht mehr überstrichen werden), ist in der Weise zu lösen, dass der Mieter zur Tragung des Mehraufwandes nur nach dem Verhältnis seiner Mietzeit zur gesamten Abnutzungsdauer verpflichtet wird (BGH WuM 1988, 294).

Dies gilt auch dann, wenn der Anspruch des Mieters auf eine Anfangsrenovierung durch den Vermieter vertraglich ausgeschlossen ist (BGH ZMR 2005, 109).

**6.** Fehlt ein Fristenplan für die Durchführung von Renovierungsarbeiten, wird der entsprechende Anspruch des Vermieters fällig, wenn objektiv ein Renovierungsbedarf besteht, und zwar unabhängig davon, ob die Mietwohnung bereits in ihrer Substanz gefährdet ist (BGH NZM 2005, 450). Dieser ist gegeben, wenn das Aussehen der Wände, Decken, Fußböden, Fenster und Türen durch den normalen Wohnungsgebrauch erheblich beeinträchtigt worden ist. Nicht erforderlich ist das Vorliegen einer Substanzgefährdung der Mietsache. In der Regel werden ein **Fristenplan** bzw. bestimmte Renovierungsfristen vertraglich vereinbart, die sich an den Renovierungsfristen des § 7 Abs. 3 des Mustermietvertrages 1976 orientieren, wobei diese auch gelten, sofern der Mietvertrag einen solchen Fristenplan nicht enthält (BGH WuM 1985; 46; WuM 1987, 306). Zu beachten ist jedoch, dass ein solcher Fristenplan in der Regel eine **bloße Richtlinie** für einen voraussichtlichen Renovierungsbedarf darstellt und deshalb eine Verkürzung oder Verlängerung der Renovierungsfristen je nach dem Zustand der Räume nicht ausschließt (*Langenberg* 1 E Rdn. 289).

Zu kurze Renovierungsfristen im Formularvertrag führen jedoch insgesamt zur Unwirksamkeit der Renovierungsverpflichtung.

Mit dem Ablauf der vereinbarten Fristen sprechen sowohl die allgemeine Lebenserfahrung (LG Berlin GE 1993, 1099) wie auch eine Vermutung (LG Berlin GE 1996, 473) für den Renovierungsbedarf. Der **Fristablauf** hat mithin eine **Indizfunktion** für die Renovierungsbedürftigkeit (Schmidt-Futterer/*Langenberg* § 538 Rdn. 222). Beruft sich der Mieter darauf, dass trotz Fristablauf auf Grund pfleglicher Behandlung oder nur gelegentlicher Nutzung der Mietsache eine Renovierungsbedürftigkeit nicht vorliegt, so trägt er hierfür die Beweislast. Andererseits ist der Vermieter dafür beweispflichtig, dass bereits vor Ablauf der Fristen auf Grund übermäßiger Abnutzung die Durchführung von Schönheitsreparaturen erforderlich ist (*Langenberg* 4 B Rdn. 46).

Die **Beweislast** für die Erfüllung seiner Renovierungsverpflichtung hat der Mieter, und zwar im Streitfall auch für den Zeitpunkt ihrer letztmaligen Durchführung (BGH NZM 1998, 710).

Zu dem **Zustand der Wohnung** empfiehlt es sich, substantiiert vorzutragen. Man sollte sich daher zuvor ein Bild von dem Wohnungszustand machen. Dies kann durch einen **Ortstermin** geschehen oder durch Überlassung von **Fotos.** Dem Einwand mangelnder Substantiierung kann beispielsweise auch durch die Überlassung zusätzlicher Fotos entgegnet werden (vgl. z.B. KG Berlin GE 1995, 1011, wo die Formulierung „Die Renovierung der Räume einschließlich Fenster, Türen und Boden und Anstrich der Heizkörper und Rohre" als ausreichend angesehen worden war, da der Vermieter 25 Fotografien mit übersandt hatte).

**7.** Der Vermieter ist auch nicht berechtigt, dem Mieter während des Mietverhältnisses vorzuschreiben, in welchen Farben die Decken und Wände zu streichen sind. Grundsätzlich hat der Mieter während des Mietverhältnisses die Wahl, in welchen Farbtönen er streicht. Eine formularvertragliche Klausel, die den Mieter dazu verpflichtet, die auf ihn abgewälzten Schönheitsreparaturen in „neutralen, hellen, deckenden Farben und Tapeten auszuführen", ist wegen unangemessener Benachteiligung des Mieters unwirksam, wenn sie nicht auf den Zustand der Wohnung im Zeitpunkt der Rückgabe der Mietsache beschränkt ist, sondern auch für Schönheitsreparaturen gilt, die der Mieter im Laufe des Mietverhältnisses vorzunehmen hat (BGH NZM 2008, 605).

**8.** Im **Beispielsfall** ist eine Renovierung der **Nebenräume** nicht geschuldet, da das Mietverhältnis 6 Jahre besteht.

**9.** Unter Schönheitsreparaturen fallen insbesondere **nicht:**
• Abschleifen und Versiegeln der Parkettböden, weil dies nicht mehr von der Formulierung „Streichen der Fußböden" umfasst ist (OLG Düsseldorf WuM 2003, 621).
• Erneuerung eines verschlissenen Teppichboden (OLG Hamm NJW-RR 1991, 844).

- Erneuerung eines PVC-Belages, Wandfliesen, Badewannenbeschichtung und Fugen (AG Köln WuM 1984, 197).
- Typische Instandsetzungsarbeiten wie z. B. Ausbesserung von Schäden am Wandputz, Decken und/oder Bodenbelag (LG Köln WuM 1991, 341).
- Anstrich Garagentür und Haustür (Amtsgericht Köln WuM 1976, 160) vgl. im Übrigen Anm. 1).

Die Problematik der Beseitigung kleinerer Schäden stellt sich in der Regel erst bei Vertragsende.

**10.** Der Mieter muss die Möglichkeit haben, die Arbeiten **selbst** – fachgerecht – auszuführen. Eine Formularklausel, wonach der Mieter verpflichtet ist, die Schönheitsreparaturen *„vornehmen zu lassen"*, ist nach der Rechtsprechung des BGH unwirksam (BGH Urt. v. 9. 6. 2010 VIII ZR 294/09 – BeckRS 2010, 16878). Wird dem Mieter die Möglichkeit einer Vornahme der Schönheitsreparaturen in Eigenleistung – gegebenenfalls durch Hinzuziehung von Verwandten und Bekannten – genommen, stellt die Überwälzung dieser Arbeiten eine unangemessene Benachteiligung des Mieters dar. Denn Schönheitsreparaturen sind – gleich ob sie der Mieter oder der Vermieter durchführen muss – lediglich fachgerecht in mittlerer Art und Güte auszuführen. Das setzt aber nicht zwingend die Beauftragung einer Fachfirma voraus.

**11.** **Schadensersatz** gemäß § 280 Abs. 1, 3 i. V. m. § 281 BGB kann der Vermieter nach Ablauf der Frist nicht verlangen. § 281 BGB ist auf den Anspruch auf Durchführung von Schönheitsreparaturen im **laufenden Mietverhältnis** nicht anwendbar (BGH NJW 1990, 2376 für § 326 BGB). Da dem Mieter der Gebrauch der Mietsache weiter zusteht und diesem somit im Ergebnis die Arbeiten zugute kommen, ist die Umwandlung des Erfüllungs- in einen Schadensersatzanspruch nicht berechtigt. Hieran hat sich auch nach neuem Recht nichts geändert. Statt des Erfüllungsanspruchs kann der Vermieter jedoch einen **Kostenvorschuss** verlangen. Gerät der Mieter während eines bestehenden Mietverhältnisses mit der Durchführung der Schönheitsreparaturen in Verzug, kann der Vermieter von ihm einen Vorschuss in Höhe der voraussichtlichen Renovierungskosten verlangen (BGH NZM 2005, 450). Hierüber ist nach Durchführung der Arbeiten gegenüber dem Mieter abzurechnen. Der Mieter hat somit auch einen Anspruch darauf, dass der Betrag in die Wohnung investiert wird.

Da in einem späteren Prozess für den Fall, dass der Erfüllungsanspruch geltend gemacht wird, die geschuldeten Arbeiten im Einzelnen angegeben werden müssen, empfiehlt es sich bereits in dem Aufforderungsschreiben substantiiert vorzutragen.

**Kosten und Gebühren:** 0,5 bis 2,5 Geschäftsgebühr gemäß Nr. 2400 VV, §§ 13, 14 RVG nach dem Wert der Arbeiten.

# IX. Außergerichtliche Korrespondenz bei Vertragsstörungen im Gewerberaummietrecht

## 1. Abmahnungsschreiben des Vermieters (§§ 541, 543 Abs. 3 BGB): Verstoß gegen die vertragliche Betriebspflicht[1]

......

(Vermieter)

an

......

(Mieter)

Sehr geehrte(r) ......,

aufgrund des Mietvertrags vom ...... sind Sie verpflichtet, das von Ihnen angemietete Ladenlokal zu den vertraglich festgelegten Zeiten zu betreiben.[2] Dieser Pflicht sind Sie seit dem ...... nicht mehr nachgekommen. Das Geschäft ist seit diesem Tag geschlossen.[3]

Sie verstoßen damit gegen wesentliche Pflichten aus dem Mietvertrag. Ich bestehe jedoch ohne Einschränkung auf der Erfüllung des Vertrags und fordere Sie zur Vermeidung einer alsbaldigen gerichtlichen Inanspruchnahme auf, den Betrieb des Ladenlokals entsprechend den vertraglichen Vereinbarungen umgehend wieder aufzunehmen.[4]

Ich behalte mir die Geltendmachung von Schadenersatzansprüchen vor und weise ferner darauf hin, dass ein Verstoß gegen die Betriebspflicht ein Recht zur außerordentlichen fristlosen Kündigung des Mietverhältnisses begründen kann.[5]

......

(Vermieter)

*Schrifttum: Hinz*, Einstweiliger Rechtsschutz im Mietprozess, NZM 2005, 841; *Michalski*, Pflicht des Pächters von Gewerberäumen zur Nutzung der Pachtsache, ZMR 1996, 527; *Peters/Welkerling*, Rechtsfragen zur Durchsetzung der Betriebspflicht im gewerblichen Mietrecht, ZMR 1999, 369.

### Anmerkungen

**1.** Die vertragliche Vereinbarung einer Betriebspflicht des Mieters empfiehlt sich insbesondere in Großobjekten mit einer Vielzahl von Mietern. In **Einkaufszentren oder Ladenpassagen** hat der Betreiber/Vermieter ein besonderes Interesse daran, dass den Kunden zu festen Geschäftszeiten ein einheitlich reger Geschäftsbetrieb präsentiert wird. Ohne ausdrückliche Vereinbarungen zur Betriebspflicht besteht die Gefahr, dass erhebliche Teile der Gesamtflächen wegen Krankheit oder Urlaub der Mieter und infolge unterschiedlicher Geschäftszeiten oder freier Wochentage brach liegen. Das kann die Attraktivität eines solchen Objekts nachhaltig beeinträchtigen, denn ein Großobjekt lebt von der Vielfalt und der Lebendigkeit des Angebots. Wenn nicht alle Geschäfte gleichzeitig betrieben werden, vermittelt dies einen öden und leeren Eindruck. Die Kundschaft wird in ihren Erwartungen in die Angebotsbreite enttäuscht.

Der Vermieter kann einen Mieter grundsätzlich nur dann mit hinreichender Erfolgsaussicht auf Erfüllung von Betriebspflichten in Anspruch nehmen, wenn der Mietvertrag solche Pflichten ausdrücklich regelt. Bei der Bejahung einer **immanenten Betriebspflicht** ist die Rechtsprechung sehr zurückhaltend. Selbst die Vereinbarung einer Umsatzmiete, bei der sich der Mietzins – zumindest teilweise – nach den vom Mieter getätigten Umsätzen bemisst, soll für sich keine Betriebspflicht begründen (vgl. BGH NJW 1979, 531; BGH ZIP 1983, 449; LG Lübeck NJW-RR 1993, 78; vgl. ferner die Nachweise bei *Michalski* ZMR 1996, 527). Zur Begründung einer Betriebspflicht werden selbst dann ausdrückliche Vereinbarungen gefordert, wenn das Interesse des Vermieters an der Aufrechterhaltung des Betriebs auf der Hand liegt (vgl. *Michalski* a. a. O., m. w. N.). Zumal bei der Vermietung in Großobjekten wird aber zu prüfen sein, ob nicht der Vertragszweck eine immanente Betriebspflicht indiziert oder ob sich aus anderen vertraglichen Regelungen eine **konkludent vereinbarte Betriebspflicht** ergibt (vgl. hierzu Form. A. VII. 2 nebst Anmerkungen).

**2.** Der Regelungen zur vertraglichen Ausgestaltung der Betriebspflicht finden sich im Form. A. VI. 3 zu § 5 (vgl. die dortigen Anm.).

**3.** Ein Verstoß gegen die vertragliche Betriebspflicht liegt nicht nur dann vor, wenn der Mieter den Geschäftsbetrieb ganz einstellt. Ein Verstoß kann auch darin begründet liegen, dass der Mieter bestimmte Vorgaben, die der Vertrag zur näheren Ausgestaltung des Geschäftstätigkeit regelt, nicht beachtet. Das kann etwa der Fall sein, wenn der Mieter die vertraglichen Öffnungszeiten nicht einhält oder seinen Betrieb zeitweise (wegen Urlaubs, Krankheit usw.) geschlossen hält. Der (auch formularvertragliche) Ausschluss zeitweiliger Schließungen für Mittagspausen, Ruhetage und Betriebsferien ist nach der Rechtsprechung durch ein berechtigtes Interesse des Vermieters an einer dauerhaften und vollen Funktionsfähigkeit von Einkaufszentren und anderen Großobjekten gerechtfertigt (vgl. OLG Naumburg NZM 2008, 772). Dies gilt auch dann, wenn dem Mieter zugleich eine Sortimentsbindung auferlegt wird und Konkurrenzschutz ausgeschlossen ist (vgl. OLG Naumburg a. a. O. im Anschluss an OLG Hamburg GuT 2003, 57 = ZMR 2003, 254; OLG Rostock NZM 2004, 460; KG Urt. v. 18. 10. 2004 – 8 U 92/04 – BeckRS 2004, 10 399). Die Auffassung des Schleswig-Holsteinischen OLG (Beschl. v. 2. 8. 1999 – 4 W 24/99 – OLGR Schleswig 1999, 385 = NZM 2000, 1008), das bei einer durch Formularvertrag auferlegten Betriebspflicht eine unangemessene Benachteiligung angenommen hat, wenn dem Mieter gleichzeitig eine Sortimentsbindung auferlegt und ihm Konkurrenzschutz versagt wird, ist damit vereinzelt geblieben. Allein das Vorhandensein mehrerer Formularklauseln zu unterschiedlichen Aspekten des Mietgebrauchs bewirkt nicht zwingend einen Summierungseffekt, der sich im Rahmen von § 307 BGB als schädlich auswirken muss, da Betriebspflicht, Konkurrenzschutzausschluss und Sortimentsbindung nicht dergestalt eng verzahnt sind, dass etwa stets von einer unangemessenen Knebelung des Mieters auszugehen wäre.

Demgegenüber hat der BGH eine intransparente Klausel angenommen, wenn es nach dem Wortlaut einer Mietvertragsklausel über den Umfang der Betriebspflicht des Mieters eines Ladenlokals in einem Einkaufszentrum darauf ankommen soll, wie lange „die überwiegende Mehrzahl aller Mieter ihre Geschäfte offen hält" (vgl. BGH GuT 2008, 339 in Fortführung von BGH NJW 2007, 2176). Durch eine solche Regelung wird der Anschein erweckt, eine Ausweitung der Betriebspflicht hänge nicht vom Willen des Vermieters, sondern allein von der Mehrheit der übrigen Mieter des Einkaufszentrums ab.

**4.** Der Vermieter kann den Mieter entsprechend § 541 BGB auf Erfüllung der Betriebspflicht gerichtlich in Anspruch nehmen (vgl. *Fritz* Rdn. 234b, 600). Ein auf Erfüllung gerichteter Titel ist i. d. R. nur mit erheblichem Zeitaufwand zu erlangen. Nach

h. M. kann die Betriebspflicht des Mieters aber auch durch **einstweilige Verfügung** durchgesetzt werden (vgl. OLG Düsseldorf NJW 1997, 648; OLG Frankfurt ZMR 2009, 446; OLG Frankfurt NJW-RR 1992, 171; OLG Köln NJW-RR 1992, 633; OLG Celle NJW-RR 1996, 585; *Fritz* a. a. O.; *Hinz,* NZM 2005, 841; nur im Ausnahmefall einstweiligen Rechtsschutz bejahend: KG ZMR 2005, 47).

Grundsätzlich stellt sich bei der Inanspruchnahme auf Erfüllung der Betriebspflicht die Frage, wie aus einem erwirkten Titel zu **vollstrecken** ist. Das ist wegen der oft schwierigen Abgrenzung zwischen Unterlassung (des vertragswidrigen Gebrauchs) im Sinne von § 890 ZPO und der Vornahme einer Handlung (Beachtung der Gebrauchspflicht) umstritten, wobei zusätzlich abzugrenzen ist, ob die Vollstreckung auf eine vertretbare Handlung im Sinne von §§ 887 ZPO gerichtet ist oder auf eine unvertretbare Handlung gemäß § 888 ZPO. Die Rechtsprechung (vgl. OLG Frankfurt ZMR 2009, 446; OLG HammNJW 1973, 1135; OLG Celle NJW-RR 1996, 585, jeweils m. w. N.; vgl. ferner *Peters/Welkerling* ZMR 1999, 369) geht zutreffend davon aus, dass die Vollstreckung eine **unvertretbare Handlung** zum Gegenstand hat und daher nach **§ 888 ZPO** stattzufinden hat (a. A. OLG Düsseldorf NJW-RR 1997, 648, das § 890 ZPO für einschlägig hält).

Die **Erwirkung einer einstweiligen Verfügung** wegen Verstoßes gegen die Betriebspflicht setzt zumindest bei einer klaren Vertragssituation keine besondere In-Verzug-Setzung des Mieters durch Setzung einer Erfüllungsfrist voraus. § 541 BGB erfordert aber grundsätzlich eine **Abmahnung**, es sei denn, auf Seiten des Mieters liegen besondere Arglistmomente vor (vgl. Palandt/*Weidenkaff* § 541 Rdn. 8 m. w. N.). Ein Abmahnungs- und Aufforderungsschreiben, wie es hier vorgeschlagen wird, setzt den Mieter außerdem in Zugzwang, besondere Entschuldigungs- oder Härtegründe (§ 242 BGB) mitzuteilen. Der Vermieter wird so eher erfahren, warum der Mieter seinen Betrieb eingestellt hat. Danach kann der Vermieter seine Rechtsverfolgung ausrichten. So wird es im Regelfall wenig sinnvoll sein, auf die gerichtliche Durchsetzung von Erfüllungsansprüchen hinzuwirken, wenn der Mieter etwa in völligen Vermögensverfall geraten ist.

Dagegen sollte der Vermieter davon absehen, dem Mieter – zumal längere – Fristen zu setzen, denn dies birgt die Gefahr, dass der bereits objektiv vorliegende Vertragsverstoß für die Dauer der Frist in ein rechtliches Graufeld gerät.

**5.** An Verstöße gegen die Betriebspflicht kann eine **Vertragsstrafe** geknüpft werden. Gegenüber Unternehmern sind Vertragsstrafenklauseln generell zulässig, da insoweit das Klauselverbot aus § 309 Nr. 6 BGB wegen der Regelung des § 310 Abs. 1 S. 1 BGB nicht unmittelbar Geltung findet. Über § 310 Abs. 1 Satz 2 BGB verbleibt es aber bei der Klauselkontrolle, mit der unangemessen benachteiligende Regelungen als unwirksam auszusondern sind. Da Verstöße gegen die Betriebspflicht oft im Zusammenhang mit der – drohenden – Illiquidität des Mieters stehen, bieten Vertragsstrafenklauseln eher wenig Gewähr für eine durchsetzbare Abhilfe. Schadensersatzansprüche wegen eines Vertragsverstoßes sind dem Vermieter ohnehin eröffnet, § 280 Abs. 1 BGB. Die Darlegung, welcher Schaden gerade auf der Verletzung der Betriebspflicht beruht, kann allerdings Schwierigkeiten bereiten.

Zur Beendigung des nachteiligen Schwebezustands wird daher oft die außerordentliche **fristlose Kündigung gemäß § 543 Abs. 1 BGB** in Betracht kommen (zur Kündigungsbefugnis wegen Verstoßes gegen die Betriebspflicht vgl. BGH NJW-RR 1992, 1032; OLG Rostock OLGR 2009, 890; OLG Düsseldorf ZMR 1997, 296; OLG Köln NZM 2002, 345). Auch die fristlose Kündigung erfordert aber gemäß § 543 Abs. 3 BGB grundsätzlich eine Abmahnung, falls nicht einer der gesetzlichen Ausnahmetatbestände vorliegt. Das Formular versteht sich daher auch als Abmahnung im Sinne von § 543 Abs. 3 BGB.

Wird ein Mietverhältnis aufgrund einer Betriebspflichtverletzung des Mieters durch eine Kündigung des Vermieters vorzeitig beendet, kann der Vermieter vom Mieter den ihm hierdurch entstandenen **Mietausfall** versetzt verlangen (vgl. OLG Rostock OLGR 2009, 890). Haben die Vertragsparteien einen befristeten Mietvertrag geschlossen, erfasst der Anspruch auf Ersatz eines Mietausfallschadens, weil der Vermieter die Mietsache nicht oder nicht zu der zwischen den Parteien vereinbarten Miete hat vermieten können, grundsätzlich die gesamte noch verbleibende Vertragslaufzeit. Kann hingegen der Mieter seinerseits das Mietverhältnis mangels einer wirksamen Befristung des Vertrages oder eines wirksam vereinbarten Kündigungsausschlusses gem. § 542 BGB durch eine ordentliche Kündigung beenden, kann der Vermieter einen Nutzungsausfallschaden nur bis zum Ablauf der nächstmöglichen Kündigungsfrist ab Zugang seiner eigenen Kündigung verlangen (vgl. OLG Rostock OLGR 2009, 890 m. w. N.).

## 2. Abmahnungsschreiben des Mieters (§ 543 Abs. 3 BGB) wegen Verstoßes gegen vertraglich zugesicherten Konkurrenzschutz[1]

......

(Mieter)

an

......

(Vermieter)

Sehr geehrte(r) ......,

aufgrund des Mietvertrags vom ...... haben Sie mir für den Betrieb des im Einkaufszentrum ...... angemieteten Ladenlokals die Gewährung von Konkurrenzschutz zugesichert, und zwar für den Vertrieb von ...... (Beispiel: Damenoberbekleidung des Modedesigners „Flucci").[2] Am ...... hat im Einkaufszentrum in geringer Entfernung zu dem von mir geführten Ladenlokal ein weiteres Ladengeschäft geöffnet, dessen Betrieb eine vertragswidrige Konkurrenzsituation geschaffen hat. Es handelt sich um ...... (Beispiel: die Boutique „Madame", die ebenfalls Damenoberbekleidung der Marke „Flucci" verkauft und mit dem Vertrieb dieser Produkte wirbt).[3]

Ich bestehe uneingeschränkt auf der Einhaltung des mir vertraglich zugesicherten Konkurrenzschutzes und fordere Sie zur Vermeidung einer alsbaldigen gerichtlichen Inanspruchnahme auf, umgehend den Vertrieb von ...... (Beispiel: Damenoberbekleidung des Modedesigners „Flucci") zu unterbinden.[4]

Bis zur Wiederherstellung des vertragsgerechten Zustands werde ich die laufende Miete um monatlich ...... EUR mindern. Außerdem behalte ich mir die Geltendmachung von Schadensersatzansprüchen vor und weise darauf hin, dass der Verstoß gegen den vertraglich zugesagten Konkurrenzschutz ein Recht zur außerordentlichen fristlosen Kündigung des Mietverhältnisses begründen kann.[5]

......

(Mieter)

*Schrifttum: Hinz,* Einstweiliger Rechtsschutz im Mietprozess, NZM 2005, 841.

## Anmerkungen

**1.** In Großobjekten (Einkaufszentren, Ladenpassagen usw.) herrscht im Allgemeinen der Grundsatz „Konkurrenz belebt das Geschäft". Gleichwohl kann es für einen gewerblichen Mieter von existentieller Bedeutung sein, dass er nicht in eine Konkurrenzsituation gerät, die ihn in seinen geschäftlichen Aktivitäten und wirtschaftlichen Erwartungen einengt oder sogar lähmt. Grundsätzlich ist der Vermieter in der Entscheidung darüber frei, ob er einem gewerblichen Mieter einen ausdrücklichen vertraglichen Konkurrenzschutz einräumt.

Konkurrenzschutzklauseln können unterschiedliche Schutzzwecke abdecken. Allgemein gehaltene Vereinbarungen etwa des Inhalts, dass dem Mieter Konkurrenzschutz gewährt werde, sind auslegungsbedürftig (vgl. BGH NJW-RR 1986, 9). Sie können sich auf ein einziges Mietobjekt beziehen oder auf mehrere benachbarte Objekte; denkbar ist auch ein vom (Groß-)Vermieter für ein ganzes Stadtgebiet gewährter Wettbewerbsschutz, soweit es sich um dem Vermieter gehörende Objekte handelt. Wenn der Vermieter sich verpflichtet, während der Mietdauer Verkaufsflächen nicht an ein Unternehmen zu vermieten, das den Vertrieb von Waren zum Gegenstand hat, die vom Mieter geführt werden, so beinhaltet dies nach der Rechtsprechung einen umfassenden Konkurrenzschutz (vgl. BGH NJW-RR 1986, 9; OLG Celle WuM 1992, 538). Je weiter und allgemeiner der Schutzbereich definiert ist, desto umfangreicher können sich die Haftungsrisiken auf Vermieterseite gestalten.

Auch dann, wenn dem Mieter Konkurrenzschutz nicht ausdrücklich zugesichert wurde, kann sich innerhalb desselben Gebäudes oder Grundstücks bzw. bei Vermietungen auf unmittelbar benachbarten Grundstücken, die demselben Vermieter gehören, aus vertraglicher Nebenpflicht ein sog. **immanenter Konkurrenzschutz** ergeben (vgl. BGH ZMR 1955, 200; 1961, 226; 1968, 248; BGH WuM 1979, 144; OLG Köln ZMR 1998, 247; Lindner-Figura/Oprée/Stellmann/*Hübner*/*Griesbach*/*Schreiber* Kap. 14 Rdn. 111 ff.). Dieser Problemkreis findet in den Anmerkungen zu §§ 2 und 3 im Form. A. VI. 3 eingehendere Behandlung.

**2.** Ein Regelungsbeispiel für die ausdrückliche vertragliche Gewährung von Konkurrenzschutz findet sich im Form. A. VI. 3 zu § 3. Auf die dortigen Anm., die auch den vertragsimmanenten Konkurrenzschutz behandeln, wird zunächst verwiesen.

**3.** Von besonderer Bedeutung für die Reichweite ausdrücklich zugesagten oder immanenten Konkurrenzschutzes ist die Festlegung derjenigen Geschäftstätigkeit, auf die sich der Konkurrenzschutz erstreckt. Beim Warenverkauf in Ladengeschäften stellt sich damit die Frage, ob der geschützte (Kern-)Bereich nur den vom Mieter vertriebenen **Hauptartikel** betrifft oder ob auch eine Überschneidung im Warensortiment bei bloßen **Nebenartikeln** eine Konkurrenzschutzverletzung begründen kann. Wenn der Vermieter Konkurrenzschutz ausdrücklich vertraglich zugesichert hat, kommt es für die Auslegung, wie weit dieser Konkurrenzschutz reicht, nicht zwingend darauf an, ob sich das Warenangebot von Konkurrenten in Haupt- oder Nebenartikeln überschneidet (vgl. BGH NJW-RR 1986, 9; OLG Dresden Urt. v. 20. 7. 2010 – 5 U 1286/09 – juris). Ob eine Konkurrenzklausel auch Nebenartikel erfasst, muss jeweils für den Einzelfall ermittelt werden (vgl. BGH NJW 1974, 2317; BGH WPM 1968, 699). Ergibt die Auslegung einer Konkurrenzschutzklausel, dass Nebenartikel nicht geschützt sind, genießt der Mieter Konkurrenzschutz nur in Bezug auf die von ihm als Hauptartikel vertriebenen Waren oder Leistungen, während er den Wettbewerb in Bezug auf bloße Nebenartikel grundsätzlich zu dulden hat (vgl. BGH WuM 1979, 144; BGH WuM 1975, 163; BGH ZMR 1985, 374).

Der Vermieter wird zur Vermeidung ausufernder Konkurrenzschutzansprüche Wert darauf zu legen haben, Schutzzusagen auf den wesentlichen Hauptartikel zu beschränken (zur Abgrenzung zwischen Haupt- und Nebenartikeln vgl. im Einzelnen die Anmerkungen zu Form. A. VI. 3, §§ 2, 3). Das im Formular angeführte Beispiel (Vertrieb von Damenoberbekleidung des Designers „Flucci") legt den Hauptartikel in spezieller Weise fest. Der geschützte („exklusive") Vertrieb von Produkten eines bestimmten Modedesigners wird sich daher im Zweifel als ein Recht zum exklusiven Verkauf solcher Waren verstehen. Eine Konkurrenzschutzverletzung wird in diesem Rahmen schon dann anzunehmen sein, wenn das Konkurrenzgeschäft dieselbe Produktpalette nicht ausschließlich, sondern in erheblichem Umfang neben den Produkten anderer Designer/Hersteller vertreibt.

**4.** Der Mieter kann den Vermieter auf Erfüllung des vertraglichen Konkurrenzschutzes in Anspruch nehmen (vgl. *Fritz* Rdn. 76 ff., 660 b; Lindner-Figura/Oprée/Stellmann/ *Hübner/Griesbach/Schreiber* 14 Rdn. 171 ff.). Wenn der Vermieter Räume an einen Konkurrenten vermieten will, kann der geschützte Mieter dem Vermieter nach h. M. im Wege der einstweiligen Verfügung den Abschluss eines entsprechenden Mietvertrags untersagen lassen (§§ 935, 938 Abs. 2 ZPO, vgl. dazu OLG Hamm ZMR 1991, 295; *Fritz* a.a.O.; *Hinz* NZM 2005, 841), wobei die Vollstreckung nach § 890 ZPO erfolgt (vgl. *Hinz* a.a.O.). Das OLG Jena (vgl. OLGR 2008, 748) hat dagegen angenommen, es fehle bei der Durchsetzung eines <u>nach</u>vertraglichen Konkurrenzschutzanspruchs grundsätzlich an dem für die Geltendmachung im Verfügungsverfahren erforderlichen Verfügungsgrund. Den Verfügungsgrund hat es aber letztlich nur aus Gründen verneint (erhebliche Nachteile für den Anspruchsverpflichteten), die mit der Frage nach dem Verfügungsgrund (Eilbedürftigkeit) nicht in engerem Zusammenhang stehen.

Das Formular hat eine bereits erfolgte Vermietung an einen Konkurrenten zum Gegenstand. Nach Abschluss eines Mietvertrags mit einem Konkurrenten kann der Mieter verlangen, dass der Vermieter auf den Konkurrenten einwirkt, damit dieser den störenden Wettbewerb unterbindet. Dieser Anspruch ist nach § 888 ZPO zu vollstrecken (vgl. *Hinz* NZM 2005, 841). Es ist Sache des Vermieters, wie er die Wiederherstellung des Konkurrenzschutzes bewerkstelligt. Falls der konkurrierende Mieter die Konkurrenzsituation entgegen dem mit ihm vereinbarten Vertragszweck geschaffen hat (durch eigenmächtige Aufnahme des Vertriebs eines geschützten Hauptartikels) kann der Vermieter den Konkurrenten auf Unterlassung in Anspruch nehmen (vgl. hierzu das Regelungsbeispiel in Form. A. VI. 3 zu § 2 nebst Anmerkungen).

**5.** An Verstöße gegen zugesagten Konkurrenzschutz kann eine **Vertragsstrafe** geknüpft werden (zur Zulässigkeit von Vertragsstrafenvereinbarungen im unternehmerischen Bereich vgl. auch Anm. 5 zu Form. A. VIII. 1; vgl. hierzu auch OLG Jena OLGR 2008, 748).

Eine **Verletzung des Konkurrenzschutzes** zugunsten eines Mieters rechtfertigt nach überwiegender Meinung die Annahme eines zur Minderung berechtigenden **Sachmangels** des Mietobjekts im Sinne von § 536 BGB (vgl. OLG Düsseldorf NZM 2001, 1033; KG NZM 2007, 566; OLG Koblenz NZM 2008, 405, a.A. OLG Dresden Urt. v. 20. 7. 2010 – 5 U 1286/09 – juris m.w.N., das von einer Vertragsverletzung im Sinne von § 280 I BGB ausgeht). Für die Minderung soll es nicht der Feststellung bedürfen, ob und in welchem Umfang es gerade im Hinblick durch die Konkurrenzschutzverletzung zu Umsatzeinbußen innerhalb des Gewerbebetriebs des Mieters gekommen ist (vgl. OLG Düsseldorf NJW-RR 1998, 514; OLG Karlsruhe NJW-RR 1990, 1234). Bei der Festlegung der Minderungshöhe ist aber Vorsicht geboten. Für den Umfang einer Mietminderung wird es nach hiesiger Auffassung durchaus auf den Umfang etwaiger Geschäftseinbußen ankommen müssen, denn andere Bemessungsgrundlagen stehen schwerlich zur Verfügung.

Außerdem kommt bei einer Schutzverletzung ein außerordentliches Recht des beeinträchtigten Mieters zur **fristlosen Kündigung gemäß § 543 Abs. 1 und Abs. 2 Nr. 1 BGB** in Betracht, denn eine Vorenthaltung des vertragsgemäßen Mietgebrauchs kann auch in einer erheblichen Gebrauchsbeeinträchtigung begründet liegen (vgl. OLG Brandenburg Info M 2008, 19; Palandt/*Weidenkaff* § 543 Rdn. 18 f.). Die Kündigung setzt aber gemäß § 543 Abs. 3 BGB grundsätzlich eine **Abmahnung** der vertragswidrigen Partei oder die **Setzung einer Abhilfefrist** voraus, falls dies nicht gemäß § 543 Abs. 3 Nr. 1 bis 3 BGB ausnahmsweise entbehrlich ist. Das Formular beinhaltet eine solche Abmahnung.

Bei einer Schutzverletzung kommen ferner Ansprüche auf **Schadensersatz** in Betracht (vgl. BGH ZMR 55, 200), wobei der Meinungsstreit darüber, ob eine Konkurrenzschutzverletzung einen Sachmangel begründet oder ob eine Vertragsverletzung im Sinne von § 280 I BGB vorliegt (vgl. Anm. 5), das **Konkurrenzverhältnis zwischen Minderung und Schadensersatz** tangiert. Schadensersatz kann aber auch neben der Minderung verlangt werden, soweit der Schadensersatz über den für die Minderung maßgeblichen und von ihr abgedeckten Gebrauchswert der Mietsache hinausgeht (vgl. Palandt/*Weidenkaff* § 536 Rdn. 35).

## 3. Abmahnungsschreiben des Vermieters (§§ 541, 543 Abs. 3 BGB) wegen Konkurrenzschutzverletzung durch den Mieter[1]

......

(Vermieter)

an

......

(Mieter)

Sehr geehrte(r) ......,

aufgrund Mietvertrags vom ...... haben Sie im Einkaufszentrum ...... Gewerbemieträume angemietet. Nach dem Vertrag sind Sie berechtigt, in den Mieträumen ...... (Beispiel: einen Kosmetiksalon mit dem exklusiven Vertrieb von Pflegeprodukten der Firma Vital) zu betreiben.[2]

Ihnen ist bekannt, dass sich im Einkaufszentrum ...... (Beispiel: eine Parfumerie) befindet, d...... sich (Beispiel: mit dem branchentypischen Verkauf von unterschiedlichen Produkten der Kosmetik und Körperpflege) betätigt. Dem Mieter dieses Ladengeschäfts habe ich – wie auch Ihnen – vertraglichen Konkurrenzschutz zu gewähren. Der Mieter beanstandet, dass Sie die von Ihnen angemieteten Räumlichkeiten ebenfalls als (Beispiel: Parfumerie) eingerichtet haben. Er hat mich wegen Konkurrenzschutzverletzung abgemahnt und sich die außerordentliche Kündigung seines Mietvertrags sowie die Geltendmachung von Schadensersatzansprüchen und Mietminderungsrechten vorbehalten. Ich habe zwischenzeitlich festgestellt, dass Sie die Mieträume tatsächlich nicht mehr zu dem vertraglich vorgesehenen Gebrauchszweck nutzen und ...... (Beispiel: keine kosmetischen Behandlungen mehr durchführen, sondern sich auf den Vertrieb von diversen Produkten der Kosmetik und Körperpflege verlegt haben). Ich muss daher davon ausgehen, dass die mir gegenüber vorgebrachten Beanstandungen berechtigt sind.

Die eigenmächtige Änderung des Vertragszwecks verstößt gegen die mietvertraglichen Bestimmungen, denn danach sind Ihnen Änderungen und Erweiterungen des vertraglich vorgesehenen Gewerbebetriebs nur nach vorheriger Erlaubnis durch den Vermieter gestattet. Dasselbe gilt auch für jede sonstige vom Vertrag abweichende Nutzung der Mieträume.[3]

Ich bestehe uneingeschränkt auf der Einhaltung des mit Ihnen vereinbarten Nutzungszwecks und fordere Sie auf, den ...... (Beispiel: Betrieb der Parfumerie) umgehend einzustellen.[4] Außerdem werde ich Sie wegen aller Nachteile, die mir aufgrund Ihres vertragswidrigen Verhaltens entstehen, auf Schadensersatz in Anspruch nehmen. Dies gilt insbesondere auch für die seitens Ihres Konkurrenten angekündigte Mietminderung. Ich weise ferner darauf hin, dass der vertragswidrige Mietgebrauch ein Recht zur außerordentlichen fristlosen Kündigung des Mietverhältnisses begründen kann.[5]

......

(Vermieter)

*Schrifttum: Jendrek*, Mietvertraglicher Konkurrenzschutz, NZM 2000, 1116.

## Anmerkungen

**1.** Die Konkurrenzsituation in Großobjekten kann sich nicht nur dadurch zuspitzen, dass der Vermieter Gewerberäume an konkurrierende Wettbewerber vergibt. Auch die Mieter können Konkurrenzschutzverletzungen verursachen, wenn sie ihre gewerbliche Betätigung entgegen dem vereinbarten Vertragszweck ändern und sich in einem Geschäftsbereich betätigen, für den der Vermieter einem anderen Mieter vertraglich Konkurrenzschutz zugesichert oder immanenten Konkurrenzschutz zu gewähren hat (zum immanenten Konkurrenzschutz vgl. im Einzelnen Form. A. VI. 3, Anm. zu §§ 2, 3). Der Vermieter hat dann zu gegenwärtigen, dass der Konkurrenzschutz genießende Mieter gegen ihn vorgeht (vgl. dazu Form. A. IX. 2 nebst Anm.). Dies kann den Vermieter dazu veranlassen, wegen der vertragswidrigen Änderung des Mietgebrauchs zu intervenieren.

Es sind auch ausdrückliche Vereinbarungen über Wettbewerbsbeschränkungen zugunsten des Vermieters möglich, wenn diese nach dem auferlegten Pflichtenkreis nicht unverhältnismäßig belastend sind (vgl. OLG Celle NZM 2000, 550; Palandt/*Weidenkaff* § 535 Rdn. 86). Ein Verstoß könnte dann ebenfalls eine Abmahnung in dem hier behandelten Sinne veranlassen.

**2.** Eine hinreichend bestimmte **Konkretisierung des Vertragszwecks** ist Voraussetzung dafür, dass der Vermieter zugunsten eines anderen Mieters Konkurrenzschutz geltend machen kann. Je allgemeiner der Mietvertrag gehalten ist und den Vertragszweck etwa nur mit „Betrieb eines Ladenlokals" umschreibt, desto weiter gehen auch die Befugnisse des Mieters, seine gewerbliche Betätigung im Rahmen dieses sehr weit gefassten Vertragszwecks zu ändern. Der Vermieter ist daher gut beraten, wenn er den Vertragszweck genau festlegt und den Mieter schon bei Vertragsschluss ausdrücklich darauf hinweist, ob und inwieweit er anderen Mietern Konkurrenzschutz zu gewähren hat. Ein Gestaltungsbeispiel hierfür findet sich in Form. A. VI. 3 zu § 2.

**3.** Die Frage, ob ein Mieter eine Konkurrenzschutzverletzung zum Nachteil eines anderen Mieters zu verantworten hat, hängt weiter davon ab, in welchem Umfang der andere Mieter Konkurrenzschutz genießt (zur Reichweite vertraglich zugesicherten und immanenten Konkurrenzschutzes sowie zur Abgrenzung zwischen Haupt- und Nebenartikeln vgl. Form. A. VI. 3 zu §§ 2 und 3, A. IX. 2). Die Beispiele im Formular weisen dem Adressaten eine genaue Festlegung im Warensortiment zu („Kosmetiksalon mit dem exklusiven Vertrieb von Pflegeprodukten der Firma Vital"). Auch der Konkurrent (Parfümerie) ist durch eine entsprechende Festlegung gekennzeichnet. In solchen Fällen dürfte es nicht zweifelhaft sein, dass eine konkurrierende Betätigung (unter Aufgabe des vertraglichen Mietzwecks) konkurrenzschutzrechtlich relevant sein kann (zum prägenden Charakter bestimmter Warensortimente – wie etwa bei Baumärkten und Drogeriemärkten – vgl. im Einzelnen Anm. 3 zu Form. A. VI. 3).

Wenn in einem Mietvertrag **eine ausdrückliche Regelung zum Konkurrenzschutz** enthalten ist, ist in der Regel anzunehmen, dass die Parteien mit einer solchen ausdrücklichen Vereinbarung den Konkurrenzschutz abschließend regeln. Der Rückgriff auf den vertragsimmanenten Konkurrenzschutz mit der Begründung, dass lediglich eine Erweiterung der Mieterrechte beabsichtigt gewesen sei, ist dann grundsätzlich nicht möglich; diese Möglichkeit muss sich vielmehr aus den getroffenen vertraglichen Vereinbarungen ausdrücklich ergeben (vgl. OLG Naumburg Grundeigentum 2009, 1621; Lindner-Figura/Oprée/Stellmann/*Hübner*/*Griesbach*/*Fuerst*, Geschäftsraummiete, 2. Auflage, 14 Rdn. 157). Für den Fall ausdrücklicher Konkurrenzschutzabreden gelten die Grundsätze zum vertragsimmanenten Konkurrenzschutzes nicht (vgl. BGH NJW-RR 1988, 717), denn den aus dem Gebot von Treu und Glauben (§ 242 BGB) entwickelten Grundsätzen eines vertragsimmanenten Konkurrenzschutzes gehen ausdrückliche vertragliche Regelungen über die Ausgestaltung und den Umfang eines Wettbewerbsverbotes vor (vgl. OLG Naumburg Grundeigentum 2009, 1621; OLG Hamm ZMR 1997, 581). Es ist auch möglich und üblich, dass Parteien eine Verringerung oder sogar einen Ausschluss des vertragsimmanenten Konkurrenzschutzes vereinbaren (vgl. KG NZM 2008, 248; Schmidt-Futterer/*Blank*, Mietrecht, 9. Auflage, § 535 Rdn. 564; Lindner-Figura/Oprée/Stellmann/*Hübner*/*Griesbach*/*Fuerst* 14 Rdn. 156; *Jendrek* NZM 2000, 1116).

Ein Mieter, der ein bestimmtes Sortiment vertreibt und insoweit ggf. selbst Konkurrenzschutz genießt, kann gegen den anderen Mietern zu gewährenden Konkurrenzschutz verstoßen, wenn er sein **Sortiment** in einer Weise **ändert oder erweitert**, dass der zugunsten anderer Mieter bestehende Konkurrenzschutz tangiert wird. Handelt es sich um eine nachträgliche Sortiments- bzw. Angebotserweiterung eines Anbieters, der bereits bei Beginn des Mietvertrages mit einem anderen Mieter vorhanden war und deshalb grundsätzlich im Sinne des Prioritätsgedankens den Vorrang vor dem neuen Mieter hatte, ist auch für den Altmieter nicht jegliche nachträgliche Veränderung im Leistungsspektrum konkurrenzschutzrechtlich unbeachtlich. Vielmehr ist in einem solchen Fall nachträglicher Angebotserweiterung darauf abzustellen, ob und inwieweit der neue Mieter bei Abschluss seines Mietvertrages mit Veränderungen und Erweiterungen des Angebots bereits vorhandener Mieter rechnen konnte und musste (vgl. OLG Brandenburg Urt. v. 26. 5. 2010 – 3 U 101/09 – juris; OLG Köln NJW-RR 1998, 1017; OLG Köln MDR 2006, 86; OLG Frankfurt NZM 2004, 706).

Dies alles steht jedoch unter dem Vorbehalt, dass der Mieter, der sein Sortiment ändert oder erweitert, seinerseits mietvertraglich gehalten ist, den ihm eingeräumten Gebrauchszweck nicht zu ändern und die Wettbewerbsinteressen anderer Mieter zu respektieren. Wenn der Mieter nach dem von ihm abgeschlossenen Vertrag keinen Einschränkungen im Mietgebrauch unterworfen ist, muss er sich auch nicht fremde Konkurrenzschutzinteressen entgegenhalten lassen. Dann ist es allein Sache des Vermieters, wie er Interventionen anderer Mieter abwehrt.

**4.** Der Vermieter kann den Mieter gemäß § 541 BGB auf **Unterlassung** des vertragswidrigen Mietgebrauchs in Anspruch nehmen. Das Formular beinhaltet die gegenüber dem Vermieter nach § 541 BGB auszusprechende Abmahnung (zu deren grundsätzlicher Erforderlichkeit vgl. Anm. 4 zu Form. A. IX. 1). Entsprechend den Grundsätzen, die für andere Vertragsverstöße des Mieters (zum Verstoß gegen die Betriebspflicht vgl. Anm. 4 zu Form. A. IX. 1) und für eine Konkurrenzschutzverletzung seitens des Vermieters (vgl. Anm. 4 zu Form. A. IX. 2) gelten, kann der Vermieter dem Mieter im Wege **der einstweiligen Verfügung** den vertragswidrigen Mietgebrauch untersagen lassen.

**5.** Der vertragswidrige Mietgebrauch kann zur Verwirkung einer vereinbarten **Vertragsstrafe** und zur **Schadensersatzpflicht** des Mieters führen. Auch insoweit gelten die Anmerkungen zu den Form. A. IX. 1 und 2 entsprechend. Der Vorbehalt solcher Rechte unterstreicht zum einen den Abmahnungscharakter im Rahmen von § 541 BGB; zum anderen dient das Formular als Abmahnung zur Vorbereitung einer außerordentlichen fristlosen Kündigung (§ 543 Abs. 3 BGB).

## 4. Mängelanzeige des Mieters, zugleich Mahnschreiben zur Mängelbeseitigung (§§ 536 a Abs. 1 3. Alt., 536 c BGB)[1]

......
(Mieter)

an

......
(Vermieter)

Sehr geehrte(r) ......,

als Ihr Mieter sehe ich mich zu folgender

Mängelanzeige[2]

veranlasst:

Beispiel 1

Die elektronisch gesteuerte Automatik-Tür am Haupteingang des Ladenlokals ist seit gestern (15:00 Uhr) defekt. Sie lässt sich nur mit speziellen Gerätschaften und nur mit erheblichem Kraft- und Zeitaufwand manuell öffnen und schließen. Während der Ladenöffnungszeiten muss die Tür daher durchgehend offenstehen, um den Kunden Zutritt zu gewähren. Die zur Zeit herrschende kalte Witterung führt dazu, dass im Ladenlokal keine ausreichende Beheizung mehr gewährleistet ist.[3]

Beispiel 2

Ein fachkundiger Besucher hat mich darauf aufmerksam gemacht, dass die Stuckverzierungen im Frontgiebelbereich des Gebäudes erhebliche Rissbildungen aufweisen und dass sich eine große Stuckrosette vom Untergrund ablöst. Ich habe selbst feststellen können, dass bereits diverse Stuckteilchen aus dem Fassadenbereich herausgefallen sind und sich zum Teil auf Fensterbrettern und Gebäudeabsätzen angesammelt haben.[4]

Ich weise Sie darauf hin, dass sich aus der vorstehend geschilderten Situation ......

Beispiel 1

...... ganz gravierende Beeinträchtigungen für den Betrieb des Ladenlokals ergeben, die eine sofortige Abhilfe erfordern. Die gegenwärtigen Verkaufsbedingungen sind weder für meine Kunden noch für das Personal zumutbar. Ich fordere Sie daher auf, die Eingangstür umgehend reparieren zu lassen.[5]

Beispiel 2

...... ganz erhebliche Gefahren für das Gebäude und wesentliche Beeinträchtigungen für den Mietgebrauch ergeben können. Wenn sich größere Stuckteile aus der Fassade lösen, sind die Kunden und mein Personal an Leib und Leben gefährdet. Ich fordere Sie daher auf, die vorhandenen Schadensstellen umgehend abzusichern und zu beseitigen.

Hierfür setze ich Ihnen wegen der großen Dringlichkeit eine

Frist bis zum ......<sup>6</sup>

Ich behalte mir die Geltendmachung aller gesetzlichen und vertraglichen (Gewähr-leistungs-)Ansprüche einschließlich des Rechts auf Schadensersatz vor und weise darauf hin, dass die Nichtbeachtung der hiermit nochmals ausdrücklich ausgespro-chenen Abmahnung einen wichtigen Grund zur außerordentlichen fristlosen Kündi-gung des Mietverhältnisses beinhalten kann.

......

(Mieter)

## Anmerkungen

**1.** Der Mieter von Gewerberaum kann in mehrfacher Hinsicht gehalten sein, mit dem Vermieter wegen bestehender Mängel in Korrespondenz zu treten:

Nach § 536 c BGB ist der Mieter verpflichtet, dem Vermieter während der Mietzeit auftretende Mängel und die Erforderlichkeit von Maßnahmen zur Gefahrenabwehr an-zuzeigen. Dies folgt schon aus allgemeinen **Obhutspflichten,** die der Mieter zu beachten hat (vgl. Staudinger/*Olzen*, 2009, § 241 Rdn. 483). Anzeigepflichtig ist der Mieter auch im Falle grob fahrlässiger Unkenntnis des Mangels (vgl. *Wolf/Eckert/Ball* Rdn. 557). Die Vorschrift gilt gemäß § 581 Abs. 2 BGB auch für Pachtverträge.

Das **Unterbleiben gebotener Anzeige** führt gemäß § 536 c Abs. 2 BGB zu Rechtsverlus-ten bzw. Rechtsbeschränkungen, da dem Vermieter die Abhilfe erschwert wird (vgl. Pa-landt/*Weidenkaff* § 536 c Rdn. 10). Gemäß § 536 c Abs. 2 Nr. 1 – 3 BGB kann der Mie-ter seine Minderungsbefugnis verlieren (§ 536 BGB, vgl. dazu OLG Düsseldorf DWW 2010, 198), ferner das Recht auf Schadensersatz wegen des betreffenden Mangels (§ 536 a Abs. 1 BGB) und auch sein hierauf gestütztes Kündigungsrecht aus § 543 Abs. 3 S. 1 BGB. Bei einem schuldhaften Verstoß gegen die Anzeigepflicht macht sich der Mie-ter gegenüber dem Vermieter schadensersatzpflichtig (vgl. BGH NJW 1993, 1061; 1987, 1072; zur Darlegungs- und Beweislast für die Ursächlichkeit zwischen einer verspäteten Mängelanzeige und einer längeren Schadensbeseitigung vgl. OLG Brandenburg ZMR 2008, 706).

Der Mieter muss die Mietsache allerdings nicht auf verborgene Mängel untersuchen und dem Vermieter nur offensichtliche Mängel anzeigen (vgl. OLG Düsseldorf NZM 2009, 280). Die Anzeigepflicht soll entfallen für Mängel, die sich aus einer dem Vermie-ter bekannten Gefahrenlage entwickelt haben (vgl. OLG Düsseldorf DWW 2010, 198).

§ 536 a Abs. 1 3. Alt. BGB sieht die Geltendmachung von **Schadensersatzansprüchen gegen den Vermieter** für den Fall vor, dass der Vermieter mit der Beseitigung von Män-geln in Verzug gerät. Es bedarf also grundsätzlich einer Mahnung im Sinne von § 286 Abs. 1 BGB, die jedoch mit einer Mängelanzeige, derer es zur Erhaltung von Ersatzan-sprüchen bedarf, einhergehen kann. Wenn die Vertragsparteien Vereinbarungen zu einer kalendermäßig bestimmten Mängelbeseitigung getroffen haben, kann Verzug gemäß § 286 Abs. 2 Nr. 1 BGB auch ohne besondere Mahnung eintreten (vgl. LG Berlin NJW-RR 2000, 674).

**2.** Die **Anzeigepflicht** des Mieters beginnt unabhängig von der vertraglichen Mietzeit bereits mit der Überlassung der Mietsache, d.h. mit der Gewährung unmittelbaren Besit-zes (§ 854 BGB) zugunsten des Mieters. Sie endet erst mit der tatsächlichen Rückgabe der Mietsache (vgl. BGH NJW 1967, 1803), die wiederum durch Verschaffung unmittel-baren Besitzes zugunsten des Vermieters zu erfolgen hat (vgl. Anm. 1 zu Form. A. VII. 8).

Die Anzeigepflicht erstreckt sich auf alle Sach- und Rechtsmängel, und zwar auch hinsichtlich solcher (Gemeinschafts-)Flächen, die nicht unmittelbar zur Mietsache gehören, sondern vom Mieter nur mitbenutzt werden dürfen (vgl. MünchKommBGB/*Häublein* § 536c Rdn. 4 ff.). Anzeigepflichtig sind auch alle Gefahren, die – für den Mieter erkennbar – Schutzmaßnahmen veranlassen (vgl. MünchKommBGB/*Häublein* a. a. O. Rdn. 7). Anzuzeigen ist außerdem, wenn ein Dritter Rechte an der Mietsache geltend macht. Rechtsanmaßungen im Sinne von § 536c Abs. 1 BGB sind weit zu verstehen, wobei vertreten wird, dass auch behördliche Eingriffe eine Anzeigepflicht begründen können (vgl. MünchKommBGB/*Häublein* a. a. O. Rdn. 8).

Wenngleich das Formular eine Verknüpfung der Mängelanzeige mit der Verfolgung von Gewährleistungsansprüchen des Mieters zum Gegenstand hat, steht die Anzeige in allenfalls lockerem Zusammenhang mit den Gewährleistungsrechten. Sie bezweckt in erster Linie eine aus den Obhutspflichten des Mieters mündende Unterrichtung des Vermieters. Hierzu ist der Mieter auch dann verpflichtet, wenn ein Mangel ihn nicht zur Mietminderung berechtigt (vgl. BGH NJW 1987, 1072; 1977, 1236).

Die Anzeigepflicht entfällt, wenn der Mangel dem Vermieter oder seinen Sachwaltern bereits bekannt ist (vgl. BGH NZM 2002, 217; OLG Karlsruhe NJW-RR 1988, 528). Sie entfällt auch, wenn eine Mängelbeseitigung innerhalb einer dem Mieter zumutbaren Zeit schlechthin unmöglich ist. Dann kann der Mieter u. U. auch ohne Abmahnung fristlos kündigen (vgl. *Fritz* Rdn. 280b m. w. N.).

**3.** Das Formular hat im Beispiel 1) die Anzeige eines Sachmangels zum Gegenstand. Eine **schriftliche Anzeige** ist **nicht zwingend erforderlich,** aber aus beweisrechtlichen Gründen regelmäßig geboten, denn der Mieter hat in entsprechender Anwendung von § 130 BGB nachzuweisen, dass seine Anzeige dem Vermieter rechtzeitig zugegangen ist. An die Rechtzeitigkeit sind die strengen Anforderungen der **Unverzüglichkeit** im Sinne von § 121 Abs. 1 S. 1 BGB zu stellen, d. h. die Anzeige muss ohne schuldhaftes Zögern erfolgen. Auch für die Rechtzeitigkeit der Anzeige ist der Mieter darlegungs- und beweisverpflichtet (zur Beweislastverteilung im Rahmen von § 130 BGB vgl. BGHZ 101, 49; 70, 232; OLG Brandenburg ZMR 2008, 706). Bei besonders eilbedürftigen oder gefahrenträchtigen Vorkommnissen werden oft auch telefonische Benachrichtigungen oder solche per Fax veranlasst sein. Für eine (ggf. zusätzliche) schriftliche Dokumentation sollte der Mieter stets Sorge tragen.

Der im Beispielsfall angesprochene Mangel ist zumal wegen der von ihm ausgehenden Folgebeeinträchtigungen von erheblichem Gewicht (Behinderung des Geschäftsbetriebs, mangelhafte Beheizbarkeit des Objekts, ggf. gefährdete Sicherheit) und schafft dringlichen Abhilfebedarf. Die von der Rechtsprechung angenommene zeitliche Obergrenze von zwei Wochen bei der Wahrung der Unverzüglichkeit (vgl. OLG Jena OLG-NL 2000, 37; OLG Hamm NJW-RR 1990, 523) kann bei erheblichen Beeinträchtigungen, die etwa den Bestand der Mietsache tangieren, bereits weitaus zu lang sein, denn bei der Fristbemessung sind die Interessen des Gegners mit zu berücksichtigen (vgl. Palandt/*Heinrichs* § 121 Rdn. 3).

**4.** Beispiel 2) hat sowohl das Vorliegen eines – noch kleineren – Mangels als auch die Anzeige drohender Gefahren im Sinne von § 536c Abs. 1 S. 1 BGB zum Gegenstand. Auch insoweit ist die Anzeigepflicht nicht davon abhängig, ob sich aus einer drohenden Gefahr Gewährleistungsansprüche des Mieters ergeben können (vgl. Anm. 2), die im Beispielsfall wegen Unerheblichkeit – noch – zu verneinen wären. Auch ohne konkreten Gewährleistungsbezug hat der Mieter den Vermieter auf Gefahren aufmerksam zu machen, die aus seiner Sicht Interventionen zur Gefahrenabwehr veranlassen.

Im Beispielsfall hat aber auch der Mieter zu besorgen, dass sich künftig Beeinträchtigungen für den Mietgebrauch ergeben. Die Gefahr, dass sich aus einer Gebäudefassade größere Stuckteile lösen, kann sich für eine gewerblichen Nutzung nachteilig auswirken, wenn hierdurch etwa Kunden gefährdet werden oder unschöne und hinderliche Absperrungen erforderlich werden.

**5.** Das Formular behandelt im Weiteren die an den Vermieter gerichtete **Aufforderung zur Mängelbeseitigung.** Eine solche Aufforderung und eine In-Verzug-Setzung des Vermieters setzen allerdings voraus, dass der Vermieter dem Mieter gegenüber eine entsprechende Leistungspflicht hat. Solche Pflichten ergeben sich regelmäßig aus den Erhaltungs- und Instandsetzungspflichten im Rahmen von § 535 Abs. 1 BGB und den entsprechenden Gewährleistungspflichten. Diese Pflichten können entfallen, wenn der Vermieter die Erhaltungs- und Instandsetzungspflichten wirksam auf den Mieter abgewälzt hat. Dann ist der Mieter seinerseits zur Abhilfe verpflichtet (vgl. im Einzelnen Anm. 39 zu Form. A. VI. 1).

Dem Mieter ist zu empfehlen, mit der Mängelanzeige die konkrete Mitteilung zu verbinden, ob und in welcher Hinsicht er hieraus Beeinträchtigungen im Mietgebrauch herleitet. Dies vermittelt dem Vermieter die Dringlichkeit erforderlicher Mängelbeseitigung oder Gefahrenabwehr und lässt am Rechtsfolgewillen des Mieters keinen Zweifel.

**6.** Die **Fristsetzung zur Mängelbeseitigung** schafft die Verzugsvoraussetzungen im Sinne von § 536 a Abs. 1 3. Alt. BGB. Sie dient aber auch als **Abmahnung** im Sinne von § 543 Abs. 3 S. 1 BGB. wenn der Mieter bei unterbleibender Abhilfe kündigen will (zum Abmahnungserfordernis vgl. BGH NZM 2000, 496; 2007, 439; zur Entbehrlichkeit einer Abmahnung vgl. Anm. 2).

Im Verzugsfall kann der Mieter gemäß § 536 a Abs. 1 BGB unbeschadet der Rechte aus § 536 BGB vom Vermieter Schadensersatz verlangen. Zum erstattungsfähigen Schaden gehört auch der entgangene Gewinn (vgl. MünchKommBGB/*Häublein* § 536 a Rdn. 17 m. w. N.).

Eine Mahnung im Sinne von § 286 BGB setzt nicht notwendig eine Fristsetzung voraus (vgl. BGH NJW 1998, 2132). Eine Fristsetzung schafft indessen hinsichtlich der Leistungsbereitschaft des Vermieters am ehesten Klarheit.

# 5. Abmahnungsschreiben des Vermieters (§ 543 Abs. 3 BGB) wegen nicht gezahlter Kaution, Ausübung eines Zurückbehaltungsrechts an der Mietsache[1]

......

(Vermieter)

an

......

(Mieter)

Sehr geehrte(r) ......,

nach dem Mietvertrag vom ...... sind Sie verpflichtet, eine Mietsicherheit (Kaution) in Höhe von ...... EUR zu leisten. Die Einzahlung des vollen Kautionsbetrags hat nach dem Vertrag vor Mietbeginn und vor Übergabe der Mietsache zu erfolgen, und zwar bis zum ......

Andernfalls steht mir wegen der Übergabe der Mieträume ein Zurückbehaltungsrecht zu.[2]

Außerdem sieht der Vertrag vor, dass ich zur fristlosen Kündigung des Mietverhältnisses berechtigt bin, wenn Sie sich länger als zwei Wochen mit der Zahlung des Kautionsbetrags in Verzug befinden.[3]

Nachdem Sie die vertragliche Frist zur Zahlung der Mietkaution haben verstreichen lassen, ohne die Kautionssumme gezahlt zu haben, befinden Sie sich mit der Kautionsleistung ohne Weiteres in Verzug. Sie haben hierdurch in gravierender Weise gegen die sich aus dem Mietvertrag ergebenden Pflichten verstoßen.

Ich mache daher von dem mir zustehenden Zurückbehaltungsrecht an den Mieträumen Gebrauch und untersage Ihnen bis zu vollständigen Zahlung der Kaution, die Mieträume zu betreten oder in sonstiger Weise in Besitz und Gebrauch zu nehmen.

Außerdem werde die ich außerordentliche fristlose Kündigung des Mietverhältnisses erklären, falls der Verzug mit der Zahlung des Kautionsbetrags länger als zwei Wochen andauern sollte.[4]

Die Geltendmachung von Schadenersatzansprüchen behalte ich mir ausdrücklich vor.[5]

......

(Vermieter)

## Anmerkungen

**1.** Das Formular behandelt die Rechtsfolgen bei nicht vollständiger oder nicht fristgerechter Kautionsleistung. Besonderes Augenmerk sollte dabei dem Erfordernis sorgfältiger Vertragsgestaltung gewidmet werden, denn wenn ein Mieter bereits bei bzw. vor Vertragsbeginn die Mietsicherheit schuldig bleibt, kann für die weitere Vertragsabwicklung nur eine sehr ungünstige Prognose gestellt werden. Der Vermieter hat ein dringendes Interesse daran, sich vor unseriösen Vertragspartnern zu schützen.

**2.** Ob ein Verstoß des Mieters gegen die Pflicht zur Kautionszahlung für den Vermieter das Recht begründet, ein **Zurückbehaltungsrecht an der Mietsache** geltend zu machen (§ 273 BGB) und die Übergabe der Mietsache zu verweigern, hängt zunächst von den Regelungen im Mietvertrag ab. Wenn die Mietsicherheit nach den vertraglichen Bestimmungen auch noch nach Mietbeginn, d. h. nach Übergabe der Mietsache, fristgerecht erbracht werden kann (ggf. in mehreren Teilleistungen), kann die Übergabe nicht von der Kautionsleistung abhängig gemacht werden.

Wenn die Mietsicherheit noch vor Mietbeginn fällig ist und der Mieter mit der Sicherheitsleistung in Verzug gerät, bietet sich eine andere Situation dar. Ganz überwiegend wird dann ein Zurückbehaltungsrecht in Bezug auf die Mietsache angenommen (vgl. OLG Düsseldorf DWW 2006, 425; OLG Celle NZM 2003, 64; *Wolf/Eckert/Ball* Rdn. 699). Vom Vermieter geschuldete Vorleistungen, wie z.B. der Ausbau des Mietobjekts, können ebenfalls gemäß § 273 BGB zurückgehalten werden (vgl. BGH NZM 1998, 766; OLG Düsseldorf DWW 2006, 425; OLGR 1998, 93).

Der Vermieter, der die Kautionsleistung noch vor Übergabe der Mietsache geregelt wissen will, sollte daher besonderen Wert darauf legen, dass die Fälligkeits- und Verzugsvoraussetzungen im Mietvertrag so geregelt sind, dass er seine Rechte noch vor der Gebrauchsüberlassung zugunsten des Mieters wahren kann. Andernfalls droht bei unzuverlässigen Mietern ein langwieriges und kostenträchtiges Räumungsverfahren, das die bei säumigen Mietern drohenden wirtschaftlichen Risiken gravierend verschärft. Die Fälligkeit der Kautionszahlung sollte daher kalendarisch festgelegt sein, um auch ohne Mahnung den Zahlungsverzug zu begründen (§ 286 Abs. 2 Nr. 1 BGB). Der Verzugsbeginn sollte auch so frühzeitig feststellbar sein, dass noch vor Mietbeginn eine fristlose Kündigung ausgesprochen werden kann (vgl. dazu Anm. 3). Aus Gründen der Rechtssicherheit sollte das Zurückbehaltungsrecht im Vertrag ausdrücklich angesprochen werden (vgl. Form. A. VI. 1, Anm. zu § 10).

Gegenüber dem Kautionsleistungsanspruch des Vermieters besteht grundsätzlich **kein eigenes Zurückbehaltungsrecht des Mieters** (etwa wegen Mängeln der Mietsache). Die Sicherheitsleistung soll den Vermieter ohne Rücksicht auf einen Streit der Parteien über die Berechtigung von Gegenrechten des Mieters in Bezug auf dessen Vertragspflicht zur Zahlung der vereinbarten Miete schützen und ihm während und nach Beendigung des Mietverhältnisses eine erleichterte Durchsetzung seiner berechtigten Ansprüche aus dem konkreten Mietverhältnis gegen den Mieter ermöglichen (vgl. BGH NZM 2007, 401; OLG Karlsruhe Justiz 2007, 139; OLG Celle NJW-RR 1998, 585). Da die Sicherheitsleistung der Absicherung des Anspruchs des Vermieters auf künftige Leistungen dient, kann das Sicherungsinteresse auch schon vor Übergabe der Mietsache vorliegen. Mit dem Sicherungszweck der Kaution ist daher ein Zurückbehaltungsrecht des Mieters an der Kaution nach § 273 BGB in der Regel nicht zu vereinbaren (vgl. BGH a. a. O.).

**3.** Der Vermieter von Gewerberaum kann nach § 543 Abs. 1 BGB kündigen, wenn der Mieter die Kaution nicht zahlt und die Nichtzahlung auf Unvermögen beruht oder willkürlich erfolgt (vgl. BGH NZM 2007, 400; OLG Düsseldorf ZMR 1995, 438 = WuM 1995, 438; OLG München NJWE-MietR 1996, 127; WuM 2000, 304; NZM 2000, 908; OLG München NJW-RR 2000, 1251; OLG Celle ZMR 1998, 272). Dabei dürfte es für die Annahme eines Kündigungsverschuldens erforderlich sein, dass im rechtlichen Sinne ein **Verzug des Mieters mit der Kautionsleistung** vorliegt (§ 286 BGB); die bloße Nichtzahlung etwa einer ohne besondere Zahlungsfrist zu leistenden Kaution wird als Anknüpfungstatbestand für eine fristlose Kündigung nicht ausreichen (vgl. Bub/Treier/*Bub* II Rdn. 540 m. w. N.).

Die Kaution befriedigt regelmäßig ein legitimes **Sicherungsbedürfnis des Vermieters.** Die Nichtzahlung der Kaution stellt daher grundsätzlich eine erhebliche Vertragsverletzung dar. Der Vermieter kann jedenfalls im Bereich der Gewerberaummiete vor der Kündigung in der Regel nicht auf die Einklagung der Kaution verwiesen werden (vgl. BGH a. a. O.; Schmidt-Futterer/*Blank* Mietrecht 9. Aufl. § 543 BGB Rdn. 178 f. m. w. N.). Die Auffassung des OLG Düsseldorf (NJW-RR 1995, 1100), wonach die Nichtzahlung der Kaution allein nicht für eine Kündigung ausreichen soll, dürfte vor dem Hintergrund der neueren Rechtsprechung überholt sein.

Die Kündigung setzt nicht voraus, dass die Mietsache bereits übergeben ist. Vielmehr **kann der Vermieter auch schon vor der Übergabe kündigen,** wenn ihm der Vollzug des Mietverhältnisses mit Rücksicht auf das Verhalten des Mieters nicht zugemutet werden kann, etwa weil das Sicherungsbedürfnis des Vermieters durch das Verhalten des Mieters in erheblicher Weise tangiert wird (OLG Celle NZM 2003, 64; ZMR 2002, 505; OLG Düsseldorf ZMR 1995, 465; 1100; OLG München NJWE-MietR 1996, 127). Nach Auffassung des KG (GE 1999, 715) soll es genügen, wenn einer von mehreren Mietern erklärt, dass er zur Zahlung der Kaution außerstande sei, was angesichts der möglichen Leistungsfähigkeit und Leistungsbereitschaft anderer Mitmieter (als Gesamtschuldnern der Mietverbindlichkeit) sehr zweifelhaft sein dürfte.

Vorsorglich sollte der Vermieter die Kündigungsbefugnis vertraglich klarstellen. Bei der Gewerberaummiete können ohnehin über die gesetzlichen Tatbestände hinaus Kündigungsrechte formularmäßig niedergelegt werden (vgl. BGH WuM 1987, 317).

**4.** Die fristlose Kündigung erfordert gemäß § 543 Abs. 3 BGB grundsätzlich eine **Abmahnung,** falls nicht einer der gesetzlichen Ausnahmetatbestände vorliegt (zum Erfordernis der Abmahnung beim Verzug mit der Kautionszahlung vgl. OLG München NJW-RR 2000, 1251; a. A. zu § 554a BGB a. F.: KG GE 2005, 236). Das Formular versteht sich daher auch als Abmahnung im Sinne von § 543 Abs. 3 BGB.

**5.** Eine Vertragspartei, die die andere Partei durch eine Vertragsverletzung veranlasst, das Mietverhältnis fristlos zu kündigen, ist dem Kündigenden zum **Ersatz des durch die**

Kündigung entstandenen **Schadens** verpflichtet (vgl. BGH NZM 2000, 496; WM 1974, 345; BGHZ 95, 39).

Wenn der Mieter Tatsachen setzt, die den Vermieter zur außerordentlichen Kündigung des Mietverhältnisses berechtigen, setzt sich das **Kündigungsverschulden** in Bezug auf die hierdurch verursachten weiteren Schäden fort (vgl. z.B. BGH MDR 1985, 135 = NJW 1984, 2687; OLG Düsseldorf MDR 1996, 1006). Dies begründet u.a. die Pflicht des Mieters, dem Vermieter den durch **Mietausfall** bewirkten Schaden zu ersetzen. Der Vermieter kann in diesem Rahmen unter Abzug ersparter Aufwendungen – namentlich in Gestalt verbrauchsabhängiger Betriebskosten und unter Anrechnung anderweitiger Vorteile – die vertragliche Miete verlangen, und zwar bis zum Ende der vertraglichen Mietzeit (vgl. hierzu im Einzelnen Jendrek/*Borzutzki-Pasing*, Münchener Prozessformularbuch Mietrecht, Anm. 5 ff. zu Form. C. II. 11).

Dem Verwender kann auch ein Ersatzanspruch in Bezug auf nutzlos gewordene **Aufwendungen** zustehen. Eine gewisse schadensrechtliche Problematik wird zum Teil im Rahmen der zur Schadensermittlung anzuwendenden Differenzhypothese bei solchen Aufwendungen gesehen, die der Vermieter im Hinblick auf einen abgeschlossenen Vertrag gemacht hat und die durch dessen Nichterfüllung nutzlos werden, denn diese wären auch bei vertragstreuem Verhalten des Mieters entstanden (vgl. BGHZ 71, 234). Dennoch sieht der Bundesgerichtshof solche nutzlos gewordenen Aufwendungen als erstattungsfähig an, weil im Allgemeinen eine (widerlegbare) Rentabilitätsvermutung dahin gehend besteht, dass der enttäuschte Vertragspartner seine Aufwendungen durch Vorteile aus der vereinbarten Gegenleistung wieder erwirtschaftet hätte (vgl. BGH NZM 2000, 496; BGH WM 1975, 897; 1977, 1089; BGHZ 123, 96). Auch insoweit handelt es sich um die Anwendung der Differenzhypothese, wobei der (Nichterfüllungs-) Schaden in diesen Fällen nicht in den Aufwendungen als solchen liegt, sondern in dem Verlust der im Falle der Vertragserfüllung bestehenden Kompensationsmöglichkeit.

## 6. Abmahnungsschreiben des Vermieters (§ 543 Abs. 3 BGB) wegen Nutzung von Gewerberäumen zu Wohnzwecken[1]

......

(Vermieter)

an

......

(Mieter)

Sehr geehrte(r) ......,

aufgrund des Mietvertrags vom ...... haben Sie im Objekt ...... Gewerberäume zum Betrieb eines/r ...... angemietet. Dieser Vertragszweck ist in § ...... des Mietvertrags ausdrücklich [ggf.: als allein gestattete Nutzung] vorgesehen.[2]

Nunmehr habe ich festgestellt, dass Sie die Mieträume [ggf.: mit Familienangehörigen/anderen Personen] ohne mein Einverständnis [ggf.: auch] zu Wohnzwecken nutzen. Dies steht aufgrund folgender Gegebenheiten fest:

......

Die [ggf.: teilweise] Nutzung des Mietobjekts zu Wohnzwecken erfolgt in vertragswidriger Weise und beinhaltet eine gravierende Vertragsverletzung.[3] Ich bestehe auch weiterhin uneingeschränkt auf der Einhaltung des vertraglichen Nutzungszwecks.

Ich fordere Sie daher auf, den Wohngebrauch umgehend einzustellen und sich allein auf den vertraglichen Mietgebrauch zu Gewerbezwecken zu beschränken.

Sollten Sie dieser Aufforderung nicht Folge leisten, werde ich das Mietverhältnis außerordentlich fristlos kündigen.[4]

Außerdem behalte ich mir die Geltendmachung von Schadensersatzansprüchen vor.[5]

......
(Vermieter)

## Anmerkungen

**1.** Wenn einem Mieter ein Objekt ausschließlich zu bestimmten gewerblichen Zwecken überlassen wird, so umschreibt dies im Zweifel den alleinigen vertraglichen **Nutzungszweck.** Dieser Zweck wird um so eher anderen Gebrauchszwecken entgegen stehen, je eindeutiger der gewerbliche Charakter durch den Mietvertrag sowie durch Art und Umfeld des Mietobjekts (Lage, Ausstattung, vertragliche Gebrauchsregeln usw.) vorgegeben ist. In der Rechtspraxis finden sich jedoch nicht selten Fallgestaltungen, in denen der Mieter gleichwohl eine (teilweise) Umwidmung des Mietgebrauchs zu Wohnzwecken vornimmt. Bei bestimmten Berufsgruppen und Objektarten kann es zu einer **gemischten Nutzung zu gewerblichen Zwecken und zu Wohnzwecken** kommen, bei der zweifelhaft sein kann, ob sie vom vertraglichen Mietzweck gedeckt ist. Eine solche Mischnutzung kann etwa bei der Vermietung an kleingewerblich tätige Personen oder an freiberufliche Berufsanfänger („Wohnzimmerarchitekt, Wohnzimmeranwalt") zu streitigen Auseinandersetzungen führen. Das Formular behandelt die Rechtsfolgen, die sich aus einer vertragswidrigen Nutzung zu Wohnzwecken ergeben können.

**2.** Schon bei der Vertragsgestaltung sollte der Festlegung des vertraglichen Nutzungszwecks besonderes Augenmerk gewidmet werde. Je weiter und allgemeiner der Vertragszweck vertraglich umschrieben wird, um so freier ist der Mieter in seinem Entschluss, welchen Mietgebrauch er von den Mieträumen machen will (zur vertraglichen Festlegung des Nutzungszwecks vgl. Form. A. VI. 1 Anm. 6). Im Vertrag sollte aus Gründen der Vertrags- und Rechtssicherheit festgelegt sein, dass dem Mieter ohne das ausdrückliche Einverständnis des Vermieters keine andere Nutzung als die im Vertrag festgelegte gestattet ist. Dies gilt insbesondere dann, wenn der Vermieter (von Großobjekten) daran interessiert ist, ein ganz bestimmtes gewerbliches Umfeld zu schaffen und zu wahren (z. B. bei der Vermietung in Ärztezentren, Ladenpassagen usw.).

Wenn der Vertrag keine ausdrücklichen oder nur allgemein gefasste Vorgaben enthält, kann zweifelhaft sein, ob der Mieter, der ein Gewerbeobjekt (auch) zu Wohnzwecken nützt, vertragswidrig handelt und ob ihm wegen vertragswidrigen Gebrauchs gemäß § 543 BGB fristlos gekündigt werden kann. Nach dem OLG Hamburg (ZMR 1995, 120) ist im Wege der Vertragsauslegung zu ermitteln, ob eine Anmietung etwa zum Zwecke einer gemischten Nutzung als Büro und Wohnraum erfolgte. Das OLG Köln (NJWE-MietR 1996, 80 = ZMR 1996, 24) ist davon ausgegangen, dass ein gewerblicher Mieter, der Räume als Büro angemietet hat, in der Regel keinen vertragswidrigen Gebrauch von der Mietsache macht (§ 543 Abs. 2 Nr. 2 BGB), wenn er die Mieträume auch zu Wohnzwecken nutzt. Das OLG Köln (vgl. a. a. O. unter Anwendung von § 553 BGB a. F.) hat dabei – im Ansatz zutreffend – angenommen, dass die private Nutzung zwar einen vertragswidrigen Gebrauch darstelle, dass dies allein jedoch nicht für eine Kündigung ausreiche, weil diese zusätzlich eine gravierende Rechtsbeeinträchtigung auf Vermieterseite erfordere. Es fragt sich aber, ob eine solche Beeinträchtigung, die zur Unzumutbarkeit einer Vertragsfortsetzung führt, nicht durch die Ausübung des Wohngebrauchs indiziert sein kann.

Der Vermieter hat nämlich zumeist ein besonders dringendes Interesse daran, bei Gewerbeobjekten eine gemischte Nutzung und insbesondere eine alleinige Wohnraumnutzung auszuschließen, und zwar in erster Linie deshalb, um der Annahme einer **stillschweigenden Vertragsänderung auf Fortsetzung des Mietverhältnisses als Wohnraummiete** und hieraus folgenden Einwendungen zur Miethöhe (nach den Grundsätzen zur Wohnraummiete) vorzubeugen. Duldet der Vermieter den Wohngebrauch, kann dies im Streitfall zu der Annahme führen, dass sich der gewerbliche Mietvertrag im Wege konkludenter Vertragsänderung in einen Wohnraummietvertrag umgewandelt habe. Der Vermieter hätte dementsprechend zu gegenwärtigen, dass ihm die – weitgehend zwingenden – Mietpreisregelungen und Kündigungsschutzvorschriften nach Wohnraummietrecht entgegen gehalten würden.

So hat das LG Hamburg (vgl. NZM 1999, 464) einen Mietvertrag über Gewerberäume ohne Weiteres dem Recht zur Wohnraummiete unterstellt, wenn die Räume in tatsächlicher Hinsicht über lange Zeit als Wohnräume genutzt wurden und der Vermieter davon wusste. Es hat das für Wohnraummietverhältnisse geltende Kündigungsrecht angewendet. Der Vermieter kann geradezu in ein Dilemma geraten, wenn gewerbliche Mieträume mit seinem Einverständnis baurechtswidrig zu Wohnzwecken genutzt werden. In einem solchen Fall hat das LG Koblenz (WuM 1984, 132) eine Kündigungsbefugnis des Vermieters aus § 564 b BGB a. F. (§ 573 BGB n. F.) verneint, weil es seine Sache sei, öffentlich-rechtliche (Bau-) Genehmigungen beizubringen.

Eine Wohnraumnutzung kann auch deshalb fatale Folgen für den Vermieter haben, weil er im Falle einer etwaigen Duldungspflicht im Zuge der vertraglichen Gebrauchsgewährungspflichten mit unabsehbaren wirtschaftlichen Nachteilen rechnen muss. In einem ansonsten gewerblich genutzten Objekt (z. B. einem Bürohaus), das etwa nur zu bestimmten Zeiten geöffnet, beleuchtet und beheizt wird, würde schon die Anwesenheit eines einzigen Wohnraummieters einen hohen Organisations- und Kostenaufwand indizieren.

**3.** Da die Rechtsprechung eine erhebliche Vertragsverletzung fordert, die sich im vertragswidrigen Mietgebrauch verwirklicht (vgl. OLG Köln NJWE-MietR 1996, 80 = ZMR 1996, 24; vgl. auch LG Hamburg NZM 1999, 464), sollte schon im Mietvertrag unmissverständlich geregelt sein, dass allein der gewerbliche Nutzungszweck den Mietgebrauch definiert. Die Vertragsverletzung kann sich aber durch andere Beeinträchtigungen manifestieren, indem etwa ein ganz bestimmtes gewerbliches Umfeld gravierende Störungen erfährt oder sich aus dem Wohngebrauch spezielle Risiken und Nachteile ergeben. Solche Nachteile sollten im Abmahnschreiben aufgeführt werden.

**4.** Wenn der Mieter angemietete Gewerberäume vertragswidrig zu Wohnzwecken nutzt, kommt eine **fristlose Kündigung gemäß § 543 Abs. 1 BGB** in Betracht. Bei Gewerberaum ist § 543 Abs. 1 BGB für beide Vertragsparteien zwingend (vgl BGH NJW 1992, 2628; BGH ZMR 2008, 274). Vertragliche Änderungen und Ergänzungen zu den Kündigungsvoraussetzungen im Sinne von § 543 Abs 2 bis 4 BGB sind jedoch in den Grenzen der §§ 138, 242 und 307 BGB zulässig. Der Vermieter, der auf die Wahrung des gewerblichen Nutzungszweck besonderen Wert legt, kann sich daher im Bereich der Gewerberaummiete ein gesondertes vertragliches Kündigungsrecht ausbedingen.

Die fristlose Kündigung erfordert aber gemäß § 543 Abs. 3 BGB grundsätzlich eine **Abmahnung**, falls nicht einer der gesetzlichen Ausnahmetatbestände vorliegt (vgl. BGH NJW 2007, 2177). Das Formular versteht sich daher auch als Abmahnung im Sinne von § 543 Abs. 3 BGB.

**5.** Wenn ein Mieter zur fristlosen Kündigung Veranlassung gibt, führt das die Kündigung tragende Verschulden gemäß § 280 BGB zum **Schadensersatz**. Zu ersetzen ist der durch die Kündigung entstandene Schaden, und zwar bis zum Ende der vertraglichen Bindungsdauer, d. h. bis zum Ende der ordentlichen Kündigungsfrist. In diesem Rahmen können nutzlose Aufwendungen (vgl. BGH NJW 2000, 2342); Mietausfall, die Kosten der notwendigen Rechtswahrung (Anwaltskosten) und der Neuvermietung (inkl. der Nachmietersuche) zur Erstattung gestellt werden.

## 7. Abmahnungsschreiben des Vermieters (§ 543 Abs. 3 BGB) wegen unerlaubter Untervermietung[1]

......

(Vermieter)

an

......

(Mieter)

Sehr geehrte(r) ......,

aufgrund des Mietvertrags vom ...... sind Sie Mieter eines Ladenlokals im Objekt

......

Der Vertrag sieht in § ...... vor, dass Sie das Ladenlokal selbst zu betreiben haben und dass eine Untervermietung der Mieträume oder von Teilen hiervon nur mit meiner ausdrücklichen Erlaubnis gestattet ist. Eine Erlaubnis zur Untervermietung kann danach nur ausnahmsweise und nur bei Vorliegen so schwer wiegender Gründe verlang werden, dass die Versagung der Erlaubnis zur Untervermietung eine besondere Härte bewirken würde.[2]

Nunmehr habe ich feststellen müssen, dass Sie das Ladenlokal nicht mehr selbst gewerblich nutzen, sondern dass Sie die Mieträume ohne meine Erlaubnis Herrn/ Frau/der Firma ...... überlassen haben, der/die in den Mieträumen ein ...... betreibt. Dies steht aufgrund folgender Umstände fest:

......

Danach haben Sie das Ladenlokal unerlaubt untervermietet. Hierin liegt eine gravierende Vertragsverletzung.[3]

Ich bestehe auf der im Vertrag vorgesehenen Nutzung und fordere Sie auf, die vertragswidrige Nutzung umgehend zu beenden und jede Überlassung der Mieträume an Dritte zu unterlassen.

Ich weise Sie darauf hin, dass ich im Falle einer Fortsetzung der unerlaubten Untervermietung von dem Recht zur außerordentlichen fristlosen Kündigung des Mietverhältnisses Gebrauch machen werde.[4] Die Geltendmachung von Schadenersatzansprüchen behalte ich mir vor.[5]

......

(Vermieter)

*Schrifttum: Heintzmann,* Die gewerbliche Untermiete, NJW 1994, 1177; *Sonnenschein,* Inhaltskontrolle von Formularmietverträgen nach dem AGB-Gesetz, NJW 1980, 1713; *Schultz* Mietvertragsklauseln und AGB-Recht, ZMR 1987, 41; *Treier,* Rechtsprechung des BGH zum Gewerbe- und Wohnraummietrecht, DWW 1991, 254.

### Anmerkungen

**1.** Aus dem vertraglichen **Nutzungszweck** (Mietzweck) ergibt sich für den Mieter der Umfang seiner Gebrauchsberechtigung (vgl. §§ 538, 541, 543 Abs. 2 Nr. 2 BGB). Eine möglichst klare Festlegung des Mietzwecks ist für den Vermieter immer dann wichtig, wenn er ein besonderes Interesse daran hat, dem Mietgebrauch bestimmte Grenzen zu setzen. Zu den wesentlichen Grundsätzen der **Privatautonomie** gehört die Freiheit im Willensentschluss, mit wem ein Vertragsverhältnis begründet werden soll. Es bedeutet daher einen gravierenden Eingriff in ein Mietverhältnis, wenn der Mieter die Mietsache im Wege der Untervermietung einem vertragsfremden Dritten überlässt. Das Formular behandelt die Rechtsfolgen einer unerlaubten Untervermietung.

**2.** Eine ganz wesentliche Weichenstellung bei der Beurteilung der Frage, ob und unter welchen Voraussetzungen der Mieter an Dritte untervermieten darf, erfolgt durch die mietvertraglichen Vorgaben. Bei der Gewerberaummiete ist die Gestattung der (Teil-)Untervermietung allerdings nicht selten (vgl. hierzu die Anm. zu Form. A. VI. 2 § 21 und A. VII. 15). Die Untervermietung kann sogar den wesentlichen Vertragszweck umschreiben (z. B. Anmietung von Gaststätten durch Brauereibetriebe oder Automatenaufsteller zur Weitervermietung an Wirte). In solchen Fällen empfehlen sich konkrete Vereinbarungen zum Umfang gestatteter Untervermietung (vgl. dazu im Einzelnen Form. A. VI. 2 § 21; A. VI. 3 § 22; A. VI. 4 § 21; A. VII. 15 nebst Anmerkungen; zum Ersatzmieter vgl. Form. A. VI. 4 Anm. 16).

Derjenige Vermieter, der eine Untervermietung generell unterbinden will, hat nicht unerhebliche Schwierigkeiten bei der Vertragsgestaltung und bei der Durchsetzung von vertraglichen Regelungen, die eine Untervermietung verhindern sollen, zu gegenwärtigen. Dabei sind folgende Fallgruppen zu unterscheiden:

**Wenn der Mietvertrag sich nicht ausdrücklich zur Gestattung oder Versagung verhält**, hängt es vom **Vertragszweck** ab, ob dem Mieter eine Untervermietung gestattet ist. Geht der vertragliche Regelungszusammenhang erkennbar (aufgrund einer Vertragsauslegung) davon aus, dass der Mieter die Mietsache im Rahmen des vereinbarten Vertragszwecks selbst zu nutzen hat, besteht grundsätzlich kein Recht des Mieters zur Drittüberlassung. Ein Vermieter ist dann grundsätzlich nicht verpflichtet, einer Untervermietung zuzustimmen (§ 540 Abs. 1 BGB). Eine Verweigerung löst keine Schadensersatzpflicht des Vermieters aus, denn er begeht keine Pflichtverletzung (OLG Düsseldorf WuM 1993, 399). Als Ausgleich steht dem Mieter das Kündigungsrecht nach § 540 Abs. 1 S. 2 BGB zu.

Die formularmäßigen Gestaltungsmöglichkeiten für einen **Ausschluss der Untervermietung** sind eher kritisch zu beurteilen. Die Annahme, dass der Vermieter von Gewerberaum gänzlich frei darin sei, die Untervermietung zu gestatten oder nicht (vgl. *Gather* Mietrecht kompakt 4/2003, 55), wird, soweit es um das Verbot der Untervermietung unter gleichzeitigem Ausschluss des Sonderkündigungsrechts aus § 540 Abs. 1 S. 2 BGB geht, nicht zu teilen sein, denn sie geht an der Rechtspraxis vorbei. Eine Formularklausel, die das Kündigungsrecht des Mieters ausschließt, ohne dass ein wichtiger Grund in der Person des Untermieters vorliegt, verstößt nach überwiegender Meinung gegen wesentliche Grundgedanken der gesetzlichen Regelung und ist deshalb gemäß § 307 AGBG unwirksam ist (vgl. *Sonnenschein* NJW 1980, 1713; *Schultz* ZMR 1987, 41; *Treier* DWW 1991, 254; *Heintzmann* NJW 1994, 1177). Dies wird im Wesentlichen damit begründet, dass die Sonderkündigungsbefugnis einen gerechten Ausgleich der Interessen der Mietparteien in der Weise schaffe, dass das Verwendungsrisiko des Mieters durch die Möglichkeit einer dem Vermieter zumutbaren Untervermietung abgemildert werde, der dieser nur unter Inkaufnahme einer Vertragslösung durch den Mieter entgegentreten könne. Die Kündigungsmöglichkeit des Gesetzes wirke sich als Druckmittel aus, um berechtigten Interessen des Mieters zum Durchbruch zu verhelfen, so dass dieser durch den formularmäßigen Ausschluss unangemessen benachteiligt werde.

Soweit die Untervermietung formularmäßig von einer schriftlich zu erteilenden Zustimmung abhängig gemacht wird, soll dies nach dem BGH (vgl. BGH NJW 1991, 1750) auf Wirksamkeitsbedenken aus § 9 AGBG (jetzt: § 307 BGB) stoßen. Das ist – wenig überzeugend – damit begründet worden, dass ein Mieter, dem der Vermieter die mündliche oder stillschweigende Erlaubnis zur Untervermietung erteilt habe, durch eine Schriftformklausel von der Durchsetzung ihm zustehender Rechte abgehalten werden könne, zumal eine Schriftlichkeitsklausel von den Vertragsparteien ohne weiteres außer Kraft gesetzt werden könne (vgl. BGH a. a. O.). Das erscheint selbst für die Wohnraummiete nicht als zwingend, denn es ist anerkannt, dass die gewillkürte Schriftform (§ 127 BGB) ohne weiteres – formfrei und ggf. konkludent – abbedungen werden kann (vgl. BGH NJW 1991, 1751; BGH NJW 1968, 33).

Formularklauseln, mit denen sich der Vermieter den Widerruf einer erteilten Erlaubnis vorbehält, sind ebenfalls nach § 307 BGB unwirksam (vgl. zum früheren § 9 AGBG: BGH NJW 1987, 1692). Die dem Mieter erteilte Erlaubnis zur Untervermietung kann der Vermieter jedoch widerrufen, wenn der beabsichtigte Mietgebrauch durch den Untermieter dem (Haupt-) Mieter einen Kündigungsgrund liefern würde (vgl. *Gather* Mietrecht kompakt 4/2003, 55).

**3.** Auch wenn die formularvertraglichen Gestaltungsmöglichkeiten für einen kompletten Ausschluss der Untervermietung unter gleichzeitigem Ausschluss einer Kündigungsbefugnis des Mieters beschränkt sind (vgl. Anm. 2), so folgt hieraus nicht, dass der Mieter auch ohne die Zustimmung des Vermieters untervermieten dürfte. Wenn der Mieter die Mietsache ohne Erlaubnis des Vermieters anderen Personen überlässt, beinhaltet dies grundsätzlich einen **vertragswidrigen Gebrauch** im Sinne von § 543 Abs. 2 Nr. 2 BGB. Eigenmächtige Änderungen des vertraglich festgelegten Verwendungszwecks braucht der Vermieter nicht hinzunehmen (vgl. Palandt/*Weidenkaff* § 540 Rdn. 4 ff. und zu § 541 Rdn. 6).

Der **bloße Mitgebrauch der Miet- oder Pachtsache durch Dritte** beinhaltet dann keine Vertragswidrigkeit, wenn er sich im Rahmen des Vertragszwecks bewegt. Innerhalb vertraglicher Zweckbestimmung liegt eine gewerbliche Nutzung, wenn die Miet oder Pachträume von Geschäftspartnern und Personal bzw. von Kunden und Lieferanten mitbenutzt werden (vgl. Bub/Treier/*Kraemer* III. A Rdn. 1010 m. w. N.).

Allerdings lassen sich die Grenzen des vertragsgemäßen Gebrauchs gerade bei der Vermietung von Gewerberaum trotz entsprechender vertraglicher Vereinbarungen der Parteien oftmals nicht scharf bestimmen. Dies liegt darin begründet, dass zum einen vertragliche Regelungen zu diesem Punkt nicht immer hinreichend bestimmt sind und zum anderen darin, dass der gewerbliche Mieter nach Treu und Glauben (§ 242 BGB) u. U. eine Änderung des vereinbarten Verwendungszwecks verlangen kann. Das beurteilt sich im Einzelfall nach umfassender Abwägung der beiderseitigen Belange (vgl. dazu grundlegend BGH NJW 1984, 1031). Hierin kann für den Vermieter, der sich einem Untervermietungsverlangen des Mieters widersetzt hat und auf einer Nutzung durch den ursprünglichen Mieter besteht, ein erhebliches Prozessrisiko liegen.

**Bei grundsätzlich erlaubter Untervermietung** kann ebenfalls eine vertragswidrige Drittüberlassung vorliegen, wenn die Untervermietung nur unter bestimmten Einschränkungen oder Auflagen gestattet ist. Wenn die Untervermietung einen bestimmten Nutzungszweck voraussetzt (z. B. Modegeschäft in einer anspruchsvollen Ladenpassage), kann eine Untervermietung, die sich von diesem Vertragszweck löst (etwa wenn gegenüber dem vorstehend aufgeführten Beispiel nunmehr an einen Billiganbieter untervermietet wird), vertragswidrig sein. Die Berufung des Vermieters auf einen bestimmten Mietzweck ist grundsätzlich nicht treuwidrig (§ 242 BGB).

**4.** Wenn der Mieter angemietete Gewerberäume vertragswidrig untervermietet, kommt eine **fristlose Kündigung gemäß § 543 Abs. 2 Nr. 2 BGB** in Betracht.

Der Vermieter von Gewerberäumen, der seinem Mieter Untervermietung gestattet hat, kann das Mietverhältnis ebenfalls kündigen, wenn der Mieter nicht verhindert, dass der

Untermieter nochmals untervermietet. Er kann von sämtlichen Mietern und Untermietern Herausgabe der Räume verlangen (vgl. OLG Hamm NJW-RR 1992, 783).

Die fristlose Kündigung erfordert aber gemäß § 543 Abs. 3 BGB grundsätzlich eine **Abmahnung**, falls nicht einer der gesetzlichen Ausnahmetatbestände vorliegt (vgl. BGH NJW 2007, 2177). Das Formular versteht sich daher auch als Abmahnung im Sinne von § 543 Abs. 3 BGB.

**5.** Wenn ein Mieter zur fristlosen Kündigung Veranlassung gibt, verpflichtet ihn das die Kündigung tragende Verschulden gemäß § 280 BGB zum **Schadensersatz**.

Zu ersetzen ist der durch die Kündigung entstandene Schaden, und zwar bis zum Ende der vertraglichen Bindungsdauer, d. h. bis zum Ende der ordentlichen Kündigungsfrist. In diesem Rahmen können nutzlose Aufwendungen (vgl. BGH NJW 2000, 2342); Mietausfall, die Kosten der notwendigen Rechtsverfolgung (Anwaltskosten) und der Neuvermietung (inkl. der Nachmietersuche) zur Erstattung gestellt werden.

## 8. Abmahnungsschreiben des Vermieters (§§ 543, 569 BGB) wegen Störung des Hausfriedens (Betrieb eines störenden Unternehmens)[1]

......

(Vermieter)

an

......

(Mieter)

Sehr geehrte(r) ......,

aufgrund des Mietvertrags vom ...... haben Sie im Objekt ...... Räumlichkeiten zum Betrieb einer Gaststätte angemietet.[2] Diese Gaststätte ist von Ihnen zunächst als „Bistro B&W, Bier- und Weinbar" geführt worden. Mit Ausnahme gelegentlicher Ruhestörungen durch Gäste sind von diesem Gewerbebetrieb zunächst keine **erheblichen Störungen ausgegangen.**

Mir ist in jüngster Vergangenheit von unterschiedlichen Personen beschwerdeführend zugetragen worden, dass Sie die Nutzung der Gaststätte grundlegend geändert und einem bordellartigen Geschäftsbetrieb zugeführt haben. Dies ergibt sich aus folgenden Umständen:[3]

> Das Lokal heißt nunmehr „Sexy".
> Sie unterhalten eine Internet-Website (www.sexy.de), die für das Lokal u. a. mit dem Slogan wirbt: „Bei uns werden alle Männerwünsche wahr. Wir kennen keine Tabus."
> Die Nebenräume des Lokals sind als Séparées hergerichtet worden, die der Ausübung der Prostitution dienen.
> Auch der Bereich vor dem Lokal dient als Anlauf- und Kontaktstelle für Prostituierte, die auf dem Gehsteig in auffälliger Weise promenieren und Männer ansprechen.
> ......

Die geänderte Nutzung beinhaltet einen gravierenden Verstoß gegen wesentliche Pflichten aus dem Mietvertrag, denn sie bewirkt eine nachhaltige Störung des Hausfriedens. Dies gilt auch in Ansehung des Umstands, dass der Mietvertrag keine expliziten Maßregeln zur Ausgestaltung der Nutzung als Gaststätte enthält. Für diese Einschätzung sind folgende Gesichtspunkte maßgeblich:[4]

> Das Mietobjekt befindet sich seit jeher in einem bürgerlich geprägten Umfeld, das von Wohn- und Geschäftshäusern geprägt ist. Ein dem Prostitutionsmilieu verhafteter Betrieb wirkt sich daher als ausgesprochen störender Fremdkörper dar.

> Die Gaststätte wurde bislang und zunächst auch von Ihnen ausnahmslos als ein Lokal betrieben, das keine Nähe zum Prostitutionsmilieu hatte und von einem bürgerlichen Publikum frequentiert wurde.

> Wie Sie wissen, befinden sich im Objekt zwei weitere Ladenlokale, deren Betreiber sich bei mir über unmittelbar geschäftsschädigende Auswirkungen beschwert haben, weil Kunden sich weigern, sich dem nunmehr darbietenden belästigenden Umfeld auszusetzen. Die unmittelbare Nähe zur Prostitution wird von den Mietern als abstoßend und ekelerregend beanstandet.

> Die im Objekt wohnenden Privatmieter, die zum Teil minderjährige Kinder haben, haben sich bei mir nachdrücklich darüber beklagt, ihre Wohnungen nur nach einem Spießrutenlauf zwischen Prostituierten und Zuhältern erreichen zu können und mit einem Bordellbetrieb unter einem Dach leben zu müssen. Der zur Zeit herrschende Zustand wird von ihnen als unsittlich, jugendgefährdend und entwürdigend empfunden.

> Wegen der gravierenden Belästigungen haben mir Mieter bereits mit Minderungen des Mietzinses und mit Kündigungen gedroht, falls sich die Verhältnisse nicht umgehend ändern.

> ......

Ich fordere Sie auf, den vertragswidrigen und störenden Geschäftsbetrieb umgehend einzustellen und eine dem Hausfrieden und den Vertragszwecken entsprechende Nutzung der Mieträume auszuüben.

Sollten Sie dieser Aufforderung nicht Folge leisten, werde ich von dem Recht zur außerordentlichen fristlosen Kündigung des Mietverhältnisses Gebrauch machen. Ich behalte mir außerdem die Geltendmachung von Schadenersatzansprüchen vor.[5]

......

(Vermieter)

## Anmerkungen

**1.** Der **Hausfrieden** im Sinne von §§ 569 Abs. 2 BGB, der über § 578 Abs. 2 BGB S. 1 BGB auch für Gewerberäume gilt, umschreibt das Erfordernis gegenseitiger Rücksichtnahme, durch welches das Zusammenleben mehrerer Mieter in einem Objekt ermöglicht und erleichtert wird (vgl. KG BeckRS 2003, 30326902; Palandt/*Weidenkaff* § 569 BGB, Rdn. 12). Die Wahrung des Hausfriedens setzt keineswegs das Vorhandensein einer förmlich niedergelegten **Hausordnung** voraus, die bestimmte Verhaltensmaßregeln enthält. Der Verstoß gegen eine solche Hausordnung kann aber durchaus eine Verletzung des Hausfriedens bewirken.

Das Formular behandelt die Möglichkeiten der Rechtswahrung seitens des Vermieters, wenn es zu Störungen des Hausfriedens durch den Mieter kommt. Solche Störungen können aber auch dem Vermieter anzulasten sein, wenn dieser gegen das Gebot der

Rücksichtnahme verstößt. Außerdem wird im Formular der Versuch einer Abgrenzung zwischen einer Hausfriedensstörung und einem Mangel im Sinne von § 536 Abs. 1 BGB unternommen.

**2.** Ob das Verhalten des Vermieters oder eines Mieters eine Störung des Hausfriedens bewirkt, hängt maßgeblich vom **vertraglichen Nutzungszweck** ab. Der dem Formular zugrunde gelegte Beispielsfall (Aufnahme eines bordellartigen Geschäftsbetriebs durch den Mieter einer Gaststätte) zeichnet sich dadurch aus, dass der Vertragszweck – wie häufig anzutreffen – im Mietvertrag nicht klar definiert ist, sondern nur in allgemeiner Weise beschrieben wird („Betrieb einer Gaststätte"). Je allgemeiner der Nutzungszweck im Vertrag festgelegt ist, desto freier ist der Mieter grundsätzlich in seiner Entscheidung, wie er den Mietgebrauch im Einzelnen ausgestaltet. Von daher hat ein Vermieter, der in solchen Fällen eine bestimmte Nutzung beanstanden will, in verstärktem Maße wirtschaftliche und prozessuale Risiken zu befürchten, denn ein Verstoß gegen die sich unmittelbar aus dem Vertrag ergebenden Pflichten kann dann nicht ohne Weiteres festgestellt werden. Der Rückgriff auf die allgemeine Pflicht zur wechselseitigen Rücksichtnahme und auf Verletzungen des Hausfriedens birgt nicht unerhebliche Auslegungs-, Wertungs- und Abgrenzungsschwierigkeiten in sich. Von daher sollte bei der Vertragsgestaltung besonders darauf geachtet werden, den jeweiligen Mietgebrauch unmissverständlich festzulegen.

**3.** Das Vorliegen einer Störung des Hausfriedens erfordert die Darlegung eines Verstoßes gegen das (zumeist ungeschriebene) Gebot wechselseitiger Rücksichtnahme. Pflichten zur Rücksichtnahme auf den Vermieter und andere Mieter im Mietobjekt können sich unter mehreren rechtlichen Aspekten ergeben:

**Geschützt sind** sowohl die **Rechtsbeziehungen zwischen dem Mieter und dem Vermieter** als auch das i. d. R. nicht vertraglich ausgestaltete **Verhältnis zwischen einem Mieter zu anderen Mietern.** Im Verhältnis zum Vermieter bestimmt sich der Umfang erlaubten Mietgebrauchs nach dem Mietvertrag und dem darin vereinbarten Mietzweck und Verhaltensregelungen (vgl. hierzu bereits Anm. 2). Für deren Auslegung gelten die allgemeinen Regeln der §§ 133, 157 BGB. Außerdem sind die gesetzlichen Vorgaben zum Mietgebrauch heranzuziehen, insbesondere auch die aus den Kündigungsvorschriften ableitbaren Verhaltenspflichten (§§ 543, 569 Abs. 2 BGB).

Im Verhältnis zwischen den Mietern gelten mangels unmittelbarer vertraglicher Abreden die Grenzen, die sich aus Besitzschutzrechten (§§ 862, 906 BGB analog, vgl. dazu: OLG Düsseldorf OLGR 1997, 89) oder aus Deliktsrecht (§§ 823 ff. BGB) ergeben können (vgl. KG BeckRS 2003, 30326902). Ob sich Mieter untereinander auf eine im Mietvertrag des jeweils anderen enthaltene Hausordnung berufen können, ist umstritten (befürwortend: OLG München WuM 1992, 238; Palandt/*Weidenkaff* § 535 Rdn. 20 und 28; dagegen: *Horst*, Praxis des Mietrechts, 2003, Rdn. 959).

Eine Hausfriedensstörung i. S. d. § 569 Abs. 2 BGB kann sowohl in einem Verstoß des Mieters gegen Pflichten aus den vorgenannten Verhältnissen als auch in einer vom Vermieter zu verantwortenden Störung bestehen, d. h. es kann ein Eingriff in die Vertragsrechte des Vermieters erfolgen und auch ein solcher in die vertragsgemäßen Gebrauchrechte von Mietern (vgl. KG BeckRS 2003, 30326902; LG Berlin GE 2003, 670). Der Vermieter kann etwa dadurch den Hausfrieden verletzen, dass er an einen neuen Mieter vermietet, der ein störendes oder milieuschädigendes Gewerbe ausübt.

Die Frage, ob eine Störung des Hausfriedens durch den Vermieter oder einen Mieter zugleich (für einen anderen Mieter) einen **Mangel der Mietsache im Sinne von § 536 Abs. 1 BGB** beinhaltet, ist keiner generellen Festlegung zugänglich und im Einzelnen nur schwierig abzugrenzen. Eine genaue Festlegung, ob ein Mangel der Mietsache vorliegt, ist aber dann erforderlich, wenn der (andere) Mieter hieran eine Mietminderung im Sinne von § 536 Abs. 1 BGB knüpfen will.

Für die Frage, ob ein Recht zur fristlosen Kündigung besteht, bedarf es wegen des weit reichenden Gleichklangs von §§ 543 Abs. 2 Nr. 1, 569 Abs. 2 BGB im Zweifel keiner exakten Abgrenzung. Das Vorliegen eines Mangels beurteilt sich danach, ob der Mangel der Mietsache als solcher anhaftet und ob dadurch die Tauglichkeit der Mieträume der Kläger zum vertragsgemäßen Gebrauch mehr als nur unerheblich gemindert ist. Unter einem Mangel im Sinne von § 536 Abs. 1 BGB ist eine für den Mieter nachteilige Abweichung des tatsächlichen Zustandes der Mietsache von dem vertraglich geschuldeten zu verstehen, wobei sowohl tatsächliche Umstände als auch rechtliche Verhältnisse in Bezug auf die Mietsache als Fehler in Betracht kommen können. So können bestimmte äußere Einflüsse oder Umstände einen Fehler des Mietobjekts begründen. Erforderlich ist allerdings stets eine **unmittelbare Beeinträchtigung** der Tauglichkeit bzw. eine unmittelbare Einwirkung auf die Gebrauchstauglichkeit der Mietsache, wohingegen Umstände, die die Eignung der Mietsache zum vertragsgemäßen Gebrauch nur mittelbar berühren, nicht als Mängel zu qualifizieren sind (vgl. BGH NJW 2006, 899; 2000, 1714 m. w. N.).

In der Rechtspraxis herrscht eine eher **unübersichtliche Kasuistik bei der Frage, ob eine Hausfriedensstörung oder ein Sachmangel vorliegt.** Der BGH (vgl. NJW 2009, 664) hat den von einem gewerblichen Mitmieter beanstandeten Publikumsverkehr bei einer Agentur für Arbeit in einem als exklusiv angepriesenen Bürohochhaus nur unter dem Gesichtspunkt geprüft, ob ein Mangel der Mietsache vorliegt. Das KG (vgl. BeckRS 2003, 30326902) hat dagegen beim Betrieb eines sog. Swingerclubs auf eine Hausfriedensstörung abgestellt. Das OLG Köln (vgl. NJW-RR 1988, 12) hat aufgrund frei herumlaufender Hunde ebenfalls eine Hausfriedensstörung bejaht. Das OLG Düsseldorf (vgl. OLGR Düsseldorf 2008, 269) hat Störungen, die von einem Mitmieter ausgehen, unter dem Gesichtspunkt einer Hausfriedensstörung geprüft, dies aber ohne Weiteres einem Komplex von (Sach-) Mängeln untergeordnet. Das OLG Hamburg (vgl. OLGR Hamburg 2003, 136) hat ohne nähere rechtliche Differenzierung „Störungen" behandelt, die von einer Drogenberatungsstelle ausgegangen sein sollen. Das OLG Karlsruhe (vgl. OLGR Karlsruhe 2004, 517) hat eine außerordentliche Kündigung aus wichtigem Grund entsprechend § 626 BGB und § 242 BGB (also nicht nach 569 Abs. 2 BGB) angenommen, nachdem sich ein Mieter gewaltsam Zutritt in die an eine Konkurrentin überlassenen Mieträume verschafft hatte. Das OLG Dresden (vgl. NZM 2009, 703) hat die von einer Wohnung ausgehenden Geräuschbelästigungen (für eine Anwaltskanzlei) vornehmlich unter dem Aspekt hinreichender Schallisolierung und nicht unter dem Gesichtspunkt einer Störung des Hausfriedens geprüft, obgleich nach dem zugrunde liegenden Sachverhalt mutwillige Störungen im Streit standen.

Als **Abgrenzungskriterium** bei der Frage, ob eine Hausfriedensstörung oder ein Sachmangel vorliegt, können allenfalls folgende Gesichtspunkte dienen: Als Eigenschaften der Mietsache im Sinne von § 536 Abs. 2 BGB, die sich auch im Rahmen einer Mängelhaftung auswirken können, kommen neben der physischen Beschaffenheit auch die **tatsächlichen und rechtlichen Beziehungen des Mietgegenstands zu seiner Umwelt** in Betracht, die für die Brauchbarkeit und den Wert des Mietobjekts von Bedeutung sind (vgl. etwa BGH NZM 2006, 54). Damit werden grundsätzlich auch negative Einwirkungen erfasst, die sich in Gestalt von störenden Einflüssen auswirken, die nicht unmittelbar dem Leistungsaustausch zwischen den Mietparteien entstammen. Damit ein Mangel oder fehlende Eigenschaften vorliegen, müssen diese Beziehungen jedoch ihren Grund in der Beschaffenheit des Mietobjekts selbst haben und von ihm ausgehen, ihm auch für eine gewisse Dauer anhaften und nicht lediglich durch Heranziehung von Umständen in Erscheinung treten, die außerhalb der Mietsache liegen (vgl. BGH a. a. O.; BGH NJW 2000, 1714). Was indessen Eigenschaften oder Mängel sind, die dem Mietobjekt in vorstehendem Sinne anhaften, lässt sich schwerlich generell festlegen.

Die Annahme einer Hausfriedensstörung bedarf in jedem Falle konkreter **Feststellungen zu bestimmten störenden Verhaltensweisen** und zu den hiervon ausgehenden tatsächlichen Auswirkungen auf den Mietgebrauch (vgl. BGH NZM 2009, 124). Das Formular sieht daher zunächst eine Auflistung derjenigen Tatsachen vor, an welche die Annahme einer Störung anknüpfen soll (zu Letzterem vgl. Anm. 4).

**4.** Das Formular sieht in einem weiteren Schritt vor, von einem bestimmten tatsächlichen Verhalten das Vorliegen konkreter Beeinträchtigungen abzuleiten, aus denen sich eine rechtlich relevante Störung ergibt. Die aufgelisteten nachteiligen Auswirkungen dokumentieren dabei, dass sich aus einem störenden Mieterverhalten Nachteile für andere Mieter ergeben können (hier in Gestalt von Geschäftseinbußen bei gewerblichen Mietern und Belästigungen von Wohnungsmietern, die von einem bordellartigen Betrieb ausgehen können) und zugleich Nachteile für den Vermieter. Der Vermieter kann seinerseits, wenn er das Objekt selbst nutzt, im eigenen Wohn- oder Geschäftsgebrauch unmittelbar beeinträchtigt sein. Ihm drohen aber auch Nachteile dadurch, dass andere Mieter den Mietzins mindern oder das Mietverhältnis aufkündigen.

Im Beispielsfall liegt es eher auf der Hand, dass die Führung eines bordellartigen Betriebs in einem nicht milieugeprägten Umfeld gravierende Beeinträchtigungen mit sich bringen kann (zu einem sog. Swingerclub vgl. KG BeckRS 2003, 30326902).

Ob auch andere Änderungen im Mietgebrauch bzw. in der Vermietungspraxis rechtliche Konsequenzen zu tragen vermögen, bedarf sorgfältiger Gewichtung. Ohne besondere Absprachen kann aus der bloßen Vereinbarung einer deutlich über den örtlichen Spitzenpreisen liegenden Miete, auch vor dem Hintergrund eines das „einmalige Ambiente" und die „angenehme Atmosphäre" hervorhebenden Vermietungs-Exposés, noch keine Verpflichtung des Vermieters abgeleitet werden, einen bestimmten „Mietermix" oder ein bestimmtes „Milieuniveau" zu bewahren (vgl. BGH NJW 2009, 664). Dies gilt auch, soweit aus der Miethöhe hergeleitet werden soll, dass das Miet-Umfeld über dem Durchschnitt liegenden Anforderungen gerecht werden müsse, weil derartige Begriffe zu unbestimmt und einer Subsumtion nicht zugänglich sind (vgl. BGH a.a.O.). Ein Mieter hat grundsätzlich keinen Anspruch darauf, dass sich im Umfeld seiner Miträume nur Kunden oder Besucher anderer Mieter einfinden, die einer „gehobenen" Bevölkerungsschicht angehören oder sich durch ein angenehmes Erscheinungsbild und Verhalten auszeichnen (vgl. BGH a.a.O.).

Ein wesentlich beeinträchtigender Mangel liegt vielmehr erst dann vor, wenn sich daraus Unzuträglichkeiten oder Belästigungen ergeben, die sich konkret auf den Mieter bzw. seinen Betrieb auswirken (vgl. BGH a.a.O.). Solche Auswirkungen werden im Formular beispielhaft aufgelistet.

**5.** Die Wirksamkeit fristloser Kündigungen eines Gewerbemietvertrages, die nach dem 31. 8. 2001 ausgesprochen worden sind (also nach dem Inkrafttreten des Gesetzes zur Neugliederung, Vereinfachung und Reform des Mietrechts vom 19. 6. 2001, BGBl. I S. 1149), richten sich nach den §§ 543, 569 Abs. 2, 578 BGB.

Hiernach kann der Vermieter den Vertrag außerordentlich fristlos aus wichtigem Grund kündigen, wenn der Mieter den Hausfrieden so nachhaltig stört, dass dem Vermieter unter Berücksichtigung aller Umstände des Einzelfalls, insbesondere eines Verschuldens der Vertragsparteien, und unter Abwägung der beiderseitigen Interessen die **Fortsetzung des Mietverhältnisses bis zum Ablauf der Kündigungsfrist oder bis zur sonstigen Beendigung des Mietverhältnisses nicht zugemutet werden kann** (§§ 578 Abs. 2, 569 Abs. 2 BGB). Die Kündigung ist auch im Rahmen dieses Kündigungstatbestandes erst nach erfolglosem Ablauf einer zur Abhilfe bestimmten Frist oder nach erfolgloser Abmahnung zulässig. Das gilt – wie auch im Rahmen von § 543 Abs. 3 BGB – nicht, wenn eine Frist oder Abmahnung offensichtlich keinen Erfolg verspricht oder die sofortige Kündigung aus besonderen Gründen unter Abwägung der beiderseitigen Interessen gerechtfertigt ist. Das Formular versteht sich auch als **Abmahnung** im vorstehendem Sinne.

Nur ein **besonders schwerwiegender Verstoß des Mieters gegen die Hausfriedens-
pflichten** kann eine fristlose Kündigung rechtfertigen. Dies ergibt sich nicht nur aus der
Formulierung „nachhaltig", sondern auch aus dem Zusammenspiel mit § 573 Abs. 2
Nr. 1 BGB, der schon für eine ordentliche Kündigung einen nicht unerheblichen Pflicht-
verstoß verlangt. Dies folgt weiter aus dem Erfordernis der Unzumutbarkeit weiteren
Zuwartens bis zum Ablauf der Kündigungsfrist oder bis zur sonstigen Beendigung des
Mietverhältnisses. Es genügt daher weder eine bloß geringfügige noch eine kurze oder
einmalige Störung. Vielmehr muss in der Regel **Wiederholungs- oder Fortsetzungsgefahr**
bestehen; diese kann sich ebenso aus einem früheren gleichartigen Verhalten des Mieters
ergeben wie aus seinem Verhalten nach Ausspruch der Kündigung (vgl. KG BeckRS
2003, 30326902 m. w. N.).

Anders als bei § 554 a BGB a. F. **kommt es auf ein Verschulden des Mieters bei der
Hausfriedensstörung nicht an;** dieses ist aber bei den Zumutbarkeitserwägungen zu berücksichtigen (vgl. KG a. a. O.). Damit muss sich der Mieter die Störungen des Hausfriedens zurechnen lassen, die durch sein Verhalten verursacht worden sind und die adäquat
darauf zurückgehen.

Eine fristlose Kündigung ist nur dann gerechtfertigt, wenn dem Vermieter angesichts
der Hausfriedensstörung die Fortsetzung des Mietverhältnis bis zu einem Vertragsende
durch fristgerechte Kündigung oder Ablauf einer vereinbarten Frist nicht zumutbar ist.
Maßgeblich kommt es damit in diesem Zusammenhang auf die Folgen an, die ihn bei
der Fortsetzung des Mietverhältnisses treffen; dafür sind die Folgen, welche andere Mieter treffen, nur eher mittelbar von Bedeutung (vgl. KG BeckRS 2003, 30326902). Wenn
andere Mieter jedoch ihrerseits rechtliche Konsequenzen aus einer Störung des Hausfriedens ziehen und insbesondere die Miete mindern oder kündigen, bewirkt dies auf Seiten des Vermieters kündigungsrelevante Nachteile.

Eine **zur Kündigung berechtigende Hausfriedensstörung liegt dann nicht vor, wenn
der Vermieter** – ggf. stillschweigend – **sein Einverständnis mit den typischen Folgen** erklärt, die mit dem Betrieb eines bestimmten Gewerbes verbunden sind (zu einem sog.
Swingerclub vgl. KG BeckRS 2003, 30326902).

# 9. Aufforderung des Mieters zur Bereitstellung hinreichend
## klimatisierter Mieträume
### (zugleich Mängelanzeige, Abmahnung)[1]

......
(Mieter)

an

......
(Vermieter)

Sehr geehrte(r) ......,

aufgrund Mietvertrags vom ...... bin ich Mieter von Büroräumen im Objekt .......
Die Mieträume sind, wie sich schon seit den ersten Sommertagen dieses Jahres ge-
zeigt hat, nicht zum vertraglich vorausgesetzten Mietgebrauch geeignet. Dies ergibt
sich aus folgenden Umständen:[2]

> Die Räumlichkeiten sind an der Süd-/Westeite des Gebäudes gelegen und
> von daher in besonderem Maße der Sonneneinstrahlung ausgesetzt.

Sämtliche Räume verfügen über großflächige Fensterfronten, die überwiegend die gesamte Rumhöhe einnehmen. Die Fenster können – technisch bedingt – nicht geöffnet werden.

An sonnigen Tagen heizen sich die Mieträume übermäßig auf. Schon bei Außentemperaturen von wenig mehr als 20 Grad/C erreichen die Innentemperaturen 30 Grad und mehr. An Sommertagen mit einer Außentemperatur um 25 Grad steigt die Innentemperatur auf 35 Grad und mehr an. Bereits an ...... Tagen war in den Räumen in diesem Kalenderjahr eine Innentemperatur von 30 Grad und mehr zu verzeichnen.

Eine Klimatisierung der Räume ist mit zumutbarem Eigenaufwand nicht möglich. Ich habe sämtliche Fenster innen mit Sonnenschutzrollos ausstatten lassen. Damit lässt sich jedoch allenfalls eine geringe Verzögerung des Aufheizeffekts bewirken. Da die Aufwärmung des Objekts auf baulichen Gegebenheiten beruht (Gewächshauseffekt), erweisen sich bloße Sonnenschutzvorkehrungen im Innenbereich als schlechthin untauglich.

Die vertragsgemäße Nutzung der Mieträume zu Bürozwecken ist durch die beschriebene Situation wesentlich beeinträchtigt. Bei den genannten Innentemperaturen ist in den Mieträumen kein Arbeiten mehr möglich. Die arbeitsschutzrechtlichen Vorgaben der Arbeitsstättenverordnung sind nicht im Ansatz eingehalten. Der Aufenthalt in Räumen mit Brutschranktemperaturen ist gesundheitsgefährdend und unzumutbar. Ich habe meine Mitarbeiter schon an ...... Tagen vorzeitig nach Hause schicken müssen. Ein geordneter Arbeitsbetrieb ist dadurch ausgeschlossen.

Als Vermieter sind Sie gemäß § 535 Abs. 1 BGB verpflichtet, die Mieträume in einem zum vertragsgemäßen Gebrauch geeigneten Zustand zu überlassen und zu erhalten. Da der vertragsgemäße Gebrauch über ganz erhebliche Zeiträume hinweg stark beeinträchtigt bzw. unmöglich ist, weist die Mietsache einen gravierenden Mangel auf.[3] Außerdem bewirkt die Benutzung der extrem überhitzten Räumlichkeiten eine gravierende Gesundheitsgefährdung im Sinne von § 569 Abs. 1 S. 1 BGB.

Ich fordere Sie daher auf, umgehend für eine ausreichende Klimatisierung der Mieträume Sorge zu tragen und die vertragsgemäße Nutzung zu gewährleisten.[4]

Bis zur Herstellung eines vertragsgerechten Zustands werde ich die laufende Miete mindern, und zwar für jeden Tag, an dem Innentemperaturen ...... Grad/C übersteigen, um anteilige 75% und für jeden Tag, an dem Innentemperaturen ...... Grad/C übersteigen, um anteilige 100%.[5]

Außerdem weise ich darauf hin, dass erhebliche Beeinträchtigungen im vertragsgemäßen Gebrauch gemäß § 543 Abs. 2 Nr. 1 BGB ein Recht zur außerordentlichen fristlosen Kündigung des Mietverhältnisses begründen können. Von diesem Recht werde ich Gebrauch machen, wenn die vertragsgemäße Nutzung der Mieträume nicht innerhalb einer Frist von ...... Wochen gewährleistet ist. Die Geltendmachung von Schadensersatzansprüchen behalte ich mir vor.[6]

......
(Mieter)

## Anmerkungen

**1.** Büroräume sind oft in neuzeitlich gestalteten Hochhäusern angesiedelt, deren Fassaden z. T. komplett mit Glas verkleidet sind oder große Fensterflächen aufweisen. Dies kann dazu führen, dass sich das Gebäudeinnere bei Sommertemperaturen so stark aufheizt, dass der Mietgebrauch massiv beeinträchtigt ist. Das Formular behandelt einen solchen Fall, bei dem der Mieter sich insoweit auf einen Mangel der Mietsache sowie auf bestehende Gesundheitsrisiken beruft.

**2.** Überwiegend wird angenommen, dass die zur Ausübung eines Gewerbes vermieteten Räume, in denen auch Arbeitnehmer beschäftigt werden sollen, so beschaffen sein müssen, dass die Innentemperatur bei hohen Außentemperaturen nicht übermäßig übersteigt. Andernfalls kann ein **Mangel der Mietsache** vorliegen (§ 536 BGB). Außerdem kann eine zur Kündigung berechtigende **Gesundheitsgefährdung im Sinne von § 569 Abs. 1 S. 1 BGB** vorliegen.

Welcher Standard vom Vermieter hinsichtlich der klimatischen Verhältnisse in den Mieträumen zu gewährleisten ist, lässt sich nach den von der Rechtsprechung entwickelten Grundsätzen nur schwer eingrenzen (vgl. dazu im Einzelnen Anm. 3). Ob ein Sachmangel vorliegt, hängt maßgeblich davon ab, für welchen vertraglichen Nutzungszweck die Mieträume gedacht sind und welcher vertragliche Soll-Zustand von den Parteien vereinbart worden ist. Ein Mieter, der an bestimmte klimatische Gegebenheiten Rechtsfolgen knüpfen will, hat daher zunächst die vertraglichen Vorgaben und die tatsächlichen Abweichungen des Ist-Zustands vom Soll-Zustand darzulegen. Das Formular enthält dazu eine beispielhafte Auflistung.

**3.** Wann eine Mietsache wegen unzureichender Klimatisierung mangelhaft im Sinne von § 536 Abs. 1 BGB ist, wird unterschiedlich behandelt. Das OLG Rostock (vgl. NZM 2001, 425) hat angenommen, bis zu 32 Grad Außentemperatur dürfe die Innentemperatur nicht mehr als 26 Grad betragen, bei höheren Außentemperaturen müsse die Innentemperatur um 6 Grad geringer sein als die Außentemperatur. Einem Mieter ist nach dieser Rechtsprechung nicht zuzumuten, während der Sommermonate nachts, wenn sich niemand in den Gewerberäumen aufhält, zum Zwecke des Dauerlüftens die Fenster offen zu halten.

Auch andere Gerichte haben mit unterschiedlicher Ausrichtung angenommen, dass ein Mangel der Mietsache in einer lang andauernden Überhitzung von Räumen liegen kann (OLG Köln MDR 1993, 973; OLG Hamm NJW-RR 1995, 143; OLG Düsseldorf OLGR 1998, 277; OLG Rostock NJW-RR 2001, 802).

Zum **Betrieb eines Sonnenstudios** vermietete Räume hat der Vermieter so auszustatten, dass benachbarte Räume von Hitzeentwicklungen nicht vertrags- oder gesetzwidrig beeinträchtigt werden (vgl. OLG Düsseldorf ZMR 2001, 706).

Für den **Betrieb einer Drogerie** bzw. einer Parfümerie ist erforderlich, dass die Räume so beschaffen sind, dass hierin auch Mitarbeiter beschäftigt werden können (vgl. OLG Sachsen-Anhalt NJW-RR 2004, 299). In Bezug auf den zu wahrenden Standard hat sich das OLG Sachsen-Anhalt (vgl. a. a. O.) in konkret technischer Hinsicht festgelegt. Die Räumlichkeiten müssen danach den Anforderungen der Arbeitsstättenverordnung genügen. Nach § 6 der Arbeitsstättenverordnung müsse in Arbeitsräumen während der Arbeitszeit eine gesundheitlich zuträgliche Raumtemperatur vorhanden sein. Nach der diese Bestimmung konkretisierenden Arbeitsstättenrichtlinie müsse gewährleistet sein, dass in Arbeitsräumen bei Außentemperaturen bis zu 32° C die Innentemperatur 26° C nicht übersteige. Raumtemperaturen oberhalb dieser Gradzahl stellten zumindest dann einen Mangel der Mietsache dar, wenn die Überhitzung in einem „Standardsommer" lang andauernd sei (vgl. dazu auch OLG Düsseldorf OLGR 1998, 277). Bei einem langjährigen Mittelwert von rund 45 Tagen, an denen der Wert von 26° C überschritten werde, sei die

Grenze zur Gesundheitsgefährdung erreicht ist und die Überhitzung berechtige deshalb zur außerordentlichen Kündigung.

Der Annahme eines Sachmangels ist das OLG Frankfurt (vgl. NZM 2007, 330) mit beachtlichen Gründen kritisch begegnet, indem es mangels besonderer Zusicherungen des Vermieters keinen Mangel angenommen hat. Die Tauglichkeit von nicht klimatisiert vermieteten und den baurechtlichen Bestimmungen entsprechenden Büroräumen zum vertragsgemäßen Gebrauch soll danach durch sommerliche Hitze nicht eingeschränkt sein, so wie die Tauglichkeit von ohne Heizung vermieteten Räumen im Winter ebenfalls nicht durch Kälte eingeschränkt wird. Die Regelung der Innentemperatur ist danach vertraglich dem Mieter überlassen. Wenn der Vermieter eine Klimatisierung oder besondere Dämmung des Gebäudes nicht vertraglich zugesagt habe, besteht nach Auffassung des OLG Frankfurt (vgl. a. a. O.) auch keine Pflicht, das Überschreiten bestimmter Temperaturen in einem Objekt, dessen Zuschnitt dem Mieter von Anfang an bekannt war, zu verhindern. Auch das OLG Karlsruhe (vgl. MDR 2010, 564) hat keinen Mangel angenommen und die Einschlägigkeit der Arbeitsstättenverordnung bei einem Objekt aus den 20er Jahren des vorigen Jahrhunderts verneint.

Die Kasuistik in der Rechtsprechung zu der Frage, ob und ab welchem Zustand ein mangel vorliegt, zeigt auf, dass vertragliche Regelungen zur vertragsgemäßen Nutzung der Mietsache von besonderer Bedeutung sein können, denn je konkreter der vom Vermieter zu gewährleistende Mietgebrauch spezifiziert wird, desto eher wird – anders als vom OLG Frankfurt und vom OLG Karlsruhe (a. a. O.) angenommen – von der vertraglichen Pflicht des Vermieters auszugehen sein, diesen Gebrauch im Rahmen seiner Überlassungs- und Erhaltungspflichten zu ermöglichen.

**4.** Das Vorliegen eines Sachmangels berechtigt den Mieter zunächst, vom Vermieter gemäß § 535 Abs. 1 BGB die **Herstellung eines mangelfreien Zustands** zu verlangen. Ob der Vermieter sich demgegenüber auf einen unzumutbaren Mängelbeseitigungsaufwand berufen kann, wird allenfalls dem Anwendungsbereich von § 242 BGB zu unterstellen sein, denn die Erhaltungspflicht des Vermieters ist eine zentrale Leistungspflicht, die auch zu **Modernisierungsmaßnahmen** verpflichten kann (vgl. BGH NZM 2001, 686; BGH NJW 2005, 218).

**5.** Das Vorliegen eines Sachmangels berechtigt den Mieter ferner zur **Mietminderung** (§ 536 Abs. 1 BGB). Wie diese Minderung zu bemessen ist, lässt sich nicht generell festlegen, denn die Beeinträchtigungen durch Überhitzung unterliegen typischerweise wetterbedingten Schwankungen. Am ehesten kann man sich an den Grundsätzen zur Mietminderung beim Heizungsausfall orientieren, denn dieser Mangel stellt sich quasi als Gegenstück zur unzulänglichen Klimatisierung im Sommer dar (zum Ausfall der Heizung vgl. etwa die Nachweise bei Schmidt-Futterer/*Eisenschmid* § 536 Rdn. 226).

Das Formular versteht sich auch als **Mängelanzeige** im Sinne von § 536c Abs. 1 BGB, denn deren Unterbleiben stellt gemäß § 536c Abs. 2 Nr. 1 BGB die Minderungsbefugnis des Mieters in Frage.

**6.** Nach **§ 569 Abs. 1 S. 1 BGB** kann der Mieter kündigen, wenn ein zum Aufenthalt von Menschen bestimmter Raum so beschaffen ist, dass die Benutzung mit einer erheblichen **Gefährdung der Gesundheit** verbunden ist. Ein die Kündigung wegen Gesundheitsgefährdung rechtfertigender Mangel der Mietsache kann in einer lang andauernden Überhitzung von Räumen liegen (OLG Köln MDR 1993, 973, 974; OLG Hamm NJW-RR 1995, 143; OLG Düsseldorf OLGR 1998, 277; OLG Rostock NJW-RR 2001, 802). Der vorgenannte Kündigungstatbestand überschneidet sich sachlich mit dem aus **§ 543 Abs. 2 Nr. 1 BGB**, denn das **Vorliegen von Sachmängeln** kann den vertragsgemäßen Gebrauch vertragswidrig einschränken.

Der Wirksamkeit einer Kündigung steht nicht entgegen, dass sich der Mangel der **Überhitzung nur auf einen Teil der Gesamtmietfläche** bezieht (vgl. OLG Sachsen-Anhalt

NJW-RR 2004, 299). Erstreckt sich die Gesundheitsgefährdung nur auf einen Teil des Mietgegenstandes, greift das Kündigungsrecht aber nur dann ein, wenn dadurch die Nutzbarkeit des Mietobjekts im Ganzen erheblich beeinträchtigt ist (vgl. Schmidt-Futterer/*Eisenschmidt* § 569 Rdn. 9). Das wird aber im Zweifel schon immer dann der Fall sein, wenn der Mieter die Gesamtfläche benötigt und ein erheblicher Teil der Räume nicht nutzbar ist.

Die Kündigung ist sowohl im Rahmen des Kündigungstatbestandes aus § 569 Abs. 1 BGB als auch dem aus § 543 Abs. 2 Nr. 1 BGB erst nach erfolglosem Ablauf einer zur Abhilfe bestimmten Frist oder nach erfolgloser **Abmahnung** zulässig. Das gilt – wie auch im Rahmen von § 543 Abs. 3 BGB – nicht, wenn eine Frist oder Abmahnung offensichtlich keinen Erfolg verspricht oder die sofortige Kündigung aus besonderen Gründen unter Abwägung der beiderseitigen Interessen gerechtfertigt ist. Das Formular versteht sich auch als Abmahnung im vorstehenden Sinne.

Wenn der Vermieter die klimatisch bedingten Beeinträchtigungen praktisch nur durch den Einbau einer ggf. aufwendigen Klimaanlage bewerkstelligen kann, wird die Setzung einer hierfür auskömmlichen Frist erforderlich sein. Eine solche Frist kann ggf. ganz entbehrlich werden, wenn der Vermieter bereits jegliche Gewährleistungspflicht mit Entschiedenheit von sich gewiesen hat (vgl. Schmidt-Futterer/*Eisenschmid* § 543 Rdn. 65).

## 10. Mitteilung des Vermieters, dass keine Pflicht zur Durchführung von Schönheitsreparaturen nach Fristenplan besteht[1]

......

(Vermieter)

an

......

(Mieter)

Sehr geehrte(r) ......,

der Mietvertrag vom ...... über die von Ihnen genutzten Gewerberäume sieht in § ...... vor, dass Sie im Mietobjekt innerhalb folgender Fristen bestimmte Schönheitsreparaturen durchzuführen haben:

......

Nachdem das Mietverhältnis am ...... begonnen hat, würde zum ...... die erste im Mietvertrag geregelte Frist zur Durchführung von Schönheitsreparaturen ablaufen.

Nach der Rechtsprechung des Bundesgerichtshofs begegnen jedoch formularvertragliche Klauseln, die eine Renovierungspflicht innerhalb starrer Fristen vorsehen, auch im Bereich der Gewerberaummiete durchgreifenden Wirksamkeitsbedenken.[2]

Ich gehe daher davon aus, dass für Sie in dem vertraglich vorgesehenen Turnus keine verbindliche vertragliche Pflicht besteht, die vorgesehenen Schönheitsreparaturen durchzuführen. Mit Rücksicht hierauf mache ich Ihnen gegenüber keinen Anspruch auf Durchführung der fristgebundenen Renovierungsarbeiten geltend.[3]

Soweit Sie aus eigenem Entschluss [ggf.: entprechend den Ihnen vertraglich eingeräumten Befugnissen] davon Gebrauch machen wollen, das Mietobjekt zu renovieren und für Ihre betrieblichen Bedürfnisse herzurichten, weise ich vorsorglich darauf hin, dass dies nur auf Ihr eigenes Risiko und auf eigene Rechnung geschehen kann. Erstattungs- und Schadensersatzansprüche, die im Zusammenhang mit solchen Arbeiten stehen, werde ich daher nicht gegen mich gelten lassen.[4] Eine Befugnis, die Mieträume dem vertragsgemäßen Zustand und dem Vertragszweck zuwider nachteilig zu verändern, besteht nicht.

Falls Sie daran interessiert sein sollten, die vertraglichen Renovierungsklauseln neu zu regeln bzw. anzupassen, teilen Sie mir dies bitte mit.[5]

......

(Vermieter)

*Schrifttum: Kinne,* Aufwendungsersatzansprüche des Mieters bei unwirksamer Schönheitsreparaturklausel, Grundeigentum 2009, 358; *Lenkaitis/Löwisch,* Zur Inhaltskontrolle von AGB im unternehmerischen Geschäftsverkehr, ZIP 2009, 441; *v. Westphalen,* Wider einen Reformbedarf beim AGB-Recht im Unternehmerverkehr, NJW 2009, 2977.

## Anmerkungen

**1.** Dieses und die Formulare B. IX. 11 und B. IX. 12 befassen sich mit den Rechtsfolgen von Formularklauseln, die einer Inhaltskontrolle im Rahmen von § 307 BGB nicht standhalten. In der Praxis sind **Renovierungsklauseln mit starrem Fristenplan** (noch) häufig anzutreffen. Formularvertragliche Bestimmungen mit diesem Inhalt sind nach der jüngeren Rechtsprechung des BGH (vgl. dazu im Einzelnen Rdn. 2) im Zweifel unwirksam. Dies gilt auch für die Gewerberaummiete. Fordert ein Vermieter den Mieter gleichwohl zur turnusmäßigen Durchführung von Schönheitsreparaturen auf oder lässt er vermeintlich geschuldete Renovierungsleistungen auch nur zu, kann dies gravierende Nachteile für den Vermieter bewirken. Von daher erscheint es als ratsam, wenn der Vermieter von sich aus Einfluss darauf nimmt, dass aufgrund einer unwirksamen Renovierungsklausel keine Schönheitsreparaturen durchgeführt werden.

**2.** Im Anschluss an die Rechtsprechung des für die Wohnraummiete zuständigen VIII. Zivilsenats des Bundesgerichtshofs hat auch der XII. Zivilsenat für die Gewerberaummiete solche AGB, mit denen Schönheitsreparaturen nach einem „starren" Fristenplan auf den Mieter übertragen werden, für unwirksam erachtet, weil sie den Mieter mit Renovierungspflichten belasten, die über den tatsächlichen Renovierungsbedarf hinausgehen und dem Mieter eine höhere Instandhaltungsverpflichtung auferlegen, als sie den Vermieter ohne eine solche vertragliche Klausel treffen würde (vgl. grundlegend BGH VIII. Zivilsenat: NJW 2004, 2586; XII. Zivilsenat: NZM 2008, 890). Ausnahmen hat der VIII. Zivilsenat nur für solche AGB zugelassen, die eine Renovierung innerhalb bestimmter Fristen nur für den Regelfall vorsehen, diese aber vom tatsächlichen Erhaltungszustand abhängig machen (vgl. BGH NJW 2005, 3416; 2007, 3632). Knüpft die Vertragsklausel die Renovierungspflicht des Mieters dagegen an feste zeitliche Grenzen und spielt der Erhaltungszustand für die Verpflichtung keine Rolle, führt dies regelmäßig zur Unwirksamkeit der betreffenden Klausel (vgl. BGH NJW 2006, 1728; BGH WuM 2007, 260).

**Der XII. Zivilsenat hat die Rechtsprechung zur Wohnraummiete** – trotz kritischer Stimmen in Rechtsprechung und Literatur – **auch für die Gewerberaummiete übernommen,** weil die Unwirksamkeit nicht auf besonderen sozialen Aspekten der Wohnraummiete beruhe, sondern auf den allgemeinen Pflichten eines Vermieters und den Grenzen einer formularmäßigen Abänderung (vgl. BGH NZM 2008, 890; vgl. ferner OLG Düsseldorf NJW-RR 2005, 13; OLGR 2007, 199). Die im Allgemeinen geringere Schutzbedürftigkeit eines Geschäftsraummieters könne danach starre Fristen für die Durchführung der Schönheitsreparaturen nicht rechtfertigen. Ein geschäftserfahrener Unternehmer sei zwar als gewerblicher Mieter nicht in gleichem Maße schutzbedürftig wie ein Verbraucher als Wohnungsmieter. Diese Überlegung könne aber für die Befürwortung starrer Fristen zur Übertragung von Schönheitsreparaturen nicht greifen. Auch ein erfahrener gewerblicher Mieter gehe regelmäßig nicht davon aus, dass er die übernommenen Schönheitsreparaturen allein nach dem starren Zeitplan und völlig unabhängig vom Erhaltungszustand der Räume schulde. Selbst wenn der gewerbliche Mieter die zugrunde liegende Problematik erkenne, könne nicht ohne Weiteres unterstellt werden, dass ihm die örtliche Marktsituation die Abwehr einer solchen – seine gesetzlichen Rechte beschneidenden – Klausel ermögliche (vgl. BGH NZM 2008, 890; BGH NJW 2005, 2006).

Damit hat der BGH erneut zu einer deckungsgleichen Umsetzung von formularvertraglichen Grundsätzen gefunden, die – zunächst – nur für die Wohnraummiete entwickelt worden waren. Eine dem unternehmerischen Rechts- und Wirtschaftsbereich gerecht werdende Auslegung der §§ 305 ff. BGB, die den persönlichen Anwendungsbereich im Sinne von § 310 Abs. 1 BGB (auch im Hinblick auf internationale Geschäftsusancen) praxisnah ausfüllt, ist damit ferner denn je. In jüngerer Vergangenheit mehren sich daher die kritischen Stimmen, die eine grundlegende Revision des AGB-Rechts einfordern (zum Meinungsstand vgl. etwa die Darstellungen und die Nachweise bei *Lenkaitis/Löwisch* ZIP 2009, 441; *v. Westphalen* NJW 2009, 2977).

**3.** Im Formular ist lediglich der Verzicht auf die turnusmäßigen Schönheitsreparaturen nach Fristenplan vorgesehen. Es muss indessen davon ausgegangen werden, **dass ein unwirksamer Fristenplan im Zweifel das gesamte Klauselwerk zu Schönheitsreparaturen infiziert,** auch soweit es die Pflicht zur Endrenovierung betrifft (vgl. BGH NZM 2008, 890; BGH NJW-RR 2006, 84). Wenn im konkreten Einzelfall von der kompletten Unwirksamkeit der Renovierungs- und Abgeltungsklauseln auszugehen ist, wäre also zu prüfen, ob dies dem Mieter gegenüber nicht umfassend zu offenbaren ist.

**4.** Wenn der Vermieter den Mieter aufgrund einer unwirksamen Renovierungsklausel in Anspruch nimmt, drohen nach erfolgter Renovierung Regressansprüche des Mieters (zu den in Betracht kommenden Anspruchsgrundlagen vgl. *Kinne* GE 2009, 358). Das kann bis hin zu **Schadensersatzansprüchen aus § 280 Abs. 1 BGB** führen (vgl. dazu Form. B. IX. 12), wenn der Mieter vom Vermieter auf Renovierungsleistungen in Anspruch genommen wird, obwohl der Vermieter um die Unwirksamkeit der Klauseln weiß (was mittlerweile schon zu vermuten sein dürfte). Erleidet der Mieter dadurch Gewinneinbußen oder andere Schäden (z.B. durch einen Sturz von der Leiter), können sich entsprechende Schadensersatzpflichten des Vermieters ergeben.

Der Vermieter wird aber jedenfalls damit zu rechnen haben, dass er auf **Erstattung des Renovierungsaufwands** in Anspruch genommen wird. Ein solcher Anspruch ergibt sich allerdings nicht aus den Grundsätzen zur Geschäftsführung ohne Auftrag (§§ 677 ff. BGB). Der BGH hat (für die Wohnraummiete) klargestellt, dass ein Mieter, der aufgrund vermeintlicher vertraglicher Verpflichtung Schönheitsreparaturen vornimmt, damit kein Geschäft des Vermieters führt, das eine Anwendung der Vorschriften über die Geschäftsführung ohne Auftrag rechtfertigen könnte. Der Mieter wird in diesem Rahmen nur im eigenen Rechts- und Interessenkreis tätig. Der für eine Fremdgeschäftsführung erforderliche unmittelbare Bezug zum Rechts- und Interessenkreis des Vermieters fehlt auch dann, wenn die Renovierungsmaßnahmen zu einer Verbesserung der Mietsache führen und damit dem Vermögen des Vermieters zugute kommen (vgl. BGH NJW 2009, 2590 = NZM 2009, 541; BGHZ 54, 157, 160 f.; 61, 359, 363; 72, 151, 153; 82, 323, 330 f.; WM 2009, 790, Tz. 24). Mit der Vornahme von Schönheitsreparaturen will der Mieter eine Leistung erbringen, die rechtlich und wirtschaftlich als Teil des von ihm für die Gebrauchsüberlassung an der Wohnung geschuldeten Entgelts anzusehen ist (vgl. BGH NJW 2009, 2590 = NZM 2009, 541; BGHZ 92, 363; 101, 253; 105, 71, 79; BGH WM

1998, 2145; III 2 c; BGH NJW 2004, 2087; BGH WuM 2005, 50; 2002, 484). Vorstehende Grundsätze gelten ohne Weiteres auch für die Gewerberaummiete.

Der Mieter kann aber gegen den Vermieter einen **Bereicherungsanspruch** im Sinne von § 812 Abs. 1 S. 1 BGB haben. Da eine vom Mieter rechtsgrundlos erbrachte (Renovierungs-) Leistung nicht in Natur herausgegeben werden kann, hat der Vermieter nach § 818 Abs. 2 BGB Wertersatz zu leisten (zur Höhe des Wertersatzes vgl. die Anm. zu Form. B. IX. 11). Der Wertersatz ist nicht nach den Grundsätzen zum Ausgleich von Grundstücksverwendungen (vgl. dazu BGH NZM 2006, 15; 1999, 19) sondern daran auszurichten, ob der Vermieter aus einem erhöhten Ertragswert der Mietsache Mehrerlöse erzielen kann oder hätte erzielen können. Ein Ausgleich des ggf. gesteigerten Ertragswerts soll nach der Rechtsprechung des BGH in diesem Rahmen nicht einschlägig sein, weil die Leistung des Mieters darin bestanden hat, durch eine Werkleistung (Schönheitsreparaturen) ein für die Gebrauchsüberlassung vermeintlich geschuldetes Entgelt zu erbringen (vgl. BGH NJW 2009, 2590 = NZM 2009, 541 unter ausdrücklicher Ablehnung einer verbreiteten Gegenmeinung, vgl. die Nachw. a. a. O.).

**5.** Wenn Renovierungsklauseln insgesamt unwirksam sind, kann im Zweifel nur zu einer offenen Behandlung dieser Problematik geraten werden. Gerade im Bereich der Gewerberaummiete wird es nicht selten möglich sein, mit dem Mieter nachträglich zu vertraglichen Änderungsvereinbarungen zu gelangen, die – als Individualvereinbarungen – nicht der Inhaltskontrolle im Rahmen von § 307 BGB unterliegen. Anders als bei der Wohnraummiete führt allein die Unwirksamkeit von Renovierungsklauseln noch nicht zwingend dazu, dass nunmehr der Vermieter deckungsgleich zu denselben Leistungen herangezogen werden könnte, die der Mieter im Rahmen seines Gewerbebetriebs für sinnvoll oder sogar für notwendig hält. Die mit der Unwirksamkeit aufgelebten gesetzlichen Erhaltungspflichten aus § 535 Abs. 1 S. 2 BGB beziehen sich grundsätzlich nur auf die Ermöglichung des vertragsgemäßen Gebrauchs (vgl. BGH NJW 2007, 2394), der vom jeweiligen Vertragszweck abhängig ist (z. B. Betrieb eines Ladenlokals, einer Gaststätte usw.). Die insoweit erforderlichen (Grund-) Renovierungspflichten decken jedoch nicht zugleich (zumindest nicht zwangsläufig) die dekorativen Zusatzaufwendungen ab, die der Mieter aus eigenem unternehmerischen Entschluss heraus für wirtschaftlich sinnvoll hält, um seine gewerbliche Betätigung attraktiv und konkurrenzfähig zu gestalten. Hieraus werden sich nicht selten wirtschaftlich tragfähige Absprachemöglichkeiten ergeben, die nachträglich (wegen § 550 BGB unter Wahrung der Schriftform!) ergriffen werden sollten.

# 11. Bereicherungsanspruch des Mieters nach Durchführung nicht geschuldeter Schönheitsreparaturen[1]

......

(Mieter)

an

......

(Vermieter)

Sehr geehrte(r) ......,

der Mietvertrag vom ...... über die von mir genutzten Gewerberäume hat in § ...... vorgesehen, dass im Mietobjekt innerhalb bestimmter fester Fristen Schönheitsreparaturen durchzuführen waren und dass bei Rückgabe der Mietsache zusätzlich und unabhängig von den turnusmäßig zu erbringenden Renovierungsleistungen eine Endrenovierung erfolgen sollte.

Nachdem das Mietverhältnis vertragsgemäß [ggf. durch Ihre/meine Kündigung vom ......] zum ...... geendet hat, bin ich im Vertrauen auf die Gültigkeit der vertraglichen Regelungen in dem von Ihnen verwendeten Vertragsformular[2] von der Verpflichtung ausgegangen, zum Vertragsende die im Vertragsformular vorgesehene Endrenovierung durchführen zu müssen. Ich habe daher durch den Malerfachbetrieb ...... folgende Arbeiten ausführen lassen:

......

Hierfür habe ich insgesamt ...... EUR bezahlen müssen, wie anliegender Kopie der Rechnung vom ...... zu entnehmen ist.

Wie ich nunmehr nachträglich erfahren musste, sind nach der Rechtsprechung des Bundesgerichtshofs formularvertragliche Klauseln, die eine Renovierungspflicht innerhalb starrer Fristen vorsehen, auch im Bereich der Gewerberaummiete unwirksam.[3] Die Unwirksamkeit solcher Renovierungsklauseln führt zur Gesamtunwirksamkeit der formularvertraglichen Bestimmungen über die Abwälzung von Schönheitsreparaturen auf den Mieter.[4] Für mich hat daher auch keine Verpflichtung bestanden, die vertraglich vorgesehene Endrenovierung durchzuführen. Zu deren Ausführung bestand auch ansonsten keine Veranlassung, insbesondere keine solche, die etwa auf einen übermäßigen oder vertragswidrigen Mietgebrauch zurückzuführen wäre.

In vermeintlicher Erfüllung des Mietvertrags habe ich daher ohne rechtlichen Grund Leistungen erbracht, auf die Sie als Vermieter keinen Anspruch hatten.[5] Zu meinen Gunsten besteht daher nach der Rechtsprechung des Bundesgerichtshofs ein Bereicherungsanspruch in Höhe der üblichen Vergütung für die ausgeführten Renovierungsleistungen.[6]

Der mir in Rechnung gestellte Betrag entspricht der üblichen Vergütung. Bei der von mir beauftragten Firma ...... handelt es sich um einen eingeführten Fachbetrieb. Die Beauftragung erfolgte auf der Grundlage von ...... Kostenvoranschlägen, deren Einholung ich vor Auftragserteilung veranlasst hatte. Die von mir beauftragte Firma ...... hat das günstigste Angebot erteilt. Hierzu verweise ich auf die beiliegenden Angebotskopien.

Ich bitte um Erstattung des Rechnungsbetrags von ...... EUR bis zum ...... auf mein Konto ......

......
(Mieter)

## Anmerkungen

**1.** Das Formular knüpft thematisch an Formular B. IX. 10 an und behandelt die Rechtsfolgen bei formularvertraglichen Renovierungsklauseln mit starrem Fristenplan, die einer Inhaltskontrolle nach § 307 BGB nicht standhalten. Während Formular B. IX. 10 die Mitteilung des Vermieters an den Mieter beinhaltet, dass die im Vertrag vorgesehenen Schönheitsreparaturen nicht geschuldet seien, und damit Ersatzansprüchen des Mieters vorbeugen soll, geht es hier um die **Geltendmachung von bereicherungs-rechtlichen Erstattungsansprüchen des Mieters nach Durchführung von Renovierungsarbeiten**, denen keine wirksame vertragliche Verbindlichkeit zugrunde lag (zur Geltendmachung von weiter gehenden Schadensersatzansprüchen vgl. Form. B. IX. 12).

**2.** Bereicherungsansprüche gegen den Vermieter aufgrund unwirksamer AGB kommen nur dann in Betracht, wenn der Vermieter auch **Verwender** im Sinne von § 305 Abs. 1 BGB ist. Wenn dagegen – ausnahmsweise – der Mieter den Formularvertrag gestellt haben sollte, scheiden solche Ansprüche aus, denn nach dem Schutzzweck der §§ 305 ff. BGB kann sich der Verwender nicht zu seinen Gunsten auf die Unwirksamkeit von AGB berufen (zum Schutzzweck vgl. BGHZ 70, 310; 126, 332).

**3.** Im Anschluss an die Rechtsprechung des für die Wohnraummiete zuständigen VIII. Zivilsenats des Bundesgerichtshofs hat auch der XII. Zivilsenat für die Gewerberaummiete solche AGB, mit denen **Schönheitsreparaturen nach einem „starren" Fristenplan** auf den Mieter übertragen werden, für unwirksam erachtet, weil sie den Mieter mit Renovierungspflichten belasten, die über den tatsächlichen Renovierungsbedarf hinausgehen und dem Mieter eine höhere Instandhaltungsverpflichtung auferlegen, als sie den Vermieter ohne eine solche vertragliche Klausel treffen würde (vgl. grundlegend BGH VIII. Zivilsenat: NJW 2004, 2586; XII. Zivilsenat: NZM 2008, 890). Ausnahmen hat der VIII. Zivilsenat nur für solche AGB zugelassen, die eine Renovierung innerhalb bestimmter Fristen nur für den Regelfall vorsehen, diese aber vom tatsächlichen Erhaltungszustand abhängig machen (vgl. BGH NJW 2005, 3416; 2007, 3632). Knüpft die Vertragsklausel die Renovierungspflicht des Mieters dagegen an feste zeitliche Grenzen und spielt der Erhaltungszustand für die Verpflichtung keine Rolle, führt dies regelmäßig zur Unwirksamkeit der betreffenden Klausel (vgl. BGH NJW 2006, 1728; BGH WuM 2007, 260).

**4.** Die Unwirksamkeit einer Klausel über starre Renovierungsfristen führt praktisch stets zur **Gesamtunwirksamkeit der formularvertraglichen Regelungen über Schönheitsreparaturen**, weil die Übertragung der Schönheitsreparaturen auf den Mieter nach der Rechtsprechung des BGH nicht vom Umfang der durchzuführenden Schönheitsreparaturen zu trennen ist (vgl. BGH NZM 2008, 890; BGH NJW-RR 2006, 84; BGH NZM 2004, 653; BGH NJW 2003, 2899). Nur dann, wenn sich eine Formularklausel nach ihrem Wortlaut verständlich und sinnvoll in einen inhaltlich zulässigen und in einen unzulässigen Regelungsteil trennen lässt (sog. „blue-pencil-test"), ist die Aufrechterhaltung des zulässigen Teils rechtlich unbedenklich (vgl. BGH NZM 2008, 890; BGH NJW-RR 2006, 84). Zumeist lässt sich die Abwälzung von Schönheitsreparaturen aber nicht isoliert vom Umfang der durchzuführenden Arbeiten beurteilen. Wenn der Umfang in Gestalt einer starren Fristenregelung unwirksam ist, verbleibt für die Renovierungsverpflichtung des Mieters auch im Übrigen kein hinreichend bestimmter Rahmen. Ein Wegfall allein des Fristenplans lässt die formularvertragliche Endrenovierungspflicht nach der Rechtsprechung des BGH schon deshalb nicht unberührt, weil das zur Folge hätte, dass die Renovierungsvorschrift inhaltlich umgestaltet würde. Der Fristenplan bildet mit der Überwälzung der Schönheitsreparaturen eine Einheit, indem er den Umfang der Renovierungsverpflichtung konkretisiert. Bliebe die Klausel, soweit sie die Abwälzung der Renovierungspflicht im Allgemeinen und/oder die Pflicht zur Endrenovierung betrifft, nach Streichung eines unzulässigen Fristenplans bestehen, würde der Umfang der auf den Mieter übertragenen Renovierungsverpflichtung auf das gerade noch zulässige Maß zurückgeführt. Dies wäre jedoch nach der Rechtsprechung des BGH (vgl. BGH NZM 2008, 890; BGH NJW-RR 2006, 84; BGH NZM 2004, 653; BGH NJW 2003, 2899) eine **unzulässige geltungserhaltende Reduktion** der Formularklausel.

Wegen des inneren Zusammenhangs der mietvertraglichen Abwälzungsklauseln ist eine Gesamtregelung sogar dann unwirksam, wenn eine Regelung zur Abwälzung der Schönheitsreparaturen auf den Mieter und die für ihre Erfüllung maßgebenden starren Fristen in zwei verschiedenen Klauseln enthalten wären. Allein aus einer zulässigen Freizeichnung des Vermieters von den ihn treffenden gesetzlichen Renovierungspflichten würde sich ebenfalls noch keine Verpflichtung des Mieters zur Durchführung von Schönheitsreparaturen ergeben (vgl. BGH NZM 2008, 890; BGH NJW 2004, 3775).

Nach der Rechtsprechung ist ein formularmäßiger Fristenplan für die vom Mieter vorzunehmenden Schönheitsreparaturen auch dann starr und unangemessen benachteiligend im Sinne des § 307 BGB, wenn die Fristen nur durch die Angabe eines nach Jahren bemessenen Zeitraums, d.h. ohne weiteren Zusatz, bezeichnet worden sind. Außerdem verliert eine Klausel über die quotenmäßige Abgeltung begonnener Renovierungsintervalle ihre Wirksamkeit, wenn die vertragliche Regelung über die Abwälzung der Schönheitsreparaturverpflichtung auf den Mieter unwirksam ist (vgl. BGH NJW 2006, 1728; *Schach* jurisPR-MietR 11/2006, Anm. 3).

**5.** Wenn der Mieter in Erfüllung einer unwirksamen Renovierungsklausel Schönheitsreparaturen durchführt, kann er gegen den Vermieter einen **Bereicherungsanspruch** im Sinne von § 812 Abs. 1 S. 1 BGB haben. Dagegen ist kein Anspruch nach den Grundsätzen zur Geschäftsführung ohne Auftrag (§§ 677 ff. BGB) gegeben, weil ein Mieter, der aufgrund vermeintlicher vertraglicher Verpflichtung Schönheitsreparaturen vornimmt, damit kein Geschäft des Vermieters wahr nimmt (vgl. BGH NJW 2009, 2590 = NZM 2009, 541; BGHZ 54, 157; 61, 359; 72, 151; 82, 323; WM 2009, 790).

Da eine vom Mieter rechtsgrundlos erbrachte (Renovierungs-) Leistung nicht in Natur herausgegeben werden kann, hat der Vermieter nach § 818 Abs. 2 BGB Wertersatz zu leisten. Der Wertersatz ist nicht nach den Grundsätzen zum Ausgleich von Grundstücksverwendungen (vgl. dazu BGH NZM 2006, 15; 1999, 19) danach zu ermitteln, ob der Vermieter aus einem erhöhten Ertragswert der Mietsache Mehrerlöse erzielen kann oder hätte erzielen können. Ein Ausgleich des ggf. gesteigerten Ertragswerts soll nach der Rechtsprechung des BGH in diesem Rahmen nicht einschlägig sein, weil die Leistung des Mieters darin bestanden hat, durch eine Werkleistung (Schönheitsreparaturen) ein für die Gebrauchsüberlassung vermeintlich geschuldetes Entgelt zu erbringen (vgl. BGH NJW 2009, 2590 = NZM 2009, 541 unter ausdrücklicher Ablehnung einer verbreiteten Gegenmeinung, vgl. die Nachw. a.a.O.).

**6.** Bei rechtsgrundlos erbrachten Dienst- oder (nicht verkörperten) Werkleistungen bemisst sich der Wert der herauszugebenden **Bereicherung grundsätzlich nach dem Wert der üblichen, hilfsweise der angemessenen Vergütung** (vgl. BGH NJW 2009, 2590 = NZM 2009, 541; *Bamberger/Roth/Wendehorst*, BGB, 2. Aufl., § 818 Rdn. 30). Eine solche Bemessungsweise kann auch bei in der Mietsache verkörperten Werkleistungen geboten sein (vgl. BGH NJW 2009, 2590 = NZM 2009, 541; BGH WM 2001, 1766). Das ist insbesondere dann der Fall, wenn der vom Mieter herbeigeführte Dekorationserfolg dem entspricht, was der Vermieter sich vertraglich (durch eine Endrenovierungsklausel) ausbedungen hatte und im Zuge der Weitervermietung nutzen konnte. Dabei kommt es nicht entscheidend darauf an, ob und in welcher Höhe die Renovierungsleistung zu einer Wertsteigerung bei der Mietsache geführt hat. Wenn der Mieter zu marktgerechten Preisen einen Handwerker beauftragt hat, umschreibt dessen Vergütung den Bereicherungsanspruch. Das Formular enthält deshalb Ausführungen zur Ortsüblichkeit der Vergütung, die für die Renovierungsarbeiten zu entrichten war.

Es muss allerdings auch bei der Gewerberaummiete berücksichtigt werden, dass ein Mieter bei der Ausführung von Schönheitsreparaturen nicht selten von der Möglichkeit Gebrauch macht, Arbeiten in **Eigenleistung** zu erledigen oder sie durch Verwandte und

Bekannte erledigen zu lassen. Für die Wohnraummiete bemisst sich der Wert der Dekorationsleistungen dann üblicherweise nur nach dem, was der Mieter billigerweise neben einem Einsatz an freier Zeit als Kosten für das notwendige Material sowie als Vergütung für die Arbeitsleistung seiner Helfer aus dem Verwandten- und Bekanntenkreis aufgewendet hat oder hätte aufwenden müssen (vgl. BGH NJW 2009, 2590 = NZM 2009, 541; BGHZ 92, 363). Ob der Wert von erbrachten Eigenleistungen im Bereich der Gewerberaummiete höher liegen und den Wert erreichen kann, den der Mieter bei Beauftragung eines Handwerkers hätte aufbringen müssen, entzieht sich genereller Festlegung. Ein bis zur Höhe üblicher Handwerkerkosten reichender Ausgleich wird jedenfalls dann eröffnet sein, wenn die Ausführung der Schönheitsreparaturen zum selbständigen beruflichen Gewerbe des Mieters gehörte (was der BGH sogar bei der Wohnraummiete für möglich gehalten hat, vgl. BGH NJW 2009, 2590 = NZM 2009, 541).

Das Formular verhält sich zur Erstattung der Kosten für eine nicht geschuldete Endrenovierung. Die von der Rechtsprechung entwickelten Grundsätze sind jedoch nach diesseitiger Auffassung auch auf einen **Bereicherungsanspruch wegen nicht geschuldeter turnusmäßiger (Zwischen-) Renovierung** zu übertragen. Zwar ist in solchen Fällen keine Konstellation gegeben, bei welcher der Vermieter die Renovierungsleistungen im Zuge der Weitervermietung nutzen kann. Der Vermieter ist jedoch auch bei turnusmäßigen Renovierungsarbeiten während der laufenden Mietzeit zumindest dann ungerechtfertigt bereichert, wenn konkreter Renovierungsbedarf bestand. Bei einer unwirksamen Renovierungsklausel lebt nämlich die gesetzliche Erhaltungs- und Instandhaltungspflicht des Vermieters aus § 535 Abs. 1 S. 2 BGB auf mit der Folge, dass die vom Mieter ohne vertragliche Verbindlichkeit erbrachten Renovierungsleistungen eine entsprechende Entlastung des Vermieters bewirkt haben. Bei länger zurückliegenden Erstattungsansprüchen wegen turnusmäßiger Renovierungsleistungen gewinnt allerdings die **Verjährungsfrage** besondere Bedeutung (zur Verjährung bereicherungsrechtlicher Ansprüche im Mietverhältnis vgl. Palandt/*Sprau* vor § 812 Rdn. 24; Palandt/*Weidenkaff* § 548 Rdn. 10).

Ein Bereicherungsanspruch kommt auch dann in Betracht, wenn ein Mieter im Vertrauen auf eine bestimmte Vertragsdauer **wertsteigernde Investitionen** vornimmt. Dies gilt etwa für den Fall, dass ein Vermieter (infolge fristloser Kündigung) vorzeitig und nicht erst mit Ablauf der vertraglich vorgesehenen Mietzeit in den Genuss von wertsteigernden Aufwendungen des Mieters kommt (vgl. BGH NJW-RR 2006, 294 = NZM 2006, 15; BGH WM 1996, 1265; BGH NJW-RR 2001, 727). Der Umfang der Bereicherung richtet sich dann nicht nach der Höhe der Aufwendungen des Mieters und besteht auch nicht im Zeitwert der Investitionen oder der Verkehrswertsteigerung des Mietobjekts bei Rückgabe – und erst recht nicht zu einem früheren Zeitpunkt –, sondern allein in der Erhöhung des Ertragswerts, soweit der Vermieter diesen früher als vertraglich vorgesehen durch anderweitige Vermietung zu einem höheren Mietzins realisieren kann (vgl. BGH NJW-RR 2006, 294 = NZM 2006, 15; *Gerber/Eckert*, Gewerbliches Mietrecht, 5. Aufl. Rdn. 243; *Wolf/Eckert/Ball*, Handbuch des gewerblichen Miet-, Pacht- und Leasingrechts, 9. Aufl., Rdn. 1168). Diese Sicht knüpft maßgeblich an den Umstand an, dass der Vermieter ohne vorzeitige Beendigung des Mietverhältnisses nicht rechtsgrundlos bereichert wäre, weil der Mieter seine Investitionen dann – wie vorgesehen – hätte amortisieren können.

## 12. Schadensersatzanspruch des Mieters nach Durchführung nicht geschuldeter Schönheitsreparaturen[1]

......

(Mieter)

an

......

(Vermieter)

Sehr geehrte(r) ......,

der Mietvertrag vom ...... über die von mir genutzten Gewerberäume hat in § ...... vorgesehen, dass im Mietobjekt innerhalb bestimmter fester Fristen Schönheitsreparaturen durchzuführen waren und dass bei Rückgabe der Mietsache zusätzlich und unabhängig von den turnusmäßig zu erbringenden Renovierungsleistungen eine Endrenovierung zu erfolgen hatte.

Nachdem das Mietverhältnis vertragsgemäß [ggf. durch Ihre/meine Kündigung vom ......] zum ...... geendet hat, bin ich im Vertrauen auf die Gültigkeit der vertraglichen Regelungen in dem von Ihnen verwendeten Vertragsformular von der Verpflichtung ausgegangen, zum Vertragsende die im Vertragsformular vorgesehene Endrenovierung durchführen zu müssen. Auf Ihre Aufforderung vom ......, die Mieträume in renoviertem Zustand zurückzugeben, habe ich daher durch den Malerfachbetrieb ...... folgende Arbeiten ausführen lassen:

......

Zwecks Durchführung der Renovierungsarbeiten habe ich meinen in den Mieträumen geführten Geschäftsbetrieb, den ich ansonsten uneingeschränkt bis zur Räumung aufrecht erhalten habe, für ...... Tage vorzeitig schließen müssen. Eine Fortführung meines Gewerbebetriebs während der Durchführung der Schönheitsreparaturen war auch nicht teilweise möglich, da sämtliche Räumlichkeiten wegen der Renovierungsarbeiten nicht nutzbar waren.

Wie ich nunmehr nachträglich erfahren musste, sind nach der Rechtsprechung des Bundesgerichtshofs formularvertragliche Klauseln, die eine Renovierungspflicht innerhalb starrer Fristen vorsehen, auch im Bereich der Gewerberaummiete unwirksam. Die Unwirksamkeit solcher Renovierungsklauseln führt zur Gesamtunwirksamkeit der formularvertraglichen Bestimmungen über die Abwälzung von Schönheitsreparaturen auf den Mieter. Für mich hat daher auch keine Verpflichtung bestanden, die vertraglich vorgesehene Endrenovierung durchzuführen. Zu deren Ausführung bestand auch ansonsten keine Veranlassung, insbesondere keine solche, die etwa auf einen übermäßigen oder vertragswidrigen Mietgebrauch zurückzuführen wäre.

Durch die vorzeitige Schließung des Geschäftsbetriebs habe ich einen Schaden erlitten, und zwar in Gestalt eines zeitanteiligen Gewinnausfalls[2] in Höhe von ...... EUR, der sich für die ...... Tage vorzeitiger Geschäftsaufgabe wie folgt berechnet:

......

Zur Ermittlung des mir entgangenen Gewinns verweise ich auf folgende Unterlagen, denen Sie auch entnehmen können, dass ich meinen Betrieb auch im letzten Monat mit durchschnittlichen Umsätzen und Gewinnerwartungen fortgeführt habe:[3]

...... [Vorlage von Steuerunterlagen, bilanzmäßigen Auswertungen o. Ä.]

Den mir entstandenen Schaden haben Sie zu vertreten, denn Sie sind als gewerbsmäßiger Vermieter von diversen Gewerbemietobjekten mit der einschlägigen Rechtsprechung vertraut.[4] [Ggf.: Außerdem ist Ihnen die Unwirksamkeit die zugrunde liegende rechtliche Problematik aus früheren Prozessen/rechtlichen Auseinandersetzungen/Mieterschreiben usw. bekannt.] Durch die Anforderung und Entgegennahme der nicht geschuldeten Renovierungsleistungen haben Sie den mir entstandenen Gewinnausfall zurechenbar verursacht.

Ich bitte um Erstattung des mir entstandenen Schadens in Höhe von ...... EUR bis zum ...... auf mein Konto ......

......
(Mieter)


## Anmerkungen

**1.** Das Formular versteht sich als Variante der Formulare B. IX. 10 und B. IX. 11. Es behandelt die **Voraussetzungen von Schadensersatzansprüchen, wenn vom Mieter nicht geschuldete Renovierungsleistungen erbracht wurden.** Wegen der allgemeinen rechtlichen Vorgaben zu formularvertraglichen Renovierungsklauseln mit starrem Fristenplan, die einer Inhaltskontrolle nach § 307 BGB nicht standhalten, kann daher auf die Anm. zu den vorst. bezeichneten Formularen verwiesen werden. Die Anm. zu Formular B. IX. 10 sind im hier gegebenen Zusammenhang auch insoweit einschlägig, als es um die vertraglichen Regelungszusammenhänge geht (vgl. dort insbesondere Anm. 2 f.).

**2.** Der Vermieter begeht eine zum Schadensersatz verpflichtende **Vertragsverletzung, im Sinne von § 280 Abs. 1 BGB,** wenn er es zu vertreten hat, dass dem Mieter durch die Aufforderung zur Durchführung nicht geschuldeter Schönheitsreparaturen oder auch nur die stillschweigende Entgegennahme solcher Renovierungsarbeiten ein Schaden entsteht.

Die im Sinne eines angemessenen Interessenausgleichs gebotene Haftungsbegrenzung wird dabei durch das **Erfordernis des Vertretenmüssens (§ 280 Abs. 1 S. 2 BGB)** sichergestellt (vgl. BGH NZM 2009, 619). Zum Vertretenmüssen gehören sowohl Vorsatz als auch Fahrlässigkeit (§ 276 BGB). Nach § 280 Abs. 1 S. 2 BGB muss der Schuldner beweisen, dass er eine Pflichtverletzung nicht zu vertreten hat (vgl. BGH NJW 2009, 2298). Grundsätzlich hat der Mieter zwar als Schadensersatzgläubiger darzulegen und zu beweisen, dass den Vermieter eine Pflichtverletzung trifft und diese für den entstandenen Schaden ursächlich war (vgl. BGH NJW 1978, 2197). Jedoch bestimmt § 280 Abs. 1 S. 2 BGB (wie in ähnlicher Weise auch § 282 BGB a. F.) eine **Beweislastumkehr,** soweit es um das Vertretenmüssen der Pflichtverletzung geht. Die Grenze dieser Beweislastumkehr, die nicht nur das Verschulden im engeren Sinne, sondern auch die (objektive) Pflichtverletzung ergreift (vgl. BGH – XII. Zivilsenat – ZMR 2005, 520, 522), ist nach der Rechtsprechung des BGH danach zu bestimmen, in wessen Obhuts- und Gefahrenbereich die Schadensursache lag (vgl. BGHZ 126, 124, 129; BGH NJW 1994, 1880; vgl. auch MünchKommBGB/*Ernst* § 280 Rdn. 141). Nach denselben Grundsätzen ist der BGH auch bei einer Schadensersatzhaftung unter Mietern verfahren, wenn die genaue Ursache eines Brandes nicht aufgeklärt werden konnte (vgl. BGH ZMR 2005, 520).

Teilweise wird zwar die Auffassung vertreten, dass dann, wenn **die Haftung des Schuldners auf Vorsatz beschränkt** ist, es im Regelfall zunächst Sache des Gläubigers sei, die Umstände darzutun, die für den Vorsatz des Schuldners sprechen (vgl. MünchKomm-BGB/*Ernst*, § 280 Rn. 35 m. w. N.). Das ist jedoch mit der gesetzlichen Wertung des § 280 Abs. 1 Satz 2 BGB nicht vereinbar. Der Gesetzeswortlaut sowie Sinn und Zweck der Regelung sprechen gegen eine unterschiedliche Darlegungslast für vorsätzliches und fahrlässiges Verhalten. Der Bundesgerichtshof hat daher eine Differenzierung der Darlegungs- und Beweislast nach dem Verschuldensgrad ausdrücklich abgelehnt und entschieden, dass der Schuldner, der nur für Vorsatz oder grobe Fahrlässigkeit einzustehen hat, zu beweisen hat, dass beide Verschuldensgrade nicht vorliegen (vgl. BGH NZM 2009, 619; BGHZ 46, 260, 267). Daraus folgt, dass auch eine Differenzierung zwischen Vorsatz und einfacher Fahrlässigkeit im Rahmen des Entlastungsbeweises nicht zulässig ist (vgl. Soergel/*Wiedemann*, BGB, 12. Aufl., § 282 Rn. 14 m. w. N.). Es gibt auch keinen sachlichen Grund, dem Gläubiger ausnahmsweise die Darlegungslast aufzubürden. Ob vorsätzliches Handeln vorliegt, betrifft eine innere Tatsache des Schuldners, über die er ohne weiteres Auskunft geben kann, während sie dem Gläubiger verschlossen ist. Der Gläubiger kann lediglich Indizien anführen, aus denen sich der Vorsatz ergibt. Auch dies spricht dagegen, den Schuldner entgegen der gesetzlichen Wertung von ihm möglichen und zumutbaren Vortrag zu entlasten (vgl. BGH NZM 2009, 619).

**3.** Wirtschaftliche Schäden in Gestalt **entgangenen Gewinns** kommen insbesondere dann in Betracht, wenn der Mieter seinen Gewerbebetrieb zwecks Durchführung von Schönheitsreparaturen ganz oder teilweise schließen musste. Eine eher kurzfristige (ggf. vorzeitige) Schließung indiziert häufig die Schwierigkeit, den entgangenen Gewinn dem Umfang nach zu konkretisieren. Nach der ständigen Rechtsprechung des Bundesgerichtshofs erleichtert indessen § 287 ZPO dem Geschädigten nicht nur die Beweisführung, sondern auch die Darlegungslast. Steht der geltend gemachte Ersatzanspruch dem Grunde nach fest und bedarf es lediglich der Ausfüllung zur Höhe, darf die Klage grundsätzlich nicht vollständig abgewiesen werden, sondern **der Tatrichter muss den Schaden im Rahmen des Möglichen nach § 287 ZPO schätzen.** Zwar ist es Sache des Anspruchstellers, diejenigen Umstände vorzutragen und gegebenenfalls zu beweisen, die seine Vorstellungen zur Schadenshöhe rechtfertigen sollen. Enthält der diesbezügliche Vortrag Lücken oder Unklarheiten, so ist es in der Regel jedoch nicht gerechtfertigt, dem jedenfalls in irgendeiner Höhe Geschädigten jeden Ersatz zu versagen. Der Tatrichter muss vielmehr nach pflichtgemäßem Ermessen beurteilen, ob nach § 287 ZPO nicht wenigstens die Schätzung eines Mindestschadens möglich ist. Eine Schätzung darf erst dann gänzlich unterlassen werden, wenn sie mangels jeglicher konkreter Anhaltspunkte völlig in der Luft hinge und daher willkürlich wäre (vgl. BGH NJW-RR 2009, 1404; BGH WM 1992, 36 m. w. N.).

Ein Mieter, der nicht geschuldete Renovierungsleistungen erbracht hat, wird sich nach vorstehenden Grundsätzen im Zweifel damit begnügen können, den zur fraglichen Zeit durchschnittlich erwirtschafteten Gewinn darzulegen und dies durch aussagekräftige Unterlagen zu untermauern. Auf dieser Grundlage kann dann der Gewinnausfall für eine zeitweilige Betriebsschließung schätzweise hochgerechnet werden.

**Anderweitige Schäden** sind denkbar, wenn es anlässlich der Renovierungsarbeiten etwa zu **Unfällen** kommt, z. B. durch einen Sturz von der Leiter. Das bereits (in Anm. 2) behandelte Haftungselement des Vertretenmüssens ist jedenfalls dann erfüllt, wenn die durchzuführenden Arbeiten von vornherein objektiv gefahrgeneigt waren, etwa weil besonders große, schwer erreichbare oder technisch schwierig zu handhabende Anlagen zur Renovierung anstanden.

Ob auch in weiteren Fällen vom Vertretenmüssen auszugehen ist, entzieht sich einer generalisierenden Festlegung. Die Grenze der Beweislastumkehr im Rahmen von § 280

Abs. 1 S. 2 BGB, die nicht nur das Verschulden im engeren Sinne, sondern auch die (objektive) Pflichtverletzung ergreift (vgl. BGH ZMR 2005, 520), ist nach der höchstrichterlicher Rechtsprechung danach zu bestimmen, in wessen **Obhuts- und Gefahrenbereich** die Schadensursache gelegen hat (vgl. BGH NJW 2009, 142 = NZM 2009, 29; BGHZ 126, 124; BGH NJW 1994, 1880; vgl. auch MünchKommBGB/*Ernst* § 280 Rdn. 141). Wenn feststeht, dass als Schadensursache nur eine solche aus dem Obhuts- und Gefahrenbereich des Vermieters in Betracht kommt, muss dieser sich nicht nur hinsichtlich der subjektiven Seite, sondern auch hinsichtlich der objektiven Pflichtwidrigkeit entlasten (vgl. BGH a. a. O.; BGH ZMR 2005, 520).

**4.** Trotz der Beweislastverteilung zugunsten des Mieters (vgl. dazu Anm. 2) kann es zumindest prozessual ratsam sein, dass der Mieter, der seinen Vermieter auf Schadensersatz in Anspruch nimmt, Umstände darlegt, aus denen sich das Vertretenmüssen im Sinne von § 280 Abs. 1 S. 2 BGB ergibt. Ein Vermieter handelt grundsätzlich dann schuldhaft, wenn er in Kenntnis von der Unwirksamkeit einer Renovierungsklausel die Durchführung von Schönheitsreparaturen einfordert oder entgegen nimmt, denn er muss damit rechnen, dass ein Mieter infolge der nicht geschuldeten Arbeiten wirtschaftliche Nachteile und auch andere Schäden erleidet.

# C. Mietpreisänderung

## Preisfreier Wohnraum

## I. Mieterhöhung im Einzelfall nach Vereinbarung gemäß § 557 BGB

### 1. Vereinbarung[1] über Erhöhung der Grundmiete

Zwischen den Eheleuten …… als Vermieter[2] und den Eheleuten …… als Mieter, besteht seit dem …… ein Mietvertrag[2] im 2. Obergeschoss links des Hauses ……, bestehend aus 3 Zimmern, Küche, Diele, Bad/WC und dazugehörigem Kellerraum. Die Miete beläuft sich derzeit auf 600,– EUR zuzüglich 150,– EUR Betriebskostenvorauszahlung. Die Parteien vereinbaren,[4] dass die Miete ab dem ……[5] 730,– EUR beträgt, hinzu kommen die Betriebskostenvorauszahlungen in bisheriger bzw. künftig neu festzusetzender Höhe.

Miete und Betriebskostenvorauszahlungen sind durch den Mieter spätestens bis zum 3. Werktage des Monats im Voraus auf das bisherige Mietkonto zu zahlen.

Die Parteien vereinbaren des Weiteren, dass die neu vereinbarte Miete bis zum …… unverändert bleiben soll.

……, den ……                                             ……, den ……

Unterschrift Vermieter[6]                                 Unterschrift Mieter

### Anmerkungen

**1.** Während des Mietverhältnisses können die Parteien eine Erhöhung der Miete vereinbaren. Die Vorschrift dokumentiert den auch im Mietrecht – trotz zahlreicher Einschränkungen – Grundgedanken der Vertragsfreiheit. Die Vorschrift gilt für alle Wohnraummietverhältnisse mit Ausnahme der in § 549 Abs. 2 BGB beschriebenen Mietverhältnisse und Mietverhältnisse des öffentlich-geförderten Wohnungsbaues. Für die Wirksamkeit der Vereinbarung sind die allgemeinen Regelungen über Willenserklärungen §§ 136–144 BGB und Verträge §§ 145–157 BGB zu beachten, die allgemein bei der Wirksamkeit von Verträgen eine Rolle spielen wie beispielsweise Geschäftsfähigkeit, Vertretungsbefugnis etc. Die Vereinbarung muss von allen Vertragsbeteiligten gewollt und vollzogen werden, bei Personenmehrheiten also auch von diesen. Gibt einer der Beteiligten die Erklärung nicht nur in eigenem Namen, sondern auch als Vertreter für einen anderen ab, so ist dies ausdrücklich klarzustellen. Gegebenenfalls soll der andere Vertragspartner die Vorlage einer Vollmacht verlangen bzw. den zu Vertretenden gemäß § 177 Abs. 2 BGB zur Genehmigung auffordern. Grundsätzlich ist eine besondere Form für die Mieterhöhungsvereinbarung nicht vorgeschrieben. Schrift- oder Textformerfordernisse können sich jedoch aus den zwischen den Parteien ursprünglich im Vertrag getroffenen Vereinbarungen ergeben. Allerdings können derartige Vereinbarungen über eine Form oft durch mündliche Vereinbarungen aufgehoben werden, wobei in der mündlichen Vereinbarung über eine Mieterhöhung oft zugleich auch die Vereinbarung über die Aufhebung einer bestimmten Form gesehen werden kann. Zeitmietverträge nach § 575 BGB müssen, wenn sie für längere Zeit als 1 Jahr gelten sollen, in schriftlicher Form geschlossen werden, § 550 BGB. Bei einem solchen Vertrag ist die Schriftform auch bei der Mieterhöhungsvereinbarung einzuhalten, ansonsten gilt der gesamte Vertrag als auf unbestimmte Zeit abgeschlossen. Es besteht dann auch schon vor Ablauf der Frist eine Kündigungsmöglichkeit, § 550 BGB.

**2.** Handelt der **Vermieter als Unternehmer**, was regelmäßig bei der Vermietung von 10 und mehr Wohnungen der Fall ist, sind die Bestimmungen über das Haustürgeschäft gemäß §§ 312 ff. BGB zu beachten (LG Koblenz RE 9. 2. 1994, NJW 1994, 1418; BayObLG NJW 1993, 2121; LG Wiesbaden WuM 1996, 698). Ist also der Vertrag am Arbeitsplatz oder im Bereich der Privatwohnung des Mieters (es sei denn, der Mieter hat hierzu eingeladen), § 312 Abs. 1 S. 1 Nr. 1 BGB, anlässlich einer vom Vermieter durchgeführten Freizeitveranstaltung, § 312 Abs. 1 S. 2 Nr. 2 BGB oder im Anschluss an ein überraschendes Ansprechen in Verkehrsmitteln oder im Bereich öffentlich zugänglicher Verkehrsflächen, § 312 Abs. 1 S. 1 Nr. 3 BGB zu Stande gekommen, so steht dem Mieter ein Widerrufsrecht zu. §§ 312 ff. BGB sind grundsätzlich auch auf Wohnraummietverträge anzuwenden. Auf dieses Recht ist er im Vertrag hinzuweisen. In diesem Fall beträgt die Widerrufsfrist 2 Wochen. Spätestens 6 Monate nach Vertragsschluss erlischt das Widerrufsrecht.

**3.** Grundsätzlich ist eine Mieterhöhungsvereinbarung nur während des Bestehens eines Mietverhältnisses zulässig (Börstinghaus/Eisenschmidt/*Börstinghaus*, AK Neues Mietrecht, § 557 S. 240).

**4.** Die **Vereinbarung** darf sich **nur mit der Mieterhöhung** befassen. Andere Vereinbarungen, etwa über die Erleichterungen von Mieterhöhungsmöglichkeiten und damit Abweichungen von gesetzlichen Bestimmungen nach §§ 557a, 557b, 558 und 559 BGB sind dagegen wegen § 557 Abs. 4 BGB nicht wirksam. Die Vereinbarung über die Miethöhe unterliegt hingegen keinen Einschränkungen, sodass die Vereinbarung auch unabhängig von der Jahressperrfrist und der Kappungsgrenze zulässig und möglich ist (Schmidt-Futterer/*Börstinghaus* § 557 BGB Rdn. 48). Die Grenze der Mieterhöhungsvereinbarung ist allerdings erreicht, wenn die Voraussetzungen des § 134 BGB i.V.m. § 5 WiStG oder § 291 StGB vorliegen. Somit ist die Mieterhöhungsvereinbarung jedenfalls insoweit unwirksam, als die vereinbarte neue Miete 20% über der ortsüblichen Vergleichsmiete liegt wenn zugleich die Vereinbarung unter Ausnutzen eines geringen Angebots an Wohnraum zu Stande gekommen ist. Ein Überschreiten der 20%igen Wesentlichkeitsgrenze ist nur zulässig, wenn der Vermieter die höhere Miete durch laufende Aufwendungen rechtfertigen kann. Ansonsten vergleiche hierzu Form. C. VII. 4.

**5.** Die höhere Miete ist von dem Tage an, ab dem sie vereinbart wurde zu zahlen.

**6.** Wirken bei dem Abschluss einer Mieterhöhungsvereinbarung **Rechtsanwälte** mit, dann sollten diese unter Beachtung der Formalien eine Vergütungsvereinbarung gemäß § 4 RVG mit ihrem Mandanten abschließen. Ansonsten entsteht eine Geschäftsgebühr, 2300 VV, und, bei Zustandekommen der Vereinbarung, eine Einigungsgebühr gemäß 1000 VV. Der Gegenstandswert kann aus § 25 KostO entnommen werden. Liegt keine Befristung der Mieterhöhung vor, ist maßgebend der 3-jährige Betrag der Mieterhöhung. Ist die Miete für einen längeren Zeitraum als für 3 Jahre fest geschrieben, gilt dieser Zeitraum bei der Bemessung des Gegenstandswertes.

## 2. Mieterhöhungsvereinbarung[1] aus Anlass der Modernisierung

Zwischen den Eheleuten ...... als Vermieter und den Eheleuten ...... als Mieter, besteht seit dem ...... ein Mietvertrag im 2. Obergeschoss links des Hauses ......, bestehend aus 3 Zimmern, Küche, Diele, Bad/WC und dazugehörigem Kellerraum. Die Miete beläuft sich derzeit auf 600,– EUR zuzüglich 150,– EUR Betriebskostenvorauszahlung.

Die Vermieter beabsichtigen,[2] in der Wohnung verschiedene Modernisierungsmaßnahmen[3] durchführen zu lassen:

- Ausbau sämtlicher vorhandener Fenster (Einfachverglasung in Holzrahmen) und Einbau neuer Fenster (Thermopenverglasung in Kunststoffrahmen, Farbe weiß)
- Neueinrichtung des Badezimmers (Anbringung von Fliesen, Farbe weiß auf Boden und Wänden bis zu einer Höhe von 1,80 Meter, Erneuerung des WC-Topfes, Einbau eines Waschbeckens mit Standsäule, Einbau einer Duschtasse mit fester Duschabtrennung anstelle bisher vorhandener Badewanne, Erneuerung der Armaturen durch Einhebelmischarmaturen)
- Einbau einer Türfreisprecheinrichtung

Die Vermieter werden diese Arbeiten in den Monaten ...... bis ...... durchführen lassen.

Die Mieter erklären sich mit der Durchführung dieser Arbeiten ausdrücklich einverstanden und erlauben den Vermietern sowie den in deren Auftrag handelnden Personen (Architekten, Handwerkern) den Zutritt zur Wohnung zwecks Vorbereitung, Durchführung und Nachbesichtigung dieser Arbeiten. Die Mieter wissen, dass anlässlich der Arbeiten Beeinträchtigungen wegen des Baulärms und des Baudrecks aber auch wegen der zeitweiligen Nichtbenutzung des Badezimmers möglich sind.

Die Mieter dulden die Durchführung der Arbeiten auch dann, wenn sich die hier dargestellten Ausführungsfristen verzögern sollten.

Die Vertragsparteien sind sich darüber einig, dass die hier beschriebenen Modernisierungsarbeiten abgeschlossen sind, wenn die Fenster eingebaut sowie Badezimmer und Türsprecheinrichtung benutzt werden können, unbeschadet von noch etwaigen Restarbeiten oder Nacharbeiten wegen Mängelbeseitigung.

Mit Beginn[4] des Monats, der auf den Monat der Fertigstellung folgt, zahlen die Mieter eine Miete[5] von 750,– EUR zuzüglich Betriebskostenvorauszahlungen in bisheriger oder künftig festzulegender Höhe. Miete und Betriebskostenvorauszahlungen sind weiterhin monatlich im Voraus, spätestens am 3. Werktage eines jeden Monats auf das Konto des Vermieters einzuzahlen.

Die Parteien vereinbaren folgende Rücktrittsrechte:[6]

- Die Vermieter können von dieser Vereinbarung zurücktreten, wenn die Mieter, nachdem ihnen der Beginn der Modernisierungsmaßnahmen genannt wurde, sich weigern, die Arbeiten ausführen zu lassen bzw. dem berechtigten Personenkreis Zutritt zur Wohnung zu gewähren.
- Der Mieter kann zurücktreten, wenn mit den Arbeiten nicht binnen einer Frist von 6 Monaten, gerechnet ab heute, begonnen wurde.

Das Rücktrittsrecht kann allerdings erst dann ausgeübt werden, wenn dem jeweils anderen Vertragspartner zuvor eine Frist von mindestens 10 Tagen gesetzt wird unter Hinweis, dass nach Ablauf der Frist das Rücktrittsrecht ausgeübt wird. Sowohl die Fristsetzung wie auch der Rücktritt müssen schriftlich erfolgen und zu ihrer Wirksamkeit dem jeweils anderen Vertragspartner zugehen. Die Geltendmachung sämtlicher sonstiger Rechte[7] (gesetzliches Rücktrittsrecht, Minderungs- und Schadensersatzrechte) bleiben vorbehalten.

......, den ......

Unterschrift Vermieter

......, den ......

Unterschrift Mieter

## Anmerkungen

**1.** Wegen der **grundsätzlichen Voraussetzungen** für die Gültigkeit einer Mieterhöhungsvereinbarung, wegen Formvorschriften und Widerrufsmöglichkeiten vgl. Form. C. I. 1.

**2.** Anlass für eine Mieterhöhungsvereinbarung ist der oft **gemeinsame Wunsch der Vertragsparteien**, den Gebrauchswert der Wohnung zu erhöhen, insbesondere Energiesparmaßnahmen durchzuführen. Zugleich stellt sie für den Vermieter sicher, dass er nach Beendigung der Modernisierungsarbeiten eine höhere Miete erhält. Durch eine Mieterhöhungsvereinbarung können die Parteien den oft in formeller Hinsicht schwierigen Weg der Ankündigung derartiger Maßnahmen nach § 554 Abs. 2 und Abs. 3 BGB bzw., was die Mieterhöhung angeht, nach §§ 559, 559 a, 559 b BGB ersparen. Sofern dieser Wille auf beiden Seiten vorhanden ist, können sich die Parteien durch eine Mieterhöhungsvereinbarung den oft in formeller Hinsicht schwierigen Weg der Ankündigung derartiger Maßnahmen nach § 554 Abs. 2 und Abs. 3 BGB bzw., was die Mieterhöhung angeht, nach § 559 BGB, ersparen. Der Gesetzgeber lässt daher zu, dass die Mietvertragsparteien für diesen einmaligen Fall eine Mieterhöhungsvereinbarung nach Abschluss des Mietvertrages treffen. Zulässig ist es auch, im Rahmen dieser Vereinbarung die Rechte und Pflichten der Vertragsparteien, was die Modernisierungsmaßnahmen an sich angeht, zu regeln. Eine Vereinbarung, welche die Voraussetzungen der §§ 554, 559 BGB generell herabsetzt, ist hingegen nicht zulässig.

**3.** Die Vertragsparteien sollten bei der Erstellung der Vereinbarung **sehr genau beschreiben**, welche Modernisierungsmaßnahmen durch den Vermieter im Einverständnis mit dem Mieter durchgeführt werden. Art und Umfang der Arbeiten sollten so genau wie möglich beschrieben werden, damit es während der Arbeitsdurchführung nicht zu Verzögerungen wegen Missverständnissen kommt. Soweit dies möglich ist, sollten die Vertragsparteien auch im Vorfeld festlegen, wann welche Arbeiten ausgeführt werden, damit sich insbesondere die Mieter darauf einrichten können.

**4.** Die **Vereinbarung** regelt, ab wann die höhere Miete zu zahlen ist. Wichtig ist, dass dieser Zeitpunkt klar und eindeutig definiert ist. Es wird immer im Interesse des Vermieters sein, die höhere Miete spätestens dann zu erhalten, wenn die Arbeiten fertiggestellt sind, wobei sinnvollerweise der Termin der Fertigstellung nicht von etwaigen kleineren Restarbeiten abhängig gemacht werden sollte.

**5.** Ebenso ist die **Höhe der nach Fertigstellung zu zahlenden Mietzinses** eine Frage der Vereinbarung. Allerdings wird diese Höhe oft davon abhängen, in welchem Umfange der Vermieter in die Wohnung investiert, also welche Mittel er einsetzt. Dies kann, muss aber in der Vereinbarung nicht transparent gemacht werden.

**6.** Bei Abschluss einer Vereinbarung sollen die Parteien auch daran denken, dass es zu **Zeitverzögerungen** kommen kann, etwa weil der Mieter es sich anders überlegt und die Handwerker dann doch nicht in die Wohnung lässt oder, weil es in der Sphäre des Vermieters zu Verzögerungen kommt. Die hier vorgeschlagenen Rücktrittsrechte für beide Parteien stellen dieses Recht jeweils unter die Voraussetzung, dass ein konkreter Sachverhalt gegeben ist und setzen darüber hinaus auch noch eine vorherige Abmahnung voraus. Möglich ist auch, statt eines beiderseitigen Rücktrittsrechtes den Vertrag unter eine auflösende Bedingung zu stellen, etwa für den Fall, dass mit den Arbeiten bis zu einem bestimmten Termin nicht begonnen wurde. Aus Sicht des Vermieters ist auch daran zu denken, bei einer Vereinbarung die Möglichkeiten starker Preiserhöhungen in Betracht zu ziehen, wenn die Modernisierungsarbeiten nicht nahe liegend sondern erst zu einem späteren Zeitpunkt ausgeführt werden sollen.

**7.** Jede Regelung, die Minderungs- oder Schadensersatzansprüche der Mieter, etwa wegen Beeinträchtigungen während der Modernisierungsphase, verschlechtert, ist unwirksam. Gleichwohl sollte erwähnt werden, dass die wechselseitigen Ansprüche bestehen, damit auch der Vermieter im Falle eines vertragswidrigen Verhaltens des Mieters Schadensersatzansprüche geltend machen kann.

# 3. Mieterhöhungsvereinbarung[1] wegen Einbaus isolierverglaster Fenster in Altbauwohnungen[2] bei zusätzlicher Verpflichtung des Mieters zu verändertem Heizungs- und Lüftungsverhalten

Zwischen den Eheleuten ...... als Vermieter und den Eheleuten ...... als Mieter besteht seit dem ...... ein Mietvertrag im 2. Obergeschoss links des Hauses ......, bestehend aus 3 Zimmern, Küche, Diele, Bad/WC und dazugehörigem Kellerraum. Die Miete beträgt derzeit 600,– EUR zuzüglich 150,– EUR Betriebskostenvorauszahlung.

Die Vermieter beabsichtigen, in der Wohnung sämtliche Fenster sowie die Balkontür zu erneuern. Statt der vorhandenen Einfachverglasung mit Holzrahmen werden die Vermieter Fenster und Balkontür mit Thermopenverglasung in Kunststoffrahmen weiß einbauen.

Die Vermieter werden diese Arbeiten voraussichtlich im Zeitraum ...... durchführen lassen.

Die Mieter erklären sich mit der Durchführung dieser Arbeiten ausdrücklich einverstanden und erlauben dem Vermieter sowie den in deren Auftrag handelnden Personen (Architekten, Handwerkern) den Zutritt zur Wohnung zwecks Vorbereitung, Durchführung und Nachbesichtigung dieser Arbeiten. Die Mieter wissen, dass anlässlich der Arbeiten Beeinträchtigungen wegen Baulärms und des Baudrecks möglich sind.

Die Mieter dulden die Durchführung der Arbeiten auch dann, wenn die Ausführungsfristen sich verzögern. Die Parteien werden den Arbeitsbeginn dann möglichst einvernehmlich festlegen.

Mit Beginn des Monats, der auf den Monat der Fertigstellung der Arbeiten folgt, zahlen die Mieter eine Miete von 665,– EUR zuzüglich Betriebskostenvorauszahlungen in bisheriger oder künftig festzulegender Höhe. Miete und Betriebskostenvorauszahlungen sind weiterhin monatlich im Voraus, spätestens am 3. Werktage eines jeden Monats auf das Konto des Vermieters einzuzahlen.

Die Mieter wissen, dass nach Einbau der Fenster eine zusätzliche Wärmedämmung geschaffen wurde. Um zu verhindern, dass sich danach Feuchtigkeitsschäden durch Kondensat in der Wohnung bilden, verpflichten sich die Mieter, die Wohnung in ausreichendem Maße zu heizen und zu lüften. Die Mieter werden daher

• die Wohnung 2× täglich für 10 Minuten durchlüften,
• alle Räume, auch die Schlafräume, ausreichend beheizen,
• ihre Möbel so weit von der Wand stellen, dass zwischen Wand und Möbelstück eine Durchlüftung stattfinden kann.

......, den ......                                         ......, den ......

Unterschrift Vermieter                                    Unterschrift Mieter

### Anmerkungen

**1.** Das vorstehende Formular basiert auf dem **Form. C. I. 2**, sodass im Wesentlichen darauf verwiesen werden kann. Insbesondere besteht auch vorliegend die Möglichkeit, sich wechselseitige Rücktrittsrechte einzuräumen, falls Ausführungsfristen überschritten werden oder die Mieter ihrer Duldungsverpflichtung nicht nachkommen.

**2.** Das Formular berücksichtigt, dass bei Einbau von modernen Thermopenfenstern gerade in Altbauwohnungen, die bisher mit einfachverglasten Fenstern ausgestattet waren, eine **zusätzliche Wärmedämmung** entsteht. Hieraus können Feuchtigkeitsschäden resultieren, verursacht durch Kondensat. Die in der Raumluft enthaltene Feuchtigkeit kondensiert bei einfachverglasten Fenstern regelmäßig auf den Fensterscheiben, diese Fenster „beschlagen". Diese Feuchtigkeit kann dann relativ problemlos über Wasserschenkel beseitigt werden. Außerdem sind einfachverglaste Holzfenster in der Regel nicht so dicht, dass nicht eine gewisse automatische Durchlüftung vorhanden ist. Bei neuen, modernen Fenstern wird sich hingegen die Feuchtigkeit in der Raumluft nicht mehr auf den Fensterscheiben absetzen, sondern auf den dann kälteren Wandteilen, insbesondere an den Raumecken, den Fensterwangen oder an Wandstellen, die durch Möbel oder Vorhänge zugestellt sind. Diese Feuchtigkeit kann dann wiederum zu Schimmelpilzbildungen führen. Derartige Feuchtigkeitsschäden werden verhindert durch ein ausreichendes Beheizen und Lüften der Wohnung, insbesondere auch der Schlafräume, wobei auch darauf zu achten ist, dass alle Wandteile belüftet werden können; Gleiches gilt bei der Anbringung von Vorhängen oder sonstigen Wandverkleidungen. Derartiges setzt ein bestimmtes Wohnverhalten der Mieter voraus, auf welches diese tunlichst hinzuweisen sind.

## II. Mieterhöhung bei Vereinbarung einer Staffelmiete,[1] § 557a BGB

......
(Vermieter)

an

......
(Mieter)

Sehr geehrte(r) ......,

wie ich anhand meiner Bankauszüge feststelle, haben Sie sowohl im letzten Monat wie auch jetzt im ...... eine Grundmiete in Höhe von ...... EUR zuzüglich Betriebskostenvorauszahlungen in Höhe von ...... EUR auf das Mietkonto überwiesen. Ich erlaube mir, Sie darauf aufmerksam zu machen, dass aufgrund unserer Vereinbarungen im Mietvertrag die Grundmiete sich seit dem ......[2] um ...... EUR[3] auf ...... EUR erhöht hat. Ich möchte Sie also bitten, die höhere Miete ab sofort auf das Mietkonto zu überweisen und den bis jetzt entstandenen Rückstand von je ...... EUR für die Monate ......, insgesamt also ...... EUR, ebenfalls zu überweisen.

Schließlich möchte ich schon jetzt Sie darauf hinweisen, dass sich entsprechend unserer Vereinbarung im Mietvertrag die Miete am ...... des kommenden Jahres erneut um ...... EUR von ...... EUR auf ...... EUR erhöht.

......
(Vermieter)

### Anmerkungen

**1.** Die Verwendung des vorliegenden Formulars setzt die Vereinbarung einer Staffelmiete gemäß § 557a BGB voraus (vgl. hierzu Form. A. III. 4)

**2.** Da die Mieterhöhung immer zu den vereinbarten Terminen stattfindet, kann der Vermieter den Erhöhungsbetrag auch nachträglich fordern, dies natürlich nur in den Grenzen von Verwirkung und Verjährung. Der Mieter gerät jedenfalls ohne weitere Mahnung mit dem Erhöhungsbetrag ab dem vereinbarten Termin in Verzug.

**3.** Aus Gründen der Transparenz sollten im Aufforderungsschreiben die Vereinbarungen des Mietvertrages auch ziffernmäßig genau dargelegt werden. Ebenso ist es anzuraten, den Mieter, vorausgesetzt die vertraglichen Bestimmungen und Vereinbarungen sind so, schon auf das nächste Datum hinzuweisen, an dem sich die Miete erhöht. Dies ist allerdings für die Fälligkeit der jeweiligen Mietstaffel nicht erforderlich.

## III. Mietänderung bei Vereinbarung[1] einer Indexmiete, § 557b BGB

### 1. Schreiben[2] des Vermieters bei Steigerung des Index

......
(Vermieter)

an

......
(Mieter)

Sehr geehrte(r) ......,

für die von Ihnen bewohnte Wohnung ...... zahlen Sie seit[3] dem ...... eine unveränderte Miete von ...... EUR zuzüglich ...... EUR Betriebskostenvorauszahlungen. In dem zwischen uns geltenden Mietvertrag haben wir vereinbart, dass die Grundmiete durch den vom Statistischen Bundesamt ermittelten Verbraucherpreisindex bestimmt wird. Nach den mir vorliegenden Veröffentlichungen des Statistischen Bundesamtes betrug der Verbraucherpreisindex im ......, also in dem Monat, in dem die jetzige Miete festgelegt wurde, 115,3 Punkte. Seitdem, also in den folgenden 2 Jahren, hat sich der Index auf 119,5 Punkte erhöht.

Damit erhöht sich Ihre Miete gemäß nachstehender Berechnung[4] wie folgt:

$([119,5 : 115,3] \times 100) - 100 = 3,64\%$

Ihre Miete erhöht sich also von ...... EUR um 3,64% = ...... EUR auf ...... EUR. Ich darf Sie bitten, diese geänderte Miete ab[5] ...... zuzüglich Betriebskostenvorauszahlungen auf das Ihnen bekannte Mietkonto zu überweisen.

......
(Vermieter)

### Anmerkungen

**1.** Wegen der Vereinbarung einer Indexmiete vergleiche das Form. **A. III. 5.** Die Parteien können natürlich auch jederzeit während des Bestehens eines Mietverhältnisses die Geltung einer Indexmiete gemäß § 557b BGB vereinbaren. Die Vereinbarung muss allerdings schriftlich erfolgen. Besteht eine Indexmietvereinbarung so ist während deren Dauer eine Mieterhöhung gemäß § 558 BGB nicht erlaubt. Mieterhöhungen nach § 559 BGB wegen baulicher Veränderungen gelten nur dann, wenn der Vermieter sie nicht zu vertreten hat, also bei behördlichen Anordnungen.

**2.** Nach § 557b Abs. 3 BGB bedarf die Mietänderung einer Erklärung, die mindestens in Textform abgefasst sein muss. In der Erklärung muss die eingetretene Änderung des Preisindexes sowie die jeweilige Miete oder die Erhöhung in einem Geldbetrag angegeben werden.

**3.** Nach § 557b Abs. 2 Satz 1 BGB ist Voraussetzung für eine Mietänderung, dass die bisherige Miete 1 Jahr lang unverändert war. Die Frist berechnet sich mit dem Mietbeginn oder mit dem Zeitpunkt, zu dem die letzte Mieterhöhung eingetreten ist. Die Mietänderung tritt ein mit Beginn des übernächsten Monats, der auf den Zugang der Mietänderungserklärung des Vermieters folgt, § 557b Abs. 3 S. 3 BGB. Aus der Gesetzesformulierung folgt eindeutig, dass somit die Mietänderungserklärung dem Mieter schon vor Ablauf der Jahresfrist des § 557 Abs. 2 S. 1 BGB zugehen kann. Die Jahresfrist des § 557b Abs. 2 BGB ist, anders als die Frist des § 558 Abs. 1 S. 2 BGB, keine Sperrfrist, nach deren Ablauf überhaupt erst das Mieterhöhungsverlangen zulässig ist, sondern die Bestimmung des Termins, an dem die Mieterhöhung frühestens fällig werden kann.

**4.** Da der Verbraucherpreisindex in Punkten wiedergegeben wird, muss jedenfalls anhand der folgenden Berechnung die Steigerung der Punkte in eine prozentuale Steigerung umgerechnet werden. Die Formel lautet: ([Neuer Indexstand : Alter Indexstand] × 100) – 100 = Änderungen in Prozent.

**5.** Nach § 557b Abs. 3 S. 3 BGB ist die geänderte Miete mit Beginn des übernächsten Monats nach Zugang der Erklärung zu entrichten. Eine rückwirkende Mietänderung ist damit ausgeschlossen.

## 2. Schreiben des Mieters bei Absenken des Index

......
(Mieter)

an

......
(Vermieter)

Sehr geehrte(r) ......,

in dem Mietvertrag über die von mir bewohnte Wohnung haben wir uns darauf verständigt, dass die Höhe der Miete durch den Verbraucherpreisindex,[2] so wie er vom Statistischen Bundesamt ermittelt wird, bestimmt wird. Unter Hinweis auf eingetretene Indexerhöhungen haben Sie vor 2 Jahren, also im ...... die Miete von ...... EUR auf ...... EUR erhöht. Dieser Erhöhung lag eine Indexsteigerung auf 125 Punkte im ...... zu Grunde.

Aus den aktuellen Veröffentlichungen des Statistischen Bundesamtes entnehme ich nun, dass der Verbraucherpreisindex nunmehr auf 119,6 Punkte gesunken ist. Nach der nachfolgenden Formel ([125/119,6] × 100) – 100 ist dies eine Absenkung des Index um 4,52%. Um diesen Prozentsatz verändert sich somit auch die Miete, d.h. von ...... EUR um ...... EUR auf ...... EUR. Diese veränderte Miete werde ich ab dem Beginn des übernächsten Monats zuzüglich Betriebskostenvorauszahlungen an Sie überweisen.

......
(Mieter)

## Anmerkungen

**1.** Die Anmerkungen zu dem **Form. C. III. 1** gelten gleichermaßen auch bei einem Absenken des Lebenshaltungskostenindex. Dies gilt insbesondere auch für die Form, den Inhalt und den Termin, ab dem sich die Miete ändert.

**2.** Sinkt die Miete durch Indexveränderungen unter die Ausgangsmiete bei Mietvertragsabschluss, führt dies nicht zu einer Herabsetzung der dem Vermieter übergebenen Mietsicherheit. Maßstab für die höchstzulässige Sicherheit ist die Mietvereinbarung im Zeitpunkt der Kautionsvereinbarung (Schmidt-Futterer/*Blank* § 551 Rdn. 61). Hiervon ausgenommen sind die Fälle des § 5 WiStG.

## IV. Mieterhöhung bis zur ortsüblichen Vergleichsmiete,[1] § 558 BGB

## 1. Mieterhöhungsverlangen[2] unter Verwendung eines einfachen Mietspiegels, § 558 c BGB

......

(Rechtsanwalt)

an

......

(Mieter)

Sehr geehrte(r) ......,[3]

ich zeige Ihnen hiermit an, dass ich die Interessen Ihres Vermieters,[4] ......, vertrete. Das Original der auf mich lautenden Vollmacht, wodurch ich berechtigt bin, die nachfolgenden Erklärungen abzugeben, füge ich diesem Schreiben bei.

Sie bewohnen im Hause meines Mandanten ...... seit nunmehr 10 Jahren die im 2. Obergeschoss rechts gelegene Wohnung, bestehend aus 3 Zimmern, Küche, Diele, Bad/WC, Loggia und dazugehörigem Kellerraum. Mitvermietet ist auch ein Stellplatz vor dem Haus. Für diese Wohnung, die insgesamt 82 Quadratmeter groß ist, zahlen Sie seit mehr als 1 Jahr[5] eine unveränderte Miete von 540,– EUR und 140,– EUR an Betriebskostenvorauszahlungen. Mein Mandant hat mich gebeten zu überprüfen, ob die Möglichkeit besteht, die von Ihnen derzeit gezahlte Miete zu erhöhen. Dies ist nach Prüfung der Sach- und Rechtslage der Fall.

Gemäß[6] § 558 BGB kann der Vermieter vom Mieter die Zustimmung zu einer Erhöhung der Miete bis zur ortsüblichen Vergleichsmiete verlangen. Von diesem Recht mache ich hiermit namens und im Auftrage meines Mandanten und unter nochmaliger Bezugnahme auf die beiliegende Vollmacht Gebrauch. Ich bitte Sie um Zustimmung zu einer Mieterhöhung auf 580,– EUR zuzüglich Betriebskostenvorauszahlung. Ich darf Sie bitten, diese Miete ab ...... [Beginn des 3. Monats, der auf den Zugang des Erhöhungsverlangens folgt] zu zahlen. Die von mir verlangte Miete in Höhe von 580,– EUR übersteigt die ortsübliche Vergleichsmiete nicht.

Ich beziehe mich deshalb auf den Mietspiegel[7] für nicht öffentlich geförderten Wohnraum im Stadtgebiet von ...... vom ...... Eine Abschrift des Mietspiegels füge ich in der Anlage bei. Aufgrund der im Mietspiegel enthaltenen Angaben bewerte ich die von Ihnen bewohnte Wohnung wie folgt:

1. Das Haus, in dem sich Ihre Wohnung befindet, wurde im Jahre 1985 bezugsfertig. Es gilt die Baualtersklasse 3.
2. Ihre Wohnung ist 82 Quadratmeter groß, sodass die Gruppe der Wohnungen um 80 Quadratmeter Größe Anwendung findet.
3. Ihre Wohnung ist mit Bad, Heizung und WC ausgestattet. Es gilt die Ausstattungsklasse 2.

4. Die von Ihnen bewohnte Wohnung liegt in einer mittleren Wohnlage. Hervorzuheben ist die gute Verkehrsanbindung mit öffentlichen Personennahverkehrsmitteln zur Innenstadt, insbesondere durch die nahe liegende Straßenbahnhaltestelle.
Alle Geschäfte des täglichen Bedarfs, aber auch Ärzte, Schulen etc. sind fußläufig
zu erreichen. Besondere, insbesondere ständige Beeinträchtigungen durch Lärm
und Schmutz sind nicht vorhanden.

In dem von mir zugrunde gelegten Feld, dieses habe ich in dem beiliegenden[8]
Mietspiegel noch einmal farblich gekennzeichnet, beträgt der Vergleichsmiete
5,50 EUR – 7,50 EUR pro Monat und Quadratmeter. Die Miete, um deren Zustimmung ich Sie bitte, errechnet sich wie folgt: 82 Quadratmeter × 7,07 EUR =
579,74 EUR, aufgerundet 580,– EUR. Diese Miete übersteigt die ortsübliche Vergleichsmiete aus den vorgenannten Gründen nicht.

Auch die Kappungsgrenze ist eingehalten. Im Vergleich zu der Miete, die Sie vor
3 Jahren gezahlt haben, beträgt die Erhöhung weniger als 20 Prozent.

Auch das Überschreiten[9] des Mittelwertes ist berechtigt, weil in der von Ihnen gezahlten Miete auch das Recht enthalten ist, den Stellplatz benutzen zu können.

Namens und im Auftrage meines Mandanten darf ich Sie bitten, bis zum Ablauf[10]
des übernächsten Monats dieser Mieterhöhung zustimmen[11] und die von mir ermittelte Miete von 580,– EUR zuzüglich Betriebskostenvorauszahlung zu dem oben
erwähnten Zeitpunkt zu zahlen.[1]. Stimmen Sie der Mieterhöhung nicht oder nicht in
vollem Umfange[13] zu, dann kann mein Mandant Sie binnen der vom Gesetzgeber
genannten Frist auf Zustimmung gerichtlich[14] in Anspruch nehmen.[15]

......
(Rechtsanwalt)

*Schrifttum: Börstinghaus,* Mietspiegel und Beweislast, NZM 2002, 273; *Kinne,* Die neuen Mieterhöhungen ab dem 1. 9. 2001 (Teil 1) ZMR 2001, 775, (Teil 2) ZMR 2001, 868; *Stöver,* Mietdatenbanken, NZM 2002, 279; *ders.,* Mietdatenbanken nach Neuem Recht, WuM 2002, 67; *Weitemeyer* NZM 2001, 563, 565; *Börstinghaus,* Auflockerungsrechtsprechung 2.0, NZM 2009, 681.

## Anmerkungen

**1.** Die Formulare in C. IV. befassen sich mit dem **einseitigen Mieterhöhungsverlangen
des Vermieters bis zur ortsüblichen Vergleichsmiete.** Diese beruhen alle, was Form und
Frist angeht, auf den nachstehenden Anmerkungen. Der Unterschied liegt nur in der
Begründung der ortsüblichen Vergleichsmiete und in der Beschränkung oder Erweiterung der Erhöhungsmöglichkeit bei veränderter Mietstruktur (Inklusiv-/Teilinklusivmie-
te) oder Anwendung der Kappungsgrenze. In den nachfolgenden Formularen und Anmerkungen zu C. IV. 2–11 wird daher auf diese Anmerkungen verwiesen werden. Der
Begriff der ortsüblichen Vergleichsmiete ist in § 558 Abs. 2 BGB definiert. Diese Miete
wird gebildet aus den üblichen Entgelten, die in der Gemeinde oder in einer vergleichbaren Gemeinde für Wohnraum vergleichbarer Art, Größe, Ausstattung, Beschaffenheit
und Lage in den letzten 4 Jahren vereinbart oder, von Erhöhungen nach § 560 BGB abgesehen, geändert worden sind. Die ortsübliche Vergleichsmiete ist unbedingt zu unterscheiden von der „Marktmiete", also jener Miete, die bei einer Neuvermietung auf
Grund der herrschenden Angebots- und Nachfragesituation erzielt werden kann. Die
Anpassung der Miete an die ortsübliche Vergleichsmiete kann nicht verlangt werden,
wenn die Miethöhe durch Gesetz festgelegt ist, Kostenmiete. Allerdings kann der Vermie-

ter einer preisgebundenen Wohnung schon vor dem Ablauf der Bindung vom Mieter Zustimmung zu einer Mieterhöhung verlangen, die nach Ablauf der Bindung wirksam wird (OLG Hamm NJW 1981, 234; Hannemann/Wiegner/*Flintrop* § 23 Rdn. 23).

**2.** Das Recht des Vermieters, einseitig eine Mieterhöhung zu verlangen, ergibt sich aus **§ 557 Abs. 3 BGB.** Durch die Stellung in Abs. 3 hinter den verschiedenen Möglichkeiten der einvernehmlichen Mietabänderung hat der Gesetzgeber zum Ausdruck bringen wollen, dass solche einvernehmlichen Regelungen zu bevorzugen sind und nur, wenn diese nicht zu Stande kommen, dem Vermieter gegebenenfalls durchsetzbare Ansprüche auf Mietanpassung zustehen (Schmidt-Futterer/*Börstinghaus* § 557 BGB, Rdn. 43). Eine einseitige Mieterhöhung des Vermieters kommt also nicht in Betracht, wenn diese durch Vereinbarung ausgeschlossen ist oder sich dieser Ausschluss aus den Umständen ergibt. Grundsätzlich kann allein auf Grund der Vereinbarung einer festen Mietzeit (Zeitmietvertrag) noch kein Ausschluss einer Mieterhöhung verbunden sein (OLG Stuttgart NJW-RR 1994, 401). Allerdings können weitere Umstände hinzutreten. So ist beispielsweise in der Vereinbarung einer relativ kurzen Mietzeit wohl die Abrede zu sehen, dass während dieser kurzen Mietzeit keine Mieterhöhung erfolgen soll. Dies soll etwa gelten bei einem Zeitmietvertrag bis zu einer Laufzeit von 3 Jahren (*Weitemeyer* NZM 2001, 563, 565; *Derleder* NZM 2001, 170, 172). Wird ein Zeitmietvertrag für längere Zeit geschlossen, wird man darin jedoch nicht einen Vertragswillen des Vermieters sehen, auf Mieterhöhungsverlangen zu verzichten. Auch bei einem befristeten Kündigungsausschluss ist ohne Hinzutreten weiterer Umstände nicht von einem Ausschluss der Mieterhöhung auszugehen. Ansonsten kann es eine Vielzahl von Gründen und Umstände geben, die auf einen Mieterhöhungsverzicht oder eine Beschränkung der Mieterhöhung schließen lassen. Dies können familiäre Gründe sein, Gründe, die aus einer Gefälligkeit folgen, soziale Gründe etc. Jedenfalls bedarf es immer einer sorgfältigen Prüfung im Einzelfall.

**3.** Das Mieterhöhungsverlangen ist eine **einseitig empfangsbedürftige Willenserklärung** des Vermieters, die **an sämtliche Mieter** zu richten ist (OLG Koblenz NJW 1984, 18; Schmidt-Futterer/*Börstinghaus* vor § 585 BGB, Rdn. 47). Ein nicht an alle Mieter gerichtetes Mieterhöhungsverlangen ist unwirksam (OLG Celle WuM 1982, 102). Dies gilt auch dann, wenn einer der Mieter, etwa nach Trennung, nicht mehr in der Wohnung wohnt. Ein nur an den in der Wohnung verbliebenen Mieter gerichtetes Mieterhöhungsverlangen ist unwirksam (Schmidt-Futterer/*Börstinghaus* vor § 585 BGB Rdn. 47). Allerdings gibt es auch Ausnahmen. So bleibt ein Mieterhöhungsverlangen wirksam, welches sich nach dem Auszug eines Mitmieters allein an den in der Wohnung zurück gebliebenen Mieter richtet, wenn dieser jahrelang die Miete zahlt und sogar gegenüber der Nebenkostenabrechnung im Jahr des Auszuges eine Berücksichtigung der geänderten Personenzahl reklamiert (BGH Urt. v. 3. 3. 2004 – VIII ZR 124/03 NZM 2004, 419). Mehrere Mieter können sich wechselseitig zur Entgegennahme von Willenserklärungen bevollmächtigen. Dies gilt auch dann, wenn diese Bevollmächtigung formularmäßig getroffen wurde (BGH NZM 1998, 22). Diese wechselseitige Empfangsvollmacht bleibt auch bei dem Auszug eines Mieters bestehen, allerdings nur so lange, bis er sie widerruft. Liegt eine Empfangsvollmacht vor, ist die Mieterhöhung zwar an alle Mieter zu richten, jedoch braucht diese Erklärung nur dem zum Empfang bevollmächtigten Mieter zuzugehen. Grundsätzlich wird die Erhöhungserklärung nur dann wirksam, wenn sie dem Mieter zugeht. Den Zugang hat der Vermieter zu beweisen.

**4. Auf Vermieterseite** muss die Erklärung bei einer Personenmehrheit von allen Vermietern abgegeben werden. Die Vermieter können sich wechselseitig oder auch einen Dritten, etwa Wohnungsverwalter, im Mietvertrag selber zur Abgabe solcher Willenserklärungen bevollmächtigen. Ergibt sich die Vollmacht nicht aus dem Vertrag selber, dann muss die Bevollmächtigung durch Vorlage der Vollmachtsurkunde im Original oder in notariell beglaubigter Form nachgewiesen werden. Bei einer Vertretung durch einen

Rechtsanwalt ist bereits die Vorlage einer Prozessvollmacht nicht unbedingt ausreichend. Aus ihr muss zumindest hervorgehen, dass die Bevollmächtigung die Vornahme einseitig empfangsbedürftiger Willenserklärungen umfasst. Vorsicht ist geboten, wenn eine vorgedruckte Vollmacht verwendet wird, in der alle Anwälte einer Anwaltskanzlei aufgeführt sind. In diesem Falle könnte die Unterschrift des einzelnen Anwalts unter das Mieterhöhungsverlangen als nicht ausreichend angesehen werden und stattdessen die Unterschrift aller in der Vollmacht erwähnten Anwälte verlangt werden (Hannemann/Wiegner/*Flintrop* § 23 Rdn. 33). Ist der Mieter durch frühere Schreiben des Vermieters über die Bevollmächtigung eines Dritten (Verwalter, Rechtsanwalt) informiert, dann erübrigt sich die Beifügung einer Vollmacht (Hannemann/Wiegner/*Flintrop* § 23 Rdn. 32). Bei fehlender oder unzureichender Vollmachtsurkunde kann der Mieter die Erhöhungserklärung gemäß § 174 BGB zurückweisen, sofern dies unverzüglich erfolgt. Hat der vermietende Eigentümer das Hausgrundstück verkauft, ist er bis zur Umschreibung des Grundstückes im Grundbuch auf den Erwerber noch zur Abgabe der Mieterhöhungserklärung berechtigt. Allerdings kann der Erwerber bereits vor der Umschreibung des Grundstückes auf sich in offener Stellvertretung für den Veräußerer die Mieterhöhungserklärung abgeben (Schmidt-Futterer/*Börstinghaus* vor § 558 BGB, Rdn. 42). Auch kann sich der Erwerber von dem Veräußerer gemäß § 185 Abs. 1 BGB ermächtigen lassen, das Mieterhöhungsverlangen im eigenen Namen geltend zu machen (BGH NZM 2008, 283). Ist eine juristische Person der Vermieter, muss ihr vertretungsberechtigtes Organ (Geschäftsführer, Vorstand) die Mieterhöhungserklärung abgeben. In dem Mieterhöhungsverlangen muss die konkrete natürliche Person, die die Erklärung für die juristische Person abgibt, benannt werden, sonst ist das Mieterhöhungsverlangen unwirksam (LG Hamburg NZM 2005, 255).

**5.** Nach § 558 Abs. 1 BGB kann das Erhöhungsverlangen frühestens gestellt werden, wenn die Miete zu dem Erhöhungszeitpunkt **15 Monate unverändert** geblieben ist. Das Mieterhöhungsverlangen kann daher frühestens ein Jahr nach Wirksamwerden der letzten Mieterhöhung geltend gemacht werden. Allerdings werden Mieterhöhungen nach § 559 BGB (Modernisierungserhöhung) und/oder § 560 BGB (Erhöhung der Betriebskostenpauschale) nicht berücksichtigt. Nach § 558a Abs. 1 BGB ist für das Erhöhungsverlangen Textform ausreichend (wegen der Besonderheiten bei Zeitmietverträgen vgl. Anm. 11).

**6.** Gemäß § 558a Abs. 1 BGB hat der Vermieter sein Mieterhöhungsverlangen zu **begründen**. Geschieht dies nicht, ist die Mieterhöhung unwirksam. Dieser Mangel kann nur gemäß § 558b Abs. 3 S. 1 BGB durch Nachholung der Begründung geheilt werden, was jedoch eine neue Zustimmungsfrist in Lauf setzt.
Bei der Begründung kann sich der Vermieter auf die gesetzlich vorgesehenen Begründungsmittel stützen. Diese gesetzlichen Begründungsmittel sind gemäß § 558 Abs. 2 Nr. 1 BGB; ein einfacher oder qualifizierter Mietspiegel, §§ 558c, 558d BGB; Auskunft aus einer Mietdatenbank, §§ 558a Abs. 2 Nr. 2, 558e BGB; Gutachten eines öffentlich bestellten und vereidigten Sachverständigen, § 558a Abs. 2 Nr. 3 BGB: Benennung von mindestens drei vergleichbaren Wohnungen, § 558a Abs. 2 Nr. 4 BGB.
Unabhängig davon, auf welches Begründungsmittel sich der Vermieter stützt, muss das Erhöhungsverlangen jedenfalls so begründet sein, dass ein verständiger Mieter dies ohne weiteres verstehen und nachvollziehen kann. Hierzu zählt, dass unmissverständlich zum Ausdruck kommt, dass keine einseitige Erhöhung der Miete, sondern die Zustimmung des Mieters zur begehrten Mieterhöhung verlangt wird (LG Gießen WuM 1996, 557; Hannemann/Wiegner/*Flintrop* § 23 Rdn. 45). Erweckt das Schreiben den Anschein, die Mieterhöhung trete bereits ein auf Grund der einseitigen Erklärung des Vermieters, ist das Mieterhöhungsbegehren unwirksam. Außerdem muss vor allem die erhöhte Miete betragsmäßig ausgewiesen sein, denn die vom Mieter geschuldete Zustimmung muss sich

auf den Endbetrag und nicht auf den Betrag, um den sich die Miete erhöhen soll, beziehen (KG NZM 1998, 68). Nicht unbedingt erforderlich ist die Angabe, ab wann die neue Miete gezahlt werden soll, da sich dies aus dem Gesetz ergibt, jedoch ist der Hinweis schon deshalb hilfreich, um Missverständnisse zu vermeiden.

**7.** Im vorliegenden Formular wird als Begründungsmittel auf einen **Mietspiegel gemäß §§ 558a Abs. 2 Nr. 1, 558c BGB** Bezug genommen. Gemäß § 558c Abs. 1 BGB ist ein derartiger Mietspiegel eine Übersicht über die ortsübliche Vergleichsmiete, soweit die Übersicht von der Gemeinde oder von Interessenvertretern der Vermieter und der Mieter gemeinsam erstellt oder anerkannt worden ist. Verbindliche Regeln für die Aufstellung von Mietspiegeln gibt es nicht, es gibt allerdings Anweisungen, in dem vom Bundesministerium für Verkehr, Bau und Wohnungen erstellten „Hinweisen zur Aufstellung von Mietspiegeln". Allerdings muss sich der Mietspiegelersteller an die Legaldefinition des § 558 Abs. 2 BGB halten, wonach die ortsübliche Vergleichsmiete gebildet wird aus den üblichen Entgelten für Wohnraum vergleichbarer Art, Größe, Ausstattung, Beschaffenheit und Lage, soweit sie in den letzten 4 Jahren vereinbart oder verändert worden sind. Üblicherweise werden Mietspiegel daher gegliedert in

- die Baualtersklasse, das ist das Jahr der Bezugsfertigstellung des Hauses in dem sich die Wohnung befindet
- die Größe der Wohnung
- die Ausstattung der Wohnung
- die Lage der Wohnung.

Im Mieterhöhungsverlangen muss der Vermieter somit Tatsachen benennen und vortragen, die eine unmissverständliche Einordnung der Wohnung und der später verlangte Miete in das maßgebliche Feld des Mietspiegels nachvollziehbar erscheinen lässt. Die Tatsachen müssen so aufgeführt werden, dass der Mieter zumindest in der Lage ist, die Berechtigung des Zustimmungsverlangens wenigstens summarisch prüfen zu können (BayObLG WuM 1982, 105). **Es sollten folgende Angaben gemacht werden:**

- Angabe des Jahres, in dem das Haus bezugsfertig geworden ist. Bei Altbauten, die später modernisiert wurden, ist durch Angabe von Art und Umfang der Modernisierung darzulegen, dass, sofern der Mietspiegel dies vorsieht, eine Einordnung in eine andere Baualtersklasse gerechtfertigt ist.
- Angabe der Wohnungsgröße: Bei der Berechnung der Wohnungsgröße sollte die Wohnflächenverordnung angewandt werden auch für Wohnraum, der vor dem 1. 1. 2004 entstanden ist. Oft wird auch im Mietspiegel angegeben, auf welcher Grundlage die Wohnflächenberechnung durchgeführt wird. Bei der Anwendung der Wohnflächenverordnung wird die Wohnfläche wie folgt berechnet: Die gesamte Grundfläche von Räumen und Raumteilen mit einer lichten Höhe von mindestens 2 m; die Hälfte der Grundfläche von Räumen und Raumteilen mit einer lichten Höhe von mindestens 1 m und weniger als 2 m; die Hälfte der Grundfläche von unbeheizbaren Wintergärten, Schwimmbädern u. Ä. nach allen Seiten geschlossenen Räumen; die Grundfläche von Balkonen, Loggien, Dachgärten und Terrassen in der Regel zu $1/4$, höchstens jedoch, bei besonders hohem Nutzungswert für den Mieter, bis zur Hälfte. Oft orientieren sich die Parteien wegen der Berechnung der ortsüblichen Vergleichsmiete an der im Mietvertrag enthalten Wohnfläche. Dies findet sich oft in Formulierungen wieder wie „**Die Wohnfläche wird mit** ...... **vereinbart.**" oder „**Die Wohnfläche beträgt ca.** ...... **Quadratmeter.**"

Bei einem Mieterhöhungsverlangen kann durchaus diese vereinbarte Wohnfläche zugrunde gelegt werden, wenn die tatsächliche Wohnfläche zum Nachteil des Mieters um nicht mehr als 10 Prozent davon abweicht (BGH NZM 2010, 417). Ist hingegen die vereinbarte Wohnfläche zum Nachteil des Vermieters geringer als die tatsächliche Wohnfläche gilt: Übersteigt die tatsächliche Wohnfläche die im Mietvertrag vereinbarte Wohn-

fläche, so ist in einem Mieterhöhungsverlangen der Vermieter an die vertraglich vereinbarte Wohnfläche gebunden, wenn die Flächenüberschreitung nicht mehr als 10 Prozent
beträgt. Ist die tatsächliche Wohnfläche um mehr als 10 Prozent größer als die vertraglich vereinbarte Wohnfläche, ist der gutgläubige Vermieter berechtigt, einem die gesetzlichen Fristen wahrenden Mieterhöhungsverlangen die tatsächliche Wohnfläche zugrunde
zu legen (BGH NJW 2007, 2626).

- In den Mietspiegeln wird üblicherweise die Ausstattung danach differenziert, ob die
  Wohnung über Bad/WC und/oder Heizung verfügt. Häufig werden auch Kategorien
  für Wohnungen mit besonderer Ausstattung gebildet, das sind Wohnungen, die über
  besondere Ausstattungsmerkmale verfügen, die nicht baualtersklassentypisch sind.
  Hierbei kommt in Frage separates WC, Zweitbad, hochwertiger Fußboden, Einbau-
  möbel, Einbauküche, besonders großer Balkon/Loggia etc. Ob allerdings ein Ausstat-
  tungsmerkmal eine besondere Ausstattung begründet, hängt immer vom Baujahr und
  der Größe der Wohnung ab. So ist ein Gäste-WC in einer 100 Quadratmeter großen
  Wohnung, welche im Jahre 1990 gebaut wurde, eher eine normale Ausstattung.
- Die Lage der Wohnung bestimmt ebenfalls die ortsübliche Vergleichsmiete. Bei der
  Lage wird üblicherweise differenziert zwischen einer normalen Wohnlage, mittleren
  Wohnlage und einer guten bzw. sehr guten Wohnlage. Die Lage einer Wohnung wird
  bestimmt durch Kriterien wie Art der Bebauung, Verkehrsbelastung, Verkehrsanbindung insbesondere mit öffentlichen Verkehrsmitteln, Einkaufsmöglichkeiten, In-
  frastruktur, besondere Beeinträchtigungen durch andauernden Lärm oder Geruch.
  Einzelne Mietspiegel, (etwa Berlin) definieren die Lage anhand eines beiliegenden Stra-
  ßenverzeichnisses, andere Mietspiegel definieren die Lage anhand einer der in Frage
  kommenden Kriterien.

Grundsätzlich kann der Vermieter, ohne dies noch einmal besonders zu begründen, die
volle Bandbreite der in Frage kommenden Mietspanne ausschöpfen. Der Vermieter kann
also ohne weiteres den obersten Betrag der Mietspanne seinem Mieterhöhungsverlangen
zu Grunde legen.

Obwohl der BGH entschieden hat, dass der Vermieter seiner Begründungspflicht
nachkommt, wenn er ohne weitere sonstigen Angaben nur mitteilt, in welches Feld des
Mietspiegels er die Wohnung einordnet, wird empfohlen, das Mieterhöhungsverlangen
im vorstehenden Sinne ausführlich zu begründen (vgl. BGH NZM 2008, 164. Das Ziel
des Mieterhöhungsverlangens ist die Zustimmung des Mieters hierzu. Je detaillierter der
Vermieter sein Mieterhöhungsverlangen begründet, umso eher ist erfahrungsgemäß mit
der Zustimmung zu rechnen.

Wegen etwaig in der Miete enthaltener Betriebskosten wird auf Form. C. IV. 6 und die
dortigen Anmerkungen verwiesen.

Nach § 558c Abs. 3 BGB sollen Mietspiegel im Abstand von 2 Jahren angepasst werden. Ist eine derartige Anpassung unterblieben oder existiert für die in Frage kommende
Gemeinde überhaupt kein Mietspiegel, dann kann sich der Vermieter auch gemäß
§ 558a Abs. 4 Nr. 2 BGB auch auf einen veralteten oder den Mietspiegel einer vergleichbaren Gemeinde berufen.

**8.** Die **Beifügung des in Bezug genommenen Mietspiegels** ist nur dann entbehrlich,
wenn er allgemein zugänglich ist. Dies ist der Fall, wenn der Mietspiegel im Amtsblatt
der Gemeinde veröffentlicht wird (BGH NZM 2008, 164). Ein Mietspiegel ist auch dann
allgemein zugänglich, wenn er im Internet veröffentlicht ist oder wenn die Möglichkeit
besteht, den Mietspiegel käuflich zu einem geringen Betrag zu erwerben. Ein Betrag von
3,- EUR ist ein geringer Betrag (BGH NJW-RR 2009, 1021). Des Weiteren ist die Beifügung eines Mietspiegels entbehrlich, wenn entweder der Vermieter dem Mieter anbietet,
ihm auf Wunsch ein Exemplar des Mietspiegels auszuhändigen oder, wenn der Vermieter
dem Mieter die Möglichkeit gibt, am Wohnort des Mieters den Mietspiegel einsehen zu

können, etwa beim Vermieter selber oder in einem Kundenzentrum des Vermieters (BGH NJW 2009, 1667).

**9.** Die in dem Mietspiegel enthaltenen Mieten basieren oft auf der Annahme, dass der Mieter neben der Miete die Betriebskosten trägt und die Schönheitsreparaturen durchführt. Haben die Parteien allerdings ausdrücklich vereinbart, dass die Betriebskosten in der Miete enthalten sind bzw., dass der Vermieter, dem gesetzlichen Leitbild folgend (§ 535 BGB) die Schönheitsreparaturen durchführt, können deshalb Zuschläge vereinbart werden. In der Regel kann sich die Höhe des Zuschlages an den Werten des § 28 Abs. 4 S. 4 II. BV ausrichten.

Keine Zuschläge kann der Vermieter dagegen fordern, wenn die Vereinbarung zwischen den Parteien betreffend die Übernahme der Schönheitsreparaturen durch den Mieter unwirksam ist. Dies kann dann der Fall sein, wenn in einem Formularmietvertrag dem Mieter vorgeschrieben wird, dass er nach Ablauf ganz bestimmter Fristen renovieren muss oder, dass ihm Ausführungsarten vorgegeben werden. In diesen Fällen gilt dann wieder das gesetzliche Leitbild des § 535 BGB, ohne dass der Vermieter berechtigt wäre, Zuschläge zu der ortsüblichen Vergleichsmiete vorzunehmen (BGH NZM 2008, 641; BGH NZM 2009, 313). Wird die Wohnung ganz oder teilweise möbliert vermietet, kann ein Möblierungszuschlag vereinbart werden. Für die Berechnung dieses Zuschlages ist nach überwiegender Meinung der Zeitwert der überlassenen Möbel zugrunde zu legen, dies ist der Nutzungswert für den Mieter. Auch muss berücksichtigt werden, dass die Möbel bei ständiger Benutzung regelmäßig wertloser werden. Allgemein vertreten wird, dass bei der Berechnung des Möblierungszuschlages neben der marktüblichen Verzinsung eine an der linearen Restnutzungsdauer orientierte, lineare Abschreibung in Betracht kommt (Hannemann/Wiegner/*Flintrop* § 23 Rn. 120).

**10.** Gemäß § 558 b Abs. 2 S. 1 BGB steht dem Mieter eine **Überlegungs-/Zustimmungsfrist von zwei Monaten** nach dem Zugang des Mieterhöhungsverlangens zu, wobei die Frist beginnt mit dem Beginn des Monats, der auf den Zugang des Erhöhungsverlangens folgt. Liegt die Zustimmung des Mieters bis dahin nicht vor, dann kann der Vermieter gemäß § 558 b Abs. 2 S. 2 BGB binnen weiterer drei Monate auf Zustimmung klagen. Ansonsten kann der Mieter jederzeit ab Zugang des Mieterhöhungsverlangens seine Zustimmung erteilen, jedenfalls noch bis zum fruchtlosen Ablauf der dem Vermieter zustehenden Klagefrist (Schmidt-Futterer/*Börstinghaus* § 558 b BGB Rdn. 20).

**11.** Die Mieterhöhung und die damit verbundene Vertragsänderung werden nur wirksam, wenn der **Mieter** ihr **zustimmt** oder die **Zustimmung durch Urteil ersetzt** wird. Die Zustimmung bezieht sich auf die Gesamtmiete, nicht dagegen auf die Quadratmetermiete und schon gar nicht auf die Begründung des Mieterhöhungsverlangens. Die Zustimmung des Mieters gemäß § 558 b Abs. 1 BGB ist eine einseitig empfangsbedürftige Willenserklärung, die also zu ihrer Wirksamkeit dem Vermieter zugehen muss. Bezüglich der Vertretung des Mieters gelten die in Anmerkung 4 dargelegten Grundsätze. Die Zustimmung des Mieters ist an keine besondere Form gebunden. Sie kann grundsätzlich formfrei erfolgen, also sowohl schriftlich, mündlich, telefonisch, per Telefax, auf den Anrufbeantworter gesprochen, per Email oder in jeder sonst denkbaren Form (Schmidt-Futterer/*Börstinghaus* § 558 b BGB, Rdn. 17 f.). Problematisch ist die Form der Zustimmung bei Zeitmietverträgen mit einer Laufzeit von mehr als 1 Jahr. Hier ist gemäß § 550 BGB Schriftformerfordernis vorgesehen, ansonsten gilt der Vertrag als auf unbestimmte Zeit abgeschlossen mit entsprechender Kündigungsmöglichkeit. Nach § 126 BGB ist der Schriftform bei einem Vertrag aber nur genüge getan, wenn die Parteien auf derselben Urkunde unterzeichnen. Um also zu verhindern, dass – ungewollt – aus einem Zeitmietvertrag ein Vertrag auf unbestimmte Zeit wird, sollte der Vermieter bzw. den ihn vertretenden Rechtsanwalt oder Verwalter unbedingt darauf achten, dass das Mieterhöhungsverlangen in Schriftform erstellt und die Zustimmungserklärung des Mieters sich auf dem Erhöhungsverlangen des Vermieters befindet. Dies geschieht am Besten dadurch, dass man dem Mieter zwei unterschriebene Exemplare des Mieterhöhungsverlangens übersendet mit der Bitte, ein Exemplar unterschrieben zurückzusenden. Wird dieser Weg nicht eingehalten, dann ist die Mieterhöhung zwar wirksam vereinbart, jedoch mit der unerwünschten Rechtsfolge, dass aus dem Zeitmietvertrag ein Mietvertrag auf unbestimmte Zeit geworden ist (Schmidt-Futterer/*Börstinghaus* § 558b BGB Rdn. 21). Allerdings dürfte es regelmäßig gegen Treu und Glauben verstoßen, wenn der Mieter unter Berufung auf einen von ihm veranlassten Formmangel das Mietverhältnis nun kündigt (OLG München NJW-RR 1996, 654).

**12.** Möglich ist auch eine **Zustimmung des Mieters durch schlüssiges Verhalten** etwa dadurch, dass dieser vorbehaltlos die erhöhte Miete zahlt. Regelmäßig wird dieses Verhalten als konkludente Willenserklärung, Zustimmung, zu verstehen sein. Hat der Vermieter den Mieter ausdrücklich aufgefordert, einer Mieterhöhung zuzustimmen und zahlt der Mieter dann, ohne zuvor sein Einverständnis ausdrücklich erklärt zu haben, die erhöhte Miete, dann weiß der Mieter, dass er rechtsgeschäftlich tätig wird, da er ja zur Zustimmung aufgefordert wurde. Der Vermieter darf aus der Sicht eines objektiven Empfängers bereits eine einzige Zahlung als Zustimmung verstehen (LG Trier WuM 1994, 217; LG Kiel WuM 1993, 198; Schmidt-Futterer/*Börstinghaus* § 558 BGB, Rdn. 28).

**13.** Eine Zustimmung des Mieters unter **Bedingungen oder Auflagen** oder eine Zustimmung versehen mit einem **Vorbehalt** gilt als Ablehnung des Mieterhöhungsverlangens, denn der Mieter bringt dadurch zum Ausdruck, dass er sich nicht uneingeschränkt zur Zahlung verpflichtet fühlt und er sich eben für bestimmte Fälle einen Rückforderungsanspruch vorbehält (Schmidt-Futterer/*Börstinghaus* § 558b BGB Rdn. 17).

**14.** Stimmt der Mieter der Mieterhöhung nicht in voller Höhe oder zu einem späteren Zeitpunkt zu, so gilt dies als **teilweise Zustimmung**. Diese bewirkt zunächst eine Vertragsänderung über den Teilbetrag bzw. den Termin der Mietänderung. Besteht der Vermieter auf der kompletten Zustimmung zu seinem Mieterhöhungsverlangen, dann muss er innerhalb der Frist des § 558b Abs. 2 BGB klagen (vgl. hierzu: Anm. 10). Die Klage auf Zustimmung gemäß § 558b Abs. 2 S. 2 BGB bei dem Amtsgericht zu erheben, in dessen Bezirk die Wohnung liegt. Die Klagefrist ist eine Ausschlussfrist, eine Wiedereinsetzung nach Versäumung der Klagefrist ist nicht möglich (Hannemann/Wiegner/*Flintrop* § 23 Rdn. 169).

**15.** Ist der Anwalt mit der Erstellung eines Mieterhöhungsverlangens beauftragt, richtet sich der Streitwert zumindest nach dem dreifachen Jahresbetrag gemäß § 25 KostO. Es gilt insofern nicht der niedrigere Streitwert gemäß § 41 Abs. 4 GKG, der allerdings für die Mieterhöhungsklage maßgebend ist. Es fällt eine Geschäftsgebühr an nach Ziffer 2300 des Vergütungsverzeichnisses, diese ist auf das spätere Mieterhöhungsverfahren nicht anzurechnen.

## 2. Mieterhöhungsverlangen[1] unter Verwendung eines qualifizierten Mietspiegels, § 558 d BGB

......

(Rechtsanwalt)

an

......

(Mieter)

Sehr geehrte(r) ......,

ich zeige Ihnen hiermit an, dass ich die Interessen Ihres Vermieters, ......, vertrete. Das Original der auf mich lautenden Vollmacht, wodurch ich berechtigt bin, die nachfolgenden Erklärungen abzugeben, füge ich diesem Schreiben bei.

Sie bewohnen im Hause meines Mandanten ...... seit nunmehr 10 Jahren die im 2. Obergeschoss rechts gelegene Wohnung, bestehend aus 3 Zimmern, Küche, Diele, Bad/WC, Loggia und dazugehörigem Kellerraum. Mitvermietet ist auch ein Stellplatz vor dem Haus. Für diese Wohnung, die insgesamt 82 Quadratmeter groß ist, zahlen Sie seit mehr als 1 Jahr eine unveränderte Miete von 540,– EUR zuzüglich Betriebskostenvorauszahlungen. Mein Mandant hat mich gebeten zu überprüfen, ob die Möglichkeit besteht, die von Ihnen derzeit gezahlte Miete zu erhöhen. Dies ist nach Prüfung der Sach- und Rechtslage der Fall.

Nach § 558 BGB kann der Vermieter vom Mieter die Zustimmung zu einer Erhöhung der Miete bis zur ortsüblichen Vergleichsmiete verlangen. Von diesem Recht mache ich hiermit namens und im Auftrage meines Mandanten und unter nochmaliger Bezugnahme auf die beiliegende Vollmacht Gebrauch. Ich bitte Sie um Zustimmung zu einer Mieterhöhung auf 580,– EUR. Ich darf Sie bitten, diese Miete ab ...... (Beginn des 3. Monats, der auf den Zugang des Erhöhungsverlangens folgt) zu zahlen. Hinzu kommen die Betriebskostenvorauszahlungen in gleicher Höhe. Die von mir verlangte Miete in Höhe von 580,– EUR übersteigt die ortsübliche Vergleichsmiete nicht.

Ich beziehe mich deshalb auf den Mietspiegel für nicht öffentlich geförderten Wohnraum im Stadtgebiet von ...... vom ...... Eine Abschrift des Mietspiegels füge ich in der Anlage bei.

Ich weise Sie ausdrücklich darauf hin, dass der hier verwandte Mietspiegel ein qualifizierter Mietspiegel[2] gemäß § 558 d BGB ist. Dieser Mietspiegel ist nach anerkannten wissenschaftlichen Grundsätzen[3] erstellt und sowohl von der Gemeinde wie auch von den Interessenvertretern der Vermieter und Mieter anerkannt worden. Auf Grund der im Mietspiegel enthaltenen Angaben bewerte ich die von Ihnen bewohnte Wohnung wie folgt:

1. Das Haus, in dem sich Ihre Wohnung befindet, wurde im Jahre 1985 bezugsfertig. Es gilt die Baualtersklasse 3.
2. Ihre Wohnung ist 82 Quadratmeter groß, sodass die Gruppe der Wohnungen um 80 Quadratmeter Größe Anwendung findet.
3. Ihre Wohnung ist mit Bad, Heizung und WC ausgestattet. Es gilt die Ausstattungsklasse 2.

4. Die von Ihnen bewohnte Wohnung liegt in einer mittleren Wohnlage. Hervorzuheben ist die gute Verkehrsanbindung mit öffentlichen Personennahverkehrsmitteln zur Innenstadt, insbesondere durch die nahe liegende Straßenbahnhaltestelle. Alle Geschäfte des täglichen Bedarfs, aber auch Ärzte, Schulen etc. sind fußläufig zu erreichen. Besondere, insbesondere ständige Beeinträchtigungen durch Lärm und Schmutz sind nicht vorhanden.

In dem von mir zu Grunde gelegten Feld, dieses habe ich in dem beiliegenden Mietspiegel noch einmal farblich gekennzeichnet, beträgt die Vergleichsmiete 5,50 EUR – 7,50 EUR pro Monat und Quadratmeter. Die von mir geforderte Mieterhöhung berechnet sich wie folgt: 82 Quadratmeter × 7,07 EUR = 580,– EUR.

Auch die Kappungsgrenze ist eingehalten. Im Vergleich zu der Miete, die Sie vor 3 Jahren gezahlt haben, beträgt die Erhöhung weniger als 20 Prozent.

Namens und im Auftrage meines Mandanten darf ich Sie bitten, die von mir ermittelte Miete von 580,– EUR zuzüglich Betriebskostenvorauszahlung zu dem oben erwähnten Zeitpunkt zu zahlen und bis zum Ablauf des übernächsten Monats mir anzuzeigen, dass Sie dieser Mieterhöhung zustimmen. Stimmen Sie der Mieterhöhung nicht oder nicht in vollem Umfange zu, dann kann mein Mandant Sie binnen der vom Gesetzgeber genannten Frist auf Zustimmung gerichtlich in Anspruch nehmen.

......

(Rechtsanwalt)


## Anmerkungen

**1.** Bei einer Mieterhöhung unter Verwendung eines **qualifizierten Mietspiegels** gemäß § 558 d BGB sind die gleichen Grundsätze zu beachten wie bei einem Mieterhöhungsverlangen unter Verwendung eines einfachen Mietspiegels gemäß § 558 c BGB. Insofern kann vollinhaltlich auf das **Form. C. IV. 1** und die dortigen Anmerkungen verwiesen werden.

**2.** Der qualifizierte Mietspiegel ist eine **besondere Form des Mietspiegels.** Qualifizierte Mietspiegel müssen gemäß § 558 d Abs. 1 BGB nach anerkannten wissenschaftlichen Methoden erstellt und von den Interessenvertretern der Mieter und Vermieter gemeinschaftlich anerkannt worden sein.

**3.** Wann ein Mietspiegel nach anerkannten wissenschaftlichen Grundsätzen erstellt ist, ist problematisch (*Börstinghaus*, Mietspiegel und Beweislast, NZM 2002, 273 ff.). Gesetzliche Regelungen über die anzuwendenden Grundsätze gibt es nicht, allerdings sind gewisse **Mindestvoraussetzungen** erforderlich wie beispielsweise, dass der Mietspiegel auf einer Primärdatenerhebung beruht der eine den Grundsätzen der Repräsentativität genügenden Zufallsstichprobe zu Grunde liegt. Wegen der an den qualifizierten Mietspiegel geknüpften Rechtsfolgen muss die Anwendung anerkannter wissenschaftlicher Methoden dokumentiert und damit nachvollziehbar und überprüfbar sein (Schmidt-Futterer/*Börstinghaus* §§ 558 c, 558 d BGB Rdn. 89). Zu beachten ist, dass gemäß § 558 d Abs. 2 BGB der qualifizierte Mietspiegel im Abstand von 2 Jahren der Marktentwicklung anzupassen ist. Geschieht dies nicht, dann wird aus dem qualifizierten Mietspiegel ein einfacher Mietspiegel. Der Mietspiegel wird also nicht ungültig, es geht nur die Zusatzqualifikation verloren (Schmidt-Futterer/*Börstinghaus* §§ 558 c, 558 d BGB Rdn. 83).

**4.** Die größte Bedeutung des qualifizierten Mietspiegels liegt in der **Richtigkeitsvermutung des § 558d Abs. 3 BGB.** Danach begründet der qualifizierte Mietspiegel eine gesetzliche Vermutung gemäß § 282 ZPO. Dies hat für die Darlegungs- und Beweislast folgende Auswirkungen: Bestreitet der Mieter, dass der Mietspiegel nach anerkannten qualifizierten Grundsätzen erstellt und/oder von den im Gesetz genannten Institutionen anerkannt ist, so muss der Vermieter darlegen und beweisen, dass die Voraussetzungen des qualifizierten Mietspiegels vorliegen. Will der Mieter der Mieterhöhung nicht zustimmen oder will er weniger zahlen als im qualifizierten Mietspiegel ausgewiesen, dann muss der Mieter die Vermutungswirkung widerlegen, d. h. er muss dartun und beweisen, dass in seinem konkreten Fall die vermuteten Tatsachen unwirksam sind. Will der Vermieter eine höhere Miete als im qualifizierten Mietspiegel ausgewiesen geltend machen, muss der Vermieter die Vermutungsregelung widerlegen (vgl. zu den verschiedenen Fällen: *Börstinghaus*, Mietspiegel und Beweislast, NZM 2002, 273, 278). Die Richtigkeitsvermutung des qualifizierten Mietspiegels geht so weit, dass im Prozessfall das Gericht gemäß § 278 ZPO die ortsübliche Vergleichsmiete schätzen darf, wenn sich die Mieterhöhung innerhalb der Spannen bewegt und die Kosten eines Sachverständigengutachtens außer Verhältnis zu der begehrten Mieterhöhung stehen (BGH WuM 2005, 385; LG Dortmund NZM 2006, 134).

# 3. Mieterhöhungsverlangen[1] unter Verwendung einer Mietdatenbank, § 558e BGB

......

(Vermieter)

an

......

(Mieter)

Sehr geehrte(r) ......,

Sie bewohnen in meinem Hause ...... die im 2. Obergeschoss rechts gelegene Wohnung, bestehend aus 3 Zimmern, Küche, Diele, Bad/WC und dazugehörigem Kellerraum. Für diese Wohnung zahlen Sie seit nunmehr 2 Jahren eine unveränderte Miete von 540,– EUR. Die Betriebskostenvorauszahlung beträgt 160,– EUR. Nach § 558 BGB bin ich berechtigt, von Ihnen die Zustimmung zu einer höheren Miete zu verlangen, wenn die ortsübliche Vergleichsmiete für Ihre Wohnung über der derzeit von Ihnen gezahlte Miete liegt. Ich habe festgestellt, dass dies der Fall ist, denn die ortsübliche Vergleichsmiete beträgt 580,– EUR.

Ich begründe dies mit einer Auskunft aus der für unsere Stadt geltenden Mietdatenbank.[2] Sowohl der Haus- und Grundbesitzerverein als auch der Mieterverein erkennen diese Mietdatenbank[3] an, sodass gemäß § 558e BGB die Auskunft aus dieser Mietdatenbank einen Schluss auf die ortsübliche Vergleichsmiete zulässt. Die Auskunft aus der Mietdatenbank, die ich Ihnen beifüge, basiert auf folgenden Angaben:

Die von Ihnen bewohnte Wohnung wurde im Jahre 1973 bezugsfertig. Die Wohnung ist 80 m² groß. Sie verfügt über 3 Zimmer, Küche, Diele, Bad/WC und dazugehörigem Kellerraum. Die Wohnung verfügt über eine Zentralheizung, die auch die Warmwasserversorgung regelt. Anzumerken ist auch, dass Ihre Wohnung über Thermopenfenster mit Kunststoffrahmen verfügt. Die Mietdatenbank hat für den

Stadtteil, in dem Ihre Wohnung liegt, also in vergleichbarer Wohnlage, folgende drei Vergleichswohnungen aus dem Datenbestand ermittelt:

1. ......
2. ......
3. ......

Gemäß der Auskunft aus der Mietdatenbank[5] beträgt die ortsübliche Vergleichsmiete für Ihre Wohnung 7,25 EUR pro m² und Monat. Da die Wohnung 80 m² groß ist, beläuft sich die Miete auf 580,– EUR im Monat zuzüglich Betriebskostenvorauszahlungen wie bisher. Die hier ermittelte Miete liegt auch innerhalb der nach § 558 Abs. 3 BGB festgelegten Kappungsgrenze. Vor 3 Jahren betrug Ihre Miete 510,– EUR zuzüglich Betriebskosten, sodass die geltend gemachte Mietsteigerung weniger als 20% des Ausgangsbetrages ausmacht.

Ich weise schließlich darauf hin, dass für unsere Stadt kein qualifizierter Mietspiegel[6] besteht.

Ich darf Sie bitten, bis zum Ablauf des übernächsten Monats, also bis zum ......, mir Ihre Zustimmung zu dieser Mieterhöhung zu erklären. Die höhere Miete ist sodann ab dem ...... zu zahlen. Mit der neuen Miete zahlen Sie dann bitte Ihre Betriebskostenvorauszahlungen in bisheriger Höhe weiter. Darauf hinweisen möchte ich Sie, dass ich berechtigt bin, Sie auf Zustimmung zu diesem Mieterhöhungsverlangen gerichtlich in Anspruch zu nehmen, wenn Sie dieser Mieterhöhung nicht oder nicht in vollem Umfange zustimmen.

......
(Vermieter)


## Anmerkungen

**1.** Wegen der einzuhaltenden formalen Voraussetzungen bei der Mieterhöhung auf die ortsübliche Vergleichsmiete, die Form und die Fristen wird auf Form. C. IV. 1 verwiesen.

**2.** Eine **Mietdatenbank** kann als Begründungsmittel in einem Mieterhöhungsverlangen verwandt werden, wenn sie entweder von der Stadt oder von den Interessenvertretern der Vermieter und der Mieter gemeinsam geführt oder anerkannt wird. Dass diese Voraussetzungen vorliegen, hat im Zweifel der Vermieter zu beweisen.

**3.** Die Mietdatenbank gemäß § 558 e BGB ist eine Datensammlung, in der Mieten, die in der besagten Stadt innerhalb der letzten 4 Jahre vereinbart wurden, aufgenommen werden. Die Daten müssen entsprechend den Bestimmungen des § 558 Abs. 2 BGB Angaben über Art, Größe, Ausstattung, Beschaffenheit und Lage der jeweiligen Wohnung beinhalten. Über die Frage, welche sonstigen Daten, insbesondere wegen Zu- und Abschlägen, über eine Mietdatenbank erhoben werden können, macht der Gesetzgeber keine Angaben, ebenso nicht, wie die einzelnen Daten gewichtet werden sollen. Die Vorzüge einer Mietdatendank können insbesondere darin bestehen, dass durch die fortlaufende Fortschreibung der Daten eine Anfrage zur ortsüblichen Vergleichsmiete immer aktuell beantwortet werden kann (*Stöver* Mietdatenbanken NZM 2002, 279). Außerdem soll der Aufbau und die Führung einer Mietdatenbank preiswerter sein als die Erstellung eines Mietspiegels.

**4.** Im Sinne der Transparenz und der Nachvollziehbarkeit sollte dem Mieter erläutert werden, dass mit der verlangten höheren Miete die **Kappungsgrenze** nicht überschritten wird.

**5.** Die von ihm eingeholte Auskunft aus der Mietdatenbank sollte der Vermieter dem Mieterhöhungsverlangen beilegen. Die dem Formular zu Grunde gelegte Auskunft basiert auf der Praxis der bisher in Deutschland einzig existierenden Mietdatenbank in Hannover (*Stöver*, Mietdatenbanken nach neuem Recht, NZM 2002, 279). Hier wird die ortsübliche Vergleichsmiete benannt in Zusammenhang mit der Benennung von 3 Vergleichswohnungen aus dem Datenbestand. Dies mag die Transparenz der Auskunft erhöhen, ist aber nicht zwingend. Die Auskunft aus der Mietdatenbank dürfte als Begründung des Mieterhöhungsverlangens ausreichend sein, wenn sich aus der Auskunft ohne Erläuterung die Höhe der ortsüblichen Miete ergibt und klar ist, dass die Auskunft sich auf die angefragte Wohnung des Mieters bezieht.

**6.** Obwohl das Nebeneinander von Mietdatenbank und Mietspiegel, ja sogar qualifizierten Mietspiegel, zumindest nach heutiger Erkenntnis keinen Sinn macht, wäre gleichwohl der Hinweis auf das Vorhandensein eines qualifizierten Mietspiegel zwingend erforderlich, wenn ein solcher für die besagte Stadt oder Gemeinde existiert (*Stöver*, Mietdatenbank nach neuem Recht, WuM 2002, 67).

## 4. Mieterhöhungsverlangen[1] unter Berufung auf ein Sachverständigengutachten, § 558a Abs. 2 Nr. 3 BGB

......

(Vermieter)

an

......

(Mieter)

Sehr geehrte(r) ......,

zwischen uns besteht ein Mietvertrag über das Objekt ...... Hierbei handelt es sich um ein Reihenendhaus mit Garten und Garage. Auf insgesamt 3 Etagen verfügt das Haus über 5 Zimmer, Küche, Diele, 2 Badezimmer und Gäste-WC. Das Haus ist vollkommen unterkellert. Im Keller befinden sich Waschküche, Heizraum, Vorrats- und Hobbyraum. Zum Haus gehören ebenfalls Garage und Garten. Sie zahlen seit dem ...... für das Mietobjekt eine unveränderte Miete von 850,– EUR zuzüglich Betriebskosten.

Nach § 558 BGB bin ich berechtigt, von Ihnen die Zustimmung zu einer höheren Miete zu verlangen, wenn die ortsübliche Vergleichsmiete für die Mietsache über der derzeit von Ihnen gezahlten Miete liegt. Ich habe festgestellt, dass dies der Fall ist, denn die ortsübliche Vergleichsmiete beträgt 930,– EUR.

Ich verweise auf das Gutachten des öffentlich bestellten und vereidigten Sachverständigen[2] für die Bewertung von Mieten und Pachten der Industrie- und Handelskammer ......[3]. Der Sachverständige hat nach Besichtigung Ihrer Wohnung[4] am ...... festgestellt, dass die ortsübliche Miete für die Mietsache 930,– EUR zuzüglich Betriebskosten beträgt. Das Gutachten füge ich bei.[5]

Auch die Kappungsgrenze ist eingehalten. Im Vergleich zu der Miete, die Sie vor 3 Jahren gezahlt haben, beträgt die Erhöhung weniger als 20 Prozent.

Ich darf Sie bitten, bis zum Ablauf des übernächsten Monats, also bis zum ......, mir Ihre Zustimmung zu dieser Mieterhöhung zu erklären. Die höhere Miete ist sodann ab dem ...... zu zahlen. Mit der neuen Miete zahlen Sie dann bitte auch Ihre Betriebskosten in der bisherigen Höhe weiter.

Ich möchte Sie darauf hinweisen, dass ich berechtigt bin, Sie auf Zustimmung zu dieser Mieterhöhung gerichtlich in Anspruch zu nehmen, wenn Sie der Erhöhung nicht oder nicht in vollem Umfange zustimmen.

......

(Vermieter)

## Anmerkungen

**1.** Wegen der einzuhaltenden formalen Voraussetzungen bei der Mieterhöhung auf die ortsübliche Vergleichsmiete, die Form und die Fristen wird auf das **Form. C. IV. 1** verwiesen.

**2.** Zur Begründung kann sich der Vermieter nur auf das Gutachten eines **von der Industrie- und Handelskammer öffentlich bestellten und vereidigten Sachverständigen** berufen. Eine Ausnahme ist nur dort zulässig, wo die Industrie- und Handelskammer keine derartigen Vereidigungen und Bestellungen vornimmt und stattdessen bei Anfrage Gutachter für den Einzelfall bestellt (BGH WuM 1994, 4; Schmidt-Futterer/*Börstinghaus* § 558 a BGB Rdn. 79). Nicht notwendig ist die Bestellung durch die Industrie- und Handelskammer in deren Bezirk die Wohnung liegt. Allerdings kommt nur das Gutachten eines Sachverständigen in Betracht, dessen Tätigkeit sich auf Mietpreisbewertungen bezieht. Dies kann ein Sachverständiger für Grundstücks- und Gebäudeschätzungen sein (BGH WuM 1982, 177). Nicht ausreichend ist jedoch das Gutachten eines Sachverständigen für das Bauhandwerk, da insofern ein nicht mit dem Mietpreisrecht in direktem Zusammenhang stehendes Gebiet betroffen ist (OLG Oldenburg WuM 1981, 55).

**3.** Da das Gutachten im Auftrage des Vermieters erstellt ist, handelt es sich zwangsläufig um ein **Parteigutachten**. An ein derartiges Gutachten können daher nicht die gleichen Maßstäbe angelegt werden wie an ein gerichtliches Sachverständigengutachten (Schmidt-Futterer/*Börstinghaus* § 558 a BGB Rdn. 85). In formeller Hinsicht dürfen deshalb auch nicht zu strenge Anforderungen an das Sachverständigengutachten gestellt werden (BVerfG NJW 1987, 313; Schmidt-Futterer/*Börstinghaus* § 558 a BGB Rdn. 85). Das Gutachten des Sachverständigen muss dem Mieter nachvollziehbar sein, insbesondere hat der Sachverständige die der Bewertung zu Grunde liegenden Befundtatsachen darzulegen. Hierbei kann der Sachverständige sowohl auf selbst ermittelte Daten wie auch auf Fremddaten zurückgreifen (Schmidt-Futterer/*Börstinghaus* § 558 a BGB Rdn. 88). Bezieht sich der Gutachter auf Vergleichswohnungen, so muss er diese Wohnungen, anders als im gerichtlichen Gutachten, nicht konkret und identifizierbar mitteilen (OLG Frankfurt WuM 1981, 273; OLG Karlsruhe WuM 1982, 269). Wenn allerdings der Sachverständige vergleichbare Wohnungen benennt, dann muss er allerdings auch dartun, warum er diese Wohnung für vergleichbar hält. Ist für die Gemeinde für den maßgeblichen Zeitpunkt ein Mietspiegel veröffentlicht, dann muss der Sachverständige sich in seinem Gutachten mit dessen Werten beschäftigen, zumindest wenn er davon abweichen will (Schmidt-Futterer/*Börstinghaus* § 558 a BGB Rdn. 88). Der Vermieter kann sich auch auf ein älteres Gutachten des Sachverständigen beziehen, jedoch dürfte ein Gutachten als untauglich anzusehen sein welches vor mehr als 2 Jahren erstellt wurde (Schmidt-Futterer/*Börstinghaus* § 558 a BGB Rdn. 91).

Die formellen Anforderungen zur Begründung eines Mieterhöhungsverlangens werden auch dann durch ein Sachverständigengutachten erfüllt, das sich nicht unmittelbar auf die Wohnung des Mieters, sondern auf andere nach Größe und Ausstattung vergleichbare Wohnungen bezieht (BGH Urt. v. 19. 5. 2010 – VIII ZR 122/09 BeckRS 2010, 16361).

Die Kosten des Sachverständigengutachtens sind auf keinen Fall vom Mieter zu tragen, auch nicht als Rechtsverfolgungskosten im späteren Mieterhöhungsprozess (Schmidt-Futterer/*Börstinghaus* § 558 a BGB Rdn. 98 f.).

**4.** Um das Gutachten zu erstellen, muss der Sachverständige auch nicht zwingend das **Mietobjekt besichtigt** haben, insbesondere dann, wenn ihm die wesentlichen Wohnmerkmale auf andere Art und Weise, etwa durch Innformation des Vermieters, Pläne, Fotos etc., bekannt gemacht werden (AG Bonn WuM 1985, 313). Allerdings hat der Vermieter gegen den Mieter einen klagbaren Anspruch darauf, dass dieser dem Sachverständigen Zutritt zur Wohnung bewilligt (Schmidt-Futterer/*Börstinghaus* § 558 a BGB Rdn. 91). Verweigert der Mieter den Zutritt, so hat der Vermieter gegen den Mieter einen Ersatzanspruch in der Höhe, in der dem Vermieter ein Schaden wegen der späteren Erstellung des Mieterhöhungsgutachtens entsteht (Schmidt-Futterer/*Börstinghaus* § 558 a BGB Rdn. 91).

**5.** Das Gutachten ist dem Mieterhöhungsverlangen **vollständig beizufügen**, da ansonsten das Mieterhöhungsverlangen für den Mieter nicht nachvollziehbar und überprüfbar ist (OLG Braunschweig WuM 1982, 272). Nicht ausreichend ist mithin der Hinweis an den Mieter zur Einsichtnahme in das Gutachten oder die auszugsweise Beifügung des Gutachtens. Dieser Mangel kann allerdings dadurch geheilt werden, dass das Gutachten im Prozess nachgereicht wird, was dann allerdings wieder eine neue Überlegungsfrist auslöst.

# 5. Mieterhöhungsverlangen[1] unter Berufung auf Vergleichsmieten, § 558 a Abs. 2 Nr. 4 BGB

......

(Rechtsanwalt)

an

......

(Mieter)

Sehr geehrte(r) ......,

ich zeige Ihnen hiermit an, dass ich die Interessen Ihres Vermieters, ......, vertrete. Das Original der auf mich lautenden Vollmacht, wodurch ich berechtigt bin, die nachfolgenden Erklärungen abzugeben, füge ich diesem Schreiben bei.

Sie bewohnen im Hause meines Mandanten seit nunmehr 10 Jahren die im 2. Obergeschoss rechts gelegene Wohnung, bestehend aus 3 Zimmern, Küche, Diele, Bad/WC, Loggia und dazugehörigem Kellerraum. Mitvermietet ist auch ein Stellplatz vor dem Haus. Für diese Wohnung zahlen Sie seit mehr als 1 Jahr eine unveränderte Miete von 540,– EUR zuzüglich 25,– EUR für die Stellplatzbenutzung und 140,– EUR an Betriebskostenvorauszahlungen. Mein Mandant hat mich gebeten zu überprüfen, ob die Möglichkeit besteht, diese von Ihnen derzeit gezahlte Miete zu erhöhen. Dies ist der Fall.

Nach § 558 BGB kann der Vermieter vom Mieter die Zustimmung zu einer Erhöhung der Miete bis zur ortsüblichen Vergleichsmiete verlangen. Von diesem Recht mache ich hiermit namens und im Auftrage meines Mandanten und unter nochmaliger Bezugnahme auf die beiliegende Vollmacht Gebrauch.

Ich bitte Sie um Zustimmung zu einer Mieterhöhung auf 580,– EUR zuzüglich Stellplatzmiete und Betriebskostenvorauszahlungen in bisheriger Höhe ab ...... (Beginn des dritten Monats, der auf den Zugang des Erhöhungsverlangens folgt). Eine Miete von 580,– EUR übersteigt die ortsübliche Vergleichsmiete nicht. Auch die Kappungsgrenze ist eingehalten. Im Vergleich zu der Miete, die Sie vor 3 Jahren gezahlt haben, beträgt die Erhöhung weniger als 20 Prozent. Zur Begründung benenne ich Ihnen drei Vergleichswohnungen:[2]

1. Wohnung ......: Diese Wohnung liegt im gleichen Hause, in dem sich auch Ihre Wohnung befindet, allerdings im 1. Obergeschoss. Die Wohnung ist bis auf die Geschosslage mit Ihrer Wohnung identisch. Dieser Mieter zahlt eine Miete von 590,– EUR zuzüglich Nebenkostenvorauszahlungen.
2. Wohnung ......: Diese Wohnung befindet sich im 3. Obergeschoss des Nachbargebäudes, welches allerdings nicht im Eigentum des Mandanten[3] steht. Das Haus unseres Mandanten wie auch das Nachbargebäude sind jedoch zum gleichen Zeitpunkt im Rahmen einer gemeinsamen Baumaßnahme errichtet worden. Die hier benannte Vergleichswohnung verfügt daher über die gleiche Größe, Ausstattung und Lage wie Ihre Wohnung. Der Mieter zahlt eine Miete von 610,– EUR wobei hierin allerdings die Betriebskosten[4] für Grundsteuer und Versicherungen enthalten sind. Ansonsten werden, wie in Ihrem Fall, alle Betriebskosten umgelegt. Laut Aussage des Eigentümers des Nachbargebäudes betragen die Betriebskosten für Grundsteuer und Versicherungen bezüglich der benannten Wohnung auf 15,– EUR pro Monat.
3. Wohnung ......: Diese Wohnung befindet sich im gleichen Stadtteil wie Ihre Wohnung. Die ...... Straße ist ebenfalls eine ruhige Anliegerstraße. Die Bezugsfertigstellung des dortigen Hauses erfolgte 2 Jahre nachdem das Haus des Mandanten bezugsfertig wurde. Das Baualter ist also vergleichbar. Die Wohnung ist 78 Quadratmeter groß, sie besteht ebenfalls aus 3 Zimmern, Küche, Diele, Bad/WC und Balkon. Die Ausstattung ist ebenfalls vergleichbar, da die Wohnung über Zentralheizung sowie Thermopenverglasung verfügt. Die Miete beläuft sich auf 580,– EUR zuzüglich Betriebskostenvorauszahlung.

Durch die Benennung der vorstehend benannten Vergleichswohnungen[5] können Sie ersehen, dass die von mir verlangte Miete[6] die in den jeweiligen Fällen vereinbarte Miete nicht überschreitet. Sie übersteigt somit nicht die ortsübliche Vergleichsmiete.

Es ist meine Pflicht, Sie noch auf Folgendes hinzuweisen: Für unsere Gemeinde besteht ein qualifizierter Mietspiegel[7] i.S.v. § 558d BGB. Die von Ihnen bewohnte Wohnung ist entsprechend der Wohnmerkmale wie folgt in diesen Mietspiegel einzuordnen:

• Baualtersklasse 3, da das Haus in dem Sie wohnen im Jahre 1982 bezugsfertig wurde;
• Wohnungen um 80 m² Größe;
• ausgestattet mit Bad, Heizung und WC sowie Thermopenverglasung;
• mittlere Wohnlage.

Der von mir erwähnte Mietspiegel gibt eine ortsübliche Vergleichsmiete von 6,– EUR bis 7,25 EUR pro Monat und pro m² wieder.

Ich darf Sie namens und im Auftrage meines Mandanten bitten, die von mir ermittelte Miete in Höhe von 580,– EUR zuzüglich Stellplatzmiete und Nebenkostenvorauszahlung zu dem oben erwähnten Zeitpunkt zu zahlen und bis Ablauf des übernächsten Monats mir anzuzeigen, dass Sie dieser Mieterhöhung zustimmen. Stimmen Sie der Mieterhöhung nicht oder nicht in vollem Umfange zu, dann kann mein Mandant Sie binnen der vom Gesetzgeber genannten Frist auf Zustimmung gerichtlich in Anspruch nehmen.[8]

......

(Rechtsanwalt)

## Anmerkungen

**1.** Wegen der ansonsten einzuhaltenden formalen Voraussetzung bei einer Mieterhöhung auf die ortsübliche Vergleichsmiete, die Form und die Fristen wird auf das **Form. C. IV. 1** nebst Anm. verwiesen.

**2.** Der Vermieter kann das Mieterhöhungsverlangen durch die **Benennung von drei Vergleichswohnungen** begründen. Dies ist an sich die einfachste und kostengünstigste Begründungsmöglichkeit für den Vermieter, jedoch andererseits auch die am wenigsten Zuverlässigste. Immerhin ist die Auswahl der drei Vergleichswohnungen mehr oder weniger zufällig und es ist eher unwahrscheinlich, dass die drei Vergleichsmieten auch die ortsübliche Vergleichsmiete wiedergeben. Der Erkenntniswert einer auf Vergleichswohnungen gestützten Begründung eines Mieterhöhungsverlangens ist deshalb nur sehr gering (OLG Karlsruhe NJW 1984, 2167). Bei diesen Begründungsmitteln handelt es sich mit Sicherheit um das schlechteste Begründungsmittel. Es müssen in jedem Falle drei Vergleichsobjekte benannt werden, die zum Zeitpunkt des Mieterhöhungsverlangens vermietet sind. Steht also eine Wohnung zum Zeitpunkt des Mieterhöhungsverlangens leer, dann kann nicht etwa die früher dafür gezahlte Miete zugrunde gelegt werden. Bei der Angabe der drei Vergleichswohnungen handelt es sich um eine absolute Mindestzahl, die niemals unterschritten werden darf, auch nicht in Ausnahmefällen. Lassen sich also keine drei Vergleichswohnungen aufführen, dann muss der Vermieter auf die anderen Begründungsmittel zurückgreifen. Dagegen steht es dem Vermieter natürlich frei, mehr als drei Vergleichswohnungen zu benennen. Die benannten Vergleichswohnungen sollen auf dem Gebiet der politischen Gemeinde liegen, in der auch die maßgebliche Wohnung liegt. Ausnahmsweise kann der Vermieter, wenn es für die besagte Gemeinde keine oder keine ausreichende Zahl von Vergleichswohnungen gibt, Vergleichswohnungen einer Nachbargemeinde anführen. Dann muss der Vermieter allerdings im Mieterhöhungsverlangen selber begründen, dass und warum er keine Vergleichswohnungen in der Gemeinde gefunden hat (BVerfG NJW 1984, 717; LG München WuM 1982, 131). Von der Frage, ob die benannten Wohnungen tatsächlich Vergleichswohnungen im Sinne des Gesetzes sind, ist abzugrenzen, welche Angaben denn im Mieterhöhungsverlangen gemacht werden müssen. Grundsätzlich müssen die Angaben des Vermieters so detailliert sein, dass der Mieter sich bereits anhand des Mieterhöhungsverlangens darüber im Klaren werden kann, ob die benannten Wohnungen mit seiner vergleichbar sind und er deshalb dem Mieterhöhungsverlangen zustimmen kann. Außerdem müssen die vom Vermieter gemachten Angaben so konkret sei, dass der Mieter diese Angaben überprüfen und die notwendigen Informationen einholen kann. Hierzu zählt: Angabe der postalischen Anschrift, also Ort, Straße und Hausnummer. Befinden sich mehrere Wohnungen in dem Haus, so ist die genaue Lage der Wohnung innerhalb des Hauses zu bezeichnen. Der Name des Wohnungsmieters muss dagegen nicht benannt werden (BGH WuM 1982, 324).

Sofern die Vergleichswohnungen nicht über die gleiche Wohnungsgröße verfügen wie die maßgebliche Wohnung, sollte grundsätzlich die Quadratmetermiete genannt werden. Hierauf kann allerdings verzichtet werden, wenn diese Quadratmetermiete für den Mieter leicht errechenbar ist, nämlich wenn der Vermieter die Grundmiete und die Wohnfläche angegeben hat (OLG Schleswig WuM 1987, 140; Schmidt-Futterer/*Börstinghaus* § 558a BGB Rdn. 121). Die unterschiedliche Mietstruktur (Inklusiv-/Teilinklusivmiete) hindert nicht die Vergleichbarkeit von Wohnungen. Der Mieter sollte jedoch über die unterschiedliche Mietstruktur einer oder aller Vergleichswohnungen informiert werden, damit die Angaben im Mieterhöhungsverlangen für ihn nachvollziehbar werden. Ansonsten könnte der Mieter, der eine Nettomiete zahlt, glauben, die Bruttomiete einer Vergleichswohnung sei die ortsübliche Nettovergleichsmiete. Zumindest auf wesentliche Unterschiede in der Mietstruktur sollte hingewiesen werden.

Die Angabe der Wohnungsgröße ist nur dann notwendig, wenn der Vermieter nicht die Quadratmetermiete angibt, sodass die Kenntnis von der Größe der Wohnung erforderlich ist, um die Quadratmetermiete zu errechnen. Auch kann die Angabe der Größe dann notwendig sein, wenn die Wohnung völlig unterschiedlichen Wohnungsteilmärkten angehört. Im Grunde genommen sollte daher, um unnötige Probleme zu vermeiden, die Wohnungsgröße der Vergleichswohnung immer angegeben werden.

**3.** Wegen der **Person des Vermieters** gibt es keine Beschränkungen. Mithin kann der Vermieter einzelne oder auch alle Vergleichswohnungen aus dem eigenen Bestand angeben, es ist daher auch zulässig, dass sich alle Vergleichswohnungen im gleichen Hause befinden (OLG Karlsruhe NJW 1984, 2167; OLG Frankfurt WuM 1984, 123; Schmidt-Futterer/*Börstinghaus* § 558a BGB Rdn. 110).

**4. Vergleichswohnungen** sind solche Wohnungen, die im Wesentlichen wegen der nachstehenden Merkmale mit der maßgeblichen Wohnung vergleichbar sind: Art, Größe, Ausstattung, Beschaffenheit und Lage. Es ist nicht erforderlich, dass die Vergleichswohnungen bezüglich aller Wohnwertmerkmale mit der Wohnung des Mieters übereinstimmen (BVerfG 53, 352, 359). Schon gar nicht ist es notwendig, dass die Wohnungen hinsichtlich der Mietstruktur vergleichbar sind. Es spielt also keine Rolle, ob neben der vereinbarten Miete noch Vorauszahlungen oder Pauschalen auf bestimmte Betriebskostenarten zu zahlen sind oder ob die Betriebskosten bereits in der Miete enthalten sind (Schmidt-Futterer/*Börstinghaus* § 558a BGB Rdn. 136).

**5.** Üblicherweise sind **sonstige Angaben** zu den Vergleichswohnungen nicht erforderlich, es sei denn entweder die Wohnung des Mieters oder die Vergleichswohnung besitzen eine dem Vermieter bekannte Besonderheit, die einen maßgeblichen wertbildenden Faktor darstellt und letztendlich Zweifel darüber rechtfertigen, ob die Vergleichswohnung und die maßgebliche Wohnung tatsächlich vergleichbar sind.

Grundsätzlich reicht es aber aus, wenn der Vermieter die Adresse, die genaue Lage der Vergleichswohnung im Haus und die Quadratmetermiete angibt. Mit dieser Angabe erklärt er gleichzeitig, dass die übrigen Wohnwertmerkmale im Wesentlichen mit der maßgeblichen Wohnung vergleichbar sind.

Andererseits gibt es für den Vermieter, der ja an einer zügigen und problemlosen Durchsetzung seiner Mieterhöhung interessiert ist, keinen Grund, ihm bekannte Informationen zu den Vergleichswohnungen zumindest stichpunktartig dem Mieter nicht mitzuteilen.

Stellt sich heraus, dass auch nur eine der benannten Wohnungen nicht mit der maßgeblichen Wohnung vergleichbar ist, dann ist das Mieterhöhungsverlangen unzulässig, es sei denn, der Vermieter hat mehr als drei Vergleichswohnungen benannt.

**6.** Die Zustimmung zur Mieterhöhung kann verlangt werden bis auf die niedrigste der angegebenen Vergleichsmieten; es ist also auf keinen Fall ein Durchschnitt der angegebenen Vergleichsmieten zu bilden (OLG Karlsruhe WuM 1984, 21; BayObLG WuM 1984, 275).

Verlangt der Vermieter einen höheren über der niedrigsten Vergleichsmiete liegenden Miete, dann ist das Mieterhöhungsverlangen nicht insgesamt unwirksam, sondern nur insofern, als die niedrigste Vergleichsmiete überschritten wird (OLG Karlsruhe WuM 1984, 21; BayObLG WuM 1984, 275).

Unwirksam, weil unzulässig, ist dagegen ein Mieterhöhungsverlangen, wenn auch nur eine der angegebenen Vergleichsmieten unter Verstoß gegen ein gesetzliches Verbot zu Stande gekommen ist, etwa unter Verstoß gegen § 5 WiStG. Hat der Vermieter nur drei Vergleichswohnungen angegeben, unterschreitet er in diesem Fall die Mindestzahl. Gleiches gilt, wenn der Vermieter als Vergleichsmiete einen Betrag angibt, der zwischen den Parteien der Vergleichswohnung streitig ist, etwa weil ein Mieterhöhungsprozess schwebt (Hannemann/Wiegner/*Flintrop* § 23, Rdn. 99).

**7.** Gemäß § 558a Abs. 3 BGB ist der Vermieter verpflichtet, den Mieter auf die Existenz eines qualifizierten Mietspiegels gemäß § 558d Abs. 1 BGB, falls ein solcher existiert, hinzuweisen. Enthält dieser qualifizierte Mietspiegel Angaben über die maßgebliche Wohnung, dann muss der Vermieter diese Angaben ebenfalls in das Mieterhöhungsverlangen mit aufnehmen. Unterlässt der Vermieter diese Angaben, so ist das Mieterhöhungsverlangen unwirksam.

**8.** Gebühren vgl. Form C. IV. 1 Anm. 15.

## 6. Mieterhöhungsverlangen[1] bei Inklusiv-/Teilinklusivmiete

......

(Rechtsanwalt)

an

......

(Mieter)

Sehr geehrte(r) ......,

ich zeige Ihnen hiermit an, dass ich die Interessen Ihres Vermieters, ......, vertrete. Das Original der auf mich lautenden Vollmacht, wodurch ich berechtigt bin, die nachfolgenden Erklärungen abzugeben, füge ich diesem Schreiben bei.

Sie bewohnen im Hause meines Mandanten ...... seit nunmehr 10 Jahren die im 2. Obergeschoss rechts gelegene Wohnung, bestehend aus 3 Zimmern, Küche, Diele, Bad/WC, Loggia und dazugehörigem Kellerraum. Mitvermietet ist auch ein Stellplatz vor dem Haus. Für diese Wohnung, die insgesamt 82 Quadratmeter groß ist, zahlen Sie seit mehr als 1 Jahr eine unveränderte Miete von 540,– EUR zuzüglich Betriebskostenvorauszahlungen. Mein Mandant hat mich gebeten zu überprüfen, ob die Möglichkeit besteht, diese von Ihnen derzeit gezahlte Miete zu erhöhen. Dies ist nach Überprüfung der Sach- und Rechtslage der Fall.

Nach § 558 BGB[2] kann der Vermieter vom Mieter die Zustimmung zu einer Erhöhung der Miete bis zur ortsüblichen Vergleichsmiete verlangen. Von diesem Recht mache ich hiermit namens und im Auftrage meines Mandanten und unter nochmaliger Bezugnahme auf die beiliegende Vollmacht Gebrauch. Ich bitte Sie um Zustimmung zu einer Mieterhöhung auf 608,– EUR zuzüglich Betriebskostenvorauszahlungen. Ich darf Sie bitten, diese Miete ab ...... (Beginn des 3. Monats, der auf den Zugang des Erhöhungsverlangens folgt) zu zahlen. Die von mir verlangte Miete in Höhe von 608,– EUR übersteigt die ortsübliche Vergleichsmiete nicht.

Ich beziehe mich deshalb auf den Mietspiegel für nicht öffentlich geförderten Wohnraum im Stadtgebiet von ...... vom ...... Eine Abschrift des Mietspiegels füge ich in der Anlage bei. Aufgrund der im Mietspiegel enthaltenen Angaben bewerte ich die von Ihnen bewohnte Wohnung wie folgt:

1. Das Haus, in dem sich Ihre Wohnung befindet, wurde im Jahre 1985 bezugsfertig. Es gilt die Baualtersklasse 3.
2. Ihre Wohnung ist 82 Quadratmeter groß, sodass die Gruppe der Wohnungen um 80 Quadratmeter Größe Anwendung findet.
3. Ihre Wohnung ist mit Bad, Heizung und WC ausgestattet. Es gilt die Ausstattungsklasse 2.
4. Die von Ihnen bewohnte Wohnung liegt in einer mittleren Wohnlage. Hervorzuheben ist die gute Verkehrsanbindung mit öffentlichen Personennahverkehrsmitteln zur Innenstadt, insbesondere durch die nahe liegende Straßenbahnhaltestelle. Alle Geschäfte des täglichen Bedarfs, aber auch Ärzte, Schulen etc. sind fußläufig zu erreichen. Besondere, insbesondere ständige Beeinträchtigungen durch Lärm und Schmutz sind nicht vorhanden.

In dem von mir zu Grunde gelegten Feld, dieses habe ich in dem beiliegenden Mietspiegel[3] noch einmal farblich gekennzeichnet, beträgt die Vergleichsmiete 5,50 EUR – 7,50 EUR pro Monat und Quadratmeter. Ich halte grundsätzlich eine Miete von 7,07 EUR pro Quadratmeter und Monat für angemessen und ortsüblich. Die von mir für meine Mandanten verlangte Miete berücksichtigt darüber hinaus noch Folgendes:

Der Mietspiegel, auf den ich mich stütze, gibt ausschließlich so genannte Nettomieten wieder. Dies sind Mieten, die unter der Voraussetzung ermittelt werden, dass alle Betriebskosten gemäß Anlage 3 zu § 27 II. BV auf den Mieter umgelegt werden. In Ihrem Falle trifft dies nicht zu, da nach den mietvertraglichen Vereinbarungen die Betriebskosten Grundsteuer, Versicherungen, Straßenreinigung und Feuerlöscherwartung nicht umgelegt werden. Diese Betriebskosten sind somit Bestandteile der Grundmiete.

Gemäß der letzten Betriebskostenabrechnung sind für die vorgenannten Betriebskostenpositionen[4] folgende Kosten entstanden:

| | |
|---|---:|
| Grundsteuer | 860,– EUR |
| Sach- und Haftpflichtversicherung | 730,– EUR |
| Straßenreinigungsgebühren | 240,– EUR |
| Feuerlöscherwartung | 80,– EUR |
| insgesamt | 1.910,– EUR |

Das gesamte Haus hat eine Wohnfläche von 468 Quadratmeter, so dass pro Monat und Quadratmeter auf die besagten Betriebskosten ein Anteil von 0,34 EUR entfällt.

Dieser Betrag ist der von mir ermittelten Quadratmetermiete von 7,07 EUR hinzuzurechnen, so dass ich die verlangte Miete wie folgt berechnet habe: 82 Quadratmeter × 7,41 EUR ergibt 607,62 EUR, aufgerundet 608,– EUR.

Auch die Kappungsgrenze ist eingehalten. Im Vergleich zu der Miete, die Sie vor 3 Jahren gezahlt haben, beträgt die Erhöhung weniger als 20 Prozent.

Namens und im Auftrage meines Mandanten darf ich Sie bitten, die von mir ermittelte Miete von 608,– EUR zuzüglich Betriebskostenvorauszahlung zu dem oben erwähnten Zeitpunkt zu zahlen und bis zum Ablauf des übernächsten Monats mir anzuzeigen, dass Sie dieser Mieterhöhung zustimmen. Stimmen Sie der Mieterhöhung nicht oder nicht in vollem Umfange zu, dann kann mein Mandant Sie binnen der vom Gesetzgeber genannten Frist auf Zustimmung gerichtlich in Anspruch nehmen.[5]

......

(Rechtsanwalt)

## Anmerkungen

**1.** Das vorliegende Mieterhöhungsmuster basiert auf dem **Form. C. IV. 1**, wegen Form, Frist und Inhalt wird auf die dortigen Anmerkungen verwiesen werden. Die Besonderheit des vorliegenden Falls besteht darin, dass neben der Grundmiete nicht alle Betriebskosten gemäß der Betriebskostenverordnung umgelegt werden, sondern einige Betriebskosten in der Miete enthalten sind. Bei derartigen Fällen spricht man von einer Teilinklusivmiete bzw., wenn mit Ausnahme der Heizkosten alle Betriebskosten in der Miete enthalten sind, von einer Inklusivmiete.

**2.** Stützt sich der Vermieter zur Begründung seines Mieterhöhungsverlangens auf einen Mietspiegel, der nur Mieten ohne jegliche Betriebskostenanteile enthält (Nettokaltmiete), muss zunächst die **Vergleichbarkeit** hergestellt werden, die Nettokaltmiete des Mietspiegels muss in eine Inklusivmiete/Teilinklusivmiete für die konkrete Wohnung transformiert werden (Hannemann/Wiegner/*Flintrop* § 23 Rdn. 110). Dies geschieht wie folgt: Zunächst ist anhand des Mietspiegels die ortsübliche Vergleichsnettomiete zu ermitteln. Danach wird der Betriebskostenanteil, der in der Miete enthalten ist, anhand der aktuellen Kosten ermittelt und auf Quadratmeter/Monat umgerechnet. Maßgebend sind die Betriebskosten, wie sie im Zeitpunkt des Mieterhöhungsverlangens anfallen (BGH NZM 2006, 101; BGH NZM 2004, 253). Dieser Betrag ist sodann der ermittelten Vergleichs-Nettomiete hinzuzurechnen (OLG Stuttgart NJW 1983, 2329; OLG Hamm NJW-RR 1993, 389).

**3.** Die hier besprochenen Grundsätze bei der Erhöhung einer Inklusiv-/Teilinklusivmiete sind auch dann anzuwenden, wenn der Vermieter sich bei der Begründung auf **Vergleichsobjekte gemäß § 558a Abs. 1 Nr. 4 BGB** beruft. Werden bei den Vergleichsobjekten Nettomieten gezahlt, so kann der Vermieter sich hierauf berufen und sodann den Betriebskostenanteil dazurechnen.

**4.** Die **aktuellen Werte** der in der Grundmiete enthaltenen Betriebskosten sind anhand der Betriebskostenabrechnung für den dem Mieterhöhungsverlangen voran gegangenen Abrechnungszeitraum, soweit dieser bereits vorliegt, ansonsten aus der letzten Betriebskostenabrechnung, zu errechnen (BGH Beschl. v. 8. 7. 2008 – VIII ZR 5/08 BeckRS 2008, 21988). Die Betriebskostenarten und einzelnen Kostenpositionen sind nachvollziehbar darzulegen. Die vorstehenden Ausführungen gelten nur, wenn die Betriebskosten ganz oder teilweise in der Grundmiete enthalten sind. Werden Betriebskosten als Pauschalen ausgewiesen, richtet sich die Veränderung der Pauschale ausschließlich nach § 560 BGB.

**5.** Wegen der **Rechtsanwaltskosten** vgl. Form. C. IV. 1.

## 7. Mieterhöhungsverlangen[1] unter Berücksichtigung der Kappungsgrenze, § 558 Abs. 3 BGB

......

(Rechtsanwalt)

an

......

(Mieter)

Sehr geehrte(r) ......,

ich zeige Ihnen hiermit an, dass ich die Interessen Ihres Vermieters, ......, vertrete. Das Original der auf mich lautenden Vollmacht, wodurch ich berechtigt bin, die nachfolgenden Erklärungen abzugeben, füge ich diesem Schreiben bei.

Sie bewohnen im Hause meines Mandanten ...... seit nunmehr 10 Jahren die im 2. Obergeschoss rechts gelegene Wohnung, bestehend aus 3 Zimmern, Küche, Diele, Bad/WC, Loggia und dazugehörigem Kellerraum. Mitvermietet ist auch ein Stellplatz vor dem Haus. Für diese Wohnung, die insgesamt 82 Quadratmeter groß ist, zahlen Sie seit mehr als 1 Jahr eine unveränderte Miete von 540,– EUR zuzüglich Betriebskostenvorauszahlungen. Mein Mandant hat mich gebeten zu überprüfen, ob die Möglichkeit besteht, diese von Ihnen derzeit gezahlte Miete zu erhöhen. Dies ist nach Prüfung der Sach- und Rechtslage der Fall.

Nach § 558 BGB kann der Vermieter vom Mieter die Zustimmung zu einer Erhöhung der Miete bis zur ortsüblichen Vergleichsmiete verlangen. Von diesem Recht mache ich hiermit namens und im Auftrage meines Mandanten und unter nochmaliger Bezugnahme auf die beiliegende Vollmacht Gebrauch. Ich bitte Sie um Zustimmung zu einer Mieterhöhung auf 594,– EUR zuzüglich Betriebskostenvorauszahlungen. Ich darf Sie bitten, diese Miete ab ...... (Beginn des 3. Monats, der auf den Zugang des Erhöhungsverlangens folgt) zu zahlen. Die von mir verlangte Miete in Höhe von 594,– EUR übersteigt die ortsübliche Vergleichsmiete[2] nicht.

Ich beziehe mich deshalb auf den Mietspiegel für nicht öffentlich geförderten Wohnraum im Stadtgebiet von ...... vom ...... Eine Abschrift des Mietspiegels füge ich in der Anlage bei. Aufgrund der im Mietspiegel enthaltenen Angaben bewerte ich die von Ihnen bewohnte Wohnung wie folgt:

1. Das Haus, in dem sich Ihre Wohnung befindet, wurde im Jahre 1985 bezugsfertig. Es gilt die Baualtersklasse 3.
2. Ihre Wohnung ist 82 Quadratmeter groß, so dass die Gruppe der Wohnungen um 80 Quadratmeter Größe Anwendung findet.
3. Ihre Wohnung ist mit Bad, Heizung und WC ausgestattet. Es gilt die Ausstattungsklasse 2.
4. Die von Ihnen bewohnte Wohnung liegt in einer mittleren Wohnlage. Hervorzuheben ist die gute Verkehrsanbindung mit öffentlichen Personennahverkehrsmitteln zur Innenstadt, insbesondere durch die nahe liegende Straßenbahnhaltestelle. Alle Geschäfte des täglichen Bedarfs, aber auch Ärzte, Schulen etc. sind fußläufig zu erreichen. Besondere, insbesondere ständige Beeinträchtigungen durch Lärm und Schmutz sind nicht vorhanden.

In dem von mir zu Grunde gelegten Feld, dieses habe ich in dem beiliegenden Mietspiegel noch einmal farblich gekennzeichnet, beträgt die Vergleichsmiete 5,50 EUR – 7,50 EUR pro Monat und Quadratmeter. Ich halte grundsätzlich eine Miete von 7,07 EUR pro Quadratmeter und Monat für angemessen und ortsüblich. Die von mir für meine Mandanten verlangte Miete berücksichtigt darüber hinaus noch Folgendes: Der Mietspiegel, auf den ich mich stütze, gibt ausschließlich so genannte Nettomieten wieder, dies sind Mieten, die unter der Voraussetzung ermittelt werden, dass alle Betriebskosten gemäß Anlage 3 zu § 27 II. BV auf den Mieter umgelegt werden. In Ihrem Falle trifft dies nicht zu, da nach den mietvertraglichen Vereinbarungen die Betriebskosten Grundsteuer, Versicherungen, Straßenreinigung und Feuerlöscherwartung nicht umgelegt werden. Diese Betriebskosten sind somit Bestandteile der Grundmiete.

Aufgrund der letzten Betriebskostenabrechnung sind für die vorgenannten Betriebskostenpositionen folgende Kosten entstanden:

| | |
|---|---:|
| Grundsteuer | 860,– EUR |
| Sach- und Haftpflichtversicherung | 730,– EUR |
| Straßenreinigungsgebühren | 240,– EUR |
| Feuerlöscherwartung | 80,– EUR |
| insgesamt | 1.910,– EUR |

Das gesamte Haus hat eine Wohnfläche von 468 Quadratmeter, so dass pro Monat und Quadratmeter auf die besagten Betriebskosten ein Anteil von 0,34 EUR entfällt.

Dieser Betrag ist der von mir ermittelten Quadratmetermiete von 7,07 EUR hinzuzurechnen, so dass ich die verlangte Miete wie folgt berechnet habe: 82 Quadratmeter × 7,41 EUR ergibt 607,62 EUR, aufgerundet 608,– EUR.

Die so von mir ermittelte ortsübliche Vergleichsmiete von 608,– EUR übersteigt allerdings die Kappungsgrenze[3] gemäß § 558 Abs. 3 BGB, sodass ich mein Mieterhöhungsverlangen auf 594,– EUR beschränke. Ihre Miete betrug am ...... (Datum) 495,– EUR zuzüglich Betriebskostenvorauszahlungen. Nach § 558 Abs. 3 BGB darf diese Miete sich, trotz höherer ortsüblicher Vergleichsmiete um nicht mehr als 20% erhöhen. Trotz Vergleichsmiete von 608,– EUR beschränke ich das vorliegende Mieterhöhungsverlangen auf 594,– EUR (495,– EUR zuzüglich 20%).

Namens und im Auftrage meines Mandanten darf ich Sie bitten, die so von mir ermittelte Miete von 594,– EUR zuzüglich Betriebskostenvorauszahlungen zu dem oben erwähnten Zeitpunkt zu zahlen und bis zum Ablauf des übernächsten Monats anzuzeigen, dass Sie dieser Mieterhöhung[5] zustimmen. Stimmen Sie der Mieterhöhung nicht oder nicht in vollem Umfange zu, dann kann mein Mandant Sie binnen der vom Gesetzgeber genannten Frist auf Zustimmung gerichtlich in Anspruch nehmen.[6]

......

(Rechtsanwalt)

## Anmerkungen

**1.** Das Formularschreiben basiert auf der unter **Form. C. IV. 5** besprochenen Mieterhöhungserklärung bei einer Teilinklusivmiete. Wegen der maßgeblichen Fragen zum Inhalt einer derartigen Mieterhöhungserklärung wird auf das Formular und die Anmerkungen verwiesen.

**2.** Die **Obergrenze** für eine Mieterhöhung nach § 558 BGB ist immer die ortsübliche Vergleichsmiete. Diese bleibt bestehen, kann aber vom Vermieter nicht verlangt werden, wenn sich hierdurch die Miete um einen Prozentsatz oberhalb von 20% erhöht. Umgekehrt kann also ein Vermieter nicht etwa bis zur Kappungsgrenze erhöhen, wenn die Vergleichsmiete niedriger ist (Palandt/*Weidenkaff* § 558 Rdn. 20).

**3.** Die **Kappungsgrenze** gemäß § 558 Abs. 3 BGB ist erreicht, wenn die ortsübliche Vergleichsmiete über der Ausgangsmiete zuzüglich 20% liegt. Mieterhöhungen gemäß §§ 559 u. 560 BGB werden allerdings nicht berücksichtigt (vgl. Form. und Anm. C. IV. 8). Die Kappungsgrenze kann sich ebenfalls verschieben oder ganz wegfallen bei vorheriger Zahlung einer Fehlbelegungsabgabe durch den Mieter (vgl. hierzu Form. und Anm. zu C. IV. 9). Ansonsten gilt die Kappungsgrenze bei allen Mieterhöhungen nach § 558 BGB, insbesondere auch beim erstmaligen Übergang von der Kostenmiete zur Vergleichsmiete (BayObLG NJW 1994, 742; Palandt/*Weidenkaff* § 558 Rdn. 19).

**4.** Für die Berechnung der Kappungsgrenze ist die 3 Jahre vor dem Wirksamwerden der Mieterhöhung geltende Ausgangsmiete maßgebend (BayObLG NJW-RR 88, 721; OLG Celle NJW-RR 96, 331). Ausgangsmiete ist immer die zum damaligen Zeitpunkt geschuldete Miete in der vereinbarten Mietstruktur. Haben die Parteien eine Inklusiv-/Teilinklusivmiete vereinbart, dann ist zur Berechnung der Kappungsgrenze die damalige Inklusiv-/Teilinklusivmiete mit der ortsüblichen Inklusiv-/Teilinklusivmiete zu vergleichen (BGH NZM 2004, 218). Die Ausgangsmiete darf nur dann fiktiv um die darin enthaltenen Betriebskostenanteile reduziert werden, wenn die Parteien innerhalb der letzten 3 Jahre die Mietstruktur geändert haben, etwa in der Weise, dass nunmehr neben der Miete alle Betriebskosten gemäß Anlage 3 zu § 27 Zweite Berechnungsverordnung umgelegt werden (Schmidt-Futterer/*Börstinghaus* § 558 BGB Rdn. 191). Besteht das Mietverhältnis noch keine 3 Jahre, dann gilt als Ausgangsmiete die während der Mietdauer geschuldete niedrigste Miete, regelmäßig die Miete, die bei Vertragsbeginn gezahlt wurde. Somit ist es theoretisch denkbar, dass bei Vereinbarung einer erheblich unter der ortsüblichen Vergleichsmiete liegenden Miete bei Vertragsbeginn nach 1 Jahr eine Mieterhöhung um 20 Prozent möglich ist (Schmidt-Futterer/*Börstinghaus* § 558 BGB Rdn. 172). Nicht unumstritten ist die Auffassung, dass als Ausgangsmiete die vor 3 Jahren gezahlte Miete gilt, wenn die Parteien wegen des gleichen Mietobjektes innerhalb der 3-Jahres-Frist einen neuen Mietvertrag geschlossen haben und die Mieterhöhung nun auf dem neuen Vertrag basiert. Da das Gesetz auf die Miete, die vor 3 Jahren gezahlt wurde, abstellt, dürfte nicht die anlässlich des Neuabschlusses des Vertrages vereinbarte Miete sondern die vor 3 Jahren geleistete Miete maßgeblich sein. Ist die Miete im Laufe der 3-Jahres-Frist mindestens ein Mal unter die Miete 3 Jahre vor Wirksamwerden der neuerlichen Mieterhöhung gesunken, dann ist nicht die Miete 3 Jahr vor Wirksamwerden der Mieterhöhung maßgeblich, sondern die niedrigste Miete innerhalb des 3-Jahres-Zeitraums (Schmidt-Futterer/*Börstinghaus* § 558 BGB Rdn. 179). Hierbei bleiben allerdings Mietminderung und auch Mietherabsetzungsvereinbarungen, die aus Anlass einer Gebrauchsbeeinträchtigung geschlossen wurden, außer Betracht (Schmidt-Futterer/*Börstinghaus* § 558 BGB Rdn. 180).

Tritt ein weiterer Mieter auf Grund vertraglicher Vereinbarung in den Vertrag ein, so löst dies auf der einen Seite die Jahressperrfrist aus und lässt zugleich eine neue 3-Jahres-Frist wegen der Ermittlung der Kappungsgrenze entstehen (Schmidt-Futterer/*Börstinghaus* § 558 BGB Rdn. 175).

**5.** Beachtet der Vermieter im Mieterhöhungsverlangen die Kappungsgrenze nicht, das heißt, wird diese überschritten, so wird hierdurch das Mieterhöhungsverlangen nicht insgesamt unwirksam, sondern nur der Teil, der oberhalb der Kappungsgrenze liegt (OLG Celle NJW-RR 1996, 331).

**6.** Wegen Rechtsanwaltsgebühren vgl. Form. C. IV. 1.

## 8. Mieterhöhungsverlangen[1] unter Berücksichtigung einer Kappungsgrenze bei vorheriger Modernisierungsmieterhöhung nach § 559 BGB

......

(Rechtsanwalt)

an

......

(Mieter)

Sehr geehrte(r) ......,

ich zeige Ihnen hiermit an, dass ich die Interessen Ihres Vermieters, ......, vertrete. Das Original der auf mich lautenden Vollmacht, wodurch ich berechtigt bin, die nachfolgenden Erklärungen abzugeben, füge ich diesem Schreiben bei.

Sie bewohnen im Hause meines Mandanten ...... seit nunmehr 10 Jahren die im 2. Obergeschoss rechts gelegene Wohnung, bestehend aus 3 Zimmern, Küche, Diele, Bad/WC, Loggia und dazugehörigem Kellerraum. Mitvermietet ist auch ein Stellplatz vor dem Haus. Für diese Wohnung, die insgesamt 82 Quadratmeter groß ist, zahlen Sie seit mehr als 1 Jahr eine unveränderte Miete von 540,– EUR zuzüglich Betriebskostenvorauszahlungen. Mein Mandant hat mich gebeten zu überprüfen, ob die Möglichkeit besteht, diese von Ihnen derzeit gezahlte Miete zu erhöhen. Dies ist nach Prüfung der Sach- und Rechtslage der Fall.

Nach § 558 BGB kann der Vermieter vom Mieter die Zustimmung zu einer Erhöhung der Miete bis zur ortsüblichen Vergleichsmiete verlangen. Von diesem Recht mache ich hiermit namens und im Auftrage meines Mandanten und unter nochmaliger Bezugnahme auf die beiliegende Vollmacht Gebrauch. Ich bitte Sie um Zustimmung zu einer Mieterhöhung auf 608,– EUR zuzüglich Betriebskostenvorauszahlungen. Ich darf Sie bitten, diese Miete ab ...... (Beginn des 3. Monats, der auf den Zugang des Erhöhungsverlangens folgt) zu zahlen. Die von mir verlangte Miete in Höhe von 608,– EUR übersteigt die ortsübliche Vergleichsmiete nicht.

Ich beziehe mich deshalb auf den Mietspiegel für nicht öffentlich geförderten Wohnraum im Stadtgebiet von ...... vom ...... Eine Abschrift des Mietspiegels füge ich in der Anlage bei. Aufgrund der im Mietspiegel enthaltenen Angaben bewerte ich die von Ihnen bewohnte Wohnung wie folgt:

1. Das Haus, in dem sich Ihre Wohnung befindet, wurde im Jahre 1985 bezugsfertig. Es gilt die Baualtersklasse 3.
2. Ihre Wohnung ist 82 Quadratmeter groß, sodass die Gruppe der Wohnungen um 80 Quadratmeter Größe Anwendung findet.
3. Ihre Wohnung ist mit Bad, Heizung und WC ausgestattet. Es gilt die Ausstattungsklasse 2.

4. Die von Ihnen bewohnte Wohnung liegt in einer mittleren Wohnlage. Hervorzuheben ist die gute Verkehrsanbindung mit öffentlichen Personennahverkehrsmitteln zur Innenstadt, insbesondere durch die nahe liegende Straßenbahnhaltestelle. Alle Geschäfte des täglichen Bedarfs, aber auch Ärzte, Schulen etc. sind fußläufig zu erreichen. Besondere, insbesondere ständige Beeinträchtigungen durch Lärm und Schmutz sind nicht vorhanden.

In dem von mir zu Grunde gelegten Feld, dieses habe ich in dem beiliegenden Mietspiegel noch einmal farblich gekennzeichnet, beträgt die Vergleichsmiete 5,50 EUR – 7,50 EUR pro Monat und Quadratmeter. Ich halte grundsätzlich eine Miete von 7,07 EUR pro Quadratmeter und Monat für angemessen und ortsüblich. Die von mir für meine Mandanten verlangte Miete berücksichtigt darüber hinaus noch Folgendes: Der Mietspiegel, auf den ich mich stütze, gibt ausschließlich so genannte Nettomieten wieder, dies sind Mieten, die unter der Voraussetzung ermittelt werden, dass alle Betriebskosten gemäß Anlage 3 zu § 27 II. BV auf den Mieter umgelegt werden. In Ihrem Falle trifft dies nicht zu, da nach den mietvertraglichen Vereinbarungen die Betriebskosten Grundsteuer, Versicherungen, Straßenreinigung und Feuerlöscherwartung nicht umgelegt werden. Diese Betriebskosten sind somit Bestandteile der Grundmiete.

Gemäß der letzten Betriebskostenabrechnung sind für die vorgenannten Betriebskostenpositionen folgende Kosten entstanden:

| | |
|---|---:|
| Grundsteuer | 860,– EUR |
| Sach- und Haftpflichtversicherung | 730,– EUR |
| Straßenreinigungsgebühren | 240,– EUR |
| Feuerlöscherwartung | 80,– EUR |
| insgesamt | 1.910,– EUR |

Das gesamte Haus hat eine Wohnfläche von 468 Quadratmeter, sodass pro Monat und Quadratmeter auf die besagten Betriebskosten ein Anteil von 0,34 EUR entfällt.

Dieser Betrag ist der von mir ermittelten Quadratmetermiete von 7,07 EUR hinzuzurechnen, so dass ich die verlangte Miete wie folgt berechnet habe: 82 Quadratmeter × 7,41 EUR ergibt 607,62 EUR, aufgerundet 608,– EUR.

Die Kappungsgrenze[2] gemäß § 558 Abs. 3 BGB, wonach die Miete trotz höherer ortsüblicher Vergleichsmiete sich innerhalb von 3 Jahren um nicht mehr als 20% erhöhen darf, ist eingehalten. Zwar betrug die Ausgangsmiete am ...... 495,– EUR. Dass die von mir verlangte Miete[3] von 608,– EUR diese Ausgangsmiete um mehr als 20% überschreitet ist deshalb unschädlich, weil bei der Berechnung der Kappungsgrenze nach § 558 Abs. 3 BGB Erhöhungen wegen Modernisierung nach § 559 BGB nicht berücksichtigt werden. In Ihrem Fall habe ich die Miete zum ...... um 18,– EUR gemäß § 559 BGB erhöht, da ich das Haus, in dem sich Ihre Wohnung befindet, mit einem Wärmedämmputz versehen hatte. Wenn Sie diesen Betrag von der verlangten Miete abziehen, ergibt dies einen Wert, der unterhalb der Kappungsgrenze, die bei 594,– EUR einsetzt, liegt.

Namens und im Auftrage meines Mandanten darf ich Sie bitten, die von mir ermittelte Miete von 608,– EUR zuzüglich Betriebskostenvorauszahlung zu dem oben erwähnten Zeitpunkt zu zahlen und bis zum Ablauf des übernächsten Monats mir anzuzeigen, dass Sie dieser Mieterhöhung zustimmen.[4] Stimmen Sie der Mieterhöhung nicht oder nicht in vollem Umfange zu, dann kann mein Mandant Sie binnen der vom Gesetzgeber genannten Frist auf Zustimmung gerichtlich in Anspruch nehmen.[5]

......

(Rechtsanwalt)

### Anmerkungen

**1.** Wegen der Mieterhöhung einer Inklusiv-/Teilinklusivmiete auf die ortsübliche Vergleichsmiete unter Verwendung eines einfachen Mietspiegels und unter Beachtung der Kappungsgrenze vgl. **Form. und Anm. C. IV. 1, C. IV. 6, C. IV. 7.**

**2.** Nach § 558 Abs. 3 BGB wird bei der Berechnung der Kappungsgrenze eine Mieterhöhung nach § 559 BGB und § 560 BGB nicht berücksichtigt. Dies betrifft allerdings nur solche Mieterhöhungen, die innerhalb der letzten 3 Jahren vollzogen und geschuldet wurden. Wurde die Miete bereits vor mehr als 3 Jahren gemäß §§ 559, 560 BGB erhöht, dann ist diese Mieterhöhung bereits in der Ausgangsmiete, die für die Berechnung der Kappungsgrenze maßgeblich ist, enthalten.

**3.** **Berechnungsbeispiel** für die höchstzulässige Miete:
Ausgangsmiete 495,– EUR + 99,– EUR (20 Prozent der Ausgangsmiete) + 18,– EUR Modernisierungsmieterhöhung nach § 559 BGB = 612,– EUR. Dieser Betrag liegt über der ortsüblichen Vergleichsmiete von 608,– EUR, sodass diese maßgebend ist.
Alternative Berechnung:
608,– EUR (ortsübliche Vergleichsmiete) – 18,– EUR (Modernisierungsmieterhöhung) = 580,– EUR, Kappungsgrenze = 594,– EUR. Die Kappungsgrenze ist nicht überschritten.
Die vorstehende Berechnung gilt in erster Linie, wenn sich die Miete innerhalb der letzten 3 Jahre gemäß § 559 BGB oder § 560 BGB erhöht hat. Daneben bleiben bei der Berechnung der Kappungsgrenze aber auch solche Mieterhöhungen unberücksichtigt, die auf den in § 559 BGB genannten Gründen beruhen, jedoch nicht in dem dort vorgesehenen Verfahren geltend gemacht wurden, sondern einvernehmlich im Sinne einer Mietänderungsvereinbarung § 557 Abs. 1 BGB vereinbart wurden (BGH NZM 2004, 456). Haben also die Parteien eine Modernisierungsvereinbarung mit gleichzeitiger Mieterhöhung (vgl. Form. C. I. 2) getroffen, wird die insofern vereinbarte Mieterhöhung bei der Berechnung der Kappungsgrenze nicht berücksichtigt.

**4.** Wegen der **Rechtsanwaltsgebühren** vgl. Form. C. IV. 1.

## 9. Mieterhöhungsverlangen[1] unter Berücksichtigung einer Kappungsgrenze bei vorherigem Wegfall der Fehlbelegungsabgabe, § 558 Abs. 4 BGB

......

(Vermieter)

an

......

(Mieter)

Sehr geehrte(r) ......,

zwischen Ihnen und mir besteht seit mehr als 5 Jahren ein Mietvertrag über die Wohnung im 2. Obergeschoss links des Hauses ......, bestehend aus 3 Zimmern, Küche, Diele, Bad/WC, Loggia und dazugehörigem Kellerraum. Die Wohnung war mit öffentlichen Mitteln gefördert. Die Eigenschaft „öffentlich geförderter Wohnraum" endet jedoch am ...... Eine entsprechende Bescheinigung der zuständigen Stelle füge ich bei.

Für die Wohnung haben Sie bisher eine Kostenmiete von 328,– EUR zuzüglich Vorauszahlungen auf Betriebskosten gezahlt. Wie Sie mir auf Grund meines Schreibens vom ...... mitgeteilt[2] haben, haben Sie darüber hinaus an die Stadt eine Fehlbelegungsabgabe von 120,– EUR entrichtet.

Ich will Sie hiermit bitten, ab dem ersten Monat, ab dem die Wohnung nicht mehr öffentlich gefördert ist, also ab dem ...... (Datum), einer Mieterhöhung auf 448,– EUR zuzüglich Vorauszahlungen auf die Betriebskosten in bisheriger Höhe zuzustimmen.

Nach § 558 BGB kann der Vermieter vom Mieter die Zustimmung zu einer Erhöhung der Miete bis zur ortsüblichen Vergleichsmiete verlangen. Die von mir verlangte Miete von 448,– EUR übersteigt die ortsübliche Vergleichsmiete nicht, tatsächlich liegt sie noch unterhalb der ortsüblichen Vergleichsmiete. Wegen des Nachweises der ortsüblichen Vergleichsmiete beziehe ich mich auf den Mietspiegel für nicht öffentlich geförderten Wohnraum im Stadtgebiet von ...... vom ...... Eine Abschrift des Mietspiegels füge ich in der Anlage bei. Auf Grund der im Mietspiegel enthaltenen Angaben bewerte ich die von Ihnen bewohnte Wohnung wie folgt:

1. Das Haus, in dem sich Ihre Wohnung befindet, wurde im Jahre 1985 bezugsfertig. Es gilt die Baualtersklasse 3.
2. Ihre Wohnung ist 82 Quadratmeter groß, sodass die Gruppe der Wohnungen um 80 Quadratmeter Größe Anwendung findet.
3. Ihre Wohnung ist mit Bad, Heizung und WC ausgestattet. Es gilt die Ausstattungsklasse 2.
4. Die von Ihnen bewohnte Wohnung liegt in einer mittleren Wohnlage. Hervorzuheben ist die gute Verkehrsanbindung mit öffentlichen Personennahverkehrsmitteln zur Innenstadt, insbesondere durch die nahe liegende Straßenbahnhaltestelle. Alle Geschäfte des täglichen Bedarfs, aber auch Ärzte, Schulen etc. sind fußläufig zu erreichen. Besondere, insbesondere ständige Beeinträchtigungen durch Lärm und Schmutz sind nicht vorhanden.

In dem von mir zu Grunde gelegten Feld, dieses habe ich in dem beiliegenden Mietspiegel noch einmal farblich gekennzeichnet, beträgt die Vergleichsmiete 5,50 EUR – 7,50 EUR pro Monat und Quadratmeter. Im Hinblick auf die doch sehr ruhige aber gleichwohl doch sehr verkehrsgünstige Lage habe ich die von Ihnen verlangte Miete wie folgt berechnet: 7,07 EUR pro Quadratmeter × 82 Quadratmeter = 579,74 EUR, aufgerundet 580,– EUR.

Ich verlange von Ihnen jedoch die Zustimmung zu einer Mieterhöhung von nur 448,– EUR. Nach § 558 Abs. 3 BGB darf die Miete sich grundsätzlich in den letzten 3 Jahren gerechnet vom Beginn der Mieterhöhung an um nicht mehr als 20% steigen (Kappungsgrenze[3]). Diese Regelung gilt jedoch gemäß § 558 Abs. 4 BGB nicht,[4] wenn infolge des Wegfalls der öffentlichen Bindung[5] die Verpflichtung des Mieters zur Zahlung einer Fehlbelegungsabgabe wegfällt und soweit die Erhöhung den Betrag der zuletzt zu entrichtenden Ausgleichszahlung nicht übersteigt.

Im vorliegenden Fall[6] kann ich von Ihnen nicht die Zustimmung zur gesamten ortsüblichen Vergleichsmiete verlangen, jedoch insoweit, als der Betrag Ihre bisherige Miete und Fehlbelegungsabgabe nicht übersteigt. Ihre bisherige Miete betrug 328,– EUR, die Fehlbelegungsabgabe beläuft sich auf 120,– EUR, insgesamt also 448,– EUR. Ich bitte Sie daher um Zustimmung zu einer Mieterhöhung auf 448,– EUR zuzüglich Betriebskostenvorauszahlungen wie bisher.

Ich darf Sie bitten, diese Miete zu dem oben erwähnten Zeitpunkt zu zahlen und mir bis zum Ablauf des übernächsten Monats anzuzeigen, dass Sie dieser Mieterhöhung zustimmen. Stimmen Sie der Mieterhöhung nicht oder nicht in vollem Umfange zu, so bin ich berechtigt, binnen der vom Gesetzgeber genannten Frist Sie auf Zustimmung gerichtlich in Anspruch zu nehmen.

......
(Vermieter)

## Anmerkungen

**1.** Wegen der grundsätzlichen Voraussetzungen, die an ein Mieterhöhungsverlangen gemäß § 558 BGB zu stellen sind vgl. **Form. und Anm. C. IV. 1.**

**2.** Grundsätzlich kann der Vermieter schon **zwei Monate vor Ablauf der Mietpreisbindung** dem Mieter ein Mieterhöhungsverlangen zukommen lassen, welches ab dem 1. des Monats wirkt, an dem die Wohnung nicht mehr als öffentlich gefördert gilt (OLG Hamm NJW 1981, 234; KG NJW 1982, 2077).

**3.** Auch bei einer Mieterhöhung auf die ortsübliche Vergleichsmiete nach Auslaufen der Preisbindung gilt die Kappungsgrenze (BVerfG NJW 1986, 1669; BVerfG WuM 1991, 575). Beim Übergang von der Kostenmiete zur frei finanzierten Miete ist bei der Errechnung der Kappungsgrenze auszugehen von der 3 Jahre vor Wirksamwerden der aktuellen Mieterhöhung geschuldeten Kostenmiete (LG Hamburg WuM 1996, 277; LG Köln WuM 1996, 276). Etwas anderes gilt nur, wenn danach die Kostenmiete, beispielsweise wegen geringerer Zinsaufwendungen, gesunken ist. Dann berechnet sich die Kappungsgrenze von der geringeren Miete. Es ist von der Kostenmiete mit der Mietstruktur zum Zeitpunkt des Übergangs von der Mietpreisbindung zur Miete im preisfreien Wohnraum auszugehen. Außer Betracht bleiben lediglich die während der Mietpreisbindung durchgeführten Mieterhöhungen, die den Mieterhöhungen der §§ 559, 560 BGB entsprechen (OLG Hamm NJW-RR 1995, 1293; LG Wuppertal WuM 1999, 44). Mieterhöhungen wegen gestiegener Kapitalkosten sind dagegen mit einzuberechnen (BGH NZM 2004, 545).

**4.** Nach § 558 Abs. 4 BGB gilt die Kappungsgrenze nicht, wenn durch das Ende der Preisbindung die Verpflichtung zur Zahlung der Fehlbelegungsabgabe entfällt und die Erhöhung den Betrag der zuletzt geleisteten Fehlbelegungsabgabe nicht übersteigt.

**5.** Da die Kostenmiete regelmäßig deutlich unter der ortsüblichen Vergleichsmiete liegt, soll die Kappungsgrenze den Mieter nach Wegfall der Preisbindung vor übermäßige Mieterhöhungen schützen. Allerdings soll der Mieter sich durch den Wegfall der Mietpreisbindung auch nicht besser stehen. Dies ist dann der Fall, wenn der Mieter nach Ende der Preisbindung nicht mehr zur Zahlung einer Fehlbelegungsabgabe verpflichtet ist und er sich „unterm Strich" bei Zahlung der kappungsbegrenzten Miete finanziell besser stehen würde. Die Belastung des Mieters mit Wohnkosten nach Ende der Mietpreisbindung soll nicht sinken, wenn wegen der Kappungsgrenze die ortsübliche Vergleichsmiete nicht in vollem Umfange verlangt werden kann.

**6.** Es sind daher nach Ende der Mietpreisbindung folgende **Fälle** denkbar:

a) **Mieter zahlt keine Fehlbelegungsabgabe**
- Liegt die ortsübliche Vergleichsmiete 20% oder weniger über der Ausgangsmiete, dann kann die ortsübliche Vergleichsmiete verlangt werden
- Liegt die ortsübliche Vergleichsmiete mehr als 20% über der Ausgangsmiete, dann tritt die Kappungsgrenze von 20 Prozent gemäß § 558 Abs. 3 BGB in Kraft.

b) **Mieter zahlt Fehlbelegungsabgabe**
- Liegt die ortsübliche Vergleichsmiete 20% oder weniger über der Ausgangsmiete, kann die ortsübliche Vergleichsmiete verlangt werden.
- Beträgt die ortsübliche Vergleichsmiete mehr als 20% der Ausgangsmiete und ergeben die Ausgangsmiete und Fehlbelegungsabgabe einen höheren Betrag als die ortsübliche Vergleichsmiete, dann kann die ortsübliche Vergleichsmiete verlangt werden.
- Beträgt die ortsübliche Vergleichsmiete mehr als 20% der Ausgangsmiete und liegen Ausgangsmiete und Fehlbelegungsabgabe unter der ortsüblichen Vergleichsmiete, kann eine Miete in Höhe der Ausgangsmiete und der Fehlbelegungsabgabe verlangt werden, sofern dieser Betrag über 20% der Ausgangsmiete liegt.
- Betragen Ausgangsmiete und Fehlbelegungsabgabe weniger als 20% der Ausgangsmiete und liegt die ortsübliche Vergleichsmiete über 20% der Ausgangsmiete, dann kann eine Mieterhöhung in Höhe von 20% der Ausgangsmiete verlangt werden.

**7.** Um die Höhe der Mieterhöhungsmöglichkeiten abschätzen zu können, hat der Vermieter gegenüber dem Mieter gemäß § 558 Abs. 4 BGB einen **Auskunftsanspruch über die Höhe der vom Mieter zu zahlenden Fehlbelegungsabgabe.** Der Auskunftsanspruch kann allerdings frühestens 4 Monate vor Ende der Preisbindung geltend gemacht werden. Der Mieter ist verpflichtet, innerhalb eines Monats die Auskunft zu erteilen. Sowohl das Auskunftsverlangen wie auch die Auskunft sind empfangsbedürftige Willenserklärungen. Weder das Auskunftsersuchen noch die Auskunft sind an eine bestimmte Form gebunden. Erteilt der Mieter die Auskunft nicht, dann kann der Vermieter unmittelbar nach Ablauf der Monatsfrist auf Auskunft klagen. Des Weiteren kann der Vermieter verlangen, dass der Mieter die Richtigkeit der Auskunft an Eides Statt versichert (Schmidt-Futterer/*Börstinghaus* § 558 BGB Rdn. 201). Der Vermieter hat dagegen keinen Anspruch auf Vorlage von Belegen, insbesondere Kopie des Bescheides über die Fehlbelegungsabgabe (Schmidt-Futterer/*Börstinghaus* § 558 BGB Rdn. 202). Umstritten ist, ob der Vermieter bei verweigerter Auskunft in seinem Mieterhöhungsverlangen die höchstmöglichste Fehlbelegungsabgabe, die das Gesetz vorsieht, unterstellen kann, sodass er die Kappungsgrenze nicht einzuhalten braucht (so: LG Köln MDR 1998, 1282), oder ob das Mieterhöhungsverlangen ohne Berechnung einer etwaigen Fehlbelegungsabgabe und damit unter Beachtung der Kappungsgrenze erstellt werden kann (Schmidt-Futterer/ *Börstinghaus* § 558 BGB Rdn. 204). Letztgenannter Meinung ist zu folgen, da der Vermieter in seinem Mieterhöhungsverlangen nur ihm bekannte Tatsachen vortragen darf und es grundsätzlich nicht zulässig ist, sein Mieterhöhungsverlangen auf Unterstellungen oder Vermutungen zu stützen. der Vermieter ist in solchen Fällen auch nicht schutzlos. Er kann den Mieter auf Auskunft verklagen. Erteilt der Mieter später die Auskunft, dann hat der Vermieter einen Schadensersatzanspruch wegen Pflichtverletzung gemäß § 280 Abs. 1 BGB. Der Mieter hat dann den Schaden zu ersetzen, der dem Vermieter entstanden ist, weil er wegen fehlender Auskunft eine an sich mögliche Mieterhöhung nicht realisieren konnte. Letztlich muss der Mieter dann die Mieterhöhung rückwirkend zahlen (Schmidt-Futterer/*Börstinghaus* § 558 BGB Rdn. 206). Das Gleiche gilt, wenn der Mieter eine falsche Auskunft erteilt. Problematisch wird die Auskunft für den Mieter, wenn gegen den Fehlbelegungsbescheid Rechtsbehelf eingelegt wurde. Der Mieter ist verpflichtet, die tatsächlich geleistete Fehlbelegungsabgabe mitzuteilen. Ein einem späteren Mieterhöhungsverfahren kann er jedoch, sofern es hierauf ankommt, der Mieterhöhung unter Hinweis auf das laufende Rechtsbehelfsverfahren zustimmen. Stellt sich dann später rechtskräftig heraus, dass die tatsächlich geschuldete Fehlbelegungsabgabe geringer war als die gezahlte, und hatte dies Einfluss auf die Mieterhöhung, dann kann der Mieter vom Vermieter Rückforderung der entsprechend überzahlten Miete nach den Grundsätzen der ungerechtfertigten Bereicherung verlangen.

## 10. Mieterhöhungsverlangen[1] unter Berücksichtigung von Drittmitteln i. S. d. §§ 559a, 558 Abs. 5 BGB

......

(Vermieter)

an

......

(Mieter)

Sehr geehrte(r) ......,

Sie bewohnen in meinem Haus ...... die im 2. Obergeschoss rechts gelegene Wohnung, bestehend aus 3 Zimmern, Küche, Diele, Bad/WC und dazugehörigem Kellerraum. Für diese Wohnung zahlen Sie seit nunmehr mehr als 3 Jahren eine unveränderte Miete von 380,– EUR zuzüglich Betriebskostenvorauszahlungen. Ich möchte mit diesem Schreiben von meinem Recht Gebrauch machen um von Ihnen eine Anpassung[2] der Miete an die ortsübliche Vergleichsmiete zu verlangen, § 558 BGB. Hierbei mache ich insbesondere geltend, dass ich das Haus, in dem sich Ihre Wohnung befindet, sowie Ihre Wohnung umfassend modernisiert habe, sodass die von Ihnen bewohnte Wohnung neuzeitlichen Wohnansprüchen genügt. Soweit ich für diese Maßnahmen einen Zuschuss erhalten habe, berücksichtige ich dies.

Zunächst nehme ich hinsichtlich der ortsüblichen Miete Bezug auf den Mietspiegel für nicht öffentlich geförderten Wohnraum im Stadtgebiet von ...... vom ...... Eine Abschrift des Mietspiegels füge ich in der Anlage bei.

Auf Grund der im Mietspiegel enthaltenen Angaben bewerte ich die von Ihnen bewohnte Wohnung wie folgt:

1. Das Haus, in dem sich Ihre Wohnung befindet, wurde 1910 bezugsfertig. Ich habe jedoch folgende Modernisierungsmaßnahmen durchführen lassen:
   - Einbau von wärme- und schallisolierenden Fenstern mit Kunststoffrahmen;
   - komplette Erneuerung der Elektro- und Sanitärinstallation nach modernstem Standard;
   - Einbau neuer Sanitärgegenstände;
   - Einbau einer Türsprechanlage

   Aufgrund dieser Modernisierungsmaßnahmen entspricht Ihre Wohnung neuzeitlichen Wohnansprüchen. Nach den Erläuterungen des Mietspiegels können derartige Wohnungen in die Baualtersklasse 3 eingeordnet werden.
2. Ihre Wohnung ist 82 Quadratmeter groß, sodass die Gruppe der Wohnungen um 80 Quadratmeter Größe Anwendung findet.
3. Ihre Wohnung ist mit Bad, Heizung und WC ausgestattet, es gilt die Ausstattungsgruppe 2.
4. Die von Ihnen bewohnte Wohnung liegt in einer mittleren Wohnlage. Hervorzuheben ist die gute Verkehrsanbindung mit öffentlichen Personennahverkehrsmitteln zur Innenstadt, insbesondere durch die nahe liegende Straßenbahnhaltestelle. Alle Geschäfte des täglichen Bedarfs, aber auch Ärzte, Schulen etc. sind fußläufig zu erreichen. Besondere, insbesondere ständige, Beeinträchtigungen durch Lärm und Schmutz, sind nicht vorhanden.

In dem von mir zu Grunde gelegten Feld, dieses habe ich in dem beiliegenden Mietspiegel noch einmal farblich gekennzeichnet, beträgt die Vergleichsmiete 4,50 EUR – 6,50 EUR pro Monat und Quadratmeter. Hieraus ergäbe sich für mich eine Mieterhöhungsmöglichkeit auf 451,– EUR und zwar 5,50 EUR pro Monat und Quadratmeter × 82 Quadratmeter. Wegen des Einbaues der wärme- und schallisolierenden Fenster habe ich von der Stadt einen Zuschuss von insgesamt 5.000,– EUR erhalten. Da alle Fenster im Hause erneuert wurden, ergibt sich für Ihre Wohnung folgender Anteil: 5.000,– EUR : 468 Quadratmeter (Gesamtwohnfläche) × 82 Quadratmeter, somit in Ihrem Fall 876,07 EUR. Nach § 558 Abs. 5 BGB sind 11% dieses Betrages von der jährlichen Mieterhöhung abzuziehen. Somit ergibt sich folgende Berechnung:[3]

| | |
|---|---:|
| Öffentlicher Zuschuss | 876,07 EUR |
| hiervon 11% | 96,37 EUR |
| : 12 Monate = | 8,03 EUR |

Um diesen Betrag vermindert sich mein Anspruch auf Zustimmung zur ortsüblichen Vergleichsmiete. Ich bitte Sie daher, einer Mieterhöhung auf 442,97 EUR ab dem ...... zuzustimmen.

Auch die Kappungsgrenze ist eingehalten. Im Vergleich zu der Miete, die Sie vor 3 Jahren gezahlt haben, beträgt die Erhöhung weniger als 20 Prozent.

Ich darf Sie daher bitten, der Mieterhöhung auf 442,97 EUR zuzüglich Betriebskostenvorauszahlungen in bisheriger Höhe ab dem oben erwähnten Zeitpunkt zu zahlen und bis zum Ablauf des übernächsten Monats mir anzuzeigen, dass Sie dieser Mieterhöhung zustimmen. Stimmen Sie der Mieterhöhung nicht oder nicht in vollem Umfange zu, dann bin ich berechtigt, innerhalb der vom Gesetzgeber gesetzten Frist auf Zustimmung zu klagen.

......

(Vermieter)

**Anmerkungen**

**1.** Bezüglich der Voraussetzungen der Anpassung der Miete an die ortsübliche Vergleichsmiete, die Berechnung der Kappungsgrenze vgl. **Form. und Anm. C. IV. 1–7.**

**2.** Nach durchgeführter Modernisierung hat der Vermieter grundsätzlich die **Wahl**, ob er eine Modernisierungsmieterhöhung nach § 559 BGB geltend macht oder ob er die Tatsache der Modernisierung zum Anlass nimmt, die Miete an die ortsübliche Vergleichsmiete anzupassen. Alleine durch die durchgeführte Modernisierung wird ein höhere Vergleichsmiete festzustellen sein. Hat der Vermieter bei der Modernisierung Zuschüsse der öffentlichen Hand, des Mieters oder eines Dritten erhalten, dann ist dieser Betrag mit 11% auf den Jahreserhöhungsbetrag anzurechnen. Werden zinsverbilligte oder zinslose Darlehen aus öffentlichen Mitteln gewährt, dann ist der Zinsvorteil gemäß § 559a Abs. 2 BGB in Verbindung mit § 558 Abs. 4 BGB von dem Mieterhöhungsbetrag abzuziehen (vgl. hierzu: Form. C. V. 4).

**3.** Grundsätzlich ist der Zuschussbetrag oder das zinsverbilligte Darlehen für die einzelne Wohnung festzustellen, § 559a Abs. 4 BGB. Ist dies nicht möglich, so ist eine Aufteilung nach dem Verhältnis für die einzelnen Wohnungen vorzunehmen, § 559a, Abs. 4 Halbs. 2).

# 11. Anwaltliche Geltendmachung der Erhöhungsbeträge und Verzugszinsen

......
(Rechtsanwalt)

an

......
(Mieter)

Sehr geehrte(r) ......,

Ihre Vermieter, ...... werden von mir anwaltlich vertreten. Sie sind durch rechtskräftiges Urteil des Amtsgerichtes ...... vom ...... verurteilt worden, einer Erhöhung der Miete für die von Ihnen bewohnte Wohnung von bisher ...... EUR ...... EUR seit dem ......[1] zuzustimmen.

Namens und im Auftrage meiner Mandanten fordere ich Sie auf, die erhöhte Miete zuzüglich Betriebskostenvorauszahlungen wie bisher mit Beginn des kommenden Monats zu zahlen.[2] Außerdem fordere ich Sie auf, die nunmehr seit dem ...... rückständige Miete von ...... EUR pro Monat, insgesamt also ...... EUR, zu zahlen. Hierzu setze ich eine Frist von 14 Tagen von heute an. Sollten Sie binnen dieser Frist den Rückstand nicht bezahlen, werde ich danach Verzugszinsen[3] gemäß § 288 Abs. 1 BGB geltend machen.

......
(Rechtsanwalt)

## Anmerkungen

**1.** Gemäß § 558b BGB schuldet der Mieter die erhöhte Miete mit Beginn des **dritten Kalendermonats nach Zugang des Erhöhungsverlangens**. Voraussetzung ist aber stets die wirksame Zustimmung des Mieters, gleich ob sie erteilt oder nach Urteil gemäß § 894 ZPO fingiert ist (Palandt/*Weidenkaff* § 558b BGB Rdn. 15).

**2.** Wird der Mieter verurteilt, einem Mieterhöhungsverlangen des Vermieters zuzustimmen, wird seine Verpflichtung zur Zahlung der erhöhten Miete für die Zeit ab dem Beginn des 3. Kalendermonats nach dem Zugang des Erhöhungsverlangens erst mit Rechtskraft des Zustimmungsurteils fällig.

**3.** Da die Fälligkeit erst mit Rechtskraft des Zustimmungsurteils eintritt, kann der Verzug mit den Erhöhungsbeträgen nicht rückwirkend eintreten, sondern erst nach Rechtskraft des Zustimmungsurteils begründet werden (BGH NZM 2005, 496). Um Verzugszinsen nach § 288 BGB geltend machen zu können, bedarf es also in jedem Falle noch einer separaten Mahnung im Hinblick auf die nach Rechtskraft der Entscheidung fällig gewordenen Erhöhungsbeträge.

Ein Verzugsschaden kann allerdings eintreten und geltend gemacht werden, wenn sich der Mieter mit der Abgabe der Zustimmungserklärung nach § 558b Abs. 2 BGB in Verzug befunden und dies auch zu vertreten hat. Nach Ablauf der dem Mieter zustehenden Zustimmungsfrist tritt der Verzug ohne Mahnung gemäß § 286 Abs. 2 Nr. 2 BGB ein (*Lehmann-Richter*, Haftung des Mieters wegen Verzuges mit der Zustimmung zu einem Mieterhöhungsverlangen, NZM 2006, 849 ff.). Grundsätzlich hat der Mieter auch diesen Verzug zu vertreten, selbst wenn er Fachleute einschaltet, die die Mieterhöhung schuldhaft als unbegründet betrachten und dem Mieter von der Zustimmung abraten. Deren Verschulden muss der Mieter sich nach § 278 BGB anrechnen lassen. Etwas anderes gilt nur dann, wenn er ihm zumutbare Überprüfungsmöglichkeiten in Anspruch genommen hat, er jedoch die Überprüfung nicht abschließen konnte, etwa weil ihm ein anderer Mieter Auskünfte wegen einer Vergleichswohnung verweigert hatte. Liegt insofern ein Verzug des Mieters mit der Zustimmung zur Mieterhöhung vor, kann der Vermieter den ihm hieraus entstandenen Schaden geltend machen, sofern er diesen Schaden **konkret** berechnet und substantiiert darlegt.

## V. Mieterhöhung[1] bei Modernisierung, § 559 BGB

## 1. Aufforderungsschreiben des Vermieters zur Duldung einer baulichen Maßnahme wegen Gebrauchswerterhöhung der Wohnung und Verbesserung der Wohnverhältnisse mit Mieterhöhungsankündigung, §§ 554 Abs. 2, 554 Abs. 3, 559 BGB

......
(Rechtsanwalt)

an

......
(Mieter)

Sehr geehrte(r) ......,

ich zeige Ihnen hiermit an, dass ich die Interessen Ihres Vermieters, ......, vertrete. Das Original der auf mich lautenden Vollmacht, wodurch ich berechtigt bin, die nachfolgenden Erklärungen abzugeben, füge ich diesem Schreiben bei.

Zwischen meinem Mandanten als Vermieter und Ihnen ...... als Mieter besteht seit dem ...... ein Mietvertrag im 2. Obergeschoss links des Hauses ......, bestehend aus 3 Zimmern, Küche, Diele, Bad/WC und dazugehörigem Kellerraum. Die Miete beläuft sich derzeit auf 600,– EUR zuzüglich 150,– EUR Betriebskostenvorauszahlung. Mein Mandant hat mich gebeten zu überprüfen, ob die Möglichkeit besteht, Modernisierungsmaßnahmen durchzuführen und die von Ihnen gezahlte Miete zu erhöhen. Dies ist nach Prüfung der Sach- und Rechtslage der Fall. Zu diesem Zweck erfolgt hiermit die form[2]- und fristgerechte[3] Ankündigung der baulichen Maßnahme und der zu erwartenden Mieterhöhung. Zur Duldung der nachfolgen aufgeführten baulichen Maßnahme[4] sind Sie verpflichtet.

Mein Mandant[5] beabsichtigt, in der Wohnung verschiedene Modernisierungsmaßnahmen[6] auf eigene Rechnung durchzuführen bzw. durchführen zu lassen, die den Gebrauchswert der Wohnung erhöhen und die Wohnverhältnisse verbessern:[7]

- Neueinrichtung des Badezimmers (Anbringung von Fliesen, Farbe weiß auf Boden und Wänden bis zu einer Höhe von 1,80 Meter, Erneuerung des WC-Topfes, Einbau eines Waschbeckens mit Standsäule, Einbau einer Duschtasse mit fester Duschabtrennung, Erneuerung der vorhandenen Badewanne, Erneuerung der Armaturen durch Einhebelmischarmaturen).
- Einbau einer Türfreisprecheinrichtung
- Errichtung einer Grünanlage auf der ehemaligen Innenhoffläche, Bepflanzung der Rasenfläche mit 12 Kirschbäumen, Aufstellen zweier Parkbänke und die Umfriedung des Grundstücks durch eine ca. 1 m hohe Hecke. Diese Anlage steht nach Fertigstellung allen Mietern zur Verfügung.

Mein Mandant wird die Arbeiten innerhalb Ihrer Wohnung bzw. Ihres Badezimmers am[8] ...... und am ...... durchführen lassen. Die Arbeiten werden voraussichtlich ...... andauern. Die Arbeiten im Außenbereich finden am ...... statt und werden voraussichtlich ...... dauern.

Ich bitte Sie, die Durchführung dieser Arbeiten zu dulden und soweit erforderlich meinem Mandanten sowie den in dessen Auftrag handelnden Handwerkern den Zutritt zur Wohnung zwecks Vorbereitung, Durchführung und Nachbesichtigung dieser Arbeiten zu erlauben. Sie wissen, dass anlässlich der Arbeiten Beeinträchtigungen wegen des Baulärms und des Baudrecks aber auch wegen der zeitweiligen Nichtbenutzung des Badezimmers möglich sind.

Ebenfalls bitte ich Sie, die Durchführung der Arbeiten auch dann zu dulden, wenn sich die angegebenen Ausführungsfristen verzögern sollten.

Die hier beschriebenen Modernisierungsarbeiten sind abgeschlossen, wenn Badezimmer, Türfreisprecheinrichtung und die neu gestaltete Grünfläche benutzt werden können, unbeschadet von noch etwaigen Restarbeiten oder Nacharbeiten wegen Mängelbeseitigung.

Mit Beginn des Monats, der auf den Monat der Fertigstellung folgt, zahlen Sie eine Miete von ca. 650,– EUR zuzüglich Betriebskostenvorauszahlungen in bisheriger oder künftig festzulegender Höhe.[9] Miete und Betriebskostenvorauszahlungen sind weiterhin monatlich im Voraus, spätestens am 3. Werktage eines jeden Monats, auf das Konto des Vermieters einzuzahlen.

Die Mieterhöhungserklärung wir Ihnen mitsamt Kostenberechnung gesondert zugehen.

Sie können bis zum Ablauf des zweiten Monats nach Zugang der Ankündigung der baulichen Maßnahmen und der Mieterhöhung zum Ablauf des übernächsten Monats kündigen.[10]

......

(Rechtsanwalt)

*Schrifttum: Kinne*, Die neuen Mieterhöhungen ab dem 1. 9. 2001 (Teil 1) ZMR 2001, 775, (Teil 2) ZMR 2001, 868.

## Anmerkungen

**1.** § 559 Abs. 1 BGB gibt dem Vermieter das Recht zu einer **einseitigen** Mieterhöhung nach der Durchführung einer der dort aufgeführten Modernisierungs- bzw. baulichen Maßnahmen (Maßnahmen, die – den Gebrauchswert der Mietsache erhöhen/ – das Wohnverhältnisse verbessern/Energie einsparen/ – vom Vermieter nicht zu vertreten sind). Das Recht des Vermieters, vom Mieter die Modernisierungsmaßnahme zu dulden, ergibt sich aus § 554 Abs. 2 S. 1 BGB und setzt zunächst eine ordnungsgemäße Aufforderung voraus. Vor der Durchführung muss der Vermieter den Mieter gemäß § 554 Abs. 3 S. 1 ordnungsgemäß zur Duldung der Modernisierungsmaßnahme auffordern. Es ist somit zunächst zu prüfen, ob und unter welchen Voraussetzungen der Mieter die Durchführung der Maßnahme gemäß § 554 Abs. 2 BGB dulden muss und im Folgenden, ob der Vermieter dann zur Mieterhöhung gemäß § 559 Abs. 1 BGB berechtigt ist (Schmidt-Futterer/*Börstinghaus* § 559 BGB Rdn. 8). Mit dem dann nach der Modernisierungsmaßnahme erfolgenden Mieterhöhungsverlangen (Form. C. V. 4) hat der Vermieter – im Gegensatz zur Mieterhöhungsvereinbarung (vgl. Form. C. I. 2) – die Möglichkeit, mit einer rechtsgestaltenden Erklärung eine bestimmte Erhöhung durchzusetzen, die zu den Kosten der baulichen Änderung ins Verhältnis gesetzt wird (Hannemann/Wiegner/*Lutz* § 23 Rdn. 188).

**2.** Die Duldungsaufforderung hat in der **Textform** zu erfolgen, eine mündliche Ankündigung von Modernisierungsmaßnahmen reicht nicht aus. Jedoch braucht der Vermieter nicht mehr die mit einer persönlichen Unterschrift verbundene Schriftform einhalten. Die Ankündigung muss lesbar sein und die Person des Absenders muss angegeben sein. Bei einer juristischen Person ist der Aussteller der gesetzliche Vertreter oder der von diesem bestellte Vertreter (*Kinne*, Die neue Mieterhöhung ab dem 1. 9. 2001 im Überblick (Teil II) ZMR 2001, 869). Zudem muss der Abschluss der Erklärung erkennbar gemacht sein. Die Form wäre zum Beispiel gewahrt bei einer Kopie oder einem Fax. Ohne ausreichende Ankündigungserklärung muss der Mieter den Beginn der Arbeiten nicht dulden und kann sich notfalls mittels einer einstweiligen Verfügung wehren (OLG München WuM 1991, 481; LG Berlin GE 2001, 345). Die Ankündigungsform entfällt jedoch bei den Maßnahmen, die nur unerhebliche Einwirkungen auf den Wohnraum nach sich ziehen und nur zu einer unerheblichen Erhöhung des Mietzinses führen, wobei jedoch eine Mieterhöhung von mehr als 5% nicht mehr als unerheblich zu sehen ist (LG Berlin WuM 1991, 482; LG Detmold WuM 1990, 121).

**3.** Der Vermieter hat dem Mieter **3 Monate vor Beginn der Maßnahme** deren Art sowie der voraussichtlichen Umfang, der Beginn, die voraussichtliche Dauer und die zu erwartende Mieterhöhung (vgl. Anm. 9) mitzuteilen. Der Mieter soll die Möglichkeit haben, zu prüfen, ob er die Modernisierungsmaßnahme verweigern kann und ob er gegebenenfalls von seinem Sonderkündigungsrecht (vgl. Anm. 10) Gebrauch macht.

**4.** Voraussetzung für die Mieterhöhung ist, dass es sich bei der Modernisierung um eine „**bauliche Maßnahme**" handelt. Der Begriff ist entsprechend dem Sinn und Zweck des § 559 BGB, eine umfassende Modernisierung des Wohnungsbestandes zu erreichen, weit auszulegen. Die bauliche Maßnahme muss jedoch im Zusammenhang mit dem Mietgebrauch stehen und es muss sich um bleibende oder zumindest langfristige Folgen handeln (Schmidt-Futterer/*Börstinghaus* § 559 BGB Rdn. 42 f.). So ist der bloße Austausch technischer Ausstattungen, die frei beweglich bleiben oder doch jederzeit wieder entfernt werden können keine Modernisierung im Sinne von § 559 Abs. 1 BGB. Bei der baulichen Maßnahme darf es sich ebenfalls nicht um bloßen Instandsetzungs- und Instandhaltungsmaßnahmen handeln. Instandsetzung bedeutet die Überführung eines ordnungs- oder vertragswidrigen Zustands in einen ordnungs- oder vertragsgemäßen Zustand, Instandhaltung ist die Aufrechterhaltung des ordnungs- und vertragsgemäßen Zustandes.

**5.** Der **Vermieter muss selbst Bauherr der Maßnahme** sein, d.h. er muss diese im eigenen Namen und auf eigene Rechnung durchführen oder durchführen lassen. Dies wäre beispielsweise dann nicht der Fall, wenn der Vermieter die von einer Gemeinde durchgeführten und Ihm in Rechnung gestellten Kanalisationsarbeit als Modernisierungskosten geltend machen würde (BayObLG NJW 1981, 2259; OLG Hamm NJW 1983, 2331). Der Erwerber eines Grundstückes, der gemäß § 566 BGB in das Mietverhältnis eingetreten ist, kann ebenfalls die Miete nach durchgeführter Modernisierung gemäß § 559 Abs. 1 BGB erhöhen, wobei es keine Rolle spielt, ob die Modernisierungsarbeiten vor oder nach Eintritt des Erwerbs in das Mietverhältnis beendet sind.

**6.** Hinsichtlich des **Umfangs der Modernisierungsmaßnahmen** muss die Ankündigung so ausführlich und so präzise wie möglich sein, damit der Mieter die Auswirkungen der Arbeit auf seine Wohnung – beispielsweise auf die Möblierung – prüfen kann (LG Hamburg WuM 92, 121; WuM 90, 18). Dies gilt auch dann, wenn die Arbeiten die Wohnung nicht direkt berühren, der Vermieter jedoch die Miete anheben möchte (LG Berlin WuM 87, 386).

**7.** Die Modernisierungsvarianten des § 559 Abs. 1 BGB müssen zu einer **nachhaltigen Erhöhung des Gebrauchswertes** der Wohnung, der Verbesserung der allgemeinen Wohnverhältnisse auf Dauer führen:

- Eine **Gebrauchswerterhöhung** liegt dann vor, wenn die Nutzung des Mietobjekts angenehmer und weniger arbeitsaufwendig, bequemer, gesünder und sicherer wird, wobei ein rein objektiver Maßstab anzulegen ist. Die Verbesserung muss immer aus einem Vergleich des ursprünglich geschuldeten vertraglichen Zustandes mit dem nach der baulichen Maßnahme vorhandenen Zustande ergeben, wobei die Verbesserung dem Mieter objektiv zugute kommen muss. Daher spielt es keine Rolle, ob die Maßnahme für den Mieter von Interesse ist oder ob er subjektiv diesen Vorteil nicht hat (Hannemann/Wiegner/*Lutz* § 23 Rdn. 210). Die Gebrauchswertverbesserung muss nachhaltig sein, d. h. von Dauer und vom Gewicht her ein gewisses Ausmaß erreichen.
- Maßnahmen zur **Verbesserung der Wohnverhältnisse** erfassen Verbesserungen außerhalb der eigentlichen Wohnräume, so z. B. die Errichtung von Grünanlagen oder Kinderspielplätzen. Verlang wird wie bei der Gebrauchswerterhöhung eine Maßnahme von einer bestimmten Quantität, die nicht nur kurzfristig wirkt („auf Dauer").

**8.** Der **Beginn und die Dauer der Maßnahme** ist mit einem voraussichtlichen Datum anzugeben. Wobei ein taggenaues Datum nicht in jedem Fall erforderlich ist. Im Einzelfall kann bezüglich des Beginns auch eine Zeitspanne von einigen Tagen ausreichend sein, wenn aufgrund der auszuführenden Arbeiten keine genauere Angabe aufgrund der auszuführenden Arbeiten möglich ist (Schmidt-Futterer/*Börstinghaus* § 554 BGB Rdn. 270). Die voraussichtliche Dauer hat ebenfalls so präzise wie möglich zu erfolgen. Eine zu unbestimmte Zeitumschreibung – beispielsweise „ Januar bis März „ oder „im Frühjahr"– darf nicht erfolgen, denn der Mieter muss seine Planung nach den Angaben des Vermieters einrichten können (Schmidt-Futterer/*Eisenschmid* § 541 b BGB Rdn. 83). So ist zumindest ein Wochentermin erforderlich.

**9.** Die **Ankündigung der Mieterhöhung** hat der Vermieter ebenfalls 3 Monate vor Beginn der Maßnahme in Textform mitzuteilen (vgl. Anm. 2 und Anm. 3). Dem Mieter ist die zu erwartende Mietzinserhöhung mitzuteilen, insoweit ist ein konkreter Erhöhungsbetrag notwendig, eine Prozentangabe oder Mietzinserhöhungsspanne reicht nicht aus (Hannemann/Wiegner/*Lutz* § 30 Rdn. 114). Zu beachten ist bei der Erhöhungskalkulation, dass sich der Wirkungszeitpunkt gem. § 559 b Abs. 2 S. 2 um 6 Monate verschiebt, wenn die Mietzinserhöhung um mehr als 10 % von der mitgeteilten zu erwartende Erhöhung nach oben abweicht. Dagegen ist eine nachprüfbare Darstellung der voraussichtlichen Mietzinserhöhung oder Aufschlüsselung der umzulegenden Kosten der Maßnahme nicht notwendig (Bub/Treier/*Krämer* III. A. Rdn. 1115). Die Ankündigung der Mieterhöhung ersetzt daher auch nicht die Erklärung des Mieterhöhungsverlangens, welche gesondert abzugeben und zu begründen ist (bzgl. Inhalt, Form und Frist vgl. Form. u. Anm. C. V. 3).

Stellt die Modernisierung oder die Mieterhöhung für den Mieter eine **Härte** dar, so ist der Mieter berechtigt, diese gem. § 554 Abs. 2 S. 2 BGB zu verweigern. Bezüglich der baulichen Folgen ist dies dann der Fall, wenn die Wohnung so verändert würde, dass etwas Neues entsteht, beispielsweise bei der Umwandlung eines Zimmers einer vermieteten 2-Zimmer-Wohnung in ein Bad. Im Hinblick auf die vorzunehmenden Arbeiten ist zu beachten, dass die gesundheitliche Unversehrtheit des Mieters immer höher zu bewerten ist als das allgemeine Interesse des Vermieters an der Modernisierung (BVerfG WuM 92, 106; AG Hamburg WuM 88, 359). So kann der Einbau einer Gasetagenheizung für ältere Leute unzumutbar sein und zur begründeten Ablehnung der Modernisierung führen. Auch durch die zu erwartenden Erhöhung des Mietzinses kann zur Unzumutbarkeit der Modernisierung führen, wenn die Miete sich mehr als verdoppelt; LG Braunschweig WuM 1981, 208).

**10.** Die Kündigung gemäß § 554 Abs. 3 S. 2 BGB ist bis zum Ablauf des Monats, der auf den Zugang der Mitteilung folgt, für den Ablauf des übernächsten Monats zulässig. Die Mitteilung des Sonderkündigungsrechts ist keine gesetzlich vorausgesetzte Wirksamkeitsvoraussetzung der Duldungsaufforderung.

## 2. Aufforderungsschreiben[1] zur Duldung einer baulichen Maßnahme wegen nachhaltiger Einsparung von Energie mit Mieterhöhungsankündigung, §§ 554 Abs. 2, 554 Abs. 3, 559 BGB

......

(Rechtsanwalt)

an

......

(Mieter)

Sehr geehrte(r) ......,

ich zeige Ihnen hiermit an, dass ich die Interessen Ihres Vermieters, ......, vertrete. Das Original der auf mich lautenden Vollmacht, wodurch ich berechtigt bin, die nachfolgenden Erklärungen abzugeben, füge ich diesem Schreiben bei.

Zwischen meinem Mandanten als Vermieter und Ihnen ...... als Mieter besteht seit dem ...... ein Mietvertrag im 2. Obergeschoss links des Hauses ......, bestehend aus 3 Zimmern, Küche, Diele, Bad/WC und dazugehörigem Kellerraum. Die Miete beläuft sich derzeit auf 600,– EUR zuzüglich 150,– EUR Nebenkostenvorauszahlung. Mein Mandant hat mich gebeten zu überprüfen, ob die Möglichkeit besteht, Modernisierungsmaßnahmen durchzuführen und den von Ihnen gezahlten Mietzins zu erhöhen. Dies ist nach Prüfung der Sach- und Rechtslage der Fall. Zu diesem Zweck erfolgt hiermit die form[2]- und fristgerechte[3] Ankündigung der baulichen Maßnahme und der zu erwartenden Mieterhöhung. Sie sind daher verpflichtet, die nachfolgend aufgeführten baulichen Maßnahmen[4] zu dulden.

Mein Mandant[5] beabsichtigt, in der Wohnung verschiedene Modernisierungsmaßnahmen[6] auf eigene Rechnung durchzuführen bzw. durchführen zu lassen, die nachhaltig Energie[7] einsparen werden:

• Der Austausch der 6 Wohnungsfenster (Holzrahmen, Einfachverglasung) durch Isolierglasfenster
• Austausch bzw. Einbau einer wasserreduzierten WC-Spülung

Die künftig in der Wohnung befindlichen Fenster aus Isolierverglasung führen zu einer Einsparung von Heizenergie. Bei den bisher vorhandenen einfachverglasten Fenstern kühlt sich die Innenluft im Bereich der Fenster wesentlich stärker ab als bei den einzubauenden Fenstern.

Nach Angaben des Herstellers haben die neuen Fenster einen k-Wert von ......, sie entsprechen daher der Wärmeschutzverordnung von 1995. Der k-Wert bei den alten Fenstern betrug lediglich ......

Der Einbau der wasserreduzierenden WC-Spülung wird zu einer Einsparung von Wasser führen. Die bei Benutzung der WC-Spülung benötigte Wassermenge wird um $1/3$ reduziert.

Mein Mandant wird die Arbeiten innerhalb Ihres Badezimmers am[8] ...... und den Austausch der Fenster am ...... durchführen lassen. Die planmäßige Fertigstellung des Fensteraustausches wird 3 Arbeitstage, der Neueinbau der WC-Spülung 2 Arbeitstage in Anspruch nehmen.

Ich bitte Sie, die Durchführung dieser Arbeiten zu dulden und soweit erforderlich meinem Mandanten sowie den in seinem Auftrag handelnden Personen (Architekten, Handwerkern) den Zutritt zur Wohnung zwecks Vorbereitung, Durchführung und Nachbesichtigung dieser Arbeiten zu gewähren. Sie wissen, dass anlässlich der Arbeiten eine kurzfristige Beeinträchtigung auf Grund von Baulärms und Baudrecks aber auch wegen der zeitweiligen Nichtbenutzung des WCs möglich sind.

Ich bitte Sie ebenfalls, die Durchführung der Arbeiten auch dann zu dulden, wenn sich die angegebenen Ausführungsfristen verzögern sollten.

Die hier beschriebenen baulichen Maßnahmen sind abgeschlossen, wenn die Fenster und die WC-Spülung ausgetauscht sind und das Badezimmer benutzt werden kann, unbeschadet von noch etwaigen Restarbeiten oder Nacharbeiten wegen Mängelbeseitigung.

Mit Beginn des Monats, der auf den Monat der Fertigstellung folgt, zahlen Sie eine Miete von voraussichtlich 650,– EUR zuzüglich Betriebskostenvorauszahlungen in bisheriger oder künftig festzulegender Höhe.[9] Miete und Betriebskostenvorauszahlungen sind weiterhin monatlich im Voraus, spätestens am 3. Werktage eines jeden Monats, auf das Konto des Vermieters einzuzahlen.

Die Mieterhöhungserklärung wir Ihnen mitsamt Kostenberechnung und Ausführung zu der dann bestehenden Energieeinsparung gesondert zugehen, wenn die baulichen Maßnahmen fertiggestellt sind.

Sie können bis zum Ablauf des zweiten Monats nach Zugang der Ankündigung der baulichen Maßnahmen und der Mieterhöhung zum Ablauf des übernächsten Monats kündigen.[10, 11]

......

(Rechtsanwalt)

## Anmerkungen

**1.** Das Formular C. V. 2 gleicht bis auf die Art der durchzuführenden baulichen Maßnahme dem Formular C. V. 1. Es gelten die gleichen Grundsätze. Insofern verweisen die Kennziffern im Text des Formulars C. V. 2 auf die Anmerkungen 1–6 und die Anmerkungen 8–11 des Formulars C. V. 1.

**2.** Die Maßnahme zur Energieeinsparung gemäß § 559 Abs. 1 BGB muss zu einer nachhaltigen – also nicht nur kurzfristigen – Einsparung von Energie aller Art oder Wasser führen.

- **Energiesparmaßnahmen** beziehen sich in erster Linie auf Heizenergie. Hierzu zählen auch alle Maßnahmen die der Wärmedämmung von Wohnungen oder Gebäuden verbessern, so beispielsweise die Dämmung von Dächern, Decken oder Außenwänden oder der Austausch von Fenstern und Außentüren.
- Zu den Maßnahmen zur **Einsparung andere Energien** – gemeint ist Strom – gehören beispielsweise drehzahlgeregelte Umwälzpumpen, Ventilatoren, Aufzugsmotoren sowie Energiesparlampen (Schmidt-Futterer/*Börstinghaus* § 559 BGB Rdn. 76).

- Maßnahmen zur **Einsparung von Wasser** sind beispielsweise der Einbau von Wasserverbrauchsgeräten oder Wasserverbrauchseinsparungsvorrichtungen (Hannemann/Wiegner/*Lutz* § 20 Rdn. 15).

Die Anerkennung einer Maßnahme als Maßnahme zur Einsparung von Energie und/oder Wasser kann nicht davon abhängig gemacht werden, dass diese Maßnahme tatsächlich beim Mieter zu Kosteneinsparungen führen, insbesondere im Hinblick auf die zu erwartende Mieterhöhung. Nach dem Willen des Gesetzgebers kommt es einzig und allein auf den Effekt der Energieeinsparung an, der aus übergreifenden ökologischen Gesichtspunkten gewünscht und damit gefördert werden soll. Bei dem Begriff der Energieeinsparung kommt es nicht auf die Verringerung des Energieverbrauchs und damit eine Kostenersparnis in dem in Betracht kommenden Mietobjekt an, es geht tatsächlich in erster Linie um die Frage der Einsparung von Primärenergie. Dies kann grundsätzlich in zweierlei Weise erreicht werden. Entweder dadurch, dass der Energieverbrauch unmittelbar im Objekt verringert wird, etwa durch Einbau eines Heizkessels mit einem besseren Wirkungsgrad, durch Wärmedämmmaßnahmen am und im Gebäude oder durch andere technische Maßnahmen. Primärenergie kann aber auch dadurch eingespart werden, dass bei der Erzeugung der Heizwärme, des Warmwassers oder des Stroms moderne Technik vor allem die Kraft-Wärme-Kopplung eingesetzt oder aber Teile der fossilen Brennstoffe durch Energien aus Sonne oder Erdwärme, Wasserkraft oder aus biologischen Stoffen ersetzt werden (BGH NZM 2008, 883).

Wenn in diesem Sinne eine Energieeinsparnis fest steht, stellt die Maßnahme eine Modernisierung dar. Inwieweit diese Maßnahme beim Mieter wirtschaftliche Auswirkungen hat, ist nicht bei der Frage zu klären, ob die Maßnahme als eine Modernisierung zu gelten hat oder nicht. Wegen der Höhe der auf ihn zukommenden Miete kann der Mieter sich allerdings nach § 554 Abs. 2 S. 2 BGB zur Wehr setzen, indem er die Maßnahme nicht duldet, weil wegen der zu erwartenden Mieterhöhung diese für ihn oder seine Familie eine unzumutbare Härte bedeutet (BGH Urt. v. 3. 3. 2004 – VIII ZR 149/03 NZM 2004, 336). Bereits im Ankündigungsschreiben sollten dem Mieter Tatsachen mitgeteilt werden, aus denen sich als Folge der durchgeführten Baumaßnahme eine dauerhafte Energieeinsparung oder Wassereinsparung ergibt (BGH NZM 2002, 519). Ausreichend für eine plausible Darlegung eines Energiespareffektes der durchgeführten Maßnahme ist jedenfalls die Angabe der alten und neuen Wärmedurchgangskoeffizienten der renovierten Außenbauteile. Der Vermieter ist nicht verpflichtet, im Falle von Maßnahmen zur Einsparung von Energie eine Wärmebedarfsberechnung beizufügen (BGH NZM 2002, 519). Unverzichtbar ist aber die Darlegung von Tatsachen, anhand derer überschlägig beurteilt werden kann, ob die bauliche Änderung eine nachhaltige Einsparung von Heizenergie bewirkt. Dies geschieht, wie schon dargestellt, durch die gegenständliche Beschreibung der durchgeführten Maßnahme und auch der Angabe der alten und neuen Wärmedurchgangskoeffizienten (BGH NZM 2006, 221).

**3.–11.** Vgl. Form. C. V. 1.

## 3. Aufforderungsschreiben[1] zur Duldung einer baulichen Maßnahme auf Grund von Umständen, die der Vermieter nicht zu vertreten hat, §§ 554 Abs. 2, 554 Abs. 3, 559 BGB

......

(Rechtsanwalt)

an

......

(Mieter)

Sehr geehrte(r) ......,

ich zeige Ihnen hiermit an, dass ich die Interessen Ihres Vermieters, ......, vertrete. Das Original der auf mich lautenden Vollmacht, wodurch ich berechtigt bin, die nachfolgenden Erklärungen abzugeben, füge ich diesem Schreiben bei.

Zwischen meinem Mandanten als Vermieter und Ihnen als Mieter besteht seit dem ...... ein Mietvertrag im 2. Obergeschoss links des Hauses, bestehend aus 3 Zimmern, Küche, Diele, Bad/WC und dazugehörigem Kellerraum. Die Miete beläuft sich derzeit auf 600,– EUR zuzüglich 150,– EUR Nebenkostenvorauszahlung. Mein Mandant hat mich gebeten zu überprüfen, ob die Möglichkeit besteht, bauliche Maßnahmen durchzuführen und den von Ihnen gezahlten Mietzins zu erhöhen. Dies ist nach Prüfung der Sach- und Rechtslage der Fall. Zu diesem Zweck erfolgt hiermit die form[2]- und fristgerechte[3] Ankündigung der baulichen Maßnahme und der zu erwartenden Mieterhöhung. Sie sind daher verpflichtet, die nachfolgend aufgeführten baulichen Maßnahmen[4] zu dulden.

Mein Mandant[5] beabsichtigt, aufgrund der gültigen Heizkostenverordnung den Einbau eines Wärmezählers zur Heizkostenverteilung[6,7] auf eigene Rechnung durchzuführen bzw. durchführen zu lassen:

Mein Mandant wird den Einbau des Geräts, bzw. die Arbeiten innerhalb Ihres Kellers am[8] ...... durchführen lassen. Die planmäßige Fertigstellung der baulichen Maßnahme erfolgt am gleichen Tag.

Ich bitte Sie, die Durchführung dieser Arbeiten zu dulden und soweit erforderlich, meinem Mandanten sowie den in seinem Auftrag handelnden Personen den Zutritt zu Ihrem Keller und ihrer zwecks Vorbereitung, Durchführung und Nachbesichtigung dieser Arbeiten zu dulden. Sie wissen, dass anlässlich der Arbeiten Beeinträchtigungen wegen des Baulärms und des Baudrecks aber auch wegen der zeitweiligen Nichtbenutzung des Kellerraums möglich sind.

Ich bitte Sie die Durchführung der Arbeiten auch dann zu dulden, wenn sich die angegebene Ausführungsfrist verzögern sollte.

Die hier beschriebene bauliche Maßnahme ist abgeschlossen, wenn der Wärmezähler eingebaut ist und voll funktionstüchtig arbeitet, unbeschadet von noch etwaigen Restarbeiten oder Nacharbeiten wegen Mängelbeseitigung.

Mit Beginn des Monats, der auf den Monat der Fertigstellung folgt, zahlen Sie voraussichtlich eine Miete in Höhe von ca. 610,– EUR zuzüglich Betriebskostenvorauszahlungen in bisheriger oder künftig festzulegender Höhe.[9] Miete und Betriebs-kostenvorauszahlungen sind weiterhin monatlich im Voraus, spätestens am 3. Werktage eines jeden Monats auf das Konto des Vermieters einzuzahlen.

Die Mieterhöhungserklärung wir Ihnen mitsamt Kostenberechnung gesondert zuge-hen, wenn die baulichen Maßnahmen fertiggestellt sind.

Sie können bis zum Ablauf des zweiten Monats nach Zugang der Ankündigung der baulichen Maßnahmen und der Mieterhöhung zum Ablauf des übernächsten Mo-nats kündigen.[10, 11]

......

(Rechtsanwalt)

## Anmerkungen

**1.** Für eine Mieterhöhung nach der Durchführung der baulichen Maßnahme aufgrund von Umständen, die der Vermieter nicht zu vertreten hat, ist ebenfalls die vorherige Aufforderung zur Duldung der Maßnahme mit Ankündigung der Mieterhöhung Vo-raussetzung. Das Form. C.V.2 gleicht bis auf die Art der durchzuführenden baulichen Maßnahme dem Form. C.V.1. Es gelten die gleichen Grundsätze. Insofern verweisen die Kennziffern im Text des Form. C.V.2 auf die Anm. 1–6 und die Anm. 8–11 des Form. C.V.1.

**2.** Die letzte Alternative der in § 559 Abs. 1 BGB aufgeführten Alternative bezieht sich auf diejenigen baulichen Maßnahmen, die auf nachträglichen gesetzlichen Geboten oder behördlichen Anordnungen beruhen und die der Vermieter weder vermeiden noch vor-hersehen konnte (Schmidt-Futterer/*Börstinghaus* § 559 BGB Rdn. 87). Das vom Vermie-ter „nicht zu vertreten" gemäß § 559 BGB ist daher weiter zu verstehen als der Begriff „nicht zu vertreten" i.S.v. § 276 Abs. 1 BGB, d.h. nicht nur der Ausschluss allen vor-werfbaren Verhaltens des Vermieters. Der sorgfältige Vermieter hat vielmehr gemäß § 559 Abs. 1 BGB die baulichen Maßnahmen „nicht zu vertreten", die nicht in seinen Risikobereich fallen und bei ordnungsgemäßer Wirtschaftung und Verwaltung anfallen (Schmidt-Futterer/*Börstinghaus* § 559 BGB Rdn. 89). Gemeint sind beispielsweise:
- jegliche Maßnahme auf Grund neuer Anforderungen von Immissionsschutzwerten
- der vorgeschriebene Einbau von Wärmezählern zur Heizkostenverteilung auf Grund der Heizkostenverordnung,
- der vorgeschriebene Einbau einer Öltanksicherung

Auch zählt die Anordnung eines zuständigen Umweltamtes, etwa eine neue Heizungs-anlage einzubauen, zu den Maßnahmen, die der Vermieter nicht zu vertreten hat (BGH NZM 2009, 394).

**3.–11.** Vgl. Form. C. V. 1.

## 4. Mieterhöhungsverlangen[1] nach erfolgter Modernisierung, § 559b BGB

......

(Rechtsanwalt)

an

......

(Mieter)

Sehr geehrte(r) ......,

hiermit zeige ich Ihnen[2] an, dass ich die Interessen Ihres Vermieters, ......, vertrete. Das Original der auf mich lautenden Vollmacht, wodurch ich berechtigt bin, die nachfolgenden Erklärungen abzugeben, füge ich diesem Schreiben bei.

Zwischen meinem Mandanten als Vermieter und Ihnen als Mieter besteht seit dem ...... ein Mietvertrag im 2. Obergeschoss links des Hauses ......, bestehend aus 3 Zimmern, Küche, Diele, Bad/WC und dazugehörigem Kellerraum. Die Miete beläuft sich derzeit auf 600,– EUR zuzüglich 150,– EUR Betriebskostenvorauszahlung.

Nach § 559b BGB kann der Vermieter vom Mieter nach erfolgter Modernisierung die Zahlung einer erhöhten Miete verlangen. Nachdem die Modernisierungsmaßnahmen abgeschlossen sind darf ich Sie bitten, ab dem ...... 654,12 EUR zuzüglich Betriebskostenvorauszahlungen in bisheriger Höhe zu bezahlen. Das Mieterhöhungsverlangen meines Mandanten begründe ich wie folgt.

Mit Schreiben vom ...... hat Sie mein Mandant zur Duldung der nachfolgend aufgeführten Modernisierungsmaßnahmen fristgerecht aufgefordert und eine zu erwartende Mieterhöhung von 600,– EUR auf 650,– EUR zum ...... angekündigt. Nachfolgend genannte bauliche Maßnahmen wurden durch meinen Mandant durchgeführt und am ...... abgeschlossen:[3]

- Neueinrichtung des Badezimmers (erstmalige Anbringung von Fliesen, Farbe weiß, auf Boden und Wände bis zu einer Höhe von 1,80 Meter, Erneuerung des WC-Topfes, Einbau eines Waschbeckens mit Standsäule, Erneuerung der vorhandenen Badewanne, Einbau einer Duschtasse mit fester Duschabtrennung, Erneuerung der Armaturen durch Einhebelmischarmaturen).
- Einbau einer Türfreisprecheinrichtung
- Errichtung einer Grünanlage auf der ehemaligen Innenhoffläche, Anlegen (Aussähen) von 200 qm Rasenfläche, Bepflanzung der Rasenfläche mit 12 Kirschbäumen, Aufstellen zweier Parkbänke und die Umfriedung des Grundstücks durch eine ca. 1 m hohe Hecke.

Durch die Neueinrichtung Ihres Badezimmers und dem Einbau der Türfreisprecheinrichtung wird der Gebrauchswert Ihrer Wohnung[4] nachhaltig erhöht. Die Türfreisprecheinrichtung ermöglicht Ihnen die Abfrage des Besuchers, ohne die Haus- bzw. Wohnungstüre öffnen zu müssen und erhöht so Ihre persönliche Sicherheit. Die Neueinrichtung des nunmehr sehr modern und luxuriös gestalteten Badezimmers erhöht die formale Anmutung Ihrer Wohnung dauerhaft. Das nunmehrige

Vorhandensein einer Dusche und die eingebauten Armaturen erhöhen ebenfalls den Gebrauchswert. Die Errichtung der Grünfläche, die allen Mietern zur Verfügung steht, führt zu einer Verbesserung der allgemeinen Wohnverhältnisse. Mit der Nutzung der Anlage sind Sie nicht auf öffentliche Grünflächen angewiesen, zudem ist Ihnen der Ausblick auf eine nunmehr grüne Gründstücksfläche von Ihrer Wohnung aus möglich. Ebenfalls von Vorteil ist die deutliche Abgrenzung zu den jeweiligen Nachbargrundstücken.

Der errechneten Mieterhöhung gemäß § 559 Abs. 1 BGB liegen folgende aufgeführte Kostenpositionen der baulichen Maßnahme zu Grunde,[5] die Kosten für Instandhaltung sind kenntlich von der Gesamtsumme abgezogen:

Kosten:

1. Neueinrichtung des Badezimmers:
   Anbringung von Fliesen am Boden und an den Wänden bis zu
   einer Höhe von 1,80 Meter gemäß Rechnung des Fliesenlegers
   ...... vom ......                                           930,– EUR,
   Erneuerung des WC-Topfes, Einbau eines Waschbeckens mit
   Standsäule, Einbau einer Duschtasse mit fester Duschabtren-
   nung, Erneuerung der Armaturen durch Einhebelmischar-
   maturen gemäß Rechnung der Firma ...... vom ......       3.856,– EUR,
   Gesamtkosten für das Badezimmer                            4.786,– EUR.
   Abzüglich ersparter Aufwendungen für Instandhaltung wegen
   Erneuerung des WCs, der Badewanne und der vorhandenen
   Armaturen gemäß Schreiben der Firma ...... vom ......       856,– EUR.
   Zu berücksichtigende Kosten                                3.930,– EUR.
   11% vom vorstehenden Betrag                                432,30 EUR.
   Ihre Wohnung ist 82 Quadratmeter groß, so dass sich pro Monat
   und pro Quadratmeter eine Mieterhöhung von                   0,44 EUR
   ergibt.

2. Neubau einer Türfreisprecheinrichtung:
   Gemäß Rechnung der Firma ...... vom ......                  532,– EUR.
   Hiervon 11%                                                 58,52 EUR.
   Ihre Wohnung ist 82 Quadratmeter groß, sodass sich für die
   Türfreisprecheinrichtung eine Mieterhöhung von               0,06 EUR
   ergibt.

3. Errichtung einer Grünanlage auf der ehemaligen
   Innenhoffläche:
   Entfernung der vorhandenen Asphaltfläche
   einschließlich Abfuhr
   gemäß Rechnung der Firma ...... vom ......                3.482,– EUR.
   Aufbringen von Mutterboden                                 2.380,– EUR,
   Anpflanzung der Rasenfläche mit 12 Kirschbäumen sowie
   Aussähen von 200 Quadratmeter Rasenfläche                  1.850,– EUR,
   Anbringung einer Umfriedungshecke                          1.080,– EUR,
   Aufstellen von 2 Parkbänken                                1.850,– EUR,
   gemäß Rechnung des Gärtnerbetriebes ...... (Name)
   vom ...... (Datum)                                         6.360,– EUR.
   Zu berücksichtigende Gesamtkosten                          9.842,– EUR.
   11% hiervon ergibt                                        1.082,62 EUR.

Die Gesamtwohnfläche des Hauses beträgt 574 Quadratmeter,
so dass sich pro Monat und pro Quadratmeter ein
Erhöhungsbetrag von            0,16 EUR
ergibt.

Aus dem Vorstehenden ergibt sich somit der Mieterhöhungsbetrag
von Badezimmer             0,44 EUR
Türfreisprecheinrichtung         0,06 EUR
Innenhoffläche             0,16 EUR
gesamt                0,66 EUR
× 82 Quadratmeter          54,12 EUR.

Namens und im Auftrage meines Mandanten darf ich Sie bitten,
zu Ihrer bisherigen Miete von        600,– EUR
den Erhöhungsbetrag von         54,12 EUR
insgesamt also            654,12 EUR

zuzüglich Betriebskostenvorauszahlung zu dem oben erwähnten Zeitpunkt zu zahlen.

Sie können bis zum Ablauf des zweiten Monats nach Zugang dieser Mieterhöhungserklärung zum Ablauf des übernächsten Monats kündigen.[6, 7]

……

(Rechtsanwalt)


## Anmerkungen

**1.** Mit dem **Mieterhöhungsverlangen** hat der Vermieter gemäß § 559 Abs. 1 BGB die Möglichkeit, eine Erhöhung der jährlichen Miete um 11% der aufgewendeten Kosten mit einer **rechtsgestaltenden Erklärung** nach einer erfolgten Modernisierungsmaßnahme durchzusetzen. Dies setzt zunächst entsprechend der Hinweispflicht des Vermieters gemäß § 554 Abs. 3 S. 1 BGB voraus, dass er dem Mieter die zu erwartende Mieterhöhung fristgerecht mitteilt (Mieterhöhungsankündigung, Form. C. V. 1, zur Höhe der zu erwartenden Mieterhöhung vgl. dort Anm. 9). Hat der Vermieter keine Modernisierungs- und Mieterhöhungsankündigung vorgenommen, kann er die Miete nur dann erhöhen, wenn der Mieter in Kenntnis der baulichen Maßnahmen diese geduldet hat (Hannemann/Wiegner/*Lutz* § 23 Rdn. 225).

**2.** Für das Mieterhöhungsverlangen genügt die **Textform** (vgl. hierzu Form. C. V. 1 Anm. 2). Die Erläuterung und Berechnung der Mieterhöhung sollte der Transparenz wegen in einem Schriftstück enthalten sein.

**3.** Die Erhöhungserklärung kann nach § 559 Abs. 1 BGB erst abgegeben werden, wenn die baulichen Maßnahmen fertiggestellt ist, d. h., die Baumaßnahme muss soweit abgeschlossen sein, dass der Mieter das Neugeschaffene auch nutzen könnte, unabhängig davon, ob er dies auch tatsächlich tut (OLG Hamburg ZMR 1983, 309). Die Erhöhungserklärung wirkt zum 1. des dritten Monats nach Zugang der Erklärung. Für die Abgabe der Mieterhöhungserklärung nach Fertigstellung der Baumaßnahme gibt es grundsätzlich keine zeitliche Begrenzung, jedoch kann der Anspruch durch zu langes warten nach den allgemeinen Grundsätzen des § 242 BGB verwirken. Eine Verwirkung liegt vor, wenn seit der Möglichkeit der Mieterhöhung längere Zeit verstrichen ist (Zeitmoment) und der Mieter auf ein Unterbleiben einer Mieterhöhung vertrauen durfte und dies auch tatsächlich getan hat (Umstandsmoment – objektiv/subjektiv). Der Zeitmoment ist sicherlich erfüllt, wenn der Vermieter länger als ein Jahr gewartet hat. Der objektive Umstandsmoment ist beispielsweise dann erfüllt, wenn der Vermieter in der Zwischenzeit die Zustimmung zu einer Mieterhöhung auf die ortsübliche Vergleichsmiete verlangt oder andere Forderungen eingeklagt hat, ohne sich die Modernisierungserhöhung ausdrücklich vorzubehalten (*Kinne*, Die neuen Mieterhöhungen ab dem 1. 9. 2001 im Überblick (Teil II), ZMR 2001, S. 869).

**4.** Bezüglich der Begriffe **Erhöhung des Gebrauchswertes/Verbesserung der allgemeinen Wohnverhältnisse** wird auf Form. C. V. 1 Anm. 7 verwiesen, hinsichtlich der Abgrenzung zur Instandhaltungs- bzw. Instandsetzung vgl. Form. C. V. 1 Anm. 4. Im Mieterhöhungsverlangen hat der Vermieter die durchgeführten Maßnahmen zu bezeichnen und zu begründen, warum eine Erhöhung des Gebrauchswertes, eine Verbesserung der allgemeinen Wohnverhältnisse oder eine nachhaltige Energieeinsparung vorliegt.

**5.** Neben der verständliche Erläuterung der Anspruchsvoraussetzungen muss ebenfalls der Erhöhungsbetrag aufgrund der entstandenen Kosten für den Mieter so erläutert werden, dass er nachvollziehen kann, welche tatsächlichen Aufwendungen für die baulichen Maßnahmen für welche Arbeiten zur Folge hatte (LG Berlin ZMR 1991, 303).

- **Berechnung:** Der Vermieter kann die jährliche Miete gemäß § 559 Abs. 2 BGB um 11% der für die Wohnung aufgewendeten Kosten erhöhen.
- **Kosten:** Alle tatsächlich entstandenen Kosten, d. h. die reinen Baukosten einschließlich der sogenannten Baunebenkosten, sind umlagefähig. Für die in fachmännischer Eigenarbeit durchgeführte Baumaßnahmen kann der Vermieter ebenfalls die Kosten in Ansatz bringen, die durch die Beauftragung eines Handwerkers entstanden wären (Bub/Treier/*Schultz* III A Rdn. 579). Rabatte, Skonti oder sonstige Nachlässe müssen von den anrechenbaren Kosten abgezogen werden. Baunebenkosten sind beispielsweise Reinigungskosten, Kosten für Gerüstaufstellung oder auch Kosten für Genehmigungsbescheide. Honorare für Ingenieure oder Architekten sind dann anrechnungsfähige Baunebenkosten, wenn Sie im Bezug auf die Maßnahme notwendig waren und es sich nicht lediglich um Koordinierungs- oder Kontrollaufgaben gehandelt hat (Schmidt-Futterer/*Börstinghaus* § 559 BGB Rdn. 156). Etwaiger Mietausfall wegen Minderung von Mietern ist dagegen nie umlagefähig, da Ursache hierfür die Beeinträchtigung der vertraglich geschuldeten Nutzung der Mietsache ist. der baulichen Maßnahmen Rechnungen, Zahlungsbelege und sonstige Unterlagen brauchen nicht beigefügt werden, müssen jedoch nach dem jeweiligen Datum und den bauausführenden Unternehmen aufgeführt sein, wobei der Mieter ein Einsichtsrecht hat (Schmidt-Futterer/*Börstinghaus* § 559 BGB Rdn. 161). Soweit in den Kosten Instandsetzungsarbeiten enthalten sind bzw. durch diese Maßnahmen Instandsetzungsarbeiten erspart wurden, muss der Vermieter diese Kosten von den Kosten, die der Mieterhöhung zu Grunde gelegt werden, abziehen. Diese Kosten sind so konkret wie möglich und für den Mieter nachvollziehbar zu berechnen. Die Angabe eines bloßen Pauschalbetrages oder einer Quote genügt nicht (LG Lüdenscheid WuM 1997, 438). Dieser Verpflichtung kommt der Vermieter nach, wenn er diese Kosten durch die ausführende Firma berechnen lässt und/oder einen Kostenvoranschlag darüber beibringt (Schmidt-Futterer/*Börstinghaus* Mietrecht § 3 MHG Rdn. 219).
- **Umlageschlüssel:** Soweit sich die Kosten für die einzelne Wohnung ermitteln lassen, sind diese Kosten anzugeben und auf die einzelnen Wohnungen umzulegen, wobei der Quadratmeterbetrag zu errechnen und anzugeben ist. Sind für mehrere Wohnung Kosten für eine bauliche Maßnahme aufgewendet worden, so sind diese gemäß § 559 Abs. 2 BGB angemessen aufzuteilen. Beim Einbau einer Zentralheizung wäre beispielsweise die Umlage auf die beheizte Fläche der Wohnungen zulässig, beim Einbau einer neuem Klingelanlage oder einer Gemeinschaftsantenne wäre eine Umlage nach der Anzahl der Wohneinheiten zulässig, dagegen wäre bei einem Einbau eines Fahr-

stuhls zu beachten, das die Mieter der oberen Etage aufgrund der intensiveren Nutzung stärker belastet werden müssen.

**6.** Der Mieter hat gemäß § 561 BGB ein **Sonderkündigungsrecht**, gemäß dem er berechtigt ist, das Mietverhältnis außerordentlich bis zum Ablauf des 2. Monats nach dem Zugang der Erklärung zu kündigen. Dieses Sonderkündigungsrecht steht auch nicht in Abhängigkeit zum Wirksamwerden der Mieterhöhung, sodass der Mieter auch bei einer nicht ordnungsgemäßen Mieterhöhungserklärung des Vermieters ein Sonderkündigungsrecht hat.

**7.** Wird das Mieterhöhungsverlangen von einem **Rechtsanwalt** gefertigt, dann gilt wegen der Gebührenberechnung Folgendes: Streitwert ist der Jahresbetrag der Erhöhung, § 41 Abs. 5 GKG. Die Geschäftsgebühr richtet sich nach der Nr. 2300 VV-RVG.

# VI. Kündigungserklärung des Mieters nach Mieterhöhung, § 561 BGB[1]

......

(Mieter)

an

......

(Vermieter)

Sehr geehrte(r) ......,

mit Schreiben vom ......, welches mir am ...... zugegangen ist, verlangen Sie von mir die Zahlung einer höheren[2] Miete wegen durchgeführter Modernisierungsarbeiten. Ich kündige[3] deshalb das Mietverhältnis zum[4] ...... (Ablauf des übernächsten Monats).

......

(Mieter)

## Anmerkungen

**1.** § 561 BGB begründet für den Mieter ein **Sonderkündigungsrecht** als Reaktion auf ein Mieterhöhungsverlangen des Vermieters wegen Anpassung an die ortsübliche Vergleichsmiete, § 558 BGB oder, Modernisierung § 559 BGB. Allerdings kann dieses Kündigungsrecht nur vom Wohnungsmieter ausgeübt werden, deren Mietverhältnisse nicht in § 549 Abs. 2 BGB ausgenommen ist. Da der Mieter grundsätzlich jederzeit mit der kurzen Kündigungsfrist von drei Monaten das Mietverhältnis beenden kann, beschränkt sich die Bedeutung des Sonderkündigungsrechtes zunächst auf die Kündigung von Zeitmietverträgen oder von Mietverträgen, bei denen die Vertragsparteien befristet auf die Ausübung eines Kündigungsrechtes verzichtet haben. Nach § 561 Abs. 2 BGB ist der Ausschluss des Sonderkündigungsrechtes nicht zulässig. Außerdem braucht der Ausübung des Sonderkündigungsrechtes in keinem Fall die höhere Miete gezahlt zu werden.

**2.** Die Ausübung des Sonderkündigungsrechtes setzt **kein wirksames Mieterhöhungsverlangen voraus**, da es für den Mieter nicht zumutbar ist, vor Ausübung des Sonderkündigungsrechtes erst noch überprüfen zu müssen, ob denn das Mieterhöhungsverlangen wirksam ist oder nicht (Schmidt-Futterer/*Börstinghaus* § 561 BGB Rdn. 15; Hannemann/Wiegner/*Vielitz* MAH Wohnraummietrecht, § 43, Rdn. 48). Ein anderes Ergebnis stünde gegen Sinn und Zweck der Vorschrift, wonach schnelle Klarheit über den Fortbestand des Mietverhältnisses geschaffen werden soll (Schmidt-Futterer/*Börstinghaus* § 561 BGB Rdn. 14).

**3.** Die Kündigung kann nur innerhalb der **Überlegungs- und Zustimmungsfrist nach** § 558b Abs. 2 BGB, also bis zum Ablauf des zweiten Monats nach Zugang des Erhöhungsverlangens, erklärt werden. Die Frist ist nur wirksam eingehalten, wenn bis zu diesem Termin die Kündigung dem Vermieter zugegangen ist.

**4.** Die Kündigung wirkt immer und unabhängig davon, wann sie innerhalb der vorbezeichneten Frist ausgesprochen wurde zum Ablauf des übernächsten Monats, gerechnet vom spätesten Zeitpunkt, an dem die Kündigung erklärt und zugehen konnte. Nur dieser Termin ist maßgebend und nicht, wann die Kündigung zugegangen ist (LG Bonn NJWE-MietR 1997, 221; LG Saarbrücken WuM 1993, 339). **Beispiel:** Zugang Mieterhöhungsverlangen 15. Januar, letztmöglichster Kündigungstermin 31. März, Ende des Mietverhältnisses 31. Mai. Dieses Mietende gilt unabhängig davon, ob der Mieter im Januar, Februar oder März kündigt.

# VII. Herabsetzen der Miete und Zurückverlangen überzahlter Miete bei Mietpreisüberhöhung gemäß §§ 812, 134 BGB, § 5 WiStG

## 1. Anwaltliche Aufforderung zur Rückzahlung überzahlter Miete und Kaution

......

(Rechtsanwalt)

an

......

(Vermieter)

Sehr geehrte(r) ......,

die Eheleute ...... haben mich mit der Wahrnehmung ihrer Interessen beauftragt. Eine auf mich lautende Vollmacht füge ich in der Anlage bei.

Seit dem ...... sind meine Mandanten Mieter der Wohnung[1] im Hause ......, gelegen im zweiten Obergeschoss rechts, bestehend aus 3 Zimmern, Küche, Diele, Bad/WC, Loggia und dazugehörigem Kellerraum. Mitvermietet ist auch der Stellplatz vor dem Haus. Die Wohnung ist insgesamt 75 Quadratmeter groß. Sie haben bei Abschluss des Mietvertrages von unseren Mandanten eine Miete von 750,00 EUR zuzüglich Betriebskostenvorauszahlungen verlangt.[2] Ebenso haben Sie den Abschluss des Mietvertrages davon abhängig gemacht, dass unsere Mandanten eine Kaution in Höhe von drei Monatsgrundmieten, also in Höhe von 2.250,00 EUR, an Sie zahlen. Unsere Mandanten haben seinerzeit diese Vertragsbedingungen akzeptiert, damit es zum Abschluss des Mietvertrages kam.

Ich habe festgestellt, da Sie diese Miete verlangt haben und auch heute noch entgegennehmen, gegen § 5 WiStG[3] verstoßen. Ich muss Sie daher namens meiner Mandanten auffordern, die nachstehend berechnete, überzahlte Miete, sowie einen Teil der Kaution zurückzuzahlen.[4] Außerdem werden unsere Mandanten ab sofort nur noch den nachstehend berechneten, zulässige Miete an Sie zahlen. Die Rechtsgrundlage des hier geltend gemachten Anspruches ergibt sich aus §§ 134, 812 Abs. 1 BGB in Verbindung mit § 5 Abs. 1 WiStG. Danach ist eine Mietvereinbarung zumindest insofern unwirksam, als sie sich auf eine Miete bezieht, die mehr als 20% über dem ortsüblichen Vergleichsmiete[5] liegt und unter Ausnutzung eines geringen Angebotes an vergleichbaren Räumen vereinbart und/oder gezahlt wird. Unter Zugrundelegung des Mietspiegels, der bei Abschluss des Mietvertrages galt, war die vermietete Wohnung wie folgt einzuordnen:

- Baualtersklasse 3, da das Haus, in dem sich die Wohnung befindet, im Jahre 1972 bezugsfertig wurde;
- Wohnungen um 80 Quadratmeter Größe;
- ausgestattet mit Bad, Heizung und WC;
- mittlere Wohnlage.

Für derartige Wohnungen wies der Mietspiegel eine Mietspanne von 5,– EUR – 7,– EUR aus. Ich möchte wegen der Wohnung als positive Merkmale hervorheben, dass die Wohnung eine zentrale Innenstadtlage aufweist und des Weiteren der Stellplatz mit in der Miete enthalten ist. Aus diesem Grunde gehe ich davon aus, dass die ortsübliche Vergleichsmiete bei Abschluss des Mietvertrages 7,– EUR pro Quadratmeter und Monat, also 525,– EUR pro Monat betrug. Die tatsächlich verlangte und vereinbarte Miete von 750,– EUR überstieg somit die ortsübliche Vergleichsmiete um 42,85 %.

Seit Anfang diesen Jahres ist die ortsübliche Vergleichsmiete gestiegen, was durch den neuesten Mietspiegel, der seit Beginn diesen Jahres gilt, dokumentiert ist. Bei gleicher Einordnung der Wohnung beträgt die maßgebliche Mietspanne 5,50 EUR bis 7,50 EUR. Ich unterstelle, dass seit Anfang des Jahres die ortsübliche Miete 7,50 EUR beträgt, dies sind monatlich 562,50 EUR.

Die bis dahin gezahlte Miete von 750,– EUR übersteigt diese ortsübliche Miete immer noch um 35,71 %.

Die bei Vertragsbeginn vereinbarte Miete ist infolge der Ausnutzung eines geringen Angebots[6] an vergleichbaren Räumen zu Stande gekommen.

Meine Mandanten[7] mussten seinerzeit aus ihrer 2-Zimmer-Wohnung ausziehen, weil ein Jahr vor Vertragsabschluss der Sohn der Mandanten auf die Welt gekommen ist und deshalb ein weiteres Zimmer unbedingt erforderlich wurde. Meine Mandanten haben über einen Zeitraum von mindestens 6 Monaten eine Wohnung gesucht, die über eine entsprechende Zimmerzahl verfügte. Sie haben sich bei dieser Wohnungssuche an die Maklerbüros ...... gewandt sowie wöchentlich die Wohnungsanzeigen in der Tageszeitung überprüft. Vonseiten der Makler wurden unseren Mandanten zwei Wohnungen benannt und zwar jeweils im Vorort ...... Diese Wohnungen waren jeweils 100 Quadratmeter groß und erforderten eine Miete von 900,– EUR bzw. 1.000,– EUR. Dies überstieg und übersteigt die finanziellen Möglichkeiten der Mandanten. Des Weiteren haben sich meine Mandanten auf alle in Betracht kommenden Zeitungsanzeigen gemeldet, soweit auf telefonische Nachfrage die Wohnungen überhaupt noch zur Vermietung frei standen, wurden in drei Fällen andere Mieter vorgezogen. In einem Fall, der Wohnung ...... mit einer Miete 680,– EUR, haben unsere Mandanten von der Anmietung Abstand genommen, weil diese Wohnung an einer 4-spurigen, stark befahrenen Durchgangsstraße liegt. Ich habe des Weiteren erfahren, dass zum Zeitpunkt des Abschlusses des Mietvertrages in unserer Stadt ein Zweckentfremdungsverbot bestand und darüber hinaus unsere Stadt auch als Gebiet mit erhöhtem Wohnbedarf ausgewiesen ist.

Meine Nachfrage beim Wohnungsamt hat ergeben, dass damals eine unverändert hohe Zahl von Wohnungssuchenden registriert waren, wobei insbesondere das Interesse an bezahlbaren Dreizimmerwohnungen vorherrschte.

Schließlich haben meine Mandanten mich auch darauf hingewiesen, dass Sie als Vermieter seinerzeit nicht bereit waren, über den Inhalt des Mietvertrages zu diskutieren, sondern meinen Mandanten lediglich anheim stellten, den bereits ausgefüllten Vertrag zu unterzeichnen oder ganz auf die Anmietung der Wohnung zu verzichten.

Diese von mir hier aufgeführten Punkte sprechen eindeutig dafür, dass bei Anmietung ein geringes Angebot an vergleichbaren Wohnungen bestanden hatte.

Die Voraussetzungen der von mir benannten Vorschriften sind somit erfüllt, sodass meine Mandanten berechtigt sind, den überzahlten Teil der Miete und der Kaution zurückzufordern sowie ab sofort nur noch die zulässige Miete zu zahlen.

Es gilt nachfolgende Berechnung:[8]

| | |
|---|---|
| Ortsübliche Miete bei Vertragsschluss | 525,– EUR |
| zuzüglich 20% | 103,– EUR |
| äußerst zulässige Miete | 628,– EUR |
| gezahlte Miete | 750,– EUR |
| Überzahlung somit pro Monat | 122,– EUR |

Ab dem 1. 1. ......:

| | |
|---|---|
| Ortsübliche Vergleichsmiete | 562,50 EUR |
| zuzüglich 20% | 112,50 EUR |
| äußerst zulässige Miete | 675,– EUR |
| gezahlte Miete | 750,– EUR |
| Überzahlung pro Monat | 75,– EUR |

Ich fordere Sie daher auf, an meine Mandantschaft binnen einer Frist von 3 Wochen ab heute zurückzuzahlen:

122,– EUR × (Monate) = (Summe).
 75,– EUR × (Monate) = (Summe).

Gemäß § 551 BGB darf der Vermieter eine Kaution in Höhe des Dreifachen der Miete verlangen. Da die zulässige Miete bei Vertragsbeginn 628,– EUR betrug, durften Sie höchstens eine Kaution in Höhe von 1.884,– EUR verlangen. Sie haben erhalten eine Kaution von 2.250,– EUR. Somit haben Sie zurückzuzahlen 366,– EUR und zwar binnen der genannten Frist.

Erneut weise ich darauf hin, dass meine Mandanten ab sofort an Sie eine Miete von 675,– EUR zuzüglich Betriebskostenvorauszahlungen überweisen werden.

Da meine Mandanten grundsätzlich an einem guten und vertrauensvollen Mietverhältnis interessiert sind, bin ich aber auch beauftragt, vor Einreichung einer Klage gegebenenfalls mit Ihnen Vergleichsgespräche[9] zu führen, falls Sie an solchen interessiert sind.[10]

......
(Rechtsanwalt)

*Schrifttum: Kinne,* Mietüberhöhung (§ 5 WiStrG) – Alte Fragen, Neue Antworten?; *Lammel,* Heidelberger Kommentar zum Wohnraummietrecht.

## Anmerkungen

**1.** § 5 WiStG ist auf alle Wohnraummietverhältnisse anzuwenden, also auch auf diejenigen, die nach § 549 Abs. 2 BGB ansonsten vom Mieterschutz ausgenommen sind. Ausgenommen ist lediglich die „gewerbliche" Vermietung, wenn die Wohnräume an die Mieter nicht zur Eigennutzung als Wohnraum vermietet werden, sondern andere Zwecke im Vordergrund stehen (OLG Frankfurt NJW-RR 1996, 1211; BGH NJW 1985, 1772).

**2.** § 5 WiStG setzt für seine drei Begehungsformen (Fordern, Versprechen lassen, Annehmen) voraus, dass die maßgebliche Miete die ortsübliche Miete um mindestens 20%

übersteigt Zur **Darlegung der ortsüblichen Miete** kann der Mieter sich daher aller Begründungsmittel des § 558 a BGB bedienen.

**3.** Der Tatbestand des § 5 WiStG ist erfüllt, wenn der Vermieter unter Ausnutzung eines geringen Angebots an vergleichbaren Räumen (oft begrifflich falsch auch als „Mangellage" bezeichnet) unangemessen hohe Entgelte verlangt, wobei unangemessene Entgelte dann vorliegen, wenn die vereinbarte Miete die ortsübliche Vergleichsmiete um mehr als 20% überschreitet. Die Vorschrift ist eine Mieterschutzvorschrift, sie soll die Vereinbarung überhöhter Mieten unterbinden und auch den Missbräuchen wirtschaftlicher Macht entgegen wirken.

**4.** Liegen die Voraussetzungen des § 5 WiStG vor, führt dies zu einer **Teilnichtigkeit der Mietvereinbarung.** Soweit teilnichtig, kann die überzahlte Miete gemäß §§ 134, 812 Abs. 1 BGB zurückgefordert werden. Der Vermieter kann den Rückforderungsanspruch nur unter der Voraussetzung des § 5 Abs. 2 S. 2 WiStG abwenden, d. h. Nachweis, dass die Miete zur Deckung der laufenden Aufwendungen erforderlich ist (vgl. Form. C. VII. 4. mit Anmerkungen).

**5.** Da Ausgangspunkt für die zur Teilnichtigkeit führende Mietpreisüberhöhung immer die **ortsübliche Vergleichsmiete** ist, verändert sich der Umfang der Teilnichtigkeit auch mit der Änderung dieser ortsüblichen Vergleichsmiete (OLG Frankfurt RE v. 4. 4. 1985 WuM 1985, 139; KG RE v. 20. 4. 1995 GE 1995, 686). Liegt also im Zeitpunkt des Abschlusses des Mietvertrages ein Verstoß gegen § 5 WiStG vor, so kann die ursprüngliche Mietvereinbarung bei steigender ortsüblicher Vergleichsmiete wieder wirksam werden und zwar dann, wenn durch die steigende ortsübliche Vergleichsmiete die Wesentlichkeitsgrenze nicht überschritten wird. Es kann dann immer nur der Teil der Miete zurückverlangt werden, welcher zum Zeitpunkt der Fälligkeit der Miete die aktuelle Wesentlichkeitsgrenze übersteigt (Hannemann/Wiegner/*Flintrop* § 21 Rdn. 55). Liegt hingegen zum Zeitpunkt des Vertragsschlusses kein Verstoß gegen § 5 WiStG vor und sinkt die ortsübliche Miete nachträglich so weit, dass die Mietvereinbarung die Wesentlichkeitsgrenze überschreitet, so ist der Vermieter weder verpflichtet die Miete bis zur Wesentlichkeitsgrenze zu senken, noch, die bereits vereinnahmte Miete zurückzuzahlen (LG Berlin NZM 1999, 999; LG Berlin NZM 2000, 530). Dies gilt ebenso für den Fall, soweit eine teilnichtige Mietvereinbarung durch das Ansteigen der ortsüblichen Vergleichsmiete teilweise geheilt ist und danach die ortsübliche Miete sinkt und dadurch erneut in einem höheren Umfange über der Wesentlichkeitsgrenze liegt (LG Berlin NZM 1999, Heft 15 S. V; zur Rechtslage bei Staffelmietverträgen vgl. Form. C. VII. 2. mit Anm.).

**6.** Das Tatbestandsmerkmal „Geringes Angebot an vergleichbaren Räumen" muss, damit § 5 WiStG überhaupt zur Anwendung kommt, bei Vertragsbeginn bestanden haben. Es ist ausschließlich auf die Verhältnisse bei Zustandekommen der Mietvereinbarung abzustellen (OLG Hamburg RE v. 3. 3. 1999 NZM 1999, 363; OLG Frankfurt RE v. 15. 8. 2000 WuM 2000, 535). Entspannt sich der Wohnungsmarkt während der Dauer des Mietverhältnisses, wird die einmal eingetretene Teilnichtigkeit hierdurch nicht berührt, lediglich das Ausmaß der Teilnichtigkeit kann sich wegen Veränderung der ortsüblichen Vergleichsmiete zu Gunsten des Vermieters abmildern. Ein geringes Angebot an vergleichbaren Räumen im Sinne von § 5 WiStG ist dann zu bejahen, wenn der Vermieter in der Lage ist, bei einem sehr engen, durch Nachfrage bestimmten Wohnungsmarkt die Mieten und die Mietbedingungen zu diktieren. Somit liegt in jedem Fall ein geringes Angebot vor, wenn die Nachfrage nach Wohnraum das Angebot übersteigt. Dagegen liegt ein geringes Angebot nicht vor, wenn Angebot und Nachfrage ausgeglichen sind (BGH NZM 2005, 534). Das geringe Angebot braucht sich nicht auf den gesamten Wohnungsmarkt zu beziehen. Die konkrete Wohnung kann vielmehr mit regionalen

Teilmärkten innerhalb einer Gemeinde verglichen werden (OLG Hamm ZMR 1995, 212, 213; LG Hamburg NZM 2000, 180). Teilmärkte ergeben sich durch die Wohnungsgröße, die Ausstattung der Wohnung, das Jahr der Bezugsfertigstellung und die Wohnlage. Das Tatbestandsmerkmal des geringen Angebots ist deshalb nicht erfüllt, wenn der Wohnungsmarkt für vergleichbare Wohnungen nur in dem betreffenden Stadtteil angespannt, im übrigen Stadtgebiet aber entspannt ist (BGH NZM 2005, 534). Dagegen soll ein Vergleich mit personenbezogenen Teilmärkten, also das Abstellen auf bestimmte Gruppen von Wohnungssuchenden (wie Studenten oder Sozialhilfeempfänger) nicht zulässig sein (OLG Hamm NJW-RR 1986, 812; *H. Kinne* ZMR 1998, 475). § 5 WiStG umfasst allerdings nur Wohnungen, für die es einen Markt gibt. Die Vorschrift ist somit nicht auf Wohnungen anzuwenden, deren Anzahl durch Lage und Art begrenzt ist. Hiermit sind gemeint Wohnungen, die wegen ihrer außergewöhnlich luxuriösen Ausstattung, ihrer Größe und/oder der Einmaligkeit der Lage keinen nennenswert vergleichbaren Bezug haben.

**7.** Die Schwierigkeit für den Mieter oder den ihn vertretenden Anwalt besteht in der Praxis darin, gerade die Voraussetzung des geringen Angebots an vergleichbaren Räumen darzulegen und im Prozessfall zu beweisen. Es wird somit verlangt, dass der Mieter zunächst alle Tatbestandsmerkmale darlegt und insbesondere Tatsachen vorbringt, welche die Störung des marktwirtschaftlichen Preismechanismus ausmacht. Die alleinige Behauptung, die Miete sei unter Ausnutzen eines geringen Angebots an vergleichbaren Räumen vereinbart worden, ist eine Rechtsbehauptung. Würde das Gericht einem allein auf dieses Vorbringen gestütztes Beweisangebot nachgehen, so würde es sich hierbei um einen unzulässigen Ausforschungsbeweis handeln (LG Köln NZM 1999, 404). Kriterien für das Vorhandensein der Tatbestandsvoraussetzung sind, jedoch nur in der Kombination mehrerer Kriterien
a) zum Zeitpunkt des Abschlusses des Mietvertrages bestand in der Gemeinde ein Zweckentfremdungsverbot
b) die Gemeinde war als Gebiet mit erhöhtem Wohnbedarf ausgewiesen
c) Auskunft des Wohnungsamtes, wonach für den besagten Wohnungstyp eine hohe Nachfrage bestand
d) Darstellung der Schwierigkeiten und Bemühungen des Mieters, überhaupt die nachgefragte Wohnung zu bekommen
e) fehlende Bereitschaft des Vermieters, überhaupt über die Miete oder den Inhalt des Mietvertrages zu verhandeln.
Liegt eine Mangellage vor, muss darüber hinaus zwischen der Vereinbarung der überhöhten Miete und der Mangellage ein Kausalzusammenhang bestehen. Daran fehlt es, wenn der Mieter unabhängig von der Lage auf dem Wohnungsmarkt bereit ist, eine verhältnismäßig hohe Miete zu zahlen, etwa deshalb, weil er aus persönlichen Gründen eine bestimmte Wohnung anmieten möchte, ohne sich zuvor über ähnliche Objekte und die Höhe der üblichen Miete erkundigt zu haben. In diesen Fällen bedarf der Mieter nicht des Schutzes, den das Gesetz denjenigen gewähren will, die sich auf eine unangemessen hohe Miete nur deshalb einlassen, weil sie ansonsten auf dem Wohnungsmarkt keine entsprechende Wohnung finden können. Bei der Beurteilung, ob das Tatbestandsmerkmal des Ausnutzens gegeben ist, sind daher nicht nur alleine das Verhalten des Vermieters und die objektive Lage auf dem Wohnungsmarkt zu untersuchen, sondern auch die Motive des Mieters für den Vertragsschluss. Wer bereit ist, eine geforderte Miete ohne weiteres aus persönlichen Gründen zu zahlen, wird nicht ausgenutzt (BGH NZM 2004, 381). Das Tatbestandsmerkmal des Ausnutzens liegt also nur dann vor, wenn der Mieter die wegen der Wohnungsmarktlage geforderte Miete akzeptiert, weil ihm keine andere vernünftige Alternative bleibt. Somit muss der Mieter nicht nur Tatbestandsmerkmale darlegen, die seine Behauptungen zur ortsüblichen Vergleichsmiete stützen. Des Weiteren

müssen auch Tatsachen vorgebracht und unter Beweis gestellt werden, die das geringe Angebot, also die Störung des marktwirtschaftlichen Preismechanismus, ausmachen. Der Mieter hat darzutun, dass sich diese Störung auf den Teilmarkt, zu dem die von ihm angemietete Wohnung gehört, ausgewirkt hat. Des Weiteren hat der Mieter darzulegen, welche Bemühungen bei der Wohnungssuche er unternommen hatte, weshalb diese erfolglos geblieben sind und dass er mangels einer Ausweichmöglichkeit nunmehr auf den Abschluss des für ihn ungünstigen Mietvertrages angewiesen war (BGH NZM 2004, 381). Der Mieter muss dann in jedem Fall weiter vortragen und beweisen, welchen Inhalt die Vertragsverhandlungen mit dem Vermieter hatten (LG Frankfurt NZM 1998, 73; LG Köln NZM 1999, 404).

**8.** **Rechtsfolge der Mietpreisüberhöhung** ist, dass der Vermieter den Teil der Miete zurückzahlen muss, der die Wesentlichkeitsgrenze übersteigt. Es gilt also die Formel „Vereinbarte Miete ./. Zulässige Miete (Vergleichsmiete zuzüglich 20%) = zurückzuzahlende Miete". Etwas Anderes gilt, wenn der Vermieter die Höhe der vereinbarten Miete durch eine Wirtschaftlichkeitsberechnung rechtfertigen kann, hierzu wird verwiesen auf Form. C. VII. 4. Der Rückforderungsanspruch ergibt sich aus §§ 134, 812 Abs. 1 BGB. Zugleich ist der Mieter berechtigt, künftig nur die zulässige Miete zu zahlen statt der vereinbarten Miete. An diesen Rechtsfolgen ändert sich auch nichts, wenn im Laufe des Mietverhältnisses durch eine Entspannung am Wohnungsmarkt das Tatbestandsmerkmal des geringen Angebots an vergleichbaren Räumen für die besagte Wohnung nicht mehr gilt. Es kommt nämlich ausschließlich auf die Verhältnisse beim Zustandekommen der teilweise nichtigen Mietvereinbarung an (OLG Hamburg RE v. 3. 3. 1999 NZM 1999, 363; OLG Frankfurt WuM 2000, 535; LG Berlin NZM 1999, 959; LG Berlin NZM 2000, 520; Schmidt-Futterer/*Blank* § 5 WiStG Rdn. 80). Der Rückforderungsanspruch bezieht sich ebenso auf den Teil, der bei Vertragsschluss gezahlten oder übergebenen Mietsicherheit, soweit hierdurch die Obergrenze von 3 Monatskaltmieten (§ 551 Abs. 1 BGB) überschritten wird. Weitere Rechtsfolge der Mietpreisüberhöhung kann auch ein außerordentliches Kündigungsrecht gemäß § 543 BGB sein (Hannemann/Wiegner/*Flintrop* § 21 Rdn. 60). Der Anspruch des Mieters auf Rückforderung überzahlter Miete verjährt gemäß § 199 BGB binnen 3 Jahren.

**9.** Im Hinblick auf die Schwierigkeiten des Mieters, die Tatbestandsvoraussetzungen des geringen Angebots an vergleichbaren Räumen vorzutragen und zu beweisen, im Hinblick auf die Kosten einer Beweisaufnahme über die Mangellage und die ortsübliche Miete sowie natürlich auch im Hinblick auf die beabsichtigte Fortsetzung des Mietverhältnisses sollten die Parteien möglichst eine gütliche Regelung anstreben.

**10.** **Gebühren:** Der Streitwert ergibt sich aus der Höhe des Rückforderungsbetrages. Erfolgt das Aufforderungsschreiben noch während des bestehenden Mietverhältnisses und soll die Miete auch künftig herabgesetzt werden, dann ist Streitwert mindestens der Jahresbetrag des herabzusetzenden Mietanteils. Die Geschäftsgebühr richtet sich nach der Nummer 2300 des Vergütungsverzeichnisses.

## 2. Anwaltliche Zurückweisung überhöhter Miete bei Staffelmietvereinbarung[1]

......

(Rechtsanwalt)

an

......

(Vermieter)

Sehr geehrte(r) ......,

die Eheleute ...... haben mich mit der Wahrnehmung ihrer Interessen beauftragt. Eine auf mich lautende Vollmacht füge ich in der Anlage bei.

Seit dem ...... sind meine Mandanten Mieter der Wohnung im Hause ......, gelegen im 2. Obergeschoss rechts, bestehend aus 3 Zimmern, Küche, Diele, Bad/WC, Loggia und dazugehörigem Kellerraum. Die Wohnung ist insgesamt 75 Quadratmeter groß. Sie haben bei Abschluss des Mietvertrages mit meinen Mandanten eine Miete von 580,– EUR zuzüglich Betriebskostenvorauszahlungen vereinbart. Des Weiteren haben Sie mit meinen Mandanten eine Staffelmietvereinbarung geschlossen, wonach die Miete sich am 1. Januar ...... um 50,– EUR und sodann jeweils am 1. Januar des Folgejahres für die Dauer von 5 Jahren um weitere 50,– EUR erhöhen soll. Nunmehr zu Beginn der 2. Mietpreisstaffel soll die Miete 680,– EUR zuzüglich Betriebskostenvorauszahlungen betragen.

Meine Mandanten haben mich gebeten zu überprüfen, ob eine derartige Miete nicht gegen zwingende gesetzliche Vorschriften verstößt. Dies ist nach Prüfung der Sach- und Rechtslage der Fall.

Nach § 5 WiStG[2] in Verbindung mit § 134 BGB ist eine Mietvereinbarung unwirksam, wenn diese sich auf eine Miete bezieht, die mehr als 20 % über der ortsüblichen Vergleichsmiete liegt und unter Ausnutzen eines geringen Angebots an vergleichbaren Räumen vereinbart und/oder gezahlt wird.

Meine Überprüfungen haben ergeben, dass die bei Vertragsabschluss vereinbarte Miete von 580,– EUR die damals geltende Vergleichsmiete nicht um 20 % überschritten hat. Dies galt auch für die nach der Staffelmietvereinbarung vollzogene Mieterhöhung auf 630,– EUR. Mit der nunmehr aufgrund Staffelmietvereinbarung geltenden Miete von 680,– EUR wird jedoch die Vergleichsmiete um mehr als 20 % überschritten. Unter Zugrundelegung des augenblicklich geltenden Mietspiegels ist die Wohnung wie folgt einzuordnen:

- Baualtersklasse 3, da das Haus in dem sich die Wohnung befindet, im Jahre 1972 bezugsfertig wurde;
- Wohnungen um 80 Quadratmeter Größe,
- ausgestattet mit Bad, Heizung und WC;
- mittlere Wohnlage;

Für derartige Wohnungen weist der Mietspiegel eine Mietspanne von 5,– EUR– 7,– EUR aus. Ich möchte wegen der Wohnung als positive Merkmale hervorheben, dass die Wohnung eine zentrale Innenstadtlage aufweist und des Weiteren der Stellplatz mit in der Miete enthalten ist. Aus diesem Grunde gehe ich davon aus, dass die ortsübliche Vergleichsmiete derzeit bei 7,– EUR pro Quadratmeter und Monat, also bei 525,– EUR pro Monat liegt. Würde die Mietpreisstaffel in Kraft treten, dann würde damit die ortsübliche Vergleichsmiete um 29,6% überschritten. Dieser Prozentsatz liegt über der Wesentlichkeitsgrenze des § 5 WiStG, diese Grenze endet bei 20% über der ortsüblichen Vergleichsmiete.

Die Mietvereinbarung, also insbesondere die Staffelmietvereinbarung, ist auch infolge des Ausnutzens eines geringen Angebots[3] an vergleichbaren Räumen zu Stande gekommen: Meine Mandanten mussten seinerzeit aus ihrer 2-Zimmer-Wohnung ausziehen, weil ein Jahr vor Vertragsabschluss der Sohn der Mandanten auf die Welt gekommen ist und deshalb ein weiteres Zimmer unbedingt erforderlich wurde. Meine Mandanten haben über einen Zeitraum von mindestens 6 Monaten eine Wohnung gesucht, die über eine entsprechende Zimmerzahl verfügte. Sie haben sich bei dieser Wohnungssuche an die Maklerbüros ...... gewandt sowie wöchentlich die Wohnungsanzeigen in der Tageszeitung überprüft. Vonseiten der Makler wurden unseren Mandanten zwei Wohnungen benannt und zwar jeweils im Vorort ...... Diese Wohnungen waren jeweils 100 Quadratmeter groß und erforderten eine Miete von 900,– EUR bzw. 1.000,– EUR. Dies überstieg und übersteigt die finanziellen Möglichkeiten der Mandanten. Des Weiteren haben sich meine Mandanten auf alle in Betracht kommenden Zeitungsanzeigen gemeldet, soweit auf telefonische Nachfrage die Wohnungen überhaupt noch zur Vermietung frei standen, wurden in drei Fällen andere Mieter vorgezogen. In einem Fall, der Wohnung ...... mit einer Miete 680,– EUR, haben unsere Mandanten von der Anmietung Abstand genommen, weil diese Wohnung an einer 4-spurigen, stark befahrenen Durchgangsstraße liegt. Ich habe des Weiteren erfahren, dass zum Zeitpunkt des Abschlusses des Mietvertrages in unserer Stadt ein Zweckentfremdungsverbot bestand und darüber hinaus unsere Stadt auch als Gebiet mit erhöhtem Wohnbedarf ausgewiesen ist.

Meine Nachfrage beim Wohnungsamt hat ergeben, dass damals eine unverändert hohe Zahl von Wohnungssuchenden registriert waren, wobei insbesondere das Interesse an bezahlbaren Dreizimmerwohnungen vorherrschte.

Schließlich haben meine Mandanten mich auch darauf hingewiesen, dass Sie als Vermieter seinerzeit nicht bereit waren, über den Inhalt des Mietvertrages zu diskutieren, sondern meinen Mandanten lediglich anheim stellten, den bereits ausgefüllten Vertrag zu unterzeichnen oder ganz auf die Anmietung der Wohnung zu verzichten.

Diese von mir hier aufgeführten Punkte sprechen eindeutig dafür, dass bei Anmietung ein geringes Angebot an vergleichbaren Wohnungen bestanden hatte.

Meine Mandanten werden daher die nach dem Mietvertrag zum 1. 1. ...... festgelegte Mieterhöhung um 50,– EUR auf 680,– EUR aus den vorbezeichneten Gründen nicht zahlen,[4] sondern es bei der bisherigen Miete von 630,– EUR zuzüglich Betriebskostenvorauszahlungen belassen.[5]

......

(Rechtsanwalt)

### Anmerkungen

**1.** Zu den allgemeinen Voraussetzungen des § 5 WiStG (vgl. Form. C. VII. 1).

**2.** Die **Staffelmietvereinbarung** unterliegt ebenfalls den Schranken des § 5 WiStG. Eine im Zeitpunkt des Abschlusses der Staffelmiete zulässige Miete kann daher durch die vereinbarten Steigerungen oder wegen zwischenzeitlicher Absenkung der ortsüblichen Vergleichsmiete im Zeitpunkt des Wirksamwerdens der Staffel unzulässig werden. Maßgeblich ist immer ein Vergleich der jeweils gültigen Staffelmiete mit der dazu gültigen ortsüblichen Vergleichsmiete (LG Berlin ZMR 1995, 77; LG Frankfurt ZMR 1996, 425; Bub/Treier/*Bub* Rdn. 684c). Ist die jeweilige Mietstaffel teilnichtig, dann führt dies nicht automatisch zur Teilnichtigkeit vorheriger oder künftiger Mietstaffeln, wenn diese Mieten jeweils innerhalb der Wesentlichkeitsgrenze des § 5 WiStG lagen (OLG Hamburg RE v. 13. 1. 2000 NZM 2000, 232). Das gleiche gilt, wenn während der Geltungsdauer einer Mietstaffel die ortsübliche Vergleichsmiete sinkt und somit die vereinbarte Miete oberhalb der Wesentlichkeitsgrenze liegt. War die Mietstaffel bei ihrer ersten Fälligkeit wirksam, dann bleibt sie es auch (KG NZM 2001, 283).

**3.** Voraussetzung für die Anwendung des § 5 WiStG ist immer, dass bei Abschluss der Mietvereinbarung, also auch der Staffelmietvereinbarung, diese unter Ausnutzen eines geringen Angebots an vergleichbaren Räumen zu Stande gekommen ist. Ein späterer Wegfall dieses Tatbestandsmerkmals wegen Entspannung des Wohnungsmarktes ist unerheblich (vgl. hierzu Form. C. VII. 1 Anm. 6).

**4. Rechtsfolge** ist, dass die jeweilige Mietstaffel gemäß § 134 BGB i. V. m. § 5 WiStG teilnichtig ist und der Mieter somit nur die zulässige Miete schuldet (Vergleichsmiete zuzüglich 20%). Etwaig bereits überzahlte Mieten kann er bis zu dieser Grenze gemäß §§ 134, 812 Abs. 1 S. 1 BGB zurückfordern, es sei denn, es liegt der Ausnahmefall vor, dass der Vermieter die Miethöhe mit eigenen Aufwendungen rechtfertigen kann (vgl. hierzu Form. C. VII. 4).

**5. Gebühren:** Der Streitwert ergibt sich aus der Höhe des Rückforderungsbetrages. Erfolgt das Aufforderungsschreiben noch während des bestehenden Mietverhältnisses und soll die Miete auch künftig herabgesetzt werden, dann ist Streitwert mindestens der Jahresbetrag des herabzusetzenden Mietanteils. Die Geschäftsgebühr richtet sich nach der Nummer 2300 des Vergütungsverzeichnisses.

## 3. Anwaltliches Ablehnungsschreiben[1] des Vermieters

Sehr geehrte Frau Kollegin,

sehr geehrter Herr Kollege,

hiermit zeige ich Ihnen an, dass ich die Interessen des ...... vertrete. Ich beziehe mich auf Ihr Schreiben vom ...... in dem Sie für die von Ihnen vertretene Partei einen Rückzahlungsanspruch wegen angeblich überzahlter Miete geltend machen. Sie stützen den Anspruch auf die §§ 134, 812 BGB, da nach Ihrer Behauptung die Mietvereinbarung zwischen den uns vertretenen Parteien gegen § 5 WiStG verstoßen soll. Diese Behauptung bestreite ich namens und im Auftrage meines Mandanten.

– 1. Alternative: –

Sie tragen vor, die zwischen den von uns vertretenen Parteien vereinbarte Miete übersteige den ortsüblichen Vergleichsmiete um mehr als 20%. Wegen der ortsüblichen Vergleichsmiete beziehen Sie sich auf den Mietspiegel. Hierbei ordnen Sie die Wohnung ein in die Gruppe der Wohnungen, die vor 1948 bezugsfertig wurden (Baualtersklasse 1).[2] Dem widerspreche ich namens meines Mandanten.

Zwar ist es zutreffend, dass das Gebäude, in dem sich die Wohnung befindet, im Jahre 1910 bezugsfertig wurde. Allerdings wurde das Haus durch Kriegseinwirkungen zu 80% zerstört, diese Zerstörungen betrafen auch die Wohnung Ihrer Mandanten. Das Haus wurde dann 1955 wiederaufgebaut. Danach wurden in der Wohnung umfassende Modernisierungsarbeiten durchgeführt. So erhielt die Wohnung wärme- und schallisolierende Fenster mit Kunststoffrahmen, eine verschiedene Stromkreise absichernde neue Elektroinstallation, ein neues Badezimmer mit modernen Sanitärgegenständen, eine Türsprechfreieinrichtung und Kabelfernsehen. Mein Mandant und ich sind der Auffassung, dass wegen des Wiederaufbaues und der durchgeführten Modernisierungsmaßnahmen nicht das Baujahr der erstmaligen Bezugsfertigstellung maßgebend ist, sondern ein späteres Baujahr. Nach den Erläuterungen des Mietspiegels unterfallen Wohnungen, die durch umfassende Modernisierung in einen neuzeitlichen Wohnstandard versetzt wurden, in die Baualtersklasse 3, dies sind Wohnungen, die zwischen 1961–1975 bezugsfertig wurden. Bei ansonsten gleicher Beurteilung der Wohnlage, der Ausstattung und der Größe beträgt die Vergleichsmiete in der von mir zu Grunde gelegten Gruppe 5,– EUR – 7,00 EUR. In Ihrer Berechnung gehen Sie von einer Mietspanne von 3,50,– EUR – 4,50 EUR aus. Die Vergleichsmiete für die Wohnung beläuft sich auf 6,50 EUR. Die Parteien haben eine Miete von 7,70 EUR vereinbart. Diese Miete übersteigt die Vergleichsmiete um nicht mehr als 20%.

– 2. Alternative: –

Den von Ihnen geltend gemachten Anspruch weise ich als unbegründet zurück. Ich lasse dahinstehen, ob Ihre Behauptungen zur ortsüblichen Vergleichsmiete und deren Überschreiten durch die Mietvereinbarung der Parteien richtig sind. Jedenfalls wurde diese Mietpreisvereinbarung nicht unter Ausnutzens eines geringen Angebots[3] an vergleichbaren Räumen getroffen. Die in Ihrem Schreiben aufgestellte Behauptung, bei Abschluss des Mietvertrages im Jahre 1998 habe in unserer Stadt eine Wohnungsknappheit geherrscht, ist unsubstantiiert und nach meiner Auffassung auch falsch. Die Wohnung stand insgesamt zwei Monate leer, bevor es meinem Mandanten gelungen ist, diese weiterzuvermieten, dies obwohl der Mandant die Wohnung als freistehend bei drei Maklern gemeldet und selber auch noch insgesamt dreimal inseriert hatte. Während dieser Zeit haben sich insgesamt auch nur 5 Interessenten gemeldet, von denen dann letztendlich Ihr Mandant die Wohnung angemietet hat. Dies allein beweist, dass Ihre Behauptung unzutreffend ist.[4]

......

(Rechtsanwalt)

## Anmerkungen

**1.** Die Möglichkeit, den **Anspruch zurückzuweisen**, ergibt sich aus den Tatbestandsvoraussetzungen des § 5 WiStG. Zwar ist es nicht zwingend notwendig, auf eine als unberechtigt angesehene Forderung zu reagieren, jedoch empfiehlt es sich für den Vermieter, seine Argumente darzulegen, damit der Mieter sich damit sachlich auseinander setzen kann. Ziel sollte es ja sein, einen unnötigen Prozess, der das Mietverhältnis belastet, zu vermeiden.

**2.** Ablehnungsgrund kann sein, dass es eine **unterschiedliche Bewertung der ortsüblichen Vergleichsmiete** gibt. Hier sollte der Vermieter die nach seiner Meinung maßgeblichen Kriterien, die für die Bestimmung der ortsüblichen Vergleichsmiete wichtig sind, dartun.

**3.** Will der Vermieter sich darauf berufen, dass kein geringes Angebot an vergleichbaren Räumen bei dem Mietverhältnis vorlag, dann sollte er auch hier die nach seiner Meinung maßgeblichen Tatsachen darlegen. Ein wichtiges Indiz für die Argumentation des Vermieters ist, wie im Beispielsfall, dass die Wohnung relativ lange leer stand und auch nur wenig Interessenten fand.

**4. Gebühren:** Der Streitwert ergibt sich aus der Höhe des Rückforderungsbetrages. Erfolgt das Aufforderungsschreiben noch während des bestehenden Mietverhältnisses und soll die Miete auch künftig herabgesetzt werden, dann ist Streitwert mindestens der Jahresbetrag des herabzusetzenden Mietanteils. Die Geschäftsgebühr richtet sich nach der Nummer 2300 des Vergütungsverzeichnisses.

# 4. Ablehnungsschreiben des Vermieters unter Berufung auf laufende Aufwendungen,[1] § 5 Abs. 2 WiStG

......

(Vermieter)

an

......

(Rechtsanwalt)

Sehr geehrte(r) ......,

Ihr Schreiben vom ...... habe ich erhalten. Sie fordern mich für Ihren Mandanten auf, einen Teil der von ihm für die Wohnung ...... gezahlten Miete zurückzuzahlen. Sie behaupten, die mit dem Mieter getroffene Mietvereinbarung sei teilweise nichtig, weil diese Vereinbarung unter Ausnutzen eines geringen Angebots an vergleichbaren Räumen zu Stande gekommen ist und die vereinbarte Miete von 750,– EUR für die 75 Quadratmeter große Wohnung insgesamt 42,85% über der ortsüblichen Miete liegt. Die ortsübliche Miete geben Sie mit 525,– EUR an.

Grundsätzlich möchte ich Ihre Behauptungen zur Höhe der ortsüblichen Miete und zur so genannten Mangellage bestreiten. Hierauf kommt es aber gar nicht an, da die vereinbarte Miete von mir benötigt wird zur Deckung meiner laufenden Aufwendungen für die Wohnung. Nach § 5 Abs. 2 WiStG gilt die vereinbarte Miete in diesen Fällen nicht als unangemessen hoch.

Meine laufenden Aufwendungen errechne ich Nachstehend nach den Grundsätzen zur Ermittlung der Kostenmiete in § 18 II. BV.[2]

Die von Ihrem Mandanten bewohnte Wohnung habe ich 2 Jahre vor Beginn des Mietvertrages zum Preise von 175.000,– EUR erworben. Außerdem entstanden mir Kosten für den Notar, Grundbuchkosten sowie Grunderwerbsteuern anlässlich des Erwerbs in Höhe von weiteren 5.000,– EUR, sodass ich insgesamt 180.000,– EUR aufwenden musste.

Ich stelle nunmehr folgende Berechnung an:

A. Finanzierungskosten[3]

| | | |
|---|---|---|
| Kosten der Fremdfinanzierung | 144.000,– EUR | |
| Zinssatz 7,5% | | 10.800,– EUR |
| Eigenkapitalkosten | 36.000,– EUR | |
| 4% Zinsen | | 1.440,– EUR |

B. Abschreibung[4]

Herstellkosten 144.000,– EUR (Erwerbskosten abzüglich 20% für Grundstücksanteil)

| | |
|---|---|
| hiervon 1% | 1.440,– EUR |

C. Verwaltungskosten[5]

| | |
|---|---|
| Wohnung | 254,79 EUR |
| Garagenplatz | 33,23 EUR |

D. Instandhaltungskosten[6]

| | |
|---|---|
| 75 qm × 7,87 EUR | 590,25 EUR |
| | 14.558,27 EUR |
| 2% Mietausfallwagnis[7] | 291,17 EUR |
| insgesamt | 14.849,44 EUR |
| : 12 Monate : 75 qm = | 16,50 EUR/qm/Monat |

Sie können aus der vorstehenden Berechnung ersehen, dass meine Aufwendungen für die Wohnung monatlich 1.237,50 EUR betragen. Mit der vereinbarten Miete von 750,– EUR werden diese Aufwendungen bei weitem nicht abgedeckt.

Schon aus den vorstehenden Gründen muss ich den Rückforderungsanspruch Ihres Mandanten zurückweisen.

......

(Vermieter)

## Anmerkungen

**1.** Liegen die Tatbestandsvoraussetzungen einer Mietpreisüberhöhung nach § 5 WiStG vor, dann kann die Überschreitung der Wesentlichkeitsgrenze gerechtfertigt werden, wenn die Miete zur Deckung der laufenden Aufwendungen des Vermieters erforderlich ist (§ 5 Abs. 2 WiStG). Durch diesen Zusatz wird die Geltung des § 5 Abs. 1 S. 1 und 2 WiStG für diejenigen Fälle ausgeschlossen, in denen die monatliche Miete zwar die Wesentlichkeitsgrenze übersteigt, der **Vermieter** aber unter Berücksichtigung seiner laufenden Aufwendungen **keinen Gewinn erzielt** (Schmidt-Futterer/*Blank* Mietrecht § 5 Rdn. 15). Trotz Einbeziehung der Aufwendungen in die Berechnung der zulässigen Miethöhe darf diese allerdings nicht in einem auffälligen Missverhältnis zu den Leistungen des Vermieters stehen. Mit diesem Kriterium wird auf den Wuchertatbestand des § 291 StGB verwiesen. Dort bedeutet das auffällige Missverhältnis jedenfalls eine Miethöhe, die mehr als 50% über der ortsüblichen Miete liegt (Hannemann/Wiegner/*Flintrop* § 33 Rdn. 21). Dies bedeutet: Durch den Nachweis seiner Aufwendungen kann der Vermieter eine Miete von höchstens 150% der ortsüblichen Miete rechtfertigen.

**2.** Nach herrschender Meinung ist die Höhe der laufenden Aufwendungen nach den **Grundsätzen zur Ermittlung der Kostenmiete** in § 18 II. BV zu errechnen (LG Berlin GE

1994, 345; *S. Lammel*, Heidelberger Kommentar zum Wohnraummietrecht, § 5 WiStG Rdn. 40; Schmidt-Futterer/*Blank* Mietrecht § 5 WiStG, Rdn. 35).

**3.** Die **Kapitalkosten** unterteilen sich in die Fremdkapitalkosten § 21 II.BV und die Eigenkapitalkosten § 20 II.BV. Die Fremdkapitalkosten sind die Kapitalkosten, die sich aus der Inanspruchnahme von Fremdmitteln zur Finanzierung des Kaufpreises oder der Herstellungskosten erforderlich sind. Die Eigenkapitalkosten werden in jedem Falle bei Herstellung des Wohnraums durch den Vermieter nach den Herstellungskosten und im Falle des entgeltlichen Erwerbs durch den Vermieter nach den Erwerbskosten berechnet, keinesfalls also nach dem Verkehrswert von Grundstück und Gebäude zum Zeitpunkt des Abschlusses des Mietvertrages (Schmidt-Futterer/*Blank* Mietrecht § 5 WiStG Rdn. 43).

**4. Abschreibung:** § 25 II. BV – Die Abschreibung berechnet sich nach dem Gebäudewert, sodass Grundstückskosten außer Betracht bleiben. Werden Erwerbskosten zu Grunde gelegt, dann muss hieraus ein fiktiver Grundstückswert herausgerechnet werden. Die Abschreibung beträgt 1% der vorstehenden Kosten. Für einzelne Anlagen und Einrichtungen können höhere Abschreibungssätze in Betracht kommen, § 25 Abs. 3 II.BV.

**5. Verwaltungskosten:** § 26 II.BV – Die Verwaltungskosten werden pauschal mit 230,– EUR je Wohnung und 30,– EUR je Garage oder Einstellplatz eingerechnet. Diese Beträge veränderten sich am 1. 1. 2005 und am 1. 1. 2008 um den Prozentsatz, um den sich der vom Statistischen Bundesamt festgestellte Verbraucherpreisindex für Deutschland für den der Veränderung vorausgehenden Monat Oktober gegenüber dem Verbraucherpreisindex für Deutschland für den der letzten Veränderung vorausgehenden Monat Oktober erhöht oder verringert hat. Die Veränderung findet dann wieder statt in einem jeden darauf folgenden dritten Jahr, also konkret vorliegend zum 1. 1. 2011. Aktuell belaufen sich die Verwaltungskosten seit dem 1. 1. 2008 auf 254,79 EUR je Wohnung bzw. 33,23 EUR je Garage bzw. Einstellplatz.

**6. Instandhaltungskosten:** § 28 II. BV – Hierzu sind die in der Verordnung festgelegten Pauschalbeträge einzusetzen, die ursprünglich zwischen 7,10 EUR und 11,50 EUR je Jahr und Quadratmeter betrugen. Auch diese Beträge verändern sich entsprechend der Veränderung des Verbraucherpreisindex im Abstand von 3 Jahren. Sie betragen derzeit
- bis 7,87 EUR/m²/Wohnfläche je Jahr für Wohnungen, deren Bezugsfertigkeit am Ende des Kalenderjahres weniger als 22 Jahre zurückliegt;
- bis 9,97 EUR/m²/Wohnfläche je Jahr für Wohnungen, deren Bezugsfertigkeit mindestens 22 Jahre zurückliegen;
- bis 12,74 EUR/m²/Wohnfläche je Jahr für Wohnungen, deren Bezugsfertigkeit mindestens 33 Jahre zurückliegen.

Abzüge und Zuschläge sind je nach Ausstattung und unter Übernahme der Kleinreparaturen durch die Mieter möglich.

**7. Mietausfallwagnis:** § 29 II.BV – Das Mietausfallwagnis beträgt 2% der sich aus der vorstehenden Berechnung ergebenden Kostenmiete (Schmidt-Futterer/*Blank* Mietrecht § 5 WiStG Rdn. 68).

# Preisgebundener Wohnraum

## VIII. Mieterhöhung und -herabsetzung bei preisgebundenem Wohnraum gemäß § 10 WoBindG

### Vorbemerkungen

Zum 1. 1. 2002 ist das **Wohnraumförderungsgesetz (WoFG)** in Kraft getreten. Gemäß § 28 WoFG ist nicht mehr eine Kostenmiete maßgebend, die nach den Vorschriften der II. BVO zu berechnen wäre, sondern es wird zwischen öffentlichem Darlehensgeber und Bauherrn eine höchstzulässige Kaltmiete vereinbart. Erhöhungen sind unter Berücksichtigung der Vereinbarungen im Darlehensvertrag nach den Regeln des freien Wohnungsbaus, also §§ 557 ff. BGB, insbesondere 558 BGB, vorzunehmen. Damit ist § 10 WoBindG für alle öffentlich geförderten Objekte nicht mehr anwendbar, die ab dem 1. 1. 2002 unter der Geltung des WoFG errichtet werden. Die Mietvertragspartner sowie ihre Rechtsberater müssen also in Zukunft zunächst prüfen, nach welchem Recht das Objekt gefördert worden ist (z. B.: in NRW gab es bis zum 31. 3. 2002 noch das Wahlrecht, ob Fördermittel nach dem II. WohnBauG oder nach dem neuen WoFG beantragt wurden).

Die Länder haben auf der Grundlage des Förderalismusreformgesetzes von dem Recht Gebrauch gemacht, eigene Landes-WoFG zu erlassen, die aber inhaltlich – was die Bestimmung der Miete angeht – vom WoFG des Bundes nicht abweichen.

Die nun folgenden Formulare für Mieterhöhungserklärungen wie auch die Mieterabsetzungserklärung gelten ausschließlich für geförderten Wohnraum, der noch unter der Geltung und den Fördervorschriften des II. WohnBauG errichtet worden ist. Zu beachten ist auch hier, dass die Länder den Sozialen Wohnungsbau in eigene Landesgesetze überführt haben. Während die meisten – nur westlichen – Bundesländer (in den neuen Bundesländern wurden nie Wohnungen im 1. oder 2. Förderweg errichtet, es gab dort Regelungen zur vereinbarten Förderung) die Vorschriften übernommen haben, also am Prinzip der Kostenmiete festgehalten haben, sind die Länder Baden-Württemberg und Schleswig-Holstein eigene Wege gegangen. In Baden-Württemberg gilt die Kostenmiete seit dem 1. 1. 2009 nicht mehr, in Schleswig-Holstein mit Übergangsfrist zum 1. 7. 2014 nicht mehr (siehe *Hannemann/Wiegner* 3. Auflage § 25 Rdn. 7 ff.).

# 1. Mieterhöhung wegen Erhöhung der Pauschalen[1]

......

(Vermieter)

an

......

(Mieter)

Sehr geehrte(r) ......,

gemäß den §§ 26 Abs. 4 und § 28 Abs. 5 a II.BVO dürfen die Pauschalen für Verwaltung und Instandhaltung zum 1. 1. 2008 erhöht werden. Die Pauschalen verändern sich um den Prozentsatz, um den sich der Index für die Lebenshaltungskosten zwischen dem 1. 10. 2004 und 1. 10. 2007 verändert hat. Zum 1. 10. 2004 betrug der Index 106,6 Punkte, zum 1. 10. 2007 betrug der Index 113 Punkte (jeweils Index 2000 = 100). Daraus ergibt sich eine Änderung wie folgt:

113 Punkte : 106,6 Punkte = x % : 100%; x = 113 × 100 : 106,6; x = 106%, das ergibt also eine Steigerung um 6%. Demgemäss dürfen die Pauschalen für Verwaltung und Instandhaltung zum 1. 1. 2008 um 6% erhöht werden. Die Verwaltungskostenpauschale erhöht sich damit für den Wohnraum von 240,37 EUR auf 254,79 EUR, für Garagen von 31,35 EUR auf 33,23 EUR. Die Instandhaltungspauschale erhöht sich für Wohnraum von hier 12,02 EUR auf 12,74 EUR, für Garagen von 71,07 EUR auf 75,33 EUR. Das ergibt dann folgende Mieterhöhung:

| Verwaltungskostenpauschale | Einheitspreis | Einheiten | | EUR gesamt |
|---|---|---|---|---|
| Bisher | 240,37 EUR | 6 Wohnungen | | 1.442,22 EUR |
| Jetzt | 254,79 EUR | 6 Wohnungen | | 1.526,74 EUR |
| Garagen[3] | | | | |
| Bisher | 31,35 EUR | 3 Garagen | | 94,05 EUR |
| Jetzt | 33,23 EUR | 3 Garagen | | 95,69 EUR |
| Erhöhung | | | | 90,16 EUR |
| Instandhaltungskostenpauschale | Baujahr 1966 | | | |
| Bisher | 12,02 EUR | 408 qm | | 4.904,16 EUR |
| Jetzt | 12,74 EUR | 408 qm | | 5.197,92 EUR |
| Garagen[3] | | | | |
| Bisher | 71,07 EUR | 3 Garagen | | 213,21 EUR |
| Jetzt | 75,33 EUR | 3 Garagen | | 225,99 EUR |
| Erhöhung | | | | 306,54 EUR |
| Summe Erhöhungsbeträge | | | | 396,70 EUR |
| 2,04% MAW | | | | 7,53 EUR |

| Verwaltungskos-<br>tenpauschale | Einheits-<br>preis | Einheiten | | EUR gesamt |
|---|---|---|---|---|
| Mieterhöhung<br>im Jahr | | | | 404,23 EUR |
| Mieterhöhung/<br>Monat/qm | 408 qm | | | 0,08 EUR |

Das führt zu folgender Mieterhöhung ab dem 1. Januar 2008:[4]

| Kostenkaltmiete<br>bisher | | | 286,07 EUR |
|---|---|---|---|
| Mieterhöhung | 0,08 EUR | × 75 qm | 6,– EUR |
| Vorauszahlung BK | | | 92,29 EUR |
| Garage | | | 46,02 EUR |
| insgesamt | | | 430,38 EUR |

Bitte ändern Sie einen etwa bestehenden Dauerauftrag. Für Rückfragen stehe ich zur Verfügung.[1]

......
(Vermieter)


## Anmerkungen

**1.** Dieses Beispiel kann für alle Mieterhöhungen in der Zukunft verwendet werden. Die Veränderung der Pauschalen ist, gerechnet ab dem 1. 1. 2002, jeweils alle drei Jahre zulässig, das nächste Mal also zum 1. 1. 2011. Inzwischen gilt der Index 2005 = 100, der Indexwert zum 1. 10. 2007 beträgt 104, 5. Der Indexwert für 10/2010 dürfte Anfang Dezember 2010 abrufbar sein unter **www.destatis.de**, Preise, Verbraucherpreise, Tabellen, Monatswerte.

**2.** Die Mieterhöhungserklärung des § 10 WohnBindG ist eine **einseitige empfangsbedürftige Willenserklärung**. Sie ist nicht auf die Zustimmung des Mieters gerichtet, sondern auf die Erhöhung der Kostenmiete. Der Vermieter muss also bei Weigerung des Mieters (= dieser zahlt die Mieterhöhung nicht) auf Zahlung klagen, nicht auf Zustimmung. Das Schreiben muss von allen Vermietern stammen und unterschrieben sein und an alle Mieter der Wohnung gerichtet sein. Es ist die Schriftform einzuhalten.

**Beispiel 1:** Erbengemeinschaft oder Eigentümergemeinschaft auf Vermieterseite: Es sind alle Mitglieder der Gemeinschaft mit Vor- und Familienname anzugeben, allerdings reicht die Adresse des verwaltenden Mitglieds. Alle müssen unterschreiben. Soll nur der verwaltende Miteigentümer unterschreiben, muss er Vollmachten aller anderen Eigentümer im Original beifügen.

**Beispiel 2:** Eheleute als Mieter: Das Mieterhöhungsschreiben ist an beide zu richten, die Empfangnahme durch einen Ehegatten reicht, wenn der Mietvertrag eine Vertretungsklausel enthält. Ansonsten müssen beide Ehegatten getrennt angeschrieben werden.

Der Zugang des/der Schreiben/s muss für Streitfälle nachgewiesen werden können. Es empfiehlt sich die Versendung als Einschreiben/Rückschein (bei Einwurfeinschreiben ist kein direkter Nachweis vorhanden und die Unterschrift des Postbediensteten birgt auch Probleme; siehe LG Potsdam, 27. 7. 2000 NJW 2000, 3722; *Hosenfeld* NZM 2002, 93 ff.). Bei zerrüttetem Mietverhältnis empfiehlt sich die Zustellung über den Gerichtsvollzieher. Hier ist zu beachten, dass jedem Ehegatten ein eigenes Mieterhöhungsschreiben zuzustellen ist.

**3.** Die Mieterhöhung muss **berechnet und erläutert** werden, außerdem ist ihr eine WB, ein Auszug daraus, eine ZB oder eine Genehmigung des zuständigen Amtes beizufügen. Erläuterung und Berechnung sind im konkreten Fall so ausführlich vorzunehmen, dass der Mieter nicht nur den Inhalt des Gesetzestextes mitgeteilt bekommt, sondern die Veränderung der Indexwerte auch nachvollziehen (nachrechnen) kann. Dafür ist notwendig, die Indexwerte anzugeben und deren prozentuale Veränderung ebenfalls nachvollziehbar zu berechnen. Die Ermittlung des Erhöhungsbetrages erfolgt hier in der Form einer Zusatzberechnung, die in die Mieterhöhung integriert ist. Nach einem RE des OLG Hamm ist dies zulässig, ja es kann sogar eine WB in dieser Weise in die Mieterhöhung integriert werden, was das Formerfordernis „eine WB beigefügt" erfüllen soll (OLG Hamm ZMR 1983, 335). Im vorliegenden Fall haben die Mieter bereits eine WB, so dass eine solche nicht erneut beizufügen war. Allerdings haben die Mieter Recht auf Einsichtnahme in die neue WB.

**4.** Es handelt sich im Beispielsfall um ein Haus mit 6 Wohnungen und 3 Garagen, Baujahr 1966. Die Garagenbaukosten sind in der Berechnung der Kostenmiete enthalten, die Erträge sind vom Kostenaufwand abgezogen. Die Pauschalen für Garagen sind daher Bestandteil der Kostenmiete.

**5.** Die **Mieterhöhung tritt ein** zum 1. des Folgemonates, wenn sie dem Mieter bis zum 15. des laufenden Monates zugeht. Geht sie später ein, so wird die Mieterhöhung wirksam zum 1. des übernächsten Monates. Eine rückwirkende Mieterhöhung ist zulässig, wenn im Mietvertrag die jeweils zulässige Kostenmiete vereinbart ist (§ 4 Abs. 8 NMVO).

## 2. Mieterhöhung wegen Modernisierung (hier: Wärmedämmung und Einbau isolierverglaster Fenster)

### Ankündigungsschreiben

......

(Vermieter)[1]

an

......

(Mieter)[1]

Sehr geehrte(r) ......

ich teile Ihnen mit, dass Modernisierungsarbeiten am Hause und an Ihrer Wohnung durchgeführt werden sollen. Im Einzelnen handelt es sich um folgende Arbeiten:[2] In allen Wohnungen werden alle Fenster durch isolierverglaste Fenster ersetzt. Die Außenwände werden mit einer Wärmedämmung versehen. Im Zuge der Wärmedämmung werden die Balkongeländer abgenommen und neue Balkongeländer montiert.

Das Dach wird vergrößert, damit die Wärmedämmung ebenfalls überdacht ist.

Die Arbeiten werden ab der 36. Kalenderwoche beginnen, das ist also ab dem 3. 9. 2008. Die Arbeiten werden hausweise durchgeführt, das heißt ab der 36. Kalenderwoche wird zunächst das Haus 2 modernisiert. Die Arbeiten dauern etwa 4 Wochen, die Arbeiten werden in folgender Reihenfolge durchgeführt:

Zunächst wird das Haus eingerüstet. Dann werden alle Fenster ausgetauscht und es wird das Dach angepasst. Diese Arbeiten werden gut eine Woche in Anspruch nehmen. Von den Dachausbauarbeiten werden Sie direkt nicht betroffen sein. Fensterausbau und Fenstereinbau erfolgen jedoch von den jeweiligen Wohnungen aus, so dass eine konkrete Terminabsprache mit Ihnen noch notwendig ist. Im Anschluss an diese Arbeiten werden dann für einen Zeitraum von gut 2 Wochen die Wärmedämmungsarbeiten durchgeführt. Die gesamte Fassade einschließlich der etwa vorhandenen Giebelwände werden wärmegedämmt. Es werden Styroporplatten geklebt, anschließend erfolgt ein Farbaufstrich.

Im Zuge dieser Wärmedämmungsarbeiten müssen die Geländer der Balkone entfernt werden. Da die Demontage und Remontage der jetzigen Geländer nur unwesentlich billiger ist, wird meine Auftraggeberin stattdessen die alten Geländer demontieren und neue Geländer montieren lassen. Diese Arbeiten können vom Gerüst aus durchgeführt werden.

Die Arbeiten an dem Haus 4 beginnen dann ab der 38. Kalenderwoche, die Arbeiten an den weiteren Häusern jeweils 2 Wochen danach. Die Gesamtmaßnahme wird gut 12 Wochen dauern, bis dann auch das Haus 10 vollständig wärmegedämmt ist.

Vor dem Einbau der neuen Fenster ist eine Ausmessung der Fenster notwendig. Laut Mitteilung des bauleitenden Architekten P. kann die Ausmessung von außen erfolgen, ein Betreten der Wohnungen ist nicht erforderlich. Diese Ausmessung wird jetzt bereits Anfang Juli stattfinden, weil zwischen Ausmessung und Lieferung der neuen Fenster 8 Wochen Anfertigungszeit liegen.

Die Modernisierungsmaßnahme ist vom Amt für Wohnungswesen überprüft und genehmigt worden. Die Modernisierungsmaßnahme würde normalerweise zu einer Mieterhöhung von über 2,– EUR pro qm führen, nach den Verwaltungsvorschriften des Landes NRW ist jedoch die Erhöhung begrenzt auf 1,46 EUR pro qm im Monat. Mit einer höheren Mieterhöhung als diesem Betrag brauchen Sie also nicht zu rechnen.

Für Rückfragen stehe ich zur Verfügung, bei technischen Fragen bitte ich, den Architekten P. zu kontaktieren.[1]

......

(Vermieter)

## Mieterhöhungsschreiben

......

(Vermieter)[1]

an

......

(Mieter)[1]

Sehr geehrte(r) ......,

ich mache nun folgende Mieterhöhung[3] geltend:

Die Modernisierungsarbeiten am Hause und an Ihrer Wohnung sind durchgeführt worden. Als einzige Firma hat die Fa. B. nicht fristgerecht gearbeitet, so dass es zu einer für alle Beteiligten unerfreulichen erheblichen Verzögerung kam.

In allen Wohnungen wurden alle einfachverglasten Fenster durch isolierverglaste Fenster ersetzt.

Die Außenwände wurden mit einer Wärmedämmung versehen. Es wurden Styroporplatten verklebt, anschließend erfolgte ein Farbanstrich. Im Zuge dieser Wärmedämmung wurden die Balkongeländer abgenommen und neue Balkongeländer montiert. Das Dach wurde vergrößert, damit die Wärmedämmung ebenfalls überdacht ist. Die Häuser mussten zur Durchführung dieser Arbeiten eingerüstet werden. Elektroleitungen mussten verlegt werden, ebenso waren Arbeiten an den Dachentwässerungsrohren notwendig.

Es waren folgende Firmen an dieser Maßnahme beteiligt:
Der Architekt P. hatte die Bauleitung.
Die Fa. B. baute das Gerüst auf, führte die Wärmedämmungsarbeiten durch und auch die anschließenden Malerarbeiten.
Die neuen Fenster wurden von der Fa. H. geliefert und montiert.
Die alten Geländer wurden von der Fa. C. abgebaut und neue von ihr montiert.
Die Arbeiten zur Verlängerung des Dachstuhls führte die Fa. V. durch.
Die dazugehörigen Dachdeckerarbeiten erfolgten durch die Fa. Hu.
Die Fa. S. & R. änderte die Dachentwässerung, die Fa. P. verlegte Elektroleitungen.
Die Stadt Köln hat die Maßnahme als Modernisierung genehmigt, bei den Kosten allerdings Abschläge gemacht, weil Instandsetzung vorlag. Außerdem hat sie die Mieterhöhung auf 1,46 EUR/qm begrenzt. Es sind folgende Kosten entstanden:

| | | |
|---|---|---|
| Architekt P. | | 22.620,– EUR |
| Gerüstbau und Wärmedämmung Fa. B. | siehe Anm. 1 unten | 260.672,38 EUR |
| Fenster Fa. H. | | 147.901,17 EUR |
| Geländer Fa. C. | siehe Anm. 2 unten | 5.510,– EUR |
| Dacharbeiten Fa. V. | | 7.608,60 EUR |
| Dachdeckerarbeiten Fa. Hu. | | 24.280,06 EUR |
| Elektroarbeiten Fa. P. | | 1.697,33 EUR |
| Entwässerung Fa. S. & R. | | 5.687,98 EUR |
| Baustrom und Bauwasser | | 400,– EUR |
| Genehmigungskosten Stadt Köln | | 200,– EUR |
| Kosten gesamt | | 476.577,52 EUR |

- Rechnung Fa. B.: Rechnungsbetrag 276.595,– EUR, als Instandhaltung wurden nicht genehmigt 15.922,62 EUR für Sockelanstrich, Traufgesimsanstrich, Ortgesimsanstrich, Spindtürenanstrich, Kellertüren, Kellerfenster, Geländer und Handläufe Kellerabgänge, Stemmarbeiten
- Rechnung Fa. C.: Rechnungsbetrag 38.281,31 EUR, davon sind nur 5.510,– EUR als Modernisierung anerkannt worden.

Zur Finanzierung der Maßnahme wurde ein Darlehen mit einer Verzinsung von 6% aufgenommen. Es ergibt sich folgende Mieterhöhung:

| Darlehen | 476.577,52 | 6% | Verzin-sung | 28.594,65 EUR |
|---|---|---|---|---|
| Abschreibung | 476.577,52 | 1% | | 4.765,78 EUR |
| Zwischensumme | | | | 33.360,43 EUR |
| 2,04% MAW | | | | 680,55 EUR |
| Mieterhöhung im Jahr | | | | 34.040,98 EUR |
| Mieterhöhung pro qm im Monat | 1564 qm: 12 Monate | | | 1,81 EUR |
| Durch Begrenzung seitens der Stadt Köln Mieterhö-hung damit: | | | | 1,46 EUR |
| Mieterhöhung für: | 69 qm | | | 100.74 EUR |
| | 46 qm | | | 67,16 EUR |

Die Wärmeschutzberechnungen vor und nach Durchführung der Wärmedämmungs-arbeiten sind beigefügt und waren Bestandteil der Genehmigung seitens der Stadt Köln.[4]

Der Wärmedurchgangskoeffizient betrug beim Altzustand k = 0,94 W/(m2K), nach Durchführung der Modernisierung beträgt er nun k = 0,33 W/(m2K). Es ergibt sich also eine Verbesserung der Wärmedämmung um 300% mit entsprechender Verringerung des Heizverbrauchs.[4]

Wichtig: Sie müssen Ihr Heiz- und Lüftungsverhalten umstellen.[5] Die neuen Fenster sind winddicht und lassen keine Außenluft eindringen. Dadurch reichert sich die Innenluft erheblich mehr als bisher mit Feuchtigkeit an. Feuchtigkeit entsteht durch Kochen, Duschen, Baden, Waschen, Wäsche trocknen in der Wohnung, ja auch durch Schlafen. Es ist nicht ausreichend, die Fenster auf Kipp zu stellen, ja das ist sogar schädlich, da sich Schimmelpilz bilden kann. Die Räume bedürfen einer täglichen Stoßlüftung = möglichst alle Fenster sind gleichzeitig weit zu öffnen mit Durchzug durch die gesamte Wohnung. Erfahrungswerte für solches Lüften: mindestens 3 × je 5 Minuten am Tag, mindesten 15 Minuten bei einmaliger Lüftung. Die Heizkörper sollen dabei ausgestellt werden. Dieses Lüftungsverhalten erspart überdies Heizenergie, denn feuchte Innenluft benötigt erheblich mehr Energie zur Erwärmung bzw. Halten der Temperatur als einströmende trockene Kaltluft.

Für Sie ergibt sich damit ab dem 1. 1. 2009 folgende neue Miete:

| Kostenkaltmiete bisher | | 397,42 EUR |
|---|---|---|
| Mieterhöhung Modernisierung | | 100,74 EUR |
| Vorauszahlung auf BK | | 92,03 EUR |
| Vorauszahlung auf Wasser | | 17,90 EUR |
| Garage | | 25,56 EUR |
| Neue Miete | | 633,65 EUR |

Bitte ändern Sie rechtzeitig einen etwa bestehenden Dauerauftrag.

Die Mieterhöhung gilt ab dem 1. 1. 2009, die Arbeiten wurden Anfang Dezember 2008 beendet. Die neue WB mit Stand 1. 1. 2009 ist als Anlage ebenfalls beigefügt. Für Rückfragen stehe ich zur Verfügung. Die Rechnungen sind bei mir nach vorheriger Terminsabsprache einsehbar.[1]

......

(Vermieter)

## Anmerkungen

**1.** Form des Ankündigungsschreibens wie des Mieterhöhungsschreibens: siehe Form. B. I. 1 Anm. 1.

**2.** Die Mieterhöhung richtet sich nach § 10 WohnBindG. Vorher muss der Vermieter aber das **Verfahren der Ankündigung gemäß § 554 BGB** (früher § 541 a BGB) einhalten. Dem Mieter muss eine umfassende Information an die Hand gegeben werden, damit er entscheiden kann, ob es sich bei den geplanten Maßnahmen auch um duldungspflichtige Modernisierungen handelt: was wird gemacht, wer macht es, wie wird es gemacht (mit den möglichen Belästigungen des Mieters und einer Beeinträchtigung seines Mietgebrauchs), wann wird es gemacht, worin liegt die Modernisierung, welche Mieterhöhung ist zu erwarten. § 554 BGB ist gegenüber § 541 a BGB alt insofern entschärft, als in der Ankündigung nun nicht mehr verbindliche Termine zu nennen sind, sondern der voraussichtliche Beginn und die voraussichtliche Dauer der Maßnahme genügen.

**3.** Das Mieterhöhungsschreiben muss die Formalien des § 10 WoBindG einhalten, die Modernisierungsmieterhöhung ist also zu berechnen und zu erläutern.
**Berechnen:** Dazu sind die **aufgewandten Kosten unter Nennung der einzelnen Gewerke** anzugeben. Instandhaltungsaufwand ist abzuziehen, seine Höhe ist anzugeben und zu erläutern (KG RE, 17. 1. 2002, NZM 2002, 211 = WuM 2002, 144). Im öffentlich geförderten Wohnungsbau hat es der Vermieter hier etwas leichter, denn diese Überprüfung erfolgt schon durch die technische Abteilung des zuständigen Wohnungsamtes. Dieses, zuständig für die Genehmigung der Maßnahme gemäss § 11 Abs. 7 II. BVO, bestimmt durch Verwaltungsakt, welche Arbeiten und Kosten als Modernisierung anerkannt werden und welche Arbeiten und Kosten als Instandsetzung nicht berücksichtigt werden dürfen. In NRW hat der Landesminister grundsätzlich bei Modernisierungsmaßnahmen eine Beschränkung in doppelter Weise angeordnet, nämlich eine Begrenzung der Mieterhöhung auf den doppelten Betrag der Energieeinsparung und zusätzlich eine Endmiete, die einen Höchstbetrag nicht überschreiten darf. Die Begrenzung auf den doppelten Betrag der Energieeinsparung widerspricht allerdings den Entscheidungen des BGH WuM 2004, 285 und BGH WuM 2004, 288 = NZM 2004, 336.
Während im freien Wohnungsbau der Modernisierungsaufwand, soweit dies möglich ist (hier bei Fenstern und Balkongittern), pro Wohnung zu ermitteln und der Mieterhöhung zugrunde zu legen ist, entscheidet im öffentlich geförderten Wohnungsbau die erstmalige Festsetzung der Kostenmiete in der Schlussabrechnung darüber, nach welcher Einheit umzulegen ist. Im vorliegenden Fall handelt es sich um 5 Häuser, die als Wirtschaftseinheit zusammengefasst sind, so dass alle Wohnungen dieselbe Kostenmiete pro qm haben. Folglich sind die Kosten der Modernisierungsarbeiten, die für alle 5 Häuser gleich ausgeführt wurden, ebenfalls auf die Wirtschaftseinheit 5 Häuser zu verteilen, bei allen Wohnungen tritt also eine einheitliche Mieterhöhung pro qm ein. Die Berechnung der Mieterhöhung folgt den Vorschriften der II. BVO, es dürfen also angesetzt werden die Nominalverzinsung des aufgenommenen Kredits, die Abschreibung und das Mietausfallwagnis.

**4. Erläutern:** Der Vermieter muss in der Erklärung darlegen, inwiefern die von ihm durchgeführten Maßnahmen solche sind, die eine Modernisierung, insbesondere eine Energieeinsparung, bewirken. Dabei genügt es, wenn der Mieter den Grund der Mieterhöhung anhand der Erläuterung als plausibel nachvollziehen kann. Für bauliche Maßnahmen zur Einsparung von Heizenergie ergibt sich daraus, dass der Vermieter in der Mieterhöhungserklärung neben einer schlagwortartigen Bezeichnung der Maßnahme und einer Zuordnung zu den Positionen der Berechnung die Tatsachen darlegen muss, anhand derer überschlägig beurteilt werden kann, ob die bauliche Anlage eine nachhaltige Einsparung von Heizenergie bewirkt (BGH NZM 2004, 252; BGH WuM 2006, 157). Werden dem Mieter schon im Ankündigungsschreiben die baulichen Maßnahmen beschrieben, so genügt eine stichwortartige Beschreibung der Arbeiten und die Erklärung, dass die Arbeiten wie angekündigt durchgeführt wurden (BGH 2004 wie vor).

**Wärmedämmung:** Nach der Rechtslage bis zum 10. 4. 2002 musste der Vermieter der Mieterhöhungserklärung eine **Wärmebedarfsberechnung** beifügen, aus der sich die Heizkostenersparnis zu ergeben hatte (KG NZM 2000, 1049; sehr streitig: siehe Vorlagebeschlüsse LG Neubrandenburg WM 2002, 27 und OLG Naumburg WM 2002, 146). Immerhin wurde zugestanden, dass diesbezüglich keine festen Vorgaben eingehalten werden müssen (VerfGH Berlin WM 2001, 432). Solche Berechnungen können vom bauleitenden Architekten erstellt werden (was hier geschehen ist) oder von Bausachverständigen, was allerdings zu erheblichen Mehrkosten führt.

Der BGH hat jedoch mit **RE vom 10. 4. 2002**, NJW 2002, 2036 entschieden, dass bei Wärmedämmarbeiten der Mieterhöhung eine **Wärmebedarfsrechnung nicht beigefügt** werden muss. Zu beachten ist aber, dass der Vermieter nach wie vor bei Modernisierungen, die eine Einsparung von Heizenergie bewirken sollen, eine solche Wärmebedarfsberechnung anfertigen lassen muss, denn der Mieter hat Recht auf Einsichtnahme in diese Berechnung. Außerdem lässt sich nur mit dieser Berechnung nachvollziehbar erläutern, dass eine erhebliche Einsparung von Heizenergie durch die Modernisierung eintritt. Diese Ausführungen gehören zu den notwendigen Erläuterungen der Mieterhöhungserklärung (BGH NZM 2004, 252: Ausreichend, aber auch erforderlich für eine plausible Darlegung eines Energieeinspareffektes der durchgeführten Maßnahme ist die Angabe der alten und neuen Wärmedurchgangskoeffizienten (k- bzw. u-Wert) der renovierten Teile oder die gegenständliche Beschreibung der durchgeführten Baumaßnahme).

Werden isolierverglaste Fenster durch ebensolche ausgetauscht, so ist eine Modernisierung ohne weiteres nicht ersichtlich. In diesem speziellen Fall hat der BGH (WuM 2006, 157) verlangt, dass die k-Werte der alten wie der neuen Fenster anzugeben sind, damit der Mieter überhaupt in die Lage versetzt wird, Alt- und Neuzustand zu vergleichen und den Energieeinspareffekt nachzuvollziehen.

**5. Einbau isolierverglaster Fenster:** Der erstmalige Einbau isolierverglaster Fenster hat immer wieder dazu geführt, dass sich in den Wohnungen Schimmelpilz bildete. Grund hierfür ist oft ein mangelhaftes Heiz- und Lüftungsverhalten des Mieters (siehe Casties: Bedeutung der Lüftung für Wohngebäude WM 2001, 589). Die Rspr. verlangt eine Aufklärung des Mieters über die Notwendigkeit, sein Heiz- und Lüftungsverhalten nunmehr erheblich ändern zu müssen (LG Gießen ZMR 2000, 537; LG Berlin GE 2000, 124). Also ist hierauf vorsorglich in der Mieterhöhung hinzuweisen, um Minderungs- oder sogar Schadensersatzansprüche des Mieters zu vermeiden (seit 1. 1. 2002 kann der Vermieter, neben materiellem Schadensersatz, wegen Schimmelpilzallergie des Mieters auch zu einem Schmerzensgeld verurteilt werden, §§ 536, 536a (Verzug nach Aufforderung zur Beseitigung des Mangels), 253 BGB!). Der Mieterhöhung kann auch ein Informationsblatt beigefügt werden, dieses wird z.B. von den Haus- und Grundbesitzer-Vereinen angeboten. Insoweit anderer Auffassung ist aber das LG Neubrandenburg (WM 2002, 309), es verlangt eine Belehrung des Mieters unter Darlegung der konkreten Raumverhältnisse und hält eine allgemeine Information in Form einer Broschüre für nicht ausreichend.

## 3. Mieterhöhung wegen Zinserhöhung öffentlicher Darlehen

......

(Vermieter)[1]

an

......

(Mieter)[1]

Sehr geehrte(r) ......,

das Land NRW hat zum 1. 7. 2009 den Zinssatz der öffentlichen Darlehen von bisher 2,5% auf jetzt 4,5% erhöht. Gleichzeitig hat auch die Stadt Köln zum selben Zeitpunkt den Zinssatz für ihr Darlehen von bisher 3% auf 5% erhöht. In beiden Fällen handelt es sich um Zinserhöhungen im Rahmen der vertraglichen Darlehensbedingungen.[2]

Es ergibt sich dadurch nun folgende Mieterhöhung:

| Land NRW | 155.900,– EUR | Bisher | 3% inkl. VKB[3] | 4.677,– EUR[4] |
| | | Jetzt | 5% inkl. VKB | 7.795,– EUR |
| Land NRW | 35.000,– EUR | Bisher | 2.5% | 875,– EUR |
| | | Jetzt | 4,5% | 1.575,– EUR |
| Stadt Köln | 109.000,– EUR | Bisher | 3% | 3.270,– EUR |
| | | Jetzt | 5% | 5.450,– EUR |
| Erhöhung | | | | 5.998,– EUR |
| 2,04% MAW | | | | 122,36 EUR |
| Mieterhöhung | Im Jahr | | | 6120,36 EUR |
| Mieterhöhung | Pro qm im Monat | bei 1.448 qm | | 0,35 EUR |

Das führt für Ihre 75 qm große Wohnung zu einer Mieterhöhung von 26,25 EUR. Diese Mieterhöhung wird geltend gemacht ab dem 1. 8. 2009. Bitte ändern Sie einen etwa bestehenden Dauerauftrag rechtzeitig.[5, 1]

......

(Vermieter)

### Anmerkungen

**1.** Vgl. Form. B. I. 1 Anm. 1.

**2.** Vorab: Seit 2008 herrscht eine Niedrigzinsphase mit ortsüblichen Baukreditzinsen oft unter 5%. Das obige Beispiel ist deshalb für 2009 rein fiktiv.

Es handelt sich im Beispielsfall um ein Mehrfamilienwohnhaus Baujahr 1967, Förderung mit Krediten des Landes NRW (WfA) und der Stadt Köln. Eine **Zinserhöhung** öf-

fentlicher Darlehen ist in den jeweiligen Darlehensverträgen wie auch den Bewilligungs-
bescheiden (zweistufiges Verwaltungshandeln) nur dem Grunde nach vereinbart. Die Erhöhung selbst wird bei Landesdarlehen vom zuständigen Bauminister durch VO festgelegt (siehe §§ 18 a ff. WohnBindG), bei der Stadt Köln durch Ratsbeschluss. Es ist in der
Mieterhöhung anzugeben, dass es sich um eine planmäßige Zinserhöhung handelt. Eine
Zinserhöhung ist nämlich auch als Strafe gemäß § 25 WohnBindG wegen Verstoßes gegen die Bestimmungen des WohnBindG zulässig, bei Wohnungsfürsorgemittel auf Grund
der vertraglichen Regelungen in den Darlehensverträgen. Diese Zinserhöhung hätte der
Vermieter aber zu vertreten, eine Mieterhöhung ist dann ausgeschlossen (§ 23 Abs. 1
II. BVO).

**3.** Auffallen wird sicher, dass beim erstgenannten Landesdarlehen um 0,5% höhere
Zinssätze mit dem Zusatz VKB angegeben sind. Die Abkürzung VKB heißt: **Verwal-
tungskostenbeitrag.** Er darf wie Zinsen berücksichtigt werden (§ 21 Abs. 1 S. 2 II. BVO).
Der VBK beträgt üblicherweise 0,5%, wird aber weder vom Land noch von der Stadt
Köln ausnahmslos für alle Darlehen verlangt. Im konkreten Fall verlangt das Land nur
für das erstgenannte Darlehen einen VBK von 0,5%, die Stadt Köln verlangt keinen
VBK.

**4.** Die Zinsen sind immer vom **Nominalbetrag des Darlehens** zu berechnen (§ 4 a
II. BVO).

**5.** Da das Haus 1967 bezugsfertig war und die öffentlichen Mittel somit vor dem
31. 12. 1969 bewilligt wurden, greifen die **§§ 18 a ff. WohnBindG** ein. Gemäß § 18 f.
WohnBindG braucht der Mieterhöhung damit keine WB, ein Auszug daraus oder eine
ZB beigefügt zu sein. Da der Mieter aber ein Recht auf Einsicht in die aktuelle WB hat
(§ 18 f. Abs. 1), muss der Vermieter die WB auf jeden Fall auf den aktuellen Stand bringen.

Eine **rückwirkende Mieterhöhung** ist in diesem Fall hier gemäß § 18 f. WohnBindG
nicht zulässig. Wären die öffentlichen Mittel erst ab 1970 bewilligt worden, so greifen
die §§ 18 a ff. nicht mehr ein. Dann darf rückwirkend erhöht werden, allerdings muss
dann auch eine WB pp beigefügt werden (siehe Hannemann/Wiegner/*Bister,* Münchener
Anwaltshandbuch Mietrecht, 2. Aufl., § 37 Rdn. 50 u. 55).

# 4. Mieterhöhungserklärung bei Übergang von der vorläufigen Miete auf endgültige Kostenmiete

......

(Vermieter)[1]

an

......

(Mieter)[1]

Sehr geehrte(r) ......,

Vor eineinhalb Jahren sind Sie in die bezugsfertige Sozialwohnung eingezogen. Sie
bezahlen seitdem die vom Wohnungsamt bewilligte vorläufige Kostenmiete. Das
Wohnungsamt hat inzwischen meine Endabrechnung über die tatsächlichen Baukosten überprüft und genehmigt. Da sich die Baukosten erhöht haben, ergibt sich
nun eine etwas höhere endgültige Kostenmiete.[3] Ich füge Ihnen bei die vorläufige
Wirtschaftlichkeitsberechnung,[2] daraus ergibt sich die mit Ihnen vereinbarte vorläu-

fige Kostenmiete. Beigefügt ist ferner die Schlussabrechnung[2] (endgültige WB), die auf den tatsächlichen und genehmigten Baukosten beruht. Es haben sich im Einzelnen folgende Verteuerungen ergeben:

Die Gründungskosten waren für normale Bodenverhältnisse veranschlagt. Beim Aushub der Baugrube stieß man jedoch auf Reste eines verschollenen Bunkers, die zunächst beseitigt werden mussten. Die Gründungskosten erhöhten sich dadurch von veranschlagten 24.000,– EUR auf 36.000,– EUR.

Wegen starker Tariflohnerhöhungen von 8% konnten die veranschlagten Baupreise nicht mehr gehalten werden. Es fand eine Teuerung der Baukosten von 352.347,78 EUR auf 380,535,60 EUR statt.[3]

Die damit zusätzlich angefallenen Kosten wurden durch Eigenmittel in Höhe von 40.187,82 EUR aufgefangen,[3] es ergab sich dadurch folgende Erhöhung der Kostenmiete:

| Kostenerhöhung | 40.187,82 EUR | 4% Verzinsung | 1.607,51 EUR |
|---|---|---|---|
| Abschreibung | 40.187,82 EUR | 1% | 401,88 EUR |
| Zwischensumme | | | 2.009,39 EUR |
| 2,04% MAW | | | 40,99 EUR |
| Mieterhöhung | | | 2.050,38 EUR |
| Pro qm im Monat | | bei 567 qm | 0,30 EUR |

Gemäß § 23 des mit Ihnen abgeschlossenen Mietvertrages in Verbindung mit § 8 a Abs. 4 WohnBindG darf ich diese Mieterhöhung rückwirkend[4] vornehmen zum Beginn des Mietverhältnisses. Die Aufstellung der endgültigen Baukosten habe ich zwei Monate nach Beginn Ihres Mietverhältnisses bei der Bewilligungsbehörde eingereicht.

Es ergibt sich damit für Sie folgende neue Kostenkaltmiete ab dem 1. 8. 2002:

| Bisherige Kostenkaltmiete | | | | 475,66 EUR |
|---|---|---|---|---|
| Mieterhöhung | 72 qm | × 0,30 EUR | | 21,60 EUR |
| Vorauszahlung BK | | | | 56,– EUR |
| Vorauszahlung HK | | | | 61,– EUR |
| gesamt | | | | 614,26 EUR |

Für den Zeitraum 1. 7. 2001 bis 31. 7. 2002 sind nachzuzahlen 21,60 EUR × 13 Monate = 280,80 EUR. Diesen Betrag zahlen Sie bitte bis zum 31. 7. 2002 auf das Mietkonto. Für die neue Miete ab 1. 8. 2002 ändern Sie bitte einen etwa bestehenden Dauerauftrag.[1]

......
(Vermieter)

## Anmerkungen

**1.** Vgl. Form. B. I. 1 Anm. 1.

**2.** Vorab: Die Zeiten einer rückwirkenden Mieterhöhung nach § 8 a WohnBindG dürften wegen Zeitablaufs endgültig vorbei sein. Da seit dem 1. 1. 2002 nur noch nach

WoFG gefördert wird, und hier nicht das Prinzip der Kostenmiete gilt, ist eine Mieterhöhung nach alter Förderung heute nur denkbar, wenn das Haus wirklich vor 2002 gefördert wurde und erst 2009 fertiggestellt wurde. Davon kann grundsätzlich nicht mehr ausgegangen werden.

Es sind die **Vorläufige WB** und die **Schlussabrechnung** (Endgültige WB) beigefügt. Dies erfolgt hier aber nicht nur, um den Formalien des § 10 WohnBindG zu genügen (dafür würde die Schlussabrechnung reichen), sondern die beiden WB werden in die Begründung der Mieterhöhung miteinbezogen. Der Mieter kann durch einen Vergleich der angesprochenen Kostenänderungen die Mieterhöhung besser nachvollziehen, der Vermieter spart Zeit, weil der Mieter von seinem Einsichtsrecht keinen Gebrauch mehr machen muss (ihm liegen die beiden WB ja schon vor).

**3.** Bevor ein Bauherr überhaupt ein Haus mit öffentlichen Mitteln erbauen darf, hat er in Form einer genauen Kostenaufstellung die **ermittelten Baukosten** aufzulisten sowie die **angestrebte Finanzierung nachzuweisen.** Mit der Bewilligung der öffentlichen Mittel durch das zuständige Wohnungsamt wird auch eine Vorläufige WB erstellt, die auf den geschätzten oder konkret vereinbarten Baukosten beruht. Die so ermittelte Miete ist die vorläufige Kostenmiete (§ 4 II. BVO). Diese ist auch nach Bezugsfertigstellung weiterhin maßgebend und verbindlich für den mit dem Mieter zu vereinbarenden Mietpreis. Der Bauherr hat nach Bezugsfertigkeit der Bewilligungsbehörde die endgültige Baukosten-Abrechnung vorzulegen. Im Rahmen dieser Überprüfung darf die Behörde auch Kostensteigerungen genehmigen, wenn sie für den Bauherrn unausweichlich waren. Diese tatsächlichen Baukosten bilden dann die Grundlage der Genehmigung der endgültigen Kostenkaltmiete (Schlussabrechnung).

**4.** Mieterhöhungen darf der Vermieter grundsätzlich für die Zukunft immer umlegen. Unter den besonderen Voraussetzungen des § 8 a WohnBindG ist jedoch auch eine **rückwirkende Mieterhöhung** bis zum Beginn des Mietverhältnisses zulässig. Die Wohnung in diesem Wohnhaus ist zum 1. 7. 2001 bezugsfertig gewesen und ab diesem Zeitpunkt vom Mieter auch bewohnt worden. Der Vermieter hat die vollständige Abrechnung der Gesamtkosten im August 2001 mit dem Antrag auf Genehmigung der endgültigen Kostenmiete abgegeben (die Voraussetzungen sind im Erhöhungsschreiben angegeben).

## 5. Mietherabsetzungserklärung

......
(Vermieter)[1]

an

......
(Mieter)[1]

Sehr geehrte(r) ......,

die Stadtsparkasse hat zum 1. 7. 2009 den Zinssatz für das Baudarlehen von bisher 6,5% auf 5,9% bei wieder 10-jähriger Festschreibung herabgesetzt. Dadurch verringert sich Ihre Miete ab dem 1. 7. 2009 rückwirkend wie folgt:[2]

| Bisher | 295.000,– EUR | 6,5% | 19.175,– EUR |
|---|---|---|---|
| Jetzt | 295.000,– EUR | 5,9% | 17.405,– EUR |
| weniger | | | 1.770,– EUR |
| 2,04% MAW | | | 36,11 EUR |

| Mietherabsetzung | | | 1.806,11 EUR |
|---|---|---|---|
| Pro qm im Monat | | 560 qm | 0,27 EUR |

Für Ihre 80 qm große Wohnung verringert sich damit die Kostenkaltmiete um 21,60 EUR ab dem 1. 7. 2009.

Bitte ändern Sie Ihre Mietzahlung ab 1. 9. 2009.[2]

Für die Monate Juli und August 2009 haben Sie 2 × 21,60 EUR = 43,20 EUR zuviel gezahlt, hierüber ist ein Verrechnungsscheck beigefügt.[1]

. . . . . .
(Vermieter)

## Anmerkungen

**1.** Siehe zunächst Form. B. I. 1 Anm. 1. Es gibt hier jedoch erhebliche formale **Erleichterungen:** Die **Zustellung** muss nicht nachgewiesen werden, denn die **Mietermäßigung tritt kraft Gesetzes ein.** Die Mitteilung ist notwendig, um den Mieter zu informieren, dass er ab dem Stichtag eine geringere Kostenkaltmiete schuldet. Da § 10 WohnBindG ausschließlich für Mieterhöhungen gilt, sind keine besonderen formalen Anforderungen zu beachten. Es gelten die §§ 8, 8 a WohnBindG. Eine WB oder dergleichen muss ebenfalls nicht beigefügt werden. Wohl muss der Vermieter seine WB anpassen, da der Mieter ein Einsichtsrecht sowohl in die Mitteilung der Stadtsparkasse wie der aktuellen WB hat.

**2.** Die Verringerung der Kostenkaltmiete ist eine Besonderheit des öffentlich geförderten Wohnungsbaus. Da nur die „jeweils zulässige" Kostenmiete verlangt werden darf, sind Ermäßigungen der Belastungen an den Mieter durch Reduzierung der Kostenmiete weiter zu geben. Der Vermieter darf also keinen „Gewinn" machen. Eine etwa vergleichbare Vorschrift gab es früher in § 5 MHG (Umlage erhöhter Kapitalkosten).

Da die obige Erklärung im August 2009 den Mietern zuging, hatte der Vermieter für zwei Monate die **Überzahlung zu erstatten** (§ 8 WohnBindG in Verbindung mit § 812 BGB). Dieser **Erstattungsanspruch** verjährt nach den Regeln des BGB. Die besondere Verjährungsregel des § 8 Abs. 2 WohnBindG greift nur ein, wenn eine überhöhte Kostenmiete **vereinbart** ist. Das kann aber nur bei Abschluss des Mietvertrages geschehen, da alle weiteren Mietänderungen durch einseitige Willenserklärung des Vermieters herbeigeführt werden.

## IX. Kündigung des Mieters auf Grund des Sonderkündigungsrechts des § 11 Abs. 1 WoBindG

......

(Mieter)[1]

an

......

(Vermieter)[1]

Sehr geehrte(r) ......,

Ihre Mieterhöhungserklärung habe ich am[2] ...... erhalten. Hiermit kündige[3] ich das Mietverhältnis gemäß § 11 WohnBindG fristgerecht zum ......[4]

......

(Mieter)

### Anmerkungen

**1.** Die Kündigung des Mietverhältnisses ist eine **einseitige empfangsbedürftige Willenserklärung**. Sie muss von allen Mitgliedern der Mietergemeinschaft schriftlich abgegeben und unterschrieben werden und an alle Mitglieder der Vermietergemeinschaft gerichtet sein. Es kann auch ein Mieter in Vollmacht der anderen Mieter unterschreiben, dann ist aber eine schriftliche Vollmacht aller anderen vertretenen Mieter beizufügen, sonst kann der Vermieter die Rechte aus § 174 BGB geltend machen. Ausreichend ist der Zugang bei dem Mitglied der Vermietergemeinschaft, der bisher als Ansprechpartner zur Verfügung stand (als Verwalter oder Bevollmächtigter bei Mieterhöhungen usw). Der Nachweis des Zugangs sollte sichergestellt werden, also mindestens durch Einschreiben/Rückschein. Möglich ist auch persönliche Übergabe gegen Quittung oder Beiziehung eines Zeugen, möglich ist auch persönlicher Einwurf in den Vermieterbriefkasten bei Anwesenheit eines Zeugen.

**2.** Es ist die in § 11 WohnBindG gesetzte **Frist** zu beachten: die Kündigung muss dem Vermieter spätestens am 3. Werktag des Folgemonates nach Zugang der Mieterhöhungserklärung zugehen. Es ist darauf hinzuweisen, dass das Sonderkündigungsrecht ausgeübt wird. Wird diese Sonderkündigung ausgesprochen, wird die Mieterhöhung nicht wirksam.

**3.** Die Kündigung soll auch zulässig sein, wenn die **Mieterhöhungserklärung** aus formalen oder materiellen Gründen **unwirksam** ist (AG Brakel WM 1983, 349; *Fischer-Dieskau* § 11 WohnBindG Anm. 2)

**4.** Der Mieter hat allerdings auch **Nachteile**, denn die Kündigungsfrist ist bei Ausnutzung der vollen Überlegungsfrist mit 1 Monat 27 Tage sehr kurz. Die Vorschrift hat bisher keine besondere Bedeutung gehabt und war nur unter Geltung des alten Mietrechts für solche Mieter interessant, welche eine längere Kündigungsfrist einzuhalten hatten. Da Mieter aber seit dem 1. 9. 2001 gemäß § 573c Abs. 1 BGB ohne Rücksicht auf die bisherige Mietdauer mit einer Frist von drei Monaten kündigen können, wird das Sonderkündigungsrecht noch weniger Bedeutung haben. Allerdings wird in diesem Fall die Mieterhöhung wirksam.

Inzwischen gehen aber immer mehr Vermieter dazu über, durch AGB (seltener durch Individualabrede) einen Kündigungsausschluss zu vereinbaren. Dieser Kündigungsausschluss ist jedoch nicht geeignet, das Sonderkündigungsrecht des § 11 auszuhebeln. Wie alle Vorschriften für den öffentlich geförderten Wohnungsbau ist auch § 11 WohnBindG eine zwingende Vorschrift. Sie kann nicht abbedungen werden, weder durch AGB noch individualrechtlich.

Der Vermieter muss also darauf achten, dass sein Kündigungsausschluss nicht umfassend formuliert ist, da er ansonsten eine Klausel vereinbart, die gegen zwingendes anderweitiges Recht verstößt mit der Folge, dass die gesamte Ausschlussklausel unwirksam ist. Eine Rückführung der Klausel auf den gerade noch zulässigen Inhalt ist nicht zulässig, da es sich dabei um eine geltungserhaltende Reduktion handeln würde.

# Preisfreier und preisgebundener Wohnraum

# X. Abrechnung von Betriebs- und Heizkosten

## 1. Betriebskosten nach Quadratmetern im freien Wohnungsbau mit Beispielen

Beispiel 1 a:

Ursel Dahlen

Mommsenstr. 49
50935 Köln, den 7. 9. 2009

Familie
Müller Vietorstr. 32
51103 Köln

Sehr geehrte Familie Müller

Sie erhalten hiermit die Abrechnung der Betriebskosten für das Jahr 2008

| Grundsteuer | | 2.504.40 EUR |
|---|---|---|
| Abfall | | 4.779,10 EUR |
| Strassenreinigung | | 706,44 EUR |
| Abwasser bebaute Fläche | | 1.101,10 EUR |
| Wohngebäudeversicherung | | 2.470.41 EUR |
| Haftpflichtversicherung | | 240,43 EUR |
| Glasversicherung | | 524,78 EUR |
| Strom | | 105,89 EUR |
| Gartenpflege | | 357,– EUR |
| Summe | | 12.789,55 EUR |
| | 795 qm | 16,09 EUR |
| Wasser | | 2.451,93 EUR |
| Abwasser | | 2.128,40 EUR |
| Summe | | 4.580,33 EUR |
| | 795 qm | 5,76 EUR |
| Ihre Einzelabrechnung: | | |
| Anteil an Grundsteuer pp | 75 qm | 1.206,56 EUR |

*Bister*

| | | |
|---|---|---|
| Anteil an Wasser pp | 75 qm | 432,11 EUR |
| CO-Messung | | 38,31 EUR |
| Gesamt | | 1.676,98 EUR |
| davon ab Vorauszahlung | | 1.536,– EUR |
| Nachzahlung | | 140,98 EUR |

Ich bitte um Nachzahlung auf das Mietkonto bis zum 15. 10. 2009

Mit freundlichen Grüssen

Beispiel 1 b:

(Vermieter)[1]

an

......

(Mieter)[1]

Sehr geehrte(r) ......,

Als Anlage überreiche ich Ihnen die Abrechnung der Betriebskosten für das Jahr 2008.[2 + 8] Es ergibt sich für Sie eine Nachzahlung in Höhe von 140,98 EUR. Diesen Betrag überweisen Sie bitte bis zum ...... auf das Mietkonto. Die der Abrechnung zugrunde liegenden Rechnungen sind bei mir nach vorheriger Terminsabsprache einsehbar.[1]

BK-Abrechnung
2008
Vietorstr. 32, 51103 Köln

| | | Gesamt-wohn-fläche | Ihre Wohn-fläche | |
|---|---|---|---|---|
| Grundsteuer | 2.504,40 EUR | 795 qm | 75 qm | 236,26 EUR |
| Abfall | 4.779,10 EUR | 795 qm | 75 qm | 450,86 EUR |
| Strassenreinigung | 706,44 EUR | 795 qm | 75 qm | 66,65 EUR |
| Abwasser bebaute Fläche | 1.101,10 EUR | 795 qm | 75 qm | 103,88 EUR |
| Wohngebäudeversiche-rung | 2.470,41 EUR | 795 qm | 75 qm | 233,06 EUR |
| Haftpflichtversicherung | 240,43 EUR | 795 qm | 75 qm | 22,68 EUR |
| Glasversicherung | 524,78 EUR | 795 qm | 75 qm | 49,51 EUR |
| Strom | 105,89 EUR | 795 qm | 75 qm | 9,99 EUR |
| Gartenpflege | 357,– EUR | 795 qm | 75 qm | 33,68 EUR |
| Wasser | 2.451,93 EUR | 795 qm | 75 qm | 231,31 EUR |

|  |  | Gesamt-wohn-fläche | Ihre Wohn-fläche |  |
|---|---|---|---|---|
| Abwasser | 2.128,40 EUR | 795 qm | 75 qm | 200,79 EUR |
| Ihr Anteil |  |  |  | 1.638,67 EUR |
| CO-Messung |  |  |  | 38,31 EUR |
| Gesamt |  |  |  | 1.676,98 EUR |
| davon ab Vorauszahlung |  |  |  | 1.536,– EUR |
| Nachzahlung |  |  |  | 140,98 EUR |

## Anmerkungen

**1. Formalien des Anschreibens.** Es ist keine besondere Schriftform einzuhalten, also weder Schriftform noch Textform notwendig. Wegen dieser geringen formalen Anforderungen reicht es aus, den Vermieter schlagwortartig zu bezeichnen (z. B. Meier & König GbR, oder Fa. Müller GmbH). Die Unterschrift ist zwar notwendig, aber dazu reicht die Unterschrift eines Vermieters bei einer Vermietermehrheit aus. Wird das Schreiben von einem Dritten der nicht Vermieter ist, angefertigt, reicht dessen Unterschrift, wobei eine schriftliche Vollmacht nicht beigefügt werden muss. Der BGH (NZM 2010, Heft 11, Seite V) hat hierzu nun klargestellt: Der Abrechnung von Betriebskosten kommt kein rechtsgeschäftlicher Erklärungswert zu. Die Abrechnung ist lediglich ein Rechenvorgang gemäß § 259 BGB.

Das Abrechnungsschreiben sollte sich an alle Mieter der jeweiligen Wohnung richten, bei Eheleuten genügt allerdings regelmäßig als Adresse z. B. „Familie Georg Meyer", alle Vornamen der Mieter müssen nicht angegeben werden. Aber auch eine Abrechnung nur gegenüber einem von mehreren Mietern ist jedenfalls diesem gegenüber wirksam und macht eine Nachforderung aus der Abrechnung diesem gegenüber fällig (BGH a. a. O.) und kann diesem gegenüber auch eingeklagt werden.

Beim Abrechnungsschreiben handelt es sich damit um eine Wissenserklärung und keine Willenserklärung. Wird jedoch gleichzeitig auch eine Erhöhung der Vorauszahlung verlangt, handelt es sich dagegen um eine Willenserklärung (dazu siehe unten X. 14), in diesem Fall sind Formvorschriften einzuhalten (§ 560 BGB = Textform, beim öff.gef. Wohnraum alter Prägung aber Schriftform = § 20 Abs. 4 NMV i. V. m. § 4 Abs. 7 + 8 NMV i. V. m. § 10 WohnBindG).

Das Anschreiben soll angeben, wann die Nachforderung des Vermieters spätestens zu zahlen ist und wo Abrechnungsunterlagen eingesehen werden können. Der Mieter kann **Kopien der Rechnungen** gegen Erstattung der Kopierkosten grundsätzlich **nicht** mehr verlangen (BGH Urt. v. 8. 3. 2006 NZM 2006, 340), er ist stattdessen auf sein Recht auf Einsichtnahme der Originalrechnungen angewiesen. Das gilt nicht, wenn der Mieter weit weg wohnt. Er kann in diesem Fall nicht auf den Mieterverein verwiesen werden, der die Einsicht organisatorisch nicht vornehmen kann, und auch nicht auf Anwälte verwiesen werden, die ein Honorar für diese Einsicht verlangen. In diesem Fall besteht Anspruch auf Übersendung von Kopien (BGH NZM 2010, Heft 12, Seite V). Der Mieter darf die Belege beim Vermieter abfotografieren (AG München NJW 2010, 78).

Soweit die Abrechnung selbst keine Erläuterungen aufweist, sollen im Anschreiben Erläuterungen zum Abrechnungsmaßstab, zu einzelnen Betriebskosten und zu Besonderheiten der Abrechnung erfolgen, soweit dies zum Verständnis der Abrechnung notwendig ist (Es genügt eine Erläuterung bereits im Mietvertrag, in einer vorausgehenden Abrechnung oder auf Nachfrage des Mieters BGH Urt. v. 11. 8. 2010 VIII ZR 45/10 – BeckRS 2010, 20508).

Abrechnungsschreiben und Abrechnung sind im Beispiel 1 a) auf einer Seite zusammengefasst, im Beispiel 1 b) sind sie getrennt.

Besteht die Abrechnung aus mehreren Seiten, so sollten sie miteinander zu einer Urkunde verklammert werden, auch wenn das nicht notwendig ist, einmal weil eine bestimmte Form nicht notwendig ist, zum anderen wegen der „Auflockerungsrechtsprechung" des BGH (BGH 29. 9. 2004 NZM 2004, 253. Eine Verbindung sollte als Vorsichtsmaßnahme jedoch erfolgen, da sonst der Empfänger behaupten könnte, er habe nur das Anschreiben erhalten, aber keine Abrechnung.

**2.** **Abrechnungsfrist und Zugang der Abrechnung.** Gemäß § 556 Abs. 3 BGB hat der Vermieter jährlich abzurechnen (das muss nicht das Kalenderjahr sein). Ein längerer Abrechnungszeitraum als 1 Jahr führt zur Unwirksamkeit der Abrechnung (LG Gießen NZM 2009, 581). Die Abrechnung ist dem Mieter spätestens bis zum Ablauf des zwölften Monats nach Ende des Abrechnungszeitraums zu übergeben (die Post ist Erfüllungsgehilfe des Vermieters BGH NZM 2009, 274). Werden Betriebskosten und Heizkosten für unterschiedliche Abrechnungsjahre abgerechnet (z.B. Betriebskosten Kalenderjahr 2009, Heizkosten jedoch 1. 7. 2008 bis 31. 7. 2009), so ist zu differenzieren: Enthält der Mietvertrag für BK und für HK eigene Vorauszahlungen, so kann getrennt abgerechnet werden. In diesem Fall ist für jede Abrechnung die Jahresabrechnungsfrist zu beachten. Ist im Mietvertrag jedoch nur eine Vorauszahlung für BK und HK vereinbart, so kann auch einheitlich abgerechnet werden, hier wird die Abrechnungsfrist nach dem späteren Abrechnungsjahr bestimmt (also hier Abrechnungsjahr der BK), siehe BGH NZM 2008, 522.

**Fällig** wird die Nachforderung aus der Abrechnung mit dem Zugang beim Mieter (BGH WuM 2003, 216), ab dann läuft auch die (dreijährige gemäß § 195 BGB) Verjährungsfrist. Nachforderung wie Guthaben sind mit dem Zugang sofort fällig (BGH NJW 2006, 1421), eine Überlegungsfrist – die die Fälligkeit hemmen würde – greift nicht ein.

Eine Verwirkung kann nur eintreten, wenn ein Vertragspartner erst so spät Ansprüche geltend macht, dass der andere darauf vertrauen durfte, es würden keine Forderungen mehr erhoben, und wenn er sich entsprechend eingerichtet hat (Zeit- und Umstandsmoment). Je kürzer die Verjährungsfrist ist, umso weniger kommt eine Verwirkung in Betracht (BGHZ 84, 280; BGH NJW-RR 1989, 818; BGH NJW 1992, 1755). Wegen der Jahresabrechnungsfrist kommt bei der Abrechnung von BK eine Verwirkung in der Regel nicht mehr zum Zuge, da eine Nachforderung dann bereits ausgeschlossen ist. Verwirkung ist aber z.B. dann angenommen worden, wenn nach Ende des Mietverhältnisses die Kaution ohne jede Abrechnung oder Vorbehalt an den Mieter ausgezahlt wird (LG Köln NZM 2001, 617; AG Köln WuM 2000, 152).

Der **Zugangsnachweis** ist wichtig, um die Einhaltung der Jahresfrist belegen zu können. Es empfiehlt sich deshalb, Beweise für den Zugang der Abrechnung zu schaffen, z.B.: der Hausmeister des Objekts überzeugt sich vom Inhalt der ihm übergebenen Briefe, wirft dann die Abrechnungen für die Mieter in deren Briefkasten und kreuzt auf einer mitgeführten Mieterliste jeden Mieternamen an, dem er gerade die Abrechnung in den Briefkasten geworfen hat. Diesen Nachweis erhält dann der Vermieter. In kleinen, vom Vermieter selbstverwalteten Häusern geht dies in gleicher Weise, indem der Vermieter einen Zeugen mitnimmt, der sich vor dem Einwurf der Briefe von deren Inhalt überzeugt. In belasteten Mietverhältnissen könnte sich die Zustellung durch den zuständigen Gerichtsvollzieher empfehlen, über den auch eine Ersatzzustellung durch Einwurf in den Briefkasten des Mieters möglich ist (was beim Einschreiben oder Einschreiben/Rückschein nicht möglich ist). Auch dadurch erhält der Vermieter den Nachweis, welchen Inhalt der zugestellte Brief hatte.

**3. Abrechnungsfrist und Übergangsrecht.** Die Vorschrift des § 556 Abs. 3 BGB gilt seit dem 1. 9. 2001 und erfasste deshalb grundsätzlich alle BK-Abrechnungen, deren Abrechnungsperiode am 1. 9. 2001 noch nicht abgelaufen war, oder danach begann.

**Beispiel 1:** Abrechnungsjahr vom 1. 10. 2001 bis zum 30. 9. 2002: Jahresfrist ist zu beachten, die Abrechnung muss spätestens am 30. 9. 2003 dem Mieter zugegangen sein.

**Beispiel 2:** Abrechnung nach Kalenderjahr; für 2002 ist die Jahresfrist bereits einzuhalten, also Zugang der Abrechnung bis spätestens 31. 12. 2003.

**Beispiel 3:** Abrechnung für 2001, die Jahresfrist ist ebenfalls einzuhalten, denn nach der Überleitungsvorschrift des Art. 229 § 3 Abs. 9 EGBGB erfasst § 556 BGB auch die Abrechnungen, deren Abrechnungszeitraum zum 1. 9. 2001 noch nicht abgelaufen war.

Zu beachten ist: Ob die Überleitungsvorschrift eingreift, ist auch hier sowohl für die BK-Abrechnung wie für die HK-Abrechnung getrennt zu überprüfen, wenn diese beiden Abrechnungen unterschiedliche Abrechnungszeiträume haben und einzeln abzurechnen sind.

**4. Ausschlussfristen.** Versäumt der Vermieter die Abrechnungsfrist, ist er mit Nachforderungen aus der Abrechnung ausgeschlossen. Dasselbe gilt, wenn der Vermieter innerhalb der Jahresfrist eine Abrechnung erteilt, die wegen Nichteinhaltung der formalen Anforderungen (siehe BGH NJW 1982, 573; bestätigt von BGH NJW 2005, 219 = WuM 2005, 61) unwirksam ist. Auch im Rahmen eines vereinbarten dinglichen Wohnungsrechts mit Recht zur Umlage von Betriebskosten gilt die Ausschlussfrist (BGH NZM 2009, 904). Allerdings kann der Vermieter auch nach Versäumung der Abrechnungsfrist vereinbarte Vorauszahlungen verlangen, die der Mieter nicht gezahlt hat (BGH NZM 2008, 35).

Der Mieter seinerseits kann aber auch nach Ablauf der Abrechnungsfrist die Abrechnung vom Vermieter immer noch verlangen, um feststellen zu können, ob ihm ein Guthaben zusteht. Die Auszahlung eines solchen Guthabens kann er dann verlangen.

Auch den Mieter trifft eine Ausschlussfrist: er hat innerhalb eines Jahres ab Empfang der Abrechnung alle ihm möglichen Einwendungen gegen die formale und materielle Richtigkeit der Abrechnung vorzubringen. Läuft diese Frist ab, ist der Mieter mit Einwendungen, die er innerhalb der Jahresfrist nicht vorgebracht hat, ausgeschlossen. Auch wenn die Abrechnungen des Vermieters jedes Jahr zu denselben Beanstandungen Anlass gibt, muss der Mieter diese bei jeder Abrechnung erneut vorbringen, ansonsten die Ausschlussfrist zu seinen Lasten eingreift (BGH NZM 2010, 470). Nach bisheriger Auffassung löst eine wegen formaler Mängel unwirksame Abrechnung die Ausschlussfrist zu Lasten des Mieters nicht aus (Milger NZM 2009, 500).

**5. Formale Anforderungen an die Abrechnung.** Es gelten nach wie vor die Ausführungen des BGH in seinem Urt. v. 23. 11. 1981 (NJW 1982, 573 ff. für Gewerbemietverhältnis, bestätigt für die Wohnraummiete in BGH NZM 2005, 13 = NJW 2005, 219 = WuM 2005, 61; und BGH WuM 2005, 200):

„Die Abrechnung muss eine geordnete Zusammenstellung der Einnahmen und Ausgaben enthalten. Unter geordneter Zusammenstellung ist dabei eine zweckmäßige und übersichtliche Aufgliederung in Abrechnungsposten zu verstehen.

Die Abrechnung soll den Mieter in die Lage versetzen, den Anspruch des Vermieters nachzuprüfen. Dazu muss er die Abrechnung gedanklich und rechnerisch nachvollziehen können. Diese Funktion erfüllt die Abrechnung nur, wenn sowohl die Einzelangaben als auch die Abrechnung insgesamt klar, übersichtlich und aus sich heraus verständlich sind. Folgende Mindestangaben sind erforderlich: eine Zusammenfassung der Gesamtkosten, die Angabe und Erläuterung der zugrunde gelegten Verteilerschlüssel, die Berechnung des Anteils des Mieters und der Abzug der Vorauszahlungen des Mieters.

Die Pflichten zur Spezifizierung der abgerechneten Kosten dürfen nicht überspannt werden. Notwendig, aber auch ausreichend ist es, dass der Mieter die ihm angelasteten Kosten bereits aus der Abrechnung klar ersehen und überprüfen kann, so dass die Einsichtnahme in dafür vorliegende Belege nur noch zur Kontrolle und zur Behebung von Zweifeln erforderlich ist."

Die **Abgrenzung zwischen formalen und materiellen Fehlern** der Abrechnung machte bisher erhebliche Probleme. Liegen formale Fehler vor, ist die Abrechnung unwirksam und entfaltet keinerlei Wirkungen. Die Abrechnung ist formal ordnungsgemäß zu erneuern. Bis zum 1. 9. 2001 war das nicht weiter problematisch, denn es galt keine Ausschlussfrist für die Abrechnung. Durch § 556 Abs. 3 BGB hatte sich das Problem jedoch erheblich verschärft, weil mit dem Ablauf der Jahresabrechnungsfrist eine neue den formalen Anforderungen entsprechende Abrechnung nicht mehr einen Anspruch des Vermieters auf Nachzahlung begründen konnte. Die Tendenz, jedenfalls schwere Fehler der Abrechnung auf die formale Seite durchschlagen zu lassen, war in RSpr und Schrifttum vorhanden (siehe z. B. Langenberg WuM 2003, 670). Dieses Bestreben hat der BGH jedoch verworfen (BGH NZM 2005, 13 und BGH WuM 2005, 200). Wenn die Abrechnung die Anforderungen erfülle, die die BGH-Entscheidung aus 1981 aufstelle, so sei sie formal ordnungsgemäß. Jeder Fehler in der Abrechnung, ob gering oder schwer (z. B. falscher Abrechnungsschlüssel), betreffe allein die materielle Seite der Abrechnung. Daraus folgt auch, dass eine Korrektur auch nach Ablauf der Jahresabrechnungsfrist zulässig ist, also auch noch im Zahlungsprozess gegen den Mieter (wobei die Frage interessant ist, ob der Richter zu rechnen hat – was der BGH wie selbstverständlich tut –, oder ob der Richter dem Vermieter anhand seiner Rechtsauffassung aufgibt, die Abrechnung zu korrigieren). Ergibt die Korrektur der materiellen Fehler einen höheren Nachforderungsbetrag zugunsten des Vermieters, ist der Mehrbetrag gegenüber der alten korrekturbedürftigen Abrechnung aber von der Ausschlussfrist erfasst, hierauf besteht also kein Anspruch (BGH a. a. O., OLG Düsseldorf WuM 2006, 381).

Einen formalen Fehler sieht der BGH aber, wenn in der Abrechnung nur Teilbeträge einer NK-Position eingestellt werden, ohne dass dies aus der Abrechnung (oder dem Anschreiben) ersichtlich ist (z. B. die Kosten der Aufzugsfirma verringert der Vermieter um 22% für Instandhaltung, nur der Restbetrag wird in die Abrechnung eingestellt). Hier verlangt der BGH die Angabe des Gesamtbetrages sowie eine Berechnung und Erläuterung, warum dieser Betrag nicht komplett, sondern nur zum Teil umgelegt wird (grundlegend BGH NJW 2007, 1059; BGH NZM 2009, 78 mit weiteren Hinweisen zu seiner RSpr.). Der formale Mangel erfasst dann aber nur die betroffene NK-Position, die zu streichen ist, die übrigen Kostenpositionen bleiben bestehen (BGH NZM 2007, 244; BGH NZM 2008, 35).

Wenn in der Abrechnung die Vorauszahlungen des Mieters anzugeben sind, so wird grundsätzlich damit der Betrag gemeint, den der Mieter tatsächlich bezahlt hat = **Ist-Vorauszahlung**. Es ist aber auch die Angabe der **Soll-Vorauszahlung** zulässig (BGH NZM 2009, 906). Allerdings ergibt sich hier das Problem, dass letztlich nicht klar ist, ob der Saldo aus der Abrechnung (Anteil an BK abzüglich Soll-Vorauszahlung) nun der wirkliche oder nur ein rechnerischer Nachzahlungsbetrag ist. Nach Schmid (NZM 2010, 266) muss der Vermieter spätestens im Prozess die tatsächlichen Zahlungen nachweisen und seine Klageforderung entsprechend korrigieren. Ob die RSpr des BGH (nicht gezahlte Vorschüsse können auch nach Ablauf der Abrechnungsfrist noch verlangt werden, siehe NZM 2008, 35) hier hilft, ist noch nicht entschieden. Es spricht nach diesseitiger Auffassung aber nichts dagegen, diese Entscheidung anzuwenden und dem Vermieter die Möglichkeit zu belassen, die als Soll berücksichtigten Vorauszahlungen noch einklagen zu dürfen, wenn sie tatsächlich nicht gezahlt worden sind (= keine Sperre der Geltendmachung von Vorauszahlungen nach Abrechnung). Warum soll der Vermieter, der nicht abrechnet, besser dastehen als der Vermieter, der fristgerecht abrechnet?

Einzelne Betriebskosten dürfen auch in einer Position **zusammengefasst** werden, so entschieden für Haushaftpflicht- und Wohngebäudeversicherung unter dem gemeinsamen Stichwort Versicherungen (BGH NZM 2009, 906), so entschieden für Wasser und Schmutzabwasser, wenn nach demselben Umlagemaßstab abgerechnet (BGH NZM 2009, 698).

Die formale Seite ist auch nicht betroffen, wenn die **vereinbarte Wohnfläche** von der tatsächlichen Wohnfläche abweicht. Auch bei der Abrechnung von Betriebskosten gilt die 10% – Rspr. des BGH (BGH NZM 2008, 35; siehe hierzu auch BGH NJW 2010, 293, BGH NZM 2010, 36, zu den Problemen bei der BK-Abrechnung siehe auch *Beyer* NZM 2010, 417).

Die formale Seite ist auch nicht angesprochen, wenn Betriebskosten in voller Höhe umgelegt werden, die immer nur **nach mehreren Jahren** anfallen (hier Heizöltankreinigung BGH NZM 2010, 226 = NJW 2010, 226).

**6.** Materielle Seite der Abrechnung.
**Beispiel a)** nennt alle Betriebskosten, die angefallen und auf den Mieter umlegbar sind, und weist auch die jeweiligen Beträge aus. Die Summe aller Beträge wird dann durch die Wohnfläche des Hauses geteilt. Der Quotient sollte auf vier oder mehr Stellen hinter dem Komma ausgerechnet werden, um Rundungsdifferenzen bei der Berechnung des Mieteranteils zu vermeiden. Bis hierhin handelt es sich um die **Gesamtabrechnung.**
Es folgt sodann die **Einzelabrechnung** für den konkreten Mieter. Der Quotient wird multipliziert mit der Wohnungsgröße der Mieterwohnung. Vom Produkt wird die Vorauszahlung abgezogen, es verbleibt ein positiver (dann Nachforderung) oder negativer (dann Guthaben) Betrag. Diese Abrechnung ist einfach aufgebaut und einfach nachzurechnen.
**Im Beispiel b)** wird bei jeder Betriebskostenart der Einzelanteil des Mieters berechnet, die Einzelanteile werden dann addiert und die Vorauszahlung von der Summe abgezogen. Der Berechnungsaufwand ist hier für beide Vertragspartner größer, die Ergebnisse sind aber bei beiden Beispielen identisch.
Beide BK-Abrechnungen legen zugrunde, dass der Mietvertrag die Umlage aller genannten Betriebskosten in vollem Umfange zulässt. Rechnet der Vermieter jahrelang über BK ab, deren Umlage im Mietvertrag nicht vereinbart ist, so war es früher Auffassung des BGH, dass in dieser jahrelangen Übung und der entsprechenden Akzeptanz des Mieters eine **stillschweigende Änderung des Mietvertrages** vorliegt dahin, dass diese BK nun auch umgelegt werden dürfen (BGH NJW-RR 2000, 1463 für Gewerbe; BGH NZM 2004, 418 für Wohnraum). Diese RSpr ist inzwischen vom BGH relativiert worden, er verlangt jetzt zusätzlich auch Umstände, aus denen ein Erklärungsbewusstsein abgeleitet werden kann (was mit einer Zahlung durch den Mieter wohl nicht ausreichend ist, BGH NZM 2008, 81). Diese Grundsätze gelten auch bei der Verwendung eines vom Mietvertrag abweichenden Umlageschlüssels (BGH WuM 2005, 774). Inzwischen hat der BGH auch entschieden, dass die jahrelange Nichtabrechnung von nach Mietvertrag umlagefähigen Kosten ebenso nur dann eine Umlage für die Zukunft verhindert, wenn ein entsprechendes Erklärungsbewusstsein vorliegt (BGH; siehe zum Meinungsstand davor auch *Lützenkirchen* WuM 2006, 72 unter VII 2 mit Rspr.-Nachweisen).

**7.** Abflussprinzip oder Leistungsprinzip? Nach wie vor können beide Abrechnungsarten gewählt werden, der BGH hat hierzu keine Festlegung in seinem Urt. v. 5. 7. 2006 (WuM 2006, 516) getroffen. Das Abflussprinzip ist dem Steuerrecht (auch der WEG-Abrechnung bis auf die HK-Abrechnung) immanent: Für den Veranlagungszeitraum werden alle Ausgaben berücksichtigt, die in diesem Zeitabschnitt vorgenommen worden sind (gleich, ob sie für diesen oder einen anderen Veranlagungszeitraum bestimmt waren). Beispiel: Der Vermieter erhält am 4. 12. 2004 die Rechnung des Wohngebäudeversicherers für das Kalenderjahr 2005. Bezahlt er diese Rechnung noch in 2004, ist der Betrag beim Abflussprinzip in der BK-Abrechnung 2004 zu berücksichtigen. Ganz anders dagegen beim Leistungsprinzip, welches vorherrschend für die Abrechnung von BK angewandt wird: Hier entscheidet, für welchen Zeitraum die Zahlung erfolgte. Da die Prämienberechnung für das Abrechnungsjahr 2005 erfolgt, ist die Zahlung, auch wenn sie noch im Dezember 2004 erfolgt, in der BK-Abrechnung 2005 zu berücksichtigen.

Beim Abflussprinzip sind damit auch Vorauszahlungen des Vermieters auf Nebenkosten, insbesondere also für Strom und Wasser, anzusetzen, beim Leistungsprinzip ist dagegen der Betrag aus der Jahresabrechnung anzusetzen, Vorauszahlungen dürfen nicht berücksichtigt werden.

Keine Probleme bereitet das Abflussprinzip, wenn aus bereits abgerechneten Jahren noch Nachforderungen kommen (z. B. die Kommune berechnet für 2003 Grundsteuer nach, der Bescheid kommt im Jahr 2005). Die Nachbelastung fließt in die Jahresabrechnung für 2005 ein. Ganz anders jedoch beim Leistungsprinzip: In die Abrechnung 2005 kann der Betrag nicht aufgenommen werden, da er nicht für dieses Jahr berechnet ist. Die Jahresabrechnung für 2003 ist andererseits bereits erledigt (Ausschlussfrist 31. 12. 2004). Hier hat der Vermieter nach obigem Urt. v. 5. 7. 2006 innerhalb von drei Monaten ab Kenntnis der Nachbelastung den Mietern eine Nachberechnung zuzuleiten, anderenfalls die Jahresabrechnungsfrist des § 556 Abs. 3 S. 2 BGB schuldhaft versäumt ist. Bei inzwischen beendetem Mietverhältnis hilft das allerdings nichts mehr. Es bestehen keine vertraglichen Beziehungen zum ehemaligen Mieter mehr.

**8.** Rückforderung von Vorauszahlungen bei Versäumung der Abrechnungsfrist. Im **bestehenden** Mietverhältnis besteht kein Bedürfnis, dem Mieter einen Rückforderungsanspruch auf Erstattung der Vorauszahlungen zu geben, wenn der Vermieter nicht innerhalb der Abrechnungsfrist abgerechnet hat. Hier hat der Mieter zwei Rechtsbehelfe: Er kann den Vermieter zur Abrechnung auffordern und entsprechend verklagen. Die Vollstreckung geschieht nach § 888 ZPO, da eine nicht vertretbare Handlung vorliegt (BGH NZM 2006, 639 = NJW 2006, 2706). Außerdem kann der Mieter die Vorauszahlung auf die BK einstellen, bis der Vermieter abgerechnet hat (BGH NZM 2006, 533 = NJW 2006, 2552).

Im **beendeten** Mietverhältnis hat der ehemalige Mieter nach Ablauf der Abrechnungsfrist einen Anspruch auf Rückzahlung aller in dem Abrechnungsjahr geleisteten Vorschüsse. Der Vermieter kann sich hiergegen dadurch wehren, dass er unverzüglich die Abrechnung noch erstellt und dem ehemaligen Mieter zukommen lässt. Nachforderungen aus der Abrechnung sind ausgeschlossen, ein Guthaben ist jedoch auszuzahlen.

Geschieht dies im Rahmen eines Prozesses, den der Mieter auf Rückzahlung seiner Vorschüsse angestrengt hat, so hat der Mieter nach Vorlage der Abrechnung den Rechtsstreit in der Hauptsache für erledigt zu erklären, der Vermieter hat die Verfahrenskosten voll zu tragen (BGH NZM 2005, 373; BGH WuM 2004, 201).

**9.** Zahlung auf eine verspätet überreichte BK-Abrechnung. Wenn der Vermieter die BK-Abrechnung nach Ablauf der Abrechnungsfrist des § 556 Abs. 3 BGB vorlegt und der Mieter die darin berechnete Nachforderung begleicht, so leistet der Mieter auf eine nicht bestehende Schuld im Sinne es § 812 Abs. 1 S. 1 Alt. 1 BGB, woraus sich sein Rückforderungsanspruch ergibt, der auch nicht durch entsprechende Anwendung des § 214 Abs. 2 S. 1 BGB ausgeschlossen ist, weil die Ausschlussfrist nicht mit der Verjährung zu vergleichen ist (BGH Urt. v. 18. 1. 2006 NZM 2006, 222). Für diesen Fall ist auch nicht von einem deklaratorischen Schuldanerkenntnis durch Zahlung auszugehen.

## 2. Betriebskosten nach Quadratmetern bei Teilinklusivmiete[4]

......
(Vermieter)[1]

an

......
(Mieter)[1]

Sehr geehrte(r) ......,

als Anlage überreiche ich Ihnen die Abrechnung der Betriebskosten für das Jahr 2008.[2] Es ergibt sich für Sie ein Guthaben in Höhe von 170,23 EUR. Über diesen Betrag ist ein Verrechnungsscheck beigefügt. Die der Abrechnung zugrunde liegenden Rechnungen sind bei mir nach vorheriger Terminsabsprache einsehbar.

......
(Vermieter)

### BK-Abrechnung 2008

|  | 2008 | Basisjahr 2002 | umlegbar |
|---|---|---|---|
| Grundsteuer | 2.696,75 EUR | 1.591,– EUR | 1.105,75 EUR |
| Abwasser | 2.953,17 EUR |  | 2.953,17 EUR |
| Wasser | 2.839,71 EUR |  | 2.839,71 EUR |
| Wohngebäudeversicherung | 1.720,50 EUR | 1.505,70 EUR | 214,80 EUR |
| Haushaftpflichtversicherung | 406,90 EUR | 336,20 EUR | 70,70 EUR |
| Gartenpflege | 520,– EUR |  | 520,– EUR |
| Kehrgebühr | 133,41 EUR | 108,92 EUR | 24,49 EUR |
| Straßenreinigung | 374,68 EUR | 374,68 EUR | 0,– EUR |
| Müllabfuhr | 1.643,25 EUR |  | 1.643,25 EUR |
| Hausstrom | 129,45 EUR |  | 129,45 EUR |
|  |  |  | 9.501,32 EUR |
| Gesamtwohnfläche |  | 692 qm | 13,730.231 EUR |
| Einzelabrechnung: |  |  |  |
| Anteil an Betriebskosten |  | 75 qm | 1.029,77 EUR |
| Vorauszahlung |  |  | 1.200,– EUR |
| Guthaben |  |  | 170,23 EUR |

### Anmerkungen

**1.** Siehe Form. C. X. 1 Anm. 1.

**2.** Siehe Form. C. X. 1 Anm. 2.

**3.** Der hier zugrundegelegte Mietvertrag bestimmt in § 4 Betriebskosten, Ziffer 1: Folgende Betriebskosten sind umlegbar: ... (Es folgt eine Aufzählung der oben angegebenen Betriebskosten, die voll umgelegt werden). Grundsteuer und Versicherungen fehlen in dieser Auflistung. In Ziffer 2 heißt es dann: Soweit sich die obigen Kosten sowie die Versicherungskosten und die öffentlichen Abgaben, insbesondere die Grundsteuer, erhöhen, dürfen die Mehrkosten ebenfalls umgelegt werden.

Im Mietvertrag ist damit eine **Teilinklusivmiete** vereinbart, denn Grundsteuer und Versicherungskosten sind anteilig in der Miete enthalten, nur die Erhöhungen dürfen umgelegt werden.

**4.** Das obige Beispiel ist nur anwendbar auf Teilinklusivmieten, die **unter Geltung des alten Mietrechts vor dem 1. 9. 2001** vereinbart wurden. Zwar kennt auch das neue Mietrecht die Teilinklusivmiete, verbietet aber die Umlage von Erhöhungsbeträgen von Betriebskosten, die in der Miete enthalten sind (Art. 229 § 3 Abs. 4 EGBGB).

**5.** **Basisjahr und Mieterhöhungen:** Da lediglich Erhöhungsbeträge umlegbar sind, muss ein Basisjahr bestimmt werden, von dem aus Erhöhungen zulässig sind. Dieses Basisjahr kann zu Beginn des Mietverhältnisses einfach bestimmt werden, denn Basis ist in diesem Fall der Tag des Beginns des Mietverhältnisses.

Beispiel: Mietvertrag beginnt am 1. 3. Die Grundsteuer wird zum 1. 7. desselben Jahres erhöht. Basis ist hier der Grundsteuerbetrag, der zum 1. 3. festgesetzt war. Der Erhöhungsbetrag ist deshalb umlegbar.

Bei Mieterhöhungen nach § 558 BGB (Vergleichsmiete) verschiebt sich auch das Basisjahr. Bei der Erhöhung einer Teilinklusivmiete darf die bisherige Miete um maximal 20% (Kappungsgrenze) erhöht werden, und zwar einschließlich der in der Miete enthaltenen Betriebskosten (sogenannte Münchener Rechtsprechung siehe *Sternel*, Mietrecht aktuell, Rdn. 579 ff.). Lediglich zum Zwecke der Vergleichbarkeit der so gefundenen neuen Teilinklusivmiete mit Nettomieten des Mietspiegels werden dann die anteiligen Betriebskosten herausgerechnet, und zwar mit den Beträgen, die zum Zeitpunkt der Abgabe der Mieterhöhungserklärung gelten (BGH NZM 2006, 101 mit Kritik von *Thomma* WuM 2006, 237). Zulässig ist auch, eine Kaltmiete aus dem Mietspiegel als ortsüblich anzunehmen und hierauf den Anteil an den BK aufzuschlagen (siehe Beispiel oben *Flintrop* unter Form. C. IV. 6 und 7). Hier muss aber zusätzlich auf die Kappungsgrenze Obacht gegeben werden, die bei dieser Berechnungsweise nicht automatisch mitberücksichtigt wird (die Überschreitung der Kappungsgrenze ist allerdings nur ein materieller Fehler der Erklärung, sie bleibt formal wirksam, RE BayObLG NJW-RR 1988, 721; RE OLG Celle NJW 1996, 331).

Beispiel 1: Mieterhöhung wird verlangt zum 1. 11. 2009. Herauszurechnen aus der um maximal 20% erhöhten neuen Teilinklusivmiete sind Grundsteuer und Versicherungsbeiträge, die im August 2009 bei Abgabe der Mieterhöhungserklärung gelten. Diese Beträge sind dann auch die Basis für die Umlegung von Erhöhungsbeträgen.

Beispiel 2: Mieterhöhung wird verlangt zum 1. 1. 2010 mit Erklärung vom Oktober 2009. Herauszurechnen sind auch hier die Beträge, die im Oktober 2009 galten. Die Erhöhungen ab 2010 sind umlegbar, Basisjahr ist also auch hier das Jahr 2009.

Im obigen Abrechnungs-Beispiel war die letzte Mieterhöhung im Jahre 2002.

## 3. Betriebskosten nach Quadratmetern und Personeneinheiten für Wasser, Abwasser und Müllabfuhr

......
(Vermieter)[1]

an

......
(Mieter)[1]

Sehr geehrte(r) ......,

Als Anlage überreiche ich Ihnen die Abrechnung der Betriebskosten für das Jahr 2008.[2] Es ergibt sich für Sie eine Nachzahlung in Höhe von 370,71 EUR. Diesen Betrag überweisen Sie bitte bis zum ... auf das Mietkonto. Die der Abrechnung zugrunde liegenden Rechnungen sind bei mir nach vorheriger Terminsabsprache einsehbar.[1]

......
(Vermieter)

BK-Abrechnung 2008

| Umlage nach Wohnfläche: | | |
|---|---|---|
| Grundsteuer | | 2.744,– EUR |
| Straßenreinigung | | 267,54 EUR |
| Abwasser bebaute Fläche | | 970,10 EUR |
| Wohngebäudeversicherung | | 2.581,60 EUR |
| Haushaftpflichtversicherung | | 577,60 EUR |
| Glasversicherung | | 629,10 EUR |
| Hausstrom | | 392,83 EUR |
| Gartenpflege | | 181,25 EUR |
| Wartung Feuerlöscher | | 125,– EUR |
| Gesamt | | 8.469,02 EUR |
| bei einer Wohnfläche von insgesamt | 612 qm | 13,838268 EUR |
| Umlage nach Personeneinheiten (PE): | | |
| Wasser | | 2.269,62 EUR |
| Abwasser | | 1.749,30 EUR |
| Müllabfuhr | | 1.780,80 EUR |
| Gesamt | | 5.799,72 EUR |
| bei einer PE von insgesamt | 194 PE | 29,895464 EUR |

| Einzelabrechnung: | | |
|---|---|---|
| BK Umlage nach Wohnfläche | 79 qm | 1.093,22 EUR |
| BK Umlage nach PE | 24 PE | 717,49 EUR |
| Ihr Anteil | | 1.810,71 EUR |
| Ihre Vorauszahlung | | 1.440,– EUR |
| Nachzahlung | | 370,71 EUR |

Erläuterung der Personeneinheiten:

| Abel | 2 Personen | 12 Monate | 24 PE | |
|---|---|---|---|---|
| Bartsch | 2 Personen | 6 Monate | 12 PE | bis 30. 6, |
| | 3 Personen | 6 Monate | 18 PE | ab 1. 7. |
| Cäsar | 1 Person | 12 Monate | 12 PE | |
| Dücker | 3 Personen | 12 Monate | 36 PE | |
| Eder | 1 Person | 12 Monate | 12 PE | |
| Find | 1 Person | 6 Monate | 6PE | bis 30. 6 |
| Gother | 2 Personen | 1 Monat | 2PE | ab 1. 12. |
| Hartmann | 2 Personen | 12 Monate | 24 PE | |
| Kerl | 2 Personen | 12 Monate | 24 PE | |
| Meyer | 2 Personen | 12 Monate | 24 PE | |
| | | | 194 PE | |

## Anmerkungen

**1.** Siehe Form. C. X. 1. Anm. 1.

**2.** Siehe Form. C. X. 1. Anm. 2.

**3.** In diesem Mietverhältnis sind **alle angegebenen Betriebskosten laut Mietvertrag umlagefähig.** Der Vermieter hat von der im Mietvertrag zugelassenen Möglichkeit Gebrauch gemacht, Wasser, Schmutzabwasser und Müllabfuhr nach einem verbrauchsbezogenen Maßstab umzulegen. Er hat hierfür die Umlage nach **PE = Personeneinheit** gewählt.

Es ist von vorneherein klarzustellen, dass auch dieser Maßstab keine vollständige Gerechtigkeit bei der Umlage herbeiführen kann. Er beruht nämlich auf der Annahme, dass jede Person im Haus gleich viel Wasser verbraucht und Abwasser produziert und gleich viel Müll verursacht. Das ist eine Fiktion, weil in Wirklichkeit jeder Mensch mit Wasser höchst unterschiedlich umgeht. So kann eine vierköpfige Familie mit zwei kleinen Kindern durchaus weniger Wasser verbrauchen als ein Ehepaar ohne Kinder, das aber jeden Tag zu baden pflegt.

**4. Definition der PE:** 1 PE = 1 Person pro Monat. Im obigen Beispiel sind in der Abrechnung die PE für jeden Mieter angegeben. Damit kann der Mieter die Abrechnung an Hand des klar angegebenen und erläuterten Umlagemaßstabes überprüfen. Bisher wird nicht verlangt, dass diese Auflistung der Abrechnung beigefügt sein muss. Der Mieter hat aber das Recht, die Auflistung nachgereicht zu bekommen, wenn er die Gesamt- und Einzel-PE nicht nachvollziehen kann. Diese zusätzliche Arbeit kann sich der Vermieter ersparen, indem er diese Auflistung gleich der Abrechnung beifügt oder in die Abrechnung selbst aufnimmt.

**5.** Die Liste zeigt **drei Besonderheiten:**

- Der Mieter Bartsch hat Ende Juni Nachwuchs bekommen, ab Juli sind daher 3 Personen zu berücksichtigen.
- Der Mieter Find ist am 30. 6. ausgezogen und wird deshalb auch nur für den Zeitraum Januar bis Juni berücksichtigt. Der Mieter Gother hat die freie Wohnung am 1. 12. bezogen und wird damit auch zeitanteilig berücksichtigt.
- Die vom 1. 7. bis 30. 11. freie Wohnung wird für diesen Zeitraum in obiger Abrechnung nicht gesondert berücksichtigt. Da eine verbrauchsbezogene Abrechnung vorliegt, und in der freien Wohnung kein Verbrauch während dieser Zeit stattgefunden hat, ist sie nicht zu berücksichtigen. Nur die in den anderen Wohnungen lebenden Mieter werden für diesen Zeitraum anteilig belastet. Damit trägt der Vermieter für den Zeitraum des Leerstandes keine anteiligen Kosten für die verbrauchsbezogen abgerechneten Betriebskosten (nach Auffassung des AG Köln WM 1998, 290 ist fiktiv 1 Person für den Zeitraum des Leerstandes anzusetzen, diesen Anteil trägt dann der Vermieter). Hätte der Vermieter nach Wohnfläche umgelegt, so hätte die freistehende Wohnung anteilig auch bei Wasser, Abwasser und Müllabfuhr berücksichtigt werden müssen, der Vermieter hätte diesen Anteil tragen müssen. Der BGH (Urt. v. 31. 5. 2006 WuM 2006, 440; BGH NJW 2006, 2771) hat den Vermieter dazu verpflichtet, dass nicht verbrauchsabhängige BK anteilig auch für leeren Wohnraum zu berücksichtigen sind. Dasselbe gilt, wenn verbrauchsabhängige BK mangels Erfassung des Verbrauchs nach der Wohnfläche abgerechnet werden. Bei verbrauchsabhängiger Abrechnung muss der Vermieter den Leerstand also nicht zu seinen Lasten berücksichtigen. Dabei hat der BGH allerdings zunächst nur die konkrete verbrauchsabhängige Abrechnung gemeint, nämlich nach Wasserzähler oder Ähnlichem. Ob die Wahl eines anderen verbrauchsbezogenen Maßstabes – also hier PE – auch darunter fällt, steht noch offen.

## 4. Abrechnung für einen Zeitraum außerhalb des Kalenderjahres

Nebenkostenabrechnung
Tempelstr. 103, Köln
1. 8. 2008–31. 7. 2009

EG hinten
Wohlfarth

|  |  | Gesamt-kosten | Umlage-maßstab | Einzel-maßstab | Ihr Anteil |
|---|---|---|---|---|---|
| Grundsteuer | 2008 | 131,23 EUR | 297 qm | 31 qm | 13,70 EUR |
|  | 2009 | 183,72 EUR | 297 qm | 31 qm | 19,18 EUR |
| Straßenreinigung | 2008 | 60,90 EUR | 297 qm | 31 qm | 6,36 EUR |
|  | 2009 | 85,26 EUR | 297 qm | 31 qm | 8,90 EUR |
| Abwasser bebaute Fläche | 2008 | 87,73 EUR | 297 qm | 31 qm | 9,16 EUR |
|  | 2009 | 125,86 EUR | 297 qm | 31 qm | 13,14 EUR |

| | | Gesamt-kosten | Umlage-maßstab | Einzel-maßstab | Ihr Anteil |
|---|---|---|---|---|---|
| Wohngebäudeversicherung | 2008 | 239,03 EUR | 297 qm | 31 qm | 24,95 EUR |
| | 2009 | 346,19 EUR | 297 qm | 31 qm | 36,13 EUR |
| Haushaftpflichtversicherung | 2008 | 170,12 EUR | 297 qm | 31 qm | 17,76 EUR |
| | 2009 | 250,08 EUR | 297 qm | 31 qm | 26,10 EUR |
| Hauswart | | 714,– EUR | 297 qm | 31 qm | 74,53 EUR |
| Strom | | 413,80 EUR | 119 PE | 12 PE | 41,73 EUR |
| Müllabfuhr | 2008 | 373,46 EUR | 119 PE | 12 PE | 37,66 EUR |
| | 2009 | 533,42 EUR | 119 PE | 12 PE | 53,79 EUR |
| Wasser | | 755,49 EUR | 119 PE | 12 PE | 76,18 EUR |
| Schmutzabwasser | 2008 | 376,83 EUR | 119 PE | 12 PE | 38,– EUR |
| | 2009 | 457,96 EUR | 119 PE | 12 PE | 46,18 EUR |
| Heizkosten | laut Abrechnung ista | | | | 846,48 EUR |
| Gesamt | | | | | 1.341,78 EUR |
| geleistete Vorauszahlung | | | | | – 852,– EUR |
| Nachzahlung | | | | | 489,78 EUR |

Personen im Haus:

| | | Personen | Monate | PE | |
|---|---|---|---|---|---|
| a | 1 | 1 Person | 12 Monate | 12 PE | |
| Wohlfarth | 2 | 1 Person | 12 Monate | 12 PE | |
| c | 3,1 | 1 Person | 2 Monate | 2 PE | bis 30. 9. 08 |
| d | 3,2 | 1 Person | 10 Monate | 10 PE | ab 1. 10. 08 |
| | 4,1 | 0 Person | 0 Monate | 0 PE | |
| e | 4,2 | 1 Person | 12 Monate | 12 PE | |
| f | 5 | 1 Person | 12 Monate | 12 PE | |
| g | 6 | 2 Personen | 12 Monate | 24 PE | |
| h | 7,1 | 1 Person | 10 Monate | 10 PE | bis 31. 5. 09 |
| i | 7,2 | 1 Person | 2 Monate | 2PE | ab 1. 6. 09 |
| j | 8 | 1 Person | 11 Monate | 11 PE | ab 1. 9. 08 |
| | 9,1 | 1 Person | 0 Monate | 0 PE | |
| k | 9,2 | 1 Person | 12 Monate | 12 PE | |
| | | | | 119 PE | |

| | 2008 | 2009 |
|---|---|---|
| Grundsteuer | 314,95 EUR | 314,95 EUR |
| Straßenreinigung | 146,16 EUR | 146,16 EUR |

|  | 2008 | 2009 |
|---|---|---|
| Abwasser beb. Fläche | 210,54 EUR | 215,76 EUR |
| Wohngebäudeversicherung | 573,68 EUR | 593,46 EUR |
| Haushaftpflichtversicherung | 408,29 EUR | 428,70 EUR |
| Müllabfuhr | 896,30 EUR | 914,43 EUR |
| Schmutzabwasser | 904,40 EUR | 785,07 EUR |
|  | je $^5/_{12}$ | je $^7/_{12}$ |

## Anmerkungen:

Das Anschreiben wurde hier nicht wiedergegeben, es wird auf die Abrechnung unter Nr. 3 verwiesen.

Im vorliegenden Fall wurde als Abrechnungsjahr der Zeitraum 1. 8. bis 31. 7. des Folgejahres gewählt, Grund hierfür war der Zeitraum der Jahresabrechnung Gas für die Heizkostenabrechnung. Für die umzulegenden Betriebskosten ergibt sich unter Zugrundelegung des Leistungsprinzips die Notwendigkeit, alle Betriebskostenarten aufzuteilen, die für das Kalenderjahr in Rechnung gestellt werden. Das sind hier die meisten Betriebskosten.

Die Abrechnung erfasst den Zeitraum 1. 8. 2008 bis 31. 7. 2009. Die Betriebskosten sind also, soweit nicht mit diesem Abrechnungszeitraum identisch, aus zwei Jahren anteilig in die Abrechnung aufzunehmen. Dabei ist die Rspr. des BGH zu berücksichtigen, dass beim Ansatz von Teilbeträgen in der Abrechnung oder im Anschreiben zu erläutern und zu berechnen ist, wie dieser Anteil berechnet worden ist. Wenn dies nicht beachtet wird, leidet die Abrechnung unter einem formalen Mangel (BGH NZM 2009, 78). Im vorliegenden Fall wurden die vollen Beträge für 2008 und 2009 am Ende der Abrechnung angegeben, darunter steht dann, in welcher Höhe hiervon der Anteil für 2008 (je $^5/_{12}$) bzw 2009 (je $^7/_{12}$) in der Abrechnung angesetzt worden ist. Die Abrechnung wird durch das vom Kalenderjahr abweichende Abrechnungsjahr allerdings sehr umfangreich.

Bei der Ermittlung der PE wurde für dieses Buch auf die Angabe der Mieternamen verzichtet, im Original sind alle Mieternamen angegeben. Die Ordnungsziffern 1, 2, 3, 1, 3, 2 ...... rechts neben den Mieternamen verweisen lediglich auf die vom Vermieter vorgenommene Durchnummerierung der Wohnungen.

Auch in dieser Aufstellung ist z. B. unter dem Mieternamen i = Wohnung 8 ein Leerstand von 1 Monat zu erkennen (August 2008), der nicht zu Lasten des Vermieters berücksichtigt wurde. Wer hier ganz sicher gehen will, berechnet zu Lasten des Vermieters für diesen 1 Monat 1 PE.

# 5. Teilgewerbliche Betriebskosten

......

(Vermieter)[1]

an

......

(Mieter)[1]

Sehr geehrte(r) ......,

als Anlage überreiche ich Ihnen die Abrechnung der Betriebskosten Heizkosten für das Jahr 2008[2] ......

Zum Umlagemaßstab gebe ich folgende Erläuterungen:[3]

Die Grundsteuer[4] wird nach dem Verhältnis der Teileinheitswerte für Wohnungen und Gewerberäume umgelegt, innerhalb der jeweiligen Gruppe dann nach Wohnfläche bzw. Nutzfläche.

Für die Hallen hinter dem Wohnhaus ist ein eigener Grundsteuerbescheid vorhanden.

Der Wasserverbrauch[5] wird hausbezogen umgelegt. Sowohl Haus A wie Haus B haben eine eigene Wasseruhr.

Beim Haus A wird vorab der über den Wasserzwischenzähler für die Gaststätte ermittelte tatsächliche Verbrauch an Wasser abgezogen, der Restbetrag wird auf die Mieter des Hauses A nach Personeneinheit umgelegt.

Der Wasserverbrauch für Haus B wird unter Einschluss der beiden Hallen nach Personeneinheiten umgelegt. Für die beiden Hallen sind pro Monat jeweils ½ Person angesetzt.

Die Abwassergebühr wird für beide Häuser + Hallen einheitlich nach dem Gesamtwasserverbrauch festgesetzt. Die Aufteilung erfolgt nach dem jeweiligen Verhältnis des Wasserverbrauchs der Häuser A und B, der Wasserverbrauch der Gaststätte wird besonders angegeben.

Die Wohngebäudeversicherung[6] für die Häuser A + B enthält einen besonderen Prämienanteil für die Gaststätte. Dieser Anteil wird nur der Gaststätte belastet, der Rest wird auf Wohn- und Nutzfläche umgelegt. Die Glasversicherung erfasst nur die Schaufenster der Gewerbebetriebe.

Für die Hallen gibt es eine eigenständige Wohngebäudeversicherung.

Die aus der Abrechnung ersichtliche Nachforderung überweisen Sie bitte bis zum ...... auf das Mietkonto. Die der Abrechnung zugrunde liegenden Rechnungen sind bei mir nach vorheriger telefonischer Terminsabsprache einsehbar.

......

(Vermieter)

## Abrechnung der Betriebskosten 2008
### Bergisch-Gladbacher-Str. 31–33

| Zimmermann | Betrag | Basisjahr 2006 | umlegbar | Fläche gesamt qm | Wohn-fläche qm | Anteil |
|---|---|---|---|---|---|---|
| Grund-steuer | 4.857,21 EUR | 4.857,21 EUR | 0,– EUR | 701,57 | 67,81 | 0,– EUR |
| Müll-abfuhr | 3.608,40 EUR | 0,– EUR | 3.608,40 EUR | 898,04 | 67,81 | 272,47 EUR |
| Straßen-reinigung | 817,68 EUR | 0,– EUR | 817,68 EUR | 1821,95 | 67,81 | 30,43 EUR |
| Allge-meinstrom | 118,21 EUR | 0,– EUR | 118,21 EUR | 1121,95 | 67,81 | 7,14 EUR |
| Glasver-sicherung | 849,60 EUR | | 849,60 EUR | 420,38 | 0 | 0,– EUR |
| Wohnge-bäude | 3.491,78 EUR | 3.491,78 EUR | 0,– EUR | 898,04 | 67,81 | 0,– EUR |
| Haushaft-pflicht | 793,45 EUR | 793,45 EUR | 0,– EUR | 1821,95 | 67,81 | 0,– EUR |
| Schorn-steinfeger | 227,52 EUR | 131,91 EUR | 95,61 EUR | 1121,95 | 67,81 | 5,78 EUR |
| Abwasser beb. Fläche | 3.583,92 EUR | 0,– EUR | 3.583,92 EUR | 1821,95 | 67,81 | 133,39 EUR |
| Immissi-onsmes-sung | | | | | | 41,10 EUR |
| Frisch-wasser | 2.720,66 EUR | 0,– EUR | 2.720,66 EUR | 228 | 12 | 143,19 EUR |
| Abwasser | 2.402,81 EUR | 0,– EUR | 2.402,81 EUR | 228 | 12 | 126,46 EUR |
| Treppen-hausreini-gung | 2.088,– EUR | 0,– EUR | 2.088,– EUR | 446,24 | 0 | 0,– EUR |
| Haus-meister | 720,– EUR | 0,– EUR | 720,– EUR | 1121,95 | 67,81 | 43,52 EUR |
| Fläche Wohn-raum | 701,57 qm | | bei Wasser und Abwasser | | | |
| Gewerbe Haus | 196,47 qm | | Umlageschlüssel PE (siehe Anlage) | | | |
| Gaststätte | 223,91 qm | | | | | |
| insgesamt | 1121,95 qm | | | | | |
| | | | Zwischensumme | | | 803,48 EUR |
| Hallen | 700,00 qm | | Heizkosten laut Abrechnung | | | 568,20 EUR |
| | | | Gesamtbelastung | | | 1.371,68 EUR |
| | | | Vorauszahlung | | | –1.920,– EUR |
| | | | Guthaben | | | – 548,32 EUR |

Aufteilung Grundsteuer nach Teileinheitswerten auf Wohnraum/Gewerbe wie folgt:

| Einheitswert Gewerbe | 19.575 | 38,34852% | | 3.021,29 EUR |
|---|---|---|---|---|
| dito für Wohnraum | 31.470 | 61,65147% | | 4.857,21 EUR |
| Einheitswert gesamt | 51.045 | 100% | Grundsteuer: | 7.878,50 EUR |
| Hallen: eigener Grundsteuerbescheid | | | | |

Aufteilung Wasser wie folgt:

31–33 : Gaststätte nach tatsächlichem Verbrauch (Ablesung Wasserzwischenzähler) Wohnraum Restbetrag nach Personenzahl
31–33 und Hallen: Umlage nach Personenzahl

| Wasser 31–33 | | 226 cbm | 610,76 EUR |
|---|---|---|---|
| davon: | | | |
| Verbrauch Gaststätte | | 88 cbm | 237,82 EUR |
| Verbrauch Wohnraum | | 138 cbm | 372,94 EUR |

Aufteilung Abwasser nach Wasserverbrauch der Häuser 31–33, Umlage nach Personenzahl

| Abwasser gesamt | | | 3.024,30 EUR |
|---|---|---|---|
| Gaststätte 31 | 88 cbm | 8% | 241,94 EUR |
| 31–33 | 138 cbm | 12,55% | 379,55 EUR |
| 31–33 und Hallen | 874 cbm | 79,45% | 2.402,81 EUR |

Aufteilung Versicherungen wie folgt:

| Haftpflichtversicherung: | ohne Besonderheit einschließlich Hallen | |
|---|---|---|
| Wohngebäudeversicherung: | für die Häuser ohne Hallen | 5.453,35 EUR |
| | ./. Prämienzuschlag Gaststätte 35,97% | – 1.961,57 EUR |
| | verbleiben für die Häuser | 3.491,78 EUR |

## Anmerkungen

**1.** Siehe Form. C. X. 1 Anm. 1.

**2.** Siehe Form. C. X. 1 Anm. 2.

**3.** Die **örtliche Situation** dieses Wohnhauses ist komplex. Es besteht aus zwei Häusern auf einem Grundstück. Im Haus A befindet sich im EG eine Gaststätte, im Haus B befinden sich im EG 3 Läden. In den Obergeschossen beider Häuser befinden sich Mietwohnungen. Hinter dem Haus auf einem großen Hof stehen zwei Hallen, die als Verkaufslager bzw. als Produktionsstätte für einen Handwerksbetrieb genutzt werden. Es ergeben sich daraus erhebliche Schwierigkeiten für die Abrechnung.

Bei den **Betriebskostenarten,** die nicht oder nicht ohne weiteres nach Fläche umgelegt werden, ist anzugeben, nach welchem besonderen Maßstab umgelegt wird. Diese Angaben müssen im Anschreiben, in der Abrechnung selbst oder auf einem besonderen Beiblatt erfolgen. Nur bei Angabe dieser besonderen Umlagemaßstäbe kann der Mieter die Abrechnung verstehen und nachvollziehen. Es reicht allerdings nicht aus, die besonderen Umlagemaßstäbe nur anzugeben, es ist außerdem erforderlich, nach diesen besonderen Umlagemaßstäben den Anteil für die Wohnungen, das Gewerbe und die Gaststätte konkret zu berechnen. Im vorliegenden **Beispiel** sind die Erläuterungen und Berechnungen für die besonderen Umlagemaßstäbe in das Abrechnungs-Anschreiben aufgenommen worden.

Die **teilgewerbliche Nutzung** eines Grundstückes hat die Rspr. von jeher im Rahmen der Abrechnung von BK beschäftigt. In Anlehnung an die Vorgaben des Sozialen Wohnungsbaus in § 20 NMVO wurde verlangt, dass die Kosten, die für die gewerblich genutzten Flächen anfallen, vorab auszusondern sind. Wurde das nicht getan, wurde die Abrechnung als formal nicht ordnungsgemäß verworfen (AG Aachen WuM 2005, 720; LG Hamburg ZMR 2001, 970; LG Berlin WuM 2001, 412; AG Rathenow WuM 2006, 149; AG Leipzig WuM 2006, 96). Diese Rspr war im Hinblick auf die ab 1. 9. 2001 bestehende Ausschlussfrist misslich. Der BGH hat diese Entscheidungspraxis inzwischen verworfen (BGH Urt. v. 8. 3. 2006, NJW 2006, 1419). Für den freien Wohnungsbau verneint er eine entsprechende Anwendung des § 20 NMVO. Ein Vorwegabzug der auf die Gewerbeflächen entfallenden Kosten ist danach nicht notwendig, wenn diese Kosten nicht zu einer ins Gewicht fallenden Mehrbelastung der Wohnraummieter führen (unter Hinweis auf LG Düsseldorf DWW 1990, 240; LG Frankfurt am Main NZM 1998, 434; LG Braunschweig ZMR 2003, 114 f.; zur Beweislast BGH WuM 2006, 684 = NZM 2007, 83 und BGH Urt. v. 11. 8. 2010 – VIII ZR 45/10 – BeckRS 2010, 20508.

Bei dem vorliegenden Abrechnungsbeispiel wurde entsprechend § 20 NMVO abgerechnet. Bei den nachfolgend erläuterten BK-Arten wird überprüft, ob auch eine Abrechnung nach den Grundsätzen dieses BGH-Urteils möglich wäre.

**4. Grundsteuer:** Bei Wohnhäusern mit teilgewerblicher Nutzung ist die Grundsteuer nicht nach Wohnfläche, sondern nach Teileinheitswerten umzulegen (LG Frankfurt ZMR 1997, 642) Diese Aufteilung beruht auf folgender Grundlage:

Die Grundsteuer ist das Produkt von Steuermessbetrag und Hebesatz. Der Hebesatz wird vom Rat der jeweiligen Kommune durch Satzung festgesetzt. Der Steuermessbetrag wird dagegen vom Finanzamt des belegenen Grundbesitzes gemäß den Vorschriften des Bewertungsgesetzes (Beck-Verlag Textsammlung Steuergesetze Nr. 200) ermittelt und festgesetzt. Maßgebend hierfür ist der Einheitswert. Dieser beruht auf den Mieteinnahmen des Objekts. Die Grundlage zur Festsetzung der Grundsteuer ist also letztlich die Mieteinnahme des Objekts. Und hierbei werden, da verschiedene Bewertungszahlen für Wohnraum und gewerbliche Nutzung vorhanden sind, entsprechende Teileinheitswerte vom Finanzamt festgesetzt. Nach dem Verhältnis dieser Teileinheitswerte zum Gesamteinheitswert kann dann die Grundsteuer auf Wohnraum und Gewerbe aufgeteilt werden. Im obigen konkreten Fall ergibt sich aus dem Einheitswertbescheid des Finanzamtes ein Gesamteinheitswert von 51.045,–, unterteilt in 19.575,– für den Wohnraum und 31.470,– für den Gewerberaum. Entsprechend dem prozentualen Verhältnis dieser Teileinheitswerte ist dann auch die Grundsteuer aufgeteilt worden.

Abrechnung nach BGH-Urteil: Grundsteuer gesamt 7.878,50 EUR; Gesamtfläche des Hauses ohne Hallen (hier eigener Grundsteuerbescheid) 1.122,95 qm, davon gewerblich genutzt 420,38 qm, ergibt einen Anteil von 2.949,34 EUR (gegenüber 3.021,29 EUR bei Abrechnung nach Teileinheitswerten). Der Unterschied ist minimal, es darf also auch nach Fläche abgerechnet werden.

**5. Wasser und Abwasser:** Die Gaststätte verbraucht im Gegensatz zu den Wohnungen sehr viel mehr Wasser ihr Wasserverbrauch wird über einen Zwischenzähler gesondert ermittelt. Der für den Verfasser nicht nachvollziehbare Streit, ob dies überhaupt zulässig ist, ist vom BGH abschließend zustimmend entschieden worden (BGH NZM 2010, 195

= NJW-RR 2010, 515: zweifelnd Langenberg NZM 2010, 186). Das gilt auch für andere wasserintensive Gewerbe, z. B. Wäschereien, Restaurants oder Hotels. Wenn die gesonderte Ermittlung durch einen geeichten Wasserzwischenzähler erfolgt, kann damit der exakte Verbrauch des Gewerbes bestimmt werden. Für normale, also nicht wasserintensive Gewerbe darf dagegen der Umlagemaßstab angewandt werden, der auch für Wohnraum gilt, also Fläche oder PE. Da im konkreten Beispiel ansonsten kein wasserintensives Gewerbe vorliegt, erfolgt die Umlage für Wohnungen und sonstige Gewerbe einheitlich nach PE. Die Liste, aus der sich die einzelnen PE pro Mieter ergeben, ist der Abrechnung nicht beizufügen, der Mieter hat aber Anspruch auf Auskunft über die Zusammensetzung. Es dürfte sich deshalb empfehlen, diese PE-Liste immer sofort der Abrechnung beizufügen oder zum Bestandteil der Abrechnung zu machen.

Die Abwassergebühr wird für das gesamte Grundstück einheitlich durch einen Bescheid festgesetzt. Daher muss Abwasser – Schmutzwasser – nach dem Verhältnis des Frischwasserverbrauchs der beiden Häuser zueinander aufgeteilt werden, wobei die Gaststätte direkt gesondert berücksichtigt wurde. Abwasser bebaute Fläche wird dagegen, da nicht verbrauchsbezogen, nach Gesamtnutzfläche umgelegt.

Abrechnung nach BGH-Urteil: Da für die Gaststätte ein Wasserzwischenzähler vorhanden ist, hat hierfür eine konkrete verbrauchsbezogene Abrechnung zu erfolgen (BGH Urt. v. 31. 5. 2006 WuM 2006, 440!). Eine andere Abrechnung für die Gaststätte ist damit nicht zulässig. Für den restlichen Gewerberaum kann der Vermieter dagegen zwischen dem Umlagemaßstab Fläche oder einem verbrauchsbezogenen Maßstab (hier PE) wählen.

**6.** Versicherungsbeiträge: Bei gemischt genutzten Gebäuden ergeben sich oft Prämienzuschläge für bestimmte gewerbliche Nutzungen. Bei der vorhandenen Gaststätten-Nutzung der EG-Räume im Haus A ist das der Fall, die Versicherungsgesellschaft hat bei der Wohngebäudeversicherung für die Gaststätte einen Prämienanteil von 35,97% der Gesamtprämie berechnet, das sind bei einem Versicherungsbeitrag von 5.453,35 DM immerhin 1.961,57 DM nur für die Gaststätte (prozentualer Anteil der Gaststätte an der Gesamtmietfläche: 19,94%). Dieser Anteil darf nur dem Gaststättenpächter in Rechnung gestellt werden (siehe LG Berlin GE 1991, 935; AG Köln WM 1997, 648). Der restliche Prämienanteil wird nach Fläche auf die Wohnungen und die anderen Gewerbe im Haus B umgelegt. Für die Hallen gibt es eine eigene Versicherung.

Abrechnung nach BGH-Urteil: Der Prämienanteil der Gaststätte (35,97%) ist im Vergleich zum prozentualen Verhältnis ihrer Fläche zur Gesamtfläche (223,91 qm zu 1.122,95 qm = 19,94%) wesentlich höher, daher Umlage nach Fläche nicht zulässig.

Glasversicherung: Diese fällt nur für die Schaufenster der Gewerbe an, wird deshalb nicht auf Wohnungsmieter umgelegt.

Abrechnung nach BGH-Urteil: nicht möglich, da diese Versicherung ausschließlich für Gewerbefensterflächen anfällt.

**7.** Der Mieter bezahlt eine Teilinklusivmiete, sodass bei einigen Betriebskosten auch die Basiswerte anzugeben waren.

## 6. Betriebskosten nach Quadratmetern unter Berücksichtigung von Garagen, Hausmeister und Aufzug

......

(Vermieter)[1]

an

......

(Mieter)[1]

Sehr geehrte(r) ......,

als Anlage überreiche ich Ihnen die Abrechnung[2] der Betriebskosten für das Jahr 2008.[2] Auf dem Hof des Hauses befinden sich 6 Garagen. Diese haben weder Strom- noch Wasseranschluss. Das Haus hat einen Aufzug, es ist ein Hausmeister vorhanden.

Es ergibt sich für Sie eine Nachzahlung in Höhe von 776,56 EUR. Diesen Betrag überweisen Sie bitte bis zum ...... auf das Mietkonto. Die der Abrechnung zugrunde liegenden Rechnungen sind bei mir nach vorheriger Terminsabsprache einsehbar.

......

(Vermieter)

BK-Abrechnung 2008
Pommernstr. 220

|  | Kosten in EUR | Verteiler- schlüssel gesamt | Verteiler- schlüssel Wohnung | Ihr Anteil |
|---|---|---|---|---|
| Strom | 1.222,23 | 978,75 qm | 87,28 qm | 108,99 EUR |
| Frischwasser | 6.451,41 | 978,75 qm | 87,28 qm | 679,10 EUR |
| Gebäudeversicherung | 5.045,20 | 456 PE | 48 PE | 449,91 EUR |
| Haftpflichtversicherung | 640,80 | 978,75 qm | 87,28 qm | 57,14 EUR |
| Abfall | 7.046,40 | 978,75 qm | 87,28 qm | 628,36 EUR |
| Schmutzwasser | 6.018,03 | 456 PE | 48 PE | 633,48 EUR |
| Abwasser bebaute Fläche | 2.298,30 | 978,75 qm | 87,28 qm | 204,95 EUR |
| Straßenreinigung | 0,– | 978,75 qm | 87,28 qm | 0,– EUR |
| Hauswart | 4.015,80 | 978,75 qm | 87,28 qm | 358,11 EUR |
| Gartenpflege | 2.810,40 | 978,75 qm | 87,28 qm | 250,62 EUR |
| Hausreinigung | 3.393,16 | 978,75 qm | 87,28 qm | 302,58 EUR |
| Wartung Aufzug | 4.477,01 | 978,75 qm | 87,28 qm | 399,24 EUR |
| Wartung Feuerschutz | 304,17 | 978,75 qm | 87,28 qm | 27,12 EUR |

| | Kosten in EUR | Verteilerschlüssel gesamt | Verteilerschlüssel Wohnung | Ihr Anteil |
|---|---|---|---|---|
| Grundsteuer | 1.087,35 | 978,75 qm | 87,28 qm | 96,96 EUR |
| Ihr Anteil | | | | 4.196,56 EUR |
| Ihre Vorauszahlung | | | | 3.420,– EUR |
| Nachzahlung | | | | 776,56 EUR |

Grundsteuer: Aufteilung auf Wohnraum und Garagen nach Teileinheitswerten

| Wohnungen | 2480 | 91,99% | 1.087,35 EUR |
|---|---|---|---|
| Garagen | 216 | 8,01% | 94,68 EUR |
| Gesamt | 2696 | 100% | 1.182,03 EUR |

Wohngebäudeversicherung: Aufteilung auf Wohnraum und Garagen
Prämienanteil

| Wohnungen | | 94% | 5.045,20 EUR |
|---|---|---|---|
| Garagen | | 6% | 322,03 EUR |
| Gesamt | | 100% | 5.367,23 EUR |

| Aufzugskosten: | | insgesamt | 5.739,76 EUR |
|---|---|---|---|
| | Abzug Instandhaltungpauschale | 22% | – 1.262,75 EUR |
| | reine Wartungskosten | | 4.477,01 EUR |

| Hauswart: | | insgesamt | 7.301,45 EUR |
|---|---|---|---|
| | Abzug für Verwaltung+Reparaturen | | – 3.285,65 EUR |
| | umlegbare Kosten | | 4.015,80 EUR |

als Anlage Aufstellung der Mieter mit Berechnung der PE

## Anmerkungen

**1.** Siehe Form. bei C. X. 1 Anm. 1.

**2.** Siehe Form. bei C. X. 1 Anm. 2.

**3. Grundsteuer:** Die Mieteinnahmen der Garagen sind bei der Festsetzung des Einheitswertes vom Finanzamt berücksichtigt worden, es liegen Teileinheitswerte vor, sodass die Grundsteuer nach Teileinheitswerten verteilt werden kann. Liegen dagegen keine Teileinheitswerte vor, hat der Vermieter ein Problem. Welchen Umlagemaßstab hat er nun zu wählen? In Betracht kommen: Fläche, Mieteinnahmen. Der Vermieter hat den Umlagemaßstab nach billigem Ermessen festzulegen (§ 315 BGB). Er kann sich also für einen der beiden Umlagemaßstäbe entscheiden. Unbillig sind beide Umlagemaßstäbe jedenfalls nicht, denn Fläche setzt die Garagenflächen den Wohnflächen gleich (und entspricht dem Umlagemaßstab des § 556a BGB), Mieteinnahmen kommt der Umlage nach Teileinheitswerten nahe.

**4. Versicherungsbeiträge:** Im obigen Beispiel erfolgt die Aufteilung entsprechend der von der Versicherungsgesellschaft festgelegten Prämienanteile. Es gibt allerdings auch Wohngebäudeversicherungen, bei denen die Garagen prämienfrei mitversichert sind. In diesem Fall sind die Garagen nicht anteilig zu berücksichtigen.

**5. Aufzug:** Üblich ist der Abschluss eines Vollwartungsvertrages mit der Firma, die den Aufzug geliefert und eingebaut hat. Solche Verträge umfassen folgende Arbeiten: regelmäßige Wartung der Anlage, Vorbereitung der jährlich notwendigen TÜV-Überprüfung, Durchführung von Kleinreparaturen anlässlich der Wartung, Notdienst bei plötzlichem Ausfall des Aufzuges. Dieser Arbeitsumfang enthält nicht allein Betriebskosten-Arbeiten (= Wartung und Vorbereitung TÜV), sondern auch Reparaturarbeiten. Die Kosten des Vollwartungsvertrages dürfen deshalb nicht in voller Höhe als Betriebskosten umgelegt werden. Die meisten Aufzugfirmen geben den Instandhaltungsanteil ihrer Vollwartungsverträge mit 22% oder mehr an. Im konkreten Fall hat die Aufzugfirma einen Anteil von 22% angegeben.

**6. Hausmeister:** Man sollte sich zunächst Ziffer 14 der BetrKV ansehen. Geregelt ist dort zunächst, was alles zu den Kosten des Hausmeisters gehört (Lohn, Lohnnebenkosten etc). In einer Negativabgrenzung wird sodann der abrechnungsfähige Arbeitsumfang beschrieben, der Hausmeister darf danach keine Arbeiten für Instandhaltung, Instandsetzung, Erneuerung, Schönheitsreparaturen oder Hausverwaltung ausführen. Eine positive Abgrenzung fehlt, d.h. welche Arbeiten des Hausmeisters als umlagefähige Betriebskosten-Arbeiten anzusehen sind, wird nicht angegeben. Der Hinweis allerdings auf die Ziffern 2 bis 10 gibt einen genügenden Hinweis. Umlagefähig als Betriebskosten sind solche Arbeiten des Hausmeisters, die mit den Betriebskosten nach den Ziffern 2 bis 17 zu tun haben. Damit ist die Frage, ob die Kosten des Hausmeisters umlagefähig sind, durch Überprüfung des Hausmeistervertrages zu beantworten. Dieser regelt, was der Hausmeister für den Vermieter zu tun hat und welche Vergütung er hierfür bekommt. Viele solcher Verträge enthalten eine Vielzahl von Aufgaben, ohne eine Unterscheidung zwischen Betriebskosten-Arbeiten, Reparaturarbeiten oder Verwaltungsarbeiten zu machen. Meist wird für die Gesamtheit der zu erbringenden Arbeiten ein Gesamtlohn vereinbart. Jede Unklarheit über den Anteil von Betriebskosten-Arbeiten an den insgesamt übertragenen Arbeiten geht zu Lasten des Vermieters. Dieser wird den Umfang der Arbeiten und die Einordnung unter die verschiedenen Bereiche darzulegen haben und nachweisen müssen. Das ist allerdings nicht im Rahmen der BK-Abrechnung notwendig. Wohl aber muss angegeben werden, ob die Vergütung des Hausmeisters voll oder zu welchem prozentualen Anteil umgelegt wird. Es bleibt dann notfalls dem Gericht überlassen, ob die vom Vermieter vorgenommene Aufteilung billig ist (§ 315 BGB). Vermieter sollten verstärkt darauf achten, dass in einem Hausmeister-Vertrag streng unterschieden wird zwischen Betriebskostenarbeiten (die im Einzelnen aufzuführen sind) und den anderen Tätigkeiten, und es sollte für die BK-Arbeiten ein eigener Lohn oder Lohnanteil vereinbart werden. Anderenfalls können Abschläge von 50% und mehr durch das Gericht drohen.

**7.** Im vorliegenden Fall sind neben Hausmeister-Kosten außerdem **Kosten für Hausreinigung und Gartenpflege** angesetzt. Führt der Hausmeister diese Arbeiten durch, ist eine Trennung nicht zulässig (entsprechend Ziffer 14). Vorliegend erfolgt die Treppenhausreinigung durch eine Putzfrau, die Gartenpflege durch ein Gartenbauunternehmen. Deshalb sind die Kosten getrennt von der Hausmeister-Vergütung abzurechnen.

## 7. Betriebskosten einer Eigentumswohnung
## (Abrechnung des Verwalters gegenüber dem
## Wohnungseigentümer)

......
(Verwalter)[1]

an

......
(Eigentümer)[1]

Sehr geehrte(r) ......,

als Anlage überreiche ich Ihnen die Wohngeldabrechnung für das Jahr 2009,[2] die Abrechnung der Instandhaltungsrücklage sowie den Wirtschaftsplan für das Jahr 2010. Zur Eigentümerversammlung lade ich Sie ein auf Freitag, den 28. 6. 2010, 19.00 Uhr im Hobbyraum der Wohnanlage mit folgender Tagesordnung: (es folgen die TOP)

......
(Verwalter)

Wohngeldabrechnung
2009
WEG Adamstr. 2

| Kostenart | Gesamtkosten | Mieteigen-tumsanteile gesamt | Miteigen-tumsanteile Wohnung | Kostenanteil |
|---|---|---|---|---|
| Straßenreinigung | 469,88 EUR | 10.000 MEA | 942,76 MEA | 44,30 EUR |
| Abfall | 2.410,73 EUR | 10.000 MEA | 942,76 MEA | 227,27 EUR |
| Abwasser bebaute Fläche | 213,28 EUR | 10.000 MEA | 942,76 MEA | 20,11 EUR |
| Allgemeinstrom | 177,22 EUR | 10.000 MEA | 942,76 MEA | 16,71 EUR |
| Treppenhausreini-gung | 1.665,60 EUR | 10.000 MEA | 942,76 MEA | 157,03 EUR |
| Gartenpflege | 1.782,51 EUR | 10.000 MEA | 942,76 MEA | 168,05 EUR |
| Schädlingsbekämp-fung | 115,23 EUR | 10.000 MEA | 942,76 MEA | 10,86 EUR |
| Hausmeister | 1.570,80 EUR | 10.000 MEA | 942,76 MEA | 148,09 EUR |
| Versicherung | 904,51 EUR | 10.000 MEA | 942,76 MEA | 85,27 EUR |
| Kabelgebühren | 1.217,80 EUR | 13 Whg | 1 Whg | 93,68 EUR |
| Wartung Sprinkler-anlage | 341,87 EUR | 10.000 MEA | 942,76 MEA | 32,23 EUR |

| Kostenart | Gesamtkosten | Mieteigentumsanteile gesamt | Miteigentumsanteile Wohnung | Kostenanteil |
|---|---|---|---|---|
| Heizkosten, Wasser, Abwasser Schmutzwasser | 6.978,09 EUR | Sonderabrechnung Minol | | 384,36 EUR |
| Beiratversicherung | 115,61 EUR | 10.000 MEA | 942,76 MEA | 10,90 EUR |
| Beiratvergütung | 225,– EUR | 10.000 MEA | 942,76 MEA | 21,21 EUR |
| Reparaturen | 1.566,95 EUR | 10.000 MEA | 942,76 MEA | 147,73 EUR |
| Rechts- und Beratungskosten | 681,27 EUR | 10.000 MEA | 942,76 MEA | 64,23 EUR |
| Verwaltervergütung | 3.178,02 EUR | 13 Whg | 1 Whg | 244,46 EUR |
| Sonstige Kosten | 435,87 EUR | 10.000 MEA | 942,76 MEA | 41,09 EUR |
| Bankgebühren | 148,49 EUR | 10.000 MEA | 942,76 MEA | 14,– EUR |
| Instandhaltungsrücklage | 2.045,17 EUR | 10.000 MEA | 942,76 MEA | 192,81 EUR |
| Anteil 2009 | | | | 2.124,38 EUR |
| gezahltes Wohngeld 2009 | | | | 2.072,42 EUR |
| Nachzahlung | | | | 51,96 EUR |

## Anmerkungen

**1.** Siehe Form. C. X. 1 Anm. 1.

**2.** Siehe Form. C. X. 1 Anm. 2 mit folgendem **Zusatz:** In der Regel bestimmt der Vertrag mit dem Verwalter, innerhalb welchen Zeitraums nach Abschluss des Wirtschaftsjahres er über die Kosten und Einnahmen der WEG abzurechnen hat. Eine gesetzliche Vorgabe gibt es aber nicht. Wenn allerdings Wohnungen vermietet sind, muss sich der Verwalter an der Abrechnungsfrist des § 556 Abs. 3 BGB orientieren und die Abrechnung so frühzeitig geben, dass der vermietende Eigentümer seinerseits innerhalb der Jahresfrist die Abrechnung gegenüber seinem Mieter fertig stellen kann. Berücksichtigt der Verwalter diese Abrechnungsfrist des vermietenden Eigentümers nicht, können Schadensersatzansprüche auf ihn zukommen.

**3.** Der **WEG-Verwalter** hat sämtliche Kosten des Objekts nach den Vorgaben der Teilungserklärung auf die Wohnungseigentümer umzulegen. In seiner Abrechnung befinden sich also auch Kosten, die keine Betriebskosten gemäß Betrk-VO sind. Der Umlagemaßstab wird dabei ebenfalls von der Teilungserklärung bestimmt, falls dort keine anderweitige Regelung vorhanden ist, ist nach MEA = Miteigentumsanteilen umzulegen. Abzurechnen und umzulegen sind vom Verwalter alle Kosten, die im Abrechnungsjahr bezahlt worden sind (Abflussprinzip), mit Ausnahme der Heizkosten, für deren Abrechnung der tatsächliche Verbrauch im Abrechnungsjahr (und damit das Leistungsprinzip) zwingend vorgeschrieben ist.

## 8. Betriebskosten einer Eigentumswohnung
## (Abrechnung des Wohnungseigentümers gegenüber dem Mieter)

......

(Vermieter)[1]

an

......

(Mieter)[1]

Sehr geehrte(r) ......,

als Anlage überreiche ich Ihnen die Abrechnung[3] der Betriebskosten für das Jahr
2009.[2] Es ergibt sich für Sie ein Guthaben in Höhe von 469,07 EUR. Diesen Betrag
überweise ich Ihnen uf Ihr Konto. Die der Abrechnung zugrunde liegenden Rechnungen sind nach vorheriger Terminsabsprache beim Verwalter einsehbar.

......

(Vermieter)

BK-Abrechnung
2009
WEG Adamstr. 2
Wohn 2. OG links

| Kostenart | Gesamtkosten | Mieteigen-tumsanteile gesamt | Miteigen-tumsanteile Wohnung | Kostenanteil |
|---|---|---|---|---|
| Straßenreinigung | 469,88 EUR | 10.000 MEA | 942,76 MEA | 44,30 EUR |
| Abfall | 2.410,73 EUR | 10.000 MEA | 942,76 MEA | 227,27 EUR |
| Abwasser bebaute Fläche | 213,28 EUR | 10.000 MEA | 942,76 MEA | 20,11 EUR |
| Allgemeinstrom | 177,22 EUR | 10.000 MEA | 942,76 MEA | 16,71 EUR |
| Treppenhausreini-gung | 1.665,60 EUR | 10.000 MEA | 942,76 MEA | 157,03 EUR |
| Gartenpflege | 1.782,51 EUR | 10.000 MEA | 942,76 MEA | 168,05 EUR |
| Schädlingsbekämp-fung | 115,23 EUR | 10.000 MEA | 942,76 MEA | 10,86 EUR |
| Hausmeister | 1.570,80 EUR | 10.000 MEA | 942,76 MEA | 148,09 EUR |
| Versicherung | 904,51 EUR | 10.000 MEA | 942,76 MEA | 85,27 EUR |
| Kabelgebühren | 1.217,80 EUR | 13 Whg | 1 Whg | 93,68 EUR |
| Wartung Sprinkler-anlage | 341,87 EUR | 10.000 MEA | 942,76 MEA | 32,23 EUR |

| Kostenart | Gesamtkosten | Mieteigen-tumsanteile gesamt | Miteigen-tumsanteile Wohnung | Kostenanteil |
|---|---|---|---|---|
| Heizkosten, Wasser, Abwasser Schmutz-wasser | 6.978,09 EUR | Sonderabrechnung Minol | | 384,36 EUR |
| Grundsteuer | 215,40 EUR | 942,77 MEA | 942,76 MEA | 215,40 EUR |
| Anteil 2009 | | | | 1.603,35 EUR |
| gezahltes Wohngeld 2009 | | | | 2.072,42 EUR |
| Guthaben | | | | – 469,07 EUR |

## Anmerkungen

**1.** Siehe Form. C. X. 1 Anm. 1.

**2.** Siehe Form. C. X. 1 Anm. 2.

**3.** Im Gegensatz zum Verwalter darf der **Wohnungseigentümer** gegenüber dem in sei-ner Wohnung lebenden Mieter nur Betriebskosten im Sinne der BetrK-VO umlegen, so-weit deren Umlage im Mietvertrag vereinbart ist. Auf den Mieter nicht umlegbar sind die Kosten für Verwaltung, Kontoführung, Reparaturen, Instandhaltungsrücklage. Umlage-maßstab sind auch hier die MEA der Wohnung. Wenn dies auch so im Mietvertrag ver-einbart ist, gibt es auch keine Probleme disbezüglich. Wenn der Mietvertrag aber die Umlage nach Wohnfläche vorsieht, so ist nach wie vor ungeklärt, ob der vermieter dann nach Wohnfläche oder wie der verwalter nach MEA abzurechen hat. Diesseits wird die Auffassung vertreten, dass der Vermieter nicht nach Wohnfläche abrechnen kann, weil ihm nur 1 Wohnung im Haus gehört und die Gesamtwohnfläche möglicherweise gar nicht bekannt ist. Auch wenn die Gesamtwohnfläche bekannt ist, können die Einzel-wohnflächen im prozentualen Verhältnis zueinander abweichen von dem prozentualen Verhältnis nach MEA. Hinzu kommt, dass das Objekt der Abrechnung des Vermieters nur seine Wohnung ist, nicht jedoch das Haus. O kann man sagen, dass der vermieter über die Betriebskosten abzurechnen hat, die für sein Eigentum anfallen. Das sind aber nur die Beträge, die die Abrechnung des Verwalters ausweist.

**4.** Die **Grundsteuer** fehlt in der Abrechnung des Verwalters. Bei Wohnungseigentum wird die Grundsteuer für jede Wohnung einzeln festgesetzt, der Grundsteuerbescheid geht dem Wohnungseigentümer selbst zu, er ist Kostenschuldner (siehe § 93 BewG).

**5.** Laut **Mietvertrag** sind alle Betriebskosten in voller Höhe umlegbar. Da über BK auch nach dem Abflussprinzip abgerechnet werden darf, begegnet es keinen Bedenken, wenn der Vermieter seinem Mieter gegenüber die Zahlen aus der Abrechnung des Ver-walters übernimmt.

## 9. Betriebskosten Gewerbe unter Berücksichtigung des ausgewiesenen MWSt-Anteils an den Betriebskosten

......

(Vermieter)[1]

an

......

(Mieter)[1]

Sehr geehrte(r) ......,

für das Kalenderjahr 2009[2] erhalten Sie als Anlage die Abrechnung der angefallenen Betriebskosten einschließlich der Umlage für Werbekosten und Verwaltungskosten. Es ergibt sich eine Nachzahlung von 683,73 EUR einschließlich 19% MWSt. Diesen Betrag überweisen Sie bitte bis zum ...... auf das Mietkonto. Unterlagen sind bei mir nach telefonischer Vereinbarung einsehbar.

......

(Vermieter)

Notar Dr. Schüttler                     Hauptstr. 30
                                        51399 Burscheid, den 16. 4. 2010

Herrn Rechtsanwalt
Maier
Hauptstr. 30

51399 Burscheid

Sehr geehrter Herr RA Maier,

hiermit rechne ich über die Nebenkosten des Jahres 2009 wie folgt ab:

| | Kosten | Gesamt-Wohnfl. | Ihre Wohnfl. | Anteil im Jahr | |
|---|---|---|---|---|---|
| Grundsteuer 2009 | 2.360,35 EUR | 550,2 qm | 82,8 qm | $^{12}/_{12}$ | 355,21 EUR |
| Abfall | 400,98 EUR | 550,2 qm | 82,8 qm | $^{12}/_{12}$ | 60,34 EUR |
| Straßenreinigung | 317,86 EUR | 550,2 qm | 82,8 qm | $^{12}/_{12}$ | 47,83 EUR |
| Abwasser bebaute Fläche | 758,88 EUR | 550,2 qm | 82,8 qm | $^{12}/_{12}$ | 114,20 EUR |
| Wohngebäudeversicherung | 1.875,49 EUR | 550,2 qm | 82,8 qm | $^{12}/_{12}$ | 282,24 EUR |
| Haftpflichtversicherung | 229,06 EUR | 550,2 qm | 82,8 qm | $^{12}/_{12}$ | 34,47 EUR |
| Wasserenthärtung* | 94,25 EUR | 550,2 qm | 82,8 qm | $^{12}/_{12}$ | 14,18 EUR |
| Strom* | 542,55 EUR | 282,1 qm | 82,8 qm | $^{12}/_{12}$ | 159,25 EUR |
| Treppenreinigung* | 493,52 EUR | 282,1 qm | 82,8 qm | $^{12}/_{12}$ | 144,85 EUR |

| | Kosten | Gesamt-Wohnfl. | Ihre Wohnfl. | Anteil im Jahr | |
|---|---|---|---|---|---|
| Heizkosten* | laut Abrechnung Brunata | | netto 19% | | 522,40 EUR |
| Wasser/Abwasser* | laut Abrechnung Brunata | | netto 7% | | 245,60 EUR |
| Brandschutzwartung* | 196,40 EUR | 282,1 qm | 82,8 qm | $^{12}/_{12}$ | 57,65 EUR |
| Verwaltervergütung* | 1.200,– EUR | 282,1 qm | 82,8 qm | $^{12}/_{12}$ | 352,22 EUR |
| Werbegemeinschaft* | 600,– EUR | 282,1 qm | 82,8 qm | $^{12}/_{12}$ | 176,11 EUR |
| * Beträge netto ohne MWSt | | | | | |
| Ihr Anteil netto | | | | | 2.566,56 EUR |
| zuzüglich 19% MWSt | | | | | 487,65 EUR |
| Ihre Kosten | | | | | 3.054,21 EUR |
| Ihre Vorauszahlung | | | | | – 2.370,48 EUR |
| Nachzahlung | 574,56 EUR netto + | | 111,99 EUR = 19% MWSt | | 683,73 EUR |

Erläuterungen:

| | | |
|---|---|---|
| Wohnfläche des Hauses gesamt | | 550,2 qm |
| davon Notariat (KG, EG + l. OG, aber ohne Treppenhaus) | | – 268,1 qm |
| Wohnfläche ohne Notariat | | 282,1 qm |
| Aufteilung Stromkosten: | | |
| Strom für Treppenhaus und Kellerräume ohne Notariat | brutto | 771,77 EUR |
| abzüglich Strom für Heizanlage | brutto | – 126,14 EUR |
| | brutto | 645,63 EUR |
| | netto bei 19% MWSt | 542,55 EUR |

Eine Nachforderung überweisen Sie bitte bis zum 15. 5. 2010 auf mein Mietkonto. Guthaben werden von mir erstattet.

Die Belege sind in meinem Notariat einsehbar.

Mit freundlichen Grüßen

## Anmerkungen

**1.** Siehe Form. C. X. 1 Anm. 1.

**2.** Im Gegensatz zum Wohnraum (siehe Anm. 2 bei Form. C. X. 1) gilt die **Abrechnungsfrist** des § 556 Abs. 3 BGB **nicht für Gewerberaum** (BGH NZM 2010, 240; damit ist LG Darmstadt NZM 2009, 546 aufgehoben). Die Abrechnung muss also nicht innerhalb 1 Jahres erfolgen.

**3.** Eine **Umlage** von Betriebskosten ist auch bei Gewerbemietverträgen nur möglich, wenn dies im Mietvertrag vereinbart ist. Ausreichend ist der Verweis auf die Betrk-VO (siehe zur Anlage 3 zur II. BVO RE BayObLG WM 1984, 104 zum Wohnungsmietvertrag).

**4.** Aus der Abrechnung sind aber auch **weitere Kosten** ersichtlich, die keine Betriebskosten sind, hier: Verwaltungskosten (AG Offenbach WM 1999, 30 ff.; OLG Nürnberg WM 1995, 308) und Werbekosten (OLG Celle ZMR 1999, 238; OLG Düsseldorf ZMR 1993, 469). Im Bereich des Gewerbemietverhältnisses können auch Kosten durch Vereinbarung umgelegt werden, die keine Betriebskosten sind. Allerdings muss die Vereinbarung klar und eindeutig sein und darf zu keiner unbilligen Belastung des Gewerbemieters führen. Dazu hat der BGH (Urt. v. 12. 7. 2006 NJW 2006, 3057 mit Anm. *Joachim*) Folgendes ausgeführt:

Ein im Mietvertrag formularmäßig vereinbarter Beitritt zu einer Werbegemeinschaft in GbR-Form ist unwirksam, da wegen des unbeschränkten Haftungsrisikos die Höhe des Beitrags nicht transparent ist und damit gegen § 307 Abs. 1 und 2 BGB verstößt. Zumindest muss in diesem Falle eine Haftungsbegrenzung durch einen Höchstbeitrag erfolgen, damit der Mieter die auf ihn zukommenden Kosten kalkulieren kann.

Die Begründung dieses Urteils ist jedoch nicht anwendbar auf die Vereinbarung von Verwalterkosten. Hier genügt die Angabe im Mietvertrag (BGH NZM 2010, 123 und BGH NZM 2010, 279).

**5.** Der Vermieter hat im vorliegenden Fall zur **MWSt optiert.** Alle Betriebskosten und alle anderen Kosten sind als Netto-Beträge anzugeben. Soweit also z. B. Strom MWSt von 19% enthält, ist dieser Anteil abzuziehen. Gleiches gilt für Wasser, wobei hier der MWSt-Satz 7% beträgt. Die Grundbesitzabgaben enthalten keine MWSt, ebenfalls nicht die Versicherungsbeiträge (nur Versicherungssteuer). Diese Kosten sind also in voller Höhe anzusetzen.

Dem Anteil des Mieters ist dann die gesetzliche MWSt hinzuzurechnen, das sind derzeit 19% (siehe LG Hamburg ZMR 1998, 294. Es wird also MWSt auch auf Kosten berechnet, für die selbst keine MWSt anfällt.

Seit dem 1. 1. 2002 muss die Abrechnung überdies den Endbetrag in Nettobetrag, MWSt-Anteil und Bruttobetrag angeben. Das ist vorliegend berücksichtigt worden.

Weitere Voraussetzung für den gesonderten Ansatz von MWSt ist eine entsprechende Vereinbarung im Mietvertrag. Ist dort nichts geregelt, so kann der Vermieter, der zur MWSt optiert hat, dem Mieter keine MWSt gesondert in Rechnung stellen. In diesem Fall hat der Vermieter in der Abrechnung die Bruttobeträge anzusetzen (und muss intern gegenüber dem Finanzamt MWSt in Höhe von 19% von den Einnahmen aus der NK-Vorauszahlung und der NK-Nachzahlung des Mieters abführen = Verlust).

## 10. Betriebskosten bei gefördertem Wohnraum alter Prägung
## (II. WohnBauG)
## (Abrechnung nach Quadratmetern)

......
(Vermieter)[1]

an

......
(Mieter)[1]

Sehr geehrte(r) ......,

als Anlage überreiche ich Ihnen die Abrechnung[4] der Betriebskosten für das Jahr 2008.[2 + 3] Es ergibt sich für Sie eine Nachzahlung in Höhe von 174,52 EUR. Diesen Betrag überweisen Sie bitte bis zum ...... auf das Mietkonto. Die der Abrechnung zugrunde liegenden Rechnungen sind bei mir nach vorheriger Terminsabsprache einsehbar.[7]

......
(Vermieter)

BK-Abrechnung
2008
Vietorstr. 32, 51103 Köln

|  | Gesamtwohn-fläche | | Ihre Wohnfläche |  |
| --- | --- | --- | --- | --- |
| Grundsteuer | 2.504,40 EUR | 795 qm | 75 qm | 236,26 EUR |
| Abfall | 4.779,10 EUR | 795 qm | 75 qm | 450,86 EUR |
| Straßenreinigung | 706,44 EUR | 795 qm | 75 qm | 66,65 EUR |
| Abwasser bebaute Fläche | 1.101,10 EUR | 795 qm | 75 qm | 103,88 EUR |
| Wohngebäudeversi-cherung | 2.470,41 EUR | 795 qm | 75 qm | 233,06 EUR |
| Haftpflichtversiche-rung | 240,43 EUR | 795 qm | 75 qm | 22,68 EUR |
| Glasversicherung | 524,78 EUR | 795 qm | 75 qm | 49,51 EUR |
| Strom | 105,89 EUR | 795 qm | 75 qm | 9,99 EUR |
| Gartenpflege | 357,– EUR | 795 qm | 75 qm | 33,68 EUR |
| Wasser | 2.451,93 EUR | 795 qm | 75 qm | 231,31 EUR |
| Abwasser | 2.128,40 EUR | 795 qm | 75 qm | 200,79 EUR |
| Ihr Anteil |  |  |  | 1.638,67 EUR |
| CO-Messung |  |  |  | 38,31 EUR |

| | Gesamtwohn-<br>fläche | Ihre<br>Wohnfläche | |
|---|---|---|---|
| Gesamt | | | 1.676,98 EUR |
| zuzüglich 2% Umlagenausfallwagnis | | | 33,54 EUR |
| Gesamtbelastung | | | 1.710,52 EUR |
| davon ab Vorauszahlung | | | – 1.536,– EUR |
| Nachzahlung | | | 174,52 EUR |

## Anmerkungen

**1.** Im Gegensatz zur BK-Abrechnung im freien Wohnungsbau gilt hier **Schriftform** (§ 20 Abs 4 NMV, § 4 Abs. 7 NMV, § 10 WohnBindG). Es sind also alle Vermieter genau anzugeben, und alle Vermieter haben auch zu unterschreiben. Es sind alle Mieter mit Namen anzugeben, wobei hier allerdings ausreichen dürfte, wenn die Mietermehrheit z. B. mit „Familie ......" angeschrieben und angesprochen wird.

**2.** Siehe zunächst Form. C. X. 1 Anm. 2. Für Abrechnungen nach **§ 20 NMVO** gilt schon seit 1984 die Jahresfrist zur Abrechnung. Aber eine § 556 Abs. 3 BGB entsprechende Ausschlussfrist für Einwendungen des Mieters gibt es im geförderten Wohnungsbau nicht! Der Mieter hat Anspruch auf Aushändigung von Kopien der Rechnungen, die der BK-Abrechnung zugrunde liegen, gegen Erstattung notwendiger Kosten, § 29 Abs. 2 NMVO.

**3.** Es handelt sich um ein **reines Wohnhaus mit öffentlich geförderten Wohnungen nach altem Recht (II. WohnBauG).** Die Umstellung der Kostenmiete nach § 25b NMVO ist erfolgt. Bis 1984 waren bis auf Wasser, Strom, Waschmaschine und Heizkosten alle Betriebskosten in der Kostenmiete enthalten, die Kostenmiete war damit eine Teilinklusivmiete. Ab 1. 8. 1984 waren alle Betriebskosten aus dieser Kostenmiete herauszunehmen, in einer Übergangsfrist bis zum 31. 12. 1986. Es ist aber anerkannt, dass die Umstellung (in der Form des § 10 WohnBindG) auch heute noch nachgeholt werden kann, allerdings muss das Haus nach wie vor in der öffentlichen Bindung sein. Ist die Bindung bereits ausgelaufen, ist eine Umstellung nicht mehr – einseitig – möglich, sondern nur noch durch Vereinbarung mit dem Mieter oder in den engen Grenzen des § 556a Abs. 2 BGB.
Für geförderten Wohnraum ab 2002 im Rahmen des **WoFG** (und der heutigen Landes-WoFG) gelten gemäß § 28 Abs. 4 WoFG die Vorschriften der §§ 556, 556a und 560 BGB unmittelbar. Für diese Wohnobjekte ist also abzurechnen wie im freien Wohnungsbau und also auch ohne Umlagenausfallwagnis.

**4.** Es handelt sich um dieselbe Abrechnung wie oben unter 1b, allerdings ergänzt um das **Umlagenausfallwagnis.** Gemäß § 25a NMVO darf auf die Betriebskosten 2% Umlagenausfallwagnis aufgeschlagen werden.

**5.** Umlagemaßstab ist zwingend die Wohnfläche, soweit nicht ein anderer Umlagemaßstab zugelassen oder zwingend vorgeschrieben ist (§ 20 NMVO sowie §§ 21ff. NMVO). Außerdem ist ein Vorwegabzug vorzunehmen für alle Betriebskosten, die nicht auf den geförderten Teil des Hauses fallen (BGH 29. 9. 2004 WuM 2004, 666). Darunter fällt nicht nur Gewerberaum, sondern auch freifinanzierter Wohnraum!

## 11. Teilgewerbliche Betriebskosten bei gefördertem Wohnraum

......

(Vermieter)[1]

an

......

(Mieter)[1]

Sehr geehrte(r) ......,

als Anlage überreiche ich Ihnen die Abrechnung der Betriebskosten und Heizkosten für das Jahr 2008[2] ......

Zum Umlagemaßstab gebe ich folgende Erläuterungen:[3]

Die Grundsteuer[4] wird nach dem Verhältnis der Teileinheitswerte für Wohnungen und Gewerberäume umgelegt, innerhalb der jeweiligen Gruppe dann nach Wohnfläche bzw. Nutzfläche.

Für die Hallen hinter dem Wohnhaus ist ein eigener Grundsteuerbescheid vorhanden.

Der Wasserverbrauch[5] wird hausbezogen umgelegt. Sowohl Haus A wie Haus B haben eine eigene Wasseruhr.

Beim Haus A wird vorab der über den Wasserzwischenzähler für die Gaststätte ermittelte tatsächliche Verbrauch an Wasser abgezogen, der Restbetrag wird auf die Mieter des Hauses A nach Personeneinheit umgelegt.

Der Wasserverbrauch für Haus B wird unter Einschluss der beiden Hallen nach Personeneinheiten umgelegt. Für die beiden Hallen sind pro Monat jeweils ½ Person angesetzt.

Die Abwassergebühr wird für beide Häuser + Hallen einheitlich nach dem Gesamtwasserverbrauch festgesetzt. Die Aufteilung erfolgt nach dem jeweiligen Verhältnis des Wasserverbrauchs der Häuser A und B, der Wasserverbrauch der Gaststätte wird besonders angegeben.

Die Wohngebäudeversicherung[6] für die Häuser A + B enthält einen besonderen Prämienanteil für die Gaststätte. Dieser Anteil wird nur der Gaststätte belastet, der Rest wird auf Wohn- und Nutzfläche umgelegt. Die Glasversicherung erfasst nur die Schaufenster der Gewerbebetriebe.

Für die Hallen gibt es eine eigenständige Wohngebäudeversicherung.

Die aus der Abrechnung ersichtliche Nachforderung überweisen Sie bitte bis zum ...... auf das Mietkonto. Die der Abrechnung zugrunde liegenden Rechnungen sind bei mir nach vorheriger telefonischer Terminsabsprache einsehbar.

......

(Vermieter)

Abrechnung der Betriebskosten 2008
Bergisch-Gladbacher-Str. 31–33

| Zimmer-mann | Betrag | Basisjahr 2006 | umlegbar | Fläche gesamt qm | Wohn-fläche qm | Anteil |
|---|---|---|---|---|---|---|
| Grund-steuer | 4.857,21 EUR | 4.857,21 EUR | 0,– EUR | 701,57 | 67,81 | 0,– EUR |
| Müll-abfuhr | 3.608,40 EUR | 0,– EUR | 3.608,40 EUR | 898,04 | 67,81 | 272,47 EUR |
| Straßen-reinigung | 817,68 EUR | 0,– EUR | 817,68 EUR | 1821,95 | 67,81 | 30,43 EUR |
| Allge-meinstrom | 118,21 EUR | 0,– EUR | 118,21 EUR | 1121,95 | 67,81 | 7,14 EUR |
| Glasver-sicherung | 849,60 EUR | | 849,60 EUR | 420,38 | 0 | 0,– EUR |
| Wohnge-bäude | 3.491,78 EUR | 3.491,78 EUR | 0,– EUR | 898,04 | 67,81 | 0,– EUR |
| Haushaft-pflicht | 793,45 EUR | 793,45 EUR | 0,– EUR | 1821,95 | 67,81 | 0,– EUR |
| Schorn-steinfeger | 227,52 EUR | 131,91 EUR | 95,61 EUR | 1121,95 | 67,81 | 5,78 EUR |
| Abwasser beb. Fläche | 3.583,92 EUR | 0,– EUR | 3.583,92 EUR | 1821,95 | 67,81 | 133,39 EUR |
| Immissi-onsmes-sung | | | | | | 41,10 EUR |
| Frisch-wasser | 2.720,66 EUR | 0,– EUR | 2.720,66 EUR | 228 | 12 | 143,19 EUR |
| Abwasser | 2.402,81 EUR | 0,– EUR | 2.402,81 EUR | 228 | 12 | 126,46 EUR |
| Treppen-hausreini-gung | 2.088,00 EUR | 0,– EUR | 2.088,– EUR | 446,24 | 0 | 0,– EUR |
| Haus-meister | 720,– EUR | 0,– EUR | 720,– EUR | 1121,95 | 67,81 | 43,52 EUR |
| Fläche Wohn-raum | 701,57 qm | | Zwischensumme | | | 803,48 EUR |
| Gewerbe Haus | 196,47 qm | | Heizkosten laut Abrechnung | | | 568,20 EUR |
| Gaststätte | 223,91 qm | | | | | |
| insgesamt | 1.121,95 qm | | Zwischensumme | | | 1.371,68 EUR |
| | | | 2% Umlagenausfallwagnis | | | 27,43 EUR |
| Hallen | 700,00 qm | | | | | |
| | | | Gesamtbelastung | | | 1.399,12 EUR |
| | | | Vorauszahlung | | | -1.200,– EUR |
| bei Wasser und Abwasser | | | | | | |
| Umlageschlüssel PE (Siehe Anlage) | | | Nachzahlung | | | 171,68 EUR |

*Bister*    571

Aufteilung Grundsteuer nach Teileinheitswerten auf Wohnraum/Gewerbe wie folgt:

| Einheitswert Gewerbe | 19575 | 38,34852% | | 61,65148% |
|---|---|---|---|---|
| dito für Wohnraum | 31470 | | | |
| Einheitswert gesamt | 51.045 | 100% | Grundsteuer: | 7.878,50 EUR |
| Hallen: eigener Grundsteuerbescheid | | | | |

Aufteilung Wasser wie folgt:

31–33 : Gaststätte nach tatsächlichem Verbrauch (Ablesung Wasserzwischenzähler)
Wohnraum Restbetrag nach Personenzahl
31–33 und Hallen: Umlage nach Personenzahl

| Wasser 31–33 | 226 cbm | 610,76 EUR |
|---|---|---|
| davon: | | |
| Verbrauch Gaststätte | 88 cbm | 237,82 EUR |
| Verbrauch Wohnraum | 138 cbm | 372,94 EUR |

Aufteilung Abwasser nach Wasserverbrauch der Häuser 31–33, Umlage nach Personenzahl

| Abwasser gesamt | | | 3.024,30 EUR |
|---|---|---|---|
| Gaststätte 31 | 88 cbm | 8% | 241,94 EUR |
| 31–33 | 138 cbm | 12,55% | 379,55 EUR |
| 31–33 und Hallen | 874 cbm | 79,45% | 2.402,81 EUR |

Aufteilung Versicherungen wie folgt:

| Haftpflichtversicherung: | ohne Besonderheit einschließlich Hallen | |
|---|---|---|
| Wohngebäudeversicherung: | für die Häuser ohne Hallen | |
| | ./. Prämienzuschlag Gaststätte 35,97 | 5.453,35 EUR |
| | verbleiben für die Häuser | – 1.961,57 EUR |
| | | 3.491,78 EUR |

## Anmerkungen

**1.** Siehe Form. C. X. 11 Anm. 1.

**2.** Siehe Form. C. X. 1 Anm. 2.

**3.** Siehe Form. C. X. 4 Anm. 3.

**4.** Siehe Form. C. X. 4 Anm. 4.

**5.** Siehe Form. C. X. 4 Anm. 5.

**6.** Siehe Form. C. X. 4 Anm. 6.

**7.** Siehe Form. C. X. 4 Anm. 7.

**8.** Es handelt sich um dieselbe Abrechnung wie oben unter Form. C. X. 4, allerdings jetzt für den **öffentlich geförderten Wohnungsbau alter Prägung** und damit unter Berücksichtigung des Umlagenausfallwagnisses.

**9.** § 20 Abs. 2 NMVO verlangt, dass Betriebskosten, die nicht für den öffentlich geförderten Wohnraum angefallen sind, vorweg abzuziehen sind (siehe BGH Urt. v. 29. 9. 2004 WuM 2004, 666). Darunter fällt aber nicht nur Gewerberaum, sondern auch freifinanzierter Wohnraum. Die Entscheidung des BGH WuM 2006, 200 darf hier nicht zur Anwendung kommen. Das Urteil erging ausdrücklich für den freien Wohnungsbau, außerdem ist § 20 NMVO eine entgegenstehende zwingende Rechtsvorschrift. Das hat seinen Grund darin, dass die Betriebskosten Teil der Kostenmiete sind (§ 8 Abs. 1 WohnBindG).
Dieser Vorwegabzug ist vorliegend erfolgt für die Grundsteuer, sie wurde nach Teileinheitswerten verteilt. Dies ist bei der Wohngebäudeversicherung insoweit geschehen, als darin ein unterscheidbarer Prämienanteil für die Gaststätte enthalten ist. Bei Wasser und Abwasser wurde der Verbrauch der Gaststätte abgesondert. Bei den übrigen Betriebskosten ist dagegen keine vorherige Absonderung erfolgt. Dies liegt daran, dass für Gewerbe und Wohnraum keine unterscheidbaren Anteile an diesen Betriebskosten ermittelbar ist. Insoweit bestimmt § 20 Abs. 2 S. 2 ergänzend: „kann hierbei nicht festgestellt werden, ob die Betriebskosten auf Wohnraum oder auf Geschäftsraum entfallen, sind sie für den Wohnteil und den anderen Teil des Gebäudes oder der Wirtschaftseinheit im Verhältnis des umbauten Raumes oder der Wohn- und Nutzflächen aufzuteilen" (siehe LG Dortmund NZM 1998, 573 mit der Berücksichtigung von Garagen). Problematisch ist das Verhältnis Absonderung – anderweitige Verteilung in der Regel nicht. Es kann hier grundsätzlich auf die Ausführungen unter Beispiel 4 (BK teilgewerblich) verwiesen werden.

**10.** Bei dieser Abrechnung ist für die **Berechnung des Umlagenausfallwagnisses** darauf zu achten, dass dieses nicht von den Gesamtkosten berechnet wird, sondern nur von dem Einzelanteil des Mieters. Für die Anteile des Gewerbes darf nämlich kein Umlagenausfallwagnis zu Lasten des Wohnungsmieters angesetzt werden (und die Gewerbemieter schulden kein Umlagenausfallwagnis).

## 12. Heizkosten-Abrechnung inklusive Warmwasserverbrauch

......
(Vermieter)[1]

an

......
(Mieter)[1]

Sehr geehrte(r) ......,

als Anlage überreiche ich die Heizkosten-Abrechnung für das Kalenderjahr 2008.[2] Für Sie ergibt sich ein Guthaben von 245,65 EUR. Der Betrag wird auf Ihr Konto erstattet. Die Rechnungen sind bei mir einsehbar.

| Brennstoff-kosten[4] | Liter | Betrag in EUR | Weitere Heizne-benkosten | Datum | Betrag in EUR |
|---|---|---|---|---|---|
| | | Abrechnungszeitraum 1. 1. bis 31. 12.[3] | | | |
| Anfangsbestand 1. 1. | 6.668 | 3.920,21 | Strom | 31. 12. | 529,44 |
| Lieferung 3. 2. | 20.000 | 11.758,27 | Heizungswartung | 25. 5. | 599,08 |
| | | | Immissionsmes-sung | 3. 6. | 48,72 |
| | | | Verbrauchsab-rechnung | | 805,62 |
| Restbestand 31. 12. | 11.659 | 6.854,48 | Summe | | 1.982,86 |
| Kosten | 15.009 | 8.824,– | Summe Brenn-stoffkosten | | 8.824,– |
| | | | Gesamtkosten | | 10.806,86 |

| Ermittlung der Warmwasserkosten:[5] |
|---|
| Die Ermittlung erfolgt nach HeizkV mit einem Anteil von 18% der Gesamtkosten. |
| Gesamtkosten der Liegenschaft = 10.806,86 EUR |
| Hiervon 18% Warmwasserkosten = 1.945,23 EUR |

| Gesamtkosten | 10.806,86 | | |
|---|---|---|---|
| Heizkosten: | 8.861,63 | | |
| 50% Grundkosten | 4.430,82 | 845,40 qm Wohnfläche | 5,24109 |
| 50% Verbrauchskosten | 4.430,81 | 682,20 Striche | 6,49488 |
| Warmwasserkosten: | 1.945,23 | Davon | |
| 100% Grundkosten | 1.945,23 | 127,74 Zapfstellen+Pers. | 15,22804 |

| Mieter Meyer | | | |
|---|---|---|---|
| 1. 1. 2005–31. 7. 2005 | | | |
| Grundkosten Heizung | 28,04 (= 7/12 von 47 qm) | × 5,24109 | 146,96 |
| Verbrauchskosten Heizung | 20,00 | × 6,49488 | 129,90 |
| Grundkosten Warmwasser | 6,97 | × 15,22804 | 106,14 |
| Summe | | | 383,– |
| Zwischenablesegebühr[6] | | | 44,49 |
| Kostenaufteilung, Nutzerwechsel | | | 26,85 |
| Kosten gesamt | | | 454,34 |
| Vorauszahlung | | | 700,– |
| Guthaben | | | 245,66 |

......
(Vermieter)

## Anmerkungen

**1.** Siehe Form. C. X. 1 Anm. 1.

**2.** Siehe Form. C. X. 1 Anm. 2.

**3.** Heizkosten sind – im freien wie im geförderten Wohnungsbau – nach HeizkV abzurechnen. Zu den Änderungen ab 2009 siehe *Schmid* NZM 2009, 104 und *Paschke* WuM 2010, 14.

Im vorliegenden Fall ist das Abrechnungsjahr das Kalenderjahr. Das ist ohne weiteres zulässig, wenn mit Heizöl geheizt wird. Bei Befeuerung mit Gas sollte das HK-Abrechnungsjahr jedoch identisch sein mit dem Abrechnungsjahr der Gasrechnung, da sonst eine verbrauchsabhängige Abrechnung nur so erfolgen kann, dass die Kosten aus zwei Jahresabrechnungen zu übernehmen sind (Beispiel: Abrechnungsjahr ist Kalenderjahr, Gasversorger rechnet immer vom 15. 5. bis 14. 5. des Folgejahres ab. Für die Abrechnung 2008 müssen die anteiligen Verbrauchskosten aus der Jahresabrechnung 2008 – 1.1. bis 14. 5. 2008 – und aus der Jahresabrechnung 2009 – 15. 5. bis 31. 12. 2008 – ermittelt werden). Nimmt der Gaslieferant allerdings keine Trennung zum Jahreswechsel vor, ist diese Abrechnungsmöglichkeit versperrt. Dann hilft allerdings noch, den Gasverbrauch zum 31. 12. persönlich abzulesen und vom Gaslieferanten eine Simulationsabrechnung für den Zeitraum 15.5. bis 31. 12. 08 erstellen zu lassen. Verbrauchswarmwasser wird zentral über die Heizanlage zur Verfügung gestellt. Die Anlage ist vor 1981 errichtet worden und hat keine getrennte Erfassung für den Warmwasserverbrauch.

**4.** Die Abrechnung ist wie allgemein üblich in einen **allgemeinen und einen besonderen Teil** aufgeteilt. Im allgemeinen Teil werden die in der Abrechnungsperiode angefallenen Kosten aufgeführt. Bei der Befeuerung mit Heizöl müssen neben den Neulieferungen auch der Anfangsbestand und der Endbestand angegeben werden, alle mit Literangaben und gezahltem Preis. Bei Gas sind dagegen nur die Angaben aus der Gasjahresabrechnung (cbm, Preis und Datum der Rechnung) notwendig. Die Abrechnung erfolgt notwendigerweise nach dem Leistungsprinzip, da der in der Abrechnungsperiode angefallene Heizwärmeverbrauch (und die dafür aufgewandten Kosten) zugrunde zu legen ist.

**5.** Im **besonderen Teil** erfolgt dann die Aufteilung der angefallenen Kosten auf Heizung und Warmwasser (hier pauschal mit 18% gemäß § 9 Abs. 3 i.V. mit § 12 Abs. 2 HeizkV), sodann die Verteilung der Heizkosten anteilig nach abgelesenem Verbrauch und Wohnfläche. Der Verbrauchsanteil darf zwischen 50% und 70% angesetzt werden (§ 7 HeizkV), bei älteren Häusern ist aber die Änderung in § 7 Abs. 1 HeizkV ab 2009 zu beachten: 70% zu 30%, wenn die Voraussetzungen gegeben sind. Bei den Warmwasserkosten darf, da hier keine Messeinrichtungen vorhanden sind, nach Wohnfläche oder einem verbrauchsabhängigen Maßstab verteilt werden. Im konkreten Fall wird verbrauchsabhängig abgerechnet nach der Summe aus Personen und Zapfstellen für Warmwasser.

**6.** Die Kosten einer **Zwischenablesung** gehören zu den notwendigen Kosten, denn die HeizkV verlangt ja eine verbrauchsbezogene Abrechnung (§ 9 b HeizkV). Entsprechend BGH NZM 2008, 123 ist eine Umlage auf den weichenden und den einziehenden Mieter zulässig, wenn eine entsprechende vertragliche Regelung im Mietvertrag vorhanden ist.

**7. Kürzungsrecht.** Rechnet der Vermieter nicht verbrauchsbezogen ab, so kann der Mieter vom Rechnungsbetrag 15% abziehen (§ 12 Abs. 1 HeizkV). Die Vorschrift gilt jedoch nicht für Wohnungseigentümer im Verhältnis zu den anderen Wohnungseigentümern. Eine verbrauchsabhängige Abrechnung liegt auch vor, wenn für einen Mieter keine Ablesung erfolgt (z.B. weil der Wärmemesszähler ausgefallen ist oder weil der Mieter nicht erreichbar ist und der Wärmemesszähler deshalb nicht abgelesen werden kann), sein Verbrauch aber gemäß § 9a HeizkV an Hand der Verbräuche in früheren Jahren geschätzt wird (BGH Urt. v. 16. 11. 2005 WuM 2005, 776). Liegen solche Werte für vergangene Jahre nicht vor (weil z.B. erste Abrechnung für den Mieter), so darf der Vermieter auch nach Gradtagzahlen abrechnen (BGH wie vor). Kann der Verbrauch allerdings für mehr als 25% der betroffenen Fläche nicht ermittelt werden, ist eine verbrauchsbezogene Abrechnung nicht mehr zulässig, hier muss dann nach Wohnfläche abgerechnet werden mit der Folge des Kürzungsrechts für alle Mieter (§ 9a Abs. 2 HeizkV). Das Kürzungsrecht ist im übrigen nur für den Teil der Heizkostenabrechnung erlaubt, der entgegen den Vorgaben der HeizkV nicht verbrauchsabhängig (z.B. Warmwasser nach Wohnfläche, BGH Urt. v. 14. 9. 2005 WuM 2005, 657) abgerechnet wird.

## 13. Heizkosten-Abrechnung nach Gradtagzahlen

(Auszug aus obiger Heizkosten-Abrechnung)

| 50% Grundkosten | 4.430,82 | 845,40 qm Wohnfläche | 5,24109 |
|---|---|---|---|
| 50% Verbrauchskosten | 4.430,81 | 682,20 Striche | 6,49488 |
| Warmwasserkosten: | 1.945,23 | Davon | |
| 100% Grundkosten | 1.945,23 | 127,74 Zapfstellen + Pers. | 15,22804 |

| Mieter | | | |
|---|---|---|---|
| 1. 1. 2001–31. 7. 2001 | | | |
| Grundkosten Heizung | 28,04 (= 7/12 von 47 qm) | × 5,24109 | 146,96 |
| Verbrauchskosten Heizung | 75,00 | × 6,49488 | |
| Anteilig nach Gradtagen[1] | | × 597/1000[1] | 290,81 |
| Grundkosten Warmwasser | 6,97 | × 15,22804 | 106,14 |
| Summe | | | 543,91 |
| Zwischenablesegebühr | | | 0,– |
| Kostenaufteilung, Nutzerwechsel | | | 26,85 |
| Kosten gesamt | | | 570,76 |
| Vorauszahlung | | | 700,– |
| Guthaben | | | 129,24 |

### Anmerkungen

**1.** Diese Abrechnung unterscheidet sich von der vorhergehenden nur bezüglich der **Umlage der verbrauchsabhängigen Kosten.** Hier war bei Auszug des Mieters keine Zwischenablesung erfolgt, sodass der tatsächliche Verbrauch dieses Mieters unbekannt ist und nachträglich auch nicht mehr bestimmt werden kann. Die HeizkV lässt für diesen Fall eine Verteilung nach Gradtagzahlen zu (§ 9b Abs. 3 mit Abs. 2 HeizkV).

Gradtagzahlen sind statistische Werte für einen durchschnittlichen Wärmeverbrauch in den Monaten des Jahres. Der durchschnittliche Wärmeverbrauch ist in den Wintermonaten höher als in den Sommer- und Übergangsmonaten. Darauf baut die Liste der Gradtagzahlen auf und bestimmt:

| | | |
|---|---|---|
| Januar | | 170 |
| Februar | | 150 |
| März | | 130 |
| April | | 80 |
| Mai | | 40 |
| Juni, Juli + August | zusammen | 40 |
| September | | 30 |
| Oktober | | 80 |
| November | | 120 |
| Dezember | | 160 |
| Gesamt: | | 1.000 |

Der Ansatz von Gradtagzahlen und seine Ermittlung müssen in der Abrechnung dargestellt sein, es handelt sich um einen Umlagemaßstab. Da diese Art der Abrechnung nach der HeizkV zulässig ist, kann der Mieter sich hiergegen nicht wehren, keinen Abzug von 15% machen und auch keine Schadensersatzansprüche stellen, wenn er meint, er habe weniger verbraucht. Es bleibt ihm unbenommen, selbst für eine Zwischenablesung zu sorgen oder den Vermieter rechtzeitig hierzu aufzufordern. Teilweise erfolgt die Zwischenablesung auch direkt durch Mieter und Vermieter bei der Wohnungsrückgabe. Wird hierüber ein Protokoll erstellt, haben die Zahlen darauf Beweiswert.

## 14. Schreiben zur Erhöhung der Vorauszahlung auf die Betriebskosten (freifinanziert und gefördert)

......

(Vermieter)[1]

an

......

(Mieter)[1]

Sehr geehrte(r) ......,

aus der beigefügten BK-Abrechnung ergibt sich zu Ihren Lasten eine erhebliche Nachzahlung. Grund hierfür ist einerseits der erhebliche Anstieg der Betriebskosten seit Ihrem Einzug vor 6 Jahren, verursacht durch die allgemeine Preissteigerung wie Anhebung der öffentlichen Abgaben,[2] andererseits Ihr seit Mietbeginn unveränderter Vorauszahlungsbetrag, der nun nicht mehr zum Ausgleich der auf Ihre Wohnung anfallenden Betriebskosten ausreicht. Ich bin deshalb gezwungen, Ihre Vorauszahlung wie folgt zu erhöhen:

| | |
|---|---|
| Ihr Anteil an den BK laut Abrechnung 2009[3] | 835,98 EUR |
| $^1/_{12}$ hiervon sind aufgerundet | 70,– EUR |
| bisher bezahlten Sie | 55,– EUR |

Ich erhöhe deshalb die Vorauszahlung auf die BK von bisher 55,– EUR auf dann 70,– EUR. Die neue Vorauszahlung wird fällig ab dem ...... Ihre Gesamtmiete erhöht sich damit um 15,– EUR pro Monat.

......

(Vermieter)

## Anmerkungen

**1.** Im Gegensatz zur BK-Abrechnung ist das vorliegende Schreiben **eine einseitige empfangsbedürftige Willenserklärung** des Vermieters. Es sind also alle Mitglieder der Vermietergemeinschaft anzugeben, alle Mitglieder haben zu unterschreiben. Unterschreibt nur 1 Mitglied der Vermietergemeinschaft, so muss er auf seine Bevollmächtigung durch die anderen Mitglieder hinweisen und schriftliche Vollmachten dieser dem Schreiben beifügen, da sonst dem Mieter der Einwand des § 174 BGB zur Verfügung steht (siehe Form. B. I. 1 Anm. 1). Das Schreiben ist unter namentlicher Nennung an alle Mitglieder der Mietergemeinschaft zu richten (siehe Form. C. X. 1 Anm. 2). Die Mieter sind untereinander zur Empfangnahme bevollmächtigt, wenn der Mietvertrag eine entsprechende Klausel enthält (BGH NJW 1997, 3437).

Im freien Wohnungsbau kann die Erklärung in Textform abgegeben werden (§ 560 BGB), im sozialen Wohnungsbau alter Prägung ist die Schriftform einzuhalten (§ 20 Abs. 4 NMVO i. V. m. § 4 Abs. 7 und 8 NMVO, die wiederum auf § 10 WohnBindG verweisen).

**2.** Es ist der **Grund** für die Notwendigkeit der Erhöhung der BK-Vorauszahlung anzugeben. Dieser darf durch Verhalten des Vermieter nicht verursacht sein.

**3.** Es muss Bezug genommen werden auf die **aktuelle BK-Abrechnung,** beim öffentlich geförderten Wohnungsbau ist sie entsprechend § 10 WohnBindG als Anlage beizufügen (§ 20 Abs. 4 NMVO). Es empfiehlt sich generell, die Erhöhung der Vorauszahlung mit der Abrechnung zu verbinden.

**4.** Die Erklärung gilt im **freien Wohnungsbau** mit **dem Beginn des übernächsten Monates** (§ 560 Abs. 2 BGB), im **geförderten Wohnungsbau** gemäß § 10 WohnBindG in den dort gesetzten **Fristen** (Zugang bis 15. = Beginn Folgemonat; Zugang nach dem 15. = Beginn übernächster Monat).

# D. Beendigung des Mietverhältnisses

## I. Anfechtung und Rücktritt vom Mietvertrag[1]

## 1. Anfechtung des Vermieters wegen arglistiger Täuschung gemäß § 123 BGB

......
(Vermieter)

an

......
(Mieter)
Zustellvermerk[2]

Sehr geehrte(r) ......

Am ...... haben wir einen schriftlichen Mietvertrag abgeschlossen. Ich erkläre hiermit die Anfechtung meiner vertraglichen Willenserklärung wegen arglistiger Täuschung gemäß § 123 BGB.[3]

Wie Ihnen noch gut in Erinnerung ist, hatte ich Bedenken im Hinblick auf Ihre finanzielle Leistungsfähigkeit.[4] Nur weil Sie mir in einer Selbstauskunft bestätigt haben, über ein geregeltes Erwerbseinkommen von 2.000,– EUR netto zu verfügen und keinerlei Verbindlichkeiten zu haben, war ich zum Abschluss des Mietvertrages bereit.[5] Das habe ich Ihnen auch ausdrücklich mitgeteilt. Nunmehr habe ich erfahren, dass Sie nicht nur erwerbslos sind, sondern auch erhebliche Schulden haben. Sie verschulden aus dem früheren Mietverhältnis noch einen Betrag in Höhe von 5 Monatsmieten, was Anlass war, dass das Mietverhältnis fristlos gekündigt worden ist. Ferner haben Sie mir verschwiegen, dass Sie im letzten Jahr die eidesstattliche Versicherung abgeleistet haben.

Die geplante Übergabe der Wohnung zum ...... wird nicht erfolgen.[6] Sollte es im Zuge der Weitervermietung zu einem Mietausfall kommen, behalte ich mir einen Anspruch auf Schadensersatz vor.[7, 8]

......
(Vermieter)

*Schrifttum: Emmerich,* Nichtigkeit und Anfechtung von Mietverträgen, NZM 1998, 692; *Fischer,* Anfechtung von Willenserklärungen im Mietrecht, NZM 2005, 567; Zur Frage der Anfechtung im Mietrecht, ZMR 2007, 157; *Hille,* Zur Anfechtung des Mietvertrages wegen arglistiger Täuschung und zu den vorvertraglichen Informationspflichten des Mieters, WuM 1984, 292; *Schmid,* Zur Anfechtung von Wohnraummietverträgen, DWW 1985, 302; *Singer,* Der Kalkulationsirrtum – ein Fall für Treu und Glauben?, JZ 1999, 342; *Weimar,* Der Irrtum des Vermieters über verkehrswesentliche Eigenschaften des Mieters, ZMR 1982, 196.

## Anmerkungen

**1.** Die **Anfechtung führt zur rückwirkenden Unwirksamkeit** der angefochtenen Willenserklärung. Aus der unwirksamen Erklärung können keine Rechte oder Pflichten hergeleitet werden. Für die Anfechtung einer vertraglichen Erklärung des Vermieters oder Mieters bedeutet das, dass nach einer wirksamen Anfechtung ein Vertrag als nicht zustande gekommen gilt. Damit kann sich auch der Anfechtende nicht auf vertragliche Vorteile berufen. Ihm steht allerdings in den Fällen der arglistigen Täuschung oder der widerrechtlichen Drohung häufig ein Schadensersatzanspruch aus unerlaubter Handlung zu (Anm. 7). Zur Anfechtung ist berechtigt, wer durch einen Irrtum (vgl. hierzu D. I. 2 Anm. 4), durch arglistige Täuschung (Anm. 5) oder durch widerrechtliche Drohung (Anm. 5) zur Abgabe seiner Willenserklärung bestimmt worden ist.

Die Anfechtung des Mietvertrages hat in der Praxis wegen des Vorrangs der Kündigung (Anm. 6) keine hohe praktische Bedeutung. Besteht aus Sicht des Anfechtenden sowohl ein Anfechtungs- als auch ein Kündigungstatbestand, kommt eine Anfechtung gemeinsam mit einer hilfsweise ausgesprochenen Kündigung in Betracht (vgl. Form D. I. 3). Eine Irrtumsanfechtung gemäß § 119 BGB kommt praktisch selten vor, weil sich die Parteien regelmäßig eingehend um den für sie wesentlichen Inhalt des Mietvertrages kümmern.

**2.** Die Anfechtung entfaltet Wirkung erst mit dem **Zugang** beim Anfechtungsgegner. Praktisch von erheblicher Bedeutung ist daher der beweiskräftige Zugang eines jeden Schreibens, das Rechtsfolgen auslöst. In gerichtlichen Auseinandersetzungen wird der Zugang rechtserheblicher Schreiben häufig bestritten. Ist der Absender nicht in der Lage den Zugangsnachweis zu führen, kann er in der gerichtlichen Auseinandersetzung allein schon aus diesem Grunde unterliegen. Es ist zu empfehlen, die Art des Zugangs (z. B. „Einschreiben/Rückschein" oder „per Bote") in das Schreiben aufzunehmen, um die Gegenseite von einem unberechtigten Leugnen des Zugangs abzuhalten. Näheres zum Zugang: B. I. 1, Anm. 1.

**3.** Wesentlich für die Anfechtung der vertraglichen Willenserklärung – nicht „des Vertrages" – ist die deutliche Formulierung der **Erklärung der Anfechtung**. Die Anfechtungserklärung ist ein Gestaltungsrecht. Es handelt sich um eine einseitige empfangsbedürftige Willenserklärung des Anfechtungsberechtigten. Als Gestaltungsrecht ist die Anfechtung unwiderruflich und bedingungsfeindlich (vgl. aber zur Eventualanfechtung D. I. 2, Anm. 4). Die Erklärung ist formfrei, wenngleich aus Gründen der Nachweisbarkeit eine schriftliche Erklärung abgegeben werden sollte. Der Anfechtungsgrund muss zwar nicht angegeben werden. Allerdings muss für den Anfechtungsgegner erkennbar sein, auf welchen Sachverhalt sich die Anfechtung stützt (Palandt/*Ellenberger* § 143 Rdn. 3).

**Anfechtungsberechtigt** ist derjenige, dem die Willenserklärung zugerechnet wird (bei Stellvertretung der Vertretene und nicht der Vertreter), also der Mieter oder der Vermieter. Die Anfechtung ist gegenüber dem Vertragspartner zu erklären (bei Stellvertretung also nicht gegenüber dem Stellvertreter). Mehrere Vermieter oder Mieter können das Anfechtungsrecht nur gemeinsam ausüben (LG Berlin ZMR 1992, 450; Bub/Treier/*Bub* II 660).

Die Anfechtung wegen arglistiger Täuschung oder Drohung gemäß § 123 BGB ist gemäß § 124 Abs. 1 BGB binnen einer **Frist** von einem Jahr möglich. Im Falle der Täuschung beginnt die Frist nach Erlangung der Kenntnis von der Täuschung und im Falle der Drohung nach Beendigung der Zwangslage. Gemäß § 124 Abs. 2 Satz 2 BGB kann sich die Jahresfrist unter den Voraussetzungen der §§ 206 BGB (Hemmung der Verjährung bei höherer Gewalt), 210 BGB (Ablaufhemmung bei nicht voll Geschäftsfähigen) und 211 BGB (Ablaufhemmung in Nachlassfällen) verlängern. Nach Ablauf dieser Frist kann der Anfechtungsberechtigte nach erfolgter Anfechtung keine neuen Anfechtungs-gründe mehr „nachschieben" (Palandt/*Ellenberger* § 143 Rdn. 3 m. w. N.). Gemäß § 124 Abs. 3 BGB ist die Anfechtung endgültig ausgeschlossen, wenn seit der Abgabe der Willenserklärung 10 Jahre vergangen sind.

**4.** Für die Anfechtung ist es notwendig, dass die Abgabe der Vertragserklärung auf dem Anfechtungstatbestand hier Täuschung oder Drohung – beruht (**Kausalität**). Kein Anfechtungsrecht ist also gegeben, wenn Täuschung, Drohung oder Irrtum keinen Einfluss auf die Abgabe der Vertragserklärung hatte.

Eine Anfechtung ist gemäß § 144 Abs. 1 BGB ausgeschlossen, wenn der Mietvertrag **bestätigt** wird. Ein Bestätigungswille soll nicht vorliegen, wenn der anfechtungsberechtigte Mieter zwar einen Geschäftsbetrieb in den Mieträumen aufgenommen und die Nebenkostenbeträge, nicht aber den Mietzins gezahlt hat (BGH NJW-RR 1992, 779).

**5.** Die **arglistige Täuschung** gemäß § 123 BGB stellt einen praktisch erheblichen Anfechtungstatbestand dar. Arglistig handelt nicht nur derjenige, der absichtlich täuscht, sondern auch derjenige, der es bewusst in Kauf nimmt, dass eine ins Blaue hinein aufgestellte Behauptung falsch ist (BGH WPM 1992, 997). Darauf, ob der Erklärungsempfänger bei gehöriger Sorgfalt die Täuschung hätte erkennen können, kommt es nicht an (BGH NJW 1997, 1845 ff.). Hat der Erklärungsempfänger indes die Täuschung erkannt, fehlt es an der Ursächlichkeit der Täuschung für die Abgabe der Willenserklärung (Anm. 4). Vereinbaren der alte und der neue Mieter eine Vertragsübernahme, der der Vermieter zustimmt, so kann der Vermieter bei einer Täuschung durch den neuen Mieter die Zustimmung im Hinblick auf § 123 Abs. 2 BGB nur anfechten, wenn der alte Mieter die Täuschung kannte oder kennen musste (BGH NJW 1998, 531 ff.).

Eine arglistige Täuschung kommt insbesondere in Betracht, wenn der Mieter in einer **Selbstauskunft** falsche Angaben macht. Aber auch dann, wenn der Mieter keine falschen Angaben macht, kommt eine **arglistige Täuschung durch Unterlassen** in Betracht, wenn er Umstände verschweigt, über die er den Vermieter auch ungefragt aufklären muss. Aufklärungspflichten bestehen über Umstände, die den Vertragszweck gefährden oder gar vereiteln können und daher für eine Partei von offensichtlicher Bedeutung sind (BGH WPM 1988, 1449 für Kaufvertrag). Ferner bestehen Aufklärungspflichten über Umstände, auf die der Vertragspartner erkennbar Wert legt (BGH NJW 1971, 1795 für Kaufvertrag) und über die redlicherweise nach Treu und Glauben unter Berücksichtigung der Verkehrsauffassung Aufklärung verlangt werden kann (BGH NJW-RR 1991, 439 für Namensvermarktung; NJW 1989, 763 für Praxisübernahmevertrag). Das Fragerecht des Vermieters gilt wiederum nicht uneingeschränkt (Bub/Treier/*Bub* II 669). Es geht zwar weiter als die den Mieter treffenden Offenbarungspflichten, ist jedoch zwischen dem Interesse des Vermieters an einem solventen und angemessenen Vertragspartner einerseits und dem informationellen Selbstbestimmungsrecht des Mieters andererseits auszugleichen. Umgekehrt besteht keine allgemeine Pflicht des Vermieters, ungefragt ihm bekannte Mängel zu offenbaren (Ausnahme nach Treu und Glauben s. o.). Kann der Vermieter berechtigterweise davon ausgehen, dass der Mangel offensichtlich oder für den vertraglichen Zweck unwesentlich ist, besteht keine Aufklärungspflicht (*Sternel* Mietrecht aktuell I 284).

Unstatthafte Fragen muss der Mieter nicht beantworten. Streitig ist, ob der Mieter unstatthafte Fragen folgenlos falsch beantworten darf. Nach Kossmann, § 7 Rdn. 17 sollen wahrheitswidrige Angaben nur in besonderen Ausnahmefällen statthaft sein, nach AG Hamburg WuM 1992, 598 besteht keine Verpflichtung zur wahrheitsgetreuen Angabe.

- Beispiele für **Aufklärungspflichten des Vermieters:**
  Anordnung der Zwangsverwaltung oder Zwangsversteigerung (OLG Hamm NJW-RR 1988, 784; *Emmerich* NZM 1998, 692, 696), konkrete Veräußerungsabsicht (OLG

Hamm WuM 1981, 102: Verkauf 7 Wochen nach Mietvertragsabschluss im Hinblick auf die Gefahr einer Eigenbedarfskündigung des Erwerbers), Angabe zur Höhe der Betriebskosten (Problematik der „Lockvogelangebote" bei untersetzten mtl. Vorauszahlungen, Sternel, Mietrecht, I 259, OLG Düsseldorf WuM 2000, 591; LG Frankfurt/M. NJW-RR 1987, 659 und WuM 1979, 24: Nebenkosten i.H. v. 120,– DM mtl. vereinbart, obwohl diese 1 Jahr zuvor schon durchschnittlich 278,– DM mtl. betrugen), Eigenschaft des Vermieters als Untermieter in Wohnraummietverhältnissen (gewerbliche Zwischenvermietung: LG Kiel WuM 1987, 319).

**Nicht aber:** Ausübung der Prostitution in Nachbarwohnung in einem Hochhaus (LG Kassel WuM 1989, 620), Konkurrenzlage bei Gewerbemietverhältnis (BGH ZMR 1979, 171: keine allgemeine Auskunftpflicht zur Konkurrenzlage, bei Vermietung in einem Einkaufszentrum, aber Aufklärungspflicht, wenn sich die Branchenzusammensetzung ändern wird und hiervon das Gewerbe des Mieters betroffen ist; Sternel, Mietrecht aktuell, I 291) – anders bei ausdrücklicher Nachfrage des Mieters.

- Beispiele für erhebliche **unrichtige Angaben** des Vermieters:
Unrichtige Angabe über die Ausübung der Prostitution in Nachbarwohnung in einem Hochhaus (LG Kassel WuM 1989, 620), unrichtige Angabe zur Flächengröße (LG Mannheim MDR 1974, 672; AG Frankfurt a.M., WuM 2007, 315: Keine Auswirkung, wenn unrichtige Flächenangabe in Zeitungsanzeige berichtigt wird), unrichtige Angabe zur Kinderfreundlichkeit (LG Essen WuM 2005, 47).

- Beispiele für **Aufklärungspflichten des Mieters:**
Zahlungsunfähigkeit – nicht aber vorhandene Schulden – (AG Stuttgart WuM 1986, 331), Sozialhilfebezug (AG Leverkusen ZMR 2009, 768; AG Frankfurt/M. WuM 1989, 620), Abgabe der eidesstattlichen Versicherung (AG Leverkusen ZMR 2009, 768; AG Hagen WuM 1984, 296), Eröffnung des Insolvenzverfahrens über das eigene Vermögen, Kündigung des Vormietverhältnisses wegen Nichtzahlung des Mietzinses (LG Bonn WuM 2006, 24), unzureichende Vermögensverhältnisse (AG Frankfurt/M., NJW-RR 1988, 784: Nettoeinkommen beläuft sich auf 75% der Miete), Absicht, Marken der rechtsradikalen Szene zu vertreiben (KG ZMR 2009, 852; OLG Sachsen-Anhalt NZM 2009, 128; LG Nürnberg-Fürth NZM 2009, 584).

**Nicht aber:** Aufenthaltsberechtigung (AG Wiesbaden WuM 1992, 597), staatsanwaltschaftliches Ermittlungsverfahren (AG Hamburg WuM 1992, 598), allgemein Einkommens- und Vermögensverhältnisse (LG Ravensburg WuM 1984, 297; AG Stuttgart WuM 1986, 331).

- Beispiele für **statthafte Fragen des Vermieters:**
Die Wertungen des Allgemeinen Gleichbehandlungsgesetzes (BGBl. 2006 I 1897) sind zu beachten, sodann Erwerbslosigkeit bzw. Bestehen eines Arbeitsverhältnisses (AG Bonn WuM 1992, 597; LG Köln WuM 1984, 297 a. A. AG Rendsburg WuM 1990, 507), Familienstand (LG Landau ZMR 1985, 127), Einkommens- und Vermögensverhältnisse (LG München I NZM 2009, 782; LG Wuppertal WuM 1999, 39; LG Mannheim ZMR 1990, 303; Bub/Treier/*Bub* II 669; streitig, abl. LG Ravensburg WuM 1984, 297), Anschrift des letzten Vermieters (Bub/Treier/*Bub* II 669 – streitig), Rauchereigenschaft (LG Stuttgart NJW-RR 1992, 1360), Abgabe der eidesstattlichen Versicherung (AG Hagen WuM 1984, 296). Bei Gewerberaum sind Fragen zur Branche des Mieters, Beeinträchtigungen des Mietobjekts durch die Nutzung, Zahl der Mitarbeiter, Umfang von Kundenverkehr statthaft (Sternel, I 261).

- Beispiele für **unstatthafte Fragen des Vermieters:**
Aufenthaltsberechtigung (AG Wiesbaden WuM 1992, 597), staatsanwaltschaftliches Ermittlungsverfahren (AG Hamburg WuM 1992, 598), Vorstrafen (AG Rendsburg WuM 1990, 507), Art der Beendigung des früheren Mietverhältnisses (AG Rendsburg WuM 1990, 507), Heiratsabsicht (Bub/Treier/*Bub* II 669), Kinderwunsch (Bub/Treier/*Bub* II 669), Parteizugehörigkeit (Bub/Treier/*Bub* II 669), Mitgliedschaft im Mieter-

verein (Bub/Treier/*Bub* II 669), Glaubenszugehörigkeit (LG Köln WuM 1986, 81), Betreuung des Mieters, soweit hiervon der Mietvertrag nicht berührt wird (BVerfG WuM 1991, 463).

Beruht die vertragliche Willenserklärung auf einer **widerrechtlichen Drohung** mit einem empfindlichen Übel, besteht gemäß § 123 Abs. 1 BGB ebenfalls ein Recht zur Anfechtung. Dieser Anfechtungstatbestand ist für Willenserklärungen, die auf Dauerschuldverhältnisse, wie dem Mietvertrag, gerichtet sind, praktisch nicht relevant. Eine Drohung mit einer rechtlich zulässigen ordentlichen Kündigung, um den Abschluss einer Vertragsänderung zu erreichen, stellt regelmäßig keine widerrechtliche Drohung dar (LG Bochum WuM 1987, 210).

**6.** Zu unterscheiden ist, ob die Anfechtung **vor oder nach Übergabe der Mieträume** erfolgt. Die Rechtsprechung geht von der gesetzlichen Rückwirkung der Anfechtung nur vor Übergabe der Mieträume aus (nach KG NZM 2002, 21 soll dagegen im Rahmen des § 123 BGB die Anfechtung jedenfalls bei Gewerberaummietverhältnissen zur rückwirkenden Unwirksamkeit der Vertragserklärung führen). Nach Übergabe der Mieträume wird im Hinblick auf die Rückabwicklungsschwierigkeiten das Mietverhältnis mit Zugang der Anfechtungserklärung beendet (LG Wuppertal WuM 1999, 39; LG Trier MDR 1990, 342; AG Köln WuM 1981, 228; Bub/Treier/*Bub* II 673). Soweit zugleich ein Tatbestand für eine Kündigung vorliegt, geht die Kündigung vor, wie allgemein das Mietgewährleistungsrecht vorgeht, wenn Mängel des Mietobjekts zugleich einen Anfechtungstatbestand erfüllen (BGH NJW 1985, 1025). Besteht Unklarheit, ob der Anfechtungsgrund zugleich ein Kündigungsgrund ist, empfiehlt sich, die Anfechtung des Vertrages und hilfsweise die Kündigung zu erklären (vgl. Formular D. I. 3). Der Mieter soll sich nicht auf § 574 BGB (Sozialklausel) berufen können, wenn er die Anfechtung erklärt hat, da er sich selbst des Schutzes eines wirksamen Mietvertrages begeben hat (*Kossmann* § 139 Rdn. 14).

**7.** Der **Schadensersatzanspruch** folgt aus § 122 BGB und ist gerichtet auf den Ersatz des Vertrauensschadens (sog. negatives Interesse). Erfasst werden die Kosten, die der Anfechtende im Vertrauen auf die Gültigkeit des Rechtsgeschäfts erbracht hat. Hierunter kann auch Mietausfallschaden fallen, wenn der Geschädigte die Möglichkeit zu einer anderweitigen Vermietung hatte. Die Kosten des Mieters für Investitionen in die Mieträume können ersetzt verlangt werden (Bub/Treier/*Bub* II 668), nicht dagegen die Kosten des Mieters für die Suche nach einem neuen Objekt, da es sich hierbei um das positive Interesse handelt (LG Mannheim WuM 1971, 82). Der Schadensersatzanspruch ist gemäß § 122 Abs. 2 BGB ausgeschlossen, wenn der Geschädigte den Anfechtungsgrund kannte oder (auch einfach) fahrlässig nicht kannte.

Eine **unberechtigte Anfechtung** stellt regelmäßig als Erfüllungsverweigerung eine Pflichtverletzung dar, die Schadensersatzansprüche des Anfechtungsgegners nach sich ziehen kann (BGH NJW 1987, 432 stellt bei einem Rechtsirrtum über die Berechtigung zur Anfechtung darauf ab, ob dieser entschuldbar ist; Bub/Treier/*Bub* II 672).

**8.** Die **Gebühren** für die anwaltliche Tätigkeit richten sich nach § 2 Abs. 2 RVG i. V. m. VV 2300. Es entsteht eine Geschäftsgebühr Es kann eine Gebühr von 0,5 bis 2,5 anfallen. Eine Gebühr von 1,3 darf nach dem VV nur gefordert werden, wenn die Tätigkeit umfangreich oder schwierig war. Für das Anfechtungsschreiben gilt keine Begründungspflicht. Beschränkt sich daher die Tätigkeit des Anwalts auf ein Schreiben zur Anfechtung ohne weitere Begründung, kann gemäß VV 2302 eine Gebühr von 0,3 anfallen.

Der **Gegenstandswert** für die Anfechtung bestimmt sich bei einem Wohnraummietvertrag nach §§ 2 Abs. 1, 23 Abs. 1 RVG, 41 Abs. 1 GKG. Es gilt regelmäßig der Jahresmietwert bzw. der Mietwert für eine evtl. vereinbarte kürzere Mietzeit. Gemäß § 41 Abs. 1 Satz 2 GKG umfasst die Miete neben dem Nettogrundentgelt Nebenkosten dann, wenn diese als Pauschale vereinbart sind und nicht gesondert abgerechnet werden.

## 2. Anfechtung des Mieters wegen Irrtums
## gemäß § 119 BGB[1]

......
(Mieter)

an

......
(Vermieter)
Zustellvermerk[2]

Sehr geehrte(r) ......

Meine Erklärung zum Abschluss des vor zwei Wochen abgeschlossenen schriftlichen Mietvertrags vom ...... über die Lagerhalle ...... in ...... mit Ihnen fechte ich wegen Irrtums an.[3]

Bei Unterzeichnung des Mietvertrages bin ich davon ausgegangen, dass mir mietvertraglich ein Rücktrittsrecht für den Zeitraum von 4 Wochen eingeräumt worden ist, um die Möglichkeit einer Untervermietung abklären zu können. Bei dem der Unterzeichnung vorausgegangenen Gespräch mit Ihnen habe ich darauf hingewiesen, dass mir die Anmietung nur möglich ist, wenn ich eine Teilfläche untervermiete. Hiermit waren Sie einverstanden. Zugleich habe ich darauf hingewiesen, dass ich zur Abklärung der Untervermietung einen Zeitraum von 4 Wochen benötige und dass ich für diesen Zeitraum ein Rücktrittsrecht benötige. Ich war bei Unterzeichnung des Mietvertrages davon ausgegangen, dass Sie das Rücktrittsrecht in den schriftlichen Vertrag aufgenommen haben. Im Vertrauen hierauf habe ich den Vertrag nur flüchtig durchgelesen.[4] Bei einer gestrigen gründlichen Durchsicht fiel mir erstmals zu meiner Überraschung auf, dass Sie lediglich die Berechtigung zur Untervermietung, nicht aber das Rücktrittsrecht in den Vertrag aufgenommen haben.[5]

Zu einem neuerlichen Abschluss des Vertrages sehe ich mich zu meinem Bedauern nicht imstande, da meine Bemühungen um einen Untermieter erfolglos waren und ich auf Grund meiner gewonnenen Erfahrungen nicht davon ausgehe, dass ich noch einen Untermieter finden werde.[6] Den für den ...... vorgesehenen Termin zur Übergabe der Lagerhalle werde ich daher nicht wahrnehmen.[7]

......
(Mieter)

### Anmerkungen

**1.** § 119 BGB enthält die Anfechtungstatbestände des Inhalts-, Erklärungs- und Eigenschaftsirrtums. Zur Täuschung und Drohung vgl. D. I. 1. Zur praktischen Bedeutung vgl. D. I. 1 Anm. 1.

**2.** Zum praktischen Erfordernis der Nachweisbarkeit des Zugangs vgl. Form. D. I. 1 Anm. 2.

**3.** Zur Notwendigkeit der inhaltlichen Klarheit der Anfechtungserklärung, zur Formlosigkeit und zur Begründung vgl. Form. D. I. 1 Anm. 3.

**4.** In Betracht kommen gemäß § 119 BGB ein Irrtum über den Erklärungsinhalt (§ 119 Abs. 1 1. Alt. BGB), ein Irrtum in der Erklärungshandlung (§ 119 Abs. 1 2. Alt. BGB) und ein Irrtum über eine verkehrswesentliche Eigenschaft (§ 119 Abs. 2 BGB).

Irrtum ist das unbewusste Auseinanderfallen von Willen und Erklärung (BGH LM § 119 BGB, Nr. 21; Bub/Treier/*Bub* II 661). Daher ist nicht zur Anfechtung berechtigt, wer den Vertrag ungelesen unterschrieben hat (BGH NJW 1968, 2102). Das gilt auch, wenn der Unterzeichner sprachunkundig (OLG Frankfurt WPM 1984, 962; LG Hannover WuM 1985, 255) oder Analphabet ist (LG Köln WPM 1986, 821; Palandt/*Ellenberger* § 119 Rdn. 9). Ausnahmsweise kommt ein Anfechtungsrecht in Betracht, wenn die Vorstellung des Unterzeichners vom tatsächlichen Inhalt des Mietvertrages abweicht (LG Köln WuM 1980, 235; Bub/Treier/*Bub* II 662 mit dem zutreffenden Hinweis auf die den Unterzeichner treffende, praktisch nur schwer zu erfüllende Beweislast). Für § 119 BGB ist der Irrtum des Erklärenden, nicht der Irrtum des Erklärungsempfängers (ggf. aber Anfechtbarkeit einer Annahmeerklärung) maßgeblich (Palandt/*Ellenberger* § 119 Rdn. 8 a).

**Irrtum über den Erklärungsinhalt** (§ 119 Abs. 1 1. Alt. BGB) liegt dann vor, wenn der Erklärende zwar die Erklärung so abgeben will, sich jedoch über die Bedeutung oder die Tragweite der Erklärung irrt. Denkbar sind ein Irrtum über die Bezeichnung der Wohnung (z.B. falsche Wohnungsnummer) und über die Person des Vertragspartners. Als Inhaltsirrtum kommt der Irrtum über die Rechtsfolgen der Erklärung in Betracht, also wenn mit dem Rechtsgeschäft andere als die erstrebten Rechtsfolgen herbei geführt werden (vgl. Palandt/*Ellenberger* § 119 Rdn. 15 – es kann aber auch ein unbeachtlicher Motivirrtum vorliegen, s. u.).

Das Fehlen eines Erklärungsbewusstseins (dem Erklärenden ist nicht bewusst, eine Vertragserklärung abzugeben) wird ebenfalls als Inhaltsirrtum angesehen (Palandt/*Ellenberger* § 119 Rdn. 22; nach a. A. liegt schon keine wirksame Erklärung vor).

Abzugrenzen ist der Motivirrtum. Es handelt sich um einen Irrtum im Beweggrund. Da es für den Erklärungsempfänger regelmäßig nicht erkennbar ist, aus welchen Gründen eine Erklärung abgegeben wird, bleibt der Motivirrtum für die Anfechtung unbeachtlich (AG Essen WuM 1980, 194 für die Annahme des Vermieters, die Räume würden für eine kulturelle, nicht aber für eine politische Veranstaltung genutzt). Eine Ausnahme gilt dann, wenn ein gemeinschaftlicher Irrtum der Vertragsparteien über die Geschäftsgrundlage vorliegt. Zum Kalkulations-(Berechnungs-)Irrtum als Anwendungsfall des Motivirrtums vgl. D. I. 3.

**Irrtum in der Erklärungshandlung** (§ 119 Abs. 1 2. Alt. BGB) ist gegeben, wenn das Erklärte nicht dem Willen des Erklärenden entspricht, z.B. Versprechen oder Verschreiben. Dieser Fall liegt auch dann vor, wenn ein Blankovertrag abredewidrig ausgefüllt wird. In diesem Fall kann sich indes der Erklärende gegenüber gutgläubigen Dritten nach dem Rechtsgedanken des § 172 Abs. 2 BGB nicht auf die Anfechtung berufen (BGHZ 40, 65 und 297; Palandt/*Ellenberger* § 119 Rdn. 10).

**Irrtum über eine verkehrswesentliche Eigenschaft** (§ 119 Abs. 2 BGB) kann sich auf die Person des Vertragspartners oder auf den Vertragsgegenstand beziehen. Eigenschaften sind neben der natürlichen Beschaffenheit auch tatsächliche oder rechtliche Verhältnisse und die Beziehung zur Umwelt, soweit sie nach der Verkehrsanschauung für die Wertschätzung oder Verwendbarkeit von Bedeutung sind und in der Sache oder Person selbst ihren Grund haben, von ihr ausgehen oder sie unmittelbar kennzeichnen (BGHZ 16, 54 (57): der Wert der Sache als solcher ist keine verkehrswesentliche Eigenschaft; BGHZ 34, 32 (41) für Kaufvertrag: als verkehrswesentliche Eigenschaften eines Grundstücks werden Grenze, Umfang, Lage, Bebaubarkeit, gewerbliche Verwendbarkeit anerkannt; Wohnungsgröße (LG Mannheim MDR 1974, 672); Kinderfreundlichkeit (LG Essen WuM 2005, 47); Abgabe der eidesstattlichen Versicherung durch den Mieter (AG Hagen WuM 1984, 296); BGHZ 88, 240, (245); unerheblich ist ein Irrtum über die

Glaubenszugehörigkeit des Mieters (LG Köln WuM 1986, 81). Für die Verkehrswesentlichkeit kommt es auf Sinn und Zweck des konkreten Rechtsgeschäfts an (Palandt/*Ellenberger* § 119 Rdn. 25). Es kommen Überschneidungen mit aufklärungspflichtigen Umständen in Betracht (§ 123 BGB, vgl. Form. D. I. 1 Anm. 5).

Zum Erfordernis der Ursächlichkeit des Anfechtungsgrundes für die Vertragserklärung vgl. D. I. 1 Anm. 4.

Nach der Überlassung der Mieträume kommt lediglich eine Beendigung für die Zukunft in Betracht, vgl. hierzu Form. D. I. 1 Anm. 6, auch zum Vorrang des Mietgewährleistungsrechts.

Eine Eventualanfechtung für den Fall, dass eine in erster Linie vertretene Auffassung nicht zutrifft, ist statthaft (BGH NJW 1968, 2099 zu Ungewissheit über einen anhängigen Rechtsstreit). Zur Formulierung vgl. Formular D. I. 3.

Zum Schadensersatzanspruch gemäß § 122 BGB vgl. Form. D. I. 1 Anm. 7.

**5.** Die Anfechtung gemäß § 119 BGB ist gemäß § 121 BGB unverzüglich, d. h. ohne schuldhafte Verzögerung, auszusprechen. Die **Frist** beginnt ab positiver Kenntnis von dem Anfechtungsgrund bzw. ab dem Zeitpunkt, ab dem eine Anfechtung für möglich gehalten wird (für Eventualanfechtung: BGH NJW 1968, 2099). Dem Anfechtungsberechtigten ist eine Beratungs- und Überlegungsfrist zur sorgfältigen Prüfung der Rechtslage zuzubilligen, deren Länge sich nach den Umständen des Einzelfalls richtet. Schuldhaft und verspätet ist die Wahl eines unnötig langen Übermittlungsweges, etwa Anfechtung in einem an das Gericht gerichteten Schriftsatz, dessen Durchschriften erst vom Gericht an den Anfechtungsgegner übersandt werden.

**6.** Hinsichtlich der Gebühren und des Geschäftswertes vgl. Form. D. I. 1 Anm. 8.

## 3. Kalkulationsirrtum des Vermieters[1]

......

(Vermieter)

an

......

(Mieter)

Zustellvermerk[2]

Sehr geehrte(r) ......

Ich nehme auf den vor 2 Wochen zwischen uns geschlossenen Mietvertrag über die Lagerräume in Y Bezug.

Irrtümlich habe ich dem schriftlichen Mietvertrag über eine monatlichen Miete von 500,– EUR zugestimmt. Diese Miete ist zu niedrig, was Ihnen auf Grund unserer Gespräche anlässlich der Besichtigung auch bewusst gewesen sein muss. Meine ursprüngliche Vorstellung für die Miete der großen Halle lag bei 550,– EUR. Während der Besichtigung haben Sie den Wunsch geäußert, die beiden Nebenräume mit anmieten zu wollen. Dem habe ich zugestimmt, Ihnen aber zugleich mitgeteilt, dass dann die Miete flächenanteilig erhöht werden müsste. Bei der abschließenden Besprechung und der Aufsetzung des Vertrages sind zwar die Nebenräume zum Mietgegenstand gemacht worden. Bei der Vereinbarung der Miete sind wir indes von meiner Ausgangsvorstellung i. H. v. 550,– EUR ausgegangen und haben eine um 10% niedrigere Miete vereinbart. Dabei habe ich es versäumt, die Nebenräume flächenanteilig in die Berechnung einzubeziehen.

Die Miete beträgt bezogen auf die große Halle bei 200 qm 2,50 EUR/qm. Die Nebenräume haben eine Grundfläche von 50 qm. Bei einer flächenanteiligen Berücksichtigung sind weitere 100,– EUR Miete, insgesamt also 600,– EUR, anzusetzen.[3]

Ich gehe davon aus, dass wir bei Unterzeichnung des Mietvertrages gemeinsam über den Betrag von 500,– EUR irrten und dass der Mietvertrag richtigerweise über eine Miete von 600,– EUR wirksam abgeschlossen ist. Für den Fall, dass sich meine Auffassung als unrichtig erweisen sollte, erkläre ich hilfsweise die Anfechtung meiner vertraglichen Willenserklärung und kündige ferner vorsorglich den Vertrag.[4] Das offenkundige Versehen ist mir erst heute bei der nochmaligen Durchsicht des Mietvertrages aufgefallen.[5]

Ich bitte das Versehen zu entschuldigen. Sollte davon auszugehen sein, dass der Mietvertrag als nicht zustande gekommen gilt, bin ich selbstverständlich gerne bereit, den Mietvertrag zu einer monatlichen Miete von 600,– EUR, im Übrigen gleich lautend, nochmals abzuschließen. Eine Berichtigung sollte jedenfalls zur Klarstellung erfolgen. Ich gehe davon aus, dass Sie hieran ebenfalls interessiert sind und bitte um eine kurze Mitteilung.[6]

......
(Vermieter)

## Anmerkungen

**1.** Bei dem Kalkulations- oder Berechnungsirrtum handelt es sich um den Fall, in dem einer Partei ein Irrtum bei der Preisgestaltung unterlaufen ist. Auch wenn diese Fälle dem Tatbestand des Irrtums zuzuordnen sind (Inhaltsirrtum), wird die Preisbildung dem Bereich der für eine Anfechtung unbeachtlichen Motive zugeordnet (vgl. Form. D. I. 2 Anm. 4). Dennoch kann der Kalkulationsirrtum Rechtsfolgen nach sich ziehen.

**2.** Zum praktischen Erfordernis der Nachweisbarkeit des Zugangs vgl. Form. D. I. 1 Anm. 2.

**3.** Bei einem Berechnungs-(Kalkulations-)Irrtum, wenn also ein Vertragspartner sich bei Abgabe der vertraglichen Erklärung über die Berechnung der von ihm geschuldeten Leistung irrt, ist zu unterscheiden. Grundsätzlich ist die Kalkulation dem Beweggrund des Erklärenden zuzuordnen (an sich nicht beachtlicher Motivirrtum) und begründet daher nach h.M. (Palandt/*Ellenberger* § 119 Rdn. 18ff. m.w.N.; Bub/Treier/*Bub* II 664f.) kein Anfechtungsrecht. Ist die Berechnung dem Vertragspartner nicht offen gelegt worden (**verdeckter Kalkulationsirrtum**), ist der Irrtum nicht rechtserheblich (BGH WPM 1987, 1432). Hat der Vertragspartner aber den Berechnungsirrtum erkannt, soll das Bestehen auf der Vertragsdurchführung dann rechtsmissbräuchlich sein, wenn die Vertragsdurchführung für den Erklärenden wegen wirtschaftlicher Schwierigkeiten schlechthin unzumutbar ist (BGHZ 139, 177, 185; Palandt/*Ellenberger* § 119 Rdn. 18). Bei einem sich aufdrängenden, schwerwiegenden Berechnungsirrtum soll eine Hinweis- und Prüfungspflicht des Empfängers anzunehmen sein, deren Verletzung einen Schadensersatzanspruch begründet (BGH NJW 2001, 284).

Ist die fehlerhafte Berechnung Gegenstand der Vertragsverhandlungen geworden (**offener Kalkulationsirrtum**), ist zu differenzieren. Bestand Einvernehmen über die Preisbildung und liegt lediglich ein Additionsfehler vor, kann im Wege der Auslegung von dem Preis auszugehen sein, der sich bei richtiger Addition ergibt (OLG Frankfurt/M. WPM 2001, 565, LG Aachen NJW 1982, 1106 sind von der wirksamen Vereinbarung des Preises ausgegangen, der sich bei richtiger Addition ergibt – falsa demonstratio non nocet). Kommt für die eine Vertragspartei den Berechnungsgrundsätzen und für die andere Vertragspartei dem angegebenen Endbetrag Vorrang zu, kann ein Dissens zur geschuldeten Miete vorliegen mit der Folge, dass der Vertrag gemäß § 155 BGB unwirksam sein wird, da eine Preisvereinbarung für die Vertragsparteien wesentlich ist. Sofern der irrtümlich fehlerhaft berechnete Betrag vereinbart worden ist, wird bei einem gemeinsamen Irrtum der Parteien von einem Fall des Fehlens der Geschäftsgrundlage ausgegangen (Palandt/ *Ellenberger* § 119 Rdn. 21a; Palandt/*Grüneberg* § 313 Rdn. 9) mit der Folge der Vertragsanpassung oder – bei Unzumutbarkeit – der Vertragsauflösung (Palandt/*Grüneberg* § 313 Rdn. 40ff.).

Die vorliegend ausgesprochene Eventualanfechtung (hierzu Form. D. I. 2 Anm. 4) dürfte nach Vorstehendem zwar nicht erforderlich sein, sollte aber vorsorglich ausgesprochen werden, da die Behandlung des offenen Kalkulationsirrtums nicht unbestritten ist und auch vertreten wird, dass ein zur Anfechtung berechtigender Grund vorliegen kann (*Singer* JZ 1999, 342) und ein eventuell später mit dem Fall befasstes Gericht einen Anfechtungsgrund annehmen könnte.

**4.** Zur Notwendigkeit der inhaltlichen Klarheit der Anfechtungserklärung, zur Formlosigkeit und zur Begründung vgl. Form. D. I. 1 Anm. 3.

**5.** Die Anfechtung gemäß § 119 BGB ist gemäß § 121 BGB unverzüglich zu erklären, vgl. Form. D. I. 2 Anm. 5.

**6.** Hinsichtlich der Gebühren und des Gegenstandswertes vgl. Form. D. I. 1 Anm. 8. Zwar geht es in erster Linie um eine Vertragsanpassung und nicht um das Bestehen des Mietverhältnisses. Die Frage der Wirksamkeit des Vertrages ist indes – hilfsweise – Gegenstand der Erklärung.

## 4. Rücktritt des Mieters gemäß §§ 323ff. BGB[1]

......
(Mieter)

an

......
(Vermieter)
Zustellvermerk[2]

Sehr geehrte(r) ......

Hiermit erkläre ich den Rücktritt von dem zwischen uns abgeschlossenen Mietvertrag vom ......[3] Der vertraglich vereinbarte Mietbeginn ist zwischenzeitlich verstrichen, ohne dass Sie mir die Wohnung übergeben konnten. Wie Sie mir mitgeteilt haben, habe der derzeitige Mieter Ihnen gegenüber unerwartet von einer ihm mietvertraglich eingeräumten Verlängerungsoption Gebrauch gemacht. Ein Auszug des Mieters komme jedenfalls derzeit nicht in Betracht. Da ich wegen der Aufnahme meiner Tätigkeit in Y-Stadt zum ...... dringend auf eine Wohnung angewiesen bin und da es mir gelungen ist, kurzfristig eine andere Wohnung anzumieten, mache ich von meinem gesetzlichen Rücktrittsrecht (§ 323 BGB) Gebrauch.[4] Ich behalte mir vor, Schadensersatz geltend zu machen, da ich in der angemieteten Wohnung eine höhere Miete als zwischen uns vereinbart entrichten muss und da mein Anfahrtsweg zu meiner neuen Arbeitsstelle wesentlich weiter ist.[5, 6]

......
(Mieter)

*Schrifttum: Kandelhard*, Leistungsstörungen im Mietrecht, WuM 2003, 3

### Anmerkungen

**1.** Der Rücktritt führt zur **Rückabwicklung des Schuldverhältnisses,** hier des Mietvertrages. Er kann auf Gesetz (vgl. D. I. 4) oder auf vertraglicher Vereinbarung (vgl. Form. D. I. 6) beruhen. Da die Rückabwicklung des Mietvertrages zu Schwierigkeiten führen kann und die Beendigung mit Wirkung für die Zukunft den Interessen der Vertragsparteien oft besser gerecht wird, hat das vertragliche Rücktrittsrecht – soweit überhaupt zulässig – keine große praktische Bedeutung. Auch der gesetzliche Rücktritt ist praktisch nicht von Bedeutung (Anm. 4). Wie bei der Anfechtung gehen nämlich nach der Gebrauchsüberlassung die mietvertraglichen Gewährleistungsrechte und auch die Kündigung dem gesetzlichen Rücktritt vor (vgl. Anm. 4).

Der Rücktritt vom gegenseitigen Vertrag ist in §§ 323, 324, 326 BGB geregelt.

**2.** Der Rücktritt ist eine **rechtsgestaltende Erklärung,** die mit Zugang beim Empfänger wirksam wird. Die Nachweisbarkeit des Zugangs der Erklärung sollte daher gesichert sein, vgl. Form. D. I. 1, Anm. 2; Form. B. I. 1, Anm. 1.

**3.** Gemäß § 349 BGB ist der Rücktritt eine **einseitige, empfangsbedürftige Willenserklärung.** Die Erklärung ist formfrei und kann daher auch durch schlüssiges Verhalten (konkludent) erfolgen. Da an die Rücktrittserklärung wesentliche Rechtsfolgen geknüpft sind, sollte diese für eine evtl. später erforderliche Beweisführung schriftlich erfolgen. Eine Begründung ist nicht notwendig, empfiehlt sich indes, um dem Vertragspartner über die Berechtigung des Rücktritts zu informieren. Als Gestaltungsrecht ist der Rücktritt grundsätzlich unwiderruflich und bedingungsfeindlich. Zur Umdeutung eines Rücktritts in eine Kündigung vgl. LG Itzehoe WuM 1999, 41.

**4.** Der praktische Anwendungsbereich des gesetzlichen Rücktrittsrechts im Mietrecht ist gering, da nach Überlassung der Mieträume §§ 323 ff. BGB weitgehend durch die mietvertraglichen Kündigungsrechte verdrängt werden (BGHZ 50, 312 für den Vorrang der außerordentlichen fristlosen Kündigung; Bub/Treier/*Kraemer* III. B 1326).

Erbringt der Schuldner eine fällige Leistung nicht oder nicht vertragsgemäß, kann der Gläubiger gemäß § 323 Abs. 1 BGB vom Vertrag zurücktreten (z. B. verspätete Besitzeinräumung oder die Räume werden in nicht vertragsgerechtem Zustand – Mängel – angeboten). Voraussetzung ist, dass der Gläubiger dem Schuldner eine angemessene Frist zur Leistung bzw. Nacherfüllung gesetzt hat und dass diese Frist fruchtlos abgelaufen ist. Die Fristsetzung ist gemäß § 323 Abs. 2 BGB entbehrlich, wenn entweder

(1) der Schuldner die Leistung ernsthaft und endgültig verweigert, oder

(2) der Schuldner nicht an einem vertraglich vereinbarten Termin oder innerhalb einer vertraglich vereinbarten Frist geleistet hat und der Gläubiger im Vertrag sein Leistungsinteresse an die Rechtzeitigkeit der Leistung gebunden hat, oder

(3) besondere Umstände vorliegen, die unter Abwägung der beiderseitigen Interessen den sofortigen Rücktritt rechtfertigen.

Der Gläubiger kann schon **vor Fälligkeit** (z. B. vereinbarter Termin für die Wohnungsübergabe) gemäß § 323 Abs. 4 BGB zurücktreten, wenn offensichtlich ist, dass die Voraussetzungen des Rücktritts eintreten werden. Bei einer Teilleistung (z. B. der mitvermietete Pkw-Stellplatz wird nicht übergeben) hängt die Berechtigung zum Rücktritt davon ab, ob der Gläubiger an der Teilleistung kein Interesse hat. Bei der nicht vertragsgemäßen Leistung (z. B. Übergabe abredewidrig unrenoviert) kommt es auf die Erheblichkeit der Pflichtverletzung an (§ 323 Abs. 5 BGB). Das Rücktrittsrecht ist gemäß § 323 Abs. 6 BGB ausgeschlossen, wenn der Rücktrittsgrund allein oder weit überwiegend vom Gläubiger zu verantworten ist, oder wenn der Gläubiger im Annahmeverzug ist und den Schuldner an dem Umstand, der zum Rücktritt führt, kein Verschulden trifft.

Gemäß § 324 BGB berechtigt ein **Verstoß gegen eine Nebenpflicht** gemäß § 241 Abs. 2 BGB zum Rücktritt, wenn dem Gläubiger deshalb ein Festhalten an dem Vertrag nicht mehr zuzumuten ist (z. B. gewichtige Beleidigung).

Ein Rücktrittsrecht besteht ferner gemäß **§ 326 Abs. 5 BGB**, wenn der Schuldner gemäß § 275 Abs. 1–3 BGB von der Leistung befreit ist. Das ist der Fall, wenn die Leistung (die Besitzverschaffung an den Mieträumen) objektiv (d. h. jedermann) oder subjektiv (d. h. dem Schuldner) unmöglich ist (Fälle des § 275 Abs. 1 BGB), oder einen unverhältnismäßigen Aufwand erfordert (§ 275 Abs. 2 BGB, nur auf Einrede, z. B. im Formularfall ist der Mieter, der den Besitz an der Wohnung hat, nur gegen eine völlig übersetzte Abstandszahlung bereit zu weichen), oder dem Schuldner bei persönlicher Leistungspflicht unzumutbar ist (§ 275 Abs. 3 BGB, nur auf Einrede, bei Mietverträgen nicht relevant). Einer Fristsetzung zur Nacherfüllung bedarf es in diesen Fällen nicht. Das Rücktrittsrecht richtet sich im Übrigen nach § 323 BGB.

Nach OLG Hamm (NZM 1998, 77) ist ein Rücktritt vom Mietvertrag wegen Unmöglichkeit (§ 325 BGB a. F.) berechtigt, wenn eine Lagerhalle vor Errichtung vermietet worden ist und diese statt der vereinbarten 1.000 qm Nutzfläche nur 870 qm aufweist. Zum Rücktritt von einer Hotelzimmerreservierung: OLG Frankfurt/M. NJW-RR 2001, 1498; OLG Köln NZM 1998, 514; OLG Frankfurt/M. OLGR Frankfurt 1998, 169; OLG München NJW-RR 1990, 698; AG Breisach NJW 1986, 2647.

Die **Wirkung des Rücktritts** ist gemäß § 346 Abs. 1 BGB die wechselseitige Rückgewähr der empfangenen Leistungen sowie die Herausgabe der gezogenen Nutzungen (Zug-um-Zug-Erfüllung gemäß § 348 BGB). Vor der Überlassung der Mieträume wird die Rückabwicklung regelmäßig keine Probleme aufwerfen und sich auf die Herausgabe einzelner Vorleistungen (z. B. Kaution) beschränken. Sofern ein Rücktrittsrecht nach Überlassung der Mieträume besteht, sieht § 346 Abs. 2 Satz 1 Nr. 1 BGB die Leistung von Wertersatz statt der Rückgewähr oder Herausgabe von Nutzungen vor, sofern diese nach der Natur des Erlangten ausgeschlossen ist. Damit kann die Nutzung durch den Mieter in Höhe des vereinbarten Mietzinses bemessen werden, da § 346 Abs. 2 Satz 2 BGB vorsieht, dass für die Berechnung des Wertersatzes eine vertraglich vereinbarte Gegenleistung zugrunde zu legen ist. Verletzt der Schuldner die Pflicht zur Rückgewähr gemäß § 346 Abs. 1 BGB, kann der Gläubiger unter den Voraussetzungen von §§ 280–283 BGB Schadensersatz verlangen.

**5.** Gemäß § 325 BGB ist der Gläubiger beim gegenseitigen Vertrag neben dem Rücktritt berechtigt, Schadensersatz zu verlangen.

**6.** Gebühren und Gegenstandswert vgl. Form. D. I. 1 Anm. 8.

## 5. Fristsetzung gemäß § 323 Abs. 1 BGB[1]

......

(Mieter)

an

......

(Vermieter)

Zustellvermerk[2]

Sehr geehrte(r) ......

Mit Vertrag vom ...... habe ich zum ...... das Einfamilienhaus X-Straße Nr. ...... von Ihnen angemietet. Wie Ihnen bekannt ist, waren bei dem Termin zur Übergabe das Hauses am ...... noch eine Vielzahl von Gegenständen im gesamten Kellerbereich (u. a. Autoreifen, eine alte Waschmaschine und Müll) sowie in 2 Zimmern des Obergeschosses (Schränke und angedübelte Regale im Schlafzimmer und im Kinderzimmer) vorhanden. Ich setze Ihnen hiermit eine Frist bis zum ...... zur endgültigen Räumung des Hauses und zur Übergabe in ordnungsgemäßen Zustand. Sollte diese Frist erfolglos verstreichen, behalte ich mir vor, von dem Mietvertrag zurück zu treten und Schadensersatz geltend zu machen.[3, 4]

......

(Mieter)

### Anmerkungen

**1.** Zur Nachfristsetzung als Voraussetzung für den Rücktritt gemäß § 323 Abs. 1 BGB vgl. D. I. 4, Anm. 4.

**2.** Die Nachfristsetzung wird mit Zugang wirksam. Die Nachweisbarkeit des Zugangs sollte daher gesichert sein, vgl. Form. D. I. 1, Anm. 2; Form. B. I. 1, Anm. 1.

**3.** Ebenso wie der Rücktritt ist die Nachfristsetzung **nicht formgebunden**. Die **Länge der Frist** hängt davon ab, in welchem Umfang der Schuldner noch tätig werden muss. Die Frist sollte indes nicht zu kurz bemessen werden, da anderenfalls das Rücktrittsrecht nicht entsteht. Der Postweg ist einzukalkulieren. Dem Schuldner ist möglichst genau anzugeben, welche Tätigkeit von ihm erwartet wird. Pauschale Angaben (z. B.: „die Mieträume waren bei Übergabe nicht in einem ordnungsgemäßen Zustand") genügen nicht. Eines Hinweises auf die Rechtsfolgen der Fristversäumung bedarf es nicht.

**4.** Gebühren und Gegenstandswert vgl. Form. D. I. 1 Anm. 8.

## 6. Rücktritt bei vereinbartem Rücktrittsrecht
## gemäß § 346 BGB[1]

......

(Vermieter)

an

......

(Mieter)

Zustellvermerk[2]

Sehr geehrte(r) ......

Bei Abschluss des Mietvertrages vom ...... habe ich mir ausdrücklich in der Zusatzvereinbarung den Rücktritt vom Vertrag für den Fall vorbehalten, dass es mir nicht gelingen würde, Mieter für die von Ihnen nicht genutzten Räume des Gewerbeobjekts X in Y zu finden. Leider ist es mir trotz intensiver Bemühungen bislang nicht gelungen, Mietinteressenten zu finden und auch von Ihnen konnte kein Mietinteressent benannt werden. Da eine Vermietung der gesamten Gewerbeeinheit leichter möglich ist, wie ich Ihnen bei Abschluss des Mietvertrages erläutert habe, sehe ich mich leider gezwungen, hiermit von dem vertraglich eingeräumten Rücktrittsrecht Gebrauch zu machen.[3]

Ich bitte darum die Mieträume vollständig geräumt und besenrein am ...... um ...... Uhr zu übergeben. Für eine kurze Bestätigung wäre ich Ihnen verbunden.[4]

......

(Vermieter)

### Anmerkungen

**1.** Zu Form und Inhalt des Rücktritts vgl. Form. D. I. 4 Anm. 3.

**2.** Der Rücktritt ist eine rechtsgestaltende Erklärung, die mit Zugang beim Empfänger wirksam wird. Die Nachweisbarkeit des Zugangs der Erklärung sollte gesichert sein.

**3.** Die Frage, ob ein vertraglich vereinbartes Rücktrittsrecht für die Zeit nach Überlassung der Mieträume im Hinblick auf die Rückabwicklungsschwierigkeiten als ein Recht zur Beendigung des Mietvertrages für die Zukunft auszulegen ist, hat durch die Neufassung von § 346 Abs. 2 BGB an Bedeutung verloren, da jedenfalls für die Miete eine praktikable Regelung besteht (vgl. Form. D. I. 4 Anm. 4).

Ist für die Ausübung des vertraglichen Rücktrittsrechts eine Frist nicht vereinbart, kann dem Berechtigten zur Ausübung eine angemessene Frist gesetzt werden, nach deren Ablauf das Rücktrittsrecht erlischt (§ 350 BGB).

Ein vereinbartes Rücktrittsrecht des Vermieters für die Zeit nach der Überlassung der Mieträume ist nur für die Gewerbemiete zulässig. Gemäß § 572 Abs. 1 BGB kann sich der Vermieter von Wohnraum nach der Überlassung des Wohnraums nicht auf ein vertraglich vereinbartes Rücktrittsrecht berufen. Der Vermieter hat lediglich das Recht zur ordentlichen Kündigung, sofern einer der Kündigungstatbestände erfüllt ist.

Beim Altenheimvertrag ist der Mieter zum Rücktritt berechtigt, wenn Vertragsgrundlage eine noch einzurichtende Pflegestation ist, die sodann nach angemessener Zeit noch nicht vorhanden ist (LG Mannheim ZMR 1977, 330).

Eine auflösende Bedingung kann zwar vereinbart werden mit der Folge, dass das Mietverhältnis auf bestimmte Zeit eingegangen gilt, da der Eintritt der Bedingung nicht fest steht. Bei der Vermietung von Wohnraum kann sich der Vermieter aber gemäß § 572 Abs. 2 BGB auf die auflösende Bedingung nicht berufen, wenn diese zum Nachteil des Mieters ist. Dagegen endet das Mietverhältnis mit Eintritt einer dem Mieter vorteilhaften Bedingung (z. B. Bedingung ist die Aufnahme einer neuen beruflichen Tätigkeit des Mieters an einem anderen Ort).

**4.** Zu Gebühren und Gegenstandswert vgl. Form. D. I. 1 Anm. 8.

## II. Beendigung durch Zeitablauf[1]

## 1. Verlangen des Mieters auf Mitteilung zum Fortbestand des Befristungsgrundes gemäß § 575 Abs. 2 BGB[2]

......
(Mieter)

an

......
(Vermieter)
Zustellvermerk[3]

Sehr geehrte(r) ......

Der zwischen uns geschlossenen Mietvertrag sieht eine Befristung vor, weil Sie beabsichtigt hatten, die Wohnung nach Ablauf der Mietzeit Ihrem Sohn zur Verfügung zu stellen.[4] Da die befristete Mietzeit in 4 Monaten, nämlich am ...... abläuft, bitte ich um Mitteilung, ob der Befristungsgrund noch besteht.[5] Ich beabsichtige die Wohnung weiter zu nutzen, wenn der Befristungsgrund nicht mehr besteht oder später eintritt.[6] Für eine kurzfristige Mitteilung wäre ich dankbar, um unnötige Dispositionen zu vermeiden. Ich weise darauf hin, dass die Mitteilung binnen eines Monats erfolgen muss, anderenfalls sich das Mietverhältnis um den Zeitraum der Verspätung verlängert.[7, 8]

......
(Mieter)

*Schrifttum: Achenbach,* Effektive Zeitmietverträge durch Änderung des Vollstreckungsrechts, NZM 2001, 61; *Börstinghaus,* Kündigungsausschlussvereinbarung nach neuem Recht, WuM 2003, 487; *Derckx,* Vereinbarungen über den Kündigungsausschluss im neuen Mietrecht, NZM 2001, 826; *Derleder,* Zeitmiete und zeitlicher Kündigungsausschluss im neuen Mietrecht, NZM 2001, 649; *ders.,* Der sicherste Weg der Vertragspraxis bei der Vereinbarung von Mietzeitbegrenzungen und Kündigungsausschlüssen – Fallvarianten und Lösungen, NZM 2001, 1025; *Finke,* Ist ein vertraglicher Ausschluss des Rechts zur ordentlichen Kündigung bei Mietverträgen auf unbestimmte Zeit wirksam?, ZMR 1994, 353; *Fischer,* Zulässigkeit eines befristeten Kündigungsausschlusses bei Wohnraummietverträgen? WuM 2004, 123; *Feuerlein,* Nichts Neues beim Zeitmietvertrag?, WuM 2001, 371; *Gather,* Der Zeitmietvertrag über Wohnraum, DWW 1991, 69; *ders.,* Der Grundsatz der Vertragstreue im Wohnraummietrecht, DWW 1985, 197; *ders.,* Zeitmietvertrag, Tod des Mieters und Eintrittsrecht Dritter in den Wohnraummietvertrag, NZM 2001, 57; *Gellwitzki,* Mit welchen Fristen kann ein Zeitmietvertrag mit Verlängerungsklausel und mit eventueller Staffelmiete gekündigt werden? WuM 2004, 575; *Hannemann,* Im Überblick: Risiken des Zeitmietvertrags bei der Wohnraummiete, NZM 1999, 585; *Heile,* Ersatzmietergestellung bei Wohn- und Geschäftsraummiete, ZMR 1990, 249; *Hinz,* Langer Zeitmietvertrag und Kündigungsausschluss bei der Wohnraummiete, NZM 2003, 659; *ders.* Kündigungsverzicht und „Mindestmietzeit" bei der Wohnraummiete, WuM 2004, 126; *Kandelhard,* Zur Wirksamkeit von Kündigungsausschlüssen, WuM 2004, 129; *ders.* Aufhebungsvertrag und Ersatzmieterstellung, WuM 2004, 249; *Kinne,* Der neue Zeitmietvertrag ab dem 1. 9. 2001, ZMR 2001, 684; *Lammel,* Ersatz des Zeitmietvertrages durch einen Kündigungsausschluss? WuM 2003, 123; *Lützenkirchen*, Möglichkeit der Befristung von Wohnraummietverträgen nach dem Mietrechtsreformgesetz, ZMR 2001, 769; *Rambach*, Zweifelsfragen zur Belehrungspflicht des Vermieters bei Beendigung von Zeitmietverhältnissen, WuM 1991, 323; *Steinig*, Was ist eigentlich ein Zeitmietvertrag? GE 1995, 850; *Wiek*, Der Kündigungsverzicht des Mieters nach der Mietrechtsreform, WuM 2004, 509; *ders.* Zeitliche Schranken für einen Kündigungsverzicht des Mieters einer Wohnung, WuM 2005, 369; *Zorn*, Die Auswirkungen des AGG bei der Stellung eines Nachmieters durch den Mieter, WuM 2006, 591.

## Anmerkungen

**1.** Ein Mietverhältnis, das auf bestimmte Zeit eingegangen ist, endet gemäß § 542 Abs. 2 BGB mit dem Zeitablauf, wenn es nicht in den gesetzlich zugelassenen Fällen außerordentlich gekündigt oder verlängert wird. Eine vorzeitige Beendigung ist möglich durch

- Aufhebungsvertrag (Form. D. VII.),
- auflösende Bedingung (Form. D. I. 6, Anm. 3),
- vorbehaltenen Rücktritt (Form. D. I. 6),
- außerordentliche fristlose Kündigung (§§ 543, 569 BGB, vgl. Form. D. VI.),
- außerordentliche befristete Kündigung (vgl. Form. D. V.),
- Stellung eines geeigneten Nachmieters in besonderen Fällen (vgl. unten).

Der Zeitmietvertrag ist durch das Mietrechtsreformgesetz mit Wirkung zum 1. 9. 2001 (Geltung für ab dem 1. 9. 2001 geschlossene Verträge) umgestaltet worden. Die Regelung in § 564 b Abs. 1 BGB a. F. zum einfachen Zeitmietvertrag, also zum befristeten Mietvertrag ohne einen Befristungsgrund, ist ersatzlos entfallen. Damit kann ein einfacher Zeitmietvertrag grundsätzlich nicht mehr vereinbart werden. Eine Ausnahme gilt für die Mietverhältnisse gemäß § 549 Abs. 2 und 3 BGB (vgl. hierzu D. III. 14 Anm. 3), da insoweit §§ 575, 575 a BGB nicht gelten. Insoweit kann die Befristung frei vereinbart werden (*Gather* NZM 2001, 57, 58). Nach der Rechtsprechung des BGH (WuM 2004, 157, 542, 543, 672) ist ein Kündigungsausschluss im Rahmen eines Mietverhältnisses auf unbestimmte Zeit zulässig, so dass in den Rechtsfolgen eine Annäherung an ein befristetes Mietverhältnis ohne qualifizierten Befristungsgrund erreicht werden kann. Nach BGH WuM 2005, 346 ist ein formularmäßiger, beiderseitiger Kündigungsausschluss von 5 Jahren (Grenze soll bei nicht mehr als 4 Jahren liegen) wegen Benachteiligung des Mieters unwirksam. BGH WuM 2009, 47 zu ausgleichendem Vorteil des Mieters; BGH WuM 2006, 97 bei gleichzeitiger Staffelmietvereinbarung; kürzere Fristen bei Vermietung eines Studentenzimmers (BGH NJW 2009, 3506). Zur Frage der Lösung von einem vereinbarten Kündigungsausschluss: *Streyl*, WuM 2005, 183. Der Verzicht des Vermieters auf die Eigenbedarfskündigung für mehr als 1 Jahr bedarf der Schriftform (BGH NJW 2007, 1742).

Jedenfalls endet nach Ablauf des Kündigungsausschlusses nicht wie bei einer einfachen Befristung das Mietverhältnis. Es bedarf vielmehr einer Kündigung.

Ausnahmsweise kann das befristete Mietverhältnis vorzeitig durch Stellung eines **Ersatzmieters** auch dann beendet werden, wenn der Vertrag keine Nachfolgeklausel (regelt die Voraussetzungen, unter denen ein Mieter gegen Stellung eines Nachmieters ausscheiden kann; vgl. hierzu AG Köln WuM 2000, 598) enthält. Es ist zunächst von dem Grundsatz auszugehen, dass Verträge einzuhalten sind. Nach der Rechtsprechung (OLG Karlsruhe RE WuM 1981, 173; OLG Hamm RE NJW-RR 1995, 1478; OLG Zweibrücken neg. RE WuM 1998, 147; OLG Naumburg, WuM 2002, 537) soll ein Anspruch des Mieters auf Vertragsentlassung aber dann gegeben sein, wenn sein Interesse an der Vertragsauflösung das Bestandsinteresse des Vermieters „erheblich überragt".

Erforderlich ist zunächst ein schutzwürdiges Interesse des Mieters an der Vertragsentlassung, das in der Regel nicht gegeben ist, wenn der Mieter das Interesse an der Wohnung durch seine freie Entscheidung verloren hat. Das Interesse an der Vertragsentlassung kann in einer schweren Erkrankung (OLG Karlsruhe RE WuM 1981, 173), einer beruflichen Versetzung (LG Hamburg DWW 1988, 85), dem Umzug in ein Seniorenheim (AG Calw WuM 1999, 463) bzw. in eine altersgerechte Wohnung (LG Duisburg WuM 1999, 691) oder in einer erheblichen Vergrößerung oder Verkleinerung der Familie (AG Frankfurt/M. WuM 1999, 571; auch im Fall der Scheidung: OLG Karlsruhe RE WuM 1981, 173) gesehen werden. Dagegen soll der Wunsch, ein errichtetes Eigenheim zu beziehen, nicht ausreichen (OLG Karlsruhe RE WuM 1981, 173).

Ferner muss auf Seiten des Mieters eine Härte vorliegen, die in der Bindung an den Vertrag begründet sein muss. An einer Härte fehlt es bei einer nur noch kurzen Restlaufzeit des Vertrages (OLG Oldenburg WuM 1982, 124: 3 Monate).

Schließlich muss der Nachmieter für den Vermieter akzeptabel sein (vgl. BGH WuM 2003, 204). Das setzt zunächst voraus, dass der Nachmieter den Vertrag zu den bestehenden Bedingungen akzeptiert. Ferner dürfen in der Person des Nachmieters keine gewichtigen Gründe bestehen (OLG Hamm RE WuM 1983, 228). Die Wertungen des Allgemeinen Gleichbehandlungsgesetzes sind zu beachten. Hier kommt es auf das Einkommen des Nachmieters an. Eine größere Anzahl an Mietern (Familie statt Einzelperson) muss der Vermieter nicht hinnehmen (LG Hildesheim WuM 2005, 572). Die Eigenschaft als Ausländer stellt keinen gewichtigen Grund dar (LG Saarbrücken WuM 1995, 313; AG Wetzlar WuM 2006, 374). Bei unverheirateten Paaren können moralische Vorbehalte des Vermieters dann beachtlich sein, wenn er in einem Haus mit den Mietern lebt (Bub/Treier/*Heile* II 825). Die Stellung nur eines akzeptablen Nachmieters genügt, mehrere Nachmieter müssen nicht zur Auswahl angeboten werden (LG Saarbrücken WuM 1995, 313).

Zieht der Mieter aus, ohne dass die Voraussetzungen der Nachmieterstellung vorliegen oder ohne einen angemessenen Nachmieter angeboten zu haben, bleibt er vertraglich verpflichtet und schuldet weiterhin die Miete. Da es sich um einen vertraglichen Anspruch handelt, kann der Mieter sich nicht auf ein Mitverschulden des Vermieters wegen unterlassener Weitervermietung (§ 254 BGB) berufen. Wird die Wohnung nach Auszug des Mieters an einen Dritten vermietet, kann der Mieter zur Entrichtung der Differenz zwischen der von ihm geschuldeten und der niedrigeren, von dem Dritten geschuldeten Miete verpflichtet sein (BGHZ 122, 163).

**2.** Die gesetzlich vorgegebene Vorgehensweise zur Verlängerung des Mietverhältnisses sieht das Auskunftsverlangen des Mieters, die Mitteilung des Vermieters zum Fortbestand des Befristungsgrundes (Form. D. II. 2) und ggf. das Verlängerungsverlangen des Mieters (D. II. 3) vor.

**3.** Der Zugangsnachweis – vgl. Form. D. I. 1, Anm. 2 und Form. B. I. 1, Anm. 1. – sollte in den Fällen gesichert werden, in denen das Auskunftsverlangen so kurzfristig gestellt wird, dass eine Verkürzung der Antwortfrist droht (vgl. unten Anm. 5).

**4.** Zu den gemäß § 575 Abs. 1 BGB zulässigen Gründen für eine Befristung, vgl. A. II. 3).

Grundsätzlich endet der Zeitmietvertrag gemäß § 542 Abs. 2 BGB mit dem Ablauf der vereinbarten Mietzeit. Ist die Befristung des Zeitmietvertrages allerdings nicht wirksam, gilt das Mietverhältnis gemäß § 575 Abs. 1 Satz 2 BGB als auf unbestimmte Zeit geschlossen (*Feuerlein* WuM 2001, 371, 372; für eine Umdeutung „missglückter Zeitmietverträge" in einen befristeten Kündigungsausschluss: *Blank/Börstinghaus* § 575 Rdn. 31, hierzu *Derleder,* NZM 2001, 649, 652 ff.). Es bedarf dann nicht der Vorgehensweise gemäß § 575 BGB (Auskunft und Verlängerungsverlangen). Eine unwirksame Befristung kann vorliegen, wenn der Grund für die Befristung im Mietvertrag nicht konkret genug angegeben ist, oder wenn ein Grund für die Befristung fehlte und der angegebene Grund nur vorgeschoben war, um eine lange Bindung des Mieters an den Vertrag zu erreichen (vgl. *Feuerlein,* WuM 2001, 371). Das gilt auch dann, wenn der Befristungsgrund – wider Erwarten – bei Vertragsende tatsächlich vorliegt. Ein Auswechseln der Befristungsgründe ist nicht zulässig (*Lützenkirchen,* Rdn. 412).

Tritt der gesetzlich für den Abschluss des Zeitmietvertrages erforderliche Grund für die Befristung erst nach dem Ablauf der Mietzeit ein, kann der Mieter eine entsprechende Verlängerung des Mietvertrages verlangen. Entfällt der Grund für die Befristung, kann der Mieter die Verlängerung des Mietvertrages auf unbestimmte Zeit verlangen (§ 575 Abs. 3 BGB). Zur Klärung dieser Fragen für den Mieter dient der Anspruch auf Mitteilung gemäß § 575 Abs. 2 BGB.

**5.** Der Mieter kann vom Vermieter frühestens 4 Monate vor Ablauf der Mietzeit die Mitteilung verlangen. Ein früher gestelltes Auskunftsverlangen ist nicht unwirksam, vielmehr berechnet sich die Monatsfrist für die Antwort des Vermieters von dem zulässigen Zeitpunkt ab (vgl. *Lützenkirchen,* Rdn. 409). Im Hinblick auf die Antwortfrist des Vermieters von einem Monat einerseits und die Beendigung des Mietverhältnisses mit Fristablauf andererseits, sollte das Auskunftsverlangen mindestens einen Monat vor Ablauf des Mietverhältnisses dem Vermieter zugegangen sein, da anderenfalls das Mietverhältnis vor Ablauf der Antwortfrist endet (hierzu *Blank/Börstinghaus* § 575 Rdn. 35).

Das Auskunftsverlangen ist nicht formgebunden. Im Hinblick auf die spätere Nachweisbarkeit empfiehlt sich indes die schriftliche Form.

**6.** Es dürfte zulässig sein, das Verlangen auf Verlängerung des Mietvertrages auf unbestimmte Zeit sowie auf den Zeitraum einer Verzögerung des Eintritts des Befristungsgrundes gemäß § 575 Abs. 3 Satz 2 BGB schon vorsorglich in dem Mitteilungsverlangen zu stellen (*Lützenkirchen,* Rdn. 415, hält dies nur für wirksam, wenn das Fortsetzungsverlangen für alle in Betracht kommenden Alternativen einer Fortsetzung gestellt ist). Vorsorglich sollte nach der Mitteilung, dass der Befristungsgrund entfallen ist, nochmals ausdrücklich die Verlängerung des Mietvertrages auf unbestimmte Zeit nach Ablauf der Mietzeit verlangt werden.

**7.** Der Hinweis entspricht der Rechtslage gemäß § 575 Abs. 2 Satz 2 BGB. Den Mieter trifft gegenüber dem Vermieter allerdings keine Belehrungspflicht. Der Hinweis ist also fakultativ.

**8.** Zur Gebührenhöhe vgl. D. I. 1 Anm. 8. Beschränkt sich die Tätigkeit des Anwalts auf das Auskunftsverlangen, dürfte ein „einfaches" Schreiben im Sinne von VV 2302 vorliegen und nur diese Gebühr von 0,3 anzusetzen sein. Der Geschäftswert ist gemäß §§ 2 Abs. 1, 23 Abs. 1 RVG, 41 Abs. 1 GKG höchstens an dem Wert für eine streitige Fortsetzung des Mietverhältnisses auf unbestimmte Zeit auszurichten. Anzusetzen ist aber nicht der Jahresmietwert, sondern, da es sich um ein Auskunftsverlangen handelt, ein Bruchteil (vgl. Nachweise bei Zöller/*Herget* § 3 Rdn. 16 „Auskunft": $^1/_{10}$–$^1/_4$).

## 2. Mitteilung des Vermieters zum Fortbestand des Befristungsgrundes gemäß § 575 Abs. 2 BGB[1]

......

(Vermieter)

an

......

(Mieter)

Sehr geehrte(r) ......

Auf Ihr Mitteilungsverlangen vom ...... teile ich Ihnen mit, dass der Grund für die Befristung des Mietverhältnisses fortbesteht.[2] Mein Sohn wird in 2 Monaten sein Auslandsstudium planmäßig beendet haben und – wie vorgesehen – zum ...... seine Tätigkeit in meinem Unternehmen aufnehmen.[3]

Ich bitte Sie daher die Wohnung zum Ablauf der Mietzeit zu räumen und die mietvertraglich vereinbarten Renovierungsarbeiten auszuführen. Ich schlage vor, die Wohnungsübergabe am ...... um ...... Uhr vorzunehmen. Sollten Sie einen früheren Termin wünschen, bitte ich um telefonische Mitteilung.[4]

......

(Vermieter)

### Anmerkungen

**1.** Die Mitteilung ist **nur auf ausdrückliches Verlangen des Mieters erforderlich.** Anderenfalls endet der Mietvertrag nach der vereinbarten Vertragslaufzeit (§ 542 Abs. 2 BGB). Zum Mitteilungsverlangen vgl. D. II. 1. Erfolgt die Mitteilung später als ein Monat nach Zugang des Mitteilungsverlangens, kann der Mieter eine Verlängerung des Mietverhältnisses um den Zeitraum der Verspätung verlangen. Das gilt auch, wenn die Befristung bereits abgelaufen ist (*Blank/Börstinghaus* § 575 Rdn. 42). § 575 BGB ist zugunsten des Mieters vertraglich nicht abdingbar.

Die **Sozialklausel** des § 574 BGB findet bei der Beendigung des Mietverhältnisses durch Zeitablauf keine Anwendung, ebenso kommt die Gewährung einer Räumungsfrist gemäß § 721 ZPO – die Härteregelung des § 765a ZPO ist anwendbar – nicht in Betracht (*Blank/Börstinghaus* § 575 Rdn. 68; *Gather* NZM 2001, 57, 58).

**2.** Nach dem Gesetzeswortlaut genügt die formlose Mitteilung, „ob der Befristungsgrund noch fortbesteht". Vorsorglich sollte – insbesondere bei Änderungen gegenüber den Annahmen vor Mietbeginn, die den Befristungsgrund jedoch nicht berühren – inhaltlich auf den fortbestehenden Bedarf eingegangen werden. Hierdurch erhöht sich überdies die Akzeptanz auf der Mieterseite.

Ein **Wechsel** von dem vertraglichen Befristungsgrund zu einem anderen Befristungsgrund ist nicht zulässig, wohl aber eine **Änderung** innerhalb des Befristungsgrundes (z.B. Nutzungsabsicht durch Tochter statt durch Sohn, Palandt/*Weidenkaff* § 575 Rdn. 16, str.).

Beantwortet der Vermieter das Auskunftsverlangen des Mieters falsch, kann ein Verlängerungsverlangen nachgeholt werden. Ferner kommen Schadensersatzansprüche des Mieters gegen den Vermieter gemäß § 280 Abs. 1 BGB in Betracht.

**3.** Zu Gebühren und Gegenstandswert vgl. Form. D. II. 1 Anm. 8.

## 3. Verlängerungsschreiben des Mieters gemäß § 575 Abs. 3 BGB

......

(Mieter)

an

......

(Vermieter)

Zustellvermerk[1]

Sehr geehrte(r) ......

Zwischenzeitlich hatte ich eine telefonische Unterredung mit Ihrem Sohn. Entgegen Ihrer Mitteilung verzögert sich nach Angaben Ihres Sohns die Aufnahme seiner Tätigkeit in Ihrem Unternehmen um 3 Monate, da ihm wegen noch ausstehender Abschlussarbeiten eine frühere Rückkehr nicht möglich ist. Daher beanspruche ich gemäß § 575 Abs. 3 Satz 1 BGB eine Verlängerung des Mietverhältnisses um 3 Monate, also bis zum ...... Ich bitte um eine kurze Bestätigung.[2, 3]

......

(Mieter)

### Anmerkungen

**1.** Die Verlängerung des Mietverhältnisses setzt den Zugang des Verlängerungsverlangens voraus. Deshalb sollte der Zugang **nachweisbar** sein.

**2.** Eine **Vertragsverlängerung** tritt nicht ohne weiteres Zutun ein, wenn der Befristungsgrund entfallen ist oder später eintritt. Ohne ein Verlängerungsverlangen läuft der Mietvertrag mit der vereinbarten Laufzeit aus. Zur Sicherung des Verlängerungsanspruch dient das Mitteilungsverlangen des Mieters (Form. D. II. 1) und die Mitteilung des Vermieters (D. II. 2). Ist die Mitteilung falsch, wird also der Befristungsgrund bestätigt, obwohl dieser entfallen ist, und unterbleibt deshalb ein Verlängerungsverlangen, dann kann dieses nachgeholt werden, sofern die Wohnung noch zur Verfügung steht. Anderenfalls, insbesondere nach Auszug des Mieters und anderweitiger Nutzung der Wohnung steht dem Mieter ein Schadensersatzanspruch wegen Pflichtverletzung zu. Der Verlängerungsanspruch ist im Wege der Leistungsklage durchzusetzbar (*Blank/Börstinghaus* § 575 Rdn. 65).

**3.** Gebühren und Gegenstandswert vgl. Form. D. II. 1 Anm. 8.

## III. Ordentliche Kündigung[1]

## 1. Kündigung wegen Pflichtverletzung, § 573 Abs. 2 Nr. 1 BGB – Verstoß gegen die Hausordnung

......
(Vermieter)

an

......
(Mieter)
Zustellvermerk[2]

Sehr geehrte(r) ......

Den zwischen uns abgeschlossenen Wohnungsmietvertrag vom ...... über die Wohnung ...... kündige ich hiermit unter Einhaltung der gesetzlichen Kündigungsfrist fristgerecht zum ......[3]

Zur Begründung weise ich darauf hin, dass Sie fortlaufend und beharrlich gegen die Hausordnung verstoßen.[4] Gemäß § ...... der Hausordnung ist nach 22.00 Uhr im Interesse aller Hausbewohner die Nachtruhe einzuhalten. Gegen dieses Gebot verstoßen Sie trotz mehrfacher schriftlicher Abmahnungen.[5] Auf meine Schreiben vom ...... und vom ...... und die dort angeführten Vorfälle nehme ich Bezug. Trotz dieser Aufforderungen, haben Sie Ihr vertragswidriges Verhalten fortgesetzt. Am ...... haben Sie von 21.00 Uhr bis 02.30 Uhr laut Musik gehört. Am ...... von 22.00 Uhr bis 01.30 Uhr wurde fortdauernd in der Wohnung lautstark gestritten, Türen geschlagen und wiederum laut Musik gehört. Am ...... von 20.00 Uhr bis 0.30 Uhr und am ...... von 23.00 Uhr bis 01.30 Uhr haben Sie wieder laut Musik gehört. Am ...... und am ...... haben Sie zudem auf den Versuch des Hausmeisters, Herrn ......, Sie persönlich und telefonisch aufzufordern den Lärm einzustellen, nicht reagiert. Es liegen mehrere Beschwerden von Mietern der angrenzenden Wohnungen vor. Keinem der Mieter der angrenzenden Wohnungen ist es zuzumuten, Ihr Verhalten hinzunehmen. Hinzu kommt, dass die Mieter X Kleinkinder haben, die durch das laute nächtliche Lärmen empfindlich in ihrem Schlaf gestört werden.[6]

Ich weise Sie darauf hin, dass Sie dieser Kündigung schriftlich bis zum ...... widersprechen können, wenn die Beendigung des Mietverhältnisses für Sie, Ihre Familie oder einen anderen Angehörigen Ihres Haushalts eine Härte bedeuten würde, die auch unter Würdigung meiner berechtigten Interessen nicht zu rechtfertigen ist. Sofern Sie Widerspruch erheben, bitte ich um Mitteilung Ihrer Gründe (§ 574b Abs. 1 Satz 2 BGB).[7]

Einer stillschweigenden Verlängerung des Mietverhältnisses (§ 545 BGB) widerspreche ich bereits an dieser Stelle.[8]

Wegen der anstehenden Renovierung und des Übergabetermins werde ich mich später mit Ihnen in Verbindung setzen.[9]

......
(Vermieter)

*Schrifttum: Asper,* Ordentliche und fristlose Kündigung von Wohnraummietverhältnissen aufgrund Zahlungsverzugs, WuM 1996, 315; *Barthelmess/Barthelmess,* Zur Interessenabwägung im Rahmen berechtigter Interessen iSv § 564 b BGB, ZMR 1988, 211; *Behrens,* Beteiligung mehrerer Mieter am Mietverhältnis, 1989; *Beuermann,* Fristlose und vorsorglich erklärte fristgerechte Kündigung wegen Zahlungsverzugs, WuM 1997, 151; *Blank,* Die ordentliche befristete Kündigung des Vermieters von Wohnraum bei schuldhaften Vertragsverletzungen des Mieters, WuM 1979, 137; *ders.,* die geplanten Neuregelungen im Kündigungsrecht, NZM 2001, 9; *Börstinghaus,* Anwendung der Schonfristregelung auf die ordentliche Kündigung, WuM 2005, 446; *Brinkmann,* Zahlungsrückstände des Wohnraummieters als Kündigungsgrund, 1995; *Buchmann,* Zur Wirksamkeit der hilfsweisen ordentlichen Kündigung bei fristloser Kündigung gemäß § 554 BGB nach Befriedigung des Vermieters oder Übernahmeerklärung innerhalb der Monatsfrist nach Klagezustellung, WuM 1996, 78; *Deggau,* Die Kündigung von Wohnraum im Prozess, ZMR 1982, 291; *Eisenhardt,* Altvertragliche Verlängerungsklauseln im neuen Recht, WuM 2005, 487; *Emde,* Das Schriftformerfordernis im Mietrecht, WuM 1999, 251; *Finger,* Kündigung und Fortsetzung des Mietverhältnisses bei beendeter, nichtehelicher Partnerschaft, WuM 1993, 581; *ders.,* mietvertragliche Pflichten bei Trennung von Eheleuten und interner Ausgleich, WuM 1999, 663; *Heun,* Elektronisch erstellte oder übermittelte Dokumente und Schriftform, CR 1995, 2; *ders.,* Die Kündigung des Vermieters nach § 564 b BGB, ZMR 1988, 401; *Flatow,* Typische Fehler bei der Kündigungserklärung, NZM 2004, 281; *Franke,* Zahlungsverzug und ordentliche Kündigung, ZMR 1992, 81; *Fricke,* Zur Übertragbarkeit des Rechts auf Wohnungskündigung bei einem Grundstückskauf, ZMR 1979, 65; *ders.* Unwirksamkeit auch der ordentlichen Kündigung durch fristgerechte Nachzahlung, WuM 2005, 44; *Gather,* Die Beendigung des Mietverhältnisses über Wohnraum im Lichte der Rechtsentscheide, DWW 1986, 58; *ders.,* die verspätete Rückgabe der Mieträume, DWW 2001, 78; *Gellwitzki,* Verkürzung von Altvertragskündigungsfristen und formularmäßige Altmietverträge mit Verlängerungsklauseln, WuM 2005, 436; *Glaser,* Das Kündigungsrecht des Wohnungsvermieters, ZMR 1978, 321; *ders.,* Kündigungsschutz für Mietwohnungen, JR 1975, 358; *Hänchen,* Das Gesetz zur Anpassung der Formvorschriften des Privatrechts und anderer Formvorschriften an den modernen Rechtsgeschäftsverkehr, NJW 2001, 2831; *Hartmann,* Die Kündigung von Wohnraum in den neuen Bundesländern, ZMR 1992, 279, 317; *Henschel,* Eigentumsgewährleistung und Mieterschutz, NJW 1989, 937; *Hülsmann,* Ehegattenauszug und Mietvertragskündigung, NZM 2004, 124; *Jacoby,* Die Gesellschaft bürgerlichen Rechts als Mietvertragspartei, ZMR 2001, 409; *Kinne,* Die Kündigung eines Mietverhältnisses über Wohnraum, GE 1987, 1182; *ders.,* Wohnraumkündigung wegen Vertragsverletzung und wegen Eigenbedarfs des Vermieters – Voraussetzungen und Folgen, ZMR 2001, 251, 317; *ders.,* die ordentliche Kündigung nach dem Mietrechtsreformgesetz, ZMR 2001, 511, 599; *Lützenkirchen,* Das Kündigungsrecht der Wohnungsgenossenschaften nach § 564 b Abs. 1 BGB, WuM 1994, 5; *Nassal,* Schriftformerfordernisse im Wohnraummietrecht, MDR 1985, 893; *Nies,* Fallstricke bei Abgabe von Willenserklärungen bei Personenmehrheit und Stellvertretung: Abmahnung, einseitige Willenserklärung, Mieterhöhung, NZM 1998, 221; *ders.,* Schriftform oder Textform im Mietrecht, NZM 2001, 1071; *Rolfs/Borg,* Fristen zur Kündigung von Altmietverträgen, NZM 2006, 83; *Roßnagel,* Das neue Recht elektronischer Signaturen, NJW 2001, 1817; *Schläger,* Die Abmahnung im Wohnraummietrecht, ZMR 1991, 41; *Schmid,* Die Beendigung von Mietverhältnissen über Wohnraum, DWW 1981, 283; *ders.,* Kündigung eines Mietverhältnisses über Wohnraum durch Klageerhebung, WuM 1981, 171; *ders.,* Die Kündigung von Wohnraum wegen Zahlungsrückständen des Mieters, DWW 1982, 77; *Scholl,* Nochmals: Zahlungsverzug und ordentliche Kündigung, WuM 1993, 99; *Scholz,* Kündigung nach Vermieterwechsel, WuM 1983, 279; *Schürmann,* Wohnraumkündigung per Telefax – formungültig und dennoch fristwahrend, NJW 1992, 3005; *Sonnenschein,* Kündigung und Rechtsnachfolge, ZMR 1992, 417; *Spangenberg,* Die Kündigung von Wohnraummiete im Prozess, MDR 1983, 807; *Schumacher,* Verteidigungsmöglichkeit des Mieters bei Eigenbedarfskündigung, WuM 2007, 664; *Schuschke,* Vorläufiger Rechtsschutz unter Lebensgefährten im Hinblick auf die gemeinsame Wohnung, NZM 1999, 481; *ders.,* Beendigung und Fortsetzung des Mietverhältnisses über Wohnraum in der Mietrechtsreform, WuM 2000, 387; *Sternel,* Die Pflicht zur Begründung der Kündigung im Mietrecht, FS *Seuß,* S. 281; *Ultsch,* Zugangsprobleme bei elektronischen Willenserklärungen. Dargestellt am Beispiel der Electronic Mail, NJW 1997, 3007; *Weimar,* Die Vermieterkündigung wegen schuldhaft nicht unerheblicher Vertragsverletzung durch den Wohnraummieter, DB 1972, 2452; *Wichert,* Kündigungsfristen des Wohnraummieters seit dem 1. 6. 2005, ZMR 206, 419.

## Anmerkungen

**1.** Ein Mietverhältnis, das auf unbestimmte Zeit eingegangen ist, endet gemäß § 542 Abs. 1 BGB durch **Kündigung**. Bei den Kündigungen ist zu unterscheiden: Die außerordentliche fristlose Kündigung erlaubt insbesondere bei einem erheblichen vertraglichen Fehlverhalten einer Vertragspartei die sofortige Beendigung des Mietverhältnisses (hierzu Form. D. VI.). Die außerordentliche befristete Kündigung ermöglicht in besonderen Situationen (z. B. Tod des Mieters, § 564 BGB, vgl. Aufzählung Form. D. II. 1 Anm. 1) die Lösung vom Mietverhältnis unter Einhaltung einer Frist (hierzu Form. D. V.). Die ordentliche fristgerechte Kündigung führt zur ordnungsgemäßen Beendigung eines Mietverhältnisses auf unbestimmte Zeit. Dem Interesse des Mieters an dem Bestand des Mietverhältnisses hat der Gesetzgeber durch mieterschützende Regelungen Rechnung getragen. Zunächst unterliegt die Kündigung formellen Anforderungen, die insbesondere dem Mieter eine Beurteilung der Erfolgsaussicht der Kündigung ermöglichen sollen. Sodann fordert das Gesetz eine materielle Berechtigung. Die Kündigung ist nur bei Vorliegen eines berechtigten Interesses statthaft. Sind die formellen oder materiellen Voraussetzungen nicht erfüllt, ist die Kündigung unwirksam.

Neben der Kündigung kann der Mietvertrag beendet oder unwirksam werden durch
- Zeitablauf bei einem befristeten Mietverhältnis (vgl. Form. D. II.),
- Anfechtung (vgl. Form. D. I. 1, 2),
- Rücktritt (vgl. Form. D. I. 4–6),
- Auflösende Bedingung (Form. D. I. 6 Anm. 3),
- Aufhebungsvertrag (vgl. Form. D. VII.).

Der besondere gesetzliche Mieterschutz gilt nur für die Wohnraummiete und nicht für gewerbliche Mietverhältnisse. Schwierig kann die Beurteilung bei einem **Mischmietverhältnis** sein. Ein Mischmietverhältnis liegt vor, wenn in einem einheitlichen Vertrag sowohl Wohn- als auch Gewerberaum vermietet worden ist. Maßgeblich für die Beurteilung, ob ein Mischmietverhältnis vorliegt oder ob zwei getrennte Mietverhältnisse anzunehmen sind, ist der Parteiwille. Ist der Parteiwille auf einen einheitlichen Vertragsschluss gerichtet, liegt ein Mischmietverhältnis vor. Ein Mischmietverhältnis wird zu vermuten sein, wenn eine einheitliche Vertragsurkunde vorliegt. Dagegen sind getrennte Mietverhältnisse zu vermuten, wenn gesonderte Vertragsurkunden erstellt worden sind.

Bei einem Mischmietverhältnis findet eine **einheitliche rechtliche Beurteilung** statt. Ob Wohnraum- oder ob Gewerberaummietrecht anwendbar ist, entscheidet sich danach, welche der Nutzungsarten überwiegt (Übergewichtstheorie: BGH NJW 1977, 1394; ZMR 1986, 278; OLG Schleswig RE NJW 1983, 49). Die Abgrenzung ist im Einzelfall unter Heranziehung des (wahren) Vertragszwecks vorzunehmen (LG Berlin, WuM 1993, 396). Dienen die überlassenen Gewerberäume der Erwirtschaftung des Lebensunterhalts des Mieters, dürfte in der Regel der gewerbliche Vertragszweck im Vordergrund stehen (BGH ZMR 1986, 278 führt als Beispiel Vermietung eines Einfamilienhauses an Rechtsanwalt zugleich als Kanzlei und Wohnung an; so auch OLG Köln ZMR 2001, 963). Anders liegt es, wenn der Mieter in seiner Wohnung einem Nebenerwerb nachgehen möchte. Lässt sich ein vorrangiger Vertragszweck nicht ermitteln, kann zur Abgrenzung auf die jeweiligen Miet- oder Flächenanteile für das Gewerbe einerseits und den Wohnraum andererseits abgestellt werden (OLG Schleswig RE NJW 1983, 49; vgl. hierzu Bub/Treier/*Reinstorf* I 101 ff.). Nach LG Mannheim (ZMR 1977, 27) ist bei einem Mischmietverhältnis die Teilkündigung des Geschäftsraums möglich, wenn eine getrennte Herausgabe dem Mieter tatsächlich und wirtschaftlich möglich ist und die Räume nur formell oder zufällig in einem einheitlichen Mietvertrag zusammengefasst sind (aber fraglich, ob in diesem Fall ein Mischmietverhältnis vorliegt).

**2.** Da die Kündigung nur mit Zugang wirksam wird, sollte auf die Nachweisbarkeit des Zugangs geachtet werden. Es ist zu empfehlen, die Art des Zugangs (z. B. „Einschreiben/Rückschein" oder „per Bote") in das Schreiben aufzunehmen, um die Gegenseite von einem unberechtigten Leugnen des Zugangs abzuhalten, vgl. Form. D. I. 1, Anm. 2; Form. B. I. 1, Anm. 1.

**3.** Das Kündigungsschreiben sollte zur Vermeidung von Missverständnissen klar zum Ausdruck bringen, dass „gekündigt" wird. Allerdings ist die **Begriffswahl** nicht entscheidend, wenn hinreichend deutlich zum Ausdruck kommt, dass das Mietverhältnis beendet werden soll. Zugleich sollte angegeben werden, ob fristgerecht oder fristlos gekündigt wird. Gerade bei der Kündigung wegen Pflichtverletzungen des Mieters kann im Einzelfall sowohl eine fristgerechte als auch eine fristlose Kündigung in Betracht kommen. Bei einer Unklarheit hierüber besteht die Gefahr, dass die Voraussetzungen für eine fristlose Kündigung abgelehnt werden, eine fristgerechte Kündigung aber nicht als ausgesprochen gewertet wird (vgl. LG Wiesbaden WuM 1998, 284). Allerdings soll nach BGH NJW 1981, 976 eine fristlose Kündigung in eine ordentliche Kündigung gemäß § 140 BGB umgedeutet werden können, wenn sich aus dem Inhalt der Kündigung eindeutig ergibt, dass das Mietverhältnis auf jeden Fall beendet werden soll (OLG Düsseldorf Urt. v. 17. 3. 2005 – 10 U 127/04 – BeckRS 2005, 07149). Zulässig ist es, in erster Linie die außerordentliche Kündigung auszusprechen und hilfsweise, für den Fall, dass die außerordentliche Kündigung nicht wirksam ist, die ordentliche Kündigung.

Bei einer **Mehrheit von Mietern oder Vermietern** ist eine Kündigung durch alle Mieter oder Vermieter erforderlich. Das Mietverhältnis ist als Einheit zu betrachten, da es auf eine unteilbare Leistung gerichtet ist. Die Kündigung durch einen von mehreren Mietern oder Vermietern stellt eine unzulässige Teilkündigung dar und beendet weder das Mietverhältnis insgesamt noch die vertraglichen Beziehungen des Kündigenden zu der Gegenseite (Bub/Treier/*Grapentin* IV 6; a. A. LG Berlin ZMR 2008, 294 bei endgültig ausgezogener Ehefrau; *Finger*, WuM 1993, 581 für den Fall der Beendigung einer nichtehelichen Partnerschaft durch Auszug eines Partners). I. E. kann von einer Fortsetzung des Mietvertrages durch den Vermieter und den verbleibenden Mieter ausgegangen werden (BGH WuM 2005, 341). Demjenigen, der aus dem Mietverhältnis ausscheiden möchte, kann allerdings auf Grund der Beziehung zu seinen Mitmietern oder Mitvermietern ein Anspruch auf Mitwirkung zur Kündigung zustehen (LG Düsseldorf WuM 1996, 36 ablehnend für den Fall der Trennung von Eheleuten; OLG Köln WuM 1999, 521 und WuM 2006, 511, LG München II WuM 1993, 611 bejahend für den Fall der Beendigung einer nichtehelichen Partnerschaft; LG Köln WuM 1993, 613 bejahend für den Fall der Auflösung einer Wohngemeinschaft). Die Kündigung muss nicht in einem einzigen einheitlichen Schreiben versandt werden (LG München I WuM 1999, 218). Ob eine oder mehrere Personen Vertragspartei geworden sind, beurteilt sich nach der vertraglichen Ausgestaltung. Je nach vertraglicher Gestaltung kann etwa der Ehegatte des Mieters ebenfalls Mieter oder aber nur Mitbesitzer sein. Im letzteren Fall bedarf es keiner Mitwirkung an der Kündigung.

Die Kündigung muss gegenüber allen Mietern oder Vermietern ausgesprochen werden (vgl. Bub/Treier/*Grapentin* IV 16). Eine formularvertragliche Erklärungsempfangsvollmacht für Mitmieter ist auch für den Fall der Kündigung statthaft (BGH NJW 1997, 3437).

Gemäß § 568 Abs. 1 BGB bedarf die Kündigung der **Schriftform.** Das bedeutet gemäß § 126 Abs. 1, 4 BGB die Niederlegung der Kündigung in einem Schriftstück, das eigenhändig zu unterzeichnen ist (kein Namensstempel oder Unterschriftenautomat). Die Namensunterschrift muss den Text räumlich abschließen. Ein Zusatz ist nochmals zu unterschreiben (Schmidt-Futterer/*Blank* § 573 Rdn. 11). Wegen des Erfordernisses der Eigenhändigkeit der Unterschrift genügt weder der Zugang einer Fotokopie der Originalkündigung noch der Zugang eines Telefaxes (BGH NJW 1993, 1126). Möglich, aber praktisch ohne Bedeutung ist die Unterzeichnung mittels notariell beglaubigtem Handzeichen oder die notarielle Beurkundung des Kündigungsschreibens. Gemäß §§ 126 Abs. 3, 126a BGB kann die schriftliche Form durch die elektronische Form ersetzt werden (E-Mail). Das ist regelmäßig auch der Fall, wenn die Schriftform mietvertraglich vereinbart ist, da gemäß § 127 Abs. 1 BGB § 126a BGB im Zweifel auch für die durch Rechtsgeschäft bestimmte Form gilt. In diesem Fall muss der Vermieter der Kündigungserklärung seinen Namen hinzufügen und das elektronische Dokument mit einer qualifizierten Signatur nach dem Signaturgesetz versehen (hierzu: *Roßnagel* NJW 2001, 1817; *Hänchen*, NJW 2001, 2831). Zu beachten ist auch hier das Erfordernis eines Zugangsnachweises, vgl. Anm. 2. Eine Klausel in einem Formularvertrag, die die Kündigung durch eingeschriebenen Brief als Wirksamkeitsvoraussetzung vorsieht, kann unwirksam sein, wenn sie in dem Vertrag an einer unvermuteten Stelle steht (OLG Naumburg WuM 2000, 117).

Der Ausspruch der Kündigung ist auch durch prozessualen Schriftsatz möglich (OLG Schleswig NZM 2008, 341). In diesem Fall vermittelt das Gericht den Zugang der Kündigungserklärung. Die für den Prozessgegner bestimmte Abschrift des Schriftsatzes soll eigenhändig unterzeichnet sein. Allerdings wird es von der Rechtsprechung als ausreichend angesehen, wenn ein Beglaubigungsvermerk vorhanden ist, der von dem Anwalt eigenhändig unterzeichnet worden ist (OLG Zweibrücken RE WuM 1981, 177; BayObLG RE WuM 1981, 200; OLG Hamm RE NJW 1982, 452). Der Anwalt muss für den Gegner eine Kündigungsvollmacht – soweit nicht schon vorgelegt – beifügen, da anderenfalls der Gegner gemäß § 174 BGB die Kündigung zurückweisen kann, mit der Folge, dass die Kündigung unwirksam ist. Die erteilte Prozessvollmacht in einem Räumungsrechtsstreit enthält die Bevollmächtigung zum Ausspruch einer – weiteren – Kündigung, auch wenn diese außerhalb des Rechtsstreits ausgesprochen wird (OLG München ZMR 1996, 557; *Kinne* ZMR 2001, 599, 605). Ist bei Vertretung der Gegenseite durch einen Dritten (Anwalt) unklar, ob dieser zur Entgegennahme von Kündigungserklärungen bevollmächtigt ist, sollte von der Kündigung durch Schriftsatz Abstand genommen werden. Es empfiehlt sich für das Gericht ein ausdrücklicher Hinweis, dass der Schriftsatz eine Kündigung enthält, um Übermittlungsfehler zu vermeiden. Zugleich sollte vorsorglich eine Zustellung – bei anwaltlicher Vertretung der Gegenseite durch Empfangsbekenntnis – angeregt werden (Zugangsnachweis).

Die Angabe der **Kündigungsfrist** bzw. des Beendigungszeitpunkts ist an sich nicht erforderlich (Palandt/*Weidenkaff* § 568 Rdn. 4: bei Fehlen der Angabe wird die Kündigung zum nächsten zulässigen Termin wirksam). Im Hinblick auf die in § 568 Abs. 2 BGB vorgesehene Belehrung über das Widerspruchsrecht des Mieters (vgl. unten Anm.7), das wiederum die Belehrung über die von dem Kündigungszeitpunkt abhängige Widerspruchsfrist gemäß § 574b Abs. 2 BGB beinhaltet, muss sich der Vermieter ohnehin Klarheit über den Beendigungszeitpunkt verschaffen. Klarheit über den Beendigungszeitpunkt ist auch erforderlich für einen fristgerechten Fortsetzungswiderspruch gemäß § 545 BGB (vgl. unten Anm. 8 und D. III. 16). Es sollte deshalb auch die Angabe des Beendigungszeitpunkts oder der Kündigungsfrist aufgenommen werden. Eine unbestimmt befristete Kündigung ist unwirksam (BGH WuM 2004, 271).

Die Kündigungsfrist für die Kündigung durch den Vermieter beträgt gemäß § 573c Abs. 1 BGB unterschiedslos für vor und nach dem 1. 9. 2001 begründete Mietverhältnisse 3 Monate. Sie verlängert sich nach 5 Jahren Mietdauer auf 6 Monate und nach 8 Jahren Mietdauer auf 9 Monate. Die Kündigungsfrist des Mieters beträgt 3 Monate. Die Kündigung kann bis zum 3. Werktag des ersten Monats der Kündigungsfrist ausgesprochen werden (Zugang ist maßgeblich). Nach BGH WuM 2005, 465 ist der Samstag grundsätzlich als Werktag anzusehen (offengeblieben für den Fall, dass der Samstag der letzte Tag der Frist ist, Urteilsanm. *Schreiber* WuM 2005, 564). Unter den Voraussetzungen des § 573c Abs. 2, 3 BGB (vgl. Form. D. III. 14 Anm. 3) und des § 576 Abs. 1 Nr. 2 BGB (vgl. D. III. 10 Anm. 5) können ausnahmsweise kürzere Kündigungsfristen gelten. Nach BGH NZM 2008, 804 unterliegt ein Mietvertrag einer juristischen Person, der für Gewerbe sowie für Wohnraum des Geschäftsführers dient, den Fristen des § 580a BGB. § 573c BGB kann zum Nachteil des Mieters nicht abbedungen werden (§ 573c Abs. 4 BGB). Allerdings geht gemäß Art. 229 § 3 Abs. 10 EGBGB eine mietvertraglich vor dem 1. 9. 2001 vereinbarte längere Kündigungsfrist vor. Formularvertraglich vereinbarte Fristen stellen eine vertragliche Vereinbarung dar (BGH WuM 2003, 462, 505, WuM 2004, 101, 273). Nach BGH WuM 2006, 258 liegt in einer Formularklausel, die auf die „gesetzlichen Fristen" verweist und diese ggf. zitiert, keine hinreichende Vereinbarung. Durch Art. 229 § 5 Satz 2 EGBGB gelten im Zuge der Schuldrechtsreform (1. 1. 2003) keine kürzeren Kündigungsfristen (BGH WuM 2005, 342, 520). Gemäß Art. 229 § 3 Abs. 10 EGBGB gelten für nach dem 1. 6. 2005 zugegangene Kündigungen die durch AGB vereinbarten verlängerten Fristen nicht mehr. Insoweit geht § 573c Abs. 4 BGB vor (vgl. auch BGH WuM 2005, 583).

**4.** Für die **Begründung der Kündigung** sind gemäß § 573 Abs. 3 BGB die Gründe für das berechtigte Interesse des Vermieters in dem Kündigungsschreiben anzugeben (hierzu BVerfG WuM 2003, 435; BGH WuM 2006, 193). Andere Gründe finden keine Berücksichtigung, es sei denn, sie sind später entstanden (s. u.). Pauschale und inhaltsleere Begründungen genügen den gesetzlichen Anforderungen nicht. Die Begründung soll für den Mieter erkennen lassen, aus welchen konkreten Gründen ein berechtigtes Interesse besteht. Dabei darf nicht die Vorstellung zugrunde gelegt werden, dass der Mieter am besten weiß, welche Verfehlungen ihm zur Last gelegt werden. Bei einer gerichtlichen Nachprüfung wird ein objektivierter Maßstab zugrunde gelegt, d. h. nicht nur für den Mieter mit seinem besonderen Wissen, sondern auch für Dritte aus Sicht des Mieters muss die Verfehlung hinreichend erkennbar sein. Die Kündigungsgründe dienen nämlich zugleich der Festlegung für eine evtl. gerichtliche Auseinandersetzung (BayObLG RE WuM 1981, 200). Auch wenn die Anforderungen an die Begründungspflicht nicht überspannt werden dürfen, ist zu berücksichtigen, dass die in der gerichtlichen Praxis aufgestellten Anforderungen nicht einheitlich sind. Tendenziell werden an die Begründungspflicht hohe Anforderungen gestellt (vgl. BVerfG WuM 1989, 483). Nach BayObLG RE WuM 1981, 200 sind an die formelle Begründung allerdings geringere Anforderungen zu stellen als an die prozessuale Anspruchsbegründung. Bezeichnet der Vermieter den Kündigungsgrund so, dass er identifiziert und von anderen Gründen unterschieden werden kann, soll dies genügen. Tatsachen, die zur Ergänzung, Einschränkung, Ausfüllung dienen, sollen in der prozessualen Anspruchsbegründung nachgeschoben werden können. Persönliche Daten des Vermieters, die für die Beurteilung des Mieters nicht maßgeblich sind, müssen nicht mitgeteilt werden (BVerfG NJW 1992, 1379). Vorsorglich sollte dennoch der jeweilige Sachverhalt möglichst genau beschrieben werden. In der mangelnden Begründung der ordentlichen Kündigung liegt in der Praxis eine häufige und für die Vergangenheit nicht mehr heilbare Fehlerquelle.

Gründe, die nicht im Kündigungsschreiben enthalten sind, können nur Berücksichtigung finden, wenn sie nachträglich entstanden sind (§ 573 Abs. 3 Satz 2 BGB). War die Kündigung indes unwirksam, da keine ausreichenden Gründe vorgetragen waren, kann sie nicht durch nachträgliche, ausreichende Gründe geheilt werden (LG Düsseldorf WuM 1990, 505). In diesem Fall ist eine neue Kündigung erforderlich. Fallen die ursprünglich ausreichenden Gründe fort, kann sich der Vermieter nur dann auf die später entstandenen Gründe berufen, wenn diese zumindest zugleich mit dem Fortfall der alten Gründe, nicht aber, wenn sie nach Fortfall der alten Gründe entstanden sind (Schmidt-Futterer/ *Blank* § 573 Rdn. 253). Streitig ist die Zulässigkeit des Nachschiebens von Gründen, wenn diese zwar nicht nachträglich entstanden, jedoch dem Vermieter erst nach der

Kündigung bekannt geworden sind (zum Meinungsstand: Schmidt-Futterer/*Blank* § 573 Rdn. 258). Ist der Vermieter ohnehin zur Durchsetzung der Kündigung entschlossen, sollte er den Grund nachschieben und zugleich vorsorglich erneut kündigen. Sollte das Nachschieben des Grundes im Rechtsstreit nicht berücksichtigt werden, kann sich der Vermieter auf die weitere Kündigung berufen.

Eine Bezugnahme auf mündliche Äußerungen im Kündigungsschreiben kommt wegen des Schriftformerfordernisses nicht in Betracht. Dagegen kann auf schriftliche Erklärungen, insbesondere Abmahnungen, Bezug genommen werden, wenn diese Erklärungen dem Mieter zugegangen sind und die Bezugnahme klar und konkret ist (BVerfG WuM 1993, 233; LG Hamburg WuM 1993, 48).

Zur Auswirkung des Vermieterwechsels auf die Kündigung vgl. Form. D. III. 4 Anm. 4.

Zur Begründung der Kündigung wegen **Pflichtverletzung** muss das Verhalten des Mieters möglichst genau beschrieben werden. Ist eine Abmahnung vorangegangen, ist die Beschreibung des weiteren Fehlverhaltens erforderlich (LG Bonn WuM 1992, 18). Auch bei häufigem Fehlverhalten (z.B. Lärm – unzureichend: „ständiger Lärm") ist eine möglichst genaue Angabe des Verhaltens (Tag, Uhrzeit, Dauer, Art des Lärms) notwendig. Hilfreich kann die Erstellung eines „Protokolls" der Pflichtverletzungen sein, das zum Gegenstand des Kündigungsschreibens gemacht wird.

Die Pflichtverletzung muss so erheblich sein, dass die Beendigung des Mietvertrages gerechtfertigt ist. Gegen eine Erheblichkeit kann sprechen, dass ein Vorfall ohne Folgen geblieben ist (vgl. LG Mannheim DWW 1977, 42), oder dass der Vermieter ein Fehlverhalten längere Zeit hingenommen hat.

Ferner muss die Pflichtverletzung auf einem Verschulden (Vorsatz oder Fahrlässigkeit) beruhen. Streitig ist, ob der Mieter sich das Verschulden eines Erfüllungsgehilfen (z.B. Familienangehörigen) gemäß § 278 BGB zurechnen lassen muss (verneinend: KG RE WuM 2000, 481; *Kinne* ZMR 2001, 511, 515; bejahend: Palandt/*Weidenkaff* § 573 Rdn. 14).

Fallgruppen einer zur fristgerechten Kündigung berechtigenden Pflichtverletzung des Mieters:

- Vertragswidriger Gebrauch des Mieters, sofern zwar der vertragswidrige Gebrauch erheblich ist, jedoch noch keine fristlose Kündigung rechtfertigt (LG Berlin ZMR 1999, 28 für unerlaubte Tierhaltung trotz Abmahnung; LG Offenburg WuM 1998, 285 für Kampfhundehaltung). Unbefugte Anbringung einer Satellitenantenne an Fassade rechtfertigt nicht stets die Kündigung (LG Berlin GE 2009, 1316); geschäftliche Tätigkeit, die nicht nach außen tritt, ist keine Pflichtverletzung (BGH NJW 2009, 3157).
- Zahlungsverzug, soweit noch nicht die Voraussetzungen der außerordentlichen Kündigung gemäß § 543 Abs. 2 Nr. 3 BGB erfüllt sind, aber doch ein spürbarer Zahlungsrückstand besteht (streitig, zum Sachstand vgl. Schmidt-Futterer/*Blank* § 573 Rdn. 26 ff.: Als spürbar wird überwiegend ein Rückstand mit einer Monatsmiete angesehen). Ein Verschulden des Mieters (§ 276 BGB) ist erforderlich – nach KG DWW 2009, 26: nicht bei objektiv streitiger Prozesslage; LG Hamburg ZInsO 2009, 445 für die Insolvenz des Mieters. Anders als bei § 543 BGB kommt auch der Verzug mit Nachzahlungen aus der Betriebskostenabrechnung oder der Kaution in Betracht (OLG Koblenz 10 in RE Miet). Die Leistung des rückständigen Betrages (§ 569 Abs. 3 Nr. 2 BGB) heilt die Kündigung nicht. Nach BGH WuM 2005, 250 lässt die nachträgliche Zahlung nicht die hilfsweise ordentliche Kündigung entfallen, diese ist aber bei der Frage der nicht unerheblich schuldhaften Vertragsverletzung zu berücksichtigen. Kann sich der Mieter aus dem Zahlungsverzug durch Aufrechnung befreien, so wird die Kündigung entsprechend § 543 Abs. 2 Nr. 3b Satz 3 BGB unwirksam, wenn die Aufrechnung unverzüglich nach der Kündigung erklärt wird (Schmidt-Futterer/*Blank* § 573 Rdn. 36). Nichtzahlung der Kaution als Pflichtverletzung (AG Neukölln GE 2008, 1431).

- Unpünktliche Mietzahlungen, die noch nicht eine Kündigung wegen Zahlungsverzug begründen, jedoch wiederholt aus Absicht oder Nachlässigkeit vorgekommen sind (Palandt/*Weidenkaff* § 573 Rdn. 17). Hinsichtlich der Problematik formularvertraglicher Vorfälligkeitsklauseln vgl. Form. D. III. 2 Anm. 6. Grundlose Zahlung der Miete „unter Vorbehalt" ist pflichtwidrig (LG Hamburg ZMR 2010, 117).
- Unerlaubte Gebrauchsüberlassung an Dritte im Sinne von § 540 Abs. 1 BGB. Hier besteht gemäß § 543 Abs. 2 Nr. 2, 2. Alt. BGB ein Recht zur fristlosen Kündigung (BayObLG RE WuM 1995, 378). Etwas anderes kann gelten, wenn der Mieter einen Anspruch auf Aufnahme des Dritten hat. Die Betreuung eines Kindes oder Pflegekindes ist vom Wohnzweck umfasst (AG Stuttgart WuM 1988, 52).
- Vernachlässigung der vermieteten Wohnung, Einrichtung, Grundstücks- und Gebäudeteile, soweit einerseits noch nicht die Anforderungen für die fristlose Kündigung gemäß § 543 Abs. 2 Nr. 2, 1. Alt. BGB erfüllt sind und andererseits die Vernachlässigung nicht bloß unerheblich ist (LG Hamburg ZMR 1984, 90 für die beharrliche Weigerung, erforderliche Schönheitsreparaturen durchzuführen. AG Tiergarten GE 1989, 103; LG Düsseldorf DWW 1988, 117 für den Fall der Verletzung der Pflicht zur Mängelanzeige durch den Mieter. Palandt/*Weidenkaff* § 573 Rdn. 20; AG Wiesbaden WuM 2000, 190 ablehnend für das Unterlassen der vertraglich übernommenen Treppenhausreinigungspflicht, a. A. AG Hamburg-Blankenese WuM 1998, 286 bei beharrlicher Weigerung). Nichtbeheizen über längeren Zeitraum: LG Hagen ZMR 2008, 972.
- Belästigung des Vermieters oder anderer Mieter (Palandt/*Weidenkaff* § 573 Rdn. 21; LG Hamburg NZM 1999, 304 für Beleidigung der Vermieterin; AG Hamburg-Wandsbeck WuM 2006, 526 zum Recht des Mieters auf freie Meinungsäußerung; nicht aber erhebliche Störung durch im Hof spielendes Kind: LG Wuppertal WuM 2008, 583). Hier kommt auch die fristlose Kündigung gemäß § 543 Abs. 1 BGB in Betracht. Bei Belästigungen durch einen Mieter, dessen Schuldfähigkeit in Zweifel zu ziehen ist, kommt § 573 Abs. 2 Nr. 1 BGB nicht in Betracht, da eine schuldhafte Pflichtverletzung erforderlich ist. In diesen Fällen kann die Kündigung als fristlose Kündigung auf § 543 Abs. 1 BGB und als fristgemäße Kündigung auf § 573 Abs. 1 Satz 1 BGB gestützt werden. Nach BGH WuM 2009, 762 ist eine Abwägung der Belange des Mieters und der anderen Mieter geboten.

**5.** Eine Abmahnung ist in der Regel nicht Voraussetzung einer fristgerechten Kündigung, BGH NJW 2008, 508.

**6.** Die Begründung in dem Formular ist als exemplarische Aufzählung erheblichen Fehlverhaltens zu verstehen. Für eine erhebliche Pflichtverletzung ist es nicht notwendig, dass diese Umstände zusammen kommen, oder gleichgewichtige Umstände vorliegen. Im vorliegenden Fall wäre auch eine außerordentliche fristlose Kündigung in Betracht zu ziehen.

**7.** Gemäß § 568 Abs. 2 BGB soll der Vermieter den Mieter auf die Möglichkeit, die Form und die Frist des Widerspruchs rechtzeitig hinweisen. Der Hinweis selbst ist formfrei (Palandt/*Weidenkaff* § 568 Rdn. 13). Er muss nicht in dem Kündigungsschreiben enthalten sein, jedoch muss ein zeitlicher Zusammenhang zwischen Kündigung und Hinweis bestehen, der nicht mehr gewahrt ist, wenn der Hinweis im Mietvertrag erteilt wurde (Schmidt-Futterer/*Blank* § 568 Rdn. 22). Angesichts der nachstehenden Folgen empfiehlt sich wie im Formular die Aufnahme des Hinweises in das Kündigungsschreiben, dessen Zugang wiederum nachweisbar sein sollte (vgl. Anm. 3). Versäumt der Vermieter einen – rechtzeitigen – Hinweis, berührt das nicht die Wirksamkeit der Kündigung, der Mieter kann aber den Widerspruch noch bis zum ersten Termin eines Räumungsrechtsstreits erklären (§ 574b Abs. 2 Satz 2 BGB). Die inhaltliche Belehrung darf sich nicht in einem Verweis auf die gesetzliche Bestimmung beschränken. Anerkannt für den gegenüber § 568 Abs. 2 BGB regelungsidentischen § 564 a Abs. 2 BGB a. F. ist die inhaltliche Wiedergabe von §§ 574 Abs. 1 Satz 1 (Zweck des Widerspruchs), 574 b Abs. 1 Satz 1 (Form), Abs. 2 Satz 1 (Frist) BGB. Der Kündigungswiderspruch ist schriftlich bis spätestens 2 Monate vor Ablauf des Mietverhältnisses zu erklären (§ 574 b Abs. 1, 2 Satz 1 BGB). Der weitere Inhalt des Hinweises entspricht § 574 Abs. 1 BGB.

Zum Widerspruch des Mieters gemäß §§ 574 ff. BGB und den inhaltlichen Anforderungen vgl. Form. D. IV. 1.

**8.** Zu Zweck und Inhalt des Widerspruchs gegen die stillschweigende Fortsetzung des Mietverhältnisses gemäß § 545 BGB vgl. D. III. 16. Die Aufnahme dieses Widerspruchs in das Kündigungsschreiben sollte vorsorglich erfolgen, da ein eigenständiger Widerspruch nach Beendigung der Mietdauer im Falle der fortdauernden Nutzung durch den Mieter innerhalb von 2 Wochen zu erklären ist und bei Versäumung dieser Frist die Kündigung hinfällig wird. Es ist allerdings zu beachten, dass in der Rechtsprechung davon ausgegangen wird, dass ein naher zeitlicher Zusammenhang zwischen dem Fortsetzungswiderspruch und dem Vertragsende bestehen muss. Der zeitliche Zusammenhang soll in der Regel bei fristlosen nicht aber bei fristgemäßen Kündigungen gewahrt sein (OLG Hamm OLGR Hamm 1993, 221; LG Kassel WuM 1989, 518; LG Mannheim WuM 1977, 229: 2½ Monate vor Vertragsende reicht ohne weitere Umstände nicht; LG Ansbach NJW-RR 1996, 1479 m. w. N.: 9 Monate vor Ablauftermin auch dann unzureichend, wenn ein Räumungsrechtsstreit vorangegangen ist; a. A. LG Bonn WuM 1992, 617). Bei der ordentlichen Kündigung ist also im Falle der Fortnutzung nach Vertragsende zu einer Wiederholung des Fortsetzungswiderspruchs zu raten.

**9.** Gebühren und Gegenstandswert:

Für die Fertigung des Kündigungsschreibens fällt für den Anwalt die **Geschäftsgebühr gemäß § 2 Abs. 2 RVG, VV 2300** 0,5–2,5-Gebühr) an. Die Anwendung des für einfache Schreiben geltenden VV 2302 (0,3-Gebühr) wird bei der ordentlichen Kündigung von Wohnraummietverhältnissen wegen des Begründungserfordernisses (§ 573 Abs. 3 BGB) regelmäßig ausscheiden. Die konkrete Höhe der Geschäftsgebühr bestimmt sich unter Berücksichtigung aller Umstände, des Umfangs und der Schwierigkeit der anwaltlichen Tätigkeit. Eine Gebühr über 1,3 kann nur gefordert werden, wenn die Tätigkeit umfangreich oder schwierig war (hierzu Gerold/Schmidt/*Mayer*, VV Nr. 2300, 2301 Rdn. 28). Beschränkt sich die anwaltliche Tätigkeit auf eine Kündigung mit in rechtlicher Hinsicht einfach gelagertem Sachverhalt, ist eine 1,3 übersteigende Gebühr nicht begründet. Sind dagegen schwierige Rechtsfragen zu beurteilen oder ist der Sachverhalt zeitaufwändig zu klären, so ist ein Ansatz im oberen Bereich des Gebührenrahmens berechtigt.

Der **Gegenstandswert** für die Kündigung bemisst sich gemäß §§ 2 Abs. 1, 23 Abs. 1 RVG, 41 Abs. 2 GKG nach dem Jahresmietwert, sofern nicht eine kürzere Mietdauer im Streit steht.

**Beispiel** für eine Gebührenrechnung:

Die monatliche Miete beträgt 600,– EUR. Da das Mietverhältnis auf unbestimmte Zeit abgeschlossen ist, ist Gegenstandswert die Jahresmiete i. H. v. 7.200,– EUR. Bei einem durchschnittlichen Schwierigkeitsgrad ist die eine Gebühr von 1,3 anzusetzen. Es ergibt sich eine Gebühr i. H. v. 535,60 EUR. Zuzüglich Postpauschale gemäß VV 7002 i. H. v. 20,– EUR und Umsatzsteuer gemäß VV 7008 i. H. v. 105,57 EUR ergibt sich ein Rechnungsbetrag i. H. v. 661,17 EUR.

## 2. Kündigung wegen Pflichtverletzung, § 573 Abs. 2 Nr. 1 BGB, durch Mietverwalter – unpünktliche Mietzahlungen[1]

......

(Verwalter)

an

......

(Mieter)

Einschreiben/Rückschein[2]

Sehr geehrte(r) ......

Wie Ihnen bekannt ist, nehme ich für den Vermieter der von Ihnen angemieteten Wohnung, Herrn X, die Mietverwaltung wahr. Meine Bevollmächtigung weise ich mit der anliegenden Vollmacht nach.[3]

Den Wohnungsmietvertrag vom ...... über die Wohnung ...... kündige ich namens Ihres Vermieters hiermit unter Einhaltung der gesetzlichen Kündigungsfrist fristgerecht zum ......[4]

Zur Begründung weise ich darauf hin, dass Sie über einen Zeitraum von nunmehr 6 Monaten die Miete unpünktlich zahlen.[5] Gemäß § 556 b Abs. 1 BGB und gemäß § ...... des Mietvertrages sind Sie verpflichtet, die Miete bis zum 3. Werktag eines jeden Monats zu zahlen.[6] Nachdem Sie über einen Zeitraum von 6 Monaten die Miete jeden Monat unpünktlich gezahlt haben, nämlich zwischen zwei und vier Wochen verspätet, habe ich Sie mit Schreiben vom ...... abgemahnt, zur pünktlichen Mietzahlung aufgefordert und darauf hingewiesen, dass eine Fortsetzung der unpünktlichen Zahlungen die Kündigung des Mietvertrages nach sich ziehen werde.[7] Leider haben Sie Ihr Zahlungsverhalten nicht geändert. Die Miete für den Monat ...... haben Sie nicht am ......, sondern erst 7 Tage später gezahlt, die Miete für den Monat ...... haben Sie nicht am ......, sondern erst 3 Tage später gezahlt und die Miete für den Monat ...... haben Sie nicht am ......, sondern erst 2 Wochen später gezahlt.

Sie können dieser Kündigung schriftlich bis zum ...... widersprechen. Für diesen Fall bitte ich um Angabe der Gründe (§ 574 b Abs. 1 Satz 2 BGB). Ein Widerspruch ist nur begründet, wenn die Beendigung des Mietverhältnisses für Sie, Ihre Familie oder einen anderen Angehörigen Ihres Haushalts eine Härte bedeuten würde, die auch unter Würdigung meiner berechtigten Interessen nicht zu rechtfertigen ist.[8]

Einer stillschweigenden Verlängerung des Mietverhältnisses (§ 545 BGB) widerspreche ich hiermit.[9]

......

(Verwalter)

Anlage:

Vollmacht

Hiermit erteile ich, Herr ...... (Vermieter), Herrn ...... (Mietverwalter) Vollmacht, das Mietverhältnis zwischen Herrn ...... (Mieter) und mir – insbesondere durch Kündigung – zu beenden.[10]

Unterschrift (Vermieter)[11]

## Anmerkungen

**1.** Vgl. Form. D. III. 1 Anm. 1 zur Beurteilung bei Mischmietverhältnissen.

**2.** Da die Kündigung nur mit Zugang wirksam wird, sollte auf die Nachweisbarkeit des Zugangs geachtet werden, vgl. Form. D. I. 1 Anm. 2, Form. B. I. 1 Anm. 1.

**3.** Wird die Kündigung nicht durch den Vermieter selbst, sondern durch einen Bevollmächtigten, beispielsweise einen Mietverwalter (zur Vereinbarkeit mit dem Rechtsberatungsgesetz: KG ZMR 2003, 206) oder einen Rechtsanwalt ausgesprochen, so ist zunächst klarzustellen, dass ein Vertreter des Vermieters handelt. Wird die **Stellvertretung** nicht verdeutlicht, gilt die Kündigungserklärung gemäß § 164 Abs. 2 BGB als eine Erklärung des Vertreters, sofern nicht der Ausnahmefall eines unternehmensbezogenen Geschäfts vorliegt (vgl. hierzu Palandt/*Heinrichs* § 164 Rdn. 2). Da der Vertreter aber nicht zur Kündigung im eigenen Namen berechtigt ist, würde die Kündigung ins Leere gehen. Eine Ausnahme gilt, wenn der Vertretene der Kündigung des Vertreters im eigenen Namen vorher zugestimmt (eingewilligt) hat. Dagegen führt eine nachträgliche Zustimmung (Genehmigung) nicht zur Wirksamkeit der Kündigung (Bub/Treier/*Grapentin* IV 4). Gemäß § 174 BGB ist eine Kündigung durch einen Bevollmächtigten dann unwirksam, wenn der Bevollmächtigte eine Vollmachtsurkunde nicht vorlegt und der Mieter aus diesem Grund die Kündigung unverzüglich zurückweist, es sei denn, der Vermieter hatte den Mieter bereits von der Vollmacht in Kenntnis gesetzt. Die Kündigung muss dann wiederholt werden. Der Mieter ist zur Einholung von Rechtsrat berechtigt (LG Hamburg WuM 1998, 725). Die Zurückweisung gemäß § 174 BGB kann rechtsmissbräuchlich sein, wenn der Bevollmächtigte den Vermieter schon in mehreren Mietprozessen vertreten hat, oder wenn die Kündigung im Anschluss an eine Korrespondenz erfolgt und der Bevollmächtigte während der Korrespondenz als Vertreter akzeptiert worden ist (OLG München ZMR 1996, 557). Vorsorglich sollte stets eine Kündigungsvollmacht (vgl. Anm. 10) beigefügt werden. Dies ist auch bei einer (weiteren) Kündigung durch Schriftsatz in einem laufenden Rechtsstreit zu beachten (vgl. hierzu Form. D. III. 1 Anm. 3).

**4.** Zu Formulierung des Kündigungsausspruchs auch bei einer Mehrheit von Vertragsparteien, zur Schriftform und zur Angabe des Beendigungszeitpunkts vgl. Form. D. III. 1 Anm. 3.

**5.** Zu den unbedingt zu beachtenden Anforderungen an die Begründung der Kündigung und zur Fallgruppe der unpünktlichen Mietzahlungen als Pflichtverletzung vgl. D. III. 1 Anm. 4.

**6.** Gemäß § 556 b Abs. 1 BGB ist die Miete zu Beginn, spätestens bis zum dritten Werktag der einzelnen Zeitabschnitte (bei Wohnraummiete: Monate) zu entrichten.

**7.** Zur Abmahnung vgl. Form. D. III. 1 Anm. 5.

**8.** Zur Belehrung über die Widerspruchsmöglichkeit des Mieters vgl. Form. D. III. 1 Anm. 7.

**9.** Zu Zweck und Inhalt des Widerspruchs gegen die stillschweigende Fortsetzung des Mietverhältnisses vgl. Form. D. III. 1 Anm. 8 und Form. D. III. 16.

**10.** Zur Erforderlichkeit einer Vollmacht im Vertretungsfalle, vgl. oben Anm. 3. Die Vollmacht ist eine einseitige, empfangsbedürftige Willenserklärung und bedarf daher keiner Annahme. Sie ist formfrei. Die Vollmacht sollte möglichst so konkret gefasst werden, dass die Bevollmächtigung zur Kündigung eines Mietverhältnisses ausdrücklich genannt ist. Die für den anwaltlichen Bereich erhältlichen Vollmachtsvordrucke enthalten diese Angabe regelmäßig. Unzureichend ist die Vorlage einer – auch beglaubigten – Abschrift oder eines Telefaxes (BGH NJW 1981, 1210; OLG Hamm NJW 1991, 1185; LG Berlin MM 1992, 67; LG Berlin MM 1993, 184).

**11.** Zu Gebühren und Gegenstandswert vgl. Form. D. III. 1 Anm. 9.

# 3. Kündigung wegen Eigenbedarfs für Familienangehörige,[1] § 573 Abs. 2 Nr. 2 BGB, durch Vermieter

......
(Vermieter)

an

......
(Mieter)
Zustellvermerk[2]

Sehr geehrte(r) ......

Mein Sohn ...... hat dieses Jahr seine schulische Ausbildung beendet. Er wird mit Beginn des Wintersemesters sein Studium hier in ...... aufnehmen und hat bereits einen Studienplatz zugeteilt erhalten. Aus diesem Anlass möchte mein Sohn, der derzeit nur ein 15 qm großes Zimmer in meinem Haus bewohnt, eine eigene Wohnung beziehen. Ich habe meinem Sohn den Bezug der von Ihnen bewohnten Wohnung zugesagt.

Die von Ihnen innegehaltene Wohnung liegt räumlich günstiger zu der Universität. Von meinem Haus beträgt die Entfernung zur Universität 30 km. Diese Strecke müsste mein Sohn täglich mit öffentlichen Verkehrsmitteln bewältigen, da er über keinen Pkw verfügt. Die Fahrtdauer beläuft sich bei einer Anreise mit der Bundesbahn und einem Umsteigen in den Bus mit Wartezeiten auf eine Stunde für die einfache Strecke. Hingegen könnte mein Sohn von Ihrer Wohnung aus die Universitätsgebäude zu Fuß in 10 Minuten erreichen.

Mein Sohn möchte zugleich mit seiner Lebensgefährtin zusammen ziehen. Hierfür bietet sich die von Ihnen angemietete Wohnung auf Grund ihres Zuschnitts mit 2 Zimmern, Küche, Diele, Bad und WC an. Die Lebensgefährtin meines Sohns wohnt ebenfalls noch bei ihren Eltern in einem ca. 20 qm großen Zimmer. Ein Einzug meines Sohnes bei seiner Lebensgefährtin kommt daher nicht in Betracht.[3]

Aus den vorgenannten Gründen kündige ich den zwischen uns abgeschlossenen Wohnungsmietvertrag vom ...... über die Wohnung ...... unter Einhaltung der gesetzlichen Kündigungsfrist zum ......[4]

Sie können dieser Kündigung gemäß §§ 574 ff. BGB schriftlich bis zum ...... widersprechen. Ein Widerspruch hat indes nur Erfolg, wenn die Beendigung des Mietverhältnisses für Sie, Ihre Familie oder einen anderen Angehörigen Ihres Haushalts eine Härte bedeuten würde, die auch unter Würdigung meiner berechtigten Interessen nicht zu rechtfertigen ist. Für den Fall, dass Sie Widerspruch erheben, bitte ich Sie mir zugleich die Gründe für den Widerspruch mitzuteilen.[5]

Einer stillschweigenden Verlängerung des Mietverhältnisses (§ 545 BGB) widerspreche ich bereits an dieser Stelle.[6]

Ich bitte Sie, die Wohnung am ...... in vertragsgerechtem Zustand zurück zu geben.[7]

......
(Vermieter)

*Schrifttum:* Vgl. auch D. III. 1; *Artz,* Zur analogen Anwendung der Beschränkung der Kündigung gemäß § 577a BGB in Fällen der Umwandlung von Mietwohnungen in Eigentumswohnungen, ZJS 2010, 120; *Blank,* Der Kündigungstatbestand des Eigenbedarfs nach dem Urteil des Bundesverfassungsgerichts vom 14. 2. 1989, WuM 1989, 157; *Börstinghaus,* Die Kündigung von Mietverträgen über Eigentumswohnungen, WuM 1991, 419; *Burow,* Die Eigenbedarfskündigung nach § 564b Abs. 2 Nr. 2 BGB. Eine juristische und ökonomische Analyse (1997); *Depenheuer,* Der Mieter als Eigentümer?, NJW 1993, 2561; *Derleder,* Der Mehrbedarf des Eigentums, WuM 1989, 217; *ders.,* Der Mieter als Eigentümer, WuM 1993, 514; *Eichelbaum,* Eigenbedarfskündigung: Auch für den Stiefsohn?, GE 1989, 919; *Eisenhardt,* Die Pflicht des Vermieters, dem Mieter eine nach Ausspruch der Eigenbedarfskündigung freiwerdende Alternativwohnung anzubieten, WuM 1997, 476; *Eisenschmid,* Die Eigenbedarfskündigung im Spiegel der Rechtsprechung des Bundesverfassungsgerichts und des Bundesgerichtshofs, WuM 1990, 129; *Emmerich,* Der Mieter als Eigentümer von Gerichts wegen, FS Gitter (1995), S. 241; *Finger,* Umwandlung von Eigentumswohnungen und Kündigung wegen Eigenbedarfs, WuM 1992, 508; *Harke,* Die Vermieterkündigung wegen Eigenbedarfs, ZMR 1991, 81; *Karl,* Gilt die Sperrklausel des § 564b Abs. 2 Nr. 2 BGB, falls mehrere Miteigentümer Wohnungseigentum nach § 3 WEG begründen? ZMR 1991, 288; *Kinne,* Wohnraumkündigung wegen Vertragsverletzung und wegen Eigenbedarfs des Vermieters – Voraussetzungen und Folgen, ZMR 2001, 251, 317; *Koch,* Grundgesetz und Eigenbedarfskündigung, MDR 1992, 201; *Kohler-Gehrig,* Die Eigenbedarfskündigung von Gemeinden, ZMR 1999, 672; *Lammel,* Die Rechtsprechung des BVerfG zur Eigenbedarfskündigung, NJW 1994, 3320; *Nebeling/Bispinck,* Kündigungsschreiben bei Umwandlung als Paradebeispiel einseitigen Interessenausgleichs im Mietrecht, NZM 2001, 610; *Oetker,* Der selbstverursachte Eigenbedarf als berechtigtes Interesse für eine ordentliche Kündigung des Wohnungsvermieters nach § 564b Abs. 2 Nr. 2 BGB, ZMR 1984, 77; *Ostermann,* Vorgetäuschter Eigenbedarf WuM 1992, 342; *Paschke,* Die „Eigenbedarfskündigung" im Modell der Wohnraummietrechtsordnung, ZMR 1988, 164; *Pfeifer,* Risiko: Kündigung trotz fehlenden Eigenbedarfs, GE 1998, 342; *Röchling,* Wider die Unvernunft! – Zum Eigenbedarfsurteil des Bundesverfassungsgerichts, WuM 1989, 109; *Scholz,* Kündigung nach Vermieterwechsel, WuM 1983, 279; *Schopp,* Die Eigenbedarfskündigung in der Wohnraummiete (§ 564b Abs. 1 u. 2 Nr. 2 BGB) im Licht der einschlägigen Entscheidungen des BVerfG und des BGH, DWW 1989, 98; *Schulte,* Eigenbedarfskündigung und Eigentümerbelieben, JZ 1989, 525; *Schulz,* Kündigung eines Mietverhältnisses wegen Eigenbedarfs nach Erwerb einer vermieteten Eigentumswohnung, DWW 1982, 10; *Steinig,* Eigenbedarfskündigung: Für welche Personen kann sie ausgesprochen werden?, GE 1996, 1206; *Sternel,* Zum Kündigungsgrund „Eigenbedarf", WuM 1987, 339; *Voelskow,* Überzogener Mieterschutz bei der Umwandlung von Miet- in Eigentumswohnungen, FS Bärmann und Weitnauer (1990), S. 685; *ders.,* Zur Verlängerung der Sperrfrist bei Umwandlung von Miet- in Eigentumswohnungen, GE 1996, 24; *Weßel,* Eigenbedarfskündigung zur Nutzung als Zweitwohnung, WuM 2004, 581.

## Anmerkungen

**1.** Die Eigenbedarfskündigung stellt einen in der Praxis häufigen Fall der ordentlichen Kündigung dar. Der Kündigungstatbestand liegt vor, wenn der Vermieter die Wohnung zu eigenen Wohnzwecken oder aber zu Wohnzwecken einer seiner Familienangehörigen oder einer sonstigen Bedarfsperson benötigt. Es genügt für die Kündigung die Angabe der Bedarfsperson und deren Interesse an der Wohnung anzugeben (BGH WuM 2010, 301).

Allgemein zur ordentlichen Kündigung und zu gemischten Wohnraum- und Gewerbemietverhältnissen Form. D. III. 1 Anm. 1.

**2.** Da die Kündigung nur mit Zugang wirksam wird, sollte auf die Nachweisbarkeit des Zugangs geachtet werden, vgl. Form. D. I. 1 Anm. 2, Form. B. I. 1 Anm. 1.

**3. Eigenbedarf** setzt voraus:

Der Vermieter verlangt die Räume **als Wohnraum** heraus. Abzugrenzen ist ein gewerbliches Interesse (hier ggf. § 573 Abs. 1 BGB: LG Braunschweig, Beschl. v. 16. 9. 2009 – 6 S 301/99), wobei eine Mischnutzung für Eigenbedarf ausreichen kann (BGH WuM

2005, 779). Auch eine beabsichtigte Nutzung als Zweitwohnung (LG Regensburg WuM 1992, 192) oder Ferienwohnung, soweit diese nicht überwiegend an Dritte vermietet werden soll (streitig, vgl. Bub/Treier/*Grapentin* IV 66), steht nicht entgegen.

Der Eigenbedarf muss für eine **Bedarfsperson** geltend gemacht werden. Die Eigenbedarfskündigung kommt nur für den im Gesetz genannten Personenkreis in Betracht. Das sind der Vermieter selbst, seine Familienangehörigen und Angehörige seines Haushaltes. Bei einer Kündigung wegen eines Mitarbeiters soll auf § 573 Abs. 1 BGB abgestellt werden können (BGH NZM 2007, 639). Bei einer Mehrheit von Vermietern (z. B. Erbengemeinschaft, Ehegatten, Miteigentümer) genügt es, wenn der Eigenbedarf für einen der Vermieter besteht (BGH NZM 2007, 671; NJW 2009, 2738 für Gesellschafter einer GbR). In diesem Fall bleibt es aber dabei, dass die Kündigung wegen der Einheitlichkeit des Mietverhältnisses von allen Vermietern auszusprechen ist (vgl. D. III. 1 Anm. 3; Palandt/*Weidenkaff* § 573 Rdn. 26). Nach BGH ZMR 2007, 767; LG Hamburg NJW 2009, 907 kann eine vermietende oHG oder KG keinen Eigenbedarf eines Gesellschafters anführen.

Enge Familienangehörige sind ohne nähere Darlegung zu den familiären Bindungen Bedarfspersonen: Eltern (LG Aachen WuM 1989, 250), Kinder, Enkel (AG Köln WuM 1989, 250), Geschwister (BGH WuM 2003, 464; BayObLG MDR 1984, 316), aber auch der Ehegatte (LG Berlin WuM 1989, 301) und die Schwiegereltern (LG Köln WuM 1994, 541).

Im Übrigen kommt es darauf an, ob zu der Bedarfsperson über die Verwandtschaft hinaus ein besonderes familiäres Verhältnis besteht (familiäre Bindung). Hier ist der Einzelfall zu beurteilen. Beispiele: Eigenbedarf wurde bejaht für Schwager bei besonders engem Kontakt (BGH NZM 2009, 353), Cousine (LG Ravensburg WuM 1993, 51; LG Frankfurt/M. WuM 2004, 209), Großcousine (LG Stuttgart WuM 1998, 598); Großnichte (LG Wiesbaden NJW-RR 1995, 782), Stiefsohn (LG Hamburg WuM 1997, 177) und Pflegekind (Kinne ZMR 2001, 517). leibliche Nichten, Neffen (BGH NJW 2010, 1290); ablehnend: LG Wiesbaden NJW-RR 1995, 782 für Großnichte einer türkischen Großfamilie; Tochter der Schwiegertochter (LG Weiden WuM 2003, 210); Eltern der Lebensgefährtin (LG Lübeck WuM 1999, 336) und entfernter verwandtes Patenkind (AG Waiblingen WuM 1994, 542).

Haushaltsangehörige sind alle Personen, die schon seit längerer Zeit und auf Dauer in den Haushalt des Vermieters aufgenommen worden sind und in enger Hausgemeinschaft mit ihm leben, z. B. Lebenspartner, Hausgehilfen, Pflegepersonen (BayObLG RE NJW 1982, 1159; LG Potsdam WuM 2006, 44), im Einzelfall Auszubildende und Arbeitnehmer (vgl. *Kinne* ZMR 2001, 511, 516), Pflegeperson für im Haus des Vermieters lebende Eltern (LG Koblenz WuM 2007, 637).

Der Vermieter muss die Wohnung **benötigen**. Dies ist der Fall, wenn er vernünftige und nachvollziehbare Gründe hat, warum er oder die Bedarfsperson die Wohnung nutzen möchte (BGH RE WuM 1988, 47). Die Entscheidung des Vermieters, die Wohnung für eigene Belange zu nutzen, ist grundsätzlich zu achten und nur eingeschränkt anhand objektiver Kriterien überprüfbar (BVerfG NJW 1994, 995). Allerdings ist Zweifeln an der Ernsthaftigkeit des Eigenbedarfs nachzugehen.

In der Rechtsprechung wird ein ausreichender Grund gesehen in dem ernsthaften Wunsch des Vermieters, im eigenen Haus zu wohnen (BVerfG NJW 1994, 310; BVerfG WuM 1993, 729; BVerfG NJW 1990, 3259 für den Fall der Nutzung als Altersruhesitz oder zur Verwaltung des Miethauses nebst Wartung der Heizung; BGHZ 103, 91, 100), die Nutzung für eine begrenzte Zeit (BayObLG RE ZMR 1993, 327 für 1½–2 Jahre wegen des Umbaus einer anderen Wohnung, wobei eine umfassende Abwägung der Interessen der Vertragsparteien erforderlich ist), die Absicht des Vermieters, der eine teurere oder ungünstiger zur Arbeitsstätte gelegene (LG Berlin ZMR 2008, 294) oder allgemein weniger geeignete Wohnung hat, Wohnung und Arbeitsstätte in einem Haus zusammenzulegen (BVerfG NJW 1994, 2605), der Wunsch, dem Arbeitsplatz näher zu sein (BVerfG WuM 1999, 449), persönliche Veränderungen wie Heirat, Arbeitsplatzwechsel, Ruhestand, Getrenntleben (LG Köln WuM 1997, 48), Zusammenzug mit Partner, Kinderwunsch (Palandt/*Weidenkaff* § 573 Rdn. 28), der nachvollziehbare Wunsch nach einer kleineren Wohnung (LG Braunschweig NJW-RR 1993, 400), der Wunsch einer größeren Wohnung (BVerfG WuM 1999, 381 und 449), bessere Lage und Zuschnitt der Wohnung (LG Landau NJW-RR 1993, 81), Raumbedarf wegen krankhaften Schnarchens (AG Sinzig WuM 1999, 461). Entsprechendes gilt für die Bedarfspersonen. Ferner genügt bei Bedarfspersonen der Auszug aus dem Elternhaus (BGHZ 103, 91, 100), die Unterbringung von Kindern in getrennten Zimmern (LG Hamburg NJW-RR 1991, 1355), die Aufnahme eines Au-pair-Mädchens (BVerfG NJW 1994, 994) oder von Pflegepersonal (BayObLG RE NJW 1982, 1159; AG Münster WuM 2000, 190).

Benötigt wird die Wohnung dann noch nicht, wenn der Eigenbedarf des Vermieters noch nicht sicher ist (LG Mannheim WuM 1991, 693; LG Essen WuM 1991, 494). In der Praxis ist häufig schwer zu entscheiden, wann Eigenbedarf tatsächlich besteht und wann er nur vorgetäuscht wird. Indizien für einen vorgetäuschten Eigenbedarf sind fehlende Kenntnis der Bedarfsperson von der beabsichtigten Wohnungsüberlassung (AG Münster WuM 1991, 111), Kündigung nach Scheitern eines Versuchs zur Vertragsänderung durch den Vermieter (AG Wiesbaden WuM 1991, 490), vorangegangene Streitigkeiten oder erfolglose Versuche, die Miete zu erhöhen (LG Köln WuM 1995, 109; LG Osnabrück WuM 1990, 21); längeres Zuwarten mit einer Renovierung (BVerfG WuM 2002, 21).

Stehen dem Vermieter mehrere Wohnungen zur Verfügung, ist er bei der Kündigung nicht zu einer Auswahl des Mieters nach sozialen Gesichtspunkten verpflichtet (BayObLG RE NJW 1982, 1159).

Die Wohnung muss sich **für den Eigenbedarf eignen**. Dies ist bei einer, gemessen an dem Wohnbedarf deutlich übergroßen Wohnung nicht der Fall (BVerfG NJW 1985, 2632. Ferner wird die Eignung zu verneinen sein, wenn eine Dachgeschosswohnung ohne Aufzug für eine stark gehbehinderte Person genutzt werden soll (OLG RE WuM 1983, 9) oder eine zu große räumliche Distanz zum Studienort besteht (AG Lobenstein WuM 1999, 337: über 100 km).

Zu den notwendigen Anforderungen an den Umfang der Begründung des Eigenbedarfs vgl. D. III. 1 Anm. 4. Ergänzend für den Kündigungsgrund Eigenbedarf gilt: In der Kündigungserklärung ist alles anzugeben, war zur notwendigen Prüfbarkeit für den Mieter erforderlich ist, z. B. der Grad der Verwandtschaft (LG Bochum WuM 1993, 540). Bei mehreren Verwandten gleichen Grades soll der Namen anzugeben sein. Bei einem entfernten Verwandten sollen Angaben zu den konkreten familiären Bindungen erforderlich sein (vgl. AG Frankfurt/M. NJW-E-MietR 1997, 52). Die für das Nutzungsinteresse maßgebenden Tatsachen sind mitzuteilen (z. B. bisherige Wohnverhältnisse wie Zahl der Zimmer und Wohnflächenangabe, LG Bochum WuM 1993, 540. LG Mannheim WuM 1996, 767: Angabe „wesentlich kleinere Wohnung" unzureichend). Ggf. sind Angaben zum Ort der Arbeit mit Entfernungsangaben notwendig. Die Angabe des Heiratswunsches für sich genommen reicht nicht. Vielmehr muss angegeben werden, dass ein Zusammenleben in den bisherigen Wohnverhältnissen nicht möglich ist (LG Hamburg WuM 1993, 50). Streitig ist, ob die Anbietepflicht (s.u.) schon im Kündigungsschreiben, soweit schon das Anbieten einer anderen Wohnung möglich ist, erfüllt werden muss (bejahend: LG Berlin MM 1992, 388; LG Bielefeld WuM 1993, 539 für die Darlegung, dass eine anderweitige Befriedigung des Eigenbedarfs nicht möglich ist; a. A. LG München I WuM 1996, 38).

Eine Eigenbedarfskündigung kann in den folgenden Fällen **unwirksam** sein:
- Der Vermieter verfügt über eine andere, freistehende Wohnung, in der **in gleicher Weise** der Eigenbedarf befriedigt werden kann (hierzu BVerfG WuM 1989, 114; LG Hamburg WuM 2001, 554; LG Mannheim MDR 1977, 231). Ob der Eigenbedarf in

gleicher Weise befriedigt werden kann, hängt vom Einzelfall ab, so von einem Vergleich der Wohnungsgröße, der Lage, des Wohnungszuschnitts, des Mietwerts (BVerfG WuM 1991, 145: Macht ein Ehepaar Eigenbedarf an einer 74 qm großen 3-Zimmer-Wohnung geltend, muss es sich nicht auf eine 56 qm große 2-Zimmer-Wohnung verweisen lassen; BVerfG WuM 1989, 607: Vermieter muss sich nicht auf gewerblich genutzte Räume verweisen lassen). Stets ist zu berücksichtigen, ob der Vermieter vernünftige und nachvollziehbare Gründe dafür anführen kann, warum die Alternativwohnung nicht gleichwertig ist. Der Mieter muss sich konkret mit dem Vorbringen des Vermieters auseinander setzen (BVerfG NZM 2001, 706). War die Alternativwohnung vor Entstehung des Eigenbedarfs weitervermietet worden, kommt es für die Wirksamkeit der Kündigung darauf an, ob der Eigenbedarf zum Zeitpunkt der Weitervermietung vorhersehbar war. Wird eine Alternativwohnung nach Auspruch der Kündigung frei vgl. unten).

- Ist eine **Alternativwohnung** vorhanden, die zur Verwirklichung des Eigenbedarfs des Vermieters weniger geeignet ist, besteht eine nebenvertragliche **Anbietepflicht** des Vermieters (BGH WuM 2003, 300; OLG Karlsruhe RE WuM 1993, 105), deren Nichterfüllung zu einer Unwirksamkeit der Kündigung wegen Rechtsmissbrauchs führen kann. Dieser muss dem Mieter die freigewordene Wohnung zu angemessenen Bedingungen anbieten (OLG Karlsruhe RE WuM 1993, 105; LG Hamburg WuM 1992, 192; LG Wuppertal WuM 1998, 599). Keine Anbietepflicht, wenn die Wohnung nach Ende der Kündigungsfrist frei wird (BGH NZM 2008, 642). Angemessen ist die ortsübliche Miete, oder die Marktmiete oder die bisher verlangte Miete (Schmidt-Futterer/*Blank* § 573 Rdn. 116). Die Anbietepflicht besteht nur dann nicht, wenn dem Vermieter die Neubegründung des Mietverhältnisses mit dem Mieter nicht zumutbar ist (OLG Karlsruhe RE WuM 1993, 105), oder wenn die freigewordene Wohnung für den Mieter ungeeignet ist (einschränkend: LG Berlin NZM 2010, 277). Die Erfüllung der Anbietepflicht erfordert ein Angebot zu angemessenen Bedingungen. Da die Wohnung als solche feststeht, bedarf es in der Regel nur der Angabe der Miete. Ein Verstoß gegen die Anbietepflicht ist auch anzunehmen, wenn die Anbietung zu unangemessenen Bedingungen erfolgt. Anders liegt es, wenn der Vermieter zumindest Verhandlungsbereitschaft erklärt. Erfüllt der Vermieter seine Anbietpflicht, kann der Mieter die Annahme nicht von der vorherigen gerichtlichen Klärung der Begründetheit der Kündigung abhängig machen. Zu Einzelfragen: Schmidt-Futterer/*Blank* § 573 Rdn. 125). Vgl. zur Anbietung Formular D. III. 4.

- Bei Vertragsschluss war der Eigenbedarf schon konkret **absehbar**, ohne dass der Mieter hierauf hingewiesen worden ist (LG Ravensburg WuM 2003, 332; LG Gießen WuM 2004, 723; AG Winsen/Luhe WuM 2006, 622). Kein Hinweis notwendig bei Novation des Mietvertrages (BGH NJW 2009, 1139). Dies gilt nur, wenn ein kurzes Mietverhältnis zu erwarten ist. Die zeitliche Grenze wird bei einer Laufzeit von 5 Jahren gezogen (BVerfG WuM 1989, 114). Probleme können insbesondere auftreten, wenn der Eigenbedarf für ein Kind geltend gemacht wird, das im Zeitpunkt des Vertragsschlusses noch minderjährig (z. B. 16 Jahre alt) war und noch im elterlichen Haushalt lebte. Hier wurde verschiedentlich eine Vorhersehbarkeit bei Vertragsschluss angenommen (OLG München WuM 2009, 358; LG Wuppertal WuM 1991, 691; LG Hamburg WuM 1993, 50). Dass ein Mietverhältnis auf längere Zeit angelegt sein soll, steht dem späteren Eigenbedarf nicht notwendig entgegen (AG Steinfurt WuM 2006, 43). Eine Hinweispflicht entfällt, wenn der Mieter den vorhersehbaren Eigenbedarf kannte. Der Hinweis kann formlos erteilt werden. Es ist zu empfehlen, dass der Hinweis schriftlich in den Mietvertrag aufgenommen wird und konkret den voraussichtlichen Eigenbedarf bezeichnet.

- **Überhöhter Wohnbedarf.** Eine Kündigung kann auch dann unwirksam sein, wenn ein weit überhöhter Wohnbedarf geltend gemacht wird (BVerfG WuM 1989, 114). Dabei ist zu berücksichtigen, dass der vom Vermieter geltend gemachte Eigenbedarf grundsätzlich zu achten ist. Deshalb kann ein überhöhter Wohnbedarf nur angenommen werden, wenn ein grobes Missverhältnis zwischen Eigennutzungswunsch und dem objektiv erkennbaren Bedarf besteht, z. B. die Überlassung einer 133 qm großen Wohnung mit einem Mietwert von 2.030,– DM an eine Studentin (AG Bonn WuM 1992, 613), oder die Nutzung einer 4½-Zimmer-Wohnung für gelegentliche Übernachtungen (LG Berlin NJW-RR 1997, 74).

- **Vorratskündigung.** Eine Kündigung, die keinen gegenwärtigen Nutzungswunsch, sondern nur einen möglichen künftigen Nutzungswunsch betrifft, ist unzulässig. Nach BVerfG NJW 1990, 3259 muss der Nutzungswunsch ernsthaft verfolgt werden. Keine Vorratskündigung ist anzunehmen, wenn der Vermieter konkret beabsichtigt eine Familie zu gründen und Kinderwunsch hat (Schmidt-Futterer/*Blank* § 573 Rdn. 63).
- **Nur kurzfristiger Eigenbedarf.** Der Eigenbedarf muss für längere Zeit bestehen, was nicht der Fall ist, wenn eine nur kurzfristige Übergangslösung für ein Wohnungsproblem angestrebt ist (BayObLG RE ZMR 1993, 327: Kündigung ist zulässig bei beabsichtigter Nutzung für 1½–2 Jahre wegen des Umbaus einer anderen Wohnung; LG Landau ZMR 1992, 396 stellt auf die Nutzungsdauer von mindestens einem Jahr ab).
- **Wegfall des Eigenbedarfs.** Fällt der Eigenbedarf nach Ausspruch der Kündigung fort, bleibt zwar die Kündigung wirksam, die Verfolgung des Räumungsanspruchs ist indes rechtsmissbräuchlich. Der Vermieter ist gehalten, den Mieter ohne Aufforderung zu informieren (LG Lübeck WuM 1999, 336) und dem Mieter ein Angebot auf Fortsetzung des gekündigten Mietvertrages zu unterbreiten (OLG Karlsruhe RE NJW 1982, 54). Verstößt der Vermieter gegen diese Pflicht und zieht der Mieter deshalb in eine andere Wohnung um, kommt ein Schadensersatzanspruch in Betracht. Nach Ablauf der Kündigungsfrist ist der Wegfall des Eigenbedarfs unbeachtlich (BGH WuM 2005, 782, bestätigt durch BVerfG WuM 2006, 300), die Kündigung bleibt also wirksam. Fällt der Eigenbedarf nur teilweise weg (z. B. für Lebensgefährtin, nicht aber für Vermieter), kann der verbliebene Eigenbedarf (des Vermieters) für eine Kündigung unzureichend sein (BVerfG WuM 1993, 380).
- **Alternative Begründung,** wonach der Bedarf entweder für die eine oder für die andere Person besteht. In diesem Fall ist die Kündigung formell unwirksam (LG Berlin GE 2009, 1437; LG München I WuM 1991, 490).
- Kündigungen wegen eines **Teilbedarfs** (vgl. D. III. 9 Anm. 3.).
- Entgegenstehende **rechtliche Hindernisse**, z. B. die fehlende Genehmigung bei Belegungsrecht im öffentlich geförderten Wohnungsbau zugunsten des Vermieters (LG Essen WuM 1993, 676) oder die mangelnde bauordnungsrechtliche Zulässigkeit der Wohnraumnutzung durch den Vermieter (LG Hamburg WuM 1994, 432).
- Ist Eigenbedarf nur **vorgetäuscht**, ist nicht nur die Kündigung unwirksam. Es liegt zugleich eine zum Schadensersatz verpflichtende Vertragsverletzung gemäß § 280 Abs. 1 BGB (regelmäßig auch eine unerlaubte Handlung) vor (vgl. zum Schadensersatz bei unberechtigter Kündigung D. VIII.). Realisiert der Vermieter den Eigennutzungswunsch nach der Räumung nicht, liegt der Verdacht nahe, der Eigenbedarf sei nur vorgetäuscht gewesen, so dass die Darlegungslast des Vermieters zu der Behauptung, der Eigenbedarf sei erst nach dem Auszug des Mieters fortgefallen, steigt (BVerfG WuM 1997, 361). Eine schuldhafte Pflichtverletzung kann auch dann vorliegen, wenn der Vermieter kündigt, obwohl der Eigenbedarf noch nicht sicher ist (LG Mannheim WuM 1991, 693; LG Essen WuM 1991, 494). Ausnahmsweise soll auch Schadensersatz in Betracht kommen, wenn der Mieter in Kenntnis der Unwirksamkeit der Kündigung ausgezogen ist (BGH NJW 2009, 2059). Zum Umfang des Schadensersatzes vgl. AG Nürnberg WuM 1995, 180.

**4.** Zum Kündigungsausspruch auch bei einer Mehrheit von Vertragsparteien, zur Schriftform, zur Angabe des Beendigungszeitpunktes sowie zu den Kündigungsfristen vgl. D. III. 1 Anm. 3. Die Kündigungssperrfrist des § 577a BGB für den Fall der nachträglichen Umwandlung der Wohnung in Wohnungseigentum ist zu beachten (D. III. 4 Anm. 9).

**5.** Zur Möglichkeit, Form und Frist des **Kündigungswiderspruchs** vgl. D. III. 1 Anm. 7, zum Widerspruch durch den Mieter vgl. D. IV. 1.

**6.** Zum Widerspruch gegen die **stillschweigende Fortsetzung** des Mietverhältnisses vgl. D. III. 1 Anm. 8, D. III. 16.

**7.** Zu **Gebühren und Gegenstandswert** vgl. D. III. 1 Anm. 9.

# 4. Kündigung wegen Eigenbedarfs, § 573 Abs. 2 Nr. 2 BGB (durch einen Rechtsanwalt) nach Eigentumserwerb[1]

......

(Rechtsanwalt)

an

......

(Mieter)

Zustellvermerk[2]

Sehr geehrte(r) ......

Unter Bezugnahme auf die anliegende Vollmacht zeige ich an, dass mich Ihr neuer Vermieter, Herr X, mit der Wahrnehmung seiner Interessen beauftragt hat.[3]

Soweit Sie nicht bereits Ihr bisheriger Vermieter, Herr Y, informiert hat, teile ich Ihnen mit, dass Herr X die von Ihnen angemietete Eigentumswohnung erworben hat. Mit Übergang des Eigentums ist Herr X gesetzlich an die Stelle des bisherigen Vermieters in das Mietverhältnis eingetreten (§ 566 BGB). Der maßgebliche Zeitpunkt hierfür war der Tag des Eigentumsübergangs mit Eintragung der Übertragung in das Wohnungsgrundbuch am ...... Zu Ihrer Unterrichtung habe ich einen Auszug aus dem Wohnungsgrundbuch von ...... beigefügt.[4]

Herr X beabsichtigt, mit seiner Familie in die von Ihnen angemietete Wohnung einzuziehen. Aus diesem Grund kündige ich Ihnen auftragsgemäß namens meines Mandanten das Mietverhältnis wegen Eigenbedarfs fristgerecht zum ......[5]

Zur Begründung weise ich darauf hin, dass Herr X die von Ihnen angemietete Wohnung bewusst zur Eigennutzung ausgesucht hat. Herr X wohnt mit seiner Familie derzeit zur Miete in einer 75 qm großen Wohnung im 2. Obergeschoss in der Z-Straße ohne Gartennutzung. Wie Ihnen möglicherweise bekannt ist, ist die Z-Straße eine Durchgangsstraße und die dortige Wohnung daher auch nachts erheblichen Lärmeinwirkungen ausgesetzt. Die A-Straße, in der Ihre Wohnung liegt, ist dagegen eine reine Anliegerstraße in einem überdies ruhigen Stadtviertel. Zudem ist die von Ihnen bewohnte Wohnung mit 100 qm nicht nur größer, sondern auch vom Grundriss günstiger zugeschnitten. Die derzeit von Herrn X genutzte Wohnung weist 3 Zimmer auf, von denen ein Zimmer ein gefangener Raum ist. Hingegen verfügt Ihre Wohnung über 4 Zimmer, die sämtliche von der Diele aus betreten werden können.

Ferner würde sich der Weg zur Arbeitsstelle von Herrn X bei der Fa. B in C-Stadt deutlich verkürzen. Von der Y-Straße könnte Herr X über die D-Straße unmittelbar die Autobahn erreichen, während er von der Z-Straße eine um 10 Minuten längere Anfahrt bis zur Autobahn hat.[6]

Obwohl in dem Haus noch eine weitere Wohnung im Obergeschoss vorhanden ist, ist Herr X an der Nutzung der Erdgeschosswohnung interessiert. Herr X hat 2 Kinder im Alter von 6 und 4 Jahren und möchte daher den Garten für die Kinder, aber auch zur Entspannung für sich und seine Ehefrau nutzen. Der im Obergeschoss vorhandene Balkon ist nicht gleichwertig.[7]

Allerdings beabsichtigt der Mieter der Obergeschosswohnung zum ......, also noch vor Ablauf der Kündigungsfrist, auszuziehen. Herr X bietet Ihnen diese Wohnung zum Bezug an. Die Miete soll 600,– EUR zzgl. 150,– EUR Nebenkostenvorauszahlungen monatlich betragen. Sofern Sie Interesse haben, teilen Sie mir dies bitte möglichst umgehend mit. Für diesen Fall schlage ich eine persönliche Unterredung vor, um die Vertragsmodalitäten besprechen zu können.[8]

Zu dem von Ihnen gegenüber meinem Mandanten mündlich erhobenen Einwand, es gelte in Ihrem Fall eine Kündigungssperrfrist, da die Aufteilung der in dem Haus befindlichen Wohnungen in Wohnungseigentum erst nach Ihrem Einzug erfolgt sei, verweise ich auf den beigefügten Grundbuchauszug. Daraus können Sie ersehen, dass bereits 1 Jahr vor der Anmietung der Wohnung durch Sie Wohnungseigentum gebildet worden ist. Ihre Annahme geht also fehl.[9]

Sie können dieser Kündigung schriftlich bis zum ...... widersprechen. Ich bitte Sie einen evtl. Widerspruch zu begründen. Ein Widerspruch hat jedoch nur Aussicht auf Erfolg, wenn die Beendigung des Mietverhältnisses für Sie, Ihre Familie oder einen anderen Angehörigen Ihres Haushalts eine Härte bedeuten würde, die auch unter Würdigung der berechtigten Interessen meines Mandanten nicht zu rechtfertigen ist[1.0]

Einer stillschweigenden Verlängerung des Mietverhältnisses (§ 545 BGB) widerspreche ich bereits an dieser Stelle.[11]

Ich fordere Sie auf, die Wohnung am ...... in vertragsgerechten Zustand zurück zu geben, nämlich fachgerecht renoviert nach Maßgabe der Renovierungsverpflichtung in § 16 des Mietvertrages.[12]

......
(Rechtsanwalt)

Anlagen:
– Vollmacht
– Grundbuchauszug

## Anmerkungen

**1.** Vgl. Form. D. III. 1 Anm. 1 zur Kündigung und zur Beurteilung bei Mischmietverhältnissen.

**2.** Da die Kündigung nur mit Zugang wirksam wird, sollte auf die Nachweisbarkeit des Zugangs geachtet werden, vgl. Form. D. I. 1 Anm. 2, Form. B. I. 1 Anm. 1.

**3.** Zur Kündigung durch einen Bevollmächtigten vgl. Form. D. III. 2 Anm. 3. Zur Kündigung durch einen prozessualen Schriftsatz vgl. Form. D. III. 1 Anm. 3.

**4.** Gemäß § 566 BGB („Kauf bricht nicht Miete") tritt im Fall der Veräußerung der Wohnung der Erwerber in das Mietverhältnis ein. Für die Kündigung wegen Eigenbedarfs bedeutet das, dass nach Eintritt in das Mietverhältnis eine Kündigung des Erwerbers in eigenem Namen und aus eigenem Recht möglich ist. Maßgeblicher Zeitpunkt ist die Veräußerung. Hiermit ist der Eigentumsübergang gemeint, also die Auflassung und die Eintragung in das Grundbuch (Schmidt-Futterer/*Blank* § 573 Rdn. 45). Hat der Veräußerer bereits gekündigt, kann sich der Erwerber nicht ohne weiteres auf die Kündigung stützen. Bei Kündigungen, die ihren Grund in der jeweiligen Person des Vermieters haben, insbesondere bei Eigenbedarf und bei der Hinderung angemessener wirtschaftlicher Verwertung (anders etwa bei einer Kündigung wegen einer Pflichtverletzung des Mieters), wird die Kündigung als unwirksam angesehen, wenn der Vermieter die Wohnung veräußert (LG Frankenthal/Pfalz WuM 1991, 350; LG Aachen WuM 1990, 27. Hieraus folgt, dass der Erwerber nicht in die Eigenbedarfskündigung des Veräußerers „eintritt". Unerheblich ist, ob er seinerseits Eigenbedarf an der Wohnung hat. Er vermag seinen Eigenbedarf nicht auf die Eigenbedarfsgründe des Veräußerers zu stützen. Hieraus ist zugleich zu schließen, dass eine Eigenbedarfskündigung des Erwerbers vor Eintritt in das Mietverhältnis nicht möglich ist. Zwar hat BGH NJW 1998, 896 anerkannt, dass der Veräußerer den Erwerber schon vor dem Eigentumsübergang zur Kündigung gemäß § 185 Abs. 1 BGB ermächtigen kann. Die Ermächtigung kann aber nicht weiter gehen als die Rechtsmacht des Veräußerers. Daraus folgt, dass der Erwerber bei einer Kündigungsermächtigung sich nicht auf seinen Eigenbedarf stützen kann, da es sich gerade nicht um den Eigenbedarf des Veräußerers handelt (vgl. Schmidt-Futterer/*Gather* § 566 Rdn. 52 m.w.N.). Die Übersendung eines Grundbuchauszuges ist für die Wirksamkeit der Kündigung nicht erforderlich, empfiehlt sich aber, wenn mit entsprechenden Einwänden des Mieters gerechnet wird.

**5.** Zum Kündigungsausspruch, zur Schriftform, zur Angabe des Beendigungszeitpunkts sowie zu den Kündigungsfristen vgl. Form. D. III. 1 Anm. 3.

**6.** Die nachstehenden Kündigungsgründe sind exemplarisch zu verstehen, müssen also nicht kumulativ vorliegen, sondern können auch einzeln die Kündigung rechtfertigen. Zu den Anforderungen an den Umfang der Begründung vgl. Form. D. III. 1 Anm. 4 und Form. D. III. 3 Anm. 3. Zu dem Begriff des Eigenbedarfs vgl. Form. D. III. 3 Anm. 3.

**7.** Zur Frage, ob der Eigenbedarf entfällt, wenn eine Alternativwohnung verfügbar wird, vgl. Form. D. III. 3 Anm. 3. Da es sich um einen Einwand gegen den Eigenbedarf in der beanspruchten Wohnung handelt, muss der Vermieter im Rahmen der Kündigung hierzu keine Ausführungen machen (LG München I WuM 1996, 38; vgl. aber BVerfG WuM 1992, 178). Dem Einwand des Mieters kann also noch nachträglich begegnet werden. Dennoch kann sich die Aufnahme in das Kündigungsschreiben empfehlen, um vorhersehbare Einwände gegen die Berechtigung des Eigenbedarfs zu entkräften.

**8.** Zur Anbietepflicht, wenn eine Alternativwohnung frei wird, die der Vermieter nicht beziehen möchte, vgl. Form. D. III. 3 Anm. 3.

**9.** Die **Kündigungssperrfrist** gemäß § 577a BGB bei Umwandlung der Wohnung nach der Überlassung an den Mieter in Wohneigentum nach dem Wohnungseigentumsgesetz ist zu beachten. § 577a BGB gilt nur für die Eigenbedarfs- und die Verwertungskündigung (BGH NJW 2009, 1808). Gemäß § 577a BGB beträgt die einfache Sperrfrist 3 Jahre. Sind Mangelversorgungsgebiete im Verordnungswege durch die Landesregierung bestimmt, verlängert sich die Sperrfrist gemäß § 577a Abs. 2 BGB auf 10 Jahre. Nach BGH WuM 2009, 519 keine Anwendung bei Kündigung wegen Eigenbedarfs eines

Gesellschafters, wenn nach der Kündigung Wohnungseigentum des Gesellschafters begründet wird.

Die Abfolge Umwandlung-Vermietung-Überlassung löst die Sperrfrist nicht aus. Die Abfolge Vermietung-Überlassung-Umwandlung löst stets Sperrfrist aus. Die Abfolge Vermietung-Umwandlung-Überlassung löst die Sperrfrist nicht aus. Die Abfolge Überlassung-Umwandlung-Vermietung soll die Sperrfrist auslösen (Schmidt-Futterer/*Blank* § 577a Rdn. 8, streitig).

Ein Umgehungsgeschäft liegt vor, wenn zunächst Bruchteilseigentum gebildet wird, dem Miteigentümer eine bestimmte Wohnung zur ausschließlichen Nutzung zugewiesen ist unter grundbuchlicher Absicherung gemäß § 1010 BGB, nach dem Kaufvertrag binnen 3 Jahren Wohnungseigentum gemäß § 3 WEG gebildet werden soll, bei Abschluss des Kaufvertrages die Abgeschlossenheitsbescheinigung vorgelegen hat (OLG Karlsruhe RE WuM 1992, 519) und in diesem Stadium die Kündigung erklärt wird. Die Begründung von Wohnungseigentum gemäß § 3 WEG löst die Sperrfrist nicht aus (BGH WuM 1994, 452). Als Veräußerung ist auch die Übertragung von Wohnungseigentum in Erfüllung eines Vermächtnisses anzusehen (BayObLG RE WuM 2001, 390). Der Lauf der Kündigungssperrfrist nach Verkauf der in Wohnungseigentum umgewandelten Mietwohnung beginnt mit dem Tag der Eintragung des Ersterwerbers als Eigentümer der Eigentumswohnung (AG Stuttgart WuM 1999, 462). Nach BGH NJW 2008, 2257 Anwendung auf Realteilung eines mit zu Wohnzwecken vermieteten Einfamilienhauses.

**10.** Zum Hinweis auf die Möglichkeit, Form und Frist des Kündigungswiderspruchs vgl. Form. D. III. 1 Anm. 7.

**11.** Zum **Widerspruch** gegen die stillschweigende Fortsetzung des Mietverhältnisses vgl. Form. D. III. 1 Anm. 8, Form. D. III. 16.

**12.** Zu **Gebühren und Gegenstandswert** vgl. Form. D. III. 1 Anm. 9.

## 5. Kündigung wegen Hinderung angemessener wirtschaftlicher Verwertung, § 573 Abs. 2 Nr. 3 BGB, bei Veräußerungsabsicht[1]

......

(Vermieter)

an

......

(Mieter)
Zustellvermerk[2]

Sehr geehrte(r) ......

Hiermit spreche ich die ordentliche Kündigung des Mietverhältnisses ...... mit Wirkung zum ...... aus.[3]

Durch die Fortsetzung des Mietverhältnisses wäre ich an einer angemessenen wirtschaftlichen Verwertung meines Hausgrundstücks gehindert. Ich beabsichtige, mein Hausgrundstück einschließlich der von Ihnen bewohnten Wohnung an die Fa. X zu veräußern. Diese plant die Erweiterung des benachbarten Seniorenheims und ist aus diesem Grund an einer Fortsetzung des Mietverhältnisses nicht interessiert.

Eine anderweitige Veräußerung kommt nicht in Betracht. Bereits seit einem Jahr bemühe ich mich um die Veräußerung des Hausgrundstücks. Ich habe seit dem

...... einen Makler beauftragt sowie seit dem ...... wöchentlich fortlaufend Zeitungsanzeigen aufgegeben. Das nächstgünstigste Kaufangebot der Fa. Y lag 10% unter dem von einem Sachverständigen ermittelten Verkehrswert. Hingegen beläuft sich das Kaufangebot der Fa. X auf einen Betrag von 10% über dem Verkehrswert. Grund hierfür ist das besondere Ankaufinteresse der Fa. X im Hinblick auf den beabsichtigten Erweiterungsbau.

Auf den höheren Erlös bin ich zur Sicherstellung der Finanzierung eines Neubauvorhabens auf meinem Grundstück, Z-Straße 1, angewiesen. Das Angebot der Fa. Y würde nicht ausreichen, die Finanzierung sicher zu stellen. Über andere finanzielle Mittel zur Sicherstellung der Finanzierung verfüge ich nicht.

Fa. X ist nur bereit einen Kaufvertrag abzuschließen, wenn sämtliche Wohnungen geräumt sind. Die weiteren Wohnungen sind teilweise geräumt, die noch verbliebenen Mieter werden innerhalb der nächsten 5 Monate ausziehen.[4]

Aus den vorstehenden Gründen sehe ich mich zur Sicherstellung einer angemessenen Verwertung (§ 573 Abs. 2 Nr. 3 BGB) zu der Kündigung veranlasst. Einer stillschweigenden Verlängerung des Mietverhältnisses widerspreche ich.[5]

Dieser Kündigung können Sie gemäß §§ 574 ff. BGB schriftlich bis zum ...... widersprechen. Ein Widerspruch hat aber nur Aussicht auf Erfolg, wenn die Beendigung des Mietverhältnisses für Sie, Ihre Familie oder einen anderen Angehörigen Ihres Haushalts eine Härte bedeuten würde, die auch unter Würdigung meiner berechtigten Interessen nicht zu rechtfertigen ist. Für den Fall, dass Sie einen Widerspruch erheben, bitte ich schon jetzt um Mitteilung Ihrer Gründe (§ 574b Abs. 1 Satz 2 BGB).[6]

Sollten Sie die Wohnung nicht fristgemäß übergeben, weise ich Sie schon jetzt darauf hin, dass ich gemäß § 546a Abs. 1 BGB für die Dauer der Vorenthaltung eine Entschädigung in Höhe der ortsüblichen Vergleichsmiete beanspruchen werde. Die ortsübliche Vergleichsmiete liegt deutlich über der von Ihnen geschuldeten Miete. Außerdem behalte ich mir einen weitergehenden Schadensersatzanspruch vor (§ 571 Abs. 1 BGB).[7, 8]

......

(Vermieter)

*Schrifttum: Beuermann*, Sanierung als Kündigungsgrund, ZMR 1979, 97; *Brinkmann*, Kündigungen nach § 564b Abs. 2 Nr. 3 Satz 1 BGB zur Erzielung eines höheren Verkaufserlöses, ZMR 1992, 520; *Hinz*, Abrisskündigung – Bedarf für eine gesetzliche Regelung? NZM 2005, 321; *Kinne*, Kündigung wegen fehlender wirtschaftlicher Verwertung, GE 1998, 468; *Tücks*, Die Kündigung wegen wirtschaftlicher Interessen nach § 564b Abs. 2 Nr. 3 Satz 1 BGB, ZMR 1992, 517.

## Anmerkungen

**1.** Dieser Kündigungstatbestand soll dem Vermieter eine Beendigung des Mietverhältnisses ermöglichen, wenn dieses für ihn unwirtschaftlich oder finanziell nachteilig ist.
Zur Kündigung und zur Beurteilung von Mischmietverhältnissen vgl. Form. D. III. 1 Anm. 1.

**2.** Da die Kündigung nur mit Zugang wirksam wird, sollte auf die Nachweisbarkeit des Zugangs geachtet werden, vgl. Form. D. I. 1 Anm. 2, Form. B. I. 1 Anm. 1.

**3.** Zum Kündigungsausspruch auch bei einer **Mehrheit von Vermietern oder Mietern** vgl. D. III. 1 Anm. 3, zur Schriftform und zu den Kündigungsfristen ebenso. Die Kündigungssperrfrist für den Fall der Umwandlung der Wohnung in Wohnungseigentum nach Überlassung an den Mieter (§ 577 a BGB) ist zu beachten (Form. D. III. 4 Anm. 9).

**4. Begründung der Kündigung:** Die Kündigung wegen der Hinderung der angemessenen wirtschaftlichen Verwertung erweist sich in der Praxis als schwer zu begründen und durchzusetzen. Die formellen Anforderungen, die an das Kündigungsschreiben gestellt werden, sind hoch (aber BVerfG NZM 1998, 618: es darf keine übertriebene Substanziierung verlangt werden, was aber anzunehmen ist, wenn das Kündigungsschreiben so ausführlich sein soll, dass hierauf eine gerichtliche Feststellung des Kündigungsgrundes möglich ist). Es empfiehlt sich eine möglichst ausführliche, lückenlose und widerspruchsfreie Begründung. Zu den Anforderungen an die Begründung der ordentlichen Kündigung vgl. zunächst D. III. 1 Anm. 4. Je nach Verwertungsabsicht sind die Angaben aufzunehmen, die für das berechtigte Interesse des Vermieters sprechen. Konkrete Interessenten, die wegen der Vermietung vom Kauf Abstand genommen haben, sollen benannt werden (LG Darmstadt WuM 1987, 320). Statt der Darlegung der Verkaufsbemühungen kann sich der Vermieter zur Darlegung, dass eine Hinderung der wirtschaftlichen Verwertung besteht, auf ein Sachverständigengutachten beziehen (BVerfG NZM 1998, 618). Das Gutachten sollte der Kündigung beigefügt werden. Anzugeben sind Umfang und Dauer der Verkaufsbemühungen, ferner die zu erwartenden Veräußerungsverluste sowie die dieser Angabe zugrunde liegenden Erkenntnisse (LG Freiburg WuM 1991, 592). Es kann erforderlich sein, die wirtschaftliche Kalkulation offen zu legen (LG Hamburg ZMR 2009, 366; LG Berlin WuM 2009, 466: vergleichende Ertragsberechnung für Sanierung sowie Abriss und Neubaukosten, Erträge vor und nach der Baumaßnahme; LG Berlin GE 2009, 1497: Darlegungs- und Beweislast, dass Ersatzbebauung verwirklicht wird). Angaben in der Kündigung zu den Nachteilen sind erforderlich. Bei der Darlegung steuerlicher Nachteile soll sich der Vermieter nicht auf Datenschutz berufen können (LG Berlin GE 1994, 107).

Der Kündigungstatbestand setzt voraus
• die Absicht anderweitiger Verwertung,
• deren Angemessenheit,
• die Hinderung der Verwertung,
• einen hierauf beruhenden erheblichen Nachteil des Vermieters,
• Abwägung mit dem Bestandsinteresse des Mieters.

Eine Absicht anderweitiger **Verwertung** kann in folgenden Fällen vorliegen: Bei Abriss und Neubau (LG Berlin NJW-RR 1997, 585) – nicht aber bei ersatzlosem Ariss (BGH WuM 2004, 277 mit Hinweis auf evtl. Kündigungsmöglichkeit gemäß § 573 Abs. 1 BGB) –, Verkauf (BVerfG NZM 1998, 618; LG Trier WuM 1991, 273; LG Mainz ZMR 1986, 14), der Nutzung durch Gebrauchsüberlassung (z. B. bei Vermietung als Gewerberaum – der Kündigungsausschluss bei der Absicht eine höhere Miete zu erzielen, muss aber beachtet werden; AG Uelzen WuM 1997, 374 für die Verpachtung an eine benachbarte Pflegestation), bei der Begründung dinglicher Rechte wie Erbbaurecht (Palandt/ *Weidenkaff* § 573 Rdn. 35), bei der Zusammenlegung von 2 Wohnungen zu einer großen Wohnung (LG Berlin GE 1989, 311), bei der Aufteilung einer großen Wohnung in mehrere kleinere Wohnungen (LG Hamburg WuM 1989, 393) und bei Fortfall einer Wohnung im Zuge einer Altbausanierung (BayObLG RE NJW 1984, 372; LG Berlin GE 1986, 453). Zur Verwertungskündigung nach Restitution im Beitrittsgebiet: LG Potsdam WuM 2009, 521.

Die Verwertungsabsicht muss sich nicht auf das gesamte Grundstück beziehen (vgl. BVerfG NJW 1992, 105 für den Fall, dass ein Vermieter von einer größeren in eine kleinere Wohnung in seinem Haus wechseln möchte, weil er auf die Vermietung der größeren Wohnung angewiesen ist, vgl. aber Form. D. III. 9 Anm. 3; AG Hamburg WuM 1979, 29 ablehnend zur Kündigung eines vermieteten Zimmers, um die restlichen leer stehenden Räume des Stockwerks nutzen zu können, a. A. LG Berlin GE 1982, 231). Bei Sanierungsabsicht genügt es nicht, dass die Sanierung erst nach einer Veräußerung durch den Erwerber durchgeführt wird, wenn die Kündigung durch den Veräußerer ausgesprochen wird (LG Aachen WuM 1991, 495; AG Hamburg-Harburg WuM 1979, 29; vgl. auch D. III. 4 Anm. 4). Greift bei einer beabsichtigten Umwandlung in Gewerberaum ein Verbot der Zweckentfremdung von Wohnraum ein, muss die erforderliche Genehmigung schon zurzeit der Kündigung vorliegen und im Kündigungsschreiben erwähnt werden (OLG Hamburg NJW 1981, 2308). Dagegen muss eine erforderliche Bau- oder Abrissgenehmigung noch nicht im Zeitpunkt der Kündigung vorliegen (OLG Frankfurt/M. RE WuM 1992, 421; BayObLG RE WuM 1993, 660). Allerdings muss nach dem Stand der Planungen erkennbar sein, dass das Vorhaben verwirklicht werden kann.

Die Beurteilungen der einzelnen Kündigungsvoraussetzungen lassen sich nicht stets klar trennen. So überschneidet sich die Beurteilung der Angemessenheit mit der des erheblichen Nachteils.

**Angemessen** ist eine wirtschaftliche Verwertung, wenn sie von vernünftigen, nachvollziehbaren Erwägungen getragen wird (BGH ZMR 2009, 440; NJW 2009, 1200). Eine angemessene Verwertung kann eine nicht über § 554 BGB durchsetzbare Sanierung sein (LG Frankfurt/M. NJW-RR 1996, 266), eine günstigere Neuaufteilung von Wohnungen (LG Hamburg WuM 1989, 393), die Erweiterung von Altbauwohnungen mit Bad, WC bei Wegfall einer Wohnung (BayObLG NJW 1984, 372), die Veräußerung mit dem Ziel, eine andere Eigentumswohnung für einen Familienangehörigen zu erwerben (LG München II NJW-RR 1987, 1165). Dagegen soll nicht schon die Erwartung genügen, bei geräumtem Wohnraum einen höheren Erlös erzielen zu können (LG Berlin NJW-RR 1988, 527 für den Fall einer Hypothekenbank, die das Grundstück in der Zwangsversteigerung erworben hat, wenn die erzielte Miete die Unkosten deckt und noch eine Rendite verbleibt). Beim Erwerb in der Zwangsversteigerung durch eine Bank ist eine Kündigung mit dem Ziel, ein mieterfreies Objekt zu erlangen, unwirksam (LG Düsseldorf WuM 1987, 321). Die Kündigung durch eine Hypothekenbank nach Ersteigerung eines besicherten Objekts, um eine höhere Einnahme zu erzielen, kann unwirksam sein (LG Hannover WuM 1991, 189; LG Wiesbaden WuM 1993, 54).

Bei der Veräußerungsabsicht reicht jeder vernünftige Grund des Vermieters für eine Veräußerung (LG Krefeld WuM 2010, 302: Erlös wird zur Kreditilgung und für den Lebensunterhalt benötigt; LG Mannheim ZMR 1995, 315: Verkauf zur Deckung von Verbindlichkeiten, wenn sich der Vermieter in wirtschaftlichen Schwierigkeiten befindet; LG Frankenthal WuM 1991, 181 Verkauf zur Finanzierung selbstgenutzten Wohnraums). Zweifelhaft ist, ob die Gerichte abgesehen von Missbrauchsfällen zur Überprüfung und Bewertung der Erlösverwendung bei einer Verwertung durch Veräußerung befugt sind (so aber LG Hamburg WuM 1989, 256: keine angemessene Erlösverwendung, wenn für den Sohn eine Eigentumswohnung angeschafft werden soll, da es genügen kann, dass eine Mietwohnung für den Sohn finanziert wird). Der Angemessenheit steht nicht entgegen, dass der Vermieter das Objekt in vermietetem Zustand erworben hat, es sei denn es liegt ein rechtsmissbräuchliches Verhalten vor (OLG Koblenz RE WuM 1989, 164, a. A. LG München I NJW-RR 1992, 520). Das kann der Fall sein, wenn der Vermieter das Objekt erworben hat und die Finanzierung des Ankaufspreises nicht aus den Einnahmen des Objekts bestritten werden kann (LG Wiesbaden WuM 1994, 215; LG Köln WuM 1992, 132; AG Neukölln MM 1992, 140). Eine Fehlkalkulation bei Erwerb des Objekts kann ebenfalls der Kündigung entgegen stehen (AG und LG Hamburg WuM 1991, 696). Sanierungsmaßnahmen sind in der Regel angemessen, wenn sie dazu dienen, allgemein übliche Wohnverhältnisse zu schaffen, nicht aber bei sog. Luxusmodernisierungen (Schmidt-Futterer/*Blank* § 573 Rdn. 158). Die langdauernde Verletzung der Instandhaltungspflicht durch den Vermieter kann der Angemessenheit entgegen stehen (LG Frankfurt/M. WuM 1995, 441).

**Hinderung der Verwertung** ist anzunehmen, wenn die beabsichtigte angemessene Verwertung nicht oder nur unter unzumutbaren Bedingungen durchgesetzt werden könnte (LG Freiburg ZMR 1979, 144; AG Rendsburg WuM 1977, 228). Das Interesse einer Erbengemeinschaft sich auseinanderzusetzen und deshalb eine ererbte Wohnung zu veräußern, reicht für sich nicht aus (OLG Stuttgart WuM 2005, 658). Gelingt bis zum Ablauf der Kündigungsfrist die beabsichtigte Veräußerung, darf der Vermieter die Kündigung nicht weiter durchsetzen (BGH WuM 2003, 463, 464). Anders liegt die Beurteilung, wenn die Veräußerung unter der Bedingung der Übergabe in geräumten Zustand steht (LG Frankenthal WuM 1991, 350). Zum Beleg der Hinderung der Verwertung soll der Vermieter gehalten sein, mehrere Verkaufsanzeigen zu schalten und einen Makler zu beauftragen (LG Frankfurt/M. WuM 1991, 182). Die erforderliche Kausalität zwischen der Vermietung und der Hinderung der wirtschaftlichen Verwertung wird nicht dadurch ausgeschlossen, dass ein anderes Mietverhältnis gekündigt werden könnte (Palandt/*Weidenkaff* § 573 Rdn. 37).

**Erhebliche Nachteile** des Vermieters sind anzunehmen, wenn das Grundstück über längere Zeit keine Nutzungen erbringt oder gar Kosten verursacht (LG Düsseldorf WuM 1981, 162; nach LG Hamburg NZM 2001, 1029 ist das nicht schon der Fall, wenn der Verkaufspreis hinter der allgemeinen Teuerung zurück bleibt). Nach LG Krefeld, WuM 2010, 302 werden Luxusobjekte regelmäßig für den Eigenbedarf erworben. Der Eigentümer hat indes keinen Anspruch auf den maximalen Gewinn (BVerfG NJW 1992, 361). Die Absicht, einen erheblichen Verlust zurück zu führen, genügt (LG München I WuM 1981, 234). Teilweise ist ein Erfahrungssatz angenommen worden, dass sich bestimmte Wohnungen im Zustand der Vermietung nur mit erheblichen Preisabschlägen veräußern lassen (LG Düsseldorf WuM 1991, 593 für kleinere Eigentumswohnungen). Ein erheblicher Nachteil liegt jedenfalls vor, wenn der Verkauf der vermieteten Wohnung wirtschaftlich sinnlos wäre (BVerfG WuM 1991, 46: 135.000,– DM Erlös unvermietet, 43.000,– DM Erlös vermietet). Auch ein wesentlich geringerer Kaufpreis im Vergleich zur Veräußerung im Leerzustand kann als erheblicher Nachteil gewertet werden (hierzu Brinkmann ZMR 1992, 520; nach BVerfG NJW 1992, 361 kein erheblicher Nachteil bei Wert der Wohnung bei Erwerb 120.000,– bis 130.000,– DM, Verkaufserlös vermietet 145.000,– DM, Verkaufserlös unvermietet 205.700,– DM; dagegen BVerfG NJW 1992, 2752 erheblicher Nachteil möglich bei Ankaufspreis 150.000,– DM, Verkaufserlös vermietet 150.000,– bis 155.000,– DM, Verkaufserlös unvermietet 240.000,– DM, sofern der Erlös zur Tilgung eines Darlehens und damit zur Rückführung weiterer Belastungen verwendet werden soll). Weitere Beispiele aus der Rechtsprechung: Mindererlös 6% LG Karlsruhe ZMR 1987, 469; Mindererlös 15% LG Berlin GE 1990, 199; Mindererlös 15–20% LG Hamburg WuM 1991, 187; Mindererlös 20% LG Stuttgart WuM 1991, 201; Mindererlös ca. 30% bei wirtschaftlichen Schwierigkeiten des Vermieters LG Mannheim ZMR 1995, 315.

Weder ist die Gefahr einer Existenznot erforderlich (BVerfG NJW 1989, 972; NJW 1991, 3270) noch muss der Verkauf als zwingend erscheinen (BVerfG NJW 1991, 3270). Ausreichend kann die Verwendung des Erlöses zur Ablösung eines infolge der Zinsentwicklung stark verteuerten Kredits für ein Eigenheim sein (LG Düsseldorf NJW-RR 1992, 522). Ferner soll die Kündigung mit dem Ziel, das Haus zu veräußern, weil der Erlös für den Umbau in ein anderes Haus als behindertengerecht benötigt wird, berechtigt sein (LG Trier NJW-RR 1991, 1414). LG Kiel GE 2008, 1427 lehnt einen erheblichen Nachteil ab, wenn das Grundstück in Kenntnis der Unwirtschaftlichkeit erworben wird.

Es ist eine Einzelfallabwägung zwischen dem Bestandsinteresse des Mieters und dem Verwertungsinteresse des Eigentümers vorzunehmen (BGH NJW 2009, 1200).

**Kündigungsausschlüsse:**
• Der Ausschluss der Kündigung zur Erzielung höherer Miete gemäß § 573 Abs. 2 Nr. 3 Satz 2 1. HS. BGB. Dieser Ausschluss gilt nur bei einer Neuvermietung als Wohnraum, nicht als Gewerberaum.

- Die Absicht der Veräußerung im Zusammenhang mit der Begründung von Wohnungseigentum, sofern die Mieträume schon vor der Begründung von Wohnungseigentum an den Mieter überlassen waren (§ 573 Abs. 2 Nr. 3 Satz 2 2. HS. BGB).
- Wie bei der Eigenbedarfskündigung ist auch hier die Kündigung ausgeschlossen, wenn die Vermietung erfolgte, als die anderweitige Verwertung schon absehbar war (LG Mannheim ZMR 1995, 315 bei absehbarem Kapitalbedarf). Nach BVerfG (NZM 1998, 618) genügt für den Kündigungsausschluss nicht, dass dem Vermieter das wirtschaftliche Risiko bewusst war.

**5.** Zu Zweck und Inhalt des **Widerspruchs** gegen die stillschweigende Fortsetzung des Mietverhältnisses vgl. Form. D. III. 1 Anm. 8, Form. D. III. 16.

**6.** Zum **Sozialwiderspruch** und die entsprechende Belehrungspflicht des Vermieters Form. D. IV. 1 und Form. D. III. 1 Anm. 7.

**7.** Der **Hinweis auf die weiteren Folgen einer nicht rechtzeitigen Räumung** kann für den Mieter einen Beweggrund darstellen, den Wohnraum herauszugeben. Da bei der Kündigung wegen Hinderung der angemessenen wirtschaftlichen Verwertung eine wirtschaftliche Betrachtungsweise Platz greifen sollte, kann dem Mieter in dem Kündigungsschreiben auch das Angebot unterbreitet werden, dass er einen bestimmten Geldbetrag erhält, wenn er bis zu einem bestimmten Zeitpunkt auszieht. Ein solches Angebot bietet sich an, wenn absehbar ist, dass der Mieter nicht freiwillig ausziehen wird, andererseits der Vermieter dringend auf den Wohnraum angewiesen ist. Angesichts der praktischen Schwierigkeiten der zeitnahen Rechtsdurchsetzung durch gerichtliche Inanspruchnahme kann ein aus Sicht des Mieters lukratives Angebot bei einem freiwilligen Auszug für den Vermieter trotz der Kosten im Ergebnis vorteilhaft sein.

**8.** Gebühren und Gegenstandswert: vgl. Form. D. III. 1 Anm. 9.

## 6. Kündigung wegen Hinderung angemessener wirtschaftlicher Verwertung, § 573 Abs. 2 Nr. 3 BGB, bei Umbauabsicht (durch einen Rechtsanwalt)[1]

......
(Rechtsanwalt)

an

......
(Mieter)
Zustellvermerk[2]

Sehr geehrte(r) ......

In dieser Angelegenheit vertrete ich Ihren Vermieter, Herrn X. Auf die anliegende Bevollmächtigung nehme ich Bezug.[3]

Mein Mandant hat die Absicht, das Gebäude, in dem die von Ihnen angemietete Wohnung liegt, vollständig umzugestalten. So wird das Gebäude umfassend saniert. Betroffen sind die Innenraumaufteilung, Elektrik, Heizung und Sanitärbereich. Mein Mandant wird den Wohnwert durch Einbau besonders hochwertiger Materialien steigern, was insbesondere wegen der begehrten Wohnlage zu einer deutlich höheren Miete führen wird.

Für Ihre Wohnung hat mein Mandant eine Baugenehmigung und eine Nutzungsänderungsgenehmigung zur Errichtung eines Ladenlokals erhalten, in die Sie bei Bedarf Einsicht nehmen können. Mein Mandant hat bereits einen Vorvertrag mit der Handelskette Y geschlossen. Danach soll das Mietverhältnis auf 10 Jahre fest geschlossen werden bei einer mehr als 5-fach höheren Nettomiete als die von Ihnen derzeit geschuldete Miete.

Die Planung ist erforderlich, weil die Vermietung des Hauses im derzeitigen Zustand nicht kostendeckend ist. Angesichts des derzeitigen Zustands der Mieträume, insbesondere des für Wohnverhältnisse ungünstigen Zuschnitts der Mietfläche (zu kleine Räume, je Wohnung ein gefangener Raum), der erneuerungsbedürftigen Elektrik, der reparaturanfälligen Heizungsanlage sowie der veralteten und unmodernen Sanitäranlagen entspricht die von Ihnen geschuldete Nettomiete von 3,50,– EUR/qm der angemessenen und ortsüblichen Miete. Eine Anhebung der Miete durch Mieterhöhungen bietet daher keine Aussicht auf Erfolg. Bei einer Gesamtfläche von 320 qm ist jährlich ein Ertrag von 13.440,– EUR zu erzielen. Auf Grund der Mietstruktur werden tatsächlich nur 11.520,– EUR jährlich erzielt. In den letzten 3 Jahren sind jeweils hohe Reparaturbeträge angefallen, für laufende Reparaturarbeiten für Dach, Heizung, Elektrik, Fenster, Keller insgesamt 7.500,– EUR, für Fassade, Eingangsbereich, Elektrik, Heizung 8.000,– EUR und für Dach, Treppenhaus, Fenster, Heizung, Keller 7.900,– EUR. Damit verblieben an Erlös in den letzten 3 Jahren zwischen 1,05 und 0,92 EUR/qm mtl. Da mein Mandant allerdings gehalten ist, einen Kredit für die Ausbezahlung seiner Geschwister i.H.v. 125.000,– EUR bei jährlicher Verzinsung von 10% (12.500,– EUR) zu bedienen, fallen mtl. 3,25 EUR allein an Verzinsung an, so dass mein Mandant einen Verlust erwirtschaftet.

Durch die Sanierung des Hauses erwartet mein Mandant eine mtl. Miete von 14,– EUR/qm. Hierzu liegt mir eine Berechnung eines Sachverständigen vor, in die Sie bei Bedarf gerne Einsicht nehmen können. Allein auf Ihre Wohnung wird ein Betrag von 20,– EUR/qm entfallen. Durch die Sanierungsarbeiten erwartet mein Mandant einen Gewinn zu erzielen. Die Arbeiten werden nach den vorliegenden Angeboten, in die Sie ebenfalls Einsicht nehmen können, 250.000,– EUR kosten. Hierfür fallen jährlich an Verzinsung und Tilgung 35.000,– EUR an. Auch in den Darlehensvertrag mit der Bank Z können Sie Einsicht nehmen. Daraus folgt eine mtl. Belastung je qm von 7,80 EUR. Zuzüglich der Belastung von 3,25 EUR für das vorgenannte Darlehen über 125.000,– EUR und zuzüglich – vorsorglich zu veranschlagender – Reparaturkosten i.H.v. 0,5 EUR/qm ergibt sich ein Betrag von 11,55 EUR/qm mtl. Bei einer voraussichtlichen Miete von 14,– EUR/qm verbleibt ein Gewinn i.H.v. 2,45 EUR/qm.[4]

Vor diesem Hintergrund sieht sich mein Mandant leider gehalten, Ihnen die ordentliche Kündigung mit Wirkung zum ...... auszusprechen.[5] Sie werden daher gebeten, die Wohnung bis zum ...... besenrein zu übergeben.

Einer stillschweigenden Fortsetzung des Mietverhältnisses nach der Beendigung widerspricht mein Mandant.[6]

Sie werden darauf hingewiesen, dass Ihnen gemäß §§ 574 ff. BGB aus sozialen Gründen das Recht zum schriftlichen Widerspruch zusteht. Der Widerspruch muss bis zum ...... hier oder bei meinem Mandanten eingegangen sein. Voraussetzung für einen Widerspruch ist eine Härte für Sie, Ihre Familie oder einen anderen Angehörigen Ihres Haushalts, die auch im Hinblick auf die berechtigten Interessen meines Mandanten nicht zu rechtfertigen ist.[7]

Sollten Sie die Wohnung nicht fristgemäß übergeben, weise ich Sie schon jetzt darauf hin, dass ich gemäß § 546a Abs. 1 BGB für die Dauer der Vorenthaltung eine Entschädigung in Höhe der ortsüblichen Vergleichsmiete beanspruchen werde. Die ortsübliche Vergleichsmiete liegt deutlich über der von Ihnen geschuldeten Miete. Außerdem behalte ich mir einen weitergehenden Schadensersatzanspruch vor (§ 571 Abs. 2 BGB).[8]

......
(Rechtsanwalt)

Anlage:
Originalvollmacht

## Anmerkungen

**1.** Zur Kündigung wegen der Hinderung der angemessenen wirtschaftlichen Verwertung vgl. zunächst D. III. 5. Die Begründung verdeutlicht die praktischen Schwierigkeiten, die mit der Kündigung verbunden sein können. Es bedarf einer schlüssigen Darlegung, dass einerseits der derzeitige Zustand für den Vermieter nicht mehr zumutbar ist und dass andererseits das Sanierungskonzept zu einer angemessenen wirtschaftlichen Verwertung führen wird. Es ist anzuraten, möglichst konkret die derzeitigen Verhältnisse sowie die Sanierungspläne darzulegen. Pauschale Betragsangaben, die nicht ersehen lassen, worauf sie beruhen, sollten vermieden werden.

**2.** Da die Kündigung nur mit **Zugang** wirksam wird, sollte auf die Nachweisbarkeit des Zugangs geachtet werden, vgl. Form. D. I. 1 Anm. 2, Form. B. I. 1 Anm. 1.

**3.** Zur Vertretung vgl. Form. D. III. 2 Anm. 3.

**4.** Vgl. zur **Begründung der Kündigung** allgemein Form. D. III. 1 Anm. 4 und zur Begründung der Kündigung wegen Hinderung der angemessenen wirtschaftlichen Verwertung sowie zu beachtenden Kündigungsausschlüssen Form. D. III. 5 Anm. 4.

Die **Verwertungsabsicht** liegt hier in der Sanierung zum Zwecke der Vermietung als Gewerberaum. Wann bei einer Modernisierung von der Hinderung der Verwertung auszugehen ist, bedarf der Beurteilung im Einzelfall. Es kommt auf das Ausmaß der Modernisierungsarbeiten an. Vorab ist zu prüfen und auch vom Vermieter darzulegen, dass die Modernisierungsmaßnahme nicht durch den Anspruch des Vermieters gemäß § 554 BGB auf Duldung von Erhaltungs- und Modernisierungsmaßnahmen durch den Mieter zu realisieren ist. In diesem Fall kommt eine Kündigung nicht in Betracht (LG Mannheim MDR 1977, 231; LG Köln WuM 1989, 255; LG Koblenz WuM 1990, 211; LG Frankenthal WuM 1991, 171). Scheidet ein Verbleib des Mieters in der Wohnung aus, etwa weil der Grundriss des Gebäudes völlig neu gestaltet wird (LG Berlin GE 1989, 934), oder ist eine vorübergehende anderweitige Unterbringung des Mieters insbesondere gemessen an den entstehenden Kosten zu aufwändig (vgl. LG Stuttgart WuM 1991, 178: mehrmonatige Hotelunterkunft), hindert das Mietverhältnis die Verwertung. Ist wegen des Alters und dem schlechten baulichen Zustand eine Minimalsanierung für den Vermieter unzumutbar, kann er Vollsanierung oder Abriss durchsetzen (BGH NJW 2009, 1200).

Probleme können im Rahmen der Angemessenheit der Verwertung entstehen, da dem Schutz des Wohnungsmieters verfassungsrechtlicher Rang beikommt. Im Rahmen der Interessenabwägung muss der Vermieter damit rechnen, dass seinem Sanierungsinteresse kein uneingeschränkter Vorrang eingeräumt wird. Nach Schmidt-Futterer/*Blank* (§ 573 Rdn. 166) soll die Absicht zur gewerblichen Nutzung nur ausnahmsweise als angemessen angesehen werden. Dies soll aus dem Umkehrschluss folgen, dass die Eigenbedarfskündigung nicht für gewerblichen Bedarf zugelassen ist. Ein Ausnahmefall dürfte vorliegen, wenn die gewerbliche Nutzung erforderlich ist, um die Hinderung der angemessenen wirtschaftlichen Verwertung zu beseitigen.

Zu beachten ist, dass eine evtl. Zweckentfremdungsgenehmigung bezogen auf die Umwandlung von Wohn- in Gewerberaum vor Kündigungsausspruch einzuholen ist (vgl. auch zur Baugenehmigung: Form. D. III. 5 Anm. 4).

**5.** Zur deutlichen Formulierung des Ausspruchs der Kündigung, zur Schriftform und zur Kündigungsfrist vgl. Form. D. III. 1 Anm. 3. Die Kündigungssperrfrist für den Fall der Umwandlung der Wohnung in Wohnungseigentum nach Überlassung an den Mieter (§ 577 a BGB) ist zu beachten (Form. D. III. 4 Anm. 9).

**6.** Zu Zweck und Inhalt des Widerspruchs gegen die stillschweigende Fortsetzung des Mietverhältnisses vgl. Form. D. III. 1 Anm. 8, Form. D. III. 16.

**7.** Zum Sozialwiderspruch und die entsprechende Belehrungspflicht des Vermieters Form. D. III. 1 Anm. 7, Form. D. IV. 1.

**8.** Zu Gebühren und Gegenstandswert: vgl. Form. D. III. 1 Anm. 9.

## 7. Kündigung wegen Überbelegung[1]

......
(Vermieter)

an

......
(Mieter)
Zustellvermerk[2]

Sehr geehrte(r) ......

Wie ich zwischenzeitlich erfahren habe, hat sich Ihre Familie vergrößert. Seit Ihrem Einzug in die Wohnung mit Ihrer Ehegattin sind Ihnen 3 Kinder geboren worden. Für die Nutzung von 5 Personen ist das Appartement nicht vorgesehen und auch nicht geeignet. Das Appartement hat eine Größe von lediglich 30 qm einschließlich Badezimmer und Kochecke. Eine Nutzung durch 5 Personen, auch wenn es sich um 3 Kleinkinder handelt, führt zwangsläufig zu einer übermäßigen und nicht hinnehmbaren Abnutzung der Räume. Auch ist die Lärmentwicklung für die umliegenden Nachbarwohnungen nicht mehr hinnehmbar. Mir liegen hierzu bereits mehrere Beschwerden vor.[3]

Ich spreche hiermit die ordentliche Kündigung des Mietvertrages aus. Der Vertrag endet am ......[4]

Einer stillschweigenden Fortsetzung des Mietverhältnisses über diesen Zeitpunkt hinaus widerspreche ich schon an dieser Stelle. Ich weise Sie darauf hin, dass Sie dieser Kündigung schriftlich bis zum ...... widersprechen können, wenn die Beendigung des Mietverhältnisses für Sie, Ihre Familie oder einen anderen Angehörigen Ihres Haushalts eine Härte bedeuten würde, die auch unter Würdigung meiner berechtigten Interessen nicht zu rechtfertigen ist. Für den Fall eines Widerspruchs bitte ich mir Ihre Gründe mitzuteilen.[5,6]

......

(Vermieter)

*Schrifttum: Schwab,* Interessenabwägung bei Kündigung einer Mietwohnung wegen Überbelegung, ZMR 1984, 115.

## Anmerkungen

**1.** Es handelt sich um einen Unterfall von § 573 Abs. 1 BGB.

**2.** Da die Kündigung nur mit Zugang wirksam wird, sollte auf die Nachweisbarkeit des Zugangs geachtet werden, vgl. Form. D. I. 1 Anm. 2, Form. B. I. 1 Anm. 1.

**3.** Eine nicht schuldhaft herbeigeführte **Überbelegung** (bei Verschulden kommt eine Kündigung wegen Pflichtverletzung gemäß § 573 Abs. 2 Nr. 1 BGB in Betracht) kann die Kündigung des Mietverhältnisses aus berechtigtem Interesse des Vermieters begründen (OLG Hamm RE WuM 1982, 323: 59,64 qm bei Anmietung durch Eltern mit Kindern, wenn 3 weitere Kinder hinzukommen – BVerfG WuM 1994, 119, OLG Hamm WuM 1993, 30 und LG Köln WuM 1992, 299 zur fristlosen Kündigung wegen Überbelegung). Denkbar sind die Fälle der Vergrößerung der Familie durch Familienzuwachs sowie die Fälle, in denen der Mieter mit gesetzlichem Anspruch dritte Personen aufnimmt. Eine Kündigung ist nur dann möglich, wenn über die Überbelegung als solche hinaus weitere Beeinträchtigungen zu verzeichnen sind (z.B. verstärkte Abnutzung der Wohnung, Störungen der Mitbewohner, negative Außenwirkung; Feuchtigkeitserscheinungen und Schimmelbefall, LG Mönchengladbach ZMR 1991, 110). Wann eine Überbelegung anzunehmen ist (AG Nürnberg WuM 1991, 690: Faustregel mindestens 12 qm je Person), ist unter Berücksichtigung der jeweiligen Wohnungsmarktlage zu entscheiden (LG Mönchengladbach ZMR 1991, 110: Überbelegung bei 7 Personen in 49 qm großer Wohnung; AG Nürnberg WuM 1991: Keine Überbelegung bei 6 Personen in 52 qm großer Wohnung; AG Köln WuM 1990, 508: 3 Erwachsene und 2 Kinder bei 2 Zimmern und 30 qm noch hinzunehmen; AG Limburg WuM 1990, 509: 3 Erwachsene und 1 Kind bei 2 Zimmer, Küche, Bad und 64–69 qm an der Grenze zur Überbelegung; AG Charlottenburg WuM 1989, 626: Keine Überbelegung bei 2 Erwachsene und 3 Kinder in ca. 40 qm großer Wohnung; LG Darmstadt WuM 1987, 393: Überbelegung bei 3 Erwachsenen und 1 Kind in 33 qm großer Wohnung). Eine nur vorübergehende Unterkunftsgewährung soll kein berechtigtes Interesse an der Kündigung begründen (AG Bochum WuM 1980, 235 für Aufnahme der Familie eines Abkömmlings des Mieters). Nimmt der Vermieter schon bei Einzug eine Überbelegung hin, soll die Vergrößerung der Familie um ein weiteres Kind nicht zur Kündigung berechtigen (LG Bonn WuM 1990, 345).

Zu den unbedingt zu beachtenden Anforderungen an die Begründung der Kündigung vgl. D. III. 1 Anm. 4. Ergänzend ist zu den formellen Anforderungen an die Begründung anzumerken, dass die in der Wohnung anwesenden Personen identifizierbar angegeben werden. Ferner ist mitzuteilen, worin der dem Vermieter entstehende Nachteil gesehen wird. Ferner sind Angaben zur Wohnungsgröße erforderlich (LG Gießen WuM 1994, 684).

Streitig ist, ob der Fall einer **Unterbelegung** ein berechtigtes Interesse zur Kündigung geben kann. OLG Stuttgart RE WuM 1991, 379 = ZMR 1991, 297 hat dies bei einer gemeinnützigen Wohnungsbaugenossenschaft bejaht, die eine erheblich unterbelegte Genossenschaftswohnung (4½-Zimmerwohnung für eine Person nach Auszug der Ehefrau und der gemeinsamen Kinder) für eine größere Familie zur Verfügung stellen wollte (ablehnend: OLG Karlsruhe RE NJW 1984, 2584; Bub/Treier/*Grapentin* IV 90).

**4.** Zur Formulierung des Kündigungsausspruchs auch bei einer Mehrheit von Mietern oder Vermietern, zur Schriftform, zur Angabe des Beendigungszeitpunkts vgl. Form. D. III. 1 Anm. 3. Zu den Besonderheiten eines Mischmietverhältnisses Form. D. III. 1 Anm. 1.

**5.** Zum Fortsetzungswiderspruch gemäß § 545 BGB vgl. Form. D. III. 1 Anm. 8, Form. D. III. 16, zum Sozialwiderspruch vgl. Form. D. III. 1 Anm. 7, Form. D. IV.

**6.** Zu Gebühren und Gegenstandswert vgl. Form. D. III. 1 Anm. 9.

## 8. Kündigung wegen Fehlbelegung[1]

......

(Vermieter)

an

......

(Mieter)

Zustellvermerk[2]

Sehr geehrte(r) ......

Ich bin gehalten, das Mietverhältnis mit Ihnen zu kündigen, da Sie nicht zum berechtigten Nutzerkreis gehören.[3]

Wie Ihnen bekannt ist, ist die Wohnung mit öffentlichen Mitteln gefördert.[4] Aus diesem Grunde besteht eine Wohnungsbindung dergestalt, dass nur Mieter mit Wohnberechtigungsschein die Wohnung nutzen dürfen. Ich musste mich vor Bewilligung der Wohnungsförderung verpflichten, den Mietern, die keinen Wohnberechtigungsschein vorweisen können und die hierauf auch keinen Anspruch haben, zu kündigen und diese Kündigung durchzusetzen. Diese Umstände waren Ihnen bei Anmietung durch die Bestimmungen des Mietvertrags bekannt. Auf meinen Hinweis haben Sie mir mitgeteilt, Sie würden den Berechtigungsnachweis nachreichen. Mittlerweile haben Sie eingeräumt, nicht zum berechtigten Nutzerkreis zu gehören. Aus diesem Grunde bin ich von der Bewilligungsstelle unter Androhung einer teilweisen Aufkündigung der Förderungsmittel zur Durchsetzung der Kündigung aufgefordert worden.[5]

Das Mietverhältnis endet mit Wirkung zum ...... Einer stillschweigenden Fortsetzung des Mietverhältnisses über diesen Zeitpunkt hinaus widerspreche ich. Ich bitte die Wohnung geräumt und in vertragsgerechtem Zustand bereit zu halten.[6]

Ich weise Sie darauf hin, dass Sie dieser Kündigung gemäß §§ 574 ff. BGB schriftlich bis zum ...... widersprechen können, wenn die Beendigung des Mietverhältnisses für Sie, Ihre Familie oder einen anderen Angehörigen Ihres Haushalts eine Härte bedeuten würde, die auch unter Würdigung meiner berechtigten Interessen nicht zu rechtfertigen ist. Sollten Sie Widerspruch einlegen, bitte ich Sie gemäß § 574b Abs. 1 Satz 2 BGB, mir hierfür Ihre Gründe mitzuteilen.[7, 8]

......

(Vermieter)

*Schrifttum: Schmidt-Futterer,* Kündigung und Räumungsanordnung bei fehlbelegten Sozialwohnungen, DÖV 1977, 203.

## Anmerkungen

**1.** Die **Kündigung wegen Fehlbelegung** ist nicht eigenständig geregelt. Es handelt sich um einen anerkannten Fall der ordentlichen Kündigung wegen eines sonstigen berechtigten Interesses gemäß § 573 Abs. 1 BGB.

**2.** Da die Kündigung nur mit Zugang wirksam wird, sollte auf die Nachweisbarkeit des Zugangs geachtet werden, vgl. Form. D. I. 1 Anm. 2, B. I. 1 Anm. 1.

**3.** Der Kündigungsausspruch sollte deutlich erkennbar sein (vgl. Form. D. III. 1 Anm. 3). Gemäß § 568 Abs. 1 BGB bedarf die Kündigung der Schriftform (vgl. Form. D. III. 1 Anm. 3).

**4.** Zur Wohnungsförderung mit öffentlichen Mitteln und zu den entsprechenden Möglichkeiten und Vertragsgestaltungen vgl. Form. A. IV.

**5.** Liegt eine **fehlbelegte Sozialwohnung** vor, gehört also der Mieter nicht zu dem vorgesehenen Nutzerkreis, kann der Vermieter ein berechtigtes Interesse an der Kündigung haben, wenn ihm Nachteile drohen. Ein berechtigtes Interesse soll aber nicht schon dann vorliegen, wenn eine Gemeinde sozial schwachen Familien kostengünstigen Wohnraum zur Verfügung stellen möchte (LG Gießen WuM 2004, 208). Der Kündigungsgrund hat einen öffentlich-rechtlichen Zweck, er soll nämlich die effektive Sozialbelegung von Sozialwohnungen sichern. Die bloße Fehlbelegung als solche begründet noch kein berechtigtes Interesse des Vermieters (LG Berlin GE 1991, 881; LG Osnabrück WuM 1988, 429; LG Münster WuM 1979, 246). Erforderlich ist, dass die zuständige Behörde von dem Vermieter die Beseitigung der Fehlbelegung verlangt. Gegen eine solche Kündigungsanordnung steht dem Mieter keine Klagebefugnis zu (BVerwG NVwZ 1995, 1199). Zieht die Behörde den Vermieter zu Geldleistungen wegen der Fehlbelegung heran, liegt ein berechtigtes Interesse vor (LG Köln WuM 1992, 487; AG Köln WuM 1985, 202). Es ist allerdings noch nicht notwendig, dass die Behörde konkrete Nachteile (vgl. hierzu §§ 25, 26 WoBindG; zum Verstoß gegen das WoBindG: BVerwG NJW-RR 1990, 14), etwa die Kündigung der bewilligten öffentlichen Mittel androht. Vielmehr reicht es aus, dass ein solcher Nachteil tatsächlich eintreten könnte (BayObLG RE WuM 1985, 283). Nach AG Leverkusen (WuM 1984, 154) soll der Vermieter vor einer Kündigung die Freistellung der Wohnung von der Sozialbindung betreiben müssen. Weder kommt es auf die Kenntnis des Vermieters von den mangelnden Voraussetzungen in der Person des Mieters an (BayObLG RE WuM 1985, 283) noch ist es für die Kündigung von Bedeutung, ob dem Mieter bewusst war, dass es sich um eine Sozialwohnung handelte (AG Schöneberg GE 1990, 319: mit der Folge einer Schadensersatzpflicht des Vermieters). Die Kündigungsmöglichkeit besteht allerdings dann nicht, wenn der Mieter anfangs die Voraussetzungen für das Belegungsrecht erfüllt und erst später die Voraussetzungen in seiner Person entfallen sind (AG Lüdenscheid WuM 1990, 553; nach LG München I WuM 1988, 213 ist aber die Kündigung der geschiedenen Ehefrau des aus der Wohnung ausgezogenen Berechtigten möglich; ebenso LG Koblenz WuM 1987, 201 für den Eintritt des Nichtberechtigten in das Mietverhältnis nach dem Tod des Berechtigten).

Die vorstehenden Grundsätze gelten auch für steuerbegünstigte und freifinanzierte Wohnungen, die einer öffentlich-rechtlichen Belegungsbindung i. S. v. § 87 a II. WoBauG (Förderung mit Wohnungsfürsorgemitteln) oder § 88 II. WoBauG (Förderung durch Gewährung von Aufwendungszuschüssen und Aufwendungsdarlehen) unterliegen (Schmidt-Futterer/*Blank* § 573 Rdn. 192).

Zu den Anforderungen an die Begründung der Kündigung gemäß § 573 Abs. 3 BGB vgl. D. III. 1 Anm. 4. In der Kündigungserklärung muss angegeben werden, aus welchem

Grund dem Vermieter bei Festhalten an dem Mietvertrag ein konkreter Nachteil droht oder ein Nachteil entstanden ist.

**6.** Zur Kündigungsfrist vgl. Form. D. III. 1 Anm. 3.

Zu Zweck und Inhalt des Widerspruchs gegen die stillschweigende Fortsetzung des Mietverhältnisses vgl. Form. D. III. 1 Anm. 8, D. III. 16.

**7.** Zu Zweck und Inhalt der Belehrung über den **Sozialwiderspruch** vgl. Form. D. III. 1 Anm. 7 und Form. D. IV.

**8.** Zu **Gebühren und Gegenstandswert:** Form. D. III. 1 Anm. 9.

## 9. Teilkündigung gemäß § 573 b BGB wegen Neuschaffung von Wohnraum[1]

......

(Vermieter)

an

......

(Mieter)

Zustellvermerk[2]

Sehr geehrte(r) ......

Den mit Ihnen abgeschlossenen Mietvertrag kündige ich teilweise, soweit der Kellerraum vorne links sowie die Mitbenutzung von Waschküche und Fahrradkeller Mietgegenstand sind.[3]

Der Keller wird insgesamt in eine Souterrainwohnung ausgebaut, die anschließend vermietet werden soll. Das Bauvorhaben ist bereits genehmigt.[4]

Die Kündigung wird auf § 573 b BGB gestützt und ist zum ...... wirksam.[5]

Einer stillschweigenden Fortsetzung des Mietverhältnisses über diesen Zeitpunkt hinaus widerspreche ich.[6]

Sie können dieser Kündigung gemäß § 574 BGB schriftlich bis zum ...... widersprechen, wenn Sie sich auf eine Härte für Sie, Ihre Familie oder einen anderen Angehörigen Ihres Haushalts berufen können, die auch unter Würdigung meiner berechtigten Interessen nicht zu rechtfertigen ist. In diesem Fall bitte ich um Angabe der Gründe für den Widerspruch.[7, 8]

......

(Vermieter)

*Schrifttum: Johann,* Zur angemessenen Herabsetzung der Miete bei der Teilkündigung gemäß § 564 b Abs. 2 Nr. 4 BGB, NJW 1991, 1100; *Sonnentag,* Zur Begründungsbedürftigkeit einer Teilkündigung, ZMR 2006, 19; *Wiek,* Teilkündigung von Wohnräumen? WuM 1997, 654.

### Anmerkungen

**1.** Grundsätzlich ist die Teilkündigung eines Mietverhältnisses, also die Kündigung wegen einzelner Räume oder einer Teilfläche ausgeschlossen. Vielmehr ist das Mietverhältnis einheitlich zu kündigen. Ausnahmsweise lässt § 573 b BGB aber die Teilkündigung zu. Diese Regelung soll die Schaffung neuen Wohnraums und die Neuausstattung neuen oder vorhandenenen Wohnraums begünstigen. Die Vorschrift ist zum Nachteil des Mieters nicht abdingbar (§ 573 b Abs. 5 BGB).

**2.** Da die Kündigung nur mit **Zugang** wirksam wird, sollte auf die Nachweisbarkeit des Zugangs geachtet werden, vgl. Form. D. I. 1 Anm. 2, Form. B. I. 1 Anm. 1.

**3.** Nach dem **Regelungszweck** können nur Räume oder Grundstücksteile, die nicht zum Wohnen bestimmt sind, gekündigt werden, um entweder unmittelbar neuen Wohnraum zu schaffen, oder um neu zu schaffenden und vorhandenen Wohnraum mit Nebenräumen oder Grundstücksteilen auszustatten (nach AG München WuM 1995, 112 nicht zur Errichtung eines Fahrstuhlschachts zur leichteren Erschließung des Dachgeschosses, das als Wohnung ausgebaut werden soll).

Eine Teilkündigung kommt daher nur durch den Vermieter, nicht durch den Mieter in Betracht. Die Teilkündigung des Vermieters ist auch nur bei Wohnraum, nicht bei Gewerberaum, möglich. Das gemäß § 573 BGB an sich erforderliche berechtigte Interesse an einer ordentlichen Kündigung wird ersetzt durch die gesetzlichen Voraussetzungen der Teilkündigung als allgemein anerkanntes Interesse. Eine Teilkündigung als Unterfall der ordentlichen Kündigung kommt nach überwiegender Auffassung nur in Betracht, soweit eine ordentliche Kündigung nicht ausgeschlossen ist, also nicht bei einem Zeitmietvertrag (Bub/Treier/*Grapentin* IV, 84 a; Schmidt-Futterer/*Blank* § 573 b Rdn. 4; a. A. *Sternel* Mietrecht aktuell, X 97; LG Hamburg ZMR 2006, 696 zu Kündigungsverzicht).

Der Begriff „nicht zum Wohnen bestimmte Nebenräume" kann in Anlehnung an § 2 WohnflächenVO näher bestimmt werden. Folgende Zubehörräume werden danach nicht zur Wohnfläche gerechnet: Keller, Waschküche, Abstellräume außerhalb der Wohnung, Dachboden, Trockenräume, Schuppen, Garagen und ähnliche Räume. Die vertragswidrige Nutzung dieser Räume durch den Mieter zu Wohnzwecken führt nicht dazu, dass die Räume zur Wohnfläche gerechnet werden (AG Pankow-Weißensee MM 1994, 399).

Zu den Grundstücksteilen zählen mitvermietete Kfz-Abstellplätze, Gärten und Spielplätze (Kinne ZMR 2001, 599, 602).

Der Ausbau muss bauordnungsrechtlich zulässig sein, wenngleich die Baugenehmigung zum Zeitpunkt der Kündigung noch nicht vorliegen muss (OLG Fankfurt/M. RE NJW 1992, 2300; BayObLG MDR 1993, 1200; *Sternel*, Mietrecht aktuell, X 98; a. A. AG Pankow-Weißensee MM 1994, 399). Andererseits ist zur Wirksamkeit der Kündigung notwendig, dass mit der Erteilung der Baugenehmigung bis zum Ablauf der Kündigungsfrist gerechnet werden kann (hierzu: Schmidt-Futterer/*Blank* § 573 b Rdn. 12).

Erforderlich ist im Fall des § 573 b Abs. 1 Nr. 1 BGB, dass der neugeschaffene Wohnraum zur Vermietung bestimmt ist, also nicht etwa zur Schaffung von Eigentumswohnungen (LG Berlin NZM 1998, 328; AG Charlottenburg GE 1998, 1215). Daher ist eine Teilkündigung zur Vergrößerung der vom Vermieter selbst genutzten Wohnung ausgeschlossen. Dies gilt auch bei beabsichtigter kostenfreier Nutzung durch Angehörige. Anders liegt es bei der Vermietung an Angehörige. Streitig ist der Fall der beabsichtigten Selbstnutzung durch den Vermieter, wenn er in den neugeschaffenen Wohnraum einzieht und die alte Wohnung zum Zwecke der Vermietung zur Verfügung stellt (für die Wirksamkeit der Kündigung: LG Marburg ZMR 1992, 304; dagegen: LG Stuttgart WuM 1992, 24; das BVerfG (NJW 1992, 494 und NJW 1992, 1498) erachtet beide Auffassungen für verfassungsgemäß). Streitig ist ferner der Fall, wenn die neugeschaffenen Räume zwar zu Wohnzwecken hergerichtet werden, aber als Ersatz für eine schon vorhandene Wohnung, die als Geschäftsraum vermietet wird (für die Wirksamkeit der Kündigung: Schmidt-Futterer/*Blank* § 573 b Rdn. 14).

Weiterer Verwendungszweck ist gemäß § 573 b Abs. 2 Nr. 1 BGB die Ausstattung neu zu schaffenden oder vorhandenen Wohnraums mit Nebenräumen oder Grundstücksteilen. Insbesondere ist etwa die Neuaufteilung vorhandenen Kellerraums statthaft, wenn das Dachgeschoss aufgestockt oder das Souterrain ausgebaut wird. Die Baumaßnahmen müssen durch den Vermieter durchgeführt werden. Daher kann der Vermieter nicht zugunsten eines künftigen Erwerbers kündigen, der bereits mit den Baumaßnahmen beginnen möchte (AG Hamburg WuM 2004, 234; Schmidt-Futterer/*Blank* § 573 b Rdn. 10). Dagegen bleibt die Kündigung wirksam, wenn der Vermieter bei ursprünglicher Bauabsicht nach Ausspruch der Kündigung seine Pläne ändert, das Objekt veräußert und der Erwerber die ursprünglichen Pläne des Vermieters weiter verfolgt (Bub/Treier/*Grapentin* IV 84 a). Allerdings liegt in diesen Fällen in der Praxis der Einwand der Umgehungsabsicht nahe.

Als Ausgleich kann der Mieter gemäß § 573 b Abs. 4 BGB eine angemessene Senkung der Miete verlangen. Die Mietanpassung tritt nicht ohne ein Verlangen des Mieters ein. Daher muss eine Mietsenkung weder im Kündigungsschreiben angeboten werden noch muss auf die Möglichkeit der Mietsenkung hingewiesen werden (Palandt/*Weidenkaff* § 573 b Rdn. 10). Für die Berechnung ist zunächst ein vertraglicher Mietwert (z. B. Garagenmiete) maßgeblich. Im Regelfall ist eine gesonderte Miete nicht angegeben. Dann ist eine Herabsetzung entsprechend der Nutzwertverminderung vorzunehmen (AG Walsrode WuM 1992, 616; *Johann* NJW 1991, 1100; Palandt/*Weidenkaff* § 573 b Rdn. 10; *Staudinger/Rolfs,* § 573 b Rdn. 18: Übertragung der Grundsätze für die Mietminderung). Bei gering genutzten Räumen (z. B. Keller) kommt ein geringerer Nutzwert als bei den eigentlich genutzten Wohnräumen in Betracht. Dies wird der Regelfall sein, da Zubehörräume regelmäßig einen geringeren Nutzwert haben als die zum Wohnen bestimmten Räume. Bei gleichem Nutzwert oder wenn sich ein unterschiedlicher Nutzwert nicht feststellen lässt, kann die Berechnung nach dem Teilverlust der Fläche erfolgen (z. B. Miete 1.000,– EUR, Gesamtfläche 100 qm, Teilfläche 20 qm, mtl. Mietsenkung: 200,– EUR). Streitig ist, ob das nach der Wirkung der Teilkündigung eingehende Herabsetzungsverlangen des Mieters auf den Zeitpunkt der Rückgabe der Nebenräume zurück wirkt (bejahend: *Sternel,* Mietrecht aktuell, X 102). Es ist auch eine Anpassung der Nebenkostenvorauszahlungen in Betracht zu ziehen (*Johann,* NJW 1991, 1100, *Staudinger/Rolfs,* § 573 b Rdn. 21).

Die gesetzlich zulässige Teilkündigung ist abzugrenzen von den übrigen Fällen der Kündigung wegen eines Teilbedarfs, wenn also der Vermieter außerhalb des Tatbestands von § 573 b BGB nur einen Teil der Fläche benötigt aus den in § 573 BGB genannten Gründen (insbesondere Eigenbedarf und Hinderung angemessener wirtschaftlicher Verwertung). Eine Teilkündigung ist abgesehen von § 573 b BGB grundsätzlich unzulässig. Auch kann wegen eines Teilbedarfs das Mietverhältnis nicht insgesamt gekündigt werden (BVerfG NJW 1994, 308). Ein Kündigungsrecht besteht, wenn der Teilbedarf an dem wesentlichen Mietgegenstand vorliegt (Beispiel: Bedarf an Haus, nicht aber an Garage, vgl. Schmidt-Futterer/*Blank* § 573 b Rdn. 22).

Eine Ausnahme zur Unzulässigkeit der Teilkündigung hat OLG Karlsruhe (RE WuM 1997, 202) zugelassen. Danach ist eine Teilkündigung statthaft, wenn die Belange des Mieters nicht unzumutbar beeinträchtigt werden. Das soll der Fall sein, wenn sich etwa infolge des Auszugs von Kindern der Wohnbedarf verringert hat und der gekündigte Wohnungsteil sich von der übrigen Wohnung abtrennen lässt. Die Kündigung soll in einem solchen Fall gemäß § 573 Abs. 1 BGB und nicht gemäß § 573 Abs. 2 BGB berechtigt sein. Nach LG Duisburg (NJW-RR 1996, 718) ist die Kündigung einer Teilfläche ausnahmsweise wegen Eigenbedarfs zulässig, wenn diese Fläche zu einem Hausbau benötigt wird. Ablehnend für den Fall des Teilbedarfs am Erdgeschoss einer Doppelhaushälfte LG Mainz (WuM 2001, 489) und für den Teilbedarf an einer Garage LG Köln (WuM 1992, 264) und AG Menden (WuM 1999, 573).

**4.** Die Kündigungserklärung sollte inhaltlich unmissverständlich formuliert sein (Form. D. III. 1 Anm. 3). Die Kündigung bedarf gemäß § 568 Abs. 1 BGB der Schriftform (Form. D. III. 1 Anm. 3).

Zur Begründung: An sich bedarf es bezogen auf § 573 Abs. 3 BGB keiner Begründung (Palandt/*Weidenkaff* § 573b Rdn. 7; a.A. AG Frankfurt a.M. DWW 2005, 239; *Haas*, Das neue Mietrecht, S. 236: § 573 Abs. 3 BGB analog; *Kinne* ZMR 2001, 599, 602). Zumindest sind aber die Räume bzw. die Grundstücksteile, auf die sich die Kündigung bezieht, anzugeben (*Sonnenschein* WuM 2000, 387, 391). Die Bezeichnung der Kündigungsvorschrift ist nicht erforderlich, dient aber der Transparenz auf Seiten des Mieters. Da ein berechtigtes Interesse des Vermieters gemäß § 573 Abs. 3 BGB nicht erforderlich ist, bedarf es auch nicht der Angabe von Gründen zur Vermeidung eines Ausschlusses mit Gründen bei der Interessenabwägung beim Sozialwiderspruch (§ 574 Abs. 3 BGB). Dennoch ist zu empfehlen, vorsorglich die für die Kündigung maßgeblichen Gründe anzuführen.

Die Kündigungsfrist beträgt gemäß § 573b Abs. 2 BGB unabhängig von der Dauer des Mietverhältnisses 3 Monate – bis zum 3. Werktag zum Ablauf des übernächsten Monats. Vgl. im Übrigen zur Kündigungsfrist D. III. 1 Anm. 3. Bei Verzögerung des Beginns der Bauarbeiten kann der Mieter eine der Verzögerung entsprechende Verlängerung des Mietverhältnisses verlangen, § 573b, Abs. 3 BGB. Eine Verlängerung tritt ohne ein Verlangen des Mieters nicht ein.

**5.** Zum Widerspruch gegen die stillschweigende Fortsetzung des Mietverhältnisses vgl. Form. D. III. 1 Anm. 8; Form. D. III. 16.

**6.** Zu Zweck und Inhalt des Sozialwiderspruchs vgl. Form. D. III. 1 Anm. 7, Form. D. IV. Es kommt auf Seiten des Vermieters auf das Interesse an der Inanspruchnahme des Nebenraums oder des Grundstücksteils an, auf Seiten des Mieters auf das Interesse an der Fortnutzung des Nebenraums oder des Grundstücksteils.

**7.** Gebühren und Gegenstandswert:
Vgl. Form. D. III. 1 Anm. 9. Der Gegenstandswert ist gemäß §§ 2 Abs. 1, 23 Abs. 1 RVG, 41 Abs. 1, 2 GKG an dem Mietwert der gekündigten Teilfläche zu bemessen. Der Wert dürfte mit der angemessenen Senkung der Miete gemäß § 573b Abs. 4 BGB (vgl. Anm. 3. e) korrespondieren.

# 10. Kündigung einer Werkmietwohnung gemäß § 576 BGB[1]

......

(Vermieter)

an

......

(Mieter)
Zustellvermerk[2]

Sehr geehrte(r) ......

Durch Mietvertrag vom ...... ist Ihnen die Wohnung 2. Obergeschoss in der X-Straße Nr. ...... in Y überlassen worden. Die Überlassung der Wohnung erfolgte gemäß der Regelung in § 3 des Mietvertrages als Werkmietwohnung im Zuge der Aufnahme Ihrer Tätigkeit in meinem Unternehmen. Mit Wirkung zum ...... werden Sie Ihre Tätigkeit in unserem Unternehmen beenden.

Die Wohnung wird zur Neuvermietung an einen unserer Unternehmensangehörigen benötigt. Zum ...... wird Herr Z seine Tätigkeit in meinem Unternehmen aufnehmen. Herr Z wohnt zurzeit noch in A-Stadt und benötigt daher spätestens ab Beginn seiner Tätigkeit eine neue Wohnung in dieser Stadt.[3]

Aus vorgenanntem Grunde spreche ich die ordentliche Kündigung der Wohnung mit Wirkung zum ...... aus.[4] Zur Begründung nehme ich auf § 576 Abs. 1 Nr. 1 BGB Bezug.[5] Ich bitte die Wohnung besenrein zu überlassen.

Einer stillschweigenden Fortsetzung des Mietverhältnisses über diesen Zeitpunkt hinaus widerspreche ich.[6] Da sie den Arbeitsvertrag gekündigt haben, steht Ihnen ein mietvertragliches Recht zum Widerspruch aus sozialen Gründen gemäß §§ 574 ff. BGB nicht zu.[7]

Die Zustimmung des Betriebsrats zu dieser Kündigung füge ich in Anlage zu Ihrer Kenntnisnahme bei.[8, 9]

......

(Vermieter)

Anlage:
Zustimmung des Betriebsrats

*Schrifttum: Gassner,* Rechtsanwendung bei doppeltypischen Vertrag am Beispiel der Werkdienstwohnung, AcP 186 (1986), 325; *Häring,* Das Recht der Werks- und Dienstwohnungen, GE 1986, 418; *Julius,* Rechtsweg für Streitigkeiten aus der Überlassung von Werkdienstwohnungen, WuM 2000, 340; *Jung,* Wohnraummietvertrag und Dienstleistungspflicht des Mieters, ZMR 1989, 363; *Junker,* Mitbestimmung des Betriebsrats bei Werkswohnungen, FS Peter Kreutz, 171; *Kleffmann,* Der Kündigungsgrund des Betriebsbedarfs bei Fortbestehen des Dienstverhältnisses mit einem Ehegatten, ZMR 1982, 131; *Riecke,* Problemfall Hausmeisterwohnung, WuM 2003, 663; *Schmidt-Futterer/Blank,* Mitbestimmung des Betriebsrats bei Vermietung von Werkwohnungen, DB 1976, 1233; *dies.,* Werkdienstwohnung nach neuem Recht, BB 1976, 1033; *Schmitz-Justen,* Die Werkwohnung, WuM 2000, 582; *Sperling,* Dienstwohnungsrecht in Kirche und Diakonie, WuM 1990, 265.

## Anmerkungen

**1.** Ist eine Wohnung durch einen Arbeitgeber oder durch Vermittlung eines Arbeitgebers **an einen Arbeitnehmer vermietet** worden, kann die Beendigung des Arbeitsverhältnisses einen Kündigungsgrund darstellen. Zu unterscheiden sind die Vermietung mit Rücksicht auf das Bestehen eines Arbeitsverhältnisses (ungebundene Werkmietwohnung), die Vermietung einer Werkmietwohnung, die in enger Nähe und Beziehung zur Arbeitsstätte steht (funktionsgebundene Werkmietwohnung) und die Überlassung einer Wohnung im Rahmen des Arbeitsverhältnisses ohne gesonderten Mietvertrag (Werkdienstwohnung).

Die Regelungen sind nicht zum Nachteil des Mieters abdingbar (§§ 576 Abs. 2, 576a Abs. 3, 576b Abs. 2 BGB).

**2.** Da die Kündigung nur mit Zugang wirksam wird, sollte auf die Nachweisbarkeit des Zugangs geachtet werden, vgl. Form. D. I. 1 Anm. 2, Form. B. I. 1 Anm. 1.

**3.** §§ 576–576b BGB enthalten Sonderregelungen für sog. Werkmietwohnungen und Werkdienstwohnungen.

Eine **Werkmietwohnung** liegt vor, wenn „Wohnraum mit Rücksicht auf das Bestehen eines Dienstverhältnisses" vermietet worden ist (§ 576 Abs. 1 BGB). Neben dem Dienstvertrag besteht ein Mietvertrag. Ob eine Teilzeitbeschäftigung genügt, ist streitig (beja-

hend: LG Köln ZMR 1996, 666; LG Berlin WuM 1991, 697 für geringfügigen Arbeitsaufwand; LG Kiel WuM 1986, 218 für Mitarbeit in der Landwirtschaft nach Bedarf;
verneinend LG Aachen MDR 1991, 542 für gelegentliche Aushilfe und nebenberufliche
Tätigkeit; AG Schöneberg MM 1994, 247 und AG Regensburg WuM 1989, 381 für geringfügige Hausmeisterarbeiten). Maßgebend dürfte der Umfang der Teilzeitbeschäftigung sein. Eine **vertragliche Verknüpfung zwischen Dienst- und Mietvertrag** ist nicht erforderlich, in der Praxis aber häufig anzutreffen. **Vermieter** kann der Dienstberechtigte
(Arbeitgeber) oder ein zu ihm in Beziehung stehender Dritter (z. B. Werkwohnungsgesell-
schaft) sein. Der Dritte kann durch einen wiederum eigenständigen Werkförderungsvertrag an den Dienstberechtigten gebunden sein (vgl. Palandt/*Weidenkaff* Einf. v. § 535
Rdn. 116). Durch den Werkförderungsvertrag räumt der Dritte (Vermieter) dem Dienstberechtigten in der Regel ein schuldrechtliches Belegungsrecht ein und verpflichtet sich,
nur zu bestimmten Bedingungen Mietverträge abzuschließen. Im Gegenzug erhält der
Dritte von dem Dienstberechtigten ein Entgelt. Für Dienstwohnungen von Beamten oder
Mitarbeitern des öffentlichen Dienstes gelten die §§ 576 ff. BGB, sofern die Vermietung
privatrechtlich erfolgt (Schmidt-Futterer/*Blank* § 576 Rdn. 3). Auch Bergarbeiterwoh-
nungen (Gesetz zur Förderung des Bergarbeiterwohnungsbaues im Kohlenbergbau i. d. F.
vom 25. 7. 1997 – BGBl. I 1942) unterfallen § 576 BGB. Eine Kündigung setzt voraus,
dass die Zugehörigkeit des Mieters zum Bergbau entfallen ist. Zur funktionsgebundenen
Werkmietwohnung unten Anm. 5. Besteht zwischen den Mietvertragsparteien Streit über
die **Einordnung als Wohnung oder Werkmietwohnung,** hat der Vermieter den Nachweis
für die Voraussetzungen der Werkmietwohnung und die entsprechende Kenntnis des
Mieters zu erbringen (AG Darmstadt WuM 1985, 153).

Eine **Werkdienstwohnung** (vgl. Form. D. III. 11) ist anzunehmen, wenn „**Wohnraum
im Rahmen eines Dienstverhältnisses überlassen**" worden ist (§ 576b Abs. 1 BGB; LG
Mönchengladbach ZMR 1993, 571 für Personalwohnheim eines Lehrkrankenhauses;
LArbG München, Urteil vom 11. 4. 2006 – 6 Sa 1195/04 für Schulhausmeister). Bei der
Werkmietwohnung wird also ein gesonderter Mietvertrag geschlossen, bei der Werk-
dienstwohnung erfolgt die Überlassung des Wohnraums im Rahmen des Dienstvertrages
(typengemischter Vertrag; LArbG Hamm NZA-RR 1996, 480). Auf die Wortwahl im
Vertrag kommt es nicht entscheidend an (LArbG Frankfurt/M., EzBAT § 65 BAT Nr. 1
zur Behandlung einer „Werkmietwohnung" als Werkdienstwohnung; LArbG Köln ZMR
2008, 963). Die Überlassung des Wohnraums ist Teil der dienstvertraglichen Vergütung.
Eine Wohnung wird nicht deshalb zu einer Werkdienstwohnung, weil ein langjähriger
Mieter nachträglich eine Hausmeistertätigkeit aufnimmt und das Arbeitsentgelt der zu
zahlenden Miete entspricht (AG Hamburg WuM 1985, 152). Eine arbeitsvertragliche
Verpflichtung zum Bewohnen einer funktionsgebundenen Werkmietwohnung kann nicht
selbstständig aufgekündigt werden, ggf. besteht aber ein Anspruch auf Befreiung (BAG
WuM 1990, 284).

Für Werkmietwohnungen gelten neben den Mietvorschriften zusätzlich die Sondervor-
schriften der §§ 576, 576a BGB, für Werkdienstwohnungen gilt mietrechtlicher Schutz
(und damit auch die §§ 576, 576a BGB) nur dann, wenn der Dienstverpflichtete den
Wohnraum überwiegend selbst mit Einrichtungsgegenständen ausgestattet hat oder in
dem Wohnraum mit seiner Familie oder Personen lebt, mit denen er einen auf Dauer angelegten gemeinsamen Haushalt führt (vgl. Form. D. III. 11 Anm. 2).

Folge der Einordnung als Werkmietwohnung – oder als entsprechend zu behandelnde
Werkdienstwohnung – ist die Möglichkeit, zusätzlich zu den sonstigen Kündigungstatbe-
ständen nach Beendigung des Dienstverhältnisses mit kürzeren als den in § 573c BGB
bestimmten Fristen die Kündigung aussprechen zu können (Anm. 5). Daneben bleibt
aber das Recht zur ordentlichen Kündigung gemäß § 573 BGB und – wie stets – zur
fristlosen Kündigung bestehen. Zur vertraglichen Koppelung der Beendigung des Mietvertrags an die Beendigung des Dienstvertrages: LG Berlin GE 2004, 890.

Beide Kündigungsalternativen des § 576 Abs. 1 BGB setzen voraus, dass die Wohnung konkret für einen anderen Dienstverpflichteten benötigt wird (LG Köln WuM 2000, 358; AG Spandau MM 1988, Nr. 9, 41; LG Itzehoe WuM 1985, 152 für Werkdienstwohnung, auf die Mietrecht anwendbar ist). Das ist nicht der Fall, wenn eine andere, kleinere, weniger komfortable Wohnung verfügbar ist (LG Berlin MM 1988, Nr. 12, 30), sofern die Kleinwohnung für den neuen Dienstverpflichteten geeignet ist (LG Berlin GE 1990, 313 für Hausmeisterehepaar als Nachfolger eines alleinstehenden Hausmeisters). Nicht erforderlich ist, dass der andere Dienstverpflichtete dieselbe Funktion wie der bisherige Mieter übernimmt (so Schmidt-Futterer/*Blank* § 576 Rdn. 14). Ausreichend ist der konkrete Bedarf für einen aktiven Bediensteten (OLG Stuttgart RE WuM 1986, 132). Bei einem Nachfolgebediensteten ist erforderlich, dass ein Dienstvertrag schon abgeschlossen ist, der Nachmieter also feststeht (LG Köln WuM 2000, 358).

Wird die Wohnung an einen außenstehenden Dritten veräußert, kann sich dieser nicht auf § 576 BGB berufen (Schmidt-Futterer/*Blank* § 576 Rdn. 9). Für den Fall des Betriebsbedarfs an einer Wohnung, die keine Werkswohnung ist vgl. OLG Stuttgart RE NJW-RR 1991, 1294.

Die Kündigung darf erst „nach Beendigung des Dienstverhältnisses" zugehen (§ 576 Abs. 1 BGB – LG Kiel ZMR 1978, 182). Bei früherem Zugang soll die Kündigung aber nicht unwirksam sein, sondern zu einer Beendigung nach den Fristen des § 573c BGB (vgl. D. III. 1 Anm. 3) führen (LG Köln ZMR 1996, 666; Palandt/*Weidenkaff* § 576 Rdn. 3). Die Kündigung setzt nicht voraus, dass sie alsbald nach Beendigung des Dienstverhältnisses ausgesprochen wird, da zu diesem Zeitpunkt ein konkreter Betriebsbedarf an der Wohnung für einen Dritten nicht notwendig bestehen muss, etwa weil noch kein dem Mieter nachfolgender Arbeitnehmer in Aussicht ist (LG Stuttgart DWW 1991, 112; a. A. LG Bochum WuM 1992, 438). Mehr als 1 Jahr nach Beendigung des Dienstverhältnisses soll die Kündigung nicht mehr mit der kurzen Frist gemäß § 576 Abs. 1 Nr. 2 BGB erfolgen können (LG Berlin MM 1990, 97).

Führt die Verzögerung der Räumung dazu, dass der neue Arbeitnehmer seine Tätigkeit nicht mehr aufnehmen möchte, soll das nicht zu Lasten des Vermieters gehen und die Kündigung wirksam bleiben (LG Berlin GE 1989, 1121; AG Schöneberg GE 1990, 1095; a. A. LG Berlin MM 1993, 73; LG Berlin MM 2005, 74; MM 1997, 191 für den Fall einer freiwerdenden Alternativwohnung). Nach AG Schöneberg (GE 1981, 967) kann eine Alternativwohnung nur berücksichtigt werden, wenn sie als Werkmietwohnung gewidmet ist, wobei die Widmung der Wohnung Sache des Vermieters ist.

**4.** Zum Kündigungsausspruch, auch bei einer Mehrheit von Mietern oder Vermietern sowie zur Schriftform vgl. Form. D. III. 1 Anm. 3.

Zu den Anforderungen an die Begründung vgl. Form. D. III. 1 Anm. 4. Anzugeben ist im Rahmen des § 576 BGB, dass das Dienst- oder Arbeitsverhältnis beendet ist sowie dass der Vermieter die konkrete Absicht zur Weitervermietung an einen anderen Dienstverpflichteten oder Arbeitnehmer hat (AG Spandau MM 1988, Nr. 9, 41). Die namentliche Benennung des anderen Arbeitnehmers ist nicht erforderlich (LG Köln ZMR 1996, 666; LG Berlin GE 1989, 510). Ferner ist die Zustimmung des Betriebsrats mitzuteilen, soweit dies erforderlich ist (vgl. unten Anm. 8).

**5.** Bei Überlassung des Wohnraums bis zu 10 Jahre (danach gilt § 573c BGB, vgl. D. III. 1 Anm. 3) beträgt die **Frist 3 Monate** (ungebundene Werkmietwohnung, § 576 Abs. 1 Nr. 1 BGB). **Nur 1 Monat** beträgt die Kündigungsfrist, wenn das Dienstverhältnis seiner Art nach die Überlassung von Wohnraum erfordert, der in unmittelbarer Beziehung und Nähe zur Arbeitsstätte steht und der Wohnraum aus diesem Grund für einen anderen Dienstverpflichteten benötigt wird (funktionsgebundene Werkmietwohnung), § 576 Abs. 1 Nr. 2 BGB. Die enge Verknüpfung von Dienst- und Mietverhältnis ist entscheidend (LG Berlin GE 1990, 313). Beispiele: Hausmeister (LG Berlin GE 1994, 287), ferner Pförtner oder Pflegepersonal im Krankenhaus. Da zugleich die ordentliche Kündigung statthaft ist, sollte der Mieter erkennen können, dass sich der Vermieter auf die abgekürzte Frist beruft. Bei unzulässiger Fristabkürzung gelten die Fristen gemäß § 573 c BGB (LG Aachen WuM 1985, 149).

**6.** Zum Zweck des **Widerspruchs** gegen die stillschweigende Fortsetzung des Mietverhältnisses vgl. Form. D. III. 1 Anm. 7; Form. D. III. 16.

**7.** Zu Zweck und Inhalt des **Sozialwiderspruchs** vgl. Form. D. IV. 1; Form. D. III. 1 Anm. 6. Die Regelung ist bei Werkmietwohnungen gemäß 576 a BGB modifiziert. Zunächst sind gemäß § 576 a Abs. 1 BGB auch die Belange des Dienstberechtigten zu berücksichtigen, auch wenn dieser nicht Vermieter ist. Eine isolierte mietrechtliche Betrachtung verbietet sich also. Der Sozialwiderspruch ist ausgeschlossen, wenn die Kündigung gemäß § 576 Abs. 1 Nr. 2 BGB (funktionsgebundene Werkmietwohnung) erfolgt ist. Ferner ist der Sozialwiderspruch ausgeschlossen, wenn der Mieter das Dienstverhältnis ohne gesetzlich begründeten Anlass kündigt. Das gilt auch bei einem Aufhebungsvertrag auf Veranlassung des Mieters, oder wenn der Mieter durch sein Verhalten gesetzlich begründeten Anlass zur Auflösung des Dienstverhältnisses gegeben hat (Bub/Treier/ *Grapentin* IV 131).

**8.** Gemäß § 87 Abs. 1 Nr. 9 BetrVG besteht ein **Mitbestimmungsrecht des Betriebsrats** bei Kündigungen von Werkmietwohnungen. Die Zustimmung ist Wirksamkeitsvoraussetzung der Kündigung (Schmidt-Futterer/*Blank* § 576 Rdn. 13). Wird die Zustimmung nicht in schriftlicher Form nachgewiesen, besteht die Möglichkeit, dass der Mieter die Kündigung zurückweist (§§ 182 Abs. 3, 111 Satz 2 BGB), mit der Folge, dass sie unwirksam ist und wiederholt werden muss. Ab dem Zeitpunkt der Beendigung des Dienstverhältnisses besteht indes keine Zustimmungspflicht des Betriebsrats mehr (OLG Frankfurt/M. RE WuM 1992, 525; LG Ulm WuM 1979, 244).

**9. Gebühren** und **Gegenstandswert:** Vgl. Form. D. III. 1 Anm. 9, ferner Form. D. III. 11 Anm. 3.

# 11. Kündigung einer Werkdienstwohnung gemäß § 576 b BGB[1]

......

(Vermieter)

an

......

(Mieter)

Sehr geehrte(r) ......

Mit Wirkung zum ...... ist der Hausmeistervertrag betreffend die Tätigkeit im X-Werk beendet worden. Damit ist zugleich das Nutzungsrecht an dem Ihnen überlassenen möblierten Appartement auf dem Werksgelände entfallen. Da der neue Hausmeister in das Appartement einziehen möchte, bitte ich um Räumung und Übergabe des Appartements bis zum ...... Einen Termin bitte ich mit mir abzustimmen.[2]

......

(Vermieter)

## Anmerkungen

**1.** § 576 b BGB betrifft die **Werkdienstwohnung** (vgl. zur Abgrenzung der Werkmietwohnung: Form. D. III. 10 Anm. 3). Erfolgt die Überlassung des Wohnraums nur im Rahmen des Arbeitsvertrages, so bedeutet das, dass die Wohnung mit Beendigung des Arbeitsverhältnisses zurückzugeben ist. Für diesen Fall gilt das Formular.

Eine Begründung ist in diesem Fall entbehrlich. Es genügt die Aufforderung zur Herausgabe der Wohnung. Ob mietvertraglicher Schutz besteht, ist dem Arbeitsvertrag zu entnehmen. Nimmt der Arbeitsvertrag auf die mietrechtlichen Vorschriften Bezug, gilt Mietrecht als vereinbart. Enthält der Arbeitsvertrag eigene Regelungen zur Überlassung des Wohnraums, sind diese maßgeblich (Grenze: Verstoß gegen § 242 BGB oder gegen §§ 305 ff. BGB, Schmidt-Futterer/*Blank* § 576 b Rdn. 7). Fehlen Regelungen ganz oder teilweise, soll im Wege der ergänzenden Vertragsauslegung auf mietrechtliche Vorschriften zurück gegriffen werden können, sofern der arbeitsvertragliche Regelungszusammenhang das zulässt (Schmidt-Futterer/*Blank* § 576 b BGB Rdn. 9).

Für Werkdienstwohnungen gilt **mietrechtlicher Schutz** (und damit auch die §§ 576, 576 a BGB) auch ohne Vereinbarung **in folgenden Fällen:**

- Hat der Arbeitnehmer den Wohnraum überwiegend (mehr als die Hälfte bei funktionaler Betrachtungsweise) selbst mit Einrichtungsgegenständen ausgestattet, gilt Mietrecht. Nicht erforderlich ist, dass die Gegenstände dem Arbeitnehmer gehören.
- Lebt der Arbeitnehmer in dem Wohnraum mit seiner Familie oder Personen, mit denen er einen auf Dauer angelegten gemeinsamen Haushalt führt, gilt gleichfalls Mietrecht. Nicht nur die durch Ehe und Verwandtschaft verbundenen Personen (Familie), sondern auch Verlobte, Lebenspartner, Pflegekinder sind einzubeziehen.

Mietrechtliche Vorschriften einschließlich §§ 576, 576 a BGB sind anwendbar. Es ist eine gesonderte Kündigung des Mietvertrages erforderlich.

Die Kündigung bei Werkdienstwohnungen unterliegt nicht dem **Mitbestimmungsrecht** des Betriebsrats gemäß § 87 Abs. 1 Nr. 9 BetrVG (BAG WuM 1993, 353). Bei nicht rechtzeitiger Rückgabe des Wohnraums schuldet der Arbeitnehmer gemäß § 546 a Abs. 1 BGB die ortsübliche Vergleichsmiete.

**2.** Gebühren und Gegenstandswert:

Vgl. D. III. 1 Anm. 9. Im Hinblick auf den fehlenden Begründungszwang ist VV 2302 zu beachten. Bei dem Gegenstandswert ist auf den **Nutzwert der Wohnung** abzustellen. Sofern dieser arbeitsvertraglich nicht bestimmt ist, ist er zu ermitteln, wobei zu berücksichtigen ist, dass der Arbeitgeber dem Arbeitnehmer günstigen Wohnraum verschafft hat, so dass nicht ohne Weiteres die marktübliche Miete zugrunde gelegt werden kann (vgl. hierzu LG Hamburg WuM 1991, 550).

## 12. Herausgabeverlangen des Hauptvermieters gegenüber dem Untermieter gemäß § 546 Abs. 2 BGB

......

(Hauptvermieter)

an

......

(Untermieter)
Zustellvermerk[1]

Sehr geehrte(r) ......
Ihr Vermieter, Herr X, hat von mir die von Ihnen genutzte Wohnung angemietet. Herr X war zur Untervermietung an Sie berechtigt. Den Mietvertrag zwischen Herrn X und mir habe ich durch Kündigung vom ...... mit Wirkung zum ...... beendet. Danach ist Herr X mir gegenüber zur Übergabe der geräumten Wohnung verpflichtet.[2]

Da Ihnen der Besitz an der Wohnung von Herrn X als Untermieter überlassen worden ist, sind auch Sie gemäß § 546 Abs. 2 BGB mir gegenüber unmittelbar zur Übergabe der geräumten Wohnung verpflichtet. Ich fordere Sie daher auf, bis spätestens am ...... die Wohnung geräumt an mich zu übergeben.[3,4]

......

(Hauptvermieter)

*Schrifttum: Bartsch*, Probleme der Zwischenmietverhältnisse über Wohnraum, ZMR 1983, 256; *Derleder*, Die Rechtsstellung der Wohnraummieter bei Vermögensverfall von Zwischenvermietern, ZIP 1988, 415.

### Anmerkungen

**1.** Zum praktischen Erfordernis des **Zugangsnachweises** und zu den Möglichkeiten der Nachweisführung wird auf Form. D. I. 1 Anm. 2, Form. B. I. 1 Anm. 1 verwiesen.

**2.** Die **Rückgabepflicht** des Mieters gemäß § 546 Abs. 1 BGB trifft gegenüber dem Vermieter auch den **Untermieter**. Diese Regelung gewinnt insbesondere Bedeutung für den Vermieter, der nicht Eigentümer ist und sich somit nicht auf den Eigentümerherausgabeanspruch gemäß § 985 BGB berufen kann. Die Vorschrift setzt einen wirksam zustande gekommenen Hauptmietvertrag zwischen Vermieter und Mieter voraus (Palandt/ *Weidenkaff* § 546 Rdn. 20). Ferner ist die Beendigung des Hauptmietvertrags erforderlich, wobei es auf die Herausgabepflicht ankommt (eine evtl. Räumungsfrist zugunsten des Mieters ist zu beachten). Sodann muss die Mietsache an einen Dritten für eine gewisse Dauer überlassen worden sein. Als Dritter kann auch der Ehegatte oder ein Partner der nichtehelichen Lebensgemeinschaft anzusehen sein (OLG Schleswig RE WuM 1992, 674 ff.).

**3.** Die Rückforderung erfolgt durch **einseitige, empfangsbedürftige Willenserklärung.** Schriftform ist nicht notwendig, im Hinblick auf die Nachweisbarkeit (s. o. Anm. 1) indes anzuraten. Streitig ist, ob die Rückforderung schon vor der rechtlichen Beendigung des Hauptmietverhältnisses erfolgen kann (bej. Palandt/*Weidenkaff* § 546 Rdn. 20). Zur Vermeidung dieses Streits kann in der Praxis entweder vor Ablauf der Kündigungsfrist der Untermieter auf das zu erwartende Herausgabeverlangen hingewiesen werden und nach Ablauf der Kündigungsfrist des Hauptmietverhältnisses das Herausgabeverlangen gestellt werden. Oder das Herausgabeverlangen wird noch innerhalb der Kündigungsfrist gestellt und vorsorglich nach Ablauf der Kündigungsfrist des Hauptmietverhältnisses wiederholt. „Kündigungsfristen" sind nicht einzuhalten. Bejaht man die Statthaftigkeit des Herausgabeverlangens vor Beendigung des Hauptmietverhältnisses, entfaltet dieses mit dem Vertragsende seine Wirksamkeit. Nach Treu und Glauben kann es geboten sein, dem Dritten eine **Räumungsfrist** zu gewähren (Bub/Treier/*Scheuer* V.A 43). Zu beachten ist, dass im Einzelfall die konkludente Annahme eines Vertragsverhältnisses zwischen dem Vermieter und dem Dritten in Betracht kommen kann, wenn der Vermieter über einen längeren Zeitraum nach Beendigung des Hauptmietverhältnisses die Mietsache nicht zurückfordert und den Dritten wie einen Vertragspartner behandelt (Schmidt-Futterer/*Gather* § 546, Rdn. 106). Die Regelung des § 545 BGB zur stillschweigenden Verlängerung des Mietverhältnisses gilt dagegen nicht, da zwischen Vermieter und Drittem gerade kein Mietverhältnis vorliegt (Bub/Treier/*Scheuer* V.A 44). Im Einzelfall kann auch eine Verwirkung des Rückforderungsanspruches in Betracht kommen (Bub/Treier/*Scheuer* V.A 45). Ein längeres Zuwarten nach Beendigung des Hauptmietverhältnisses kann sich also im Einzelfall nachteilig auswirken.

Schaltet der Vermieter, etwa weil er zu alt ist, einen Bekannten als Vermieter ein, ist nicht von einem Fall der Untervermietung, sondern von einer besonderen Vertragsgestaltung auszugehen, so dass das Rückforderungsverlangen gegenüber dem Endmieter den Anforderungen an eine Kündigung genügen muss (Schmidt-Futterer/*Gather* § 546 Rdn. 138; BVerfG DWW 1991, 279). Sofern entgegen § 546 Abs. 2 BGB Mieterschutz im Verhältnis des Hauptvermieters zu dem Untermieter zu gewähren ist, soll sich dieser in Anlehnung an die im Untermietvertrag getroffenen Vereinbarungen bestimmen (BGH RE DWW 1991, 211).

Wird der Untermieter gemäß § 546 Abs. 2 BGB auf Rückgabe in Anspruch genommen, obwohl das Untermietverhältnis noch besteht, kommen gemäß §§ 536 Abs. 2, 1, 536a BGB Minderung und Schadensersatz im Untermietverhältnis in Betracht.

Eine **Sonderregelung** beinhaltet **§ 565 BGB** für den Fall der gewerblichen Zwischenvermietung (das Hauptmietverhältnis ist ein gewerbliches Mietverhältnis zum Zwecke der Weitervermietung von Wohnraum, das Untermietverhältnis ist ein Wohnraummietverhältnis). Ist also der Untermieter ein Wohnraummieter, so tritt bei Beendigung des gewerblichen Zwischenmietverhältnisses zwischen dem Vermieter und dem Mieter der Vermieter an Stelle des Mieters in den Wohnraummietvertrag mit dem Untermieter ein. Schließt der Vermieter einen weiteren gewerblichen Zwischenmietvertrag, so tritt der neue Mieter in den Wohnraummietvertrag mit dem Untermieter ein. Diese Regelung ist zum Nachteil des Untermieters nicht abdingbar (§ 565 Abs. 3 BGB).

Streitig ist, inwieweit § 565 BGB analog auf **nicht gewerbliche Zwischenmietverhältnisse** (z.B. Anmietung von Wohnungen durch das Studentenwerk zur Weitervermietung an Studenten) anzuwenden ist (vgl. Palandt/*Weidenkaff* § 565 Rdn. 2; Schmidt-Futterer/*Blank* § 565 BGB Rdn. 9). Fälle aus der Rechtsprechung hierzu: Mietet ein Unternehmen eine Wohnung zur Weitervermietung an Betriebsangehörige an, so soll der Betriebsangehörige hinsichtlich des mietrechtlichen Schutzes so gestellt werden, als habe er unmittelbar einen Vertrag mit dem Vermieter abgeschlossen (BayObLG RE NJW-RR 1996, 76 – Rückforderung nur unter Beachtung von § 573 BGB, sofern aus Sicht des Vermieters die Interessen bei Zwischen- und Endmieter gleich sind und der Vermieter nach dem Hauptmietvertrag auf die Gestaltung des Endmietvertrags und die Auswahl des Endmieters Einfluss nehmen kann). Ist dagegen Mieter ein gemeinnütziger Verein, der die Wohnung an eine betreuungsbedürftige Person weiter vermietet, so bleibt das

Untermietverhältnis an den Bestand des Hauptmietverhältnisses gebunden (BGH NJW 1996, 2862).

**5. Gebühren und Gegenstandswert:** Vgl. D. III. 1 Anm. 9. Betreibt der Anwalt zugleich die Kündigung und Räumung gegen den Mieter, kann hiermit das Herausgabeverlangen gegenüber dem Untermieter eine einheitliche Angelegenheit gemäß § 15 Abs. 2 RVG darstellen, so dass in diesem Fall keine gesonderte Geschäftsgebühr entsteht.

## 13. Erleichterte Kündigung gemäß § 573 a BGB[1] – Zweifamilienhaus/Einliegerwohnung

......

(Vermieter)

an

......

(Mieter)
Zustellvermerk[2]

Sehr geehrte(r) ......

Den Mietvertrag über die von Ihnen in meinem Haus angemietete Einliegerwohnung kündige ich hiermit.[3]

Auf meine Berechtigung zur Kündigung ohne das Erfordernis eines berechtigten Interesses weise ich hin. Die Berechtigung folgt aus § 573 a Abs. 1 BGB für den hier gegebenen Fall einer Einliegerwohnung in einem Zweifamilienhaus, in dem zugleich der Vermieter wohnt.[4] Da sich in diesem Fall die gesetzliche Kündigungsfrist um 3 Monate verlängert, endet das Mietverhältnis am ......[5]

Ich bitte dafür zu sorgen, dass die Wohnung bis dahin geräumt und in vertragsgerechtem Zustand übergeben werden kann. Einer stillschweigenden Fortsetzung des Mietverhältnisses über diesen Zeitraum hinaus widerspreche ich ausdrücklich.[6]

Ich weise Sie darauf hin, dass Sie dieser Kündigung schriftlich bis zum ...... widersprechen können, wenn die Beendigung des Mietverhältnisses für Sie, Ihre Familie oder einen anderen Angehörigen Ihres Haushalts eine Härte bedeuten würde, die auch unter Würdigung meiner berechtigten Interessen nicht zu rechtfertigen ist. Sollten Sie Widerspruch erheben, bitte ich schon jetzt mir die hierfür maßgeblichen Gründe mitzuteilen.[7] Mein Interesse an der Kündigung folgt aus der beabsichtigten Aufnahme meiner inzwischen 78 Jahre alten und im Hinblick auf ihre Gebrechlichkeit zunehmend pflegebedürftigen Mutter in die von Ihnen genutzten Räume.[8, 9]

......

(Vermieter)

*Schrifttum: Blank,* Zur Wirkung der Kündigung einer Einliegerwohnung zugunsten des Erwerbers, WuM 2007, 462; *Karl,* Die Kündigung nach § 564 b Abs. 4 Nr. 1 BGB, ZMR 1993, 361; *Korff,* Das Kündigungsrecht bei Einliegerwohnungen, GE 1983, 740; *Schmid,* Zur Anwendung des § 564 b Abs. 4 Satz 1 BGB bei auch gewerblich genutzten Gebäuden, BlGBW 1982, 70; *Schmidt-Futterer,* Das Sonderkündigungsrecht des Vermieters für Wohnraum in Ein- und Zweifamilienhäusern, ZMR 1976, 97; *Skrobek,* Probleme im Anwendungsbereich des § 573 a BGB, ZMR 2007,

511; *Sonnenschein,* Die erleichterte Kündigung von Einliegerwohnraum, NZM 2001, 1; *Steinig,* Das Sonderkündigungsrecht im Zweifamilienhaus, § 564 b Abs. 4 BGB, GE 1997, 396.

## Anmerkungen

**1.** Die erleichterte Kündigung gemäß § 573 a BGB trägt dem Umstand Rechnung, dass bei einem Zusammenleben des Vermieters und des Mieters in einem Haus leicht **Schwierigkeiten im persönlichen Umgang** entstehen können, denen der Vermieter einerseits nicht ausweichen kann, die andererseits aber noch kein berechtigtes Interesse zur Beendigung des Mietvertrages darstellen. Es handelt sich zugunsten des Mieters um eine nicht abdingbare Vorschrift (§ 573 a Abs. 4 BGB). Allgemein zur Kündigung vgl. Form. D. III. 1 Anm. 1.

**2.** Da die Kündigung nur mit **Zugang** wirksam wird, sollte auf die Nachweisbarkeit des Zugangs geachtet werden, vgl. Form. D. I. 1 Anm. 2, Form. B. I. 1 Anm. 1.

**3.** Zum **Kündigungsausspruch,** auch bei einer Mehrheit von Mietern oder Vermietern sowie zur Schriftform vgl. Form. D. III. 1 Anm. 3.

**4.** § 573 a BGB lässt eine erleichterte Kündigung des Vermieters zu, wenn eine Wohnung in einem vom Vermieter selbst bewohnten Gebäude mit insgesamt nicht mehr als 2 Wohnungen (typisch: **Einliegerwohnung**) betroffen ist (Abs. 1), oder wenn es sich um Wohnraum handelt, der Teil der vom Vermieter selbst bewohnten Wohnung ist (Abs. 2), ohne dass die besonderen Voraussetzungen von § 549 Abs. 2 Nr. 2 BGB vorliegen (dann § 549 Abs. 2 Nr. 2 BGB). Eine noch weiter gehende Befreiung vom Mieterschutz besteht unter den Voraussetzungen des § 549 BGB (vgl. Form. D. III. 14).

Die Voraussetzungen von § 573 a Abs. 2 BGB können vorliegen, wenn die Wohnung nicht (überwiegend) mit Einrichtungsgegenständen des Vermieters ausgestattet ist oder der Wohnraum dem Mieter zum dauernden Gebrauch mit seiner Familie oder einer Person seines auf Dauer angelegten Haushalts überlassen ist. Zu den Anforderungen an eine Wohnung: AG Miesbach WuM 2003, 91. In dem Kündigungsschreiben ist ausdrücklich anzugeben, dass sich der Vermieter entweder auf § 573 a Abs. 1 BGB (Einliegerwohnung) oder auf § 573 a Abs. 2 BGB (Wohnraum in der Vermieterwohnung) beruft (§ 573 a Abs. 3 BGB). Die Angabe kann nicht nachgeholt werden (Schmidt-Futterer/*Blank* § 573 a Rdn. 34). Die Angabe muss gegenüber einem rechtsunkundigen Mieter so verständlich sein, dass sie aus sich heraus nachvollzogen werden kann. Das ist nicht der Fall, wenn nur auf die Gesetzesvorschrift hingewiesen wird (LG Osnabrück WuM 1990, 307).

Für § 573 a BGB bedarf es keines **berechtigten Interesses des Vermieters** gemäß § 573 BGB. Die Kündigungsmöglichkeit des § 573 a BGB gilt nur für unbefristete Mietverhältnisse, die durch ordentliche Kündigung beendet werden können, nicht aber für den Zeitmietvertrag. Die Kündigung zum Zwecke der Mieterhöhung ist gemäß § 573 Abs. 1 Satz 2 BGB ausgeschlossen. § 573 Abs. 2 Nr. 3 BGB und nicht § 573 a BGB soll gelten, wenn die Kündigung zum Zwecke des Abrisses des Mietobjekts und eines anschließenden Neubaus erklärt wird (LG Mannheim WuM 2004, 99), ebenso für den Fall der Veräußerung in unvermietetem Zustand (LG Stuttgart WuM 2007, 75; LG Duisburg NZM 2005, 216).

Eine Wohnung des Mieters in einem vom Vermieter selbst genutzten Gebäude liegt bei völliger Trennung der Wohnheiten (z. B. Doppelhaushälften; AG Hassfurt WuM 1999, 119 für getrennte Gebäude, die mit einem Zwischentrakt verbunden sind; anders AG Hamburg WuM 1996, 547 für zwei ineinander verschachtelte getrennte Wohnungen in einem Haus mit jeweils eigenem Hauseingang mit gemeinsamem Kellerraum) nicht mehr vor. Nach BGH NZM 2008, 682 besteht das Sonderkündigungsrecht, wenn eine dritte

Wohnung schon bei Mietvertragsabschluss gewerblich genutzt wurde. Eine die erleichterte Kündigung hindernde dritte Wohnung soll auch dann vorliegen, wenn diese noch im Ausbau befindlich ist (AG Marl WuM 1998, 221). Ferner soll ein Dreifamilienhaus vorliegen, wenn der Vermieter zwei baulich nicht dauerhaft verbundene Wohnungen bewohnt (LG Bremen Urt. v. 19. 3. 1998 – 2 S 552/97; a.A. LG Saarbrücken ZMR 2007, 540; vgl. zu den baulichen Anforderungen auch LG Köln WuM 2003, 278).

Der Vermieter muss selbst – bei mehreren Vermietern zumindest einer – das Gebäude **bewohnen** und nicht etwa lediglich gewerblich nutzen (AG Hamburg WuM 2007, 710). Der Vermieter kann eine Kündigung gestützt auf berechtigte Interessen kombinieren mit einer erleichterten Kündigung, wenn er angibt, welche Kündigung vorrangig gelten soll und welche hilfsweise (OLG Hamburg RE NJW 1983, 182). Bei einer wirksamen Kündigung ist der Vermieter an die einmal getroffene Wahl gebunden.

**5.** Die **Angabe des Beendigungszeitpunktes** ist nicht zwingend, empfiehlt sich aber, damit sich der Mieter auf das Mietende einrichten kann. Als Ausgleich für die erleichterte Kündigungsmöglichkeit verlängert sich die gesetzliche Kündigungsfrist von 3 Monaten um weitere 3 Monate.

**6.** Zu Zweck und Inhalt des **Widerspruchs** gegen die stillschweigende Fortsetzung des Mietverhältnisses vgl. Form. D. III. 1 Anm. 8, Form. D. III. 16.

**7.** Zu Zweck und Inhalt des **Sozialwiderspruchs** vgl. Form. D. IV, Form. D. III. 1 Anm. 7. Bei der Interessenabwägung im Zweifamilienhaus ist zu berücksichtigen, dass dem Vermieter regelmäßig eine Fortsetzung des Mietverhältnisses auf unbestimmte Zeit nicht zugemutet werden kann (LG Bonn ZMR 2000, 27 für den Fall einer schweren psychischen Erkrankung und damit verbundener Suizidgefahr).

**8.** Für § 573a BGB bedarf es keines berechtigten Interesses des Vermieters gemäß § 573 BGB. Dennoch ist zu empfehlen, die **Gründe** anzuführen, die für die Abwägung im Rahmen eines Sozialwiderspruchs gemäß § 574 BGB maßgeblich sind. So ist nicht geklärt, ob § 574 Abs. 3 BGB mit der Folge anwendbar ist, dass bei unterlassener Angabe von Gründen im Kündigungsschreiben der Vermieter bei der Interessenabwägung mit seinen Gründen ausgeschlossen ist (so *Kinne* ZMR 2001, 599, 601; vgl. Palandt/*Weidenkaff* § 573a Rdn. 9).

**9.** Zu Gebühren und Gegenstandswert vgl. Form. D. III. 1 Anm. 9. Da die Kündigung nicht gemäß § 573 Abs. 3 BGB zu begründen ist, ist VV 2302 zu beachten.

## 14. Kündigung bei Mietverhältnissen gemäß § 549 BGB (verminderter Mieterschutz) – Studentenwohnheim[1]

......

(Vermieter)

an

......

(Mieter)
Zustellvermerk[2]

Sehr geehrte(r) ......

Sie haben seit dem ...... das Zimmer Nr....... in dem Studentenwohnheim ...... angemietet. Ich kündige hiermit den Mietvertrag mit Wirkung zum ......[3]

Einer stillschweigenden Verlängerung des Mietverhältnisses bei Fortnutzung über den Beendigungszeitpunkt hinaus widerspreche ich hiermit bereits ausdrücklich.[4]

Ich weise Sie darauf hin, dass Sie dieser Kündigung unter den Voraussetzungen von
§ 574 BGB widersprechen können, nämlich wenn die Beendigung des Mietverhältnisses für Sie eine Härte bedeuten würde, die auch bei Würdigung meiner berechtigten Belange nicht zu rechtfertigen wäre. Der Widerspruch ist schriftlich bis zum
...... zu erheben. Für den Fall, dass Sie Widerspruch einlegen, bitte ich um Mitteilung der Gründe.[5,6]

......

(Vermieter)

*Schrifttum: Martinek,* Kündigungsrechtsausschluss im „Studentenbuden"-Mietvertrag, NJW
2009, 3613.

## Anmerkungen

**1.** Die Regelung betrifft besondere Mietverhältnisse, die im Hinblick auf den Zweck
der Nutzung die weitgehende Beschränkung des Mieterschutzes rechtfertigt.

**2.** Da die Kündigung nur mit **Zugang** wirksam wird, sollte auf die Nachweisbarkeit
des Zugangs geachtet werden, vgl. Form. D. I. 1 Anm. 2, Form. B. I. 1 Anm. 1.

**3.** § 549 Abs. 2, 3 BGB nimmt folgende Mietverhältnisse weitgehend vom Mieterschutz u. a. bei Beendigung des Mietverhältnisses aus:
- **Wohnraum, der nur zu vorübergehendem Gebrauch vermietet worden ist** (§ 549
  Abs. 2 Nr. 1 BGB). Ein vorübergehender Gebrauch kann gefolgert werden aus der
  Verknüpfung einer vereinbarungsgemäß kurzfristigen überschaubaren Vertragsdauer
  mit einem Vertragszweck, der sachlich eine Kurzfristigkeit der Gebrauchsüberlassung
  begründet und so das Mietverhältnis in Übereinstimmung mit seiner kurzen Dauer
  nur als ein Durchgangsstadium erscheinen lässt (OLG Bremen RE WM 1981, 8: ablehnend bei Vermietung eines Appartements während der Studiendauer an einen Studenten). Beide Parteien müssen anfänglich darüber einig gewesen sein, dass das Mietverhältnis auf Grund besonderer Umstände nur kurze Zeit dauert. Beispiel: Miete einer
  Ferienwohnung für wenige Wochen, Anmietung für die Dauer einer Veranstaltung.
- **Wohnraum in der zum Teil vom Vermieter bewohnten Wohnung,** den der Vermieter
  überwiegend mit Einrichtungsgegenständen auszustatten hat, sofern nicht der Wohnraum dem Mieter zum dauernden Gebrauch mit seiner Familie oder seinem Lebenspartner bei gemeinsamer Haushaltsführung überlassen ist (§ 549 Abs. 2 Nr. 2 BGB).
  Mit Wohnung des Vermieters sind die Räume gemeint, die sich hinter der Eingangstür
  befinden. Bei separaten Räumen genügt die Mitbenutzung wesentlicher Räume der
  Vermieterwohnung wie Küche oder Bad (AG Königswinter WuM 1994, 689; LG
  Detmold NJW-RR 1991, 77 ablehnend für ein möbliertes Zimmer mit separatem
  Treppenhauszugang und zugestellter Verbindungstür zur Wohnung des Vermieters, sofern keine Mitbenutzung von Küche und Bad vorliegt). Die erleichterte Kündigung gilt
  auch, wenn der Vermieter seine Wohnung nur als Zweitwohnung nutzt (LG Berlin
  ZMR 1980, 144). Die überwiegende Ausstattung mit Einrichtungsgegenständen ist
  anzunehmen, wenn der Vermieter mehr als die Hälfte der Einrichtungsgegenstände
  (bezogen auf die Funktion, nicht auf den Wert) zu stellen hat.
- **Wohnraum, den eine juristische Person des öffentlichen Rechts oder ein anerkannter
  privater Träger der Wohlfahrtspflege angemietet hat,** um ihn Personen mit dringen-
  dem Wohnungsbedarf zu überlassen, wenn sie den Mieter bei Vertragsschluss auf die
  Zweckbestimmung des Wohnraums und die Ausnahme vom Mieterschutz hingewiesen
  hat (§ 549 Abs. 2 Nr. 3 BGB). Es wird auf juristische Personen des öffentlichen Rechts

(z. B. Städte, Gemeinden, Kreise, Gemeindeverbände, Kirchen, Stiftungen des öffentlichen Rechts) und auch auf anerkannte private Träger der Wohlfahrtspflege abgestellt. Damit können auch z. b. eingetragene Vereine durch die Regelung begünstigt sein.

- **Wohnraum in einem Studenten- oder Jugendwohnheim** (§ 549 Abs. 3 BGB). Maßgeblich ist nicht die Vertragsgestaltung, sondern es kommt auf die objektiven Umstände an. Für die Einordnung als Studenten- oder Jugendwohnheim (zum Begriff vgl. AG München WuM 1992, 133) kommt es auf die Widmung des Trägers sowie auf die Eignung nach baulicher Anlage und Ausstattung an, eine Vielzahl von Studenten mit preisgünstigem Wohnraum zu versorgen (LG Konstanz WuM 1995, 539; AG Frankfurt/M. NJW-RR 1997, 1503).

**Rechtsfolgen:** Nicht erforderlich ist ein berechtigtes Interesse an der Kündigung (§§ 573, 573d Abs. 1 BGB), nicht anwendbar sind die weniger weit gehenden Vorschriften über die erleichterte Kündigung (§ 573a BGB), die Vorschriften zum qualifizierten Zeitmietvertrag (§§ 575, 575a Abs. 1 BGB – also ist in diesem Rahmen ein einfacher Zeitmietvertrag noch statthaft, vgl. D. II. 1 Anm. 1), die Einschränkungen von Kündigungen bei der Bildung von Wohnungseigentum an vermieteten Wohnungen (§§ 577, 577a BGB). Da der Kündigungsschutz des Mieters gemäß § 573 Abs. 4 BGB zu seinem Nachteil nicht abdingbar ist, kann ein Mietverhältnis im Sinne von § 549 BGB nicht vereinbart werden, wenn die tatsächlichen Voraussetzungen hierfür nicht vorliegen.

Anwendbar bleiben die weitergehenden Vorschriften, z. B. Schriftform der Kündigung und die Kündigungsfristen (D. III. 1 Anm. 3). Ist bei Wohnraum, der nur zu vorübergehendem Gebrauch vermietet worden ist (§ 549 Abs. 2 Nr. 1 BGB), eine kürzere Kündigungsfrist als die gesetzliche vereinbart, gilt die vereinbarte Frist (§ 573c Abs. 2 BGB). Bei Wohnraum, der Teil der vom Vermieter bewohnten Wohnung ist (§ 549 Abs. 2 Nr. 3 BGB), ist die Kündigung bis zum 15. eines Monats zum Ablauf des Monats zulässig. Ein befristeter Kündigungsausschluss in AGB ist unwirksam (AG Hamburg WuM 2006, 668 mit Anm. Blank). Abgesehen von den Kündigungsfristen (s. o.) und dem Unterschied bei der Anwendbarkeit der Sozialklausel (vgl. Anm. 5) sind die Rechtsfolgen in den Fällen von § 549 Abs. 2 BGB einerseits und § 549 Abs. 3 BGB andererseits gleich.

**4.** Zu Zweck und Inhalt des **Widerspruchs** gegen die stillschweigende Fortsetzung des Mietverhältnisses vgl. D. III. 1 Anm. 7, D. III. 16.

**5.** Zu Zweck und Inhalt des **Sozialwiderspruchs** vgl. Form. D. IV. 1, Form. D. III. 1 Anm. 8. Zu beachten ist, dass der Sozialwiderspruch nicht für die Mietverhältnisse gemäß § 549 Abs. 2 BGB gilt (s. o. Anm. 3). In diesen Fällen entfällt die im Formular aufgenommene Belehrung über das Widerspruchsrecht.

**6.** Zu **Gebühren und Gegenstandswert** vgl. Form. D. III. 1 Anm. 9. Da die Kündigung nicht gemäß § 573 Abs. 3 BGB zu begründen ist, ist VV 2302 zu beachten.

# 15. Kündigung des Mieters[1]

......
(Mieter)

an

......
(Vermieter)
Zustellungsvermerk[2]

Sehr geehrte(r) ......

Den Mietvertrag über die von mir angemietete Wohnung ...... kündige ich hiermit
zum ......[3]

Die Wohnung steht ab dem ...... zur Übergabe bereit. Wegen eines Übergabetermins bitte ich um einen Vorschlag.[4]

......
(Mieter)

## Anmerkungen

**1.** Die Kündigung durch den Mieter richtet sich nach § 568 Abs. 1 BGB.

**2.** Da die Kündigung nur mit **Zugang** wirksam wird, sollte auf die Nachweisbarkeit
des Zugangs geachtet werden, vgl. Form. D. I. 1 Anm. 2, Form. B. I. 1 Anm. 1.

**3.** Auch die Kündigung des Mieters bedarf gemäß § 568 Abs. 1 BGB der schriftlichen
Form (vgl. hierzu D. III. 1 Anm. 3, ferner LG Wuppertal WuM 2005, 585). Der Mieter
muss mit der Kündigung deutlich zum Ausdruck bringen, dass das Mietverhältnis zu einem bestimmten Zeitpunkt beendet werden soll (vgl. D. III. 1 Anm. 3). Die Kündigungsfrist (vgl. hierzu auch D. III. 1 Anm. 3) beträgt bei der ordentlichen Kündigung durch
den Mieter gemäß § 573c Abs. 1 BGB einheitlich 3 Monate (bis zum 3. Werktag des Kalendermonats zum Ablauf des übernächsten Monats). Es muss kein konkreter Zeitpunkt
angegeben werden, die irrtümliche Angabe eines falschen Beendigungszeitpunkts berührt
nicht die Wirksamkeit der Kündigung, es gilt vielmehr die gesetzliche Frist (LG Köln
ZMR 1992, 343; Palandt/*Weidenkaff* § 568 Rdn. 4). Es genügt die Kündigung „zum
nächstzulässigen Termin". Die Angabe von Kündigungsgründen ist nicht erforderlich.

**4.** **Gebühren und Gegenstandswert:** vgl. Form. D. III. 1 Anm. 9. VV 2302 ist zu beachten.

## 16. Widerspruch gegen eine stillschweigende Verlängerung des Mietverhältnisses gemäß § 545 BGB[1]

......

(Vermieter)

an

......

(Mieter)

Zustellvermerk[2]

Sehr geehrte(r) ......

Wie ich feststellen musste, war die Wohnung zum Zeitpunkt der Beendigung des Mietverhältnisses am ...... noch vollständig eingerichtet und genutzt. Ich widerspreche ausdrücklich einer stillschweigenden Verlängerung des Mietverhältnisses.[3]

Ich weise Sie darauf hin, dass Sie gemäß § 546 a Abs. 1 BGB für die Dauer der Vorenthaltung eine Entschädigung in Höhe der ortsüblichen Vergleichsmiete schulden. Die ortsübliche Vergleichsmiete beträgt ...... EUR und liegt damit deutlich über der von Ihnen geschuldeten Miete.[4] Außerdem behalte ich mir einen weitergehenden Schadensersatzanspruch vor (§ 571 Abs. 2 BGB), da die Wohnung zum ...... bereits wieder vermietet war und der Nachfolgemieter mir mitgeteilt hat, er sei nicht bereit, weiter auf den Einzug zu warten.[5]

......

(Vermieter)

*Schrifttum: Allweil,* Die stillschweigende Verlängerung des Mietverhältnisses nach Ablauf der Mietzeit, DWW 1967, 93; *Bodie,* § 568 BGB und Räumungsklage, WuM 1966, 130; *Bullert,* Die Kündigung bei fortgesetztem Mietverhältnis nach § 568 BGB, NJW 1967, 139; *Both,* § 568 BGB – Fallstrick oder Rettungsleine?, GE 1998, 847; *Gather,* Stillschweigende Verlängerung eines Mietvertrages, DWW 1980, 293; *Schmid,* Zur Auslegung des § 568 BGB, DWW 1981, 186; *Schroers,* § 568 BGB – Bedeutung und Anwendung der Vorschrift, WuM 1974, 65.

### Anmerkungen

**1.** Vgl. Form. D. III. 1 Anm. 8.

**2.** Zum praktischen Erfordernis des Zugangsnachweises und zu den Nachweismöglichkeiten wird auf Form. D. I. 1 Anm. 2, Form. B. I. 1 Anm. 1 verwiesen. Der Nachweis ist wesentlich, da der Vermieter eine Verlängerung des Mietverhältnisses in Kauf nehmen muss, sofern er nicht in der Lage ist, den Zugang des Schreibens zu beweisen.

**3.** Gemäß § 545 BGB **verlängert sich das Mietverhältnis auf unbestimmte Zeit,** wenn nicht der entgegenstehende Wille innerhalb von 2 Wochen nach Ablauf der Mietzeit erklärt wird. Zweck der Vorschrift ist die Vermeidung eines vertragslosen Zustands. Die Folge tritt unabhängig von Vorstellung und Willen der Parteien ein, so dass eine Anfechtung nicht in Betracht kommt (Palandt/*Weidenkaff* § 545 Rdn. 10; bei Drohung und Arglist aber Einrede gemäß § 242 BGB). Die Vertragspartei, also sowohl Vermieter als auch Mieter, die die Rechtsfolge verhindern will, muss **Widerspruch** erheben. Bei mehreren Vermietern genügt der Widerspruch eines Vermieters (OLG Rostock WuM 2004, 470 mit Anmerkung *Pütz* WuM 2004, 531). Der Widerspruch ist formlos und kann auch durch schlüssiges Verhalten erklärt werden. Es empfiehlt sich indes aus Gründen der Nachweisbarkeit ein schriftlicher Widerspruch mit Zustellnachweis (vgl. Anm. 2). Die Vereinbarung zwingender Schriftform in einem Formularvertrag soll gegen § 307 Abs. 2 BGB verstoßen (Schmidt-Futterer/*Blank* § 545 Rdn. 34, aber streitig). **Vertretung** durch Dritte ist zulässig. In diesem Fall sollte wegen der Zurückweisungsmöglichkeit des Empfängers gemäß § 174 BGB eine Vollmacht beigefügt werden.

Die **Frist zum Widerspruch** beginnt für den Mieter mit der Fortsetzung des Gebrauchs, also nach Ablauf der Mietzeit, und für den Vermieter ab Kenntnis der Fortnutzung. Auf Seiten des Vermieters ist positive Kenntnis erforderlich, fahrlässige Unkenntnis lässt die Frist nicht anlaufen. Es besteht keine Erkundigungspflicht des Vermieters. Der Vermieter muss sich aber die Kenntnis seiner Vertreter (Hausverwalters, bei mehreren Vermietern des zuständigen Mitvermieters – grundsätzlich aber Kenntnis aller Vermieter erforderlich) zurechnen lassen (Schmidt-Futterer/*Blank* § 545 BGB Rdn. 25). Die Frist ist nach §§ 186 ff. BGB zu berechnen.

Eine stillschweigende Fortsetzung des Mietverhältnisses nach Beendigung durch eine Kündigung kann **mietvertraglich ausgeschlossen** werden (BGH NJW 1991, 1751; Palandt/*Weidenkaff* § 545 Rdn. 4). Ist § 545 BGB vertraglich wirksam ausgeschlossen, bedarf es keines Widerspruchs. Formularvertraglich genügt nicht der bloße Ausschluss von § 545 BGB (a.A. LG Erfurt WuM 2008, 963), es ist vielmehr eine auf den Inhalt der Vorschrift eingehende Regelung erforderlich, die so deutlich formuliert sein muss, dass sie für einen Laien verständlich ist (OLG Rostock NJW 2006, 3217; OLG Schleswig RE WuM 1996, 85).

Die Aufnahme des Widerspruchs in das **Kündigungsschreiben** ist an sich nicht notwendig, aber ratsam, da ein eigenständiger Widerspruch nach Beendigung der Mietdauer im Falle der fortdauernden Nutzung durch den Mieter innerhalb von 2 Wochen zu erklären ist und bei Versäumung dieser Frist die Kündigung hinfällig wird. Es ist allerdings zu beachten, dass in der Rechtsprechung ein Fortsetzungswiderspruch nur dann als wirksam angesehen wird, wenn ein naher zeitlicher Zusammenhang zwischen dem Fortsetzungswiderspruch und dem Vertragsende besteht. Der zeitliche Zusammenhang soll in der Regel bei fristlosen, nicht aber bei fristgemäßen Kündigungen gewahrt sein (OLG Hamm OLGR Hamm 1993, 221; LG Kassel WuM 1989, 518; LG Mannheim WuM 1977, 229: 2½ Monate vor Vertragsende ohne besondere Umstände unzureichend; LG Ansbach NJW-RR 1996, 1479: ein loser zeitlicher Zusammenhang reicht auch dann nicht, wenn schon ein Räumungsurteil vorliegt; a.A. LG Bonn WuM 1992, 617). Bei der ordentlichen Kündigung ist also im Falle der Fortnutzung nach Vertragsende zu einer Wiederholung des Fortsetzungswiderspruchs zu raten. Wurde aber kurz vor Mietende mitgeteilt, dass einer Fortsetzung des Mietverhältnisses nicht zugestimmt wird, kann ein Fortsetzungswiderspruch entbehrlich sein (BayObLG WuM 1981, 253).

Die Rechtsprechung geht nicht davon aus, dass bei einer fristlosen Kündigung der § 545 BGB ausschließende Beendigungswille ohne Weiteres anzunehmen sei (BGH NJW 1980, 1577 offengelassen; LG Hamburg WuM 1975, 57; LG Karlsruhe MDR 1981, 847). Unanwendbar ist § 545 BGB, wenn die Räumungsverpflichtung tituliert ist (Urteil) oder die Gebrauchsfortsetzung auf einer gerichtlichen, vom Vermieter gewährten, oder vereinbarten Räumungsfrist beruht (Schmidt-Futterer/*Blank* § 545 Rdn. 12). Die Anwendung von § 545 BGB setzt die Fortsetzung des Gebrauchs voraus, die nicht schon darin liegt, dass die Mietsache nicht herausgegeben wird (Palandt/*Weidenkaff* § 545 Rdn. 7). Es genügt, wenn einer von mehreren Mietern den Gebrauch fortsetzt oder die Wohnung einem Dritten überlassen wird, der den Gebrauch fortsetzt (Schmidt-Futterer/ *Blank* § 545 Rdn. 15).

**4.** Nach LG Berlin (WuM 1993, 351) soll ein Anspruch auf die höhere ortsübliche **Nutzungsentschädigung** anstelle der vereinbarten Miete erst ab dem Zeitpunkt bestehen, ab dem der Vermieter die Nutzungsentschädigung geltend gemacht hat.

**5.** **Gebühren und Gegenstandswert:** Beschränkt sich die anwaltliche Tätigkeit auf den Fortsetzungswiderspruch, dürfte lediglich die Gebühr gemäß VV 2302 (0,3-Gebühr) für einfache Schreiben anfallen, 05,–2,5-Gebühr, vgl. Form. D. III. 1 Anm. 9). Erfolgt der Widerspruch im Rahmen des Mandats zur Beendigung des Mietverhältnisses durch Kündigung, so wird diese Tätigkeit von der Geschäftsgebühr mit umfasst, § 15 Abs. 1 RVG. Der Gegenstandswert dürfte gemäß §§ 2 Abs. 1, 23 Abs. 1 RVG, 41 Abs. 1 GKG regelmäßig einen **Jahresmietwert** (vgl. hierzu Form. D. III. 1 Anm. 9) betragen. Durch den Fortsetzungswiderspruch wird nämlich verhindert, dass ein Mietverhältnis auf unbestimmte Dauer entsteht.

# IV. Sozialklausel

## 1. Widerspruch des Mieters gegen die Kündigung gemäß §§ 574 ff. BGB[1]

......

(Mieter)

an

......

(Vermieter)

Zustellungsvermerk[2]

Sehr geehrte(r) ......

Der von Ihnen ausgesprochenen Kündigung wegen Eigenbedarfs widerspreche ich hiermit fristgerecht.[3]

Ich bin 82 Jahre alt und bewohne die Wohnung seit nunmehr 43 Jahren. Da ich mich noch gut versorgen kann, kommt der Umzug in ein Altenwohnheim für mich nicht in Frage. In meiner Wohnung und in dem Umfeld bin ich in besonderer Weise verwurzelt. Einen Umzug würde ich bei meinem altersbedingten Gesundheitszustand nicht verkraften. Ein Auszug ist mir daher nicht zuzumuten. Dabei ist zu berücksichtigen, dass Ihnen bei Ankauf des Hauses die in meiner Person begründeten Umstände bekannt waren.[4]

Aus den vorgenannten Gründen bitte ich um Ihre Zustimmung, das Mietverhältnis auf unbestimmte Zeit fortzusetzen.[5]

### – Alternative –

Ein Umzug ist mir innerhalb der Kündigungsfrist nicht zumutbar. Für meine Familie mit 5 Kindern ist es schwierig, eine angemessene Wohnung innerhalb einer so kurzen Frist zu finden. Hinzu kommt, dass ich bei der Suche auf eine Wohnung in dem bisherigen Wohnumfeld angewiesen bin. Anderenfalls müssten meine Kinder die Schule wechseln, was unzumutbar ist. Ich gehe davon aus, dass es mir gelingt eine geeignete Wohnung zu finden, wenn mir für die Suche weitere 8 Monate zur Verfügung stehen. Für diesen Zeitraum bitte ich das Mietverhältnis fortzusetzen. Falls ich zu einem früheren Zeitpunkt eine geeignete Wohnung anmieten kann, bin ich selbstverständlich zu einem vorzeitigen Auszug bereit.[6]

......

(Mieter)

*Schrifttum: Blank,* Verhältnis der Sozialklausel zur Räumungsfrist, WuM 2008, 14; *Clasen,* Ist ein telegrafisch übermittelter Kündigungswiderspruch des Mieters nach § 556a Abs. 5 S. 1 BGB unwirksam, BlGBW 1975, 126; *Franke,* Die Sozialklausel (§ 556a BGB) im Spannungsfeld zwischen Kündigung und Bestandsinteresse, ZMR 1993, 93; *Karst,* Auswirkungen des § 556a BGB auf die Zulässigkeit einer Klage auf künftige Räumung gemäß § 259 ZPO, ZMR 1988, 453; *Nies,* Fallstricke im Mietprozess: Kündigungswiderspruch, stillschweigende Vertragsfortsetzung, Fortsetzungsverlangen, NZM 1998, 18; von *Schoenebeck,* Das Widerspruchsrecht nach der Sozialklausel, WuM 1980, 213; *Schopp,* Der Bestandsschutz bei außerordentlicher, fristgerechter Kündigung von Wohnraummietverhältnissen durch den Vermieter, ZMR 1980, 97; *Wetekamp,* Neue Bedeutung der Sozialklausel der §§ 556 a–c BGB?, DWW 1990, 102.

## Anmerkungen

**1.** Die sog. **Sozialklausel** trägt dem Bestandsinteresse des Mieters an der Wohnung als seinem Lebensmittelpunkt Rechnung. Nicht jedes schutzwürdige Interesse des Vermieters hat Vorrang vor dem Bestandsinteresse des Mieters. §§ 574 ff. BGB dienen der Ausgleichung der wechselseitigen Interessen. Je nach Interessenlage kann dem Herausgabeinteresse des Vermieters oder dem Bestandsinteresse des Mieters der Vorrang gebühren. Es kommt eine befristete oder in Ausnahmefällen eine unbefristete Fortsetzung des Mietverhältnis in Betracht, je nach Sachlage mit oder ohne eine Verbesserung der Vertragsbedingungen zugunsten des Vermieters.

§§ 574–574 c BGB sind zum Nachteil des Mieters nicht vertraglich abdingbar (§§ 574 Abs. 4, 574 a Abs. 3, 574 b Abs. 3, 574 c Abs. 3 BGB). Zur Belehrung über das Recht zum **Widerspruch** durch den Vermieter vgl. jeweils bei den Kündigungen (Form. D. III., Erläuterung Form. D. III. 1 Anm. 7).

**2.** Da es sich um ein **fristgebundenes Recht des Mieters** handelt, sollte auf die Nachweisbarkeit des Zugangs geachtet werden, vgl. D. I. 1 Anm. 2, B. I. 1 Anm. 1.

**3.** § 574 b BGB regelt **Form und Frist des Widerspruchs** (zugunsten des Mieters zwingend). Der Widerspruch ist durch den Mieter schriftlich zu erklären (zur Schriftform vgl. D. III. 1 Anm. 3). Der Vermieter kann die Fortsetzung des Mietverhältnisses ablehnen (geltend zu machende Einrede, kein Ausschlusstatbestand), wenn der Mieter ihm den Widerspruch nicht spätestens 2 Monate vor der Beendigung des Mietverhältnisses erklärt hat. Maßgeblich für den Fristablauf ist nicht die Absendung, sondern der Zugang beim Vermieter. Hat aber der Vermieter seinerseits nicht rechtzeitig vor Ablauf der Widerspruchsfrist auf die Möglichkeit des Widerspruchs sowie auf dessen Form und Frist hingewiesen (vgl. hierzu Form. D. III. 1 Anm. 7), kann der Mieter den Widerspruch noch bis zum ersten Termin eines Räumungsrechtsstreits erklären.

Auf Verlangen des Vermieters soll der Mieter unverzüglich (§ 121 Abs. 1 BGB: ohne schuldhaftes Zögern, vgl. hierzu Form. D. I. 2 Anm. 5) Auskunft über die Gründe erteilen. Hieraus folgt, dass eine Begründung durch den Mieter nicht Wirksamkeitsvoraussetzung ist, auch dann nicht, wenn der Vermieter eine Begründung verlangt. Kommt es aber zu einer Räumungsklage, muss der Mieter bei unterlassener oder verspäteter Begründung gemäß § 93 b ZPO mit Kostennachteilen rechnen, wenn der Vermieter Räumungsklage erhebt, weil er die Berechtigung des Widerspruchs nicht beurteilen kann.

Zu Besonderheiten des Sozialwiderspruchs gemäß § 576 a BGB bei Werkmietwohnungen vgl. D. III. 10 Anm. 7.

**4.** § 574 BGB ist **anwendbar** bei einer Kündigung eines Wohnraummietverhältnisses durch den Vermieter, ausgenommen die außerordentliche fristlose Kündigung (§ 574 Abs. 1 Satz 2 BGB). Gemäß § 575 a Abs. 2 BGB gilt die Sozialklausel auch für den Fall der außerordentlichen befristeten Kündigung eines Zeitmietvertrages. Nicht anwendbar ist § 574 BGB im Falle der Anfechtung.

„**Härte**" ist umfassend zu verstehen, gemeint sind z. B. wirtschaftliche, finanzielle, gesundheitliche, familiäre oder persönliche Nachteile. Es genügt, wenn der Härtegrund nur bei einem von mehreren Mietern vorliegt. Geschützt sind der Mieter, seine Familie sowie andere Angehörige seines Haushalts. Die Person muss mit dem Mieter in der Wohnung zusammenleben (Schmidt-Futterer/*Blank* § 574 Rdn. 20). Bei der Beurteilung fallen die kündigungstypischen Belastungen nicht ins Gewicht. In der Praxis ist eine zurückhaltende Anwendung der Sozialklausel zu beobachten.

**Beispiele aus der Praxis für Härtefälle,** wobei eine konkrete Bewertung im Einzelfall unerlässlich bleibt:

- **Fehlender Ersatzwohnraum** kann eine Härte begründen, wenn Ersatzwohnraum zu zumutbaren Bedingungen nicht beschafft werden kann. Der Härtegrund entfällt nicht schon deshalb, weil eine Räumungsfrist gemäß § 721 ZPO bewilligt werden kann (OLG Oldenburg RE WuM 1970, 132; OLG Stuttgart RE NJW 1969, 240). Der Mieter muss allerdings zuvor alle erforderlichen und zumutbaren Maßnahmen ausgeschöpft haben. Zu berücksichtigen ist, wenn der Mieter in schlechten Vermögens- und Einkommensverhältnissen lebt, eine kinderreiche Familie vorhanden ist, ein berufstätiger Alleinerziehender zeitliche Schwierigkeiten hat.
- **Hohes Alter** kann eine Härte darstellen. Das gilt insbesondere in Verbindung mit einer langen Wohndauer. Der Erwerber einer Mietwohnung muss sich dieses Risikos bewusst sein (LG Zwickau WuM 1998, 159). Eine Räumungsunfähigkeit kann angenommen werden, wenn sich durch den Umzug der Gesundheitszustand oder die Lebenssituation des Mieters erheblich verschlechtert. Dies wird bei Krankheiten, auf die sich der Umzug nachteilig auswirken würde, anzunehmen sein. Ist der Mieter dagegen trotz des hohen Alters noch rüstig und ist die Verwurzelung auf Grund der Mietdauer nicht so stark, dass seine Lebenssituation durch den Umzug erheblich beeinträchtigt würde, wäre der Härtegrund nicht anzunehmen. Beispiele aus der Rechtsprechung für erfolgreiche Sozialwidersprüche: LG Essen WuM 2000, 357 (ca. 90 Jahre, schwerbehindert, über 20 Jahre Mietdauer); LG Bochum ZMR 2007, 452 (hochbetagt, schwer krank, 40 Jahre Mietdauer); LG Koblenz WuM 1990, 20 (83 Jahre, 17 Jahre Mietdauer); LG Oldenburg WuM 1991, 346 (69 Jahre, Suizidgefahr, 15 Jahre Mietdauer); LG Stuttgart WuM 1993, 46 (83 Jahre, krank, 19 Jahre Mietdauer); AG Landau NJW 1993, 2249 (79 Jahre, schwer herzkrank, 35 Jahre Mietdauer); LG Hamburg WuM 1995, 439 (74 Jahre, 30 Jahre Mietdauer); LG Zwickau WuM 1998, 159 (84 Jahre, krank, 25 Jahre Mietdauer).
- **Krankheit oder Behinderung** können Härtegründe darstellen (BVerfG WuM 1993, 172; LG Aachen WuM 2006, 692 zur Behinderung eines Angehörigen). Ist die Krankheit vorübergehend, kommt nur eine Fortsetzung des Mietverhältnisses auf bestimmte Zeit in Betracht. Zur optimalen Versorgung und Pflege des Mieters: AG Lübeck WuM 2003, 214. Auch eine ernsthafte Suizidgefahr ist zu beachten (LG Oldenburg WuM 1991, 346).
- **Schwangerschaft** kann zu einer befristeten Fortsetzung des Mietverhältnisses führen, wenn der Umzug zur Unzeit, etwa kurz vor der Niederkunft, stattfinden würde (LG Stuttgart WuM 1991, 347).
- **Inaussichtstellen einer langen Mietzeit.** Ist keine verbindliche Zusage hierüber getroffen worden, hat aber der Mieter auf die Ankündigung des Vermieters vertraut und durfte er hierauf vertrauen, kann eine Härte angenommen werden, wenn der Mieter in Erwartung der langen Mietdauer gewichtige Investitionen getätigt hat. Das bloße Vertrauen auf eine unwirksame Zusage wird dagegen nicht geschützt (OLG Karlsruhe RE WuM 1971, 96; OLG Frankfurt WuM 1971, 168).
- **Zwischenumzug,** der deshalb erforderlich wäre, weil zwar eine Ersatzwohnung zur Verfügung steht, diese aber erst kurz nach dem Zeitpunkt der Beendigung des Mietverhältnisses verfügbar ist. Ein zweifacher Umzug ist in der Regel nicht zumutbar (AG Dortmund WuM 2004, 210; LG Mannheim NJW 1964, 2307 bejahend, wenn 1 Jahr zwischen Mietende und Einzug in ein neues Haus liegt, der Umzug aber aus persönlichen, wirtschaftlichen oder örtlichen Gründen nicht zumutbar ist). In diesem

Fall kann sogar eine besondere sittenwidrige Härte im Sinne von § 765a ZPO vorliegen.

- Der drohende **Verlust eines Kundenstamms** kann ein Härtegrund sein (OLG Köln WuM 1968, 179).
- Ggf. können auch **berufliche oder schulische Schwierigkeiten** berücksichtigt werden. Einzelheiten bei Schmidt-Futterer/*Blank* § 574 Rdn. 52 f.

Die vorgenannten Gründe sind im Wege einer Interessenabwägung an dem berechtigten Erlangungsinteresse des Vermieters zu messen (hierzu: LG Bremen WuM 2003, 333). Existentiellen Belangen einer vierköpfigen Familie mit zwei Kindern kann Vorrang vor den Interessen eines erheblich erkrankten Mieters zukommen (BVerfG WuM 1993, 172).

**5.** Gemäß § 574a BGB kann der Mieter verlangen, dass das Mietverhältnis so lange fortgesetzt wird, wie es die Umstände erfordern. Kommt eine zunächst anzustrebende Einigung nicht zustande, bedarf es einer gerichtlichen Entscheidung. In der Praxis wird der Kündigungswiderspruch regelmäßig im Rahmen einer Räumungsklage des Vermieters zu beurteilen sein. Hat der Vermieter Anlass zu der Annahme, dass der Mieter zu dem genannten Zeitpunkt nicht ausziehen wird, sollte er sich auf eine nur kurzfristige Fortsetzung des Mietverhältnisses nicht einlassen. Angesichts der Dauer einer Räumungsklage wird der Vermieter im Verlaufe des Rechtsstreits Gewissheit erlangen, ob die Befürchtung berechtigt ist (aber Kostennachteile gemäß § 93b ZPO können entstehen, wenn sich der Vermieter in seiner Annahme täuscht). Mit Ablauf einer durch Urteil bestimmten Frist endet der Mietvertrag (LG Braunschweig WuM 1998, 220). Die Interessen des Mieters werden durch eine gerichtliche Inanspruchnahme regelmäßig nicht nachhaltig berührt. Allerdings ist auf Seiten des Vermieters eine Kostentragungspflicht in Kauf zu nehmen, sollte der Mieter sich zu Recht auf Härtegründe berufen haben und überdies zu dem genannten Zeitpunkt ausgezogen sein (§ 93b ZPO). Ist unklar, ob und wann die Umstände fortfallen, kann bestimmt werden, dass das Mietverhältnis auf unbestimmte Zeit fortgesetzt wird (§ 574a Abs. 2 Satz 2 BGB – Ausnahmefall). Gemäß § 574c BGB kann eine weitere Fortsetzung des Mietverhältnisses bei unvorhergesehenen Umständen in Betracht kommen. Das kann der Fall sein, wenn erhebliche Umstände eintreten, die bei der ursprünglichen Beurteilung nicht bedacht worden waren, oder wenn erhebliche Umstände nicht eintreten, mit denen bei der ursprünglichen Beurteilung gerechnet worden ist.

Ist dem Vermieter bei einer Fortsetzung auf bestimmte Zeit die Fortsetzung zu den bisherigen Vertragsbedingungen nicht zumutbar, kann der Mieter nur eine Fortsetzung unter einer angemessenen Änderung der Bedingungen verlangen (vgl. D. IV. 2.). In erster Linie gilt dies bei niedrigem Mietzins, aber beispielsweise auch hinsichtlich Betriebskostenumlage, Fälligkeitsregelung, Schönheitsreparaturen, Kaution, Hausreinigung (Palandt/*Weidenkaff* § 574a Rdn. 3). Stellt der Mieter klar, dass er eine Fortnutzung zu geänderten Bedingungen nicht wünscht, können diese nicht durch Urteil bestimmt werden, vielmehr ist der Widerspruch des Mieters nicht mehr zu *berücksichtigen* (Schmidt-Futterer/*Blank* § 574a Rdn. 17). Die Einigung oder die Bestimmung durch Urteil ist grundsätzlich bindend.

**6.** Gebühren und Gegenstandswert vgl. D. III. 1 Anm. 9. Für die Anwendung von VV 2300 oder 2302 kann es darauf ankommen, ob eine Begründung im Hinblick auf ein Verlangen des Vermieters gemäß § 574b Abs. 1 Satz 2 BGB angezeigt war. Wird die Kündigung einerseits bestritten und zusätzlich Widerspruch erhoben, gelten für die Wertfestsetzung §§ 2 Abs. 1, 23 Abs. 1 RVG, 41 Abs. 2 GKG. Erhebt der Mieter nur den Widerspruch, ist gemäß § 41 Abs. 1, 2 Satz 1 GKG regelmäßig der Mietwert für die begehrte Fortdauer, höchstens der Jahresmietwert, maßgeblich.

## 2. Antwort des Vermieters auf den Widerspruch des Mieters

......

(Vermieter)

an

......

(Mieter)

Sehr geehrte(r) ......

Auf den von Ihnen erhobenen Widerspruch teile ich Ihnen mit, dass ich einer Fortsetzung des Mietverhältnisses wie von Ihnen erbeten bis zum ...... unter der nachfolgenden Voraussetzung zustimme.

Sie zahlen derzeit eine Nettomiete i. H. v. 350,– EUR mtl. Dieser Betrag liegt deutlich unter der ortsüblichen Vergleichsmiete. Ich zahle in der von mir angemieteten, nach Größe, Lage und Ausstattung gleichwertigen Wohnung eine Nettomiete i. H. v. 500,– EUR mtl. Eine Fortsetzung des Mietverhältnisses ist mir daher nur zuzumuten, wenn mir hierdurch kein Verlust entsteht. Ich bin daher bereit, der Fortsetzung des Mietverhältnisses zuzustimmen, wenn Sie mit einer Erhöhung der Nettomiete auf 500,– EUR mtl. mit Wirkung ab dem ...... einverstanden sind.

Ich bin bereit, Sie vorzeitig aus dem Mietverhältnis zu entlassen, wenn Sie früher Ersatzwohnraum gefunden haben. Wenn Sie mir den Auszug 2 Wochen vorher schriftlich ankündigen, kann das Mietverhältnis mit Ablauf des Monats, in dem der Auszug stattfindet, sein Ende finden.

Ich bitte Sie mir innerhalb von 2 Wochen mitzuteilen, ob Sie mit der Vertragsfortsetzung zu den vorgenannten Bedingungen einverstanden sind. Sollten Sie nicht einverstanden sein, bitte ich Sie um Mitteilung, ob Sie an dem Widerspruch festhalten.[1,2]

......

(Vermieter)

### Anmerkungen

**1.** Zum Widerspruch des Mieters gegen die Kündigung vgl. Form. D. IV. 1.

Der Vermieter ist bei Vorliegen berechtigter Gründe auf Seiten des Mieters zu einer Fortsetzung des Vertragsverhältnisses **nur zu angemessenen Bedingungen** verpflichtet, vgl. Form. D. IV. 1 Anm. 5. Die Vertragsfortsetzung führt nicht zu einem befristeten Mietverhältnis (vgl. Palandt/*Weidenkaff* § 574a Rdn. 2). Der Mieter kann daher vor Ablauf des Fortsetzungszeitraums kündigen.

Die Aufnahme einer Bestimmung zur vorzeitigen Beendigung des Mietverhältnisses ist für den Vermieter nur sinnvoll, wenn er den Wohnraum zu diesem Zeitpunkt nutzen kann. Ist der Vermieter zugleich Mieter, muss er berücksichtigen, dass er selbst an eine Kündigungsfrist gebunden ist. Strebt der Vermieter eine Vertragsanpassung an, sollte sein Antwortschreiben so vollständig gefasst werden, dass der Mieter lediglich zustimmen muss.

**2.** Gebühren und Gegenstandswert: Vgl. Form. D. III. 1 Anm. 9, Form. D. IV. 1 Anm. 6.

Soweit eine anwaltliche Beauftragung bereits für die Kündigung vorlag, ist das Antwortschreiben auf den Widerspruch des Mieters eine **einheitliche Angelegenheit** (§ 15 Abs. 2 RVG) vor, so dass keine gesonderte Gebühr anfällt.

# V. Außerordentliche Kündigung mit gesetzlicher Frist[1]

## 1. Kündigung des Mieters bei Modernisierungs- und Verbesserungsmaßnahmen (§ 554 Abs. 3 S. 2 BGB)[2]

......

(Mieter)

an

......

(Vermieter)

Sehr geehrte(r) ......,

Ihre Modernisierungsankündigung[3] vom ...... habe ich am ...... erhalten.

Sie teilen mir darin mit, dass Sie voraussichtlich ab dem ...... mit ...... (kurze Zusammenfassung der vom Vermieter in seiner Mitteilung angekündigten Modernisierungsmaßnahmen[4]) ...... beginnen werden. Die Arbeiten sollen nach Ihren Angaben wahrscheinlich über zwei Monate in Anspruch nehmen. Nach Abschluss der Baumaßnahmen wollen Sie meine monatliche Miete um ...... erhöhen.

Diese sich über Wochen hinweg abzeichnenden Unannehmlichkeiten möchte ich verständlicherweise nicht über mich ergehen lassen[5] und

kündige

daher gestützt auf § 554 Abs. 3 S. 2 BGB das zwischen uns bestehende Mietverhältnis gemäß Mietvertrag vom ...... über die Wohnung ...... zum ...... (Ablauf des folgenden Monats).[6]

......

(Mieter)

## Anmerkungen

**1.** Unter diesem Begriff werden diejenigen Tatbestände zusammengefasst, welche gemeinhin als „**Sonderkündigungsrechte**" bekannt sind (ausdrücklich als Sonderkündigungsrecht sogar bezeichnet z.B. in der amtlichen Überschrift zu § 561 BGB). Diese Sonderkündigungsrechte bedürfen, soweit nicht zulässigerweise vertraglich vereinbart (vgl. BGH NJW 2001, 3480; NZM 2003, 62; Staudinger/*Emmerich* § 569 Rdn. 61; Palandt/*Weidenkaff* § 542 Rdn. 14; generell **dagg.** wohl Emmerich/Sonnenschein/*Rolfs* § 542 Rdn. 42), jedenfalls bei der Vermieterkündigung von Wohnraum zwingend einer entsprechenden gesetzlichen Grundlage. Das Gesetz gewährt dabei diese außerordentliche Loslösungsmöglichkeit bei Leistungsstörungen oder wesentlichen Veränderungen in den Verhältnissen des einen oder anderen Vertragsteiles, die von keiner Seite zu vertreten sind, aber die zu Beginn des Mietverhältnisses gegebene Interessenlage grundlegend ver-

*Hannemann/Weber*

ändert haben (vgl. nur *Kossmann* § 93 Rdn. 1; *Roquette,* Das Mietrecht des BGB, § 564 Rdn. 23). § 573 d BGB trifft zwar einheitliche Regelungen für außerordentliche Kündigungen mit gesetzlicher Frist, gewährt selbst aber kein Sonderkündigungsrecht, sondern setzt dieses voraus.

Die auch nach der Mietrechtsreform verstreuten gesetzlichen Tatbestände, die ein Sonderkündigungsrecht gewähren, sind von der Zahl her ungefähr gleichmäßig auf Vermieter- und Mieterseite verteilt. Praktische Bedeutung erlangen diese Sonderkündigungsrechte allein dadurch, dass sie einmal als außerordentliche Kündigungsmöglichkeit **auch ein befristetes Mietverhältnis beenden** (vgl. § 542 Abs. 2 Nr. 1 BGB) und zum anderen **längere gesetzliche oder vertragliche Kündigungsfristen** (also in aller Regel des Vermieters – § 573 c Abs. 1 S. 2 BGB) **abkürzen.** Eine darüber hinausgehende Erleichterung der Kündigungsmöglichkeiten kommt ihnen demgegenüber nicht zu. Dies bedeutet vor allem, dass auch die Sonderkündigung des **Vermieters** eines befristeten Wohnraummietverhältnisses, soweit nach § 575 BGB noch zulässig, eines **berechtigten Interesses** i. S. d. §§ 573 und 573 a BGB bedarf (mit Ausnahme der Kündigung gegenüber den Erben des Mieters gem. § 564 BGB; vgl. Form. D. V. 5) und auch die **Sozialklausel** der §§ 574 ff. BGB (allerdings maximal bis zum Ablauf der Vertragslaufzeit) gilt (§ 575 a Abs. 1 und 2 BGB). Es bedeutet weiter, dass bei einem **Wohnraummietverhältnis auf unbestimmte Zeit** die Sonderkündigung des Vermieters ebenfalls nur dann rechtswirksam ist, wenn ihr ein berechtigtes Interesse zur Seite steht (§ 573 d Abs. 1 BGB; ausgenommen wiederum die Kündigung gegenüber den Erben des Mieters gem. § 564 BGB; vgl. Form. D. V. 5), und dass sich der Mieter auch dann auf die §§ 574 bis 574 c BGB berufen kann (abgeleitet aus der Streichung des Wortes „vertragsgemäß" in § 574 Abs. 1 S. 1 BGB gegenüber § 556 a Abs. 1 S. 1 BGB a. F.: BT-Drucks. 14/4553, S. 68 unter 1 b zu § 574 Abs. 1; damit ist der Rechtsentscheid des BGH aus dem Jahre 1982 – NJW 1982, 1696 = WuM 1982, 178 – in Gesetzesform gegossen worden).

Nachdem § 573 c Abs. 1 S. 1 BGB zwingend (§ 573 c Abs. 4 BGB) für die Kündigung durch den **Mieter** grundsätzlich nur noch die kurze dreimonatige Frist bestimmt, wirken sich dessen Sonderkündigungsrechte abgesehen von einem zulässigen Zeitmietvertrag nach § 575 BGB nur noch in drei Fällen aus: Einmal bei **vor dem 1. 9. 2001 abgeschlossenen befristeten Wohnraummietverträgen** i. S. v. § 564 c Abs. 1 und 2 BGB a. F., die nach wie vor ohne zeitliche Begrenzung fortgelten (Art. 229 § 3 Abs. 3 EGBGB). Zum Zweiten während eines zulässigen **vertraglichen Ausschlusses der ordentlichen Kündigung** für einen bestimmten Zeitraum (etwa individuell vereinbart für 5 Jahre, vgl. BGH NJW 2004, 1448, oder auch aufgrund vorformulierter Vertragsbedingungen für bis zu 4 Jahren, BGH NJW 2005, 1574; ausführlich dazu Hannemann/Wiegner/*Hannemann* § 29 Rdn. 96 ff. m. w. N.). Drittens schließlich bei **in vor dem 1. 9. 2001 abgeschlossenen Wohnraummietverträgen** individuell vereinbarten längeren Kündigungsfristen auch des Mieters, etwa in Anlehnung an § 565 Abs. 2 BGB a. F. In diesen Fällen ist nämlich nach Art. 229 § 3 Abs. 10 S. 1 EGBGB der neue § 573 c Abs. 4 BGB, der vorschreibt, dass eine zum Nachteil des Mieters von § 573 c Abs. 1 BGB abweichende Vereinbarung unwirksam ist, dann nicht anzuwenden, „wenn die Kündigungsfristen vor dem 1. 9. 2001 durch Vertrag vereinbart worden sind".

Heftig umstritten war allerdings, wann eine **Kündigungsfrist** im Sinne dieser Vorschrift als **„vereinbart"** gelten konnte. Mehr zur Verwirrung denn zur Auflösung dieses Rätselwortes trug dabei die – für die Auslegung unverbindliche (vgl. *Larenz/Canaris,* Methodenlehre der Rechtswissenschaft II. Kap. 4 1.2. f, S. 334) – Auffassung des Rechtsausschusses (BT-Drs. 14/5663, S. 83) bei, wonach die bloße Wiederholung der alten gesetzlichen Kündigungsfristen im Mietvertrag keine „echte Vereinbarung" sei, sondern im Regelfall der „Gesetzeswortlaut lediglich der Vollständigkeit halber zur bloßen Information über die Rechtslage im Vertragstext wiedergegeben" werde. Darin lag eine Unschärfe und mangelnde juristische Eindeutigkeit (was ist der Unterschied zwischen einer „echten" und einer dann wohl „unechten" Vereinbarung?), welche in der Praxis der Gerichte fortwirkte, bis der Gesetzgeber in Reaktion auf die Entscheidung der Streitfrage durch den BGH (NJW 2003, 2739), dahin nachbesserte, dass jetzt in Art. 229 § 3 Abs. 10 S. 2 EGBGB – in mehr für Verwirrung, als für Klarheit sorgender Art und Weise (doppelte bzw. dreifache Verneinung) – bestimmt wird, dass die in S. 1 bestimmte Nichtanwendbarkeit des Unwirksamkeitsgebots des § 573 c Abs. 4 BGB **nicht für ab dem 1. 6. 2005 zugehende Kündigungen** gelte, „wenn die Kündigungsfristen des § 565 Abs. 2 S. 1 und 2 des Bürgerlichen Gesetzbuchs in der bis zum 1. September 2001 geltenden Fassung durch Allgemeine Geschäftsbedingungen vereinbart worden sind".

Der allgemeine Verweis in § 573 d Abs. 1 BGB, dass § 573 BGB entsprechend anzuwenden sei, erstreckt sich allerdings nicht auf die Ausübung des Sonderkündigungsrechts durch den **Mieter.** Ein berechtigtes Kündigungsinteresse muss dieser nicht etwa vorbringen. Er muss seine **Kündigung** auch **nicht begründen.** Für ihn bleibt es bei dem für einseitige Gestaltungsrechte geltenden Grundsatz, dass die Angabe von Gründen nicht notwendiger Inhalt und Wirksamkeitsvoraussetzung der Kündigungserklärung ist (BGH NJW 1987, 432, 433; Palandt/*Weidenkaff* § 542 Rdn. 14; Staudinger/*Rolfs* § 542 Rdn. 68; a.A. *Sternel* IV Rdn. 29 ff., 35; *Roquette* Das Mietrecht des BGB, § 564 Rdn. 17 für alle Fälle der außerordentlichen Kündigung).

Ungeachtet dessen scheidet allerdings eine **Umdeutung** einer unwirksamen – weil ohne das Vorliegen der vom Gesetz bestimmten Voraussetzungen ausgesprochenen – außerordentlichen Kündigung gemäß § 140 BGB **in eine ordentliche Kündigung** regelmäßig aus (BGH NJW 1981, 976, 977). Es empfiehlt sich also für den Fall, dass sich der Kündigende des Vorliegens der Voraussetzungen eines Sonderkündigungsrechtes nicht sicher ist, gleichzeitig zu erklären, dass die Kündigung **hilfsweise als ordentliche Kündigung** gelten soll.

**2.** Mit § 554 Abs. 3 S. 2 BGB stellt das Gesetz der in Abs. 2 der Vorschrift bestimmten Duldungspflicht des Mieters ein **Sonderkündigungsrecht** zu seinen Gunsten gegenüber, welches hier vorrangig dem rechtspolitischen Anliegen der Systemgerechtigkeit dienen soll; die praktische Bedeutung der Norm ist gering (so zu Recht *Kossmann* § 44 Rdn. 75).

**3.** Dem Vermieter wird durch § 554 Abs. 3 S. 1 BGB gestattet, seine Erklärung dem Mieter gegenüber in der Textform des § 126 b BGB abzugeben, d.h. auch fernschriftlich (Telefax, Electronic Mail usw., vgl. hierzu Form. B. IV.) Für die Kündigungserklärung des Mieters gilt diese Formerleichterung dagegen nicht. Sie muss das **Schriftformerfordernis** des § 568 Abs. 1 BGB beachten.

**4.** Bei den vom Vermieter angekündigten Maßnahmen muss es sich um solche handeln, die der Mieter gem. § 554 Abs. 2 BGB zu dulden hat, weil sie der Verbesserung der Mietsache, der Einsparung (jeder Art) von Energie oder Wasser oder der Schaffung neuen Wohnraums dienen (vgl. hierzu Form. B. IV.). **Liegen die Voraussetzungen der Mitteilungspflicht des Vermieters bzw. der Duldungspflicht des Mieters nicht vor,** so soll nach einer Meinung auch kein Sonderkündigungsrecht des Mieters bestehen (Palandt/*Weidenkaff* § 554 Rdn. 29; wohl auch angesichts der Darstellung des Sonderkündigungsrechts nur unter der Überschrift „Wirksame Mitteilung": Herrlein/Kandelhard/*D. Both* § 554 Rdn. 124 ff.). Nach anderer Auffassung besteht dieses Kündigungsrecht des Mieters dagegen auch dann, wenn die Voraussetzungen einer Duldungspflicht nicht gegeben sind (LG Berlin MM 1995, 187; Staudinger/*Emmerich* § 554 Rdn. 56; *Lammel* Wohnraummietrecht, § 554 Rdn. 78), also auch, wenn der Vermieter seiner Mitteilungspflicht überhaupt nicht nachgekommen ist (Staudinger/*Emmerich* a.a.O.; wobei dann die Frist für die Ausübung des Sonderkündigungsrechts mit Kenntnis der Arbeiten beginnt: LG Berlin GE 1999, 573). Es solle vermieden werden, dass der Mieter sich mit dem Vermieter auf einen Streit darüber einlassen müsse, ob die Voraussetzungen der Duldungspflicht gegeben sind oder nicht (*Kossmann* § 44 Rdn. 80; Hannemann/Wiegner/*Vielitz* § 28 Rdn. 618). Nach *Sternel* (II Rdn. 336) löst nur eine wirksame Mitteilung des Vermieters das Sonderkündigungsrecht des Mieters aus, weil nichtige Rechtsakte keine Folgen zeitigen. Im Falle der unberechtigten Geltendmachung des Duldungsanspruchs von Seiten des Vermieters, könne der Mieter jedoch im Wege des Schadensersatzes verlangen, so gestellt zu werden, als sei er zur Kündigung berechtigt gewesen. In diese Richtung geht auch die Entscheidung LG Essen (WuM 1990, 513), die dem Vermieter seine Ansprüche gestützt auf die Allzweckwaffe des § 242 BGB versagt, da sie aus einer rechtswidrig erlangten Rechtsposition abgeleitet seien. Im Ergebnis kommt dem Meinungsstreit somit wohl nur theoretische Bedeutung zu.

Nach § 554 Abs. 3 S. 3 BGB besteht das Kündigungsrecht des Mieters nicht bei sog. **Bagatellmaßnahmen.** Dies sind Maßnahmen, die, wie z.B. die Anbringung von Thermostatventilen, einer neuen Klingel- oder Gegensprechanlage, einer neuen Briefkastenanlage, der Anschluss an das Kabelnetz oder der Einbau eines Durchlauferhitzers, nur mit einer unerheblichen Einwirkung auf die Mietsache verbunden sind und zudem nur zu einer unerheblichen Mieterhöhung von maximal 5% der (Netto-)Monatsmiete (LG Berlin NJW-RR 1992, 144; *Sternel* II Rdn. 339) führen.

**5.** Wie oben bei Anm. 1 bereits ausgeführt, muss die Sonderkündigung des Mieters zwar die Schriftform beachten (§ 568 BGB: von allen Mietern an alle Vermieter; auf Zugangsnachweis achten: Beweislast liegt beim Mieter; Stellvertretung möglich, aber § 174 BGB berücksichtigen, andernfalls kann die Sonderkündigung nicht mehr fristgerecht ausgesprochen sein). Sie bedarf aber **keiner Begründung.** Allerdings empfiehlt es sich für den Mieter, klarzustellen, dass er nicht ordentlich kündigt, sondern sein Sonderkündigungsrecht in Anspruch nimmt, wofür wohl der zweifelsfreie Hinweis auf die hier in diesem Fall (anders in der Regel gem. § 573d Abs. 2 BGB) kürzere Kündigungsfrist genügen dürfte. Diese **Klarstellung** ist vor allem deshalb erforderlich, da der Vermieter nur bei Inanspruchnahme des Sonderkündigungsrechts gehindert ist, von geringfügigen **Vorbereitungsarbeiten** abgesehen, wie etwa Besichtigen der Räume, Ausmessen, ggf. Abladen und nicht störendes Lagern von Material (*Freund/Barthelmess* ZMR 1977, 33), mit den vorgesehenen Modernisierungsmaßnahmen zu beginnen (vgl. ergänzend sogleich Anm. 6). Hierzu ist der Vermieter im Übrigen, sofern die Ankündigungsfrist von mindestens drei Monaten eingehalten ist, auch im Falle der **stillschweigenden Vertragsverlängerung** nach § 545 BGB bzw. im Fall der Vorenthaltung i.S.v. § 546a BGB, also der **Nichterfüllung der Rückgabepflicht** gem. § 546 BGB, berechtigt (Staudinger/*Emmerich* § 554 Rdn. 57).

**6.** § 554 Abs. 3 S. 2 BGB gewährt dem Mieter eine **Überlegungsfrist** von höchstens **zwei Monaten** nach Zugang der Modernisierungsmitteilung des Vermieters. Bis zum Ablauf des auf den Zugang der Mitteilung folgenden Monats muss der Mieter dann dem Vermieter die Kündigung erklärt haben. Die Kündigung wirkt **zum Ablauf des nächsten Monats.**

Daraus, dass der Vermieter nach § 554 Abs. 3 S. 1 BGB frühestens drei Monate nach Mitteilung an den Mieter mit den Modernisierungsmaßnahmen beginnen darf, ergibt sich nunmehr auch faktisch, wie soeben bereits angemerkt, dass der Vermieter bis zum Auszug des Mieters mit den beabsichtigten Maßnahmen nicht beginnen darf. Dies bedurfte vor der Mietrechtreform, bei der die Ankündigungsfrist noch zwei Monate betrug, noch einer ausdrücklichen gesetzlichen Regelung in § 541b Abs. 2 S. 3 BGB a.F.

Versäumt der Mieter die in § 554 Abs. 3 S. 2 BGB bestimmte gesetzliche Frist, so kann er die nachfolgende Geltendmachung der Mieterhöhung seitens des Vermieters gem. § 559 BGB zum Anlass einer **Sonderkündigung nach § 561 Abs. 1 S. 1 BGB** nehmen (vgl. hierzu unten Form. D. V. 7).

## 2. Kündigung des Mieters bei Verweigerung der Erlaubnis zur Gebrauchsüberlassung an Dritte (§ 540 Abs. 1 S. 2 BGB)[1]

......
(Mieter)

an

......
(Vermieter)

Sehr geehrte(r) ......

bei unserer Unterredung am ...... hatte ich um Ihre Erlaubnis zur Untervermietung der von mir bislang selbst bewohnten Räume ...... an ...... nachgesucht.[2] Da unser Mietverhältnis bis zum ...... befristet ist und Sie mich aus diesem Mietverhältnis vorzeitig nicht entlassen wollen, ich aber schon zum ...... meine neue Arbeitsstelle in ...... antreten werde, bin ich aus finanziellen Gründen zu einer Untervermietung meiner Wohnung gezwungen.[3] Ich hatte Sie ferner darauf hingewiesen, dass die Untervermietung nach dem Mietvertrag unzulässigerweise ausgeschlossen ist.[4]

Nachdem Sie mir auf meine Anfrage hin ohne Angabe von Gründen ausdrücklich jegliche Untervermietung untersagt haben,[5]

### kündige

ich hiermit gemäß § 540 Abs. 1 S. 2 BGB das zwischen uns bestehende Mietverhältnis über die Wohnung ... gem. Mietvertrag vom ... zum ... (Ablauf des übernächsten Monats).[6]

......
(Mieter)

*Schrifttum: Schönleber,* Sonderkündigungsrecht bei Verweigerung der Erlaubnis zur Untervermietung, NZM 1998, 948.

### Anmerkungen

**1.** Dieses Sonderkündigungsrecht (vgl. allgemein Form. D. V. 1) steht dem Mieter grundsätzlich in allen Fällen verweigerter Untervermietungserlaubnis zu, außer in der Person des in Aussicht genommenen Untermieters läge ein **wichtiger Grund** vor (siehe auch nachstehend Anm. 7). Dieser Begriff ist weit zu fassen (Schmidt-Futterer/*Blank* § 540 Rdn. 76): es müssen nicht nur wichtige Gründe unmittelbar in der Person des potenziellen Untermieters begründet sein (z. B. befürchtete Störung des Hausfriedens oder Überbelegung), sondern es genügt auch jede Änderung des vertraglich vereinbarten Mietgebrauchs durch die Drittüberlassung (OLG Köln NJW-RR 1997, 204; LG Berlin GE 1994, 51; LG Nürnberg-Fürth WuM 1991, 344). Das Bestehen eines Anspruchs des Wohnraummieters auf Erteilung einer Untervermietungserlaubnis nach § 553 BGB ist dagegen nicht Voraussetzung, was häufig übersehen wird (LG Berlin GE 1997, 189; vgl. auch LG Berlin, WuM 1996, 763; Schmidt-Futterer/*Blank* § 540 Rdn. 65; so offenbar auch vermieterseits im Fall BGH NJW-RR 2010, 306). § 553 BGB erweitert die Rechte des Mieters unter den dort bestimmten Voraussetzungen (Teilüberlassung) um einen Anspruch auf Erlaubniserteilung, ohne dass damit das unter anderen Voraussetzungen stehende (Versagung ohne wichtigen Grund) Sonderkündigungsrecht des Mieters nach § 540 Abs. 1 S. 2 BGB berührt wäre (Schmidt-Futterer/*Blank* a. a. O.; Palandt/*Weidenkaff* § 553 Rdn. 3). Das Sonderkündigungsrecht nach § 540 Abs. 1 S. 2 BGB besteht folglich auch dann, wenn der Mieter dem Dritten die Wohnung unter eigener Besitzaufgabe vollständig zum Gebrauch überlassen will.

In der Praxis wird dieses Sonderkündigungsrecht von Mieterseite gerne dazu benutzt, sich aus unliebsam gewordenen Mietverhältnissen vorzeitig zu lösen (vgl. *Schönleber* NZM 1998, 948: „Geheimtipp" für Mieter, welche sich aus einem längerfristigen, insbes. befristeten Mietverhältnis vorzeitig lösen wollen). Hierfür genügt aber nicht lediglich die Versagung der Untervermietungserlaubnis, außer sie würde von vornherein generell verweigert, was auch durch bloßes Schweigen des Vermieters geschehen kann (hierzu näher sogleich). Vielmehr muss der Mieter beim Vermieter ordnungsgemäß um Erteilung der Erlaubnis nachgesucht haben, was grundsätzlich die namentliche Benennung des potenziellen Untermieters und die Darlegung der Gründe für die vorgesehene Drittüberlassung erfordert (LG Berlin GE 1988, 33; AG Neuss WuM 1989, 373; AG Tempelhof-Kreuzberg GE 1994, 1267: Angabe von Name, Alter und Beruf).

Die Kündigung wirkt mit dreimonatiger Frist, § 573d Abs. 2 BGB. Die Kündigungserklärung muss so rechtzeitig abgegeben werden, dass sie dem Vermieter spätestens am dritten Werktag des Kalendermonats zugeht, welcher diesem übernächsten Monat vorangeht. Für die Kündigungserklärung gilt das **Schriftformerfordernis** des § 568 Abs. 1 BGB (von allen Mietern an alle Vermieter; auf Zugangsnachweis achten: Beweislast liegt beim Mieter; Stellvertretung möglich, aber § 174 BGB berücksichtigen). Sonderkündigungen durch den Mieter bedürfen keiner Angabe von Gründen (vgl. allg. zur Begründung, zur Umdeutung in eine ordentliche Kündigung und zur hilfsweisen ordentlichen Kündigung Form. D. V. 1 Anm. 1). So auch die h. M. hier zu § 540 Abs. 1 S. 2 BGB, wonach die **Begründung** mit der Erlaubnisverweigerung ohne wichtigen Grund wie bei allen außerordentlichen Kündigungen (außer seit dem 1. 9. 2001 bei fristlosen Kündigungen im Wohnraummietrecht – vgl. § 569 Abs. 4 BGB) fakultativ ist (BGH NJW 1987, 432, 433; NJW 1980, 777, 779; OLG Karlsruhe NJW 1982, 2004; OLG Zweibrücken WuM 1981, 177; Schmidt-Futterer/*Blank* § 540 Rdn. 75 a. E.; vgl. weiter *Sonnenschein* Kündigungsprobleme bei Rechtsnachfolge, PiG 37, 1992, 95, 98 m. w. N. bei Fn. 5), nach **a. A.** allerdings konstitutiv sein soll (LG Mannheim WuM 1982, 27; WuM 1975, 226, 227; *Sternel* IV Rdn. 30, 36, 362, 486). Unter Beachtung des gerade für Rechtsberater maßgeblichen „sichersten Weges" sollte daher vorsorglich eine entsprechende Begründung in das schriftliche Kündigungsschreiben mit aufgenommen werden.

**2.** In der Praxis bereiten sowohl die Anfrage des Mieters als auch die Antwort des Vermieters – hierbei wird für gewöhnlich anwaltlicher Rat nicht bemüht – zum Teil größere Probleme bei der späteren Rechtsanwendung. So ist zunächst umstritten, was für den Fall gelten soll, dass der Mieter **generell** und ohne Bezug auf einen bestimmten Untermieter um Erlaubnis **nachfragt**. In diesem Fall besteht kein Sonderkündigungsrecht (LG Mönchengladbach NZM 2000, 181; vgl. auch OLG Koblenz NJW 2001, 1949 auch zur Frage der Bedeutung des Schweigens des Vermieters als Willenserklärung). Vielmehr gilt, dass der Vermieter nicht verpflichtet ist, gewissermaßen abstrakt eine von der Person des potenziellen Untermieters unabhängige, generelle Untermieterlaubnis zu erteilen (KG NJW-RR 1992, 1229). Das Sonderkündigungsrecht steht dem Mieter allerdings in diesem Fall dennoch zu, wenn der **Vermieter** eine vom Mieter gesetzte, angemessene Frist verstreichen lässt (AG Hamburg-Wandsbek WuM 1986, 314) oder innerhalb von 10 (LG Nürnberg-Fürth WuM 1995, 587) bis maximal 14 Tagen (AG Köln WuM 1998, 346) **nicht antwortet** (vgl. § 108 Abs. 2 S. 2 a. E. BGB analog).

Ferner kann die Antwort des Vermieters unklar und zweifelhaft sein, wenn dieser mit ausweichenden Floskeln sich die Entscheidung vorbehalten will oder seine Erlaubnis mit Auflagen und Bedingungen verknüpft. Hier gilt, dass eine solche Erteilung einer **Erlaubnis unter Bedingungen und Auflagen** als Verweigerung anzusehen ist (AG Albstadt WuM 1998, 556 – § 150 Abs. 2 BGB analog).

Allerdings ist der Vermieter nicht von sich aus, sondern nur auf Verlangen des Mieters, damit dieser die Erfolgsaussichten seiner Sonderkündigung prüfen kann, zur **Begründung** seiner **Erlaubnisverweigerung** verpflichtet (Schmidt-Futterer/*Blank* § 540 Rdn. 74). Verweigert der Vermieter aber die Erlaubnis zur Untervermietung, ggf. sogar trotz Bestehens eines Anspruchs des Mieters hierauf nach § 553 BGB, aus Gründen, die im Gesetz oder im Mietvertrag keine Grundlage haben, kann der Mieter von seinem Sonderkündigungsrecht Gebrauch machen (BGH NJW 1972, 1267) und sogar daneben (ggf. auch im Hilfsverhältnis) **fristlos** nach § 543 Abs. 2 Nr. 1 BGB **kündigen**, da in der unberechtigten Erlaubnisverweigerung zugleich eine Entziehung des vertragsgemäßen Gebrauchs zu sehen ist (BGH NJW 1984, 1031; OLG Düsseldorf WuM 1995, 585). Darüber hinaus stehen dem Mieter in diesem Fall **Schadensersatzansprüche** nach § 280 Abs. 1 S. 1 ggf. i. V. m. §§ 281, 282, 324 BGB (früher pVV) zu (LG Berlin MM 1991, 264).

**3.** Von der bislang relativ einhelligen Meinung, wonach der Vermieter berechtigt ist, die Erlaubnis zur Untervermietung zu verweigern, wenn das **Hauptmietverhältnis nur noch kurze Zeit** währt, ist das LG Mannheim (WuM 2001, 549; vgl. auch LG Landshut WuM 1996, 408 und Schmidt-Futterer/*Blank* § 540 Rdn. 76) jedenfalls für den Fall abgerückt, dass der Vermieter die Erteilung der Erlaubnis generell und endgültig verweigere, ohne die Benennung des konkreten Untermieter abzuwarten. Nach Auffassung des LG Mannheim komme es in diesem Fall darauf an, ob dem Vermieter die Erteilung der Untervermietungserlaubnis zuzumuten sei. Dies könne der Vermieter allerdings nur prüfen, wenn ihm die Person des Untermieters und die Art der beabsichtigten Überlassung bekannt sei. Allein der Umstand, dass der Hauptmieter zur Überlassung der Wohnung nur noch kurze Zeit berechtigt sei, rechtfertige die generelle Verweigerung jedenfalls nicht, da es durchaus möglich sei, dass der Mieter einen seriösen Untermieter präsentiere, der die Wohnung auch nur für eine kurze Übergangszeit benötige. Bei Vermietern sollte damit auch bei kurzer Restmietdauer gegenüber dem um Erlaubnis nachfragenden Mieter auf die Benennung des Untermieters und die Erläuterung der beabsichtigten Überlassung nicht verzichtet werden.

Eine bloß **vorgeschobene Weiterüberlassungsabsicht**, bei der es tatsächlich an einem Nutzungsinteresse des Dritten fehlt, ist nach § 242 BGB unbeachtlich (BGH NJW-RR 2010, 306).

**4.** Zumindest der **formularmäßige Ausschluss** des Sonderkündigungsrechts des Mieters bei Versagung der Untermieterlaubnis in Wohnraummietverträgen ist nach h. M. **unzulässig** (vgl. LG Ellwangen WuM 1982, 297; LG Hamburg WuM 1992, 689 und WuM 1990, 115, 116; vgl. auch BGH NJW 1995, 2034) und nur **individualvertraglich** rechtswirksam (LG Berlin MM 1996, 453; Schmidt-Futterer/*Blank* § 540 Rdn. 66).

**5.** Der Mieter ist jedenfalls nicht von vornherein verpflichtet, dem Vermieter eine bestimmte Person als in Aussicht genommenen Untermieter vorzustellen. Fragt er beim **Vermieter** wegen einer generellen Erlaubnis zur Untervermietung nach und **lehnt** dieser daraufhin **generell,** also unter allen Umständen eine Untervermietung **ab,** so ist das Sonderkündigungsrecht für den Mieter eröffnet (vgl. Hannemann/Wiegner/*Vielitz* § 28 Rdn. 586 ff.; LG Berlin NZM 1998, 372; LG Hamburg NJW-RR 1999, 664). Es wäre dann eine bloße Förmelei, auf der Benennung eines konkreten Untermieters zu bestehen (KG ZMR 1996, 648; LG Berlin MM 1996, 451; LG Hamburg NZM 1998, 1003; LG Köln WuM 1994, 468; AG Villingen-Schwenningen WuM 1995, 436; a. A. LG Gießen WuM 1997, 368).

**6.** Kann das Mietverhältnis außerordentlich mit der gesetzlichen Frist gekündigt werden, so ist die Kündigung spätestens am dritten Werktag eines Kalendermonats (Zugang der Erklärung beim Empfänger!) zum Ablauf des übernächsten Monats auszusprechen (§ 573 d Abs. 3 BGB oder § 575 a Abs. 3 BGB). Dabei muss die Sonderkündigung nicht zum nächsten möglichen Termin erfolgen, wohl aber alsbald nach einer angemessenen Überlegungsfrist, da sie ansonsten **verwirkt** sein kann (Herrlein/Kandelhard/*Kandelhard* § 540 Rdn. 38; vgl. auch BGH NJW 1972, 1267).

Wie vorstehend unter Anm. 1 bereits ausgeführt, steht dem Mieter kein Sonderkündigungsrecht zur Seite, wenn der Vermieter einen **wichtigen Grund** zur Verweigerung der Untervermietungserlaubnis hat. Wichtige Gründe i. S. d. § 540 Abs. 1 S. 2 BGB sind namentlich persönliche Eigenschaften des Dritten, aufgrund derer eine Beeinträchtigung der Mitmieter oder des vertragsgemäßen Gebrauchs der Wohnräume droht, aber auch darüber hinaus alle wesentlichen Umstände, aufgrund derer dem Vermieter nach den Umständen des Einzelfalls mit Rücksicht auf die Person des Dritten die Überlassung des Gebrauchs der Sache an diesen Dritten nicht mehr zuzumuten ist (Staudinger/*Emmerich* § 549 Rdn. 21 ff. m. w. N.). Nach *Grapentin* (in: Bub/Treier IV Rdn. 215) soll die **fehlende Kreditwürdigkeit** des vom Mieter in Aussicht genommenen Untermieters ausnahmsweise einen Ablehnungsgrund darstellen, wenn der Mieter auf die Untermiete angewiesen ist, um seinerseits Miete an seinen Vermieter zahlen zu können (str., wegen schuldrechtlich streng genommener Unverbundenheit von Haupt- und Untermietverhältnis sah die bislang wohl h. M. darin keinen wichtigen Grund; RGZ 74, 176; LG Berlin NZM 2002, 947; AG Hamburg-Harburg WuM 2000, 188; Palandt/*Weidenkaff* § 540 Rdn. 29; anders dagg. jetzt für das gewerbliche Mietrecht BGH NJW 2007, 288). Nachforschungen hierzu muss der Vermieter allerdings selbst anstellen, denn Informationen über die Solvenz des Untermieters kann er nicht verlangen, da für die Zahlung der Miete an ihn nur sein Mieter haftet.

Mit der **Darlegung und dem Nachweis** dieser Gründe ist im Streitfall der Vermieter belastet (siehe hierzu Form. B. II. 1).

## 3. Kündigung bei Vertrag über mehr als dreißig Jahre (§ 544 S. 1 BGB)[1]

......

(Vermieter)

an

......

(Mieter)

Sehr geehrte(r) ......,

seit dem ...... bewohnen Sie mein Landhaus in ...... zur Miete. Wir haben damals unter anderem vereinbart, dass auf diesen Vertrag das deutsche Recht Anwendung findet und dass das Mietverhältnis frühestens nach dreißig Jahren zum dritten Werktag eines jeden Monats unter Einhaltung einer Kündigungsfrist von einem Jahr beiderseitig gekündigt werden kann.[2]

Dies vorausgeschickt

**kündige**

ich hiermit gemäß § 544 S. 1 BGB dieses zwischen uns bestehende Mietverhältnis gem. Mietvertrag vom ...... zum ...... (Ablauf des übernächsten Monats). [3]

Zur Begründung dieser Kündigung ist festzuhalten: ......[4]

......

(Vermieter)

*Schrifttum: Elshorst,* Die Kündigung gem. § 567 BGB bei Mietverträgen über mehr als 30 Jahre, NZM 1999, 449, *Großfeld/Gersch,* Zeitliche Grenzen von privaten Schuldverträgen, JZ 1988, 937.

## Anmerkungen

**1.** Das von § 544 S. 1 BGB gewährte Sonderkündigungsrecht (vgl. allgemein Form. D. V. 1) soll die Entstehung von **Erbmietverhältnissen verhindern** (Emmerich/Sonnen-schein/*Emmerich* § 544 Rdn. 1). Die Bestimmung spielt im Wohnraummietrecht praktisch keine Rolle, durchaus aber im Gewerberaummietrecht (siehe hierzu Form. D. V. 3.). Sie dient sowohl dem Schutz beider Vertragsparteien vor übermäßiger Bindung als auch mittelbar der Absicherung des vorgegebenen Bestandes der Sachenrechte des BGB, indem einer Verewigung derjenigen schuldrechtlichen Verhältnisse entgegengewirkt wird, die nach den vom BGB anerkannten Vertragstypen (Miete, Pacht, Leihe) zwar zur Nutzung auf Dauer, nicht aber auf ewige Dauer berechtigen (vgl. näher *Großfeld/Gersch* JZ 1988, 937).

Bei unbefristeten Mietverhältnissen, die lediglich seit mehr als 30 Jahren andauern, gibt § 544 BGB kein Sonderkündigungsrecht. Die Bestimmung wendet sich nach ihrem Sinn und Zweck allein gegen den Bestand eines wie auch immer befristeten Mietverhältnisses, bei welchem die **Verpflichtung zu einer Bindung über mehr als 30 Jahre** mit Abschluss des Mietvertrages übernommen wurde. Der für mehr als 30 Jahre geschlossene Mietvertrag ist wirksam. Er wird lediglich nach Ablauf von 30 Jahren – unabhängig von einem etwa entgegenstehenden Willen der Parteien – kündbar.

Haben die Parteien einen **Mietvertrag auf Lebenszeit** des Vermieters oder des Mieters geschlossen, gewährt das Gesetz dagegen kein Sonderkündigungsrecht, § 544 S. 2 BGB. Ein solcher auf Lebenszeit abgeschlossener Mietvertrag endet regelmäßig erst mit dem Tod der entsprechenden Vertragspartei. Zu beachten ist, dass hierin ein Ausnahmetatbestand zu §§ 563, 564 BGB liegt. Für einen Eintritt der dort genannten Personen in das Mietverhältnis oder seine Fortsetzung mit den Erben nach diesen Bestimmungen ist damit kein Raum mehr, da das Mietverhältnis mit dem Tod des Vermieters/Mieters fortgefallen ist (vgl. *Sternel* I Rdn. 75, IV Rdn. 536).

Da die Rechtsprechung derartige Lebenszeitverträge als befristete Mietverträge ansieht (BayObLG NJW-RR 1993, 1164), gelten für sie nach neuem Recht die engen Voraussetzungen des § 575 Abs. 1 S. 1 Nrn. 1 bis 3 BGB (vgl. dazu *Blank/Börstinghaus* § 544 Rdn. 4). Damit hat § 544 S. 2 BGB keinen Anwendungsbereich mehr, sondern gilt nur noch für Lebenszeitverträge, die vor dem 1. 9. 2001 abgeschlossen wurden (vgl. Art. 229 § 3 Abs. 3 EGBGB). Denn § 575 BGB verlangt eine vom Vermieter beabsichtigte konkrete künftige Verwendung. Beim Lebenszeitvertrag ist aber lediglich der Eintritt des Fristendes gewiss, nicht jedoch dessen konkreter Zeitpunkt (Herrlein/Kandelhard/*Kandelhard* § 544 Rdn. 6, § 575 Rdn. 9). Dies ist nach § 575 BGB kein zulässiger Befristungsgrund mehr mit der Folge, dass sich jedenfalls der Vermieter nicht auf die Vertragsdauer auf Lebenszeit berufen kann, sondern das Mietverhältnis als auf unbestimmte Zeit abgeschlossen gilt und daher in der Regel vom Mieter mit den Fristen des § 573 c Abs. 1 BGB gekündigt werden kann.

**2.** Wegen des Gesetzeszwecks gilt § 544 BGB auch in Fällen wie dem vorliegenden – eine Abwandlung des Falles OLG Frankfurt NZM 1999, 419 – bei dem der Ausschluss des Kündigungsrechts für einen Zeitraum von mehr als dreißig Jahren zu der übermäßigen vertraglichen Bindung führt.

**3.** Die Kündigung wirkt mit dreimonatiger Frist (vgl. § 573 d Abs. 2 BGB). Die Kündigungserklärung muss so rechtzeitig abgegeben werden, dass sie dem Vermieter spätestens am dritten Werktag des Kalendermonats zugeht, welcher dem übernächsten Monat vorangeht. Für die Kündigungserklärung gilt das **Schriftformerfordernis** des § 568 Abs. 1 BGB (von allen kündigenden Vertragsparteien an alle Vertragspartner; auf Zugangsnachweis achten: Beweislast liegt beim Kündigenden; Stellvertretung möglich, aber § 174 BGB berücksichtigen). Die Kündigung durch den Mieter bedarf keiner Angabe von Gründen (vgl. allg. zur Begründung, zur Umdeutung in eine ordentliche Kündigung und zur hilfsweisen ordentlichen Kündigung Form. D. V. 1), wohl aber die Kündigung durch den Vermieter (siehe sogleich Anm. 4).

Nach Ablauf der 30-jährigen Bindung im vorliegenden Fall hätte der Vermieter, und Gleiches gilt selbstverständlich auch für den Mieter, mit den (längeren) Fristen des § 573 c Abs. 1 BGB kündigen können, sofern man nicht von einer hiervon zulässigerweise abweichenden Vereinbarung im Mietvertrag selbst ausgeht (vgl. Art. 229 § 3 Abs. 10 EGBGB), die dann maßgeblich wäre (vgl. zu dieser Problematik eingehend Form. D. V. 1 Anm. 1). Hier hat sich der Vermieter aber für die alternativ mögliche außerordentliche Kündigung mit gesetzlicher Frist entschieden.

Diese Sonderkündigung kann erst – aber auch sofort – nach Ablauf von dreißig Jahren erklärt werden (Emmerich/Sonnenschein/*Emmerich* § 567 Rdn. 6). Hier ergibt sich die gesetzliche Kündigungsfrist aus § 573 d Abs. 2 BGB. Bei einem nach dem 1. 9. 2001 geschlossenen zulässigen Zeitmietvertrag wäre sie § 575 a Abs. 3 BGB zu entnehmen.

**4.** Vom Erfordernis der **Darlegung eines berechtigten Interesses** ist der Vermieter nicht befreit. § 573 d Abs. 1 BGB und § 575 a Abs. 1 BGB erklären § 573 BGB ausdrücklich für entsprechend anwendbar. Auch die **Hinweispflicht** des § 568 Abs. 2 BGB ist zu beachten (vgl. zum berechtigten Interesse des Vermieters bei der ordentlichen Kündigung Form. D. III. und zur Geltung der Mieterschutzbestimmungen – auch der Sozialklausel nach den §§ 574 ff. BGB – in den Fällen der außerordentlichen Kündigung mit gesetzlicher Frist eingehener Form. D. V. Form. 1 Anm. 1).

## 4. Kündigung des Vermieters bei Tod des Mieters gegenüber dem Eintretenden (§ 563 Abs. 4 BGB)[1]

......
(Vermieter)

an

......
(Eintretender)

Sehr geehrte(r) ......,

auf meine Anfrage vom ...... hatten Sie mir mit Schreiben vom ......, bei mir eingegangen am ......, angezeigt, dass Sie die bislang von Ihrer am ...... verstorbenen Mutter und von Ihnen auf der Grundlage des zwischen ihrer Mutter und mir abgeschlossenen Mietvertrages vom ...... bewohnte Wohnung ...... fortan allein bewohnen wollen.[2]

Nach reiflicher Überlegung bin ich zu dem Entschluss gekommen, das Mietverhältnis mit Ihnen nicht fortzusetzen.[3]

Daher

kündige

ich hiermit gemäß § 563 Abs. 4 BGB das zwischen uns bestehende Mietverhältnis über die Wohnung ...... nach Maßgabe des o.g. Mietvertrages zum ...... (Ablauf des übernächsten Monats).[4]

Hierfür sind folgende Gründe maßgeblich: ......[5]

......
(Vermieter)

*Schrifttum: Achenbach,* Doppelt genäht hält besser, oder: Was wollen die Mietrechtsreformer mit den Regelungen zur Rechtsnachfolge in die Mieterstellung?, NZM 2000, 741; *Emmerich,* Dissonante Begleitmusik zum In-Kraft-Treten des „neuen Mietrechts", NZM 2001, 777; *Hannemann,* Rechtsnachfolge bei Tod des Mieters, Informationsservice Mietrecht, Newsletter 14/2002, 1 ff.; *Lützenkirchen,* Die Kündigung aus wichtigem Grund im Sinne von § 569a Abs. 5 BGB, WuM 1990, 413.

### Anmerkungen

**1.** Der Gesetzgeber hat mit der Neufassung in § 563 BGB den Kreis der Eintretenden in das Mietverhältnis auf Mieterseite nach dem Tode des Mieters erheblich erweitert. Ursprünglich gehörten hierzu der **Ehegatte** und **andere Familienangehörige,** welche mit dem Mieter einen gemeinsamen Hausstand in der Mietwohnung geführt haben (§ 569a Abs. 1 und 2 BGB a.F.; vgl. auch § 569b BGB a.F.), von der Rechtsprechung auch auf den **Partner einer (auf Dauer angelegten) nichtehelichen Lebensgemeinschaft** entsprechend erweitert (vgl. nur BGH, NJW 1993, 999). Nunmehr gehört hierzu auch der **Lebenspartner nach dem Lebenspartnerschaftsgesetz,** der dem Ehegatten gleichgestellt wird, und (neben den Kindern und sonstigen Familienangehörigen, welche mit dem Mieter einen gemeinsamen Haushalt führen) treten jetzt weiter beliebige **sonstige Personen** in das Mietverhältnis ein, **die mit dem Mieter einen auf Dauer angelegten gemeinsamen Haushalt führen** (§ 563 Abs. 2 S. 4 BGB, sehr kritisch hierzu *Emmerich* NZM 2001, 777, 783; vgl. dagg. *Grundmann* NJW 2001, 2497, 2502, aus dem Blickwinkel der Ministerialbürokratie).

§ 563 BGB steht an der Spitze der gesetzlichen Regelung zur Nachfolge in das Mietverhältnis beim Tode des Mieters. Danach ist zwischen **Eintretenden** (§ 563 BGB), **Mitmietern** (§ 563 a BGB) und **Erben** (§ 564 BGB) zu unterscheiden. Die Übersicht bei der Anwendung dieser gesetzlichen Regelungen ist ein wenig dadurch erschwert, dass sämtliche vom Gesetz an die jeweilige Personengruppe anknüpfenden Voraussetzungen in ein und derselben Person zugleich vorliegen können. So ist es nicht außergewöhnlich, dass jemand, der mit dem verstorbenen Mieter einen gemeinsamen Haushalt geführt hat, zugleich überlebende Mietvertragspartei und aber auch Erbe des verstorbenen Mieters ist. Nicht weniger schwierig ist das Verhältnis der einzelnen Tatbestände untereinander, wenn es darauf ankommt, zu beurteilen, wer nun vor oder neben wem in das Mietverhältnis eintritt bzw. es fortsetzt. Ferner ist zu beachten, dass die Berechtigung von **Mitmietern, denen die von § 563 BGB verlangte Verbundenheit fehlt** (z.B. die frühere Lebensgefährtin des Verstorbenen), im Gesetz keine besondere Regelung erfahren hat, so dass sich deren Verhältnis zu den eintretenden Personen i. S. v. § 563 BGB sowie den Erben nach den allgemeinen Regeln beurteilt (vgl. zu dieser gesamten Problematik im Einzelnen *Hannemann* Rechtsnachfolge bei Tod des Mieters, Informationsservice Mietrecht, Newsletter 14/2002, 1 ff.).

Auszugehen ist davon, dass das **Mietverhältnis durch den Tod des Mieters nicht beendet** wird; theoretische Ausnahme: der Lebenszeitvertrag nach § 544 S. 2 BGB (vgl. Form. D. V. 3 Anm. 1). Dass der Tod des Mieters kein Beendigungstatbestand für das Mietverhältnis ist, ergibt sich auch aus § 564 S. 1 BGB, der bestimmt, dass das Mietverhältnis beim Fehlen vorrangig Berechtigter mit dem Erben des Mieters im Wege der Universalsukzession fortgesetzt wird (§§ 1922, 1967 BGB). **Sonderregelungen zur Rechtsnachfolge** im Verhältnis zu den allgemeinen erbrechtlichen Bestimmungen treffen sowohl § 563 BGB für Personen, die mit dem Mieter einen gemeinsamen Haushalt führen, als auch § 563 a BGB für Mitmieter des verstorbenen Mieters. Ergibt sich eine Rechtsnachfolge aus § 563 oder 563 a BGB, so findet § 564 BGB keine Anwendung, wie sich bereits aus dessen S. 1 ergibt. Unklar ist allerdings das **Verhältnis der §§ 563, 563 a BGB zueinander.** Nach der h. M. zum alten Recht fand § 569 a Abs. 2 BGB a. F. (jetzt § 563 Abs. 2 BGB) auch bei einer **Mehrheit von Mietern** Anwendung, mit der Folge, dass beim Tode eines von mehreren Mietern, gleich wie wenn nur der bisherige Alleinmieter verstorben wäre, ein Eintritt der jetzt von § 563 Abs. 2 BGB bezeichneten Personen in das Mietverhältnis neben dem überlebenden Mitmieter des Verstorbenen grundsätzlich bejaht wurde (vgl. OLG Karlsruhe NJW 1990, 581; *Sternel* I Rdn. 76). Einzige Ausnahme hierzu war der in § 569 b BGB a. F. geregelte Sonderfall eines Mietverhältnisses mit beiden Ehegatten. Hier schloss der Ehegatte, der zugleich überlebender Mitmieter des Verstorbenen war, andere Personen von einem Eintritt in das Mietverhältnis neben ihm aus (vgl. OLG Karlsruhe a. a. O.; *Sternel* I Rdn. 77).

Auch die Vorschrift des § 569 b BGB a. F. wurde – ebenso wie § 569 a BGB a. F., wie vorstehend schon angemerkt – durch das Mietrechtsreformgesetz 2001 dahingehend ausgeweitet, dass eine Fortsetzung des Mietverhältnisses nicht mehr nur mit dem Ehegatten, sondern auch mit sämtlichen, zu dem in § 563 BGB genannten Kreis gehörende Personen, welche mit dem Verstorbenen gemeinsam Mieter waren, bestimmt wird. Der Gesetzgeber hielt eine solche Ausweitung mit dem Ziel, den Vorrang des genannten Personenkreises vor dem oder den Erben durchzusetzen, nur für folgerichtig (BT-Drs. 14/4553 S. 62). Demnach könnte man jetzt davon ausgehen, dass ein Eintritt der in § 563 BGB genannten Personen, die nicht gemeinsam mit dem Verstorbenen Mieter sind, neben den das Mietverhältnis nach § 563a BGB fortsetzenden überlebenden Mitmietern ausgeschlossen sein soll (so Palandt/*Weidenkaff* § 563a Rdn. 3). Dies würde bedeuten, dass der Gesetzgeber die Rechtsstellung der in § 563 BGB genannten Personen, die nicht gemeinsam mit dem Verstorbenen Mieter sind, verschlechtert hätte (so zu Recht *Sonnenschein* WuM 2000, 387, 405; vgl. auch Palandt/*Weidenkaff* § 563 Rdn. 4ff.). Ob diesen Personen damit der Eintritt versagt ist, sich also die vom OLG Karlsruhe (a. a. O.) entschiedene Rechtsfrage so jetzt nicht mehr stellt, ist indessen mehr als zweifelhaft. Denn der Gesetzgeber hat dieses Problem offensichtlich gar nicht gesehen. Die Gesetzesbegründung lässt jedenfalls jegliche Auseinandersetzung hiermit vermissen. Es handelte sich für den Gesetzgeber – in einseitiger Betrachtung der abzuwägenden Interessen des in § 563 BGB genannten Personenkreises zu denen der Erben bzw. des Vermieters – bloß um eine „folgerichtige Ausdehnung" (BT-Drs. 14/4553 S. 62). Dieses Problem wird, soweit ersichtlich, auch im Schrifttum nicht weiter diskutiert.

Da der Gesetzgeber die ursprünglich sowohl durch § 569a BGB a. F. als auch durch § 569b BGB a. F. privilegierten Personen (Ehegatten) wiederum exakt gleichermaßen in § 563 BGB wie auch in § 563a BGB ausgedehnt hat, besteht kein Grund, die Ausführungen in der Entscheidung des OLG Karlsruhe (a. a. O.) nicht auch auf diesen erweiterten Personenkreis entsprechend anzuwenden. Dies bedeutet, dass der oder die überlebenden Mitmieter, soweit sie im Verhältnis zu dem verstorbenen Mitmieter zu dem privilegierten Personenkreis des § 563 BGB gehören, etwaige eintrittsberechtigte Personen (die folglich ebenfalls demselben Personenkreis zuzurechnen sind) verdrängen und daher das Mietverhältnis mit ihnen allein fortgesetzt wird. Nur dann, wenn der oder die gemeinsamen Mieter eines Wohnraummietverhältnisses untereinander nicht über § 563 BGB verbunden sind, treten die eintrittsberechtigten Personen in Bezug auf den verstorbenen Mieter neben dem oder den überlebenden Mitmietern gleichrangig in das Mietverhältnis ein (sofern sie keine Erklärung i. S. v. § 563 Abs. 3 BGB abgeben – hierzu näher sogleich). **Mitmieter, denen die von § 563 BGB verlangte Verbundenheit fehlt** (z. B. die frühere Lebensgefährtin des Verstorbenen), behalten neben eintretenden Personen i. S. v. § 563 BGB ihr Mietrecht bzw. ihren Anteil an dem Mietverhältnis (vgl. Palandt/ *Weidenkaff* § 563 Rdn. 6). Hier findet die soeben beschriebene Verdrängung des nach § 563 BGB Eintrittsberechtigten durch den nach § 563a BGB Fortsetzenden jedenfalls nicht statt. Sind keine Eintretenden i. S. v. § 563 BGB vorhanden, so setzen die Erben des Verstorbenen das Mietverhältnis neben dem nicht i. S. v. § 563 BGB verbundenen Mitmieter fort.

**2.** Das Gesetz gibt dem Eingetretenen das Recht, die Fortsetzung des Mietverhältnisses abzulehnen, § 563 Abs. 3 BGB. Bei diesem **Ablehnungsrecht** handelt es sich um eine einseitige formfreie Gestaltungserklärung, die nur innerhalb einer **Ausschlussfrist von einem Monat** – gerechnet ab Kenntnis des Eintretenden vom Tode des Mieters – erfolgen kann (so bereits das alte Recht: *Sternel* I Rdn. 84ff.). Liegt schon vor Ablauf der Ausschlussfrist – unter Umständen nach vorheriger Aufforderung mit Fristsetzung hierzu durch den Vermieter – eine Erklärung des Eingetretenen vor, aus der sich ergibt, dass er das Mietverhältnis fortsetzt, so weiß der Vermieter schon zu diesem Zeitpunkt um die **Endgültigkeit des Eintritts. Innerhalb eines Monats,** nachdem der Vermieter so von dem endgültigen Eintritt in das Mietverhältnis Kenntnis erlangt hat, kann er das Mietverhältnis gemäß § 563 Abs. 4 BGB außerordentlich mit der gesetzlichen Frist kündigen.

**3.** Dieses Sonderkündigungsrecht (vgl. allgemein Form. D. V. 1 Anm. 1) des Vermieters ist gegeben, wenn in der Person des Eingetretenen ein **wichtiger Grund** vorliegt, § 563 Abs. 4 BGB. Nach h. M. ist der Maßstab für das Vorliegen eines wichtigen Grundes derselbe wie bei der Ablehnung der Untervermietungserlaubnis nach § 540 Abs. 1 S. 2 (vgl. hierzu Form. B. II.1. sowie Form. D. V. 2 Anm. 6). Als wichtiger Grund werden z. B. angesehen Zahlungsunfähigkeit, Beruf (Klavierlehrer), unsittlicher Lebenswandel und auch die persönliche Feindschaft zwischen Vermieter und Eingetretenem (vgl. nur *Lützenkirchen* WuM 1990, 413 m. w. N.). Bei einer **Mehrheit von Eingetretenen** soll nach h. M. das Vorliegen eines wichtigen Grundes bei nur einem der Eingetretenen zur Kündigung gegenüber allen berechtigen (Emmerich/Sonnenschein/*Sonnenschein* § 569 Rdn. 22; Schmidt-Futterer/*Gather* § 563 Rdn. 39; Bub/Treier/*Heile* II Rdn. 848; Erman/ *Jendrek* § 563 Rdn. 18; **a. A.** *Sternel* I Rdn. 86, gegen die h. M. auch Herrlein/Kandel- hard/*Kandelhard* § 563 Rdn. 17; differenzierend *Lammel* § 563 Rdn. 51 ff. nach famili- enangehörigen und familienfremden Personen).

Unklar war zum alten Recht, ob neben dem Vorliegen eines wichtigen Grundes **zusätz- lich ein berechtigtes Interesse des Vermieters** i. S. v. § 573 BGB vorhanden sein müsse oder ob bei Vorliegen eines wichtigen Grundes zugleich ein solches berechtigtes Interesse i. S. v. § 573 BGB gegeben sei. Hierzu ist festzuhalten, dass die Kündigung nach § 563 Abs. 4 BGB sich vorrangig an den Vorschriften des Mieterschutzes messen lassen muss. Dies ergibt sich jetzt ausdrücklich aus §§ 573 d Abs. 1 i. V. m. 573 BGB (so auch *Lammel* § 563 Rdn. 58), wonach lediglich die Vermieterkündigung nach § 564 BGB (vgl. sogleich Form. D. V. 5) vom Erfordernis des berechtigten Vermieterinteresses ausgenommen ist. Es ist also stets erforderlich, dass der Vermieter ein berechtigtes Interesse i. S. v. § 573 BGB hat (OLG Karlsruhe WuM 1984, 43). Will er das Sonderkündigungsrecht des § 563 Abs. 4 BGB in Anspruch nehmen, so hat er zusätzlich einen wichtigen Grund im Sinne dieser Bestimmung darzulegen, wobei allerdings in der Regel – nicht aber immer oder automatisch – in dem wichtigen Grund auch ein berechtigtes Interesse liegen dürfte (vgl. nur Schmidt-Futterer/*Gather* § 563 Rdn. 41 m. w. N.; vgl. allg. zur Begründung, zur Um- deutung in eine ordentliche Kündigung und zur hilfsweisen ordentlichen Kündigung Form. D. V. 1 Anm. 1).

**4.** Kann das Mietverhältnis außerordentlich mit der gesetzlichen Frist gekündigt wer- den, so ist die Kündigung spätestens am dritten Werktag eines Kalendermonats (Zugang der Erklärung beim Empfänger!) zum Ablauf des übernächsten Monats auszusprechen (§ 563 Abs. 4 BGB). Für die Kündigungserklärung des Vermieters gilt das **Schriftformer- fordernis** des § 568 Abs. 1 BGB (von allen Vermietern an alle Eintretenden; auf Zu- gangsnachweis achten: Beweislast liegt beim Vermieter; Stellvertretung möglich, aber § 174 BGB berücksichtigen). Ist **gegenüber einer Mehrheit** von zur Erbschaft berufenen Personen zu **kündigen,** so ist zu beachten, dass eine derartige Kündigung nur Rechtswir- kungen zeitigt, wenn sie gegenüber sämtlichen Miterben erfolgt. Die Kündigung stellt als Gestaltungsrecht eine Verfügung über „das Mietverhältnis" dar. Wegen der Einheitlich- keit des Mietverhältnisses hat die Kündigung grundsätzlich an alle in die Rechtsstellung des Mieters eintretenden Personen zu erfolgen (vgl. BGH NJW 2000, 3133) und ist an- dernfalls auch gegenüber denjenigen unwirksam, denen gegenüber die Kündigung ausge- sprochen ist und zugeht.

**5.** Vom Erfordernis der **Darlegung eines berechtigten Interesses** ist der Vermieter – wie eben bereits dargelegt – nicht befreit. § 573 d Abs. 1 BGB und § 575 a Abs. 1 BGB erklären § 573 BGB ausdrücklich für entsprechend anwendbar. Auch die **Hinweispflicht** des § 568 Abs. 2 BGB ist zu beachten (vgl. zum berechtigten Interesse des Vermieters bei der ordentlichen Kündigung Form. D. III. und zur Geltung der Mieterschutzbestimmun- gen – auch der Sozialklausel nach den §§ 574 ff. BGB – in den Fällen der außerordent- lichen Kündigung mit gesetzlicher Frist eingehender Form. D. V. 1 Anm. 1). Das Erfor- dernis eines wichtigen Grundes i. S. d. § 563 Abs. 4 BGB allein vermag den Mieterschutz nicht zu beseitigen (siehe oben Anm. 3).

## 5. Kündigung des Vermieters bei Tod des Mieters gegenüber dem Erben (§ 564 S. 2 BGB)[1]

......

(Vermieter)

an

......

(Erbe)

Sehr geehrte(r) ......,

mit Schreiben vom ......, bei mir eingegangen am ......, hatten Sie mir gegenüber angezeigt, dass Sie als alleinige Erbin Ihrer am ...... verstorbenen Mutter in die bis zu ihrem Tode von dieser allein bewohnte Wohnung ...... eingezogen sind, um die Räume fortan selbst zu bewohnen.[2]

Nach reiflicher Überlegung bin ich zu dem Entschluss gekommen, das Mietverhältnis mit Ihnen nicht fortzusetzen. Daher

kündige

ich hiermit gemäß § 564 S. 2 BGB das zwischen uns bestehende Mietverhältnis über die Wohnung ...... gem. Mietvertrag vom ...... zum ...... (Ablauf des übernächsten Monats).[3]

Allein der guten Ordnung halber darf ich meine Erwägungen hierfür wie folgt festhalten: ......[4]

......

(Vermieter)

### Anmerkungen

**1.** Das Sonderkündigungsrecht (vgl. allgemein Form. D. V. 1 Anm. 1) des § 564 S. 2 BGB ist Ausfluss der **Personenbezogenheit des Mietverhältnisses.** Der Tod des Mieters stellt einen einschneidenden Tatbestand innerhalb des Mietverhältnisses dar, welcher – trotz des Grundsatzes, dass der Tod einer Mietvertragspartei den Mietvertrag nicht beendet, der vielmehr mit dem oder den Erben fortgesetzt wird – ohne weiteres das Sonderkündigungsrecht des Vermieters entstehen lässt. Der Vermieter (wie im Übrigen auch die Erben des verstorbenen Mieters – vgl. Form. D. V. 6) soll die Gelegenheit zur Neuorientierung nach dem Tode „seines" Mieters allerdings nur innerhalb der Frist, die ihm das Gesetz für seine Überlegung zubilligt, wahrnehmen können (zur eigenartigen Bestimmung des Beginns des Fristlaufes vgl. sogleich Anm. 2).

**2.** Das Gesetz gibt dem Vermieter zur Ausübung seines Sonderkündigungsrechtes **einen Monat** Zeit. Diese **Überlegungsfrist** beginnt nach § 564 S. 2 BGB zu laufen, sobald der Vermieter vom Tod des Mieters und davon Kenntnis erlangt hat, dass ein Eintritt in das Mietverhältnis von in § 563 BGB genannten Personen (Ehegatten, Kinder, Lebenspartner, andere Familienangehörige, die mit dem Mieter einen gemeinsamen Haushalt geführt haben sowie sonstige Personen, die mit dem Mieter einen auf Dauer angelegten gemeinsamen Haushalt geführt haben) oder dessen Fortsetzung durch in § 563a BGB genannte Personen (Mitmieter) nicht erfolgt ist.

Die Bezugnahme in § 564 BGB auf die §§ 563, 563a BGB und die dort getroffene Regelung für den Beginn des Fristlaufes kann in der Praxis zu Problemen führen: Eintretende können innerhalb der Frist des § 563 Abs. 3 BGB (ebenfalls ein Monat) eine Ablehnungserklärung abgeben. Der Eintritt in das Mietverhältnis gilt dann als nicht erfolgt. Wird vom Eintretenden eine solche Nichtfortsetzungserklärung – bspw. nach Aufforderung hierzu seitens des Vermieters – abgegeben, so weiß der Vermieter sicher, dass ein Eintritt nicht erfolgt. Er weiß auch sicher, dass eine Fortsetzung des Mietverhältnisses nicht erfolgt, wenn (sämtliche) überlebenden (Mit-)Mieter ihm gegenüber das Mietverhältnis innerhalb der Frist des § 563a Abs. 2 BGB (wiederum ein Monat) gekündigt haben, unabhängig davon, dass hierfür auch Voraussetzung ist, dass die überlebenden (Mit-)Mieter vom Tode des Mieters Kenntnis erlangt haben. Anders als die Ablehnungserklärung nach § 563 Abs. 3 S. 1 BGB wirkt die Kündigung des Fortsetzenden nach § 563 Abs. 2 BGB aber nicht zurück, sondern allein für die Zukunft. Hierdurch bedingt sind zeitliche Verschiebungen und **Unsicherheiten bei der Ermittlung des ersten zulässigen Kündigungstermins** denkbar (vgl. MünchKomm/*Häublein* § 563 Rdn. 29), weshalb die Verweisung in § 564 BGB dem Regelungsproblem nicht gerecht wird (so auch zu Recht Herrlein/Kandelhard/*Kandelhard* § 564 Rdn. 2).

Entscheidend für die Ermittlung des ersten zulässigen Kündigungstermins ist, ob und wann es dem Vermieter subjektiv möglich ist, nach § 564 S. 2 BGB zu kündigen. Einzuhalten hat der Vermieter **den Kündigungstermin, für den ihm bei Beobachtung der im Verkehr erforderlichen Sorgfalt die Kündigung zum ersten Mal möglich ist.** Daraus können sich Erkundigungspflichten hinsichtlich der näheren Umstände und der Person des Erben ergeben, sobald er vom Tod des Mieters erfahren hat (OLG Hamm WuM 1981, 263; Bub/Treier/*Grapentin* IV Rdn. 232). Der Kündigungszeitpunkt ist damit nicht allein objektiv bzw. absolut zu bestimmen. Stehen die Erben trotz aller zumutbarer Bemühungen des Vermieters innerhalb eines angemessenen, nur im konkreten Einzelfall bestimmbaren Zeitraums immer noch nicht fest, kann der Vermieter auch gehalten sein, beim Nachlassgericht einen **Nachlasspfleger** (vgl. §§ 1960 ff. BGB) zu bestellen und diesem gegenüber zu kündigen.

**3.** Kann das Mietverhältnis außerordentlich mit der gesetzlichen Frist gekündigt werden, so ist die Kündigung spätestens am dritten Werktag eines Kalendermonats (Zugang der Erklärung beim Empfänger!) zum Ablauf des übernächsten Monats auszusprechen (§ 573d Abs. 2 BGB bzw. § 575a Abs. 3 BGB). Für die Kündigungserklärung des Vermieters gilt das **Schriftformerfordernis** des § 568 Abs. 1 BGB (von allen Vermietern an alle Erben; auf Zugangsnachweis achten: Beweislast liegt beim Vermieter; Stellvertretung möglich, aber § 174 BGB berücksichtigen). Ist **gegenüber einer Mehrheit** von zur Erben zu **kündigen,** so ist zu beachten, dass eine derartige Kündigung nur Rechtswirkungen zeitigt, wenn sie gegenüber sämtlichen Miterben erfolgt. Die Kündigung stellt als Gestaltungsrecht eine Verfügung über „das Mietverhältnis" dar. Wegen der Einheitlichkeit des Mietverhältnisses hat die Kündigung grundsätzlich an alle in die Rechtsstellung des Mieters eintretenden Personen zu erfolgen (vgl. BGH NJW 2000, 3133) und ist andernfalls auch gegenüber denjenigen unwirksam, denen gegenüber die Kündigung ausgesprochen ist und zugeht.

**4.** Für die außerordentliche Kündigung des Vermieters gegenüber dem „nachrangigen" Erben, also demjenigen Erben, der nicht schon unter den Anwendungsbereich der Bestimmungen der §§ 563, 563a BGB fällt (vgl. hierzu Form. D. V. 4, Anm. 1), bedurfte es nach herrschender Auffassung zum früheren Recht (vgl. BGH NJW 1997, 1695) eines berechtigten Interesses i.S.d. § 564b Abs. 2 BGB a.F. Der Gesetzgeber hat in §§ 573d

Abs. 1, 575 a Abs. 1 BGB klargestellt, dass ein solches **berechtigtes Vermieterinteresse nicht mehr erforderlich ist.**

Die **Vorschriften über Kündigungswiderspruch und Fortsetzungsverlangen** (§§ 574 bis 574 c BGB, die sog. Sozialklausel) finden allerdings Anwendung (Palandt/*Weidenkaff* § 564 Rdn. 9). Um Rechtsnachteile zu vermeiden ist der Vermieter deshalb zur **Angabe der Gründe** im Kündigungsschreiben gemäß §§ 568 Abs. 2, 574 Abs. 3 BGB gehalten (*Blank/Börstinghaus* § 564 Rdn. 3). Da der Erbe die Wohnung nicht zusammen mit dem Verstorbenen Mieter bewohnte, dürfte indes das Vorhandensein von Härtegründen i. S. v. § 574 BGB die Ausnahme sein (vgl. *Blank/Börstinghaus* a. a. O.). Daher ist die Anwendung der §§ 574 ff. BGB trotz des Wegfalls des Bestandsschutzes in § 573 BGB schlicht unverständlich (so zutreffend auch *Lammel* § 564 Rdn. 27).

## 6. Kündigung der Erben bei Tod des Mieters
## (§ 564 S. 2 BGB)[1]

......
(Erbengemeinschaft)

an

......
(Vermieter)

Sehr geehrte(r) ......,

am ...... verstarb unser[2] Vater ...... (Namensangabe), mit dem Sie am ...... einen Wohnraummietvertrag geschlossen hatten. Wir kündigen hiermit in Ausübung des uns als Erben nach § 564 S. 2 BGB zustehenden Rechtes dieses Mietverhältnis über die Wohnung ...... zum nächstzulässigen Zeitpunkt.[3] Das ist der ...... (Ablauf des übernächsten Monats).[4]

Wir werden die Wohnung demnächst räumen, so dass sie bis spätestens ...... (Zeitangabe) an Sie übergeben werden kann. Bitte setzen Sie sich wegen der Vereinbarung des genauen Übergabetermins mit ...... unter der Telefonnummer ...... in Verbindung.

Wir bemühen uns ferner um Nachmieter für die Wohnung unseres Vaters. Entsprechende Bewerber werden wir Ihnen demnächst benennen können. Dadurch sollte es möglich werden, dass Sie uns schon vorzeitig aus dem Mietverhältnis entlassen.[5]

......
(Erbengemeinschaft)

### Anmerkungen

**1.** Das Sonderkündigungsrecht (vgl. allgemein Form. D. V. 1 Anm. 1) nach § 564 S. 2 BGB besteht für Erben, die nach §§ 1922, 1967 BGB Rechtsnachfolger des Mieters geworden sind. Erben, die gemäß § 563 BGB in das Mietverhältnis (von Gesetz wegen) eintreten, haben das Recht, sich innerhalb eines Monats durch Abgabe einer Erklärung nach § 563 Abs. 3 S. 1 BGB von dem Mietverhältnis zu lösen. Der Eintritt gilt dann als nicht erfolgt. Sind die Erben Mitmieter i. S. d. § 563a BGB, so billigt ihnen § 563a Abs. 2

BGB ein Sonderkündigungsrecht zu (siehe Form. D. V. 4 Anm. 1, dort auch eingehender zu den Rechtsverhältnissen nach dem Tode des Mieters).

**2.** Die **Erbfolge** bestimmt sich nach den Anordnungen letztwilliger Verfügungen des Erblassers oder nach dem Gesetz, §§ 1924 ff. BGB. Ist wie hier in diesem Muster eine **Mehrheit von Personen zur Erbschaft berufen,** so steht dieser Erbengemeinschaft (§ 2032 BGB) das Kündigungsrecht nur in ihrer Gesamtheit zu, weshalb das Kündigungsrecht von allen Erben gemeinschaftlich auszuüben ist. Die Kündigung stellt als Gestaltungsrecht eine Verfügung über das Mietverhältnis dar, so dass § 2040 Abs. 1 BGB gilt. Die Kündigung durch einen einzelnen Erben ist allerdings wirksam, wenn sie mit Zustimmung der übrigen erfolgt oder von diesen nachträglich genehmigt wird.

**3.** Das Gesetz gibt den Erben zur Ausübung ihres Sonderkündigungsrechtes **einen Monat** Zeit. Die **Überlegungsfrist** beginnt nach § 564 S. 2 BGB zu laufen, nachdem die Erben vom Tod des Mieters und ihrer Erbenstellung erfahren haben. Sie werden in der Regel auch darüber in Kenntnis sein, dass ein Eintritt in das Mietverhältnis von in § 563 BGB genannten Personen (Ehegatten, Kinder, Lebenspartner, andere Familienangehörige, die mit dem Mieter einen gemeinsamen Haushalt geführt haben, sowie sonstige Personen, die mit dem Mieter einen auf Dauer angelegten gemeinsamen Haushalt geführt haben) oder dessen Fortsetzung durch in § 563 a BGB genannte Personen (Mitmieter) nicht erfolgt.

Anders als im Falle der Nichtfortsetzungserklärung nach § 563 Abs. 3 S. 1 BGB bzw. dem Verstreichen der hierzu bestimmten Ausschlussfrist, womit ein fester Zeitpunkt markiert ist, liegt der Fall der Kündigung des Fortsetzenden nach § 563 Abs. 2 BGB. Die Kündigung wirkt nicht wie die Nichtfortsetzungserklärung zurück, sondern nur für die Zukunft. Hierdurch bedingt sind zeitliche Verschiebungen und **Unsicherheiten bei der Ermittlung des ersten zulässigen Kündigungstermins** denkbar (vgl. MünchKomm/*Häublein* § 563 Rdn. 29), weshalb die Verweisung in § 564 BGB dem Regelungsproblem nicht gerecht wird (so auch zu Recht Herrlein/Kandelhard/*Kandelhard* § 564 Rdn. 2).

Entscheidend für die Ermittlung des ersten zulässigen Kündigungstermins ist, ob und wann es dem Erben subjektiv möglich ist, nach § 564 S. 2 BGB zu kündigen. Einzuhalten hat der Erbe **den Termin, für den ihm bei Beobachtung der im Verkehr erforderlichen Sorgfalt die Kündigung zum ersten Mal möglich ist.** Daraus können sich Erkundigungspflichten hinsichtlich der näheren Umstände und seiner Erbenstellung ergeben, sobald er vom Tod des Mieters erfahren hat (OLG Hamm WuM 1981, 263; Bub/Treier/*Grapentin* IV Rdn. 232). Der Kündigungszeitpunkt ist damit nicht allein objektiv bzw. absolut zu bestimmen.

**4.** Kann das Mietverhältnis außerordentlich mit der gesetzlichen Frist gekündigt werden, so ist die Kündigung spätestens am dritten Werktag eines Kalendermonats (Zugang der Erklärung beim Empfänger!) zum Ablauf des übernächsten Monats auszusprechen (§ 573 d Abs. 2 BGB bzw. § 575 a Abs. 3 BGB). Für die Kündigungserklärung der Erben gilt das **Schriftformerfordernis** des § 568 Abs. 1 BGB (von allen Erben an alle Vermieter; auf Zugangsnachweis achten, Beweislast liegt bei den Erben; Stellvertretung möglich, aber § 174 BGB berücksichtigen). Einer **Begründung** bedarf die Kündigung der Erben nicht (vgl. allg. zur Begründung, zur Umdeutung in eine ordentliche Kündigung und zur hilfsweisen ordentlichen Kündigung Form. D. V. 1).

**5.** Angesichts der restlichen Vertragslaufzeit von maximal drei Monaten besteht allerdings entgegen weitverbreiteter Meinung (vgl. nur *Thaler*, Die Mär von der Nachmietergestellung, NZM 1998, 994; vgl. aber auch Mustermietvertrag des BMJ aus dem Jahr 1976, dort § 6) auch aus Treu und Glauben kein Anspruch des Mieters auf vorzeitige Entlassung aus dem Mietvertrag gegen Stellung eines Ersatzmieters (OLG Oldenburg WuM 1982, 124 und WuM 1981, 125; vgl. auch OLG Karlsruhe NJW 1981, 1741; ausführlich statt vieler *Sternel* I Rdn. 109 ff.).

## 7. Kündigung des überlebenden Mieters bei Tod des Mitmieters (§ 563a Abs. 2 BGB)[1]

......

(Mieter)

an

......

(Vermieter)

Sehr geehrte(r) ......,

am ...... verstarb[2] aufgrund eines tragischen Verkehrsunfalls mein Mitbewohner ...... (Namensangabe). Da es mir nicht möglich ist, die Miete für die von Ihnen mit Wohnraummietvertrag vom ...... gemeinsam angemietete Wohnung allein aufzubringen, kündige ich hiermit in Ausübung des mir nach § 563a Abs. 2 BGB zustehenden Rechtes das Mietverhältnis zum nächstzulässigen Zeitpunkt.[3] Das ist der ...... (Ablauf des übernächsten Monats).[4]

......

(Mieter)

### Anmerkungen

**1.** Nach § 563a Abs. 2 BGB steht dem vom Tode seines Mitmieters betroffenen Mieter, wegen der damit für gewöhnlich verbundenen, grundlegenden Veränderung der bei gemeinsamer Anmietung der Wohnung ausschlaggebend gewesenen Verhältnisse, ein Sonderkündigungsrecht zu (vgl. allgemein Form. D. V. 1 Anm. 1 sowie eingehender zu den Rechtsverhältnissen nach dem Tode des Mieters Form. D. V. 4 Anm. 1). § 563a Abs. 2 BGB ist für Fälle gedacht, in denen der Mitmieter weder Eintretender nach § 563 BGB, noch Erbe ist, und es ihm auch an einer besonderen Verbundenheit bzw. Nähe mit dem Verstorbenen i. S. v. § 563 BGB fehlt; somit etwa für den Mitmieter einer Studenten-Wohngemeinschaft oder den bereits vor längerem ausgezogenen, andernorts lebenden, aber aus dem Mietvertrag womöglich nicht entlassenen Lebensgefährten.

**2.** Aus § 563a Abs. 2 BGB ergibt sich zunächst, dass der Tod des Mitmieters die Mieterstellung des Überlebenden rechtlich nicht beeinträchtigt.

**3.** Das Gesetz gibt dem überlebenden Mieter zur Ausübung seines Sonderkündigungsrechtes **einen Monat** Zeit. Die **Überlegungsfrist** beginnt zu laufen, nachdem er vom Tod des Mitmieters erfahren hat (§ 563a Abs. 2 BGB).

**4.** Kann das Mietverhältnis außerordentlich mit der gesetzlichen Frist gekündigt werden, so ist die Kündigung spätestens am dritten Werktag eines Kalendermonats (Zugang der Erklärung beim Empfänger!) zum Ablauf des übernächsten Monats auszusprechen (§ 573d Abs. 2 BGB bzw. § 575a Abs. 3 BGB). Für die Kündigungserklärung gilt das **Schriftformerfordernis** des § 568 Abs. 1 BGB (von allen an alle (Vermieter); auf Zugangsnachweis achten, Beweislast liegt beim Mieter; Stellvertretung möglich, aber § 174 BGB berücksichtigen). Einer Begründung bedarf die Kündigung des Mieters nicht (vgl. allg. zur Begründung, zur Umdeutung in eine ordentliche Kündigung und zur hilfsweisen ordentlichen Kündigung Form. D. V. 1 Anm. 1).

## 8. Kündigung des Mieters im Falle der Mieterhöhung bei preisgebundenem Wohnraum (§ 11 WohnBindG)

......

(Mieter)

an

......

(Vermieter)

Sehr geehrte(r) ......,

am ...... habe ich Ihr Schreiben vom ...... erhalten, mit welchem Sie die Erhöhung der Miete für meine geförderte Wohnung ab ...... geltend machen.[1]

Ich nehme Ihr Verlangen zum Anlass, das zwischen uns bestehende Mietverhältnis über die Wohnung ...... gem. Mietvertrag vom ...... zum ...... (Ablauf des nächsten Monats)[2] zu kündigen.[3]

......

(Mieter)

### Anmerkungen

**1.** Das Sonderkündigungsrecht (vgl. allgemein Form. D. V. 1 Anm. 1) des Mieters nach § 11 WohnBindG besteht, wenn der Vermieter eine Mieterhöhung nach § 10 WohnBindG geltend macht. Die Rechtswirksamkeit der Erhöhungserklärung des Vermieters ist nicht Voraussetzung für das Kündigungsrecht des Mieters (AG Brakel WuM 1983, 349). Allein der Zugang der Erklärung des Vermieters löst das Sonderkündigungsrecht des Mieters aus, so dass es z.B. ausreichen würde, wenn diese Erklärung, unter Verstoß gegen die nach § 10 WohnBindG vorgesehene Schriftform, lediglich mündlich abgegeben wird und ihr der Wille des Erklärenden zu entnehmen ist (§§ 133, 157 BGB), er wolle die Miete erhöhen (vgl. aber LG Gießen WuM 2000, 423 zu § 561 BGB: u. U. Einwand des Rechtsmissbrauchs gegenüber der Berufung auf das Kündigungsrecht). Ein **Hinweis im Mietvertrag**, dass die Kostenmiete sich erhöhen kann, schließt das Sonderkündigungsrecht nicht aus (LG Kassel WuM 1983, 348). Dasselbe gilt im Falle einer (formular-)vertraglichen **Vorfestlegung des Mietpreises** in Höhe der jeweils zulässigen Kostenmiete (LG Bremen WuM 1985, 394; LG Berlin WuM 1997, 117). Nach Auffassung des LG Lüneburg (WuM 1984, 160) soll dem Mieter dagegen kein Kündigungsrecht zustehen, wenn die Mieterhöhung mit dem planmäßigen Wegfall der Fördermittel begründet wird, und im Mietvertrag die entsprechende Degression hinreichend bestimmt und für den Mieter kalkulierbar festgelegt worden ist (vgl. aber LG Berlin WuM 1997, 117).

**2.** Die **Kündigungsfrist** nach § 11 Abs. 1 WohnBindG beträgt **zwei Monate** abzüglich der Karenzzeit von drei Werktagen (anders bei preisfreiem Wohnraum, siehe Form. D. V. 7 Anm. 2). Vom Zugang des Mieterhöhungsverlangens des Vermieters hängt es ab, wie lang die Überlegungsfrist für den Mieter ist. Das Mieterhöhungsverlangen des Vermieters bewirkt jedenfalls, dass die erhöhte Miete vom Ersten des auf die Erklärung folgenden Monats an, geschuldet ist (§ 10 Abs. 2 S. 1 WohnBindG). Danach hat der Mieter **unter Umständen eine mehr als zweimonatige Überlegungszeit** bis höchstens zum dritten

Werktag des Kalendermonats, in dem sich die Miete erhöhen soll. Die Kündigung wirkt dann zum Ablauf des nächsten Monats.

**3.** Für die Kündigungserklärung des Mieters gilt das **Schriftformerfordernis** des § 568 Abs. 1 BGB (von allen Mietern an alle Vermieter; auf Zugangsnachweis achten; Beweislast beim Mieter; Stellvertretung möglich, aber § 174 BGB berücksichtigen, sonst kann die Kündigungsfrist – siehe soeben Anm. 2 – versäumt sein). Einer Begründung bedarf die Kündigung des Mieters nicht (vgl. allg. zur Begründung, zur Umdeutung in eine ordentliche Kündigung und zur hilfsweisen ordentlichen Kündigung Form. D. V. 1 Anm. 1). Kündigt der Mieter, so hat er die verlangte höhere Miete nicht zu bezahlen, selbst wenn das Mieterhöhungsbegehren rechtswirksam war, § 10 Abs. 2 WohnBindG.

## 9. Vorzeitige Vertragsbeendigung bei berechtigtem Interesse gegen Ersatzmieterstellung[1]

......

(Mieter)

an

......

(Vermieter)

Sehr geehrte(r) ......,

wie Sie wissen, bin ich seit ...... arbeitslos, nachdem die XY AG, bei der ich bis dahin über 20 Jahre beschäftigt war, letztlich doch ihr Werk hier in ...... geschlossen hat, um die gesamte Produktion nach Transsylvanien zu verlagern. Nun habe ich überraschenderweise doch noch ein ernsthaftes Angebot auf Abschluss eines Arbeitsvertrages erhalten, das ich annehmen will und muss, und zwar von der Z KG in ......

Da mein Mietvertrag mit Ihnen allerdings erst am ...... endet, ich aber meine neue Stelle schon am ...... antreten müsste, schlage ich Ihnen vor und bitte Sie, dass Sie mich bereits zum ...... aus dem Mietverhältnis entlassen und statt meiner künftig an Herrn ...... vermieten.[2] Herr ...... ist bereit in den Mietvertrag zu den bisherigen Bedingungen für den Rest der Mietdauer und darüber hinaus einzutreten. Herr ...... ist zudem wirtschaftlich und persönlich zuverlässig, was sich unter anderem daraus ergibt, dass ...... (wird weiter ausgeführt).[3]

......

(Mieter)

*Schrifttum: Thaler*, Die Mär von der Nachmieterstellung, NZM 1998, 994; *Kandelhard*, Aufhebungsvertrag und Ersatzmieterstellung, NZM 2004, 846.

### Anmerkungen

**1.** Nach § 570 BGB a. F. waren Beamte und eine Reihe gleichstehender Personen „im Falle der Versetzung nach einem anderen Orte" zur außerordentlichen Kündigung ihres Mietvertrages unter Einhaltung der gesetzlichen Frist befugt. Die Bestimmung wurde eng ausgelegt, und insbesondere eine Ausdehnung auf nicht in Staatsdiensten stehende Arbeitnehmer von der Rspr. stets abgelehnt (vgl. etwa BayObLGZ 1985, 88 = WuM 1985, 140, 141). Die ersatzlose Streichung des § 570 BGB a.F. im Zuge der Mietrechtsänderung 2001 begründete der moderne Gesetzgeber mit der Verkürzung der Frist der ordentlichen Mieterkündigung auf stets drei Monate (§ 573c Abs. 1 S. 1 BGB). Er wies zugleich darauf hin, dass der Mieter sich beim Zeitmietvertrag im Einzelfall auch künftig nach den von der Rechtsprechung entwickelten Grundsätzen unter bestimmten Voraussetzungen durch Stellung eines Nachmieters vorzeitig aus dem Mietverhältnis lösen könne (BT-Drucks. 14/4553 S. 67). Siehe auch Form. D. V. 1. Anm. 1, in welchen (begrenzten) Fällen heute noch daran zu denken ist, ein Sonderkündigungsrecht auszuüben, oder aber den hier behandelten Anspruch auf vorzeitige Vertragsentlassung gegen Ersatzmieterstellung geltend zu machen.

**2.** Aus der Rechtsprechung, auf die sich die Gesetzesbegründung bezieht (siehe vorstehend Anm. 1), ist zunächst der (mehr oder weniger theoretische) Fall der Ersatzmietervereinbarung bekannt, und, wenn und soweit es an einer solchen Vereinbarung fehlt, der aus § 242 BGB hergeleitete Anspruch des Mieters auf vorzeitige Vertragsentlassung gegen Stellung eines Ersatzmieters; wegweisend insbesondere der Rechtsentscheid des OLG Karlsruhe vom 25. 3. 1981, NJW 1981, 1741, dessen Leitsatz lautet: Der Vermieter ist nur dann verpflichtet, den Mieter, der ihm einen geeigneten Nachmieter stellt, vorzeitig aus dem auf bestimmte Zeit geschlossenen Wohnungsmietvertrag zu entlassen, wenn das berechtigte Interesse des Mieters an der Aufhebung dasjenige des Vermieters am Bestand des Vertrages ganz erheblich überragt. Diese Voraussetzungen sind in der Regel nicht gegeben, wenn der Mieter aufgrund einer auf die Veränderung seiner Wohnungssituation abzielenden freien Entscheidung das Interesse an der bisherigen Wohnung verloren hat (OLG Karlsruhe a.a.O.).

Voraussetzung ist danach ein überwiegendes **berechtigtes Interesse des Mieters** an der Vertragsaufhebung. Bei verhältnismäßig kurzer **Restvertragsdauer** ist es von vornherein zu verneinen (OLG Oldenburg WuM 1982, 124 = ZMR 1982, 285). Ein Festhalten am Vertrag für die Dauer der gesetzlichen Frist von drei Monaten (für die ordentliche Mieterkündigung) ist in jedem Falle zumutbar (vgl. OLG Oldenburg a.a.O.). Zu beachten ist weiter, dass sich ein berechtigtes Interesse nicht schon aus jedem in der Person des Mieters liegenden, ihn an der Ausübung des Mietgebrauchs hindernden Grund ergeben kann (gesetzliche Gefahrtragungsregel: § 537 Abs. 1 S. 1 BGB). Ein Anspruch auf vorzeitige Vertragsaufhebung wird dem Mieter folglich bei **freibestimmtem Orts- und Arbeitsplatzwechsel** verwehrt (vgl. LG Berlin ZMR 1999, 399; OLG Karlsruhe NJW 1981, 1741), oder auch wenn dem Mieter das Hin-und-her-Reisen zwischen Wohnort und Arbeitsstelle zumutbar ist (LG Gießen WuM 1997, 327). Grundsätzlich in Betracht kommen dagegen Fälle unerwarteter (Arbeitsvertrags-)Kündigung oder sonstiger **unverschuldeter Arbeitslosigkeit** oder **überraschender Versetzung** innerhalb eines bestehenden Arbeitsverhältnisses (vgl. LG Baden-Baden NJW-RR 1997, 75; LG Berlin ZMR 1999, 399, OLG Karlsruhe NJW 1981, 1741; weitere Fälle bei *Thaler* NZM 1998, 994, 995, und *Kandelhard* NZM 2004, 846, 847). Bringt der so unverschuldet in Bedrängnis geratene Mieter dem Vermieter dann einen zumutbaren (geeigneten) Nachmieter an, so rechtfertigt sich die vorzeitige Vertragsentlassung, wobei allerdings der Mieter dem Vermieter erst gar keinen Nachmieter zu stellen und vorzustellen braucht, wenn der Vermieter, auf Anfrage hin, auf der Fortführung des Mietverhältnisses besteht und die Ersatzmieterstellung von vornherein ablehnt (vgl. LG Berlin ZMR 2000, 26).

**3.** Die nach Meinung mancher Juristen ins Reich der Märchen zu verweisende laienhafte Rechtsvorstellung, man müsse dem Vermieter **drei Ersatzmieter präsentieren,** um frei zu werden, kann sich immerhin auf den Mustermietvertrag des BMJ aus dem Jahre 1976 berufen, wo es in § 6, unter der Überschrift ‚Ersatzmieter‘, heißt: „Der Mieter ist berechtigt, den Mietvertrag vorzeitig unter Einhaltung der gesetzlichen Frist – das ist am

dritten Werktag eines Kalendermonats für den Ablauf des übernächsten Monats – zu
kündigen, wenn er dem Vermieter mindestens drei wirtschaftlich und persönlich zuver-
lässige und, soweit erforderlich, zum Bezug der Wohnung berechtigte Ersatzmieter vorschlägt, die bereit sind, in den Mietvertrag für den Rest der Mietdauer einzutreten, und
wenn der Vermieter sich weigert, einen der benannten Ersatzmieter in den Mietvertrag
eintreten zu lassen." Es gäbe gute Gründe (siehe *Kandelhard* NZM 2004, 846, 850), wie
jüngst erst § 7 nebst Fußnote (betreffend Schönheitsreparaturen), auch § 6 des Muster-
mietvertrags zu Richterrecht zu machen. Bemerkenswert bleibt jedenfalls (vgl. *Fischer*
WuM 2004, 123, 124; *Kandelhard* NZM 2004, 846, 847), dass der BGH (NJW 2003,
1246) die Wendung aus OLG Karlsruhe NJW 1981, 1741 vom ‚berechtigten Interesse
des Mieters, das dasjenige des Vermieters am Bestand des Vertrages ganz erheblich überragt' nicht übernommen hat, sondern allein von einem ‚berechtigten Interesse' als An-
spruchsvoraussetzung spricht.

## 10. Freigabeerklärung des Insolvenzverwalters nach § 109 Abs. 1 S. 2 InsO[1]

......
(Insolvenzverwalter/Treuhänder)

an

......
(Vermieter)

Sehr geehrte(r)......,

durch Beschluss des AG ...... vom ......, Az. ......, bin ich zum Insolvenzverwal-
ter/Treuhänder über das Vermögen Ihres Mieters in der ...... straße, in ......, Wohnung im Erdgeschoss links, Herrn ......, bestellt. Ablichtung meiner Bestellungsur-
kunde anbei.

Als Insolvenzverwalter/Treuhänder teile ich Ihnen mit, dass die Insolvenzmasse für
all ihre Ansprüche gegen Herrn ...... aus dem Mietvertrag vom ...... nur noch bis
einschließlich ...... (Ablauf des übernächsten Monats) haftet, und danach dann
nicht mehr.[2]

Sie müssen Ihre Mietforderungen dann unmittelbar bei Herrn ...... geltend machen,
der die Miete selbst aus seinem pfändungsfreien Einkommen bestreiten will. Sofern
Herr ...... seinen Verpflichtungen insoweit jedoch nicht nachkommen sollte, bleibt
Ihnen eine Zahlungsverzugskündigung unbenommen, wobei die Kündigung aber in
jedem Falle mir gegenüber auszusprechen ist.[3]

......
(Insolvenzverwalter/Treuhänder)

### Anmerkungen

**1.** Das vorliegende Form. behandelt den Fall der Insolvenz des Mieters. Während der
Vermieter durch § 112 InsO schon immer gehindert war, dem Mieter wegen eines in der
Zeit vor dem Eröffnungsantrag aufgelaufenen Mietrückstandes (§ 122 Nr. 1 InsO), oder

überhaupt wegen der damit offenbar werdenden Verschlechterung der Vermögensverhältnisse des Mieters zu kündigen (§ 112 Nr. 2 InsO), konnte der etwa an der Erlangung der Mietsicherheit interessierte Insolvenzverwalter sowohl bei Wohraum-, als auch Gewerberaummiete den Mietvertrag außerordentlich unter Einhaltung der gesetzlichen Frist des § 573 d Abs. 2 BGB kündigen. Diese außerordentliche Kündigung des Mietverhältnisses durch den Insolvenzverwalters nach § 109 Abs. 1 S. 1 InsO wird für den Fall der Gewerberaummiete hier unter Form. D. XII. 9 behandelt. Da die Insolvenzverwalter regelmäßig auch in Verbraucherinsolvenzverfahren vom Sonderkündigungsrecht des § 109 Abs. 1 S. 1 InsO Gebrauch machten, befürchtete der Gesetzgeber zu Recht, dass das gerade erst geschaffene Verbraucherinsolvenzverfahren sein Ziel, nämlich dem ‚kleinen‘ Schuldner einen wirtschaftlichen Neuanfang zu ermöglichen, verfehlen würde, wenn dieser regelmäßig zuerst einmal auf die Straße gesetzt würde (BT-Drucks. 14/5680 S. 27). Im Falle der Anmietung von Wohnraum wird dem Insolvenzverwalter/Treuhänder die außerordentliche Kündigung des nach § 108 Abs. 1 S. 1 InsO fortbestehenden Mietverhältnisses deshalb nun von § 109 Abs. 1 S. 2 InsO verwehrt, wenn es sich um die **Wohnung des Schuldners** handelt, um diesen vor Obdachlosigkeit zu bewahren. Der Insolvenzverwalter kann stattdessen (§ 109 Abs. 1 S. 2 InsO: „... tritt an die Stelle der Kündigung das Recht ... zu erklären, dass ...“) eine die Insolvenzmasse entlastende ‚Freigabe‘ nach § 109 Abs. 1 S. 2 InsO erklären, oder aber ordentlich kündigen (Braun/ *Kroth* Rdn. 16; a. A. *Franken* Rdn. 533: ordentliche Kündigung mit Rücksicht auf Sinn und Zweck des § 109 Abs. 1 S. 2 InsO nach § 242 unwirksam). Das vorliegende Form. behandelt also keinen Beendigungstatbestand in der Insolvenz.

**2.** § 109 Abs. 1 S. 2 InsO verweist wegen der Frist auf § 109 Abs. 1 S. 1 InsO, der wiederum auf die gesetzliche Frist des § 573 d Abs. 2 BGB verweist. Die Erklärung ist danach spätestens am dritten Werktag eines Kalendermonats (Zugang der Erklärung beim Empfänger!) abzugeben, damit sie zum Ablauf des übernächsten Monats wirkt.

**3.** Zu beachten ist, dass es sich bei der Erklärung des Insolvenzverwalters/Treuhänders rechtlich gesehen nicht um eine ‚Freigabe‘ des Mietverhältnisses (des Mietbesitzes, des Gebrauchsüberlassungsanspruchs, des aufschiebend bedingten Anspruchs auf Rückgabe von Mietsicherheit usw. usf.) handelt, sondern dass damit lediglich bewirkt wird, dass nach Fristablauf (siehe Anm. 2) entstehende **Mietforderungen/Mietraten die Masse nicht mehr belasten,** wobei diese Wirkung im Interesse des Vermieters erst nach Ablauf einer der gesetzlichen Kündigungsfrist entsprechenden Frist eintreten soll. Das Mietverhältnis bleibt somit vorerst unter Verwaltung/Treuhandschaft. Die **Verfügungsbefugnis** über das Mietverhältnis fällt nicht ohne weiteres an den Mieter zurück (str., vgl. einerseits *Franken* Rdn. 534; andererseits *Eckert* NZM 2001, 260, 261, der zwar von einer Rückerlangung der Verfügungsbefugnis durch den Mieter ausgeht, jedoch eine Einwilligung des Vermieters zur Voraussetzung macht), so dass der Insolvenzverwalter/Treuhänder u. a. Adressat etwaiger Vermieterkündigungen ist und bleibt.

## 11. Kündigung des Mieters bei Mieterhöhung über Wohnraum (§ 561 BGB)[1]

......

(Mieter)

an

......

(Vermieter)

Sehr geehrte(r) ......

am ...... habe ich Ihr Schreiben vom ...... erhalten, in welchem Sie von mir die Zustimmung zu einer von Ihnen beabsichtigten Erhöhung der Miete verlangen.[2]

Ich nehme Ihr Verlangen zum Anlass, das zwischen uns bestehende Mietverhältnis über die Wohnung ...... gem. Mietvertrag vom ...... zum ...... (Ablauf des übernächsten Monats)[3] zu

kündigen.[4]

......

(Mieter)

### Anmerkungen

**1.** Das Sonderkündigungsrecht (vgl. allgemein Form. D. V. 1 Anm. 1) des Mieters nach § 561 Abs. 1 S. 2 BGB besteht, wenn der Vermieter eine **Mieterhöhung nach §§ 558 oder 559 BGB** geltend macht. Eine Veränderung der Betriebskosten (§ 560 BGB) berechtigt dagegen nicht zur außerordentlichen Kündigung.

In der Praxis von Bedeutung ist die Vorschrift – nachdem § 573c Abs. 1 S. 1 BGB für die Kündigung durch den Mieter grundsätzlich nur noch die kurze dreimonatige Frist bestimmt – wohl nur noch bei befristeten Mietverhältnissen bzw. vor allem bei Alt-Zeitmietverträgen, die vor dem 1. 9. 2001 – dem Zeitpunkt des Inkrafttretens des Mietrechtsreformgesetzes – wirksam eingegangen wurden (vgl. Art. 229 § 3 Abs. 3 EGBGB). Daneben kann dieses Sonderkündigungsrecht allenfalls noch bei Altverträgen relevant werden, für die gem. Art. 229 § 3 Abs. 10 EGBGB der neue § 573c Abs. 4 BGB, der vorschreibt, dass eine zum Nachteil des Mieters von § 573c Abs. 1 BGB abweichende Vereinbarung unwirksam ist, nicht anzuwenden ist, „wenn die Kündigungsfristen vor dem 1. 9. 2001 durch Vertrag vereinbart worden sind" (vgl. zu dieser Problematik ausführlich Form. D. V. 1 Anm. 1).

Durch die Formulierung „geltend macht", wollte der Reformgesetzgeber (ausweislich der Gesetzesbegründung: BT-Drs. 14/4553, S. 59) klarstellen, dass die **Rechtswirksamkeit der Erhöhungserklärung des Vermieters** nicht Voraussetzung des Kündigungsrechts des Mieters ist (vgl. Hannemann/Wiegner/*Vielitz* § 28 Rdn. 635, a. A. *Sternel* III Rdn. 859). Allein der Zugang der Erklärung des Vermieters löst das Sonderkündigungsrecht des Mieters aus, so dass es folglich z. B. ausreichen würde, wenn diese Erklärung mündlich abgegeben wird und ihr der Wille des Erklärenden zu entnehmen ist (§§ 133, 157 BGB), er wolle die Miete erhöhen (so schon zum alten Recht: LG Berlin, GE 1998, 43; LG Braunschweig WuM 1986, 323; AG Münsingen WuM 1997, 499; vgl. nur Herrlein/Kandelhard/*D. Both* § 561 Rdn. 7 m.w.N. zur h.M.; **a.A.** AG Andernach WuM 1994, 547; AG Brakel WuM 1983, 349; *Sternel* a.a.O.).

**2.** Mit dem Zugang der Erklärung des Vermieters nach **§ 558 BGB** beginnt für den Mieter die **Überlegungsfrist** zu laufen, ob er der begehrten Mietanpassung auf die ortsübliche Vergleichsmiete zustimmt oder nicht. Diese beträgt mindestens zwei volle Monate, eine Karenzzeit (etwa von drei Werktagen wie bei der Kündigung, § 573 c Abs. 1 S. 1 BGB) gibt es nicht (§ 558 b Abs. 2 S. 1 BGB). Bei **§ 559 BGB** bedarf es demgegenüber bekanntlich keiner Zustimmungserklärung des Mieters, der bei Vorliegen sämtlicher vom Gesetz vorgegebener Voraussetzungen die erhöhte Miete grundsätzlich mit Beginn des dritten Monats nach Zugang des entsprechenden Erhöhungsverlangens schuldet (§ 559 b Abs. 2 BGB).

**3.** Die **Kündigungsfrist** beginnt mit dem Zugang des Erhöhungsbegehrens sowohl nach § 558 BGB als auch nach § 559 BGB zu laufen (im zuerst genannten Fall parallel zur Überlegungsfrist des § 558 b Abs. 2 S. 1 BGB – vgl. soeben Anm. 2). § 193 BGB gilt (vgl. nur *Lammel* § 561 Rdn. 12). Wie schon bei § 9 MHG entspricht die nach wie vor eigenständige Kündigungsfrist im Falle einer Mieterhöhung nach § 558 BGB exakt der Überlegungsfrist, die dem Mieter daher ungeschmälert erhalten bleibt (Schmidt-Futterer/*Börstinghaus* § 561 Rdn. 36 ff.), ebenso übrigens wie die grundsätzliche Frist nach § 559 b Abs. 2 BGB dafür ob der Mieter andernfalls die erhöht verlangte Miete zu bezahlen hat (Schmidt-Futterer/*Börstinghaus* § 561 Rdn. a.a.O.).

Da der vom Gesetz bestimmte Zeitpunkt für die Beendigung des Mietverhältnisses durch die Sonderkündigung des § 561 BGB bei einer Mieterhöhung nach § 558 BGB unmittelbar auf den Zeitpunkt des Ablaufes der zweimonatigen Überlegungsfrist bezogen ist, also nicht auf den Zugang der Kündigungserklärung beim Vermieter (so ausdrücklich BT-Drs. 14/4553, S. 60), endet das Mietverhältnis frühestens mit einer Frist von vier Monaten nach Zugang der Mieterhöhung. Dies gilt auch dann, wenn der Mieter sofort nach Zugang des Zustimmungsverlangens und nicht erst mit Ablauf der Überlegungsfrist kündigt (vgl. LG Bonn NJWE-MietR 1997, 221; **a.A.** zum alten Recht LG Wiesbaden WuM 1988, 265; AG Hannover WuM 1996, 154).

**4.** Für die Kündigungserklärung des Mieters gilt das **Schriftformerfordernis** des § 568 Abs. 1 BGB (von allen Mietern an alle Vermieter; auf Zugangsnachweis achten; Beweislast beim Mieter; Stellvertretung möglich, aber § 174 BGB berücksichtigen, sonst kann die Kündigungsfrist – siehe soeben Anm. 3 – versäumt sein). Einer Begründung bedarf die Kündigung des Mieters nicht (vgl. allg. zur Begründung, zur Umdeutung in eine ordentliche Kündigung und zur hilfsweisen ordentlichen Kündigung Form. D. V. 1 Anm. 1). Kündigt der Mieter, so hat er die **verlangte höhere Miete nicht zu bezahlen**, selbst wenn das Mieterhöhungsbegehren rechtswirksam war, § 561 Abs. 1 S. 2 BGB.

## 12. Kündigung des Mieters bei Staffelmietvereinbarung (§ 557a Abs. 3 BGB)[1]

......

(Mieter)

an

......

(Vermieter)

Sehr geehrte(r) ......,

in dem zwischen uns bestehenden Wohnraummietvertrag vom ...... hatten wir uns auf eine Mietdauer von mindestens ...... Jahren geeinigt, und außerdem eine sog. Staffelmiete[2] vereinbart. Nachdem Sie sich nun hinsichtlich dieser Staffelmietvereinbarung zu einer Abänderung unseres Vertrages nicht bereit finden wollen, nehme ich mein Recht aus § 557a Abs. 3 BGB war und

kündige

hiermit das zwischen uns bestehende Mietverhältnis über die Wohnung ...... zum ...... (frühestens Ablauf des vierten Jahres nach Abschluss der Staffelmietvereinbarung).[3]

......

(Mieter)

### Anmerkungen

**1.** § 557 Abs. 3 S. 1 BGB gibt dem Mieter das Recht, sich von einem für einen längeren Zeitraum als vier Jahre geschlossenen Zeitmietvertrag (§ 575 BGB bzw. § 564c BGB a. F. i. V. m. Art. 229 § 3 Abs. 3 EGBGB; LG Berlin GE 2000, 207) oder von einem Mietvertrag, in dem das ordentliche Kündigungsrecht jedenfalls des Mieters für mehr als vier Jahre rechtswirksam ausgeschlossen ist, zu lösen, indem er bestimmt, dass das (ordentliche) Kündigungsrecht des Mieters nur für höchstens vier Jahre seit Abschluss der, also auch erst nach Mietvertragsschluss vereinbarten Staffelmietvereinbarung ausgeschlossen werden kann. § 557a Abs. 3 BGB gibt deshalb kein Sonderkündigungsrecht (vgl. allgemein Form. D. V. 1 Anm. 1) im eigentlichen Sinne (vgl. Hannemann/Wiegner/*Vielitz* § 28 Rdn. 629), sondern beschränkt zugunsten des Mieters die Privatautonomie der Parteien im Hinblick auf den Abschluss von Staffelmietvereinbarungen in einem Wohnraummietvertrag, bei dem die Möglichkeit der Kündigung für einen längeren Zeitraum als vier Jahre ausgeschlossen sein soll. Dies bedeutet zugleich, dass allein die Vereinbarung einer auch befristeten Staffelmiete das Kündigungsrecht des Mieters (wie auch des Vermieters, der wegen eines dadurch zugunsten des Mieters gesetzten angeblichen Vertrauenstatbestandes aber ggf. erst nach einer gewissen Zeit kündigen dürfen soll – AG Hamburg-Bergedorf WuM 1993, 194) nicht ausschließt; es bleibt vielmehr in diesem Fall selbstverständlich bei einem Mietvertrag auf unbestimmte Zeit (Schmidt-Futterer/*Börstinghaus* § 557a Rdn. 27, 59). § 557a Abs. 3 S. 1 BGB bietet aber keine Möglichkeit, sich allein von der Staffelmietvereinbarung unter Fortbestand des Wohnraummietvertrages im Übrigen zu lösen (Schmidt-Futterer/*Börstinghaus* § 557a Rdn. 68).

**2.** Die gesetzliche Definition der Staffelmiete findet sich in § 557a Abs. 1 BGB, vgl. hierzu ausführlich Form. C. II.

**3.** Der Mieter (nicht der Vermieter – Herrlein/Kandelhard/*D. Both* § 557a Rdn. 35) kann die Kündigung **zum Ablauf des vierten Jahres nach Abschluss der Staffelmietvereinbarung** gegenüber dem Vermieter erklären, § 557a Abs. 3 S. 2 BGB. Sie kann also bereits zuvor (oder natürlich auch danach) unter Beachtung der gesetzlichen Kündigungsfrist des § 573d Abs. 2 BGB bzw. § 575a Abs. 3 BGB ausgesprochen werden, aber mit Wirkung nicht vor Ablauf der Vierjahresfrist (OLG Hamm NJW-RR 1989, 1288 = WuM 1989, 485; vgl. nur *Lammel* § 557a Rdn. 29). Für die Kündigungserklärung des Mieters gilt das **Schriftformerfordernis** des § 568 Abs. 1 BGB (von allen Mietern an alle Vermieter; auf Zugangsnachweis achten, Beweislast beim Mieter; Stellvertretung möglich, aber § 174 BGB berücksichtigen). Einer Begründung bedarf die Kündigung des Mieters nicht (vgl. allgemein zur Begründung, zur Umdeutung in eine ordentliche Kündigung und zur hilfsweisen ordentlichen Kündigung Form. D. V. 1 Anm. 1).

## 13. Kündigung des Eigentümers bei Erlöschen des Nießbrauchs (§ 1056 Abs. 2 S. 1 BGB)[1]

......

(Eigentümer)

an

......

(Mieter)

Sehr geehrte(r) ......

am ...... verstarb überraschend Ihr Vermieter ...... (Namensangabe).[2] Dieser hatte seit ...... (Zeitangabe) ein Nießbrauchsrecht an unserem Grundstück ...... einschließlich dem darauf stehenden Gebäude.

Nachdem wir nun wieder das unbeschränkte Eigentum an unserem Grundstück erlangt haben und kraft Gesetzes gem. §§ 1056 Abs. 1, 566 BGB in das mit Ihnen bestehende Mietverhältnis eingetreten sind, wollen wir unser Recht aus § 1056 Abs. 2 S. 1 BGB wahrnehmen und

kündigen

Ihnen hiermit das Mietverhältnis über die Wohnung ...... gem. Mietvertrag vom ...... zum nächstzulässigen Zeitpunkt. Das ist der ...... (Ablauf des übernächsten Monats).[3]

Zur Begründung unserer Kündigung führen wir aus: ......[4]

......

(Eigentümer)

### Anmerkungen

**1.** Dem Nießbraucher zu dessen Gunsten ein Nießbrauch an einem bebauten Grundstück, an dem Gebäude selbst oder bloß an einzelnen Räumen des Gebäudes bestellt ist, steht – obwohl er nicht Eigentümer ist – gemäß § 1030 Abs. 1 BGB das Recht zu, die seinem Nießbrauch unterliegenden Räume zu vermieten, sofern keine entgegenstehende Beschränkung gemäß § 1030 Abs. 2 BGB besteht. § 1056 BGB gilt, obwohl nur von Grundstücken die Rede ist und auf § 578 Abs. 1 BGB nicht verwiesen wird, auch bei der Vermietung einzelner Wohnräume und anderer Räume (MünchKomm/*Pohlmann* § 1056 Rdn. 3).

Hat der Nießbraucher Wohnraum über die Dauer seines Nießbrauchs hinaus vermietet, so erlischt das Mietverhältnis mit Beendigung des Nießbrauchs nicht, weil § 1056 Abs. 1 BGB insbesondere § 566 BGB hier für entsprechend anwendbar erklärt. Dem **Eigentümer, der nach § 566 Abs. 1 BGB anstelle des Nießbrauchers in das Mietverhältnis eintritt**, gewährt das Gesetz in § 1056 Abs. 2 S. BGB allerdings ein Sonderkündigungsrecht (vgl. allgemein Form. D. V. 1 Anm. 1).

Die Eigentümerkündigung nach § 1056 Abs. 2 S. BGB ist dagegen ausgeschlossen, wenn der **Eigentümer selbst schon das Mietverhältnis eingegangen** war (vgl. MünchKomm/*Pohlmann* § 1056 Rdn. 15) oder wenn der **Eigentümer Alleinerbe des Nießbrauchers** geworden ist (BGH NJW 1990, 443). Denn der Eigentümer ist hier gemäß §§ 1922, 1967 BGB unmittelbarer Vertragspartner des Mieters geworden. Seine Rechtsstellung besteht also unabhängig von einem Vertragseintritt nach § 1056 Abs. 1 BGB. Würde man dem Eigentümer als Erben des Nießbrauchers ein außerordentliches Kündigungsrecht gemäß § 1056 Abs. 2 BGB zubilligen, so würde sich eine zugunsten des Mieters bestehende Schutzvorschrift zu dessen Lasten in ein durch nichts zu rechtfertigendes Haftungsprivileg des Erben umkehren (BGH a. a. O.).

**2.** Mit dem Tod des Nießbrauchers erlischt der Nießbrauch, § 1061 S. 1 BGB.

**3.** Handelt es sich um ein Wohnraummietverhältnis und kann dieses außerordentlich mit der gesetzlichen Frist gekündigt werden, so ist die Kündigung spätestens am dritten Werktag eines Kalendermonats (Zugang der Erklärung beim Empfänger!) zum Ablauf des übernächsten Monats auszusprechen (§ 573d Abs. 2 BGB bzw. § 575a Abs. 3 BGB). Im Übrigen gilt für die Kündigungserklärung des Eigentümers das **Schriftformerfordernis** des § 568 Abs. 1 BGB (von allen Eigentümern an alle Mieter; auf Zugangsnachweis achten, Beweislast beim Eigentümer; Stellvertretung möglich, aber § 174 BGB berücksichtigen).

**4.** Vom Erfordernis der **Darlegung eines berechtigten Interesses** ist der Grundeigentümer **bei einem Wohnraummietverhältnis** nicht befreit (LG Münster WuM 1996, 37), § 573d Abs. 1 BGB und § 575a Abs. 1 BGB erklären § 573 BGB ausdrücklich für entsprechend anwendbar. Auch die **Hinweispflicht** des § 568 Abs. 2 BGB ist zu beachten (vgl. zum berechtigten Interesse des Vermieters bei der ordentlichen Kündigung Form. D. III. und zur Geltung der Mieterschutzbestimmungen – auch der Sozialklausel nach den §§ 574ff. BGB – in den Fällen der außerordentlichen Kündigung mit gesetzlicher Frist eingehender Form. D. V. 1, Anm. 1).

## 14. Kündigung des Eigentümers bei Erlöschen des Erbbaurechts (§ 30 Abs. 2 S. 1 ErbbauRVO)[1]

......

(Eigentümer)

an

......

(Mieter)

Sehr geehrte(r) ......,

das Grundstück ......, in dessen darauf befindlichem Anwesen sich die an Sie mit Mietvertrag vom ...... mit ...... (Name des Vermieters) vermietete Wohnung befindet, steht in unserem Eigentum. Ihr Vermieter war lediglich Erbbauberechtigter, wie sich aus dem hier in Ablichtung beigefügten aktuellen Grundbuchauszug ergibt. Wie daraus weiter ersichtlich, ist dieses Erbbaurecht mit Ablauf des ... (Zeitangabe) erloschen.[2]

Damit haben wir das unbeschränkte Eigentum an dem Mietgrundstück zurückerlangt und sind weiter Eigentümer des darauf stehenden Wohnhauses geworden. Gleichzeitig sind wir kraft Gesetzes anstelle Ihres bisherigen Vermieters ...... (Erbbauberechtigten) in das mit Ihnen bestehende Wohnraummietverhältnis als neue Vermieter eingetreten.

Dies vorausgeschickt nehmen wir hiermit unser Recht aus § 30 Abs. 2 S. 1 ErbbauRVO wahr und

kündigen

Ihnen hiermit das Mietverhältnis über die Wohnung ...... nach Maßgabe des vorgenannten Mietvertrages zum ...... (Ablauf des übernächsten Monats).[3]

Unser berechtigtes Interesse an dieser Kündigung ist folgendermaßen begründet: ......[4]

......

(Mieter)

### Anmerkungen

**1.** Das Erbbaurecht gewährt dem dadurch Berechtigten ein veräußerliches und vererbliches Recht, auf dem mit dem Erbbaurecht belasteten Grundstück ein Bauwerk zu haben (vgl. § 1 ErbbauRVO), worunter u. a. auch die Errichtung eines Bauwerks fällt (vgl. § 2 Nr. 1 ErbbauRVO). Der Erbbauberechtigte hat unmittelbaren Fremdbesitz am Grundstück inne. Das auf dem Grundstück errichtete Bauwerk gilt jedoch gem. § 12 ErbbauRVO als wesentlicher Bestandteil des Erbbaurechts, weshalb der Erbbauberechtigte bezüglich des auf dem Grundstück errichteten Gebäudes, also hier des Wohnhauses, nicht Besitzmittler des Grundeigentümers ist, sondern **Eigenbesitz** ausübt (Palandt/*Bassenge* § 12 Rdn. 3). Das **Eigentum an dem Gebäude** steht im Grundsatz allein dem Erbbauberechtigten zu. Der Grundeigentümer hat hieran grundsätzlich keinerlei Besitz, auch keinen mittelbaren (MünchKommBGB/*v. Oefele* § 1 ErbbauRVO Rdn. 26 ff.). Damit hat der Erbbauberechtigte auch die **Befugnis,** das Gebäude oder Räumlichkeiten innerhalb desselben beliebig zu nutzen, also auch **zu vermieten.** Die Berechtigung des Erbbauberechtigten hierzu wird von § 30 Abs. 1 ErbbauRVO vorausgesetzt.

Dem Grundeigentümer, der gem. §§ 30 Abs. 1, 11 Abs. 1 S. 1 ErbbauRVO, 566 ff. BGB bei Erlöschen des Erbbaurechts in die vom Erbbauberechtigten über die Dauer seines Erbbaurechts hinaus abgeschlossenen Mietverträge eintritt, steht gem. § 30 Abs. 2 S. 1 ErbbauRVO ein Sonderkündigungsrecht (vgl. allgemein Form. D. V. 1 Anm. 1) zu.

**2.** Das **Sonderkündigungsrecht entsteht** zum einen bei **Erlöschen des Erbbaurechts durch Zeitablauf.** Es ist üblich, das Erbbaurecht auf bestimmte Zeit zu befristen (zur umstrittenen Befristung mit einem ungewissen Endtermin vgl. MünchKomm/*v. Oefele* § 1 ErbbauRVO Rdn. 72; nach BGH NJW 1969, 2043, 2045 ergibt sich die Unzulässigkeit der Bestellung eines Erbbaurechts auf Lebenszeit aus einer analogen Anwendung des § 1 Abs. 4 S. 1 ErbbauRVO). Erlischt das Erbbaurecht zum anderen vorzeitig, nämlich **durch Aufhebung,** so kann der Eigentümer das Kündigungsrecht erst zu dem Zeitpunkt ausüben, zu dem das Erbbaurecht durch Zeitablauf erlöschen würde (§ 30 Abs. 2 S. 3 ErbbauRVO).

Die Kündigung im Falle des Erlöschens des Erbbaurechts durch Zeitablauf ist nur **zu einem der beiden ersten Termine** zulässig (§ 30 Abs. 2 S. 2 ErbbauRVO). Das bedeutet, dass die Kündigung entweder spätestens am dritten Werktag des Kalendermonats, in dem das Erbbaurecht durch Zeitablauf erlischt, zum Ablauf des übernächsten Monats auszusprechen ist, oder dass die Kündigung – falls dieser Termin ungenutzt verstrichen ist – spätestens am dritten Werktag des darauf folgenden Kalendermonats zum Ablauf des übernächsten Monats zu erklären ist. Dabei soll es wie in den Fällen der §§ 563 ff. BGB (vgl. Form. D. V. 4 bis 6) bei der Ermittlung des ersten zulässigen Kündigungstermins entscheidend darauf ankommen, ob dem Grundeigentümer die Kündigung subjektiv möglich ist. Der Grundeigentümer habe den Kündigungstermin einzuhalten, für den ihm bei Beobachtung der im Verkehr erforderlichen Sorgfalt die Kündigung zum ersten Mal möglich ist (so Bub/Treier/*Grapentin* IV Rdn. 247). Dagegen ist mit *Sternel* IV Rdn. 441) davon auszugehen, dass das hier in Rede Sonderkündigungsrecht einer derartigen erweiternden Auslegung nicht zugänglich ist. Der Grundeigentümer kann gem. § 30 Abs. 2 S. 2 ErbbauRVO für einen der beiden ersten Termine die Kündigung aussprechen. Im Falle des Erlöschens des Erbbaurechts durch Zeitablauf ist eine Unkenntnis des Grundeigentümers bezüglich des maßgeblichen Zeitpunktes von Rechts wegen grundsätzlich ausgeschlossen, da der Grundeigentümer selbst bei der Vereinbarung dieses Termins im Zuge der Bestellung des Erbaurechts mitgewirkt hat.

Entsprechendes gilt beim vorzeitigen Erlöschen des Erbbaurechts allerdings mit der bereits oben angemerkten Maßgabe, dass das Kündigungsrecht erst zu dem Zeitpunkt ausgeübt werden kann, zu dem das Erbbaurecht durch Zeitablauf erloschen wäre, § 30 Abs. 2 S. 3 ErbbauRVO.

**3.** Handelt es sich um ein Wohnraummietverhältnis und kann dieses außerordentlich mit der gesetzlichen Frist gekündigt werden, so ist die Kündigung spätestens am dritten Werktag eines Kalendermonats (Zugang der Erklärung beim Empfänger!) zum Ablauf des übernächsten Monats auszusprechen (§ 573 d Abs. 2 BGB bzw. § 575 a Abs. 3 BGB). Im Übrigen gilt für die Kündigungserklärung des Grundeigentümers das **Schriftformerfordernis** des § 568 Abs. 1 BGB (von allen Eigentümern an alle Mieter; auf Zugangsnachweis achten, Beweislast beim Eigentümer; Stellvertretung möglich, aber § 174 BGB berücksichtigen).

**4.** Vom Erfordernis der **Darlegung eines berechtigten Interesses** ist der Grundeigentümer **bei einem Wohnraummietverhältnis** nicht befreit, § 573 d Abs. 1 BGB und § 575 a Abs. 1 BGB erklären § 573 BGB ausdrücklich für entsprechend anwendbar. Auch die

**Hinweispflicht** des § 568 Abs. 2 BGB ist zu beachten (vgl. zum berechtigten Interesse des Vermieters bei der ordentlichen Kündigung Form. D. III. und zur Geltung der Mieter-schutzbestimmungen – auch der Sozialklausel nach den §§ 574 ff. BGB – in den Fällen der außerordentlichen Kündigung mit gesetzlicher Frist eingehender Form. D. V. 1 Anm. 1).

## 15. Kündigung des Nacherben bei Eintritt der Nacherbfolge (§§ 2135, 1065 BGB)[1]

......
(Nacherbe)

an

......
(Mieter)

Sehr geehrte(r) ......,

am ...... verstarb überraschend meine Mutter, ...... (Namensangabe),[2] deren alleiniger Erbe ich geworden bin. Meine Mutter hat Ihnen mit Mietvertrag vom ...... die Wohnung ...... vermietet.

Durch den Erbfall bin ich nun anstelle meiner Mutter in das mit Ihnen begründete Mietverhältnis eingetreten. Ich nehme mein Recht aus §§ 2135, 1056 Abs. 2 S. 1 BGB wahr und

### kündige

Ihnen hiermit das vorgenannte Wohnraummietverhältnis zum nächstzulässigen Zeitpunkt. Das ist der ...... (Ablauf des übernächsten Monats).[3]

Zur Begründung dieser Kündigung ist festzuhalten: ......[4]

......
(Nacherbe)

### Anmerkungen

**1.** Der Vorerbe, der nach der gesetzlichen Regelung in eine echte Erbenstellung einrückt (§ 2100 BGB), ist bis zum Eintritt des Nacherbfalles grundsätzlich berechtigt, das durch die Erbschaft erworbene Grundstück zu vermieten (§ 2112 BGB). § 2135 BGB betrifft die Vermietung jeglicher unbeweglicher Sachen und bestimmt die entsprechende Anwendung des § 1056 BGB. § 1056 BGB gilt, obwohl dort nur von Grundstücken die Rede ist und auf § 578 Abs. 1 BGB nicht verwiesen wird, auch bei der Vermietung einzelner Wohnräume und anderer Räume (MünchKomm/*Pohlmann* § 1056 Rdn. 3).

In noch **vom Erblasser selbst abgeschlossene Mietverträge** tritt der Nacherbe im Wege der §§ 1922, 1967 BGB ein. Denn der Nacherbe ist Gesamtrechtsnachfolger des Erblassers, § 2139 BGB. Für den Fall des Todes des Vermieters sieht das Gesetz, anders als im Falle des Todes des Mieters (§§ 563 ff. BGB, siehe hierzu Form. D. V. 4 bis 6), ein Sonderkündigungsrecht für den in die Vermieterstellung einrückenden Erben grundsätzlich nicht vor. Bei der Vermietung eines zur Erbschaft gehörenden Grundstückes durch den Vorerben wird dem in die Vermieterstellung einrückenden Erben demgegenüber ein Sonderkündigungsrecht (vgl. allgemein Form. D. V. 1 Anm. 1) gewährt. Hat der Vorerbe über den Eintritt des Nacherbfalles hinaus vermietet, so erlischt das Mietverhältnis nicht, weil durch die Verweisung in § 2135 BGB über § 1056 BGB die Regelung in § 566 BGB für entsprechend anwendbar erklärt wird. Dem Nacherben, der nach § 566 Abs. 1 BGB anstelle des Vorerben in das Mietverhältnis eintritt, gewährt das Gesetz „lediglich" das Sonderkündigungsrecht nach § 1056 Abs. 2 S. BGB.

**2.** Ist ein Zeitpunkt für den Anfall der Nacherbschaft nicht bestimmt, so fällt sie dem Nacherben mit dem Tode des Vorerben an, § 2106 Abs. 1 BGB.

**3.** Handelt es sich um ein Wohnraummietverhältnis und kann dieses außerordentlich mit der gesetzlichen Frist gekündigt werden, so ist die Kündigung spätestens am dritten Werktag eines Kalendermonats (Zugang der Erklärung beim Empfänger!) zum Ablauf des übernächsten Monats auszusprechen (§ 573 d Abs. 2 BGB bzw. § 575 a Abs. 3 BGB). Im Übrigen gilt für die Kündigungserklärung des Nacherben das **Schriftformerfordernis** des § 568 Abs. 1 BGB (von allen Nacherben an alle Mieter; auf Zugangsnachweis achten, Beweislast beim Nacherben; Stellvertretung möglich, aber § 174 BGB berücksichtigen).

**4.** Vom Erfordernis der **Darlegung eines berechtigten Interesses** ist der Nacherbe **bei einem Wohnraummietverhältnis** nicht befreit, § 573 d Abs. 1 BGB und § 575 a Abs. 1 BGB erklären § 573 BGB ausdrücklich für entsprechend anwendbar. Auch die **Hinweispflicht** des § 568 Abs. 2 BGB ist zu beachten (vgl. zum berechtigten Interesse des Vermieters bei der ordentlichen Kündigung Form. D. III. und zur Geltung der Mieterschutzbestimmungen – auch der Sozialklausel nach den §§ 574 ff. BGB – in den Fällen der außerordentlichen Kündigung mit gesetzlicher Frist eingehender Form. D. V. 1 Anm. 1).

## 16. Kündigung des Erstehers im Fall der Zwangsversteigerung (§ 57 a ZVG)[1]

......

(Ersteher)[2]

an

......

(Mieter)

Sehr geehrte(r) ......,

durch den hier in Ablichtung beigefügten Beschluss des Amtsgerichts ...... – Vollstreckungsgericht – vom ...... – Az. ...... – habe ich das Eigentum an dem Grundstück ...... erstanden, in dessen darauf befindlichem Anwesen sich die an Sie gem. Mietvertrag vom ...... vermietete Wohnung befindet.[3]

Kraft Gesetzes bin ich damit anstelle Ihres früheren Vermieters in dieses mit Ihnen begründete Mietverhältnis eingetreten. Als neuer Eigentümer und Vermieter nehme ich mein Recht aus § 57 a ZVG wahr und

kündige

Ihnen hiermit das o. g. Mietverhältnis über die Wohnung ...... zum nächstzulässigen Zeitpunkt, dem ...... (Ablauf des übernächsten Monats).[4]

Zur Begründung meiner Kündigung führe ich an: ......[5]

......

(Ersteher)

## Anmerkungen

**1.** Mit dem Zuschlag in der Zwangsversteigerung ersteht der Meistbietende das Eigentum an dem zugeschlagenen Grundstück, § 90 Abs. 1 ZVG. Ihm steht dann gegen den oder die Besitzer des Grundstücks der Anspruch auf Herausgabe des Grundstücks zu, § 985 BGB. Der Zuschlagsbeschluss ist zugleich gem. § 93 ZVG Vollstreckungstitel auf Räumung und Herausgabe des Grundstücks. Hieraus kann die Räumung und Herausgabe des Grundstücks außer gegen den Eigentümer auch gegen Familienangehörige, Ehegatten des bisherigen Eigentümers, seine Lebensgefährten sowie seine minder- und volljährigen Kinder erzwungen werden (BVerfG NJW-RR 1991, 1101; OLG Karlsruhe WuM 1992, 493; Bub/Treier/*Belz* VII Rdn. 103).

Ist das Grundstück bzw. die darauf befindliche Räumlichkeit allerdings vermietet, so tritt **mit dem Zeitpunkt des Zuschlags** der Ersteher auf Seiten des ehemaligen Eigentümers als Vermieter in das Mietverhältnis ein, §§ 57 ZVG, 566 Abs. 1 BGB. § 57 a ZVG gewährt dem Ersteher jedoch ein Sonderkündigungsrecht (vgl. allgemein Form. D. V. 1 Anm. 1). Er kann das Mietverhältnis unter Einhaltung der gesetzlichen Frist des § 573 d Abs. 2 BGB bzw. § 575 a Abs. 3 BGB kündigen.

**Ausgeschlossen** ist das Sonderkündigungsrecht allerdings dann, wenn das Kündigungsrecht durch die allgemeinen Versteigerungsbedingungen ausgeschlossen worden ist, wenn der Schuldner sein eigenes Grundstück ersteigert oder wenn es sich um eine Teilungsversteigerung nach §§ 180, 183 ZVG handelt (*Sternel* IV Rdn. 443).

**2.** Das Sonderkündigungsrecht steht zunächst dem Ersteher zu. Veräußert dieser das Grundstück weiter, so soll nach h. M. das Sonderkündigungsrecht auch in der Person des Erwerbers bestehen, soweit Kündigungsfrist und -termin von diesem noch eingehalten werden können (*Stöber* § 57 a Rdn. 2.6; a. A. *Sternel* IV Rdn. 442). **Wirken Ersteher und Vermieter in sittenwidriger Weise kollusiv zusammen**, wird also der Weg über die Zwangsversteigerung nur gewählt, um sich das Sonderkündigungsrecht – das durch rechtsgeschäftliche Eigentumsübertragung nicht entstehen würde, vgl. § 566 Abs. 1 BGB – zu verschaffen, so entfällt es allerdings gem. §§ 226, 242 BGB, was schwierig zu beweisen sein dürfte (vgl. BGH MDR 1979, 51; KG OLGZ 1973, 1; *Stöber* § 57 a Rdn. 2.7).

**3.** Die Kündigung muss für den ersten Termin, für den sie zulässig ist, erfolgen. Maßgebend ist der **Zeitpunkt des Zuschlags** in der Zwangsversteigerung (*Kossmann* § 90 Rdn. 3 f.), nicht etwa der Zeitpunkt, zu dem der Zuschlagbeschluss rechtskräftig wird (vgl. Hannemann/Wiegner/*E.-W. Moersch* § 39 Rdn. 80).

Versäumt der Ersteher den **ersten zulässigen Kündigungstermin**, weil der Zuschlag kurz vor dem oder am dritten Werktag des Kalendermonats erfolgte, so soll er auch noch zum darauf folgenden nächstmöglichen Zeitpunkt, also zum dritten Werktag des darauffolgenden Kalendermonats, kündigen können, wenn die **Kündigung von ihm unverschuldet unterlassen** wurde (RGZ 98, 273; *Stöber* § 57 a Rdn. 5). Dafür, dass dem Ersteher die Einhaltung des ersten Kündigungstermins auch unter Beobachtung der erforderlichen Sorgfalt nicht möglich war, trägt er die Darlegungs- und Beweislast (*Sternel* IV Rdn. 444; *Stöber* a. a. O.).

**4.** Handelt es sich um ein Wohnraummietverhältnis und kann dieses außerordentlich mit der gesetzlichen Frist gekündigt werden, so ist die Kündigung spätestens am dritten Werktag eines Kalendermonats (Zugang der Erklärung beim Empfänger!) zum Ablauf des übernächsten Monats auszusprechen (§ 573 d Abs. 2 BGB bzw. § 575 a Abs. 3 BGB). Im übrigen gilt für die Kündigungserklärung des Erstehers das **Schriftformerfordernis** des § 568 Abs. 1 BGB (von allen Erstehern an alle Mieter; auf Zugangsnachweis achten, Beweislast beim Ersteher; Stellvertretung möglich, aber § 174 BGB berücksichtigen).

**5.** Vom Erfordernis der **Darlegung eines berechtigten Interesses** ist der Ersteher **bei einem Wohnraummietverhältnis** nicht befreit, § 573 d Abs. 1 BGB und § 575 a Abs. 1 BGB erklären § 573 BGB ausdrücklich für entsprechend anwendbar. Auch die **Hinweispflicht** des § 568 Abs. 2 BGB ist zu beachten (vgl. zum berechtigten Interesse des Vermieters bei der ordentlichen Kündigung Form. D. III. und zur Geltung der Mieterschutzbestimmungen – auch der Sozialklausel nach den §§ 574 ff. BGB – in den Fällen der außerordentlichen Kündigung mit gesetzlicher Frist eingehender Form. D. V. 1 Anm. 1).

## 17. Kündigung des Erwerbers nach Verkauf durch den Insolvenzverwalter (§ 111 InsO)[1]

Es wird verwiesen auf **Form. E. IX.**

# VI. Außerordentliche fristlose Kündigung

## 1. Kündigung des Mieters bei Nichtgewährung des vertragsgemäßen Gebrauchs gem. § 543 Abs. 2 Nr. 1

......[1]
(Mieter)

an

......
(Vermieter)[2]

Sehr geehrte(r) ......[2]

ich[3] kündige hiermit das mit Ihnen durch Vertrag vom ...... geschlossene Mietverhältnis über die Wohnung ...... fristlos[4] gemäß § 543 Abs. 2 Nr. 1 BGB[5] wegen Nichtgewährung des vertragsgemäßen Gebrauchs.

Gründe:[6]

Die Wohnung ist für mich nicht mehr nutzbar.[7] Seit dem ...... ist meine Wohnung ohne Strom.[8] Sie ist zudem feucht.[9] An den Wänden in Kinderzimmer und Küche bilden sich Schimmelpilze. Nach meinen Kenntnissen hat die Baubehörde wegen der durch die Feuchtigkeit hervorgerufenen Holzfäule erhebliche Bedenken gegen die Nutzbarkeit der Wohnung.[10]

Der Gebrauch der Wohnung wird zudem dadurch erheblich beeinträchtigt, dass die tatsächliche Fläche meiner Wohnung mehr als 10% kleiner ist als im Mietvertrag angegeben.[11]

Diese erheblichen[12] Mängel habe ich Ihnen mit Schreiben vom ...... mitgeteilt und Abhilfe bis zum ...... angemahnt.[13] Die Frist ist abgelaufen und der bisherige Zustand besteht unverändert fort.[14] Ich denke, dass die Aufforderung zur Mängelbeseitigung von Anfang an sinnlos war,[15] denn ich habe erfahren, dass die Wohnung schon immer feucht war. Dies war bei der Anmietung jedoch nicht erkennbar, da Sie die feuchten Flächen überstrichen hatten.[16]

Aus diesem Grund bleibt mir nunmehr nur die fristlose Kündigung.[17] Ich werde am ...... ausziehen[16] und kann dann die Wohnung geräumt zurückgeben. Die erforderlichen Schönheitsreparaturen lasse ich ausführen. Wegen des genauen Übergabetermins werde ich mich mit Ihnen telefonisch in Verbindung setzen.[18]

......
(Mieter)

*Schrifttum: Börstinghaus,* Kündigung von Wohnraummietverträgen – Die außerordentliche Kündigung –, ZAP Fach 4, 811–842 (2003); *Flatow,* Typische Fehler bei der Kündigungserklärung, WM 2004, 316 ff; *Franke,* Die fristlose Kündigung durch den Mieter, ZMR 1999, 83 ff.; *Kraemer,* Die Kündigung aus wichtigem Grund nach altem und neuem Recht, WM 2001, 163 ff.; *Isenmann/Mers-*

*son,* Mietminderung wegen Feuchtigkeitsmängeln, NZM 2005, 881, 882; *Lützenkirchen,* Die Entwicklung des Mietrechts in der obergerichtlichen Rechtsprechung des Jahres 1999, WM 2000, 65 ff.; *Sternel,* Probleme des neuen Mietrechts (Teil II), ZMR 2002, 1 ff.

## Anmerkungen

**1.** **Sachverhalt:** Das Formular führt verschiedene Möglichkeiten der Nichtgewährung des vertragsgemäßen Gebrauchs auf, die jede für sich eine fristlose Kündigung gemäß § 543 Abs. 2 Nr. 1 BGB rechtfertigen können.

**2.** Die **Kündigung** muss **an alle Vermieter** gerichtet und zugestellt werden. Zu beachten ist dies vor allem, wenn Veränderungen auf der Vermieterseite etwa durch Veräußerung/Erwerb anstehen (vgl. dazu *Flatow* WuM 2004, 316, 317). Da es sich bei der Kündigung um eine einseitige empfangsbedürftige Willenserklärung handelt, muss der Mieter den Nachweis erbringen, dass dem Vermieter die Kündigung zugegangen ist. Einen Beweis des ersten Anscheins gibt es nicht, auch nicht bei Einschreibesendungen. Es empfiehlt sich daher eine Zustellungsform zu wählen, die den Nachweis der Zustellung sicherstellt. Hierbei kommt ein Einschreiben mit Rückschein, die Zustellung durch den Gerichtsvollzieher oder durch einen Boten in Betracht. Bei einer Zustellung durch Boten ist anzuraten, dass dieser sich das genaue Datum und die Uhrzeit der Zustellung notiert. Zu bedenken ist außerdem, dass der Bote möglichst selbst gesehen hat, welches Schriftstück er überbringt, da im Streitfall häufig der Einwand erhoben wird, es handele sich bei dem zugestellten Schreiben nicht um das Kündigungsschreiben (hierzu auch AG Hamburg ZMR 2009, 930).

**3.** Die Kündigung muss **von allen Mietern** ausgehen. Zu berücksichtigen ist dies vor allem, wenn Mieter ausgezogen sind. Dann ist zu prüfen, inwieweit sie aus dem Mietvertrag entlassen wurden, etwa durch einen Aufhebungsvertrag. Wurde ein Mieter im Rahmen eines Gewaltschutzverfahrens ausgewiesen, bleibt er dennoch Mieter. Nach der Eröffnung des Insolvenzverfahrens des Mieters ist der Insolvenzverwalter passivlegitimiert. Zu beachten ist bei Ehepaaren die Vorschrift des § 1568 a BGB, wonach bei einer Scheidung entweder durch eine Entscheidung des Familiengerichts oder durch Mitteilung der Ehepartner an den Vermieter einer der Ehepartner aus dem Mietverhältnis ausscheiden kann.

In der Regel muss die Kündigung von jedem Mieter eigenhändig unterschrieben werden. Unterschreibt nur einer von mehreren Mietern muss sein Vertretungsverhältnis erkennbar sein. Der Vertreter muss eine ihn zur Kündigung berechtigende Vollmacht beifügen, da andernfalls der Kündigungsgegner die Kündigung gemäß § 174 BGB wegen fehlender Vollmacht zurückweisen könnte. Die Zurückweisung muss allerdings unverzüglich erfolgen, § 121 Abs. 1 BGB, und sie muss eindeutig ergeben, dass sie auf Grund der nicht vorliegenden Vollmacht erfolgt. Die Zustellung eines vom Prozessbevollmächtigten des Mieters/der Mieter beglaubigten Schriftsatzes reicht aus, sofern die Erklärung von dem Prozessbevollmächtigten als Vertreter selbst ausgeht. Andernfalls muss dem Vermieter eine von dem Mieter unterzeichnete Abschrift der Kündigung zugehen; eine beglaubigte Abschrift reicht auch von Anwalt zu Anwalt nicht (BGH NJW-RR 1987, 395). Eine Klausel, mit der sich die Mieter gegenseitig zur Abgabe einer Kündigungserklärung bevollmächtigen, ist unwirksam (OLG Frankfurt/M. NJW-RR 1992, 396, str.).

**4.** Die Kündigung hat **schriftlich** zu erfolgen, § 568 Abs. 1 BGB. Sie muss eindeutig die Erklärung enthalten, dass das Mietverhältnis fristlos beendet werden soll. Die Umdeutung einer unwirksamen ordentlichen Kündigung in eine fristlose Kündigung ist daher in der Regel nicht möglich, da der Wille zur sofortigen Beendigung nicht deutlich wird (vgl. dazu BGH WuM 2005, 584, 585 mit weiteren Nachweisen aus der Rechtsprechung). Sie umfasst das gesamte Mietverhältnis; eine Teilkündigung ist bis auf wenige und seltene Ausnahmefalle nicht möglich (dazu näher Emmerich/Sonnenschein/*Emmerich* § 543 Rdn. 55). Wesentlich ist, ob die Mietsache von den Parteien als Einheit betrachtet wird, was beim Wohnraummietverhältnis in der Regel der Fall ist.

**5.** Der **Kündigungsgrund des § 543 Abs. 2 Nr. 1 BGB n.F.** entspricht dem bisherigen § 542 BGB. Die Vorschrift berechtigt nur den Mieter zur Kündigung (Hannemann/Wiegner/*Kleinrahm* § 28 Rdn. 85). Die Kündigungsregelung kann zum Nachteil des Mieters weder ausgeschlossen noch erweitert werden, § 569 Abs. 5 BGB. Die Kündigungsmöglichkeit besteht neben der aus § 569 Abs. 1 BGB wegen Gesundheitsgefährdung und der aus § 569 Abs. 2 BGB wegen Störung des Hausfriedens.

**6.** Gem. **§ 569 Abs. 4 BGB** muss auch der **Kündigungsgrund angegeben** werden. Dies bedeutet eine Neuerung gegenüber dem früheren Recht, das eine Begründung nicht als Wirksamkeitsvoraussetzung ansah. An die Begründung dürfen keine allzu strengen Anforderungen gestellt werden. Die der Kündigung zugrunde liegenden Tatsachen müssen nach Gegenstand, Zeit, Ort und Ausmaß (was, wann, wo) hinreichend deutlich beschrieben werden, so dass der Vermieter erkennen kann, welches Verhalten bzw. welchen Zustand der Mieter als Kündigungsgrund heranzieht, der der Kündigung zugrundeliegende Sachverhalt muss von anderen Sachverhalten unterschieden werden können (vgl. BGH NJW 2007, 2845). Dies gilt auch, wenn eine Vielzahl von Gründen vorliegen oder wenn bereits vor der Kündigung die wesentlichen Umstände mündlich oder schriftlich mitgeteilt wurden (vgl. LG Stuttgart WuM 2006, 523, 524). Der Vermieter muss die Möglichkeit haben zu überprüfen, ob die erhobenen Vorwürfe zutreffend sind. Es kommt dabei immer auf die Umstände des Einzelfalls an. Soweit eine Abmahnung vorausgegangen ist, muss in der Kündigung angeführt werden, dass der beanstandete Zustand fortbesteht (AG Bernau WUM 2009, 126; Schmidt-Futterer/*Blank* § 569 Rdn. 74). Nicht erforderlich ist, dass der Mieter darlegt, warum ihm die Fortsetzung des Mietverhältnisses nicht zumutbar ist. Für die Wirksamkeit einer Kündigung genügt es vielmehr grundsätzlich, wenn einer der in § 543 Abs. 2 S. 1 Nr. 1 bis 3 BGB aufgeführten Tatbestände vorliegt, hierbei handelt sich um gesetzlich typisierte Fälle der Unzumutbarkeit (BGH NJW 2009, 2297).

§ 569 Abs. 4 BGB schließt das **Nachschieben von Gründen,** die zum Zeitpunkt der Kündigung bereits vorlagen oder erst später entstanden sind, jedenfalls bei wirksamer Kündigung nicht aus. Da eine § 573 Abs. 3 Satz 2 BGB entsprechende Regelung, wonach nachträglich entstandene Gründe berücksichtigt werden, in § 569 Abs. 4 BGB fehlt, muss entsprechend allgemeinen Grundsätzen allerdings erneut gekündigt werden (*Blank/Börstinghaus* Miete § 569 Rdn. 99; Palandt/*Weidenkaff* § 569 Rdn. 25; a. A. *Haas* § 569 Rdn. 5). Bei einer nicht ausreichend begründeten fristlosen Kündigung ist es jedoch nicht möglich, Gründe, die vor Ausspruch der Kündigung bestanden, nachzuschieben, um die Kündigung nachträglich wirksam zu machen (*Sternel* ZMR 2002, 1, 4).

**7.** Grund der Kündigung ist die **Nichtgewährung des vertragsgemäßen Gebrauchs.** Die Parteien können auch einen konkreten Zustand als vertragsgemäß vereinbaren. Voraussetzung ist jedoch bei Wohnräumen, dass diese zum dauerhaften Wohnen geeignet sind. Die fehlende Eignung der Mietsache für einen anderen als den vertraglich festgelegten Gebrauch rechtfertigt keine Kündigung, z. B. kann nicht gekündigt werden, wenn der Mieter die Räume teilgewerblich nutzen will, dies nicht möglich ist und nur eine Wohnraummiete vereinbart war. Ein Kündigungsrecht steht dem Mieter ebenfalls nicht zu, wenn er die Räume aus in seiner Person liegenden Gründen nicht nutzen kann oder will. Sind diese Gründe beseitigt und gewährt der Vermieter keinen Gebrauch, lebt das Kündigungsrecht aber wieder auf (vgl. dazu Bub/Treier/*Grapentin* IV Rdn. 145).

Die Gebrauchsbeeinträchtigung muss zumindest nahe liegend sein (*Franke* ZMR 1999, 83, 84). Ein Verschulden des Vermieters ist nicht erforderlich, ebenso ist es ohne

Bedeutung, ob der Mangel behoben werden kann (Schmidt-Futterer/*Blank* § 543 Rdn. 14; *Blank/Börstinghaus* Miete §§ 543 Rdn. 49).

Unerheblich ist, ob der Gebrauch nachträglich, d.h. im Laufe des Mietverhältnisses, entzogen oder von Beginn an nicht gewährt wird. Der vertragsgemäße Gebrauch wird nicht oder nicht rechtzeitig gewährt, wenn der Vermieter seiner Pflicht, die Mieträume dem Mieter zum Gebrauch zu überlassen, nicht oder nicht rechtzeitig nachkommt oder wenn er sie in einem Zustand übergibt, in dem der Mieter die Räume auf Grund von Rechts- oder Sachmängeln nicht oder nur eingeschränkt dem Vertragszweck entsprechend nutzen kann. Ferner liegt eine nicht vertragsgemäße Gebrauchsüberlassung vor, wenn der Vermieter dem Mieter die Wohnung nicht oder nicht gänzlich überlassen kann. Es genügt damit das Vorenthalten eines Teils der Wohnung oder ein teilweiser Gebrauchsentzug. Voraussetzung dabei ist allein, dass der Vermieter seine Pflicht zur Gebrauchsüberlassung nicht erfüllen kann oder will; wobei es auf ein Verschulden des Vermieters – wie ausgeführt – nicht ankommt. Eine Kündigung kann aus diesem Grund auch schon vor Mietbeginn gerechtfertigt sein. Es muss dann allerdings feststehen, dass der Mieter nicht rechtzeitig einziehen kann. Damit entfällt die Geschäftsgrundlage des Mietvertrages. Dies ist etwa der Fall, wenn die Nutzung wegen Instandsetzungsarbeiten nicht absehbar ist, wobei es aber immer auf die Umstände des Einzelfalls ankommt (vgl. dazu LG Berlin, WuM 2006, 375, die Arbeiten dauerten in diesem Fall bereits 2 Jahre). Die bloße Ungewissheit oder Zweifel an der Leistungsfähigkeit oder – bereitschaft des Vermieters reichen nicht aus (vgl. *Kossmann* § 68 Rdn. 3).

Bei **anfänglicher Unmöglichkeit** gilt § 311a BGB, § 543 Abs. 2 Nr. 1 BGB greift nicht ein. In dem Zeitraum zwischen Vertragsabschluss und Gebrauchsüberlassung hat der Mieter ein Wahlrecht zwischen seinen Rechten aus § 311a Abs. 2 BGB und dem Kündigungsrecht nach § 543 Abs. 2 Nr. 1 BGB.

Der Mieter muss bei Streit **darlegen und beweisen**, dass der Vermieter ihm den Gebrauch ganz oder teilweise entzogen hat, dass später Mängel aufgetreten sind und dass diese, soweit sie innerhalb der Wohnung aufgetreten sind, nicht von ihm zu vertreten sind. Der Vermieter muss darlegen und beweisen, dass er den Gebrauch der Mietsache rechtzeitig gewährt hat, § 543 Abs. 4 Satz 2 BGB. Kommen als Kündigungsgrund Ursachen sowohl aus der Sphäre des Vermieters als auch aus der des Mieters in Betracht, trifft zunächst den Vermieter die Beweislast; erst wenn alle aus seinem Bereich stammenden Ursachen ausgeräumt sind, trifft den Mieter die Beweislast, dass er den Schadenseintritt nicht zu vertreten hat (BGH NZM 2005, 17; *Kossmann* § 68 Rdn. 12). Gegebenenfalls kann sich der Vermieter aber entlasten, wenn eine Vermutung für ein schuldhaftes Verhalten des Mieters besteht (BGH WuM 1998, 96 Brand in Mietwohnung, Beweislast Mieter, da Vermutung für schuldhaftes Verhalten).

**8. Entzogen wird der Gebrauch** durch Störungen des Gebrauchs zum einen auf Grund des Verhaltens oder durch Maßnahmen des Vermieters. Aus dem Verhalten des Vermieters begründet ist eine durch ihn veranlasste Abschaltung von Strom, Heizung oder Wasser. Die vertragswidrige Vorenthaltung der alleinigen Kellerbenutzung (AG Ahrensburg WuM 1984, 199) oder die vertragswidrige Verweigerung der Untermieterlaubnis (OLG Düsseldorf WuM 1995, 585; BGH NJW 1984, 1031) können ebenfalls die Kündigung rechtfertigen. Aber auch Erhaltungsmaßnahmen gem. § 554 BGB können Grund einer fristlosen Kündigung sein (so Schmidt-Futterer/*Blank* § 543 Rdn. 18 m.w.N.; *Blank/Börstinghaus* Miete § 543 Rdn. 55). Streitig ist allerdings, ob weitere Voraussetzung des Kündigungsrechts ist, dass der Vermieter die Maßnahme z.B. durch einen Reparaturstau verschuldet hat (MünchKommBGB/*Voelskow*, § 541a Rdn. 3).

**Handlungen Dritter** werden dem Kündigungsgegner nach §§ 278, 540 Abs. 2 BGB zugerechnet, wobei aber Voraussetzung ist, dass Dritte schuldhaft handeln. Häufig ist nach erfolgloser Abmahnung ein vorwerfbares Verhalten des Gekündigten darin zu sehen, dass er die Störung nicht beseitigt hat. Dem Vermieter ist das Verhalten seiner Hilfspersonen zuzurechnen (z. B.: Hausverwalter), wobei dann aber die Störung in Ausübung und nicht nur bei Gelegenheit der Verrichtung begangen werden muss (OLG Karlsruhe ZMR 1988, 52).

**9.** Der Mieter kann zudem durch das Auftreten von nicht vom ihm zu vertretenden **Rechts- oder Sachmängeln** am vertragsgemäßen Gebrauch gehindert werden. Zu berücksichtigen ist dabei, welche technischen Anforderungen zugrunde zu legen sind. Diese können differieren je nach Errichtungszeitpunkt des Mietobjektes. So ist etwa für die Frage einer hinreichenden Schallisolierung der Zeitpunkt der Errichtung des Gebäudes maßgeblich (BGH NJW 2004, 3174, *Isenmann/Mersson* NZM 2005, 881, 882), so dass an einen Altbau regelmäßig nicht die gleichen Anforderungen zu stellen sind wie an einen Neubau und der Mieter ohne besondere Absprachen nur einen Mindeststandard erwarten kann (vgl. dazu etwa AG Bonn BeckRS 2010, 13351). Als Mängel in Betracht kommen die mangelhafte Beschaffenheit der Mieträume (Feuchtigkeit LG Mannheim ZMR 1977, 154; ungenügende Beheizung LG Landshut WuM 1989, 175; Ungeziefer LG Freiburg WuM 1986, 246 – einschränkend LG Kiel WuM 1992, 122: wenn schnell behebbar kein Kündigungsrecht –; umfangreiche Reparaturarbeiten, soweit nicht die Voraussetzungen der § 554 BGB vorliegen; das Fehlen zugesicherter Eigenschaften; störende Geräusche oder Gerüche LG Augsburg WuM 1986, 137 – Kläranlage –; beeinträchtigte Wasserqualität infolge mangelhafter Zuleitungen LG Köln WuM 1987, 122; Schadstoffbelastung LG München I WuM 1991, 584 – Formaldehyd –). Auch äußere Einwirkungen können einen Kündigungsgrund darstellen, z. B. Bordellbetrieb im Haus LG Kassel WuM 1987, 122; Lärm von Mitbewohnern LG Duisburg WuM 1988, 264, – Kinderlärm reicht in der Regel nicht AG Frankfurt WuM 2005, 764; LG Bad Kreuznach WuM 2003, 328 –; Lärm von einer Großbaustelle LG Hamburg WuM 1986, 313; Hochwasser AG Döbeln NZM 2004, 299. Ein Kündigungsgrund ist ferner gegeben, wenn auf Grund eines defekten Schließzylinders der Mieter die Haustür ohne fremde Hilfe nicht von außen öffnen kann (LG Berlin NZM 2000, 710). Streitig ist, ob der Mieter fristlos kündigen kann, wenn er aufgrund einer Einbruchsserie in das Mietobjekt keinen Versicherungsschutz mehr erlangen kann (bejahend OLG Naumburg NJW-RR 1998, 944; a. A. Palandt/*Weidenkaff* § 543 Rn. 18.; Schmidt-Futterer/*Blank* § 543 Rdn. 22).

**10.** Weiter können **öffentlich-rechtliche Beschränkungen** oder die **Rechte Dritter** den vertragsgemäßen Gebrauch vereiteln. Darunter fallen das Fehlen einer öffentlich-rechtlichen Genehmigung, Bauauflagen und Sicherheitsbestimmungen, die der Vermieter nicht erfüllt und auf Grund derer der Mieter mit Druck von Seiten der Behörden rechnen muss. Erforderlich ist dabei entweder eine Untersagungsverfügung der Behörde (BGH ZMR 2008, 274) oder zumindest eine Ungewissheit des Mieters über die Zulässigkeit der Nutzung. Duldet die Behörde die Nutzung, besteht kein Grund zur fristlosen Kündigung (OLG Köln WuM 1998, 152 für Gewerbemietrecht; dies dürfte aber für Wohnraummietrecht entsprechend gelten, so *Lützenkirchen* WuM 2000, 65, 66). Dem Mieter steht allerdings kein Kündigungsrecht zu, wenn er die behördliche Genehmigung einholen sollte, aber noch nicht einmal einen Versuch unternommen hat, die Genehmigung zu erlangen. Lehnt die Behörde später die Nutzung ab, kann das Kündigungsrecht wieder aufleben.

Die Rechte Dritter – z. B. Nießbrauch oder Grunddienstbarkeiten – können einen Kündigungsgrund darstellen. Voraussetzung ist insoweit jedoch, dass der Dritte seine Rechte geltend macht oder zumindest die Geltendmachung androht (vgl. BGH NJW-RR 1995, 715) Ähnlich ist bei der Miete durch einen Nichtberechtigten dieser erst zur fristlosen Kündigung berechtigt, wenn der Berechtigte die Herausgabe verlangt (OLG Düsseldorf DWW 1992, 15).

**11.** Der BGH hat entschieden, dass bei einer Abweichung der vertraglich vereinbarten Mietfläche dahingehend, dass die tatsächliche Fläche mehr als 10% geringer ist, eine Minderung gerechtfertigt ist (so u. a. BGH NJW 2004, 1947, 1948). Dem Mieter steht dann wegen Nichtgewährung des vertragsgemäßen Gebrauchs grundsätzlich auch ein Recht zur fristlosen Kündigung zu (vgl. BGH NZM 2009, 431).

**12.** Die **Gebrauchsbeeinträchtigung muss erheblich sein.** Zwar führt § 543 Abs. 2 Nr. 1 dieses Kriterium entgegen § 542 Abs. 2 a. F. nicht mehr auf. Unter Berücksichtigung der Systematik der Regelungen der fristlosen Kündigung, insbesondere unter Beachtung der Generalklausel des § 543 Abs. 1, die eine umfassende Abwägung der beiderseitigen Interessen fordert, ist eine fristlose Kündigung in Bagatellfällen jedoch nicht möglich. Dies gilt umso mehr, als der Gesetzgeber keine sachliche Änderung durch die Neuregelung beabsichtigte (vgl. dazu *Kraemer* WM 2001, 163, 168, Hannemann/Wiegner/*Kleinrahm* § 28 Rdn. 87; mit gleichem Ergebnis aber leicht abweichender Begründung ebenso: *Lützenkirchen* Neue Mietrechtspraxis, Rdn. 847; *Blank/Börstinghaus* § 543 Rdn. 11). Die bisherige Rechtsprechung kann daher berücksichtigt werden.

Bei der Beurteilung der Frage, ob ein ein fristlose Kündigung rechtfertigender Grund vorliegt, handelt es sich um eine **Einzelfallentscheidung.** Anzulegen ist dabei ein objektiver, am Zweck des Vertrages ausgerichteter Maßstab. Zu berücksichtigen ist die Art der Benutzung, der sachliche und zeitliche Umfang der Beeinträchtigung sowie die Lage und Ausstattung der Wohnung.

Spürbare Störungen sind in der Regel erheblich. Auch drohende behördliche Verbote genügen. Es reicht aus, wenn der Ausschluss des vertragsgemäßen Gebrauchs sich auf einen Teil der Wohnung bezieht. Unerhebliche Gründe reichen bei besonderen – objektiv gerechtfertigten – Interessen des Mieters aus. Dies gilt insbesondere bei zugesicherten Eigenschaften, kann aber auch bei einer Häufung unerheblicher Mängel gegeben sein (Schmidt-Futterer/*Eisenschmidt* § 536 Rdn. 403). Zu bedenken ist stets, dass ein Missbrauch des Kündigungsrechts verhindert werden soll.

Das Vorliegen von Mängeln reicht aus, wenn diese eine gewisse Erheblichkeit erreicht haben; marginale Mängel scheiden aus. Zu unterscheiden ist dabei zwischen Mängeln, die eine Minderung rechtfertigen, und Mängeln, die den Gebrauch ganz oder teilweise hindern. Diese können identisch sein, in der Regel ist jedoch davon auszugehen, dass die eine fristlose Kündigung rechtfertigenden Mängel von größerem Gewicht sein müssen (*Kossmann* § 68 Rdn. 8). Mängel, die ohne größeren zeitlichen und finanziellen Aufwand behoben werden können, rechtfertigen in der Regel eine fristlose Kündigung nicht.

Zu berücksichtigen bei der Abwägung ist zudem, dass der Mieter nach der Mietrechtsreform innerhalb von 3 Monaten fristgemäß kündigen kann. Die Beeinträchtigung muss daher so erheblich sein, dass ein Abwarten dieser Frist nicht zumutbar ist, was den Kündigungstatbestand stark einschränken dürfte.

Der **Vermieter ist darlegungs- und beweispflichtig,** wenn zwischen den Parteien streitig ist, ob die Störung erheblich ist oder nicht (BGH NJW 1976, 796).

**13.** Voraussetzung einer Kündigung ist immer, dass der Mieter dem Vermieter eine **angemessene Frist zur Abhilfe** setzt und diese abgelaufen ist, ohne dass der Vermieter etwas zur Beseitigung der Nichtnutzbarkeit unternommen hat, **oder** eine **erfolglose Abmahnung** (§ 543 Abs. 3 S. 1 BGB). Fristsetzung und Abmahnung sind formlose empfangsbedürftige Willenserklärungen, d. h. sie bedürfen nicht der Schriftform. Jedoch ist aus Beweisgründen sowohl eine Schriftform als auch ein Zugangsnachweis sinnvoll, denn der Mieter muss im Streitfall die Fristsetzung und die Angemessenheit der Frist beweisen.

Die zu beseitigende Störung und die Frist sind **so genau wie möglich zu bezeichnen.** Nicht gerügte Mängel können später eine Kündigung nicht rechtfertigen (OLG Naumburg WM 2000, 246). Mängelanzeigen gemäß § 545 BGB reichen ebenso wenig wie die

Drohung mit einer Mietzinsminderung (*Franke* ZMR 1999, 83, 85). Der Mieter muss zudem hinreichend deutlich machen, dass er die gerügte Störung missbilligt und beseitigt haben will. Die Androhung der Kündigung ist nicht zwingend (Schmidt-Futterer/*Blank* § 543 Rdn. 30; str.), kann sich aber zur Verdeutlichung der Absichten des Kündigenden empfehlen.

Im Falle der Fristsetzung richtet sich die **Länge der Frist** nach den Umständen des Einzelfalls. Angemessen ist eine Frist, wenn sie dem Vermieter sowohl eine gewisse Prüf- und Bedenkzeit einräumt als auch ihm die Zeit lässt, die notwendigen Arbeiten durchführen zu lassen (vgl. *Kossmann* § 68 Rdn. 9). Kannte der Vermieter den Mangel bereits zuvor, kann dies zur einer Verkürzung der angemessenen Frist führen. Eine zu kurze Fristsetzung schadet nicht; es tritt dann die angemessene an Stelle der gesetzten Frist. Der Mieter muss mit der Fristsetzung nicht warten, bis die Störung oder Gebrauchsbeeinträchtigung eingetreten sind; er kann bereits tätig werden, wenn sich die Gebrauchsbeeinträchtigung konkret abzeichnet. Bei Widerruf der Fristsetzung ist die Kündigung gem. § 543 Abs. 2 Nr. 1 BGB ausgeschlossen (vgl. Schmidt-Futterer/*Eisenschmidt* 7. Aufl., § 542 Rdn. 25).

Wird mit der Fristsetzung jedoch eine andere Maßnahme als eine Kündigung, etwa eine Minderung oder Ersatzvornahme angekündigt, muss eine erneute Frist gesetzt werden (so die überwiegende Meinung s. etwa Schmidt-Futterer/*Blank* 9. Aufl. § 543 Rdn. 30, offengelassen in BGH NZM 2007, 561 m. w. N. aus Rechtsprechung und Literatur), es sei denn die Fristsetzung ist ausnahmsweise gemäß § 543 Abs. 3 S. 2 BGB entbehrlich (s. dazu unten Anm. 15).

Nach § 543 Abs. 3 BGB genügt im Gegensatz zu der bisherigen Regelung in § 542 BGB a. F. eine **erfolglose Abmahnung** ebenfalls als Kündigungsvoraussetzung. Die Beeinträchtigung muss so genau bestimmt werden, dass erkennbar ist, was der Mieter beanstandet, denn auch im Falle der Abmahnung kann die Kündigung später nicht auf andere Gründe gestützt werden. Eine Fristsetzung ist nicht erforderlich, aber empfehlenswert, um späteren Streitigkeiten darüber, ob der Vermieter erwarten durfte, dass er zur Einstellung seines Verhaltens längere Zeit hatte, zu vermeiden. Wird keine Frist gesetzt, ist davon auszugehen, dass die Erfolglosigkeit erst anzunehmen ist, wenn eine angemessene Frist unter Berücksichtigung der beiderseitigen Interessen abgelaufen ist. Liegt keine Pflichtverletzung des Vermieters vor, wird die Abmahnung erforderlich, wenn trotz Mangelanzeige der Mangel fortbesteht (so auch *Lützenkirchen* Neue Mietrechtspraxis, Rdn. 850).

Zur Formulierung eines **Anspruchschreibens des Mieters** s. Form. B. I. 1, 2 und 4.

**14.** Die fristlose Kündigung ist nur zulässig, wenn die gesetzte **Frist ohne Erfolg abgelaufen** ist oder auf die Abmahnung innerhalb angemessener Zeit der **vertragswidrige Zustand nicht gänzlich beseitigt** worden ist. Dabei ist es unerheblich, ob den Vermieter am ergebnislosen Verstreichen der Frist ein Verschulden trifft oder nicht (Schmidt-Futterer/ *Blank* § 543 Rdn. 38). Der Vermieter muss, wenn eine endgültige Beseitigung des Mangels innerhalb angemessener Frist nicht möglich ist, innerhalb der Frist zumindest die erforderlichen Maßnahmen treffen (OLG Düsseldorf ZMR 1999, 26: Vermieter hätte zumindest vorläufige Maßnahmen zur Abdichtung des Daches treffen müssen). Der Vermieter muss die Mängelbeseitigung unverzüglich beginnen; streitig ist, ob es ausreicht, wenn er am letzten Tag der Frist mit der Mängelbeseitigung beginnt (dazu *Franke* ZMR 1999, 83, 85). Dies wird von den Umständen des Einzelfalls abhängen. Kurzfristig behebbare Beeinträchtigungen wie ein Rohrbruch oder das Hochfahren einer Heizung sind sofort zu erledigen; ebenso die Beseitigung von Mängeln, die die Nutzbarkeit der Wohnung nahezu aufheben (Stromzufuhr). Es reicht ebenfalls nicht, wenn der Vermieter am letzten Tag der Frist mit längerfristigen Instandsetzungsarbeiten beginnt (OLG Düsseldorf WM 1995, 393).

Gemäß § 543 Abs. 4 S. 2 BGB muss der Vermieter im Streitfall darlegen und beweisen, dass er die Abhilfe vor Fristablauf bewirkt hat.

**15. Entbehrlich** ist die Fristsetzung oder die Abmahnung gemäß § 543 Abs. 3 S. 2 BGB, wenn die Frist oder Abmahnung keinen Erfolg verspricht (1. Alt.) oder die sofortige Kündigung aus besonderen Gründen unter Abwägung der beiderseitigen Interessen gerechtfertigt ist (2. Alt.).

Die **1. Alternative** setzt voraus, dass offenkundig eine Änderung des beanstandeten Verhaltens unter keinen Umständen zu erwarten ist, der Vermieter die Leistung ernstlich und endgültig verweigert oder er tatsächlich oder rechtlich nicht in der Lage ist, Abhilfe zu schaffen (Lärm von Großbaustelle LG Hamburg WM 1986, 313; Abweichung von der vereinbarten Wohnfläche BGH NZM 2009, 431). Bei strikter Ablehnung der Abhilfe ist auch schon vor Fristablauf die Kündigung möglich.

Bei der **2. Alternative** sind die beiderseitigen Interessen abzuwägen; im Gegensatz zur früheren Rechtslage kommt es nicht mehr nur auf die Interessen des Mieters an. Eine Fristsetzung oder Abmahnung kann danach entbehrlich sein, wenn die Mangelbeseitigung unmöglich oder binnen angemessener Frist nicht möglich ist. Auch wenn das weitere Festhalten am Vertrag mit unzumutbaren Belastungen für den Mieter verbunden ist oder der Mieter den Einzugstermin ausdrücklich in Form eines Fixgeschäftes zum wesentlichen Vertragspunkt gemacht hat, kann die Ausnahmeregelung des § 543 Abs. 3 Nr. 2 BGB eingreifen. Es reicht aber in der Regel nicht, dass der Vermieter den Termin zur Mängelbeseitigung zweimal verschoben hat (OLG Naumburg WM 2000, 246). Mehrere vergebliche Abhilfeversuche können allerdings das Vertrauen des Mieters soweit beeinträchtigen, dass ein Interessenwegfall anzunehmen ist.

Im Streitfall obliegt dem Mieter die Darlegungs- und Beweislast für die Entbehrlichkeit der Fristsetzung.

**16.** Die **Kündigung ist ausgeschlossen,** wenn der Mieter die Nichtnutzbarkeit der Wohnung bei Vertragsabschluss kennt oder grob fahrlässig nicht kennt. (§ 543 Abs. 4 BGB i. V. m. § 536 b BGB). Etwas anderes gilt nur, wenn der Vermieter die Nichtnutzbarkeit arglistig verschwiegen hat, § 536 b S. 2 BGB, oder der Mieter sich seine Rechte auf Minderung (§ 536 BGB) und Schadens- und Aufwendungsersatz (§ 536 a BGB) bei Vertragsabschluss vorbehalten hat, § 536 b S. 3 BGB. Hat der Vermieter einen Mangel bei Vertragsabschluss arglistig verschwiegen, kann er sich auf einen Ausschluss oder eine Beschränkung der Rechte des Mieters insoweit nicht berufen, § 543 Abs. 4 i. V. m. § 536 d BGB. Eine Verwirkung des Kündigungsrechts analog § 539 BGB a. F. (§ 536 b BGB n. F.) für den Fall, dass der Mieter trotz eines nach Vertragsschluss erkannten Mangels die Miete über einen längeren Zeitraum hinweg vorbehaltlos zahlt, wurde nach der bisherigen Rechtsprechung anerkannt (BGH WM 2000, 416). Bei der Neufassung des Mietrechts hat der Gesetzgeber davon abgesehen, für diesen Fall eine ausdrückliche Regelung zu treffen, da er der Ansicht war, dieser Fall sei durch § 536 c BGB ausreichend geregelt (amtliche Begründung, abgedruckt in NZM 2000, 812). In Rechtsprechung und Literatur ist die Frage umstritten. Während der BGH (WuM 2003, 440; NZM 2006, 929 und jetzt NZM 2009, 431) die analoge Anwendung des § 536 b BGB ablehnt (ebenso *Kraemer* WuM 2001, 163, 168; *Börstinghaus* ZAP Fach 4, 811 ff. unter III.1.a)gg)) und nur unter den Voraussetzungen des Verzichts oder des § 242 BGB (so auch *Lützenkirchen* Neue Mietrechtspraxis, Rdn. 852), insbesondere der Verwirkung, etwa eine Minderung annimmt, hat das OLG Naumburg (NJW 2002, 1132) die analoge Anwendung weiterhin für möglich gehalten. Für die fristlose Kündigung dürfte der Streit jedoch von geringer Bedeutung sein, da bei zu langen Abwarten das Kündigungsrecht verloren geht (s. dazu unten Anm. 17).

Der Mieter kann zudem nicht fristlos kündigen, wenn er selbst den Kündigungsgrund überwiegend verursacht oder mitverursacht hat (BGH NZM 1998, 117; OLG Düsseldorf ZMR 1993, 552). Dies gilt ebenso, wenn er die Fertigstellung des Mietobjektes verzögert oder die Beseitigung des Mangels nicht duldet bzw. nicht im vertraglich geschuldeten Umfang mitwirkt, z.B. indem er den Zutritt zur Wohnung nicht gewährt (Bub/Treier/*Grapentin* IV Rdn. 148). Bei behördlichen Maßnahmen ist es unschädlich, wenn diese erst durch eine Anzeige des Mieters ausgelöst wurden.

Beruft sich der Vermieter auf Kenntnis oder fahrlässige Unkenntnis des Mieters, muss er dies **darlegen und beweisen**.

**17.** Nach Fristablauf muss die **Kündigung** und auch der **Auszug zeitnah** erfolgen. Die Kündigung muss innerhalb angemessener Frist erklärt werden (KG KGR Berlin 2003, 186; OLG Düsseldorf ZMR 2003, 177). Dies ergibt sich aus § 314 Abs. 3 BGB. Maßgebend ist insoweit die Vollendung des Kündigungsgrundes (BGH NJW-RR 2007, 886). Nach Zugang ist sie unwiderruflich (AG Geldern ZMR 2004, 350). Die Dauer der Frist ist einzelfallabhängig, als angemessene Frist werden im Regelfall vier bis fünf Monate angesehen (vgl. BGH a.a.O., LG Izehoe ZMR 2010, 363). Eine Verwirkung ist nur bei übermäßiger Verzögerung anzunehmen (vgl. Schmidt-Futterer/*Eisenschmidt* 8. Aufl. § 542, Rdn. 33 m.w.N.).

Der Kündigungsgrund muss bei Zugang der Kündigung vorliegen (h.M. BGH WuM 2006, 193, 194; Palandt/*Weidenkaff* § 543 Rdn. 53; str., a.A. LG Köln WuM 2001, 195: bei Abgabe der Kündigungserklärung bei Zahlungsverzug). Das Kündigungsrecht geht nicht verloren, wenn der Vermieter nach Fristablauf, aber vor Kündigung Abhilfe schafft (OLG Düsseldorf MDR 1988, 866; *Sternel* Mietrecht Aktuell, Rdn. 444: *Blank/Börstinghaus* Miete § 543 Rdn. 137). Eine Abhilfe nach Zugang der Kündigung berührt die Wirksamkeit der Kündigung nicht.

**18. Kosten und Gebühren. Anwalt:** Gebühren nach §§ 13 ff RVG Teil 2 VV-RVG berechnen sich gemäß § 23 Abs. 1 RVG i.V.m. § 41 GKG. Der Streit ob der Brutto- oder der Nettomietzins zugrunde zu legen ist, hat sich durch die Neuregelung des § 41 Abs. 1 S. 2 GKG erübrigt. Danach errechnet sich der Streitwert aus dem einjährigen Nettomietzins und nicht gesondert abzurechnenden Nebenkostenpauschalen. In der Regel ist der einjährige Nettomietzins maßgeblich, § 41 Abs. 1 und 2 GKG. Etwas anderes gilt nur, wenn die Beendigung nicht grundsätzlich streitig ist, sondern nur die Frage ob die fristlose Kündigung greift. Dann ist der Zeitraum zwischen fristloser und ordentlicher Beendigung maßgeblich.

# 2. Kündigung des Vermieters wegen erheblicher Gefährdung der Mietsache infolge Vernachlässigung durch den Mieter, § 543 Abs. 2 Nr. 2 1. Alt. BGB

......

(Vermieter)[1]

an

......

(Mieter)[2]

Sehr geehrte(r) ......,[2]

ich[3] kündige hiermit den mit ihnen am ...... geschlossenen Mietvertrag über die Wohnung ...... fristlos[4] gemäß § 543 Abs. 2 Nr. 2 1. Alt. BGB[5] wegen Vernachlässigung der Wohnung durch Sie.

Gründe:[6]

Sie vernachlässigen Ihre Sorgfaltspflichten, so dass die Wohnsubstanz gefährdet ist.

Sie haben erneut einen erheblichen Wasserschaden verursacht. Am ...... trat auf Grund eines Defektes Wasser in erheblichem Umfang aus Ihrer Waschmaschine aus, so dass es in den unter Ihrer Wohnung liegenden Wohnungen zu erheblichen Schäden kam. In der Wohnung direkt unter Ihnen lief das Wasser die Wände hinab und beschmutzte die Einrichtung. Auch in der darunter liegenden Wohnung traten noch große Wasserflecken an der Decke auf. Der Schaden beläuft sich auf ca. 5.000 EUR.[7]

Dieser Vorfall ist umso schwerwiegender, als es erst vor vier Monaten auf Grund eines defekten Schlauchs der Waschmaschine zu einem Wasserschaden kam und sie bereits zuvor am ...... durch fahrlässigen Umgang mit einer Kerze einen Wohnungsbrand verursacht hatten.[8] Bei allen drei Vorfällen waren Sie zum Zeitpunkt des Schadensereignisses nicht anwesend.

Bereits nach dem 2. Vorfall habe ich Sie mit Schreiben vom ...... aufgefordert, achtsamer zu sein und falls Sie keine neue Waschmaschine haben, diese nur in Betrieb zu nehmen, wenn Sie anwesend sind.[9]

– und/oder –

Sie haben im Flur eine tragende Wand entfernt und diese trotz meiner Aufforderung vom ...... nicht wieder eingebaut.[10]

– und/oder –

Sie haben erneut nicht gemeldet, dass im Kinderzimmer Ihrer Wohnung Schimmel aufgetreten ist. Bereits ...... gab es Feuchtigkeitsprobleme in Ihrer Wohnung, die sie erst nach mehreren Monaten gemeldet haben, was dazu führte, dass die Holzverkleidung an der südlichen Außenwand erheblich angegriffen war.[11] Trotz meiner damaligen Aufforderung ...... haben Sie jetzt die Feuchtigkeit wieder erst verspätet mitgeteilt.[9]

Hinzu kommt, dass Ihre Tochter[12] bereits mehrfach die Handwerker, die den Feuchtigkeitsschaden beheben wollten, nicht in die Wohnung gelassen hat. Am ...... und am ...... mussten diese unverrichteter Dinge wieder fortfahren. Auch nachdem ich Sie mit Schreiben vom ...... deshalb abgemahnt hatte und sie aufgefordert hatte, nunmehr dafür zu sorgen, dass die Reparatur erfolgen kann, ist den Handwerkern trotz Terminabsprache mit Ihnen am ...... erneut der Zutritt verweigert worden.

– und/oder –

Sie halten in der Wohnung mindestens 15 Katzen. Dadurch wird die Wohnung erheblich mehr in Anspruch genommen als üblich. Insbesondere haben die Katzen bereits Putz von den Wänden gekratzt. Die Wohnung ist verdreckt. Verschlimmert wird dieser Zustand dadurch, dass Sie auch Katzen in Pension nehmen.[13] Trotz meiner Abmahnung vom ......[9] haben Sie keine Katze abgeschafft.

Da meine Rechte durch Ihr Verhalten in erheblichem Maße beeinträchtigt werden[14] und Sie Ihr Verhalten trotz meiner Aufforderung nicht ändern,[15] sehe ich mich trotz der Erkrankung Ihres Sohnes und des langjährigen Mietverhältnisses nunmehr gezwungen, Ihnen fristlos zu kündigen.[16]

Ich fordere Sie auf, die Mieträume binnen einer Woche bis zum ...... zu räumen[17] und in ordnungsgemäßen und vertragsgerechten Zustand (s. § ...... des Mietvertrages) zurückzugeben. Schönheitsreparaturen sind noch bis zur Rückgabe vorzunehmen; anderenfalls werde ich diese auf Ihre Kosten durch einen von mir beauftragten Unternehmer vornehmen lassen. Sämtliche Schlüssel sind an mich zurückzugeben.

Ich mache Sie darauf aufmerksam, dass die Mietrückstände noch zu zahlen sind und Sie verpflichtet sind, bis zur tatsächlichen Räumung mir eine Nutzungsentschädigung[18] zu zahlen.

Ich widerspreche bereits jetzt einer stillschweigenden Fortsetzung des Mietverhältnisses gemäß § 545 BGB.[19]

Sollten Sie die Wohnung nicht bis zu dem genannten Termin an mich herausgegeben haben, werde ich unverzüglich Räumungsklage erheben.[20]

......

(Vermieter)

*Schrifttum: Blank,* Die geplanten Neuregelungen im Kündigungsrecht, NZM 2001, 9 ff.; *Börstinghaus,* Kündigung von Wohnraummietverträgen – Die außerordentliche Kündigung –, ZAP Fach 4, 811–842 (2003); *Flatow,* Typische Fehler bei der Kündigungserklärung, WuM 2004, 316 ff.; *Götz/Brudermüller,* Schnittstellen zwischen Familien- und Mietrecht in § 1568 a BGB, NJW 2010, 5 ff.; *Kraemer,* Die Kündigung aus wichtigem Grund nach altem und neuem Recht, WM 2001, 163 ff.; *Lützenkirchen,* Neues Mietrecht – Neue Probleme, MDR 2001, 1385 ff.

## Anmerkungen

**1.** Sachverhalt: Das Formular führt verschiedene Möglichkeiten der erheblichen Vernachlässigung der Mietsache auf, die jede für sich eine fristlose Kündigung gemäß § 543 Abs. 2 Nr. 2 1. Alt. BGB rechtfertigen können.

**2.** Die Kündigung muss **an alle Mieter gerichtet und zugestellt** werden. Zu berücksichtigen ist dies vor allem, wenn Mieter ausgezogen sind. Dann ist zu prüfen, inwieweit sie aus dem Mietvertrag entlassen wurden, etwa durch einen Aufhebungsvertrag. Wurde ein Mieter im Rahmen eines Gewaltschutzverfahrens ausgewiesen, bleibt er dennoch Mieter. Zu beachten ist bei Ehepaaren die Vorschrift des § 1568 a BGB, wonach bei einer Scheidung entweder durch eine Entscheidung des Familiengerichts oder durch Mitteilung der Ehepartner an den Vermieter einer der Ehepartner aus dem Mietverhältnis ausscheiden kann. Nach der Eröffnung des Insolvenzverfahrens des Mieters ist der Insolvenzverwalter passivlegitimiert. Da es sich bei der Kündigung um eine einseitige empfangsbedürftige Willenserklärung handelt, muss der Vermieter den Nachweis erbringen, dass dem Mieter die Kündigung zugegangen ist. Einen Beweis der ersten Anscheins gibt es nicht, auch nicht bei Einschreibesendungen. Es empfiehlt sich daher, eine Zustellungsform zu wählen, die den Nachweis der Zustellung sicherstellt. Hierbei kommt ein Einschreiben mit Rückschein, die Zustellung durch den Gerichtsvollzieher oder durch einen Boten in Betracht. Bei einer Zustellung durch Boten ist anzuraten, dass dieser sich das genaue Datum und die Uhrzeit der Zustellung notiert. Außerdem sollte er sich bei größeren Wohnhäusern genau notieren, in welchen Briefkasten er den Brief eingeworfen hat Zu bedenken ist außerdem, dass der Bote möglichst selbst gesehen hat, welches Schriftstück er überbringt, da im Streitfall häufig der Einwand erhoben wird, es handele sich bei dem zugestellten Schreiben nicht um das Kündigungsschreiben (hierzu auch AG Hamburg ZMR 2009, 930).

Die Kündigung kann nur gegenüber allen Mietern **einheitlich** erklärt werden. Es ist nicht möglich, das Mietverhältnis nur mit Wirkung gegenüber einem Mieter aufzulösen, auch wenn er nicht mehr in der Wohnung lebt. Dies gilt auch, wenn gegenüber einem

Mieter die Kündigung aus rechtlichen Gründen nicht möglich ist; die Kündigungsmöglichkeit entfällt insgesamt (LG Neubrandenburg WM 2001, 551, 552 im Falle des § 112 Nr. 1 InsO; anders für den Fall, dass einer der Mieter vertragswidrig handelt OLG Düsseldorf NJW-RR 1987, 1370). Die Kündigung ist gegenüber jedem Mieter abzugeben. Die Mieter können sich wirksam gegenseitig im Mietvertrag zur **Entgegennahme** von Kündigungen bevollmächtigen (BGH NJW 1997, 3437, RE). Eine derartige Empfangsvollmacht kann auch formularmäßig wirksam vereinbart werden (BGH, a.a.O.). Allerdings darf die Möglichkeit zum Widerruf einer derartigen Vollmacht nicht ausgeschlossen werden (Schmidt-Futterer/*Börstinghaus* § 558 Rdn. 57).

**3.** Die Kündigung muss **von allen Vermietern** in der Regel eigenhändig unterschrieben werden. Unterschreibt nur einer von mehreren Vermietern, muss sein Vertretungsverhältnis erkennbar sein. Der Vertreter muss eine ihn zur Kündigung berechtigende Vollmacht beifügen, da andernfalls der Kündigungsgegner die Kündigung gemäß § 174 BGB wegen fehlender Vollmacht zurückweisen könnte. Die Zurückweisung muss allerdings unverzüglich erfolgen, § 121 Abs. 1 BGB, und sie muss eindeutig ergeben, dass sie auf Grund der nicht vorliegenden Vollmacht erfolgt. Die Zustellung eines vom Prozessbevollmächtigten des Vermieters/der Vermieter beglaubigten Schriftsatzes reicht aus, sofern die Erklärung von dem Prozessbevollmächtigten selbst ausgeht. Andernfalls muss dem Mieter eine von dem Vermieter unterzeichnete Abschrift der Kündigung zugehen; eine beglaubigte Abschrift reicht auch von Anwalt zu Anwalt nicht (BGH NJW-RR 1987, 395).

Nach einem Verkauf der Mietsache kann der neue Eigentümer vor seiner Eintragung im Grundbuch eine Kündigung aussprechen, wenn er im notariellen Kaufvertrag dazu gemäß § 185 Abs. 1 BGB ermächtigt wurde (vgl. KG Berlin ZMR 2008, 365, BGH NJW 1998, 896).

Mit der Anordnung der Zwangsverwaltung gehen die Befugnisse des Vermieters auf den Zwangsverwalter über, d.h. der Vermieter selbst kann nicht mehr wirksam kündigen.

**4.** Die Kündigung hat **schriftlich** zu erfolgen, § 568 Abs. 1 BGB. Sie muss eindeutig die Erklärung enthalten, dass das Mietverhältnis fristlos beendet werden soll. Die Umdeutung einer unwirksamen ordentlichen Kündigung in eine fristlose Kündigung ist daher in der Regel nicht möglich, da der Wille zur sofortigen Beendigung nicht deutlich wird (vgl. dazu BGH WuM 2005, 584, 585 mit weiteren Nachweisen aus der Rechtsprechung). Sie umfasst das gesamte Mietverhältnis; eine Teilkündigung ist bis auf wenige und seltene Ausnahmefälle nicht möglich (dazu näher Emmerich/Sonnenschein/*Emmerich* § 543 Rdn. 55.). Wesentlich ist, ob die Mietsache von den Parteien als Einheit betrachtet wird, was beim Wohnraummietverhältnis in der Regel der Fall ist.

**5.** § 543 Abs. 2 Nr. 2 1. Alt. BGB entspricht in Teilbereichen dem § 553 BGB a.F. Entgegen der gesetzlichen Begründung (vgl. NZM 2001, 433) ergeben sich sachliche Änderungen; es liegt nicht nur eine sprachliche Verkürzung vor. Während § 553 BGB a.F. die Vernachlässigung der Mietsache nur als beispielhaften Tatbestand aufführte und jeden vertragswidrigen Gebrauch umfasste, der die Rechte des Vermieters in erheblichem Maß verletzte, ist der Geltungsbereich jetzt erheblich eingeschränkt auf die beiden gesetzlich genannten Tatbestände. Im Fall der Vernachlässigung der Mietsache bedeutet dies, dass eine erhebliche Rechtsverletzung nicht ausreicht, sondern es muss immer eine erhebliche Gefährdung der Mietsache gegeben sein (*Blank/Börstinghaus* Miete § 543 Rdn. 71), im Einzelnen dazu unten Anm. 7. Eine weitere Änderung gegenüber der bisherigen Gesetzeslage ergibt sich daraus, dass die Neuregelung nur noch den Fall einer Sachgefährdung durch den Mieter selbst erfasst, während § 553 a.F. auch ausdrücklich den Fall regelte, dass die Gefährdung durch einen Dritten, dem der Mieter die Sache zum

Gebrauch überlassen hatte (Untermieter, Angehörige), verursacht wurde (vgl. dazu auch *Kraemer* a. a. O., S. 168 f.; *Blank* NZM 2001, 9, 10), s. dazu unten Anm. 12.

**6.** Gem. § 569 Abs. 4 BGB muss auch der **Kündigungsgrund** angegeben werden. Dies bedeutet eine Neuerung gegenüber dem früheren Recht, das eine Begründung nicht als Wirksamkeitsvoraussetzung ansah. An die Begründung dürfen keine allzu strengen Anforderungen gestellt werden. Die der Kündigung zugrunde liegenden Tatsachen müssen nach Gegenstand, Zeit, Ort und Ausmaß (was, wann, wo) hinreichend deutlich beschrieben werden, so dass der Mieter erkennen kann, welches Verhalten bzw. welchen Zustand der Vermieter als Kündigungsgrund heranzieht, der der Kündigung zugrundeliegende Sachverhalt muss von anderen Sachverhalten unterschieden werden können (vgl BGH NJW 2007, 2845). Dies gilt auch, wenn eine Vielzahl von Gründen vorliegen oder wenn bereits vor der Kündigung die wesentlichen Umstände mündlich oder schriftlich mitgeteilt wurden (vgl. LG Stuttgart WuM 2006, 523, 524). Soweit eine Abmahnung vorausgegangen ist, muss in der Kündigung angeführt werden, dass der beanstandete Zustand fortbesteht (LG Berlin, Grundeigentum 2010, 548; in Schmidt-Futterer/*Blank* § 569 Rdn. 74). Nicht erforderlich ist, dass der Vermieter darlegt, warum ihm die Fortsetzung des Mietverhältnisses nicht zumutbar ist. Für die Wirksamkeit einer Kündigung genügt es vielmehr grundsätzlich, wenn einer der in § 543 Abs. 2 S. 1 Nr. 1 bis 3 BGB aufgeführten Tatbestände vorliegt, hierbei handelt es sich um gesetzlich typisierte Fälle der Unzumutbarkeit (BGH NJW 2009, 2297).

§ 569 Abs. IV schließt das **Nachschieben von Gründen,** die zum Zeitpunkt der Kündigung bereits vorlagen oder erst später entstanden sind, nicht aus. Da eine § 573 Abs. 3 Satz 2 BGB entsprechende Regelung, wonach nachträglich entstandene Gründe berücksichtigt werden, in § 569 Abs. 4 BGB fehlt, muss entsprechend allgemeinen Grundsätzen allerdings erneut gekündigt werden (*Blank/Börstinghaus* Miete § 569 Rdn. 106; Palandt/*Weidenkaff* § 569 Rdn. 25; a. A. *Haas* § 569 Rdn. 5).

Auf das Begründungserfordernis kann der Mieter nicht durch **AGB** wirksam verzichten. Zwar nimmt § 569 Abs. 5 BGB, wonach zum Nachteil des Mieters abweichende Vereinbarungen unwirksam sind, nur Bezug auf § 569 Abs. 1–3 BGB, nicht aber auf das Begründungserfordernis des Abs. 4. Da § 569 Abs. 4 BGB im Gesetzgebungsverfahren erst nachträglich eingeführt wurde, dürfte es sich um ein Redaktionsversehen handeln, zumal Formvorschriften nach ihrer Rechtsnatur zwingendes Recht darstellen (vgl. auch *Blank/Börstinghaus* Miete § 569 Rdn. 108; *Lützenkirchen* MDR 2001, 1385, 1392, der sich hinsichtlich des Problems nicht festlegt).

**7.** Der Mieter hat die **Sorgfaltspflicht,** die Sache pfleglich zu behandeln und Schäden von ihr abzuwenden (vgl. auch Schmidt-Futterer/*Blank* § 543 BGB Rdn. 53). Diese Verpflichtung gilt gerade auch bei Abwesenheit des Mieters und bis zur Rückgabe der Mietsache. Ein Verschulden ist nicht erforderlich. Es reicht, wenn einem von mehreren Mietern die Vernachlässigung zur Last gelegt wird; den anderen Mietern ist das dann ebenfalls zuzurechnen. Durch die Verletzung dieser Pflicht muss es objektiv zu einer **Substanzverletzung oder -gefährdung** kommen, wobei ausreicht, dass der Schaden zumindest konkret droht und erheblich sein wird. Die Beweislast für die Voraussetzungen des Kündigungsrechts trägt der Vermieter.

Eine Berechtigung zur Kündigung ist angenommen worden im Falle des Verursachens mehrmaliger Wasserschäden (AG Wiesbaden NJW-RR 1992, 76); im Falle von Schäden auf Grund des Abstellens der Heizkörper bei Frost, des Verströmenlassens von Gas zur Herbeiführung einer Explosionsgefahr durch den Ehemann der Mieterin (AG Helmstedt WM 1989, 569) sowie bei der Verletzung vertraglich übernommener Erhaltungsarbeiten, insbesondere Schönheitsreparaturen, falls dadurch eine Verletzung der Substanz der Mietsache droht (LG Düsseldorf WM 1999, 333; *Sternel* Mietrecht, IV Rdn. 392). Auch das Verursachen von Geruchsbelästigungen dadurch, dass der Mieter die Wohnung nicht hinreichend pflegt, reicht bei Substanzgefährdung aus (LG Hamburg WM 1988, 18; AG Münster WM 1988, 19) ebenso die Schimmelpilz- und Feuchtigkeitsbildung infolge ungenügenden Lüftungsverhaltens des Mieters (AG Hannover WuM 2005, 767). Gleiches gilt, wenn der Mieter durch unkontrolliertes Sammeln und Aufbewahren die Wohnungssubstanz in Mitleidenschaft zieht. Es genügt dabei die Gefährdung vom Mieter mitbenutzter Räume.

Ein vertragswidriger Gebrauch allein rechtfertigt demgegenüber eine fristlose Kündigung gem. § 543 Abs. 2 Nr. 2 1. Alt. BGB nicht, die Kündigung kann allenfalls nach der Generalklausel des § 543 Abs. 1 BGB gerechtfertigt sein. Das Hantieren mit gefährlichen Flüssigkeiten reicht daher ebenso wenig wie kleinere Beschädigungen (z. B. der Gegensprechanlage AG Berlin-Tempelhof MM 1993, 252). Weitere Fälle, in denen ein Kündigungsrecht mangels Substanzgefährdung nicht zugestanden wurde, sind ist z. B. die bloße Nichtbenutzung der Wohnung (LG Berlin MDR 1987, 764), das hausordnungswidrige Nichtverschließen der Haus- und/oder Kellerinnentür (LG Trier WM 1993, 192), die Auslagerung von Einrichtungsgegenständen (LG Landau ZMR 1993, 569). Auch das Trocknen von Wäsche reicht ohne Gefährdung der Mietsache nicht (AG Naumburg WM 1992, 680).

**8.** Im Falle des **Verursachens von Bränden** ist zu differenzieren. In der Regel reicht das Verursachen eines Wohnungsbrandes nicht aus (LG Wuppertal WM 1992, 370), insbesondere wenn der Brand durch die unbeaufsichtigten Kinder des Mieters verursacht wurde (AG Siegen WM 1990, 503). Anderes gilt bei der wiederholten Verursachung von Brandgefahren durch vertragswidrigen Gebrauch (LG Duisburg DWW 1991, 342 für den Fall, dass der Mieter mehrfach sein Essen anbrennen lässt und dadurch Brandgefahren entstehen).

**9.** Voraussetzung ist sowohl nach altem als auch neuem Recht eine **Abmahnung**, nach der Neufassung alternativ auch eine Fristsetzung. Dies ist zwingend und nur unter den Voraussetzungen des § 543 Abs. 3 BGB entbehrlich. S. dazu D. VI. 1 Anm. 13 und 15. Die dortigen Ausführungen gelten entsprechend. Ergibt sich die erhebliche Vernachlässigung erst auf Grund der Erfolglosigkeit einer vorhergehenden Abmahnung, ist nach dem Wortlaut des Gesetzes zwar eine erneute Abmahnung erforderlich, diese dürfte dann aber häufig gemäß § 543 Abs. 3 Satz 2 Nr. 1 BGB wegen offensichtlicher Erfolglosigkeit entbehrlich sein (vgl. *Kraemer* WM 2001, 163, 168). Zur Formulierung einer Abmahnung s. auch Form. B. II.

**10.** Sorgfaltspflichten können auch bei **baulichen Veränderungen** gegeben sein. Zu unterscheiden ist dann, ob diese in die Substanz eingreifen oder nicht. Bei einer Substanzverletzung oder -gefährdung ist ein Kündigungsgrund in der Regel gegeben, nicht aber bei Veränderungen, bei denen der Vermieter nur den Rückbau verlangen kann. So rechtfertigt etwa der Einbau von Wasserleitungen (LG Gießen NJW-RR 1994, 1102) oder der eigenmächtige Ausbau des Dachbodens zu Wohnzwecken (LG Hamburg WM 1992, 190) eine fristlose Kündigung. Anders ist die Lage bei Einbauten (z. B. die Tragekonstruktion für ein Hochbett (AG Berlin-Schönefeld GE 1992, 1159) oder bei dem Einbau einer Holzwand in der Diele (LG Düsseldorf WM 1979, 214) oder der unberechtigten Entfernung einer derartigen Wand (LG Berlin MM 1987, Nr. 3 S. 27). Der Vermieter ist allerdings zur Duldung verpflichtet, wenn die Untersagung der baulichen Veränderung treuwidrig gewesen wäre (BGH NJW 1974, 1463).

**11.** Sorgfaltspflichten werden insbesondere auch verletzt, wenn der Mieter gegen seine **Pflicht zur Anzeige gemäß § 536c BGB** verstößt, also Mängel nicht mitteilt, nicht angibt, dass gewisse Vorkehrungen zum Schutz der Mietsache getroffen werden müssen oder dass Dritte die Sache gefährden. Tritt dadurch eine Substanzgefährdung ein, ist die fristlose Kündigung jedenfalls bei wiederholten Verstößen gerechtfertigt. In der Regel reicht aber der einmalige Verstoß gegen Anzeigepflichten nicht.

**12.** Nach der Neufassung ergibt sich die Besonderheit, dass bei sorgfaltswidrigem Verhalten eines Dritten, dem der Mieter die Sache zum Gebrauch oder Mitgebrauch überlassen hat, dessen Verhalten dem Mieter nur bei Verschulden des Dritten zuzurechnen ist (§§ 540 II, 278 BGB), während nach altem Recht der Dritte unmittelbar in den Anwendungsbereich fiel. Problematisch kann dies insbesondere bei schuldunfähigen Personen werden. Unternimmt der Mieter gegen das sorgfaltswidrige Verhalten des Dritten nichts, ist ihm eine Obhutspflichtverletzung in der Regel direkt zuzurechnen (so auch *Lützenkirchen* Neue Mietrechtpraxis, Rdn. 862).

**13.** Soweit das Verhalten des Mieters zu einer **übermäßigen Abnutzung** und damit einer Substanzverletzung führt, kann die fristlose Kündigung ebenfalls gerechtfertigt sein. Dies ist der Fall bei übermäßiger Tierhaltung (LG Aurich, Beschluss vom 5. 11. 2009 – 1 S 272/09 – zitiert nach Juris; LG Karlsruhe NZM 2001, 891). Auch eine Überbelegung der Wohnung kann ein Kündigungsgrund sein, wenn die Wohnsubstanz erheblich gefährdet ist. Hier kommt es insbesondere auf den Zuschnitt der Wohnung an und die Zahl der dort wohnenden Personen (s. dazu auch Form. D. III. 7). Tritt keine Substanzgefährdung ein, kann gegebenenfalls eine Kündigung wegen Störung des Hausfriedens gemäß § 569 Abs. 2 BGB oder aus wichtigem Grund gemäß § 543 Abs. 1 BGB gerechtfertigt sein (so auch *Lützenkirchen* Neue Mietrechtspraxis, Rdn. 858). Ebenso ist die Zweckentfremdung von Wohn- in Geschäftsraum jedenfalls dann vertragswidrig, wenn die Mieträume durch die gewerbliche Tätigkeit intensiver in Anspruch genommen werden (LG Hamburg WM 1992, 241 und WM 1993, 188; LG Berlin WM 1993, 39 – Tagesmutter). Bei dadurch bedingter Störung des Hausfriedens (z.B. Prostitution) greift § 569 Abs. 2 BGB ein (s. dazu näher Form. D. VI. 8).

**14.** Die Rechte des Vermieters müssen **in erheblichem Maße** verletzt sein. Während in der alten Regelung davon ausgegangen wurde, dass bereits das Vorliegen eines der beiden Beispielsfälle des § 553 BGB eine erhebliche Verletzung der Rechte des Vermieters darstellt (vgl. dazu Bub/Treier/*Grapentin* IV Rdn. 169 a. E. m.w.N.) setzt die Neuregelung zusätzlich voraus, dass durch die sorgfaltswidrige Substanzgefährdung die Rechte des Vermieters in erheblichem Maße beeinträchtigt werden. Zur Feststellung der Erheblichkeit sind die beiderseitigen Interessen einander gegenüber zu stellen. Dabei sind auf Seiten des Vermieters die Auswirkungen der Vertragsverletzung zu berücksichtigen, während auf Seiten des Mieters zu beachten ist, dass nach Auffassung des BVerfG (NJW 1994, 42) der Mieter eine eigentumsähnliche Stellung hat, in die nur unter strengen Voraussetzungen eingegriffen werden kann. Zu berücksichtigen ist bei der Abwägung insbesondere auch, dass der Vermieter Unterlassungsklage nach § 541 BGB erheben kann. Dazu wird er in der Regel dann verpflichtet sein, wenn die Parteien über Art und Umfang des zulässigen Mietgebrauchs oder über wechselseitige Verpflichtungen streiten. Hält der Mieter aber trotz Verurteilung zur Unterlassung an seiner Obhutspflichtverletzung fest, kann eine fristlose Kündigung gerechtfertigt sein.

Bei der Vernachlässigung wird in der Regel eine erhebliche Verletzung der Rechte des Mieters vorliegen, so dass sich insoweit bei dieser Alternative durch die Neuregelung keine Probleme ergeben.

**15.** Der Mieter muss die **Obhutspflichtverletzung trotz Abmahnung fortsetzen.** Stellt er sein Verhalten nach der Abmahnung ein, entfällt der Kündigungsgrund. Zwischen Abmahnung und Ausspruch der Kündigung muss ihm genug Zeit gelassen werden, um sein Verhalten auf die Abmahnung einzustellen. Behauptet der Mieter, er habe vor Zugang der Kündigung das sorgfaltswidrige Verhalten eingestellt, ist er insoweit darlegungs- und beweispflichtig.

**16.** Die Ausübung der Kündigung ist an **keine Frist** gebunden. Sie sollte aber in angemessener Frist erfolgen. (KG KGR Berlin 2003, 186; OLG Düsseldorf ZMR 2003, 177). Dies ergibt sich aus § 314 BGB, wonach eine Kündigung in „angemessener Frist" erfolgen muss. Maßgebend ist insoweit die Vollendung des Kündigungsgrundes (BGH NJW-RR 2007, 886). Die Dauer der Frist ist einzelfallabhängig, als angemessene Frist werden im Regelfall vier bis fünf Monate angesehen (vgl. BGH a. a. O., LG Izehoe ZMR 2010, 363). Andernfalls lassen sich für den Vermieter nachteilige Rückschlüsse auf die Erheblichkeit der Vertragsverletzung ziehen. Das Kündigungsrecht kann auch verwirkt werden (LG Siegen WuM 2006, 158, 159). Nach Zugang ist sie unwiderruflich (AG Geldern ZMR 2004, 350). Der Kündigungsgrund muss bei Zugang der Kündigung vorliegen (h.M. BGH WuM 2006, 193, 194; Palandt/*Weidenkaff* § 543 Rdn. 53; str., a.A. LG Köln WuM 2001, 195: bei Abgabe der Kündigungserklärung bei Zahlungsverzug).

**17.** Der Vermieter kann dem Mieter auch bei einer fristlosen Kündigung eine **Räumungsfrist** setzen. Er muss hinsichtlich der Dauer aber abwägen, da bei einer längerfristigen Räumungsfrist nachteilige Rückschlüsse auf die Erheblichkeit der Vertragsverletzung gezogen werden können.

**18.** § 546a BGB, s. Form. F. II. 2.

**19.** Diese Erklärung kann bereits in dem Schreiben, das die fristlose Kündigung enthält abgegeben werden (h.M., Palandt/*Weidenkaff* § 545 Rdn. 8 m.w.N.). Siehe auch Form. D. VI. 4 Anm. 17.

**20.** Kosten und Gebühren
Wie Form. VI. 1 Anm. 18.

## 3. Kündigung des Vermieters wegen unbefugter Gebrauchsüberlassung an Dritte durch den Mieter, § 543 Abs. 2 Nr. 2 2. Alt. BGB

......

(Vermieter)[1]

an

......

(Mieter)[2]

Sehr geehrte(r) ......,[2]

ich[3] kündige hiermit den mit ihnen am ...... geschlossenen Mietvertrag über die Wohnung ...... fristlos[4] gemäß § 543 Abs. 2 Nr. 2 2. Alt. BGB[5] wegen unbefugter Gebrauchsüberlassung.

Gründe:[6]

Sie sind am ...... aus der Wohnung ausgezogen und haben diese Frau ...... zur Nutzung überlassen.[7] Miete wird seither nur gelegentlich von Frau ...... gezahlt.[8] Bereits mit Schreiben vom ...... habe ich Sie darauf aufmerksam gemacht, dass ich nicht bereit bin, die alleinige Nutzung der Wohnung durch Frau ...... zu dulden und Sie insoweit gebeten, diese Nutzung bis zum ...... abzustellen.[9] Dennoch haben Sie nicht reagiert. Die Wohnung wird weiterhin allein durch Frau ...... genutzt.[10]

Angesichts dessen kündige ich das Mietverhältnis nunmehr fristlos.[11]

Ich bitte Sie die Mieträume binnen einer Woche bis zum ...... zu räumen[12] und in ordnungsgemäßem und vertragsgerechtem Zustand (s. § ...... des Mietvertrages) zurückzugeben. Schönheitsreparaturen sind noch bis zur Rückgabe vorzunehmen; anderenfalls werde ich diese auf Ihre Kosten durch einen von mir beauftragten Unternehmer vornehmen lassen. Sämtliche Schlüssel sind an mich zurückzugeben.

Ich mache Sie darauf aufmerksam, dass die Mietrückstände noch zu zahlen sind und Sie verpflichtet sind, bis zur tatsächlichen Räumung mir eine Nutzungsentschädigung[13] zu zahlen.

Einer Fortsetzung des Mietverhältnisses widerspreche ich gemäß § 545 BGB widerspreche ich bereits jetzt ausdrücklich.[14]

Nach erfolglosem Ablauf des Räumungstermins werde ich unverzüglich Klage erheben.[15]

......

(Vermieter)

*Schrifttum: Kraemer,* Die Kündigung aus wichtigem Grund nach altem und neuem Recht, WM 2001, 163 ff.; *Blank,* die geplanten Neuregelungen im Kündigungsrecht, NZM 2001, 9 ff.

## Anmerkungen

**1. Sachverhalt:** Im vorliegenden Fall war der Mieter **ohne Kündigung ausgezogen** und hatte die Wohnung einer Freundin zur alleinigen Nutzung überlassen. Der Mieter hatte keine Zugriffsmöglichkeiten mehr auf die Wohnung, da er sämtliche Schlüssel der neuen Nutzerin überlassen hatte. Er zahlte auch keine Miete mehr. Verhandlungen mit dem Vermieter darüber, die neue Nutzerin als Mieterin zu übernehmen, scheiterten im Vorfeld, da der Vermieter Bedenken wegen der Zahlungsfähigkeit der neuen Nutzerin hatte. Die Bedenken waren berechtigt, denn diese zahlte tatsächlich nicht bzw. unregelmäßig.

**2.** Zur Kündigung gegenüber mehreren Mietern s. Form. D. VI. 2 Anm. 2.

**3.** Zur Kündigung von mehreren Vermietern s. Form. D. VI. 2 Anm. 3.

**4.** Die Kündigung hat **schriftlich** zu erfolgen § 568 Abs. 1 BGB. Sie muss eindeutig die Erklärung enthalten, dass das Mietverhältnis fristlos beendet werden soll. Die Umdeutung einer unwirksamen ordentlichen Kündigung in eine fristlose Kündigung ist daher in der Regel nicht möglich, da der Wille zur sofortigen Beendigung nicht deutlich wird (vgl. dazu BGH WuM 2005, 584, 585 mit weiteren Nachweisen aus der Rechtsprechung). Sie umfasst das gesamte Mietverhältnis; eine Teilkündigung ist bis auf wenige und seltene Ausnahmefälle nicht möglich (dazu näher Emmerich/Sonnenschein/*Emmerich* § 543 Rdn. 55). Wesentlich ist, ob die Mietsache von den Parteien als Einheit betrachtet wird, was beim Wohnraummietverhältnis in der Regel der Fall ist.

**5.** § 543 Abs. 2 Nr. 2 2. Alt. BGB entspricht in Teilbereichen dem § 553 a. F. Entgegen der gesetzlichen Begründung (vgl. NZM 2001, 433) ergeben sich sachliche Änderungen; es liegt nicht nur eine sprachliche Verkürzung vor. Während § 553 BGB a. F. die unbefugte Gebrauchsüberlassung nur als beispielhaften Tatbestand aufführte, die Regelung aber jeden vertragswidrigen Verbrauch umfasste, der die Rechte des Vermieters in erheblichem Maß verletzte, ist der Geltungsbereich jetzt erheblich eingeschränkt auf die beiden gesetzlich genannten Tatbestände. Während nach bisherigem Recht in einer unbefugten Gebrauchsüberlassung ohne weiteres eine erhebliche Verletzung der Rechte des Vermieters gesehen wurde, ist nach neuem Recht streitig, ob zusätzlich die Prüfung erforderlich ist, ob „dadurch" die Rechte des Vermieters verletzt werden, im Einzelnen s. Anm. 8. Eine weitere Änderung gegenüber der bisherigen Gesetzeslage ergibt sich daraus, dass die Neuregelung nur noch den Fall einer unbefugten Gebrauchsüberlassung durch den Mieter selbst erfasst, während § 553 a. F. auch ausdrücklich den Fall regelte, dass die Gefährdung durch einen Dritten, dem der Mieter die Sache zum Gebrauch überlassen hatte (Untermieter, Angehörige), verursacht wurde (vgl. dazu auch *Kraemer* a. a. O., S. 168 f.; *Blank* NZM 2001, 9, 10), s. auch Anm. 7.

**6.** Gem. § 569 Abs. 4 BGB muss auch der **Kündigungsgrund** angegeben werden. Zu den Einzelheiten s. D. VI. 2. Anm. 6.

**7.** Der **Fall einer unbefugten Gebrauchsüberlassung an Dritte** liegt vor, wenn der Mieter die Mietsache einem Untermieter oder sonst einem Dritten überlässt, ohne dass diesen nach dem Mietvertrag ein Gebrauchsrecht zusteht, oder wenn er einen vertragswidrigen Gebrauch durch solche Personen duldet (vgl. Bub/Treier/*Grapentin* IV, 164). Die Neuregelung stellt insoweit auf die Gebrauch**über**lassung ab, während nach altem Recht eine Gebrauchs**be**lassung trotz Abmahnung Anknüpfungspunkt war.

Voraussetzung ist zunächst eine **Gebrauchsüberlassung.** Unerheblich ist dabei, ob der Gebrauch auf Grund eines Vertrages (Miete. Leihe, Abtretung) oder durch tatsächliches Tun oder Dulden erfolgt. Ebenso kommt es auch nicht darauf an, ob dem Dritten ein vertragliches Recht eingeräumt wird (Untervermietung) oder ob er lediglich zur Mitnutzung berechtigt sein soll (vgl. Schmidt-Futterer/*Blank* § 540 Rdn. 2 m. w. N.). **Unbefugt** ist die Gebrauchsüberlassung, wenn dem Dritten kein Gebrauchsrecht gegenüber dem Vermieter zusteht. Im Falle der Untermiete oder sonstigen vertraglichen Überlassung der Wohnung ist dies in der Regel der Fall, wenn von Seiten des Vermieters keine Erlaubnis vorliegt. Bei der sonstigen Aufnahme Dritter ist zu differenzieren. Ehegatten und nahe Verwandte (Kinder, Eltern – dazu BayOLG GE 1997, 1463: es kommt auf die Umstände des Einzelfalls an), nichteheliche Lebenspartner sowie Haus- und Pflegepersonal können ohne Erlaubnis des Vermieters aufgenommen werden. Voraussetzung ist jedoch, dass der Mieter die Wohnung selbst noch nutzt; er darf sie den genanntem Personenkreis nicht zur alleinigen Nutzung überlassen (vgl. dazu LG Frankfurt WuM 2002, 92; LG Hamburg WuM 1999, 687 f.). Auch hier kommt es immer auf die Umstände des Einzelfalls an. Grenze der Aufnahmeberechtigung ist die Überbelegung. Hier kommt es auf Größe und Zuschnitt der Wohnung an; allgemeingültige Kriterien sind nicht vorhanden (Faustregel: 12 qm pro erwachsene Person vgl. Schmidt-Futterer/*Blank* § 540 Rdn. 27 m. w. N.; i. Ü. s. Form. D. III. 7). Die Aufnahme sonstiger Verwandter bedarf grundsätzlich der Erlaubnis.

Da es nach der Neuregelung nur auf die Gebrauchsüberlassung nicht auch auf ein Verschulden des Mieters ankommt, kann der Vermieter sofort bei Vorliegen aller Voraussetzungen kündigen, ohne dass er dem Mieter solange Zeit lassen muss, bis dieser die vertragswidrige Untervermietung beenden kann (für die Altregelung streitig, die h. M. kam zum selben Ergebnis wie die Neuregelung; vgl. dazu Bub/Treier/*Kraemer* III A Rdn. 1034; s. auch Anm. 9).

Der Mieter selbst muss dem Unbefugten den Gebrauch überlassen. Handelt ein Dritter, ist nach der Neufassung der Vorschrift dessen Verhalten dem Mieter nur bei Verschulden des Dritten zuzurechnen (§§ 540 II, 278 BGB). Problematisch kann dies insbesondere bei schuldunfähigen Personen werden. Unternimmt der Mieter gegen das sorgfaltswidrige Verhalten des Dritten nichts, ist ihm eine Obhutspflichtverletzung direkt zuzurechnen (so auch *Lützenkirchen* Neue Mietrechtspraxis, Rdn. 862).

Die **Beweislast** für die Voraussetzungen des Kündigungsrechts trägt der Vermieter.

**8.** Im Gegensatz zu der Regelung des § 553 BGB a. F., wonach es einer gesonderten Feststellung der Verletzung erheblicher Rechte des Vermieters nicht mehr bedurfte (vgl. Bub/Treier/*Grapentin* IV Rdn. 164), ist nach der Neuregelung streitig, ob zusätzlich die Prüfung erforderlich ist, dass „**dadurch**" die Rechte des Vermieters verletzt werden (so Schmidt-Futterer/*Blank* § 543 Rdn. 68, 70; anders MünchKomm/*Bieber* § 543 Rdn. 40 – die unbefugte Gebrauchsüberlasung allein rechtfertigt die fristlose Kündigung –, ausdrücklich offen gelassen BGH ZMR 2008, 359; vgl. auch *Lützenkirchen* Neue Mietrechtspraxis, Rdn. 866). Praktisch bedeutsam ist dies im Fall der formell unerlaubten Untervermietung oder bei Aufnahme eines Lebenspartners, wenn der Mieter einen Anspruch auf Erlaubniserteilung hat. Da es in diesem Fall regelmäßig an einer erheblichen Rechtsverletzung fehlt, greift der Kündigungstatbestand nicht ein (vgl. OLG Düsseldorf WuM 2002, 673; *Kraemer* WM 2001, 169; *Blank/Börstinghaus* Miete § 543 Rdn. 79). Bislang wurde der Fall dadurch gelöst, dass eine Kündigung wegen Verstoßes gegen Treu und Glauben (§ 242 BGB) ausgeschlossen wurde (*Kossmann* § 72 Rdn. 10). Auch weiterhin ist jedoch eine Einzelfallprüfung durch Abwägung der beiderseitigen Interessen vorzunehmen. Insbesondere bei bewusstem Hinwegsetzen über den Vermieterwillen (vgl. z.B. OLG Hamm WM 1997, 364) kann eine erhebliche Vertragsverletzung vorliegen.

**9.** Voraussetzung ist sowohl nach altem als auch neuem Recht eine **Abmahnung,** nach der Neufassung alternativ auch eine Fristsetzung. Dies ist zwingend und nur unter den Voraussetzungen des § 543 Abs. 3 BGB entbehrlich. S. dazu D. VI. 1 Anm. 13 und 15. Im Falle der Untervermietung kann eine Abmahnung gemäß § 543 Abs. 3 Nr. 1 BGB entbehrlich sein, wenn die Frist oder Abmahnung keinen Erfolg verspricht, weil anzunehmen ist, dass der Mieter den Dritten nicht innerhalb einer dem Vermieter zumutbaren Frist zum Auszug bewegen kann. Bestehen Zweifel, bleibt es jedoch beim Abmahnerfordernis. Die zu setzende Frist ist dabei nicht so zu bemessen, dass der Mieter das Untermietverhältnis fristgemäß kündigen kann (str. ebenso Hannemann/Wiegner/*Zürn* § 28 Rdn. 280; a. A. in: Schmidt-Futterer/*Blank* § 543 Rdn. 74).

**10.** Der Mieter muss die Gebrauchsüberlassung **trotz Abmahnung fortsetzen.** Stellt er sein Verhalten nach der Abmahnung ein, entfällt der Kündigungsgrund. Zwischen Abmahnung und Ausspruch der Kündigung muss ihm genug Zeit gelassen werden, um sein Verhalten auf die Abmahnung einzustellen. Behauptet der Mieter, er habe vor Zugang der Kündigung das sorgfaltswidrige Verhalten eingestellt, ist er insoweit darlegungs- und beweispflichtig.

**11.** Die Ausübung der Kündigung ist an **keine Frist** gebunden. Sie sollte aber in angemessener Frist erfolgen (KG KGR Berlin 2003, 186; OLG Düsseldorf ZMR 2003, 177). Dies ergibt sich aus § 314 BGB, wonach eine Kündigung in „angemessener Frist" erfolgen muss. Maßgebend ist insoweit die Vollendung des Kündigungsgrundes (BGH NJW-RR 2007, 886). Die Dauer der Frist ist einzelfallabhängig, als angemessene Frist werden im Regelfall vier bis fünf Monate angesehen (vgl. BGH a.a.O., LG Izehoe ZMR 2010, 363). Das Kündigungsrecht kann auch verwirkt werden, insbesondere dann, wenn der Vermieter den unbefugten Gebrauch über einen längeren Zeitraum geduldet hat. Nach Zugang ist sie unwiderruflich (AG Geldern ZMR 2004, 350). Der Kündigungsgrund muss bei Zugang der Kündigung vorliegen (h.M. BGH WuM 2006, 193, 194; Palandt/*Weidenkaff* § 543 Rdn. 53; str., a.A. LG Köln WuM 2001, 195: bei Abgabe der Kündigungserklärung bei Zahlungsverzug).

**12.** Der Vermieter kann dem Mieter auch bei einer fristlosen Kündigung eine **Räumungsfrist** setzen. Er muss hinsichtlich der Dauer aber abwägen, da bei einer längerfristigen Räumungsfrist nachteilige Rückschlüsse auf die Erheblichkeit der Vertragsverletzung gezogen werden können.

**13.** § 546a BGB, s. Form. F. II. 2.

**14.** Diese Erklärung kann bereits in dem Schreiben, das die fristlose Kündigung enthält, abgegeben werden (h.M., Palandt/*Weidenkaff* § 545 Rdn. 8 m.w.N.). Siehe auch Form. D. VI. 4 Anm. 17.

**15. Kosten und Gebühren:** Wie Form. D. VI. 1. Anm. 18.

## 4. Kündigung des Vermieters wegen Zahlungsverzugs des Mieters gemäß §§ 543 Abs. 2 Nr. 3, 569 Abs. 3 BGB

......

(Vermieter)[1]

an

......

(Mieter)[2]

Sehr geehrte(r) ......,[2]

ich[3] kündige hiermit den mit Ihnen am ...... geschlossenen Mietvertrag über die Wohnung ...... fristlos[4] gemäß § 543 Abs. 2 Nr. 3, § 569 Abs. 3 Nr. 1 (bzw. Nr. 2 – s. unten alternative Begründung) BGB[5] wegen Zahlungsverzugs.

Gründe:[6]

(§ 543 Abs. 2 Nr. 3 a, § 569 Abs. 3 Nr. 1 BGB):

Sie haben für die Monate ...... und ...... die Miete einschließlich Betriebskosten-vorauszahlung[7] in Höhe von ...... bis heute nicht gezahlt, so dass am zwei aufein-ander folgenden Terminen ein Rückstand von zwei Monatsmieten eingetreten ist.[8] Die Miete ist laut Mietvertrag bis zum 3. Werktag eines Monats zu zahlen, so dass sie spätestens am ...... fällig war.[9]

(§ 543 Abs. 2 Nr. 3 b BGB):

Sie haben seit fünf Monaten nur die Hälfte der vereinbarten Miete[7] in Höhe von ... gezahlt, so dass Sie nunmehr mit der Zahlung von mehr als zwei Monatsmieten in Rückstand sind.[10]

Gründe, auf Grund derer Sie die Miete einbehalten könnten, sind mir nicht be-kannt.[11] Ein Zahlungseingang ist nicht zu verzeichnen, obwohl auch der letzte Fäl-ligkeitstermin bereits zwei Wochen überschritten ist.[12] Auch die letzte Mieterhö-hung liegt bereits 6 Monate zurück.[13] Angesichts des nunmehr bestehenden Rückstandes in Höhe von ...... kündige ich das Mietverhältnis fristlos. Da Sie be-reits vor einem Jahr Zahlungsschwierigkeiten hatten und ich Sie damals ausdrück-lich darauf hingewiesen habe, dass ich bei erneuter Nichtzahlung von meinem Kün-digungsrecht Gebrauch machen werde, sehe ich auch keinen Grund, Ihnen eine erneute Schonfrist einzuräumen.[14]

Ich bitte Sie die Mieträume binnen einer Woche bis zum ...... zu räumen[15] und in ordnungsgemäßem und vertragsgerechtem Zustand (s. § ...... des Mietvertrages) zurückzugeben. Schönheitsreparaturen sind noch bis zur Rückgabe vorzunehmen; anderenfalls werde ich diese auf Ihre Kosten durch einen von mir beauftragten Un-ternehmer vornehmen lassen. Sämtliche Schlüssel sind an mich zurückzugeben.

Ich mache Sie darauf aufmerksam, dass die Mietrückstände noch zu zahlen und Sie verpflichtet sind, mir bis zur tatsächlichen Räumung eine Nutzungsentschädigung[16] zu zahlen.

Einer Fortsetzung des Mietverhältnisses widerspreche ich gemäß § 545 BGB bereits jetzt ausdrücklich.[17]

Nach erfolglosem Ablauf des Räumungstermins werde ich unverzüglich Klage erheben.[18]

......

(Vermieter)

*Schrifttum:* Blank, Zur Rechtzeitigkeit der Mietzahlung, WM 1995, 567; *Flatow,* Typische Fehler bei der Kündigungserklärung, NZM 2004, 281; *Fischer,* Ausschluss der Kündigung des Mietverhältnisses nach § 554 Abs. 1 Satz 1 BGB wegen fehlenden Zahlungsverzugs des Mieters?, ZMR 1994, 309 ff.; *Grams,* Die Beweislast bei einer Kündigung nach § 554 BGB, ZMR 1994, 5 ff.; *Lützenkirchen,* Die Entwicklung des Mietrechts in der obergerichtlichen Rechtsprechung des Jahres 2005, WuM 2006, 63, 83; *Sternel,* Zahlungsverzug im Mietrecht, WuM 2009, 699.

## Anmerkungen

**1. Sachverhalt:** Die beiden aufgeführten Alternativen entsprechen den Voraussetzungen des § 543 Abs. 2 Nr. 3 a und b BGB. Es lag ein langjähriger Mietvertrag vor; allerdings hat es bereits im Vorjahr Zahlungsprobleme gegeben.

**2.** Zur Kündigung gegenüber mehreren Mietern s. Form. D. VI. 2 Anm. 2.

**3.** Zur Kündigung von mehreren Vermietern s. Form. D. VI. 2 Anm. 3.

**4.** Die Kündigung hat **schriftlich** zu erfolgen, § 568 Abs. 1 BGB. Sie muss eindeutig die Erklärung enthalten, dass das Mietverhältnis fristlos beendet werden soll. Die Umdeutung einer unwirksamen ordentlichen Kündigung in eine fristlose Kündigung ist daher in der Regel nicht möglich, da der Wille zur sofortigen Beendigung nicht deutlich wird (vgl. dazu BGH WuM 2005, 584, 585 mit weiteren Nachweisen aus der Rechtsprechung).Sie umfasst das gesamte Mietverhältnis; eine Teilkündigung ist bis auf wenige und seltene Ausnahmefälle nicht möglich (dazu näher Emmerich/Sonnenschein/*Emmerich* § 543 Rdn. 55.). Wesentlich ist, ob die Mietsache von den Parteien als Einheit betrachtet wird, was beim Wohnraummietverhältnis in der Regel der Fall ist.

**5.** § 543 Abs. 2 Nr. 3, § 569 Abs. 3 BGB entspricht der bisherigen Regelung des § 554 BGB mit der Ausnahme, dass die **Schonfrist** für die Beseitigung der Kündigungsfolge von einem auf zwei Monate **heraufgesetzt** wurde.

**6.** Gem. **§ 569 Abs. 4 BGB** muss auch der **Kündigungsgrund** angegeben werden. Zu den Einzelheiten s. Form. D. VI. 2 Anm. 6. Zu beachten ist vorliegend insbesondere, dass in der Kündigung der aufgelaufene Zahlungsrückstand genau angegeben werden muss (Welcher Betrag wurde in welchem Monat nicht gezahlt?).

Der BGH hat in den letzten Jahren mehrfach zu den Voraussetzungen der Begründung bei Zahlungsverzug Stellung genommen. Unter der Prämisse, dass keine hohen und übertrieben formalistischen Anforderungen gestellt werden dürfen, hat er zunächst für einfache und klare Fallgestaltungen einer auf Zahlungsverzug des Mieters gestützten Kündigung entschieden, dass das berechtigte Interesse des Mieters es nicht gebietet, dass der Vermieter zur Begründung der fristlosen Kündigung den genauen Zeitpunkt und den konkreten Mietrückstand für einzelne Monate oder sonstige Berechnungszeiträume angibt. Es genüge für die formelle Wirksamkeit einer Kündigung vielmehr, dass der Mieter anhand der Begründung des Kündigungsschreibens erkennen kann, von welchem Rückstand der Vermieter ausgeht, und dass der Vermieter diesen Rückstand als gesetzlichen Grund für die fristlose Kündigung wegen Zahlungsverzugs heranzieht. Es reiche die Angabe des Gesamtsaldos (a.A. LG München NZM 2003, 850, *Gellwitzki* WuM 2004,

191). Eine einfache Sachlage hat der BGH (WuM 2006, 193, 196) bejaht, wenn die Zahlungseingänge nicht im Streit waren, der Mieter die Überweisungen selbst vorgenommen hatte und ein überschaubarer Zeitraum vorlag. Nunmehr hat der BGH auch dazu Stellung genommen, wie weit die Begründungspflicht reicht, wenn sich der Rückstand erst durch umfangreiche Berechnungen aus einer Vielzahl unterschiedlicher Positionen ergibt (BGH NZM 2010, 548). Der BGH hat ausgeführt, es genüge zur formellen Wirksamkeit einer auf Mietzahlungsverzug gestützten Kündigung des Vermieters, dass der Mieter anhand der Begründung des Kündigungsschreibens erkennen könne, von welchem Mietrückstand der Vermieter ausgehe und dass er diesen Rückstand als gesetzlichen Grund für die fristlose Kündigung wegen Zahlungsverzugs heranziehe. Damit habe der Mieter zunächst eine ausreichende Grundlage für die Entscheidung, der Kündigung zu widersprechen oder sie hinzunehmen. Darüber hinausgehende Angaben seien nicht erforderlich. Tatsachen, die nur der näheren Erläuterung, Ergänzung, Ausfüllung sowie dem Beweis des geltend gemachten Kündigungsgrundes dienten, könnten auf Verlangen des Mieters grundsätzlich noch im Prozess nachgeschoben werden und müssten jedenfalls dann nicht in dem Kündigungsschreiben erwähnt werden, wenn sie dem Mieter bereits bekannt sind (vgl. zu dem Problem insgesamt auch juris PK-BGB/*Mössner* § 569 Rn. 211; Schmidt-Futterer/*Blank* § 569 BGB Rdn. 73; *Flatow* NZM 2004, 281, 287; jeweils m. w. N.). Im vom BGH entschiedenen Fall hatte der Vermieter die aus seiner Sicht bestehenden Rückstände jeweils monatsbezogen aufgelistet, sowie daran anschließend die jeweils summenmäßig aufaddierten Gesamtrückstände. Dies hat der BGH als ausreichend angesehen, wobei er ausdrücklich darauf verwiesen hat, dass eine fehlerhafte Berechnung des Rückstandes auf die Wirksamkeit der Kündigung keinen Einfluss hat, wenn sich die darin enthaltene Rückstandsmitteilung nachträglich als falsch erweist, der angegebene Kündigungstatbestand bei richtiger Berechnung aber ebenfalls gegeben ist (so auch schon AG Dortmund WuM 2003, 273; *Flatow* NZM 2004, 281). Unter Zugrundelegung dieser Rechtsprechung dürfte auch der Ansicht des LG Berlin (NJW 2003, 306) zu folgen sein, wonach eine falsche Monatsbezeichnung unschädlich, wenn der streitige Zeitraum angegeben wird (ebenso LG Stuttgart MietRB 2005, 312, wenn der Fehler für den Mieter erkennbar war). Soweit in der Vorauflage die Auffassung vertreten wurde, dass eine genauere Aufstellung immer dann erforderlich sei, wenn Teilzahlungen und Verrechnungen vorgenommen wurden oder Dritte, etwa das Sozialamt, die Miete gezahlt haben, ist daran angesichts der vorgenannten Entscheidung nicht mehr festzuhalten; derartige Erläuterungen dürften nachträglich möglich sein.

Streitig ist, inwieweit ein Bezugnahme auf ein Mietkontoblatt ausreicht (bejahend BGH WuM 2004, 489 bei einfachem und klarem Sachverhalt LG Berlin WuM 2003, 628; ablehnend AG Dortmund WuM 2003, 297; LG Hamburg NZM 2003, 799; LG München NZM 2003, 850).

Die Schriftform ist nur gewahrt, wenn die Mietkontoübersicht entweder fest mit dem Kündigungsschreiben verbunden ist oder ausdrücklich in der Kündigung darauf Bezug genommen wird (LG Mannheim WuM 2004, 204).

**7.** **Miete im Sinne des § 543 Abs. 2 Nr. 3, § 569 Abs. 3 BGB** sind alle regelmäßig wiederkehrenden Zahlungen, also auch die Heiz- und Betriebskostenvorauszahlungen (BVerfG WM 1992, 668 f.; BGH NJW 2008, 3210 unter II 3 a; OLG Naumburg WM 1999, 160). Nach Abrechnungsreife können Vorauszahlungen nicht mehr verlangt werden, sie sind demnach auch nicht mehr in den Rückstand einzubeziehen (Bub/Treier/*Grapentin* IV 175, str.). Einmalige Leistungen wie Kaution, Mietvorauszahlungen, Nachforderungen von Nebenkosten (s. Emmerich/Sonnenschein/*Emmerich* § 543 Rdn. 39 m. w. N.; Hannemann/Wiegner/*Zürn* § 28 Rdn. 292) sind nicht zu berücksichtigen; ebenso wenig verjährte oder verwirkte Forderungen (Schmidt-Futterer/*Blank* § 543 Rdn. 83). Zu beachten ist bei Erwerb der Mietwohnung das bereits zuvor entstandene Mietzinsansprüche beim Verkäufer verbleiben, der Erwerber muss sich die Ansprüche abtreten lassen (LG Berlin GE 2005, 487).

**8.** Voraussetzung für die fristlose Kündigung ist ein **Zahlungsrückstand**, der gemäß **§ 543 Abs. 2 Nr. 3 a, § 569 Abs. 3 Nr. 1 BGB** zwei aufeinander folgende Monatsmieten oder einen nicht unerheblichen Teil davon betragen muss. Nicht unerheblich in diesem Sinne ist gemäß § 569 Abs. 3 Nr. 1 BGB ein Mietrückstand dann, wenn er **die Miete für einen Monat übersteigt**, also **Monatsmiete + 1 Cent**. Nach der herrschenden Meinung ist nicht erforderlich, dass der Rückstand bezogen auf jeden einzelnen Termin erheblich ist (vgl. Schmidt-Futterer/*Blank* § 569 Rdn. 32 unter Bezug auf BGH NJW-RR 1987, 903; a. A. *Sternel* WuM 2009, 699, 700). Eine Regelung, die zum Nachteil des Mieters die Kündigung von einem geringeren Rückstand abhängig macht, ist unwirksam, § 569 Abs. 5 BGB. Diese Regelung gilt nicht, wenn der Wohnraum nur zu vorübergehendem Gebrauch vermietet ist, § 569 Abs. 3 Nr. 1 S. 2 BGB.

Der Verzug muss dabei an mindestens zwei aufeinander folgenden Terminen vor der Kündigung vorliegen. Der Gesamtrückstand muss sich allerdings nicht nur aus diesen zwei Terminen ergeben, sondern kann auch aus mehreren Monaten herrühren (z. B. zahlt der Mieter seit Januar 20% monatlich zu wenig, so ist der zur Kündigung berechtigende Rückstand mit Fälligkeit der Miete für Mai erreicht; vgl. Schmidt-Futterer/*Blank* § 543 Rdn. 113).

Streitig ist, ob der Zahlungsrückstand im Zeitpunkt des Ausspruchs der Kündigung bestehen muss (so LG Köln WM 1992, 123; LG Duisburg WuM 2006, 257 mit Hinweis darauf, dass im Hinblick auf das Begründungserfordernis ein zwischen Abgabe und Zugang der Kündigung entstandener Zahlungsrückstand nicht zur Begründung der Kündigung herangeführt werden kann; ebenso *Sternel* WuM 2009, 699, 702 wobei er aber ausführt, dass der Rückstand im Zeitpunkt des Zugangs der Kündigung noch bestehen muss) oder ob der Zeitpunkt des Zugangs entscheidend ist (so BGH WuM 2006, 193, 194; LG Köln, WM 1991, 26; AG *Halle* WuM 2009, 6513; Bub/Treier/*Grapentin* IV Rdn. 174; *Kossmann* § 73 Rdn. 9; Schmidt-Futterer/*Blank* § 543 Rdn. 121; Palandt/ *Weidenkaff* § 569 Rdn. 23). Erheblich wird der Streit, wenn der Mieter zwischen Ausspruch und Zugang der Kündigung vollständig gezahlt hat. Da es sich bei der Kündigung um eine einseitige empfangsbedürftige Willenserklärung handelt, verdient die zweite Meinung den Vorzug, denn erst mit Zugang wird die Kündigung wirksam, § 130 Abs. 1 BGB (so auch BGH a. a. O.).

Eine Reduzierung des Mietrückstandes in der Folgezeit unter die Grenze von zwei Monatsmieten führt nicht zum Wegfall des Kündigungsrechts (BGH BB 1987, 2123). Nach einer Entscheidung des LG Köln (ZMR 2002, 428) gilt dies selbst dann, wenn die Tatbestandsvoraussetzungen des § 543 Abs. 2 Ziff. 3 BGB zum Zeitpunkt der Ausspruch nicht mehr vorliegen, aber zuvor einmal entstanden sind. Die bloße Ankündigung der Nichtzahlung reicht nicht, um einen Zahlungsrückstand zu begründen (a. A. OLG Düsseldorf MDR 1991, 965 für das gewerbliche Mietrecht).

**9.** Maßgebend für die Frage, ob ein Zahlungsrückstand gegeben ist, sind die vertraglich vereinbarten **Fälligkeitstermine**. Sind vertraglich längere als monatliche Zahlungstermine vorgesehen, ist die Vorschrift ebenfalls anwendbar (BGH NZM 2009, 30; Emmerich/Sonnenschein/*Emmerich* § 543 Rdn. 32; Schmidt-Futterer/*Blank* § 569 Rdn. 34, *Blank*/Börstinghaus Miete § 569 Rdn. 42; a. A.: Bub/Treier/*Grapentin* IV Rdn. 179). Bei kürzeren Zahlungsterminen ist die Regelung entsprechend anwendbar; jedoch ist zumindest der Rückstand mit einer Monatsmiete + 1 Cent erforderlich (Schmidt-Futterer/*Blank* § 569 Rdn. 34, str.).

Probleme können bei **Verträgen** auftreten, die **vor dem** Inkrafttreten des Mietrechtsreformgesetzes am **1. 9. 2001 abgeschlossen wurden** und die sowohl eine Vorfälligkeitsklausel als auch einen Aufrechnungsausschluss enthalten. Gemäß Art. 2 § 3 Abs. 1 Nr. 7

des Gesetzes gilt für die Fälligkeit § 551 BGB a. F. fort. Danach ist der Mietzins erst am Ende der Mietzeit zu entrichten. In den meistens Verträgen war jedoch vereinbart, dass die Miete monatlich im Voraus bis spätestens zum dritten Werktag eines Monats zu zahlen war (Vorfälligkeitsklausel). Diese für sich gesehen wirksame Klausel wird nach der Rechtsprechung des BGH (RE vom 26. 10. 1994, NJW 1995, 254) unwirksam, wenn im Mietvertrag zugleich ein wirksamer oder unwirksamer Aufrechnungsausschluss mit der Folge vereinbart wurde, dass der Mieter mit einem Bereicherungsanspruch wegen überzahlter Miete nicht gegen den Mietzins des Folgemonats aufrechnen kann (im Einzelnen dazu *Blank* WM 1995, 567, 568 f.). Bei Altverträgen führt eine derartig unwirksame Klausel dazu, dass weiterhin die Fälligkeitsbestimmung des § 551 BGB gilt, d. h. die Miete wird erst mit Ablauf des Mietmonats fällig (vgl. BGH NZM 2009, 315; *Sternel* WuM 2009, 699).

Nach der Neufassung des Gesetzes ist die Miete zu Beginn, spätestens bis zum dritten Werktag des einzelnen Zeitabschnitts zu zahlen (§ 556 b Abs. 1 BGB), so dass für nach dem 1. 9. 2001 abgeschlossene Mietverträge die oben erörterte Problematik nicht von Bedeutung ist. Bei der Berechnung der Zahlungsfrist ist zu berücksichtigen, dass der Samstag nicht als Werktag anzusehen ist (BGH BeckRS 2010, 17790 und BeckRS 2010, 18.044, dies gilt sowohl für Verträge vor als auch nach dem Inkrafttreten des § 556 b Abs. 1 BGB im Jahr 2006).

**10.** Gemäß § 543 Abs. 2 Nr. 3 b BGB genügt für eine fristlose Kündigung auch ein Zahlungsrückstand in Höhe von zwei Monatsmieten, der **über einen längeren Zeitraum als zwei Termine hinweg** entstanden ist. Die Dauer dieses Zeitraums ist nicht begrenzt. Die Fälligkeitstermine, an denen der Mieter in Verzug kommt, müssen nicht aufeinander folgen. Es ist auch unerheblich, ob der Zahlungsrückstand in aufeinander folgenden Fälligkeitsterminen (zur Fälligkeit s. Anm. 9) auftritt oder sich aus rückwirkend vereinbarten Mieterhöhungen ergibt. Hier ist nur § 569 Abs. 3 Nr. 3 BGB zu beachten (dazu unten Anm. 13).

**11.** Die fristlose Kündigung ist nur gerechtfertigt, wenn der Mieter im **Verzug** ist. Gegenüber den sonstigen Möglichkeiten zur fristlosen Kündigung besteht hier die Besonderheit, dass ein **Verschulden des Mieters** erforderlich ist. Das Verschulden wird vermutet. Grundsätzlich hat der Mieter für seine Zahlungsfähigkeit einzustehen. Akute Engpässe entlasten ihn nicht. Auch Rechtsirrtümer lassen ein Verschulden in der Regel nicht entfallen, z. B. bei anwaltlicher Beratung (BGHZ 89, 296, 303). Zahlt der Mieter jedoch eine zu geringe Miete, weil er über die Höhe einer Minderungsquote irrt, kann das Verschulden entfallen (LG Kassel ZMR 1996, 90; Schmidt-Futterer/*Blank* § 543 Rdn. 101, *Blank* WM 1995, 567, 572; *Fischer* ZMR 1994, 309 ff.). Hier kommt es auf den Einzelfall an. Grundsätzlich trägt der Mieter das Risiko. Bei schwieriger Rechtslage ist ein Irrtum eher entschuldbar, allerdings muss der Mieter alle ihm zumutbaren Anstrengungen unternehmen. Er muss insbesondere die Rechtslage durch Einholen rechtskundigen Rats prüfen und darf bei Anwendung der erforderlichen Sorgfalt nicht mit einem Unterliegen in einem Rechtsstreit rechnen müssen (LG Kassel ZMR 1996, 90, 91). Er muss insbesondere bei Einholen des Rechtsrats den Sachverhalt umfassend und zutreffend schildern (LG Berlin GE 2005, 1353). Für ein Verschulden seiner Erfüllungsgehilfen muss der Mieter einstehen. Daher muss er sich auch eine falsche rechtliche Beratung zurechnen lassen (str. LG Köln ZMR 1998, 763, 765 f.; BGH NZM 2007, 35; *Fischer* ZMR 1994, 309, 311). Auf die Richtigkeit erstinstanzlicher Entscheidungen in einem anhängigen Verfahren darf er vertrauen (LG Wiesbaden WM 1989, 512). Weist das erstinstanzliche Gericht sein Minderungsbegehren zurück, läuft der Mieter allerdings Gefahr, dass eine erneute fristlose Kündigung durchgreifen kann, wenn er in der zweiten Instanz weiterhin mindert (AG Hamburg-Altona ZMR 2008, 297). Bei widersprüchlichen Betriebskostenabrechnungen kann ein Verschulden ebenfalls entfallen.

Ein Verschulden liegt in der Regel nicht vor, wenn der Mieter nach dem Tod des Vermieters keine Gewissheit erlangen kann, wer nunmehr Gläubiger der Mietforderungen ist (BGH WuM 2005, 769).

Der Vermieter muss sich nicht auf eine Einzugsermächtigung verweisen lassen, wenn bereits mehrfach Lastschriftversuche fehlgeschlagen sind (AG Hamburg Urt. v. 19. 5. 2006 – 49 C 37/06 – n. v.). Er verstößt aber gegen Treu und Glauben, wenn er in Kenntnis der Übernahme der Miete durch das Sozialamt Mietrückstände ohne Rücksprache auflaufen lässt (LG Saarbrücken ZMR 2006, 46, 47).

Steht dem Mieter ein **Zurückbehaltungsrecht** zu, schadet ihm ein Irrtum über den Umfang des Minderungsrechts nicht. Die Höhe des Zurückbehaltungsrechts ist dabei von den Umständen des Einzelfalls abhängig, es kann jedenfalls dann nicht mehr ausgeübt werden, wenn der einbehaltene Betrag das Dreifache der Mangelbeseitigungskosten übersteigt (vgl. dazu ausführlich und m. w. N. Bub/Treier/*Grapentin* IV, 176; *Fischer* ZMR 1994, 309, 312: das Doppelte der angemessenen Minderung). Ein Mietrückstand entsteht allerdings nur, wenn der Mieter zur Zahlung verpflichtet ist. Hat er Zurückbehaltungsrechte oder schuldet er bestimmte Beträge nicht, kann nicht gekündigt werden. Ergibt sich das Zurückbehaltungsrecht aus § 320 BGB, genügt es, dass das Recht besteht, der Mieter muss sich nicht darauf berufen. Zurückbehaltungsrechte, die nicht im Gegenseitigkeitsverhältnis stehen, müssen demgegenüber ausgeübt werden (z. B. Zurückbehaltungsrecht betreffend die Nebenkosten wegen nicht fristgemäßer Abrechnung – BGH WM 1984, 127 – oder wegen fehlender Auskunft über die Zusammensetzung der Miete bei preisgebundenem Wohnraum AG Gelsenkirchen ZMR 1987, 183 –), ansonsten wird ein Verzug nicht ausgeschlossen. Ein Zurückbehaltungsrecht gemäß § 320 BGB steht dem Mieter insbesondere aus dem Gesichtspunkt der Einrede des nichterfüllten Vertrags zu, wenn die Mietsache mangelhaft ist und er einen Anspruch auf Herstellung des vertragsgemäßen Zustandes hat. Jedoch kann dieses Recht nach Treu und Glauben entfallen, wenn die Gegenleistung wegen einer Insolvenz des Mieters nicht erbracht werden kann (LG Essen WuM 2008, 688).

Das Kündigungsrecht kann ferner ausgeschlossen sein durch **§ 112 Nr. 1 InsO.** Danach kann ein Mietverhältnis, das der Insolvenzschuldner als Mieter eingegangen ist, vom Vermieter nach dem Antrag auf Eröffnung des Insolvenzverfahrens wegen Verzuges mit der Errichtung des Mietzinses, der in der Zeit vor dem Eröffnungsantrag eingetreten ist, nicht mehr gekündigt werden. Es sind nur noch die nach dem Eröffnungsantrag auftretenden Mietrückstände zu berücksichtigen. Auch nach Abschluss des Insolvenzverfahrens kann, wenn ein Restschuldbefreiungsverfahren eingeleitet wird, die Kündigung nicht auf den alten Zahlungsverzug vor dem Eröffnungsantrag gestützt werden (vgl. dazu auch LG Neubrandenburg WM 2001, 551 ff.).

Ruft der Insolvenzverwalter die per Lastschrift eingezogenen Mieten zurück, ist jedenfalls dann, wenn der Mieter für eine ausreichende Deckung des Kontos gesorgt hatte, ein Verschulden des Mieters nicht zu bejahen. Der Mieter ist auch nicht verpflichtet, diese nunmehr selbst nachzuzahlen, denn die darin liegende bevorzugte Befriedigung des Vermieters verstieße gegen das insolvenzrechtliche Gebot der Gläubigergleichbehandlung (vgl. LG Hamburg BeckRS 2010, 13316, m. w. N.). Der Insolvenzverwalter ist weder gesetzlicher Vertreter noch Erfüllungsgehilfe des Schuldners im Sinne von § 278 BGB, denn er handelt in im eigenen Namen und aus eigenem Recht, wenngleich mit Wirkung für die Masse (BGH in std. Rspr., zuletzt ZInsO 2006, 260).

Da in der Regel für die Zahlung der Miete ein bestimmter **Kalendertag vereinbart** ist, tritt der **Verzug ohne Mahnung** ein. Schonfristen oder Karenzzeiten gibt es nicht. Etwas anderes kann nur gelten, wenn der Vermieter die Zahlungsunfähigkeit arglistig herbeiführt. Arglist liegt jedoch nicht vor, wenn der Vermieter bei einem Antrag des Mieters auf Wohngeld nicht mitwirkt, denn dem Vermieter obliegt keine Mitwirkungspflicht (LG Köln WuM 1995, 491 und WuM 1997, 491). Der Vermieter muss sich vor Beendigung des Mietverhältnisses nicht auf eine Kaution oder eine Mietausfallbürgschaft verweisen lassen, der Verzugseintritt wird dadurch nicht gehindert. Eine **Zahlung unter dem Vorbehalt der Rückforderung** nach Bereicherungsgrundsätzen gemäß § 812 BGB ist als Zahlung anzusehen (*Sternel* IV Rdn. 421). Wird jedoch nur unter der Bedingung gezahlt, dass die Forderung besteht (sog. qualifizierter Vorbehalt), tritt keine Erfüllungswirkung ein, da der Vermieter nach der Vorstellung des Mieters weiterhin den Beweis für das Bestehen der Schuld erbringen soll (*Blank* WM 1995, 567, 570). Unerheblich ist, wenn der Vermieter eine unpünktliche Zahlungsweise über einen längeren Zeitraum **geduldet** hat. Jedoch kann der Anspruch auf rückständigen Mietzins verwirkt werden, wenn der Vermieter eine Minderung mehr als sechs Monate ohne Widerspruch oder Mahnung hinnimmt (AG/LG Gießen ZMR 2001, 801 m. w. N.; Lützenkirchen WuM 2006, 63, 83).

Der Vermieter muss die Voraussetzungen des Verzugs **darlegen und beweisen,** während der Mieter beweisen muss, dass sein Verzug unverschuldet war oder dass die Kündigungsvoraussetzungen weggefallen sind (im Einzelnen dazu *Grams* ZMR 1994, 5, 6 f.).

**12.** Der Mieter hat auch für die **Rechtzeitigkeit** der Zahlung einzustehen, eine verspätete Zahlung entlastet ihn daher nicht. Die rechtzeitige **Vornahme der Leistung** reicht aus, denn bei der Miete handelt es sich nach den Auslegungsregeln der §§ 269, 270 BGB um eine **Schickschuld.** Bei Überweisungen ist damit entscheidend der Zeitpunkt der Einzahlung, nicht der Zeitpunkt der Gutschrift auf dem Konto des Vermieters (OLG Naumburg WM 1999, 160; Emmerich/Sonnenschein/*Emmerich* § 543 Rdn. 34). Der Mieter muss die Überweisung aber korrekt ausführen; er muss auf das vom Vermieter angegebene Konto zahlen und dem Vermieter die Zuordnung der Zahlung durch Angabe der Zweckbestimmung ermöglichen, was insbesondere bei größeren Vermietungsgesellschaften von Bedeutung ist. Andernfalls liegt keine rechtzeitige Zahlung vor. Gibt der Mieter einen Scheck und wird dieser nicht eingelöst, gerät er zu dem Zeitpunkt in Verzug, zu dem er von der Nichteinlösung Kenntnis erhält (LG Berlin WM 1988, 51). Verzögerungen, die Banken verursachen, gehen zu Lasten des Vermieters (AG Hamburg-Barmbek WuM 2005, 769). Haben die Mietvertragsparteien wirksam eine Klausel vereinbart, wonach für die Rechtzeitigkeit der Zahlung auf den Eingang der Miete auf dem Konto des Vermieters abzustellen ist (sog. Rechtzeitigkeitsklausel), so ist streitig, ob diese Klausel auch für die nachträgliche Zahlung gilt oder ob insoweit § 569 Abs. 5 BGB entgegensteht (dazu mit Nachweisen *Blank* WuM 1995, 567, 570). Tritt der Zahlungserfolg auf Grund der Klausel erst während der Schonfrist gemäß § 569 Abs. 2 Nr. 2 BGB ein, wäre der Mieter benachteiligt, da er bei einer erneuten verspäteten Zahlung innerhalb von zwei Jahren mit der Befreiungsmöglichkeit ausgeschlossen wäre. Dies verstößt gegen das in § 569 Abs. 5 BGB aufgestellte Verbot einer von § 569 Abs. 2 BGB abweichenden Vereinbarung, was dafür spricht, dass insoweit die Klausel keine Anwendung findet (*Sternel* WuM 2009, 699, 704; Schmidt-Futterer/*Blank* § 569 Rdn. 37). Die Gefahr des Verlustes, z. B. indem auf Grund eines Verschuldens der Bank die Überweisung verloren geht, trägt der Mieter.

Für das **Verschulden seiner Erfüllungsgehilfen** hat der Mieter einzustehen. Zahlt das Sozialamt/Jobcenter die Miete, hat der BGH – entgegen der überwiegenden Ansicht der Instanzgerichte und der Literatur (vgl. LG München NJW-RR 2004, 83; LG Berlin NJW-RR 2002, 10; Bub/Treier/*Grapentin* IV 177, *Lützenkirchen* Neue Mietrechtspraxis, Rdn. 871) – in seiner Entscheidung vom 21. 10. 2009 – VII ZR 64/09 – (NJW 2009, 3781) ausgeführt, dass ein Jobcenter nicht als Erfüllungsgehilfe des Mieters anzusehen sei. Das Jobcenter erbringe im Rahmen der Daseinsvorsorge staatliche Transferleistungen an einen Bürger und werde damit hoheitlich tätig. Der Bürger wende sich an die Behörde um die Mittel für den eigenen Lebensunterhalt zu erhalten. Er schalte das Jobcenter damit nicht als Hilfsperson zur Erfüllung seiner eigenen Verpflichtung ein (so im Ergebnis auch LG Mainz WuM 2003, 629; LG Mönchengladbach WM 1989, 630; jurisPK-BGB/*Münch* 2008 § 543 Rdn. 96; *Sternel* WuM 2009, 699, 700). Es ist jedoch bei der Entscheidung über die Berechtigung der Kündigung genau darauf zu achten, in welchem Zeitraum und in welchem Umfang der Mieter Leistungen einer staatlichen Behörde erhält. Zutreffend hat das AG Bernau (WuM 2010, 31) dazu ausgeführt, dass für den Fall, dass der Mieter Leistungen für die Unterkunft nach dem SGB 2 erst nach dem Zeitpunkt der Fälligkeit der Mietzinszahlung erhält, er jedenfalls mit dem nicht durch die Unterkunftsleistung gedeckten Teil des Mietzinses schuldhaft in Verzug gerät. Gleiches gilt auch für den Fall, dass er nur hinsichtlich eines Teils der Miete stattliche Unterstützung erhält.

Die Parteien können bezüglich des **Erfüllungsortes** von den Auslegungsregeln nach §§ 269, 270 BGB abweichende Vereinbarungen treffen. Die Rechtzeitigkeit der Zahlung richtet sich dann, außer im Falle der Rechtzeitigkeitsklausel (s. o.) nach den Regeln im Mietvertrag. So können die Parteien eine Barzahlung vereinbaren mit der Folge, dass der Mieter dem Vermieter den Mietzins überbringen muss. Bei einer Lastschriftabrede hat der Mieter alles Erforderliche getan, wenn sein Konto zum Zeitpunkt der Abbuchung gedeckt ist.

**13.** Das Kündigungsrecht ist ausgeschlossen, wenn der Mietrückstand darauf beruht, dass der Vermieter den Mieter erfolgreich wegen einer **Mieterhöhung** nach §§ 558 bis 560 BGB in Anspruch genommen hat. Der Vermieter darf wegen des hierdurch bedingten Rückstandes nicht vor Ablauf von zwei Monaten nach rechtskräftiger Verurteilung kündigen, § 569 Abs. 3 Nr. 3 BGB. Etwas anderes gilt nur, soweit wegen der bisher geschuldeten Miete bereits ein Kündigungsgrund besteht. Die Vorschrift ist wegen des eindeutigen Wortlauts nicht auf vereinbarte Mieterhöhungen oder solche aus anderen Rechtsgründen anwendbar (Bub/Treier/*Grapentin* IV Rdn. 185; für Prozessvergleich OLG München NZM 2003, 554). Zu beachten ist dabei, dass nach § 558 BGB der Vermieter keinen Zahlungsanspruch hat, sondern nur einen Anspruch auf Zustimmung zur Erhöhung der Miete. In Übereinstimmung mit der bisherigen Rechtsprechung dürfte davon auszugehen sein, dass das Kündigungsrecht unmittelbar ausgeübt werden kann und nicht zunächst noch eine Verurteilung zur Zahlung erstritten werden muss (s. auch *Blank/Börstinghaus* Miete § 569, Rdn. 78 m. w. N.).

**14.** Der Vermieter kann **sofort kündigen.** Eine Abmahnung oder Fristsetzung ist gemäß § 543 Abs. 3 Nr. 3 BGB grundsätzlich nicht erforderlich (so jetzt ausdrücklich BGH NZM 2009, 314). Allenfalls in dem Fall, dass die Nichtzahlung auf einem Versehen beruht, oder bei langjährigen Mietverhältnissen, in denen der Vermieter annehmen muss, dass es sich bei der Nichtzahlung um ein Versehen handelt oder der Vermieter über einen längeren Zeitraum unpünktliche Zahlungen hingenommen hat, soll eine Abmahnung erforderlich sein (OLG Hamm BeckRS 2009, 12026 und WM 1998, 485). Dann muss in der Abmahnung deutlich zum Ausdruck gebracht werden, dass der Vermieter nicht gewillt ist, ein derartiges Verhalten in Zukunft zu tolerieren. Erforderlich ist eine Mahnung ferner, wenn der Mieter die Person des Vermieters nicht kennt (z. B. Erben BGH MDR 1973, 404). Es handelt sich dabei um seltene Ausnahmefälle. Es ist auch nicht erforderlich, dass der Vermieter zunächst die Zahlungsrückstände geltend macht. Eine Klausel, dass der Mieter vor der Kündigung zur Zahlung aufgefordert werden muss, ist aber wirksam (Schmidt-Futterer/*Blank* § 543 Rdn. 122).

Die Ausübung der Kündigung ist an **keine Frist** gebunden. Sie sollte aber in angemessener Frist erfolgen, da andernfalls das Kündigungsrecht auch verwirkt werden kann, insbesondere dann, wenn der Vermieter den Zahlungsverzug über einen längeren Zeitraum geduldet hat. Jedoch ist immer auch zu bedenken, dass der Vermieter auch eine gewisse Zeit abwarten darf, ob die Zahlungsschwierigkeiten des Mieters von Dauer sind. § 314 Abs. 3 BGB, wonach eine Kündigung in „angemessener Frist" erfolgen muss, ist daher in diesem Rahmen zurückhaltend anzuwenden (vgl. Schmidt-Futterer/*Blank* § 543

Rdn. 123 vgl. dazu auch BGH NZM 2009, 314, der das bloße Zuwarten und den damit verbundenen Anstieg des Mietrückstandes nicht als Verstoß gegen § 314 Abs. 3 BGB gewertet hat). Nach Zugang ist die fristlose Kündigung unwiderruflich (AG Geldern ZMR 2004, 350).

Der Kündigungsgrund muss bei Zugang der Kündigung vorliegen (h.M. BGH WuM 2006, 193, 194; Paland/*Weidenkaff* § 543 Rdn. 53; str., a.A. LG Köln WuM 2001, 195; s.auch Anm. 8).

**15.** Der Vermieter kann dem Mieter auch bei einer fristlosen Kündigung eine **Räumungsfrist** setzen.

**16.** § 546a BGB, s. Form. E. II. 2.

**17.** Diese Erklärung kann bereits in dem Schreiben, das die fristlose Kündigung enthält abgegeben werden (h.M., Palandt/*Weidenkaff* § 545 Rdn. 8 m.w.N.). Da in der Regel zwischen fristloser Kündigung und Beendigung des Mietverhältnisses ein enger zeitlicher Zusammenhang besteht, muss der Widerspruch auch nicht wiederholt werden. Ergibt sich aber ein längerer Zeitraum zwischen Widerspruch und Vertragsbeendigung ist der zeitliche Zusammenhang nicht mehr gewahrt mit der Folge, dass der Widerspruch wiederholt werden muss (dazu Schmidt-Futterer/*Blank* § 545, Rdn. 26 m.w.N.).

**18. Kosten und Gebühren:** Wie Form. D. VI. 1 Anm. 18. Zu bedenken ist aber, dass die Rechtsprechung Rechtsanwaltskosten teilweise nicht als erstattungsfähig ansieht, wenn ein erfahrener Vermieter bei Zahlungsverzug nicht selbst kündigt, sondern einen Rechtsanwalt beauftragt (LG Gießen NZM 2010, 361 mit zustimmender Anmerkung *Ulf P. Börstinghaus* jurisPR-MietR14/2010 Anm. 3; AG Neukölln GE 2004, 1397; s. auch BGH, Urteil vom 6. 10. 2010 – VIII ZR 271/09 – FD-MietR 2010, 309225).

## 5. Aufrechnungserklärung des Mieters gemäß § 543 Abs. 2 Satz 3; § 569 Abs. 2 Nr. 3 Satz 1 1. Alt. BGB

......

(Mieter)[1]

an

......

(Vermieter)[2]

Sehr geehrte(r) ......,[2]

ich nehme Bezug auf die mir von Ihnen mit Schreiben vom ...... erklärte fristlose Kündigung wegen Zahlungsverzugs betreffend den Mietvertrag vom ...... über die Wohnung ......, mir zugegangen am ......, und erkläre hiermit gegenüber Ihren Zahlungsansprüchen in Höhe von 2.000.– EUR die Aufrechnung.[3]

Die Aufrechnung begründe ich wie folgt:[4]

• Aus der Nebenkostenabrechnung vom letzten Jahr stehen mir laut der von Ihnen gefertigten Abrechnung noch 500,– EUR zu.

• Wegen der von ihnen zu übernehmenden Reparatur des defekten Fensters in der Küche mache ich 400,– EUR geltend. Diesen Betrag habe ich für die von mir in Absprache mit Ihnen veranlasste Reparatur aufgewandt. Die Rechnung lege ich bei.

• In Höhe des Restbetrages von 1.100,– EUR rechne ich auf mit den Kosten für die Renovierung nach dem Wasserschaden aus der über mir liegenden Wohnung. Auf die Ihnen bereits vorliegende Rechnung nehme ich Bezug.

Damit ist der Zahlungsrückstand hinfällig[5] und die von Ihnen ausgesprochene Kündigung gemäß § 543 Abs. 2 Satz 3, § 569 Abs. 2 Satz 3 1. Alt. BGB unwirksam.[6] Meines Erachtens ist es insoweit unschädlich, dass Sie vor einem Jahr bereits einmal wegen Zahlungsrückstandes gekündigt hatten, denn damals haben wir unverzüglich nach Erhalt der Kündigung mit einer von Ihnen auch akzeptierten Rechnung über den von uns geleisteten Ausbau des Daches aufgerechnet.[8]

Ich bitte um eine Bestätigung, dass die von Ihnen ausgesprochene Kündigung damit hinfällig ist.

......

(Mieter)

*Schrifttum: Blank,* Zur Rechtzeitigkeit der Mietzahlung, WM 1995, 567 ff.; *Derleder,* Die Inhaltskontrolle von Mietzahlungs- und Aufrechnungsklauseln, WuM 2007, 599; *Hannemann,* Vorauszahlungs- und Aufrechnungsklauseln in Wohnraummietverträgen, WM 1995, 8 ff.; *Oske,* Die Aufrechnungserklärung im Räumungsprozeß, WM 1984, 178 ff.; *Scholz,* Nachzahlung von Mietrückständen innerhalb der Schonfrist des § 554 Abs. 2 Nr. 2 BGB, WM 1987, 135 ff.; *O'Sullivan,* Die verlängerte mietrechtliche Schonfrist und ihre prozessualen Folgen, ZMR 2002, 250 ff.; *Sternel,* Zahlungsverzug im Mietrecht WuM 2009, 699.

## Anmerkungen

**1.** **Sachverhalt:** Der Vermieter hatte vorliegend wegen Zahlungsrückstand mit zwei aufeinander folgenden Monatsmieten für die Monate Oktober und November gekündigt und den Mieter zur Räumung aufgefordert. Das Mietverhältnis verlief zuvor weitgehend störungsfrei, allerdings hatte der Vermieter bereits ein Jahr zuvor wegen Zahlungsrückständen gekündigt. Damals hatten die Mieter in Höhe der Rückstände unmittelbar nach Erhalt des Kündigungsschreibens mit einer Reparaturrechnung aufgerechnet und der Vermieter hatte dann die Kündigung nicht weiter verfolgt.

**2.** Bei der Aufrechnungserklärung handelt es sich um eine einseitige empfangsbedürftige Willenserklärung. Sie muss gegenüber allen Vermietern erklärt werden. Insoweit gelten die Ausführungen unter D. VI. 1 Anm. 2 entsprechend.

**3.** Gemäß § 569 Abs. 3 Nr. 2 S. 1 1. Alt. BGB muss der Mieter die Aufrechnung **innerhalb von zwei Monaten nach Rechtshängigkeit des Räumungsanspruchs** erklären. Die Aufrechnung muss ausdrücklich erklärt werden, ihr Bestehen allein reicht nicht (BGH NJW-RR 1987, 903, 904). Die zur Aufrechnung gestellten Forderungen müssen so bestimmt bezeichnet sein, dass der Vermieter sie nachprüfen kann (Bub/Treier/*Grapentin* IV 181).

Für Aufrechnungen, die vor Zugang oder unverzüglich nach Zugang der fristlosen Kündigung erklärt werden, gelten § 543 Abs. 2 Nr. 3 S. 2 BGB. Danach ist die fristlose Kündigung wegen Zahlungsverzugs ausgeschlossen; auf die Schonfristregelung kommt es nicht mehr an. Voraussetzung ist aber auch hier eine vollständige Zahlung des Rückstandes; Teilzahlungen reichen nicht. Unverzüglich im Sinne dieser Vorschrift heißt spätestens innerhalb von 2 Wochen (LG Köln ZMR 1998, 763).

Die **Schonfrist** beginnt mit Zugang der Kündigung und endet zwei Monate nach Eintritt der Rechtshängigkeit der Räumungsklage, also der Zustellung der Klage an den Mieter (KG WM 1984, 93). Ist die Klage etwa am 3. eines Monats rechtshängig geworden, endet die Frist damit am 3. des übernächsten Monats. Bei einer Mehrheit von Mietern ist entscheidender Zeitpunkt die Zustellung der Klage an den letzten. Durch das Mietrechtsreformgesetz ist die Schonfrist von einem auf zwei Monate verlängert worden.

Eine Wiedereinsetzung wegen Versäumung der Frist kommt nicht in Betracht (LG München I WM 1983, 141). Allenfalls kann bei unverschuldeter kurzfristiger Fristversäumung eine Durchsetzung des Räumungsanspruchs treuwidrig sein, z.B. im Fall eines Krankenhausaufenthaltes.

Die Wirkungen des § 569 Abs. 2 Nr. Satz 1 BGB treten auch dann ein, wenn der Mieter bereits vor Rechtshängigkeit des Räumungsanspruchs den Vermieter befriedigt hat und es nicht zu einem Prozess gekommen ist (h.m. LG Detmold WuM 2006, 527; LG Hamburg ZMR 2005, 52).

Wird der Rückstand durch **Zahlung des Mieters** beglichen, gelten die vorgenannten Überlegungen entsprechend. Hier kommt es auf die rechtzeitige Leistungshandlung an (LG Heidelberg WM 1995, 485; Bub/Treier/*Grapentin* IV Rdn. 184 m.w.N.), dies gilt auch bei Zahlung durch Dritte. Voraussetzung ist aber, dass der Dritte als Erfüllungsgehilfe des Mieters anzusehen ist, was nach der Rechtsprechung des BGH (NJW 2009, 3781) nicht für das Sozialamt/Jobcenter gilt (vgl. dazu auch oben D. VI. 4. 12.). Eine Vereinbarung, dass die Erfüllung erst mit Gutschrift auf dem Konto des Vermieters eintritt (Rechtzeitigkeitsklausel), ist innerhalb der Schonfrist nicht anzuwenden, soweit es um die Beseitigung der Kündigungswirkungen geht (*Sternel* Mietrecht, IV 419; Schmidt-Futterer/*Blank* § 569 Rdn. 37). Eine Zahlung unter dem Vorbehalt der Rückforderung nach Bereicherungsgrundsätzen gemäß § 812 BGB ist als Zahlung anzusehen (*Sternel*, Mietrecht, IV Rdn. 421). Wird jedoch nur unter der Bedingung gezahlt, dass die Forderung besteht (sog. qualifizierter Vorbehalt), tritt keine Erfüllungswirkung ein, da der Vermieter nach der Vorstellung des Mieters weiterhin den Beweis für das Bestehen der Schuld erbringen soll (*Blank* WM 1995, 567, 570).

**4.** Aufrechnen kann der Mieter mit allen Forderungen, soweit sie nicht im Zusammenhang mit der Beendigung des Mietverhältnisses stehen, wie z.B. die Rückzahlung der Kaution (*Sternel* WuM 2009, 699, 702; *Oske* WM 1984, 178, 179). Ein Zusammenhang mit dem Mietverhältnis muss nicht bestehen; ebenso ist der Rechtsgrund unerheblich. Eine Aufrechnung ist möglich mit allen Ansprüchen, die bis zum Ende der Schonfrist entstanden sind, nicht nur mit Ansprüchen, die bis zum Zugang der Kündigung entstanden sind (Bub/Treier/*Grapentin* IV Rdn. 184). Der Mieter muss die Gegenforderung so bestimmt bezeichnen, dass der Vermieter sie prüfen kann (OLG Celle OLGR Celle 2007, 349).

Wirksame **Aufrechnungsausschlüsse** können diese Möglichkeit des Mieters, die Kündigungswirkungen entfallen zu lassen, ausschließen. Grundsätzlich ist der Ausschluss der Aufrechnung zulässig. Jedoch müssen die Verbote gemäß § 309 Nr. 2 BGB (früher § 11 Nr. 2 AGBG, Verbot der Einschränkung oder des Ausschlusses von Leistungsverweigerungs- oder Zurückbehaltungsrechten), § 309 Nr. 3 BGB (früher § 11 Nr. 3 AGBG, Verbot des Aufrechnungsausschlusses mit unbestrittenen oder rechtskräftig festgestellten Forderungen) und § 307 Abs. 2 BGB (früher § 9 Abs. 2 AGBG, Verbot der unangemessenen Benachteiligung) beachtet werden (hierzu *Derleder* WuM 2007, 599). Außerdem ist ein Aufrechnungsausschluss gemäß § 556b Abs. 2 BGB unwirksam für Schadens- und Aufwendungsersatzansprüche des Mieters wegen eines Mangels (§ 536a BGB) sowie Ersatzansprüche sonstiger Art, Wegnahmerechte gemäß § 539 BGB und für Ansprüche aus ungerechtfertigter Bereicherung wegen zu viel gezahlter Miete (§ 536 BGB), wenn der Mieter seine Absicht dem Vermieter mindestens einen Monat vor Fälligkeit der Miete schriftlich angezeigt hat. Eine zum Nachteil des Mieters abweichende Vereinbarung ist unwirksam (vgl. auch *Oske* WM 1984, 178, 179 zu § 552a BGB a.F.).

**5.** Durch die Aufrechnung muss der Rückstand **vollständig getilgt** werden (LG Aachen WM 1989, 294). Dazu gehören auch nicht mit der Kündigung geltend gemachte Rückstände (LG München I WM 1987, 153) der Miete (Zum Mietbegriff im Sinne des § 543 Abs. 2 Nr. 3, 569 Abs. BGB s. Form. D. VI. 4 Anm. 7) sowie die gemäß § 557 BGB bis zur Aufrechnung fällig gewordenen Nutzungsentschädigungsanprüche, nicht aber darüber hinausgehende Schadensersatzansprüche oder Verzugszinsen (LG Berlin ZMR 1989, 94). Auch verwirkte und verjährte Forderungen zählen nicht dazu, hier trägt aber der Mieter das Risiko; ein Rechtsirrtum geht zu seinen Lasten (*Scholz* WM 1987, 135, 136). Im Einzelfall kann es gegen Treu und Glauben verstoßen, auf der Kündigung zu beharren, wenn nur noch ein geringfügiger Rest offen ist (*Scholz* a.a.O., Schmidt/Futterer/*Blank* § 569 Rn. 38; streitig, a.A. AG Berlin-Tempelhof, Grundeigentum 2007, 1323 bei einem Restbetrag von 0,25 EUR) oder der Vermieter Teilleistungen entgegen genommen hat und der Mieter aufgrund der Gesamtumstände annehmen durfte, dass der Vermieter nicht mehr kündigen wird. Grundsätzlich muss sich der Vermieter aber auf Teilzahlungen nicht einlassen. Der Vermieter kann aber verpflichtet sein, den Mieter auf noch offene Teilrückstände hinzuweisen, wenn der Mieter erkennbar der Ansicht ist, alles gezahlt zu haben (AG Trier WuM 2004, 30).

Der Vermieter darf bei der Zahlungsbestimmung „Miete" die Zahlungen daher auch nicht anderweitig verwenden, z.B. auf Verzugszinsen (Schmidt-Futterer/*Blank* § 569 Rdn. 38) oder im Insolvenzverfahren auf Rückstände aus der Zeit vor dem Eröffnungsantrag (LG Neubrandenburg WM 2001, 551, 552). Es empfiehlt sich daher auf Seiten des Mieters bei der Zahlung genau anzugeben, auf welche Forderungen die Leistung erfolgen soll, um Streitigkeiten zu vermeiden.

Der Mieter muss darlegen und beweisen, dass er rechtzeitig den Rückstand getilgt hat, der Vermieter gegebenenfalls die nicht vollständige Erfüllung.

**6.** Erlischt der Zahlungsrückstand durch Aufrechnung oder sonstige Befriedigung, wird die **Kündigung unwirksam;** das Mietverhältnis lebt wieder auf. Unerheblich ist, ob der Vermieter schon vor Ablauf der Schonfrist einen Räumungstitel erwirkt hat. Die Klage wird dann unbegründet, es tritt Erledigung ein mit der Kostentragungspflicht des Mieters. Streitig ist, ob der Ablauf der Schonfrist abgewartet werden muss, ehe ein Versäumnisurteil ergeht. Ist dem Mieter nach § 276 ZPO Gelegenheit zur Stellungnahme gegeben worden und ist die Frist abgelaufen, ist Versäumnisurteil zu erlassen (h.M. LG Köln NJW-RR 2004, 87; LG Hamburg NZM 2003, 432; LG Kiel WM 2002, 149; *Kossmann* § 73 Rdn. 3, *Haas* § 569 Rdn. 4, Schmidt-Futterer/*Blank* § 569 Rdn. 51, *O'Sullivan* ZMR 2002, 250, 253) Zahlt der Mieter während des Rechtsstreits innerhalb der Schonfrist, tritt Erledigung ein mit der regelmäßigen Folge, dass der Mieter die Kosten zu tragen hat.

Tritt während der Schonfrist ein **erneuter Rückstand** auf, bleibt es dennoch bei der Unwirksamkeit der Kündigung (LG Berlin WM 1997, 216 und ZMR 2000, 296; MünchKomm/*Häublein* § 569 Rdn. 32). Das Kündigungsrecht lebt auch nicht wieder auf, wenn der Mieter in der Folgezeit erneut in Verzug gerät (Schmidt-Futterer/*Blank* § 569 Rdn. 46 m.w.N.).

**7.** Die Kündigung bleibt wirksam, wenn ihr vor nicht länger als zwei Jahren eine nach dieser Regelung unwirksam gewordene Kündigung vorausgegangen ist, **§ 569 Abs. 3 Nr. 2 Satz 2 BGB.** Die Frist ist vom Zugang der ersten Kündigung bis zum Zugang der erneuten Kündigung zu berechnen (LG Berlin ZMR 1988, 180; KG WM 1984, 93 – nicht Zeitpunkt der Heilung; MünchKomm/*Häublein* § 569, Rdn. 33). Ging danach die erste Kündigung am 5.1.1998 zu, endet die Frist am 5.1.2000. Dabei ist es nicht treuwidrig, wenn der Vermieter kurz vor Ablauf der Zweijahresfrist erneut berechtigt kündigt (AG Höhenschönhausen ZMR 2000, 681). Im Streitfall muss der Vermieter die Voraussetzungen des § 569 Abs. 3 Nr. 2 S. 2 BGB beweisen. Der Mieter kann sich nicht darauf berufen, er habe keinen Schonfristverbrauch beabsichtigt (AG Hamburg-Blankenese ZMR 2004, 271; bestätigt durch LG Hamburg ZMR 2004, 271).

Diese Regelung bezieht sich nur auf die Befriedigung durch Zahlung oder Aufrechnung oder die Verpflichtungserklärung des Sozialamtes innerhalb der Schonfrist. Ist die

Kündigung durch andere Gründe, etwa die sofortige Aufrechnung gemäß § 543 Abs. 2 S. 3 BGB unwirksam geworden, greift § 569 Abs. 3 Nr. 2 S. 2 BGB nicht ein. Voraussetzung der Unwirksamkeit der fristlosen Kündigung gemäß § 543 Abs. 2 S. 3 BGB ist zunächst, dass der Mieter sich von seiner Zahlungsverpflichtung durch Aufrechnung befreien konnte, die Vorschrift ist daher nur anwendbar auf aufrechenbare Forderungen, die bereits bei Zugang der Kündigung bestanden haben. Zudem ist die Aufrechnung unverzüglich, d. h. ohne schuldhafte Verzögerung, zu erklären (2 Wochen OLG Köln WuM 1998, 23). Da durch die unverzügliche Aufrechnung die Forderungen des Vermieters rückwirkend entfallen, fehlt es in diesem Fall an einem Rückstand zum Zeitpunkt der Kündigung (LG Mannheim WuM 1986, 250, WuM 1988, 363). Auf die Regelung des § 569 Abs. 3 Nr. 2 S. 2 BGB muss dann nicht zurückgegriffen werden. Es kann daher für den Mieter bei zum Kündigungszeitpunkt bereits bestehenden aufrechenbaren Forderungen durchaus zu überlegen sein, die Aufrechnung nach § 543 Abs. 2 S. 3 BGB zu erklären, um nicht Gefahr zu laufen, bei einem erneuten Zahlungsrückstand innerhalb von zwei Jahren von der Schonfristregelung des § 569 Abs. 3 Nr. 2 S. 2 BGB ausgeschlossen zu sein.

Wird das **Mietverhältnis trotz fristloser Kündigung fortgesetzt**, so ist zu unterscheiden. Wird das Mietverhältnis nach fristloser Kündigung und anschließender Zahlung fortgesetzt, weil der Räumungsanspruch nicht mehr durchzusetzen ist und erfolgt die Vertragsfortsetzung damit zwangsweise, gilt § 569 Abs. 3 Nr. 2 S. 1 BGB. Verzichtet der Vermieter stillschweigend oder ausdrücklich auf die Durchsetzung der Kündigung, obwohl er auf der Räumung hätte bestehen können, ist die Klausel nicht anwendbar, da der Vermieter den Eindruck erweckt hat, er wolle aus dem Kündigungstatbestand keine Rechte herleiten. Der Mieter kann sich in diesen Fällen bei einem weiteren Zahlungsverzug noch auf § 569 Abs. 3 Nr. 2 S. 2 BGB berufen (*Kossmann* § 73 Rdn. 27; Schmidt-Futterer/ *Blank* § 569 Rdn. 48). Dies gilt insbesondere, wenn ein Räumungstitel erstritten war (LG Berlin WM 1992, 607) oder eine Nachzahlung nicht vorgenommen wurde (LG Frankfurt/M. WM 1991, 34). Ist nach Ablauf der Schonfrist gezahlt und das Mietverhältnis dann fortgesetzt worden, wird die Ansicht vertreten, das die Frist gemäß § 569 Abs. 3 Nr. 2 S. 2 BGB entsprechend anwendbar sei (so LG Stuttgart WuM 1995, 470; LG Bremen WM 1997, 265 für die verspätete Zahlung durch den Mieter; AG Darmstadt WM 1988, 159 für die nachträgliche Zahlung durch das Sozialamt). Da aber auch in diesem Fall der Vermieter auf der Kündigung hätte bestehen können, ist er aus den dargelegten Gründen nicht schutzwürdig (vgl. auch *Sternel* WuM 2009, 699, 704).

Das Kündigungsrecht kann verwirkt werden, wenn der Mieter den Rückstand verspätet, d. h. nach Ablauf der Schonfrist zahlt und der Vermieter den Räumungsanspruch längere Zeit nicht weiter verfolgt.

Der Mieter kann nicht vorbeugend eine Klage auf Feststellung der Unwirksamkeit der Kündigung infolge Befriedigung des Vermieters innerhalb der Schonfrist erheben; diese Frage ist gegebenenfalls in einem späteren Rechtsstreit zu klären (LG Hamburg WuM 2005, 730; AG Münster WuM 2006, 456; A. A. LG Hamburg WuM 2006, 527).

**8. Kosten und Gebühren. Anwalt:** Gebühren nach 13 ff RVG, Teil 2 VV-RVG §§ 2, 23 RVG, 39 GKG, 3 ZPO, berechnet nach dem Wert der zur Aufrechnung gestellten Forderungen.

# 6. Übernahmeerklärung der Gemeinde, § 569 Abs. 3 Nr. 2 Satz 1 1. Alt. BGB

......

(Sozialamt der Gemeinde)[1]

an

......

(Vermieter)[2]

Mietverhältnis mit Herrn ...... über die Wohnung ......; Mietvertrag vom ......
Mietübernahmegarantie

Sehr geehrte(r) ......

bezugnehmend auf Ihre fristlose Kündigung vom ......, betreffend das o. g. Mietverhältnis, erklären wir uns bereit, die in dem Kündigungsschreiben benannten Mietrückstände sowie die seither aufgelaufenen Rückstände[3] zu übernehmen.[4, 5]

......

(Sozialamt)

## Anmerkungen

**1.** Es muss die **Verpflichtung einer öffentlichen Stelle** vorliegen, in der Regel der Wohngeldbehörde oder der für den Vollzug des BSHG zuständigen Gebietskörperschaft. Es muss sich zudem um die für die Erklärung zuständige Stelle handeln; nur sie kann eine bindende Verpflichtungserklärung abgeben.

**2.** Dem Vermieter muss die **Verpflichtungserklärung innerhalb der Schonfrist** zugehen; die Abgabe beim Mieter oder bei dem für den Räumungsrechtsstreit zuständigen Gericht reicht nicht (BayOLG NJW 1995, 338). Der Zugang per Telefax reicht aus (LG Dortmund ZMR 1993, 16). Streitig ist, ob der Zugang bei dem Prozessbevollmächtigten des auf Räumung klagenden Vermieters reicht (bejahend LG Hamburg WM 1996, 340 = ZMR 1996, 331, Bub/Treier/*Grapentin* IV Rdn. 184; *Kossmann* § 73 Rdn. 24; Schmidt-Futterer/*Blank* § 569 Rdn. 42; verneinend LG Köln WM 1997, 215). Die Erklärung muss gegenüber allen Vermietern abgegeben werden. Im Streitfall muss der Mieter beweisen, dass die Verpflichtungserklärung rechtzeitig zugegangen ist. Der Vermieter darf die Übernahme nicht ablehnen.

Geht die Verpflichtungserklärung nicht innerhalb der Schonfrist dem Vermieter zu ist streitig, inwieweit sich der Mieter dies zurechnen lassen muss. Der BGH hat – entgegen der überwiegenden Ansicht der Instanzgerichte – in seiner Entscheidung vom 21. 10. 2009 – VII ZR 64/09 – (NJW 2009, 3781) ausgeführt, dass ein Jobcenter nicht als Erfüllungsgehilfe des Mieters anzusehen sei mit der Folge, dass eine Zurechenbarkeit entfällt (ebenso LG Mainz WuM 2003, 629; *Münch* jurisPK-BGB, 4. Aufl. 2008, § 543 Rdn. 96). Nach der Gegen- und bislang vorherrschenden – Auffassung handelt das Sozialamt als Erfüllungsgehilfe des Mieters gemäß § 278 BGB mit der Folge, dass dieser sich das Verschulden zurechnen lassen muss (LG München NJW-RR 2004, 83; LG Berlin NJW-RR 2002, 10).

**3.** Die Verpflichtungserklärung muss den **gesamten Rückstand** erfassen. Dazu gehören auch nicht mit der Kündigung geltend gemachte Rückstände (LG München I WM 1987, 153) der Miete (Zum Mietbegriff im Sinne des § 543 Abs. 2 Nr. 3, 569 Abs. 3 BGB s. D. VI.4 Anm. 7) sowie die gemäß § 557 BGB bis zur Aufrechnung fällig gewordenen Nutzungsentschädigungsanprüche, nicht aber darüber hinausgehende Schadensersatzansprüche oder Verzugszinsen (LG Berlin ZMR 1989, 94). Auch verwirkte und verjährte Forderungen zählen nicht dazu, hier trägt aber der Mieter das Risiko; ein Rechtsirrtum geht zu seinen Lasten (*Scholz* WM 1987, 135, 136). Im Einzelfall kann es gegen Treu und Glauben verstoßen, auf der Kündigung zu beharren, wenn nur noch ein geringfügiger Rest offen ist.

**4.** Die Erklärung muss **eindeutig** sein, auch hinsichtlich des Betrages und/oder des Zeitraums, für den die Behörde die Befriedigung übernehmen will. Es handelt sich um eine Erklärung zivilrechtlicher Natur. Wie diese rechtlich einzuordnen ist, ist streitig. Angenommen wird eine Erfüllungsübernahme, ein Garantievertrag, eine Bürgschaft, ein Schuldbeitritt oder eine befreiende Schuldübernahme (dazu LG Würzburg WM 1988, 226; LG Saarbrücken NJW-RR 1987, 1372). Letztlich kann die rechtliche Einordnung dahinstehen, wesentlich ist, dass die Verpflichtungserklärung dem Vermieter einen eigenen Anspruch auf vollständige Tilgung des Rückstandes verschafft. Bedingungen dürfen nicht gestellt werden (LG Essen ZMR 1996, 663). Ob diese Voraussetzung vorliegt, ist im Einzelfall zu prüfen. Es gibt zu dieser Frage eine umfangreiche Rechtsprechung. Für unzulässig ist erklärt worden, wenn der Vermieter zur Klagerücknahme aufgefordert wird (AG Mannheim DWW 1984, 290). Als nicht ausreichend angesehen wird teilweise eine Verpflichtungserklärung, wenn die Übernahme davon abhängig gemacht wird, dass der Vermieter das Mietverhältnis fortsetzt (LG München NJW-R 2004, 83) oder der Rechtsstreit ergibt, dass die Kündigung nur wegen Zahlungsverzugs gerechtfertigt ist (LG Bielefeld WM 1994, 206). Dies ist strittig; teilweise wird eine derartige Formulierung als unschädlicher Hinweis darauf gesehen, dass die Erklärung nur abgeben werden soll, um den Mieter vor dem Verlust der Wohnung wegen Zahlungsschwierigkeiten zu bewahren; nicht aber aus anderen Gründen (dazu im einzelnen Schmidt-Futterer/*Blank* § 569 Rdn. 44 m.w.N.). Wird die Übernahme von dem Bestehen eines Sozialhilfeanspruchs abhängig gemacht, ist streitig, ob dem Vermieter damit ein eigener Zahlungsanspruch gegen die Gemeinde zusteht (so LG Berlin WM 2001, 276; a.A. Schmidt-Futterer/*Blank* § 569 Rdn. 44 m.w.N.). Problematisch ist in diesem Fall, dass der Vermieter aus der Verpflichtungserklärung nicht ersehen kann, ob der Rückstand nun tatsächlich übernommen wird, so dass die Ansicht, die diese Erklärung als nicht ausreichend ansieht, vorzuziehen ist. Insgesamt ist festzuhalten, dass immer, wenn die Erklärung der Behörde die Formulierung enthält, sie sei bereit „die bestehenden Mietschulden zu übernehmen, wenn......", Vorsicht angebracht ist.

**5.** Die Erklärung muss **unterschrieben** werden.

# 7. Kündigung des Mieters wegen Gesundheitsgefährdung gemäß § 569 Abs. 1 BGB

......

(Mieter)[1]

an

......

(Vermieter)[2]

Sehr geehrte(r) ......,[2]

wir[3] kündigen hiermit das mit Ihnen durch Vertrag vom ...... geschlossene Mietverhältnis über die Wohnung ...... fristlos[4] gemäß § 569 Abs. 1 BGB,[5] da ein Aufenthalt in der Wohnung wegen akuter Gesundheitsgefahren[6] nicht mehr möglich ist.

Die Kündigung stützen wir auf folgende Gründe:[7]

Im Kinderzimmer ist eine erhebliche Schimmelbildung aufgetreten. Die linke Außenwand ist auf ca. 2,5 m² großflächig mit Schimmelpilzen bedeckt. Auch in der angrenzenden Küche tritt nunmehr Schimmel auf.[8] Diese Schimmelbildung ist auf das undichte Mauerwerk zurückzuführen und nicht, wie Sie bereits mehrfach behauptet haben, auf unser fehlerhaftes Heiz- und Lüftungsverhalten. Wir verweisen insoweit auf das Ihnen bereits vorliegende Gutachten des Sachverständigen ......[9]

– und/oder –

Trotz mehrfacher Beseitigungsversuche, zuletzt im ......, sind erneut Kakerlaken in großer Zahl in Küche und Wohnzimmer aufgetreten.[10]

– und/oder –

Die Wohnung ist nicht ausreichend beheizbar. Im Wohnzimmer und den Kinderzimmern wird bei niedrigen Temperaturen allenfalls eine Raumtemperatur von 16° erreicht. Dies ist mit zwei Kleinkindern nicht hinnehmbar. Hinzu kommt, dass die Heizung in diesem Winter bereits zweimal ausgefallen ist.[11]

– und/oder –

Die Wohnung ist schadstoffbelastet. Der von Ihnen aufgebrachte Isolieranstrich hat zu einer erhöhten Kohlenwasserstoffbelastung in Kinderzimmer und Küche geführt.[12] Wir verweisen auf das anliegende Gutachten des Sachverständigen ...... vom ...... und die Ihnen bereits vorliegende Stellungnahme des Umweltschutzamtes der Stadt ......

– und/oder –

Die Wohnung ist in einem baufälligen Zustand. Die Sanitäreinrichtungen sind dringend sanierungsbedürftig, insoweit verweisen wir nochmals auf die Ihnen bereits vorliegenden Fotos. Die Treppe, die zu unserer Wohnung führt, ist auf Grund des letztjährigen Hochwassers einsturzgefährdet.[13]

Diese Beeinträchtigungen lassen einen weiteren Aufenthalt in der Wohnung nicht mehr zu. Trotz unseres Schreibens vom ......, mit dem wir Sie aufgefordert hatten, die Gesundheitsgefahren zu beseitigen,[14] haben sie nichts unternommen,[15] sondern nur darauf hingewiesen, dass die Miete für die Wohnung angesichts des uns schon seit Mietbeginn bekannten[16] Zustandes der Wohnung bewusst so niedrig angesetzt gewesen sei.[17]

– und/oder –

Der durch den Umbau der Straße und den Neubau der Straßenbahn verursachte Lärm, insbesondere auch durch Bauarbeiten während der Nachtzeit, ist unerträglich.[18] Nach Auskunft der Behörden dauern die Bauarbeiten noch mindestens ein Jahr an,[19] was wir nicht hinnehmen können,[20] zumal meine Frau seit nunmehr 2 Wochen wegen des Lärms auch arbeitsunfähig krankgeschrieben ist.

Aus diesem Grund bleibt uns nunmehr nur die fristlose Kündigung.[21]

Wir werden am …… ausziehen und dann die Wohnung geräumt zurückgeben. Die erforderlichen Schönheitsreparaturen lassen wir ausführen. Wegen des genauen Übergabetermins werden wir mit Ihnen telefonisch in Verbindung setzen.[22]

……

(Mieter)

*Schrifttum: Ulf Börstinghaus/Cathrin Börstinghaus*, Rechtsprechungs- und Literaturübersicht zum Wohnraummietrecht, ZAP Fach 4 R, 521(2006); *Franke*, Die fristlose Kündigung durch den Mieter, ZMR 1999, 83; *Harsch*, Zur Kündigung des Mieters wegen Gesundheitsgefährdung, § 544 BGB, WM 1989, 162; *Isenmann/Mersson*, Mietminderung wegen Feuchtigkeitsmängeln, NZM 2005, 881; *Kraemer*, Zur Gewährleistung im Mietrecht, WM 2000, 515 ff.; *Roth*, Elektrosmog und Mietminderung im Wohnraummietrecht, NZM 2000, 521 ff.; *Schläger,* Wohnraummietrecht und Umweltschutz ZMR 1996, 517 ff.; *Schumacher*, Zur Privilegierung des Mieters bei der außerordentlichen fristlosen Kündigung wegen Gesundheitsgefährdung (§ 569 Abs. 1 BGB).

## Anmerkungen

**1.** **Sachverhalt:** Mieter waren ein Ehepaar mit zwei Kleinkindern, die in einem Altbau eine Wohnung gemietet hatten. Das Formular führt Gesundheitsgefahren auf, die jede für sich eine fristlose Kündigung gemäß § 569 I BGB rechtfertigen können.

**2.** Zur Kündigung gegenüber mehreren Vermietern s. Form. D. VI. 1 Anm. 2.

**3.** Zur Kündigung von mehreren Mietern s. Form. D. VI. 1 Anm. 3.

Bei mehreren Mietern reicht es, wenn bei einem die Kündigungsgründe vorliegen (*Blank/Börstinghaus* Miete § 569 Rdn. 18).

Der BGH hat entschieden, dass auch dem Zwischenmieter gegenüber dem Hauptmieter grundsätzlich ein Recht zur fristlosen Kündigung wegen Gesundheitsgefährdung zusteht (ablehnend *Hinz* JR 2005, 76 f.).

**4.** Die Kündigung hat **schriftlich** zu erfolgen, § 568 Abs. 1 BGB. Sie muss eindeutig die Erklärung enthalten, dass das Mietverhältnis fristlos beendet werden soll. Die Umdeutung einer unwirksamen ordentlichen Kündigung in eine fristlose Kündigung ist daher in der Regel nicht möglich, da der Wille zur sofortigen Beendigung nicht deutlich wird (vgl. dazu BGH WuM 2005, 584, 585 mit weiteren Nachweisen aus der Rechtsprechung). Sie umfasst das gesamte Mietverhältnis; eine Teilkündigung ist bis auf wenige und seltene Ausnahmefälle nicht möglich (dazu näher Emmerich/Sonnenschein/*Emmerich* § 543 Rdn. 55). Wesentlich ist, ob die Mietsache von den Parteien als Einheit betrachtet wird, was beim Wohnraummietverhältnis in der Regel der Fall ist. Soweit die **bisherige Rechtsprechung** zum alten Mietrecht in besonders gelagerten Ausnahmefällen bei einer Gesundheitsgefährdung einen Auszug ohne schriftliche Kündigung ausreichen ließ (MünchKomm/*Voelskow* 4. Aufl. § 544 Rdn. 10; LG Mannheim DWW 1978, 72) dürfte dies angesichts des eindeutigen Wortlauts nicht mehr haltbar sein.

**5.** Der **Kündigungsgrund** des § 569 Abs. 1 BGB n. F. entspricht dem bisherigen § 544 BGB. Er besteht neben der Kündigungsmöglichkeit wegen Nichtgewährung des Gebrauchs aus § 543 Abs. 2 Nr. 1 BGB, ohne diese zu verdrängen. Kündigen kann nur der Mieter, nicht aber der Vermieter. § 569 Abs. 1 BGB ist zwingend und kann nicht durch Individualvereinbarungen abbedungen werden, § 569 Abs. 5 S. 1 BGB.

**6.** Voraussetzung ist, dass die Benutzung der Wohnräume mit einer **erheblichen Gefährdung der Gesundheit** verbunden ist. Schutzzweck der Vorschrift sind die öffentlichen gesundheitspolitischen Interessen. Die Frage, ob eine Gesundheitsgefährdung vorliegt, ist objektiv zum Zeitpunkt der Kündigung zu beurteilen. Maßgebend ist der gegenwärtige Stand der medizinischen Erkenntnisse, der Hygiene und Technik. Unerheblich ist, ob dieser Kenntnisstand schon bei Vertragsabschluss bestand. Die Gesundheitsgefahr muss für den Mieter und die sonstigen Benutzer oder einzelne Gruppen von ihnen (z. B. Kinder oder ältere Menschen) bestehen, besondere persönliche Anfälligkeiten, wie z. B. Allergien oder sonstige krankheitsbedingte Vorbelastungen, bleiben außer Betracht (LG Bochum ZMR 1986, 54; LG Berlin ZMR 1999, 27 f). Die Gesundheitsgefahr muss unabhängig von der Person des Mieters und der konkreten Nutzung bestehen (Schmidt-Futterer/*Blank* § 569 Rdn. 9). Sie muss noch nicht eingetreten sein, aber konkret drohen und erheblich sein, d. h. nahe liegend, deutlich und nicht nur vorübergehend sein (vgl. etwa LG Berlin GE 2005, 57 zur Frage der konkreten Gefährdung bei Schimmelbildung; OLG Düsseldorf ZMR 2004, 259; KG ZMR 2004, 513; OLG Brandenburg ZMR 2009, 190; *Sternel* Mietrecht aktuell, 4. Aufl. 2009, Rdn. 373 f.; Bub/Treier/*Grapentin* IV Rdn. 155). Es ist allerdings nicht erforderlich, dass sie sich bereits in einer gesundheitlichen Beeinträchtigung des Mieters niederschlägt (LG Lübeck ZMR 2002, 431). Eine konkrete Gefährdung ist dann zu bejahen, wenn der Mieter vernünftigerweise von dem Bestehen einer erheblichen Gefahr ausgehen kann, d. h. es muss ein begründeter Verdacht vorliegend. Nach Ansicht des LG Lübeck (a. a. O.; ebenso Schmidt-Futterer/*Blank* § 569 Rdn. 11) bleibt die fristlose Kündigung auch dann wirksam, wenn sich der Verdacht später als unbegründet herausstellt. Die Gesundheitsgefahr muss erheblich sein, nur vorübergehende Störungen können die Kündigung nur rechtfertigen, wenn die Dauer für den Mieter unzumutbar ist. Die Gesundheitsgefahr muss sich aus der Beschaffenheit der Räume ergeben, Beeinträchtigungen die auf Grund der Nutzer auftreten, reichen nicht (Schmidt-Futterer/*Blank* § 569 Rdn. 9). Übergriffe von Personen aus der Nachbarschaft sind daher nicht als gesundheitsgefährdende Mängel anzusehen (OLG Koblenz WM 1989, 509.

Vom Schutzbereich der Norm werden neben dem Mieter auch Angehörige erfasst.

Die **Darlegungs- und Beweislast** für die erhebliche Gesundheitsgefährdung trägt der Mieter (KG Berlin ZMR 2004, 513; LG Mannheim WM 1988, 360).

Die Kündigungsmöglichkeit besteht neben der aus § 543 Abs. 2 Nr. 1 BGB wegen vertragwidrigen Gebrauchs und der aus § 569 Abs. 2 BGB wegen Störung des Hausfriedens.

**7.** Gem. **§ 569 Abs. 4 BGB** muss auch der **Kündigungsgrund** angegeben werden. Zu den Einzelheiten s. Form. D. VI. 1 Anm. 6.

**8.** Häufig ergeben sich Gesundheitsgefahren aus dem **baulichen Zustand der Räume.** Dazu zählt insbesondere übermäßige Feuchtigkeit (LG Mannheim ZMR 1977, 154, LG Saarbrücken, WM 1982, 187), Schimmelbildung (LG Düsseldorf WM 1989, 13) sowie Pilz- und Schwammbefall. Voraussetzung ist aber, dass die Wohnung insgesamt in ihrer Benutzbarkeit erheblich beeinträchtigt ist (*Franke* ZMR 1999, 83, 87 f.). Das kann problematisch sein, wenn die Gesundheitsbeeinträchtigung nur von einem Teil der Miträume, insbesondere Nebenräumen wie etwa Abstellkammern, ausgeht. Liegt jedoch bei einer Familie mit Kleinkindern im Kinderzimmer ein erheblicher Schimmelbefall vor, ist eine sich auf die Benutzbarkeit der gesamten Wohnung auswirkende Gesundheitsgefährdung anzunehmen. Wichtig ist immer, die auftretenden Gesundheitsgefahren sowie ihre Ursachen und das Ausmaß so präzise wie möglich zu beschreiben und soweit möglich zu dokumentieren.

Die **Beweislast** obliegt auch hier dem Mieter. Bei Feuchtigkeitsschäden allerdings muss zunächst der Vermieter darlegen und beweisen, dass die Mietsache frei von Baumängeln ist und der Zustand der Fenster, Türen sowie der Heizung keinen Einfluss auf die Kondensatbildung ausübt. Erst wenn der Vermieter die Möglichkeit einer in seinem Verantwortungsbereich liegenden Schadensursache ausgeräumt hat, muss sich der Mieter entlasten und darlegen, wie er geheizt und gelüftet hat und dass die Möblierung nicht ursächlich für die Feuchtigkeitsschäden ist (OLG Celle RE WM 1984, 267; BGH WM 1994, 466). Der BGH (NJW 2007, 2177) hat zudem verlangt, dass der Mieter dann auch darlegen muss, dass der vorgefundene Schimmelbefall nicht hätte beseitigt werden können und dass der Vermieter einem ggf. erneuten Schimmelpilzbefall nicht wirksam hätte vorbeugen können.

**9.** Ein **Verschulden des Mieters** an dem gesundheitsgefährdenden Zustand, etwa indem er infolge falschen Heiz- und Lüftungsverhaltens einen Schimmelpilzbefall herbeiführt, schließt die fristlose Kündigung aus (h. M. BGH NJW 2004, 848; LG Oldenburg ZMR 2000, 100; Schmidt-Futterer/*Blank* § 569 Rdn. 12; Bub/Treier/*Grapentin* IV Rdn. 156, str. a. A. *Harsch* WM 1989, 162, 163; *Schumacher* WuM 2004, 311, 313, nach dieser Meinung ist nur der Schadensersatzanspruch des Mieters ausgeschlossen, da durch die Kündigungsvorschrift auch die Angehörigen geschützt werden sollen).

Der Vermieter muss ein Verschulden des Mieters beweisen (Bub/Treier/*Grapentin* IV Rdn. 152).

Es stellt sich die taktische Frage, ob der Mieter bereits in der Kündigung das Problem des Mitverschuldens anschneiden sollte. Dies ist allenfalls zu empfehlen, wenn zwischen den Parteien bereits zuvor ausdrücklich über diesen Punkt gestritten wurde. Ansonsten ist es Sache des Vermieters, Mitverschulden geltend zu machen.

**10.** **Ungeziefer** in Wohnräumen führt ebenfalls häufig zu einer fristlosen Kündigung wegen Gesundheitsgefahren. In Betracht kommt ein Ungezieferbefall mit Taubenzecken (LG Berlin GE 1997, 689); Silberfischen (AG Kiel WM 1980, 235; a. A. AG Lahnstein WM 1988, 55); Kakerlaken (LG Freiburg WM 1986, 246); Kellerasseln (LG Saarbrücken WM 1991, 91) oder Mäusen (AG Berlin-Tiergarten MM 1997, 243). Voraussetzung ist immer ein erheblicher Befall, der nicht einfach und sofort behebbar ist (LG Kiel WM 1992, 122). Es ist daher erforderlich, dass der Befall so genau wie möglich beschrieben und dokumentiert wird, die Behauptung, es gäbe „massenhaft" Kakerlaken reicht im Streitfall nicht aus, es muss schon präziser dargelegt werden, was unter „massenhaft" zu verstehen ist, etwa durch Angabe des Ortes und der ungefähren Anzahl.

**11.** **Unzulängliche Heizungsmöglichkeiten** (LG Mannheim WM 1977, 140 = ZMR 1977, 154) oder wiederholter Heizungsausfall (AG Waldbröl WM 1986, 337) können ebenfalls gesundheitsgefährdende Zustände hervorrufen. Dabei reicht die Nichtbeheizbarkeit eines Raumes aber häufig nicht aus, da damit nicht die Wohnung insgesamt in ihrer Benutzbarkeit erheblich beeinträchtigt ist (AG Leer DWW 1989, 223 für die fehlende Beheizbarkeit der Küche). Andererseits kann es für eine Gesundheitsgefährdung ausreichen, wenn die Wohnung im Winter über 3 Monate wegen Umbaus nicht beheizbar ist (AG Traunstein WM 1986, 93). Voraussetzung ist dann aber, dass andere Heizungsmöglichkeiten nicht bestehen, etwa mit transportablen Heizlüftern, und der Vermieter nicht kooperativ ist. Zum Nachweis der Beeinträchtigung empfiehlt es sich für den Mieter, Messprotokolle zur Darlegung der Innentemperaturen anzufertigen.

**12. Beispielsfall:** LG Lübeck ZMR 2001, 281 ff.: Die überhöhte Konzentration von **Schadstoffen** in der Wohnung kann zu einer Gesundheitsbeeinträchtigung führen. Hierbei handelt es sich um einen Bereich, der in der täglichen Praxis zunehmend an Bedeutung gewinnt. Voraussetzung einer fristlosen Kündigung ist dabei, dass die Schadstoffbelastung gesundheitsgefährdend ist oder zumindest die Gefahr einer Gesundheitsbeeinträchtigung besteht. Die bloße Angst vor eventuellen Gesundheitsgefahren kann eine fristlose Kündigung nicht begründen (dazu ausführlich für den Bereich des Elektrosmogs *Roth* NZM 2000, 521 ff.). Für die Beurteilung der Gesundheitsgefahr ist auf die aktuellen wissenschaftlichen Erkenntnisse abzustellen. Zwar ist Ausgangspunkt der Bewertung für die gesundheitliche Unbedenklichkeit einer Wohnung der bei Vertragsschluss geltende Standard. Ergeben sich im Laufe des Mietverhältnisses neue Einsichten, so hat der Vermieter die Beschaffenheit der Mietsache herbeizuführen, die als Vorsorge gegen Gefahren für die Gesundheit der Bewohner nach aktuellem Standard erforderlich ist. Eine Fehlerhaftigkeit der Mietsache tritt ein, wenn der Vermieter auch nach Bekanntwerden der entsprechenden verschärften Standards die Ursachen der Gefährdung nicht beseitigt (BayOLG RE WM 1999, 568, 570, dazu auch *Kraemer* WM 2000, 515, 519 f.).

Zur **Feststellung der Gesundheitsgefahr** können zunächst die für den jeweiligen Schadstoff geltenden öffentlich-rechtlichen Grenzwerte herangezogen werden. Werden diese überschritten, kann eine gesundheitsbeeinträchtigende Belastung gegeben sein (LG Frankfurt/M. NZM 2001, 522). Die wissenschaftlichen Grenzwerte sind jedoch nicht absolut zu sehen, sondern es ist möglich, dass trotz Überschreitens eine Gesundheitsgefahr nicht vorliegt; andererseits schließt aber auch das Einhalten oder Unterschreiten der einschlägigen Grenz- und Vorsorgevorschriften eine Gesundheitsgefahr nicht aus (BayOLG RE WM 1999, 568, 570; AG Meinsingen WM 1996, 336). Von Bedeutung ist dabei auch, ob der herangezogene Grenzwert für eine Nutzung festgelegt wurde, die der allgemein üblichen Nutzung von Wohnraum vergleichbar ist (LG Frankfurt NZM 2001, 522 Richtwerte für Kindertagesstätten sind nicht ohne weiteres auf Wohnraum übertragbar). Bei Fehlen eines Richtwertes kann der Mieter ein Gutachten einholen. Darin müssen die aktuellen Erkenntnisse in Medizin und Naturwissenschaften berücksichtigt werden, soweit sie hinreichend gesichert sind. Außerdem ist eine konkrete Gefährdungsprognose erforderlich, d.h. auch hier muss eine auf die Nutzung abgestellte Untersuchung vorgenommen werden. Insbesondere wenn Schadstoffe in Bauteilen und dergleichen vorhanden sind, ist für die Beurteilung einer Gesundheitsgefährdung entscheidend, inwieweit die Schadstoffe an die Umgebung abgegeben und vom menschlichen Körper aufgenommen werden (OLG Düsseldorf NJW-RR 2000, 610). Zur Berechtigung der fristlosen Kündigung reicht es allerdings, wenn die Belastung als solche feststeht und der Eintritt eines Schadens nach den aktuellen Erkenntnissen nicht außerhalb der Wahrscheinlichkeit liegt. So hat das LG Lübeck (ZMR 1998, 433) einer Familie mit Kleinkindern das Recht zur fristlosen Kündigung zuerkannt, obwohl eine Schadstoffbelastung in der Raumluft streitig war, aber unstreitig in Holzteilen PCP und Lindan festgestellt wurde. Zur Begründung hat es ausgeführt, dass die Schadstoffbelastung ausreiche, da in Wissenschaft, Lehre und Rechtsprechung streitig sei, ab welchem Wert eine Gesundheitsbeeinträchtigung eintrete (eine Minderung hat das LG allerdings verneint; dazu auch *Blank/Börstinghaus* Miete § 569 Rdn. 10). Problematisch ist insoweit, dass bei einer Ausweitung derartiger Rechtsprechung die Grenze zwischen tatsächlicher Gesundheitsgefährdung und bloßer Angst verwischt wird. Ängste sind aber, wie bereits dargelegt, nicht dem Verantwortungsbereich des Vermieters zuzuordnen (so auch *Franke* ZMR 1999, 83, 89).

Zu der Problematik der Gesundheitsbelastung durch die **überhöhte Konzentration von Giftstoffen** existiert eine umfangreiche Rechtsprechung. Insbesondere Belastungen durch Formaldehyd haben die Rechtsprechung immer wieder beschäftigt. Dabei ist eine fristlose Kündigung für berechtigt erklärt worden, wenn der empfohlene Grenzwert von 0,1 mg/cbm überschritten wurde (LG München NJW-RR 1991, 975). Die Rechtsprechung hat aber darüber hinaus Gesundheitsbelastungen auch anerkannt, wenn der Grenzwert unterschritten wurde (etwa OLG Nürnberg DWW 1992, 142: 0,05 bis 0,025 mg/cbm). Für Lindan und PCP, die als Bestandteil von Holzschutzmitteln häufig vorkommen, liegen die empfohlenen Grenzwerte bei 0,08 bis 0,1 mg/l (Lindan) und 0,2 bis 0,1 mg/cbm (PCP). Wird diese Konzentration in der Raumluft überschritten, ist eine fristlose Kündigung in jedem Fall gerechtfertigt. Bei der Belastung mit Asbest ist entscheidend, dass der Schadstoff tatsächlich an die Umwelt abgegeben wird, was häufig problematisch sein wird. Es reicht dann aber aus, wenn der Mieter darlegen kann, dass etwa Nachtspeicheröfen gleicher Bauart Asbestfasern freisetzen. Bei Altlasten kommt es auf die Zusammensetzung und Konzentration der Schadstoffe an und wie sie sich im konkreten Fall auf den Mieter auswirken. Die Versorgung der Wohnung mit Wasser durch Bleirohre berechtigt, wenn der Grenzwert von 40 Mikrogramm/l gemäß der Anlage 2 zu § 2 Abs. 1 Trinkwasser-VO überschritten ist, zur fristlosen Kündigung (OLG Köln ZMR 1992; 155; LG Frankfurt WM 1990, 384). Demgegenüber ist bei Elektrosmog die Auswirkung auf den Menschen noch umstritten. Eine fristlose Kündigung kann allenfalls bei dem Überschreiten der Grenzwerte der Elektrosmog-Verordnung gerechtfertigt sein (zur Rechtsprechung betreffend Umweltgifte im Einzelnen auch: *Kraemer* WM 2000, 515, 520f., *Schläger* ZMR 1996, 517ff.; Schmidt-Futterer/*Eisenschmidt* § 536 Rdn. 148–180).

In der Regel wird der Nachweis einer Gesundheitsgefahr nur durch ein **Sachverständigengutachten** erbracht werden können (BGH NJW 2007, 2177). Aus diesem Sachverständigengutachten muss sich die konkrete Gesundheitsgefährdung lückenlos erschließen. In Bezug auf die Gefahr durch Schimmel etwa bedeutet dies, dass das Gutachten nicht nur das Vorhandensein des Schimmels belegen muss, sondern auch, dass der Schimmel konkret Sporen in die Raumluft absondert, die der Mieter aufnimmt und bei denen die nicht gänzlich fernliegende Möglichkeit besteht, dass der Mieter hierdurch gesundheitlich beeinträchtigt wird (KG Berlin ZMR 2004, 513). Es ist der Weg über ein Beweissicherungsverfahren zu empfehlen, da das eingeholte Gutachten dann gegebenenfalls in einem späteren Prozess verwertet und nicht als Privatgutachten abgelehnt werden kann.

**13.** **Sonstige Mängel**, die zur Unbenutzbarkeit der Wohnung führen, können wegen der damit verbundenen Gesundheitsgefahren eine fristlose Kündigung rechtfertigen. Dazu zählen Baufälligkeit und Einsturzgefahr, verkehrsunsichere Fußböden und Treppen, völlig unhygienische Wasch-, Toiletten- und Kläreinrichtungen (AG Köln WM 1997, 261) oder die Unbewohnbarkeit nach Hochwasser (AG Köln WM 1997, 261). Insgesamt gilt auch hier, dass durch den Mangel eine erhebliche Gesundheitsgefährdung hervorgerufen sein muss, ein verfaultes Schlafzimmerfenster reicht nicht (AG Wuppertal DWW 1988, 89). Maßnahmen des Gesundheitsamtes, etwa Auflagen an den Vermieter zur Beseitigung einer Rattenplage, deuten jedoch auf eine konkrete Gefährdung hin. Baubehördliche Auflagen und Vorschriften, z.B. zur Raumhöhe (AG Köln WM 1988, 265) sind nicht maßgebend.

**14.** Eine **Abmahnung oder Fristsetzung** ist gemäß § 543 Abs. 3 Satz 1 im Gegensatz zu der bisherigen Regelung in § 544 BGB a. F. in der Regel erforderlich; unter den Voraussetzungen des § 543 Abs. 3 Satz 2 ist sie entbehrlich (h.M. BGH ZMR 2010, 545 und NJW 2007, 2177; LG *Stendal* ZMR 2005, 624; Palandt/*Weidenkaff* § 569 Rdn. 9; Schmidt-Futterer/*Blank* § 569 Rdn. 6; a. A. *Börstinghaus* ZAP Fach 4 R, 521ff.; *Schumacher* WuM 2004, 311, 312 Abmahnung bzw. Fristsetzung ist nur erforderlich, wenn der beanstandete Zustand leicht behoben werden kann. Begründet wird dies mit den sozialpolitischen Absichten der Regelung, die der allgemeinen Volksgesundheit dienen soll).

Einer Fristsetzung oder Abmahnung bedarf es nach § 543 Abs. 3 S. 2 BGB nicht, wenn – was im Falle einer Kündigung wegen Gesundheitsgefährdung alleine in Betracht kommt – eine Fristsetzung oder Abmahnung offensichtlich keinen Erfolg verspricht (§ 543 Abs. 3 S. 2 Nr. 1 BGB) oder die sofortige Kündigung aus besonderen Gründen unter Abwägung der beiderseitigen Interessen gerechtfertigt ist (§ 543 Abs. 3 S. 2 Nr. 2). Das LG Berlin (Grundeigentum 2009, 845) hat dementsprechend eine Abmahnung als entbehrlich angesehen, wenn es der Schimmelpilzbefall zu einer lebensgefährlichen Erkrankung des Mieters geführt hat, weil die Gesundheitsgefahr so erheblich ist, dass dem Mieter ein weiterer Aufenthalt in der Wohnung nicht zuzumuten ist. Gleiches gilt etwa bei akuter Einsturzgefahr. Im Übrigen wird auf die Ausführungen zu Form. D. VI. 1 Anm. 12 und 14 verwiesen.

**15.** Die fristlose Kündigung ist nur zulässig, wenn die gesetzte **Frist ohne Erfolg abgelaufen** ist oder auf die Abmahnung innerhalb angemessener Zeit der vertragswidrige Zustand nicht gänzlich beseitigt worden ist. S. dazu Form. D. VI. 1 Anm. 13.

**16.** Der Mieter kann auch kündigen, wenn ihm der Mangel der Wohnung bei Vertragsabschluss **bekannt oder grob fahrlässig nicht bekannt** war, er den Mangel später erfahren und er vorbehaltlos die Miete weiter gezahlt hat, § 569 Abs. 1 S. 2 BGB, oder er auf eine fristlose Kündigung bei Vertragsschluss verzichtet hat.

**17.** Die **Höhe des Mietzinses** ist für die Kündigungsmöglichkeit ohne Belang. Der Vermieter kann nicht darauf verweisen, die Miete sei wegen des Zustandes der Wohnung nur gering. Anderes kann nur gelten, wenn der Mieter eine Renovierungspflicht übernommen hat und noch keine Maßnahmen ergriffen hat (*Kossmann* § 68 Rdn. 22).

**18.** Auch **von außen einwirkende Verhältnisse** können zu einer Gesundheitsgefährdung führen. Dazu zählen übermäßige Lärmbelästigungen (AG Köln WM 1998, 21), insbesondere zur Nacht und über einen längeren Zeitraum, z. B. bei Großbaustellen. Lagebedingte Lärmbeeinträchtigungen, die der Mieter erkennen konnte, geben ihm keine Möglichkeit zur fristlosen Kündigung (LG Wiesbaden WM 1994, 430 betreffend Lärm durch Gewerbe und Gaststätten bei einer Wohnung in der Innenstadt). Nicht anzunehmen ist eine Gesundheitsgefährdung zudem bei nur vorübergehenden Beschränkungen, etwa kurzfristigen Baustellen oder vorübergehenden Beschränkungen der Lichtzufuhr (z. B. durch ein Baugerüst, LG Berlin ZMR 1986, 54). Für von außen einwirkende erhebliche und dauernde Gerüche (LG Mannheim WM 1969, 41) oder Rauchbelästigungen gelten dieselben Überlegungen. Zum Nachweis der Beeinträchtigung empfiehlt es sich für den Mieter, Messprotokolle zur Darlegung der Lärmbelästigung anzufertigen.

**19.** Auf ein **Verschulden** des Vermieters kommt es nicht an.

**20.** Eine **Abmahnung** ist in diesem Fall gemäß § 543 Abs. 3 S. 2 Nr. 1 BGB wegen offensichtlicher Erfolglosigkeit nicht erforderlich.

**21.** Ist die Gesundheitsgefährdung bekannt, müssen die Kündigung und auch der Auszug **zeitnah** erfolgen. Die Dauer der Frist ist einzelfallabhängig (BGH ZMR 2010, 545). Zu beachten ist aber, dass der Mieter innerhalb einer Frist von 3 Monaten ordentlich kündigen kann. Wartet er daher zu lange, kann das Recht zur fristlosen Kündigung entfallen und er ist auf das Recht zur ordentlichen Kündigung zu verweisen (vgl. etwa LG Berlin GE 2005, 57). Der Kündigungsgrund muss bei Zugang der Kündigung vorliegen (h. M. BGH WuM 2006, 193, 194; Palandt/*Weidenkaff* § 543 Rdn. 53; str., a. A. LG Köln WuM 2001, 195).

**22. Kosten und Gebühren:** Wie Form. D. VI. 1 Anm. 18.

## 8. Kündigung des Vermieters wegen nachhaltiger Störung des Hausfriedens, § 569 Abs. 2 BGB

......

(Vermieter)[1]

an

......

(Mieter)[2]

Sehr geehrte(r) ......,[2]

ich[3] kündige hiermit den mit Ihnen am ...... geschlossenen Mietvertrag über die Wohnung ...... fristlos[4] gemäß § 569 Abs. 2 BGB,[5] da Sie den Hausfrieden nachhaltig stören.[6]

Die Kündigung stütze ich auf folgende Gründe:[7]

Sie beeinträchtigen den Hausfrieden erheblich, da Sie Ihre Mitmieter beleidigen und im Hausflur herumschreien und zwar wiederholt.[8] So haben Sie am ...... Frau ...... eine „Schlampe" genannt. Am ...... haben Sie die Kinder der Familie ...... als „Proletenpack" bezeichnet und sie angeschrien, sie sollen unverzüglich den Hausflur verlassen, sonst „Gibt's ein paar hinter die Ohren". Am ...... haben Sie Frau ...... angebrüllt, sie solle aus dem Weg gehen, sie sei eine „blöde Kuh". Nachdem ich dieses Verhalten mit Schreiben vom ...... abgemahnt hatte,[9] haben Sie Ihr Verhalten nicht geändert,[10] sondern am ...... Herrn ...... als „Nazischwein" bezeichnet.

– und/oder –

Ihre Tochter[11] hat wiederholt erheblichen Lärm verursacht.[12] Am ...... sowie am ...... und am ...... war in der Zeit von Mitternacht bis gegen 3 Uhr morgens die Stereoanlage so laut aufgedreht, dass die übrigen Bewohner nicht schlafen konnten. Am ...... musste sogar die Polizei gerufen werden. Trotz Abmahnung[9] hat sich das Verhalten nicht gebessert.[10] Vielmehr musste am ...... von den Mitbewohnern wegen des erheblichen Lärms morgens um 2 Uhr erneut die Polizei gerufen werden, da auf Klingeln und Klopfen nicht reagiert wurde.

– und/oder –

Sie haben mehrfach den Anordnungen des Hauswarts entgegen gehandelt und den Hausfrieden dadurch gestört, dass Sie, Frau ......,[13] die Wäscheleinen auf dem Trockenplatz entfernt haben. Dies geschah am ...... am ...... und am ......, sowie erneut nach der letzten Abmahnung vom ......[14]

– und/oder –

Sie haben wiederholt gegen die Hausordnung verstoßen.[15] Sie haben Ihre Katzen nicht aus der Wohnung entfernt, sondern lassen diese weiterhin frei herumlaufen. Im Küchenfenster haben Sie ein Plakat mit der Inschrift „Herr .... (Vermieter) ist ein Spekulant"." aufgehängt. Außerdem lagern Sie entgegen der ausdrücklichen Bestimmung in der Hausordnung Möbel, alte Teppiche und Müll auf dem Absatz vor Ihrer Wohnung. Auch nach meiner Abmahnung vom ...... haben Sie Ihr Verhalten nicht geändert. Nunmehr dringt auch noch ein penetranter Geruch aus Ihrer Wohnung, was befürchten lässt, dass Sie, wie im letzten Jahr, erneut verdorbene Lebensmittel einlagern.[16]

– und/oder –

Die 50 qm Wohnung ist mit 7 Personen deutlich überbelegt.[17] Dadurch kommt es zu einer Störung des Hausfriedens, da durch die Vielzahl der Personen eine erhebliche Unruhe herrscht und Ihre Kinder aus Platzgründen ständig im Flur spielen.

Da Sie trotz Aufforderung Ihr Verhalten nicht geändert haben, sehe ich mich trotz der Erkrankung Ihres Sohnes und des langjährigen Mietverhältnisses nunmehr auch zum Schutz der Mitmieter gezwungen,[18] Ihnen fristlos zu kündigen.[19]

Ich fordere Sie auf, die Mieträume binnen einer Woche bis zum ...... zu räumen[20] und in ordnungsgemäßem und vertragsgerechtem Zustand (s. § ...... des Mietvertrages) zurückzugeben. Schönheitsreparaturen sind noch bis zur Rückgabe vorzunehmen; anderenfalls werde ich diese auf Ihre Kosten durch einen von mir beauftragten Unternehmer vornehmen lassen. Sämtliche Schlüssel sind an mich zurückzugeben.

Ich mache Sie darauf aufmerksam, dass die Mietrückstände noch zu zahlen und Sie verpflichtet sind, bis zur tatsächlichen Räumung mir eine Nutzungsentschädigung[21] zu zahlen.

Ich widerspreche bereits jetzt einer stillschweigenden Fortsetzung des Mietverhältnisses gemäß § 545 BGB.[22]

Sollten Sie die Wohnung nicht bis zu dem genannten Termin an mich herausgegeben haben, werde ich unverzüglich Räumungsklage erheben.[23]

......

(Vermieter)

*Schrifttum: Kraemer,* Die Kündigung aus wichtigem Grund nach altem und neuem Recht, WM 2001, 163 ff.

## Anmerkungen

**1.** **Sachverhalt:** Das Formular führt verschiedene Möglichkeiten der Störung des Hausfriedens auf, die jede für sich eine fristlose Kündigung gemäß § 569 Abs. 2 BGB rechtfertigen können.

**2.** Zur Kündigung gegenüber mehreren Mietern s. Form. D. VI. 2 Anm. 2.

**3.** Zur Kündigung von mehreren Vermietern s. Form. D. VI. 2 Anm. 3.

**4.** Die Kündigung hat schriftlich zu erfolgen; § 568 Abs. 1 BGB. Sie muss eindeutig die Erklärung enthalten, dass das Mietverhältnis fristlos beendet werden soll. Die Umdeutung einer unwirksamen ordentlichen Kündigung in eine fristlose Kündigung ist daher in der Regel nicht möglich, da der Wille zur sofortigen Beendigung nicht deutlich wird (vgl. dazu BGH WuM 2005, 584, 585 mit weiteren Nachweisen aus der Rechtsprechung). Sie umfasst das gesamte Mietverhältnis; eine Teilkündigung ist bis auf wenige und seltene Ausnahmefälle nicht möglich (dazu näher Emmerich/Sonnenschein/*Emmerich* § 543 Rdn. 2 f.). Wesentlich ist, ob die Mietsache von den Parteien als Einheit betrachtet wird, was beim Wohnraummietverhältnis in der Regel der Fall ist.

**5.** § 569 Abs. 2 BGB entspricht einem Teilbereich des § 554a BGB a. F., der bislang die Störung des Hausfriedens nur als Unterfall einer schuldhaften Pflichtverletzung aufführte. Die Rechtsprechung hat häufig nicht differenziert, sondern nur allgemein einen Verstoß gegen § 554a BGB festgestellt.

**6.** Eine **Störung des Hausfriedens** ist gegeben, wenn sich eine Mietpartei bei der Nutzung der Mietsache nicht so verhält, dass die anderen Mitbewohner nicht unnötig beeinträchtigt werden (*Lützenkirchen* Neue Mietrechtspraxis, Rdn. 891), wobei die Einzelheiten durch die Vertragsgestaltung und die Verkehrssitte bestimmt werden.

Die Störung muss **nachhaltig** sein, d. h. es muss ein Dauerzustand gegeben sein. Dies ist bei regelmäßigen und häufigen Wiederholungen gegeben. Allerdings kann auch bereits eine Wiederholungsgefahr genügen (*Lützenkirchen* Neue Mietrechtspraxis, Rdn. 894). Zu berücksichtigen ist, dass das bloße Anderssein oder die Ablehnung des Mieters durch die übrigen Hausbewohner kein Kündigungsgrund ist. Verhindert werden sollen künftige Störungen; die Kündigungsmöglichkeit ist keine Sanktion für zurückliegendes Fehlverhalten.

**7.** Gem. **§ 569 Abs. 4 BGB** muss auch der Kündigungsgrund angegeben werden. Zu den Einzelheiten s. Form. D. VI. 2 Anm. 6. Wichtig ist vor allem die genaue Darstellung der einzelnen Störungen.

**8.** Häufig wird eine Störung des Hausfriedens durch **Belästigungen** verursacht. Dazu zählen insbesondere schwere oder dauernde Beleidigungen anderer Mieter durch einen Mieter. Es kommt jedoch immer auf den Einzelfall und die konkrete Situation an (dazu gibt es umfangreiche Rechtsprechung Nachweise bei Bub/Treier/*Grapentin* IV Rdn. 191 a. E., Schmidt-Futterer/*Blank* § 569 Rdn. 21 ff). So reichen einmalige Beleidigungen in der Regel nicht aus. Andererseits können beleidigende SMS, soweit sie dem Mieter zugeordnet werden können, ausreichen (LG Berlin GE 2005, 675). Das Verhalten der anderen Mieter ist einzubeziehen (AG Dortmund DWW 1996, 282), so dass eine fristlose Kündigung bei wechselseitigen Beleidigungen in der Regel ausscheidet. Während einer gegenseitigen Auseinandersetzung erfolgte Beleidigungen rechtfertigen eine fristlose Kündigung häufig auch nicht ebenso wenig situationsbedingte Entgleisungen (LG Hamburg ZMR 2005, 867). Beleidigungen, die gegen Dritte gerichtet sind, können eine fristlose Kündigung ebenfalls rechtfertigen, wenn der Dritte dem Bereich des Kündigungsgegners zuzuordnen ist (z. B. Verwalter LG Köln WM 1981, 233). Auch Bedrohungen (AG Bad Segeberg WM 2000, 601 mehrfache Bedrohung eines Mieters durch Mitmieter; in diesem Fall kann der Vermieter verpflichtet werden, dem störenden Mitmieter fristlos zu kündigen) oder auch sonstige Belästigungen sowohl der Mitmieter als auch des Vermieters durch den Mieter (AG Frankfurt/M. WM 2000, 547 – Fensterln eines Mieters gegen den Willen der Mitmieterin; LG Kaiserslautern WM 1983, 263 ständig falsche Vorwürfe gegen Mitmieter, AG Wedding BeckRS 2009, 88972 – längerfristiges bewusstes Blockieren der Toilettenspülung) können zu einer Störung des Hausfriedens führen. Dies gilt erst recht für Tätlichkeiten. Weiter in Betracht kommen unberechtigte Strafanzeigen (s. dazu auch BVerfG NZM 2002, 61). Auch der Lebenswandel kann unter Umständen den Hausfrieden stören (z. B. Polizeieinsätze wegen kriminellen Verhaltens LG Hamburg WuM 2005, 768). Bagatellverstöße reichen nicht.

Da von einer Störung des Hausfriedens nicht nur der Vertragspartner, sondern auch die anderen Mitbewohner des Hauses betroffen sind, kann der Vermieter in diesem Fall auch aus Gründen kündigen, die nicht unmittelbar ihn, sondern die gestörten Hausbewohner betreffen, weil er diesen gegenüber zur Aufrechterhaltung des Hausfriedens verpflichtet ist. Der Kündigungsgrund greift dann allerdings nicht ein, wenn der Mieter das Gebäude allein gemietet hat oder die übrigen Bewohner sein Verhalten tolerieren (*Kraemer* WM 2001, 163, 169).

Störungen anderer Personen, etwa Nachbarn, rechtfertigen eine fristlose Kündigung gemäß § 569 Abs. 2 BGB nicht (AG Lichtenberg MM 2009, 227; AG Merzig WuM 2005, 727; Schmidt-Futterer/*Blank* § 569 Rdn. 19).

Bei Streit zwischen mehreren Mietern muss der Vermieter zunächst ermitteln, wer den Streit schuldhaft verursacht hat, denn nur diesem gegenüber kann er gegebenenfalls fristlos kündigen (Schmidt-Futterer/*Blank* § 569 Rdn. 26). Erfüllen mehrere Mieter die Kündigungsvoraussetzungen, hat der Vermieter ein Auswahlrecht unabhängig davon, wer den Streit überwiegend verursacht hat.

Liegt keine Störung des Hausfriedens vor, kann der Vermieter aber gegebenenfalls noch gemäß § 543 Abs. 1 BGB kündigen. Es wird insoweit auf die Ausführungen zu Form. D. VI. 10 verwiesen.

**9.** Grundsätzlich ist gemäß § 543 Abs. 3 BGB eine **Abmahnung** erforderlich, die nur unter den Voraussetzungen des § 543 Abs. 3 S. 2 BGB entbehrlich ist. S. dazu Form. D. VI. 1 Anm. 13 und 15. Besonders schwere Vertragsverletzungen können bereits bei einmaliger Begehung die Kündigung ohne Abmahnung rechtfertigen; vgl. dazu auch D. VI. 10 Anm. 9.

Die Erforderlichkeit der Abmahnung bedeutet gegenüber § 554a BGB a. F. eine Neuerung, da dort nur ausnahmsweise eine Abmahnung für erforderlich gehalten wurde. Ergibt sich die Unzumutbarkeit der Vertragsfortsetzung erst auf Grund der Erfolglosigkeit einer vorhergehenden Abmahnung, ist nach dem Wortlaut des Gesetzes zwar eine erneute Abmahnung erforderlich, diese dürfte dann aber häufig gemäß § 543 Abs. 3 S. 2 Nr. 1 BGB wegen offensichtlicher Erfolglosigkeit entbehrlich sein (vgl. *Kraemer* WM 2001, 163, 168).

**10.** Der Mieter muss die **Störung trotz Abmahnung fortsetzen.** Ändert er sein Verhalten nach der Abmahnung, entfällt der Kündigungsgrund. Zwischen Abmahnung und Ausspruch der Kündigung muss ihm genug Zeit gelassen werden, um sein Verhalten auf die Abmahnung einzustellen. Behauptet der Mieter, er habe vor Zugang der Kündigung sein Verhalten geändert, ist er insoweit darlegungs- und beweispflichtig.

**11. Handlungen Dritter** werden dem Kündigungsgegner nach § 278 BGB bzw. wenn er Untermieter ist nach § 540 Abs. 2 BGB zugerechnet, wobei aber Voraussetzung ist, dass Dritte schuldhaft handeln. Dies kann bei Kindern zweifelhaft sein. Häufig ist aber nach erfolgloser Abmahnung ein vorwerfbares Verhalten des Gekündigten darin zu sehen, dass er die Störung nicht beseitigt hat. Der Mieter muss für die Personen einstehen, die auf Dauer oder zumindest für längere Zeit bei ihm wohnen. Besucher gehören in der Regel nicht dazu.

**12.** Erhebliche **Lärmbelästigungen,** insbesondere während der Nachtzeit (*Sternel* Aktuell, Rdn. 1231) führen ebenfalls häufig zu einer Störung des Hausfriedens. Für die Frage der Erheblichkeit kommt es auf Häufigkeit und Lautstärke an. Es empfiehlt sich daher, für den Kündigenden ein Lärmprotokoll zu führen, um gegebenenfalls die Beeinträchtigungen nachweisen zu können.

Kinderlärm ist grundsätzlich als sozialadäquat anzusehen (vgl. OLG Düsseldorf NJW 1997, 198). Jedoch schützen die Gerichte derartigen Lärm nicht grenzenlos, so sind Ruhezeiten einzuhalten, auch bestimmte Verhaltensweisen sind nicht hinzunehmen (etwa das Fahren mit Rollerskates in der Wohnung.

**13.** Stört bei einer **Mehrheit von Mietern** nur ein Mieter, muss dennoch gegenüber allen gekündigt werden, denn eine Teilkündigung ist aus Rechtsgründen ausgeschlossen. Etwas anderes kann allenfalls bei Wohngemeinschaften gelten, wenn neue Mitglieder auf Grund eines Vertrages mit dem Vermieter eintreten, sie ihren Eintritt angezeigt haben, ohne dass der Vermieter auf eine Kündigungsabsicht hingewiesen hat oder wenn feststeht, dass der störende Mieter auszieht (im Einzelnen dazu Schmidt-Futterer/*Blank* § 569 Rdn. 20 m. w. N.).

Bei einer sonstigen Mehrheit von Mietern kann ebenfalls eine Rolle spielen, wenn der störende Mieter nach der Kündigung auszieht oder sein Verhalten erheblich ändert. In seltenen Ausnahmefällen hat die Rechtsprechung dann von dem Grundsatz, dass das Verhalten nach der Kündigung die Wirksamkeit der Kündigung nicht berührt, eine Ausnahme gemacht und die Kündigung für treuwidrig erklärt (z. B.: LG Frankfurt/M. WM 1987, 21 Auszug des störenden Ehepartners; AG Bochum WM 1990, 296 Auszug des Lebensgefährten nach einmaligem Vorfall; AG Wiesbaden WM 1995, 706 betr. pubertätsbedingte Störungen, die zurzeit der gerichtlichen Entscheidung nicht mehr vorlagen).

**14.** Das LG Göttingen (WM 1990, 18 f.) hat in diesem Fall die fristlose Kündigung wegen der beharrlichen Weigerung, mit der Hausverwaltung zusammen zu arbeiten, für begründet erachtet. Ein einzelner, einmaliger Verstoß würde ein fristlose Kündigung nicht rechtfertigen.

**15.** **Verstöße gegen die Hausordnung** sind ein wichtiger Anwendungsfall für fristlose Kündigungen wegen Störung des Hausfriedens, wobei aber nur schwere oder dauernde Verstöße eine fristlose Kündigung rechtfertigen können. Dazu zählen Verstöße gegen alle in der Hausordnung aufgeführten Pflichten, so insbesondere auch die Tierhaltung (AG Spandau GE 2002, 670 bzgl. des Haltens eines Kampfhundes; AG Steinfurt WuM 2009, 548 Hundekot) oder ein Verstoß gegen Zeitbeschränkungen beim Musizieren oder bzgl. Putz- und Sauberhaltungspflichten. Hierunter fallen kann auch ein Verbot des Anbringens von Plakaten im Fenster oder an der Außenfassade. Bei der Abwägung ist dann aber immer die Meinungsfreiheit des Mieters zu berücksichtigen, zudem kommt es darauf an, wie groß das Plakat ist, wo es hängt und ob die Gefahr besteht, dass andere Mietparteien mit der Aussage identifiziert werden können (LG Aachen WM 1988, 53). Bei ehrverletzenden Plakaten dürfte in der Regel eine fristlose Kündigung gerechtfertigt sein (vgl. etwa LG Berlin GE 2004, 236).

Der Vermieter ist insoweit darlegungs- und beweisbelastet. Das AG Zerbst (NJW-RR 2003, 1595) hat in einem Fall, indem im Keller immer wieder heimlich uriniert wurde, sogar die Verwendung heimlicher Videoaufnahmen als Beweismittel zugelassen. Insoweit dürfte aber Vorsicht angebracht sein.

Soweit nicht eine Störung des Hausfriedens vorliegt, kann ein Verstoß gegebenenfalls eine fristlose Kündigung gemäß § 543 Abs. 1 BGB rechtfertigen.

**16.** Dauernde **Geruchsbelästigungen** können den Hausfrieden ebenfalls erheblich stören (LG Braunschweig ZMR 2007, 536; LG Hamburg WM 1988, 18). Jedoch muss sich die Belästigung auf die Mitmieter auswirken. Dies gilt neben der Geruchsbelästigung insbesondere auch dann, wenn der Mieter in der Wohnung Müll und sonstige Gegenstände sammelt (AG München NZM 2003, 475).

**17.** Eine **Überbelegung** kann zur Störung des Hausfriedens führen, wenn durch die Vielzahl der Personen die Mitmieter oder der Vermieter gestört werden, etwa durch vermehrten Lärm oder erhebliche Unruhe. Daneben kann die Kündigung aber auch nach § 543 Abs. 2 Nr. 2 1. Alt. BGB begründet sein, wenn die Wohnsubstanz erheblich gefährdet ist, oder aus wichtigem Grund gemäß § 543 Abs. 1 BGB (so auch *Lützenkirchen* Neue Mietrechtspraxis, Rdn. 858). Hier kommt es insbesondere auf den Zuschnitt der Wohnung an und die Zahl der dort wohnenden Personen. Zur Überbelegung s. im Übrigen auch Form. D. III. 7.

**18.** Durch die Störung muss dem Kündigenden die **Fortsetzung des Mietverhältnisses** bis zum Ablauf der Kündigungsfrist oder der sonstigen Beendigung des Mietverhältnisses durch Zeitablauf nach umfassender Abwägung der beiderseitigen Interessen und aller Umstände des Einzelfalls, insbesondere des Verschuldens der Vertragsparteien, **nicht zu-**

mutbar sein. Damit ist ein Verschulden des Kündigungsgegners nicht mehr wie nach altem Recht zwingende Voraussetzung, sondern nur noch ein – wenn auch wichtiges – Abwägungskriterium (dazu auch Hannemann/Wiegner/*Zürn* § 28 Rdn. 335). Auf Seiten des Mieters ist dabei immer zu bedenken, dass die Kündigung der Wohnung regelmäßig einen schweren Eingriff in den persönlichen Lebensbereich darstellt. Im Übrigen sind bei der Abwägung neben den Folgen des Wohnungsverlustes das Ausmaß der Schuld und die Auswirkungen der Vertragsverletzungen sowie die persönlichen Verhältnisse von Bedeutung. Maßstab ist das Empfinden eines mit den Besonderheiten des Mietverhältnisses vertrauten verständigen Durchschnittsmenschen (Schmidt-Futterer/*Blank* § 569 Rdn. 22).

Einzubeziehen in die Abwägung sind die persönlichen Verhältnisse der Parteien. So kann eine Rolle spielen, dass ein im Haus lebender Vermieter auf Grund seines Alters oder einer Krankheit für die Störung besonders anfällig ist. Andererseits kann bei einem Mieter, der schon seit langen Jahren die Wohnung angemietet hat und nunmehr auf Grund Altersgebrechlichkeit und gesundheitlicher Probleme Störungen verursacht, erhöhte Toleranz und Rücksichtnahme verlangt werden (BGH WuM 2006, 158, 160; LG Wiesbaden WuM 2001, 305 für den Fall einer 1906 geborenen und seit 1977 in der Wohnung lebenden Mieterin). Ferner sind abzuwägen die Schwere des Pflichtverstoßes und die Frage des Verschuldens. So kann es eine Rolle spielen, ob der Störende vorsätzlich oder nur fahrlässig gehandelt hat. Auch die Handlung als solche und ihre Folgen sind zu berücksichtigen. Eine Vielzahl von Vertragsverletzungen, die für sich genommen die Kündigung nicht rechtfertigen würden, können bei einer Gesamtwürdigung eine fristlose Kündigung rechtfertigen. Bei wechselseitigen oder provozierten Vertragsverletzungen scheidet eine Kündigung in der Regel aus (BGH WuM 1986, 60). Wird der Hausfrieden wegen eines Streits zwischen mehreren Mietern gestört, muss der Vermieter zunächst ermitteln, wer den Streit verursacht hat. Ist dies nicht festzustellen, hat der Vermieter ein Auswahlrecht, bei dem er sich von Zweckmäßigkeitsgesichtspunkten leiten lassen kann. Er muss allerdings das Verhalten der anderen Mieter und die allgemeinen Verhältnisse im Haus mit berücksichtigen (LG Mannheim WuM 1981, 17; AG Bad Segeberg WuM 2000, 601, 603).

Bei Störungen durch **schuldunfähige Personen** ist zu bedenken, dass gemäß § 573 Abs. 2 Nr. 1 BGB für den Fall der ordentlichen Kündigung bei Vertragsverletzungen durch den Mieter ein schuldhaftes Verhalten Voraussetzung ist. Um insoweit Wertungswidersprüche zu vermeiden, ist daher die fristlose Kündigung gegen einen schuldunfähigen Mieter nur im Ausnahmefall bei besonders erheblichen Verstößen möglich (ebenso BGH WuM 2005, 125; *Kraemer* WM 2001, 163, 171). Dies dürfte dann regelmäßig der Fall sein, wenn der Vermieter oder weitere Mieter oder sonstige Erfüllungsgehilfen des Vermieters wie etwa Angestellte der Hausverwaltung oder der Hausmeister durch das Verhalten des schuldunfähigen oder eingeschränkt schuldfähigen Mieters in ihrer Gesundheit beeinträchtigt werden (so etwa bei Steinwürfen eines psychisch kranken Mieters, die das Kind eines Mitmieters verletzen vgl. AG Bernau WuM 2009, 735; Messerattacke auf den Hauswart LG Berlin MM 2010, 110, s.auch Schmidt-Futterer/*Blank* § 569 Rdn. 22).

**19.** Die Ausübung der Kündigung ist an **keine Frist** gebunden. Sie sollte aber in angemessener Frist erfolgen(KG KGR Berlin 2003, 186; OLG Düsseldorf ZMR 2003, 177). Dies ergibt sich aus § 314 Abs. 3 BGB. Andernfalls lassen sich für den Vermieter nachteilige Rückschlüsse auf die Erheblichkeit der Vertragsverletzung ziehen. Das Kündigungsrecht kann auch verwirkt werden. Der Kündigungsgrund muss bei Zugang der Kündigung vorliegen (h.M. BGH WuM 2006, 193, 194; Palandt/*Weidenkaff* § 543 Rdn. 53; str., a. A. LG Köln WuM 2001, 195).

**20.** Der Vermieter kann dem Mieter auch bei einer fristlosen Kündigung eine **Räumungsfrist** setzen. Er muss hinsichtlich der Dauer aber abwägen, da bei einer längerfristigen Räumungsfrist nachteilige Rückschlüsse auf die Erheblichkeit der Vertragsverletzung gezogen werden können.

**21.** § 546a BGB, s. Form. F. II. 2.

**22.** Diese Erklärung kann bereits in dem Schreiben, das die fristlose Kündigung enthält abgegeben werden (h. M., Palandt/*Weidenkaff* § 545 Rdn. 8 m. w. N.). Siehe auch Form. D. VI. 4 Anm. 17.

**23.** Kosten und Gebühren: Wie Form. D. VI. 1 Anm. 18.

## 9. Kündigung des Mieters wegen nachhaltiger Störung des Hausfriedens, § 569 Abs. 2 BGB

......

(Mieter)[1]

an

......

(Vermieter)[2]

Sehr geehrte(r) ......,[2]

ich[3] kündige hiermit das mit Ihnen durch Vertrag vom ...... geschlossene Mietverhältnis über die Wohnung ...... fristlos[4] gemäß § 569 Abs. 2 BGB,[5] da Sie den Hausfrieden nachhaltig stören.[6]

Die Kündigung stütze ich auf folgende Gründe:[7]

Sie haben den Hausfrieden erheblich gestört, indem Sie am ...... ohne meine Genehmigung erneut während meiner Abwesenheit meine Wohnung betreten haben,[8] obwohl ich Ihnen dies mit Schreiben vom ......[9] ausdrücklich untersagt hatte. Dabei haben Sie zudem die an mich gerichtete Post geöffnet und über den Inhalt des Briefes von meiner Versicherung meiner Nachbarin Frau ...... berichtet.[10] Seither wird im Haus über mich geredet; Gespräche verstummen bei meinem Erscheinen.

– und/oder –

Sie lassen das Haus verkommen.

• Ihr Hausverwalter[11] lässt die Wohnung im Erdgeschoss leer stehen und duldet dort Unbekannte, die mit offenem Feuer hantieren.[12]

• Die Wohnung im Erdgeschoss ist an Personen vermietet, die dort der Prostitution nachgehen. Wartende Freier halten sich im Hausflur oder im ebenerdigen Trockenraum auf.[12]

Auf diese unhaltbaren Zustände, die den Hausfrieden erheblich belasten, wurden Sie von Seiten der Mieter bereits aufmerksam gemacht. Ich habe zudem mit Schreiben vom ...... dieses Verhalten abgemahnt.[9] Sie haben jedoch erklärt, dass Sie vollstes Vertrauen in Ihren Hausverwalter und seine Art der Vermietung haben.

– und/oder –

Sie schikanieren uns Mieter, indem Sie alles und jeden kontrollieren. Ständig ermahnen Sie die Kinder, leise zu sein, auch wenn diese sich vorbildlich benehmen. Besucher fragen Sie, zu wem sie gehen, und ermahnen sie, keinen Lärm zu machen.

Abends gegen 22 Uhr kontrollieren Sie, wer im Haus ist. Sind noch Besucher anwesend, schellen Sie und fordern die Mieter auf, dafür zu sorgen, dass diese das Haus verlassen, da Sie der Meinung sind, ab 22 Uhr herrsche Nachtruhe. Dies ist bei mir am ......, am ...... und am ...... geschehen. Hinzu kommt, dass Sie die Reparaturen in Keller und Hausflur durch Bekannte ausführen lassen, die seit bereits fünf Wochen jedes Wochenende um 6.30 Uhr mit der Arbeit beginnen.[13] Nach der Abmahnung vom ......[9] haben Sie mitgeteilt, dass sich die Reparaturarbeiten noch mehrere Monate andauern werden.

Da sich trotz der Abmahnung keine Änderung ergeben hat[14] und keine Gründe zu erkennen sind, die Ihr Verhalten rechtfertigen,[15] kündige ich das Mietverhältnis fristlos.[16]

Ich werde am ...... ausziehen[16] und kann dann die Wohnung geräumt zurückgeben. Die erforderlichen Schönheitsreparaturen lasse ich ausführen. Wegen des genauen Übergabetermins werde ich mich mit Ihnen telefonisch in Verbindung setzen.[17]

......
(Mieter)

*Schrifttum: Kraemer,* Die Kündigung aus wichtigem Grund nach altem und neuem Recht, WM 2001, 163 ff.

## Anmerkungen

**1.** **Sachverhalt:** Das Formular führt verschiedene Möglichkeiten der Störung des Hausfriedens auf, die jede für sich eine fristlose Kündigung gemäß § 569 Abs. 2 BGB rechtfertigen können. Im Übrigen wird auf Form. D. VI. 8. verwiesen.

**2.** Zur Kündigung gegenüber mehreren Vermietern s. Form. D. VI. 1 Anm. 2.

**3.** Zur Kündigung von mehreren Mietern s. Form. D. VI. 1 Anm. 3.

**4.** Die Kündigung hat **schriftlich** zu erfolgen, § 568 Abs. 1 BGB. Sie muss eindeutig die Erklärung enthalten, dass das Mietverhältnis fristlos beendet werden soll. Die Umdeutung einer unwirksamen ordentlichen Kündigung in eine fristlose Kündigung ist daher in der Regel nicht möglich, da der Wille zur sofortigen Beendigung nicht deutlich wird (vgl. dazu BGH WuM 2005, 584, 585 mit weiteren Nachweisen aus der Rechtsprechung). Sie umfasst das gesamte Mietverhältnis; eine Teilkündigung ist bis auf wenige und seltene Ausnahmefälle nicht möglich (dazu näher Emmerich/Sonnenschein/*Emmerich* § 543 Rdn. 55.). Wesentlich ist, ob die Mietsache von den Parteien als Einheit betrachtet wird, was beim Wohnraummietverhältnis in der Regel der Fall ist.

**5.** § 569 Abs. 2 BGB entspricht einem Teilbereich des § 554 a BGB a. F., der bislang die Störung des Hausfriedens nur als Unterfall einer schuldhaften Pflichtverletzung aufführte. Die Rechtsprechung hat häufig nicht differenziert, sondern nur allgemein einen Verstoß gegen § 554 a BGB festgestellt.

**6.** Erforderlich ist eine Vertragsverletzung in Form einer **Störung des Hausfriedens** durch den Kündigungsgegner (*Kraemer* WM 2001, 163, 170). Jede Mietpartei muss sich bei der Nutzung der Mietsache so verhalten, dass die anderen Mitbewohner nicht unnötig beeinträchtigt werden (*Lützenkirchen* Neue Mietrechtspraxis, Rdn. 891), wobei die Einzelheiten durch die Vertragsgestaltung und die Verkehrssitte bestimmt werden. Auch der Vermieter kann den Hausfrieden stören. Die Störung muss **nachhaltig** sein, d. h. es muss ein Dauerzustand gegeben sein. Dies ist bei regelmäßigen und häufigen Wiederholungen gegeben. Allerdings kann auch bereits eine Wiederholungsgefahr genügen (*Lützenkirchen* Neue Mietrechtspraxis, Rdn. 894). Das bloße Anderssein oder die Ablehnung eines Mieters durch die übrigen Hausbewohner sind keine Kündigungsgründe. Verhindert werden sollen künftige Störungen; die Kündigungsmöglichkeit ist keine Sanktion für zurückliegendes Fehlverhalten.

**7.** Gem. § 569 Abs. 4 BGB muss auch der Kündigungsgrund angegeben werden. Zu den Einzelheiten s. Form. D. VI. 1 Anm. 6. Wichtig ist vor allem die genaue Darstellung der einzelnen Störungen.

**8.** Eine derartige nachhaltige Störung des Hausfriedens kann in dem unbefugten Betreten der Wohnung mit eigenem Schlüssel während der Abwesenheit des Mieters (LG Berlin WM 1999, 332) jedenfalls im Wiederholungsfall gesehen werden. Dabei kommt es jedoch auf den Einzelfall an. Handelt der Vermieter gegen den ausdrücklich erklärten Willen des Mieters, ist eine fristlose Kündigung gerechtfertigt. Das LG Lüneburg (WuM 2005, 586) hat eine Unzumutbarkeit allerdings verneint für den Fall, dass der Mieter die Wohnung bereits geräumt hatte und der Vermieter die Wohnung mit einem Mietinteressenten betrat. Sollte eine Störung des Hausfriedens nicht vorliegen, kann die Kündigung gegebenenfalls gemäß § 543 Abs. 1 BGB gerechtfertigt sein, dazu s. Form. D. VI. 11.

**9.** Grundsätzlich ist gemäß § 543 Abs. 3 BGB eine **Abmahnung** erforderlich, die nur unter den Voraussetzungen des § 543 Abs. 3 S. 2 BGB entbehrlich ist. S. dazu Form. D. VI. 1 Anm. 12 und 14. Dies bedeutet gegenüber § 554a BGB a. F. eine Neuerung, da dort nur ausnahmsweise eine Abmahnung für erforderlich gehalten wurde. Ergibt sich die Unzumutbarkeit der Vertragsfortsetzung erst auf Grund der Erfolglosigkeit einer vorhergehenden Abmahnung, ist nach dem Wortlaut des Gesetzes zwar eine erneute Abmahnung erforderlich, diese dürfte dann aber häufig gemäß § 543 Abs. 3 Satz 2 Nr. 1 BGB wegen offensichtlicher Erfolglosigkeit entbehrlich sein (vgl. *Kraemer* WM 2001, 163, 168). Besonders schwere Vertragsverletzungen können bereits bei einmaliger Begehung die Kündigung ohne Abmahnung rechtfertigen; vgl. dazu auch D. VI. 10 Anm. 9.

**10.** Das Öffnen von Post und die Weitergabe des Inhalts an Dritte (AG Rendsburg WM 1989, 178) rechtfertigt wegen des erheblichen Verstoßes gegen die Privatsphäre des Mieters eine fristlose Kündigung auch ohne Abmahnung. Ob eine Störung des Hausfriedens vorliegt, beurteilt sich nach den Umständen des Einzelfalls. Die Kündigung kann sonst auch wegen der schwerwiegenden Vertragsverletzung nach § 543 Abs. 1 BGB gerechtfertigt sein, dazu s. Form. D. VI. 11.

**11. Handlungen Dritter** werden dem Kündigungsgegner nach § 278 BGB zugerechnet, wobei aber Voraussetzung ist, dass Dritte schuldhaft handeln. Häufig ist nach erfolgloser Abmahnung ein vorwerfbares Verhalten des Gekündigten darin zu sehen, dass er die Störung nicht beseitigt hat. Dem Vermieter ist das Verhalten seiner Hilfspersonen zuzurechnen (z. B.: Hausverwalter), wobei dann aber die Störung in Ausübung und nicht nur bei Gelegenheit der Verrichtung begangen werden muss (OLG Karlsruhe ZMR 1988, 52).

**12.** Das Dulden Unbekannter in leer stehenden Wohnungen (LG Göttingen WM 1990, 75) oder die Duldung von gewerblicher Unzucht kann den Mieter zur fristlosen Kündigung berechtigen. Häufig wird in diesem Verhalten eine Störung des Hausfriedens zu sehen sein. Andernfalls ist zu prüfen, ob die Kündigung gemäß § 543 Abs. 1 BGB gerechtfertigt ist, dazu s. Form. D. VI. 11.

**13.** Auf Seiten des Vermieters kommen für eine Störung des Hausfriedens außerdem Schikanen oder Reparaturen zur Unzeit in Betracht ebenso Tätlichkeiten und Beleidigungen.

**14.** Der Vermieter muss die Störung **trotz Abmahnung fortsetzen**. Ändert er sein Verhalten nach der Abmahnung, entfällt der Kündigungsgrund. Zwischen Abmahnung und Ausspruch der Kündigung muss ihm genug Zeit gelassen werden, um sein Verhalten auf die Abmahnung einzustellen. Behauptet der Vermieter, er habe vor Zugang der Kündigung sein störendes Verhalten eingestellt, ist er insoweit darlegungs- und beweispflichtig.

**15.** Durch die Störung muss dem Kündigenden die Fortsetzung des Mietverhältnisses bis zum Ablauf der Kündigungsfrist oder bis zur sonstigen Beendigung des Mietverhältnisses durch Zeitablauf bei befristeten Mietverträgen nach umfassender Abwägung der beiderseitigen Interessen und aller Umstände des Einzelfalls, insbesondere des Verschuldens der Vertragsparteien, nicht zumutbar sein. Insoweit gelten die Überlegungen zu Anmerkung 18 unter Form. D. VI. 8 entsprechend.

Im Falle der Kündigung durch den Mieter ist bei der Abwägung zudem zu berücksichtigen, dass nach der Neufassung des Mietrechts diesem immer die Möglichkeit offen steht, binnen drei Monaten das Mietverhältnis ordentlich zu kündigen.

**16.** Nach Ablauf der vom Mieter gesetzten Frist bzw. nach Abmahnung muss die Kündigung und auch der Auszug zeitnah erfolgen, § 314 Abs. 3 BGB. Die Dauer der Frist ist einzelfallabhängig. Zu beachten ist aber, dass der Mieter innerhalb einer Frist von 3 Monaten ordentlich kündigen kann. Wartet er daher zu lange, kann das Recht zur fristlosen Kündigung entfallen und er ist auf das Recht zur ordentlichen Kündigung zu verweisen.

Der Kündigungsgrund muss bei Zugang der Kündigung vorliegen (h.M. BGH WuM 2006, 193, 194; Palandt/*Weidenkaff* § 543 Rdn. 53; str., a.A. LG Köln WuM 2001, 195; s.auch Anm. 8).

**17.** Kosten und Gebühren: Wie Form. D. VI. 1 Anm. 18.

## 10. Kündigung des Vermieters wegen Unzumutbarkeit der Vertragsfortsetzung, § 543 Abs. 1 BGB

......

(Vermieter)[1]

an

......

(Mieter)[2]

Sehr geehrte(r) ......,[2]

ich[3] kündige hiermit den mit Ihnen am ...... geschlossenen Mietvertrag über die Wohnung ...... fristlos[4] gemäß § 543 Abs. 1 BGB,[5] da mir eine Fortsetzung des Vertrages mit Ihnen nicht mehr zuzumuten ist.

Die Kündigung stütze ich auf folgende Gründe:[6]

Seit fünf Monaten zahlen Sie statt der vereinbarten Miete von 1.000 EUR nur 850 EUR. Gründe für die Reduzierung der Miete haben Sie nicht genannt. Dieser Zahlungsverzug ist für mich nicht hinnehmbar, zumal Sie bereits 1998 über mehrere Monate die Miete nur unregelmäßig gezahlt haben.[7]

Auch die Nachzahlung der Betriebskosten für das Jahr 2000 verweigern Sie ohne Angabe von Gründen.[8]

Auf mein Schreiben vom ......, mit dem ich die Zahlung des vollständigen Betrages angemahnt habe, haben Sie nicht reagiert,[9] sondern auch im ...... erneut nur einen Teil des Mietzinses gezahlt.[10]

– und/oder –

Herr ......,[11] Sie haben am ...... aus Verärgerung über Ihre Wohnungsnachbarin deren Wohnungseingangstür eingetreten.[12] Als ich Sie deswegen zur Rede gestellt habe, haben Sie mich als „Hure" und „Schlampe" bezeichnet und gedroht, ich solle mich im Dunkeln nicht mehr im Haus blicken lassen.[13]

– und/oder –

Sie haben beim Wohnungsamt eine Anzeige erstattet mit dem Inhalt, die Erdgeschosswohnung werde gewerblich vermietet, obwohl dies, wie Sie wissen, nicht zutrifft.[14]

– und/oder –

Sie weigern sich trotz meiner schriftlichen Aufforderung vom ......[9] beharrlich,[10] dem Urteils des Amtsgerichts ...... vom ...... Folge zu leisten und die von Ihnen angebrachte Parabolantenne zu entfernen sowie die Balkonsanierung durchführen zu lassen.[15]

– und/oder –

Ihren Dobermann haben Sie nicht aus der Wohnung entfernt,[16] obwohl ich Sie zuletzt mit Schreiben vom ...... aufgefordert habe, für das Tier eine andere Unterbringungsmöglichkeit zu suchen.[9, 10]

– und/oder –

Sie haben unbefugt aus der Stromleitung für die Beleuchtung des Hausflurs Strom für Ihre Wohnung abgezapft.[17]

– und/oder –

Sie haben wahrheitswidrig angegeben, dass Herr ...... sich nur besuchsweise für einen Monat in der Wohnung aufhält.[18] Tatsächlich besteht zwischen Ihnen und Herrn ...... aber ein Untermietvertrag seit über acht Monaten. Herr ...... ist trotz meiner Abmahnung vom ......[9] immer noch nicht ausgezogen.[10]

– und/oder –

In der Wohnung wird Cannabis in erheblichen Mengen angebaut.[19] Sie haben trotz meiner Aufforderung mit Schreiben vom ......[9] ihren Sohn[20] nicht veranlasst[10], die Pflanzen zu entsorgen.

– und/oder –

Sie nutzen Ihre Wohnung gewerblich. Sie haben dort ein Büro mit einer Mitarbeiterin eingerichtet und empfangen dort täglich Kunden.[21]

Angesichts Ihres Verhaltens ist mir trotz des langjährigen Mietverhältnisses und der Krankheit Ihrer Ehefrau eine Fortsetzung des Mietverhältnisses nicht mehr zumutbar.[22] Mir bleibt nur die sofortige[23] fristlose Kündigung.

Ich fordere Sie auf, die Mieträume binnen einer Woche bis zum ...... zu räumen[24] und in ordnungsgemäßem und vertragsgerechtem Zustand (s. § ...... des Mietvertrages) zurückzugeben. Schönheitsreparaturen sind noch bis zur Rückgabe vorzunehmen; anderenfalls werde ich diese auf Ihre Kosten durch einen von mir beauftragten Unternehmer vornehmen lassen. Sämtliche Schlüssel sind an mich zurückzugeben.

Ich mache Sie darauf aufmerksam, dass die Mietrückstände noch zu zahlen und Sie verpflichtet sind, bis zur tatsächlichen Räumung mir eine Nutzungsentschädigung[25] zu zahlen.

Ich widerspreche bereits jetzt einer stillschweigenden Fortsetzung des Mietverhältnisses gemäß § 545 BGB.[26]

Sollten Sie die Wohnung nicht bis zu dem genannten Termin an mich herausgegeben haben, werde ich unverzüglich Räumungsklage erheben.[27]

......

(Vermieter)

*Schrifttum: Börstinghaus,* Kündigung von Wohnraummietverträgen – Die außerordentliche Kündigung –, ZAP Fach 4, 811 – 842 (2003); *Eisenschmid,* Das Mietrechtsreformgesetz, WM 2001, 215 ff.; *Franke,* ZMR 1992, 81; *Harsch,* Zur Zulässigkeit von Rauchverboten im Wohnungsmietvertrag, WuM 2009, 76; *Hinz,* Kündigung des Mietverhältnisses bei Verletzung von Pflichten aus der Betriebskostenabrede, NZM 2010, 57 ff.; *Hirsch,* § 543 I BGB – Kündigung aus wichtigem Grund wegen „Pflichtverletzung", WuM 2006, 418 ff.; *Kraemer,* Die Kündigung aus wichtigem Grund nach altem und neuem Recht, WM 2001, 163 ff.; *Lützenkirchen,* Die Entwicklung des Mietrechts in der obergerichtlichen Rechtsprechung des Jahres 1996, WM 1997, 135 ff.

## Anmerkungen

**1.** **Sachverhalt:** Das Formular führt verschiedene Vertragsverletzungen auf, die eine fristlose Kündigung gemäß § 543 Abs. 1 BGB rechtfertigen können. Die einzelnen Gründe stellen jeder für sich eine erhebliche Vertragsverletzung dar.

**2.** Zur Kündigung gegenüber mehreren Mietern s. Form. D. VI. 2 Anm. 2.

**3.** Zur Kündigung von mehreren Vermietern s. Form. D. VI. 2 Anm. 3.

**4.** Die Kündigung hat schriftlich zu erfolgen, § 568 Abs. 1 BGB. Sie muss eindeutig die Erklärung enthalten, dass das Mietverhältnis fristlos beendet werden soll. Die Umdeutung einer unwirksamen ordentlichen Kündigung in eine fristlose Kündigung ist daher in der Regel nicht möglich, da der Wille zur sofortigen Beendigung nicht deutlich wird (vgl. dazu BGH WuM 2005, 584, 585 mit weiteren Nachweisen aus der Rechtsprechung). Sie umfasst das gesamte Mietverhältnis; eine Teilkündigung ist bis auf wenige und seltene Ausnahmefälle nicht möglich (dazu näher Emmerich/Sonnenschein/*Emmerich* § 543 Rdn. 55.). Wesentlich ist, ob die Mietsache von den Parteien als Einheit betrachtet wird, was beim Wohnraummietverhältnis in der Regel der Fall ist.

**5.** § 543 Abs. 1 BGB stellt die Generalklausel dar, nach der alle verbleibenden Fälle der fristlosen Kündigung gelöst werden müssen, auch die, die wegen der Verengung der §§ 553 und 554a BGB a. F. durch die Nachfolgevorschriften der § 543 Abs. 2 Nr. 2 und 569 Abs. 2 BGB von diesen nicht mehr umfasst werden. Jedoch sollen hierdurch keine neuen Kündigungsgründe geschaffen werden, die Gründe müssen ein ähnliches Gewicht haben wie die speziellen Kündigungsgründe (*Blank/Börstinghaus* Miete § 543 Rdn. 3). Es wird häufig zu Abgrenzungsproblemen kommen, ob noch ein spezieller Kündigungstatbestand vorliegt oder ob auf die Generalklausel zurückgegriffen werden muss. Insoweit wird auf die Anmerkungen zu den einzelnen Formularen verwiesen.

**6.** Gem. § 569 Abs. 4 BGB muss auch der Kündigungsgrund angegeben werden. Zu den Einzelheiten s. Form. D. VI. 2 Anm. 6.

**7.** Eine der häufig vorkommenden Pflichtverletzungen, die eine fristlose Kündigung rechtfertigen können, ist die **unpünktliche Mietzahlung** (*Sternel* IV 511 Fn. 28). Kündigungsgrund ist in diesem Fall die Unzuverlässigkeit des Mieters und das dadurch beeinträchtigte schutzwürdige Dispositionsinteresse des Vermieters. Dieser Fall wird nicht durch § 543 Abs. 2 Nr. 3 BGB ausgeschlossen (BGH WuM 2006, 193, 194 und WuM 1988, 125 f.). Es gelten hier dieselben Erwägungen wie bei der Kündigung des Vermieters wegen Verzugs mit der Zahlung erheblicher Teile des Mietzinses gemäß §§ 543 Abs. 2 Nr. 3, 569 Abs. 3 BGB (Form. D. VI. 4). Eine Vertragsverletzung ist gegeben, sobald der Mieter den vereinbarten Zahlungstermin überschritten hat. Zur Fälligkeit im Einzelnen vgl. Form. D. VI. 4 Anm. 6. Der Mieter muss mit der Zahlung in Verzug sein, wobei das Verschulden in der Regel vermutet wird. Zu beachten ist aber, dass ein Mietrückstand nur entsteht, wenn der Mieter zur Zahlung verpflichtet ist. Im Einzelnen dazu Form. D. VI. 4 Anm. 11 und zur Rechtzeitigkeit der Zahlung Form. D. VI. 4 Anm. 12 sowie zur Begründung des Zahlungsverzugs Form. D. VI. 4 Anm. 4.

Daraus, dass der Vermieter in der Vergangenheit die unpünktliche Zahlungsweise geduldet hat, kann **keine Billigung** hergeleitet werden (Schmidt-Futterer/*Blank* § 543 Rdn. 159). Jedoch kann der Anspruch auf rückständigen Mietzins verwirkt werden, wenn der Vermieter eine Minderung mehr als sechs Monate ohne Widerspruch oder Mahnung hinnimmt (AG/LG Gießen ZMR 2001, 801 m. w. N.). Die Unpünktlichkeit muss nachhaltig sein, d. h. sie muss einen längeren Zeitraum umfassen (4 unpünktliche Zahlungen im Wiederholungsfall reichen, OLG Hamm NJW-RR 1993, 1163; LG Berlin GE 2005, 867 bzgl. 3 verspäteter Zahlungen nach Abmahnung trotz teilweiser Berechtigung von Minderung und Aufrechnung). Einmalige oder nur kurzfristige Überschreitungen des Zahlungstermins reichen nicht immer aus (vgl. dazu auch *Börstinghaus* ZAP Fach 4, 811 – 842 (2003) unter II.1.d)cc) mit weiteren Nachweisen aus der Rspr.). Abzuwägen sind die Dauer der vertragswidrigen Zahlungsweise und die Dauer des Verzugs.

Die Kündigung wird nicht wie im Falle des § 543 Abs. 2 Nr. 3, § 569 Abs. 3 BGB unwirksam durch eine **Zahlung vor Zugang der Kündigung**, eine Aufrechnung oder die sonstigen in § 543 Abs. 2 Nr. 3, 569 BGB aufgeführten Gründe (LG Berlin Grundeigentum 2010, 2051). Dies gilt jedenfalls dann, wenn der Mieter nach Abmahnung sein unpünktliches Zahlungsverhalten fortsetzt (BGH WM 1988, 126, Schmidt-Futterer/*Blank* § 543 Rdn. 168; Emmerich/Sonnenschein/*Emmerich* § 543 Rdn. 44). Eine nachträgliche Zahlung schließt insbesondere dann die fristlose Kündigung nicht aus, wenn der Mieter zum wiederholten Male unpünktlich gezahlt hat. Es kommt jedoch immer auf den Einzelfall an (OLG Hamm NJW-RR 1993, 1163). Bei unregelmäßiger Zahlungsweise kann der Vermieter den Mieter, der kein Konto und kein regelmäßiges Einkommen hat, zudem auffordern, binnen einer bestimmten Frist mitzuteilen, wie er künftig zu zahlen gedenke; reagiert der Mieter darauf nicht, kann der Vermieter fristlos kündigen (LG Hamburg WM 2001, 281).

Bei der Abwägung kann auf Seiten des Vermieters insbesondere dessen Dispositionsinteresse berücksichtigt werden, auf Seiten des Mieters insbesondere die Gründe der unpünktlichen Zahlung, z. B., dass das Sozialamt laufend unpünktlich zahlt. Der BGH hat – entgegen der überwiegenden Ansicht der Instanzgerichte – in seiner Entscheidung vom 21. 10. 2009 – VII ZR 64/09 – (NJW 2009, 3781) ausgeführt, dass ein Jobcenter nicht als Erfüllungsgehilfe des Mieters anzusehen sei. Das Jobcenter erbringe im Rahmen der Daseinsvorsorge staatliche Transferleistungen an einen Bürger und werde damit hoheitlich tätig. Der Bürger wende sich an die Behörde um die Mittel für den eigenen Lebensunterhalt zu erhalten. Er schalte das Jobcenter damit nicht als Hilfsperson zur Erfüllung seiner eigenen Verpflichtung ein. Ein Verschulden des Jobcenters bei der Zahlung der

Miete ist dem Mieter daher nicht zuzurechnen. Es ist jedoch bei der Entscheidung über die Berechtigung der Kündigung genau darauf zu achten, in welchem Zeitraum und in welchem Umfang der Mieter Leistungen einer staatlichen Behörde erhält. Zutreffend hat das AG Bernau (WuM 2010, 31) dazu ausgeführt, dass für den Fall, dass der Mieter Leistungen für die Unterkunft nach dem SGB 2 erst nach dem Zeitpunkt der Fälligkeit der Mietzinszahlung erhält, er jedenfalls mit dem nicht durch die Unterkunftsleistung gedeckten Teil des Mietzinses schuldhaft in Verzug gerät. Gleiches gilt auch für den Fall, dass er nur hinsichtlich eines Teils der Miete stattliche Unterstützung erhält.

Eine Kündigung ist ferner nicht gerechtfertigt, wenn der Mieter trotz vereinbarter Vorauszahlung immer erst zur Monatsmitte zahlt, weil er erst zu diesem Zeitpunkt sein Gehalt erhält und der Vermieter dies über einen längeren Zeitraum geduldet hat.

Der Vermieter muss in der Kündigungserklärung darlegen, welche Beträge aus welchen Monaten der Mieter schuldet. Wegen der im Einzelnen an die Begründung zu stellenden Anforderungen wird auf Form. D. VI. 4. 6. verwiesen.

**8.** Die **Verletzung sonstiger Zahlungsverpflichtungen** kann ebenfalls eine schwerwiegende Vertragsverletzung darstellen. Dazu zählt insbesondere die Nichtzahlung von Betriebskosten und Betriebskostenabrechnungen trotz zweifelsfrei bestehender Zahlungspflicht (OLG Koblenz WM 1984, 269). Abzuwägen sind dabei insbesondere die Höhe der Nachforderung und der Grund der Nichtzahlung. Gleiches gilt bei der Nichtzahlung von Schadensersatzbeträgen oder Prozesskosten. Hinsichtlich der Nichtzahlung von Prozesskosten hat der BGH entschieden, dass ein Vermieter einen Wohnraummietvertrag nicht deshalb kündigen kann, weil der Mieter die Prozesskosten eines früheren, auf Zahlungsverzug gestützten Räumungsprozesses nicht begleicht (BeckRS 2010, 18945). Es widerspreche der Regelung des § 569 Abs. 3 Nr. 2 BGB, wenn durch Zahlung innerhalb der Schonfrist zwar die außerordentliche Kündigung unwirksam werde, dem Vermieter aber die Möglichkeit verbleibe, das Mietverhältnis gleichwohl erneut zu kündigen, weil der Mieter wirtschaftlich nicht in der Lage sei, die Prozesskosten des erledigten Räumungsrechtsstreits zu begleichen. Eine erhebliche Erfüllungsverweigerung kann zudem gegeben sein, wenn der Mieter eine Mietzinsrate nicht zahlt und erklärt, er könne auch in Zukunft nicht zahlen (OLG Düsseldorf MDR 1991, 965, das insoweit § 554 annimmt, *Sternel* Mietrecht Aktuell, Rdn. 1190, *Franke* ZMR 1992, 81).

Demgegenüber ist im Regelfall nach herrschender Meinung die Nichtzahlung der Kaution im Wohnungsmietrecht anders als bei der Gewerbemiete kein Grund für eine fristlose Kündigung (LG Kassel NJW-RR 1987, *Kossmann* § 75 Rdn. 7; a. A. MünchKomm/*Bieber* § 543 Rdn. 12). Nur wenn ein erhöhtes Sicherungsbedürfnis des Vermieters besteht, weil sich auch aus dem übrigen Verhalten des Mieters Hinweise auf seine mangelnde Zahlungsbereitschaft ergeben, kann die Nichtzahlung der Kaution ausnahmsweise ein Grund für eine fristlose Kündigung sein (OLG Celle ZMR 1998, 272 f. für Gewerberaum; OLG Düsseldorf WM 1995, 438; LG Bielefeld WM 1992, 125; *Lützenkirchen* WM 1997, 135, 139).

Insbesondere dürfen die Voraussetzungen des § 543 Abs. Nr. 3 BGB (s. Anm. 9) nicht umgangen werden.

**9.** Eine **Abmahnung** ist gemäß § 543 Abs. 3 S. 1 BGB in der Regel erforderlich, wenn eine Pflicht aus dem Mietvertrag betroffen ist; unter den Voraussetzungen des § 543 Abs. 2 S. 2 BGB ist sie entbehrlich (dazu auch Hannemann/Wiegner/*Kleinrahm* § 28 Rdn. 185 f.). Insoweit wird zunächst auf die Ausführungen zu Form. D. VI. 1 Anm. 13 und 15 verwiesen. Ergibt sich die Unzumutbarkeit der Vertragsfortsetzung erst auf Grund der Erfolglosigkeit einer vorhergehenden Abmahnung, ist nach dem Wortlaut des Gesetzes zwar eine erneute Abmahnung erforderlich, diese dürfte dann aber häufig gemäß § 543 Abs. 3 S. 2 Nr. 1 BGB wegen offensichtlicher Erfolglosigkeit entbehrlich sein (vgl. *Kraemer* WM 2001, 163, 168). Besonders schwere Vertragsverletzungen können bereits nach einmaliger Begehung die Kündigung rechtfertigen, z.B. Tätlichkeiten (Anm. 12), falsche Anschuldigungen (Anm. 14), Diebstahl (Anm. 17) oder sonstige Straftaten (so LG München WuM 2006, 524 bei Sachbeschädigung). Auch dabei ist immer auf den Einzelfall abzustellen. So hat das KG (WuM 2004, 721) im Falle der unbefugten Stromentnahme eine Abmahnung jedenfalls dann weiterhin für erforderlich gehalten, wenn ein kaum messbarer Stromverbrauch erfolgte.

**10.** Der Mieter muss sein **Verhalten trotz Abmahnung fortsetzen.** Ein einmaliger Zahlungsverzug zwischen Abmahnung und Zugang der Kündigung kann reichen (BGH WuM 2006, 193, 195), da die Abmahnung dem Mieter nur eine letzte Chance zur Wiederherstellung des Vertrauens des Vermieters gibt. Stellt der Mieter sein Verhalten nach der Abmahnung ein, entfällt der Kündigungsgrund. Zwischen Abmahnung und Ausspruch der Kündigung muss ihm genug Zeit gelassen werden, um sich auf die Abmahnung einzustellen. Behauptet der Mieter, er habe vor Zugang der Kündigung das pflichtwidrige Verhalten eingestellt, ist er insoweit darlegungs- und beweispflichtig.

**11.** Stört bei einer **Mehrheit von Mietern** nur ein Mieter, muss dennoch gegenüber allen gekündigt werden, denn eine Teilkündigung ist aus Rechtsgründen ausgeschlossen. Etwas anderes kann allenfalls bei Wohngemeinschaften gelten, wenn neue Mitglieder auf Grund eines Vertrages mit dem Vermieter eintreten, sie ihren Eintritt angezeigt haben, ohne dass der Vermieter auf eine Kündigungsabsicht hingewiesen hat oder wenn feststeht, dass der störende Mieter auszieht (im Einzelnen dazu Schmidt-Futterer/*Blank* § 554a Rdn. 5 m.w.N.).

**12.** Vertragsverletzungen, die eine fristlose Kündigung rechtfertigen können, sind insbesondere **Tätlichkeiten,** wie das Eintreten der Wohnungstür eines Nachbarn. Gleiches gilt für das Werfen eines Gegenstandes nach einem Mitmieter, für Schläge oder auch mutwillige Zerstörung der Mietsache (LG Saarbrücken DWW 1993, 48, 203, AG Helmstedt ZMR 1988, 184 Nr. 14 – Versuch, das Haus mit Gas in die Luft zu sprengen). Die Zerstörung muss aber von einigem Gewicht sein, was zum Beispiel bei der Beschädigung eines Gartentores nicht der Fall ist (AG Schöneberg ZMR 2000, 839).

**13.** Auch **Beleidigungen** können eine schwere Vertragsverletzung darstellen. Hierbei handelt es sich ebenso wie bei Verleumdungen um eine Einzelfallabwägung (dazu gibt es umfangreiche Rechtsprechung Nachweise bei Bub/Treier/*Grapentin* IV Rdn. 191 a.E., Schmidt-Futterer/*Blank* § 543 Rdn. 182). Einmaliges Duzen reicht z.B. ebenso wenig (AG Warendorf WM 2000, 436) wie Beleidigungen im Rahmen einer Auseinandersetzung. Beleidigungen, die gegen Dritte gerichtet sind, können eine fristlose Kündigung ebenfalls rechtfertigen, wenn der Dritte dem Bereich des Kündigungsgegners zuzuordnen ist (z.B. Verwalter LG Köln WM 1981, 233). Häufig wird es sich hierbei um Fälle der Störung des Hausfriedens handeln, s. dazu auch Form. D. VI. 8 Anm. 8.

Bedrohungen rechtfertigen häufig auch eine fristlose Kündigung, z.B. wenn eine Schusswaffe gezogen wird, ohne dass eine Angriff erfolgt ist (AG Warendorf WM 1996, 412), der Vermieter mit einer Geiselnahme bedroht wird (LG Mannheim ZMR 1977, 180) oder, nachdem er zuvor das Mietverhältnis gekündigt hatte, die anonyme Übersendung eines Zeitungsausschnitts mit einem Bericht über eine Gasexplosion erfolgt (AG Köln WM 2000, 356). Auch die Bezichtigung des querulantenhaften und aufwieglerischen Verhaltens ohne Grund kann Anlass einer fristlosen Kündigung sein (AG Borken WM 2000, 189).

In diesen Fällen kann auch immer eine Störung des Hausfriedens gemäß § 569 Abs. 2 BGB in Betracht kommen. S. Form. D. VI. 8.

**14.** Eine Vertragsverletzung kann auch dadurch begangen werden, dass der Mieter den Vermieter zu Unrecht beschuldigt oder in sonstiger Weise gegenüber Dritten herabsetzt. Dazu gehören insbesondere falsche Anzeigen gegen den Vermieter, die auf erfundenen Tatsachen beruhen oder ohne sachlichen Grund gemacht wurden. So hat das LG Frankfurt (WM 1994, 15) die fristlose Kündigung des Vermieters für berechtigt erachtet, weil der Mieter den Vermieter gegenüber den zuständigen Behörden fälschlich der Zweckentfremdung von Wohnraum bezichtigt hatte. Die dagegen gerichtete Verfassungsbeschwerde des Mieters hat das BVerfG nicht zur Entscheidung angenommen (BVerfG WM 1994, 15, 16). Auch denunziatorisch gemeinte Anzeigen sind, selbst wenn der angezeigte Sachverhalt zutrifft, als schwerwiegende Vertragsverletzungen zu werten, wenn die Anzeige nur den Zweck hatte, dem Vermieter zu schaden (LG Frankfurt/M. WM 1989, 619). Ebenso berechtigen leichtfertig und unangemessen erfolgte Strafanzeigen zur fristlosen Kündigung (BVerfG NZM 2001, 61). Etwas anderes gilt dann, wenn der Mieter bei der Anzeige nach bestem Gewissen handelt, in sachlicher Form informiert und bei der Informationsbeschaffung nicht fahrlässig handelt (AG Köln WM 1995, 587). Der Mieter darf sich ferner nicht mit unredlichen Mitteln gegen eine Kündigung verteidigen, z.B. durch Zeugenbeeinflussung (BGH WM 1986, 60).

Er darf jedoch öffentlich-rechtliche Verstöße den Behörden mitteilen und sich auch gegen Maßnahmen des Vermieters wehren, z.B. gegen Sanierung, Verkauf etc. Er darf sich dazu mit Mitmietern zusammenschließen, sich an die Öffentlichkeit wenden (AG Solingen WM 1991, 97 für den Fall einer extrem hohen Miete), Transparente aufhängen (AG Stuttgart NJW-RR 1991, 780 „Wir bleiben hier"), Zettel auslegen bzw. aus dem Fenster werfen (Verfassungsgerichtshof des Landes Berlin ZMR 2008, 605 u.a. „Feindliche Übernahme durch M&W"), oder Kaufinteressenten auf Mängel hinweisen (OLG Celle NJW-RR 1991, 781). Er muss allerdings bei der Wahrheit bleiben und darf den Vermieter weder anprangern, diskriminieren noch beleidigen (LG Hannover WM 1995, 538: unsachliche Kritik: der Mieter hatte behauptet, der Verkäufer habe ein Gutachten gekauft; LG München I WM 1983, 264, das die Kündigung bejaht hat bei wahrheitsgemäßem Plakat, dass 4 Wohnungen leerstehen). Auch hier kommt es immer auf den Einzelfall an. Zu berücksichtigen ist bei der Abwägung immer, ob eigene Interessen des Mieters auf dem Spiel stehen; dann ist unter Umständen eine fristlose Kündigung nicht gerechtfertigt (OLG Köln WM 1983, 85 in einem Fall, in dem der Mieter den Vermieter als Wohnungshai bezeichnet hatte, weil er den Mieter nach der Modernisierung vor die Wahl stellte, die erheblich höhere Miete zu zahlen oder auszuziehen). Äußerungen in einem Rechtsstreit reichen in der Regel nicht zur Rechtfertigung einer fristlosen Kündigung, wobei immer die konkrete Prozesssituation zu berücksichtigen ist.

**15.** Die beharrliche Verweigerung der Erfüllung von Mieterpflichten kann die fristlose Kündigung ebenfalls rechtfertigen, z.B. wenn der Mieter eine Modernisierung trotz gerichtlichen Titels nicht duldet (AG Frankfurt Urt. v. 5. 8. 2009 – 33 C 4733/08 – zitiert nach juris) oder trotz rechtskräftigen Titels eine Parabolantenne nicht entfernt oder sie wieder anbringt (BVerfG NJW 1996, 1736). Besteht noch kein rechtskräftiger Titel, ist umstritten, ob eine fristlose Kündigung voraussetzt, dass das Eigentum des Vermieters unmittelbar gefährdet ist (so AG Wiesbaden NJW-RR 1992, 76, 77 im Fall der Gefahr der Schimmelbildung nach vom Mieter verschuldeten Wasserschaden). Andernfalls muss der Vermieter Klage erheben auf Duldung oder Unterlassung (LG Berlin Grundeigentum 2009, 1316 betr. Klage auf Entfernen einer Satellitenantenne, LG Schwerin WM 1996, 767 betr. Duldung der Mängelbeseitigung).

**16.** Unter § 543 Abs. 1 BGB fallen zudem die Fälle des vertragswidrigen Gebrauchs, die nicht zu einer Vernachlässigung der Mietsache führen oder eine Störung des Hausfriedens darstellen. Dazu gehört insbesondere die unerlaubte Tierhaltung, die häufig weder zu einer Gefährdung der Substanz der Mietsache führt noch den Hausfrieden stört. Grundsätzlich sind Kleintiere erlaubnisfrei, soweit sie in Käfigen, Aquarien oder Terrarien gehalten werden können. Größere Tiere, insbesondere Hunde und Katzen, bedürfen der Erlaubnis. Werden Sie ohne Erlaubnis gehalten, kann dies eine schwere Vertragsverletzung darstellen (vgl. dazu auch LG Köln ZMR 2010, 533). Auch das Musizieren kann vertragswidrig sein, jedoch wird dies häufig über zeitliche Beschränkungen zu regeln sein.

**17.** Diebstähle jeder Art, auch der Diebstahl von Strom (LG Köln NJW-RR 1994, 909), stellen immer erhebliche Vertragsverletzungen dar.

**18.** **Unredlichkeiten bei der Vertragsdurchführung** können eine fristlose Kündigung rechtfertigen. Dazu zählt die Verletzung von Aufklärungspflichten (OLG Hamburg ZMR 1992, 23) oder die Täuschung des Vermieters, wenn dadurch erhebliche Vermögensinteressen berührt werden (LG Berlin ZMR 1998, 636 f. für unwahre Angaben über die Untervermietung). Es reicht nicht jede Täuschung über die Vermögenslage, insbesondere nicht eine einmalige Täuschung über die Zahlungsfähigkeit bei langjährigem beanstandungsfreiem Mietverhältnis (OLG Hamburg WM 1997, 216). Bewusst wahrheitswidrige Angaben über die Vermögensverhältnisse bei der Mieterselbstauskunft können allerdings eine fristlose Kündigung rechtfertigen, (AG Zittau Urteil vom 27. 11. 05 – 5 C 36/05; LG München NZM 2009, 782), es sei denn, der Mieter zahlt dann immer regelmäßig (über 2 Jahre LG Wuppertal WM 1999, 39, nach dem LG München a. a. O. ist es jedoch nicht erforderlich, dass sich das Mietzinsausfallrisiko bereits verwirklicht hat).

**19.** Ein weiterer Grund für Vertragsverletzungen kann in dem Verhalten des Mieters gegeben sein, wobei aber hier häufig eine Störung des Hausfriedens gemäß § 569 Abs. 2 BGB in Betracht kommt. Der unerlaubte Cannabis-Anbau, der die Gewinnung nicht unerheblicher Mengen von Betäubungsmitteln ermöglicht, stellt eine schwere Verletzung des Vertrauensverhältnisses dar. Da zudem die Gefahr besteht, dass die Mietsache „in Verruf" gerät, besteht ein Grund zur fristlosen Kündigung (AG Köln, WuM 2008, 525; LG Ravensburg WM 2001, 608 f.). Auch die Ausübung von Prostitution in der Wohnung (LG Lübeck NJW-RR 1993, 525) kann eine schwere Vertragsverletzung begründen, ebenso sonstige Belästigungen der Mitmieter (AG Steinfurt WM 1987, 260 unberechtigte Gartenbenutzung) oder des Vermieters (LG Bielefeld WM 2001, 55: „Bombardement" mit 174 Mängelrügeschreiben aller Art in 14 Wochen) ohne Störung des Hausfriedens. Auch Verstöße gegen ein Rauchverbot können die Kündigung rechtfertigen (dazu näher *Harsch* WuM 2009, 76).

**20.** **Handlungen Dritter** werden dem Kündigungsgegner nach § 278 BGB bzw. wenn er Untermieter ist, nach § 540 Abs. 2 BGB zugerechnet, wobei aber Voraussetzung ist, dass der Dritte schuldhaft handelt. Häufig ist nach erfolgloser Abmahnung ein vorwerfbares Verhalten des Gekündigten darin zu sehen, dass er die Störung nicht beseitigt hat. Der Mieter muss für die Personen einstehen, die auf Dauer oder zumindest für längere Zeit bei ihm wohnen. Besucher gehören in der Regel nicht dazu.

**21.** Nutzt der Mieter die ihm überlassenen Wohnräume gewerblich kann dies ebenfalls eine fristlose Kündigung rechtfertigen. Voraussetzung ist aber, dass der Mieter mit einer geschäftlichen Tätigkeit nach außen in Erscheinung tritt, etwa indem er die Wohnung als seine Geschäftsadresse angibt, er in der Wohnung Kunden empfängt oder dort Mitarbeiter beschäftigt. Der Vermieter kann jedoch im Einzelfall nach Treu und Glauben verpflichtet sein, eine Erlaubnis zur teilgewerblichen Nutzung zu erteilen. Sie wird insbesondere dann in Betracht kommen, wenn es sich nur um eine Tätigkeit ohne Mitarbeiter und ohne ins Gewicht fallenden Kundenverkehr handelt. Insoweit ist der Mieter darlegungs- und beweisbelastet (BGH NJW 2009, 3157).

**22.** Durch die Störung muss dem Kündigenden die Fortsetzung des Mietverhältnisses bis zum Ablauf der Kündigungsfrist oder der sonstigen Beendigung des Mietverhältnisses infolge Zeitablaufs bei befristeten Mietverhältnissen nach umfassender Abwägung der beiderseitigen Interessen und aller Umstände des Einzelfalls, insbesondere des Verschuldens der Vertragsparteien, **nicht zumutbar** sein. Damit ist ein Verschulden des Kündigungsgegners nicht mehr wie nach altem Recht zwingende Voraussetzung, sondern nur noch ein – wenn auch wichtiges – Abwägungskriterium (*Eisenschmid* WM 2001, 215, 219). Ein Rückgriff auf § 242 BGB – wie nach bisherigem Recht – ist daher bei im Zustand der Schuldunfähigkeit begangenen Vertragsverletzungen nicht mehr erforderlich. Bei der Abwägung sind sämtliche Umstände des Einzelfalls nach objektiven Maßstäben zu prüfen. Einzubeziehen sind Art, Schwere und Nachhaltigkeit des Anlasses, das Ausmaß der Beeinträchtigung und die konkreten Beziehungen der Parteien zueinander. Daneben sind Alter, Krankheit, Beruf und Familie sowie das bisherige Verhalten und die Reaktion auf den Vorfall zu berücksichtigen (*Hirsch* WuM 2006, 418).

Es muss sich um ganz besonders **schwerwiegende Verstöße** handeln, die eine sofortige Trennung der Parteien unumgänglich machen (Emmerich/Sonnenschein/*Emmerich* § 543 Rdn. 4), in denen der Kündigende sich also mit einer Abmahnung oder einer Unterlassungsklage als mildere Maßnahmen nicht zu begnügen braucht. Dabei reichen einmalige Vorgänge oder scharfe Bemerkungen bei einer erregten Auseinandersetzung in der Regel nicht aus. Die Unzumutbarkeit der Vertragsfortsetzung muss auf jedem Fall dem Kündigungsgegner und seinem Einflussbereich zuzuordnen sein (*Hirsch* WuM 2006, 418, 423; Palandt/*Weidenkaff* § 543 Rdn. 32). Das bloße Anderssein oder die Ablehnung des Mieters durch die übrigen Hausbewohner sind keine Kündigungsgründe. Ausgeschlossen ist die Kündigung zudem, wenn dem Kündigenden ein überwiegendes Verschulden zuzurechnen ist (*Blank/Börstinghaus* Miete § 543 Rdn. 5).

Die **Abwägung** muss neben den bereits bei den einzelnen Pflichtverletzungen aufgeführten Abwägungskriterien auch die persönlichen Verhältnisse der Parteien einbeziehen. So kann eine Rolle spielen, dass ein im Haus lebender Vermieter auf Grund seines Alters oder einer Krankheit für die Störung besonders anfällig ist. Andererseits kann bei einem Mieter, der schon seit langen Jahren die Wohnung angemietet hat und nunmehr auf Grund Altersgebrechlichkeit und gesundheitlicher Probleme Störungen verursacht, erhöhte Toleranz und Rücksichtnahme verlangt werden. Ferner sind abzuwägen die Schwere des Pflichtverstoßes und die Frage des Verschuldens. Erheblich kann dabei sein, ob der Störende vorsätzlich oder nur fahrlässig gehandelt hat. Auch die Handlung als solche und ihre Folgen sind zu berücksichtigen. Eine Vielzahl von Vertragsverletzungen, die für sich genommen die Kündigung nicht rechtfertigen würden, können bei einer Gesamtwürdigung eine fristlose Kündigung rechtfertigen (LG Bielefeld WM 2001, 55). Bei wechselseitigen oder provozierten Vertragsverletzungen scheidet eine Kündigung häufig aus (BGH WM 1986, 60). Wird der Hausfrieden wegen eines Streits zwischen mehreren Mietern gestört, muss der Vermieter zunächst ermitteln, wer den Streit verursacht hat. Ist dies nicht festzustellen, hat der Vermieter ein Auswahlrecht, bei dem er sich von Zweckmäßigkeitsgesichtspunkten leiten lassen kann. Er muss allerdings das Verhalten der anderen Mieter und die allgemeinen Verhältnisse im Haus mit berücksichtigen (LG Mannheim WM 1981, 17; AG Bad Segeberg WM 2000, 601, 603).

Einbezogen werden kann der gesamte bisherige Verlauf des Mietverhältnisses, also auch bisherige nicht verfolgte oder nicht mehr verfolgbare Pflichtverletzungen (Bub/Treier/*Grapentin* IV 190).

Bei Störungen durch schuldunfähige Personen ist zu bedenken, dass gemäß § 573 Abs. 2 Nr. 1 für den Fall der ordentlichen Kündigung bei Vertragsverletzungen durch den Mieter ein schuldhaftes Verhalten Voraussetzung ist. Um insoweit Wertungswidersprüche zu vermeiden, ist daher die fristlose Kündigung gegen einen schuldunfähigen Mieter nur im Ausnahmefall bei besonders erheblichen Verstößen möglich (ebenso *Kraemer* WM 2001, 163, 171).

**23.** Zwischen dem Ablauf der gesetzten Frist oder der Abmahnung bzw. im Fall der Entbehrlichkeit der Abmahnung zwischen der Vertragsverletzung und dem Ausspruch der Kündigung darf kein erheblicher Zeitraum liegen, da andernfalls zweifelhaft ist, dass tatsächlich eine Unzumutbarkeit der Vertragsfortsetzung vorliegt (vier Monate nach einem Diebstahl ist die fristlose Kündigung nicht mehr rechtzeitig, LG Berlin ZMR 2000, 529). Dies ergibt sich auch aus § 314 Abs. 3 BGB.

Der Kündigungsgrund muss bei Zugang der Kündigung vorliegen (h.M. BGH WuM 2006, 193, 194; Palandt/*Weidenkaff* § 543 Rdn. 53; str., a. A. LG Köln WuM 2001, 195; s. auch Anm. 8).

**24.** Der Vermieter kann dem Mieter auch bei einer fristlosen Kündigung eine Räumungsfrist setzen. Er muss hinsichtlich der Dauer aber abwägen, da bei einer längerfristigen Räumungsfrist nachteilige Rückschlüsse auf die Erheblichkeit der Vertragsverletzung gezogen werden können.

**25.** § 546a BGB, s. Form. F. II. 2.

**26.** Diese Erklärung kann bereits in dem Schreiben, das die fristlose Kündigung enthält abgegeben werden (h. M., Palandt/*Weidenkaff* § 545 Rdn. 8 m. w. N.). S. auch Form. D. VI. 4 Anm. 17.

**27.** Kosten und Gebühren: Wie Form. VI. 1 Anm. 18.

## 11. Kündigung des Mieters wegen Unzumutbarkeit der Vertragsfortsetzung, § 543 Abs. 1 BGB

......

(Mieter)[1]

an

......

(Vermieter)[2]

Sehr geehrte(r) ......,[2]

ich[3] kündige hiermit das mit Ihnen durch Vertrag vom ...... geschlossene Mietverhältnis über die Wohnung ...... fristlos[4] gemäß § 543 Abs. 1 BGB,[5] da mir eine Fortsetzung des Vertrages mit Ihnen nicht mehr zuzumuten ist.

Die Kündigung stütze ich auf folgende Gründe:[6]

Sie weigern sich, die Heizungsanlage, die in diesem Winter bereits 3 Mal komplett ausgefallen ist, zu reparieren.[7] Trotz meiner Abmahnung vom ......,[8] mit der ich Ihnen eine Frist zur Reparatur bis zum ...... gesetzt hatte, ist bislang nichts geschehen.[9]

– und/oder –

Ihr Verwalter[10] hat die Betriebskosten für dieses Jahr erneut falsch abgerechnet.[11] Trotz meiner Beanstandung im letzten Jahr hat er erneut die Kosten für den Garten geltend gemacht, obwohl dieser von mir gepflegt wird und Kosten insoweit nicht anfallen. Auf mein Schreiben vom ......,[8] mit dem ich die Abrechnung für dieses Jahr beanstandet und eine korrekte Berechnung angemahnt habe, hat er mit einer erneuten Zahlungsaufforderung und einer Klageandrohung reagiert.

– und/oder –

Sie haben mir bereits zum 2. Mal unberechtigt wegen angeblicher Lärmbelästigungen fristlos gekündigt.[12]

– und/oder –

Entgegen Ihrer Versicherung ist die Erdgeschoßwohnung immer noch an Prostituierte vermietet. Auf meine entsprechende schriftliche Abmahnung vom ... haben Sie mir versichert, der Mietvertrag sei aufgelöst. Ohne mich zu informieren haben Sie aber erneut einen Vertrag mit einer Prostituierten abgeschlossen. [13]

– und/oder –

Sie lassen den Eingangsbereich und den von mir genutzten Garten durch eine Videoanlage überwachen, obwohl ich Sie mit Schreiben vom . . . . . zur Beseitigung aufgefordert habe.[14]

Angesichts dieses Verhaltens ist mir eine Fortsetzung des Mietverhältnisses auch bis zum Ablauf einer ordentlichen Kündigungsfrist nicht mehr zumutbar,[15] mir bleibt nur die fristlose Kündigung.[16]

Ich werde am . . . . . . ausziehen[16] und kann dann die Wohnung geräumt zurückgeben. Die erforderlichen Schönheitsreparaturen lasse ich ausführen. Wegen des genauen Übergabetermins werde ich mich mit Ihnen telefonisch in Verbindung setzen.[17]

. . . . . .
(Mieter)

*Schrifttum: Hirsch,* § 543 I BGB – Kündigung aus wichtigem Grund wegen „Pflichtverletzung", WuM 2006, 418 ff.; *Kraemer,* Die Kündigung aus wichtigem Grund nach altem und neuem Recht, WM 2001, 163 ff.

## Anmerkungen

**1.** Das Formular führt verschiedene Vertragsverletzungen auf, die eine fristlose Kündigung gemäß § 543 Abs. 1 BGB rechtfertigen können. Die einzelnen Gründe stellen jeder für sich eine erhebliche Vertragsverletzung dar.

**2.** Zur Kündigung gegenüber mehreren Vermietern s. Form. D. VI. 1 Anm. 2.

**3.** Zur Kündigung von mehreren Mietern s. Form. D. VI. 1 Anm. 3.

**4.** Die Kündigung hat schriftlich zu erfolgen, § 568 Abs. 1 BGB. Sie muss eindeutig die Erklärung enthalten, dass das Mietverhältnis fristlos beendet werden soll. Die Umdeutung einer unwirksamen ordentlichen Kündigung in eine fristlose Kündigung ist daher in der Regel nicht möglich, da der Wille zur sofortigen Beendigung nicht deutlich wird (vgl. dazu BGH WuM 2005, 584, 585 mit weiteren Nachweisen aus der Rechtsprechung). Sie umfasst das gesamte Mietverhältnis; eine Teilkündigung ist bis auf wenige und seltene Ausnahmefälle nicht möglich (dazu näher Emmerich/Sonnenschein/*Emmerich* § 543 Rdn. 55.). Wesentlich ist, ob die Mietsache von den Parteien als Einheit betrachtet wird, was beim Wohnraummietverhältnis in der Regel der Fall ist.

**5.** § 543 Abs. 1 BGB stellt die Generalklausel dar, nach der alle verbleibenden Fälle der fristlosen Kündigung gelöst werden müssen, auch die, die wegen der Verengung der §§ 553 und 554a BGB a. F. durch die Nachfolgevorschriften der § 543 Abs. 2 Nr. 2 und 569 Abs. 2 BGB von diesen nicht mehr umfasst werden. Jedoch sollen hierdurch keine neuen Kündigungsgründe geschaffen werden, die Gründe müssen ein ähnliches Gewicht haben, wie die speziellen Kündigungsgründe (*Blank/Börstinghaus* Miete § 543 Rdn. 3). Es wird häufig zu Abgrenzungsproblemen kommen, ob noch ein spezieller Kündigungstatbestand vorliegt oder ob auf die Generalklausel zurückgegriffen werden muss. Insoweit wird auf die Anmerkungen zu den einzelnen Formularen verwiesen.

**6.** Gem. § 569 Abs. 4 BGB muss auch der Kündigungsgrund angegeben werden. Zu den Einzelheiten s. Form. D. VI. 1 Anm. 6.

**7.** Die **Weigerung des Vermieters zur Mängelbeseitigung,** wie zum Beispiel die Reparatur bei wiederholtem Ausfall der Heizungsanlage (AG Waldbröl WM 1986, 337), kann eine erhebliche Vertragsverletzung darstellen, die für den Mieter die Fortsetzung des Vertragsverhältnisses unzumutbar macht. Es muss sich dann aber entweder um einen erheblichen Mangel handeln oder dem Mieter muss ein weiteres Zuwarten nicht mehr zumutbar sein, weil der Vermieter trotz bereits mehrfacher Aufforderung eine Reparatur grundlos unterlässt. Auch eine Weigerung des Vermieters, ordnungsbehördliche Auflagen durchzusetzen (OLG Frankfurt WM 1980, 133), kann die fristlose Kündigung rechtfertigen. Häufig wird auch eine Kündigung gemäß § 543 Abs. 2 Nr. 1 BGB wegen Nichtgewährung des vertragsgemäßen Gebrauchs in Betracht kommen.

**8.** Eine **Abmahnung** ist gemäß § 543 Abs. 3 S. 1 in der Regel erforderlich, wenn eine Pflicht aus dem Mietvertrag betroffen ist; unter den Voraussetzungen des § 543 Abs. 2 S. 2 ist sie entbehrlich (dazu auch Hannemann/Wiegner/*Kleinrahm* § 28 Rdn. 185 f). Insoweit wird zunächst auf die Ausführungen zu Form. D. VI. 1 Anm. 13 und 15 verwiesen. Ergibt sich die Unzumutbarkeit der Vertragsfortsetzung erst auf Grund der Erfolglosigkeit einer vorhergehenden Abmahnung, ist nach dem Wortlaut des Gesetzes zwar eine erneute Abmahnung erforderlich, diese dürfte dann aber häufig gemäß § 543 Abs. 3 S. 2 Nr. 1 BGB wegen offensichtlicher Erfolglosigkeit entbehrlich sein (vgl. *Kraemer* WM 2001, 163, 168). Besonders schwere Vertragsverletzungen können bereits nach einmaliger Begehung die Kündigung rechtfertigen.

**9.** Der Vermieter muss sein **Verhalten trotz Abmahnung fortsetzen.** Stellt er es nach der Abmahnung ein, entfällt der Kündigungsgrund. Zwischen Abmahnung und Ausspruch der Kündigung muss ihm genug Zeit gelassen werden, um sich auf die Abmahnung einzustellen. Behauptet der Vermieter, er habe vor Zugang der Kündigung das pflichtwidrige Verhalten eingestellt, ist er insoweit darlegungs- und beweispflichtig.

**10. Handlungen Dritter** werden dem Kündigungsgegner nach § 278 BGB bzw. wenn er Untermieter ist nach §§ 278, 540 Abs. 2 BGB zugerechnet, wobei aber Voraussetzung ist, dass der Dritte schuldhaft handelt. Häufig ist nach erfolgloser Abmahnung ein vorwerfbares Verhalten des Gekündigten zu darin zu sehen, dass er die Störung nicht beseitigt hat. Dem Vermieter ist das Verhalten seiner Hilfspersonen zuzurechnen (z. B.: Hausverwalter), wobei dann aber die Störung in Ausübung und nicht nur bei Gelegenheit der Verrichtung begangen werden muss (OLG Karlsruhe ZMR 1988, 52).

**11.** Für den Mieter kann die Fortsetzung des Mietverhältnisses **unzumutbar** werden, wenn der Vermieter wiederholt den Mietzins oder die Nebenkosten falsch berechnet (LG Berlin GE 2003, 1081; OLG Düsseldorf DWW 1991, 78; LG Gießen WM 1996, 767) oder wenn er in strafbarer Weise überhöhten Mietzins verlangt (LG Darmstadt WM 1997, 442). Ist der Mietzins gemäß § 5 WiStrG überhöht, wird zwar nach allgemeiner Meinung nicht das Mietverhältnis hinfällig, sondern die Mietzinshöhe wird auf die angemessene Höhe zurückgeführt(LG Berlin MM 2005, 145) Streitig ist, ob dadurch das Kündigungsrecht nicht ausgeschlossen wird (So LG Berlin a. a. O.).

**12.** Die **unberechtigte fristlose Kündigung** gibt dem Kündigungsempfänger seinerseits das Recht zur fristlosen Kündigung, wenn wegen der entstandenen Unsicherheit ihm die Fortsetzung des Vertragsverhältnisses nicht mehr zugemutet werden kann (OLG Düsseldorf WM 1997, 556, 557).

**13.** Der Vermieter ist verpflichtet, den Mieter über alle für das Mietverhältnis bedeutsamen Umstände und Rechtsverhältnisse aufzuklären. Eine Verletzung dieser Pflicht kann ebenso wie eine bewusste Täuschungshandlung zur fristlosen Kündigung berechtigen (vgl. Schmidt-Futterer/*Blank* § 543 Rdn. 201). Das Amtsgericht Osnabrück (WuM 2008, 84) hat im Fall einer weiblichen Mieterin eine fristlose Kündigung wegen Ausübung der Prostitution in einer Nachbarwohnung ohne Abmahnung als gerechtfertigt erachtet.

**14.** Die Überwachung mit einer Videoanlage (auch Attrappen) im privaten Bereich ist ohne Zustimmung der Mieter nach überwiegender Auffassung unzulässig. Ob eine derartige Installation zur fristlosen Kündigung des Mietverhältnisses berechtigt, ist bislang in der Rechtsprechung nicht geklärt, aber wohl zu bejahen (vgl. dazu *Senkel/Niggeweg* WuM 2010, 72–76). Dies gilt insbesondere dann, wenn die Überwachung nicht vom Eigentümer, sondern von einem Mitmieter ausgeht. Voraussetzung der fristlosen Kündigung ist regelmäßig eine Abmahnung.

**15.** Durch die Störung muss dem Kündigenden die Fortsetzung des Mietverhältnisses bis zum Ablauf der Kündigungsfrist oder der sonstigen Beendigung des Mietverhältnisses nach umfassender Abwägung der beiderseitigen Interessen und aller Umstände des Einzelfalls, insbesondere des Verschuldens der Vertragsparteien, nicht zumutbar sein. Zu den Anforderungen im Einzelnen vgl. das vorhergehende Form. D. VI. 10 Anm. 20.

Bei der Abwägung ist auf Seiten des Mieters insbesondere zu berücksichtigen, dass ihm nach der Neufassung des Mietrechts immer die Möglichkeit offen steht, binnen drei Monaten das Mietverhältnis ordentlich zu kündigen.

**16.** Nach Ablauf der vom Mieter gesetzten Frist bzw. nach Abmahnung muss die Kündigung und auch der Auszug zeitnah erfolgen, da andernfalls zweifelhaft ist, dass tatsächlich eine Unzumutbarkeit der Vertragsfortsetzung vorliegt. Dies ergibt sich auch aus § 314 Abs. 3 BGB. Auf Seiten des Mieters ist jedoch zu berücksichtigen, dass er im Hinblick auf die Aufgabe der Wohnräume Dispositionen treffen muss, die einen gewissen Zeitraum in Anspruch nehmen (6 Wochen ist noch rechtzeitig: LG Berlin WM 1999, 332).

Der Kündigungsgrund muss bei Zugang der Kündigung vorliegen (h. M. BGH WuM 2006, 193, 194; Palandt/*Weidenkaff* § 543 Rdn. 53; str., a. A. LG Köln WuM 2001, 195; s. auch Anm. 8).

**17. Kosten und Gebühren:** Wie Form. VI. 1 Anm. 18.

# VII. Aufhebungsvertrag

Mietaufhebungsvertrag[1]
zwischen
......
(Mieter)[1]
und
......
(Vermieter)[2]

## § 1 Beendigung des Mietverhältnisses

Das zwischen Herrn ...... als Mieter und Herrn ...... als Vermieter am ...... geschlossene Mietverhältnis über die Wohnung ...... wird zum ...... beendet.[3]

## § 2 Räumung und Übergabe

Der Mieter wird die Wohnung bis zu diesem Zeitpunkt räumen und sämtliche Schlüssel zurückgeben.[4]

## § 3 Schönheitsreparaturen

Küche, Bad und WC werden unrenoviert zurückgegeben; im Übrigen wird der Mieter die vertraglich vereinbarten Schönheitsreparaturen (§ ...... des Mietvertrages) bis zum ...... vornehmen.[5]

## § 4 Einrichtungsgegenstände

Der Mieter kann den von ihm eingebauten Schrank im Flur in der Wohnung belassen. Er ist berechtigt, diesen an einen vom Vermieter auszusuchenden Nachmieter zu verkaufen. Einen Anspruch auf den Verkauf hat er nicht.[5]

– Alternative –

Der Mieter kann den von ihm eingebauten Schrank im Flur in der Wohnung belassen. Der Vermieter zahlt dafür 250 EUR Zug um Zug gegen die Rückgabe der Wohnung.[5]

## § 5 Betriebskosten

Auf die Abrechnung der Nebenkosten verzichten die Parteien.[5]

## § 6 Mietkaution

Die Kaution nebst Zinsen wird der Vermieter innerhalb eines Monats zurückzahlen, soweit die gemäß Nr. 3 dieses Vertrages erforderlichen Schönheitsreparaturen ordnungsgemäß erbracht worden sind.[5]

## § 7 Abfindung des Mieters

Der Vermieter zahlt dem Mieter eine einmalige Abstands-[6] und Umzugskostenpauschale[7] in Höhe von 2.000 EUR, zahlbar Zug um Zug gegen die Rückgabe der Wohnung gemäß §§ 2 und 3 dieses Vertrages. Zieht der Mieter nicht fristgerecht bis zum ...... aus, verfällt diese Pauschale. Zieht der Mieter zwar fristgerecht aus, ohne

aber die vereinbarten Schönheitsreparaturen durchzuführen, vermindert sich die Pauschale auf 1.000 EUR.[6]
Der Vermieter kann gegen diese Pauschale nicht mit anderen ihm zustehenden Forderungen aufrechnen.[7]

### § 8 Vorzeitige Räumung und Übergabe

Zieht der Mieter vor dem ......, aber nach dem ...... aus und übergibt er die Wohnung ordnungsgemäß, muss er nur noch für den Monat des Auszugs Miete zahlen; die Miete für die darauf folgenden Monate entfällt.[8]

### § 9 Forderungsverzicht

Weitere Ansprüche bestehen zwischen den Parteien nicht mehr. Mit dieser Vereinbarung sind alle gegenseitigen Rechte und Pflichten der Parteien abgegolten.[9]

– gegebenenfalls –

Dies gilt für sämtliche wegen des geltend gemachten Eigenbedarfs jetzt oder später in Betracht kommenden Ansprüche.[10]

### § 10 Fortsetzung des Mietverhältnisses

Eine stillschweigende Fortsetzung des Mietvertrages gemäß § 545 BGB wird ausgeschlossen.[11]

### § 11 Fortsetzungswiderspruch

Der Mieter verzichtet auf die Erklärung des Fortsetzungswiderspruchs gemäß § 574 BGB.[12]

### § 12 Schriftform

Ergänzungen dieses Vertrages bedürfen der Schriftform.[13]

......                                                    ......
Datum                                                     Datum

......                                                    ......
(Mieter)                                                  (Vermieter)[14]

Hinweis auf Ihr Widerrufsrecht:[15]
Die Erklärungen des vorstehenden Mietaufhebungsvertrages können innerhalb von zwei Wochen schriftlich widerrufen werden. Es genügt die rechtzeitige Absendung des Widerrufs an den Vermieter ......

......                                                    ......
(Datum)                                                   (Mieter)[16]

*Schrifttum: Haase*, Räumungsvergleich und Schadensersatz wegen vorgetäuschten Eigenbedarfs, ZMR 2000, 653 ff., *Harsch*, Haustürgeschäfte, Zur Anwendbarkeit des § 312 Abs. 1 Satz 1 BGB, WuM 2008, 201 ff.; *Hinz*, Schadensersatz bei unberechtigter Kündigung, WuM 2009, 331 ff.; *Timme*, Schadensersatzpflicht des Vermieters bei vorgeäuschtem Eigenbedarf und freiwilligem Auszug des Mieters, MDR 2009, 777 f.

## Anmerkungen

**1.** Der Aufhebungsvertrag ist **formfrei**. Es ist aus Beweisgründen jedoch ratsam, den Vertrag schriftlich abzuschließen. Auch wenn die Parteien im Mietvertrag für Änderungen die Schriftform vereinbart haben, bedarf der Aufhebungsvertrag nicht der Schriftform, da die Parteien schlüssig von diesem Erfordernis absehen können (h. M. s. *Sternel,* Mietrecht Aktuell Rdn. 970 m. w. N.).

In der Regel wird ein Aufhebungsvertrag ausdrücklich durch Angebot und Annahme vereinbart, wobei nur ernsthafte Äußerungen in Betracht zu ziehen sind. Im Zorn geäußerte Äußerungen reichen ohne das Hinzukommen weiterer Umstände nicht (so LG Köln WuM 2001, 601). In der Erklärung muss zum Ausdruck kommen, dass der Erklärende sich binden will. Der Aufhebungsvertrag kann aber auch konkludent geschlossen werden. Sind auf einer Seite mehrere Personen beteiligt, muss das schlüssige Verhalten jeder von ihnen zuzurechnen sein. Für die Annahme eines durch schlüssiges Verhalten zustande gekommenen Vertrages reicht jedoch nicht ohne weiteres der Auszug oder eine unwirksame Kündigung. Auch Schweigen gilt in der Regel nicht als Annahme. Allerdings kann in der Annahme der Schlüssel durch den Vermieter die Annahme des Angebots auf Aufhebung des Vertrages zu sehen sein (LG Gera WuM 2005, 647 – unverlangt übergebene Schlüssel). Hier kommt es immer auf die Umstände des Einzelfalls an. Das AG Hamburg-Barmbek (WuM 2006, 90) hat einen konkludenten Aufhebungsvertrag abgelehnt, wenn ein Übergabeprotokoll gefertigt wurde und die Schlüssel durch den Hausmeister entgegen genommen wurden. Grundsätzlich spricht gegen die Annahme einer stillschweigenden Vertragsaufhebung, wenn Punkte offen bleiben, die die Parteien vernünftigerweise regeln würden (z. B. Schönheitsreparaturen, Rückbaupflichten, Kaution, dazu im einzelnen Bub/Treier/*Grapentin* IV 286; Brandenburgisches OLG, Urteil vom 4. 7. 2007 – 3 U 186/0 6, Rdn. 18, zitiert nach juris; KG WuM 2006, 193) oder wenn eine Partei auf noch ungeklärte Fragen hinweist, Forderungen oder Widerspruch erhebt (*Kossmann* § 84 Rdn. 5). Auch wenn der Vermieter die Wohnung nach Auszug des Mieters neu vermietet, liegt darin noch nicht das stillschweigende Angebot der Aufhebung des Mietvertrages, da die Weitervermietung in der Regel zur Schadensbegrenzung erfolgt. Es ist eine Frage der Wertung im Einzelfall, ob ein Aufhebungsvertrag vorliegt. Jedoch bildet der stillschweigend abgeschlossene Mietaufhebungsvertrag die Ausnahme (BayOLG WM 1983, 107; Hannemann/Wiegner/*Wölfle* § 29 Rdn. 161). Eine Kündigung kann ohne Hinzutreten weiterer Umstände nicht als Angebot zum Abschluss eines Aufhebungsvertrages gedeutet werden (KG GE 2001, 1402; zu den damit verbundenen Fragen im Einzelnen auch Hannemann/Wiegner/*Wölfle* § 29 Rdn. 161). Der Aufhebungsvertrag kann **jederzeit** geschlossen werden.

Eine **Verpflichtung zum Abschluss** eines Mietaufhebungsvertrages besteht nicht. In der Literatur und Rechtsprechung wird das Problem der Nachmietergestellung und der damit verbundenen Pflicht zum Abschluss eines Mietaufhebungsvertrags zunehmend diskutiert. Der Mieter kann die Aufhebung entweder gemäß § 242 BGB nach Treu und Glauben oder aufgrund einer getroffenen Vereinbarung nur dann verlangen, wenn er einen objektiv geeigneten und zumutbaren Nachmieter stellt (BGH WuM 2003, 204). Kommt ein Aufhebungsanspruch gemäß § 242 BGB in Betracht, ist ungeklärt, ob ein berechtigtes Interesse des Mieters an der vorzeitigen Vertragsbeendigung ausreicht (so lässt es der BGH, a. a. O. anklingen) oder ob das berechtigte Interesse des Mieters das Bestandsinteresse des Vermieters ganz erheblich übersteigen muss (so OLG Hamm WuM 1995, 577 – RE –; OLG Karlsruhe ZMR 1981, 269). Berechtigte Interessen des Mieters bestehen etwa dann, wenn die Fortsetzung für den Mieter unzumutbar ist, etwa weil er unerwartet dauerhaft pflegebedürftig wird oder er sich beruflich verändern muss, oder die Wohnung zu klein wird durch Heirat und Geburt von Kindern, wobei das Interesse des Mieters umso schwerer wiegt, je länger die restliche Vertragszeit dauert. Der Vermieter darf den Abschluss des neuen Mietvertrages nicht durch überzogene Forderungen vereiteln (OLG München ZMR 1995, 156). So darf er den potentiellen Nachmieter nicht wegen dessen kultureller Herkunft ablehnen (so AG Wetzlar WuM 2006, 374 – türkisches Ehepaar –; anders LG Hildesheim WuM 2005, 572: Eine Familie mit 2 Kindern ist kein geeigneter Nachmieter, wenn vorher in der Wohnung der bisherige Mieter allein mit einem erwachsenen Kind gelebt hat und Vermieter in der darunter liegenden Wohnung wohnt.) Grundsätzlich muss er sich von sachlichen Erwägungen leiten lassen. Ein sachlicher Ablehnungsgrund etwa ist gegeben, wenn der Nachmieter nicht die Gewähr bietet, dass er die Miete zahlen kann.

Hat der Vermieter sich mit einem Nachmieter geeinigt, muss er sich daran festhalten lassen. Wird der Mietvertrag mit dem Nachmieter einverständlich aufgehoben, kann sich der Vermieter nicht wieder an den entlassenen Mieter halten; das Risiko des Gelingens des neuen Mietverhältnisses kann er nicht abwälzen (LG Saarbrücken NJW-RR 1997, 968). Teilweise wird demgegenüber die Auffassung vertreten, dass bei der Annahme einer schlüssigen Zustimmung des Vermieters der Abschluss des Mietvertrages nicht ausreicht, sondern der Vollzug des Mietvertrages erst zum Abschluss des Aufhebungsvertrages führt (so Hannemann/Wiegner/*Wölfle* § 29, Rdn. 162 m. w. N.). Vermieter und Mieter müssen sich in allen Punkten einig sein.

**2.** Der Vertrag muss **von allen am Mietvertrag Beteiligten** geschlossen werden; sie sind im Vertrag namentlich zu benennen. Bevollmächtigung ist möglich; sie sollte schriftlich erteilt werden, um spätere Streitigkeiten zu vermeiden. Eine mietvertraglich vereinbarte Erklärungsvollmacht umfasst auf Seiten der Mieter nicht die Befugnis zum Abschluss eines Aufhebungsvertrages; jedenfalls dann, wenn der Kreis der in Frage kommenden Erklärungen nicht eingegrenzt ist (Schmidt-Futterer/*Blank* nach § 542 BGB Rdn. 2). Auch bei Ehepaaren müssen beide zustimmen. Der Auszug eines von mehreren Mietern führt ebenfalls nicht ohne weiteres zum Ausscheiden aus dem Mietvertrag. Es muss deutlich werden, dass alle Beteiligten dem Ausscheiden zustimmen; insbesondere auch, dass der Vermieter auf die zusätzliche finanzielle Sicherheit verzichten will. Soll ein Mieter durch den Aufhebungsvertrag aus dem Mietverhältnis ausscheiden, müssen alle Mieter zustimmen; andernfalls bleibt es jedenfalls im Innenverhältnis der Mieter zueinander bei dem Mietvertrag (str. so auch BGH WuM 2005, 341 ohne dass es in der genannten Entscheidung auf diesen Aspekt ankam; LG Frankfurt, ZMR 2009, 757). Allerdings kann die Vereinbarung dahingehend gedeutet werden, dass der Vermieter den ausscheidenden Mieter nicht mehr in Anspruch nehmen will (LG Berlin WM 1995, 105, Schmidt-Futterer/*Blank* nach § 542 BGB Rdn. 4). Kennt der verbleibende Mieter den Aufhebungsvertrag und ist er in seinen Interessen nicht beeinträchtigt, hat der ausscheidende Mieter unter Umständen einen Anspruch auf Zustimmung (LG Krefeld WuM 2003, 447).

**3. Notwendiger Inhalt** ist, dass ein bestimmtes Mietverhältnis zu einem bestimmten Zeitpunkt aufgehoben werden soll. Ist kein bestimmtes Datum benannt, endet der Mietvertrag sofort. Ist der Mieter noch nicht in die Wohnung eingezogen, ist es eine Frage der Auslegung, ob die Parteien den Mietvertrag rückwirkend aufheben oder nur mit Wirkung für die Zukunft aufheben wollen. Es empfiehlt sich, genau zu bezeichnen, welche Rechtsfolge der Vertrag haben soll, entweder mit der Formulierung: „**Das Mietverhältnis** ...... **wird zum** ...... **aufgehoben**" für die Aufhebung in der Zukunft oder für die rückwirkende Aufhebung: „**Das Mietverhältnis** ...... **wird rückwirkend zum** ...... **aufgehoben**".

**4.** Notwendiger Inhalt des Aufhebungsvertrages ist auch die Erklärung, dass der Mieter die Wohnung **geräumt und mit Schlüsseln zurückgibt.** Die Vereinbarung sollte ein konkretes Datum nennen, um Streitigkeiten zu vermeiden. Wird kein Datum aufgeführt, ist zu dem Datum zu räumen, zu dem das Mietverhältnis beendet werden soll. Fehlt insoweit ein Datum, ist sofort zu räumen.

**5.** Über die **weiteren gegenseitigen Ansprüche** können die Parteien Vereinbarungen treffen. Soweit keine ausdrücklichen Regelungen getroffen werden, bleiben weitere Ansprüche unberührt. Dies gilt zum einen für bislang schon entstandene Ansprüche, aber

auch für Schadensersatzansprüche wegen vertragswidrigen Verhaltens. Es gelten dann
die Bestimmungen des Mietvertrages (Bub/Treier/*Grapentin* IV Rdn. 287, str.), soweit
dieser keine Regelungen enthält, gelten die gesetzlichen Bestimmungen (Schmidt-
Futterer/*Blank* nach § 542 BGB Rdn. 29). Die Modalitäten können im Aufhebungsvertrag auch abweichend vom Mietvertrag geregelt werden. Die Parteien sind bei der Gestaltung frei. Die Vereinbarungen im Aufhebungsvertrag gehen den Vereinbarungen im
Mietvertrag vor.

Regelungsbedürftig ist, ob und welche Instandsetzungsarbeiten oder Schönheitsreparaturen von wem durchgeführt werden müssen. Auch die Frage, ob und welche Einrichtungen und Gegenstände in der Wohnung verbleiben können oder sollen und wer wann
wieviel dafür zu zahlen hat, sollte geklärt werden. Die Frage, ob, in welcher Höhe und
wann eine Rückzahlung der Kaution zu erfolgen hat, ob, wann und wie Mietvorauszahlungen verrechnet werden, ist ebenso zu regeln wie die Rückzahlung überzahlter oder die
Nachzahlung geminderter Miete sowie die Frage der Abrechnung der Betriebskosten.

**6.** Die Vereinbarung von **Ausgleichs-, Abfindungs-, Abstands- oder Aufwendungsersatzzahlungen** ist möglich. Bei der Vereinbarung derartiger Zahlungen sollte sich aus
dem Vertrag ergeben, ob diese für den pünktlichen Auszug oder für die Vertragsaufhebung geschuldet werden. Von Bedeutung ist dies, wenn der Mieter die Sache verspätet
zurückgibt, denn dann stellt sich die Frage, ob er noch Anspruch auf die Zahlung hat.
Hierbei ist auf die Vorstellungen der Parteien bei Vertragsschluss abzustellen, die gegebenenfalls aus den Umständen des Vertragsschlusses abzuleiten sind. Wird der Vertrag
geschlossen, weil der Vermieter keinen Kündigungsgrund hat oder das Vorliegen eines
derartigen Grundes zweifelhaft ist, steht für den Vermieter im Vordergrund, dass er
überhaupt einen Räumungstitel erhält, die zeitliche Komponente steht im Hintergrund.
Dann aber entfällt die Zahlungsverpflichtung nicht (LG Mannheim WM 1988, 87). Soll
die Zahlung erfolgen, um eine schnellere Rückgabe der Wohnung zu erreichen, etwa weil
andernfalls dem Mieter eine längere Räumungsfrist zustünde, steht das Zeitelement im
Vordergrund. Dann entfällt bei verspäteter Rückgabe der Anspruch, weil die Leistung
des Mieters gemäß § 275 Abs. 1 BGB unmöglich geworden ist (LG Frankfurt/M. WM
1990, 196) Soll die Zahlung sowohl für die Vertragsaufhebung an sich als auch für die
vorzeitige Rückgabe erfolgen, kann die Vertragsauslegung ergeben, dass der Zahlungsanspruch vermindert wird (vgl. LG Nürnberg-Fürth WM 1995, 181; insgesamt dazu auch
Schmidt-Futterer/*Blank* nach § 542 BGB Rdn. 31).

Soweit eine Abstandszahlung vereinbart wurde, ist zu beachten, dass in der Rechtsprechung zum Teil die Auffassung vertreten wird, dass in diesem Falle bei Fehlen besonderer
Regelungen über die Renovierungspflichten mit der Abstandssumme die wechselseitigen
Ansprüche abgegolten sind. Ein Schadensersatzanspruch wegen unterlassener Schönheitsreparaturen scheidet dann aus (LG Stuttgart WM 1995, 392). Es empfiehlt sich
daher eine umfassende Regelung. Bei Verschlechterungen des Zustandes zwischen Vertragsabschluss und Rückgabe ist u.U. eine Nachverhandlung über die Höhe der Abstandszahlung möglich, da grundsätzlich davon auszugehen ist, dass sich die Abstandszahlung am Zustand der Mietsache zum Zeitpunkt des Vertragsabschlusses orientiert
und der Mieter zur Rückgabe der Mietsache in diesem Zustand verpflichtet ist (vgl. AG
Hannover ZMR 2001, 200).

Eine Vereinbarung, durch die sich der Vermieter eine **Vertragsstrafe** versprechen lässt,
ist unwirksam, § 555 BGB. Eine pauschale Abgeltung des erhöhten Aufwands des Vermieters ist dann möglich, wenn der vereinbarte Betrag nicht höher als eine Monatsnet-
tomiete ist (OLG Hamburg ZMR 1990, 270; str.). Die Abgrenzung zwischen – zulässigen – Ausgleichs-, Abfindungs-, Abstands- oder Aufwendungsersatzzahlungen und –
unzulässiger – Vertragsstrafe ist fließend. Entfällt (wie unter § 7 des hiesigen Formulars
geregelt) die Zuwendung weil ein bestimmter Umstand, etwa die fristgerechte Räumung,

nicht eingetreten ist, stellt dies keine Vertragsstrafe, sondern nur die Kehrseite des Anspruchs dar, mit der sichergestellt werden soll, dass die Zuwendung nur unter den geregelten Umständen zu zahlen ist. Anders liegt der Fall dann, wenn die Parteien für einen anderen als den Nichteintritt des im Aufhebungsvertrag geregelten Zuwendungsfalls vereinbarten Fall eine Rückzahlung der Zuwendung vereinbaren. Dann liegt eine unzulässige Vertragsstrafe dafür vor, dass sich der Begünstigte in anderer Weise vertragswidrig verhält (vgl. AG Hamburg-Blankenese ZMR 2008, 300).

**7.** Die Umzugskostenvergütung hat den Zweck, dem Mieter den Umzug zu erleichtern oder überhaupt erst möglich zu machen. Zum Teil wird die Ansicht vertreten, der Vermieter könne daher nicht mit anderen Forderungen gegen diese Pauschale aufrechnen (*Kossmann* § 84 Rdn. 16). Da insoweit jedoch keine gefestigte Rechtsprechung vorliegt, empfiehlt es sich, eine derartige Klausel in den Mietvertrag aufzunehmen, um zu verhindern, dass die Auszahlung der Pauschale durch Aufrechnung hinfällig wird.

**8.** Eine derartige **Regelung für den vorzeitigen Auszug** empfiehlt sich, wenn es dem Vermieter darauf ankommt, dass der Mieter möglichst bald auszieht, um diesem die Sorge vor einer doppelten Mietzahlung zu nehmen. Dies kann insbesondere bei geltend gemachtem Eigenbedarf oder aber auch bei beabsichtigten Modernisierungen der Fall sein.

**9.** Diese Formulierung umfasst nur die bereits **bei Vertragsabschluss bestehenden Ansprüche**; später entstehende Ansprüche, insbesondere Schadensersatzansprüche, gehören nicht dazu (LG Hamburg, WM 1995, 168; LG Düsseldorf ZMR 2000, 675; Schmidt-Futterer/*Blank* § 573 Rdn. 79 jeweils für den Räumungsvergleich). Relevant kann dies z. B. werden im Falle einer Aufhebung des Mietvertrages wegen Streits über den vom Vermieter geltend gemachten Eigenbedarf (s. Anm. 10).

**10.** Bei **später entstehenden Ansprüchen** ist unter Berücksichtigung der jeweiligen Umstände des Einzelfalls nach der herrschenden Meinung darauf abzustellen, ob durch den Vertrag nur der Streit über die Schlüssigkeit und Beweisbarkeit des Eigenbedarfstatbestandes beigelegt werden sollte oder ob die Parteien zugleich auch den Streit darüber beilegen wollten, ob die vom Vermieter dargelegte Eigenbedarfslage besteht oder ob sie nur vorgetäuscht war (Rechtsentscheid des OLG Frankfurt ZMR 1995, 67; offen gelassen durch BGH NJW 2009, 2059; zum Streit darüber auch *Haase* ZMR 2000, 653 ff. mit weiteren Nachweisen zur herrschenden Meinung S. 656 Fn. 35). Im letzteren Fall stehen danach dem Mieter Schadensersatzansprüche nicht zu. Häufig entstehen in der Praxis jedoch Probleme dadurch, dass im Aufhebungsvertrag der fragliche Punkt nicht eindeutig geregelt ist. Der BGH (NJW 2009, 2059) hat nunmehr entschieden, dass in dem Fall, dass der Mieter die Eigenbedarfskündigung für berechtigt halten durfte und in der Vorstellung, zur Räumung des Mietobjektes verpflichtet zu sein, einen Aufhebungsvertrag schließt, ein Schadensersatzanspruch nicht ausgeschlossen wird. In der Literatur wird um Teil die Kausalität verneint, wenn der Mieter vor Vergleichsabschluss den Eigenbedarf bestritten hat (OLG Celle MDR 1995, 252; LG Gießen WM 1995, 252) oder wenn bei Vergleichsabschluss die Frage des Eigenbedarfs völlig ungeklärt ist. Weiter wird von einer abschließenden Regelung mit Ausschluss späteren Schadensersatzes ausgegangen, wenn der Mieter eine nicht unerhebliche Abstandssumme erhält oder der Vermieter auf fällige Schönheitsreparaturen verzichtet (Rechtsentscheid des OLG Frankfurt ZMR 1995, 67). Praktisch empfiehlt sich daher, im Aufhebungsvertrag ausdrücklich zu regeln, ob mit dem Vertrag auch Schadensersatzansprüche wegen vorgetäuschten Eigenbedarfs ausgeschlossen werden.

**11.** Umstritten ist, ob bei **Fortsetzung des Gebrauchs** nach dem durch den Aufhebungsvertrag bestimmten Zeitpunkt die Regelung des § 545 BGB über die stillschweigende Verlängerung des Mietvertrages angewandt werden kann. Zum Teil wird die Regelung für unanwendbar gehalten, da sich die Vertragspartei, die sich darauf beruft, in

Widerspruch zu ihrem eigenen Verhalten bei Abschluss des Aufhebungsvertrages setze (Palandt/*Weidenkaff* § 545 Rdn. 2). Zum Teil wird die Regelung für grundsätzlich anwendbar gehalten, wobei es als Frage des Einzelfalls anzusehen sei, ob die Parteien die Regelung ausschließen wollten (so Bub/Treier/*Grapentin* IV Rdn. 288). Es empfiehlt sich daher, ausdrücklich eine Regelung zu treffen. Dies ist rechtlich möglich, da auf die Regelung des § 545 BGB verzichtet werden kann.

**12.** Der Mieter kann auf den **Widerspruch wegen unzumutbarer Härte** verzichten. § 574 Abs. 4 BGB, der für den Widerspruch gegen die Kündigung eine zum Nachteil des Mieters abweichende Vereinbarung für unwirksam erklärt, ist beim Aufhebungsvertrag nicht anwendbar (Palandt/*Weidenkaff* § 574 Rdn. 3). Durch den Vertrag dürfen aber die Kündigungsbeschränkungen der §§ 573, 573a, 577a BGB und die Sozialklausel nicht umgangen werden, etwa dadurch, dass der Mieter bereits im Mietvertrag ein Angebot auf Abschluss eines Aufhebungsvertrages abgibt, das der Vermieter jederzeit annehmen kann. Der Verzicht ist auch nicht wirksam, wenn der Mieter auf jeglichen Räumungs- und Vollstreckungsschutz ohne Gegenleistung des Vermieters verzichtet (LG Heidelberg WM 1993, 397). Dies gilt insbesondere im Hinblick auf den Vollstreckungsschutz aus § 765a ZPO. Der Mieter kann nicht im Voraus, damit auch nicht mit Abschluss eines Aufhebungsvertrages, auf sein Recht verzichten, beim Vollstreckungsgericht wegen besonderer Härte die Aufhebung, einstweilige Einstellung oder Untersagung einer Zwangsvollstreckungsmaßnahme zu beantragen (vgl. dazu auch MünchKommZPO/*Heßler* § 765a Rdn. 97).

**13.** Die **Schriftformklausel** dient der Beweissicherung. Es soll ausgeschlossen werden, dass mündliche Nebenabreden abgeschlossen werden. Sie ist einvernehmlich aufhebbar.

**14.** Der Vertrag sollte das **Datum der Unterzeichnung** aufnehmen. Er muss zu seiner Gültigkeit von allen Beteiligten unterschrieben werden, dazu auch Anm. 2.

**15.** Für den Mietaufhebungsvertrag gilt das **Widerrufsrecht bei Haustürgeschäften** gemäß § 312 BGB, früher Haustürwiderrufsgesetz (OLG Braunschweig NZM 1999, 306; LG Heidelberg WM 1993, 397; a. A. AG Halle WuM 2009, 651). Voraussetzung ist, dass der Vermieter geschäftsmäßig handelt; dies wird bei einem Vermieter, der nur zwei Wohnungen hat, zu verneinen sein (BayOLG WM 1993, 383). Ferner muss der Vertrag an einem der in § 312 BGB aufgeführten Orte abgeschlossen worden sein, wobei hier insbesondere die Privatwohnung des Mieters in Betracht kommt. Dabei ist die Vorschrift allerdings nicht anzuwenden, wenn der Vermieter auf „Bestellung" des Mieters in die Wohnung kommt.

Liegen die Voraussetzungen vor, muss die Belehrung über das Widerrufsrecht klar und eindeutig sein. Die Widerrufsfrist beträgt gemäß § 355 BGB nach dem Schuldrechtsmodernisierungsgesetz zwei Wochen. Erst nach Ablauf dieser Frist wird der Vertrag dann wirksam. Der Mieter muss die Belehrung unterschreiben, dann erst beginnt die Frist zu laufen.

**16. Kosten und Gebühren.** Anwalt: Gebühren nach §§ 13ff. RVG Teil 2 VV-RVG berechnen sich gemäß § 23 Abs. 1 RVG i.V.m. § 41 GKG. Der Streit ob der Brutto- oder der Nettomietzins zugrunde zu legen ist, hat sich durch die Neuregelung des § 41 Abs. 1 S. 2 GKG erübrigt. Danach errechnet sich der Streitwert aus dem Nettomietzins und nicht gesondert abzurechnenden Nebenkostenpauschalen.

# VIII. Schadensersatz bei Kündigung

## 1. Schadensersatzpflicht des Vermieters bei wirksamer fristloser Kündigung des Mieters

......

(Mieter)[1]

an

......

(Vermieter)[2]

Sehr geehrte(r) ......,[2]

durch Schreiben vom ...... habe ich den zwischen Ihnen und mir bestehenden Mietvertrag vom ...... über die Wohnung ...... fristlos gekündigt, da auf Grund der Schimmelpilzbildung und der Feuchtigkeit in der Wohnung eine erhebliche Gesundheitsgefährdung für mich und meine Familie bestand. Mittlerweile habe ich eine neue Wohnung bezogen.

Sie sind mir gegenüber für die mir durch den Wohnungswechsel entstandenen Kosten schadensersatzpflichtig,[3] da Sie die fristlose Kündigung[4] veranlasst[5] haben. Ich mache daher nunmehr[6] Ihnen gegenüber meinen Schaden geltend, den ich wie folgt berechne:[7]

•
• Maklerkosten in Höhe von ...... EUR,[8]
• Kosten für die Inanspruchnahme des Rechtsanwalts Dr....... in Höhe von ...... EUR;[9]
• Umzugskosten in Höhe von ...... EUR;[10]
• Kosten für die Ummeldung des Telefons in Höhe von ...... EUR;[11]
• Verdienstausfall in Höhe von ...... EUR,[12] während des Umzugs konnte ich meiner Tätigkeit als selbstständiger Lkw-Fahrer nicht nachgehen. Dadurch ist mir der Verdienstausfall entstanden. Eine Bescheinigung des Fuhrunternehmers lege ich bei.
• Kosten für den Umbau der Regalwand in Höhe von ...... EUR;[13]
• Kosten für die Neuanschaffung von Gardinen in Höhe von ...... EUR. Unsere bisherigen Gardinen konnten nicht mehr verwendet werden, da die Fenster unserer neuen Wohnung im Gegensatz zu denen der von Ihnen angemieteten bodentief sind;[13]
• Kosten für den Umbau des Bades für unsere behinderte Tochter (Umbau der Dusche) in Höhe von ...... EUR.[14]
• Finanzierungskosten in Höhe von ...... EUR für die oben genannten, notwendig gewordenen Neuanschaffungen;[15]
• Kosten in Höhe von ...... EUR für die Beseitigung der Feuchtigkeitsschäden an der Vitrine (Reparaturrechnung anbei). Die Vitrine stand genau im Bereich des entstandenen Feuchtigkeitsschadens.[16]

- Weiter mache ich geltend die höheren Kosten für die von mir nunmehr zu zahlende Miete in Höhe von monatlich ...... EUR.[17]

Die Rechnungen liegen anbei.

Den Gesamtbetrag von ...... überweisen Sie bitte innerhalb von 14 Tagen auf mein Konto Nr....... bei der ...... Bank; Bankleitzahl ...... Den höheren Mietbetrag bitte ich jeweils zum Monatsbeginn zu überweisen.

Soweit Sie bereits im Vorfeld darauf hingewiesen haben, dass ich den Feuchtigkeitsschaden selbst verursacht habe, weise ich dies nochmals ausdrücklich zurück. Der Schaden ist einzig und allein durch das feuchte Mauerwerk entstanden.[18]

Sollte innerhalb der oben genannten Frist keine Zahlung erfolgen, werde ich unverzüglich Klage erheben.[19]

......

(Mieter)

## Anmerkungen

**1. Sachverhalt:** Im vorliegenden Fall hatte der Mieter den Mietvertrag fristlos gemäß § 569 Abs. 1 BGB wegen Gesundheitsgefährdung gekündigt. In der Wohnung waren erhebliche Feuchtigkeitsschäden verbunden mit Schimmelbildung aufgetreten. Ursache war eine fehlerhafte Isolierung der Außenwände.

**2. Formvorschriften** bestehen nicht; es empfiehlt sich, den Anspruch schriftlich geltend zu machen. Der Anspruch ist gerichtet gegen alle Vermieter.

**3.** Dem Mieter steht grundsätzlich ein **Schadensersatzanspruch** gegen den Vermieter zu, wenn er sich auf Grund einer Vertragsverletzung des Vermieters zu einer fristlosen Kündigung veranlasst sieht (MünchKomm/*Bieber* § 543 Rdn. 77). In der Wahl der Anspruchsgrundlage bestehen Unterschiede, die sich aber praktisch nicht weiter auswirken (OLG Schleswig WM 2000, 355). Zum Teil wird ein „Anspruch eigener Art" (BGH NJW 1984, 2687; OLG Frankfurt/M. WM 1998, 24) angenommen; zum Teil wird der Anspruch auf eine positive Vertragsverletzung – jetzt § 280 BGB – gestützt (Emmerich/ Sonnenschein/*Emmerich* vor § 536 Rdn. 10), zum Teil auf § 538 BGB a.F. jetzt § 536a BGB, z.T. auf § 628 Abs. 2 BGB.

Voraussetzung des Anspruchs ist, dass dem Mieter die Wohnung bereits übergeben war. Andernfalls ergibt sich ein Anspruch aus Verschulden bei Vertragsschluss gemäß §§ 281 oder 283 BGB (BGH NJW 1997, 2813 ff.), wonach auch nutzlose Aufwendungen erstattet werden können.

Der Mieter muss beweisen, dass der Vermieter eine Vertragsverletzung begangen hat (Schmidt-Futterer/*Blank* § 542 Rdn. 112). Nur wenn feststeht, dass die Schadensursache im Herrschafts- und Einflussbereich des Vermieters gesetzt wurde, muss sich dieser hinsichtlich des Verschuldens entlasten (vgl. BGH NZM 2006, 258 m.w.N).

**4.** Voraussetzung für den Schadensersatzanspruch ist eine **wirksame fristlose Kündigung.** Ist die Kündigung unwirksam, besteht kein Schadensersatzanspruch, auch wenn der Kündigungsgegner schuldhaft gehandelt hat (Bub/Treier/*Grapentin* Rdn. 142). Als Kündigungsgründe kommen die §§ 543, 569 BGB in Betracht (dazu D. VI.).

**5.** Der Schadensersatzanspruch setzt in der Regel ein **Verschulden des Vermieters** voraus, selbst dann, wenn die Möglichkeit zur fristlosen Kündigung kein Verschulden des Vermieters verlangt. Etwas anderes kann dann gelten, wenn der Vermieter bei einer Kündigung wegen fehlerhafter Gebrauchsüberlassung wegen seiner Garantiehaftung auch bei Nichtverschulden haftet. Dann ist für den Ersatzanspruch ein Verschulden ebenfalls nicht Voraussetzung (Bub/Treier/*Grapentin* Rdn.142). In diesem Fall wird der Schadensersatzanspruch z.T. aus § 538 begründet (OLG Karlsruhe ZMR 1988, 223, 225). Für das Verschulden von Erfüllungsgehilfen gilt § 278 BGB. Der Vermieter muss sich hinsichtlich des Verschuldens und des Vertretenmüssens entlasten (Schmidt-Futterer/*Blank* § 542, Rdn. 112).

Haben beide Vertragsparteien auf Grund schuldhaften Verhaltens ein Kündigungsrecht, kündigt aber nur der Mieter, steht ihm – ebenso wie dem Vermieter – ein Schadensersatzanspruch zu, der aber gemäß § 254 BGB begrenzt wird durch den eigenen Beitrag zur Zerstörung des Vertragsverhältnisses (BGH NJW 1969, 1845; MünchKomm/*Bieber* § 543 Rdn. 77; str. teilweise wird ein Schadensersatzanspruch in diesem Fall abgelehnt, so BGHZ 44, 271, 277 für § 628 BGB; OLG Frankfurt/M. ZMR 1993, 64).

**6.** Eine **Abmahnung** oder Androhung ist nicht Voraussetzung (BGH WM 1988, 52) ebenso wenig eine Nachfristsetzung (BGH NJW 1984, 2687), der Schadensersatzanspruch kann unmittelbar geltend gemacht werden. Der Anspruch verjährt nach § 195 BGB in der seit 1. 1. 2002 geltenden Fassung innerhalb von 3 Jahren, wobei die Frist ab dem Zeitpunkt zählt, ab dem der Mieter von dem Anspruch Kenntnis hatte oder hätte haben können.

**7.** Die **Höhe des Schadens** bemisst sich nach der Differenz zwischen der vorhandenen Vermögenslage und derjenigen, die bei weiterer ordnungsgemäßer Erfüllung eingetreten wäre, wobei nur Vermögensminderungen zu berücksichtigen sind, die durch die fristlose Kündigung verursacht worden sind. Der Anspruch auf Schadensersatz geht dementsprechend dahin, den Geschädigten vermögensmäßig so zu stellen, wie er bei ordnungsgemäßer Erfüllung des Vertrages gestanden hätte, nicht besser und nicht schlechter (BGH WuM 2000, 598, 600). Zu erstatten ist der Schaden des Mieters sowie aller sonstigen in den Schutzbereich einbezogenen Personen (Schmidt-Futterer/*Eisenschmidt* § 536a Rdn. 73).

**8.** **Maklerkosten** in der ortsüblichen Höhe für die neu angemietete Wohnung sowie auch sonstige für die Beschaffung der neuen Wohnung aufgewandte Kosten (Anzeigenkosten, Telefonkosten, Kosten der Anmietung wie z.B. Kosten für eine Mietbürgschaft) sind in der Regel zu erstatten. Bei Maklerkosten ist zu prüfen, ob die Einschaltung eines Maklers erforderlich war. Das ist jedenfalls dann zu bejahen, wenn schnell eine Wohnung gefunden werden muss und dem Mieter eine Suche mittels Anzeigen selbst zeitlich nicht zumutbar ist (vgl. für Gewerberaummiete BGH WM 2000, 598, 601) oder wenn eine adäquate Wohnung nur über einen Makler angeboten wird.

Hat der Mieter nur für die gekündigte Wohnung Maklerkosten aufgewandt, so sind diese in der Regel nicht zu ersetzen (a.A. LG Köln NJW-RR 1993, 254). Nach der Rechtsprechung des BGH im Gewerberaummietrecht (WM 2000, 598, 600), die teilweise auch auf die Wohnraummiete übertragen wird (LG Köln, a.a.O.), sind nutzlos gewordene Aufwendungen erstattungsfähig, weil in der Regel davon auszugehen sei, dass der enttäuschte Vertragspartner seine Aufwendungen aus der vereinbarten Gegenleistung wieder erwirtschaftet hätte; der Schaden liegt in der verloren gegangenen Kompensationsmöglichkeit. Der Anspruch entfällt allerdings, wenn der Mieter gleichartige Aufwendungen, etwa Gardinen, auch für die neue Wohnung geltend macht. Da diese uneingeschränkt zu ersetzen sind, ist der Anspruchsberechtigte damit so gestellt, als wenn er seine nutzlos gewordenen Investitionen weiter hätte nutzen können (s. BGH a.a.O.). Die Rechtsprechung des BGH ist auf das Wohnraummietrecht jedoch nicht uneingeschränkt übertragbar. Die Rentabilitätsvermutung greift nicht ein, da der Wohnraummieter Investitionen in der Regel nicht tätigt, um diese wieder erwirtschaften zu können, sondern lediglich aus ideellen Gründen zur Verschönerung (so LG Duisburg WM 1989, 14; Schmidt-Futterer/*Eisenschmidt* § 536a Rdn. 91 f.; Bub/Treier/*Grapentin* Rdn. 142 b). Es kann sich im Wohnraummietrecht ein Bereicherungsanpruch allenfalls ergeben, wenn der Vermieter früher als vereinbart in den Genuss von Verwendungen des Mieters kommt und dadurch Vorteile in Form höheren Mietzinses o. ä. erwirtschaftet oder hätte erzielen können (BGH WM 2000, 598, 601).

**9. Kosten für die Inanspruchnahme eines Rechtsanwaltes** sind ebenfalls erstattungsfähig, soweit sie vertretbar sind. Insbesondere muss die Inanspruchnahme eines Rechtsanwaltes erforderlich sein. Dies ist dann der Fall, wenn der Mieter wegen der weiteren zu erwartenden Auseinandersetzungen Anlass hat, sich an einen Fachmann zu wenden (LG Köln NJW-RR 1993, 524, 525). Auch weitere Kosten der Rechtsverfolgung, wie die Kosten eingeholter Gutachten oder besonderer Beweisverfahren (LG Köln WM 1990, 387) sind zu erstatten.

Zu den insoweit ersatzfähigen Kosten gehören auch Kosten eines Prozesses gegen Dritte, wenn der Mieter diesen zur Schadensabwehr führt und wenn für die Rechtsverfolgung ein rechtfertigender Anlass bestand oder wenn der Prozess durch das haftungsbegründende Verhalten des Vermieters herausgefordert wurde und eine nicht ungewöhnliche Reaktion darstellt. Dies ist etwa dann der Fall, wenn der Mieter vom Eigentümer auf Herausgabe der Wohnung verklagt wird und der Zwischenmieter die Kündigung verschuldet hat (vgl. dazu OLG Hamburg WM 1995, 160). Die Kosten eines Räumungsvergleichs sind dann zu erstatten, wenn der Vergleich in vertretbarer Würdigung der Sach- und Rechtslage abgeschlossen wurde (OLG Hamburg, a. a. O.).

**10. Kosten des Umzugs** sind zu erstatten. Dabei dürfen allerdings nur die allgemein üblichen Kosten verlangt werden. Der Mieter hat darauf zu achten, dass er nicht überteuerte Preise akzeptiert. Soweit besondere Kosten anfallen (z. B. Klaviertransport) sind auch diese Kosten zu ersetzen. Problematisch kann es sein, die Kosten für einen Privatumzug darzulegen. Insoweit ist dem Mieter anzuraten, genau festzuhalten, wie viele Personen ihm geholfen haben und wie viel Stunden sie beschäftigt waren. Auch die geldwerte eigene Arbeitskraft ist zu vergüten; der Mieter erbringt insoweit eigene Leistungen zur Schadensbeseitigung (dazu BGH NJW 1996, 921, 922; MünchKomm/*Oetker* § 249 Rdn. 81). Kosten für die vorübergehende **Einlagerung von Möbeln** sind zu erstatten. Der Mieter muss dann darlegen, warum die Einlagerung erforderlich und nicht vermeidbar war.

**11.** Weitere durch den Umzug entstehende und mit ihm unmittelbar zusammenhängende Kosten sind ebenfalls zu erstatten. Dazu zählen neben den Kosten für die Ummeldung des Telefons auch Kosten für die Mitteilung der Adressenänderung.

**12. Verdienstausfall,** der durch den erzwungenen Umzug entstanden ist, ist zu erstatten ebenso wie Gewinnentgang, und – soweit sie einen Marktwert hat – die Vergütung der eigenen Arbeitskraft (AG Hamburg St. Georg WuM 2006, 302, 303).

**13.** Kosten, die für die **Herrichtung der Ersatzräume zum vertragsgemäßen Gebrauch** aufgewandt werden, müssen ebenfalls ersetzt werden. Es empfiehlt sich, bei diesen Kosten eine genaue Begründung zu geben, damit der Vermieter seine Ersatzpflicht von vornherein nachprüfen kann (s. dazu auch LG Essen ZMR 1989, 372). Erstattungsfähig sind Kosten für neue Gardinen nebst Zubehör, für neue Lampen, für die Anschaffung von Spiegeln, Einbauschränken oder für die Neuanschaffung von Kücheneinrichtungsgegenständen, wenn die Neuanschaffung auf Grund des Umzugs erforderlich war (str. a. A. Schmidt-Futterer/*Blank* § 542 Rdn. 117, da der Mieter hierfür einen entsprechenden bleibenden Gegenwert erzielt). Jedenfalls dann, wenn frühere entsprechenden Investitionen, z. B. Gardinen, aufgrund des erzwungenen Umzugs nutzlos werden, dürfte ein Ersatzanspruch zu bejahen sein (s. auch Rdn. 8). Zu ersetzen sind ferner die Kosten für den Umbau von Einrichtungsgegenständen, die wegen veränderter Maße an die neue Wohnung angepasst werden müssen. Renovierungskosten sowie die Kosten für neue Fußbodenbeläge können ebenfalls geltend gemacht werden.

Im Wege der **Vorteilsausgleichung** kann berücksichtigt werden, dass derartige Kosten in absehbarer Zeit ohnehin entstanden wären (*Wolf/Eckert* Rdn. 1174). Ferner ist in diesem Zusammenhang zu berücksichtigen, wenn der Mieter aus der ehemaligen Wohnung stammende Gegenstände anderweitig verwertet oder verwerten kann, etwa durch Verkauf an den Nachmieter. Die dadurch erzielten Erlöse muss er sich anrechnen lassen.

**14.** Auch die Herrichtung des Bades für die behinderte Tochter gehört zu den erstattungsfähigen Kosten. Soweit dem Mieter auf Grund persönlicher Umstände erhöhte Kosten für die Herrichtung der Ersatzräume entstehen, z.B. auf Grund einer Behinderung, sind diese zu ersetzen, soweit diese Ausstattung bereits in der bisherigen Wohnung vorhanden war und vom Mieter eingebracht wurde (Schmidt-Futterer/*Eisenschmid* § 536 a Rdn. 83; LG Hamburg WM 1987, 218).

**15.** Zu erstatten sind weiter die Kosten für **zusätzliche Finanzierungen,** die bei einem Verbleiben in der Wohnung nicht angefallen wären. Dazu zählen insbesondere die Kosten für die Finanzierung der neu anzuschaffenden Gegenstände, der Renovierungskosten und des Umzugs.

**16.** Kosten für **Schäden an vom Mieter eingebrachten Sachen,** so auch Beschädigung von Möbeln (OLG Celle NJW-RR 1996, 521 = ZMR 1996, 197; Schmidt-Futterer/*Eisenschmid* § 536 a Rdn. 85) sind ebenfalls erstattungsfähig. Hierbei handelt es sich jedoch nicht um einen aus der fristlosen Kündigung entstehenden Schadensersatzanspruch, sondern um einen Anspruch wegen Mängeln der Mietsache, dazu im Einzelnen Form. B. I. 10. Die Ansprüche bestehen nebeneinander.

**17.** Soweit der Mieter für die neu angemieteten Räume eine **höhere Miete** zahlen muss, ist die Differenz Gegenstand des Schadensersatzanspruchs. Dies gilt aber nur dann, wenn die Wohnung in Ausstattung und Größe mit der früheren Wohnung vergleichbar ist. Nicht zu erstatten ist die Differenz auch dann, wenn die Miete der neuen Wohnung auf Grund der Lage erheblich höher ist. Mögliche Mieterhöhungen für die bisherige Wohnung sind zu berücksichtigen (LG Berlin MM 1994, 176). Insoweit kommt es immer auf den Einzelfall an; allgemein gültige Aussagen können nicht getroffen werden. Zu berücksichtigen ist stets, dass der Vermieter durch die Vorteilsausgleichung nicht unbillig entlastet werden soll und dass andererseits der Mieter nicht zwingend den höheren Wohnwert erstrebt hat. Daraus kann allerdings nicht gefolgert werden, dass der Mieter eine bessere und teurere Wohnung mieten und anschließend Schadensersatz verlangen kann. Er muss vielmehr nachweisen, dass er eine gleichwertige Wohnung nicht hat anmieten können. Der Mieter muss es sich allerdings nicht als Vorteil anrechnen lassen, wenn er in Zukunft einen niedrigeren Mietzins zahlt (OLG Hamburg WM 1995, 160; 163).

Der Anspruch wird jeweils fällig zu den Zeitpunkten, an denen die durch die Kündigung ausgefallenen Mietzinsraten fällig geworden wären. Geschuldet wird die Differenz bis zu dem Zeitpunkt, an dem das Mietverhältnis hätte beendet werden können. Das ist bei befristeten Mietverhältnissen der Fristablauf (BGH NJW 1984, 2687), bei unbefristeten der Zeitpunkt, zu dem erstmals eine ordentliche Kündigung wirksam geworden wäre. Streitig ist, wie lange der Vermieter die Mietzinsdifferenzen zu zahlen hat, wenn ihm kein Kündigungsgrund zusteht. Zum Teil wird ein zeitlich unbegrenzter Anspruch bejaht (Schmidt-Futterer/*Blank* § 542 Rdn. 116), zum Teil wird der Anspruch zeitlich begrenzt (LG Köln WM 1992, 14 – 3 Jahre –; LG Darmstadt WM 1995, 165 – 4 Jahre). Der BGH (NZM 2010, 273) hat diese Frage noch nicht ausdrücklich entscheiden, aber die Schadensschätzung der Vorinstanz (LG Hamburg BeckRS 2010, 03213), wonach der Ersatz der Mietdifferenz in Anlehnung an § 9 ZPO auf 3 1/2 Jahre zu begrenzen ist (ebenso *Sternel* Mietrecht Aktuell, 4. Aufl., Rd, XI, 193) nicht beanstandet. Der Vermieter kann aber jederzeit darlegen und beweisen, dass er einen anderen Kündigungsgrund hätte oder dass der Mieter hätte ausziehen müssen (etwa weil seine Familie sich vergrößert hat oder er in eine andere Stadt umgezogen ist). Der Anspruch entfällt dann ab dem Eintritt dieser Voraussetzungen.

**18.** Der Mieter muss sich anrechnen lassen, wenn er den Schaden mit verschuldet hat; dann kann sein Anspruch nach § 254 BGB gemindert oder ganz ausgeschlossen sein. Der Mieter muss sich vertragsgerecht verhalten; er hat bei auftretenden Mängeln eine Anzeigepflicht; er muss bei der Beseitigung mitwirken (z.B. muss er Handwerkern Zugang für die Mängelbeseitigung gewähren). Er muss den Eintritt weiteren Schadens vermindern, soweit ihm dies zumutbar ist, etwa indem er bei der Gefahr eines Wassereintritts wasserempfindliche Teile abdeckt (OLG Karlsruhe NJW-RR 1988, 528 = ZMR 1988, 52; AG Charlottenburg Grundeigentum 2009, 203 Schutz von im Keller eingelagerten Gegenständen vor Rattenbefall). Er ist ferner verpflichtet, im Rahmen seiner Schadensminderungspflicht gemäß § 254 Abs. 2 S. 1 BGB den Vermieter auf die Gefahr eines ungewöhnlich hohen Schadens hinzuweisen (BGH WM 1988, 52). Es kann ihm allerdings nicht zur Last gelegt werden, wenn er nicht unmittelbar fristlos kündigt, sondern zunächst noch abwartet, da dann der Vermieter auf Kosten des Mieters unangemessen begünstigt würde (vgl. Schmidt-Futterer/*Eisenschmidt* § 536a, Rdn. 99).

Es ist eine taktische Frage, ob der Mieter bereits im Anspruchsschreiben das Problem des Mitverschuldens anschneiden sollte. Dies ist allenfalls zu empfehlen, wenn bereits vorher über diesen Punkt gestritten wurde. Ansonsten ist es Sache des Vermieters, ein Mitverschulden geltend zu machen.

**19. Kosten und Gebühren. Anwalt:** Gebühren nach 13 ff. RVG, Teil 2 VV-RVG §§ 2, 23 RVG, 39 GKG, 3 ZPO) berechnet nach dem Wert der Schadensersatzforderungen.

## 2. Schadensersatzpflicht des Mieters bei wirksamer fristloser Kündigung des Vermieters

......

(Vermieter)[1]

an

......

(Mieter)[2]

Sehr geehrte(r) ......,[2]

durch Schreiben vom ...... habe ich den zwischen Ihnen und mir bestehenden Mietvertrag vom ...... über die Wohnung ...... fristlos gekündigt, da Sie den Hausfrieden durch ständige Beleidigungen Ihrer Mitmieter und durch erheblichen Lärm gestört haben.

Sie sind mir gegenüber zum Schadensersatz verpflichtet,[3] da Sie die fristlosen Kündigung[4] verschuldet haben.[5] Den mir entstandenen Schaden[6] berechne ich nunmehr[7] wie folgt:

- Mietzinsausfall für die Monate ...... und ...... in Höhe von ...... EUR,[8] da die Wohnung mangels Nachmieter nicht unmittelbar vermietet werden konnte;
- Mietzinsausfall in Höhe von ...... EUR für den Monat ......,[9] da die Wohnung nur zu einem geringeren Mietzins vermietet werden konnte;[10]
- Mietzinsausfall für die Monate...... und ....... in Höhe von ....... EUR, da der Nachmieter zahlungsunfähig ist[11]

- Anzeigenkosten in der ...... Zeitung am ......, am ...... und am ...... in Höhe von ...... EUR; ein Nachmieter konnte erst auf Grund der dritten Anzeige gefunden werden;[12]
- Kosten in Höhe von ...... EUR für den Umbau der Wohnung nach Ihrem Auszug. Das von Ihnen eingebrachte Hochbett musste ausgebaut werden, da der Nachmieter dieses nicht übernehmen wollte.[13]
- Kosten für die Inanspruchnahme eines Rechtsanwaltes zur Durchsetzung der Kündigung in Höhe von ...... EUR;[14]
- ...... EUR an Minderungen, die Ihre Mitmieter ...... und ...... für den Zeitraum ...... berechtigt wegen Ihres Verhaltens geltend gemacht haben.[15]

Rechnungen liegen anbei.

Den Gesamtbetrag von ...... EUR überweisen Sie bitte innerhalb von 14 Tagen auf mein Konto Nr....... bei der ...... Bank; Bankleitzahl ......

Sollte innerhalb der oben genannten Frist keine Zahlung erfolgen, werde ich unverzüglich Klage erheben.[16]

......
(Vermieter)

## Anmerkungen

**1. Sachverhalt:** Im vorliegenden Fall hatte der Vermieter dem Mieter wegen Störung des Hausfriedens gemäß § 569 Abs. 2 BGB gekündigt. Nach Auszug des Mieters hatte der Vermieter versucht, einen Nachmieter über Anzeigen zu finden, was ihm nach zwei Monaten gelang. Allerdings zahlte dieser eine geringere Miete.

**2. Formvorschriften** bestehen nicht; es empfiehlt sich den Anspruch schriftlich geltend zu machen. Der Anspruch richtet sich gegen alle am Vertrag beteiligten Mieter.

**3.** Dem Vermieter steht grundsätzlich ein **Schadensersatzanspruch** gegen den Mieter zu, wenn er sich auf Grund einer Vertragsverletzung des Mieters zu einer fristlosen Kündigung veranlasst sieht (MünchKommBGB/*Bieber* § 543 Rdn. 77). In der Wahl der Anspruchsgrundlage bestehen Unterschiede, die sich aber praktisch nicht weiter auswirken (OLG Schleswig WM 2000, 355). Zum Teil wird ein „Anspruch eigener Art" (BGH NJW 1984, 2687; OLG Frankfurt/M. WM 1998, 24) angenommen; zum Teil wird der Anspruch auf eine positive Vertragsverletzung gestützt – jetzt § 280 BGB – (Emmerich/Sonnenschein/*Emmerich* vor § 536, Rdn. 10 soweit der Anspruch auf einen Umstand gestützt wird, der nicht zugleich ein Mangel im Sinne der §§ 537 f. und 541 darstellt), zum Teil auf § 538 BGB a. F. jetzt § 536 a BGB, z. T. auf § 628 Abs. 2 BGB.
Der Vermieter muss beweisen, dass der Mieter eine Vertragsverletzung begangen hat (Schmidt-Futterer/*Blank* § 542 Rdn. 101).

**4.** Voraussetzung für den Schadensersatzanspruch ist eine **wirksame fristlose Kündigung.** Ist die Kündigung unwirksam, besteht kein Schadensersatzanspruch, auch wenn der Kündigungsgegner schuldhaft gehandelt hat (Bub/Treier/*Grapentin* IV 142). Als Kündigungsgründe kommen dabei die §§ 543, 569 BGB in Betracht (dazu Form. D. VI.) Ein Schadensersatzanspruch kommt aber auch in Betracht, wenn das Mietverhältnis nicht im Wege der Kündigung, sondern durch einen Aufhebungsvertrag beendet wurde (KG GE 1999, 44). Voraussetzung ist, dass eine Vertragsverletzung Anlass der Vertragsaufhebung war und dass der Vertrag keine Regelung bezüglich des Schadensersatzes trifft.

**5.** Der Schadensersatzanspruch setzt ein **Verschulden des Mieters** voraus. Er kann daher entfallen, wenn die fristlose Kündigung durch einen schuldunfähigen Mieter oder sonst ohne sein Verschulden veranlasst wurde. Für das Verschulden von Erfüllungsgehilfen gilt § 278 BGB. Der Mieter muss sich hinsichtlich des Verschuldens und des Vertretenmüssens entlasten (Schmidt-Futterer/*Blank* § 542 Rdn. 101).

Haben beide Vertragsparteien auf Grund schuldhaften Verhaltens ein Kündigungsrecht, kündigt aber nur der Vermieter, steht ihm – ebenso wie dem Mieter – ein Schadensersatzanspruch zu, der aber gemäß § 254 BGB begrenzt wird durch den eigenen Beitrag zur Zerstörung des Vertragsverhältnisses (BGH NJW 1969, 1845 für Miete; MünchKomm/*Bieber* § 543 Rdn. 77; str. teilweise wird ein Schadensersatzanspruch in diesem Fall abgelehnt, so BGHZ 44, 271, 277 für § 628 BGB; OLG Frankfurt/M. ZMR 1993, 64).

**6.** Die **Höhe des Schadens** bemisst sich nach der Differenz zwischen der vorhandenen Vermögenslage und derjenigen, die bei weiterer ordnungsgemäßer Erfüllung eingetreten wäre, wobei nur Vermögensminderungen zu berücksichtigen sind, die durch die fristlose Kündigung verursacht worden sind. Der Anspruch auf Schadensersatz geht dementsprechend dahin, den Geschädigten vermögensmäßig so zu stellen, wie er bei ordnungsgemäßer Erfüllung des Vertrages gestanden hätte, nicht besser und nicht schlechter (BGH WM 2000, 598, 600).

**7.** Eine **Abmahnung** oder Androhung ist nicht Voraussetzung (BGH WM 1988, 52) ebenso wenig eine Nachfristsetzung (BGH NJW 1984, 2687). Der Anspruch verjährt nach § 548 BGB innerhalb von sechs Monaten, beginnend ab Rückgabe der Mietsache.

**8.** Der **Mietzinsausfall** ist der wichtigste Posten des Schadensersatzanspruchs des Vermieters. Der Vermieter ist so zu stellen, als wenn die Vertragsbeendigung nicht eingetreten wäre und das Mietverhältnis fortgeführt worden wäre (BGH WM 1979, 236), dies gilt auch im Falle einer Kündigung wegen Zahlungsverzugs (Bub/Treier/*Grapentin* IV Rdn. 142a; a. A. LG Mannheim ZMR 1995, 595). Der Anspruch wird jeweils fällig zu den Zeitpunkten, an denen die durch die Kündigung ausgefallenen Mietzinsraten fällig geworden wären. Geschuldet wird die Differenz bis zu dem Zeitpunkt, an dem das Mietverhältnis hätte beendet werden können. Das ist bei befristeten Mietverhältnissen der Fristablauf (BGH NJW 1984, 2687), bei unbefristeten der Zeitpunkt, zu dem erstmals eine ordentliche Kündigung wirksam geworden wäre (BGH MDR 1998, 20, 22; LG Berlin WM 1999, 363), also gemäß § 573c BGB nach drei Monaten. Zu ersetzen ist der Nettomietzins. Außerdem kann der Vermieter auch die verbrauchsunabhängigen Betriebkosten als Kündigungsfolgeschaden ersetzt verlangen. Diese Kosten hätte der Mieter bei Fortbestand des Mietverhältnisses in jeden Fall zu zahlen gehabt, da ihr Entstehen von der tatsächlichen Nutzung unabhängig ist (vgl. auch OLG Frankfurt/M. WM 1998, 24, 27). Der Anspruch wird nicht hinfällig dadurch, dass der Mietausfall wegen einer erforderlichen Renovierung entstanden ist (Schmidt-Futterer/*Blank* § 542, Rdn. 104).

**9.** Die **Vermietung an einen neuen Mieter** muss sich der Vermieter als **Vorteil** anrechnen lassen. Soweit nur eine Vermietung zu einem niedrigeren Mietzins möglich ist, schuldet der ersatzpflichtige Mieter die Differenz (OLG Frankfurt/M. WM 1998, 24, 27). Der Vermieter muss sich jedoch nicht die Vorteile anrechnen lassen, die er dadurch hat, dass er nach Ablauf des Zeitraums, für den er Mietzinsausfall geltend macht, die Wohnung für einen höheren Mietzins vermietet.

**10.** Im Rahmen seiner **Schadensminderungspflicht** muss sich der Vermieter um eine schnelle Weitervermietung bemühen. Er muss Maßnahmen ergreifen, die ein ordentlicher und verständiger Mensch zur Schadensabwendung oder Minderung ergreifen würde, etwa Anzeigen schalten oder einen Makler beauftragen. Mit zunehmender Zeitdauer erhöhen sich die Anforderungen an die Bemühungen zur Vermietung der Wohnung, der

Vermieter muss seine Tätigkeiten intensivieren (LG Lüneburg WuM 2002, 267 – 6 Monate seit Auszug). Ihm ist zunächst eine Überlegungs- und Auswahlfrist zuzugestehen. Dabei muss er nicht „um jeden Preis" vermieten. Er muss sich hinsichtlich der Differenz nicht auf einen Anspruch gegen den Mieter verweisen lassen (OLG Frankfurt a. a. O.). Häufig wird es problematisch sein, ob ein Verstoß gegen die Schadensminderungspflicht vorliegt, wenn der Vermieter die Wohnung unter dem vorherigen Mietzins weitervermietet, oder ob ihm ein Verstoß vorzuhalten ist, wenn er die Weitervermietung zu einem niedrigeren Mietzins ablehnt. Hier kommt es immer auf die Umstände des Einzelfalls an. Eine Rolle spielt dabei zum einen die Höhe der Mietpreisdifferenz und die aktuelle Lage auf dem Wohnungsmarkt. Will der Vermieter eine moderate Erhöhung der Miete durchsetzen, kann ihm dies nicht zwingend als nachteilig im Rahmen des Mitverschuldens entgegengehalten werden (KG GE 2001, 1402). Die Voraussetzungen eines Verstoßes gegen die Schadensminderungspflicht muss der Mieter darlegen und beweisen. Er muss substantiiert darlegen, weshalb eine frühere Neuvermietung möglich gewesen wäre (LG Berlin WM 1999, 363). Der Vermieter muss aber an der Sachaufklärung mitwirken; er muss insbesondere darlegen, was im Einzelnen er zum Zwecke der Weitervermietung unternommen hat (OLG Schleswig WM 2000, 355; *Sternel* Zahlungsverzug im Mietrecht, WuM 2009, 699, 706).

Die zeitweilige unentgeltliche Überlassung der Mietsache an einen Dritten schließt den Schadensersatzanspruch nicht zwingend aus (OLG Düsseldorf ZMR 1985, 89). Das Problem der Weitervermietung ist für den Schadensersatzanspruch gegen den Mieter dadurch „entschärft" worden, dass der Mieter bei unbefristeten Mietverhältnissen nach § 573 c BGB immer mit einer Frist von 3 Monaten ordentlich kündigen kann.

**11.** Wird der Nachmieter vertragsbrüchig oder zahlungsunfähig, muss der ursprüngliche Mieter bis zu dem Zeitpunkt, wo das Mietverhältnis hätte beendet werden können, für den Mietausfall einstehen (OLG Düsseldorf GuT 2002, 23). Streitig ist, ob der Vermieter sich unmittelbar an den früheren Mieter halten kann (so OLG Naumburg WuM 1998, 283; Schmidt-Futterer/*Blank* § 542, Rdn.109) oder ob er erst den Nachmieter vergeblich in Anspruch genommen haben muss (KG GE 2002, 329).

**12.** Die **Kosten für die Suche nach einem Mietnachfolger** (Anzeigekosten, Maklerkosten, Kosten für Telefonate, Porto) sind vom Mieter zu erstatten, soweit sie erforderlich sind. Sie sollten möglichst genau belegt werden. Eine Schadensschätzung ist z. B. bei den Telefonkosten möglich. Dann aber müssen Anzahl, Dauer und Entfernung in etwa angegeben werden. Allgemeiner Aufwand wie Besichtigungstermine, Wohnungsabnahme etc. sind demgegenüber nicht erstattungsfähig, da sie zum allgemein anfallenden Aufwand zählen (Schmidt-Futterer/*Blank* § 542 Rdn. 111).

**13.** Der Anspruch auf Ersatz von Kosten, die aufgewandt werden, um die **Wohnung** zur Neuvermietung **wieder herzurichten,** ist in der Regel ein noch aus dem Mietverhältnis herzuleitender Anspruch wegen der Nichtdurchführung von Schönheitsreparaturen oder Instandsetzungsarbeiten, s. dazu im einzelnen Form. F. II. 4–9. Die Ansprüche ergänzen sich. Sonstige Kosten, die der Vermieter aufwendet, um eine Neuvermietung zu ermöglichen, etwa der Einbau eines Bades, können nur in absoluten Ausnahmefällen ersetzt verlangt werden. Ebenso sind Aufwendungen, die der Vermieter für die Verbesserung der Mieträume gemacht hat, durch die Kündigung nicht nutzlos geworden; sie begründen keinen Schadensersatzanspruch (OLG Düsseldorf ZMR 1988, 94). Aufwendungen, die durch den Auszug des Mieters wegfallen, sind als Vorteile des Vermieters anzurechnen.

**14.** **Kosten der Rechtsverfolgung** sind, soweit erforderlich, zu erstatten, insbesondere Rechtsanwaltskosten. Erforderlich ist die Hinzuziehung eines Rechtsanwaltes insbesondere dann, wenn der Vermieter wegen der weiteren zu erwartenden Auseinandersetzungen Anlass hat, sich an einen Fachmann zu wenden, insbesondere bei schwierigen Sach-

und Rechtslagen. Ein derartiges Vorgehen ist dann zur Schadensabwendung vernünftig und zweckmäßig (OLG Frankfurt/M. WM 1998, 24, 27). Einem Vermieter, der über rechtskundiges Personal verfügt, oder der selbst geschäftserfahren ist, ist in der Regel zuzumuten, selbst zu kündigen (Schmidt-Futterer/*Blank* § 542 Rdn. 103), insbesondere bei einer fristlosen Kündigung wegen Zahlungsverzugs (AG Neukölln GE 2004, 1397; BGB, Urteil vom 6. 10. 2010 – VIII ZR 271/09 – FD-MietR 2010, 309225). Auch weitere Kosten der Rechtsverfolgung, wie die Kosten eingeholter Gutachten oder besonderer Beweisverfahren (LG Köln WM 1990, 387) sind zu erstatten, ebenso Prozesskosten gegen Dritte, wenn der Prozess wegen des Verhaltens des Mieters erforderlich und zur Schadensabwendung geboten war. Dies können etwa Kosten sein, die entstanden sind, weil der Vermieter auf Veranlassung des Mieters unberechtigt gegen Mitmieter geklagt hat (*Kossmann* § 123 Rdn. 17). Der Vermieter ist gemäß § 254 BGB verpflichtet, den Schaden zu mindern, d. h. er muss notwendige Schritte sorgfältig prüfen; insbesondere darf er sich nicht ohne weitere Nachforschungen auf Auskünfte Dritter verlassen und aussichtslose Prozesse anstrengen.

**15.** Weiter können Kosten geltend gemacht werden, die dadurch entstanden sind, dass Mitmieter auf Grund von Mietstörungen des gekündigten Mieters berechtigt Minderungen geltend gemacht haben (*Kossmann* § 66 Rdn. 3).

**16.** Kosten und Gebühren. Anwalt: Gebühren nach 13 ff. RVG, Teil 2 VV-RVG §§ 2, 23 RVG, 39 GKG, 3 ZPO) berechnet nach dem Wert der Schadensersatzforderungen.

## 3. Schadensersatzpflicht des Vermieters bei unberechtigter Kündigung

......

(Mieter)[1]

an

......

(Vermieter)[2]

Sehr geehrte(r) ......,[2]

hiermit fordere ich Sie auf, mir bis zum ............ EUR als Schadensersatz, dafür zu zahlen, dass ich auf Grund Ihrer unberechtigten Kündigung wegen Eigenbedarfs aus der von Ihnen mit Mietvertrag vom ...... gemieteten Wohnung im 1. Obergeschoss des Hauses ...... ausgezogen bin.[3]

Mit Schreiben vom ...... haben Sie den o. g. zwischen uns bestehenden Mietvertrag zum ...... wegen Eigenbedarfs gekündigt.[4] Sie haben angegeben, dass Sie von Frankfurt nach Köln ziehen wollen und deshalb die Wohnung selbst benötigen. Tatsächlich sind Sie aber nicht nach Köln, sondern nach Hamburg verzogen. Bereits am ...... haben Sie dort ein neues Arbeitsverhältnis angetreten. Zum ...... haben Sie Herrn ...... als Makler den Auftrag erteilt, die von mir gemietete Wohnung zu verkaufen. Daraus kann ich nur schließen, dass Sie entweder nie vorhatten, die Wohnung zu beziehen,[5] oder dass sich Ihre Pläne geändert haben,[6] worauf Sie mich nicht hingewiesen haben.[7]

Nachdem ich unter dem Druck einer drohenden Räumungsklage eine neue Wohnung gefunden hatte, haben wir uns am ...... darauf geeinigt, dass ich die Wohnung zum ...... räume.[8]

Auf Grund dieser unberechtigten Kündigung sind Sie verpflichtet, den mir durch den Umzug entstandenen Schaden zu ersetzen. Die Höhe des Schadens[9] beziffere ich wie folgt:

- Maklerkosten in Höhe von ...... EUR,[10]
- Kosten für die Inanspruchnahme des Rechtsanwalts Dr....... in Höhe von ...... EUR;[11]
- Detektivkosten[12]
- Umzugskosten in Höhe von ...... EUR; [13]
- Kosten für die Ummeldung des Telefons in Höhe von ...... EUR;[14]
- Verdienstausfall in Höhe von ...... EUR,[15] während des Umzugs konnte ich meiner Tätigkeit als selbstständiger Lkw-Fahrer nicht nachgehen. Dadurch ist mir der Verdienstausfall entstanden. Eine Bescheinigung des Fuhrunternehmers lege ich bei.
- Kosten für den Umbau der Regalwand in Höhe von ...... EUR;[16]
- Kosten für die Neuanschaffung von Gardinen in Höhe von ...... EUR. Unsere bisherigen Gardinen konnten nicht mehr verwendet werden, da die Fenster unsere neuen Wohnung im Gegensatz zu denen der von Ihnen angemieteten bodentief sind;[16]
- Kosten für den Umbau des Bades für unsere behinderte Tochter (Umbau der Dusche) in Höhe von 2.000 EUR.[17]
- Finanzierungskosten in Höhe von ...... EUR für die oben aufgeführten, notwendig gewordene Neuanschaffungen;[18]
- Weiter mache ich geltend die höheren Kosten für die von mir nunmehr zu zahlende Miete in Höhe von monatlich ...... EUR.[19]

Den Gesamtbetrag von ...... überweisen Sie bitte innerhalb von 14 Tagen auf mein Konto Nr....... bei der ...... Bank, Bankleitzahl ...... Den höheren Mietbetrag bitte ich jeweils zum Monatsbeginn zu überweisen.

Sollte innerhalb der oben genannten Frist keine Zahlung erfolgen, werde ich unverzüglich Klage erheben.[20]

......

(Mieter)

*Schrifttum: Haase*, Räumungsvergleich und Schadensersatz wegen vorgetäuschten Eigenbedarfs, ZMR 2000, 653; *Hinz*, Schadensersatz bei unberechtigter Kündigung, WuM, 2009, 331; *ders.*, Unberechtigte Eigenbedarfskündigung: Wiederherstellung von Besitz- und Mietrechten, WuM 2010, 207.

## Anmerkungen

**1. Sachverhalt:** Im vorliegenden Fall hatte der Vermieter das Mietverhältnis wegen Eigenbedarfs gekündigt mit der Angabe, er wolle von Frankfurt nach Köln ziehen und benötige daher die Wohnung. Auf die schriftliche Kündigung hin zog der Mieter nach Vereinbarung mit dem Vermieter zum 1. 2. 1999 aus. Der Vermieter bezog die Wohnung nicht, sondern verkaufte sie anschließend. Er trat zum 1. 2. 1999 eine neue Arbeitsstelle in Hamburg an.

**2. Formvorschriften** bestehen nicht; es empfiehlt sich, den Anspruch schriftlich geltend zu machen. Der Anspruch ist gerichtet gegen alle Vermieter.

**3.** Ein **Schadensersatz** bei einer unberechtigten Kündigung wegen Eigenbedarfs ergibt sich in der Regel aus positiver Vertragsverletzung (§ 280 BGB n. F.). Es kann aber auch ein Anspruch aus § 826 BGB wegen sittenwidrigen Verhaltens oder aus § 823 Abs. 2 BGB in Verbindung mit § 263 BGB wegen betrügerischen Verhaltens in Betracht kommen.

**4.** Zu den Voraussetzungen der Kündigung wegen Eigenbedarfs s. Form. D. III. 3 und 4.

**5.** Eine **Vertragsverletzung** ist immer gegeben, wenn der Eigenbedarf schon vor Ausspruch einer Kündigung fehlt, weil der Vermieter den Eigenbedarf nur vorgetäuscht hat. Dies ist dann der Fall, wenn die tatsächlichen Angaben nicht zutreffend sind und der Vermieter einen missliebigen Mieter loswerden oder die Wohnung verkaufen möchte (AG Düsseldorf DWW 1997, 156).

Unschädlich für den Anspruch ist, wenn der Vermieter zwar nicht kündigt, aber gegenüber dem Mieter hinreichend deutlich zum Ausdruck bringt, er könne – tatsächlich nicht bestehende – Eigenbedarfsgründe geltend machen (LG Saarbrücken ZMR 1998, 233). Dabei reicht eine allgemeine Nachfrage allerdings nicht aus.

Die **Darlegungs- und Beweislast** für die Voraussetzungen des Schadensersatzanspruches trägt der Mieter. Jedoch können die Umstände zu einer Beweiserleichterung führen. Wird etwa die Wohnung nicht wie in der Kündigung angegeben genutzt, etwa indem sie an Fremde vermietet oder verkauft wird, spricht der Beweis des ersten Anscheins für den Mieter; der Vermieter muss sich entlasten; insbesondere darlegen, dass der Eigenbedarf erst nach dem Auszug des Mieters weggefallen ist (LG Hamburg ZMR 1993, 281; LG Köln WM 1993, 195, das eine Umkehr der Beweislast annimmt; LG Aachen WM 1995, 164; LG Gießen ZMR 1996, 327, 328 für den Verkauf der Wohnung). An die Darlegungslast des Vermieters sind im Hinblick auf Art. 14 GG hohe Anforderungen zu stellen (BVerfG NJW 1997, 2377).

**6. Entfällt der Eigenbedarf nach Ausspruch der Kündigung,** ist der Vermieter verpflichtet, den Mieter darauf hinzuweisen, andernfalls begeht er eine Vertragsverletzung. Die Verpflichtung zu einer entsprechenden Mitteilung für den Vermieter besteht allerdings grundsätzlich nur **bis zum Ablauf der Kündigungsfrist** (BGH NJW 2006, 220). Die vormals überwiegend vertretene Auffassung, wonach dies regelmäßig bis zum Auszug des Mieters bzw. dessen Räumung (OLG Karlsruhe NJW 1982, 54) der Fall war und zwar unabhängig davon, ob zwischenzeitlich eine Aufhebungsvereinbarung geschlossen wurde oder die Kündigungsfrist verstrichen war, dürfte damit für die Praxis hinfällig sein. Ebenso ist der Streit, ob nach einem rechtskräftigen Räumungstitel, noch eine Mitteilungspflicht besteht (bejahend Schmidt-Futterer/*Blank* § 573, Rdn. 75 m.w.N.; verneinend LG Köln WuM 1994, 212 m.w.N.), überholt. Es kommt dann nur ein Anspruch aus § 826 BGB oder § 823 Abs. 2 BGB i.V.m. § 263 StGB in Betracht. Der Anspruch aus § 826 BGB ist gegeben, wenn die Unrichtigkeit dem Vermieter zum Zeitpunkt der Räumung bekannt war und besondere Umstände hinzukommen, die das Verhalten des Vermieters als sittenwidrig erscheinen lassen.

Der Vermieter ist verpflichtet, dem Mieter eine freiwerdende Alternativwohnung anzubieten; andernfalls liegt ebenfalls eine Vertragsverletzung vor. Der Vermieter muss auch darlegen und beweisen, dass er den Mieter vom Wegfall des Eigenbedarfs informiert hat oder ihm eine Alternativwohnung angeboten hat. Die Anbietpflicht besteht dabei ebenfalls grundsätzlich nur bis zum Ablauf der Kündigungsfrist (s.o.).

**7.** Voraussetzung des Anspruch aus positiver Vertragsverletzung ist in der Regel ein **Verschulden** des Vermieters, das immer dann gegeben ist, wenn er den Eigenbedarf vortäuscht oder wissentlich Umstände, die den Eigenbedarf entfallen lassen, verschweigt. Aber auch eine **fahrlässige** Fehleinschätzung des Vermieters, den mit der Kündigung geltend gemachten Eigenbedarf umsetzen zu können, reicht aus (*Sternel* Mietrecht Aktuell Rdn. 1084; Schmidt-Futterer/*Blank* § 573 Rdn. 76). Der Vermieter ist, bevor er eine Wohnung wegen Eigenbedarfs kündigt, verpflichtet, eine hinreichend sichere Prognose darüber zu treffen, ob die geplante Eigenbedarfsnutzung tatsächlich realisiert werden kann (dazu auch BGH NZM 2010, 274). Der Vermieter muss sich auch darüber informieren, ob die von ihm geltend gemachten Gründe eine Kündigung wegen Eigenbedarfs rechtfertigen, andernfalls liegt ein vermeidbarer Rechtsirrtum vor, so dass eine Vertragsverletzung zu bejahen ist (str. Bub/Treier/*Grapentin* IV Rdn. 27; Schmidt-Futterer/*Blank* § 573 Rdn. 77 m. w. N.). Ist die Kündigung zwar formal unwirksam, im Übrigen aber berechtigt, steht dem Mieter ein Schadensersatzanspruch nicht zu (LG Kiel WM 1995, 169). Unterlässt es ein nicht geschäftserfahrener Vermieter beispielsweise, Rechtsrat einzuholen, ist in der Regel ein Verschulden zu bejahen.

**8.** Zwischen der schuldhaften Vertragsverletzung und dem Auszug des Mieters muss eine **Kausalität** bestehen. Der Mieter muss auf Grund der Kündigung wegen Eigenbedarfs ausziehen. Unerheblich ist dabei, ob der Mieter vor oder nach der Kündigung, vor oder nach Ablauf der Kündigungsfrist auszieht, ob die Parteien einen Mietaufhebungsvertrag schließen oder ob ein gerichtlicher Räumungsvergleich geschlossen wird. Der **Zurechnungszusammenhang fehlt,** wenn der Mieter bereits vor der Kündigung aus anderen Gründen ausgezogen ist oder von sich aus das Mietverhältnis gekündigt hat. Gleiches gilt, wenn der Vermieter zuvor bereits aus anderen Gründen wirksam gekündigt hat.

Im Fall des Räumungsvergleichs ist unter Berücksichtigung der jeweiligen Umstände des Einzelfalls nach der herrschenden Meinung darauf abzustellen, ob durch den Vergleich nur der Streit über die Schlüssigkeit und Beweisbarkeit des Eigenbedarfstatbestandes beigelegt werden sollte oder ob die Parteien zugleich auch den Streit darüber beilegen wollten, ob die vom Vermieter dargelegte Eigenbedarfslage besteht oder ob sie nur vorgetäuscht war (Rechtsentscheid des OLG Frankfurt ZMR 1995, 67; zum Streit darüber auch *Haase* ZMR 2000, 653 ff. mit weiteren Nachweisen zur herrschenden Meinung S. 656 Fn. 35). Im letzteren Fall stehen danach dem Mieter Schadensersatzansprüche nicht zu. Häufig entstehen in der Praxis jedoch Probleme dadurch, dass im Räumungsvergleich der fragliche Punkt nicht eindeutig geregelt ist. Zum Teil wird die Kausalität verneint, wenn der Mieter vor Vergleichsabschluss den Eigenbedarf bestritten hat (OLG Celle MDR 1995, 252; LG Gießen MDR 1995, 253) oder wenn die Frage des Eigenbedarfs völlig ungeklärt ist. Weiter wird von einer abschließenden Regelung mit Ausschluss späteren Schadensersatzes ausgegangen, wenn der Mieter eine nicht unerhebliche Abstandssumme erhält oder der Vermieter auf fällige Schönheitsreparaturen verzichtet (Rechtsentscheid des OLG Frankfurt ZMR 1995, 67, das allerdings ausdrücklich betont, dass immer der Einzelfall entscheidend sei). Die vorgenannten Überlegungen gelten für den Aufhebungsvertrag entsprechend. Der BGH (NJW 2009, 2059) hat nunmehr entschieden, dass in dem Fall, dass der Mieter die Eigenbedarfskündigung für berechtigt halten durfte und in der Vorstellung, zur Räumung des Mietobjektes verpflichtet zu sein, einen Aufhebungsvertrag schließt, ein Schadensersatzanspruch nicht ausgeschlossen wird (hierzu auch *Hinz* WuM 2009, 331). Praktisch empfiehlt sich bei vergleichsweisen Regelungen der ausdrückliche Hinweis, dass mit dem Vergleich nur der Streit über das Vorliegen des Eigenbedarfs geregelt werden soll, weitergehende Ansprüche aber nicht ausgeschlossen werden sollen. Die Formulierung, dass „sämtliche Ansprüche der Parteien durch den Vergleich abgegolten sein sollen", umfasst nur die bereits bei Vergleichsabschluss bestehenden Ansprüche; Schadensersatzansprüche wegen vorgetäuschten Eigenbedarfs gehören nicht dazu (LG Düsseldorf ZMR 2000, 675; LG Hamburg WM 1995, 168; Schmidt-Futterer/*Blank* § 573, Rdn. 79).

Der Mieter muss sich ein **Mitverschulden** anrechnen lassen. Dazu gehört insbesondere, wenn er auf eine nahe liegende Rechtsverteidigung verzichtet hat. So muss er sich gegen eine Kündigung verteidigen, wenn für ihn erkennbar die vorgetragenen Gründe nicht eine Eigenbedarfskündigung rechtfertigen oder ernsthafte Zweifel an dem vorgetragenen Nutzungs-/Überlassungswillen bestehen. Die Anforderungen an den Mieter sind aber nicht zu hoch anzusetzen, grundsätzlich darf er den Angaben des Vermieters vertrauen. Eigene Nachforschungen muss er nicht anstellen (OLG Karlsruhe NJW 1982, 54).

**9.** Die **Höhe des Schadens** bemisst sich nach der Differenz zwischen der vorhandenen Vermögenslage und derjenigen, die bei weiterer ordnungsgemäßer Erfüllung eingetreten wäre, wobei nur Vermögensminderungen zu berücksichtigen sind, die durch die unberechtigte Kündigung verursacht worden sind. Der Anspruch auf Schadensersatz geht dementsprechend dahin, den Geschädigten vermögensmäßig so zu stellen, wie er bei ordnungsgemäßer Erfüllung des Vertrages gestanden hätte, nicht besser und nicht schlechter (BGH WM 2000, 598, 600). Zu erstatten ist der Schaden des Mieters sowie aller sonstigen in den Schutzbereich einbezogenen Personen.

**10.** **Maklerkosten** in der ortsüblichen Höhe für die neu angemietete Wohnung sowie auch sonstige für die Beschaffung der neuen Wohnung aufgewandte Kosten (Anzeigenkosten, Telefonkosten, Kosten der Anmietung wie z. B. Kosten für eine Mietbürgschaft) sind in der Regel zu erstatten. Bei Maklerkosten ist zu prüfen, ob die Einschaltung eines Maklers erforderlich war. Das ist jedenfalls dann zu bejahen, wenn schnell eine Wohnung gefunden werden muss und dem Mieter eine Suche mittels Anzeigen selbst zeitlich nicht zumutbar ist (vgl. für Gewerberaummiete BGH WM 2000, 598, 601) oder wenn eine adäquate Wohnung nur über einen Makler angeboten wird.

Hat der Mieter nur für die gekündigte Wohnung Maklerkosten aufgewandt, so sind diese in der Regel nicht zu ersetzen (a. A. LG Köln NJW-RR 1993, 254). Nach der Rechtsprechung des BGH im Gewerberaummietrecht (WM 2000, 598, 600), die teilweise auch auf die Wohnraummiete übertragen wird (LG Köln a. a. O.), sind nutzlos gewordene Aufwendungen erstattungsfähig, weil in der Regel davon auszugehen sei, dass der enttäuschte Vertragspartner seine Aufwendungen aus der vereinbarten Gegenleistung wieder erwirtschaftet hätte; der Schaden liegt in der verloren gegangenen Kompensationsmöglichkeit. Der Anspruch entfällt allerdings, wenn der Mieter gleichartige Aufwendungen, etwa Gardinen, auch für die neue Wohnung geltend macht. Da diese uneingeschränkt zu ersetzen sind, ist der Anspruchsberechtigte damit so gestellt ist, als wenn er seine nutzlos gewordenen Investitionen weiter hätte nutzen können (s. BGH a. a. O.). Die Rechtsprechung des BGH ist auf das Wohnraummietrecht jedoch nicht uneingeschränkt übertragbar. Die Rentabilitätsvermutung greift nicht ein, da der Wohnraummieter Investitionen in der Regel nicht tätigt, um diese wieder erwirtschaften zu können, sondern lediglich aus ideellen Gründen zur Verschönerung (so LG Duisburg WM 1989, 14; Schmidt-Futterer/*Eisenschmidt* § 536a Rdn. 91; Bub/Treier/*Grapentin* IV, Rdn. 142 b). Es kann sich im Wohnraummietrecht ein Bereicherungsanspruch allenfalls ergeben, wenn der Vermieter früher als vereinbart in den Genuss von Verwendungen des Mieters kommt und dadurch Vorteile in Form höheren Mietzinses o. ä. erwirtschaftet oder hätte erzielen können (BGH WM 2000, 598, 601).

**11.** **Kosten für die Inanspruchnahme eines Rechtsanwaltes** sind ebenfalls erstattungsfähig, soweit sie vertretbar sind. Insbesondere muss die Inanspruchnahme eines Rechtsanwaltes erforderlich sein. Dies ist dann der Fall, wenn der Mieter wegen der weiteren zu erwartenden Auseinandersetzungen Anlass hat, sich an einen Fachmann zu wenden (LG Köln NJW-RR 1993, 524, 525). Auch weitere Kosten der Rechtsverfolgung, wie die Kosten eingeholter Gutachten oder besonderer Beweisverfahren (LG Köln WM 1990, 387) sind zu erstatten. Zu ersetzen sind ferner die Kosten eines vorangegangenen Räumungsrechtsstreits.

Zu den ersatzfähigen Kosten gehören auch Kosten eines Prozesses gegen Dritte, wenn der Mieter diesen zur Schadensabwehr führt und wenn für die Rechtsverfolgung ein rechtfertigender Anlass bestand oder wenn der Prozess durch das haftungsbegründende Verhalten des Vermieters herausgefordert wurde und eine nicht ungewöhnliche Reaktion darstellt. Dies ist etwa dann der Fall, wenn der Mieter vom Eigentümer auf Herausgabe der Wohnung verklagt wird und der Zwischenmieter die Kündigung verschuldet hat (vgl. dazu OLG Hamburg WM 1995, 160). Die Kosten eines Räumungsvergleichs sind dann zu erstatten, wenn der Vergleich in vertretbarer Würdigung der Sach- und Rechtslage abgeschlossen wurde (OLG Hamburg, a. a. O.).

**12.** **Detektivkosten,** die der Mieter aufgewandt hat, um einen vorgetäuschten Eigenbedarf nachzuweisen, sind ebenfalls zu erstatten (AG Hamburg WM 1997, 220).

**13.** **Kosten des Umzugs** sind zu erstatten. Dabei dürfen allerdings nur die allgemein üblichen Kosten verlangt werden. Der Mieter hat darauf zu achten, dass er nicht überteuerte Preise akzeptiert. Soweit besondere Kosten anfallen (z. B. Klaviertransport) sind auch diese Kosten zu ersetzen. Problematisch kann es sein, die Kosten für einen Privatumzug darzulegen. Insoweit ist dem Mieter anzuraten, genau festzuhalten, wie viele Personen ihm geholfen haben und wie viel Stunden sie beschäftigt waren. Auch die eigene Arbeitskraft ist zu vergüten, soweit sie einen Marktwert hat.

Kosten für die vorübergehende Einlagerung von Möbeln sind zu erstatten. Der Mieter muss dann darlegen, warum die Einlagerung erforderlich und nicht vermeidbar war.

**14.** Weitere durch den Umzug entstehende und mit ihm unmittelbar zusammenhängende Kosten sind ebenfalls zu erstatten. Dazu zählen neben den Kosten für die Ummeldung des Telefons auch Kosten für die Mitteilung der Adressenänderung.

**15.** **Verdienstausfall,** der durch den erzwungenen Umzug entstanden ist, ist zu erstatten ebenso wie Gewinnentgang, nicht aber eine Vergütung der eigenen Arbeitskraft, die keinen Marktwert hat (AG Hamburg St. Georg WuM 2006, 302, 303).

**16.** Kosten, die für die **Herrichtung der Ersatzräume zum vertragsgemäßen Gebrauch** aufgewandt werden, müssen ebenfalls ersetzt werden. Es empfiehlt sich, bei diesen Kosten eine genaue Begründung zu geben, damit der Vermieter seine Ersatzpflicht von vornherein nachprüfen kann (s. dazu auch LG Essen ZMR 1989, 372). Erstattungsfähig sind Kosten für neue Gardinen nebst Zubehör, für neue Lampen, für die Anschaffung von Spiegeln, Einbauschränken oder für die Neuanschaffung von Kücheneinrichtungsgegenständen, wenn die Neuanschaffung auf Grund des Umzugs erforderlich war (str. a. A. Schmidt-Futterer/*Blank* § 542 Rdn. 117, da der Mieter hierfür einen entsprechenden bleibenden Gegenwert erzielt). Jedenfalls dann, wenn frühere entsprechenden Investitionen, z. B. Gardinen, aufgrund des erzwungenen Umzugs nutzlos werden, dürfte ein Ersatzanspruch zu bejahen sein (s. auch Rdn. 10). Zu ersetzen sind ferner die Kosten für den Umbau von Einrichtungsgegenständen, die wegen veränderter Maße an die neue Wohnung angepasst werden müssen. Renovierungskosten sowie die Kosten für neue Fußbodenbeläge können ebenfalls geltend gemacht werden.

Im Wege der Vorteilsausgleichung kann berücksichtigt werden, dass derartige Kosten in absehbarer Zeit ohnehin entstanden wären (*Wolf/Eckert* Rdn. 1174). Ferner ist in diesem Zusammenhang zu berücksichtigen, wenn der Mieter aus der ehemaligen Wohnung stammende Gegenstände anderweitig verwertet oder verwerten kann, etwa durch Verkauf an den Nachmieter. Die dadurch erzielten Erlöse muss er sich anrechnen lassen.

**17.** Auch die Herrichtung des Bades für die behinderte Tochter gehört zu den erstattungsfähigen Kosten. Soweit dem Mieter auf Grund persönlicher Umstände erhöhte Kosten für die Herrichtung der Ersatzräume entstehen, z. B. auf Grund einer Behinderung, sind diese zu ersetzen, soweit diese Ausstattung bereits in der bisherigen Wohnung vorhanden war und vom Mieter eingebracht wurde (Schmidt-Futterer/*Eisenschmidt* § 536a Rdn. 87; LG Hamburg WM 1987, 218).

**18.** Zu erstatten sind weiter die Kosten für **zusätzliche Finanzierungen,** die bei einem Verbleiben in der Wohnung nicht angefallen wären. Dazu zählen insbesondere die Kosten für die Finanzierung der neu anzuschaffenden Gegenstände, der Renovierungskosten und des Umzugs.

**19.** Soweit der Mieter für die neu angemieteten Räume eine **höhere Miete** zahlen muss, ist die Differenz Gegenstand des Schadensersatzanspruchs. Dies gilt aber nur dann, wenn die Wohnung in Ausstattung und Größe mit der früheren Wohnung vergleichbar ist. Nicht zu erstatten ist die Differenz auch dann, wenn die Miete der neuen Wohnung auf Grund der Lage erheblich höher ist. Mögliche Mieterhöhungen für die bisherige Wohnung sind zu berücksichtigen (LG Berlin MM 1994, 176). Insoweit kommt es immer auf den Einzelfall an; allgemein gültige Aussagen können nicht getroffen werden. Zu berücksichtigen ist stets, dass der Vermieter durch die Vorteilsausgleichung nicht unbillig entlastet werden soll und dass andererseits der Mieter nicht zwingend den höheren Wohnwert erstrebt hat. Daraus kann allerdings nicht gefolgert werden, dass der Mieter eine bessere und teurere Wohnung mieten und anschließend Schadensersatz verlangen kann. Er muss vielmehr nachweisen, dass er eine gleichwertige Wohnung nicht hat anmieten können. Der Mieter muss es sich allerdings nicht als Vorteil anrechnen lassen, wenn er in Zukunft einen niedrigeren Mietzins zahlt (OLG Hamburg WM 1995, 160; 163).
Der Anspruch wird jeweils fällig zu den Zeitpunkten, an denen die durch die Kündigung ausgefallenen Mietzinsraten fällig geworden wären. Geschuldet wird die Differenz bis zu dem Zeitpunkt, an dem das Mietverhältnis hätte beendet werden können. Das ist bei befristeten Mietverhältnissen der Fristablauf (BGH NJW 1984, 2687), bei unbefristeten der Zeitpunkt, zu dem erstmals eine ordentliche Kündigung wirksam geworden wäre. Streitig ist, wie lange der Vermieter die Mietzinsdifferenzen zu zahlen hat, wenn ihm kein Kündigungsgrund zusteht. Zum Teil wird ein zeitlich unbegrenzter Anspruch bejaht (Schmidt-Futterer/*Blank* § 542 Rdn. 116), zum Teil wird der Anspruch zeitlich begrenzt (LG Köln WM 1992, 14 – 3 Jahre –; LG Darmstadt WM 1995, 165 – 4 Jahre –). Der BGH (NZM 2010, 273) hat diese Frage noch nicht ausdrücklich entscheiden, aber die Schadensschätzung der Vorinstanz (LG Hamburg BeckRS 2010, 03213), wonach der Ersatz der Mietdifferenz in Anlehnung an § 9 ZPO auf 3 1/2 Jahre zu begrenzen ist (ebenso *Sternel* Mietrecht Aktuell, 4. Aufl., Rd, XI, 193) nicht beanstandet. Der Vermieter kann jederzeit darlegen und beweisen, dass er einen anderen Kündigungsgrund hätte oder dass der Mieter hätte ausziehen müssen (etwa weil seine Familie sich vergrößert hat oder er in eine andere Stadt umgezogen ist). Der Anspruch entfällt dann ab dem Eintritt dieser Voraussetzungen.

**20. Kosten und Gebühren.** Anwalt: Gebühren nach 13 ff. RVG, Teil 2 VV-RVG §§ 2, 23 RVG, 39 GKG, 3 ZPO) berechnet nach dem Wert der Schadensersatzforderungen.

# IX. Wiedereinweisung des zur Räumung Verpflichteten durch Verwaltungsakt

## 1. Widerspruch des Vermieters/Eigentümers gegen eine Einweisungsverfügung

......

(Vermieter)[1]

An den
Oberbürgermeister
der Stadt ......
– Ordnungsamt –[2]

......

Einweisungsverfügung vom ...... betreffend die Wohnung ...... – AZ –[3]

Hier: Widerspruch[4]

Sehr geehrte Damen und Herren,

gegen die oben genannte, mir am ...... zugestellte Einweisungsverfügung, mit der Sie die Familie ...... in meine Wohnung wieder eingewiesen haben, erhebe ich hiermit fristgemäß[5] Widerspruch. Ich beantrage, die sofortige Vollziehbarkeit der Einweisungsverfügung auszusetzen.[6]

Ich mache folgende Gründe geltend:[7]

Die Einweisungsverfügung ist formal nicht korrekt und verfahrensfehlerhaft zustande gekommen. Die Verfügung enthält keine Begründung. Ich bin nicht zur Einweisung angehört worden.[8]

Der Einweisungsbescheid ist nicht korrekt. Er weist die Mieter nicht in die von ihnen bisher bewohnte Wohnung ein, sondern in die anderweitig vermietete Wohnung im 2. Obergeschoss links.[9]

Die Einweisung erfolgte zu Unrecht. Der Stadt stehen Obdachlosenunterkünfte in ausreichender Anzahl zur Verfügung. So ist in der Unterkunft in der ...... Straße noch eine 3-Zimmer-Wohnung frei.[10]

Hinzu kommt, dass meine Interessen nicht hinreichend berücksichtigt wurden. Angesichts der persönlichen Auseinandersetzungen, die ihren Höhepunkt in der körperlichen Bedrohung meiner Ehefrau fanden, und die dann zur Kündigung führten, kann mir eine weiteres Zusammenleben mit den Mietern nicht mehr zugemutet werden. Zudem ist die Wohnung mit 48 qm für eine 7-köpfige Familie zu klein. Auch die Dauer der Einweisung ist mit vier Monaten viel zu lang. Angesichts der derzeitigen Wohnungslage ist es viel schneller möglich, für die Mieter eine neue Wohnung zu finden.[11]

*Hütte*

Die Interessen des Mieters sind meines Erachtens demgegenüber nachrangig. Dass seine Kinder in die nahegelegene Schule gehen und seine Ehefrau ihre in der Nähe lebenden Eltern versorgt, kann eine Einweisung nicht rechtfertigen.[12]

Ich verweise insoweit auch auf die Ausführungen im Räumungsurteil des Amtsgerichts – vom ...... – Aktenzeichen –, das Ihnen vorliegt.[13]

......

(Vermieter)[14]

*Schrifttum: Ewer/von Detten,* Ausgewählte Rechtsfragen bei der Beschlagnahme von Wohnraum zur Obdachloseneinweisung; NJW 1995, 353; *Grund,* Die Unterbringung von Obdachlosen; *Harke,* Rechtliche Aspekte der Wohnungsversorgung benachteiligter Gruppen, WM 1987, 403 ff.; *Huttner,* Die Unterbringung Obdachloser durch die Polizei- und Ordnungsbehörden, 2007; *Schlink,* Korrektur von Gerichtsentscheidungen durch die Polizei, NJW 1988, 1689; *Strempel,* Die Rechtsbeziehungen zwischen Ordnungsbehörde und in Anspruch genommenem Wohnungseigentümer bei der Einweisung Obdachloser in Wohnraum Dritter, ZMR 1993, 555 ff.

## Anmerkungen

**1. Sachverhalt:** Vorliegend ist der Widerspruchsführer Eigentümer und Vermieter eines Mehrfamilienhauses. Die von den eingewiesenen Mietern bewohnte Wohnung befindet sich im 1. Obergeschoss. Im 2. Obergeschoss befindet sich eine gleichartige, ebenfalls vermietete Wohnung. Der Vermieter hatte das Mietverhältnis gem. § 569 Abs. 2 BGB fristlos gekündigt. Grundlage der Kündigung war ein Vorfall zwischen dem Mieter und der Ehefrau des Widerspruchsführers. Die Ehefrau hatte den Mieter angesprochen, da sich die übrigen Mieter des Mehrfamilienhauses wegen Lärmbelästigung schon häufiger beschwert hatten. Der Mieter gab der Ehefrau des Vermieters während dieses Gesprächs aus Verärgerung eine Ohrfeige. Aufgrund dieses Vorfalls sprach der Vermieter die fristlose Kündigung aus und erhob erfolgreich Räumungsklage. Der Vermieter betrieb dann die Zwangsvollstreckung. Da die Mieter keinen neuen Wohnraum fanden, wollte die Stadt als zuständige Verwaltungsbehörde die Mieter für vier Monate wieder in ihre bisherige Wohnung einweisen, bezeichnete aber in der Einweisungsverfügung versehentlich die Wohnung im 2. Obergeschoss als die beschlagnahmte Wohnung.

**2.** Zu richten ist der Widerspruch an die gemäß § 70 VwGO zuständige Behörde. Dies ist die Behörde, die die Einweisungsverfügung erlassen hat, § 70 Abs. 1 S. 1 VwGO. Der Widerspruch kann aber auch bei der Behörde eingelegt werden, die für den Widerspruchsbescheid zuständig ist, § 70 Abs. 1 S. 2 VwGO.

**3.** Die Einweisungsverfügung ist ein **Verwaltungsakt,** durch den die Behörde auf Grund ihrer ordnungsrechtlichen Befugnisse in die Rechte des Vermieters eingreift. Grundlage des Eingriffs ist die polizeiliche Generalklausel (*Ewer/von Detten* NJW 1995, 353). Die Einweisung in die bisher schon genutzte Wohnung ist grundsätzlich zulässig (vgl. *Ewer/von Detten* NJW 1995, 353 ff.; a. A. *Schlink* NJW 1988, 1689, 1693).

**4.** Gemäß § 70 Abs. 1 S. 1 VwGO ist der Widerspruch **schriftlich oder zur Niederschrift** bei der Behörde einzulegen. Er ist zulässig mit dem Ziel, die Einweisungsverfügung zu beseitigen. Geht es dem Vermieter allein um die Beseitigung der Folgen der Einweisung, muss er unmittelbar Leistungsklage erheben.

Der Widerspruch ist **persönlich,** bei mehreren Vermietern von allen einzulegen. Eine **Bevollmächtigung** ist möglich, jedoch sollte dann dem Widerspruch das Original oder eine beglaubigte Kopie der Vollmacht beigelegt werden.

**5.** Der Widerspruch ist gemäß § 70 Abs. 1 S. 1 VwGO innerhalb einer **Frist von einem Monat** einzulegen. Fristbeginn ist das Datum der Bekanntgabe, § 70 Abs. 1 S. 1 VwGO. Die Frist läuft ab an dem Tag der dem Tag der Bekanntgabe entspricht, § 188 BGB (ist der Bescheid am 8. 1. bekannt gegeben worden, ist Fristablauf am 8. 2.). Bis zu diesem Datum muss der Widerspruch bei der Behörde eingegangen sein. Es empfiehlt sich daher, den Widerspruch mit Einschreiben und Rückschein oder persönlich gegen Quittung abzugeben, damit ein Nachweis über die Rechtzeitigkeit besteht.

**6.** Der Widerspruch hat gemäß § 80 Abs. 1 S. 1 VwGO **aufschiebende Wirkung** mit der Folge, dass die Einweisungsverfügung nicht vollzogen werden darf. In der Regel wird die Behörde jedoch wegen der drohenden Obdachlosigkeit der Mieter die sofortige Vollziehbarkeit der Einweisungsverfügung angeordnet haben, so dass im Widerspruchsverfahren auch die Beseitigung der sofortigen Vollziehung gemäß § 80 Abs. 4 VwGO zu beantragen ist.

**7.** Eine **Begründung** des Widerspruchs ist gesetzlich nicht vorgeschrieben. Sie empfiehlt sich aber, um die Widerspruchsbehörde auf die Problempunkte aufmerksam zu machen. Die Gründe sollten möglichst präzise und umfassend dargestellt werden.

**8. Form- oder Verfahrensfehler** machen die Einweisungsverfügung unwirksam. Ein Formfehler ist insbesondere gegeben, wenn die gemäß § 39 VwVfG erforderliche Begründung fehlt. Die Begründung kann aber gemäß § 45 Abs. 1 Nr. 2 VwVfG im Widerspruchsverfahren nachgeholt werden mit der Folge, dass der Formfehler geheilt ist. Zu den wesentlichen Verfahrensvorschriften gehört auch die Anhörung des Betroffenen. Im Falle der Einweisung eines Mieters wird oft aus Zeitgründen der Vermieter nicht vorher angehört werden können. Die Anhörung kann gemäß § 45 Abs. 1 Nr. 3 VwVfG jedoch nachgeholt werden. Dabei genügt es, wenn sich der Betroffene im Widerspruchsverfahren äußern kann. Der Verfahrensfehler ist dann ebenfalls gemäß § 45 Abs. 1 Nr. 3 VwVfG geheilt. Zu weiteren Formfehlern s. §§ 44, 45 VwVfG.

Zu berücksichtigen ist bei Form- und Verfahrensfehlern zudem, dass deshalb nicht die Aufhebung der Einweisungsverfügung geltend gemacht werden kann, wenn offensichtlich ist, dass die Verletzung die Entscheidung zur Sache nicht beeinflusst hat. Etwas anderes gilt nur, wenn gemäß § 44 VwVfG der Bescheid nichtig ist, etwa weil die unzuständige Behörde entschieden hat oder der Bescheid die erlassende Behörde nicht erkennen lässt oder ein ordnungswidriges Handeln verlangt wird.

**9.** Die **Einweisungsverfügung** muss **inhaltlich korrekt** sein. Sie muss sowohl die Wohnung, in die eingewiesen wird, als auch die Mieter sowie die von der Behörde Verpflichteten hinreichend bezeichnen. Bei offensichtlichen, d. h. unschwer erkennbaren Fehlern kann die Einweisungsverfügung jederzeit berichtigt werden, § 42 VwVfG. Die Offensichtlichkeit muss sich für alle Beteiligten aus den Umständen oder aus anderen Teilen des Verwaltungsaktes ergeben. Die Berichtigung erfolgt von Amts wegen oder auf Antrag.

**10.** Eine **Einweisung** ist nur möglich, wenn der Gemeinde selbst nicht hinreichend Ersatzwohnraum zur Verfügung steht. Die Gemeinde muss daher – spätestens im Widerspruchsbescheid – genau darlegen, welche Unterkünfte sie vorhält und aus welchen Gründen diese nicht zur Verfügung stehen. Sie muss genau darlegen, dass diese Unterkünfte etwa anderweitig belegt, zu klein oder zu groß oder aus anderen Gründen für die Mieter nicht nutzbar sind. Die Einweisung ist rechtswidrig, wenn kurzfristig eine obdachlosenrechtlichen Maßstäben genügende Unterkunft beschafft werden könnte (VG Darmstadt BeckRS 2009, 39205; OVG Münster DWW 1990, 155; Bub/Treier/*Belz* VII A 32).

Die Wiedereinweisung ist ferner nicht möglich, wenn der Vermieter auf Grund eines neuen Mietvertrages verpflichtet ist, einem anderen die Wohnung zu überlassen (*Harke* WM 1987, 403, 411).

*Hütte* 781

**11.** Die Ordnungsbehörde muss bei der Einweisung **abwägen.** Die Rechtsprechung lässt eine Wiedereinweisung teilweise nur unter sehr engen Voraussetzungen zu. Das VG Augsburg hat insoweit mit Beschluss vom 22. 3. 2010 (Az.: Au 5 E 10.39 – zitiert nach juris) ausgeführt, dass allenfalls in Fällen schwerster Notlagen, den die Obdachlosenbehörde auf anderer Weise nicht abhelfen kann, eine Wiedereinweisung in Betracht kommen kann. Streitig wird die Frage diskutiert, ob ein vollstreckbarer Räumungstitel die Wiedereinweisung hindert. Das OVG Lüneburg (NJW 2010, 1094) hat ausgeführt, dass die Ordnungsbehörde nicht an das zivilrechtliche Urteil gebunden sei, während demgegenüber das VG Augsburg (a.a. O.) ebenso wie das VG München (ZMR 2009, 488) grundsätzliche Bedenken gegen die Zulässigkeit einer derartigen Maßnahme geäußert hat, da die Wiedereinweisung im Widerspruch zur Entscheidung des Vollstreckungsgerichts stehe und der Rechtsschutz gegen eine Zwangsräumung in vollem Umfang und abschließend von den Vollstreckungsgerichten gewährt werde. Festzuhalten ist, dass nach der derzeitigen Rechtsprechung die Gerichte nur sehr zurückhaltend eine Wiedereinweisung zulassen, so dass ein Rechtsmittel des Vermieters gegen den Einweisungsbescheid durchaus Erfolgsaussichten zuzugestehen sind.

Die Ordnungsbehörde hat bei ihrer Entscheidung über die Wiedereinweisung **Ermessen,** das sie auch ausüben muss, d.h. sie muss auch die Belange des Vermieters in ihre Erwägungen einbeziehen (*Kossmann* § 111 Rdn. 22). Sie darf nicht ohne weiteres den Mieter mangels anderer Unterbringungsmöglichkeit wieder in die alte Wohnung einweisen. Dies gilt besonders für den Fall, dass zwischen Mieter und Vermieter erhebliche persönliche Differenzen bestehen (*so auch Harke* WM 1987, 403, 412). Auch bei Gefahren für die Wohnung (Überbelegung oder Vernachlässigung der Wohnung) kann eine Wiedereinweisung unzumutbar sein. Ebenso ist zu beachten, dass nur die notwendigen Maßnahmen getroffen werden dürfen. So darf etwa eine Einzelperson nicht in eine Vier-Zimmer-Wohnung eingewiesen werden (*Huttner* Rdn. 205). Zu berücksichtigen ist auch, ob ein Vermieter schon mehrfach mit Einweisungen gegen seinen Willen belastet wurde. Soziale Wohnungsbauunternehmen können eher als private Vermieter in Anspruch genommen werden. Weitere Abwägungskriterien sind das Alter und der Gesundheitszustand der Unterzubringenden, die Wohnraumverhältnisse und die Zahl der sonstigen Obdachlosen (vgl. *Strempel* ZMR 1993, 555, 556).

Ist nach der Abwägung eine **Einweisung unumgänglich,** ist die Dauer auf das erforderliche **Mindestmaß** zu beschränken. Auch hier hat wieder eine Abwägung aller beteiligten Interessen stattzufinden. Ferner sind die örtlichen Gegebenheiten zu berücksichtigen. Eine einheitliche Bewertung ist in der Rechtsprechung nicht zu finden; die für angemessen gehaltene Einweisungsdauer schwankt zwischen zwei und acht Monaten (vgl. *Ewer/ von Detten* NJW 1995, 353, 356 m. w. N.). Zum Teil gibt es auch ausdrückliche gesetzliche Regelungen (etwa § 33 Abs. 3 Satz 3, 60 Abs. 3 BW PolG: Höchstdauer 6 Monate).

**12.** Auf der anderen Seite muss die Behörde auch die **Belange der Mieter** berücksichtigen, wenn angemessener anderer Wohnraum nicht zur Verfügung steht. Dabei sind besondere persönliche Umstände wie besondere Belastungen durch Erkrankung o.ä. bei der Abwägung mit einzubeziehen.

**13.** Der **Tatbestand des Räumungsurteils** ist zur Prüfung der Zumutbarkeit ebenfalls heranzuziehen.

**14. Kosten:** Bei erfolglosem Widerspruch hat der Vermieter die notwendigen Auslagen der Behörde (Zustellungskosten etc.) zu tragen, § 80 Abs. 1 S. 3 VwVfG. Dies gilt nicht, wenn der Widerspruch nur deshalb keinen Erfolg hat, weil die Verletzung von Form- oder Verfahrensvorschriften nach § 45 VwVfG unbeachtlich ist (§ 80 Abs. 1 S. 2 VwVfG).

Ist der Widerspruch erfolgreich, sind dem Vermieter die ihm entstanden notwendigen Auslagen zu erstatten, § 80 Abs. 1 S. 1 VwVfG. Dazu zählen auch die Gebühren eines

Rechtsanwaltes, wenn die Hinzuziehung notwendig war, § 80 Abs. 2 VwVfG. Dies ist dann gegeben wenn im Hinblick auf die Bedeutung und die sachliche und rechtliche Schwierigkeit der Sache ein verständiger Vermieter die Hinzuziehung eines Rechtsanwaltes für notwendig halten durfte. Dies dürfte in der Regel der Fall sein.

Die **Gebühr des Rechtsanwaltes** richtet sich nach dem Wert der Sache, §§ 13 ff. RVG, Teil 2 VV-RVG, 2, 23 RVG, 39 GKG, 3 ZPO. Diese ist in der Regel entsprechend dem Mietzins der Einweisungsdauer zu berechnen.

## 2. Abmahnung des Vermieters gegenüber der Behörde und dem Eingewiesenen wegen Störungen im Mietobjekt

......

(Vermieter)

An den
Oberbürgermeister
der Stadt ......
– Ordnungsamt –[2]

......

Einweisungsverfügung vom ...... betreffend die Wohnung ...... – AZ –

hier: Abmahnung wegen Störung des Hausfriedens durch den Eingewiesenen, Herrn ......[3]

Sehr geehrte Damen und Herren,

ich[4] bitte, Herrn ...... zu veranlassen, sein Verhalten in Zukunft zu ändern. Herr ...... belästigt die Mitmieter durch ständige Beschimpfungen. Am ...... hat er Frau ...... eine „Schlampe" genannt. Am ...... hat er Frau ...... angebrüllt, sie solle aus dem Weg gehen, sie sei eine „blöde Kuh", und am ...... Herrn ...... als „Nazischwein" bezeichnet. Außerdem ist er am ......, am ...... und am ...... gegen Mitternacht laut singend nach Hause gekommen und hat anschließend bis morgens gegen 3 Uhr seine Stereoanlage so laut gedreht, dass die übrigen Mieter nicht schlafen konnten. Am ...... wurde auch die Polizei gerufen.[5]

Ich bitte um Überprüfung, ob die Einweisungsverfügung gemäß § 49 VwVfG vorzeitig aufgehoben werden kann,[6] andernfalls werde ich einen Antrag gemäß § 51 VwVfG auf Wiederaufgreifen des Verfahrens stellen.[7] Die übrigen Mieter des Hauses haben wegen des Verhaltens von Herrn ...... bereits Mietminderungen angedroht.[8]

Herr ...... erhält eine Durchschrift dieses Schreibens.[9, 10]

......

(Vermieter)

### Anmerkungen

**1. Sachverhalt:** Der Vermieter ist Eigentümer eines Mehrfamilienhauses. Nach einer fristlosen Kündigung wegen Störung des Hausfriedens hat die Gemeinde den Mieter wegen drohender Obdachlosigkeit für vier Monate wieder in die Wohnung eingewiesen. Der Mieter hat sein Verhalten wie vor der Kündigung fortgesetzt.

**2.** Die Rechtsbeziehungen zwischen Vermieter und Einweisungsbehörde richten sich nach **öffentlichem Recht**.

**3.** Die **Abmahnung** ist hier als Aufforderungsschreiben an die Gemeinde zu verstehen, aus dem Verhalten des Eingewiesenen Konsequenzen zu ziehen. Sie ist nicht formgebunden, sollte aber zur Beweissicherung schriftlich verfasst und der Behörde nachweislich zur Kenntnis gebracht werden, da der Vermieter im Streitfall darlegen und beweisen muss, dass er der Behörde Kenntnis verschafft hat. Es ist daher eine Zustellungsart zu wählen, die diesen Nachweis sicherstellt. Hierbei kommt ein Einschreiben mit Rückschein, die Zustellung durch den Gerichtsvollzieher oder durch einen Boten in Betracht. Bei einer Zustellung durch Boten ist anzuraten, dass dieser sich in der Behörde die Abgabe des Schriftstücks quittieren lässt. Zu bedenken ist außerdem, dass der Bote möglichst selbst gesehen haben sollte, welches Schriftstück er überbringt, da im Streitfall häufig der Einwand erhoben wird, es handele sich bei dem zugestellten Schreiben nicht um das Widerspruchsschreiben.

**4.** Die Abmahnung muss erkennen lassen, dass sie vom Vermieter kommt, insbesondere muss sie von ihm unterschrieben sein, bei einer Mehrheit von Vermietern von allen. Eine Bevollmächtigung ist möglich, jedoch sollte der Abmahnung eine ausdrückliche Vollmacht, die sich auch auf die Abmahnung bezieht, beigelegt sein.

**5.** Die Abmahnung muss **inhaltlich so konkret** sein, dass die Behörde genau erkennen kann, welches Verhalten der Vermieter beanstandet und abgestellt haben will. Nur dann kann sie adäquat reagieren.

**6.** Sinn einer Abmahnung ist es, die **Behörde** zu veranlassen, auf den Mieter einzuwirken, das beanstandete Verhalten zu beenden. Da der Vermieter jedoch nicht die Möglichkeit einer ordentlichen oder fristlosen Kündigung hat, kann er über die Abmahnung versuchen, die Behörde dazu zu bewegen, gemäß § 49 Abs. 2 Nr. 3 VwVfG eine rechtmäßige unanfechtbare Einweisungsverfügung wegen veränderter Umstände aufzuheben. Die Behörde kann nach dieser Vorschrift auch einen belastenden Verwaltungsakt aufheben, wenn auf Grund nachträglich eingetretener Tatsachen bei erneuter Ermessensausübung die Maßnahme nicht erfolgt wäre. Die Behörde muss erneut und umfänglich abwägen; andernfalls kann der Vermieter gegebenenfalls später gemäß § 839 BGB Schadensersatz wegen Amtspflichtverletzung beantragen. Zu den Abwägungskriterien im einzelnen Form. D. IX. 1 Anm. 11.

**7.** Der Vermieter kann jedoch auch gemäß § 51 VwVfG einen **Antrag auf Wiederaufgreifen des Verfahrens** stellen, wenn sich die Sachlage nachträglich zu seinen Gunsten geändert hat. Voraussetzung ist, dass dieser Antrag binnen 3 Monaten ab Kenntnis des Vermieters von dem Wiederaufnahmegrund bei der nach § 3 VwVfG zuständigen Behörde gestellt wird. Der Antrag ist schriftlich und von allen Vermietern zu stellen; insofern gelten die unter Anm. 4 gemachten Ausführungen entsprechend. Eine Abmahnung sieht das verwaltungsrechtliche Verfahren nicht vor. Jedoch kann bei der Interessenabwägung von Bedeutung sein, dass entsprechend den Voraussetzungen bei fristlosen Kündigungen, dem Mieter zunächst die Gelegenheit gegeben werden muss, sein beanstandetes Verhalten abzustellen. Hier kommt es immer auf den Einzelfall an.

Angesichts dessen, dass die Einweisungszeit begrenzt ist, ist dieser Verfahrensgang aber nur selten. Nach Ablauf der Einweisungszeit kann ein Anspruch aus § 51 VwVfG nicht mehr geltend gemacht werden, dann kommt nur ein allgemeiner Folgenbeseitigungsanspruch in Betracht, dazu Form. D. IX. 3 und 4.

**8.** Eine Abmahnung kann sich unter dem Gesichtspunkt empfehlen, für einen gegebenenfalls später geltend zu machenden Schadensersatzanspruch den Einwand der Behörde auszuschließen, sie habe den Schadenseintritt nicht verhindern können, der Vermieter sei seiner Schadensminderungspflicht nicht nachgekommen.

**9.** Eine **Abmahnung des eingewiesenen Mieters selbst** hat keine unmittelbaren Rechtswirkungen, da zwischen ihm und dem ehemaligen Vermieter keine vertraglichen Rechtsbeziehungen mehr bestehen (Schmidt-Futterer/*Blank* Vor §§ 535, 536 Rdn. 153). Es reicht daher, wenn dieser Kenntnis von der Beanstandung erhält, um bei eventuell späterer Streitigkeiten um Schadensersatzansprüche den Nachweis erbringen zu können, dass er Kenntnis von dem Vorgehen des Vermieters und von der Missbilligung seines Verhaltens hat. Da ein Mieter, wenn er eingewiesen wird, in der Regel mittellos ist, dürfte die Verwirklichung derartiger Ansprüche allerdings die Ausnahme sein.

**10.** Die **Gebühr des Rechtsanwaltes** richtet sich nach dem Wert der Sache, 13 ff. RVG, Teil 2 VV-RVG, 2, 23 RVG, 39 GKG, 3 ZPO. Diese ist in der Regel entsprechend dem Mietzins der Einweisungsdauer zu berechnen.

# 3. Schadensersatzanspruch gegen die einweisende Gebietskörperschaft

......

(Vermieter)

An den
Oberbürgermeister
der Stadt ......
– Ordnungsamt –[2]

......

Einweisungsverfügung vom ...... betreffend die Wohnung ...... – AZ –

hier: Schadensersatz

Sehr geehrte Damen und Herren,

ich beantrage hiermit, mir den durch die oben genannte Einweisungsverfügung entstandenen Schaden in Höhe von ...... EUR zu ersetzen.[3]

Mit der Einweisungsverfügung vom ...... haben Sie die Mieterin wegen drohender Obdachlosigkeit in die von mir gekündigte Wohnung befristet bis zum ...... wieder eingewiesen. Nachdem die Mieterin zu diesem Termin nicht auszog, habe ich am ...... den Gerichtsvollzieher mit der Räumung beauftragt.[4] Am ...... wurde die Räumung vollzogen.[5]

Meinen Schaden berechne ich wie folgt:

- Mietzinsausfall für die Zeit vom ...... bis ...... in Höhe von ...... EUR;[6]
- Mietnebenkosten für die Zeit vom ...... bis ...... in Höhe von ...... EUR;[7]
- Stromkosten für die Zeit vom ...... bis ...... in Höhe von ...... EUR;[8]
- Kosten der Räumung in Höhe von ...... EUR;[9]
- Kosten der Reinigung der Wohnung in Höhe von ...... EUR.[9]
- Die Wohnung wurde beschädigt zurück gegeben,[10] insbesondere waren das Schloss der Wohnungstür aufgesprengt, die Lichtschalter zerbrochen. Der Teppichboden war fleckig und die Tapeten waren beschmiert. Hierfür sind Kosten in Höhe von ...... EUR für die Reparatur der Wohnungstür ...... Euro für die Re-

paratur der Elektroinstallation und ...... EUR für Maler- und Teppichverlegearbeiten angefallen. Diese Schäden lagen bei Beginn des Mietverhältnisses noch nicht vor. Insoweit verweise ich auf das anliegende Übergabeprotokoll, das von mir und der Mieterin zu Mietbeginn erstellt wurde.[11]

Den Gesamtbetrag von ...... EUR überweisen Sie bitte innerhalb von 14 Tagen auf mein Konto Nr. ...... bei der ...... Bank; Bankleitzahl ......

Sollte innerhalb der oben genannten Frist keine Zahlung erfolgen, werde ich unverzüglich Klage erheben.[12]

......

(Vermieter)

*Schrifttum: Peppersack,* Ist ein zivilrechtliches Räumungsurteil nach Wegfall der Voraussetzungen für eine öffentlich-rechtliche Wohnrauminanspruchnahme verbraucht bzw. unbrauchbar geworden? ZMR 2005, 497; *Schoenenbroich,* Miete: Räumung und Folgenbeseitigung; NJW 1993, 97 ff.; *Strempel,* Die Rechtsbeziehungen zwischen Ordnungsbehörde und in Anspruch genommenen Wohnungseigentümer bei der Einweisung Obdachloser in Wohnraum Dritter, ZMR 1993, 555 ff.

## Anmerkungen

**1. Sachverhalt:** Der Vermieter hatte der Mieterin wegen Zahlungsverzug gekündigt und einen Räumungstitel erwirkt. Er beauftragte einen Gerichtsvollzieher mit der Räumung, der den 19. 10. 2009 als Räumungstermin festsetzte. Wegen drohender Obdachlosigkeit wies die Ordnungsbehörde die Mieterin jedoch zu diesem Termin unter Anordnung der sofortigen Vollziehbarkeit wieder in die Wohnung ein. Die Einweisungsverfügung war befristet bis zum 15. 2. 2010; ab diesem Zeitpunkt sollte nach Angaben der Behörde eine andere Unterkunft zur Verfügung stehen. Als die Mieterin zu diesem Termin nicht auszog, ließ der Vermieter die Wohnung zum 20. 3. 2010 durch den Gerichtsvollzieher räumen.

**2. Formvorschriften** bestehen nicht; es empfiehlt sich, den Anspruch schriftlich geltend zu machen.

**3.** Dem Vermieter steht wegen der Folgen der Einweisung ein **öffentlich-rechtlicher Schadensersatzanspruch** zu, der sich entweder auf die Inanspruchnahme des Vermieters als Nichtstörer gründet oder als Folge einer Amtspflichtverletzung geltend gemacht werden kann. Von diesem zivilrechtlich geltend zu machenden Anspruch ist der nach dem Ablauf der Einweisungszeit vor den Verwaltungsgerichten geltend zu machende Folgenbeseitigungsanspruch zu unterscheiden (s. dazu Form. D. IX. 4). Dieser ist nicht auf Ersatz des Schadens, sondern auf die tatsächliche Beseitigung der Folgen der Einweisung (Räumung, Schadensbeseitigung) gerichtet.

**4.** Der Vermieter muss sich ein **Mitverschulden** anrechnen lassen, wenn er nicht unmittelbar nach Ablauf der Einweisungszeit Vollstreckungsmaßnahmen einleitet. Ein Mitverschulden kann ferner in Betracht kommen, wenn er bei einer rechtswidrigen Einweisung keinen Widerspruch eingelegt hat (BGH NJW 1996, 315).

**5.** Der **Räumungstitel** ist, wenn vor der Einweisung die Räumung noch nicht erfolgt ist, noch nicht verbraucht; die Beschlagnahme der Wohnung steht zivilrechtlich der einstweiligen Einstellung der Zwangsvollstreckung gleich. Der Vermieter kann daher nach Ablauf der Einweisungsfrist die vor der Beschlagnahme begonnene Zwangsvollstreckung fortsetzen (h. M. LG Bonn ZMR 1990, 346, Schmidt-Futterer/*Blank* Vor § 535 Rdn. 152; *Schoenenbroich* NJW 1993, 97, 98 ff. dazu auch *Peppersack* ZMR 2005, 497).

**6.** Der Vermieter kann als **Nutzungsentschädigung** den bisher vom Mieter gezahlten Mietzins geltend machen. Allerdings ist insoweit § 546a BGB nicht anwendbar, sondern es liegt ein öffentlich-rechtlicher Anspruch vor (OLG Hamm ZMR 1995, 25). Ersatz kann der Vermieter danach für alle unmittelbar auf die Einweisung zurück zu führenden Schäden verlangen. Dieser unmittelbare Zusammenhang ist auch zu bejahen, soweit der Vermieter für die Zeit nach Ablauf der Einweisungszeit eine Nutzungsentschädigung verlangt. Dass der Mieter nach Ablauf der Einweisungszeit nicht auszieht, liegt nicht außerhalb der Lebenserfahrung (BGH NJW 1995, 2918; *Strempel* ZMR 1993, 555, 557). In diesem Fall verlängert sich, jedenfalls wenn die Behörde den Eingewiesenen nicht zur Räumung auffordert, konkludent das öffentlich-rechtliche Nutzungsverhältnis (OLG Celle BeckRS 2004, 00994).

**7.** Die Behörde muss auch für die **Betriebskosten** aufkommen. Der Anspruch richtet sich nach öffentlichem Recht und begründet sich aus der Inanspruchnahme als Nichtstörer (z.B. §§ 39, 40 OBG NW). Der Anspruch besteht auch für die Zeit nach Ablauf der Einweisungszeit, auch insoweit besteht ein unmittelbarer Zusammenhang zwischen Schadenseintritt und der Einweisung (s.o. Anm. 5).

**8.** Die Behörde muss ferner alle **Aufwendungen** ersetzen, die der Inanspruchgenommene zur Verhinderung und Beseitigung eines infolge der Inanspruchnahme drohenden oder durch sie herbeigeführten Schadens macht. Dies gilt nach den Vorschriften des Ordnungsrechts jedenfalls, soweit die Aufwendungen in einem verständigen Verhältnis zum Schaden stehen. Der Vermieter kann daher z.B. auch die Stromkosten ersetzt verlangen, wenn er diese für den Eingewiesenen zahlt, um drohende Gefahren für die Wohnung etwa durch Kerzen abzuwenden (BGH MDR 76, 1003; Anspruch aus § 41 OBG NW).

**9.** Dem Vermieter sind die **durch die Räumung entstandenen Kosten** sowie die **Reinigungskosten** gemäß § 839 BGB i.V.m. § Art. 34 GG zu ersetzen. Die Wohnung ist nach Ablauf der Einweisungszeit geräumt und gesäubert an den Vermieter herauszugeben (BGH NJW 1995, 2918, 2919f.; so auch Bub/Treier/*Belz* VII A Rdn. 61, Schmidt-Futterer/*Blank* Vor § 535 Rdn. 150; a.A. OLG Köln NJW 1994, 1012). Dies gilt insbesondere auch, wenn die Behörde die Räume bewohnt übernommen hat; denn Gegenstand der Inanspruchnahme ist nicht eine bewohnte, sondern eine freiwerdende, verfügbare Wohnung (BGH a.a.O.). Die Behörde muss den Eingewiesenen anderweitig unterbringen. Diese Verpflichtung besteht auch, wenn die Beschlagnahme aufgehoben wird oder ihre Rechtswirkung entfällt. Die Bediensteten handeln auch schuldhaft, wenn sie die anderweitige Unterbringung nicht veranlassen (BGH NJW 1995, 2918, 2920).

Der Anspruch ist nicht gemäß **§ 839 Abs. 3 BGB** ausgeschlossen. Nach dieser Vorschrift tritt die Ersatzpflicht nicht ein, wenn der Vermieter es vorsätzlich oder fahrlässig unterlässt, den Schaden durch den Gebrauch eines Rechtsmittels abzuwenden. Der BGH hat entschieden, dass der Vermieter den Weg über den Vollzug des Räumungstitels wählen kann, er muss sich nicht auf die verwaltungsgerichtlichen Rechtsbehelfe verweisen lassen. Zwar kann er eine Freimachungsklage (in Form einer Leistungs- oder Verpflichtungsklage) erheben und auch gemäß § 123 VwGO einstweiligen Rechtsschutz beantragen. Da in der Regel jedoch nicht sicher vorauszusagen ist, innerhalb welchen Zeitraums dieser Anspruch durchzusetzen und zu vollstrecken ist, kann der Vermieter auf diesen Weg nicht zwingend verwiesen werden (BGH NJW 1995, 2918, 2920f.). Dies gilt umso mehr, als andernfalls der Vermieter damit rechnen müsste, dass ihm der Vorwurf gemacht wird, er habe gegen seine Schadensminderungspflicht verstoßen. Es kommt aber immer auf den Einzelfall an.

Der Vermieter kann andererseits aber auch, selbst wenn er den ihm zustehenden Räumungstitel noch nicht verbraucht hat und er daher auch die Vollstreckung weiter betreiben kann, den Folgenbeseitigungsanspruch geltend machen.

**10.** Die Behörde muss für etwaige vom Mieter während der Einweisungszeit verursachte **Schäden** einstehen (BGH NJW 1996, 315 f. = JR 1998, 107 ff., mit Anm. März JR 1998, 111). Ein Schadensersatzanspruch ergibt sich nach den Vorschriften des Ordnungsrechts wegen Inanspruchnahme als Nichtstörer. Voraussetzung dafür ist in der Regel, dass der Schaden unmittelbare Folge der Einweisung ist. Unmittelbarkeit in diesem Sinne ist gegeben, wenn sich eine Gefahr, die in der hoheitlichen Maßnahme bereits angelegt ist, verwirklicht. Der BGH hat dies bejaht für den Fall, dass das Mietverhältnis wegen Zahlungsverzugs gekündigt worden war und später vom Eingewiesenen verursachte Schäden bei diesem nicht realisiert werden konnten (BGH, NJW 1996, 315, 316). Der BGH hat die Unmittelbarkeit dabei mit der Begründung bejaht, dass nach einem Räumungsurteil und Wiedereinweisung erhebliche Spannungen im Verhältnis Vermieter/Mieter bestünden, so dass die Gefahr eines unsachgemäßen Gebrauchs bestehe. In einem weiteren Urteil hat er (WuM 2006, 164) ausgeführt, dass, wenn diese Unmittelbarkeit rechtsfehlerfrei verneint werde, jedenfalls keine Rechtsbeziehung zwischen Einweisungsbehörde und Vermieter dahingehend bestehe, dass die Behörde das Verschulden des Eingewiesenen als Erfüllungsgehilfen zu vertreten habe, wenn dieser durch unsachgemäßen Gebrauch oder mutwillig Schäden anrichte. Die Beseitigung von Schäden, die während der Mietzeit entstanden sind, kann der Vermieter nur vom Mieter selbst verlangen. Ein Beseitigungsverlangen kann rechtsmissbräuchlich sein, wenn die Behörde die ursprünglich beschädigten Räumlichkeiten vor der Beschlagnahme instandgesetzt hatte (Schmidt-Futterer/*Blank* Vor § 535 Rdn. 106). Der Vermieter kann nur das verlangen, was er ohne die Beschlagnahme hätte.

**11.** Der Vermieter muss **darlegen und beweisen,** dass die Mietsache bei Mietbeginn unbeschädigt und nach dem Ende der Einweisungszeit beschädigt war; die Behörde muss darlegen und beweisen, dass die Schäden zum Zeitpunkt der Wiedereinweisung vorhanden waren (BGH NJW 1996, 315 ff.; Schmidt-Futterer/*Blank* Vor § 535 Rdn. 151). Die Einweisungsbehörde ist daher – ähnlich wie ein Vermieter bei Mietbeginn – gehalten, den Zustand der Wohnung bei Beginn der Einweisung festzuhalten und ein entsprechendes Protokoll vom Mieter unterzeichnen zu lassen.

**12. Kosten und Gebühren. Anwalt:** Gebühren nach § 118 BRAGO, berechnet nach dem Wert der Schadensersatzforderungen (§ 13 ff. RVG, Teil 2 vv RVG, 2, 23 RVG, 39 GKG, 3 ZPO).

## 4. Folgenbeseitigungsanspruch gegen die einweisende Gebietskörperschaft

......

(Vermieter)

An den
Oberbürgermeister
der Stadt ......
– Ordnungsamt –[2]

......

Einweisungsverfügung vom ...... betreffend die Wohnung ...... – AZ –
hier: Folgenbeseitigung

Sehr geehrte Damen und Herren,

hiermit beantrage ich, den mit der oben genannten Verfügung in meine Wohnung ...... eingewiesenen Mieter ...... anderweitig unterzubringen und die Wohnung geräumt und gesäubert an mich zurückzugeben[3] und die entstandenen Schäden zu beseitigen.[4]

Mit der Einweisungsverfügung vom ...... haben Sie den Mieter wegen drohender Obdachlosigkeit in die mir gekündigte Wohnung befristet bis zum ...... wieder eingewiesen. Der Mieter ist zu diesem Termin nicht ausgezogen, er befindet sich immer noch in der Wohnung. Trotz meiner telefonischen Aufforderung vom ...... hat auch von Ihrer Behörde noch niemand irgendwelche Maßnahmen ergriffen.

Hinsichtlich der Schadensbeseitigung weise ich darauf hin, dass vorbehaltlich der genauen Besichtigung der Wohnung jedenfalls eine Scheibe in der Wohnungseingangstür zerbrochen ist.

Sollte die Räumung nicht innerhalb von 3 Tagen erfolgen, werde ich eine Freimachungsklage beim Verwaltungsgericht ...... erheben und einen Antrag auf vorläufigen Rechtsschutz stellen.[5, 6]

......

(Vermieter)

*Schrifttum: Schoenenbroich,* Miete: Räumung und Folgenbeseitigung, NJW 1993, 97 ff.

### Anmerkungen

**1. Sachverhalt:** Der Vermieter hatte dem Mieter **wegen Zahlungsverzug gekündigt.** Wegen drohender Obdachlosigkeit wies die Ordnungsbehörde die Mieterin jedoch unter Anordnung der sofortigen Vollziehbarkeit wieder in die Wohnung ein. Die Einweisungsverfügung war befristet bis zum 15. 2. 2010; ab diesem Zeitpunkt sollte nach Angaben der Behörde eine andere Unterkunft zur Verfügung stehen. Die Mieterin zog zu diesem Termin nicht aus.

**2.** Der Anspruch kann zunächst vorgerichtlich **formlos** geltend gemacht werden, sollte aber zur Beweissicherung schriftlich verfasst und der Behörde nachweislich zur Kenntnis gebracht werden, da der Vermieter im Streitfall darlegen und beweisen muss, dass er der Behörde Kenntnis verschafft hat. S. dazu D. IX. 2 Anm. 3.

**3.** Der Vermieter hat **nach Ablauf der Einweisungszeit** einen **Folgenbeseitigungsanspruch** (zur rechtlichen Einordnung des Anspruchs s. *Schoenenbroich* MDR 1993, 97 f.) gegen die Behörde darauf, dass die Wohnung an ihn geräumt und gesäubert herausgegeben wird (BGH NJW 1995, 2918, 2919 f.; OVG Münster NVwZ 1991, 905; OVG Berlin NVWZ 1002, 501; VG Saarlouis BeckRS 2010, 50984; so auch Bub/Treier/*Belz* VII A Rdn. 61, Schmidt-Futterer/*Blank* Vor § 535 Rdn. 150 a. A. OLG Köln NJW 1994, 1012). Die Behörde ist verpflichtet, den ihr zurechenbaren nunmehr rechtswidrigen Zustand durch Wiederherstellung des ursprünglichen Zustandes zu beseitigen. Dies gilt insbesondere auch, wenn die Behörde die Räume bewohnt übernommen hat; denn Gegenstand der Inanspruchnahme ist nicht eine bewohnte, sondern eine freiwerdende, verfügbare Wohnung (BGH a. a. O.). Die Behörde muss den Eingewiesenen anderweitig unterbringen. Diese Verpflichtung besteht auch, wenn die Beschlagnahme aufgehoben wird oder ihre Rechtswirkung entfällt.

**4.** Der Folgenbeseitigungsanspruch ist auf die Wiederherstellung des ursprünglichen Zustandes gerichtet, etwa in der Einweisungszeit entstandene Schäden sind von der Behörde zu beseitigen. Zur Darlegungs- und Beweislast s. Form. D. IX. 3 Anm. 11.

**5.** Der Vermieter kann beim **Verwaltungsgericht** Klage auf Freimachung der Wohnung erheben und zugleich einstweiligen Rechtsschutz beantragen. Er muss sich nicht zunächst formlos an die Behörde wenden. Der verwaltungsrechtliche Weg des Folgenbeseitigungsanspruchs dürfte von den Vermietern nicht so häufig gewählt werden, da die Dauer dieses Verfahrens nicht sicher vorauszusagen ist und dem Vermieter, soweit er einen vollstreckbaren Räumungstitel hat und die Räumung vor der Einweisung noch nicht beendet war, der in der Regel schnellere Weg über eine Fortsetzung der Zwangsvollstreckung offensteht (s. BGH NJW 1995, 2918, 2920 f.).

**6. Kosten und Gebühren:** §§ 13 ff. RVG, Teil 2 VV-RVG, 2, 23 RVG, 39 GKG, 3 ZPO), abhängig von den zu schätzenden Kosten für die Beseitigung der Folgen der Einweisung, also Räumungs-, Reinigungs- und Schadensbeseitigungskosten.

## 5. Anspruchsschreiben des Eingewiesenen auf die Beseitigung von Mängeln

......

(Eingewiesener)

An den
Oberbürgermeister
der Stadt ......
– Ordnungsamt –[2]

......

Einweisungsverfügung vom ...... betreffend die Wohnung ...... – AZ –

Hier: Mitteilung von Mängeln der Wohnung[3]

Sehr geehrte Damen und Herren,

mit der oben genannten Einweisungsverfügung haben Sie mich in die Wohnung ...... eingewiesen.

Die Wohnung ist mangelhaft. Strom und Wasser funktionieren nur zeitweise. Die Versorgung war am ...... von ...... bis ......, am ...... von ...... bis ...... und am ...... von ...... bis ...... unterbrochen. Außerdem schließen die Fenster nicht dicht. Bei stärkerem Regen dringt Wasser ein. Dadurch hat sich im Bereich der Außenwände im Schlaf- und Kinderzimmer bereits Schimmel gebildet.[4]

Dieser Zustand ist auch bei einer Einweisung nicht hinnehmbar. Ich bitte Sie daher, zu veranlassen, dass diese Mängel beseitigt werden.[5]

......

(Eingewiesener)

*Schrifttum: Huttner,* Die Unterbringung Obdachloser, 1990.

### Anmerkungen

**1. Sachverhalt:** Der eingewiesene Mieter war wegen drohender Obdachlosigkeit von der Behörde in seine frühere Wohnung wieder eingewiesen worden. Es traten während der Einweisungszeit erhebliche Mängel auf, die zum Teil bereits früher im Ansatz bestanden hatten.

**2. Formvorschriften** gelten nicht. Es empfiehlt sich aus Beweissicherungsgründen, den Anspruch schriftlich geltend zu machen.

**3.** Der Eingewiesene kann sich mangels vertraglicher Beziehungen zum ehemaligen Vermieter mit Ansprüchen wegen Wohnungsmängeln, wegen der Art oder des Umfangs der Wohnungsnutzung oder ähnlichem nur an die **Einweisungsbehörde** halten.

**4.** Die **auftretenden Mängel** sollten so präzise wie möglich beschrieben werden (Umfang, Ausmaß, gegebenenfalls Zeit und Dauer), damit die Behörde die Berechtigung des Anspruchs möglichst sofort und umfassend nachprüfen kann.

**5.** Der Anspruch des Eingewiesenen wegen Mängelbeseitigung kann sich aus der **allgemeinen Fürsorgepflicht** ergeben. Danach hat der eingewiesene Mieter Anspruch auf eine den allgemeinen Anforderungen entsprechende Wohnung. Sie muss über den heute üblichen Mindestkomfort verfügen. Der Eingewiesene kann daher auch Mängel anführen, die bereits vor der Einweisung bestanden haben, sich aber aktuell auswirken. Bei erheblichen Mängeln kann die Behörde daher zum Handeln gezwungen sein. Dies gilt insbesondere bei Mängeln, die die Gesundheit des Eingewiesene beeinträchtigen können oder wenn baurechtliche Verstöße zu ahnden sind. Treten schwerwiegende Mängel auf, die die Wohnung unter Umständen unbenutzbar machen, kann die Gemeinde gegebenenfalls eine Verfügung wegen einer öffentlich-rechtlichen Störung gegen den Eigentümer erlassen mit dem Ziel, die gerügten Mängel zu beseitigen. Dies kann insbesondere in Betracht kommen, wenn dem Eingewiesenen das Wasser abgedreht wird (*Huttner* Rdn. 249).

Der Eingewiesene ist darüber hinaus verpflichtet, auftretende Mängel der Behörde zu melden, um sich nicht schadensersatzpflichtig zu machen, da die Behörde nur bei Kenntnis auf Mängel reagieren kann und sie Kenntnis in der Regel nur vom Eingewiesene erlangen kann.

**6. Kosten und Gebühren:** Die Gebühren des Rechtsanwalts richten sich nach der Höhe der Mängelbeseitigungskosten, §§ 13 ff. RVG, Teil 2 VV-RVG, 2, 23 RVG, 39 GKG, 3 ZPO).

# Gewerberaummiete

## X. Beendigung durch Zeitablauf

### 1. Widerspruch des Vermieters gegen stillschweigende Fortsetzung des Mietverhältnisses gemäß § 545 BGB

......

(Vermieter)

an

......

(Mieter)[1]

– Einschreiben mit Rückschein –[2]

Betr.: Mietverhältnis über ......

Bezug: Meine fristlose Kündigung vom ......

hier: Widerspruch gegen stillschweigende Fortsetzung des Mietverhältnisses

Sehr geehrte(r) ......,

da Sie die von Ihnen gemieteten Geschäftsräume trotz Kündigung nicht pünktlich geräumt haben, muss ich Ihnen – vorsichtshalber – der Ordnung wegen gem. § 545 BGB[3] mitteilen, dass ich[4] mit einer Verlängerung des Mietverhältnisses nicht einverstanden bin.[5]

Sollten Sie die Geschäftsräume nicht bis zum ...... geräumt haben, werde ich unverzüglich Räumungsklage gegen Sie erheben.[6]

Selbstverständlich sind Sie bis zu Ihrem Auszug zur Zahlung einer Nutzungsentschädigung in Höhe der bisherigen Miete verpflichtet.

– Alternative: –

Selbstverständlich sind Sie bis zu Ihrem Auszug zur Zahlung einer Nutzungsentschädigung verpflichtet. Diese beläuft sich auf ...... (in Worten: ......) EUR pro Monat, da ......[7]

Die Geltendmachung eines eventuellen weiteren Schadens behalte ich mir ausdrücklich vor.[8]

......

(Vermieter)

*Schrifttum: Eckert,* Die Bedeutung der Mietrechtsreform für die gewerbliche Miete, DWW 2001, 146; *Haase,* Konkludente Fortsetzung des bisherigen oder Begründung eines neuen Mietverhältnisses trotz abbedungener Regelung des § 545 BGB oder eines erklärten Widerspruchs?; ZMR 2002, 557; *Hinz,* Mietrecht und Mietprozess – Die häufigsten Fehler, NZM 2004, 681; *Neuhaus,* Die stillschweigende Verlängerung des gewerblichen Mietverhältnisses nach § 545 BGB, GuT 2006, 62.

## Anmerkungen

**1.** Siehe Form. D. XI. Anm. 1.

**2.** Siehe Form. D. XI. Anm. 2.

**3.** § 545 BGB ist die mit dem Mietrechtsreformgesetz vom 19. Juni 2001 ab 1. September 2001 eingeführte **Nachfolgebestimmung zu § 568 BGB a. F.** Der Gesetzgeber hat die Chance zur ersatzlosen Streichung dieser kaum bekannten Bestimmung (OLG Hamm NJW 1983, 826) nicht genutzt (Fischer-Dieskau/Pergande/Schwender/ *Franke* § 545 BGB Anm. 2). *Eckert* DWW 2001, 151 bezeichnet die Regelung als „üble Falle, von der Vermieter und Mieter in gleicher Weise betroffen sind", und die häufig überflüssige Prozesse auslöse.

**4.** Auch bei einer Personenmehrheit auf Vermieterseite reicht nach Ansicht des OLG Rostock (NZM 2004, 423) der Widerspruch nur eines Vermieters aus, um die stillschweigende Vertragsverlängerung zu verhindern. „Dem steht nicht der Grundsatz entgegen, dass bei einer Personenmehrheit auf einer Vertragsseite die mehreren Vermieter oder Mieter alle rechtserheblichen Erklärungen gemeinsam abgeben müssen. Endet das Vertragsverhältnis mit dem vertraglichen Ablauftermin und wollen die mehreren Vermieter diese Folge abwenden, so müssen sie gemeinsam handeln, d. h. gemeinsam die Fortsetzung des Mietgebrauchs durch den Mieter widerspruchslos hinnehmen. Daran fehlt es, wenn ein Vermieter seinen entgegenstehenden Willen äußert."

**5. Sachverhalt, Grundsätzliches.** Es kommt häufig vor, dass der Vermieter wirksam gekündigt hat, der Mieter aber nicht auszieht. Der umgekehrte Fall ist seltener, d. h., dass der Mieter gekündigt hat, dann aber den Auszugstermin überzieht, z. B. weil seine neuen Räumlichkeiten noch nicht bezugsfertig sind. Es entsteht ein Zustand der Rechtsunsicherheit.

Dazu bestimmt § 545 BGB, dass sich das Mietverhältnis auf unbestimmte Zeit verlängert, wenn der Mieter nach Ablauf der Mietzeit den Gebrauch der Mietsache fortsetzt, sofern nicht eine Vertragspartei ihren entgegenstehenden Willen innerhalb von zwei Wochen dem anderen Teil erklärt. Die Frist beginnt für den Mieter mit der Fortsetzung des Gebrauchs, für den Vermieter mit dem Zeitpunkt, in dem er von der Fortsetzung Kenntnis erhält. Die konkrete Fristberechnung erfolgt nach §§ 187, 188, 193 BGB.

Wichtig ist also hier für den Vermieter: Wenn er schweigt, lebt das Mietverhältnis trotz der von ihm ausgesprochenen Kündigung wieder auf, und zwar zu den unveränderten Bestimmungen des gekündigten Vertrags. Eine Ausnahme gilt allerdings für im gewerblichen Mietvertrag vereinbarte Verlängerungsoptionen. Werden diese nicht bis zum Ablauf des Mietvertrages ausgeübt, erlöschen sie, da § 545 BGB (nur) zu einer Verlängerung des Mietvertrags auf unbestimmte Zeit führt (OLG Köln ZMR 1996, 433).

Da der Mietervertrag wieder in Kraft gesetzt wird, bedarf es zur Beendigung des Mietverhältnisses nach Verstreichen der Widerspruchsfrist einer erneuten Kündigung. Durch § 545 BGB findet allerdings kein Verbrauch der Kündigungsgründe statt, so dass die neue Kündigung auf dieselben (unveränderten) Kündigungsgründe gestützt werden kann wie die vorangegangene.

Daher sollte der Vermieter vorsichtshalber widersprechen, wenn der Mieter zum Auszugstermin die Räumlichkeiten nicht räumt.

Der Widerspruch kann sich auch aus den Umständen ergeben (OLG Rostock NZM 2004, 423). Wenn z. B. der Vermieter innerhalb der Frist des § 545 BGB den Mieter zur Räumung auffordert oder dem Mieter sogar schon die Räumungsklage des Vermieters zugeht, liegt darin auch gleichzeitig der Widerspruch des Vermieters gegen die stillschweigende Verlängerung des Mietverhältnisses. Denn der Vermieter bringt damit unmissverständlich zum Ausdruck, dass er mit einer Fortsetzung des Mietverhältnisses nicht einverstanden ist.

Der Widerspruch nach § 545 BGB ist auch schon **vor** Beendigung des Mietverhältnisses und damit auch **vor** der ggf. späteren unbefugten Gebrauchsfortsetzung möglich. So kann der Vermieter bereits **im Kündigungsschreiben** darauf hinweisen, dass er einer stillschweigenden Fortsetzung des Mietverhältnisses gem. § 545 BGB widerspricht (BGH NJW 2010, 2124; OLG Hamburg NJW 1981, 2258). Abhängig von den konkreten Umständen des Einzelfalls, insbesondere den vom Vermieter im Kündigungsschreiben abgegebenen Erklärungen, kann die Widerspruchserklärung im Hinblick auf § 545 BGB auch schlüssig im Kündigungsschreiben enthalten sein (BGH NJW-RR 1988, 76), wenn z. B. dem Kündigungsschreiben unmissverständlich entnommen werden kann, dass der Räumungsanspruch notfalls gerichtlich durchgesetzt werde (LG Heilbronn ZMR 1991, 388, 389). Es kommt entscheidend darauf an, ob nach den Gesamtumständen für den Mieter aus der früheren Erklärung des Vermieters dessen eindeutiger Wille erkennbar wird, das Mietverhältnis nach dem Ablauf der Mietzeit nicht fortsetzen zu wollen (BGH NJW 2010, 2124).

Daher ist jedenfalls dann, wenn der Widerspruch zusammen mit der Kündigung erklärt wird, ein zeitlicher Zusammenhang zwischen Widerspruch und Zeitpunkt der Vertragsbeendigung nicht erforderlich (BGH NJW 2010, 2124; dort betrug die Kündigungsfrist 9 Monate; a. A. LG Ansbach NJW-RR 1996, 1479. Ob in anderen Fällen eines vor Vertragsbeendigung erklärten Fortsetzungswiderspruchs ein enger zeitlicher Zusammenhang zu fordern ist und wann dieser nicht mehr angenommen werden kann, ist bislang vom BGH nicht entschieden. Im Zweifel sollte daher bei längerem Zeitablauf ggf. vorsorglich eine Wiederholung des Fortsetzungswiderspruchs erfolgen.

Nach BGH WPM 1969, 298, kann bei einem Geschäftsraummietverhältnis, das zum Zweck der Mieterhöhung gekündigt worden ist, das Festhalten des Vermieters an der höheren Mietforderung nach Vertragsbeendigung einen Widerspruch gegen die stillschweigende Vertragsfortsetzung zu den bisherigen Konditionen beinhalten: „Hat der Mieter bereits vor Beginn der Zwei-Wochen-Frist des § 568 BGB klar zu erkennen gegeben, dass er den Gebrauch der Räume nach Ablauf des Mietvertrages fortsetzen werde, so braucht der Vermieter seine daraufhin abgegebene Erklärung, dass er hiermit bei Weiterzahlung des derzeitigen Mietzinses nicht einverstanden sei, nicht binnen der genannten Frist nochmals zu wiederholen."

§ 545 BGB ist **vertraglich abdingbar,** auch in Formularverträgen (BGH NJW 1991, 1750, 1751; OLG Hamm NJW 1983, 826). Vermieter und Mieter können also vereinbaren, dass sich beide Parteien nach Ablauf des Mietverhältnisses nicht auf § 545 BGB berufen können. Streitig ist, ob diese vom Gesetz abweichende Folge einer Gebrauchsfortsetzung wegen des Transparenzgebots des § 307 Abs. 1 S. 2 BGB aus einer entsprechenden AGB-Bestimmung erkennbar sein muss; dem würde etwa eine Klausel „Wird nach Ablauf der Mietzeit der Gebrauch der Sache vom Mieter fortgesetzt, so findet § 545 BGB keine Anwendung" nicht genügen (OLG Schleswig NJW 1995, 2858; *Schumacher* WuM 2007, 664). Nach a. A. (LG Erfurt WuM 2008, 283 mit zust. Anm. *Lammel* WuM 2008, 659; OLG Rostock NJW 2006, 3217) kann eine Klausel, die sich auf einen für jedermann einsehbaren Gesetzestext bezieht, nicht gegen das Transparenzgebot verstoßen; ein Blick in das Gesetz sei auch dem Laien zuzumuten und zudem seien auch im Rahmen der AGB-Kontrolle von dem Grundsatz, dass der Bürger das Gesetz kennen muss, keine Abstriche zu machen.

In der Praxis jedenfalls sollte die Klausel angesichts des dargestellten Streits wie folgt formuliert werden:

**Die Anwendung des § 545 BGB – stillschweigende Verlängerung des Mietverhältnisses durch Gebrauchsfortsetzung nach Ablauf der Mietzeit – wird ausgeschlossen.**

§ 545 BGB gilt für **jede Art der Beendigung eines Mietverhältnisses**, insbesondere auch für außerordentliche Kündigungen (BGH NJW 1980, 1577; LG Heilbronn ZMR 1991, 388, 389). Streitig ist, ob § 545 BGB auch auf einen Mietaufhebungsvertrag (grundsätzlich bejahend Schmidt/Futterer/*Blank* § 545 Rdn. 9) oder einen Räumungsvergleich anwendbar ist (in beiden Fällen verneinend: Palandt/*Weidenkaff* § 545 Rdn. 2). Nach zutreffender Ansicht kommt es für die Frage eines Ausschlusses des § 545 BGB auf eine Auslegung der jeweiligen Vereinbarung an (MünchKomm/*Bieber* § 545 Rdn. 11 m. w. N.).

Maßgeblich für § 545 BGB ist, dass der Gebrauch der Mietsache in der gleichen Weise fortgesetzt wird wie zum Zeitpunkt der Beendigung des Mietverhältnisses (BGH NJW-RR 1988, 76; OLG Hamm ZMR 1995, 206). Nach Ansicht des OLG Düsseldorf (MDR 1990, 1115, für einen Fall des Finanzierungsleasings) soll dafür aber das bloße Behalten, die Nichtrückgabe der Mietsache nicht ausreichen, sondern eine Weiternutzung erforderlich sein.

Vgl. schließlich auch die Anmerkungen zu Form. D. III. 16.

**6.** Im **Prozess** muss der Vermieter den Zugang der Widerspruchserklärung beweisen, der Mieter die Fortsetzung des Gebrauchs über den Zeitpunkt der Beendigung des Mietverhältnisses hinaus und ggf. die Verspätung des Widerspruchs wegen Nichteinhaltung der Zweiwochenfrist durch den Vermieter.

**7.** Gibt der Mieter die Mietsache nach Beendigung des Mietverhältnisses nicht zurück, kann der Vermieter gem. § 546 a **Abs. 1** BGB für die Dauer der Vorenthaltung nach seiner Wahl als **Entschädigung** entweder die vereinbarte Miete oder die Miete verlangen, die für vergleichbare Sachen ortsüblich ist. Bei gewerblichen Mietverhältnissen ist der Entschädigungsanspruch steuerlich wie die Miete zu beurteilen und unterliegt daher der Umsatzsteuer (BGHZ 104, 285).

**8.** § 546 a **Abs. 2** BGB. Beim „echten" **Schadensersatz** kann der Geschädigte den Ersatz der Mehrwertsteuer nicht verlangen, weil er diese mangels eines Leistungsaustauschs nicht abzuführen hat (BGH ZMR 2008, 867).

## 2. Widerspruch des Mieters gegen stillschweigende Fortsetzung des Mietverhältnisses gemäß § 545 BGB

......

(Mieter)[1]

an

......

(Vermieter)

– Einschreiben mit Rückschein –[2]

Betr.: Mietverhältnis über ......

Bezug: Meine Kündigung vom ......

hier: Widerspruch gegen stillschweigende Fortsetzung des Mietverhältnisses

Sehr geehrte(r) ......,

obwohl ich – wegen der Bauverzögerung meines eigenen Geschäftshauses[3] – die in Ihrem Haus gemieteten Räume bislang trotz eigener Kündigung nicht pünktlich geräumt habe, muss ich Ihnen – vorsichtshalber – der Ordnung wegen gem. § 545 BGB mitteilen,[4] dass ich[5] mit einer Verlängerung des Mietverhältnisses auf unbestimmte Zeit nicht einverstanden bin.[6]

......

(Mieter)

*Schrifttum: Eckert,* Die Bedeutung der Mietrechtsreform für die gewerbliche Miete, DWW 2001, 146; *Haase,* Konkludente Fortsetzung des bisherigen oder Begründung eines neuen Mietverhältnisses trotz abbedungener Regelung des § 545 BGB oder eines erklärten Widerspruchs?; ZMR 2002, 557; *Hinz,* Mietrecht und Mietprozess – Die häufigsten Fehler, NZM 2004, 681; *Neuhaus,* Die stillschweigende Verlängerung des gewerblichen Mietverhältnisses nach § 545 BGB, GuT 2006, 62.

## Anmerkungen

**1.** Siehe Form. D. XI. Anm. 1.

**2.** Siehe Form. D. XI. Anm. 2.

**3.** § 545 BGB hat durchaus auch **Bedeutung für den Mieter.** Wenn der Mieter seinen eigenen Kündigungstermin überzieht, weil etwa sein eigenes Bauvorhaben sich verzögert, muss auch er der Fortsetzung des Mietverhältnisses nach § 545 BGB widersprechen. Versäumt er dies, lebt das Mietverhältnis wieder auf, und er muss neu kündigen. Dann muss er während des Laufs der neuen Kündigungsfrist ggf. Miete für Geschäftsäume bezahlen, die er gar nicht mehr nutzt, und dies ggf. zudem in der kapitalintensiven „Startphase" seiner neuen Geschäftsadresse. Da § 545 BGB eine – vor allem bei Mietern – weitgehend unbekannte Bestimmung ist, wird die Norm hier leicht zum Verhängnis für den Mieter (Fischer-Dieskau/Pergande/Schwender/*Franke* § 545 BGB Anm. 2).

**4.** Besonders der Mieter, der seinen durch eigene Kündigung selbstgesetzten Räumungstermin überzieht, muss darauf achten, dass er nicht auch die Zweiwochenfrist des § 545 S. 1 BGB übersieht, die für ihn gem. § 545 S. 2 Nr. 1 BGB mit Fortsetzung des Gebrauchs beginnt.

**5.** Siehe Form. D. X. 1 Anm. 4.

**6.** Siehe Form. D. X. 1 Anm. 5.

# XI. Ordentliche fristgemäße Kündigung des Mieters

......

(Mieter)[1]

an

......

(Vermieter)

– Einschreiben mit Rückschein –[2]

Betr.: Mietverhältnis über eine Bäckerei, Immobilienstr. 15 in 44444 Dortmund

hier: Kündigung

Sehr geehrte(r) ......,

hiermit kündige ich[3] das zwischen uns bestehende Mietverhältnis mit der vertraglich vereinbarten Kündigungsfrist von ...... Monaten[4]

– Alternative: –

mit gesetzlicher Kündigungsfrist[5]

zum ......[6, 7]

Gleichzeitig teile ich Ihnen mit, dass ich an einer vorzeitigen Beendigung des Mietverhältnisses zum ...... interessiert bin.[8]

Vorsorglich widerspreche ich bereits jetzt einer stillschweigenden Verlängerung des Mietverhältnisses gem. § 545 BGB.[9]

......

(Mieter)

*Schrifttum: Bottenberg/Kühnemund,* Der Sonnabend als einer von drei Werktagen im Wohnraummietrecht, ZMR 1999, 221; *Flatow,* Typische Fehler bei der Kündigungserklärung, NZM 2004, 281; *Hinz,* Mietrecht und Mietprozess – Die häufigsten Fehler, NZM 2004, 681; *Lindner,* Stolpersteine bei Kündigungen im Mietrecht, AnwBl 2005, 213.

## Anmerkungen

**1.** Ordentliche fristgemäße Kündigungen durch den Mieter sind auch bei Gewerberaummietverträgen häufiger als solche durch den Vermieter; daher befasst sich auch der Mustertext mit einer Kündigung des Mieters. Kündigt aber der Vermieter – ordentlich oder auch außerordentlich –, ist oftmals fraglich, wem gegenüber der Vermieter bei einer Mietermehrheit die Kündigungserklärung abzugeben hat. Unproblematisch ist der Fall, dass bei einer Mietermehrheit über Vertretungsverhältnisse bzw. Empfangsvollmachten der Mieter untereinander im Mietvertrag keine Bestimmung getroffen ist. Dann muss der Vermieter die Kündigungserklärung allen Mietern gegenüber abgeben, da eine Kündigung nur einheitlich erfolgen kann. Der Vermieter kann nicht einzelne Mieter aus dem ansonsten weiterbestehenden Mietvertrag „herauskündigen".

Wenn im Mietvertrag vereinbart ist, dass es für die Rechtswirksamkeit einer Erklärung des Vermieters genügt, wenn sie gegenüber einem von mehreren Mieter abgegeben wird, ist eine solche Vereinbarung – auch in Formularverträgen – wirksam (BGH NJW 1997, 3437; im dortigen Fall bestimmte die Klausel ausdrücklich: „Diese Klausel gilt auch für die Entgegennahme von Kündigungen." ). Nach zutreffender Ansicht des OLG Frankfurt/M. (ZMR 1991, 103) muss es in Ausnahmefällen nach Treu und Glauben auch zulässig sein, wenn der Vermieter (auch ohne wechselseitige Bevollmächtigung der Mieter zur Empfangnahme von Erklärungen) nur einem Mieter kündigt (im dortigen Fall war eine Mitmieterin schon vor Jahren aus der Mietwohnung ausgezogen, ohne dem Vermieter eine neue Anschrift zu hinterlassen). Eine andere Lösung wäre auch gar nicht praktikabel und würde in dem Fall, dass ein Mieter zwischenzeitlich aus- (und möglicherweise zudem) unbekannt verzogen ist, eine Kündigung auch gegenüber den verbliebenen Mietern mangels Zustellbarkeit der Kündigungserklärung gegenüber dem ausgezogenen Mieter praktisch ganz, zumindest für lange Zeit formaler Ermittlungen unmöglich machen.

**2.** § 568 Abs. 1 BGB schreibt nur für Wohnraummietverhältnisse die Schriftform der Kündigungserklärung vor. Allerdings wird bei gewerblichen Mietverhältnissen die Schriftform der Kündigungserklärung meist vertraglich vereinbart. Im Übrigen ist die Einhaltung der Schriftform auf jeden Fall aus Beweisgründen zu empfehlen.

Es ist ratsam, Kündigungen **per Einschreiben mit Rückschein** zu senden, damit der Zugang des Schreibens notfalls auch bewiesen werden kann. Die Versendung per Einschreiben allein beweist nur die Absendung, nicht aber den gem. § 130 Abs. 1 BGB allein maßgebenden Zugang des Schreibens. Auch ein Einschreiben mit Rückschein bietet keine uneingeschränkte Gewähr für den Zugang des Schreibens. Wenn der Empfänger vom Postboten nicht angetroffen wird, bleibt der Einschreibebrief auf der Post 7 Tage liegen. Wenn der Empfänger ihn während dieser Zeit nicht dort abholt, geht er unzugestellt an den Absender zurück, einschließlich des in diesem Fall gerade nicht vom Empfänger unterschriebenen Rückscheins. Möglicherweise gilt in einem solchen Fall die „Fiktion" des Zugangs, wenn der Empfänger im konkreten Fall mit dem Schreiben rechnen musste (BGH NJW 1977, 194) und etwa den Zugang verhindert oder bei einer vom Absender fristgebunden abzugebenden Erklärung verzögert (BGH NJW 1952, 1169) hat. Dies in einem Prozess darzulegen und zu beweisen, fällt aber regelmäßig schwer. Auch eine Zustellung durch den Gerichtsvollzieher ist möglich. Eine weitere Möglichkeit besteht in der Zustellung durch einen Boten, der dann notfalls bezeugen kann, dass er den Brief beim Mieter oder Vermieter abgegeben oder in den Briefkasten geworfen hat. Der Bote sollte in diesem Fall den Brief unverschlossen überbringen, den Brief vorher gelesen haben und auf einer an den Absender zurückzugebenden Kopie mit seiner Unterschrift bestätigen, dass er „das Original dieses Briefes am ..... in den Briefkasten des ..... eingeworfen" hat. Falls in einem Rechtsstreit der Empfänger den Zugang bestreitet, kann der Bote ggf. als Zeuge benannt werden.

Zur Kündigung per Telefax bei Urlaubsabwesenheit des Empfängers und zur **Vereinbarung einer bestimmten Übersendungsform** der Kündigungserklärung vgl. BGH NZM 2004, 258 (Einschreiben mit Rückschein). Nach Ansicht des BGH ist in diesem Fall „nur die Schriftform als Wirksamkeitserfordernis für die Kündigungserklärung vereinbart, dagegen kann ihr Zugang auch in anderer Weise als durch einen Einschreibebrief wirksam erfolgen."

**3.** Wird die Kündigungserklärung durch einen vom Vermieter beauftragten Rechtsanwalt (oder sonstigen Bevollmächtigten) abgegeben, muss der Kündigungserklärung eine **Vollmacht** beigefügt sein, da der Empfänger die Kündigungserklärung sonst unverzüglich (§ 121 Abs. 1 BGB) gem. § 174 BGB zurückweisen kann; es sei denn, der Vollmachtgeber hatte den Empfänger von der Bevollmächtigung in Kenntnis gesetzt. Das gilt aber auch für die Zurückweisung: bedient sich der Empfänger hierfür eines Bevollmächtigten, muss auch der Zurückweisung eine Vollmacht beigefügt sein. Die Zurückweisung muss wegen der fehlenden Vorlage der Vollmachtsurkunde erfolgen. Die fehlende Vollmachtsurkunde braucht zwar nicht ausdrücklich beanstandet zu werden. Es reicht vielmehr aus, wenn sich der Grund der Zurückweisung aus den Umständen eindeutig ergibt und für den Vertragspartner erkennbar ist. Auf keinen Fall darf sich der Kündigungsempfänger daher in der Zurückweisung nur mit der Kündigung in der Sache auseinandersetzen (BAG NJW 1981, 2374; OLG Hamburg WuM 1978, 120).

**4.** Bei der Gewerberaummiete kann die **Kündigungsfrist** vertraglich frei vereinbart werden.

**5. a)** Falls die Mietvertragsparteien keine anderweitige Vereinbarung getroffen haben, ist gem. § 580a Abs. 2 BGB bei einem Mietverhältnis über Geschäftsräume die ordentliche Kündigung spätestens am dritten Werktag eines Kalendervierteljahres zum Ablauf des nächsten Kalendervierteljahres zulässig. Die gesetzliche Kündigungsfrist beträgt also (fast) sechs Monate. Die Kündigung muss bis zum dritten Werktag eines Quartals erfolgen (d.h. zugegangen sein, § 130 Abs. 1 BGB), wobei nach dem Wortlaut des § 580a Abs. 2 BGB jedenfalls Sonntage und Feiertage nicht mitzuzählen sind. Streitig ist die Behandlung des Samstags. Nach einer Ansicht ist dabei § 193 BGB (zumindest entsprechend) anwendbar. Ist der dritte Tag des Quartals ein Samstag, so ist danach eine Kündigung noch am Montag rechtzeitig. Streitig ist innerhalb dieser Ansicht, ob der Samstag mitzuzählen ist, wenn er der erste oder zweite Werktag ist (bejahend LG Aachen WuM 2004, 32; LG Wuppertal NJW-RR 1993, 1232; verneinend LG Berlin GE 89, 509; *Bottenberg/Kühnemund* ZMR 1999, 221, 223). Nach anderer Ansicht ist § 193 BGB auf Kündigungsfristen weder direkt noch entsprechend anwendbar mit der Folge, dass eine Kündigung am Montag verspätet wäre, wenn der Samstag der dritte Werktag des Quartals ist (BGH NZM 2005, 391). Die Kündigung kann nur zum 31. 3., 30. 6., 30. 9. oder 31. 12. erfolgen.

**b)** Die Kündigungsfrist des § 580a Abs. 2 BGB für „Geschäftsräume" gilt für alle Räumlichkeiten, die zu geschäftlichen, auf Erwerb gerichteten Zwecken vermietet sind; also nicht nur für Ladenlokale und zugehörige Nebenräume, sondern z. B. auch Büros und Praxisräume von Freiberuflern, auch Anmietung zu beruflich unselbstständiger Tätigkeit (Palandt/*Weidenkaff* § 580a Rdn. 14).

**6.** Neben der Möglichkeit, die Kündigungsfrist frei zu vereinbaren, können bei der Gewerberaummiete auch die Termine, zu denen (ausschließlich) mit der vereinbarten Frist gekündigt werden kann, vertraglich festgelegt werden; z. B. Kündigung nur zum Quartalsende, nur zum Jahresende usw.

**7.** Eine **verspätete Kündigungserklärung** ist nicht insgesamt unwirksam, sondern wirkt als Kündigung zum nächstmöglichen Termin (Palandt/*Weidenkaff* § 573c Rdn. 7). Das gilt auch, wenn in einer Kündigungserklärung ein unzutreffender vorzeitiger Zeitpunkt für die Beendigung des Mietverhältnisses angegeben wird (OLG Hamm MDR 1994, 56). Dies rechtfertigt sich daraus, dass die ordentliche Kündigung überhaupt keine Angabe des Zeitpunktes der Beendigung des Vertragsverhältnisses erfordert und selbst eine Kündigung ganz ohne diese Angabe zum nächsten zulässigen Termin wirksam wird (OLG Hamm a.a.O.).

**8.** Dies ist ein gleichzeitig mit der Kündigung erklärtes **Angebot des Mieters auf Abschluss eines Mietaufhebungsvertrags** zu dem genannten Zeitpunkt. Falls der Mieter an einer vorzeitigen Beendigung des Mietverhältnisses interessiert ist, sollte er das dem Vermieter sogleich im Kündigungsschreiben mitteilen. Das versetzt den Vermieter schnellstmöglich in die Lage, seine Weitervermietungsbemühungen ggf. auf diesen früheren Termin einzurichten. Dies wird er vor allem dann begrüßen, wenn er die Chance der Erzielung einer höheren Miete sieht. Im umgekehrten Fall, in dem der Vermieter eher mit einer niedrigeren Miete oder gar mit Mietausfall rechnen muss, wird sein Interesse eher dahin gehen, einen (zahlungskräftigen) Mieter so lange wie möglich an das Mietverhältnis zu binden. In diesem Fall sollte der Mieter bereits im Kündigungsschreiben darauf hinweisen, dass er sich zu dem früheren, von ihm gewünschten Termin der Vertragsbeendigung selber um einen Nachmieter bemühen wird.

Rechtlich ist auch die Stellung eines Nachmieters das Angebot des Mieters zum Abschluss eines Mietaufhebungsvertrags. Der Vermieter muss dieses Angebot nicht annehmen, er **kann** es. Ein Zwang zur Annahme des Nachmieters besteht nur in seltenen Fällen. Dabei muss es sich auf Seiten des Mieters um eine echte Notlage, eine unzumutbare Härte handeln. Das ist aber immer Frage des Einzelfalls. Stärker ist die Rechtsposition des Mieters, wenn ihm bereits im Mietvertrag (dazu BGH NZM 2005, 340) oder später, ggf. nach der Kündigung des Mieters, durch den Vermieter das Recht zur Entlassung aus dem Mietvertrag bei Stellung eines geeigneten Nachmieters ausdrücklich zugestanden worden ist. Dann kann der Vermieter nicht mehr jeden Nachmieter ablehnen, sondern muss einen geeigneten (zumutbaren) Nachmieter akzeptieren. Daraus folgt aber auch, dass der Vermieter **nicht automatisch jeden** Nachmieter nehmen muss. Über die Geeignetheit des Nachmieters entscheidet nicht der Mieter, sondern der Vermieter. Dabei kann der Vermieter durchaus andere Kriterien zugrunde legen als der Mieter auf den ersten Blick für wesentlich hält. Allgemein gilt: Wenn in der Person des vom Mieter gestellten Nachmieters ein wichtiger Grund für eine Ablehnung liegt, dann muss der Vermieter den Nachmieter nicht akzeptieren. Der wichtigste Grund ist die mangelnde Zahlungsfähigkeit (OLG Düsseldorf DWW 2004, 87: Nachmieter müssen einer Bonitätsprüfung standhalten; auf einen Nachmieter, der bereits eine eidesstattliche Versicherung abgeben musste, braucht sich ein Vermieter in keinem Fall einzulassen.). Wenn der Vermieter gleichzeitig einen selbstgesuchten „Nach"mieter für die Geschäftsräume hat, dann steht es dem Vermieter frei, mit diesem den neuen Mietvertrag abzuschließen. Der Mieter kann ihm in diesem Fall nicht seinen eigenen Nachmieter aufzwingen.

**9.** Der Mieter sollte bereits in seinem Kündigungsschreiben aus Gründen der Vorsicht ausdrücklich einer Verlängerung des Mietverhältnisses gem. § 545 BGB widersprechen, siehe Anmerkungen zu Form. D. X. 1 und D. X. 2.

## XII. Außerordentliche befristete Kündigung

## 1. Kündigung des Mieters bei Modernisierungs- und Verbesserungsmaßnahmen gemäß § 554 Abs. 3 S. 2 BGB

......
(Mieter)

an

......
(Vermieter)[1]
– Einschreiben mit Rückschein –[2]

Betr.: Mietverhältnis über ......

Bezug: Ihre Modernisierungsankündigung vom ......[3]

hier: Kündigung[4]

Sehr geehrte(r) ......,

mit den von Ihnen angekündigten Modernisierungsmaßnahmen bin ich nicht einverstanden. Insbesondere wegen des beabsichtigten Austausches der bisherigen
Fensterfront befürchte ich einen Umsatzrückgang bis unter die Rentabilitätsgrenze.
Es ist zwar richtig, dass die neuen großflächigen Isolierglasscheiben in wärmege-
dämmten Rahmen eine Einsparung von Heizenergie bewirken werden. Speziell für
mein Geschäft würde sich das aber nachteilig auswirken, da ich meine Ware, überwiegend hochwertige Weine und Spirituosen alter Jahrgänge im Verbund mit den
gegenwärtigen kleinflächigen Fenstern in braunen Holzrahmen („Butzenscheiben")
werblich erheblich besser präsentieren kann. Auch die gesamte Innenausstattung der
Geschäftsräume ist auf diesen „nostalgischen" Charakter des Geschäfts abgestimmt,
der bei den Kunden in der Vergangenheit stets gut angekommen ist.[5]

Daher sehe ich[6] mich leider veranlasst, das Mietverhältnis gem. § 554 Abs. 3 S. 2
BGB zum ...... zu kündigen.[7]

Vorsorglich widerspreche ich bereits jetzt einer stillschweigenden Verlängerung des
Mietverhältnisses gem. § 545 BGB.[8]

......
(Mieter)

*Schrifttum: Flatow,* Typische Fehler bei der Kündigungserklärung, NZM 2004, 281; *Hinz,* Mietrecht und Mietprozess – Die häufigsten Fehler, NZM 2004, 681; *Lindner,* Stolpersteine bei Kündigungen im Mietrecht, AnwBl 2005, 213.

## Anmerkungen

**1.** Siehe Form. D. XI. Anm. 1.

**2.** Siehe Form. D. XI. Anm. 2.

**3.** Zum Wohnraummietverhältnis s. **Form. D. V. 1.** Bei **Maßnahmen zur Verbesserung der Mietsache,** zur Einsparung von Energie oder Wasser oder zur Schaffung neuen Wohnraums (§ 554 Abs. 2 S. 1 BGB) hat der Vermieter gem. § 554 Abs. 3 S. 1 BGB dem Mieter spätestens drei Monate vor Beginn der Maßnahme deren Art sowie voraussichtlichen Umfang und Beginn, voraussichtliche Dauer und die zu erwartende Mieterhöhung in Textform (§ 126 b BGB) mitzuteilen. § 554 Abs. 1 bis 4 BGB gilt wegen der Verweisung in § 578 Abs. 2 BGB auch für Gewerberaummietverhältnisse. Allerdings sind hier zu Lasten des Mieters abweichende Vereinbarungen möglich; § 578 Abs. 2 BGB verweist **nicht** auch auf § 554 Abs. 5 BGB.

**4.** Bevor der Mieter von der Kündigungsmöglichkeit des § 554 Abs. 3 S. 2 BGB Gebrauch macht, sollte er prüfen, ob er überhaupt zur Duldung der angekündigten Maßnahme verpflichtet ist (§ 554 Abs. 2 S. 2 bis 4 BGB). Auf der anderen Seite besteht das Kündigungsrecht auch dann, wenn der Mieter zur Duldung nicht verpflichtet ist. Nach dem Wortlaut des § 554 Abs. 3 S. 2 BGB löst allein der Zugang der Modernisierungsmittlung beim Mieter bereits das Kündigungsrecht aus.

**5.** Die Wirksamkeit der Kündigung des Mieters hängt nicht von der Abgabe einer inhaltlichen Begründung ab (vgl. Anm. 4), wie es hier geschehen ist. Solche Ausführungen bieten sich aber an, wenn der Mieter einerseits mit der Kündigung zeigen will, dass es ihm „ernst" ist, andererseits aber einen letzten Versuch unternehmen will, den Vermieter zum Einlenken (Unterlassen der angekündigten Maßnahmen) zu bewegen. Vermieter und Mieter müssen sich dann allerdings wegen der vom Mieter ausgesprochenen wirksamen Kündigung wieder darüber einigen, dass das Mietverhältnis fortgesetzt werden soll.

**6.** Siehe Form. D. XI Anm. 3.

**7.** Gem. § 554 Abs. 3 S. 2 BGB ist der Mieter berechtigt, das Mietverhältnis bis zum Ablauf des Monats, der auf den Zugang der Modernisierungsmitteilung folgt, außerordentlich zum Ablauf des nächsten Monats zu kündigen (zur Abdingbarkeit vgl. Anm. 3). Nach § 554 Abs. 3 S. 3 BGB gilt dies allerdings nicht bei Maßnahmen, die nur mit einer unerheblichen Einwirkung auf die vermieteten Räume verbunden sind und nur zu einer unerheblichen Mieterhöhung führen.

**8.** Der Mieter sollte bereits in seinem Kündigungsschreiben aus Gründen der Vorsicht ausdrücklich einer Verlängerung des Mietverhältnisses gem. § 545 BGB widersprechen, siehe Anmerkungen zu Form. D. X. 1 und D. X. 2.

## 2. Kündigung des Mieters bei Verweigerung der Erlaubnis zur Untervermietung gemäß § 540 Abs. 1 S. 2 BGB

......

(Mieter)

an

......

(Vermieter)[1]

– Einschreiben mit Rückschein –[2]

Betr.: Mietverhältnis über ......

Bezug: Ihr Schreiben vom ....../Untervermietung

hier: Kündigung

Sehr geehrte(r) ......,

mit Bedauern habe ich zur Kenntnis genommen, dass bzgl. der von mir beabsichtigten Untervermietung keine Einigung zu erzielen ist.[3] Mit dem im Bezug genannten Schreiben[4] haben Sie meine Bitte, mir eine entsprechende Erlaubnis zu erteilen, leider abgelehnt.[5]

Daher sehe ich[6] mich leider veranlasst, das Mietverhältnis gem. § 540 Abs. 1 S. 2 BGB zum ...... zu kündigen.[7]

Vorsorglich widerspreche ich bereits jetzt einer stillschweigenden Verlängerung des Mietverhältnisses gem. § 545 BGB.[8]

......

(Mieter)

*Schrifttum: Flatow,* Typische Fehler bei der Kündigungserklärung, NZM 2004, 281; *Hinz,* Mietrecht und Mietprozess – Die häufigsten Fehler, NZM 2004, 681; *Kandelhard,* Die Bedarfsänderung des Gewerberaummieters, BB 1995, 2596; *Lindner,* Stolpersteine bei Kündigungen im Mietrecht, AnwBl 2005, 213; *Schönleber,* Sonderkündigungsrecht bei Verweigerung der Erlaubnis zur Untervermietung, NZM 1998, 948.

### Anmerkungen

**1.** Siehe Form. D. XI. Anm. 1.

**2.** Siehe Form. D. XI. Anm. 2.

**3.** Zum Wohnraummietverhältnis s. **Form. D. V. 2.** Die Vorschrift des § 553 Abs. 2 BGB, wonach der Vermieter seine Zustimmung zur Untervermietung ggf. von einer „angemessenen Erhöhung der Miete" (Untermietzuschlag) abhängig machen kann, ist zwar auf die Geschäftsraummiete nicht anwendbar. Trotzdem steht es den Parteien – auch – des gewerblichen Mietverhältnisses frei, eine vertragliche Regelung über die Untermiete herbeizuführen, die sich an dem – nahe liegenden – Gedanken des § 553 Abs. 2 BGB (Erlaubnis des Vermieters gegen Vereinbarung eines Untermietzuschlags) orientiert.

**4.** Die Verweigerung der Erlaubnis muss ausdrücklich erklärt werden. Bloßes Schweigen des Vermieters genügt nicht, es sei denn, der Mieter hat für die Antwort eine angemessene Frist gesetzt (LG Berlin NZM 1999, 405; LG Nürnberg-Fürth WuM 1995, 587). Eine Verweigerung der Erlaubnis liegt auch vor, wenn die Erlaubnis unter Einschränkungen oder Auflagen erteilt wird, die der Mietvertrag nicht vorsieht (BGHZ 59, 3).

**5.** Nach § 540 Abs. 1 BGB ist der Mieter ohne die Erlaubnis des Vermieters nicht berechtigt, den Gebrauch der Mietsache einem Dritten zu überlassen, insbesondere sie weiter zu vermieten. Dazu gehört nicht nur die Weitervermietung insgesamt, sondern ggf. auch eine sich nur auf einen Teil der Mietsache erstreckende Untermiete. Wie sich aus der Stellung des § 540 Abs. 1 BGB im Gesetz („I. Allgemeine Vorschriften über Mietverhältnisse") ergibt, kommt dem Grundsatz, dass der Vermieter – und nicht der Mieter – die Mieter seiner Mietsachen aussucht, überragende Bedeutung zu. Eine dem § 553 Abs. 1 BGB entsprechende Regelung, wonach der Vermieter von Wohnraum – allerdings auch nur unter den in § 553 Abs. 1 S. 1 und 2 BGB genannten engen Voraussetzungen – einer Untervermietung zustimmen **muss**, gibt es bei der Gewerberaummiete nicht. § 578 BGB, Mietverhältnisse über Grundstücke und Räume, verweist nicht auf § 553 BGB. Damit kommt eine Verpflichtung des Vermieters von Gewerberäumen zur Zustimmung zur Untervermietung nur im Rahmen des § 242 BGB und der allgemeinen Vertragsförderungspflicht in Betracht, mithin nur in äußersten Ausnahmefällen.

**6.** Siehe Form. D. XI. Anm. 3.

**7.** Gem. § 540 Abs. 1 S. 2 BGB ist der Mieter für den Fall, dass der Vermieter die Erlaubnis zur Untervermietung verweigert, berechtigt, das Mietverhältnis außerordentlich mit der gesetzlichen Frist (§ 580 a Abs. 2 BGB) zu kündigen, sofern nicht in der Person des Untermieters ein wichtiger Grund vorliegt.

Streitig ist, ob der Ausschluss der Untervermietung bei Geschäftsräumen (formularmäßig) erfolgen kann (offen gelassen, aber mit umfassenden Nachweisen zum Streitstand bei BGH NJW 1995, 2034). Ist die Untervermietung selber in den AGB nicht ausgeschlossen, kann der Vermieter aber die erforderliche Erlaubnis nach Belieben verweigern, dann kann das Sonderkündigungsrecht des § 540 Abs. 1 S. 2 BGB nicht ausgeschlossen werden (BGH a. a. O.).

Das Kündigungsrecht besteht nicht, wenn in der Person des Dritten (Untermieters) ein wichtiger Grund vorliegt, § 540 Abs. 2 S. 2, 2. Halbs. BGB. Der sonst allgemein im (Miet)vertragsrecht wichtigste Grund, die mangelnde Zahlungsfähigkeit, ist an dieser Stelle allerdings von eher untergeordneter Bedeutung, da der Mieter, nicht dessen Untermieter, dem Vermieter auf Grund des Mietvertrags die Miete schuldet. Bedeutung erlangt die Bonität des Untermieters aber z. B. in dem Fall, in dem ein gewerblicher Mieter das gemietete Ladenlokal komplett untervermieten will, um aus diesen Mieteinnahmen seinerseits die von ihm gegenüber dem Vermieter geschuldete Miete bezahlen zu können. Auch wenn der Hauptmieter eine Betriebspflicht übernommen hat, besteht selbst bei guter Bonität des Hauptmieters ein Interesse des Vermieters dahin, dass der Betreiber des Mietobjekts nicht allzu häufig wechselt und das Objekt nicht leersteht, weil dadurch die Wertschätzung der gesamten Anlage leiden und die Vermietbarkeit insgesamt beeinträchtigt würde (BGH NZM 2007, 127, dort auch zu einer entsprechenden Auskunftspflicht des Hauptmieters über die wirtschaftlichen Verhältnisse des ins Auge gefaßten Untermieters).

In die Abwägung, ob ein wichtiger, zur Versagung der Erlaubnis der Untervermietung führender Grund in der Person des Untermieters vorliegt, dürfen im Übrigen neben den berechtigten Interessen des Vermieters auch die Interessen der übrigen Mieter mit eingestellt werden (Palandt/*Weidenkaff* § 540 Rdn. 12).

Das Gesetz stellt für den wichtigen Grund zur Verweigerung der Untervermietung auf die Person des Dritten ab. Das könnte dazu führen, dass der Vermieter seinem gewerblichen Mieter selbst dann eine Untervermietungserlaubnis erteilen müsste, wenn dieser an einen anderen -bonitätsstarken- gewerblichen Mieter des Vermieters untervermieten will, also dem Vermieter einen anderen Mieter mit preisgünstigeren Konditionen „abjagt". Bei der gewerblichen Miete wird deshalb häufig versucht, dies im Vertrag durch entsprechende Klauseln zu verhindern, was das OLG Düsseldorf (DWW 2005, 106) als zulässig angesehen hat (Die dortige Klausel lautete: „Ohne Zustimmung der Vermieterin darf die Mieterin die Mietsache weder ganz oder teilweise untervermieten oder ihren Gebrauch Dritten in anderer Weise überlassen. Insbesondere darf die Mietsache nicht zu einem Zweck benutzt werden, der den Interessen der Vermieterin entgegensteht.")

Die den wichtigen Grund in der Person des Untermieters ausmachenden Tatsachen muss der Vermieter beweisen (Palandt/*Weidenkaff* § 540 Rdn. 12).

Das Kündigungsrecht besteht ferner nicht, wenn gleichzeitig mit der Untervermietung eine Nutzungsänderung beabsichtigt war (OLG Köln ZMR 1997, 298: Kleintier- statt Zahnarztpraxis; OLG Koblenz NJW-RR 1986, 1343: Wohn- statt Gewerberaum).

Schließlich ist im Einzelfall zu prüfen, ob das Kündigungsrecht des Mieters nach § 540 Abs. 1 S. 2 BGB ggf. gem. § 242 BGB ausgeschlossen ist, weil es durch eine vom Mieter provozierte Erlaubnisverweigerung herbeigeführt worden ist (vgl. dazu *Schönleber* NZM 1998, 948); oder weil dem kündigenden Hauptmieter bekannt ist, dass in Wahrheit gar kein Mietinteresse des von ihm benannten Untermieters besteht (BGH NZM 2010, 120).

**8.** Der Mieter sollte bereits in seinem Kündigungsschreiben aus Gründen der Vorsicht ausdrücklich einer Verlängerung des Mietverhältnisses gem. § 545 BGB widersprechen, siehe Anmerkungen zu Form. D. X. 1 und D. X. 2.

## 3. Kündigung des Mieters bei Mietverträgen mit mehr als 30 Jahren vereinbarter Dauer gemäß § 544 BGB

......

(Mieter)

an

......

(Vermieter)[1]

– Einschreiben mit Rückschein –[2]

Betr.: Mietverhältnis über ......

hier: Kündigung

Sehr geehrte(r) ......,

nachdem unser für 40 Jahre abgeschlossenes[3] Mietverhältnis nun seit über 35 Jahren[4] bestanden hat, möchte ich mich aus dem Geschäftsleben zurückziehen. Daher kündige ich[5] das Mietverhältnis gem. § 544 BGB[6] zum ......[7]

Vorsorglich widerspreche ich bereits jetzt einer stillschweigenden Verlängerung des Mietverhältnisses gem. § 545 BGB.[8]

......

(Mieter)

*Schrifttum: Elshorst,* Die Kündigung gem. § 567 BGB bei Mietverträgen über mehr als 30 Jahre, NZM 1999, 449; *Finke,* Ist ein vertraglicher Ausschluss des Rechtes zur ordentlichen Kündigung bei Mietverträgen auf unbestimmte Zeit unwirksam?, ZMR 1994, 353; *Flatow,* Typische Fehler bei der Kündigungserklärung, NZM 2004, 281; *Hinz,* Mietrecht und Mietprozess – Die häufigsten Fehler, NZM 2004, 681; *Lindner,* Stolpersteine bei Kündigungen im Mietrecht, AnwBl 2005, 213.

## Anmerkungen

**1.** Siehe Form. D. XI. Anm. 1.

**2.** Siehe Form. D. XI. Anm. 2.

**3.** Zum Wohnraummietverhältnis s. **Form. D. V. 3.** Aus § 544 BGB folgt im Umkehrschluss, dass Mietverträge mit einer Laufzeit von mehr als 30 Jahren grundsätzlich zulässig sind. Auch nach 30 Jahren bleibt der Vertrag noch wirksam, da § 544 BGB nicht langfristige Verträge verhindern will, sondern nur eine unlösbare Bindung über 30 Jahre hinaus (Schmidt-Futterer/*Lammel* § 544 Rdn. 9). Wirksam ist auch der Ausschluss der Kündigung für 30 Jahre. (Erst) darüber hinaus ist ein Kündigungsausschluss unwirksam, also nur für die 30 Jahre übersteigende Zeit.

§ 544 BGB ist eine zwingende Vorschrift, so dass eine entgegenstehende vertragliche Vereinbarung unwirksam ist (OLG Hamm NZM 1999, 753). Nach a.A. (Schmidt-Futterer/*Lammel* § 544 Rdn. 5 u. 6) ist die Norm nur in ihrem ersten Teil zwingend (Verbot des Ausschlusses des Kündigungsrechts nach 30 Jahren), wogegen bei Lebenszeitverträgen nach § 544 S. 2 BGB, die keine Wohnraummietverträge sind, eine Vereinbarung über eine Kündigung nach Ablauf von 30 Jahren getroffen werden könne, da dieser Teil der Norm nur privaten Interessen diene und daher disponibel sei.

Eine Vertragslaufzeit von mehr als 30 Jahren kann als feste Laufzeit von 35, 40 Jahren usw. vereinbart werden; durch Bezeichnung eines Datums für das Ende des Mietvertrages; aber z.B. auch dadurch, dass der Vertrag mit Eintritt eines bestimmten Ereignisses enden soll, dieses Ereignis aber später als 30 Jahre nach Vertragsschluss eintreten soll (BGHZ, 117, 236); bzw. wenn die Kündigung nur bei Eintritt eines Ereignisses möglich ist, das auch erst nach mehr als 30 Jahren eintreten kann (OLG Hamburg ZMR 1998, 28). Wird bei einem formal unbefristeten Mietverhältnis die Kündigung für mehr als 30 Jahre ausgeschlossen oder wird sie unzumutbar erschwert, kommt § 544 BGB ebenfalls zur Anwendung (OLG Hamm NZM 1999, 753). Bei Anschlussvermietungen zwischen denselben Vertragspartnern hängt die Anwendbarkeit des § 544 BGB davon ab, ob ein Zwang zum Abschluss des Anschlussvertrages bestand (RGZ 165, 1, 21): wenn ja, werden die Laufzeiten der Verträge addiert und es gilt § 544 BGB; wenn nein, kommt es auf den Zeitpunkt des Abschlusses des Anschlussvertrages an, d.h. da-rauf, ob im Anschlussvertrag eine Laufzeit von mehr als 30 Jahren vereinbart ist (BGH NJW 1996, 2028). Die Laufzeit des vorangegangenen Vertrages wird dann nicht dazugerechnet. Zu Verlängerungsoptionen vgl. OLG Düsseldorf ZMR 2002, 189; LG Hamburg MDR 1988, 967.

**4.** Die Kündigung nach Ablauf der 30 Jahre muss nicht sofort ausgeübt werden, das Gesetz formuliert nur: „nach Ablauf von dreißig Jahren ......"; also **irgendwann** danach.

**5.** Siehe Form. D. XI. Anm. 3.

**6.** a) § 544 S. 1 BGB gibt beiden Vertragsparteien ein außerordentliches Kündigungsrecht, wenn ein Mietvertrag für eine längere Zeit als 30 Jahre abgeschlossen worden ist. In diesem Fall kann jede Vertragspartei nach Ablauf von 30 Jahren nach Überlassung der Mietsache (nicht: nach Vertragsschluss) das Mietverhältnis mit der gesetzlichen Frist (bei der Geschäftsraummiete § 580a Abs. 2 BGB) kündigen. Die Bestimmung ist von geringer praktischer Bedeutung. Sie kommt nur zum Tragen, wenn der Gewerberaummietvertrag auf eine Laufzeit von mehr als 30 Jahren unter Ausschluss des Kündigungsrechts abgeschlossen worden ist. Besteht ein vertragliches Kündigungsrecht, hat § 544 BGB nicht die Bedeutung, dass bei einem Vertrag mit einer Laufzeit von mehr als 30 Jahren nur nach § 544 BGB gekündigt werden dürfte. Vielmehr darf daneben, auch schon vor Ablauf der 30 Jahre, ein vertragliches Kündigungsrecht ausgeübt werden. Besteht das Mietverhältnis bei einem unbefristeten Mietvertrag **faktisch** bereits mehr als 30 Jahre, kommt § 544 BGB ebenfalls nicht zur Anwendung, weil § 544 BGB nur für **vereinbarte** Laufzeiten von mehr als 30 Jahren gilt.

b) Nach § 544 S. 2 BGB ist die Kündigung unzulässig, wenn der Vertrag für die Lebenszeit des Vermieters oder des Mieters geschlossen ist. Bei Personenmehrheit auf Vermieter- oder Mieterseite kommt es, solange eine anderweitige vertragliche Vereinbarung fehlt, für die Vertragsdauer auf die Lebenszeit des Längstlebenden an (Schmidt-Futterer/ *Lammel* § 544 Rdn. 19). Zur Abdingbarkeit des § 544 S. 2 BGB vgl. Anm. 3. § 544 S. 2 BGB gilt nach seinem eindeutigen Wortlaut („Lebenszeit") nur für natürliche Personen als Mieter oder Vermieter.

**7.** Die Kündigung kann nach der eindeutigen gesetzlichen Formulierung erst „nach" Ablauf von 30 Jahren nach Überlassung erfolgen, nicht „zum" Ablauf.

**8.** Der Mieter sollte bereits in seinem Kündigungsschreiben aus Gründen der Vorsicht ausdrücklich einer Verlängerung des Mietverhältnisses gem. § 545 BGB widersprechen, siehe Anmerkungen zu Form. D. X. 1 und D. X. 2.

## 4. Kündigung des Erben bei Tod des Mieters gemäß § 580 BGB

......

(Erbe)

an

......

(Vermieter)[1]

– Einschreiben mit Rückschein –[2]

Betr.: Mietverhältnis des Herrn ...... über ......

hier: Kündigung

Sehr geehrte(r) ......,

mit Mietvertrag vom ...... haben Sie an Herrn ...... Räumlichkeiten zum Betrieb ...... vermietet. Am ...... ist Herr ...... verstorben.[3] Ich bin der einzige Sohn des ...... und alleiniger[4] gesetzlicher Erbe.[5] Die Ehefrau des Herrn ...... ist bereits vorverstorben.[6]

Hiermit kündige ich[7, 8] das Mietverhältnis zum ......[9]

Ich werde das Mietobjekt bis dahin freiziehen. Zur Absprache eines Termins für die Übergabe der Räumlichkeiten und der Schlüssel werde ich mich noch mit Ihnen in Verbindung setzen. Sollten Sie an der Übernahme von Einrichtungsgegenständen usw. interessiert sein, bitte ich um eine kurze Nachricht, damit wir dann weitere Einzelheiten besprechen können.[10]

Vorsorglich widerspreche ich bereits jetzt einer stillschweigenden Verlängerung des Mietverhältnisses gem. § 545 BGB.[11]

......

(Erbe)

*Schrifttum: Alexander,* Die Kündigungsterminbestimmung nach § 569 Abs. 2 S. 2 BGB, NZM 1998, 253; *Flatow,* Typische Fehler bei der Kündigungserklärung, NZM 2004, 281; *Hinz,* Mietrecht und Mietprozess – Die häufigsten Fehler, NZM 2004, 681; *Lindner,* Stolpersteine bei Kündigungen im Mietrecht, AnwBl 2005, 213; *Sonnenschein,* Kündigung und Rechtsnachfolge, ZMR 1992, 417; *Stellwaag,* Der erste zulässige Kündigungstermin nach dem Tode des Mieters, ZMR 1989, 407.

## Anmerkungen

**1.** Siehe Form. D. XI. Anm. 1.

**2.** Siehe Form. D. XI. Anm. 2.

**3.** Zum Wohnraummietverhältnis s. **Form. D. V. 6.** Bei einem weit entfernt wohnenden Vermieter, oder wenn aus sonstigen Gründen Rückfragen zu erwarten sind, sollte eine Kopie des Totenscheins beigefügt werden.

**4.** Bei einer **Mehrheit von Erben** kann die Kündigung nur von allen Erben gemeinsam ausgeübt werden; bzw. von einem Erben mit Vollmacht aller übrigen Erben (Palandt/ *Weidenkaff* § 580 Rdn. 7; a. A. BGH LM § 2038 Nr. 1: Kündigung kann nach § 2038 BGB als Verwaltungshandlung gem. § 745 BGB von der Mehrheit der Miterben beschlossen werden). Unerheblich sind die Erbteile der Miterben. Die Kündigung ist insgesamt unwirksam, wenn auch nur einer von mehreren Erben; ggf. zudem der Erbe mit dem geringsten Erbteil, bei der Kündigung nicht mitwirkt. Ob die übrigen Erben gegen den untätigen oder weigerlichen Miterben einen Anspruch auf Mitwirkung bei der Kündigung haben, ist im Verhältnis der Erben zum Vermieter irrelevant. Daher können sich auch nicht einzelne von mehreren Erben durch ihre jeweilige Kündigungserklärung aus dem Geschäftsraummietverhältnis lösen.

**5.** § 1924 Abs. 1 BGB.

**6.** Dieser Hinweis ist im Hinblick auf das Erbrecht des Ehegatten gem. § 1931 BGB empfehlenswert. Ob und welche weiteren **Ausführungen zur Erbenstellung** erforderlich sind, hängt von den Umständen des jeweiligen Falles ab. Sollte z. B. ein dem Vermieter bis dahin gänzlich unbekannter testamentarischer Erbe die Kündigung aussprechen, sollte vorsorglich gleich ein Erbschein beigefügt werden.

**7.** Im Vergleich zu der komplizierten, dem allgemeinen Erbrecht vorgehenden Regelung der §§ 563 bis 564 BGB bei der Wohnraummiete ist die Regelung beim Tod eines Gewerberaummieters einfach. Der gewerbliche Mietvertrag geht gem. § 1922 BGB auf den oder die Erben über. Es findet also kraft Gesetzes ein Wechsel des Mieters statt.

**8.** Siehe Form. D. XI. Anm. 3.

**9.** § 580 BGB gibt für den Todesfall des Mieters sowohl dem Erben als auch dem Vermieter das Recht, das Mietverhältnis innerhalb eines Monats, nachdem sie vom Tod des Mieters Kenntnis erlangt haben, außerordentlich mit der gesetzlichen Frist (§ 580 a Abs. 2 BGB) zu kündigen. Für die Fristberechnung kommt es auf Kenntnis von Tod **und Erbfolge** an (OLG Düsseldorf ZMR 1994, 114). Ob bereits im Kündigungsschreiben Ausführungen zum Zeitpunkt der Kenntniserlangung gebracht werden sollten oder erst auf entsprechende Rückfrage, hängt vom Einzelfall ab. Auch wenn die Wirksamkeit des Kündigungsschreibens vom Fehlen dieser Angabe nicht berührt wird, empfiehlt es sich jedenfalls bei einer zeitlich erheblich nach dem Tod des Mieters erfolgenden Kündigung Angaben über den Zeitpunkt der Kenntniserlangung und der Fristwahrung in das Kündigungsschreiben mit aufzunehmen.

Die Kündigung nach § 580 BGB ist unabhängig von dem rechtlichen Schicksal des in den Räumlichkeiten betriebenen Gewerbes. Ihr kann insbesondere nicht entgegengehalten werden, dass der Erbe die Firma (an anderer Stelle und dort ggf. zu günstigeren Mietvertragskonditionen) weiterführen will (RGZ, 130, 52).

§ 580 BGB kann vertraglich abgeändert oder ganz ausgeschlossen werden, auch zugunsten des Vermieters (BverfG NJW 1997, 2746; Palandt/*Weidenkaff* § 580 Rdn. 3; Schmidt-Futterer/*Gather* § 580 Rdn. 7). Streitig ist, ob dies auch formularmäßig erfolgen kann (bejahend Emmerich/Sonnenschein/*Rolfs* § 580 Rdn. 4).

Nach dem klaren Wortlaut des § 544 BGB gilt er nur für den Tod des Mieters, so dass auch keine entsprechende Anwendung auf den Tod des Vermieters möglich ist. Auch die Formulierung „Tod" ist eindeutig, sie kann nur auf natürliche Personen zutreffen. Eine entsprechende Anwendung auf juristische Personen ist nicht möglich (MünchKomm/ *Artz* § 580 Rdn. 2).

**10.** Nach § 539 Abs. 2 BGB ist der Mieter berechtigt, Einrichtungen wegzunehmen, mit denen er die Mietsache versehen hat. Im hier vorliegenden Fall der Kündigung eines Erben, der den Betrieb nicht fortführen will, dürfte dieses Recht zur Wegnahme sich de facto in ein Entsorgungsproblem verwandeln, zumal der Vermieter nach § 546 Abs. 1 BGB Rückgabe der vollständig geräumten und in den Ursprungszustand zurückversetzten Mieträume verlangen kann. Ein entsprechendes frühzeitiges Übernahmeangebot des Erben an den Vermieter bietet sich daher an, wenn der Erbe an den Einrichtungen kein Interesse hat und – etwa wegen großer räumlicher Entfernung – auch wenig Möglichkeiten sieht, einen anderweitigen Abnehmer zu finden. Für den Vermieter kann die Übernahme der Einrichtungen ggf. einen Vorteil bei der Weitervermietung bedeuten.

**11.** Der Mieter sollte bereits in seinem Kündigungsschreiben aus Gründen der Vorsicht ausdrücklich einer Verlängerung des Mietverhältnisses gem. § 545 BGB widersprechen, siehe Anmerkungen zu Form. D. X. 1 und D. X. 2.

## 5. Kündigung des Eigentümers bei Erlöschen des Nießbrauchs gemäß § 1056 Abs. 2 S. 1 BGB

......

(Eigentümer)

an

......

(Mieter)[1]

– Einschreiben mit Rückschein –[2]

Betr.: Mietverhältnis über ......

hier: Kündigung

Sehr geehrte(r) ......,

Sie haben als Mieter mit Herrn ...... einen Mietvertrag über Räumlichkeiten zum Betrieb ...... auf dem im Betreff genannten Grundstück abgeschlossen. Dieses Grundstück steht in meinem Eigentum. Wie Ihnen bekannt sein dürfte, endete das Nießbrauchsrecht des Herrn ...... am .....[3] Seitdem bin ich gem. § 1056 Abs. 1 BGB Ihr Vermieter.[4]

Zu meinem Bedauern muss ich[5] Ihr Mietverhältnis mit der gesetzlichen Frist zum ......[6, 7] kündigen.[8]

Vorsorglich widerspreche ich bereits jetzt einer stillschweigenden Verlängerung des Mietverhältnisses gem. § 545 BGB.⁹

......

(Vermieter)

*Schrifttum: Flatow,* Typische Fehler bei der Kündigungserklärung, NZM 2004, 281; *Hinz,* Mietrecht und Mietprozess – Die häufigsten Fehler, NZM 2004, 681; *Horst,* Immobilienverkauf – mietrechtliche Auswirkungen, ZMR 2009, 655; *Lindner,* Stolpersteine bei Kündigungen im Mietrecht, AnwBl 2005, 213.

## Anmerkungen

**1.** Siehe Form. D. XI. Anm. 1.

**2.** Siehe Form. D. XI. Anm. 2.

**3.** § 1056 BGB betrifft den Fall, dass der Nießbraucher als Vermieter (oder Verpächter) ein Grundstück über die Dauer des Nießbrauchs hinaus vermietet (oder verpachtet) hat; s. auch oben **Form. D. V. 13** zum Wohnraummietverhältnis.

**4.** Über die Verweisung des § 1056 Abs. 1 BGB findet gem. § 566 Abs. 1 BGB kraft Gesetzes ein Vermieterwechsel statt. Neuer Vermieter ist jetzt der Eigentümer des Grundstücks.

**5.** Siehe Form. D. XI. Anm. 3.

**6.** Für den Fall der Beendigung des Nießbrauchs ist der Eigentümer gem. § 1056 Abs. 2 BGB berechtigt, das Miet- oder Pachtverhältnis unter Einhaltung der gesetzlichen Frist (§ 580a Abs. 2 BGB) zu kündigen. Dies gilt allerdings nicht, wenn der Eigentümer selbst aus dem Mietvertrag verpflichtet ist (etwa durch Vertragsbeitritt, oder wenn der Mietvertrag schon von ihm selbst vor Bestellung des Nießbrauchs abgeschlossen worden und der Nießbraucher für die Dauer seines Rechts in den Mietvertrag eingetreten war). § 1056 Abs. 2 BGB hat nicht den Sinn, dem Eigentümer die Möglichkeit zu geben, sich aus seinen eigenen Verträgen zu lösen; in diesem Fall ist § 1056 Abs. 2 BGB daher nicht anwendbar (BGHZ 109, 111; OLG Koblenz NZM 2002, 293). Ebenfalls unanwendbar ist § 1056 Abs. 2 BGB zugunsten des Grundstückserwerbers. § 1056 Abs. 2 S. 1 BGB handelt zwar ohne nähere Eingrenzung von einem Sonderkündigungsrecht des „Eigentümers", gemeint ist damit aber nicht ein Eigentümer, der sein Eigentum erst durch rechtsgeschäftlichen Erwerb **nach** der Beendigung des Nießbrauchs erlangt hat. Auch geht das Kündigungsrecht des bei Beendigung des Nießbrauchs bestehenden Eigentümers ohne besondere Vereinbarung nicht auf den Erwerber über (BGH MDR 2010, 260).

Die Kündigung ist jederzeit nach Beendigung des Nießbrauchs zulässig, also – anders etwa als die außerordentliche Kündigungsmöglichkeit beim Tod des Mieters nach § 580 BGB oder die Kündigungsmöglichkeit bei Erlöschen des Erbbaurechts nach § 30 ErbbRVO – nicht auf einen bestimmten Zeitraum oder auf bestimmte Termine nach dem Ende des Nießbrauchs beschränkt.

Eine Ausnahme besteht nach § 1056 Abs. 2 S. 2 BGB für den Fall, dass der Nießbrauch durch einen Verzicht des Nießbrauchers auf den Nießbrauch endet. Daraus soll der Mieter keinen Schaden haben, so dass in diesem Fall die Kündigung erst von der Zeit an zulässig ist, zu welcher der Nießbrauch ohne den Verzicht erloschen wäre.

**7.** Mit dem Erlöschen des Nießbrauchs besteht für den Mieter eine erhebliche Rechtsunsicherheit. Insbesondere der gewerbliche Mieter, der seine Investitionen langfristig planen muss, kann an einer schnellen Klarheit über die Fortführung seines Mietverhältnisses interessiert sein. Daher bestimmt § 1056 Abs. 3 BGB, dass der Mieter berechtigt ist, den Eigentümer unter Bestimmung einer angemessenen Frist zur Erklärung darüber aufzufordern, ob er von dem Kündigungsrecht Gebrauch macht. Die Kündigung kann dann nur bis zum Ablauf der Frist erfolgen.

**8.** Die Kündigung bedarf keiner Begründung. Falls trotzdem eine Begründung abgegeben wird – z.B. Eigenbedarf des Vermieters – kann dies die Kündigung für den Mieter ggf. inhaltlich akzeptabler erscheinen lassen als der bloße Hinweis auf das Ende des Nießbrauchs. Das kann einerseits zur Streitvermeidung dienen. Auf der anderen Seite besteht dann die Gefahr, dass der Mieter mit entsprechenden Gegengründen antwortet und ein inhaltlicher Streit erst entsteht, auf den es nach dem Gesetz nicht ankommt.

**9.** Der Eigentümer (Vermieter) sollte bereits in seinem Kündigungsschreiben aus Gründen der Vorsicht ausdrücklich einer Verlängerung des Mietverhältnisses gem. § 545 BGB widersprechen, siehe Anmerkungen zu Form. D. X. 1 und D. X. 2.

## 6. Kündigung des Nacherben bei Eintritt der Nacherbfolge gemäß § 2135 BGB

......

(Nacherbe)

an

......

(Mieter)[1]

– Einschreiben mit Rückschein –[2]

Betr.: Mietverhältnis über ......

hier: Kündigung

Sehr geehrte(r) ......,

Sie haben als Mieter mit Frau ...... einen Mietvertrag über Räumlichkeiten zum Betrieb ...... auf dem im Betreff genannten Grundstück abgeschlossen. Das Grundstück stand ursprünglich im Eigentum des am ...... verstorbenen Herrn ......, der Frau ...... zur Vorerbin und mich als Nacherben eingesetzt hatte.[3] Der Nacherbfall ist mit dem Tod[4] der Frau ...... am ...... eingetreten.[5] Damit ist Ihr Mietverhältnis auf Vermieterseite von Frau ...... auf mich übergegangen.[6]

Hiermit kündige ich[7] Ihr Mietverhältnis gem. § 2135 BGB mit der gesetzlichen Frist zum ......[8]

Vorsorglich widerspreche ich bereits jetzt einer stillschweigenden Verlängerung des Mietverhältnisses gem. § 545 BGB.[9]

......

(Nacherbe)

Schrifttum: *Flatow*, Typische Fehler bei der Kündigungserklärung, NZM 2004, 281; *Hinz*, Mietrecht und Mietprozess – Die häufigsten Fehler, NZM 2004, 681; *Horst*, Immobilienverkauf – mietrechtliche Auswirkungen, ZMR 2009, 655; *Lindner*, Stolpersteine bei Kündigungen im Mietrecht, AnwBl 2005, 213.

## Anmerkungen

**1.** Siehe Form. D. XI. Anm. 1.

**2.** Siehe Form. D. XI. Anm. 2.

**3.** Zum Wohnraummietverhältnis s. **Form. D. V. 15.** § 2135 BGB betrifft den Fall, dass (erst) **der Vorerbe** ein zur Erbschaft gehörendes Grundstück (oder eingetragenes Schiff) vermietet oder verpachtet hat und das Miet- oder Pachtverhältnis bei Eintritt der Nacherbfolge noch besteht. Ist der Mietvertrag jedoch schon **vom Erblasser** mit dem Mieter abgeschlossen worden, tritt der Nacherbe über §§ 2139, 1922 BGB zwar als neuer Vermieter in den Mietvertrag ein, jedoch besteht das Kündigungsrecht aus §§ 2135, 1056 Abs. 2 BGB nach dem eindeutigen Wortlaut des § 2135 BGB nicht.

**4.** § 2106 Abs. 1 BGB; der Erblasser kann aber auch eine andere Bestimmung über den Zeitpunkt oder das Ereignis treffen, mit dem die Nacherbfolge eintreten soll.

**5.** Eine Erläuterung bzgl. der Bedingungen, unter denen der Nacherbfall eintreten sollte bzw. warum er jetzt eingetreten ist, ist ebenso wie die Darstellung der Rechtslage keine Voraussetzung für die Wirksamkeit der Kündigung. Entsprechende Ausführungen können die Kündigung dem Mieter jedoch verständlicher machen und damit ggf. eine Akzeptanz der Kündigung herbeiführen.

**6.** §§ 2135, 1056 Abs. 1, 566 Abs. 1 BGB.

**7.** Siehe Form. D. XI. Anm. 3.

**8.** § 2135 BGB ist eine Verweisungsnorm, die die Vorschriften des § 1056 BGB für entsprechend anwendbar erklärt; siehe daher die Anmerkungen zu Form. D. XII. 5. Hinzuweisen ist darauf, dass durch die vollständige Verweisung auf § 1056 BGB der Mieter auch gegenüber dem Nacherben die Möglichkeit hat, den Nacherben unter angemessener Fristbestimmung zur Erklärung über die Ausübung des Kündigungsrechts aufzufordern; und dass die Kündigung dann nur bis zum Ablauf der Frist erfolgen kann (§ 1056 Abs. 3 BGB entsprechend).

**9.** Der Nacherbe (Vermieter) sollte bereits in seinem Kündigungsschreiben aus Gründen der Vorsicht ausdrücklich einer Verlängerung des Mietverhältnisses gem. § 545 BGB widersprechen, siehe Anmerkungen zu Form. D. X. 1 und D. X. 2.

## 7. Kündigung des Eigentümers bei Erlöschen des Erbbaurechts gemäß § 30 Abs. 2 ErbbRVO

......

(Eigentümer)

an

......

(Mieter)[1]

– Einschreiben mit Rückschein –[2]

Betr.: Mietverhältnis über ......

hier: Kündigung

Sehr geehrte(r) ......,

Sie haben als Mieter mit Herrn ...... einen Mietvertrag über Räumlichkeiten zum Betrieb ...... auf dem im Betreff genannten Grundstück abgeschlossen. Dieses Grundstück steht in meinem Eigentum. Wie Ihnen bekannt sein dürfte, endete das Erbbaurecht des Herrn ...... am .....[3] Seitdem bin ich gem. § 30 Abs. 1 ErbbRVO Ihr Vermieter.[4]

Zu meinem Bedauern muss ich[5] Ihr Mietverhältnis mit der gesetzlichen Frist zum ......[6, 7] kündigen.[8, 9]

Vorsorglich widerspreche ich bereits jetzt einer stillschweigenden Verlängerung des Mietverhältnisses gem. § 545 BGB.[10]

......

(Eigentümer)

*Schrifttum: Flatow,* Typische Fehler bei der Kündigungserklärung, NZM 2004, 281; *Hinz,* Mietrecht und Mietprozess – Die häufigsten Fehler, NZM 2004, 681; *Horst,* Immobilienverkauf – mietrechtliche Auswirkungen, ZMR 2009, 655; *Lindner,* Stolpersteine bei Kündigungen im Mietrecht, AnwBl 2005, 213.

### Anmerkungen

**1.** Siehe Form. D. XI. Anm. 1.

**2.** Siehe Form. D. XI. Anm. 2.

**3.** Zum Wohnraummietverhältnis s. **Form. D. V. 14.** § 30 ErbbRVO korrespondiert mit § 1056 BGB. § 30 ErbbauRVO betrifft den Fall, dass der Erbbauberechtigte als Vermieter (oder Verpächter) ein Grundstück über die Dauer des Erbbaurechts hinaus vermietet (oder verpachtet) hat.

**4.** Über die Verweisung des § 30 Abs. 1 ErbbRVO findet gem. § 566 Abs. 1 BGB bei Erlöschen des Erbbaurechts kraft Gesetzes ein Vermieterwechsel statt. Neuer Vermieter ist jetzt der Eigentümer des Grundstücks.

**5.** Siehe Form. D. XI. Anm. 3.

**6.** Für den Fall des Erlöschens des Erbbaurechts (gem. § 26 ErbbRVO durch Aufhebung oder gem. § 27 ErbbRVO durch Zeitablauf) ist der Eigentümer berechtigt, das Miet- oder Pachtverhältnis unter Einhaltung der gesetzlichen Frist (§ 580a Abs. 2 BGB) zu kündigen.

Die Kündigung kann gem. § 30 Abs. 2 S. 2 ErbbRVO nur für einen der beiden ersten Termine erfolgen, für die sie zulässig ist.

Eine weitere Beschränkung des Kündigungsrechts folgt aus § 30 Abs. 2 S. 3 ErbbRVO, wonach bei vorzeitigem Erlöschen des Erbbaurechts der Grundstückseigentümer das Kündigungsrecht erst ausüben kann, wenn das Erbbaurecht nach den Bestimmungen des Erbbaurechtsvertrags durch Zeitablauf erlöschen würde. Zu diesem Zeitpunkt kann die Kündigung bereits vorher erklärt werden (*Ingenstau/Hustedt* § 30 Rdn. 7).

Nicht anwendbar ist § 30 ErbbRVO auf den Fall, dass der Mietvertrag bereits mit dem Eigentümer abgeschlossen worden war, erst danach das Erbbaurecht bestellt wurde, und dann bei Erlöschen des Erbbaurechts derselbe Eigentümer wieder gem. § 30 Abs. 1 ErbbRVO, § 566 BGB Vermieter wird. In diesem Fall hat § 30 Abs. 2 ErbbRVO nicht den Sinn, dem Vermieter die Möglichkeit zu geben, sich aus seinem eigenen Vertrag zu lösen (so auch *Ingenstau/Hustedt* § 30 Rdn. 10).

**7.** Mit dem Erlöschen des Erbbaurechts besteht für den Mieter eine erhebliche Rechtsunsicherheit. Insbesondere der gewerbliche Mieter, der seine Investitionen langfristig planen muss, kann an einer schnellen Klarheit über die Fortführung seines Mietverhältnisses interessiert sein. Daher bestimmt § 30 Abs. 3 ErbbRVO, dass der Mieter berechtigt ist, den Eigentümer unter Bestimmung einer angemessenen Frist zur Erklärung darüber aufzufordern, ob er von dem Kündigungsrecht Gebrauch macht. Die Kündigung kann dann nur bis zum Ablauf der Frist erfolgen.

**8.** Zur Frage, ob auch eine – vom Gesetz nicht geforderte – inhaltliche Begründung der Kündigung erfolgen sollte, siehe Form. D. XII. 5 Anm. 8.

**9.** Führt die Kündigung zu einer vorzeitigen Vertragsbeendigung, kann dem gewerblichen Mieter dadurch ein ggf. erheblicher Schaden entstehen, für den er sich nach den vertraglichen Bestimmungen und §§ 536 Abs. 3, 536a Abs. 1 BGB gegenüber dem Erbbauberechtigten (nicht gegenüber dem Grundstückseigentümer) schadlos halten kann.

**10.** Der Eigentümer (Vermieter) sollte bereits in seinem Kündigungsschreiben aus Gründen der Vorsicht ausdrücklich einer Verlängerung des Mietverhältnisses gem. § 545 BGB widersprechen, siehe Anmerkungen zu Form. D. X. 1 und D. X. 2.

## 8. Kündigung des Erstehers bei Erwerb in der Zwangsversteigerung gemäß § 57 a ZVG

......

(Ersteher)

an

......

(Mieter)[1]

– Einschreiben mit Rückschein –[2]

Betr.: Mietverhältnis über ......

hier: Kündigung

Sehr geehrte(r) ......,

Sie haben in dem im Betreff genannten Haus Räumlichkeiten zum Betrieb ...... gemietet. Am ...... habe ich dieses Haus im Zangsversteigerungstermin beim Amtsgericht ...... ersteigert. Als Ersteher bin ich als neuer Vermieter in Ihr Mietverhältnis eingetreten[3] und habe gem. § 57 a ZVG[4] das Recht,[5] ein bestehendes Mietverhältnis unter Einhaltung der gesetzlichen Frist zum ersten Termin, für den eine Kündigung zulässig ist, zu kündigen.[6, 7]

Von diesem Sonderkündigungsrecht mache ich vorliegend Gebrauch.[8] Daher kündige ich[9, 10] das bestehende Mietverhältnis zum ......[11]

Vorsorglich widerspreche ich bereits jetzt einer stillschweigenden Verlängerung des Mietverhältnisses gem. § 545 BGB.[12]

......

(Ersteher)

*Schrifttum: Bull,* Sicherung des Erstehers gegen (unredliche) Mietverträge, ZMR 1953, 234; *Eckert,* Ausgleich werterhöhender Mieterinvestitionen bei vorzeitigem Vertragsende, NZM 2009, 768; *Flatow,* Typische Fehler bei der Kündigungserklärung, NZM 2004, 281; *Hinz,* Mietrecht und Mietprozess – Die häufigsten Fehler, NZM 2004, 681; *Horst,* Immobilienverkauf – mietrechtliche Auswirkungen, ZMR 2009, 655; *Lindner,* Stolpersteine bei Kündigungen im Mietrecht, AnwBl 2005, 213; *Witthinrich,* Kündigungsschutz in der Zwangsversteigerung, Rpfleger 1987, 98.

### Anmerkungen

**1.** Siehe Form. D. XI. Anm. 1.

**2.** Siehe Form. D. XI. Anm. 2.

**3.** § 57 ZVG i. V. m. § 566 Abs. 1 BGB.

**4.** Zum Wohnraummietverhältnis s. **Form. D. V. 16.** § 57 a ZVG gilt für die Vollstreckungsversteigerung, nicht für die Teilungsversteigerung, vgl. § 183 ZVG (*Stöber* § 57 a ZVG Rdn. 1).

**5.** Das Sonderkündigungsrecht besteht nicht, wenn der Ersteher (Ersteigerer) gleichzeitig Vollstreckungsschuldner ist, da er dann sein eigenes Grundstück ersteigert und konsequenterweise an seine eigenen Mietverträge weiterhin gebunden bleibt (so auch *Stöber* § 57a ZVG Rdn. 2 Anm. 2.6). Zur Frage, unter welchen Voraussetzungen die vom Ersteher nach § 57a ZVG erklärte Kündigung des Mietvertrages eine unzulässige Rechtsausübung darstellen kann, vgl. BGH MDR 1979, 51).

**6.** Nach § 57a ZVG ist der Ersteher berechtigt, ein Miet- (oder Pacht-)verhältnis unter Einhaltung der gesetzlichen Frist (§ 580a Abs. 2 ZPO) zu kündigen. Die Kündigung ist ausgeschlossen, wenn sie nicht für den ersten Termin erfolgt, für den sie zulässig ist. Da der Ersteher in den Mietvertrag eingetreten ist, hat er daneben auch ggf. vereinbarte vertragliche Kündigungsrechte und sein gesetzliches Kündigungsrecht nach § 580a Abs. 2 BGB, soweit dieses nicht durch Vertrag ausgeschlossen worden ist. Unerheblich ist dagegen eine vertragliche Vereinbarung, nach der das Sonderkündigungsrecht nach § 57a ZVG ausgeschlossen ist. Zwar tritt der Ersteher in den bestehenden Mietvertrag insgesamt ein, jedoch ist der vertragliche Ausschluss des Sonderkündigungsrechts nach § 57a ZVG in dem bestehenden Mietvertrag unwirksam, da es sich bei § 57a ZVG um eine zwingende gesetzliche Vorschrift handelt, die einzig in § 59 ZVG eine mögliche Einschränkung erfährt (vgl. Anm. 8).

**7.** Ob die gesetzliche Bestimmung wie oben im Musterschreiben dem Mieter im Einzelnen erklärt wird, ist letztlich Geschmackssache. Erforderlich sind solche Rechtsausführungen für die Wirksamkeit der Kündigung nicht, der zweite und dritte Satz des Musterschreibens könnten also auch weggelassen werden. Gerade allerdings bei weniger bekannten Sonderkündigungsrechten sollten solche Erläuterungen erfolgen, da sie helfen können, die Akzeptanz der – gerade bei einem gut gehenden Gewerbebetrieb des Mieters ungeliebten – Kündigung zu erhöhen.

Nach *Stöber* (§ 57a ZVG Rdn. 4 Anm. 4.4) soll es allerdings erforderlich sein, dass der Ersteher ausdrücklich im Kündigungsschreiben darauf hinweist, ob er eine ordentliche, insbesondere vertragliche Kündigung ausspricht oder ob eine außerordentliche Kündigung nach § 57a ZVG unter Einhaltung der gesetzlichen Frist erfolgt.

**8.** Die Ausübung des Sonderkündigungsrechts ist eine vom Ersteher zu treffende wirtschaftliche Entscheidung. Der Gesetzgeber hat diese Möglichkeit geschaffen, da bestehende Mietverhältnisse ein Hindernis bei der Erzielung eines angemessenen Versteigerungserlöses sein können. Gerade bei der Geschäftsraummiete kann jedoch der Bestand eines – ggf. langjährigen – Mietverhältnisses mit einem florierenden Geschäftsbetrieb **der** Grund für die Erzielung eines angemessenen Versteigerungserlöses sein. In einem solchen Fall hat allerdings auch der Mieter regelmäßig ein großes Interesse an der Fortführung seines gut gehenden Geschäftsbetriebs. § 57a ZVG gibt dann dem Vermieter die Möglichkeit, über eine Änderungskündigung (Kündigung des bestehenden und – bei mieterseitigem Einverständnis – Abschluss eines neuen Mietvertrages) für ihn bessere Konditionen, in der Regel eine höhere Miete, durchzusetzen. Ob auch dieses Ergebnis des § 57a ZVG vom Gesetzgeber so gewollt war, erscheint fraglich.

Der vorgenannte Einsatz des § 57a ZVG als Vehikel einer Mieterhöhung erscheint besonders dann unbillig, wenn der Mieter im Vertrauen auf seinen langfristig abgeschlossenen Mietvertrag Investitionen getätigt und damit gleichsam durch **eigene** Leistungen den Mietwert erhöht hat. Allerdings setzt sich in diesem Fall der Ersteher bei Ausübung des Sonderkündigungsrechts nach § 57a ZVG möglicherweise einem Bereicherungsanspruch des Mieters aus. Denn der Ersteher erhält aufgrund seiner Kündigung die Mietsache früher zurück als nach dem Mietvertrag vorgesehen. Wenn er deshalb das Objekt zu einer höheren Miete als bisher vermieten kann, ist er bereichert. Da der Umfang der Bereicherung nicht in der Höhe der Aufwendung des Mieters und nicht im Zeitwert der Investitionen oder der Verkehrswertsteigerung des Mietobjektes bei Rückgabe zu sehen ist, sondern allein in der Erhöhung des Ertragswertes, den der Vermieter früher als vertraglich vorgesehen durch anderweitige Vermietung zu einer höheren Miete realisieren kann, kann sich der Bereicherungsanspruch des Mieters nur gegen die Person richten, die das Mietobjekt vorzeitig zurückerhält; das ist der Ersteher und nicht der ursprüngliche Vermieter (BGH ZMR 2010, 104; BGH NZM 2009, 514 und 783; BGH NZM 2006, 15).

Die Ausübung des Sonderkündigungsrechts kann als abweichende Versteigerungsbedingung nach § 59 ZVG ausgeschlossen sein. Einen entsprechenden Antrag kann auch der Mieter stellen. Daran ist der Ersteher gebunden, wenn er das Grundstück zu diesen Bedingungen ersteigert hat. Das ist nicht zwingend, denn bei entsprechenden abweichenden Versteigerungsbedingungen erfolgt in der Regel nach § 59 Abs. 2 ZVG ein Doppelausgebot, also einmal mit den gesetzlichen Bedingungen (die das Sonderkündigungsrecht nach § 57a ZVG beinhalten) und zu den abweichenden Bedingungen (die das Sonderkündigungsrecht ausschließen). Im Termin können dann die Interessenten auf beide Varianten bieten. Der Zuschlag erfolgt immer auf das Meistgebot, unabhängig davon, für welche der beiden Varianten er erfolgt ist (vgl. dazu auch *Stöber* § 57a ZVG Rdn. 8 Anm. 8.1, 8.2).

**9.** Fraglich ist, wer die Kündigung auszusprechen hat, wenn neben der Zwangsversteigerung auch noch eine Zwangsverwaltung besteht, die erst nach Zuschlagsrechtskraft aufgehoben wird. Nach dem Wortlaut des Gesetzes wäre ein Sonderkündigungsrecht nach § 57a ZVG jedenfalls in der dort genannten Frist (zum ersten Termin, für den eine Kündigung zulässig ist) de facto nicht möglich. Der Ersteher könnte nicht kündigen, weil der Zwangsverwalter noch allein verwaltungsberechtigt ist; der Zwangsverwalter könnte nicht kündigen, weil er nicht der Ersteher ist. Da dies vom Gesetzgeber „offensichtlich" nicht beabsichtigt war, ist auch in einem solchen Fall eine vom Ersteher gem. § 57a ZVG gegenüber dem Mieter erklärte Kündigung als wirksam anzusehen (so auch *Stöber* § 57a ZVG Rdn. 2 Anm. 2.8).

**10.** Siehe Form. D. XI. Anm. 3.

**11.** Die Kündigung muss gem. § 57a ZVG mit gesetzlicher Frist für den ersten Termin erfolgen, für den sie zulässig ist. Sonst ist sie ausgeschlossen. Gekündigt werden kann also in der Regel mit gesetzlicher Frist nur für den ersten Termin nach dem Zuschlag (*Stöber* § 57a ZVG Rdn. 1). Allerdings dürfen hier die Anforderungen auch nicht überspannt werden. Dem Ersteher muss eine gewisse Zeit für die Prüfung der Sach- und Rechtslage zugebilligt werden, insbesondere für die Entscheidung, ob er das Mietverhältnis aufrechterhalten oder durch Ausübung des Sonderkündigungsrechts beenden will. Hierfür muss er ggf. noch weitere Umstände prüfen, z. B. die Bonität des Mieters, die bisherige Dauer des Mietverhältnisses, ob es ein bislang einvernehmliches oder ein eher problembelastetes Mietverhältnis war usw. Dies wäre dem Ersteher nicht möglich, wenn der Zuschlag unmittelbar vor oder bei Beginn der gesetzlichen Frist erfolgen würde und er demgemäß – überstürzt – sofort kündigen müsste (OLG Düsseldorf Rpfleger 1987, 513: „... Zeit von einem Tag auf den anderen zu kurz."). Auch dem Mieter wäre mit unüberlegten, letztlich aus Sorge vor einem möglichen Rechtsverlust ausgesprochenen voreiligen Kündigungen nicht gedient. Erster Termin ist daher derjenige, zu dem die Kündigung dem Ersteher ohne Verschulden möglich ist (RGZ 98, 273; 275; RGZ 103, 271, 274; LG Braunschweig MDR 1961, 417). Die Kündigung kann daher auch noch zu dem späteren zulässigen Termin erfolgen, wenn auch bei Beachtung der erforderlichen Sorgfalt die Kündigung zu dem früheren, theoretisch zulässigen Zeitpunkt nicht möglich war (OLG Düsseldorf Rpfleger 1987, 513).

Berechnet wird der erste zulässige Termin ab Erteilung des Zuschlags, nicht erst ab Rechtskraft des Zuschlags (RGZ 151, 259, 261; *Stöber* § 57a ZVG Rdn. 5, Anm. 5.3). Der Ersteher ist verpflichtet, sich in der gebotenen Weise hinsichtlich eventuell bestehender Mietverträge zu erkundigen (vgl. dazu *Bull* ZMR 1953, 234).

Die Angabe des Räumungstermins ist nicht erforderlich (BGH NJW-RR 1996, 144). Es gilt der nächstmögliche Termin. Daher ist auch die Angabe eines zu frühen Termins unschädlich, auch dann gilt der nächstmögliche (BGH a. a. O.).

**12.** Der Ersteher (Vermieter) sollte bereits in seinem Kündigungsschreiben aus Gründen der Vorsicht ausdrücklich einer Verlängerung des Mietverhältnisses gem. § 545 BGB widersprechen, siehe Anmerkungen zu Form. D. X. 1 und D. X. 2.

# XIII. Außerordentliche fristlose Kündigung

## 1. Kündigung des Mieters wegen Nichtgewährung des vertragsgemäßen Gebrauchs gemäß § 543 Abs. 2 Nr. 1 BGB

......

(Mieter)

an

......

(Vermieter)[1]

– Einschreiben mit Rückschein –[2]

Betr.: Mietverhältnis über ......

hier: Kündigung

Sehr geehrte(r) ......,

mit Mietvertrag vom ...... habe ich in Ihrem im Betreff genannten Haus Räumlichkeiten zum Betrieb ...... gemietet. Das Mietverhältnis sollte am ...... beginnen. Seitdem sind sechs Wochen vergangen.[3] Der Vormieter hat das Objekt bis heute nicht geräumt,[4] so dass Sie die Räumlichkeiten immer noch nicht an mich übergeben haben.[5] Diese Verzögerung ist nicht von mir zu vertreten,[6] und war auch bei Vertragsschluss für mich nicht absehbar.[7]

Mit Schreiben vom ...... hatte ich Ihnen zur Übergabe der Räumlichkeiten eine Nachfrist bis zum ......[8] gesetzt.[9] Auch diese Frist ist mittlerweile verstrichen.[10]

Ich kann meinen Geschäftsbetrieb, der nach einer geplanten Einrichtungszeit von vier Wochen bereits vor zwei Wochen, also am ...... hätte beginnen sollen, bis heute nicht aufnehmen.[11, 12]

Daher kündige ich[13] das Mietverhältnis gem. § 543 Abs. 2 Nr. 1 BGB[14] mit sofortiger Wirkung.[15]

Vorsorglich widerspreche ich bereits jetzt einer stillschweigenden Verlängerung des Mietverhältnisses gem. § 545 BGB.[16]

Die Geltendmachung von Schadensersatz behalte ich mir vor.[17]

......

(Mieter)

Schrifttum: *Blank,* Die geplanten Neuregelungen im Kündigungsrecht, NZM 2001, 9; *Flatow,* Typische Fehler bei der Kündigungserklärung, NZM 2004, 281; *Franke,* Die fristlose Kündigung durch den Mieter, ZMR 1999, 83; *Haase,* Zugangsbeeinträchtigungen als Mangel bzw. als Form der Nichtgewährung oder Entziehung des vertragsgemäßen Gebrauchs von Gewerberaummietobjekten, ZMR 1999, 448; *Hinz,* Mietrecht und Mietprozess – Die häufigsten Fehler, NZM 2004, 681; *Kraemer,* Die Kündigung aus wichtigem Grund nach altem und neuem Recht, NZM 2001, 553, DWW 2001, 110 und WuM 2001, 163; *Lindner,* Stolpersteine bei Kündigungen im Mietrecht, AnwBl 2005, 213.

## Anmerkungen

**1.** Siehe Form. D. XI. Anm. 1.

**2.** Siehe Form. D. XI. Anm. 2.

**3.** Zum Wohnraummietverhältnis s. **Form. D. VI. 1.** Dies ist bereits eine lange Zeit. § 543 Abs. 2 Nr. 1 BGB verlangt nur, dass dem Mieter der vertragsgemäße Gebrauch „nicht rechtzeitig" gewährt wurde. „Rechtzeitig" ist aber, wenn keine anderweitigen Vereinbarungen bzgl. der Übergabe des Objektes getroffen sind, der nach dem Mietvertrag vorgesehene Beginn des Mietverhältnisses. „Nicht rechtzeitig" ist also bereits, wenn dem Mieter die Räumlichkeiten an diesem Tag nicht übergeben werden können. Vgl. aber zur Notwendigkeit oder Entbehrlichkeit einer Nachfristsetzung Anm. 9.

Der Mieter darf mit seiner Kündigung nach Kenntnis vom Kündigungsgrund oder nach Verstreichen der von ihm gesetzten Frist (vgl. Anm. 9) nicht zu lange warten, da die Kündigung sonst eine unzulässige Rechtsausübung darstellen bzw. das Kündigungsrecht verwirkt sein könnte (OLG München ZMR 2001, 535; LG Saarbrücken MDR 1999, 86; OLG Celle ZMR 1995, 298; BGH WPM 1983, 660).

**4.** Die zögerliche Räumung durch den Vormieter gehört zu den Risiken des Vermieters. Das Kündigungsrecht des Mieters nach § 543 Abs. 2 Nr. 1 BGB setzt auch kein Verschulden des Vermieters voraus. Klauseln, die eine Haftung des Vermieters für den Fall einer nicht rechtzeitigen Räumung des Vormieters ausschließen (und die damit inzidenter oder explizit auch das Kündigungsrecht für diesen Fall ausschließen), sind nach § 309 Nr. 8 lit. a BGB wirksam, wenn sie sich auf vom Verwender (Vermieter) nicht zu vertretende Pflichtverletzungen beschränken. Selbst dann aber berühren sie immer noch den Grundgedanken der gesetzlichen Regelung des § 535 BGB, die Pflicht des Vermieters zur Gebrauchsüberlassung, und sind vor dem Hintergrund des § 307 Abs. 2 BGB zumindest problematisch, vgl. dazu *Sternel* II Rdn. 692 und 693.

**5.** Ist streitig, ob der Vermieter dem Mieter den Gebrauch der Mietsache rechtzeitig gewährt oder Abhilfe vor Ablauf einer hierzu vom Mieter bestimmten Frist (vgl. Anm. 9) bewirkt hat, trifft die Beweislast nach § 543 Abs. 4 S. 2 BGB den Vermieter.

**6.** Das Kündigungsrecht des Mieters nach § 543 Abs. 1 Nr. 2 BGB ist ausgeschlossen, wenn den Mieter an der Störung oder dem Entzug des Mietgebrauchs ein Eigenverschulden (auch Mitverschulden) trifft, z. B. wenn der Mieter die Fertigstellung der Mietsache verzögert (OLG Düsseldorf ZMR 1993, 522) oder wenn er für einen Brand (BGH NJW 1998, 594) oder einen Wasserschaden (BGH NZM 2005, 17 = ZMR 2005, 20; WuM 2005, 54) verantwortlich ist. Ist die Schadensursache zwischen den Parteien streitig, trägt der Vermieter die Beweislast dafür, dass sie dem Obhutsbereich des Mieters entstammt; eine in seinen Verantwortungsbereich fallende Schadensursache muss der Vermieter ausräumen. Hat der Vermieter sodann jede denkbare aus seinem Verantwortungsbereich stammende Schadensursache ausgeschlossen, muss der Mieter beweisen, dass die Schadensursache nicht aus seinem Verantwortungsbereich stammt (BGH NZM 2005, 17 = ZMR 2005, 20 = WuM 2005, 54).

**7.** § 543 Abs. 4 S. 1 BGB verweist für das dem Mieter nach § 543 Abs. 2 Nr. 1 BGB zustehende Kündigungsrecht u. a. auf § 536 b BGB (Kenntnis des Mieters vom Mangel bei Vertragsschluss oder Annahme).

**8.** Welche Frist angemessen ist, richtet sich nach den konkreten Umständen des Einzelfalls. Die Bezugnahme auf eine behördliche Verfügung genügt, die eine Frist zur Mängelbeseitigung setzt (BGH WM 1983, 660); nach RGZ 75, 354 soll sogar das Verlangen unverzüglicher Abhilfe genügen. Letzteres erscheint aber bedenklich, da der Termin, bis zu dem der Kündigende die Abhilfe erwartet, dann gerade nicht feststeht, und dies dem Sinn einer Fristsetzung widerspricht.

**9.** Gem. § 543 Abs. 3 BGB ist die Kündigung aus wichtigem Grund, wenn dieser in der Verletzung einer Pflicht aus dem Mietvertrag besteht, erst nach erfolglosem Ablauf einer zur Abhilfe bestimmten angemessenen Frist oder nach erfolgloser Abmahnung zulässig. Das gilt nicht, wenn

1. eine Frist oder Abmahnung offensichtlich keinen Erfolg verspricht oder
2. die sofortige Kündigung aus besonderen Gründen unter Abwägung der beiderseitigen Interessen gerechtfertigt ist.

Danach ist eine Fristsetzung entbehrlich z.B., wenn eine Mängelbeseitigung unverhältnismäßige Zeit in Anspruch nehmen würde (OLG Düsseldorf ZMR 1991, 299), oder wenn die Mängelbeseitigung binnen angemessener Frist (OLG Karlsruhe ZMR 1988, 223) oder überhaupt (BGH NZM 2009, 431) unmöglich erscheint. Auch bei ernsthafter und endgültiger Erfüllungsverweigerung durch den Vermieter bedarf es keiner Fristsetzung mehr (BGH NJW 1976, 796).

Nach Ansicht des OLG Hamm (NJW-RR 1991, 1035; unter Bezugnahme auf dieses Urteil ausdrücklich offen gelassen in BGH NZM 2007, 561) schafft ein Mieter, der den Vermieter unter Fristsetzung zur Mängelbeseitigung auffordert und andernfalls (explizit) eine andere Maßnahme (dort eine Ersatzvornahme) androht, beim Vermieter einen Vertrauenstatbestand, dass er, der Mieter, dann auch **nur so** vorgehen werde. Daher soll in einem solchen Fall eine fristlose Kündigung nach § 543 BGB ausgeschlossen sein; der Mieter müsse dem Vermieter vielmehr eine erneute Frist zur Mängelbeseitigung setzen.

Neben der Fristsetzung bzw. in der Abmahnung ist die Androhung der Kündigung nicht erforderlich (BGH NZM 2007, 561), aber ggf. sinnvoll, vgl. Form D. XIII. 3 Anm. 5.

**10.** Siehe zunächst oben Anm. 3 und 9.

Ist die Nichtgewährung oder Entziehung des vertragsgemäßen Gebrauchs durch Mängel der Mietsache begründet, ist das Kündigungsrecht des § 543 Abs. 2 Nr. 1 BGB nicht dadurch ausgeschlossen, dass am Tage des Fristablaufs die Instandsetzungsarbeiten beginnen, wenn der Vermieter ihm vom Mieter gesetzte Fristen zur Herstellung des vertragsgemäßen Zustands zuvor wiederholt ungenutzt hat verstreichen lassen (OLG Düsseldorf NJW-RR 1995, 1353, ZMR 1995, 351). Streitig ist, ob eine Kündigung wirksam ist, wenn zwischen Fristablauf und Kündigung die Instandsetzungsarbeiten erfolgreich abgeschlossen wurden (Kündigung möglich: *Emmerich/Sonnenschein* § 543 Rdn. 50, Kündigung nicht mehr möglich: *Sternel* IV Rdn. 467). Nach Ansicht des LG Duisburg (NJW-RR 1986, 1345) ist eine vom **Vermieter** gem. § 543 BGB ausgesprochene außerordentliche Kündigung unwirksam, wenn der Mieter den vertragswidrigen Gebrauch zwar erst nach Abmahnung, aber noch vor Zugang der Kündigung einstellt.

**11.** Die fehlende Möglichkeit, den Geschäftsbetrieb überhaupt aufzunehmen, stellt einen Grund zur außerordentlichen fristlosen Kündigung nach § 543 Abs. 2 Nr. 1 BGB dar. Anders liegt der Fall, wenn der Mieter seinen Geschäftsbetrieb aufnimmt, dieser sich aber nicht wie erwartet entwickelt (OLG Düsseldorf BB 1991, 159). Der „vertragsgemäße Gebrauch" beinhaltet bei gewerblicher Vermietung die Möglichkeit zum Geldverdienen, nicht einen bestimmten – hohen – Ertrag.

Eine fristlose Kündigung nach § 543 Abs. 2 S. 1 Nr. 1 BGB erfordert **nicht**, dass der Mieter darlegt, warum ihm die Fortsetzung des Mietverhältnisses im Sinne des § 543 Abs. 1 BGB nicht zumutbar ist. Die in § 543 Abs. 2 S. 1 Nr. 1 bis 3 BGB aufgeführten Kündigungsgründe sind gesetzlich typisierte Fälle der Unzumutbarkeit. Soweit deren tatbestandliche Voraussetzungen erfüllt sind, ist grundsätzlich auch ein wichtiger Grund im Sinne von § 543 Abs. 1 BGB zur fristlosen Kündigung gegeben (BGH NZM 2009, 431). Die in § 543 Abs. 1 BGB genannten Voraussetzungen, wie etwa die Unzumutbarkeit der Vertragsfortsetzung, müssen in diesem Fall noch nicht einmal zusätzlich vorliegen (BGH NZM 2006, 929).

**12.** Nur bei Wohnraummietverhältnissen schreibt § 569 Abs. 4 BGB vor, dass der zur außerordentlichen fristlosen Kündigung führende wichtige Grund im Kündigungsschreiben anzugeben ist. Obwohl § 578 Abs. 2 BGB für die Geschäftsraummiete nicht auf § 569 Abs. 4 BGB verweist, sollten auch hier die Kündigungsgründe so genau und so umfassend wie möglich dargelegt werden, da eine Kündigung ohne Begründung beim Mieter kaum auf Akzeptanz stoßen und ein Rechtsstreit so wahrscheinlich wird. Aus dem fehlenden Erfordernis, überhaupt Gründe mitzuteilen, folgt, dass der Vermieter, der im Kündigungsschreiben Kündigungsgründe unvollständig mitgeteilt hat, sich im Räumungsprozess auch auf die Gründe stützen kann, die zum Zeitpunkt der Kündigungserklärung zwar zusätzlich vorgelegen haben, von ihm aber nicht mitgeteilt worden sind; es sei denn, die Gesamtumstände lassen den Schluss zu, dass der Vermieter seine Kündigung ausschließlich auf die mitgeteilten Gründe beschränken wollte (Schmidt-Futterer/*Blank* § 543 Rdn. 213).

**13.** Siehe Form. D. XI. Anm. 3.

**14.** Gem. § 543 Abs. 1 S. 1 BGB kann jede Vertragspartei das Mietverhältnis aus wichtigem Grund außerordentlich fristlos kündigen. Ein wichtiger Grund liegt gem. § 543 Abs. 2 Nr. 1 BGB insbesondere vor, wenn dem Mieter der vertragsgemäße Gebrauch der Mietsache ganz oder zum Teil nicht rechtzeitig gewährt oder wieder entzogen wird.

Das Kündigungsrecht nach § 543 Abs. 2 Nr. 1 BGB kann bei der Geschäftsraummiete vertraglich abbedungen werden. Das folgt aus der Stellung der Bestimmung im Gesetz bzw. daraus, dass für Geschäftsraummietverhältnisse eine dem § 569 Abs. 5 S. 1 BGB entsprechende Regelung (Unwirksamkeit von Vereinbarungen, die bei der Wohnraummiete zum Nachteil des Mieters von § 543 BGB abweichen) fehlt; vgl. aber auch Anm. 4. Auf der anderen Seite verweist § 543 Abs. 4 BGB für das Kündigungsrecht des Mieters nach § 543 Abs. 2 Nr. 1 BGB auf § 536d BGB, wonach sich der Vermieter auf eine Vereinbarung, durch die die Rechte des Mieters wegen eines Mangels der Mietsache ausgeschlossen oder beschränkt werden, nicht berufen kann, wenn er den Mangel arglistig verschwiegen hat.

**15.** Das Wort „fristlose Kündigung" ist nicht erforderlich. Es muss lediglich der Wille des Kündigenden erkennbar sein, das Vertragsverhältnis fristlos zu beenden.

**16.** Der Mieter sollte bereits in seinem Kündigungsschreiben aus Gründen der Vorsicht ausdrücklich einer Verlängerung des Mietverhältnisses gem. § 545 BGB widersprechen, siehe Anmerkungen zu Form. D. X. 1 und D. X. 2.

**17.** Der Vermieter kann sich dann seinerseits bei dem Vormieter, der zögerlich geräumt hat, schadlos halten (falls dort noch etwas zu holen ist).

## 2. Kündigung des Mieters wegen Gesundheitsgefährdung gemäß §§ 578 Abs. 1 S. 2, 569 Abs. 1 BGB

......

(Mieter)[1]

an

......

(Vermieter)

– Einschreiben mit Rückschein –[2]

Betr.: Mietverhältnis über ......

Bezug: Mein Schreiben vom ......

hier: Kündigung

Sehr geehrte(r) ......,

mit Mietvertrag vom ...... habe ich[3] in Ihrem im Betreff genannten Haus ein Ladenlokal ...... gemietet. Unter einer Vielzahl von Angeboten hatte ich mich gerade für das von Ihnen angebotene Ladenlokal entschieden, weil sein Erscheinungsbild (Holzfußböden, hölzerne Streben zum Abstützen der ebenfalls hölzernen, mit markanten hölzernen Unterzügen versehenen Decke) besonders gut zu meinem Geschäftsbetrieb passte.

Wie ich Ihnen bereits mit dem im Bezug genannten Schreiben mitgeteilt habe, traten bereits kurz nach Aufnahme des Geschäftsbetriebs bei meinen Angestellten Kopfschmerzen, Übelkeit und Hautreizungen auf. Auch Kunden beschwerten sich über solche Symptome.[4] Wie nun das Gesundheitsamt nach entsprechenden Messungen und Untersuchungen festgestellt hat, sind bei Anstrich der Hölzer offenbar in höchstem Maße Farben zur Verwendung gelangt, die auf lange Zeit gesundheitsschädliche Ausgasungen verbreiten (u. a. PCB und Lindan).[5,6] Noch zulässige Grenzwerte sind um das Achtfache überschritten. Nachdem dies gestern auch noch in der örtlichen Presse behandelt wurde, betritt wegen der Gesundheitsgefahr kein einziger Kunde mehr meinen Laden.

In der – auf absehbare Zeit auch nicht behebbaren – erheblichen Gesundheitsgefahr,[7] die vorliegend zudem zu einem vollständigen Einnahmeverlust führt,[8] liegt ein wichtiger Grund zu einer außerordentlichen fristlosen Kündigung gem. §§ 578 Abs. 2 S. 2, 569 Abs. 1, 543 Abs. 1 BGB,[9] die ich[10] hiermit ausübe.[11]

Ich werde das Ladenlokal noch am heutigen Tage räumen.

Vorsorglich widerspreche ich bereits jetzt einer stillschweigenden Verlängerung des Mietverhältnisses gem. § 545 BGB.[12]

......

(Mieter)

Schrifttum: *Blank*; Zwischenvermieterkündigung wegen Gesundheitsgefährdung, NZM 2004, 249; *ders.*, Die geplanten Neuregelungen im Kündigungsrecht, NZM 2001, 9; *Drasdo*, Gebrauchsüberlassung an Dritte – gewerbliche Zwischenvermietung, NJW-Spezial 2005, 49; *Flatow*, Typische

Fehler bei der Kündigungserklärung, NZM 2004, 281; *Franke,* Die fristlose Kündigung durch den Mieter, ZMR 1999, 83; *Hinz,* Kündigungsrecht des Zwischenmieters bei gesundheitsgefährdender Beschaffenheit der Mieträume, JR 2005, 76; *ders.,* Mietrecht und Mietprozess – Die häufigsten Fehler, NZM 2004, 681; *Isenmann/Mersson,* Feuchtigkeitserscheinungen in bewohnten Gebäuden, 4. Aufl.; *Kraemer,* Die Kündigung aus wichtigem Grund nach altem und neuem Recht, NZM 2001, 553, DWW 2001, 110 und WuM 2001, 163; *Lindner,* Stolpersteine bei Kündigungen im Mietrecht, AnwBl 2005, 213; *Lucenti/Westfeld,* Lüft- und Heizanforderungen in Wohnraummietverhältnissen – Vertragsgemäßer Gebrauch der Mietsache heute?, NZM 2009, 422; *Selk/Hankammer,* Schimmelpilzbefall als erhebliche Gefährdung der Gesundheit – Die sachverständige Sicht und das Mietrecht, NZM 2008, 65.

## Anmerkungen

**1.** Siehe Form. D. XI. Anm. 1. Zum Wohnraummietverhältnis s. **Form. D. VI. 7.**

**2.** Siehe Form. D. XI. Anm. 2.

**3.** Im Beispielsfall kündigt der Gewerbemieter selbst. Zur Kündigung des gewerblichen Zwischenmieters wegen gesundheitsgefährdender Beschaffenheit der gemieteten Räume vgl. BGH NZM 2004, 222 = ZMR 2004, 338 = WuM 2004, 206 = NJW 2004, 848; *Blank* NZM 2004, 249; *Hinz* JR 2005, 76; *Drasdo* NJW-Spezial 2005, 49.

**4.** Im Beispielsfall hat der Mieter erst dadurch von einer möglichen Gesundheitsgefahr erfahren. Bei einer erheblichen Gefährdung der Gesundheit wäre es aber gem. §§ 578 Abs. 1 S. 2, 569 Abs. 1 S. 2 BGB sogar unschädlich gewesen, wenn der Mieter die Gefahr bringende Beschaffenheit bei Vertragsschluss gekannt oder darauf verzichtet hat, die ihm wegen dieser Beschaffenheit zustehenden Rechte geltend zu machen.

**5.** Zu Holzschutzmittelbelastungen: LG Lübeck ZMR 1998, 433 mit Anm. *Schläger;* LG Tübingen ZMR 1997, 189; AG Mainz DWW 1996, 216; LG Kiel WuM 1996, 674. Ein weiterer häufiger Grund für Kündigungen wegen erheblicher Gesundheitsgefährdung sind Feuchtigkeits- und Schimmelerscheinungen in den gemieteten Räumen, vgl. dazu KG ZMR 2004, 413; *Isenmann/Mersson,* Feuchtigkeitserscheinungen in bewohnten Gebäuden, 4. Aufl. Auch bei Überhitzung von Geschäftsräumen (OLG Naumburg NZM 2004, 343; OLG Düsseldorf ZMR 1998, 622), bei Einsturzgefahr (OLG Koblenz NJW-RR 1992, 1228) oder nicht funktionierender Brandschutzeinrichtung (KG ZMR 2004, 259) kann eine Kündigung wegen erheblicher Gesundheitsgefährdung in Betracht kommen.

**6.** Die Gesundheitsgefährdung muss erheblich sein. Sie muss auf einer dauernden Eigenschaft der Räume beruhen (OLG Koblenz ZMR 1989, 376 und NJW-RR 1992, 1228). Sie muss im Hinblick auf eine Vielzahl von Menschen bestehen, nicht nur bezogen auf besondere Anfälligkeiten in der Person des Mieters (LG Berlin NZM 1999, 614).

Voreilige Schlüsse sind zu vermeiden. So hat der BGH (NZM 2007, 439) etwa zu Schimmelerscheinungen ausgeführt: „Die Frage, ob Schimmelpilz ...... die Gesundheit der Bewohner gefährdet, lässt sich nicht allgemein beantworten und kann in vielen Fällen nur durch ein medizinisches Sachverständigengutachten geklärt werden." Ausführlich u. m. w. N. zu den Anforderungen der Rechtsprechung für einen Nachweis bzw. Beweis der Kausalität zwischen Schimmel und erheblicher Gesundheitsgefährdung *Isenmann/Mersson,* 4. Aufl. Teil II. 3.2 Fn. 88. Nicht erforderlich ist, dass beim Mieter schon eine Erkrankung eingetreten ist; auf der anderen Seite reicht eine reine Anscheinsgefahr für eine gesundheitliche Beeinträchtigung, die bloße Befürchtung des Mieters, ein stellenweiser Befall mit Schimmel könne ggf. Allergien auslösen, zur Annahme einer erheblichen Gesundheitsgefährdung nicht aus (LG Mainz, DWW 1999, 295).

Auch Gefährdungen von Angestellten eines Ladenlokals durch wiederholte widerrechtliche Übergriffe und Ausschreitungen von Kunden und Bewohnern aus der Nachbarschaft geben kein außerordentliches Kündigungsrecht wegen erheblicher Gesundheitsgefährdung (OLG Koblenz ZMR 1989, 376).

**7.** § 569 Abs. 1 BGB bestimmt für die Wohnraummiete, dass ein wichtiger, zur außerordentlichen fristlosen Kündigung berechtigender Grund im Sinne des § 543 Abs. 1 BGB für den Mieter auch dann vorliegt, wenn der gemietete Wohnraum so beschaffen ist, dass seine Benutzung mit einer erheblichen Gefährdung der Gesundheit verbunden ist. § 578 Abs. 2 S. 2 BGB erklärt § 569 Abs. 1 BGB auf Räume, die zum Aufenthalt von Menschen bestimmt sind, also auch auf Geschäftsräume, für entsprechend anwendbar.

Die erhebliche Gesundheitsgefährdung ist nach dem Wortlaut des § 569 Abs. 1 BGB ein Unterfall des wichtigen Grundes für eine fristlose Kündigung gem. § 543 Abs. 1 BGB. Ist der Tatbestand der **erheblichen** Gesundheitsgefährdung gegeben, ist allein deshalb schon die fristlose Kündigung berechtigt, ohne dass es der in § 543 Abs. 1 BGB vorgesehenen Darlegung der Unzumutbarkeit der Vertragsfortsetzung bis zum Ablauf der Kündigung oder bis zur sonstigen Beendigung des Mietverhältnisses bedarf (dies folgt aus BGH NZM 2009, 431 und BGH NZM 2006, 929, siehe dazu Form. D. XIII. Anm. 11). Liegt dagegen eine nur geringe oder einfache Gesundheitsgefährdung vor, kann diese aber ggf. in der Summierung mit weiteren, ggf. ebenfalls für sich allein betrachtet nicht schwerwiegenden Gründen eine Kündigung nach § 543 Abs. 1 BGB rechtfertigen. Erforderlich ist **dann** aber die in § 543 Abs. 1 S. 2 BGB vorgesehene Interessenabwägung, wonach ein wichtiger Grund nur vorliegt, wenn dem Kündigenden unter Berücksichtigung aller Umstände des Einzelfalls, insbesondere eines Verschuldens der Vertragsparteien, und unter Abwägung der beiderseitigen Interessen die Fortsetzung des Mietverhältnisses bis zum Ablauf der Kündigungsfrist oder bis zur sonstigen Beendigung des Mietverhältnisses nicht zugemutet werden kann.

**8.** Im Beispielsfall dürfte die Gesundheitsgefährdung so schwerwiegend, also i. S. d. § 569 Abs. 1 BGB „erheblich" sein, dass die fristlose Kündigung ohne weitere Darlegungen zur Unzumutbarkeit der Vertragsfortsetzung durchgreift (vgl. Anm. 7.). Falls daneben noch weitere Gründe bestehen, sollten diese -vorsichtshalber- ebenfalls vorgetragen werden. Daher findet im vorliegenden Fall der vollständige Einnahmeausfall als Folge der Gesundheitsgefährdung besondere Erwähnung; wobei gerade ein Einnahmeausfall bei der Geschäftsraummiete von erheblichem Gewicht sein dürfte.

**9.** Zu den weiteren Voraussetzungen des § 543 BGB siehe die Anmerkungen zu Form. D. XIII. 6 und D. XIII. 7. Insbesondere ein Abhilfeverlangen mit Fristsetzung nach § 543 Abs. 3 S. 1 BGB (das grundsätzlich auch bei einer fristlosen Kündigung nach § 569 Abs. 1 BGB erforderlich ist, BGH NZM 2007, 439) dürfte im vorliegenden Fall dann nach § 543 Abs. 3 S. 2 Nr. 2 BGB entbehrlich sein, wenn durch die Ausgasungen das Ladenlokal überhaupt nicht mehr für das Betreten durch Menschen geeignet ist und womöglich die aufwändige und langwierige Sanierung tragender hölzerner Deckenunterzüge ansteht.

**10.** Siehe Form. D. XI. Anm. 3.

**11.** Siehe Form. D. XIII. 1 Anm. 12.

**12.** Der Mieter sollte bereits in seinem Kündigungsschreiben aus Gründen der Vorsicht ausdrücklich einer Verlängerung des Mietverhältnisses gem. § 545 BGB widersprechen, siehe Anmerkungen zu Form. D. X. 1 und D. X. 2.

## 3. Kündigung wegen Sorgfaltspflichtverletzung des Mieters trotz Abmahnung gemäß § 543 Abs. 2 Nr. 2 BGB

......

(Vermieter)

an

......

(Mieter)[1]

– Einschreiben mit Rückschein –[2]

Betr.: Mietverhältnis über ......

Bezug: Meine Schreiben (Abmahnungen) vom ......

hier: fristlose Kündigung

Sehr geehrte(r) ......,

Sie haben in meinem im Betreff genannten Haus Räumlichkeiten zum Betrieb ...... gemietet; wobei auch der Hinterhof des Hauses zu den mitvermieteten Flächen gehört. Seit dem ...... lagern Sie in der südwestlichen Ecke des Hofes auf einer Fläche von ca. 6 qm in stetig wachsendem Umfang Fleisch- und Knochenabfälle. Es stinkt bestialisch, Ratten bevölkern den Hof und dringen mittlerweile auch in die Keller der übrigen Mieter sowie in den Hausflur ein. Außerdem haben Sie im Mietvertrag die Instandhaltung der Fenster und Fassade des von Ihnen zum Geschäftsbetrieb komplett angemieteten Erdgeschosses übernommen, wobei insbesondere ein frischer Anstrich im Turnus von zwei Jahren vereinbart worden ist. Seit dem ......, also seit über drei Jahren sind Sie dieser Verpflichtung nicht mehr nachgekommen. Die Isolierglasscheiben drohen aus den blätternden und faulenden Holzrahmen zu fallen; die Fassadenflächen heben sich verwaschen von dem übrigen Zustand des Hauses ab.

Ich habe Sie[3] bzgl. der Fleisch- und Knochenabfälle mit Schreiben vom, ...... und vom ......, sowie wegen des Zustands der Fassadenfläche mit Schreiben vom ...... und vom ...... abgemahnt.[4] Zuletzt habe ich Sie wegen beider vorgenannten Punkte mit Schreiben vom ...... unter Fristsetzung zum ...... ein letztes Mal abgemahnt, verbunden mit dem Hinweis, dass ich bei Nichtabhilfe das Mietverhältnis fristlos kündigen werde.[5] Leider sind alle vorgenannten Schreiben, insbesondere das letzte, fruchtlos geblieben.[6]

Daher kündige ich[7] Ihnen das Mietverhältnis fristlos gem. § 543 BGB[8] mit sofortiger Wirkung.[9]

Ich fordere Sie auf, die von Ihnen gemieteten Räume und Flächen binnen drei Tagen, also bis zum ...... zu räumen und die Schlüssel herauszugeben. Andernfalls würde ich sofort gerichtliche Hilfe in Anspruch nehmen, wodurch weitere Kosten auf Sie zukämen.[10]

Vorsorglich widerspreche ich bereits jetzt einer stillschweigenden Verlängerung des Mietverhältnisses gem. § 545 BGB.[11]

......

(Vermieter)

*Schrifttum: Blank,* Die geplanten Neuregelungen im Kündigungsrecht, NZM 2001, 9; *Flatow,* Typische Fehler bei der Kündigungserklärung, NZM 2004, 281; *Franke,* Die fristlose Kündigung durch den Mieter, ZMR 1999, 83; *Hinz,* Mietrecht und Mietprozess – Die häufigsten Fehler, NZM 2004, 681; *Kraemer,* Die Kündigung aus wichtigem Grund nach altem und neuem Recht, NZM 2001, 553, DWW 2001, 110 und WuM 2001, 163; *Lindner,* Stolpersteine bei Kündigungen im Mietrecht, AnwBl 2005, 213.

## Anmerkungen

**1.** Siehe Form. D. XI. Anm. 1.

**2.** Siehe Form. D. XI. Anm. 2.

**3.** Abmahnungen (siehe unten Anm. 4) müssen immer an den Mieter gerichtet sein; und zwar auch dann, wenn der Mieter, gleichgültig ob berechtigt oder unberechtigt, untervermietet hat.

**4.** § 543 Abs. 3 BGB erfordert grundsätzlich eine der Kündigung vorausgehende Abmahnung. Zur Entbehrlichkeit derselben gelten die Ausführungen zu Form. D. XIII. 1 Anm. 9. entsprechend. Die Abmahnung muss sich auf bestimmte, genau bezeichnete Gebrauchs- bzw. Vertragsverletzungen richten (OLG Naumburg ZMR 2000, 381). Mehrere Abmahnungen sind zu empfehlen, da sie die Darlegung der Hartnäckigkeit der Vertragsverletzung in einem späteren Räumungsprozess erleichtern helfen.

**5.** Die Kündigung **braucht** in der Abmahnung **nicht** angedroht zu werden (BGH NZM 2007, 561, vgl. Form D. XIII. 1. Anm. 9), **sollte** es **aber** ggf. (sog. „qualifizierte" Abmahnung), damit dem Mieter die Folgen mangelnden Einlenkens zweifelsfrei vor Augen geführt werden. Gerade für den Fall, dass der Kündigung (grundsätzlich zu empfehlende, siehe oben Anm. 4) mehrfache Abmahnungen vorausgegangen sind, sollte die letzte auch eine Kündigungsandrohung enthalten, damit der Mieter sich nicht darauf berufen kann, er habe darauf vertraut, dass „nur" immer Abmahnungen erfolgen würden.

**6.** Siehe Form. D. XIII. 1 Anm. 12.

**7.** Siehe Form. D. XI. Anm. 3.

**8.** § 543 Abs. 2 Nr. 2 BGB gibt dem Vermieter ein Recht zur außerordentlichen, fristlosen Kündigung, wenn der Mieter die Rechte des Vermieters dadurch in erheblichem Maße verletzt, dass er die Mietsache durch Vernachlässigung der ihm obliegenden Sorgfalt erheblich gefährdet oder sie unbefugt einem Dritten überlässt. Erfasst sind hier also zwei ganz unterschiedliche Fälle eines wichtigen Grundes im Sinne des § 543 Abs. 1 BGB.
Eine Vernachlässigung der dem Mieter obliegenden Sorgfalt, von der das vorliegende Beispiel ausgeht, kann insbesondere in der Nichterfüllung vertraglich übernommener Instandhaltungspflichten, daneben z.B. auch in der Verletzung von Obhuts- und Anzeigepflichten begründet sein (Palandt/*Weidenkaff* § 543 Rdn. 21). Zu beachten ist allerdings, dass diese Sorgfaltspflichtverletzungen ein erhebliches Gewicht erreichen müssen – im Gesetz kommt das gleich doppelt zum Ausdruck („… der Mieter die Rechte des Vermieters dadurch **in erheblichem Maße** verletzt, dass er … **erheblich gefährdet** ……") –, damit sie eine fristlose Kündigung zu rechtfertigen vermögen.
Ob die Ablagerung von Abfällen als Sorgfaltspflichtverletzung unter § 543 Abs. 2 Nr. 2 BGB zu subsumieren ist, oder ob sie dem allgemeiner gehaltenen § 543 Abs. 1 BGB unterfällt, ist für das Ergebnis ohne Belang. Die Anführung auch dieses Sachverhalts als weitere Begründung (neben der Nichteinhaltung der Instandhaltungspflicht) für die Kündigung ist jedenfalls ratsam. Im Beispielsfall könnte ein Gericht z.B. zu dem Ergebnis gelangen, dass die Nichteinhaltung der Instandhaltungspflicht im konkreten Fall

noch keine nach § 543 Abs. 2 Nr. 2 BGB „erhebliche" Verletzung der Rechte des Vermieters begründet. Dann kann aber die „einfache" Verletzung der Instandhaltungspflicht im Verbund mit dem vertragswidrigen Ablagern von Abfällen immer noch einen Grund zur fristlosen Kündigung aus § 543 Abs. 2 Nr. 2 BGB oder – je nach Subsumtion, s. o. – auf Grund der nach § 543 Abs. 1 BGB vorzunehmenden Interessenabwägung sein (siehe dazu auch Form. D. XIII. 2 Anm. 7).

**9.** Siehe Form. D. XIII. 4 Anm. 8.

**10.** Bei einer fristlosen Kündigung kann der Vermieter **sofortige** Räumung verlangen. Es empfiehlt sich jedoch, zur Kostenvermeidung im Kündigungsschreiben eine kurze Räumungsfrist zu gewähren, wenn auch nur irgendwie die Hoffnung besteht, dass der Mieter in dieser Zeit die Mietsache freiwillig räumt und zurückgibt.

**11.** Der Vermieter sollte bereits in seinem Kündigungsschreiben aus Gründen der Vorsicht ausdrücklich einer Verlängerung des Mietverhältnisses gem. § 545 BGB widersprechen, siehe Anmerkungen zu Form. D. X. 1 und D. X. 2.

## 4. Kündigung wegen Zahlungsverzugs des Mieters gemäß § 543 Abs. 2 Nr. 1 BGB

......

(Vermieter)

an

......

(Mieter)[1]

– Einschreiben mit Rückschein –[2]

Betr.: Mietverhältnis über ......

Bezug: Mein Schreiben (Mahnung) vom ......

hier: Kündigung

Sehr geehrte(r) ......,

Sie sind – trotz Mahnung(en)[3] – mit – insgesamt[4] – ...... Mieten, und zwar für die Monate ...... im Rückstand.

Der Mietrückstand beträgt EUR ......[5]

Daher kündige ich[6] Ihnen das Mietverhältnis fristlos gem. § 543 Abs. 2 S. 1 Nr. 3.a) BGB[7] mit sofortiger Wirkung.[8]

Ich fordere Sie auf, die von Ihnen gemieteten Räumlichkeiten binnen drei Tagen, also bis zum ...... zu räumen und die Schlüssel herauszugeben. Andernfalls würde ich sofort gerichtliche Hilfe in Anspruch nehmen, wodurch weitere Kosten auf Sie zukämen.[9]

Vorsorglich widerspreche ich bereits jetzt einer stillschweigenden Verlängerung des Mietverhältnisses gem. § 545 BGB.[10]

......

(Vermieter)

*Schrifttum: Blank,* Zahlungsrückstandskündigung bei „schleppender" Zahlungsweise, NZM 2009, 113; *ders.,* Die geplanten Neuregelungen im Kündigungsrecht, NZM 2001, 9; *Flatow,* Typische Fehler bei der Kündigungserklärung, NZM 2004, 281; *Franke,* Die fristlose Kündigung durch den Mieter, ZMR 1999, 83; *Hinz,* Mietrecht und Mietprozess – Die häufigsten Fehler, NZM 2004, 681; *Kraemer,* Die Kündigung aus wichtigem Grund nach altem und neuem Recht, NZM 2001, 553, DWW 2001, 110 und WuM 2001, 163; *Lindner,* Stolpersteine bei Kündigungen im Mietrecht, AnwBl 2005, 213; *Nies,* Fallstricke bei Ausübung des Sonderkündigungsrechts des Mieters gem. § 9 Abs. 1 MHRG und bei fristloser bzw. fristgerechter Kündigung des Vermieters wegen Mietzinsrückstand, NZM 1998, 398.

## Anmerkungen

**1.** Siehe Form. D. XI. Anm. 1. Zum Wohnraummietverhältnis s. Form. D. VI. 4.

**2.** Siehe Form. D. XI. Anm. 2.

**3.** (Ab)mahnungen sind keine Wirksamkeitsvoraussetzung der Kündigung wegen Zahlungsverzugs; § 543 Abs. 3 S. 2 Nr. 3 BGB. Allerdings kann in Ausnahmefällen auch die Kündigung wegen Zahlungsverzugs von einer den Zahlungsrückstand darstellenden Abmahnung abhängig sein, so z.B. wenn sich für den Vermieter der Schluss aufdrängen muss, dass die Nichtzahlung nicht auf Zahlungsunfähigkeit oder -unwilligkeit des Mieters, sondern auf ein Versehen oder auf sonstige von ihm nicht zu vertretende Umstände zurückzuführen ist (OLG Düsseldorf NZM 2004, 786; ZMR 2004, 570; DWW 2004, 190; OLG Hamm ZMR 1998, 493). Auch wenn ein Vermieter mehr als ein Jahr lang bzgl. des Ausbleibens jeglicher Mietzahlungen nichts unternommen hat, sei er gehalten, durch eine Abmahnung deutlich zu machen, dass er bei fortbestehendem Zahlungsrückstand zu einer Vertragsfortsetzung nicht länger bereit sei (OLG Hamm ZMR 1998, 493); a.A. BGH NZM 2009, 314: „Gemäß § 543 Abs. 3 S. 2 Nr. 3 BGB bedarf es bei einer auf Zahlungsverzug des Mieters gestützten Kündigung nach § 543 Abs. 2 S. 1 Nr. 3 BGB keiner vorherigen Fristsetzung oder Abmahnung. Dass der Vermieter einen sich aufbauenden Mietrückstand nicht sofort zum Anlass einer fristlosen Kündigung nimmt, ändert daran nichts und lässt eine ohne Abmahnung erfolgte Kündigung noch nicht treuwidrig erscheinen."

**4.** „Insgesamt" für den Fall eines Mietrückstandes über mehrere Termine, vgl. Anm. 7.

**5.** Siehe Form. D. XIII. 1 Anm. 12.

**6.** Siehe Form. D. XI. Anm. 3.

**7.** Der „wichtigste wichtige Grund" für eine außerordentliche fristlose Kündigung dürfte aus Sicht des Vermieters die Nichtzahlung der Miete sein. Hierzu bestimmt § 543 Abs. 2 S. 1 Nr. 3 BGB, unter welchen Voraussetzungen der Mietrückstand so schwerwiegend ist, dass er den Vermieter zu einer fristlosen Kündigung berechtigt. Dazu sind zwei Alternativen denkbar:
- Der Mieter muss entweder für zwei aufeinander folgende Termine mit der Entrichtung der Miete oder eines nicht unerheblichen Teils der Miete in Verzug sein, wobei ergänzend gem. § 569 Abs. 3 Nr. 1 BGB bei Wohnraum (der nicht lediglich nur zu vorübergehendem Gebrauch vermietet ist) der rückständige Teil der Miete nur dann „nicht unerheblich" ist, wenn er die Miete für einen Monat übersteigt. Das besagt gleichzeitig, dass diese Definition für den Mietrückstand bei zwei aufeinander folgenden Terminen (nicht unerheblich = mehr als eine Monatsmiete) erst recht auch für Geschäftsraummietverhältnisse mit vereinbarter monatlicher Mietzahlung herangezogen werden kann (BGH NZM 2008, 770; BGH ZMR 1987, 289, 292). Das gilt allerdings nur, wenn die Miete monatlich zu zahlen ist, wobei es auf die vertragliche Vereinbarung

ankommt. Ist danach die Miete jährlich zu entrichten, ist der zweite Fälligkeitstermin erst nach einem Jahr erreicht (BGH NZM 2009, 30; BVerfG WuM 1992, 668). Es kommt auf den Gesamtrückstand aus der Addition der Rückstände der beiden aufeinander folgenden Termine an, nicht darauf, dass jeder Rückstand für jeden der beiden aufeinander folgenden Termine für sich betrachtet als nicht unerheblich anzusehen wäre, BGH ZMR 1987, 289 (sonst wäre § 543 Abs. 2 Nr. 2 BGB z. b. nicht anwendbar, wenn der Rückstand im ersten Monat 95%, im zweiten Monat 8% betragen würde).

- Der Mieter muss in einem Zeitraum, der sich über mehr als zwei Termine erstreckt, mit der Entrichtung der Miete in Höhe eines Betrags in Verzug sein, der die Miete für zwei Monate erreicht.

Mit „Miete" ist hier die Miete inkl. Betriebskostenvorauszahlung oder -pauschale gemeint (BGH NZM 2008, 770; BVerfG WuM 1992, 668; OLG Naumburg WuM 1999, 160; OLG Frankfurt/M. NJW-RR 1989, 973).

Liegen die Voraussetzungen des § 543 Abs. 2 S. 1 Nr. 3 BGB vor, ist der Vermieter zur Kündigung **berechtigt**, er ist **aber nicht sogleich** dazu **verpflichtet** (BGH NZM 2009, 314).

Das Landgericht Düsseldorf (NJW-RR 1991, 1353) ließ es bei einem Mietvertrag über ein Gewerbegrundstück ausreichen, wenn neben dem Rückstand mit (erst nur) einer Miete der Mieter erklärt, er könne nicht mehr zahlen. Auch der BGH (NZM 2005, 538) hat entschieden, dass der Hauptvermieter schon vor Erreichen eines Zahlungsrückstands im Sinne des § 543 Abs. 2 S. 1 Nr. 3 BGB zur Kündigung gegenüber dem gewerblichen Zwischenmieter befugt sei, wenn der Insolvenzverwalter über das Vermögen des Zwischenmieters erklärt, er werde die von den Endmietern eingezogenen Mieten nicht an den Hauptvermieter weiterleiten. Die Begründung des BGH geht dabei weit über den entschiedenen Fall hinaus: „Erklärt der Mieter ... von vornherein, er sei zur Zahlung der Miete künftig und auf unbestimmte Zeit nicht bereit, so verweigert er für die Zukunft die Erfüllung seiner primären Leistungspflicht, die Zahlung des vereinbarten Entgelts für die Nutzung des gemieteten Gegenstandes. Unter diesen Umständen ist dem Vermieter die Fortsetzung des Vertragsverhältnisses, wenn auch nur bis zum Auflaufen eines für eine Kündigung nach § 543 Abs. 2 S. 1 Nr. 3 BGB ausreichenden Betrages, nicht zumutbar."

Der Mieter kommt auch ohne Mahnung des Vermieters bei Überschreiten des Fälligkeitstermins für die Mietzahlung in Verzug, da die Fälligkeit der Miete dem Datum nach bestimmt ist, § 286 Abs. 2 Nr. 1 BGB. Zahlt der Mieter auf ein Konto des Vermieters, kommt es nach h. M. auf die rechtzeitige Absendung oder Einzahlung des Geldes durch den Mieter an, auch wenn die Gutbuchung beim Vermieter verspätet wäre (§§ 269, 270 BGB; LG Oldenburg WuM 1996, 471; OLG Naumburg WuM 1999, 160; LG Heilbronn ZMR 1991, 388). Dem kann durch eine „Rechtzeitigkeitsklausel" im Mietvertrag vorgebeugt werden, die dazu führt, dass der Mieter die üblichen Banklaufzeiten einrechnen muss und es auf den Eingang auf dem Konto des Vermieters ankommt (Nach OLG Koblenz NJW-RR 1993, 583 etwa, wenn die (im dortigen Fall) Pacht „...... spätestens am ......ten Werktag des Monats kostenfrei an den Verpächter auf das Bankkonto ...... zu zahlen ist"). Jedenfalls im Gewerberaummietvertrag ist eine solche Klausel, auch als AGB-Bestimmung, wirksam.

„In Verzug" erfordert allerdings nach § 286 Abs. 4 BGB Verschulden. Das wird vor allem in Fällen problematisch, in denen sich der Mieter zu einer Mietminderung berechtigt glaubt und deshalb nicht zahlt. Wenn dann der Vermieter nach Erreichen der im Gesetz genannten Rückstandshöhe kündigt und sich im Räumungsprozess herausstellt, dass die Mietminderung tatsächlich überhöht war, kommt die Frage zum Tragen, ob dies auf einem Verschulden des Mieters beruhte. Das ist immer Frage des Einzelfalls. Je komplizierter die Beurteilung der „richtigen" Höhe der Mietminderung, oder je geringer die Überhöhung der Mietminderung gegenüber der tatsächlich zutreffenden Mietminderung, desto eher liegt kein Verschulden vor (LG Hannover NJW-RR 1995, 331). Anders herum können z. B. hoffnungslos überzogene Mietminderungen, die auf einer völlig unsinnigen Bewertung eines in Wahrheit viel geringeren Mangels beruhen, schuldhaft sein. Ein Mieter gerät mit der Mietzahlung auch dann in Verzug, wenn er auf Grund eines Ratschlags eines Rechtsberaters eine unzulässige Aufrechnung oder Mietminderung vornimmt, da der Rechtsberater insoweit als sein Erfüllungsgehilfe i. S. des § 278 BGB anzusehen ist (BGH NZM 2007, 35; OLG Köln ZMR 1998, 763). Zum Problem der Mietzahlung unter Vorbehalt vgl. *Nies* NZM 1998, 398, 399.

Die Kündigung nach § 543 Abs. 2 S. 1 Nr. 3 BGB ist gem. § 543 Abs. 2 S. 2 BGB ausgeschlossen, wenn der Vermieter vorher (also vor der Kündigung) befriedigt wird. Die Befriedigung muss vollständig eintreten, Teilleistungen reichen nicht aus (BGH ZMR 1971, 27; OLG Naumburg WuM 1999, 160). Die Kündigung wird gem. § 543 Abs. 2 S. 3 BGB nachträglich unwirksam, wenn sich der Mieter von seiner Schuld durch Aufrechnung befreien konnte und die Aufrechnung unverzüglich nach der Kündigung erklärt (vgl. dazu Form. D. XIII. 5).

Bei wörtlicher Anwendung des § 543 Abs. 2 S. 1 Nr. 3 BGB bräuchte der Mieter seine Miete niemals pünktlich zu zahlen und hätte immer einen Kredit einen Cent unterhalb des „nicht unerheblichen Teils" der Miete. Deshalb ist allgemein anerkannt, dass eine fortschreitend schleppende Mietzahlung ebenfalls ein wichtiger Grund für eine fristlose Kündigung gem. § 543 Abs. 1 BGB ist (BGH NZM 2006, 338; OLG Düsseldorf DWW 2009, 30; OLG Karlsruhe NJW 2003, 2759; LG Berlin NZM 2007, 564). Da sich die **fristlose** Kündigung wegen ständig schleppender Mietzahlungen gerade nicht auf die eine fristlose Kündigung wegen Zahlungsverzugs regelnden § 543 Abs. 2 S. 1 Nr. 3 lit. a BGB i. V. m. § 569 Abs 3 Nr. 1 BGB oder § 543 Abs. 2 S. 1 Nr. 3 lit. b BGB stützen kann, weil die dort genannten Voraussetzungen nicht vorliegen, kommt hier als Rechtsgrundlage der fristlosen Kündigung nur eine außerordentliche fristlose Kündigung aus wichtigem Grund nach § 543 Abs. 1 BGB in Betracht (BGH NZM 2006, 338). Da es sich bei der unpünktlichen Mietzahlung um die Verletzung einer Pflicht aus dem Mietvertrag im Sinne des § 543 Abs. 3 S. 1 BGB handelt, ist die Kündigung erst nach erfolglosem Ablauf einer zur Abhilfe gesetzten Frist oder nach erfolgloser **Abmahnung** zulässig (BGH NZM 2008, 121). Die schleppende Zahlungsweise muss sich über mehrere Fälligkeitstermine hingezogen haben. Wenn der Mieter dann auch die nächste Miete nach Erhalt der Abmahnung unpünktlich zahlt, kann der Vermieter kündigen; **nach** der Abmahnung müssen nicht erneut mehrere Fälligkeitstermine schleppend bedient worden sein (BGH NZM 2006, 338; vgl. auch OLG Hamm ZMR 1994, 560: „Der Vermieter, der über längere Zeit unpünktliche Mietzahlungen seines Mieters stillschweigend hingenommen hat, handelt nach vorheriger Abmahnung des Mieters mit dem deutlichen Hinweis darauf, dass er in Zukunft pünktliche Zahlungen erwarte, nicht treuwidrig, wenn er wegen erneuten Zahlungsverzugs fristlos kündigt.").

**8.** Die Formulierung „fristlos mit sofortiger Wirkung" ist häufiger in Kündigungsschreiben zu lesen, obwohl sie die gewollte Rechtsfolge doppelt bezeichnet. Die Formulierung ist aber unschädlich; sie bringt sogar besonders deutlich zum Ausdruck, dass das Mietverhältnis sofort beendet werden soll.

**9.** Siehe Form. D. XIII. 3 Anm. 10.

**10.** Der Vermieter sollte bereits in seinem Kündigungsschreiben aus Gründen der Vorsicht ausdrücklich einer Verlängerung des Mietverhältnisses gem. § 545 BGB widersprechen, siehe Anmerkungen zu Form. D. X. 1 und D. X. 2.

## 5. Aufrechnungserklärung des Mieters (unmittelbar nach Zugang der Kündigung)

......

(Mieter)

an

......

(Vermieter)[1]

– Einschreiben mit Rückschein –[2]

Betr.: Mietverhältnis über ......

Bezug: Ihr Schreiben (Kündigung) vom ......

hier: Aufrechnung

Sehr geehrte(r) ......,

mit Schreiben vom ...... haben Sie das Mietverhältnis gem. § 543 Abs. 2 S. 1 Nr. 3 a) BGB fristlos gekündigt, da ich für zwei aufeinander folgende Termine mit einem nicht unerheblichen Teil der Miete in Verzug sei.[3]

In der Tat schulde ich Ihnen noch Miete in Höhe von ...... EUR.

Allerdings habe ich Ihnen vor fünf Monaten aus meiner Bäckerei für Ihre Silvesterfeier Brot und Backwaren geliefert. Meine betreffende Rechnung vom ...... über ...... EUR haben Sie bis heute nicht bezahlt. Mit diesem Betrag, der den Mietrückstand sogar noch um ...... EUR übersteigt,[4] erkläre ich die Aufrechnung.[5]

Die Kündigung ist daher gem. § 543 Abs. 2 S. 3 BGB unwirksam.

......

(Mieter)

### Anmerkungen

**1.** Siehe Form. D. XI. Anm. 1. Zum Wohnraummietverhältnis s. **Form. D. VI. 5.**

**2.** Siehe Form. D. XI. Anm. 2.

**3.** Siehe Form. D. XIII. 4.

**4.** Die Aufrechnung muss eine **vollständige** Befreiung von der Schuld bewirken, siehe Form. D. XIII. 4 Anm. 7. Dies ist z. B. nicht der Fall, wenn eine Aufrechnung mit der zur Aufrechnung gestellten Forderung vertraglich ausgeschlossen ist. Auch mit einer noch nicht zur Rückzahlung fälligen Mietkaution kann nicht aufgerechnet werden (LG Berlin ZMR 1998, 231).

**5.** Die Aufrechnung muss **unverzüglich** nach der Kündigung erklärt werden, § 543 Abs. 2 S. 3 BGB. Eine Aufrechnungserklärung ist regelmäßig nicht mehr unverzüglich, wenn sie erst 2 Wochen nach der Kündigung erklärt wird (OLG Köln ZMR 1998, 763).

## 6. Kündigung des Vermieters wegen erheblicher schuldhafter Vertragsverletzung gemäß § 543 Abs. 1 BGB

......

(Vermieter)

an

......

(Mieter)[1]

– Einschreiben mit Rückschein –[2]

Betr.: Mietverhältnis über ......

hier: fristlose Kündigung

Sehr geehrte(r) ......,

hiermit kündige ich[3] das zwischen uns bestehende Mietverhältnis fristlos[4] mit sofortiger Wirkung.[5]

Ohne meine Zustimmung, zu deren Einholung Sie auf Grund § ...... des Mietvertrags verpflichtet gewesen wären, sogar ohne mich überhaupt auch nur in Kenntnis zu setzen, haben Sie aus ihrem Spielwarenladen eine „Spielhölle" gemacht. Abgesehen von der Änderung in der Sache hat sich der Geschäftsbetrieb von tagsüber dadurch in die Abend- und Nachtstunden verlagert. Auch das Publikum hat sich verändert. Zudem belegen die Gäste der Spielhalle nun abends die Stellplätze der übrigen Mieter des Hauses, wenn diese von der Arbeit kommen. Der Lärm der Automaten und der Gäste ist beträchtlich. Da Ihre Gewerbeeinheit zudem die einzige im Haus ist, die anderen Einheiten sämtlich Mietwohnungen darstellen, ist die Beeinträchtigung der Mieter drastisch gestiegen. Dies wirkt sich, wie ich bei einer gestern vorgenommenen Neuvermietung einer Wohnung feststellen musste, auch auf die von mir für die Wohnungen erzielbare Miete aus.[6, 7]

Mit Abmahnung[8] vom ...... habe ich Sie aufgefordert, den vertragswidrigen Gebrauch zu unterlassen und Ihnen Gelegenheit gegeben, das Geschäft bis zum ...... wieder in einen Spielwarenladen zurückzuverwandeln.[9] Gleichzeitig hatte ich Ihnen für den Fall des fruchtlosen Fristablaufs die fristlose Kündigung des Mietverhältnisses angedroht.[10] Leider haben Sie auf mein Schreiben nicht reagiert und setzen den Betrieb der Spielhalle unverändert fort.[11, 12]

Gestützt auf die fristlose Kündigung fordere ich Sie auf, die Geschäftsräume binnen drei Tagen, also bis zum ...... zu räumen und mir die Schlüssel zurückzugeben. Andernfalls werde ich ohne weitere Nachricht gerichtliche Hilfe in Anspruch nehmen, wodurch Sie mit weiteren Kosten belastet würden.[13]

Vorsorglich widerspreche ich bereits jetzt einer stillschweigenden Verlängerung des Mietverhältnisses gem. § 545 BGB.[14]

......

(Vermieter)

*Schrifttum: Blank,* Die geplanten Neuregelungen im Kündigungsrecht, NZM 2001, 9; *Flatow,* Typische Fehler bei der Kündigungserklärung, NZM 2004, 281; *Franke,* Die fristlose Kündigung durch den Mieter, ZMR 1999, 83; *Hinz,* Mietrecht und Mietprozess – Die häufigsten Fehler, NZM 2004, 681; *Kraemer,* Die Kündigung aus wichtigem Grund nach altem und neuem Recht, NZM 2001, 553, DWW 2001, 110 und WuM 2001, 163; *Lindner,* Stolpersteine bei Kündigungen im Mietrecht, AnwBl 2005, 213.

## Anmerkungen

**1.** Siehe Form. D. XI. Anm. 1. Zum Wohnraummietverhältnis s. **Form. D. VI. 10.**

**2.** Siehe Form. D. XI. Anm. 2.

**3.** Siehe Form. D. XI. Anm. 3.

**4.** Zur außerordentlichen fristlosen Kündigung aus wichtigem Grund gem. § 543 Abs. 1 BGB siehe auch Form. D. XIII. 7.

**5.** Siehe Form. D. XIII. 4 Anm. 8.

**6.** Dies alles sind Gründe, die in die gem. § 543 Abs. 1 BGB vorzunehmende Interessenabwägung (siehe Form. D. XIII. 7 Anm. 5) zugunsten des hier kündigenden Vermieters einfließen können. Dabei hat der Vermieter vorliegend eine starke Position, da es sich um eine **schuldhafte** Vertragsverletzung des Mieters handelt.

**7.** Im Prozess trägt der Vermieter für die erhebliche Vertragsverletzung die Beweislast.

**8.** § 543 Abs. 3 BGB, siehe Form. D. XIII. 1 Anm. 9.

**9.** Wenn der Mieter den vertragswidrigen Gebrauch trotz Abmahnung fortsetzt, kann der Vermieter auch gem. § 541 BGB auf Unterlassung klagen. Die Unterlassungsklage ist das mildere Mittel gegenüber einer Kündigung wegen der Vertragsverletzung, und das einzige Mittel, wenn eine Kündigung wegen der Vertragsverletzung nicht möglich ist (z.B. bei nur geringfügigen Vertragsverletzungen). Ein Vergleich von § 541 BGB (Unterlassungsklage) und § 543 Abs. 1 BGB (fristlose Kündigung) ergibt, dass die Voraussetzungen für eine Unterlassungsklage wegen vertragswidrigen Gebrauchs schwächer sind als für eine fristlose Kündigung wegen vertragswidrigen Gebrauchs. Da die Kündigung das schwerere Geschütz ist, hat der Gesetzgeber hier die Anforderungen höher gestellt. Die Unterlassungsklage sollte der Vermieter demgemäß wählen, wenn es sich um nicht allzu schwerwiegende Vertragsverstöße handelt; bzw. wenn der Vermieter auch bei schwerwiegenden Vertragsverstößen sich den – zahlungskräftigen – Mieter erhalten möchte.

**10.** Zur Frage, ob in einer Abmahnung die Kündigung angedroht werden muss, siehe Form. D. XIII. 3 Anm. 5.

**11.** Ist dagegen die abgemahnte Vertragswidrigkeit beseitigt, ist eine Kündigung nicht mehr möglich (LG Duisburg NJW-RR 1986, 1345). Vgl. zur Problematik der Beendigung des abgemahnten Verhaltens nach Abmahnung bzw. zwischen Ablauf einer ggf. in der Abmahnung gesetzten Frist und Zugang der Kündigungserklärung auch Form. D. XIII. 1 Anm. 10. Eine Kündigung kann nicht erfolgen, wenn anstelle der abgemahnten, beseitigten Vertragsverstöße neue Vertragsverstöße vorliegen, da diese gem. § 543 Abs. 3 BGB erst noch abgemahnt werden müssen; es sei denn, diese neuen Vertragsverstöße sind so schwerwiegend, dass eine Abmahnung aus besonderen Gründen unter Abwägung der beiderseitigen Interessen nach § 543 Abs. 3 S. 2 Nr. 2 BGB entbehrlich ist.

**12.** Siehe Form. D. XIII. 1 Anm. 12.

**13.** Siehe Form. D. XIII. 3 Anm. 10.

**14.** Der Vermieter sollte bereits in seinem Kündigungsschreiben aus Gründen der Vorsicht ausdrücklich einer Verlängerung des Mietverhältnisses gem. § 545 BGB widersprechen, siehe Anmerkungen zu Form. D. X. 1 und D. X. 2.

## 7. Kündigung des Vermieters wegen erheblicher schuldloser Vertragsverletzung gemäß § 543 Abs. 1 BGB

......

(Vermieter)

an

......

(Mieter)[1, 2]

– Einschreiben mit Rückschein –[3]

Betr.: Mietverhältnis über ......

hier: fristlose Kündigung

Sehr geehrte(r) ......,

am gestrigen Tage sprach ich nach Terminsankündigung zusammen mit den Mieterinnen ......, die im Haus über Ihren Geschäftsräumen wohnen, kurz nach Ladenschluss bei Ihnen vor. Ziel war es, in einem sachlichen Gespräch den in letzter Zeit durch Ihre bis spät in die Nacht reichenden, lautstarken Reparatur- oder Aufräumarbeiten im Haus aufgekommenen Unfrieden einvernehmlich beizulegen. Sofort nach dem Betreten des Verkaufsraums haben Sie mir ohne Vorwarnung mit der Faust ins Gesicht geschlagen. Als ich daraufhin zu Boden fiel und Frau ...... mir zu Hilfe kommen wollte, haben Sie sie in den Unterleib getreten. Dazu haben Sie die beiden Damen wie von Sinnen u. a. als „Ziegen" beschimpft und mir gewünscht, dass ich „verrecken" möge. Anschließend haben Sie gedroht, das ganze Haus anzuzünden und versucht, mit einem Feuerzeug ihre Regale in Brand zu setzen, bevor Sie von der zwischenzeitlich erschienenen Polizei überwältigt werden konnten.[4]

Wie ich mittlerweile erfahren habe, sind Sie seit längerer Zeit geisteskrank, wobei es auch nach längerer Zeit der Ruhe zu krankheitsbedingten Auswirkungen der vorliegenden Art kommen kann. Ich bedaure Ihre Erkrankung, bitte aber andererseits um Verständnis dafür, dass ich unter den genannten Umständen, insbesondere angesichts Ihres – wenn auch unverschuldet[5] – gewalttätigen Auftretens[6] und der Gefahr möglicher Wiederholungen das Mietverhältnis nicht länger fortsetzen kann. Diese Entscheidung treffe ich auch im Interesse der anderen Mieter des Hauses.[7]

Daher kündige ich Ihnen[8] das zwischen uns bestehende Mietverhältnis fristlos[9] mit sofortiger Wirkung.[10, 11]

Ich fordere Sie auf, die von Ihnen gemieteten Räumlichkeiten binnen ...... Tagen, also bis zum ...... zu räumen und die Schlüssel herauszugeben. Andernfalls würde ich sofort gerichtliche Hilfe in Anspruch nehmen, wodurch weitere Kosten auf Sie zukämen.[12]

Vorsorglich widerspreche ich bereits jetzt einer stillschweigenden Verlängerung des Mietverhältnisses gem. § 545 BGB.[13]

......

(Vermieter)

*Schrifttum: Blank,* Die geplanten Neuregelungen im Kündigungsrecht, NZM 2001, 9; *Flatow,* Typische Fehler bei der Kündigungserklärung, NZM 2004, 281; *Franke,* Die fristlose Kündigung durch den Mieter, ZMR 1999, 83; *Hinz,* Mietrecht und Mietprozess – Die häufigsten Fehler, NZM 2004, 681; *Kraemer,* Die Kündigung aus wichtigem Grund nach altem und neuem Recht, NZM 2001, 553, DWW 2001, 110 und WuM 2001, 163; *Lindner,* Stolpersteine bei Kündigungen im Mietrecht, AnwBl 2005, 213.

## Anmerkungen

**1.** Siehe Form. D. XI. Anm. 1.

**2.** Siehe zum „richtigen" Adressaten Anm. 6.

**3.** Siehe Form. D. XI. Anm. 2.

**4.** Ein solches Mieter- (oder ein entsprechendes Vermieter-)verhalten stellte nach der bis zum 31. 8. 2001 geltenden Rechtslage einen wichtigen Grund zur fristlosen Kündigung dar, wenn es – vgl. § 554a a. F. BGB – schuldhaft erfolgt war. Nach der ab 1. 9. 2001 geltenden Rechtslage lässt sich sowohl bei schuldhaftem als auch bei schuldlosem Verhalten eine Subsumtion unter § 543 Abs. 1 BGB vornehmen.

**5.** Nach dem Wortlaut des § 543 Abs. 1 BGB ist für eine außerordentliche fristlose Kündigung aus wichtigem Grund kein Verschulden erforderlich. Das Verschulden spielt dann allerdings gem. § 543 Abs. 3 S. 2 BGB bei der Abwägung der Interessen ein Rolle; eine fristlose Kündigung wegen schuldhafter Vertragsverletzungen ist leichter möglich als wegen schuldloser (BT-Drucksache 14/5663, 76). Ein Verschulden kann auch bei der Frage berücksichtigt werden, ob die sofortige Kündigung – ohne Abmahnung (wie im vorliegenden Beispielsfall) – gem. § 543 Abs. 3 BGB aus besonderen Gründen unter Abwägung der beiderseitigen Interessen gerechtfertigt ist.

**6.** **Beispiele für schuldhafte Vertragsverstöße,** die ggf. zu einer fristlosen Kündigung berechtigen können: Nichtbetreiben eines Gewerbes trotz entsprechender vertraglicher Verpflichtung (OLG Düsseldorf ZMR 1997, 296), fortdauernde Geruchsbelästigung (LG Berlin NJW-RR 1997, 395), Nichtzahlung der Kaution (OLG Celle NZM 1998, 265), Zerrüttung, endgültige Zerstörung des Vertrauensverhältnisses zwischen den Vertragsparteien (BGH NJW 1969, 1845) – in einem solchen Fall wird regelmäßig eine Mischung aus verschuldeten und unverschuldeten Gründen vorliegen.

**Beispiele für unverschuldete Vertragsverstöße,** die zur fristlosen Kündigung berechtigen können: krankheitsbedingte Handlungen des Mieters (jeweils Wohnraummiete) LG Hamburg NJW-RR 1996, 139; LG Dresden WuM 1994, 377; LG Bielefeld ZMR 1968, 325 und LG Köln MDR 1974, 232, aber auch OLG Karlsruhe MDR 2000, 578, wonach harmlose Störungen eines geistig verwirrten Mitbewohners hinzunehmen sind. Nach BGH WuM 2009, 762 und BGH NZM 2005, 300 obliegt es bei der Frage der Berechtigung einer fristlosen Kündigung wegen nachhaltiger Störung des Hausfriedens durch einen psychisch kranken Mieter dem Tatrichter, die Belange des Vermieters, des Mieters und der anderen Mieter unter Berücksichtigung der Wertentscheidungen des Grundgesetzes gegeneinander abzuwägen.

**7.** Siehe Form. D. XIII. 1 Anm. 12.

**8.** Ein Problem könnte im Beispielsfall allerdings daraus entstehen, dass ein permanent Geisteskranker nach § 104 Nr. 2 BGB geschäftsunfähig ist, so dass eine ihm gegenüber abgegebene Willenserklärung nach § 131 Abs. 1 BGB nicht wirksam wird, bevor sie dem gesetzlichen Vertreter zugeht. Die Kündigung sollte daher auch gegenüber einem (ggf. vom Vormundschaftsgericht bestellten) gesetzlichen Vertreter des Mieters erfolgen; im Räumungsprozess ist darüber hinaus auch an die Möglichkeit der Bestellung eines Prozesspflegers nach § 57 ZPO zu denken.

**9.** Zur außerordentlichen fristlosen Kündigung aus wichtigem Grund gem. § 543 Abs. 1 BGB siehe auch Form. D. XIII. 6.

**10.** Siehe Form D. XIII. 4 Anm. 8.

**11.** Zu beachten ist auch hier, dass die Reaktion (also die fristlose Kündigung) auf den von einem Vertragsteil gesetzten wichtigen Grund möglichst zeitnah erfolgt. Durch eine verspätete Reaktion bringt der fristlos Kündigende letztlich zum Ausdruck, dass er selber den „wichtigen" Grund als in Wahrheit gar nicht so wichtig ansieht, was die späte Kündigung nach § 242 BGB treuwidrig erscheinen lassen könnte.

**12.** Siehe Form. D. XIII. 3 Anm. 10.

**13.** Der Vermieter sollte bereits in seinem Kündigungsschreiben aus Gründen der Vorsicht ausdrücklich einer Verlängerung des Mietverhältnisses gem. § 545 BGB widersprechen, siehe Anmerkungen zu Form. D. X. 1 und D. X. 2.

## 8. Kündigung des Mieters gemäß vereinbartem Kündigungsgrund

......

(Mieter)

an

......

(Vermieter)[1]

– Einschreiben mit Rückschein –[2]

Betr.: Mietverhältnis über ......

hier: fristlose Kündigung

Sehr geehrte(r) ......,

in dem zwischen Ihnen und mir abgeschlossenen Mietvertrag ist vereinbart, dass ich zur fristlosen Kündigung berechtigt bin, wenn Sie in dem Einkaufszentrum, in dem ich eine Bäckerei betreibe, selbst einen Betrieb mit dem gleichen Geschäftsgegenstand (Bäckerei) eröffnen oder Räumlichkeiten an einen anderen Mieter vermieten, der den gleichen Geschäftsgegenstand (Bäckerei) betreibt.[3]

Zu meinem Erstaunen musste ich feststellen, dass in der Ladenpassage unmittelbar gegenüber meinen Verkaufsräumen ein anderer Bäcker sein Geschäft eröffnet hat.[4, 5]

Gestützt auf die eingangs genannte vertragliche Vereinbarung kündige ich[6] daher das zwischen uns bestehende Mietverhältnis fristlos.

Die Geltendmachung eines Schadensersatzanspruchs behalte ich mir vor.

Vorsorglich widerspreche ich bereits jetzt einer stillschweigenden Verlängerung des Mietverhältnisses gem. § 545 BGB.[7]

......

(Mieter)

*Schrifttum: Flatow,* Typische Fehler bei der Kündigungserklärung, NZM 2004, 281; *Hinz,* Mietrecht und Mietprozess – Die häufigsten Fehler, NZM 2004, 681; *Lindner,* Stolpersteine bei Kündigungen im Mietrecht, AnwBl 2005, 213.

## Anmerkungen

**1.** Siehe Form. D. XI. Anm. 1.

**2.** Siehe Form. D. XI. Anm. 2.

**3.** § 569 Abs. 5 BGB erklärt Vereinbarungen für unwirksam, nach denen der Vermieter von Wohnraum berechtigt sein soll, aus anderen als den im Gesetz zugelassenen Gründen außerordentlich fristlos zu kündigen. Daraus folgt im Umkehrschluss,

- dass bei der Geschäftsraummiete die Vereinbarung von Kündigungsgründen zulässig ist, auch von solchen für eine fristlose Kündigung und
- dass bei der Geschäftsraummiete die Vereinbarung von Kündigungsgründen sowohl zugunsten des Mieters als auch zugunsten des Vermieters möglich ist.

Werden solche Vereinbarungen im Vertrag getroffen, empfiehlt sich ein klarstellender Hinweis darauf, dass die genannten vereinbarten Kündigungsgründe nicht ausschließlich sind, also die Kündigung aus anderen wichtigen Gründen ebenfalls möglich bleiben soll.

Die Vereinbarung einer Möglichkeit zur fristlosen Kündigung ist **eine** Form des Konkurrenzschutzes bei Gewerberaummietverhältnissen. Daneben kann z.B. auch an eine Vertragsstrafenregelung gedacht werden.

Die vertragswidrige Vermietung an einen Konkurrenzbetrieb durch den Vermieter kann ggf. auch ein „wichtiger Grund" sein, der bei der nach § 543 Abs. 1 BGB vorzunehmenden Interessenabwägung auch zur Bejahung eines Rechts zur außerordentlichen fristlosen Kündigung nach § 543 Abs. 1 BGB führen kann. Der Sinn vereinbarter Kündigungsgründe ist aber gerade, für diese vereinbarten Gründe die Voraussetzungen des § 543 Abs. 1 BGB nicht zur Anwendung kommen zu lassen. Das heißt, bei Vorliegen des vereinbarten Kündigungsgrunds braucht die in § 543 Abs. 1 BGB vorgesehene Interessenabwägung gerade nicht stattzufinden. Es muss sich noch nicht einmal um einen objektiv wichtigen Grund handeln, sondern nur um einen solchen, dem die Parteien bei Vertragsschluss subjektiv eine solche Wichtigkeit beigemessen haben, dass sie ihn als Grund für eine fristlose Kündigung vereinbart (definiert) haben. So könnte z.B. wirksam vereinbart werden, dass der Vermieter zur außerordentlichen fristlosen Kündigung berechtigt ist, wenn der Mieter die Tür zu seinen Geschäftsräumen rosa streicht. Hier würde dann ein bei objektiver Betrachtung eher belangloser Vertragsverstoß zu einer Kündigung, sogar zu einer fristlosen Kündigung des Mietverhältnisses berechtigen.

**4.** Im Beispielsfall ist der Vertragsverstoß einfach darzulegen, da der Geschäftsgegenstand identisch ist. Aber würde auch ein bloßer Verkaufsstand für einige Kuchenteilchen und belegte Brötchen schon ein Recht zur fristlosen Kündigung geben? Das heißt, die Vertragsparteien müssen auf die Abfassung von Konkurrenzschutzklauseln im Mietvertrag eine ganz besondere Sorgfalt verwenden, um den Umfang verbotener Konkurrenztätigkeit so genau wie möglich festzulegen.

**5.** Siehe Form. D. XIII. 1 Anm. 12.

**6.** Siehe Form. D. XI. Anm. 3.

**7.** Der Mieter sollte bereits in seinem Kündigungsschreiben aus Gründen der Vorsicht ausdrücklich einer Verlängerung des Mietverhältnisses gem. § 545 BGB widersprechen, siehe Anmerkungen zu Form. D. X. 1 und D. X. 2.

# E. Insolvenzrechtliche Besonderheiten

## I. Kündigung des Mietverhältnisses durch den Insolvenzverwalter nach § 109 Abs. 1 S. 1 InsO

......

(Insolvenzverwalter)

an

......

(Vermieter)

Sehr geehrte(r) ......,

mit anliegendem Beschluss des Amtsgerichts – Insolvenzgerichts – ...... vom ......
ist das Insolvenzverfahren[1] über das Vermögen der ...... eröffnet[2] und der Unterzeichner zum Insolvenzverwalter[3] bestellt worden.

Zwischen der Schuldnerin[4] als Mieterin und Ihnen besteht ein Mietvertrag[5] über Geschäftsräume[6] in dem Mietobjekt ...... vom ...... Nach § 109 Abs. 1 InsO bin ich berechtigt, das Mietverhältnis ohne Rücksicht auf die vereinbarte Vertragsdauer[7] mit einer Frist von drei Monaten zum Monatsende (in Altfällen: unter Einhaltung der gesetzlichen Frist) zu kündigen.[8] Ich kündige daher das Mietverhältnis form-[9] und fristgerecht zum ...... .

Vorsorglich widerspreche ich bereits jetzt einer stillschweigenden Verlängerung des Mietverhältnisses nach § 545 BGB.[10]

......

(Insolvenzverwalter)

Schrifttum: Andres/Leithaus InsO, 1. Aufl. 2006; Braun Insolvenzordnung, 4. Aufl. 2010; Cymutta, Die Mietkaution in der Insolvenz des Vermieters und des Mieters, WuM 2008, 441; Dahl, Anmerkung zu OLG Celle, Urteil vom 20. 7. 2007 – 2 U 85/07, NJW-Spezial 2007, 551; Dahl/Schmitz, Anm. zu BGH, Urteil vom 5. 7. 2007 – IX ZR 185/06, NZI 2007, 713; dies., Eigenkapitalersatz nach dem MoMiG aus insolvenzrechtlicher Sicht, NZG 2009, 325, 331; Derleder, Die Rechtsstellung des Wohn- und Gewerberaummieters in der Insolvenz des Vermieters – Eine praktische Darstellung anhand von 20 Fallbeispielen, NZM 2004, 568; ders., Die Neuregelung der Mietsicherheiten und ihre Rechtsfolgen, WuM 2002, 239; Drasdo, Anmerkung zu BGH v. 9. 3. 2005, VIII ZR 394/03, NZI 2005, 452; ders., Mietkautionshaftung des Erwerbers beim Kauf aus der Insolvenzmasse, NJW-Spezial, 2008, 1; Eckert, Miete, Pacht und Leasing im neuen Insolvenzrecht, ZIP 1996, 897; ders., Mietforderungen im vorläufigen Insolvenzverfahren – Besprechung des Urteils des BGH vom 18. 7. 2002, NZM 2003, 42; Fischer/Knees, Zum Umgang des Grundpfandrechtsgläubigers mit § 135 Abs. 3 InsO, ZInsO 2009, 745; Förster, Durchbricht der Insolvenzbeschlag über das Vermögen des Vermieter-Gesellschafters die kapitalersetzende Gebrauchsüberlassung zugunsten der Mieter-Gesellschaft, ZInsO 2002, 366; Franken/Dahl, Mietverhältnisse in der Insolvenz, 2. Aufl. 2006; Ganter, Sicherungsmaßnahmen gegenüber Aus- und Absonderungsberechtigten im Insolvenzeröffnungsverfahren – Ein Beitrag zum Verständnis des neuen § 21 II 1 Nr. 5 InsO, NZI 2007, 549; Gottwald, Insolvenzrechts-Handbuch, 3. Aufl. 2006; Graf-Schlicker, InsO –

Kommentar zur Insolvenzordnung, 2. Aufl. 2010; *Göcke/Henkel*, Zur Anwendbarkeit des § 135 Abs. 3 InsO in der Doppelinsolvenz von Gesellschaft und Gesellschafter sowie bei Zwangsverwaltung, ZInsO 2009, 170; *Gundlach/Frenzel*, Anmerkung zu BGH, Urteil vom 24. 1. 2008 – IX ZR 201/06, NJW 2008, 1443; *Haarmeyer/Pape*, Das Ende des zu allen Rechtshandlungen ermächtigten „schwachen" vorläufigen Insolvenzverwalters, ZInsO 2002, 845; *Habersack*, Die Regeln über den Eigenkapitalersatz und die Gläubiger des Gesellschafters, ZGR 1999, 427; *Heidrich/Prager*, Keine Begründung von Masseverbindlichkeiten durch vorläufigen schwachen Verwalter – Kann ein Betrieb nur noch von vorläufigen starken Verwaltern fortgeführt werden?, NZI 2002, 653; *Henkel*, Die Vermeidung von Räumungskosten als Masseverbindlichkeit durch Freigabe der in die gemieteten Räume eingebrachten Gegenstände, ZInsO 2005, 1311; *Heublein*, Die Ausgleichsansprüche des Aussonderungsberechtigten bei Anordnung von Sicherungsmaßnahmen nach § 21 Abs. 2 Satz 1 Nr. 5 InsO, ZIP 2009, 11; *Jaeger/Henckel*, Konkursordnung, Großkommentar, §§ 1–42, 9. Aufl. 1997; *Jungmann*, Das Zusammentreffen von Zwangsverwaltung und eigenkapitalersetzender Nutzungsüberlassung, ZIP 1999, 601; *Kilger/K. Schmidt*, Konkursordnung mit Gesamtvollstreckungsordnung, 17. Aufl. 1997; *Kirchhof*, Probleme bei der Einbeziehung von Aussonderungsrechten in das Insolvenzeröffnungsverfahren, ZInsO 2007, 227; *ders./Lwowski/Stürner*, Münchener Kommentar zur Insolvenzordnung, 2. Aufl. 2007/08; *Kreft*, Heidelberger Kommentar zur Insolvenzordnung, 5. Aufl. 2008; *Kübler/Prütting/Bork*, Kommentar zur Insolvenzordnung, Losebl. (Stand Mai 2010); *Kübler*, Anmerkung zu KG Urteil v. 26. 3. 1981 – 8 U 2438/80, ZIP 1981, 755; *Lachmann*, Gläubigerrechte in Krise und Insolvenz, 2. Aufl. 2010; *Lutter/Hommelhoff*, GmbH-Gesetz, 17. Aufl. 2009; *Michalski/Barth*, Kollision von kapitalersetzender Nutzungsüberlassung und Grundpfandrechten, NZG 1999, 277; *Minuth/Wolf*, Kündigung und Gestaltung von Mietverträgen im Hinblick auf die Insolvenzordnung, NZM 1999, 289; *Mohrbutter/Ringstmeier*, Handbuch der Insolvenzverwaltung, 8. Aufl. 2007; *Nerlich/Kreplin*, Münchener Anwaltshandbuch Sanierung und Insolvenz, 1. Aufl. 2006; *Nerlich/Römermann*, Insolvenzordnung (InsO) – Kommentar, Losebl. (Stand Dezember 2009); *Noltin*, Teleologische Reduktion des § 566a BGB in der Insolvenz des Vermieters, NZI 2007, 149; *Pape*, Ablehnung und Erfüllung schwebender Rechtsgeschäfte durch den Insolvenzverwalter, in: Kölner Schrift zur Insolvenzordnung, 3. Aufl. 2009, Kap. 13; *Palandt*, Bürgerliches Gesetzbuch, 69. Aufl. 2010; *Prütting/Stickelbrock*, Befugnisse des vorläufigen Insolvenzverwalters – aktuelle Entwicklungen in der Rechtsprechung, ZIP 2002, 1608; *Rebmann/Säcker/Rixecker*, Münchener Kommentar zum BGB, Bd. 3, 5. Aufl. 2008; *Rendels*, Entfällt der Eigenkapitalersatzeinwand bei der Gebrauchsüberlassung in der Gesellschafter-Insolvenz?, ZIP 2006, 1273; *Runkel*, Anwalts-Handbuch Insolvenzrecht, 2. Aufl. 2008; *Schmidt*, Hamburger Kommentar zum Insolvenzrecht, 3. Aufl. 2009; *Schmidt-Futterer*, Mietrecht, 9. Aufl. 2007; *Schwörer*, Lösungsklauseln für den Insolvenzfall, 2000; *Sinz*, Leasing und Factoring im Insolvenzverfahren, in: Kölner Schrift zur Insolvenzordnung, 3. Aufl. 2009, Kap. 14; *Leonhardt/Smid/Zeuner* Insolvenzordnung (InsO), 3. Aufl. 2010; *Smid*, Gesetzlich zulässige Reichweite der Entmachtung von Schuldnern und schuldnerischen Gesellschaftsorganen und der Reichweite des vorläufigen Verwalters durch insolvenzgerichtliche Anordnung nach §§ 21, 22 InsO, DZWIR 2002, 444; *Tintelnot*, Die gegenseitigen Verträge im neuen Insolvenzverfahren, ZIP 1995, 616; *Uhlenbruck* Insolvenzordnung, 13. Aufl. 2010; *Vallender/Dahl*, Das Mietverhältnis des Schuldners im Verbraucherinsolvenzverfahren, NZI 2000, 246; *Welsch*, Rechte des Zwangsverwalters bei eigenkapitalersetzender Überlassung des Grundbesitzes an eine insolvente Kapitalgesellschaft, DZWIR 2000, 139; *Wimmer*, Frankfurter Kommentar zur Insolvenzordnung, 5. Aufl. 2009; *Wolf/Eckert/Ball*, Handbuch des gewerblichen Miet-, Pacht- und Leasingrechts, 10. Aufl. 2009.

## Anmerkungen

**1.** Die wegen § 119 InsO unabdingbaren §§ 108 bis 112 InsO enthalten Sonderbestimmungen betreffend die Behandlung von Dauerschuldverhältnissen in der Insolvenz. § 108 InsO ordnet generell das Fortbestehen einiger bestimmter Dauerschuldverhältnisse (Miet- und Pachtverhältnisse von Immobilien und Räumen, Dienstverhältnisse und Leasing) mit Wirkung für die Insolvenzmasse an und entzieht diese damit als lex specialis dem aus § 103 InsO resultierenden Wahlrecht des Insolvenzverwalters. § 109 InsO enthält Regelungen für den Fall, dass der Schuldner ein Miet- oder Pachtverhältnis über einen unbeweglichen Gegenstand oder über Räume als Mieter oder Pächter eingegangen war. Das insbesondere dem Insolvenzverwalter in dieser Norm eingeräumte vorzeitige Kündigungsrecht soll im Interesse der Gläubiger die Masse davor schützen, mit Miet- und Pachtzinsansprüchen belastet zu werden, obgleich eine wirtschaftlich angemessene Nutzung des Mietobjekts in Anbetracht der Insolvenz nicht mehr möglich ist. Die §§ 110, 111 InsO behandeln demgegenüber die Rechtslage bei Vermieterstellung des Schuldners. § 110 InsO verfolgt den Zweck, der Masse die Erträge aus der Vermietung und Verpachtung von massezugehörigen Immobilien und Räumen zu sichern. § 111 InsO zielt darauf ab, dem Insolvenzverwalter eine Veräußerung unbeweglicher Miet- und Pachtobjekte aus der Insolvenzmasse zu erleichtern, indem die Beendigung bestehender Vertragsverhältnisse dadurch vereinfacht wird, dass der Bestandsschutz des Miet- und Pachtverhältnisses auf die gesetzliche Kündigungsfrist beschränkt wird. In § 112 InsO finden sich schließlich Aussagen über die Kündigungssperre bei bestehenden Miet- und Pachtverhältnissen des Schuldners. Um die wirtschaftliche Einheit im Besitz des Schuldners nicht zur Unzeit auseinander zu reißen, soll es dem Insolvenzverwalter ermöglicht werden, das Unternehmen so lange fortzuführen, bis eine Entscheidung über das Verfahrensziel getroffen werden kann. § 112 InsO dient daher dem Zweck, zu verhindern, dass dem schuldnerischen Unternehmen durch dessen Vermieter oder Verpächter betriebsnotwendige Pacht- und Mietgegenstände entzogen werden.

Mietverträge, die der Insolvenzverwalter nach Verfahrenseröffnung abschließt, fallen ebenso wenig in den Anwendungsbereich der §§ 108 ff. InsO wie Verträge, die der vorläufige Insolvenzverwalter nach Beantragung des Insolvenzverfahrens abschließt. Im Unterschied dazu ist ein Mietverhältnis, das der Schuldner nach Beantragung des Insolvenzverfahrens mit Zustimmung des so genannten schwachen vorläufigen Insolvenzwalters ohne Verwaltungs- und Verfügungsbefugnis eingeht, ausschließlich der Handlungssphäre des Schuldners zuzuordnen und wird von den §§ 108 ff. InsO erfasst. Vor Verfahrenseröffnung beendete Miet- und Pachtverhältnisse werden von den §§ 108 ff. InsO nicht erfasst. Maßgeblich ist insofern der Termin, zu dem das Mietverhältnis durch Zeitablauf endet oder zu dem eine Kündigung wirksam wird.

**2.** Gemäß § 108 Abs. 1 S. 1 InsO bestehen Miet- und Pachtverhältnisse des Schuldners über unbewegliche Gegenstände oder Räume mit Wirkung für die Insolvenzmasse fort (ausführlich dazu: *Franken/Dahl*, Mietverhältnisse in der Insolvenz, 2. Aufl. 2006). Die Regelung betrifft Miet- und Pachtverhältnisse schlechthin, also ohne nach Vermieter- oder Mieterinsolvenz zu unterscheiden. Entgegen der bislang ganz h.M.in der Literatur soll nach neuer Rechtsprechung § 108 InsO nur einschlägig sein, wenn dem Mieter die Mietsache bereits überlassen war (BGH, NZI 2007, 713 m. krit. Anm. *Dahl/Schmitz* = WM 2007, 2067; Runkel/*Dahl* § 8 Rdn. 181) Wurde die Mietsache dem Mieter noch nicht überlassen, steht dem Insolvenzverwalter das Wahlrecht aus § 103 InsO zu. Unbewegliche Gegenstände sind nach der Legaldefinition des § 49 InsO alle Gegenstände, die den Vorschriften über die Zwangsvollstreckung in das unbewegliches Vermögen unterliegen. Hierunter fallen sowohl Grundstücke als auch Schiffe und Flugzeuge (§§ 864 Abs. 1, 870a ZPO, 47, 99 LuftfzG). Der Begriff der Räume ist entsprechend der mietrechtlichen Vorschriften des BGB zu bestimmen. Gemeint sind sowohl Wohn- und Geschäftsräume als auch sonstige Räume. Auch nur zu einem vorübergehenden Zweck errichtete Baulichkeiten sind unabhängig von ihrer Bauweise hierunter zu fassen, solange nur der Wille des Errichtenden auf die vorübergehende Nutzung geht (FK-InsO/*Wegener* § 108 Rdn. 13; Braun/*Kroth* § 108 Rdn. 9; Runkel/*Dahl* § 8 Rdn. 182). Unerheblich ist, ob es sich bei dem Miet- oder Pachtvertrag um einen Haupt- oder Untermietvertrag handelt, da es auf die eigene Nutzung nicht ankommt und § 108 Abs. 1 S. 1 InsO nach Wortlaut und Sinn alle Miet- und Pachtverhältnisse erfasst (Kübler/Prütting/Bork/*Tintelnot* § 108 Rdn. 6; Runkel/*Dahl* § 8 Rdn. 183). Bei Mischverträgen, die sowohl Mobilien als auch Immobilien zum Gegenstand haben oder aber miet- oder pachtfremde Leistungen enthalten, ist maßgeblich, welche Leistung dem Vertrag sein typisches Gepräge gibt (Nerlich/Römermann/*Balthasar* § 108 Rdn. 8; Kübler/Prütting/Bork/*Tintelnot* § 108 Rdn. 13; MünchKommInsO/*Eckert* § 108 Rdn. 19; Nerlich/Kreplin/*Christiani* § 33 Rdn. 90). Im Hinblick auf vorrangige dienst- oder werkvertragliche Elemente sind insbesondere der Heimpflegevertrag, der Internatsvertrag und der Tankstellenvertrag als zwischen Mineralölunternehmen und Betreiber geschlossener Stationärvertrag nicht als Miet- oder Pachtverhältnis zu behandeln.

§ 108 Abs. 3 InsO (§ 108 Abs. 2 a. F. InsO) bestimmt, dass der Vertragspartner des Schuldners Ansprüche für die Zeit vor der Eröffnung des Insolvenzverfahrens nur als Insolvenzgläubiger geltend machen kann. Zum Teil wird hieraus geschlossen, dass die Vorschrift des § 108 Abs. 3 InsO der Begründung von Masseverbindlichkeiten aus Dauerschuldverhältnissen im Eröffnungsverfahren generell entgegensteht, also auch dann, wenn das Insolvenzgericht im Eröffnungsverfahren zur Sicherung der Masse einen vorläufigen Insolvenzverwalter bestellt. Nach § 55 Abs. 2 S. 1 InsO gelten demgegenüber Verbindlichkeiten, die von einem vorläufigen Insolvenzverwalter begründet worden sind, auf den die Verwaltungs- und Verfügungsbefugnis über das Vermögen des Schuldners übergegangen ist, nach der Eröffnung des Verfahrens als Masseverbindlichkeiten. § 55 Abs. 2 S. 2 InsO ordnet darüber hinaus an, dass Gleiches für Verbindlichkeiten aus einem Dauerschuldverhältnis gilt, soweit der vorläufige Insolvenzverwalter für das von ihm verwaltete Vermögen die Gegenleistung in Anspruch genommen hat. Herrschender Auffassung nach werden durch den „schwachen" vorläufigen Insolvenzverwalter keine Masseverbindlichkeiten begründet. Bereits die obergerichtliche Rechtsprechung hat § 55 Abs. 2 S. 2 InsO bei Anordnung eines allgemeinen Zustimmungsvorbehalts gemäß § 21 Abs. 2 Nr. 2 Alt. 2 InsO für nicht anwendbar erklärt, so dass durch den vorläufigen Verwalter keine Masseverbindlichkeiten begründet werden (OLG Köln NZI 2001, 554 = ZIP 2001, 1422; OLG Frankfurt/M. ZIP 2002, 2185). Dieser Ansicht folgen Instanzgerichte insbesondere mit ihren zum „Bast-Bau-Verfahren" ergangenen Entscheidungen, die sämtlich gleichgelagerte Sachverhaltskonstellationen (bloße Anordnung eines allgemeinen Zustimmungsvorbehalts) zum Inhalt haben (LG Leipzig ZIP 2001, 1778; AG Leipzig ZIP 2001, 1780; AG Wuppertal ZIP 2001, 1335; a. A. LG Essen NZI 2001, 217, das die Vorschrift des § 55 Abs. 2 InsO auf den vorläufigen Insolvenzverwalter mit Zustimmungsvorbehalt analog anwendet). Auch in der Literatur herrscht die Ansicht vor, dass durch den vorläufigen „schwachen" Insolvenzverwalter keine Masseverbindlichkeiten begründet werden (Braun/*Bäuerle* § 55 Rdn. 47). Schließlich besteht weitgehend Einigkeit darüber, dass bei Bestellung eines vorläufigen „starken" Insolvenzverwalters die speziellere Vorschrift des § 55 Abs. 2 InsO im Eröffnungsverfahren Anwendung findet und auch § 108 Abs. 3 InsO insofern der Begründung von Masseverbindlichkeiten aus Dauerschuldverhältnissen nicht entgegensteht (vgl. – z.T. noch zum gleichlautenden § 108 Abs. 2 InsO a. F. – LAG Köln NZI 2000, 288 = ZIP 2000, 805; LG Essen NZI 2001, 217; HK-InsO/*Marotzke* § 108 Rdn. 38; Kübler/Prütting/Bork/*Tintelnot* § 108 Rdn. 28 a; Nerlich/Römermann/*Andres* § 55 Rdn. 133; Nerlich/Römermann/*Balthasar* § 108 Rdn. 15; FK-InsO/*Wegener* § 108 Rdn. 27 a). Letzterer Auffassung hat sich auch der BGH zu Recht angeschlossen und entschieden, dass Verbindlichkeiten aus Dauerschuldverhältnissen im Sinne des § 108 InsO unter der Voraussetzung des § 55 Abs. 2 InsO schon für die Zeit des Eröffnungsverfahrens zu Masseverbindlichkeiten werden (Zur a. F. bereits BGH NZI 2002, 543 = ZIP 2002, 1625; siehe dazu auch *Haarmeyer/Pape* ZInsO 2002, 845; *Heidrich/Prager* NZI 2002, 653; *Prütting/Stickelbrock* ZIP 2002, 1608 und *Smid* DZWIR 2002, 444). Hierbei verweist der BGH darauf, dass es sich bei § 55 Abs. 2 InsO um eine speziell im Eröffnungsverfahren geltende Vorschrift handelt, deren S. 2 inhaltlich gegenstandslos wäre, wenn § 108 Abs. 3 InsO dafür ausnahmslos Abweichendes anordnen würde (Runkel/*Dahl* § 8 Rdn. 198). Ergänzend stellt der BGH klar, dass insbesondere § 55 Abs. 2 S. 2 InsO weder unmittelbar noch entsprechend auf Rechtshandlungen eines vorläufigen Insolvenzverwalters anzuwenden ist, auf den die Verfügungsbefugnis über das Vermögen des Schuldners nicht übergegangen ist (BGH ZIP 2007, 340; BGH NZI 2002, 543 = ZIP 2002, 1625). Nur aufgrund des Erlasses eines allgemeinen Verfügungsverbots kann der vorläufige Insolvenzverwalter umfassend für den Schuldner handeln, während er bei Anordnung eines bloßen Zustimmungsvorbehalts rechtlich nicht in der Lage ist, den Schuldner gegen dessen Willen zu bestimmten Handlungen anzuhalten, insbesondere kann er ihn ohne ergänzende gerichtliche Anordnung nicht an der tatsächlichen Nutzung gemieteter Räume hindern.

Ansprüche aus Miet- und Pachtverhältnissen, die nach Verfahrenseröffnung entstehen, werden dagegen immer zu Masseverbindlichkeiten (Nerlich/Kreplin/*Christiani* § 33 Rdn. 117). § 55 Abs. 1 Nr. 2 InsO ordnet insoweit ausdrücklich an, dass Masseverbindlichkeiten insbesondere auch die Verbindlichkeiten aus gegenseitigen Verträgen sind, deren Erfüllung für die Zeit nach Eröffnung des Insolvenzverfahrens erfolgen muss. Etwas anderes gilt nur, wenn in der Insolvenz des Mieters das Mietverhältnis bereits vor Eröffnung des Insolvenzverfahrens aufgelöst ist. Dann kommt dem Anspruch des Vermieters auf Nutzungsentschädigung für die Zeit ab Insolvenzeröffnung grundsätzlich nicht der Rang einer Masseverbindlichkeit zu (BGH ZIP 2007, 340).

**3.** Das Sonderkündigungsrecht des § 109 Abs. 1 S. 1 InsO steht nur dem Insolvenzverwalter, nicht aber dem vorläufigen Insolvenzverwalter zu. Dies ergibt sich schon aus der Stellung der Norm im Dritten Teil, der auf Wirkungen der Eröffnung des Insolvenzverfahrens Bezug nimmt. Auch der sog. „starke" vorläufige Insolvenzverwalter, der gerichtlich mit einer allgemeinen Verwaltungs- und Verfügungsbefugnis ausgestattet wurde, kann das Sonderkündigungsrecht des § 109 Abs. 1 S. 1 InsO nicht ausüben, da erst mit Eröffnung des Insolvenzverfahrens Dauerschuldverhältnisse der Modifikation gem. §§ 103 ff. InsO unterliegen und nach diesem Zeitpunkt eine Entscheidung über Weiterführung oder Abwicklung dieser Vertragsverhältnisse getroffen wird (MünchKomm-InsO/*Haarmeyer* § 22 Rdn. 59; *Andres*/Leithaus § 109 Rdn. 3; a. A. *Eckert* ZIP 1996, 897, 899 f.).

**4.** Umstritten ist, ob der Kündigung eines Mietverhältnisses, an dem neben dem Schuldner noch weitere Personen als Mieter beteiligt sind, eine Gesamtwirkung gegenüber allen Mietern zukommt (näher dazu Runkel/*Dahl* § 8 Rdn. 211 ff.). Eine Ansicht differenziert nach der Einräumung eines Nutzungsrechts: steht dies dem oder den Mitmietern/pächtern zu, unterliegen sie nicht der Kündigung. Wurden sie indes nur sicherungshalber mit verpflichtet, so beendet die Kündigung auch das mit ihm bzw. ihnen bestehende Vertragsverhältnis (Kübler/Prütting/Bork/*Tintelnot* § 109 Rdn. 46; Uhlenbruck/*Berscheid* 12. Aufl. 2003, § 109 Rdn. 22; MünchKommInsO/*Eckert* § 109 Rdn. 36 ff.). Nach zutreffender Ansicht ist der Verwalter befugt, sich mit Wirkung für alle übrigen Mitmieter von dem Vertrag zu lösen (Runkel/*Dahl* § 8 Rdn. 212 f.; im Ergebnis ebenso: OLG Celle NJW 1977, 2012; Braun/*Kroth* § 109 Rdn. 24; Nerlich/Römermann/*Balthasar* § 109 Rdn. 10; FK-InsO/*Wegener* § 109 Rdn. 11; Leonhardt/Smid/*Zeuner* § 109 Rdn. 6; Uhlenbruck/*Wegener* § 109 Rdn. 30; Kuhn/*Uhlenbruck* § 19 KO Rdn. 10; Kilger/*K. Schmidt* § 19 KO Anm. 7; *Vallender*/Dahl NZI 2000, 246, 247). Sind mehrere Personen auf einer Seite Vertragspartei, so handelt es sich um ein einheitliches Vertragsverhältnis, das – auch im Fall der Kündigung – einem einheitlichen Schicksal unterliegt und sich nicht aufspalten lässt. Ein anderes gilt nur bei Jagdpachtverhältnissen. Hier bleibt gem. § 13 a BJagdG das Vertragsverhältnis mit den übrigen Pächtern bestehen, die aber für den Fall der Unzumutbarkeit kündigen können (FK-InsO/*Wegener* § 109 Rdn. 11).

**5.** Auf einen Pachtvertrag sind gemäß § 581 Abs. 2 BGB die Vorschriften über den Mietvertrag grundsätzlich entsprechend anzuwenden. Beachtlich ist dabei § 584 Abs. 1 BGB, der eine ausdrückliche Kündigungsregelung für Pachtverhältnisse über Grundstücke enthält und anerkanntermaßen den mietrechtlichen Regelungen und hierbei insbesondere § 580a BGB vorgeht (MünchKommBGB/*Harke* § 584 Rdn. 1; Palandt/*Weidenkaff* § 581 BGB Rdn. 15; Runkel/*Dahl* § 8 Rdn. 208; MünchKommInsO/*Eckert* § 109 Rdn. 22; Nerlich/Römermann/*Balthasar* § 109 Rdn. 8; Gottwald/*Huber* § 37 Rdn. 35).

**6.** Bei einem Mietverhältnis über Geschäftsräume ist nach § 580a Abs. 2 BGB die ordentliche Kündigung spätestens am dritten Werktag eines Kalendervierteljahres zum Ablauf des nächsten Kalendervierteljahres zulässig. Nach der Neufassung des § 580a Abs. 4 BGB gilt bei der Kündigung durch den Insolvenzverwalter nach § 109 Abs. 1 S. 1 InsO die längere Frist des § 580a Abs. 2 BGB (Runkel/*Dahl* § 8 Rdn. 205 f.; Schmidt-Futterer/ *Blank* § 542 BGB Rdn. 125). Bei einem Mietvertrag über Wohnräume findet die Sonderregelung des § 109 Abs. 1 S. 2 InsO Anwendung, vgl. hierzu Form. E. II.

Für Insolvenzverfahren, die nach dem 1. 7. 2007 eröffnet wurden (vgl. Art 103c EG-InsO), ordnet § 109 Abs. 1 S. 1 InsO eine Frist von nunmehr drei Monaten zum Monatsende an, wenn nicht ohnehin eine kürzere Frist maßgeblich ist. Schon die ursprüngliche Regelung des § 109 Abs. 1 InsO a. F. diente dem Ziel, die Masse nicht mit Mietansprüchen zu belasten, wenn eine wirtschaftliche Nutzung des Objekts nicht mehr möglich ist. Dieser Anspruch wurde aber nur unvollkommen eingelöst da sich z. B. die Kündigungsfrist für gewerblichen Wohnraum nach § 580a Abs. 2, 4 BGB auf bis zu fast neuen Monaten belaufen konnte. Hierin erkannte der Gesetzgeber eine Aushöhlung der Masse und eine nicht gerechtfertigte Ungleichbehandlung insbesondere von Arbeitnehmern, deren Arbeitsverhältnis nach § 113 Abs. 1 S. 2 InsO mit einer Kündigungsfrist von höchstens drei Monaten beendet werden kann (Begründung, RegE BR-Drucks. 549/06, S. 37). Die Verkürzung der Kündigungsfrist des § 109 Abs. 1 InsO wirkt sich insbesondere auf Pachtverhältnisse erheblich aus.

**7.** Die gemäß § 119 InsO unabdingbare Vorschrift des § 109 InsO gewährt dem Insolvenzverwalter ein Sonderkündigungsrecht. Nach § 109 Abs. 1 S. 1 InsO kann der Insolvenzverwalter ein Miet- oder Pachtverhältnis über einen unbeweglichen Gegenstand oder über Räume, das der Schuldner als Mieter oder Pächter eingegangen war, ohne Rücksicht auf die vereinbarte Vertragsdauer oder einen vereinbarten Ausschluss des Rechts zur ordentlichen Kündigung kündigen. Eine zwischen den Parteien vereinbarte längere Kündigungsfrist ist ebenso unbeachtlich wie eine die ordentliche Kündigung ausschließende Befristung des Mietverhältnisses (MünchKommInsO/*Huber* § 119 Rdn. 14). Bei wirksamer Vereinbarung einer kürzeren als der gesetzlichen (Sonder-) Kündigungsfrist ist diese maßgeblich (Runkel/*Dahl* § 8 Rdn. 203; Nerlich/Römermann/*Balthasar* § 109 Rdn. 3), obgleich eine diesbezügliche Klarstellung – wie sie § 19 S. 2 KO enthielt – in § 109 Abs. 1 InsO fehlt (Gottwald/*Huber* § 37 Rdn. 35). Unberührt bleiben die Vorschriften zur fristlosen Kündigung, im Mietrecht also beispielsweise die §§ 543, 569 BGB.

**8.** Anders als im Falle des § 111 S. 2 InsO ist das Kündigungsrecht des Insolvenzverwalters nicht allein auf den ersten zulässigen Kündigungstermin beschränkt. Vielmehr kann er es – ohne dass er sich treuwidrig verhielte – auch im weiteren Verlauf des Insolvenzverfahrens ausüben, wenn ihm dies als sachdienlich erscheint (Andres/*Leithaus* § 109 Rdn. 3; Kübler/Prütting/Bork/*Tintelnot* § 109 Rdn. 28; Minuth/*Wolf* NZM 1999, 289, 291). Der Verwalter unterliegt dann weiterhin nur der gesetzlichen in § 109 Abs. 1 S. 1 InsO genannten Kündigungsfrist von drei Monaten zum Montasende, nicht aber eventuellen vertraglichen Kündigungsfristen (MünchKommInsO/*Eckert* § 109 Rdn. 25; Nerlich/Römermann/*Balthasar* § 109 Rdn. 4; Gottwald/*Huber* § 37 Rdn. 34), die er nutzen kann, aber nicht muss (*Andres*/Leithaus § 109 Rdn. 4). Wurde das Mietverhältnis allerdings schon vor der Eröffnung des Insolvenzverfahrens gekündigt, so ist eine (weitere) Kündigung durch den Verwalter nach § 109 InsO nur möglich, wenn diese zuerst wirksam wird (Kübler/Prütting/Bork/*Tintelnot* § 109 Rdn. 10). Nach der neuen Rechtsprechung des BGH (NZI 2007, 713), wonach die Anwendbarkeit des § 108 InsO die vorherige Überlassung des Mietgegenstands voraussetzt (s. dazu Anm. 2), wird gleiches für § 109 Abs. 1 S. 1 InsO zu gelten haben. Ist § 108 InsO bei fehlender Überlassung nicht einschlägig, sondern steht dem Insolvenzverwalter das Erfüllungswahlrecht gemäß § 103 InsO zu, so bedarf dieser auch kein Sonderkündigungsrecht nach § 109 InsO.

Das Kündigungsrecht des § 109 InsO ist gem. § 119 InsO nicht einschränkbar und auch nicht auszuschließen (Nerlich/Römermann/*Balthasar* § 109 Rdn. 5).

**9.** Grundsätzlich ist die Kündigung formfrei möglich. Formzwänge können sich aber einerseits aufgrund vertraglicher Regelungen ergeben, denen auch der Insolvenzverwalter unterworfen ist (OLG Naumburg ZMR 1999, 708; MünchKommInsO/*Eckert* § 109 Rdn. 20; *Andres*/Leithaus § 109 Rdn. 5). Andererseits kann die Beachtung einer Form auch aufgrund gesetzlicher Vorschriften erforderlich sein, so etwa gem. § 568 Abs. 1 BGB (Wohnraummiete), Land- oder Kleingartenpacht (§§ 594 f. BGB, 7 BundeskleingartenG). Im Übrigen ist die Schriftform schon aus Beweiszwecken nahe liegend und empfehlenswert.

**10.** Der Vermieter sollte bereits in seinem Kündigungsschreiben aus Gründen der Vorsicht ausdrücklich einer Verlängerung des Mietverhältnisses gemäß § 545 BGB widersprechen, siehe Anmerkungen zu Form. D. X. 1 und D. X. 2.

## II. Erklärung des Insolvenzverwalters nach § 109 Abs. 1 S. 2 InsO

......

(Insolvenzverwalter)

an

......

(Vermieter)

Sehr geehrte(r) ......

mit anliegendem Beschluss des Amtsgerichts – Insolvenzgerichts – ...... vom ...... ist das Insolvenzverfahren[1] über das Vermögen der ...... eröffnet[2] und der Unterzeichner zum Insolvenzverwalter bestellt worden.

Zwischen der Schuldnerin und Ihnen besteht ein Mietvertrag vom ...... über Wohnräume[3] in dem Mietobjekt ...... (genaue Bezeichnung von Straße und Ort). Nach § 109 Abs. 1 S. 1 InsO bin ich grundsätzlich berechtigt, Mietverhältnisse ohne Rücksicht auf die vereinbarte Vertragsdauer mit einer Frist von drei Monaten zum Monatsende (in Altfällen: unter Einhaltung der gesetzlichen Frist)[4] zu kündigen.

Eine Ausnahme gilt jedoch für Wohnraummietverhältnisse des Schuldners, die nicht gekündigt werden können. Gleichwohl bin ich nach § 109 Abs. 1 S. 2 InsO stattdessen berechtigt zu erklären, dass Ansprüche, die nach Ablauf der ordentlichen Kündigungsfrist – hier also nach dem ...... – fällig werden, nicht im Insolvenzverfahren geltend gemacht werden können. Ich erkläre daher,[5] dass nach dem ...... fällig werdende Ansprüche nicht im Insolvenzverfahren[6] geltend gemacht werden können.

......

(Insolvenzverwalter)

*Schrifttum:* S. Form. E. I.

### Anmerkungen

**1.** Vgl. Form. E. I. Anm. 1.

**2.** Vgl. Form. E. I. Anm. 2.

**3.** Der Begriff des Wohnraums bezeichnet jeden zum Wohnen bestimmten Raum, insbesondere solche zum Schlafen, Essen und Kochen, darüber hinaus aber auch Nebenräume. Dabei erscheint eine Einschränkung dahingehend zweckgerecht, dass nur der Lebensmittelpunkt des Schuldners als Wohnraum anzusehen ist; Nebenwohnsitze, Ferienwohnungen etc. bedürfen hingegen nicht des durch diese Regelung bezweckten Schutzes (Kübler/Prütting/Bork/*Tintelnot* § 109 Rdn. 14; ferner Rdn. 15 zum Sonderproblem der Zweitwohnung getrennt lebender Ehepartner). Der Wohnraum muss nicht zwingend wesentlicher Bestandteil des Grundstücks sein. Erfasst werden auch transportable Baracken (Palandt/*Weidenkaff* Einf. v. § 535 Rdn. 89; a. A. MünchKommBGB/*Bieber* § 549 Rdn. 3), nicht aber bewegliche Räume wie beispielsweise Wohnwagen. Der

Raum muss zu Wohnzwecken vermietet sein (MünchKommBGB/*Bieber* § 549 Rdn. 5). Überwiegt die Wohnnutzung gegenüber der gewerblichen, so findet § 109 Abs. 1 S. 2 InsO Anwendung (*Andres*/Leithaus § 109 Rdn. 9; a. A. Kübler/Prütting/Bork/*Tintelnot* § 109 Rdn. 16). Die Untermiete von Wohnraum ist daher Wohnraummietverhältnis, die Zwischenmiete (also Vermietung zum Zweck der gewerblichen Weitervermietung) von Wohnraum ist hingegen nur im (End-)Mietverhältnis mit dem zu Wohnzwecken nutzenden Mieter ein Wohnraummietverhältnis (BGHZ 94, 11, 14; HK-InsO/*Marotzke* § 109 Rdn. 6; Palandt/*Weidenkaff* § 549 Rdn. 5).

**4.** Zur gesetzlichen Frist vgl. Form. E. I. Anm. 6. Anstelle der Kündigung nach § 109 Abs. 1 S. 1 InsO tritt die Erklärung des Insolvenzverwalters nach § 109 Abs. 1 S. 2 InsO, dass Ansprüche, die nach Ablauf der gesetzlichen Kündigungsfrist fällig werden, nicht im Insolvenzverfahren geltend gemacht werden können. Die Erklärung schützt den Mieter vor dem Verlust seiner Wohnung und die Insolvenzmasse vor einer Haftung für die Miete (*Andres*/Leithaus § 109 Rdn. 8). Damit wird einerseits die Massezugehörigkeit des Wohnungsmietverhältnisses klargestellt, andererseits eine beschränkte Freigabe des Mietverhältnisses ohne Zustimmung des Vermieters anerkannt (Kübler/Prütting/Bork/*Tintelnot* § 109 Rdn. 12; Runkel/*Dahl* § 8 Rdn. 219). Wie auch die Kündigung nach § 109 Abs. 1 S. 1 InsO kann auch die Erklärung nach § 109 Abs. 1 S. 2 InsO während des gesamten Verfahrens abgegeben werden (*Andres*/Leithaus § 109 Rdn. 10).

**5.** Die Erklärung des Verwalters, die an den Vermieter zu richten ist, unterliegt im Falle der Wohnraummiete dem Erfordernis der Schriftform des § 568 Abs. 1 BGB (MünchKommInsO/*Eckert* § 109 Rdn. 20) und hat entsprechend §§ 573d Abs. 2, 575a Abs. 3 BGB den Zeitpunkt anzugeben, ab dem die Ansprüche aus dem Mietverhältnis nicht mehr als Masseverbindlichkeiten geltend gemacht werden können. Dieser ist mit dem Zeitpunkt des Ablaufs der Kündigungsfrist identisch (Braun/*Kroth* § 109 Rdn. 16; Runkel/*Dahl* § 8 Rdn. 219 a.E.).

**6.** Durch die Erklärung des Insolvenzverwalters nach § 109 Abs. 1 S. 2 InsO wird das Wohnungsmietverhältnis von dem Insolvenzverfahren separiert und mit dem Schuldner fortgesetzt (*Andres*/Leithaus § 109 Rdn. 12). Somit behält der Schuldner sein Nutzungsrecht, ist aber auch (persönlicher) Schuldner der Mietansprüche. Die Masse ist hiervon befreit. Demzufolge steht ab Fristablauf auch das Kündigungsrecht grundsätzlich allein dem Schuldner und nicht mehr dem Insolvenzverwalter zu. In Hinblick auf die Regelung in § 109 Abs. 1 S. 3 InsO hat die Masse aber wegen der Folgen der Erklärung Schadensersatz zu leisten (*Andres/Leithaus* § 109 Rdn. 12, 13; Braun/*Kroth* § 109 Rdn. 16). Gleiches gilt für Nachzahlungsansprüche betreffend Nebenkosten. Zu den Grenzen des Schadensersatzanspruches dem Grunde nach vgl. Form. E. V. Anm. 6.
Umstritten ist, ob nach der Freigabe des Mietverhältnisses auch etwaige Gegenansprüche des Mieters gegen den Vermieter allein dem Schuldner persönlich zustehen oder aber zur Insolvenzmasse gehören. Betroffen ist vornehmlich der Anspruch auf Rückzahlung einer geleisteten Mietkaution nach Beendigung des Mietverhältnisses sowie der Anspruch auf Erstattung eines etwaigen Nebenkostenguthabens. Jedenfalls hinsichtlich des Anspruchs auf Rückzahlung der Mietkaution ergibt sich aus Gesetzgebungsgeschichte des § 109 Abs. 1 S. 2 InsO eindeutig der Wille des Gesetzgebers für eine Massezugehörigkeit des Anspruchs (BT-Drucks 14/5680, S. 27; MünchKomm-InsO/*Eckert* § 109 Rdn. 62; a.A. aber FK-InsO/*Wegener* § 109 Rdn. 10 c). Das ist auch in der Sache gerechtfertigt, da der fragliche Anspruch dem Grunde nach bereits vor Insolvenzeröffnung entstanden ist. Jedoch soll die Masse nach der ratio legis des § 109 Abs. 1 S. 2 InsO eine erhaltene Kaution dem Schuldner wieder zur Verfügung stellen müssen, soweit dies zur Begründung eines Ersatzmietverhältnisses erforderlich ist (Kübler/Prütting/Bork/*Tintelnot* § 109 Rdn. 20). Hinsichtlich des Anspruchs auf Erstattung eines etwaigen Nebenkostenguthabens spricht vieles für eine alleinige Berechtigung des Mieters, jedenfalls so-

weit es um Guthaben geht, die aus Vorauszahlungen nach Enthaftung herrühren (vgl. AG Göttingen NZI 2009, 607, 608).

Ist der Schuldner nicht in der Lage, künftig den Mietzins aus seinem pfändungsfreien Einkommen zu bezahlen, so ist der Vermieter berechtigt, wegen eines nach Ablauf der Erklärungsfrist des § 109 Abs. 1 S. 1, 2 InsO entstehenden Zahlungsverzuges nach Maßgabe des § 569 Abs. 3 BGB zu kündigen (Uhlenbruck/*Wegener* § 109 Rdn. 20; a. A. Kübler/Prütting/Bork/*Tintelnot* § 109 Rdn. 19: Kündigungsberechtigung des Vermieters bereits mit Abgabe der Enthaftungserklärung), wobei dem Schuldner bei sozialer Härte gemäß §§ 574 bis 574c BGB das Widerspruchsrecht zusteht (Uhlenbruck/*Berscheid*, 12. Aufl. 2003, § 109 Rdn. 16). Kündigt der Vermieter ein nach § 109 Abs. 1 S. 2 InsO freigegebenes Mietverhältnis, so richtet sich sein Herausgabeanspruch (§§ 985, 546 BGB) grundsätzlich allein gegen den Mieter; Herausgabeansprüche gegen den Verwalter bestehen nur, wenn dieser die Mietwohnung in Besitz genommen hat (BGH NZI 2008, 554, 555).

Bewohnt der Schuldner ein zur Insolvenzmasse gehörendes Haus selbst, so hat er an die Masse eine Nutzungsentschädigung zu leisten. Seine Angehörigen trifft diese Pflicht nur, wenn sie unterhaltspflichtig sind und eine Leistung gesondert vereinbart ist (OLG Nürnberg NZI 2006, 44).

## III. Erklärung des Rücktritts durch den Gläubigervertreter an den Insolvenzverwalter nach § 109 Abs. 2 InsO

......

(Vermieter)

an

......

(Insolvenzverwalter)

Sehr geehrte(r) ......,

ich zeige an, dass mich ...... mit der Wahrnehmung seiner rechtlichen Interessen beauftragt hat. Eine auf mich lautende Originalvollmacht liegt anbei.

Zwischen der Schuldnerin[1] und meiner Mandantin besteht seit dem ...... der ebenfalls anliegende Mietvertrag über die Geschäftsräume in der ...... (genaue Bezeichnung von Straße und Ort). Die Räume sollen der Schuldnerin am ...... von meiner Mandantin übergeben werden.[2] Zwischenzeitlich wurde aber am ...... das Insolvenzverfahren[3] über das Vermögen der Schuldnerin eröffnet.[4]

Meine Mandantin macht daher von den ihr in § 109 Abs. 2 InsO eingeräumten Rechten Gebrauch und tritt vom Vertrag zurück.[5]

......

(Vermieter)

### Anmerkungen

**1.** Nach § 109 Abs. 2 S. 1 InsO sind sowohl der Insolvenzverwalter als auch der Vermieter berechtigt, vom Vertrag zurückzutreten, wenn dem Schuldner die Räume bei Verfahrenseröffnung noch nicht überlassen waren. Nach § 109 Abs. 2 S. 3 InsO kann jede Seite den Vertragspartner zur Ausübung des Rücktrittsrechts auffordern. Gleichwohl existiert eine Pflicht zur Ausübung des Rücktrittsrechts innerhalb einer bestimmten Frist nach Verfahrenseröffnung weder für den Insolvenzverwalter noch für den Vermieter. Erfolgt jedoch die Aufforderung zur Erklärung über das Rücktrittsrecht, ist der jeweils andere Teil gehalten, sich innerhalb von zwei Wochen zu erklären, wenn er seines Rechts nicht verlustig gehen will. Wird die Frist versäumt, folgt daraus die Invollzugsetzung des Vertrages mit der Wirkung des § 108 Abs. 1 S. 1 InsO. Freilich bleibt es dem Insolvenzverwalter unbenommen, sich durch Kündigung nach § 109 Abs. 1 InsO unter Einhaltung der gesetzlichen Kündigungsfrist von dem Vertragsverhältnis zu lösen (Runkel/*Dahl* § 8 Rdn. 227 m. w. N.).

Das Rücktrittsrecht des Vermieters besteht nicht, wenn ihm mehrere Mitmieter als Schuldner zur Verfügung stehen (Nerlich/Römermann/*Balthasar* § 109 Rdn. 16). Dies ist auch nicht erforderlich, da ihm weitere Mitmieter als Gesamtschuldner haften (differenzierend Kübler/Prütting/Bork/*Tintelnot* § 109 Rdn. 57, der ein allseits wirkendes Rücktrittsrecht dann anerkennt, wenn eine ausschließlich gemeinsame Nutzung vereinbart war). Macht im umgekehrten Fall der Insolvenzverwalter sein Rücktrittsrecht gegenüber dem Vermieter geltend, so hat er – wie bereits bezüglich der Kündigung erläutert (Form E. I. Anm. 4.) – die Befugnis, sich mit Wirkung für weitere Mitmieter von dem Vertrag zu lösen (Nerlich/Römermann/*Balthasar* § 109 Rdn. 10, 16). Der Schutz der Masse gebietet es, auf das Erfordernis einer gemeinsamen Kündigung durch alle Mieter zu verzichten und den Grundsatz der Einheitlichkeit des Mietverhältnisses zu durchbrechen.

Gänzlich ausgeschlossen ist das Rücktrittsrecht des Vermieters dann, wenn er die gesetzliche Voraussetzung, dass das Miet- oder Pachtobjekt zur Zeit der Verfahrenseröffnung noch nicht überlassen war, in einer den Tatbestand des Verzuges begründenden Weise selbst herbeigeführt hat. Das Rücktrittsrecht auszuüben erscheint in diesem Fall rechtsmissbräuchlich und ist daher unzulässig (MünchKommInsO/*Eckert* § 109 Rdn. 69; Runkel/*Dahl* § 8 Rdn. 225; a. A. Uhlenbruck/*Wegener* § 109 Rdn. 29).

**2.** Das Rücktrittrecht besteht nur, wenn das Mietobjekt noch nicht übergeben wurde.

**3.** Vgl. Form. E. I. Anm. 1.

**4.** Vgl. Form. E. I. Anm. 2.

**5.** Auf den Rücktritt finden die Vorschriften der §§ 346 ff. BGB uneingeschränkt Anwendung (Nerlich/Römermann/*Balthasar* § 109 Rdn. 15; Nerlich/Kreplin/*Christiani* § 33 Rdn. 99). Die Ausübung des Rücktrittsrechts hat daher gemäß § 349 BGB durch eine eindeutige, unwiderrufliche Erklärung zu erfolgen (Runkel/*Dahl* § 8 Rdn. 222). Die Rücktrittserklärung kann nicht bedingt abgegeben werden (Nerlich/Römermann/*Balthasar* § 109 Rdn. 15). Sie wird gemäß § 130 BGB mit Zugang beim Vertragspartner wirksam.

Dem Rücktritt steht nicht entgegen, dass der Schuldner an den Vermieter ganz oder teilweise vorgeleistet oder der Vermieter seinerseits Nebenleistungen bereits erbracht hatte; im Rahmen der Rückgewähr ist die Haftung des Vermieters gemäß § 346 Abs. 3 S. 1 Nr. 3, S. 2 BGB auf die verbliebene Bereicherung beschränkt (Kübler/Prütting/Bork/*Tintelnot* § 109 Rdn. 55; Nerlich/Römermann/*Balthasar* § 109 Rdn. 15). Aus § 572 Abs. 1 BGB ist zu schließen, dass Wohnraumkündigungsschutz vor Überlassung des Mietobjekts nicht besteht.

## IV. Hinweis des Insolvenzverwalters an einen Vermieter auf die Kündigungssperre nach § 112 InsO

......

(Insolvenzverwalter)

an

......

(Vermieter)

Sehr geehrte(r) ......,

mit anliegendem Beschluss des Amtsgerichts – Insolvenzgerichts – ...... vom ...... ist das Insolvenzverfahren[1] über das Vermögen der ...... eröffnet[2] und der Unterzeichner zum Insolvenzverwalter bestellt worden. Der gerichtlichen Insolvenzakte zu AZ ...... ist zu entnehmen, dass der Antrag der Schuldnerin auf Eröffnung des Insolvenzverfahrens über ihr Vermögen vom ...... am ...... bei Gericht eingegangen ist.

Zwischen der Schuldnerin und Ihnen besteht ein Mietvertrag[3] über Wohn- bzw. Geschäftsräume vom ......, den Sie am ......[4] und damit nach Insolvenzantragstellung wegen Verzugs[5] des Schuldners mit der Entrichtung der Miete gekündigt haben. Hierbei beziehen Sie sich ausdrücklich auf die Miete für die Zeit vor dem Insolvenzantrag.

Ich weise darauf hin, dass gemäß § 112 Nr. 1 InsO ein Miet- oder Pachtverhältnis, das der Schuldner als Mieter oder Pächter eingegangen war, nach dem Antrag auf Eröffnung des Insolvenzverfahrens nicht mehr wegen eines Verzugs mit der Entrichtung der Miete oder Pacht, der in der Zeit vor dem Eröffnungsantrag eingetreten ist, gekündigt werden kann.

......

(Insolvenzverwalter)

### Anmerkungen

**1.** Vgl. Form. E. I. Anm. 1.

**2.** Vgl. Form. E. I. Anm. 2.

**3.** Ein Miet- oder Pachtverhältnis, dass der Schuldner als Mieter oder Pächter eingegangen war, kann der andere Teil nach § 112 InsO nach dem Antrag auf Eröffnung des Insolvenzverfahrens nicht wegen eines Verzugs mit der Entrichtung der Miete oder Pacht, der in der Zeit vor dem Eröffnungsantrag eingetreten ist, oder wegen einer Verschlechterung der Vermögensverhältnisse des Schuldners kündigen. Die Vorschrift bezweckt, die wirtschaftliche Einheit im Besitz des Schuldners nicht zur Unzeit auseinander zu reißen und dem Insolvenzverwalter die Möglichkeit zu geben, ein Unternehmen durch Nutzung der wesentlichen Betriebsmittel so lange fortzuführen, bis in der Gläubigerversammlung eine Entscheidung über das Verfahrensziel getroffen werden kann.

Der Anwendungsbereich der Norm erstreckt sich nicht nur auf Immobilien, sondern auch auf bewegliche Gegenstände. Ferner werden von der Regelung neben sämtlichen Miet- und Pachtverhältnissen auch Leasingverträge erfasst. Bei Verträgen mit gemischtem Inhalt ist das den Vertragsinhalt prägende Leistungselement neben der Frage entscheidend, ob ihrem Sinn und Zweck nach die Anwendung auf das fragliche Dauerschuldverhältnis geboten ist (MünchKommInsO/*Eckert* § 112 Rdn. 1 ff. mit Beispielen; Runkel/*Dahl* § 8 Rdn. 251 f.). Dies trifft wohl jedenfalls auf Lizenzverträge zu, die die Ausnutzung und wirtschaftliche Verwertung der geistigen, technischen oder künstlerischen Schöpfung eines Dritten beinhalten (FK-InsO/*Wegener* § 112 Rdn. 5; Gottwald/ *Huber* § 37 Rdn. 3). Gleiches gilt für Know-how-Verträge (BGH NJW 1981, 2684; MünchKommInsO/*Eckert* § 112 Rdn. 7) und Softwarenutzungsverträge (BGH NJW 1988, 406). Indes ist der Ansicht zu widersprechen, dass die Kündigungssperre bereits vor Überlassung des Nutzungsgegenstandes anwendbar sei (so aber MünchKommInsO/ *Eckert* § 112 Rdn. 11 ff. m. w. N.; *ders.* ZIP 1996, 897, 899; Uhlenbruck/*Wegener* § 112 Rdn. 5; *Sinz*, Kölner Schrift zur Insolvenzordnung, S. 408 Rdn. 10; Braun/*Kroth* § 112 Rdn. 4). Die Anwendbarkeit ergibt sich aus dem Normzweck, wirtschaftlich sinnvolle Allokationen zu erhalten (Begr. zu § 125 RegE, BT-Drucks. 12/2443, S. 148). Dafür spricht auch die Systematik der Vorschrift, da bei Immobilien und Räumen der Vermieter vor Überlassung auch ein Rücktrittsrecht hat (Runkel/*Dahl* § 8 Rdn. 254). In diesen Fällen bleibt es daher bei einem Kündigungsrecht (Runkel/*Dahl* § 8 Rdn. 255; Nerlich/ Römermann/*Balthasar* § 112 Rdn. 11; FK-InsO/*Wegener* § 112 Rdn. 3; Uhlenbruck/ *Berscheid*, 12. Aufl. 2003, § 112 Rdn. 10 f.; Andres/*Leithaus* § 112 Rdn. 4). Lediglich für den Fall, dass der Vermieter sich mit der Überlassung der Mietsache in Verzug befindet, findet die Kündigungssperre ausnahmsweise Anwendung, da es nicht angehen kann, dass sich der Vermieter durch vertragswidriges Verhalten die Wohltat der Nichtanwendung der Kündigungssperre einseitig verschaffen kann (Runkel/*Dahl* § 8 Rdn. 255; Uhlenbruck/*Berscheid*, 12. Aufl. 2003, § 112 Rdn. 11).

**4.** Eine Kündigung des Mietverhältnisses durch den Vermieter oder Verpächter, die entgegen dem gesetzlichen Kündigungsverbot des § 112 InsO nach Antragstellung erfolgt, ist unwirksam. Eine vor Antragstellung zugegangene und begründete Kündigung des Mietverhältnisses bleibt demgegenüber wirksam (Franken/*Dahl* S. 56). Dies gilt auch dann, wenn der vorläufige Verwalter umgehend für den Ausgleich des Zahlungsrückstandes sorgt (Runkel/*Dahl* § 8 Rdn. 259). Eine davon abweichende Regelung trifft § 569 Abs. 3 Nr. 2 BGB für die Wohnraummiete. Danach wird eine Kündigung im Falle der Tilgung der Mietrückstände innerhalb von zwei Monaten nach Eintritt der Rechtshängigkeit des Räumungsanspruchs unwirksam.

**5.** § 112 InsO ist nicht erst dann anzuwenden, wenn die Voraussetzung des § 286 BGB („Verzug") eingetreten ist, sondern auch bei sonstigen Fällen eines – insbesondere vertraglich definierten – Zahlungsrückstands (HK-InsO/*Marotzke* § 112 Rdn. 16). § 112 InsO ist somit auf jede auf Miet- oder Pachtrückstand gestützte fristlose Kündigung im Sinne der §§ 543 Abs. 2, 581 Abs. 2, 569 Abs. 3 BGB anwendbar (Gottwald/*Huber* § 37 Rdn. 16; *Eckert* ZIP 1996, 897, 898; *Schwörer* Rdn. 470). Mit Blick auf den Kündigungsgrund der Verschlechterung der Vermögensverhältnisse knüpft § 112 InsO unmittelbar an die aus § 119 InsO zu entnehmende Unwirksamkeit vertraglicher Lösungsklauseln an und erfasst jegliches individuell ausgehandelte (vgl. dazu: LG Stendal ZInsO 2001, 524 = DZWIR 2001, 166) oder in vorformulierten Vertragsklauseln (vgl. dazu: OLG Rostock DZWIR 1999, 294) enthaltene Kündigungsrecht bei Anzeichen eines Vermögensverfalls (MünchKommInsO/*Eckert* § 112 Rdn. 42; Kübler/Prütting/Bork/*Tintelnot* § 112 Rdn. 6). Dies gilt unabhängig von der gewählten Bezeichnung als Kündigung oder Rücktritt. Entscheidend ist, ob einem Vertragspartner das Recht zur einseitigen Vertragsaufhebung gewährt wird (Uhlenbruck/*Wegener* § 112 Rdn. 12 m. w. N.). Ferner ist unerheblich, ob der Vermieter von der Insolvenzantragstellung Kenntnis hat (*Andres/ Leithaus* § 112 Rdn. 6). Um Umgehungsmöglichkeiten auszuschließen, ist die Regelung des § 112 Nr. 2 InsO weit auszulegen (Nerlich/Römermann/*Balthasar* § 112 Rdn. 14).

Nach dem Wortlaut des § 112 Nr. 1 InsO ist nur ein Verzug als Kündigungsgrund ausgeschlossen, der in der Zeit vor dem Eröffnungsantrag eingetreten ist (OLG Celle ZInsO 2004, 207 f.). Der Anwendungsbereich des § 112 InsO sollte aber teleologisch auf die Fälle reduziert werden, in denen die Mietsache bereits überlassen, d. h. die Möglichkeit des vertragsgemäßen Gebrauchs verschafft ist; eine Vorleistung durch Übergabe ist dem Vermieter jedenfalls bei einem „schwachen" vorläufigen Verwalter nicht zuzumuten (HK-InsO/*Marotzke* § 112 Rdn. 5 f. m. w. N.; Kübler/Prütting/Bork/*Tintelnot* § 112 Rdn. 4; Nerlich/Kreplin/*Christiani* § 33 Rdn. 198; a. A. Braun/*Kroth* § 112 Rdn. 4). Ferner darf aber der Vermieter eine Kündigung durchaus auf einen Verzug mit der Entrichtung der Miete oder Pacht begründen, der in der Zeit des Eröffnungsverfahrens zwischen Eröffnungsantrag und Verfahrenseröffnung eingetreten ist (BGH NZI 2002, 543; Nerlich/Römermann/*Balthasar* § 112 Rdn. 13; unklar *Pape,* Kölner Schrift zur Insolvenzordnung, S. 388 f., Rdn. 59 a. E.). Die nach dem Eröffnungsantrag fällig werdenden Raten müssen nämlich aus dem Schuldnervermögen wieder vertragsgemäß gezahlt werden, wenn die Nutzungsmöglichkeit für die Insolvenzmasse erhalten bleiben soll. Sind von der Aufrechterhaltung des Miet- und Pachtverhältnisses mehr Vor- als Nachteile für die Insolvenzmasse zu erwarten, so ist auch ein vorläufiger Insolvenzverwalter ohne begleitendes Verfügungsverbot berechtigt, die dazu nötigen Ausgaben zu leisten (BGH NZI 2002, 543, 547). Ein Verzug des vorläufigen Insolvenzverwalters wird hierbei insbesondere nicht dadurch ausgeschlossen, dass regelmäßig erst der für das eröffnete Verfahren bestellte endgültige Insolvenzverwalter nach den §§ 103 ff. InsO über das rechtliche Schicksal von Verträgen in der Insolvenz entscheidet (Runkel/*Dahl* § 8 Rdn. 263; a. A. Kübler/ Prütting/Bork/*Tintelnot* § 112 Rdn. 12). Der vorläufige Insolvenzverwalter hat mit Bezug auf die Dauerschuldverhältnisse im Eröffnungsverfahren lediglich zu entscheiden, ob er sich die Option für eine Fortdauer des Vertragsverhältnisses für ein zu eröffnendes Verfahren offen hält, indem er das laufende Entgelt zahlt (BGH NZI 2002, 543, 547). Ist ein vorläufiger starker Insolvenzverwalter mit entsprechender Verwaltungs- und Verfügungsbefugnis bestellt worden, so unterfallen Forderungen aus der weiteren Nutzung des Miet- und Pachtgegenstandes im Übrigen ohnehin § 25 Abs. 2 S. 2 InsO und nach Verfahrenseröffnung § 55 Abs. 2 S. 2 InsO, so dass der Vermieter oder Verpächter regelmäßig einen werthaltigen Masseanspruch für die durch § 112 InsO bedingte Überlassung des Miet- oder Pachtgegenstandes erhält. Wird hingegen kein vorläufiger Verwalter bestellt oder nutzt dieser den Miet- oder Pachtgegenstand nicht, so ist der Miet- oder Pachtzins bis zur Verfahrenseröffnung gemäß § 108 Abs. 3 InsO bloße Insolvenzforderung. Gleiches gilt für Räumungskosten, die bis zur Eröffnung des Insolvenzverfahrens entstanden sind; von der Masse zu tragen sind demgegenüber nur zusätzliche nach Verfahrenseröffnung durch Handlungen des Insolvenzverwalters verursachte Kosten (BGH NZI 2001, 531). Gesetzlich geschützt bleiben Vermieter oder Verpächter im Hinblick auf ihren Forderungsausfall durch das Vermieter- oder Verpächterpfandrecht gemäß §§ 562, 578 BGB, das nach § 50 InsO auch im Insolvenzfall erhalten bleibt. Zur Absicherung weiterer Risiken werden dem Mieter oder Pächter regelmäßig entsprechende Kautionen abverlangt, die auch im Falle einer insolvenzbedingten Auflösung des Vertragsverhältnisses nach den allgemeinen Grundsätzen vom Vermieter abgerechnet werden dürfen. Wurde die Kaution entsprechend den mietvertraglichen Vorschriften (§ 551 Abs. 3 BGB) insolvenzfest, d. h. getrennt vom Vermögen des Vermieters treuhänderisch angelegt und ist sie noch bei Insolvenzeröffnung vorhanden, steht dem Mieter bei Vertragsende hinsichtlich der nicht verbrauchten Kaution ein Aussonderungsrecht gemäß § 47 InsO zu. Hat dagegen der Vermieter die gem. § 551 Abs. 3 S. 3 BGB vorgeschriebene Trennung der Kaution von seinem übrigen Vermögen unterlassen, handelt es sich bei dem Kautionsrückzahlungsanspruch des Mieters nicht um eine Masseverbindlichkeit, sondern um eine Insolvenzforderung (BGH NJW 2008, 1152 = NZI 2008, 235; Uhlenbruck/*Sinz* § 55 Rdn. 60; Braun/*Bäuerle* § 47 Rdn. 71; Mohrbutter/*Ringstmeier* § 24 Rdn. 6), die gem. § 174 InsO zur Insolvenztabelle anzumelden ist.

Gemäß § 21 Abs. 2 S. 1 Nr. 5 InsO kann das Insolvenzgericht als Sicherungsmaßnahme im Eröffnungsverfahren anordnen, dass Gegenstände, die nach Verfahrenseröffnung von § 166 InsO erfasst würden oder deren Aussonderung verlangt werden könnte, vom Gläubiger nicht verwertet oder eingezogen werden dürfen und stattdessen zur Fortführung des Unternehmens des Schuldners eingesetzt werden können, soweit sie hierfür von erheblicher Bedeutung sind. Umfasst sind hiervon insbesondere auch gemietete Immobilien (KG ZInsO 2009, 35; *Kirchhof* ZInsO 2007, 227, 230). Der vorläufige Insolvenzverwalter hat für die Nutzung einen wirtschaftlichen Ausgleich an den Vermieter zu zahlen, der sich nach der vertraglich vereinbarten Miete richtet (KG ZInsO 2009, 35, 36; HambKomm-InsO/*Schröder* § 21 Rdn. 69 e). Die Pflicht zur Zahlung von Nutzungsentgelt beginnt gemäß § 169 S. 2 InsO jedoch erst drei Monate nach Erlass der Anordnung nach § 21 Abs. 2 S. 1 Nr. 5 InsO. Da das Eröffnungsverfahren bei einer Betriebsfortführung jedoch regelmäßig – insbesondere wegen des auf drei Monate beschränkten Insolvenzgeldanspruchs – nicht länger als drei Monate dauert, wird ein Vermieter praktisch kaum jemals über § 169 S. 2 InsO einen Nutzungsausgleich erhalten. § 21 Abs. 2 S. 1 Nr. 5 InsO räumt Absonderungsgläubigern neben dem Zinsanspruch einen Anspruch auf Wertersatz ein, wenn ein Wertverlust durch die Benutzung eingetreten ist. Noch nicht entschieden ist die Frage, ob ein entsprechender Wertersatzanspruch auch Aussonderungsberechtigten und somit auch Vermietern zusteht (dafür etwa *Ganter* NZI 2007, 549, 553; *Büchler* ZInsO 2007, 719, 720; dagegen etwa HambKomm-InsO/*Schröder* § 21 Rdn. 69 e; *Heublein* ZIP 2009, 11, 12; offen gelassen von KG ZInsO 2009, 35, 36). Soweit von einer Anordnung nach § 21 Abs. 2 S. 1 Nr. 5 InsO betroffenen Gläubigern (tatsächlich) Ansprüche zustehen, haben diese den Rang von Masseverbindlichkeiten, da sie infolge einer „besonderen Anordnung" des Insolvenzgerichts entstehen (vgl. HambKomm-InsO/*Schröder* § 21 Rdn. 69 e m. w. N.).

Für die Dauer des Eröffnungsverfahrens ist der Vermieter im Fall einer Anordnung nach § 21 Abs. 2 S. 1 Nr. 5 InsO also auch dann gehindert, Herausgabe der Mietsache zu verlangen, wenn seine Kündigung nicht der Sperre des § 112 InsO unterfällt, weil sie schon vor Antragstellung zugegangen war oder auf erst nach dem Antrag eingetretenen Verzug gestützt ist. Für die Dauer des Eröffnungsverfahrens erhält der Vermieter in aller Regel auch keinen Nutzungsausgleich. § 21 Abs. 2 S. 1 Nr. 5 InsO ändert aber nichts daran, dass eine Kündigung, die nicht gegen § 112 InsO verstößt, wirksam ist, sodass der Vermieter nach Eröffnung des Insolvenzverfahrens Räumung des Mietobjekts verlangen kann.

# V. Ansprüche des Vermieters bei Insolvenz des Mieters

## 1. Inanspruchnahmeschreiben des Vermietervertreters wegen Schadensersatzes gem. § 109 Abs. 2 S. 2 InsO

......

(Rechtsanwalt)

an

......

(Insolvenzverwalter)

Sehr geehrte(r) ......,

zwischen der Schuldnerin[3] und meiner Mandantin besteht der anliegende Mietvertrag über die Geschäftsräume in der ...... (genaue Bezeichnung von Straße und Ort). Danach sollen die Räume der Schuldnerin am ...... von meiner Mandantin übergeben werden. Zwischenzeitlich wurde aber am ...... das Insolvenzverfahren[1] über das Vermögen der Schuldnerin eröffnet.[2] Mit Schreiben vom ...... sind Sie[4] gem. § 109 Abs. 2 S. 1 InsO von dem Mietverhältnis zurückgetreten.

In Hinblick auf die durch diese vorzeitige Beendigung des Vertragsverhältnisses entstandenen Schäden in Höhe von EUR ......[5] nehme ich die Insolvenzmasse[6] daher gem. § 109 Abs. 2 S. 2 InsO in Anspruch und melde die Forderung zur Insolvenztabelle an.

......

(Rechtsanwalt)

## 2. Geltendmachung von Ansprüchen aus dem Abwicklungsverhältnis durch den Vermieter

......

(Vermieter)

an

......

(Insolvenzverwalter)

Sehr geehrte(r) ......,

am ...... wurde das Insolvenzverfahren[1] über das Vermögen der ...... eröffnet[2] und Sie zum Insolvenzverwalter bestellt. Da weiterhin[7] keine Mietzahlungen geleistet wurden, habe ich das Mietverhältnis mit Schreiben vom ...... zum ...... gekündigt. Gemäß § 546 InsO sind sie zur Herausgabe der Räumlichkeiten und deren Räumung[8] verpflichtet. Letzterer Pflicht sind Sie indes nicht nachgekommen.

Es sind Räumungskosten in Höhe von ...... EUR angefallen. Da das Objekt auch nach Verfahrenseröffnung noch von Ihnen genutzt wurde, richtet sich der Schadensersatzanspruch gegen die Insolvenzmasse.[6b] Ich bitte daher zur Regulierung des Anspruchs um Überweisung auf mein Konto Nr....... bei der ......, BLZ ......, und habe mir dazu den ...... notiert.

......
(Vermieter)

## Anmerkungen

**1.** Vgl. Form. E. I. Anm. 1.

**2.** Vgl. Form. E. I. Anm. 2.

**3.** Zur Beteiligung mehrerer Personen als Mieter neben dem Schuldner Form. E. I. Anm. 4.

**4.** Ein Schadensersatzanspruch kommt nur dann in Betracht, wenn der Rücktritt gem. § 109 Abs. 2 S. 1 InsO seitens des Insolvenzverwalters erklärt wurde. Andernfalls steht weder dem Vermieter noch der Masse ein Schadensersatzanspruch zu (Runkel/*Dahl* § 8 Rdn. 226; MünchKommInsO/*Eckert* § 109 Rdn. 71). Der Rücktritt des Verwalters befreit aber nicht den (solventen) Mitmieter des Schuldners. Dieser haftet dem Vermieter ebenfalls für den durch die Insolvenz eingetretenen Schaden (MünchKommInsO/*Eckert* § 109 Rdn. 67).

**5.** In der Höhe entspricht der Schadensersatzanspruch zunächst dem Mietausfall, der im Zeitraum ab Rücktrittserklärung des Insolvenzverwalters bis zum frühesten Wirksamwerden einer möglichen Kündigung des Mieters (BGH ZMR 1955, 105) oder einer vorgenommenen Kündigung des Vermieters entstanden wäre (MünchKommInsO/*Eckert* § 109 Rdn. 29; Kübler/Prütting/Bork/*Tintelnot* § 109 Rdn. 49). Der Vermieter ist so zu stellen, als wäre das Mietverhältnis durch den Insolvenzschuldner nach dessen Kündigung zum erstmöglichen Zeitpunkt nach Eröffnung des Insolvenzverfahrens beendet worden (*Andres/Leithaus* § 109 Rdn. 7; Nerlich/Römermann/*Balthasar* § 109 Rdn. 12). Ferner sind Folgeschäden ersatzfähig, beispielsweise der ohne Anlage der erhofften Miete entstandene Gewinnausfall (MünchKommInsO/*Eckert* § 109 Rdn. 29, wobei die Verletzung der Schadensminderungspflicht durch den Vermieter beachtlich sein kann (*Andres/Leithaus* § 109 Rdn. 7). Ersparte Aufwendungen (z.B. Nebenkosten) sind indes anzurechnen, vgl. § 537 Abs. 1 S. 2 InsO (OLG Frankfurt/M. DB 1979, 2125, 2126). Eine Vertragsstrafe wegen der vorzeitigen Vertragskündigung ist nicht ersatzfähig, sie steht im Widerspruch zu § 119 InsO (Nerlich/Römermann/*Balthasar* § 109 Rdn. 13).

Soweit der Insolvenzmasse noch ein Auszahlungsanspruch aus Guthaben der Nebenkostenabrechnung zusteht, ist für eine Aufrechnung des Vermieters hiermit der Abschluss des Mietvertrages maßgebliche Rechtshandlung im Sinne der §§ 95, 96 Abs. 1 Nr. 3 InsO (BGH NZI 2005, 164 f.).

**6.** Ansprüche, die aufgrund der vorzeitigen Beendigung des Mietverhältnisses wegen Insolvenz des Mieters entstehen, stellen nicht schon aufgrund ihres Zusammenhangs mit der Insolvenz einen Masseanspruch dar, sondern sind bereits nach dem Wortlaut des § 109 Abs. 1 S. 3 InsO Insolvenzforderungen (*Andres/Leithaus* § 109 Rdn. 7). Allerdings ist zwischen Schadensersatzansprüchen wegen der vorzeitigen Beendigung und solchen aus dem Abwicklungsverhältnis zu differenzieren:

a) Schadensersatzansprüche wegen der vorzeitigen Vertragsbeendigung. Eine Einordnung der Schadensersatzansprüche wegen des Rücktritts des Verwalters in den Rang des

§ 38 InsO ergibt sich bereits unmittelbar aus dem Wortlaut des § 109 Abs. 2 S. 2 InsO (HK-InsO/*Marotzke* § 109 Rdn. 27).

Einen Sonderfall stellt die Zwischenvermietung dar. Gemeint ist damit, dass der künftige Schuldner Räumlichkeiten anmietet und dann an einen Dritten untervermietet. Nach § 108 Abs. 1 S. 1 InsO bestehen Haupt- und Untermietverhältnis zunächst fort. Nach einer Entscheidung des VIII. Senats des BGH soll der (vorläufige) Insolvenzverwalter der Zwischenmieterin verpflichtet sein, die von dem Endmieter eingezogene Miete an den Hauptvermieter weiterzuleiten (BGH NZI 2005, 450). Nach der Rechtsprechung des für das Insolvenzrecht zuständigen IX. Senats besteht demgegenüber keine insolvenzrechtliche Pflicht des (vorläufigen) Insolvenzverwalters, der Weiterleitung von Mietzahlungen, die der Schuldner als Zwischenmieter erhält, an den Hauptvermieter zuzustimmen. Die Unterlassung der Mietzahlungen kann aber ein fristloses Kündigungsrecht des Vermieters, jedoch keine Masseverbindlichkeit begründen (BGH NJW 2008, 1442 = NZI 2008, 295 mit Anmerkung *Gundlach/Frenzel* NJW 2008, 1443). Während dem Insolvenzverwalter als Vermieter ein Sonderkündigungsrecht gegenüber seinem Untermieter nicht zusteht, kann er – und muss im Interesse der Insolvenzmasse gegebenenfalls – das Hauptmietverhältnis nach § 109 InsO kündigen. Auch besteht das Risiko einer von § 112 InsO unabhängigen Kündigung des Hauptmietverhältnisses durch den Vermieter. Der Anspruch des Untermieters gegen den Schuldner auf Überlassung des Mietobjektes kann dann durch letzteren bzw. dessen Insolvenzverwalter nicht mehr erfüllt werden. Im Falle der vereinbarten, gewerblichen Weitervermietung zu Wohnzwecken ergibt sich die Rechtsfolge unmittelbar aus § 565 BGB: Der Hauptvermieter tritt in das Untermietverhältnis ein. Die Regelung ist indes nicht auf nicht Wohnzwecken dienende oder gewerbliche Untervermietungen anwendbar (Palandt/*Weidenkaff* § 565 BGB Rdn. 2, 4). In der Folge ist daher umstritten, ob der sich daraus ergebende Schadensersatzanspruch des Untermieters gegen seinen Vermieter, den Schuldner, eine Masseverbindlichkeit ist oder eine schlichte Insolvenzforderung darstellt.

Den Schadensersatzanspruch des Untermieters haben Reichsgericht und Bundesgerichtshof unter der Geltung der Konkursordnung als einfache Konkursforderung eingestuft (RGZ 67, 372; BGH NJW 1955, 948); als mittelbare Folge der Konkurseröffnung, so die Begründung, falle er unter § 26 S. 2 KO. Dem hat sich das konkursrechtliche Schrifttum – soweit ersichtlich – allgemein angeschlossen (Jaeger/*Henckel* § 21 KO Rdn. 5; Kuhn/*Uhlenbruck* § 21 KO Rdn. 4; Kilger/*K. Schmidt* § 19 KO Anm. 6). Ob der vorgenannten Auffassung auch noch unter dem Geltungsbereich der Insolvenzordnung gefolgt werden kann, ist in der Literatur umstritten, Rechtsprechung zu der Frage existiert – soweit ersichtlich – nicht. Eine Stimme in der Literatur hält die zu § 26 S. 2 KO entwickelte Rechtsprechung für nicht auf die Insolvenzordnung übertragbar und betrachtet den Schadensersatzanspruch als Masseverbindlichkeit (Wolf/Eckert/*Ball* Rdn. 1567; im Ergebnis ebenso: MünchKommInsO/*Eckert* § 111 Rdn. 29 ff.; FK-InsO/ *Wegener* § 111 Rdn. 12; Uhlenbruck/*Wegener* § 112 Rdn. 12). Zur Begründung führt sie an, dass der Ersatzanspruch auf einer Verwaltungsmaßnahme des Insolvenzverwalters im Sinne des § 55 Abs. 1 Nr. 1 InsO beruhe. Das Untermietverhältnis, das der Schuldner als Vermieter eingegangen sei, könne der Verwalter nicht auflösen. Durch die Verwaltungsmaßnahme – Kündigung des Hauptmietverhältnisses – werde es nicht betroffen, da es unabhängig von dessen Bestand fortdauere. Eine dem § 26 S. 2 KO entsprechende Vorschrift fehle in der InsO. § 108 Abs. 3 InsO greife nicht ein, da der Rechtsmangel im Untermietverhältnis erst nach der Verfahrenseröffnung entstehe (Wolf/Eckert/*Ball* Rdn. 1567). Anderer Auffassung nach ist der Schadensersatzanspruch auch im Anwendungsbereich der Insolvenzordnung nur als einfache Insolvenzforderung anzusehen (Kübler/Prütting/Bork/*Tintelnot* § 108 Rdn. 16 b; HK-InsO/*Marotzke* § 108 Rdn. 24). Wenn der Eigentümer den Mietgegenstand herausverlange, realisiere sich nur ein im Vorfeld der Insolvenz eingegangenes Risiko des Vertragspartners (= Untermieter) (Kübler/Prütting/Bork/*Tintelnot* § 108 Rdn. 16b). Wie der Verwalter des Eigentümer – Vermieters das Mietverhältnis durch freihändige Veräußerung des Mietgrundstücks mit der Folge einer bloßen Insolvenzforderung zu Ende bringen kann, da die in Folge einer Kündigung des Erwerbers nach § 111 InsO entstehenden Ersatzansprüche des Mieters ganz herrschender Auffassung nach lediglich Insolvenzforderungen darstellen (HK-InsO/*Marotzke* § 111 Rdn. 9; Uhlenbruck/*Berscheid*, 12. Aufl. 2003, § 111 Rdn. 9; Kübler/Prütting/ Bork/*Tintelnot* § 111 InsO Rdn. 14; Nerlich/Römermann/*Balthasar* § 111 Rdn. 15), müsse dem Insolvenzverwalter des Zwischenvermieters durch Kündigung gegenüber dem Vermieter nach § 109 Abs. 1 InsO dieselbe Möglichkeit offen stehen (Kübler/Prütting/ Bork/*Tintelnot* § 108 Rdn. 16b). Zudem sei die restriktive Auslegung des § 21 KO, die dessen Anwendung nur auf Fälle der Zugehörigkeit der Mietsache zur Konkursmasse beschränkte, auf die Insolvenzordnung zu übertragen. Auch die Anwendung des § 108 Abs. 1 InsO sei daher auf den Fall zu beschränken, dass die vom Schuldner vermietete Sache zur Insolvenzmasse gehört (HK-InsO/*Marotzke* § 108 Rdn. 24). Der letztgenannten Ansicht ist zu folgen (siehe dazu schon Runkel/*Dahl* § 8 Rdn. 268c). Die §§ 21 KO und 108 InsO entsprechen einander dem Inhalt nach, eine Auslegung des § 108 InsO nach den Kriterien, die bereits bei § 21 KO angewendet wurden, ist sinnvoll. Zudem ist nicht einzusehen, warum – wie die Gegenseite anführt – der zu § 26 KO entwickelten Rechtsprechung nicht mehr gefolgt werden dürfe: Bereits im Geltungsbereich der KO verhinderte die restriktive Auslegung des § 21 KO dessen Anwendung für den Fall, dass das Mietobjekt nicht der Insolvenzmasse zuzurechnen war.

b) Ansprüche aus dem Abwicklungsverhältnis. Zwar richtet sich der Herausgabeanspruch gem. §§ 47 InsO, 985 BGB gegen die Masse, nicht aber der Räumungsanspruch. Dieser ist Insolvenzforderung (OLG Celle, Urteil vom 20. 7. 2007 – 2 U 85/07; besprochen von *Dahl* NJW-Spezial 2007, 551). Ein anderes gilt, wenn eine Insolvenzverwalterhandlung die Qualifikation als Masseforderung rechtfertigt (§ 55 Abs. 1 Nr. 1 oder Nr. 2 InsO). Ein betagter Anspruch auf Nutzungsentschädigung aus einem bereits beendeten Mietverhältnis wird aber nicht dadurch zur Masseverbindlichkeit, dass der nicht besitzende Insolvenzverwalter auf das Herausgabeverlangen des Vermieters nicht eingeht (BGH ZIP 2007, 340). Auch die bloße Räumung im Rahmen der Abwicklung stellt keine solche Verwalterhandlung dar (BGH ZIP 1993, 1874, 1875; MünchKommInsO/*Eckert* § 108 Rdn. 106). § 55 InsO bezweckt nämlich, dass, wer etwas zur Masse beisteuert, auch die vereinbarte Gegenleistung dafür erhalten soll. Die bloße Abwicklung stellt aber keinen Beitrag zur Masse dar (BGHZ 72, 263, 266; Gottwald/*Huber* § 37 Rdn. 36). Wie der Räumungsanspruch ist auch der Anspruch auf Erfüllung etwaiger Rückbauverpflichtungen zu behandeln.

Im Falle der Nutzung der Mietsache ergibt sich indes eine andere Betrachtungsweise. Um eine Nutzung handelt es sich, wenn der Insolvenzverwalter einen Gegenstand nutzt, obwohl er dies pflichtgemäß verhindern konnte (Kübler/Prütting/Bork/*Pape* § 209 Rdn. 17a; zum Meinungsstand *Eckert* NZM 2003, 42, 47ff.). Dies ist insbesondere der Fall, wenn der Insolvenzverwalter nicht zum frühesten gem. § 109 Abs. 1 S. 1 InsO zulässigen Zeitpunkt das Mietverhältnis kündigt (MünchKommInsO/*Hefermehl* § 55 Rdn. 140). Auch die (fortgesetzte) Lagerung von Rohstoffen/Halbfertigprodukten bedeutet Nutzung (BGH ZInsO 2001, 751, 752). Dementsprechend schuldet der Insolvenzverwalter dem Vermieter auch dann eine Nutzungsentschädigung, wenn er bei Mietvertragsende das Mietobjekt nicht räumt, sondern es als Lager für an Gegenständen des Schuldners interessierte Dritte benutzt (OLG Düsseldorf InVo 2006, 429). Hat der Insolvenzverwalter den Gegenstand noch nach Verfahrenseröffnung weiter genutzt und sind durch die schuldnerische Mieterin Schönheitsreparaturen durchzuführen, so ist der Anspruch zeitanteilig Insolvenz- bzw. Masseforderung (*Kübler* ZIP 1981, 755, 756; MünchKommInsO/*Hefermehl* § 55 Rdn. 144; für Fälle nur kurzfristiger Nutzung durch den Insolvenzverwalter vgl. aber BGH ZIP 1994, 715ff.; KG ZIP 1981, 753). Entsprechend werden vorzunehmende Rückbauverpflichtungen behandelt. Soweit Veränderungen während des Insolvenzverfahrens durch den Insolvenzverwalter vorgenommen werden, stellt der Anspruch auf Wiederherstellung des vertraglichen Zustands eine Masseforderung dar.

Im Fall eines Masseanspruchs nach § 55 InsO kann sich der Insolvenzverwalter auch nicht durch die Freigabe von einem titulierten Räumungsanspruch als Masseverpflichtung lösen (BGH ZIP 2006, 583 ff. = ZInsO 2006, 326; a. A. OLG Stuttgart ZInsO 2005, 498 ff.). Die Freigabe kann sich nämlich nur auf Aktiva beziehen, nicht aber eine Befreiungen von Verpflichtungen/Passiva bewirken (*Henkel* ZInsO 2005, 1311, 1313). Auch wenn der Verwalter durch die Freigabe die Verfügungsmacht über die zu räumenden Gegenstände verliert, bleibt er doch Schuldner des Räumungsanspruchs aus dem Mietverhältnis (BGH ZInsO 2001, 751, 752; früher schon BGH ZIP 1994, 1700, 1704).

**7.** Das Kündigungsrecht steht dem Vermieter nur in Hinblick auf einen Verzug mit der Entrichtung der Miete oder Pacht zu, der in der Zeit nach dem Eröffnungsantrag eingetreten ist zu, vgl. § 112 Nr. 1 InsO.

**8.** Wie die Räumung sind auch andere Ansprüche aus dem Abwicklungsverhältnis zu behandeln, nämlich insbesondere Schönheitsreparaturen durch den Mieter, Rückbauverpflichtungen und Verschlechterungen der Mietsache, die vor Verfahrenseröffnung eingetreten sind (Gottwald/*Huber* § 37 Rdn. 36).

## VI. Geltendmachung eines Anspruchs auf abgesonderte Befriedigung (§ 50 InsO) wegen eines Vermieterpfandrechts

......
(Vermieter)

an

......
(Insolvenzverwalter)

Sehr geehrte(r) ......,

am ...... wurde das Insolvenzverfahren[1] über das Vermögen der ...... eröffnet.[2] In diesem Verfahren wurden Sie zum/zur Insolvenzverwalterin bestellt.

Zwischen der Schuldnerin und mir besteht seit dem ...... ein Mietverhältnis über die Geschäfträume ...... (Anschrift). Der daraus begründeten Mietzahlungspflicht ist die Schuldnerin seit einschließlich dem ...... (Monat, Jahr)[3] nicht nachgekommen.

Mit beigefügtem Schreiben vom ...... habe ich daher von dem mir gem. §§ 562 ff. BGB zustehenden Vermieterpfandrecht[4] Gebrauch gemacht. Dabei habe ich es ferner der Schuldnerin untersagt, dem Vermieterpfandrecht unterliegende Gegenstände[5] von dem Grundstück zu entfernen. Die Schuldnerin hat dem entsprochen.[6]

Ich mache daher das Pfandrecht an ...... geltend. Mein Anspruch setzt sich wie folgt zusammen:[7]

| | |
|---|---|
| Hauptforderung: | ...... EUR |
| Zinsen: | ...... EUR |
| Kosten: | ...... EUR |

......
(Vermieter)

### Anmerkungen

**1.** Vgl. Form. E. I. Anm. 1.

**2.** Vgl. Form. E. I. Anm. 2.

**3.** Nach § 50 Abs. 2 InsO kann das Vermieterpfandrecht im Insolvenzverfahren nur wegen der Mietzins- oder Pachtzinsansprüche aus den letzten zwölf Monaten vor der Eröffnung des Insolvenzverfahrens geltend gemacht werden. Das Absonderungsrecht besteht daher auch für den im Zeitraum zwischen Antragstellung und Verfahrenseröffnung fällig gewordenen Mietzins. Das Vermieterpfandrecht umfasst hingegen nicht die Entschädigung, die infolge einer Kündigung des Insolvenzverwalters zu zahlen ist (*Gottwald* § 42 Rdn. 45 m. w. N.). Hiervon ausgenommen ist das Pfandrecht des Verpächters eines landwirtschaftlichen Grundstücks, § 50 Abs. 2 S. 2 InsO. Die zeitliche Begrenzung der Absonderungskraft führt aber nicht zum Erlöschen des Pfandrechts für ältere Rückstände. Macht der Vermieter daher gegenüber einem Pfändungspfandgläubiger sein gesetzliches Pfandrecht im Rahmen des § 562 d BGB geltend, so beschränkt ein späteres Insolvenzverfahren des Mieters nicht die Rechte des Vermieters, wenn dessen Befriedigung die Insolvenzmasse nicht beeinträchtigt (BGH NJW 1959, 2251; *Gottwald* § 42 Rdn. 45).

**4.** Das Pfandrecht des Vermieters bzw. Verpächters entsteht kraft Gesetzes (§ 562 Abs. 1 S. 1 BGB). Es gewährt ihm in der Insolvenz des Mieters ein Absonderungsrecht (§ 50 Abs. 1 InsO), wenn das Pfandrecht bereits vor Insolvenzeröffnung entstanden ist (RGZ 71, 76; MünchKommInsO/*Ganter* § 50 Rdn. 84; zu verschiedenen Einzelfällen Nerlich/Römermann/*Andres* § 50 Rdn. 18 ff.). Das gesetzliche Vermieterpfandrecht an eingebrachten pfändbaren Sachen des Mieters entsteht mit der Einbringung, auch soweit es erst künftig entstehende Forderungen aus dem Mietverhältnis sichert (BGH ZIP 2007, 191 ff.). Hierbei kann das der Sicherung des Mietzinsanspruchs dienende Vermieterpfandrecht insolvenzrechtlich nicht in weiterem Umfang der Insolvenzanfechtung nach den § 129 ff. InsO unterliegen als die Mietzahlung selbst. Dem Vermieter steht deshalb in der Insolvenz des Mieters ein anfechtungsfreies Absonderungsrecht zu, soweit die von dem Pfandrecht erfassten Gegenständen bereits vor der Krise des Schuldners eingebracht wurden (BGH ZIP 2007, 191 ff.). Bringt der Schuldner nach Verfahrenseröffnung bewegliche Gegenstände in das Grundstück ein, so begründet dies gem. § 81 InsO kein Pfandrecht (Kuhn/*Uhlenbruck* § 49 KO Rdn. 5 f.). Ebenso wenig entsteht durch das Einbringen von Gegenständen durch den Insolvenzverwalter ein Pfandrecht. Dies wäre zum einen insolvenzzweckwidrig, zum anderen ist der Vermieter als Masseschuldner gem. § 55 Abs. 1 Nr. 2 InsO hinreichend geschützt (Kuhn/*Uhlenbruck* § 49 KO Rdn. 5 f.; *Uhlenbruck*, 12. Aufl. 2003, § 50 Rdn. 22; a. A. Uhlenbruck/*Brinkmann* § 50 Rdn. 18; *Eckert* ZIP 1984, 663, 665; MünchKommInsO/*Ganter* § 50 Rdn. 84).

**5.** Dem Pfandrecht unterliegen nur körperliche Gegenstände. Umfasst sind auch Geld, Inhaber- und indossable Papiere (MünchKommInsO/*Ganter* § 50 Rdn. 87). Hingegen stellen Namenspapiere und bloße Legitimationspapiere nicht verpfändbare Vermögensgegenstände dar. Es kann nur das dahinter stehende Recht selbst verpfändet werden (MünchKommInsO/*Ganter* § 50 Rdn. 21). Zins-, Renten- und Dividendenscheine unterliegen dem Vermieterpfandrecht nur, wenn sie selbst eingebracht sind (MünchKommInsO/*Ganter* § 50 Rdn. 87).

Stets ist erforderlich, dass der fragliche Gegenstand im Eigentum des Mieters steht. Ferner ist gerade mit Blick auf die Insolvenzsituation zu beachten, dass die in § 811 ZPO genannten Gegenstände ausgenommen sind. Gleiches gilt nach herrschender Auffassung auch für den Hausrat gem. § 812 ZPO (Nerlich/Römermann/*Andres* § 50 Rdn. 21). Gehören die Sachen aufgrund wirksam vereinbarten Eigentumsvorbehalts noch dem Lieferanten, so kann dieser die Sachen im Wege der Aussonderung herausverlangen, ohne dass Rechte des Vermieters dem entgegenstünden oder er am Erlös zu beteiligen wäre (*Franken/Dahl* S. 106). Hat der Mieter an der eingebrachten Sache ein Anwartschaftsrecht, zum Beispiel als Vorbehaltskäufer, so erstreckt sich das Pfandrecht hierauf. Der Vermieter hat etwa die Möglichkeit, das bisherige Anwartschaftsrecht des Mieters durch Herbeiführung des Bedingungseintritts zum Vollrecht erstarken zu lassen, indem er den Restkaufpreis zahlt. Mit dem Eintritt der Bedingung unterliegt die Sache dann dem Pfandrecht (MünchKommInsO/*Ganter* § 50 Rdn. 89; Jaeger/*Henckel* § 50 Rdn. 40; *Franken/Dahl* S. 106). Kein Vermieterpfandrecht besteht an Sachen, die vor Einbringung zur Sicherheit übereignet wurden (MünchKommInsO/*Ganter* § 50 Rdn. 89; *Gottwald* InsHdb § 42 Rdn. 45). Eine nach dem Einbringen vorgenommene Sicherungsübereignung lässt das Pfandrecht unberührt. Wird ein in gemietete Räume eingebrachtes Warenlager mit wechselndem Bestand sicherungsübereignet, ist die Rechtslage in Bezug auf Waren, die erst nach der Sicherungsübereignung dem Warenlager zugeführt werden, umstritten. Nach dem Grundsatz der zeitlichen Priorität entstünden Vermieterpfandrecht und Sicherungseigentum gleichzeitig und mit gleichem Rang; der BGH hat dem Vermieterpfandrecht den Vorrang zugebilligt, weil die Sachgesamtheit rechtlich einheitlich behandelt und eine wirtschaftliche Aushöhlung des Vermieterpfandrechts verhindert werden müsse (BGH NJW 1992, 1156; MünchKommInsO/*Ganter* § 50 Rdn. 89 m. w. N.). Der Vermieter kann von dem Insolvenzverwalter Auskunft über das Pfandrecht verlangen (BGH NJW-RR 2004, 772; Nerlich/Kreplin/*Christiani* § 33 Rdn. 124). Nach Auffassung des BGH ist der Auskunftsanspruch im Sinne einer „Pfandrechtsermittlung" als Nebenrecht des Absonderungsrechts gem. § 50 InsO anzusehen (so auch MünchKommInsO/*Ganter* vor §§ 49 bis 52 Rdn. 130).

**6.** Durch Entfernung von Pfandrechtsgegenständen vom Grundstück erlischt das Pfandrecht dann nicht, wenn der Vermieter der Entfernung bereits im Voraus widersprochen hat. Ihm steht dann ein Herausgabeanspruch bzw. vor Räumung ein Anspruch auf Rückverschaffung des Pfandrechtsgegenstandes in die Räume bzw. das Grundstück – gegen den unmittelbaren oder auch mittelbaren Besitzer – zu (MünchKommBGB/*Artz* § 562 b Rdn. 8). Wurde der Pfandgegenstand indes berechtigt im Wege der Veräußerung durch den Insolvenzverwalter entfernt, setzt sich das Pfandrecht des Vermieters an dem Erlös fort (Nerlich/Römermann/*Andres* § 50 Rdn. 24). Freilich ist der Verwalter nach von ihm durchgeführter Verwertung berechtigt, vor Auskehrung des Erlöses hieraus die Kostenbeiträge des § 171 Abs. 1 InsO (= 4% Feststellungskostenpauschale) und § 171 Abs. 2 InsO (= 5% Verwertungskostenpauschale) sowie die hierauf entfallende Umsatzsteuer für die Insolvenzmasse zu entnehmen.

**7.** Haftungsumfang des Pfandrechts. Geltend gemacht werden können alle Miet- und Pachtforderungen aus den letzten zwölf Monaten vor Verfahrenseröffnung, für die das Pfandrecht besteht. Dies sind alle Forderungen aus einem Mietverhältnis, also nicht nur der Mietzins, sondern auch Nebenkosten, Schadensersatzansprüche etc. (MünchKommBGB/*Artz* § 562 Rdn. 7). Nach §§ 1210, 1257 BGB erstreckt sich das Pfandrecht auch auf Zinsen und Vertragsstrafen.

Haftet der Schuldner dem Pfandrechtsgläubiger auch persönlich, ist dieser befugt, die zugrunde liegende Forderung in voller Höhe zur Tabelle anzumelden. Die Gefahr einer Doppel- bzw. Zuvielbefriedigung wird erst bei der Verteilung durch das in § 52 S. 2 InsO normierte Ausfallprinzip reguliert (*Breuer* Form. D. VII. 4 Rdn. 8). Die Forderung des Pfandgläubigers wird in voller Höhe geprüft und bei Nichtbestreiten als „Forderung für den Ausfall" festgestellt. Liegt – wie dies regelmäßig der Fall sein dürfte – das Verwertungsrecht an den eingebrachten Sachen des Mieters in der Hand des Insolvenzverwalters (§ 166 InsO), ist es dessen Aufgabe, den Umfang der Berücksichtigung festzustellen (Graf-Schlicker/*Mäusezahl* § 190 Rdn. 1). Soweit die Gegenstände bis zur Schlussverteilung nicht verwertet worden sind, hat der Insolvenzverwalter den Ausfall für die Abschlagsverteilung zu schätzen. Tatsächlich kommt eine Teilnahme des Pfandrechtsgläubigers an der Verteilung nur in Betracht, wenn die Höhe des Ausfalls bezifferbar ist.

Der Vermieter ist nur dann zur Verwertung befugt, wenn er – ausnahmsweise – die eingebrachten Sachen des Mieters in seinem Besitz hat. In einem solchen Fall hat er den Ausfall gegenüber dem Insolvenzverwalter nachzuweisen (§ 190 Abs. 1 InsO). Für die Erbringung des Nachweises besteht eine Ausschlussfrist von zwei Wochen nach öffentlicher Bekanntmachung der zur Verteilung verfügbaren Masse (§ 189 InsO). Wird der Nachweis nicht bis zu der für die Schlussverteilung laufenden Ausschlussfrist erbracht, wird der zurückbehaltene Betrag für die Schlussverteilung frei (§ 190 Abs. 1 S. 2 InsO). Bei einer Abschlagsverteilung genügt die Glaubhaftmachung des mutmaßlichen Ausfalls (§ 190 Abs. 2 InsO).

# VII. Vorausverfügungen gem. § 110 InsO

## 1. Hinweis des Insolvenzverwalters an einen Abtretungsempfänger auf die beschränkte Wirksamkeit einer Vorausverfügung gem. § 110 Abs. 1 InsO

......
(Insolvenzverwalter)

an

......
(Mieter)

Sehr geehrte(r) ......,

mit anliegendem Beschluss des Amtsgerichts – Insolvenzgericht – ...... vom ...... ist das Insolvenzverfahren[1] über das Vermögen der ...... eröffnet[2] und der Unterzeichner zum Insolvenzverwalter bestellt worden.

Zwischen der Schuldnerin und der Mieterin ...... besteht ein Mietverhältnis[3] über das Objekt ...... (Adresse). Die zu Gunsten der Schuldnerin bestehenden Mietforderungen[4] wurden durch diese[5] mit Vereinbarung vom ...... an Sie abgetreten.[6] Gem. § 110 Abs. 1 InsO ist die Abtretung nur bis einschließlich der Miete für den Monat ...... (Eröffnungsmonat) wirksam.[7] Ich weise ausdrücklich darauf hin, dass die danach fällige Miete uneingeschränkt der Insolvenzmasse zusteht und von mir zur Masse gezogen wird.[8]

......
(Insolvenzverwalter)

## 2. Aufforderung des Insolvenzverwalters an einen Mieter, den fälligen Mietzins gem. § 110 Abs. 1 InsO an die Masse zu leisten

......
(Insolvenzverwalter)

an

......
(Mieter)

Sehr geehrte(r) ......,

mit anliegendem Beschluss des Amtsgerichts – Insolvenzgericht – ...... vom ...... ist das Insolvenzverfahren[1] über das Vermögen der ...... eröffnet[2] und der Unterzeichner zum Insolvenzverwalter bestellt worden.

Zwischen der Schuldnerin und Ihnen besteht ein Mietverhältnis[3] über das Objekt ...... (Adresse). Die zu Gunsten der Schuldnerin bestehenden Mietforderungen[4] wurden durch diese[5] mit Vereinbarung vom ...... an ...... abgetreten.[6] Gem. § 110 Abs. 1 InsO ist die Abtretung nur bis einschließlich der Miete für den Monat ...... (Eröffnungsmonat) wirksam.[7] Ich weise ausdrücklich darauf hin, dass die danach fällige Miete uneingeschränkt der Insolvenzmasse zusteht und von mir zur Masse gezogen wird.[8]

Die danach fällig werdende Miete in Höhe von monatlich ...... EUR wollen Sie bitte fristgerecht auf das von mir eingerichtete Insolvenzverwalteranderkonto Nr....... bei der ...... Bank (BLZ ......) zahlen.

......

(Insolvenzverwalter)

## Anmerkungen

**1.** Vgl. Form. E. I. Anm. 1.

**2.** Vgl. Form. E. I. Anm. 2.

**3.** Hatte der Schuldner als Vermieter oder Verpächter eines unbeweglichen Gegenstands oder von Räumen vor der Eröffnung des Insolvenzverfahrens über die Miet- oder Pachtforderung für die spätere Zeit verfügt, so bestimmt § 110 Abs. 1 InsO, dass diese Verfügung nur wirksam ist, soweit sie sich auf die Miete oder Pacht für den zur Zeit der Eröffnung des Verfahrens laufenden Kalendermonat bezieht. Ist die Eröffnung nach dem fünfzehnten Tag des Monats erfolgt, so ist die Verfügung auch für den folgenden Kalendermonat wirksam. Freilich bleibt hierbei die Möglichkeit der Insolvenzanfechtung der Vorausverfügung ebenso unberührt wie deren Unwirksamkeit nach § 138 BGB (HK-InsO/*Marotzke* § 110 Rdn. 5; *Andres/Leithaus* § 110 Rdn. 4). Die wegen § 119 InsO unabdingbare Vorschrift des § 110 InsO ist notwendige Folge des in § 108 InsO mit Wirkung für die Insolvenzmasse angeordneten Fortbestehens von Miet- und Pachtverhältnissen und schützt die Masse vor Nachteilen, die zweifellos entstehen würden, wenn bei Vorausverfügungen des Schuldners über die Miet- und Pachtforderungen der Gegenstand vom Vertragspartner genutzt werden dürfte, ohne dass der Masse eine entsprechende Gegenleistung zufließen würde (Nerlich/Römermann/*Balthasar* § 110 Rdn. 2; Runkel/*Dahl* § 8 Rdn. 229). Im Ergebnis erfährt die Insolvenzmasse damit denselben Schutz, den Hypothekengläubiger gemäß §§ 1124, 1125 BGB genießen.

Die Rechtsprechung, wonach § 108 InsO nur bei bereits überlassenen Miet- oder Pachtobjekten Anwendung findet (BGH NZI 2007, 713), führt konsequenterweise dazu, dass es auch für die Anwendbarkeit des § 110 InsO auf die Frage der Überlassung ankommt (Runkel/*Dahl* § 8 Rdn. 230). Aus dem unveränderten Fortbestand des Miet- oder Pachtverhältnisses folgt, dass der Insolvenzverwalter die Vermieter- oder Verpächterleistungen so zu erbringen hat, wie sie vom Schuldner zu erbringen gewesen wären. Folgerichtig begründet auch der Anspruch des Mieters auf Herstellung eines zum vertragsgemäßen Gebrauch geeigneten Zustands der Mietsache bei fortdauerndem Mietverhältnis unabhängig davon eine Masseschuld, ob der mangelhafte Zustand vor oder nach Eröffnung des Verfahrens entstanden ist (BGH ZIP 2003, 854). Diesen Verpflichtungen kann sich der Insolvenzverwalter richtiger Ansicht nach allenfalls noch durch Freigabe des Miet- oder Pachtobjektes an den Schuldner entziehen, wenn der Gegenstand die Insolvenzmasse nur belastet (*Uhlenbruck/Berscheid*, 12. Aufl. 2003, § 110

Rdn. 1; FK-Inso/*Wegener* § 108 Rdn. 28; Runkel/*Dahl* § 8 Rdn. 230 m. w. N.; gänzlich abl. Uhlenbruck/*Wegener* § 108 Rdn. 19; HK-InsO/*Marotzke* § 108 Rdn. 30; Kübler/ Prütting/Bork/*Tintelnot* § 108 Rdn. 16 c).

Als Folge des Verfügungsverbots ist der Mieter oder Pächter gehalten, die Gegenleistung für die in der betroffenen Zeitspanne erfolgte Nutzung des Objekts noch einmal zur Masse zu erbringen. Gleichwohl steht ihm für den an einen Dritten oder den Schuldner vorgeleisteten Betrag ein Bereicherungsanspruch zu, der bei Entrichtung an den späteren Schulder als Insolvenzforderung geltend zu machen und zur Insolvenztabelle anzumelden ist (*Andres/Leithaus* § 110 Rdn. 4; Runkel/*Dahl* § 8 Rdn. 234).

§ 110 Abs. 1 InsO bezieht sich seinem Wortlaut nach auf Mietverhältnisse über unbewegliche Gegenstände und Räume. Gleichermaßen werden aber auch Pacht und Leasing (von Immobilien) insolvenzrechtlich als Miete behandelt (Kübler/Prütting/Bork/*Tintelnot* § 110 Rdn. 4; weiterführend HK-InsO/*Marotzke* § 110 Rdn. 6 zur Erbpacht).

**4.** Neben dem Hauptfall periodischer Leistungen des Miet- bzw. Pachtzinses unterliegen auch einmalige Zahlungen der Unwirksamkeit der Verfügung. In beiden Fällen ist allein entscheidend, dass der Anspruch eine Gegenleistung für die Gebrauchsgewährung darstellt (MünchKommInsO/*Eckert* § 110 Rdn. 4). Zu diesen Ansprüchen wegen Gebrauchsgewährung zählt auch die vom Mieter übernommene Schönheitsreparatur, wenn der Vermieter hierauf verzichtet (BGHZ 77, 301 = BGH NJW 1980, 2347; BGHZ 105, 71, 79 = BGH NJW 1988, 2790, 2793). Die Kaution ist hingegen keine Gegenleistung für die Gebrauchsgewährung, eine diesbezügliche Verfügung wirkt daher gegen die Masse (MünchKommInsO/*Eckert* § 110 Rdn. 4).

**5.** § 110 Abs. 1 InsO erfasst nur Verfügungen des Schuldners, nicht dagegen Verfügungen des Insolvenzverwalters oder des verwaltungs- und verfügungsbefugten vorläufigen „starken" Insolvenzverwalters. Sie sind nicht der Handlungssphäre des Schuldners zuzurechnen. Anderenfalls wären Mieter wohl auch kaum bereit, der Masse durch Mietvorauszahlungen Kredit zu gewähren (MünchKommInsO/*Eckert* § 110 Rdn. 9). Auch Vorausverfügungen des Schuldners mit Zustimmung des nicht verwaltungs- und verfügungsbefugten vorläufigen „schwachen" Insolvenzverwalters sollen der Regelung des § 110 Abs. 1 InsO nicht unterfallen (MünchKommInsO/*Eckert* § 110 Rdn. 9). Hiergegen spricht aber der Wortlaut der Norm.

**6.** § 110 InsO erstreckt sich auf alle Verfügungen. Verfügungen sind diejenigen Rechtsgeschäfte, die den Bestand der Leistung oder die Berechtigung des Vermieters hierauf beeinträchtigen (HK-InsO/*Marotzke* § 110 Rdn. 9; *Andres/Leithaus* § 110 Rdn. 3). Hierunter fällt nach dem Wortlaut des § 110 Abs. 2 InsO ausdrücklich der Forderungseinzug, auch wenn er im Wege der Zwangsvollstreckung erfolgt. Ferner sind insbesondere Erfüllungssurrogate, die Abtretung, die Verpfändung, der Erlass oder die Stundung der Mietforderung zu nennen (ausführlich Runkel/*Dahl* § 8 Rdn. 232 ff.; Nerlich/Römermann/*Balthasar* § 110 Rdn. 8; Kübler/Prütting/Bork/*Tintelnot* § 110 Rdn. 4, 7; Nerlich/Kreplin/*Christiani* § 33 Rdn. 139 ff.). Zu den durch § 110 InsO in ihrer Wirksamkeit begrenzten Verfügungen zählen lediglich Vorausverfügungen, die über die gesetzlich festgelegte zeitliche Grenze hinauswirken und sich auf künftige Ansprüche beziehen. Verfügungen über bestehende Ansprüche mögen indes einer Anfechtung unterliegen (zur Anfechtbarkeit von Mietzahlungen OLG Stuttgart ZInsO 2006, 274 ff.).

Keine Anwendung soll § 110 InsO entgegen dem ausdrücklichen Wortlaut des § 110 Abs. 2 InsO finden, wenn die Vollstreckung von einem Grundpfandgläubiger ausgeht (ausführlich dazu: HK-InsO/*Marotzke* § 110 Rdn. 11). Demgegenüber hat der BGH klargestellt, dass der Grundpfandgläubiger nach Eröffnung des Insolvenzverfahrens nur dann einen Zugriff auf die im hypothekarischen Haftungsverband stehenden Mieten und Pachten hat, wenn er den in § 49 InsO vorgesehenen Weg der Zwangsverwaltung wählt (BGH ZInsO 2006, 873 = ZIP 2006, 1554). Ansonsten stehen die Einnahmen der Insolvenzmasse zu, die – wie der BGH ausführt – auch die öffentlichen Lasten des Grundeigentums und die laufenden Kosten der Gebäudeinstandhaltung als Masseverbindlichkeiten zu berichtigen hat.

Ähnliches galt nach früherem Recht im Falle der eigenkapitalersetzenden Nutzungsüberlassung. Nach ständiger Rechtsprechung durfte der vermietende Gesellschafter, der die Gesellschaft weder liquidiert noch ihr neues haftendes Kapital zugeführt, sondern durch die fortdauernde Gebrauchsüberlassung das Überleben der Gesellschaft ermöglicht hat, von der Mieterin die vereinbarte Miete so lange nicht fordern, wie diese nicht aus ungebundenem Vermögen der Gesellschaft bezahlt werden kann (BGHZ 109, 55, 66 = NJW 1990, 516; BGHZ 127, 1, 7 = NJW 1994, 2349; BGHZ 127, 17, 21 = NJW 1994, 2760; BGH NJW 1997, 3026 = ZIP 1997, 1375; BGH NJW 1998, 3200 = ZIP 1998, 1352). Mit Wirkung zum 1. 11. 2008 ist durch das MoMiG (Gesetz zur Modernisierung des GmbH-Rechts und zur Bekämpfung von Missbräuchen v. 23. 10. 2008, BGBl. I, S. 2026) das herkömmliche Eigenkapitalersatz abgeschafft worden. Nach § 135 Abs. 3 InsO steht dem Insolvenzverwalter über das Vermögen der Gesellschaft daher kein unentgeltliches Nutzungsrecht zu, sondern er hat, befristet auf ein Jahr ab Insolvenzeröffnung, während dessen der Gesellschafter die Aussonderung nicht verlangen darf, nur in der Höhe Miete an den Gesellschafter zu zahlen, wie diese im Jahr vor Insolvenzeröffnung gezahlt worden ist (ausführlich hierzu *Dahl/Schmitz*, NZG 2009, 325, 328 ff.).

Zum alten Recht hatte der BGH (NZG 1999, 305) entschieden, dass die Wirkung einer eigenkapitalersetzenden Gebrauchsüberlassung mit dem Wirksamwerden des im Wege der Zwangsverwaltung erlassenen Beschlagnahmebeschlusses endete und der Grundpfandgläubiger zumindest von diesem Zeitpunkt an Zahlung des Miet- und Pachtzinses verlangen konnte. Gleiches galt für den Fall der Eröffnung eines Insolvenzverfahrens über das Vermögen des vermietenden Gesellschafters (BGH NZG 2008, 551). Bei einer Beschlagnahme im Wege der Zwangsverwaltung hatte der Gesellschafter der Insolvenzmasse die gezahlten Miet- und Pachtzinsen gemäß §§ 30, 31, 32 a, 32 b GmbHG a. F. analog zu erstatten (BGH NZG 2005, 346). Auch nach der Neukonzeption durch das MoMiG wird man § 135 Abs. 3 InsO nicht zulasten des Grundpfandgläubigers oder des insolventen Gesellschafters anwenden können (*Dahl/Schmitz* NZG 2009, 325, 331; *Fischer/Knees* ZInso 2009, 745, 748 ff.; Kübler/Prütting/Bork/*Preuß* § 135 Rdn. 38; Lutter/Hommelhoff/*Kleindiek* Anh. zu § 64 Rdn. 140; a. A. *Göcke/Henkel* ZInsO 2009, 170 ff.). Es verbleibt dabei, dass der Beschlagnahmebeschluss oder die Eröffnung des Insolvenzverfahrens über das Vermögen des Gesellschafters eine Zäsur darstellt, die bewirkt, dass die Interessen der Insolvenzmasse der Gesellschaft hinter den Interessen des Grundpfandgläubigers bzw. der Gläubigergesamtheit des Gesellschafters zurücktreten müssen. Zudem ist nicht ersichtlich, warum die insolvente Gesellschaft, die gem. § 135 Abs. 3 InsO n. F. anders als nach bisherigem Recht gerade nicht unentgeltlich nutzungsberechtigt, sondern vielmehr grundsätzlich zur Zahlung eines Ausgleichs verpflichtet ist, im Fall der Zwangsverwaltung oder der Gesellschafterinsolvenz demgegenüber bessergestellt werden soll (*Fischer/Knees* ZInsO 2009, 745, 749). Schließlich lässt sich auch aus dem Umstand, dass der Gesetzgeber des § 135 Abs. 3 InsO sich mit diesen Sonderfällen nicht befasst hat, nicht herleiten, dass er die Diskussion zum alten Recht kannte, § 135 Abs. 3 InsO aber ausnahmslos Anwendung finden lassen wollte (so aber *Göcke/Henkel* ZInsO 2009, 170, 173). Vielmehr ist davon auszugehen, dass der Gesetzgeber schlichtweg diese Problematik im Rahmen der neu geschaffenen Vorschrift nicht bedacht hat. Nach neuem Recht wird der Insolvenzverwalter also in beiden Konstellationen gem. § 108 InsO zur Zahlung der vollen Miete verpflichtet sein. Dem kann er sich nur durch Ausübung des ihm in § 109 InsO eingeräumten Sonderkündigungsrechts entziehen. Im Unterschied zum früheren Recht ist eine Rechtsgrundlage für einen Erstattungsanspruch gegen den Gesellschafter allerdings nicht mehr ersichtlich (*Dahl/Schmitz* NZG 2009, 325, 331).

Keine Verfügung über Miet- oder Pachtzinsforderungen liegt vor, wenn die Laufzeit oder die Miethöhe für einen nach Verfahrenseröffnung liegenden Zeitraum abgeändert oder die dingliche Rechtslage am Grundstück verändert wird; können diese Verfügungen nicht nach den §§ 129 ff. InsO angefochten werden, ist die daraus resultierende Kürzung der Miet- und Pachtzinsforderung auch in der Insolvenz bindend (Nerlich/Römermann/*Balthasar* § 110 Rdn. 8; Uhlenbruck/*Berscheid*, 12. Aufl. 2003, § 110 Rdn. 3). Gleiches gilt bei einem verlorenen Baukostenzuschuss, wenn die Ausbauarbeiten eine Wertsteigerung des Grundstücks oder Gebäudes bewirkt haben, so dass eine Verrechnung mit späteren Mietzahlungen zulässig ist (FK-InsO/*Wegener* § 110 Rdn. 8; *Andres/Leithaus* § 110 Rdn. 3); dagegen ist der abwohnbare Baukostenzuschuss als vorausbezahlter Miet- oder Pachtzins zu behandeln (Uhlenbruck/*Berscheid*, 12. Aufl. 2003, § 110 Rdn. 5; Runkel/*Dahl* § 8 Rdn. 233; krit. HK-InsO/*Marotzke* § 110 Rdn. 12; Kübler/Prütting/Bork/*Tintelnot* § 110 Rdn. 6; Nerlich/Römermann/*Balthasar* § 110 Rdn. 9).

Maßgeblicher Zeitpunkt für die insolvenzrechtliche Anfechtbarkeit von Vorausverfügungen durch den Schuldner zugunsten eines Dritten ist nach Auffassung des OLG Hamm (ZIP 2006, 433, 434) der Beginn des Monats, auf den sich die Mietzahlung bezieht, nicht hingegen der Zeitpunkt der Vorausabtretung. Aufgrund dieser zeitlichen Streckung stellt die Vorausabtretung als Gewährung einer Sicherheit auch kein (unmittelbares) Bargeschäft im Sinne des § 142 InsO dar (OLG Hamm ZIP 2006, 433, 434). Schließlich erkennt das OLG Hamm in der Vorausabtretung eine Gläubigerbenachteiligung unbeschadet einer sonst der Vorausabtretung entsprechenden Hypothekenhaftung, da sich letztere nur auf noch offene Mietforderungen erstreckt (ZIP 2006, 433, 434). Der BGH ist einer solchermaßen durch das OLG Hamm vertretenen Anfechtbarkeit jüngst entgegengetreten. Seiner Auffassung nach liegt bereits eine für alle insolvenzrechtlichen Anfechtungstatbestände notwendige Gläubigerbenachteiligung nicht vor, wenn der Grundschuldgläubiger, dem der Schuldner die Mietzinsforderungen abgetreten hat, bis zur Insolvenzeröffnung eingehende Mietzahlungen mit einer Forderung gegen den Schuldner verrechnet, und der Grundschuldgläubiger das Absonderungsrecht zuvor unanfechtbar erworben hat (BGH ZIP 2007, 35; MünchKommInsO/*Kirchhof* § 129 Rdn. 158; Uhlenbruck/*Hirte* § 129 Rdn. 121; a. A. OLG Hamm ZIP 2006, 433, das zur Beseitigung der Gläubigerbenachteiligung eine Vereinbarung über den Einzug und die Verrechnung der Mieten – „kalte Zwangsverwaltung" – verlangt).

**7.** Bei Insolvenzeröffnung nach dem 15. eines Monats tritt die Unwirksamkeit der Vorausverfügung erst am Ende des Folgemonats ein, § 110 Abs. 1 S. 2 InsO. Da der Mietzinsanspruch zeitlich mit der Gebrauchsüberlassung entsteht, kann § 110 InsO nur eine klarstellende Funktion zukommen; die Unwirksamkeit von Vorausverfügungen über den Eröffnungszeitpunkt hinaus ergibt sich bereits aus § 91 Abs. 1 InsO. Eine solche Vorauszahlung ist aber gegenüber der Masse wirksam, wenn sie vertraglich vereinbart ist (z. B. bei Fälligkeit zu Quartalsbeginn im Voraus; MünchKommInsO/*Eckert* § 110 Rdn. 11; ebenso bei Einmal-Zahlung zu Vertragsbeginn, BGH NZM 1998, 105).

**8.** Der Mieter oder der Pächter kann nach § 110 Abs. 3 S. 1 InsO gegen die Miet- oder Pachtforderung für den in § 110 Abs. 1 InsO bezeichneten Zeitraum eine Forderung aufrechnen, die ihm gegen den Schuldner zusteht. Unberührt hiervon bleiben die §§ 95 und 96 Nr. 2 bis 4 InsO. Die Vorschrift beschränkt nicht die Möglichkeit der Aufrechnung nach § 95 InsO, sondern schließt lediglich die Unzulässigkeit der Aufrechnung nach § 96 Abs. 1 Nr. 1 InsO für den dort bezeichneten Zeitraum aus. Sie gewährt ein besonderes zusätzliches Aufrechnungsrecht und erweitert damit die Aufrechnungsmöglichkeiten. Infolgedessen kann der Mieter zu seinen Gunsten bestehende Nebenkostenguthaben aus der Zeit vor Insolvenz des Vermieters gegen Mietzinsansprüche der Masse für danach liegende Zeiträume aufrechnen (BGH ZIP 2007, 239).

Es wird die Auffassung vertreten (MünchKommInsO/*Eckert* § 110 Rdn. 24), dass diese – insoweit freilich uneinheitliche – Rechtsprechung des BGH (vgl. etwa andererseits BGH NZI 2010, 58; BGH NZI 2005, 553) auch die Überlegung erlaube, ob der Mieter seinen Anspruch auf Rückerstattung der Kaution, die der Schuldner nicht getrennt von seinem Vermögen angelegt hatte, gegen die nach Verfahrenseröffnung fällige Miete, soweit er diese nicht gezahlt hat, aufrechnen kann. Insoweit ist aber, selbst wenn man § 95 Abs. 1 S. 1 InsO als gegenüber § 96 Abs. 1 Nr. 1 InsO und § 110 Abs. 3 S. 1 InsO vorrangig betrachten wollte, die Regelung des § 95 Abs. 1 S. 3 InsO zu beachten. § 95 Abs. 1 S. 3 InsO bestimmt, dass eine nach § 95 Abs. 1 S. 1 InsO grundsätzlich zulässige Aufrechnung dann ausgeschlossen ist, wenn die Forderung, gegen die aufgerechnet werden soll, unbedingt und fällig wird, bevor die Aufrechnung erfolgen kann. Da eine Aufrechnung nach allgemeinem Zivilrecht (§ 387 BGB) nur mit einer fälligen Forderung erfolgen kann, ist für die (Un-)zulässigkeit einer Aufrechnung nach Maßgabe des § 95 InsO entscheidend, ob die Forderung des Gläubigers oder die Forderung der Masse zuerst fällig wird. Ist zuerst die Forderung der Masse fällig, greift § 95 Abs. 1 S. 3 InsO und der Gläubiger kann nicht aufrechnen. Wird dagegen die Forderung des Gläubigers vor oder gleichzeitig mit der Masseforderung fällig, findet § 95 Abs. 1 S. 3 InsO keine Anwendung, der Gläubiger ist vielmehr nach § 95 Abs. 1 S. 1 InsO zur Aufrechnung berechtigt. Der Anspruch des Mieters auf Rückzahlung seiner Kaution wird aber erst fällig, nachdem das Mietverhältnis beendet und zusätzlich eine angemessene Überlegungs- und Abrechnungsfrist für den Vermieter abgelaufen ist, die in der Regel sechs Monate beträgt (vgl. etwa OLG Düsseldorf ZMR 2008, 708), aber im Einzelfall auch darüber hinaus gehen kann (vgl. BGH NJW 2006, 1422). Dementsprechend kann der Mieter den Kautionsrückzahlungsanspruch in der Insolvenz des Vermieters auch nur als mit Mietvertragsschluss aufschiebend bedingt entstandene Forderung im Sinne von § 191 InsO zur Insolvenztabelle anmelden (unzutreffend dagegen *Cymutta* WuM 2008, 441, 442, die insoweit § 41 Abs. 1 InsO für anwendbar hält). Das bedeutet, dass der Kautionsrückzahlungsanspruch in aller Regel erst nach sämtlichen Vermieterforderungen fällig wird. Erst recht gilt dies für Forderungen auf Zahlung der Miete, die im laufenden Mietverhältnis vor dessen Beendigung Monat für Monat fällig werden (s. allgemein *Derleder* WuM 2002, 239, 242). Wird der Kautionsrückzahlungsanspruch aber erst nach den Forderungen fällig, die der Insolvenzmasse aus dem Mietverhältnis zustehen, ist eine Aufrechnung nach § 95 Abs. 1 S. 3 InsO ausgeschlossen. Nichts anderes ergibt sich aus § 110 Abs. 3 S. 1 InsO hinsichtlich der Miete für den Eröffnungsmonat und den auf die Eröffnung folgenden Monat. § 95 InsO – und damit auch dessen Abs. 1 S. 3 – bleibt nach § 110 Abs. 3 S. 2 InsO ausdrücklich unberührt. Entstehen aber im von § 110 Abs. 3 InsO umfassten Zeitraum noch Mietforderungen zugunsten der Masse, weil das Mietverhältnis noch besteht, so kann der Kautionsrückzahlungsanspruch des Mieters keinesfalls fällig und somit auch nicht aufrechenbar sein.

## VIII. Verwalterschreiben nach Anzeige der Masseunzulänglichkeit, Kündigung und Freigabe

......

(Insolvenzverwalter)

an

......

(Vermieter)

Sehr geehrte Damen und Herren,

in meiner Eigenschaft als Insolvenzverwalter über das Vermögen der ...... (Schuldnerin) habe ich dem Insolvenzgericht mit anliegendem Schreiben vom ...... die Masseunzulänglichkeit angezeigt.[1] Das zwischen Ihnen und der Schuldnerin bestehende Mietverhältnis über die Räume ...... (Adresse) kündige ich zum ...... [2]

Ferner erkläre ich, dass ich aus dem Mietverhältnis keine weiteren Rechte geltend mache und insbesondere das Mietobjekt nicht weiter nutzen werde. Vor dem Hintergrund der angezeigten Masseunzulänglichkeit und der daraufhin von mir ausgesprochenen Kündigung des zwischen Ihnen und der Schuldnerin bestehenden Mietverhältnisses stelle ich Sie gleichzeitig ausdrücklich von Ihrer Überlassungspflicht als Vermieter frei und biete Ihnen überdies die Rückgewähr des unmittelbaren Besitzes an dem von Ihnen vermieteten Objekt an.[3]

Ich weise ausdrücklich darauf hin, dass an verschiedenen Vermögensgegenständen der Schuldnerin, die sich auf dem von Ihnen vermieteten Objekt befinden, Sicherungsrechte zugunsten Dritter bestehen. Gleichzeitig teile ich mit, dass ich die Vermögensgegenstände aus der Insolvenzmasse an die Schuldnerin, vertreten durch deren organschaftlichen Vertreter, freigegeben habe.[4]

......

(Insolvenzverwalter)

### Anmerkungen

**1.** Die Anzeige der Masseunzulänglichkeit nach § 208 InsO erfolgt durch den Insolvenzverwalter gegenüber dem Gericht. Die – anteilige – Befriedigung der Massegläubiger ist sodann nach Maßgabe der in § 209 Abs. 1 InsO angeordneten Rangfolge vorzunehmen, d.h. zunächst werden die Kosten des Verfahrens (§ 54 InsO), des weiteren die Neumasseverbindlichkeiten und schließlich die Altmasseverbindlichkeiten berichtigt. Die Anzeige der Masseunzulänglichkeit ist der maßgebliche Zeitpunkt im Hinblick auf die Unterscheidung von Alt- und Neumasseverbindlichkeiten (MünchKommInsO/*Hefermehl* § 209 Rdn. 3). Als Neumasseverbindlichen gelten gemäß § 209 Abs. 1 Nr. 2 InsO die Masseverbindlichkeiten, die nach Anzeige der Masseunzulänglichkeit begründet worden sind, ohne zu den Kosten des Verfahrens zu gehören. Die übrigen Masseverbindlichkeiten sind Altmasseverbindlichkeiten, § 209 Abs. 1 Nr. 3 InsO. Wegen Altmasseverbindlichkeiten kann nach Anzeige der Masseunzulänglichkeit nicht mehr in die Insolvenzmasse vollstreckt werden, § 210 InsO.

Die mit der Anzeige verbundenen Folgen treten unabhängig davon ein, ob die Voraussetzungen einer solchen Anzeige nach § 208 InsO tatsächlich vorgelegen haben (Münch-KommInsO/*Hefermehl* § 209 Rdn. 20). Eine Prüfung der Richtigkeit der Anzeige durch das Insolvenzgericht oder andere Verfahrensbeteiligte sieht das Gesetz nicht vor (siehe dazu Kübler/Prütting/Bork/*Pape* § 208 Rdn. 5 d). Gläubigern steht nur der Weg offen, zum Ausgleich von Schäden wegen einer fehlerhaften – zu frühen oder zu späten – Anzeige einen individuellen Haftungsprozess gegen den Insolvenzverwalter einzuleiten (MünchKommInsO/*Hefermehl* § 209 Rdn. 20).

Die Vorschrift des § 208 InsO erfasst nicht nur den Fall, dass sich die Masseunzulänglichkeit erst im Laufe des Verfahrens herausstellt. Vielfach wird schon bei Verfahrenseröffnung klar sein, dass außer den für die Eröffnung eines Insolvenzverfahrens notwendigen, aber auch hinreichenden Kosten des Insolvenzverfahrens (§§ 26 Abs. 1, 54 InsO) nicht alle sonstigen Masseverbindlichkeiten gedeckt werden können. In diesem Fall wird es eine der ersten Amtshandlungen des Verwalters sein, dem Gericht die Masseunzulänglichkeit anzuzeigen, weil er damit erreichen kann, dass die Ansprüche aus fortbestehenden Dauerschuldverhältnissen für die Zeit nach dieser Anzeige bis zur Wirksamkeit einer sofort ausgesprochenen Kündigung nur anteilig als „Altmasseverbindlichkeiten" im Sinne der §§ 209 Abs. 1 Nr. 3, 209 Abs. 2 Nr. 2 InsO zu befriedigen sind (HK-InsO/*Landfermann* § 208 Rdn. 10; MünchKommInsO/*Hefermehl* § 209 Rdn. 31; Uhlenbruck/*Berscheid/Ries* § 209 Rdn. 18).

**2.** Die Masselosigkeit wird auch als „Insolvenz in der Insolvenz" bezeichnet. Der Insolvenzverwalter ist daher im Fall der Masselosigkeit – wie auch bei Insolvenzeröffnung – nicht an die gesetzlichen oder vertraglichen Kündigungsmöglichkeiten gebunden. Vielmehr steht ihm nach Anzeige der Masseunzulänglichkeit die insolvenzrechtliche Kündigungsmöglichkeit des § 109 InsO zu. Er ist indes nicht zur fristlosen Kündigung berechtigt (MünchKommInsO/*Hefermehl* § 209 Rdn. 31). Der Insolvenzverwalter ist gehalten, das Dauerschuldverhältnis nach der Anzeige der Masseunzulänglichkeit zum frühest möglichen Zeitpunkt zu kündigen. Versäumt er dies, stellen die Ansprüche des Vertragspartners für die Zeit nach dem ersten Termin, zu dem der Verwalter nach der Anzeige der Masseunzulänglichkeit hätte kündigen können, nach §§ 209 Abs. 1 Nr. 2, 209 Abs. 2 Nr. 2 InsO vorrangig zu bedienende „Neumasseverbindlichkeiten" unabhängig davon dar, ob der Verwalter die Gegenleistung in Anspruch nimmt oder nicht (MünchKommInsO/*Hefermehl* § 209 Rdn. 32; Uhlenbruck/*Berscheid/Ries* § 209 Rdn. 18). Dies gilt auch für solche Dauerschuldverhältnisse, die der Verwalter erst nach Verfahrenseröffnung begründet hat. Hier soll zwar kein Sonderkündigungsrecht bestehen, weil die Anzeige der Masseunzulänglichkeit nicht zur Begründung eines neuen außerordentlichen Kündigungsrechts führt (Kübler/Prütting/Bork/*Pape* § 209 Rdn. 15; Nerlich/Römermann/*Westphal* § 209 Rdn. 8). Der Verwalter muss aber gleichwohl mit der vertraglichen oder gesetzlichen Kündigungsfrist kündigen, will er die Begründung von Neumasseverbindlichkeiten vermeiden (Uhlenbruck/*Berscheid/Ries* § 209 Rdn. 19; Kübler/Prütting/Bork/*Pape* § 209 Rdn. 15). Unterlässt der Verwalter eine solche Kündigung, obwohl er das Vertragsverhältnis für die Masse nicht mehr benötigt, kann er sich schadensersatzpflichtig machen (FK-InsO/*Kießner* § 209 Rdn. 31).

**3.** Unbeschadet einer Kündigung zum ersten möglichen Termin entstehen nach §§ 209 Abs. 1 Nr. 2, 209 Abs. 2 Nr. 3 InsO vorrangig zu bedienende Neu-Masseverbindlichkeiten auch, wenn der Insolvenzverwalter nach Anzeige der Masseunzulänglichkeit die aus einem Dauerschuldverhältnis geschuldete Gegenleistung des Vertragspartners für die Insolvenzmasse weiter in Anspruch nimmt (MünchKommInsO/*Hefermehl* § 209 Rdn. 33; Andres/*Leithaus* § 209 Rdn. 8; Kübler/Prütting/Bork/*Pape* § 209 Rdn. 17). Ob das Vertragsverhältnis gekündigt wurde, ist hierbei ohne Belang (Uhlenbruck/*Berscheid/Ries* § 209 Rdn. 20). Der Insolvenzverwalter nimmt die Gegenleistung aus einem Dauerschuldverhältnis dann in Anspruch, wenn er die Leistung nutzt, obwohl er das pflichtgemäß hätte verhindern können (BGH NZI 2003, 369 = ZIP 2003, 914). Die bloße Entgegennahme einer im Voraus fälligen Mietzinszahlung kann aber nicht schon als Nutzung für den gesamten Vorauszahlungszeitraum angesehen werden. Der Insolvenzverwalter hat daher den Vermieter von seiner Leistungspflicht freizustellen und seine eigene Verfügungsmacht über den Mietgegenstand aufzugeben, um das Entstehen von Neumasseverbindlichkeiten zu vermeiden (zur Frage der Nutzung vgl. Form. E. V. Anm. 6 b).

**4.** Durch die Freigabeerklärung werden die zu bezeichnenden Gegenstände wieder der Verwaltungs- und Verfügungsbefugnis des Schuldners unterstellt (MünchKommInsO/ *Lwowski* § 35 Rdn. 103). Die Freigabeerklärung ist gegenüber dem Schuldner abzugeben, hat aber für den Vermieter als Gläubiger insoweit Bedeutung, als freigegebene Gegenstände nun wieder der Einzelvollstreckung unterliegen und insbesondere der Vermieter die Verwertung seinem Pfandrecht unterliegender Gegenstände betreiben kann.

# IX. Kündigungsschreiben des Erwerbers eines Miet-/ Pachtobjektes gem. § 111 InsO

......

(Erwerber)

an

......

(Mieter)

Sehr geehrte Damen und Herren,

im Zuge des über das Vermögen der ...... am ...... eröffneten[2] Insolvenzverfahrens[1] habe ich das von Ihnen gemietete Objekt ......[3] vom Insolvenzverwalter erworben. Gem. § 111 InsO in Verbindung mit § 562 BGB bin ich daher in das bislang zwischen Ihnen und der Insolvenzschuldnerin bestehende Mietverhältnis eingetreten.[4]

Ich mache daher von dem mir gem. § 111 InsO zustehenden Kündigungsrecht[5] Gebrauch und kündige das Mietverhältnis zum ...... Schadensersatzansprüche[6] wollen Sie bitte gegenüber der Insolvenzmasse beim Insolvenzverwalter geltend machen.

Vorsorglich widerspreche ich bereits jetzt einer stillschweigenden Verlängerung des Mietverhältnisses nach § 545 BGB.[6]

......

(Erwerber)

## Anmerkungen

**1.** Vgl. Form. E. I. Anm. 1.

**2.** Vgl. Form. E. I. Anm. 2.

**3.** Der Insolvenzverwalter kann eine Immobilie entweder dadurch verwerten, dass er gemäß §§ 172 ff. ZVG, 165 InsO die Zwangsversteigerung beantragt oder aber das Grundstück – mit Zustimmung der Gläubigerversammlung – freihändig veräußert. Eine ohne diese Zustimmung vorgenommene Rechtshandlung des Insolvenzverwalters ist gleichwohl wirksam (§ 164 InsO). Bei der Zwangsversteigerung können die an dem Grundstück haftenden Miet- und Pachtverhältnisse nach § 57a ZVG mit gesetzlicher Frist gekündigt werden; s. hierzu oben Form. D. V. 13. Diese Regelung schafft einen Anreiz für potenzielle Erwerber, entsprechend hohe Gebote abzugeben. Um eine möglichst günstige freihändige Verwertung von Immobilien durch den Insolvenzverwalter zu ermöglichen, übernimmt die wegen § 119 InsO unabdingbare Regelung des § 111 InsO die Vorschrift des § 57a ZVG für den freihändigen Verkauf im Insolvenzverfahren.

Erfasst werden nur Miet- und Pachtverhältnisse, die der Schuldner als Alleineigentümer eingegangen war. War der Schuldner Miteigentümer und veräußert der Insolvenzverwalter den Gegenstand mit Zustimmung der weiteren Eigentümer, steht dem Erwerber ebenso wie bei der Zwangsvollstreckung nach § 183 ZVG ein Sonderkündigungsrecht nicht zu (FK-InsO/*Wegener* § 111 Rdn. 3; Kübler/Prütting/Bork/*Tintelnot*

§ 111 Rdn. 7; Uhlenbruck/*Wegener* § 111 Rdn. 4; *Andres*/*Leithaus* § 111 Rdn. 2; Runkel/*Dahl* § 8 Rdn. 239).

Erforderlich ist die genaue Bezeichnung des Mietobjekts. § 111 InsO setzt die Veräußerung eines unbeweglichen Miet- oder Pachtobjekts durch den Insolvenzverwalter sowie den Eintritt des Erwerbers in das Mietverhältnis anstelle des Schuldners voraus. Der Gleichstellung des Leasings mit der Miete entsprechend fällt auch das Immobilienleasing in der Insolvenz des Leasinggebers in den Anwendungsbereich des § 111 InsO (Nerlich/Römermann/*Balthasar* § 111 Rdn. 3).

Streitig ist, wann die Überlassung des Miet- oder Pachtobjekts an den Mieter oder Pächter erfolgt sein muss. Die Vorschrift des § 111 InsO verlangt ihrem Wortlaut nach nicht, dass das Objekt dem Mieter oder Pächter schon bei Verfahrenseröffnung überlassen war. Unabhängig von der neuen Rechtsprechung des Bundesgerichtshofs (NZI 2007, 713) ist aber im Rahmen von § 111 InsO auf jeden Fall erforderlich, dass die Miet- und Pachtsache im Zeitpunkt der Veräußerung dem Mieter oder Pächter überlassen war, da die Rechtsfolge des § 566 BGB, also der Eintritt des Erwerbers in das Mietverhältnis, sonst nicht gegeben ist. (Nerlich/Römermann/*Balthasar* § 111 Rdn. 7; Runkel/*Dahl* § 8 Rdn. 242).

**4.** Das Mietverhältnis muss zwischen dem Mieter und dem Insolvenzschuldner selbst bestanden haben. Hat indes der Insolvenzverwalter das Mietverhältnis geschlossen, so steht dem Erwerber das Kündigungsrecht des § 111 InsO nicht zu (*Andres*/*Leithaus* § 111 Rdn. 3; Kübler/Prütting/Bork/*Tintelnot* § 111 Rdn. 6). Vielmehr bleibt es dann bei der Anwendung der allgemeinen Vorschriften. Der Insolvenzverwalter muss sich daher bewusst sein, dass sein Bestreben, die Masse durch Neuverträge und entsprechende Mieteinnahmen anzureichern, möglicherweise Verwertungshindernisse begründet. Der Eintritt des Erwerbers in das Mietverhältnis erfolgt kraft Gesetzes wie in § 566 BGB vorgesehen. Eine Veräußerung liegt daher entsprechend § 566 BGB nicht schon mit Abschluss des schuldrechtlichen Verpflichtungsgeschäfts, sondern erst mit Vollendung des Eigentumserwerbs durch Auflassung und Grundbucheintragung vor (Nerlich/Römermann/*Balthasar* § 111 Rdn. 4; Runkel/*Dahl* § 8 Rdn. 241).

Höchst umstritten ist, ob der Erwerber einer Immobilie aus der Insolvenzmasse gem. § 566a BGB auf Rückgewähr der an den Schuldner geleisteten Mietkaution haftet. Die wohl h.M. bejaht dies und kann sich dabei auf den insoweit uneingeschränkten Gesetzeswortlaut berufen (MünchKommInsO/*Eckert* § 111 Rdn. 11; MünchKommBGB/*Häublein* § 566a Rdn. 13; HK-InsO/*Marotzke* § 108 Rdn. 32; *Derleder* NZM 2004, 568, 578). Eine im Vordringen befindliche Meinung schlägt dagegen vor, § 566a BGB für den Fall des Insolvenzerwerbs teleologisch zu reduzieren (LG Braunschweig ZMR 2010, 361; *Drasdo* NJW-Spezial 2008, 1; *Noltin* NZI 2007, 149; *Cymutta* WuM 2008, 441, 442f.; *Lachmann*, Gläubigerrechte in Krise und Insolvenz, 2. Aufl. 2010, Rdn. 1777). Für diese Ansicht spricht, dass ohne eine entsprechende Haftungsbeschränkung zugunsten des Erwerbers die Möglichkeiten eines Verkaufs der Immobilie aus der Insolvenzmasse erheblich erschwert würden. Ferner ist nicht einzusehen, warum der Mieter, der bei nicht getrennter Anlage der Kaution mit seinem Rückzahlungsanspruch lediglich Insolvenzgläubiger ist (BGH NJW 2008, 1152 = NZI 2008, 235), durch die Veräußerung der Immobilie wieder zu einer vollwertigen Forderung (gegen den Erwerber) kommen soll. Systematisch schließlich läßt sich anführen, dass auch im Bereich des § 25 Abs. 1 HBG (Erwerb eines Handelsgeschäfts) und des § 613a BGB (Betriebsübergang) parallele Haftungsreduktionen zugunsten des Insolvenzerwerbers mehrheitlich anerkannt sind.

Vorausverfügungen des Verwalters unterliegen den Regelungen der §§ 566b, 566c BGB; der Erwerber muss sie gegen sich gelten lassen. Dies gilt auch für Vorausverfügungen des Schuldners. Die Unwirksamkeitsfolge für den Eröffnungs- bzw. Folgemonat gem.

§ 110 InsO schützt nur die Masse (MünchKommInsO/*Eckert* § 111 Rdn. 12). Der Erwerber kann sich daher nicht auf § 566 b BGB berufen, da nicht der Vermieter, sondern der Verwalter das Objekt veräußert und dieser nicht über die Miete im Voraus verfügt hat.

Ist – wie im Falle einer gewerblichen Vermietung möglich – der Übergang des Mietverhältnisses wirksam abbedungen und besteht infolgedessen zwischen dem Mieter und der Masse fort, so ist der Erwerber dem Mieter gegenüber nicht zur Gebrauchsüberlassung verpflichtet. Die Masse haftet für diesen Rechtsmangel. Dieser wurde nämlich durch ein Verwalterhandeln gem. § 55 Abs. 1 S. 1 InsO hervorgerufen. Der Ausschluss des Vertragsübergangs enthält im Zweifel keinen Verzicht auf die Rechtsmängelhaftung des Vermieters (MünchKommInsO/*Eckert* § 111 Rdn. 34).

**5.** Nach § 111 S. 1 InsO ist der Erwerber berechtigt, das Miet- oder Pachtverhältnis unter Einhaltung der gesetzlichen Frist zu kündigen. Dem Mieter oder Pächter ist es daher verwehrt, sich auf die vertragsmäßig ausbedungene verlängerte Kündigungsfrist oder eine die ordentliche Kündigung ausschließende Vertragsbefristung zu berufen. War in dem mit dem Schuldner abgeschlossenen Vertrag hingegen wirksam eine kürzere als die gesetzlich vorgeschriebene Kündigungsfrist vereinbart, so gilt diese auch für den Erwerber. Das Kündigungsrecht steht dem Erwerber nicht zu, wenn der Mietgegenstand dem Mieter noch nicht im Zeitpunkt seines Erwerbs überlassen war (Kübler/Prütting/Bork/*Tintelnot* § 111 Rdn. 8). In dem Erwerbszusammenhang kommt dem Erwerber nämlich ein Wahlrecht zu, ob er in das Mietverhältnis eintreten möchte. Seine Situation ist mithin eine andere als die des Insolvenzverwalters. Hat er sich dazu einmal entschieden, so bedarf es nicht eines Sonderkündigungsrechts (MünchKommInsO/*Eckert* § 111 Rdn. 8). Im Unterschied zur Kündigungsmöglichkeit durch den Insolvenzverwalter ist die Kündigungsmöglichkeit des Erwerbers ausdrücklich durch § 111 S. 2 InsO auf den ersten möglichen Kündigungstermin beschränkt (einschränkend *Andres*/Leithaus § 111 Rdn. 7, der eine angemessene Zeit zur Prüfung der Sach- und Rechtslage zubilligen will). Dies ist insofern problematisch, als der Erwerber erst zur Kündigung berechtigt ist, wenn das Eigentum übertragen, also etwa der Eigentumsübergang in das Grundbuch eingetragen wurde. Darauf kann der Erwerber aber nicht Einfluss nehmen, sondern er wird erst nach einigen Tagen von Amts wegen informiert. Es erscheint daher sachgerecht, dem Erwerber eine fristwahrende Kündigung zum nächstmöglichen Termin zu gestatten, wenn er zumutbare Anstrengungen zur Kenntnisnahme unternimmt (MünchKommInsO/*Eckert* § 111 Rdn. 14; Nerlich/Römermann/*Balthasar* § 111 Rdn. 10).

§ 111 S. 3 InsO ist durch Art. 13 des 2. Gesetzes zur Modernisierung der Justiz (Vom 22. 12. 2006, BGBl. I S. 3416, 3423) weggefallen. Dieser schützte mit der entsprechenden Anwendung des ebenfalls entfallenen § 57c ZVG den Mieter, der sich an der Schaffung und Instandsetzung des Mietobjekts finanziell beteiligt hatte (MünchKommInsO/*Eckert* § 111 Rdn. 16). Es sind in dem am 1. 1. 2007 in Kraft getretenen Gesetz keine Übergangsregelungen getroffen worden; insbesondere fehlt die bei Novellierungen der InsO häufige Regelung (etwa Art. 3 des Gesetzes zur Vereinfachung des Insolvenzverfahrens vom 13. 4. 2007, BGBl. I S. 509), dass die Änderung nur für die nach Inkrafttreten des Gesetzes eröffneten Insolvenzverfahren gelte (MünchKommInsO/*Eckert* § 111 Rdn. 16).

In Veräußerungsfällen vor dem 1. 1. 2007, in denen der Erwerber von dem fortbestehenden Schutz des Mieters ausgehen musste, bleibt § 111 S. 3 InsO mit der Verweisung auf § 57c ZVG anwendbar. Dem Mieter steht der Kündigungsschutz gem. § 57c ZVG (Beteiligung an Herstellung und Instandsetzung) zu. Finanzierungsleistungen des Mieters werden verrechnet oder gem. § 57c Abs. 2 ZVG wird ein Zuschuss in Höhe einer Jahresmiete durch eine Mietdauer von vier Jahren, insgesamt maximal nach zwölf Jahren getilgt. In diesem Zeitraum ist eine Kündigung nicht möglich. Der Erwerber kann daher erst nach Ablauf der Sperrfrist, nicht aber zum Termin des Ablaufs kündigen (Münch-

KommInsO/*Eckert* § 111 Rdn. 18). Der Kündigungsschutz setzt indes die Auskunft des Mieters über seine Finanzierungsleistung voraus, er ist insofern mitwirkungspflichtig. Eine gesonderte Aufforderung des Erwerbers ist nicht erforderlich. Der Mieter verliert den Kündigungsschutz, wenn er schuldhaft die Auskunft nicht erteilt (MünchKomm-InsO/*Eckert* § 111 Rdn. 20). Ein Schadensersatzanspruch steht ihm in diesem Falle ebenfalls nicht zu (Runkel/*Dahl* § 8 Rdn. 245 a).

Für Wohnraummietverträge bleiben die aus den allgemeinen Bestimmungen der §§ 573 bis 575 a BGB resultierenden Kündigungsbeschränkungen anwendbar. Tritt eine Kündigungsvoraussetzung des § 573 Abs. 2 BGB – beispielsweise Eigenbedarf – erst nach Erwerb ein, so würde nach dem Wortlaut des § 111 InsO der spätere Eintritt der Kündigungsvoraussetzung für den ersten Kündigungstermin maßgeblich sein. Der Erwerber konnte sich aber bereits vor Eigentumserwerb auf die Kündigungsvoraussetzungen und seine Nutzungsmöglichkeiten einstellen. Es wird daher als interessengerecht angesehen, nicht auf den Eintritt der Kündigungsvoraussetzungen, sondern auf den Erwerbsvorgang abzustellen (MünchKommInsO/*Eckert* § 111 Rdn. 22).

Als weitere den Erwerber bindende Kündigungsschutzvorschriften sind die Sonderregelungen für die Wohnungsumwandlung (§ 577 a BGB), für öffentlich geförderte Wohnungen (die Befreiung des § 17 WoBindG bei Zwangsversteigerung gilt nicht bei freihändigem Verkauf durch den Insolvenzverwalter) sowie für landwirtschaftlich genutzte Grundstücke (§§ 585, 595 BGB) zu nennen.

**6.** Macht der Erwerber von dem ihm in § 111 InsO eingeräumten Sonderkündigungsrecht Gebrauch, so kann der Mieter oder Pächter in entsprechender Anwendung des § 109 Abs. 1 S. 3 InsO wegen der vorzeitigen Vertragsbeendigung Schadensersatzansprüche geltend machen, die als einfache Insolvenzforderung zur Insolvenztabelle anzumelden sind (HK-InsO/*Marotzke* § 111 Rdn. 9; Uhlenbruck/*Berscheid*, 12. Aufl. 2003, § 111 Rdn. 9; Kübler/Prütting/Bork/*Tintelnot* § 111 InsO Rdn. 14; Nerlich/Römermann/*Balthasar* § 111 Rdn. 15; a. A. MünchKommInsO/*Eckert* § 111 Rdn. 29 ff.; FK-InsO/*Wegener* § 111 Rdn. 12; Uhlenbruck/*Wegener* § 112 Rdn. 12, die den Schadensersatzanspruch als Masseverbindlichkeit einordnen). Inhaltlich ist der Anspruch entsprechend § 109 Abs. 1 S. 3 InsO auf den bloßen Differenzschaden, also den Unterschied zwischen dem vertraglich geschuldeten Mietzins und dem Marktwert der Mietsache beschränkt, was regelmäßig dem Mehraufwand für ein anderes gleichwertiges Objekt entspricht; Folgeschäden, wie insbesondere Umzugskosten, sind dagegen nicht zu ersetzen, da auch sonstige Insolvenzgläubiger keine Folgeschäden verlangen können (Kübler/Prütting/Bork/*Tintelnot* § 111 Rdn. 15; Nerlich/Römermann/*Balthasar* § 111 Rdn. 15; Uhlenbruck/*Berscheid*, 12. Aufl. 2003, § 111 Rdn. 10). Ein Ersatzanspruch, der sich demgegenüber gemäß § 566 Abs. 2 S. 1 BGB darauf stützt, dass der in das Miet- und Pachtverhältnis eingetretene Erwerber seine vertraglichen Verpflichtungen nicht erfüllt hat, ist ein Masseanspruch im Sinne von § 55 Abs. 1 Nr. 1 InsO, da er in einem Geschäft des Insolvenzverwalters seinen Grund hat (Uhlenbruck/*Berscheid*, 12. Aufl. 2003, § 111 Rdn. 12; Runkel/*Dahl* § 8 Rdn. 248). Diese Haftung ist aber auf den Zeitraum bis zur ersten Kündigungsmöglichkeit durch den Mieter beschränkt, wenn der Vermieter den Mieter auf den Eigentumsübergang hingewiesen hat, § 566 Abs. 2 S. 2 BGB (MünchKommInsO/*Eckert* § 111 Rdn. 9; Palandt/*Weidenkaff* § 566 Rdn. 24 ff.).

**7.** Der Vermieter sollte bereits in seinem Kündigungsschreiben aus Gründen der Vorsicht ausdrücklich einer Verlängerung des Mietverhältnisses gemäß § 545 BGB widersprechen, siehe Anmerkungen zu D. X. 1 und D. X. 2.

# X. Aufforderung zur Rückzahlung der Kaution

## 1. Rückzahlungsaufforderung des Mieters an den Verwalter des insolventen Vermieters

......

(Mieter)

an

......

(Insolvenzverwalter des Vermieters)

Sehr geehrte(r) ......

nach Beendigung des zwischen mir und ...... (Schuldner) bis zum ...... (Mietende) bestehenden Mietverhältnisses ...... (genauere Bezeichnung) fordere ich Sie hiermit auf, die von mir als Mietsicherheit gewährte Kaution von ...... EUR nebst aufgelaufener Zinsen an mich zurückzuzahlen.[1]

Sämtliche Ansprüche der Schuldnerin aus dem Mietverhältnis sind erfüllt.[2]

Ich weise ausdrücklich darauf hin, dass die gemäß § 551 Abs. 3 S. 3 BGB getrennt vom Vermögen der Schuldnerin anzulegende Mietkaution keine Insolvenzforderung darstellt, sondern von mir aufgrund eines Aussonderungsrechts (§ 47 InsO) herausverlangt werden kann.[3]

......

(Mieter)

## 2. Abrechnung über die Mietkaution des insolventen Mieters und Aufrechnung durch den Vermieter[4]

......

(Vermieter)

an

......

(Insolvenzverwalter des Mieters)

Sehr geehrte(r) ......,

nach Beendigung des zwischen mir und ...... (Schuldner) bis zum ...... (Mietende) bestehenden Mietverhältnisses ...... (genauere Bezeichnung) rechne ich über die von der Schuldnerin bei Vertragsschluss als Mietsicherheit bereitgestellte Geldsumme wie folgt ab:

| | |
|---|---|
| erhaltener Betrag | ...... EUR |
| zuzügl. Zinsen i. H. v. ...... % p. a. auf diesen Betrag | |
| für den Zeitraum von ...... bis ...... | ...... EUR |
| Gesamtbetrag Mietsicherheit | ...... EUR |

Aus dem Mietverhältnis stehen mir noch folgende bislang nicht erfüllte Forderungen zu:

Miete aus dem Zeitraum vor Insolvenzeröffnung
Monate von ...... bis ......                                    ...... EUR
Miete aus der Zeit nach Insolvenzeröffnung
Monate von ...... bis ......                                    ...... EUR

Mit diesen Forderungen rechne ich hiermit gegen die Mietsicherheit auf.[5]

Danach ergibt sich zu Ihren Gunsten noch ein

Guthaben von                                                   ...... EUR

das ich heute auf das von Ihnen genannte Bankkonto ...... (Bankverbindung) überwiesen habe.

......
(Vermieter)

## Anmerkungen

**1.** Zum Anspruch auf Rückgabe von Mietsicherheiten nach dem Ende des Mietverhältnisses im Allgemeinen vgl. Kap. F. V., insb. Form. F. V. 1 Anm. 1.

**2.** Mit Bezahlung der Kaution an den Vermieter erhält der Mieter einen aufschiebend bedingten Kautionsrückzahlungsanspruch (BGHZ 84, 345, 349; 141, 160, 162). Dieser wird fällig und besteht auch nur insoweit als feststeht, dass dem Vermieter keine Ansprüche mehr zustehen, für die die Kaution haftet (BGHZ 141, 160, 162; zu den dem Vermieter insoweit zugestandenen Abrechnungsfristen etwa Schmidt-Futterer/*Blank* § 551 BGB Rdn. 99).

**3.** Nach Rspr und ganz h.L. steht dem Mieter in der Insolvenz des Vermieters nur dann ein Aussonderungsrecht gemäß § 47 InsO an der von ihm geleisteten Kaution zu, wenn der Vermieter die Kaution getrennt von seinem eigenen Vermögen angelegt hat (BGH NZI 2008, 235; Kübler/Prütting/*Tintelnot* § 108 Rdn. 31; MünchKommInso/*Eckert* § 108 Rdn. 109; Palandt/*Weidenkaff* § 551 Rdn. 12; Schmidt-Futterer/*Blank* § 551 BGB Rdn. 111; a.A. *Derleder* NZM 2004, 568, 577 f., der dem Mieter über § 108 Abs. 1 InsO auch nach Insolvenzeröffnung einen Anspruch auf getrennte und damit aussonderungsfähige Anlage einräumen will). Bei der Wohnraummiete ist der Vermieter hierzu nach § 551 Abs. 3 S. 3 BGB gesetzlich verpflichtet. Bei Gewerberaummietverhältnissen besteht eine entsprechende Pflicht nur, wenn die Parteien dies ausdrücklich vereinbaren. Hat der Vermieter – pflichtwidrig oder nicht – die erhaltene Kaution mit dem eigenen Vermögen vermengt, so besteht keine Aussonderungsbefugnis für den Mieter. Sein Rückgewährsanspruch ist lediglich eine ungesicherte Insolvenzforderung.

Die Voraussetzungen für eine „getrennte" Anlage der Mietkaution sind relativ großzügig. Ausreichend aber auch erforderlich ist die Anlage auf einem als solchen erkennbaren Treuhandkonto. Dafür genügt jede Bezeichnung, die den Sicherungszweck des Kontos erkennen lässt, etwa die offene Bezeichnung als „Treuhandkonto" oder „Mietkautionskonto" (Uhlenbruck/*Brinkmann* § 47 Rdn. 47). Nicht notwendig ist, dass für die Kautionen unterschiedlicher Mieter je separate Konten geführt werden oder dass auf einem Sammelkonto für mehrere Mieter erkennbar ist, welcher Einzelbetrag nebst Zinsen dem Vermögen jedes einzelnen Mieters zuzuordnen ist (HK-InsO/*Lohmann* § 47 Rdn. 24; a.A. MünchKommInsO/*Eckert* § 108 Rdn. 112). Entscheidend ist nur die Trennung der Kaution(en) von dem Vermögen des Vermieters. Nach allgemeinen Grundsätzen ist für das Bestehen eines Treuhandverhältnisses erforderlich, dass das Treugut unmittelbar aus dem Vermögen des Treugebers stammt. Das Erfordernis der Unmittelbarkeit ist nicht gewahrt, wenn – wie in der Praxis nach wie vor häufig – die Mietkaution dem Vermieter in bar übergeben oder auf ein allgemeines Konto des Vermieters gezahlt und erst später dem Treuhandkonto zugeführt wird. Zu Recht wird allerdings angenommen, dass die strikte Befolgung des Unmittelbarkeitsgrundsatzes bei der Mietkaution nicht verlangt werden kann, da das Gesetz selbst in § 551 Abs. 3 S. 3 BGB von einer Anlage der Kaution durch den Vermieter ausgeht und dem Mieter einen hierauf gerichteten einklagbaren Anspruch verleiht (MünchKommInsO/*Eckert* § 108 Rdn. 110). Ein Aussonderungsrecht besteht daher auch dann, wenn der Vermieter die Kaution zunächst in sein eigenes Vermögen überführt und erst später zugunsten des Mieters ein Treuhandkonto errichtet hat (BayObLG NJW 1988, 1796; MünchKommInsO/*Ganter* § 47 Rdn. 380).

**4.** Zur Abrechnung des Vermieters über die Barkaution vgl. zunächst Form. F. V. 1.

**5.** Die Mietkaution wird dem Vermieter gerade als Sicherheit für die Insolvenz des Mieters hingegeben. Insofern ist es das elementare Bedürfnis des Vermieters, im Insolvenzfall seine offen stehenden Forderungen gegen den Kautionsrückzahlungsanspruch des Schuldners aufrechnen zu können.

Besteht das Mietverhältnis bei Verfahrenseröffnung noch, so schützen den Vermieter zunächst bereits die Regelungen der §§ 108 Abs. 1 S. 1, 55 Abs. 1 Nr. 2 InsO, wonach die nach Verfahrenseröffnung geschuldeten Mieten keine Insolvenzforderungen, sondern Masseverbindlichkeiten darstellen. Aber auch Ansprüche des Vermieters aus dem Abwicklungsverhältnis, die – sofern sie nicht auf die Inanspruchnahme des Mietobjekts durch den Verwalter zurückzuführen sind – lediglich Insolvenzforderungen darstellen, sind insoweit geschützt als der Vermieter regelmäßig mit ihnen gegen den Kautionsrückzahlungsanspruch aufrechnen kann. Dies ergibt sich aus § 95 Abs. 1 S. 1 und S. 3 InsO: Ist der Anspruch der Insolvenzmasse bei Verfahrenseröffnung noch nicht fällig, so kann der Gläubiger aufrechnen, wenn sein Anspruch zwar erst nach Eröffnung, aber vor dem Masseanspruch fällig wird (siehe Anmerkung 8 zu E. VII. 2). Wie bereits ausgeführt, wird der Kautionsrückzahlungsanspruch erst nach einer Überlegungs- und Abrechnungsfrist für den Vermieter von regelmäßig sechs Monaten fällig (siehe Anmerkung 8 zu E. VII. 2). Hieraus resultiert, dass der Vermieter Ansprüche aus dem Abwicklungsverhältnis gegen den Kautionsrückzahlungsanspruch der Masse jedenfalls noch solange aufrechnen kann, wie noch keine sechs Monate seit Beendigung des Mietverhältnisses verstrichen sind. Der BGH (NJW 1987, 2372) hält zivilrechtlich auch eine Aufrechnung des Vermieters mit bereits verjährten Ansprüchen sogar dann für zulässig, wenn er diese nicht innerhalb von sechs Monaten nach dem Ende des Mietverhältnisses abgerechnet hat. In der Insolvenz kann sich in einer entsprechenden Situation freilich die Problematik ergeben, dass der Kautionsrückzahlungsanspruch vor dem Anspruch des Vermieters fällig wird, sodass § 95 Abs. 1 S. 3 InsO einer Aufrechnung entgegensteht.

Ausgeschlossen ist eine Aufrechnung gegen den Kautionsrückzahlungsanspruch des Mieters weiter auch dann, wenn der Vermieter die Möglichkeit der Aufrechnung – sprich: die eigene Forderung – durch eine anfechtbare Rechtshandlung erlangt hat (§ 96 Abs. 1 Nr. 3 InsO). Die Rechtsprechung, wonach der gemäß § 96 Abs. 1 Nr. 3 InsO maßgebliche Zeitpunkt für die Entstehung einer Mietforderung bereits der Abschluss des Mietvertrags sein sollte (BGH NZI 2005, 164), hat der BGH mit Urteil vom 17. 9. 2009 ausdrücklich aufgegeben (NZI 2010, 58). Danach entstehen Mietforderungen nicht aufschiebend bedingt bereits mit Vertragsschluss, sondern erst in dem Zeitraum, in dem das Mietobjekt genutzt wird, regelmäßig also jeweils zum Monatsanfang. Dies hat zur Folge, dass eine Aufrechnung mit Mietforderungen, die in den letzten drei Monaten vor der Antragstellung oder während des Eröffnungsverfahrens (s. § 130 Abs. 1 Nr. 1 und 2 InsO) angefallen sind, regelmäßig ausscheiden wird. Gleiches dürfte für etwaige Betriebskostennachforderungen gelten, die sich auf Monate im anfechtungsrechtlich relevanten Zeitraum beziehen.

# F. Abwicklung des Mietverhältnisses

## I. Herausgabe der Mietsache und Abnahme

## 1. Aufforderung zur Herausgabe der Mietsache

......
(Vermieter)

an

......
(Mieter)

Sehr geehrte(r) ......,

nach ihrem Auszug musste ich bei der Besichtigung der Räumlichkeiten feststellen, dass sich in der Wohnung noch eine Vielzahl von Gegenständen befinden: Die von Ihnen zu Mietbeginn eingebrachte Einbauküche ist noch nicht entfernt worden. Zudem ist noch Mobiliar in der Wohnung verblieben (Esstisch mit 7 Stühlen, Couchtisch mit Sessel im Wohnzimmer). Auch der abgenutzte Teppichboden im Kinder- und Elternschlafzimmer, der von Ihnen zu Beginn des Mietverhältnisses verlegt worden ist, ist noch nicht entfernt worden. Ich fordere Sie auf, die vorgenannten Gegenstände bis zum ...... aus der Wohnung zu entfernen. Nach Ablauf der Frist gehe ich davon aus, dass Sie an den Sachen kein Interesse mehr haben. Ich werde dann die Entsorgung der Sachen veranlassen.[1]

Ich lehne wegen nicht ordnungsgemäßer Räumung eine Rücknahme der Mietwohnung daher ab. Im Übrigen wurden mir bislang lediglich drei der ursprünglich vier übergebenen Haustür- und Wohnungsschlüssel übergeben. Den fehlenden Schlüssel bitte ich mir umgehend, spätestens bis zum ...... zu überlassen, da ich ansonsten gezwungen sein werde, auf Ihre Kosten die Schlösser auszuwechseln.[2]

Leider wurden die vertraglich geschuldeten Schönheitsreparaturen bei Vertragsende auch nicht durchgeführt.[3]

Eine Bezifferung meiner Ansprüche auf Zahlung von Nutzungsentschädigung wegen Vorenthaltung der Mietsache und etwaigem sonstigen Schadensersatz werde ich gesondert geltend machen. Ich mache aber darauf aufmerksam, dass auch Sie, sehr geehrter Herr ......, trotz Ihres bereits am ...... erfolgten Auszuges zur Zahlung verpflichtet sind, da Sie aus dem Mietverhältnis nicht wirksam entlassen worden sind.[4, 5]

......
(Vermieter)

## Anmerkungen

**1. Rückgabe** gemäß § 546 BGB bedeutet, dass der Vermieter den **unmittelbaren Besitz** an der Mietsache erhält. Der Vermieter muss in die Lage versetzt werden, die Räume ohne Schwierigkeiten zu betreten und über sie ungestört und frei verfügen zu können (OLG Hamburg ZMR 1995, 18). Es ist nicht erforderlich, dass sich die Mietsache bei Mietende in demselben Zustand wie bei Mietbeginn befindet (OLG Brandenburg ZMR 1997, 584, 585). Auf den Zustand der Räumlichkeiten kommt es grundsätzlich nicht an, da dem Vermieter in diesem Fall Schadensersatzansprüche zustehen. Verweigert der Vermieter wegen des schlechten Zustandes die Rücknahme, gerät er in Annahmeverzug. Lässt der Mieter nach seinem Auszug aus der Wohnung noch eine erhebliche Anzahl ihm gehöriger Gegenstände (z.B. Einbauküche und Teppichboden) zurück, liegt keine ordnungsgemäße Rückgabe vor (LG Köln NJW-RR 1996, 1480). Das Zurücklassen einzelner transportabler Gegenstände ist unschädlich (BGH NJW 1988, 2666). Entscheidend ist, ob und in welchem Umfang die zurückgelassenen Gegenstände eine Weitervermietung behindern. Der BGH hat dies einprägsam in BGHZ 86, 204, 210, wie folgt formuliert: „So wie es keine Rückgabe ist, wenn der Mieter zwar seine Sachen aus den Räumen entfernt, aber die Schlüssel behält, ist es auch keine Rückgabe, wenn er dem Vermieter die Schlüssel zwar aushändigt, seine Einrichtung in den Mieträumen aber zurücklässt." Eine Rückgabe liegt nach OLG Hamm ZMR 1996, 372, 374, z.B. dann nicht vor, wenn für den Abtransport der zurückgelassenen Gegenstände ein Container erforderlich ist. Häufig stellt sich dem Vermieter bei unvollständiger Räumung die Frage, wie mit den zurückgelassenen Gegenständen zu verfahren ist. Eine Entsorgung der Sachen ist nicht zulässig, vielmehr trifft den Vermieter eine Obhutspflicht die Sachen vor Verlust und Beschädigung zu bewahren. Es empfiehlt sich, den Mieter unter Androhung der Entsorgung mit Fristsetzung zur Abholung aufzufordern. Lässt der Mieter die Frist ungenutzt verstreichen, kann der Vermieter von einer Besitzaufgabe ausgehen und die Sache entsorgen, ohne sich schadensersatzpflichtig zu machen (so auch Hannemann/Wiegner/*Slomian* § 31 Rdn. 18). Auch hier sollte der Vermieter aber unbedingt darauf achten, dass für das Aufforderungsschreiben ein Zugangsnachweis vorliegt (Einschreiben/Rückschein oder Zugang durch Boten).

**2.** Die **Rückgabe sämtlicher Schlüssel** ist nach überwiegender Ansicht nicht zwingend erforderlich. Maßgeblich ist vielmehr, ob der Mieter – bei wertender Betrachtung – den Besitz am Mietobjekt aufgegeben, diesen also dem Vermieter wieder verschafft hat. Dies ist regelmäßig dann der Fall, wenn sich aus der Schlüsselrückgabe der Wille des Mieters ergibt, dass er den Besitz an der Mietsache aufgeben will (OLG Brandenburg NZM 2000, 463 bei mehreren einander gleichenden Schlüsselexemplaren; OLG Hamburg ZMR 1995, 18; a.A. OLG Düsseldorf NJW-RR 1996, 209). Auch bei Fehlen von Schlüsseln ist der Vermieter in der Regel nicht gehindert, die Sache wieder in Besitz zu nehmen (siehe auch *Bub/Treier* I Rdn. 9; a.A. AG Hamburg ZMR 2001, 979: die Mietsache ist erst dann zurückzugeben, wenn der Mieter alle Schlüssel an den Vermieter herausgegeben hat).

Bei der Rückgabe der Schlüssel ist sicherzustellen, dass diese den Vermieter erreichen. Das Einwerfen des Schlüssels in den Briefkasten des Vermieters oder das Zurücklassen der Schlüssel in den Räumen genügt nicht (LG Köln DWW 1987, 236). Hingegen reicht die Übergabe an den Nachmieter oder den Hausmeister, wenn der Vermieter hiermit einverstanden ist (LG Berlin ZMR 1988, 340).

Bei nicht vollständiger Schlüsselrückgabe (z.B. wegen Schlüsselverlust) kann der Vermieter auf Kosten des Mieters die Schlösser auswechseln lassen (wenn ein Missbrauch praktisch ausgeschlossen ist, soll der Anspruch nach verbreiteter Auffassung auf Ersatz der Kosten des Ersatzschlüssels beschränkt sein (vgl. LG Mannheim WuM 1977, 121 für den Schlüsselverlust bei einer Bootsfahrt). Ein Anspruch auf Kostenersatz besteht jedoch m. E. jedenfalls bei einer Schließanlage, da hier sowohl die Interessen der anderen Mieter als auch die Sicherheitsinteressen des Vermieters vorrangig sind.

Formularklauseln, wonach der Mieter ohne Verschulden für den Schlüsselverlust haftet, sind unzulässig.

**3.** Die Notwendigkeit der **Durchführung von Schönheitsreparaturen** hindert die ordnungsgemäße Rückgabe der Mietsache durch den Mieter nicht. Verweigert der Vermieter aus diesem Grund die Annahme, gerät er in Annahmeverzug. Häufig wird jedoch der Einwand der nicht ordnungsgemäßen Rückgabe mit der Notwendigkeit noch erforderlicher Schönheitsreparaturen verbunden werden können.

**4.** Der Herausgabeanspruch richtet sich gegen alle Mieter. Bei einer Personenmehrheit auf Vermieterseite hat die Herausgabe an alle Vermieter zu erfolgen. Häufig zieht während des Mietverhältnisses ein Mieter aus der Wohnung aus, ohne dass eine wirksame Entlassung aus dem Mietverhältnis erfolgt. Der vertragliche Herausgabe- und Räumungsanspruch ist auch gegenüber dem ausgezogenen Mieter begründet (LG Hannover ZMR 1999, 407); einer etwaigen Klage fehlt insbesondere das Rechtsschutzinteresse nicht.

Der ausgezogene Mieter haftet somit dem Vermieter gegenüber in vollem Umfang. Dem Vermieter ist zu raten im Falle eines vorzeitigen Auszuges die neue Anschrift des ausgezogenen Mieters in Erfahrung zu bringen, um spätere Schriftstücke ordnungsgemäß zustellen zu können.

**5.** Gebühren: Rechtsanwalt 0,5 bis 2,5 Geschäftsgebühr gemäß Nr. 2400 VV, §§ 13, 14 RVG

# 2. Abnahmeprotokoll[1]

Name des Vermieters: ......

Name des Mieters: ......

Ort und Datum der Wohnungsabnahme: ......

Anwesende Personen: ......

Folgende Schlüssel wurden dem Vermieter ausgehändigt: ......

Der Vermieter bestätigt mit seiner Unterschrift den Erhalt der Schlüssel: ......

Feststellung des Wohnungszustandes: Zutreffendes bitte ankreuzen

|  | Mieter | Vermieter | Anm. |
|---|---|---|---|
| **1. Wohnungseingangstür** |  |  |  |
| Anstrich: im unteren Bereich zerkratzt, zahlreiche Stoßstellen |  | X |  |
| Spion: in Ordnung (i. O.) |  |  |  |
| Beschlag und Schloss: i. O. |  |  |  |
| **2. Diele** |  |  |  |
| Glas: ./. |  |  |  |
| Wände: nicht deckend gestrichen, wolkig Putzschäden nicht beseitigt |  | X |  |

|  | Mieter | Vermieter | Anm. |
|---|---|---|---|
| Decke: nicht deckend gestrichen, wolkig | X | | |
| Oberboden: verschlissen, abgewohnt | | X ca. 10 Jahre alt | |
| Fußleisten: zahlreiche Stoßstellen | X | | |
| Einbauschränke: ./. | | | |
| Elektro: Lichtschalter mit Farbe beschmiert | X | | |
| Klingelanlage: i. O. | | | |
| Sprechanlage: i. O. | | | |
| Heizkörper: verschmutzt | X | | |

**3. Küche**

|  | Mieter | Vermieter | Anm. |
|---|---|---|---|
| Wände sind deckend gestrichen, Streifen | X | | |
| Decke: Anstrich vergilbt und verschmutzt | X | | |
| Fußboden: schmutzig, im Arbeitsbereich Fettablagerung | X | | |
| Fußleisten: verschiedene Stoßstellen und Kratzer | X | | |
| Hängeschränke: nach Demontage zahlreiche Dübellöcher | X | | |
| Unterschränke: verschmutzt, Fettspritzer | X | | |
| Arbeitsplatte: Brandflecken ca. 5 cm Durchmesser | X | | |
| Spüle: zerkratzt und abgenutzt | | X 5 Jahre alt | |
| Heißwassergerät: i. O. | | | |
| Armatur: Kalkablagerungen | X | | |
| Wandplattierung: verschmutzt, Fettspritzer | X | | |
| Fenster: verdreckt | X | | |
| Fensterbank: Kaffee-/Wasserflecken | X | | |
| Tür: Anstrich vergilbt, zerkratzt | X | | |
| Elektroanschlüsse: i. O. | | | |
| Fußleisten: abgenutzt, Stoßstellen | X | | |
| E-/Gas-Herd: eingebrannte Speisereste | X | | |
| Heizkörper: verschmutzt | X | | |

**4. Bad/Gäste-WC:**

|  | Mieter | Vermieter | Anm. |
|---|---|---|---|
| Wände: Anstrich alt und vergraut | X | | |
| Decke: Feuchtigkeitsflecken im Bereich Fenster u. mittig | | X gerügter Mangel | |
| Plattierung: Klebereste von Haken | X | | |
| Tür: i. O. | | | |
| Wanne: verkalkt, an einigen Stellen Emailleabplatzungen | X | | |
| Dusche: verdreckt, braune Ablagerungen, Wasserflecken | X | | |
| Fußboden: i. O. | | | |
| Armaturen Wanne/Dusche: Dusche Kalkreste | X | | |
| WC-Topf: verschmutzt | X | | |
| WC-Sitz: abgenutzt | X | | |

|  | Mieter | Vermieter | Anm. |
|---|---|---|---|
| Drückspüler/Spülkasten: i. O. | | | |
| Waschtisch: Wasserflecken, Seifenreste | X | | |
| Armatur Waschtisch: Kalkablagerungen | X | | |
| Entlüftungsanlage: Lamellen verstaubt | X | | |
| Spiegel/Ablage: i. O. | | | |
| Fenster/Fensterbank: Wasserflecken | X | | |
| Heizkörper: verschmutzt | X | | |

**5. Wohnzimmer:**

|  | Mieter | Vermieter | Anm. |
|---|---|---|---|
| Wände: nicht deckend gestrichen, z. T. streifig | X | | |
| Decke: vergilbt, abgewohnt | X | | |
| Fußboden: verschmutzt, im Balkonbereich einige Rotweinflecken | X | | |
| Fußleisten: abgenutzt, Stoßstellen | X | | |
| Fenster: Rahmen verdreckt | X | | |
| Fensterbänke: i. O. | | | |
| Türen: Zargen verkratzt, Türecke abgesplittert | X | | |
| Heizkörper: Lackabplatzungen | X | | |

**6. Schlafzimmer:**

|  | Mieter | Vermieter | Anm. |
|---|---|---|---|
| Wände: Tapete im Fensterbereich beschädigt, sonst i. O. | X | | |
| Decke: i. O. | | | |
| Fußboden: verschlissen, im Bereich Schrank tiefe Druckstellen | X | | |
| Fußleisten: i. O. | | | |
| Fenster: verschmutzt | X | | |
| Fensterbänke: Wasserflecken | X | | |
| Türen: Anstrich verkratzt im unteren Bereich | X | | |
| Heizkörper: verdreckt | X | | |

**7. Kinderzimmer:**

|  | Mieter | Vermieter | Anm. |
|---|---|---|---|
| Wände: Anstrich nicht deckend, im Türbereich eingerissen | X | | |
| Decke: nicht deckend, Streifen | X | | |
| Fußboden: Flecken in der Mitte und im Fensterbereich | X | | |
| Fußleisten: Stoßstellen | X | | |
| Fenster: i. O. | | | |
| Fensterbänke: zerkratzt | X | | |
| Türen: mit Farbe verschmiert | X | | |
| Heizkörper: mit Farbe bemalt | X | | |

|  | Mieter | Vermieter | Anm. |
|---|---|---|---|
| 8. Terrasse: verschmutzt, Pflanzen nicht entfernt | X | | |
| 9. Keller: mit Möbeln vollgestellt | X | | |

10. Sonstiges: [2] ./.

- Der frühere Mieter erkennt den vorstehend beschriebenen Zustand an und verpflichtet sich, die Schönheitsreparaturen auszuführen und/oder die des Weiteren festgestellten Schäden bis zum ...... zu beseitigen.

*Over*    885

- Der frühere Mieter erkennt den vorstehend beschriebenen Zustand an, verweigert jedoch ausdrücklich Schönheitsreparaturen oder sonstige Arbeiten auszuführen oder ausführen zu lassen mit folgender Begründung: ......
- Es kommt zu keiner Einigung.

......, den ......

......                          ......                          ......
(Vermieter)                  (Mieter)                    (früherer Mieter)

*Schrifttum: Derleder,* Individuelle Abreden bei Vertragsdurchführung zur Rettung unwirksamer Schönheitsreparaturklauseln, NZM 2009, 227; *Langenberg,* Schönheitsreparaturen, Instandsetzung und Rückbau, 3. Aufl. 2008.

## Anmerkungen

**1.** Die **gemeinsame Erstellung eines Übergabeprotokolls** im Rahmen des Übergabetermins ist zu empfehlen. Ein Anspruch hierauf besteht allerdings nicht. Das Übergabeprotokoll sollte im Wesentlichen folgende Angaben enthalten: Namen der erschienenen Personen; Datum und Uhrzeit der Begehung; eine möglichst genaue, nach Räumen getrennte Beschreibung des Zustandes der Mietsache; Klärung der Frage, welche Arbeiten durch den Vermieter und welche Arbeiten durch den Mieter geschuldet werden; Unterschriften von Vermieter und Mieter.

Es ist durch Auslegung zu ermitteln, welchen Charakter das Übergabeprotokoll hat. Wenn es lediglich der Beweiserleichterung dient, muss der Mieter den Gegenbeweis führen, wenn er in dem Übergabeprotokoll bestätigt hat, dass Schäden in der Wohnung vorhanden sind bzw. Schönheitsreparaturen durchzuführen sind (*Langenberg* 1. Teil F Rdn. 553 ff.).

**2.** Das Abnahmeprotokoll sollte zumindest als **deklaratorisches Schulanerkenntnis** ausgestaltet bzw. vorformuliert sein. Dies ist dann gegeben, wenn mit dem Anerkenntnis ein zuvor bestandener Streit oder eine subjektive Ungewissheit über das Bestehen der Schuld oder einiger rechtserheblicher Punkte beseitigt werden soll (Palandt/*Thomas* § 781 BGB Rdn. 2). Bereits der Wortlaut legt die Auslegung als deklaratorisches Anerkenntnis nahe, wenn der Mieter den beschriebenen Zustand und die Verpflichtung zur Ausführung von Schönheitsreparaturen anerkennt und sich darüber hinaus zur Herstellung eines vertragsgemäßen Zustandes verpflichtet. Das Anerkenntnis des Mieters im Abnahmeprotokoll kann zu einer eigenständigen Verpflichtung zur Durchführung von Schönheitsreparaturen führen unabhängig davon, ob die mietvertraglich vereinbarte Renovierungsklausel unwirksam ist oder nicht (BGH NZM 2009, 233 für ein Übergabeprotokoll bei Mietbeginn; kritisch hierzu *Derleder* NZM 2009, 227 u. *Kappus* NJW 2009, 1076).

## 3. Aufforderungsschreiben des Vermieters

......

(Vermieter)

an

......

(Mieter)[1]

Mietverhältnis über die Wohnung ......

Sehr geehrte(r) ......,

auf Ihr Schreiben vom ...... nehme ich Bezug. Ihre Weigerung, die Kosten für die Beseitigung der Wandschäden in der Diele zu übernehmen, kann ich nicht nachvollziehen. Bei der Rückgabe der Wohnung ist von uns ein Abnahmeprotokoll erstellt worden, welches von Ihnen und mir unterschrieben worden ist.[1] In diesem Protokoll wurde im Einzelnen der Zustand der Wohnung sowie die von Ihnen durchzuführenden Reparatur- und sonstigen Arbeiten aufgeführt. Sie können sich jetzt nicht mehr darauf berufen, dass die Schäden in der Diele bei der Rückgabe nicht vorhanden waren.

Auch die Beseitigung der Stoßstellen an den Fußleisten im Schlafzimmer einschließlich der Erneuerung der gebrochenen Fußleiste im Kinderzimmer wird von Ihnen geschuldet. Sie können sich nicht darauf berufen, dass die Schäden schon bei der Anmietung vorhanden gewesen sein sollen. Dies ist unzutreffend. Bei Mietbeginn waren die Fußleisten in Ordnung.

Ein anders lautender Eintrag ist in dem von uns bei Mietbeginn erstellten und unterschriebenen Wohnungsübergabeprotokoll auch nicht vorgenommen worden.

Sie sind ebenfalls zu der Durchführung der in dem Übergabeprotokoll festgehaltenen Schönheitsreparaturen verpflichtet. Eine Abschrift des von uns beiden unterzeichneten Abnahmeprotokolls füge ich diesem Schreiben nochmals bei. Das Protokoll wird von mir diesem Schreiben beigeheftet.[2] Ihr Hinweis, wonach diese Arbeiten nicht erforderlich seien, ist angesichts Ihrer Unterschrift nicht von Bedeutung und im Übrigen auch unzutreffend.[3] Ich habe Sie daher letztmalig aufzufordern, die Sie betreffenden und im Protokoll festgehaltenen Arbeiten bis zum ...... auszuführen, damit die Weitervermietung ab dem ...... nicht gefährdet ist.[4] Nach dem Ablauf der Frist werde ich die Arbeiten selbst erledigen lassen und Sie auf Schadensersatz in Anspruch nehmen.[5, 6]

......

(Vermieter)

### Anmerkungen

**1.** S. Form. F. I. 1.

**2.** Wird das Protokoll beigefügt, reicht die **Bezugnahme** aus (KG GE 1995, 1011; LG Berlin ZMR 1998, 703). Der Zustand der Räumlichkeiten muss nicht mehr im Einzelnen dargelegt werden. Das Protokoll muss natürlich die Mängel substantiiert aufführen. Wenn das Protokoll zu ungenau ist, genügt die Bezugnahme auf das Protokoll nicht dem Erfordernis einer genauen Aufforderung (vgl. LG Hamburg WuM 1986, 242). Es empfiehlt sich eine feste Verbindung zwischen Protokoll und Aufforderungsschreiben herzustellen, damit der Mieter später nicht einwenden kann, dass das Protokoll nicht beigefügt war und das Aufforderungsschreiben mangels Bestimmtheit unwirksam sei.

**3.** Der Mieter kann nach seiner Unterschrift die in dem Protokoll aufgenommenen tatsächlichen Feststellungen nicht mehr bestreiten. Er ist mit gegen die Feststellungen gerichteten Einwendungen ausgeschlossen (BGH NJW 1983, 446; LG Berlin ZMR 1992, 25). Das Schuldanerkenntnis wirkt aber im Allgemeinen nicht konstitutiv, so dass die Verjährung nicht unterbrochen wird. Für den Mieter hat das Protokoll die Wirkung des § 397 Abs. 2 BGB (BGHZ 85, 267), d. h. es wirkt wie ein **negatives Schuldanerkenntnis des Vermieters** (str. vgl. zum Meinungsstand *Langenberg* 1. Teil F Rdn. 556). Der Mieter kann dann nicht mehr für nicht im Protokoll aufgeführte Schäden in Anspruch genommen werden (AG Lörrach WuM 1997, 218). Dies gilt nach dem BGH auch für solche Mängel, die nur durch einen Fachmann erkennbar gewesen sind. Es ist Sache des Vermieters, eine fachkundige Person (z. B. einen Sachverständigen) hinzuzuziehen. Eine Ausschlusswirkung ist aber dann nicht gegeben, wenn der Mieter die Mängel kaschiert oder arglistig handelt.

Auch im Hinblick auf die Durchführung von Schönheitsreparaturen haben die Angaben in dem Übergabeprotokoll Bindungswirkung. Wenn der Mieter – beispielsweise auch bei einem kurzfristigen Mietverhältnis – die Notwendigkeit von Schönheitsreparaturen anerkannt hat, kann er sich im Nachhinein nicht mehr darauf berufen, dass diese nicht erforderlich waren. (LG Berlin ZMR 1999, 638). Voraussetzung ist allerdings, dass die Renovierungsverpflichtung im Protokoll individualvertraglich ausgestaltet ist. (BGH NZM 2009, 233 für eine Renovierungsverpflichtung im Übergabeprotokoll bei Mietbeginn).

**4.** Dem Mieter ist die **Gelegenheit der Schadensbeseitigung** einzuräumen. Es ist strittig, ob das Übergabeprotokoll eine vorformulierte Klausel enthalten darf, nach der der Vermieter von dem Mieter ermächtigt wird, die festgestellten Schäden auf seine Kosten beseitigen zu lassen.

**5.** Im Gegensatz zum alten Recht (§ 326 BGB) ist die **Ablehnungsandrohung** nicht erforderlich. Es genügt die Fristsetzung nach Fälligkeit (§ 280 Abs. 1, 3 i. V. m. 281 BGB). Nach Ablauf der angemessenen Frist kann der Vermieter Schadensersatz statt der Leistung verlangen.

**6. Kosten und Gebühren:** Rechtsanwalt: 0,5 bis 2,5 Geschäftsgebühr gemäß Nr. 2400 VV, §§ 13, 14 RVG nach dem Wert der Arbeiten.

## II. Ansprüche des Vermieters gegen den Mieter

## 1. Wiederherstellungspflicht des Mieters –
## Anspruchsschreiben des Vermieters

......
(Vermieter)

an

......
(Mieter)

Mietverhältnis über die Wohnung ......

Sehr geehrte(r) ......,

im Rahmen des Besichtigungstermins am ...... haben wir im Einzelnen besprochen, welche Restarbeiten von Ihnen bis Mietende noch durchzuführen sind.[1] Ich erlaube mir unser Gespräch wie folgt zusammenzufassen:

Der von Ihnen zu Mietbeginn im elterlichen Schlafzimmer und im Kinderzimmer eingebrachte Teppichboden ist zu entfernen. In der Diele sind noch die Löcher, die bei der Anbringung Ihrer Garderobe entstanden sind, zu verschließen.

Die angebohrten Kacheln im Badezimmer unterhalb des Spiegels sind zu ersetzen. Ingesamt habe ich 15 angebohrte Fliesen gezählt, so dass der bei Mietbeginn vorhandene Zustand nur durch einen vollständigen Ersatz der beschädigten Fliesen wiederhergestellt werden kann.[2]

Ich bin damit einverstanden, dass das Außenschild (Verkauf von Baby-Moden) noch bis zum ...... bestehen bleibt und mit Ihrer neuen Adresse versehen bzw. beklebt wird.[3]

Die Fenster im Kinderzimmer können so bleiben, da ich Ihren Hinweis auf die beschädigten Fenster bei Mietbeginn nicht mehr widerlegen kann.[4] Die von Ihnen angebrachten Tapeten können ebenfalls bleiben.[5]

Allerdings bitte ich noch die Holzdecke im Wohnzimmer zu entfernen. Diese stammt zwar von dem Vormieter, jedoch hatte ich zu Mietbeginn darauf hingewiesen, dass ich mir die Entfernung bei Mietende vorbehalte. Dies wurde bekanntlich in dem Mietvertrag auch schriftlich festgehalten.[6]

Die Restarbeiten bitte ich bis zum Vertragsende, d.h. bis zum ...... noch auszuführen.[7]

......
(Vermieter)

## Anmerkungen

**1.** Generell sollte vor Mietende eine **gemeinsame Begehung von Mieter und Vermieter** durchgeführt werden. Hierbei kann im Einzelnen besprochen werden, in welchem Zustand die gemieteten Räume zurückzugeben sind. Gerade bei längeren Mietverhältnissen besteht eine Unsicherheit, welche Restarbeiten – über die Schönheitsreparaturen hinaus – notwendig sind, um der Wiederherstellungspflicht nachzukommen. Schwierigkeiten bestehen vor allem dann, wenn der Mieter bauliche Veränderungen vorgenommen hat entweder in der Annahme, der Vermieter werde nicht auf der Entfernung bestehen oder um die Räumlichkeiten in einen besseren Zustand zu versetzen. Meistens fehlen konkrete Absprachen zu Vertragsbeginn. Das Problem verschärft sich bei Fehlen eines Übergabeprotokolls. Es besteht allerdings kein Anspruch auf Durchführung eines gemeinsamen Besichtigungstermins.

**2.** Der Mieter ist grundsätzlich verpflichtet, nach Beendigung des Mietverhältnisses Einbauten und Einrichtungen, mit denen er die Wohnung ausgestattet hat, zu entfernen und Gebrauchsspuren, die über die vertragliche Abnutzung hinausgehen, zu beseitigen. Der Mieter muss den **ursprünglichen Zustand wieder herstellen** (Palandt/*Weidenkaff* § 546 Rdn. 6; BGH NJW 1986, 309). Die Beseitigung von Schäden und Spuren vertragswidrigen Gebrauchs umfasst die Entfernung von Haken und Schrauben sowie das Verschließen von Dübellöchern. Auch Teppichböden, soweit vom Mieter eingebracht, sind zu entfernen. Strittig ist, ob angebohrte Wandfliesen noch vertragsgemäßen Gebrauch darstellen. Soweit die gebohrten Löcher auffällig und in Mengen vorhanden sind und durch einen Verschluss eine Beseitigung der Löcher nicht ordnungsgemäß erfolgen kann, wird im Allgemeinen eine Ersatzpflicht des Mieters bejaht, sofern die Löcher nicht für die Installation üblicher Geräte gebohrt wurden (LG Göttingen ZMR 1990, 145). Da der Vermieter nicht verpflichtet ist, Ersatzfliesen bereit zu halten, kann die Ersatzpflicht des Mieters unter Umständen auf vollständigen Ersatz der Fliesen gerichtet sein. Gegebenenfalls ist ein **Abzug neu für alt** vorzunehmen. Eine Klausel im Formularvertrag „angebohrte Kacheln sind durch neue zu ersetzen" ist unwirksam (OLG Frankfurt NJW-RR 1992, 396, 399). Die Rückbauverpflichtung gilt **auch in gewerblichen Mietverhältnissen**.

**3. Firmen- und Reklameschilder** dürfen noch für eine Übergangszeit hängen bleiben, wobei der Zeitraum nicht starr festgelegt werden kann. Ein halbes Jahr ist aber als ausreichend anzusehen. Das Schild darf auch einen Hinweis auf die neue Adresse enthalten.

**4.** Die Entfernungs- und Beseitigungspflicht des Mieters unterliegt **Ausnahmen:** Wenn der Mieter bei Mietbeginn Maßnahmen ergriffen hat, um den vertragsgemäßen Gebrauch der Mietsache erst wiederherzustellen (z. B. Fenstereinbau), muss der Mieter diese Maßnahmen bei Mietende nicht mehr rückgängig machen. Dies gilt auch dann, wenn der Mieter sich gegenüber dem Vermieter zur Durchführung der Maßnahmen verpflichtet hat und der Vermieter im Gegenzug einen (teil-)weisen Mietverzicht für die Dauer der Arbeiten erklärt hat. Im Einzelfall ist zu prüfen, ob ein Beseitigungsanspruch gegeben ist. Die Zustimmung des Vermieters zu baulichen Veränderungen bedeutet grundsätzlich keinen Verzicht auf den Beseitigungsanspruch bei Mietende. Wenn die Arbeiten aber der Herstellung des normalen Gebrauchszwecks dienen (also nicht besonderen Mieterwünschen), ist eine Beseitigungspflicht bei Mietende nicht anzunehmen. Es empfiehlt sich, grundsätzlich vor Beginn größerer baulicher Maßnahmen eine verbindliche Absprache zu treffen.

Das Verlangen des Vermieters auf Rückbau kann auch **rechtsmissbräuchlich** sein, z. B. wenn ein Umbau der Räume beabsichtigt ist und deshalb die Wiederherstellungsarbeiten des Mieters alsbald wieder zunichte gemacht werden müssten (*Langenberg* 3. Teil C Rdn. 33). Nach dem BGH NJW 1986, 309, steht dem Vermieter anders als bei Schönheitsreparaturen in diesem Falle kein Ausgleichsanspruch in Geld zu, weil die Rückgabe-pflicht des Mieters im Verhältnis zu der Gebrauchsüberlassung des Vermieters nicht Teil der zu erbringenden Gegenleistung ist.

**5.** Die mietvertraglich häufig verwandte Klausel („der Mieter hat die von ihm ange-brachten oder vom Vormieter übernommenen Tapeten bei seinem Auszug zu beseitigen") ist unwirksam (BGH NZM 2006, 621). Nach dem Wortlaut der Klausel wäre die Besei-tigung der Tapeten unabhängig vom Zeitpunkt der letzten Schönheitsreparaturen ge-schuldet, sodass der Mieter mit Renovierungspflichten belastet ist, die über den tatsäch-lichen Renovierungsbedarf hinausgehen. Dies verstößt gegen § 307 BGB.

Auch wenn die Schönheitsreparaturklausel z. B. wegen unzulässigen starren Fristen unwirksam ist, kann die Entfernung der Tapeten nicht verlangt werden. Es ist dem Ver-mieter als Verwender der Klauseln untersagt, sich zu seinen Gunsten auf die Unwirk-samkeit einer der Klauseln zu berufen, da die §§ 306 ff. BGB nur den Gegner des Ver-wenders schützen.

**6.** Der Mieter ist verpflichtet, nach Beendigung des Mietverhältnisses auch die **Ein-bauten und Einrichtungen zu entfernen,** die er von dem Vormieter übernommen hat (LG Berlin MDR 1987, 234; OLG Hamburg ZMR 1990, 341 für Gewerberaum). Selbstver-ständlich muss der Vormieter selbst zu der Entfernung verpflichtet gewesen sein. Wenn keine nahtlose Weitervermietung erfolgt, läuft der Vermieter Gefahr, dass der Mieter einwendet, die Einbauten unmittelbar von dem Vermieter erhalten zu haben. Der Ver-mieter habe dann auf die Beseitigung der Einbauten bzw. Einrichtungen durch den Vor-mieter konkludent verzichtet, so dass der Mieter keine Beseitigung mehr schuldet. Es empfiehlt sich daher, einen entsprechenden Vorbehalt in den Mietvertrag aufzunehmen.

**7.** Das **Rückbauverlangen** sollte insbesondere bei Kenntnis der vorgenommenen Um-bauten **rechtzeitig vor Vertragsende** ausgesprochen werden, um den Anspruch auf Nut-zungsentschädigung nicht zu gefährden. Sind die Arbeiten bei Beendigung des Mietver-hältnisses noch nicht erledigt bzw. oder wird der Zustand erst dann festgestellt (weil z. B. ein gemeinsamer Termin nicht stattgefunden hat), ist Folgendes zu beachten: Sind die Rückbauarbeiten mit einem erheblichen Kosten- und Arbeitsaufwand verbunden, setzt der Schadensersatzanspruch des Vermieters voraus, dass der Mieter unter angemessener Fristsetzung zur Durchführung der Arbeiten aufgefordert worden ist, § 281 Abs. 1 BGB (vgl. für umfangreiche Fliesenarbeiten LG Berlin GE 1997, 1471; BGH WuM 1997, 217).

**Verjährung:** § 548 BGB: 6 Monate, nachdem der Vermieter die Mietsache zurücker-halten hat. Auf das rechtliche Ende des Mietverhältnisses kommt es nicht an. Auch auf die Kenntnis des Vermieters vom Zurückbleiben der Einrichtungen soll es nicht ankom-men (OLG Düsseldorf DWW 1993, 138).

**8. Gebühren:** Rechtsanwalt 0,5 bis 2,5 Geschäftsgebühr gemäß Nr. 2400 VV, §§ 13, 14 RVG nach den Kosten der Wiederherstellung.

## 2. Geltendmachung von Nutzungsentschädigung bei verspäteter Räumung

......

(Vermieter)

an

......

(Mieter)

Mietverhältnis über die Wohnung ......

Sehr geehrte(r) ......,

in dem Schreiben vom ...... haben wir der Fortsetzung des Mietverhältnisses über den ...... (Beendigungsdatum) hinaus widersprochen, nachdem Sie trotz der Kündigung nicht fristgerecht zum ...... aus der Wohnung ausgezogen waren.[1]

Am ...... wurden von Ihnen die Schlüssel zurückgegeben. Die verbliebenen Sachen und Gegenstände aus der Wohnung sind von Ihnen am ...... herausgeholt worden. Es handelt sich hierbei um Bretter, Regale, Tische, Werkzeuge, Matratzen, zwei Kleiderschränke sowie um Gerümpel, welches im Keller noch vorhanden war.[2]

Wir verlangen zunächst Nutzungsentschädigung bis zum ......[3]

Gemäß dem maßgeblichen Mietspiegel beträgt die ortsübliche Vergleichsmiete 550,00 EUR. Die Wohnung ist 1980 errichtet worden und ca. 80 m² groß. Sie ist mit Heizung sowie Bad und WC ausgestattet. Die Wohnung liegt in Nähe des Erholungsparks Stadtgarten; die Geschäfte für die Erledigung der Dinge des täglichen Bedarfs sind fußläufig erreichbar. Die Wohnung liegt demnach in dem Gebiet „mittlere Wohnlage" und ist demnach jedenfalls in Gruppe 4 des Mietspiegels einzuordnen.[4] Sie sind daher verpflichtet 1.000,– EUR als Nutzungsentschädigung zzgl. der bisherigen Nebenkostenvorauszahlung in Höhe von monatlich 50,– EUR zu bezahlen.[5] Der Betrag berücksichtigt die von Ihnen in der Vergangenheit vorgenommene Mietkürzung um EUR 50,–.[6]

Zusätzlich schulden Sie Schadensersatz, da das Mietobjekt trotz intensiver Bemühungen erst wieder zum ...... zu einem Mietzins in Höhe von 600,– EUR vermietet werden konnte. Eine Kopie des Mietvertrages ist beigefügt.[7] Andere Mietinteressenten wollten das Objekt bereits unmittelbar im Anschluss an das Mietende anmieten, wie Sie der beigefügten Erklärung entnehmen wollen.[8]

Die Mängel der Wohnung wurden vor Neuvermietung beseitigt, sodass die Miete ungekürzt entrichtet wird. Es wird somit Mietausfallschaden in Höhe von 900,– EUR für März und die erste Aprilhälfte verlangt. Den Gesamtbetrag in Höhe von 2.000,– EUR bitten wir bis zum ...... auf das unten angegebene Konto zu überweisen.[9]

......

(Vermieter)

## Anmerkungen

**1.** Um eine Verlängerung des Mietverhältnisses auf unbestimmte Zeit zu vermeiden, ist der **Verlängerung des Mietgebrauchs binnen zwei Wochen ab Kenntnis der Gebrauchsfortsetzung zu widersprechen**. Zulässigerweise kann der Widerspruch bereits in das Kündigungsschreiben mit aufgenommen werden. § 545 BGB gilt auch bei Mietaufhebungsverträgen und außergerichtlichen sowie gerichtlichen Räumungsvergleichen. Ein Aufhebungsvertrag enthält nicht den konkludenten Ausschluss von § 545 BGB (Schmidt-Futterer/*Blank* § 545 Rdn. 9). Bei einem Räumungsvergleich wird allgemein auch eine Einigung über § 545 BGB erzielt, so dass die Wiederholung des Widerspruchs eine reine Förmelei darstellt (Schmidt-Futterer/*Blank* § 545 Rdn. 9).

**2.** Gibt der Mieter die Sache nach Beendigung des Mietverhältnisses nicht zurück, kann der Vermieter für die Zeit der Vorenthaltung **Nutzungsentschädigung** verlangen (§ 546a Abs. 1 BGB). Der Anspruch auf Nutzungsentschädigung setzt somit voraus: beendetes Mietverhältnis; weiterer Besitz des Mieters; Rücknahmewillen des Vermieters. Es handelt sich um keinen Schadensersatzanspruch, sondern um einen vertraglichen Anspruch eigener Art (LG Berlin ZMR 1992, 541). Der Mieter muss noch – unmittelbaren oder mittelbaren Besitz – an der Mietsache haben. Eine Nutzung ist nicht erforderlich. Die fehlende Rückgabe von Schlüsseln stellt ein gewichtiges Indiz dar, führt jedoch nicht zwangsläufig zu der Annahme eines Anspruchs auf Nutzungsentschädigung (Beispielsweise kann wegen Verlustes ein Schlüssel nicht zurückgegeben werden, so dass gleichwohl der Mieter den Willen zum Besitz aufgegeben hat). Ein Vorenthalten der Mietsache liegt nicht vor, wenn die Wohnung in vertragswidrigem Zustand zurückgegeben worden ist (z. B. wenn Schönheitsreparaturen nicht durchgeführt wurden). Ein Vorenthalten ist auch dann nicht gegeben, wenn der Vermieter dem Mieter Schlüssel zu der Wohnung überlässt, um dort Schönheitsreparaturen durchzuführen. Der dadurch weiterhin dem Mieter eingeräumte Mitbesitz entsprach dem Willen des Vermieters, sodass dem Vermieter kein Anspruch auf Nutzungsentschädigung zusteht. Schadensersatzansprüche aus anderen Gründen bleiben unberührt. Strittig ist, ob die unterlassene Entfernung von Einrichtungsgegenständen einen Anspruch auf Nutzungsentschädigung begründet. Bei Zurücklassung geringwertiger Sachen ist dies nicht anzunehmen (vgl. *Sternel* IV Rdn. 649; anders jedoch, wenn eine Vielzahl von Gegenständen in dem Objekt verbleiben (OLG Hamm ZMR 1996, 372). Es sollte daher in dem Schreiben genau angegeben werden, welche Gegenstände zurückgeblieben sind, um den Anspruch auf Nutzungsentschädigung schlüssig zu begründen. Auch bei einer **Teilrückgabe** soll der Anspruch auf Nutzungsentschädigung für die gesamte Mietsache bestehen, da der Mieter zu Teilleistungen nicht berechtigt ist (Schmidt-Futterer/*Gather* § 546a Rdn. 22).

Nach der Rechtsprechung (OLG Dresden NZM 2000, 827; NJW-RR 2001, 79) ist der Vermieter zu einer Rücknahme auch vor dem Ende der Mietzeit verpflichtet, sofern der Zeitraum überschaubar ist. Über den Rückerlangungswillen hinaus, muss ein weitergehender Nutzungswillen des Vermieters nicht gegeben sein (OLG München ZMR 1993, 466).

**3.** Sofern die Rückgabe der Mietsache an einem Tag innerhalb des Monats erfolgte, war früher umstritten, ob Nutzungsentschädigung nach § 546a Abs. 1 BGB nur bis zum Übergabetag oder bis zum Ablauf des Monats geschuldet wird.

Der BGH hat diese Frage nunmehr im erstgenannten Sinn entschieden (NZM 2006, 52). Durch die Vorschrift des § 546a Abs. 1 BGB soll Druck auf den Mieter ausgeübt werden, die geschuldete Rückgabe der Mietsache zu vollziehen. Es liegt am Mieter, die Rechtsfolgen des § 546a BGB durch Rückgabe zu vermeiden. Nur für die Dauer der Vorenthaltung, also bis zum Tag der Rückgabe kann der Vermieter den vereinbarten oder den ortsüblichen Mietzins verlangen. Für die Zeit danach hat der Vermieter gemäß § 546 a BGB die Möglichkeit einen Schadensersatzanspruch geltend zu machen, wobei substantiiert die Vermietungsgelegenheit für den geltend gemachten Zeitraum dargelegt werden muss.

**4.** Der Anspruch des Vermieters auf Zahlung von Nutzungsentschädigung entsteht automatisch, so dass es **keiner zusätzlichen Willenserklärung** bedarf (BGH NJW 1999, 2808). Der Vermieter kann gemäß § 546 a BGB für die Dauer der Vorenthaltung als Entschädigung die vereinbarte Miete oder die Miete verlangen, die für vergleichbare Sachen ortsüblich ist. Eine höhere ortsübliche Miete hat der Vermieter ggf. zu beweisen. Allerdings muss nicht das Erhöhungsverfahren gemäß §§ 558 ff. BGB eingehalten werden, vielmehr kann der Vermieter die höhere Miete durch einseitige Erklärung verlangen. Die früher vertretene Ansicht (vgl. Bub/Treier/*Scheuer* V A Rdn. 104 ff.) dürfte angesichts der Begründung des Gesetzgebers zu § 546 a BGB (siehe NZM 2000, 434) überholt sein.

**5.** Zahlt der Mieter die vereinbarte Miete weiter und ist die **ortsübliche Miete höher,** so kann der Vermieter die **Differenz** verlangen, da nur eine Teilerfüllung durch die Zahlung eintritt.

**6.** Eine vor der Vertragsbeendigung eingetretene **Minderung** bleibt solange bestehen, wie der Mangel vorhanden ist (LG Berlin ZMR 1992, 591). Verschlechterungen nach dem Ende des Mietverhältnisses sind nicht zu berücksichtigen (OLG Düsseldorf DWW 1992, 52). Nebenkostenvorauszahlungen bleiben wie bisher geschuldet. Es besteht auch für diesen Zeitraum eine Abrechnungspflicht. Der Anspruch auf Nutzungsentschädigung unterliegt der Umsatzsteuer (BGH NJW 1988, 2665).

**7.** Gemäß §§ 546 a Abs. 2, 571 BGB ist **die Geltendmachung eines weiteren Schadens** nicht ausgeschlossen. Es handelt sich hierbei nicht um eine eigenständige Anspruchsgrundlage, vielmehr richtet sich der Anspruch des Vermieters nach den allgemeinen Vorschriften. Andere Beispiele für Schadensersatz neben Mietausfall: Mehrkosten wegen Handwerkerterminen, die wegen des unterlassenen Auszuges abgesagt werden mussten, Haftung des Vermieters gegenüber neuen Mietern in Form von Hotel und/oder Speditionskosten. Es ist stets zu beachten, dass ein Verschulden des Mieters vorliegen muss.

**8.** Der Schaden ist **konkret nachzuweisen.** Nur wenn eine Weitervermietung unmittelbar nach Mietende erfolgt wäre und dem Mietinteressenten wegen des unterlassenen Auszuges abgesagt werden musste, ist ein Schadensersatzanspruch gegeben (BGH NJW-RR 1998, 803.806). Der Vermieter sollte sich immer Name und Anschrift des potentiellen Mieters notieren, um später den Nachweis gegebenenfalls führen zu können.

Weiterer Schadensersatz kann bei **Wohnraummiete** nur unter den Voraussetzungen des § 571 BGB verlangt werden. Die unterbliebene Rückgabe muss insbesondere von dem Mieter zu vertreten sein. Im Rahmen der Billigkeit sind alle Umstände zu berücksichtigen wie z. B. Höhe des Schadens, Einkommens – und sonstige Vermögensverhältnisse der Parteien, wobei § 571 kaum noch praktische Bedeutung zukommt, weil nach § 546 a Abs. 1 BGB nach Billigkeit nur selten mehr als die ortsübliche Miete zuzusprechen ist (Palandt/*Weidenkaff* § 571 Rdn. 4).

**Verjährung:** §§ 195, 199 BGB: 3 Jahre

**9. Gebühren:** Rechtsanwalt: 0,5 bis 2,5 Geschäftsgebühr gemäß Nr. 2400 VV, §§ 13, 14 RVG nach dem Wert der Nutzungsentschädigung und des Schadensersatzes.

# 3. Fristsetzung zur Durchführung von Schönheitsreparaturen

......

(Rechtsanwalt)

an

......

(Mieter)

Mietverhältnis über die Wohnung ......

Sehr geehrte(r) ......,

wir vertreten bekanntlich die Interessen ihrer Vermieter, ......

Das Mietverhältnis wurde fristgerecht zum ...... gekündigt. Obwohl am ...... im Rahmen der Vorbesichtigung im Einzelnen besprochen worden war, welche Schönheitsreparaturen bis zum Mietende durchzuführen sind, mussten unsere Mandanten nach der Räumung der Wohnung am ...... feststellen, dass die Schönheitsreparaturen nicht ausgeführt worden sind.[1]

Sie haben die Wohnung vier Jahre lang bewohnt. Gemäß § ...... des Mietvertrages[2] sind die Renovierungsarbeiten in Küche, Bad und WC in der Regel alle 3 und hinsichtlich der übrigen Räume in der Regel alle 5 Jahre auszuführen. Von der Renovierungsbedürftigkeit der Küche, des Bades und des WC haben wir uns im Rahmen der Vorbesichtigung überzeugt.

Im Einzelnen sind folgende Arbeiten auszuführen:[3]

1. Küche
   Die Decken und Wänden in der Küche sind mit Dispersionsfarbe deckend zu überstreichen. Hier ist seit Mietbeginn nicht renoviert worden, wobei es wegen des Fristablaufs auch irrelevant ist, dass die Wohnung seinerzeit unrenoviert an sie übergeben wurde.[4] Die Dübellöcher in der Küche, die nach der Demontage der Hängeschränke verblieben sind, sind bündig zu verschließen. Die Kalkablagerungen auf der Armatur und der Spüle sind zu beseitigen. Die Zarge der Küchentür weist im unteren Bereich Kratzer, Stoßstellen und vereinzelt Lackabplatzungen auf und ist daher neu zu lackieren.[5] Die Fliesen in der Küche sind schmutzig und fleckig und sind gründlich zu reinigen.[6] Auch der Heizkörper in der Küche ist verdreckt und muss gereinigt, ggf. sogar lackiert werden.[7]

2. Badezimmer
   Die Decke im Badezimmer ist deckend zu überstreichen. Unsere Mandanten haben zwischenzeitlich die bisherige Raufasertapete entfernt und die Schimmelbildung an der Decke im Bereich des Fensters auf eigene Kosten beseitigt und die Decke mit einer neuen Raufasertapete überklebt.[8] Hinsichtlich der Dusch- und Waschtischarmatur gelten die Ausführungen zu der Küche entsprechend, d.h. die Kalkablagerungen sind zu beseitigen.

3. Gäste-WC
   Auch hier ist der Kalk von der Armatur zu entfernen.

4. Flur
   Des Weiteren wird ein Neuanstrich des Flurs verlangt. Im Rahmen der Vorbesichtigung waren Sie mit unseren Mandanten darin überein gekommen, wegen

der übermäßigen malermäßigen Abnutzung einen Neuanstrich vorzunehmen, obwohl die üblichen Renovierungsfristen noch nicht abgelaufen sind.[9] Der Anstrich ist nicht deckend erfolgt. Im Übrigen sind vereinzelt an den Wänden Pinselhaare zurückgeblieben.[10]

Namens und im Auftrag unserer Mandanten haben wir Sie aufzufordern, die vorstehend aufgeführten Arbeiten bis zum …… auszuführen oder durch geeignete Fachkräfte ausführen zu lassen.[11]

Die Schlüssel können werktags zwischen 8.00 und 10.00 Uhr bei unseren Mandanten abgeholt werden.

Wir weisen darauf hin, dass nach Ablauf der Frist Schadensersatz verlangt werden wird.[12]

Dieses Schreiben geht Ihnen durch Boten zu.[13, 14]

……

(Rechtsanwalt)


## Anmerkungen

**1.** Bei einer Renovierungspflicht bei Mietende ist eine gemeinsame Vorbesichtigung und ggf. die Erstellung eines „**Vorabnahmeprotokolls**" zu empfehlen. Vermieter und Mieter können in dem Termin gemeinsam Art und Umfang der auszuführenden Arbeiten abstimmen, so dass Auseinandersetzungen nach der Räumung (und der Schlüsselrückgabe!) vermieden werden können. Allerdings ist zu beachten, dass aufgrund der Vorbesichtigung die Nachfrist nicht vorgezogen werden kann. Die Arbeiten müssen zunächst fällig sein, was bei einer wirksamen Renovierungspflicht bei Mietende erst bei Vertragsende der Fall ist. Endet das Mietverhältnis aufgrund einer Befristung, eines Aufhebungsvertrages oder Kündigung, ist zudem Verzug mit dem Tag der Beendigung des Mietverhältnisses gegeben. Besonderes Augenmerk ist auf die Fälle zu legen, in denen die Wohnung bereits vor dem vereinbarten Mietende zurückgegeben wird (z.B. Mietende 31.10., tatsächliche Rückgabe 20.9.). Die Verjährung der Ersatzansprüche beginnt nach § 548 Abs. 1, § 200 S. 1 BGB mit dem Zeitpunkt, in dem der Vermieter die Sache zurückerhält, wobei dies auch dann gilt, wenn der Vertrag erst später endet (BGH NZM 2006, 503). Im obigen Beispiel beginnen die Fristen also schon ab dem 20.9. zu laufen, wobei die Nachfrist – sofern kein Ausnahmefall, wie z.B. die ernsthafte endgültige Erfüllungsverweigerung vorliegt – erst nach Mietende gesetzt werden kann (zu der damit verbundenen Problematik der Verjährung einschließlich der Lösungsmöglichkeiten vgl. Form. A. III. 1).

**2.** Es ist stets besonders sorgfältig zu prüfen, ob eine wirksame Renovierungspflicht bei Mietende vereinbart worden ist. Die hierzu ergangene Rechtsprechung ist mittlerweile nahezu unüberschaubar. Die Rechtsprechung zu den starren Renovierungsfristen ist besonders zu beachten. Wenn der Mieter mietvertraglich verpflichtet wird, nach Ablauf festgelegter Zeiträume zu renovieren, liegt eine starre Fälligkeitsregelung vor, weil der Mieter auch verpflichtet wird zu renovieren, wenn die gemieteten Räume nach ihrem tatsächlichen Erscheinungsbild noch nicht renovierungsbedürftig sind. Die Klausel „Schönheitsreparaturen sind durchzuführen, wenn erforderlich mindestens aber" nach dem aufgeführten Fristenplan ist daher unwirksam (BGH NZM 2004, 653 = NJW 2004, 2586). Die Unwirksamkeit des Fristenplans ergibt sich aus § 307 Abs. 1 BGB und § 307 Abs. 2 Nr. 1 BGB (*Heinrichs* ZMR 2005, 202). Starre Fristenregelungen sind auch dann unwirksam, wenn der Mieter konkret nicht benachteiligt wird (so z.B. wenn die Wohnung vom Abnutzungsgrad her eine Renovierung bei Ablauf der Fristen erforderlich machen würde). Die Klausel ist nämlich generalisierend auszulegen. Eine geltungserhaltende Reduktion oder ergänzende Vertragsauslegung wird abgelehnt (BGH NZM 2004, 653; *Börstinghaus* NZM 2005, 771).

Starr sind Fristen auch, wenn

- die Verpflichtung zur Durchführung der Schönheitsreparaturen als solche und die zur Erfüllung maßgeblichen Fristen zwar in zwei verschiedenen Klauseln enthalten sind, die Klauseln aber aus Sicht eines verständigen Mieters zusammengehören und deshalb als einheitliche Regelung anzusehen sind (BGH NZM 2004, 901);
- die Klausel zwar die Möglichkeit der Verkürzung der Fristen, jedoch nicht die Möglichkeit der Verlängerung der Fristen vorsieht („soweit nicht nach dem Grad der Abnutzung eine frühere Ausführung erforderlich ist");
- wenn die Fristen allein durch die Angabe eines nach Jahren bemessenen Zeitraums ohne jeden Zusatz bezeichnet sind (BGH NJW 2006, 1728 „die Schönheitsreparaturen sind in Küche, Bad und WC alle 3 Jahre, in den übrigen Räumen alle 5 Jahre durchzuführen, wobei die Fristen in jedem Fall mit Beginn des Mietverhältnisses zu laufen beginnen");

Eine weiche Renovierungsfrist liegt vor, wenn bei einem entsprechenden Zustand der Wohnung eine Abweichung von den vereinbarten Fristen möglich ist. Wirksam ist insbesondere die ebenfalls oftmals verwandte Klausel: „Die Schönheitsreparaturen sind spätestens nach Ablauf folgender Zeiträume auszuführen: In Küche, Bad und Duschen alle 3 Jahre; in Wohn- und Schlafräumen, Fluren, Dielen und Toiletten alle 5 Jahre; in anderen Nebenräumen alle 7 Jahre. Lässt in besonderen Ausnahmefällen der Zustand der Wohnung eine Verlängerung der vereinbarten Fristen zu oder erfordert der Grad der Abnutzung eine Verkürzung, so ist der Vermieter verpflichtet, in anderen Fällen aber berechtigt, nach billigem Ermessen die Fristen des Plans bezüglich der Durchführung einzelner Schönheitsreparaturen zu verlängern oder zu verkürzen." Durch die Verlängerungsmöglichkeit kann der Mieter sich der Renovierungsverpflichtung entziehen, sodass keine starre Regelung vorliegt" (BGH NZM 2005, 58 ff.). Bei fehlendem Renovierungsbedarf hat der Mieter einen Anspruch auf Verlängerung der Fristen (BGH NZM 2005, 299; *Börstinghaus* NZM 2005, 771). Auch die Klausel „die Schönheitsreparaturen sind in der Regel in Küche, Bad und Toilette spätestens nach 3 Jahren, in Wohn- und Schlafräumen und Dielen spätestens nach 5 Jahren und in sonstigen Räumlichkeiten spätestens nach 7 Jahren" hat der BGH als weiche Fristen anerkannt (BGH NZM 2005, 860; *Heinrichs* NZM 2005, 203). Zulässig ist auch die Formularklausel, wonach der Mieter je nach dem Grad der Abnutzung oder Beschädigung erforderliche Arbeiten unverzüglich auszuführen hat und die Schönheitsreparaturen im Allgemeinen nach Ablauf von 3, 5 oder 7 Jahren" je nach Art des Raumes erforderlich werden. Die Klausel bedeutet nicht, dass der Mieter gegebenenfalls aufgrund einer vorvertraglichen Abnutzung unter Umständen bereits zu Beginn des Mietverhältnisses zu einer Renovierung verpflichtet wäre, vielmehr beginnen die Fristen erst mit Beginn des Mietverhältnisses zu laufen. Die Klausel „im Allgemeinen" ist nicht starr, sodass die Regelung insgesamt wirksam ist (BGH NZM 2005, 376).

Bei der Überprüfung der Renovierungsklausel ist immer zu prüfen, ob die Klausel für den Mieter erkennbar so flexibel vereinbart ist, dass im Einzelfall nach dem Inhalt der Formulierung eine Anpassung der Renovierungsintervalle an den tatsächlichen Renovierungsbedarf möglich ist. Formulierungen wie „in der Regel" oder „im Allgemeinen" oder ähnliche Klauseln genügen den Anforderungen der Rechtsprechung.

Folgende oftmals verwandten weiteren **Formularklauseln,** die eine Renovierungspflicht bei Mietende vorsehen, sind **unwirksam:**

- Der Mieter wird zur Endrenovierung verpflichtet unabhängig vom Zeitpunkt der letzten Renovierung (BGH NZM 2004, 497). Derartige Klauseln benachteiligen den Mieter unangemessen, da sie eine Renovierungsverpflichtung konstituieren unabhängig von einem tatsächlichen Renovierungsbedarf. Aus den gleichen Gründen sind auch Endrenovierungsklauseln im **Gewerberaum**, die den Mieter unabhängig vom Bedarf bzw. vom Zeitpunkt der letztmaligen Durchführung der Arbeiten zur Renovierung verpflichten, wie z.B. „Bei Beendigung des Mietverhältnisses ist das Mietobjekt in renoviertem Zustand zurückzugeben" unwirksam (BGH NZM 2005, 504).

• Nach einem Fristenplan, der dem Mieter nach Ablauf der üblichen Fristen zur Renovierung verpflichtet, wird zusätzlich eine Renovierungspflicht bei Vertragsende festgelegt. Die Gesamtnichtigkeit ergibt sich aus einer Gesamtbetrachtung der verwandten Klauseln (BGH NZM 2003, 594; sog. Summierungseffekt). Eine Übertragung der Schönheitsreparaturen auf den Mieter in einem Formularmietvertrag ist auch bei Mietverträgen über **Gewerberäume** unwirksam, wenn der Mieter unabhängig von dem Erhaltungszustand der Räume zur Renovierung nach Ablauf starrer Fristen verpflichtet werden soll (BGH NZM 2008, 890).

Ist ein **Fristenplan** wirksam vereinbart, sind jedoch die Fristen bei Vertragsende für alle oder für einen Teil der Räume noch nicht abgelaufen, besteht keine oder nur eine beschränkte Renovierungspflicht (BGH WuM 1987, 306). Oftmals wird eine uneingeschränkte Endrenovierungspflicht auch individuell vereinbart („sonstige Vereinbarung"). Derartige Abreden unterfallen als Individualabrede nicht den §§ 305 ff. BGB und sind daher – von Ausnahmefällen abgesehen, die über § 242 BGB zu lösen sind – beispielsweise bei einer extrem kurzen Mietzeit – wirksam, wobei die Vertragsbestimmung zwischen den Parteien stets „im Einzelnen ausgehandelt" sein muss (§ 305 Abs. 1 S. 3 BGB). Hieran dürften zwar häufig Zweifel bestehen, da dem Mieter bei der Abfassung der Vertragsbestimmung die Möglichkeit der Einflussnahme gewährt werden muss (BGH NJW-RR 1987, 145). Allerdings wird durch eine hand- oder maschinenschriftliche Aufnahme der Bestimmung in den Vertrag der Anschein bzw. die Vermutung für eine Individualabrede begründet. Den Anscheinsbeweis muss der Mieter entkräften, was nur selten gelingen dürfte (vgl. aber AG Gießen ZMR 2001, 807).

Ist die Renovierungsklausel dagegen unwirksam, ist der Vermieter nicht berechtigt, den Mieter zur Renovierung aufzufordern. Anderenfalls macht er sich schadensersatzpflichtig (BGH NZM 2009, 541). Der Vermieter ist vielmehr verpflichtet, den Mieter bei Beendigung des Mietverhältnisses auf die Unwirksamkeit der Klausel hinzuweisen (*Paschke* GE 2010, 30, 33). Im Übrigen schuldet der Vermieter dem Mieter Wertersatz nach § 818 Abs. 2 BGB, wenn der Mieter aufgrund einer unerkannt unwirksamen Endrenovierungsklausel Schönheitsreparaturen in der Wohnung durchführt (BGH NZM 2009, 541; *Paschke* GE 2010, 30, 32). Dieser Wertersatz bemisst sich üblicherweise nur nach dem, was der Mieter billigerweise neben einem Einsatz an freier Zeit als Kosten für das notwendige Material sowie als Vergütung für die Arbeitsleistung seiner Helfer aus dem Verwandten- und Bekanntenkreis aufgewendet hat oder hätte aufwenden müssen.

**3.** In dem Aufforderungsschreiben sind **Art und Umfang der Renovierungsarbeiten** genau zu bezeichnen. Jede Ungenauigkeit geht zu Lasten des Vermieters mit der Folge, dass die Aufforderung unwirksam ist. Man muss sich somit zunächst ein möglichst genaues Bild von dem Wohnungszustand machen. In der anwaltlichen Vertretung ist es sinnvoll, wenn der Mandant anhand von Fotos den Zustand näher beschreiben kann. In jedem Fall muss bei der Beratung und Vertretung auf einer genauen Schilderung bestanden werden.

Die Leistungsaufforderung muss eine **Zustandsbeschreibung** enthalten. Denn nur eine exakte Beschreibung der Dekorationsmängel versetzt den Mieter in die Lage, prüfen zu können, ob das Begehren tatsächlich oder rechtlich berechtigt ist (*Langenberg* 1. Teil F Rdn. 452 ff.; OLG Hamburg WuM 1992, 70). Allerdings sind die Anforderungen an eine konkrete Zustandsbeschreibung nicht zu überspannen (so aber *Langenberg* 1. Teil F Rdn. 455 ff.) Man darf grundsätzlich davon ausgehen können, dass dem Mieter der Zustand der von ihm bewohnten oder genutzten Räumlichkeiten nicht verborgen geblieben ist. Dem Einwand mangelnder Substantiierung kann notfalls auch durch die Überlassung zusätzlicher Fotos entgegnet werden (vgl. z. B. KG Berlin GE 1995, 1011, wo die Formulierung „Die Renovierung der Räume einschließlich Fenster, Türen und Boden und Anstrich der Heizkörper und Rohre" als ausreichend angesehen worden war, da der Vermieter 25 Fotografien mit übersandt hatte).

Die Leistungsaufforderung braucht **keine Angaben** darüber zu enthalten, **auf welche Weise** und mit **welchen Materialien** renoviert werden soll. Der Mieter ist an die Vorgaben nicht gebunden.

Gleichzeitig muss die Leistungsaufforderung die durch den Mieter **durchzuführenden Arbeiten** konkret benennen. Fehlen derartige Angaben oder beschränkt sich der Vermieter nur auf pauschale Arbeiten wie „*Die Räume sind vertragsgemäß zu renovieren*" oder „*Es sind die notwendigen Malerarbeiten durchzuführen*", sind die Voraussetzungen des § 281 Abs. 1 BGB nicht erfüllt. Liegt ein unterzeichnetes **Abnahmeprotokoll** vor, kann dieses beigefügt und wegen der Einzelheiten hierauf verwiesen werden.

**4.** Vgl. Form. B. VIII. 5. Die Wirksamkeit der Klausel bei Überlassung einer unrenovierten Wohnung ist zu bejahen, wenn die Renovierungsfristen mit dem Anfang des Mietverhältnisses zu laufen beginnen.

**5.** Zu dem Umfang der Schönheitsreparaturen siehe Form. B. VIII. 1. Zu den Schönheitsreparaturen gehört auch die Beseitigung solcher **Mängel**, die durch den vertragsgemäßen Gebrauch der Mietsache herbeigeführt werden (BGH NJW-RR 1995, 123 und 715). Hierunter fallen kleinere Kratzer in Türen oder die Beseitigung von Dübellöchern, Haken und Schrauben. Strittig ist, inwieweit auch andere Gebrauchsbeeinträchtigungen unter die Renovierungsverpflichtung fallen (vgl. OLG Köln WuM 1995, 582, verneinend zu Wasser- und Kaffeeflecken auf Fensterbänken und Emailleabplatzungen an der Badewanne; AG Steinfurt 1995, 652 bejahend zu Kratzspuren eines Hundes auf der Lackierung). Zur Entfernung der Tapeten vgl. Form. F. II. 1 Anm. 5).

**6.** Da heutzutage Fußböden nicht mehr gestrichen werden, ist an diese Stelle das Reinigen des mitvermieteten Teppichbodens getreten (*Langenberg* 1. Teil A Rdn. 3). Die Reinigung der Fliesen ist dagegen noch unter die geschuldete „besenreine" Rückgabe der Wohnung zu subsumieren.

**7.** Das Streichen der **Heizkörper** ist nur geschuldet, wenn die Abnutzungen nicht anders beseitigt werden können (siehe auch LG Köln WuM 1999, 36).

**8.** Der Vermieter ist **vorleistungspflichtig**, wenn bauseits bedingte Mängel vorhanden sind. Der Vermieter muss zunächst diese Mängel auf eigene Kosten beseitigen, bevor er die Durchführung der Schönheitsreparaturen verlangen kann (KG GE 2004, 297; *Langenberg* 1. Teil E Rdn. 347).

**9.** Sind die allgemeinen Renovierungsfristen noch nicht abgelaufen, hat der Mieter grundsätzliche keine Renovierungsarbeiten durchzuführen. Eine Ausnahme gilt allerdings dann, wenn das Mietobjekt übermäßig abgenutzt ist, etwa weil der Mieter starker Raucher ist (*Langenberg* 1. Teil E Rdn. 371). Der Mieter schuldet auch in diesem Fall die Renovierungsverpflichtung, wobei der Vermieter darlegungs- und beweispflichtig ist.

**10.** Hierbei handelt es sich um relativ häufig vorkommende Mängel, die bei der Renovierungsarbeit entstehen (vgl. zu schlecht durchgeführten Schönheitsreparaturen Form. F. II. 6).

**11.** Die **Nachfrist** kann nach § 281 Abs. 1 BGB erst nach der Fälligkeit gesetzt werden. Der Verzug des Mieters ist keine Voraussetzung mehr für das Verfahren nach § 281 Abs. 1 BGB. Praktisch relevant ist die Abweichung zu dem früheren § 326 BGB nicht, da bei ordentlicher Beendigung des Mietverhältnisses Fälligkeit und Verzug mit dem Tag der Beendigung zusammenfielen.

Im Übrigen konnten früher schon die verzugsbegründete Mahnung und die Leistungs-aufforderung miteinander verbunden werden.

Die früher gemäß § 326 BGB notwendige Ablehnungsandrohung ist nicht mehr erforderlich. Es obliegt der Entscheidung des Mieters, ob er die Arbeiten selbst ausführt oder anderweitig vergibt, wobei die Arbeiten in jedem Fall handwerklich einwandfrei ausgeführt werden müssen.

**12.** Der **Leistungsanspruch entfällt** erst, wenn der Gläubiger statt der Leistung Schadensersatz verlangt hat (§ 281 Abs. 4 BGB). Dies gilt wohl auch, wenn der Gläubiger in dem Aufforderungsschreiben bereits erklärt hat, er werde Schadensersatz verlangen. Da der Vermieter nach Ablauf der Nachfrist kein Interesse mehr an den Renovierungsarbeiten des ausgezogenen Mieters haben wird, kann der Schadensersatz bereits in dem Aufforderungsschreiben angekündigt werden. Früher war der Anspruch auf Erfüllung nach Ablauf der Nachfrist ausgeschlossen.

**13.** Der **Zugang des Schreibens** sollte sichergestellt werden, wobei die Zustellung durch Boten effektiv und am preiswertesten ist. Der Bote kann dann in einem späteren Prozess als Zeuge für den Zugang benannt werden (vgl. Form. B. I. 1 Anm. 1).

**14.** **Verjährung:** Die Verjährung beträgt 6 Monate gemäß § 548 BGB. Die Verjährung beginnt mit dem Zeitpunkt, indem der Vermieter die Sache zurückerhält. Dies gilt auch dann, wenn die Ansprüche erst zu einem späteren Zeitpunkt entstehen (so nun klarstellend BGH NZM 2005, 176). Die frühere Streitfrage, ob die Verjährung mit Rückgabe der Mietsache oder erst mit Ablauf der Nachfrist beginnt, ist damit entschieden. Zutreffend weist der BGH daraufhin, dass § 548 BGB eine von § 200 S. 1 BGB abweichende Bestimmung trifft, sodass es nicht auf die Entstehung des Anspruchs, sondern auf den Tag der Rückgabe der Mietsache ankommt. Wichtig ist, dass dies auch gilt, wenn die Rückgabe vor dem Ende des Mietverhältnisses erfolgt (s. Anm. 1).

**15.** **Gebühren:** Rechtsanwalt: 0,5 bis 2,5 Geschäftsgebühr gemäß Nr. 2400 VV, §§ 13, 14 RVG nach der Höhe der Renovierungskosten.

## 4. Schadensersatz nach Ablauf der Nachfrist wegen nicht durchgeführter Schönheitsreparaturen

......
(Rechtsanwalt)

an

......
(Mieter)

Mietverhältnis über die Wohnung ......

Sehr geehrte(r) ......,

wir nehmen Bezug auf unser Schreiben vom ...... Die gesetzte Nachfrist ist zwischenzeitlich abgelaufen, ohne dass Sie die geforderten Schönheitsreparaturen durchgeführt haben. Es wird nunmehr Schadensersatz verlangt.[1] Die erforderlichen Kosten sind durch einen Kostenvoranschlag ermittelt worden. Diesen fügen wir in der Anlage bei. Der Kostenvoranschlag gibt im Einzelnen die Arbeiten wieder, die in unserem Schreiben vom ...... aufgeführt worden sind.[2] Die Kosten belaufen sich auf insgesamt EUR 7.600,– netto.[3] Für die Bezahlung auf das Ihnen bekannte Konto setzen wir Ihnen eine Frist bis zum ......

Soweit Sie eingewandt haben, die Wohnung sei zwischenzeitlich durch den Nachmieter auf dessen Kosten renoviert worden, ist dies für den Anspruch unerheblich.[4]

Zusätzlich schulden Sie den Ersatz von Mietausfall für zwei Monate. Ein Nachmieter, der unmittelbar im Anschluss an das Mietverhältnis eine Anmietung vorgenommen hätte, war vorhanden. Eine entsprechende Bescheinigung fügen wir bei.[5] Der Mietausfall in Höhe der Kaltmiete beläuft sich auf EUR 1.000,–.[6] Die Zahlung des Betrages erwarten wir innerhalb der obigen Frist. Andernfalls werden wir nach Ablauf der Frist den Anspruch gerichtlich geltend machen.[7]

......

(Rechtsanwalt)

## Anmerkungen

**1.** Gemäß § 281 Abs. 3 BGB ist der Anspruch auf die Leistung (Durchführung der Schönheitsreparaturen) ausgeschlossen, sobald der Gläubiger **statt der Leistung Schadensersatz** verlangt.

**2.** Der Vermieter hat Anspruch auf das **positive Interesse**, wobei der Schaden konkret oder abstrakt berechnet werden kann (BGHZ 2, 313 Wahlrecht des Vermieters). Die Kosten können durch Vorlage einer Rechnung, eines Gutachtens oder eines Kostenvoranschlages belegt werden. Es dürfen nur die objektiv notwendigen Arbeiten in Ansatz gebracht werden. Insbesondere ein Kostenvoranschlag ist unter diesem Aspekt kritisch zu untersuchen, da oftmals nicht die geschuldeten Ausbesserungsarbeiten, sondern komplette Renovierungsleistungen berechnet werden (z. B. Neutapezierung, wohingegen eine Ausbesserung durch Neuverklebung genügen würde).

Der Kostenvoranschlag – oder die Rechnung – müssen die Kosten für die Herstellung eines ordnungsgemäßen Zustandes hinreichend ausweisen, so dass Angaben zu Aufmaß bzw. Massen enthalten sein sollten (*Langenberg* 1. Teil F Rdn. 504).

Wenn die Schadensaufstellung komplex ist, empfiehlt sich die Einholung eines Gutachtens, wobei grundsätzlich eine Erstattungspflicht des Mieters hinsichtlich der Gutachterkosten gemäß § 280 BGB besteht, wenn sie aus der Sicht des Geschädigten zur Wahrnehmung seiner Rechte erforderlich und zweckmäßig waren. Der Vermieter muss sich zur Rechtsdurchsetzung grundsätzlich nicht aus Kostengründen auf andere, im konkreten Fall ggf. weniger geeignete Beweismittel, etwa Zeugen mit nicht zu prognostizierendem Erinnerungsvermögen oder die Vorlage von Lichtbildern verweisen lassen (BGH NZM 2004, 615). Allerdings hat der Vermieter seine Schadensminderungspflicht aus § 254 Abs. 2 BGB zu beachten. Sind die Schäden offensichtlich, ist die Beauftragung eines Sachverständigen nicht erforderlich. Zeugen und Fotos sind dann ausreichend. Die Kosten für die Beauftragung sind daher nur erstattungsfähig, wenn dieser kostenintensive Weg auch aus der Sicht eines vernünftigen Vermieters erforderlich und zweckmäßig war (*Langenberg* 1. Teil F Rdn. 504).

Der Vermieter ist nicht verpflichtet den Geldbetrag auch tatsächlich für die Renovierung zu verwenden (OLG Köln ZMR 1987, 375), da der Anspruch auf Ersatz des erforderlichen Geldbetrages gerichtet ist (§ 249 S. 2 BGB). Es ist darauf zu achten, dass die Belege nur die Beträge wiedergeben, die tatsächlich erstattet verlangt werden können. Sind verschiedene Abnutzungen von dem Vermieter hinzunehmen oder Schönheitsreparaturen noch nicht fällig (z. B. mangels Fristablauf), so sind diese Beträge gegebenenfalls herauszurechnen. Für den Umfang der Verpflichtung ist der Inhalt des Mietvertrages maßgeblich. Der Zustand darf nach der Renovierung nicht besser sein, als bei Übergabe der Mietsache zu Vertragsbeginn (z. B. Qualität der Tapete, vgl. *Sternel* II Rdn. 450). Da der Vermieter auch für die Höhe des Schadensersatzanspruchs voll umfänglich darlegungs- und beweispflichtig ist, ist der Zustand bei Mietende bestmöglich festzuhalten (Fotos, Abnahmeprotokoll, gegebenenfalls Zeugenberichte).

**3.** Die Mehrwertsteuer ist vom Mieter nur dann zu erstatten, wenn diese zur Schadensbeseitigung tatsächlich angefallen ist, d. h. der Vermieter die Zahlung belegen kann. Die Regelung des § 249 Abs. 2 S. 2 gilt für alle Schadensfälle ab dem 1. 8. 2002. Es bleibt allerdings bei der Zahlung des Nettobetrages, wenn der Vermieter zum Vorsteuerabzug berechtigt ist.

**4.** Nach der Rechtsprechung des BGH (BGHZ 49, 56, 61 f.; OLG Hamburg DWW 1984, 167) bleibt der Schadensersatzanspruch des Vermieters bestehen. Nach dem Grundsatz der Vorteilsausgleichung wäre der ausgezogene Mieter ansonsten ungerechtfertigt begünstigt, zumal der Vermieter nach den Grundsätzen der abstrakten Schadensberechnung den **objektiv erforderlichen** Geldbetrag verlangen kann (*Langenberg* 1. Teil F Rdn. 519). Soweit Vor- und Nachmieter die Renovierung durch den Nachmieter vereinbaren, erbringt der Vormieter die Renovierung durch einen Dritten gemäß § 267 BGB. Ist die Renovierungsleistung des Nachmieters ordnungsgemäß erfolgt, hat der Vormieter seine Verpflichtung erfüllt. Ist die Renovierung dagegen mangelhaft, scheidet Erfüllung aus (LG Berlin ZMR 1997, 243).

**5.** Der Vermieter kann einen **Mietausfallschaden** verlangen, wenn ein Nachmieter zum Mietvertragsschluss im unmittelbaren Anschluss an die Beendigung des Mietverhältnisses bereit gewesen wäre, sofern eine ordnungsgemäße Rückgabe der Mietsache durch den Vormieter erfolgt wäre (vgl. OLG Hamburg NJW 1990, 77). Voraussetzung hierfür ist jedoch, dass sich der Mieter mit der Erfüllung seiner Renovierungspflicht gem. §§ 280 Abs. 2, 286 BGB **in Verzug** befand und die Nichtrenovierung des Mieters kausal für die Nichtvermietung und damit den entgangenen Mietzins war. Der Vermieter kann daher Mietausfall wegen nicht oder unsachgemäß durchgeführter Schönheitsreparaturen nur verlangen, wenn er darlegt und beweist, dass er die vermieteten Räume bei ordnungsgemäßer Ausführung der Schönheitsreparaturen direkt an einen bereits vorhandenen Mietinteressenten hätte weitervermieten können (Hannemann/Wiegner/*Over* § 19 Rdn. 211). Demgegenüber vertritt das Landgericht Frankfurt/M. die Ansicht, dass auch ohne konkreten Nachweis der Weitervermietungsmöglichkeit ein Mietausfall in Höhe der ortsüblichen Marktmiete gefordert werden kann, und dies nicht nur in Gebieten mit Wohnungsknappheit (LG Frankfurt/M. NZM 2000, 1177). Dieser verzögerungsbedingte Mietausfallschaden ist der Höhe nach beschränkt auf den Zeitraum, der für eine zügig durchgeführte Renovierung benötigt wird. Dies ist in aller Regel ein Zeitraum von 2 Monaten. Die unterlassene Renovierung des Mieters muss für die Nichtvermietung ursächlich gewesen sein. Der Vermieter hat eine Schadensminderungspflicht, d. h. er ist verpflichtet die Arbeiten unverzüglich durchzuführen und sich nachhaltig um eine Anschlussvermietung zu bemühen (BGH WuM 1982, 296, 297; *Langenberg* 1. Teil F Rdn. 541 ff.).

**6.** Für die gesamte Dauer können Betriebskostenvorauszahlungen geltend gemacht werden, über die später abzurechnen ist.

**Verjährung:** § 548 BGB: 6 Monate ab Rückgabe (vgl. Anm. zu Form. E. II. 3 am Ende).

**7. Gebühren:** Rechtsanwalt 0,5 bis 2,5 Geschäftsgebühr gemäß Nr. 2400 VV, §§ 13, 14 RVG nach der Höhe des Schadensersatzes.

# 5. Schadensersatz wegen Erfüllungsverweigerung

......

(Vermieter)

an

......

(Mieter)

Mietverhältnis über die Wohnung ......

Sehr geehrte(r) ......,

sie sind am ...... aus dem Mietobjekt ausgezogen, ohne die vertragliche geschuldeten Schönheitsreparaturen durchzuführen. Wir machen nunmehr Ihnen gegenüber Schadensersatzansprüche geltend.[1] Sie sind bei Vertragsende an obige Adresse verzogen, ohne diese uns mitzuteilen.[2] Sie haben in dem Mietobjekt über 7 Jahre gewohnt, ohne in dieser Zeit Schönheitsreparaturen auszuführen. Auf die vereinbarte Pflicht zur Durchführung von Schönheitsreparaturen bei Auszug weisen wir hin. Auch in dem Kündigungsschreiben wurden Sie ausdrücklich auf § ...... des Mietvertrages und die darin vereinbarte Erforderlichkeit der Durchführung von Schönheitsreparaturen hingewiesen. Gleichwohl sind Sie aus dem Objekt ausgezogen, ohne Anstalten für die Vorbereitung oder Ausführung von Renovierungsarbeiten getroffen zu haben. Schließlich haben Sie uns kommentarlos die Haus- und Wohnungsschlüssel übersandt.[3] Sie haben sich zudem ohne Begründung geweigert das Abnahmeprotokoll, welches im Einzelnen die ausführenden Arbeiten aufweist, zu unterzeichnen und zudem erklärt keine Arbeiten ausführen zu wollen.[4]

Sie haben somit bei Mietende die Durchführung der Arbeiten verweigert. Diese sind zwischenzeitlich ausgeführt worden sind. Wir fügen die Rechnung über die notwendigen Renovierungskosten in der Anlage bei. In Höhe der Renovierungskosten sind Sie zum Schadensersatz verpflichtet. Die Rechnungsbeträge geben im Einzelnen die Arbeiten wieder, die von Ihnen geschuldet gewesen sind. Hinsichtlich der Malerarbeiten weisen wir auf die gesonderte Ausweisung der einzelnen Positionen, getrennt nach den jeweiligen Räumen, hin.

Wir haben Sie aufzufordern, den vorgenannten Geldbetrag bis zum ...... an uns zu überweisen, um eine gerichtliche Auseinandersetzung zu vermeiden.[5]

......

(Vermieter)

## Anmerkungen

**1.** Die **Nachfrist ist entbehrlich,** wenn der Mieter die Erfüllung bestimmt, ernstlich und endgültig verweigert. Die Verweigerung muss eindeutig sein und das Beharren auf einer Nachfrist darf nur als reine Förmelei anzusehen sein (BGH NJW 1986, 661). Mit der Annahme einer endgültigen Erfüllungsverweigerung ist Vorsicht geboten. Die Rechtsprechung stellt hieran strenge Anforderungen. Stets sind die Umstände des Einzelfalls zu prüfen. Die Entbehrlichkeit der Nachfrist ist nunmehr in §§ 280, 281 Abs. 2 BGB gesetzlich geregelt. Die Fristsetzung ist entbehrlich, wenn der Schuldner die Leistung ernsthaft und endgültig verweigert oder wenn besondere Umstände vorliegen, die unter Abwägung der beiderseitigen Interessen die sofortige Geltendmachung des Schadensersatzanspruchs rechtfertigen. Es gilt wie bisher, dass die Notwendigkeit der Nachfristsetzung nur in Ausnahmefällen nicht gegeben ist (vgl. zu weiteren Einzelfällen *Langenberg* 1. Teil F Rdn. 483 ff.).

**2.** Der bloße Auszug des Mieters ohne Vornahme der bei Beendigung des Mietvertrages geschuldeten Schönheitsreparaturen reicht für die Annahme einer endgültigen Erfüllungsverweigerung nicht aus (KG NZM 2007, 356). Zwar ist in der Rechtsprechung eine deutliche Tendenz dahingehend zu erkennen, im Auszug des Mieters ohne Durchführung der Schönheitsreparaturen grundsätzlich eine ernstliche und endgültige Erfüllungsverweigerung zu sehen (BGH NJW 1998, 1303; NJW 1991, 2417). Gleichwohl ist erforderlich, dass zu dem Auszug weitere Umstände im Verhalten des Mieters treten, die die Erfüllungsverweigerung als ernstlich und endgültig begründen. Voraussetzung hierfür ist, dass der Vermieter dem Mieter zuvor konkret mitteilt, welche genauen Arbeiten er durchzuführen hat (KG NZM 2007, 356). Bestreitet daraufhin der Mieter den Renovierungsanspruch dem Grunde und der Höhe nach, obwohl die Wohnung offensichtlich einen Renovierungsbedarf aufweist, ist eine Erfüllungsverweigerung anzunehmen (*Langenberg* 1. Teil F Rdn. 486). Dies gilt – jedenfalls im Regelfall – auch, wenn der Mieter auszieht, ohne eine neue Anschrift zu hinterlassen (LG Itzehoe WuM 1989, 508). Der Auszug aus der Wohnung stellt selbst dann keine Erfüllungsverweigerung dar, wenn der Mieter seine neue Anschrift nicht hinterlässt, da es dem Vermieter zuzumuten ist, sich nach der neuen Anschrift des Mieters zu erkundigen, ggf. auch durch eine Postanfrage oder eine Anfrage an das Einwohnermeldeamt (OLG Hamburg WuM 1992, 70; LG Wiesbaden WuM 1986, 113; LG Itzehoe WuM 1989, 508).

**3.** Der teilweise vertretenen Ansicht, in der **Zusendung der Schlüssel** nach Auszug ohne weitere Erklärung des Mieters sei eine Erfüllungsverweigerung zu sehen (LG Berlin GE 1991, 777), kann nicht gefolgt werden. Mit der Übersendung der Schlüssel nach Auszug bringt der Mieter lediglich zum Ausdruck, dass er seiner Rückgabepflicht nach Beendigung des Mietverhältnisses nachkommt, nicht aber dass er eine Endrenovierungsverpflichtung verweigert (LG Landau WuM 1988, 119). Letzterer Erklärungswillen des Mieters bedingt nämlich, dass dem Mieter auf Grund der bestehenden Vereinbarungen mit dem Vermieter und auf Grund des renovierungsbedürftigen Zustandes der Mieträume die Erforderlichkeit der Endrenovierung bewusst ist. Dies kann jedoch nicht ohne Darlegung weiterer Umstände unterstellt werden.

**4.** Die **Weigerung der Unterschrift unter das Abnahmeprotokoll** dürfte alleine nicht ausreichen, um eine endgültige und ernsthafte Erfüllungsverweigerung anzunehmen (vgl. LG Wuppertal NJWE – MietR 1997, 53). Oftmals wird der Mieter aber zusätzlich noch seine Verpflichtung zur Durchführung von Schönheitsreparaturen abstreiten, so dass dann die Voraussetzungen der endgültigen Verweigerung anzunehmen sind (vgl. OLG Köln WuM 1988, 22).
Weitere Fälle **ernsthafter Erfüllungsverweigerung:**
- Mieter verzichtet auf Nachfrist.
- Mieter kündigt seine Arbeiten für einen Zeitpunkt an, der nach einer an sich zu setzenden Nachfrist liegt (OLG Frankfurt NJWE – MietR 1997, 273). Stets muss dem Mieter eine angemessene Frist zur Durchführung der Schönheitsreparaturen gesetzt worden sein. Geringe durch den Mieter angekündigte und begründete Fristüberschreitungen reichen für die Annahme der Entbehrlichkeit der Nachfristsetzung nicht aus.
- Der Mieter bestreitet dem Grund und der Höhe nach das Ergebnis des Sachverständigengutachtens (BGH NJW-RR 1992, 1226).

- Mieter hinterlässt die Wohnung in einem katastrophalen Zustand (OLG München DWW 1986, 117, wobei es sich hier um einen besonderen Einzelfall gehandelt hat!).
  Keine ernsthafte **Erfüllungsverweigerung** wurde angenommen:
- Bloße Schlüsselrückgabe (insbesondere wenn der Vermieter die neue Anschrift kennt vgl. LG Landau WuM 1988, 119).
- Die Renovierungsarbeiten des Mieters sind unzureichend (LG Aachen ZMR 1988, 16 mit Anm. *Sauren*).
- Mieter äußerst lediglich rechtliche Zweifel (LG Berlin NZM 2000, 1178).
- Ablehnende Erklärungen des Mieters gegenüber dem Nachbarn oder Dritten.
- Der Mieter wird insgesamt von Schadensersatzansprüchen frei, wenn der Vermieter die Arbeiten durch den Mieter unterbindet (Amtsgericht Köln WuM 1977, 226).
  Verjährung: § 548 BGB: 6 Monate ab Rückgabe.

**5.** Gebühren: Rechtsanwalt: 0,5 bis 2,5 Geschäftsgebühr gemäß Nr. 2400 VV, §§ 13, 14 RVG nach der Höhe des Schadensersatzes.

# 6. Schadenersatz wegen schlecht durchgeführter Schönheitsreparaturen (bei zusätzlich fehlender rechtlicher Verpflichtung)

......

(Vermieter)

an

......

(Mieter)

Mietverhältnis über die Wohnung ......

Sehr geehrte(r) ......,

nach ihrem Auszug hatten wir am ...... festgestellt, dass sie zwar renoviert haben. Die Arbeiten sind jedoch nicht ordnungsgemäß durchgeführt worden, sodass wir nunmehr Schadensersatzansprüche geltend machen.[1]

Dies betrifft zunächst die Arbeiten in der Küche. An der vom Küchenfenster aus rechts gelegenen Wand sind die Tapeten überlappend geklebt worden; an der gegenüberliegenden Wand wurden die Bahnen nicht auf Stoß verklebt. Sie haben die ursprünglich weiß gestrichene Innenseite der Küchentür schwarz lackiert.[2] Laut dem beigefügten Kostenvoranschlag kostet die Neutapezierung der Wände in der Küche einschl. Zusatzarbeiten (Entfernung und Entsorgung der alten Tapete) sowie einem deckendem Anstrich 710,– EUR. Die Innenseite der Küchentüre muss abgebeizt und sodann neu lackiert werden. Gemäß dem ebenfalls beigefügten Kostenvoranschlag werden hierfür 250,– EUR veranschlagt.

Sie haben zusätzlich noch unfachmännisch in dem Wohn- und Schlafzimmer renoviert, obwohl bei Auszug keine Renovierung dieser Räume geschuldet gewesen ist. Sie haben die Wohnung nur 3,5 Jahre bewohnt. Die Durchführung von Schönheitsreparaturen in dem Wohn- und Schlafraum war frühestens nach 5 Jahren geschuldet.[3] Leider haben Sie die Arbeiten nicht ordnungsgemäß ausgeführt. Im Einzelnen sind folgende Arbeiten mangelhaft ausgeführt worden:

Der Anstrich im Wohnzimmer ist zu beanstanden. Die Wände sind nicht deckend gestrichen worden; an der Decke sind deutliche Streifen durch zu starkes Auftragen von Farbe zu erkennen. Der Anstrich ist daher erneut vorzunehmen. Hierfür ist nach dem Kostenvoranschlag des Malermeisters ...... ein Betrag in Höhe von 250,– EUR erforderlich. Hiervon werden 30% als Schadensersatz, somit 75,– EUR verlangt.[4]

Der Teppichboden im Schlafzimmer wurde zwar gereinigt. Jedoch ist dieser nunmehr an einigen Stellen wellig. Außerdem ist der Teppich im Eingangsbereich und im Bereich zur Terrassentür deutlich aufgehellt. Der Farbunterschied ist so stark, dass der Teppich insgesamt unansehnlich geworden ist. Eine Reinigung ist nicht mehr möglich.

Laut beigefügter Rechnung haben wir einschließlich Entsorgung des alten Teppichbodens für den neuen Teppichboden, der von vergleichbarer Qualität ist, einschließlich Verlegearbeiten einen Betrag in Höhe von 800,– EUR aufgewandt. Wir weisen darauf hin, dass der Teppich bereits zu Mietbeginn 3 Jahre alt war. Ausgehend von einer Lebenshaltungsdauer von 10 Jahren lassen wir uns daher einen Betrag in Höhe von 65% anrechnen. Insgesamt ist daher von Ihnen ein Betrag in Höhe von 280,– EUR zu zahlen.[5]

Bei der Lackierung der Heizkörper im Wohnzimmer ist offensichtlich wegen mangelhafter Abdeckung Lackfarbe auf den Teppich getropft. Der Teppich ist daher erneut zu reinigen.

Die Kosten für die erforderliche Reinigung des Teppichbodens belaufen sich auf 110,– EUR.

Wir fordern Sie auf den Gesamtbetrag bis zum ...... auf unser Konto zu überweisen, um eine gerichtliche Auseinandersetzung zu vermeiden.[6]

......
(Vermieter)

## Anmerkungen

**1.** Führt der Mieter geschuldete **Renovierungsarbeiten** nicht ordnungsgemäß aus, haftet er auf Schadensersatz (*Langenberg* 1. Teil F Rdn. 509): Der Mieter ist verpflichtet, die Arbeiten fachgerecht auszuführen. Eigenleistungen sind nur dann fachgerecht, wenn die Räumlichkeiten sich nach Durchführung der Arbeiten in einem für die Weitervermietung geeigneten Zustand befinden. Wenn der Mieter diese Pflicht verletzt (sog. „Verschlimmbesserung"), haftet er auf Schadensersatz, allerdings nur unter den Voraussetzungen des § 281 BGB. Der Vermieter muss den Mieter unter Fristsetzung zur Beseitigung des Schadens auffordern. Eine Verschlimmbesserung liegt beispielsweise vor, wenn der Mieter durch seine nicht fachgerechte Endrenovierung einen schlechteren Zustand herbeiführt, als aufgrund der nur zweijährigen Mietzeit vor diesen Arbeiten vorhanden war (*Langenberg* 1. Teil F Rdn. 509).

Insbesondere, wenn der Mieter die Renovierungsarbeiten nicht vollständig erbracht hat (z. B. wurde die Tapete in einem der Zimmer nicht gestrichen) ist zu überlegen, ob der Vermieter weiterhin auf seinem Erfüllungsanspruch besteht oder den Schadensersatz verlangt. Im Zweifel wird es sinnvoll sein, bei ordnungsgemäß, aber unvollständig durchgeführten Renovierungsarbeiten den Mieter nochmals aufzufordern, die Restarbeiten zu erledigen, da der Mieter grundsätzlich verlangen kann, die fehlenden Arbeiten nachzuholen, sofern keine gewichtigen Gründe auf Seiten des Vermieters entgegenstehen (Palandt/*Heinrichs* § 281 Rdn. 11).

**2. Typische Fälle der Schlechtausführung.** Bei Mietende muss der Mieter übliche Farbtöne verwenden. Ebenfalls ist wasch- und wischfeste Farbe einzusetzen (AG Freiburg WuM 1986, 242). Eine Verschlimmbesserung soll auch vorliegen, wenn Lackteile mit Bindefarbe oder Raufasertapete mit nicht geeigneter, stark abkreidender Farbe gestrichen werden (*Langenberg* 1. Teil F Rdn. 509).

**3.** Der Fall einer fehlenden oder **irrtümlich angenommenen Renovierungsverpflichtung** ist nicht selten. Der Fall ist dann gegeben, wenn eine unwirksame Renovierungsklausel vereinbart wurde oder bei einem Fristenplan die Fristen tatsächlich noch nicht abgelaufen sind und auch keine Renovierungsbedürftigkeit wegen übermäßiger Abnutzung vorliegt, jedoch gleichwohl renoviert wurde. Der Mieter haftet dem Vermieter aber nur dann auf Schadensersatz, wenn die üblichen Renovierungsfristen noch nicht abgelaufen sind und der Mieter trotzdem renoviert. Führt der Mieter dagegen (mangelhafte) Renovierungsarbeiten aufgrund einer unwirksamen Schönheitsreparaturklausel aus, ist er dem Vermieter dagegen nicht zum Ersatz des Schadens verpflichtet. Dies folgt jedenfalls aus § 254 BGB. Das Mitverschulden des geschädigten Vermieters liegt darin begründet, dass er eine unwirksame Klausel verwendet hat und damit erst die Ursache für die spätere (mangelhafte) Renovierung durch den Mieter gesetzt hat.

Im Übrigen schuldet der Vermieter dem Mieter Wertersatz nach § 818 Abs. 2 BGB, wenn der Mieter aufgrund einer unerkannt unwirksamen Endrenovierungsklausel Schönheitsreparaturen in der Wohnung durchführt (BGH NZM 2009, 541; *Paschke* GE 2010, 30, 32). Dieser Wertersatz bemisst sich üblicherweise nur nach dem, was der Mieter billigerweise neben einem Einsatz an freier Zeit als Kosten für das notwendige Material sowie als Vergütung für die Arbeitsleistung seiner Helfer aus dem Verwandten- und Bekanntenkreis aufgewendet hat oder hätte aufwenden müssen.

**4.** Der **Umfang der Schadensersatzpflicht** richtet sich danach, ob dem Vermieter durch die fehlerhaften Arbeiten ein zusätzlicher Aufwand entstanden ist oder nicht. Soweit die fehlerhaften Arbeiten des Mieters zu einer **Verschlechterung** der Mietsache geführt haben, ist im Rahmen des Schadensersatzanspruches eine Differenzberechnung darzulegen, mit der der Vermieter die zusätzlichen Kosten auflistet, die durch die vom Mieter zu vertretende Verschlechterung der Mietsache entstanden sind, und zwar unter Berücksichtigung der Kosten, die er ohnehin durch seine Renovierungsleistung hätte aufwenden müssen. Der Vermieter muss die zusätzlichen Kosten ermitteln, die durch die Schlechtleistung des Mieters entstanden sind, wobei der Betrag abzuziehen ist, der für die Renovierung sowieso angefallen wäre. Oftmals werden hier in der Praxis Probleme bestehen den Schaden schlüssig darzulegen. Bei der Höhe des Schadensersatzanspruches des Vermieters ist jedoch der Gesichtspunkt der Vorteilsausgleichung zu berücksichtigen. Da die erneute Renovierung des Vermieters zu einem besseren Zustand führt, als er vor den fehlerhaften Arbeiten des Mieters bestand, ist ein Abzug neu für alt vorzunehmen. Dieser richtet sich nach dem Verhältnis eines angemessenen Renovierungsturnus zur Wohnzeit des Mieters.

Sofern dem Vermieter durch die fehlerhaften Arbeiten kein zusätzlicher Aufwand entsteht, ist auch ein Schaden zu verneinen.

Führt der Mieter bei Mietende fachgerecht Schönheitsreparaturen durch, ohne hierzu verpflichtet zu sein, steht ihm ein Bereicherungsanspruch gemäß §§ 812, 818 Abs. 2 BGB zu (BGH NZM 2009, 541; *Paschke* GE 2010, 30, 32).

**5.** Führt die Reinigung des Teppichbodens zu einer **irreparablen Beschädigung**, ist eine Schadensersatzpflicht gegeben. Da der Vermieter dies beweisen muss, empfiehlt es sich unbedingt den Zustand festzuhalten und sofern möglich, den beschädigten und ausgewechselten Teppichboden aufzubewahren. Wird eine Schadenersatzpflicht bejaht, bedarf es einer Nachfrist nicht mehr. Die Vorteilsausgleichung ist durch einen Abzug neu für alt wie gewohnt vorzunehmen.

Weitere Beispiele für eine **Beschädigung:**
• Lackieren von Naturholzteilen: Gegebenenfalls Ersatz der Kosten für die Aufarbeitung durch einen Tischler oder Kosten für die Erneuerung des beschädigten Teils (*Heller* WuM 1986, 369).
• Kacheln werden infolge von Lackierarbeiten beschmiert.

**Verjährung:** 6 Monate gemäß § 548 BGB nach Rückgabe der Mietsache.

**6. Gebühren:** Rechtsanwalt 0,5 und 2,5 Geschäftsgebühr gemäß Nr. 2400 VV, §§ 13, 14 RVG nach der Höhe des Schadensersatzes.

## 7. Schadensersatz wegen Beschädigung der Mietsache

......

(Vermieter)

an

......

(Mieter)

Mietverhältnis über die Wohnung ......

Sehr geehrte(r) ......,

nach Ihrem Auszug haben wir die von Ihnen angemieteten Räumlichkeiten besichtigt und hierbei umfangreiche Beschädigungen feststellen müssen, die auf einen vertragswidrigen Gebrauch der Mietsache zurückzuführen sind.[1] Wir machen daher Schadensersatzansprüche wegen Beschädigung der Mietsache geltend.[2] Im Einzelnen setzt sich der Schadensersatzanspruch wie folgt zusammen:

1. Der Teppichboden im Wohnzimmer weist fünf Rotweinflecken mit einem Durchmesser von 1 bis ca. 3 cm auf. Der Teppichboden ist zusätzlich durch mehrere Brandlöcher im Bereich der Balkontür beschädigt. Die Flecken und Löcher lassen sich nicht durch eine Reinigung beseitigen oder ausbessern. Zudem befinden sich gelbe Nikotinablagerungen an der Tapete im Wohnzimmer.[3] Ein vergleichbarer Teppichboden kostet 700,– EUR. Bei Mietende war der Teppichboden fünf Jahre alt, so dass ein Abzug „Neu für Alt" in Höhe von 50% berücksichtigt wird. Für die Erneuerung des Teppichbodens schulden sie somit einen Betrag in Höhe von 350,– EUR.[4]

2. Die Emaille der Badewannenbeschichtung ist abgeplatzt. Die schadhaften Stellen können ausgebessert werden, wobei gemäß dem beigefügten Kostenvoranschlag hierfür ein Betrag in Höhe von 150,– EUR aufzuwenden ist.[5]

3. Die Tapete im Schlafzimmer ist mit einer unansehnlichen türkisähnlichen Farbe bemalt.[6] Die Tapete muss entfernt werden. Sodann ist das Zimmer mit einer vergleichbaren Tapete neu zu tapezieren. Die Kosten belaufen sich hierfür auf 370,– EUR.

4. Die Fensterbank im Wohnzimmer ist zerkratzt. Während Ihrer Mietzeit wurden mit einem spitzen Gegenstand – möglicherweise einem Schraubenzieher – Strichmännchen und andere Motive eingekratzt. Die Fensterbank muss erneuert werden. Die Kosten hierfür belaufen sich auf 350,– EUR.[7]

5. Die Tapete im Kinderzimmer rechts neben der Tür in Höhe von ca. 1 Meter ist mit bunten Filzstiften bemalt. Die Tapete ist zudem an einigen Stellen eingerissen (rechts neben der Tür; unterhalb der Fensterbank) und durch einen spitzen Gegenstand auf der rechten Seite ebenfalls in der Höhe von ca. 1 Meter beschädigt worden. Die Ausbesserungsarbeiten einschließlich eines einmaligen deckenden Anstrichs der Tapete kosten 110,– EUR. Der gesamte Schadensersatzanspruch beläuft sich somit auf 1.330,– EUR.

Zur Vermeidung einer gerichtlichen Auseinandersetzung haben wir Sie aufzufordern diesen Betrag bis zum ...... auf das unten angegebene Konto zu überweisen.[8]

......
(Vermieter)

## Anmerkungen

**1.** Da der Mieter gemäß § 538 BGB Veränderungen oder Verschlechterungen der Mietsache, die durch den vertragsgemäßen Gebrauch herbeigeführt werden, nicht zu vertreten hat, ist eine Schadensersatzpflicht gemäß § 280 Abs. 1 BGB (früher nach positiver Vertragsverletzung) erst dann gegeben, wenn ein **vertragswidriger Gebrauch** vorliegt und der **Mieter dies zu vertreten hat**. Die Abgrenzung ist letztlich immer eine Frage des Einzelfalls. Hierbei sind die Ursache des Schadens unter Berücksichtigung des Vertragszwecks und die Art des Schadens zu berücksichtigen. Es ist beispielsweise zu prüfen, ob Tierhaltung erlaubt ist oder ob an eine Einzelperson oder eine Familie mit Kindern vermietet worden ist. Nach Ansicht von *Langenberg* (NZM 2000, 1125) ist für den Schadensersatz wegen Beschädigung der Mietsache nur wenig Raum, da der Mieter eine einheitliche Instandhaltungspflicht trifft, die inhaltlich auf die Durchführung von Malerarbeiten zur Herstellung eines ordnungsgemäßen Zustandes gerichtet ist. Nur Substanzschäden, die nicht malermäßig bearbeitet werden können, sondern repariert werden müssen, führen hier noch zu einem unmittelbaren Schadensersatzanspruch gem. § 280 Abs. 1 BGB. Dogmatisch ist entscheidend, ob eine Verletzung von Hauptpflichten (der Schadensersatzanspruch richtet sich dann nach § 281 I BGB, sodass der Vermieter zunächst erfolglos dem Mieter zur Durchführung der Arbeiten auffordern muss) oder eine Nebenpflichtverletzung vorliegt (der Anspruch ergibt sich dann unmittelbar aus § 280 Abs. 1 BGB).

**2.** In der **außergerichtlichen Vertretung** ist mit der unmittelbaren Anwendung des § 280 Abs. 1 BGB Vorsicht geboten. Die Abgrenzung zwischen Beschädigung der Mietsache infolge vertragswidrigen Gebrauches auf der einen und der Pflicht zur Durchführung von Schönheitsreparaturen auf der anderen Seite ist fließend.

Schadensersatz statt der Durchführung von Schönheitsreparaturen kann bekanntlich nur unter den weiteren Voraussetzungen des § 280 Abs. 3, 281 Abs. 1, also nach Fristsetzung verlangt werden. Es ist zudem die Rechtsprechung des Bundesgerichtshofes zu beachten, wonach eine **Nachfrist** gesetzt werden muss, wenn zur Wiederherstellung des ursprünglichen Zustandes erhebliche Kosten aufzuwenden sind (vgl. BGH WuM 1997, 217; *Lützenkirchen* WuM 1998, 132), da in diesem Fall von einer mietvertraglichen Hauptpflicht auszugehen ist. Es ist nicht abschließend geklärt, ab wann erhebliche Kosten anzunehmen sind (als Richtschnur werden drei Monatsmieten oder 8% der letzten Jahreskaltmiete genannt), sodass in Zweifelsfällen ein Risiko besteht, ohne Leistungsaufforderung unmittelbar Schadensersatz zu fordern.

Im Zweifel empfiehlt es sich daher, vor der Geltendmachung von Schadensersatzansprüchen eine Nachfrist zu setzen, zumal häufig die Ansprüche des Vermieters nicht auf

die reine Beschädigung der Mietsache beschränkt bleiben, sondern zudem noch Ansprüche wegen unterlassener oder nicht ordnungsgemäßer Durchführung von Schönheitsreparaturen gegeben sein dürften. Der Schadensersatzanspruch wegen Beschädigung
der Mietsache ist jedoch vor allem in den Fällen wichtig, in denen es entweder an einer
wirksamen Renovierungsverpflichtung fehlt oder – was in der Praxis häufig vorkommt –
der Vermieter bereits Arbeiten durchgeführt hat, ohne dem Mieter die notwendige Nachfrist gesetzt zu haben. Im letzteren Fall können dann natürlich nur die Positionen geltend
gemacht werden, die eine Beschädigung der Mietsache darstellen.

**3.** Das **Rauchen** – auch intensives Rauchen – stellt nach streitiger Ansicht keine vertragswidrige Nutzung dar. Mit dem überwiegenden Teil der Rechtsprechung ist dem
Mieter im Rahmen seiner freien Lebensgestaltung zu gestatten, innerhalb der Wohnung
zu rauchen, was zwangsläufig zu einer Ablagerung von Schadstoffen auf Tapeten, Decken, Gardinen etc. führt (BGH NZM 2006, 691; LG Köln NZM 1999, 456; LG Saarbrücken WuM 1998, 689; LG Hamburg WuM 2001, 469; AG Nordhorn NZM 2001,
892; in Schmidt-Futterer/*Eisenschmid* § 535 Rdn. 461). Ein Mieter, der während der
Mietdauer in der Wohnung raucht, verhält sich daher grundsätzlich nicht vertragswidrig
(BGH NZM 2006, 691; Schmidt-Futterer/*Eisenschmid*, § 535 Rdn. 108). Eine vertragswidrige Nutzung kann nur dann angenommen werden, wenn ein exzessiver Tabakgenuss
derart starke Nikotinablagerungen hinterlässt, dass sie einer Substanzverletzung der
Mietsache gleichkommen (LG Paderborn NZM 2001, 710; AG Magdeburg NZM 2000,
657; offen gelassen BGH NZM 2006, 691). In seiner Entscheidung vom 5. 3. 2008
(BGH NZM 2008, 318) hat der BGH seine bisherige Rechtsprechung bestätigt und dahingehend konkretisiert, dass Rauchen in einer Wohnung nur dann über den vertragsgemäßen Gebrauch hinaus geht und einen Schaden begründet, wenn durch das Rauchen
Verschlechterungen der Wohnung verursacht werden, die sich nicht mehr durch Schönheitsreparaturen beseitigen lassen, sondern darüber hinausgehende Instandsetzungsarbeiten erfordern.

**4.** Gemäß § 249 BGB ist der Vermieter so zu stellen, als ob der zum Ersatz verpflichtende Umstand nicht eingetreten wäre. Bei der Bezifferung des Schadensersatzanspruches
ist je nach Alter und Qualität der beschädigten Sache ein **Abzug „Neu für Alt"** vorzunehmen. Dieser Abzug ist gegebenenfalls nach § 287 ZPO zu schätzen. Hierbei ist die
Lebensdauer – bei einem Teppich ca. 10 Jahre – bzw. die übliche Nutzungszeit zu berücksichtigen.

**5. Str.,** vgl. Amtsgericht Köln WuM 1986, 85: bejahend, da eine Emailleabplatzung
nur durch eine schlagartige Einwirkung eines harten Gegenstandes und damit nur durch
eine unsachgemäße Behandlung entstehen kann; andere Auffassung LG Köln WuM
1985, 258: verneinend, da derartige Abplatzungen normale Verschleißerscheinungen
darstellen.

**6.** Wände und Decken, die mit **außergewöhnlichen, unansehnlichen Farben** gestrichen
worden sind, stellen einen vertragswidrigen Gebrauch dar. Demzufolge ist ein Anstrich in
weißer oder grauer Farbe nicht zu beanstanden (LG Aachen WuM 1998, 596). Gleiches
gilt für hellblaue Pastellfarbe (KG NZM 2005, 663). Wandanstriche in kräftigen Farbtönen wie rot, blau (moos)grün, türkis, lila oder schwarz (KG NZM 2005, 663; LG Berlin,
GE 1995, 249) sowie blau lackierte Fensterrahmen (LG Berlin GE 1995, 115) braucht
der Vermieter dagegen nicht als ordnungsgemäße Schönheitsreparaturen hinzunehmen,
da sie außerhalb der derzeit allgemeinen anerkannten Geschmacksgrenzen liegen. Ebenso hat der Mieter bei der Materialauswahl auf den allgemeinen Geschmack Rücksicht zu
nehmen (Staudinger/*Emmerich* § 535 Rdn. 117). Dies schließt eine eigenwillige und aus-
gefallene Dekoration, z.B. durch Anbringung von Farbtapeten oder Aufbringung eines
Rauputzes bzw. eines Putzes in Spachteltechnik aus, da die Endrenovierung dem Vermieter die Möglichkeit eröffnen muss, die Wohnung in einem durchschnittlichen Geschmack

entsprechendem Zustand einem Nachmieter zu übergeben. Zulässig soll hierbei neben Raufaser- und Strukturtapete auch Tapete mit einem floralem Muster sein, wenn diese farblich unaufdringlich und vom Muster her zurückhaltend gestaltet ist (LG Berlin NZM 2007, 801). Gleiches soll für eine Harry Potter-Bordüre in einem Kinderzimmer gelten, da diese Art der Gestaltung derzeit dem Geschmack von Teilen der Gesellschaft entspricht (LG Berlin NZM 2007, 801; sehr zweifelhaft). Eine altrosa farbene intensiv gestaltete Mustertapete mit unterschiedlich glänzender Oberfläche entspricht dagegen keiner zurückhaltenden Gestaltung mehr.

**7.** Bei **Gegenständen mit nahezu unbegrenzter Haltbarkeit** ist es gerechtfertigt keinen Abzug vorzunehmen. Gegebenenfalls ist dieser gemäß § 287 ZPO zu schätzen.

**Verjährung:** § 548 BGB: 6 Monate ab Rückgabe.

**8. Gebühren:** Rechtsanwalt 0,5 bis 2,5 Geschäftsgebühr gemäß Nr. 2400 VV, §§ 13, 14 BGB nach dem Wert des Schadensersatzes.

## 8. Quotenklausel – Aufforderungsschreiben des Vermieters zur Kostenbeteiligung des Mieters

......

(Vermieter)

an

......

(Mieter)

Mietverhältnis über die Wohnung ......

Sehr geehrte(r) ......,

sie haben in der Zeit vom ...... bis zum ......, mithin 2$\frac{1}{4}$ Jahre in obiger Wohnung gewohnt. In dem Mietvertrag hatten Sie sich zu einer Kostenbeteiligung verpflichtet, sofern bei Ihrem Auszug die vereinbarten Renovierungsfristen noch nicht abgelaufen sind.[1] Die maßgebliche Vorschrift des Mietvertrages lautet wie folgt:

„Endet das Mietverhältnis vor Eintritt der Verpflichtung zur Durchführung von Schönheitsreparaturen, so ist der Mieter verpflichtet die anteiligen Kosten für die im allgemeinen erforderlichen Schönheitsreparaturen anhand eines Kostenvoranschlages eines vom Vermieter auszuwählenden Malerfachbetriebes an den Vermieter zu zahlen.

Der prozentuale Anteil richtet sich nach dem Zustand der jeweiligen Teile des Wohnraums bei Beendigung des Mietverhältnisses im Verhältnis zur Nutzungsdauer durch den Mieter seit dem Zeitpunkt der letzten Schönheitsreparaturen. Als Basis für die Ermittlung der Renovierungsquote dienen die in § ...... genannten Fristen."

Die erforderlichen Renovierungskosten haben wir durch einen Kostenvoranschlag, den wir diesem Schreiben beifügen, ermitteln lassen.[2] Da die Renovierungsfristen mit Beginn des Mietverhältnisses zu laufen begonnen haben, sind Sie zu der anteiligen Zahlung verpflichtet, obwohl die Wohnung Ihnen seinerzeit unrenoviert überlassen worden war.[3] Sie haben selbst auch keine Renovierungsarbeiten durchgeführt.[4] Der Anspruch wird somit wie folgt beziffert:[5]

Gemäß Fristenplan sind Wohnzimmer, Kinderzimmer, Schlafzimmer und Flur in der Regel alle fünf Jahre zu renovieren. Laut Kostenvoranschlag erfordert die Renovie-

rung der einzelnen Räume einen Kostenaufwand in folgender Höhe: Wohnzimmer
......, Schlafzimmer ......, Kinderzimmer ......, Flur und Diele ......

Nach der Formel erforderliche Kosten × 40% (Kostenquote) ergibt sich somit ein
Betrag in Höhe von ...... EUR.

Die Nassräume sind laut Fristenplan im Allgemeinen alle drei Jahre zu renovieren.
Der Kostenvoranschlag weist folgende Renovierungskosten für diese Räume aus:
Küche ......, Bad ......, Gäste-WC ...... Die anteiligen, von Ihnen zu übernehmenden Kosten, für Küche und Gäste-WC betragen somit ...... EUR (66% laut Quotenklausel). Der tatsächliche Zustand der Wohnung rechtfertigt auch keine Abweichung von obiger Berechnung.[6]

Eine Kostenbeteiligung für das Bad wird nicht geltend gemacht, da zwischen uns
strittig war und ist, ob die Schimmelbildung an der Decke und im oberen Teil der
Wand oberhalb der Dusche bauseits bedingt oder auf fehlendes Lüftungsverhalten
Ihrerseits zurückzuführen ist.[7] Insgesamt steht uns somit ein Betrag in Höhe von
...... zu.[8] Bitte überweisen Sie diesen Betrag zur Vermeidung einer gerichtlichen
Auseinandersetzung bis zum ...... an uns.

......

(Vermieter)

## Anmerkungen

**1.** Nach dem Rechtsentscheid des BGH vom 6. 7. 1988 (WuM 1988, 294) kann der
Vermieter eine **Kostenbeteiligung des Mieters** für den Fall des Auszuges des Mieters vor
dem **Ablauf der Renovierungsfristen** vereinbaren. Der Vertrag ist somit stets dahingehend zu prüfen, ob eine Kostenbeteiligung des Mieters bei Vertragsende vereinbart ist
und ob die verwandte Klausel wirksam ist. Fehlt eine entsprechende Vereinbarung, hat
der Vermieter keinen Anspruch. Grundsätzlich setzt die Wirksamkeit einer Quotenabgeltungsklausel voraus, dass
• der Kostenvoranschlag nicht verbindlich ist,
• die Fristen und Prozentsätze sich an den üblichen Renovierungsfristen ausrichten,
• dem Mieter nicht untersagt ist, die Arbeiten vor dem Ende des Mietverhältnisses selbst
 auszuführen.
  Nach der neueren Rechtsprechung des BGH zum Fristenplan (vgl. insbesondere Ausführungen unter Form. F. II. 3) ist besonders zu prüfen, ob die vereinbarte Abgeltungsklausel wirksam ist.
  Starre Abgeltungsklauseln, in denen zur Festlegung der Höhe der Zahlungspflicht allein auf den Ablauf bestimmter Fristen abgestellt wird, sind unwirksam, weil sie keine
Berücksichtigung des tatsächlichen Erhaltungszustandes der Wohnung zulassen (BGH
NZM 2006, 924; NZM 2007, 355). Dies gilt sowohl bei Formulierungen, in denen die
Klausel einen eigenen starren Fristenplan enthält als auch in den sicherlich häufiger vor-
kommenden Fällen, in denen auf einen in der Renovierungsklausel enthaltenen starren
Fristenplan Bezug genommen wird.
  Ist bereits die formularmäßig vereinbarte Verpflichtung zur Ausführung laufender
Schönheitsreparaturen wegen Festlegung starrer/fester Fristen unwirksam, so erfasst die-
se Unwirksamkeit auch die Quotenhaftungsklausel (BGH NZM 2006, 459). In dieser
Konstellation läuft die Abgeltungsklausel ins Leere, da sie sich auf eine nicht existierende
Renovierungspflicht bezieht und auch keine eigenständige Renovierungsverpflichtung
begründen kann. Nach dieser Rechtsprechung sind ebenso Klauseln, bei denen die zu

zahlende Quote zwar an die üblichen Fristen gebunden ist, der Mieter jedoch auch bei Übernahme einer unrenovierten Wohnung **bei Bedarf** zu renovieren hat, unwirksam. (OLG Stuttgart WuM 1989, 121)

Die Quotenklausel ist auch dann unwirksam, wenn der Fristenplan über die laufende Renovierung zwar weich ausgestaltet ist, die Quote jedoch nicht flexibel ausgestaltet ist, sondern nach starren Fristen berechnet wird. Allerdings führt eine unwirksame Quoten-abgeltungsklausel nicht auch zur Unwirksamkeit der an sich zulässigen Klausel hinsichtlich der Übertragung der laufenden Schönheitsreparaturen (BGH NZM 2008, 605).

Auch bei der Berechnung der Quoten muss sich der Mieter auf den fehlenden oder einen stark eingeschränkten Renovierungsbedarf berufen können (*Langenberg* 1. Teil C. Rdn. 222).

Weiche Abgeltungsklauseln, in denen die Prozentsätze an Ausführungsfristen ausgerichtet sind, die mit Zusätzen wie „im Allgemeinen" oder „üblicherweise" verbunden sind, sind dagegen wirksam.

Aus der Klausel muss hervorgehen, dass sich die Zahlungspflicht des Mieters im Zweifelsfall nach dem tatsächlichen Zustand der Wohnung richtet.

Die **Quotenklauseln** können sich an den Renovierungsfristen orientieren (vgl. LG Stuttgart NJW-RR 1991, 1105 Unwirksamkeit der Klausel z. B. dann, wenn für die Renovierung statt fünf Jahre sechs Jahre vereinbart werden und bei der Quotelung von fünf Jahren ausgegangen wird). Anhand der tatsächlichen Mietdauer ist stets zu prüfen, ob eine Kostenbeteiligung verlangt oder ob z. B. nach über drei Jahren für Nassräume die teilweise Durchführung von Schönheitsreparaturen verlangt werden kann. Eine Quotenklausel, die Abgeltungszahlungen für bei Beendigung des Mietverhältnisses fällige Schönheitsreparaturen vorsieht, ist unwirksam (LG Berlin NZM 2001, 231). Im letzteren Fall kann eine Zahlung des Mieters aufgrund der Quotenklausel nur für die übrigen Räume geltend gemacht werden.

Eine Quotenhaftungsklausel, die eine Kostenerstattung von 100% vorsieht, wenn die für die Schönheitsreparaturen vereinbarten Ausführungsfristen abgelaufen sind, ist unwirksam, da der Vermieter in diesem Fall einen Anspruch auf Durchführung der Schönheitsreparaturen hat und somit nach § 281 BGB vorgehen muss. Eine derartige Regelung enthält damit eine nach § 309 Nr. 4 BGB unzulässige Umgehung des § 281 Abs. 1 BGB (OLG Karlsruhe NJW 1982, 2829).

Wenn für einen Teil der Räume angesichts der abgelaufenen Mietzeit die Durchführung von Schönheitsreparaturen verlangt werden kann, ist in dem Aufforderungsschreiben entsprechend zu differenzieren.

Der Abgeltungsanspruch ist ein **primärer Erfüllungsanspruch**, somit kein Schadensersatzanspruch (BGH WuM 1988, 294). Die Zulässigkeit einer prozentualen Abgeltungsklausel wird damit begründet, dass die vom Mieter übernommene Renovierungsverpflichtung rechtlich und wirtschaftlich einen Teil des von ihm für die Gebrauchsüberlassung der Räume zu leistenden Entgelts darstellt. Der Mieter zahlt die Schönheitsreparaturen nicht mit dem Mietzins abschlagsweise im Voraus, sondern hat durch die vertragliche Übernahme der Schönheitsreparaturen einen verminderten Mietzins zu zahlen.

Die Abgeltungsklausel darf den Mieter nur mit den Renovierungskosten belasten, die er bei Tragung der Schönheitsreparaturen durch den Vermieter ansonsten über einen entsprechenden höheren Mietzins hätte leisten müssen. Ohne eine derartige Klausel würde der Vermieter durch den Auszug des Mieters während eines laufenden Renovierungsturnus unangemessen benachteiligt.

**2.** Der **Kostenvoranschlag** darf nicht ausdrücklich als verbindlich erklärt werden. Eine entsprechende Regelung würde zu der Unwirksamkeit der Klausel führen, da der Mieter die Möglichkeit haben muss, nachzuweisen, dass die Renovierung mit einem geringeren Kostenaufwand möglich ist. Eine Klausel, wonach die Berechnung der Quote anhand eines Kostenvoranschlages eines vom Vermieter auszuwählenden Malerfachbetriebs zu erfolgen hat, ist unwirksam. Sie nimmt dem Mieter die Möglichkeit, selbst ein Angebot eines Fachbetriebes einzuholen (*Langenberg* 1. Teil C. Rdn. 224). Ebenfalls muss der Mieter alternativ die Möglichkeit haben selbst zu renovieren, um seiner Pflicht zur Kostenbeteiligung abzuwenden (Amtsgericht Remscheid NZM 2000, 89). Der Mieter muss auf diese Möglichkeiten in der Klausel allerdings nicht ausdrücklich hingewiesen werden (BGH NZM 2004, 903; 2007, 879).

**3.** Streitig ist, ob die Quotenhaftungsklausel **bei relativ kurzer Wohndauer** auch dann gilt, wenn der Mieter eine renovierungsbedürftige Wohnung übernommen hat, so dass beim Auszug ein erheblicher Renovierungsbedarf besteht, an dem er sich dann quotenmäßig zu beteiligen hätte. Jedenfalls kann der Rechtsprechung des BGH, wonach die vom Mieter nicht geschuldete, jedoch wegen des renovierungsbedürftigen Dekorationszustandes der Wohnung von ihm ausgeführte Anfangsrenovierung eine freiwillige Maßnahme darstelle (BGH RE WuM 1987, 306), nicht gefolgt werden, so dass bei diesen Fallgestaltungen der Vermieter für die vorvertragliche Abnutzung der Mietsache dem Mieter über § 242 BGB einen Ausgleich einzuräumen hat. Das LG Berlin (GE 2003, 257) verwehrt dem Vermieter einen Zahlungsanspruch aus einer grundsätzlich zulässigen Quotenhaftungsklausel nach § 242 BGB in den Fällen, in denen die Renovierung wegen einer vom Vormieter verursachten erheblichen Abnutzung erhebliche Kosten veranschlagt (Hannemann/Wiegner/*Over* § 19 Rdn. 181).

**4.** Der Mieter kann die Zahlungspflicht abwenden, wenn er **fachgerecht renoviert**. Die Beweislast obliegt dem Mieter (OLG Celle NZM 2001, 850).

**5. Der zu zahlende Kostenanteil** berechnet sich – unter Berücksichtigung der Einschränkung der Erforderlichkeit s. Nr. 1) nach dem Verhältnis zwischen den vollen Fristen laut Fristenplan und dem seit Beginn des Mietverhältnisses oder seit Ausführung der letzten Schönheitsreparaturen abgelaufenen Zeitraum. Wenn der jeweilige Zeitraum auch nur für wenige Tage überschritten wird, hat sich der Mieter mit der Quote der nächsten Stufe zu beteiligen. Problematisch sind Klauseln, die eine Kostenbeteiligung des Mieters unter 12 Monaten Mietzeit vorsehen. In diesem Fall wird der Mieter nach kurzer Mietdauer mit relativ hohen Kosten belastet. Werden derartige Klauseln verwandt, besteht das Risiko der vollständigen Unwirksamkeit der Klausel.

**6.** Die Abgeltungsklausel ist nur wirksam, wenn keine starre Regelung vorliegt. Es ist daher immer zu prüfen und darzulegen, ob von den üblichen Fristen abgewichen werden muss. Sofern der Vermieter zu seinen Gunsten von der üblichen Berechnung abweichen will, muss er dies darlegen und beweisen. Im umgekehrten Fall (der tatsächliche Zustand der Wohnung erfordert keine Renovierung nach Ablauf der üblichen Fristen) trifft den Mieter die Beweislast.

**7.** Sind **Schäden auf bautechnische Mängel des Hauses zurückzuführen,** kann der Vermieter die Renovierung des von dem Schaden betroffenen Teils der Mietsache nicht verlangen (LG Berlin GE 1989, 675; Amtsgericht Köln WuM 1980, 137). Bei vorzeitigem Auszug besteht somit auch kein Anspruch auf eine Kostenbeteiligung des Mieters. Die Absicht des Vermieters, die Wohnung nach dem Umzug umzubauen, lässt die Kostenbeteiligung des Mieters nicht entfallen.

**8.** Der Vermieter muss den Mieter nicht zur Selbstvornahme der Schönheitsreparaturen vergeblich unter Fristsetzung mit Ablehnungsandrohung aufgefordert haben. Der Zahlungsanspruch aus einer Kosten-Quotenklausel besteht vielmehr sofort (LG Köln WuM 2000, 545).

**Verjährung:** 6 Monate gemäß § 548 BGB. Die Klage auf Schadensersatz wegen nicht durchgeführter Schönheitsreparaturen führt nach LG Lüneburg ZMR 2001, 713 nicht zur Verjährungsunterbrechung, da es sich bei dem Abgeltungsanspruch um einen Erfüllungsanspruch handelt und die Ansprüche daher verschieden sind. Es handelt sich um unterschiedliche Streitgegenstände.

**9. Gebühren:** Rechtsanwalt 0,5 bis 2,5 Geschäftsgebühr gemäß Nr. 2400 VV, §§ 13, 14 RVG nach dem Wert der Höhe der Forderung.

## 9. Umbau der Mietsache – anwaltliches Aufforderungsschreiben zur Kostenübernahme durch dem Mieter

......

(Rechtsanwalt)

an

......

(Mieter)

Mietverhältnis über die Wohnung ......

Sehr geehrte(r) ......,

auf den Rückgabetermin vom ...... nehmen wir Bezug. Namens unserer Mandanten machen wir Ihnen gegenüber einen finanziellen Ausgleichsanspruch geltend, der unseren Mandanten infolge des nach Ihrem Umzug anstehenden teilweisen Umbaus der früheren Mietwohnung zusteht.[1]

Unsere Mandanten hatten Ihnen bereits Anfang des Jahres schriftlich mitgeteilt, dass das Bad einschließlich Gäste-WC und die Küche saniert und der Wohnraum ebenfalls umfassend umgestaltet werden soll.[2] Die Schlafräume (Eltern- und Kinderschlafzimmer) sind von den Umbaumaßnahmen nicht berührt. Insoweit sind Sie gemäß den Regelungen des Mietvertrages zur Ausführung der Schönheitsreparaturen verpflichtet (wird ausgeführt, siehe Form. Fristsetzung F. II. 3).[3] Im Falle der Durchführung von Schönheitsreparaturen im Wohnbereich und im Flur wären Sie verpflichtet gewesen, die Raufasertapete deckend mit Dispersionsfarbe zu überstreichen. Außerdem wäre der Teppichboden zu reinigen gewesen. In der Küche hätte die alte Tapete entfernt und neue Tapete geklebt und mit einem Neuanstrich versehen werden müssen. Wegen des vergilbten Zustandes der Tapete und der unzähligen Fettflecken im Wandbereich wäre ein Neuanstrich nicht mehr ausreichend gewesen. Der Fußboden in der Küche hätte gereinigt werden müssen. Ebenfalls wäre eine intensive Reinigung des Bades erforderlich gewesen, wobei vor allem die Verkalkungen an den Armaturen hätten beseitigt werden müssen.[4]

Für die erforderlichen Anstrich- und Tapezierarbeiten in den zur Sanierung anstehenden Räumen haben unsere Mandanten einen Kostenvoranschlag eingeholt, den wir beifügen. Hieraus sind die Materialkosten sowie die anfallenden Stunden für die Arbeiten ersichtlich. Als Arbeitszeit gibt der Malermeister ...... Stunden an. Wir gehen davon aus, dass mindestens 5 Stunden hinzukommen, wenn die Arbeiten in Eigenleistung ausgeführt werden, weil Fachkräfte die Arbeiten erfahrungsgemäß mit einem geringeren Zeitaufwand erledigen.[5] Für die Reinigungsarbeiten kommen schätzungsweise ...... Stunden hinzu. Wir legen einen Stundenlohn in Höhe von ...... zugrunde. Dieser Betrag müsste von Ihnen aufgewandt werden, wenn die Arbeiten durch Freunde oder Verwandte erbracht würden.[5] Es ergibt sich ein Gesamtbetrag in Höhe von ......

Wir haben Sie aufzufordern, diesen Betrag zur Vermeidung einer gerichtlichen Auseinandersetzung bis zum ...... auf das Ihnen bekannte Konto unserer Mandanten zu überweisen.[7]

......

(Rechtsanwalt)

## Anmerkungen

**1.** Der **Ausgleichsanspruch in Geld,** der **kein Schadensersatzanspruch** ist, steht dem Vermieter zu, wenn die Schönheitsreparaturen des Mieters sinnlos sind, weil der Vermieter nach Vertragsende das Mietobjekt **umbauen** will und die Arbeiten des Mieters dadurch wieder zerstört würden. Der Anspruch ergibt sich aus einer ergänzenden Vertragsauslegung der vertraglich übernommenen Pflicht des Mieters zur Durchführung der Schönheitsreparaturen (Rechtsentscheid des BGH NJW 1985, 480; OLG Schleswig NJW 1983, 1333; *Langenberg* 1. Teil F Rdn. 521). Die Ausführung der Schönheitsreparaturen bildet einen Teil des Mietentgelts, weil die Abwälzung der Schönheitsreparaturen auf den Mieter bei der Kalkulation der Miethöhe berücksichtigt wird. Der Mieter begleicht somit wirtschaftlich gesehen durch die Ausführung der Schönheitsreparaturen den Teil des Mietzinses, den der Vermieter ansonsten ohne die vertragliche Vereinbarung verlangen könnte, weil er selbst die Renovierungsarbeiten durchführen würde. Der Mieter würde daher einen ungerechtfertigten Vorteil erlangen, wenn er im Falle von Umbauarbeiten des Vermieters keine Arbeiten ausführen müsste und keinen finanziellen Ausgleich in Geld schulden würde.

Die Ausgleichspflicht des Mieters besteht auch dann, wenn die Wohnung umgebaut wird und eine formularvertragliche Kostenquotelung für noch nicht fällige Schönheitsreparaturen vereinbart wurde (LG Düsseldorf WuM 1992, 431). Wenn jedoch keine Quotenklausel vereinbart wurde bzw. eine wirksame Verpflichtung zur Endrenovierung nicht vorliegt, besteht auch keine Ausgleichspflicht.

Strittig ist, ob der Ausgleichsanspruch auch besteht, wenn kein Umbau, sondern der **Abriss** des Mietobjekts erfolgen soll (Nachweise bei *Langenberg* 1. Teil F Rdn. 522; *Eckert* Anm. zu LG Berlin ZMR 1998, 428; verneinend: LG Berlin ZMR 1998, 428).

**2.** Der **Ausgleichsanspruch** entfällt unter anderem, wenn der Mieter renoviert hat. Sofern die Arbeiten durch den Umbau wieder zerstört werden, ist dies dann dem Vermieter anzurechnen. Es empfiehlt sich daher den Mieter vor Mietende auf den anstehenden Umbau hinzuweisen. In diesem Fall kann der Mieter nicht einwenden, dass er glaubte zur Durchführung von Schönheitsreparaturen verpflichtet zu sein.

**3.** Der Ausgleichsanspruch bezieht sich nur auf die **von dem Umbau betroffenen Räume.** Wenn hinsichtlich der übrigen Räume die Ausführung der Schönheitsreparaturen möglich und sinnvoll ist, bleibt der Mieter insoweit verpflichtet (LG Hannover WuM 1994, 428, 429). Er ist dann wie üblich zur Durchführung der Arbeiten aufzufordern. Wenn die Voraussetzungen des Schadensersatzanspruchs vorliegen (z. B. Ablauf der Nachfrist oder Erfüllungsverweigerung) und der Vermieter sich erst später zum Umbau entschließt, bleibt es bei dem Schadensersatzanspruch; der Rückgriff auf den Ausgleichsanspruch ist nicht mehr erforderlich.

**4.** Der Vermieter ist auch bei dem Ausgleichsanspruch **darlegungs- und beweispflichtig.** Es ist daher zu den Arbeiten vorzutragen, die ohne den Umbau erforderlich gewesen wären. Es empfiehlt sich daher über den Zustand der Räume Fotos anzufertigen oder anderweitig sicherzustellen, dass in einem möglichen späteren Prozess über den Zustand der Räume noch verbindliche Aussagen getroffen werden können.

**5.** Die **Höhe des Anspruchs** richtet sich danach, ob der Mieter bereit gewesen wäre, die Schönheitsreparaturen auszuführen oder nicht. Liegt keine Erfüllungsverweigerung des Mieters vor, braucht der Mieter neben den Materialkosten nur den Betrag zu erstatten, den er an Verwandte oder Bekannte hätte aufwenden müssen (BGH ZMR 2005, 109, 112). Kann der Mieter darlegen, dass die Arbeiten von ihm ausschließlich in Eigenleistung erbracht worden wären bzw. die Arbeiten von Freunden und Verwandten kostenlos erbracht worden wären, reduziert sich der Anspruch des Mieters auf Erstattung der Materialkosten.

Steht dagegen fest, dass der Mieter die Ausführung von Schönheitsreparaturen ablehnt, kann der Vermieter den Betrag verlangen, den er zur Ersatzvornahme der Schönheitsreparaturen hätte aufwenden müssen (BGH NZM 2005, 109, 112; LG Dortmund WuM 1985, 226).

Der Mieter kann sich in diesen Fällen nicht mehr auf die Möglichkeit der Eigenleistung berufen.

**6.** Da die Darlegungs- und Beweislast beim Vermieter liegt, sollten die Kosten mittels eines Kostenvoranschlages belegt werden, wobei die Anzahl der Stunden gemäß § 287 ZPO geschätzt werden können. Die Schätzung gemäß § 287 ZPO kommt auch in Betracht, wenn der Umfang der Eigenleistungen (wenn der Mieter einwendet, die Arbeiten seien kostenlos erbracht worden, so trifft ihn für diese Behauptung die Beweislast) nicht mehr genau festgestellt werden kann.

**Verjährung:** 6 Monate gemäß § 548 BGB.

**7. Gebühren:** Rechtsanwalt 0,5 bis 2,5 Geschäftsgebühr gemäß Nr. 2400 VV, §§ 13, 14 RVG nach dem Wert der Forderung.

# III. Ansprüche gegen Untermieter

## 1. Räumung und Herausgabe[1]

......
(Vermieter)[2]

an

......
(Untermieter)[2]

Sehr geehrte(r) ......

am ...... endet das zwischen mir und Ihrem Vermieter, ...... (Name des Mieters),[2] bestehende Mietverhältnis über die ...... (Bezeichnung der Wohn-/Gewerberäume),[3] welches ich am ...... form- und fristgerecht gekündigt habe. Das Kündigungsschreiben habe ich zu Ihrer Kenntnisnahme in Ablichtung beigefügt.[4]

Unabhängig davon, ob Ihr Mietverhältnis mit ...... (Mieter)[2] zum selben Zeitpunkt endet, fordere ich Sie hiermit auf, die Ihnen von ...... (Mieter)[2] überlassenen Räume zum ...... (frühestens Tag der Beendigung des Hauptmietverhältnisses)[5] zu räumen.[6] Dabei weise ich der guten Ordnung halber darauf hin, dass für das Bestehen dieser Verpflichtung Bestand und Inhalt Ihres Untermietvertrages keine Rolle spielen.[7]

Ich mache Sie vorsorglich darauf aufmerksam, dass Sie mir für jeglichen Schaden haften, der mir durch eine Verzögerung der Herausgabe der Räume entsteht.[8] Ich gehe aber davon aus, dass Sie die Räume rechtzeitig und vollständig räumen und herausgeben werden.

......
(Vermieter)

*Schrifttum: Finger*, Untermiete, WuM 1985, 71.

## Anmerkungen

**1.** Ist der Vermieter bei Mietende Grundstücks- oder Wohnungseigentümer der Mieträume, folgt sein **Herausgabeanspruch** aus § 985 BGB. Daneben hat er den vertraglichen **Rückgabe- bzw. Räumungsanspruch** aus § 546 BGB. Beide Ansprüche stehen nach h. M. in freier Anspruchskonkurrenz, d. h. der eine soll nicht hinter den anderen zurücktreten müssen (BGHZ 34, 499 = NJW 1961, 499 unter Verweis auf BGHZ 9, 22 = NJW 1953, 663). Aufgrund ihrer unterschiedlichen Rechtsnatur haben beide Ansprüche unterschiedliche Reichweite (vgl. BGH NJW 2001, 2966). Der Herausgabepflicht nach § 985 BGB kann der Schuldner sich bspw. durch Besitzaufgabe entziehen. Die Rückgabepflicht nach § 546 BGB ist dagegen echte, schuldrechtliche **Verschaffungspflicht** (st. Rspr. des BGH seit BGHZ 56, 308 = NJW 1971, 2065). Geschuldeter Erfolg ist: dem Gläubiger (unmittelbaren) Besitz an den Räumen zu verschaffen. Dazu muss der Schuldner die Räume erst einmal selbst noch an der Hand haben und sodann bedarf es gem. § 854 Abs. 2 BGB der Einigung mit dem Gläubiger über den Besitzübergang, welcher schließlich die uneingeschränkte, ungestörte Sachherrschaft über die Räume erlangen muss, i. d. R. durch Schlüsselübergabe (OLG Dresden NZM 2000, 827; a. A. OLG Düsseldorf NZM 2000, 92 und NJW-RR 1987, 911, wonach das bloße Einwerfen der Schlüssel genügen soll; vgl. weiter Emmerich/Sonnenschein/*Rolfs* § 546 Rdn. 5; Schmidt-Futterer/*Gather* § 546 Rdn. 33 ff.). Bei dem Verlangen nach Herausgabe von Grundstücken und Räumen ist häufig ohne weiteres von „Räumung" die Rede. Dabei muss man sich aber darüber im klaren sein, dass der Gläubiger aus § 985 BGB zwar die Herausgabe des Grundstücks oder des Raumes verlangen kann, nicht aber dessen Räumung! Der Begriff der Räumung ist nämlich für die weitergehenden schuldrechtlichen Rückgabepflichten – z. B. aus § 546 BGB – reserviert, so dass ein auf Räumung gerichteter Klagantrag, dem aber kein besonderer schuldrechtlicher Räumungsanspruch zur Seite steht, gegebenenfalls vom Gericht umzudeuten ist (LG Köln WuM 1962, 166; vgl. MünchKommBGB/*Baldus* § 985 Rdn. 29).

Räumung i. S. v. § 546 BGB bedeutet neben Besitzverschaffung an den Räumen regelmäßig auch Wegschaffung der dort eingebrachten beweglichen Sachen (BGHZ 104, 285 = NJW 1988, 2665, 2666, siehe eingehender Kap. E. I. 1 und E. II. 1), bis hin zur Wiederherstellung eines vertragsgemäßen Zustandes der Räume (BGHZ 86, 204 = NJW 83, 1094; BGHZ 104, 285 = NJW 1988, 2665; BGH NJW-RR 1994, 847; NJW 2001, 2966). § 546 Abs. 2 BGB erstreckt den schuldrechtlichen Rückgabeanspruch des Vermieters – dieser kann, muss aber nicht zugleich Eigentümer der Mieträume sein – gegen den Mieter kraft Gesetzes auf jeden Dritten, dem vom Mieter der Gebrauch der Mieträume überlassen wurde. Die Bestimmung ist als **gesetzlicher Schuldbeitritt** des Dritten zur vertraglichen Rückgabepflicht des Mieters anzusehen (vgl. Bub/Treier/*Scheuer* V. A Rdn. 28).

Ob die Rückgabepflicht des Dritten nach § 546 Abs. 2 BGB **inhaltsgleich mit der Rückgabepflicht des Mieters** nach § 546 Abs. 1 BGB ist, ist umstritten, jedoch mit dem BGH zu bejahen (BGHZ 131, 176 = NJW 1996, 515; BGH NJW 2001, 1355; OLG München MDR 1997, 833). Während der BGH auch im Falle des § 546 Abs. 2 BGB von einer echten Verschaffungspflicht ausgeht, wird im Schrifttum z. B. die Auffassung vertreten, das der Anspruch aus § 546 Abs. 2 BGB sich nur gegen den besitzenden Dritten richten könne (so etwa Erman/*Jendrek* § 546 Rdn. 14; auch MünchKommBGB/*Bieber* § 546 Rdn. 22).

Den häufigsten Fall einer Gebrauchsüberlassung an Dritte stellt die von § 540 Abs. 1 S. 1 BGB besonders genannte (erlaubnispflichtige) Weitervermietung durch den Mieter dar, gemeinhin als Untervermietung bezeichnet. Der vom Gesetz nicht verwendete Begriff „Untermiete" – ein Rechtsbegriff, der seine Herkunft aus der mittelalterlichen deutschen Rechtswelt nicht verleugnen kann – setzt das „Untermietverhältnis" in anschaulicher Weise in Beziehung zu dem „Obermietverhältnis" des (Haupt-)Mieters mit dem Vermieter. Das BGB vermeidet dagegen – in seiner bekannten Zurückhaltung gegenüber der Regelung von Dreiecksverhältnissen – jede Über- und Unterordnung, sondern lässt die jeweiligen Mietverhältnisse als mehr oder wenig unabhängig nebeneinander stehend erscheinen.

Zwischen (Haupt-)Vermieter und Untermieter besteht keinerlei unmittelbare vertragliche Beziehung (BGH NJW 2001, 1355; Palandt/*Weidenkaff* § 540 Rdn. 16). Der Bestand des Untermietverhältnisses ist dennoch im Hinblick auf das Gebrauchs- und Besitzrecht des Untermieters (ausnahmsweise) vom Bestand des Hauptmietverhältnisses abhängig gemacht. Dem Vermieter steht nach Mietende im Hauptmietverhältnis ohne weiteres der Rückgabeanspruch zu, und der der Untermieter muss nach § 546 Abs. 2 BGB die Räume an ihn, den Vermieter, oder den Mieter (entsprechend § 986 Abs. 1 S. 2 BGB) zurückgeben. Dabei genügt der Untermieter seiner Rückgabepflicht mit Rückgabe an einen von beiden (§ 428 BGB).

**2.** Zur besseren Übersichtlichkeit werden der Hauptvermieter als „Vermieter", der Hauptmieter und Untervermieter als „Mieter" und der Untermieter als solcher bezeichnet.

**3.** Voraussetzung für den Rückgabeanspruch ist, die **Beendigung des Hauptmietverhältnisses**. Maßgeblich ist dabei die rechtliche, nicht die tatsächliche Beendigung des Hauptmietverhältnisses (vgl. nur Bub/Treier/*Scheuer* V. A Rdn. 33).

Nach der wohl überwiegenden Meinung im Schrifttum soll der Anspruch des Vermieters gegen den Untermieter ferner erst dann entstehen, wenn er, der Vermieter, von dem Mieter die Räumung verlangen kann. Ist etwa vom Vermieter dem **Mieter eine Räumungsfrist gewährt** und damit dieser Herausgabeanspruch gestundet worden, so soll es an einer Voraussetzung des Herausgabeanspruchs gegen den Untermieter mangeln (OLG Hamm WuM 1981, 40; AG Aachen WuM 1990, 150; Herrlein/Kandelhard/*Kandelhard* § 546 Rdn. 61; *Sternel* IV Rdn. 580; Schmidt/Futterer/*Gather* § 546 Rdn. 105). Dagegen ist mit Emmerich/Sonnenschein/*Rolfs* (§ 546 Rdn. 30) davon auszugehen, dass es auf die Entstehung des Herausgabeanspruchs gegen den Untermieter ohne Einfluss ist, ob der Mieter über die Beendigung des Hauptmietverhältnisses hinaus, z. B. aufgrund einer Räumungsfristgewährung, zum Besitz an den Mieträumen berechtigt ist (ebenso LG Mönchengladbach WuM 1964, 39; *Roquette* § 556 Rdn. 19). Stattdessen ist zwischen der Anspruchsentstehung und der Fälligkeit dieses Anspruchs – also der Frage des Zeitpunktes, zu dem der Schuldner den Anspruch zu erfüllen hat – genau zu unterscheiden. Die Fälligkeit, als das Recht des Gläubigers, den ihm zustehenden Anspruch einfordern zu können, ist nicht Tatbestandsmerkmal eines Anspruchs i. S. v. § 194 Abs. 1 BGB (vgl. nur Staudinger/*Peters* § 194 Rdn. 9).

Für den Fall, dass der Vermieter von dem Untermieter die Herausgabe verlangen sollte, obwohl er dem Mieter eine Räumungsfrist gewährt hat, müsste er sich allerdings den Einwand der unzulässigen Rechtsausübung entgegenhalten lassen (§ 242 BGB).

**4.** Selbstverständlich sind auch alle anderen Beendigungsgründe für das Hauptmietverhältnis ebenso denkbar: Zeitablauf (§ 542 Abs. 2 BGB), auflösende Bedingung (vgl. § 572 Abs. 2 BGB) oder Aufhebungsvertrag.

**5.** Nach der sich zu Unrecht (so auch MünchKommBGB/§ 546 Rdn. 15) auf BGH NJW 1989, 451, 452 berufenden h. M. soll die **Fälligkeit der Rückgabepflicht** des Mieters am letzten Tag der Mietzeit eintreten (Schmidt-Futterer/*Gather* § 546 Rdn. 18 m. w. N.; Staudinger/*Rolfs* § 546 Rdn. 25; a. A. *Sternel* IV Rdn. 572; Staudinger/*Sonnenschein* § 556 Rdn. 23: frühestens am ersten Tag nach der Beendigung des Mietverhältnisses). Dem steht der eindeutige Wortlaut des § 546 Abs. 1 BGB entgegen, wonach der Mieter erst „nach" Beendigung des Mietverhältnisses zur Rückgabe verpflichtet ist. Dass der Mieter spätestens am Tage des Mietendes wegen der Beseitigung etwaiger Schäden tatsächlich tätig werden muss, dürfte sich von selbst verstehen, betrifft jedoch im Verhältnis zur Rückgabeverpflichtung eine Nebensächlichkeit. Allein um solche Nebenpflichten ging es in BGH NJW 1989, 451. Die h. M. behauptet für sich außerdem ein „praktisches Bedürfnis", und zwar allein das des Vermieters an einer nahtlosen Anschlussvermietung (*Mutter* ZMR 1991, 329, 331). § 193 BGB gilt in beiden Fällen (vgl. nur Palandt/*Weidenkaff* § 546 Rdn. 10). Dieser Streitpunkt kann dadurch vermieden werden, dass im Mietvertrag die Rückgabepflicht des Mieters auf den letzten Tag der Mietzeit (nicht früher – Verstoß gegen § 307 BGB: LG München I WuM 1997, 612 und 1994, 370 noch zu § 9 AGBG) festgelegt wird, was auch im Wohnraummietrecht formularmäßig zulässig ist (Bub/Treier/*Bub* II Rdn. 549).

**6.** Umstritten ist ferner, ob die **Aufforderung zur Räumung** Voraussetzung für die Entstehung des Anspruchs des Vermieters gegen den Untermieter auf Rückgabe der Mieträume ist. Die h. M. geht davon aus (zurückgehend auf RGZ 156, 150; *Roquette* § 556 Rdn. 19; *Sternel* IV Rdn. 581; MünchKommBGB/*Voelskow* § 556 Rdn. 26; a. A. jetzt, 4. Aufl. 2004, Rdn. 22 zu § 546). Sie stützt sich dafür auf den Wortlaut des § 546 Abs. 2

BGB. Danach kann der Vermieter die Räumung erst nach der Beendigung des Hauptmietverhältnisses, frühestens also am ersten Tag danach, zurück „fordern". Dieses Rückforderungsrecht ist kein Kündigungsrecht (Bub/Treier/*Scheuer* V. A Rdn. 41). Der Vermieter müsse demnach, was sich aus einem Vergleich der beiden Absätze des § 546 BGB ergeben soll, den Untermieter zur Räumung auffordern, damit sein Rückgabeanspruch gegen diesen fällig werde. Hierdurch soll zugleich der Zeitpunkt der Anspruchsentstehung bezeichnet sein (vgl. *Sternel* IV Rdn. 581 und Fn. 57; abweichend Erman/*Jendrek* § 546 Rdn. 14: keine Anspruchs- aber Fälligkeitsvoraussetzung). Die Aufforderung soll zudem nach h. M. – so wie hier im Formular geschehen – schon vor Beendigung des Hauptmietverhältnisses erfolgen können (MünchKommBGB/*Voelskow*, 3. Aufl. 1995, a. a. O.; Schmidt-Futterer/ *Gather* § 546 Rdn. 107, **a. A.** *Sternel* IV Rdn. 581 und Fn. 58: der Grundsatz, dass eine Erklärung, wie z. B. die Kündigung, schon vor der für sie bestimmten Frist mit Wirkung ab oder gar auf diese Frist abgegeben werden kann, greife hier nicht ein; eine Aufforderung vor Beendigung des Hauptmietverhältnisses würde voraussetzen, dass der geltend gemachte Anspruch rechtlich bereits entstanden sei).

Der Streit um die Voraussetzungen des Herausgabeanspruchs bzw. um den Zeitpunkt seiner Entstehung und seine Fälligkeit spielt vor allem bei den mit ihm in Zusammenhang stehenden Folgeansprüchen (z. B. Schadensersatz, Nutzungsentschädigung) eine Rolle, ist also nicht lediglich theoretischer Natur. Die unterschiedlichen Auffassungen wirken sich insbesondere bei der Prüfung der Vorraussetzungen derartiger Folgeansprüche des Vermieters aus. Die Folgeansprüche des Vermieters werden zwar erst unter Form. E. III. 2 und 3. näher behandelt. Bereits an dieser Stelle ist aber festzuhalten, dass entgegen der h. M. die Aufforderung zur Räumung **keine Voraussetzung für die Entstehung des Anspruchs** des Vermieters gegen den Untermieter auf Herausgabe der Mieträume sein kann. Der Räumungsanspruch gelangt kraft Gesetzes zur Entstehung und wird fällig in dem Zeitpunkt, in dem das Mietverhältnis sein rechtliches Ende findet (wie hier MünchKommBGB/*Bieber* § 546 Rdn. 22; Herrlein/Kandelhard/*Kandelhard* § 546 Rdn. 62; Emmerich/Sonnenschein/*Rolfs* § 546 Rdn. 29). Die Formulierung in § 546 Abs. 2 BGB „kann … zurückfordern", ist nicht so zu verstehen, dass der Vermieter erst durch eine Aufforderung an den Untermieter seinen Anspruch gegen diesen zur Entstehung bringt. Einer solchen Gesetzesauslegung konnte sich der BGH (NJW 1999, 2802) in seiner Rechtsprechung zum insoweit gleichgelagerten Fall des § 557 BGB a. F. jedenfalls nicht anschließen. Auch hier argumentierte die bis dahin h. M. mit dem Wortlaut der Bestimmung („kann … verlangen"). Der BGH erkannte, dass es für die Entstehung des Anspruchs aus § 557 BGB a. F. (jetzt § 546a BGB) nicht erst einer rechtsgestaltenden Willenserklärung bedarf. Nichts anderes kann auch im Falle des § 546 Abs. 2 BGB gelten. Die Aufforderung ist auf dieser Grundlage nicht als Tatbestandsmerkmal des Herausgabeanspruchs, sondern **bei der Frage, wann der Untermieter mit seiner Herausgabeverpflichtung in Verzug gerät, von Bedeutung;** also im Rahmen der Folgeansprüche des Vermieters (Staudinger/*Rolfs* § 546 Rdn. 59, näheres in den Anm. zu Form. E. III. 2 und E. III. 3).

An eine besondere **Form** ist die Aufforderung nicht gebunden, sie kann auch mündlich erklärt werden; wie immer sollte aber die Erklärung aus Beweisgründen schriftlich erfolgen. Die Aufforderung durch den Vermieter ist – wie schon dargelegt (siehe soeben) – keine Kündigung. Eine Frist ist nicht zu beachten. Im Einzelfall kann die Nichterhebung des Anspruchs jedoch als Indiz für den konkludenten Abschluss eines Mietvertrages zwischen dem (ehemaligen) Vermieter und dem (ehemaligen) Untermieter herangezogen werden oder den Räumungsanspruch des Hauptvermieters verwirken lassen (vgl. Bub/Treier/*Scheuer* V. A Rdn. 41 bis 45).

Die **Aufforderung durch den Vermieter, der nicht zugleich Eigentümer der Mieträume ist,** stellt sich nach der hier vertretenen Auffassung vielmehr als **Mahnung** i. S. v. § 286 BGB dar. Die dem Untermieter hierdurch verschaffte Kenntnis von seiner konkreten

Herausgabepflicht gegenüber dem Vermieter ist erforderlich, aber auch hinreichend für den Eintritt des Verzuges (vgl. Staudinger/*Rolfs* § 546 Rdn. 59; Herrlein/Kandelhard/ *Kandelhard* § 546 Rdn. 62). Da aber eine Mahnung **vor Entstehung des Anspruchs wirkungslos** ist (vgl. BGH NJW 1992, 1056), muss der Vermieter/Nichteigentümer hier erst noch wirksam mahnen, wenn er den Mieter in Verzug setzen will, um gegen diesen Folgeansprüche, insbes. auf Verzugsschadensersatz, geltend machen zu können. Zulässig ist es aber, wenn der Vermieter/Nichteigentümer im Zeitpunkt der Beendigung des (Haupt-)Mietverhältnisses, also zugleich mit der Entstehung des Anspruchs auffordert.

**7.** Ist das Mietverhältnis zwischen Mieter und Untermieter noch nicht beendet worden, so hat der Untermieter (lediglich) Ansprüche auf Schadensersatz statt der Leistung gegen den Mieter. Auf den mietrechtlichen Kündigungsschutz kann der Untermieter sich nur im **Sonderfall der gewerblichen Zwischenvermietung** berufen (§ 565 BGB, vgl. hierzu *Sonnenschein* NZM 2002, 1, 6 zur Lücke im Kündigungsschutz bei der schlichten nicht gewerbsmäßigen Zwischenvermietung).

**8.** Die **Nichterfüllung der Herausgabeverpflichtung durch den Untermieter** beurteilt sich nach den Vorschriften über den Verzug im einseitigen Schuldverhältnis (§§ 280 Abs. 2, 268, 281 BGB). Daneben hat der Vermieter einen Anspruch aus ungerechtfertigter Bereicherung (§§ 812, 818 Abs. 2 BGB) und, wenn er zugleich Eigentümer ist, aus Eigentümer-Besitzer-Verhältnis (§ 987 ff. BGB). Einen Anspruch auf Entschädigung bei verspäteter Rückgabe nach § 546 a BGB kann der Vermieter gegenüber dem Untermieter allerdings nicht geltend machen, da § 546 a BGB als vertraglicher Anspruch zwischen Vermieter und Untermieter, mangels Vertragsverhältnisses, keine Anwendung findet (OLG Hamburg NZM 1999, 1052; LG Köln NJW-RR 1990, 1231; Emmerich/Sonnenschein/*Rolfs* § 546 a Rdn. 6; a. A. OLG Köln NJW 1961, 30). Die Geltendmachung von Ansprüchen infolge der Verletzung dieser Herausgabeverpflichtung wird im folgenden in Form. E. III. 2 und E. III. 3 behandelt. Im Hinblick auf diese Ansprüche und den durch sie bewirkten Druck empfiehlt es sich für den Vermieter, neben der Aufforderung zur Herausgabe den Untermieter zugleich auf die Folgen der Verletzung seiner Pflicht hinzuweisen. Zwingend ist dies selbstverständlich nicht.

## 2. Miete bzw. Nutzungsentgelt[1]

......

(Vermieter/Eigentümer)

an

......

(Untermieter)

Sehr geehrte(r) ......

nachdem Sie meiner Aufforderung vom ...... zur Herausgabe der Räume ...... bis zum ...... nicht nachgekommen sind, nehme ich Sie nunmehr auf Zahlung einer Nutzungsentschädigung in Höhe von ...... EUR für den Monat ...... in Anspruch.[2] Diesen Betrag haben Sie auf die aus diesem Schreiben ersichtliche Bankverbindung bis spätestens ...... zu überweisen.

Allein vorsorglich weise ich darauf hin, dass in der Entgegennahme dieser Zahlung nicht mein stillschweigendes Einverständnis zur Begründung eines Mietverhältnisses mit Ihnen liegt.[3]

Für jeden weiteren Monat, den Sie in den von Ihnen herauszugebenden Räumen verbleiben, werde ich von Ihnen weitere Zahlungen verlangen. Ich gehe aber davon aus, dass Sie nunmehr unverzüglich räumen werden.

......
(Vermieter)

## Anmerkungen

**1.** Besondere mietrechtliche Folgeansprüche des Vermieters bei Nichterfüllung der Herausgabeverpflichtung durch den Mieter finden sich gesetzlich geregelt in § 546 a BGB, der aber für den Fall der verspäteten Rückgabe der Mieträume durch den Untermieter keine – auch keine analoge – Anwendung findet (Palandt/*Weidenkaff* § 546 a Rdn. 5, str.). Die Nichterfüllung der Herausgabeverpflichtung durch den Untermieter beurteilt sich daher zunächst nach den Vorschriften über den **Verzug im einseitigen Schuldverhältnis** (Palandt/*Weidenkaff* § 546 Rdn. 23). Das sind die §§ 280 Abs. 2, 286 und auch § 281 BGB. Anderer Auffassung und gegen eine Zuerkennung von Schadensersatz aus Verzug sind *Sternel* (IV Rdn. 585, da ein gesetzliches Schuldverhältnis im weiteren Sinne nicht bestehe, a. a. O., Rdn. 578) und unter Verweis auf *Sternel* auch Blank/*Börstinghaus* (§ 546 Rdn. 56). Indes ist nicht einzusehen, warum das Gesetz dem Untermieter eine Pflicht auferlegen sollte, die im Falle ihrer Verletzung durch eine vom Untermieter zu vertretende Verzögerung ohne Sanktion bliebe. Der unmittelbare Rückgabeanspruch des Vermieters gegen den Untermieter nach § 546 Abs. 2 BGB wurde geschaffen, um den Vermieter, der nicht zugleich Eigentümer der Mieträume ist, mit diesem gleichzustellen. Die Verzögerung der Herausgabepflicht aus § 985 BGB kann aber sehr wohl Verzugsschadensersatzansprüche nach sich ziehen (Palandt/*Bassenge* § 985 Rdn. 13; BGH NJW 1964, 2414; in den Einzelheiten umstr.). Mit der h. M. ist daher – wegen der vom Gesetz bezweckten Gleichstellung des Vermieters/Eigentümers mit dem Vermieter/Nichteigentümer – davon auszugehen, dass es für die Anwendbarkeit des § 280 Abs. 2 BGB ausreicht, dass durch § 546 Abs. 2 BGB ein gesetzlicher Schuldbeitritt zu der vertraglichen Rückgabepflicht des Mieters begründet wird (BGH NJW 1981, 865; Bub/Treier/*Scheuer* V. A Rdn. 238).

**Fällig wird der Herausgabeanspruch des Vermieters** nach der hier vertretenen Meinung (zu deren Begründung vgl. Anm. 4. zu Form. E. III. 1) ohne weiteres regelmäßig **mit Beendigung des Hauptmietverhältnisses** (zum Ausnahmefall der Gewährung einer Räumungsfrist, und damit dem Hinausschieben des Fälligkeitszeitpunktes über den der Beendigung hinaus vgl. Anm. 2 zu Form. E. III. 1). **Nach h. M.** wird **dagegen** der Herausgabeanspruch des Vermieters **nicht ohne ein Räumungsverlangen** des Vermieters fällig (vgl. nur Schmidt-Futterer/*Gather* § 546 Rdn. 106), welches nach der hier vertretenen Auffassung lediglich für die Frage des Verzugsbeginns (bzw. der Kenntnis vom fehlenden Besitzrecht) von Bedeutung ist.

Der Untermieter schuldet daneben dem Vermieter, sofern dieser zugleich Eigentümer der Mieträume ist, ab Kenntnis von der Beendigung des Hauptmietverhältnisses und seiner Herausgabeverpflichtung, eine **Nutzungsentschädigung nach §§ 987, 990 Abs. 1 BGB** (BGH NJW-RR 2005, 1542).

Das Form. behandelt den Fall der Geltendmachung von Ansprüchen seitens des Vermieters/Eigentümers. Macht ein Vermieter Ansprüche geltend, der nicht zugleich Eigentümer der Mieträume ist, so hat er zu beachten, dass er sich hierfür lediglich auf den Rechtsgrund des Verzugs im einseitigen Schuldverhältnis stützen kann. Näher dazu sogleich unter Anm. 2.

**2.** Hat der **Vermieter/Eigentümer** den Untermieter in der in Form E. III. 1 dargestellten Art und Weise über die Beendigung des Hauptmietverhältnisses in Kenntnis gesetzt, so weiß dieser um den Wegfall seines Besitzrechts jenem gegenüber. Rechtsfolge ist, dass der Untermieter ab diesem Zeitpunkt gem. §§ 987, 990 Abs. 1 BGB Nutzungsherausgabe schuldet. Die Nutzung, die hier im Vorteil des Gebrauchs der Mieträume liegt, ist nach deren objektivem Wert herauszugeben. Bei vermieteten Sachen entspricht dieser dem **objektiven Mietwert** (vgl. BGH NZM 1999, 1052, 1053).

Der **Vermieter/Nichteigentümer** kann Nutzungsentschädigung/Verzugsschadensersatz nicht ohne weiteres verlangen. Voraussetzung für seinen Anspruch ist, dass sich der Untermieter mit der Herausgabeverpflichtung in Verzug befindet. Da eine verzugsbegründende taggenaue Fälligkeit nur im Hauptmietverhältnis eintritt, scheidet die Heranziehung von § 286 Abs. 2 Nr. 1 BGB (kalendermäßige Bestimmung) aus. Dies gilt ebenfalls für § 286 Abs. 2 Nr. 2 BGB, der zwar die Bevorzugung der Kündigung im alten Recht (vgl. § 284 Abs. 2 S. 2 BGB a.F.) beseitigt hat, allerdings nach wie vor postuliert, dass sich das verzugsbegründende „Ereignis" aus einer vertraglichen (!) Bestimmung ergeben muss (vgl. nur Haas/Medicus/Rolland/Schäfer/Wendtland/*Medicus* 3. C. Rdn. 84). Da es an einer vertraglichen Beziehung zwischen Vermieter und Untermieter aber gerade fehlt, bedarf es für den Verzug des Untermieters stets einer entsprechenden Mahnung des Vermieters/Nichteigentümers. Die **Aufforderung nach § 546 Abs. 2 BGB stellt zwar grundsätzlich eine Mahnung dar.** Die dem Untermieter **hierdurch verschaffte Kenntnis** von seiner konkreten Herausgabepflicht gegenüber dem Vermieter ist **erforderlich, aber auch hinreichend für den Eintritt des Verzuges** (vgl. Staudinger/*Rolfs* § 546 Rdn. 59; Herrlein/Kandelhard/*Kandelhard* § 546 Rdn. 62). Da aber eine Mahnung vor Entstehung des Anspruchs wirkungslos ist (vgl. BGH NJW 1992, 1056), muss der Vermieter/Nichteigentümer hier – im Beispielsfall nach Form. E. III. 1 – erst noch wirksam mahnen, weil im dortigen Form. vor Beendigung des Mietverhältnisses zur Räumung aufgefordert wurde, also vor Entstehung des Herausgabeanspruchs. Deshalb ist dort der Untermieter nicht in Verzug geraten. Zulässig ist es allerdings, wenn der Vermieter/Nichteigentümer den Untermieter im Zeitpunkt der Beendigung des (Haupt-)Mietverhältnisses, also zugleich mit der Entstehung des Anspruchs, zur Herausgabe auffordert.

Will der **Vermieter/Eigentümer** seine Ansprüche anstatt aus Eigentümer-Besitzer-Verhältnis aus dem Rechtsgrund des Verzuges geltend machen, so gilt auch für ihn, dass er nach Entstehung des Herausgabeanspruchs eine Mahnung aussprechen muss.

Als **Verzugsschaden** kann der Vermieter den Betrag verlangen, der ihm wegen der Unterlassung der Räumung durch den Untermieter an Miete entgeht, und zusätzlich über die mit diesem Form. behandelte Nutzungsentschädigung hinaus auch Ersatz jedes weiteren, ihm dadurch entstandenen bzw. entstehenden Schadens beanspruchen (Näheres sogleich in Form. E. III. 3).

Der Untermieter schuldet keinen Schadensersatz, wenn er den **Verzug nicht zu vertreten** hat, was allerdings von ihm darzulegen und zu beweisen ist, § 286 Abs. 4 BGB. Zu vertreten hat der Untermieter jede vorsätzliche oder fahrlässige Verzögerung der Herausgabe der Mieträume und jeden vermeidbaren Rechtsirrtum. Am Vertretenmüssen fehlt es daher zum einen, wenn sich der Untermieter in einem unvermeidbaren **Rechtsirrtum über seine Räumungspflicht** befindet. An die Unvermeidbarkeit eines solchen Rechtsirrtums werden aber hohe Anforderungen gestellt (BGH NJW 1984, 1028, 1030; *Sternel* IV Rdn. 678; vgl. z.B. den Fall LG Berlin NZM 1998, 573: erteilt eine Mietervereinigung oder städtische Rechtsberatungsstelle einem über seine Zahlungspflicht Rechtsrat suchenden Mieter falschen Rat, so entschuldigt dies nicht den vorliegenden Zahlungsverzug des Mieters. Dieser muss sich vielmehr das Verschulden der rechtsberatenen Stellen – wie auch seine Anwalts – gem. § 278 BGB zurechnen lassen; s. auch BGH NJW 2007, 428). Praktischer werden kann die Frage des mangelnden Verschuldens, **wenn der räumungspflichtige Untermieter** trotz Entfaltung aller ihm bei der Suche nach neuen Räumen zuzumutenden Anstrengungen **nicht** rechtzeitig Ersatzraum findet. In diesem Fall kann es am Verschulden des Untermieters fehlen (OLG Braunschweig NJW 1963, 1108, 1110; Palandt/*Grüneberg* § 286 Rdn. 33; *Sternel* IV Rdn. 678). Dabei kann die Rechtsprechung zum Härtegrund des fehlenden angemessenen Ersatzwohnraums im Rahmen der Sozialklausel gem. § 574 Abs. 2 BGB herangezogen werden (vgl. nur Herrlein/Kandelhard/*Herrlein* § 574 Rdn. 4 ff. m. w. N.).

Insoweit hat nach der allgemeinen Regel des § 286 Abs. 4 BGB kein anderer Maßstab zu gelten, als er bei Anwendung der besonderen wohnraummietrechtlichen Bestimmung des § 571 Abs. 1 S. 1 BGB zur Begrenzung von Schadensersatzansprüchen des Vermieters gelten würde. Diese Bestimmung findet zwar auf den Fall der verspäteten Rückgabe der Mieträume durch den Untermieter keine – auch keine analoge – Anwendung. Sie ist im Grunde genommen aber auch, was das Vertretenmüssen des Mieters angeht, bedeutungslos und – trotz des etwas abweichenden Wortlauts – eine bloße Wiederholung der Bestimmung des § 286 Abs. 4 BGB, aus dem bereits folgt, dass der Schuldner nicht in Verzug kommt, solange die Leistung infolge eines Umstandes unterbleibt, den er nicht zu vertreten hat (vgl. Blank/*Börstinghaus* § 571 Rdn. 3). Generell ist zu sagen, dass der Mieter die verspätete Rückgabe der Wohnung nicht zu vertreten hat, wenn sich der Auszug **aus nachvollziehbaren Gründen** verzögert, **die auch eine (weitere) gerichtliche Räumungsfrist gerechtfertigt hätten** (LG Hamburg WuM 1996, 341).

**3.** Um zu vermeiden, dass die Annahme der Geldleistung des Untermieters als Indiz für die Begründung eines neuen Mietverhältnisses mit dem (ehemaligen) Untermieter herangezogen wird, empfiehlt es sich, dass der Vermieter vor bzw. bei der Annahme der Nutzungsentschädigung einen entsprechenden **Vorbehalt** macht (vgl. hierzu *Sternel* IV Rdn. 586).

# 3. Schadensersatz[1]

......
(Vermieter/Eigentümer)

an

......
(Untermieter)

Sehr geehrte(r) ......

nachdem Sie meiner Aufforderung vom ...... (Zeitangabe) zur Herausgabe der Räume ...... bis zum ...... (Tag des Fristablaufs) nicht rechtzeitig nachgekommen sind, nehme ich Sie über die von Ihnen mir geschuldete Nutungsentschädigung hinaus auf Schadensersatz in Anspruch.[2]

Der neue Mieter, der für einen Monat ...... (z.B. im Hotel übernachtet hat; seinen Hausrat bzw. seine Waren für diesen Zeitraum einlagern musste) ...... hat mir die ihm hierdurch entstandenen Kosten – Belege finden Sie in Ablichtung beigefügt – in Rechnung gestellt.[3] Im Einzelnen:

...... (nachvollziehbare, substantiierte Auflistung der Kosten).

Der Gesamtschaden beläuft sich mithin auf eine Summe von insgesamt ...... EUR.

Ich fordere Sie auf, diesen Betrag auf die aus diesem Schreiben ersichtliche Bankverbindung bis spätestens ...... zu überweisen.

......
(Vermieter/Eigentümer)

## Anmerkungen

**1.** Die besondere mietrechtliche Regelung der Folgeansprüche des Vermieters bei Nichterfüllung der Herausgabeverpflichtung durch den Mieter in § 546 a BGB findet auf den Fall der verspäteten Rückgabe der Mieträume durch den Untermieter keine – auch keine analoge – Anwendung (Palandt/*Weidenkaff* § 546 a Rdn. 5, str.; siehe eingehender bereits Anm. 1 zu Form E. III. 2). In § 546 a BGB ist im Übrigen für den Schadensersatzanspruch des Vermieters gegen den Mieter nichts besonderes bestimmt. Die Vorschrift ist keine Anspruchsnorm; der Schadensersatzanspruch des Vermieters richtet sich vielmehr nach den allgemeinen Vorschriften (*Sternel* IV Rdn. 678).

Anspruchsgrundlagen sind somit die §§ 989, 990 Abs. 1 BGB sowie §§ 280 Abs. 2, 286 und auch § 281 BGB. Die Voraussetzungen sind daher zunächst dieselben wie im Falle der Nutzungsentschädigung (siehe hierzu Anm. 1 und 2 zu Form. E. III. 2). Der Schadensersatzanspruch ist geeignet **denjenigen Schaden** abzudecken, **der dem Vermieter über die bloße Vorenthaltung der Mietsache hinaus entsteht,** geht also über dasjenige hinaus, was sein Anspruch auf Nutzungsentschädigung ausgleicht.

Als zusätzliche Voraussetzung ist ein **Verschulden des Untermieters** bei der Verzögerung der Herausgabe der Mieträume erforderlich (§§ 989, 286 Abs. 4 BGB). Wird der Schadensersatzanspruch auf § 280 BGB gestützt, so hat der räumungspflichtige Untermieter darzulegen und zu beweisen, dass ihn kein Verschuldensvorwurf trifft. Wird der Schadensersatzanspruch auf §§ 990 Abs. 1, 989 BGB gestützt, so muss demgegenüber der Vermieter dem Untermieter das Verschulden nachweisen. Jede vorsätzliche oder fahrlässige Verzögerung der Herausgabe der Mieträume und jeder vermeidbare Rechtsirrtum gereicht dem Untermieter dabei zum Verschulden. Am Verschulden fehlt es daher zum einen, wenn sich der Untermieter in einem unvermeidbaren **Rechtsirrtum über seine Räumungspflicht** befindet. An die Unvermeidbarkeit eines solchen Rechtsirrtums werden aber hohe Anforderungen gestellt (BGH NJW 1984, 1028, 1030; *Sternel* IV Rdn. 678; vgl. z. B. den Fall LG Berlin NZM 1998, 573: erteilt eine Mietervereinigung oder städtische Rechtsberatungsstelle einem über seine Zahlungspflicht Rechtsrat suchenden Mieter falschen Rat, so entschuldigt dies nicht den vorliegenden Zahlungsverzug des Mieters. Dieser muss sich das Verschulden der rechtsberatenen Stellen – wie auch seines Anwalts – über § 278 BGB zurechnen lassen; s. auch BGH NJW 2007, 428). Praktischer werden kann die Frage des mangelnden Verschuldens, **wenn der räumungspflichtige Untermieter** trotz Entfaltung der ihm bei der Suche nach neuen Räumen zuzumutenden Anstrengungen **nicht rechtzeitig Ersatzraum findet.** In diesem Fall kann es am Verschulden des Untermieters fehlen (OLG Braunschweig NJW 1963, 1108, 1110; Palandt/*Grüneberg* § 286 Rdn. 33; *Sternel* IV Rdn. 678). Dabei kann die Rechtsprechung zum Härtegrund des fehlenden angemessenen Ersatzwohnraums im Rahmen der Sozialklausel gem. § 574 Abs. 2 BGB herangezogen werden (vgl. nur Herrlein/Kandelhard/*Herrlein* § 574 Rdn. 4 ff. m. w. N.).

Nach der allgemeinen Regel des § 286 Abs. 4 BGB kann insoweit kein anderer Maßstab gelten, als er bei Anwendung der besonderen wohnraummietrechtlichen Bestimmung des § 571 Abs. 1 S. 1 BGB zur Begrenzung von Schadensersatzansprüchen des Vermieters gelten würde. Diese Bestimmung findet zwar auf den Fall der verspäteten Rückgabe der Mieträume durch den Untermieter keine – auch keine analoge – Anwendung. Sie ist im Grunde genommen aber auch, was das Vertretenmüssen des Mieters angeht, bedeutungslos und – trotz des etwas abweichenden Wortlauts – eine bloße Wiederholung der Bestimmung des § 286 Abs. 4 BGB, aus dem bereits folgt, dass der Schuldner nicht in Verzug kommt, solange die Leistung infolge eines Umstandes unterbleibt, den er nicht zu vertreten hat (vgl. Blank/*Börstinghaus* § 571 Rdn. 3). Generell ist zu sagen, dass der Mieter die verspätete Rückgabe der Wohnung nicht zu vertreten hat, wenn sich der Auszug **aus nachvollziehbaren Gründen** verzögert, **die auch eine (weitere) gerichtliche Räumungsfrist gerechtfertigt hätten** (LG Hamburg WuM 1996, 341).

Wie bei der Nutzungsentschädigung folgt auch hier der Fall des Schadensersatz verlangenden **Vermieters/Eigentümers** anderen Regeln als der des Schadensersatz verlangenden **Vermieters/Nichteigentümers**, insbesondere was die Entstehung und die Fälligkeit des Anspruchs betrifft, da dem Schadensersatz verlangenden Vermieter/Nichteigentümer die Anspruchsgrundlagen aus dem Eigentümer-Besitzer-Verhältnis nicht zur Seite stehen (über den bloßen Herausgabeanspruch hinausgehende Ansprüche des Vermieters/Nichteigentümers zu Unrecht gänzlich verneinend *Sternel* IV Rdn. 585).

Das Form. behandelt den Fall der Geltendmachung von Ansprüchen seitens des **Vermieters/Eigentümers.** Macht ein Vermieter Ansprüche geltend, der nicht zugleich Eigentümer der Mieträume ist, so hat er zu beachten, dass er sich hierfür lediglich auf den Rechtsgrund des Verzugs im einseitigen Schuldverhältnis stützen kann (näher sogleich unter Anm. 2).

**2.** Hat der Vermieter/Eigentümer den Untermieter in der in Form E. III. 1 dargestellten Art und Weise über die Beendigung des Hauptmietverhältnisses in Kenntnis gesetzt, so weiß dieser um den Wegfall seines Besitzrechts. Rechtsfolge ist, dass der Untermieter ab diesem Zeitpunkt gem. §§ 989, 990 Abs. 1 BGB Schadensersatz schuldet.

Der **Vermieter/Nichteigentümer** kann demgegenüber Schadensersatz nicht ohne weiteres verlangen. Voraussetzung für seinen Anspruch ist vielmehr, dass sich der Untermieter in Verzug mit seiner Herausgabeverpflichtung befindet. Da eine verzugsbegründende taggenaue Fälligkeit nur im Hauptmietverhältnis eintritt, scheidet die Heranziehung von § 286 Abs. 2 Nr. 1 BGB (kalendermäßige Bestimmung) aus. Dies gilt ebenfalls für § 286 Abs. 2 Nr. 2 BGB, der zwar die Bevorzugung der Kündigung im alten Recht (vgl. § 284 Abs. 2 S. 2 BGB a. F.) beseitigt, allerdings nach wie vor postuliert, dass sich das verzugsbegründende „Ereignis" aus einer vertraglichen (!) Bestimmung ergeben muss (vgl. nur Haas/Medicus/Rolland/Schäfer/Wendtland/*Medicus* 3. C. Rdn. 84). Da es an einer vertraglichen Beziehung zwischen Vermieter und Untermieter aber gerade fehlt, bedarf es für den Verzug des Untermieters stets einer entsprechenden Mahnung des Vermieters/Nichteigentümers. Die **Aufforderung nach § 546 Abs. 2 BGB stellt zwar grundsätzlich eine Mahnung dar.** Die dem Untermieter **hierdurch verschaffte Kenntnis** von seiner konkreten Herausgabpflicht gegenüber dem Vermieter ist **erforderlich, aber auch hinreichend für den Eintritt des Verzuges** (vgl. Staudinger/*Rolfs* § 546 Rdn. 59; Herrlein/Kandelhard/*Kandelhard* § 546 Rdn. 62). Da aber eine Mahnung vor Entstehung des Anspruchs wirkungslos ist (vgl. BGH NJW 1992, 1056), muss der Vermieter/Nichteigentümer hier – im Beispielsfall nach Form. E. III. 1 – erst noch wirksam mahnen, weil im dortigen Form. vor Beendigung des Mietverhältnisses zur Räumung aufgefordert wurde, also vor Entstehung des Herausgabeanspruchs. Deshalb ist dort der Untermieter nicht in Verzug geraten. Zulässig ist es allerdings, wenn der Vermieter/Nichteigentümer im Zeitpunkt der Beendigung des (Haupt-)Mietverhältnisses, also zugleich mit der Entstehung des Anspruchs, auffordert.

Will der **Vermieter/Eigentümer** seine Ansprüche anstatt aus Eigentümer-Besitzer-Verhältnis aus dem Rechtsgrund des Verzuges geltend machen, so gilt auch für ihn, dass er nach Entstehung des Herausgabeanspruchs eine Mahnung aussprechen muss.

**3.** Im vorliegenden Fall macht der Vermieter den Schaden geltend, der ihm dadurch entstanden ist, dass er von dem neuen Mieter der vom Untermieter nicht rechtzeitig herausgegebenen Räume wegen dessen Schaden in Anspruch genommen wurde. Ein **Vermieterschaden** kann des Weiteren darin liegen, dass vorgesehene Ausbauarbeiten erst später und mit dann höheren Kosten durchgeführt werden konnten (vgl. BGH NJW 1978, 2148). Der Vermieter kann auch geschädigt dadurch sein, dass ihm zwischenzeitlich ein Mietinteressent abgesprungen ist, der bereit war, eine höhere Miete für die Räume zu bezahlen. Hierfür bedarf es allerdings der verbindlichen Zusage einer höheren Mietzahlung durch einen bestimmten Mietinteressenten, die der Vermieter darzulegen und nachzuweisen hat (LG Mannheim WuM 1976, 13).

## IV. Wegnahmerecht des Mieters

## 1. Verlangen des Vermieters nach Entfernung von Einrichtungen[2]

......
(Vermieter)

an

......
(Mieter)

Sehr geehrte(r) ......

hiermit ich nehme Bezug auf meine Kündigung vom ......, nach der das zwischen uns bestehende Mietverhältnis zum ...... endet.

Um Missverständnissen vorzubeugen, fordere ich Sie in diesem Zusammenhang auf, die ...... (Bezeichnung der Einrichtungen),[2] mit welchen Sie die Mieträume versehen haben, so rechtzeitig zu entfernen, dass Sie Ihrer Verpflichtung zur Rückgabe der Mieträume in vertragsgemäßem Zustand in vollem Umfang genügen werden. Das bedeutet, dass Sie die vorgenannten Einrichtungen bis spätestens ...... (Räumungszeitpunkt)[3] vollständig abzubauen und die Mieträume auf Ihre Kosten in einen vertragsgemäßen Zustand zu versetzen haben. Hierzu sind Sie mir schon aus dem zwischen uns am ...... geschlossenen Mietvertrag verpflichtet.

......
(Vermieter)

*Schrifttum: Eisenhardt,* Haupt- und Nebenleistungspflichten des Mieters bei Rückgabe der Mieträume, WuM 1998, 447.

### Anmerkungen

**1.** Die gesetzliche Regelung des Schicksals von Einrichtungen (zum Begriff der „Einrichtung" siehe sogleich Anm. 2), mit denen der Mieter die Mieträume versehen hat, findet sich in § 539 Abs. 2 BGB sowie in § 552 BGB. § 539 Abs. 2 BGB ist als allgemeine Vorschrift für alle Mietverhältnisse ohne weiteres sowohl auf Wohn- als auch Gewerberaummietverhältnisse anwendbar. Der nach seiner systematischen Stellung zunächst nur für die Wohnraummiete geltende § 552 BGB findet aufgrund der Verweisung in § 578 Abs. 2 S. 1 BGB in seinem Absatz 1 auch auf Gewerberaummietverhältnisse Anwendung. Der einzige Unterschied liegt somit darin, dass wegen der Nichtinbezugnahme von § 552 Abs. 2 BGB durch § 578 Abs. 2 S. 1 BGB bei Gewerberaummietverhältnissen das Wegnahmerecht des Mieters auch ohne angemessene Entschädigung rechtswirksam ausgeschlossen werden kann.

Die §§ 539 Abs. 2, 552 BGB treffen allerdings keine Aussage über eine Wegnahme- und Wiederherstellungspflicht des Mieters. Die **Wegnahmepflicht,** bzw. der Anspruch des

Vermieters auf Entfernung einer Einrichtung, mit der der Mieter die Mieträume versehen hat, beurteilt sich vielmehr nach den Vorschriften über die Rückgabe der Mietsache; Anspruchsgrundlage ist § 546 Abs. 1 BGB (BGHZ 81, 146 = NJW 1981, 2564, 2565; Palandt/*Weidenkaff* § 546 Rdn. 6; Schmidt-Futterer/*Gather* § 546 Rdn. 46, 47; Staudinger/ *Rolfs* § 546 Rdn. 21; a. A. wohl Herrlein/Kandelhard/*Kandelhard* § 546 Rdn. 3 u. 16: die Wegnahmepflicht folge aus der Pflicht, die Mietsache nicht unerlaubt zu verändern, § 538 BGB). Nach § 546 BGB geschuldeter Erfolg ist zunächst die **Pflicht zur Besitzverschaffung**. Die Besitzverschaffung wird in einschlägigen Entscheidungen des BGH wiederholt als „die Rückgabe selbst" angesprochen (vgl. etwa BGHZ 104, 285 = NJW 1988, 2665), die regelmäßig auch dann als erfüllt gilt, wenn der Mieter Gerümpel oder zu beseitigende Einrichtungen in den Räumen zurücklässt, oder diese in sonstwie verwahrlostem Zustand zurückgibt (vgl. BGHZ 86, 204 = NJW 1983, 1094; BGH NJW 1988, 2665). Neben der Besitzverschaffung schuldet der Mieter zugleich aber auch „**Räumung**", was Fortschaffung seines Mobiliars und Hausrats und Beseitigung der von ihm eingebrachten Einrichtungen sowie Rückbau von ihm vorgenommener baulicher Veränderungen bedeutet (näheres siehe Kap. E. I. 1 und E. II. 1).

Die **Wiederherstellungspflicht**, also die Verpflichtung des Mieters zur Beseitigung der von ihm eingebrachten Einrichtungen und zum Rückbau von ihm vorgenommener baulicher Veränderungen, ist somit nach der Rspr. „Ausfluss der in § 556 BGB [jetzt § 546 BGB] geregelten Rückgabepflicht" (BGH WuM 1997, 217, 218; LG Münster WuM 1999, 515), wobei die Rspr. die Frage, ob die Wiederherstellung zur Hauptleistung gehört, oder bloße Nebenpflicht ist – ob also eine wegen Nichtwiederherstellung unzulässige Teilleistung der Hauptleistungspflicht im engeren Sinne, d. h. ,der Rückgabe selbst' anzunehmen ist –, von der Höhe der Wiederherstellungskosten abhängig macht (BGH WuM 1997, 217, 218; BGH NJW 2002, 3234). In der Literatur wird diese Abgrenzung, wie die Annahme einer aus § 546 BGB folgenden allgemeinen Wiederherstellungspflicht überhaupt, teilweise abgelehnt (*Eisenhardt* WuM 1998, 447, 448; Herrlein/Kandelhard/ *Kandelhard* § 546 Rdn. 22, 23; *Lammel* § 546 Rdn. 22).

Einigkeit besteht allerdings darüber, dass der Mieter die Mieträume bei Mietende in vertragsgemäßem Zustand zurückzugeben hat, was nach § 538 BGB bedeutet, dass er **durch vertragsgemäßen Gebrauch zwangsläufig eingetretene Veränderungen oder Verschlechterungen** nicht zu beseitigen braucht (BGH NJW 2002, 3235; OLG Düsseldorf NZM 2004, 584 und NJW-RR 1993, 712; *Eisenhardt* WuM 1998, 447, 448). Beispielsweise im Anbohren von Fliesen und Zurücklassen von Dübellöchern in den Maßen des Verkehrsüblichen liegt keine Überschreitung des vertragsgemäßen Gebrauchs (BGH NJW 1993, 1061, 1063; Emmerich/Sonnenschein/*Rolfs* § 546 Rdn. 11). Seit der Schuldrechtsreform ist hinsichtlich der Geltendmachung von Schadensersatzansprüchen die Unterscheidung von Haupt- und Nebenleistungspflichten für die Rechtsfolgen unerheblich geworden, da die Voraussetzungen eines Schadensersatzanspruchs des Vermieters bei Schlechterfüllung der Rückgabeverpflichtung jetzt in beiden Fällen die gleichen sind (vgl. nur Palandt/*Weidenkaff* § 546 Rdn. 7). Auf die Frage der „richtigen" Anspruchsgrundlage kommt es daher nicht mehr an. Gerät der Mieter mit der Rückgabe der Mieträume in Verzug, so ist über § 546a Abs. 2 BGB der Weg zur Anwendung des allgemeinen Leistungsstörungsrechts eröffnet. Der Vermieter kann zunächst seine Rechte aus §§ 280 Abs. 1 und 2, 286 BGB geltend machen und wie bisher den Ersatz seines reinen Verzögerungsschadens verlangen. Daneben kann er **Schadensersatz statt der Leistung** beanspruchen, **§§ 280 Abs. 1 und 3, 281 BGB**. Hierfür muss er dem Mieter „lediglich" eine **angemessene Frist zur Rückgabe der Mieträume setzen** und dem Mieter darf der Entlastungsbeweis im Hinblick auf ein fehlendes Verschulden nicht gelingen (§ 280 Abs. 1 S. 2 BGB).

Nach Ablauf der Frist könnte der Vermieter im Übrigen die Entgegennahme der Mieträume verweigern und dafür Schadensersatz in Geld verlangen, also Bezahlung des Verkehrswertes der Mieträume Zug-um-Zug gegen deren Übereignung; eine Art **Zwangskauf** (vgl. Palandt/*Grüneberg* § 281 Rdn. 4; *Emmerich* NZM 2002, 362, 367; *Gruber* WuM 2002, 252, 253). Ein **objektives Interesse an der Ablehnung der Rückgabe** und für den Übergang zum Schadensersatzanspruch **wird vom Gesetz nicht mehr verlangt** (vgl. dagg. § 286 Abs. 2 BGB a.F.). Der Gesetzgeber hat dieses Problem des „Zwangskaufs" zwar gesehen, war aber der Auffassung, dass solche theoretischen (?) Fallgestaltungen in Kauf genommen werden müssten und in Missbrauchsfällen mit § 242 BGB abzuhelfen sei (BT-Drs. 14/6040, S. 139). Bei der Rückgabe von Wohnraum soll dem „Anspruch auf Zwangskauf" jedenfalls die von § 571 Abs. 1 S. 2 BGB geforderte Billigkeit fehlen *(so Gruber* WuM 2002, 252, 253).

**2.** § 539 Abs. 2 BGB regelt das rechtliche Schicksal von Einrichtungen, mit denen der Mieter die Mieträume versehen hat. Unter den **Begriff der Einrichtung** fallen dabei bewegliche Sachen, die mit der Mietsache fest verbunden werden und dazu bestimmt sind, dem wirtschaftlichen Zwecke der Mietsache zu dienen (BGH NJW 1987, 2861; Emmerich/Sonnenschein/*Emmerich* § 539 Rdn. 14). Unverbundene bewegliche Sachen, Sachen, die in die Mietsache eingefügt werden, um diese überhaupt erst in einen zum vertragsgemäßen Gebrauch geeigneten Zustand zu versetzen, sowie Sachen, durch die die Mietsache verändert wird, sind dagegen keine Einrichtungen in diesem Sinne (Emmerich/Sonnenschein/*Emmerich* a.a.O.).

Unerheblich sind **Art und Intensität der Verbindung,** wenn nur die zugefügte Sache wieder ohne ihre Zerstörung weggenommen werden kann. Dabei ist etwa eine bloße Verschraubung von Mobiliar an Boden, Decken oder Wänden ausreichend. Kann die Sache jedoch nicht ohne ihre völlige Zerstörung wieder von der Mietsache getrennt werden, wie z.B. Fliesen von der Wand, so handelt es sich nicht um eine Einrichtung, sondern um bauliche Veränderung (Schmidt-Futterer/*Langenberg* § 539 Rdn. 11). Die Eigenschaft einer Sache als Einrichtung kann sich während der Dauer ihrer Verbindung mit der Mietsache verändern. So können z.B. Bäume und Sträucher solange Einrichtungen sein, solange sie problemlos umgepflanzt werden können (OLG Köln WuM 1995, 268). Zu Einrichtungen sind lediglich beispielhaft zu zählen (vgl. auch Hannemann/ Wiegner/*Achenbach* § 15 Rdn. 89): zusätzlich angebrachte Sicherheitsschlösser an der Wohnungstür (LG Karlsruhe WuM 1998, 22), Einbauschränke und Raumteiler (*Sternel* IV Rdn. 619), eine Heizungsanlage (BGH NJW 1969, 40), Küchen- und Badeeinrichtungen (Emmerich/Sonnenschein/*Emmerich* § 539 Rdn. 16).

Die **Eigentumsverhältnisse** an der Einrichtung können unterschiedlich zu beurteilen sein. Mit der Mietsache verbundene Sachen bleiben zunächst im Eigentum des Mieters, wenn sie nur zu einem vorübergehenden Zweck angebracht wurden, § 95 Abs. 2 BGB. Für die Frage, ob eine Sache von dem Mieter bloß **zu einem vorübergehenden Zweck mit der Mietsache verbunden** wurde, kommt es entscheidend auf die Willensrichtung des Mieters im Zeitpunkt der Verbindung an, wobei aber davon auszugehen sein soll, dass objektiv unter den Einrichtungsbegriff fallende Sachen vom Mieter regelmäßig bloß zu einem vorübergehenden Zweck, nämlich für die Mietzeit, mit der Mietsache verbunden werden, mit der Folge, dass sie im Eigentum des Mieters verbleiben (BGH NJW 1959, 1487; Schmidt-Futterer/*Langenberg* § 539 Rdn. 15).

Um eine Einrichtung kann es sich aber auch in dem Fall handeln, dass die vom Mieter eingebrachte Sache zum **wesentlichen Bestandteil der Mietsache** wird und damit in das Eigentum des Vermieters übergeht, §§ 946, 947, 94 BGB (BGH NJW 81, 2564, 2565). In diesen Fällen darf also der Mieter im Zeitpunkt der Verbindung nicht den Willen gehabt haben, dass die Verbindung nur vorübergehenden Zwecken dienen soll, da ansonsten § 95 Abs. 2 BGB eingreifen würde. Sieht man somit das Merkmal des vorübergehenden Zweckes als entbehrlich für den Begriff der Einrichtung an, so bereitet die genaue **Abgrenzung der Einrichtungen zu den Aufwendungen** auf die Mietsache Schwierigkeiten.

Kennzeichnend ist, dass Einrichtungen des Mieters vornehmlich seinem persönlichen Interesse zu dienen bestimmt sind. Sie machen dem Mieter den Gebrauch der Mietsache, nach seinen Vorstellungen, für den Zeitraum seines Gebrauchsrechts bequemer. Im Gegensatz zu Aufwendungen, die eine Verbesserung der Mietsache selbst – auch für weitere potentielle Mieter – bezwecken (vgl. *Lammel* § 539 Rdn. 49). Diese Schwierigkeiten vermeidet die daher vorzugswürdige Auffassung *Roquettes*, nach der zum Begriff der Einrichtung gehört, dass der Mieter von vornherein eine spätere Wegnahme der Einrichtung beabsichtigen muss. Andernfalls ist die Verbindung nicht mehr zu einem bloß vorübergehenden Zweck erfolgt, so dass schon begrifflich keine Einrichtung vorliegt (*Roquette* § 547a Rdn. 6 u. 7; so wohl auch *Lammel* § 539 Rdn. 50: die als dauernd gedachte Einbringung und Verbindung lässt aus der Einrichtung eine Verwendung werden). Dem ist zuzustimmen.

**3.** Nach der sich zu Unrecht (so auch MünchKommBGB/*Bieber* § 546 Rdn. 15) auf BGH NJW 1989, 451, 452 berufenden h.M. soll die **Fälligkeit der Rückgabepflicht** des Mieters am letzten Tag der Mietzeit eintreten (Schmidt-Futterer/*Gather* § 546 Rdn. 18 m.w.N.; Staudinger/*Rolfs* § 546 Rdn. 25; a.A. *Sternel* IV Rdn. 572; Staudinger/*Sonnenschein* § 556 Rdn. 23: frühestens am ersten Tag nach der Beendigung des Mietverhältnisses). Dem steht der eindeutige Wortlaut des § 546 Abs. 1 BGB entgegen, wonach der Mieter erst „nach" Beendigung des Mietverhältnisses zur Rückgabe verpflichtet ist. Dass der Mieter spätestens am Tage des Mietendes wegen der Beseitigung etwaiger Schäden tatsächlich tätig werden muss, dürfte sich von selbst verstehen, betrifft jedoch im Verhältnis zur Rückgabeverpflichtung eine Nebensächlichkeit. Allein um solche Nebenpflichten ging es in BGH NJW 1989, 451. Die h.M. behauptet für sich außerdem ein „praktisches Bedürfnis", und zwar allein das des Vermieters an einer nahtlosen Anschlussvermietung (*Mutter* ZMR 1991, 329, 331). § 193 BGB gilt in beiden Fällen (vgl. nur Palandt/*Weidenkaff* § 546 Rdn. 10). Dieser Streitpunkt kann dadurch vermieden werden, dass im Mietvertrag die Rückgabepflicht des Mieters auf den letzten Tag der Mietzeit (nicht früher – Verstoß gegen § 307 BGB: LG München I WuM 1997, 612 und 1994, 370 noch zu § 9 AGBG) festgelegt wird, was auch im Wohnraummietrecht formularmäßig zulässig ist (Bub/Treier/*Bub* a.a.O. II Rdn. 549).

# 2. Geltendmachung des Wegnahmerechts durch den Mieter[1]

......

(Mieter)

an

......

(Besitzer)[2]

Sehr geehrte(r) ...

wie Sie wissen, habe ich meine in den von mir bis zum ...... (Zeitangabe) genutzten Räumen ...... (Bezeichnung der Wohn- oder Geschäftsräume) eingebauten ...... (Bezeichnung der Einrichtungen) dort lediglich vorläufig zurückgelassen.[3]

Wie angekündigt mache ich von dem mir nach § 539 Abs. 2 BGB zustehenden Wegnahmerecht Gebrauch und fordere Sie hiermit auf, mir einen Termin innerhalb der nächsten zehn Tage zu nennen, zu welchem ich meine ...... (die vorgenannten Einrichtungen) abbauen und abtransportieren kann. Hierfür benötige ich schätzungsweise acht Stunden Zeit, wobei ich mit den Arbeiten um 8 Uhr früh beginnen will. Ich bitte Sie, dafür Sorge zu tragen, dass zu dem bestimmten Termin die Räume für mich offen stehen und meine Arbeiten nicht behindert werden.[4]

......

(Mieter)

## Anmerkungen

**1.** § 539 Abs. 2 BGB gibt dem Mieter das Recht, eine Einrichtung wegzunehmen, mit der er die Mietsache versehen hat. Diesem Wegnahmerecht des Mieters unterliegen die von ihm eingebrachten Einrichtungen, unabhängig davon, ob diese nun in seinem Eigentum verblieben oder durch Verbindung Eigentum des Vermieters geworden sind. Die Eigentumslage ist für den Anspruch des Mieters vielmehr unerheblich (Herrlein/Kandelhard/*Kandelhard* § 539 Rdn. 35; der Vollständigkeit halber wird ergänzend noch auf die unter Anm. 2 zu Form. E. IV. 1 dargestellte, von der h. M. abweichende Ansicht hingewiesen, nach der zum Begriff der Einrichtung der vorübergehende Zweck gehört, infolgedessen gem. § 95 Abs. 2 BGB das Eigentum immer beim Mieter verbleibt. Dies macht allerdings nur in der Begründung, nicht aber im Ergebnis einen Unterschied).

**2.** Bei dem Wegnahmeanspruch aus § 539 Abs. 2 BGB handelt es sich nach h. M. um einen **dinglichen Anspruch** (BGH NJW 1991, 3031; NJW 1987, 2861; NJW 1981, 2564, 2565; a. A. Staudinger/*Sonnenschein*, BGB, 13. Bearb. 1995, § 547a Rdn. 17: es sei nicht zu erkennen, was mit dieser von der früher h. M. – BGH ZMR 1969, 172; BB 1960, 997 – abweichenden Einordnung des Duldungsanspruchs als dinglicher Anspruch gewonnen sein soll). Demzufolge kommt es auf schuldrechtliche Beziehungen nicht an, und der Anspruch richtet sich – unabhängig vom Eigentum an der Mietsache – **gegen den aktuellen Besitzer der Mietsache** (*Lammel* § 539 Rdn. 59). Als Anspruchsverpflichteter kommt damit entweder der Vermieter oder der Nachmieter des Wegnahmeberechtigten in Frage.

**3.** Räumt der Mieter die Mieträume unter vorläufiger Zurücklassung in seinem Eigentum verbliebener Einrichtungen, so sind der Vermieter bzw. der Nachmieter ihm gegenüber solange zum Besitz an den Einrichtungen berechtigt, bis die Wegnahme verlangt wird (BGH NJW 1981, 2564). Für diesen Zeitraum schuldet der zum Besitz Berechtigte keinesfalls eine Nutzungsentschädigung (BGH a. a. O.). Die **Verjährung** des Wegnahmeanspruchs gem. § 548 BGB (BGH NJW 1987, 2861), also sechs Monate nach Beendigung des Mietverhältnisses (unabhängig von seiner Rückgabe, also Vorsicht bei Streitigkeiten über die Wirksamkeit einer Kündigung; ggf. **hilfsweise** zur Verjährungshemmung nach § 204 BGB **Widerklage erheben!**), führt zu einem dauerhaften Recht zum Besitz (BGH NJW 1981, 2564).

**4.** Nach Auszug des Mieters hat der Vermieter die **Wegnahme der Einrichtung** durch den Mieter **lediglich zu dulden**, § 258 S. 2 Hs. 1 BGB. Mitwirkungshandlungen schuldet er nicht. Verlangt der Mieter solche Mitwirkungshandlungen, so macht er der Sache nach einen Herausgabeanspruch geltend. Dem Anspruch des Mieters auf Herausgabe seines Eigentums nach § 985 BGB gegenüber kann sich der zur Duldung gewillte Vermieter bzw. Nachmieter (anspruchsbeschränkend!) auf den Wegnahmeanspruch des Mieters aus § 539 Abs. 2 BGB berufen. Für eine Klage auf Herausgabe der Einrichtung würde dem Mieter das Rechtsschutzinteresse fehlen. Dieser kann lediglich die Gestattung der Wegnahme verlangen (OLG Düsseldorf NZM 1999, 668; *Kossmann* § 98 Rdn. 3).

Nimmt der Mieter die Einrichtung weg, so trifft ihn nach § 258 S. 1 BGB die **Verpflichtung, die Mietsache auf seine Kosten in den vorigen Stand zurückzuversetzen.** Erweist sich dies als unmöglich oder unzumutbar, so hat er dem Vermieter Schadensersatz zu leisten (OLG Frankfurt ZMR 1986, 358, 359; Palandt/*Grüneberg* § 258 Rdn. 3; a. A. Bub/Treier/*Scheuer* V. B Rdn. 255).

## 3. Abwendungsbefugnis des Vermieters[1]

......

(Vermieter)

an

......

(Mieter)

Sehr geehrte(r) ......

bei meinem letzten Besuch bei Ihnen anlässlich des bevorstehenden Endes unseres Mietverhältnisses war mir die schöne ...... (Benennung der begehrten Einrichtung) in Ihrem Arbeitszimmer aufgefallen.[2]

Nachdem Sie auf meine Anregung hin, die ...... (vorgenannte Einrichtung) gegen Zahlung eines noch auszuhandelnden Geldbetrages dort zu belassen, leider nur ausweichend reagiert haben, will ich heute die Initiative ergreifen und biete Ihnen – nicht zuletzt, um die Ausübung des von Ihnen erwähnten Wegnahmerechts abzuwenden – rechtsverbindlich als Entschädigung für einen endgültigen Verbleib dieser Einrichtung bei mir eine Entschädigungszahlung in Höhe von ...... Euro an.[3]

Da diese Summe mehr als angemessen ist,[4] gehe ich davon aus, dass Sie auf mein Angebot eingehen werden. Nur der guten Ordnung halber darf ich Sie aber noch um eine kurze schriftliche Bestätigung der Annahme meines Angebotes bitten, wobei ich vorsorglich darauf hinweise, dass meine Befugnis, Ihr Wegnahmerecht abzuwenden, auch ohne Ihre Mitwirkung unmittelbar kraft Gesetzes besteht.

......

(Vermieter)

*Schrifttum: Eisenschmid,* Die Abwicklung des Wohnungsmietverhältnisses bei Ende der Mietzeit, WuM 1987, 243; *Scholl,* Zum Umfang der Entschädigung des Zeitwerts nach § 547a BGB (a. F.), WuM 1998, 327.

### Anmerkungen

**1.** § 552 Abs. 1 BGB, der auf Räume aller Art Anwendung findet (siehe Anm. 1 zu Form E. IV. 1), gibt dem Vermieter die Befugnis, die Ausübung des Wegnahmerechts gem. § 539 Abs. 2 BGB von Seiten des Mieters (siehe hierzu soeben Form. E. IV. 2), durch Zahlung einer angemessenen Entschädigung abzuwenden. Die gesetzliche Regelung will die Zerstörung wirtschaftlicher Werte verhindern und in diesem Zusammenhang für einen gerechten Interessenausgleich zwischen den Parteien sorgen. Das Gesetz geht davon aus, dass Mietereinrichtungen typischerweise den Wert der Mietsache erhöhen. Eine Annahme, die jedenfalls im Bereich der Gewerberaummiete regelmäßig zutreffen wird.

**2.** Die Abwendungsbefugnis ist das **Gegenrecht des Vermieters zum Wegnahmerecht des Mieters** (siehe hierzu soeben Form. E. IV. 2). Dieses Gegenrecht besteht daher solange, wie die Einrichtung mit der Mietsache verbunden ist, d. h. es **erlischt mit der Weg-**

nahme der Einrichtung durch den Mieter (Schmidt-Futterer/*Langenberg* § 552 Rdn. 2; Bub/Treier/*Scheuer* V. B Rdn. 262). Die Abwendungsbefugnis besteht daher bereits dann nicht mehr, wenn der Mieter die Einrichtung abgebaut hat, aber noch in den Mieträumen lagert (*Sternel* IV Rdn. 621).

Der Zeitpunkt der **Fälligkeit des Anspruchs** des Vermieters auf Abwendung der Wegnahme ist allerdings in der Literatur **umstritten**. Nach *Emmerich* (in: Staudinger BGB, Bearb. 2003, § 539 Rdn. 32) besteht kein Abwendungsrecht, solange der Mieter im Besitz der vermieteten Räume ist. *Voelskow* (in: Münchner Kommentar, 3. Aufl. 1995, § 547a Rdn. 13) vertrat die Auffassung, der Vermieter habe die Befugnis zur Abwendung während der Mietzeit nur dann, wenn er ausnahmsweise Eigentümer der Einrichtung geworden sei (etwa weil diese wesentlicher Bestandteil geworden war). Das Recht des Vermieters bestehe ansonsten nur im Hinblick auf das bevorstehende Ende des Mietverhältnisses. Dagegen wendet die wohl überwiegende Auffassung ein, dass sich solche Beschränkungen des Rechtes des Vermieters schon dem Gesetzeswortlaut nicht entnehmen lassen. Der Vermieter könne – ungeachtet der Schwierigkeit, von einer wertvollen Einrichtung bzw. deren beabsichtigter Wegnahme Kenntnis zu erlangen – auch während des laufenden Mietverhältnisses von seiner Abwendungsbefugnis Gebrauch machen (Bub/Treier/*Scheuer* V. B Rdn. 262; MünchKommBGB/*Bieber* § 552 Rdn. 6). In diesem Zusammenhang verdient – jedenfalls zum Verständnis des Meinungsstreites – die unter Anm. 2 zu Form. E. IV. 1 erwähnte, von der h.M. abweichende Ansicht Beachtung, nach der zum Begriff der Einrichtung der vorübergehende Zweck gehört, infolgedessen gem. § 95 Abs. 2 BGB das Eigentum immer beim Mieter verbleibt. Nach dieser vor allem von *Roquette* (Das Mietrecht des BGB, 1966, § 547a Rdn. 6ff.) vertretenen Auffassung ist das Wegnahmerecht des Mieters während der Mietzeit Ausfluss seines ihm verbleibenden Eigentums. Ein besonderes Wegnahmerecht benötigt er deshalb daneben nicht. Das mit Einbringung der Einrichtung entstehende Wegnahmerecht nach § 539 Abs. 2 i.V.m. § 258 BGB wird erst nach Aufgabe des Besitzes an der Mietsache fällig und bedeutungsvoll, und zwar in der unter Anm. 4. zu Form. E. IV. 2 dargestellten, eigenartigen anspruchsbeschränkenden Art und Weise. Der Mieter kann daher von dem Vermieter nicht die Herausgabe der Einrichtung, sondern nur noch die Gestattung ihrer Wegnahme verlangen (in diesem Sinne wohl auch *Lammel* § 539 Rdn. 53: Die Wegnahmebefugnis des Mieters entfalte ihre Wirkung nach Beendigung des Mietvertrages, vor allem nach Rückgabe der Mietsache; während der Mietzeit sei sie reine Selbstverständlichkeit; *ders.* aber unter Rdn. 11 zu § 552: nur im Regelfall bleibe der Mieter Eigentümer).

Die Aufnahme einer **Anzeigepflicht** des die Wegnahme beabsichtigenden Mieters in das Gesetz war bei den Beratungen des 2. MietRÄndG vom 14. 7. 1964 (BGBl. I S. 457), mit dem § 547a BGB a.F. in das BGB eingefügt wurde, erwogen, aber abgelehnt worden. Aus der Abwendungsbefugnis folgt sie nicht, kann aber vereinbart werden (Schmidt-Futterer/*Langenberg* § 552 Rdn. 6; a.A. *Horst* DWW 1996, 184). Eine Anzeigepflicht kann sich allenfalls bei besonderen Umständen aus Treu und Glauben ergeben (Schmidt-Futterer/*Langenberg* a.a.O. Rdn. 6; Bub/Treier/*Scheuer* V. B Rdn. 251).

**3.** Nach dem Wortlaut des § 552 Abs. 1 BGB wird die Abwendungsbefugnis durch Zahlung einer angemessenen Entschädigung ausgeübt. Aus dem Sinn und Zweck der Bestimmung (vgl. Anm. 1) folgt nach der h.M. jedoch, dass eine **verbindliche Zahlungszusage** des (solventen) Vermieters zur Abwendung des Wegnahmerechts des Mieters ausreicht (AG Aachen WuM 1987, 123; Bub/Treier/*Scheuer* V. B Rdn. 265). Der Vermieter kann auch mit Forderungen gegen den Mieter aufrechnen. Ein Aufrechnungsverbot folgt aus dem Wortlaut des Gesetzes („durch Zahlung …“) nicht (*Sternel* IV Rdn. 622).

Die **Ausübung des Abwendungsrechtes** durch den Vermieter bewirkt, dass der **Mieter gehindert** ist, **von seinem Wegnahmerecht** auf rechtmäßige Art und Weise **Gebrauch zu machen** (Bub/Treier/*Scheuer* V. B Rdn. 265). Will er das Recht des Vermieters zu Fall bringen, so muss er seinerseits erst ein berechtigtes Interesse an der Wegnahme begründen (hierzu näher sogleich Form. E. IV. 4).

**4.** Nach welchen Kriterien sich die **Angemessenheit der Entschädigung** bemisst, ist umstritten. Ausgangspunkt ist der Verkehrswert der Einrichtung (LG und AG Köln WuM 1998, 345; LG Hamburg WuM 1977, 141), nicht der Zeitwert, den heranzuziehen der Rechtsausschuss des Bundestags seinerzeit ausdrücklich abgelehnt hat (BT-Drucks. IV/2195, S. 3). Nach wohl noch h. M. soll von diesem Ausgangswert der Betrag, der für die (vom Mieter ansonsten geschuldete – vgl. die vorstehenden Form. E. IV. 1 und 2.) Herstellung des früheren Zustands aufgewandt werden müsste, abzuziehen sein, also die „vom Mieter ersparten" Kosten des Ausbaus und den damit typischerweise verbundenen Wertverlust (Erman/*Jendrek* § 552 Rdn. 5; *Lammel* § 552 Rdn. 7; Palandt/*Weidenkaff* § 552 Rdn. 3; Bub/Treier/*Scheuer* V. B Rdn. 266). Nach anderer Ansicht ist allein auf den Wert abzustellen, den der Vermieter erhält (Schmidt-Futterer/*Langenberg* § 552 Rdn. 9; *Sternel* IV Rdn. 623; *Eisenschmid* WuM 1987, 243, 247). Der Kritik an der h. M. ist insoweit zuzustimmen, als es hier nicht in Anlehnung an § 258 BGB um die Beseitigung der Folgen einer Wegnahme geht, die sich der Mieter erspart, so dass gewissermaßen nur diese Ersparnis ausgeglichen werden müsste unter Saldierung der vom Mieter dann nicht mehr zu erbringenden Aufwendungen. Ebensowenig kann es auf den (Zeit- oder Verkehrs-)Wert der Einrichtung im ausgebauten Zustand ankommen, der im Regelfall „gegen 0 tendieren" dürfte (Schrottwert – OLG Hamburg WuM 1997, 333). Da der Vermieter durch seine Berufung auf die Abwendungsbefugnis gem. § 552 Abs. 1 BGB sein Interesse an der Einrichtung dokumentiert, deren Entfernung durch den Mieter er somit gerade verhindern will, ist – vermittelnd – auf den Wert abzustellen, den die Einrichtung für den Vermieter hat, abzüglich der bisherigen Abnutzung durch den Mietgebrauch des Mieters (so auch *Scholl* WuM 1998, 327, 328). Dies wird bestätigt, wenn man sich vor Augen führt, dass in der Ausübung der Abwendungsbefugnis durch den Vermieter eine Genehmigung der Aufwendungen des Mieters gem. § 684 S. 2 BGB liegen dürfte mit der Folge, dass der Vermieter dem Mieter sogar Aufwendungsersatz gem. §§ 683 S. 1, 670 BGB schuldet (so zutreffend Herrlein/Kandelhard/*Kandelhard* § 552 Rdn. 4).

# 4. Geltendmachung berechtigten Interesses an der Wegnahme durch den Mieter

......

(Mieter)

an

......

Vermieter)

Sehr geehrte(r) ......

hiermit möchte ich Bezug nehmen auf Ihr gut gemeintes Angebot vom ...... Wie ich Ihnen jedoch bereits anlässlich Ihres Besuches bei mir erklärt habe, werde ich die ...... (Benennung der vom Vermieter begehrten Einrichtung) abbauen und mitnehmen. Das Recht hierzu können Sie mir mit Ihrem Angebot nicht nehmen. Mein berechtigtes Interesse an der Mitnahme der ...... (die in Rede stehende Einrichtung) ergibt sich aus Folgendem:

Wie Sie sicherlich mit Kennerblick erkannt haben, handelt es sich bei der ...... (die Einrichtung) um eine Sonderanfertigung der Firma ...... aus den frühen sechziger

Jahren. Es ist zwar ein Gebrauchsgegenstand, der aber heute unter anderem in Museen für moderne Kunst in Paris und New York zu bewundern und auf dem Markt längst nicht mehr erhältlich ist. Da ich auch in meinen zukünftigen Räumen auf den Genuss dieser ...... (die Einrichtung) nicht verzichten will, werden Sie sicherlich Verständnis dafür haben, dass ich Ihr freundliches Angebot ablehnen muss. Dabei kann ich mir im Übrigen nicht vorstellen, dass es eine gesetzliche Regelung gibt, die mich zum Zwangsverkauf verpflichtet, mich also insoweit regelrecht enteignen würde.

......

(Mieter)

## Anmerkung

Begehrt der Vermieter eine vom Mieter in den Mieträumen eingebrachte Einrichtung und übt er hierzu sein Recht aus § 552 Abs. 1 BGB, Abwendungsbefugnis, aus (vgl. dazu soeben Form. E. IV. 3), so kann der Mieter – unabhängig von der Frage der Eigentumsverhältnisse an der Einrichtung (vgl. hierzu insbes. Anm. 2. zu Form. E. IV. 1 sowie Anm. 4. zu Form. E. IV. 2) – diese nicht mehr rechtmäßig wegnehmen. Er kann aber das Recht des Vermieters dadurch zu Fall bringen, dass er ein **berechtigtes Interesse** an der Wegnahme der Einrichtung geltend macht, § 552 Abs. 1 letzter Hs. BGB. Ein solches Interesse liegt vor, wenn der Mieter **sachliche und nachvollziehbare Gründe** geltend macht. Dies können, müssen aber nicht wirtschaftliche Gründe sein. Auch das reine Liebhaberinteresse ist als berechtigtes Interesse anzuerkennen (vgl. Bub/Treier/*Scheuer* V. B Rdn. 268). Das Interesse des Mieters am Behalten einer Einrichtung, die z. B. mittlerweile zu einem wertvollen Sammlerstück geworden und auf dem Markt nicht mehr erhältlich ist – so wie in dem im Form. gebildeten Fall – hat daher Vorrang vor dem Interesse des Vermieters am Verbleib dieser Einrichtung in den Mieträumen. Daneben ist ein berechtigtes Interesse des Mieters etwa auch dann anzunehmen, wenn die Kosten der Wegnahme gering, die Kosten einer Neuanschaffung für den Mieter jedoch erheblich sind (Emmerich/Sonnenschein/*Emmerich* § 552 Rdn. 4).

# V. Rückgabe von Sicherheiten[1]

## 1. Abrechnung über die Barkaution

......
(Vermieter)

an

......
(Mieter)

Sehr geehrte(r) ......

nach Beendigung unseres Mietverhältnisses am ...... rechne ich über die von Ihnen bei Vertragsschluss als Mietsicherheit bereitgestellte Geldsumme[2] wie folgt ab:

| | |
|---|---|
| erhaltener Betrag | ...... EUR |
| zuzügl. Zinsen i. H. v. ......% p. a. auf diesen Betrag[3] für den Zeitraum von ...... bis ...... | ...... EUR |
| Gesamtbetrag Mietsicherheit | ...... EUR |

Die noch ausstehende Betriebskostenabrechnung für das Jahr ...... ergibt voraussichtlich einen Nachzahlungsbetrag zu Ihren Lasten in Höhe von EUR ...... Hierfür behalte ich von der Mietsicherheit vorläufig einen Betrag in dieser Höhe ein.[4] Somit ergibt sich

| | |
|---|---|
| Zwischensumme Rückforderung | ...... EUR |

Aus dem Mietverhältnis stehen mir weiter noch folgende nicht erfüllte Forderungen gegen Sie zu:

| | |
|---|---|
| Kosten für Malerarbeiten gemäß beigefügter Rechnung der Fa. ....... vom ...... | ...... EUR |
| Miete für den Monat ...... | ...... EUR |
| Nachzahlungsbetrag aus der Betriebskostenabrechnung vom ...... | ...... EUR |
| Gesamtbetrag Gegenforderungen | ......EUR |

Mit diesen Forderungen rechne ich hiermit gegen die Mietsicherheit auf.[5] Danach ergibt sich zu Ihren Gunsten noch ein

| | |
|---|---|
| Guthabenbetrag | ...... EUR |

Ihr Guthaben habe ich unter Beachtung der mir von Ihnen genannten Bankverbindung – Konto-Nr....... bei ......, BLZ: ...... – bereits überwiesen.

Über die Betriebskostenvorauszahlungen für das Jahr ...... (bezieht sich auf die ausstehende Betriebskostenabrechnung) werde ich Ihnen voraussichtlich bis zum ...... Abrechnung erteilen können.

......
(Vermieter)

*Schrifttum: Kinne*, Mietkaution, NZM 1998, 986.

## Anmerkungen

**1.** Der Mieter, der zu Beginn des Mietverhältnisses Mietsicherheit leistet, erlangt für die Hingabe der Sicherheitsleistung einen Rückgabeanspruch, welcher **durch das Ende des Mietverhältnisses aufschiebend bedingt** ist (BGH NJW 1982, 2186, 2187). Der Anspruch entsteht mithin bereits bei Vertragsschluss. Daraus, dass dieser Anspruch durch das Ende des Mietverhältnisses aufschiebend bedingt ist, folgt aber nicht, dass er sofort mit Vertragsende fällig wird.

Der Rückgabeanspruch wird erst **nach Ablauf** einer dem Vermieter nach Vertragsende zu gewährenden und, soweit keine Abrechnungsfrist vertraglich vereinbart ist, **angemessenen Prüfungs- und Überlegungsfrist fällig** (BGH NJW 1987, 2372). Innerhalb dieser Frist kann der Vermieter überlegen, ob er sich durch Aufrechnung wegen ihm zustehender Gegenforderungen aus der Mietkaution befriedigen will. Während dieser Zeit – wie auch zuvor während der Dauer des Mietverhältnisses (vgl. Kap. A. III. 20) – ist eine **Aufrechnung des Mieters** mit der Mietsicherheit gegen Ansprüche des Vermieters ausgeschlossen (BGH NJW 1972, 721). Der Vermieter muss es deshalb nicht hinnehmen, wenn der Mieter meint, er könne z. B. vor Vertragsende seine Mietzahlungen einstellen und den Vermieter auf die Mietsicherheit verweisen.

Höchst unterschiedlich wird die Frage beantwortet, was als angemessene Prüfungs- und Überlegungsfrist gelten könne. Die Rspr. gewährt Vermietern Fristen von drei bis zu sechs Monaten. Die Frist kann im Einzelfall aber auch mehr als sechs Monate betragen (BGH NJW 1987, 2372). Die Heranziehung der Verjährungsfrist des § 548 Abs. 1 BGB als **Maßstab der Angemessenheit** lehnt der BGH ab (a. a. O., S. 2373; a. A. OLG Celle NJW 1985, 1715). Das hat zur Folge, das der Vermieter, dessen Schadensersatzanspruch gem. § 548 Abs. 1 BGB verjährt ist, unter Umständen mit diesem **verjährten Schadensersatzanspruch gegen den Rückgabeanspruch des Mieters aufrechnen** kann, sofern sich beide Ansprüche in unverjährter Zeit gegenüber gestanden haben – § 215 BGB (BGH a. a. O. S. 2373; NJW 1998, 981; Staudinger/*Emmerich* § 551 Rdn. 31; a. A. OLG Celle NJW 1985, 1715, 1716: aus der Sicherungsabrede ergebe sich ein Ausschluss der Aufrechnungsmöglichkeit; Bedenken gegen die h. M. auch noch bei Staudinger/*Emmerich* § 550 b Rdn. 46).

Der BGH zieht für die Frage der Bemessung der Abrechnungsfrist über die Barkaution den Vergleich mit seiner Rspr. zur Frage, wann der Vermieter seinen Nachzahlungsanspruch aus einer Betriebskostenabrechnung verwirkt – wonach der Mieter nicht annehmen kann, allein deswegen, weil der Vermieter in angemessener Frist nicht abgerechnet habe, verzichte dieser auf Forderungen, die ihm zustehen (BGH NJW 1984, 1684: neben dem sog. Zeitmoment bedarf es noch eines sog. Umstandsmomentes) – und hält fest, dass Gleiches auch für die Abrechnung der Mietsicherheit gelten müsse (BGH NJW 1987, 2372, 2373). Nach Einführung der zwölfmonatigen Ausschlussfrist für Nachforderungen des Vermieters von Wohnraum aus einer Betriebskostenabrechnung, § 556 Abs. 3 S. 3 BGB, könnte somit die Prüfungs- und Überlegungsfrist des Vermieters bei der Abrechnung über die Mietsicherheit bis zu maximal 12 Monaten betragen (so Herrlein/Kandelhard/*Herrlein* § 551 Rdn. 20). Dies erscheint unter Berücksichtigung gerade auch der Interessen des Mieters zu lange und vom BGH sicherlich auch nicht gewollt. Anhaltspunkt bleibt vielmehr ein Zeitraum von höchstens 6 Monaten ab Rückgabe der Mietsache, mithin ab dem Zeitpunkt, ab dem sich der Vermieter ungestört ein Bild vom Zustand der Mietsache machen kann (vgl. BGH NJW 1994, 1788, 1789 und 1858; vgl. auch BGH WuM 2000, 419, 421). Allenfalls bei besonderen Problemen des Vermieters im Zusammenhang mit der Bezifferung der Gegenansprüche kann man im Einzelfall an eine längere Abrechnungsfrist denken. Der Vergleich mit einer Betriebskostenabrechnung wird sich im Übrigen darüber hinaus auch nicht so weit ziehen lassen, dass man dem Ablauf der Prüfungs- und Überlegungsfrist auch die Wirkungen der in § 556 Abs. 3 S. 3 BGB bestimmten Ausschlussfrist beilegt. Andernfalls würde das Zugriffsrecht des Vermieters auf die Barkaution erlöschen und er würde seine Aufrechnungsmöglichkeit verlieren. Die vom Vermieter erstellte Abrechnung hat den Anforderungen des § 259 Abs. 1 BGB zu genügen.

**2.** Zur **Barkaution** siehe eingehend **Form. A. III. 20.**

**3.** Der dem Vermieter als Mietsicherheit überlassene Geldbetrag ist auch bei Gewerberaummietverhältnissen vom Zeitpunkt des Empfangs an zu dem für Spareinlagen mit dreimonatiger Kündigungsfrist üblichen Zinssatz zu verzinsen, was sich für den Bereich der Wohnraummiete aus § 551 Abs. 3 S. 1 BGB ergibt. Die **Verzinsungspflicht** ergibt sich, falls zwischen den Parteien keinerlei Regelung diesbezüglich getroffen wurde, aus ergänzender Auslegung des Mietvertrages (BGH NJW 1994, 3287).

**4.** Der Vermieter ist berechtigt, einen angemessenen Teil – orientiert an den Abrechungen der Vorjahre und ggf. zuzüglich eines Aufschlags für eventuelle Kostensteigerungen von ca. 10% – der Mietsicherheit für noch abzurechnende Betriebskosten einzubehalten (OLG Hamburg NJW-RR 1988, 651).

**5.** Auch nach Ablauf von sechs Monaten seit Beendigung des Mietverhältnisses kann der Vermieter, dessen Schadensersatzansprüche gem. § 548 Abs. 1 BGB verjährt sind, mit diesen **verjährten Schadensersatzansprüchen gegen den Rückzahlungsanspruch des Mieters aufrechnen,** wenn die Schadensersatzansprüche in dem Zeitpunkt noch nicht verjährt waren, in dem erstmals aufgerechnet werden konnte, § 215 BGB (siehe vorstehend Anm. 1). Dies gilt allerdings nicht für eine als Mietsicherheit geleistete Bürgschaft, bei der dem Bürgen sämtliche Einreden auch des Hauptschuldners zur Seite stehen, also auch die Einrede der Verjährung der Hauptschuld (BGH NZM 1998, 224).

Der Vermieter kann sich nicht nur durch Aufrechnung für seine Ansprüche befriedigen, er soll es auch müssen. Er kann die Mietsicherheit **nicht zu dem Zwecke zurückbehalten, um Erfüllungsansprüche durchzusetzen** (vgl. LG Mannheim WuM 1988, 362: Mit dem Geldcharakter der Mietkaution sei es nicht zu vereinbaren, dass der Vermieter gegenüber dem Rückgewähranspruch des Mieters ein Zurückbehaltungsrecht mit der Begründung geltend mache, dass er gegen den Mieter einen Anspruch auf Wiederherstellung des früheren Zustandes der Mietsache habe).

# 2. Bürgschaftsrückgabe

......

(Vermieter)

an

......

(Bürge)

Sehr geehrte(r)......

am...... endete das zwischen mir und...... (Mieter) bestehende Mietverhältnis über...... gemäß Mietvertrag vom......

Sie hatten mit schriftlicher Erklärung vom...... zum Zwecke der Sicherung meiner Ansprüche aus diesem, Ihnen bekannten Mietvertrag eine Bürgschaftsverpflichtung übernommen. Da ich aus dem genannten Mietverhältnis keinerlei Ansprüche mehr erhebe, entlasse ich Sie hiermit ausdrücklich aus Ihrer Verpflichtung und gebe Ihnen anbei unter Verzicht auf meine Rechte[2] aus dem Bürgschaftsvertrag die Urkunde über Ihre Bürgschaftserklärung vom ...... im Original zurück.[3]

......

(Vermieter)

## Anmerkungen

**1.** Auch die als Mietsicherheit beigebrachte Bürgschaft endet regelmäßig mit Entfallen der gesicherten Hauptschuld (vgl. MünchKommBGB/*Habersack* § 765 Rdn. 48; zu den besonderen Formen der Mietbürgschaft siehe Kap. A. III. 22). Erhebt der Vermieter gegen den Mieter keinerlei aus dem Mietverhältnis folgenden Ansprüche nach dessen Beendigung oder hat er sich für diese aus der Mitsicherheit Befriedigung verschafft, so erlischt damit auch die Mietbürgschaft. Dies folgt aus dem **akzessorischen Verhältnis zwischen Bürgschaft und Hauptschuld**, wie es der gesetzlichen Regelung zu entnehmen ist, §§ 767, 768 BGB. Die Parteien können zulässigerweise hiervon abweichende, andere Regelungen treffen.

Gegebenenfalls ist der Bürge gehalten, den Vermieter, der sich nicht über die Verwendung der Mietsicherheit erklärt, aber auch die Mietbürgschaft nicht „zurückgibt", unter Verweis auf die nicht unbegrenzte Prüfungs- und Abrechnungsfrist (vgl. Anm. 1 zu Form. E. V. 1) **zu einer Entschließung über die Verwendung der Mietsicherheit aufzufordern**, um auf diese Weise das Erlöschen der Bürgschaftsschuld herbeizuführen bzw. sich über die Absichten des Vermieters klar zu werden.

**2.** Wegen der Akzessorietät der Bürgschaft hat der im vorstehenden Form. vom Vermieter ausgesprochene Verzicht auf seine Rechte aus dem Bürgschaftsvertrag rein deklaratorischen Wert. Bestünde die Hauptschuld noch und wäre die Bürgschaft damit noch nicht entfallen, so könnte der Vermieter den Bürgschaftsvertrag auch nicht bloß durch seine einseitige Erklärung aufheben. Hierzu bedürfte es vielmehr des Abschlusses eines Erlassvertrages gem. § 397 Abs. 1 BGB (OLG Hamburg NJW 1986, 1691; MünchKommBGB/*Habersack* § 765 Rdn. 59).

**3.** Da die Bürgschaft ein besitzloses Sicherungsmittel ist, kann sie nicht im eigentlichen Sinne zurückgegeben werden. Der Bürge hat lediglich aus § 371 S. 1 BGB **Anspruch auf Rückgabe der Bürgschaftsurkunde** (LG München NJW-RR 1998, 992). Behauptet der Vermieter, zur Rückgabe außerstande zu sein, so kann der Bürge das öffentlich beglaubigte Anerkenntnis des Vermieters verlangen, dass die Bürgschaft erloschen sei, § 371 S. 2 BGB.

Die **Rückgabe der Bürgschaftsurkunde allein** vermag die Bürgschaft nicht zum Erlöschen zu bringen (vgl. soeben Anm. 2), auch wenn dies immer wieder in den entsprechenden Formulartexten geschrieben steht. Für das Zustandekommen des Bürgschaftsvertrages ist zwar gem. § 766 S. 1 BGB die schriftliche Erteilung des Bürgschaftsversprechens erforderlich, mithin die Hingabe der Bürgschaftsurkunde an den Gläubiger. Auf den Fortbestand des wirksam geschlossenen Bürgschaftsvertrages hat die Rückgabe der Urkunde jedoch keine unmittelbare Auswirkung (OLG Hamburg NJW 1986, 1691). Die wortlose Rückgabe mag im Einzelfall aber Indiz für einen Antrag auf Abschluss eines Erlassvertrages sein, den der Bürge nur noch anzunehmen braucht.

## 3. Geltendmachung bei Eigentumswechsel gegenüber dem Erwerber[1]

......

(Mieter)

an

......

(Erwerber)

Sehr geehrte(r) ......

nach Beendigung des zwischen uns bestehenden Mietverhältnisses am ...... fordere ich Sie hiermit auf, über die von mir am ...... meinem damaligen Vermieter, dem Eigentümer des Anwesens ...... (Ortsangabe), ...... (Name), zum Zwecke der Mietsicherheit bereitgestellte Geldsumme in Höhe von EUR ...... Abrechnung zu erteilen und mir den entsprechenden Guthabenbetrag unter freundlicher Beachtung folgender Bankverbindung ...... auszuzahlen.[2] Ihre sämtlichen Ansprüche aus dem Mietverhältnis sind bereits erfüllt.

Ich trete an Sie heran, da mir der Aufenthaltsort von ...... (Name des Veräußerers) nicht bekannt ist. Mein Rückgewähranspruch Ihnen gegenüber ergibt sich dabei aus dem Gesetz, § 566 a S. 1 BGB.

......

(Mieter)

### Anmerkungen

**1.** Nach § 566 a S. 1 BGB tritt der Erwerber der Mieträume ausdrücklich ohne weitere Voraussetzungen in die Pflicht des Veräußerers zur Rückgewähr der Mietsicherheit ein. Damit wird bestimmt, dass der Mieter die an den vormaligen Vermieter geleistete Mietsicherheit bei Ende des Mietverhältnisses von dem Erwerber verlangen kann, auch wenn dieser sie vom Veräußerer nicht erhalten hat. Der Gesetzgeber der Mietrechtsreform 2001 wollte damit die Schwierigkeiten aus dem Weg räumen, die der Mieter bei der Zurückerlangung gegen den Veräußerer haben kann, etwa wenn der Eigentumswechsel bereits lange Zeit zurückliegt und dem Mieter der Aufenthaltsort des Veräußerers unbekannt ist (vgl. BT-Drucks. 14/5663, S. 81). Mit dem Erwerber steht der Mieter dagegen für gewöhnlich in Kontakt und weiß, wie er ihn erreichen kann. Der Gesetzgeber sieht hierin keine unzumutbare Belastung des Erwerbers. Dieser sorge schon aus eigenem Interesse für den Übergang der Mietsicherheit (oder z. B. für eine Verrechnung mit dem Kaufpreis).

Nach früherem Recht (§ 572 S. 2 BGB a. F.) war dagegen der Erwerber zur Rückgewähr der Mietsicherheit nur verpflichtet, wenn sie ihm ausgehändigt worden war, oder wenn er dem Veräußerer gegenüber die Verpflichtung zur Rückgewähr an den Mieter übernommen hatte. Nachdem es der Gesetzgeber unterlassen hatte, insoweit eine besondere **Übergangsregelung** zu schaffen, war zunächst zweifelhaft, ob in Fällen eines **Eigentumswechsels vor dem 1. 9. 2001** die Regelung des alten § 572 BGB weiter anzuwenden war (dagegen z. B. *Franke* ZMR 2001, 951, 952), was vom BGH in diesem Sinne entschieden wurde (BGH NJW 2005, 3494; NJW-RR 2005, 962).

Die Bestimmung des § 566a BGB findet auch im **Gewerberaummietrecht** Anwendung, § 578 Abs. 1 BGB.

**2.** Das Form. behandelt den Fall des Verlangens nach Rückgewähr einer sog. Barkaution. Ist Mietsicherheit durch andere **besitzgebundene Sicherheiten** – z. B. die Verpfändung von Wertpapieren, wie auch die Verpfändung eines Sparguthabens, in der Regel durch Übergabe der Sparurkunde an den Sicherungsnehmer – geleistet worden, so ist der Vermieter nach Wegfall des Sicherungszweckes zur Rückgewähr dieser Verkörperungen der Mietsicherheit aufzufordern, also etwa zur Herausgabe des Sparbuchs oder der Wertpapiere.

Die Rückgewähr einer Mietbürgschaft (ein **besitzloses Sicherungsmittel**) stellt sich als unproblematisch dar. Die Bürgschaft geht gem. § 401 Abs. 1 BGB automatisch mit dem Eigentum auf den Erwerber über. Hier entgeht der Erwerber der Gefahr, etwas herausgeben zu müssen, was er vom Veräußerer gar nicht erlangt hat (vgl. dazu soeben Anm. 1). Ist der Sicherungszweck entfallen oder hat sich der Vermieter für seine Ansprüche aus der Mietbürgschaft vollständige Befriedigung verschafft, so erlischt damit wegen ihrer Akzessorietät regelmäßig auch die Mietbürgschaft (vgl. Anm. 1. zu Form. E. V. 2).

Der Bürge hat dann aus § 371 S. 1 BGB einen **Anspruch auf Rückgabe der Bürgschaftsurkunde** (LG München NJW-RR 1998, 992). Behauptet der Erwerber, zur Rückgabe der Bürgschaftsurkunde außerstande zu sein, etwa weil er sie von dem Veräußerer nie erhalten hat und auch nicht mehr erlangen kann, so kann der Bürge das öffentlich beglaubigte Anerkenntnis des Erwerbers verlangen, dass die Bürgschaft erloschen sei, § 371 S. 2 BGB (siehe hierzu vorstehend Form. E. V. 2).

## 4. Geltendmachung bei Eigentumswechsel gegenüber dem Veräußerer[1]

......

(Mieter)

an

......

(Veräußerer)

Sehr geehrte(r) ......

nach Beendigung des zwischen mir und Ihrem Rechtsnachfolger, ...... (Name des Erwerbers), an den Sie seinerzeit das Anwesen, in dem sich die von mir angemietete Mietsache befand, verkauft haben, bestehenden Mietverhältnisses am ...... ist es mir nicht gelungen, die Ihnen damals zum Zwecke der Mietsicherheit zur Verfügung gestellte Geldsumme in Höhe von EUR ...... wiederzuerlangen, da ...... (der Erwerber) – wie nunmehr leider feststeht – bereits seit langem zahlungsunfähig ist.[2]

Ich fordere daher Sie auf, mir über meine Mietkaution vom ...... Abrechnung zu erteilen und mir den entsprechenden Guthabenbetrag auszuzahlen. Sämtliche Ansprüche des ...... (der Erwerber) aus dem Mietverhältnis sind – ebenso wie seinerzeit die Ihrigen – bereits erfüllt. Meine Bankverbindung lautet: ......

Mein Rückgewähranspruch Ihnen gegenüber ergibt sich dabei aus dem Gesetz, § 566a S. 2 BGB.

......

(Mieter)

*Schrifttum: Lebek,* Forthaftung des Veräußerers eines Mietobjektes für an den Erwerber ausgehändigte Mietsicherheiten, NZM 2000, 1211.

### Anmerkungen

**1.** Gemäß § 566a S. 2 BGB haftet der Veräußerer dem Mieter neben dem Erwerber, und zwar gegenständlich und zeitlich unbeschränkt, auf Rückgewähr der Mietsicherheit. Hierdurch wird dem Veräußerer das Risiko auferlegt, die Mietsicherheit an Stelle des ggf. zahlungsunfähig gewordenen Erwerbers zurückzugewähren zu müssen, obwohl er sie dem Erwerber beim Eigentumswechsel übergeben hat. Diese Rechtsfolge war bis zu einer Entscheidung des BGH im Jahre 1999 (NZM 1999, 496) heftig umstritten. Der BGH trug mit seiner Rechtsprechung dem Umstand Rechnung, dass nicht der Mieter sich den Erwerber als Vertragspartner ausgesucht hat, wohl aber der Veräußerer, dem damit auch das Risiko der Insolenz des Erwerber zufallen muss. Der Gesetzgeber des Mietrechtsreformgesetzes übernahm diese Rechtsprechung des BGH in das Gesetz. Die Frage, was für Mietverhältnisse vor dem 1. 9. 2001 zu gelten habe (siehe Anm. 1 zu Form. E. V. 3), stellte sich in diesem Fall nicht.

Die Bestimmung findet auch im **Gewerberaummietrecht** Anwendung, § 578 Abs. 1 BGB.

**2.** Das Form. behandelt den Fall des Verlangens nach Rückgewähr einer Barkaution. Zum Rückgabeverlangen bezüglich anderer Sicherungsmittel siehe näher Anm. 2 zu Form. E. V. 3.

## 5. Sonstige Sicherheiten (z. B. Naturalsicherheiten, Hinterlegung, Sicherungsabtretung)[1]

......

(Sicherungsgeber)[2]

an

......

(Vermieter)

Sehr geehrte(r)......

nach Beendigung des ...... (zwischen uns bestehenden/zwischen Ihnen und ...... bestehenden) ...... Mietverhältnisses am ...... fordere ich Sie hiermit zur Rückgewähr folgender von mir gestellter Mietsicherheit auf.[3] Ihre sämtlichen Ansprüche aus dem Mietverhältnis sind bereits erfüllt, mit der Folge, dass ......

- das Pfandrecht an meiner Fettecke erloschen ist. Sie wollen daher bitte vereinbarungsgemäß die Fettecke vollständig entfernen und entsorgen, sowie mir Fett gleicher Art und Güte wie das von mir damals aufgebrachte, mithin ein fünf Kilogramm schweres Stück deutscher Markenbutter, bis spätestens ...... hierher in mein neues Atelier zurückgeben (Anmerkung: der Künstler Joseph B. hatte in den Räumen des Vermieters als Mietsicherheit eine Fettecke angebracht).[4]
- ich nunmehr zum Empfang der mit Verfügung vom ...... bei dem Amtsgericht ...... (Bezeichnung der Hinterlegungsstelle) unter dem Aktenzeichen ...... zur Hinterlegung angenommen Wertpapiere berechtigt bin. Sie wollen somit bitte

die Herausgabe der hinterlegten Wertpapiere bis spätestens ...... schriftlich hierher an meine neue Anschrift bewilligen (Anmerkung: der Mieter oder für diesen ein Dritter hatte für den Vermieter als Mietsicherheit Wertpapiere hinterlegt).[5]

- ich nach unserer Sicherungsabrede vom ...... von Ihnen die Rückabtretung der Ihnen damals zur Sicherheit abgetretenen Forderung gegen ...... (Schuldner des Sicherungsgebers) verlangen kann. Sie wollen deshalb bitte bis spätestens ...... eine schriftlich Erklärung hierher an meine neue Anschrift übermitteln, wonach Sie mir den Abschluss eines Abtretungsvertrages über die genannte Forderung antragen und zugleich auf eine Annahmeerklärung meinerseits verzichten (Anmerkung: der Mieter oder für diesen ein Dritter hat dem Vermieter als Mietsicherheit eine Forderung abgetreten).[6]

- ich nach unserer Sicherungsabrede vom ...... von Ihnen die Rückübereignung des Lkw's ...... (Hersteller, Typ, Fahrgestell- und Motor-Nr., amtl. Kennzeichen) verlangen kann. Sie wollen mir deshalb bitte bis spätestens ...... eine schriftliche Erklärung hierher an meine neue Anschrift zugehen lassen, wonach Sie mir die Übereignung des genannten Lkw's antragen und zugleich auf eine Annahmeerklärung meinerseits verzichten (Anmerkung: der Mieter oder für diesen ein Dritter hat dem Vermieter als Mietsicherheit einen Lkw sicherungsübereignet).[7]

......

(Sicherungsgeber)

## Anmerkungen

**1.** Die in diesem Form. behandelten Sicherheiten sind zwar denkbar haben tatsächlich aber keine praktische Bedeutung (vgl. Schmidt-Futterer/*Blank* § 551 Rdn. 51). Aus diesem Grunde werden sie hier in aller gebotener Kürze abgehandelt, wobei das Form. insoweit aus sich selbst heraus verständlich ist.

**2.** Der **Sicherungsgeber** muss **nicht in jedem Fall zugleich der Mieter** sein. Bei der Bürgschaft (siehe hierzu Form. E. V. 2) kann der Sicherungsgeber sogar nie der Mieter sein, da der Bürge sich immer für die Erfüllung der Verbindlichkeit eines Dritten einzustehen verpflichtet, § 765 Abs. 1 BGB. Die Mietsicherheit ist somit nicht in erster Linie dem Mieter, sondern dem Sicherungsgeber zurückzugewähren. Dieser ist Gläubiger des Rückgewähranspruchs. Der Rückgewähranspruch des Sicherungsgebers ergibt ist je nach der Art des Sicherungsmittels aus Gesetz oder Vertrag (der Sicherungsabrede).

**3.** Zur Bestellung der Mietsicherheit siehe im Einzelnen Form. A. III. 20 bis 23.

**4.** Der Mieter hat dem Vermieter eine **bewegliche Sache**, nämlich die von ihm geschaffene Plastik, **zur Sicherheit übergeben**. Dieses im Form. aus deutscher Markenbutter bestehende Kunstwerk ist in den Räumen des Vermieters unmittelbar und ohne weitere Verbindungsstücke auf den Putz aufgebracht worden. Es ist dadurch nicht wesentlicher Bestandteil des Gebäudes geworden, da die Anbringung lediglich **zu dem vorübergehenden Zweck der Sicherheitsleistung** erfolgte, § 95 Abs. 2 BGB. Im vorliegenden Fall haben die Parteien bei Bestellung des Pfandrechts vereinbart, dass der Vermieter dem Mieter Fett gleicher Art und Güte wie das von ihm damals hingegebene zurückgeben soll. Es handelt sich deshalb um ein **unregelmäßiges Pfandrecht**, auf das die §§ 1204 ff. BGB aber entsprechend anwendbar sind (vgl. Palandt/*Bassenge* vor § 1204 Rdn. 5). In diesem Fall ist der Vermieter für die Dauer seiner Pfandgläubigerschaft Eigentümer der Pfandsache geworden.

Das Pfandrecht erlischt mit der Forderung, für die es besteht, § 1252 BGB. Rechtsfolge ist die **Rückgewährverpflichtung** des Vermieters nach § 1223 BGB, wobei beim unregelmäßigen Pfand die Bestimmung dahingehend entsprechend anzuwenden ist, dass der Vermieter **nach Erlöschen des Pfandrechts** nicht „das Pfand", sondern ähnlich dem Sachdarlehen gem. § 607 BGB eine bewegliche Sache gleicher Art, Güte und Menge hinzugeben hat.

Hat der Vermieter Ansprüche gegen den Mieter, für die das Pfand haftet, und will er deshalb das **Pfand verwerten**, so ist er berechtigt, sich **durch Verkauf** der Pfandsache **im Wege öffentlicher Versteigerung** für seine Ansprüche Befriedigung verschaffen, § 1228 Abs. 1 BGB. Er kann aber auch versuchen, mit dem Mieter eine **Vereinbarung** zu treffen, nach der ihm das **Eigentum an der Pfandsache selbst übertragen** wird. Vor Eintritt der Verkaufsberechtigung kann eine solche Vereinbarung jedoch nicht getroffen werden, § 1229 BGB (Verbot des Verfallpfandes). Im Falle des unregelmäßigen Pfandrechts ist zu beachten, dass der Vermieter bereits Eigentümer der Pfandsache geworden ist, und lediglich schuldrechtlich in seiner Verfügungsfreiheit beschränkt ist. Der Vermieter müsste demnach mit dem Mieter eine Vereinbarung treffen, wonach der Mieter dem Vermieter die Rückgewährschuld erlässt, § 397 Abs. 1 BGB.

Praktisch werden – wenn überhaupt – kann die Verpfändung beweglicher Sachen zum Zwecke der Mietsicherheit, wenn z. B. der Mieter, der nicht über ausreichendes Geldvermögen verfügt, statt dessen Sachen zur Sicherheit anbieten kann, die für den Markt keinen, wohl aber für den Vermieter einen – subjektiven! – Wert haben. Dann mag der Vermieter bereit sein, sie statt eines Geldbetrages hinzunehmen. Diese **subjektive Wertvorstellung** kennzeichnet die Fälle der Liebhaberei. Sie kann sich – wie im Form. – auf Kunstwerke, könnte sich aber auch auf teuere alte Weine, seltene Möbelstücke, antiquarische Bücher o. ä. beziehen.

**5.** Im Falle einer **Hinterlegung** nach §§ 232 Abs. 1, 233 BGB bestimmt sich die Herausgabe zur Mietsicherheit hinterlegten Geldes oder – wie im vorliegenden Form. – hinterlegter Wertpapiere nach den §§ 12 ff. der Hinterlegungsordnung. Die Herausgabe wird auf Antrag des Herausgabeberechtigten von der Hinterlegungsstelle verfügt, wenn der Empfänger seine **Herausgabeberechtigung nachweist**. Den Nachweis führt er u. a., indem er ein Schriftstück vorlegt, in welchem der Vermieter die Herausgabe der hinterlegten Wertpapiere an den Hinterleger bewilligt bzw. dessen Empfangsberechtigung in gleicher Weise anerkennt, § 13 Abs. 2 Nr. 1 HinterlO.

**6.** Im Falle der **Sicherungsabtretung** ergibt sich die Rückgewährpflicht aus der Sicherungsabrede; jedenfalls aber aus § 812 BGB. Die Rückgewähr der Sicherheit erfolgt – wie schon die Hingabe – durch Abtretung gem. § 398 BGB (vgl. näher statt vieler Palandt/*Grüneberg* § 398 Rdn. 25; MünchKommBGB/*Roth* § 398 Rdn. 110 jew. m. w. N.).

**7.** Im Falle der **Sicherungsübereignung** ergibt sich die Rückgewährpflicht ebenfalls aus der Sicherungsabrede; jedenfalls aber aus § 812 BGB. Die Rückgewähr der Sicherheit erfolgt durch Übereignung gem. § 929 S. 2 BGB (siehe im Einzelnen nur Palandt/*Bassenge* § 930 Rdn. 17 und 28; MünchKommBGB/*Oechsler* Anh. n. §§ 929 bis 936 Rdn. 47 jew. m. w. N.).

# VI. Ausübung des Vermieterpfandrechts[1]

## 1. Geltendmachung

......
(Vermieter)

an

......
(Mieter)

Sehr geehrte(r)......

wie Ihnen aus meinem Schreiben vom ...... bekannt ist, stehen mir Ihnen gegenüber noch verschiedene Forderungen zu,[2] die innerhalb der dort genannten Frist nicht ausgeglichen wurden.

Sie schulden mir somit ...... (kurze Auflistung der Ansprüche des Vermieters).

Wegen dieser Forderungen mache ich hiermit ausdrücklich von dem mir gemäß § 562 Abs. 1 BGB zustehenden Vermieterpfandrecht Gebrauch, und zwar an allen in die Mieträume eingebrachten Sachen,[3] soweit sie der Pfändung unterworfen sind.[4] Mein Pfandrecht erstreckt sich dabei insbesondere auf:

...... (Auflistung der dem Vermieter bekannten, wertvollen Pfandsachen)

Ich weise Sie darauf hin, dass weder Sie noch Dritte berechtigt sind, die vorstehend genannten Pfandsachen aus den Mieträumen zu entfernen.[5] Einer Entfernung widerspreche ich daher hiermit ausdrücklich. Ich weise ferner darauf hin, dass ich auch ohne Gerichtsbeschluss berechtigt bin, im Wege der Selbsthilfe die Entfernung dieser Pfandsachen zu verhindern und sie in diesem Fall selbst in Besitz zu nehmen. Dessen ungeachtet müssen Sie im Falle der Zuwiderhandlung auch mit einer gerichtlichen einstweiligen Verfügung rechnen und ich würde die Angelegenheit strafrechtlich überprüfen lassen.

......
(Vermieter)

*Schrifttum: Gnamm,* Zusammentreffen von Sicherungsübereignung und Vermieterpfandrecht, NJW 1992, 2806; *Nicolai,* Vermieterpfandrecht und (Raum-)Sicherungsübereignung, JZ 1996, 219.

## Anmerkungen

**1.** Das Vermieterpfandrecht des § 562 BGB hat als Sicherungsmittel **in der Praxis** (vor allem bei der Wohnraummiete) **kaum Bedeutung**; gewissermaßen umgekehrt, als die Zahl der gesetzlichen Normen, die auch nach der Mietrechtsreform beibehalten wurde, vermuten lässt: §§ 562 bis 562 d BGB. Das Vermieterpfandrecht ist in seiner Realisierung umständlich. Zudem ist die mit der Ausübung des Vermieterpfandrechts verbundene Gefahr für den Vermieter – insbesondere bei der Durchsetzung des Pfandrechts im Wege der von § 562 b Abs. 1 BGB erlaubten Selbsthilfe – rechtsfehlerhaft zu handeln, nicht gering. Zahlungsunfähige Mieter haben für gewöhnlich auch nur eine wertlose Einrichtung in den Mieträumen; wertvollere Einrichtungsgegenstände gehören ihnen typischerweise noch nicht oder nicht mehr oder sind – etwa weil für den Gewerbebetrieb des Mieters, sofern noch aufrechterhalten, unabdingbar – unpfändbar (vgl. § 811 ZPO – näher sogleich Anm. 4). Mit der Erstreckung des Vermieterpfandrechts auf Anwartschaften des Mieters ist dem Vermieter meistens wenig geholfen (MünchKommBGB/*Artz* § 562 Rdn. 4). Deshalb hat die vertraglich vereinbarte Mietkaution die Rolle des Vermieterpfandrechts als Sicherungsmittel des Vermieters weitgehend übernommen.

Das Vermieterpfandrecht **entsteht kraft Gesetzes**. Daher sind gem. § 1257 BGB die Vorschriften der §§ 1204 ff. BGB für ein durch Rechtsgeschäft bestelltes Pfandrecht entsprechend anwendbar, mit Ausnahme derjenigen, die den Besitz des Pfandgläubigers an der Pfandsache voraussetzen. Das Vermieterpfandrecht ist vom Gesetz als **besitzloses Pfandrecht** ausgestaltet.

Die **Verwertung** der Pfandsache geschieht **durch Verkauf im Wege öffentlicher Versteigerung, §§ 1233 ff. BGB**. Will der Vermieter die Pfandsache verwerten, so muss er notfalls sein Herausgaberecht aus § 1231 BGB gerichtlich geltend machen.

**2.** Der Vermieter hat ein Pfandrecht nur **für Forderungen aus dem Mietverhältnis.** Das sind diejenigen Ansprüche, die sich aus dem Wesen der entgeltlichen Gebrauchsüberlassung der Mieträume ergeben (BGH NJW 1973, 238). Als solche sind vor allem zu nennen Ansprüche auf Zahlung von Miete und Nebenkosten, sämtliche Ersatzansprüche des Vermieters wegen Beschädigung der Mieträume, Ansprüche auf Nutzungsentschädigung (BGH NJW 1972, 721), Ansprüche auf Durchführung von Schönheitsreparaturen, soweit diese bereits in eine Geldforderung übergegangen sind. Auch für die Kosten der Rechtsverfolgung und eines Räumungsprozesses haftet das Pfand, § 1210 Abs. 2 BGB. **Nicht** dazu zählen **selbstständige, neben dem Mietvertrag begründete Ansprüche,** auch wenn sie wirtschaftlich betrachtet im Zusammenhang mit dem Mietvertrag stehen. Das sind z. B. der Rückzahlungsanspruch des Vermieters für ein dem Mieter gewährtes Umbaudarlehen (BGH NJW 1973, 238) oder die aus einem Bierlieferungsvertrag folgenden Ansprüche (Palandt/*Weidenkaff* § 562 Rdn. 12).

Das Pfandrecht sichert dabei **Forderungen aus der Vergangenheit** unbeschränkt. Diese müssen zum Zeitpunkt der ersten Geltendmachung des Pfandrechts bereits nach Grund und Höhe entstanden sein (OLG Hamm NJW-RR 1994, 655). Der Vermieter kann dabei grundsätzlich auch für **bereits verjährte Forderungen** aus der Pfandsache Befriedigung suchen, § 216 Abs. 1 BGB. Ausgenommen von dieser Fortwirkung des Pfandrechts sind aber nach § 216 Abs. 3 BGB grundsätzlich (Ausn. § 562 Abs. 2 BGB – siehe sogleich) Ansprüche auf **rückständige Miete**, als wiederkehrende Leistung i. S. d. Bestimmung.

Für **künftige Entschädigungsforderungen** haftet das Pfand grundsätzlich nicht, auch wenn diese zumindest dem Grunde nach schon feststehen (*Sternel* III Rdn. 262). Diese **Beschränkung** des Pfandrechts **auf bereits nach Grund und Höhe entstandene Ansprüche** ist für Forderungen auf rückständige Miete vom Gesetz allerdings wieder gelockert. Das Pfand haftet ausnahmsweise für die **Miete für eine spätere Zeit als das laufende und das folgende Mietjahr** (nicht Kalenderjahr!) – § 562 Abs. 2 BGB.

**3.** Das Vermieterpfandrecht entsteht allein an **Sachen des Mieters.** Das sind nur einzelne körperliche Gegenstände, § 90 BGB. Forderungen des Mieters unterliegen in keinem Fall dem Vermieterpfandrecht. Somit ist **bei Wertpapieren** (im weiteren Sinne) **zu prüfen, ob es sich um Inhaber- und indossable Papiere handelt** oder nur um Legitimationspapiere i. S. v. §§ 808, 952 BGB. Bei letzteren – zu nennen sind hier auf Namen lautende Hypothekenbriefe, Lebensversicherungspolicen und vor allem Sparbücher – ist das Entstehen eines Vermieterpfandrechts ausgeschlossen. Bei Inhaber- und indossablen Papieren folgt ‚das Recht am Papier demjenigen aus dem Papier‘, weshalb diese Wertpapiere taugliche Pfandsachen darstellen, §§ 1292, 1293 BGB. **Geldzeichen** sind Sachen und werden deshalb ebenfalls vom Pfandrecht umfasst. Zu denken ist hier insbesondere an Kassenbestände in Geschäftslokalen.

Der Mieter muss diese Sachen in die Mieträume eingebracht haben. Die **Einbringung** stellt sich als das gewollte Hineinschaffen der Sache in die Mieträume durch den Mieter während der Dauer des Mietverhältnisses dar (RGZ 132, 116). Gelangen Sachen des Mieters ohne oder gegen dessen Willen in die Mieträume, so liegt keine Einbringung vor. Der Mieter muss also die Sache zum Zwecke der Ausübung seines Gebrauchsrechts in die Mieträume geschafft haben. Auf die Entstehung des Vermieterpfandrechts muss sich die Vorstellung des Mieters dabei nicht beziehen. Das Pfandrecht entsteht ohne oder auch gegen dessen Willen allein kraft Gesetzes. Willensmängel bezüglich der Einbringung kann der Mieter keinesfalls geltend machen, da die Einbringung nicht Rechtsgeschäft sondern **Realakt** ist. Der Begriff des Einbringens ist von der Rspr. dahingehend erweitert, dass auch **in den Mieträumen bzw. auf dem Mietgrundstück erst erzeugte Sachen**, wie z. B. Ziegelsteine, grundsätzlich als pfandrechtsfähige Sachen angesehen werden (RGZ 132, 116).

Umstritten ist, ob bei **nur vorübergehender Einbringung** das Vermieterpfandrecht nicht entsteht (so z. B. Palandt/*Weidenkaff* § 562 Rdn. 6; Bub/Treier/*v. Martius* III. A Rdn. 846). Das überzeugt nicht (ebenso *Sternel* III Rdn. 263). Die Ausgestaltung des Vermieterpfandrechts als besitzloses Pfandrecht stellt eine Ausnahme innerhalb des BGB dar. Diese Ausnahme lässt das Gesetz nur zu, weil die gewöhnlich vom Besitz vermittelte sachenrechtliche Publizität hier durch das Abstellen auf den Machtbereich des Mieters gewährleistet ist. Allein anhand dieses Merkmals der Einbringung in die Mieträume (bzw. auf das Mietgrundstück) kann der Rechtsverkehr die Frage beurteilen, welche Sachen damit dem Vermieter zur Sicherheit für seine Forderungen haften. Nicht hinreichend zuverlässig ließe sich aber beurteilen, ob eine Sache vom Mieter nur zu vorübergehenden Zwecken in die Mieträume verbracht wurde. Aus Gründen der Rechtssicherheit ist daher der „vorübergehende Zweck" gewissermaßen als negatives Tatbestandsmerkmal, der das Entstehen des Vermieterpfandrechts verhindert, abzulehnen.

An Gegenständen, die erst **nach Beendigung des Mietverhältnisses eingebracht** wurden, entsteht kein Pfandrecht (*Sternel* III Rdn. 263).

**4.** Nicht vom Vermieterpfandrecht erfasst werden zunächst **der Pfändung nach § 811 ZPO nicht unterliegende Sachen**, § 562 Abs. 1 S. 2 BGB. Ob auch die von § 812 ZPO genannten Gegenstände – also gewöhnlicher Hausrat des Mieters, bei dem ohne weiteres ersichtlich ist, dass der durch Verwertung zu erzielende Erlös zu dem Wert außer Verhältnis steht – der Pfändung i. S. v. § 562 Abs. 1 S. 2 BGB nicht unterliegen, ist umstritten, vom mieterschützenden Zweck der Bestimmung ausgehend aber zu bejahen (Staudinger/*Emmerich* § 562 Rdn. 22; vgl. auch *Sternel* III Rdn. 261; a. A. etwa *Lammel* § 562 Rdn. 13).

Der Vermieter, der irrtümlich einen Gegenstand verwertet, der in Wahrheit nicht vom Vermieterpfandrecht erfasst wurde, begeht eine unerlaubte Handlung i. S. v. § 823 BGB sowie eine Vertragsverletzung gem. § 280 Abs. 1 BGB, weshalb er dem Mieter zum Schadensersatz verpflichtet ist (OLG Frankfurt/Main WuM 1979, 191).

Das Vermieterpfandrecht entsteht nur an Sachen des Mieters. Das sind zunächst **Sachen, die im Eigentum des Mieters** stehen. Steht dem Mieter lediglich ein **Anwartschaftsrecht** etwa an einer unter Eigentumsvorbehalt eines Dritten stehenden Sache zu, so bezieht sich das Pfandrecht des Vermieters auf diese Anwartschaft. Erstarkt die Anwartschaft zum Volleigentum, so hat der Vermieter ein Pfandrecht an der Sache selbst (BGH NJW 1965, 1475). Der Vermieter kann die Erstarkung zum Vollrecht durch Zahlung des Restkaufpreises gegenüber dem Vorbehaltsverkäufer herbeiführen, § 267 Abs. 1

BGB. Er kann aber nicht verhindern, dass der Mieter etwa durch einverständliche Aufhebung des Kaufvertrages das Pfandrecht hinfällig werden lässt (vgl. *Lammel* § 562 Rdn. 27).

**Sachen, die vor dem Zeitpunkt der Einbringung bereits im Sicherungseigentum eines Dritten stehen,** sind keine Sachen des Mieters und werden daher vom Pfandrecht des Vermieters nicht erfasst. Gleiches gilt wiederum, für den Fall, dass dem Mieter lediglich ein Anwartschaftsrecht zusteht. In diesem Fall einer vorhergehenden Sicherungsübereignung erwirbt der Sicherungsnehmer unbelastetes Volleigentum. Da die Sache zu keinem Zeitpunkt Sache des Mieters ist, kann ein Vermieterpfandrecht nicht entstehen (*Nicolai* JZ 1996, 219, 220).

An **Sachen des Mieters, die dieser nach Einbringung** (ohne nochmalige Ortsveränderung) **einem Dritten sicherungsübereignet,** besteht ein dem Sicherungseigentum des Dritten gegenüber vorrangiges Pfandrecht des Vermieters. Gleiches gilt, wenn dem Mieter lediglich ein Anwartschaftsrecht zusteht. Dieses ist im Falle einer nachträglichen Sicherungsübereignung mit dem vorrangigen Pfandrecht des Vermieters belastet.

Nach h. M. entsteht im Falle einer **Raumsicherungsübereignung** das Pfandrecht des Vermieters mit Vorrang vor dem Sicherungseigentum des Sicherungseigentümers (BGH NJW 1992, 1156; a. A. etwa Bub/Treier/*v. Martius* III. A Rdn. 857; *Gnamm* NJW 1992, 2806, 2807). Das (Raum-)Sicherungseigentum entsteht, wenn der Mieter die vorweg zur Sicherheit übereigneten Sachen in die besicherten Mieträume einbringt, also im selben Zeitpunkt in dem das Vermieterpfandrecht kraft Gesetzes begründet wird. Der **Sicherungseigentümer erlangt** aber immer nur **belastetes Eigentum.** An diesem Vorrang des Vermieterpfandrechts ließe sich zweifeln, da beide Rechte konstruktiv gleichzeitig zur Entstehung gelangen. Indes muss die Entscheidung zugunsten des Vermieters und gegen den Raumsicherungseigentümer ausfallen. Die Lösung des Kollisionsfalles lässt sich dem Gesetz dabei nicht unmittelbar entnehmen (vgl. *Nicolai* JZ 1996, 219, 221). Der Fall konnte vom Gesetzgeber auch schon deshalb nicht berücksichtigt werden, weil die Sicherungsübereignung erst nach Inkrafttreten des BGB in den Kreis der anerkannten Rechtsgeschäftstypen aufgenommen wurde. Angesichts der bestehenden und ausfüllungsbedürftigen Regelungslücke hat sich der BGH (NJW 1992, 1156) zu Recht für den Vorrang des Vermieterpfandrechts entschieden. Maßgebend ist die im Gesetz – insbesondere in § 562 Abs. 1 S. 1 BGB selbst – zum Ausdruck gekommene Wertung des Gesetzgebers. Allein der Bezug auf bestimmte Räumlichkeiten macht im Hinblick auf den sachenrechtlichen Bestimmtheitsgrundsatz die Raumsicherungsübereignung erst zu einem rechtsgültigen Geschäft. Handelt es sich hierbei aber um Mieträume, so muss sich die Wertung des Gesetzes, das dem Vermieter an eingebrachten Sachen des Mieters ein anderen Gläubiger gegenüber vorrangiges Pfandrecht gewährt, gegenüber den Interessen des Sicherungsnehmers durchsetzen. Dieser hat es in der Hand, im Wege der Einzelsicherungsübereignung lastenfreies Sicherungseigentum zu begründen.

Das Vermieterpfandrecht geht dem **Wegnahmerecht des Mieters** nach § 539 Abs. 2 BGB vor (BGH NJW 1987, 2861). Ist der **Mieter nur Miteigentümer** der eingebrachten Sache, so entsteht das Pfandrecht nur an seinem Miteigentumsanteil, § 1258 Abs. 1 BGB. Dem Vermieterpfandrecht sind **Sachen sonstiger Mitbewohner, die nicht Partei des Mietvertrages sind** – also unter Umständen auch die Ehefrau und regelmäßig die Kinder des Mieters –, nicht unterworfen.

**5.** Die Entfernung der Pfandsache aus den Mieträumen bzw. vom Mietgrundstück führt zum Erlöschen des Vermieterpfandrechts (siehe hierzu näher sogleich Form. F. VI. 2).

# 2. Widerspruch gegen die Entfernung und Rückschaffungsverlangen[1]

......

(Vermieter)

an

......

(Mieter)

Sehr geehrte(r) ......

soeben habe ich erfahren, dass Sie damit begonnen haben, die ...... (Bezeichnung der Pfandsachen) vom Mietgrundstück fortzuschaffen.[2]

Ich widerspreche hiermit sowohl der Wegschaffung der ...... (Bezeichnung der Pfandsachen) sowie aller übrigen von meinem gesetzlichen Pfandrecht als Vermieter erfassten Sachen.[3]

Weder Sie noch Dritte sind berechtigt, diese meinem Pfandrecht unterliegenden Sachen vom Mietgrundstück zu entfernen.

Ich verlange daher von Ihnen, dass Sie die ...... (Bezeichnung der Pfandsachen) wieder auf das Mietgrundstück zurückschaffen bzw. mir zum Zwecke der Zurückschaffung herausgeben. Sollten Sie meinem Verlangen nicht freiwillig Folge leisten, wäre ich gezwungen, ohne nochmalige Ankündigung Klage zu erheben oder den Erlass einer einstweiligen Verfügung zu beantragen.

......

(Vermieter)

*Schrifttum: Kohl,* Zum Erlöschen des Vermieterpfandrechts an Kraftfahrzeugen, NJW 1971, 1733.

## Anmerkungen

**1.** Das Vermieterpfandrecht als gesetzliches Pfandrecht (vgl. Anm. 1 zu Form. E. VI. 1) erlischt u. a. mit der Forderung, für die es besteht (§ 1252 BGB), durch rechtsgeschäftliche Aufhebung (§ 1255 BGB) sowie im Falle des Zusammentreffens von Pfandrecht und Eigentum (§ 1256 BGB). Häufigster Grund für das Erlöschen des Vermieterpfandrechts ist allerdings die **Entfernung der Pfandsache aus den Mieträumen bzw. vom Mietgrundstück.** So einfach, und damit vorteilhaft für den Vermieter, das Vermieterpfandrecht zur Entstehung gelangt – es genügt die Einbringung der Sache in die Mieträume oder Verbringung auf das Mietgrundstück (siehe hierzu Anm. 3 zu Form. E. VI. 1) – so leicht kann es der Mieter wieder zum Erlöschen bringen. Gemäß § 562 a S. 1 BGB genügt hierzu die bloße Entfernung der Pfandsache vom Mietgrundstück. Die Annahme, eine **bloß vorübergehende Entfernung** lasse das Pfandrecht nicht erlöschen (so LG Neuruppin NZM 2000, 962, 963; Bub/Treier/*v. Martius* III. A Rdn. 871; Wolf/Eckert/*Ball*, Handbuch des gewerblichen Miet-, Pacht- und Leasingrechts, 9. Aufl. 2004, Rdn. 686; **a. A.** OLG Karlsruhe NJW 1971, 624, 625; *Sternel* III Rdn. 265; *Kohl* NJW 1971, 1733, 1734), ist ebenso und aus denselben Gründen abzulehnen, wie die Annahme, eine Einbringung der Sache zu einem bloß vorübergehenden Zweck lasse das Pfandrecht nicht zur Entstehung gelangen (vgl. Anm. 3 zu Form. E. VI. 1). Wiederum ist schon aus Gründen der Rechtssicherheit das Merkmal des „vorübergehenden Zwecks" abzulehnen (so zu Recht *Sternel* a. a. O. Rdn. 263 u. 265).

Demnach ist der Fall, dass der Mieter mit seinem bis dahin mit dem Vermieterpfandrecht belasteten Fahrzeug vom Mietgrundstück fort zur Bank fährt, um es dieser sicherungszuübereignen, danach aufzulösen, dass die Bank unbelastetes Eigentum an dem Kraftfahrzeug erlangt. Das Vermieterpfandrecht erlischt mit jeder Ausfahrt. Es kann bei der Einfahrt auf das Grundstück dann nicht wieder neu entstehen, da das Kraftfahrzeug zu diesem Zeitpunkt dem Mieter nicht mehr gehört (so OLG Karlsruhe NJW 1971, 624: der Gesetzgeber habe bewusst ein Pfandrecht geschaffen, welches nur geringen praktischen Wert besitze; a. A. LG Neuruppin NZM 2000, 962: vorübergehende Entfernung führe nicht zu Enthaftung).

Das Vermieterpfandrecht erlischt ferner mit **Wegnahme der Sache durch einen Gerichtsvollzieher,** der der Vermieter nach § 805 Abs. 1 S. 1 ZPO nicht widersprechen kann. Mit der Wegnahme erlischt das Pfandrecht (MünchKommBGB/*Artz* § 562 a Rdn. 8; Staudinger/*Emmerich* § 562 a Rdn. 6; a. A. Bub/Treier/*v. Martius* III. A Rdn. 873, Wolf/Eckert/*Ball*, Handbuch des gewerblichen Miet-, Pacht- und Leasingrechts, 9. Aufl. 2004, Rdn. 694: das Vermieterpfandrecht bestehe weiter und gehe somit dem Pfändungspfandrecht im Rang vor).

**2.** Das Vermieterpfandrecht erlischt nicht, wenn die Entfernung ohne (positives) Wissen des Vermieters oder unter dessen Widerspruch erfolgt, § 562 a S. 1 BGB. Weiß der Vermieter von der Entfernung, so ist er gehalten zu widersprechen, will er sein Pfandrecht nicht verlieren. Er muss **anlässlich der Entfernung** den **Widerspruch** erklären. Der Widerspruch kann **nicht allgemein,** gewissermaßen vorbeugend **im voraus,** erklärt werden (Palandt/*Weidenkaff* § 562 a Rdn. 6).

Der Widerspruch wirkt dem Erlöschen des Pfandrechts aber nur entgegen, wenn der Vermieter nicht **zur Duldung der Entfernung** gem. § 562 a Abs. 2 BGB **verpflichtet** ist. Bei bestehender Duldungspflicht erlischt das Pfandrecht auch in den Fällen, in denen der Vermieter von der Entfernung nichts weiß (Palandt/*Weidenkaff* § 562 a Rdn. 7). Hier kann er nicht widersprechen, weil er von der Entfernung nichts weiß, und wüsste er von ihr, wäre sein Widerspruch wirkungslos. Duldungspflichten des Vermieters bestehen in folgenden Fällen: Die **Entfernung entspricht den gewöhnlichen Lebensverhältnissen,** § 562 a S. 2 BGB. Dies ist insbesondere der Fall bei der bestimmungsgemäßen Benutzung eines Kraftfahrzeuges, der Fortschaffung einer reparaturbedürftigen Sache in eine Werkstatt, bei der Mitnahme von Sachen als Reiseutensilien. Für den Bereich der Gewerberaummiete steht gleichbedeutend dazu die Entfernung **im regelmäßigen Betriebe des Geschäfts des Mieters.** Hierzu gehört z.B. die tägliche Entfernung der Kasseneinnahme, nicht dagegen die Veranstaltung eines Totalausverkaufes, bei dem der Warenbestand verschleudert werden soll (BGH NJW 1963, 147).

Ferner hat der Vermieter die **Wegnahme** der Sache **durch einen Gerichtsvollzieher** zu dulden (siehe vorstehend Anm. 1 a. E.).

Der Widerspruch ist schließlich auch dann ausgeschlossen, **wenn die zurückbleibenden Sachen zur Sicherung des Vermieters offenbar ausreichen** (§ 562 a S. 2 a. E. BGB). Der Verwendung des Wortes „offenbar" ist zu entnehmen, dass hier eine überschlägige Wertermittlung durch den Mieter ausreicht, um den Vermieter auf die zurückbleibende ausreichende Sicherheit verweisen zu können. Eine sorgfältige Bilanzierung kann der Vermieter nicht verlangen (Blank/*Börstinghaus* § 562 a Rdn. 16).

**3.** Wird die **Sache trotz und unter Widerspruch des Vermieters entfernt,** so kann dieser die **Herausgabe** zum Zwecke der Zurückschaffung auf das Mietgrundstück verlangen, oder, wenn der Mieter schon ausgezogen ist, die **Überlassung des Besitzes** an der entfernten Sache, § 562a Abs. 2 S. 1 BGB. Gibt der Mieter sie nicht freiwillig heraus, so muss der Vermieter innerhalb eines Monats ab Kenntniserlangung (gemeint ist positive Kenntnis) von der Entfernung gegen den Mieter **Klage erheben,** will er nicht sein Pfandrecht verlieren. Dies scheitert in der Praxis meist daran, dass dem Vermieter die weggeschafften Sachen nicht so genau bekannt sind, dass er in der Lage wäre, einen vollstreckungsfähigen Klagantrag zu stellen.

Daneben gibt das Gesetz dem Vermieter auch nach der Mietrechtsreform – trotz scharfer Kritik im Schrifttum, z.B. MünchKommBGB/*Voelskow,* 3. Aufl., § 561 Rdn. 2: „... in einem neuzeitlichen Zivilgesetzbuch ein Schandfleck" – ein **Selbsthilferecht** zum Zwecke der Verhinderung der Entfernung, § 562b Abs. 1 BGB. Der Vermieter kann die Entfernung gewaltsam verhindern, wenn er berechtigt ist, der Entfernung zu widersprechen. Um nicht in verbotener Eigenmacht zu handeln muss der Vermieter aber eine umfangreiche rechtliche Prüfung vornehmen. Der **Gefahr, dem Mieter wegen verbotener Eigenmacht haftbar zu werden,** kann der Vermieter letztendlich nur dadurch entgehen, dass er bei Gericht den Erlass einer **einstweiligen Verfügung** erwirkt.

# VII. Rückgabe sonstiger Mieterleistungen

## 1. Im Voraus entrichtete Miete

......

(Mieter)

an

......

(Vermieter)

Sehr geehrte(r)......

nach Beendigung des zwischen uns bestehenden Mietverhältnisses am ...... fordere ich Sie hiermit auf, die an Sie im voraus bis zum ...... Zeitangabe) bezahlte Miete zu einem Betrag in Höhe von EUR ......, an mich rückzuerstatten.[1] Dieser Betrag entspricht dem Anteil am Gesamtbetrag meiner Vorauszahlung, den ich durch die nunmehr erfolgte vorzeitige Beendigung unseres Mietverhältnisses nicht mehr abwohnen kann.[2]

Mein Rückerstattungsanspruch ergibt sich gem. § 547 Abs. 1 S. 1 BGB aus dem Mietvertrag. Meine Bankverbindung ist Ihnen bekannt.

......

(Mieter)

### Anmerkungen

**1.** Die Rückzahlungspflicht des Vermieters nach § 547 BGB ist eine **zur Vertragspflicht ausgestaltete Rückgewähr** einer Zahlung, für die die Gegenleistung weggefallen ist (so BGH NJW 1955, 302). Der Mieter ist demnach hier nicht auf Ansprüche aus Bereicherungsrecht beschränkt. Die Verweisung auf das Bereicherungsrecht in § 547 Abs. 1 S. 2 BGB ist Rechtsfolgenverweisung, betrifft also nicht den Grund, sondern lediglich den Umfang des Bereicherungsanspruchs (vgl. Palandt/*Weidenkaff* § 547 Rdn. 6). Der Vermieter kann dem Mieter also keinesfalls entgegenhalten, er habe bei der Vorausleistung gewusst, dass er zur Leistung nicht verpflichtet war, § 814 BGB (zum Entreicherungseinwand i. S. v. § 818 Abs. 3 BGB siehe sogleich Anm. 2).

§ 547 BGB gilt als allgemeine Vorschrift für Wohnraum- wie Gewerberaummietverhältnisse. Bei Mietverhältnissen über Wohnraum ist die Vorschrift zwingend, § 547 Abs. 2 BGB.

Nach § 556 b Abs. 1 BGB – die Miete ist zu Beginn, spätestens bis zum dritten Werktag der einzelnen Zeitabschnitte zu entrichten – ist der Tatbestand **im Voraus entrichteter Miete** stets erfüllt (anders noch der aber zwar meist abbedungene § 551 BGB a. F., der ansonsten aber gem. Art. 229 § 3 Abs. 1 Nr. 7 EGBGB auf am 1. 9. 2001 bereits bestandene Mietverhältnisse nach wie vor anzuwenden wäre). So liegt es etwa auch, wenn die Miete für die gesamte Mietzeit auf einmal im voraus entrichtet wird (BGH NJW

1998, 595). Unter im Voraus entrichteter Miete ist neben der regelmäßigen Mietvorauszahlung **ferner jede Leistung** des Mieters zu verstehen, **die sich als Gegenleistung für die Überlassung des Gebrauchs der Mieträume darstellt** (Herrlein/Kandelhard/*Kandelhard* § 547 Rdn. 4; *Lammel* § 547 Rdn. 11). Derartige Leistungen können u. a. sein: **über die Miete rückzahlbare Mieterdarlehen** (BGH NJW 1970, 93; siehe hierzu Form. E. VII. 2), **abwohnbare Baukostenzuschüsse** (BGH NJW 1971, 1658; vgl. Form. E. VII. 3), **Aufwendungsersatzansprüche**, wenn diese vereinbarungsgemäß **auf die Miete angerechnet** werden (BGH NJW 1970, 2289) oder ein **verrechneter Kaufpreisnachlass beim sale-and-lease-back** eines Grundstücks (BGH NJW 2000, 2987).

Nicht hierunter zählt der sog. **verlorene Baukostenzuschuss** (siehe hierzu Form. E. VII. 4).

**2.** Der Anspruch entsteht mit **Beendigung des Mietverhältnisses** und wird sofort fällig (*Sternel* III Rdn. 174; Staudinger/*Rolfs* § 547 Rdn. 22). Der Grund der Beendigung ist für die Anspruchsentstehung gleichgültig (Blank/*Börstinghaus* § 547 Rdn. 2). Hat der Vermieter einen Anspruch gegen den Mieter auf Nutzungsentschädigung nach § 546 a BGB, so steht ihm ein Zurückbehaltungsrecht zu (Staudinger/*Rolfs* § 547 Rdn. 22; a. A. Blank/*Börstinghaus* § 547 Rdn. 10: der Erstattungsanspruch des Mieters wird erst fällig, wenn der Mieter keine Nutzungsentschädigung mehr schuldet). Eine Abrechnungsfrist steht dem Vermieter – anders als etwa bei der Abrechnung über die Mietkaution (vgl. Form. E. V. 1) – nicht zu (Bub/Treier/*Scheuer* V. B Rdn. 326).

Nach der Fassung des § 547 Abs. 1 S. 1 BGB hat der Vermieter regelmäßig die Pflicht zur **Rückerstattung des Erlangten in voller Höhe,** ohne die Möglichkeit des Einwandes, er sei nicht mehr bereichert (§ 818 Abs. 3 BGB). Außerdem hat er die vom Mieter **nicht** „abgewohnte" Mietvorauszahlung für die Zeit **vom Empfang an** bis zur Rückerstattung **zu verzinsen** (§§ 246 BGB, 352 HGB). Die insbesondere wegen des Entreicherungseinwandes **mildere Haftung nach Bereicherungsrecht** kommt dem Vermieter ausnahmsweise dann zugute, wenn er die **Beendigung des Mietverhältnisses nicht zu vertreten** hat, § 547 Abs. 1 S. 2 BGB. In diesem Fall tritt eine Verzinsungspflicht erst mit Verzug bzw. über §§ 819, 818 Abs. 4 BGB ein.

Das **Vertretenmüssen** i. S. v. § 547 BGB setzt – wohl unstreitig – kein Verschulden i. S. v. § 276 BGB voraus (Schmidt-Futterer/*Gather* § 547 Rdn. 24). Daher wird von der h. M. lediglich gefragt, wem die Beendigung des Mietverhältnisses zuzurechnen sei (Schmidt-Futterer/*Gather* a. a. O.; *Sternel* III Rdn. 169), wobei aber letztlich nicht ersichtlich ist, welcher Unterschied zwischen Verschulden und Zurechenbarkeit hier von der h. M. gemacht wird, wenn z. B. im Fall der vorzeitigen Beendigung des Mietverhältnisses durch einverständlichen Aufhebungsvertrag zu klären sein soll, wem die Umstände zuzurechnen sind, die zum Abschluss des Mietaufhebungsvertrags geführt haben (Staudinger/*Rolfs* § 547 Rdn. 18; vgl. auch Bub/Treier/*Scheuer* V. B Rdn. 331). Richtigerweise hat sich die Entscheidung der Frage, nach welchem Maßstab der Vermieter haftet, nach dem Vertretenmüssen bzw. in den Fällen, in denen das Gesetz nicht nach einem Vertretenmüssen fragt, nach der gesetzlichen Risikoverteilung zu richten. Es sind daher zunächst die verschuldensabhängigen von den verschuldensunabhängigen Tatbeständen zu scheiden (ebenso Blank/*Börstinghaus* § 547 Rdn. 15). Setzt der Beendigungstatbestand das **Verschulden des Mieters** voraus – etwa bei der Kündigung wegen Nichtzahlung der Miete gem. § 543 Abs. 2 Nr. 3 BGB – so richtet sich sein Rückerstattungsanspruch nach den §§ 547 Abs. 1 S. 2, 818 (Abs. 3) BGB. Liegt dem Beendigungstatbestand ein **Verschulden des Vermieters** zugrunde – z. B. bei der Kündigung wegen schuldhafter Nichtgewährung des Gebrauchs nach § 543 Abs. 2 Nr. 1 BGB – so richtet sich der Rückerstattungsanspruch des Mieters nach den § 547 Abs. 1 S. 1 BGB. Handelt es sich um einen **vom Verschulden unabhängigen Beendigungstatbestand** – etwa die Ausübung des Sonderkündigungsrechtes des Mieters bei Modernisierungsmaßnahmen gem. § 554 Abs. 3

S. 2 BGB, im Falle verweigerter Erlaubnis zur Untervermietung gem. § 540 Abs. 1 S. 2 BGB oder auch bei der ordentlichen Kündigung des Mieters – so richtet sich, nach dem gesetzlichen Regel-Ausnahme-Verhältnis in § 547 Abs. 1 BGB, die Rückerstattungspflicht immer nach § 547 Abs. 1 S. 1 BGB (wie hier Blank/*Börstinghaus* § 547 Rdn. 15 bis 19; Herrlein/Kandelhard/*Kandelhard* § 547 Rdn. 7 ff.; *Sternel* III Rdn. 169 u. 172; a. A.; Bub/Treier/*Scheuer* a. a. O.).

## 2. Mieterdarlehen

......

(Mieter)

an

......

(Vermieter)

Sehr geehrte(r) .....

nach Beendigung des zwischen uns bestehenden Mietverhältnisses am ...... fordere ich Sie hiermit auf, das Ihnen von mir mit der Bestimmung zur Verrechnung mit Ihren Mietforderungen am ...... gewährte Darlehen zu einem Betrag in Höhe von EUR ...... an mich zurückzuerstatten. Dieser Betrag entspricht dem Anteil am Gesamtbetrag des Darlehensbetrages, den ich durch die nunmehr erfolgte vorzeitige Beendigung unseres Mietverhältnisses nicht mehr abwohnen kann.

Mein Rückerstattungsanspruch ergibt sich gem. § 547 Abs. 1 S. 1 BGB aus dem Mietvertrag. Meine Bankverbindung ist Ihnen bekannt.

......

(Mieter)

### Anmerkungen

Ein vom Mieter dem Vermieter gewährtes Darlehen ist als Mietvorauszahlung i. S. v. § 547 BGB zu bewerten, wenn die Darlehensrückzahlung vereinbarungsgemäß durch Aufrechnung gegen die Mietforderung bzw. die einzelnen Mietforderungen erfolgen soll (vgl. BGH NJW 1970, 93; Bub/Treier/*Scheuer* V. B Rdn. 361). Hierfür genügt die Verrechnung der Miete mit nur einer Rückzahlungsrate, so dass § 547 BGB nur dann keine Anwendung findet, wenn das dem Vermieter vom Mieter gewährte Darlehen beziehungslos zum Mietverhältnis steht, wenn sich also die Rückzahlungsmodalitäten allein nach den dortigen vertraglichen Absprachen richten (BGH NJW 1970, 1124). Bei Beendigung des Mietverhältnisses ist der nach Maßgabe der getroffenen Vereinbarungen noch nicht abgewohnte bzw. verrechnete Darlehensrest zurückzuerstatten und ab Empfang mit dem gesetzlichen Zinssatz von 4% p.a. des § 246 BGB – bzw. bei Handelsgeschäften mit 5% p.a.gem. § 352 HGB – (BGH NJW 1963, 709) zu verzinsen (BGH NJW 1970, 93 und 1124; 1971, 1658; vgl. Palandt/*Weidenkaff* § 547 Rdn. 5 und Einf. vor § 535 Rdn. 114). Fehlt es insoweit an eindeutigen vertraglichen Absprachen, erscheint es denkbar, Art. VI § 2 des Gesetzes zur Änderung des II. Wohnungsbaugesetzes u.a. (abgedruckt in den Anm. zu Form. E. VII. 4) entsprechend heranzuziehen, wonach ein Betrag in Höhe einer Jahresmiete durch eine Mietdauer von vier Jahren als getilgt bzw. abgewohnt anzusehen ist.

Die Formulierung in § 547 Abs. 1 S. 1 BGB ersetzt den früheren Verweis in § 557a Abs. 1 BGB a. F. auf § 347 BGB a. F. und den Weiterverweis auf das Eigentümer-Besitzer-Verhältnis, §§ 987, 989 BGB mit der Folge, dass sich der Vermieter nach wie vor nicht auf einen Wegfall der Bereicherung berufen kann (BT-Drucks. 14/4553, S. 45, vgl. Schmidt-Futterer/*Gather* § 547 Rdn. 31). Anders bei der Herausgabepflicht nach Bereicherungsrecht gem. § 547 Abs. 1 S. 2 BGB, wobei die Bereicherung des Vermieters selbst bei untergegangenem Mietobjekt wegen der vom Vermieter insoweit ersparten eigenen Aufwendungen so gut wie immer erhalten bleiben dürfte (so zu Recht *Lammel* § 547 Rdn. 22).

Zu Entstehung, Fälligkeit und Umfang des Rückerstattungsanspruches vgl. Anm. 2 zu Form. E. VII. 1.

## 3. Abwohnbarer Baukostenzuschuss

......

(Mieter)

an

......

(Vermieter)

Sehr geehrte(r) ......

nach Beendigung des zwischen uns bestehenden Mietverhältnisses am ...... fordere ich Sie hiermit auf, den Ihnen von mir mit der Bestimmung zur Verrechnung mit der Miete am ...... gezahlten Baukostenzuschuss zu einem Betrag in Höhe von EUR ......, an mich zurückzuerstatten. Dieser Betrag entspricht dem Anteil am Gesamtbetrag des Baukostenzuschusses, den ich durch die nunmehr erfolgte vorzeitige Beendigung unseres Mietverhältnisses nicht mehr abwohnen kann.

Mein Rückerstattungsanspruch ergibt sich gem. § 547 Abs. 1 S. 1 BGB aus dem Mietvertrag. Meine Bankverbindung ist Ihnen bekannt.

......

(Mieter)

*Schrifttum: Wedekind,* Baukostenzuschüsse/Mieterinvestitionen in der aktuellen Rechtsprechung des BGH, ZfIR 2009, 841

### Anmerkungen

Eine vom Mieter dem Vermieter zum Zwecke des Neu-, Aus- oder Wiederaufbaus bzw. zur Erweiterung, Wiederherstellung und Instandsetzung des Mietobjektes gewährte Geldleistung – denkbar sind auch Sachleistungen anderer Art – ist **als Mietvorauszahlung i. S. v. § 547 BGB zu bewerten,** wenn die Rückzahlung vereinbarungsgemäß durch Aufrechnung gegen die Mietforderung bzw. die einzelnen Mietforderungen erfolgen soll (vgl. nur Bub/Treier/*Scheuer* V. B Rdn. 347). Die Vereinbarung eines Baukostenzuschusses ist bei öffentlich gefördertem Wohnraum nach Maßgabe des § 9 WoBindG in der Regel unzulässig. Bei Beendigung des Mietverhältnisses ist der nach den vertraglichen Absprachen noch nicht abgewohnte bzw. verrechnete Anteil rückzuerstatten und ab Empfang mit dem gesetzlichen Zinssatz von 4% p. a. des § 246 BGB – bzw. bei Handelsgeschäften mit 5% p. a. gem. § 352 HGB – (BGH NJW 1963, 709) zu verzinsen (BGH

NJW 1971, 1658; vgl. Palandt/*Weidenkaff* Einf. vor § 535 Rdn. 111). Fehlt es insoweit an eindeutigen vertraglichen Absprachen, erscheint es denkbar, Art. VI § 2 des Gesetzes zur Änderung des II. Wohnungsbaugesetzes u. a. (abgedruckt in den Anm. zu Form. E. VII. 4) entsprechend heranzuziehen, wonach ein Betrag in Höhe einer Jahresmiete durch eine Mietdauer von vier Jahren als getilgt bzw. abgewohnt anzusehen ist.

Die Formulierung in § 547 Abs. 1 S. 1 BGB ersetzt den früheren Verweis in § 557 a Abs. 1 BGB a. F. auf § 347 BGB a. F. und den Weiterverweis auf das Eigentümer-Besitzer-Verhältnis, §§ 987, 989 BGB mit der Folge, dass sich der Vermieter nach wie vor nicht auf einen Wegfall der Bereicherung berufen kann (BT-Drucks. 14/4553, S. 45, vgl. Schmidt-Futterer/*Gather* § 547 Rdn. 31). Anders bei der Herausgabepflicht nach Bereicherungsrecht gem. § 547 Abs. 1 S. 2 BGB, wobei die Bereicherung des Vermieters selbst bei untergegangenem Mietobjekt wegen der vom Vermieter insoweit ersparten eigenen Aufwendungen so gut wie immer erhalten bleiben dürfte (so zu Recht *Lammel* § 547 Rdn. 22).

Zu Entstehung, Fälligkeit und Umfang des Rückerstattungsanspruches vgl. Anm. 2 zu Form. E. VII. 1.

## 4. Verlorener Baukostenzuschuss

......

(Mieter)

an

......

(Vermieter)

Sehr geehrte(r) .....

nach Beendigung des zwischen uns bestehenden Mietverhältnisses am ...... fordere ich Sie hiermit auf, den Ihnen von mir am ...... gezahlten Baukostenzuschuss zu einem Betrag in Höhe von EUR ......, an mich zurückzuerstatten. Dieser Betrag entspricht dem Nutzen, den Sie nun – durch gewinnbringende anderweitige Vermietung – aus der vorzeitigen Fertigstellung der Mieträume ziehen können.

Mein Rückerstattungsanspruch ergibt sich aus § 812 Abs. 1 S. 2 BGB. Meine Bankverbindung ist Ihnen bekannt.

......

(Mieter)

*Schrifttum: Wedekind,* Baukostenzuschüsse/Mieterinvestitionen in der aktuellen Rechtsprechung des BGH, ZfIR 2009, 841

### Anmerkungen

Eine vom Mieter dem Vermieter zum Zwecke des Neu-, Aus- oder Wiederaufbaus bzw. zur Erweiterung, Wiederherstellung und Instandsetzung des Mietobjektes (unabhängig davon, ob im Rahmen eines Wohn- oder Gewerberaummietverhältnisses) gewährte Geldleistung – denkbar sind auch Sachleistungen anderer Art – **wird nicht als Mietvorauszahlung i. S. v. § 547 behandelt,** wenn sie erbracht wird, ohne dass der Vermieter zur vollen oder teilweisen Rückerstattung verpflichtet sein soll (vgl. statt vieler

Schmidt-Futterer/*Gather* § 547 Rdn. 15 m.w.N.). Ob ein solcher sog. verlorener Baukostenzuschuss gegeben ist oder nicht etwa doch ein abwohnbarer Baukostenzuschuss
(siehe Form. E. VII. 3), ist Auslegungsfrage (vgl. OLG Düsseldorf NZM 2001, 1093).
Die Vereinbarung eines solchen Baukostenzuschusses ist bei öffentlich gefördertem
Wohnraum nach Maßgabe des § 9 WoBindG in der Regel unzulässig. Bei preisfreiem
Wohnraum ergibt sich der **Rückerstattungsanspruch des Mieters im Falle einer zulässigen Vereinbarung** über einen derartigen Baukostenzuschuss aus Art. VI des Gesetzes zur
Änderung des II. Wohnungsbaugesetzes; bei fehlender Vereinbarung oder bei Gewerberaum kann ein Anspruch nach § 812 Abs. 1 S. 2 BGB gegeben sein, wobei sich die Höhe
des Rückerstattungsanspruch dann nicht nach den vom Mieter aufgewandten Kosten,
sondern nach dem Vorteil des Vermieters aus der vorzeitigen Nutzungsmöglichkeit bemisst (BGH NJW-RR 2010, 86; 2001, 727; NJW 1985, 313, 315 m.w.N.; Palandt/*Weidenkaff* Einf. vor § 535 Rdn. 110). Eine etwaige Bereicherung des Vermieters bestimmt
sich daher danach, inwieweit es ihm gelingt, die Räume anderweitig zu einer höheren
Miete zu vermieten bzw. sonst gewinnbringend zu nutzen (BGH NJW 1967, 2255,
2256).

Art. VI des Gesetzes zur Änderung des II. Wohnungsbaugesetzes, anderer wohnungs-
rechtlicher Vorschriften und über die Rückerstattung von Baukostenzuschüssen vom
21. 7. 1961 (BGBl. I S. 1041), i.d.F. vom 24. 8. 1965 (BGBl. I S. 969) in Kraft getreten
am 22. 7. 1961, lautet:

§ 1. Hat ein Mieter oder für ihn ein Dritter dem Vermieter mit Rücksicht auf die Vermietung einer Wohnung auf Grund vertraglicher Verpflichtung einen verlorenen Zuschuss, insbesondere einen
verlorenen Baukostenzuschuss geleistet, und wird das Mietverhältnis nach dem 31. Oktober 1965
beendigt, so hat der Vermieter die Leistung, soweit sie nicht durch die Dauer des Mietverhältnisses
als getilgt anzusehen ist, nach Maßgabe des § 347 des Bürgerlichen Gesetzbuchs (Anm.: a. F.) zurückzuerstatten. Erfolgt die Beendigung des Mietverhältnisses wegen eines Umstandes, den der
Vermieter nicht zu vertreten hat, so hat er die Leistung nach den Vorschriften über die Herausgabe
einer ungerechtfertigten Bereicherung zurückzuerstatten.

§ 2. Beruht der Zuschuss auf einem nach dem Inkrafttreten dieses Gesetzes getroffenen Vereinbarung, so gilt ein Betrag in Höhe einer Jahresmiete durch eine Mietdauer von vier Jahren von der
Leistung an als getilgt. Dabei ist die ortsübliche Miete für Wohnungen gleicher Art, Finanzierungs-
weise, Lage und Ausstattung zur Zeit der Leistung maßgebend. Leistungen, die den Betrag einer
Vierteljahresmiete nicht erreichen, bleiben außer Betracht.

§ 3. Beruht der Zuschuss auf einer vor dem Inkrafttreten dieses Gesetzes getroffenen Vereinbarung, so gilt er als für eine Mietdauer gewährt, die unter Berücksichtigung aller Umstände, insbesondere der Höhe des Zuschusses und der laufenden Miete, der Billigkeit entspricht.

§ 4. Der Anspruch auf Rückerstattung verjährt nach Ablauf eines Jahres von der Beendigung des
Mietverhältnisses an.

§ 5. Eine von den Vorschriften der §§ 1 bis 4 zum Nachteil des Mieters abweichende Vereinbarung ist unwirksam.

§ 6. Die §§ 1 bis 5 gelten nicht für verlorene Zuschüsse, die wegen ihrer Unzulässigkeit nach anderen Vorschriften zurückzuerstatten sind.

§ 7. (Übergangsvorschrift, durch Zeitablauf gegenstandslos)

Besonders hinzuweisen ist auf die zwingende Regelung in § 2, wonach ein Zuschuss in
Höhe einer Jahresmiete in vier Jahren als abgewohnt gilt, und die **kurze Verjährungsfrist**
in § 4.

Die ersatzlose Streichung der §§ 57 c und 57 d ZVG hat entgegen weitverbreiteter
Meinung übrigens nicht dazu geführt, dass Rückerstattung von Baukostenzuschüssen
nicht weiterhin nach Bereicherungsrecht geltend gemacht werden könnte (vgl. *Wedekind*
ZfIR 2009, 841).

## 5. Aufwendungsersatzanspruch des Mieters[1]

......

(Mieter)

an

......

(Vermieter)

Sehr geehrte (r) ......,

ihr Aufforderungsschreiben vom ...... wegen der unbezahlt gebliebenen Miete für die letzen beiden Monate vor Mietende am ...... habe ich erhalten.

Nachdem ich jedoch jetzt von meinem Nachmieter, Herrn ......, erfahren habe, dass Sie die von mir auf meine Kosten erst vor drei Jahren mit einer modernen Gas-Etagenheizung ausgerüstete, und dadurch erst vollständig beheizbar gemachte Wohnung an Herrn ...... zum doppelten an Grundmiete vermietet haben, und weil mir Herr ...... außerdem schriftlich gegeben hat, dass Sie diesen Mietpreis gerade auch mit dem besonderen Komfort gerechtfertigt haben, welchen die von „Ihnen" neu eingebaute Heizung und Warmwasserbereitung sowohl im Winter, als auch im Sommer mit sich bringe,[2] erkläre ich hiermit gegenüber Ihrer Mietforderung die

### Aufrechnung[3]

mit meinem Ihre Restmietforderung bei weitem übersteigenden Ersatzanspruch. Ich verweise dafür insbesondere auf § 539 Abs. 1 i. V. m. §§ 677 ff. sowie 684 Satz 1, 951, 812 ff. BGB.

......

(Mieter)

*Schrifttum: Emmerich,* Die Verwendungen des Mieters, NZM 1998, 49; *Dauner-Lieb/Dötsch,* Aufwendungsersatz für eine Mangelbeseitigung durch den Mieter – Alte Fragen in neuem Gewand? NZM 2004, 641; *Dötsch,* NZM 2007, 275, Ersatz- bzw. Selbstvornahme im Mietrecht.

### Anmerkungen

**1.** Aufwendungen des Mieters auf die Mieträume sind ihm auf Verlangen vom Vermieter nach § 536a Abs. 2 BGB zu ersetzen, wenn er, der Vermieter, mit der **Beseitigung eines Mangels** oder auch der **erstmaligen Herstellung vertraglich geschuldeter Zustände in Verzug** war (Abs. 2 Nr. 1), oder es sich um **Notmaßnahmen** des Mieters handelte (Abs. 2 Nr. 2); sogenannte **notwendige Aufwendungen** (vgl. zum alten Recht *Emmerich* NZM 1998, 49, 50). **Sonstige Aufwendungen** (vgl. amtliche Überschrift der gesetzlichen Bestimmung), „die ihm der Vermieter nicht schon nach § 536a Abs. 2 zu ersetzen hat", die also außerhalb des Anwendungsbereichs mietrechtlicher Gewährleistung liegen, kann der Mieter gemäß § 539 Abs. 1 BGB unter den Voraussetzungen der **Geschäftsführung ohne Auftrag** (§§ 677 ff. BGB) ersetzt verlangen. Das Verhältnis der §§ 536a Abs. 2 BGB, 539 Abs. 1 BGB zueinander war nicht unumstritten (vgl. *Dauner-Lieb/Dötsch* NZM 2004, 641, 646: Eingreifen des § 539 Abs. 1 BGB allein bei berechtigter GoA; gesperrt sein müsse aber jeder Rückgriff auf §§ 684 S. 1, 812 ff. BGB; krit. zur gesetzlichen Regelung auch *Eckert* NZM 2001, 409, 412: kritiklose Übernahme des streitträchtigen § 547 Abs. 1 BGB a. F.) und ist vom BGH (NJW 2008, 1216) für den Bereich der mietrechtlichen Gewährleistung dahingehend geklärt worden, daß der Mieter Aufwendungen zur Mangelbeseitigung weder nach § 539 Abs. 1 BGB, noch als Schadensersatz nach § 536 a Abs. 1 BGB vom Vermieter ersetzt verlangen kann, wenn er den Mangel eigenmächtig beseitigt hat, obwohl weder Verzug noch Notfall vorlagen. Neben Aufwendungen zur Mangelbeseitigung, d. h. als „sonstige" i. S. der Überschrift von § 539 BGB kommen in Betracht: sog. nützliche Aufwendungen, oder **Luxusaufwendungen** (die berühmten vergoldeten Wasserhähne). Einen Fall **nützlicher Aufwendungen,** die der Mieter nämlich nicht zur Herstellung bzw. Wiederherstellung, sondern zur zweckmäßigen **Verbesserung des vertragsgemäßen „Minderstandards"** der Mieträume gemacht hatte, betraf die Entscheidung BGH NJW-RR 1993, 522, 524 (Instandsetzung und erst Wohnlichmachen eines „renovierungsbedürftig" vermieteten Hauses). Der Anspruch auf Ersatz solcher Aufwendungen setzt weder eine vorherige Anzeige nach § 536 c BGB voraus, noch – der verbesserungswürdige Zustand ist der vertraglich geschuldete! – eine Mahnung mit Fristsetzung wie nach § 536 a Abs. 2 Nr. 1 BGB (MünchKommBGB/*Bieber* § 539 Rdn. 9; vgl. auch BGH NJW-RR 1993, 522; dagg. wohl *Dauner-Lieb/Dötsch* NZM 2004, 641).

Die vertraglichen Aufwendungsersatzansprüche, und ebenso welche aus Geschäftsführung ohne Auftrag oder aus Bereicherung (BGH NJW 1974, 743; Emmerich/Sonnenschein/*Emmerich* § 548 Rdn. 11), **verjähren** gemäß § 548 Abs. 2 BGB binnen **sechs Monaten nach Vertragsende.** Die Verjährungsfrist beginnt also, anders als bei den Vermieteransprüchen, nicht erst (oder schon) mit Rückgabe der Mieträume zu laufen. Das wird gerne übersehen.

Nach **Ablauf der Mietzeit** oder während der Dauer eines (unerkannt) **unwirksamen „Mietvertrags",** aber vor Herausgabe der Mieträume gemachte Aufwendungen sind gegebenenfalls **im Eigentümer-Besitzer-Verhältnis nach §§ 994 ff.** BGB zu ersetzen, soweit der Mieter wegen Vertragsablaufs sein Recht zum Besitz verloren hat, oder ein solches mangels wirksamen Vertrags nie gehabt hat (vgl. BGH NJW 1967, 2255; Erman/*Jendrek* § 539 Rdn. 3; umstr., teilweise a. A. etwa *Emmerich* NZM 1998, 49, 50). Solche Aufwendungsersatzansprüche **erlöschen mit Ablauf von sechs Monaten nach Herausgabe,** wenn nicht vorher die gerichtliche Geltendmachung erfolgt oder der Eigentümer die Verwendungen genehmigt, § 1002 Abs. 1 BGB. Die kurze Verjährung der Mieteransprüche nach § 548 Abs. 2 BGB ist in diesem Falle auch nicht entsprechend heranzuziehen, da dort die Ansprüche tatbestandlich vor dem Ende (!) eines Mietvertrags (!) entstanden sein müssen (vgl. Emmerich/Sonnenschein/*Emmerich* § 548 Rdn. 11 m. w. N. aus der Rspr. von RG und BGH; vgl. auch BGH NJW 1974, 743). Der Anspruch verjährt vielmehr nach den allgemeinen Regeln der §§ 195, 199 Abs. 1 u. 4 BGB (Palandt/*Bassenge* § 1002 Rdn. 1).

Stets in Betracht kommt eine **Verwirkung** des Aufwendungsersatzanspruchs, gleich ob auf Vertrag, Geschäftsführung ohne Auftrag, Bereicherung, oder Eigentümer-Besitzer-Verhältnis beruhend, und zwar bemerkenswerterweise noch während der Zeit der Überlassung der Mieträume und überhaupt vor Beginn der Verjährungs- oder Ausschlussfristen nach §§ 548, 1002 BGB (BGH NJW 1959, 1629; MünchKommBGB/*Bieber* § 539 Rdn. 9).

**2.** Beansprucht der Mieter Ersatz sonstiger Aufwendungen nach den Regeln der Geschäftsführung ohne Auftrag, muss er zunächst mit **Fremdgeschäftsführungswillen** gehandelt haben, das heißt, er muss zumindest auch für den Vermieter und um der (Miet-) Sache willen tätig geworden sein, und die Baumaßnahmen müssen darüber hinaus dem **Willen des Vermieters entsprochen** haben **oder von ihm nachträglich genehmigt** worden sein (vgl. BGH NZM 1999, 19, 20). Um § 536a Abs. 2 BGB und die dortigen Voraussetzungen mietrechtlicher Gewährleistung (Vermieterverzug oder Notstand) nicht zu unterlaufen, stellt die h.M. an das Vorliegen der vorerwähnten Voraussetzungen einer GoA strenge Anforderungen (BGH NJW-RR 1993, 522, 524 unter Hinweis u.a. auf *Sternel* II Rdn. 614; siehe auch *Wolf/Eckert/Ball*, 9. Aufl. 2004, Rdn. 258 u. 1162). Die Duldung und/oder Genehmigung der Umbauten durch den Vermieter genügt jedenfalls bei weitem nicht (BGH NZM 1999, 19, 20), weshalb Ersatzansprüche wegen sonstiger Aufwendungen nach § 539 Abs. 1 i.V.m. §§ 677ff. BGB von den Gerichten praktisch so gut wie nie bejaht werden.

Liegen die Voraussetzungen einer Geschäftsführung ohne Auftrag nicht vor, kommt ein Anspruch des Mieters aus **ungerechtfertigter Bereicherung** in Betracht (§§ 684 Satz 1, 812ff. BGB; BGH NJW-RR 1993, 522, 524; **a.A.** wohl zum neuen Recht: *Dauner-Lieb/ Dötsch* NZM 2004, 641, 646). Die Bereicherung bemisst sich dabei nicht nach den Kosten der Aufwendungen oder dem erhöhten Sachwert der Mieträume, sondern der **Ertragssteigerung,** die der Vermieter deswegen erzielen kann oder erzielen könnte (BGH NZM 1999, 19, 20m.w.N.).

Ein anderer, nicht hierher gehörender Fall ist der der vorzeitigen Vertragsbeendigung, bei dem der Mieter die Aufwendungen nicht erwartungsgemäß abwohnen kann (vgl. BGH NJW 1985, 2527, 2528a.E., m.w.N.; OLG Karlsruhe NJW-RR 1986, 1395, *Sternel* a.a.O. Rdn. 617).

**3.** Wird mit einem vertraglichen Aufwendungsersatzanspruch, oder einem aus Geschäftsführung ohne Auftrag, oder aus Bereicherung die **Aufrechnung** erklärt, ist diese **gemäß § 215 BGB auch nach Ablauf der Verjährungsfrist** des § 548 Abs. 2 BGB (siehe dazu Anm. 1) nicht ausgeschlossen, wenn und soweit der Anspruch noch nicht verjährt war, als erstmals aufgerechnet werden konnte.

Der Aufwendungsersatzanspruch aus Eigentümer-Besitzer-Verhältnis folgt eigenen Regeln (siehe dazu Anm. 1). Auf die Ausschlussfrist des § 1002 Abs. 1 BGB ist § 215 BGB jedenfalls nicht, auch nicht entsprechend anwendbar (vgl. § 1002 Abs. 2 BGB; Palandt/ *Ellenberger* § 215 Rdn. 1).

# VIII. Versicherungen

## 1. Schreiben des Vermieters eines leerstehenden Gebäudes an den Gebäudeversicherer wegen nachträglicher Gefahrerhöhung[1]

......

(Vermieter)[1]

an

......

(Versicherungsgesellschaft)

Sehr geehrte(r) ......

Der o.g. Wohngebäudeversicherungsvertrag bezieht sich auf das Gebäude ......, in dem sich 5 Wohnungen befinden.[2] Bei Vertragsschluss[3] waren sämtliche Wohnungen an Gastarbeiterfamilien vermietet, die mit den einfachen Wohnverhältnissen zufrieden waren und insbesondere die geringe Miete zu schätzen wussten.

Infolge wirtschaftlicher Schwierigkeiten konnten in jüngster Zeit die Wohnungen nicht mehr vermietet werden; seit dem ...... steht das Gebäude leer.[4] Ein Brandschaden, Zerstörungen oder das Eindringen unbefugter Dritter soll unter allen Umständen verhindert werden. Demgemäß habe ich Sanierungsarbeiten in Auftrag gegeben, um dem Gebäude ein gepflegtes Äußeres zu geben.[5] Der Vorplatz einschließlich der Einstellplätze wird täglich gepflegt, die Fenster werden regelmäßig geputzt und das Haustürschloss ist verstärkt worden. Auf diese Weise hoffe ich, den Versicherungsschutz zu unveränderten Bedingungen erhalten zu können.[6]

......

(Vermieter)

### Anmerkungen

**1.** Sachverhalt: Der Vermieter eines Wohnungsobjektes wendet sich in seiner Eigenschaft als Versicherungsnehmer an seinen Versicherer. Der VN hatte eine Wohngebäudeversicherung abgeschlossen, die auf §§ 142 ff. VVG beruht, im übrigen auf den Allgemeinen Wohngebäude-Versicherungsbedingungen (VGB 88). Bei älteren Objekten können noch die VGB 62 vereinbart sein.

**2.** Versicherungsgegenstand: Versichert ist das in dem Versicherungsvertrag bezeichnete Gebäude. Zubehör, das der Instandhaltung eines versicherten oder dessen Nutzung zu Wohnzwecken dient, ist mitversichert, soweit es sich in dem Gebäude befindet oder außen an dem Gebäude angebracht ist, § 1 Abs. 2 VGB 88. Weiteres Zubehör sowie sonstige Grundstücksbestandteile auf dem im Versicherungsvertrag bezeichneten Grundstück (Versicherungsgrundstück) sind nur auf Grund besonderer Vereinbarung versichert; dies ist aber möglich, regelmäßig gegen Zahlung einer höheren Prämie.

Versicherte Gebäudebestandteile sind
- Heizungsanlagen
- Anlagen der Warmwasserversorgung; dies gilt auch für Ableitungsrohre der Wasserversorgung, die unterhalb des Kellerbodens zwischen den Fundamenten verlaufen.
- Elektroinstallation
- Einbaumöbel, wenn sie mit dem Gebäude fest verbunden sind und eine wesentliche Wertsteigerung des Objektes darstellen,
- sanitäre Einrichtungen
- Schwimmbad und Sauna
- mit dem Gebäude fest verbundene Bodenbeläge (Parkett, Fließen und Teppichböden), soweit sie fest verlegt sind,
- Anstrich und Tapeten
- Balkone
- Antennen (vgl. Hannemann/Wiegner/*Bakarinow,* Münchner Anwaltshandbuch Wohnraummietrecht, 2. Aufl., § 53 Rdn. 4).

**3.** Versicherte Gefahren und Schäden, § 4 VGB 88,
Entschädigt werden versicherte Sachen, die durch
- Brand, Blitzschlag, Explosion, Anprall oder Absturz eines bemannten Flugkörpers, seiner Teile oder seiner Ladung,
- Leitungswasser oder Sturm oder Hagel zerstört oder beschädigt werden oder infolge eines solchen Ereignisses abhanden kommen.

Die Definitionen von Brand, Blitzschlag und Explosion finden sich in § 5 VGB 88, von Leitungswasserschaden in § 6 VGB 88, von *Rohrbruch*/Frost in § 7 VGB 88 und *Sturm/Hagel* in § 8 VGB 88.

Dem Vermieter ist anzuraten, das Verfahren nach § 16 Abs. 3 VGB 88 (Abschluss einer gleitenden Neuwertversicherung) einzuhalten, um dem Versicherer die Möglichkeit zu nehmen, sich auf eine eventuelle Unterversicherung berufen zu können; in der Gleitenden Neuwertversicherung gilt die Versicherungssumme als richtig ermittelt, wenn
- sie auf Grund einer vom Versicherer anerkannten Schätzung eines Bausachverständigen festgesetzt wird;
- der Versicherungsnehmer im Antrag den Neuwert in Preisen eines anderen Jahres als 1914 zutreffend angibt und der Versicherer diesen Betrag auf seine Verantwortung umrechnet;
- der Versicherungsnehmer Antragsfragen nach Größe, Ausbau und Ausstattung des Gebäudes zutreffend beantwortet und der Versicherer hiernach die Versicherungssumme 1914 auf seine Verantwortung berechnet.

Nach § 13 VGB 88 ist Grundlage der Gleitenden Neuwertversicherung der Versicherungswert 1914. Versicherungswert 1914 ist der ortsübliche Neubauwert des Gebäudes entsprechend seiner Größe und Ausstattung sowie seines Ausbaues nach Preisen des Jahres 1914. Hierzu gehören auch Architektengebühren sowie sonstige Konstruktions- und Planungskosten, § 13 Abs. 2 VGB 88. Abweichend davon kann der Neuwert, Zeitwert oder gemeine Wert als Versicherungswert vereinbart werden, § 14 Abs. 1 VGB 88.

Versichert sind die infolge eines Versicherungsfalls notwendigen Kosten für das Aufräumen und den Abbruch von Sachen, die durch den Versicherungsvertrag versichert sind, für das Abfahren von Schutt und sonstigen Resten dieser Sachen zum nächsten Ablagerungsplatz und für das Ablagern oder Vernichten (Aufräumungs- und Abbruchkosten); darüber hinaus sind versichert die Kosten, die dadurch entstehen, dass zum Zweck der Wiederherstellung oder Wiederbeschaffung von Sachen, die durch den Versicherungsvertrag versichert sind, andere Sachen bewegt, verändert oder geschützt werden müssen (Bewegungs- und Schutzkosten), § 2 Abs. 1 b VGB 88; ferner sind Kosten versichert für Maßnahmen, auch erfolglose, die der Versicherungsnehmer zur Abwendung oder Minderung des Schadens für geboten halten durfte (Schadensabwendungs- oder Schadensminderungskosten), § 2 Abs. 1 c VGB 88.

Nach § 3 Abs. 1 VGB 88 ersetzt der Versicherer den Mietausfall einschließlich etwaiger fortlaufender Mietnebenkosten, wenn Mieter von Wohnräumen infolge eines Versicherungsfalles berechtigt sind, die Zahlung von Miete ganz oder teilweise zu verweigern; der Versicherer ersetzt den ortsüblichen Mietwert von Wohnräumen, die der Versicherungsnehmer selbst bewohnt oder die infolge eines Versicherungsfalles unbenutzbar geworden sind, falls dem Versicherungsnehmer die Beschränkung auf einen etwa benutzbar gebliebenen Teil seiner Wohnung nicht zugemutet werden kann.

Diese Regelung gilt nicht für gewerbliche Objekte; insoweit bedarf es besonderer Vereinbarungen, § 3 Abs. 2 VGB 88. Mietausfall und Mietwert werden bis zu dem Zeitpunkt ersetzt, in dem die Wohnung wieder benutzbar ist, höchstens jedoch für 12 Monate seit dem Eintritt des Versicherungsfalles. Entschädigung wird nur geleistet, soweit der Versicherungsnehmer die Möglichkeit der Wiederbenutzung nicht schuldhaft verzögert.

**4.** Bei leerstehenden Wohngebäuden liegt eine **Gefahrerhöhung für das Feuerrisiko** vor, falls nach den Umständen des Einzelfalles die Wahrscheinlichkeit vorsätzlicher oder fahrlässiger Brandstiftungen durch Dritte quantitativ erheblich gestiegen ist; falls zwei Gebäude durch einen Durchgang im Keller miteinander verbunden sind, kann bereits das Leerstehen des Nachbarhauses eine Gefahrerhöhung für das versicherte und noch bewohnte Gebäude begründen (OLG Hamm VersR 1985, 378; *Martin* Sachversicherungsrecht, 3. Aufl., N. V. 39). Anders als bei Einfamilienhäusern kann bei Mehrfamilienhäusern die Gefahr unter besonders erschwerenden Umständen schon dann erhöht sein, wenn sie auch nur teilweise leerstehen, mögen auch einzelne – ev. verwahrloste – Wohnungen noch bewohnt sein. Für sich allein reicht eine Reduzierung der Anzahl der Bewohner regelmäßig nicht aus, insbesondere dann nicht, wenn die örtlichen Gegebenheiten für Eindringlinge eher ungünstig sind, z. B. bei dichter Bebauung, in einer Ortsmitte oder in ländlich strukturiertem Gebiet (vgl. OLG Hamm VersR 1987, 397; *Martin* Sachversicherungsrecht N. V. 44). Im Rahmen der Wohngebäudeversicherung setzt eine Gefahrerhöhung im Sinne des § 10 Ziffer 3 b VGB 88 voraus, dass sich die Gefahrenlage gegenüber der Situation bei Vertragsschluss nachträglich verschlechtert hat. Nicht genutzte Gebäude stellen in besonderem Maße Anziehungspunkt für Obdachlose, Einbrecher und Randalierer dar. Ferner begründen sie eine erhöhte Feuergefahr durch Brandstifter und erhöhte Gefahren für Leitungswasserschäden durch Frost (*Tietgens/Höra*, Handbuch Versicherungsrecht, 4. Aufl., § 4 Rdn. 192). Dass Leerstehenlassen eine Gebäudes begründet für sich allein noch keine Erhöhung der Brandgefahr, wenn nicht weitere Umstände hinzukommen. Eine Gefahrerhöhung kann zu bejahen sein, wenn durch Verwahrlosung des Gebäudes das Leerstehen offenbart wird (OLG Koblenz BeckRS 2005, 01867).

Allein die Tatsache, dass eine an Alzheimer – Erkrankung leidende und bettlägerige Versicherungsnehmerin in den Haushalt ihrer Tochter aufgenommen wird, ohne dass sie ihre bisherige Wohnung mit Hausrat aufgibt, reicht nicht aus, um von einer Verlagerung des Lebensmittelpunktes in eine neue Wohnung auszugehen und den Versicherungsschutz für den Hausrat der bisherigen Wohnung zu entziehen. Erforderlich ist, dass die Verlagerung des Lebensmittelpunktes bewusst und gewollt erfolgt. Maßgebend ist dabei, dass der Versicherungsnehmer auch nach außen deutlich macht, dass er seinen Lebensmittelpunkt auf unabsehbare Zeit in eine andere Wohnung verlegen möchte. Solange die Versicherungsnehmerin die Absicht hatte – auch möglicherweise in Verkennung ihres Gesundheitszustandes – wieder in ihre Wohnung zurückzukehren, hat sie nach außen die

Absichte gerade nicht bekundet, ihren bisherigen Lebensmittelpunkt zu verlegen. Diese Situation ist einem Krankenhausaufenthalt vergleichbar (vgl. OLG Koblenz BeckRS 2005, 01867). Anders kann sich allerdings die Situation darstellen, wenn sich eine ältere Person in ein Alters- oder Pflegeheim begibt und dadurch bereits nach außen hin manifestiert, dass eine Verlagerung des Lebensmittelpunktes erfolgt.

**5.** Die Gefahrerhöhung kann durch **kompensierende Maßnahmen des Versicherungsnehmers** ausgeglichen werden. Nach BGH VersR 1982, 466 soll als derartiger kompensierender Umstand bereits der Wegfall der mit dem Wohnen von Menschen verbundenen Gefahren in Betracht kommen. Vergleichbarkeit der gefahrerhöhenden und gefahrmindernden Umstände wird nicht verlangt (*Martin* a. a. O. Rdn. 42 mit weiteren Nachweisen aus der Rechtsprechung). Als kompensierende Gegenmaßnahmen kommen in Betracht: Erhaltung eines tadellosen Zustands von Türen und Fenstern, sorgfältiges Verschließen aller Gebäude- und Gartentore, regelmäßig gemähter Rasen, gepflegter Vorplatz, geputzte Fenster, ein sehr gepflegter Gesamteindruck.

**6.** Eine Gefahrerhöhung ist **dem Versicherer unverzüglich schriftlich anzuzeigen.** Es gilt die Legaldefinition des § 121 Abs. 1 S. 1 BGB; entsprechendes ist in § 23 Abs. 2 VVG geregelt. Bei einer Gefahrerhöhung kann der Versicherer nach §§ 23 bis 30 VVG zur Kündigung berechtigt oder leistungsfrei sein. Die Verpflichtung des Versicherers zur Leistung bleibt nach § 26 Abs. 2 VVG bestehen, wenn der Versicherungsnehmer nicht vorsätzlich gehandelt hat. Handelt der Versicherungsnehmer fahrlässig, wird die Leistung des Versicherers entsprechend reduziert.


# 2. Schadensanzeige des Vermieters bei einem Leitungswasserschaden[1]


......

(Vermieter)[1]

**an**

......

(Versicherungsgesellschaft)

Sehr geehrte(r) ......

Hiermit zeige ich einen Leitungswasserschaden an, den mir mein Mieter ...... heute morgen gemeldet hat.[2]

Im dritten Obergeschoss des Mehrfamilienhauses ......, befindet sich die Wohnung des Mieters ...... Heute morgen entdeckte der Mieter ......, der die darunterliegende Wohnung angemietet hat, dass die Decke seiner Küche total durchnässt war und Wasser an der Wand zur ......-Straße herunterlief. Decke und Wand sind total durchnässt; die Rauhfasertapete hat sich bereits von der Wand gelöst.

Als Schadensursache wurde ein Wasserrohrbruch – Zuleitung zur Wasserversorgung in der Küche – in der Wohnung des Mieters ...... festgestellt. Der Wasseraustritt muss bereits im Laufe der Nacht erfolgt sein. Sobald der Schaden entdeckt war, sind Sicherungsmaßnahmen eingeleitet worden. Nach Austrocknung der Wände und der Decke werden Reparaturarbeiten in Form von Anstreicherarbeiten notwendig werden. Der Installateur für die Beseitigung der unmittelbaren Schadensursache ist bereits verständigt und hat seine Arbeiten zur Sanierung des Wasser-Zuleitungsrohres für morgen angekündigt. Für weitere Auskünfte stehe ich gern zur Verfügung.[3] Den Mieter B dürfte an dem Schadensfall ein Verschulden nicht treffen.[4]

......

(Vermieter)[1]

## Anmerkungen

**1.** Der **Vermieter** in seiner Eigenschaft **als Versicherungsnehmer** wendet sich an den Versicherer der Wohngebäudeversicherung und zeigt einen Schadensfall an, der sich in einem Mehrfamilienhaus ereignet hat und auf einem Wasserrohrbruch beruht. Der Versicherungsnehmer hat, sobald er von dem Eintritt des Versicherungsfalles Kenntnis erlangt hat, dem Versicherer unverzüglich Anzeige zu machen; es gilt die Legaldefinition des § 121 Abs. 1 S. 1 BGB. Kennenmüssen reicht nicht aus (BGH NJW 1970, 1045). Die Anzeige ist von dem Versicherungsnehmer zu erstatten; bei mehreren Versicherungsnehmern genügt die von einem erstattete Meldung.
Für die Eintrittpflicht des Versicherers ist erforderlich, dass Leitungswasser zu einem Schaden geführt hat. Unter Leitungswasser wird Wasser verstanden, dass aus Rohren und Anlagen bestimmungswidrig ausgetreten ist, wobei Wasserdampf dem Leitungswasser gleichgestellt wird. Nicht vom Leitungswasser werden Überschwemmungen, Ausuferung oberirdischer Gewässer und Witterungsniederschläger erfasst, die in einer zusätzlichen Elementarversicherung abgedeckt werden müssen (*Tietgens/Höra*, Handbuch Versicherungsreecht, 4. Aufl., § 4 Rdn. 34).

**2.** Der **Inhalt der Schadensanzeige** ergibt sich aus dem Zweck, den Versicherer von einem prima facie seine Leistungspflicht begründenden Ereignis in Kenntnis zu setzen (*Prölss/Martin* § 33 VVG Rdn. 6). Der Sachverhalt muss so substantiiert mitgeteilt werden, dass der Versicherer auf Grund der Angaben in Schadensermittlungen eintreten kann. Demgemäß ist die Anzeige gegenüber dem Versicherer selbst zu machen; eine Anzeige gegenüber dem Agenten ist nicht empfehlenswert (vgl. *Prölss/Martin* § 33 Rdn. 8).

**3.** Der Versicherer kann nach dem Eintritt des Versicherungsfalles verlangen, dass der Versicherungsnehmer jede Auskunft erteilt, die zur Feststellung des Versicherungsfalles oder des Umfangs der Leistungspflicht des Versicherers erforderlich ist. Der Versicherer kann Belege insoweit fordern, als die Beschaffung dem Versicherungsnehmer billigerweise zugemutet werden kann. Bei der Auskunftspflicht handelt es sich um eine Obliegenheit im Sinne des § 28 VVG. Bei Verletzung dieser Obliegenheit durch den Versicherungsnehmer kann gegebenenfalls für den Versicherer Leistungsfreiheit eintreten. Die Auskunft ist dem Versicherer gegenüber zu erteilen, eventuell aber auch einer vom Versicherer beauftragten Person, etwa einem Sachverständigen (vgl. *Prölss/Martin* § 34 VVG Rdn. 3).
Der Inhalt der Auskunftspflicht ergibt sich aus dem Zweck, den Versicherer in die Lage zu versetzen, sachgemäße Entschließungen über die Behandlung des Versicherungsfalles zu treffen (*Prölss/Martin* § 34 VVG Rdn. 4 mit weiteren Nachweisen aus der Rechtsprechung). Besitzt der Versicherungsnehmer die Kenntnis der unter die Auskunftspflicht fallenden Umstände nicht, so muss er sich die entsprechenden Informationen beschaffen. Der Versicherer ist nicht auf das unbedingt Notwendige beschränkt; der Versicherer kann vielmehr die Auskünfte verlangen, die er für notwendig hält. Er kann u.a.

nach Versicherungsverträgen mit anderen Gesellschaften fragen, insbesondere aber auch nach Vorschäden.

Im Falle einer Verletzung der Auskunftspflicht ist regelmäßig Leistungsfreiheit vereinbart, was jedoch grundsätzlich davon abhängt, dass die Obliegenheitsverletzung Einfluss auf den Eintritt des Versicherungsfalles oder den Umfang der Leistungspflicht des Versicherers hat, § 28 Abs. 3 VVG. Dem Versicherungsnehmer ist hier äußerste Sorgfalt zu empfehlen.

**4.** Gemäß § 2 Ziffer 13 BetrKV (früher Ziffer 13 der Anlage 3 zu § 27 der 2. BVO) kann der Vermieter die Kosten der Versicherung des Gebäudes gegen Feuer-, Sturm- und Wasser – sowie sonstige Elementarschäden, der Glasversicherung, der Haftpflichtversicherung für das Gebäude, den Öltank und den Aufzug auf die Mieter umlegen. Grundsätzlich ist dem Mieter anzuraten, sich vertraglich zu verpflichten, diese Betriebskosten anteilmäßig zu zahlen. Darin lag nach früherer Auffassung nämlich eine stillschweigende Beschränkung der Haftung für die Verursachung dieser Schäden auf Vorsatz und grobe Fahrlässigkeit (vgl. BGH NJW 2001, 1353; Hannemann/Wiegner/*Gies*, Münchener Anwaltshandbuch Wohnraummietrecht, 2. Aufl., § 36 Rdn. 33). Hätte der Mieter selbst eine entsprechende Versicherung abgeschlossen, haftet er nach § 61 VVG lediglich für Vorsatz und grobe Fahrlässigkeit; genauso ist zu entscheiden, hat der Vermieter die Versicherung abgeschlossen für das Gebäude und der Mieter trägt im Innenverhältnis über die umlagefähigen Betriebskosten die entsprechende Prämie.

Allerdings ist zu beachten, dass ein privathaftpflichtversicherter Gewerberaummieter, der wegen Verletzung der ihm übertragenen Verkehrssicherungspflicht einem Dritten schadensersatzpflichtig ist, auch dann keinen Regressanspruch gegen den Vermieter hat, wenn er vereinbarungsgemäß die anteilige Prämie für die Gebäudehaftpflichtversicherung zahlt (OLG Hamm NZM 2006, 195). Die mit der Übernahme der Verkehrssicherungspflicht begründete deliktische Einstandspflicht des Mieters besteht nicht nur gegenüber Dritten (Passanten, Besuchern und anderen Mietern), sondern auch gegenüber dem Vermieter. Für die Haftungsregelung im Innenverhältnis zwischen Mieter und Vermieter gilt, hat der Mieter seine von ihm übernommene Verkehrssicherungspflicht verletzt, kann er sich gegenüber seinem Vermieter nicht darauf berufen, dieser habe ihn nicht hinreichend überwacht und kontrolliert.

Eine Ausgleichpflicht des Vermieters lässt sich heute auch dann nicht mehr daraus herleiten, dass der Mieter im Innenverhältnis die Prämie für die Versicherung im Wege der Betriebskosten gezahlt hat. Die Gegenleistung für die Abwälzung der Versicherungsprämie auf den Mieter besteht mangels besonderer Abreden nach heutiger Auffassung nicht darin, dass die Haftung des Mieters gegenüber dem Vermieter stillschweigend auf Vorsatz und grobe Fahrlässigkeit beschränkt ist. Diese auf einen Lösungsansatz des Reichsgerichts (RGZ 122, 292, 294) gegründete für den Mieterregress des Sachversicherers vertretene mietvertraglich oder haftungsrechtliche Lösung ist abgelöst worden von der sog. Versicherungsrechtlichen Lösung, die im Wege einer ergänzenden Vertragsauslegung in der Sachversicherung einen konkludenten Regressverzicht des Sachversicherers für die Fälle annimmt, in denen der Mieter den Schaden durch einfache Fahrlässigkeit verursacht hat (vgl. die Nachweise bei OLG Hamm NZM 2006, 195, 196). Auch der VIII. Senat des Bundesgerichtshofs hat den haftungsrechtlichen Ansatz aufgegeben (vgl. BGH NZM 2005, 100). Auch aus § 59 Abs. 2 a. F. VVG lässt sich in diesen Fällen ein Ausgleichsanspruch gegen den Versicherungsnehmer nicht ableiten. Zunächst setzt die vorbezeichnete Vorschrift eine Doppelversicherung voraus, die allenfalls zu einem Ausgleichsanspruch der Versicherer untereinander führen kann, nicht aber zu einem Ausgleichsanspruch gegen den Versicherungsnehmer.

## 3. Anspruchsschreiben des Geschädigten nach Ablösen von Teilen des Gebäudes (Gebäudehaftpflichtversicherung)

......

(Geschädigter)[1]

an

......

(Eigenbesitzer)[2]

Betr.: Schadensfall vom ......

Sehr geehrte(r) ......

Am Morgen des ...... ist mein PKW durch einen vom Dach Ihres Hauses in der ...... Straße stürzenden Ziegel beschädigt worden. Die Kühlerhaube meines Fahrzeugs der Marke ......, Baujahr ...... mit dem amtlichen Kennzeichen ...... ist so schwer eingedellt, dass ein völliger Ersatz dieses Fahrzeugteils einschließlich einer Neulackierung erforderlich ist.

Wie sich aus dem beiliegenden Angebot der Firma ...... ergibt, beläuft sich der Schaden auf insgesamt 1.500,– EUR.

Die Ursache für das Ablösen des Dachziegels ist mir nicht bekannt, kann jedoch nur auf mangelhafte Unterhaltung des Gebäudedaches zurückgeführt werden.

Ich habe in der Person meines Mitfahrers ...... einen Zeugen dafür, dass der Dachziegel von Ihrem Haus heruntergefallen ist.[3]

Bitte überweisen Sie den Schadensbetrag auf mein Konto ...... BLZ ......, oder geben Sie dieses Schreiben an Ihren Gebäudehaftpflichtversicherer weiter.[4]

......

(Vermieter)

### Anmerkungen

**1.** **Sachverhalt:** Der Absender macht einen Schadensersatzanspruch gemäß §§ 836 bis 838 BGB geltend. Der Schadensfall war eingetreten durch das Herabstürzen eines Dachziegels.

**2.** Ersatzpflichtig ist nach § 836 BGB nicht der Eigentümer, sondern der gegenwärtige oder frühere **Eigenbesitzer des Grundstücks.** Anspruchsverpflichtet kann auch der Mieter sein, der auf dem fraglichen Grundstück ein Massivhaus errichtet hat, das nach dem Ende des Mietverhältnisses wieder beseitigt werden soll. Gleichgültig ist der Umstand, ob es sich um einen mittelbaren oder unmittelbaren Besitz des Gebäudes handelt (vgl. Palandt/*Thomas,* 65. Aufl., § 836, Rdn. 12).

**3.** Nachdem der Geschädigte die anspruchsbegründenden Tatsachen geschildert hat, dürfte ein schlüssig vorgetragener Haftungsfall gegeben sein: In der Gebäudehaftpflichtversicherung wird die gesetzliche Haftung als Eigentümer oder Besitzer des im Versicherungsvertrag bezeichneten Hauses oder Grundstücks nach §§ 836 bis 838 BGB und bei schuldhafter Verletzung einer Verkehrssicherungspflicht versichert (vgl. *Hannemann/*

*Wiegner/Bakarinow*, Münchener Anwaltshandbuch Wohnraummietrecht, 2. Aufl., § 53 Rdn. 12). Der Sache nach handelt es sich um einen einzelnen Zweig der Allgemeinen Haftpflichtversicherung. Wird durch den Einsturz eines Gebäudes oder eines anderen mit einem Grundstück verbundenen Werkes oder durch die Ablösung von Teilen des Gebäudes oder des Werkes ein Mensch getötet, der Körper oder die Gesundheit eines Menschen verletzt oder eine Sache beschädigt, ist der Besitzer des Grundstücks, sofern der Einsturz oder die Ablösung eine Folge fehlerhafter Errichtung oder mangelhafter Unterhaltung ist, verpflichtet, dem Verletzten den daraus entstehenden Schaden zu ersetzen. Der gegenwärtige und frühere Besitzer müssen nachweisen, alle Maßnahmen getroffen zu haben, die aus technischer Sicht geboten und geeignet sind, die Gefahr einer Ablösung von Teilen, sei es auch nur bei starkem Sturm, nach Möglichkeit rechtzeitig zu erkennen und ihr zu begegnen; im Falle BGH NJW 1999, 2593 musste der Anspruchsgegner und Versicherungsnehmer beweisen, dass vor dem Unfall eindeutig und für etwaige Gerüstbenutzer eindeutig zum Ausdruck gebracht worden war, dass das Gerüst im Falle des Sturms nicht betreten werden sollte.

An die **Substantiierungs- und Beweispflicht** des Haftpflichtverpflichteten sind hohe Anforderungen zu stellen (BGH NJW 1993, 1782 zum Verwalter einer Wohnungseigentumsanlage). Allerdings ist nach allgemeinen Regeln der Geschädigte darlegungs- und beweispflichtig dafür, dass das Gebäude fehlerhaft errichtet oder mangelhaft unterhalten worden ist und dadurch der Einsturz oder die Ablösung verursacht worden ist (BGH NJW 1999, 2593).

Dem Grundstückseigentümer bzw. Vermieter ist der Abschluss einer Gebäudehaftpflichtversicherung zu empfehlen, wobei je nach Lage des Einzelfalles geprüft werden muss, ob Zusatzvereinbarungen unter dem Gebot der Wirtschaftlichkeit abgeschlossen und deren Prämien auf die Mieter umgelegt werden können; dabei handelt es sich um eine Glasversicherung, die Versicherung für einen ev. vorhandenen Öltank und den Aufzug.

**4.** Zwischen dem Geschädigten und der Haftpflichtversicherung bestehen keine Bindungen. Der Anspruchsteller muss sich allein an den Eigenbesitzer des Grundstücks halten. Demgemäß verweist der Anspruchsteller von vornherein darauf, das Anspruchsschreiben an den Versicherer weiterzugeben.

# 4. Anspruchsschreiben des Eigentümers an den Gebäudehaftpflichtversicherer[1]

......

(Versicherungsnehmer)

an

......

(Versicherungsgesellschaft)

Betr.: Gebäudehaftpflichtversicherungsvertrag ......

Sehr geehrte(r) ......

In der Anlage überreiche ich das Anspruchsschreiben des Kraftfahrers ...... vom ......

Danach soll am Morgen des ...... ein Ziegel vom Dach meines Hauses in ..... auf den PKW des Anspruchstellers gefallen sein; ein Schaden von insgesamt 1.500,– EUR wird geltend gemacht.[2] Ich halte diesen Anspruch für unbegründet, da auf dem Dach des Hauses keine Dachziegel fehlt und auch kein Umstand ersichtlich ist, dass sich sonstige Teile des Hauses abgelöst und den PKW des Anspruchstellers beschädigt haben könnten.[3]

......

(Vermieter)

## Anmerkungen

**1. Sachverhalt:** Der Eigentümer teilt seiner Haftpflichtversicherung mit, dass ein Schadensersatzanspruch durch einen Dritten gegen ihn geltend gemacht worden ist. Der Dritte berühmt sich eines Anspruchs auf Schadensersatz aus dem Gesichtspunkt der Gebäudehaftung wegen eines Sachschadens. Nach § 149 VVG ist der Versicherer verpflichtet, dem Versicherungsnehmer die Leistung zu ersetzen, die dieser auf Grund seiner Verantwortlichkeit für eine während der Versicherungszeit eintretende Tatsache an einen Dritten zu bewirken hat. Die Leistungspflicht des Versicherers umfasst die Prüfung der Haftpflichtfrage, den Ersatz der Entschädigung, die der Versicherungsnehmer auf Grund eines von dem Versicherer abgegebenen Anerkenntnisses, eines von ihm geschlossenen oder genehmigten Vergleichs oder einer richterlichen Entscheidung zu zahlen hat, sowie die Abwehr unberechtigter Ansprüche, § 3 Abs. 2 Nr. 1 AHB.

Entgegen § 4 Abs. 1 Z. 6a AHB ist die gesetzliche Haftpflicht eingeschlossen aus der Beschädigung von Wohnräumen und sonstigen zu privaten Zwecken gemieteten Räumen in Gebäuden. Ausgeschlossen sind Haftpflichtansprüche wegen Abnützung, Verschleißen und übermäßiger Beanspruchung, Schäden an Heizungs-, Maschinen-, Kessel- und Warmwasserbereitungsanlagen sowie an Elektro- und Gasgeräten, Glasschäden, soweit sich der Versicherungsnehmer hiergegen besonders versichern kann.

Eingeschlossen sind ferner abweichend von § 4 Abs. 1 Z. 5 AHB Haftpflichtansprüche wegen Sachschäden durch häusliche Abwässer und durch Abwässer aus dem Rückstau des Straßenkanals (vgl. *Voit* in: Prölss/Martin, Privathaftpflicht Nr. 4 Rdn. 5).

In der Privathaftpflichtversicherung ist nach Nr 4 (Mustertarif 2000) ist die gesetzliche Haftpflicht aus der Beschädigung von Wohnräumen und sonstigen zu privaten Zwecken gemieteten Räumen in Gebäuden eingeschlossen.

**2.** Der **Befreiungsanspruch** hat zum Gegenstand, dass der Versicherer den Versicherungsnehmer von Schadensersatzansprüchen Dritter befreit, nicht nur von begründeten, sondern auch von unbegründeten (Bub/Treier/*Dallmayr* 3. Aufl., IX 87). Ist der Anspruch des Geschädigten noch nicht erfüllt, muss der Versicherer nicht an den Versicherungsnehmer leisten; der Befreiungsanspruch des Versicherungsnehmers wandelt sich erst dann in einen Zahlungsanspruch um, wenn der Versicherungsnehmer den Geschädigten mit Zustimmung des Versicherers befriedigt hat oder wenn der Versicherer mit seiner Berufung auf das Anerkenntnis- und Befriedigungsverbot gegen Treu und Glauben verstoßen würde. Der Versicherungsnehmer kann regelmäßig allein auf Feststellung klagen, dass der Versicherer Versicherungsschutz zu gewähren hat (vgl. *Dallmayr* a. a. O.). Der Dritte hat keinen direkten Anspruch gegen den Versicherer anders als in der Kraftfahrzeughaftpflichtversicherung; er muss sich also allein an den Versicherungsnehmer halten.

**3. Der Versicherungsfall** im Sinne von § 5 Z. 1 AHB ist dann gegeben, wenn ein Schadensereignis vorliegt, das Haftpflichtansprüche gegen den Versicherungsnehmer zur Folge haben könnte. Jeder Versicherungsfall ist dem Versicherer **unverzüglich**, spätestens innerhalb einer Woche, **anzuzeigen**, § 5 Z. 2 AHB. Macht der Geschädigte seinen Anspruch gegenüber dem Versicherungsnehmer geltend, so ist dieser zur Anzeige innerhalb einer

Woche nach Erhebung des Anspruchs verpflichtet. Gleiches gilt, wenn gegenüber dem Versicherungsnehmer ein Anspruch gerichtlich geltend gemacht wird, Prozesskostenhilfe beantragt oder ihm gerichtlich der Streit verkündet wird. Entsprechendes gilt für den Fall eines Arrestes, einer einstweiligen Verfügung oder der Einleitung eines selbstständigen Beweisverfahrens.

Kommt es zu einem **Rechtsstreit über den Haftpflichtanspruch**, so hat der Versicherungsnehmer dem Versicherer die Prozessführung zu überlassen, dem vom Versicherer bezeichneten Rechtsanwalt Vollmacht zu erteilen und alle von diesem oder dem Versicherer für notwendig erachtete Aufklärung zu geben. Gegen Mahnbescheide oder Verfügungen von Verwaltungsbehörden auf Schadensersatz hat der Versicherungsnehmer, ohne die Weisung des Versicherers abzuwarten, fristgemäß Widerspruch zu erheben oder die erforderlichen Rechtsbehelfe zu ergreifen, § 5 Z. 4 AHB. Der Versicherungsnehmer ist nicht berechtigt, ohne vorherige Zustimmung des Versicherers einen Haftpflichtanspruch ganz oder zum Teil oder vergleichsweise anzuerkennen oder zu befriedigen. Der Sache nach handelt es sich um eine **Obliegenheit**; bei Zuwiderhandlungen ist der Versicherer nach § 5 Z. 5 S. 2 AHB von der Leistungspflicht frei, es sei denn, dass der Versicherungsnehmer nach den Umständen die Befriedigung oder Anerkennung nicht ohne offenbare Unbilligkeit verweigern konnte.

Geht ein **Haftpflichtprozess** einem nachfolgenden **Deckungsprozess** voraus, entfaltet die rechtskräftige Entscheidung des Haftpflichtprozesses Bindungswirkung für den Deckungsprozess (vgl. Bub/Treier/*Dallmayr* 3. Aufl., IX 90 unter Hinweis auf die ständige Rechtssprechung des BGH z.B. BGHZ 119, 276). Dies gilt selbst für den Fall, dass der Versicherer im Haftpflichtprozess nicht mitgewirkt hat oder ein Vollstreckungsbescheid oder ein Versäumnisurteil ergangen ist. § 5 Nr. 2 und Nr. 5 AHB bleiben unberührt.

Ist allerdings im Haftpflichtprozess eine für den Deckungsprozess wesentliche Frage, z.B. im Hinblick auf eine Obliegenheitsverletzung, nicht geprüft worden, ist dies selbstständig im Deckungsprozess zu entscheiden. Der vorausgegangene Deckungsprozess ist indessen für den eventuell nachfolgenden Haftpflichtprozess nicht bindend.

## 5. Schadensmeldung an den Versicherer nach Wohnungseinbruch

……

(Mieter/Versicherungsnehmer)

an

……

(Versicherungsgesellschaft)

Betr.: Hausratversicherungsvertrag ……

Sehr geehrte(r) ……

Am …… ist in meine Wohnung während einer kurzfristigen Abwesenheit meiner Familie ein Einbruch verübt worden.[2] Unbekannte Täter haben die fest verschlossene Wohnungseingangstür in der Zeit zwischen …… und …… aufgehebelt, was deutliche Spuren im Holzwerk hinterlassen hat, und sich auf diese Weise Zutritt zur Wohnung verschafft.

In der Wohnung herrscht derzeit großes Durcheinander, nachdem sämtliche Schränke, Schreibtische und sonstigen Behältnisse durchwühlt worden sind.

Fest steht, dass folgende Gegenstände entwendet worden sind:

1 Fernsehgerät, Marke ...... Neupreis 500,– EUR, gekauft am ......

1 Rasierapparat, Marke ...... Neupreis 50,– EUR, gekauft am ......

12 Gabeln, 12 Messer, 12 Löffel, aus Edelstahl, ohne Verzierung, Neupreis 360,– EUR, gekauft am ......[3]

Die Täter haben darüber hinaus auch zwei Esszimmerstühle und den Wohnzimmertisch beschädigt, indem sie sämtliche Stuhlbeine und Tischbeine abgebrochen haben.[4]

Die Möbel sind im ...... angeschafft worden, befanden sich in gutem Zustand und wiesen die üblichen Gebrauchsspuren auf; der Neupreis belief sich auf 500,– EUR.

Belege über den Ankauf dieser Stücke sind dieser Schadensanzeige beigefügt.

Im Übrigen weise ich darauf hin, dass ich der Kriminalpolizei in K mit gleicher Post Mitteilung über den Einbruch gemacht habe einschließlich einer Anzeige sämtlicher gestohlenen und beschädigten Gegenstände.[5]

Für weitere Auskünfte stehe ich gern zur Verfügung.[6]

......

(Mieter/Versicherungsnehmer)


## Anmerkungen

**1.** Die **Anzeige des Versicherungsfalles** hat nach § 21 Nr. 1a VHB 92, § 26 VHB 2000 und § 8 Ziffer 2 Buchstabe a Abschnitt B VHB 2008 **unverzüglich** zu erfolgen. Es gilt die Fristbestimmung des § 121 Abs. 1 BGB. Eine Schadensanzeige eine Woche nach dem Schadensereignis ist nicht mehr unverzüglich in diesem Sinne (LG Ravensburg VersR 1965, 278).

**2.** Folgende **Gefahren** sind durch die **Hausratsversicherung** gedeckt:

- Brand, § 3 Nr. 1 VHB 92 in Verbindung mit § 4 Nr. 1 VHB 92, § 3 VHB 2000 und § 2 Abschnitt A, VHB 2008,
- Blitzschlag, § 3 Nr. 1 i.V.m. § 4 Nr. 2 VHB 92, § 3 VHB 2000 und § 2, Abschnitt A VHB 2008,
- Explosion § 3 Nr. 1 i.V.m. § 4 Nr. 3 VHB 92, § 3 VHB 2000 und § 2 Abschnitt A VHB 2008,
- Anprall oder Absturz eines Luftfahrzeugs, seiner Teile oder seiner Ladung,
- § 3 Nr. 1 VHB 92, § 3 VHB 2000 und § 2 Abschnitt A VHB 2008,
- Einbruchsdiebstahl, § 3 Nr. 2 i.V.m. § 5 Nr. 1 VHB 92, § 3 VHB 2000 und § 3 Abschnitt A VHB 2008,
- Vandalismus nach einem Einbruch, § 3 Nr. 3 i.V.m. § 6 VHB 92, § 6 VHB 2000 und § 3 Ziffer 3 Abschnitt A VHB 2008,
- Leitungswasser, § 3 Nr. 4 i.V.m. § 7 VHB 92, § 7 VHB 2000 und § 4 Abschnitt A VHB 2008,
- Sturm, Hagel, § 3 Nr. 5 i.V.m. § 8 VHB 92, § 8 VHB 2000 und § 5 Abschnitt A VHB 2008,
- Frostschäden, § 7 Nr. 2 VHB 92.

Was unter Einbruchsdiebstahl zu verstehen ist, regeln § 5 Nr. 1 VHB 92, § 5 VHB 2000 und § 3 Ziffer 2 VHB 2008; für Raub gelten § 5 Nr. 2 VHB 92, § 5 VHB 2000 und § 3 Ziffer 4 VHB 2008. Erfasst werden die Alternativen des §§ 243 ff. StGB und §§ 249 StGB.

**3.** Versichert ist nach § 1 VHB 92, § 1 VHB 2000 und § 6 Abschnitt A VHB 2008 der **gesamte Hausrat**. Dazu gehören alle Sachen, die einem Haushalt zur Einrichtung oder zum Gebrauch oder zum Verbrauch dienen, außerdem Bargeld. Für Wertsachen einschließlich Bargeld gelten Wertgrenzen, § 19 VHB 92, § 28 VHB 2000 und § 13 Abschnitt A VHB 2008. Dies gilt auch für Urkunden einschließlich Sparbücher und sonstige Wertpapiere, Schmucksachen, Pelze und Kunstgegenstände.

**Vermietete Sachen**, die Eigentum des Versicherungsnehmers oder einer mit ihm in häuslicher Gemeinschaft lebenden Person sind oder die deren Gebrauch dienen, sind weltweit auch versichert, solange sie sich vorübergehend außerhalb der Wohnung befinden, § 12 VHB 92, § 7 Ziffer 1 Abschnitt A VHB 2008. Zeiträume von mehr als 3 Monaten gelten nicht als vorübergehend. Hält sich der Versicherungsnehmer oder eine mit ihm in häuslicher Gemeinschaft lebende Person zur Ausbildung, zur Erfüllung von Wehrpflichten oder Zivildienst außerhalb der Wohnung auf, so gilt dies solange als vorübergehend, wie sie nicht dort einen eigenen Haushalt gegründet haben, § 7 Ziffer 2 Abschnitt A VHB 2008.

Für **Sturm- und Hagelschäden** besteht Außenversicherungsschutz nur, wenn sich die Sachen in Gebäuden befinden, § 7 Ziffer 5 Abschnitt A VHB 2008.

Gemäß § 21 Nr. 1c VHB 92, § 26 Ziffer 1 Buchstabe c VHB 2000, § 8 Ziffer 2 Buchstabe a ff VHB 2008 hat der Versicherungsnehmer bei Eintritt des Versicherungsfalles dem Versicherer ein von ihm unterschriebenes **Verzeichnis** der abhanden gekommenen, zerstörten oder beschädigten Sachen vorzulegen. Der Versicherungswert der Sachen oder der Anschaffungspreis und das Anschaffungsjahr sind dabei anzugeben. Verletzt der Versicherungsnehmer oder sein Repräsentant diese Obliegenheit, so ist der Versicherer nach Maßgabe der §§ 6 Abs. 3, 62 Abs. 2 VVG von seiner Entschädigungspflicht frei.

**4.** Auch **Vandalismusschäden** sind nach § 6 VHB 92, § 6 VHB 2000 und § 3 Ziffer 3 Abschnitt A VHB 2008 vom Versicherungsschutz erfasst. Vandalismus liegt vor, wenn der Täter auf eine in § 5 Nr. 1a oder f bezeichneten Weise in die Wohnung eindringt und versicherte Sachen vorsätzlich zerstört oder beschädigt.

Neben der Sachversicherungsleistung sind auch **Kosten** zu ersetzen, § 2 VHB 92, insbesondere Aufräumkosten, Bewegungs- und Schutzkosten, Transport- und Lagerkosten, Schadensabwendungs- und Schadensminderungskosten, Schlossänderungskosten, Reparaturkosten für Gebäudebeschädigungen, Reparaturkosten für gemietete Wohnungen (für Reparaturen in gemieteten Wohnungen, um Leistungswasserschäden an Bodenbelägen, Innenanstrichen oder Tapeten der Wohnung zu beseitigen, § 10 VHB 92) sowie Hotelkosten, § 6 Abschnitt A VHB 2008.

**5.** Bei Eintritt des Versicherungsfalles hat der Versicherungsnehmer unverzüglich der zuständigen **Polizeidienststelle** ein Verzeichnis der abhanden gekommenen Sachen einzureichen, § 21 Nr. 1c VHB 92, § 26 Ziffer 1 Buchstabe c VHB 2000 und § 8 Ziffer5 2 Buchstabe a ff VHB 2008. Darüber hinaus hat der Versicherungsnehmer abhanden gekommene Sparbücher und andere sperrfähige Urkunden sperren zu lassen sowie für abhanden gekommene Wertpapiere ein Aufgebotsverfahren einzuleiten.

Verletzt der Versicherungsnehmer oder sein Repräsentant eine dieser **Obliegenheiten**, ist der Versicherer nach § 28 Abs. 2 VVG grundsätzlich leistungsfrei. **Nach § 8 Ziffer 3 Buchstabe a Abschnitt B VHB 2008** beschränkt sich die Leistungsfreiheit des Versicherers auf den Fall einer vorsätzlichen Verletzung von Obliegenheiten durch den Versicherungsnehmer. Bei grob fahrlässiger Verletzung der Obliegenheit ist der Versicherer berechtigt, seine Leistung in dem Verhältnis zu kürzen, das der Schwere des Verschuldens des Versicherungsnehmers entspricht. Das Nichtvorliegen einer groben Fahrlässigkeit hat der Versicherungsnehmer zu beweisen (vgl. § 28 VVG).

Außer im Falle einer arglistigen Obliegenheitsverletzung ist der Versicherer zur Leistung verpflichtet, soweit der Versicherungsnehmer nachweist, dass die Verletzung der

Obliegenheit weder für den Eintritt oder die Feststellung des Versicherungsfalles noch für die Feststellung oder den Umfang der Leistungspflicht des Versicherers ursächlich ist, § 8 Ziffer 3 Buchstabe b Abschnitt B VHB 2008.

Wird eine Obliegenheit im Sinne des § 26 Ziffer 1 VHB 2000 verletzt, verliert der Versicherungsnehmer seinen Versicherungsschutz, es sei denn, diese wurde weder vorsätzlich noch grob fahrlässig verletzt, § 26 Ziffer 2 VHB 2000. Bei grob fahrlässiger Verletzung behält der Versicherungsnehmer insoweit seinen Versicherungsschutz, als die Verletzung weder Einfluss auf die Feststellung des Versicherungsfalles noch auf die Bemessung der Leistung gehabt hat. Hatte eine vorsätzliche Verletzung weder auf die Feststellung des Versicherungsfalles noch auf die Feststellung der Entschädigung bzw. deren Umfang Einfluss, so bleibt der Versicherer zur Leistung verpflichtet, wenn die Verletzung nicht geeignet war, die Interessen des Versicherers ernsthaft zu beeinträchtigen oder wenn den Versicherungsnehmer kein erhebliches Verschulden trifft, § 26 Ziffer 2 Buchstabe b VHB 2000.

Sind abhanden gekommene Sachen der Polizeidienststelle nicht oder nicht unverzüglich angezeigt worden, so kann der Versicherer nur für diese Sachen von der Entschädigungspflicht frei sein, § 21 Nr. 3 VHB 92, § 26 Ziffer 2 Buchstabe b VHB 2000.

**6.** Der Versicherungsnehmer hat den Schaden nach Möglichkeit **abzuwenden** oder zu **mindern** und dabei die **Weisungen des Versicherers** zu befolgen, die der Versicherungsnehmer, soweit die Umstände dies gestatten, einholen muss; der Versicherungsnehmer hat dem Versicherer jede zumutbare Untersuchung über Ursache und Höhe des Schadens und über den Umfang der Entschädigungspflicht zu gestatten, jede hierzu dienliche Auskunft – auf Verlangen schriftlich – zu erteilen und Belege beizubringen, § 21 Nr. 2 VHB 92, § 26 Ziffer 1 Buchstabe a VHB 2000 und § 8 Ziffer 2 Buchstabe a cc Abschnitt B VHB 2008.

# 6. Schadensmeldung an die Polizeidienststelle nach Wohnungseinbruch

......
(Mieter/Versicherungsnehmer)

an

......
(Polizeipräsidium)

Betr. Einbruchsdiebstahl in meine Wohnung ......

Sehr geehrte(r) ......

Am ...... ist in meine Wohnung ...... während einer kurzfristigen Abwesenheit meiner Familie in der Zeit zwischen ...... und ...... Uhr ein Einbruch verübt worden. Unbekannte Täter haben die fest verschlossene Wohnungseingangstür aufgehebelt, was deutliche Spuren im Holzwerk hinterlassen hat, und sich auf diese Weise Zutritt zur Wohnung verschafft.

Folgende Gegenstände sind entwendet worden:

1 Fernsehgerät, Marke ......, Neupreis 500,– EUR, gekauft ......
1 Rasierapparat, Marke ...... Neupreis 50,– EUR, gekauft ......

12 Gabeln, 12 Messer, 12 Löffel, Neupreis 360,– EUR, aus Edelstahl, ohne Verzierung. Die Diebe haben in meiner Wohnung ein großes Durcheinander verursacht.

Die Prüfung, ob noch weitere Gegenstände entwendet worden sind, ist noch nicht abgeschlossen. Falls noch weitere Gegenstände gestohlen worden sind, wird dies unverzüglich schriftlich angezeigt.[2]

Fotografien der entwendeten Gegenstände sind beigefügt.

Aus allen in Betracht kommenden Gesichtspunkten wird Strafantrag gestellt.[3]

......

(Mieter/Versicherungsnehmer)

## Anmerkungen

**1.** Bei Eintritt des Versicherungsfalls hat der Versicherungsnehmer unverzüglich nicht nur dem Versicherer den Schaden anzuzeigen, § 21 1 a VHB 92, sondern auch der **zuständigen Polizeidienststelle** in Fällen von Brand, Explosion, Einbruchdiebstahl, Vandalismus oder Raub; ein Verzeichnis der abhanden gekommenen Sachen ist einzureichen, § 21 Abs. 1 b VHB 92; es handelt sich um eine Obliegenheit, deren Verletzung nach § 21 Abs. 3 VHB 92 zur Leistungsfreiheit des Versicherers führen kann. Die Anzeige bei der Polizei wie auch die Einreichung einer Liste der entwendeten Gegenstände soll die Fahndungsmaßnahmen der Polizei unterstützen (vgl. Prölss/Martin/*Knappmann* § 21 VHB 84 Rdn. 5). Die Liste sollte wegen dieses Zweckes möglichst detailliert sein. Namentlich gilt dies, wenn individuelle Stücke entwendet worden sind, z.B. einzeln angefertigte Schmuckstücke oder auffallende Rauchwaren. Für den Fall von entwendeten Massengütern können die Anforderungen nicht so hoch gestellt werden.

Entsprechende Obliegenheiten ergeben sich aus § 26 Ziffer 1 Buchstabe b VHB 2000, ferner § 8 Ziffer 2 Buchstabe a ff Abschnitt B VHB 2008.

**2.** Durch den **Vandalismus** ist ein Überblick nicht immer sofort zu schaffen. Um aber wegen Obliegenheitsverletzung den Versicherungsschutz nicht zu beeinträchtigen, sollte von vornherein auf diese Problematik aufmerksam gemacht werden. Einerseits soll die Liste möglichst zeitnah nach dem Schadensereignis erstellt und der Polizei überlassen werden; andererseits soll sie vollständig und detailliert sein, was größere Sorgfalt auf die Erstellung der Liste erfordert, auch entsprechenden zeitlichen Aufwand. Sinnvoll ist die Beifügung **fotografischer Aufnahmen**, wenn es sich um individuelle Stücke handelt, die entwendet worden sind.

Wird der Verbleib der abhanden gekommenen Sachen ermittelt, so hat dies der Versicherungsnehmer dem Versicherer unverzüglich anzuzeigen. Hat der Versicherungsnehmer den Besitz einer abhanden gekommenen Sache zurück erlangt, nachdem er für diese Sache eine Entschädigung erhalten hatte, so muss er entweder an den Versicherer die Entschädigung zurückzahlen oder die Sache selbst dem Versicherer zur Verfügung stellen. Der Versicherungsnehmer hat dieses Wahlrecht innerhalb eines Monats nach Empfang einer schriftlichen Aufforderung des Versicherers auszuüben. Nach fruchtlosem Ablauf der Frist geht das Wahlrecht auf den Versicherer über, § 25 VHB 92.

Entsprechende Obliegenheiten ergeben sich aus § 30 Ziffer 1 ff. VHB 2000, ferner § 18 Ziffer 1 ff. Abschnitt A VHB 2008.

**3.** Der **Strafantrag** bezieht sich allein auf die Strafverfolgung von Delikten, die nur auf rechtzeitig gestellten Strafantrag hin verfolgt werden. Der Einbruchsdiebstahl selbst ist sog. Offizialdelikt, d.h. er wird verfolgt unabhängig von einem Strafantrag des Geschädigten. Hausfriedensbruch, § 123 StGB, oder Sachbeschädigung, § 303 StGB, werden grundsätzlich nur nach Strafantrag verfolgt. Eine Tat, die nur auf Antrag verfolgbar ist, führt dann nicht zu Ermittlungen, wenn der Antragsberechtigte es unterlässt, den Antrag bis zum Ablauf einer Frist von 3 Monaten zu stellen. Die Frist beginnt mit dem Ablauf des Tages, an dem der Berechtigte von der Tat und der Person des Täters Kenntnis erlangt, § 77 b Abs. 2 StGB. **Antragsberechtigt** ist grundsätzlich nur der Verletzte und Geschädigte, § 77 Abs. 1 StGB.

Führen die Ermittlungen der Polizei zu keinem greifbaren Fahndungserfolg, erhält der Geschädigte einen formalisierten schriftlichen Hinweis der Staatsanwaltschaft, dass der oder die Täter nicht ermittelt werden konnten und daraufhin das Verfahren vorläufig eingestellt worden ist.

## 7. Deckungsanfrage an die Rechtsschutzversicherung (Klage des Vermieters auf Zustimmung zur Mieterhöhung)[1]

......

(Mieter/Versicherungsnehmer)

an

......

(Versicherungsgesellschaft)

Betr.: Vers.-Nr. ......

Sehr geehrte(r) ......

Hiermit bitte ich um Versicherungsschutz zur Durchführung eines Klageverfahrens auf Zustimmung des Mieters ...... zu einer Mieterhöhung nach § 558 BGB und Benennung eines geeigneten Rechtsanwalts für dieses Verfahren. Meiner Bitte liegt folgender Sachverhalt zugrunde:

Meine Eigentumswohnung in ......, 1. Obergeschoss, 60 Quadratmeter groß, habe ich seit dem ...... an den Mieter ...... vermietet.[2] Der Nettomietzins beläuft sich auf 300,– EUR auf 6,– EUR pro Monat; hinzutreten an Vorauszahlungen auf die Betriebskosten 70,– EUR, insgesamt also 370,– EUR. Die Miete ist seit Vertragsbeginn unverändert. Das Mietobjekt befindet sich in mittlerer Wohnlage, ist 1968 bezugsfertig geworden und ist mit Heizung sowie Bad/WC ausgestattet.

Der Mietspiegel sieht eine ortsübliche Vergleichsmiete zwischen 6,70 EUR und 7,50 EUR als Nettokaltmiete vor. Ich beabsichtige, die Miete um 20% heraufzusetzen, mithin von 5,– EUR auf 6,– EUR pro Quadratmeter; diese Miete liegt noch unterhalb des Mittelwertes des Mietspiegels, der für K gilt.

Ich habe den Mieter ...... vor einem Monat mit Schreiben vom ...... gebeten, der Mieterhöhung zuzustimmen. Mündlich hat er mir daraufhin erklärt, er wolle sich noch überlegen, ob er der Mieterhöhung zustimmen wolle. Nunmehr hat er mir heute telefonisch mitgeteilt, er wolle mit Rücksicht auf zahlreiche angebliche Mängel der Mieterhöhung seine Zustimmung verweigern.[3] Ich bin daher der Auffassung, dass Klage erhoben werden muss, um an das Ziel einer Mieterhöhung zu gelangen.[4]

Im Übrigen bitte ich um Benennung eines geeigneten Rechtsanwalts, der sich auf die Durchsetzung von Mieterhöhungen versteht.[5]

......

(Mieter/Versicherungsnehmer)

## Anmerkungen

**1. Sachverhalt:** Zwischen den Parteien des Versicherungsvertrages besteht ein Vertragsverhältnis nach den Allgemeinen Bedingungen für die Rechtsschutzversicherung (**ARB 75**), jetzt ARB 94, ARB 2000 und ARB 2008. Dabei trägt der Versicherer die gesetzliche Vergütung eines für den Versicherungsnehmer tätigen Rechtsanwalts; ferner übernimmt der Rechtsschutzversicherer Gerichtskosten und Auslagen, was gerade im Hinblick auf Mieterhöhungsverfahren und den mit der Einholung von Sachverständigengutachten verbundenen Kosten von großer Bedeutung ist.

Die **Mietrechtsschutzversicherung** bietet gemäß § 29 ARB Versicherungsschutz, soweit der Versicherungsnehmer in seiner im Versicherungsschein bezeichneten Eigenschaft als Eigentümer, Vermieter, Verpächter, Mieter, Pächter oder Nutzungsberechtigter von Grundstücken, Gebäuden oder Gebäudeteilen auf Grund eines im versicherten Zeitraum eintretenden Rechtsschutzfalles gerichtlich oder außergerichtlich Ansprüche verfolgt oder abwehrt.

§ 4 ARB 2002 hält nach Ansicht des Amtsgerichts Kerpen einer Inhaltskontrolle nach § 307 Abs. 1 Satz 2 BGB nicht stand (AG Kerpen NZM 2006, 37, 38). Zur Begründung wird ausgeführt, die Klausel sei derartig intransparent, dass ein durchschnittlich verständiger Versicherungsnehmer ihren Inhalt nicht verstehen könne; die fehlende Transparenz ergebe sich aus zumindest missverständlichen Formulierungen, dem äußerst komplexen Aufbau von § 4 ARB 2002 und dem danach von einem normalen Versicherungsnehmer nicht mehr zu durchschauenden System von ausgeschlossenen bzw. versicherten Risiken.

**2.** Der **Versicherungsschutz** setzt voraus, dass ein bestimmtes Grundstück, ein bestimmtes Objekt im Versicherungsvertrag bezeichnet ist. Versicherungsschutz besteht für Auseinandersetzungen aus schuldrechtlichen Nutzungsverhältnissen, hier namentlich §§ 535 ff. BGB. Vorvertragliche Streitigkeiten aus der Anbahnung eines noch nicht zustande gekommenen Vertrages sind ausgeschlossen (Bub/Treier/*Dallmayr* 3. Aufl., IX 111). Für Rechtsstreitigkeiten, die ihre Grundlage im Mietvertrag haben, ist der Versicherungsschutz lückenlos; er bezieht sich auch auf Mieterhöhungen, Vertragsverletzungen, Betriebskosten, Kaution, Kündigung wegen Eigenbedarfs, Schönheitsreparaturen (vgl. Bub/Treier/*Dallmayr* 3. Aufl., IX 113). Versicherungsschutz, der sich auf dingliche Rechte bezieht, besteht für das Verfolgen und Abwehren solcher Ansprüche, die aus dem dinglichen Recht entstehen können (BGH NJW 1992, 1511).

Risikoausschlüsse ergeben sich aus § 3 Abs. 1 ARB (Bergschäden an Grundstücken und Gebäuden), § 3 Abs. 1 d ARB (Erwerb oder Veräußerung eines zu Bauzwecken bestimmten Grundstücks; Planung oder Errichtung eines Gebäudes oder Gebäudeteiles, das sich im Eigentum oder Besitz des Versicherungsnehmers befindet oder das dieser zu erwerben oder in Besitz zu nehmen beabsichtigt; genehmigungspflichtige bauliche Veränderung eines Grundstücks, Gebäudes oder Gebäudeteiles, das sich im Eigentum oder Besitz des Versicherungsnehmers befindet oder das dieser zu erwerben oder in Besitz zu nehmen beabsichtigt; Finanzierung eines der vorgenannten Vorhaben), § 3 Abs. 2 a ARB (Abwehr von Schadensersatzansprüchen, es sei denn dass diese auf einer Vertragsverletzung beruhen), § 3 Abs. 2 i ARB (wegen der steuerlichen Bewertung von Grundstücken, Gebäuden oder Gebäudeteilen sowie wegen Erschließungs- und sonstiger Anliegerabgaben, es sei denn, dass es sich um laufend erhobene Gebühren für die Grundstücksversorgung handelt), ferner § 3 Abs. 3 d ARB (in Enteignungs-, Planfeststellungs-, Flurbereinigungs- und im Baugesetzbuch geregelten Angelegenheiten).

**3. Verstoß im Sinne von § 4 Abs. 1 c ARB 94, ARB 2008** ist ein Verhalten, das von einer gesetzlichen oder vertraglichen Rechtspflicht zu einem bestimmten Tun oder Unterlassen objektiv abweicht, sei es, dass die Pflicht überhaupt nicht, sei es, dass sie nur unzureichend oder unrichtig erfüllt wird. Auch im Bestreiten oder der Nichtanerkennung der Rechtsposition eines anderen kann ein Verstoß liegen (*Dallmayr,* a. a. O. Rdn. 116). Nachdem hier der Mieter endgültig die Zustimmung zur Mieterhöhung verweigert hatte, liegen die Voraussetzungen für den Eintritt des Versicherungsfalls vor.

**4.** Nach **§ 18 Abs. 1 ARB** kann der Versicherer den Rechtsschutz verweigern, wenn die Wahrnehmung rechtlicher Interessen keine Aussicht auf Erfolg hat oder aber der durch die Wahrnehmung der rechtlichen Interessen voraussichtlich entstehende Kostenaufwand unter Berücksichtigung der berechtigten Belange der Versichertengemeinschaft in einem groben Missverhältnis zum angestrebten Erfolg steht. Die Rechtsverfolgung oder Rechtsverteidigung muss demgemäß eine gewisse Erfolgsaussicht bieten. Dieses Kriterium kann nicht so eng gefasst werden wie etwa die Erfolgsaussicht bei der Bewilligung von Prozesskostenhilfe, § 114 ZPO. Immerhin hat der Versicherungsnehmer zuvor entsprechende Prämien gezahlt. Ausreichend ist eine nicht ganz entfernte Möglichkeit des Erfolgs (OLG Köln, VersR 1983, 1025; *Dallmayr* a. a. O. Rdn. 118).

**5.** Auf Grund der in § 1 ARB 94 erwähnten „Sorge" kann sich der Versicherungsnehmer an den Versicherer wenden mit der Bitte, ihm einen Rechtsanwalt zu benennen. Nach § 17 Abs. 1 ARB 94 wählt der Versicherer einen Rechtsanwalt aus, wenn der Versicherungsnehmer dies verlangt oder wenn der Versicherungsnehmer keinen Rechtsanwalt benennt oder dem Versicherer die alsbaldige Beauftragung eines Rechtsanwalts notwendig erscheint. Wenn der Versicherungsnehmer den Rechtsanwalt nicht bereits selbst beauftragt hat, wird dieser vom Versicherer im Namen des Versicherungsnehmers beauftragt; der Anwalt schuldet seine Dienste lediglich dem Versicherungsnehmer und hat einen Vergütungsanspruch ausschließlich gegen diesen (vgl. *Harbauer,* § 16 ARB Rdn. 5).

Entsprechendes gilt über § 17 Abs. 1 und 2 ARB 2008.

Allerdings ist möglich, dass der **Rechtsanwalt in Regress** genommen werden kann bei Verletzung des Anwaltsvertrages für schuldhaft fehlerhafte Prozessführung (vgl. OLG Köln NJW-RR 1994, 27, 28). Kündigt ein Rechtsanwalt namens und im Auftrag des Vermieters den Mietvertrag über eine Wohnung und ist die auf § 564 b BGB a. F. gestützte Kündigung wegen Mängeln der Kündigungserklärung erkennbar unwirksam, so ist der Rechtsanwalt, der gleichwohl einen Räumungsprozess beginnt, bezüglich der vom Vermieter zu tragenden Prozesskosten schadensersatzpflichtig. Die von vornherein offenkundige Aussichtslosigkeit der auf der unzulänglichen Kündigungserklärung gestützten Räumungsklage hätte bei Aufbietung der zu fordernden Sorgfalt erkannt werden müssen. Diese Vertragsverletzung im Mandantenverhältnis ist für den Schaden, nämlich die Kosten, kausal.

# 8. Schadensanzeige in der Glasversicherung[1]

......

(Vermieter/Versicherungsnehmer)

an

......

(Versicherungsgesellschaft)

Betr.: Glasversicherung ......

Sehr geehrte Damen und Herren!

Heute morgen wurde die Glasscheibe des Wohnzimmers meiner Mietwohnung in ...... durch einen Steinwurf zerstört.[2] In der Scheibe befindet sich ein faustgroßes Loch, das durch unbekannte Dritte verursacht worden ist. Der Mieter war kurzfristig abwesend, so dass bisher nähere Hinweise auf den oder die Täter nicht gegeben werden können.

Die Glasscheibe ist 1,50 m x 1,20 m groß. Es handelt sich um eine Mehrscheibenisolierverglasung, wie dies im Versicherungsvertrag im Einzelnen bezeichnet worden ist. Da nunmehr Feuchtigkeit in die Wohnung eindringen kann, bitte ich um umgehende Nachricht, wie der Schaden behoben werden kann.[3] Eine Glaserei könnte auch von hier beauftragt werden. Der Schaden beläuft sich auf 350,– EUR.

......

(Vermieter/Versicherungsnehmer)

## Anmerkungen

**1.** In der **Hausratversicherung** war Glasbruch nach den VHB 74 geltend ab Vertragsabschluss mitversichert, in den VHB 84 und 92 nicht. Die **gesonderte Glasversicherung** nach den AGlB bezieht sich auf die im Versicherungsvertrag bezeichneten, fertig eingesetzten und montierten Scheiben, Platten und Spiegeln aus Glas, Platten aus Glaskeramik, Glasbausteine und Profilbaugläser, Lichtkuppeln aus Glas oder Kunststoff. Nach § 2 Nr. 10 VHB 74 waren nicht versichert Dachverglasungen, Mehrscheiben-Isolierverglasungen, Sicherheitsgläser jeder Art, Blei-, Messing- und Elektrolytverglasungen, alle künstlerisch bearbeiteten Gläser, optische Gläser, Aquarien, Hohlgläser, Beleuchtungskörper und Handspiegel. Eine Glasversicherung empfiehlt sich insbesondere für **Wintergärten**, deren Glasfläche 3 Quadratmeter – wie regelmäßig – übersteigt. Heute sind Wintergärten uneingeschränkt über die AGlB versicherbar. Die AGlB 94 sind durch die AGlB 2008 abgelöst worden.

Nach § 3 AGlB 2008 sind versichert die im Versicherungsschein bezeichneten fertig eingesetzten oder montierten Scheiben, Platten und Spiegel aus Glas, künstlerisch bearbeitete Glasscheiben, -platten und -spiegel. Die Entschädigung ist je Versicherungsfall auf den vereinbarten Betrag begrenzt.

Gesondert versicherbar sind Scheiben und Platten aus Kunststoff, Platten aus Glaskeramik, Glasbausteine und Profilbaugläser, Lichtkuppeln aus Glas oder Kunststoff, Scheiben von Sonnenkollektoren einschließlich deren Rahmen, sowie sonstige Sachen, die im Versicherungsschein ausdrücklich benannt sind, § 3 Ziffer 2 AGlB 2008.

Nicht versichert sind optische Gläser, Hohlgläser, Geschirr, Beleuchtungskörper und Handspiegel, Photovoltaikanlagen, Sachen, die bereits bei Antragstellung beschädigt sind, Scheiben und Platten aus Kunststoff, die Bestandteil elektronischer Daten-, Ton-, Bildwiedergabe- und Kommunikationsgeräte sind (z. b. Bildschirme von Fernsehgeräten, Computer – Displays, § 3 Ziffer 3 AGlB 2008).

**2.** Die AGlB enthalten keine Regelung darüber, wessen Interesse in der Glasversicherung versichert ist. Schließt der **Eigentümer** die Glasversicherung ab und vermietet oder verpachtet er zu einem späteren Zeitpunkt, bleibt der Vertrag mit Einschluss des Mieterinteresses bestehen. Das **Mieterinteresse** ist auch eingeschlossen, wenn die Räume von vornherein vermietet sind und das Risiko nicht dadurch erhöht wird; die Prämie bleibt in diesen Fällen gleich (vgl. Prölss/Martin/*Armbrüster* § 1 AGlB, Rdn. 13). Für diese Auslegung spricht die in Formularverträgen zumeist vereinbarte Zufallhaftung des Mieters (vgl. *Armbrüster* a. a. O Rdn. 11.). Zahlt der Mieter die Versicherungsprämie über die Betriebskosten, hier Ziffer 13 der Anlage 3 zu § 27 der 2. BVO, haftet er wegen Schäden an versicherten Sachen dem Vermieter auf Grund stillschweigend vereinbarter Haftungsbeschränkung nur für Vorsatz und grobe Fahrlässigkeit (BGH NJW-RR 1990, 1175 zum Rückgriff des Feuerversicherers gegen den Pächter).

Schließt nicht der Eigentümer, sondern der Mieter die Glasversicherung ab, versichert er sein Sachersatzinteresse aus seiner Verschuldens- und eventuell übernommenen Zufallshaftung (vgl. Bub/Treier/*Dallmayr* 3. Aufl., IX 78).

**3. Versicherungsschutz:** Grundsätzlich ersetzt werden nach § 11 Abs. 1 AGlB 94 zerstörte und beschädigte Sachen durch Liefern und Montieren von Sachen gleicher Art und Güte (Naturalersatz). Der Reparaturauftrag erfolgt grundsätzlich durch den Versicherer, während Notverglasungen oder Notverschalungen vom Versicherungsnehmer in Auftrag gegeben werden können. Der Versicherer hat also ein Wahlrecht, Naturalersatz oder Barzahlung zu leisten. Die Interessenlage des Versicherers wird dadurch gekennzeichnet, durch eine Vielzahl von Aufträgen an Glaserfirmen günstige Preise am Markt erwirtschaften zu können (vgl. Bub/Treier/*Dallmayr* 3. Aufl., IX 79). Kommt der Versicherungsnehmer der Wahl des Versicherers zuvor, geht er seines Versicherungsschutzes verlustig, § 265 S. 2 BGB.

Nach § 3 AGlB 94 ersetzt der Versicherer Aufwendungen, auch erfolglose, die der Versicherungsnehmer zur Abwendung oder Minderung des Schadens für geboten halten durfte, Aufwendungen für das vorläufige Verschließen von Öffnungen (Notverschalungen, Notverglasungen), Aufwendungen für das Abfahren von Glas- und sonstigen Resten zum nächsten Ablagerungsplatz und für das Ablagern oder Vernichten (Entsorgungskosten), § 3 Abs. 1 AGlB 94. Soweit dies vereinbart ist, ersetzt der Versicherer nach Maßgabe des § 11 Nr. 3 bis 6 AGlB 94 auch die infolge eines Versicherungsfalls notwendigen Aufwendungen für zusätzliche Leistungen, um die sich das Liefern und Montieren von versicherten Sachen durch deren Lage verteuert (z. B. Kran- und Gerüstkosten), ferner die notwendigen Aufwendungen zur Erneuerung von Anstrich, Malereien, Schriften, Verzierungen, Lichtfilterlacken und Folien auf den in § 2 Abs. 1 AGlB genannten versicherten Sachen, darüber hinaus die notwendigen Aufwendungen für das Beseitigen und Wiederanbringen von Sachen, die das Einsetzen behindern (z. B. Schutzgitter, Schutzstangen, Markisen) und notwendige Aufwendungen für die Beseitigung von Schäden an Umrahmungen, Beschlägen, Mauerwerk, Schutz- und Alarmeinrichtungen.

Gemäß § 4 AGlB 2008 sind die infolge eines Versicherungsfalles notwendigen Kosten für das vorläufige Verschließen von Öffnungen (Notverschalungen, Notverglasungen) versichert, und das Abfahren von versicherten Sachen zum nächsten Ablagerungsplatz und für die Entsorgung (Entsorgungskosten). Soweit dies vereinbart ist, ersetzt der Versicherer bis zum jeweils vereinbarten Betrag die infolge eines Versicherungsfalles notwendigen Kosten für zusätzliche Leistungen, um die sich das Liefern und Montieren von versicherten Sachen durch deren Lage verteuert (z.B. Kran- oder Gerüstkosten), die Erneuerung von Anstrich, Malereien, Schriften, Verzierungen, Lichtfilterlacken und Folien auf den unter versicherten Sachen im Sinne des § 3 AGlB 2008, das Beseitigen und Wiederanbringen von Sachen, die das Einsetzen von Ersatzscheiben behindern (z.B. Schutzgitter, Schutzstangen oder Markisen) und die Beseitigung von Schäden an Umrahmungen, Beschlägen, Mauerwerk, Schutz- und Alarmeinrichtungen, § 4 Ziffer 2 a) bis d AGlB 2008.

## 9. Schadensanzeige in der Feuerversicherung[1]

......

(Vermieter/Versicherungsnehmer)

an

......

(Versicherungsgesellschaft)

Betr.: Feuerversicherung ......

Sehr geehrte Damen und Herren!

Hiermit teile ich mit, dass gestern[2] in der Nacht mein Wohn- und Geschäftshaus in ...... vollkommen abgebrannt ist. Die Feuerwehr hat sich über mehrere Stunden vergeblich bemüht, ein Abbrennen bis auf die Grundmauern zu verhindern. Brandsachverständige der Kriminalpolizei haben ihre Ermittlungen zur Schadensursache aufgenommen. Aus ersten Befragungen ergibt sich, dass als mögliche Ursache ein Kurzschluss im elektrischen System nicht ausgeschlossen werden kann.[3]

Ich teile Ihnen heute schon mit, dass ein Wiederaufbau des Gebäudes beabsichtigt ist.[4] Die Wohnungsmieter sind derzeit in nahe liegenden Hotels untergebracht.[5]

......

(Vermieter/Versicherungsnehmer)

### Anmerkungen

**1.** Maßgeblich für die **Feuerversicherung** sind die §§ 142 bis 149 VVG, die AFB von 1930 und die AFB von 1987, ferner die AFB 2008: Der Versicherer leistet Entschädigung für versicherte Sachen, die durch Brand, Blitzschlag, Explosion, Anprall oder Absturz eines bemannten Flugkörpers, seiner Teile oder seiner Ladung, Löschen, Niederreißen oder Ausräumen infolge eines dieser Ereignisse zerstört oder beschädigt werden oder abhanden kommen, § 1 AFB 87. Brand ist ein Feuer, das ohne bestimmungsgemäßen Herd entstanden ist oder ihn verlassen hat und das sich aus eigener Kraft auszubreiten vermag, § 1 Nr. 2 AFB 87. Betriebsschäden, Sengschäden, soweit diese nicht Brandfolgen sind, werden durch Nr. 5 a und Nr. 5 b AFB 87 vom Versicherungsschutz ausgenommen.

**Versichert sind** die im Versicherungsvertrag bezeichneten Gebäude und sonstigen Grundstücksbestandteile sowie bewegliche Sachen, § 2 Z. 1 AFB 87, § 3 Abschnitt A AFB 2008. **Gebäude** sind mit ihren Bestandteilen, aber ohne Zubehör versichert, soweit nicht etwas anderes vereinbart ist, § 2 Z. 2 AFB 87, § 3 Ziffer 2 Abschnitt A AFB 2008. Bewegliche Sachen sind nur versichert, soweit der Versicherungsnehmer Eigentümer ist, sie unter Eigentumsvorbehalt erworben hat oder sie sicherungshalber übereignet hat und soweit für sie gemäß § 71 Abs. 1 S. 2 VVG a. F. dem Erwerber ein Entschädigungsanspruch nicht zusteht, § 2 Z. 3 AFB 87.

Die Versicherung kann sich auch auf eine Betriebseinrichtung beziehen, § 2 Z. 6 AFB 87.

**2.** Gemäß § 13 Z. 1a AFB 87 hat der Versicherungsnehmer bei Eintritt des Versicherungsfalls den Schaden dem Versicherer **unverzüglich anzuzeigen**, das Abhandenkommen versicherter Sachen auch der zuständigen Polizeidienststelle, § 8 Ziffer 2 Buchstabe a ee Abschnitt B AFB 2008; gegenüber dem Versicherer gilt diese Anzeige noch als unverzüglich, wenn sie innerhalb von 3 Tagen abgesandt wird; für die Rechtzeitigkeit kommt es allein auf die Absendung an, nicht auf die Ankunft. Bei Schäden über 5.000,– EUR sollte die Anzeige dem Versicherer gegenüber fernmündlich, fernschriftlich oder telegrafisch erfolgen.

Der Versicherungsnehmer soll ferner das **Schadensbild möglichst unverändert erhalten**, bis der Versicherer ermittelt hat und den eventuellen Veränderungen sodann zustimmt, § 8 Ziffer 2 Buchstabe a gg Abschnitt B AFB 2008. Soweit eine derartige Verfahrensweise zu wirtschaftlichen Einbußen führt, können Kosten entstehen, die als Rettungskosten entschädigungspflichtig sind (vgl. Prölss/Martin/*Kollhosser* § 13 AFB 87, 3). Obliegenheitsverletzungen haben in diesem Zusammenhang grundsätzlich Leistungsfreiheit des Versicherers zur Folge, was indessen nicht gilt, wenn allein die Anzeige in fernmündlicher, fernschriftlicher oder telegrafischer Form unterblieben ist, § 13 Z. 2 AFB 87.

Nach § 8 Ziffer 2 b Abschnitt B AFB 2008 gilt: Verletzt der Versicherungsnehmer eine Obliegenheit nach § 8 Ziffer 1 oder 2 AFB Abschnitt B AFB 2008 vorsätzlich, so ist der Versicherer von der Verpflichtung zur Leistung frei. Bei grob fahrlässiger Verletzung der Obliegenheit ist der Versicherer berechtigt, seine Leistung in dem Verhältnis zu kürzen, das der Schwere des Verschuldens des Versicherungsnehmers entspricht. Das Nichtvorliegen einer groben Fahrlässigkeit hat der Versicherungsnehmer zu beweisen. Außer im Falle einer arglistigen Obliegenheitsverletzung ist der Versicherer jedoch zur Leistung verpflichtet, soweit der Versicherungsnehmer nachweist, dass die Verletzung der Obliegenheit weder für den Eintritt oder die Feststellung des Versicherungsfalles noch für die Feststellung oder den Umfang der Leistungspflicht des Versicherers ursächlich ist.

Verletzt der Versicherungsnehmer eine nach Eintritt des Versicherungsfalles bestehende Auskunfts – oder Aufklärungsobliegenheit, ist der Versicherer nur dann vollständig oder teilweise leistungsfrei, wenn er den Versicherungsnehmer durch gesonderte Mitteilung in Textform auf diese Rechtsfolge hingewiesen hat.

**3. Versicherungsschutz:** Gemäß § 83 Abs. 1 VVG a. F. hatte der Versicherer im Falle eines Brandes den durch die Zerstörung oder die Beschädigung der versicherten Sachen entstehenden Schaden zu ersetzen, soweit die Zerstörung oder Beschädigung auf der Einwirkung des Feuers beruht oder die unvermeidliche Folge des Brandereignisses ist. Der Versicherer hat auch den Schaden zu ersetzen, der bei dem Brand durch Löschen, Niederreißen oder Ausräumen verursacht wird; das gleiche gilt für einen Schaden, der dadurch entsteht, dass versicherte Sachen bei einem Brand abhanden kommen. Beispiele für adäquat verursachte Folgeschäden sind Sachschäden durch Löschwasser, Witterungseinflüsse an dem durch Brand betroffenen Gebäude oder an dem Inventar, Schäden durch nicht mehr gewährleistete Standsicherheit, Verderb von Rohstoffen oder Kühlgut nach brandbedingter Zerstörung der Kühlanlage (vgl. weitere Beispiele bei *Martin* Sachversicherungsrecht, 3. Aufl., C. VI. 6 ff.).

Durch die versicherte Gefahr muss das Versicherungsobjekt einen Schaden erlitten haben. Besonderes Merkmal einer Beschädigung oder einer Zerstörung ist die Wertminderung der Veränderung ihrer Sachsubstanz (vgl. Tietgens/Höra/*van Bühren*, Handbuch

Versicherungsrecht, 4. Aufl., § 5 Rdn. 74). Die Unterscheidung zwischen Zerstörung und Beschädigung erfolgt nach wirtschaftlichen Gesichtspunkten.

Nach § 1 Nr. 1 Buchstabe e AFB 87, § 5 Ziffer 2 Abschnitt A AFB 2008 umfasst der Versicherungsschutz auch Folgeschäden durch Löschen, Niederreißen oder Ausräumen, die infolge einer der versicherten Gefahren verursacht werden. Der Schaden an einer versicherten Sache muss sich als unvermeidliche Folge der versicherten Gefahr darstellen; dieser Fall ist dann gegeben, wenn er durch die versicherte Gefahr adäquat kausal verursacht worden ist (vgl. Tietgens/Höra/*van Bühren*, Handbuch Versicherungsrecht, 4. Aufl., § 5 Rdn. 77).

**4.** Gemäß § 11 Nr. 5 AFB 87, § 9 Ziffer 1 AFB 2008 kann der Versicherungsnehmer die Zahlung von Entschädigung erst verlangen, wenn die **bestimmungsmäßige Verwendung** des Geldes gesichert ist, falls sich im Versicherungsvertrag die Vereinbarung findet, dass der Versicherer nur verpflichtet ist, die Entschädigungssumme zur Wiederherstellung des versicherten Gebäudes zu zahlen. Sog. **einfache Wiederherstellungsklauseln** setzen die Entstehung des Anspruchs voraus und regeln entweder dessen Fälligkeit oder die Empfangszuständigkeit des Versicherungsnehmers mit Wirkung auch für die Realgläubiger (vgl. Tietgens/Höra/*van Bühren*, Handbuch Versicherungsrecht, 4. Aufl., § 5 Rdn. 237 und 249). Die sog. **strenge Wiederherstellungsklausel** dient der Begrenzung des subjektiven Risikos, das entstünde, wenn der Versicherungsnehmer die Entschädigungssumme für frei bestimmbare Zwecke verwenden könnte (vgl. Tietgens/Höra/*van Bühren*, Handbuch Versicherungsrecht, § 5 Rdn. 238). Demgemäß kann der Versicherungsnehmer keine Entschädigung verlangen, wenn er anstelle des zerstörten Gebäudes ein völlig andersartiges oder völlig anderen Zwecken dienendes neues Gebäude errichten lässt. Eine Wiederherstellungsklausel steht indessen einer Anpassung an den technischen Fortschritt nicht entgegen; insbesondere kann sich der Versicherungsnehmer moderner Techniken und Baumethoden bedienen, ohne den Versicherungsschutz zu gefährden.

**5.** In § 3 VGB 88 ist niedergelegt, dass der Versicherer den **Mietausfall** einschließlich etwaiger fortlaufender Mietnebenkosten ersetzt, wenn Mieter von Wohnräumen infolge eines Versicherungsfalls berechtigt sind, die Zahlung der Miete ganz oder teilweise zu verweigern. Der Versicherer ersetzt ferner den ortsüblichen Mietwert von Wohnräumen, die der Versicherungsnehmer selbst bewohnt und die infolge eines Versicherungsfalls unbenutzbar geworden sind, falls dem Versicherungsnehmer die Beschränkung auf einen etwa benutzbaren Teil der Wohnung nicht zugemutet werden kann. Mietausfall oder Mietwert werden bis zu dem Zeitpunkt ersetzt, in dem die Wohnung wieder benutzbar ist, höchstens jedoch für 12 Monate seit dem Eintritt des Versicherungsfalls, § 3 Nr. 3 VGB 88. Entschädigung wird nur geleistet, soweit der Versicherungsnehmer die Möglichkeit der Wiederbenutzung nicht schuldhaft verzögert. Die Versicherung des Mietausfalls oder des ortsüblichen Mietwertes für **gewerblich genutzte Räume** bedarf besonderer Vereinbarung, § 3 Nr. 2 VGB 88.

Versichert ist grundsätzlich allein das Interesse des Versicherungsnehmers, nicht auch das des Mieters. Soweit der Mieter den Versicherungsfall schuldhaft verursacht hat, ist er zur Zahlung des Mietzinses weiterhin verpflichtet, so dass der Versicherer nicht eintrittspflichtig ist (*Martin*, Sachversicherungsrecht, W VIII 13). Bei Schäden an der eigenen Wohnung werden nicht die Kosten der Anmietung gleichwertigen Ersatzwohnraums, sondern wird der ortsübliche Mietwert der beschädigten Wohnung ersetzt (*Martin* a. a. O. 14).

Für eine fahrlässige Brandstiftung seines Mieters hat der Eigentümer und Vermieter Dritten gegenüber grundsätzlich nicht einzustehen. Der nachbarrechtliche Ausgleichsanspruch nach § 906 Abs. 2 S. 2 BGB setzte voraus, dass der Anspruchsgegner als Störer zu qualifizieren ist. Der Anspruch entsprechend § 906 Abs. 2 Satz 2 BGB ist Ausdruck des nachbarschaftlichen Gemeinschaftsverhältnisses, das eine Zurechnung des Verschuldens von Hilfspersonen im Sinne des § 278 BGB nicht zulässt (vgl. BGH NJW 1965, 389). Vor dem Hintergrund dieser Wertung kann der Eigentümer für Störungshandlungen seines Mieters nach § 1104 BGB nur verantwortlich gemacht werden, wenn er dem Mieter den Gebrauch seiner Sache mit der Erlaubnis zu den störenden Handlungen überlassen hat oder wenn er es unterlässt, den Mieter von dem nach dem Mietvertrag unerlaubten, fremdes Eigentum beeinträchtigenden Gebrauch der Mietsache abzuhalten (BGH NZM 2006, 273).

Einzelne Versicherer bieten heute als Zusatz zu den VGB 88 sowie den VHB 84 eine **Hotelkostenversicherung** an (vgl. *Martin* a.a.O. 15). Insoweit dürften jedoch nur notwendige Hotelkosten zu ersetzen sein, die bis zu einem möglichen Abschluss eines neuen Mietvertrages für eine gleichwertige Nachfolgewohnung entstanden sind.

# G. Übergangsvorschriften

Art. 229 § 3 Abs. 3 EGBGB

## 1. Schreiben des Mieters zur Fortsetzung eines befristeten Mietverhältnisses[1]

......

(Mieter)[2]

an

......

(Vermieter)[3]

Sehr geehrte(r) ......

Gemäß § 2 unseres Mietvertrages vom ...... endet das Mietverhältnis zum .......
Hiermit verlange ich die Fortsetzung des Mietvertrages auf unbestimmte Zeit.

......

(Mieter)

### Anmerkungen

**1.** Rechtliche Grundlagen: Das Mietrechtsreformgesetz modernisiert die vom Gesetzgeber für veraltet gehaltenen mietrechtlichen Regelungen. Ziel der Übergangsvorschriften ist eine möglichst sofortige Wirkung der neuen Vorschriften, um die gesetzgeberischen Vorstellungen angesichts der für veränderungswürdig erachteten Situation zu realisieren. Zu berücksichtigen war, dass im Mietrecht die einzelnen Rechtsverhältnisse – insbesondere bei der Wohnungsmiete – auf Dauer angelegt sind und sich damit als Dauerschuldverhältnisse darstellen. Mieter und Vermieter haben sich auf die bislang geltende Rechtssituation eingestellt und ihre vertraglichen Regelungen dieser Rechtslage angepasst. Aus Gründen des Vertrauensschutzes sind daher Übergangsregelungen notwendig.
Auf ein am 1. 9. 2001 bestehendes Mietverhältnis auf bestimmte Zeit sind § 564 c in Verbindung mit § 564 b, §§ 556 a bis 556 c, 565 a Abs. 1 und 570 BGB a. F. anzuwenden; Bestand und Ende dieser Zeitmietverträge, auch der einfachen, richtet sich nach altem Recht (vgl. Palandt/*Weidenkaff* 65. Aufl., § 575 Rdn. 1). Nach neuem Recht ist der einfache Zeitmietvertrag gemäß § 564 c Abs. 1 BGB a. F. mit Verlängerungsoption und Geltung der Sozialklausel entfallen, wenn sich auch ähnliche Wirkungen durch den Abschluss eines unbefristeten Mietvertrages ergeben, soweit ein befristeter Ausschluss des Rechts zur ordentlichen Kündigung durch den Vermieter vereinbart worden ist.

**2.** Alle Mieter müssen das Fortsetzungsverlangen stellen. Vertretung ist möglich. Sind auf Mieterseite mehrere Mieter, müssen alle Mieter das Fortsetzungsverlangen ausbringen. Im Vertretungsfall muss § 174 BGB beachtet werden, um Rechtsnachteile zu vermeiden. Legt der Mieter keine Vollmachtsurkunde vor, kann der Vermieter das Fortsetzungsverlangen unverzüglich zurückweisen. Eine Vollmachtsurkunde ist dringend erforderlich; dies gilt entsprechend im Falle anwaltlicher Vertretung. Auch die Zurückweisung des Fortsetzungsverlangens ist als einseitige Willenserklärung aufzufassen. Im Vertretungsfall ist auch hier die Vorlage einer Vollmachtsurkunde unerlässlich.

**3.** Das Fortsetzungsverlangen muss an den Vermieter, gegebenenfalls alle Vermieter gerichtet werden.

**4.** Der Mieter muss spätestens zwei Monate vor Beendigung des Mietverhältnisses durch schriftliche Erklärung gegenüber dem Vermieter die Fortsetzung des Mietverhältnisses auf unbestimmte Zeit verlangen. Wird diese Frist der 2 Monate versäumt, hat der Mieter seine Rechte aus § 564c Abs. 1 BGB a. F. verloren.

Stimmt der Vermieter dem zulässigen und rechtzeitigen Fortsetzungsverlangen nicht zu, bleibt für den Mieter nur die Möglichkeit, das Fortsetzungsverlangen gerichtlich geltend zu, machen. Hat der Vermieter seinen Widerspruch schriftlich formuliert, ist § 564c Abs. 1 S. 2 BGB a. F. zu beachten: Hat sich der Vermieter auf ein berechtigtes Interesse etwa in Form eines Eigenbedarfs berufen, ist dies durchzuprüfen wie im Falle einer Eigenbedarfskündigung (*Lützenkirchen*, Anwaltshandbuch Mietrecht, C 356).

## 2. Antwortschreiben des Vermieters an Mieter nach Fortsetzungsverlangen

......

(Vermieter)[1]                                                                    Datum

an

......

(Mieter)[2]

Sehr geehrte(r) ......

Auf Ihr Schreiben vom ...... nehme ich Bezug. Sie haben rechtzeitig ein Fortsetzungsverlangen gestellt. Diesem Fortsetzungsverlangen widerspreche ich hiermit.[3]

Ich mache für meine Tochter Isabel (vollständiger Name) Eigenbedarf geltend, mit dem es folgende Bewandtnis hat:[4]

Meine Tochter lebt nach Abschluss ihrer Ausbildung zur Physiotherapeutin noch in einem 18 Quadratmeter großen Appartement. Die bisherige Wohnung befindet sich am Ausbildungsort in ....... Nach dem Ende der Ausbildung ist ein Wohnungswechsel nach ...... vorgesehen. Meine Tochter hat einen Arbeitsplatz in der Physiotherapiepraxis ...... in ...... erhalten; diese Arbeitsstelle wird sie am ...... antreten. Hinzutritt der Umstand, dass meine Tochter am ...... ihren Verlobten ...... heiraten wird. Ein gemeinsamer Hausstand soll begründet werden.

Da Ihr Mietverhältnis am ...... endet, möchte meine Tochter nebst Ehemann in Ihre Wohnung einziehen. Ihre 3-Zimmer-Wohnung wird genau den Vorstellungen gerecht, die meine Tochter über ihre neue Wohnung hat. Ihren neuen Arbeitsplatz kann meine Tochter von Ihrer Wohnung leicht erreichen; er befindet sich in nur 500 Meter Entfernung von ihrem neuen Arbeitsplatz.

Angesichts dieser Sachlage bitte ich Sie um Verständnis, dass ich Ihrem Fortsetzungsverlangen widersprechen muss. Das Mietverhältnis endet demgemäß aus diesen Gründen zum vorgesehenen Zeitpunkt, mithin zum ......

Sie können als Mieter diesem Eigenbedarfswunsch widersprechen und eine Fortsetzung des Mietverhältnisses verlangen, wenn die vertragsgemäße Beendigung des Mietverhältnisses für Sie oder Ihre Familie eine Härte bedeuten würde, die auch unter Würdigung meiner Interessen als Vermieter nicht zu rechtfertigen ist.[5]

......

(Vermieter)

## Anmerkungen

**1.** **Alle Vermieter** müssen dem Fortsetzungsverlangen widersprechen; Vertretung ist möglich.

**2.** Der Widerspruch muss **allen Mietern** zugehen; Vertretung ist insoweit möglich. Empfangsvollmachten zwischen Mitmietern können formularmäßig im Mietvertrag begründet werden (BGH NJW 1997, 3437).

Klauselvorschlag:

Erklärungen, deren Wirkung die Mieter berührt, müssen von oder gegenüber allen Mietern abgegeben werden. Die Mieter bevollmächtigen sich jedoch gegenseitig zur Entgegennahme solcher Erklärungen. Diese Vollmacht gilt auch für die Entgegennahme von Kündigungen, jedoch nicht für Mietaufhebungsverträge.

Zum Nachweis eines Zugangs des Antwortschreibens reicht ein Einschreiben mit Rückschein nicht aus, weil in diesem Fall dem Mieter der – möglicherweise wahrheitswidrige – Einwand offen bleibt, zwar sei ein bestimmtes Schreiben zugegangen, habe aber keine Antwort des Vermieters auf das Fortsetzungsverlangen des Mieters zum Gegenstand gehabt. Um Unsicherheiten zu vermeiden, sollte die Übergabe der Erklärung im Beisein eines Zeugen erfolgen, der zuvor die Erklärung gelesen hat, oder der Zeuge sollte mit der Einlage der Erklärung in den Briefumschlag betraut werden und dem nachfolgenden Einwurf in den Briefkasten des oder der Empfänger. Entsprechendes gilt für eine Übersendung der Antwort per Einschreiben mit Rückschein.

**3.** Der Widerspruch sollte **ausdrücklich und eindeutig** formuliert werden. Ergänzend ist auf § 545 BGB zu verweisen (§ 568 BGB a.F.). Setzt der Mieter den Gebrauch der Mietsache fort nach Ablauf der Mietzeit, so kann sich das Mietverhältnis auf unbestimmte Zeit verlängern, sofern nicht der Vermieter seinen entgegenstehenden Willen innerhalb von 2 Wochen erklärt. Die Frist beginnt für den Mieter mit der Fortsetzung des Gebrauchs und für den Vermieter mit dem Zeitpunkt, in dem er von der Fortsetzung Kenntnis erhält.

**4.** Der geschilderte Sachverhalt entspricht einer **Eigenbedarfskündigung**. Der Vermieter macht ein berechtigtes Interesse an der angemieteten Wohnung für eine gemäß § 564b Abs. 2 BGB a.F. Begünstigte geltend.

**5.** Da das Schreiben, in dem die berechtigten Interessen des Vermieters dargelegt wurden, wie eine Eigenbedarfskündigung behandelt werden muss, ist auch auf das Widerspruchsrecht des § 556b BGB a.F. hinzuweisen. Im Übrigen gilt § 556a BGB a.F. sinngemäß. Hat der Mieter ein Fortsetzungsverlangen gestellt, kann der Vermieter nunmehr **Räumungsklage** erheben. Dem Mieter verbleibt die Möglichkeit, im Rahmen einer Widerklage seinen Fortsetzungsanspruch zu verfolgen.

Auch für den sog. qualifizierten Zeitmietvertrag des § 564c Abs. 2 BGB a.F. gilt das alte Recht weiter, falls dieser qualifizierte Zeitmietvertrag bereits am 1.9.2001 bestand (Palandt/*Weidenkaff* 65. Aufl., § 575 Rdn. 1). Der neue § 575 BGB ist im Wesentlichen an § 564c Abs. 2 BGB a.F. orientiert (vgl. Palandt/*Weidenkaff* 69. Aufl., § 575 Rdn. 1).

### 3. Schreiben des Vermieters an Mieter, dass die qualifizierten Gründe nach § 564c BGB a.F. noch weiterbestehen[1]

......

(Vermieter)[2, 3]

an

......

(Mieter)[4]

Sehr geehrte(r) ......

Gemäß Mietvertrag vom ...... wurde eine Befristung bis zum ...... vereinbart mit der im Mietvertrag schriftlich festgehaltenen Begründung, dass nach Ablauf der Mietzeit das Gebäude abgerissen und durch ein neues Gebäude, in dem sich Wohn- und Gewerbeeinheiten befinden, ersetzt werden soll.[5] Sie haben sich bei Vertragsabschluss ausdrücklich mit dieser Befristung und der damit verbundenen Beendigung des Mietverhältnisses einverstanden erklärt. Ihre Wohnung wird daher in Wegfall geraten. Eine Abrissgenehmigung liegt zwischenzeitlich vor, ebenso eine Baugenehmigung für das geplante Objekt. Kopien sind beigefügt.

Bitte haben Sie Verständnis, dass ich aus vorgenannten Gründen an der vereinbarten Beendigung des Mietverhältnisses festhalte.

Abschließend weise ich Sie darauf hin, dass das vorliegende Schreiben bewirkt, dass Ihnen für den Fall einer Räumungsklage gemäß § 721 Abs. 7 ZPO keine Räumungsfrist gewährt werden wird.[6]

Jedoch wird davon ausgegangen, dass Sie sich vertragsgemäß verhalten und die Wohnung am ...... geräumt an mich zurückgeben werden. Hilfreich wäre, wenn telefonisch zuvor ein Übergabetermin abgestimmt werden könnte.

......

(Vermieter)

### 4. Schreiben des Vermieters bezüglich Verzögerung

......

(Vermieter)

an

......

(Mieter)

Sehr geehrter ......

Im Mietvertrag vom ...... war eine Befristung bis zum ...... vereinbart, weil das Gebäude, in dem sich Ihre Wohnung befindet, abgerissen werden soll. Der Beginn der Abrissarbeiten verzögert sich jedoch um 3 Monate, weil eine Grippeepidemie die gesamte Belegschaft der Abrissfirma erfasst hat. Wegen fester Nachfolgetermine der Firma können die Abrissarbeiten in meiner Sache erst im ...... beginnen.

......

(Vermieter)

## Anmerkungen

**1.** Auch für den sog. **qualifizierten Zeitmietvertrag** des § 564c Abs. 2 BGB a. F. gilt das alte Recht weiter, falls dieser qualifizierte Zeitmietvertrag bereits am 1. 9. 2001 bestand (Palandt/*Weidenkaff* 65. Aufl., § 575 Rdn. 1). Der neue § 575 BGB ist im Wesentlichen an § 564c Abs. 2 BGB a. F. orientiert.

**2. Alle Vermieter** müssen die Erklärung nach § 564c Abs. 2 BGB a. F. abgeben; Vertretung ist möglich.

**3.** Das **Datum** des Schreibens ist im Hinblick auf § 564c Abs. 2 S. 2 BGB a. F. von Bedeutung; verzögert sich die vom Vermieter beabsichtigte Verwendung der Räume oder etwa der Abriss ohne sein Verschulden oder teilt der Vermieter dem Mieter nicht 3 Monate vor Ablauf der Mietzeit schriftlich mit, dass seine Verwendungsabsicht noch besteht, so kann der Mieter eine Verlängerung des Mietverhältnisses um einen entsprechenden Zeitraum verlangen.

**4.** Das Schreiben muss **an alle Mieter** gerichtet werden. Empfangsvollmachten können formularmäßig im Mietvertrag begründet werden (BGH NJW 1997, 3437), vgl. F. 2 Anm. 2.

**5.** Der Vermieter muss den qualifizierten Grund bei Vertragsschluss schriftlich mitteilen; am Besten ist eine vertragliche Abrede, die sich – festgehalten im schriftlichen Mietvertrag – über die Absicht des Vermieters verhält. Die Erklärung des Vermieters zielt darauf ab, dem Mieter eine Mitteilung zukommen zu lassen, dass die qualifizierten Gründe fortbestehen. Dies sollte in substantiierter Form geschehen, wobei empfehlenswert ist, etwa eine Abrissgenehmigung oder die Baugenehmigung in Kopie beizufügen. Sollen lediglich Umbauarbeiten vorgenommen werden, ist deutlich zu machen, dass gerade das Mietverhältnis der baulichen Maßnahme entgegensteht.

**6.** Der Hinweis auf § 721 Abs. 7 ZPO macht deutlich, dass im Falle einer Räumungsklage eine Räumungsfrist nicht gewährt werden kann. Entsprechendes gilt für den Räumungsvergleich gemäß § 794a Abs. 5 ZPO. Durch diesen Hinweis kann der Druck auf den Mieter erhöht werden, sich vertragsgemäß zu verhalten und die Wohnung zum vereinbarten Ende des Mietverhältnisses zurückzugeben.

# Sachverzeichnis

Die **fett** gesetzten Großbuchstaben, römischen und arabischen Zahlen
beziehen sich auf die Systematik der Formulare; die nachfolgenden mageren Zahlen
kennzeichnen die betreffende Anmerkung.

# Sachverzeichnis

# Sachverzeichnis

# Sachverzeichnis

# Sachverzeichnis

# Sachverzeichnis

# Sachverzeichnis

# Sachverzeichnis

# Sachverzeichnis

# Sachverzeichnis

# Sachverzeichnis

# Sachverzeichnis

# Sachverzeichnis

# Sachverzeichnis

# Sachverzeichnis

# Sachverzeichnis

# Sachverzeichnis

# Sachverzeichnis

# Sachverzeichnis

# Sachverzeichnis

# Sachverzeichnis

# Sachverzeichnis

# Sachverzeichnis

# Sachverzeichnis

# Sachverzeichnis